中華大藏經編輯局編

中華大藏經

漢文部分
八二

中華書局

圖書在版編目(CIP)數據

中華大藏經:漢文部分.第82册/《中華大藏經》編輯局編.
—北京:中華書局,1984.4(2022.8重印)
ISBN 978-7-101-01299-6

Ⅰ.中…　Ⅱ.中…　Ⅲ.大藏經　Ⅳ.B941

中國版本圖書館CIP數據核字(2016)第050279號

內封題簽:李一氓
裝幀設計:伍端端

中華大藏經(漢文部分)
第八二册
《中華大藏經》編輯局 編
*
中華書局出版發行
(北京市豐臺區太平橋西里38號　100073)
http://www.zhbc.com.cn
E-mail:zhbc@zhbc.com.cn
北京建宏印刷有限公司印刷
*
787×1092毫米 1/16・65½印張・2插頁
1984年4月第1版　2022年8月第4次印刷
定價:600.00元

ISBN 978-7-101-01299-6

中華大藏經（漢文部分）

第八十二册目録

御錄經海一滴序

釋迦牟尼文佛大智慧海中緣起漚生度諸衆生令入無餘涅槃普說三藏十二分文字至爲浩瀚然佛所覺了一切諸法未說者無論其已說者自西天來至震旦僅百分之一耳然即此已來震旦者雖一經中一品一品中一門一門中一法一法中一義一義中一句如欲詮量演布縱以大海量墨須彌聚筆寫之而不能盡雖然此三藏十二分不作字相不作句相不作有言相不作無言相即世尊更歷恒河沙數劫住世轉輪更說百千萬億倍三藏十二分終不得云我佛如來曾轉法輪也如是兩邊俱不得絲毫滯著回互然則大藏經卷如何可有所揀擇耶乃朕今者萬幾餘暇隨喜教海於般若華嚴寶積大集等經卷帙浩繁者未及遍閱但於圓覺金剛楞嚴淨名等經展誦易周者若干部每部各親錄數十則其義何居曰無量無邊差別佛事皆不離無相真心而有即卷常舒如來於一言語中演出無邊契經海即舒常卷一切法門無盡海同會一法道場中是以如網有綱提之則孔孔皆正如衣有領挈之則縷縷俱來夫金剛經有演四句偈之說佛口親宣也大般若經六百卷而以般若波羅蜜多心經二百六十字撮其指要舉彼例此何妨向衆寶内探如意珠於羣藥中取阿陀妙固可從本得柯從柯得條從條得枝從枝得葉矣唯夫三藏十二分並入無相三昧演廣非多此是一中之多標略非一此是多中之一有說亦得此是默中說無說亦得此是說中默昔如來以不說說故四十九年未嘗轉法輪迦葉以不聞聞故畢鉢巖中無人聚會而三藏十二分不曾著一字朕今以不揀擇揀擇故所揀所錄不獨震旦經藏未嘗缺遺一言一句即西天未來古佛未說者亦復不增不減無欠無餘焉夫五千教典屢說降魔而不二心宗本自無諍佛魔對待我人之見刺橫生邪正分疆法執之情塵究立如來的旨夫豈其然觀夫經中所載羣魔外道當其一承佛語率多立時皈依願爲弟子然則佛之降魔秪與古德爲人無異不過教化羣迷同證無生豈其執已爲正簡他爲邪種種我相人相如此爲佛如彼爲魔而存佛見法見哉蓋佛界無量而魔界一如佛界以無量智海無邊而迷雲一如智海以無邊我佛如來具正徧知正知如日照中天徧知如澤潤大地如是無量無邊魔界迷雲如來悉知悉見爲諸衆生一一破除咸歸無上正覺永不入於魔罥凡諸問答皆屬一期方便之門不持所問之答爲佛所開示衆生即所答之問亦乃佛所幻化敷宣無非析理分條窮業識之萬變發矇振聵燭深覆之羣幽萬派千支滔天濁浪入覺海而無波不息千回百折長夜昏衢昇慧日而有暗皆消唯其衆生多病是以醫王多藥其問也列千千之病狀其答也示一一之良方迨其藥病雙消法爾問答俱寂所爲化人問幻士谷響答泉聲以八萬四千塵勞門作八萬四千功德藏以無自性真實法自證即以無自性真實法爲人四十九年因此一大事出世故曰唯此一事實餘二即非

眞若謂釋迦牟尼佛能令西天九十六種外道悉皆摧伏由於辨才無礙者不特是非未泯猶然背覺合塵者所不必論即絲毫許佛魔之見未消而以辨才無礙讚歎三藏十二分是人即爲不能解佛所說義此經云何受汝讚歎經不云乎不著世間如蓮花常善入於空寂行達諸法相無罣礙稽首如空無所依夫此性經眞空性空眞經淸淨本然周遍法界學人安得妄以識心分别作實事實境會哉况實事實境即非實事實境而非實事實境即是實事實境歷歷文加重重無盡斯皆實語如語述佛眞文非學者言思之所可明唯達人親證方自了耳永明云以聖言爲定量邪僞難移用至教爲指南依憑有據故師所作宗鏡録廣引羣經備彰佛意乃尚有魔民弘恐葦斥師爲義解沙門謂法眼宗由此而衰其罪與謗三藏經文無異定墮無間地獄夫船筏以渡迷津之者導師爲引失路之人若其生而知之本未嘗迷則無文無字與恒沙文字一道齊平并不得有同異總别

成壞之相又有何義解非義解之别若有一絲未盡則所以淨此一絲者豈得不藉如來善能分别諸相於第一義而不動之大智慧光大威神力乎又况躑躅於情塵識浪之中徬徨於聖果凡因之際不以佛祖如語實語導入此宗轉用何等法門爲人乃可宗鏡録者全引佛經録其綱骨不特是三藏十二分之旨併且是三藏十二分之語若謂宗鏡録是義解者則佛之三藏十二分盡是義解矣且世間凡有一文一字一點一畫皆是義解又何者爲非義解耶必擎拳豎拂揚眉瞬目胡喝亂棒方非義解乎若作如是會則是義解之尤更且無義可解同於狂癡耳况從上宗師爲人語句亦不過是經典中片語單詞取以爲人逗機應節何嘗離經一字乃片語單詞則謂非義解整章全偈即斥爲義解可乎既此是義解則古今宗徒又何得上堂說法豈此等野狐亂統即非義解而我佛如來所說之微妙旨趣廣大法門轉皆義解耶永明之意謂上上根人目宗之一字即入如來

大智慧海何必更問諸餘若因法利無邊廣欲爲人普說則龍宮寶藏鷲嶺金文皆同一際總無異旨非略非詳不多不一是以録茲百卷凡欲學人從此入於五千教典也末世僧徒多愚少慧於此百卷猶復意怠情煩千有餘年無人知其最尊最上邇者朕爲刊十存二録其大綱所以俯徇機宜引人入勝茲永明以宗鏡爲大藏之嚮導朕又以宗鏡大綱之書爲宗鏡録之嚮導耳節録宗鏡之後因而泛覽經文下與未來衆生同一傾心悲仰上與過去諸佛同一化建無門爰思五千教典廣博無涯目覽心周實爲不易乃推廣永明纂集宗鏡之心即用朕前此節録大綱之例親御丹鉛隨披隨録既以受持讀誦即以刊刻頒行導引羣生入於如來普光明藏大智度海凡以人之根利根鈍不同樂簡樂繁各别欲探堂奥往往之遠於門庭未覩本原勢必難尋其枝葉今者標兹甚深妙義聽其文勢不全則務多之者既飲上藥而化凝酥執總之人復探宏綱而思細目庶幾學人

由此知閱三藏十二分有取有舍也朕於宗乘實有所見而無疑至於教典向來從未研究然了知既悟之人根本教乘一貫若不與佛口相應設使妙證亦非究竟不見達摩直指人心傳此教外別傳而令以楞伽爲印證乎且迦葉阿難馬鳴龍樹並是西天四七中教外別傳之祖乃種種諸經皆迦葉令阿難述其所聞於我佛如來者如是迨後馬鳴龍樹如佛之心復造種種諸論何有一經一論不出宗門祖師之所紹述若執宗徒水母借鰕爲眼之誚則皆屬自相矛盾乎只緣未了自心隨文起執恐違教意是以爲人簡文字令其自證簡文字非是簡教亦即是明教簡亦是教如何因簡議教若既分明自證法爾須明佛語印可自心何得偏生局見惟懼多聞若於未證之時因詮得旨不作心境對治直了佛心則有何過學者如欲廣覽靈文既可於是先窺其奥閫如欲直探驪頷更可從玆即届於寶城但莫執義上之文隨語生解要須探詮下之旨契會本宗言言冥合真心一一消歸自己將積此衆微定到須彌之高廣且舉斯一滴已同渤澥之清涼矣是爲序

雍正十三年乙卯二月十五日

御録經海一滴總目

淨口真言　唵舒嚕的薩嗎哩的嗟哩呢吽哈

一心頂禮
南無大慈悲父本師釋迦牟尼文佛世尊
自歸依佛
南無十方三世常住佛
自歸依法
南無十方三世常住法
自歸依僧
南無十方三世常住僧
無上甚深微妙法　百千萬劫難遭遇
願得見聞受持者　普解如來眞實義

御錄經海一滴卷之一

大方廣圓覺修多羅了義經

如是我聞一時婆伽婆入於神通大光明藏三昧正受一切如來光嚴住持是諸衆生清淨覺地身心寂滅平等本際圓滿十方不二隨順於不二境現諸淨土

爾時世尊告文殊師利菩薩言善男子無上法王有大陀羅尼門名爲圓覺流出一切清淨眞如菩提涅槃及波羅蜜教授菩薩一切如來本起因地皆依圓照清淨覺相永斷無明方成佛道云何無明善男子一切衆生從無始來種種顛倒猶如迷人四方易處妄認四大爲自身相六塵緣影爲自心相譬彼病目見空中華及第二月善男子空實無華病者妄執由妄執故非唯惑此虛空自性亦復迷彼實華生處由此妄有輪轉生死故名無明善男子此無明者非實有體如夢中人夢時非無及至於醒了無所得如衆空華滅於虛空不可說言有定滅處何以故無生處故一切衆生於無生中妄見生滅是故說名輪轉生死善男子如來因地修圓覺者知是空華即無輪轉亦無身心受彼生死非作故無本性無故彼知覺者猶如虛空知虛空者即空華相亦不可說無知覺性有無俱遣是則名爲淨覺隨順何以故虛空性故常不動故如來藏中無起滅故無知見故如法界性究竟圓滿徧十方故是則名爲因地法行菩薩因此於大乘中發清淨心末世衆生依此修行不墮邪見

爾時世尊告普賢菩薩言善男子一切衆生種種幻化皆生如來圓覺妙心猶如空華從空而有幻華雖滅空性不壞衆生幻心還依幻滅諸幻盡滅覺心不動依幻說覺亦名爲幻若說有覺猶未離幻說無覺者亦復如是是故幻滅名爲不動善男子一切菩薩及末世衆生應當遠離一切幻化虛妄境界　知幻即離不作方便離幻即覺亦無漸次

爾時世尊告普眼菩薩言善男子此虛妄心若無六塵則不能有四大分解無塵可得於中緣塵各歸散滅畢竟無有緣心可見善男子彼之衆生幻身滅故幻心亦滅幻心滅故幻塵亦滅幻塵滅故幻滅亦滅幻滅滅故非幻不滅譬如磨鏡垢盡明現善男子當知身心皆爲幻垢垢相永滅十方清淨善男子譬如清淨摩尼寶珠映於五色隨方各現諸愚癡者見彼摩尼實有五色善男子圓覺淨性現於身心隨類各應彼愚癡者說淨圓覺實有如是身心自相亦復如是由此不能遠於幻化是故我說身心幻垢對離幻垢說名菩薩垢盡對除即無對垢及說名者　證得諸

幻滅影像故爾時便得無方清淨無邊虛空覺所顯發覺圓明故顯心清淨心清淨故見塵清淨見清淨故眼根清淨根清淨故眼識清淨識清淨故聞塵清淨聞清淨故耳根清淨根清淨故耳識清淨識清淨故覺塵清淨如是乃至鼻舌身意亦復如是善男子根清淨故色塵清淨色清淨故聲塵清淨香味觸法亦復如是善男子六塵清淨故地大清淨地清淨故水大清淨火大風大亦復如是善男子四大清淨故十二處十八界二十五有清淨彼清淨故十力四無所畏四無礙智佛十八不共法三十七助道品清淨如是乃至八萬四千陀羅尼門一切清淨善男子一切實相性清淨故一身清淨一身清淨故多身清淨多身清淨故如是乃至十方衆生圓覺清淨

見一　十二

善男子一世界清淨故多世界清淨多世界清淨故如是乃至盡於虛空圓裹三世一切平等清淨不動善男子虛空如是平等不動當知覺性平等不動四大不動故當知覺性平等不動如是乃至八萬四千陀羅尼門平等不動當知覺性平等不動善男子覺性徧滿清淨不動圓無際故當知六根徧滿法界根徧滿故當知六塵徧滿法界塵徧滿故當知四大徧滿法界如是乃至陀羅尼門徧滿法界善男子由彼妙覺性徧滿故根性塵性無壞無雜根塵無壞故如是乃至陀羅尼門無壞無雜如百千燈光照一室其光徧滿無壞無雜善男子覺成就故當知菩薩不與法縛不求法脫不厭生死不愛涅槃　修習此心得成就者於此無修亦無成就圓覺普照寂滅無二於中百千萬億阿僧祇不可說恒河沙諸佛世界猶如空華亂起亂滅不即不離無縛無脫始知衆生本來成佛生死涅槃猶如昨夢善男子如昨夢故當知生死及與涅槃無起無滅無來無去其所證者無得無失無取無捨其能證者無作無止無任無滅於此證中無能無所畢竟無證亦無證者一切法性平等不壞善男子彼諸菩薩如是修行如是漸次如是思惟如是住持如是方便如是開悟求如是法亦不迷悶

爾時世尊告金剛藏菩薩言善男子一切世界始終生滅前後有無聚散起止念念相續循環往復種種取捨皆是輪迴未出輪迴而辨圓覺彼圓覺性即同流轉若免輪迴無有是處譬如動目能搖湛水又如定眼由迴轉火雲駛月運舟行岸移亦復如是

見一　十二

善男子諸旋未息彼物先住尚不可得何況輪轉生死垢心曾未清淨觀佛圓覺而不旋復是故汝等便生三惑善男子譬如幻翳妄見空華幻翳若除不可說言此翳已滅何時更起一切諸翳何以故翳華二法非相待故亦如空華滅於空時不可說言虛空何時更起空華何以故空本無華非起滅故生死涅槃同於起滅妙覺圓照離於華翳善男子當知虛空非是暫有亦非暫無況復如來圓覺隨順而爲虛空平等本性善男子如銷金鑛金非銷有既已成金不重爲鑛經無窮時金性不壞不應說言本非成就如來圓覺亦復如是善男子一切如來妙圓覺心本無菩提及與涅槃亦無成佛及不成佛無妄輪迴及非輪迴善

男子但諸聲聞所圓境界身心語言皆悉斷滅終不能至彼之親證所現涅槃何況能以有思惟心測度如來圓覺境界如取螢火燒須彌山終不能著以輪廻心生輪廻見入於如來大寂滅海終不能至是故我說一切菩薩及末世衆生先斷無始輪廻根本善男子有作思惟從有心起皆是六塵妄想緣氣非實心體已如空華用此思惟辨於佛境猶如空華復結空果展轉妄想無有是處善男子虛妄浮心多諸巧見不能成就圓覺方便

爾時世尊告彌勒菩薩言善男子一切衆生從無始際由有種種恩愛貪欲故有輪廻愛欲爲因愛命爲果由於欲境起諸違順境背愛心而生憎嫉造種種業是故復生地獄餓鬼知欲可厭愛厭業道捨惡樂善復現天人又知諸愛可厭惡故棄愛樂捨還滋愛本便現有爲增上善果皆輪廻故不成聖道是故衆生欲脫生死免諸輪廻先斷貪欲及除愛渴　若諸末世一切衆生欲泛如來大圓覺海先當發願勤斷二障二障已伏即能悟入菩薩境界若事理障已永斷滅即入如來微妙圓覺滿足菩提及大涅槃

爾時世尊告清淨慧菩薩言善男子圓覺自性非性性有循諸性起無取無證於實相中實無菩薩及諸衆生何以故菩薩衆生皆是幻化幻化滅故無取證者譬如眼根不自見眼性自平等無平等者衆生迷倒未能除滅一切幻化於滅未滅妄功用中便顯差別若得如來寂滅隨順實無寂滅及寂滅者　善男子一切障礙即究竟覺得念失念無非解脫成法破法皆名涅槃智慧愚癡通爲般若菩薩外道所成就法同是菩提無明真如無異境界諸戒定慧及婬怒癡俱是梵行衆生國土同一法性地獄天宮皆爲淨土有性無性齊成佛道一切煩惱畢竟解脫法界海慧照了諸相猶如虛空此名如來隨順覺性善男子但諸菩薩及末世衆生居一切時不起妄念於諸妄心亦不息滅住妄想境不加了知於無了知不辨真實彼諸衆生聞是法門信解受持不生驚畏是則名爲隨順覺性善男子汝等當知如是衆生已曾供養百千萬億恒河沙諸佛及大菩薩植衆德本佛說是人名爲成就一切種智

爾時世尊告威德自在菩薩言善男子無上妙覺徧諸十方出生如來與一切法同體平等於諸修行實無有二方便隨順其數無量圓攝所歸循性差別當有三種　善男子若諸菩薩悟淨圓覺以淨覺心取靜爲行由澄諸念覺識煩動靜慧發生身心客塵從此永滅便能內發寂靜輕安由寂靜故十方世界諸如來心於中顯現如鏡中像此方便者名奢摩他　善男子若諸菩薩悟淨圓覺以淨覺心知覺心性及與根塵皆因幻化即起諸幻以除幻者變化諸幻而開幻衆由起幻故便能內發大悲輕安一切菩薩從此起行漸次增進彼觀幻者非同幻故非同幻觀皆是幻故幻相永離是諸菩薩所圓妙行如土長苗此方便者名三摩鉢提　善男子若諸菩薩悟淨圓覺以淨覺心不取幻化及諸靜相了知身心皆爲罣礙無知覺明不依諸礙永

得超過礙無礙境受用世界及與身心相在塵域如器中鍠聲出於外煩惱涅槃不相留礙便能內發寂滅輕安妙覺隨順寂滅境界自他身心所不能及衆生壽命皆爲浮想此方便者名爲禪那　善男子此三法門皆是圓覺親近隨順十方如來因此成佛十方菩薩種種方便一切同異皆依如是三種事業若得圓證即成圓覺　若諸菩薩以圓覺慧圓合一切於諸性相無離覺性此菩薩者名爲圓修三種自性清淨隨順

爾時世尊告淨諸業障菩薩言善男子一切衆生從無始來妄想執有我人衆生及與壽命認四顛倒爲實我體由此便生憎愛二境於虛妄體重執虛妄二妄相依生妄業道有妄業故妄見流轉厭流轉者妄見涅槃由此不能入清淨覺非覺違拒諸能入者有諸能入非覺入故是故動念及與息念皆歸迷悶

善男子云何我相謂諸衆生心所證者譬如有人百骸調適忽忘我身攝養乖方微加針艾則知有我是故證取方現我體善男子其心乃至證於如來畢竟了知清淨涅槃皆是我相善男子云何人相謂諸衆生心悟證者善男子悟有我者不復認我所悟非我悟亦如是悟已超過一切證者悉爲人相其心乃至圓悟涅槃俱是我者心存少悟備殫證理皆名人相善男子云何衆生相謂諸衆生心自證悟所不及者善男子譬如有人作如是言我是衆生則知彼人說衆生者非我非彼云何非我我是衆生則非是我云何非彼我是衆生非彼我故善男子但諸衆生了證了悟皆爲我人而我人相所不及者存有所了名衆生相善男子云何壽命相謂諸衆生心照清淨覺所了者一切業智所不自見猶如命根善男子若心照見一切覺者皆爲塵垢覺所覺者不離塵故如湯消冰無別有冰知冰消者存我覺我亦復如是善男子末世衆生不了四相雖經多劫勤苦修道但名有爲終不能成一切聖果　何以故認一切我爲涅槃故有證有悟名成就故譬如有人認賊爲子其家財寶終不成就有我愛者亦愛涅槃伏我愛根爲涅槃相名不解脫云何當知法不解脫善男子彼末世衆生習菩提者以已微證爲自清淨猶未能盡我相根本若復有人讚歎彼法即生歡喜便欲濟度若復誹謗彼所得者便生瞋恨則知我相堅固執持潛伏藏識遊戲諸根曾不間斷善男子彼修道者不除我相是故不能入清淨覺　善男子末世衆生說病爲法是故名爲可憐憫者雖勤精進增益諸病末世衆生不了四相以如來解及所行處爲自修行終不成就或有衆生未得謂得未證謂證見勝進者心生嫉妬由彼衆生未斷我愛是故不能入清淨覺善男子末世衆生希望成道無令求悟唯益多聞增長我見但當精勤降伏煩惱起大勇猛未得令得未斷令斷貪瞋愛慢諂曲嫉妬對境不生彼我恩愛一切寂滅佛說是人漸次成就求善知識不墮邪見若於所求別生憎愛則不能入清淨覺海

爾時世尊告普覺菩薩言善男子末世衆生將發大心求善知識欲修行者當求一切正

知見人心不住相不著聲聞緣覺境界雖現塵勞心恒清淨示有諸過讚歎梵行不令衆生入不律儀求如是人即得成就三藐三菩提末世衆生見如是人應當供養不惜身命彼善知識四威儀中常現清淨乃至示現種種過患心無憍慢於彼善友不起惡念即能究竟成就正覺心華發明照十方剎善男子彼善知識所證妙法應離四病云何四病一者作病若復有人作如是言我於本心作種種行欲求圓覺彼圓覺性非作得故說名爲病二者任病若復有人作如是言我等今者不斷生死不求涅槃涅槃生死無起滅念任彼一切隨諸法性欲求圓覺彼圓覺性非任有故說名爲病三者止病若復有人作如是言我今自心永息諸念得一切性寂然平等欲求圓覺彼圓覺性非止合故說名爲病四者滅病若復有人作如是言我今永斷一切煩惱身心畢竟空無所有何況根塵虛妄境界一切永寂欲求圓覺彼圓覺性非寂相故說名爲病離四病者則知清淨作是觀者名爲正觀若他觀者名爲邪觀　善男子末世衆生欲求圓覺應當發心作如是言盡於虛空一切衆生我皆令入究竟圓覺於圓覺中無取覺者除彼我人一切諸相如是發心不墮邪見

爾時世尊告賢善首菩薩言善男子是經百千萬億恒河沙諸佛所說三世如來之所守護十方菩薩之所歸依十二部經清淨眼目是經唯顯如來境界唯佛如來能盡宣說若諸菩薩及末世衆生依此修行漸次增進至於佛地善男子是經名爲頓教大乘頓機衆生從此開悟亦攝漸修一切羣品　若復有人聞此經名信心不惑當知是人非於一佛二佛種諸福慧如是乃至盡恒河沙一切佛所種諸善根聞此經教汝善男子當護末世是修行者無令惡魔及諸外道惱其身心令生退屈

金剛般若波羅蜜經

佛言善男子善女人發阿耨多羅三藐三菩提心應如是住如是降伏其心　所有一切衆生之類若卵生若胎生若濕生若化生若有色若無色若有想若無想若非有想非無想我皆令入無餘涅槃而滅度之如是滅度無量無數無邊衆生實無衆生得滅度者何以故須菩提若菩薩有我相人相衆生相壽者相即非菩薩復次須菩提菩薩於法應無所住行於布施所謂不住色布施不住聲香味觸法布施須菩提菩薩應如是布施不住於相何以故若菩薩不住相布施其福德不可思量　凡所有相皆是虛妄若見諸相非相則見如來　如來滅後後五百歲有持戒修福者於此章句能生信心以此爲實當知是人不於一佛二佛三四五佛而種善根已於無量千萬佛所種諸善根聞是章句乃至一念生淨信者如來悉知悉見　是故不應取法不應取非法以是義故如來常說汝等比丘知我說法如筏喻者法尚應捨何況非

法須菩提於意云何如來得阿耨多羅三藐三菩提耶如來有所說法耶須菩提言如我解佛所說義無有定法名阿耨多羅三藐三菩提亦無有定法如來可說何以故如來所說法皆不可取不可說非法非非法所以者何一切賢聖皆以無爲法而有差別 佛告須菩提於意云何如來昔在然燈佛所於法有所得否不也世尊如來在然燈佛所於法實無所得須菩提於意云何菩薩莊嚴佛土否不也世尊何以故莊嚴佛土者即非莊嚴是名莊嚴是故須菩提諸菩薩摩訶薩應如是生清淨心不應住色生心不應住聲香味觸法生心應無所住而生其心 若是經典所在之處即爲有佛若尊重弟子 須菩提於意云何可以三十二相見如來否不也世尊不可以三十二相得見如來何以故如來說三十二相即是非相是名三十二相 世尊若復有人得聞是經信心清淨則生實相當知是人成就第一希有功德世尊是實相者則是非相是故如來說名實相 佛告須菩提菩薩應離一切相發阿耨多羅三藐三菩提心不應住色生心不應住聲香味觸法生心應生無所住心若心有住則爲非住如來說一切諸相即是非相又說一切衆生即非衆生須菩提如來是眞語者實語者如語者不誑語者不異語者須菩提如來所得法此法無實無虛須菩提若菩薩心住於法而行布施如人入闇則無所見若菩薩心不住法而行布施如人有目日光明照見種種色 須菩提以要言之是經有不可思議不可稱量無邊功德如來爲發大乘者說爲發最上乘者說 若樂小法者著我見人見衆生見壽者見則於此經不能聽受讀誦爲人解說 當知是經義不可思議果報亦不可思議 如來者即諸法如義若有人言如來得阿耨多羅三藐三菩提須菩提實無有法佛得阿耨多羅三藐三菩提須菩提如來所得阿耨多羅三藐三菩提於是中無實無虛是故如來說一切法皆是佛法須菩提所言一切法者即非一切法是故名一切法 須菩提若菩薩通達無我法者如來說名眞是菩薩 須菩提於意云何如一恒河中所有沙有如是沙等恒河是諸恒河所有沙數佛世界如是寧爲多否甚多世尊佛告須菩提爾所國土中所有衆生若干種心如來悉知何以故如來說諸心皆爲非心是名爲心所以者何須菩提過去心不可得現在心不可得未來心不可得 須菩提汝勿謂如來作是念我當有所說法莫作是念何以故若人言如來有所說法即爲謗佛不能解我所說故須菩提說法者無法可說是名說法 須菩提我於阿耨多羅三藐三菩提乃至無有少法可得是名阿耨多羅三藐三菩提復次須菩提是法平等無有高下是名阿耨多羅三藐三菩提以無我無人無衆生無壽者修一切善法則得阿耨多羅三藐三菩提須菩提所言善法者如來說即非善法是名善法 汝等勿謂如來作是念我當度衆生須菩提莫作是念何以故實無有衆生如來度者若有衆生如來度者如來則有我人衆生壽

者須菩提如來說有我者則非有我而凡夫之人以爲有我須菩提凡夫者如來說則非凡夫須菩提於意云何可以三十二相觀如來否須菩提言如是如是以三十二相觀如來佛言須菩提若以三十二相觀如來者轉輪聖王則是如來須菩提白佛言世尊如我解佛所說義不應以三十二相觀如來爾時世尊而說偈言

若以色見我　以音聲求我　是人行邪道　不能見如來

須菩提汝若作是念如來不以具足相故得阿耨多羅三藐三菩提須菩提莫作是念如來不以具足相故得阿耨多羅三藐三菩提須菩提汝若作是念發阿耨多羅三藐三菩提心者說諸法斷滅莫作是念何以故發阿耨多羅三藐三菩提心者於法不說斷滅相須菩提若菩薩以滿恒河沙等世界七寶持用布施若復有人知一切法無我得成於忍此菩薩勝前菩薩所得功德

若有人言如來若來若去若坐若卧是人不解我所說義何以故如來者無所從來亦無所去故名如來　如來所說三千大千世界則非世界是名世界何以故若世界實有者則是一合相如來說一合相則非一合相是名一合相須菩提一合相者則是不可說但凡夫之人貪著其事　須菩提發阿耨多羅三藐三菩提心者於一切法應如是知如是見如是信解不生法相須菩提所言法相者如來說即非法相是名法相　云何爲人演說不取於相如如不動何以故

一切有爲法　如夢幻泡影　如露亦如電　應作如是觀

御録經海一滴卷之一

御録經海一滴卷之一

校勘記

一　底本，清藏本。二十卷。無校。

御録經海一滴卷之二　見二

大佛頂如來密因修證了義萬行首楞嚴經

爾時阿難殷勤啓請十方如來得成菩提妙奢摩他三摩禪那最初方便　世尊在大衆中舒金色臂摩阿難頂告示阿難及諸大衆有三摩提名大佛頂首楞嚴王具足萬行十方如來一門超出妙莊嚴路汝今諦聽　阿難汝等當知一切衆生從無始來生死相續皆由不知常住眞心性淨明體用諸妄想此想不眞故有輪轉　汝今欲研無上菩提眞發明性應當直心酬我所問十方如來同一道故出離生死皆以直心心言直故如是乃至終始地位中間永無諸委曲相阿難當汝發心由目觀見如來勝相心生愛樂吾今問汝惟心與目今何所在阿難白佛言世尊我今觀此浮根四塵祇在我面如是識心實居身內佛告阿難汝之心靈一切明了若汝現前所明了心實在身內爾時先合了知內身縱不能見心肝脾胃爪生髮長筋轉脈搖誠合明了如何不知是故應知心在身內無有是處　阿難言我聞如來如是法音悟知我心實居身外佛告阿難若汝覺了知見之心實在身外身心相外自不相干則心所知身不能覺覺在身際心不能知我今示汝兜羅綿手汝眼見時心分別不阿難答言如是世尊佛言若相知者云何在外是故應知心在身外無有是處　阿難言如佛所言不見內故不居身內身心相知不相離故不在身外我今思惟潛伏根裏猶如有人取琉璃椀合其兩眼雖有物合而不留礙彼根隨見隨即分別佛告阿難如汝所言潛根內者猶如琉璃彼人當以琉璃籠眼當見山河見琉璃不世尊是人當以琉璃籠眼實見琉璃佛言汝心若同琉璃合者當見山河何不見眼若見眼者眼即同境不得成隨若不能見云何說言此了知心潛在根內如琉璃合是故應知汝言覺了能知之心潛伏根裏無有是處阿難言世尊我今又作如是思惟是衆生身腑臟在中竅穴居外有藏則暗有竅則明今我對佛開眼見明名爲見外閉眼見暗名爲見內是義云何佛告阿難汝當閉眼見暗之時此暗境界爲與眼對爲不對眼若與眼對暗在眼前云何成內若不對者云何成見是故應知汝言見暗名見內者無有是處　阿難言我嘗聞佛開示四衆由心生故種種法生由法生故種種心生我今思惟隨所合處心則隨有亦非內外中間三處佛告阿難汝今說言由法生故種種心生隨所合處心隨有者是心無體則無所合若有體者爲復一體爲有多體若一體者則汝以手挃一支時四支應覺若咸覺者挃應無在若挃有所一體不成若多體者則成多人何體爲汝是故應知隨所合處心則隨有無有是處　阿難言如世尊言眼色爲緣生於眼識眼有分別色塵無知識生其中則爲心在佛言汝心若在根塵之中此之心體爲復兼二爲不兼二若兼二者物體雜亂物非體知成敵兩立云何爲中兼二不成非知不知即無體性中何爲相是故應知當在中間無有是處　阿難言我昔見佛與四大弟子共轉法輪常言覺

知分別心性既不在内亦不在外不在中間則我無著名爲心不佛告阿難汝言覺知分別心性俱無在者諸所物象名爲一切汝不著者爲在爲無無則同於龜毛兔角云何不著有不著者不可名無無相則無非無即相相有則在云何無著是故應知一切無著名覺知心無有是處爾時阿難即從座起右膝著地合掌恭敬而白佛言我是如來最小之弟蒙佛慈愛雖今出家猶恃憍憐所以多聞未得無漏當由不知眞際所詣惟願世尊大慈哀愍開示我等奢摩他路

佛告阿難一切衆生從無始來種種顛倒業種自然如惡叉聚諸修行人不能得成無上菩提乃至別成聲聞緣覺及成外道諸天魔王及魔眷屬皆由不知二種根本錯亂修習猶如煮沙欲成嘉饌縱經塵劫終不能得云何二種阿難一者無始生死根本則汝今者與諸衆生用攀緣心爲自性者二者無始菩提涅槃元清淨體則汝今者識精元明能生諸緣緣所遺者由諸衆生遺此本明雖終日行而不自覺枉入諸趣

爾時世尊開示阿難及諸大衆欲令心入無生法忍於師子座摩阿難頂而告之言如來常說諸法所生惟心所現一切因果世界微塵因心成體阿難若諸世界一切所有其中乃至草葉縷結詰其根元咸有體性縱令虛空亦有名貌何況清淨妙淨明心性一切心而自無體若汝執悋分別覺觀所了知性必爲心者此心即應離諸一切色香味觸諸塵事業別有全性如汝今者承聽我法此則因聲而有分別縱滅一切見聞覺知内守幽閑猶爲法塵分別影事我非勅汝執爲非心但汝於心微細揣摩若離前塵有分別性即眞汝心若分別性離塵無體斯則前塵分別影事塵非常住若變滅時此心則同龜毛兔角則汝法身同於斷滅其誰修證無生法忍

於是如來普告大衆若復衆生以搖動者名之爲塵以不住者名之爲客汝觀阿難頭自動搖見無所動又汝觀我手自開合見無舒卷云何汝今以動爲身以動爲境從始洎終念念生滅遺失眞性顛倒行事性心失眞認物爲己輪廻是中自取流轉

佛興慈悲哀愍阿難及諸大衆發海潮音徧告同會諸善男子我常說言色心諸緣及心所使諸所緣法惟心所現汝身汝心皆是妙明眞精妙心中所現物云何汝等遺失本妙圓妙明心寶明妙性認悟中迷晦昧爲空空晦暗中結暗爲色色雜妄想想相爲身聚緣内搖趣外奔逸昏擾擾相以爲心性一迷爲心決定惑爲色身之内不知色身外洎山河虛空大地咸是妙明眞心中物譬如澄清百千大海棄之惟認一浮漚體目爲全潮窮盡瀛渤汝等即是迷中倍人如來說爲可憐愍者　佛告阿難且汝見我見精明元此見雖非妙精明心如第二月非是月影汝應諦聽今當示汝無所還地阿難此大講堂洞開東方日輪升天則有明耀中夜黑月雲霧晦暝則復昏暗戶牖之隙則復見通牆宇之間則復觀壅分別之處則復見緣頑虛之中遍是空性鬱埣之象則紆昏塵澄霽斂氛又觀清

淨阿難汝咸看此諸變化相吾今各還本所因處阿難此諸變化明還日輪何以故無日不明明因屬日是故還日暗還黑月通還戶牖壅還牆宇緣還分別頑虛還空鬱埻還塵清明還霽則諸世間一切所有不出斯類汝見八種見精明性當欲誰還何以故若還於明則不明時無復見暗雖明暗等種種差別見無差別諸可還者自然非汝不汝還者非汝而誰則知汝心本妙明淨汝自迷悶喪本受輪於生死中常被漂溺是故如來名可憐愍　一切衆生從無始來迷己爲物失於本心爲物所轉故於是中觀大觀小若能轉物則同如來身心圓明不動道場於一毛端徧能含受十方國土

佛告文殊及諸大衆十方如來及大菩薩於其自住三摩地中見與見緣并所想相如虛空華本無所有此見及緣元是菩提妙淨明體云何於中有是非是文殊吾今問汝如汝文殊更有文殊是文殊者爲無文殊文殊言如是世尊我真文殊無是文殊何以故若有是者則二文殊然我今日非無文殊於中實無是非二相佛言此見妙明與諸空塵亦復如是本是妙明無上菩提淨圓真心妄爲色空及與聞見如第二月誰爲是月又誰非月文殊但一月真中間自無是月非月

阿難白佛言世尊亦曾於楞伽山爲大慧等敷演斯義彼外道等常說自然我說因緣非彼境界我今觀此覺性自然非生非滅似非因緣云何開示不入羣邪佛告阿難我今如是開示方便真實告汝汝猶未悟惑爲自然阿難若必自然自須甄明有自然體汝且觀此妙明見中以何爲自此見爲復以明爲自以暗爲自以空爲自以塞爲自阿難若明爲自應不見暗若復以空爲自體者應不見塞如是乃至諸暗等相以爲自者則於明時見性斷滅云何見明阿難汝言因緣吾復問汝汝今因見見性現前此見爲復因明有見因暗有見因空有見因塞有見阿難若因明有應不見暗如因暗有應不見明如是乃至因空因塞同於明暗復次阿難此見又復緣明有見緣暗有見緣空有見緣塞有見阿難若緣空有應不見塞若緣塞有應不見空如是乃至緣明緣暗同於空塞當知如是精覺妙明非因非緣亦非自然非不自然無非不非無是非是離一切相即一切法汝今云何於中措心以諸世間戲論名相而得分別如以手掌撮摩虛空秖益自勞虛空云何隨汝執捉是故阿難汝今當知見明之時見非是明見暗之時見非是暗見空之時見非是空見塞之時見非是塞四義成就汝復應知見見之時見非是見見猶離見見不能及云何復說因緣自然及和合相　若能遠離諸和合緣及不和合則復滅除諸生死因圓滿菩提不生滅性清淨本心本覺常住阿難汝猶未明一切浮塵諸幻化相當處出生隨處滅盡幻妄稱相其性真爲妙覺明體如是乃至五陰六入從十二處至十八界因緣和合虛妄有生因緣別離虛妄名滅殊不能知生滅去來本如來藏常住妙明不動周圓妙真如性性真常中求於去來迷悟生死了無所得

阿難譬如有人以清淨目觀晴明空性一晴虛迥無所有其人無故不動目睛瞪以發勞則於虛空別見狂華復有一切狂亂非相色陰當知亦復如是

阿難譬如有人手足宴安百骸調適忽如忘生性無違順其人無故以二手掌於空相摩於二手中妄生澀滑冷熱諸相受陰當知亦復如是

阿難譬如有人談說酢梅口中水出思蹋懸崖足心酸澀想陰當知亦復如是

阿難譬如瀑流波浪相續前際後際不相踰越行陰當知亦復如是

阿難譬如有人取頻伽瓶塞其兩孔滿中擎空千里遠行用餉他國識陰當知亦復如是

阿難白佛言世尊如來常說和合因緣一切世間種種變化皆因四大和合發明云何如來因緣自然二俱排擯我今不知斯義所屬惟垂哀愍開示衆生中道了義無戲論法爾時世尊告阿難言汝先厭離聲聞緣覺諸小乘法發心勤求無上菩提故我今時爲汝開示第一義諦如何復將世間戲論妄想因緣而自纏繞汝雖多聞如說藥人真藥現前不能分別如來說爲真可憐愍汝今諦聽吾當爲汝分別開示亦令當來修大乘者通達實相阿難默然承佛聖旨阿難如汝所言四大和合發明世間種種變化阿難若彼大性體非和合則不能與諸大雜和猶如虛空不和諸色若和合者同於變化始終相成生滅相續生死死生生生死死如旋火輪未有休息

阿難如水成冰冰還成水汝觀地性麤爲大地細爲微塵至隣虛塵析彼極微色邊際相七分所成更析隣虛即實空性阿難若此隣虛析成虛空當知虛空出生色相汝今問言由和合故出生世間諸變化相汝且觀此一鄰虛塵用幾虛空和合而有不應鄰虛合成鄰虛又鄰虛塵析入空者用幾色相合成虛空若色合時合色非空若空合時合空非色色猶可析空云何合汝元不知如來藏中性色真空性空真色清淨本然周徧法界隨衆生心應所知量循業發現世間無知惑爲因緣及自然性皆是識心分別計度但有言說都無實義

佛言富樓那如汝所言清淨本然云何忽生山河大地汝常不聞如來宣說性覺妙明本覺明妙富樓那言唯然世尊我常聞佛宣說斯義佛言汝稱覺明爲復性明稱名爲覺爲覺不明稱爲明覺富樓那言若此不明名爲覺者則無所明佛言若無所明則無明覺有所非覺無所非明無明又非覺湛明性性覺必明妄爲明覺覺非所明因明立所所既妄立生汝妄能　無同異中熾然成異異彼所異因異立同同異發明因此復立無同無異如是擾亂相待生勞勞久發塵自相渾濁由是引起塵勞煩惱　富樓那言若此妙覺本妙覺明與如來心不增不減無狀忽生山河大地諸有爲相如來今得妙空明覺山河大地有爲習漏何當復生佛告富樓那譬如迷人於一聚落惑南爲北此迷爲復因迷而有因悟所出富樓那言如是迷人亦不因迷又不因悟何以故迷本無根云何因迷悟非生

迷云何因悟佛言彼之迷人正在迷時倏有悟人指示令悟富樓那於意云何此人縱迷於此聚落更生迷不不也世尊富樓那十方如來亦復如是此迷無本性畢竟空昔本無迷似有迷覺覺迷迷滅覺不生迷亦如翳人見空中華翳病若除華於空滅忽有愚人於彼空華所滅空地待華更生汝觀是人爲愚爲慧富樓那言空元無華妄見生滅見華滅空已是顛倒勑令更出斯實狂癡云何更名如是狂人爲愚爲慧佛言如汝所解云何問言諸佛如來妙覺明空何當更出山河大地又如金鑛雜於精金其金一純更不成雜如木成灰不重爲木諸佛如來菩提涅槃亦復如是　富樓那又汝問言地水火風本性圓融周徧法界疑水火性不相凌滅又徵虛空及諸大地俱徧法界不合相容富樓那譬如虛空體非羣相而不拒彼諸相發揮　富樓那汝以色空相傾相奪於如來藏而如來藏隨爲色空周徧法界是故於中風動空澄日明雲暗衆生迷悶背覺合塵故發塵勞有世間相我以妙明不滅不生合如來藏而如來藏惟妙覺明圓照法界是故於中一爲無量無量爲一小中現大大中現小不動道場徧十方界身含十方無盡虛空於一毛端現寶王剎坐微塵裏轉大法輪滅塵合覺故發真如妙覺明性而如來藏本妙圓心非心非空非地非水非風非火非眼非耳鼻舌身意非色非聲香味觸法如是乃至非大涅槃非常非樂非我非淨以是俱非世出世故即如來藏元明心妙即心即空即地即水即風即火即眼即耳鼻舌身意即色即聲香味觸法如是乃至即大涅槃即常即樂即我即淨以是俱即世出世故即如來藏妙明心元離即離非是即非即　譬如琴瑟箜篌琵琶雖有妙音若無妙指終不能發汝與衆生亦復如是寶覺真心各各圓滿如我按指海印發光汝暫舉心塵勞先起由不勤求無上覺道愛念小乘得少爲足富樓那言我與如來寶覺圓明真妙淨心無二圓滿而我昔遭無始妄想久在輪迴今得聖乘猶未究竟世尊諸妄一切圓滅獨妙真常敢問如來一切衆生何因有妄自蔽妙明受此淪溺佛告富樓那汝雖除疑餘惑未盡吾以世間現前諸事今復問汝汝豈不聞室羅城中演若達多忽於晨朝以鏡照面愛鏡中頭眉目可見瞋責己頭不見面目以爲魑魅無狀狂走於意云何此人何因無故狂走富樓那言是人心狂更無他故佛言妙覺明圓本圓明妙既稱爲妄云何有因若有所因云何名妄自諸妄想展轉相因從迷積迷以歷塵劫雖佛發明猶不能返如是迷因因迷自有識迷無因妄無所依尚無有生欲何爲滅得菩提者如寤時人說夢中事心縱精明欲何因緣取夢中物況復無因本無所有如彼城中演若達多豈有因緣自怖頭走忽然狂歇頭非外得縱未歇狂亦何遺失富樓那妄性如是因何爲在汝但不隨三種相續三緣斷故三因不生則汝心中狂性自歇歇即菩提不從人得　譬如有人於自衣中繫如意珠不自覺知窮露他方乞食馳走雖實貧窮珠不曾失忽有智者指示

其珠所願從心致大饒富方悟神珠非從外得

佛告阿難即如城中演若達多狂性因緣若得滅除則不狂性自然而出因緣自然理窮於是　若悟本頭識知狂走因緣自然俱爲戲論是故我言三緣斷故即菩提心菩提心生生滅心滅此但生滅滅生俱盡無功用道若有自然如是則明自然心生生滅心滅此亦生滅無生滅者名爲自然猶如世間諸相雜和成一體者名和合性非和合者稱本然性本然非然和合非合合然俱離離合俱非此句方名無戲論法菩提涅槃尚在遥遠非汝歷劫辛勤修證雖復憶持十方如來十二部經清淨妙理如恒河沙只益戲論　今汝且觀現前六根爲一爲六阿難若言一者耳何不見目何不聞頭奚不履足奚無語若此六根決定成六如我今會與汝宣揚微妙法門汝之六根誰來領受阿難言我用耳聞佛言汝耳自聞何關身口口來問義身起欽承是故應知非一終六非六終一終不汝根元一元六阿難當知是根非一非六由無始來顛倒淪替故於圓湛一六義生汝須陀洹雖得六銷猶未亡一如太虚空參合羣器由器形異名之異空除器觀空說空爲一彼太虚空云何爲汝成同不同何況更名是一非一則汝了知六受用根亦復如是　汝但不循動静合離恬變通塞生滅明暗如是十二諸有爲相隨拔一根脱粘内伏伏歸元真發本明耀耀性發明諸餘五粘應拔圓脱不由前塵所起知見明不循根寄根明發由是六根互相爲用　阿難今汝諸根若圓拔已内瑩發光如是浮塵及器世間諸變化相如湯銷冰應念化成無上知覺阿難如彼世人聚見於眼若令急合暗相現前六根黯然頭足相類彼人以手循體外繞彼雖不見頭足一辨知覺是同緣見因明暗成無見不明自發則諸暗相永不能昏根塵既銷云何覺明不成圓妙　以諸衆生從無始來循諸色聲逐念流轉曾不開悟性淨妙常不循所常逐諸生滅由是生生雜染流轉若棄生滅守於真常常光現前根塵識心應時銷落想相爲塵識情爲垢二俱遠離則汝法眼應時清明云何不成無上知覺

爾時世尊告阿難言汝欲識知俱生無明使汝輪轉生死結根惟汝六根更無他物汝復欲知無上菩提令汝速證安樂解脱寂静妙常亦汝六根更非他物根塵同源縛脱無二識性虚妄猶如空華阿難由塵發知因根有相相見無性同於交蘆是故汝今知見立知即無明本知見無見斯即涅槃無漏真淨云何是中更容他物爾時世尊欲重宣此義而説偈言

真性有爲空　緣生故如幻　無爲無起滅
不實如空華　言妄顯諸真　妄真同二妄
猶非真非真　云何見所見　中間無實性
是故若交蘆　結解同所因　聖凡無二路
汝觀交中性　空有二俱非　迷晦即無明
發明便解脱　解結因次第　六解一亦亡
根選擇圓通　入流成正覺　陀那微細識
習氣成暴流　真非真恐迷　我常不開演

自心取自心　非幻成幻法　不取無非幻
非幻尚不生　幻法云何立　是名妙蓮華
金剛王寶覺　如幻三摩提　彈指超無學
此阿毘達摩　十方薄伽梵　一路涅槃門

爾時觀世音菩薩即從座起頂禮佛足而白佛言世尊憶念我昔無數恒河沙劫於時有佛出現於世名觀世音我於彼佛發菩提心彼佛教我從聞思修入三摩地初於聞中入流亡所所入既寂動靜二相了然不生如是漸增聞所聞盡盡聞不住覺所覺空空覺極圓空所空滅生滅既滅寂滅現前忽然超越世出世間十方圓明獲二殊勝一者上合十方諸佛本妙覺心與佛如來同一慈力二者下合十方一切六道衆生與諸衆生同一悲仰世尊由我供養觀音如來蒙彼如來授我如幻聞熏聞修金剛三昧與佛如來同慈力故令我身成三十二應入諸國土與諸衆生同悲仰故令諸衆生於我身心獲十四種無畏功德

爾時世尊告文殊師利我今欲令阿難開悟何方便門得易成就文殊師利法王子奉佛慈旨即從座起頂禮佛足承佛威神說偈對佛

覺海性澄圓　圓澄覺元妙　元明照生所
所立照性亡　迷妄有虛空　依空立世界
想澄成國土　知覺乃衆生　空生大覺中
如海一漚發　有漏微塵國　皆依空所生
漚滅空本無　況復諸三有　歸元性無二
方便有多門　聖性無不通　順逆皆方便
初心入三昧　遲速不同倫　我今白世尊
佛出娑婆界　此方真教體　清淨在音聞
欲取三摩提　實以聞中入　離苦得解脫
良哉觀世音　於恒沙劫中　入微塵佛國
得大自在力　無畏施衆生　妙音觀世音
梵音海潮音　救世悉安寧　出世獲常住
我今啓如來　如觀音所說　譬如人靜居
十方俱擊鼓　十處一時聞　此則圓真實
目非觀障外　口鼻亦復然　身以合方知
心念紛無緒　隔垣聽音響　遐邇俱可聞
五根所不齊　是則通真實　音聲性動靜
聞中爲有無　無聲號無聞　非實聞無性
聲無既無滅　聲有亦非生　生滅二圓離
是則常真實　縱令在夢想　不爲不思無
覺觀出思惟　身心不能及　今此娑婆國
聲論得宣明　衆生迷本聞　循聲故流轉
阿難縱强記　不免落邪思　豈非隨所淪
旋流獲無妄　阿難汝諦聽　我承佛威力
宣說金剛王　如幻不思議　佛母真三昧
汝聞微塵佛　一切祕密門　欲漏不先除
畜聞成過誤　將聞持佛佛　何不自聞聞
聞非自然生　因聲有名字　旋聞與聲脫
能脫欲誰名　一根既返源　六根成解脫
見聞如幻翳　三界若空華　聞復翳根除
塵銷覺圓淨　淨極光通達　寂照含虛空
却來觀世間　猶如夢中事　摩登伽在夢
誰能留汝形　如世巧幻師　幻作諸男女
雖見諸根動　要以一機抽　息機歸寂然
諸幻成無性　六根亦如是　元依一精明
分成六和合　一處成休復　六用皆不成
塵垢應念銷　成圓明淨妙　餘塵尚諸學

明極即如來　大衆及阿難　旋汝倒聞機
反聞聞自性　性成無上道　圓通實如是
此是微塵佛　一路涅槃門　過去諸如來
斯門已成就　現在諸菩薩　今各入圓明
未來修學人　當依如是法　我亦從中證
非惟觀世音

即時阿難及諸大衆得蒙開示心慮虛凝斷除三界修心六品微細煩惱而白佛言大威德世尊善開衆生微細沉惑令我身心得大饒益世尊若此妙明真淨妙心本來徧圓即是如來成佛真體佛體真實云何復有地獄餓鬼畜生修羅人天等道佛告阿難如是地獄餓鬼畜生人及神仙天洎修羅精研七趣皆是昏沉諸有爲相妄想受生妄想隨業於妙圓明無作本心皆如空華元無所著但一虛妄更無根緒阿難此等衆生不識本心受此輪迴經無量劫不得真淨皆由隨順殺盜淫故反此三種又則出生無殺盜淫有名鬼倫無名天趣有無相傾起輪迴性若得妙發三摩提者則妙常寂有無二無無二亦滅尚無不殺不偷不淫云何更隨殺盜淫事阿難不斷三業各各有私因各各私衆私同分非無定處自妄發生生妄無因無可尋究汝勗修行欲得菩提要除三惑不盡三惑縱得神通皆是世間有爲功用習氣不滅落於魔道雖欲除妄倍加虛僞如來說爲可哀憐者汝妄自造非菩提咎作是說者名爲正說若他說者即魔王說

是二　十八

爾時如來將罷法座普告大衆及阿難言汝等當知有漏世界十二類生本覺妙明覺圓心體與十方佛無二無別由汝妄想迷理爲咎癡愛發生生發徧迷故有空性化迷不息有世界生則此十方微塵國土非無漏者皆是迷頑妄想安立當知虛空生汝心內猶如片雲點太清裏況諸世界在虛空耶汝等一人發真歸元此十方空皆悉銷殞云何空中所有國土而不振裂汝輩修禪飾三摩地十方菩薩及諸無漏大阿羅漢心精通溜當處湛然一切魔王及與鬼神諸凡夫天見其宮殿無故崩裂大地振坼水陸飛騰無不驚慴凡夫昏暗不覺遷訛彼等咸得五種神通惟除漏盡戀此塵勞如何令汝摧裂其處是故神鬼及諸天魔魍魎妖精於三昧時僉來惱汝然彼諸魔雖有大怒彼塵勞內汝妙覺中如風吹光如刀斷水了不相觸汝如沸湯彼如堅冰煖氣漸隣不日消殞徒恃神力但爲其客成就破亂由汝心中五陰主人主人若迷客得其便當處禪那覺悟無惑則彼魔事無奈汝何陰消入明則彼羣邪咸受幽氣明能破暗近自消殞如何敢留擾亂禪定若不明悟被陰所迷則汝阿難必爲魔子成就魔人如摩登伽殊爲眇劣彼惟咒汝破佛律儀八萬行中只毀一戒心清淨故尚未淪溺此乃隳汝寶覺全身如宰臣家忽逢籍沒宛轉零落無可哀救阿難當知汝坐道場銷落諸念其念若盡則諸離念一切精明動靜不移憶忘如一當住此處入三摩地如明目人處大幽暗精性妙淨心未發光此則名爲色陰區宇若目明朗十方洞開無復幽黯名色陰盡是人則能超越劫濁觀其所由堅固妄想

是二　十九

以爲其本　阿難彼善男子修三摩提奢摩他中色陰盡者見諸佛心如明鏡中顯現其像若有所得而未能用猶如魘人手足宛然見聞不惑心觸客邪而不能動此則名爲受陰區宇若魘咎歇其心離身反觀其面去住自由無復留礙見二名受陰盡是人二十則能超越見濁觀其所由虛明妄想以爲其本　阿難彼善男子修三摩地受陰盡者雖未漏盡心離其形如鳥出籠已能成就從是凡身上歷菩薩六十聖位得意生身隨往無礙譬如有人熟寐寱言是人雖則無別所知其言已成音韻倫次令不寐者咸悟其語此則名爲想陰區宇若動念盡浮想消除於覺明心如去塵垢一倫生死首尾圓照名想陰盡是人則能超煩惱濁觀其所由融通妄想以爲其本

阿難彼善男子修三摩地想陰盡者是人平常夢想消滅寤寐恒一覺明虛靜猶如晴空無復麤重前塵影事觀諸世間大地山河如鏡鑑明來無所粘過無蹤跡虛受照應了罔陳習惟一精眞生滅根元從此披露見諸十方十二衆生畢殫其類雖未通其各命由緒見同生基猶如野馬熠熠清擾爲浮根塵究竟樞穴此則名爲行陰區宇若此清擾熠熠元性性入元澄一澄元習如波瀾滅化爲澄水名行陰盡是人則能超衆生濁觀其所由幽隱妄想見二以爲其本　阿難彼二十一善男子修三摩地行陰盡者諸世間性幽清擾動同分生機倏然隳裂沉細綱紐補特伽羅酬業深脉感應懸絕於涅槃天將大明悟如雞後鳴瞻顧東方已有精色六根虛靜無復馳逸內外湛明入無所入深達十方十二種類受命元由觀由執元諸類不召於十方界已獲其同精色不沉發現幽祕此則名爲識陰區宇若於羣召已獲同中銷磨六門合開成就見聞通鄰互用清淨十方世界及與身心如吠琉璃内外明徹名識陰盡是人則能超越命濁觀其所由罔象虛無顛倒妄想以爲其本

阿難汝等存心秉如來道將此法門於我滅後傳示末世普令衆生覺了斯義無令見魔自作沉孽保綏哀救消息邪緣令其身心入佛知見從始成就不遭岐路如是法門先過去世恒沙劫中微塵如來乘此心開得無上道識陰若盡則汝現前諸根互用從互用中能入菩薩金剛乾慧圓明精心於中發化如淨琉璃内含寶月如是乃超十信十住十行十回向四加行心菩薩所行金剛十地等覺圓明入於如來妙莊嚴海圓滿菩提歸無所得

阿難精眞妙明本覺圓淨非留死生及諸塵垢乃至虛空皆因妄想之所生起斯元本覺妙明精眞妄以發生諸器世間如演若多迷頭認影妄元無因於妄想中立因緣性迷因緣者稱爲自然彼虛空性猶實幻生因緣自然皆是衆生妄心計度阿難知妄所起說妄因緣若妄元無說妄因緣元無所有何況不知推自然者見二是故如來與汝發二十二明五陰本因同是妄想汝體先因父母想生汝心非想則不能來想中傳命如我先言心想酢味口中涎出心想登高足心酸起懸崖不有酢物未來汝體必非虛妄通倫口水如何因談酢出

是故當知汝現色身名爲堅固第一妄想即此所說臨高想心能令汝形真受酸澀由因受生能動色體汝今現前順益違損二現驅馳名爲虛明第二妄想　由汝念慮使汝色身身非念倫汝身何因隨念所使種種取像心生形取與念相應寤即想心寐爲諸夢則汝想念摇動妄情名爲融通第三妄想化理不住運運密移甲長髮生氣消容皺日夜相代曾無覺悟阿難此若非汝云何體遷如必是真汝何無覺則汝諸行念念不停名爲幽隱第四妄想　又汝精明湛不搖處名恒常者於身不出見聞覺知若實精真不容習妄何因汝等曾於昔年覩一奇物經歷年歲憶忘俱無於後忽然覆覩前異記憶宛然曾不遺失則於精了湛不搖中念念受熏有何籌算　阿難當知此湛非真如急流水望如恬靜流急不見非是無流若非想元寧受妄習非汝六根互用合開此之妄想無時得滅故汝現在見聞覺知中串習機則湛了内罔象虛無第五顛倒細微精想　阿難是五受陰五妄想成汝今欲知因界淺深惟色與空是色邊際惟觸及離是受邊際惟記與忘是想邊際惟滅與生是行邊際湛入合湛歸識邊際此五陰元重疊生起生因識有滅從色除理則頓悟乘悟併消事非頓除因次第盡我已示汝劫波巾結　汝應將此妄想根元心得開通傳示將來末法之中諸修行者令識虛妄深厭自生知有涅槃不戀三界

阿難此佛頂光聚悉怛多般怛囉祕密伽陀出生十方一切諸佛十方如來因此咒心得成無上正徧知覺十方如來執此咒心降伏諸魔制諸外道十方如來乘此咒心坐寶蓮華應微塵國十方如來含此咒心於微塵國轉大法輪　阿難若復有人徧滿十方所有虛空盈滿七寶持以奉上微塵諸佛承事供養心無虛度若復有人身具四重十波羅夷瞬息即經此方地方阿鼻地獄能以一念將此法門於末劫中開示未學是人罪障應念消滅變其所受地獄苦因成安樂國得福超越前之施人百倍千倍千萬億倍如是乃至算數譬喻所不能及阿難若有衆生能誦此經能持此咒如我廣說窮劫不盡依我教言如教行道直成菩提無復魔業

御録經海一滴卷之二

維摩詰所說經

佛國品第一

一時佛在毘耶離菴羅樹園與無量百千之眾恭敬圍繞而爲說法爾時毘耶離城有長者子名曰寶積與五百長者子俱持七寶蓋來詣佛所頭面禮足各以其蓋共供養佛佛之威神令諸寶蓋合成一蓋徧覆三千大千世界而此世界廣長之相悉於中現爾時一切大眾合掌禮佛瞻仰尊顏目不暫捨長者子寶積即於佛前以偈頌曰

法王法力超羣生　常以法財施一切
能善分別諸法相　於第一義而不動
已於諸法得自在　是故稽首此法王
說法不有亦不無　以因緣故諸法生
三轉法輪於大千　其輪本來常清淨
天人得道此爲證　三寶於是現世間
以斯妙法濟羣生　一受不退常寂然
佛以一音演說法　眾生隨類各得解
稽首能斷眾結縛　稽首已到於彼岸
悉知眾生來去相　善於諸法得解脫
不著世間如蓮華　常善入於空寂行
達諸法相無罣礙　稽首如空無所依

爾時長者子寶積說此偈已白佛言世尊惟願世尊說諸菩薩淨土之行佛言寶積眾生之類是菩薩佛土所以者何菩薩取於淨國皆爲饒益諸眾生故譬如有人欲於空地造立宮室隨意無礙若於虛空終不能成菩薩如是爲成就眾生故願取佛國願取佛國者非於空也是故寶積若菩薩欲得淨土當淨其心隨其心淨則佛土淨爾時舍利弗承佛威神作是念若菩薩心淨則佛土淨者我世尊本爲菩薩時意豈不淨而是佛土不淨若此佛知其念即告之言於意云何日月豈不淨耶而盲者不見對曰不也世尊是盲者過非日月咎舍利弗眾生罪故不見如來國土嚴淨非如來咎舍利弗我此土淨而汝不見

方便品第二

爾時毘耶離大城中有長者名維摩詰已曾供養無量諸佛深植善本得無生忍辯才無礙遊戲神通逮諸總持獲無所畏善於智度通達方便大願成就明了眾生心之所趣欲度人故以善方便居毘耶離無量方便饒益眾生其以方便現身有疾以其疾故國王大臣長者居士皆往問疾其往者維摩詰因以身疾廣爲說法諸仁者是身無常此可患厭當樂佛身所以者何佛身者即法身也從無量功德智慧生從戒定慧解脫解脫知見生從慈悲喜捨生從布施持戒忍辱柔和勤行精進禪定解脫三昧多聞智慧諸波羅蜜生從方便生從六通生從三明生從三十七道品生從止觀生從十力四無所畏十八不共法生從斷一切不善法集一切善法生從真實生從不放逸生從如是無量清淨法生如來身諸仁者欲得佛身斷一切眾生病者當發阿耨多羅三藐三菩提心

弟子品第三

爾時長者維摩詰自念寢疾於牀世尊大慈寧不垂愍佛知其意即告舍利弗汝行詣維摩詰問疾　舍利弗白佛言世尊我不堪任

詰彼問疾所以者何憶念我昔曾於林中宴坐樹下時維摩詰來謂我言唯舍利弗不必是坐爲宴坐也夫宴坐者不於三界現身意是爲宴坐不起滅定而現諸威儀是爲宴坐不捨道法而現凡夫事是爲宴坐心不住内亦不在外是爲宴坐於諸見不動而修行三十七品是爲宴坐不斷煩惱而入涅槃是爲宴坐若能如是坐者佛所印可　目犍連白佛言世尊憶念我昔入毘耶離大城於里巷中爲諸居士説法時維摩詰來謂我言唯大目連夫説法者當如法説法無衆生離衆生垢故法無有我離我垢故法無壽命離生死故法無名字言語斷故法無形相如虚空故法無分別離諸識故法無有比無相待故法同法性入諸法故法隨於如無所隨故法住實際諸邊不動故法無動揺不依六塵故法無去來常不住故法無高下法常住不動法離一切觀行法相如是豈可説乎夫説法者無説無示其聽法者無聞無得譬如幻士爲幻人説法當建是意而爲説法當了衆生根有利鈍善於知見無所罣礙以大悲心讃於大乘念報佛恩不斷三寶然後説法　迦葉白佛言世尊憶念我昔於貧里而行乞時維摩詰來謂我言唯大迦葉有慈悲心而不能普捨豪富從貧乞迦葉住平等法應次行乞食爲不食故應行乞食爲壞和合相故應取摶食爲不受故應受彼食若能不捨八邪入八解脱以邪相入正法以一食施一切供養諸佛及衆賢聖然後可食如是食者非有煩惱非離煩惱非入定意非起定意非住世間非住涅槃其有施者無大福無小福不爲益不爲損是爲正入佛道不依聲聞若如是食爲不空食人之施也　須菩提白佛言世尊憶念我昔入其舍從乞食時維摩詰取我鉢盛滿飯謂我言唯須菩提若能於食等者諸法亦等諸法等者於食亦等如是行乞乃可取食非凡夫非離凡夫法非聖人非不聖人雖成就一切法而離諸法相乃可取食不見佛不聞法彼外道六師是汝之師因其出家彼師所墮汝亦隨墮乃可取食入諸邪見不到彼岸住於八難不得無難同於煩惱離清淨法汝得無諍三昧一切衆生亦得是定其施汝者不名福田供養汝者墮三惡道汝與衆魔及諸塵勞等無有異於一切衆生而有怨心謗諸佛毁於法不入衆數終不得滅度汝若如是乃可取食時我世尊聞此茫然不識是何言不知以何答便置鉢欲出其舍維摩詰言唯須菩提取鉢勿懼於意云何如來所作化人若以是事詰寧有懼不我言不也維摩詰言一切諸法如幻化相汝今不應有所懼也所以者何一切言説不離是相至於智者不著文字故無所懼何以故文字性離無有文字是則解脱解脱相者則諸法也　富樓那白佛言世尊憶念我昔於大林中在一樹下爲諸新學比丘説法時維摩詰來謂我言唯富樓那先當入定觀此人心然後説法無以穢食置於寶器當知是比丘心之所念無以瑠璃同彼水精汝不能知衆生根源無得發起以小乘法彼自無瘡勿傷之也欲行大道莫示小徑無以大海内於牛跡無以

日光等彼螢火此比丘久發大乘心中忘此意如何以小乘法而教導之我觀小乘智慧微淺猶如盲人不能分別一切衆生根之利鈍　迦旃延白佛言世尊憶念昔者佛爲諸比丘畧說法要我即於後敷演其義謂無常義苦義空義無我義寂滅義時維摩詰來謂我言唯迦旃延無以生滅心行說實相法諸法畢竟不生不滅是無常義五受陰洞達空無所起是苦義諸法究竟無所有是空義於我無我而不二是無我義法本不然今則無滅是絕滅義　阿那律白佛言世尊憶念我昔於一處經行時有梵王名曰嚴淨稽首作禮問我言幾何阿那律天眼所見我即答言仁者吾見此釋迦牟尼佛土三千大千世界如觀掌中菴摩勒果時維摩詰來謂我言唯阿那律天眼所見爲作相耶無作相耶假使作相則與外道五通等若無作相即是無爲不應有見有佛世尊得眞天眼常在三昧悉見諸佛國不以二相　優波離白佛言世尊憶念昔者有二比丘犯律行以爲恥不敢問佛來問我言願解疑悔得免斯咎我即爲其如法解說時維摩詰來謂我言唯優波離無重增此二比丘罪當直除滅勿擾其心所以者何彼罪性不在內不在外不在中間如佛所說心垢故衆生垢心淨故衆生淨心亦不在內不在外不在中間如其心然罪垢亦然諸法亦然不出於如妄想是垢無妄想是淨顛倒是垢無顛倒是淨取我是垢不取我是淨一切法生滅不住如幻如電諸法不相待乃至一念不住諸法皆妄見如燄如水中月如鏡中像以妄想生其知此者是名奉律其知此者是名善解　羅睺羅白佛言世尊憶念昔時毘耶離諸長者子稽首作禮問我言其出家者有何等利我即如法爲說出家功德之利時維摩詰來謂我言唯羅睺羅不應說出家功德之利所以者何無利無功德是爲出家有爲法者可說有利有功德夫出家者爲無爲法無爲法中無功德夫出家者無彼無此亦無中間離六十二見處於涅槃摧諸外道超越假名出淤泥無繫著無我所無所受隨禪定離衆過若能如是是眞出家於是維摩詰語諸長者子汝等於正法中宜共出家所以者何佛世難值諸長者子言居士我聞佛言父母不聽不得出家維摩詰言然汝等便發阿耨多羅三藐三菩提心是即出家是即具足　阿難白佛言世尊憶念昔時世尊身小有疾當用牛乳我即持鉢詣大婆羅門家時維摩詰來謂我言唯阿難何爲晨朝持鉢住此我言居士世尊身有小疾當用牛乳故來至此維摩詰言止止阿難莫作是語諸如來身即是法身非思欲身佛爲世尊過於三界佛身無漏諸漏已盡佛身無爲不墮諸數如此之身當有何疾時我世尊實懷慚愧即聞空中聲曰阿難如居士言但爲佛出五濁惡世現行斯法度脫衆生行矣阿難取乳勿慚世尊維摩詰智慧辯才爲若此也如是五百大弟子各各向佛說其本緣稱述維摩詰所言皆曰不任詣彼問疾

菩薩品第四

彌勒白佛言世尊憶念我昔爲兜率天王及

共眷屬說不退轉地之行時維摩詰來謂我言彌勒世尊授仁者記一生當得阿耨多羅三藐三菩提爲用何生得受記乎過去耶未來耶現在耶若過去生過去生已滅若未來生未來生未至若現在生現在生無住如佛所說比丘汝今即時亦生亦滅若以無生得受記者無生即是正位於正位中亦無受記亦無得阿耨多羅三藐三菩提云何彌勒受一生記乎爲從如生得受記耶爲從如滅得受記耶若以如生得受記者如無有生若以如滅得受記者如無有滅一切衆生皆如也一切法亦如也衆聖賢亦如也至於彌勒亦如也若彌勒得受記者一切衆生亦應受記所以者何夫如者不二不異若彌勒得阿耨多羅三藐三菩提者一切衆生皆亦應得所以者何一切衆生即菩提相若彌勒得滅度者一切衆生亦當滅度所以者何畢竟寂滅即涅槃相不復更滅當令此諸天子捨於分別菩提之見所以者何菩提者不可以身得不可以心得　光嚴白佛言世尊憶念我昔出毗耶離大城時維摩詰方入城我即爲作禮而問言居士從何所來答我言吾從道場來我問道場者何所是答曰直心深心發行菩提心布施持戒忍辱精進禪定智慧慈悲喜捨神通解脫方便多聞三十七品四諦緣起力無畏不共法如上盡是道場成就一切智故如是善男子菩薩若應諸波羅密教化衆生諸有所作舉足下足當知皆從道場來住於佛法矣　持世白佛言世尊憶念我昔住於靜室時魔波旬從萬二千天女來詣我所即語我言正士受是萬二千天女可備掃灑我言無以此非法之物要我沙門釋子此非我宜所言未訖時維摩詰來謂我言是爲魔來嬈固汝耳爾時維摩詰語諸女言有法樂可以自娛不應復樂五欲樂也天女即問何爲法樂答言樂常信佛樂欲聽法樂供養衆樂離五欲樂觀五陰如怨賊樂觀四大如毒蛇樂觀內入如空聚樂隨護道意樂饒益衆生樂敬養師樂廣行施樂堅持戒樂忍辱柔和樂勤集善根樂禪定不亂樂離垢明慧樂廣菩提心樂降伏衆魔樂斷諸煩惱樂淨佛國土樂修無量道品之法是爲菩薩法樂於是諸女問維摩詰我等云何止於魔宮維摩詰言諸姊有法門名無盡燈汝等當學無盡燈者譬如一燈然百千燈冥者皆明明終不盡如是諸姊夫一菩薩開導百千衆生令發阿耨多羅三藐三菩提心於其道意亦不滅盡隨所說法而自增益一切善法是名無盡燈也　善德白佛言世尊憶念我昔自於父舍設大施會時維摩詰來入會中謂我言長者子夫大施會不當如汝所設當爲法施之會何用是財施會爲我言居士何謂法施之會答曰法施會者無前無後一時供養一切衆生是名法施之會我言何謂也曰謂以菩提起於慈心以救衆生起大悲心以持正法起於喜心以攝智慧行於捨心以攝慳貪起檀波羅密以化犯戒起尸羅波羅密以無我法起羼提波羅密以離身心相起毗梨耶波羅密以菩提相起禪波羅密以一切智起般若波羅密教化衆生而起於空不捨有爲

法而起無相示現受生而起無作護持正法起方便力以具相好及淨佛土起福德業知一切衆生心念如應說法起於智業知一切法不取不捨入一相門起於慧業斷一切煩惱一切障礙一切不善法起一切善業以得一切智慧一切善法起於一切助佛道法如是善男子是爲法施之會若菩薩住是法施會者爲大施主亦爲一切世間福田世尊故我不任詣彼問疾如是諸菩薩各各向佛說其本緣稱述維摩詰所言皆曰不任詣彼問疾

文殊師利問疾品第五

爾時佛告文殊師利汝行詣維摩詰問疾文殊師利白佛言世尊彼上人者難爲詶對深達實相善說法要辯才無滯智慧無㝵雖然見三 十一當承佛聖旨詣彼問疾於是衆中諸菩薩大弟子釋梵四天王咸作是念今二大士文殊師利維摩詰共談必說妙法即時八千菩薩五百聲聞百千天人皆欲隨從恭敬圍繞入毗耶離大城文殊師利既入其舍見其室空無諸所有獨寢一牀時維摩詰言善來文殊師利不來相而來不見相而見文殊師利言如是居士若來已更不來若去已更不去所以者何來者無所從來去者無所至所可見者更不可見且置是事居士是疾何所因起其生久如當云何滅維摩詰言從癡有愛則我病生以一切衆生病是故我病若一切衆生得不病者則我病滅所以者何菩薩爲衆生故入生死有生死則有病若衆生得離病者則菩薩無復病衆生病愈菩薩亦愈又仁言是疾何所因起菩薩疾者以大悲起文殊師利言居士此室何以空無侍者維摩詰言諸佛國土亦復皆空又問以何爲空答曰以空空又問空何用空答曰以無分別空故空又問空可分別耶答曰分別亦空又問空當於何求答曰當於六十二見中求又問六十二見當於何求答曰當於諸佛解脫中求又問諸佛解脫當於何求答曰當於一切衆生心行中求又仁所問何無侍者一切衆魔及諸外道皆吾侍也所以者何衆魔者樂生死菩薩於生死而不捨外道者樂諸見菩薩於諸見而不動文殊師利言居士所疾爲何等相維摩詰言我病無形不可見又問地大水大火大風大於此四大何大之病答曰是病非地大亦不離地大水火風大亦復如是而衆生病從四大起以其有病是故我病又問見三 十二菩薩應云何慰喻有疾菩薩答說身無常不說厭離於身說身有苦不說樂於涅槃說身無我而說教導衆生說身空寂不說畢竟寂滅說悔先罪而不說入於過去以己之疾愍於彼疾當作醫王療治衆病菩薩應如是慰喻有疾菩薩令其歡喜又問有疾菩薩云何調伏其心答有疾菩薩應作是念離我我所云何離我我所謂離二法云何離二法謂不念內外諸法行於平等云何平等謂我等涅槃等所以者何我及涅槃此二皆空如此二法無決定性得是平等無有餘病唯有空病空病亦空是有疾菩薩以無所受而受諸受我既調伏亦當調伏一切衆生但除其病而不除法爲斷病本而教導之何謂病本謂有

攀緣從有攀緣則爲病本何所攀緣謂之三界云何斷攀緣以無所得若無所得則無攀緣何謂無所得謂離二見何謂二見謂內見外見是爲有疾菩薩調伏其心彼有疾菩薩應復作是念如我此病非眞非有衆生病亦非眞非有作是觀時於諸衆生〔十三〕若起愛見大悲即應捨離所以者何菩薩斷除客塵煩惱而起大悲愛見悲者則於生死有疲厭心若能離此無有疲厭在在所生不爲愛見之所覆也所生無縛能爲衆生說法解縛如佛所說若自有縛能解彼縛無有是處若自無縛能解彼縛斯有是處是故菩薩不應起縛何謂縛何謂解貪着禪味是菩薩縛以方便生是菩薩解又無方便慧縛有方便慧解無慧方便縛有慧方便解有疾菩薩應如是調伏其心不住其中亦復不住不調伏心所以者何若住不調伏心是愚人法若住調伏心是聲聞法是故菩薩不當住於調伏不調伏心離此二法是菩薩行在於生死不爲汙行住於涅槃不永滅度是菩薩行非凡夫行非賢聖行是菩薩行非垢行非淨行是菩薩行雖過魔行而現降伏衆魔是菩薩行求一切智無非時求是菩薩行雖觀諸法不生而不入正位是菩薩行雖觀十二緣起而入諸邪見是菩薩行雖攝一切衆生而不愛着是菩薩行雖樂遠離而不依身心盡是菩薩行雖行三界而不壞法性是菩薩行雖行於空而殖衆德本是菩薩行雖行無相而度衆生是菩薩行雖行無作而現受身是菩薩行雖行止觀助道之法而不畢竟墮於寂滅是菩薩行雖行諸法不生不滅而以相好莊嚴其身是菩薩行雖現聲聞辟支佛威儀而不捨佛法是菩薩行雖隨諸法究竟淨相而隨所應爲現其身是菩薩行雖觀諸佛國土永寂如空而現種種淸淨佛土〔十四〕是菩薩行雖得佛道轉於法輪入於涅槃而不捨於菩薩之道是菩薩行

不思議品第六

爾時舍利弗見此室中無有牀座作是念斯諸菩薩大弟子衆當於何坐長者維摩詰知其意語舍利弗言仁者爲法來耶爲牀座耶舍利弗言我爲法來非爲牀座維摩詰言唯舍利弗夫求法者不貪軀命何況牀座夫求法者非有色受想行識之求非有界入之求非有欲色無色之求唯舍利弗夫求法者不着佛求不着法求不着衆求所以者何法無戲論若言我當見苦斷集證滅修道是則戲論非求法也唯舍利弗法名寂滅若行生滅是求生滅非求法也法名無染若染於法乃至涅槃是則染着非求法也法無行處若行於法是則行處非求法也法無取捨若取捨法是則取捨非求法也法無處所若着處所是則着處非求法也法名無相若隨相識是則求相非求法也法不可住若住於法是則住法非求法也法不可見聞覺知〔十五〕若行見聞覺知是則見聞覺知非求法也法名無爲若行有爲是求有爲非求法也是故舍利弗若求法者於一切法應無所求爾時長者維摩詰問文殊師利仁者遊於無量千萬億阿僧祇國何等佛土有好上妙功德成就師子之

座文殊師利言居士東方度三十六恒河沙國有世界名須彌相其佛號須彌燈王今現在彼佛身長八萬四千由旬其師子座高八萬四千由旬嚴飾第一於是長者維摩詰現神通力即時彼佛遣三萬二千師子之座高廣嚴淨來入維摩詰室其室廣博悉皆包容三萬二千師子座無所妨礙於毗耶離城及閻浮提四天下亦不迫迮悉見如故舍利弗言居士未曾有也如是小室乃容受此高廣之座維摩詰言唯舍利弗諸佛菩薩有解脫名不可思議若菩薩住是解脫者以須彌之高廣内芥子中無所增減須彌山王本相如故而四天王忉利諸天不覺不知已之所入唯應度者乃見須彌入芥子中是名不可思議解脫法門又舍利弗住不可思議解脫菩薩斷取三千大千世界如陶家輪着右掌中擲過恒沙世界之外其中衆生不覺不知已之所往又復還置本處都不使人有往來想而此世界本相如故又舍利弗或有衆生樂久住世而可度者菩薩即演七日以爲一劫令彼衆生謂之一劫或有衆生不樂久住而可度者菩薩即促一劫以爲七日令彼衆生謂之七日又舍利弗住不可思議解脫菩薩能以神通現作佛身或現辟支佛身或現聲聞身或現帝釋身或現梵王身或現世主身或現轉輪聖王身

十六 又十方世界所有衆聲上中下音皆能變之令作佛聲演出無常苦空無我之音及十方諸佛所說種種之法皆於其中普令得聞舍利弗我今略說菩薩不可思議解脫之力若廣說者窮劫不盡是時大迦葉聞說菩薩不可思議解脫法門歎未曾有謂舍利弗譬如有人於盲者前現衆色像非彼所見一切聲聞聞是不可思議解脫法門不能解了爲若此也智者聞是其誰不發阿耨多羅三藐三菩提心我等何爲永絕其根於此大乘已如敗種一切聲聞聞是不可思議解脫法門皆應號泣聲震三千大千世界一切菩薩應大欣慶頂受此法若有菩薩信解不可思議解脫法門者一切魔衆無如之何爾時維摩詰語大迦葉仁者十方無量阿僧祇世界中作魔王者多是住不可思議解脫菩薩以方便力故教化衆生現作魔王譬如龍象蹴踏非驢所堪是名住不可思議解脫菩薩智慧方便之門

觀衆生品第七

十七 爾時文殊師利問維摩詰言菩薩云何觀於衆生維摩詰言譬如幻師見所幻人菩薩觀衆生爲若此如智者見水中月如鏡中見其面像如熱時餤如呼聲響如空中雲如水聚沫如水上泡如芭蕉堅如電久住如第五大如第六陰如第七情如十三入如十九界菩薩觀衆生爲若此如無色界色如燋穀芽如須陀洹身見如阿那含入胎如阿羅漢三毒如得忍菩薩貪恚毀禁如佛煩惱習如盲者見色如入滅盡定出入息如空中鳥跡如石女兒如化人煩惱如夢所見已寤如滅度者受身如無煙之火菩薩觀衆生爲若此文殊師利言若菩薩作是觀者云何行慈維摩詰言菩薩作是觀已自念我當爲衆生說如斯法是即眞實慈也又問何謂爲悲答曰菩薩

所作功德皆與一切衆生共之何謂爲喜答曰有所饒益歡喜無悔何謂爲捨答曰所作福祐無所悕望文殊師利又問生死有畏菩薩當何所依維摩詰言菩薩於生死畏中當依如來功德之力又問菩薩欲依如來功德之力當於何住答曰菩薩欲依如來功德力者當住度脫一切衆生又問欲度衆生當何所除答曰欲度衆生除其煩惱又問欲除煩惱當何所行答曰當行正念又問云何行於正念答曰當行不生不滅又問何法不生何法不滅答曰不善不生善法不滅又問善不善孰爲本答曰身爲本又問身孰爲本答曰欲貪爲本又問欲貪孰爲本答曰虚妄分別爲本又問虚妄分別孰爲本答曰顛倒想爲本又問顛倒想孰爲本答曰無住爲本又問無住孰爲本答曰無住則無本文殊師利從無住本立一切法時維摩詰室有一天女見諸天人聞所説法便現其身即以天華散諸菩薩大弟子上華至諸菩薩即皆墮落至大弟子便著不墮一切弟子神力去華不能令去爾時天問舍利弗何故去華答曰此華不如法是以去之天曰勿謂此華爲不如法所以者何是華無所分別仁者自生分別想耳若於佛法出家有所分別爲不如法若無所分別是則如法觀諸菩薩華不著者已斷一切分別想故譬如人畏時非人得其便如是弟子畏生死故色聲香味觸得其便也已離畏者一切五欲無能爲也結習未盡華著身耳結習盡者華不著也舍利弗言天止此室其已久如答曰我止此室如耆年解脱舍利弗言止此久耶天曰耆年解脱亦何如久舍利弗默然不答天曰如何耆舊大智而默答曰解脱者無所言説故吾於是不知所云天曰言説文字皆解脱相所以者何解脱者不内不外不在兩間文字亦不内不外不在兩間是故舍利弗無離文字説解脱也所以者何一切諸法是解脱相舍利弗言不復以離淫怒癡爲解脱乎天曰佛爲增上慢人説離淫怒癡爲解脱耳若無增上慢者佛説淫怒癡性即是解脱舍利弗言善哉善哉天女汝何所得以何爲證辯乃如是天曰我無得無證故辯如是所以者何若有得有證者則於佛法爲增上慢舍利弗問天汝於三乘爲何志求天曰以聲聞法化衆生故我爲聲聞以因緣法化衆生故我爲辟支佛以大悲法化衆生故我爲大乘舍利弗如人入薝蔔林唯齅薝蔔不齅餘香如是若入此室但聞佛功德之香不樂聞聲聞辟支佛功德香也舍利弗其有釋梵四天王諸天龍鬼神等入此室者聞斯上人講説正法皆樂佛功德之香發心而出舍利弗吾止此室十有二年初不聞説聲聞辟支佛法但聞菩薩大慈大悲不可思議諸佛之法舍利弗此室常現八未曾有難得之法何等爲八此室常以金色光照晝夜無異不以日月所照爲明是爲一法此室入者不爲諸垢之所惱也是爲二法此室常有釋梵四天王他方菩薩來會不絶是爲三法此室常説六波羅密不退轉法是爲四法此室常作天人第一之樂絃出無量法化之聲是爲五法此室有四大藏衆寶積滿周窮

濟之求得無盡是爲六法此室十方無量諸佛是上人念時即皆爲來廣說諸佛祕要法藏說已還去是爲七法此室一切諸天嚴飾宮殿諸佛淨土皆於中現是爲八未曾有難得之法舍利弗此室常現八未曾有難得之法誰有見斯不思議事而復樂於聲聞法乎舍利弗言汝何以不轉女身天曰我從十二年來求女人相了不可得當何所轉譬如幻師化作幻女若有人問何以不轉女身是人爲正問不舍利弗言不也幻無定相當何所轉天曰一切諸法亦復如是無有定相云何乃問不轉女身即時天女以神通力變舍利弗令如天女天自化身如舍利弗而問言何以不轉女身舍利弗以天女像而答言我今不知何轉而變爲女身天曰舍利弗若能轉此女身則一切女人亦當能轉如舍利弗非女而現女身一切女人亦復如是雖現女人而非女也即時天女還攝神力舍利弗身還復如故天問舍利弗女身色相今何所在舍利弗言女身色相無在無不在天曰一切諸法亦復如是無在無不在夫無在無不在者佛所說也舍利弗問天汝於此沒當生何所天曰佛化所生吾如彼生曰佛化所生非沒生也天曰衆生猶然無沒生也舍利弗問天汝久如當得阿耨多羅三藐三菩提天曰如舍利弗還爲凡夫我乃當成阿耨多羅三藐三菩提舍利弗言我作凡夫無有是處天曰我得阿耨多羅三藐三菩提亦無是處所以者何菩提無住處是故無有得者舍利弗言今諸佛得阿耨多羅三藐三菩提已得當得如恒河沙皆謂何乎天曰皆以世俗文字數故說有三世非謂菩提有去來今天曰舍利弗汝得阿羅漢道耶曰無所得故而得天曰諸佛菩薩亦復如是無所得故而得爾時維摩詰語舍利弗是天女已曾供養九十二億諸佛已能遊戲菩薩神通所願具足得無生忍住不退轉以本願故隨意能現敎化衆生

佛道品第八

爾時文殊師利問維摩詰言菩薩云何通達佛道維摩詰言若菩薩行於非道是爲通達佛道又問云何菩薩行於非道答曰若菩薩行五無間而無惱恚至於地獄無諸罪垢至於畜生無有無明憍慢等過至於餓鬼而具足功德行色無色界道不以爲勝示行貪欲離諸染著示行瞋恚於諸衆生無有恚礙示行愚癡而以智慧調伏其心示行慳貪而捨內外所有不惜身命示行毀禁而安住淨戒乃至小罪猶懷大懼示行瞋恚而常慈忍示行懈怠而勤修功德示行亂意而常念定示行諸煩惱而心常清淨示入形殘而具諸相好以自莊嚴示入下賤而生佛種姓中具諸功德示入老病而永斷病根超越死畏示有資生而恒觀無常實無所貪示有妻妾婇女而常遠離五欲淤泥現徧入諸道而斷其因緣現於涅槃而不斷生死文殊師利菩薩能如是行於非道是爲通達佛道於是維摩詰問文殊師利何等爲如來種文殊師利言有身爲種無明有愛爲種貪恚癡爲種四顚倒爲種五蓋爲種六入爲種七識處爲種八邪法爲種九惱處爲種十不善道爲種以要言

之六十二見及一切煩惱皆是佛種曰何謂也答曰若見無爲入正位者不能復發阿耨多羅三藐三菩提心譬如高原陸地不生蓮華卑濕淤泥乃生此華如是見無爲法入正位者終不復能生於佛法煩惱泥中乃有衆生起佛法耳又如植種於空終不得生糞壤之地乃能滋茂如是入無爲正位者不生佛法起於我見如須彌山猶能發於阿耨多羅三藐三菩提心生佛法矣是故當知一切煩惱爲如來種譬如不下巨海不能得無價寶珠如是不入煩惱大海則不能得一切智寶爾時大迦葉歎言善哉善哉文殊師利快說此語誠如所言塵勞之儔爲如來種凡夫於佛法有反復而聲聞無也所以者何凡夫聞佛法能起無上道心不斷三寶正使聲聞終身聞佛法力無畏等永不能發無上道意

入不二法門品第九

爾時維摩詰謂衆菩薩言諸仁者云何菩薩入不二法門各隨所樂說之會中有菩薩名法自在說言諸仁者生滅爲二法本不生今則無滅得此無生法忍是爲入不二法門德守菩薩曰我我所爲二因有我故便有我所若無有我則無我所是爲入不二法門不眴菩薩曰受不受爲二若法不受則不可得以不可得故無取無捨無作無行是爲入不二法門德頂菩薩曰垢淨爲二見垢實性則無淨相順於滅相是爲入不二法門善眼菩薩曰一相無相爲二若知一相即是無相亦不取無相入於平等是爲入不二法門弗沙菩薩曰善不善爲二若不起善不善入無相際而通達者是爲入不二法門師子菩薩曰罪福爲二若達罪性則與福無異以金剛慧決了此相無縛無解者是爲入不二法門師子意菩薩曰有漏無漏爲二若得諸法等則不起漏不漏想不著於相亦不住無相是爲入不二法門淨解菩薩曰有爲無爲爲二若離一切數則心如虛空以清淨慧無所礙者是爲入不二法門那羅延菩薩曰世間出世間爲二世間性空即是出世間於其中不入不出不溢不散是爲入不二法門善意菩薩曰生死涅槃爲二若見生死性則無生死無縛無解不然不滅如是解者是爲入不二法門普守菩薩曰我無我爲二我尚不可得非我何可得見我實性者不復起二是爲入不二法門電天菩薩曰明無明爲二無明實性即是明明亦不可取離一切數於其中平等無二者是爲入不二法門喜見菩薩曰色色空爲二色即是空非色滅空色性自空於其中而通達者是爲入不二法門珠頂王菩薩曰正道邪道爲二住正道者則不分別是邪是正離此二者是爲入不二法門樂實菩薩曰實不實爲二實見者尚不見實何況非實是爲入不二法門如是諸菩薩各各說已問文殊師利何等是菩薩入不二法門文殊師利曰於一切法無言無說無示無識離諸問答是爲入不二法門於是文殊師利問維摩詰仁者當說何等是菩薩入不二法門時維摩詰默然無言文殊師利歎曰善哉善哉乃至無有文字語言是眞入不二法門

香積佛品第十

於是舍利弗心念曰時欲至此諸菩薩當於何食時維摩詰知其意即入三昧以神通力示諸大衆上方界分過四十二恒河沙佛土有國名衆香佛號香積今現在其國香氣比於十方諸佛世界人天之香最爲第一彼土無有聲聞辟支佛名唯有清淨大菩薩衆佛爲說法其界一切皆以香作樓閣經行香地苑園皆香其食香氣周流十方無量世界時彼佛與諸菩薩方共坐食有諸天子皆號香嚴悉發阿耨多羅三藐三菩提心供養彼佛及諸菩薩此諸大衆莫不目見於是維摩詰不起於座居衆會前化作菩薩相好光明威德殊勝蔽於衆會而告之曰汝往到彼如我詞曰維摩詰稽首世尊足下願得世尊所食之餘當於娑婆世界施作佛事令此樂小法者得弘大道時化菩薩即於會前昇於上方舉衆皆見其去到衆香界禮彼佛足又聞其言彼諸大士見化菩薩歎未曾有今此上人從何所來娑婆世界爲在何許云何名爲樂小法者即以問佛佛告之曰下方度如四十二恒河沙佛土有世界名娑婆佛號釋迦牟尼今現在於五濁惡世爲樂小法衆生敷演道教彼有菩薩名維摩詰住不可思議解脫爲諸菩薩說法故遣化來稱揚我名并讚此土令彼菩薩增益功德於是香積如來以衆香鉢盛滿香飯與化菩薩時彼九百萬菩薩俱發聲言我欲詣娑婆世界供養釋迦牟尼佛并欲見維摩詰等諸菩薩衆佛言可往攝汝身香無令彼諸衆生起惑著心又當捨汝本形勿使彼國求菩薩者而自鄙恥又汝於彼莫懷輕賤而作礙想所以者何十方國土皆如虛空又諸佛爲欲化諸樂小法者不盡現其清淨土耳時化菩薩既受鉢飯與彼九百萬菩薩俱承佛威神及維摩詰力於彼世界忽然不現須臾之間至維摩詰舍時維摩詰即化作九百萬師子之座嚴好如前諸菩薩皆坐其上時化菩薩以滿鉢香飯與維摩詰飯香普熏毗耶離城及三千大千世界時維摩詰語舍利弗等諸大聲聞仁者可食如來甘露味飯大悲所熏無以限意食之使不消也有異聲聞念是飯少化菩薩曰勿以聲聞小德小智稱量如來無量福慧四海有竭此飯無盡使一切人食摶若須彌乃至一劫猶不能盡所以者何無盡戒定智慧解脫解脫知見功德具足者所食之餘終不可盡於是鉢飯悉飽衆會猶故不儩其諸菩薩聲聞天人食此飯者身安快樂又諸毛孔皆出妙香亦如衆香國土諸樹之香爾時維摩詰問衆香菩薩香積如來以何說法彼菩薩曰我土如來無文字說但以衆香令諸天人得入律行菩薩各各坐香樹下聞斯妙香即獲一切德藏三昧得是三昧者菩薩所有功德皆悉具足彼諸菩薩問維摩詰今世尊釋迦牟尼以何說法維摩詰言此土衆生剛強難化故佛爲說剛強之語以調伏之言是地獄是畜生是餓鬼是諸難處是愚人生處是身邪行是身邪行報是口邪行是口邪行報是意邪行是意邪行報是殺生是殺生報是不與取是不與取報是邪淫是邪淫報是妄語是妄語報是兩舌是兩舌報是惡口是惡口報

是無義語是無義語報是貪嫉是貪嫉報是瞋惱是瞋惱報是邪見是邪見報是慳悋是慳悋報是毀戒是毀戒報是瞋恚是瞋恚報是懈怠是懈怠報是亂意是亂意報是愚癡是愚癡報是結戒是持戒是犯戒是應作是不應作是障礙是不障礙是得罪是離罪是淨是垢是有漏是無漏是邪道是正道是有為是無為是世間是涅槃以難化之人心如猨猴故以若干種法制御其心乃可調伏譬如象馬憹悷不調加諸楚毒乃至徹骨然後調伏如是剛強難化衆生故以一切苦切之言乃可入律彼諸菩薩聞說是已皆曰未曾有也如世尊釋迦牟尼佛隱其無量自在之力乃以貧所樂法度脫衆生斯諸菩薩亦能勞謙以無量大悲生是佛土維摩詰言此土菩薩於諸衆生大悲堅固誠如所言然其一世饒益衆生多於彼國百千劫行

菩薩行品第十一

於是維摩詰語文殊師利可共見佛與諸菩薩禮事供養文殊師利言善哉行矣今正是時維摩詰即以神力持諸大衆并師子座置於右掌往詣佛所到已著地稽首佛足右遶七帀一心合掌在一面立於是世尊如法慰問諸菩薩已各令復坐即皆受教衆坐已定佛語舍利弗汝見菩薩大士自在神力之所為乎唯然已見汝意云何世尊我覩其為不可思議非意所圖非度所測爾時阿難白佛言世尊今所聞香自昔未有是為何香佛告阿難是彼菩薩毛孔之香是長者維摩詰從衆香國取佛餘飯於舍食者一切毛孔皆香若此阿難問維摩詰是香氣住當久如維摩詰言至此飯消曰此飯久如當消曰此飯勢力至於七日然後乃消又阿難若聲聞人未入正位食此飯者得入正位然後乃消已入正位食此飯者得心解脫然後乃消若未發大乘意食此飯者至發意乃消已發意食此飯者得無生忍然後乃消已得無生忍食此飯者至一生補處然後乃消譬如有藥名曰上味其有服者身諸毒滅然後乃消此飯如是滅除一切諸煩惱毒然後乃消阿難白佛言未曾有也世尊如此香飯能作佛事佛言如是如是阿難或有佛土以佛光明而作佛事有以諸菩薩而作佛事有以佛所化人而作佛事有以菩提樹而作佛事有以佛衣服臥具而作佛事有以飯食而作佛事有以園林臺觀而作佛事有以三十二相八十隨形好而作佛事有以佛身而作佛事有以虛空而作佛事衆生應以此緣得入律行有以夢幻影響鏡中像水中月熱時焰如是等喻而作佛事有以音聲語言文字而作佛事或有清淨佛土寂寞無言無說無示無識無作無為而作佛事如是阿難諸佛威儀進止諸所施為無非佛事阿難有此四魔八萬四千諸煩惱門而諸衆生為之疲勞諸佛即以此法而作佛事是名入一切諸佛法門菩薩入此門者若見一切淨好佛土不以為喜不貪不高若見一切不淨佛土不以為憂不礙不沒但於諸佛生清淨心歡喜恭敬未曾有也諸佛如來功德平等為教化衆生故而現佛土不同阿難汝見諸佛國土地有若干而虛空

無若干也如是見諸佛色身有若干耳其無礙慧無若干也其有智者不應限度諸菩薩也一切海淵尚可測量菩薩禪定智慧總持辯才一切功德不可量也是維摩詰一時所現神通之力一切聲聞辟支佛於百千劫盡力變化所不能作爾時衆香世界菩薩來者合掌白佛言世尊我等初見此土生下劣想今自悔責捨離是心所以者何諸佛方便不可思議爲度衆生故隨其所應現佛國異唯然世尊願賜少法還於彼土當念如來佛告諸菩薩有盡無盡解脫法門汝等當學何謂爲盡謂有爲法何謂無盡謂無爲法如菩薩者不盡有爲不住無爲何謂不盡有爲謂不離大慈不捨大悲深發一切智心而不忽忘敎化衆生終不厭惓於四攝法常念順行護持正法不惜身命種諸善根無有疲厭志常安住方便迴向求法不懈說法無悋勤供諸佛故入生死而無所畏於諸榮辱心無憂喜行少欲知足而不捨世法不壞威儀而能隨俗起神通慧引導衆生得念總持所聞不忘善別諸根斷衆生疑以樂說辯演法無礙淨十善道受天人福修四無量開梵天道以大乘敎成菩薩僧心無放逸不失衆善行如此法是名菩薩不盡有爲何謂菩薩不住無爲謂修學空不以空爲證修學無相無作不以無相無作爲證修學無起不以無起爲證觀於無常而不厭善本觀世間苦而不惡生死觀於無我而誨人不倦觀無所歸而歸趣善法觀於無生而以生法荷負一切觀於無漏而不斷諸漏觀無所行而以行法敎化衆生觀於空無而不捨大悲觀正法位而不隨小乘修如此法是名菩薩不住無爲又具福德故不住無爲具智慧故不盡有爲大慈悲故不住無爲滿本願故不盡有爲是名盡無盡解脫法門汝等當學爾時彼諸菩薩聞說是法皆大歡喜稽首佛足歎未曾有言釋迦牟尼佛乃能於此善行方便言已忽然不現還到彼國

見阿閦佛品第十二

爾時世尊問維摩詰汝欲見如來爲以何等觀如來乎維摩詰言如自觀身實相觀佛亦然我觀如來前際不來後際不去今則不住不一相不異相不自相不他相非無相非取相不此岸不彼岸不中流而化衆生觀於寂滅亦不永滅不此不彼不以此不以彼不可以智知不可以識識不在方不離方非有爲非無爲無示無說不施不慳不戒不犯不忍不恚不進不怠不定不亂不智不愚不誠不欺不來不去不出不入一切言語道斷非福田非不福田非應供養非不應供養非取非捨非有相非無相同眞際等法性不可稱不可量不可以一切言說分別顯示世尊如來身爲若此作如是觀以斯觀者名爲正觀若他觀者名爲邪觀爾時舍利弗問維摩詰汝於何沒而來生此維摩詰言汝所得法有沒生乎舍利弗言無沒生也曰若諸法無沒生相云何問言汝於何沒而來生此於意云何譬如幻師幻作男女寧沒生耶舍利弗言無沒生也汝豈不聞佛說諸法如幻相乎答曰如是若一切法如幻相者云何問言汝於何

沒而來生此舍利弗沒者爲虛誑法壞敗之相生者爲虛誑法相續之相菩薩雖沒不盡善本雖生不長諸惡是時佛告舍利弗有國名妙喜佛號無動是維摩詰於彼國沒而來生此舍利弗言未曾有也世尊是人乃能捨清淨土而來樂此多怒害處維摩詰語舍利弗於意云何日光出時與冥合乎答曰不也日光出時則無衆冥維摩詰言夫日何故行閻浮提答曰欲以明照爲之除冥維摩詰言菩薩如是雖生不淨佛土爲化衆生不與愚闇而共合也但滅衆生煩惱闇耳於是維摩詰入於三昧現神通力取妙喜世界置於此土雖入此土如本無異佛告舍利弗汝見此妙喜世界及無動佛不舍利弗言唯然已見世尊願使一切衆生得清淨土如無動佛獲神通力如維摩詰世尊我等快得善利得見是人親近供養其諸衆生若今現在若佛滅後聞此經者亦得善利況復聞已信解受持讀誦解說如法修行若有手得是經典者便爲已得法寶之藏若有讀誦解釋其義如說修行則爲諸佛之所護念若能信解此經乃至一四句偈爲他說者當知此人即是受阿耨多羅三藐三菩提記

法供養品第十三

爾時釋提桓因白佛言世尊我雖從佛及文殊師利聞百千經未曾聞此不可思議自在神通決定實相經典如我解佛所說義趣若有衆生聞此經法信解受持讀誦之者必得是法不疑何況如說修行斯人則爲閉衆惡趣開諸善門常爲諸佛之所護念世尊若有受持讀誦如說修行者我當與諸眷屬共到其所其未信者當令生信其已信者當爲作護佛言善哉善哉如汝所說吾助爾喜天帝過去無量阿僧祇劫時是有如來號曰藥王世界名大莊嚴是時有轉輪聖王名曰寶蓋七寶具足主四天下王有千子端正勇健爾時輪王供養藥王如來施諸所安告其千子汝等亦當如我以深心供養於佛於是千子受父王命供養藥王如來其王一子名曰月蓋獨坐思惟寧有供養殊過此者以佛神力空中有天曰善男子法之供養勝諸供養即問何謂法之供養天曰汝可往問藥王如來當廣爲汝說即時月蓋王子行詣藥王如來稽首佛足却住一面白佛言世尊諸供養中法供養勝云何名爲法之供養佛言善男子法供養者諸佛所說深經一切世間難信難受微妙難見清淨無染非但分別思惟之所能得菩薩法藏所攝陀羅尼印印之至不退轉成就六度善分別義順菩提法若聞如是等經信解受持讀誦以方便力爲諸衆生分別解說顯示分明守護法故是名法之供養又於諸法如說修行隨順十二因緣離諸邪見得無生忍無我無衆生而於因緣果報無違無諍離諸我所依於義不依語依於智不依識依了義經不依不了義經依於法不依人隨順法相無所入無所歸無明畢竟滅故諸行亦畢竟滅乃至生畢竟滅故老死亦畢竟滅作如是觀十二因緣無有盡相不復起相是名最上法之供養佛告天帝王子月蓋從藥王佛聞如是法得柔順忍即解寶衣嚴

身之具以供養佛白佛言世尊如來滅後我當行法供養守護正法願以威神加哀建立令我得降伏魔怨修菩薩行佛知其深心所念而記之曰汝於末後守護法城天帝時王子月蓋見法清淨聞佛授記以信出家修習善法具菩薩道以其所得神通總持辯才之力滿十小劫藥王如來所轉法輪隨而分布即於此身化度百萬億人於阿耨多羅三藐三菩提立不退轉十四那由他人深發聲聞辟支佛心無量衆生得生天上天帝月蓋比丘則我身是如是天帝當知此要以法供養於諸供養爲上爲最第一無比是故天帝當以法之供養供養於佛

囑累品第十四

於是佛告彌勒菩薩言彌勒我今以是無量億阿僧祇劫所集阿耨多羅三藐三菩提法付囑於汝如是輩經於佛滅後末世之中汝等當以神力廣宣流布於閻浮提無令斷絶所以者何未來世中當有善男子善女人發阿耨多羅三藐三菩提心樂於大法若使不聞如是等經則失善利彌勒當知若於如是甚深經典無有恐畏如說修行當知是爲久修道行復有二法名新學者不能決定於甚深法一者所未聞深經聞之驚怖生疑不能隨順毁謗不信二者若有護持解說如是深經者不肯親近供養恭敬有此二法當知是新學菩薩爲自毁傷不能於深法中調伏其心彌勒復有二法菩薩雖信解深法猶自毁傷而不能得無生法忍何等爲二一者輕慢新學菩薩而不教誨二者雖信解深法而取相分別是爲二法彌勒菩薩聞說是已白佛言世尊未曾有也如佛所說我當遠離如斯之惡若未來世善男子善女人求大乘者當令手得如是等經與其念力使受持讀誦爲他廣說世尊若後末世有能受持讀誦爲他說者當知是彌勒神力之所建立佛言善哉善哉彌勒如汝所說佛助爾喜

御録經海一滴卷之三

御錄經海一滴卷之四

文殊師利所說摩訶般若波羅蜜經　見四

如是我聞一時佛在舍衛國祇樹給孤獨園與大比丘僧滿足千人菩薩摩訶薩十千人俱　爾時世尊問文殊師利汝實先來到此住處欲見如來耶文殊師利即白佛言如是世尊我實來此欲見如來何以故我樂正觀利益衆生我觀如來如如相不異相不動相不作相無生相無滅相不有相不無相不在方不離方非三世非不三世非二相非不二相非垢相非淨相以如是等正觀如來利益衆生佛告文殊師利若能如是見於如來心無所取亦無不取爾時舍利弗語文殊師利言若能如汝所說見如來者甚爲希有　爾時文殊師利語舍利弗言雖爲一切衆生發大莊嚴心恒不見有衆生相爲一切衆生發大莊嚴而衆生界亦不增不減假使一佛住世若一劫若過一劫如此一佛世界復有無量無邊恒河沙諸佛如是一一佛若一劫若過一劫晝夜說法心不暫息各各度於無量恒河沙衆生皆入涅槃而衆生界亦不增不減乃至十方諸佛世界亦復如是何以故衆生定相不可得故是故衆生界不增不減亦無菩薩求阿耨多羅三藐三菩提亦無衆生而爲說法何以故我說法中無有一法當可得故爾時佛告文殊師利若無衆生云何說有衆生及衆生界文殊師利言衆生界相如諸佛界又問衆生界者是有量耶答曰衆生界量如佛界量又問衆生界量有處所不答曰衆生界量不可思議又問衆生界相爲有住不答曰衆生無住猶如空住佛告文殊師利如是修般若波羅蜜時當云何住般若波羅蜜文殊師利言以不住法爲住般若波羅蜜又問云何不住法名住般若波羅蜜答曰以無住相即住般若波羅蜜又問如是住般若波羅蜜時是諸善根云何增減答曰若能如是住般若波羅蜜於諸善根無增無減於一切法亦無增無減是般若波羅蜜性相亦無增無減世尊如是修般若波羅蜜則不捨凡夫法亦不取賢聖法何以故般若波羅蜜不見有法可取可捨亦不見涅槃可樂生死可厭何以故不見生死況復厭離不見涅槃何況樂著如是修般若波羅蜜不見垢惱可捨亦不見功德可取世尊不見諸法有增有減是修般若波羅蜜何以故法無好醜離諸相故法無高下等法性故法無取捨住實際故如來自覺一切法空是可證知佛告文殊師利如是如是如來正覺自證空法文殊師利白佛言世尊是空法中當有勝如而可得耶佛言善哉善哉文殊師利如汝所說是真法乎　文殊師利言修般若波羅蜜時不見凡夫相不見佛法相不見諸法有決定相是爲修般若波羅蜜復次修般若波羅蜜時不見欲界不見色界不見無色界不見寂滅界何以故不見有法是滅盡相是修般若波羅蜜佛告文殊師利善哉善哉汝能如是善說甚深般若波羅蜜相是諸菩薩摩訶薩所學法印乃至聲聞緣覺學無學人亦當不離是印而修道果佛告文殊師利若人得聞是法不驚不畏者不從千佛所種諸善根乃至百

千萬億佛所久植德本乃能於是甚深般若波羅蜜不驚不怖文殊師利白佛言世尊修般若波羅蜜時不見縛不見解而於凡夫乃至三乘不見差別相　佛言文殊師利汝得無礙智乎文殊師利言我即無礙云何以無礙而得無礙佛言汝坐道場乎文殊師利言一切如來不坐道場我今云何獨坐道場何以故現見諸法住實際故佛言云何名實際文殊師利言身見等是實際佛言云何身見是實際文殊師利言身見如相非實非不實不來不去亦身非身是名實際　佛告舍利弗善男子善女人若聞如是甚深般若波羅蜜心得決定不驚不怖不没不悔當知是人即住不退轉地是即具足檀波羅蜜尸羅波羅蜜羼提波羅蜜毘黎耶波羅蜜禪波羅蜜般若波羅蜜亦能爲他顯示分别如説修行

佛告文殊師利汝於先佛久種善根以無相法淨修梵行文殊師利言若見有相則言無相我今不見有相亦不見無相云何而言以無相法淨修梵行佛告文殊師利汝見聲聞戒耶答曰見佛言汝云何見文殊師利言我不作凡夫見不作聖人見不作學見不作無學見不作大見不作小見不作調伏見不作不調伏見非見非不見　舍利弗語文殊師利言云何名佛云何觀佛文殊師利言云何爲我舍利弗言我者但有名字名字相空文殊師利言如是如是如我但有名字佛亦但有名字名字相空即是菩提不以名字而求菩提菩提之相無言無説不生不滅不來不去非名非相是名爲佛如自觀身實相觀佛亦然唯有智者乃能知耳是名觀佛　舍利弗語文殊師利言佛於法界不證阿耨多羅三藐三菩提耶文殊師利言不也何以故世尊即是法界若以法界證法界者即是諍論舍利弗法界之相即是菩提何以故是法界中無衆生相一切法空故一切法空即是菩提無二無分别故舍利弗無分别中則無知者若無知者即無言説無言説相即非有非無非知非不知一切諸法亦復如是何以故一切諸法不見處所決定性故是故舍利弗若見犯重比丘不墮地獄清淨行者不入涅槃如是比丘非應供非不應供非盡漏非不盡漏何以故於諸法中住平等故舍利弗言云何名不退法忍文殊師利言不見少法有生滅相名不退法忍舍利弗言云何復名不調比丘文殊師利言漏盡阿羅漢是名不調何以故諸結已盡更無所調故名不調若過心行名爲凡夫何以故凡夫衆生不順法界是故名過舍利弗言善哉善哉汝今爲我善解漏盡阿羅漢義　佛告文殊師利諸菩薩等坐道場時覺悟阿耨多羅三藐三菩提不文殊師利言菩薩坐於道場無有覺悟阿耨多羅三藐三菩提何以故如菩提相無有少法而可得者菩提即五逆五逆即菩提何以故菩提五逆無二相故無覺無覺者無見無見者無知無知者無分别無分别者如是之相名爲菩提若言見有菩提而取證者當知此輩即是增上慢人　佛告文殊師利汝今不謂如來出現於世耶文殊師利言若有如來出現世者一切法界亦應出現佛告文殊

師利汝謂恒沙諸佛入涅槃耶文殊師利言諸佛一相不可思議佛語文殊師利如是如是佛是一相不思議相無過去未來現在相但衆生取著謂有出世謂佛滅度　佛告文殊師利汝謂如來爲無上福田耶文殊師利言如來是無盡福田是無盡相無盡相即無上福田非福田非不福田是名福田無有明闇生滅等相是名福田若能如是解福田相深植善種亦無增無减佛告文殊師利云何植種不增不减文殊師利言福田之相不可思議若人於中如法修善亦不可思議如是植種名無增無减亦是無上最勝福田　佛言汝入不思議三昧耶文殊師利言不也世尊我即不思議不見有心能思議者云何而言入不思議三昧我初發心欲入是定而今思惟實無心相而入三昧如人學射久習則巧後雖無心以久習故箭發皆中我亦如是初學不思議三昧繫心一緣若久習成就更無心想恒與定俱舍利弗語文殊師利言更有勝妙寂滅定不文殊師利言若有不思議定者汝可問言更有寂滅定不不可思議定尚不可得云何問有寂滅定乎舍利弗言不思議定不可得耶文殊師利言思議定者是可得相不可思議定者不可得相一切衆生實成就不思議定何以故一切心相即非心故是名不思議定是故一切衆生相及不思議三昧相等無分別佛讃文殊師利言善哉善哉汝於諸佛久植善根淨修梵行乃能演說甚深三昧汝今安住如是般若波羅蜜中文殊師利言若我住般若波羅蜜中能作是說即是有想便住我想若住我想有想中者般若波羅蜜便有處所般若波羅蜜若住於無亦是我想亦名處所離此二處住無所住如諸佛住安處寂滅非思議境界如是不思議名般若波羅蜜住處　爾時佛言菩薩摩訶薩若欲學菩提自在三昧得是三昧已照明一切甚深佛法及知一切諸佛名字亦悉了達諸佛世界無有障礙當如文殊師利所說般若波羅蜜中學　文殊師利白佛言世尊當云何行能速得阿耨多羅三藐三菩提佛言文殊師利如般若波羅蜜所說行能速得阿耨多羅三藐三菩提復有一行三昧若善男子善女人修是三昧者亦速得阿耨多羅三藐三菩提文殊師利言世尊云何名一行三昧佛言法界一相繫緣法界是名一行三昧若善男子善女人欲入一行三昧當先聞般若波羅蜜如說修學然後能入一行三昧如法界緣不退不壞不思議無礙無相善男子善女人欲入一行三昧應處空閑捨諸亂意不取相貌繫心一佛專稱名字念一佛功德無量無邊亦與無量諸佛功德無二如是入一行三昧者盡知恒沙諸佛法界無差別相　復次文殊師利譬如有人得摩尼珠示其珠師珠師荅言此是無價真摩尼寶即求師言爲我治磨珠師治已珠色光明映徹表裏修學一行三昧不可思議功德無量名稱隨修學時知諸法相明達無礙功德增長亦復如是文殊師利譬如日輪光明徧滿無有減相若得一行三昧悉能具足一切功德無有缺少亦復如是照明佛法如日輪光文

殊師利我所說法皆是一味離味解脫味寂滅味若善男子善女人得是一行三昧者其所演說隨順正法無錯謬相　文殊師利白佛言世尊以如是因速得阿耨多羅三藐三菩提耶佛言得阿耨多羅三藐三菩提不以因得不以非因得何以故不思議界不以因得不以非因得若善男子善女人聞如是說不生懈怠當知是人以於先佛種諸善根即是從佛出家即是成就真歸依處　爾時以佛神力一切大地六反震動佛時微笑放大光明徧照三千大千世界文殊師利白佛言世尊即是如來印般若波羅密相佛言文殊師利如是如是佛說是已爾時諸大菩薩及四部衆聞說般若波羅密皆大歡喜頂戴奉行

仁王護國般若波羅密經

佛一時住耆闍崛山中有無量四衆菩薩天人復有十六大國王皆來集會爾時十號三明大滅諦金剛智釋迦牟尼佛初年月八日方坐十地入大寂室三昧思緣放大光明照三界中復於頂上出千寶蓮華上至非想非非想天光亦復爾乃至他方恒河沙諸佛國土時十六大國王中舍衛國主波斯匿王名曰月光即散百億種色華變成百億寶帳蓋諸大衆而白佛言世尊一切菩薩云何護佛果云何護十地行因緣佛言菩薩化四生不觀色如受想行識如衆生我人常樂我淨如知見壽者如菩薩如六度四攝一切行如二諦如是故一切法性真實空不來不去無生無滅同真際等法性無二無別如虛空是故陰入界無我無所有相是爲菩薩行化十地般若波羅密大王白佛言世尊若諸法爾者菩薩護化衆生爲化衆生耶佛言大王法性色受想行識常樂我淨不住色不住非色不住非非色乃至受想行識亦不住非非住何以故非色如非非色如世諦故三假故名見衆生一切法性實故乃至諸佛三乘七賢八聖亦名見六十二見亦名見大王若以名名見一切法乃至諸佛三乘四生者非非見一切法也世尊般若波羅密有法非非法摩訶衍云何照大王摩訶衍見非非法法若非非法是名非非法空法性空色受想行識空十二入十八界空六大法空四諦十二緣空是法即生即住即滅即有即空刹那刹那亦如是法生法住法滅何以故九十刹那爲一念一念中一刹那經九百生滅乃至色一切法亦如是以般若波羅密空故不見緣不見諦乃至一切法空內空外空內外空有爲空無爲空無始空性空第一義空般若波羅密空因空佛果空空空故空但法集故有受集故有名集故有因集故有果集故有十行故有佛果故有乃至六道一切有善男子若菩薩見法衆生我人知見者斯人行世間不異於世間於諸法而不動不到不滅無相無無相一切法亦如也諸佛法僧亦如也是即初地一念心具足八萬四千般若波羅密即載名摩訶衍即滅爲金剛亦名定亦名一切行大王若菩薩見境見智見說見受者非聖見也倒想見法凡夫人也見三界者衆生果報之名也六識起無量欲無窮名爲欲界藏空或

色所起業果名爲色界藏空或心所起業果名無色界藏空三界空三界根本無明藏亦空三地九生滅前三界中餘無明習果報空金剛菩薩藏得理盡三昧故或果生滅空有果空因空故空薩婆若亦空滅果空或前已空故佛得三無爲果智緣滅非智緣滅虛空薩婆若果空也善男子若有修習聽說無聽無說如虛空法同法性聽同說同一切法皆如也大王菩薩修護佛果爲若此護般若波羅密者爲護薩婆若十力十八不共法五眼五分法身四無量心一切功德果爲若此

世尊護十地行菩薩云何行可行云何行化衆生以何相衆生可化佛言大王五忍是菩薩法伏忍信忍順忍無生忍寂滅忍名爲諸佛菩薩修般若波羅密善男子初發相信衆生修行伏忍於三寶中生習種性十心信心精進心念心慧心定心施心戒心護心願心迴向心是爲菩薩能少分化衆生已超過二乘一切善地一切諸佛菩薩長養十心爲聖胎也波斯匿王以偈歎曰

世尊導師金剛體　心行寂滅轉法輪
八辯洪音爲衆說　五忍功德妙法門
三賢十聖忍中行　惟佛一人能盡源
佛衆法海三寶藏　無量功德攝在中
三世諸佛於中行　無不由此伏忍生
一切菩薩行本源　是故發心信心難
若得信心必不退　進入無生初地道
教化衆生覺中行　是名菩薩初發心
入理般若名爲住　住生德行名爲地
初住一心足德行　於第一義而不動
大寂無爲金剛藏　一切報盡無極悲
第一義諦常安隱　窮源盡性妙智存
三賢十聖住果報　惟佛一人居淨土
一切衆生暫住報　登金剛原居淨土
如來三業德無極　我今月光禮三寶
法王無上人中樹　覆蓋大衆無量光
口常說法非無義　心智寂滅無緣照
人中師子爲衆說　含生之生受妙報

佛告諸得道果實大衆善男子是月光王已於過去十千劫中龍光王佛法中爲四住開士我爲八住菩薩今於我前大師子吼 如是如是惟佛與佛乃知斯事

爾時波斯匿王言世尊第一義諦中有世諦不若言無者智不應二若言有者智不應一一二之義其事云何佛告大王汝於過去七佛已問一義二義汝今無聽我今無說無聽無說即無一義二義故諦聽諦聽善思念之如法修行七佛偈如是

無相第一義　無自無他作　因緣本自有
無自無他作　法性本無性　第一義空如
諸有本有法　三假集假有　無無諦實無
寂滅第一空　諸法因緣有　有無義如是
有無本自二　譬若牛二角　照解見無二
二諦常不即　解心見不二　求二不可得
非謂二諦一　非二何可得　於解常自一
於諦常自二　通達此無二　真入第一義
世諦幻化起　譬如虛空華　如影三手無
因緣故誑有　幻化見幻化　衆生名幻諦
幻師見幻法　諦實則皆無　名爲諸佛觀
菩薩觀亦然

復次大王菩薩摩訶薩於一義中常照二諦化衆生佛及衆生一而無二何以故以衆生空故得置菩提空以菩提空故得置衆生空以一切法空故空空何以故般若無相二諦虛空般若空於無明乃至薩婆若無自相無他相故五眼成就時見無所見行亦不受不行亦不受非行非不行亦不受乃至一切法亦不受菩薩未成佛時以菩提爲煩惱菩薩成佛時以煩惱爲菩提何以故於第一義而不二故諸佛如來乃至一切法如故王言世尊無量品衆生根亦無量行亦無量法門爲一爲二爲無量耶大王一切法觀門非一非二乃有無量一切法亦非有相非非無相若菩薩見衆生見一見二即不見一不見二一二者第一義諦也大王若有若無者即世諦也以三諦攝一切法空諦色諦心諦故我說一切法不出三諦我人知見五受陰空乃至一切法空衆生品品根行不同故非一非二法門大王七佛說摩訶般若波羅蜜我今說般若波羅蜜無二無別汝等大衆受持讀誦解說是經功德有無量不可說不可說於此經中起一念信是諸衆生超百劫千劫十地等功德當知是人即是如來得佛不久時諸大衆聞說是經十億人得三空忍百萬億人得大空忍十地性佛言此經名爲仁王問般若波羅蜜經即此般若波羅蜜是護國土如城塹墻壁刀劍鉾楯汝應受持

御録經海一滴卷之四

御錄經海一滴卷之五　見五

思益梵天所問經

佛在王舍城迦蘭陀竹林大衆恭敬圍繞而爲說法於是網明菩薩白佛言世尊如來身相超百千萬日月光明我自惟念若有衆生能見佛身甚爲希有我復惟念若有衆生能見佛身皆是如來威神之力佛告網明如是如是如汝所言若佛不加威神衆生無有能見佛身亦無能問網明當知如來有光名寂莊嚴若有衆生遇斯光者能見佛身　又如來光名示一切色佛以此光能令衆生皆見佛身無量種色網明當知如來若以一劫若減一劫說此光明力用名號不可窮盡爾時網明菩薩白佛言未曾有也世尊如來身者即是無量光明之藏說法方便亦不可思議

爾時世尊即放光明照此三千大千世界時東方過七十二恒河沙佛土有國名清潔佛號日月光如來有菩薩梵天名曰思益住不退轉見此光已到日月光佛所白佛言世尊我欲詣娑婆世界釋迦牟尼佛所親近諮受其佛告梵天思益菩薩言彼娑婆國有若干千億諸菩薩集汝應以十法遊於彼土何等爲十於毀於譽心無增減聞善聞惡心無分別於諸愚智等以悲心於上中下衆生之類意常平等於輕毀供養心無有二於他闕失莫見其過見種種乘皆是一乘聞三惡道亦勿驚畏於諸菩薩生如來想佛出五濁世生希有想梵天汝當以此十法遊彼世界

爾時日月光佛國有諸菩薩白佛言世尊我得大利不生如是惡衆生中其佛告言善男子勿作是語所以者何若菩薩於此國中百千萬劫淨修梵行不如彼土從旦至食無瞋礙心其福爲勝　於是思益梵天與萬二千菩薩俱於彼佛土忽然不現譬如壯士屈伸臂頃到娑婆世界釋迦牟尼佛所頭面禮佛足右繞三匝却住一面　爾時佛告網明菩薩汝見是思益梵天不唯然已見網明當知思益梵天於諸正問菩薩中爲最第一於諸善分別諸法菩薩中爲最第一於諸決疑菩薩中爲最第一　爾時網明菩薩問思益梵天言佛說汝於正問菩薩中爲最第一何謂菩薩所問爲正問耶梵天言網明若菩薩以彼我問名爲邪問分別法問名爲邪問若無彼我問名爲正問不分別法問名爲正問又網明以生故問名爲邪問以滅故問名爲邪問以住故問名爲邪問若不以生故問不以滅故問不以住故問名爲正問又網明若菩薩爲垢故問名爲邪問爲淨故問名爲邪問爲生死故問名爲邪問爲出生死故問名爲邪問爲涅槃故問名爲邪問若不爲垢淨故問不爲生死出生死故問不爲涅槃故問名爲正問所以者何法位中無垢無淨無生死無涅槃又網明若菩薩爲見故問爲斷故問爲證故問爲修故問爲得故問爲果故問名爲邪問若無見無斷無證無修無得無果故問名爲正問又網明是善是不善故問名爲邪問是世間法是出世間法是罪法是無罪法是有漏法是無漏法是有爲法是無爲法如是等二法隨有所依而問者名爲邪問若不見二不見不二問名爲正問又網明若菩

薩分別佛問名爲邪問分別法分別僧分別衆生分別佛國分別諸乘問名爲邪問若於法不作一異問者名爲正問又網明一切法正一切法邪網明言梵天何謂一切法正一切法邪梵天言於諸法性無心故一切法名爲正若於無心法中以心分別觀者一切法名爲邪一切法離相名爲正若不信解是離相是即分別諸法若分別諸法則入增上慢隨所分別皆名爲邪網明言何謂爲諸法正性梵天言諸法離自性離欲際是名正性網明言少有能解如是正性者梵天言是正性不一不多網明若善男子善女人能如是知諸法正性若已知若今知若當知是人無有法已得無有法今得無有法當得所以者何佛說無得無分別名爲所作已辦相若人聞是諸法正性勤行精進是名如說修行　思益梵天白佛言世尊誰應受供養佛告梵天不爲世法之所牽者世尊誰能消供養佛言於法無所取者世尊誰爲世間福田佛言不壞菩提性者世尊誰爲衆生善知識佛言於一切衆生不捨慈心者世尊誰知報佛恩佛言不斷佛種者世尊誰能供養佛佛言能通達無生際者世尊誰能親近於佛佛言乃至失命因緣不毀禁者　世尊何謂菩薩能爲施主佛言菩薩能教衆生一切智心世尊何謂菩薩能奉禁戒佛言常能不捨菩提之心世尊何謂菩薩能行忍辱佛言見心相念念滅世尊何謂菩薩能行精進佛言求心不得世尊何謂菩薩能行禪定佛言除身心麤相世尊何謂菩薩能行智慧佛言於一切法無有戲論世尊何謂菩薩能行慈心佛言不生衆生想世尊何謂菩薩能行悲心佛言不生法想世尊何謂菩薩能行喜心佛言不生我想世尊何謂菩薩能行捨心佛言不生彼我想　世尊何謂菩薩徧行佛言能淨身口意業爾時世尊而說偈言

若身淨無惡　口淨常實語　心淨常行慈
是菩薩徧行　知法名爲佛　知離名爲法
知無名爲僧　是菩薩徧行　不依止欲界
不住色無色　行如是禪定　是菩薩徧行
信解諸法空　及無相無作　而不盡諸漏
是菩薩徧行

思益梵天復白佛言世尊所說四聖諦何等是真聖諦梵天苦不名爲聖諦苦集不名爲聖諦苦滅不名爲聖諦苦滅道不名爲聖諦所以者何若苦是聖諦者一切牛驢畜生等皆應有苦聖諦若集是聖諦者一切在所生處衆生皆應有集聖諦所以者何以集故生諸趣中若苦滅是聖諦者觀滅者說斷滅者皆應有滅聖諦若道是聖諦者緣一切有爲道者皆應有道聖諦梵天以是因緣故當知聖諦非苦非集非滅非道聖諦者知苦無生是名苦聖諦知集無和合是名集聖諦於畢竟滅法中知無生無滅是名滅聖諦於一切法平等以不二法得道是名道聖諦梵天真聖諦者無有虛妄　梵天若行者言我知見苦是虛妄我斷集是虛妄我證滅是虛妄我修道是虛妄所以者何是人遺失佛所護念是故說爲虛妄何等是佛所護念謂不憶念一切諸法是名佛所護念若行者住是念中

則不住一切相若不住一切相則住實際若住實際是名不住心若不住心是人名爲非實語非妄語者梵天是故當知若非實非虛妄者是名聖諦　非離生死得涅槃名爲聖諦若人證如是四諦是名世間實語者梵天當來有比丘不修身不修戒不修心不修慧是人説生相是苦諦衆緣和合是集諦滅法是滅諦以二法求相是道諦佛言我説此愚人是外道徒黨我非彼人師彼非我弟子是人墮於邪道破失法故説言有諦梵天且觀我坐道場時不得一法是實是虛妄若我不得法是法寧可於衆中有言説有論議有教化耶　梵天如來坐道場時唯得虛妄顛倒所起煩惱畢竟空性以無所得故得以無所知故知所以者何我所得法不可見不可聞不可覺不可識不可取不可着不可説不可難出過一切法相無語無説無有文字無言説道梵天此法如是猶如虛空汝欲於如是法中得利益耶梵天言不也世尊諸佛如來甚爲希有成就未曾有法深入大慈大悲得如是寂滅相法而以文字言説教人令得世尊其有聞是能信解者當知是人不從小功德來世尊是法一切世間之所難信所以者何世間貪着實而是法無實無虛妄世間貪着法而是法無法無非法世間貪着涅槃而是法無生死無涅槃世間貪着善法而是法無善無非善世間貪着樂而是法無苦無樂世間貪着佛出世而是法無佛出世亦無涅槃雖有説法而是法非可説相雖讚説僧而僧即是無爲是故此法一切世間之所難信譬如水中出火火中出水難可得信如是煩惱中有菩提菩提中有煩惱是亦難信所以者何如來得是虛妄煩惱之性亦無法可得有所説法亦無有形雖有所知亦無分別證涅槃亦無滅者世尊若有善男子善女人能信解如是法義者當知是人安住道場當知是人破壞魔軍當知是人得一切種智當知是人轉於法輪當知是人作無量佛事

佛告梵天若人能於如來所説文字語言章句通達隨順不違不逆和合爲一隨其義理不隨章句言辭而善知言辭所應之相知如來以何言説法以何隨宜説法以何方便説法以何法門説法以何大悲説法梵天若菩薩能知如來以是五力説法是菩薩能作佛事

爾時網明菩薩白佛言世尊是思益梵天云何聞大悲法而不喜悦思益言善男子若識在二法則有喜悦若識在無二實際法中則無喜悦譬如幻人見幻戲事無所喜悦菩薩知諸法相如是則於如來若説法若神通亦無喜悦又善男子如佛所化人聞佛説法不喜不悦菩薩知諸法相與化無異於如來所不加喜悦於餘衆生無下劣想網明言梵天汝今見諸法如幻相耶梵天言若人分別諸法者汝當問之網明言汝今於何處行梵天言一切凡夫行處吾於彼行善男子凡夫行賢聖行皆無二無差別善男子一切行非行一切説非説一切道非道　網明言汝説一切凡夫行處吾於彼行者則有行相梵天言若我有所生處應有行相網明言汝若不生

云何教化衆生梵天言佛所化生吾如彼生網明言佛化所生則無生處梵天言寧可見不網明言以佛力故見梵天言我生亦如是以業力故網明言汝於起業中行耶梵天言我不於起業中行網明言云何言以業力故梵天言如業性力亦如是二不出於如爾時舍利弗白佛言世尊若有能入是菩薩隨宜所説法中者得大功德所以者何世尊乃至聞是上人名字尚得大利何況聞其所説譬如有樹不依於地在虚空中而現根莖枝葉華果甚爲希有此人行相亦復如是不住一切法而於十方現有行有生死亦有如是智慧辯才世尊若有善男子善女人聞是智慧自在力者其誰不發阿耨多羅三藐三菩提心

於是迦葉問網明菩薩言善男子仁者幾時當得阿耨多羅三藐三菩提網明言大迦葉若有問幻所化人汝幾時當得阿耨多羅三藐三菩提是幻人當云何答大迦葉言善男子幻所化人無決定相當何所答網明言大迦葉一切諸法亦如幻所化人無決定相誰可問言汝幾時當成阿耨多羅三藐三菩提大迦葉言善男子幻所化人離於自相無異無别無所志願汝亦如是耶若如是者汝云何能利益無量衆生網明言阿耨多羅三藐三菩提即是一切衆生性一切衆生性即是幻性幻性即是一切法性於是法中我不見有利不見無利大迦葉言善男子汝今不令衆生住菩提耶網明言諸佛菩提有住相耶大迦葉言無也網明言是故我不令衆生住於菩提亦不令住聲聞辟支佛道大迦葉言善男子汝今欲趣何所網明言我所趣如如趣大迦葉言如無所趣亦無有轉網明言如如無趣無轉一切法住如相故我無趣無轉大迦葉言若無趣無轉汝云何教化衆生網明言若人發願則是不能教化衆生若人於法有轉是亦不能教化衆生大迦葉言善男子汝不轉衆生生死耶網明言我尚不得生死何況於生死中而轉衆生大迦葉言汝不令衆生得涅槃耶網明言我尚不見涅槃何況教化衆生令住涅槃大迦葉言善男子若汝不得生死不見涅槃何故今爲無量衆生行於菩提此豈不爲滅度衆生耶網明言若菩薩得生死分别涅槃因衆生行菩提此則不應説爲菩薩大迦葉言善男子汝今於何處行網明言我非生死中行非涅槃中行亦不以衆生相行大迦葉如汝所問汝何處行者如佛所化人行處吾於彼行大迦葉言佛所化人無有行處網明言當知一切衆生所行亦如是相大迦葉言佛所化人無貪無恚無癡若一切衆生所行如是相者衆生貪恚癡從何所起網明言我今問汝隨意答我大迦葉汝今寧有貪恚癡不答言無也網明言是貪恚癡盡滅耶答言不也網明言若大迦葉今無貪恚癡亦不盡滅者汝置貪瞋癡於何所耶答言善男子凡夫從顛倒起妄想分别生貪恚癡耳賢聖法中善知顛倒實性故無妄想分别是以無貪恚癡大迦葉於汝意云何若法從顛倒起是法爲實爲虚妄耶答言是法虚妄非是實也網明言若法非實可令實耶答言不也網明言若法非實

仁者欲於是中得貪恚癡耶答言不也網明言若然何者是貪恚癡能惱衆生者答言善男子若爾者一切從本已來離貪恚癡相網明言以是故我說一切法相如佛所化

佛告迦葉是網明菩薩當得作佛號普光自在王如來不以文字說法但放光明照諸菩薩即得無生法忍其佛光明復照十方通達無礙令諸衆生得離煩惱又其光明常出三十二種清淨法音何等三十二所謂諸法空無衆生見故諸法無相離分別故諸法無作出三界故諸法離欲性寂滅故諸法離瞋無有礙故諸法離癡無闇冥故諸法無所從來本無生故諸法無所去無所至故諸法不住無所依故諸法過三世去來現在無所有故諸法無異見五其性一故十一諸法不生離於報故諸法無業業報作者不可得故諸法不作無所起故諸法無起無爲性故諸法無爲離生滅故諸法真不從和合生故諸法實一道門故諸法無衆生衆生不可得故諸法無我第一義故諸法鈍無所知故諸法捨離憎愛故諸法離煩惱無有熱故諸法無垢性不汙故諸法一相離欲際故諸法離相常定故諸法住實際性不壞故諸法如相不分別故諸法入法性徧入故諸法無緣諸緣不合故諸法是菩提如實見故諸法是涅槃無因緣故迦葉普光自在王如來光明常出如是清淨法音亦能令諸菩薩施作佛事其佛國土無有魔事佛壽無量阿僧祇劫　爾時思益梵天白佛言世尊菩薩以何行諸佛授阿耨多羅三藐三菩提記佛言若菩薩不行生法不行滅法不行善不行不善不行世間不行出世間不行有罪法不行無罪法不行有漏法不行無漏法不行有爲法不行無爲法不行修道不行除斷不行生死不行涅槃不行見法不行聞法不行覺法不行知法不行施不行捨不行戒不行覆不行忍不行善不行發不行精進不行禪不行三昧不行慧不行行不行知不行得梵天若菩薩如是行者諸佛則授阿耨多羅三藐三菩提記所以者何諸所有行皆有所是無所是是菩提諸所有行皆是分別無分別是菩提諸所有行皆是起作無起作是菩提諸所有行皆是戲論無戲論是菩提是故當知若菩薩過諸所行則得受記離諸法二相故是受記義　梵天我於往昔供養諸佛恭敬尊重讚嘆淨修梵行一切布施一切見五持戒及行頭陀離於瞋十二恚忍辱慈心如所說行勤修精進一切所聞皆能受持獨處遠離入諸禪定隨所聞慧讀誦思問是諸如來亦不見授記何以故依止所行故以是當知若諸菩薩出過一切諸行則得受記

梵天我於是後見然燈佛即得無生法忍佛時授我記言汝於來世當得作佛號釋迦牟尼如來應供正徧知我爾時出過一切諸行具足六波羅蜜所以者何若菩薩能捨諸相名爲檀波羅蜜能滅諸受持名爲尸羅波羅蜜不爲六塵所傷名爲羼提波羅蜜離諸所行名爲毗黎耶波羅蜜不憶念一切法名爲禪波羅蜜能忍諸法無生性名爲般若波羅蜜我於然燈佛所具足如是六波羅蜜世尊云何名具足六波羅蜜梵天若不念施不依

止戒不分別忍不取精進不住禪定不二於慧是名具足六波羅蜜　於是網明菩薩白佛言世尊何謂菩薩家清淨佛言善男子菩薩若生轉輪聖王家不名家清淨若生帝釋中若生梵王中亦不名家清淨在所生處乃至畜生自不退失善根亦令衆生生諸善根是名菩薩家清淨又網明慈是菩薩家心平等故悲是菩薩家深心念故喜是菩薩家生法喜故捨是菩薩家離貪著故不捨菩提是菩薩家不貪聲聞辟支佛地故　爾時思益梵天謂文殊師利言如來不説法耶文殊師利言佛雖説法不以二相何以故如來性無二故雖有所説而無二也梵天言若一切法無二其誰爲二文殊師利言凡夫貪著我故分別二耳不二者終不爲二雖種種分別爲二然其實際無有二相梵天言云何識無二法文殊師利言若無二可識則非無二所以者何無二相者不可識也　梵天言誰能聽如來如是法答言不漏六塵者梵天言誰能知是法答言無識無分別無諍訟者　梵天

若於法中有高下心貪著所愛皆是諍訟佛所説法無有諍訟梵天樂戲論者無不諍訟樂諍訟者無沙門法樂沙門法者無有妄想貪著梵天言云何比丘隨佛語隨佛教答言若比丘稱讚毁辱其心不動是名隨佛教若比丘不隨文字語言是名隨佛語　梵天言云何比丘能守護法答言若比丘不逆平等不壞法性是名能守護法梵天言云何比丘親近於佛答言若比丘於諸法中不見有法若近若遠是名親近於佛　梵天言誰能見佛答言若不著肉眼不著天眼不著慧眼是名能見佛梵天言誰能見法答言不逆諸因緣法者梵天言誰能順見諸因緣法答言不起平等不見平等所生相者梵天言誰得眞智答言不生不滅諸漏者　梵天言誰爲得解脱者答言不壞縛者梵天言誰爲得度答言不住生死不住涅槃者梵天言漏盡比丘盡何事耶答言若有所盡不名漏盡知諸漏空相隨如是知名爲漏盡　梵天言誰能見聖諦答言無有見聖諦者所以者何隨所有

見皆爲虚妄無所見者乃名見諦　梵天言是諦當於何求答言當於四顛倒中求梵天言何故作如是説答言求四顛倒不得淨不得常不得樂不得我若不得淨是即不淨若不得常是即無常若不得樂是即爲苦若不得我是即無我梵天一切法空無我是爲聖諦若能如是求諦是人不見苦不斷集不證滅不修道梵天言云何名修道答言若不分別是法是非法離於二相名爲修道以是道求一切法不得是名爲道是道不令人離生死至涅槃所以者何不離不至乃名聖道

爾時等行菩薩白佛言世尊所言菩薩菩薩者爲何謂耶佛言善男子若菩薩於邪定衆生發大悲心於正定衆生不見殊異故言菩薩所以者何菩薩不爲正定衆生不爲不定衆生故發心但爲度邪定衆生故而起大悲發阿耨多羅三藐三菩提心故名菩薩　若菩薩能代一切衆生受諸苦惱亦復能捨一切福事與諸衆生是名菩薩　爾時等行菩薩謂文殊師利如汝所説皆爲真實答言一

切言說皆爲真實又問虛妄言說亦真實耶答言如是所以者何是諸言說皆爲虛妄無處無方若法皆虛妄無處無方是故一切言說皆是真實善男子提婆達語如來語無異無別所以者何一切言說皆是如來言說不出如故一切言說有所說事皆以無所說故得有所說是以一切言說皆平等文字同故文字無念故文字空故等行言如來不說凡夫語言賢聖語言耶文殊師利言然以文字說凡夫語言亦以文字說賢聖語言如是善男子諸文字有分別是凡夫語言是賢聖語言耶等行言不也文殊師利言如諸文字無分別一切賢聖亦無分別是故賢聖無有言說所以者何賢聖不以文字相不以衆生相不以法相有所說也譬諸鐘鼓衆緣和合而有音聲是諸鐘鼓亦無分別如是諸賢聖善知衆因緣故於諸言說無貪無礙等行言如佛所說汝等集會當行二事若說法若聖默然何謂說法何謂聖默然答言若說法不違佛不違法不違僧是名說法若知法即是佛離相即是法無爲即是僧是名聖默然　又善男子若知一切衆生諸根利鈍而教誨之名爲說法常入於定心不散亂名聖默然等行言如我解文殊師利所說義一切聲聞辟支佛無有說法亦無聖默然所以者何是人不能了知見五一切衆生十六諸根利鈍亦復不能常在於定文殊師利若有真實問何等是世間說法者何等是世間聖默然者則當爲說諸佛是也所以者何諸佛善能分別一切衆生諸根利鈍亦常在定佛告文殊師利如是如是如等行所說唯諸如來有此二法爾時須菩提白佛言世尊我親從佛聞汝等集會當行二事若說法若聖默然世尊若聲聞不能行者云何如來勅諸比丘行此二事佛告須菩提於汝意云何若聲聞不從他聞能說法能聖默然不須菩提言不也須菩提是故當知一切聲聞辟支佛無有說法無聖默然爾時須菩提問文殊師利若聲聞辟支佛不能如是說法不能如是聖默然者諸菩薩有成就如是功德能說法能聖默然不答言唯佛當知於是佛告須菩提有三昧名入一切語言心不散亂若菩薩成就是三昧皆得是功德爾時文殊師利謂等行菩薩善男子爲衆生八萬四千行故說八萬四千法藏名爲說法常在一切滅受想定中名聖默然善男子我若一劫見五若減一劫演十七說是義是名說法相是聖默然相猶不能盡於是佛告等行菩薩善男子乃往過去無量無邊不可思議阿僧祇劫時世有佛號曰普光　其普光佛以三乘法爲弟子說亦多樂說如是法言汝等比丘當行二事若說法若聖默然　復廣說淨明三昧所以名曰淨明三昧者若菩薩入是三昧即得解脫一切諸相及煩惱着亦於一切佛法得淨光明是故名爲淨明三昧又前際一切法淨後際一切法淨現在一切法淨是三世畢竟淨無能令不淨性常淨故是以說一切諸法性常清淨何謂諸法性淨謂一切法空相離有所得故一切法無相相離憶想分別故一切法無作相不取不捨無求無願畢竟離自性故是名性常清淨以是常

淨相知生死性即是涅槃性涅槃性即是一切法性是故說心性常清淨善男子譬如虛空若受垢汙無有是處心性亦如是若有垢汙無有是處又如虛空雖爲烟塵雲霧覆曀不明不淨而不能染汙虛空之性設染汙者不可復淨以虛空實不染汙故還見清淨凡夫心亦如是雖邪憶念起諸煩惱然其心性不可垢汙設垢汙者不可復淨以心相實不可垢汙性常明淨是故心得解脫善男子是名入淨明三昧門　爾時等行菩薩白佛言未曾有也世尊諸佛菩薩爲大饒益如所說行精進衆生世尊其懈怠不能如所說行者雖值百千萬佛無能爲也當知從勤精進得出菩提

見五　十八

思益梵天謂文殊師利若行者於平等中不見諸法是名得聖道已文殊師利言何故不見思益言離二相故不見不見即是正見又問誰能正見世間答言不壞世間相者又問云何爲不壞世間相答言色如無別無異受想行識如無別無異若行者見五陰平等如相是名正見世間又問何等是世間相答言滅盡是世間相又問滅盡相復可盡耶答言滅盡相者不可盡也又問何故說言世間是滅盡相答言世間畢竟盡相是相不可盡所以者何已盡者不復盡也又問佛不說一切有爲法是盡相耶答言世間是盡相終不可盡是故佛說一切有爲法是盡相又問何等數名有爲法答言以盡相故名有爲法又問有爲法者爲住何所答言無爲性中住又問有爲法無爲法有何差別答言有爲法無爲法文字言說有差別耳所以者何以文字言說言是有爲是無爲若求有爲無爲實相則無差別以實相無差別故又問何等是諸法實相義答言一切法平等無有差別是諸法實相義又問何等爲義答言以文字說令人得解故名爲義所以者何實相義者不如文字所說諸佛雖以文字有所言說而於實相無所增減文殊師利一切言說皆非言說是故佛語名不可說諸佛不可以言相說故又問云何得說佛相答言諸佛如來不可以色身說相不可以三十二相說相不可以諸功德法說相又問諸佛可離色身三十二相諸功德法而說相耶答言不也所以者何色身如三十二相如諸功德法如諸佛不即是如亦非離如如是可說佛相不失如故又問諸佛世尊得何等故號名爲佛答言諸佛世尊通達諸法性相如故說名爲佛正徧知者

見五　十九

於是等行菩薩白佛言世尊何謂菩薩發行大乘爾時世尊以偈答言

菩薩不壞色　發行菩提心　知色即菩提
是名行菩提　如色菩提然　等入於如相
不壞諸法性　是名行菩提　不壞諸法性
則爲菩提義　是菩提義中　亦無有菩提
正行第一義　是名行菩提　若法及非法
不分別爲二　亦不得不二　是名行菩提
若二則有爲　非二則無爲　離是二邊者
是名行菩提　行於世間法　處中若蓮花
遵修最上道　是名行菩提　世間所行處
悉於是中行　世間所貪著　於中得解脫
菩薩無所畏　不没生死淵　無憂無疲倦

而行菩提道　斯人能善知　法性真實相
是故不分別　是法是非法　常住於平等
護持佛正法　一切無所念　則是如來法
若有佛無佛　是法常住世　能通達是相
是名護持法　諸法之實相　了達知其義
安住於此中　而爲人演說　行於甚深法
魔所不能測　是人於諸法　無所貪著故
願求諸佛慧　亦不著願求　諸佛慧無礙
不著法非法　若能不著此　究竟得佛道
法性不可議　常住於世間　若能知如是
不生亦不滅　菩薩念衆生　不解是法相
爲之勤精進　令得離顛倒　信解常定法
及寂滅無漏　其心得解脫　故說常定者
自住平等法　以此導衆生　不違平等行
故說常定者　志念常堅固　不忘菩提心
亦能化衆生　故說常定者　常念於諸佛
真實法性身　遠離色身相　故說常定者
常修念於法　如諸法實相　亦無有憶念
故說常定者　常修念於僧　僧即是無爲
離數及非數　常入如是定　我見與佛見
空見生死見　涅槃之見等　皆無是諸見
無量智慧光　知諸法實相　無閡無障礙
是行菩提道　是乘名大乘　不可思議乘
悉容諸衆生　猶不盡其量　虛空無有量
亦無有形色　大乘亦如是　無量無障礙
若人聞此經　乃至持一偈　永脫於諸難
得到安隱處　敬念此經者　捨是身已後
終不墮惡道　常生人天中　於後惡世時
若得聞是經　我皆與授記　究竟成佛道
若持此經者　佛法在是人　是人在佛法
亦能轉法輪　若人持是經　能轉無量劫
生死諸往來　得近於佛道　若能持是經
精進大智慧　是名極勇猛　能破魔軍衆
我於然燈佛　住忍得受記　若有樂是經
我授記亦然　若人於佛後　能解說是經
佛雖不在世　爲能作佛事

爾時思益梵天謂文殊師利如來是實語者能說如是法文殊師利言如來於法無所說何以故如來尚不得諸法何況說法思益言如來豈不分別諸法是世間是出世間是有爲是無爲耶文殊師利言於汝意云何是虛空可說可分別不思益言不也文殊師利言今說虛空名字以所說故有生有滅耶思益言不也文殊師利言如來說法亦復如是不以說故諸法有生有滅如此說法是不可說相亦以此法有所教誨是無所教誨所以者何如說法性不說法性亦如是是故說一切法住於如中如亦無所住爾時釋梵四天王俱在會中即以天華散於佛上而作是言世尊若善男子善女人聞文殊師利說法有信解者當知是人能破魔軍及餘怨敵所以者何文殊師利今所說法能破一切邪見妄想世尊若善男子善女人聞於是法不驚不怖當知是人不從小功德來　世尊我等於此經中得智慧光明而不能得報佛及文殊師利思益梵天之恩　爾時世尊語釋梵四天王等大衆言善哉善哉善男子若人所從聞是經處若和尚若阿闍黎我不見世間供養之具能報其恩是法出於世間世間供養所不能報是法度於世間世間財物所不能報

是法無染染汙之物所不能報諸善男子是法餘無能報唯有一事如說修行若人於此法中能如說修行者是名能報師恩是則名爲順如來語順如來教　爾時會中有天子名不退轉白佛言世尊所說隨法行隨法行者爲何謂耶佛告天子隨法行者不行一切法是名隨法行所以者何若不行諸法則不分別是正是邪如是行者不行善不行不善不行有漏不行無漏不行世間不行出世間不行有爲不行無爲不行生死不行涅槃是名隨法行若起法相者是則不名隨法行也若念言我行是法是則戲論不隨法行若不受一切法則隨法行於一切法無憶念無分別無所行是名隨法行

爾時大迦葉白佛言世尊譬如大龍若欲雨時雨於大海此諸菩薩亦復如是以大法雨雨菩薩心佛言迦葉如汝所說　是故此諸菩薩但於甚深智慧無量大海菩薩心中雨如是等不可思議無上法雨　迦葉又如大海甚深無底此諸菩薩亦復如是能思惟無量法故名爲甚深一切聲聞辟支佛不能測故名爲無底迦葉又如大海集無量水此諸菩薩亦復如是集無量法無量智慧是故說諸菩薩心如大海　迦葉又如大海有三種寶一者少價二者有價三者無價此諸菩薩所可說法亦復如是隨諸衆生根之利鈍令得解脫有以小乘而得解脫有以中乘而得解脫有以大乘而得解脫迦葉又如大海漸漸轉深此諸菩薩亦復如是　迦葉又如劫盡燒時諸小陂池江河泉源在前枯竭然後大海乃當消盡正法滅時亦復如是諸行小道正法先盡然後菩薩大海之心正法乃滅迦葉此諸菩薩寧失身命不捨正法汝謂菩薩失正法耶勿造斯觀迦葉如彼大海有金剛珠名集諸寶乃至七日出時火至梵世而此寶珠不燒不失轉至他方大海之中若是寶珠在此世界世界燒者無有是處此諸菩薩亦復如是正法滅時七邪法出爾乃至於他方世界何等七一者外道論二者惡知識三者邪用道法四者互相惱亂五者入邪見棘林六者不修福德七者無有得道此七惡出時是諸菩薩知諸衆生不可得度爾乃至於他方佛國不離見佛聞法教化衆生增長善根迦葉又如大海爲無量衆生之所依止此諸菩薩亦復如是衆生依止得三種樂人樂天樂涅槃之樂迦葉又如大海鹹不可飲此諸菩薩亦復如是諸魔外道不能吞滅於是大迦葉白佛言世尊大海雖深尚可測量此諸菩薩不可測也佛告迦葉三千大千世界微塵猶可知數此諸菩薩功德無量不可數也

爾時世尊現神通力令魔波旬及其軍衆來詣佛所作是言世尊我與眷屬今於佛前立此誓願是經所流布處若說法者及聽法者并彼國土不起魔事亦當擁護是經爾時世尊放金色光照此世界告文殊師利言如來今護念是經利益諸法師故是經在閻浮提隨其歲數佛法不滅　佛說是經時七十二那由他衆生得無生法忍無量衆生發阿耨多羅三藐三菩提心

御錄經海一滴卷之五

御録經海一滴卷之六　　見六

佛說長者女菴提遮師子吼了義經

舍衛國城西有一村名曰長提有一婆羅門名婆私膩迦在其中住其人學問廣博深信內典敬承佛教欲設大會至祇洹所請佛及僧佛受其請與大衆往詣彼村爾時長者見佛歡喜即率眷屬來至佛所各各禮佛恭敬而住其婆羅門有女名菴提遮先適與人其女容貌端正器度高遠事夫如禁其儀無比自以生來父母莫測其所由故名之菴提遮爾時婆羅門長跪佛前敬設供養聖衆食訖文殊師利問菴提遮曰汝今知生死義耶答曰以佛力故知又問曰若知者生以何爲義答曰生以不生生爲生義又問曰云何不生生爲義耶答曰若能明知地水火風四緣畢竟未曾自得有所和合而能隨其所宜有所說者以爲生義又問曰若知地水火風畢竟不自得有所和合爲生義者即應無有生相將何爲生義答曰雖在生處而無生者是爲正生故說有義文殊又問曰死以何爲義耶答曰死以不死死爲死義又問曰云何以不死死爲死義耶答曰若能明知地水火風畢竟不自得有所散而能隨其所宜有所說者是爲死義又問曰若知地水火風畢竟不自得有所散者即無死相將何爲死義答曰雖在死處其心不亡者是爲正死故說有義文殊師利又問曰常以何爲義答曰若能明知諸法畢竟生滅變易無定如幻相而能隨其所宜有所說者是爲常義又問曰若知諸法畢竟生滅無定如幻相者即是無常義云何將爲常義耶答曰諸法生而不自得生滅而不自得滅乃至變易亦復如是以不自得故說爲常義也又問曰無常以何爲義答曰若知諸法畢竟不生不滅隨如是相而能隨其所宜有所說者是爲無常義又問曰若知諸法畢竟不生不滅者即是常義云何說爲無常義耶答曰但以諸法自在變易無定相不自得隨如是知者故說有無常義又問曰空以何爲義答曰若能知諸法相未曾自空不壞今有而能不空空不有有者故說有空義又問曰若不空空不有有者即無有事將何爲空義耶菴提遮以偈答曰

嗚呼真大德　不知真空義　色無有自性
豈非如空也　空若自有空　則不能容色
空不自空故　衆色從是生

爾時文殊師利又問曰頗有明知生而不生相爲生所留者不答曰有雖自明見其力未充而爲生所留者是也又問曰頗有無知不識生性而畢竟不爲生所留者不答曰無所以者何若不見生性雖因調伏少得安處其不安之相常爲對治若能見生性者雖在不安之處而安相常現前若不如是知者雖有種種勝辯談說甚深典籍而即是生滅心說彼實相密要之言如盲辯色因他語故說得青黃赤白黑而不能自見色之正相今不能見諸法者亦復如是但今爲生所生爲死所死者而有所說者乃於其人即無生死之義耶若爲常無常所繫者亦復如是當知大德空者亦不自得空故說有空義耶爾時佛告文殊師利如是如是如菴提遮所說真實無

異曰可令冷月可令熱是菴提遮所說不可移易時舍利弗問其女曰汝之智慧辯才若此佛所稱歎我等聲聞之所不及云何不能離是女身色相也其女答曰我欲問大德即隨意答我大德今現是男不舍利弗言我雖色是男而心非男也其女言大德我亦如是如大德所言雖在女相其心即非女也舍利弗言汝今現爲夫所拘執何能如此其女答曰大德能自信己之所言不舍利弗言我之自言云何不自信其女答曰若自信者大德前說我色是男而心非男者即心與色有所二用也若大德自信此言者即於我所不生有夫之惡見大德自男故生我女相以我女色故壞大德心也而以自男見彼女者則不能於法生實信也舍利弗言我於汝所不敢生於惡見其女答曰但以對世尊故不敢非是實言也若實不生惡見者云何說我言汝今現爲夫所拘執耶是言從何而來舍利弗言我以久離習故有此之言非實心也其女問曰大德我今問者隨意答我大德既言久離男女相者大德色久離耶心久離耶時舍利弗默然不答爾時菴提遮以偈頌曰

若心得久離　畢竟不生見　誰爲作女人
於色起不淨　若論色久離　法本不自有
畢竟不曾汙　將何爲作惡　嗚呼今大德
徒學不能知　自男生我女　豈非妄想非
悔過於大衆　於法勿生疑　我上所言說
是佛神力持

時菴提遮說是偈已其比丘比丘尼優婆塞優婆夷諸天及人於中有得阿耨多羅三藐三菩提心者有得無生法忍者得法眼淨者又得心解脫者其無量聲聞衆而於佛法自生慙恥者無量爾時佛告舍利弗是女非凡已值無量諸佛常能說如是師子吼了義經利益無量諸衆生我亦自與是女人同事無量諸佛已是女人不久當成正覺是諸衆中於是女人所說法要即能生實信者皆已久聞是女人所說法故今則能生正信是故應當諦受是師子吼了義經勿疑之也佛告阿難此長者女菴提遮所說了義問答經付囑於汝汝當諦受

楞伽阿跋多羅寶經

一時佛住南海濱楞伽山頂種種寶華以爲莊嚴與大比丘僧及大菩薩衆俱從彼種種異佛刹來是諸菩薩摩訶薩無量三昧自在之力神通遊戲大慧菩薩摩訶薩而爲上首

爾時大慧菩薩摩訶薩白佛言世尊諸識有幾種生住滅佛告大慧諸識有二種生住滅非思量所知諸識有二種生謂流注生及相生有二種住謂流注住及相住有二種滅謂流注滅及相滅大慧諸識有三種相謂轉相業相眞相大慧略說有三種識廣說有八相何等爲三謂眞識現識及分別事識大慧譬如明鏡持諸色像現識處現亦復如是大慧現識及分別事識此二壞不壞相展轉因大慧不思議熏及不思議變是現識因大慧取種種塵及無始妄想熏是分別事識因大慧若覆彼眞識種種不實諸虛妄滅則一切根識滅是名相滅大慧相續滅者相續所因滅則相續滅所從滅及所緣滅則相續滅大

慧所以者何是其所依故依者謂無始妄想熏緣者謂自心見等識境妄想大慧譬如泥團微塵非異非不異金莊嚴具亦復如是大慧若泥團微塵異者非彼所成而實彼成是故不異若不異者則泥團微塵應無分別如是大慧轉識藏識真相若異者藏識非因若不異者轉識滅藏識亦應滅而自真相實不滅是故大慧非自真相識滅但業相滅若自真相識滅者藏識則滅大慧藏識滅者不異外道斷見論議大慧彼諸外道作如是論謂攝受境界滅識流注亦滅若識流注滅者無始流注應斷大慧外道說流注生因非眼識色明集會而生更有異因復次大慧有七種第一義所謂心境界慧境界智境界見境界超二見境界超子地境界如來自到境界大慧此是過去未來現在諸如來應供等正覺性自性第一義心以性自性第一義心成就如來世間出世間出世間上上法聖慧眼入自共相建立如所建立不與外道論惡見共大慧云何外道論惡見共所謂自境界妄想見不覺識自心所現分齊不通大慧愚癡凡夫性無性自性第一義作二見論大慧若復諸餘沙門婆羅門見離自性浮雲火輪水月及夢內外心現妄想無始虛偽不離自心妄想因緣滅盡離妄想說所說觀所觀受用建立身之藏識無所有境界離生住滅大慧彼菩薩不久次第隨入無相處次第隨入從地至地三昧境界解三界如幻分別觀察當得如幻三昧度自心現無所有得住般若波羅密捨離彼生所作方便隨入如來身隨入如如化神通自在慈悲方便具足莊嚴等入一切佛剎外道入處離心意意識是菩薩漸次轉身得如來身是故欲得如來身者當離所作方便生住滅觀察無始虛偽過妄想習氣因三有思惟無所有佛地無生到自覺聖趣自心自在到無開發行如隨眾色摩尼隨入眾生微細之心而以化身隨心量度諸地漸次相續建立是故大慧自悉檀善應當修學爾時大慧菩薩復白佛言世尊請為楞伽國摩羅耶山海中住處諸大菩薩宣說海浪藏識境界法身時世尊以偈告言

譬如巨海浪　斯由猛風起　洪波鼓冥壑
無有斷絕時　藏識海常住　境界風所動
種種諸識浪　騰躍而轉生　日月與光華
非異非不異　七識亦如是　心俱和合生
譬如海水變　種種波浪轉　謂以彼意識
思惟諸相義　譬如海波浪　是則無差別
諸識心如是　異亦不可得　心名採集業
意名廣採集　諸識識所識　現等境說五

復次大慧若菩薩摩訶薩欲知自心現量攝受及攝受者妄想境界當離群聚習俗睡眠初中後夜常自覺悟修行方便當離惡見經論言說及諸聲聞緣覺乘相當通達自心現妄想之相復次大慧菩薩摩訶薩建立智慧相住已於上聖智三相當勤修學何等為聖智三相所謂無所有相一切諸佛自願處相自覺聖智究竟之相大慧是名聖智三相若成就此聖智三相者能到自覺聖智究竟境界　佛告大慧有一種外道作無所有妄想計著覺知因盡兔無角想如兔無角一切法

亦復如是大慧復有餘外道見種求那極微陀羅驃形處漢法各各差别見已計著無兔角橫法作牛有角想大慧彼墮二見不解心量自心境界妄想增長身受用建立妄想根量大慧一切法性亦復如是離有無不應作想大慧若復離有無而作兔無角想是名邪想兔無角不應作想大慧聖境界離不應作牛有角想爾時大慧菩薩白佛言世尊得無妄想者見不生相已隨比思量觀察不生妄想言無耶佛告大慧非觀察不生妄想言無所以者何妄想者因彼生故依彼角生妄想以依角生妄想是故言依因故離異不異故非觀察不生妄想言無角大慧若復妄想異角者則不因角生若不異者則因彼故乃至微塵分析推求悉不可得不異角故彼亦非性二俱無性者何法何故而言無耶大慧若無故無角觀有故言兔無角者不應作想大慧不正因故而說有無二俱不成大慧復有餘外道見計著色空事形處橫法不能善知虛空分齊言色離虛空起分齊見妄想大慧虛空是色隨入色種大慧色是虛空持所持處所建立性色空事分别當知大慧四大種生時自相各别亦不住虛空非彼無虛空如是大慧觀牛有角故兔無角大慧又牛角者析爲微塵又分别微塵刹那不住彼何所觀故而言無耶若言觀餘物者彼法亦然爾時世尊告大慧菩薩言當離兔角牛角虛空形色異見妄想汝等諸菩薩摩訶薩當思惟自心現妄想隨入爲一切刹土最勝子以自心現方便而敎授之爾時世尊欲重宣此義而說偈言

色等及心無　色等長養心　身受用安立
識藏現衆生　以無故成有　以有故成無
微塵分别事　不起色妄想　心量安立處
惡見所不樂　救世之所說　自覺之境界

大慧菩薩白佛言世尊云何淨除一切衆生自心現流爲頓爲漸耶佛告大慧漸淨非頓如菴羅果漸熟非頓又如大地漸生萬物非頓生也如來淨除一切衆生自心現流亦復如是漸淨非頓大慧頓悟非漸譬如明鏡頓現一切無相色像如來淨除一切衆生自心現流亦復如是頓現無相無所有清淨境界如日月輪頓照顯示一切色像如來爲離自心現習氣過患衆生亦復如是頓爲顯示不思議智最勝境界　大慧法依佛說一切法不實如幻種種計著不可得大慧法佛者離心自性相自覺聖所緣境界建立施作大慧化佛者說施戒忍精進禪定及心智慧離陰界入解脫識相分别觀察建立超外道見無色見大慧又法佛者離攀緣攀緣離一切所作根量相滅非諸凡夫聲聞緣覺外道計著我相所著境界自覺聖究竟差别相建立是故大慧自覺聖究竟差别相當勤修學自心現見應當除滅　大慧菩薩白佛言世尊所說常不思議自覺聖趣境界及第一義境界非諸外道所說常不思議因緣耶佛告大慧非諸外道因緣得常不思議所以者何諸外道常不思議不因自相成若常不思議不因自相成者何因顯現常不思議復次大慧不思議若因自相成者彼則應常由作者因相

故常不思議不成大慧我第一義常不思議第一義因相成離性非性得自覺相故有相第一義智因故有因離性非性故不同外道常不思議論如是常不思議自覺聖智所得應當修學復次大慧諸外道常不思議於所作性非性無常見已思量計常大慧我亦以如是因緣所作者性非性無常見已自覺聖境界說彼常無因大慧若復諸外道因相成常不思議因自相性非性同於兔角此常不思議但言說妄想諸外道輩有如是過所以者何謂但言說妄想同於兔角自因相非分大慧我常不思議因自覺得相故離所作性非性故常非外性非性無常思量計常復次大慧諸聲聞畏生死妄想苦而求涅槃不知生死涅槃差別一切性妄想非性未來諸根境界休息作涅槃想非自覺聖智趣藏識轉是故凡愚說有三乘說心量趣無所有是故大慧彼不知過去未來現在諸如來自心現境界計著外心現境界生死輪常轉復次大慧一切法不生是過去未來現在諸如來所說所以者何謂自心現性非性離有非有生故大慧一切性不生一切法如兔馬等角是愚癡凡夫不覺妄想自性妄想故大慧一切法不生自覺聖智趣境界者一切性自性相不生非彼愚夫妄想二境界大慧藏識攝所攝相轉愚夫墮生住滅二見希望一切性生有非有妄想生非聖賢也大慧於彼應當修學復次大慧菩薩摩訶薩當善三自性云何三自性謂妄想自性緣起自性成自性大慧妄想自性從相生若依若緣生是名緣起云何成自性謂離名相事相妄想聖智所得及自覺聖智趣所行境界是名成自性如來藏心爾時世尊而說偈言

名相覺想　自性二相　正智如如
是則成相

復次大慧菩薩摩訶薩善觀二種無我相謂人無我及法無我云何人無我謂離我我所陰界入聚云何法無我離自共相不實妄想相菩薩摩訶薩當善分別一切法無我善法無我菩薩摩訶薩不久當得初地菩薩無所有觀地相觀察開覺歡喜次第漸進超九地相得法雲地於彼建立無量寶莊嚴幻自性境界修習生到自覺聖智法趣當得如來自在法身見法無我故是名法無我相汝等諸菩薩摩訶薩應當修學　爾時大慧菩薩白佛言世尊建立誹謗相唯願說之令我及菩薩離二邊惡見世尊告大慧言有四種非有有建立云何為四謂非有相建立非有見建立非有因建立非有性建立於彼所立無所得觀察非分而起誹謗是名誹謗相愚夫妄想不善觀察自心現量非聖賢也是故離建立誹謗惡見應當修學復次大慧菩薩摩訶薩為安衆生故作種種類像如妄想自性處依於緣起譬如衆色如意寶珠普現一切諸佛刹土一切如來大衆集會悉於其中聽受佛法所謂一切法如光影水月於一切法離生滅斷常及離聲聞緣覺之法得百千三昧游諸佛刹供養諸佛生諸天宮宣揚三寶示現佛身聲聞菩薩大衆圍繞以自心現量度脫衆生分別演說外性無性悉令遠離有無

等見乃宣偈言

心量世間　佛子觀察　種類之身
離所作行　得力神通　自在成就

大慧菩薩復請佛言惟願世尊爲我等說一切法空無生無二離自性相佛告大慧空空者即是妄想自性處大慧爲妄想自性計著者故說空無生無二離自性相略說七種空謂相空性自性空行空無行空一切法離言說空第一義聖智大空彼彼空是名七種空彼彼空者是空最麤汝當遠離大慧不自生非不生除住三昧是名無生離自性即是無生大慧一切法無二非於涅槃彼生死非於生死彼涅槃異相因有性故是名無二如涅槃生死一切法亦如是是故空無生無二離自性相應當修學爾時世尊而說偈言

我常說空法　遠離於斷常　生死如幻夢
而彼業不壞　虛空及涅槃　滅二亦如是
愚夫作妄想　諸聖離有無

爾時世尊復告大慧菩薩言大慧空無生無二離自性相凡所有經悉說此義諸修多羅悉隨衆生希望心故爲分別說顯示其義如鹿渴想誑惑羣鹿如是一切修多羅所說諸法爲令愚夫發歡喜故非實聖智在於言說是故當依於義莫著言說

大慧菩薩白佛言世尊修多羅說如來藏自性清淨轉入衆生身中如大價寶垢衣所纏而如來藏常住不變云何世尊同外道說我言有如來藏耶佛告大慧我說如來藏不同外道所說之我大慧未來現在菩薩摩訶薩不應作我見計著如來於法無我離一切妄想相以種種智慧善巧方便或說如來藏或說無我開引計我諸外道故說如來藏令離不實我見妄想入三解脫門境界是故大慧爲離外道見故當依無我如來之藏爾時大慧菩薩復請世尊惟願說修行大方便佛告大慧菩薩摩訶薩成就四法得修行者大方便謂善分別自心現觀外性非性離生住滅見得自覺聖智善樂是名成就四法得修行者大方便　菩薩得自覺聖智無生法忍住第八地得離心意意識五法自性二無我相得意生身意生身者譬如意去迅疾無礙故名意生譬如意去石壁無礙於彼異方無量由延因先所見憶念不忘自心流注不絕於身無障礙生大慧如是意生身得一時俱菩薩摩訶薩意生身如幻三昧力自在神通妙相莊嚴聖種類身一時俱生猶如意生無有障礙隨所憶念本願境界爲成就衆生得自覺聖智善樂如是菩薩得無生法忍當如是學爾時大慧菩薩復請世尊惟願爲說一切諸法緣因之相以覺緣因相故我及諸菩薩離一切性有無妄見世尊宣示此義而說偈言

一切都無生　亦非因緣滅　於彼生滅中
而起因緣想　非遮滅復生　相續因緣起
唯爲斷凡愚　癡惑妄想緣　有無緣起法
是悉無有生　習氣所迷轉　從是三有現
眞實無生緣　亦復無有滅　觀一切有爲
猶如虛空華　攝受及所攝　捨離惑亂見
非已生當生　亦復無因緣　一切無所有
斯皆是言說

復次大慧有四種言說妄想相謂相言說夢言說過妄想計著言說無始妄想言說相言說者從自妄想色相計著生夢言說者先所經境界隨憶念生從覺已境界無性生過妄想計著言說者先怨所作業隨憶念生無始妄想言說者無始虛僞計著過自種習氣生大慧白佛言世尊言說妄想爲異爲不異佛告大慧言說妄想非異非不異所以者何謂彼因生相故大慧若言說妄想異者妄想不應是因若不異者語不顯義而有顯示是故非異非不異大慧復白佛言世尊爲言說即是第一義爲所說者是第一義佛告大慧非言說是第一義亦非所說是第一義所以者何謂第一義聖樂言說所入是第一義非言說是第一義第一義者聖智自覺所得非言說妄想覺境界是故言說妄想不顯示第一義言說者生滅動搖展轉因緣起自他相無性故彼不顯示第一義是故大慧當離言說諸妄想相爾時世尊欲重宣此義而說偈言

諸性無自性　亦復無言說　甚深空空義
愚夫不能了　一切性自性　言說法如影
自覺聖智子　實際我所說

復次大慧有四種禪云何爲四謂愚夫所行禪觀察義禪攀緣如禪如來禪云何愚夫所行禪謂聲聞緣覺外道修行者觀人無我性自相共相骨鎖[見六]無常苦不淨相[十六]相不除滅是名愚夫所行禪云何觀察義禪謂人無我自相共相外道自他俱無性已觀法無我漸次增進是名觀察義禪云何攀緣如禪謂妄想二無我妄想如實處不生妄想是名攀緣如禪云何如來禪謂入如來地得自覺聖智相三種樂住成辦衆生不思議事是名如來禪

大慧菩薩復白佛言世尊佛說緣起卽是說因緣外道亦說因緣世尊外道說因不從緣生而有所生世尊說觀因有事觀事有因如是因緣雜亂佛告大慧我非無因說及因緣雜亂說此有故彼有者攝所攝非性覺自心現量大慧若攝所攝計著不覺自心現量外境界性非性彼有如是過非我說緣起我常說言因緣和合而生諸法非無因生大慧復白佛言世尊非言說有性有一切性耶世尊若無性者言說不生是故言說應有性有一切性佛告大慧本無性而作言說如兔角龜毛等但世間現此言說耳大慧如汝所說言說有性有一切性者汝論則壞大慧非一切刹土有言說[見六]言說者是作耳[十七]如瞻視及香積世界普賢如來國土但以瞻視令諸菩薩得無生法忍及諸勝三昧是故非言說有性有一切性大慧見此世界蚊蚋蟲蟻是等衆生無有言說而各辦事爾時世尊欲重宣此義而說偈言

如虛空兔角　及與槃大子　無而有言說
如是性妄想　因緣和合法　凡愚起妄想
不能如實知　輪迴三有宅

大慧復白佛言如世尊所說一切性無生及如幻將無世尊前後所說自相違耶佛告大慧謂生無生覺自心現量有非有外性非性無生現大慧非我前後說相違過然壞外道因生故我說一切性無生大慧說性者爲攝受生死故壞無見斷見故　復次大慧一切

法離所作因緣不生無作者故一切法不生大慧何故一切性離自性以自覺觀時自共性相不可得故說一切法不生何故一切法不可持來不可持去以自共相欲持來無所來欲持去無所去是故一切法離持來去大慧何故一切諸法不滅謂性自性相無故一切法不可得故一切法不滅大慧何故一切法無常謂相起無常性是故說一切法無常大慧何故一切法常謂相起無生性無常常故說一切法常　復次大慧有二種覺謂觀察覺及妄想相攝受計著建立覺大慧觀察覺者謂若覺性自性相選擇離四句不可得是名觀察覺大慧彼四句者謂離一異俱不俱有無非有非無常無常是名四句大慧此四句離是名一切法大慧此四句觀察一切法應當修學云何妄想相攝受計著建立覺謂妄想相攝受計著四大種宗因喻不實建立而建立是名妄想相攝受計著建立覺復次大慧諸外道有四種涅槃云何爲四謂性自性非性涅槃種種相性非性涅槃自相自性非性覺涅槃諸陰自共相相續流注斷涅槃是名諸外道四種涅槃非我所說法大慧我所說者妄想識滅名爲涅槃　大慧菩薩復白佛言世尊惟願爲說自覺聖智相及一乘佛告大慧前聖所知轉相傳授妄想無性菩薩摩訶薩獨一靜處自覺觀察不由於他離見妄想上上昇進入如來地是名自覺聖智相大慧云何一乘相謂得一乘道覺謂攝所攝妄想如實處不生妄想是名一乘覺大慧一乘覺者非餘外道聲聞緣覺梵天王等之所能得唯除如來以是故說名一乘世尊重宣偈言

諸天及梵乘　聲聞緣覺乘　諸佛如來乘
我說此諸乘　乃至有心轉　諸乘非究竟
若彼心滅盡　無乘及乘者　無有乘建立
我說爲一乘　引導衆生故　分別說諸乘
解脫有三種　及與法無我　煩惱智慧等
解脫則遠離

爾時世尊復告大慧菩薩言有三種意生身云何爲三所謂三昧樂正受意生身覺法自性性意生身種類俱生無行作意生身修行者了知初地上上增進相得三種身大慧云何三昧樂正受意生身謂第三第四第五地三昧樂正受故種種自心寂靜安住心海起浪識相不生知自心現境界性非性大慧云何覺法自性性意生身謂第八地觀察覺了如幻等法悉無所有身心轉變得如幻三昧及餘三昧門無量相力自在明如妙華莊嚴迅疾如意猶如幻夢水月鏡像非造非所造如造所造一切色種種支分具足莊嚴隨入一切佛刹大衆通達自性法故大慧云何種類俱生無行作意生身所謂覺一切佛法緣自得樂相大慧於彼三種身相觀察覺了應當修學因說偈言

非我乘大乘　非說亦非字　非諦非解脫
非無有境界　然乘摩訶衍　三摩提自在
種種意生身　自在華莊嚴

大慧菩薩白佛言世尊何等是佛之知覺佛告大慧覺人法無我了知二障離二種死斷二煩惱是名佛之知覺以是因緣故我說一

乘世尊偈言

善知二無我　二障煩惱斷　永離二種死

是名佛知覺

大慧菩薩復請世尊惟願爲說一切法有無有相佛告大慧此世間依有二種謂依有及無墮性非性欲見不離離相大慧因是故我說寧取人見如須彌山不起無所有增上慢空見大慧無所有增上慢者墮自共相見希望不知自心現量見外性無常刹那展轉壞陰界入相續流注變滅離文字相妄想是名爲壞者爾時世尊欲重宣此義而說偈言

有無是二邊　乃至心境界　淨除彼境界

平等心寂滅　無取境界性　滅非無所有

有事悉如如　如賢聖境界　誰集因緣有

而復說言無　邪見論生法　妄想計有無

若知無所生　亦復無所滅　觀此悉空寂

有無二俱離

大慧一切聲聞緣覺菩薩有二種通相謂宗通及說通大慧宗通者謂緣自得勝進相遠離言說文字妄想趣無漏界自覺地自相遠離一切虛妄覺想降伏一切外道衆魔緣自覺趣光明輝發是名宗通相云何說通相謂說九部種種教法離異不異有無等相以巧方便隨順衆生如應說法令得度脫是名說通相大慧汝及餘菩薩應當修學大慧菩薩白佛言世尊惟願爲說不實妄想相不實妄想云何而生爾時世尊宣說偈言

諸因及與緣　從此生世間　妄想著四句

不知我所通　世間非有生　亦復非無生

不從有無生　亦非非有無　如是觀世間

心轉得無我　一切性不生　以從緣生故

一切緣所作　所作非自有　事不自生事

有二事過故　無心之心量　我說爲心量

量者自性處　緣性二俱離　性究竟妙淨

我說名心量　施設世諦我　彼則無實事

諸陰陰施設　無事亦復然　妄想習氣轉

有種種心生　境界於外現　是世俗心量

離一切諸見　及離想所想　無得亦無生

我說爲心量　非性非非性　性非性悉離

謂彼心解脫　我說爲心量　如如與空際

涅槃及法界　種種意生身　我說爲心量

大慧菩薩白佛言世尊如世尊所說菩薩摩訶薩當善語義云何爲語云何爲義佛告大慧云何爲語謂言字妄想和合依咽喉脣舌齒斷頰輔因彼我言說妄想習氣計著生是名爲語大慧云何爲義謂離一切妄想相言說相是名爲義菩薩摩訶薩觀語與義非異非不異若語異義者則不因語辯義而以語入義如燈照色復次大慧如緣言說義計著墮建立及誹謗見凡愚衆生作異妄想非聖賢也復次大慧智識相今當說若善分別智識相者汝及諸菩薩則能通達智識之相疾得阿耨多羅三藐三菩提大慧彼智有三種謂世間出世間出世間上上云何世間智謂一切外道凡夫計著有無云何出世間智謂一切聲聞緣覺墮自共相希望計著云何出世間上上智謂諸佛菩薩觀無所有法見不生不滅離有無品如來地人法無我緣自得生大慧彼生滅者是識不生不滅者是智復次墮相無相及墮有無種種相因是

識起有無相是智復次長養相是識非長養相是智復次無礙相是智境界種種礙相是識復次三事和合生方便相是識無事方便自性相是智復次得相是識不得相是智自得聖智境界不出不入故如水中月　大慧外道有九種轉變彼亦無有轉變無有法若生若滅如見幻夢色生爾時世尊偈言

形處時轉變　四大種諸根　中陰漸次生
妄想非明智　最勝於緣起　非如彼妄想
然世間緣起　如乾闥婆城

大慧菩薩白佛言世尊惟願為說一切法相續義解脫義爾時世尊宣說偈言

不真實妄想　是說相續相　若知彼真實
相續網則斷　於諸性無知　隨言說攝受
譬如彼蠶蟲　結網而自纏　愚夫妄想縛
相續不觀察　見六　二三

爾時大慧菩薩白佛言世尊所言涅槃者說何等法名為涅槃而諸外道各起妄想佛告大慧如諸外道妄想涅槃或有外道陰界入滅境界離欲見法無常心心法品不生不念去來現在境界諸受陰盡如燈火滅如種子壞妄想不生斯等於此作涅槃想大慧非以見壞名為涅槃大慧或以從方至方名為解脫境界想滅猶如風止或復以覺所覺見壞名為解脫或見常無常作解脫想或見種種相想招致苦生因思惟是已不善覺知自心現量怖畏於相而見無相深生愛樂作涅槃想或有覺知內外諸法自相共相去來現在有性不壞作涅槃想或謂我人衆生壽命一切法壞作涅槃想或謂諸煩惱盡或謂智慧或見自在是真實作生死者作涅槃想有如是比種種妄想外道所說不成所成智者所棄大慧如是一切悉墮二邊作涅槃想智慧觀察都無所立如彼妄想心意來去漂馳流動一切無有得涅槃者大慧如我所說涅槃者謂善覺知自心現量不著外性離於四句見如實處不墮自心現妄想二邊攝所攝不可得一切度量不見所成棄捨彼已得自覺聖法知二無我離二煩惱淨除二障永離二死上上地如來地如影幻等諸深三昧離心意意識說名涅槃大慧汝等及餘菩薩摩訶薩應當修學當疾遠離一切外道諸涅槃見

大慧白佛言世尊如來應供等正覺為作耶為不作耶為事耶為因耶為相耶為所相耶為說耶為所說耶為覺耶為所覺耶如是等辭句為異為不異爾時世尊欲宣此義而說偈言　見六　二四

悉離諸根量　無事亦無因　已離覺所覺
亦離相所相　陰緣等正覺　一異莫能見
若無有見者　云何而分別　非作非不作
非事亦非因　非陰非在陰　亦非有餘雜
亦非有諸性　如彼妄想見　當知亦非無
此法法亦爾　以有故有無　以無故有有
若無不應受　若有不應想　或於我非我
言說量留連　沉溺於二邊　自壞壞世間
解脫一切過　正觀察我通　是名為正觀
不毀大導師

大慧菩薩復白佛言世尊云何世尊為無性故說不生不滅為是如來異名佛告大慧我說一切法不生不滅有無品不現大慧白佛

言世尊若一切法不生者則攝受法不可得一切法不生故若名字中有法者惟願為說佛告大慧我說如來非無性亦非不生不滅攝一切法亦不待緣故不生不滅亦非無義大慧我說意生法身如來名號彼不生者一切外道聲聞緣覺七住菩薩非其境界大慧彼不生即如來異名大慧譬如因陀羅釋迦不蘭陀羅如是等諸物一一各有多名亦非多名而有多性亦非無自性如是大慧我於此娑呵世界有三阿僧祇百千名號愚夫悉聞各說我名而不解我如來異名大慧或有衆生知我如來者有知一切智者有知佛者有知導師者有知僊人者有知梵者有知自在者有知真實邊者有知月者有知日者有知主者有知無生者有知無滅者有知空者有知如如者有知諦者有知實際者有知法性者有知涅槃者有知常者有知平等者有知不二者有知無相者有知解脫者有知道者有知意生者大慧如是等百千名號不增不減此及餘世界皆悉知我如水中月不出

不入彼諸愚夫不能知我墮二邊故然悉恭敬供養於我而不善解知辭句義趣不分別名不解自通計著種種言說章句於不生不滅作無性想不知如來名號差別如因陀羅釋迦不蘭陀羅不解自通會歸終極於一切法隨說計著大慧彼諸癡人作如是言言說之外更無餘義惟止言說大慧彼惡燒智不知言說自性不知言說生滅義不生滅大慧一切言說墮於文字義則不墮離性非性故無受生亦無身大慧如來不說墮文字法文字有無不可得故除不墮文字大慧若有說言如來說墮文字法者此則妄說法離文字故是故大慧我等諸佛及諸菩薩不說一字不答一字所以者何法離文字故非不饒益義說言說者衆生妄想故大慧若不說一切法者教法則壞教法壞者則無諸佛菩薩緣覺聲聞若無者誰說為誰是故大慧菩薩摩訶薩莫著言說隨宜方便廣說經法以衆生希望煩惱不一故我及諸佛為彼種種異解衆生而說諸法令離心意意識故不為得自

覺聖智處大慧於一切法無所有覺自心現量離二妄想諸菩薩摩訶薩依於義不依文字若善男子善女人依文字者自壞第一義亦不能覺他若善一切法一切地一切相通達章句具足性義則攝受正法攝受正法者則佛種不斷佛種不斷者則能了知得殊勝入處知得殊勝入處菩薩摩訶薩常得化生建立大乘十自在力現衆色像如實說法如實者不異如實者不來不去相一切虛偽息是名如實大慧善男子善女人不應攝受隨說計著真實者離文字故大慧真實義者從多聞者得大慧多聞者謂善於義非善言說善義者不隨一切外道經論身自不隨亦不令他隨是則名曰大德多聞是故欲求義者當親近多聞計著言說應當遠離爾時大慧菩薩復承佛威神而白佛言世尊世尊顯示不生不滅一切外道因亦不生不滅惟願世尊為說差別佛告大慧我說不生不滅不同外道不生不滅所以者何彼諸外道有性自性得不生不變相我不如是墮有無品大慧

我者離有無品離生滅非性非無性如種種幻夢現故非無性云何無性謂色無自性相攝受現不現故攝不攝故以是故一切性無性非無性但覺自心現量妄想不生安隱快樂世事永息愚癡凡夫不實妄想如揵闥婆城及幻化人其實無有若生若滅性無性無所有故一切法亦如是離於生滅愚癡凡夫墮不如實起生滅妄想如性自性妄想亦不異若異妄想者計著一切性自性不見寂靜不見寂靜者終不離妄想是故大慧無相見勝非相見相見者受生因故不勝大慧無相者妄想不生不起不滅我說涅槃爾時世尊欲重宣此義而說偈言

滅除彼生論　建立不生義　我說如是法
愚夫不能知　一切法不生　無性無所有
揵闥婆幻夢　有性者無因　世間種種事
無因而相現　折伏有因論　申暢無生義
申暢無生者　法流永不斷　熾然無因論
恐怖諸外道

大慧以偈問曰

云何何所因　彼以何故生　於何處和合
而作無因論

爾時世尊偈答

觀察有爲法　非無因有因　彼生滅論者
所見從是滅

大慧復以偈問

云何爲無生　爲是無性耶　爲顧視諸緣
有法名無生　名不應無義　惟爲分別說

爾時世尊復以偈答

非無性無生　亦非顧諸緣　非有性而名
名亦非無義　一切諸外道　聲聞及緣覺
七住非境界　是名無生相　遠離諸因緣
亦離一切事　唯有微心住　想所想俱離
其身隨轉變　我說是無生　無外性無性
亦無心攝受　斷除一切見　我說是無生
如是無自性　空等應分別　非空故說空
無生故說空　因緣數和合　則有生有滅
離諸因緣數　無別有生滅　捨離因緣數
更無有異性　若言一異者　是外道妄想
有無性不生　非有亦非無　除其數轉變
是悉不可得　但有諸俗數　展轉爲鉤鏁
離彼因緣鏁　生義不可得　生無性不起
離諸外道過　如燈顯衆像　鉤鏁現若然
彼生無生者　是則無生忍　如醫療衆病
爲設種種治　我爲彼衆生　破壞諸煩惱
知其根優劣　而有種種法　惟說一乘法
是則爲大乘

大慧菩薩白佛言世尊一切外道皆起無常妄想世尊亦說一切行無常是生滅法此義云何佛告大慧一切外道有七種無常非我法也何等爲七彼有說言作已而捨是名無常有說形處壞是名無常有說即色是無常有說色轉變中間是名無常無間自之散壞如乳酪等轉變中間不可見無常毁壞一切性轉有說性無常有說性無性無常有說一切法不生無常入一切法大慧我法起非常非無常所以者何謂外性不決定故惟說三有微心不說種種相有生有滅四大合會差別四大及造色故妄想二種事攝所攝知二種妄想離外性無性二種見非凡愚所覺

大慧菩薩復白佛言世尊如來應供等正覺爲常爲無常佛告大慧如來應供等正覺非常非無常謂二俱有過若常者有作主過若無常者有作無常過大慧一切所作皆無常如缾衣等一切皆無常過一切智衆具方便應無義以所作故一切所作皆應是如來無差別因性故是故大慧如來非常非無常大慧如來所得智是般若所熏非心意意識彼諸陰界入處所熏大慧一切三有皆是不實妄想所生如來不從不實虛妄想生大慧以二法故有常無常非不二不二者寂靜一切法無二生相故是故如來應供等正覺非常非無常大慧乃至言說分別生則有常無常過分別覺滅者則離愚夫常無常見爾時世尊欲重宣此義而說偈言

衆具無義者　生常無常過　若無分別覺
永離常無常　從其所立宗　則有衆雜義
等觀自心量　言說不可得

大慧菩薩復白佛言世尊惟願世尊更爲我說陰界入生滅彼無有我誰生誰滅佛告大慧如來之藏是善不善因能徧興造一切趣生譬如伎兒變現諸趣離我我所爲無始虛僞惡習所熏名爲識藏生無明住地與七識俱如海浪身常生不斷離無常過離於我論自性無垢畢竟清淨其餘諸識有生有滅意意識等念念有七因不實妄想取諸境界種種形處計著名相不覺自心所現色相大慧此如來藏識藏一切聲聞緣覺心想所見雖自性清淨客塵所覆故猶見不淨非諸如來大慧如來者現前境界猶如掌中視阿摩勒果是故汝及餘菩薩於如來藏識藏當勤修學莫但聞覺作知足想爾時世尊重宣偈言

甚深如來藏　而與七識俱　二種攝受生
智者則遠離　如鏡像現心　無始習所熏
如實觀察者　諸事悉無事　如愚見指月
觀指不觀月　計著名字者　不見我眞實
心爲工伎兒　意如和伎者　五識爲伴侶
妄想觀伎衆

大慧菩薩白佛言世尊惟願爲說五法自性識二種無我究竟分別相佛告大慧五法自性識二種無我分別趣相者謂名相妄想正智如如若修行者修行入如來自覺聖趣離於斷常有無等見現法樂正受住現在前大慧愚夫計著俗數名相隨心流散流散已種種相像貌墮我我所見希望計著妙色計著已無知覆障故生染著染著已貪恚癡所生業積集積集已妄想自纏如蠶作繭墮生死海諸趣曠野如汲井輪以愚癡故不能知如幻野馬水月自性離我我所起於一切不實妄想離相所相及生住滅從自心妄想生非自在時節微塵勝妙生愚癡凡夫隨名相流大慧彼相者眼識所照名爲色耳鼻舌身意意識所照名爲聲香味觸法是名爲相施設衆名顯示諸相是名妄想正智者彼名相不可得猶如過客諸識不生不斷不常不墮一切外道聲聞緣覺之地菩薩摩訶薩以此正智不立名相非不立名相捨離二見建立及誹謗知名相不生是名如如大慧菩薩摩訶薩住如如者得無所有境界故得菩薩歡喜地正住出世間趣法相成熟分別幻等一切

法自覺法趣相離諸妄想見性異相次第乃
至法雲地於其中間三昧力自在神通開敷
得如來地已種種變化圓照示現成熟衆生
如水中月善究竟滿足十無盡句爲種種意
解衆生分別說法法身離意所作是名菩薩
入如如所得　佛告大慧三種自性及八識
二種無我悉入五法大慧彼名及相是妄想
自性若依彼妄想生心心法名俱時生如日
光俱種種相各別分別持是名緣起自性正
智如如者不可壞故名成自性自心現妄想
八種分別謂識藏意意識及五識身相者不
實相妄想故我我所二攝受滅二無我生是
故大慧此五法者聲聞緣覺菩薩如來自覺
聖智諸地相續次第一切佛法悉入其中我
及諸佛隨順入處普爲衆生如實演說施設
顯示於彼隨入正覺不斷不常妄想不起隨
順自覺聖趣一切外道聲聞緣覺所不得相
是名正智大慧當自方便學亦教他人勿隨
於他爾時世尊欲重宣此義而說偈言
五法三自性　及與八種識　二種無有我
悉攝摩訶衍
大慧菩薩白佛言世尊如世尊所說句過去
諸佛如恒河沙未來現在亦復如是云何世
尊爲如說而受爲更有餘義惟願如來哀愍
解說佛告大慧莫如說受三世諸佛量非如
恒河沙所以者何過世間望非譬所譬諸佛
易見非如優曇鉢華難得見故如來者世間
悉見不以建立自通故說言如來出世如優
曇鉢華自覺聖智境界無以爲譬眞實如來
過心意意識所見之相大慧然我說譬佛如
恒河沙無有過咎大慧譬如恒沙一切魚鼈
人獸踐踏沙不念言彼惱亂我而生妄想如
來應供等正覺自覺聖智恒河大力神通自
在等沙一切外道諸人獸等一切惱亂如來
不念而生妄想如來寂然無有念想如來本
願以三昧樂安衆生故無有惱亂猶如恒沙
等無有異又斷貪恚故譬如恒沙是地自性
劫盡燒時燒一切地而彼地大不捨自性與
火大俱生故其餘愚夫作地燒想而地不燒
以火因故如是大慧如來法身如恒沙不壞
大慧譬如恒沙無有限量如來光明亦復如
是無有限量爲成熟衆生故普照一切諸佛
大衆大慧譬如恒沙增減不可得知如是大
慧如來智慧成熟衆生不增不減非身法故
身法者有壞如來法身非是身法如壓恒沙
油不可得如是一切極苦衆生逼迫如來乃
至衆生未得涅槃不捨法界自三昧願樂以
大悲故大慧譬如恒沙隨水而流非無水也
如是大慧如來所說一切諸法隨涅槃流是
故說言如恒河沙如來不隨諸去流轉大慧
生死本際不可知不知故云何說去大慧去
者斷義而愚夫不知一切諸法悉皆寂靜不
識自心所現故妄想生爾時世尊欲重宣此
義而說偈言
觀察諸導師　猶如恒河沙　不壞亦不去
亦復不究竟　是則爲平等　觀察諸如來
猶如恒沙等　悉離一切過　隨流而性常
是則佛正覺

御錄經海一滴卷之六

入法界體性經

婆伽婆在耆闍崛山中從三昧起見文殊師利童子住別門外見已告言文殊師利汝來汝來入內莫住於外爾時文殊師利童子言善哉世尊即詣佛所到已頂禮佛足却住一面佛告文殊師利汝可就坐時文殊師利言善哉世尊唯然受教向佛合掌却坐一面於時文殊師利白佛言世尊今者世尊住何三昧而從起耶佛告文殊師利有三昧名曰寶積然我於時行此三昧而從彼起文殊復言以何因緣名此三昧為寶積耶佛告文殊師利譬如大摩尼寶善磨瑩已安置淨處隨彼地方出諸珍寶不可窮盡如是文殊師利我住此三昧觀於東方見無量阿僧祇世界現在諸佛如來阿羅呵三藐三佛陀如是南西北方四維上下如是十方無量阿僧祇世界我皆現見是諸如來住此三昧為衆說法文殊師利我住此三昧不見一法然非法界文殊師利又此三昧名實際印若有純直男子女人行此印者辯才不斷文殊師利言世尊我知辯才佛言汝云何知辯才文殊言世尊譬如彼摩尼寶不依餘處還依實際而住如是世尊一切諸法更無所住唯依實際而住佛言汝知實際乎文殊言如是世尊我知實際佛言何謂實際文殊言世尊有我所際彼即實際所有凡夫際彼即實際若業若果報一切諸法悉是實際佛言文殊師利汝云何為初行人說法文殊言世尊我不滅貪欲諸患而為說法所以者何此等諸法本性無生無滅故世尊若能滅實際即能滅我見所生際如是說法不受佛法不著凡夫法於諸法不舉不捨文殊師利言世尊教化衆生時云何說法佛言文殊師利我不壞色生亦不壞色不生故說法如是受想行識亦不壞不生故說法文殊師利我不壞欲瞋癡等而為說法我為諸教化者當令知不思議法我為說法如是種種名字諸法入於法界中無有名字差別譬如種種諸穀聚中不可說別是法界中亦無別名有此有彼是染是淨凡夫聖人及諸佛法如是名字不可示現如是法界無違無逆何以故其逆順界法界無二相故無來無去不可見故爾時世尊問文殊師利言汝知法界耶如是世尊我知法界即是我界佛復問汝知世間耶文殊言世尊如幻化人所作處是世間處世尊世間者但有名字無實物可見說名世間行然我不離法界見於世間何以故無世間故如世尊問言世間何處行者所謂色性不生不滅彼行亦不生不滅如是受想行識此識性不生不滅如是行亦無生無滅世尊如是一相所謂無相佛問汝豈不作是念若現在如來佛陀當滅度耶文殊答言世尊豈可法界有已修習未修習也法界既無修習云何得有滅不現耶佛問過去諸佛如恒伽沙等已滅度汝豈不信耶文殊答言世尊我信諸如來皆已涅槃見彼出處故佛問欲使諸凡夫死已更生也文殊答言世尊我尚不見有凡夫何有更生耶佛問汝豈不樂法界耶文殊答言世尊我不見有一法非法界者更何所樂佛言文殊師

利若慢者聞汝說生大恐怖文殊師利言世尊若慢者生怖實際亦生恐怖其實際不恐怖故即一切諸法皆無恐怖以無修作故此是金剛句佛問何故名此爲金剛句文殊言世尊諸法性不壞是故名金剛句世尊如來不思議句是諸法不思議是金剛句佛言善哉善哉文殊師利汝善說此語文殊師利我見無量世界中如來亦說此法本時長老舍利弗在門外邊而住世尊告文殊師利童子言文殊師利是舍利弗比丘今在門外爲欲聽法汝令使入文殊師利言世尊若彼舍利弗際若法界際此二際豈有在內在外長老舍利弗際即是實際舍利弗界即是法界然此法界無出無入不來不去其長老舍利弗從何處來當入何所佛言文殊師利若我在內共諸聲聞語論汝在於外而不聽入汝意豈不生苦惱想耶文殊師利言不也世尊何以故凡所說法不離法界如來說法即是法界法界即是如來界世尊若我恒河沙劫等不來至世尊說法所我時不生愛樂亦無惱

惱何以故若有二者即生憂惱法界無二故無惱耶爾時世尊告長老舍利弗言舍利弗汝來聽文殊師利辯才耶舍利弗言唯然世尊我甚樂聞爾時文殊師利白佛言世尊令長老舍利弗得入聽法爾時世尊言舍利弗汝來前入舍利弗見七言善哉世尊四即前入室頂禮佛足退坐一面文殊師利言長老舍利弗汝見何義故而來此耶舍利弗言文殊師利我欲聽法故來此耳說法以何義爲甚深最勝文殊師利言舍利弗此法難知以無器故說法以無所依無能依故發此說法是故說法平等平等無有住處畢竟寂靜說諸法故此無所住故稱最勝舍利弗言文殊師利我聽世尊及汝說法無有厭足時文殊言大德舍利弗汝信涅槃法是舍利弗耶舍利弗言文殊師利我有信諸法本性成就故我無涅槃文殊又問汝信無死法耶舍利弗言文殊師利我有信夫法界者不死不生我信如是文殊問大德汝信漏盡阿羅漢解脫法耶舍利弗答我實有信彼諸法離諸法然不取諸

法我如是信問大德汝信諸佛是一佛耶答我信法界不可分別我如是信問大德汝信諸佛剎即是一佛剎耶答我有信是諸佛剎依如無盡剎亦無盡我如是信問大德汝信諸法無可證無可滅無可思念不可修作耶答我有信自體見七不自知自體本性五不捨本性自體亦不證亦無思念不相違背不生不滅不取不捨善住彼際我如是信問大德汝信有爲界於法界中無有法生亦無有滅亦無積聚耶答我有信彼諸法性不可得知若生若滅若積聚住者我如是信問大德汝信有般若法界於中亦有阿羅漢名字耶答我有信厭行般若法界是阿羅漢界然法界體離非欲瞋癡體其阿羅漢豈能離法界也我如是信文殊師利言大德舍利弗汝信諸法皆是佛境界忍耶舍利弗言我實有信世尊本性覺自性離故我如是信文殊師利言善哉善哉大德舍利弗我如是問汝如是答爾時世尊告長老舍利弗言舍利弗若有善男子善女人受持此法本句若爲他解釋若讀若

誦然彼人等當得無生法忍爾時無量大衆聞佛所說皆大歡喜

佛說如來智印經

佛在王舍城迦蘭陀竹園爾時世尊入佛境界三昧無色無執無示無形無得無我無主作無不作無來無去無住無攀緣無心非心行非實非不實入是三昧時不見如來身及身相不見心及心相不見衣不見坐如是三昧生諸功德是佛境界即於此定放大光明徧照三千大千世界於此世界日月星辰光悉不現三千世界聞衆妙香一切世界中間幽冥之處佛光普照莫不大明一切世界生奇妙華迦蘭陀竹園及耆闍崛山通爲一會坦然平正時此三千大千世界大威德衆皆悉雲集爾時舍利弗等問文殊師利如來今在何處以何色像見如來乎文殊答曰且待須臾自當見佛爾時世尊從三昧起佛身殊特威光顯曜爾時舍利弗白佛言世尊如來所入三昧以何爲相爾時佛告舍利弗此三昧者無緣無處是佛境界非一切聲聞緣覺所知如是舍利弗如來境界不可思議舍利弗佛身眞實非身非作非起非滅無跡無行無此無彼本性清淨無有一法非受非願非生非報非見非聞非覺非施設非思非非思非入非來非去來道斷非現非依非暗非明寂靜非寂靜常住靜定非受寂住非處非動非法非非法非福田非不福田非盡非非盡捨諸著名爲空非違諍無音聲離名字捨憶想非二非不二非此岸非彼岸非中流非著樂行諸法法同相如眞實爲度衆生實無所度解未解者調未調者救未救者示無二法非等非非等非相似非不相似轉不退輪決定無疑非雜與非二法所習清淨本行威儀解脫具足非身相非陰相非入相非界相非有爲起非無爲起非作非不作非定非非定佛告舍利弗是名如來身相一切衆生皆依於相有能知此三昧者不唯然世尊一切相中不得佛身爾時世尊告舍利弗是爲如來智印三昧悉能滿足十方一切世界菩薩無礙智慧舍利弗若欲速見十方諸佛及諸菩薩晝夜精勤修此三昧悉皆得見舍利弗此三昧是菩薩無量門徧行諸行陀羅尼能持法界令不斷絕此陀羅尼執諸法門若成就此相名爲菩薩能成三十二相八十種好具相應行業行清淨出魔境界不動不出等行佛行身口意業皆悉清淨欲解如來密法應當修學如是三昧何以故舍利弗猶如意珠隨衆所欲皆得滿願此三昧者是諸菩薩一切妙事悉能滿足一切願行爾時世尊說是法時無量菩薩得此三昧淨修諸行於無上道得不退轉

善住意天子所問經

如是我聞一時婆伽婆住王舍城耆闍崛山中與大比丘衆六萬二千人諸菩薩摩訶薩四萬二千人俱復有四大神王天帝釋王娑婆世界主大梵天王如是等上首六萬天子俱復有七萬三千天子善住意天子善寂天子摩醯首羅天子而爲上首復有二萬阿修羅王羅睺阿修羅王彌樓阿修羅王而爲上首復有六萬龍王不苦惱龍王月龍王得义

迦龍王而爲上首皆樂修行菩薩之道如是復有無量百千天龍夜叉乾闥婆阿修羅迦樓羅緊那羅摩睺羅伽人與非人諸大衆俱比丘比丘尼優婆塞優婆夷皆悉來集爾時世尊無量百千眷屬圍繞恭敬尊重而爲說法爾時文殊師利童子於自寺住獨坐思惟心静三昧正念觀察起彼三昧生如是心佛出世難人身難得如是如來應正徧知若無說法則不可得盡生死苦諸佛正法甚深難知若無佛者云何聞法若不聞法則不能令衆生苦盡若我往至如來座所如法難問畢竟得發衆生善根畢竟能令菩薩乘人不可思議佛法滿足我召十方無量百千諸菩薩衆令集此處聞如來法以身證知甚深法忍爾時文殊師利童子念已即入普光離垢莊嚴三昧放大光明徧照十方無量無邊恒河沙等諸佛世界爾時十方諸佛世界諸佛世尊皆悉現在現命現住以佛力故一切聲音皆悉寂然止息爾時十方恒河沙等諸佛世尊同一聲音同一口業皆同一法爲大衆說此法光明所有功德能令衆生乃至無量不可思議善根成就能令一切菩薩乘人乃至無量不可思議布施助道戒忍精進禪慧助道皆悉滿足善男子汝今當知若以一劫若餘殘劫說此光明所有功德不可窮盡諸佛菩薩於諸衆生起慈悲心放此光明善男子彼娑婆世界釋迦牟尼佛所文殊師利童子菩薩爲集十方不可計數諸菩薩故放此光明一一世界諸菩薩等既覩光明各到佛所頭面禮足各請其佛白言世尊我今欲詣娑婆世界奉見世尊釋迦牟尼如來并見童子文殊師利佛言便往今正是時時彼十方不可計數百千菩薩摩訶薩等於其國土忽然不現一刹那頃到此娑婆世界皆至世尊釋迦牟尼如來住處各各雨上妙華香同聲讚歎如來功德頭面禮足右繞三帀上虛空中去地不遠一多羅樹忽然不現一切皆入隱一切身菩薩三昧爾時長老摩訶迦葉白言世尊以何因緣有大光明徧照世界佛告尊者大迦葉言止止迦葉如此之事非是一切聲聞緣覺所能測量一切天人所迷沒處惟是諸佛如來所知迦葉文殊師利童子今入普光離垢莊嚴三昧以三昧力放此光明徧照十方普召十方不可計數百千菩薩皆悉集此娑婆世界彼諸菩薩今現住虛空中迦葉言不爾世尊何處有此菩薩可見佛言迦葉彼乃非是聲聞緣覺之所能見何以故迦葉何處大悲菩薩境界何處大慈何處利益何處修行布施持戒忍辱精進禪定智慧菩薩境界非彼聲聞緣覺信行迦葉當知此諸菩薩一切皆入隱一切身菩薩三昧住地菩薩尚不能見此善男子惟依信行何況聲聞緣覺能見若能見者無有是處迦葉白佛言世尊菩薩修行成就幾法行何善根成何功德而能得入隱一切身菩薩三昧佛言迦葉諸菩薩摩訶薩畢竟成就十種法故則能得入隱一切身菩薩三昧何等爲十一者信行堅固二者爲滿大悲心常不捨一切衆生三者捨一切物四者受持佛法而不取著五者不受聲聞緣覺智慧六者一切所有皆悉能

捨乃至身命何况餘物七者行不可數有爲諸行而心不取彼有爲行八者不可數量施戒忍進禪慧滿足波羅蜜行而不分别九者起如是心一切衆生我悉安置於佛法中令趣菩提十者不取衆生不取菩提諸菩薩摩訶薩畢竟成就如是十法則便得入隱一切身菩薩三昧爾時長老舍利弗作如是念佛説我於聲聞弟子智慧人中最爲第一若我見彼菩薩摩訶薩在於何法專心修行應能見知作是念已以佛神力自神力故即入三萬諸三昧門入已復起欲望得見彼諸菩薩在於何法專心修行而不能見非彼菩薩若來若去是故不知爾時長老須菩提禮二足尊而作是言世尊如來説我阿蘭若行最爲第一如是寂靜三昧法門我已得之我如是法智慧具足四萬三昧入已復起欲望得見彼諸菩薩乃至一人而不能見亦復不能知其住處彼如是法不可思議甚深智慧如是世尊若我漏心未解脱者於未來際常在生死更不捨離如是大乘爾時世尊讚歎尊者須菩提言善哉善哉汝須菩提以心信故作如是説汝之善根必得阿耨多羅三藐三菩提覺何以故彼諸菩薩摩訶薩行一切聲聞緣覺不行爾時文殊師利童子復現神通化作八萬四千蓮華彼蓮華中一一有化菩薩於華臺上結跏趺坐金色之身具三十二大人之相具足妙色具足光明時彼蓮華至四天王三十三天夜摩兜率化樂他化自在如是徧到一切處去召此三千大千世界百億須彌四天王天乃至徧召色究竟天彼化蓮華徧至一切欲界天子色界天子若干宮殿時化菩薩説偈召曰

慧日大世尊　時乃出世間　佛如優曇華
如是甚難值　雄猛釋師子　出現此世間
依正法正説　盡一切苦惱　有爲行衆生
三界悉無樂　汝等宜速去　見佛聞勝法
惟有聞正法　能生衆生福　速到三十二
大人相佛所　佛能救衆生　餘不可歸依
佛是世間主　大慈不思議　修行不可數
不可思議劫　集無上智慧　成佛釋師子
開示第一法　深寂難可見　除捨一切相
爲衆生説法　無少物可憶　無思憶念説
説法如響聲　無響聲可取　色受想行識
如是等皆空　雖説五陰法　無物可積聚
眼耳鼻舌身　如意自相空　雖復説彼空
而空不可得　色聲香味觸　皆是意所樂
虛妄起此法　無自根本空　如是諸衆生
解佛所説法　欲得脱苦處　應到醫師所

彼化菩薩周徧三千大千世界説此偈時九十六億欲界諸天色界天子遠塵離垢得法眼淨十千天子是菩薩乘修行之人一切皆得無生法忍時彼菩薩所召天子不可數量阿僧祇耶百千之衆爾時文殊師利童子從自寺出善住意天子等頭面敬禮文殊師利童子足已文殊師利童子如是思惟何等人能與我相隨於世尊前問答論義或説何等不思議句難解句無處所句不戲論句不可説句甚深句實句無障礙句不破壞句空句無相句無願句眞如説句實際句法界句無相似句不取句不捨句佛句法句僧句得智

慧滿足句三界平等句一切法無所得句一切法不生說句師子句健句無句句如是思惟善住意天子已曾供養過去諸佛辯才無礙彼則堪能與我相隨於世尊前問答論義如是念已語善住意天子言天子汝得深忍無礙辯才於世尊前與我相隨問答論義於是善住意天子語文殊師利童子言今此地處所說法語此諸天子於仁者邊作意欲聽仁爲說不文殊師利答言天子若有念言我聽法者我不爲說彼說我聽如是取著而說法者有三障礙何者爲三一者得我二者得衆生三者得法天子當知若非我慢非我我所如是聽法有三圓淨心不分別無所希望無所憶念若如是聽彼平等聽時善住意天子讚言善哉善哉文殊師利云何名爲不退轉耶惟願說之文殊師利言止止天子汝莫分別若使菩薩有退轉者菩提正覺非得菩提天子問言文殊師利何處退轉文殊師利答言天子貪欲退轉瞋恚退轉愚癡退轉有愛退轉無明退轉乃至十二有支退轉欲界退轉色界退轉無色界退轉聲聞行退轉緣覺行退轉斷退轉常退轉取退轉捨退轉自身退轉自身見退轉自身根本六十二見退轉五蓋退轉五取陰退轉一切內外入退轉界退轉佛想退轉法想退轉僧想退轉我成佛我說法我度衆生我破魔王我得智慧有彼想退轉如是天子若菩薩此處退轉彼不退轉時善住意天子問言何處不退轉文殊師利答言天子佛智慧不退轉空不退轉無相不退轉無願不退轉真如不退轉法界不退轉實際不退轉說此法時十千天子得無生法忍爾時善住意天子言今共仁者到如來所見於如來禮拜供養如法問難文殊師利答言天子汝莫分別取如來行天子問言如來何處文殊師利答言天子即此前頭有如來住天子問言若有如來我何不見文殊師利問言天子今於汝前有何物耶天子答言有虛空界文殊師利言如是如來者即是虛空界何以故以虛空界於一切法悉平等故如是如來即是虛空虛空如來不二不異當如是觀如實際知非有少物可分別取

爾時文殊師利童子入壞魔軍三昧法門其時若干三千大千世界百億魔宮毀變欲壞一切魔身皆悉衰變爾時衆魔皆生怖畏驚恐毛豎心生疑慮未久之間文殊師利童子復化作百億天子語魔波旬作如是言汝莫怖畏今有童子菩薩摩訶薩名文殊師利得不退轉彼今住在破壞魔軍三昧法門是彼菩薩威力所作汝今往詣釋迦牟尼如來佛所如來大悲於怖畏者能施無畏彼化天子如是說已即於其處忽然不現時魔波旬一切眷屬於一念頃往到佛所一切同聲而白佛言救我世尊救我世尊我本妙色今者如是衰變不好我甚恥愧如是身老我甚怖畏世尊我憶本身我憶本色願還如本少身少色佛言波旬且住且住且待須臾文殊師利童子菩薩當來至此汝此色者非是真色宜可除捨爾時文殊師利童子起彼三昧無量百千諸天導從百千音樂皆出妙聲種種香華如雨而下極大莊嚴娛樂戲樂來至佛所

頭面禮足右繞三帀却住一面爾時世尊作如是言文殊師利汝入破壞一切魔軍三昧門耶文殊師利答如來言入已世尊世尊問言文殊師利於何佛所得是三昧聞此三昧其已久如答言世尊我於過去無量不可思議劫未發菩提心時得聞如是三昧法門世尊問言此三昧門云何而得答言世尊有二十法若菩薩摩訶薩畢竟成就得此三昧能壞魔軍何等二十世尊所謂菩薩破壞貪欲破壞貪心破壞瞋恚破壞瞋心破壞愚癡破壞癡心破壞嫉妒破壞嫉心破壞憍慢破壞慢心破壞垢惡破壞垢心破壞熱惱破壞熱心破壞想念破壞想心破壞見著破壞見心破壞分別破壞分別心破壞取著破壞取心破壞執著破壞執心破壞取相破壞相心破壞有法破壞有心破壞常法破壞常心破壞斷法破壞斷心破壞陰法破壞陰心破壞界法破壞界心破壞入法破壞入心破壞三界破壞三界心成就此二十法得此三昧爾時世尊作如是言文殊師利止汝神力所入三

昧令魔波旬還復前色爾時文殊師利童子即止神力時魔波旬一切前色皆悉還復爾時文殊師利童子問魔波旬作如是言魔波旬輩何處波旬眼何處眼想何處眼著何處眼相何處眼攀緣何處眼障礙何處眼憶念何處眼我何處眼依止何處眼喜樂何處眼戲論何處眼我所何處眼護何處眼修何處眼取何處眼捨何處眼分別何處眼思量何處眼決定何處眼滅何處眼生何處眼執何處眼來如是等法是汝境界魔業妨礙如是主意應如是知色乃至法應如是知何處波旬非眼非眼想非眼著非眼相非眼攀緣非眼障礙非眼憶念非眼我非眼依止非眼喜樂非眼戲論非眼我所非眼護非眼修非眼取非眼捨非眼分別非眼思量非眼決定非眼滅非眼生非眼執非眼來如是等法非汝境界汝於其中無主無力無自在非自在取如是至意應如是知色乃至法應如是知爾時文殊師利童子如如法說彼魔衆中十千魔衆發阿耨多羅三藐三菩提心魔之眷屬

八萬四千遠塵離垢得法眼淨爾時文殊師利童子從座而起整服左肩右膝著地向佛合掌白言世尊我於今者欲少問難願爲解說佛言文殊師利隨意問難我能解說令汝心喜文殊師利言世尊以何義故得言菩薩摩訶薩佛告文殊師利所言菩薩摩訶薩者一切法覺一切法者言語所說彼菩薩覺文殊師利如此菩薩眼覺耳覺鼻覺舌覺身覺意覺如此菩薩眼本性空覺非有我覺分別耳鼻舌身意等本性空覺非有我覺分別色聲香味觸法本性空覺非有我覺復次菩薩摩訶薩者五取陰覺何等法覺所謂空覺無相覺無染覺寂靜覺不動覺不生覺不來覺不去覺無主覺無記覺無知覺無見覺如幻覺如夢覺復次菩薩摩訶薩者貪瞋癡覺云何而覺從分別起貪瞋癡覺彼分別空非有無體非戲論非記覺復次菩薩摩訶薩者謂欲界覺色界覺無色界覺云何而覺無我行名空違離覺復次菩薩摩訶薩者衆生行覺云何而覺謂此衆生欲行瞋行癡行平等平

等行故善知行覺彼覺覺已如如法説令彼衆生如如解脱復次菩薩摩訶薩者一切衆生覺云何而覺一切衆生唯空有名不離彼名更有衆生一切衆生即一衆生彼衆生者非是衆生若如是知不分别者得言菩薩摩訶薩也文殊師利白佛言世尊菩薩初發菩提心者云何説言初發心耶佛言文殊師利菩薩正觀三界一切想生如是得言初發心者文殊師利言世尊如我解佛所説義者貪生瞋生愚癡心生得言菩薩初發心者善住意天子語文殊師利言若使菩薩初發心時有貪欲恚愚癡生者毛道凡夫皆有初心應名菩薩文殊師利言不爾天子毛道凡夫貪欲恚癡無力能生何以故天子諸佛如來緣覺聲聞不退菩薩貪恚癡生天子問言以何意故如是説耶如是衆會不解仁者如是言語皆生疑心云何云何文殊師利問言天子於意云何於虚空中鳥行動去彼鳥跡相得言有行得言不行天子言行文殊師利言如是天子如説彼相如是言語我如是説諸佛如來緣覺聲聞不退菩薩貪恚癡生天子當知隨於何處無依止生無處可取彼如是生於何處所無差别生無跡無句不得言跡不得言句如是言生無物體句如是言生無物説句如是言生以不來句如是言生以不去句如是言生以不生句如是言生無受持句如是言生以無記句如是言生不破壞句如是言生以不執句如是言生天子當知初心菩薩發菩提心於如是法不憶念不觀察不思量不起不見不聞不知不取不捨不生不滅如是天子菩薩摩訶薩依止何等此法界此平等此實際此方便貪生瞋生愚癡心生眼依止生如是乃至意依止生色無處取生如是至識無處取生名生色生因生一切見行生無明生有愛生乃至十二分因緣流轉生五欲功德生三界處生我我所生自身生自身見生自身根本六十二見生佛想法想僧想生我想他想生地想生水想生火想風想空想識想生四顛倒生五蓋生八邪九惱十不善業道生如是乃至一切分别一切不分别一切取著一切喜樂一切憶念一切尊敬菩薩皆生天子如是法門如是應知爾時世尊讃歎文殊師利言善哉善哉文殊師利如是菩薩何處初發菩提之心汝已供養恒河沙等諸佛世尊能如是説爾時文殊師利童子白佛言世尊如我解佛所説義者一切心生皆是不生若不生者則彼菩薩初發心生如是言生説此法時二萬三千菩薩得無生法忍爾時長老摩訶迦葉白佛言世尊文殊師利童子能作難作説法如是能作衆生利益文殊師利言長老大迦葉此乃非我能作難作一切諸法皆悉不作無有已作無有今作無有當作我亦如是非有法作亦非有作亦非不作非有衆生非縛非解何以故無物可取乃是正法長老大迦葉若一切佛皆不已得今得當得毛道凡夫一切皆得大迦葉言一切諸佛不得何法文殊師利言一切諸佛皆不得我不得衆生不得壽命不得士夫亦不得斷亦不得常亦不得陰亦不得界亦不得入亦不得心亦不得色不得欲界不

得色界不得無色界不得分別不得無分別乃至不得一切諸法毛道凡夫一切皆得如是難作凡夫人作文殊師利童子白佛言世尊言無生忍者云何而說無生忍耶佛言文殊師利實無有人得無生忍言得忍者惟有言語何以故實無所得彼忍法故不得法忍得無所得不得不失如是得言得無生忍文殊師利無生法忍者不生一切法忍不來一切法忍不去一切法忍不取一切法忍不捨一切法忍塵虛空相似一切法忍不壞一切法忍無煩惱染一切法忍無淨一切法忍眞如法界實際安置一切法忍如幻如化如響如影一切法忍此法忍者非法非非法惟有名說如是名者無處無取如是得言菩薩無生法忍爾時善住意天子問文殊師利童子言云何菩薩地地轉行文殊師利問言天子佛說諸法皆如幻化汝爲信不天子答言我信是說文殊師利問言天子何等幻人地地轉行如是乃至十地轉行天子答言化人不有轉行文殊師利言如是天子如佛所說一切諸法皆如幻故如是我說地轉行者非是轉行譬如幻師以幻力作十重宮殿彼自作已即自坐上於意云何如是彼人有坐處不天子答言無處坐也文殊師利言如是天子菩薩十地見有轉行亦復如是爾時善住意天子問文殊師利童子言若有人來依投仁者欲求出家云何教誡文殊師利答言天子若至我所求出家者我爲說言善男子汝今莫生出家之心何以故彼心不可爲他所生勿保此心善男子汝莫除鬚是善出家若如是者得言出家天子問言以何意故如是說耶文殊師利答言天子如來說法不斷不壞天子問言何法不斷不壞文殊師利答言天子色不斷不壞受想行識不斷不壞無心憶念不說不答彼實安住天子問言所言實者是何言語文殊師利答言天子實者虛空得言其實非是空盡不盡不長或有或無是故得言虛空爲實性空是實眞如是實法界是實實際是實若是實者得言不實何以故非今實有非後時有是故彼實復次天子若至我所求出家者我爲說言汝善男子不取袈裟不著袈裟若如是者得言出家何以故如來說法皆悉不取天子問言不取何法答言天子謂不取色若常無常如是不取受想行識若常無常亦不取眼若常無常不取色不取耳不取聲不取鼻不取香不取舌不取味不取身不取觸不取意不取法不取貪不取瞋不取癡不取顛倒如是乃至一切諸法皆悉不取天子一切諸法不取不捨不離不散天子若取袈裟是愚癡念是故我說非取袈裟是淨解脫文殊師利復語善住意天子言天子若至我所求出家者我爲說言汝善男子若不受戒是汝出家天子問言以何意故如是說耶文殊師利答言天子如佛所說二種受戒何者是二謂等受戒不等受戒何者名爲不等受戒謂不等墮何者不等墮謂著我墮著衆生墮著壽命墮著士夫墮著斷常墮著邪見墮著貪瞋癡墮著欲界墮色無色界憶念取墮不知出法取一切法天子當知如是名爲不等受戒何者名爲平等受戒謂

空平等無相平等無願平等天子若如是證三解脫門如實而入則不分別無所分別則不退轉天子如是名爲平等受戒復次天子若修貪欲瞋恚愚癡若修自身自身根本六十二見若修顛倒若修三惡身口意行八邪九惱十不善業道如是得言正受戒也天子譬如一切種子皆依地生藥草樹林依地生長平等具足若正受戒正戒具足何以故以住戒故法和合有如彼種子藥草樹林具足生長如是得言平等具足天子戒依住如是一切菩提分法以依戒故生長具足天子如是過去未來現在諸佛世尊一切聲聞以正受戒是故證得三解脫門一切戲論皆悉斷滅如是受戒是正受戒非不平等天子我與彼人如是出家如是受戒汝善男子當如是學莫憶念取我如是學一切諸法皆悉不取汝若取戒三界亦取應知戒無所得天子若心無所得則戒不憶念若戒不憶念則三昧無所得若三昧無所得則慧無所得若慧無所得則一切疑不有若一切疑不有彼則

清淨若清淨者彼不和合若不和合彼則不漏若不漏者彼則正行若如是行無色相似若無色相似彼是虛空何以故以彼虛空無形色故天子問文殊師利言禪師者何等比丘得言禪師文殊師利答言天子此禪師者於一切法一行思量所謂不生若如是知得言禪師乃至無有少法可取得言禪師不取何法所謂不取此世彼世不取三界至一切法悉皆不取無少法取非取不取以是義故得言禪師爾時善住意天子讚言善哉善哉文殊師利利智慧人善說如是甚深空忍文殊師利言天子我非利智一切毛道凡夫利智何以故毛道凡夫如利智知何者世間利智三界利智貪欲利智瞋恚利智愚癡利智如是而知天子問言仁戲論不文殊師利答言不也天子問言惟言語耶文殊師利答言如是如是天子我取言語若菩薩一字一句不動彼字不動句義次第問道如實而知不知空不知離知無體知不生如是知若不知非知非解非受非作是故得言惟言語句爾

時世尊讚言善哉善哉文殊師利汝今已得陀羅尼故能如是說文殊師利言世尊非我得陀羅尼何以故世尊若愚癡人得陀羅尼得何等法所謂得我衆生得壽命得士夫得斷得常得貪瞋癡得無明有愛五陰自身十八界六内入六外入見分別不分別如是世尊愚癡凡夫得陀羅尼以取相故則非佛得非菩薩得善住意天子言仁若若非得陀羅尼何故懞鈍文殊師利言如是天子我實懞鈍何以故彼懞鈍行無人能知若非懞鈍彼人則是愚癡凡夫何以故以障礙故愚癡凡夫貪著心行懞鈍黠慧須陀洹人障礙行說尚貪心行何況愚癡凡夫之人如是天子我是懞鈍非得陀羅尼乃至少物我不得故爾時會中五百比丘聞此法門不能信受生大怖畏棄捨而去自身將墮大地獄中爾時尊者舍利弗語文殊師利童子言文殊師利應當觀察此會大衆然後說法文殊師利言大德舍利弗汝莫分別乃至無有少物可得墮於地獄何以故以一切法悉不生故爾時

世尊即告尊者舍利弗言舍利弗此諸比丘速出地獄得證涅槃何以故善男子善女人若得聞此甚深法門一經於耳雖不信受墮於地獄而速解脫善住意天子語文殊師利言仁欲與我同梵行耶文殊師利答言如是天子我欲與汝同於梵行以汝梵行不取梵行不行梵行天子問言以何意故如是說耶答言天子若其取者彼得言行若其不取彼何所作何以故以此梵行則非梵行非梵行故如是得言我行梵行文殊師利復語善住意天子言若汝天子於佛不染法僧不染如是我汝同於梵行天子問言以何意故如是說耶文殊師利問言天子所言佛者汝云何解天子答言如眞如法界如是言佛文殊師利問言天子眞如法界汝能染不答言不也文殊師利言於佛不染如是我汝同於梵行復次天子所言法者汝云何解天子答言是離欲法如是言法文殊師利問言天子彼離欲法汝能染不答言不也文殊師利言於法不染如是我汝同於梵行復次天子所言僧者汝云何解天子答言以無爲故如是言僧文殊師利問言天子彼無爲僧汝能染不答言不也文殊師利言於僧不染如是我汝同於梵行天子若人得佛彼則染佛若人得法彼則染法若人得僧彼則染僧何以故以佛法僧非彼人得天子若人愛佛愛法愛僧彼人染佛染法染僧若不得佛彼不愛佛則不染佛若不得法彼不愛法則不染法若不得僧彼不愛僧則不染僧於佛不染法僧不染如是我汝同於梵行爾時善住意天子言甚爲希有文殊師利乃能如是施甚深法我當報恩文殊師利答言天子汝莫報恩愚癡之人作異異法作異異見作異異行以作異異法行見故得言報恩天子當知此非正行善男子也如佛世尊平等說法謂一切法皆悉不作亦不可作心平等不異取不異作是故得言不報恩者天子問言仁住何法如是說也爲住忍說爲住法說文殊師利答言天子非忍非法天子問言於何處住如是說耶文殊師利言天子幻化人身於何處住天子問言何處復有幻化人住文殊師利答言天子如眞如住彼幻化人如是而住云何問言何忍何法天子當知忍惟有名名無住處法不移動亦無分別處所天子一切衆生於何處住於彼處住如佛所說如眞如住一切衆生亦如是住眞如不動如一切衆生眞如如來眞如不二眞如不異眞如爾時十方世界諸來菩薩摩訶薩等白佛言世尊惟願世尊以威神力加彼文殊師利童子令至十方諸佛世界如是說法爾時文殊師利童子語彼菩薩摩訶薩言汝善男子各各觀察自佛世界時彼菩薩摩訶薩等普住十方各各觀察自佛世界各各自聞自佛世界文殊師利童子音聲各見文殊師利童子住其佛前爲諸大衆說此法門各各皆有善住意天子問此法門如是見已得未曾有皆悉歎言希有希有今此文殊師利童子此佛世界安住不動而一切處皆悉普現一切皆見爾時文殊師利童子爲彼菩薩說如是言善男子譬如幻師善學幻術不動坐處示種種色如是菩薩善

學般若波羅蜜幻如幻法中乃至一切諸佛世界隨心憶念皆悉普現何以故一切諸法皆如幻故爾時文殊師利童子白佛言世尊惟願世尊護此法門後世末世五十年時於閻浮提廣行流布令善男子若善女人咸得聞之佛言如是如是此經法門住持不滅爾時三千大千世界一切華樹皆悉敷榮出種種華放大光明徧滿世界蔽日月光六十四億百千諸天歡喜踴躍雨天華香鼓天妓樂一切合掌同聲唱言善說如是最勝妙法奇妙勝法若有衆生聞此法門有能信解不驚怖畏當知是人必定不從小功德來已曾供養過去諸佛乃得聞此甚深法門說此經已一切大衆皆大歡喜

御錄經海一滴卷之七

佛說如來不思議金剛手經

世尊在王舍城鷲峰山中有無數百千天人大衆恭敬圍繞聽受說法佛告大衆我有正法名普攝諸菩薩摩訶薩最上勝行清淨妙門此能圓滿一切行故謂若菩薩修布施行即能成熟一切有情若諸菩薩修持戒行即得一切勝願圓滿若諸菩薩修忍辱行即得一切相好具足若諸菩薩修精進行即得圓滿一切佛法若諸菩薩修禪定行能令一切調伏其心若諸菩薩修智慧行即能斷除一切煩惱若諸菩薩修勝福行即能長養一切有情若諸菩薩修妙智行即能成就無礙之智當佛世尊說是法時金剛手大祕密主菩薩摩訶薩現威神力侍佛之右前白佛言希有世尊如來善攝諸菩薩摩訶薩最上勝行清淨妙門廣大正法如我解佛所說義趣一切勝行皆從福智二行中出當知隨入福智二行何以故諸菩薩修福行故能令一切有情離諸障礙若修智行能爲一切有情善說法要令生喜悅世尊是故諸菩薩摩訶薩福行智行二應和合此二行即是菩薩二種聖道普攝一切道行菩薩住是道者即能降伏難降伏者爾時會中寂慧菩薩摩訶薩前白金剛手大祕密主菩薩摩訶薩言大祕密主汝常近侍諸佛如來汝能樂說如來所有祕密之法願爲發起如是言已時金剛手大祕密主菩薩默然而住爾時寂慧菩薩前白佛言惟願世尊勅金剛手大祕密主爲此衆會發明如來祕密之法爾時世尊告金剛手菩薩言我今勸請於汝應善爲此會大衆宣說菩薩祕密如來祕密眞實之法時金剛手大祕密主菩薩承佛聖旨前白佛言世尊如佛教勅我今宣說菩薩祕密如來祕密眞實之法然此會中若有少能悟入之者皆是世尊威神建立爾時金剛手菩薩告寂慧菩薩言寂慧當知今我世尊昔於然燈如來法中居菩薩位從彼佛所得授阿耨多羅三藐三菩提記從是以來我常隨逐釋迦菩薩而是菩薩所有身業曾無異作亦不見有邪曲之相語無異作亦不曾聞虛妄之言心無異作亦不曾聞愛著之失隨其身業現威儀相但爲成熟一切有情不可稱譽由彼菩薩身威儀相無其邊際乃至一切有情諸威儀事悉入菩薩威儀相中而菩薩不假勤力亦無發語安然而住所謂應以禪定可度者諸有情類即現禪定而爲化度應以鼓樂弦歌可度者即現鼓樂弦歌而爲化度應以男子身可度者即現其身而爲化度應以女人身可度者即現其身而爲化度應以卑劣身可度者即現其身而爲化度應以屠膾身可度者即現其身而爲化度應以三惡趣相及人趣身可度者即皆現之而爲化度應以天身可度者即現其身而爲化度應以梵王身可度者即現其身而爲化度應以轉輪王身可度者即現其身而爲化度應以苾芻苾芻尼優婆塞優婆夷身可度者即皆現之而爲化度應以聲聞緣覺身可度者即現其身而爲化度應以菩薩身可度者即現其身而爲化度應以如來身可度者即現其身而爲化度非可現

者謂除無色　以彼菩薩無所分別平等捨心即隨其身現身成儀然菩薩身法爾不動以不動故現起身業雖身離相而亦不壞菩薩身清淨已發現光明普照地獄一切有情令得安樂又復菩薩普爲一切有情不惜身命復次寂慧菩薩於此三千大千世界現廣大身或寶蓋中或現指端乃至劫火洞然炎熾能以手指而悉覆之而菩薩身都無所壞又復能現身相普爲諸佛世尊作供養事所有憍慢貢高諸有情類菩薩即現大力那羅延身或金剛手菩薩可畏之相彼等有情見已驚怖即向菩薩折伏其心歸命頂禮　寂慧當知菩薩身者是不破壞堅固眞實不生滅身若諸有情應以有壞之身可化度者即現其身而爲化度若諸有情應以無壞之身可化度者即現其身而爲化度於一切種類悉不破壞火不能燒刀不能斷是身堅固眞實不壞金剛所成而是菩薩無所思惟亦無分別是身是相知身離相故即得法離相亦非身離相與一切法離相有二差別若相即身離相彼相即法離相如是離相能隨入故即自身離相與一切有情身離相二俱平等何以故由自身離相一切有情身離相故即入一切法界離相以法界離相故即入法離相然於其中而實無有少法可得謂以自身眞如即入一切有情身眞如一切有情身眞如即入自身眞如又復自身眞如即入一切法眞如以入一切法眞如故即入一切佛眞如又以自身眞如故即入過去未來現在眞如亦非過去眞如與彼未來現在眞如有所違背所有過去未來現在眞如即是蘊處界眞如即是染淨眞如染淨眞如即是生死涅槃眞如生死涅槃眞如即是無造作眞如無造作眞如即是一切造作眞如善男子所說眞如即是實性實性即是如性是無異性無種類性無生性無諍論性無執取性謂以眞如無法可取故說眞如是無取法由彼眞如無所取故即如是取於諸取中菩薩示現有所取法亦非眞如有取有作以無取故即無諍論無諍論故於諸色中現有所取然彼眞如亦無所動是故以其如實之智伺察如來眞實之身以觀如來身平等故即當伺察自身眞如取要言之當觀一切身非身性畢竟不生知一切身皆是緣生法所成故如是知已乃能悟入彼法身門入是法身門故即成法身非蘊處界身即彼法身廣大增勝如實觀想從是現身爲諸有情作利樂事乃至一切見聞覺知悉爲有情成利樂事故是故當知菩薩法身不生不滅亦無所起於中示現生滅起作但爲成熟諸有情故滅即無滅亦無造作於一切法應如是知諸有生者即和合義於一切法應如是知又復應知彼一切法生即無生如來身者即是法身即是法食即是法力是法歸趣如來身者即虛空身無等等身三界一切最勝上身一切如來通達身無喻無比清淨無垢無染污身自性明亮身自性不生身自性無起身離心意識身幻焰水月自性身無邊無際身無種類無分別身非地界所成身非水火風界所成身一切世間無比身善男子由如是故應當如實觀

如來身而是菩薩於如來身住平等性得清淨已行菩薩行菩薩於一切處普爲現身然於是中亦無所現亦無對礙又復菩薩能於十方現諸魔身於有現中現無對礙於無現中現無對礙由如是故無見無聞無覺無知諸有所見但爲成熟一切有情菩薩於其身念處中亦無增減菩薩雖復知身無常知身是苦知身無我然爲有情示現其身作利樂事菩薩知身法爾寂靜爲有情故起分別身作諸利樂菩薩又復了知因緣能成其身然於彼彼因緣法中如實而觀亦無作者亦無受者又復能觀是身無知如草木瓦礫菩薩身業雖已清淨然爲有情示現其身寂慧當知釋迦菩薩始從然燈佛所發菩提心身語心業皆悉清淨其身業者具有無量無邊功見八六德假使過於殑伽沙數等劫說彼菩薩所有身密身業廣大清淨不可窮盡

寂慧云何名爲菩薩語密語業清淨寂慧當知隨諸菩薩所起之處即彼菩薩本生隨其菩薩本生即入菩薩音聲所有一切有情音聲語言悉入菩薩音聲中住都無障礙令諸有情得聞菩薩音聲之者身心輕安乃至一切有情種類音聲菩薩悉以音聲隨入復次寂慧當知菩薩摩訶薩語言音聲之中無愛著語無猛惡語無癡亂語無染污語無縛解語無高下語無違順語無忿恚語無非時語無邪曲語無劣弱語無隱覆語無出入語無執取語無不清淨語無不如理語無不可愛語無不防護語無輕慢智者語無毀謗聖賢語無不救拔語無不饒益語寂慧當知菩薩所出語言音聲皆是神通智力福行果報之所成立菩薩種隨轉相縛不斷凡所言說皆悉成就菩薩所言如實無妄不假我念過去久遠世中有一仙人名曰妙愛有婆羅門名曰黑相彼時有一尼拘陀大樹其名賢善有多見八七枝葉周帀垂蔭縱廣可及一俱盧舍時妙愛仙人居其樹側以神通力經七日中審細觀矚數其樹葉於後一時彼黑相婆羅門入城乞食經遊至彼樹下飯食已訖即詣妙愛仙人居所到已歡喜互以美言而相慰問多種談論咸生適悅時仙人言大婆羅門汝必應知於人世中可能有人於此尼拘陀大樹審細觀知枝葉數不婆羅門言尊者世亦有人仙人復言爲何人耶婆羅門言即汝尊者應爲我說仙人答言大婆羅門汝爲我說時婆羅門不觀其樹不數其葉應聲即爲說伽陀曰

八千那庚多數量　俱胝復有九十二
六十阿閦婆應知　十六齊等其枝數
又復三十那庚多　九十六數兢羯羅
尾播舍量有十三　此等皆爲彼葉數
其樹所有枝及葉　如前數量無增減
我隨智力如實言　疑者自數應無失

是時妙愛仙人聞是說已深生驚異說伽陀曰

汝婆羅門神通智　以眞實語而善說
賢善尼拘陀樹王　所有枝葉如實知
汝亦不曾觀其樹　而復不曾算其數
即彼枝葉數無量　能以智心而解入

仙人說伽陀已又復問言大婆羅門如汝所

說爲自智力而能知耶爲諸賢聖助汝說耶婆羅門答言尊者汝今善聽我以人中之智如實而說虛空可破斯言無妄寂慧汝今當知彼時妙愛仙人者即今大智舍利子是黑相婆羅門者即今世尊釋迦師子是由如是故菩薩所有語功德海即能安住眞實功德如理法義寂慧菩薩語密語業清淨其中若有少解入者我說彼爲最上慧人

寂慧云何名爲菩薩心密心業清淨寂慧當知菩薩諸所作業皆智所作非慢所作悉是不滅神通妙智以神通智遊戲示現一切事業神通建立廣大勢力之所成辦而彼神通智相即能成立一切行相又彼神通妙慧即能觀見一切諸法又神通智即無盡相於一切處悉能隨順又神通智即能隨現一切色相於彼彼色而悉徧故又神通智即能隨入彼一切聲於前後際音聲平等故又神通智普能觀察諸有情心以心自性伺察可見故又神通智善能思念無邊劫事以前後際無所斷故又神通智善作調伏諸有情事又神通智得大灌頂於一切法而能自在寂慧菩薩心密心業清淨心清淨故彼即無染潔白明亮離諸煩惱能善調伏善作諸業善入禪定解脫雖復有生而無所生如是即能圓具大乘一切佛法然彼佛法若於十方審諦伺求悉無所得亦非無得以一切佛法無得非無得故即能隨得彼一切法一切佛法是故於一切法一切佛法中無法非無法若或有慧可了知者即爲障礙彼無礙慧是即無著若無著即無住若無住即無盡若無盡即無非我若無非我即亦無我若無我即無取若無取即無諍若無諍即無論即彼無論此說是爲沙門之法即沙門法譬若虛空本來平等以虛空平等故非欲界繫非色界繫非無色界繫由如是故於一切處悉無所繫以無繫故無形顯色及諸相狀無色相故即能隨順覺了若能如是隨覺了故即能一切差別分別寂慧菩薩言云何名爲隨順覺了復何名爲差別分別金剛手菩薩言無有少法而可得者此名隨順覺了以覺了故即能差別分別是故法中作此二說寂慧當知此等名爲菩薩心密心業清淨菩薩如是清淨已即得一切有情心亦清淨而是菩薩乃能隨入諸有情心即彼一切有情之心皆從大菩提心光明中出譬如虛空於一切處住隨入一切處菩薩心者亦復如是於一切處住隨入於一切處○當知諸法從緣所生中無主宰亦無作者知內是空外無所行諸法皆空虛假無實於見於作應悉清淨猶如虛空而無所取○若諸菩薩摩訶薩欲證阿耨多羅三藐三菩提果者當學菩薩大士所行非以語言得最勝道要當眞實修行乃得菩提正道

爾時尊者舍利子前白佛言世尊所有十方世界賢劫諸菩薩衆彼金剛手菩薩大祕密主於是諸菩薩衆中常隨何等菩薩之後佛言舍利子金剛手菩薩大祕密主常隨我後汝能見不舍利子白佛言我以世尊威神力故今方得見佛言舍利子如是如是汝今當知彼賢劫中諸菩薩衆而金剛手菩薩常隨其後於一切處現金剛手菩薩形相以宿

願力及神通力故能如是又舍利子彼金剛手菩薩常隨慈氏菩薩之後汝能見不舍利子白佛言世尊我今初見非昔所見佛言舍利子彼常隨後汝自不見他方世界若諸菩薩若梵王帝釋護世天等常來見彼金剛手菩薩執金剛杵隨慈氏菩薩之後又舍利子或於一時彼賢劫中諸菩薩衆爲慈氏菩薩現俱胝那庾多百千種諸變化事而是菩薩亦隨彼諸菩薩之後助加持故又舍利子乃至如來作變化事時彼菩薩亦隨佛後以願力故助揚聖化舍利子當知此等皆是金剛手菩薩大祕密主不思議神通加持智力悉具足故

爾時金剛手菩薩白佛言世尊諸如來心眞實決定我於如來所說深法或有知解皆是如來勝智在我身中此非我有士夫力用佛言祕密主如是如是如汝所說所以者何一切衆生皆有如來勝智在於身中何以故以諸衆生徧一切處隨其如來所說祕密若不容受如來加持之力而能隨順如來法性者無有是處又復於彼如來所說祕密深法若聞若說若有知解皆是如來加持力故復次祕密主如來正語有所說時應知如來法性如實法性眞常又復如來所行如實所行眞常是故如來以正語言說是正法又祕密主所有過去未來現在諸佛世尊以一切世間難信難解阿耨多羅三藐三菩提如是正法宣說引導廣爲開示而彼衆生若於如是難信難解甚深正法聞已即能生信解者當知彼等衆生非於一佛十佛親近承事當知已於廣多俱胝那庾多百千佛所親近承事應知彼人是爲正士精修梵行又祕密主假使須彌山王或摧墜時尚能有人或以頂肩而爲荷負若彼不種善根衆生能於如是甚深正法一念生起淨信解者無有是處何况受持讀誦如說修行

爾時寂慧菩薩前白佛言世尊如佛世尊說近止法此以何義而名近止此近止者何所從來佛言善男子所說近止者即是近止煩惱增語此近止煩惱即是近止思惟分別徧計增語此近止思惟分別徧計即是近止顛倒增語此近止顛倒即是近止因所緣增語此近止因所緣即是近止無明有愛增語此近止無明有愛即是近止我我所增語此近止我我所即是近止名色增語此近止名色即是近止斷常見增語此近止斷常見即是近止有身見增語寂慧當知若與所緣因見相應即諸煩惱而亦隨轉一切皆從有身見起若能近止有身見者即諸見止息若有身見近止即一切願求亦止若有身見近止即諸煩惱亦止寂慧譬如大樹若斷其根即枝葉莖幹而悉枯悴此有身見亦復如是若近止已諸煩惱亦止寂慧當知一切衆生始以不能覺了有身見故即諸取煩惱隨逐而生若能覺了有身見者即諸取煩惱不復隨生亦無所害又復寂慧當知有身見者即是空增語若能隨順空智忍者即見無所取此即是爲如實覺了彼有身見復次寂慧當知有身見者即是無身非開非合一切皆是不實分別以其不實所分別故彼即無分別亦不離分別由無分別不離

分別故即無所作無障無起以無起故即無所行由無所行故如是此說乃名近止寂慧菩薩言何名近寂佛言寂慧有所緣心如火熾然若無所緣及無所作即不熾然不熾然法此名近寂又如大火有薪即然無薪即滅所緣心火炎熾亦然若無所緣心火自滅寂慧當知具善巧方便菩薩於般若波羅蜜多清淨所緣法中平等了知善根所緣勝法而不息滅煩惱所緣染法制令不起波羅蜜多勝法常令增進魔業煩惱所緣染法永令斷滅菩提分法清淨所緣不應棄捨聲聞緣覺意樂所緣而不取著一切智心最上所緣不應捨離於空所緣審諦伺察一切衆生大悲所緣深生願樂寂慧當知具善巧方便菩薩於般若波羅蜜多清淨所緣法中而得自在無生所緣思惟決定和合生起所緣亦不厭捨菩薩以慧方便於共無生一切所緣法中自在而轉　寂慧譬如所有三千大千世界一切大地隨諸所生無有不是一切衆生受用之所彼諸菩薩亦復如是所有一切所緣

境界無有不是善巧方便菩薩共所受用菩提道分無不成熟菩提道法又如色法一切皆是四大所造善巧方便菩薩亦復如是或有所緣一切皆以菩提勝相和合相應復次寂慧若有衆生慳悋惡作者菩薩即爲圓滿布施波羅蜜多持戒波羅蜜多若諸衆生起瞋恚行及懈怠者菩薩即爲圓滿忍辱波羅蜜多精進波羅蜜多若諸衆生起散亂心及愚癡行者菩薩即爲圓滿禪定波羅蜜多勝慧波羅蜜多若諸衆生常稱讚者菩薩於彼而無高心若諸衆生不稱讚者菩薩於彼亦無下心若見一切苦惱衆生菩薩即起大悲之心若見一切快樂衆生菩薩即起歡喜之心若見一切粗獷衆生菩薩即起調伏之心若見一切調順衆生菩薩即起慈愛之心若見智慧開明衆生菩薩即爲宣說甚深之法若見衆生樂著文句者菩薩即以少略文句而爲說法若見衆生樂曠野住者即爲宣說心寂淨法若見衆生樂修頭陀行者即爲宣說聖慧根法若見鈍根衆生即爲宣說聞隨

順法若見衆生樂巧說法所應度者即以緣起譬喻解釋說法若見衆生樂甚深法所應度者即爲宣說緣生無我無人無衆生法若有衆生著諸見者爲說空法若見衆生起尋求行者即爲宣說無相之法若見衆生著諸蘊者即爲宣說如幻之法若見衆生著諸界者即爲宣說善決擇法若見衆生著諸處者即爲宣說如夢之法若見衆生著欲界者即爲宣說逼惱之法若見衆生著色界者即爲宣說諸行苦法若見衆生著無色界者即爲宣說彼一切行無常之法若見衆生樂以苦法所應度者即爲宣說令於聖種生歡喜法若見衆生樂以樂法所應度者爲說無量禪定之法若見衆生樂以久修道行菩薩之法所應度者即爲宣說於輪迴中無懈怠法若見衆生樂以不退轉菩薩之法所應度者即爲宣說嚴淨佛土之法若見衆生樂以一生補處菩薩之法所應度者即爲宣說大菩提場莊嚴之法若見衆生樂以佛身所應度者爲說菩薩勝行相續不空之法寂慧當知如

是等法皆是具足智慧方便諸大菩薩於彼清淨所緣法中而得自在是故廣說不空之法其所說法爲令一切衆生歡喜故說是法時會中有十千人發阿耨多羅三藐三菩提心五千菩薩得無生法忍　爾時世尊告寂慧菩薩言今此金剛手菩薩大祕密主於此賢劫諸佛如來應供正等正覺所持金剛杵作供養事以利益心守護正法今於我此祕密法中廣大施作普爲無量一切衆生成熟最上菩提善根於此賢劫乃至最後樓至如來法中隱没即於歡喜世界阿閦如來佛刹中生圓滿菩提分法而乃得成阿耨多羅三藐三菩提果號金剛步如來應供正等正覺出現於世明行足善逝世間解無上士調御丈夫天人師佛世尊世界名普淨劫名清淨

爾時寂慧菩薩前白金剛手菩薩言祕密主世尊如來授仁者記耶金剛手言善男子佛授我記如夢自性寂慧言今汝授記有何所得金剛手言無所得故而我得記寂慧言何法無所得金剛手言我人衆生壽者悉無所得彼蘊處界亦無所得乃至若善不善有罪無罪有漏無漏世間出世間有爲無爲若染若淨生死涅槃皆無所得寂慧言若法無所得云何是中有授記手金剛手言由無所得故即於是中以通達智而乃授記寂慧言智何有二而可觀耶金剛手言若有二可觀即無授記可得然以彼智無二可觀是故諸菩薩於無二智中如是授記此中無有少法可求何以故以無法可求故法即無法善男子如是應知若言法者謂於文字不著不行是故說言一切諸法無言無說寂慧言祕密主若爾者豈非如來諸所說法亦非說耶金剛手言寂慧我先曾爲汝說世尊如來不說一字以無說故如來即以神通願力隨衆生意示有所說寂慧言設有說者何過失耶金剛手言有所說者語業過失寂慧言彼語業者復何過失金剛手言文字思惟取著過失寂慧言此復何能離過失耶金剛手言一切法中若有所說若無所說悉無少法而可表了無表了故即離過失寂慧言其過失者何爲根本金剛手言彼過失者取爲根本寂慧言取執爲本金剛手言執著爲本寂慧言執著執爲本金剛手言虛妄分別爲本寂慧言虛妄分別執爲本金剛手言增上所緣見爲本寂慧言增上所緣見執爲本金剛手言色聲香味觸法即是增上所緣根本寂慧言云何無所緣金剛手言愛不相續即無所緣寂慧當知如佛所說一切法中若斷於愛即無所緣　爾時金剛手菩薩大祕密主滿所思念得授記已安慰其心生大歡喜踴躍慶快前白佛言世尊我今勤請世尊降赴我所居止祕密宮中微伸供養佛即默然而受其請爾時金剛手菩薩大祕密主頂禮佛足右繞七帀速離佛會還復所止曠野大城至自宮已乃起思念我今如何施設供養復依何等境界莊嚴而爲嚴飾令欲色界諸天子衆起希有心復令十方世界所來集會大菩薩衆咸生歡喜我亦於佛廣大施作妙供養事作是念已即運神力於此曠野大城中施設無邊功德妙寶莊嚴又復安布百千莊嚴妙師子

座嚴辦最上清淨珍食深心清淨將欲供養世尊如來菩薩大衆爾時世尊告苾芻衆言汝等宜應著衣持鉢往赴金剛手請今此衆中諸已得神通之菩薩聲聞各各隨應以自神力游空而往若復未具神力之者應當隨入如來清淨大圓光中游空而往爾時世尊即於王舍大城鷲峰山中隱身不現菩薩聲聞恭敬圍繞放大光明普徧照耀天人天女導前從後歌詠稱讚奏百千種俱胝那庾多鼓吹音樂震動大地天雨種種殊妙寶華於佛刹中廣現種種佛大威力佛大神通佛大施作佛大變化佛大吉祥佛大勝光佛大威儀佛大遊戲等相游空自在往詣於彼曠野大城彼欲色界諸天子衆遥見世尊高處空中猶如鵝王宛轉自在咸生歡喜適悅慶快又如日輪初出清淨可愛如圓滿月瑩潔光明衆星圍繞如帝釋天主天衆圍繞如大梵王梵衆圍繞天衆見已即起清淨希有之心各持種種天妙香華供養於佛佛及菩薩聲聞大衆從空而下至彼宮中爾時世尊處彼殊妙種種莊嚴師子之座并諸菩薩聲聞衆亦各就座爾時金剛手菩薩大祕密主即告四天王並餘一切諸衆會言汝等宜應咸來助我同發至誠嚴以清淨殊妙飲食奉上世尊使令汝等獲大利益菩薩即與眷屬衆會自手清潔嚴辦最上百味精珍發最勝心奉上世尊并諸菩薩聲聞大衆悉令充足飯食事訖而復奉上清淨香水盥手滌器乃於佛前退坐聽法是時曠野大城所居一切夜叉羅刹必舍左等各各諦誠瞻仰世尊合掌虔恭歸命頂禮　金剛手菩薩大祕密主勸請世尊宣說正法爾時世尊普告金剛手菩薩等諸衆會言諸仁者汝等諦聽極善作意若善男子善女人深發阿耨多羅三藐三菩提心已即能具信廣多清淨欲見諸聖樂聞正法善捨無悋手出無盡善樂積集施作福行樂行平等無障礙心無濁染心信有業報離諸分別疑惑猶豫如是知已於命緣等不應作者而悉不作不殺生不偷盜不邪染不妄言不綺語不兩舌不惡口不貪不瞋不邪見於此十善業道堅持積集於其十種不善業道捨而不作普行淨信與沙門婆羅門及有戒有德者正道法中同修淨行於諸善法多聞勤行深固作意善行相應閉三有門息滅諸病超越疑惑出離諸有即於善知識所隨其所應親近恭敬承事尊奉聞其所說甚深之法謂空無相無願加行等法復聞無生無起無我無人無衆生無壽者甚深緣起之法此法是有此即有得此法是無此即無得此法若有此即是生此法若無此即是滅此是無明緣行行緣識識緣名色名色緣六處六處緣觸觸緣受受緣愛愛緣取取緣有有緣生生緣老死憂悲苦惱如是即一大苦蘊生若法不有此即無得即是滅法謂無明滅即行滅行滅即識滅識滅即名色滅名色滅即六處滅六處滅即觸滅觸滅即受滅受滅即愛滅愛滅即取滅取滅即有滅有滅即生滅生滅即老死憂悲苦惱滅如是即一大苦蘊滅此等諸法若生若滅於勝義諦中無有少法可得何以故一切法緣生故無主宰無作

者無受者因緣故轉然於是中無法可轉亦非無轉亦無異法隨轉和合施設三界但以煩惱業轉故有施設愚迷之者於不實法中觀以爲實智者應知無有少法作者可得以作者不可得故無法可轉亦非無轉如是所說甚深之法若能聞已不生疑惑是人即入一切法無障礙性不著色受想行識不著眼色耳聲鼻香舌味身觸意法眼識乃至意識信一切法自性本空信一切法自性本離諸仁者彼信不退菩薩信是法故即不減失見佛聞法承事淨衆在在所生常得見佛聽受正法承事淨衆常生佛世發起精進勤求善法於諸佛世尊清淨教中正信出家得出家已近善知識而能獲得諸善意樂聽聞善法隨所聞已真實修行不以語飾勝慧具足發起精進勤求多聞隨所聞法爲他廣說無所希求使聽法者獲得大慈於一切衆生起大悲心於身命緣少欲喜足寂靜圓滿增長善行非但爲已勤修勝行廣爲衆生勤求無上最勝之智令他衆生於佛智中得不放逸此

復云何名不放逸以要言之一切罪不善法皆悉斷除此名不放逸諸仁者此如是等不放逸法菩薩勤行即得淨信而不放逸大祕密主汝等當知信之一法廣多清淨即能當時尊求善法若具信補特伽羅於他世中離惡趣怖亦復不隨諸惡作心而常獲得衆聖稱讚復次大祕密主住法行人即能獲得正法善趣常樂見佛安住聖道得大自在得自在已復令他人普皆圓滿自在之法住菩提心得如來智大祕密主若人欲得最勝妙樂應當畢竟善修正行修涅槃法大祕密主今此衆會皆承宿善根力故來集此善修正行於諸善根而不減失云何善根得不減失謂修不放逸行彼不放逸心善護諸境故能離一切貪愛欲染近習法愛即能制止欲瞋害尋復能息除不深固作意諸不善法若人信解不放逸法即能隨順諸精進事以精進不放逸故是人乃能積集修作淨信功德由修淨信及不放逸精進法故即能修作正念正知以正念正知故即於一切菩提分法而不

壞失即能勤修深固之法大祕密主菩薩若於深固法中得解脫者即於有於無如實能知此中云何是有云何是無如實知已離行於有而不取著離行於無亦不取著即能通達諸佛世尊所說實義復次大祕密主如來於一切法中總略而說有四法印何等爲四一者諸行無常爲諸沙門婆羅門及常壽天執常語者破常想故二者諸行是苦爲諸天人計樂想者破樂想故三者諸法無我爲彼執我諸外道等破其我想四者涅槃寂靜爲諸增上慢者起尋求行破彼增上慢故此言無常者即是畢竟無有常法增語此言苦者即是遠離願求增語此言無我者即是空相增語涅槃寂靜者即是無相作證增語大祕密主此如是法若諸菩薩深固信解勤行修習即於善法而不減失速能圓滿菩提分法爾時護世四大天王前白佛言世尊我等四王皆名護世當以何法而能護世佛告四大天王言汝諸仁者當修正法行即能護世其正法行者所謂十善何等爲十一者不殺二

者於自富樂而生喜足三者他妻室不起染汙四者不破他衆五者不出惡言六者所言如實七者言無綺飾八者於他富樂無所希望九者止息瞋恚十者正見清淨諸仁者此十善法能護世復有八法而能護世何等爲八一者如說能行二者於一切處尊重師長三者順行正道四者心意質直五者心常柔輭六者於一切衆生常起慈心七者不作諸罪八者集諸善根如是八法乃能護世復有一法而能護世何等爲一謂眞實行以眞實故即能護世如是等法汝等勤行自能護已復令他人亦能護世　爾時金剛手菩薩大祕密主長子金剛軍前白佛言世尊菩薩云何能於阿耨多羅三藐三菩提得不退轉佛言善男子菩薩若能具修十法即於阿耨多羅三藐三菩提得不退轉何等爲十一者常行無礙大慈二者常起無倦大悲三者精進辦諸事業四者善修空三摩地五者現前通達勝慧六者於一切處皆善通達七者能以妙智清淨三世八者以無礙方便觀實業報九者雖了知空而植衆德本十者如其所說自性清淨而善入聖道菩薩若具如是十法即於阿耨多羅三藐三菩提得不退轉金剛軍復白佛言世尊菩薩當修何法於佛不思議門聞已安然不生驚怖佛言善男子菩薩當修八法即能於佛不思議門聞已安然不生驚怖何等爲八一者增長勝慧二者增長妙智三者常爲善友之所攝受四者具大信解五者善達如幻無生之法六者信解無常之法七者心行平等猶如虛空八者於諸法中善知障礙所起之相菩薩若具如是八法即能於佛不思議門聞已安然不生驚怖金剛軍復白佛言菩薩當修何法即能於諸所作而得自在佛言善男子菩薩當修四法即能於諸所作而得自在何等爲四一者善修現前無滅之法具五神通二者善觀勝解脫門具四禪定三者超勝梵世具四梵行四者以方便慧於一切處善修無生菩薩若具如是四法即能於諸佛所作而得自在金剛軍復白佛言菩薩有幾種力佛言善男子菩薩有九種力何等爲九一者定力大悲起故二者精進力不退轉故三者多聞力勝慧生故四者信解力圓滿解脫故五者修習力離散亂故六者忍力善護衆生故七者菩提心力降伏諸魔故八者大悲力成熟衆生故九者無生忍力圓滿十力故如是名爲菩薩九力當佛世尊說是法時彼長子金剛軍得無生法忍爾時世尊於金剛手菩薩宮中住經七日廣爲無量一切衆生作利益已還住鷲峰山中　時阿闍世王知佛世尊已復山中持種種上妙香華等諸供養出王舍大城詣鷲峰山佛世尊所到已頭面頂禮佛足前白佛言世尊彼金剛手菩薩大祕密主甚爲希有具大威力能善宣說如來法律而金剛手者往昔曾於何佛如來所植種德本乃能成辦如是佛告阿闍世王言大王當知彼不種善根衆生於如是事極難信解昔因緣者我念過去阿僧祇劫復過於前時有如來號曰多聞世界名極嚴劫名無毁彼佛告言諸善男子汝等當知若有菩薩能發大精進者即於

身命而悉棄捨時彼會中有一菩薩名曰勇力前白佛言如是世尊若有菩薩發精進者即於身命而悉棄捨菩薩若生懈怠豈能速證阿耨多羅三藐三菩提果何以故能發精進諸菩薩者於生死中不起厭倦之意而彼菩薩於生死中（見八）常當稱讚不樂涅槃但為（二三五）成熟諸衆生故隨其所應諸有施作亦隨所應皆獲其樂若住涅槃而何能作是故諸菩薩於生死境界中自得其樂而即不取涅槃境界菩薩以住生死境界故即能隨入衆生境界而於涅槃境界之中不著捨行菩薩住生死境界者以怖墮於非境界中何以故非境界中不復能作利衆生事不能安住如來境界以不能住如來境界故不能長養一切衆生此中何名非境界耶所謂聲聞緣覺之地若樂住者即棄捨衆生以聲聞緣覺怖畏生死若能攝受無量生死者惟除清淨大菩薩耳時彼多聞如來讚勇力菩薩言善哉正士善說此語大王當知彼時多聞如來法中勇力菩薩者豈異人乎即此會中金剛手菩薩

大祕密主是此大士者被堅固精進之鎧於多佛所親近恭敬深種善根　爾時阿闍世王問金剛手菩薩大祕密主大士所持此金剛杵幾何輕重金剛手菩薩告阿闍世王言大王當知此金剛杵亦輕亦重為欲調伏憍慢貢高諸衆生故此杵即重為示無慢正直諸衆生故此杵即輕金剛手菩薩即以金剛杵置之於地時阿闍世王欲舉其杵竭其力勢不能動搖一毛端量即白尊者大目犍連言佛說尊者於聲聞衆中神通第一願今尊者舉此地中大金剛杵尊者大目犍連運自神力方欲前舉彼金剛杵即時三千大千世界六種振動海水騰涌唯金剛杵不動不搖是時尊者大目犍連前詣佛所白言佛說我於聲聞衆中神通第一具大威神名稱（二十六）力勢能以四大海水（見八）置於掌中亦能轉此三千大千世界猶如有人以一金錢轉於指端又能空中止其日月制彼威光不令轉動又能取彼須彌山王擲過梵世此金剛杵其量微小然我亦復不能動搖世尊豈非我今神力減

耶佛言大目犍連非汝神力有所減少但為菩薩威力加持一切聲聞緣覺悉不能動況餘衆生爾時尊者大目犍連生希有心此大祕密主為即父母所生力耶為神力耶佛言大目犍連菩薩神通力者無盡無限我若開示使天人世間咸生迷惑爾時世尊告金剛手菩薩言汝今應自舉其地中所置大金剛杵時金剛手菩薩即以左手舉取其杵戲擲空中旋繞七帀杵旋空已即時接置安右手中一切衆會生希有心合掌頂禮大祕密主咸作是言希有祕密主能具如是廣大力勢時阿闍世王復白佛言世尊菩薩具修幾法即能獲得如是勝力佛言大王菩薩若修十法獲得勝力何等為十一者菩薩寧捨身命終不棄捨無上正法二者（見八）於一切衆生（二十七）作謙下想不增慢心三者於彼劣弱衆生起愍念心不生損害四者見饑渴衆生施妙飲食五者見怖畏衆生施其無畏六者見疾病衆生施藥救療七者見貧乏衆生惠令滿足八者見佛塔廟形像塗飾圓淨九者出歡喜言安

慰衆生十者見彼負重疲困苦惱衆生爲除重擔菩薩若具足如是十法即能獲得如是最勝之力　王復問言世尊如何是佛出世佛言大王隨發菩提心即是佛出世王言云何發菩提心佛言所謂大悲出生王言云何大悲出生佛言謂即發起淨信王言云何發起淨信佛言若發菩提心即是發淨信王言當云何發彼菩提心佛言深心不退轉即是發菩提心云何能發大悲於一切衆生不生厭捨之心即是大悲云何於三寶常不捨離若能除去一切煩惱即於三寶而不捨離

爾時寂慧菩薩前白金剛手菩薩大祕密主言我今勸請大祕密主願以神力加持護念令此正法於後時後分後五百歲廣宣流布便彼正法所攝諸大士等得此正法隨於手中金剛手菩薩言善男子諸佛如來於此正法已共加持何以故今此正法即是文字所成而彼文字無生無盡亦不隱沒以其文字及所說義不能隱故如來此說甚深正法亦不能隱所以者何無法可生若法無生即法無滅如是當知如佛所言若佛出生若不出世諸法常住所謂法性法界法住實際清淨法如是故如其所說諸法緣生亦不相違若法緣生不相違故即是正法以正法故即不隱沒如是所說乃名正法寂慧菩薩言祕密主云何能被精進鎧攝護正法金剛手言若於一切法不相違即能被精進鎧攝護正法何以故而此正法與一切法不相違故寂慧言何法是相違金剛手言文字相違故即法相違而不復與生法相違若彼不相違是爲攝護正法者寂慧言大祕密主汝當云何攝護正法金剛手言如我攝護者謂無我無衆生無法而乃攝護寂慧言此復云何金剛手言謂三世離故三世不離故諸佛離故諸佛不離故刹土離故刹土不離故法離故法不離故若能通達如是法者即能攝護正法爾時世尊讚金剛手菩薩大祕密主言善哉善哉大士汝善攝護正法若於一切法無執無取即能攝護正法當知菩薩有三無著之法何等爲三一者我無著二者衆生無著三者法無著有三種通達清淨何等爲三一者法界清淨二者真如清淨三者實際清淨又有三種通達無盡何等爲三一者法無盡二者文字無盡三者演說無盡佛說是已普告衆言誰堪以我阿僧祇劫積集菩提勝行最上正法受持衛護令不隱沒爾時帝釋天主尸棄梵王毘沙門天王爲護法故說伽陀曰

今此正法如妙藥　能治一切衆生病
我等當來悉護持　願佛知我衆心意

爾時金剛手菩薩大祕密主前白佛言世尊我當受持如來於阿僧祇劫積集無上正等正覺菩提聖法即說伽陀曰

諸法本來無文字　無中假以文字說
聖尊悲愍故敷宣　我當受持而流演

御錄經海一滴卷之八

解深密經

爾時如理請問菩薩即於佛前問解甚深義密意菩薩言最勝子一切法無二者何等一切法云何爲無二答曰善男子一切法者略有二種所謂有爲無爲是中有爲非有爲非無爲無爲亦非無爲非有爲乃說頌曰 見九

佛說離言無二義　甚深非愚之所行
愚夫於此癡所惑　樂著二依言戲論

爾時法涌菩薩白佛言世尊我於先日曾見衆多外道同一會坐爲思諸法勝義諦相彼共思議稱量觀察徧尋求時於一切法勝義諦相竟不能得唯各種種意解別異意解變異意解互相違背共興諍論口出矛矟更相攢刺惱壞既已各各離散世尊我於爾時竊作是念如來出世甚奇希有由出世故乃於如是超過一切尋思所行勝義諦相亦有通達作證可得　爾時世尊告法涌菩薩曰善男子如汝所說我於超過一切尋思勝義諦相現正等覺爲他宣說顯現開解我說勝義是諸聖者內自所證尋思所行是諸異生展轉所證法涌我說勝義無相所行尋思但行有相境界我說勝義不可言說尋思但行言說境界我說勝義絕諸諍論尋思但行諍論境界是故法涌由此道理當知勝義超過一切尋思境相法涌當知譬如有人盡其壽量習辛苦味於蜜石蜜上妙美味不能尋思不能比度不能信解或於長夜由欲貪勝解諸欲熾火所燒然故於內除滅一切色聲香味觸相妙遠離樂不能尋思不能比度不能信解由言說勝解樂著世間綺言說故於內寂靜聖默然樂不能尋思不能比度不能信解如是法涌諸尋思者於超一切尋思所行勝義諦相不能尋思不能比度不能信解爾時世尊欲重宣此義而說頌曰 見九 二

內證無相之所行　不可言說絕表示
息諸諍論勝義諦　超過一切尋思相

爾時善清淨慧菩薩白佛言世尊勝義諦相微細甚深超過諸法一異性相難可通達世尊我即於此曾見一處有衆菩薩等正修行勝解行地同一會坐皆共思議勝義諦相與諸行相一異性相或唱是言勝義諦相與諸行相都無有異或唱是言勝義諦相異諸行相世尊我見彼已竊作是念此諸善男子愚癡頑鈍不明不善不如理行於勝義諦微細甚深超過諸行一異性相不能解了爾時世尊告善清淨慧菩薩曰善男子如是如是即說頌曰

行界勝義相　離一異性相　若分別一異
彼非如理行　衆生爲相縛　及爲麤重縛
要勤修止觀　爾乃得解脫

爾時世尊告尊者善現曰善現眞如勝義法無我性不名有因非因所生亦非有爲是勝義諦得此勝義更不尋求餘勝義諦唯有常常時恒恒時如來出世若不出世諸法法性安立法界安住是故善現由此道理當知勝 見九 三 義諦是徧一切一味相譬如種種非一品類異相色中虛空無相無分別無變異徧一切一味相如是異性異相一切法中勝義諦徧一切一味相當知亦爾爾時世尊欲重宣此

義而說頌曰

此徧一切一味相　勝義諸佛說無異
若有於中異分別　彼定愚癡依上慢

爾時廣慧菩薩白佛言世尊於心意識祕密善巧菩薩者齊何名爲於心意識祕密善巧菩薩爾時世尊告廣慧菩薩曰善哉善哉廣慧汝今乃能請問如來如是深義汝應諦聽廣慧當知於六趣生死彼彼有情墮四類有情衆中身分生起於中最初一切種子心識成熟展轉和合增長廣大依二執受一者有色諸根及所依執受二者相名分別言說戲論習氣執受有色界中具二執受無色界中不具二種廣慧此識亦名阿陀那識亦名阿賴耶識亦名爲心廣慧阿陀那識爲依止爲建立故六識身轉謂眼識耳鼻舌身意識此中有識眼及色爲緣生眼識與眼識俱隨行同時同境有分別意識轉耳鼻舌身及聲香味觸爲緣亦然若五識身轉亦一分別意識與五識身同所行轉廣慧譬如大暴水流若有一浪生緣現前唯一浪轉若二若多浪生緣現前有多浪轉然此暴水自類恒流無斷無盡又如善淨鏡面若有一影生緣現前唯一影起若二若多影生緣現前有多影起非此鏡面轉變爲影亦無受用滅盡可得如是廣慧由似暴流阿陀那識爲依止爲建立故若於爾時有一眼識生緣現前一眼識轉乃至有五識身生緣現前五識身轉廣慧若諸菩薩於內各別如實不見阿陀那不見阿賴耶識不見心不見六識六塵齊此名爲於心意識一切祕密善巧菩薩乃說頌曰

阿陀那識甚深細　一切種子如暴流
我於凡愚不開演　恐彼分別執爲我

爾時德本菩薩白佛言世尊於諸法相善巧菩薩者齊何名爲於諸法相善巧菩薩爾時世尊告德本菩薩曰諸法相略有三種一者徧計所執相二者依他起相三者圓成實相云何諸法徧計所執相謂一切法名假安立自性差別乃至爲令隨起言說云何諸法依他起相謂一切法緣生自性則此有故彼有此生故彼生謂無明緣行乃至招集純大苦蘊云何諸法圓成實相謂一切法平等眞如於此眞如諸菩薩衆勇猛精進爲因緣故如理作意無倒思惟爲因緣故乃能通達於此通達漸漸修習乃至無上正等菩提方說圓滿　如是德本由諸菩薩如實了知徧計所執相依他起相圓成實相故如實了知諸無相法雜染相法清淨相法如實了知無相法故斷滅一切雜染相法斷滅一切染相法故證得一切清淨相法齊此名爲於諸法相善巧菩薩爾時世尊欲重宣此義而說頌曰

若不了知無相法　雜染相法不能斷
不斷雜染相法故　壞證微妙淨相法
不觀諸行衆過失　放逸過失害衆生
懈怠住法動法中　無有失壞可憐愍

爾時勝義生菩薩白佛言世尊如佛所說一切諸法皆無自性無生無滅本來寂靜自性涅槃未審世尊依何密意作如是說我今請問如來斯義爾時世尊告勝義生菩薩曰善哉善哉勝義生當知我依三種無自性性密意說言一切諸法皆無自性所謂相無自性

性生無自性性勝義無自性性善男子云何諸法相無自性性謂諸法徧計所執相何以故此由假名安立爲相非由自相安立爲相是故說名相無自性性云何諸法生無自性性謂諸法依他起相何以故此由依他緣力故有非自然有是故說名生無自性性云何諸法勝義無自性性謂諸法圓成實相何以故一切諸法法無我性名爲勝義亦得名爲無自性性是一切法勝義諦故無自性性之所顯故由此因緣名爲勝義無自性性譬如空華相無自性性當知亦爾譬如幻像生無自性性當知亦爾譬如虛空惟是衆色無性所顯徧一切處勝義無自性性當知亦爾法無我性之所顯故徧一切故善男子我依如是三種無自性性密意說言一切諸法皆無自性爾時世尊而說頌曰 見九 六

一切諸法皆無性　無生無滅本來寂
諸法自性恒涅槃　誰有智言無密意
大悲勇猛證涅槃　不捨衆生甚難得
微妙難思無漏界　於中解脫等無差

爾時勝義生菩薩復白佛言世尊諸佛如來密意語言甚奇希有最微妙最甚深最難通達如是我今領解世尊所說義者譬如虛空徧一切處皆同一味不障一切所作事業如是世尊依此諸法皆無自性廣說乃至自性涅槃無自性性了義言教徧於一切不了義經皆同一味不障一切聲聞獨覺及諸大乘所修事業爾時世尊歎勝義生菩薩曰善哉善哉善男子汝今乃能善解如來所說甚深密意言義

爾時慈氏菩薩白佛言世尊菩薩何依何住於大乘中修奢摩他毘鉢舍那佛告慈氏菩薩曰善男子當知菩薩法假安立及不捨阿耨多羅三藐三菩提願爲依爲住於大乘中修奢摩他毘鉢舍那慈氏菩薩復白佛言如世尊說四種所緣境事一者有分別影像所緣境事二者無分別影像所緣境事三者事邊際所緣境事四者所作成辦所緣境事於此四中幾是奢摩他所緣境事幾是毘鉢舍那所緣境事幾是俱所緣境事佛曰善男子一是奢摩他所緣境事謂無分別影像一是毘鉢舍那所緣境事謂有分別影像二是俱所緣境事謂事邊際所作成辦　見九 七　慈氏菩薩復白佛言世尊奢摩他道與毘鉢舍那道當言有異當言無異佛曰善男子當言非有異非無異何故非有異以毘鉢舍那所緣境心爲所緣故何故非無異有分別影像非所緣故世尊諸毘鉢舍那三摩地所行影像彼與此心當言有異當言無異佛曰善男子當言無異何以故由彼影像唯是識故善男子我說識所緣唯識所現故世尊若彼所行影像即與此心無有異者云何此心還見此心善男子此中無有少法能見少法然即此心如是生時即有如是影像顯現善男子如依善瑩清淨鏡面以質爲緣還見本質而謂我今見於影像及謂離質別有所行影像顯現如是此心生時相似有異三摩地所行影像顯現世尊若諸有情自性而住緣色等心所行影像彼與此心亦無有異耶善男子亦無有異而諸愚夫由顛倒覺於諸影像不能如實知

唯是識作顛倒解世尊齊何當言菩薩一向修毘鉢舍那佛曰善男子若相續作意唯思惟心相世尊齊何當言菩薩一向修奢摩他善男子若相續作意唯思惟無間心世尊齊何當言善薩奢摩他毘鉢舍那和合俱轉善男子若正思惟心一境性世尊云何心相善男子謂三摩地所行有分別影像毘鉢舍那所緣世尊云何無間心善男子謂緣彼影像心奢摩他所緣世尊云何心一境性善男子謂通達三摩地所行影像唯是其識或通達此已復思惟如性慈氏菩薩復白佛言世尊菩薩齊何名得緣總法奢摩他毘鉢舍那佛曰善男子由五緣故當知名得一者於思惟時刹那刹那融銷一切粗重所依二者離種種想得樂法樂三者解了十方無差別相無量法光四者所作成滿相應淨分別無分別相恒現在前五者爲令法身得成滿故攝受後後轉勝妙因世尊此緣總法奢摩他毘鉢舍那當知從何名爲通達從何名得佛曰善男子從初極喜地名爲通達從第三發光地乃名爲得　慈氏菩薩復白佛言世尊修奢摩他毘鉢舍那諸菩薩衆知法知義云何爲智云何爲見佛曰善男子我無量門宣說智見二種差別今當爲汝略說其相若緣總法修奢摩他毘鉢舍那所有妙慧是名爲智若緣別法修奢摩他毘鉢舍那所有妙慧是名爲見世尊修奢摩他毘鉢舍那諸菩薩衆由何作意云何除遣諸相佛曰善男子由眞如作意除遣法相及與義相若於其名及名自性無所得時亦不觀彼所依之相如是除遣如於其名於句於文於一切義當知亦爾乃至於界及界自性無所得時亦不觀彼所依之相如是除遣世尊諸所了知眞如義相此眞如相亦可遣不善男子於所了知眞如義中都無有相亦無所得當何所遣善男子我說了知眞如義時能伏一切法義之相非此了達餘所能伏世尊如是了知法義菩薩爲遣諸相勤修如行有難可除相誰能除遣善男子空能除遣　爾時慈氏菩薩復白佛言世尊何等空是總空性相若諸菩薩了知是已無有失壞於空性相離增上慢爾時世尊歎慈氏菩薩曰善哉善哉善男子汝今乃能請問如來如是深義令諸菩薩於空性相無有失壞善男子若諸菩薩於空性相有失壞者便爲失壞一切大乘是故汝應諦聽諦聽當爲汝說總空性相善男子若於依他起相及圓成實相中一切品類雜染清淨徧計所執相畢竟遠離性及於此中都無所得如是名爲於大乘中總空性相　善男子如是菩薩於内止觀正修行故證得阿耨多羅三藐三菩提心慈氏菩薩復白佛言世尊云何修行引發菩薩廣大威德善男子若諸菩薩善知六處便能引發菩薩所有廣大威德一者善知心生二者善知心住三者善知心出四者善知心增五者善知心減六者善知方便

爾時世尊即說頌曰

於法假立瑜伽中　若行放逸失大義
依止此法及瑜伽　若正修行得大覺

爾時觀自在菩薩白佛言世尊如佛所說菩薩十地所謂極喜地離垢地發光地焰慧地

極難勝地現前地遠行地不動地善慧地法雲地復說佛地爲第十一如是諸地幾種清淨幾分所攝爾時世尊告觀自在菩薩曰善男子當知諸地四種清淨十一分攝云何名爲四種清淨能攝諸地謂增上意樂清淨攝於初地增上戒清淨攝第二地增上心清淨攝第三地增上慧清淨於後後地轉勝妙故當知能攝從第四地乃至佛地善男子當知如是四種清淨普攝諸地觀自在菩薩復白佛言世尊何緣最初名極喜地乃至何緣說名佛地佛曰善男子成就大義得未曾得出世間心生大歡喜是故最初名極喜地遠離一切細微犯戒是故第二名離垢地由彼所得三摩地及聞持陀羅尼能爲無量智光依止是故第三名發光地由彼所得菩提分法燒諸煩惱智如火焰是故第四名焰慧地由即於彼菩提分法方便修習最極艱難方得自在是故第五名極難勝地現前觀察諸行流轉又於無相多修作意方現在前是故第六名現前地能遠證入無缺無間無相作意與清淨地共相鄰接是故第七名遠行地由於無相得無功用於諸相中不爲現行煩惱所動是故第八名不動地於一切種說法自在獲得無礙廣大智慧是故第九名善慧地麤重之身廣如虛空法身圓滿譬如大雲皆能徧覆是故第十名法雲地永斷最極微細煩惱及所知障無著無礙於一切種所知境界現正等覺故第十一說名佛地世尊是諸菩薩凡有幾種所應學事佛曰善男子菩薩學事略有六種所謂布施持戒忍辱精進靜慮智慧到彼岸世尊如是六種所應學事幾是福德資糧所攝幾是智慧資糧所攝佛曰善男子當知初三是福德資糧所攝慧學一種是智慧資糧所攝我說精進靜慮二種徧於一切世尊何因緣故施設如是所應學事佛曰善男子二因緣故一者饒益諸有情故二者對治諸煩惱故當知前三饒益有情後三對治一切煩惱　觀自在菩薩復白佛言世尊經幾不可數劫能斷如是煩惱佛曰善男子經於三大不可數劫或無量劫所謂年月半月晝夜一時半時須臾瞬息刹那量劫不可數故世尊是諸菩薩於諸地中所生煩惱當知何相何失何德佛曰善男子無染汙相何以故是諸菩薩於初地中定於一切諸法法界已善通達由此因緣菩薩要知方起煩惱非爲不知是故說名無染汙相於自身中不能生苦故無過失菩薩生起如是煩惱於有情界能斷苦因是故彼有無量功德觀自在菩薩白佛言甚奇世尊無上菩提乃有如是大功德利令諸菩薩生起煩惱尚勝一切有情聲聞獨覺善根何況其餘無量功德爾時曼殊室利菩薩白佛言世尊云何應知諸如來心生起之相佛告曼殊室利菩薩曰善男子夫如來者非心意識生起所顯然諸如來有無加行心法生起當知此事猶如變化曼殊室利復白佛言世尊若諸如來法身遠離一切加行旣無加行云何而有心法生起佛曰善男子先所修習方便般若加行力故有心生起善男子譬如正入無心睡眠非於覺悟而作加行由先所作加行勢力而復

覺悟又如正在滅盡定中非於起定而作加行由先所作加行勢力還從定起如是如來由先修習方便般若加行力故當知復有心法生起世尊如來化身當言有心爲無心耶佛曰善男子非是有心亦非無心何以故無自依心故有依他心故世尊如來所行如來境界此之二種有何差別佛曰善男子如來所行謂一切種如來共有不可思議無量功德衆所莊嚴清淨佛土如來境界謂一切種五界差別何等爲五一者有情界二者世界三者法界四者調伏界五者調伏方便界如是名爲二種差別曼殊室利復白佛言世尊如來成等正覺轉正法輪入大涅槃如是三種當知何相佛曰善男子當知此三皆無二相謂非成等正覺非不成等正覺非轉正法輪非不轉正法輪非入大涅槃非不入大涅槃何以故如來法身究竟淨故如來化身常示現故世尊諸有情類但於化身見聞奉事生諸功德如來於彼有何因緣佛曰善男子如來是彼增上所緣之因緣故又彼化身是如來力所住持故世尊等無加行何因緣故如來法身爲諸有情放大智光及出無量化身影像聲聞獨覺解脱之身無如是事佛曰善男子等無加行譬如從日月輪水火二種頗胝迦寶放大光明非餘水火頗胝迦寶謂大威德有情所住持故諸有情業增上力故又如從彼善工業者之所雕飾末尼寶珠出印文像不從所餘不雕飾者如是緣於無量法界方便般若極善修習磨瑩集成如來法身從是能放大智光明又出種種化身影像非惟從彼解脱之身有如斯事世尊說是經時於大會中有七十五千菩薩摩訶薩皆得圓滿法身證覺

大乘瑜伽性海曼殊室利千臂千鉢大教王經

一時釋迦牟尼如來在摩醯首羅天王宮毘楞伽寶摩尼殿中百寶座上與毘盧遮那如來在金剛性海蓮華藏會同説此經時毘盧遮那如來法界性海中有大聖曼殊室利菩薩現金色身身上出千臂千手千鉢鉢中現出千釋迦千釋迦復現出千百億化釋迦爾時釋迦牟尼世尊在大會衆中告普賢等十六大士及一切諸大菩薩摩訶薩諦聽諦聽今説毘盧遮那如來往昔修證曼殊室利祕密金剛心三摩地所有菩薩及一切衆生令得自智入佛知見是時毘盧遮那如來告牟尼世尊及千釋迦千百億化釋迦言吾從往昔修持金剛祕密菩提法教是大聖曼殊室利菩薩是吾先師吾今以本源自性性金剛聖智[illegible]子清淨心出現大聖曼殊室利千臂金色之身顯示修行加持祕密性海法藏令傳授與一切菩薩摩訶薩觀照旨趣迅疾證入玄通智觀入一切佛心證毘盧遮那法身智身清淨聖智法界海性如是玄通勝義祕密法教次第觀照總有五門一者阿字觀本寂無生義是吾毘盧如來説根本清淨無生門二者囉字觀本空離塵義是阿閦如來説圓成實相無動門三者跛字觀本眞無染著離垢義是寶生如來説法界眞如平等門四者左字觀本淨妙行義是觀自在如來説妙

觀理趣淨土門五者聶字觀本空無自性義是不空成就如來說金剛菩提解脫門爾時釋迦牟尼如來聞是五如來教觀已告諸菩薩摩訶薩言若有善男子善女人發菩提心者曼殊室利菩薩有甚深大願爲作師僧弟子和尚闍黎同學伴侶令受法教同願同行廣度有情速登正覺是曼殊室利以聖性願力不入三界亦不出三界心如虛空常在如來清淨性海眞如藏中安住法界徧在衆生心識體性加持有情令罪垢消滅得入菩提諸佛聖果是名菩薩大願如是時大會諸衆同時讃歎曼殊大士聖力自在不可思議不可言說咸皆歡喜信受奉行　是時釋迦牟尼世尊從摩醯首羅天下降閻浮世界在舍衛國中祇園精舍大會道場內告師子勇猛雷音菩薩摩訶薩吾對大衆會中所說過去三世一切諸佛金剛菩提三摩地教法汝今當與曼殊室利菩薩共十六大士傳授與一切菩薩摩訶薩及一切衆生令證如來金剛三密菩提實相法性三摩地經教及修如來聖性觀師子勇猛言云何名爲實相法性三摩地經教云何名爲如來聖性觀佛告師子勇猛此經宗及體都有二門一者清淨實相爲宗二者眞如法界爲體宗復有三一者毘盧遮那法身本性清淨出一切法金剛三摩地爲宗二者盧舍那報身出聖性普賢願行力爲宗三者千釋迦化現千百億釋迦顯現聖慧身流出曼殊室利身作般若母爲宗體復有五一者本源自性清淨聖智金剛聖性爲體二者無動大圓性鏡金剛菩提爲體三者平等性金剛法界爲體四者如性觀察理趣金剛聖力智用爲體五者成就菩提聖性金剛慧劍爲體如上所說一切菩薩應當志誠修學速證佛地如來聖性觀者謂一切菩薩及一切衆生有十種纏縛難障若欲修持聖性觀者先須識自心地體性無明纏縛若其不識即被蔽覆心性聖慧道眼則不能開故其纏縛性者甚爲微細障於菩提先當識心十種纏縛云何名爲十種纏縛一者由性慳嫉常網其心令心邪見不得正悟二者無明影蔽之所障礙慧眼難開三者煩惱迷悶貪瞋邪見處處計著不能信正四者貪愛五欲惑障迷心無明漂沒無有歇期五者味魔死節相續無休六者忿恨密烟之所熏焠於心眼中被所翳障七者貪欲熾火恒所燒然虎狼之心四向叉撮八者飲惡魔酒悶醉蓋心喫過失毒藥惑亂狂走九者五蓋惱害常被遮礙覆正智心難可解脫十者苦海大河駛水常流輪廻六趣無能間斷如是一切菩薩摩訶薩及諸衆生應修如來菩提聖性觀此聖性觀開通心地總有三義謂三性三無性徧計無性者謂淨識性中微覺智起則是慧用徧計所執於慧用照寂則智用寂照證慧用寂滅如何得滅徧計所執若覺智無起相名了證慧用寂靜則滅徧計所執其性清淨依他無性者心皆依色而起圓成無性者無有所依心性無託諦觀無用心性瑩徹寂靜無動猶如瑠璃內外明淨是則名爲見性無動心證寂靜是名三性三無性菩薩證得如是觀者則能除去十種纏縛適然解脫以

速達本源自性清淨菩提涅槃故　是時釋迦牟尼如來告曼殊室利菩薩言吾今啟請諸佛如來令聖力加持一切菩薩摩訶薩進修一切如來金剛三密三菩提法三摩地觀令諸菩薩心等虛空性如法界廣度一切無盡衆生又令曼殊室利菩薩摩訶薩與一切菩薩一切衆生作爲導首是時曼殊室利菩薩對世尊大衆菩薩前告言若有一切菩薩及一切衆生志求無上菩提修持眞實佛金剛聖性三摩地一切法者一切法即一切有情心也爲有情心地法藏有煩惱種性煩惱種性即是菩提性則有情心處本性眞淨空無所得是故有情心是大圓鏡智心處菩薩於圓鏡智心作志求用功觀照大圓鏡智心性覺證寂滅即得了悟心鏡瑩淨瑩淨達空即心證平等性智證平等性智者通悟達性本性實空證入空中心心性如如性體地名入如如智則證妙觀察智也得入如如性清淨聖智者獲得金剛成所作智證菩提性成就聖智是則名爲四智菩提立通觀智入一切佛心金剛三摩地聖智相應則名瑜伽三密門加持身口意如性眞淨證性印三昧不空聖智金剛喻定三摩地如來成就如是秘密故令一切諸大菩薩摩訶薩及一切衆生修學其時大會諸菩薩衆中唯有十六大菩薩共曼殊室利同願同行修證大乘瑜伽金剛三密菩提三摩地餘諸一切十信菩薩如颰陀婆羅聲聞人如舍利弗等不同曼殊心等虛空性如法界廣度有情自諸菩薩聲聞人等心量不廣小智有限志願下劣過八十億俱胝那庾多百千劫修行菩薩道始滿五波羅密是時曼殊室利共十六菩薩摩訶薩對於如來大衆前重發廣大弘願願我等心同虛空廣度有情復願一切衆生同我無盡大願我當救之無有休息復願我等智身報身常現於六道四生衆類有情之前凡見我形適然障滅發菩提心歸向大乘修習菩提速超佛地是時師子勇猛菩薩稽首白世尊言是十六菩薩如何修行秘密菩提加被後學　佛言一者東方第一普賢菩薩號金剛手證入一切如來清淨法身轉金剛法輪令一切菩薩摩訶薩修佛心觀二者不空王菩薩號金剛鉤召自入三昧召請一切如來作神通力令一切菩薩修入菩提眞如觀三者摩羅菩薩號金剛弓成就金剛菩提入如來聖性聖力加持一切菩薩身心性智除去諸障入迅疾金剛菩提實性觀四者極喜王菩薩號金剛喜波羅證入毘盧佛心出歡喜波羅形狀加持一切菩薩入金剛菩提薩埵無我體性智空觀五者南方第一虛空藏菩薩號金剛藏王自入三昧出一切如來三昧光明照耀加持一切菩薩摩訶薩修入金剛菩提輪三摩地法空觀六者大威德光菩薩號金剛光明證入毘盧佛心出金剛日輪三昧加持一切菩薩摩訶薩令修入金剛三密佛三摩地得證日輪菩提一性觀七者寶幢摩尼菩薩號金剛幢自入三昧出金剛秘密法藏聖力加持令一切菩薩證入無動地涅槃佛性無心觀八者常喜悅菩薩號金剛喜智自入金剛歡悅實性三摩地令一切菩薩

摩訶薩證悅意性清淨金剛實際觀九者西方第一觀自在王菩薩號金剛眼自入三昧已令一切衆生住三摩地性同爲一體量等法界聖力加持一切微塵數佛刹中一切菩薩摩訶薩令入聖性自在神用諸佛慈心淨土觀十者曼殊室利菩薩摩訶薩號灌頂王金剛慧自入首楞嚴三昧加持微塵數佛刹世界諸大菩薩摩訶薩修入一切如來金剛三摩地證金剛慧劒揮滅一切衆生煩惱罪障成就一切衆生修證無上正等菩提觀十一者妙慧法輪菩薩號金剛場自入法性輪三昧加持一切菩薩摩訶薩證得瑜伽三密三摩地聖性相應同等神通自在聖力修證法性法輪三摩地觀十二者聖意無言菩薩號金剛聖語自入文字般若無相三昧加持一切諸大菩薩摩訶薩令自勤修證三密三摩地入法界佛性法身聖性觀十三者北方第一毘首羯磨菩薩號金剛毘首羯磨轉法輪王自證毘盧遮那佛心出生一切金剛薩埵毘首羯磨令諸菩薩觀照自性心地證得諸佛智鏡金剛瑜伽三密三菩提圓通一切金剛三摩地觀十四者難敵精進力菩薩號金剛慈力迅疾灌頂自入金剛智地三昧聖力加持一切菩薩摩訶薩得難敵聖力精進道行疾入如來金剛甲冑體性三菩提觀十五者摧一切魔怨菩薩號金剛暴怒自入三昧出金剛牙器仗作降伏暴怒神通加持一切菩薩摩訶薩成就金剛牙安立世界中暴怒恐怖摧伏一切天魔及一切自性煩惱魔令入聖智自性三密迅疾金剛觀十六者金剛拳法界王菩薩摩訶薩號堅跡金剛界自入月輪心瑩淨自性智鏡三昧入一切佛心金剛薩埵菩提地出一切佛世界微塵數如來加持一切菩薩摩訶薩令修證入一切平等性智三摩地證金剛甚深一切法義成就菩提速超入一切如來毘盧遮那法身智鏡性則見自身同如來形證入金剛界性成就一切如來法智身佛五眼觀是爲十六菩薩自證觀門令一切菩薩修學　爾時則有一切如來出現爲作證明同聲讚言善哉善哉曼殊普賢十六大士能從往昔無量刦來發弘大願而度有情心等虛空無有休歇殊勝之願不可說不可說不可思議其時復有六大金剛出現亦同讚歎十六大士深德之行而作證明復同聲發大誓願我等亦同曼殊普賢等往昔行願奉如來敎守護佛法不令天魔諸惡外道惱亂攪擾復願盡於未來之際心等法界荷護一切衆生同到菩提成無上道　爾時釋迦牟尼如來告師子勇猛菩薩等於往昔久遠世時有師子聰世界其中有佛號離垢幢如來坐滿月光明道場彼菩薩衆會之中有十大士所謂上方妙樂歡喜世界上意菩薩下方金剛界地天世界持世菩薩東方無極日曜世界普明菩薩次則東南方最勝青色瑠璃世界不思議菩薩南方無垢世界廣意菩薩西南方白色玻瓈世界無邊智菩薩西方無量壽世界無邊音聲吼手菩薩西北方殊妙紅色世界益音菩薩又有北方不空寶月世界無盡慧眼菩薩東北方金色世界賢護菩薩此十大菩薩與毘盧

遮那入十方世界作十方菩薩主教化修持皆經無量微塵數劫承事諸佛世尊爲度有情修持如來祕密三摩地觀發大誓願於後末世有佛出世我等皆爲出現而作證明是時十方大菩薩俱在會坐世尊告言汝等本自修行觀門如來瑜伽祕密法教當自說之時上方妙樂歡喜世界上意菩薩尊佛教旨頂禮合掌而自陳說當來一切諸菩薩修入菩提性聖智證如來金剛三密三摩地照見自性入無動涅槃無性觀者識心妄想如來聖性二義和合成熟金剛聖智菩提大法則能證得自體法界菩提云何方便而證入無性觀菩薩先須當心觀照本性寂靜悟入滅盡定得心識性證見清淨惟清惟淨證見聖性自性如如一道寂淨悟達本源反照見靜惟照惟瑩惟瑩惟淨惟寂惟聖是則名爲菩薩得入無動涅槃無性觀其次下方金剛界地天世界持世菩薩自對如來前陳說祕密法當來一切菩薩修學金剛菩提甚深法忍實性觀者得入金剛持世海性置金剛界地建立所依世界無有障礙等如虛空無差別相皆是本源毘盧遮那如來金剛體性堅固祕法性海中安立是一切菩薩修習菩提解脫聖道成就如此世界一切衆生令同一性達一切如來三摩地聖智相應同入菩提入於如來功德性海得成諸佛菩薩解脫之門遊戲神通合同本願力故起大悲心誓度有情悉歸諸佛金剛菩提性海云何疾得入此方便而證此觀即自心眼應當觀照入自心性性體法界得見自性心體證於如來金剛聖性洞達法空無邊覺智大寂慧空觀其大智入心心空證空復空心如虛空同於法界了了見性名證自性聖智法體是本心生神通自在清虛一靜法同法性眞如實際若達此性則名金剛菩提甚深法忍實性觀其次東方無極日耀世界普明菩薩稽首如來言諸大菩薩住清淨眞如法藏眞際觀則得入於毘盧遮那如來三昧性海法藏法身之中亦見自身中平等體性法界虛空示現於我自性法界平等體性中廓周法界自在無礙出入神用無邊性海普皆包納十方三世一切衆生悉皆顯現復現諸佛三昧大智光明無相性海成就一切諸佛功德法藏顯示如來諸大願海及諸菩薩摩訶薩行願一切諸佛法輪流出無盡般若波羅密令諸菩薩演說護持使不斷絕入諸佛法界身現一切諸佛國土於此國土復顯出微塵佛剎所有微塵佛剎一一微塵中復有諸佛淨土於佛淨土中有微塵數諸佛令一切菩薩及一切有情衆生同願修持入此性淨眞際觀門云何應得修入此觀菩薩則當觀照心地覺用心智惟照心性細細觀覺覺照心體見性無動證覺不動即能常用用觀體智見性清淨性自離念離念無物心等虛空即證聖智如如聖性二俱澄寂空同無體性體虛靜是則名爲證入眞如法界性印法藏眞際觀門其次東南方青色瑠璃世界不思議菩薩摩訶薩當如來前陳說觀門若有一切諸大菩薩摩訶薩及一切有情衆生欲得速入無上菩提者先當修習金剛三摩地五眼無障觀菩薩

摩訶薩住此金剛三摩地者善能曉知一切諸法如來深密明智知諸佛法性自在聖智法界空性無動無轉疾入如來十種性海三摩地一者證入性海三摩地意三業行一切諸罪盡皆消滅二者身三業中殺盗淫罪亦皆消滅三者消滅四種口過諸罪不善能以慧眼照見五陰空故四者消滅一切衆罪入無生心無動慧智神用自在五者了別法相入第一義觀照諦察修入菩提聖性佛智悉皆圓滿六者廣行菩薩行示現聖智開示悟入諸佛菩提性地七者得見種種因緣差別不同能令善知如來諸法一切義故八者廣通諸佛智慧入法聖地般若性海九者行諸佛甚深菩提行能令自心他心悟入百法明門速令具足一切諸佛智故十者修證入此諸佛本願無邊性海三摩地者令自身他身得入無上正等地悉使成就諸佛聖行如來法身菩提法藏云何修習得入此觀菩薩用自心智眼内觀澄寂智眼照見五蘊性空智眼寂靜寂智同體觀見意淨靜照無見名見肉眼觀用心眼智見相應用照寂體心眼無礙智眼明淨名見天眼諦觀識用了別體靜識用智明慧觀照性了見法性名見慧眼諦觀法智所知了見法義無邊聖性能見自性慧體名見法眼觀照寂滅覺了寂靜性同法界法性無體覺即真淨無覺實際了了見性名見佛眼是名金剛三摩地五眼聖性無障

觀其次南方無垢世界廣意菩薩言我今欲令一切菩薩修持金剛祕密首楞嚴三昧性海其首楞嚴三昧者譬如虚空無有内外一切無礙亦無動搖諸佛一切神通自在法性聖智慧海總是首楞嚴金剛三昧王攝所以者何一切衆生根本頼耶含藏之識塵勞種子猶如微塵甚深密細難可得見如何相捨而得出離若修金剛首楞嚴三昧者則得出離不假功力諦觀本心立入心地到於法藏真如性海當自消滅云何修此楞嚴三昧當心照看細細觀性用慧方便智燈照入即見心定如如不動智性寂靜空無有性用慧細觀澄心見性本源體淨證性清淨唯靜唯正唯寂唯靜了了見性是名正定楞嚴本靜如此用功不入邪定證法身如如得名究竟其

次西南方白色玻瓈世界無邊智菩薩而白佛言我爲現在一切菩薩陳説祕密令覺平等性智現證菩提心觀菩提心者不屬因亦不屬緣不可名言似有爲法而可立相非是造作亦非不造作如是菩提無量功德微妙事業無有形相菩提心者不可名心亦不可説名爲無心不可説名爲色亦不可説名爲無色如是菩提無量功德微妙清淨永不可得同法界故是故一切菩薩當發如來四無量心如來心者同於法界聖性金剛等若虚空云何修入菩提心觀當用其心觀心見心心眼見性了了分明見性無見心淨意寂識用性靜寂照靜無見塵滅定俱等身中澄寂證靜不見身根與觸同性修是觀門得阿耨多羅三藐三菩提其次西方無量壽世界無邊音聲吼手菩薩啓白世尊若有菩薩如實知見令受心法入心意念則名受法已受得法則是受者心即無念意即無思名心無動

於心無動是眞念佛得入淨土云何修入觀門證得法性諸佛淨土先當自心觀本覺體照見心性内心外緣内覺心起即覺外緣但觀内心心寂無始圓照寂滅覺悟無物細觀心性六識俱泯五蘊自空覺證寂靜得心心空滅盡癡定三毒一體覺了同性唯眞唯正法身寂定入佛淨土觀得阿耨多羅三藐三菩提其次西北方紅色摩尼世界殊勝益意菩薩啓白世尊若有菩薩求菩提時修持無礙法性觀者先當發願起大悲心諦觀心性清淨無物用覺證定見性寂靜唯照唯寂唯用唯靜照見心靈虚朗瑩淨廓然明達無有邊際如月在空清徹法界神用聖性等空無礙法性無礙者法本不生今則無滅菩提不增波羅密多不減若菩薩住此法性觀門修學無上正等菩提者速超法界疾得阿耨多羅三藐三菩提其次北方不空寶月世界無盡慧眼菩薩而白佛言菩提之性體無染汙亦無色象菩提之性與空俱等菩提之性同於法界法界性者等同平等平等性者則同

究竟心性寂靜同爲一體是故菩提聖性無一無二亦無別異如此證者眞同法性不執於入不執於出如來聖性無出入處法智聖慧明達無障神用寂滅無相無境云何名爲無相無境不取眼識名爲無相不觀色塵名爲無境乃至不隨意識了別名爲無相不觀外緣心無妄想名爲無境法性本如相境亦靜二相無別同體一性何以故入佛三昧性同等至菩提性境等無有異是故證入無二法性觀者無上菩提速得圓滿最後東北方金色世界賢護菩薩啓白世尊一切如來無盡不壞金剛福田聖性聖慧自在神通如幻三昧若欲修持先當修入十種殊特甚深難勝諸佛聖行一者修行達悟菩提心證虚空無意識想自性清淨如如眞靜自性本空體性寂靜如幻三昧二者修持得入法位聖性聖慧超越二諦一體眞如同於如來智海佛性如幻三昧三者如說修行入於聖性金剛三摩地不住佛法亦不住菩提不證道果亦不見於罪行八邪道入佛聖行性同一體法

身聖性如幻三昧四者修習不捨三業證三脫門入於世諦行菩薩道從是三昧起聲聞心入聲香界不著三世性同眞如如幻三昧五者修持而行空法示現住於聲聞形相威儀盛行非道見行非行於非行中持淨梵行接引衆生能行非相得達菩提入於佛道是名聖行如幻三昧六者修行無相入十二緣證聖心量不習二諦緣覺斷妄住煩惱性不入有障盛行有爲不著法相現辟支身作世尊像引歸大乘成就無上阿耨菩提一切迴向是名迴向菩提如幻三昧七者修學常觀無礙智慧辯才說法導引有情衆生入佛法性徧於一切不染世間入涅槃靜恒住苦海常在禪定不入於定住於三昧不在三摩地名爲如幻三昧八者修行能現有相住於非相而入諸欲不染於行離衆生見執著結縛向世間心住淨常樂出三界心名爲幻樂如幻三昧九者修行現凡夫事不著三界入於邪道不染貪愛住世諦中離癡五蓋入三毒根不住五欲證於空性法滿具足在陰界心

智慧如燭證解脱門出離五欲名爲無著如幻三昧十者修學不壞世法而住涅槃於生死海不犯八難住於三界不爲繫縛如是住者當證無見於五欲法實無所犯不著世諦是則名爲如幻三昧殊特難勝真實聖行無盡福田若有一切菩薩次第修行如幻三昧者先當證悟諸佛三密聖行無量聖性金剛聖力三摩地然後得證如幻三昧迅疾玄悟入一切諸佛金剛聖性實際三摩地觀云何習學當了一切三昧實無可得如幻無定自性真如諸法寂靜證寂體性空無所有是故如來一切諸法皆悉如幻三世衆生悉亦如幻有情無情及諸賢聖皆當如幻何以故爲由於業隨業流轉之所化故若欲修者又應先發大慈大悲大願大行如幻聖性然後修習無上正等菩提觀門用慧照性見圓鏡智心眼處觀見心體性唯觀唯定唯定唯正聖智圓明唯寂唯靜入自真如同佛體性達金剛際神用自聖作如是用功證金剛喻定速得成佛同如來聖是時釋迦牟尼世尊共一切賢聖同聲讚歎善哉賢護能以真實無漏慧智演諸如來金剛妙性祕密聖教是時舍衛國大會諸衆歎未曾有咸皆悟解歡喜無盡信受奉行

其時菩薩衆會之中有一菩薩名曰普眼稽首頂禮而白佛言普賢菩薩今何所在世尊報言普眼普賢菩薩今現在此道場衆會初無動移是時普眼周徧求覓不可得見世尊語普眼曰普賢菩薩住於法性之身甚深微妙不可說見獲無邊智慧金剛性身同於如來法身清淨證得無礙實際是故汝等不能見爾是時普眼菩薩白佛言世尊我已入十千阿僧祇三昧求見普賢菩薩而復畢竟不可得見其身相好普賢之行及彼身業語業意業坐立行住悉皆求覓都無所見佛言如是如是譬如幻中種種幻相所幻住處尚不可得見何況普賢菩薩祕密身相體同虛空身亦祕密語亦祕密意亦祕密當知普賢聖力自在不可思議而於法界能入能出能見能現能隱能沒何以故普賢菩薩境界甚深不可比度難思難測惟佛能知無有量已過量舉要言之普賢菩薩以金剛慧三昧普入聖性同一切法性法界於一切世界無所依止普賢知一切衆生身心皆空無去無來性同普賢無有差別無依無作性無動轉至於法界到究竟處譬如虛空虛空之性不可得見普賢身心亦復如是爾時世尊告普賢菩薩摩訶薩汝乃於過去世來久遠值遇諸佛如來汝曾見聞毘盧遮那如來出世之時遇佛聞法是誰爲首是誰爲師令發菩提之心引化成佛普賢菩薩向佛作禮合掌恭敬而白佛言世尊我念往昔久遠已前有曼殊室利大士菩薩出世教化無量微塵數一切衆生令發菩提之心修金剛三密三摩地盡當成佛又更爾時曼殊室利廣弘大願願我心等虛空徧同法界如太空中法界無盡我則當自盡其志力廣度蒼生無有休歇復向大衆之中告言諸仁者誰能與我同願同行與我爲子紹繼我法我則爲說大乘瑜伽金剛祕密聖性三摩地成等正覺無上菩提廣大因緣時彼衆中有五仁者大

丈夫發大誓言我能依此大願大行廣度衆生心同虛空亦無休歇曼殊室利菩薩告言善男子汝等五仁大丈夫能同吾發行立願汝即眞是吾子吾即與汝五仁同其心故廣度蒼生盡未來際其時五仁者一名毘盧遮那二名阿閦三名寶生四名觀自在王五名不空成就是五仁者便配五方各住一處金剛性海三摩地世界導引有情教化蒼生是時五仁啓曼殊室利菩薩唯願仁者與我說一切諸法爲有爲無曼殊室利答言亦有亦無復有二種之義一者有我法無我法二義執我執法者即於我法之中有障有礙有徧計所執性則是慧性不能明徹自在用故無我執無法執者即於我法之中通達無礙無徧計所執性則得慧性明徹自在用故二者心眞如心根本自性清淨二義心眞如者爲執眞如作有爲相即自執著我性根本自性垢故不得清淨於一切處有障有礙則生煩惱貪瞋癡故任運繫縛處處生滅我性苦故心根本自性清淨者爲自性本來寂靜無障無礙則眞如無爲徧一切處與根本自性清淨性同空故是以性等眞如根本清淨自性同體聖性空故無縛無解畢竟清淨性體寂靜故是五仁者大丈夫聞說無上菩提正眞妙法心大歡喜即起作禮重啓曼殊室利菩薩言仁者今我身中心性與大士菩薩幷一切衆生心性妙智同一性不曼殊室利答言吾與汝五仁及一切衆生心性等同一體無有別異淨如瑠璃內外明徹無有增減悉同清淨是故善男子汝當諦信佛說我心無主身亦無我名曰摩訶金剛般若波羅密多爲身心性具足一切法亦同如來智身法身何以故身如性相同體無別常住首楞嚴三昧性三摩地性淨清徹則得隨名解脫如名毘盧遮那者身心清淨性智菩提得圓滿是如名阿閦者身心無動性亦無相大圓鏡智菩提圓通是如名寶生者身心平等性智菩提一靜一性是如名觀自在王者身心清淨妙觀察智聖慧通達金剛菩提是如名不空成就者身心智量性等虛空形同法界聖性聖慧成所作智自在神通悉地成就一切菩提解脫是爾時普賢菩薩陳往事已如來說言如五仁大丈夫智性須假大士曼殊室利金剛般若慧爲身心主成就一切法聖智性身心成熟慧性圓明法滿成就乃能證得阿耨多羅三藐三菩提

爾時釋迦牟尼如來說一切菩薩修學大乘求無上正等菩提者入四十二位修證所謂三賢十聖地等覺妙覺佛地菩薩於大乘法中廣發大願行菩薩道地前次第凡有二義云何有二一者外凡二者內凡云何名爲外凡所謂菩薩持五戒十善修諸業行學習六波羅密散心修持得生天上亦生人間成有爲福受有漏快樂故云何內凡所謂菩薩學習菩提無爲無漏福即三賢位一者下賢二者中賢三者上賢下賢菩薩者修學十信行得十住行相扶接引爲信成就故中賢菩薩者修學十住行得十迴向相扶接引名爲解行成就故上賢菩薩者修持十迴向進學煖頂忍世第一法成就聖胎漸登聖位故此三

賢位純在有漏修學次第說十聖位等妙二地漏無漏有四等一者下等六地已下位菩薩修學三密三摩地者名爲隨相行用修行入定半有漏半無漏入定即無漏出定即有漏故二者中等七地位菩薩修學三密三摩地者名爲無相用修持入定者住於三昧則得分證無漏聖道漸證修行入菩提道次第成就故三者上等八地位菩薩乃至法雲地菩薩修學三密三摩地者是名無功用定住是三昧得名純無漏道證入金剛性運通無爲自在神力無相無功用任運成就得登佛地進成菩提故四者最上殊勝等覺妙覺二位菩薩修入佛地住如來三摩地故得三種意生身證金剛法界聖性三昧與真如同無相無念念一念慧得金剛喻定同佛不壞金剛性入無爲聖智道聖性相應則成無上正等菩提智身法身滿足故名爲如來是故如來說一切菩薩及一切衆生修學如來無上菩提者依一切諸佛金剛聖覺智修行得入佛地云何入聖覺智得入佛地菩薩修入聖智者則是覺也覺者佛也覺諸有情聖智相應是名衆生本自覺也覺本心源即名了見煩惱性者是名菩提性也菩提性者則是法身佛也是故諸菩薩及一切衆生求於無上菩提者常當修持如來一切覺一切覺者是名一覺覺諸情識空寂無生何以故決定本性本無動搖一切境界本自是空一切識識本來空性一切境識本即是空如何言見見即爲妄何以故一切萬有本自於空無生無相本來不有本不自名悉皆空寂一切法相亦復如是一切衆生身亦如是云何有見本來清淨故是名本覺覺本淨性清徹無處名爲法身智身滿足覺本心性體靜無生離衆生垢故覺本無寂離涅槃性故覺應諸法於一切法無住動故無動無住如菩提故譬如毘楞伽寶隨色而應同爲一體無有分別如來佛性隨情皆有悉應清淨衆生德感亦復如是菩薩若證心無所住無有出入得同薩摩羅清淨佛識故是故一切大衆菩薩摩訶薩應當修學　爾時世尊向大道場衆會之中告諸菩薩摩訶薩衆及諸聲聞大梵天王幷諸天梵衆龍神八部四衆弟子諸善男子善女人等吾從往昔於毘盧遮那世尊聽受瑜伽祕密金剛菩提三密三摩地法聖性之教曼殊室利導引於吾今得成佛號爲釋迦牟尼如來如是大會諸大菩薩衆應共啓請曼殊室利菩薩與汝大衆爲師上首當引大衆總皆成佛吾於當來末世之時亦助曼殊廣化羣品爾時大會諸菩薩等即依如來教命禮敬曼殊稱爲師首是時曼殊室利菩薩從座而起稽首如來長跪合掌乂手向佛而白世尊我依如來指示不敢違越惟願世尊加被於我大會諸衆咸皆歡喜頂禮世尊信受奉行

御錄經海一滴卷之九

御錄經海一滴卷之十　　見十

持世經

四利品

持世菩薩摩訶薩合掌向佛白言世尊云何菩薩摩訶薩能善知諸法實相亦善分別諸法之相亦能得念力亦善分別一切法章句慧亦轉身成就不斷念乃至得阿耨多羅三藐三菩提爾時世尊告持世菩薩言善哉善哉持世汝能爲諸菩薩摩訶薩故問如來是事利益安樂諸天世人亦爲今世後世諸菩薩等作大光明汝之功德不可限量汝欲於後世守護正法於後恐怖惡世欲度衆生汝今諦聽吾當爲汝解說持世諸菩薩摩訶薩見四利故勤修習諸法實相亦善分別諸法之相何等四當得具足念當得不斷念當以安慧而自增長念常在心持世復見四利何等四當善知決定諸法義當善知諸法義當善知諸法種種因緣當善入諸法如實門持世復見四利何等四當善知無量法相當修習善知決定無量法當行無量功德而自增長當知見諸法生滅相持世是爲諸菩薩摩訶薩見四利故勤修諸法實相亦善分別諸法之相持世諸菩薩摩訶薩見四利能求念力何等四當修習具足念根當行安慧當具足不斷念當修習具足四念處持世諸菩薩摩訶薩有四法名得念力何等四念安慧故常勤精進不休不息常一其心得諸法實相故常不放逸正憶念諸法故常護諸根正思惟故持世諸菩薩摩訶薩見四利能修習一切法分別章句慧何等四當善知一切諸法實相當分別一切法所因當知諸法決定義當善知一切法語言章句分別知了義未了義經持世諸菩薩摩訶薩有四法轉身常得不斷念乃至得阿耨多羅三藐三菩提何等四明了善不善法成就第一念安慧能離五蓋心終不忘念阿耨多羅三藐三菩提心持世復有四法何等四得諸陀羅尼門亦修習無生智入於盡智亦觀於滅智持世復有四法何等四斷於愛恚不貪著一切有爲無爲法心通達無爲智慧至如來所行處持世是爲諸菩薩有四法轉身常得不斷念乃至得阿耨多羅三藐三菩提持世諸菩薩摩訶薩有五淨智力皆具足能得如上功德何等五深心淨智力願淨智力善根淨智力迴向淨智力障業淨智力持世復有五淨智力何等五捨心淨智力利益衆生淨智力生大慈淨智力生大悲淨智力生大喜大捨淨智力持世復有五淨智力何等五持戒淨智力不著持戒淨智力忍辱淨智力不著忍辱淨智力多聞淨智力持世復有五淨智力何等五慧淨智力多聞決定方便淨智力世間出世間淨智力慧方便淨智力有爲無爲淨智力持世是爲諸菩薩摩訶薩有是五淨智力疾得具足如是一切功德持世以是利故諸菩薩摩訶薩於是淨智力中應勤修習持世諸菩薩摩訶薩成就三法於是淨智力中能勤修習何等三一者欲二者精進三者不放逸何以故持世欲精進不放逸皆是一切法根本亦名爲精進不退者亦名不退法者以此功德自得增長於一切法中疾得淨智力持世

若有人如是一切法中得清淨智力者是爲世間福田是人次我能消供養是人能至如來行處是人能觀如來法是人不久能證如來智慧是人亦轉法輪如我今轉是人亦師子吼如我今師子吼自然於一切法中得自在力如我今也持世汝等於此淨智力中當勤精進不久自然具足一切智慧持世諸佛阿耨多羅三藐三菩提皆以欲精進不放逸爲根本及餘助道法能具足佛法者持世我以如是精進得值二十億佛於諸法中世世成就念力世世得識宿命修習是法不休不息我終不失是欲精進不放逸我常成就欲精進不放逸諸善男子今世衆生少有於是法中能行欲能行精進能行不放逸若信受如是甚深清淨法能至佛慧是爲希有何況能信解如來所行諸善男子我常長夜莊嚴如是願如是精進忍辱行利益無量阿僧祇衆生諸善男子當知如來恩力本清淨願精進故諸善男子是賢劫中諸佛出世無不讃我作如是言釋迦牟尼佛深行精進具足精進具足精進波羅密出於五濁利益無量阿僧祇衆生諸善男子我今雖得阿耨多羅三藐三菩提精進猶不休息至涅槃時猶發精進碎身骨如芥子解散支節何以故憐愍未來世衆生故我先世行菩薩道時所化衆生或行有錯謬墮諸難處欲免濟之起大悲心分布舍利乃至如芥子皆與神力我滅度後若有衆生應以舍利度者心得清淨心得清淨已處處地中隨願成就我以如是無量福德因緣大悲心故於後惡世普覆衆生諸善男子若諸菩薩於此法中能生欲精進不放逸必發是願於後末世受持讀誦爲人廣說如是等經我當以神力加護諸善男子隨是經所住當知其土有佛不滅是故如來以是經囑累諸菩薩諸善男子當知我宿世以如是因緣攝取衆生今世亦復攝取衆生後世亦復攝取衆生所謂護念如是經法於後五百歲普流布故以是因緣我說諸佛即是法身以見法故則爲見佛佛不應以色身見若人信法聽法於此法中能如是修行是人則爲見佛是人名爲實語者法語者隨法行者諸善男子我身非法非非法是名隨法行是名第一法施所謂不貪著法不貪著非法何以故若貪著法者不名見佛若於一切法中無所見者是名見佛何以故如來不可以法說不可以非法說亦不可以法見若知我法如筏喻者法尚應捨何況非法如來名爲捨一切法者不貪不受諸法名字不墮法名字中何況墮非法名字中諸善男子若一切法不可得捨離一切法是中即無戲論是法是非法名字無行無示是名見如來若能如是見如來者是名正見若異見者名爲邪見若邪見者則爲妄見是人不名爲眞見諸善男子眞見者斷一切語言道非眞非妄非有非無離一切法不取一切法不得一切法諸善男子汝等應如是見如來如是觀者當知一切法皆是如來當得一切法如當得一切法實相當得一切法非虛妄相當知一切法是如來法當知一切法是如來所行處當知一切法是不可思議行處諸善男子是故我說

一切法是如來行處如來行處是無行處何以故一切法行處是中無法可行是故說無行處是如來行處如來通達證是法故是名無行處是如來行處諸善男子能知一切法無行處是人能入如來行處是人能觀如來行處是人能求如來行處是人亦不貪著如來行處何以故是人知無行處是如來行處是名入智行處不入一切法故何以故一切法無門故以是門入諸善男子一切法無入無出無形所以者何如來於法無所得何法若出若入若見若說一切法無合無散無縛無解是一切法門以無門故說是門名爲不可出門不可入門不可歸門不可說門畢竟無生門以是法門於法無所知無所見以是法門於法無所證無所入若有善男子善女人能入是法門者則入一切法門則知一切法門則說一切法門

五陰品

爾時佛告持世菩薩諸菩薩摩訶薩勤修習如是法門入是法方便門能得分別陰方便界方便入方便因緣生法方便八聖道分方便世間出世間法方便分別有爲無爲法方便持世何謂菩薩分別五陰方便諸菩薩摩訶薩正觀五取陰諸菩薩云何分別觀擇色取陰是色取陰無有自性但以四大和合假名爲色陰色陰無有作者非陰是色陰凡夫於此無陰陰想以顛倒心貪著色已於色中依止我我所行種種惡不善業我等不應隨凡夫學應正觀色陰知同水沫聚但從衆緣生不可執捉無有堅牢水沫聚中無有聚相無聚是水沫聚色陰亦如是色陰中無有陰相我等應當善知修習色無相方便不貪著色相若人貪著色相即貪著色我等應善知入色相是色陰皆從凡夫憶想分別起若法從憶想分別起即是不生一切憶想分別皆非眞實見色性如夢譬如夢中色皆從憶想分別覺觀起色相無有決定色陰相亦如是從先世業因緣出無有決定性諸菩薩如是思惟不取色若我若我所於色中愛念貪著皆悉除斷善知色正相善知色平等相善知色滅相善知色滅道相如是內色不貪不受外色不貪不受即知一切色陰是無生相是菩薩爾時不滅色亦不求滅色法　持世何謂菩薩觀擇受取陰菩薩作是思惟是苦受樂受不苦不樂受皆從因緣生屬諸因緣入受相中此中無有受者但以貪著故貪著即是不眞虛妄從憶想分別起是凡夫爲虛妄受所縛爲三受所害若受樂爲愛結所使能起惡業若受苦爲恚結所使起諸惡業若受不苦不樂受爲無明結所使不脫憂悲苦惱我等今不應隨凡夫學應作是念非陰是受陰從憶想分別起顛倒相應無有受者但從先世業因今世緣故受自性空受中無有受相譬如雨滴水泡有生有滅無有決定凡夫可愍爲諸受所制爲諸受所縛馳走往來從身至身輪轉五道無有休息不知受陰如實相我等今不應隨凡夫學應知受陰無所從來無有所屬無法能生受者但從顛倒相應虛妄因緣相續令於樂受中除却愛結苦受中除却恚結不苦不樂受中知見無明結故

勤行精進如實知三受相爾時有所受若苦若樂若不苦不樂皆離不著知受陰如實無常不爲諸受所汙知受陰集受陰滅受陰滅道然後如實知受陰是無生相以無生相通達受陰無相

持世何謂諸菩薩觀擇想陰菩薩正觀想陰皆從顛倒起虛妄不堅不實從本已來不生相以因緣和合起非陰是想陰想陰中無想陰相譬如春後日焰以名字故說名爲焰隨想陰亦如是此中若內若外無有想者凡夫虛妄想所繫故或識貪欲或識瞋恚或識愚癡依止是想陰貪著虛妄以是想陰馳走往來以我相彼相男女相繫於想陰不能得脫我等不應隨凡夫學正觀想陰中想陰相不可得如焰陰中焰不分別若我若彼即行滅想受陰道通達想陰是無生不見想陰若來處若去處如實知想陰集滅盡則離想陰欲染亦能行斷想陰欲染道

持世何謂菩薩觀擇行陰觀行陰從顛倒起虛妄憶想分別假借無有根本羸劣無力以衆緣和合名說行陰是中無有眞實行陰無陰是行陰從本已來不生是行陰無性是行陰諸行前際不可得後際不可得中際不可得無有住時諸行念念生滅是諸凡夫爲行陰所繫貪著所縛不知行陰性入無明癡冥於諸行中生眞實想以顛倒故貪著受取行陰起樂行已得樂身起苦行已得苦身起不苦不樂行已得不苦不樂身是人得樂身已生愛得苦身已生恚得不苦不樂身已生癡是人以愛恚癡故不見諸行過惡不能清淨身口意行不清淨故墮不清淨道諸菩薩摩訶薩應如是正觀今我等不應隨凡夫學應觀行陰過惡應求出行陰道即觀諸行空見行陰無所從來去無所至不得諸行決定生相亦不得決定滅相譬如芭蕉堅牢相不可得無堅牢相亦不可得即觀諸行無生滅相生厭離心亦不生離證諸行無生相而善通達諸行相

持世何謂諸菩薩正觀擇識陰諸菩薩摩訶薩觀非陰是識陰顛倒陰是識陰虛妄陰是識陰何以故是識陰從顛倒起虛妄緣所繫從識而生有所識故名之爲識從憶想分別覺觀生假借而有有所識故數名爲識以識諸物故以起心業故以思惟故衆緣生相故起種種思惟故數名識陰或名爲心或名爲意或名爲識皆是意業分別故如是非陰是識陰何以故是識陰從衆因緣生無自性次第相續生念念生滅是識終不生陰相何以故是識陰生相不可得決定相根本無所有故凡夫於非識陰生識陰想以覺觀分別憶想顛倒相應虛妄所縛故貪著內識貪著外識貪著內外識以識相故分別起識陰以憶想分別假借強名是心是意是識凡夫貪著識陰爲識陰所縛心意識合故貪著見聞覺知法馳走往來所謂從此世至彼世從彼世至此世或起善識或起不善識或起善不善識是人常隨識行不知識所生處不知識如實相諸菩薩摩訶薩於此中如是正觀知識陰從虛妄識起所謂見聞覺知法中衆因緣生無法生法想我等不應隨凡夫學知識陰虛妄不實從本已來常不生相知非陰是識陰幻陰是識陰譬如幻所化人

識不在内亦不在外不在中間識性亦如是知識皆無常苦不淨無我凡夫爲虛妄相應所縛故於識陰中貪著若我若我所若起下思得下身若起上思得上身若起中思得中身是人隨心意識力故生依止諸入貪著識陰故不脫生老病死憂悲苦惱菩薩於此中如實觀識陰無常相所謂如實知識如實知識集如實知識滅如實知識滅道能壞識陰能斷一切相知識陰集滅相亦通達識陰集滅相菩薩爾時亦不生識陰亦不滅識陰不分別識滅相通達識陰無生相從本已來常畢竟空如是觀識陰時即知識陰是無作無起相不貪不著　持世若菩薩能如是方便入五陰能如是方便正觀五陰是名通達入五陰集滅道皆能斷諸陰相眞知五陰方便以是方便故於五取陰中不貪不著不縛不繫如是觀時能知五取陰微細生滅相持世菩薩觀衆生初入胎歌羅邏時先五陰滅即更有五陰生雖先識滅亦知五陰非斷滅相識雖依止歌羅邏亦知五陰不至不常持世是五取陰微細生滅相者所謂先五取陰滅次第無物至胎識初合時五陰即有生滅因歌羅邏五取陰假名爲人所以者何識無所依則不能住識所依者五取陰是持世又無色界諸天五取陰細微生滅相亦應如是知持世如是細微五取陰生滅相辟支佛智慧所不能及何況聲聞智慧惟諸佛如來善知五取陰從初入胎細微生滅相持世諸佛如來無有隨他智慧自然得一切智慧方便無所不達諸佛無礙智慧於一切法中得自在力何以故於無量無邊劫行於深法故持世一切凡夫不能如是方便觀五取陰何況觀五取陰細微生滅相若無諸佛衆生則無所知無所見不能正觀五取陰諸佛出於世間壞衆生依止色壞依止受想行識壞和合一相故作如是分別說汝等所依所歸是名爲色是色但以四大和合受想行識但有名字名色相成就故說五取陰汝等衆生莫貪歸此不堅牢五取陰持世是凡夫人從顛倒生入無明網馳走往來不知五陰爲是何等不知五陰從何所來不知五陰如實故貪受五陰是故說名取陰於此中誰有取者此中取者不可得但以顛倒貪著分別虛妄自縛無明癡闇故取我取我所取此取彼是故說取陰是五陰無有取者亦無決定相是諸凡夫爲愛縛所縛貪愛五取陰爲諸蓋所覆入無明闇冥不知不覺往來六道中生死所縛貪歸生死不放不捨不斷五陰亦不能知五陰如實相不如實知故爲種種苦惱所害隨虛空獄不知出處故不得度無量生死險道持世我以是因緣故爲弟子說法汝等比丘當正觀五陰亦當如實知色無常相如實知受想行識無常相若於色受想行識中有欲染者當疾除斷持世若有人能如說修行當得脫生老病死憂悲苦惱若人不能如說修行爲色縛所縛爲愛繫所繫入無明闇冥貪取五陰是人貪取五陰故不能得脫生死險道不知五陰性不知五陰空相而與我諍是人違逆佛語墮大衰惱持世諸佛不與人諍但爲衆生演說實法作是言一切衆生顛倒力

故貪歸五陰徃來世間爲種種邪見煩惱種種憂悲苦惱之所殘害其有見五陰者見五陰相者貪五陰者我則不與是人爲師如是之人非我弟子入於邪道取不實者不知佛第一義是外道徒黨持世當來之世法欲滅時於我法中出家決定說五陰者貪著五陰者不聽受人一杯之水所以者何是人於我法中違逆我法背捨聖行持世是故諸菩薩摩訶薩於後惡世應如是發大誓願於我如是甚深經典當共護持亦斷衆生五陰見故而爲說法持世我是經中說破一切陰相離貪著陰相爾時多有在家出家聞如是等經起於諍訟不生實想菩薩摩訶薩於此中應發大慈忍力於後惡世度脫貪著五陰邪見衆生隨宜方便以法利益是故諸菩薩摩訶薩善男子善女人若欲疾得阿耨多羅三藐三菩提當於是清淨無染法中勤行修習此陰入性及餘有爲法中說實知見相

十八性品

持世何謂菩薩摩訶薩善知十八性諸菩薩摩訶薩方便正觀十八性作是念眼性眼性中不可得是眼性無我無我所無常無堅牢自性空故眼性虛妄無所有從憶想分別起眼性無有決定相譬如虛空無決定相無根本故眼性中實事不可得故眼性無處無方眼性不過去不未來不現在眼性眼相不可得識行處故數名眼性若眼根清淨色在可見處意根相應以三事因緣合故說名爲眼性智者通達無眼性是眼性　持世諸菩薩摩訶薩若能如是觀擇眼性即通達無性是色性何以故色性中色性不可得但以憶想分別色在可見處眼根清淨以意識相應見現在色故數名色性譬如鏡中面像若鏡明淨則生色相鏡中色無決定相因知色無性相無形性無決定性是名色性菩薩知是色性即知無性是色性無生性是色性無作性是色性亦假名性名爲色性如是觀擇色性　持世是菩薩正觀擇眼識性所謂眼識中無眼識無眼識性無有常性是眼識性非合非散無有根本但以先業因緣起屬現在緣繫色緣故隨凡夫顛倒心故數名眼識性賢聖通達眼識性即是非性如來方便分別破壞和合一相故說十八性示識無決定相故說眼識性示眼識實相故說眼識性眼識性者示眼所行處能識色是眼識性即是說無性又眼性色性眼識性說三事和合以知諸緣相故即是離諸性義所謂是眼性是色性是眼識性有如是數得令衆生入於實道此中實無眼性色性眼識性諸如來方便分別說是諸性若人通達是諸性方便者則知三性無性何以故諸性中無性相故諸性中相不可得故耳性聲性耳識性鼻性香性鼻識性舌性味性舌識性身性觸性身識性皆亦如是　持世何謂菩薩摩訶薩觀擇意性菩薩作是念意性無決定根本無所有故意性中無意性譬如諸種子種於大地因於水潤得日得風漸漸芽出芽不從種子出種子亦不與芽和合芽生則種子壞種子不離芽芽中無種子意性亦如是能起意業故示意識故如種示芽得名意性離意性則無意意性

不能知意假名字故說爲意性是意性不在意内不在意外不在兩中間但以先業因緣故起識是意業故知所緣故數名意性即是不決定意業相即是衆緣和合相意性即是世俗語第一義中決定無意性過去未來現在不可得智者通達無性是意性　持世諸菩薩觀擇法性無性是法性法性無自性自性不可得但爲起顛倒衆生虚妄結縛有所知故說言法性欲令衆生入無性故說是法性何以故法性中無法性相是法性從衆緣生無有自性如來於此欲敎化衆生說是法性以世俗語言示無性法是法性不在内不在外不在兩中間無所有是法性法性中無決定有相譬如虚空智者證知無性是法性智者通達無相是法相法性中無分別相法性中無有住處無處無起無住無依止是法性從本已來不生故諸菩薩摩訶薩觀擇法性如是所謂無性是法性　持世何謂菩薩摩訶薩觀擇意識性菩薩作是念不生性是意識性不決定性是意識性意識性無根本無有定法以意識性示無性相何以故意識性中意識性不可得顛倒相應以意爲首識諸法故名爲意識隨凡夫所行故說意識性賢聖觀知非性是意識性從衆因緣生憶想分別起無有性相即是第一義中無性相義世俗法中爲引導衆生故說是意識性欲令衆生知無性是意識性是意識性不在一切法中無處無方不與法若合若散第一義中意識性無緣不可得不可示故智者通達意識性不作是意識性作者不可得故無生是意識性生相無所有故　持世菩薩摩訶薩如是觀擇意識性諸菩薩作是觀時觀擇欲界色界無色界皆是無生性無所有性云何爲觀所謂欲界中無欲界色界中無色界無色界中無無色界以界示無界法爲取欲界相者示是欲界爲取色界相者示是色界爲取無色界相者示是無色界是三界皆無根本無有定法智者不得是三界不說是三界通達是三界虚妄無所有無自性離諸法但從顛倒起爲斷衆生顛倒故知見三界故如來分別說是三界相欲令衆生知無界義故說三界非以性相有　持世菩薩摩訶薩如是觀時觀衆生性我性即是虚空性無所有性無生性何以故衆生性我性虚空性無別無異如是諸性皆從虚空出但從衆緣生故名之爲性此中決定無性相何以故虚空中無一定性是諸性相皆入虚空是無所有義譬如虚空無性是法畢竟離相無所有相一切諸法亦如是離性相諸性中無性相性相不在内不在外不在兩中間性中無有性性中不攝性性不依止性一切性無所依止一切性不生智者於諸法性中不得生性不得滅性不得住性一切諸性不生不起不住從本已來不可得故智者通達知見一切諸性皆是無生相若是無生相即無有滅第一義中不說諸性智者知見通達一切諸性如第一義　持世諸菩薩摩訶薩如是觀擇通達十八性及三界衆生性我性虚空性諸菩薩如是觀擇通達時不得性不見性亦通達一切諸性假名字亦信解入一切諸性是無性

亦知分別諸性以世俗分別說諸性令一切諸性入第一義中亦善通達無性方便亦爲衆生分別說諸性亦令衆生善住諸性方便亦不以二相示諸性雖知一切諸性無二亦以方便說諸性從因緣起雖以世俗言說引導衆生而示衆生第一義雖善知分別諸性而信解通達一切諸性無所有何以故如來以第一義故於性無所得亦不得諸法性相以第一義中一切性同虛空一切性入虛空一切性無生相如來通達一切性如是持世如來不說諸性相亦不說諸法力勢何以故若法無所有不應更說無所有性相持世如來亦說無所有性相此中實無所說性相是明善分別諸性菩薩摩訶薩得是善分別能知一切諸性假名能知世俗相能知第一義相能知世諦能知諸相旨趣能知諸相所入能分別諸相能知諸法相無性能令一切諸性同虛空性亦於諸性不作差別持世是故諸菩薩摩訶薩若欲入如是諸性方便於如是甚深經中應勤精進

十二入品

佛告持世何謂菩薩摩訶薩善知十二入菩薩摩訶薩正觀擇十二入時作是念眼中眼入不可得眼中眼入無決定又眼入根本不可得何以故眼入從衆緣生顚倒起以緣色故繫在於色二法合故有因色有眼入因色說眼入二法相依故說名眼色是眼入門與緣故眼是色入門與見故是故說入以緣色入門故說眼入以眼見故說色入但以世諦故說其實眼不依色色不依眼眼不依眼色不依色但從衆緣起色作緣故說名眼入又從衆因緣起眼所知見故說名色入隨世俗顚倒法故說第一義中眼入不可得色入不可得智者求諸入不見有實但以凡夫顚倒相應以二相說是眼入是色入欲令衆生如實知諸法實相故說是諸入皆從衆因緣生顚倒相應行此中諸入相實不可得賢聖通達是眼入色入無生無滅不來不去相眼不知眼眼不分別眼色不知色色不分別色何以故二俱空故二皆離故眼色皆無性無法眼不自作眼亦不自知色不自作色亦不自知二俱無所有故眼不作是念我是眼色亦不作是念我是色眼色性如幻性以虛妄假名故說是眼是色諸菩薩觀擇眼入色入如是耳聲鼻香舌味身觸亦如是　持世何謂菩薩摩訶薩觀擇意入作是念意入中意入不可得意無決定入相意入無根本何以故意入即是衆因緣生從顚倒起繫法入緣二法和合能有所作是意入因法入起意是法入處是故說名意入法入是意入門是故說名法入緣法入門故說是意入示知意相門故說是法入以世諦故說其實意不依法法不依意因緣生故以諸法爲緣故說意入因緣生故示意相故說法入隨世諦顚倒故說第一義中意入不可得法入亦不可得智者求諸入不見有實但凡夫顚倒相應以二相說是意入是法入是意入法入虛妄無所有如來如實通達故示是諸入賢聖通達意入法入不生不滅不來不去意不知意不分別意法不知法不分別法二俱空故二俱離

故意不知意性法不知法性是二性無所有此中無一決定法意不能成就意不能壞意法不能成就法不能壞法是二俱空皆如幻相但假名字故分別說菩薩摩訶薩觀擇意入法入如是　持世何謂諸菩薩摩訶薩正觀擇內六入外六入所謂是十二入皆虛妄從衆緣生顛倒相應以二相故有內外用凡夫不聞眞法不知十二入如實相故貪著眼入我是眼入我所是眼入貪著色入我是色入我所是色入耳聲鼻香舌味身觸意法亦如是我是意入我所是意入我是法入我所是法入以貪著故爲十二入所縛馳走往來五道生死不知出道菩薩摩訶薩於此中正觀見是十二入空如幻相不貪著諸入若我若我所以不貪著故不憶念分別持世菩薩摩訶薩得如是諸入方便於一切十二入中不繫不縛亦證諸入知見而能分別諸入亦知諸入性則是無性亦知諸入方便究竟是爲菩薩善知諸入如是

十二因緣品

持世何謂諸菩薩摩訶薩善觀擇十二因緣菩薩摩訶薩觀擇十二因緣所謂無有故說名無明不知明故說名無明云何不知明不知無明中決定法不可得是名無明何故說無明因緣諸行諸行無所有而凡夫起作是故說無明因緣諸行從行起故有識生是故說諸行因緣識從識生名色二相是故說識因緣名色從名色生六入是故說名色因緣六入從六入生觸是故說六入因緣觸從觸生受是故說觸因緣受從受生愛是故說受因緣愛從愛生取是故說愛因緣取從取生有是故說取因緣有從有生生是故說有因緣生從生有老死憂悲苦惱聚集是故說生因緣老死憂悲苦惱聚集持世世間如是爲十二因緣所繫縛盲無眼故入無明網墮黑闇中無明爲首故具足起十二因緣諸菩薩如是思惟觀無明實相知無明空故本際不可得不貪著無明知一切法無所有是爲即得明於此中更無餘明但知見無明是名爲明何以故明無所有故　無明因緣諸行者諸法無所有凡夫入無明闇冥中誑惑作諸行業是行業無形無處行業不依無明無明不依行業無明不知無明行業不知行業如是無明行業以顛倒故不得無明性不得諸行業性但以無明闇冥故分別說行業從無所有法起作故無明行業皆是無所有　諸行業因緣識者是識不依行業亦不離行業行業亦不生識但顛倒衆生從行業生識是識無有生者但緣行業相續不斷故有識生智者求識相不可得亦不得識生　識因緣名色者名色不依識亦不離識生名色是名色亦不從識中來但緣識故凡夫闇冥貪著名色智者於此求名色不可得不可見從憶想分別起是名色相識因緣故有識性尚不可得何況從識緣生名色若決定得名色性者無有是處　名色因緣六入者是六入因名色起名色在身中故有出入息利益身及心心數法是六入皆虛誑無所有從分別起有顛倒用　六入因緣觸者是觸依色而有觸不觸色何以故色無所知與草木瓦石無

異但從六入起故分別說是觸六入尚虛妄無所有何況從六入生觸觸空無所有以無觸性故　觸因緣受者是諸受不在觸內不在觸外不在兩中間是觸亦不餘處持受來而從觸起受是觸尚虛妄無所有何況從觸生受受無一決定相受皆無所有從顛倒起有顛倒用　愛因緣愛者是受不於餘處持愛來受亦不與愛合受亦不知愛愛亦不知受是愛亦不依受亦不離受有受受中尚無愛相何況受因緣生愛是愛但從虛妄憶想顛倒相應故名爲愛智者知是愛無處無方虛妄無所有　愛因緣取者愛不於餘處持取來愛亦不能生取有愛故說名取隨因緣和合故說取不與愛合亦不散愛不與取合亦不散愛尚無有何況愛因緣生取諸取決定相不可得智者知見是取虛妄無所有但從顛倒起無有根本無一定法可得　取因緣有者取不能生有而說取因緣有是有不在取內不在取外不在兩中間有不依止取取不與有合亦不散但以衆緣和合故說取因緣有取尚虛妄無所有何況從取因緣生有智者通達是有虛妄顛倒相應無合無散無所分別　有因緣生者有不能生生亦不離有生生有與生非緣非不緣有尚不可得何況從有生生智者通達生中無生相生中無自性生中無根本無一定法可得是生前際後際中際不可得從衆因緣生顛倒相應虛妄無所有如幻化相　生因緣老死憂悲苦惱者是生不持老死憂悲苦惱來生亦不能生老死憂悲苦惱老死憂悲苦惱不在生内不在生外不在兩中間亦不依止生以生故老死憂悲苦惱可說但示衆因緣生法故生不與老死憂悲苦惱合亦不散生中生尚不可得何況生因緣老死苦惱但顛倒相應衆緣和合具足十二因緣故說生因緣老死苦惱智者通達老死苦惱虛妄無所有顛倒相應無有根本不作不起不生　如是觀十二因緣法不見因緣法若過去若未來若現在亦不見十二因緣法相但知因緣是無緣無生無相無作無起無根本從本以來一切法無所有故通達是十二因緣亦不見有作者受者若法從因生是因無故是法亦無菩薩隨無明義故一切法不可得入如是觀中無緣即是十二因緣此中無所生是虛妄生菩薩爾時不分別是明是無明無明實相即是明因無明故一切法無所有一切法無緣無憶想分別是故隨順無明義通達十二因緣持世若菩薩能如是通達善得無生智慧何以故以生滅觀則不能善知十二因緣若觀衆緣集散是名得無生智慧若得無生智慧是名通達十二因緣持世若菩薩摩訶薩知無生即是十二因緣者則能得如是十二因緣方便是人以無生相知見三界疾得無生法忍當知是菩薩不久當得受記於一切法得智慧光明於諸惡魔無所怖畏度生死流到安隱處持世若於今世若我滅後若聞若信若讀誦若修習是十二因緣方便者我與是人授記當得無生法忍不久成阿耨多羅三藐三菩提

入聖道分品

持世何謂菩薩摩訶薩善能知道菩薩摩訶薩安住道中何等爲道所謂八聖道分正見正思惟正語正業正命正精進正念正定菩薩摩訶薩得正見安住正見爲斷一切見故行道安住於道乃至斷涅槃見佛見何以故一切諸見皆名邪見破壞一切貪著諸見故名爲正見見一切法寂滅知相不生不滅同於涅槃如是亦不念不分別是一切法不取不捨是名出世間正見如實知見不見邪不見正斷一切心所念一切平等是名菩薩安住正見　持世菩薩白正見中如實知正思惟作是念一切思惟皆爲是邪斷諸分別名爲正思惟無所分別名爲正分別住如是正分別中不得分別若正若邪如是之人離諸分別故見一切分別皆虛誑不實從顛倒起諸分別中無分別斷諸分別故無所繫縛性皆平等是名安住正思惟　持世何謂菩薩勤集正語是人見一切語言虛妄不實從顛倒起從衆因緣有是語言無所從來去無所至安住實相中得第一清淨口業知見諸口業相通達一切語言是人所語終不有邪是故說名住於正語　持世何謂菩薩善知正業知一切諸業虛妄無所有不作不起滅一切業名爲正業正業者於業不分別入諸業平等故說名正業又正業者則是不繫三界義如實知見義更無分別是正是邪於法無取無捨是故說名住正業　持世何謂菩薩善知正命若所有命相法相取相乃至涅槃相佛相清淨佛法相住於是中作命皆名邪命正命者捨諸資生所著不分別是邪命是正命即得一切清淨命離於命相無動無作不念命不念非命名爲如實知者是故說名住正命　持世何謂菩薩善知正精進爲斷一切精進道故名爲住正精進何以故一切精進皆爲是邪諸有所發有作有行皆名爲邪皆是虛妄正精進者無發無作無行無願一切法中斷有所作乃至涅槃相佛相中不生有所作相爲無所作故行道善知精進不取不捨故說名住正精進正精進者即是諸精進不可得義　持世何謂菩薩善知正念知見一切念皆是邪念何以故一切念從虛妄因緣起是故所有生念處皆爲邪念若於處所無生無滅是名正念安住清淨念中更無處生邪念是正法中無念通達一切念皆無念相無所貪樂亦不分別是無念以諸法平等通達一切念是人如實知見一切念故若念若非念無取無捨安住正念故不可示不可說離一切語言如實知一切語言不分別此彼故說名安住正念　持世何謂菩薩安住正定凡諸法中所取緣定相所取知定相所取三昧戲論定相皆名是邪邪者即是貪著義不取相無法無戲論無憶念不貪著不取定相心無所住是名正定又正定者不依止一切定相如實通達法之本體正定者即是諸法平等義正定者能出諸禪定諸三界一切有爲法能如實知見一切五道生死義持世是名諸菩薩摩訶薩得正定方便名爲善知道善知道方便所謂如實知見能至涅槃道

世間出世間品

持世何謂菩薩摩訶薩善知世間出世間法何謂得世間出世間法方便諸菩薩摩訶薩正觀世間出世間法凡所有法皆非是實從虛妄緣起無作無起相但因陰界入色聲香味觸法故說因名色故說隨凡夫人心所貪著如亂絲無緒如茅根蔓草互相連著隨顛倒相應故說名世間法何等爲出世間法如是世間法從本已來如實性離是名出世間智者求世間法不可得求出世間法不可得無世間出世間處是中無分別是世間是出世間但爲世間故說出世間世間實相即是出世間何以故世間無定相可得從本已來是寂滅相是菩薩不念不著世間出世間故不與世間諍訟何以故通達世間是虛妄相見世間實相故更不分別是世間是出世間持世世間者即是五受陰義一切世間法皆攝在中智者求見陰不得陰不得陰性不得陰來處不得住處不得去處無分別無名字無性無相無行即名出世間持世諸菩薩觀世間出世間法時不見世間法與出世間合不見出世間離世間不離世間見出世間亦不離出世間見世間不復緣於二行所謂是世間是出世間以無所有通達是法持世若世間與出世間異者諸佛不出於世諸佛亦不說一切世間不可得一切世間不生是故諸佛出於世間見十一切諸法若世間二十八若出世間以不二不分別證如實知見故即是說出世間法持世如是世間甚深難可得測其依世間法者得世間法者希望出世間法者於世俗語生第一義者住在二法皆不能得入如是法中何以故是人不知世間不知出世間持世行二法者不能通達世間出世間諸菩薩摩訶薩如是善知世間出世間法則得世間出世間法方便

有爲無爲法品

持世何謂菩薩摩訶薩善知有爲無爲法得有爲無爲法方便菩薩正觀擇是有爲法無有作者無有受者自生自墮是名有爲法從虛妄根本分別起無明因緣和合生皆無所有但以諸行力故有用有爲者即是繫相義智者通達是中不得有爲法不得有爲所攝法何以故賢聖不墮一切諸法名數是故說得無爲者名爲賢聖智者通達一切有爲皆是無爲是故不復起作諸業持世無有行有爲緣而能通達無爲通達無爲者更不復緣有爲非離有爲得無爲見十非離無爲得有爲有二十九爲如實相即名無爲但爲顛倒相應衆生令知見有爲性故分別說是有爲法是無爲法是有爲相是無爲相何等爲有爲相謂生滅住異何等爲無爲相謂無生無滅無住異是有爲相無爲相但爲引導凡夫故說持世有爲法無生相無滅相無住異相無相是故說生滅住異相若是有爲法定有三相佛當決定說如是相是生如是相是滅如是相是住異持世如來說一切法皆是無相持世無生若當有相無滅若當有相無住異若當有相佛應決定說是無爲相持世若無爲有相有說即非無爲菩薩如是思惟亦不見無爲法與有爲法合但作是念有爲法如實相若不分別有爲無爲法即是無爲法若分別是有

爲是無爲則不能通達無爲是名通達無爲如實諸菩薩摩訶薩有爲無爲法方便所謂於諸法無所住無所繫亦不貪著若有爲法若無爲法　持世若諸菩薩摩訶薩能如是善知五陰善知十八性善知十二入善知十二因緣善知八聖道分善知世間出世間法善知有爲無爲法當得善知諸法實相亦善分別諸法之相亦得念力亦得善分別一切法章句慧亦得轉身成就不斷念乃至得阿耨多羅三藐三菩提

囑累品

爾時持世菩薩摩訶薩白佛言世尊惟願利益諸菩薩摩訶薩故護念是經令於後世得聞是法心淨喜樂勤行精進爾時世尊即以神力令此三千大千世界香氣徧滿告持世菩薩言若有能受持讀誦思惟是經者是人不久當得五陰方便乃至世間出世間法有爲無爲法方便亦得諸法實相亦得分別諸法之相成就不斷念乃至得阿耨多羅三藐三菩提諸善男子我於無量阿僧祇劫所集大法寶藏甚爲難集受諸無量無邊憂悲苦惱亦捨無量無邊歡喜快樂今以囑累汝等於後末世廣爲四衆分別解說此正法種令不敗壞汝等還當然大法炬諸善男子如來今者請汝等佛子住佛所住即時無量菩薩摩訶薩頂禮佛足作是言我等承佛威神當於後世廣宣流布是法寶藏

御錄經海一滴卷之十

御録經海一滴卷之十一　　機一

大乘本生心地觀經

爾時世尊告彌勒菩薩摩訶薩言汝等大士諸善男子爲欲聽聞出世之法爲欲思惟如如之理爲欲修習如如之智來詣佛所供養恭敬我今演說心地妙法引導衆生令入佛智如來世尊出興於世甚難值遇如優曇華所以者何一切衆生遠離大乘菩薩行願趣向聲聞緣覺菩提厭離生死永入涅槃不樂大乘常樂妙果然諸如來轉於法輪遠離四失說相應法一無非處二無非時三無非器四無非法應病與藥令得復除即是如來不共之德聲聞緣覺未得自在諸菩薩衆不共之境以是因緣難見難聞菩提正道心地法門若有善男子善女人聞是妙法一經於耳須臾之頃攝念觀心熏成無上大菩提種不久當坐菩提樹王金剛寶座得成阿耨多羅三藐三菩提爾時佛告五百長者汝等諦聽我今爲汝分別演說世出世間有恩之處善男子世間之恩有其四種一父母恩二衆生恩三國王恩四三寶恩如是四恩一切衆生平等荷負善男子父母恩者父有慈恩母有悲恩母悲恩者若我住世於一劫中說不能盡我今爲汝宣說少分假使有人爲福德故恭敬供養一百淨行大婆羅門一百五通諸大神仙滿百千劫不如一念住孝順心色養悲母隨所供侍比前功德百千萬分不可校量世間悲母念子無比恩及未形始自受胎經於十月行住坐卧受諸苦惱愛念之心恒無休息若產難時如百千刃競來屠割或致無常若無苦惱諸親眷屬喜樂無盡猶如貧女得如意珠其子發聲如聞音樂以母胸臆而爲寢處左右膝上常爲遊履於胸臆中出甘露泉長養之恩彌於普天憐愍之德廣大無比世間所高莫過山岳悲母之恩逾於須彌世間之重大地爲先悲母之恩亦過於彼若有男女背恩不順即墮地獄餓鬼畜生一切如來金剛天等及五通仙不能救護若善男子善女人依悲母教承順無違諸天護念福樂無盡如是男女即名尊貴天人種類或是菩薩爲度衆生現爲男女饒益父母若善男子善女人爲報母恩經於一劫每日三時割自身肉以養父母而未能報一日之恩所以者何一切男女處於胎中口吮乳根飲噉母血及出胎已幼稚之前所飲母乳百八十斛母得上味皆與其子愚癡鄙陋情愛無二以是因緣父母有十高厚恩德一名大地於母胎中爲所依故二名能生經歷衆苦而能生故三名能正恒以母手理五根故四名養育隨四時宜能長養故五名智者能以方便生智慧故六名莊嚴以妙瓔珞而嚴飾故七名安隱以母懷抱爲止息故八名教授善巧方便導引子故九名教誡以善言辭離衆惡故十名與業能以家業付囑子故善男子於諸世間何者最富何者最貧父母在堂名之爲富父母不在名之爲貧父母在時名爲日中父母去時名爲日沒父母在時名爲月明父母去時名爲闇夜是故汝等勤加修習孝養父母若人供佛福等無異應當如是報父母恩善男子衆生恩者即無始來一切衆生

輪轉五道經百千劫於多生中互爲父母以互爲父母故一切男子即是慈父一切女人即是悲母昔生生中有大恩故猶如現在父母之恩等無差別如是昔恩猶未能報或因妄業生諸違順以執著故反爲其怨何以故無明覆障宿住智明不了前生曾爲父母所可報恩互爲饒益無饒益者名爲不孝以是因緣諸衆生類於一切時亦有大恩實爲難報國王恩者福德最勝雖生人間得自在故三十三天諸天子等恒與其力常護持故山河大地屬於國王一人福德勝過一切衆生福故是大聖王以正法化能使衆生悉皆安樂亦如梵王能生萬物聖王能生治國之法利衆生故如日天子能照世間聖王亦能觀察天下人安樂故譬如長者唯有一子愛念無比憐愍饒益常與安樂晝夜不捨國大聖王亦復如是等示羣生如同一子擁護之心晝夜無捨如是人王令修十善名福德王若不令修名非福主所以者何若王國內一人修善其所作福皆爲七分造善之人得其五分於彼國王常獲二分善因王修同福利故造十惡業亦復如是同其事故若有人王成就正見如法化世名爲天主以天善法化世間故諸天善神及護世王常來加護雖處人間修行天業賞罰之心無偏黨故一切聖王法皆如是王見人民造諸不善不能制止諸天神等悉皆遠離若見修善歡喜讚歎盡皆唱言我之聖王龍天喜悅澍甘露雨五穀成熟人民豐樂如意寶珠必現王國於王隣國咸來歸服人與非人無不稱歎若有惡人於王國內而生逆心於須臾頃如是之人福自衰滅命終當墮地獄之中經歷畜生備受諸苦所以者何由於不知聖王恩故起諸惡逆得如是報若有人民能行善心敬輔仁王尊重如佛是人現世安隱豐樂有所願求無不稱心所以者何一切國王於過去時曾受如來清淨禁戒常爲人王安隱快樂以是因緣違順果報皆如響應聖王恩德廣大如是善男子三寶恩者名不思議利樂衆生無有休息是諸佛身真善無漏無數大劫修因所證三有業果永盡無餘功德寶山巍巍無比一切有情所不能知福德甚深猶如大海智慧無礙等於虛空神通變化充滿世間光明徧照十方三世一切衆生煩惱業障都不覺知沉淪苦海生死無窮三寶出世作大船師能截愛流超昇彼岸諸有智者悉皆瞻仰佛法僧寶具足無量神通變化利樂有情暫無休息以是義故諸佛法僧說名爲寶善男子我爲汝等畧說四種世出世間有恩之處汝等當知修菩薩行應報如是四種之恩爾時五百長者白佛言世尊如是四恩甚爲難報當修何行而報是恩佛告諸長者言善男子爲求菩提有其三種十波羅蜜如布施中一者布施波羅蜜多二者親近波羅蜜多三者真實波羅蜜多若有善男子善女人發阿耨多羅三藐三菩提心能以七寶滿於三千大千世界布施無量貧窮衆生如是布施但名布施波羅蜜多不名真實波羅蜜多若有善男子善女人發大悲心爲求無上正等菩提以自妻子施與他人心無悋惜身肉手足頭目

髓腦乃至身命施來求者如是布施但名親近波羅密多未名眞實波羅密多若善男子善女人發起無上大菩提心住無所得勸諸衆生同發此心以眞實法一四句偈施一衆生使向無上正等菩提是名眞實波羅密多前二布施未名報恩若善男子善女人能修如是第三眞實波羅密多乃名眞實能報四恩所以者何前二布施有所得心第三施者無所得心以眞法施一切有情令發無上大菩提心是人當得證菩提時廣度衆生無有窮盡紹三寶種使不斷絶以是因緣名爲報恩

爾時文殊師利菩薩摩訶薩即從座起整衣服偏袒右肩右膝著地曲躬合掌白佛言世尊如佛所說我爲汝等敷演心地微妙法門而此道場無量無邊人天大衆皆生渴仰我今爲是啓問如來云何爲心云何爲地惟願世尊無緣大慈無礙大悲爲諸衆生分別演說未離苦者令得離苦未安樂者令得安樂未發心者令得發心未證果者令得證果同於一道而得涅槃爾時薄伽梵以無量劫中修諸福智所獲清淨決定勝法大妙智印印文殊師利言善哉善哉汝今眞是三世佛母一切如來在修行地皆曾引導初發信心以是因緣十方國土成正覺者皆以文殊而爲其母然今汝身以本願力現菩薩相請問如來不思議法諦聽諦聽善思念之吾當普爲分別解說唯然世尊我等樂聞爾時薄伽梵妙善成就一切如來最勝住持平等性智種種希有微妙功德已能善獲一切諸佛決定勝法大乘智印已善圓證一切如來金剛祕密殊勝妙智已能安住無礙大悲自然救攝十方有情已善圓滿妙觀察智不觀而觀不說而說是薄伽梵告諸佛母無垢大聖文殊師利菩薩摩訶薩言大善男子此法名爲十方如來最勝祕密心地法門此法名爲一切凡夫入如來地頓悟法門此法名爲一切菩薩趣大菩提眞實正路此法名爲三世諸佛自受法樂微妙寶宮此法名爲一切饒益有情無盡寶藏此法能引諸菩薩衆到色究竟自在智處此法能引詣菩提樹後身菩薩眞實導師此法能雨世出世財如摩尼寶滿衆生願此法能生十方三世一切諸佛功德本源此法能銷一切衆生諸惡業果此法能與一切衆生所求願印此法能度一切衆生生死險難此法能息一切衆生苦海波浪此法能救苦惱衆生而免急難此法能竭一切衆生老病死海此法善能出生諸佛因緣種子此法能與生死長夜爲大智炬此法能破四魔兵衆而作甲胄此法即是正勇猛軍戰勝旌旗此法即是一切諸佛無上法輪此法即是最勝法幢此法即是擊大法鼓此法即是吹大法螺此法即是大師子王此法即是大師子吼此法猶如國大聖王善能正治若順王化獲大安樂若違王化尋被誅滅善男子三界之中以心爲主能觀心者究竟解脫不能觀者永處纏縛譬如萬物皆從地生如是心法生世出世善惡五趣有學無學獨覺菩薩及於如來以是因緣三界唯心心名爲地一切凡夫親近善友聞心地法如理觀察如

說修行自作教他讚勵慶慰如是之人能斷二障速圓衆行疾得阿耨多羅三藐三菩提

爾時大聖文殊師利菩薩白佛言世尊如佛所說唯將心法爲三界主心法本元不染塵穢云何心法染貪瞋癡於三世法誰說爲心過去心已滅未來心未至現在心不住諸法之内性不可得諸法之外相不可得諸法中間都不可得心法本來無有形相心法本來無有住處一切如來尚不見心何況餘人得見心法一切諸法從妄想生以何因緣今者世尊爲大衆說三界唯心願佛哀愍如實解說爾時佛告文殊師利菩薩言如是如是如汝所問心心所法本性空寂我說衆喻以明其義善男子心如幻法由徧計生種種心想受苦樂故心如水流念念生滅於前後世不暫住故心如大風一剎那間歷方所故心如燈焰衆緣和合而得生故心如電光須臾之頃不久住故心如虛空客塵煩惱所覆障故心如猿猴遊五欲樹不暫住故心如畫師能畫世間種種色故心如僮僕爲諸煩惱所策役故心如獨行無第二故心如國王起種種事得自在故心如怨家能令自身受大苦故心如埃塵坌汚自身生雜穢故心如幻夢於我法相執爲我故心如夜叉能噉種種功德法故心如青蠅好穢惡故心如殺者能害身故心如盜賊竊功德故心如大鼓起鬪戰故心如飛蛾愛燈色故心如野鹿逐假聲故心如衆蜂集蜜味故善男子如是所說心心所法無内無外亦無中間於諸法中求不可得去來現在亦不可得超越三世非有非無常懷染著從妄緣現緣無自性心性空故如是空性不生不滅無來無去不一不異非斷非常本無生處亦無滅處亦非遠離非不遠離如是心等不異無爲無爲之體不異心等心法之體本不可說非心法者亦不可說何以故若無爲是心即名斷見若離心法即名常見永離二相不著二邊如是悟者名見眞諦悟眞諦者名爲賢聖一切賢聖性本空寂無爲法中戒無持犯亦無大小無有心王及心所法無苦無樂如是法界自性無垢無上中下差別之相何以故是無爲法性平等故如衆河水流入海中盡同一味無別相故此無垢性非實非虛此無垢性是第一義無盡滅相體本不生此無垢性常住不變最勝涅槃我所淨故此無垢性遠離一切平等不平等體無異故若有善男子善女人欲求阿耨多羅三藐三菩提者應當一心修習如是心地觀法

爾時如來於諸衆生起大悲心猶如父母愛念一子爲滅世間大力邪見利益安樂一切有情宣說觀心陀羅尼曰 唵 室佗 波羅底 吠憚 迦盧弭

爾時如來說眞言已告文殊師利菩薩摩訶薩如是神咒具大威力若有善男子善女人持此咒時舉清淨手左右十指更互相叉以左壓右更相堅握如縛著形名金剛縛印成此印已習前眞言所獲功德無有限量乃至菩提不復退轉

爾時薄伽梵爲諸衆生宣說觀心妙門已告文殊師利菩薩摩訶薩言大善男子我爲衆

生已說心地亦復當說發菩提心令諸有情發阿耨多羅三藐三菩提心速圓妙果爾時文殊師利菩薩白佛言世尊如佛所說過去已滅未來未至現在不住三世所有一切心法本性皆空彼菩提心說何名發善哉世尊願爲解說佛告文殊師利諸心法中起衆邪見爲欲除斷六十二見種種見故心心所法我說爲空如是諸見無依止故善男子以何因緣立空義耶爲滅煩惱從妄心生而說是空若執空理爲究竟有空性亦空執空作病亦應除遣何以故若執空義爲究竟者諸法皆無因無果路伽耶陀有何差別如阿伽陀藥能療諸病若有病者服之必差其病既愈藥隨病除無病服藥藥還成病本設空藥爲除有病執有成病執空亦然誰有智者服藥取病善男子若起有見勝起空見空治有病無藥治空以是因緣服於空藥除邪見已自覺悟心能發菩提此覺悟心即菩提心無有二相善男子自覺悟心有四種義云何爲四謂諸凡夫有二種心諸佛菩薩有二種心凡夫二心其相云何一者眼識乃至意識因緣自境名自悟心二者離於五根心心所法和合緣境名自悟心如是二心能發菩提善男子賢聖二心其相云何一者觀眞實理智二者觀一切境智如是四種名自悟心爾時文殊師利菩薩白佛言世尊心無形相亦無住處凡夫行者最初發心依何等處觀何等相佛言善男子凡夫所觀菩提心相猶如清淨圓滿月輪於胸臆上明朗而住若欲速得不退轉者在阿蘭若及空寂室端身正念結前如來金剛縛印冥目觀察臆中明月作是思惟是滿月輪五十由旬無垢明淨內外澄徹最極清涼月即是心心即是月塵翳無染妄想不生能令衆生身心清淨大菩提心堅固不退

無量義經

一時佛住王舍城耆闍崛山中與大比丘衆萬二千人俱文殊師利法王子大莊嚴菩薩等八萬人俱是諸菩薩皆是法身大士戒定慧解脫解脫知見之所成就其心禪寂常在三昧恬安憺怕無爲無欲守志不動億百千劫無量法門悉現在前得大智慧通達諸法曉了分別性相眞實又善能知諸根性欲以陀羅尼無礙辯才諸佛法輪隨順能轉開涅槃門扇解脫風除世惱熱致法清涼布善種子徧功德田普令一切發菩提萌成阿耨多羅三藐三菩提無量大悲救苦衆生是諸衆生眞善知識是諸衆生大良福田是諸衆生不請之師是諸衆生安隱樂處於如來地堅固不動安住願力廣淨佛國是諸菩薩摩訶薩皆有如斯不思議德爾時大莊嚴菩薩摩訶薩與八萬菩薩摩訶薩俱白佛言世尊菩薩摩訶薩欲得疾成阿耨多羅三藐三菩提應當修行何等法門佛言善男子有一法門能令菩薩疾得阿耨多羅三藐三菩提善男子是一法門名爲無量義菩薩欲得修學無量義者應當觀察一切諸法自本來今性相空寂無大無小無生無滅非住非動不進不退猶如虛空無有二法而諸衆生虛妄橫計是此是彼是得是失起不善念造衆惡業輪

迴六趣備受苦毒無量億劫不能自出菩薩摩訶薩如是諦觀生憐愍心發大慈悲將欲救拔又復深入一切諸法法相如是生如是法法相如是住如是法法相如是異如是法法相如是滅如是法法相如是能生惡法法相如是能生善法住異滅者亦復如是菩薩如是觀察四相始末悉徧知已次復諦觀一切諸法念念不住新新生滅復觀即時生住異滅如是觀已而入衆生諸根性欲性欲無量故說法無量說法無量故義亦無量無量義者從一法生其一法者即無相也如是無相無相不相不相無相名爲實相菩薩摩訶薩安住如是眞實相已所發慈悲明諦不虚於衆生所眞能拔苦復爲說法令受快樂善男子菩薩摩訶薩如是修一法門無量義者必得疾成阿耨多羅三藐三菩提善男子自我道場菩提樹下端坐六年得成阿耨多羅三藐三菩提以佛眼觀一切諸法不可宣說所以者何諸衆生性欲不同性欲不同種種說法以方便力四十餘年未顯眞實是故衆生得道差別不得疾成無上菩提善男子法譬如水能洗垢穢若井若池若江若河溪渠大海皆悉能洗諸有垢穢其法水者亦復如是能洗衆生諸煩惱垢善男子水性是一江河井池溪渠大海各各別異其法性者亦復如是洗除塵勞等無差別三法四果二道不一善男子水雖俱洗而井非池池非江河溪渠非海如來世雄於法自在所說諸法亦復如是初中後說皆能洗除衆生煩惱而初非中而中非後初中後說文詞雖一而義各異義異故衆生解異解異故得法得果得道亦異是故善男子自我得道初起說法至於今日演說大乘無量義經未曾不說苦空無常無我非眞非假非大非小本來不生今亦不滅一相無相法相法性不來不去而衆生四相所遷善男子以是義故諸佛無有二言能以一音普應衆聲能以一身示百千萬億那由他無量無數恒河沙身一一身中又示若干百千萬億那由他阿僧祇恒河沙種種類形善男子是則諸佛不可思議甚深境界非二乘所知亦非十住菩薩所及唯佛與佛乃能究了善男子是故我說微妙甚深無上大乘無量義經文理眞正尊無過上三世諸佛所共守護無有衆魔外道得入不爲一切邪見生死之所壞敗菩薩摩訶薩若欲疾成無上菩提應當修學如是甚深無上大乘無量義經佛說是已於是衆中三萬二千菩薩摩訶薩得無量義三昧無量衆生發阿耨多羅三藐三菩提心爾時世尊告大莊嚴菩薩言善男子是經有十不思議功德力第一是經能令菩薩未發心者發菩提心無慈仁者起慈仁心好殺戮者起大悲心生嫉妬者起隨喜心有愛著者起能捨心諸慳貪者起布施心多憍慢者起持戒心瞋恚盛者起忍辱心生懈怠者起精進心諸散亂者起禪定心於愚癡者起智慧心未能度彼者起度彼心行十惡者起十善心樂有爲者志無爲心有退心者作不退心爲有漏者起無漏心多煩惱者起除滅心第二若有衆生得是經者若一轉若一偈乃至一句則能通達百千億義

無量數劫不能演說所受持法所以者何以是法義無量故譬如從一種子生百千萬百千萬中一一復生百千萬數如是展轉乃至無量是故此經名無量義第三若有衆生得聞是經雖有煩惱如無煩惱出生入死無怖畏想於諸衆生生憐愍想於一切法得勇健想能荷無上菩提重任擔負衆生出生死道不能自度已能度他猶如船師能度衆生衆生如說行者得度生死第四若有衆生得聞是經得勇健想雖未自度而能度他諸佛如來常向是人而演說法是人聞已悉能受持隨順不逆轉復爲人隨宜廣說善男子是人譬如國王夫人新生王子若一日若一月若至七歲雖復不能領理國事已爲臣民之所宗敬是持經者亦復如是常爲諸佛之所護念慈愛偏覆第五若善男子善女人受持讀誦書寫如是甚深無上大乘無量義經是人雖復具縛煩惱未能遠離諸凡夫事而能示現大菩提道延於一日以爲百劫百劫亦能促爲一日令彼衆生歡喜信伏譬如龍子始生七日即能興雲亦能降雨第六若善男子善女人若佛在世若滅度後受持讀誦是經典者雖具煩惱而爲衆生說法令遠離煩惱生死斷一切苦衆生聞已修行得法得果得道與佛如來等無差別譬如王子雖復稚小若王巡遊及以疾病委是王子領理國事王子是時依大王命如法教令羣僚百官宣流正化國土人民各隨其安如大王治等無有異持經善男子善女人亦復如是雖未得住初不動地依佛如是所用說教而敷演之衆生聞已斷除煩惱得法得果乃至得道第七若善男子善女人如法修行發菩提心起諸善根興大悲意欲度一切苦惱衆生未得修行六波羅密六波羅密自然在前即於是身得無生法忍生死煩惱一時斷壞昇於菩薩第七之地譬如健人爲王除怨怨既滅已王大歡喜賜與半國之封持經善男子善女人亦復如是六度法寶不求自至生死怨敵自然散壞證無生忍半佛國寶封賞安樂第八若善男子善女人能得是經典者受持讀誦書寫頂戴如法奉行堅固戒忍兼行檀度深發慈悲廣爲人說若人先來都不信有罪福者以是經示之設種種方便彊化令信以經威力故令其人心欻然得迴信心既發勇猛精進即證無生法忍得至上地與諸菩薩以爲眷屬速能成就衆生淨佛國土不久得成無上菩提第九若善男子善女人爲人分別解說是經義者即得宿業餘罪重障一時滅盡便得清淨逮得大辯次第莊嚴諸波羅密獲諸三昧入大總持門得勤精進力速得越上地善能分身散體徧十方國土拔濟一切二十五有極苦衆生悉令解脫第十若善男子善女人如說修行復能廣勸在家出家人受持讀誦如法修行以慈心勸化力故是善男子善女人即於是身便逮無量諸陀羅尼門於凡夫地自然能發弘誓大願深能拔救一切衆生成就大悲饒益一切而演法澤洪潤枯涸以此法藥施諸衆生漸見超登位法雲地恩澤普潤慈被無外是故此人不久得成阿耨多羅三藐三菩提善男子是名是經

十種功德不思議力能令一切衆生於凡夫地生起諸菩薩無量道芽令功德樹欝盛扶踈增長是故號不可思議功德無量義經大莊嚴菩薩及八萬菩薩摩訶薩同聲白佛言世尊慈愍快爲我等說如是法令我大獲法利世尊慈恩實難可報爾時佛告大莊嚴菩薩及八萬菩薩摩訶薩言汝等當於此經廣化一切勤心流布於當來世必令廣行閻浮提令一切衆生得見聞讀誦書寫供養以是之故亦疾令汝等速得阿耨多羅三藐三菩提爾時大會皆大歡喜頂禮世尊信受奉行

御錄經海一滴卷之十

御錄經海一滴卷之十二　　機二

妙法蓮華經

爾時世尊四衆圍繞供養恭敬尊重讚歎爲諸菩薩說大乘經名無量義教菩薩法佛所護念說此經已結跏趺坐入於無量義處三昧身心不動是諸大衆得未曾有歡喜合掌一心觀佛爾時佛放眉間白毫相光照東方萬八千世界靡不周徧下至阿鼻地獄上至阿迦尼吒天於此世界盡見彼土六趣衆生又見彼土現在諸佛及聞諸佛所說經法爾時彌勒菩薩欲自決疑而問文殊師利言以何因緣而有此瑞神通之相文殊師利語彌勒菩薩摩訶薩及諸大士善男子等如我惟忖今佛世尊欲說大法雨大法雨吹大法螺擊大法鼓演大法義　爾時世尊從三昧安詳而起告舍利弗諸佛智慧甚深無量其智慧門難解難入一切聲聞辟支佛所不能知所以者何如來知見廣大深遠無量無礙力無所畏禪定解脫三昧深入無際成就一切未曾有法舍利弗取要言之無量無邊未曾有法佛悉成就止舍利弗不須復說所以者何佛所成就第一希有難解之法唯佛與佛乃能究盡諸法實相所謂諸法如是相如是性如是體如是力如是作如是因如是緣如是果如是報如是本末究竟等爾時世尊欲重宣此義而說偈言

如是大果報　種種性相義　我及十方佛
乃能知是事　是法不可示　言辭相寂滅
諸餘衆生類　無有能得解　假使滿世間
皆如舍利弗　盡思共度量　不能測佛智
舍利弗當知　諸佛語無異　於佛所說法
當生大信力　佛以方便力　示以三乘教
衆生處處著　引之令得出

爾時舍利弗白佛言世尊何因何緣慇懃稱歎甚深微妙難解之法今者四衆咸皆有疑惟願世尊敷演斯事爾時佛告舍利弗止止不須復說若說是事一切世間諸天及人皆當驚疑即說偈言

止止不須說　我法妙難思　諸增上慢者
聞必不敬信

爾時舍利弗重白佛言世尊惟願說之惟願說之如我等輩必能敬信佛告舍利弗汝已慇勤啟請豈得不說汝今諦聽善思念之吾當爲汝分別解說說此語時會中有比丘比丘尼優婆塞優婆夷五千人等即從座起禮佛而退世尊默然而不制止告舍利弗我今此衆無復枝葉純有貞實如是增上慢人退亦佳矣汝今善聽當爲汝說舍利弗諸佛隨宜說法意趣難解所以者何我以無數方便種種因緣譬喻言辭演說諸法是法非思量分別之所能解唯有諸佛乃能知之所以者何諸佛世尊唯以一大事因緣故出現於世欲令衆生開佛知見使得清淨故欲示衆生佛之知見故欲令衆生悟佛知見故欲令衆生入佛知見道故出現於世舍利弗諸佛如來但教化菩薩諸有所作常爲一事唯以佛之知見示悟衆生如來但以一佛乘故爲衆生說法無有餘乘若二若三一切十方諸佛法亦如是皆爲一佛乘故是諸衆生從諸佛聞法究竟皆得一切種智舍利弗我今亦復

如是知諸衆生有種種欲深心所著隨其本性以種種因緣譬喻言辭方便力而爲說法如此皆爲得一佛乘一切種智故舍利弗十方世界中尚無二乘何況有三舍利弗諸佛出於五濁惡世衆生垢重慳貪嫉妬成就諸不善根故諸佛以方便力於一佛乘分別說三舍利弗有諸比丘比丘尼自謂已得阿羅漢是最後身究竟涅槃便不復志求阿耨多羅三藐三菩提當知此輩皆是增上慢人所以者何若有比丘實得阿羅漢若不信此法無有是處除佛滅度後現前無佛所以者何佛滅度後如是等經受持讀誦解義者是人難得若遇餘佛於此法中便得決了舍利弗汝等當一心信解受持佛語諸佛如來言無虛妄無有餘乘唯一佛乘爾時世尊欲重宣此義而說偈言

十方佛土中　唯有一乘法　無二亦無三
除佛方便說　但以假名字　引導於衆生
說佛智慧故　諸佛出於世　唯此一事實
餘二則非眞　佛自住大乘　如其所得法
定慧力莊嚴　以此度衆生　我以相嚴身
光明照世間　無量衆所尊　爲說實相印
舍利弗當知　我本立誓願　欲令一切衆
如我等無異　若我遇衆生　盡教以佛道
無智者錯亂　迷惑不受教　我知此衆生
未曾修善本　堅著於五欲　癡愛故生惱
以諸欲因緣　輪迴六趣中　世世常增長
入邪見稠林　若有若無等　依止此諸見
深著虛妄法　堅受不可捨　如是人難度
我爲設方便　說諸盡苦道　示之以涅槃
我雖說涅槃　是亦非眞滅　諸法從本來
常自寂滅相　佛子行道已　來世得作佛
一切諸世尊　皆說一乘道　今此諸大衆
皆應除疑惑　諸佛語無異　唯一無二乘
更以異方便　助顯第一義　若有衆生類
值諸過去佛　若聞法布施　或持戒忍辱
精進禪智等　種種修福慧　如是諸人等
皆已成佛道　若有聞法者　無一不成佛
諸佛本誓願　我所行佛道　普欲令衆生
亦同得此道　諸佛兩足尊　知法常無性
佛種從緣起　是故說一乘　是法住法位
世間相常住　諸法寂滅相　不可以言宣
以方便力故　如來如是說

爾時舍利弗踊躍歡喜即起合掌而白佛言我今從佛聞所未聞未曾有法斷諸疑悔身意泰然快得安隱今日乃知眞是佛子從佛口生從法化生　爾時佛告舍利弗我昔曾於二萬億佛所爲無上道故常教化汝汝亦長夜隨我受學我以方便引導汝故生我法中舍利弗我昔教汝志願佛道汝今悉忘而便自謂已得滅度我今還欲令汝憶念本願所行道故爲諸聲聞說是大乘經名妙法蓮華教菩薩法佛所護念舍利弗汝於未來世奉持正法具足菩薩所行之道當得作佛號曰華光如來國名離垢劫名大寶莊嚴其國中以菩薩爲大寶故爾時四部大衆見舍利弗於佛前受阿耨多羅三藐三菩提記心大歡喜踊躍無量釋提桓因梵天王等與無數天子各以天衣天香天華天樂供養於佛而說偈言

大智舍利弗　今得受尊記　我等亦如是
必當得作佛　我所有福業　今世若過世
及見佛功德　盡回向佛道

爾時舍利弗白佛言世尊我今親於佛前得受阿耨多羅三藐三菩提記是諸千二百心自在者昔住學地佛常教化言我法能離生老病死究竟涅槃是學無學人亦各自以離我見及有無見等謂得涅槃而今於世尊前聞所未聞皆墮疑惑善哉世尊願爲四衆說其因緣令離疑悔爾時佛告舍利弗我先不言諸佛世尊以種種因緣譬喻言辭方便說法皆爲阿耨多羅三藐三菩提耶今當復以譬喻更明此義舍利弗若國邑聚落有大長者財富無量其家廣大唯有一門多諸人衆止住其中堂閣朽故牆壁隤落柱根腐敗梁棟傾危周帀俱時欻然火起焚燒舍宅長者諸子若十二十或至三十在此宅中長者見是大火從四面起即大驚怖而作是念我雖能於此所燒之門安隱得出而諸子等於火宅內樂著嬉戲不覺不知不驚不怖火來逼身苦痛切己心不厭患無求出意是長者作是思惟是舍唯有一門而復陿小諸子幼稚未有所識戀著戲處或當墮落爲火所燒我當爲說怖畏之事此舍已燒宜時疾出無令爲火之所燒害父雖憐愍善言誘喻而諸子等樂著嬉戲不肯信受不驚不畏了無出心爾時長者即作是念此舍已爲大火所燒我今當設方便令諸子等得免斯害父知諸子先心各有所好而告之言汝等所可玩好希有難得汝若不取後必憂悔如此種種羊車鹿車牛車今在門外可以遊戲汝等於此火宅宜速出來隨汝所欲皆當與汝爾時諸子聞父所說珍玩之物適其願故心各勇銳互相推排競共馳走爭出火宅爾時長者各賜諸子等一大車其車高廣衆寶莊校駕以白牛膚色充潔形體姝好有大筋力行步平正其疾如風又多僕從而侍衛之是時諸子各乘大車得未曾有舍利弗於汝意云何是長者等與諸子珍寶大車寧有虛妄不舍利弗言不也世尊是長者但令諸子得免火難全其軀命非爲虛妄何況長者自知財富無量欲饒益諸子等與大車佛告舍利弗善哉善哉如汝所言如來亦復如是以智慧方便於三界火宅拔濟衆生爲說三乘而作是言汝等莫得樂住三界火宅勿貪麤弊色聲香味觸也若貪著生愛則爲所燒汝速出三界當得聲聞辟支佛佛乘我今爲汝保任此事終不虛也汝等但當勤修精進舍利弗若有衆生聞法信受欲速出三界自求涅槃名聲聞乘如求羊車出於火宅求自然慧樂獨善寂深知諸法因緣名辟支佛乘如求鹿車出於火宅求一切智佛智自然智無師智如來知見力無所畏利益天人度脫一切是名大乘如彼諸子爲求牛車出於火宅舍利弗是諸衆生脫三界者悉與諸佛禪定解脫等娛樂之具皆是一相一種聖所稱歎能生淨妙第一之樂以是因緣當知諸佛方便力故於一佛乘分別說三　爾時慧命須菩提摩訶迦旃延摩訶迦葉摩訶目犍連從佛所聞未曾有法歡喜踊躍即從座起而白佛言我等居

僧之首年並朽邁自謂已得涅槃無所堪任
但念空無相無作於菩薩法遊戲神通淨佛
國土成就衆生心不喜樂今於佛前得聞希
有之法深自慶幸獲大善利無量珍寶不求
自得爾時摩訶迦葉而說偈言

我等今日　聞佛音教　歡喜踊躍　八
得未曾有　譬如童子　幼稚無識
捨父逃逝　遠到他土　其父憂念
四方推求　頓止一城　其家巨富
而年朽邁　益憂念子　癡子捨我
五十餘年　庫藏諸物　當如之何
爾時窮子　求索衣食　從邑至邑
從國至國　或有所得　或無所得
饑餓羸瘦　體生瘡癬　漸次經歷
到父住城　傭賃展轉　遂至父舍
爾時長者　於其門內　施大寶帳
處師子座　眷屬圍繞　諸人侍衛
窮子見父　豪貴尊嚴　驚怖自怪
馳走而去　借問貧里　欲往傭作
長者是時　在師子座　遙見其子
默而識之　知子愚劣　不信是父
方便遣人　云當相雇　除諸糞穢
倍與汝價　窮子聞之　歡喜隨來
於是長者　著弊垢衣　執除糞器
往到子所　方便附近　語令勤作
當益汝價　飲食充足　又以輭語　九
若如我子　漸令入出　執作家事
示其金銀　皆使令知　父知子心
漸已曠大　即聚親族　刹利居士
說是我子　捨我他行　凡我所有
悉以付之　子念昔貧　志意下劣
今於父所　大獲珍寶　甚大歡喜
得未曾有　佛亦如是　知我樂小
未曾說言　汝等作佛　一切諸佛
祕藏之法　但爲菩薩　演其實事
而不爲我　說斯眞要　如彼窮子
得近其父　雖知諸物　心不希取
我等雖說　佛法寶藏　自無志願
亦復如是　自謂爲足　更無餘事
所以者何　一切諸法　皆悉空寂
無生無滅　無大無小　無漏無爲
無貪無著　修習空法　得脫三界
苦惱之患　則爲已得　報佛之恩
導師見捨　觀我心故　初不勸進
說有實利　我等今日　得未曾有
如彼窮子　得無量寶　世尊我今
得道得果　於無漏法　得清淨眼
我等長夜　持佛淨戒　始於今日
得其果報　法王法中　久修梵行
今得無漏　無上大果　於諸世間
應受供養　世尊大恩　以希有事
憐愍教化　利益我等　無量億劫
誰能報者　頭頂禮敬　兩肩荷負
盡心恭敬　四事供養　於恒沙劫
亦不能報

爾時世尊告摩訶迦葉及諸大弟子善哉善　十
哉迦葉當知如來是諸法之王若有所說皆
不虛也於一切法以智方便而演說之其所
說法皆悉到於一切智地如來觀知一切諸
法之所歸趣亦知一切衆生深心所行通達

無礙又於諸法究盡明了示諸衆生一切智慧迦葉譬如三千大千世界山川谿谷土地所生卉木叢林及諸藥草種類若干名色各異密雲彌布澍澤普洽其小根莖枝葉中根莖枝葉大根莖枝葉隨上中下各有所受一雲所雨稱其種性而得生長華果敷實雖一地所生一雨所潤而諸草木各有差別迦葉當知如來亦復如是未度者令度未解者令解未安者令安未涅槃者令得涅槃觀是衆生諸根利鈍精進懈怠隨其所堪而爲說法種種無量皆令歡喜快得善利是諸衆生聞是法已現世安隱後生善處以道受樂離諸障礙如來說法一相一味所謂解脫相離相滅相究竟至於一切種智其有衆生聞如來法若持讀誦如說修行所有功德不自覺知十一所以者何唯有如來知此衆生種相體性如實知之明了無礙觀衆生心欲而將護之是故不即爲說一切種智迦葉諸佛世尊隨宜說法難解難知　佛告諸比丘乃往過去無量無邊不可思議阿僧祇劫爾時有佛名大通智勝彼佛滅度已來甚大久遠譬如三千大千世界所有地種假使有人磨以爲墨過於東方千國土乃下一點大如微塵又過千國土復下一點如是展轉盡地種墨於汝等意云何是諸國土能得邊際知其數不不也世尊諸比丘是人所經國土若點不點盡抹爲塵一塵一劫彼佛滅度已來復過是數我以如來知見力故觀彼久遠猶若今日乃述往事而說偈言

大通智勝佛　十劫坐道場　佛法不現前
不得成佛道　過十小劫已　乃得成佛道
諸天及世人　心皆懷踊躍　頭面禮佛足
而請轉法輪　無量慧世尊　受彼衆人請
爲宣種種法　四諦十二緣　千萬恒沙衆
皆成阿羅漢　時王十六子　出家作沙彌
皆共請彼佛　演說大乘法　佛知童子心
宿世之所行　以無量因緣　種種諸譬喻
說六波羅密　及諸神通事　分別眞實法
菩薩所行道　說是法華經　如恒河沙偈
彼佛說經已　靜室入禪定　是諸沙彌等
各各坐法座　宣揚助法化　廣度諸衆生
是諸聞法者　常與師俱生　其有住聲聞
漸教以佛道　我在十六數　曾亦爲汝說
以是本因緣　今說法華經　譬如險惡道
迴絶多毒獸　又復無水草　人所怖畏處
無數千萬衆　欲過此險道　其路甚曠遠
經五百由旬　時有一導師　强識有智慧
明了心決定　在險濟衆難　衆人皆疲倦
而白導師言　我等今頓乏　於此欲退還
導師作是念　此輩甚可愍　如何欲退還
而失大珍寶　尋時思方便　當設神通力
化作大城郭　莊嚴諸舍宅　周帀有園林
慰衆言勿懼　汝等入此城　各可隨所樂
諸人既入城　心皆大歡喜　皆生安隱想
自謂已得度　導師知息已　集衆而告言
汝等當前進　此是化城耳　汝今勤精進
當共至寶所　我亦復如是　爲一切導師
見諸求道者　中路而懈廢　不能度生死
煩惱諸險道　故以方便力　爲息說涅槃
言汝等苦滅　所作皆已辦　既知到涅槃

皆得阿羅漢　爾乃集大衆　爲說眞實法
諸佛方便力　分別說三乘　唯有一佛乘
息處故說二　今爲汝說實　汝所得非滅
爲佛一切智　當發大精進　汝證一切智
十力等佛法　具三十二相　乃是眞實滅
諸佛之導師　爲息說涅槃　既知是息已
引入於佛慧

爾時千二百阿羅漢心自在者作是念我等歡喜得未曾有若世尊各見授記如餘大弟子者不亦快乎佛知此等心之所念而說偈言

憍陳如比丘　當見無量佛　過阿僧祇劫
乃成等正覺　其五百比丘　次第當作佛
同號曰普明　轉次而授記　餘諸聲聞衆
亦當復如是　其不在此會　汝等爲宣說

爾時五百阿羅漢於佛前得授記已歡喜踊躍即從座起到於佛前頭面禮足悔過自責世尊譬如有人至親友家醉酒而臥是時親友官事當行以無價寶珠繫其衣裏與之而去其人醉臥都不覺知起已遊行到於他國爲衣食故勤力求索甚大艱難若少有所得便以爲足於後親友會遇見之而作是言咄哉丈夫何爲衣食乃至如是我昔欲令汝得安樂五欲自恣於某年月日以無價寶珠繫汝衣裏今故現在而汝不知勤苦憂惱以求自活甚爲癡也汝今可以此寶貿易所須常可如意無所乏短佛亦如是爲菩薩時教化我等令發一切智心而尋廢忘不知不覺今者世尊覺悟我等我今乃知實是菩薩得受阿耨多羅三藐三菩提記以是因緣甚大歡喜得未曾有　爾時佛告藥王菩薩摩訶薩我所說經典無量千萬億已說今說當說而於其中此法華經最爲難信難解藥王此經是諸佛祕要之藏不可分布妄授與人而此經者如來現在猶多怨嫉況滅度後藥王當知如來滅後其能書持讀誦供養爲他人說者如來則爲以衣覆之又爲他方現在諸佛之所護念藥王譬如有人渴乏須水於彼高原穿鑿求之猶見乾土知水尚遠施功不已轉見濕土遂漸至泥其心決定知水必近菩薩亦復如是若未聞未解未能修習是法華經當知是人去阿耨多羅三藐三菩提尚遠若得聞解思惟修習必知得近阿耨多羅三藐三菩提所以者何一切菩薩阿耨多羅三藐三菩提皆屬此經此經開方便門示眞實相是法華經藏深固幽遠無人能到今佛教化成就菩薩而爲開示若聲聞人聞是經驚疑怖畏當知是爲增上慢者藥王若有善男子善女人如來滅後欲爲四衆說是法華經者云何應說是善男子善女人入如來室著如來衣坐如來座爾乃應爲四衆廣說斯經如來室者一切衆生中大慈悲心是如來衣者柔和忍辱心是如來座者一切法空是安住是中然後以不懈怠心爲諸菩薩及四衆廣說是法華經爾時世尊欲重宣此義而說偈言

欲捨諸懈怠　應當聽此經　不聞法華經
去佛智甚遠　若人說此經　應入如來室
著於如來衣　而坐如來座　處衆無所畏
廣爲分別說　大慈悲爲室　柔和忍辱衣

諸法空爲座　處此爲說法　若人具是德
或爲四衆說　空處讀誦經　皆得見我身
諸佛護念故　速得菩薩道

爾時佛前有七寶塔高五百由旬從地涌出住在空中種種寶物而莊校之四面皆出多摩羅跋栴檀之香充徧世界爾時寶塔中出大音聲歎言善哉善哉釋迦牟尼世尊能以平等大慧教菩薩法佛所護念妙法華經爲大衆說如是如是釋迦牟尼世尊如所說者皆是眞實爾時有菩薩摩訶薩名大樂說知一切世間天人阿修羅等心之所疑而白佛言世尊以何因緣有此寶塔從地涌出又於其中發是音聲佛告大樂說菩薩此寶塔中有如來全身乃往過去東方無量千萬億阿僧祇世界國名寶淨彼中有佛號曰多寶其佛行菩薩道時作大誓願若我成佛滅度之後於十方國土有說法華經處我之塔廟爲聽是經故涌現其前爲作證明爾時釋迦牟尼佛即從座起住虛空中一切四衆起立合掌一心觀佛於是釋迦牟尼佛以右指開七寶塔戶出大音聲如却關鑰開大城門即時一切衆會皆見多寶如來於寶塔中坐師子座全身不散如入禪定時多寶佛於寶塔中分半座與釋迦牟尼佛而作是言釋迦牟尼佛可就此座即時釋迦牟尼佛入其塔中坐其半座結跏趺坐爾時大衆見二如來在七寶塔中師子座上結跏趺坐各作是念佛坐高遠惟願如來以神通力令我等輩俱處虛空即時釋迦牟尼佛以神通力接諸大衆皆在虛空以大音聲普告四衆誰能於此娑婆國土廣說妙法華經佛欲以此妙法華經付囑有在而說偈言

聖主世尊　雖久滅度　在寶塔中
尚爲法來　諸人云何　不勤爲法
彼佛本願　我滅度後　在在所往
常爲聽法　令法久住　故來至此
其有能護　此經法者　則爲供養
我及多寶　諸善男子　各諦思惟
此爲難事　宜發大願　諸餘經典
數如恒沙　雖說此等　未足爲難
於我滅後　若能奉持　如斯經典
是則爲難　我爲佛道　於無量土
從始至今　廣說諸經　而於其中
此經第一　若有能持　則持佛身
如是之人　諸佛所歎　是則勇猛
是則精進　是名持戒　行頭陀者
則爲疾得　無上佛道

於時下方多寶世尊所從菩薩名曰智積白多寶佛當還本土釋迦牟尼佛告智積曰善男子且待須臾此有菩薩名文殊師利可與相見論說妙法爾時文殊師利坐千葉蓮華從於大海娑竭羅龍宮自然涌出至於佛所頭面敬禮二世尊足修敬已畢智積問言仁往龍宮所化衆生其數幾何文殊師利言其數無量非口所宣且待須臾自當證知所言未竟無數菩薩坐寶蓮華從海涌出詣靈鷲山住在虛空此諸菩薩皆是文殊師利之所化度文殊師利謂智積曰於海教化其事如是我於海中唯常宣說妙法華經智積問言此經甚深微妙諸經中寶頗有衆生勤加精

進修行此經速得佛不文殊師利言有娑竭
羅龍王女年始八歲智慧利根得陀羅尼諸
佛所說甚深祕藏悉能受持深入禪定了達
諸法於剎那頃發菩提心得不退轉言論未
訖時龍王女忽現於前頭面禮敬以偈讚曰
深達罪福相　徧照於十方　微妙淨法身
具相三十二　以八十種好　用莊嚴法身
天人所戴仰　龍神咸恭敬　一切衆生類
無不宗奉者　又聞成菩提　唯佛當證知
我闡大乘教　度脫苦衆生
時舍利弗語龍女言汝謂不久得無上道是
事難信爾時龍女有一寶珠價值三千大千
世界持以上佛佛即受之龍女謂智積菩薩
尊者舍利弗言我獻寶珠世尊納受是事疾
不答言甚疾女言以汝神力觀我成佛復速
於此當校二時衆會皆見龍女忽十八然之間變成男
子具菩薩行即往南方無垢世界坐寶蓮華
成等正覺三十二相八十種好普爲十方一
切衆生演說妙法爾時娑婆世界三千衆生
住不退地三千衆生發菩提心而得受記智

積菩薩及舍利弗一切衆會默然信受　爾
時世尊視八十萬億那由他諸菩薩摩訶薩
是諸菩薩皆是阿惟越致轉不退法輪得諸
陀羅尼即從座起至於佛前一心合掌敬順
佛意并欲自滿本願而發誓言世尊我等於
如來滅後周旋往反十方世界能令衆生書
寫此經受持讀誦解說其義如法修行惟願
世尊在於他方遥見守護即時諸菩薩俱同
發聲而說偈言
惟願不爲慮　於佛滅度後　恐怖惡世中
我等當廣說　有諸無智人　惡口罵詈等
及加刀杖者　我等皆當忍　惡世中比丘
邪智心諂曲　未得謂爲得　我慢心充滿
或有阿練若　納衣在空閑　自謂行眞道
輕賤人間者　貪著利養故　十九常念世俗事
假名阿練若　校三誹謗說我惡　我等敬佛故
皆當忍受之　濁劫惡世中　多有諸恐怖
我不愛身命　但惜無上道　當著忍辱鎧
護持佛所囑　諸聚落城邑　其有求法者
我皆到其所　說佛所囑法　我是世尊使

處衆無所畏　我當善說法　願佛安隱住
我於世尊前　諸來十方佛　發如是誓言
佛自知我心
爾時文殊師利白佛言世尊是諸菩薩甚爲
難有敬順佛故發大誓願世尊於後惡世云
何能說是經佛言文殊師利菩薩摩訶薩於
後末世法欲滅時有持是法華經者於在家
出家人中生大慈心於非菩薩人中生大悲
心隨在何地以神通力智慧力引之令得住
是法中是法華經於無量國中乃至名字不
可得聞何況得見受持讀誦文殊師利譬如
强力轉輪聖王欲以威勢降伏諸國王見兵
衆戰有功者即大歡喜隨功賞賜或與田宅
聚落城邑或與衣服嚴身之具或與種種珍
寶金銀唯髻中明珠不以與之所以者何獨
王頂上有此一珠如見兵衆有大功者心甚
歡喜而乃與之如來亦復如是以禪定智慧
力得法國土王於三界而諸魔王不肯順伏
如來賢聖諸將與之共戰其有功者心亦歡
喜於四衆中爲說諸經賜以禪定解脫無漏

根力諸法之財又復賜與涅槃之城言得滅度引導其心令皆歡喜而不爲說是法華經文殊師利此法華經諸佛如來祕密之藏諸經最上長夜守護不妄宣說始於今日乃與汝等而敷演之 機二

爾時他方國土諸來菩薩摩訶薩同白佛言世尊若聽我等於佛滅後 二十 在此娑婆世界勤加精進護持讀誦是經願於此土而廣說之爾時佛告諸菩薩摩訶薩衆止善男子不須汝等護持此經所以者何我娑婆世界自有六萬恒河沙等菩薩摩訶薩一一菩薩各有六萬恒河沙眷屬是諸人等能於我滅後護持讀誦廣說此經佛說是時娑婆世界三千大千國土地皆振裂而於其中有無量千萬億菩薩摩訶薩同時涌出是諸菩薩皆是大衆唱導之首各將六萬恒河沙眷屬共詣虛空七寶妙塔向二世尊頭面禮足以種種讚法而讚於佛如是時間經五十小劫是時釋迦牟尼佛默然而坐及諸四衆亦皆默然五十小劫佛神力故令諸大衆謂如半日爾時彌勒菩薩及諸菩薩衆皆作是念我等從昔已來未見未聞如是大菩薩摩訶薩衆從地涌出住世尊前時彌勒菩薩摩訶薩合掌向佛以偈問曰

無量千萬億 大衆諸菩薩 是從何所來
以何因緣集 巨身大神通 智慧叵思議
所將諸眷屬 機二 如恒河沙等 二十一 此大菩薩衆
誰爲其說法 教化而成就 修習何佛道
我於此衆中 乃不識一人 無量德世尊
惟願決衆疑

爾時釋迦牟尼佛告彌勒菩薩善哉善哉阿逸多汝等當共一心被精進鎧發堅固意如來今欲顯發宣示諸佛智慧諸佛自在神通之力諸佛師子奮迅之力諸佛威猛大勢之力阿逸多是諸大菩薩摩訶薩無量無數阿僧祇從地涌出汝等昔所未見者是我於娑婆世界得阿耨多羅三藐三菩提已教化示導此諸菩薩調伏其心令發道意是諸善男子等皆於是娑婆世界之下虛空中住不樂在衆多有所說常樂靜處勤行精進未曾休息亦不依止人天而住常樂深智無有障礙亦常樂於諸佛之法一心精進求無上慧爾時彌勒菩薩及無數諸菩薩等心生疑惑怪未曾有而作是念云何世尊於少時間教化如是無量無邊阿僧祇諸大菩薩令住阿耨多羅三藐三菩提即白佛言世尊佛轉法輪已來始過四十餘年云何於此少時教化如是無量大菩薩衆此大菩薩衆久遠已來於無量無邊諸佛所植諸善根成就菩薩道譬如有人年當少壯指百歲人言是我子其百歲人亦指年少言是我父生育我等世所難信佛亦如是世尊得佛未久乃能作此大功德事我等雖信佛所出言未曾虛妄佛所知者皆悉通達然諸新發意菩薩於佛滅後若聞是語或不信受而起破法罪業因緣唯願世尊宣示解說爾時佛告諸菩薩及一切大衆諸善男子汝等當信解如來誠諦之語 機二 二十二 譬如三千大千世界假使有人抹爲微塵過於東方五百千萬億那由他阿僧祇國乃下一塵如是東行盡是微塵諸善男子於意云何是諸世界可得思惟校計知其數不彌勒菩

薩等俱白佛言世尊是諸世界無量無邊非算數所知亦非心力所及一切聲聞辟支佛以無漏智不能思惟知其限數爾時佛告大菩薩衆諸善男子今當分明宣語汝等我成佛已來復過於此百千萬億那由他阿僧祇劫自從是來我常在此娑婆世界說法教化亦於餘處百千萬億那由他阿僧祇國導利衆生處處自說名字不同年紀大小亦復現言當入涅槃然我實成佛已來久遠若斯但以方便教化衆生令入佛道作如是說諸善男子如來所演經典皆爲度脫衆生或說已身或說他身或示已身或示他身或示已事或示他事諸所言說皆實不虛所以者何如來如實知見三界之相無有生死若退若出亦無在世及滅度者非實非虛非如非異不如三界見於三界如斯之事如來明見無有錯謬以諸衆生有種種性種種欲種種行種種憶想分別故欲令生諸善根以若干因緣○譬喻言辭種種說法所作佛事未曾暫廢如是我成佛已來甚大久遠壽命無量阿僧祇劫常住不滅諸善男子我本行菩薩道所成壽命今猶未盡復倍上數然今非實滅度而便唱言當取滅度如來以是方便教化衆生所以者何若諸佛久住於世薄德之人不種善根貧著五欲入於憶想妄見網中若見如來常在不滅便起憍恣而懷厭怠不生難遭之想恭敬之心愈起色見聲求之妄念益執緣聚假合之幻身是故如來大慈方便說言當知諸佛出世難可值遇百千萬億劫或有見佛或不見者令諸衆生聞如是語生難遭想心懷戀慕渴仰於佛便種善根是故如來雖不實滅而言滅度譬如良醫智慧聰達明練方藥善治衆病其人多諸子息以有事緣遠至餘國諸子於後飲他毒藥藥發悶亂宛轉于地是時其父還來歸家諸子飲毒或失本心或不失者遥見其父皆大歡喜拜跪問訊善安隱歸我等愚癡誤服毒藥願見救療更賜壽命父見子等苦惱如是依諸經方求好藥草色香美味皆悉具足擣篩和合與子令服而作是言此大良藥色香美味皆悉具足汝等可服速除苦惱無復衆患其諸子中不失心者見此良藥色香俱好即便服之病盡除愈餘失心者見其父來雖亦歡喜問訊求索治病然與其藥而不肯服所以者何毒氣深入失本心故父作是念此子可愍爲毒所中心皆顛倒我今當設方便令服此藥即作是言汝等當知我今衰老死時已至是好良藥今留在此汝可取服勿憂不差作是教已復至他國遣使還告汝父已死是時諸子聞父背喪自惟孤露無復恃怙常懷悲感心遂醒悟乃知此藥色香美味即取服之毒病皆愈諸善男子於意云何頗有人能說此良醫虛妄過不不也世尊佛言我亦如是爾時世尊欲重宣此義而說偈言

自我得佛來　所經諸劫數　無量百千萬
億載阿僧祇　爲度衆生故　方便現涅槃
而實不滅度　常住此說法　以方便力故
現有滅不滅　餘國有衆生　恭敬信樂者
我復於彼中　爲說無上法　汝等不聞此
但謂我滅度　於阿僧祇劫　常在靈鷲山

衆生見劫盡　大火所燒時　我此土安隱
天人常充滿　園林諸堂閣　種種寶莊嚴
寶樹多華果　衆生所遊樂　我智力如是
慧光照無量　壽命無數劫　久修業所得
汝等有智者　勿於此生疑

爾時佛告彌勒菩薩摩訶薩阿逸多其有衆生聞佛壽命長遠如是乃至能生一念信解所得功德無有限量若有善男子善女人為阿耨多羅三藐三菩提故於八十萬億那由他劫行五波羅密以是功德比前功德百分千分百千萬億分不及其一若有聞佛壽命長遠解其言趣是人所得功德無有限量能起如來無上之慧若聞是經若教人聞若自持若教人持若自書若教人書是人功德無量無邊能生一切種智爾時世尊欲重宣此義而說偈言

若我滅度後　能奉持此經　斯人福無量
如上之所說　況復持此經　兼布施持戒
忍辱樂禪定　不瞋不惡口　恭敬於塔廟
謙下諸比丘　遠離自高心　常思惟智慧
有問難不瞋　隨順為解說　若能行是行
功德不可量　若見此法師　成就如是德
頭面接足禮　生心如佛想　不久詣道樹
得無漏無為　廣利諸人天　應種種供養
其所住止處　乃至說一偈　是中應起塔
莊嚴令妙好　佛子住此地　則是佛受用
常在於其中　經行及坐臥

爾時佛告常精進菩薩摩訶薩若善男子善女人受持是法華經若讀若誦若解說若書寫是人當得六根清淨即說偈言

若於大衆中　以無所畏心　說是法華經
汝聽其功德　是人得八百　功德殊勝眼
以是莊嚴故　其目甚清淨　父母所生眼
悉見三千界　其中諸衆生　一切皆悉見
雖未得天眼　肉眼力如是
父母所生耳　清淨無濁穢　以此常耳聞
三千世界聲　遍聞是衆聲　而不壞耳根
持是法華者　雖未得天耳　但用所生耳
功德已如是
是人鼻清淨　於此世界中　若香若臭物
種種悉聞知　在在方世尊　愍衆而說法
衆生在佛前　聞經皆歡喜　如法而修行
聞香悉能知　雖未得菩薩　無漏法生鼻
而是持經者　先得此鼻相
是人舌根淨　終不受惡味　以深淨妙聲
於大衆說法　以諸因緣喻　引導衆生心
諸佛及弟子　聞其說法音　常念而守護
或時為現身
若持法華者　其身甚清淨　如彼淨琉璃
衆生皆喜見　又如淨明鏡　悉見諸色像
菩薩於淨身　皆見世所有　唯獨自明了
餘人所不見　雖未得無漏　法性之妙身
以清淨常體　一切於中現
是人意清淨　明利無濁穢　以此妙意根
知上中下法　乃至聞一偈　通達無量義
以持法華故　悉知諸法相　隨義識次第
達名字語言　此人有所說　皆是先佛法
以演此法故　於衆無所畏　持法華經者
意根淨若斯

爾時佛告得大勢菩薩摩訶薩乃往古昔過

無量劫有佛名威音王如來爾時有一菩薩
比丘名常不輕得大勢以何因緣名常不輕
是比丘凡見四衆皆悉禮拜讚歎而作是言
我深敬汝等不敢輕慢所以者何汝等皆行
菩薩道當得作佛而是比丘不專讀誦經典
但行禮拜乃至遠見四衆亦復故往禮拜讚
歎而作是言我不敢輕於汝等汝等皆當作
佛是比丘聞威音王佛先所說法華經悉能
受持即得如上眼根清淨耳鼻舌身意根清
淨得是六根清淨已更增壽命二百萬億那
由他歲廣爲人說是法華經於四衆中說法
心無所畏得大勢是常不輕菩薩摩訶薩於
後復值千萬億佛亦於諸佛法中說是經典
功德成就當得作佛　爾時世尊於文殊師
利等一切衆前現大神力出廣長舌上至梵
世一切毛孔放於無量無數色光皆悉徧照
十方世界於時十方世界通達無礙如一佛
土爾時佛告上行等菩薩大衆諸佛神力如
是無量無邊不可思議若我以是神力於無
量無邊百千萬億阿僧祇劫爲囑累故說此

經功德猶不能盡以要言之如來一切所有
之法如來一切自在神力如來一切祕要之
藏如來一切甚深之事皆於此經宣示顯說
若有受持讀誦解說書寫如說修行若經卷
所住之處即是道場諸佛於此得阿耨多羅
轉二　二八
三藐三菩提諸佛於此轉於法輪諸佛於此
而般涅槃爾時釋迦牟尼佛從法座起現大
神力以右手摩無量菩薩摩訶薩頂而作是
言我於無量百千萬億阿僧祇劫修習是難
得阿耨多羅三藐三菩提法今以付囑汝等
汝等應當一心流布此法廣令增益令一切
衆生普得聞知所以者何如來有大慈悲無
諸慳吝亦無所畏能與衆生佛之智慧如來
智慧自然智慧如來是一切衆生之大施主
汝等亦應隨學如來之法勿生慳吝汝等若
能如是則爲已報諸佛之恩時諸菩薩摩訶
薩聞佛作是說已皆大歡喜益加恭敬合掌
向佛俱發聲言如世尊勅當具奉行唯然世
尊願不有慮
爾時釋迦牟尼佛放大人相肉髻光明及放

眉間白毫相光徧照東方八百萬億那由他
恒河沙等諸佛世界過是數已有世界名淨
光莊嚴其國有佛號淨華宿王智如來國中
有一菩薩名曰妙音久已植衆德本供養親
近無量百千萬億諸佛而悉成就甚深智慧
轉二　二九
得妙幢相三昧法華三昧淨德三昧智印三
昧集一切功德三昧清淨三昧神通遊戲三
昧慧炬三昧莊嚴王三昧淨光明三昧得如
是等百千萬億恒河沙等諸大三昧釋迦牟
尼佛光照其身即白淨華宿王智佛言世尊
我當往詣娑婆世界禮拜親近供養釋迦牟
尼佛於是妙音菩薩不起於座身不動搖而
入三昧以三昧力即來詣此娑婆世界耆闍
崛山到已下七寶臺以寶瓔珞持至釋迦牟
尼佛所頭面禮足奉上瓔珞而白佛言世尊
淨華宿王智佛問訊世尊少病少惱起居輕
利安樂行不四大調和不世事可忍不衆生
易度不所化衆生無多貪欲瞋恚愚癡嫉妬
慳慢者不無不孝父母不敬沙門邪見不善
心不攝五情者不衆生能降伏諸魔怨不世

尊我今欲見多寶佛身惟願世尊示我令見爾時釋迦牟尼佛語多寶佛是妙音菩薩欲得相見時多寶佛告妙音言善哉善哉汝能爲供養釋迦牟尼佛及聽法華經并見文殊師利等故來至此爾時華德菩薩白佛言世尊是妙音菩薩種何善根修何功德有是神力佛告華德汝但見妙音菩薩其身在此而是菩薩現種種身處處爲諸衆生說是經典是菩薩以若干智慧明照娑婆世界令一切衆生各得所知於十方恒河沙世界中亦復如是若應以聲聞形得度者現聲聞形而爲說法應以辟支佛形得度者現辟支佛形而爲說法應以菩薩形得度者現菩薩形而爲說法應以佛形得度者即現佛形而爲說法如是種種隨所應度而爲現形乃至應以滅度而得度者示現滅度華德妙音菩薩摩訶薩成就大神通智慧之力其事如是　爾時無盡意菩薩即從座起偏袒右肩合掌向佛而作是言世尊觀世音菩薩以何因緣名觀世音佛告無盡意菩薩善男子若有無量百千萬億衆生受諸苦惱聞是觀世音菩薩一心稱名觀世音菩薩即時觀其音聲皆得解脫無盡意是觀世音菩薩成就如是功德以種種形遊諸國土度脫衆生是故汝等應當一心供養觀世音菩薩是觀世音菩薩摩訶薩於怖畏急難之中能施無畏是故此娑婆世界皆號之爲施無畏者爾時無盡意菩薩以偈問曰

世尊妙相具　我今重問彼　佛子何因緣
名爲觀世音　具足妙相尊　偈答無盡意
汝聽觀音行　善應諸方所　弘誓深如海
歷劫不思議　侍多千億佛　發大清淨願
我爲汝略說　聞名及見身　心念不空過
能滅諸有苦　假使興害意　推落大火坑
念彼觀音力　火坑變成池　或漂流巨海
龍魚諸鬼難　念彼觀音力　波浪不能沒
或在須彌峰　爲人所推墮　念彼觀音力
如日虛空住　或被惡人逐　墮落金剛山
念彼觀音力　不能損一毛　或值冤賊繞
各執刀加害　念彼觀音力　咸即起慈心
或遭王難苦　臨刑欲壽終　念彼觀音力
刀尋段段壞　或囚禁枷鎖　手足被杻械
念彼觀音力　釋然得解脫　呪詛諸毒藥
所欲害身者　念彼觀音力　還著於本人
或遇惡羅刹　毒龍諸鬼等　念彼觀音力
時悉不敢害　若惡獸圍繞　利牙爪可怖
念彼觀音力　疾走無邊方　蚖蛇及蝮蠍
氣毒煙火然　念彼觀音力　尋聲自迴去
雲雷鼓掣電　降雹澍大雨　念彼觀音力
應時得消散　衆生被困厄　無量苦逼身
觀音妙智力　能救世間苦　具足神通力
廣修智方便　十方諸國土　無刹不現身
種種諸惡趣　地獄鬼畜生　生老病死苦
以漸悉令滅　眞觀清淨觀　廣大智慧觀
悲觀及慈觀　常願常瞻仰　無垢清淨光
慧日破諸闇　能伏災風火　普明照世間
悲體戒雷震　慈意妙大雲　澍甘露法雨
滅除煩惱焰　諍訟經官處　怖畏軍陣中
念彼觀音力　衆冤悉退散　妙音觀世音
梵音海潮音　勝彼世間音　是故須常念

念念勿生疑　觀世音淨聖　於苦惱死厄
能爲作依怙　具一切功德　慈眼視衆生
福聚海無量　是故應頂禮
爾時藥王菩薩即從座起偏袒右肩合掌向
佛而白佛言世尊若善男子善女人有能受
持法華經者若讀誦通利若書寫經卷得幾
所福佛告藥王若有善男子善女人供養八
百萬億那由他恒河沙等諸佛於汝意云何
其所得福寧爲多不甚多世尊佛言若善男
子善女人能於是經乃至受持一四句偈讀
誦解義如說修行功德倍多　爾時普賢菩
薩白佛言世尊我於寶威德上王佛國遙聞
此娑婆世界說法華經與無量無邊百千萬
億諸菩薩衆共來聽受惟願世尊當爲說之
若善男子善女人於如來滅後云何能得是
法華經佛告普賢菩薩若善男子善女人成
就四法於如來滅後當得是法華經一者爲
諸佛護念二者植衆德本三者入正定聚四
者發救一切衆生之心善男子善女人如是
成就四法於如來滅後必得是經如是之人
不復貪著世樂不好外道經書手筆具正憶
念有福德力是人不爲三毒所惱亦不爲嫉
妬我慢邪慢增上慢所惱是人少欲知足能
修普賢之行普賢若有人見受持讀誦法華
經者應作是念此人不久當詣道場破諸魔
衆得阿耨多羅三藐三菩提轉法輪擊法鼓
吹法螺雨法雨當坐天人大衆中師子法座
上是人不須貪著衣服臥具飲食資生之物
所願不虛亦於現世得其福報說是經時恒
河沙等無量無邊菩薩得百千萬億旋陀羅
尼大會大衆皆大歡喜受持佛語作禮而去

御錄經海一滴卷之十二

大般涅槃經之一

如是我聞一時佛在拘施那城力士生地阿利羅跋提河邊娑羅雙樹間爾時世尊與大比丘八十億百千人俱前後圍繞二月十五日大覺世尊將欲涅槃一切衆生見聞是已心大憂愁同時舉聲悲啼號哭嗚呼慈父痛哉苦哉舉手拍頭椎胸叫喚　聖慧日明從今永滅無上法船於斯沉没嗚呼痛哉世間大苦

爾時會中有優婆塞名曰純陀偏袒右肩右膝著地合掌向佛悲泣墮淚頂禮佛足而白佛言唯願世尊及比丘僧哀受我等最後供養復起禮佛而說偈言

佛如優曇華　值遇生信難　遇已種善根
永滅惡道苦　芥子投針鋒　佛出難於是
佛不染世法　如蓮華處水　善斷有頂種
永度生死流　生世爲人難　值佛世亦難
以知佛世尊　欲入於涅槃　高聲唱是言
世間無調御　不應捨衆生　應視如一子
如來在僧中　演說無上法　如須彌寶山
安處於大海　佛智能善斷　我等無明闇
猶如日出時　除雲光普照　是諸衆生等
悉爲生死轉　以是故世尊　應長衆生信
爲斷生死苦　久住於世間

佛告純陀如汝所說佛出世難如優曇華值佛生信亦復甚難佛臨涅槃最後施食能具足檀倍復甚難汝今純陀莫大愁苦應生踊躍喜自慶幸得值最後供養如來成就具足檀波羅蜜不應請佛久住於世汝今當觀諸佛境界悉皆無常諸行性相亦復如是即爲純陀而說偈言

一切諸世間　生者皆歸死　壽命雖無量
要必當有盡　夫盛必有衰　合會有別離
無有法常者　一切皆遷動　流轉無休息
三界皆無常　諸有無有樂　故我不貪著
離欲善思惟　而證於眞實　究竟斷有者
今日當涅槃　我度有彼岸　已得過諸苦
是故於今日　純受上妙樂　以是因緣故
證無戲論邊　永斷諸纏縛　今日入涅槃
我無老病死　壽命不可盡　我今入涅槃
猶如大火滅　純陀汝不應　思量如來義
當觀如來性　猶如須彌山　我今正涅槃
受持第一樂　諸佛法如是　不應復啼哭

於是純陀復白佛言如來不欲久住於世我當云何而不啼泣苦哉苦哉世間空虛唯願世尊憐愍我等及諸衆生久住於世勿般涅槃佛告純陀汝今不應發如是言憐愍我故久住於世我以憐愍汝及一切是故今欲入於涅槃何以故諸佛法爾有爲亦然是故諸佛所說偈曰

有爲之法　其性無常　生已不住
寂滅爲樂

爾時世尊告諸比丘汝等莫如凡夫憂愁啼哭當勤精進繫心正念復說偈言

汝等當開意　不應大愁苦　諸佛法皆爾
是故當默然　樂不放逸行　守心正憶念
遠離諸非法　慰意受歡樂

復次比丘若有疑惑今皆當問若空不空若常無常若苦非苦若依非依若去不去若歸

非歸若恒非恒若斷非斷若衆生非衆生若有若無若實不實若真不真若滅不滅若密不密若二不二如是等種種法中有所疑者今應諮問我當隨順爲汝斷之亦當爲汝先說甘露然後乃當入於涅槃諸比丘佛出世難人身難得值佛生信是事亦難能忍難忍是亦復難成就禁戒具足無缺得阿羅漢果是事亦難如求金沙優曇鉢華汝諸比丘離於八難得人身難汝等遇我不應空過我於往昔種種苦行今得如是無上方便爲汝等故無量劫中捨身手足頭目髓腦是故汝等不應放逸汝等比丘云何莊嚴正法寶城具足種種功德珍寶戒定智慧爲墻塹埤堄汝今遇是佛法寶城不應取此虛僞之物譬如商主遇真寶城取諸瓦礫而便還家汝亦如是值遇寶城取虛僞物汝諸比丘勿以下心而生知足汝等今者雖得出家於此大乘不生貪慕汝諸比丘身雖得服袈裟染衣其心猶未得染大乘清淨之法汝諸比丘雖行乞食經歷多處初未曾乞大乘法食汝諸比丘

雖除鬚髮未爲正法除諸結使汝諸比丘今當真實教勅汝等我今現在大衆和合如來法性真實不倒是故汝等應當精進攝心勇猛摧諸結使十力慧日既滅沒已汝等當爲無明所覆諸比丘譬如大地諸山藥草爲衆生用我法亦爾出生妙善甘露法味而爲衆生種種煩惱病之良藥我今當令一切衆生及以我子四部之衆悉皆安住祕密藏中我亦復當安住是中入於涅槃何等名爲祕密之藏猶如∴字三點若並則不成伊縱亦不成如摩醯首羅面上三目乃得成伊三點若別亦不得成我亦如是解脫之法亦非涅槃如來之身亦非涅槃摩訶般若亦非涅槃三法各異亦非涅槃我今安住如是三法爲衆生故名入涅槃如世伊字爾時諸比丘聞佛世尊定當涅槃涕淚盈目稽首佛足白佛言世尊我等常修習無我之想如佛所說一切諸法無我我所世尊我等不但修無我想亦更修習其餘諸想所謂苦想無常等想世尊譬如人醉其心瞑眩見諸山河日月皆悉迴

轉世尊若有不修苦無常想無我等想如是之人不名爲聖多諸放逸流轉生死爾時佛告諸比丘言諦聽諦聽汝向所引醉人喻者但知文字未達其義何等爲義如彼醉人見上日月實非迴轉生迴轉想衆生亦爾爲諸煩惱無明所覆生顛倒心我計無我常計無常淨計不淨樂計爲苦以爲煩惱之所覆故雖生此想不達其義如彼醉人於非轉處而生轉想我者即是佛義常者是法身義樂者是涅槃義淨者是法義汝等比丘云何而言有我想者憍慢貢高流轉生死汝等若言我亦修習無常苦想無我想是三種修無有實義我今當說勝三修法苦者計樂樂者計苦是顛倒法無常計常常計無常是顛倒法無我計我我計無我是顛倒法不淨計淨淨計不淨是顛倒法有如是等四顛倒法是人不知正修諸法汝諸比丘於苦法中生於樂想於無常中生於常想於無我中生於我想於不淨中生於淨想世間亦有常樂我淨出世亦有常樂我淨世間法者有字無義出世間

者有字有義何以故世間之法有四顛倒故不知義所以者何有想顛倒心倒見倒以三倒故世間之人樂中見苦常見無常我見無我淨見不淨是名顛倒以顛倒故世間知字而不知義何等爲義無我者名爲生死我者名爲如來無常者聲聞緣覺常者如來法身苦者一切外道樂者即是涅槃不淨者即有爲法淨者諸佛菩薩所有正法是名不顛倒以不倒故知字知義若欲遠離四顛倒者應知如是常樂我淨　汝等比丘當知如來爲大醫王出現於世降伏一切外道邪醫故唱是言無我無人衆生壽命養育知見作者受者比丘當知是諸外道所言我者如虫食木偶成字耳是故如來於佛法中唱言無我爲調衆生故爲知時故說是無我有因緣故亦說有我猶如良醫善知於乳是藥非藥非如凡夫所計吾我凡夫愚人所計我者或有說言大如拇指或如芥子或如微塵如來說我悉不如是是故說言諸法無我實非無我何者是實若法是實是真是常是主是依性不變易是名爲我如彼大醫善解乳藥如來亦爾爲衆生故說諸法中真實有我汝等四衆應當如是修習是法

佛告迦葉如來長壽於諸壽中最上最勝所得常法於諸常中最爲第一如八大河及諸小河悉入大海迦葉如是一切人中天上地及虛空壽命大河悉入如來壽命海中是故如來壽命無量復次迦葉譬如阿耨達池出四大河如來亦爾出一切命迦葉譬如一切諸常法中虛空第一如來亦爾於諸常中最爲第一迦葉如諸藥中醍醐第一如來亦爾於衆生中壽命第一迦葉菩薩白佛言世尊如來壽命若如是者應住一劫若減一劫常宣妙法如澍大雨佛言迦葉汝今不應於如來所生滅盡想迦葉若有比丘比丘尼優婆塞優婆夷乃至外道五通神仙得自在者若住一劫若減一劫經行空中坐臥自在若欲住壽能得如意於壽命中修短自住如是五通尚得如是隨意神力宜況如來於一切法得自在力而當不能住壽半劫若一劫若百劫若百千劫若無量劫以是義故當知如來是常住法不變易法如來此身是變化身非雜食身爲度衆生示同毒樹是故現捨入於涅槃迦葉當知佛是常法不變易法汝等於是第一義中應勤精進一心修習既修習已廣爲人說迦葉菩薩白佛言世尊出世之法與世間法有何差別如佛言曰佛是常法不變易法世間亦說梵天是常自在天常無有變易我常性常微塵亦常若言如來是常法者如來何故不常現耶若不常現有何差別何以故梵天乃至微塵世性亦不現故佛告迦葉譬如長者多有諸牛色雖種種同共一羣付放牧人令逐水草但爲醍醐不求乳酪彼牧牛者搆已而食長者命終所有諸牛悉爲羣賊之所抄掠賊得牛已無有婦女即自搆搆得而食之爾時羣賊各相謂言彼大長者畜養此牛不期乳酪但爲醍醐我等今者當設何方而得之耶夫醍醐者名爲世間第一上味我等無器設使得乳無安置處復共相謂唯有皮囊可以盛之雖有盛處不知鑽

搖擊猶難得況復生酥爾時諸賊以醍醐故加之以水以水多故乳酪醍醐一切俱失凡夫亦爾雖有善法皆是如來正法之餘何以故如來世尊入涅槃後盜竊如來遺餘善法若戒定慧如彼諸賊劫掠羣牛諸凡夫人雖復得是戒定智慧無有方便不能解說以是義故不能獲得常戒常定常慧解脫如彼羣賊不知方便喪失醍醐如彼羣賊爲醍醐故加之以水凡夫亦爾爲解脫故說我衆生壽命士夫梵天自在天微塵世性戒定智慧及與解脫非想非非想天即是涅槃實亦不得解脫涅槃如彼羣賊不得醍醐是諸凡夫有少梵行供養父母以是因緣得生天上受少安樂如彼羣賊加水之乳而是凡夫實不知因修少梵行供養父母得生天上又不能知戒定智慧歸依三寶以不知故但說常樂我淨雖復說之而實不知是故如來出世之後乃爲演說常樂我淨　迦葉諸善男子善女人常當繫心修此二字佛是常住迦葉若有善男子善女人修此二字當知是人隨我所行至我至處善男子若有修習如是二字爲滅相者當知如來則於其人爲般涅槃善男子涅槃義者即是諸佛之法性也迦葉菩薩白佛言世尊佛法性者其義云何夫法性者即是捨身捨身者名無所有若無所有身云何存身若存者云何而言身有法性身有法性云何得存我今云何當知是義佛言善男子汝今不應作如是說滅是法性夫法性者無有滅也善男子譬如無想天成就色陰而無色想不應問言是諸天等云何而住歡娛受樂云何行想云何見聞善男子如來境界非諸聲聞緣覺所知善男子不應說言如來身者是滅法也善男子如是滅法是佛境界非諸聲聞緣覺所及汝今不應思量如來何處住何處行何處見何處樂如是之義亦非汝等之所知及諸佛法身種種方便不可思議復次善男子應當修習佛法及僧而作常想是三法者無有異想無無常想無變異想若於三法修異想者當知是輩清淨三歸則無依處所有禁戒皆不具足終不能證聲聞緣覺菩提之果若能於是不可思議修常想者則有歸處善男子譬如因樹則有樹影如來亦爾有常法故則有歸處非是無常若言如來是無常者如來則非諸天世人所歸依處迦葉菩薩白佛言世尊譬如闇中有樹無影佛言迦葉汝不應言有樹無影但非肉眼之所見耳如來亦爾其性常住是不變異無智慧眼不能得見如彼闇中不見樹影凡夫之人於佛滅後說言如來是無常法亦復如是若言如來異法僧者則不能成三歸依處迦葉菩薩復白佛言世尊我今當學如來法僧不可思議既自學已亦當爲人廣說是義若有諸人不能信受當知是輩久修無常如是之人我當爲其而作霜雹爾時佛讚迦葉菩薩善哉善哉汝今善能護持正法如是護法不欺於人以不欺人善業緣故而得長壽善知宿命　世尊復告迦葉善男子如來身者是常住身不可壞身金剛之身非雜食身即是法身迦葉菩薩白佛言世尊如佛所說如是等身我悉不見唯見無常破壞微塵雜

食等身何以故如來欲入於涅槃故佛言迦葉汝今莫謂如來之身不堅可壞如凡夫身善男子汝今當知如來之身無量億劫堅牢難壞非人天身非恐怖身非雜食身如來之身非身是身不生不滅不習不修無量無邊無有足跡無知無形畢竟清淨無有動搖無受無行不住不作無味無雜非是有爲非業非果非行非滅非心非數不可思議常不可議無識離心亦不離心其心平等無有亦有無有去來而亦去來不破不壞不斷不絕不出不滅非主亦主非有非無非覺非觀非字非不字非定非不定不可見了了見無處亦處無宅亦宅無闇無明無有寂靜而亦寂靜是無所有不受不施清淨無垢無諍斷諍住無住處不取不墮非法非非法非福田非不福田無盡不盡離一切盡是空離空雖不常住而亦常住非念念滅無有垢濁無字離字非聲非說亦非修習非稱非量非一非異非像非相諸相莊嚴非勇非畏無寂不寂無熱不熱不可覩見無有相貌如來度脫一切衆生無度脫故能解衆生無有解故覺了衆生無覺了故如實說法無有二故不可思量無等等故平如虛空無有形貌同有生性不斷不常非合非散非長非短非陰入界亦陰入界如來之身成就如是無量功德無有知者無不知者無有見者無不見者非有爲非無爲非世非不世非作非不作非依非不依非身非不身不可宣說除一法相不可算數般涅槃時不般涅槃如來法身皆悉成就如是無量微妙功德迦葉唯有如來乃知是相非諸聲聞緣覺所知迦葉如來真身功德如是云何復得諸疾患苦危脆不堅如坏器乎如來所以示病苦者爲欲調伏諸衆生故善男子汝今當知如來之身即金剛身汝從今日常當專心思惟此義莫念食身亦當爲人說如來身即是法身　迦葉菩薩白佛言世尊如是如是誠如聖教如來常住不壞無有變異我今善學亦當爲人廣宣是義佛讚善哉善哉如來身者即是金剛不可壞身菩薩應當如是善學正見正知若能如是了了知見即是見佛金剛之身不可壞身如於鏡中見諸色像佛告迦葉是經名爲大般涅槃如諸藥中醍醐第一善治衆生熱惱亂心是大涅槃爲最第一譬如甜酥八味具足大般涅槃亦復如是八味具足云何爲八一者常二者徧三者安四者清涼五者不老六者不死七者無垢八者快樂是爲八味具足八味是故名爲大般涅槃若諸菩薩摩訶薩等安住是中復能處處示現涅槃是故名爲大般涅槃迦葉善男子善女人若欲於此大般涅槃而涅槃者當如是學如來常住法僧亦然　爾時迦葉菩薩白佛言世尊如佛所說諸佛世尊有祕密藏是義不然何以故諸佛世尊唯有密語無有密藏佛讚迦葉善哉善哉善男子如汝所言如來實無祕密之藏何以故如秋滿月處空顯露清淨無翳人皆覩見如來之言亦復如是開發顯露清淨無翳愚人不解謂之祕藏智者了達則不名藏譬如有人多積金銀至無量億其心慳悋不肯惠施拯濟貧窮如是積聚乃名祕藏如來不爾於無

邊劫積聚無量妙法珍寶心無慳悋常以惠施一切衆生云何當言如來祕藏善男子譬如長者唯有一子以愛念故晝夜殷勤教其半字而不教誨毘伽羅論何以故以其幼稚力未堪故如是長者於是子所有祕藏不若有瞋心嫉妬慳悋乃名爲藏如來無有瞋心嫉妬云何名藏善男子彼大長者謂如來也所言一子者謂一切衆生如來視於一切衆生猶如一子教一子者謂聲聞弟子半字者謂九部經毘伽羅論者所謂方等大乘經典以諸聲聞無有慧力是故如來爲說半字九部經典而不爲說毘伽羅論方等大乘如彼長者子既長大堪任讀學若不爲說毘伽羅論可名爲藏若諸聲聞有堪任力能受大乘毘伽羅論如來祕惜不爲說者可言如來有祕密藏如來不爾令爲演說毘伽羅論所謂如來常存不變復次善男子譬如夏月興大雲雷降注大雨令諸農夫下種之者多獲果實不下種者無所克獲無所獲者非龍王咎而此龍王亦無所藏我今如來亦復如是降大法雨大涅槃經若諸衆生種善子者得慧芽果無善子者則無所獲無所獲者非如來咎

迦葉菩薩白佛言世尊若涅槃佛性決定如來是一義者云何說言有三歸依佛告迦葉一切衆生怖畏生死故求三歸以三歸故則知佛性決定涅槃善男子有法名一義異有法名義俱異名一義異者佛常法常比丘僧常涅槃虛空皆亦是常是爲名一義異名義俱異者佛名爲覺法名不覺僧名和合涅槃名解脫虛空名非善亦名無礙是爲名義俱異善男子三歸依者亦復如是名義俱異云何爲一是故我告摩訶波闍波提憍曇彌莫供養我當供養僧若供養僧則得具足供養三歸摩訶波闍波提即答我言衆僧之中無佛無法云何說言供養衆僧則得具足供養三歸我復告言汝隨我語則供養佛爲解脫故即供養法衆僧受者則供養僧善男子是故三歸不得爲一善男子如來或時說一爲三說三爲一如是之義諸佛境界非是聲聞緣覺所知迦葉復言如佛所說畢竟安樂名涅槃者是義云何夫涅槃者捨身捨智若捨身智誰當受樂佛言善男子如來畢竟遠離二十五有永得涅槃安樂之處不可動轉無有盡滅斷一切受名無受樂如是無受名爲常樂若言如來有受樂者無有是處是故畢竟樂者即是涅槃涅槃者即真解脫真解脫者即是如來迦葉復言不生不滅是解脫耶佛言如是如是善男子不生不滅即是解脫如是解脫即是如來迦葉復言若不生不滅是解脫者虛空之性亦無生滅亦是如來如如來性即是解脫佛告迦葉善男子是事不然如迦蘭伽鳥及命命鳥其聲清妙寧可同於烏鵲音不不也世尊烏鵲之聲比命命鳥百千萬倍不可爲比迦葉復言迦蘭伽等其聲微妙身亦不同如來云何比之烏鵲無異葶藶比須彌山佛與虛空亦復如是迦蘭伽聲可喻佛聲不可以喻烏鵲之音爾時佛讚迦葉菩薩善哉善哉汝今善解甚深難解如來有時以因緣故引彼虛空以喻解脫如是解脫即是如來真解脫者一切人天無

能爲匹而此虛空實非其喻爲化衆生故以虛空非喻爲喻當知解脫即是如來如來之性即是解脫解脫如來無二無別善男子非喻者如無比之物不可引喻有因緣故可得引喻如經中說面貌端正猶月盛滿白象鮮潔猶如雪山滿月不得即同於面雪山不得即是白象善男子不可以喻喻真解脫爲化衆生故作喻耳以諸譬喻知諸法性皆亦如是　善男子以是因緣我說種種方便譬喻以喻解脫雖以無量阿僧祇喻而實不可以喻爲比或有因緣亦可喻說或有因緣不可喻說是故解脫成就如是無量功德以如是等無量功德成就滿故名大涅槃迦葉菩薩白佛言世尊我今始知如來至處爲無有盡處若無盡當知壽命亦應無盡佛言善哉善哉善男子汝今善能護持正法若有善男子善女人欲斷煩惱諸結縛者當作如是護持正法　復次善男子聲聞緣覺於諸煩惱而生怖畏學大乘者都無恐懼修學大乘有如是力以是因緣先所方便說者爲欲令彼聲聞緣覺調伏諸魔非爲大乘是大涅槃微妙經典不可消伏甚奇甚特若有聞者聞已信受能信如來是常住法如是之人甚爲希有如優曇華我涅槃後若有得聞如是大乘微妙經典生信敬心當知是等於未來世百千億劫不墮惡道　若復有人能信如是大乘經典本所受形雖復麤陋以經功德即便端正威顏色力日更增多常爲人天之所樂見恭敬愛戀情無捨離國王大臣及家親屬聞其所說悉皆敬信若我聲聞弟子之中欲行第一希有事者當爲世間廣宣如是大乘經典善男子譬如霧露勢雖欲住不過日出日既出已消滅無餘是諸衆生所有惡業亦復如是住世勢力不過得見大涅槃日是日既出悉能除滅一切惡業　迦葉菩薩白佛言世尊善哉善哉如來所說真實不虛我當頂受譬如金剛珍寶異物如佛所說是諸比丘當依四法何等爲四依法不依人依義不依語依智不依識依了義經不依不了義經

御録經海一滴卷之十三

御録經海一滴卷之十四　　　機四

大般涅槃經之二

佛告迦葉我般涅槃七百歲後諸魔波旬漸當沮壞我之正法譬如獵師身服法衣魔王波旬亦復如是作比丘像比丘尼像優婆塞像優婆夷像亦復化作須陀洹身乃至化作阿羅漢身及佛色身魔王以此有漏之形作無漏身壞我正法　我於往昔八十億劫常離一切不淨之物少欲知足威儀成就善修如來無上法藏亦自定知身有佛性是故我今得成阿耨多羅三藐三菩提得名爲佛有大慈悲如是經律是佛所說若有不能隨順是者是魔眷屬若能隨順是大菩薩復有説言無四波羅夷十三僧殘二不定法三十捨墮九十一墮四懺悔法衆多學法七滅諍等無偷蘭遮五逆等罪及一闡提若有比丘犯如是等墮地獄者外道之人悉應生天何以故諸外道等無戒可犯是故如來示現怖人故說斯戒若言佛說我諸比丘若欲行婬應捨法服著俗衣裳然後行婬復應生念婬欲因緣非我過咎如來在世亦有比丘習行婬欲得正解脱或命終後生於天上古今有之非獨我作或犯四重或犯五戒或行一切不淨律儀猶故而得真正解脱如來雖說犯突吉羅如忉利天日月歲數八百萬歲墮在地獄是亦如來示現怖人言波羅夷至突吉羅輕重無差是諸律師妄作此言言是佛制必定當知非佛所說如是言說是魔經律若復說言於諸戒中若犯小戒乃至微細當受苦報無有齊限如是知已防護自身如龜藏六如是之人真我弟子若有律師復作是言凡所犯戒都無罪報如是之人不應親近如佛所說　若過一法　是名妄語　不見後世　無惡不造　是故不應親近是人我佛法中清淨如是況復有犯偷蘭遮罪或犯僧殘及波羅夷而非罪耶是故應當深自防護如是等法若不守護更以何法名爲精修我於經中亦說有犯四波羅夷乃至微細突吉羅等應當苦治衆生若不護持禁戒云何當得見於佛性一切衆生雖有佛性要因持戒然後乃見因見佛性得成阿耨多羅三藐三菩提九部經中無方等經是故不說有佛性也經雖不說當知實有若作是說當知是人真我弟子迦葉菩薩白佛言世尊如上所說一切衆生有佛性者九部經中所未曾聞如其說有云何不犯波羅夷耶佛言善男子如汝所說實不毀犯波羅夷也善男子譬如有人說言大海唯有七寶無八種者是人無罪若有說言九部經中無佛性者亦復無罪何以故我於大乘大智海中說有佛性二乘之人所不知見是故說無不得罪也如是境界諸佛所知非是聲聞緣覺所及善男子若人不聞如來甚深祕密藏者云何當知有佛性耶何等名爲祕密之藏所謂方等大乘經典有諸外道或說我常或說我斷如來不爾亦說有我亦說無我是名中道若有說言佛說中道一切衆生悉有佛性煩惱覆故不知不見是故應當勤修方便斷壞煩惱若有能作如是說者當知是人不犯四重若不能作如是說者是則名爲犯波羅夷若有說言我已成

就阿耨多羅三藐三菩提何以故以有佛性故有佛性者必定當成阿耨多羅三藐三菩提以是因緣我今已得成就菩提當知是人則名爲犯波羅夷罪何以故雖有佛性以未修習諸善方便是故未見以未見故不能得成阿耨多羅三藐三菩提善男子以是義故佛法甚深不可思議　善男子所言苦者不名聖諦若有不知如來甚深境界常住不變微密法身謂是食身非是法身不知如來道德威力是名爲苦何以故以不知故法見非法非法見法輪轉生死多受苦惱若有能知如來常住無有變異真是修苦多所利益若不知者雖復勤修無所利益是名知苦名苦聖諦若人不能如是修習是名爲苦非苦聖諦苦集諦者於真法中不生真知受不淨物能以非法言是正法若有深知不壞正法以是因緣得生天上及正解脱若有不知苦集諦處而言正法無有常住悉是滅法以是因緣於無量劫流轉生死受諸苦惱若能知法常住不異是名知集名集聖諦若人不能如是修習是名爲集非集聖諦苦滅諦者若有多修習學空法是爲不善何以故滅一切法故壞於如來真法藏故作是修學是名修空若言修空是滅諦者一切外道亦修空法應有滅諦若有説言有如來藏雖不可見若能滅除一切煩惱爾乃得入若發此心一念因緣於諸法中而得自在若有修習如來密藏無我空寂如是之人於無量世在生死中流轉受苦若有不作如是修者雖有煩惱疾能滅除何以故因知如來祕密藏故是名苦滅聖諦若能如是修習滅者是我弟子若有不能作如是修是名空修非滅聖諦道聖諦者所謂佛法僧寶及正解脱有諸衆生顛倒心言無佛法僧及正解脱生死流轉猶如幻化修習是見以此因緣輪轉三有久受大苦若能發心見於如來常住無變法僧解脱亦復如是乘此一念於無量世自在果報隨意而得何以故我於往昔以四倒故非法計法受於無量惡業果報我今已滅如是見故成佛正覺是名道聖諦若有人言三寶無常修習是見是虚妄修非道聖諦若修是法爲常住者是我弟子真見修習四聖諦法　善男子謂四倒者於非苦中生於苦想非樂中生於樂想名曰顛倒無常常想常無常想是名顛倒無我我想我無我想是名顛倒淨不淨想不淨淨想是名顛倒是則名爲四種顛倒迦葉菩薩白佛言世尊我從今日始得正見世尊自是之前我等悉名邪見之人世尊二十五有有我不也佛言善男子我者即是如來藏義一切衆生悉有佛性即是我義如是我義從本以來常爲無量煩惱所覆是故衆生不能得見如貧女人舍内多有真金之藏家人大小無有知者時有異人善知方便即於其家掘出真金之藏女人見已心生歡喜善男子衆生佛性亦復如是爲諸煩惱之所覆蔽不能得見如來今日普示衆生諸覺寶藏所謂佛性真金藏者即是佛性也善男子如來爲度一切教諸衆生修無我法如是修已永斷我心入於涅槃爲除世間諸妄見故示現出過世間法故復示世間計我虚妄非真

實故修無我法清淨身故爲修空故說言諸法悉無有我我今說如來藏比丘不應生怖應自分別如來祕藏不得不有　我諸弟子不知親近善知識故修學無我亦復不知無我之處尚自不知無我真性況復能知有我真性善男子如來如是說諸衆生皆有佛性喻如良醫示彼力士額中金剛寶珠是諸衆生爲諸無量億煩惱等之所覆蔽不識佛性若盡煩惱爾時乃得證知了了如彼力士於明鏡中見其寶珠如來祕藏如是無量不可思議復次善男子譬如雪山有一味藥名曰樂味其味極甜在深叢下人無能見有人聞香即知其地當有是藥過去往世有轉輪王於此雪山爲此藥故在在處處造作木筩以接是藥是藥熟時從地流出集木筩中其味真正王既歿已其後是藥或酢或鹹或甜或苦或辛或淡如是一味隨其流處有種種異是藥真味停留在山猶如滿月凡人薄福雖以钁斲加功困苦而不能得復有聖王出現於世以福因緣即得是藥真正之味善男子如來祕藏其味亦爾爲諸煩惱叢林所覆無明衆生不能得見一味藥者喻如佛性以煩惱故出種種味　如是佛性終不可斷性若可斷無有是處如我性者即是如來祕密之藏如是祕藏一切無能沮壞燒滅雖不可壞然不可見若得成就阿耨多羅三藐三菩提爾乃證知　善男子方等經者猶如甘露亦如毒藥即說偈言

如是大乘典　亦名雜毒藥　如酥醍醐等
及以諸石蜜　服消則爲藥　不消則爲毒
方等亦如是　智者爲甘露　愚不知佛性
服之則成毒　迦葉汝今當　善分別三歸
如是三歸性　則是我之性　若能諦觀察
我性有佛性　當知如是人　得入祕密藏
知我及我所　是人已出世　佛法三寶性
無上第一尊　如我所說偈　其性義如是

迦葉菩薩白佛言佛性如是不可思議三十二相八十種好亦不可思議爾時佛讚迦葉善哉善哉善男子汝已成就深利智慧我今當更善爲汝說入如來藏若我住者即是常法不離於苦若無我者修行淨行無所利益若言諸法皆無有我是即斷見若言我住即是常見若言一切行無常者即是斷見諸行常者復是常見若言苦者即是斷見若言樂者復是常見修一切法常者墮於斷見修一切法斷者墮於常見修常斷者要因斷常以是義故修餘法苦者皆名不善修餘法樂者則名爲善修餘法無我者是諸煩惱分修餘法常者是則名曰如來祕藏所謂涅槃無有窟宅修餘法無常者即是財物修餘法常者謂佛法僧及正解脫當知如是佛法中道遠離二邊而說真法　若言有者智不應染若言無者即是妄語若言有者不應默然亦復不應戲論諍訟但求了知諸法真性凡夫之人戲論諍訟不解如來微密藏故若說於苦愚人便謂身是無常說一切苦復不能知身有樂性　有智之人應當分別不應盡言一切無常何以故我身即有佛性種子若說無我凡夫當謂一切佛法悉無有我智者應當分別無我假名不實如是知已不應生疑若

言如來祕藏空寂凡夫聞之生斷滅見有智之人應當分別如來是常無有變易若言解脫喻如幻化凡夫當謂得解脫者即是磨滅有智之人應當分別人中師子雖有去來常住不變若言無明因緣諸行凡夫之人聞已分別生二法想明與無明智者了達其性無二無二之性即是實性若言諸行因緣識者凡夫謂二行之與識智者了達其性無二無二之性即是實性若言十善十惡可作不可作善道惡道白法黑法凡夫謂二智者了達其性無二無二之性即是實性若言應修一切法苦凡夫謂二智者了達其性無二無二之性即是實性若言一切行無常如來祕藏亦是無常凡夫謂二智者了達其性無二無二之性即是實性若言一切法無我如來祕藏亦無有我凡夫謂二智者了達其性無二無二之性即是實性我與無我性無有二如來祕藏其義如是不可稱計無量無邊諸佛所讚我今於是一切功德成就經中皆悉說已善男子我與無我性相無二汝應如是受持頂戴善男子汝亦應當堅持憶念如是經典如我先於摩訶般若波羅密經中說我無我無有二相如因乳生酪因酪得生酥因生酥得熟酥因熟酥得醍醐如是酪性為從乳生為從自生從他生耶乃至醍醐亦復如是

當知酪性從因緣有不得定言乳中無有酪相離乳而有無有是處善男子明與無明亦復如是若與煩惱諸結俱者名為無明若與一切善法俱者名之為明是故我言無有二相以是因緣我先說言雪山有草名曰肥膩牛若食者即成醍醐衆生薄福不見是草佛性亦爾煩惱覆故衆生不見譬如大海雖同一鹹其中亦有上妙之水味同於乳喻如雪山雖復成就種種功德多生諸藥亦有毒草諸衆生身亦復如是雖有四大毒蛇之種其中亦有妙藥大王所謂佛性非是作法但為煩惱客塵所覆若剎利婆羅門毘舍首陀能斷除者即見佛性成無上道譬如虛空震雷起雲一切象牙上皆生華若無雷震華則不生衆生佛性亦復如是常為一切煩惱所覆不可得見是故我說衆生無我若得聞是大般涅槃微妙經典則見佛性如象牙花雖聞契經一切三昧不聞是經不知如來微妙之相如無雷時象牙上華不可得見聞是經已即知一切無量衆生皆有佛性以是義故說大涅槃名為如來祕密之藏若有善男子善女人有能習學是大涅槃微妙經典當知是人能報佛恩真佛弟子　迦葉菩薩白佛言世尊是佛性者云何甚深難見難入佛言善男子如百盲人為治目故造詣良醫是時良醫即以金錍抉其眼膜以一指示問言見不盲人答言我猶未見復以二指三指示之乃言少見善男子是大涅槃微妙經典如來未說亦復如是無量菩薩雖具足行諸波羅密乃至十住猶未能見所有佛性如來既說即便少見是菩薩摩訶薩既得見已咸作是言甚奇世尊我等流轉無量生死常為無我之所惑亂善男子如是菩薩位階十地尚不了了知見佛性何況聲聞緣覺之人能得見耶　善男子今日如來所說真我名曰佛性

若有凡夫能善說者即是隨順無上佛法若有善能分別隨順宣說是者當知即是菩薩相貌所有種種異論咒術言語文字皆是佛說非外道說　爾時佛告迦葉菩薩善男子鳥有二種一名迦隣提二名鴛鴦遊止共俱不相捨離是苦無常無我等法亦復如是不得相離迦葉菩薩白佛言世尊云何是苦無常無我如彼鴛鴦迦隣提鳥佛言善男子異法是苦異法是樂異法是常異法無常異法是我異法無我譬如稻米異於麻麥麻麥復異豆粟甘蔗如是諸種從其萌芽乃至葉華皆是無常果實成熟人受用時乃名爲常何以故性真實故世尊如是等物若是常者同如來耶佛言善男子汝今不應作如是說何以故若言如來如須彌山劫壞之時須彌崩倒如來爾時豈同壞耶善男子一切諸法唯除佛性涅槃更無一法而是常者直以世諦言果實常　復次善男子譬如菴羅樹其華始敷名無常相若成果實多所利益乃名爲常如是善男子雖修一切契經諸定未聞如

是大涅槃經時咸言一切悉是無常聞是經已雖有煩惱如無煩惱即能利益一切人天何以故曉了自身有佛性故是名爲常　復次善男子譬如衆流皆歸大海一切契經諸定三昧皆歸大乘大涅槃經何以故究竟善說有佛性故是故我言異法是常異法無常乃至無我亦復如是迦葉菩薩白佛言世尊如來已離憂悲毒箭何故稱言如來憂悲佛言善男子無想天者名爲無想若無想者則無壽命若無壽命云何而有陰界諸入以是義故無想天壽不可說言有所住處譬如樹神依樹而住不得定言依枝依節依莖依葉雖無定所不得言無無想天壽亦復如是善男子佛法亦爾甚深難解如來實無憂悲苦惱而於衆生起大慈悲現有憂悲視諸衆生如羅睺羅復次善男子無想天中所有壽命唯佛能知非餘所及乃至非想非非想處亦復如是迦葉如來之性清淨無染猶如化身何處當有憂悲苦惱若言如來無憂悲者云何能利一切衆生弘廣佛法若言無者云何

而言等視衆生如羅睺羅若不等視如羅睺羅如是之言則爲虚妄以是義故佛不可思議法不可思議衆生佛性不可思議無想天壽不可思議如來有憂及以無憂是佛境界非諸聲聞緣覺所知善男子譬如空中舍宅微塵不可住立若言舍宅不因空住無有是處以是義故不可說舍住於虚空不住虚空凡夫之人雖復說言舍住虚空而是虚空實無所住何以故性無住故心亦如是不可說言住陰界入及以不住無想天壽亦復如是如來憂悲亦復如是若無憂悲云何說言等視衆生如羅睺羅若言有者復云何言性同虚空　是故如來名無礙智示現幻化隨順世間凡夫肉眼謂是真實而欲盡知如來無礙無上智者無有是處有憂無憂唯佛能知以是因緣異法有我異法無我是名鴛鴦迦隣提鳥性　迦葉菩薩白佛言世尊云何衆生得涅槃者名第一樂佛言善男子如我所說諸行和合名爲老死

謹慎不放逸　是處名甘露　放逸不謹慎

是名爲死句　若不放逸者　則得不死處
如其放逸者　常趣於死路

若放逸者名有爲法是有爲法爲第一苦若不放逸者則名涅槃彼涅槃者名爲甘露第一最樂　復次善男子譬如有人見月不現皆言月没而作没想而此月性實無没也轉現他方彼處衆生復謂月出而此月性實無出也其月常生性無出没如來應正徧知亦復如是出於三千大千世界或閻浮提示有父母衆生皆謂如來生於閻浮提内或閻浮提示現涅槃而如來性實無涅槃而諸衆生皆謂如來實般涅槃喻如月没善男子如來之性實無生滅爲化衆生故示生滅　復次善男子譬如陰闇日月不現愚夫謂言日月失没而是日月實不失没如來正法滅盡之時三寶現没亦復如是非爲永滅是故當知如來常住無有變易何以故三寶真性不爲諸垢之所染故出無佛世衆生皆謂如來真實滅度生憂悲想而如來身實不滅没如彼日月無有滅没復次善男子譬如日出衆霧悉除此大涅槃微妙經典亦復如是出興於世若有衆生一經耳者悉能滅除一切諸惡無間罪業是大涅槃甚深境界不可思議善説如來微密之性以是義故諸善男子善女人等應於如來生常住心無有變易正法不斷僧寶不滅是故應當多修方便勤學是典是人不久當得成於阿耨多羅三藐三菩提是故此經名爲無量功德所成亦名菩提不可窮盡　復次善男子譬如闇夜諸所營作一切皆息若未訖者要待日明學大乘者雖修契經一切諸定要待大乘大涅槃日聞於如來微密之教然後乃能造菩提業安住正法猶如天雨潤益增長一切諸種成就果實悉除饑饉多受豐樂如來祕藏無量法雨亦復如是是經出世如彼果實多所利益安樂一切能令衆生見於佛性如法華中八千聲聞得受記莂成大果實如秋收冬藏更無所作　如是善男子是大乘典大涅槃經無量無數不可思議未曾有也當知即是無上良醫最尊最勝衆經中王譬如大船從海此岸至於彼岸復從彼岸還至此岸如來應正徧知亦復如是乘大涅槃大乘寶船周旋往返濟度衆生在在處處有應度者悉令得見如來之身以是義故如來名曰無上船師譬如有船則有船師以有船師則有衆生渡於大海如來常住化度衆生亦復如是　復次善男子譬如金師得好真金隨意造作種種諸器如來亦爾於二十五有悉能示現種種色身爲化衆生拔生死故是故如來名無邊身雖復示現種種諸身亦名常住無有變易

善男子是大乘典大涅槃經於我滅後有諸衆生不能恭敬無有威德何以故是諸衆生不知如來微密藏故所以者何以是衆生薄福德故復次善男子如來正法將欲滅盡爾時多有行惡比丘不知如來微密之藏懶惰懈怠不能讀誦宣揚分別如來正法譬如癡賊棄捨真寶擔負草藁不解如來微密藏故於是經中懈怠不勤哀哉大險當來之世甚可怖畏苦哉衆生不勤聽受是大乘典大涅槃經唯諸菩薩摩訶薩等能於是經取真實

義不著文字隨順不逆爲衆生說復次善男子如牧牛女爲欲賣乳貪多利故加二分水轉賣與餘牧牛女人彼女得已復加二分轉復賣與近城女人彼女得已復加二分轉復賣與城中女人彼女得已復加二分詣市賣之雖復無味於苦味中千倍爲勝何以故乳之爲味諸味中最勝善男子我涅槃後正法未滅餘八十年爾時是經於閻浮提當廣流布是時當有諸惡比丘抄掠是經分作多分能滅正法色香美味是諸惡人雖復讀誦如是經典滅除如來深密要義安置世間莊嚴文飾無義之語抄前著後抄後著前前後著中中著前後當知如是諸惡比丘是魔伴黨受畜一切不淨之物而言如來悉聽我畜如牧牛女多加水乳諸惡比丘亦復如是雜以世語錯定是經令多衆生不得正說正寫正取尊重讚歎供養恭敬是惡比丘爲利養故不能廣宣流布是經所可分流少不足言如彼牧牛貧窮女人展轉賣乳乃至成糜而無乳味是大乘典大涅槃經亦復如是展轉薄淡無有氣味雖無氣味猶勝餘經足一千倍何以故是大乘典大涅槃經於聲聞經最爲上首喻如牛乳味中最勝以是義故名大涅槃　復次善男子如來常爲一切衆生而作父母所以者何一切衆生種種形類二足四足多足無足佛以一音而爲說法[十六]彼彼異類各自得解各各歎言如來今日爲我說法以是義故名爲父母復次善男子如人生子始十六月雖復語言未可解了而彼父母欲教其語先同其音漸漸教之是父母語可不正耶善男子諸佛如來亦復如是隨諸衆生種種音聲而爲說法爲令安住於正法故隨所應見而爲示現種種形像如來如是同彼語言可不正耶如來所說如師子吼隨順世間種種音聲而爲衆生演說妙法　爾時世尊從面門放種種色光明照純陀身純陀遇已與諸大衆各持供養至於佛前爾時三千大千世界莊嚴微妙猶如西方安樂國土純陀憂悲悵快重白佛言唯願如來猶見哀愍住壽一劫若減一劫佛告純陀汝欲令我久住世者宜當速奉最後具足檀波羅密　是時天人阿修羅等啼泣悲歎而作是言如來今日已受我等最後供養受供養已當般涅槃我等當復更供養誰我今永離無上調御盲無眼目爾時世尊爲欲慰喻一切大衆而說[十七]偈言

汝等莫悲歎　諸佛法應爾　我入於涅槃
已經無量劫　常受最勝樂　永處安隱處
汝今至心聽　我當說涅槃　令諸一切衆
咸得安隱樂　汝聞應修行　諸佛法常住
如來視一切　猶如羅睺羅　常爲衆生尊
云何永涅槃　假使一切衆　一時成佛道
遠離諸過患　爾乃入涅槃　以是故汝等
應深樂正法　不應生憂惱　號泣而啼哭
若欲自正行　應修如來常　常觀如是法
長存不變易　三寶皆常住　四衆應善聽
聞已應歡喜　即發菩提心　若能計三寶
常住同真諦　此則是諸佛　最上之誓願

爾時大衆以種種物供養佛已世尊與文殊師利迦葉菩薩及以純陀而受記別受記別

已說如是言諸善男子自修其心愼莫放逸我今欲臥汝等文殊當爲四部廣說大法今以此法付囑於汝乃至迦葉阿難等來復當付囑如是正法爾時如來說是語已爲欲調伏諸衆生故現身有疾右脅而臥如彼病人

爾時迦葉菩薩白佛言世尊如來已免一切疾病患苦悉除無復怖畏如是種種身心諸病諸佛世尊悉無復有今日如來何緣顧命文殊師利而作是言我今背痛汝等當爲大衆說法世尊實無有病云何默然右脅而臥

復次世尊菩薩摩訶薩常作是願願令衆生永斷諸病得成如來金剛之身又願一切無量衆生作妙藥王斷除一切諸惡重病又願衆生於阿耨多羅三藐三菩提無有退轉速得成就無上佛藥銷除一切煩惱毒箭又願衆生勤修精進成就如來金剛之身作微妙藥療治衆病又願衆生得入如來智慧大藥微密法藏世尊菩薩如是已於無量百千萬億那由他劫發是誓願令諸衆生悉無復病何緣如來乃於今日唱言有病　此闕浮提有諸愚人當作是念如來正覺必當涅槃生滅盡想復爲外道九十五種之所輕慢生無常想彼諸外道當作是言不如我等以我性常自在時節微塵等法而爲常住無有變易沙門瞿曇無常所遷是變易法以是義故世尊今日不應默然右脅而臥　如來世尊有大智慧照明一切人中之龍具大威德成就神通無上仙人永斷疑網已拔毒箭進止安詳威儀具足得無所畏今者何故右脅而臥令諸人天憂愁苦惱　爾時世尊大悲熏心知諸衆生各各所念將欲隨順畢竟利益卽從臥起結跏趺坐顏貌熈怡如融金聚面目端嚴猶月盛滿形容清淨無諸垢穢放大光明充徧虛空其光大盛過百千日照於東方南西北方四維上下諸佛世界惠施衆生大智之炬悉令得滅無明黑闇令百千億那由他衆生安止不退菩提之心　爾時佛告迦葉菩薩善哉善哉善男子汝已具足如是甚深微妙智慧不爲一切諸魔外道之所破壞汝已安住不爲一切諸邪惡風之所傾動汝今成就樂說辯才已曾供養過去無量恒河沙等諸佛世尊是故能問如來正覺如是之義善男子我於往昔無量無邊億那由他百千萬劫已除病根永離倚臥　迦葉我今實無一切疾病所以者何諸佛世尊久已遠離一切病故迦葉是諸衆生不知大乘方等密教便謂如來眞實有疾　迦葉我今言病亦是如來祕密之教是故顧命文殊師利吾今背痛汝等當爲四衆說法迦葉如來正覺實無有病右脅而臥亦不畢竟入於涅槃迦葉是大涅槃卽是諸佛甚深禪定如是禪定非是聲聞緣覺行處

御錄經海一滴卷之十四

御錄經海一滴卷之十五　　機五

大般涅槃經之三

爾時佛告迦葉菩薩善男子菩薩摩訶薩應於是大涅槃經專心思惟聖行梵行常當修習復有如來行所謂大乘大涅槃經迦葉云何菩薩摩訶薩所修聖行菩薩摩訶薩若從聲聞若從如來得聞如是大涅槃經聞已生信信已應作如是思惟諸佛世尊有無上道有大正法大衆正行復有方等大乘經典我今當爲愛樂貪求大乘經故捨離所愛妻子眷屬剃除鬚髮服三法衣旣出家已奉持禁戒威儀不缺進止安詳無所觸犯乃至小罪心生怖畏護戒之心猶如金剛善男子譬如有人帶持浮囊欲渡大海爾時海中有一羅刹即從其人乞索浮囊其人聞已即作是念我今若與必定沒死答言羅刹汝寧殺我浮囊叵得羅刹復言汝若不能全與我者見惠其半是人猶故不肯與之羅刹復言汝若不能惠我半者幸願與我三分之一是人不肯羅刹復言若不能者當施手許是人不肯羅刹復言汝今若復不能與我如手許者我今飢窮衆苦所逼願當濟我如微塵許是人復言汝今所索誠復不多然我今日方當渡海不知前途近遠如何若與汝者氣當漸出大海之難何由得過善男子菩薩摩訶薩護持禁戒亦復如是如彼渡人護惜浮囊菩薩如是護戒之時常有煩惱諸惡羅刹語菩薩言汝當信我終不相欺但破禁戒令汝安隱得入涅槃菩薩爾時應作是言我今寧持如是禁戒墮阿鼻獄終不毁犯而生天上菩薩摩訶薩於是諸戒律中護持堅固心如金剛受持如是諸禁戒已作是願言寧以此身投於熾然猛火深坑終不毁犯過去未來現在諸佛所制禁戒　復次善男子菩薩摩訶薩復作是願寧以熱鐵周帀纏身終不敢以破戒之身受於信心檀越衣服復作是願寧以此口吞熱鐵丸終不敢以毁戒之口食於信心檀越飮食復作是願寧卧此身大熱鐵上終不敢以破戒之身受於信心檀越牀卧敷具復作是願我寧以身受三百鉾終不敢以毁戒之身受於信心檀越醫藥復作是願寧以此身投熱鐵鑊不以破戒之身受於信心檀越房舍屋宅復作是願寧以鐵鎚打碎此身從頭至足令如微塵不以破戒受諸刹利婆羅門居士恭敬禮拜復次善男子菩薩摩訶薩復作是願寧以熱鐵挑其兩目不以染心視他好色復作是願寧以鐵錐徧耳攙刺不以染心聽好音聲復作是願寧以利刀割去其鼻不以染心貪齅諸香復作是願寧以利刀割裂其舌不以染心貪著美味復作是願寧以利斧斬斫其身不以染心貪著諸觸何以故以是因緣能令行者墮於地獄畜生餓鬼是名菩薩護持禁戒菩薩摩訶薩護持如是諸禁戒已悉以施於一切衆生以是因緣願令衆生護持禁戒得清淨戒善戒不缺戒不拆戒大乘戒不退戒隨順戒畢竟戒具足成就波羅蜜戒善男子菩薩摩訶薩修持如是清淨戒時即得住於初不動地云何名不動地菩薩住是不動地中不動不墮不退不散譬如須彌山旋嵐猛風不能令動墮落退

散菩薩摩訶薩住是地中亦復如是不爲色聲香味觸所動不墮地獄畜生餓鬼不退聲聞辟支佛地不爲異見邪風所散而作邪命善男子又不動者不爲貪欲恚癡所動又不墮者不墮四重又不退者不退戒還俗又不散者不爲違逆大乘經者之所散壞亦復不爲諸煩惱魔之所傾動不爲陰魔所墮乃至坐於道場菩提樹下雖有天魔不能令其退於阿耨多羅三藐三菩提亦復不爲死魔所散善男子是名菩薩摩訶薩修習聖行善男子云何名爲聖行聖行者佛及菩薩之所行故故名聖行以何等故名佛菩薩爲聖人也如是等人有聖法故常觀諸法性空寂故以是義故故名聖人有聖戒故復名聖人有聖定慧故故名聖人有七聖財所謂信戒慚愧多聞智慧捨離故故名聖人有七聖覺故故名聖人以是義故復名聖行

復次迦葉又有聖行所謂四聖諦苦集滅道是名四聖諦迦葉苦者逼迫相集者能生長相滅者寂滅相道者大乘相復次善男子苦者現相集者轉相滅者除相道者能除相復次善男子苦者有三相苦苦相行苦相壞苦相集者二十五有滅者滅二十五有道者修戒定慧復次善男子有漏法者有二種有因有果無漏法者亦有二種有因有果有漏果者是則名苦有漏因者則名爲集無漏果者則名爲滅無漏因者則名爲道復次善男子八相名苦所謂生苦老苦病苦死苦愛别離苦怨憎會苦求不得苦五盛陰苦能生如是八苦法者是名爲集無有如是八法之處是名爲滅十力四無所畏三念處大悲是名爲道

迦葉三界受身無不有生老不必定是故一切生爲根本迦葉世間衆生顛倒覆心貪著生相厭患老死迦葉菩薩不爾觀其初生已見過患迦葉如有女人相好莊嚴入一人舍主人問曰汝是何人答曰我乃功德大天我所至處能令其家財寶豐盈主人歡喜恭敬禮拜更見門外一女衣貌陋垢主人問曰汝是何人答曰我名黑闇我所行處能令其人財寶耗散主人聞已持刀驅逐女人答言汝甚愚癡無有智慧汝舍内者即是我姊我常與姊進止共俱汝若驅我亦當逐彼主人入問功德天言實是我妹我與此妹行住不離隨所住處我常作好彼常作惡我爲利益彼爲衰損若愛我者亦應愛彼若見恭敬亦應敬彼主人即言若此好惡我俱不用各隨意去是時二女相將還其所止迦葉菩薩摩訶薩亦復如是不願生天以生當有老病死故是以俱棄曾無愛心凡夫愚人不知老病死等過患是故愛憎生死二法譬如毒樹根亦能殺莖亦能殺皮華果實悉亦能殺善男子二十五有受生之處所受五陰亦復如是一切能殺

迦葉菩薩白佛言世尊如佛所説五盛陰苦是義不然何以故如佛往昔告釋摩男若色苦者一切衆生不應求色若有求者則不名苦如佛告諸比丘有三種受苦受樂受不苦不樂受如佛先爲諸化丘説若有人能修行善法則得受樂又如佛説於善道中六觸受樂眼見好色是則爲樂耳鼻舌身意思好法亦復如是世尊如諸經中所説樂相其義

如是如佛今說云何當與此義相應　佛告迦葉善哉善哉善能諮問如來是義善男子一切衆生於下苦中橫生樂想是故我今所說苦相與本不異猶如有人當受千罰受一下已即得脫者是人爾時便生樂想是故當知於無樂中妄生樂想迦葉言世尊彼人不以一下生於樂想以得脫故而生樂想迦葉是故我昔爲釋摩男說五陰中樂實不虛也迦葉有三受三苦三受者所謂樂受苦受不苦不樂受三苦者所謂苦苦行苦壞苦善男子苦受者名爲三苦所謂苦苦行苦壞苦餘二受者所謂行苦壞苦善男子以是因緣生死之中實有樂受菩薩摩訶薩以苦樂性不相捨離是故說言一切皆苦善男子生死之中實無有樂但諸佛菩薩隨順世間說言有樂世尊諸佛菩薩若隨俗說是虛妄不如佛所說修行善者則受樂報持戒安樂身不受苦乃至衆事以辦是爲最樂如是等經所說樂受是虛妄不佛言善男子如上所說諸受樂者即是菩提道之根本亦能長養阿耨多羅三藐三菩提以是義故先於經中說是樂相　善男子諸凡夫人有苦無諦聲聞緣覺有苦有苦諦而無眞實諸菩薩等解苦無苦是故無苦而有眞諦諸凡夫人有集無諦聲聞緣覺有集有集諦諸菩薩等解集無集是故無集而有眞諦聲聞緣覺有滅非眞菩薩摩訶薩有滅有眞諦聲聞緣覺有道非眞菩薩摩訶薩有道有眞諦善男子云何菩薩摩訶薩住於大乘大般涅槃見滅見滅諦所謂斷除一切煩惱若煩惱斷則名爲常滅煩惱火則名寂滅煩惱滅故則得受樂諸佛菩薩求因緣故故名爲淨更不復受二十五有故名出世以出世故名爲我常於色聲香味觸男女生住滅苦樂不苦不樂不取相貌故名畢竟寂滅眞諦善男子是四聖諦諸佛世尊次第說之以是因緣無量衆生得度生死

爾時文殊師利菩薩白佛言世尊所說世諦第一義諦其義云何世尊第一義中有世諦不世諦之中有第一義不如其有者即是一諦如其無者將非如來虛妄說耶佛言善男子世諦者即第一義諦世尊若爾者則無二諦善男子有善方便隨順衆生說有二諦善男子若隨言說則有二種一者世法二者出世法如出世人之所知者名第一義諦世人知者名爲世諦善男子五陰和合稱言某甲凡夫衆生隨其所稱是名世諦解陰無有某甲名字離陰亦無某甲名字出世之人如其性相而能知之名第一義諦復次善男子或復有法有名有實或復有法有名無實有名無實者即是世諦有名有實者是第一義諦

復次善男子若燒若割若死若壞是名世諦無燒無割無死無壞是名第一義諦復次善男子有八苦相名爲世諦無生無老無病無死無愛別離無怨憎會無求不得無五盛陰是名第一義諦言實諦者名曰眞法善男子若法非眞不名實諦實諦者無有顛倒無顛倒者乃名實諦善男子實諦者無有虛妄若有虛妄不名實諦實諦者名曰大乘非大乘者不名實諦實諦者是佛所說非魔所說善男子實諦者一道清淨無有二也善男子

有常有樂有我有淨是則名爲實諦之義文殊師利白佛言世尊若以眞實爲實諦者眞實之法即是如來虛空佛性若如是者如來虛空及與佛性無有差別佛告文殊師利有苦有諦有實有集有諦有實有滅有諦有實有道有諦有實善男子如來非苦非諦是實虛空非苦非諦是實佛性非苦非諦是實文殊師利所言苦者爲無常相是可斷相是爲實諦如來之性非苦非無常非可斷相是故爲實虛空佛性亦復如是復次善男子所言集者能令五陰和合而生亦名爲苦亦名無常是可斷相是爲實諦善男子如來非是集性非是陰因非可斷相是故爲實虛空佛性亦復如是善男子所言滅者名煩惱滅亦常無常二乘所得名曰無常諸佛所得是則名常亦名證法是爲實諦善男子如來之性不名爲滅能滅煩惱非常無常不名證知常住無變是故爲實虛空佛性亦復如是善男子道者能斷煩惱亦常無常是可修法是名實諦如來非道能斷煩惱非常無常非可修法常住不變是故爲實虛空佛性亦復如是復次善男子言眞實者即是如來如來者即是眞實眞實者即是虛空虛空者即是眞實眞實者即是佛性佛性者即是眞實文殊師利有苦有苦因有苦盡有苦對如來非苦乃至非對是故爲實不名爲諦虛空佛性亦復如是苦者有爲有漏無樂如來非有爲非有漏湛然安樂是實非諦　文殊師利言若佛所說名爲實諦當知魔說則爲不實世尊如魔所說聖諦攝不佛言文殊師利魔所說者二諦所攝所謂苦集凡是一切非法非律不能令人而得利益終日宣說亦無有人見苦斷集證滅修道是名虛妄如是虛妄名爲魔說文殊師利言如佛所說一道清淨無有二者諸外道等亦復說言我有一道清淨無二若言一道是實諦者與彼外道有何差別若無差別不應說言一道清淨佛言善男子諸外道等有苦集諦無滅道諦於非滅中而生滅想於非道中而生道想於非果中生於果想於非因中生於因想以是義故彼無一道清淨無二文殊師利言世尊諸外道等種種說有常樂我淨當知定有常樂我淨世尊以是義故諸外道等亦得說言我有眞諦佛言善男子若有沙門婆羅門有常有樂有我有淨者是非沙門非婆羅門何以故迷於生死離一切智大導師故如是沙門婆羅門等沈沒諸欲善法羸損故是諸外道繫在貪欲瞋恚癡獄堪忍受樂故是諸外道雖知業果自作自受而猶不能遠離惡法是諸外道非是正法正命自活何以故無智慧火不能消故是諸外道迷惑顛倒言諸行常諸行若常無有是處善男子我觀諸行悉皆無常云何知也以因緣故若有諸法從緣生者則知無常是諸外道無有一法不從緣生善男子佛性無生無滅無去無來非過去非未來非現在非因所作非無因作非作非作者非相非無相非有名非無名非名非色非長非短非陰界入之所攝持是故名常善男子佛性即是如來如來即是法法即是常善男子常者即是如來如來即是僧僧即是常以是義故從因

生法不名爲常是諸外道無有一法不從因生是諸外道不見佛性如來及法是故外道所可言説悉是妄語無有真諦善男子一切有爲皆是無常虚空無爲是故爲常佛性無爲是故爲常虚空者即是佛性佛性者即是如來如來者即是無爲無爲者即是常常者即是法法者即是僧僧即無爲無爲者即是常善男子有爲之法凡有二種色法非色法非色法者心心數法色法者地水火風善男子心名無常何以故性是攀緣相應分別故眼識性異乃至意識性異是故無常色境界異乃至法境界異是故無常眼識相應異乃至意識相應異是故無常善男子心若常者眼識應獨緣一切法若眼識異乃至意識異則知無常以法相似念念生滅凡夫見已計之爲常善男子諸因緣相可破壞故亦名無常所謂因眼因色因明因思惟生於眼識耳識生時所因各異非眼識因緣乃至意識異亦復如是　復次善男子壞諸行因緣異故心名無常所謂修無常心異修苦空無我心異心若常者應常修無常尚不得觀苦空無我況復得觀常樂我淨以是義故外道法中不能攝取常樂我淨善男子當知心法必定無常復次善男子心性異故名爲無常所謂聲聞心性異緣覺心性異諸佛心性異一切外道心有三種一者出家心二者在家心三者在家遠離心樂相應心異苦相應心異不苦不樂相應心異貪欲相應心異瞋恚相應心異愚癡相應心異一切外道心相亦異所謂疑惑相應心異邪見相應心異進止威儀其心亦異善男子心若常者亦復不能分別諸色所謂青黄赤白紫色心若常者諸憶念法不應忘失心若常者凡所讀誦不應增長復次善男子心若常者不應説言已作今作當作若有已作今作當作當知是心必定無常心若常者則無怨親非怨非親心若常者則不應言我物他物若死若生心若常者雖有所作不應增長以是義故當知心性各各別異有別異故當知無常善男子我今於此非色法中演説無常其義已顯復當爲汝説色無常是色無常本無有生生已滅故内心處胎歌羅邏時本無有生生已變故外諸芽莖本無有生生已變故是故當知一切色法悉皆無常善男子所有内色隨時而變歌羅邏時異初生時異嬰孩時異童子時異乃至老時各各變異所有外色亦復如是芽異莖異枝異葉異華異果異復次善男子歌羅邏時狀貌異乃至老時狀貌亦異歌羅邏時果報異乃至老時果報亦異歌羅邏時名字異乃至老時名字亦異故知無常凡夫無知見相似生計以爲常以是義故名曰無常復次善男子諸行無我總一切法謂色非色色非我者可破可壞我者不爾以是義故知色非我非色之法亦復非我何以故因緣生故若諸外道以專念故知有我者專念之性實非我也若以專念爲我性者過去之事則有忘失有忘失故定知無我若諸外道以憶想故知有我者無憶想故定知無我若諸外道以有進故知有我者善男子以有進故定知無我如言調達終不發言非調達也我亦如是

若定是我終不遮我以遮我故定知無我若以遮故知有我者汝今不遮定應無我　復次善男子若諸外道以相貌故知有我者善男子相故無我無相故亦無我若人睡時不能進止俯仰視眴不覺苦樂不應有我若以進止俯仰視眴知有我者機關木人亦應有我善男子如來亦爾不進不止不俯不仰不視不眴不苦不樂不貪不恚不癡不行如來如是眞實有我善男子是諸外道癡如小兒無慧方便不能了達常與無常苦樂淨不淨我無我壽命非壽命衆生非衆生實非實有非有於佛法中取少許分虛妄計有常樂我淨而實不知常樂我淨如生盲人不識乳色便問他言乳色何似以是義故我佛法中有眞實諦非諸外道文殊師利白佛言希有世尊如來於今臨般涅槃方便轉於無上法輪乃作如是分別眞諦佛告文殊師利汝今云何故於如來生涅槃想善男子如來實是常住不變不般涅槃善男子若有計我是佛我成阿耨多羅三藐三菩提我即是法法是我所我即是道道是我所我即世尊世尊即是我所我即是聲聞聲聞即是我所我能說法令他聽受我轉法輪餘人不能如來終不作如是計是故如來不轉法輪善男子若言常住無有變易云何說言佛轉法輪是故汝今不應說言如來方便轉於法輪譬如因眼緣色緣明緣思惟因緣和合得生眼識眼不念言我能生識色乃至思惟終不念言我生眼識眼識亦復不作念言我能自生善男子如是等法因緣和合得名爲見如來亦爾因六波羅蜜三十七助菩提之法覺了諸法復因咽喉舌齒唇口言語音聲爲憍陳如初始說法名轉法輪以是義故如來不名轉法輪也譬如因鼓因空因桴和合出聲鼓不念言我能出聲乃至桴亦如是聲亦不言我能自生如來亦爾終不念言我轉法輪轉法輪者名爲不作不作者即轉法輪轉法輪者即是如來善男子轉法輪者乃是諸佛世尊境界非諸聲聞緣覺所知善男子虛空非生非出非作非造非有爲法如來亦爾非生非出非作非造非有爲法如如來性佛性亦爾非生非出非作非造非有爲法諸佛世尊語有二種一者世語二出世語如來爲諸聲聞緣覺說於世語爲諸菩薩說出世語善男子是諸大衆復有二種一者求小乘二者求大乘我於昔日波羅奈城爲諸聲聞轉於法輪今始於此拘施那城爲諸菩薩轉大法輪復次善男子我昔於彼波羅奈城初轉法輪八萬天人得須陀洹果今於此間拘施那城八十萬億人不退轉於阿耨多羅三藐三菩提復次善男子波羅奈城大梵天王稽首請我轉於法輪今於此間拘施那城迦葉菩薩稽首請我轉大法輪復次善男子我昔於彼波羅奈城轉法輪時說於無常苦空無我今於此間拘施那城轉法輪時說常樂我淨復次善男子我昔於彼波羅奈城轉法輪時所出音聲聞於梵天如來今於拘施那城轉法輪時所出音聲徧於東方二十恒河沙等諸佛世界南西北方四維上下亦復如是善男子諸佛世尊凡有所說皆悉名爲轉法輪也譬如聖王

所有輪寶未降伏者能令降伏已降伏者能令安隱諸佛世尊凡所說法亦復如是無量煩惱未調伏者能令調伏已調伏者令生善根譬如聖王所有輪寶則能消滅一切怨賊如來演法亦復如是能令一切諸煩惱賊皆悉寂靜　爾時世尊告迦葉菩薩善男子是名菩薩住於大乘大涅槃經所行聖行是諸世尊安住於此大般涅槃而作如是開示分別演說其義以是義故名曰聖行聲聞緣覺及諸菩薩如是聞已則能奉行故名聖行善男子是菩薩摩訶薩得是行已則得住於無所畏地若有菩薩得住如是無所畏地則不復畏貪恚愚癡生老病死亦復不畏惡道地獄畜生餓鬼善男子惡有二種一者阿修羅二者人中人中有三種惡一者一闡提二者誹謗方等經典三者犯四重禁住是地中諸菩薩等終不畏墮如是惡中亦復不畏沙門婆羅門外道邪見天魔波旬亦復不畏受二十五有是故此地名無所畏菩薩摩訶薩住無畏地得二十五三昧壞二十五有善男子得無垢三昧能壞地獄有得無退三昧能壞畜生有得心樂三昧能壞餓鬼有得歡喜三昧能壞阿修羅有得日光三昧能斷弗婆提有得月光三昧能斷瞿耶尼有得熱燄三昧能斷欝單越有得如幻三昧能斷閻浮提有得一切法不動三昧能斷四天王處[十六]有得摧伏三昧能斷三十三天處有得悅意三昧能斷燄摩天有得青色三昧能斷兜率天有得黃色三昧能斷化樂天有得赤色三昧能斷他化自在天有得白色三昧能斷初禪有得種種三昧能斷大梵王有得雙三昧能斷二禪有得雷音三昧能斷三禪有得霔雨三昧能斷四禪有得如虛空三昧能斷無想有得照鏡三昧能斷淨居阿那含有得無礙三昧能斷空處有得常三昧能斷識處有得樂三昧能斷不用處有得我三昧能斷非想非非想處有善男子是名菩薩得二十五三昧斷二十五有如是二十五三昧名諸三昧王諸菩薩摩訶薩入如是等諸三昧王若欲吹壞須彌山王隨意即能欲知三千大千世界所有衆生心之所念亦悉能知欲以三千大千世界所有衆生內於己身一毛孔中隨意即能亦令衆生無廹迮想若欲化作無量衆生悉令充滿三千大千世界中者亦能隨意欲分一身以爲多身復合多身以爲一身雖作如是心無所著猶如蓮華善男子[十七]菩薩摩訶薩得入如是三昧王已即得住於自在之地菩薩得住是自在地得自在力隨欲生處即得往生譬如聖王領四天下隨意所行無能障礙菩薩摩訶薩亦復如是一切生處若欲生者隨意往生善男子菩薩摩訶薩之所成就如是功德無量無邊百千萬億尚不可說何況諸佛所有功德而當可說　迦葉菩薩白佛言世尊如佛所讚大涅槃經猶如醍醐最上最妙若有能服衆病悉除一切諸藥悉入其中我聞是已竊復思念若有不能聽受是經當知是人爲大愚癡世尊我於今者實能堪忍剝皮爲紙刺血爲墨以髓爲水析骨爲筆書寫如是大涅槃經書已讀誦令其通利然後爲人廣說其義爾時佛讚迦葉菩薩

善哉善哉善男子汝今以此善心因緣當得超越無量無邊恒河沙等諸大菩薩在前得成阿耨多羅三藐三菩提汝亦不久復當如我廣爲大衆演說如是大般涅槃如來佛性諸佛所說祕密之藏善男子過去之世佛日未出我於爾時作婆羅門修菩薩行悉能通達一切外道所有經論修寂滅行具足威儀其心清淨不爲外來能生欲想之所破壞滅瞋恚火受持常樂我淨之法周徧求索大乘經典乃至不聞方等名字我於爾時住於雪山其山清淨流泉浴池樹林藥木充滿其地處處石間有清流水多諸香華周徧嚴飾衆鳥禽獸不可稱計甘果滋繁種別難計復有無量藕根甘根青木香根我於爾時獨處其中唯食諸果食已繫心思惟坐禪經無量歲善男子我修如是難行苦行時釋提桓因及諸天人等心大驚怪即共集會各各相謂而說偈言

各各相指示　清淨雪山中　寂靜離欲主
功德莊嚴王　已離貪瞋慢　永斷諂愚癡
口初未曾說　麤惡等語言

爾時衆中有一天子名曰歡喜復說偈言

如是離欲人　清淨勤精進　將不求帝釋
及以諸天耶　若是外道者　修行諸苦行
是人多欲求　帝釋所生處

爾時復有一仙天子即爲帝釋言憍尸迦世有大士爲衆生故不貪已身亦不願求生於天上唯求欲令一切衆生得受快樂如我所解如是大士清淨無染衆結永盡唯欲求於阿耨多羅三藐三菩提釋提桓因復作是言如汝言者是人則爲攝取一切世間衆生大仙若此世間有佛樹者我等悉當得滅無量熾然煩惱如是之事實爲難信何以故無量百千諸衆生等發於阿耨多羅三藐三菩提心見少微緣於阿耨多羅三藐三菩提即便動轉如水中月水動則動猶如畫像難成易壞菩提之心亦復如是難發易壞是故我今雖見世人修於苦行無惱無熱住於道檢其行清淨未能信也我今要當自往試之大仙猶如車有二輪則有載用鳥有二翼堪任飛行是苦行者亦復如是我雖見其堅持禁戒未知其人有深智不若有深智當知則能堪任荷負阿耨多羅三藐三菩提之重擔也大仙如菴羅樹華多果少衆生發心乃有無量及其成就少不足言爾時釋提桓因自變其身作羅刹像形甚可畏下至雪山宣過去佛所說半偈

諸行無常　是生滅法

是苦行者聞是半偈心生歡喜譬如估客於險難處失伴遇同侶亦如久病遇良醫妙藥如人沒海卒遇船舫如渴乏人遇清冷水亦如農夫炎旱值雨亦如行人還得歸家善男子我於爾時聞是半偈心中歡喜亦復如是即從座起以手舉髮四向顧視而說是言向所聞偈誰之所說誰開如是解脫之門誰能雷震諸佛音聲誰於生死睡眠之中而獨覺寤唱如是言誰能於此示導生死飢饉衆生無上道味無量衆生沉生死海誰能於中作大船師是諸衆生常爲煩惱重病所纏誰能於中爲作良醫說是半偈啓悟我心猶如半

月漸開蓮華善男子我於爾時更無所見唯見羅刹復作是念而此羅刹或能得見過去諸佛從諸佛所聞是半偈我今當問即便前至羅刹所言善哉大士汝於何處得是過去離怖畏者所説半偈復於何處而得如是半如意珠善男子我問是已即答我言大婆羅門汝今不應問我是義何以故我不食來已經多日處處求索了不能得飢渴苦惱心亂寱語非我本心之所知也我即問言汝所食者爲是何物羅刹答言我所食者唯人煖肉其所飲者唯人熱血自我薄福唯食此食周徧求索困不能得善男子我復語言汝但具足説是半偈我聞偈已當以此身奉施供養大士我設命終如此之身無所復用我今爲求阿耨多羅三藐三菩提捨不堅身以易堅身羅刹答言誰當信汝如是之言爲八字故棄所愛身善男子我即答言汝眞無智譬如有人施他瓦器得七寶器我亦如是捨不堅身得金剛身汝言誰當信者我今有證大梵天王釋提桓因及四天王能證是事復有天眼諸菩薩等爲欲利益無量衆生修行大乘具六度者亦能證知復有十方諸佛世尊利衆生者亦能證我爲八字故捨於身命羅刹復言汝若如是能捨身者諦聽諦聽當爲汝説其餘半偈善男子我於爾時聞是事已心中歡喜即解已身所著鹿皮爲此羅刹敷置法座白言和尚願坐此座我即於前叉手長跪而作是言唯願和尚善爲我説其餘半偈令得具足羅刹即説

生滅滅已　寂滅爲樂

爾時羅刹説是偈已復作是言菩薩摩訶薩汝今已聞具足偈義汝之所願爲悉滿足若必欲利諸衆生者時施我身善男子我於爾時深思此義然後處處若石若壁若樹若道書寫此偈即便更繫所著衣裳恐其死後身體露現即上高樹爾時樹神復問我言善哉仁者欲作何事善男子我時答言我欲捨身以報偈價樹神問言如是偈者何所利益我時答言如是偈句乃是過去未來現在諸佛所説開空法道我爲此法棄捨身命不爲利養名聞財寶轉輪聖王四大天王釋提桓因大梵天王人天中樂爲欲利益一切衆生故捨此身善男子我捨身時復作是言願令一切慳惜之人悉來見我捨離此身若有少施起貢高者亦令得見我爲一偈捨此身命如棄草木菩薩爾時説是語已尋即放身自投樹下未至地時虛空之中出種種聲其聲乃至阿迦尼吒天爾時羅刹還復釋身即於空中接取菩薩安置平地爾時釋提桓因及諸天人大梵天王稽首頂禮菩薩足下讚言善哉善哉眞是菩薩能大利益無量衆生欲於無明黑暗之中然大法炬由我愛惜如來大法故相嬈惱唯願聽我懺悔罪咎汝於未來必定成就阿耨多羅三藐三菩提願見濟度爾時釋提桓因及諸天衆禮菩薩足於是辭去忽然不現善男子如我往昔爲半偈故捨棄此身以是因緣便得超越足十二劫在彌勒前成阿耨多羅三藐三菩提善男子我得如是無量功德皆由供養如來正法汝今亦爾發於阿耨多羅三藐三菩提心則已超過

無量無邊恒河沙等諸菩薩上善男子是名菩薩住於大乘大般涅槃修於聖行

善男子云何菩薩摩訶薩梵行善男子菩薩摩訶薩住於大乘大般涅槃住七善法得具梵行何等爲七一者知法二者知義三者知時四者知足五者知自六者知衆七者知尊卑善男子云何知法菩薩摩訶薩知十二部經能作論義分別廣說是名知法善男子云何知義菩薩摩訶薩若於一切文字語言廣知其義是名知義云何知時菩薩善知如是時中任修寂靜如是時中任修精進如是時中任修捨定如是時中任供養佛如是時中任供養師如是時中任修布施持戒忍辱精進禪定具足般若波羅蜜是名知時云何知足菩薩摩訶薩知足者所謂飲食衣藥行住坐卧睡寤語默是名知足云何自知是菩薩自知我有如是信如是戒如是多聞如是捨如是慧如是去來如是正念如是善行如是問如是答是名自知云何知衆是菩薩知如是等是剎利衆婆羅門衆居士衆沙門衆應於是衆如是行來如是坐起如是說法如是問答是名知衆云何知人尊卑人有二種一者信二者不信菩薩當知信者是善其不信者不名爲善善男子是名菩薩摩訶薩住於大乘大涅槃經住七善法菩薩住是七善法已得具梵行復次善男子復有梵行謂慈悲喜捨夫修慈者能斷貪欲修悲心者能斷瞋恚修喜心者能斷不樂修捨心者能斷貪欲瞋恚善男子四無量心成就甚難何以故久於過去無量劫中多習煩惱未修善法是故不能於一日中調伏其心又如家犬不畏於人山林野鹿見人怖走瞋恚難去如守家狗慈心易失如彼野鹿是故此心難可調伏

初住菩薩修大慈時於一闡提心無差別不見其過故不生瞋以是義故得名大慈善男子爲諸衆生除無利益是名大慈欲與衆生無量利樂是名大悲於諸衆生心生歡喜是名大喜無所擁護名爲大捨若不見我法相已身見一切法平等無二是名大捨自捨已樂施與他人是名大捨善男子唯四無量能令菩薩增長具足六波羅蜜其餘諸行不必能爾菩薩摩訶薩先得世間四無量心然後乃發阿耨多羅三藐三菩提心次第方得出世間者善男子因世無量得出世無量以是義故名大無量迦葉菩薩白佛言世尊除無利益與利樂者實無所爲如是思惟即是虛觀無有實利　善男子夫修慈者實非妄想諦是眞實若是聲聞緣覺之慈是名虛妄諸佛菩薩眞實不虛云何知耶善男子菩薩摩訶薩修行如是大涅槃者觀土爲金觀金爲土地作水相水作地相水作火相火作水相地作風相風作地相隨意成就無有虛妄觀實衆生爲非衆生觀非衆生爲實衆生悉隨意成無有虛妄善男子當知菩薩四無量心是實思惟非不眞實　善男子能爲善者名實思惟實思惟者即名爲慈慈即如來慈即大乘大乘即慈慈即如來善男子慈即菩提道菩提道即如來如來即慈善男子慈即大梵大梵即慈慈即如來善男子慈者即是衆生佛性如是佛性久爲煩惱之所覆蔽故令

衆生不得覩見佛性即慈慈即如來善男子慈即大空大空即慈慈即是常常即是法法即是僧僧即是慈慈即如來善男子菩薩摩訶薩住於大乘大般涅槃修如是慈雖復安住眠睡之中而不睡眠勤精進故雖常覺寤亦無覺寤以無眠故於睡眠中諸天雖護亦無護者不行惡故眠不惡夢無有不善離睡眠故命終之後雖生梵天亦無所生得自在故善男子夫修慈者能得成就如是無量無邊功德我說是慈有無量門所謂神通善男子如提婆達教阿闍世欲害如來阿闍世王即放護財狂醉之象欲令害我及諸弟子爾時王舍大城之中一切人民同時舉聲啼哭號泣作如是言怪哉如來今日滅沒如何正覺一旦散壞善男子我於爾時爲欲降伏護財象故即入慈定舒手示之即於五指出五師子是象見已其心怖畏舉身投地敬禮我足善男子我於爾時手五指頭實無師子乃是修慈善根力故令彼調伏　復次善男子此南天竺有一大城名首波羅於是城中有一長者名曰盧至我時欲度彼長者故從王舍城至彼城邑彼衆尼揵聞我欲至首波羅城即作是念沙門瞿曇若至此者此諸人民便捨我等更不供給諸尼揵輩各各分散告彼城人沙門瞿曇今欲來此於此人民大不利益彼人聞已即懷怖畏白言大師我等今者當作何計尼揵答言沙門瞿曇性好叢林流泉清水汝等便可相與出城諸有之處所伐令盡莫使有遺流泉井池悉置糞穢堅閉城門各嚴器仗我等亦當作種種術令彼瞿曇復道還去彼諸人民一一施行善男子我於爾時至彼城邑見是事已尋生憐愍慈心向之所有樹木還生如本河池井泉清淨盈滿變其城壁爲紺瑠璃門自開闢無能制者所嚴器仗變成雜華盧至長者而爲上首與其人民俱共相隨往至佛所我即爲說種種法要令彼諸人一切皆發阿耨多羅三藐三菩提心善男子我於爾時實不化作種種樹木清淨流水盈滿河池變其本城爲紺瑠璃開其城門器仗爲華善男子當知皆是慈善根力能令彼人見如是事　復次善男子瑠璃太子以愚癡故多害釋種刵劓耳鼻斷截手足推之坑塹彼時諸人身受苦惱作如是言南無佛陀南無佛陀我於爾時在竹林中聞其音聲即起慈心諸人爾時見我來至迦毘羅城以水洗瘡以藥敷之苦痛尋除耳鼻手足還復如本我時即爲略說法要悉令俱發阿耨多羅三藐三菩提心善男子如來爾時實不往至迦毘羅城以水洗瘡敷藥止苦當知皆是慈善根力令彼諸人見如是事悲喜之心亦復如是善男子以是義故菩薩摩訶薩修慈思惟即是眞實非虛妄也夫無量者不可思議菩薩所行不可思議復次善男子菩薩摩訶薩修慈悲喜已得住極愛一子之地云何是地名曰極愛復名一子善男子譬如父母見子安隱心大歡喜菩薩摩訶薩任是地中視諸衆生同於一子見修善者生大歡喜是故此地名曰極愛

御録經海一滴卷之十五

御錄經海一滴卷之十六　　　　機六

大般涅槃經之四

迦葉菩薩白佛言世尊若諸菩薩修慈悲喜得一子地者修捨心時復得何地佛言善哉善哉善男子汝善知時知我欲說汝則諮問菩薩摩訶薩修捨心時則得住於空平等地如須菩提善男子菩薩摩訶薩住空平等地則不見有父母兄弟姊妹兒息親族知識怨憎中人乃至不見陰界諸入衆生壽命譬如虛空無有父母兄弟妻子乃至無有衆生壽命菩薩見一切諸法亦復如是其心平等如彼虛空善能修習諸法空故善男子空者所謂內空外空內外空有爲空無爲空無始空性空無所有空第一義空空空大空　善男子云何菩薩摩訶薩觀於大空言大空者謂般若波羅蜜是名大空菩薩摩訶薩得如是空門則得住於虛空等地善男子菩薩摩訶薩住是地已於一切法中無有滯礙繫縛拘執心無迷悶以是義故名虛空等地譬如虛空於可愛色不生貪著不愛色中不生瞋恚菩薩摩訶薩住是地中亦復如是於好惡色心無貪恚譬如虛空廣大無對悉能容受一切諸物菩薩摩訶薩住是地中亦復如是廣大無對悉能容受一切諸法以是義故復得名爲虛空等地　善男子菩薩摩訶薩能如是知得四無礙法無礙義無礙辭無礙樂說無礙法無礙者菩薩摩訶薩雖知諸法而不取著義無礙者雖知諸義而亦不著辭無礙者雖知名字亦不取著樂說無礙者雖知樂說如是最上而亦不著若取著者不名菩薩

迦葉菩薩白佛言世尊若不取著則不知法若知法者則是取著若知不著則無所知云何如來說言知法而不取著佛言善男子夫取著者不名無礙無所取著乃名無礙若無無礙不名菩薩當知是人名爲凡夫一切凡夫取著於色乃至著識以著色故則生貪心生貪心故爲色繫縛乃至爲識之所繫縛以繫縛故則不得免生老病死憂悲大苦一切煩惱是故取著名爲凡夫善男子菩薩摩訶薩已於無量阿僧祇劫知見法相以知見故則知其義而於色中不生繫著乃至識中亦復如是說繫著者名爲魔縛若不著者則脫魔縛有繫著者爲魔所縛無繫著者魔不能縛以是義故菩薩摩訶薩而無所著　善男子菩薩摩訶薩於無量無邊阿僧祇劫修行世諦以修行故知法無礙復於無量阿僧祇劫修第一義諦故得義無礙亦於無量阿僧祇劫修習毘伽羅論故得辭無礙亦於無量阿僧祇劫修習說世論故得樂說無礙善男子聲聞緣覺若有得是四無礙者無有是處

善男子譬如恒河有無量水辛頭大河水亦無量博叉大河水亦無量悉陀大河水亦無量阿耨達池水亦無量大海之中水亦無量如是諸水雖同無量然其多少其實不等聲聞緣覺及諸菩薩四無礙智亦復如是若說等者無有是處善男子聲聞之人或有得一或有得二若具足四無有是處迦葉菩薩白佛言世尊菩薩知見得四無礙者菩薩知見則無所得若使菩薩心有得者則非菩薩名爲凡夫云何如來說言菩薩而有所得佛

言善男子善哉善哉我將欲說而汝復問善男子菩薩摩訶薩實無所得無所得者名四無礙若有得者則名爲礙有障礙者名四顛倒菩薩摩訶薩無四倒故得無礙是故菩薩名無所得　善男子如來普爲諸衆生故雖知諸法說言不知雖見諸法說言不見有相之法說言無相無相之法說言有相實有無常說言有常實有常說言無常樂我淨等亦復如是三乘之法說言一乘一乘之法隨宜說三略相說廣廣相說略善男子如來雖作是說終無虛妄隨宜方便則爲說之善男子一切世諦若於如來即是第一義諦何以故諸佛世尊爲第一義故說於世諦亦令衆生得第一義諦若使衆生不得如是第一義者諸佛終不宣說世諦善男子如來有時演說世諦衆生謂佛說第一義諦有時演說第一義諦衆生謂佛說於世諦是則諸佛甚深境界非是聲聞緣覺所知善男子菩薩常得第一義諦云何難言無所得也迦葉復言世尊第一義諦亦名爲道亦名菩提亦名涅槃若有菩薩言有得道菩提涅槃即是無常何以故法若常者則不可得猶如虛空誰有得者世尊如世間物本無今有名爲無常道亦如是道若可得則名無常法若常者無得無生猶如佛性無得無生世尊夫道者非色非不色不長不短非高非下非生非滅非赤非白非青非黄非有非無云何如來說言可得菩提涅槃亦復如是佛言如是如是善男子道有二種一者常二者無常菩提涅槃亦爾外道道者名爲無常內道道者名之爲常聲聞緣覺所有菩提名爲無常菩薩諸佛所有菩提名之爲常外解脫者名爲無常內解脫者名之爲常善男子道與菩提及以涅槃悉名爲常一切衆生常爲無量煩惱所覆無慧眼故不能得見而諸衆生爲欲見故修戒定慧以修行故見道菩提及以涅槃是名菩薩得道菩提及涅槃也道之性相實不生滅以是義故不可捉持善男子道者雖無色像可見稱量可知而實有用如衆生心雖是非色非長非短非麤非細非縛非解非是見法而亦是有以是義故我爲須達說言長者心爲城主若不護心則不護身口若護心者則護身口以不善護是身口故令諸衆生到三惡趣護身口者則令衆生得人天涅槃得名真實其不得者名不真實善男子道與菩提及以涅槃亦復如是亦有亦常如其無者云何能斷一切煩惱以其有故一切菩薩了了知見善男子見有二種一相貌見二了了見云何相貌見如遠見烟名爲見火實不見火雖不見火亦非虛妄如見華葉便言見根雖不見根亦非虛妄如人遥見籬間牛角便言見牛雖不見牛亦非虛妄如見女人懷妊便言見欲雖不見欲亦非虛妄如見樹生華便言見水雖不見水亦非虛妄如見身業及以口業便言見心雖不見心亦非虛妄是名相貌見云何了了見如眼見色善男子如人眼根清淨不壞自觀掌中阿摩勒果菩薩摩訶薩了了見道菩提涅槃亦復如是雖如是見初無見相善男子以是因緣我於往昔告舍利弗一切世間若有沙門若婆羅門若天若

魔若梵若人之所不知不見不覺唯有如來悉知見覺及諸菩薩亦復如是舍利弗若諸世間所知見覺我與菩薩亦知見覺世間衆生之所不知不見不覺亦不自知不知見覺世間衆生所知見覺便自說言我知見覺舍利弗如來一切悉知見覺亦不自言我知見覺一切菩薩亦復如是何以故若使如來作知見覺相當知是則非佛世尊名爲凡夫菩薩亦爾世間所知見覺菩薩摩訶薩於如是事亦知見覺菩薩如是知見覺已若言不知不見不覺是爲虛妄虛妄之法則爲是罪以是罪故墮於地獄善男子若男若女若沙門若婆羅門說言無道菩提涅槃當知是輩名一闡提魔之眷屬名爲謗法名謗諸佛。

善男子如來終不起諸法相如來不著一切諸法如來身行無有動搖如來已到大般涅槃如來雖爲一切衆生演說諸法實無所說猶如嬰兒言語未了雖復有語實亦無語如來亦爾語未了者即是諸佛祕密之言如彼嬰兒啼哭之時父母即以楊樹黃葉而語之言莫啼莫啼我與汝金嬰兒見已生眞金想便止不啼然此楊葉實非金也若有衆生厭生死時如來則爲說於二乘然實無有二乘之實以二乘故知生死過見涅槃樂以是見故則能自知有斷不斷有眞不眞有修不修有得不得善男子如彼嬰兒於非金中而生金想如來亦爾於不淨中而說爲淨如來以得第一義故則無虛妄

時大衆中忽然之頃有大光明非青見青非黃見黃非赤見赤非白見白非色見色非明見明非見而見大衆遇斯光已身心快樂爾時世尊問文殊師利言文殊師利何因緣故是大衆中有此光明文殊師利言世尊如是光明名爲智慧智慧者即是常住常住之法無有因緣云何佛問何因緣故有是光明是光明者名大涅槃大涅槃者則名常住常住之法不從因緣云何佛問何因緣故有是光明是光明者即是如來如來者即是常住常住之法不從因緣云何如來問於因緣光明者名大慈大悲大慈大悲者名爲常住常住之法不從因緣云何如來問於因緣光明者即是念佛念佛者是名常住常住之法不從因緣云何如來問於因緣世尊亦有因緣因滅無明則得熾然阿耨多羅三藐三菩提燈佛言文殊師利汝今莫入諸法甚深第一義諦應以世諦而解說之文殊師利言世尊於此東方過二十恒河沙等世界有佛世界名曰不動其佛號曰滿月光明如來告瑠璃光菩薩言善男子西方去此二十恒河沙佛土彼有世界名曰娑婆彼中有佛號釋迦牟尼如來大悲純厚愍衆生故於拘施那城娑羅雙樹間爲諸大衆敷演大涅槃經汝可速往自當得聞世尊彼瑠璃光菩薩聞是事已與八萬四千菩薩摩訶薩欲來至此故先現瑞以此因緣有此光明是名因緣亦非因緣爾時瑠璃光菩薩與八萬四千諸大菩薩俱來至此娑羅雙樹間頭面禮足合掌恭敬白佛言世尊云何菩薩摩訶薩有能修行大涅槃經聞所不聞爾時如來讚言善哉善哉善男子汝今所有疑網毒箭我爲大醫能善拔出汝於佛性若未明了

我有慧炬能爲照明汝今欲度生死大河我能爲汝作大船師汝於我所生父母想我亦於汝生赤子心汝心今者貪正法寶値我多有能相惠施諦聽諦聽善思念之善男子有不聞聞有不聞不聞有聞不聞有聞聞善男子如不生生不生不生生不生生生如不到到不到不到到不到到到世尊云何不生生善男子安住世諦初出胎時是名不生生云何不生不生善男子是大涅槃無有生相是名不生不生云何名生不生善男子世諦死時是名生不生云何生生善男子一切凡夫是名生生何以故生生不斷故一切有漏念念生故是名生生四住菩薩名生不生何以故生自在故是名生不生善男子是名內法云何外法未生生未生未生生未生生生善男子譬如種子未生芽時得四大和合人功作業然後乃生是名未生生云何未生未生譬如敗種及未遇緣如是等輩名未生未生云何生未生如芽生已則不增長是名生未生云何生生如芽增長若生不生則無增長

如是一切有漏是名外法生生瑠璃光菩薩白佛言世尊有漏之法若有生者爲是常耶是無常乎生若是常有漏之法則無有生生若無常則有漏是常世尊若生能自生生無自性若能生他以何因緣不生無漏世尊若未生時有生者云何於今乃名爲生若未生時無生者何故不說虛空爲生佛言善哉善哉善男子不生生不可說生生亦不可說生不生亦不可說不生不生亦不可說生亦不可說不生亦不可說有因緣故亦可得說云何不生生不可說不生名爲生云何可說何以故以其生故云何生生不可說生生故生生生故不生亦不可說云何生不生不可說生即名爲生生不自生故不可說云何不生不生不可說不生者名爲涅槃涅槃不生故不可說何以故以修道得故云何生亦不可說以生無故云何不生不可說以有得故云何有因緣故亦可得說十因緣法爲生作因以是義故亦可得說善男子汝今莫入甚深空定何以故大衆鈍故善男子有爲之法生

亦是常以住無常生亦無常住亦是常以生生故住亦無常異亦是常以法無常異亦無常壞亦是常以本無今有故壞亦無常善男子以性故生住異壞皆悉是常念念滅故不可說常是大涅槃能斷滅故故名無常善男子有漏之法未生之時已有生性故生能生無漏之法本無生性是故生不能生如火有本性遇緣則發眼有見性因色因明因心故見衆生生法亦復如是由本有性遇業因緣父母和合則便有生爾時瑠璃光菩薩及八萬四千菩薩摩訶薩聞是法已恭敬合掌而白佛言世尊我蒙如來慇懃教誨因大涅槃始得悟解聞所不聞亦令八萬四千菩薩深解諸法不生生等　爾時世尊告光明徧照高貴德王菩薩摩訶薩涅槃之體非本無今有若涅槃體本無今有者則非無漏常住之法有佛無佛性相常住以諸衆生煩惱覆故不見涅槃便謂爲無菩薩摩訶薩以戒定慧勤修其心斷煩惱已便得見之當知涅槃是常住法非本無今有是故爲常善男子如暗

室中井種種七寶人亦知有暗故不見有智之人善知方便然大明燈持往照了悉得見之是人於此終不生念水及七寶本無今有涅槃亦爾本自有之非適今也煩惱暗故衆生不見大智如來以善方便然智慧燈令諸菩薩得見涅槃常樂我淨是故智者於此涅槃不應說言本無今有以是義故涅槃是常恒不變易是以無量阿僧祇劫修習善法以自莊嚴然後乃見善男子譬如地下有八味水一切衆生而不能得有智之人施功穿掘則便得之涅槃亦爾譬如盲人不見日月良醫療之則便得見而是日月非是本無今有涅槃亦爾先自有之非適今也如人有罪繫之囹圄久乃得出還家得見父母兄弟妻子眷屬涅槃亦爾若言因緣故涅槃之法應無常者是義不然何以故因有五種一者生因二者和合因三者住因四者增長因五者遠因涅槃之體非是如是五因所成云何當言是無常耶復次善男子復有二因一者作因二者了因如陶師輪繩是名作因如燈燭等照暗中物是名了因善男子大涅槃者不從作因而有唯從了因了因者所謂三十七助道法六波羅密是名了因善男子布施者是涅槃因非大涅槃因檀波羅密乃得名爲大涅槃因三十七品是涅槃因非大涅槃因無量阿僧祇助菩提法乃得名爲大涅槃因

如來於此拘施那城娑羅雙樹間示現入於般涅槃常樂我淨故斷三漏故三漏者欲界一切煩惱除無明是名欲漏色無色界一切煩惱除無明是名有漏三界無明名無明漏如來永斷是故非漏復次一切凡夫不見有漏云何凡夫不見有漏一切凡夫於未來世悉有疑心未來世中當得身耶不得身耶過去世中身本有耶爲本無耶現在世中是身有耶是身無耶若有我者是色耶非色耶色非色耶非色非非色耶想耶非想耶想非想耶非想非非想耶是身屬他耶不屬他耶屬不屬耶非屬非不屬耶有命無身耶有身無命耶有身有命耶無身無命耶身之與命有常耶無常耶常無常耶非常非無常耶身之與命自在作耶時節作耶無因作耶世性作耶微塵作耶法非法作耶士夫作耶煩惱作耶父母作耶我住心耶住眼中耶徧滿身中耶從何來耶去何至耶誰生耶誰死耶我於過去是婆羅門姓耶是剎利姓耶是毘舍姓耶是首陀姓耶當於未來得何姓耶我此身者過去之時是男身耶是女身耶畜生身耶若我殺生當有罪耶當無罪耶乃至飲酒當有罪耶當無罪耶我自作耶爲他作耶我受報耶身受報耶如是疑見無量煩惱覆衆生心因是疑見生六種心決定有我決定無我我見我我見無我無我見我我作我受我知是名邪見如來永拔如是無量見漏根本是故非漏善男子菩薩摩訶薩於大涅槃修聖行者亦得永斷如是諸漏善男子凡夫不能善攝五根則有三漏爲惡所牽至不善處譬如惡馬其性狠悷能令乘者至險惡處善男子凡夫之人不攝五根馳騁五塵譬如牧牛不善守護犯人苗稼善男子若能善守此五根者則能攝心若能攝心則攝五根若得聞

是大涅槃經則得智慧得智慧故則得專念五根若散念則能止何以故是念慧故菩薩摩訶薩有念慧者不見我相不見我所相不見衆生及所受用見一切法同法性相一切凡夫見有衆生故起煩惱菩薩摩訶薩修大涅槃有念慧故於諸衆生不生貪著善男子譬如畫師以衆雜綵畫作衆像若男若女若牛若馬凡夫無智見之則生男女等相畫師了知無有男女菩薩摩訶薩亦復如是於法異相觀於一相終不生於衆生之相何以故有念慧故復次菩薩摩訶薩觀諸衆生爲色香味觸因緣故從昔無數無量劫來常受苦惱一一衆生一劫之中所積身骨如王舍城毘富羅山所飲乳汁如四海水搏此大地猶如棗等易可窮極生死難盡一切衆生欲因緣故受苦無量菩薩以是生死行苦故不失念慧善男子譬如世間有諸大衆滿二十五里王勑一臣持一油鉢經由中過莫令傾覆若棄一滴當斷汝命復遣一人拔刀在後隨而怖之臣受王教盡心堅持經歷爾所大衆之中雖見可意五邪欲等心常念言我若放逸著彼邪欲當棄所持命不全濟是人以是怖因緣故乃至不棄一滴之油菩薩摩訶薩亦復如是於生死中不失念慧以不失故雖見五欲心不貪著善男子是大涅槃經若有衆生一經耳者却後七劫不墮惡道若有書寫讀誦解說思惟其義必得阿耨多羅三藐三菩提當知是人眞我弟子善受我教是我所見我之所念是人諦知我不涅槃隨如是人所住之處若城邑聚落山林曠野房舍田宅樓閣殿堂我亦在中常住不移我於是人常作受施或作比丘比丘尼優婆塞優婆夷婆羅門梵志貧窮乞人云何當令是人得知如來受其所施之物善男子是人或於夜臥夢中夢見佛像或見天像沙門之像國王聖王師子王像蓮花形像優曇華像或見大山或見大海水或見日月或見白象及白馬像或見父母得華得果爾時當知即是如來受其所施寤已喜樂尋得種種所須之物心不念惡樂修善法善男子是大涅槃悉能成就如是無量阿僧祇等不可思議無邊功德

善男子菩薩摩訶薩自觀其身如病如瘡如癰如怨如箭入體是大苦聚悉是一切善惡根本是身雖復不淨如是菩薩猶故瞻視將養何以故非爲貪身爲善法故爲於涅槃不爲生死爲菩提道不爲有道爲於一乘不爲二乘爲法輪王不爲轉輪王善男子菩薩摩訶薩常當護身何以故若不護身命則不全命若不全則不能得書寫是經受持讀誦爲他廣說思惟其義是故菩薩應善護身以是義故菩薩得離一切惡漏善男子如欲渡者應善護筏臨路之人善護良馬田夫種植善護糞穢如爲蘧毒善護毒蛇如人爲財護旃陀羅爲壞賊故將護健兒亦如寒人愛護於火如癩病者求於毒藥菩薩摩訶薩亦復如是雖見是身無量不淨具足充滿爲欲受持大涅槃經故猶好將護不令乏少菩薩摩訶薩觀於惡象及惡知識等無有二何以故俱壞身故菩薩摩訶薩於惡象等心無怖懼於惡知識生畏懼心何以故是惡象等唯能壞

身不能壞心惡知識者二俱壞故是惡象等唯壞一身惡知識者壞無量善身無量善心是惡象等唯能破壞不淨臭身惡知識者能壞淨身及以淨心是惡象等能壞肉身惡知識者壞於法身爲惡象殺不至三惡爲惡友殺必至三惡是惡象等但爲身怨惡知識者爲善法怨是故菩薩常當遠離諸惡知識如是等漏凡夫不離是故生漏菩薩離之則不生漏況於如來是故非漏　復次善男子菩薩摩訶薩修大涅槃微妙經典得他心智異於聲聞緣覺所得云何爲異聲聞緣覺以一念智知人心時則不能知地獄畜生餓鬼天心菩薩不爾於一念中徧知六趣衆生之心善男子菩薩摩訶薩修大涅槃成就具足功德有十事何等爲十一者根深難可傾拔二者於自身生決定想三者不觀福田及非福田四者修淨佛土五者滅除有餘六者斷除業緣七者修清淨身八者了知諸緣九者離諸怨敵十者斷除二邊云何根深難可傾拔所言根者名不放逸所謂阿耨多羅三藐三菩提根一切諸佛諸善根本皆由不放逸不放逸故諸餘善根轉轉增長云何於身作決定想於自身所生決定心我今此身於未來世定當爲阿耨多羅三藐三菩提器云何菩薩不觀福田及非福田菩薩摩訶薩悉觀一切無量衆生無非福田以修集故不見衆生持戒破戒施者受者及施果報是故得名持戒正見云何名爲淨佛國土菩薩摩訶薩修大涅槃微妙經典以此善根願與一切衆生共之於未來世成佛之時世界衆生悉得受持摩訶般若波羅密云何菩薩摩訶薩滅除有餘有餘有三一者煩惱餘報二者餘業三者餘有云何餘報謂習近煩惱墮於惡道從惡道出或生人中貧窮乞丐爲人輕賤菩薩摩訶薩以能修集大涅槃故悉得斷除云何餘業謂一切凡夫業一切聲聞業須陀洹人受七有業斯陀含人受二有業阿那含人受色有業是名餘業如是餘業菩薩摩訶薩悉得斷除云何餘有阿羅漢得阿羅漢果辟支佛得辟支佛果無業無結而轉二果是名餘有菩薩摩訶薩修集大乘大涅槃經故得滅除云何菩薩修清淨身善男子譬如妙好金鋺盂器盛之淨水中表俱淨菩薩摩訶薩其身清淨亦復如是以身淨故疾得阿耨多羅三藐三菩提以是義故菩薩摩訶薩修於淨土云何菩薩善知諸緣菩薩摩訶薩不見色相不見色緣不見色體不見色生不見色滅不見一相不見異相不見見者不見相貌不見受者何以故了因緣故如色一切法亦如是是名菩薩了知諸緣云何菩薩離諸怨敵一切煩惱是菩薩怨敵菩薩摩訶薩常遠離故是名菩薩壞諸怨敵五住菩薩視諸煩惱不名爲怨所以者何因煩惱故菩薩有生以有生故能展轉教化衆生以是義故不名爲怨云何菩薩遠離二邊菩薩常離二十五有及愛煩惱是名遠離二邊爾時光明徧照菩薩言如佛所說若有菩薩修大涅槃悉作如是十事功德如來何故唯修九事不修淨土佛言善男子我於往昔亦常具修如是十事一切菩薩及諸如來無有不修是十事者

若使世界不淨充滿諸佛世尊於中出者無有是處善男子汝今莫謂諸佛出於不淨世界當知是心不善狹劣汝今當知我實不出閻浮提界譬如有人說言此界獨有日月他方世界無有日月如是之言無有義理若有菩薩發如是言此佛世界穢惡不淨他方佛土清淨嚴麗亦復如是善男子西方去此娑婆世界度四十二恒河沙等諸佛國土彼有世界名曰無勝彼土何故名曰無勝其土所有嚴麗之事悉皆平等無有差別猶如西方安樂世界亦如東方滿月世界我於彼土出現於世為化衆生故於此土閻浮提中現轉法輪非但我身獨於此中現轉法輪一切諸佛亦於此中而轉法輪以是義故諸佛世尊非不修行如是十事善男子慈氏菩薩以誓願故當來之世令此世界清淨莊嚴以是義故一切諸佛所有世界無不嚴淨　復次善男子一切善法無不因於思惟而得何以故有人雖於無量無邊阿僧祇劫專心聽法若不思惟終不能得阿耨多羅三藐三菩提以是義故思惟因緣則得近於大般涅槃若有衆生信佛法僧無有變易而生恭敬當知皆是繫念思惟因緣力故因得斷除一切煩惱如法修行善男子云何如法修行見一切法空無所有無常無樂無我無淨以是見故寧捨身命不犯禁戒是名菩薩如法修行復次云何如法修行修有二種一者眞實二者不實不實者不知涅槃佛性如來法僧實相虛空等相是名不實云何眞實能知涅槃佛性如來法僧實相虛空等相是名眞實菩薩摩訶薩修大涅槃微妙經典不見虛空何以故佛及菩薩雖有五眼所不見故唯有慧眼乃能見之慧眼所見無法可見故名為見若是無物名虛空者如是虛空乃名為實以是實故則名常無以常無故無樂我淨善男子空名無法無法名空譬如世間無物名空虛空之性亦復如是無所有故名為虛空衆生之性與虛空性俱無實性何以故如人說言除滅有物然後作空而是虛空實不可作何以故無所有故以無有故當知無空是虛空性若可作者則名無常若無常者不名虛空善男子如世間人說言虛空無色無礙常不變易是故世稱虛空之性為第五大而是虛空實無有性以光明故故名虛空實無虛空猶如世諦實無其性為衆生故說有世諦涅槃之體亦復如是無有住處直是諸佛斷煩惱處故名涅槃涅槃即是常樂我淨涅槃雖樂非是受樂乃是上妙寂滅之樂諸佛如來有二種樂一寂滅樂二覺知樂實相之體有三種樂一者受樂二者寂滅樂三覺知樂佛性一樂以當見故得阿耨多羅三藐三菩提時名菩提樂　善男子斷煩惱者不名涅槃不生煩惱乃名涅槃所有智慧於法無礙是為如來如來身心智慧徧滿無量無邊阿僧祇土無所障礙是名虛空如來常住無有變易名曰實相以是義故如來實不畢竟涅槃是名菩薩修大涅槃微妙經典善男子菩薩摩訶薩修大涅槃心善解脫慧善解脫云何菩薩心善解脫貪恚癡心永斷滅故是名菩薩心善解脫云何菩薩慧善解脫菩薩摩訶薩

於一切法知無障礙是名菩薩慧善解脫

御録經海一滴卷之十六

御録經海一滴卷之十七　機七

大般涅槃經之五

爾時光明徧照高貴德王菩薩言世尊如佛所說心解脫者是義不然何以故心本無繫所以者何是心本性不爲貪欲瞋恚愚癡諸結所繫若本無繫云何而言心善解脫世尊若心本性不爲貪結之所繫者何等因緣而能得繫如人觳角本無乳相雖加功力乳無由出觳乳之者不得如是加功雖少乳則多出心亦如是本無貪者今云何有若本無貪後方有者諸佛菩薩本無貪相今悉應有世尊譬如石女本無子相雖加功力無量因緣子不可得心亦如是本無貪相雖造衆緣貪無由生云何貪結能繫於心當知貪心二理各異設復有之何能汙心世尊譬如有人安橛於空終不得住安貪於心亦復如是世尊若心無貪名解脫者諸佛菩薩何故不拔虛空中刺世尊如過去燈不能滅闇未來世燈亦不滅闇現在世燈復不滅闇何以故明之與闇二不並故心亦如是云何而言心得解脫世尊貪亦是有若貪無者見女相時不應生貪若因女相而得生者當知是貪真實而有以有貪故墮三惡道世尊譬如有人見畫女像亦復生貪以生貪故得種種罪若本無貪云何見畫而生於貪若心無貪云何如來說言菩薩心得解脫若心有貪云何見相然後方生不見相者則不生也我今現見有惡果報當知有貪瞋恚愚癡亦復如是世尊譬如衆生有身無我而諸凡夫橫計我想雖有我想不墮三惡云何貪者於無女相而起女想墮三惡道世尊譬如鑽木而生於火然是火性衆緣中無以何因緣而得生耶世尊貪亦如是色中無貪香味觸法亦復無貪云何於色香味觸法生於貪耶若衆緣中悉無貪者云何衆生獨生於貪諸佛菩薩而不生耶世尊心亦不定若心定者無有貪欲瞋恚愚癡若不定者云何而言心得解脫貪亦不定若不定者云何因之生三惡趣貪者境界二俱不定何以故俱緣一色或生於貪或生於瞋或生愚癡是故貪者及與境界二俱不定若俱不定何故如來說言菩薩修大涅槃心得解脫　爾時世尊告光明徧照高貴德王菩薩言善哉善哉善男子心亦不爲貪結所繫亦非不繫非是解脫非不解脫非有非無非現在非過去非未來何以故善男子一切諸法無自性故善男子有諸外道作如是言因緣和合則有果生若衆緣中本無生性而能生者虛空不生亦應生果虛空不生非是因故以衆緣中本有果性是故合集而得生果所以者何如提婆達欲造牆壁則取泥土不取彩色欲造畫像則集彩色不取草木作衣取縷不取泥木作舍取泥不取縷綖以人取故當知是中各能生果以生果故當知因中必先有性若無性者一物之中應當出生一切諸物若是可取可作可出當知是中必先有果若無果者人則不取不作不出惟有虛空無取無作故能出生一切萬物以有因故如尼拘陀子生尼拘陀樹乳有醍醐縷中有布泥中有瓶善男子一切凡夫無明所盲作是定說色有著義心有貪性復言凡夫心

有貪性亦解脱性遇貪因緣心則生貪若遇解脱心則解脱雖作此説是義不然有諸凡夫復作是言一切因中悉無有果因有二種一者微細二者麤大細即是常麤則無常從微細因轉成麤因從此麤因轉復成果麤無常故果亦無常善男子有諸凡夫復作是言心亦無因貪亦無因以時節故則生貪心如是等輩以不能知心因緣故輪迴六趣具受生死譬如枷犬繫之於柱終日繞柱不能得離一切凡夫亦復如是被無明枷繫生死柱繞二十五有不能得離何以故一切凡夫唯觀於果不觀因緣如犬逐塊不逐於人以不觀故從非想退還三惡趣善男子諸佛菩薩終不定説因中有果因中無果及有無果非有非無果若言因中先定有果及定無果定有無果定非有非無果當知是等皆魔伴黨繫屬於魔即是愛人如是愛人不能永斷生死繫縛不知心相及以貪相善男子諸佛菩薩顯示中道何以故雖説諸法非有非無而不決定所以者何因眼因色因明因心因念

識則得生是識決定不在眼中色中明中心中念中亦非中間非有非無從緣生故名之爲有無自性故名之爲無是故如來説言諸法非有非無善男子諸佛菩薩終不定説心有淨性及不淨性淨不淨心無住處故從緣生貪故説非無本無貪性故説非有善男子從因緣故心則生貪從因緣故心則解脱善男子是心不與貪結和合亦復不與瞋癡和合譬如日月雖爲烟塵雲霧之所覆蔽令諸衆生不能得見而日月之性終不與彼羣翳和合心亦如是以因緣故生於貪結衆生雖説心與貪合而是心性實不與合若是貪心即是貪性若是不貪即不貪性不貪之心不能爲貪貪結之心不能不貪善男子以是義故貪欲之結不能汙心諸佛菩薩永破貪結是故説言心得解脱一切衆生從因緣故生於貪結從因緣故心得解脱善男子譬如雪山懸峻之處人與獮猴俱不能行或復有處獮猴能行人不能行或復有處人與獮猴二俱能行善男子人與獮猴能行處者如諸獵

師純以黐膠置之案上用捕獮猴獮猴癡故往手觸之觸已粘手欲脱手故以脚蹋之脚復隨著欲脱脚故以口嚙之口復粘著於是五處悉無得脱於是獵師以杖貫之負還歸家雪山險處喻佛菩薩所得正道獮猴者喻諸凡夫獵師者喻魔波旬黐膠者喻貪欲結人與獮猴俱不能行者喻諸凡夫魔王波旬俱不能行獮猴能行人不能者喻諸外道有智慧者諸惡魔等雖以五欲不能繫縛人與獮猴俱能行者一切凡夫及魔波旬常處生死不能修行凡夫之人五欲所縛令魔波旬自在將去如彼獵師黐捕獮猴擔負歸家善男子一切衆生若能自住於己境界則得安樂若至他界則遇惡魔受諸苦惱自境界者謂四念處他境界者謂五欲也云何名爲繫屬於魔有諸衆生無常見常常見無常苦見於樂樂見於苦不淨見淨淨見不淨無我見我我見無我非實解脱横見解脱真實解脱見非解脱如是之人名繫屬魔繫屬魔者心不清淨復次善男子若見諸法真實是有總

别定相當知是人若見色時便作色相乃至見識亦作識相見男男相見女女相見日日相見月月相見歲歲相見陰陰相見入入相見界界相如是見者名繫屬魔繫屬魔者心不清淨復次善男子若見我是色色中有我我中有色色屬於我乃至見我是識識中有我我中有識識屬於我如是見者繫屬於魔非我弟子　高貴德王菩薩白佛言世尊佛説一闡提謂斷善根是義不然何以故不斷佛性故如是佛性理不可斷云何佛説斷諸善根　佛言善男子如汝所言若一闡提有佛性者云何不遮地獄之罪善男子一闡提中無有佛性譬如有王聞箜篌音其聲清妙心即躭著即告大臣如是妙音從何處出大臣答言從箜篌出王言持是聲來爾時大臣即持箜篌置於王前王語箜篌出聲出聲不聞箜篌聲出爾時大王即斷其絃取其皮木悉皆析裂推求其聲了不能得即瞋大臣云何如是妄言大臣白王夫取聲者法不如是應以衆緣善巧方便聲乃出耳衆生佛性亦復如是無有住處以善方便故得可見以可見故得阿耨多羅三藐三菩提一闡提輩不見佛性云何能遮三惡道罪善男子若一闡提信有佛性當知是人不至三惡是亦不名一闡提也　善男子若有沙門及婆羅門見一切法性不空者當知是人非是沙門非婆羅門不得修集般若波羅密不得入於大般涅槃不得現見諸佛菩薩是魔眷屬善男子一切諸法性本自空亦因菩薩修集空故見諸法空如一切法性無常故滅能滅之若非無常滅不能滅有爲之法有生相故生能生之有滅相故滅能滅之以修空故見一切法性皆空寂高貴德王菩薩復作是言世尊若空三昧唯見空者空是無法爲何所見佛言善男子是空三昧見不空法能令空寂然非顛倒貪是有性非是空性貪若是空衆生不應以是因縁墮於地獄若墮地獄云何貪性當是空耶善男子色性是有何等色性所謂顛倒以顛倒故衆生生貪若是色性非顛倒者云何能令衆生生貪以生貪故當知色性非不是有以是義故修空三昧非顛倒也善男子一切菩薩住九地者見法有性以是見故不見佛性若見佛性則不復見一切法性以修如是空三昧故不見法性以不見故則見佛性諸佛菩薩有二種説一者有性二者無性爲衆生故説有法性爲諸賢聖説無法性爲不空者見法空故修空三昧令得見空無法性者亦修空故空善男子汝言見空空是無法爲何所見者菩薩摩訶薩實無所見無所見者即無所有無所有者即一切法菩薩摩訶薩修大涅槃於一切法悉無所見若有見者不見佛性不能修集般若波羅密不得入於大般涅槃是故菩薩見一切法性無所有善男子菩薩不但因見三昧而見空也般若波羅密亦空禪波羅密亦空毘梨耶波羅密亦空羼提波羅密亦空尸羅波羅密亦空檀波羅密亦空色亦空眼亦空識亦空如來亦空大般涅槃亦空是故菩薩見一切法皆悉是空世尊何等衆生於是經中不生恭敬佛言善男子我涅槃後有聲聞弟子愚癡

破戒喜生關諍捨十二部經讀誦種種外道典籍文頌手筆受畜一切不淨之物言是佛聽如是之人以好栴檀貿易凡木以金易鍮石以甘露味易於惡毒故捨十善行十惡法向諸白衣若自讚言得無漏共坐談論言涅槃經者非佛所說邪見所造諸佛畢竟入於涅槃是經言佛常樂我淨不入涅槃是經不在十二部數即是魔說非是佛說善男子如是之人雖我弟子不能信順是涅槃經善男子當爾之時若有衆生信此經典乃至半句當知是人眞我弟子因如是信即見佛性入於涅槃爾時光明徧照高貴德王菩薩白佛言世尊善哉善哉如來今日善能開示大涅槃經

爾時會中有一菩薩名師子吼前禮佛足長跪合掌而白佛言世尊我欲請問唯願如來大慈聽許爾時佛告諸大衆言諸善男子汝等今當於是菩薩深生恭敬尊重讚歎是人已於過去諸佛深種善根福德成就故於我前欲師子吼如師子王自知身力牙齒鋒鋩四足據地安住巖穴振尾出聲若有能具如是諸相當知是則能師子吼眞師子王晨朝出穴頻申欠呿四向顧望發聲震吼一切禽獸聞師子吼水性之屬潛没深淵陸行之類藏伏窟穴飛者墮落香象怖走如彼野干雖逐師子至於百年終不能作師子吼也若師子子始滿三年則能哮吼如師子王爾時世尊告師子吼菩薩言善男子汝若欲問今可隨意師子吼菩薩白佛言世尊云何爲佛性以何義故名爲佛性何故復名常樂我淨若一切衆生有佛性者何故不見一切衆生所有佛性十住菩薩住何等法不了了見佛性何等法而了了見十住菩薩以何等眼不了了見佛以何眼而了了見佛言善男子善哉善哉若有人能爲法諮啓則爲具足二種莊嚴一者智慧二者福德若有菩薩具足如是二莊嚴者則知佛性及名爲佛性乃至能知十住菩薩以何眼見諸佛世尊以何眼見福德莊嚴者有爲有漏有有果報有礙非常慧莊嚴者無爲無漏無有果報無礙常住師子吼菩薩言世尊若有菩薩具足如是二莊嚴者則不應問一種二種所以者何一切諸法無一二種一種二種者是凡夫相佛言善男子若有菩薩無二種莊嚴則不能知一種二種若有菩薩具二莊嚴則能解知一種二種若言諸法無一二者是義不然何以故若無一二云何得說一切諸法無一無二善男子若言一二是凡夫相是乃名爲十住菩薩非凡夫也善男子汝問云何爲佛性者佛性者名第一義空第一義空名爲智慧所言空者不見空與不空智者見空及與不空常與無常苦之與樂我與無我見一切空不見不空不名中道乃至見一切無我不見我者不名中道中道者名爲佛性以是義故佛性常恒無有變易無明覆故令諸衆生不能得見聲聞緣覺見一切空不見不空乃至見一切無我不見於我以是義故不得第一義空不得第一義空故不行中道無中道故不見佛性汝問以何義故名爲佛性者佛性即是菩提中道種子善男子衆生起見凡有二種一者

常見二者斷見如是二見不名中道無常無斷乃名中道無常無斷即是觀照十二因緣智如是觀智是名佛性二乘之人雖觀因緣未能渡十二因緣河猶如兔馬何以故不見佛性故善男子是觀十二因緣智慧即是阿耨多羅三藐三菩提種子以是義故十二因緣名爲佛性佛性者有因有因因有果有果果有因者即十二因緣因因者即是智慧有果者即是阿耨多羅三藐三菩提果果者即是無上大般涅槃善男子譬如無明爲因諸行爲果行因識果以是義故彼無明體亦因亦因因識亦果亦果果佛性亦爾以是義故十二因緣不出不滅不常不斷非一非二不來不去非因非果善男子是因非果如佛性是果非因如大涅槃是因是果如十二因緣所生之法非因非果名爲佛性非因果故常恒無變以是義故我經中說十二因緣其義甚深無知無見不可思惟乃是諸佛菩薩境界非諸聲聞緣覺所及以何義故甚深甚深衆生業行不常不斷而得果報雖念念滅而無所失雖無作者而有作業雖無受者而有果報受者雖滅果不敗亡無有慮知和合而有一切衆生雖與十二因緣共行而不見知不見知故無有始終十住菩薩唯見其終不見其始諸佛世尊見始見終以是義故諸佛了了得見佛性善男子一切衆生不能見於十二因緣是故輪轉如蠶作繭自生自死一切衆生亦復如是不見佛性故自造結業流轉生死猶如拍毱善男子是故我於諸經中說若有人見十二緣者即是見法見法者即是見佛佛者即是佛性何以故一切諸佛以此爲性師子吼菩薩白佛言世尊若佛與佛性無差別者一切衆生何用修道佛言善男子如汝所問是義不然佛與佛性雖無差別然諸衆生悉未具足以是義故我於此經而說是偈

本有今無　本無今有　三世有法
無有是處

善男子有者凡有三種一未來有二現在有三過去有一切衆生未來之世當有阿耨多羅三藐三菩提是名佛性一切衆生現在悉有煩惱諸結是故現在無有三十二相八十種好一切衆生過去之世有斷煩惱是故現在得見佛性以是義故我常宣說一切衆生悉有佛性乃至一闡提等亦有佛性善男子譬如有人家有乳酪有人問言汝有酥耶答言我有酪實非酥以巧方便定當得故故言有酥衆生亦爾悉皆有心凡有心者定當得成阿耨多羅三藐三菩提一切衆生煩惱覆故不能得見十住菩薩雖見一乘不知如來是常住法以是故言十地菩薩雖見佛性而不明了善男子是佛性者實非我也爲衆生故說名爲我善男子如來有因緣故說無我爲我眞實無我雖作是說無有虛妄善男子有因緣故說我爲無我而實有我爲世界故雖說無我而無虛妄佛性無我如來說我以是常故如來是我而說無我得自在故善男子若有人見一切諸法無常無我無樂無淨見非一切法亦無常無我無樂無淨如是之人不見佛性一切者名爲生死非一切者名

爲三寶聲聞緣覺見一切法無常無我無樂無淨非一切法亦見無常無我無樂無淨以是義故不見佛性十住菩薩見一切法無常無我無樂無淨非一切法分見常樂我淨以是義故十分之中得見一分諸佛世尊無常無我無樂無淨非一切法見常樂我淨以是義故見於佛性如觀掌中阿摩勒果　善男子如汝所問十住菩薩以何眼故雖見佛性而不了了諸佛世尊以何眼故見於佛性而得了了善男子慧眼見故不得明了佛眼見故故得明了爲菩提行故則不了了若無行故則得了了住十住故雖見不了不住不去故得了了菩薩摩訶薩智慧因故見不了了諸佛世尊斷因果故見則了了一切覺者名爲佛性十住菩薩不得名爲一切覺故是故雖見而不明了善男子見有二種一者眼見二者聞見諸佛世尊眼見佛性如於掌中觀阿摩勒果十住菩薩聞見佛性故不了了十住菩薩唯能自知定得阿耨多羅三藐三菩提而不能知一切衆生悉有佛性　師子吼菩薩言世尊如佛所說一切衆生悉有佛性如乳中有酪金剛力士諸佛佛性如淨醍醐云何如來說言佛性非內非外佛言善男子我亦不說乳中有酪酪從乳生故言有酪世尊一切生法各有時節善男子乳時無酪亦無生酥熟酥醍醐一切衆生亦謂是乳是故我言乳中無酪如其有者何故不得二種名字如人二能言金鐵師善男子因有二種一者正因二者緣因正因者如乳生酪緣因者如煖酵等從乳生故故言乳中而有酪性世尊如佛所說有二因者正因緣因衆生佛性爲是何因善男子衆生佛性亦二種因正因者謂諸衆生緣因者謂六波羅密世尊如佛所說我今定知乳有酪性何以故我見世間求酪之人唯取於乳終不取水是故當知乳有酪性善男子是義不然何以故譬如有人有筆紙墨和合成字而是紙中本無有字以本無故假緣而成若本有者何須衆緣譬如青黃合成綠色當知是二本無綠性若本有者何須合成譬如衆生因食得命而此食中實無有命若本有命未食之時食應是命善男子一切諸法本無有性因緣故生因緣故滅若諸衆生內有佛性者一切衆生應有佛身如我今也衆生佛性不破不壞不牽不捉不繫不縛如衆生中所有虛空一切衆生悉有虛空無罣礙故各不自見有此虛空若使衆生無虛空者則無去來行住坐臥不生不長以是義故我經中說一切衆生有虛空界虛空界者是名虛空衆生佛性亦復如是十住菩薩少能見之如金剛珠善男子衆生佛性諸佛境界非是聲聞緣覺所知一切衆生不見佛性是故常爲煩惱繫縛流轉生死見佛性故諸結煩惱所不能繫解脫生死得大涅槃師子吼言世尊一切衆生有佛性性如乳中酪若乳無酪性云何佛說有二種因一者正因二者緣因佛言善男子若使乳中定有酪性者何須緣因世尊以有性故須緣因何以故欲明見故緣因者即是了因世尊譬如闇中先有諸物爲欲見故以燈照了若本無者燈何所照是故雖先有性要假了因

然後得見以是義故定知乳中先有酪性善男子一切衆生有佛性者何故修集無量功德我見世人本無禁戒禪定智慧者從師受已漸漸增益若言師教是了因者當師教時受者未有戒定智慧若是了者應了未有云何乃了戒定智慧令得增益世尊若了因無者云何得名有乳有酪善男子如世人言有乳酪者以定得故是故得名有乳有酪佛性亦爾有衆生有佛性以當見故師子吼言世尊過去已滅未來未到云何名有若言當有名爲有者是義不然云何說言一切衆生悉有佛性佛言善男子過去名有譬如種橘芽生子滅芽亦甘甜乃至生果味亦如是熟已乃酢善男子而是酢味子芽乃至生果悉無隨本熟時形色相貌則生酢味而是酢味本無今有雖本無今有非不因本如是本子雖復過去故得名有以是義故過去名有云何復名未來爲有譬如有人種植胡麻有人問言何故種此答言有油實未有油胡麻熟已收子熬蒸擣壓然後乃得出油當知是人非虛妄也以是義故名未來有云何復名過去有耶善男子譬如有人私屏罵王經歷年歲王乃聞之聞已即問何故見罵答言大王我不罵也何以故罵者已滅王言罵者我身二俱存在云何言滅以是因緣喪失身命善男子是二實無而果不滅是名過去有云何復名未來有耶譬如有人往陶師所問有瓶不答言有瓶而是陶師實未有瓶以有泥故故言有瓶當知是人非妄語也乳中有酪衆生佛性亦復如是欲見佛性應當觀察時節形色是故我說一切衆生悉有佛性實不虛妄師子吼言世尊菩薩摩訶薩一心趣向阿耨多羅三藐三菩提大慈大悲見生老死煩惱過患觀大涅槃無生老死煩惱諸過信於三寶及業果報受持禁戒如是等法名爲佛性若離是法有佛性者何須是法而作因緣世尊若使衆生從本已來無菩提心亦無阿耨多羅三藐三菩提心後方有者衆生佛性亦應如是本無後有以是義故一切衆生應無佛性佛言善哉善哉善男子汝已久知佛性之義爲衆生故作如是問一切衆生實有佛性汝言衆生若有佛性不應而有初發心者善男子心非佛性何以故心是無常佛性常故此菩提心實非佛性何以故一闡提等斷於善根墮地獄故若菩提心是佛性者一闡提輩則不得名一闡提也菩提之心亦不得名爲常也是故定知菩提之心實非佛性善男子衆生佛性不名爲佛以諸功德因緣和合得見佛性然後成佛汝言衆生悉有佛性何故不見者是義不然何以故以諸因緣未和合故善男子以是義故我說二因正因緣因正因者名爲佛性緣因者發菩提心以二因緣得阿耨多羅三藐三菩提善男子當知有六法壞菩提心何等爲六一者悋法二者於諸衆生起不善心三者親近惡友四者不勤精進五者自大憍慢六者營務世業如是六法則能破壞菩提之心善男子復有五法退菩提心何等爲五一者樂在外道出家二者不修大慈之心三者好求法師過罪四者常樂處在生死五者不善受持讀誦書寫解

說十二部經是名五法退菩提心復有二法退菩提心何者爲二一者貪樂五欲二者不能恭敬尊重三寶以如是等衆因緣故退菩提心云何復名不退之心有人聞佛能度衆生生老病死不從師諮自然修集以是因緣發菩提心作是誓願願我常得親近諸佛及佛弟子具五善根不生憍慢復願常聞十二部經受持讀誦書寫解說寧當少聞多解義味不願多聞於義不了願作心師不師於心身口意業不與惡交能施一切衆生安樂身戒心慧不動如山爲欲受持無上正法於身命財不生慳悋不淨之物不爲福業正命自活心無邪諂受恩常念小恩大報善知世中所有事藝善解衆生方俗之言讀誦書寫十二部經不生懈怠懶惰之心若諸衆生不樂聽聞方便引接令彼樂聞父母師長深生恭敬怨憎之中生大慈心常修六念空三昧門十二因緣生滅等觀佛說禁戒堅固護持終不生於毀犯之想修習菩薩難行苦行其心歡喜不生悔恨不爲果報而集因緣於現在樂不生貪著善男子若有能發如是願者是名菩薩終不退失菩提之心能見如來明了佛性能調衆生度脫生死善能護持無上正法能得具足六波羅密

御録經海一滴卷之十七

御錄經海一滴卷之十八　　機八

大般涅槃經之六

師子吼菩薩白佛言世尊無相定者名大涅槃是故涅槃名爲無相以何因緣名爲無相佛言善男子若有比丘時時修習三種相者則斷諸相時時修習三昧定相時時修習智慧之相時時修習捨相是名三相師子吼言世尊云何名爲定慧捨相佛言善男子若取色相不能觀色常無常相是名三昧若能觀色常無常相是名慧相三昧慧等觀一切法是名捨相如善御駕駟遲疾得所遲疾得所故名捨相菩薩亦爾若三昧多者則修習慧若慧多者則修習三昧三昧慧等則名爲捨善男子十住菩薩智慧力多三昧力少是故不得明見佛性聲聞緣覺三昧力多智慧力少以是因緣不見佛性諸佛世尊定慧等故明見佛性了了無礙如觀掌中菴摩勒果見佛性者名爲捨相奢摩他者名爲能滅能滅一切煩惱結故又奢摩他者名曰能調名曰寂靜名曰遠離名曰能清以是義故故名定相毘婆舍那名爲正見亦名了見名爲能見名曰徧見名次第見名別相見是名爲慧憂畢叉者名曰平等亦名不諍又名不觀亦名不行是名爲捨善男子爲三事故修奢摩他何等爲三一不放逸故二莊嚴大智故三得自在故復爲三事故修毘婆舍那何等爲三一爲觀生死惡果報故二爲欲增長諸善根故三爲破一切諸煩惱故世尊如經中說若毘婆舍那能破煩惱何故復修奢摩他耶佛言善男子汝言毘婆舍那破煩惱者是義不然何以故有智慧時則無煩惱有煩惱時則無智慧云何而言毘婆舍那能破煩惱善男子譬如明時無暗暗時無明若有說言明能破暗無有是處善男子誰有智慧誰有煩惱而言智慧能破煩惱如其無者則無所破善男子若言智慧能破煩惱爲到故破不到故破若不到破者凡夫衆生則應能破若到故破者初念應破若初念不破後亦不破若初到便破是則不到云何說言智慧能破若言到與不到而能破者是義不然如地堅性火熱性水濕性風動性而地堅性乃至風動性非因緣作其性自爾如四大性煩惱亦爾性自是斷若是斷者云何而言智慧能斷以是義故毘婆舍那決定不能破諸煩惱善男子如鹽性鹹令異物鹹蜜本性甘令異物甘水本性濕令異物濕智慧性滅令法滅者是義不然何以故若法無滅云何智慧强能令滅若言鹽鹹令異物鹹慧滅亦爾令異法滅者是亦不然何以故智慧之性念念滅故若念念滅云何而言能滅他法以是義故智慧之性不破煩惱善男子一切諸法有二種滅一性滅二畢竟滅若性滅者云何而言智慧能滅善男子一切諸法性若自空誰能令生誰能令滅異生異滅無造作者善男子若修習定則得如是正知正見以是義故我經中說若有比丘修習定者能見五陰出滅之相若不修定世間之事尚不能了況於出世若無定者平處顛墜若有修習三昧定者則大利益乃至阿耨多羅三藐三菩提菩薩摩訶薩具足二法能大利益如拔堅木先以手動後

則易出菩薩定慧亦復如是先以定動後以智拔如浣垢衣先以灰汁後以清水衣則鮮潔如先讀誦後則解義如先平地然後下種先從師受後思惟義菩薩摩訶薩修是二法常攝其心不令放逸不爲利養行於非法客塵煩惱所不能汙不爲諸邪異見所惑常能遠離諸惡覺觀不久成就阿耨多羅三藐三菩提善男子定相者名空三昧慧相者名無願三昧捨相者名無相三昧若有菩薩摩訶薩善知定時慧時捨時及知非時是名菩薩摩訶薩行菩提道善男子菩薩摩訶薩因於受樂生大憍慢或因說法而生憍慢或因精勤而生憍慢或因世間善法功德而生憍慢或因豪貴恭敬而生憍慢當知爾時不宜修智宜應修定是名菩薩知時非時若有菩薩勤修精進未得利益涅槃之樂以不得故生於悔心以鈍根故不能調伏五情諸根諸垢煩惱勢力盛故自疑戒律有羸損故當知爾時不宜修定宜應修智是名菩薩知時非時善男子若有菩薩定慧二法不平等者當知爾時不宜修捨二法若等則宜修之是名菩薩知時非時善男子若有菩薩修習定慧起煩惱者當知爾時不宜修捨宜應讀誦書寫解說十二部經念佛念法念僧念戒念天念捨是名修捨善男子若有菩薩修習如是三法相者以是因緣得無相涅槃四　善男子應觀戒是一切善法梯隥亦是一切善法根本如地一切樹木所生之本如天帝釋所立勝幢戒能永斷一切惡業及三惡道能療惡病猶如藥樹戒是生死險道資糧戒是摧結惡賊鎧仗戒是滅結毒蛇良呪戒是度惡業行橋梁若有不能如是觀者名不修戒善男子又應觀心輕躁動轉難捉難調馳騁奔逸如大惡象念念迅速如彼電光躁擾不住猶如獼猴如幻如炎乃是一切諸惡根本若有不能如是觀者名不修心菩薩摩訶薩修心修戒因緣得定慧均等無相三昧　師子吼菩薩言世尊若一切衆生有佛性者即當定得阿耨多羅三藐三菩提何須修習三昧道耶佛言有佛無佛法界常住若言佛性住衆生中者善男子常法無住若有住處即是無常如十二因緣無定住處若有住處十二因緣不得名常如來法身亦無住處法界法入法陰虛空悉無住處佛性亦爾都無住處譬如四大力雖均等有堅有熱有濕有動有重有輕有赤有白有黃有黑而是四大亦無有業五異法界故各不相似佛性亦爾異法界故時至則現善男子一切衆生不退佛性故名之爲有阿毘跋致故以當有故決定得故定當見故是故名爲一切衆生悉有佛性譬如有王告一大臣汝牽一象以示盲者時彼衆盲各以手觸即喚衆盲各各問言汝見象耶衆盲各言我已得見其觸牙者即言象形如蘆菔根其觸耳者言象如箕其觸頭者言象如石其觸鼻者言象如杵其觸脚者言象如木臼其觸脊者言象如牀其觸腹者言象如甕其觸尾者言象如繩善男子如彼衆盲不說象體亦非不說若是衆相悉非象者離是之外更無別象善男子王喻如來正徧知臣喻方等大涅槃經象喻佛性盲喻一切無明衆

生是諸衆生聞佛說已或作是言色是佛性何以故是色雖滅次第相續是故獲得無上如來三十二相如來色常如來色者常不斷故譬如眞金質雖遷變色常不異或時作釧作釵作盤然其黃色初無改易衆生佛性亦復如是質雖無常而色是常以是故說色爲佛性或有說言受是佛性何以故受因緣故獲得如來眞實之樂如來受者謂畢竟受第一義受衆生受性雖復無常然其次第相續不斷是故獲得如來常受譬如有人姓憍師迦人雖無常而姓是常經千萬世無有改易衆生佛性亦復如是以是故說受爲佛性又有說言想是佛性何以故想因緣故獲得如來眞實之想如來想者名無想想無想想者非衆生想非男女想亦非色受想行識想非想斷想衆生之想雖復無常以想次第相續不斷故得如來常恒之想譬如衆生十二因緣衆生雖滅而因緣常衆生佛性亦復如是以是故說想爲佛性又有說言行爲佛性何以故行名壽命壽因緣故獲得如來常住壽命衆生壽命雖復無常而壽次第相續不斷故得如來眞實常壽譬如十二部經聽者說者雖復無常而是經典常存不變衆生佛性亦復如是以是故說行爲佛性又有說言識爲佛性何以故識因緣故獲得如來平等之心衆生意識雖復無常而識次第相續不斷故得如來眞實常心如火熱性火雖無常熱非無常衆生佛性亦復如是以是故說識爲佛性又有說言離陰有我我是佛性何以故我因緣故獲得如來八自在我有諸外道說言去來見聞悲喜語說爲我如是我相雖復無常而如來我眞實是常善男子如陰入界雖復無常而名是常衆生佛性亦復如是善男子如彼盲人各各說象雖不得實非不說象說佛性者亦復如是非即六法不離六法是故我說衆生佛性非色不離色乃至非我不離我有諸外道雖說有我而實無我衆生我者即是五陰離陰之外更無別我譬如莖葉鬚臺合爲蓮華離是之外更無別華譬如牆壁草木和合名之爲舍離是之外更無別舍如佉陀羅樹波羅奢樹尼拘陀樹鬱曇鉢樹和合爲林離是之外更無別林譬如車象馬步和合爲軍離是之外更無別軍譬如五色雜線和合爲綺離是之外更無別綺如四姓和合名爲大衆離是之外更無別衆衆生我者亦復如是離五陰外更無別我善男子如來常住則名爲我如來法身無邊無礙不生不滅得八自在是名爲我衆生眞實無如是我及以我所但以必定當得畢竟第一義空故名佛性善男子我若說色是佛性者衆生聞已則生邪倒以邪倒故命終則生阿鼻地獄如來說法爲斷地獄是故不說色是佛性乃至說識亦復如是善男子若諸衆生了佛性者則不須修道十住菩薩修八聖道少見佛性況不修者而得見耶如文殊師利諸菩薩等已無量世修習聖道了知佛性云何聲聞辟支佛等能知佛性若諸衆生欲得了了知佛性者應當一心受持讀誦書寫解說供養恭敬尊重讚歎是涅槃經見有受持乃至讚歎如是經者應當以好房舍衣服飲食

臥具醫藥而供給之兼復讚歎禮拜問訊善男子若有已於過去無量無邊世中親近供養無量諸佛深種善根然後乃得聞是經名善男子佛性不可思議佛法僧寶亦不可思議一切衆生悉有佛性而不能知是亦不可思議如來常樂我淨之法亦不可思議一切衆生能信如是大涅槃經亦不可思議　師子吼言世尊如來得八自在何因緣故不化生耶佛言善男子劫初衆生皆悉化生當爾之時佛不出世善男子若有衆生遇病苦時須醫須藥劫初之時衆生化生雖有煩惱其病未發是故如來不出其世善男子一切衆生父作子業子作父業如來世尊若受化身則無父母若無父母云何能令一切衆生作諸善業是故如來不受化身善男子佛正法中有二種護一者内二者外内護者所謂禁戒外護者族親眷屬若佛如來受化身者則無外護是故如來不受化身善男子有人恃姓而生憍慢如來爲破如是慢故生在貴姓不受化身善男子如來世尊有眞父母父名淨飯母名摩耶而諸衆生猶言是幻云何當受化生之身若受化身云何得有碎身舍利如來爲益衆生福德故碎其身而令供養是故如來不受化身一切諸佛悉無化生云何獨令我受化身爾時師子吼菩薩合掌長跪右膝著地以偈讚佛

如來無量功德聚　我今不能廣宣說
今爲衆生演一分　唯願哀愍聽我說
衆生無明闇中行　具受無邊百種苦
世尊能令遠離之　是故世稱爲大悲
衆生往返生死繩　放逸迷荒無安樂
如來能施衆安樂　是故永斷生死繩
如來爲衆修苦行　成就具足滿六度
心處邪風不傾動　是故能勝世大士
衆生常欲得安樂　而不知修安樂因
如來能教令修習　猶如慈父愛一子
佛見衆生煩惱患　心苦如母念病子
常思離病諸方便　是故此身繫屬他
不爲三世所攝持　無有名字及假號
覺知涅槃甚深義　是故稱佛爲大覺
有河洄澓沒衆生　無明所盲不知出
如來自度能度彼　是故稱佛大船師
能知一切諸因果　亦復通達盡滅道
常施衆生病苦藥　是故世稱大醫王
如來世尊破邪道　開示衆生正眞路
行是道者得安樂　是故稱佛爲導師
成就具足戒定慧　亦以此法教衆生
以法施時無妬悋　是故稱佛無緣悲
如來世尊無怨親　是故其心常平等
我師子吼讚大悲　能吼無量師子吼

迦葉菩薩白佛言世尊一闡提輩以何因緣無有善法佛言善男子一闡提輩斷善根故衆生悉有信等五根而一闡提輩永斷滅故以是義故殺害蟻子猶得殺罪殺一闡提無有殺罪世尊一闡提者終無善法是故名爲一闡提耶佛言如是如是世尊一切衆生有三種善所謂過去未來現在一闡提亦不能斷未來善法云何說言斷諸善法名一闡提耶善男子斷有二種一者現在滅二者現在障於未來一闡提輩具是二斷是故我言

斷諸善根譬如有人没圊厠中唯有一髮毛頭未没雖復一髮毛頭未没而一毛頭不能勝身一闡提輩亦復如是雖未來世當有善根而不能救地獄之苦未來之世雖可救拔現在之世無如之何是故名爲不可救濟以佛性因緣則可得救佛性者非過去非未來非現在是故佛性不可得斷如朽敗子不能生芽一闡提輩亦復如是世尊一闡提輩不斷佛性佛性亦善云何說言斷一切善善男子若諸衆生現在世中有佛性者則不得名一闡提也如世間中衆生我性佛性是常三世不攝三世若攝名爲無常佛性未來以當見故故言衆生悉有佛性以是義故十住菩薩具足莊嚴乃得少見世尊佛性者常猶如虚空何故如來說言未來如來若言一闡提輩無善法者一闡提輩於其同學同師父母親族妻子豈當不生愛念心耶如其生者非是善乎佛言善哉善哉善男子快發斯問佛性者猶如虚空非過去非未來非現在一切衆生有三種身所謂過去未來現在衆生未來具足莊嚴清淨之身得見佛性是故我言佛性未來善男子我爲衆生或時說因爲果或時說果爲因是故經中說命爲食見色爲觸未來身淨故說佛性世尊如佛所說義如是者何故說言一切衆生悉有佛性善男子衆生佛性雖現在無不可言無如虚空性雖無現在不得言無一切衆生雖復無常而是佛性常住無變是故我於此經中說衆生佛性非内非外猶如虚空非内非外如其虚空有内外者虚空不名爲一爲常亦不得言一切處有虚空雖復非内非外而諸衆生悉皆有之衆生佛性亦復如是如汝所言一闡提輩有善法者是義不然何以故一闡提輩若有身業口業意業取業求業施業解業如是等業悉是邪業何以故不求因果故如訶梨勒果根莖枝葉華實悉苦一闡提業亦復如是善男子如來具足知諸根力是故善能分别衆生上中下根能知是人轉下作中能知是人轉中作上能知是人轉上作中能知是人轉中作下是故當知衆生根性無有決定以無定故或斷善根斷已還生若諸衆生根性定者終不先斷斷已復生亦不應說一闡提輩墮於地獄壽命一劫善男子是故如來說一切法無有定相　迦葉菩薩白佛言世尊如來具足是知根力是故能知一切衆生上中下根利鈍差别知現在世衆生諸根亦知未來衆生諸根如是衆生於佛滅後作如是說如來畢竟入於涅槃或不畢竟入於涅槃或說有我或說無我或有中陰或無中陰或說有退或說無退或言如來身是有爲或言如來身是無爲或有說言十二因緣是有爲法或說因緣是無爲法或說心是有常或說心是無常或有說言受五欲樂能障聖道或說不遮或說是第一法唯是欲界或說三界或說布施唯是意業或有說言即是五陰或有說言有三無爲或有說言無三無爲或說佛性即衆生有或說佛性離衆生有或有說言犯四重禁作五逆罪一闡提等皆有佛性或說言無或有說言有十方佛或有說言無十方佛如其如來具足成就知根力者何

故今日不決定說佛告迦葉菩薩善男子如是之義非眼識知乃至非意識知乃是智慧之所能知若有智者我於是人終不作二是亦謂我不作二說於無智者作不定說而是無智亦復謂我作不定說善男子如來所有一切善行悉爲調伏諸衆生故譬如醫王所有醫方悉爲療治一切病苦如來世尊爲國土故爲時節故爲他語故爲度人故爲衆根故於一法中作二種說於一名法說無量名於一義中說無量名於無量義說無量名善男子若如是義作定說者則不得稱我爲如來具知根力有智之人當知香象所負非驢所勝一切衆生所行無量是故如來種種爲說無量之法何以故衆生多有諸煩惱故若使如來說於一行不名如來具足成就知諸根力是故我於餘經中說五種衆生不應還爲說五種法爲不信者不讚正信爲毀禁者不讚持戒爲慳貪者不讚布施爲懈怠者不讚多聞爲愚癡者不讚智慧何以故智者若爲是五種人說此五事當知說者不得具足知諸根力亦不得名憐愍衆生何以故是五種人聞是事已生不信心惡心瞋心以是因緣於無量世受苦果報是故不名憐愍衆生具知根力是故我先於餘經中告舍利弗汝愼勿爲利根之人廣說法語鈍根之人略說法也舍利弗言世尊我但爲憐愍故說非是具足根力故說善男子廣略說法是佛境界非諸聲聞緣覺所知善男子佛涅槃後諸弟子等各異說者是人皆以顛倒因緣不得正見是故不能自利利他善男子是諸衆生非唯一性一行一根一種國土一善知識是故如來爲彼種種宣說法要以是因緣十方三世諸佛如來爲衆生故開示演說十二部經善男子如來說是十二部經非爲自利但爲利他是故如來第五力者名爲解力是故如來深知是人現在能斷善根是人後世當斷善根是人現在能得解脱是人後世能得解脱是故如來名無上力士若言如來畢竟涅槃不畢竟涅槃是人不解如來意故作如是說　善男子菩薩二種一者實義二者假名假名菩薩聞我當入涅槃皆生退心而作是言如其如來無常不住我等何爲爲是事故無量世中受大苦惱如來世尊成就具足無量功德尚不能壞如是死魔況我等輩當能壞耶善男子是故我爲如是菩薩而作是言如來常住無有變易我諸弟子聞是說已不解我意定言如來終不畢竟入於涅槃善男子有諸衆生生於斷見作如是言一切衆生身滅之後善惡之業無有受者我爲是人作如是言善惡果報實有受者云何知有過去之世拘施那竭有王名曰善見作童子時經八萬四千歲作太子時八萬四千歲及登王位亦八萬四千歲於獨處坐作是思惟衆生薄福壽命短促常有四怨而隨逐之不自覺知猶故放逸是故我當出家修道斷絶四怨生老病死即勅有司於其城外作七寶堂時善見王將一使人獨往堂上復經八萬四千年中修習慈心是慈因緣於後八萬四千世中次第得作轉輪聖王三十世中作釋提桓因無量世中作諸小王善男子爾時善見豈

異人乎即我身是善男子我諸弟子聞是說
已不解我意唱言如來定說有我及有我所
又我一時為諸衆生說言我者即是性也所
謂內外因緣十二因緣衆生五陰心界世間
功德業行自在天世即名為我我諸弟子聞
是說已不解我意唱言如來定說有我善男
子復有異時有一比丘來至我所作如是言
世尊云何名我誰是我耶何緣故我我時即
為比丘說言比丘無我我所眼者即是本無
今有已有還無其生之時無所從來及其滅
時亦無所至雖有業果無有作者無有捨陰
及受陰者如汝所問云何我者我即期也誰
是我者即是業也何緣我者即是愛也比丘
譬如二手相拍聲出其中我亦如是衆生業
愛三因緣故名之為我比丘一切衆生色不
是我我中無色色中無我乃至識亦如是比
丘諸外道輩雖說有我終不離陰若說離陰
別有我者無有是處一切衆生行如幻化熱
時之焰比丘五陰皆是無常無樂無我無淨
善男子爾時多有無量比丘觀此五陰無我

我所得阿羅漢果善男子我諸弟子聞是說
已不解我意唱言如來定說無我善男子我
於經中復作是言三事和合得受是身一父
二母三者中陰是三和合得受是身或時復
說阿那含人現般涅槃或於中陰入般涅槃
或復說言中陰身根具足明了皆因往業如
淨醍醐我或時說弊惡衆生所受中陰如世
間中麤澀氎褐純善衆生所受中陰如波羅
柰所出白氎我諸弟子聞是說已不解我意
唱言如來說有中陰我復說言無色衆生無
有中陰善男子我諸弟子聞是說已不解我
意唱言佛說定無中陰善男子我於經中復
說有退何以故因於無量懈怠懶惰諸比丘
等不修道故說退五種一者樂於多事二者
樂說世事三者樂於睡眠四者樂近在家五
者樂多游行以是因緣令比丘退說退因緣
復有二種一內二外阿羅漢人雖離內因不
離外因以外因緣故則生煩惱生煩惱故則
便退失我諸弟子聞是說已不解我意唱言
如來定說有退善男子經中復說譬如焦炭

不還為木亦如瓶壞更無瓶用煩惱亦爾阿
羅漢斷終不還生善男子我諸弟子聞是說
已不解我意唱言如來定說無退善男子我
經中說一切衆生作善惡業捨身之時四大
於此即時散壞純善業者心即上行純惡業
者心即下行善男子我諸弟子聞是說已不
解我意唱言如來說心定常善男子我於一
時為頻婆娑羅王而作是言大王當知色是
無常何以故從無常因而得生故是色若從
無常因生智者云何說言是常若色是常不
應壞滅生諸苦惱今見是色散滅破壞是故
當知色是無常乃至識亦如是善男子我諸
弟子聞是說已不解我意唱言如來說心定
斷善男子我經中說我諸弟子受諸香華金
銀寶物妻子奴婢八不淨物獲得正道得正
道已亦不捨離我諸弟子聞是說已不解我
意定言如來說受五欲不妨聖道又我一時
復作是說在家之人得正道者無有是處善
男子我諸弟子聞是說已不解我意唱言如
來說受五欲定遮正道　善男子我經中說

佛性具有六事一常二實三眞四善五淨六可見我諸弟子聞是說已不解我意唱言佛說衆生佛性離衆生有善男子我又說言衆生佛性猶如虛空虛空者非過去非未來非現在非内非外非是色聲香味觸攝佛性亦爾我諸弟子聞是說已不解我意唱言佛說衆生佛性離衆生有善男子我又復說衆生佛性猶如貧女宅中藏寶力士額上金剛寶珠轉輪聖王甘露之泉我諸弟子聞是說已不解我意唱言佛說衆生佛性離衆生有善男子我又復說犯四重禁一闡提人謗方等經作五逆罪皆有佛性如是衆生都無善法佛性是善我諸弟子聞是說已不解我意唱言佛說衆生佛性離衆生有善男子我於處處經中說言一人出世多人利益一國土中二轉輪王一世界中二佛出世無有是處我諸弟子聞是說已不解我意唱言佛說無十方佛我亦於諸大乘經中說有十方佛善男子如是諍訟是佛境界非諸聲聞緣覺所知若人於是生疑心者猶能摧壞無量煩惱如須彌山若於是中生決定者是名執著迦葉菩薩白佛言世尊云何執著佛言善男子如是之人若從他聞若自尋經若他故教於所著事不能放捨是名執著世尊如是執著爲是善耶是不善耶善男子如是執著不名爲善何以故不能摧壞諸疑網故世尊如是人者本是不疑云何說言不壞疑網善男子夫不疑者即是疑也世尊若有人謂須陀洹人不墮三惡是人亦當名著名疑善男子是可名定不得名疑如人先見牛與水牛後遥見牛便生疑想彼是牛耶是水牛耶一切衆生先見二物後便生疑何以故心不了故我亦不說須陀洹人有墮三惡不墮三惡是人何故生於疑心迦葉言世尊如佛所說要先見已然後疑者有人未見二種物時亦復生疑何等是耶善男子所謂涅槃世尊譬如有人路遇濁水然未曾見而亦生疑如是水者深耶淺耶是人未見云何生疑善男子夫涅槃者即是斷苦非涅槃者即是苦也一切衆生見有二種見苦非苦苦非苦者即是飢渴寒熱瞋喜病瘦安隱老壯生死繫縛解脫恩愛別離怨憎聚會衆生見已即便生疑當有畢竟遠離如是苦惱事不是故衆生於涅槃中而生疑也汝意若謂是人先來未見濁水云何疑者是義不然何以故是人先於餘處見已是故於此未曾到處而復生疑世尊是人先見深淺處時已不生疑於今何故而復生疑佛言善男子本未行故所以生疑是故我言不了故疑迦葉菩薩復白佛言世尊如佛所說疑即是著著即是疑爲是誰耶善男子斷善根者世尊何等人輩云斷善根善男子若有聰明黠慧利根能善分別遠離善友不聽正法不善思惟不如法住如是之人能斷善根善男子斷善根者非是下劣愚鈍之人世尊如是之人何時當能還生善根佛言善男子是人二時還生善根初入地獄出地獄時　迦葉菩薩白佛言世尊如佛所說云何名因亦是過去現在未來果亦過去現在未來非是過去現在未來佛言善男子五陰二種一者因二者果是因五陰是過去現在未

來是果五陰亦是過去現在未來亦非過去現在未來善男子一切無明煩惱等結悉是佛性何以故佛性因故從無明行及諸煩惱得善五陰是名佛性從善五陰乃至獲得阿耨多羅三藐三菩提是故我於經中先說衆生佛性如雜血乳血者即是無明行等一切煩惱乳者即是善五陰也是故我說從諸煩惱及善五陰得阿耨多羅三藐三菩提如衆生身皆從精血而得成就佛性亦爾須陀洹人斯陀含人斷少煩惱佛性如乳阿那含人佛性如酪阿羅漢人猶如生酥從辟支佛至十住菩薩猶如熟酥如來佛性猶如醍醐善男子現在煩惱爲作障故令諸衆生不得覩見世尊若言五陰是佛性者云何說言衆生佛性非內非外善男子衆生不解即是中道我爲衆生得開解故說言佛性非內非外衆生佛性非內六入非外六入內外合故名爲中道是故如來宣說佛性即是中道非內非外故名中道云何名爲非內非外善男子或言佛性即是外道何以故菩薩摩訶薩於無量劫在外道中斷諸煩惱調伏其心教化衆生然後乃得阿耨多羅三藐三菩提是以佛性即是外道或言佛性即是內道何以故菩薩雖於無量劫中修習外道若離內道則不能得阿耨多羅三藐三菩提是以佛性即是內道是故如來遮此二邊說言佛性非內非外亦名內外是名中道復次善男子或言佛性即是如來金剛之身三十二相八十種好何以故不虛誑故或言佛性即是十力四無所畏大慈大悲及三念處首楞嚴等一切三昧何以故因是三昧生金剛身三十二相八十種好故是故如來遮此二邊說言佛性非內非外亦名內外是名中道復次善男子或有說言佛性即是內善思惟何以故離善思惟則不能得阿耨多羅三藐三菩提故是故佛性即是內善思惟復有說言佛性是外謂檀波羅密從檀波羅密得阿耨多羅三藐三菩提是以說言檀波羅密即是佛性或有說言佛性是內謂五波羅密離是五事當知則無佛性因果是以說言五波羅密即是佛性是故如來遮此二邊說言佛性非內非外亦內亦外是名中道復次善男子或有說言佛性在內譬如力士額上寶珠何以故常樂我淨如寶珠故是以說言佛性在內或有說言佛性在外如貧女寶藏何以故方便見故佛性亦爾在衆生外以方便故而得見之是故如來遮此二邊說言佛性非內非外亦內亦外是名中道善男子衆生佛性非有非無所以者何佛性雖有非如虛空何以故世間虛空雖以無量善巧方便不可得見佛性可見是故雖有非如虛空佛性雖無不同兎角何以故龜毛兎角雖以無量善巧方便不可得生佛性可生是故雖無不同兎角是故佛性非有非無亦有亦無云何名有一切悉有是諸衆生不斷不滅猶如燈焰乃至得阿耨多羅三藐三菩提是故名有云何名無一切衆生現在未有一切佛法常樂我淨是故名無有無合故即是中道是故佛說衆生佛性非有非無善男子如有人問是種子中有果無耶應定答言亦有亦無何以故離子之外不

能生果是故名有子未出芽是故名無以是義故亦有亦無所以者何時節有異其體是一衆生佛性亦復如是若言衆生中別有佛性者是義不然何以故衆生即佛性佛性即衆生直以時異有淨不淨若有說言乳中有酪是名執著若言無酪是名虛妄離是二事應定說言亦有亦無何故名有從乳生酪因即是乳果即是酪是名爲有云何名無色味各異服用不同善男子若言乳中有酪性者乳即是酪酪即是乳其性是一何因緣故乳在先出酪不先生若有因緣一切世人何故不說若無因緣何故酪不先出若酪不先出誰作次第乳酪生酥熟酥醍醐是故知酪先無今有若先無今有是無常法善男子若有說言乳有酪性能生於酪水無酪性故不生酪是義不然何以故水草亦有乳酪之性所以者何因於水草則生乳酪若乳中定有酪性水草無者是名虛妄何以故心不等故故名虛妄若言乳中定有酪者酪中亦應定有乳性何因緣故乳中出酪酪不出乳若無因緣當知是酪本無今有是故智者應言乳中非有酪性非無酪性善男子是故如來於是經中說如是言一切衆生定有佛性是名爲著若無佛性是名虛妄智者應說衆生佛性亦有亦無善男子四事和合生於眼識何等爲四眼色明欲是眼識性非眼非色非明非欲從和合故便得出生如是眼識本無今有已有還無是故當知無有本性乳中酪性亦復如是若有說言水無酪性故不出酪是故乳中定有酪性是義不然何以故一切諸法異因異果亦非一因生一切果非一切果從一因生善男子如從四事生於眼識不可復說從此四事應生耳識是故我於是經中說因生故法有因滅故法無善男子如我所說十二部經或隨自意說或隨他意說或隨自他意說我常宣說一切衆生悉有佛性是名隨自意說一切衆生不斷不滅乃至得阿耨多羅三藐三菩提亦名隨自意說如我所說十住菩薩少見佛性是名隨他意說一切衆生悉有佛性煩惱覆故不能得見我說如是汝說亦爾是名隨自他意說善男子如來或時爲一法故說無量法如經中說一切梵行因善知識一切梵行因雖無量說善知識則已攝盡如我所說一切惡行邪見爲因一切惡行因雖無量若說邪見則已攝盡或說阿耨多羅三藐三菩提信心爲因是菩提因雖復無量若說信心則已攝盡如來雖說無量諸法以爲佛性然不離於陰入界也善男子如來說法爲衆生故有七種語一者因語二者果語三者因果語四者喻語五者不應說語六者世流布語七者如意語　善男子信有二種一者信正二者信邪言有因有果有佛法僧是名信正言無因果三寶性異是名信邪若人雖信佛法僧寶不信三寶同一性相雖信因果不信得者是人名爲信不具足信不具足故所受禁戒亦不具足戒有二種一者作戒二者無作戒是人雖具作戒不具無作戒是故名爲戒不具足信戒不具故所修多聞亦不具足如來所說十二部經唯信六部不信六部是故名爲聞不具足是人不

具如是三事所修智慧亦不具足如經說言如來即是解脫解脫即是如來如來即是涅槃涅槃即是解脫於是義中不能分別是故名爲智不具足若自知見不具足故求近善友樂諮未聞聞已樂受受已樂善思惟善思惟已能如法住云何爲住常樂觀見善光明故若佛出世若不出世終不造惡是名爲住

世尊復說偈曰

若人善能分別義　至心求於沙門果
若能訶責一切有　是人名爲如法住
若能供養無量佛　則能無量世修道
若受世樂不放逸　是人名爲如法住
親近善友聽正法　內善思惟如法住
樂見光明修習道　獲得解脫安隱住

御錄經海一滴卷之十八

大般涅槃經之七

迦葉菩薩復白佛言世尊如佛所說衆生佛性猶如虛空云何名爲如虛空耶佛言善男子虛空之性非過去非未來非現在佛性亦爾善男子虛空非過去何以故無現在故法若現在可說過去以無現在故無過去亦無現在何以故無未來故法若未來可說現在以無未來故無現在亦無未來何以故無現在過去故若有現在過去則有未來以無過去現在故則無未來以是義故虛空之性非三世攝善男子以虛空無故無有三世不以有故無三世也如虛空華非是有故無有三世虛空亦爾非是有故無有三世善男子無物者即是虛空佛性亦爾善男子虛空無故非三世攝佛性常故非三世攝善男子如來已得阿耨多羅三藐三菩提所有佛性一切佛法常無變易以是義故無有三世猶如虛空善男子如世間中無罣礙處名爲虛空如來得阿耨多羅三藐三菩提已於一切佛法無有罣礙故言佛性猶如虛空世尊如來佛性涅槃非三世攝而名爲有虛空亦非三世所攝何故不得名爲有耶佛言善男子爲非涅槃名爲涅槃爲非如來名爲如來爲非佛性名爲佛性云何名爲非涅槃耶所謂一切煩惱有爲之法爲破如是有爲煩惱是名涅槃非如來者謂一闡提至辟支佛爲破如是一闡提等至辟支佛是名如來非佛性者所謂一切牆壁瓦石無情之物離如是等無情之物是名佛性善男子一切世間無非虛空對於虛空世尊世間亦無非四大對而猶得名四大是有虛空無對何故不得名之爲有佛言善男子若言涅槃非三世攝虛空亦爾者是義不然何以故涅槃是有可見可證是色足跡章句是有是相是緣是歸依處寂靜光明安隱彼岸是故得名非三世攝虛空之性無如是法是故名無若有離於如是等法更有法者應三世攝虛空若同是有法者不得非是三世所攝善男子如世人說虛空名爲無色無對不可覩見若無色無對不可見者即心數法虛空若同心數法者不得不是三世所攝若三世攝即是四陰是故離四陰已無有虛空復次善男子諸外道言夫虛空者即是光明若是光明即是色法虛空若爾是色法者即是無常是無常故三世所攝云何外道說非三世若三世攝則非虛空若三世攝云何言常善男子若復說言夫虛空者不離三法一者空二者實三者空實若言空是當知虛空是無常法何以故實處無故若言實是當知虛空亦是無常何以故空處無故若空實是當知虛空亦是無常何以故二處無故是故虛空名之爲無善男子如說虛空是可作法如說去樹去舍而作虛空平作虛空覆於虛空上於虛空畫虛空色如大海水是故虛空是可作法一切作法皆是無常猶如瓦瓶虛空若爾應是無常善男子世間人說一切法中無罣礙處名虛空者是無礙處於一切法爲具足有爲分有耶若具足有當知餘處則無虛空若分有者則是彼此可數之法若是可數當知無常善男子若有人

說虛空無礙與有並合又復說言虛空在物如器中果二俱不然何以故若言並合則有三種一異業共合如飛鳥集樹二共業合如兩羊相觸三已合共合如二雙指合在一處若言異業共合異則有二一是物業二虛空業若空業合物空則無常若物業合空物則不徧如其不徧是亦無常若言虛空是常其性不動與動物合者是義不然何以故虛空若常物不應常物若無常空亦無常若言虛空亦常無常無有是處若共業合是義不然何以故虛空名徧若與業合業亦應徧若有徧者應一切徧若一切徧應一切合不應說有合與不合若言已合共合如二雙指合是義不然何以故先無有合後方合故先無後有是無常法是故不得說言虛空已合共合如世間法先無後有是物無常虛空若爾亦應無常若言虛空在物如器中果是義不然何以故如是虛空先無器時在何處住若有住處虛空則多如其多者云何言常言一言徧若使虛空離空有住有物亦應離虛空住

是故當知無有虛空善男子若有說言指住之處名爲虛空當知虛空是無常法何以故指有四方若有四方當知虛空亦有四方一切常法都無方所以有方故虛空無常若是無常不離五陰要離五陰是無所有善男子
椥九 四
有法若從因緣住者當知是法名爲無常善男子譬如一切衆生樹木因地而住地無常故因地之物次第無常善男子如地因水水無常故地亦無常如水因風風無常故水亦無常風依虛空空無常故風亦無常若無常者云何說言虛空是常徧一切處虛空無故非是過去未來現在亦如兎角是無物故非是過去未來現在是故我說佛性常故非三世攝虛空無故非三世攝善男子我終不與世間共諍何以故智者說有我亦說有智者說無我亦說無世尊菩薩摩訶薩具足幾法不與世諍不爲世法之所沾汙佛言善男子菩薩摩訶薩具足十法不與世諍不爲世法之所沾汙何等爲十一者信心二者有戒三者親近善友四者内善思惟五者具足精進

六者具足正念七者具足智慧八者具足正語九者樂於正法十者憐愍衆生善男子菩薩具足如是十法不與世諍不爲世法之所沾汙如優鉢羅華善男子凡夫之色從煩惱生是故智說色是無常苦空無我如來色者
能九 五
遠離煩惱是故說是常恒無變　善男子煩惱三種所謂欲漏有漏無明漏智者應當觀是三漏所有罪過所以者何知罪過已則能遠離善男子有智之人又復當觀一切漏因何以故若但觀漏不觀漏因則不能斷諸煩惱何以故智者觀漏從是因生我今斷因漏則不生如彼醫師先斷病因病則不生智者先斷煩惱因者亦復如是有智之人次觀果報知從善因生於善果知從惡因生於惡果觀果報已遠離惡因次復應觀煩惱輕重先離重者輕者自去善男子知煩惱煩惱因煩惱果報煩惱輕重爲斷煩惱修行道者即是如來以是因緣如來色常乃至識常善男子不知煩惱煩惱因煩惱果報煩惱輕重不能修道即是凡夫是故凡夫色是無常受想行

識悉是無常善男子世間智者一切聖人菩薩諸佛說是二義我亦如是說是二義是故我說不與世間智者共諍不為世法之所沾汙迦葉菩薩白佛言世尊衆生一身云何能起種種煩惱佛言善男子如一器中有種種子得水雨已各各自生衆生亦爾身雖是一愛因緣故而能生長種種煩惱世尊智者云何觀於果報善男子智者當觀諸漏因緣能生地獄餓鬼畜生是漏因緣亦得人天身皆是無常苦空無我是身器中得三種苦三種無常是漏因緣智者當觀我旣受得如是之身不應生起如是煩惱受諸惡果迦葉菩薩言世尊有無漏果若言智者斷諸果報無漏果報在斷中不諸得道人有無漏果如其智者求無漏果云何佛說一切智者應斷果報如其斷者今諸聖人云何得有善男子如來或時因中說果果中說因如世間人說泥即是瓶縷即是衣是名因中說果果中說因者牛即是水草人即是食我亦如是因中說果先於經中作是說言我從心身至梵天邊是

名因中說果果中說因此六入者名過去業是名果中說因善男子一切聖人眞實無有無漏果報一切聖人修道果報更不生漏是故名為無漏果報善男子有智之人如是觀時則得永滅煩惱果報善男子智者觀已為斷如是煩惱果報修習聖道聖道者即空無相願修是道已能滅一切煩惱果報善男子猶如世間從子生果是果有能與子作因有不能者有能作者是名果子若不能作唯得名果不得名子一切衆生亦復如是皆有二種一者有煩惱果是煩惱因二者有煩惱果非煩惱因是煩惱果非煩惱因是則名為清淨梵行善男子衆生觀受知是一切漏之近因所謂内外漏受因緣故不能斷絕一切諸漏亦不能出三界牢獄衆生因受著我我所生於心倒想倒見倒是故衆生先當觀受如是受者為一切愛而作近因是故智者欲斷愛者當先觀受旣觀受已復當更觀如是受者何因緣生若因緣生如是因緣復從何生若無因生無因何故不生無愛復觀是受皆

從緣合而生因緣者即是愛也分別何等受能作愛因何等愛能作愛因善男子衆生若能如是深觀愛因受因則便能斷我及我所善男子若人能作如是等觀則應分別愛之與受在何處滅即見愛受有少滅處當知亦應有畢竟滅爾時即於解脫生信心生信心已是解脫處何由而得知從八正道即便修習善男子若有衆生能如是觀雖從煩惱而得果報而是果報更不復為煩惱作因是則名為清淨梵行世尊若以因此煩惱之想生於倒想一切聖人實有倒想而無煩惱是義云何佛言善男子云何聖人而有倒想世尊一切聖人牛作牛想亦說是牛馬作馬想亦說是馬男女大小舍宅車乘去來亦爾是名倒想善男子一切凡夫有二種想一者世流布想二者著想一切聖人唯有世流布想無有著想一切凡夫惡覺觀故於世流布生於著想一切聖人善覺觀故於世流布不生著想是故凡夫名為倒想聖人雖知不名倒想

迦葉菩薩白佛言世尊云何名為清淨梵

行佛言善男子一切法是世尊如來說一切法爲清淨梵行悉是何等一切法耶佛言善哉善哉善男子如是微妙大涅槃經乃是一切善法寶藏譬如大海是衆寶藏是涅槃經亦復如是即是一切字義祕藏善男子如須彌山衆藥根本是經亦爾即是菩薩戒之根本善男子譬如虛空是一切物之所住處是經亦爾即是一切善法住處善男子譬如猛風無能繫縛一切菩薩行是經者亦復如是不爲一切煩惱惡法之所繫縛善男子譬如金剛無能壞者是經亦爾雖有外道惡邪之人不能破壞善男子是經能爲諸菩薩等作法光明如世日月能破諸闇善男子是經能爲病苦衆生作大良藥如雪山藥王能治衆病善男子是經即是大無畏王能壞一切煩惱惡魔如師子王降伏衆獸善男子是經能住一切善法如世間地能住衆物善男子是經即是剛利智斧能伐一切煩惱大樹即是一切諸天之眼即是一切人之正道善男子是故此經攝一切法此經雖攝一切諸法我說梵行即是三十七助道之法善男子若離如是三十七品終不能得聲聞正果乃至阿耨多羅三藐三菩提果不見佛性及佛性果以是因緣梵行即是三十七品善男子三十七品根本是欲善欲即是初發道心乃至阿耨多羅三藐三菩提之根本也是故我說欲爲根本世尊如來先於此經中說一切善法不放逸爲本今乃說欲是義云何佛言善男子若言生因善欲是也若言了因不放逸是如世間說一切果者子爲其因或復有說子爲生因地爲了因是義亦爾世尊如來先於餘經中說三十七品佛是根本是義云何善男子如來先說衆生初知三十七品佛是根本若自證得欲爲根本　善男子雖因修習三十七品獲得四禪神通安樂不名爲實若壞煩惱證解脫時乃名爲實是三十七品發心修道雖得世樂及出世樂四沙門果及以解脫不名畢竟若能斷除三十七品所行之事是名畢竟畢竟者即大涅槃復次善男子善愛念心即是欲也因善愛念親近善友因近善友能善思惟因善思惟能生長道因生長道得二解脫除斷愛故心得解脫斷無明故慧得解脫是名爲實畢竟者即是阿耨多羅三藐三菩提果　爾時世尊告憍陳如色是無常因滅是色獲得解脫常住之色受想行識亦是無常因滅是識獲得解脫常住之識憍陳如色即是苦因滅是色獲得解脫安樂之色受想行識亦復如是憍陳如色即是空因滅空色獲得解脫非空之色受想行識亦復如是憍陳如色是無我因滅是色獲得解脫眞我之色受想行識亦復如是憍陳如色非寂靜因滅是色獲得涅槃寂靜之色受想行識亦復如是若有人能如是知者是名沙門名婆羅門具足沙門婆羅門法若離佛法無有沙門及婆羅門亦無沙門婆羅門法一切外道虛假詐稱都無實行雖復作想言有是二實無是處何以故若無沙門婆羅門法云何而言有沙門婆羅門我常於此大衆之中作師子吼汝等亦當在大衆中作師子吼爾時外道有無量人聞是語已心生瞋恚

外道衆中有婆羅門名闍提首那作如是言瞿曇汝説涅槃是常法耶如是如是大婆羅門婆羅門言瞿曇若説涅槃常者是義不然何以故世間之法從子生果相續不斷如從泥出瓶從縷得衣瞿曇常説修無常想獲得涅槃因是無常果云何常瞿曇又説解脱欲貪即是涅槃解脱色貪及無色貪即是涅槃滅無明等一切煩惱即是涅槃從欲乃至無明煩惱皆是無常因是無常所得涅槃亦應無常瞿曇又説從因故生天從因故地獄從因得解脱是故諸法皆從因生若從因生故得解脱者云何言常瞿曇亦説色從緣生故名無常受想行識亦復如是如是解脱若是色者當知無常受想行識亦復如是若離五陰有解脱者當知解脱即是虚空若是虚空不得説言從因緣生何以故是常是一徧一切處瞿曇亦説從因生者即是苦也若是苦者云何復説解脱是樂瞿曇又説無常即苦苦即無我若是無常苦無我者即是不淨一切從因所生諸法皆無常苦無我不淨云何復説涅槃即是常樂我淨若瞿曇説亦常無常亦苦亦樂亦我無我亦淨不淨如是豈非是二語耶我亦曾從先舊智人聞説是語佛若出世言則無二瞿曇今者説於二語復言佛即我身是也是義云何佛言婆羅門如汝所説我今問汝隨汝意答婆羅門言善哉瞿曇佛言婆羅門汝性常耶是無常乎婆羅門言我性是常婆羅門是性能作一切內外法之因也如是瞿曇佛言婆羅門云何作因瞿曇從性生大從大生慢從慢生十六法所謂地水火風空五知根眼耳鼻舌身五業根手脚口聲男女二根心平等根是十六法從五法生色聲香味觸是二十一法根本有三一者染二者麤三者黑染者名愛麤者名瞋黑名無明瞿曇是二十五法皆因性生婆羅門是大等法常無常耶瞿曇我法性常大等諸法悉是無常婆羅門如汝法中因常果無常然我法中因雖無常果是常者有何等過婆羅門汝等法中有二因不答言有佛言云何有二婆羅門言一者生因二者了因佛言云何生因云何了因婆羅門言生因者如泥出瓶了因者如燈照物佛言是二種因因性是一若是一者可令生因作於了因可令了因作生因不不也瞿曇佛言若使生因不作了因了因不作生因可得説言是因相不婆羅門言雖有相作故不因相婆羅門了因所了即同了不不也瞿曇佛言我法雖從無常獲得涅槃而非無常婆羅門從了因得故常樂我淨從生因得故無常無樂無我無淨是故如來所説有二如是二語無有二也是故如來名無二語如汝所説曾從先舊智人邊聞佛出於世無有二語是言善哉一切十方三世諸佛所説無差是故説言佛無二語云何無差有同説有無同説無故名一義婆羅門如來世尊雖名二語爲了一語故云何二語了於一語如眼色二語生識一語乃至意法亦復如是婆羅門言瞿曇善能分別如是語義我今未解所出二語了於一語爾時世尊即爲宣説四眞諦法婆羅門言苦諦者亦二亦一乃至道諦亦二亦一婆羅門言世尊

我已知已佛言善男子云何知已婆羅門言世尊苦諦一切凡夫二是聖人一乃至道諦亦復如是佛言善哉已解婆羅門言世尊我今聞法已得正見今當歸依佛法僧寶唯願大慈聽我出家時憍陳如受佛勅旨爲其剃髮閣提首那[犢九]有二種落一者鬚髮[十三]二者煩惱即於坐處得阿羅漢果　復有梵志姓婆私吒復作是言瞿曇所説涅槃常耶如是梵志婆私吒言瞿曇將不説無煩惱爲涅槃耶如是梵志婆私吒言瞿曇世間四種名之爲無一者未出之法名之爲無如瓶未出泥時名爲無瓶二者已滅之法名之爲無如瓶壞已名爲無瓶三者異相互無名之爲無如牛中無馬馬中無牛四者畢竟無故名之爲無如龜毛兔角瞿曇若以除煩惱已名涅槃者涅槃即無若是無者云何言有常樂我淨佛言善男子如是涅槃非是先無同泥時瓶亦非滅無同瓶壞已亦非畢竟無如龜毛兔角同於異無善男子如汝所言雖牛中無馬不可説言牛亦是無雖馬中無牛亦不可説馬亦是無涅槃亦爾煩惱中無涅槃涅槃中無煩惱是故名爲異相互無婆私吒言瞿曇若以異無爲涅槃者夫異無者無常樂我淨瞿曇云何説言涅槃常樂我淨佛言善男子如汝所説是異無者有三種無牛馬悉是先無後有是名先無已有還無是名壞無異相無者如汝所説善男子是三種無涅槃中無是故涅槃常樂我淨如世病人一者熱病二者風病三者冷病是三種病三藥能治酥能治熱油能治風蜜能治冷是三種藥能治如是三種惡病善男子風中無油油中無風酥蜜亦然是故能治一切衆生亦復如是有三種病一者貪二者瞋三者癡如是三病有三種藥不淨觀者能爲貪藥慈心觀者能爲瞋藥觀因緣智能爲癡藥善男子爲除貪故作非貪觀爲除瞋故[犢九]作非瞋觀爲除癡[十四]故作非癡觀三種病中無三種藥三種藥中無三種病善男子三種病中無三藥故無常無我無樂無淨三種藥中無三種病是故得稱常樂我淨婆私吒言世尊如來爲我説常無常云何爲常云何無常佛言善男子色是無常解脱色常乃至識是無常解脱識常善男子若有善男子善女人能觀色乃至識是無常者當知是人獲得常法婆私吒言世尊我今已知常無常法佛言善男子汝云何知常無常法婆私吒言世尊我今知我色是無常得解脱常乃至識亦如是佛言善男子汝今善哉已報是身告憍陳如是婆私吒已證阿羅漢果汝可施其三衣鉢器時憍陳如如佛所勅施其衣鉢時婆私吒受衣鉢已作如是言大德憍陳如我今因是弊惡之身得善果報惟願大德爲我屈意至世尊所具宣我心我既惡人觸犯如來稱瞿曇姓惟願爲我懺悔此罪我亦不能久住毒身今入涅槃時憍陳如即往佛所白婆私吒説佛言憍陳如婆私吒比丘已於過去[犢九]無量佛所成就善根[十五]今受我語如法而住如法住故獲得正果汝等應當供養其身爾時憍陳如從佛聞已還其身所而設供養時婆私吒於焚身時作種種神足　諸外道輩見是事已高聲唱言是婆私吒已得

瞿曇沙門咒術是人不久復當勝彼瞿曇沙門爾時衆中復有梵志名曰先尼復作是言瞿曇有我耶如來默然瞿曇無我耶如來默然第二第三亦如是問佛皆默然先尼言瞿曇若一切衆生有我徧一切處是一作者瞿曇何故默然不答佛言先尼汝說是我徧一切處耶先尼答言瞿曇不但我說一切智人亦如是說佛言善男子若我周徧一切處者應當五道一時受報若有五道一時受報汝等梵志何因緣故不造衆惡爲遮地獄修諸善法爲受天身先尼言瞿曇我法中我則有二種一作身我二者常身我爲作身我修離惡法不入地獄修諸善法生於天上佛言善男子如汝所說我徧一切處如是我者若作身中當知無常若作身無云何言徧瞿曇我所立我亦在作中亦是常法瞿曇如人失火燒舍宅時其主出去不可說言舍宅被燒主亦被燒我法亦爾而此作身雖是無常當無常時我則出去是故我我亦徧亦常佛言善男子如汝說我亦徧亦常是義不然何以故徧有二種一者常二者無常復有二種一色二無色是故若言一切有者亦常亦無常亦色亦無色若言舍主得出不名無常是義不然何以故舍不名主主不名舍異燒異出故得如是我則不爾何以故我即是色色即是我無色即我我即無色云何而言色無常時我則得出善男子汝意若謂一切衆生同一我者如是則違世出世法何以故世間法名父子母女若我是一父即是子子即是父母即是女女即是母怨即是親親即是怨此即是彼彼即是此是故若說一切衆生同一我者是即違背世出世法先尼言我亦不說一切衆生同於一我乃說一人各有一我佛言善男子若言一人各有一我是爲多我是義不然何以故如汝先說我徧一切若徧一切一切衆生業根應同天得見時佛亦得見若天得見非佛得見者不應說我徧一切處若不徧者是則無常先尼言瞿曇譬如一室有百千燈炷雖有異明則無差燈炷別異喻法非法其明無差喻衆生我佛言善男子汝說燈明以喻我者是義不然何以故室異燈異是燈光明亦在炷邊亦徧室中汝所言我若如是者法非法邊俱應有我若法非法無有我者不得說言徧一切處若俱有者何得復以炷明爲喻善男子汝意若謂炷之與明眞實別異何因緣故炷增明盛炷枯明滅是故不應以法非法喻於燈炷光明無差喻於我也何以故法非法我三事即一善男子汝意若謂我是作者是義不然何以故若我作者何因緣故自作苦事然今衆生實有受苦是故當知我非作者若言是苦非我所作不從因生一切諸法亦當如是不從因生何因緣故說我作耶善男子衆生苦樂實從因緣如是苦樂能作憂喜憂時無喜喜時無憂或喜或憂智人云何說是常耶善男子汝說我常若是常者云何說有十時別異善男子若我常者是我亦有盛時衰時衆生亦有盛時衰時若我爾者云何是常善男子汝意若謂離眼有見是義不然何以故若離眼已別有見者何須此眼乃至身根亦復如是汝意若謂

我雖能見要因眼見是亦不然何以故如有人言須曼那華能燒大村云何能燒因火能燒汝立我見亦復如是先尼言瞿曇如人執鎌則能刈草我因五根見聞至觸亦復如是善男子鎌人各異是故執鎌能有所作離根之外更無別我云何說言我因諸根能有所作善男子汝意若謂執鎌能刈我亦如是我有手耶爲無手乎若有手者何不自執若無手者云何說言我是作者善男子能刈草者即是鎌也非我非人若我人能何故因鎌善男子人有二業一則執草二則執鎌是鎌唯有能斷之功衆生見法亦復如是眼能見色從和合生若從因緣和合見者智人云何說言有我善男子汝意若謂身作我受是義不然何以故世間不見天得作業佛得受果若言不是身作我非因受汝等何故從於因緣求解脫耶汝先是身非因緣生得解脫已亦應非因而更生身如身一切煩惱亦應如是先尼言瞿曇我有二種一者有知二者無知無知之我能得於身有知之我能捨離身猶如坏瓶既被燒已失於本色更不復生智者煩惱亦復如是既滅壞已終不更生佛言善男子所言知者智能知耶我能知乎若智能知何故說言我是知耶若我知者何故方便更求於智汝意若謂我因智知同華喻壞善男子譬如刺樹性自能刺不得說言樹執刺刺智亦如是智自能知云何說言我執智知善男子如汝法中我得解脫無知我得知我得耶若無知得當知猶故具足煩惱若知得者當知已有五情諸根何以故離根之外別更無知若具諸根云何復名得解脫耶若言是我其性清淨離於五根云何說言徧五道有以何因緣爲解脫故修諸善法譬如有人扳虛空刺汝亦如是我若清淨云何復言斷諸煩惱汝意若謂不從因緣獲得解脫一切畜生何故不得先尼言瞿曇若無我者誰能憶念佛告先尼若有我者何緣復忘善男子若念是我者何因緣故念於惡念念所不念不念所念先尼復言瞿曇若無我者誰見誰聞佛言善男子内有六入外有六塵内外和合生六種識是六種識因緣得名譬如一火因木得故名爲木火因草得故名爲草火衆生意識亦復如是因眼因色因明因欲名爲眼識若是因緣和合故生智不應說見即是我乃至觸即是我善男子是故我說眼識乃至意識一切諸法即是幻也云何如幻本無今有已有還無凡夫不能思惟分別如是事故說言有我及有我所我作我受先尼言如瞿曇說無我我所何緣復說常樂我淨佛言善男子我亦不說内外六入及六意識常樂我淨我乃宣說滅内外入所生六識名之爲常以是常故名之爲我有常我故名之爲樂常我樂故名之爲淨先尼言世尊唯願大慈爲我宣說我當云何獲得如是常樂我淨佛言善男子一切世間從本已來具足大慢能增長慢亦復造作慢因慢業是故今者受慢果報不能遠離一切煩惱得常樂我淨若諸衆生欲得遠離一切煩惱先當離慢先尼言世尊如是如是誠如聖敎我今已離如是大慢是故誠心啟請求法云何當得常樂我淨

佛言善男子諦聽諦聽吾當爲汝分別解說善男子若能非自非他非衆生者遠離慢法先尼言世尊我已知解得正法眼佛言善男子汝云何言知已解已得正法眼世尊所言色者非自非他非諸衆生乃至識亦復如是我如是觀得正法眼世尊我今甚樂出家修道願見聽許佛言善來比丘即時具足清淨梵行證阿羅漢果　外道衆中復有梵志姓迦葉氏復作是言瞿曇身即是命身異命異如來默然第二第三亦復如是梵志復言瞿曇若人捨身未得後身於其中間豈可不名身異命異若是異者瞿曇何故默然不答佛言善男子我說身命皆從因緣非不因緣如身命一切法亦如是瞿曇我見世間有法不從因緣如大火焚燒榛木風吹絕焰墮在餘處是豈不名無因緣耶佛言善男子我說是火亦從因生非不從因瞿曇絕焰去時不因薪炭云何而言因於因緣佛言善男子雖無薪炭因風而去風因緣故其焰不滅瞿曇若人捨身未得後身中間壽命誰爲因緣佛言梵志無明與愛而爲因緣是無明愛二因緣故壽命得住善男子有因緣故身即是命命即是身有因緣故身異命異智者不應一向而說身異命異梵志言世尊唯願爲我分別解說令我了了得知因果佛言梵志因即五陰果亦五陰善男子若有衆生不然火者是則無烟梵志言世尊我已知已我已解已佛言善男子汝云何知汝云何解世尊火即煩惱若有衆生不作煩惱是人則無煩惱果報世尊我已正見唯願慈矜聽我出家爾時世尊告憍陳如聽是梵志出家受戒經五日已得阿羅漢果　外道衆中復有梵志名曰富那復作是言瞿曇汝見世間是常法已說言常耶如是義者實耶虛耶常無常亦常無常非常非無常有邊無邊亦有邊無邊非有邊非無邊是身是命身異命異如來滅後如去不如去亦如去不如去非如去非不如去佛言富那我不說世間常虛實無常亦常無常非常非無常有邊無邊亦有邊無邊非有邊非無邊是身是命身異命異如來滅後如去不如去非如去非不如去富那復言瞿曇今者見何罪過不作是說佛言富那若有人說世間是常唯此爲實餘妄語者是名爲見見所見處是名見行是名見業是名見著是名見縛是名見苦是名見取是名見怖是名見熱是名見纏富那凡夫之人爲見所纏不能遠離生老病死迴流六趣受無量苦乃至非如去非不如去亦復如是富那我見是見有如是過是故不著不爲人說瞿曇若見如是罪過不著不說瞿曇今者何見何著何所宣說佛言善男子夫見著者名生死法如來已離生死法故是故不著善男子如來名爲能見能說不名爲著瞿曇云何能見云何能說佛言善男子我能明見苦集滅道分別宣說如是四諦我見如是故能遠離一切見一切愛一切流一切慢是故我具清淨梵行無上寂靜獲得常身是身亦非東西南北富那言瞿曇何因緣故常身非是東西南北佛言善男子我今問汝隨汝意答善男子如於汝前然大火聚當其然時汝知然不如是瞿曇是

火滅時汝知滅不如是瞿曇富那若有人問汝前火聚然從何來滅何所至當云何答瞿曇若有問者我當答言是火生時賴於衆緣本緣已盡新緣未至是火則滅若復有問是火滅已至何方而復云何答瞿曇我當答言緣盡故滅不至方所善男子如來亦爾若有無常色乃至無常識因愛故然然者即受二十五有是故然時可說是火東西南北現在愛滅二十五有果報不然以不然故不可說有東西南北善男子如來已滅無常之色至無常識是故身常身若是常不得說有東西南北富那言請說一喻唯願聽採佛言善哉善哉隨意說之世尊如大村外有娑羅林中有一樹先林而生足一百年是時林主灌之以水隨時修治其樹陳朽皮膚枝葉悉皆脫落唯眞實在如來亦爾所有陳故悉已除盡唯有一切眞實法在世尊我今甚樂出家修道佛言善來比丘說是語已即時出家漏盡證得阿羅漢果

御錄經海一滴卷之十九

御錄經海一滴卷之二十　機十

大般涅槃經之八

爾時世尊告憍陳如言阿難比丘今爲所在憍陳如言世尊阿難比丘在娑羅林外去此大會十二由旬而爲六萬四千億魔之所嬈亂是諸魔衆悉自變身爲如來像宣說一切諸法阿難比丘八魔罥故而作是念此諸佛說各各不同我於今者當受誰語世尊阿難今者極受大苦雖念如來無能救者以是因緣不來至此爾時文殊師利菩薩白佛言世尊此大衆中有諸菩薩亦能受持無量諸佛十二部經何憂不能受持如是大涅槃典何因緣故問憍陳如阿難所在爾時世尊告文殊師利諦聽諦聽文殊師利阿難事我二十餘年具足八種不可思議何等爲八一者事我已來二十餘年初不隨我受別請食二者事我已來初不受我陳故衣服三者自事我來至我所時終不非時四者自事我來隨我入出諸王刹利豪貴大姓見諸女人及天龍女不生欲心五者自事我來持我所說十二部經一經於耳曾不再問如寫瓶水置之一瓶六者自事我來雖未獲得知他心智常知如來所入諸定七者自事我來而能了知如是衆生到如來所現在能得四沙門果有得人身有得天身八者自事我來如來所有祕密之教悉能了知善男子阿難比丘具足如是八不思議是故我稱阿難比丘爲多聞藏善男子阿難比丘具足八法能具足持十二部經何等爲八一者信根堅固二者其心質直三者身無病苦四者常勤精進五者具足念心六者心無憍慢七者成就定意八者具足從聞生智善男子如汝所說此大衆中雖有無量無邊菩薩是諸菩薩皆有重任所謂大慈大悲如是慈悲之因緣故各各忽務調伏眷屬莊嚴自身以是因緣我涅槃後不能宣通十二部經是故我今顧問阿難爲何所在欲令受持是涅槃經文殊師利阿難比丘今在他處去此會外十二由旬而爲多魔之所惱亂汝可往彼發大聲言一切諸魔諦聽諦聽如來今說大陀羅尼一切天龍乾闥婆阿修羅迦樓羅緊那羅摩睺羅伽人與非人山神樹神河神海神舍宅神等聞是持名無不恭敬受持之者是陀羅尼十恒河沙諸佛世尊所共宣說若欲受持應受五事一者梵行二者斷肉三者斷酒四者斷辛五者樂在寂靜受五事已至心信受讀誦書寫是陀羅尼當知是人則得超越七十七億弊惡之身爾時世尊即便說之

阿摩隸　毗磨隸　涅磨隸　瞢伽隸　醯磨羅若竭鞞　三曼那跋提　娑婆陀　娑檀尼　波羅磨他　娑檀尼　摩那斯　阿拙啼　毗羅祇　菴摩賴坻　婆嵐彌　婆嵐摩　莎隸富泥富那　摩奴賴綈

爾時文殊師利從佛受是陀羅尼已至阿難所在魔衆中作如是言諸魔眷屬諦聽我說所從佛受陀羅尼咒魔王聞是陀羅尼已悉發阿耨多羅三藐三菩提心捨於魔業即放阿難文殊師利與阿難俱來至佛所阿難見佛至心禮敬却住一面佛告阿難是娑羅林外有一梵志名須跋陀其年極老已百二十

雖得五通未捨憍慢獲得非想非非想定生一切智起涅槃想汝可往彼語須跋陀言如來出世如優曇華於今中夜當般涅槃若有所作當及時作莫於後日而生悔心阿難汝之所說彼定信受何以故汝曾往昔五百世中作須跋陀子其人愛心習猶未盡以是因緣信受汝語爾時阿難敬受佛勅往須跋陀所作是言已須跋陀言善哉阿難我今當往至如來所時須跋陀到已問訊作如是言一切衆生受苦樂報皆隨往日本業因緣是故若有持戒精進受身心苦能壞本業本業既盡衆苦盡滅衆苦盡滅即得涅槃　我已先調伏心佛言善男子汝今云何能先調心須跋陀言世尊我先思惟欲是無常無樂無淨觀色即是常樂我淨作是觀已欲界結斷獲得色處是故名爲先調伏心次復觀色色是無常如癰如瘡如毒如箭見無色常清淨寂靜如是觀已色界結盡得無色處是故名爲先調伏心次復觀想即是無常癰瘡毒箭如是觀已獲得非想非非想處是非想非非想即一切智寂靜清淨無有墮墜常恒不變是故我能調伏其心佛言善男子汝云何能調伏心耶汝今所得非想非非想定猶名爲想涅槃無想汝云何言獲得涅槃善男子汝已先能訶責麤想今者云何愛著細想不知訶責如是非想非非想處故名爲想如癰如瘡如毒如箭善男子汝師鬱頭藍弗利根聰明尚不能斷如是非想非非想處受於惡身況其餘者世尊云何能斷一切諸有佛言善男子若觀實相是人能斷一切諸有須跋陀言世尊云何名爲實相善男子無相之相名爲實相世尊云何名爲無相之相善男子一切法無自相他相及自他相無無因相無作相無受相無作者相無受者相無法非法相無男女相無士夫相無微塵相無時節相無爲自相無爲他相無爲自他相無有相無無相無生相無生者相無因相無因因相無果相無果果相無晝夜相無明暗相無見相無見者相無聞相無聞者相無覺知相無覺知者相無菩提相無得菩提者相無業相無業主相無煩惱相無煩惱主相善男子如是等相隨所滅處名眞實相善男子一切諸法皆是虛假隨其滅處是名爲實是名實相是名法界名畢竟智名第一義諦名第一義空善男子是相法界畢竟智第一義諦第一義空下智觀故得聲聞菩提中智觀故得緣覺菩提上智觀故得無上菩提　爾時須跋陀羅從佛聞說大般涅槃甚深妙法而得法眼見法清淨於是須跋陀羅歡喜踴躍欣慶無量即時鬚髮自落而作沙門法性智水灌注心源無復縛著漏盡意解得羅漢果即前佛所瞻仰尊顏頭面禮足悲喜交流深自悔責恨我毒身久劫已來常相欺惑令我長沒無明邪見淪溺三界外道法中今大喜慶蒙如來恩得入正法累劫碎軀未能報此須臾之恩說是語已悲泣流淚復白佛言世尊我年老邁餘命無幾未脫衆苦行苦遷逼唯願世尊少住教誡哀愍救護莫般涅槃爾時世尊默然不許須跋陀羅不果所請愁憂熱惱高聲唱曰苦哉苦哉世間空虛世間空虛哀哉哀哉

衆生福盡正慧眼滅於如來前舉身投地忙亂濁心昏迷悶絶久乃甦醒涕淚哽咽而白佛言世尊我今不忍見於如來入般涅槃中心痛切難任裁抑我自何能與此坏器毒身共住唯願世尊後當涅槃於是時頃即入涅槃爾時不可說不可說無數億恒河沙諸大菩薩比丘比丘尼一切世間天人阿修羅等知佛必欲涅槃同聲唱言苦哉苦哉如何正覺一旦捨離無主無歸無依無趣恩慕戀愛悲感號泣互相執手搥胸悶絶迷失諸方哀慟三千大千世界爾時世尊出八種聲普告大衆莫大號哭猶如嬰兒各相裁抑勿自亂心汝等於此行苦生死大海勤修淨心莫失念慧疾求正智速出諸有三界受身苦輪無際無明郎主恩愛魔王役使身心策爲僮僕徧緣境界造生死業貪恚狂癡念念傷害無量劫來常受苦惱何有智者不反斯源汝等當知我曠劫來已入大寂無陰界入永斷諸有金剛寶藏常樂我淨我今於此顯難思議現方便力入大涅槃示同世法欲令衆生知身如電生戀慕心生死暴河漂流速疾諸行輪轉法應如是如來涅槃甚深甚深不可思議乃是諸佛菩薩境界非諸聲聞緣覺所知佛復告諸大衆是須跋陀羅已曾供養恒河沙佛於諸佛所深種善根以大願力常在尼乾外道法中出家修行以方便慧誘進邪見失道衆生令入正智須跋陀羅乘本願力令得遇我最後涅槃得聞正法既得果已復入涅槃自我得道度阿若憍陳如最後涅槃度須跋陀羅吾事究竟無復施爲設我久住無異今也爾時世尊說是語已即歔長歎唱言善哉善哉須跋陀羅爲報佛恩汝等大衆應當供養其屍安立塔廟須跋陀羅當焚屍時即於火中放大光明現十八變爾時無量大衆及諸外道邪見衆生發菩提心得入正見是時大衆悲感傷悼收取舍利起塔供養爾時佛告阿難普及大衆吾滅度後汝等四衆當勤護持我大涅槃我於無量萬億阿僧祇劫修此難得大涅槃法今已顯說汝等當知此大涅槃乃是十方三世一切諸佛金剛寶藏常樂我淨周圓無缺一切諸佛於此涅槃而般涅槃最後究竟理極無遺諸佛於此故捨身命故名涅槃汝等欲得決定真報佛恩疾得菩提諸佛摩頂世世所生不失正念十方諸佛常現其前晝夜守護令一切衆得出世法當勤修習此涅槃典佛復告阿難吾未成佛示入鬱頭藍弗外道法中修學四禪八定受行其教吾成佛來毀訾其法漸漸誘進最後須跋陀羅皆入佛道如來以大智炬燒邪見幢如乾草葉投大火燄阿難今我親戚諸釋種子吾甚憂念我涅槃後汝當精勤以善教誡我諸眷屬授與妙法深心誨誘勿得調戲放逸散心入諸境界受行邪法未脫三界世間痛苦早求出離於此五濁愛欲之中應生憂畏無救護想一失人身難可追復畢此一形常須警察無常大鬼情求難脫憐愍衆生莫相殺害乃至蠢動應施無畏身業清淨常生妙土口業清淨離諸過惡莫食肉莫飲酒調伏心蛇令入道果深思行業善惡之報如影隨形三世因果循環不失此生空

過後悔無追涅槃時至示教如是爾時阿難聞佛語已身心顫動情識忙然悲哽嗚咽哀不自勝　爾時天人一切大衆悲哀流淚不能自裁爾時世尊普告四衆佛般涅槃汝等天人莫大愁惱何以故佛雖涅槃而有舍利常存供養復有無上法寶修多羅藏毘那耶藏摩達摩藏以是因緣三寶四諦常住於世能令衆生深心歸依何以故供養舍利即是佛寶見佛即見法身見法身即見賢聖見賢聖故即見四諦見四諦故即見涅槃是故當知三寶常住無有變易能爲世間作歸依故佛復告諸大衆汝等莫大愁苦我今於此垂欲涅槃若戒若歸若常無常三寶四諦六波羅蜜十二因緣有所疑者當速發問爲究竟問佛涅槃後無復疑悔三廻告衆爾時四衆無發問者何以故一切四衆已於戒歸三寶四諦通達曉了無有疑故爾時世尊知諸四衆無復餘疑歎言善哉善哉汝等四衆已能通達三寶四諦無有疑也猶如淨水洗蕩身垢汝等當勤精進早得出離莫生愁惱迷悶亂心爾時世尊於師子座以眞金手却身所著僧伽梨衣顯出紫磨黃金師子胸臆普示大衆告言汝等一切天人大衆應當深心看我紫磨黃金色身爾時四衆一切瞻仰世尊以黃金身示大衆已即放無量無邊百千萬億大涅槃光普照十方一切世界日月所照無復光明放是光已復告大衆當知如來爲汝等故累劫勤苦截身手足盡修一切難行苦行大悲本願於此五濁成阿耨多羅三藐三菩提得此金剛不壞紫磨色身具足三十二相八十種好無量光明普照一切見形遇光無不解脫佛復告諸大衆佛出世難如優曇華希有難見汝等大衆最後遇我爲於此身不生空過我以本誓願力生此穢土化緣周畢今欲涅槃汝等以至誠心看我紫磨黃金色身汝當修習如是清淨之業於未來世得此果報爾時世尊如是三反慇勤三告以眞金身示諸大衆即從七寶師子大牀上昇虛空高一多羅樹一反告言我欲涅槃汝等大衆看我紫磨黃金色身如是展轉高七多羅樹七反告言我欲涅槃如是三反上昇虛空高七多羅樹三反從空中下坐師子牀如是慇勤二十四反告諸大衆我欲涅槃汝等深心看我金剛堅固不壞紫磨黃金無畏色身如優曇華難可值遇汝等大衆應當深心瞻仰爲是最後見於如來自此見已無復再覩汝等大衆瞻仰令足無復後悔佛復告諸大衆我涅槃後汝等大衆應廣修行早出三有勿復懈怠散心放逸爾時一切世界天人四衆遇涅槃光瞻仰佛者一切三塗八難世間人天所有煩惱四重五逆極惡罪咎永滅無餘皆得解脫爾時世尊顯出紫磨黃金色身慇勤相告示大衆已還舉僧伽梨衣如常所披

佛復告諸大衆我今時至說是語已即入諸禪爾時世尊如是逆順入諸禪已普告大衆我以甚深般若徧觀三界一切六道諸山大海大地含生如是三界根本性離畢竟寂滅同虛空相無名無識永斷諸有本來平等無高下想無見無聞無覺無知不可繫縛不可

解脱無衆生無壽命不生不起不盡不滅非世間非非世間涅槃生死皆不可得二際平等等諸法故閑居静住無所施爲究竟安置必不可得從無住法法性施爲斷一切相一無所有法相如是其知是者名出世人是事不知名生死始汝等大衆應斷無明滅生死始復告大衆我以摩訶般若徧觀三界有情無情一切人法悉皆究竟無繫縛者無解脱者無主無依不可攝持不出三界不入諸有本來清淨無垢無煩惱與虚空等不平等非不平等盡諸動念思想心息如是法相名大涅槃與見此法名爲解脱凡夫不知名曰無明作是語已復入超禪從初禪出乃至入滅盡定從滅盡出乃至入初禪如是逆順入超禪已復告大衆我以佛眼徧觀三界一切諸法無明本際性本解脱於十方求了不能得根本無故所因枝葉皆悉解脱無明解脱故乃至老死皆得解脱以是因緣我今安住常寂滅光名大涅槃爾時世尊娑羅林下寢臥寶牀於其中夜入第四禪寂然無聲於是時項便般涅槃其娑羅雙樹即時慘然變白猶如白鶴爾時阿難心苦迷悶都不覺知不識如來已入涅槃未入涅槃爾時樓豆以清冷水灑阿難面扶之令起以善方便而慰喻之語阿難言哀哉哀哉痛苦柰何柰何莫大愁毒熱惱亂心如來化緣周畢一切人天無能留者苦哉苦哉柰何柰何阿難佛雖涅槃而有舍利無上法寶常住於世能爲衆生而作歸依我與汝等當勤精進以佛法寶授與衆生令脱衆苦報如來恩爾時阿難聞慰喻已漸得醒悟哽咽流淚悲不自勝其拘施那城娑羅林間縱廣十二由旬天人大衆皆悉徧滿尖頭鍼鋒受無量衆間無空缺不相障蔽爾時無數億菩薩一切大衆一時昏迷悶絶躃地苦毒入心臨聲不出如是異類殊音一切大衆哀聲普震一切世界

爾時阿難悶絶漸醒舉手拍頭搥胸哽咽悲泣流淚哀不自勝長跪佛前以偈悲歎

我昔與佛誓願力　幸共同生釋種中
如來得成正覺道　我爲侍者二十載
深心敬養情不足　一旦見棄入涅槃
痛哉哀哉荼毒苦　無極長夜痛切心
我身未脱諸有網　無明之轂未出離
世尊慧𣪠未啄破　如何見捨疾涅槃
我如初生之嬰兒　失母不久必當死
世尊如何見放捨　獨出三界受安樂
我今懺悔於世尊　侍佛已來二十年
四威儀中多懈惰　不能悦可大聖心
願正覺尊大慈悲　施我甘露令安樂
我願窮盡未來際　常覲世尊爲侍者
唯願世尊大慈光　一切世界攝受我
痛哉痛哉不可説　嗚咽何能陳聖恩

爾時無數億恒河沙菩薩一切世間天人大衆互相執手悲泣流淚哀不自勝各相裁抑即皆自辦無數微妙香華寶蓋寶幢寶旛瓔珞徧滿虚空投如來前悲哀供養爾時欲界六天色界無色界諸天一切供養倍勝於前敬請如來入金棺已爾時拘施城内一切士女期請如來聖棺入城自伸供養爾時世尊大悲普覆令諸世間得平等心得福無異

於娑羅林即自舉棺昇虛空中高一多羅樹爾時帝釋及諸天衆即持七寶大蓋四柱寶臺四面莊嚴七寶瓔珞垂虛空中覆佛聖棺無數香華幢旛瓔珞音樂微妙雜綵空中供養爾時世尊大聖金棺於娑羅林虛空之中徐徐乘空從拘施城西門而入東門而出入城南門從北門出乘空左繞還從拘施西門而入爾時七寶聖棺當入城時一切大衆悲號哽咽各持無數寶幢旛蓋香華瓔珞至荼毘所悲哀供養佛初成道恒河北岸一樹栴檀隨佛而生大如車輪高七多羅樹香氣普熏供養如來其香樹神與樹俱生常取此香供養於佛佛入涅槃此一檀樹即隨佛滅枝葉俱落神亦隨死有諸異神取此香樹送荼毘所悲哀供養其地乃是三世諸佛荼毘之處大覺世尊乘本願力亦於是處荼毘爾時一切大衆哀泣盈目各持七寶香炬一時大哭荼毘香樓哀震大千一切世界復以香華徧滿供養是時寶炬至香樓所自然殄滅爾時世尊大悲普潤待迦葉衆來至乃然時大迦葉與五百弟子在耆闍崛山去拘施城五十由旬身心寂然入於三昧於正受中倏爾心驚舉身顫慄從定中出見諸山地皆大震動即知如來已入涅槃告諸弟子我佛大師入般涅槃時經七日已入棺中苦哉苦哉迦葉以敬佛故不敢飛空往如來所即將弟子尋路疾行至拘施城北門而入迦葉前進遥見佛棺將諸弟子一時禮拜號哭哽咽悶絶躃地昏濁亂心良久乃醒爾時如來大悲平等爲迦葉故棺自然開顯出三十二相八十種好眞金紫磨堅固色身迦葉與諸弟子見已悶絶躃地噎咽悲哽良久乃甦燒香散華哀泣供養供養已訖棺門即閉　世尊大悲即現二足千輻輪相出於棺外迴示迦葉從千輻輪放千光明徧照十方一切世界爾時迦葉與諸弟子見佛足已哀號哽咽右繞七帀復禮佛足悲哀哭泣聲震世界説偈哀歎

如來究竟大悲心　平等慈光無二照
衆生有感無不應　示我二足千輻輪
我今深心歸命禮　千輻輪相二足尊
千輻輪中放千光　徧照十方普佛刹
我今歸依頭面禮　千輻輪相長光照
衆生遇光皆解脱　三塗八難皆離苦
我復歸依頭面禮　輪光普救諸惡趣
世尊往昔無數劫　爲我等故修苦行
今證得此金剛體　足下由放千光明
悲哀稽首歸命禮　安於衆生千輻輪
佛修衆德爲一切　修道樹日降四魔
四魔降已伏外道　衆生因此得正見
稽首歸依頭面禮　衆生正見光明足
佛爲一切眞慈父　足光平等度衆生
我復歸依頭面禮　平等離苦輪足光
我遇千輻光明足　悲喜交流哀切心
我復悲哀頭面禮　有感千輻輪光明
稽首歸依輪足光　乘究竟乘出三界
敬禮天人歸依足　輪光普照三有苦
衆生未得脱苦門　皆悉歸命輪光足
我等輪迴未出離　如何輪足見放捨
哀哉哀哉諸衆生　長夜莫覩輪足光
悔過世尊大慈悲　示我千輻輪光足

哀哉今遇輪光相　自此當何復再覩

爾時迦葉與諸弟子說是偈已大覺世尊千輻輪相金剛雙足還自入棺封閉如故爾時如來以大悲力從心胸中火踊棺外漸漸荼毘經於七日焚妙香樓爾乃方盡爾時城內士女天人大衆於七日間悲號哭泣哀聲不斷各以所持供養不歇分布舍利起塔供養

御錄經海一滴卷之二十

御製大般涅槃經跋

大般涅槃經四十卷釋迦牟尼佛如來世尊在拘施那城娑羅雙樹間將入涅槃時酬諸菩薩所問是爲四十九年轉大法輪最後垂示究竟指歸惟譚不思議眞性解脫法門直指無上上決定第一義諦乃諸經中之轉輪聖王法寶中之金剛摩尼一入全眞眞外無法雖三藏十二分並是本師金口聖典其中皆有了義眞詮然如來世尊爲衆生故隨順世間種種音聲應時及節方便開示雖一音演出七語成無量法門而以九部經等喩爲半字唯大乘經典乃爲滿字若然則滿字經典中亦尚隱有半字此涅槃經唯一絶待如來法界猶彼醍醐尚不離於酥酪何况於乳譬如虛空爲一切物之所住處是經亦爾爲一切妙義之所住處譬如四大和合而成萬物其中若無空大則四大亦不能成是經亦爾爲一切善法之空大誠爲無相無名之寶海非文非字之義天最尊最勝之法幢難議難思之聖藥也夫五通仙人聲聞辟支佛等並能於壽命中修短自在如來於一切法得大自在力豈不能住壽億劫萬劫而乃同於凡夫八旬之壽入般涅槃何歟蓋業識幻軀出生我我所想纔有此岸即無彼岸雖得聖果而於此有絲毫許未能淨盡解脫便爲生死之所流轉既未達彼岸尚沿此岸饒經八萬劫終竟落空亡不能常住於無所住清淨覺海如來爲衆生故不肯示現辟支佛五通仙等於壽命中隨意自住以致後學弟子起於法愛落我我所故現捨頭目腦髓入般涅槃欲俾百億萬人天衆生悟此業識幻軀猶同毒樹雖以如來紫磨黃金色身三十二相八十種好慈善根力具足神通尚非常住之身所以如來棄之猶棄敝屣隨順化緣毫無執吝此如來親身示現一切世界無常無樂無我無淨此岸本無唯此大海之中緣起漚生緣滅漚散如來化身有老病死同於凡夫之壽明示諸行無常是生滅法也雖然如來眞身非人天身非恐怖身非雜食身是身非身非身大身無量億劫堅牢不壞等如虛空

無有形貌同無生性非斷非常一切人中天上地及虛空諸有壽命悉入如來壽命海中於諸壽中最爲第一人若了證定不於如來世尊生滅盡想是故如來於般涅槃時佛口親宣佛是常法不變易法有常有樂有我有淨令諸弟子離四顛倒一心精進如來法身無老病死壽不可盡入般涅槃而非般涅槃明示生滅滅已寂滅爲樂也入涅槃時又爲天人衆生增廣福田爲菩薩聖衆垂示法要分身千百起舍利塔布列閻浮提界分明提持千萬億劫如佛住世舉光明拳耀人心目爲衆生故粉碎虛空此我佛最後檀波羅密於戲我佛如來世尊誠爲恩覃無盡上至十地菩薩下至六道衆生之大醫王大慈悲父矣朕閱斯經尊重頂禮悲欣交集如是涅槃秘藏本應具錄全文緣從他經之例錄其四分之一蓋因卷帙繁多難以備錄非有別義也經云遇是佛法寶城不應取於虛僞之物如彼商主遇眞寶城取諸瓦礫而便還家又永明云此非誦文法師湊其智海闡證禪伯了此慧燈唯除眞見性人一乘道種方能悟入了徹無疑此經有超劫之功獲頓成之力雖在生死常入涅槃恒處塵勞長居淨刹現具肉眼而開慧眼之光明匪易凡心便同佛心之知見煩惱客塵不待斷而自滅菩提妙果弗假修而自成乃至等究親和諍論齊凡聖泯自他一去來印同異融延促混中邊世出世間不可稱不可量不可說不可說之力莫過大慈悲父末後之垂範者當來佛子咸共勉旃朕願與同此無上上甘露妙味焉

雍正十三年乙卯四月初八日

永明心賦註卷一　鄮六

妙圓正修智覺永明壽禪師述

覺王同稟 註曰楞伽經佛語心爲宗無門爲法門又經頌云如世有良醫以妙藥救衆病諸佛亦如是爲物說唯心問佛語心爲宗無門爲法門既稱心賦便是標宗何假廣用文言仍繁註解且凡論宗旨唯退頓機如日出照高山駛馬見鞭影所以丹霞和尚云相違不舉出舉意便知有首楞嚴經云圓明了知不因心念揚眉動目早是周遮如先德頌云便是猶倍向動目即差違若問曹溪旨不更待揚眉答今爲樂佛乘人實來爲者假以詞句助顯眞心雖拙文言妙音斯在傳故中下晝草萃機但任當人各資已利百川雖潤何妨大海廣含五嶽自高不礙太陽普照根機莫等樂欲匪同於四門入處雖殊在一眞見時無別如獲鳥者羅之一目不可以一目爲羅治國者功在一人不可以一人爲國如內德論云夫一水無以和羹一木無以建室一衣不稱衆體一藥不療殊疾一彩無以爲文繡一聲無以諧琴瑟一言無以勸衆善一戒無以防多失何得怪漸頓之異令法門之事一故云如爲一人衆多亦然如爲衆多一人亦然豈同劣解凡情而生局見我此無礙廣大法門如虛空非相不拒諸相發揮似法性無身匯礙諸身頓現所以藏法師云自有衆生壽數得眞會理無礙常觀理而不礙持數恒誦習而不礙觀空則理數俱融合庶一觀方爲究竟傳通耳斯乃教觀一如詮旨同衆矣 **祖亂親傳** 註曰此土初祖達摩大師云以心傳心不立文字又云直指人心見性成佛亦云默傳心印代代相承迊至今日 **大開眞俗之本** 註曰如大乘起信論云有摩訶衍能發起一切衆生大乘信根所言摩訶衍者此云大乘又大乘者是衆生心心體周遍故名爲大心能運載故名爲乘立心眞如門心生滅門論云摩訶衍者總說有二種一者法二者義所言法者謂衆生心是心則攝一切世間出世間法依於此心顯示摩訶衍義何以故是心眞如相即示摩訶衍體故是心生滅因緣相能示摩訶衍自體相用故所言義者則有三種一者體大謂一切法眞如平等不增減故二者相大謂如來藏具足無漏性功德故三者用大能生一切世間出世間善因果故一切諸佛本所乘故一切菩薩皆乘此法到如來地故是知一心是諸佛本所乘菩薩因乘此心法皆到如來地故離此一心外別無殊勝故今賦詠志在於此藏法師云眞俗雙泯二諦恒存空有兩亡一味常現所以華嚴疏云眞俗雖相即而各不壞其相謂即有之空方是眞空即空之有方爲妙有空有不二兩相歷然如波即水而恒動俗即眞而俗相立如水即波而恒濕眞即俗而眞體存已上皆況心之體用非一非異又云不壞生滅門說眞如門不隱眞如門說生滅門良以二門唯一心故所以十方諸佛常依二諦說法若不得俗諦不得第一義諦以俗諦無有自體即第一義諦故 **獨標天地之先** 註曰傅大士頌云有物先天地無形本寂寥能爲萬象主不逐四時彫老子云有物渾成先天地生寂兮寥兮獨立而不改周行而不殆可以爲天下母吾不知其名字之曰道強之曰大寶藏論云空可空非眞空色可色非眞色眞色無形眞空無名無名名之父無色色之母作萬法之根源爲天地之太祖上施元象下列冥庭元氣含於大象大象隱於無形爲萬物之靈靈中有神神中有身無爲變化各稟于自然 **常爲諸佛之師能含衆妙** 註曰諸佛以法爲師起信論云所言法者衆生心是又知之一字衆妙之門禪源集云夫言心者是心之名言知者是心之體能含衆妙者一心眞實之內衆妙存焉淸淨法界眞眞實實以爲能含恒沙妙德微妙相大以爲所含相依于虛性無不包故稱爲含又云妄念本寂塵境本空空寂之心靈知不昧即此空寂之知是前達摩所傳清淨心也任迷任悟心本自知不藉緣生不因境起迷時煩惱知非煩惱悟時神變知非神變然由迷此知即起我相若了此知剎那成佛故心要牋云心法本于無住無住心體靈知不昧又況如一摩尼珠一靈心也唯圓明淨空寂知也都無一切差別色相以體明故對外物時能現一切差別色相色相自有差別明珠不曾變易且如珠現黑時但云黑等是珠如洪州馬大師云起心動念彈指瞬目所作所爲皆是佛性此是即妄明眞或擬離黑見珠如北宗秀大師云衆生本有覺性如鏡有明性煩惱覆之不見如鏡有塵闇妄念盡則心明暴塵滅則鏡朗此是離妄明眞或云明黑都無者如牛頭融大師云諸法如夢本來無事心境本寂非今始空宜喪已忘情情忘即絕此是眞妄俱無初一皆眞次一皆妄後一皆無皆是未見珠也如荷澤和尙於空無相處指示知見了了常知不昧心性見珠黑之時但見珠體明白不觀黑色及靑黃等雜色既不即黑亦不離黑亦不黑白俱拂了了見心性之時不即不離無住無著非一非異不取不捨又眞心本體有二種用一者自性本有二者隨緣應用猶如銅鏡銅之質是自性體銅之明是自性用明所現影是隨緣用影即對緣方現現有千差明即光明明唯一味以喩心常寂是自性體心常知是自性用今洪州指示能語言分別等但是隨緣用闕自性用也又顯教有比量顯現量顯洪州云心不可指示但以能語言等驗之知有佛性是比量顯也荷澤直云心體能知知即是心不約知以顯心是現量顯洪州闕此又不變是體隨緣是用又荷澤所宗空寂知者空寂即是無相以神解之性雖無形相而靈知不昧故云寂知亦云寂照亦云無相之知亦云無知之知肇論云放光般若云般若無所有相無生滅相道行般若云般若無所知無所見此辯智照之用而曰無相無知者何耶果有無相之知不知之照明矣何者夫有所知則有所不知以聖心無知故無所不知不知之知乃曰一切知故經云聖心無知無所不知信矣空寂即是無相

即是無知論云無所不知又云乃曰一切知者此知即是真知爲一切衆生自心之體真性靈知湛然恒照亦云無念之知若有念而知凡夫境界故云知覺乃衆生若無念無知二乘境界若無念而知諸佛境界空寂即是無念亦云無所住之知若有所住如入闇則無所見若無所住如日月光明照見種種色華嚴錦冠云含衆妙而有餘者謂一切事皆不改本相不離本位法法皆能爲大爲小爲一爲多爲主爲伴即此即彼即隱即顯即延即促互相攝入重重無盡如帝網天珠以要言之隨一一事念念皆具十元之義同時具足無有前後如海一滴即具百川滴滴皆爾故名爲妙

恒作羣賢之母

可謂幽元

註曰夫般若者是諸佛之母故淨名經頌云智度菩薩母能生一切導師所言般若者即一切衆生自心靈知之性耳如寶藏論云夫天地之內宇宙之間中有一寶祕在形山識物靈照內外空然寂寞難見其謂元元巧出於紫微之表用在於虛無之間端化不動獨而無雙聲出妙響色吐華容窮觀無所寄號空空唯留其聲不見其形唯留其功不見其容幽顯朗照物理虛通森羅寶印萬象真宗其爲也形其寂也冥本淨非瑩法爾圓成光超日月德越太清萬物無作一切無名能轉變天地自在縱橫恒沙妙用混沌而成誰聞不喜誰聞不驚如何以無價之寶隱於陰入之坑哀哉哀哉其謂自輕悲哉悲哉晦何由明其寶也煥煥煌煌朗照十方閒寂無物圓應堂堂應聲應色應陰應陽奇特無根妙用常存瞬目不見側耳不聞其本也冥其化也形其爲也聖其用也靈可謂大道之眞精其精甚靈萬有之因凝然常住與道同倫故經云隨其心淨則佛土淨任用森羅其名曰聖又若證此一心則解一切法門如止觀云譬如良醫有一秘方總攝諸方阿伽陀藥功兼諸藥如食乳糜更無所須一切具足如如意珠乃至此一心是大中大上中上圓中圓滿中滿實中實眞中眞了義中了義元中元妙中妙不可思議中不可思議若能如此簡非顯是體權實而發心者是一切諸佛種譬如金剛從金性生佛菩提心從大悲起是諸行先如服阿婆羅藥光用清水諸行中最如諸根中命根爲最佛正法正行中此心爲最如太子生具王儀相大臣恭敬有大聲名如迦陵頻伽鳥㲉中鳴聲已勝諸鳥此菩提心有大勢力如師子筋鉉如師子乳如金剛鏈如那羅延箭具足衆寶能除貪苦如如意珠雖小懈息小失威儀猶勝二乘功德舉要言之此心即具一四切菩薩功德能成三世鄧六無上正覺

靈性有殊該通匪一

註曰此一心靈臺之性最靈最妙作萬法之王爲羣有之體豎徹三世橫亘十方大智度論云在有情數中爲佛性在無情數中爲法性所以華嚴經頌云法性遍在一切處一切衆生及國土三世悉在無有餘亦無形相而可得如肇論離微體淨品云夫性離微者則非取非捨非修非學非本無今有非本有今無乃至一法不生一法不滅非三界所攝非六趣所變非愚智所改非眞妄所轉平等普遍一切圓滿總爲一大法界幻化靈宅迷之者歷劫浪修悟之者當體頓寂

千途盡向於彼生萬象皆從於此出

註曰淨名經云一切法以無住爲本無住者一切衆生第八識心此心無住無本故云從無住本立一切法如華嚴經云不離於心所見清淨又云不離於心無處所是知心生一切法如地出水如谷孕風如石生雲如木出火是知離心無法離法無心如長者論云若直說第八種子識爲如來藏者即業種恒眞生佛難信以法如是之力何一含識而不具神通永本覺性之功豈一剎塵而靡含道跡故華嚴經云法如是力者本合如然又云佛神力者應眞曰神所以古德云自力與佛力無別自智與佛智無差又云一身即以法界爲量自他之境都亡法界即自身遍周能所之情見絕如大海之沸沸渟之中皆得大海比衆生之心心心皆含佛智

事廓恒沙理標精實吞滄溟於毛孔唯是自因卷法界於塵中匪求他術

註曰首楞嚴經云衆生迷悶背覺合塵故發塵勞有世間相我以妙明不生不滅合如來藏而如來藏唯妙覺明圓照法界是故於中一爲無量無量爲一小中現大大中現小不動道揚現十方界身含十方無盡虛空於一毛端現寶王剎坐微塵裏轉大法輪是知皆境觀心自然大明相含不爲物轉亦如芥納須彌等百門義海云且如見山高廣是自心現作大今見塵小時鄧六亦是自心現作小五今由見塵全以見山高之心而今現塵也是故即小容大如云萬象如須彌淨心如芥了故云森羅及萬象一法之所印即是萬法一心一心萬法故稱毛吞巨海芥納須彌非千神通變化之力眞心具德法性如是如華嚴記云如經一毛端中一切世界差別性者謂一毛端性即是一切世界差別性今一切世界即事隨其法性即一毛端以性即毛端諸界即性故

任機啓號應物成名

註曰一切法本無名但是心爲名故般若經云六塵鈍故不自名不自立皆是因心立名故云萬法本閑而人自鬧又云三阿僧祇名字皆是心之異號如天台淨名疏云一法異名者諸經異名說眞性實相或言一實諦或言自性清淨心或言如來藏或言如如或言實際或言實相般若或言一乘或言即是首楞嚴或言法性或言法身或言中道或言畢竟空或言正因佛性性淨涅槃如是等種種異名此皆是實相之異稱故大智論偈言般若是一法佛說種種名隨諸衆生類爲之立異字大涅槃經云如天帝釋有千種名解脫亦爾多諸名字又云佛性者有五種名故當是赴機利物爲立異名也而法體是一未曾有異如帝釋千名名雖不同終是目於天主豈有聞異名故而言非實相理如人供養帝釋毀憍尸迦供養憍尸迦毀於帝釋如此供養未必得福末代執法者亦爾或信賴耶自性清淨心而毀畢竟空或信畢竟空無所有毀賴耶識自性清淨心或言般若明實相法

華明一乘皆非佛性此之求福豈不虞禍若知名異體一則隨喜之善遍於法界何所諍乎又諸經內述緣攝更有多名隨處安立以廣大義邊目之爲海以圓明理顯稱之曰珠以萬法所宗號之曰王以能生一切詺之曰母但是一無義之眞義亦不多無心之眞心一亦不一故華嚴私記云取決斷義以智言之取能生長以地言之取其高顯以山言之取其深廣以海言之取其圓淨以珠言之此上約有名尚乃無數更有無名豈可測量如大法炬陀羅尼經云佛告諸菩薩汝等勿謂天定天也人定人也餓鬼定餓鬼也乃至如一事有種種名如一人有種種名如一天乃至餓鬼畜生有種種名亦復如是亦有多餓鬼全無名字於一彈指頃轉變身體作種種形如是衆生於一時間現無量色身云何可得呼其名也若餓鬼等有生處名字受食名字及壽命名字若地獄衆生無有名字生處者則其形亦無定彼中惡業因緣未盡故於一念中種種變身釋曰如地獄中一日一夜之中萬生萬死豈可名其名字耶又無間獄中一一身無間各各盡遍八萬四千由旬地獄之量不相障礙是知業果不可思議非獨聖果如云清淨妙法身湛然應一切今時人將謂諸佛法身能分能遍不信衆生亦一身無量身以衆生業果不可思議故是以經云佛界不可思議衆生界亦不可思議**大士修之而行立**註云菩薩所行十波羅蜜四攝萬行皆從眞慈悲心起故金剛三昧經云空心不動具足六波羅蜜又般若經云一心具足萬行十波羅蜜者檀因心捨經云無可與者名爲布施是名眞施若心外有法即名住相布施如人入闇即無所見戒因心持經云戒性如虛空持者爲迷別自性之律豈徒事相妄分持犯耶忍因心發經云云何菩薩能行忍辱佛言見心相念念滅豈可將心對治前境爲忍受耶進因心作經云若能心不起精進無有涯岸著有爲妄興勞慮耶禪因心發經云能觀心性名爲上定豈避喧雜而守靜塵耶般若從心起經

云不求諸法性相因緣是名正慧寧外狗文言强生知解耶方便從心生經云菩薩以無所得而爲方便則心外無法方能行菩薩之道力從心運四大之力皆不如心心無形故力最無上神通變化入不思議心之力也願從心布一切意願盡從心生一切行門皆從頓起智從心達如來靈智是衆生心此心念念具足十波羅蜜乃至八萬四千法門皆從心出如衆生心中有體大今日修行引出法身心中有相大今日修行引出報身心中有用大今日修行引出化身故知三身四智皆自心中出心外更無一事一法而能建立如還源觀云一體起二用一者海印森羅常住用海印者眞如本覺也妄盡心澄萬象齊現猶如大海因風起浪若風止息海水澄清無像而不現故云森羅及萬象一法之所印一法者所謂一心是心則攝一切世間出世間法則是一法界大總相法門體唯是一依妄念而有差別若離妄念唯一眞如故云海印三昧二者法界圓明自在用是華嚴三昧也謂廣修萬行稱理成德普同法界而證菩提良以非眞流之行無以契眞何有歸眞之行不從眞起此則眞該妄末行無不修妄徹眞源相無不寂**覺常體之而圓成**註曰諸佛了一切法皆是眞心圓成實性衆生迷於自心但是遍計所執性情有理無如還源觀云良以法無分剎起必同時眞理不礙萬差顯應一除用即波騰海沸全眞體以運行體即鏡淨水澄舉隨緣而會寂若曦光之流彩無心而朗十方如明鏡之端形不動而呈萬象**聲聞證之爲四諦**註曰聲聞不了自心但見人空證作苦諦集諦滅諦道諦生滅四諦爲厭斷之果不違一心圓教無作四諦具廣大神通所以分判希於法華會中得見心性親受佛記支後方懺悔云同共一法中而不得此事**佛悟之諸緣生**註曰辟支佛但於自心境內見因緣性離證十二因緣法門亦成厭斷之果皆不能一心圓具十法界之體用**天女之華無著**註曰

淨名經中天女散華於菩薩身上即無著於聲聞身上即華著身大凡一切菩薩施爲皆是自心作用以心無著故華亦無著是以聲聞執爲心外之華妄起厭離云不如法乃隨佛隨生故知萬法隨自心生隨自心滅**海慧之水澄清**註曰大集經中海慧菩薩初來之時不見四衆盡見爲水以法外無法故**執謬解而外道門開邊邪網密**註曰西天九十六種外道皆不達自心唯苦其身行投巖赴火無益苦行但心外見法理外別求皆是外道盡成邪見如密網自圍不能得出三界**役妄念而凡途業起生死波橫**註曰一切諸業皆從有心起無心即無業故經頌云諸法不牢固但立在於念若解見空者一切無想念又云一念中有九十剎那一剎那中有九百生滅故知生死即念念即生死所以經頌云有念即生死無念即泥洹**括古搜今深含獨占**註曰此一心法諸教同詮無不指歸傳通於此如大乘本生心地觀經觀心品云爾時文殊師利菩薩摩訶薩白佛言世尊如佛所說吉妙德等五百長者我爲汝等數演心地微妙法門我今爲是咨問如來云何爲心云何爲地乃至薄伽梵告諸佛母無垢大聖文殊師利菩薩摩訶薩言大善男子此法名爲十方如來最勝秘密心地法門此法名爲一切凡夫入如來地頓悟法門此法名爲一切菩薩趣大菩提眞實正路此法名爲三世諸佛自受法樂微妙寶宮此法名爲一切饒益有情無盡寶藏此法能引諸菩薩衆到色究竟自在智處此法能引諸菩提樹後身菩薩眞實導師此法能雨世出世財如摩尼寶滿衆生願此法能生十方三世一切諸佛功德本源此法能消一切衆生諸惡業果此法能與一切衆生所求願印此法能度一切衆生生死險難此法能息一切衆生苦海波浪此法能救苦惱衆生而作思難此法能竭一切衆生老病死海此法善能出生諸佛因緣種子此法能與生死長夜爲大智炬

此法能破四魔兵衆而作甲胄此法即是正
勇猛軍戰勝旌旗此法即是一切諸佛無上
法輪此法即是最勝法體此法即是大法
鼓此法即是吹大法螺此法即是師子王
此法即是大師子吼此法猶如國大聖王善
能正法若順王化獲大安樂若違王化暴被
誅滅善男子三界之中以心爲主能觀心者
究竟解脫不能觀者究竟沉淪衆生之心猶
如大地五穀五菓從大地生如是心法生世
出世善惡五趣有學無學獨覺菩薩及於如
卽六
來以是因緣三界唯心心名爲地一切凡夫
八
親近善友聞心地法如理觀察如說修行自
利教他讚勵慶慰如是之人能斷二障
速圓衆行疾得阿耨多羅三藐三菩提**五乘**
道鍊出於沖襟註曰五乘者一持五戒得人
乘二行十善得天乘三修四
諦得聲聞乘四悟十二因緣法得緣覺乘五
具六度行得菩薩乘此五乘法皆從一念善
心熏鍊
而出**十法界孕成於初念**註曰十法界者
一天法界修十
善業二人法界持五戒業三修羅法界行憍
慢業四地獄法界造十惡業五餓鬼法界造
慳貪業六畜生法界造愚癡業七聲聞法界
證四諦法八緣覺法界悟十二因緣法九菩
薩法界行六度門十佛法界行平等一乘法
已上凡聖共成十法界雖殊皆從最初
一念發起圓後念念相續成事善因樂果
因苦果前後相酬未曾遺失故經云心能天
堂心能地獄且約地獄界法華中十如唯心
上九界亦然如觀音元義云地獄界具十如
性相體力作因緣果報本末究竟等一如是
地獄性者性名不改如竹中有火性若其無
者不應從竹求火從地求水從扇求風心有
地獄界性亦復如是二地獄相者覽而可別
名之爲相善觀心者即識地獄之相如善相
師占相無謬三地獄體者以心爲體心覺苦
樂故以當體譬如釵鐺環釧之殊終以鉄爲
體質六道之色雖異祇是約心故心爲體也
四地獄力者運御名力緣刀山入火聚皆是
其心力也五地獄作者發動曰作既能有力

即有所作或作善作惡皆是心作也六地獄
因者業是心因也七地獄緣者緣假藉爲
緣也如貪愛潤業即因緣會合也八地獄果
者習果也如地獄人前世多婬生地獄中還
約多婬見可愛境即性附如見美女近前
抱之即是銅柱名習果也九地獄報者報
果也昔有婬爲罪今墮地獄受燒炙之苦昔
婬罪名爲愁火後受其報即受火車鑪床之
苦初後相等報應無差名爲報果也十本末
者地獄本者性德法也地獄末者修德法也
卽六
究竟等者覺修德即等有性德覺性德即具
有修德初後相在故言等也餘九法界亦然
九
雖逐界行相各別都不出一心如性相體力
作因緣果報本末等十界十如皆從心體而
起先因心造作善惡等業因緣後受凡聖苦
樂等果報初後是心本末皆等故云本末究
竟等**虛聲頓息法空之正信旋生**註曰高僧傳
云法空禪師
初棲蘭若每至中宵庵外常有清磬所召屢
呼空禪及至開關又無蹤跡後乃悟云乃是
自心境界闡
後其聲永絕**猛燄俄消靈潤之真誠立驗**註曰
高僧傳云釋靈潤常與四僧共遊山谷忽遇
野火四合三僧迸走其靈潤獨不動乃曰心
外無火火是自心爲火可逃
焉能見火言此火至身自歛**陞沉表用體具**
靈知註曰此知是一切衆生心體不同虛空
性自神解亦不作意任運而知禪源集
云此言知者不是證知意說真性不同木石
故云知也非如緣境分別之識非如照體了
達之智直是真如之性自然常知又不同虛
空者靈然覺知覺知即神解義陰陽不測謂
之神解即是智智即是知知即一心也故祖
師云空寂體上自有本智能知林一切衆淨
法中有真實之體了然鑒覺目之爲心如是
無漏無明種種業幻皆同真如性相鑒爲真
如隨緣成於一切一切不離真如以理融之
唯是一味此是通相相即無相若約別顯染
淨施爲逆作即是真心不守自性
隨緣之相用隱顯不定陞降一差**惺惺不昧**

了了何虧湛爾而無依無住註曰一切法依
虛空虛空無所
依一切法依真
智真智無所依**蕭然而非合非離**註曰祖師
偈云汝言
與心親父母非可比汝行與道合諸佛心即
是外來有相佛與汝不相似欲識汝本心非
合亦
非離**一字寶王演出難思之法海**註曰心爲
一字中王
經云一句能訓誨八萬四千之國邑又一切
法中心最爲勝萬象含於一字千訓備於一
言如云依境教理行果五重識中一明境唯
識捨離心外無境一切境不離心故二教唯
識成論本教釋彼唯識說故三理唯識成立
本教所說之理分別唯識性相義故四行唯
識明五位修唯識行故五果
唯識求大果亦證唯識性故**羣生慈父訓成**
莫測之宗師註曰淨名經頌云方便以爲父
一切諸聖皆從一心方便門入
得成祖佛爲人天之師故華嚴經云以少方
便疾得菩提以即心是故所以疾證又般若
經云以無所得爲方便心外無法豈有得耶
是以菩薩親證自心方能入世間幻化之網
自利利他無有斷絕是知十方如來皆悟心
成佛故華嚴經頌曰若人欲了知三世一切
佛應觀法界性一切唯心造是以經中所說
西方阿彌陀等諸佛皆是釋迦如古釋云以
理推之結成正義皆我本師海印頓現且法
華分身之有多淨土如來何不指已淨土而今
別往彌陀妙喜思之故知賢首稱陀等佛皆
卽六
本師矣復何詮哉言賢首者即壽量品中過
十
百萬阿僧祇剎最後勝蓮華世界之如來也
經中偈云或見蓮華勝妙剎賢首如來住其
中若此不是數本師者誰他如來在他國土
爲何用耶且如總持教中亦說三十七尊皆
遮那一一佛所現謂毗盧遮那如來內心證自
受用成於五智從四智流出四方四如來謂
大圓鏡智流出東方阿閦如來平等性智流
出南方寶生如來妙觀察智流出西方無量
壽如來成所作智流出北方不空成就如來
法界清淨智即自當毗盧遮那如來言三十

七者五方如來各有四大菩薩在於左右復成二十尊中方毘盧遮那如來四大菩薩者一金剛波羅蜜菩薩二寶波羅蜜菩薩三法波羅蜜菩薩四羯摩波羅蜜菩薩東方阿閦如來四菩薩者一金剛薩埵菩薩二金剛王菩薩三金剛愛菩薩四金剛善哉菩薩南方寶生如來四菩薩者一金剛寶菩薩二金剛威光菩薩三金剛幢菩薩四金剛笑菩薩西方無量壽如來亦名觀自在王如來四菩薩者一金剛法菩薩二金剛劍菩薩三金剛因菩薩四金剛利菩薩北方不空成就如來四菩薩者一金剛業菩薩二金剛法菩薩三金剛藥叉菩薩四金剛拳菩薩已具二十五及四攝八供養故成三十七尊四攝者即鉤索鎖鈴八供養者即嬉戲燈塗華鬘歌舞皆上有金剛下有菩薩然此三十七尊各有種子皆是本師智用流出與今經中海印頓現大意同也問若依此義豈不違於平等意趣乎等意趣云定即我者依於平等意趣而說非即我身如何皆說為本師耶答中平等之定乃是一義唯識尚說一切衆生中有爾多佛多佛共化以為一佛佛能示現以為多身十方如來一一皆爾今正一佛能為多身依此而讚本師一本師者即我心耳我攝歸自心無法不備豈止佛耶

任性卷舒隨緣出沒挺一真之元始總萬有之綱骨

註曰原始該終唯一心道大教至理皆同所詮如華嚴經云佛子諸菩薩初住地時應善觀察隨其所有一切法門隨其所有甚深智慧隨所修因隨所得果隨其境界隨其力用隨其示現隨其分別隨其所得悉善觀察知一切法皆是自心而無所著如是知已入菩薩地能善安住

十二因緣之大樹產自元根

註曰此十二因緣法皆從衆生心中建立云何稱樹若衆生界中即以無明為根愛水灌注抽名色芽開有漏華結生死果生住異滅四相常遷無有斷絕若諸聖界中發正覺芽圓萬行華成菩提果盡來來際供佛利生無有休息並從一心十二因緣大樹生起故云十二因緣即是佛性又一心十二因緣者如眼見色時心不了名無明心於色生愛名行是中心意名識了色共識行即名色眼與色等六處生貪名六入色與眼作對名觸心見色時領納名受心於色纏綿不斷名愛心想像色相名取念念色心名有一念心生名生一念心滅名滅如華嚴經云三界所有唯是一心如來於此分別演說十二有支皆依一心如是而立又頌云了達三界依心有十二因緣亦復然生死皆由心所作心若滅者生死盡

五千教典之圓詮終歸理窟

註曰諸佛衆一切衆生心宜說諸法華嚴經頌云諸佛不說法佛於何有說但隨其自心為說如是法如普賢行願讚云指其源也情塵有經智海無外妄哀非取重元不空四句之火莫焚萬法之門皆入實二際而不一動千變而非多事理交徹而兩亡性相融通而無盡若秦鏡之互照猶帝珠之相含重重交光歷歷齊現故得圓至功於頃刻見佛境於塵毛諸佛心內衆生新新作佛衆生心中諸佛念念證真

孤標寂寂獨立堂堂若華中之靈瑞

註曰此華三千年一現當佛出世表說圓教一心法門時難聞雖遇

猶照內之神光

註曰於衆光中神光為最祖師云衆明之中心明為上

截瓊枝而寸寸是實析栴檀而片片皆香

註曰此明法法是心塵塵合道

覰從凡夫之身便登覺竝類在白衣之地直坐龍牀

註曰若信入華嚴一心無盡宗趣長者論云如將實位直授凡庸似夜夢千秋覺已隨滅華嚴疏云頓教之人一念不生即是佛者即一切衆生心本是佛體妄念起故為衆生一念妄心不生何為不得名佛故華嚴經頌云法性本空寂無取亦無見性空即是佛不可得思量又頌云法性如虛空諸佛於中住又般若經云以本性空為佛眼若論性空皆是凡聖之體祇為不覺忽起妄念隨境流轉所以云法身流轉五道號曰衆生故一念起時亦是佛以妄念無體不出性空故但妄直下信解圓明不在更思量推度也華嚴疏云衆生心中佛為佛心中衆生說法此明衆生稱性普周而佛不壞相在衆生心內又佛心稱性普周而衆生不壞相在佛心內喻如水乳和同一處而互為能和所和且約說鵝解釋以能和為說所和為鵝且將水喻於佛乳喻衆生應言乳中之水和水中之乳水中之乳受乳中之水雖一味能所宛然而互相在相遍相攝

聽而不聞觀之莫見

註曰法身無像真聰無聲

常在而莫更推尋本瑩而何勞熏鍊三界之門無體谷裏傳聲

註曰首楞嚴經云三界之法祖所成故是知無體猶如谷響皆是我聲長者論云一切法如谷響以衆萬法唯心故華嚴經云一念之間悉包法界又云一念三世畢無餘又云一念現於無盡相

六塵之境本空鏡中寫面

註曰六塵之境皆從妄念而生如人照鏡自見其面非有刹影

寂寞虛冲無事不融彌勒閣而普現

註曰華嚴經云善財童子入彌勒閣時見其樓閣廣博無量同於虛空阿僧祇實以為其地乃至見彌勒菩薩初發心行菩薩道八相成佛三生之事耳

摩耶腹而無窮

註曰華嚴經云摩耶夫人腹中[illegible]現三千大千世界一切形像其百億閻浮提內各有都邑各有園林名號不同皆有摩耶夫人於中止住天衆圍繞為顯現菩薩將生不可思議神變之相又廣大如法界究竟若虛空是處胎義

文殊寶冠之內

註曰文殊般泥洹經云文殊身如紫金山等其文殊冠毘楞伽寶之所嚴飾有五百種色一一色中日月星辰諸天龍宮世間衆生所希有事皆於中現

淨名方丈之中

註曰淨名經云東方度三十六恒河沙國有世界名須彌相其佛號須彌燈王今現在彼佛身

長八萬四千由旬其師子座高八萬四千由旬嚴飾第一於是長者維摩詰現神通力卽時彼佛遣三萬二千師子座高廣嚴淨來入維摩詰室乃至其室廣博悉包容三萬二千師子座無所妨礙芥子針鋒而不窄註曰淨名經云以須彌之高廣納芥子中而不迫窄涅槃經云於針鋒上立無邊身菩薩等近塵遠刹而全通註曰華嚴經頌云一一微塵中能證一切法如是無所礙周行十方國又云於一微塵中一切國土曠然安住古德云一切不思議事於一切處悉能普現其唯一毗盧清淨法身之應用耳此法身者卽是心也心是法家之身所以言若能諦觀心不二方見十三毗盧清淨身一念起惡法身亦隨現一念起善法身亦隨現名爲處處互現乃至色處現空處現自在無礙更其遠推諸佛唯一念空心是華嚴疏云猶如海印頓現經云一念現故謂無前後如印頓成又常現非如明鏡有現不現時又非現現如明鏡對至方現以不待對是故常現該三世故已上俱是一真心寂照普收之義耳靡減靡增綿綿而常凝妙體非成非壞續續而不墜元風註曰亘古亘今通凡徹聖更無異法唯是一心得時不增失時不減悟時不成墜時不壞如華嚴錦冠云大方廣佛華嚴經者大卽是心體心體無邊故名爲大方是心相心具德相之法故名爲方廣是心用心有稱體之用故名爲廣佛是心果心解脫處名之爲佛華是心因心所行行喩之以華嚴是心之功用心能莊巧嚴飾目之爲嚴經是心教心起名言詮顯於此故名爲經斯卽大等七字莫不離心然心之一字非體非用非因非果非義非教雖非一切能爲一切何以故謂一法界心是體若能依此悟解念念卽是華嚴法界念念卽是毗盧法身如華嚴經云若與如是觀行相應於諸法中不生二解一切佛法疾得現前初發心時卽成正覺得阿耨多羅三藐三菩提大業機關金輪

種族註曰釋迦佛是金輪王之種一鉢和尚謌云萬代金輪聖王子祇這真如靈覺是所以祖代相傳但示卽心是佛纔生信解卽紹祖位矣如頻伽鳥而韻壓羣音註曰頻伽鳥未出殼時於殼中發聲已勝衆鳥之音此況一切生死最初際底下凡夫未脫煩惱殼便能識心我當作佛已超過一切聲聞辟支佛上猶好堅樹而高陞衆木註曰西天有好堅樹出土便高百尺超過羣木之上此況圓教之人知心卽具法界圓解圓修出過二乘藏通別教修行之人若論功程日劫相倍一瞖初起繽紛而華影騈空瞥念纔興縱横而森羅滿目註曰首楞嚴經云由汝無始心性狂亂知見妄發發妄不息勞見發塵如勞目睛則有狂華於湛精明無因亂起一切世間山河大地生死涅槃皆卽狂勞顛倒華相是知萬法因想而生隨念而至故瓔珞經云佛言我從本來不得一法究竟定意如今始知所謂無念若得無念者觀一切法悉皆無形因此得成無上正真之道又如起信論云是故三界虛僞唯心所作離心卽無六塵境界此義云何以一切法皆從心起妄念而生一切分別卽分別自心心不見心無相可得當知世間一切境界皆依衆生無明妄念而得住持是故一切法如鏡中像無體可得唯心虛妄以心生則種種法生心滅則種種法滅故又云一切境界唯心妄動心若不動則一切境相滅唯一真心徧十四一切處是知心外見有境界皆自妄念情想而生故云情生智隔想變體殊情生智隔者失正智而成妄想故想變體殊者迷真如以成名相故還源觀云真空滯於心首恒爲緣慮之場實際居在目前翻成名相之境唯識樞要云起自心相有二一者影像相萬法是心之影像二者所執相諸境無體隨執而生因自心生還與心爲相道絕浮言至妙難論出生死而無別路登涅槃而唯一

門註曰華嚴經云一切無礙人一道出生死首楞嚴經云十方薄伽梵一路涅槃門此二數惟宗一心法而求出離是以既了一心而出亦不住生死涅槃謂大悲故常處生死謂大智故常處涅槃是俱住義二大悲故不住涅槃大智故不住生死卽二俱不住又一明俱不住者有二義故不住生死一見生死過患故不可住二由見生死本空故無可住上二皆約智故不住有二義故不住涅槃一見涅槃本自有故不住二由不異生死故不可住須臾而卽俗歸真莫儔茲旨頃刻而從凡入聖難報斯恩註曰禪宗門下從上已來但了卽心是佛便入祖位卽坐道場但信之凡聖不隔一念若不信天地懸殊如經頌云諸佛從心得解脫心者清淨名無垢五道鮮潔不受染有解此者成大道直饒未信自心是佛雖淪五道心性常淨不染能染故云五道鮮潔不受染以衆生法身卽諸佛法身不增不減雖隨流返流其性不改是以隨流作衆生時不減返流成佛時不增以一切衆生垢深障重故遇善友開發亦不信受唯迷情生不見自性故先德云妄情牽引何年了辜負靈臺一點光羣籍共推罕逾深理吞蛇得病而皆是疑生註曰晉書樂廣傳廣有親客久隔闊不復來廣問其故荅曰前在座蒙賜酒見盃中有蛇意甚惡之既飲而疾于時河南聽事壁上有角弓上畫作蛇廣意盃中蛇卽角影也復置酒前處客見如初豁然意解沉病頓愈十五懸砂止饑而悉從思起註曰如律中四食章云思食者如饑饉之歲小兒從母求食啼而不止母遂懸砂囊誑云此是飯兒七日諦視其囊將爲是食其母七日後解下示之其兒見是砂絶望因此命終方驗生老病死皆是自心地水火風終無別體乃至筍抜寒林註曰孟宗父病冬中索筍宗遶抱竹而泣筍乃隨生魚跳冰沚註曰晉王祥至孝早喪所親後母朱氏害

食生魚時寒祥乃解衣氷上氷忽**酒變河中**自釋雙鯉躍出時人以爲孝感註曰越王單醪投河三軍告醉**箭穿石裏**註曰李廣少失丈問母父安在母云汝父早被虎所傷廣遂携弓挾虎至山向曉見石似虎挽弓射之沒羽近前觀看乃知是石**非麴蘖之所成豈功力之能恃**註曰上四事皆從孝心及半等心所感**無纖塵而不因識變道理昭然**註曰此八識心有四分一見分二相分三自證分四證自證分華嚴記云如契經說一切唯有覺所覺義皆無能覺所覺分各自然而轉釋曰此即華嚴經上半明無外境下半明有見相二分各各自從因緣所生名自然而轉下結正義論云達無離識所緣境者則所變相分是所緣見分名自行相相見所依自體名事即自證分釋曰此中離是立二分家義已有三故次論云若無自證分此者應不自憶心心所法如不曾更境必不能憶故釋曰此明有自證分意云相離於見無別自體但二功能故應別有一所依體若無自證應不自憶心心所法如不曾更境必不能憶謂如見分不更相分之境則不能憶要曾更之方能憶之若無自證已滅心所則不能憶以曾不爲自證緣故則如見分不曾更憶今能憶之明先有自證已曾緣故如於見分曾更境故次下立三分論云然心心所一一生時以理推微各有三分所量能量量果別故相見必有所依體故釋曰所量是相分能量是見分量果是自證分自證分與相見爲所依故論如集量論伽陀中說似境相所量能取相自證即能量及果此三體無別釋曰所量如絹能量如人量果如解數智果是何義成滿因義言無別體者唯一識故則離心無境次立四分論云又心心所若細分別應有四分見分相分自證分如前第四證自證分若無此者誰證第三心分別既同應皆證故釋曰見分是心分說有自證分自證分應無有果諸能量者皆有果故釋曰見分是能量須有自證量見分說有第四果恐彼救云却用見分爲第三果故次論云不應見分是第三果見分或則非量攝故四此見分不證第三證自體者必現量故釋曰意明見分通於三量三單者謂現量比量非量即明見緣相時或量非量不可非量法爲現量果或見緣相是於比單及緣自證復是現量故自證是心體得與比量非量而爲果見分非心體不得與自證而爲其量果故不得見分證於第三證自體者必現量故第三四分既是現量故得相證無窮過失意云若以見分爲能量但用三分亦得是矣若以見分爲所量必須第四爲量果若適作喻者絹如所量尺如能量智所量果即自證分若人爲所使智爲能使何物用智即是於人如證自證分人能用智智能使人故能更證亦如明鏡鏡像爲相分鏡明爲見分鏡面如自證分鏡背如證自證分面依於背背復依面故得互證亦可以銅爲證自證分鏡依於銅銅依於鏡**非一種而罔賴心成言思絕矣**註曰心識變者如密嚴經頌云汝等諸佛子云何不見聞藏識體清淨衆或所依止或共三十二佛相及輪王或爲種種形世間皆悉見譬如淨空月衆星所環遶諸識阿賴耶如是身中住譬如欲天主侍衛遊寶宮江海等諸神水中而自在藏識處於世當知亦復然如地中衆物是心多所現譬如日天子赫奕乘寶宮旋遶須彌山周流照天下諸天世人等見之而禮敬藏識佛地中共相亦如是十地行衆行願資大乘法普與衆生樂常讚於如來在於菩薩身是即名菩薩佛與諸菩薩皆是賴耶名佛及諸佛子已受當受記廣大阿賴耶而成於正覺密嚴諸定者與妙定相應已於阿賴耶明了而觀見佛及辟支佛皆間諸異道見理無怯人所觀皆此識種種諸識境皆從心所變猶衣等衆物如是性皆無悉依阿賴耶衆生迷惑見以諸習氣故所取能取轉此性非如幻陽燄及毛輪非生非不生非空亦非有譬如長短等離一即皆無智者觀幻事此皆唯幻術未曾有一物與幻而同起幻餘毛輪等在在諸物相此皆心變異無體亦無名世中迷惑人其心不自在妄說有能幻幻成種種名去來皆非實如識因磁石所向而轉移藏識亦如是隨於分別轉一切諸世間無處不周遍如日摩尼寶無思及分別此識遍諸處見之謂流轉不死亦不生本非流轉法定者勤觀察生死猶如夢是時即轉依說名爲解脫此即是諸佛最上之教理審量一切法如秤如明鏡若以此一心爲一切法之定量者如秤稱物斤兩無差似鏡照像妍醜皆現又心成者古釋一心有四一紇利陀耶此云肉團心身中五藏心也如黃庭經所明二緣慮心此是八識俱能緣慮自分境故色是眼識境根身種子器世界阿賴耶識之境各緣一分故云自分三質多耶此云集起心唯第八識積集種子生起現行四乾栗陀耶此云堅實心亦云貞實心此是真心也故祖佛法中皆以心爲印措定萬法故若能決定信入請各收歛雖此別無奇特故云言思絕矣**動靜之境皆我緣持如雲駛而月運似舟行而岸移**註曰圓覺經云佛言善男子一切世界始終生滅前後有無聚散起止念念相續循環往復種種取捨皆是輪迴未出輪迴而辨圓覺彼圓覺性即同流轉若免輪迴無有是處譬如動目能搖湛水又如定眼猶迴轉火雲駛月運舟行岸移亦復如是善男子諸旋未息彼物先住尚不可得何況輪轉生死垢心曾未清淨觀佛圓覺而不旋復譬如動目能搖湛水者古釋云以眼勞觀水見水有動眼若不瞬地水則不搖妄見若陰亦無草木成壞之相若衆眼見色由有色陰不身受苦樂由有受陰衆心即亂由有想陰衆眼見生滅由有行陰精明湛不擾處即識陰人若以遍身針刺俱知不常分別則是識陰若次第分別則餘識陰故知一念緣起五陰俱生微識未七六塵不滅若唯心之義照常照妄何由生一心之智鏡恒明古終不昧又如定眼循迴轉火昔如定日看旋火輪之時眼亦迴轉前因眼動而

水動即是因心動而境動後因火動而眼動即是因境動而心動故知心即是境境即是心能所雖分一體常現故華嚴疏云往復無際動靜一源雲駛月運舟行岸移者亦復如是故知真心不動妄念成並如起信論云復次顯示從生滅門即入真如門所謂推求五陰色之與心六塵境界畢竟無念以心無形相十方求之終不可得如人迷故謂東為西方實不轉眾生亦爾無明迷故謂心為念心實不動若能觀察知心無念即得隨順入真如門欲

魚母憶而魚子長 注曰如魚散子魚母不憶持其子即壞魚母若憶子即生長如獨影境過去等諸法心若不緣境不現前一切諸法皆是心緣識變若無心即無法

蜂王起而蜂眾隨 注曰大智度論云諸法入佛心中唯一寂滅三昧門攝無量三昧如牽衣一角舉衣皆得亦如得蜜蜂王餘蜂盡攝心王若起從心所有善惡等法悉皆隨起況如王出百司盡隨

印前後而無差

諸賢共仰揩初終而不謬千聖同推 注曰如王寶印其文頓現無前後際又印定天下如佛法中若無心印不成佛法是知前亦是心後亦是心古亦是心今亦是心故云非古藏而今襃匪愚亡而智現又云萬法不出一心矣華嚴經頌云眾生心行無有量能令平等入一心以智慧門悉開悟於所修行不退轉又云如是一切人中主隨其所有諸境界於一念中皆了悟而亦不捨善根行又云諸佛隨宜所作業無量無邊卿六等法界智者能以一方便一切了知無不盡十八

是以朕述纔生皆從此建快馬見鞭而驚子先知 注曰經云外道問佛不問有語不問無言時如何佛默然而坐外道讚曰快哉世尊開我迷雲令我得入禮拜而出後阿難問佛外道得何道理而稱讚之佛言如快馬見鞭影疾入正道鶖子先知者舍利弗亦名鶖子於法華會上初聞法說最先領解尊得授記

香象迴旋

注曰象王迴旋者文殊師利林覺城東畔如象王迴顧示四眾

而龍女親獻 最初善財童子得入法華會上龍女獻珠此是實教言生女以不得人身是戒緩得悟大眾心宗是眾見如淨名經云於念知一切法是道場成就一切智故又處胎經云釋梵女皆不受身不捨身普現身成佛又偈云法性如大海不說有是非凡愚賢聖人平等無高下唯在心垢滅取捨如返掌

得果而榮枯已定盡合前因

舉念而苦樂隨生悉諧初願 注曰唯識變定豐儉由心飲味有分進身受報未曾遺失不唯人間報應隨心一切出世功德皆在初心圓滿如華嚴演義記云初發心時得如來一身無量身則法身關顯得究覺智慧得一切智慧光明則歟若關顯以心離妄取寂照雙流故解脫關顯故此心中無德不攝因該果海並在初心從初發心時便成正覺即梵行品又言初後圓融者以初是即後之初後是即初之後以緣起法離初無後離後無初故舉初攝後若約法性融通一切因果不離心性與同心性無德不收以一切法隨所依住皆於初心頓圓滿故如梵行品云若諸菩薩能與如是觀行相應於諸法中不生二解一切佛法疾得現前初發心時即得阿耨多羅三藐三菩提知一切法即心自性成就慧身不由他悟十善業道經云爾時世尊告龍王言一切眾生心想異故造業亦異由是故有諸趣輪轉龍汝見此會及大海中形色種類各別不耶如是一切塵不卿六由心造乃至又觀此諸大菩薩十九妙色嚴淨一切皆由修集善業福德而生又諸天龍八部眾等大威勢者亦因善業福德所生今大海中所有眾生形色麤鄙或大或小皆由自心種種想念作身語意諸不善業是故隨業各自受報是知境隨業轉是故說唯心不淨之財變為膿血非分之寶化作善蛇如曾有蝎拾錢造普光王寺主首不受蓮令埋於寺東北上邁後尋福惡嗷為血近亦有身華之人聚鐵於竹筒之內死後母血關之亦成赤血如古德云眾生世界海依住形相皆無淨識皆是眾生自業果報之所莊嚴不從他有諸佛菩薩世界海皆依大願力自體清淨法性力大慈悲智力不思議變化力之所成就故知染淨緣起不出自心世界果成更無別體如經頌云或從心海生隨心所解住如幻無處所一切是分別又頌云始從一念終成物為依處生心想生一切別海勒無邊以一方便皆清淨又唯識變定執處無差千細一歸各任其分來門華戶盡遂其緣隨善惡現行之心就豐儉等流之境如前足錄云韓晉公在中書忽召一吏不時而至公恐將捉之吏曰某有所屬不得處至乞宥其罪曾公日寧綱之吏吏屬何人吏日某不章數屬陰司晉公以為不誠錯曰既屬陰司有何所掌吏曰某主三品已上食料晉公曰若然甚明日當以何食吏曰此非細事不可顯之請疏於然過後為驗乃如之而饌其吏明旦遠有紙命既對過過大官進食有饌康一縣上以一半賜晉公食之美又以賜之既而履服歸私第召醫者視之日食物所損宜服少橘皮湯至夜可啗者漿水粥明日愈思前夕吏吉召之視其書則皆如其說公因復問人聞之食皆有籍也答日三品已上日支五品已上而有權位者旬支見六品者李支其有不食祿者感支又云京兆府趙鄭李數求應進士入就禮部試不利太和元年秋旅居宜乎里日晚擁膝愁坐忽如沉醉偵而稍覓去身約行六七十里至一城門之外有數百千人忽有一人出拜之歎求日何人也答日某李岸也敘求曰汝前年隨吾旅遊李於涇州何得在此對日某自離二十二郎後事柳十八郎職善推感二十二郎既至此亦須一見遂於衙人中引人通見入門兩廊多有衣冠或有愁立者或白衣者或簡板者或有將通狀者其服率多驗案或綠色既至廳柳揖坐與之言日公何為判此得非為他物所鶴乎某力及公宜速去非久駐之所也敘求具如此答卿命吏送出將來熟求知將來之事卿日人生在世一食一宿無不前定所不獄

人如處君子不遠擯修業小人情於農耳若國人欲見亦不難國乃命一吏引欲求至泉既爲有屋一百餘間從地至屋書架滿文簿籤帖一一可觀吏取一卷出三行第一行云太和二年龍集第二行云其年得伊寧編錢二十萬其第三行云受官於張平子餘不復見欲求既罷具書於標帙之間明年家遣西京進時不赴東明年進取韋氏韋氏之外祖伊寧將鬻別第召欲求而售之欲求因討所觀得價錢二百萬伊寧乃以二十萬貺欲求既而當用之暴頻以四萬爲貨時欲求與萬年尉戶曹魯圖請之九十書用所貨伊亦親爲累爲二十四萬明年以陸微授河北縣有張平子墓時親者失其縣名以俟知者・美

總無體因念所持註曰一切萬法皆第八識之所持一切好惡是第六意識分別之所起聲響冥合形影相隨註曰心直事直心邪法邪一一法但隨心闕合更無別有實正殺悮殺實報虛報絲毫匪濫晷刻不移既自心口所爲還自心口所受如自鏡錄云昔月氏國城西有大山是離越辟支佛住處去此不遠有人失牛尋到此山值此辟支燃火染衣牛宿業力故當於爾時鉢變爲牛頭法衣變爲牛皮染汁變爲血染滓變爲肉柴變爲骨其迹既爾遂爲牛主執入獄中弟子推覓莫知所在從是荏苒經十二年後遇因緣如在獄中便向王說我師在獄願王放赦王問獄有僧否典曰無僧白王願喚獄中沙門者出我師自出獄典尋喚辟支佛即出此辟支佛在獄既久鬢長衣壞沙門形滅諸弟子等禮而問曰師何在此師於爾時答以上事弟子復問宿世造何因今令致此師答曰我於昔時排他人偷牛致使如此耳故經云假使百千劫所作業不忘因緣會遇時果報還自受本性希奇莫可思議似服伽陀之藥如餐眞乳之糜註曰經云阿伽陀藥功具諸藥能治一切病又經云如食乳糜更無所須況了心之人一切悉皆具足同如意

樹雨無盡之寶註曰此如意樹隨一切衆生心所念悉皆雨寶心亦如是隨念出生萬法無有窮盡類水清珠澄衆闇之池註曰大水清珠能清濁水如悟一心能破一切塵勞境界陞第一義天正會大仙之日登普光明殿當朝法界之時註曰教中有第一義天故號佛爲天中天又號佛爲大仙普光明殿者華嚴經中佛登普光明殿說華嚴經華嚴經以法界爲宗如法華經云以禪定智慧力得法國土王於三界又普光明智者若說等覺說妙覺是約位普光明智不屬因果該通因果其由自覺聖智超絕因果故七卷楞伽妙覺位外更立自覺聖智之位亦猶佛性有因有果有因因有果果以因取之是因佛性以果取之是果佛性然則佛性非因非果普光明智亦復如是體絕因果爲因果依方究竟故云如來普光明智冥眞寂照含虛吐耀註曰肇論云元道在乎妙悟妙悟在乎即眞即眞則有無齊觀有無齊觀則彼己莫二所以天地與我同根萬物與我一體同我則非復有無異我則乖於會通所以不出不在而道存乎其中又云至人虛心實照理無不統懷六合於胸中而靈鑒有餘鏡萬有於方寸而其神常虛罔象兮獲明珠註曰黃帝於赤水求元珠有臣離婁百步能觀毫末求之不得乃罔象而得之罔象即無心也故弄珠吟云罔象無心却得珠能見能聞是虛偽希夷兮宗法要註曰眼不見謂之希耳不聞謂之夷故云無心道現又眞心無形非見聞覺知之所能解恩覆羣生而無得不作不爲註曰肇論云夫聖人功高二儀而不仁明踰日月而彌昏註云是以聖人不仁以百姓爲芻狗天地不仁以萬物爲芻狗芻狗者無吠守之功也不仁者施恩不望報彌昏者黑而無顯也即無心矣光含萬象而絕思忘知忘照註曰永嘉

集云若以知知寂此非無緣知如手執如意非無如意手若以自知知寂亦無緣知如手自作拳非是不拳手亦不知知寂亦不自知知不可爲無知以性了然故不同於木石如手不執物亦不自作拳不可爲無手以手安然故不同於兔角斯爲禪宗之妙故今用之而復小異以彼但顯無緣眞智以爲眞道若舉之者但顯本心不隨妄心未有智慧照了心原故云且須能所平等等不失照爲無知之知此知知於空寂無生如來藏性才爲妙耳如是則塵成佛國念契圓音註曰心要牋云心心作佛無一心而非佛心處處道成無一塵而非佛國又唯心訣云嚴樹庭莎各挺無邊之妙相猿吟鳥噪皆談不二之圓音又佛以一音演說法衆生隨類各得解猶如滿月唯一圓形隨器差別而現多影明多即是一若多不即一則非一音一復即多若一不即多即非圓音矣但顯金色之世界註曰華嚴經云一切處文殊師利從金色世界來金色者即一切衆生自心白淨之色文殊者即信自心無依住性妙慧解脫是自文殊若人若法皆是自心所表之法如法華經云入如來室者即衆生大悲心是豈可入於有相屋宅乎所以牛頭第一祖融大師天台智者大師所釋佛經皆作觀心之釋如是即深契祖佛之本懷矣唯聞薝蔔之園林註曰如淨名經云方丈之內唯談大乘一心之旨故云唯聞薝蔔之香不聞餘香三乘之氣莫比商人之寶註曰任商人採寶故獲驪珠皆是世珍徒勞功力如管子云利之所在雖千仞之山無所不上深源之下無所不入商人通賈倍道兼行夜以續日千里不遠利在前也漁人入海海水百仞衝波逆流宿夜不出利在水也此乃世間勞苦求利之耳如或堅求志道晚夕忘疲不向外求虛襟澄慮寂室靜坐端拱寧神利在心也如利之所在求無不獲況道之在心信無不得矣故知訓格之言不得譬喻可以鏤於骨書於紳染於神熏於識所

以楚莊輕千乘之國而重申叔一言范獻賤萬畝之田以貴舟人片說此乃成家立國尚輕珍重言況稱揚心地法門諸佛秘密言下契無生聞之成大道寧容輕慢乎寧齎樵客之金註日如採樵人負薪而歸路逢貴金即棄薪拾金價逾萬倍況拾偽歸真不依權漸不了義教直入一心實教之門則所學功程日劫相倍如孫寂吟云不迷須有不迷心看時淺淺用時深此箇真珠若採得豈同樵客負黃金黃金烹鍊轉為新此珠含光未示人了則毛端吞巨海始知大地一微塵一滴一塵是舉喻一心包含廣大矣豈比人間之寶此乃出世之珍操萬化之原統一真之本隨緣應用猶如意珠對物現形若大圓鏡是以能包萬象是大法藏出生無盡是無盡藏妙慧無窮是大智藏法法恒如是如來藏本性無形是淨法身體合真空是虛空身相好虛元是妙色身妙辯無窮是智慧身隱顯無礙是應化身萬行莊嚴是功德身念念無滯是入解脫法門心心寥廓是入空寂法門六根自在是入無礙法門一念不生是入無相法門又此中言趣若相資則唯廣唯大演之無際若如拳則唯微唯細究之無斯乃離之有無而不壞有無操一異而非一異則四邊之火莫能燒百非之垢焉能染但隨緣顯現如空谷響故大涅槃經云譬如一人多有所能若其走時則名走者若收刈時復名刈者若作飲食名作食者若治材木則名工匠鍛金銀時言金銀師如是一人有多名字法亦如是其實是一而有多名故知約用分多體恒寘一廬山遠大師云唯一知心隨用分多非全心外別有諸數譬如一金作種種器非是金外別有器體厭異忻同而情自隔註日摩訶衍釋論云厭異捨別唯一真如譬如有人避影長空終不得離任九十六種外道常合圓宗縱八萬四千塵勞恒當工位以各不離心故捨此取彼而理恒任註日任背覺合塵遺心緣境且一心真如之理來嘗移易如釋摩訶衍論云一心真如體大通

於五人平等平等無差別故云何名為五種假人一者凡夫二者聲聞三者緣覺四者菩薩五者如來是名為五如是五人名自是五真自唯一所以者何真如自體無有增減亦無大小亦無有無亦無中邊亦無去來從本已來一自成一同自作同厭異捨別唯一真如是故諸法真如一相三昧與經中作如是說譬如金剛作五趣像五人平等亦復如是於諸人中無有增減故起信云心真如者即是一法界大總相法門體所謂心性不生不滅相一切諸法皆由妄念而有差別若離妄念則無一切境界差別之相繩上生蛇而驚悸註日論頌云白日看繩繩是麻夜裏看繩繩是蛇麻上生繩猶是妄豈堪繩上更生蛇此況迷心作境之人如繩上生蛇若麻上生繩是依他起性若繩上生蛇是遍計所執性無名無體情有理無例觀萬境亦復如是悉落周遍計度之心杌中見鬼而沉吟註日如夜看杌疑為是鬼雖無真實而起怖心亦如夢中所見以萬法體虛成事此亦喻迷心作境自起怖心若了一心無境作對自然忻厭不生疑猿捉月而費力渴鹿逐燄而虛尋註日並喻心外取法無有得理故證道歌云不離當處常湛然覓即知君不可見寶藏論云察察精勤徒興夢慮遑遑外見轉失元路飲狂藥而情隨轉日食蒗蕩而眼布華針註日大涅槃經云如人醉時見有轉日此況妄心境動幻境旋生又經云如人服蒗蕩子眼見針華並況不達一心妄生境界皆自想生萬品而始終常寂盡因念起一真而境界恒深註日經云一切國土皆想持之若無想即無法又一切境界隨念而至若無念諸境不生如還源觀云攝境歸心真空觀者謂三界所有法唯是一心心外更無一法可得故日歸心謂一切分別但由自心曾無心外境能與心為緣何以故由心不起外境本空論云由

依唯識故境本無體真空義成故以塵無有故本識即不生法內規模人間軌則註日此一心法門可謂盡善盡美何者體含虛寂不能讚其美理絕見聞不能書其過降茲已下皆違形名則難迹狀讚矣如昔人云夫大道況然無形寂爾無聲視之不見聽之不聞非可以影響知不得以毀譽稱也降此以往則事不雙美名不並盛矣雖天地之大三光之明聖賢之智然未免於毀譽也故天有折之象地有裂之形日月有謫蝕之變五星有勃彗之妖堯有不慈之誹舜有譎父之謗湯主有放君之稱武王有弒主之譏齊桓有貪婬之目晉文有不臣之聲伊尹有誣君之迹管仲有借上之名以夫二儀七曜之靈不能無虧彌堯舜湯武之聖也不能免嫌謗桓文伊管之賢也不能遺纖過由此觀之宇宙膚流真能得免怨謗而無悔恨也若以心智通豐成無為之化則為累不能干矣又真俗二諦並從心起第八識心是持種依真如心是迷悟依如華嚴記云依生滅八識辯二所由顯法相但是心境依持而即如來藏辯二其二所以於中先總後以會緣入實下別示二相即以起信真如生滅二門為二義耳存壞不二唯一緣起結歸華嚴會緣入實言二門無礙唯是一心者結歸起信依一心法立二種門故須具足二義方名具分唯識問唯識第九亦說其所轉依有其二種一持種依謂第八識二迷悟依謂即真如何以說言然依生滅八識唯有心境依持答彼雖說迷悟依非即心境依持以真如不變不隨於心變萬境故但是所迷耳後還淨時非是攝相即真如故但是所悟耳今乃心境依持即是真妄非有二體故說一約義不同分成兩義說二門別故論云然此二門皆各總攝一切法以此二門不相離故顯無不從信無不鼓見萬像於掌中收十方於座側註日華嚴策林云全色為眼恒見色而無緣者色是所緣之境眼是能緣之根令即是眼故無色緣也言全眼為色恒稱見而非

我者眼是我能見今全爲色正見之時即非我也非我離於情想無緣絶於貪求狀萬像於目前全十方於眼際是以緣義無盡隨見見而不窮物性叵思應法法而難唯法普即眼普義通乃見通體之自隱隱顯之進重重然後窮十方於眼際鏡空有而皎明收萬像以成身顯理而通微事

感現而唯徇吾心美惡而咸歸我識註曰此明具分唯識者以不生滅與生滅和合非一非異名阿賴耶識即是具分以具有生滅不生滅故不生滅即如來藏即通真心也若不全依真心事不依理故唯約生滅便非具分有云影外有質爲半頭唯識質影俱影爲具分者此乃唯識宗中之具分耳又三界唯心萬法唯識唯心法通有四義一是事隨境分別見聞覺知二是法論體唯是生滅法數此二義論俗故有約真故無三是理窮之空寂四是實論其本性唯是真實如來藏法又如進趣大乘方便經云佛言一實境界者謂衆生心體從本已來不生不滅乃至一切衆生心一切二乘心一切菩薩心一切諸佛心皆同不生不滅真如相故乃至盡於十方虛空一切世界求心形狀無一區分而可得者但以衆生無明癡闇熏習因緣現妄境界令生念著所謂此心不能自知妄自謂有起覺知想計我我所而實無有覺知之相以此妄心畢竟無體不可見故若無覺知能分別者則無十方三世一切境界差別之相以一切法皆不能自有恒依妄心分別故有所謂一切境界各各不自命爲有知此爲自知彼爲他是故一切法不能自有則無別異唯依妄心不了不知內自無故爲有前外所知境界妄生種種法想謂有謂無謂好謂惡謂是謂非謂得謂失乃至生於無量無邊法想當知是知一切諸法皆從妄想生依妄心爲本然此妄心無自相故亦依境界而有所謂緣念覺知前境界故說名爲心又此妄心與前境界雖俱相依起無前後而此妄心能爲一切境界原主所以者何謂依妄心不了法界一相故說心有無明依無明力因故現妄境界亦依無明滅故一切境界滅非依一切境界自不了故說境界有無明亦非依境界故生於無明以一切諸佛於一切境界不生無明故又復不依境界滅故無明心滅以一切境界從本已來體性自滅未曾有故因如此義是故但說一切諸法依心爲本當知一切諸法悉名爲心以義體不異爲心所攝故又一切諸法從心所起與心作相和合而有共生共滅同無有住以一切境界但隨心所緣念念相續故而得住持暫時而有

手出金毛師子皆籍善根城變七寶華池盡承慈力註曰大涅槃經云阿闍世王欲害如來故放護財狂醉之象佛即舒手示之即於五指出五師子是象見已投地敬禮佛言我於爾時手五指頭實無師子乃是修慈善根力故令彼見如斯事又云南天竺國有一大城名首波羅城中有一長者名曰盧至爲衆導首佛欲至彼城巴化度彼人彼衆尼乾聞佛欲至逆破壞林泉堅閉城壁各嚴器仗防護固守設彼來者莫令得前佛言我於爾時至彼城已不見一切樹木叢林唯見諸人莊嚴器仗當壁自守見是事已尋生憐愍慈心向之所有樹木還生如本河池泉井清淨盈滿如清淨池生衆雜華變其城壁爲紺瑠璃我於爾時實不化作種種樹木清淨華池當知皆是慈善根力能令彼見如是事故知凡有一切苦樂境界悉佛力爲增上緣但是自心感現例見目前實境悉共想生心外實無一法但從識變耳

卷舒不定隱顯千端或闃爾無跡或爛然可觀處繁而不亂履險而常安註曰心境諸法互相資相入則性相俱存爛然可見若互奪互泯則理事俱空闃爾無跡以萬法從心隱緣建立以無性從緣故有以從緣無性故空如寶印重元序云蘊大千之經卷不出情塵布極淨之身宏常居穢土會寂滅於因緣之際存圓常於生死之輪理事雙現而兩亡性相共成而亨拿一異湛爾而非寂萬化紛然而匪繁頓虛諸相而不空適與多事而非有不得一法而齊傳心要不演一字而恒轉圓音一體適多猶朗月而影分千水多身入一若明鏡而光寫萬形

醍醐之海泓深横吞衆派法性之山挺出高落羣巒註曰法華經云譬如一切川流江河諸水之中海爲第一此法華經亦復如是於諸如來所說經中最爲深大又云及十寶山衆山之中須彌山爲第一此法華經亦復如是於諸經中最爲其上此經是醍醐之教爲第一心宗故經云十方諸國土唯有一乘法

理體融通芳名震烈瞻時而別相難窮入處而一門深徹註曰若以事相觀一隨差別而迷言若以一心照隨平等而歸根所以首楞嚴經云但於一門深入入則六知根一時清淨又云入一無妄李長者論云一入全真如新豐和尚悟道頌云向前物物上求通祇爲從前不悟宗如今悟了渾無事方知萬法本來空

服善見王之藥餌衆病咸消奏師子筋之琴絃羣音頓絶註曰善見王藥能治衆病心之妙藥亦復如是能治諸法故偈云一療萬病不假藥方多又云以師子筋爲琴絃其音一奏衆音斷絶如說一一心能收萬法

爾乃明逾皎日德越太清隨機起用順物無生註曰聞初心學人悟入此宗信解圓通自何勞力答若正解圓明決定信入有超劫之功獲頓成之力雖在生死常入涅槃恒處塵勞長居淨刹現具肉眼而開慧眼之先明匪易凡心便同佛心之知見則煩惱塵勞不待斷而自滅菩提妙果弗假修而自圓乃至等寬親和諍論非凡聖泯自他一去來印同興融延促混中邊世出世間不可稱不可量不可說不可說之力莫能過者亦名佛力亦名般若力亦名大乘力亦名法力亦名無住力所以先德釋云無住力持者則大劫不離一

念又云色平等是佛力色既平等則唯心義成故知觀心之門理無過者最尊最貴絕妙絕倫剎那成佛之功頓截苦輪之力大涅槃經云譬如藥樹名曰藥王於諸藥中最爲殊勝能滅諸病樹不作念若取枝葉及皮身等雖不作念能愈諸病涅槃亦爾是以若於一心有圓信圓修乃至見聞隨喜一念發心者無不除八萬塵勞三障二死之病大品經云如摩尼珠所在住處一切非人不得其便以珠著身闇中得明熱時得涼寒時得溫若在水中隨物現色即況識此自心如意靈珠圓信堅固一切時處不爲無明塵勞非人之所侵害則處繁不亂履險安高而不危滿而不溢恒非異非同盈剎而坦然平現不大不小遍空而法爾圓成註曰此一心法是大真理不假有緣生亦非無緣生以法體故爲萬法之性遍一切處隨人所感應現無盡異而非異同而非同大而非大小而非小如華嚴經頌云一一微塵中能證一切法一切衆生心普在三世中如來於一念一切悉明達神靈之臺秘密之府註曰此一心法是神解之性能通靈通聖故曰靈臺又萬法之指歸千途之通體故云祕府病遇良醫民逢聖主註曰法華經云如商人得主如子得母如渡得船如病得醫如暗得燈如貧得寶如民得王如賈客得海此況人間所遇若於佛法中直了心人可以永脫塵勞長居聖地治煩惱之重病成無上之法王校量得失天懸殊矣以本攝末駕智海之津梁註曰一心爲本諸法爲末欲凌生死海應以心智而度之舉一蔽諸關元關之規矩註曰舉一心法攝盡衆餘此一心門能建立凡聖境界攝生化門六度萬行無不具足如還源觀云從一心體出生二用三遍四德五止六觀一體者即自性清淨圓明體即通爲十定之體言二用者一海印森羅常住用即海印三昧二法界圓明自在用即華嚴三昧

言三遍者一者一塵普周法界遍二一塵出生無盡遍三一塵含容空有遍此三並是因陀羅網三昧門言四德者一隨緣妙用無方德二威儀住持有則德三柔和質直攝生德四普代衆生受苦德言五止者一照法清虛離緣止二觀人寂泊絕欲止三性起繁興法爾止四定光顯現無念止五事理元通非相止言六觀者一攝境歸心真空觀二從心現境妙有觀三心境祕密圓融觀四智身影現衆緣觀五多身入一鏡像觀六主伴互現帝網觀上之止觀並是寂用無涯三昧門也匡時龜鏡爲物權衡註曰此一心法能考古撮今窮凡達聖如秤知輕重似鏡鑒妍媸但了一心無不知諸法根源巨細矣相奪則境智互泯相資則彼我俱生註曰以境奪智則智泯以智奪境則境亡以彼資我則我立以我資彼則彼生無明樹上而覺華頓發八苦海內而一味恒清註曰經云煩惱大海中有圓滿如來宣說實相常住之理本覺實性中有無明衆生起無量無邊煩惱之波論云唯真不立單妄不成真妄和成才能建立如水因風而起波風水不相捨離故全體現前豈用更思於妙悟本來具足何須苦待於功成註曰諸佛將衆生心爲佛衆生將佛心爲衆生一體無差但隔迷悟以即心是佛故雖分三身之異終無別體故云法身相好一際無差又古德云新佛舊成曾無二體以報身就法身如出模之像像本舊成故無二體新成舊佛法報似分以法身就報身如金成像金像似分以有未成像全故今成像覺似分於二諸佛如已成像之金衆生如未成像之金成與未成似分前後則金體始終更無別異顯異標奇精明究竟如舒杲日之光似布勾芒之令註曰此一心法如日照天下無法而不明猶春遍寰中無物而不發三毒四

倒而非凡八解六通而非聖註曰在凡非凡處聖非聖以但是自心故終無別理實藏論云於實際中無毫釐凡聖可得至寶居懷兮終不他求靈珠在握兮應須自慶註曰肇論云聖遠乎哉體之即神何者爲衆生自心皆是般若但能體悟至理即心是佛即今日靈覺之真性即是般若聖智也此明真智斯乃悟理之聖非神通果證也又所云般若聖智者若正智即觀照般若如如即實相般若此正智如如即是圓成實性圓成實性即是如來藏心如來藏心即是衆生靈覺之性衆生靈覺之性即是般若真智慜同體兮起無緣註曰菩薩觀一切衆生同一體性慜彼不違而行大悲無緣者即無緣慈如石吸鐵任運吸取一切衆生而無度想溢法財兮資慧命註曰法財者有七一聞二信三戒四定五進六捨七慚愧慧命者即自心無盡真如之性此七種法財乃至恒沙智德皆是心所有法悟入之者資益無窮履得一之旨豁爾消疑註曰天得一以清地得一以寧人得一而道成經云若得一萬邪滅矣又云若得一萬事畢若了一真心何理而不圓何事而不畢也如古德問云所言心性是一者何得衆生界見有種種答以真如心性是一隨緣生滅而成種種又第八識正是所熏心體含多種子熏成種種即是真如隨緣義又心性是一者古釋有二義一者妄心之性成心之性以性相不同故真心之性真心即性寂二者通成謂此二性則明二藏前之二性皆具二藏但爲妄覆名如來藏直語藏體即自性心故此自性清淨真心不與妄合名爲空藏具恒沙德名不空藏前明即離此明空有故重出也言皆平等無二者上二即離不同由心之性故不即由心即性故不離不即不離爲心之性後二即空之實爲不空即實之空爲空藏空有不二爲心之性然空有無二之性即是不即不離之性故但云一也入

不二之門廓然無諍註曰心外有法即見有二便有對治即乃成諍若了境即心能所冥一即無諍矣既不涉能所即非情無情但直論見性之門匪落是非之道是以能所不同不可執一心境一味不可論異若以性從緣則情非情異為性亦殊若泯緣從性則非覺不覺若二性互融則無非覺悟華嚴經云真如無少分非覺悟者則真如遍一切有情無情之處若無少分非覺悟者豈無性非佛性乎又經意但除執充樂無情之見非除佛性則性無不在量出虛空寧可除乎又古德云覺性是理覺了屬事如無情中但有覺性而無覺了如木中但有火性亦無火照今言性者但據理本誰論枝末又覺智緣慮名情自性不改名性愚人迷性生情故境智不一智者了情成性故物我無二大理齊平不虧不盈道性如是無送無迎十澥海底而孤峻萬仞峰頭而坦平註曰傅大士行路易云須彌芥子父芥子須彌爺山海坦然平敲冰來煮茶竹祖搖風而自長桐孫向日而潛榮數朶之青山長在一片之閒雲忽生註曰丹霞和尚忘已吟云青山不用白雲朝白雲不用青山管雲常在山山在雲青山自閒雲自緣皆比一心之道性智境閒閒意地頓空如兎角之銛利解心全息猶鍐水之澄清註曰新豐和尚頌云井底紅塵生高山起波浪石女生得兒龜毛長數丈若欲學菩提應須看此樣大建法幢深提寶印居下恒高處違常順註曰此一心法門是高建法幢又是佛祖之心印乃平等門為一際地高下自相領順逆自違諍若入真智必無差別如華嚴經云智入三世悉皆平等此明俗體本真故云平等以六相該之即總而全別即別而全總即同而俱異即異而俱同即成而俱壞即壞

而俱成握王庫刀之真形撫修羅琴之正韻註曰涅槃經中況眾生佛性昧者不見如王庫中有真寶刀羣臣無能識者又經云阿修羅王琴不撫而韻比況眾生心恒轉根本法輪未嘗間斷如華嚴經云剎說眾生說三世一時說得趣而幽途大闢胡用多求了一而萬事齊休但生深信註曰信心銘云一即一切一切即一若能如是何慮不異華嚴經頌云種種變化無量身一切世界微塵等欲悉了達從心起菩薩以此初發心自在無礙超古絕倫荆棘變為行樹梟獍啼成梵輪註曰高僧傳云釋智通云若夫尋近大乘修正觀者察微塵之本際識一念之初原便可剃棘播無常之音梟獍說甚深之法十方淨土未必過此矣凡言唯心淨土者則一淨一切淨可謂即塵勞而成佛國也似毛端之頭含於寶月註曰龐居士偈云毛頭含寶月微底見真源如瑠璃之內現出金身註曰法華經偈云如淨瑠璃中內現真金像若暢斯宗發明妙慧剔摩訶衍之骨髓摘優曇華之根蒂註曰摩訶衍即大乘心優曇華是靈瑞華表說心時難遇難解任聚須彌之筆未寫纖毫縱饒樂說之門難數一偈註曰華嚴經云聚須彌山為筆未寫普眼經之一句一偈印同異泯中邊等來去絕偏圓註曰以自心之體非同異中邊之見如太虛空更無異相故經云菩薩知一切法即心自性成就慧身不由他悟又起信論云復次真如自體相者一切凡夫聲聞緣覺菩薩佛無有增減非前際生非後際滅畢竟常恒無始已來本性具足一切功德所謂自體有大智慧光明義遍照法界義真實識知義自性清淨心義常樂我淨義清涼不

變自在義水朝東而星拱北註曰水朝東者尚書云江漢朝宗于海宗者尊也有似於朝如心為萬法宗未有一法而不歸心者星拱北者論語云子曰為政以德譬如北辰居其所而眾星拱之為政以德者無為之德也猶北辰之不移而眾星拱之如一心不動眾行歸之谷孕風而海納川註曰斯皆法爾如是道性自然如實藏論云谷風無絕泉水無竭亦比道性無有間絕則道不離心心不離道故先德云玄妙靈通目之曰道又楞嚴經云汝之心靈一切明了豈非真道耶寂爾無聲眾響群音而吼地蕩然無相奇形異狀而參天註曰即相無相無相即相以是一心之境界故如華嚴經中境界重重佛身無盡互相徹入能同能別全異全同淨穢國土無障無礙不論有情無情之異皆為一心真智之境界約理而分稱真而說蜜齊海內之甜火均天下之熱註曰一蜜甜遍天下之蜜皆甜一火熱盡寰中之火皆熱此況若此一法是心則世出世間一切諸法皆即是心矣當正位之發揚因法性之施設註曰此心賦者有二觀一唯心識觀二真如實觀先觀唯心次入真如楞伽經云自覺聖智者令覺自心耳攝論云通達唯是意言分別無有實法即為入唯識方便不取外相即入唯心占察經云一唯心識觀二真如實觀唯心觀淺真如觀深能入法性法性即真如異名如起信論云心若馳散即當攝來令住正念其正念者當知唯心無外境界此即唯心識觀次云即復此心亦無自相念念不可得此即真如實觀若了唯心成唯心識觀若了無性成真如實觀心境兩亡則成無分別智弗從事而失體非一非多不守已而任緣亦同亦別註曰如前云正位發揚者未曾有一法出心之正位如法華經云是法住法位世間相常

住又前云法性花說者般若經云未曾有一法而出於法性真如一心不守自性隨事建立故云亦同亦別雖隨事建立不失自體故云非一非多**本迹雙舉權實俱存**註曰肇論云非本無以垂末非末無以顯本本迹雖殊不思議一也心即是本法即是末**言中而盡提綱要指下而全見根源**註曰萬法雖殊一言而無不攝盡千月不等一指而各見根源如錦冠云一一事中皆具如是無盡之德如海一滴即具百川又一一事不壞本相不離本位而圓融即入謂欲言相用即同體寂欲謂之寂相用紛然故華嚴疏序云超言思而迥出匪但超言思抑亦出於超言思超與不超俱出華嚴經云雖復不依言語道亦復不著無言說但即言亡言即思忘思以契超出之旨**如一金分眾器之形不變隨緣之道猶千波含溼性之理隨緣不變之門**註曰金是不變器是隨緣波是隨緣溼是不變則一心門具隨緣不變二義如演義記云由隨緣即不變故舉差別令體空則末寂也由體空差別故舉不變令隨緣故本寂也以全本為末故本便隱全末為本故末便亡也是則真如隨緣成眾生時未曾失於真體故令眾生非眾生也眾生體空即法身時未曾無眾生故令法身非法身也故二雙絕二既互絕則真妄平等無可異也**若達斯宗無在不在**註曰淨名經云佛說一切法皆無在無不在約理實而隱云無在約相虛而現云無不在斯即一心隱顯無礙自在也**入聖體而靡高居凡身而弗改即狹而廣毫端遍於十方以短攝長剎那包於劫海**註曰先德云塵含法界無虧大小念包九世延促同時即是一心開合以彰殊勝如朝菌之類夕死之徒豈等大椿之歲耶此是世間人物延促情之見耳如華嚴經明毘目仙人執善

財手時經多劫處歷無邊故不可以長短思也若顯超勝一生頓圓若約甚深多劫莫究延促不可定執貴在入元即權機淺學罔測津涯矣如華嚴經頌云始從一念終成劫悉依眾生心想生一切剎海劫無邊以一方便皆清淨釋曰一方便者即是自心延促由心定量若了一心長短之劫自盡故云皆清淨華嚴經頌云有數無數一切劫菩薩了知即一念於此善入菩提行常勤修習不退轉**一葉落時天下秋一塵起處厚地收向空門而及第**註曰龐居士偈云十方同聚會箇箇學無為此是選佛場心空及第歸**於禪苑而封侯**註曰世間以成功立德以為封侯出世悟心得記以為封侯**敵生死軍之甲冑戰煩惱陣之戈矛**註曰唯識疏云心外有法生死輪迴心外無法生死永絕**得大總持可作超塵之本**註曰心是總持都院無法不收**具王三昧堪為入道之由**註曰能觀心性名為上定此心是真如三昧一切三昧之根本故心為三昧之王名王三昧是以悟心成道萬行俱成夫若了即心是佛者自然謙下何以故信自心故知一切眾生皆有心悉即是佛故既不自憍慢亦不輕慢他以知一心平等故經云柔和之行以順法界謙下是忍辱之本周易云謙亨君子有終象曰謙亨天道下濟而光明地道卑而上行天道虧盈而益謙地道變盈而流謙鬼神害盈而福謙人道惡盈而好謙是以於自於他不讚不毀若自讚非大人之相是衒惑人若自毀是詆諂之人若毀他是讒賊之人若讚他是諂誑之人是以傅大士云見好見惡但低頭有底因緣得成病故知得地萬物皆生得理萬行皆成唯心之理不可忘也迄至成佛無有增減**學問宗師菩提牓樣功德叢林真如庫藏**註曰一切眾生第八識心名含藏識亦名宅識如華嚴經云菩薩摩訶薩

知善巧說法示現涅槃為度眾生所有方便一切皆是心想建立非是顛倒亦非虛誑何以故菩薩了知一切諸法三世平等如如不動實際無住不見有一眾生已受化今受化當受化亦自了知無所修行無有少法若生若滅而可得者而依於一切法令所顯不空是為第九如實住**縱橫幻境在一性而融虛寂滅靈空寄千門而顯相**註曰一性是萬法之性千門是萬法之相性相分二融之歸一如涅槃經云佛性者名第一義空第一義空名為智慧此二不二以為佛性然第一義空是佛性名為智慧即佛性相第一義空不在智慧但名法性由在智慧故名佛性以性從相則唯眾生得有佛性有智慧故牆壁瓦礫無有智慧故無佛性若以相從性第一義空無所不在則牆壁等皆是第一義空如何非性故經云知一切法即心自性論云以色性即智性故色體無形說名智身以智性即色故說名法身遍一切處其體本均今分性相故分二義**妙跡無等寰中最親**註曰天下最親莫過心也以一切法從心所生離心則無一法所以華嚴經云以從波羅蜜所生一切寶蓋於一切佛境界清淨解所生一切華帳無生法忍所生一切衣入金剛法無礙心所生一切鈴網解一切法如幻心所生一切堅固香周遍一切佛境界如來座心所生一切佛眾寶妙座供養佛不懈心所生一切寶幢解諸法如夢歡喜心所生佛所住一切寶宮殿無著善根所生一切寶運華雲等**小器出無邊之嘉饌**註曰華嚴經云有具足優婆夷得菩薩無盡福德藏解脫門能於小器中隨諸眾生種種欲樂出生種種美味飲食悉令充滿以此小器能於天中充足天食乃至人中充足人食諸佛聲聞羅漢及餓鬼趣等乃至云善男子且待須臾汝當自見說是語時善財則見無量眾生從四門入皆是優婆夷本願所請既來集已敷座令坐隨其所須給施飲食悉皆充足於小器中者即

是心爲無盡藏隨念出生一切世出世間珍寶法門有何窮盡**仰空雨莫測之殊珍**註曰華嚴經中明智居士云我得隨意出生福德藏解脫門凡有所須悉滿其願所謂衣服瓔珞象馬車乘華香幢蓋飲食湯藥等乃至爾時居士知會衆普集須臾繫念仰視虛空如其所須悉從空下一切衆會普皆滿足然後爲說種種法所謂爲得美食而充足者與說種種集福德行等釋曰空中雨物者一是居士心中出故云隨意出生又云須臾繫念二是所化衆生自心感現機應冥合非一非異成就斯事仰視虛空者即是法空中現故法句經云菩薩於畢竟空中熾然建立**仙人執手之時動經塵劫**註曰如華嚴經中毘目仙人執善財手即時善財自見其身往十方十佛剎微塵數世界中到十佛剎微塵數諸佛所見彼佛剎及其衆會諸佛相好種種莊嚴乃至經百千億不可說不可說佛剎微塵數劫乃至時彼仙人放善財手善財童子即自見身還在本處是知不動本位之地身遍十方未離一念之中時經塵劫古釋云善財隨事差別皆入法界若圓融門遽舉一門即融諸門然以理融事令事如理以理融事令理如事故云理非無分謂理即事事既有分理亦有分不爾真理不即事故理既如事事隨舉一法即一法界若舉多法即多法界如善財觀證暫時執手便經多劫明一切時圓融後入樓閣普見無邊明一切處圓融是以善財一生能辦多劫之行者既善友力息之間或有佛所見經不可說不可說佛剎微塵數劫修行何得一往不經多劫仙人之力長短自在故如世王質遇仙之碁今斧柯爛三世尚謂食頃既然以長爲短亦能以短爲長如周穆隨於幻人雖經多年實唯瞬息故結云不應以長短之時廣狹之處定其旨也**童子登樓之日倏見前因**註曰善財童子登彌勒樓閣見彌勒三生之事**成現而雖圓至道弘闡而全在當人**

註曰人能弘道非道弘人十方三世諸佛皆是了心成佛心即是法法即是心所以由人信故乃能弘之又人即是法法即是人離人無有法離法無有人故云此法先佛已說復佛讚順不加一字故云佛以法爲師如蒸公張悅問水南善知識云法在前耶佛在前耶答云法在前諸佛所師所謂法故便禮辭云若爾最初成佛前佛說何由悟法答云自然而悟如月令中獺乃祭天豈有人教蒸公大伏也**殊功警世大用通神樂蘊奇音指妙而宮商應節心懷覺性智巧而動用冥眞**註曰首楞嚴經云譬如琴瑟箜篌琵琶雖有妙音若無妙指終不能發汝與衆生亦復如是寶覺眞心各各圓滿如我按指海印發光汝暫舉心塵勞先起是知指不妙故五音不成智不巧故一心不現如藏教是拙度通教是巧度又但了諸法實相不須勤苦而修是名巧度**十力功高上賢能踐日月潛光山川迴轉**註曰龐居士偈云劫火燃天天不燃嵐風吹動不鬧聲百川競注海不溢五嶽名山不見形涇清靜慮攝縱跡于進盡總入無生故知無有一法不入一心無生之旨**摧慢峯兮涸愛河折疑城兮截魔冑**註曰若了一心悟法空理則入平等際住實相門乃能劍慢山拔愛箭裂疑網突魔圍何者以達魔界即佛界歸一實心故如論有喻云譬如蠅能緣一切物唯不能緣火燄緣火燄即爲境故魔亦如是能緣一切法唯不能緣諸法實相若入實相魔即實相何所爲耶故論云魔界如佛界如一如無二如皆法界印豈以法界印更壞法界印又論云絕見解般若菩薩如捕魚入見一大魚入深大水鉤網所不及則絕望憂愁以離六十二見網故**明之而法法在我巨嶽可移昧之而事事隨他纖毫莫辦**註曰還源觀云明者德齊於即日昧者望絕於多生

又李長者論云迷之者歷劫浪修悟之者當體凝寂皆是一心迷悟故茲得失**法無難易轉變由人**註曰迷時人逐法悟了法由人迷時執心爲境被境所轉悟時了境即心一切由我**促多生於一念化寒谷爲芳春**註曰一念證眞功超累劫如寒谷遇春萌芽頓發故華嚴論云不如一念緣起無生超彼三乘權學等見如華嚴篆林問云成功立德三教修同如何此經積無功用答緣修積行即說立功造極體眞須忘功用無功即功流未來際無用之用用周十方無功之功日眞功矣如乘舟入海頓息萬搖而舉帆隨風萬里非遠功用行息是止萬境無相智圓即歸恍高舉無依無住既無功用則處法流長遊智海**秉大炬而燭幽闇炳然見旨駕迅航而渡深濟倏爾登眞**註曰若直了一心菩提易辦如登車立局於退方似乘船坐至於千里**生如來家之要**註曰若心外行法是生世俗家若了心即佛是生如來家此一心法諸佛本宗語默卷舒常順一眞之道治生產業不違實相之門運用施爲念念而未離法界行住坐臥步步而常在其中若不信之人對面千里如寒山子詩云可貴天然物獨一無伴侶促之在方寸延之一切處汝若不信受相逢不相遇如明達之者寓目關懷悉能先覺若未遇之子可以事知舉動施爲未嘗間斷如蔡順字君仲順少孫養母常出求薪有客卒至母望順不還乃嚙其指順即心動棄薪馳歸跪問其故母曰有急客來吾嚙指以悟汝耳又唐裴敬彝父爲陳王典所殺敬彝時在城忽自覺流涕不食謂人曰我大人凡有痛處吾即不安今日心痛手足皆發事在不測遂乃歸覲父果已死又唐張志安居鄉閭稱孝差爲里尹在縣忽稱母疾急辭令問志安曰母有疾志安亦病志安適患心痛是以知母有疾令因之差人覆之果如所說尋奏高表門閭拜爲散騎常侍**行菩薩道之**

因註曰法華經云若未聞法華經者當知是人未善行菩薩道若有得聞是經典者乃能善行菩薩之道又菩薩所修萬行皆是不空如來藏眞心不變性起功德如起信論云復次眞如依言說分別有二種義云何爲二一者如實空以能究竟顯實故二者如實不空以有自體具足無漏性功德故華嚴記云自性清淨心不與妄合則名爲空性具萬德即名不空若離妄心實無可空則顯空藏因妄而顯不空藏要由翻染方顯不空如本有檀德令爲慳貪本有尸德令隨五欲本有寂定令爲亂想本有大智令爲愚癡是則慳藏於施乃至愚藏於慧故論云以知法性無慳貪故隨順修行檀波羅蜜等萬行例然故本有眞實識知義云若心有動非眞識知明妄心之動藏其眞如是以即妄之空藏不空之萬德故經云如妄本自眞見佛則清淨以能究竟斷實故名爲空故知空藏能不空能藏既空則顯不空藏之未來具矣又普賢行遊入十方略有十門一入世界法界緣起于即入故二入衆生界生界佛界無二體故三供養一一供具皆稱眞故四明請法窮法界智無時不請諸佛無時不雨法故五大智攝生了生迷倒而無衆生不凝化故六明現通十方塵刹乎入重重震動現相而無息故七常寂定未曾一念有起動故八廣出生念念毛孔出現諸境無窮盡故九者說法念念常雨無邊法雨一切故十明總說上之九義舉一全收無前後故

萬別千差靡出虛空之性尊高卑下難逃平等之津註曰一切法性即是衆生心性衆生心性即是虛空性問眞妄相爭其猶水火云何此二得交徹耶答眞妄二法同一心故而得交徹若演若達多狂故失頭却復本心頭不曾失設爾狂時頭亦不失狂情纔歇歇即菩提性淨明心不從人得如迷眞執妄迷情纔悟即復眞心設正迷時眞亦不失

剪惑裁疑標眞顯正使佛法之穹崇致宗門之昌盛類秋江萬影而交羅註曰經明十喻中一如影喻一喻體虛無實二喻有用能靡覆義故華嚴記云如明淨物得日光曜於屋壁上有光影現如來應機現身亦爾謂日喻如來身樹等質以喻衆生日無異體質有萬差樹側影邪形端影正影不現於日內但有質邊弄影多端隨心萬品

狀寒室千燈而互映註曰一室千燈光光涉入一心萬境萬境一心如光無礙

若鳥戛漢以翺翔似魚沈淵而游泳註曰入楞伽經云若一切唯心世間何處住去來依何法云何見地中如鳥虛空中依心風而去不住不觀察於地上而去如是諸衆生依分別心動自心中來去如空中飛鳥見是資生器佛說心如是故知舉足下足不離自心如鳥若離空何以寄書魚若離水豈得浮沈故祖師彌遮迦問祖師婆須蜜曰何方而來復往何許答曰從自心來復往無處

啼笑而佛慧分明行坐而覺源清淨註曰長者論云不爭當念蘊功即佛都無時分邊轉之相應眞自性常轉法輪又云纖塵不隔於十方毛孔詎妨於刹海又云三世一念古今成即遍去未來無盡之劫同時無礙一念成正覺時也三賢菩薩念念入法流水中任運至佛初水後水一性水故因佛果佛一性佛故於其中間無初中後不隔念故依本法故無念可隔因果便終一念相應一念佛不論相好及與神通相好神通從此正覺中得若證正覺即不著諸相但以覺道相應故神通相好不求自至又云明衆生世間即法界故衆生性即不思議故衆生分別即如來智故又如來根本智是衆生分別心契同無二故法界自在

妙解而唯應我是列祖襟喉註曰此心賦者但說眞心不言妄識以眞心妄心各有性相且眞心以靈知寂照爲心不空無住爲體實相爲相妄心以六塵緣影爲心無性爲體攀緣思慮爲相此緣慮覺了能知之妄心而無自體但是前塵隨境有無境來即生境去即滅因境而起全境是心又因心照境全心是境各無自性唯是因緣故法句經云醞光無水但陽氣耳陰中無色但緣氣耳以熱時炎氣因日光爍遠看似水但從想生唯陽氣耳此虛妄色心亦復如是以自業爲因父母外塵爲緣和合似現色心唯緣氣耳故圓覺經云妄認六塵緣影爲自心性故知此能推之心若無因緣即不生起但從緣生緣生之法皆是無常如鏡裏之形無體而全因外境似水中之月不實而虛現空輪認此爲眞愚之甚矣所以慶喜執而無據七處茫然二祖了而不生一言契道則二祖求此緣慮不安之心不得即知眞心遍一切處悟此爲宗迷乃救初紹於祖位阿難因如來推破妄心乃至於五陰六入十二處十八界七大性一一徹細窮詰徹底唯空皆無自性既非因緣自他和合而有又非自然無因而生悉是意言識想分別因緣豁悟妙明眞心廣大含容徧一切處即與大衆俱達此心同聲讚佛云妙湛總持不動尊首楞嚴王世希有消我億劫顚倒想不歷僧祇獲法身則同初祖直指人心見性成佛此一眞心則列祖之襟喉也

通心而莫更餘思羣賢性命註曰如不增不滅經云甚深義者即第一義諦第一義諦者即衆生界衆生界者即如來藏如來藏者即法身釋曰夫心者爲諸法總持之門作萬有眞實之性故稱第一義諦離離心念故號衆生是心之界即衆生界從眞如性起名曰如來無所缺減乃目爲藏能積聚恒沙功德故名法身是以仁王經云最初一念具足八萬四千波羅蜜諸身分中命根爲上諸法門中心爲其上

永明心賦註卷一

永明心賦註卷一

校勘記

一　底本，清藏本。

一　二一三頁上一行經名，[徑]作「註心賦卷第一」，卷末經名同。以下各卷例同。

一　二一三頁上二行述者，[徑]作「杭州慧日永明寺智覺禪師延壽述」。以下各卷同。

一　二一三頁中一五行註釋右第二字「元」，[徑]作「玄」，以下凡避諱字「元」同。

一　二一七頁中一四行「析栴檀」，[徑]作「拆栴檀」。

一　二二〇頁上六行註釋左首字「欲」，[徑]作「故」。

一　二二〇頁下一七行註釋左「引人」，[徑]作「引入」。

一　二二二頁中五行註釋右「起信」，[徑]作「起信論」。

一　二二二頁下三行註釋右「皆隨形名」，[徑]作「皆墮形名」。

一　二二三頁下一一行正文第四字「王」，[徑]作「主」。

一　二二五頁上五行註釋左第五字「性」，[徑]作「情」。

一　二二六頁下五行註釋右「註曰一性」，[徑]作「註曰性」。

一　二二七頁上一七行註釋左「食頃」，[徑]作「食頓」。

一　二二七頁下末行註釋右「冣之」，[徑]作「覆之」。

永明心賦註卷二　　郡七

妙圓正修智覺永明壽禪師述

逆順同歸行住不離雨寶而摩尼絕意演教而天鼓無私 註曰摩尼天鼓皆無功用無私成事並況真心寂用無滯也如還源觀云定光顯現無念止者謂一乘教中白淨寶網萬字輪王之寶珠此珠體性明徹十方齊照無私成事念者皆從離現奇功心無念應若人入此大妙止觀門中無思念應任運成事如彼寶珠遠近齊照分明顯現廓徹虛空如華嚴經云時天鼓中出聲告言諸天子菩薩摩訶薩非此命終而生彼間但以神通隨諸眾生心之所宜令其得見諸天子如我今者非眼所見而能出聲如普賢行願序云圓音非扣而長演果海離念而心傳萬行忘照而齊修漸頓無礙而雙入 重重而理事相須恒體恒用一一而有空齊現常寂常知 註曰理因心成事從理顯體實於理用與於事即體之用體不失即用之體用不亡故云恒體恒用又有從心作空從心現空故常寂有故常知即寂而知知不失寂即知而寂寂不失知故云常寂常知所以云有為法從心生無為法從心現 迎之弗前隨之不後匿纖芥而非無展十方而曷有旋轉陀羅之內常當大士之心 註曰法華經云爾時受持讀誦法華經者得見我身甚大歡喜轉復精進以見我故即得三昧名為旋陀羅尼百千萬億旋陀羅尼此法華經是為一大事因緣出現於世直於眾生心中開佛知見佛知見者即是一切眾生真心若持此經即大心菩薩故云當大士之心 嚬呻三昧之中不墮二乘之手 註曰師子嚬呻三昧者此明如來以即用之體無非法界即體之用緣起萬差其理事皆無障礙名師子嚬呻如華嚴經云爾時世尊知諸菩薩心之所念大悲為首入師子嚬呻三昧時逝多林菩薩大眾悉見一切盡法界虛空界一切佛剎乃至或入佛所住三昧無差別大神變即頓證逝多林中而諸聲聞等不知不見如聾如盲 一理當鋒萬境皆融囊括智源之底冠攀法海之宗 註曰諦了一心無事不達無理不通該古括今收無不盡如寶藏論中本際虛元品云經云佛性平等廣大難量凡聖不二一切圓滿咸備草木周遍螻蟻乃至微塵毛髮莫不含一而有故云能了知一萬事畢也是以一切眾生皆乘一而生故為一乘若迷故則異覺故則一故云前念是凡後念即聖又云一念知一切法也是以即一切一切即一故知以一知法功成萬像故經云一切若有心即迷一切若無心即遍十方故真一萬差萬差真一譬如海涌千波千波即海一切皆無有異也夫言一者對彼異情情既非異一亦非一非一不一假號真一夫言一者非名字所就也是以一一非見一若有所見則有二也不得名為一真一也 如覩鏡中現千重之影像猶窺牖隙見無際之虛空 註曰此並況一心具斯大用如見波諸海見土知山 萬彙雖分還歸一總 註曰此一心法舒遍法界卷入一塵則心賦指歸至萬法源底一切智慧之本無邊行願之宗不達斯文無路成佛出必由戶斯之謂歟諸大乘證明非一皆云鏡一心之元極囊萬法之根由如華嚴經云菩薩知一切法皆是自心又云解了世間皆如變化明達眾生唯是一法又頌云有數無數一切劫菩薩了知即一念於此善入菩提行常動修習不退轉又頌云諸佛隨宜所作業無量無邊等法界智者能以方便一切了知無不盡 渤澥之潤同濫觴十方之空齊芥孔 註曰漚性與空性俱無大小盡況平等真心無有勝劣 其猶今古之日照無異明仍併過現之風鼓無二動 註曰日光無私動性不二皆表真心之德也 履實際地沖涅槃天掘眾生之乾土涌善逝之智泉 註曰法華經云譬如有人渴乏須水於彼高原穿鑿求之猶見乾土知水尚遠施功不已轉見濕土遂漸至泥其心決定知水必近眾生如乾土聲聞如濕土菩薩如泥諸佛如水 聲聞之焦芽蓝綻 註曰淨名經云二乘如焦芽敗種不能發無上道心後於法華會中深入一乘得受真記重發圓信之芽結菩提之果 華王之極果功圓 註曰眾生之心是諸佛果源故華嚴疏云十方諸佛證眾生之體用眾生之用又經云十方諸佛於一小眾生心念中念念成正覺轉法輪而眾生不覺不知 如得返魂之香枯荄再發似服還丹之藥寒骸重燃 註曰如返魂之香力善起死屍猶還丹之藥功能換凡骨況一心之功力處凡身而成聖體即生死而入涅槃亦如枯樹生華寒灰發燄如聾聞於法華會上見如來性得受佛記則如焦穀生芽盲聾視聽死屍再起寒骸重燃 了達無疑何勞科判駕牛車而立至祇林乘慈舟而坐昇彼岸 註曰但信自心他疑頓斷故信心銘云狐疑淨盡正信調直又若信心即不信一切法如古德云謂自心智信還信自心的非心外別有能信之者又信若不信自心不名正信心即體也此則體信不二故起信論云自信已心知心妄動修遠離法是知所說一切理智等事並不離心是故我等悉皆有分 千年闇室而破在一燈無始樊籠而唯憑妙觀 註曰千年闇室一燈能破無始結業實觀能消實觀者即是正觀正觀者即是觀心故云若自觀者名為正觀若他觀者名為邪觀 臨法國

土無小境而不降靜佛邊疆豈一塵而作亂註曰華嚴經云三界唯心三世唯心則豈有一境一塵而相違背又如華嚴經頌云覺悟法主眞實法於中無著亦無縛如是自在心無礙未曾見有一法起**超情絕解對此無言旨冥眞極道契元源**註曰夫直了一心非眞非妄不即不離何者眞妄無性常契一源豈有二心而互相即以性源無染妄不可得如勾刀不能斫石若霧不能染空爲不了一心之人所以說即如台教問云無明即法性無復無明與誰相即答爲不識氷人指水是氷指水是氷但有名字寧復有二物相即耶是知時節有異融結隨緣濕性常在未曾變動乃至即凡即聖亦復如是凡聖但名一體無異故先德釋華嚴經云一世界盡法界亦如是者知一眼如一切眼如皆然衆譬如一人身有手足一切人皆有手足是知不了此一心皆成二見若凡夫執著此心造輪迴業二乘厭棄此心求灰斷果又凡夫無眼將菩提智照成煩惱火燒如大富盲兒坐寶藏中舉動罣礙爲寶所傷二乘將如來四德秘藏爲無常五陰謂是賊虎龍蛇怕怖馳走縛脫離株取捨俱失若諦了通達之者不起不滅無得無生了此妄心念念無體從何起執念念自離不須斷滅尚不得一何況二乎故知諸法顯如證圓成而情無理有攀情違旨執遍計而情有理無顯常在遺一道而何曾失體情不乖理千途而未暫分岐洞之而情理絕名了之而順遺無地是以法法盡合無言之道念念皆歸無得之宗天眞自然非干造作**二諦推而莫知理中第一三際求而罔得法內稱尊**註曰此一心法非俗不離俗非眞不離眞又雖非眞非俗而能眞能俗即不可以俗諦求眞諦取故云二諦推而莫知又此一心非過去法不住前際非未來法不住後際非現在法不住中際故云三際求而罔得若不信心萬行虛設故大智度論云若不知諸法無差別相垂於三歸五戒亦不成祇爲不了諸行根本故不知諸法體性故不明諸境眞實故是以先德云菩薩初悟一切法自性平等云何平等入於諸法眞實性故謂眞實性中無差別相無種種相無無量相萬法一如何有不等此眞實性依何立故復次明證無依法所謂不依於色不依於空若萬法依空空無所依今萬法依眞眞無所依即無依印法門故捨離世間世間即有種種差別斷割性常不立何況於相亦不依空立色亦不依色立空亦無異無不異無即無不即斯是即絕强名內證所以華嚴頌云設於念念中供養無量佛未知眞實法不名爲供養又頌云雖盡未來際遍遊諸佛刹不求此妙法終不成菩提又頌云設於無數劫財寶施於佛不知佛實相此亦不名施故知六度萬行若不直了一心無一行門而得成就**覺樹根株教門頭首**註曰此一心法諸佛成道之本菩薩悟入之初如大集經云佛告賢護我念往昔有佛世尊號須波日時有一人行值曠野饑渴困苦遂即睡眠夢中具得諸種上妙美食食之既飽無復饑虛從是寤已還復饑渴是人因此即自思惟如是諸法皆空無實猶夢所見本自非眞如是觀時悟無生忍得不退轉於阿耨多羅三藐三菩提又如人以寶倚瑠璃上影現其中亦如比丘觀骨起種種光此無持來者無有是骨是意作耳又大方等大集經云復次賢護譬如比丘修不淨觀見新死屍形色始變或青或黃或黑或赤乃至觀骨離散而彼骨散無所從來亦無所去唯心所作還見自心又如鏡中像不外來不中生以鏡淨故自見其形行人色清淨所見者清淨欲見佛即見佛見即問問即報聞經大歡喜自念佛從何所來我亦無所至我所念即見心作佛心自見心見佛心是佛心是我心不自知心心不自見心心有想爲癡心無想是泥洹是法無可示者皆念所爲設有其念亦了無所有空耳是名佛印**安詳作象王之行決定成師子之吼**註曰象王行威儀安詳表普賢之行師子吼者師子吼有四義一百獸懾聾喻菩薩說法百法俱破二香象降伏喻菩薩說法天魔降伏三飛鳥墮落喻外道邪見墮落四水族潛藏喻煩惱潛藏又涅槃經云師子吼者決定說一切衆生有佛性又云但有心者皆得成佛又云有所得野干鳴無所得師子吼以心外無法即無所得**欲薦默傳之法合在言前將陳祕密之門寧思機後**註曰達磨西來默傳心印唯默知之一字若機緣不遇終不顯揚直候親承爾乃印可此是自證法門如人飲水冷暖自知不可言說又悟落第二頭機前無教教後無實矣**圓宗燄火手觸應難**註曰論云般若波羅蜜猶如大火聚四面不可觸觸即燒手若說有說無說亦有亦無說非有非無四句乃至復四句具足四句及絕言等皆謗般若如觸火四邊皆燒著手故云離四句絕百非若得四悉檀意了之如清涼池四門可入皆總得通**驅四句於虛無之外殄百非於寂寞之間**註曰墮落四句皆成邊見若見一法盡處百非若能頓了心宗見網自然迴出隨處得道舉念皆宗故云一色一香無非中道華嚴經云遠離二邊契於中道古釋云二邊有四一染淨二約惑縛脫通業三有無通事理四一異約心境何以有此謂成菩提既離細念妄惑盡已顯現法身智慧純淨若爲是見未免是邊故經云若有見正覺解脫離諸漏不著一切世此非證道眼今了於惑體性本空後無所淨故離二邊又染淨交徹故無住著是曰離邊縛脫者謂昔常被惑業繫縛流轉無窮今得菩提釋然解脫若謂此見即是住邊菩薩智了本自無縛於何有解無縛無解則無著故得離耳有無通事理者若昔謂或有今了或空二謂以空今知妙有又眞樂本有失而不知妄苦本空得而不覺今日始知若如是知並未離邊又煩惱業苦本有今無菩提佛身本無今有等皆三世有法普

提之性不屬三世故三世有無皆是邊攝異智契理絕於三世故離有無之二邊等一異有二一者心境不了則二契合則一亦成於邊二者生佛有異今了一性亦名為邊今正覺了此中有無無二無二亦復無大智誓見者如理安住故離此邊而言昔者謂斷常來去生滅依止雖是二法皆攝為邊又二與不二亦名為邊今一契菩提一切都寂故云遠離如那羅箭之功勢穿鐵鼓註曰那羅延箭能穿鐵鼓似金剛鎚之力擬碎邪山註曰金剛之鎚能碎金山成七辯才註曰有七辯才者一捷疾辯卒答不思二利辯音聲清巧三無盡辯問答無窮四無斷辯流注相續五隨應辯對機投藥六第一義辯善說實相七世間最上辯超出羣類已上七辯皆從心基而發具四無畏註曰四無畏者一一切智無畏二漏盡無畏三說障道無畏四說盡苦道無畏華嚴經頌云一中解無量無量中解一了彼互生起當成無所畏即是了心成佛心外無法對待故一切處無畏人中日用之韜鈐世上時機之經綸註曰衆生日用而不知如魚在水不見水鳥處空不見空人在道不識道若森羅之吐孕總攝地輪註曰一切萬物從大地而生一切萬法從心地而出猶萬物之發生皆含一氣註曰易鈎命訣云天地未分之前謂之一氣於中則有太易太初太始太素太極為五運也運即是運數謂時改易初取易義也元氣始散謂之太初氣形之端謂之太始形變有質謂之太素質形已具謂之轉變五氣故稱五運皆是天道已分也元邈甚深力自堪任註曰一切衆生皆自有真心之力如起信論云從本已來性自滿足一切功德所謂自體有大智慧光明義故等也月渚湮林而常談妙旨雲臺寶網而盡演圓音註曰華嚴經云大光明網

雲臺中而說頌言佛無等等如盡空十方無量勝功德人間最勝世中上釋師子法加於彼又云一切供養具雲中自然出音而說頌曰神通力用不可量願隨衆生心樂說又云佛光明中於一切菩薩衆會之前而說頌言神通自在無邊量一念皆令得解脫長者論問曰大衆何不以言自問因何默念致敬何不自以言讚勸請云何供具雲出音請佛答曰明佛得法界心與一切衆生同心故以心不異故知彼心敬供具說頌者明一切法總法界體也法界不思議一切法不思議故明聖衆心境無二故凡夫迷法界自見心境有二故顛倒生也餐香積之廚真堪入律註曰淨名經云香積世界彼國菩薩聞香入律即獲一切功德藏三昧若從香入法界者自身即是香衆世界自心即是香積如來無量功德一心圓滿悟入此者何假外求香界既然十八界亦爾盡是積神之地皆為得道之場聽風柯之響密可傳心註曰阿彌陀經云水鳥樹林皆悉念佛念法念僧是知境是即心之境心是即境之心能所自分一體無異若能見境識心便是密傳之旨終無一法與人莫尚他宗須導此令出世之大事功終入禪之本參學竟註曰釋迦出世為一大事因緣開衆生心中佛之知見達摩西來唯以心傳心今但悟一心自覺覺他已諳本願如高僧釋曇遂每言三界虛妄但是一心追求外境未悟難息又高僧解脫和尚依華嚴作佛光觀於清宵月夜光中忽見化佛說偈云諸佛祕密甚深法曠劫修行今乃得若人開明此法門一切諸佛皆隨喜解脫和尚乃禮拜問云此法門如何開示於人化佛遂隱身不現空中偈答云方便智為燈照見心境界欲知真實法一切無所見直言不謬指南之車轍非虛註曰若以心示人皆歸正法不落邪見如指南之車皆歸正道的示無疑鷄犀之枕紋常正

註曰有駭鷄犀枕四面觀之其形常正正法觀心之人一切皆正如云邪人觀正法正法亦隨邪正人觀邪法邪法亦隨正有學人問新豐价和尚如何是佛法大意答云大似駭鷄犀絕待英靈一念齊成轉變天地撼動神明孰見不喜誰聞弗驚普現心光標人間之萬號註曰萬法無體因心得名乃至觀於他心微細可鑒皆是以心知心似分能所四祖云一切神通作用皆是自心所以經云諸佛於不二法中現大神變華嚴記云釋他心通者攝境從心不壞境者即示心境有無護法云若得本質恐壞唯心所不壞境得之何妨壞有何失以無心於萬物萬物未嘗無此得在於神靜失在於物豈謂物實有故若唯心壞境則得在於境空失在於心有故以境由心變故說唯心所變不無何必須壞若以緣生然此則心境兩亡故云借心以遣境而心亡非獨有心矣二云能所兩亡不獨存故者上不壞境只遣懼質之病今遣空有之理故心境並許存亡心境相藉故空相依緣生故有有即有也空即亡也空有交徹存亡兩全第一義唯心非一非異皆正出具分唯心之理雖有中心之義兩通生滅唯心雖兩亡不爾兩未言心境相攝今分明具唯識故故云第一義唯心同第一義故非異不壞能所故非一非一故有能所緣他義成矣非異故能所平等唯心義成矣云正緣他時即是自故者結成得於本質無心外過以即自故不失唯識是以即佛心之衆生心下第二正示法此他心之相此有兩對語前對所所緣後對明皆歸今初言即佛心之衆生心者此明所緣衆生心即是佛心此明不異次云非即衆生心之佛心者此句明衆生心與佛心非即非即故有所緣非異故不壞唯心義言為所緣者結成所緣簡非能緣也次下然能緣云以即衆生心之佛心者此句明能緣佛心即是衆生心明非異次云非即佛心之衆生心者此明佛心與衆生心有非一義非一故為

能緣非異故不壞唯識之義言爲能緣者結成能緣簡非所緣也更以喻況如水和乳乳爲所和喻衆生心是所緣水爲能和喻佛心爲能緣以此二和合如以一味鵝王嗅之乳盡水存則知非一然此水名即乳之水此乳名即水之乳二雖相似而有不一之義故應喻之以即水之乳非即乳之水爲所和以即乳之水非即水之乳爲能和義可知矣**遍該識性猶帝釋之千名**註曰天帝釋有千種名一名帝釋二名喬尸迦等如云菩提涅槃眞如解脫元珠靈性等皆是心之別名**妙覺非遙當人不遠**註曰心證菩提即心而已離心無佛離佛無心了了識心涅槃見佛如大集經云復次賢護如人盛壯容貌端嚴欲觀己形美惡好醜即便取器盛彼清油或持淨水或取水精或執明鏡用是四物觀己面像善惡好醜顯現分明賢護於意云何彼所見像於此油水水精明鏡四處現時是爲先有耶賢護答言不也曰是豈本無耶答言不也曰是爲在內耶答言不也曰是豈在外耶答言不也世尊唯彼油水水精鏡諸物清朗無濁無滓其形在前彼像隨現而彼現像不從四物出亦非餘處來非自然有非人造作當知彼像無所從來亦無所去無生無滅無有住所時彼賢護如是答已佛言賢護如是如是如汝所說諸物清淨彼色明朗影像自現不用多功菩薩亦爾一心善思見諸如來見已即住住已問義解釋歡喜即復思惟今此佛者從何所來而我是身復從何出觀彼如來竟無來處及以去處我身亦爾本無出趣豈有轉還彼復應作如是思惟今此三界惟自心有何以故隨彼心念還自見心今我從心見佛我心作佛我心是佛我心是如來我心是我身我心見佛心不知心心不見心心有思念則成生死心無想念即是涅槃諸法不眞思想緣起所思無寂能想亦空賢護當知諸菩薩等因此三昧證大菩提**隨法性而雲散晴空任智用而華開媚苑**註曰長者論云

隨法性則萬法俱寂隨智用則萬法俱生不離一眞化儀百變**攀覺樹而不榮陷鐵圍而非損冒境而朝宗悟旨諸佛果源撈目而得意通眞羣生理本**註曰眞俗之法邪正之門皆是一心以爲根本如安心法門云迷時人逐法解時法逐人解則識攝色迷則色攝識但有心分別計校自心現量者悉皆是夢若識心寂滅無一動念處是名正覺問云何自心現答見一切法有有自不有自心計作有見一切法無無自不無自心計作無又若人造一切罪自見己之法王即得解脫若從事上得解者氣力壯從事中見法者即處處不失念從文字解者氣力弱即事即法者深從汝種種運爲跳踉癲蹶悉不出法界亦不入法界若以界入界即是癡人凡有所施爲終不出法界心何以故心體是法界故又非獨羣生理本亦是山河大地之本人我衆生之本如宗密禪師原人論明窮人之本原如儒宗命由於天闢於時運道教生於元氣小乘教我爲其本權教但說空爲本儒道二教原人之本人畜等類皆是虛無天道生成養育謂道法自然生於元氣元氣生天地天地生萬物故愚智皆稟於天由於時命故死後却歸天地復其虛無若佛權教說如中觀論云未曾有一法不從因緣生是故一切法無不是空者若約此原身心境皆空身原是空空即是本者若心境皆無知無者誰又若都無實法依何現諸虛妄且現見世間虛妄之物未有不依實法而能起者如無濕性不變之水何有假相虛妄之波若無淨明不變之鏡何有青黃長短之影故知空教但破執情如法鼓經云一切空經是有餘說有餘者餘義未了也大品經云空是大乘之初門未是究竟之說今依性教佛了義經說直顯眞源一切有情皆有本覺眞心無始已來常住清淨昭昭不昧了了能知亦名佛性亦名如來藏從無始際妄想翳之不自覺知但認凡質故耽著結業受生死苦大覺愍之說一切皆空

又聞示靈覺眞心清淨全同諸佛故華嚴經云佛子無一衆生而不具有如來智慧但以妄想執著而不證得若離妄想一切智自然智無礙智即得現前便舉一塵含大千經卷之喻塵況衆生經況佛智次後又云爾時如來普觀法界一切衆生而作是言奇哉奇哉此諸衆生云何具有如來智慧迷惑不見我當教以聖道令其永離妄想自於身中得見如來廣大智慧與佛無異評曰我等多劫未遇眞宗不解反自原身但執虛妄之相甘認凡下我當成人今約至教原之方覺本來是佛故須行依佛行心與佛心反本還源斷除凡習損之又損以至無爲自然應用恒沙名之曰佛當知迷悟同一眞心大哉妙門原人至此今會通本末者並眞心之性雖爲身本生起蓋有因由但緣前宗未了所以破之今將本末會通乃至儒道亦是何者總不出一心故謂初唯是一心眞靈之性不生不滅衆生迷睡不自覺知由隱覆故名如來藏依如來藏故有生滅心相所謂不生滅眞心與生滅妄想和合非一非異名爲阿賴耶識此識有覺不覺二義依不覺故最初動念名爲業相又不覺此念本無故轉成能見之識及所見境界相現又不覺此境從自心妄現執爲定有名爲法執執此等故遂見自他之殊便成我執執我相故違順情生增受業起隨善惡業運於中陰入母胎中稟氣受質此會儒道起以氣爲本氣則頓具四大漸成諸根心則頓具四蘊漸成諸識十月滿足生來名人即我等身心是也然所稟之氣展轉推本即混一之元氣也所起之心展轉窮源即眞一之靈心也究實言之心外的無別法元氣亦從心之所變屬前轉識所見之境是阿賴耶相分所攝從初一念業相分爲心境之二心既從細至麤展轉妄計乃至造業成六麤之相受苦無窮境亦從微至著展轉變起乃至天地成住壞空劫而復始人方既成熟即從父母稟受二氣與業識和合成就人身據此則心識所變之境乃成二分一分却與心識和合成人一分不與心合即是天地山河國

邑三才中唯人靈者由與心神合也佛說內四大與外四大不同正是此也但能反照心源靈性顯現無法不達名法報身自然應現無窮名化身佛是知若了一心三身頓現故般若吟云悟則三身佛迷疑萬卷經即知三教皆一眞心爲原人之本**祖佛不道父母非親**註曰第八祖佛陀難提問佛馱密多曰父母非我親誰爲最親者諸佛非我道誰爲最道者偈答云汝言與心親父母非可比汝行與道合諸佛心即是外來有相佛與汝不相似欲識汝本心非合亦非離**知三有異我而明佛性**註曰大涅槃經云迦葉菩薩問二十五有有我不答曰有我即佛性此是眞我具八大自在義即是常樂我淨四德涅槃非外道凡夫所執之我如華嚴記云佛性之體體非因果因中取之名爲因性果中取之名爲果性非是佛性分成因果如瓶取空是瓶中空世界取空是世界中空空無有異故言衆生智慧是佛性因菩提涅槃是佛性果非是佛性分成因果故結示云然則佛性非因非果若以無障礙法界爲宗則法性即佛性知一切法即心自性若以心性爲佛性者無法非心性則不屬內外而體非內外內外屬相性不同相何有內外然迷一性而變成外外既唯心何有非佛所變攝實故說墻壁言無佛性以性該相無非性矣如烟因火烟即是火而烟鬱火依性起相相屬於性如即水成波波即是水境因心變境不異心心若有性境寧非有況心與境皆即眞性眞性不二心境直乖若以性從相不妨內外境而例於心今有覺知修行作佛即是邪見外道之法故須常照不即不離不一不異無所惑矣故云則非內非外隨物迷悟強說昇沉又華嚴棗林問衆生與佛迷悟不同衆生則六道循環佛則萬德圓滿如何有即衆生即佛二乎相妝混亂因緣全平法界答夫眞元莫二妙音常均持由迷悟不同遂有衆生與佛迷眞起妄般覺衆生體妄即眞故稱爲佛妄則全達眞理難眞無迷悟即迷本是眞非是斷有迷因横起若執東爲西悟解理生如東本不易執相假稱生佛約體故得相牧不見此源達由未醒了斯元妙成佛須臾經云法界衆生界究竟無差別一切悉了知此是如來境如來變成正覺普見衆生已成正覺衆生向佛心中自受其若眞希元之士無捨妄以求眞**會萬物爲已而成聖人**註曰肇法師云會萬物爲自已者其唯聖人乎又云聖遠乎哉體之即神道遠乎哉觸事而眞夫云聖人者聖即正也了心悟道即是正人迷心背道即是邪人邪正由心淨徹在我**一兩眞金勝氎花千斤之價值**註曰高僧釋道世云勤勇識悔者雖知依理須知心妄動若眞悟心遠離前境者如經云譬如氎花千斤不如眞金一兩喻能觀心勝即滅羅強又華嚴策問二障塵沙尚非所喻阿僧祇劫未得斷名十地聖人分分漸損如何一斷一切斷耶既越常規難以取信答惑本無從迷眞忽起迷而不逭瀾漫無涯若纖雲布空其來無所須臾彌滿六合黯然長風忽來倏爾雲盡千里無點萬像昭然方便風生颺感無性本空顯現衆德本圓八萬塵勞皆波羅蜜恒沙惑障並是眞源眼翳未除空華亂起但淨法眼何惑不除滯執堅牢居然多劫**半株檀樹改伊蘭四十之由旬**註曰經云一株檀樹能改四十由旬之伊蘭林況一眞心法能破一切染法如台教立無生一法爲破一切法遍**上上眞機沿沿法海墮無明而不可隳縱神力而焉能改**註曰此一心法是普眼門唯對上機方能信入倫五趣而不釁登一相而非异以是不變易之法故**設戴角披毛之者本性非殊任形消骨散之人至靈常在**註曰如般若吟云百骸雖潰散一物鎭長靈入首楞嚴經云縱汝形銷命光遷謝此性云何爲汝銷滅**等覺不遷隨物周旋**註曰經云不動等覺而違立諸法不壞假名而說實相若等覺之心即不動以染淨之覺隨緣而作諸法亦不壞諸法而證實相以諸法無體不可壞若壞即失諸法本空故**爲出世眞慈之父作歸宗所敬之天**註曰如宗鏡錄中立眞心爲宗祖佛同證即不立衆生緣慮妄心此心無體諸經所破然此妄心無體即眞故不用破以衆生執實故須破之宗鏡錄云心有二種一隨染緣所起妄心而無自體但是前塵逐境有無隨塵生滅唯破此心雖法可破而無所破以無性故百論破情品云譬如愚人見熱時燄妄生水想逐之疲勞智者告言此非水也爲斷彼想不爲破水如是諸法自性空衆生取相故著爲破是顛倒故言破實無所破二常住眞心無有變異即立此心以爲宗鏡識論云心有二種一相應心謂無常妄識虛妄分別與煩惱結使相應二不相應心所謂常住第一義諦古今一相自性清淨心今言破者是相應心不相應心立爲宗本**一雨無私羣木而自分甘苦太虛絕量衆器而各現方圓**註曰法華經明三草二木一雨而受潤不同楞嚴經明方現方空圓現圓空若除器方圓則空無所在**既在正觀須當神聽**註曰上士神聽中士心聽下士耳聽神聽入元能契心性**扣寂寂之元門躡如如之道徑若玻璃隨物而現色於自體而匪亡**註曰如玻璃珠雖現外色青黃赤白不失珠體**猶金剛對日而分形逐前塵而不定**註曰如金剛珠於日中而色不定此皆表心隨緣不變不變隨緣雖不守自性亦不失自性不守性是隨緣不失性是不變**菩提窟宅解脫叢林瀺泊而慧眼何見杳靄而大智難尋五嶽崢嶸而不峻四溟浩渺而非深**註曰一心高廣

橫豎難量山未爲高海未爲深又遍界盈空無法可現山非是山海非是海以唯心故如華嚴經頌云了知非一二非染亦非淨亦復無雜亂皆從自想起**輪王坐妙寶床時方能入定**註曰輪王坐妙寶床時入四禪而心離五欲**菩薩戴法性冠處始得明心**註曰菩薩著法性冠處見一切法悉現在心**滯念纔通幽襟頓適成現而可以坐參周遍而徒煩遊歷**註曰此一心成現法門不用一點身心之力坦然明白先德云沙門採寶不動神情其實自現又云虛明自照不勞心力又云不離當處常湛然見即知君不可見如瑜伽儀軌釋云夫欲頓入三業修習毘盧遮那法身觀瑜伽儀軌釋如來法身觀者先觀發起普賢菩薩微妙行願復應以三密加持身心則能入文殊師利大智慧海然修行最初於空閒處攝念安心閑目端身結跏趺坐運心普緣無邊剎海諦觀三世一切如來遍於一一佛菩薩前殷勤恭敬禮拜旋繞又以種種供具雲海奉獻如是等一切聖眾廣大供養已復應觀自心心本不生自性成就光明遍照猶如虛空復應深起悲念哀愍眾生不悟自心輪迴諸趣我當普化拔濟令其開悟盡無有餘復應觀察自心諸眾生心及諸佛心本無有異平等一相成大菩提心瑩徹清淨廓然周遍圓明皎潔成大月輪量等虛空無有邊際**達無不是統法界以爲家**註曰心爲法界之家亦爲涅槃之宅如法集經云能知一切唯是一心名爲心自在於其掌中出諸珍寶亦以虛空而爲庫藏名爲物自在一切身口意業以智爲本名智自在又云觀世音白佛言菩薩若受持一法一切諸佛法自然如在掌中何者是一法所謂大悲釋曰此是同體大悲此悲性遍一切眾生界故能一雨普潤蘭艾齊榮一念咸收邪正俱濟寶雲經云一切諸法心爲上首若知於心則能得知一切諸法大涅槃經云禪思比丘

無他想念唯守一法然後見真釋曰一法爲宗諸塵無寄他緣自絕妙性顯然志當歸一而何智不明尋流得源而何欲不釋攝要之肯斯莫大焉人如世尊最後垂示應盡還原品三告之文經云爾時世尊如是逆順入諸禪已普唱大眾我以善深般若遍觀三界一切六道諸山大海大地含生如是三界根本性離畢竟寂滅同虛空相無名無識永斷諸有本來平等無高下想無見無聞無覺無知不可繫縛不可解脫無眾生無壽命不生不起不盡不滅非世間非非世間涅槃生死皆不可得二際平等等諸法故間居靜住無所施爲究竟安置必不可得從無住法法性施爲斷一切相一無所有法相如是其知是者名出世人是事不知名生死始汝等大眾應斷無明滅生死始又復告大眾我以摩訶般若遍觀三界有情無情一切人法悉皆究竟無繫縛者無解脫者無主無依不可攝持不出三界不入諸有本來清淨無垢無煩惱與虛空等不平等非不平等盡諸動念思想心息如是法相名大涅槃真見此法名爲解脫凡夫不知名曰無明作是語已復入超禪從初禪出乃至入滅盡定從滅盡定出乃至入初禪如是逆順入超禪已復告大眾我以佛眼遍觀三界一切諸法無明本際性本解脫於十方求了不能得根本無故所因枝葉皆悉解脫無明解脫故乃至老死皆得解脫以是因緣我今安住常寂滅光名大涅槃如上真實慈父廣大悲心不可思議三告之文或有偶斯教者可以析骨爲筆剝皮爲紙刺血爲墨而書寫之不可須臾暫忘剎那失照**用而靡虛將大地爲標的**註曰如與大地爲的所射無不中者如觀心人所見無不是心終無一塵有隔如入楞伽經偈云無地及諸諦無國土及化佛辟支聲聞唯是心分別人體及五陰諸緣及微塵勝人自在作唯是心分別心遍一切處一切處皆心以心不善觀心性無諸相**至道無隔唯理堪親**註曰若洞達一心能通萬彙如臆隱之內觀無際之

空似徑尺鏡中見千里之影**抉目而金鎞快利**註曰大涅槃經云初一說名一指示中間重說名二指示經末復說名三指示下合中末未見佛性並如於盲華嚴疏釋以三諦爲指指爲首趣義甚分明一時橫觀皆觀三諦豎亙十地亦證三諦第一指者即示俗諦言凡是有心定當作佛皆有佛性二者示真諦爲第二指云佛性者名第一義空三示中道爲三指經云佛性即是無上菩提道種子故非有如虛空非無如兔角故知三諦喻於三指**灌頂而甘露光新**註曰頓悟一心之時如醍醐入心甘露灌頂**寂默無言因居士而薦旨**註曰文殊問維摩居士如何是真入不二法門居士默然斯乃顯一心不二之妙旨**虛空絕相化闍王而悟真**註曰文殊菩薩化阿闍世王王以袈裟觀自挂文殊身上而不見文殊身及挂大眾亦不見身返挂自身亦不見身及衣但見虛空相因茲悟道**慧日晶明信心調直被大乘衣而坐正覺牀飲菩提漿而餐禪悅食**註曰大涅槃經云汝等雖染衣出家未拔如來大乘法衣法華經云如來座者一切法空是夫出家人識心達本故號沙門眾足下足乃至菩僧伽禁念念皆與摩訶衍相應飲正法味登涅槃食所以阿難爲不了心宗識悔云我身雖出家心不入道如黃蘗和尚云達摩西來唯傳一心法直下指一切眾生心本來是佛不假修行但令識取自心見自本性莫別求法云何識自心即如今言語者是汝心若不言語又不作用心體如虛空無相以實無相觀亦無方所亦不一向是無祇是有而不見又云但悟一心更無少法可得此即真佛佛與眾生一心更無有異不如言下自認取本法此法即心心外無法此心即法法外無心又仰山和尚云頓悟自心無相猶若虛空寄根發明即本心具恒沙妙用無別所持無別安立即本地即本土**善財**

知見舉目而皆入法門華藏山河立相而無非具德註曰善財童子登山入闕皆證法門以真心遍一切處故隨處發明成得見道所以還源觀云華藏海內共中莫問若山若河皆共如來智德羣蒙盡正一槩齊平迹分塵界而不濁性合眞空而靡清體凝一味而匪縮用周萬物而非盈註曰此一心法湛然不動離隨事間合任物卷舒具體未曾增減設對機說法廣略開遮不可執方便之言述於宗旨如華嚴經頌云言詞所說法小智妄分別是故生障礙不了於自心不能了自心云何知正道彼由顛倒慧增長一切惡似天中意樹之林常隨天轉註曰天中有如意樹常隨諸天意轉若人間心想之處還逐人成註曰一切境界因想而生故經云一切國土唯想持之華嚴經頌云一切諸國土想網之所現幻網方便故一念悉能入又論云離人無有法離法無有人貧濟驪珠幽明玉燭如來寶眼而自絕纖毫註曰佛眼無外豈立纖毫金沙大河而更無迴曲註曰金沙大河直入大海以表正見直入心海若海中之鹹味物物圓通註曰如傅大士心王銘云無形無相有大神力能滅千災成就萬德體性雖空能施法則觀之無形呼之有聲為大法將持戒傳經水中鹽味色裏膠青決定是有不見其形心王亦爾身內居停面門出入應物隨情自在無礙所作皆成色裏膠青者書云青出於藍而青於藍冰結於水而寒於水又一切法中皆有安樂性則是色總持門如大般若經云一切法趣色色尚不可得云何當有趣非趣如是具歷諸法皆然般若意似當諸法之性不異色性故皆趣色色不可得當法性猶色裏之膠青門門具足

空既無所趣安有能趣若智者意一切法趣色假觀色尚不可得空觀云何當有趣非趣即中道觀今但要切句以取色性為諸法依以性普攸故皆趣色則一色中具一切法是事事無礙之義故隨一法皆收法界故孤高獨步瑩徹攄情意根淨而寶坊淨註曰淨名經云心淨即佛土淨又云心淨故眾生淨心垢故眾生垢如一切垢淨世界及合教四十祇是一自性清淨心此心若淨一切佛土皆悉淨也如鏡明則照遠鈴響則聲高是以華嚴經頌云佛剎無分別無憎無有愛但隨眾生心如是見有殊又攝論云一切淨土是諸佛及菩薩唯識智為體即金剛般若論云智習唯識通如是取淨土若佛地論以佛自在無漏心為體非離佛淨心外別有實等淨心色也又云色等即是佛淨心所感離佛自心之外別無能感如是假實之色皆不離佛淨心即此淨心能斷假實之色故經云青色青光黃色黃光等是也心地平而世界平註曰首楞嚴經云毘舍如來摩持地菩薩頂言當平心地則世界地一切皆平若拂霧以披天神襟頓爽似撥雲而見日法眼恒清註曰悟心之時頓消積滯如彌勒成道偈云久欲度眾生欲拔無由脫今日證菩提豁然無所有一道逍遙羣心仰慕保證而猶玉璽之眞文註曰一切萬法皆為心之所印如王寶印無前後際故法句經云森羅及萬象一法之所印云何一法中而見有種種矣包藏而若瓔林之寶庫註曰第八識包含徧如來藏含藏十法界種子無法不足久行方了具遍吉之明宗註曰遍吉是普賢菩薩首楞嚴經頌云心開洞十方生於大因力初心不能入云何獲圓通初學易親成慈氏之入路註曰首楞嚴經云彌勒菩薩云得成無上妙圓識心三昧乃至盡如來國土淨穢有

無皆是我心變化所現我了如是唯心識故識性流出無量如來正念纔發狐疑自惺匪五目之可鑒豈二耳之能聽註曰五眼者肉眼天眼慧眼法眼佛眼佛言我以五眼尚不見云何無目凡夫而稱見乎二耳者一凡耳二天耳道書云上士神聽中士心聽下士耳聽非有而非空故稱卓絕不出而不在實謂通靈註曰首楞嚴經云汝之心靈一切明了是知性自神解寂照泠然如靈辯和尚云夫一心不思議妙義無定相應時而用不可定執經云一切賢聖皆以無為法而有差別用有差別隨處得名究竟不離自心此心能壞一切能成一切故云一切法皆是佛法心作天心作人心作鬼神畜生地獄皆心所為好惡皆由心要生亦得要不生亦得即是無礙義祇今一切施為行住坐臥即是心相心相無相故名實相體無變動亦名如來如者不變不異也無中現有有中現無亦名神變亦曰神通總是一心之用隨處差別即多義一中解無量無量中解一了彼乎生起當成無所畏又東方入正定西方從定出若了心外無法一切唯心即無一法當情無有好惡是非即不怖生死一切處皆是故云當成無所畏無所畏即佛佛具四無畏也塵思俱逃煩機頓洗註曰未悟道時多興妄慮纔了心日想念不生故經云識停閑靜想滅無為又首楞嚴經云想相為塵識情為垢二俱遠離則汝法眼應時清明云何不成無上知覺又大乘理觀不念諸佛即是念覺故昔人云眞如無念非念法能皆實相無生豈生心能至無念念者則念眞如無生生者生乎實相故起信云若知離念無有能念所念是名隨順若離於念名為得入淨名云常求無念實相智慧故般若云若念一切法不念般若波羅蜜不念一切法則念般若波羅蜜迥超萬行之先深徹法源之底月光大士變清水於自

心註曰首楞嚴經云月光童子初習水定第子窺窗觀室唯見清水取一瓦礫投於水內出定之後頓覺心痛故知定果色皆是定中意識所變空藏高人現太虛於本體註曰首楞嚴經云虛空藏菩薩云我得無邊身爾時手執四大寶珠照明十方微塵佛剎化成虛空又於自心現大圓鏡內放十種微妙寶光流灌十方盡虛空際甄明暢志悟入怡神若旱天而遍霑甘澤猶萎草而頓遇陽春註曰涅槃經云純陀白佛言世尊唯願世尊霑甘露雨溉我心田又如大地得遇春雨而草木潤發故云萬物得地而生萬行得理而成所以般若經云一心具足萬行翠羽紅鱗普現色身之三昧霞峯霧沚同轉根本之法輪註曰一切聲是佛聲一切色是佛色又山河大地一一皆宗智朗昏衢夢驚長夜註曰識論云一切眾生以第七識為長夜如夢時不知是夢覺時方悟如迷時不了自心是佛悟時方知故經云佛者覺也如睡夢覺如蓮華開貧室之金藏全開註曰大涅槃經云如貧女人舍內多真金之藏家人大小無有知者時有異人善知方便乃至即於其家掘出真金之藏女人見已心生歡喜生奇特想眾生佛性亦復如是若遇善友開發明見佛性心開意解生大歡喜燄宅之牛車盡駕註曰法華經明等賜一大車而出火宅若了一切處唯是一心實相之旨即是出宅義紛然起作冥冥而弗改真如豁爾虛凝歷歷而常隨物化註曰肇論云旋嵐偃嶽而常靜江河競注而不流野馬飄鼓而不動日月歷天而不周此則不遷即萬物皆不遷矣則離動而無靜離靜而無動以一心動靜豈有離也大象無形洪音絕聲三光匿曜河嶽齊平註曰肇論

云大象隱於無形大音匿於希聲此一心光橫吞萬象更無纖毫於中發現故傳大士頌曰須彌芥子父芥子須彌山海坦然平敲氷來煑茶故知萬法盡入不二法門一際平等更不俟夷嶽盈壑續鳧截鶴然後方平向九居六合之中隨作色空明闇之體註曰六合者四維上下九居者一欲界天二初禪天三二禪天四三禪天五四禪天六空處天七識處天八無所有處天九非想非非想天廣則二十五有四十二居處並是有情受生居住之處此皆因情想結成生死之身繫二十五有之處悉從心出所以楞伽經云三界上下法我說皆是心又云心遍一切處一切處遍心法華經云三方及四維上下亦復爾如首楞嚴經云妙覺明心先非水火乃至汝以空明則有空現地水火風各各發明則各各現若俱發明則有俱現故知萬法但心為體循業發現所見不同隨自想念而生差別故云如來藏隨為色空周遍法界是以離自真心更無一法所有境界皆是心光於七大四微之內分為色香味觸之名註曰七大者一地大二水大三火大四風大五空大六見大七識大如首楞嚴經云汝元不知如來藏中性色真空性空真色清淨本然周遍法界乃至推七大皆無自性他性共性無因性所以佛告阿難若汝識性生於見中如無明闇及與色空四種必無元無汝見見性尚無從何發識若汝識性生於相中不從見生既不見明亦不見闇明闇不矚即無色空彼相尚無識從何發若生於空非相非見非見無辨自不能知明闇色空非相滅緣見聞覺知無處安立此二非空則同無有非同物縱發汝識欲何分別若無所因突然而出何不日中別識明月汝更細詳微細詳審見託汝睛相推前境可狀成有不相成無如是識緣因何所出識動見澄非和非合聞聽覺知亦復如是不應識緣無從自出若此識心本無所從當知了別見聞覺知圓滿湛然性非從所兼彼虛空

地水火風均名七大性真圓融皆如來藏本無生滅阿難汝心麤浮不悟見聞發明了知本如來藏汝應觀此六處識心為同為異為空為有為非同異為非空有汝元不知如來藏中性識明知覺明真識妙覺湛然遍周法界含吐十虛寧有方所循業發現世間無知惑為因緣及自然性皆是識心分別計度但有言說都無實義又本是一真心分成六和合如眼見之為色耳聞之為聲鼻齅之為香舌嘗之為味身受之為觸意知之為法又祖師云處胎曰身出世為人在眼曰見在耳曰聞在鼻曰齅香在舌曰談論在手曰執捉在脚曰運奔遍現俱該法界收攝不出微塵識者喚作佛性不識者喚作精魂故云一色一香無非中道德樂神州威靈法宇通智海之宏津立吾宗之正主註曰心為萬法之宗宗者尊也主也如楞伽經中佛語心為宗無門為法門不退轉法輪經云善知一切眾生無相悉同法界非見非不見何以故法界即是一切眾生心界是名信行南嶽思大和尚云若學者先須通心心若得通一切法一時盡通違情難信如藕絲懸須彌之山註曰涅槃經云佛言若有人能以藕絲懸須彌山可思議不不也世尊佛言菩薩能以一念稱量生死有不可思議理而但仰信而已不能一念即如來藏故非圓意入悟能諧似一手接四天之雨註曰如佛藏經云無名相中假名相說皆是如來不思議力譬如有人謂須彌山飛行虛空有從諸海負以天下及須彌山蚊蚋為梯登至梵宮劫盡燒時一唾劫火即滅一吹世界即成以藕絲懸須彌山手接四天下雨如來所說一切諸法無相無為無生無滅今人信解甚為難有甚希有又經云奇哉世尊於無異法中而說諸法異故云說法是大神變無中說有有中說無豈非神變耶居混沌之始出恍惚之間註曰混沌之始者以不知無始無明之故初一念

不覺而起第八藏識一半不執受爲無情世間山河大地等一半有執受爲有情世間衆生五陰身等皆從一心所造不達此理者此間罔象或猶混沌西天外道或說冥初老子云杳杳冥冥其中有精恍恍惚惚其中有物

法雷震四生之幽蟄慧日燭三界之重關 註曰此一心宗當悟之時如迅雷震於長空似千日照於曠野能令墮業繫之人出三界之牢獄溺生死之者脫六趣之樊籠

不世之珍抱元門而寂寂非常之道任法性以閑 註曰不世之珍者以此心實非世之珍非常之道者此一心大道非常情之所解

發覺根苗亂靈筋骨 註曰因心悟道發心之初即坐道場便登祖位

若谷神之安靜似幻雲之出沒 註曰肇論云法身無像應物以形般若無知對緣而照萬機頓赴而不撓其神千難殊對而不干其慮動若行雲止猶谷神直有心於彼此情繫於動靜者乎註云法身無形能現衆像聖智無知能照萬機無心應物雖懸而不撓其神有難皆通雖通而不干其慮無心而動動若行雲心無定方猶谷神之不死絶彼此動靜之心也老聃曰谷神不死是謂元牝元牝之門是謂天地之根註云谷者養也人能養神則不死神即五藏之神也若五藏盡傷則五神去矣是謂元牝者註云元者天也牝者地也主出入於鼻與天通故鼻爲元也主出入於口與地通故口爲牝也元牝之門是謂天地之根者根者元也言鼻口之門是乃通天地之元氣

事因理顯猶金烏照萬里之程 註曰華嚴疏云理隨事變一多緣起之無邊事得理融千差涉入而無礙

用就體施如玉兎攝千江之月 註曰證道歌云一月普現一切水一切水月一月攝一法遍含一切法我性常與如來合

非相非名孤寂幽清一言無不畢盡殊說更非異盈 註曰一言者約畧說約理說殊說者約廣說約事說故不動一心而演諸義不壞諸義而顯一心即卷常舒如來於一言語中演說無邊契經海即舒常卷一切法門無盡海同會一法道場中如草木四微從地而生還歸地滅猶波浪皺動依水而起還復水源如法從心生還歸心滅故經云當處生當處滅又華嚴經頌云佛智通達淨穢凝一念普知三世法皆從心識因緣起生滅無常無自性所以清涼疏云華嚴經者統唯一眞法界謂總該萬有即是一心也

呑苦霧而浸邪峯須澄性海 註曰性海泓澄湛然明淨當悟心之時能盡苦源頓消邪見故般若心經云行深般若之時照見五蘊皆空度一切苦厄

降四魔而夷六賊應固心城 註曰四魔者一天魔二陰魔三死魔四煩惱魔首楞嚴經云六爲賊媒自劫家寶心城者華嚴經入法界品中寶眼主城神爲善財言應守護心城謂畢竟斷除慳嫉諂誑應清涼心城謂思惟一切諸法實性應增長心城謂成辦一切助道之法應嚴飾心城謂造立諸禪解脫宮殿應照耀心城謂普入一切諸佛道場聽受般若波羅蜜法應增益心城謂普攝一切佛方便道應堅固心城謂恒勤修習普賢行願應防護心城謂常專禦扞惡友魔軍應廓徹心城謂開引一切諸佛智光明應善補心城謂聽受一切佛所說法應扶助心城謂深信一切佛功德海釋曰夫城者能防外寇護國安人堅密牢强即無衆患况心城須護密守關津無令外緣六塵魔賊所侵內結煩惱奸臣所亂防非禁惡常施瑩淨之功立德運慈廣備莊嚴之事遂得四門無滯一道常通力敵大千威臨法界可以撫提弱喪攝化無遺伏外降魔永固眞基者矣

廣演元風長施法利 註曰沙門惟以弘教說法能報佛恩首楞嚴經頌云將此深心奉塵剎是則名爲報佛恩又證道歌云默時說說時默大施門開無擁塞

諸聖不改其儀萬邪莫迴其致 註曰此一心法是古今千聖不易之道註曰邪不干正天魔不能壞外道不能亂故云天魔外道皆法印魔界即佛界外道經書皆是佛說既同輪並駕焉能壞乎

十軍三惑消影響於幻場 註曰十軍者佛偈云欲是汝初軍憂愁爲第二饑渴第三軍渴愛爲第四第五睡眠軍怖畏爲第六疑爲第七軍含毒爲第八第九利養軍著虛狂名聞第十軍自高輕慢出家人諸天世間八無能破之者我以智慧力摧伏汝軍衆汝雖不欲放到汝不到處是知戰魔軍者即是自心魔終無心外境能與心爲緣但是自心生還以心爲相三惑者一見思惑二塵沙惑三無明惑若直了心者不唯十軍三惑乃至八萬四千塵勞門悉皆殞滅故偈云到汝不到處消影響於幻場者如寶積經云爾時世尊告幻師言一切衆生及諸資凡皆是幻化謂由於業之所幻故諸此五衆亦是幻化謂由於法之所幻故我身亦幻智所幻故三千大千一切世界亦皆是幻一切衆生共所幻故凡所有法無非是幻因緣和合之所幻故但了一心諸幻自息故寶藏論云一切皆幻其幻不實知幻是幻守眞抱一

智刃慧刀利鋒芒於實地 註曰以智慧劍斷煩惱賊

一言合理天下同歸 註曰一言契理天下知音故云名無異而長飛道無根而永固

體標奇而顯妙用含虛而洞微可謂鎭敵國之寶珠千金罕易挺驚人之法將萬古傳輝 註曰敵國之寶珠者此心或爲無價之寶或在輪王頂上或處貧子衣中龍女親獻而成佛剎那善友求之而利濟無盡驚人之法將者說心地法門之時天魔膽落外道魂驚如舍利弗智慧第一爲釋迦右面弟子稱爲法將

動而無爲寂而常照立佛道之垣墻樹修行之大要 註曰大約修行不出定慧一心眞如

妙性寂然名止寂而常照名觀非能所觀而分二法

畫出山河國土意筆縱橫分開赤白青黃心燈照耀

註曰華嚴經頌云心如工畫師能畫諸世間五陰悉從生無法而不造心光照耀者大般若經云若幽冥世界及於一一世界中間日月等光所不照處爲作光明應學般若般若者即心智之光華嚴論云光明覺品者爲令信心自以自心光明覺照一切世間無盡世界總佛境界自亦同等以心隨光一一照之

性自神解不同虛空或垂本以顯跡或居邊而即中猶師子就人之機理標徑直

註曰癡狗逐塊師子就人此喻上機聞法直了心宗不隨問答逐語生解

如王索一鎚之器言下全通

註曰王索寶器須是一鎚便成第二第三鎚皆不中進此喻一言之下便契無生不須再問落於陰界

慧海關防靈園苗裔遍滋廣攝而不揀高低竪徹橫該而混同麤細

註曰一心廣備不擇上中下機以是一際平等法門故竪徹三際橫亘十方覽而不遺收無不盡麤處麤現細處細現麤細隨緣法體恒寂唯心之旨常無變易

作一種之光輝爲萬途之津濟

註曰大莊嚴經論說求唯識人頌云能取及所取此二唯心光貪光及信光二光無二體釋曰求唯識人應知能取所取此之二種唯是心光如是貪等煩惱光及信等善法光如是二光亦無染淨二法何以故不離心光別有貪等信等染淨法故二光亦無相偈曰種種心光起如是種種相光體非體故不得彼法實釋曰種種心光即是種種事相或異時起或同時起異時起者謂貪光瞋光等同時起者謂信光進光等光體非體等者如是染位心數淨位心數唯有光相而無光體是故或世尊不說彼爲真實之法

闇鬼没於明燈

註曰如人闇中疑鬼以燭照之豁然疑解況心外見法了心即無境

毛輪消於厚瞖

註曰如人目有瞖空中見毛輪況不識心人妄見心外之境如密嚴經頌云幻事毛輪等在在諸物相此皆心變異無體亦無名

確乎不拔高超變易之門

註曰萬法不遷一心常住但當見性自斷狐疑余曾觀推似見斯言如宗鏡中引不遷論云旋嵐偃嶽而常靜江河競注而不流野馬飄鼓而不動日月歷天而不周跡云前風非後風故偃嶽而常靜前水非後水故競注而不流前氣非後氣故飄鼓而不動前日非後日故歷天而不周鈔云然自體念念不同則初一念起時非第二念時乃至最後吹著山時非初起時則無前念風體定從彼來吹其山也且山從初動時以至倒附地時其山自體念念不同則初一念動時非第二念動時乃至最後著地時非初動時則無初動山體定從彼來至著地時斯皆風不半山嶽不著地雖旋嵐偃嶽未曾動也以此四物世爲還動然雖則倒嶽歷天皆不相知各不相到念念自住各各不遷且如世間稱大莫過四大四大中動莫越風輪以性推之本實不動如義海云鑒動寂者爲塵隨風飄颷是動寂然不起是靜而令靜時由動不滅即全以動成靜也令動時由靜不滅即全以靜成動也由全體相成是故動時正靜靜時正動亦如風本不動能動諸物若先有動則失自體不復更動令觀此風周遍法界漢然不動寂爾無形推此動由皆從緣起且如空室之中若云有風風何不動若云無風遇緣即起或遍法界拂則滿法界生故知風大不動動屬諸緣若於外十方虛空中設不因人拂或自起時亦是能颷鬼神所作以鬼神屬陰至晚則風多故乃至劫初劫未成壞之風並因衆生業感世間無有一法不從緣生緣會則生緣散則滅若執自然生者祇合常主何得緊纔不定動靜無恒故知悉從緣起又推諸緣和合成事各各不有和合亦無緣緣之中俱無自性但是心動反推自心心亦不動以心無形故起處不可得即知皆從真性起真性即不起方見心性遍四大性體合真空性無動靜以因相彰動因動對靜動相既無靜塵亦滅故首楞嚴經云性風真空性空真風即斯言矣

湛爾唯堅永出輪迴之際

註曰此心前際不生中際不住後際不滅故法華經云是法住法位世間相常住世間相者即衆生五陰心離五陰無世間何者無情世間即衆生心變既從心變一隨心常住真如之法位

妙極衆象理統諸方如積海而含萬水猶聚日而放千光

註曰此一點靈臺自性光明遍照法界無法不收故首楞嚴經云諸法所生唯心所現現處即心更無別體如圓覺疏序云夫血氣之屬必有知凡有知者必同體所謂真淨明妙虛徹靈通卓然而獨存者也衆生之本原故曰心地諸佛之所得故曰菩提交徹融攝故曰法界寂靜常樂故曰涅槃不濁不漏故曰清淨不妄不變故曰真如離過絕非故曰佛性護善遮惡故曰總持隱覆含攝故曰如來藏超越元秘故曰密嚴國統衆德而大備爍羣昏而獨照故曰圓覺其實皆一心也背之則凡順之則聖迷之則生死始悟之則輪迴息親而求之則止觀定慧推而廣之則六度萬行引而爲智然後爲正智依而爲因然後爲正因其實皆一法也終日圓覺而未嘗圓覺者凡夫也欲證圓覺而未極圓覺者菩薩也住持圓覺而具足圓覺者如來也離圓覺無六道捨圓覺無三乘非圓覺無如來泯圓覺無真法其實皆一道也三世諸佛之所證蓋證此也如來爲大事出現蓋爲此事也三藏十二部一切修多羅蓋詮此也釋曰心之一法名爲普法欲照此心應須普眼鑒寂照靈知非偏小而可窮以同滿而能覺故曰圓覺此約能證也真如妙性寂滅無爲具足周遍無有缺減故曰圓覺此約所詮也能所冥合唯是一心此一心能爲一切萬法之性又能現三乘六道之相攝相歸性曾無異轍則世間出世間昇

降雖殊凡有種種施爲莫不皆爲此也離此則上無二實一乘下無四生九有文圖義圖言將發而詞喪清神靜思意欲緣而慮亡註曰言將發而詞喪者首楞嚴經云用世語言入佛知見如將手掌撮摩虛空徒益自勞虛空云何隨汝執捉意欲緣而慮亡者般若經云如蚊蚋蟲處處能泊而不能泊火燄之上如意根遍緣一切境而不能緣般若以心智路絕故處衆不羣居尊匪獨註曰志公和尚謌云處衆不見諠譁獨自亦無寂寞闡大道之基坰布教海之漩澓了辯乳之眞機註曰大涅槃經云如盲問乳不知乳之正色如無巳眼隨他問答不達自心若上上機人一聞千悟獲大總持達觀象之明目註曰大涅槃經明衆盲摸象各說異端不見象之眞體亦況錯介般若之人依通見解說相似般若九十六種外道及二乘學者禪宗不得旨人並是不見象之眞體唯直下見心性之人如晝見色分明無惑具巳眼者可相應矣躡薩雲路兮非近非遠詣清涼池兮不遷不速註曰薩雲路者即衆生心了之即是非論近遠清涼池者即一心圓明無塵垢熱惱故云清涼智論云有目無足不到清涼池有足無目亦不到清涼池目足更資方能得到頓悟自心爲目如說修行爲足故須理事齊運定慧雙修方入一心之智海也出一語兮海竭山崩提妙旨兮天翻地覆舉圓宗兮數至理法界橫闢括衆義兮掩羣詮禪門鑿鏃註曰宗門中有鑿鏃句不通問答念念而靈山出世步步而兜率下生註曰華嚴論云一念相應一念佛大集經云貪瞋癡出即是佛出又如來藏經云我以佛眼觀一切衆生貪欲恚癡諸煩惱中有如來智如來眼如

來結加趺坐儼然不動善男子一切衆生雖在諸趣煩惱身中有如來藏常無染污德相備足如我無異及經頌云我今解了如來性如來今在我身中我與如來無差別如來即是我眞如又成佛之義隨門不同古釋有四一約性即一眞法界二約相即無盡事法三性相交徹顯此二門不即不離四以性融相德用重重初約體門名明體是佛不答是約無礙應成四句一是佛法性身無所不至故經云性空即是佛故二非佛絕能所覺爲其性平等眞法界非佛非衆生故三亦佛亦非佛以法性無自性故四雙非性與無性雙泯絕故經云無中無有二無二亦復無三世一切空是則諸佛見二就相門有二一情二非情眞心隨緣定能以故然此二門各皆染淨謂無明熏眞如成染緣起眞如熏無明成淨緣起染成爲類淨至成佛以修淨緣斷彼染緣方得成佛依此二義則生佛不同於淨緣中復有因有果有純有雜若約純門隨一菩薩盡未來際唯修一行一一皆然若約雜門萬行齊修盡未來際若約因門盡未來際常是菩薩若約果門盡未來際常是如來經云爲衆生故念念新新成等正覺若約覺門盡未來際修因得果若約覺非盡未來際非因非果使同眞性今正約以性融相一成一切成成與不成情與無情無二性故法無定性故十身圓融故緣起相由故十界無盡故因果周遍故遠離斷常故萬法虛融故故說一成一切成也非謂無情亦有覺性同情成佛若許成佛此成則能修因無情變情情變無情便同邪見又此衆生乃是像上之摸者以見自成即見他成如云自心念念常有佛成正覺此有二意一云同一無性故得現成者謂既無二性佛證一性得成佛故生隨一性皆成佛矣二云妄體本虛生元是佛者生自有妄見生非佛佛了妄虛生何非佛三眞性叵得非今始成者若有可得今得成佛證性叵得佛非始成佛本是佛佛之本佛何異生佛是故一成一切皆成亦可說言若一不成一切

不成同一性故今是成佛門故故一切皆成佛也娑婆現華藏之海註曰還源觀云見以大智圓明睹纖塵而觀性海全源朗現一塵之處現全身爲法界必同時一塵理無前後華藏記云華藏淨境然娑婆爲華藏安淨染緣熟華藏現世界此皆轉名不轉體但隨心現如法華經三變淨土祇宗心日大云華藏世界海者以無盡大願見術持大悲水生無邊行華以法性虛空能容萬境重疊無礙於其水上生一大遍華周法空界名種種藥香幢明根本智起差別智行差別行名藥如經頌云譬如心王寶隨心現衆色衆生心淨故得見清淨刹又云譬如衆續像畫師之所作如是一切刹心畫師所成又云無量清刹佛隨衆生心想又云一一心念中出生無量刹園林爲王舍之城見聞覺知運普賢無盡之行周旋俯仰具文殊本智之名註曰先德云文殊即是衆生現行分別心普賢即是無生塵勞衆成行又普賢身同虛空性一切衆生以爲生死是以能對現色身以同是虛空性故又云六根三業非是文殊實相體周萬象森羅無非般若何有一處非文殊普賢耶從實分權註曰從一乘實分出三乘權從三乘權會歸一乘實即是從心而開三從心而合一又即一而三相不同即三而一體無別因別顯總擲大千於方外吸海水於毛孔註曰因別顯總者以用彰體因境識心非總無以出別非別無以顯總如淨名經云擲娑婆於界外移妙喜於此方者是明即近即遠即識即淨不出一心矣又云海水入毛孔者台教云識得海水眞性即是毛孔眞性故云海水入毛孔又云芥納須彌者一切衆生無明心即是佛心是名須彌入芥設有無邊不可思議神變之事皆同此釋華嚴記云佛智平等如虛空則衆生之界皆是如來智中之物二者智能包納猶是智頓今毛孔頓現則細巨頓收良以色性融無

礙故以性融相爲本具心之力也妙位初成之際天雨四華無明欲破之時地搖六動註曰天雨四華者台教云表菩薩四位一十住位二十行位三十迴向位四十地位華是柔歡義亦表於行亦表於善根菩薩以行入位故天雨華然皆是心華敷若經云此非天華亦非意樹華乃是無生華地搖六動者是破無明動六根之堅執執從心生亦是動於心地理事無礙註曰理能成事事能顯理有理事無礙有事事無礙華嚴記云周遍含容觀中有事事無礙者菩薩雖復看事即是觀理然說此事爲不即理者以事虛無體而不壞相所以觀衆生見諸佛觀生死見涅槃以全理之事恆常顯現是以事既全理故不即理若也即理是不全矣如金鑄十法界像一一像全體是金不可更言即金也本末同岐註曰因本示末末還歸本如心無自性因境而生境無自性因心而現能所互成一體無異如百門義海云若以塵唯心現則外塵都絕若以心全現塵則內心都泯泯者泯其體外之見存者存其全理之事即泯常存即存常泯橫吞五乘之粹註曰五乘者一人乘二天乘三聲聞乘四緣覺乘五菩薩乘持五戒得人乘持十善得天乘修四諦法得聲聞乘修十二因緣法得緣覺乘修六度行得菩薩乘乃至三乘四乘一乘皆從一心而出所以楞伽經頌云諸天及人乘聲聞緣覺乘諸佛如來乘我說此諸乘乃至有心轉諸乘非究竟若彼心滅盡無乘及乘者故知三乘五性皆自心生若無於心既無能乘之人亦無所乘之法故云無乘及乘者也圓舒八藏之奇註曰八藏者一漸教二頓教三不定教四秘密教五藏教六通教七別教八圓教如經云十二分教於真如法界流出以心爲體演出無窮何者若心空演出聲聞藏若心假演出菩薩藏若心中演出佛藏從心而出心猶蘭生蘭叢因意而發意似檀

孕檀枝註曰境從心變變是自心從心現心更無異物如寶積經偈云如鑽木出火要假衆緣力若緣不和合火終不得生是不悅意聲畢竟無所有知聲性空故眼亦不復生眼不在於聲亦不身中住因緣和合起離緣緣不生如因乳等緣和合生酥酪眼自性無起因於塵思事思者不能了無偈自境然思當如是知究竟無所有眼性本寂靜但有於似名眼思即實際以依具如起了知如法界是名眼三昧又偈云是大夜叉身從於自心起是中無有實妄生於恐怖亦無有怖心而生於怖畏觀法非實故無相無所得空無寂靜處現此夜叉身如是知虛妄是夜叉三昧且夜叉一身於外相分善爲蠱惑令人怖畏駭之門是根本煩惱最能煩亂此內外二法尚成三昧兼一例諸可爲一心龜鏡則若境若心皆成正受如華嚴經偈云禪定持心常一緣智慧了境同三昧不空之空非有之有註曰心空則無性而空空而不空心有則無性而有有而不有不有之有有顯一如不空之空空成萬德可謂推萬有於性空蕩一無於畢竟矣則泯心無心外之境泯境無境外之心若互奪兩亡心境俱泯若相資並立心境宛然又二而不二心境實一不二而二心境歷然又心外無境故難入境外無心故甚深如外無智而可知智外無如而可守註曰華嚴經云智外無如爲智所入如外無智能證於如智即是如如即是智法界寂然曰如寂而常照曰智直離寂外別有智耶若智外有如智則收法不盡若如外有智真如則不遍智中無一全收不容相並如經云無有少法與法同住則顯法性無容並真二既不存一亦真立如斯斷證唯實教宗又如是所證智是能證能所實合心境一如帝網而重重交映非一非多註曰此是十元門中第七因陀羅網境界門如天帝殿珠網覆上一明珠內萬象俱現諸珠盡然又互相現影影復現影重重無盡故千光萬色雖重重交映

而歷歷區分亦如兩鏡互照重重涉入傳輝相寫遞出無窮此況一心具如無盡之性流出萬法影現法界無盡無窮芥缾而歷歷分明不前不後註曰華嚴疏云炳然齊現猶彼芥缾即十元門中第三微細相容安立門一能含多即日相容一多不雜故云安立炳者明也一者是所合微細如瑠璃缾底多芥子炳然齊現不相妨礙非前非後此況一心能含萬法性相歷然

永明心賦註卷二

永明心賦註卷二

校勘記

一 底本，清藏本。

一 二三〇頁上五行註釋右「止者」，徑作「觀者」。

一 二三〇頁中五行註釋左第一四字「元」，徑作「玄」。以下凡避諱字「元」同。

一 二三〇頁下七行正文「極果」，徑作「佛果」。

一 二三三頁上一六行註釋右「亦爾」，徑作「而爾」。

一 二三四頁上一七行註釋右「不一不異」，徑作「不二不異」。

一 二三四頁上一九行註釋左第四字「持」，徑作「特」。

一 二三六頁上一二行「幽明」，徑作「幽冥」。

一 二三六頁中五行註釋右「台教」，徑作「合教」。

一 二三六頁下一七行註釋右第三字「階」，徑作「皆」。

一 二三八頁上一行註釋右「一半」，徑作「半」。左同。

一 二三八頁上一五行註釋左第九字「主」，徑作「玄」。

永明心賦註卷三　郡八

妙圓正修智覺永明壽禪師述

忘心而照無念而知若瑞草生於嘉運如林華結於盛時註曰忘心而照者實藏論云唯道無根重固常存唯道無體微妙恒眞唯道無事古今同貴唯道無心無物圓備無念而知者衆生有念而知聲聞無念無知菩薩無念而知如書云天何言哉四時行焉春生夏長應不失時頓息疑情現額珠於明鏡註曰大涅槃經云王家有力士眉間有金剛珠因鬪而沒後有良醫執鏡以照其額珠陷入膚中分明顯現此況一切衆生身中佛性無智照之力隱而不現後遇善友得悟心鏡了了見性亦復如是余曾集心鏡錄一百卷以心爲鏡洞徹十方一法相宗以第八識爲鏡二法性宗以如來藏性爲鏡如楞伽經云譬如明鏡現衆色像現識處現亦復如是言如來藏爲鏡者起信論云復次覺體相者有四種大義與虛空等猶如淨鏡云何爲四一者如實空鏡遠離一切境界相無法可現非覺照義故二者因熏習鏡謂如實不空一切世間境界悉於中現不出不入不失不壞常住一心以一切法卽眞實性故又一切染法所不能染智體不動具足無漏熏衆生故三者法出離鏡謂不空法出煩惱礙離和合相純淨明故四者緣熏習鏡謂依法出離故遍照衆生之心令修善根隨念示現故釋曰四鏡之名者一空鏡謂離一切外物之體二不空鏡謂體不無能現萬像故三淨鏡謂已磨治離塵垢故四受用鏡謂置之高堂須者受用四中前二自性淨後二離垢淨又初二就因隱時說後二就果顯時說又前二約空不空爲二後二約體用爲二又前二體後二相全澄亂想獲眞寶於春池註曰大涅槃經云如人遊春池失瑠璃寶諍競入水取瓦礫而歸有一智人安徐入水乃獲眞寶故云探珠宜靜浪動水取應難定水澄清心珠自現又莊嚴經論說有人見瓦謂是瑠璃收之瓶內皆悉成水後見眞瑠璃亦謂爲瓦棄而不取世人皆是不應取而取應取而不取也不應取而取者如但隨外境不向內觀應取而不取者如不信自心反求他學體廣用深註曰如龍以一滴水可淺陰谷人以一爐火可爽阿房皆是現前唯心所變日用而不知者自稱朌劣不遠聖人一何悲哉志公和尚偈云法性量同太虛衆生發心自小文豐理詣攀覺樹以分枝受輪王之解髻註曰法華經云譬如強力轉輪聖王兵戰有功賞賜諸物如有勇健能爲難事王解髻中明珠賜之能戰心魔心珠自現故融大師云若能強戰有功勳髻中明珠終不惜初終交徹卽凡心而見佛心理事該羅富世諦而明眞諦註曰卽凡心而見佛心者如華嚴經頌云若以威德色種族而見人中調御師是爲病眼顚倒見彼不能知最勝法又頌云假使百千劫常見於如來不依眞實義而觀救世者是人取諸相增長癡惑網繫縛生死獄盲冥不見佛云何不見佛一爲不識自心二爲不明隱顯何者衆生之因隱於本覺諸佛之果顯於法身因隱之本覺是果顯之法身果能成因則佛之衆生果顯之法身是因隱之本覺因能辦果則衆生之佛故云凡聖交徹理事相合矣又華嚴演義云謂眞該妄末妄徹眞源如波與濕無有不濕之波無有不波之濕其眞妄所以交徹者不離一心故妄攬眞成無別妄故眞隨事顯無別眞故眞妄名異無二體故眞外有妄理不遍故妄外有眞事無依故若約涅槃生死說者生死卽涅槃妄徹眞也如波徹水源涅槃卽生死眞徹妄也如水窮波末故中論云生死實際卽涅槃際涅槃實際卽生死際如是二際者無毫釐差別卽是交徹也生死涅槃際既兩乃至心境能所染淨自他一切萬法皆同一際一際者卽無際也實際也一切諸法皆與實際爲定量今古凡聖不可易也所以云道俗之不爽二際之不泯菩薩之變也又一切法皆如豈妄外有眞又眞如遍一切處豈眞外有妄是知眞妄常交徹亦不壞眞妄之相則該妄之眞眞非眞而湛寂徹眞之妄妄非妄而雲與故云當世諦而明眞諦也龍宮詮奧海藏抽奇空裏披文之際註曰寶性論云有一智人恐如來教法將滅遂仰書一藏經文於空中莫有知者況心中具一切法門此約空門顯心塵中剖卷之時註曰華嚴經云一微塵中有大千經卷有一明眼人破塵出經卷亦況衆生情塵中具無量教法此約有門顯心如台教云破塵出卷者恒沙法門一心中曉覺華枝秀忍草苗垂臨太華之猶低機前鵬翥註曰大鵬翼翥九萬九千里豈黃雀能及乎此況直了自心圓信成就豈小機劣解而能速乎機前者本心成現意在言前不涉迷悟不待問答經云圓明了知不因心念又祖師云虛明自照不勞心力比毗嵐之未速言外鷹馳註曰目擊道存不待言說如法華經云其疾如風又云疾走往捉又云乘此寶乘直至道場等皆喻識心見道疾矣祖師云卽心是者疾發心行者遊也身泛禪河手開元鑰執石爲珍註曰阿那律執瓦礫皆變珠珍又如福德人捉石成金如了妄心無體卽是眞心達煩惱性空成菩提大道如執毒成藥變石爲金矣攬草成藥註曰耆婆攬草無非是藥達士見境無非是心傳智燄兮胡假世燈註曰經云有光能照法界豈須冥處然燈以智慧光破愚癡暗此心燈者亦云無盡燈有何盡耶受佛職兮寧齊天爵註曰十地菩薩示受佛職位如來十號是佛職不讀華嚴經焉知佛富貴此一眞心可謂富貴可謂尊極故云無等等天爵者卽仁義也買內珠而自

省不探驪龍註曰法華經云譬如有人至親友家醉酒而臥是時親友官事當行以無價寶珠繫其衣裏其人醉臥都不覺知乃至親友會遇見之示以寶珠汝今可以此寶貿易所須常可如意故劍南和尚訶云自從識得此明珠釋梵輪王俱不要受密印而明知靡求乾鵠註曰佛佛授手祖祖相傳皆然傳心印又華嚴經說海印三昧印即是喻香海澄渟湛然不動四天下中色身形像皆於其中而有印文如印印物亦猶澄波萬頃睛天無雲列宿星月朗然齊現無來無去非有非無不一不異當知如來智海亦復如是識浪不生至明至靜無心頓現一切衆生心念根本並在智中如海含像如經頌云如海普現衆生身以此說名爲大海菩提普印諸心行是故正覺名無量靡求乾鵠者書云張顥因覩瑄鵠視衆人爭取之乃化爲石鎚破其文有印云張顥忠孝侯印後顥乃仕晉封侯此是世間行忠孝獲斯符印豈同祖佛所傳心印耶迷時徒昧諦處非難念想而如山不動襟懷而似海常安註曰迷時心外見境寓目生情取捨萬端無時暫暇若知心是境見無心外法達緣自寂身心坦然實際無差與三世佛而一時成道真空平等共十類生而同日涅槃註曰如合敬云如過去有佛號住無住發願使已國衆生同日同時成佛即日涅槃又賢劫前有佛號平等亦願已國及十方衆生亦同日成佛即日滅度故淨名經云觀一切衆生即菩提相不復更滅得一切衆生即涅槃相不復更滅華嚴經云如來初成正覺時於自身中見一切衆生已成佛竟已涅槃竟皆同一性所謂無性以無性故悉皆平等隨染緣時成衆生亦無性隨淨緣時成佛亦無性以皆從緣生故無性理同故云實際無差真空平等者經中頌云未達境唯心起種種分別達境唯心已分別則不生既達境唯心便捨外塵

相從此息分別悟平等真空同如上所說一切衆生已成佛竟已涅槃竟則何用諸佛出世答爲芳解衆生尋胎出現上上根人諸佛不出不沒又爲一切衆生不知如是事故諸佛出世說此實法如淨名云說衆生空是真實慈又約化門說成佛度衆生六度即化辦真亦非二見如有難云諸佛有誓願度盡一切衆生方成正覺如今衆生未度何得先成有違本願如古師云如實義者諸佛皆有悲智二門以大悲故窮未來際無成佛時故菩薩闡提不成佛也以大智故念念速成又欲化盡諸衆生界自須速成方能廣化不慣違普度盡識言又了衆生之本如故化而無化是則常成亦常不成亦常化生而無化悲智自在何局執耶心若不分法終無咎是之而六蘊七情非之而二頭三手註曰於一心真境之上說是說非皆是情生意解無有實義故信心銘云纔有是非紛然失心如大集經云如第五大如第七情如十九界無出無入無生無滅無有造作無心意識乃名集過從因緣而生起註曰三教所宗儒則宗於五常道宗自然佛宗因緣然老子雖云道生一一生二二生三三生萬物似有因緣而非正因緣言道生一者道即虛無自然故彼又云人法地地法天天法道道法自然謂虛通曰道即自然而然是雖有因緣亦成自然之義耳佛法雖有無師智自然智而是常住真理要假緣顯則亦因緣矣故教說三世修因契果非無善因惡因故楞伽經大慧白佛佛說常不思議彼諸外道亦有常不思議以無因故我說常不思議有因因於內證豈得同耶是則真常亦因緣顯淨名云說法不有亦不無以因緣故諸法生法華云諸佛兩足尊知法常無性佛種從緣起是故說一乘經云一切諸法因緣爲本中論云未曾有一法不從因緣生是故一切法無不是空者則真空中道亦因緣矣者爾涅槃十六云我觀諸行悉皆無常云何如耶以因緣故若一切法從緣生者則知無常

是諸外道無有一法不從緣生是故無常則外道有因緣矣釋曰此明外道在因緣內執於緣相以爲常住是故破之言無常耳今明教詮因緣妙理具常無常豈得同耶況復宗者從多分說所以因緣是所宗尚不應致疑不同兎角之無向正法而施爲豈類乾城之有註曰真空是不空之空空該有表妙有是不有之有有徹真源一切正法從因緣而生是依他起性不同兎角斷滅之無乾闥婆城日光暫現是衆生遍計性所執之有夫有無難解多落斷常如華嚴記云一者或說妄空真有如涅槃經云空者所謂生死不空者所謂大衆涅槃二者妄有真空真空即是性俗有即是相三者俱空相待無性故四者俱有性相不壞故於諦常自二於解常自一故德業無盡至理難論恒一恒異常泯常存註曰此一心法是無盡之藏大法之源若悟入之人功齊妙覺不可以一異斷常情見之解矣說證說知背天真而永沈有海無照無悟失圓修而常鎖空門註曰若於真心執有修有證違背天真之佛故若執無修無照又失圓修李長者論云策修而至無修方知萬法無修又云忻寂不當放遠還非以有作者故所以若執有滯空皆不達自心一色一香中道之旨如華嚴疏云事理雙修依本智而求佛智者若執禪者則依本智性無作無修鏡常自明不拂不瑩若執法者須起事行當求如來依他勝緣以成己德並爲偏執故辯雙行若言依本智者約理無偏智性本具足故若言求佛智者約事無所求中吾故求之所以心鏡本自久翳塵勞恒沙性德並埋須悟是故須隨順法性修證滿羅密以助顯故諸佛已證我未證故又理不礙事不妙理故事不礙理求即無求故若此之修修即無修爲真修矣大體雖分隨機自別萬派而豈有殊源千車而終

無異轍註曰心爲萬法根源如六妙門云此爲大根人善識法要不由次第懸照諸法之原所謂衆生心也一切法由心而起若能反觀心性不得心原即知萬法皆無根本**不隱不顯四聽而真認真歸**註曰四聽而真認真歸者絶觀論云夫道者若言一人得之道即不遍若言衆人得之道即有窮若言各各有之道即有數若言總共有之方便即空者言修行得之造作非真若言本來有之萬行虛設何以故非限量之所分別故**無性無形**註曰無性無形者華嚴經云一切空無性妄心分別有又云以佛眼觀見一切衆生已成佛竟已涅槃竟皆同一性所謂無性乃至大悲之體故得起悲二由衆生不知無性佛證無性故化令得知如淨名云說衆生空是真實慈**妙辯而難窮實說**註曰肇論云釋迦掩室於摩竭淨名杜口於毗耶須菩提唱無說而顯道釋梵絶聽而雨華此則理爲神禦口以之黙豈曰無辯辯而不能言也**冥心合道意解難明了達而尚非於智叅詳而豈在於情**註曰此一心法門是諸佛秘藏不可以智知不可以識識唯應觀省其能知之故祖師傳法偈云認得心性時可說不思議了了無所得得時不說知如般若無知論云直言以真諦之所微求般若之智即般若之智非是有知何者爲真諦之緣唯是中道第一義空無相之理所知之緣既是無相能知之智安得有知耶故不然也惑人皆緣色生識者當對色時率爾眼識同時意識剎那起時見色此色即是第八識中相分依他似有境之色此色當現時未有一切相由此色境爲緣引生第二念尋求心此尋求心即是第六意識故云緣色生識是名見色者由有尋求心生故即此尋求心緣本色境不著便即變影而緣即變出一切森羅萬像之相送於此影像相上起其現量之心不了本空執爲實有取色分執計從外來故云是識見色此即藏境有相

惑智有知也反此真智即不緣色生識也何者由其悟之人達其諸法本體皆空猶如幻夢無有真實但從自識所變畢竟無前境界可得故起信云一切諸法唯依妄念而有差別若離心念即無一切境界之相是故一切諸法從本已來離言說相離名字相離心緣相畢竟平等無有變異不可破壞唯是一心故名爲真如以一切言說假名無實但隨妄念不可得故當知萬法唯是自心現量見妄計爲有若能心無妄念了法本空即無一切境界之相何有於色可緣既無有色可緣即不緣色生識故即無取相無色可緣故即無有相既無有相之惑境即是無相之真境既無取相之惑智即是無知之真智此乃真境無相真智無知爲斯義故以緣求智智即非知也**化人舞而幻士謂誰當斷送木馬奔而泥牛鬪執定輸贏**註曰有學人問新豐价和尚得何道理便住此山答曰見兩泥牛鬪入海直至如今無消息木馬泥牛此非心識思量之境界**故知唯識唯心無二無別**註曰般若經云一切智智清淨乃至一切法清淨無二無二分無別無斷故是知諸法與心全同非分同體用無別相連不斷似分能所徹底無差**一旨而已絶詮量**註曰萬法浩然皆宗無相舉一例諸言思頓絶**萬法而但空施設**註曰諸法無體但空生空滅設標名立體旨是衆生想成故經云若知一切國土皆想持之如是得名初發心菩薩何者悟心爲入道之始又融大師云授攝萬物空生死如先德云安立水月道場修習空華萬行降伏鏡像魔軍成就夢中佛事**虛生虛滅唯情想而成持**註曰首楞嚴經云想相爲塵識情爲垢二俱遠離則汝法眼應時清明云何不成無上知覺是知一切生死皆從情想而生情想若無心道自現故經云識停闇靜想滅無爲**似義似名但意言而分別**註曰

如金剛三昧經云佛言善不善法從心化生一切境界意言分別制之一處衆緣斷滅何以故一本不起三用無施住於如理六道門杜又攝論云從願樂位乃至究竟位若欲入唯識觀修加行緣何境界緣意言分別爲境離此無別外境何以故此意言分別似文字言說及義顯現唯有意言分別無別有名言菩薩能通達名無所有則離外塵邪執又此義依名言唯意言分別前以遣名此下依名遣義義者即六識所緣境離名無別此境名言既唯意分別故義亦無別體菩薩通達無所有亦離外塵邪執又此名義自性差別唯假說爲量前已遣名義名義既無自性及差別云何可立若離假說無別名義自性及名義差別由證見此二法不可得故名爲通達又六行集引識論云凡夫從本來意言分別有二種一似名二似義名義攝一切法皆盡此名義俱是意言分別所作離此無別餘法以此文證故知凡夫妄見境界或名或義皆是當時意言分別如貪浪蕩妄見針火據彼妄情意謂是實不知妄見謂有外火據實唯是意作火解火則唯是意言分別謂有火名名是意言謂有火事事是意言衆生妄見自身他身地水火風等皆亦似彼雖復就實唯識無外據凡妄情謂有能所如古德云謂色等五塵界是現量境五識親證都無塵相如求藏中顯現身器無塵相六七妄想謂有我法想所現相是分別變分別質相但可爲境而無實用如日發斂帶微塵而共紅非實紅也如水澄清含蘊雲而俱緣非實緣也如觀知畫像而非真若了藏性了塵境而爲妄故經云非不證真如而能了諸行皆如幻事等似有而非真**於一圓湛拆出根塵外搏地水而成境內聚風火而爲身**註曰首楞嚴經云元於一精明分成六和合內外四大合成其身衆生第八藏識相分之中半爲外器不執受故半爲內身執爲自性生覺受故如來藏識何緣如此法如是故行衆引故如云想澄成國土知覺乃衆生楞嚴經

鈔云且妄見心動故外感風輪由愛心發故外感水輪由堅執心故外感地輪由研求慄心故外感火輪由四大故起六根起六根故見六塵故知三界雖有情心更無別體若了無明根本一念妄心無體則知從心所生三界畢竟無有**持種之門**註曰第八識亦名本識一切有為法種子所依止亦名宅識一切種子之所棲處亦名藏識一切種子隱伏之處**作生死之元始**註曰顯揚論云阿賴耶識者謂先世所作增上業煩惱為緣無始時來戲論熏習為因所生一切種子異熟為體此識能執受了別色根根所依處及戲論熏習於一切時一類生死不可了知**總報之主**註曰第八識為一切眾生總報之主此識相及境不可分報一體無異此識能生一切煩惱業果報事又總報業者如受戒招得人身是總報業由於因中有嗔有忍等於人總報中而有妍醜名別報業**為涅槃之正因**註曰阿毘達經頌云無始時來界一切法等依由此有諸趣及涅槃證得**標實慧宗**註曰法華經云於眾生心中開佛知見古釋云佛知見者即眾生真心此心亦名實慧亦名佛慧**成真性軌**註曰台教於一心說三軌一真性軌二觀照軌三資成軌即是一心三德以真性軌為一乘體即是法身觀照軌為般若祇點真性寂而常照名為報身以資成軌為解脫祇點真性法界含藏無量眾善名為應身**具體而有法皆宗**註曰真心為滿然常住不空之體與萬法為宗故首楞嚴經云諸法所生唯心所現**絕待而無塵可比**註曰神性獨立絕待無比**高高法座非聲聞矬短之能昇**註曰淨名經云須彌燈王師子座高八萬四千由旬入居士室諸新發意菩薩及大弟子皆不能昇況悟一乘圓教非淺根所解**赫赫日輪豈外道嬰兒之所視**註曰經云如朝日初生七日嬰兒若視即失眼光況外道

無目不能見如來智日失正見之光**無偏無黨至極至尊總千岐而得旨摟一切而歸根**註曰絕觀論云云何為宗答心為宗云何為本答心為本云何為體云何為用答虛空為法體森羅為法用如頓教五位門云第一識心者語是心見是心聞是心覺是心知是心此是第一悟一一能知如許多心皆是一心一心能遍一切處第二知身同無情身不知痛痒好惡一切皆是心不干身事心能作人心能作畜心能作魚心能作鳥第二破四大身身即是空空即是無生空無內外中間離一切相第四破五陰色陰若有四陰不虛色陰若無四陰何有第五見性成佛湛然常住**眼底放光照破十方之剎土**註曰法華經云放一淨光照無量國心光普照寧有邊耶**意根演教碾開一代之法門**註曰如來一代時教並按眾生心說離心更無一字可說故金剛經云無法可說是名說法**綱目相應盈懷周匝清白混同水乳無雜理從事變存泯而盡逐緣分事得理融一多而常隨性合意網彌布心輪遍生**註曰意網彌布者一切諸法從意生形則知意如密網一切眾生不能出故如經頌云諸法不牢固但立在於念善解見空者一切無想念若了法空意地亦寂則妄心幻境既虛一道真心自現心輪遍生者上座部師立九心輪一有分二能引發三見四等尋求五等觀徹六安立七勢用八返緣九有分然實但有八心以周匝而言總說有九故成九心輪一且如初受生時未能分別心但任運緣於境轉名有分二心若有境至心欲緣時便生警覺名能引發三其心覺已於此境上轉見照屬彼四既見彼已便等尋求其善惡五既察彼已遂等觀徹六識其善惡而安立心起語分別語其善惡七隨其善惡便有動作勢用心生八動作既與善惡而廢遂更返緣前所作事九既返緣已退歸有分任運緣故名為九心方成輪義

與羣徒而作體向萬物以安名勒居圓成現量之中浮塵未起註曰前五轉識及第八識俱在現量現量者得法自性不帶名言無籌度心是圓成語不作外解不落比非之量媚慈又論云五識現量總無二種顛倒猶如明鏡現眾色相第七染識有想倒見倒第六意識具有三倒取我法相名為想倒於想愛染復名心倒於想計著建立名見倒**後落明了意根之地外狀潛呈**註曰眼識與同時明了意識緣時起分別心作外量解便成比量則心外見法**原夫業識之宗何成教訓能所不分是非焉運**註曰三細識中第一業識未分能所智解不生如起信論云第一業識以最微細作諸識本故如是業識見相未分然諸菩薩知心妄動無前境界了一切法唯是識量捨前外執順業識義設名業識心不見心無相可得者是明諸法非有之義又楞伽經偈云身資生住持若如夢中生應有二種心而心無二相如刀不自割如指不自觸如心不自見其事亦如是若如夢中所見諸事是實有者即有能見所見二相而其夢中實無二法三界諸心皆如此夢離心之外無可分別故言一切分別即分別自心而就自心不能自見如刀指等故言心不見心既無他可見亦不能自見所見無故能見不成能所二相皆無所得故言無相可得**因依轉相之內倏起見心**註曰於此第二轉識中初起見分**俄關現識之間忽陳相分**註曰至第三現識便立相分如鏡現像諸師所明一心法中總有四分義一相分二見分三自證分四證自證分相分有四一實相名相體即真如是真實相故二境相名相為能與根心而為境故三相狀名相此唯有為法有相狀故通影及質唯是識之所變四

義相名相卽能詮下所詮義相分是於上四種相中唯取後三相而爲相分相又相分有二一識所頓變卽是本質二識等緣境唯變影緣不得本質二見分者唯識論云於自所緣有了別用此見分有五類一證見名見卽三根本智見分是一照燭名見此通根心俱有照燭義故三能緣名見卽通內三分俱能緣故四念解名見以念解所詮義故五推度名見卽比量心推度一切境故於此五種見中除五色根及內二分餘皆見分所攝三自證分爲能親證自見分緣相分不謬能作證故四證自證分謂能親證第三自證分緣見分不謬故從所證處得名此四分義總以鏡喩鏡如自證分鏡明如見分鏡像如相分鏡鏡後兕如證自證分故云四分成心

光消積暗影射重昏

註曰今所悟者頓豁自心方省其所知境各從心現者如瞽目見明珠有顯今淨眼觀瑩淨無瑕矣惡唯自見珠珠體本末如一當悟之時如開藏取寶剖蚌得珠光發襟懷影含法界

徹古而眞源不散該今而妙用常存八萬四千之教乘苗抽性地三十七品之道樹果秀靈根

註曰三十七品法者四念處四正勤四神足五根五力七覺支八正道此是一切菩薩助道之法一一修習並從心起何者夫身受心法俱無自性了不可得卽四念處觀善不善法從心化生卽四正勤心性靈通隱顯自在卽四神足信心堅固猶若虛空卽五根五力覺心不起卽七覺支直了心性邪正不干卽八正道不唯三十七品助道之法塵沙佛法悉從心起如入楞伽經偈云爾時佛神力復化作山城所有諸衆等皆悉見自身入化楞伽中如來神力作亦同彼楞伽諸山及園林寶莊嚴亦爾一一山中佛皆有大慧問如來悉爲說內身所證法出百千妙聲說此經法已佛及諸佛子一切隱不現羅婆耶夜叉忽然見自身在已本宮殿更不見餘物而作是思惟向見者誰作說法者爲誰見誰而聽聞我所見何法而有此等事彼諸佛國土及諸如來身如此諸妙事今皆何處去爲是夢所憶爲是幻所作爲是實城邑爲乾闥婆城爲是翳妄見爲是陽焰起爲夢石女生爲我見火輪爲見火輪烟我所見云何復自深思惟諸法體如是唯自心境界內心能證知而諸凡夫等無明所覆障虛妄心分別而不能覺知此見及所見一切不可得說者及所說如是奇亦無佛法眞實體非有亦非無法相恒如是唯自心分別

出迷之津履元之始

註曰因心而迷因心而悟因心而生因心而滅如因地而倒因地而起不唯迷悟之始自行化他須明此旨如古德云求大乘者所疑有二夫大乘法體爲一爲多如其是一卽無異法無異法故無諸衆生菩薩爲誰發弘誓願若是多法卽非一體故物我各別如何得起同體大悲由是疑惑不能發心令爲遣此二疑立一心法者遣彼初疑明大乘法唯有一心一心之外更無別法但有無明迷自一心起諸波浪流轉六道雖起六道之浪不出一心之海良由一心動作六道故得發弘誓之願六道不出一心故能起同體大悲如是依於一心能遣二疑得發大心具足佛道

義似華開行同雲起

註曰一心無盡之義如華開錦上一心眞如之行循雲起長空如華嚴錦冠云法界功德大悲雲者法喩雙舉也然大悲十義故同於雲一從法性起如雲起於空二感應而生如龍吟雲起三性相體離如雲無心四充法界如雲滿空五用無盡如雲不竭六能密祐如雲高覆七動地警物如雲震雷八放光明如雲發電若以三昧爲雷智慧爲電亦得九普宣大法如雲注雨十用罷卽寂如雲無依具此十義故喩於雲

當覆一簣之日山聳千尋元行初步之時程通萬里

註曰百尺之山起於累土千里之程起於初步合抱之樹生於毫末涓涓之水起於濫觴如一念心生若善若惡善則遠期佛果惡則永劫沈淪應須護於初念

眞俗無礙其道在中非卽非離常泯常通應用恒沙求之而奚窮秘跡含容百巧窺之而靡銜殊功

註曰維摩經云夫求法者應無所求以足跡不可尋又一心具足若向外求卽內不足也此一心妙道是無功之功非有爲所作故不可誇衒其功矣

易辯邪途難探正穴聽之者無得無聞演之者非示非說

註曰諸佛無有色聲功德唯有如如及如如智獨存凡有見聞皆是衆生自心影像則說唯心說聽唯心聽離心之外何處有法古德云如來演出八辨洪音聞者託起自心所現如依狀貌變起毫端本質已無影像如在聖賢結集自隨見聞依所聞見結集自語良以離自心原無有外境離境亦無內心可得諸傳法者非授與他但爲勝緣令自得法自解未起無以悟他自解不從他來他解寧非自起是故結集及傳授者皆得影像不得本質無有自心得他境故是知結集乃是自心所變之經至傳授者傳授自心所變之法得影非質思而可知若能常善分別自心所現能知一切外性非性此人知見可與佛同所說之法與佛無異悟入自覺信智樂故

妙峰聳於性地仰之彌高

註曰華嚴經云善財南行向勝樂國登妙峰山叅德雲比丘妙峰者心爲絶待之妙高顯如山故稱妙峰德雲語善財言我住自在心念佛門知隨自心所有欲樂一切諸佛現其像故

法水涌於眞源酌而何竭

註曰此一心常住之法用而無盡體不可窮一得永得盡未來際

包空而遍匝界而周是以大忘天下方能萬事無求火災欲壞之時一吹頓滅

註曰般若經云三千大千世界劫火洞然時菩薩能與一氣欲令頓滅應學般若

世界將成之際舉念全收

註曰

問三界初因四生元始冥窮本來同歸根由莊老指之爲自然周孔誌之爲渾沌最初起處如何指南答欲知有情身土眞實端由無先我心更無餘法謂心法剎那自類相續無始時界展轉流來不斷不常憑緣憑對非氣非稟唯識唯心聲論鈔云老子云無名天地始有名萬物母若佛教意則以如來藏性轉變爲識藏從識藏變出根身器世間一切種子推其化本即以如來藏性爲物始也無生無始物之性也生始不能動於性即法性也南齊沈約均聖論云然則有此天地以來猶一念也融大師問云三界四生以何爲道本以何爲法用答虛空爲道本森羅爲法用問於中誰爲造作者答此中實無造作者法界性自然生可謂總持之門萬法之都矣光未發處尚無其名念欲生時似分其影初因強覺漸起了知見相貌分心境頓現首楞嚴經云皆是覺明明了知性因了發相從妄見生山河大地諸有爲相次第遷流因此虛妄終而復始釋曰此皆最初因迷一法界故不覺念起念起即是動相動相即是第一業識未分能所乃覺明之咎也從此變作能緣流成了相即明了知性爲第二見分轉識後因見分而生相分即因了發相爲第三相分現識能所纔分盡成虛妄何者見分生於瞖眼相分現於幻形於是密對根塵堅生情執從此隔關眞性分出湛圓於內執受知覺作有識之身於外離執想澄成無情之土遂使鏡中之形影滅而又生夢裏之山河於而復始但以本源性海不從能所而生湛爾圓明照而常寂祇爲衆生違性不了背本圓明執有所明成於妄見因明立所觀之境因所起能觀之心能所相生心境對待隨緣失性莫反初原不覺不知以歷塵劫所以首楞嚴經云佛言富樓那如汝所言清淨本然云何忽生山河大地汝常不聞如來宣說性覺妙明本覺明妙富樓那言唯然世尊我常聞佛宣說斯義佛言汝稱覺明爲復性明稱名爲覺爲覺不明稱爲明覺富樓那言若此不明名爲覺者則無所明佛言若無所明則無明覺有所

非覺無所非明無明又非覺湛明性性覺必明妄爲明覺覺非所明因明立所所既妄立生汝妄能無同異中熾然成異異彼所異因異立同同異發明因此復立無同無異如是擾亂相待生勞勞久發塵自相渾濁由是引起塵勞煩惱起爲世界靜成虛空虛空爲同世界爲異彼無同異眞有爲法覺明空昧相待成搖故有風輪執持世界因空生搖堅明立礙彼金寶者明覺立堅故有金輪保持國土堅覺寶成搖明風出風金相摩故有火光爲變化性寶明生潤火光上蒸故有水輪含十方界火騰水降交發立堅溼爲巨海乾爲洲潭以是義故彼大海中火光常起彼洲潭中江河常注水勢劣火結爲高山是故山石擊則成燄融則成水土勢劣水抽爲草木是故林藪遇燒成土因絞成水交妄發生遞相爲種以是因緣世界相續釋曰此二覺義由昔雜明若欲指陳須分皂白大約經論有二種覺一性覺二本覺有二種般若一本覺般若二始覺般若有二種心一自性清淨心二離垢清淨心有二種眞如一在纏眞如二出纏眞如比八種名隨義分異體即常同今一切衆生祇具性覺本覺般若自性清淨心在纏眞如等於清淨本然中妄忽生於山河大地以在纏來離障故來得出纏眞如等若十方諸佛二覺俱圓已具出纏眞如等無有妄想塵勞永合清淨本無則不更生山河大地諸有爲相如金出礦終不更染塵泥似木成灰豈有再生枝葉將此二覺已豁疑情如礦釋云世界相續文中有三一先辯二眞二明其三相三明其四輪且第一先辯二眞者經曰佛言富樓那如汝所言清淨本然云何忽生山河大地汝常不聞如來宣說性覺妙明本覺明妙富樓那言唯然世尊我常聞佛宣說斯義釋曰言二眞者一性覺妙明二本覺明妙也性覺妙明者是自性清淨心即如來藏性在纏眞如等本性清淨不爲煩惱所染名爲性覺本覺明妙者出纏眞如也從無分別智覺盡無始妄念名究竟覺始覺即本覺悟本之覺名爲本覺故起信論於眞如門名

爲性覺於生滅門名爲本覺由迷止性覺而有妄念妄念若盡而立本覺以性覺不從能所而生非假修證而得本自妙而常明以眞如之性性自了故故云性覺妙明以始覺般若明性覺之妙故云本覺明妙又以始覺之智了本性故則本覺明妙故經中常說眞如爲迷悟似故言我常聞佛宣說斯義以本性清淨是性覺義但以性中說覺如本中大性非是悟已而更起迷故悟時始立本覺之號悟本覺已更不復迷故將二覺之名以答富樓那難詰上來離於迷悟二門說二覺相而來廣辯起妄因由先眞後妄故夫下明即當第二明三相門文分爲二初立因相次立果相即起信論三細義初立因相文又分三第一總問覺明之號第二別答能所斯分第三同異發明結成三相凡初總問覺明之號者經曰佛言汝稱覺明爲復性明稱名爲覺爲覺不明稱爲明覺釋曰何故作此問即謂前標二覺之號性體即是覺明妄起必託於眞故使依眞起問且佛問意汝稱覺明爲復覺性自明名爲覺明爲復覺體不明能覺於昧故稱覺明是明之覺第二別答能所斯分者經曰富樓那言若此不明名爲覺者則無所明釋曰准富樓那答意必有所明當情爲其所覺若無覺之明則無覺明之號但可稱覺而無所明故云則無所明據佛本意性覺體性自明不因能覺所明方稱覺明以眞如自體有大智慧光明義故祇緣進一法界強分能所故成於妄第三同異發明結成三相者經曰佛言若無所明則無明覺有所非覺無所非明無明又非覺湛明性性覺必明妄爲明覺覺非所明因明立所所既妄立生汝妄能無同異中熾然成異異彼所異因異立同同異發明因此復立無同無異釋曰此文正釋迷眞起妄之相也若無所明則無明覺者瞭富樓那語也有所非覺無所非明者明止破也若要因所明方稱覺明者此乃因他而立非自性覺故言有所非覺豈如緣塵分別而有妄心離塵則無有體豈成眞覺又釋若以不明名爲覺者則無所明者故知覺體本無明

相佛證眞際實不見明若見於明卽是所明既立所明便有能覺但除能所之明方稱妙明此妙之明是不明之明不同所明故華嚴經云無見卽是見能見一切法肇論云般若無知無所不知矣若因明起照則隨照失宗此則元因覺明起照生所所立照性遣亡則是識精元明能生諸緣緣所遺者乃是但隨所緣之相復眞唯識性一向能所相生如風鼓水波浪相續疊湛之性隨而不現後此違妄生虛空之相復因虛空成立世界之形於眞空一心畢竟無同異中熾然建立成諸法究竟之異皆因情想擾亂勞發世界之塵迷妄昏沉引起虛空之界分世界差別爲異立虛空清淨爲同於分別識中又立無同無異皆是有爲之法盡成生滅之緣未洞本心終成戲論無所非明者若能覺之體要因所明方稱覺明者若無所覺之明則能覺之體便非是明故云無所非明故知覺之與明互相假立本無自體豈成自性覺故云有所非覺無所非明此文雖簡約道理昭然無明又非覺湛明性者縱破也顯妄覺之體無湛明之用若言但覺於明何須覺體自明者則自性非明便無覺湛之用故云無明又非覺湛明性性覺必明妄爲明覺者釋妄覺託眞之相也何以得知妄覺初起有覺明之相耶祇緣性覺必有眞明所以妄覺託此性明而起影明之覺執影像之明起攀緣之覺迷眞認影見相二分自此而生覺明之號因茲而立間曰此之妄覺爲見性明而起爲不見明而起若見眞明不合成妄若不見眞則不名爲覺明荅曰本性眞明非妄所見妄心想像變影而緣不了從自影生妄謂見明之覺以初無別相唯有眞明妄心想像此明故有覺明之號覺非所明因明立所者決下正明三相相因而起也夫一眞之覺體性雖明不分能所故云覺非所明由影明起覺能所卽分故云因明立所所既妄立生汝妄能無同異中熾然成異者最初立異相也卽如起信云由不如實知眞如法一故不覺心起而有其念名爲動相卽是業相既云不了一法界相不覺

而起卽是無同異中熾然成異異彼所異因異立同者卽轉相也異彼動相故云異彼所異初之動相異一眞故此之同相異動相故因異立同者前之初起名之爲動動必有靜相形而立故云因異立同靜相似眞故名同相同異發明因此復立無同無異者卽現相也形前二相而立故云同異發明非前二相故云因此復立無同無異起信卽云業相轉相現相此經卽云異相同相無同異相此爲無明强覺能所初分展轉相形立此三相以卽八刹那生住異滅體雖總是賴耶約生滅相熏有其因種因必有果約當現行所藏位別至果相中當廣料簡第二果相者經曰如是擾亂相待成勞勞久發塵自相渾濁由是引起塵勞煩惱起爲世界靜成虛空虛空爲同世界爲異彼無同異眞有爲法釋曰彼前三相互相形待刹那刹那生住異滅動息不住相待成勞勞久發塵自相渾濁者勞是勞累塵是塵垢既迷淸淨之體亂成塵想塵想相渾能覆眞性故名爲濁由是引起塵勞煩惱者覺明熏習積妄成塵擾惱相熏故名煩惱起爲世界靜爲虛空者果相現前也起是動相動卽是風四風動搖積成世界故云起爲世界動息之處卽名爲靜是前同相結成虛空故云虛空爲同世界爲異彼無同異眞有爲法者彼前無同異相結成有情合藏識也此之識體無分別性故云無同無異而能變起一切之相故云眞有爲法自後一切諸塵境界能熏所熏隨所發現皆從此識而生故起信論名爲現識能現六塵境界故問曰起信三相總是賴耶何故此中別配現識荅曰此之三相總是無明前後相熏分能立所起信攬前因種總是賴耶此經以果相現行分能變所變卽世界爲所變現識爲能變能變既是賴耶故配現識又起信論云不生滅與生滅和合非一非異名阿梨耶識卽此經無同無異相名阿賴耶識起信衆初攝後此經衆後攝初因門果門體亦不別第三明四輪成世界卽承前三相起爲世界靜爲虛空彼無同異眞有爲法既言世界虛空及有情相世

界卽地水火風四輪次第從何妄想變此不同有情卽內根外塵四生業果受報輪迴此之分位卽有衆生相續業果相續自此已下一一廣明今此且辯四輪成世界文又分二初明四輪成界後辯草木山川且四輪成界者經曰覺明空昧相待成搖故有風輪執持世界因空生搖堅明立礙彼金寶者明覺立堅故有金輪保持圓土堅覺寶成搖明風出風金相摩故有大光爲變化性寶明生潤火光上蒸故有水輪含十方界釋曰覺明空昧卽八相待成搖者釋風輪及空界相也十七由初妄覺影明不了遣成空昧如陣明生瞎二相相形覺明卽是動相空昧卽是靜相一明一昧一動一靜刹那相生如風激浪相待不息於內初起卽名爲搖於外卽成風輪世界是故世界之初風輪爲始空昧卽是虛空既無形相不名世界因空生搖堅明立礙者釋地相也因空異明相待成搖搖能堅明以成於礙如胎遇風卽成堅礙亦是執明生礙我於內卽是覺明堅執於外卽成金寶故云彼金寶者明覺立堅故知寶性因覺明有是故衆寶皆有光明小乘但知業成而不知是何因種堅覺寶成搖明風出風金相摩故有火光爲變化性者釋火性也堅執覺性卽成於寶搖動所明卽出於風動靜不息卽是風金相摩於外卽成火光能成熱萬物故言爲變化性實明生潤火光上蒸故有木輪含十方界者釋木輪也寶明之體性有光潤爲火熱蒸水便流出又覺明生愛愛卽是潤於內卽是愛明於外卽成寶潤大性上蒸融愛成水一切業種非愛不生一切世間非水不攝故四大性互相因藉體不相離同一妄心所變起故如虛空花不離心故愚人不了心外執法顚倒見故夫下辯草木山川之異者經曰火騰水降交發立堅濕爲巨海乾爲洲潭以是義故大海之中火光常起彼洲潭中江河常注水勢劣火結爲高山是故山石擊則成炎融則成水土勢劣水抽爲草木是故林藪遇燒成土因絞成水交妄發生通相爲種以是因緣世界相續釋曰妄性不恆前後變異所感外

相優劣不同愛心多者即成巨海執心多者即成洲潭風性生慢火性生嗔於色起愛潭中流水違愛生嗔海中火起水邊平地曰潭慢增愛劣結爲高山愛增慢輕抽爲草木或嗔愛慢三互相滋蔓異類成形草木山川千妄萬品先從妄想結成四大從四大性愛慢滋生離有情心更無別體故云交妄發生逓相爲種以是因緣世界相續是以賦云世界欲成之際擧念全收非唯世界但有成壞萬法悉從心生故經云成劫之風壞劫之風皆是衆生共業所感業由心造豈非心耶

乘急戒圓

註曰乘急者於一心大乘種性志力淳熱解心明利戒圓者於大乘戒法堅持無犯故瓔珞經云一切戒以心爲體心無盡故戒亦無盡

因成果滿

註曰初發菩提心爲因後究竟心爲果故云初與實相爲因後以實相爲果

該括有空

註曰有徹空源空居有表如波徹水源水窮波末皆是一心體用交徹如色空章十門止觀第一會相歸性門於中有二種一於所緣境會事歸理一於能緣心攝散歸止也第二依理起事門者亦有二種一者所歸之理非斷空故不礙事相宛然現前二由所入之止不滯寂故復有隨事起於妙觀也第三理事無礙門者亦有二種一由習前理事融通交徹令無二雙現前故遂使止觀同於一念頓照也第四理事雙絕門者由理事雙現互相形奪故遂使兩相俱盡非理非事寂然而絕是故令止觀雙泯迴然無寄也第五心境融通門者即彼絕理事之無礙境與彼泯止觀之無礙心二而不二故不礙心境而冥然一味不二而二故不壞一味而心境兩分也第六事事相在門者由理帶諸事全遍一事是故以即止之觀於一事中見一切法而心無散動如一事一切亦爾第七彼此相是門者由諸事悉不異於理復不異於一事是故以不異止之觀見於一事即是一切而念不亂如一事一切亦爾第八即入無礙門者由交參非一與相合非異體無二故是故以止觀無二之智頓見即入三門同一法界而心無散動也第九帝網重現門者如於一事中具一切故此一切內復各具一切如是重重不可窮盡如一事既爾餘一一事亦然以止觀心境不異之智頓見一切各各重重悉無窮盡普眼所矚朗然現前而無分別亦無散動第十主伴圓備門者菩薩以普門之智頓照於此普門法界然擧一門爲主必攝一切爲伴一切亦爾是故主伴伴主皆悉無盡不可稱說菩薩三昧海門皆此安立自在無礙然無異念也

交叅主伴

註曰以一心爲主萬法爲伴或萬法爲主一心爲伴互爲主伴性相該通如云此土文殊說則十方國土文殊一時同說

十元門之資攝無盡無窮

註曰十元門者一同時具足相應門此約諸法相應無前後說如海一滴含百川味二一多相容不同門此門約理說如一室千燈光光涉入三諸法相即自在門此門約用說就三世間圓融即入而成無盡如金金色二不相離四隱顯秘密俱成門此門約緣說如片月澄空晦明相並五微細相容安立門此門約相說即一時齊現似東蕭齊顯如瑠璃瓶盛多芥子六因陀羅網境界門此門約譬喻說約法相即互照重現無盡門如兩鏡互照傳輝相寓遍出無窮七諸藏純雜具德門此門約諸行說亦名廣狹門亦名主伴門如北辰所居衆星拱之八十世隔法異成門此門約三世說如一夕之夢翱翔百年九唯心迴轉善成門此門約心說如徑尺之鏡見千里之像十託事顯法生解門此門約智說如立像豎臂解目皆道此十元門法法皆具悉入一心無盡之旨如海涌羣波羣波即海金成衆器衆器皆金若以平等心是一義差別心是多義以一心即一切心是相即義是同時相應義以一切心入一心是相入義以一心攝一切心是隱義以一切心資一心是顯義以不壞差別心而現平等心是多中一義以不隱平等心而現差別心是一中多義又微細心不礙廣大心廣大心不礙微細心是一多不同義亦是相容義以一心爲主一切心爲伴是主伴義以一實心是純義差別心是雜義差別心即一實心雜恒純一實心即差別心純恒雜即諸藏純雜義以一心帶一切心還入一心是帝網義因心現境見境識心是託事顯法義長劫短劫延促時量皆從積念而成一心所現是十世義因一心正義演離思法門究竟指歸言亡慮絕即唯心迴轉義自心既爾彼心亦然涉入交羅重重無盡矣

六相義之融通不常不斷

註曰夫一切字一切法皆有此六相若善見者得智無礙總持門於諸法不滯有無斷常等見此六字義關一即理智不圓此是初地位中觀通世間一切法門故不可壞一取一雙立雙亡離總同時繫興不有縱各異別冥寂非無不可以有心知不可以無心會此六相義於一一法上皆具今於一心上具者心是總相能生世間出世間一切法故於一心中起善惡心是別相心王心所皆同眞性同一聚法是同相念念互起各各差別是異相諸法由心迴轉心生則種種法生則是成相心心不可得是壞相

鷲山正脈鹿苑鴻基眞風長扇慧範恒施

註曰此一心法是十方三世諸佛得道之場說法之本原始要終不離此法說令括古豈越斯門如百門義海云遠近世界佛及衆生一切事物眞不於一念中現何以故一切事法依心而現念既無礙法亦隨融是故一念即見三世一切事物顯現故知萬法不出一心矣夫心法者大約有三一者四分成心二者心法四緣生三者三量明心四分成心者一自證分是心體二見分是心用三相分是心相四證自證分是心後邊爲量果八識心王各各具四分義心法四緣生者一是因緣從種子而生二是所緣緣境牽生心用三是等無閒緣念念相續四是增上緣不相障礙若關一緣心法即不生三量明心者一是現量得法自性不帶名言二是比量比度而知三是非量境不現前且山河大地是第八阿賴耶識相分眼識於第八識相分上又變起一重相分同與明了意

識初念中率爾心緣時是現量後落第二念意識作解之時便成比量若境不現前緣過去獨影境中是非量凡一代時教說心地法門不出四分三量料簡廣說在宗鏡中又法約妄心有五種心一率爾心謂聞法創初遇境便起二尋求心於境未達方有尋求三決定心審知法體而起決定四染淨心法詮欣厭而起染淨五等流心念念緣境前後等故又約境有三一性境是現量心得二帶質境是比量心現三獨影境是非量心緣

隱顯無際而晦明相並註曰百門義海云若此心攝一切法卽彼隱而此顯若一切法攝心卽彼顯而此隱由顯時全隱而成顯亦全顯而成隱相由成立是故隱時正顯顯時正隱如合日月晦明相並又十元門中祕密隱顯俱成門者謂諸法相攝之時能攝則現名之爲顯所攝不顯名之爲隱卽隱常顯卽顯常隱名曰俱成常情不知名爲祕密次辯相者且約一多相攝以明隱顯有其六句一一顯多隱一攝多故二多顯一隱多攝一故三俱上二句同時無障礙故四泯約相形奪俱不立故五具上四是解境故六絕上五是行境故然一顯與多顯不俱一隱與多隱不並隱顯顯隱同時無礙三昧章云入事相隨理存亡自在亦融成十義一以事全理故事泯也二以理全事故事存也三以前二不相離故亦存亦泯也四以二相奪故非存非泯也五以舉體全理事相方成故卽泯而存也六以事舉體全成無不蕩盡故卽存而泯也七以二義相順故卽存卽泯俱存八以相奪故卽存卽泯俱泯也九以前八義同一事法存亡自在無礙俱現十以同時相奪義故無不盡圓融超絕迫出情表亦深思可見

念劫融通而延促同時註曰百門義海云融念劫者如見塵之時是一念心所現此一念之時全是百千大劫何以故以百千大劫由本一念方成大劫旣相成立俱無體性由一念無體卽通大劫大劫無體卽該一念由念劫無體長短之相自融然亦不壞長短之相故云塵舍法界無虧大小念包九世延促同時九世者過去世中有現在未來未來世中有過去現在現在世中有過去未來三三成九世

微妙之境幽深非從像設太元之鄉綿邈莫可心知卓爾不羣湛然純一天成神授而挺生萬德千珍而共出註曰一切衆生心本具無漏功德念念內熏及至成佛時便爲性起功德如懶瓚和尚偈云我有一語無過直與細於毫末大無方所本自圓成不勞機抒又古德云至妙靈通目之曰道若不鏡方寸則虛負性靈矣

衆義咸歸於此宗百華同成於一蜜獨超紫微之表教海宏樞細開虛寂之閒禪扃正律註曰問衆義咸同成一蜜者卽成佛本理但是一心云何更立文殊普賢行位之因釋迦彌勒名號之果乃至十方諸佛國土神通變現種種法門等答此是無名位之名位無因果之因果是心作因是心成果是心標名是心立位釋論云初觀實相名因觀成名果故知初後皆心因果同證祇爲根機莫等所見不同若以一法運機終不齊成解脫須各各示現引物歸心難閒種種之名皆是一心之義違自心取外佛相勝妙之境則是顛倒所以華嚴頌云若以威德色種族而見人中調御師是爲病眼顛倒見彼不能知最勝法又頌云假使百千劫常見於如來不依眞實義而觀救世者是人取諸相增長癡籠網繫縛生死獄盲冥不見佛云何不見佛一者爲不識自心二者爲不明隱顯何者衆生之因隱於本覺諸佛之果顯於法身因隱之本覺是果顯之法身故云凡聖交徹理事相含矣所云釋迦牟尼者釋迦此云能仁牟尼此云寂默能仁者卽心性無邊含容一切寂默者卽心體本寂動靜不干故號釋迦牟尼覺此名佛彌勒者此云慈氏卽是一心眞實之慈以心不守自性任物卷舒應現無方成無緣化故稱慈氏阿彌陀者此云無量壽卽如理爲命以一心眞如性無盡故乃曰無量壽阿閦者此云不動卽一心妙性湛然不動妙覺位不能增無明地不能減文殊卽是自心妙性之本理普賢卽是自心無盡之妙行觀音是自心之大悲勢至是自心之大智乃至神通變化皆卽一心矣故般若經云一心具足萬行卽斯言也

唯自不動於彼云云註曰華嚴論云能以無心於動靜亦無像於去來不以像故無器而不形動靜不以心故無感而不應然則心生於有心像出於有像詳云月若入器則一器有而衆器無良由月體不入器中故則能千器萬器一時遍應聖人不以像應物則塵剎普現其身動靜不應其心故有感皆通周易云寂然不動感而遂通心生於有心像出於有像者一切聖心及佛像皆是衆生有心中而現聖且無心無像但本願力故爲增上緣各令機熟衆生自見如是事

道在心而不在事法由我而不由君註曰萬法唯識者總有四種意識一者明了意識境現在前二者獨散意識境不在前獨頭而起如緣過去境等又不在定但是散心所緣故云獨散意識三夢中意識此三種意識皆是衆生自心業之影像色四定中意識所現境界卽是坐禪人定中所現名定果色如攝論云如觀行人定中所見色相境界識所顯現定無境界此於九想中所變青黃等色相是定境非所憶持識憶持識有染污此境現前所見分明淸淨則唯識之旨於此彌彰如依鏡面但有自面無有別影何以故諸法和合道理難可思議不可見法而令得見定心亦爾定心有二分一分似識一分似塵此二種實唯是識若憶持識是過去色此定中色若在散心五識可言緣現在外塵起若散意識緣過去塵起若在觀中必不得緣外色爲境色在現前又非緣過去境當知定心所緣色卽見自心不見別境以定中色此定外色應知亦無別境是知一心卽萬法萬法卽一心何者以一心不動舉體爲萬法故如起信鈔云

舉體者謂眞如舉體成生滅生滅無性卽是眞如不曾有眞如舉體不生滅未曾有生滅處不眞如唯我不動於彼云云者如長者論云以一切衆生根器爲明鏡佛於一切衆生心海任物自見各得自法皆令向善及得菩提眞性與緣起同壽不思議而可思議有量共無量平運居見聞而非見聞註曰一切染淨諸法是眞性中緣起一心是緣起中眞性眞性則不思議無量緣起則可思議有量以皆是一心同時故不思議卽可思議無量卽有量究竟論之二俱寂滅如華嚴經頌云菩薩入是不思議於中思議不可盡入是不可思議處思與非思俱寂滅又云所思不可思是名爲難思物外祥雲法中閒氣奇絕而異代殊珍廣大而宗徒富貴註曰古云不讀華嚴經爲知佛富貴者以華嚴以心爲宗故稱無盡宗趣如經云知一切法在一念又如大莊嚴法門經云復次長者子菩薩不應覺於餘事但覺自心何以故覺自心者卽覺一切衆生心故若自心清淨卽是一切衆生心清淨故如自心體性卽是一切衆生心體性如自心離垢卽是一切衆生心離垢如自心離貪卽是一切衆生心離貪如自心離瞋卽是一切衆生心離瞋如自心離癡卽是一切衆生心離癡如自心離煩惱卽是一切衆生心離煩惱作此覺者名一切智知覺又華嚴經頌云心集無邊業莊嚴諸世間了世皆是心現身等衆生得初而卽得後猶圓珠無間隔之方了一而便了餘似海滴總江河之味註曰一是多一能遍於多多是一多能遍於一亦如毛孔是小刹土是大毛因悟顯刹逐迷生迷則有分限悟則無邊際又若具諸刹毛孔皆有稱性及不壞相義今毛上取稱性義故如法性之無外刹上取不壞相故不遍稱性之毛又內外緣起非卽離故者亦有二義一約內外共爲緣

起由不卽故有能所入由不離故故得相入二約內外緣起與眞法性不卽不離此復二義一由內外不卽法性有能所入不離法性故毛能包刹遍入二者毛約不離法性如理而包刹約不卽法性不遍毛孔思之成觀一法纔徹萬彙皆通直論入道之處靡離淨意之中註曰經頌云迷時三界有悟卽十方空欲知成道處祇在淨心中諸佛不證眞門悟時無得異生弗沈死海迷處全空註曰以凡聖一如本無迷悟但了佛是心萬法如鏡是以思益經云思益菩薩放右掌寶光一切四衆皆如佛相各坐寶蓮華座下方四菩薩踊出欲禮世尊乃發願言今此衆會其色無異當知一切諸法亦復如是此語不虛願釋迦如來現異相令我禮敬卽時釋迦如來踊起七多羅樹坐師子座幽旨罕窮淺根難信情見不到而理深智解莫明而機峻業累於淨地苦海收波罪華籍於慈風刀山落刃註曰業由心造罪是心生若了自他唯心卽無逆順對治無復結業如阿闍世王及央掘魔羅比丘等遇佛悟罪性空得入聖位故云得道業亡又云心生卽是罪生時今若悟境是心心卽不起心滅卽是罪消時自然罪山摧而業海枯鑊湯息而銅柱冷矣旨不可見義不可尋理短而甘鞭屍吼石註曰鞭屍者佛滅後八百年有如意論師出世善能談論王禮爲師逆召外道令如意論師立義論師立先因後果集苦道滅集是有漏因苦是有漏果道是無漏因滅是無漏果外道逐來出過外道云汝師出世說苦集滅道四諦何以弟子說集苦道滅有違師教過如意救云我不違師教佛在世日說先果後因者爲對不信因果有情先說苦果後說集因我今順因果說亦不相違此時外道朋黨熾盛衆中無證義人王

賜外道金七十兩封外道論爲金七十論如意此時墮負嚼舌而終至佛滅後九百年世親出世拔尋外道邪論果見如意屈負遂進論軌論式等上王救如意論師王加敬仰賜世親金七十兩封爲勝金七十論王令縛草鞭屍表外道邪宗鞭草屍血出所以云世親有鞭屍之德故知說須逗機無證便墮古人嚼舌可謂爲法忘軀矣鞭草出血者是知理爲神衆邪法難扶無情出血表心境一如矣吼石者昔劫初之時有外道名伽毘羅修道得五通造略數論知世無常身不久住恐後有人破我所造之論遂欲駐身拒來破者便往自在天所求延壽法天云我今變汝爲一物最爲長壽其仙人遍報門徒我今化爲石若有異宗來難我法者但敎書於石上我自答通天遂變仙人爲一方石可長一丈餘在頻陁餘柑林中後陳那造因明論成以宗因喻三支比量破其數論弟子其能通答將陳那比量往餘柑林書於石上尋書出答後又書比量於石與弟子同封記之至明旦往看石上書答訖如是陳那又書比量於石上難彼外道至二三日方答得陳那復書至七日後方答如是又書其石並不答出答詞被陳那難詰其石汗出大吼振破昇在空中所以世云陳那有石吼之能也變身爲石而能形文對答者可謂心境同原自他一際有情無情同一體性如漩澓頌云若人欲識眞空理心內眞如還遍外情與無情同一體處處名爲眞法界又首楞嚴經云根塵同原縛脫無二識情虛妄猶若空華知見立知卽無明本知見無見斯卽涅槃無漏眞淨云何是中更容他物石吼振破者是知妙理難虧眞心莫易可以摧邪轉正去僞存眞且如金石至堅尚能隳壞豈況浮言況解而能移易乎請說而願捧足傾心註曰西天有陳那菩薩世稱命世賢劫千佛之佛也山神捧菩薩足高數百尺唱言佛說因明元妙難究如來滅後大義淪絕今幸福智攸邀深達聖旨因明論道願請重弘因許所請遂遺因明正理門論又如釋迦如來初得道時

梵王請轉法輪亦如舍利弗請佛說法華經等皆是傾心瀝懇三請方說**廣長舌之敷揚**註曰佛說法華經出舌至梵天說阿彌陀佛經時舌覆大千世界以凡夫人舌過鼻尖表三生不妄語聖人出舌至髮際以佛說法華一乘等心地法門時舌出過凡聖之上以表所說心法真實起衆生信故**暫披而即能熏種**註曰法華經云須臾聞之即得阿耨菩提又云一句染神歷劫不忘如華嚴策林問畢有淺深位有階降阿鼻地獄極惡罪人如何頓超便階十地若言經力或推佛光何不獄中盡[illegible]何借光明常照仰由所以用顯大達誓圓頓教海德用難思諸佛威神利樂叵測其化物要在有緣地獄罪人昔聞圓法具金剛種得遇佛光光流成道之時則是根機已熟冥機叩聖感應道交亦似萌芽久含陽氣東風一拂頓示抽條位雖頓圓久因積善若非其器亦不過斯光諸地久修果無頓得其由影隨質妙響逐聲倫理數而然亦何致感善惡之法皆是熏成矣**五寶語之剖析**註曰五語者金剛經云一真語二實語三如語四不誑語五不異語此表所說一心金剛般若之法不虛以金剛是不可壞義般若即無二之旨**一覽而須納千金**註曰因明鈔云元鑒居士是護法菩薩門徒護法造得唯識疏本一百卷臨入滅時將付元鑒居士云支那菩薩一到爲將分付此土如有人借看但見取金一百兩可借與看一遍三藏於居士處得此疏本歸翻爲十卷即成唯識論是也又天親菩薩造唯識三十頌付一居士亦獨云若有要看者索金一兩通後門庭來求觀者輪金如市是知古人重教輕珍數人愛法況聞之入道便爲出世之人豈世間珍寶而爲酬比耶故法華經偈云若有聞法者無一不成佛**舉止施爲現大神變**註曰證道歌云三身四智體中圓八解六通心地印如今衆生身中三身者寂是法身智是報身用是化身四智者前眼等五識是成所作智第六意識是妙觀察智第七末那識是平等性智第八阿賴耶識是大圓鏡智在衆生時智劣識強但名爲識當佛地時智強識劣但名爲智祇轉其名不轉其體又謌云六般神用空不空一顆圓光色非色又志公和尚謌云運用元來聲色中凡夫不了爭爲計**理不偏而事不孤行常順而道常遍即多用之一體同時頓具而非分於一體之多門前後交羅而齊現**註曰出世之道理由心成處世之門事由心達若以唯心之事一法即一切法舒之無遮以唯心之理一切法即一法卷之無跡因卷而說一此法未曾一因舒而說多此法未曾多則非一非多有而不有而多而一無而不無華嚴記云一多十門分別者一孤標獨立者即頌云多中無一性一亦無有多二法互奪故故得獨立亦一即多而唯多多即一而唯一廢已同他故云獨立二變現同時即頌云知以一故衆知以衆故一無一即無多無多即無一故二變現更無前後如牛二角三兩相俱亡即前二俱捨也四自在無礙者欲一即一不壞相故欲多即多一即多故一既如此一亦准之常一常多常即故云自在五去來不動者一入多而一在多入一而多存若兩鏡相入而不動本相相即亦然六無力相持者因一有多多無力而持一因多有一一無力持多七彼此無知者二互相依皆無體性故不相知覺首云諸法無作用亦無有體性是故以一切各各不相知八力用交徹者即頌云一中解無量無量中解一義九自性非有者互爲因起舉體性空十究竟離言者不可言一不可言非一不可言亦一亦非一不可言非一非非一不可言相即以相入故不可言相入以相即故不可言即入不壞相故不可言不即入互交徹故口欲言而辭喪心將緣而慮亡唯證智知因果海故一多既圓染淨等無不皆斷又如善財遍求遍事此一乃即多之一故至普賢一時頓圓則是即一之多一多無礙故曰離思又三昧章云一諸門融合圓明頓現具足一切也二隨舉一門亦具一切三隨舉一義亦具一切四隨舉一句亦具一切五以此圓分俱是總相是故融攝一切六俱是別相其不皆是所攝一切七俱是同相能所攝義齊均同故八俱是異相義各別不相離故九俱是成相緣起義門正立俱現故十俱是壞相緣起無作同一味故**美惡無體唯想任持聲響冥合形影相隨**註曰夫十惡業因從心生果還心受於生報後報現報總三報之中生後二報事在隔生於現報之中見聞親驗此是增上業果於總別報中現身便變如自鏡錄云新羅國大興輪寺第一老僧厥名道安自小出家即住茲寺又薄解經論爲少長所宗然於飲食偏好簡擇一味乖心杖楚交至朝夕沒沒略無暇日衆雖患之莫能救止後因抱疾更劇由來罵詈嗔打揮擲器物內外親隣不敢瞻視經數日遂生變作蛇身長百餘尺號吼出房徑赴林野道俗見聞莫不傷心而滅矣此即嗔火從自心而發還燒自身冀之一法既然八萬四千煩惱亦爾**胎獄華池受報而自分優劣瓊林棘樹稟生而各具榮衰**註曰淨名經云心淨故衆生淨心垢故衆生垢起信論云染淨諸法皆相待而成故知垢淨由心更無別體莊嚴論云諸行剎那增上者如佛說心將世間去心牽世間來由心自在世間隨轉識緣名色此說亦爾故知諸行是心果又隨淨者淨是禪定人心彼人諸行隨淨心轉修禪比丘具足神通心得自在若欲令木爲金則得隨意故知諸行皆是心果如作畢衆生可得外物一切下劣作福衆生可得外物一切妙好故知諸行皆是心果當知一切萬法既以心爲因亦以心爲果雖然淨穢顯現不同於心鏡中如光如影了不可得**明斷由人斯言可聽運意而須契正宗舉步而冀行他徑**註曰心鏡錄中同真心魔易妙

性無生凡聖同倫云何說妄答本心湛寂絕相離言性離自爾以不守性故隨緣染淨且如一水若珠入則清塵雜則濁又如一空若雲遮則昏月現則淨故大智度論云譬如清淨池水狂象入中令其渾濁若清水珠入水卽清淨不得言水外無象無珠心亦如是煩惱入故能令心濁諸慈悲等善法入心令心清淨然垢淨不定真妄從緣若昧之則念念輪廻遺失真性若照之則心心寂滅圓證涅槃故知真妄無因空有言說約真無說約說無真皆是狂迷情想建立千途競起空迷演若之頭一法纔生唯現闍婆之影 如急湍之水逐南北而分流 註曰人性如急湍水決東卽東決西卽西方圓任器曲直隨形心之性柔亦復如是 似蚑蟻之身食青黃而不定 註曰如蚑蟻蟲食蒼而身蒼食黃而身黃如云心大般若大心小般若小則轉變由心矣 如來之藏萬德之林湛然無際曷用推尋木母變色之時生於孝意 註曰如丁蘭至孝刻木為母晨昏敬養形喜慍之色土木不變唯心感耳亦如世間致生祠堂有政德及民往往有遺愛去思為立祠宇中塑像以四時饗之其人當饗祭日則酒氣腹飽 金像舒光之日起自誠心 註曰或志心供養尊像而放光明者皆是志誠所感如經云一切化佛從敬心起又書云河嶽不靈唯人所感 引喻何窮證明非一理理而悉具圓常事事而皆談真實 註曰如法華經云唯此一事實餘二卽非真以一心是萬法之實性故又頌云雖說種種道其實為一乘是以釋摩訶衍論云一切諸法一心量無心外法以無心外法故豈一心法與一心法作障礙事亦一心法與一心法作解脫事無有障礙無有解脫一心之法一卽是心心卽是一無一別心無心別一一切諸法平等一味一相無相作一種光明心地之海 似

幻師觀技而無著了是心生如調馬見影而弗驚知從身出 註曰幻師幻出男女之形而心不著知是自幻術心生如調馬見影不驚知影從我形出則心不見心無相可得 諸塵不隔此旨堪遵變化莫測綿密難論如善財不出道場遍歷百城之法 註曰李長者論云善財遍諸友歷一百十城之法不出娑羅之林慈氏受一生成佛之功不出一念無生性海 猶海幢常宴寂定廣開佛事之門 註曰華嚴經云海幢比丘結跏趺坐入于三昧離出入息無別思覺身安不動從其足下出無數百千億長者居士婆羅門衆皆以種種諸莊嚴具莊嚴其身悉著寶冠頂繫明珠普往十方一切世界雨一切寶一切瓔珞一切衣服一切飲食如法上味一切華一切鬘一切香一切塗香一切欲樂資生之具於一切處救攝一切貧窮衆生安慰一切苦惱衆生皆令歡喜心意清淨成就無上菩提之道 如金剛三昧經云空心不動足具六波羅蜜 最上之宗第一之說大悟而豈假他求內證而應須自決似冰含水融通而豈有等倫 註曰冬則結水成冰春則釋冰成水時節有異濕性不動衆生佛性亦爾在凡身如結冰居聖體如釋水但隔迷悟之時一心不動 如金與鐶展轉而更無差別 註曰密嚴經頌云如來清淨藏世間阿賴耶如金與指鐶展轉無差別以如來藏不守自性隨緣六道如金逐工匠之緣造作瓶盤衆器雖隨緣轉而不失金體如來藏亦復如是雖隨染緣作衆生是隨緣義而不失自體是不變義

永明心賦註卷三

永明心賦註卷三

校勘記

一 底本，清藏本。

一 二四三頁下一四行正文第七字「元」，徑作「玄」。以下凡避諱字「元」同。

一 二四五頁中一九行註釋右「無土」，徑作「無上」。

一 二四七頁上三行註釋左第八字「一」，徑作「二」。

一 二四九頁上四行註釋左首字「所」，徑作「能」。

一 二四九頁上一七行註釋右「真明」，徑作「無明」。

一 二四九頁中一一行註釋右「擾惱」，徑作「煩惱」。

一 二五〇頁上一五行註釋右第六字「令」，徑作「今」。

一 二五二頁下一五行註釋左「識情」，徑作「識性」。

一 二五三頁下末行註釋左「魔易」，徑作「靡易」。

永明心賦註卷四

妙圓正修智覺永明壽禪師述

若空孕色猶藍出青馬鳴因茲而製論註曰馬鳴菩薩是西天第十二祖師造一千部論數內有一心遍滿論乃至諸論皆研心起雖衆生心無一字可說故云無法可說是名說法又如天親菩薩造須及論成立佛一經令諸學者了知萬法皆不離心故云自心起信還信自心**釋迦由此而弘經**註曰諸佛證心成佛從心演教因心度人若離於心亦無三寶四諦世出世間等法如肇論云為莫之大故乃反於小成施其大廣故乃歸於無名何謂小成通百千恒沙之法門在毛頭之心地何謂無名形數過於三千無名相之可得故以唯是一心故如傳大士行路難云君不見心相微細最奇精非非非緣非色名雖復恬然非有相若凡若聖已之靈此靈無形而常應雖復常應實無形心性無來亦無去流轉六趣實無傳正覺覺此真常覺方便鹿苑制尊逕**外道打髑髏之時察吉凶之往事**註曰增一阿含經云佛與鹿頭梵志俱行至大長林取人髑髏授與鹿頭此外道善解諸聲問云此是何人髑髏鹿頭打作一聲答云此是男子因百節痠疼故命終今生三惡道又打一髑髏云被人害死此人持十善今得生天佛一一問之皆答不謬是以聲中本具諸法衆生日用不知故知聲處全耳法法皆心故**相者占人面之際辯貴賤之殊形**註曰定慧論云如人面色具諸休否若言有相問者不知若言無相占者淵解當隨善相者信人面上具一切相也心亦如是具一切相衆生相隱彌勤相顯如來善知故遠近皆記不善觀者不信心具一切相當隨如實觀者信心具一切相也又如彌勒相骨經云一念見色有三百億五陰生滅一一五陰卽是衆生**大體**

平分元基高峙十心九識之宗註曰十心者華嚴疏云此一心約性相體用本末卽入等義有十心門一假說一心則二乘人謂實有外法但由心變動故說一心二相見俱存故說一心此通八識及諸心所并所變相分本影具足由有支等熏智力故變現三界依正等報二攝相歸見故說一心亦通王數但所變相分無別種生能見識生帶彼影起四攝數歸王故說一心唯通八識以彼心所依王無體亦心變故五以末歸本說一心謂七轉識皆是本識差別功能無別體故經偈云譬如巨海浪無有若干相諸識心如是異亦不可得六攝相歸性說一心謂此八識皆無自體唯如來藏平等顯現餘相皆盡一切衆生卽涅槃相經云不壞相有八無相亦無相七性相俱融說一心謂如來藏果體隨緣成辨諸事而其自性本不生滅卽此理事混融無礙是故一心二諦皆無障礙八融事相入說一心謂由心性圓融無礙以性成事事亦鎔融不相障礙一入一切一一塵內各見法界天人修羅等不離一塵九令事相卽說一心謂依性之事事無別事心性既無彼此之異事亦一切卽一如經偈云一卽是多多卽一一等十帝網無礙說一心謂一中有一切彼一切中復有一切重重無盡皆以心識如來藏性圓融無盡以真如性畢竟無盡故觀一切法卽真如故一切時處皆帝網故九識者一眼識二耳識三鼻識四舌識五身識六意識七末那識八阿賴耶識九真識九識者以第八染淨別開為二以有漏為染無漏為淨前七識不分染淨以俱是轉識攝故第八既非轉識獨開為二謂染與淨合前七種故成九識又第九識亦名阿陀那識密嚴經說九識為純淨無染識如瀑流水生多波浪諸波浪等以水為依五六七八等皆以阿陀那識為依故**三細六麤之旨**註曰三細者一者業相卽無明業相以依不覺故心動說名為業覺則不動動則有苦果不離因故二者轉相卽能見相以依動故能見不動則無見三者現相卽境界相以依能見故境界妄現離見則無境界第一業相未分能所第二轉相漸立見分第三現相頓現相分論云不覺故心動者動為業識理極微細謂本覺心因無明風舉體微動微動之相未能外緣卽不覺故為精動隱流之義精者細也隱者密也卽是細動密流難覺故所以云不覺謂從本覺有不覺生卽為業相喻如海微波從靜微動而來從此轉移本處轉相者假無明力資助業相轉成能緣有能見用向外回起卽名轉相雖有轉相而未能現五塵所緣境相喻如海波浪假於風力兼資微動從此擊波轉移而起現相者從轉相而成現相方有色塵山河大地器世間等如仁王經云初剎那識異於木石者有說初識隨於何趣續生位中最初剎那第八識也識有緣處異於木石有說初識如楞伽經云諸識有三種相謂轉相業相真相言真相者本覺真心不籍妄緣名自真相業相者根本無明起靜令動動為業識極微細故轉相者是能見相依前業相轉成能緣雖有能緣而未能顯所緣境故現相者卽境界相依前轉相能現境故又云頓分別知自心及身安立受用境界如次卽是根身外器色等五境以一切時任運現故此是三細卽本識故最初業識卽為初依生起門為次第故又遠劫來時無初始過未無體熏習唯心妄念為初違真起故又從靜起動名之為業從內趣外名之為轉真如之性不可增滅名為真相亦名真識此真識卽業轉現等三性卽神解性不同虛空通名識亦名自相不籍他成故亦名智相覺體性故所以云本覺真心不籍妄緣以真心之體卽是本覺非動轉相是覺性故又釋云初剎那識異於木石者謂一念識有覺受故異於木石卽顯前念中有末心所見赤白二識卽同外器木石種類此識生時攬彼為身故異木石同遂劫無始名初識耶答過去未來無體剎那熏習唯屬現在現在正起妄念之時妄念違真名為初識非是過去有識創起名為初識也應知橫該一切處堅通無量時皆是卽今現在

一心決無別法所以法華經云我觀久遠猶若今日則三世情消契無時之正執一眞道現燈唯識之圖宗已上釋三細相說次解六麁相者論云後以有境界緣故後生六種相故名麁六麁者一起計一者智相依於境界心起分別愛與不愛故二生愛二者相續相依於智故生其苦樂覺心起念相應不斷故三取著三者執取相依於相續緣念境界住持苦樂心起著故四立名四者計名字相依於妄執分別假名言相故五造業五者起業相依於名字尋名取著造種種業故六受報六者業繫苦相以住業受報果不自在故上三細六麁總攝一切染法皆因根本無明不了眞如一心而起**根身國土因本識而先生**註曰根身器世間從第八識而建立如唯識論云一切三界但唯有識識有二種一顯識即是本識此本識轉作五塵四大等二分別識即是意識於顯識中分別作人天長短大小男女諸物等分別一切法譬如依鏡影色得起如是緣顯識分別識得起又轉識能廻轉造作無量識法或轉作根或轉作塵轉作我轉作識如此種種不同唯識所作或於自於他互相隨逐於自則轉爲五陰於他則轉爲怨親中人一一識中皆具能所能分別是識所分別是境能即依他性所即分別性由如此義離識之外更無別境但唯有識又轉識論明所緣識轉有二種轉爲衆生二轉爲法一切所緣不出此二此二實無但是識轉作二相貌也又論云雖非無色而是識變謂識生時內因緣力變似眼等色等相現即以此相爲所依緣然眼等根非現量得以能發識比知是有此但功能非外所造外有對色理既不成故應但是內識變現釋云眼等雖有所依所緣之色而是內識所變現非是心外別有極微以成根境但八識生時內因緣種子力等第八識變似五根五塵眼等五識依彼所變根緣彼本質塵境雖親不得要託彼生實於本識色塵之上變作五塵相現即以彼五根爲所依以彼及此二種五塵爲所緣緣五識若不託第八所變便無所緣緣所緣緣中有親疎故然眼等根非現量者色等五塵世間共見現量所得眼等五根非現量得除第八識緣及如來等緣是現量得世不共信餘散心中無現量得此但能有發識之用比知是有此但有功能非是心外別有大種所造之色此功能言即是發生五識作用觀用知體如觀生芽比知種體是有所以密嚴經偈云眼色等爲緣而得生於識猶火因薪熾識起亦復然境轉隨妄心猶鐵逐磁石如乾城陽燄愚渴之所取中無能造物但隨心變異復如乾城人往來皆不實衆生身亦爾進止悉非眞亦如夢中見寤後即非有妄見蘊等法覺已本寂然四大微塵聚離心無所得**妍醜高低從分別而潛起**註曰凡分別屬第六意識分別有三一自性分別二隨念分別三計度分別如祖師偈曰境緣無好醜好醜起於心心若不強名妄心從何起妄心既不起眞心任遍知**矗然端直摩歷光陰德用之道恢廓善巧之門甚深**註曰若不先了眞如一心爲自行化他之本易能酬本願起化輪垂善巧權門備無違德用如十住經序云以靈照故統名一心以所緣故總號一法若夫名隨數變則浩然無際統以心法則未始非一又十二門論序云論之者欲以窮其心源盡其至理也若一理之不盡則衆異紛然有惑趣之乖一源之不窮則衆途扶疎有殊致之迹殊致之不夷乖趣之不泯大士之憂也**金地酥河匪出化源之意**註云百法鈔云十地菩薩所變大地爲黃金攪長河爲酥酪化肉山魚米等事令衆生得實用此皆不離大菩薩之心然地種不動但令所度衆生自心感見乃是菩薩本願力爲增上緣令衆生見如是事**人波鬼火寧離業識之心**註曰唯識論云且如一水四見成差天見是寶嚴地人見是水餓鬼見是火魚見是窟宅故知前塵無定相轉變由人如云境隨業識轉是故旣唯心識論云身不定如鬼者或見猛火或見膿河等實是清河無外異境然諸餓鬼悉皆同見膿滿河而流乃至慳恡業熟同見此若由昔同業各熏自體此時異熟皆並現前彼多有情同見斯事實無外境爲思憶故唯其道理世間亦然共同造作所有熏習成熟之時更無別相色等相分從識而生是故定知不由外境識方得起現見有良家賤室貧富等異如是便成見其色等應有差別同彼餓鬼見成非等然諸餓鬼雖同一趣見亦差別由業異故所見亦然彼或有見大熱鐵圍融潰迸濆或時見有屎尿橫流非相似故或有雖同人趣薄福之人金帶現時見爲鐵鑊或見是蛇吐其毒火是故定知雖在人趣亦非同見但唯識變法無差別知先德云人水鬼火豈在異方毛海芥山誰論巨細一塵一識萬境萬心矣又襄邑縣有賴鄉鄉中有廟廟有九井若齋潔入祠者沒水則溫淸若濫濁入祠者沒水則混濁又漢時鄭弘夜宿郊外一川澤忽逢故友四顧荒榛沽酒無處因投錢水中各飲水而醉故知境隨業識而轉物逐情感而生若離於心萬法何有**跡現多門光韜實地不用天眼而十方洞明**註曰華嚴疏云菩薩悟普法故名爲普眼眼外無法故名普眼既心眼之外無纖毫之法即知心遍一切處故楞嚴經云十方虛空生汝心中猶如片雲點太清裏豈空中十方國土而不明見乎所以志公和尚偈云大士肉眼圓通二乘天眼有翳又淨名經云不以二相見名眞天眼以了一心無相可得由無相即無有二是名眞天眼**豈運神通而千界飛至**註曰不動一心恒遍十方剎海無來去之相是神足通故經云諸佛菩薩於無二法中現大神變矣**未離兜率雙林而已般涅槃**註曰華嚴論明如來八相成道釋天猶未下母胎猶未出雙林而已般涅槃不出一剎那際三昧當知降生時即是說法時即是涅槃時以不出一心故爾肇論涅槃論云至人空洞無像而物無

非我會萬物以爲已者其唯聖人乎何則非理不聖非聖不理不理而爲聖者聖不異理也故天帝曰般若當於何求善吉曰般若不可於色中求亦不可離色中求又曰見因緣起爲見法見法爲見佛斯則物我不異之所以至人歲元機於未兆藏冥運於卽化總六合以鏡心一去來以成體古今通始終同窮本極末莫之與二浩然大均乃曰涅槃**不起樹王六欲而早昇忉利**註曰華嚴經云不離覺樹而昇釋天古釋云若約處相入門以一處中有一切處故是此天宮等本在樹下故不須起一然是彼用故說昇也若約相入門以一處入一切處故樹遍天中亦不須起欲用天宮表法昇進故云昇也然佛體無不遍周但隨衆生心想見如不思議經云以一切佛一切諸法平等平等皆同一理如陽燄等一切衆生及諸如來一切佛土皆不離想乃至若我分別佛卽現前若無分別都無所見想能作佛離想無有如是三界一切諸法皆不離心**堅貞難竝泡沫非同立絕相之相**註曰金剛經云若見諸相非相則見如來以心無形相故號無相法門亦名無相遣蕩若於一切相見無相之理卽見唯心如來**運無功之功**註曰向心外有作皆是有功若諦了一心本來具足無漏性起功德則是無功之功故云有功之功功歸敗壞無功之功功不虛棄**慈勅分明始因四念之處**註曰大涅槃經最後垂示總前教迹同此指歸以四念處卽是心賦所明一切衆生身受心法如經云佛告阿難如汝所問佛涅槃後依何住者阿難依四念處嚴心而住觀身性相同於虛空名身念處觀受不在內外不住中間名受念處觀心但有名字名字性離名心念處觀法不得善法不得不善法名法念處阿難一切行者應當依此四念處住又云譬如國王安住已界身心安樂若在他界則得衆苦一切衆生亦復如是若能自住於已境界則得安樂若至他界則遇惡魔受諸苦惱

自境界者謂心四念處他境界者謂五欲也華手經云佛告跋陀婆羅於爾時世一切善人應作是念我等當自依四念處者於聖法中一切諸法皆名念處何以故一切諸法常住自性無能壞故一切諸法皆名念處者故知卽法是心卽心是法皆同一性豈能壞乎若有二法則有相壞大寶積經偈云得無動處者常住於無處無動處者則自心境界此境界卽無處所如金剛三昧經云心無邊際不見處所論釋云心無邊際者歸一心原心體周遍遍十方故無邊周三世故無際雖周三世而無古今之殊雖遍十方而無此彼之處故言不見處所大法炬陀羅尼經云夫念處者云何念義當知是念無有違諍隨順如法趣向乎等離諸邪念無有移轉及諸別異唯是一心**教文審的終歸三點之中**註曰三點者如世伊字三點不縱不橫不竝不別所謂解脫法身般若夫法身卽是人人須有靈智故名般若若得般若則一切處無著不爲境縛卽是解脫又若顯法身而得解脫則功全由般若非唯此二法一切爲行皆因般若成立故五度如盲般若如導若布施無般若唯得一世榮後受餘殃債若持戒無般若暫生上欲界還墮泥犁中若忍辱無般若報得端正形不證寂滅忍若精進無般若徒興生滅功不趣眞常海若禪定無般若但行色界禪不入金剛定若萬善無般若空成有漏因不契無爲果故知般若是險惡徑中之導師迷闇室中之明炬生死海中之智機煩惱病中之良賢碎邪山之大風破魔軍之猛將照幽途之赫日警昏識之迅雷扶愚盲之金鏡沃渴愛之甘露截癡網之慧刃給貧乏之寶珠若般若不明萬行虛設祖師云不識元旨徒勞念淨不可剎那忘照率爾相違以此三法不縱不橫非一非異能成涅槃秘藏如大涅槃經云佛言我今當令一切衆生及以我子四部之衆悉皆安住秘密藏中我亦復當安住是中入於涅槃何等名爲秘密之藏猶如伊字三點若並則不成伊縱不成伊如摩醯首羅面上三

目乃得成伊三點若別亦不得成我亦如是解脫之法亦非涅槃如來之身亦非涅槃摩訶般若亦非涅槃三法各異亦非涅槃我今安住如是三法爲衆生故名入涅槃所以云法身常種智圓解脫具一切皆是佛法無有優劣故不縱三德相冥同一法界出法界外何處別有法故不橫能種種建立故不一同歸第一義故不異雖三而一雖一而三一則壞於三諦異則迷於一實在境則三諦圓融在心則三觀俱逕在因則三道相續在果則三德周圓如是本末相收方入大涅槃秘密之藏古德云此之三德不離一如德用分異卽寂之照爲般若卽照之寂爲解脫寂照之體爲法身如一明淨圓珠明卽般若淨卽解脫圓體卽法身約用不同體不相離故此三法不縱不橫不竝不別如天之目似世之伊名秘密藏爲大涅槃又台教類通三軌法一眞性軌二觀照軌三資成軌卽是三德以眞性軌爲一乘體此爲法身一切衆生悉一乘故以觀照軌爲般若祇點眞性寂而常照便是觀照第一義空以資成軌爲解脫祇點眞性法界含藏諸行無量衆善卽如來藏三法不一不異如點如意珠中論光論寶光寶不與珠一不與珠異不縱不橫三法亦如是**性非造作**註曰性地圓成非千意造故圓教立無作四諦**理實鎔融**註曰鎔者鎔也融者和也理能銷萬事和百法終歸一道**明之而心何曾動昧之而路自迷東**註曰起信論云復次顯示從生滅門卽入眞如門所謂推求五陰色之與心六塵境界畢竟無念以心無形相十方求之終不可得如人迷故謂東爲西方實不轉衆生亦爾無明迷故謂心爲心心實不動若能觀察知心無念卽得隨順入眞如門故**任竭海移山未是無爲之力縱躡虛履水皆爲有漏之通**註曰法華經頌云若接須彌擲置他方無數佛土亦未爲難若以足指動大千界遠擲他國亦未爲難乃至若佛滅後於惡世

中能說此經是則爲難又西天外道以持咒力能移山塞海及得五神通皆不免生死但能覺了卽心是佛復能開示自覺覺他紹隆佛種此難信之法淺機難解故云能說此經是則爲難是以寶藏論云通有五種一曰道通二曰神通三曰依通四曰報通五曰妖通妖通者狐狸老變木石精化附傍人神聰慧奇異此謂妖通何謂報通鬼神逮知諸天變化中陰了生神龍隱變此謂報通何謂依通約法而知緣身而用乘符往來藥餌靈變此謂依通何謂神通靜心照物宿命記持種種分別皆隨定力此謂神通何謂道通無心應物緣化萬有水月空華影像無主此謂道通矣 **辨玉須真探珠宜靜但向境外而求心焉知圓光而在眚** 註曰眚者目病首楞嚴經云如世間人目有赤眚夜見燈光別有圓影五色重疊此況迷心爲境之人不知境是自心如燈上圓光認爲他境 **捏目之處飛三有之虛華** 註曰首楞嚴經云三界有法皆捏所成故於欲界色界無色界中所有之法皆是捏出本無來處徹底唯空又如捏目生華有何真實唯有真心遍一切處有佛無佛性相常住故經云眼病見空華除瞖不除華妄心執有法遺執不遺法又一切國土皆想持之取像曰想若無想則無境如盛熱時地蒸炎氣日光爍之遠望似水但是心想世間所見皆如燄水無有真實如華嚴經頌云勇猛諸佛子隨順入妙法善觀一切想心想方世間衆想如陽燄令衆生倒解菩薩善知想捨離一切倒衆生各別異形類非一種了達皆是想一切無真實十方諸衆生皆爲想所覆若捨顛倒見則滅世間想世間如陽燄以想有差別知世住於想遠離三顛倒譬如熱時燄世見謂爲水水實無所有智者不應求衆生亦復然世趣皆無有如燄住於想無礙心境界 **迷頭之時認六塵之幻影** 註曰首楞嚴經云佛言富樓那汝豈不聞室羅城中演若達多忽於晨朝以鏡照面愛鏡中頭眉目可見嗔責己頭不見面目以爲魑魅無狀狂走此人何因無故狂走富樓那言是人心狂更無他故是以三界之中見有見無盡是心狂終無外境 **順法界性合真如心智必資理而成照理不待發而自深意絕思惟鑒徹十方之際佛不說法闡通無盡之音** 註曰意絕思惟者實而經云如理思惟是名供養一切如來如理思惟者卽是絕一切思惟如六祖云善惡都莫思量自然得入心體佛不說法者大涅槃經云若知如來常不說法是名具足多聞所以法華元義云手不執卷常讀是經口無言音遍誦衆典佛不說法恒聞梵音心不思惟普照法界故知不動真心復如是功德 **莫摘枝苗須搜祖禰豁爾而無明頓開湛然而情塵自洗惡從心起如鐵孕垢而自毀鐵形善逐情生猶珠現光而還照珠體** 註曰猶珠現光而還照珠體者如古釋云止觀無所現有二義者一無心現約止二所現空約觀三無別體約止觀契合又一約心二約境三心境兩實又一約智二約理三理智實契就第三義中就先正釋後自體顯照故名爲覺者通妨謂有難言若無別體何能普現衆生心行故答云自體顯現如珠有光自照珠體珠體喻心光喻於智心之體性卽諸法性照諸法時是自照故引起信文甚分明然論問曰虛空無邊故世界無邊世界無邊故衆生無邊衆生無邊故心行差別亦復如是境界不可分劑難知難解若無明斷無有心想云何能了名一切種智答曰一切境界本來一心離於想念以衆生妄見境界故心有分劑以妄起想念不稱法性故不能決了諸佛如來離於見想無所不遍心真實故卽是諸法之性自體顯照一切妄法有大智用無量方便隨諸衆生所觀得解皆能開示種種法義是故得名一切種智 **鶴林大意須歸準憑** 註曰法華經頌云世尊法久後要當說眞實 **形端影直風靜波澄辯僞識眞如試金之美石除昏鑒物猶照世之明燈** 註曰密嚴經頌云照猶如明燈又如試金石正道之標相遠離於斷滅夫世間出世間一切萬法但以一心驗之自無差別似燈破闇如石試金悉皆去僞辯眞破邪歸正故頌云正道之標相自然不落斷常有無之見故頌云遠離於斷滅 **事絕纖毫本無稱謂因用之而不窮從讚之而成貴** 註曰心本無名體亦寂滅因用則無窮因讚則成德此皆爲傳布故隨順於世間矣 **義天行布重重之星象璨然法海圓融浩浩之波瀾一味** 註曰華嚴有二門一行布門二圓融門若行布則一中無量若圓融則無量中一如經云一中解無量無量中解一了彼互生起當成無所畏又約事行布約理圓融皆不出心了之成佛故云當成無所畏 **根塵泯合能所雙銷了了而如同眼見一一而盡是心標** 註曰若決定信入此唯識正理速至菩提如發車而立至遐方猶乘舟而坐昇彼岸如經所說言大乘皆謂是菩提薩埵所行之路及佛勝果爲得此故修唯識觀是無邊失方便正路爲此類故顯彼方便於諸經中種種行相而廣寬說如地水火風并所持物品類難悉方處無邊由此審知自心相現遂於諸處捨其外相遠離欣感復觀有海空靜無差乘彼小迷絕大乘望及於諸有耽著之類觀若險崖深生怖畏正趣中道若知但是自心所作無邊資糧易爲積集不待多時如少用功能成大事善遊行處猶若掌中由斯理故所有願求當能圓滿隨意而轉以了此界一法是心則此知無邊法界皆是我心故云善逝行處猶若掌中又入楞伽經偈云不生現於生

不退常現退同時如水月萬像國土見一身及無量身火及霍而心心體不異故觀但是心心中但是心心無心而生種種色形相所見唯是心佛及聲聞身辟支佛身等種種種色身但說是內心又肇論云淨名曰不離煩惱而得涅槃天女曰不出魔界而入佛界然則元道在於妙悟妙悟在於即真即真則有無齊觀有無齊觀則彼已莫二所以天地與我同根萬物與我一體澄觀和尚云實相心界者依此心所生諸制譬如大海所生諸物皆無不海一切諸法皆從實相心所生皆無不心是故當知眼中所見色耳中所聞聲皆真法也以一切法唯一法故如經云一切法唯一相故於諸法中若了觀心如同眼見

照燭森羅隨念而未曾暫歇飛穿石壁舉意而頃尅非遥

註曰此真心體寂而常照猶如鏡光無有斷絶如高成和尚歌云應眼時若千日萬象不能逃影質凡夫祇是未曾觀何得遥輕而自屈應耳時若幽谷大小音聲無不足十方鐘鼓一時鳴靈光運運常相續應意時絶分別照燭森羅終不歇透過山河石壁間要且照時常寂滅

絶觀通人破塵上將作智海之健舟爲法筵之極唱

註曰絶觀通人者若云菩提涅槃真如解脱皆是住觀之語若觀證一心諸觀並息又說此唯心法門時法華經云是第一之說金剛經云爲最上乘者說華嚴經云不思議說故云法筵之極唱

如蝱附翔鸞之尾逈登丹漢之程猶聲入畫角之中出透重霄之上

註曰如法性論云問本際可得聞乎答理妙難觀故有不知之說旨微罕見故發懂英之問有天名曰懂英問文殊師利所言本際爲何謂乎文殊答曰衆生之原名曰本際又問衆生之原爲何謂乎答曰生死之本爲衆生原又問於彼何謂爲生死本答曰虛空之本爲生死原懂英於是抱元旨而輟問如悟不住之本若然則因緣之始可聞而不可明可存而不可論同虛空有本乎答無問若無有本何故云虛空之本爲生死原答此猶本際之本耳則於虛空無本爲衆本之宗化表無化爲萬化之府矣故知人心爲凡聖之本則凡亦是心聖亦是心以所習處下不能自弘諸佛將衆生心登妙覺衆生將佛心溺塵勞若以心託事則狹劣若以事從心則廣大凡世人多外重其事而內不聽其心是以所作皆非究竟以所附處卑故耳如搏牛之蚉飛極百步若附驥尾則一翥萬里非其翼正所託迅也亦如牆頭之草角裏之聲皆能致其高遠者所託之勝也如入心法中一附於自心則能毛呑巨海塵含十方豈非深廣乎

言言合道法法隨根對大心之高士談普眼之法門

註曰心本無法名爲普眼華嚴經云海雲比丘謂善財言如來爲我演說普眼法門假使有人以大海量墨須彌聚筆書寫於此普眼法門一品中一門一門中一法一法中一義一義中一句不得少分何況能盡

厚地金剛穿之而始終不壞

註曰大涅槃經云譬如有人善知伏藏即取利钁斷地直下盤石沙礫直過無難唯有金剛不能穿徹此況心性堅牢不從前際生不於中際住不隨後際滅不變不異性相常存

雪山正味流之而今古恒存

註曰大涅槃經云雪山有中藥味常正此況一切衆生一真之心隨染緣時流轉五道其性不滅乃至隨淨緣時成就佛身性亦不增隨緣而不失自性故云一切衆生一時成佛佛界不增衆生界不減佛界即衆生界故又同一性故

一際無差隨緣自結曠代無滅十方咸說如天寶器任福而飯色不同

註曰如三十三天共食寶器隨其福德飯色有異

似一無爲隨證而三乘有別

註曰金剛經云一切賢聖皆以無爲法而有差別此一心法隨三賢十聖約智淺深擬時各別如大涅槃經云十二因緣是一法隨智擬成四種菩提上上智觀得諸佛菩提上智觀得菩薩菩提中智觀得緣覺菩提下智觀得聲聞菩提譬如黃石有金上上福人烹出金上福人烹出銀中福人烹出銅下福人烹出鐵

萬法萬形皆逐心成孤光一照衆慮俱清如瓶貯醍醐隨諸器而不等猶水分江海逐流處而得名

註曰此一心法是一際門如醍醐一味無差諸器自分大小猶水一味不別江海自分異名

直了無疑襟懷自豁非劣解情當乃上根機奪猶如庭雀焉攀鴻鵠之心還似井蛙豈測滄溟之淵

註曰夫真如一心圓信難解且如在家凡夫出家外道皆是背覺合塵不識自心境界故云海枯終見底人死不知心若是聲聞緣覺但證生空亦執心外有其實境若藏通二教菩薩識自心皆是緣生無性徹底湌空若大乘別教菩薩雖知常住不空之心能含十法界性即今未具直待熏修次第生起唯圓教菩薩知自心即具十法界一念圓足則悟心大士方了圓宗高翥義天深遊性海豈凡小權漸之所達乎又滄溟者即況如來智海如華嚴經云佛子此閻浮提有二千五百河流入大海乃至如是大海其水無量衆寶無量衆生無量所依大地亦復無量佛子於汝意云何彼大海爲無量不答言實爲無量不可爲喻佛子此大海無量比如來智海無量百分不及一千分不及一乃至優波尼沙陁分不及其一但隨衆生心爲作譬喻而佛境界非譬所及佛子菩薩摩訶薩應知如來智海無量從初發心修一切菩薩行不斷故應知所住衆生無量一切學無學聲聞獨覺所受用故應知住地無量從初歡喜地乃至究竟無障礙地諸菩薩所居故

群經之府衆義之都寫西來之的意脫

出世之真模或徇他求如鑽冰而覓火但歸已解猶向乳以生酥 註曰鑽冰見火者違法性故如心外求道從乳求酥者順法性故似背境觀心如還源觀云明者德陰於即日昧者望絕於多生會旨者山岳易移乖宗者錙銖難入又普賢行願疏云契文殊之妙智究是初心入普賢之元門會無別體失其旨也徒修因於曠劫得其門也等諸佛於一朝 **正業常新恒居本位統一心之高廣** 註曰法華經云其車高廣高則豎徹三際廣則橫亘十方攝法無遺包藏無外凡有所見皆是自心如華嚴經云如有人將欲命終見隨其業所受報相行惡業者見於地獄畜生餓鬼所有一切衆苦境界或嗔或罵囚執將去亦聞嘷叫悲歎之聲或見灰河或見鑊湯或見刀山或見劍樹種種逼迫受諸苦惱作善業者即見一切諸天宮殿無量天衆天諸綵女種種衣服具足莊嚴宮殿園林盡皆妙好身雖未死而諸業力見如是事善財童子亦復如是以菩薩業不思議力得見一切莊嚴境界 **燭微言之周備** 註曰如首楞嚴經云諸法所生唯心所現十地論云三界無別法但是一心造則一言無不畧盡殊說更無異盈 **了宗之際頌十方之虛空** 註曰首楞嚴經云若一人發真歸源此十方虛空皆悉消殞 **懺罪之時翻無邊之大地** 註曰修一心無生懺如翻大地亦云若欲懺悔者端坐念實相實相者即無相也亦云實地故法華經云唯此一事實餘二即非真 **一華開而海內春一理現而法界真** 註曰如陽和發生無處不春心爲法界之體無法不心故經云平等真法界無佛無衆生 **如二乘之蒙佛記** 註曰台教云八千聲聞於法華會上見如來性得受佛記如秋收冬藏更無所作如來性者即是自心性也若識心人萬緣皆辦故云已事已辦梵行已立 **似窮子之付家珍** 註云一念纔起五陰俱生背覺合塵即是捨父逃逝循環五趣即是五十餘年若頓悟一心即是定父子付家財此是定天性之父子付一心之法財故經云我實汝父汝實我子當了了明心之日即是歸宗合覺亦云返本還源矣 **水未入海之時不成鹹味** 註曰百川入海皆同一味之鹹萬境歸心盡趣一真之道 **境若歸心之日方可言均** 註曰古德云水未入海不鹹薪未入火不燒境未入心不等故經頌云一切諸法中皆以等觀入慈解心寂然三界無倫疋 **夢宅虛無** 註曰三界是夢宅故云長眠三界中所夢之境皆是夢中意識如唯識論云如夢觸女形能出不淨覺時亦爾未觸女形之時由極重染愛現前便致如斯流溢之相由於夢有等無間緣差別力故遂便引起非理作意以此爲因便見遺洩又如小兒夢遺尿等事如似夢中雖無實境能出不淨又如夢食毒等應身成病有悶絕流汗之事此亦由其唯識有用又如論云諸地獄中所有獄倅狗烏等所有動作不待外緣彼地獄受罪衆生先罪惡業爲任持故如木影舞同衆生相所以首楞嚴經云晝則想心夜成諸夢以夢覺俱不出心故夢中無境唯心成事與覺無異如小乘立九難大乘師云我信夢中唯識不信覺時亦有實作用故因以夢喻如出不淨等亦有實作用遂彼彼疑應立量云覺時境色是有法定唯識爲宗因云以有實作用故同喻如汝夢中境色是以華嚴經頌云菩薩了世法一切皆如夢非處非無處體性恒寂滅諸法無分別如夢不異心三世諸世間一切悉如是夢體無生滅亦無有方所三世悉如是見者心解脫夢不在世間不在非世間此二不分別得入於忍地又大智度論云佛說諸法無有根本定實如毫釐許所有欲證明是事故說夢中受五欲嘗如須菩提意若一切法畢竟空無所有性今何以故現有眼見耳聞法以是故佛說夢譬喻如人夢力故雖無實事而有種種聞見驚處喜處覺人在傍則無所見如是凡夫人無明顛倒力故妄有所見聖人覺悟則無所見一切法若有漏若無漏若有爲若無爲皆不實虛妄故有見聞如幽冥錄焦湖廟有一栢枕或云玉枕枕有小坼時單父縣人楊林爲估客至廟祈求廟巫謂曰君欲好婚否林曰幸甚巫即遣林近枕邊因入坼中遂見朱門瓊室有趙太尉在其中即嫁女與林生六子皆爲秘書郎歷數十年並無思歸之志忽如夢覺猶在枕傍林愴然久之又菩薩行者是想念生此有二意一要須想念方能起行如夢從想故智論之中所聞見事多思惟念故夢見也二夫大覺是佛近而說之七地已前猶爲夢行八地爲覺如夢渡河八地無明未盡亦是夢境唯佛一人故稱大覺如華嚴記云覺夢相成故須說覺於中初以覺成夢以未覺時不知是夢故於中初要在覺時方知是夢者正辨須覺所以謂大夢之外則必有彼大覺之明謂我世尊方知三界皆如夢故上引楞伽歎佛能了於夢次正在夢時不知是夢者謂爲實故爲諸凡夫長眠大夜不生厭求故厭公云夢中驗夢純昏心也次設知是夢亦未覺故者此通妨難謂亦有人夢知是夢如人重眠怨有夢生了知我夢以睡重故取覺不能喻諸菩薩從初發心即知三界皆夢豈非是覺何用更說覺時故今釋云亦未見覺未大覺故故起信論云若人覺知前念起惡令其不起雖復名覺即是不覺有生滅故無明復心不自在故次云覺時了夢知實無夢者非唯覺時知夢亦知無夢如八地菩薩夢渡河喻諸無生忍不見生死此岸涅槃彼岸能度所度皆叵得故況於大覺故經云久念衆生苦欲拔無由脫今日證菩提豁然無所有然由夢方有覺故辯夢覺時者上辨以覺成夢此辨以夢成覺對夢說覺無夢無覺既了夢無夢對何說覺故覺夢斯絶知無不覺則無始覺覺夢雙絶方爲妙覺也 **化源寂滅** 註曰凡聖境界悉從心化以一切萬法不離心故如金剛三昧經云善不善法從心

化生。又華嚴經十忍品云：佛子，何爲菩薩摩訶薩如化忍？佛子，此菩薩摩訶薩知一切世間皆悉如化，所謂一切衆生意業化，覺想所起故；一切世間諸行化，分別所起故；一切苦樂顛倒化，妄取所起故；一切世間不實法化，言說所現故；一切煩惱分別化，想念所起故；復有清淨調伏化，無分別現行故；於三世不轉化，無生平等故；菩薩願力化，廣大修行故；如來大悲化，方便示現故。破疑情而藤蛇併融，廓智地而形名雙絕。註曰：論偈云：於藤生蛇知，見藤卽無境，若知藤分已，藤知如蛇知。卽藤蛇併空，形名俱絕，是知千聖同證心外無得。心外求悟，望石女而兒生；意上起思，邀空華而菓結。本非有作，性自無爲，智者莫能運其意，像者何以狀其儀。言語道亡，是得路指歸之日；註曰：阿難等於楞嚴會上蒙如來微細開示，各悟眞心遍十方界，遂白佛言：我等今日明識歸家道路，故決定無疑。心行處滅，當放身捨命之時。註曰：若心外緣他境，如魚在陸不得自在；若背境歸自心，似鳥翔空無有隔礙，則念念歸眞，心心至道矣。如台教云：十法界三科十八界如丈，一法界五陰如尺，唯在識心如寸。如今去丈論尺，去尺論寸，若達心具一切法已，方能度入一切色心。如今去色論心，去心所論心王，如一一尺無非是寸，及一一丈無非是尺，是故丈尺全體是寸。故知若眞諦若俗諦，若有爲若無爲，一剎一塵無非是心。既頓悟一心，全成圓信，則心外無一法可解，心內無一法可思，懷抱豁然，永斷纖疑矣。執迹多端，窮源孤邁，非世匠之所成，豈劫火之能壞。註曰：心本圓成，性非造作，不可以功成，不可以行得。論云：劫火能燒三界，不能燒虛空。故法華經云：我淨土不毀，而衆見燒盡。以心性常住，非生因之所生，唯了因之所了。

白毫光裏出莫測之身雲，註曰：華嚴經云：如來白毫相中有菩薩摩訶薩，名一切法勝音，與世界海微塵數諸菩薩衆俱時而出，右遶如來經無量匝。又云：如來師子之座，衆寶妙華輪臺基陛及諸戶牖，如是一切莊嚴具中，一一各出佛剎微塵數菩薩摩訶薩。釋曰：菩薩是因，諸佛是果；供養具是境，菩薩身是心。卽是因果同時，心境互入。如經頌云：諸佛一似大圓鏡，我身猶若摩尼珠，諸佛法身入我體，我身常入諸佛軀。無生蓋中現大千之世界。註曰：維摩經云：長者子寶積與五百長者子俱持七寶蓋供養佛，佛之威神令諸寶蓋合成一蓋，遍覆三千大千世界，而此世界廣長之相悉於中現。五百蓋者卽是五陰，合成一蓋者卽是一心。華嚴經云：此寶蓋皆從無生法忍之所起，乃至一切供具皆是自心表現，心外實無一法建立。若心外見法，是外道經書，非佛法旨趣。釋門挺價，法苑垂箴。註曰：釋門挺價者，如龍女所獻心珠，故云價直三千大千世界，亦云無價寶珠。法苑垂箴者，一切諸法以心爲定量，先賢所稟，後學同遵，可爲萬代之箴規，十方之龜鏡。無聲之樂寂寂，註曰：以眞心大寂滅樂，豈隨喧動耶？故禪門中泥爲無絃琴。眞如之海沉沉。註曰：一心眞如之海，澄之不清，攪之不濁，湛然寂然，瑩淨無瑕，所以衆生因一念無明境界風鼓動眞如海，起種種識浪，相續不斷。故楞伽經頌云：藏識海常住，境界風所動，種種諸識浪，騰躍而轉生。應量出生，如龍王之降雨差別。註曰：如龍王雨，隨人間天上能感之緣，因自業而不同，成異味而有別。如經偈云：譬如虛空中雨八功德水，到鹹等住處生種種異味；如來慈悲雲雨八聖道水，到衆生心處生種種解味。如華嚴經云：佛子，譬如海中有大龍王，名大莊嚴，於大海中降雨之時，乃至從他化天至於地上，於一切處所雨不同。所謂於大海中雨清冷水，名無斷絕；

於他化自在天雨簫笛等種種樂音，名爲美妙；於化樂天雨大摩尼寶，名放大光明；於兜率天雨大莊嚴具，名爲垂髻；於夜摩天雨大妙華，名種種莊嚴具；於三十三天雨衆妙香，名爲悅意；於四天王天雨天寶衣，名爲覆蓋；於龍王宮雨赤眞珠，名涌出光明；於阿修羅宮雨諸兵仗，名降伏怨敵；於北鬱單越雨種種華，名曰開敷；於三天下悉亦如是。然各隨其處所雨不同，雖彼龍王其心平等無有彼此，但以衆生善根異故，雨有差別。佛子，如來應正等覺無上法王亦復如是，欲以正法教化衆生，先布身雲彌覆法界，隨其樂欲爲現不同。循業發現，猶人間之隨福淺深。註曰：如福德人執君爲寶，猶業貪者變金爲蛇，法無定形，隨心轉變。如迷時菩提爲煩惱，悟時煩惱爲菩提，但隨迷悟之心，菩提性常不動。夫論一心獨立，絕妙豈在文賦詞句而廣數演乎？祇爲衆生不了眞心，妄起差別，但有一法纔生，並爲心病。執有成妄，違空成眞。如淨名經云：此四魔八萬四千諸煩惱門，而諸衆生爲之疲勞，諸佛則以此法而作佛事，是名入一切諸佛法門。菩薩入此門者，若見一切淨妙佛土，不以爲喜，不貪不高；若見一切不淨佛土，不以爲憂，不礙不沒。生法師云：若投藥失所，則藥反爲毒矣；苟曰得愈，毒爲藥也。是以大聖爲心病之醫王，觸事皆是法之良藥。苟達其一，衆事皆備矣。菩薩既入此門，便知佛土本是就應之義，好惡在彼，於我豈有異哉。既達心宗，應當瑩飾鍊善行，以扶持澄法水而潤澤。註曰：華嚴經云：解脫長者言：我已入出如來無礙莊嚴解脫門，乃至我見如是等十方各十佛剎微塵數如來，彼諸如來不來至此，我若欲見安樂世界阿彌陀如來，隨意卽見，乃至知一切佛及與我心悉皆如夢，知一切佛猶如影像，自心如水，知一切佛所有色相及以自心悉皆如幻，知一切佛及以已心悉皆如響。我如是知，如是憶念，所見諸佛皆由自心。善男子，當知菩薩修諸佛法，淨諸佛剎種集妙行調伏衆生發大誓願入一切智自在遊戲不可思議解脫之門得佛菩提現大神通遍往一切十方法界以微細智普入諸劫如是一切悉由自心是故善男子應以善法扶助自心應以法水潤澤自心應以境界淨治自心應以精進堅固自心應以忍辱坦蕩自心應以智證潔白自心應以智慧明利自心應以佛自在開發自心應以佛平等廣大自心應以佛十力照察自心故知摩尼沉泥焉能雨寶明鏡匿垢焉以照人猶衆生心久積塵勞似障真性今雖明達要假真修故云設有餘習還以佛知見治之則成出纏真如離垢解脫究竟清淨矣**照世行慈而不謬先洞三明**註曰三明者一過去宿命明二未來天眼明三現在漏盡明雖約三世而立三明但是心明故証道訶云心鏡明鑒無礙廓然瑩徹周沙界**觀根授道而無差須憑十力**註曰十力者一是處非處力二業力三定力四根力五欲力六性力七至處道力八宿命力九天眼力十漏盡力此十力者遍知因果普照萬法若窮萬法根本是心但了一心十力如鏡**杜源大士立志高强**註曰直了真心實觀之人如杜源漸教法學之人如導流故圓教初心已趨權學之士如云以小乘之極極不如圓教之初初故心爲源法如流心爲所現法依於心則萬法是心之影故**或剝皮出髓而誓思繕寫**註曰釋迦如來因地値無佛世欲求經法天帝化爲羅剎言汝能剝皮爲紙析骨爲筆打骨出髓爲墨我能示汝佛經菩薩聞之歡喜遂剝皮析骨羅剎驚之遂乃隱身不現十方有佛現身爲說法要**或投巖赴火而志願傳揚**註曰大涅槃經云有仙人於羅剎求法羅剎言汝能捨身我當爲說仙人遂上高巖投身直下羅剎接得爲說偈言諸行無常是生滅法生滅滅已寂滅爲樂則是悟心性之樂如智度論云如犢子啾啾鳴喚見母卽止一切諸法亦復如

是至法性卽住萬法到心諸緣並絕**身燭千燈遲懇而唯求半偈**註曰大方便佛報恩經云昔有轉輪聖王就婆羅門求法於身剜成千瘡注滿膏油以取上妙細氈以爲炷點成千燈供養彼師求於半偈於是法師爲王說偈曰夫生輒死此滅爲樂此樂者是法樂大寂滅樂禪定樂不同天上天樂人間識樂天上樂者以動顯爲樂雙健畫鼓對舞柘枝是人間識樂故智度論頌云獨坐林樹間寂然滅諸惡憺怕得一心此樂非天樂**足翹七日傾心而爲讚華王**註曰釋迦如來因地於林中翹足七日以一偈讚底沙如來偈云天上天下無如佛十方世界亦無比世間所有我盡見一切無有如佛者故云天上天下唯我獨尊又云此事惟我能知是以心爲秘密門非佛難證**更有念法勤苦祇希一言懇懇而頓忘寢食顒顒而不避寒暑遍界南求行菩薩之大道**註曰善財童子南行遍法界參五十三員善知識得一百十城法門爲求菩薩之道最先參見文殊初友已悟自心後漸至諸善知識皆云我已先發菩提心但求菩薩差別智道及至彌勒證一生成佛之果後彌勒却指歸再見初友文殊以表前心後心一等更無差別始終不出一心離此別無奇特矣**忘身東請爲般若之真源**註曰常啼菩薩東行於法涌菩薩求學般若常啼者常在空閑林爲求般若未聞般若時恒常啼泣故號常啼及過空中聲告言往東行當遇善友開發遂賣身求供直至法涌菩薩處遇菩薩入定立待定出仍剌血灑地等後乃得悟法音頓明般若心要**冲邃幽奇舉文難述任身座與肉燈用海墨而山筆**註曰如法華經中提婆達多以身爲牀座轉輪聖王剜身千燈華嚴經云聚須彌山爲筆以四大海水爲墨不能寫普眼經之一品斯皆爲法忘軀

誓求至道寧容造次乎**藥王燒手報莫大之深恩**註曰法華經云藥王菩薩燃百福莊嚴臂供養日月淨明德佛七萬二千歲乃至云我捨兩臂必當得佛金色之身若實不虛令我兩臂還復如故我捨兩臂者卽是捨斷常二見便得成佛如華嚴經頌云一切法不生一切法不滅若能如是解諸佛常現前不生是不常不滅是不斷纔離斷常諸見自然成佛論云見在卽凡情亡卽佛**普明刎頭求難思之妙術**註曰大方便佛報恩經云有婆羅門於普明王乞頭王言我爲一切衆生故願於來世得大智慧頭施於汝等乃至爾時普明王者卽釋迦如來是佛言我捨轉輪王頭布施數滿一千況餘身分大凡菩薩捨頭目髓腦皆爲求無上正等正覺之心此無上心乃是成佛之妙術也**能祛冰執可定行藏**註曰心外見法便成執滯所以首楞嚴經頌云見聞如幻翳三界若空華若洞境明心則無執想所以經云佛言我於諸法無所執故得常光一尋身與金色**證自覺之聖智**註曰楞伽經云佛告大慧前聖所知轉相傳授妄想無性菩薩摩訶薩獨一靜處自覺觀察不由於他離見妄想上上勝進入如來地是名自覺聖智相是以覺自心成聖智如密嚴經頌云如地無分別萬物依以生藏識亦復然衆境之依處如人以已手還自捫其身亦如象與鼻取水自霑灑復似諸嬰孩以口含其指如是識分別現境還自緣是心之境界普遍於三有久修觀行者而能善通達內外諸世間一切唯心現**入本住之道場**註曰楞伽經云大慧復白佛言如世尊所說我從某夜得最正覺乃至某夜入般涅槃於其中間不說一字亦不已說當說無說是佛說大慧白佛言何言不說是佛說佛告大慧我因二法故作是說一自得法二本住法云何自得法若彼如來所得我亦得之無增無減緣自得法究竟境界離言說妄想離文字二趣云何本住法謂古先聖道如金銀

等性法界常住若如來出世若不出世法界常住如趣彼城道譬如士夫行曠野中見向古城平坦正道卽隨入城受如意樂仁王經觀空品云若有修習聽說如虛空同法性一切法皆如也又諸佛所說但是傳述古佛之教非自製作般若論云須菩提言如來無所說此義云何無有一法唯獨如來說餘佛不說如密嚴經頌云譬如百川流日夜常歸往如地有衆寶種種色相味諸有情受用隨福而招感如是賴耶識與諸分別俱增長於生死轉依成正覺故知溺生死河登菩提座皆是自心致此昇降是以先德云智人求心不求佛愚人求佛不求心步步而到泥徹底註曰如香象渡河步步到底此喩圓教不同權漸如兔馬渡河故李長者論云不如一念圓證無生超彼三乘權學等見賢積經頌云文殊大智人深達法源底箭箭而破的穿楊註曰如射若以的爲的多乖少中若以地爲的無不中者如以心爲的無不合宗又養由善射百發百中百步穿楊箭不虛發故云但以大乘理對萬不失一齊襟而唯思舉領整綱而祇要提綱註曰況此一心秘密法門如提綱舉領攝要而談亦云單刀直入夫教中有顯了說秘密說有眞實說方便說有遮詮表詮此是顯了說眞實說是表詮直表其心體不是遮非破執方便之言故法華經頌云正直捨方便但說無上道顯了說者如密嚴經頌云無心亦無境能所量俱無但依於一心如是而分別又頌云如火輪垂髮乾闥婆之城不了唯自心妄起諸分別浴滄溟而已用諸河之水爇一塵而皆含衆味之香註曰大涅槃經云如人入海中浴已用諸河之水楞嚴三昧經云如搆萬種爲丸若爇一塵具足衆氣皆喩若了一心一切法門悉皆賓合如忉利雜林靡作差殊之見註曰佛地論云三十三天有一雜林諸天和合福力所感若諸天衆不在此林

宮殿等事共樂時受勝劣有異有我我所差別受用若在此林若事若受都無勝劣皆同上妙無我我所和合受用能令平等故名雜林此由諸天各修平等和合福業增上力故令彼諸天阿賴耶識變現此林同處同時同一相狀由此雜林增上力故令彼轉識亦同變現雖各受用而謂無別是以若達諸法皆心想生卽從世俗門入聖行處猶須彌南面純舒金色之光註曰須彌山南面純現金光雜色之鳥枝入山時皆同金色如萬法歸心皆同心法故乍似醉醒如同夢起外道授呪於天中婦人求男於林裏註曰西天有外道供養梵天求呪遂於夢中見天授呪然梵天實不下但託天爲增上力皆是夢心所感如斯事耳又復聞乎爲求子息者寄隱林中夢見有人共爲交集便得其子此並是夢中意識所變但是自心實無外境無爲無事全當實相之門唯寂唯深頓悟法空之旨註曰千經萬論正談人空法空悟入一心之旨八識之源此一心八識微細難知唯佛能了且入識心王以第八阿賴耶識爲根本能生起前之七識如起信論云生滅與不生滅和合非一非異名阿賴耶識古德釋云不生滅心與生滅和合非一非異者以七識染法爲生滅以如來藏淨法爲不生滅不生滅心擧體動故心不離生滅相生滅之相莫非神解故生滅不離心相如是不相離故名和合爲阿賴耶識以和合故非一非異若一卽無和合若異亦無和合非一非異故得和合也又如來藏清淨心動作生滅不相離故云和合非謂別有生滅來與眞合如動水作波波非外合謂生滅之心心之生滅無相故心之生滅因無明成生滅之心從本覺起而無二體不相捨離故云和合如大海水因風波動水相風相不相捨離生與無生若是一者生滅識相滅盡之時心神之體亦應隨滅墮於斷邊若是異者依無明風熏動之時靜心

之體不應隨緣卽墮常邊離此二邊非一非異又上所說覺與不覺二法互熏成其染淨旣無自體全是一覺何者由無明故成不覺以不覺義熏本覺故生諸染法又由本覺熏不覺故生諸淨法依此二義遍生一切故言識有二義生一切法百氏賓歸萬古難移據前塵之無體唯自法之施爲若樂工之弄木偶如戲場之出技兒註曰起信疏云經頌云佛說如來藏以爲阿賴耶惡慧不能知藏卽賴耶識阿賴耶是梵語此云我愛執藏卽是一切衆生第八根本識心第八識心卽如來藏以一切外道衆生不能了達執爲藏識佛言大慧七識不流轉不受苦樂非涅槃因大慧如來藏受苦樂與因俱若生若滅解曰七識念念生滅無常當起卽謝如何流轉自體無成故不受苦樂旣非染依亦非無漏涅槃依矣其如來藏眞常普遍而在六道迷此能令隨緣成事受苦樂果與七識俱名與因俱不守自性而成故七識依此而得生滅云若生若滅此明如來藏卽是眞如隨緣故受苦樂等又云常與無明七識共俱無有斷絕意云如來藏以隨緣故名阿賴耶識故與無明共俱說大海如阿賴耶波如無明七識水無斷卽如來藏云無斷絕者無始時來相續不斷故如來藏者卽所熏之淨性隨染緣成虛僞等者卽能熏之染幻識藏卽所成賴耶也爲善不善因者謂此性隨善緣起諸善法性卽爲善因隨不善緣起諸不善法性卽爲不善因受苦樂與因俱者隨善受樂性在其中隨悉受苦性亦在其中若生若滅者循環諸趣萬死萬生如技兒等如人作戲變改服章體是一人初未曾易故楞伽經頌云心如工技見意如和技者五識如音樂妄想觀技衆所以草堂和尚偈云樂兒本是一形軀作作官人作作奴名目服章雖改變始終奴主了無殊故知清淨如來藏一點眞心不增不滅湛然常住以不守自性隨染淨之緣遂成凡聖十法界雖卽隨緣又不失自性在凡不滅處

聖不增，如水隨風作波，息時不失濕性。一切衆生眞心亦復如是，隨相轉變，性常不動。識還源觀云：眞如之性，法爾隨緣；隨緣之時，法爾歸性。**縱淺縱深，靡出一心之際。**註曰：華嚴經云：佛子，菩薩摩訶薩次第遍往諸佛國土神通三昧，乃至於一念頃一切佛所勤求妙法，然於諸佛出興於世入般涅槃如是之相皆無所得，如散動心了別所緣心起不知何所緣起心滅不知何所緣滅，此菩薩摩訶薩亦復如是，不分別如來出世及涅槃相。佛子，如日中陽燄，不從雲生，不從池生，不處於陸，不住於水，非有非無，非善非惡，非清非濁，不堪飲漱，不可穢汙，非有體非無體，非有味非無味，以因緣故而現水相，爲識所了，遠望似水而興水想，近之則無，水想自滅。此菩薩摩訶薩亦復如是，不得如來出興於世及涅槃相，諸佛有相及以無相皆是想心之所分別。佛子，此三昧名爲清淨深心行，菩薩摩訶薩於此三昧入已而起，起已不失。是知非唯佛敎以心爲宗，三敎所歸皆云反已爲上。如孔子家語云：衛靈公問於孔子曰：有語寡人爲國家者，謹之於廟堂之上則政治矣，何如？子曰：其可也。愛人者則人愛之，惡人者則人惡之，所謂不出圜堵之室而知天下者，知天己之謂也。是知若反己以拘物，則無事而不歸自心，取捨忘懷，美惡齊旨。是知但了一心，無相自顯，則六趣塵平，自然超越。出必由戶，莫不因斯道矣。如古德云：六道羣蒙，自此門出，歷千劫而不返，一何痛矣。所以諸佛驚入火宅，祖師特地西來，乃至千聖悲嗟，皆爲不達唯心出要道耳。華嚴經明一念能爲無盡之事，故云一心起勝，如經云：一者佛一跏趺坐遍滿十方無量世界；二一切諸佛說一義句悉能開示一切佛法；三放一光明悉能遍緣一切世界；四一身中悉能示現一切佛身；五一處中悉能示現一切世界；六於一智中悉能決了一切諸法；無所罣礙；七一念中悉能遍往十方世界；八一念中悉現如來無量威德；九於一念中普緣三世佛及衆生心無雜亂；十於一念中與去來今一切諸佛體同無二。是爲十。還源觀引論云：由依唯識故，境本無體，與空義成，故以塵無有故，本識即不生。由此方知由心現境，由境顯心，心不至境，境不至心，常作此觀，智慧甚深。唯識序云：離心之境，克湮即識之塵，斯在帶數之名，依顯唯心之稱，兆彰故得一心之旨，永傳而不窮，入識之燈，恒然而無盡矣。**任延任促，但當唯識之時。**註曰：如經云：如是我聞，一時佛在舍衛城等。時即是一心唯識之時，故云一念無量劫，無量劫一念。法華元贊疏云：如經中說一時者，即是唯識時，說聽二徒心識之上變作三時相狀而起，實是現在隨心分限，變作短長事緒，終說總名一時，如夢所見謂有多生，覺位唯心都無實境。聽者心變三世，亦爾唯意所緣，是不相應行蘊，法界法處所攝。古德言：一時者有四：一則不定約剎那，二則不定約相續，三則不定約四時六時八時十二時等，四則不定約成道已後年數時節名爲一時。但是聽者根熟，感佛爲說，說者慈悲，應機爲談，說聽事訖，惣名爲一時。今不定約剎那等者，聽法之徒根器或鈍，說時雖短，聽解時長；或說者時長，聽者亦久，於一剎那猶未能解，故非剎那。亦不定說若約相續者，猶能說者得陀羅尼，說一字一義一切皆了；或能聽者得淨耳意，聞一字時一切能解，故非相續。由於一會聽者根機有利有鈍，如來神力，或延短念爲長劫，或促多劫爲短念，亦不定。故惣約說聽究竟名一時，亦不定說若約四時六時八時十二時者，一日一月然四天下長短晦寒近遠晝夜諸方不定，恒二天下同起用故，又除已下上諸天等，無此四時及八時等。經擬上地諸方流通，若說四時等流行不遍故，亦不定說。若約成道已後年數時節者，三乘凡聖所見佛身報化年歲短長成道已來近遠各不同故。釋曰：上所說不定，約剎那時及相積時與四時六時八時十二時等，及約成道已後年數時節名爲一時者，以根有利鈍長短不定，上界下界時節無憑，但說唯心之一時可爲定量，無諸過失，事理相當，既亡去取之情，又絕斷常之見，不唯一時作唯識解，實乃羣義皆歸一心，則稱可教宗，深諧祕旨，能開正見，永滅羣疑。所以經云：一切諸法以實際爲定量。又云：但以大乘而爲解說，令得一切種智。故知但說大無過夫，言大乘者即是一心之乘，乘是運載義，若論運載，豈越心耶。又夫不識心人，若聽法看經，但隨名相，不得經旨。如信崖云：今聞經語，句句與心相應。又釋法聽因聽慧敏法師說法，得自於心豁然無累，乃至見一切境亦復如是。若不觀心靈，隨物轉，是故大乘入道安心論云：若以有是爲是，有所不是；若以無是爲是，則無所不是。一智慧門入百千智慧門，見柱作柱解，得柱相不作柱解，觀心是柱法，無柱相，是故見柱即得柱法，一切形色亦得如是。故華嚴經頌云：世間一切法，但以心爲主，隨解取衆相，顚倒不如實。**大矣圓詮，奇哉正轍。**註曰：如來圓敎正說一心，經云：三界上下法，義唯心。此就世間依報以明心。又云：如如與眞際，涅槃及法界，種種意生身，我說爲心量。此據出世法體以明心終窮至實，畢到斯原，隨流感果，還宗了義。故經云：道不離心，心不離通。如十元門中，由心迴轉善成門者，並是如來藏性清淨眞心之所建立，若善若惡，隨心所轉，故云迴轉善成。心外無別境，故言唯心也。若順轉即名涅槃，經云：心造諸如來。若逆轉即是生死，經云：三界虛妄，皆一心作。即生死涅槃，皆不出心矣。**六神通而焉可變，四辯才而莫能說。**註曰：法華經云：止止不須說，我法妙難思。以衆生心是絕待妙，無法可比，故不可以心思，不可以口議。是以達摩西來，黙傳心要，爲若此。**攀枝而直到根株，尋水而已窮源穴。**註曰：心爲萬法根本，故華嚴經云：菩薩知一切法即心自性，成就慧身，不由他悟。若於心外見法，便向他求，如但尋枝派，轉失根源。是以永嘉集云：即心爲道者，可謂尋流得源矣。**傳印而盡繼曹溪，得記而俱成摩竭。**

註曰韶州曹侯溪是第六祖能大師住處示衆云善惡都莫思量自然得入心體湛然常寂妙用恒沙故先德云不得一法號曰傳心釋迦成道於摩竭國中經云菩薩不行見法不行聞法等諸佛疾與授記故華嚴經頌云所取不可取所見不可見所聞不可聞一心不思議但直了自心之時心外了無所得即便是得記之時矣可謂履道之

通衢悟宗之真訣註曰此一心門能收一切故云十方佛土中唯有一乘法所以肇論云天得一以清地得一以寧君王得一以治天下衆生得一以成道一者道也天有道以輕清地有道以寧靜谷有道以盈滿草木有道以生長鬼神有道以靈聖君王有道執王天下故知道不可斯須廢之道即靈知心也

永明心賦註卷四

宋杭州慧日永明寺智覺禪師心賦集諸經論以自註釋顯實相理趣一味清淨心地法門其一大藏之要旨別三乘賢聖之深根弘諸部之大綱闡單傳之的旨會諸異解一道而趣證諸佛之心了衆生之妄[illegible]衆生之妄即諸佛之心實不可思議無礙解脫故勝法門也昔毘盧行[illegible]將[illegible]發[illegible]志[illegible]命工[illegible]梓[illegible]之於不朽伸願諸佛大悲加被仰此法門普遍三世十方盡虛空界微塵刹土一切衆生依正色心法界普霑平等解脫究竟成佛[illegible]諸佛無上正等菩提伏願[illegible]

[illegible]

吉時

洪武十一年戊午歲二月觀音誕前四日

比丘　妙叶　焚香稽首拜書

永明心賦註卷四

校勘記

一　底本，清藏本。

一　二五五頁上八行註釋右「莫大廣」，徑作「莫之廣」。

一　二五五頁中一行第三字「元」，徑作「玄」。以下凡避諱字「元」同。

一　二五五頁中四行註釋右「二攝」，徑作「三攝」。

一　二五八頁中一三行註釋左「第三義中」，徑作「第二義中」。

一　二五九頁中一五行註釋左「其性不滅」，徑作「其性不滅」。

一　二六〇頁上一九行「二乘」，徑作「二塵」。又註釋右「台教云」，徑作「合教云」。

一　二六〇頁中一行註釋左「背覺合塵」，徑作「皆覺合塵」。

一　二六〇頁下一七行註釋右第四字「叵」，徑作「回」。

一　二六五頁上卷末經名後，徑有比丘妙叶附文一篇，茲補載於卷尾。

碧巖集序　鴈一

至聖命脉列祖大機換骨靈方頤神妙術其惟雪竇禪師具超宗超格正眼提掇正令不露風規秉烹佛煅祖鉗鎚頌出衲僧向上巴鼻銀山鐵壁孰敢鑽研蚊咬鐵牛難爲下口不逢大匠焉悉玄微粤有佛果老人住碧巖日學者迷而請益老人愍以垂慈剔抉淵源剖析底理當陽直指豈立見知百則公案從頭一串穿來一隊老漢次第總將按過須知趙壁本無瑕纇相如謾誑秦王至道實乎無言宗師垂慈救弊儻如是見方知徹底老婆其或泥句沈言未免滅佛種族普照幸親師席得聞未聞道友集成簡編鄙拙敘其本末時建炎戊申暮春晦日參學嗣祖比丘普照

謹序

佛果圜悟禪師碧巖集目録

佛果圜悟禪師碧巖集目録終

佛果圜悟禪師碧巖集卷第一

秣陵遠庵吳自弘　校
天界比丘　性湛　閱

垂示云：隔山見烟早知是火，隔墻見角便知是牛，舉一明三，目機銖兩，是衲僧家尋常茶飯。至於截斷衆流，東湧西沒，逆順縱橫，與奪自在，正當恁麼時，且道是甚麼人行履處？看取雪竇葛藤。

舉梁武帝問達磨大師（說這不喞𠺕漢）如何是聖諦第一義（是甚繫驢橛）磨云廓然無聖（將謂多少奇特箭過新羅可煞明白）帝曰對朕者誰（滿面慚惶強惺惺果然摸索不著）磨云不識（咄再來不直半文錢）帝不契（可惜許却較些子）達磨遂渡江至魏（這野狐精不免一場懡㦬從西過東從東過西）帝後舉問志公（貧兒思舊債傍人有眼）志公云陛下還識此人否（和志公趕出國始得好與三十棒達磨來也）帝云不識（却是武帝承當得達磨公案）志公云此是觀音大士傳佛心印（胡亂指注臂膊不向外曲）帝悔遂遣使去請（果然把不住向道不喞𠺕）志公云莫道陛下發使去取（東家人死西家人助哀也好一時趕出國）闔國人去佗亦不回（志公也好與三十棒不知脚跟下放大光明）

達磨遙觀此土有大乘根器遂泛海得得而來單傳心印開示迷塗不立文字直指人心見性成佛若恁麼見得便有自由分不隨一切語言轉脫體現成便能於後頭與武帝對譚并二祖安心處自然見得無計較情塵一刀截斷灑灑落落何必更分是分非辨得辨失雖然恁麼能有幾人武帝嘗披袈裟自講放光般若經感得天花亂墜地變黃金辨道奉佛誥詔天下起寺度僧依教修行人謂之佛心天子達磨初見武帝帝問朕起寺度僧有何功德磨云無功德早是惡水驀頭澆若透得這箇無功德話許你親見達磨且道起寺度僧為什麼都無功德此意在什麼處帝與婁約法師傅大士昭明太子持論真俗二諦據教中說真諦以明非有俗諦以明非無真俗不二即是聖諦第一義此是教家極妙窮玄處帝便拈此極則處問達磨如何是聖諦第一義磨云廓然無聖天下衲僧跳不出達磨與他一刀截斷如今人多錯會却去弄精魂瞠眼睛云廓然無聖且喜沒交涉五祖先師嘗說只這廓然無聖若人透得歸家穩坐一等是打葛藤不妨與他打破漆桶達磨就中奇特所以道參得一句透千句萬句一時透自然坐得斷把得定古人道粉骨碎身未足酬一句了然超百億達磨劈頭與他一拶多少漏逗了也帝不省却以人我見故再問對朕者誰達磨慈悲忒煞又向道不識直得武帝眼目定動不知落處是何言說到這裏有事無事拈來即不堪端和尚有頌云一箭尋常落一鵰更加一箭已相饒直歸少室峯前坐梁主休言更去招復云誰欲招帝不契遂潛出國這老漢只得懡㦬渡江至魏時魏孝明帝當位乃北人種族姓拓跋氏後來方名中國達磨至彼亦不出見直過少林面壁九年接得二祖彼方號為壁觀婆羅門梁武帝後問志公公云陛下還識此人否帝曰不識且道與達磨道底是同是別似則也似是則不是人多錯會道前來達磨是答他禪後來武帝是對他志公乃相識之識且得沒交涉當時志公恁麼問且道作麼生祇對何不一棒打殺免見搽胡武帝却供他欵道不識志公見機而作便云此是觀音大士傳佛心印帝悔遂遣使去取好不唧䀸當時等他道此是觀音大士傳佛心印亦好擯他出國猶較些子人傳志公天監四年化去達磨普通八年方來自隔十餘年何故却道同時相見此必是謬傳據傳中所載如今不論這事只要知他大綱且道達磨是觀音志公是觀音問那箇是端的底觀音既是觀音為什麼却有兩箇何止兩箇成羣作隊時後魏光統律師菩提流支三藏與師論議師斥相指心而褊局之量自不堪任競起害心數加毒藥至第六度化緣已畢傳法得人遂不復救端居而逝葬於熊耳山定林寺後魏宋雲奉使於葱嶺遇師手携隻履而往武帝追憶自撰碑文云嗟夫見之不見逢之不逢遇之不遇今之古之怨之恨之復讚云心有也曠刼而受沈淪心無也刹那而成正覺且道達磨即今在什麼處蹉過也不知

聖諦廓然（箭過新羅咦）何當辨的（過也有什麼難辨）對

朕者誰再來不直半文錢又恁麼去也還云不識三箇四箇中也咄因茲暗渡江穿人鼻孔不得却被別人穿蒼天蒼天好不大丈夫豈免生荊棘脚跟下已深數丈闔國人追不再來兩重公案用追作麼在什麼處大丈夫志氣何在千古萬古空相憶換手搥胷望空啟告休相憶道什麼向鬼窟裏作活計清風匝地有何極果然大小雪竇向草裏輥師顧視左右云這裏還有祖師麼你待番款那猶作這去就自云有塌薩阿勞喚來與老僧洗脚更與三十棒趕出也未為分外作這去就猶較些子

且據雪竇頌此公案一似善舞太阿劍相似向虛空中盤礴自然不犯鋒鋩若是無這般手段纔拈着便見傷鋒犯手若是具眼者看他一拈一掇一褒一貶只用四句揩定一則公案大凡頌古只是繞路說禪拈古大綱據款結案而已雪竇與他一拶劈頭便道聖諦廓然何當辨的雪竇於佗初句下着這一句不妨奇特且道畢竟作麼生辨的直饒鐵眼銅睛也摸索不着到這裏以情識卜度得麼所以雲門道如擊石火似閃電光這箇些子不落心機意識情想等你開口堪作什麼計較生時鷂子過新羅雪竇道你天下衲僧何當辨的對朕者誰着箇還云不識此是雪竇忒煞老婆重重為人處且道廓然與不識是一般兩般若是了底人分上不言而諭若是未了底人決定打作兩橛諸方尋常皆道雪竇重拈一徧殊不知四句頌盡公案了後為慈悲之故頌出事跡因茲暗渡江豈免生荊棘達磨本來茲土與人解粘去縛抽釘拔楔剗除荊棘因何却道生荊棘非止當時諸人即今脚跟下已深數丈闔國人追不再來千古萬古空相憶可煞不丈夫且道達磨在什麼處若見達磨便見雪竇末後為人處雪竇恐怕人逐情見所以撥轉關棙子出自己見解云休相憶清風匝地有何極既休相憶你脚跟下事又作麼生雪竇道即今箇裏匝地清風天上天下有何所極雪竇拈千古萬古之事抛向面前非止雪竇當時有何極你諸人分上亦有何極他又怕人執在這裏再着方便高聲云這裏還有祖師麼自云有雪竇到這裏不妨為人赤心片片又自云喚來與老僧洗脚大煞減人威光當時也好與本分手脚且道雪竇意在什麼處到這裏喚作驢則是喚作馬則是喚作祖師則是如何名邈往往喚作雪竇使祖師去也且喜沒交涉且道畢竟作麼生只許老胡知不許老胡會

垂示云乾坤窄日月星辰一時黑直饒棒如雨點喝似雷奔也未當得向上宗乘中事設使三世諸佛只可自知歷代祖師全提不起一大藏教詮注不及明眼衲僧自救不了到這裏作麼生請益道箇佛字拖泥帶水道箇禪字滿面慚惶久參上士不待言之後學初機直須究取

舉趙州示眾云這老漢作什麼莫打這葛藤至道無難非難非易唯嫌揀擇眼前是什麼三祖猶在纔有語言是揀擇是明白兩頭三面少賣弄魚行水濁鳥飛落毛老僧不在明白裏賊身已露這老漢向什麼處去是汝還護惜也無敗也也有一箇半箇時有僧問既不在明白裏護惜箇什麼也好與一拶舌拄上齶州云我亦不知拶殺這老漢倒退三千僧云和尚既不知為什麼却道不在明白裏看走向什麼處去逐教上樹去州云問事即

得禮拜了退（賴有這一着這老賊）趙州和尚尋常舉此話頭只是惟嫌揀擇此是三祖信心銘云至道無難唯嫌揀擇但莫憎愛洞然明白纔有是非是揀擇是明白纔恁麼會蹉過了也鍊釘膠粘堪作何用州云是揀擇是明白如今參禪問道不在揀擇中便坐在明白裏老僧不在明白裏汝等還護惜也無汝諸人既不在明白裏且道趙州在什麼處爲什麼却教人護惜五祖先師常說道垂手來似過你你作麼生會且道作麼生是垂手處識取鉤頭意莫認定盤星這僧出來也不妨奇特捉趙州空處便去拶佗既不在明白裏護惜箇什麼趙州更不行棒行喝只道我亦不知若不是這老漢被佗拶着往往忘前失後賴是這老漢會轉身自在處所以如此答他如今禪和子問着也道我亦不知不會爭奈同途不同轍這僧有奇特處方始會問和尚既不知爲什麼却道不在明白裏更好一拶若是別人往往分疏不下趙州是作家只向他道問事卽得禮拜了退這僧依舊無奈這老漢何只得飲氣吞聲此是大手宗師不與你論玄論妙論機論境一向以本分事接人所以道相罵饒你接觜相唾饒你潑水殊不知這老漢平生不以棒喝接人只以平常言語只是天下人不奈何蓋爲他平生無許多計較所以橫拈倒用逆行順行得大自在如今人不理會得只管道趙州不答話不爲人說殊不知當面蹉過

至道無難（三重公案滿口含霜道什麼）言端語端（魚行水濁七花八裂搽胡也）一有多種（分開好只一般有什麼了期）二無兩般（何堪四五六七打葛藤作什麼）天際日上月下（覿面相呈頭上漫漫脚下漫漫切忌昂頭低頭）檻前山深水寒（一死更不再活還覺寒毛卓豎麼）髑髏識盡喜何立（棺木裏瞠眼盧行者是它同參）枯木龍吟銷未乾（咄枯木再生花達磨遊東土）難難（邪法難扶倒一說這裏是什麼所在說難說易）揀擇明白君自看（瞎將謂由別人賴值自看不干山僧事）

雪竇知佗落處所以如此頌至道無難便隨後道言端語端舉一隅不以三隅反雪竇道一有多種二無兩般似三隅反一你且道什麼處是言端語端處爲什麼一却有多種二却無兩般若不具眼向什麼處摸索若透得這兩句所以古人道打成一片依舊見山是山水是水長是長短是短天是天地是地有時喚天作地有時喚地作天有時喚山不是山喚水不是水畢竟怎生得平穩去風來樹動浪起船高春生夏長秋收冬藏一種平懷泯然自盡則此四句頌頓絕了也雪竇有餘才所以分開結裹筭來也只是頭上安頭道至道無難言端語端一有多種二無兩般雖無許多事天際日上時月便下檻前山深時水便寒到這裏言也端語也端頭頭是道物物全眞豈不是心境俱忘打成一片處雪竇頭上太孤峻生末後也漏逗不少若參得透見得徹自然如醍醐上味相似若是情解未忘便見七花八裂決定不能會如此說話髑髏識盡喜何立枯木龍吟銷未乾只這便是交加處這僧恁麼問趙州恁麼答州云至道無難唯嫌揀擇纔有語言是揀擇是明白老僧不在明白裏是汝還護惜也無時有僧便問既不在明白裏又護惜箇什麼州云我亦

不知僧云和尚既不知爲什麼却道不在明白裏州云問事卽得禮拜了退此是古人問道底公案雪竇拽來一串穿却用頌至道無難唯嫌揀擇如今人不會古人意只管咬言嚼句有甚了期若是通方作者始能辨得這般說話不見僧問香嚴如何是道嚴云枯木裏龍吟僧云如何是道中人嚴云髑髏裏眼睛僧後問石霜如何是枯本裏龍吟霜云猶帶喜在如何是髑髏裏眼睛霜云猶帶識在僧又問曹山如何是枯木裏龍吟山云血脈不斷如何是髑髏裏眼睛山云乾不盡什麼人得聞山云盡大地未有一箇不聞僧云未審龍吟是何章句山云不知是何章句聞者皆喪復有頌云枯木龍吟眞見道髑髏無識眼初明喜識盡時消息盡當人那辨濁中清雪竇可謂大有手脚一時與你交加頌出然雖如是都無兩般雪竇末後有爲人處更道難難只這難難也須透過始得何故百丈道一切語言山河大地一一轉歸自己雪竇凡是一拈一掇到末後須歸自已且道什麼處是雪竇爲人處揀擇明白君自看既是打葛藤頌了因何却道君自看好彩敎你自看且道意落在什麼處莫道諸人理會不得設使山僧到這裏也只是理會不得

垂示云一機一境一言一句且圖有箇入處好肉上剜瘡成窠成窟大用現前不存軌則且圖知有向上事蓋天蓋地又摸索不着恁麼也得不恁麼也得太廉纖生恁麼也不得不恁麼也不得太孤危生不涉二塗如何卽是請試舉看

舉馬大師不安（這漢漏逗不少帶累別人去也）院主問和尚近日尊候如何（四百四病一時發三日後不送亡僧是好手仁義道中）大師云日面佛月面佛（可煞新鮮養子之緣）

馬大師不安院主問和尚近日尊候如何大師云日面佛月面佛祖師若不以本分事相見如何得此道光輝此箇公案若知落處便獨步丹霄若不知落處往往枯木巖前差路去在若是本分人到這裏須是有驅耕夫之牛奪飢人之食底手脚方見馬大師爲人處如今多有人道馬大師接院主且喜沒交涉如今衆中多錯會瞠眼云在這裏左眼是日面右眼是月面有什麼交涉驢年未夢見在只管蹉過古人事只如馬大師如此道意在什麼處有底云點平胃散一盞來有什麼巴鼻到這裏作麼生得平穩去所以道向上一路千聖不傳學者勞形如猿捉影只這日面佛月面佛極是難見雪竇到此亦是難頌却爲他見得透用盡平生工夫指注他諸人要見雪竇麼看取下文

日面佛月面佛（開口見膽如兩面鏡相照於中無影像）五帝三皇是何物（太高生莫謾他好可貴可賤）二十年來曾苦辛（自是你落草不干山僧事啞子喫苦瓜）爲君幾下蒼龍窟（何消恁麼莫錯用心好也莫道無奇特）屈（愁殺人愁人莫向愁人說）堪述（向阿誰說說與愁人愁殺人）明眼衲僧莫輕忽（更須子細）（咄倒退三千）

神宗在位時自謂此頌諷國所以不肯入藏雪竇先拈云日面佛月面佛一拈了却云五帝三皇是何物且道他意作麼生適來已說了也直下注他所以道垂鉤四海只釣獰龍只此一句已了後面雪竇自頌他平生所以

用心叅尋二十年來曾苦辛為君幾下蒼龍窟似箇什麽一似人入蒼龍窟裏取珠相似後來打破漆桶將謂多少奇特元來只消得箇五帝三皇是何物且道雪竇語落在什麽處須是自家退步看方始見得他落處豈不見興陽剖侍者答遠録公問娑竭出海龍宮震覩面相呈事若何剖云金翅鳥王當宇宙箇中誰是出頭人遠云忽遇出頭又作麽生剖云似鶻捉鳩君不信髑髏前驗始知親遠云恁麽則屈節當胷退身三步剖云須彌脚下烏龜立更待臨時點額回所以三皇五帝亦是何物人多不見雪竇意只管道諷國若恁麽會只是情見此乃禪月題公子行云錦衣鮮華手擎鶻閑行氣貌多輕忽稼穡艱難總不知五帝三皇是何物雪竇道屈堪述明眼衲僧莫輕忽多少人向蒼龍窟裏作活計直饒是頂門具眼肘後有符明眼衲僧照破四天下到這裏也莫輕忽須是子細始得

垂示云青天白日不可更指東劃西時節因緣亦須應病與藥且道放行好把定好試舉看

舉德山到潙山（擔板漢野狐精）挾複子於法堂上（不妨令人疑著納敗缺）從東過西從西過東（可煞有禪作什麽）顧視云無無便出（好與三十棒可煞氣衝天眞師子兒善師子吼）雪竇着語云勘破了也（錯果然點）德山至門首却云也不得草草（放去收來頭上太高生末後太低生知過必改能有幾人）便具威儀再入相見（依前作這去就已是第二重敗缺嶮）潙山坐次（冷眼看這老漢捋虎鬚也須是這般人始得）德山提起坐具云和尚（改頭換面無風起浪）潙山擬取拂子（須是那漢始得運籌帷幄之中不妨坐斷天下人舌頭）德山便喝拂袖而出（野狐精見解這一喝也有權也有實也有照也有用一等是拏雲攫霧者就中奇特）雪竇着語云勘破了也（錯果然點）德山背却法堂着草鞋便行（風光可愛公案未圓嬴得項上頭失却脚下鞋已是喪身失命了也）潙山至晚問首座適來新到在什麽處（東邊落節西邊拔本眼觀東南意在西北）首座云當時背却法堂着草鞋出去也（靈龜曳尾好與三十棒這般漢腦後合喫多少）潙山云此子已後向孤峯頂上盤結草庵呵佛罵祖去在（賊過後張弓天下衲僧跳不出）雪竇着語云雪上加霜（錯果然點）夾山下三箇點字諸人還會麽有時將一莖草作丈六金身用有時將丈六金身作一莖草用德山本是講僧在西蜀講金剛經因教中道金剛喻定後得智中千刧學佛威儀萬刧學佛細行然後成佛他南方魔子便說卽心是佛遂發憤擔疏鈔行脚直往南方破這魔子輩看他恁麽發憤也是箇猛利底漢初到澧州路上見一婆子賣油糍遂放下疏鈔且買點心喫婆云所載者是什麽德山云金剛經疏鈔婆云我有一問你若答得布施油糍作點心若答不得別處買去德山云但問婆云金剛經云過去心不可得現在心不可得未來心不可得上座欲點那箇心山無語婆遂指令去叅龍潭纔跨門便問久嚮龍潭及乎到來潭又不見龍又不現龍潭和尚於屏風後引身云子親到龍潭師乃設禮而退至夜間入室侍立更深潭云何不下去山遂珍重揭簾而出見外面黑却回云門外黑潭遂點紙燭度與山山方接潭便吹滅山豁然大悟便禮拜潭云子見箇什麽便禮拜山云某甲自今後更不疑着天下老和尚舌頭至

來日潭上堂云可中有箇漢牙如劍樹口似血盆一棒打不回頭他時異日向孤峯頂上立吾道去在山遂取疏鈔於法堂前將火炬舉起云窮諸玄辨若一毫置於太虛竭世樞機似一滴投於巨壑遂燒之後聞潙山盛化直造潙山便作家相見包亦不解直上法堂從東過西從西過東顧視云無無便出且道意作麼生莫是顛麼人多錯會用作建立直是無交涉看他恁麼不妨奇特所以道出羣須是英靈漢敵勝還他師子兒選佛若無如是眼假饒千載又奚為到這裏須是通方作者方始見得何故佛法無許多事那裏着得情見來是他心機那裏有如許多阿勞所以玄沙道直似秋潭月影靜夜鐘聲隨扣擊以無虧觸波瀾而不散猶是生死岸頭事到這裏亦無得失是非亦無奇特玄妙既無奇特玄妙作麼生會他從東過西從西過東且道意作麼生潙山老漢也不管他若不是潙山也被他折挫一上看他潙山老作家相見只管坐觀成敗若不深辨來風爭能如此雪竇着語云勘破了也一似鐵橛相似眾中謂之着語雖然在兩邊却不住在兩邊作麼生會他道勘破了也什麼處是勘破處且道勘破德山勘破潙山德山遂出到門首却要拔本自云也不得草草要與潙山掀出五臟心肝法戰一場再具威儀却回相見潙山坐次德山提起坐具云和尚潙山擬取拂子德山便喝拂袖而出可煞奇特眾中多道潙山怕他有甚交涉潙山亦不忙所以道智過於禽獲得禽智過於獸獲得獸智過於人獲得人參得這般禪盡大地森羅萬象天堂地獄草芥人畜一時作一喝來他亦不管掀倒禪床喝散大眾他亦不顧如天之高似地之厚潙山若無坐斷天下人舌頭底手脚時驗他也大難若不是他一千五百人善知識到這裏也分疎不下潙山是運籌帷幄決勝千里德山背却法堂着草鞋便出去且道他意作麼生你道德山是勝是負潙山恁麼是勝是負雪竇着語云堪破了也是他下工夫見透古人誵訛極則處方能恁麼不妨奇特納堂云雪竇着兩箇勘破作三段判方顯此公案似傍人斷二人相似後來這老漢緩緩地至晚方問首座適來新到在什麼處首座云當時背却法堂着草鞋出去也潙山云此子已後向孤峯頂上盤結草庵呵佛罵祖去在且道他意旨如何潙山老漢不是好心德山後來呵佛罵祖打風打雨依舊不出他窠窟被這老漢見透平生伎倆到這裏喚作潙山與他受記得麼喚作澤廣藏山理能伏豹得麼若恁麼且喜沒交涉雪竇知此公案落處敢與他斷更道雪上加霜又重拈起來教人見若見得去許你與潙山德山雪竇同參若也不見切忌妄生情解

一勘破（言猶在耳過）二勘破（兩重公案）雪上加霜曾嶮墮（三段不同在什麼處）飛騎將軍入虜庭（嶮敗軍之將無勞再斬喪身失命）再得完全能幾箇（死中得活）急走過（傍若無人三十六策盡你神通堪作何用）不放過（理能伏豹穿却鼻孔）孤峯頂上草裏坐（果然穿過鼻孔也未為奇特為什麼却在草裏坐）咄（會麼兩刃相傷兩兩三三舊路行唱拍相隨便打）

雪竇頌一百則公案一則則焚香拈出所以

大行於世他更會文章透得公案盤礴得熟方可下筆何故如此龍蛇易辨衲子難瞞雪竇綮透這公案於節角誵訛處着三句語撮來頌出雪上加霜幾乎嶮墮只如德山似什麽一似李廣天性善射天子封為飛騎將軍深入虜庭被單于生獲廣時傷病置廣兩馬間絡而盛臥廣遂詐死睨其傍有一胡兒騎善馬廣騰身上馬推墮胡兒奪其弓矢鞭馬南馳彎弓射退追騎以故得脫這漢有這般手段死中得活雪竇引在頌中用比德山再入相見依舊被他跳得出去看他古人見到說到行到用到不妨英靈有殺人不眨眼底手脚方可立地成佛有立地成佛底人自然殺人不眨眼方有自由自在分如今人有底問着頭上一似衲僧氣概輕輕攏着便腰做段股做截七支八離渾無些子相續處所以古人道相續也大難看他德山溈山如此岂是草草怱怱底見解再得完全能幾箇急走過德山喝便出去一似李廣被捉後設計一箭射殺一箇番將得出虜庭相似雪竇頌到

丽二　二十

此大有工夫德山背却法堂着草鞋出去道得便宜殊不知這老漢依舊不放他出頭在雪竇道不放過溈山至晚間問首座適來新到在什麽處首座云當時背却法堂着草鞋出去也溈山云此子他日向孤峯頂上盤結草庵呵佛罵祖去在幾曾是放過來不妨奇特到這裏雪竇為什麽道孤峯頂上草裏坐又下一喝且道落在什麽處更参三十年

垂示云大凡扶豎宗教須是英靈底漢有殺人不眨眼底手脚方可立地成佛所以照用同時卷舒齊唱理事不二權實並行放過一着建立第二義門直下截斷葛藤後學初機難為湊泊昨日恁麽事不獲已今日又恁麽罪過彌天若是明眼漢一點謾他不得其或未然虎口裏横身不免喪身失命試舉看

丽二　二十一

舉雪峯示衆云(一盲引衆盲不為分外)盡大地撮來如粟米粒大(是什麽手段山僧從來不弄鬼眼睛)抛向面前(只恐抛不下有什麽伎倆)漆桶不會(倚勢欺人自領出去莫說大衆好)打鼓普請看(瞎打鼓為三軍)

長慶問雲門雪峯與麽道還有出頭不得處麽門云有慶云作麽生門云不可總作野狐精見解雪峯云匹上不足匹下有餘我更與你打葛藤拈拄杖云還見雪峯麽咄王令稍嚴不許攙奪行市大溈喆云我更與你諸人土上加泥拈拄杖云看看雪峯向諸人面前放屙咄為什麽屎臭也不知雪峯示衆云盡大地撮來如粟米粒大古人接物利生有奇特處只是不妨辛懃三上投子九到洞山置漆桶木杓到處作飯頭也只為透脫此事及至洞山作飯頭一日洞山問雪峯作什麽峯云淘米山云淘沙去米淘米去沙峯云沙米一齊去山云大衆喫箇什麽峯便覆盆山云子緣在德山指令見之纔到便問從上宗乘中事學人還有分也無德山打一棒云道什麽因此有省後在鰲山阻雪謂巖頭云我當時在德山棒下如桶底脫相似巖頭喝云你不見道從門入者不是家珎須是自己胷中流出蓋天蓋地方有少分相應雪峯忽然大悟禮拜云師兄今日始是鰲山成道如今人只管道古人特地做作教後人依規矩若恁

麽正是謗他古人謂之出佛身血古人不似如今人苟且豈以一言半句以當平生若扶竪宗教續佛壽命所以吐一言半句自然坐斷天下人舌頭無你着意路作情解涉道理處看他此箇示衆蓋爲他曾見作家來所以有作家鉗鎚凡出一言半句不是心機意識思量鬼窟裏作活計直是超羣拔萃坐斷古今不容擬議他家用處盡是如此一日示衆云南山有一條鼈鼻蛇汝等諸人切須好看取時稜道者出衆云恁麽則今日堂中大有人喪身失命去在又云盡大地是沙門一隻眼汝等諸人向什麽處屙又云望州亭與汝相見了也烏石嶺與汝相見了也僧堂前與汝相見了也時有僧出便問僧堂前即且置如何是望州亭烏石嶺相見處雪峯驟步歸方丈他常舉這般語示衆只如道盡大地撮來如粟米粒大這箇時節且道以情識卜度得麽須是打破羅籠得失是非一時放下洒洒落落自然透得他圈繢方見他用處且道雪峯意在什麽處人多作情解道心是萬法之主盡大地一時在我手裏且喜沒交涉到這裏須是箇眞實漢聊聞舉着徹骨徹髓見得透且不落情思意想若是箇本色行脚衲子見他恁麽已是郎當爲人了也看他雪竇頌云

牛頭沒閃電相似蹉過了也馬頭回如擊石火曹溪鏡裏絕塵埃打破鏡來與你相見須是打破始得打鼓看來君不見剌破你眼睛莫輕易好漆桶有什麽難見處百花春至爲誰開法不相饒一場狼藉葛藤窟裏出頭來

雪竇自然見他古人只消去他命脈上一劄與他頌出牛頭沒馬頭回且道說箇什麽見得透底如早朝喫粥齋時喫飯相似只是尋常雪竇慈悲當頭一鎚擊碎一句截斷只是不妨孤峻如擊石火似閃電光不露鋒鋩無你湊泊處且道向意根下摸索得麽此兩句一時道盡了也雪竇第三句却通一線道略露些風規早是落草第四句直下更是落草若向言上生言句上生句意上生意作解作會不唯帶累老僧亦乃辜負雪竇古人句雖如此意不如此終不作道理繫縛人曹溪鏡裏絕塵埃多少人道靜心便是鏡且喜沒交涉只管作計較道理有什麽了期這箇是本分說話山僧不敢不依本分牛頭沒馬頭回雪竇分明說了也自是人不見所以雪竇如此郎當頌道打鼓看來君不見癡人還見麽更向你道百花春至爲誰開可謂豁開戶牖與你一時八字打開了也及乎春來幽谷野澗乃至無人處百花競發你且道更爲誰開

舉雲門垂語云十五日已前不問汝半河南半河北這裏不收舊曆日十五日已後道將一句來不免從朝至暮切忌道著來日是十六日月如流自代云日日是好日收蝦跳不出斗誰家無明月清風還知麽海神知貴不知價

雲門初參睦州州旋機電轉直是難湊泊尋常接人纔跨門便搊住云道道擬議不來便推出云秦時𨍏轢鑽雲門凡去見至第三回纔敲門州云誰門云文偃纔開門便跳入州搊住云道道門擬議便被推出門一足在門閫內被州急合門拶折雲門脚門忍痛作聲忽然大悟後來語脉接人一模脫出睦州後於陳操尚書宅住三年睦州指往雪峯處去

至彼出衆便問如何是佛峯云莫寐語雲門便禮拜一住三年雪峯一日問子見處如何門云某甲見處與從上諸聖不移易一絲毫許靈樹二十年不請首座常云我首座生也又云我首座牧牛也復云我首坐行脚也忽一日令撞鐘三門前接首座衆皆訝之雲門果至便請入首座寮解包靈樹人號曰知聖禪師過去未來事皆預知一日廣主劉王將興兵躬入院請師決臧否靈樹已先知怡然坐化廣主怒曰和尚何時得疾侍者對曰師不曾有疾適封一合子令俟王來呈之廣主開合得一帖子云人天眼目堂中首座廣主悟旨遂寢兵請雲門出世住靈樹後來方住雲門師開堂說法有鞠常侍致問靈樹果子熟也未門云什麼年中得信道生復引劉王

爲一

三五

昔爲賣香客等因緣劉王後謚靈樹爲知聖禪師靈樹生生不失通雲門凡三生爲王所以失通一日劉王詔師入內過夏共數人尊宿皆受內人問訊說法唯師一人不言亦無人親近有一直殿使書一偈貼在碧玉殿上云大智修行始是禪禪門宜默不宜喧萬般巧說爭如實輸却雲門總不言雲門尋常愛說三字禪顧鑒咦又說一字禪僧問殺父殺母佛前懺悔殺佛殺祖向什麼處懺悔門云露又問如何是正法眼藏門云普直是不容擬議到平鋪處又却罵人若下一句語如鐵橛子相似後出四哲乃洞山初智門寬德山圓香林遠皆爲大宗師香林十八年爲侍者凡接他只叫遠侍者遠云喏門云是什麼如此十八年一日力悟門云我今後更不叫汝雲門尋常接人多用睦州手段只是難爲湊泊有抽釘拔楔底鉗鎚雪竇道我愛韶陽新定機一生與人抽釘拔楔垂箇問頭示衆云十五日已前不問汝十五日已後道將一句來坐斷千差不通凡聖自代云日日是好日十五日已前這語已坐斷千差十五日已後這語也坐斷千差是他不道明日是十六後人只管隨語生解有什麼交涉他雲門立箇宗風須是有箇爲人處垂語了却自代云日日是好日此語通貫古今從前至後一時坐斷山僧如此說話也是隨語生解他殺不如自殺纔作道理墮坑落塹雲門一句中三句俱備蓋是他家宗旨如此垂一句語須要歸宗若不如此只是杜撰此事無許多論說而未透者却要如此若透得便見古人意旨看取雪竇打葛藤

爲一

三六

去却一(七穿八穴向什麼處去放過一著)拈得七(拈不出却不放過)

上下四維無等匹(何似生上是天下是地東南西北與四維有什麼等匹爭奈拄杖在我手裏)

徐行踏斷流水聲(莫問脚跟下難爲體究打入葛藤窟裏去了也)縱觀寫出飛禽跡(眼裏亦無此消息野狐精見解依前只在舊窠窟裏)

草茸茸(腦後拔箭是什麼消息墮在平實處)烟冪冪(未出這窠窟足下雲生)

空生巖畔花狼籍(在什麼處不唧嚼漢勘破了也)彈指堪悲舜若多(四方八面盡法界向舜若多鼻孔裏道將一句來在什麼處)

莫動着(前言何在動着時如何)動着三十棒(自領出去便打)

雪竇頌古偏能如此當頭以金剛王寶劍揮一下了然後略露些風規雖然如此畢竟無有二解去却一拈得七人多作筭數會道去却一是十五日已前事雪竇驀頭下兩句言語印破了却露出教人見去却一拈得七切

忌向言句中作活計何故胡餅有什麽汁人多落在意識中須是向語句未生已前會取始得大用現前自然見得也所以釋迦老子成道後於摩竭提國三七日中思惟如是事諸法寂滅相不可以言宣我寧不說法疾入於涅槃到這裏覓箇開口處不得以方便力故為五比丘說已至三百六十會說一代時敎只是方便所以脫珍御服着弊垢衣不得已而向第二義門中淺近之處誘引諸子若敎他向上全提盡大地無一箇半箇且道作麽生是第一句到這裏雪竇露些意敎人見你但上不見有諸佛下不見有衆生外不見有山河大地內不見有見聞覺知如大死底人却活相似長短好惡打成一片一一拈來更無異見然後應用不失其宜方見他道去却一拈得七上下四維無等匹若於此句透得直得上下四維無有等匹森羅萬象草芥人畜着着全彰自己家風所以道萬象之中獨露身惟人自肯乃方親昔年謬向途中覓今日看來火裏冰天上天下惟我獨尊人多逐末不求其本先得本正自然風行草偃水到渠成徐行踏斷流水聲徐徐行動時浩浩流水聲也應踏斷縱觀寫出飛禽跡縱目一觀直饒是飛禽跡亦如寫出相似到這裏鑊湯爐炭吹敎滅劍樹刀山喝便摧不爲難事雪竇到此慈悲之故恐人坐在無事界中復道草茸茸烟羃羃所以蓋覆却直得草茸茸烟羃羃且道是什麽人境界喚作日日是好日得麽且喜沒交涉直得徐行踏斷流水聲也不是縱觀寫出飛禽跡也不是草茸茸也不是烟羃羃也不是直饒總不恁麽正是空生巖畔花狼籍也須是轉過那邊始得豈不見須菩提巖中宴坐諸天雨花讚嘆尊者曰空中雨花讚嘆復是何人天曰我是天帝釋尊者曰汝何讚嘆天曰我重尊者善說般若波羅密多尊者曰我於般若未嘗說一字汝云何讚嘆天曰尊者無說我乃無聞無說無聞是眞般若又復動地雨花雪竇亦曾有頌云雨過雲凝曉半開數峯如畫碧崔嵬空生不解巖中坐惹得天花動地來天帝旣動地雨花到這裏更藏去那裏雪竇又道我恐逃之逃不得大方之外皆充塞忙忙擾擾知何窮八面清風惹衣裓直得淨躶躶赤洒洒都無纖毫過患也未爲極則且畢竟如何卽是看取下文云彈指堪悲舜若多梵語舜若多此云虛空神以虛空爲體無身覺觸得佛光照方現得身你若得似舜若多神時雪竇正好彈指悲歎又云莫動着動着時如何白日青天開眼瞌睡

垂示云聲前一句千聖不傳未曾親覲如隔大千設使向聲前辨得截斷天下人舌頭亦未是性懆漢所以道天不能蓋地不能載虛空不能容日月不能照無佛處獨稱尊始較些子其或未然於一毫頭上透得放大光明七縱八橫於法自在自由信手拈來無有不是且道得箇什麽如此奇特復云大衆會麽從前汗馬無人識只要重論蓋代功卽今事且致雪竇公案又作麽生看取下文

舉僧問法眼（道什麽擔枷過狀）慧超咨和尚如何是佛（道什麽眼睛突出）法眼云汝是慧超（依模脫出鐵餕餡）

猶就身打劫

法眼禪師有啐啄同時底機具啐啄同時底用方能如此答話所謂超聲越色得大自在縱奪臨時殺活在我不妨奇特然如此箇公案諸方商量者多作情解會者不少不知古人凡垂示一言半句如擊石火似閃電光直下撥開一條正路後人只管去言句上作解會道慧超便是佛所以法眼恁麼答有者道大似騎牛覓牛有者道問處便是有什麼交涉若恁麼會去不惟辜負自己亦乃深屈古人若要見他全機除非是一棒打不回頭底漢牙如劍樹口似血盆向言外知歸方有少分相應若一一作情解盡大地是滅胡種族底漢只如超禪客於此悟去也是他尋常管帶叅究所以一言之下如桶底脫相似只如則監院在法眼會中也不曾叅請入室一日法眼問云則監院何不來入室則云和尚豈不知某甲於青林處有箇入頭法眼云汝試為我舉看則云某甲問如何是佛林云丙丁童子來求火法眼云好語恐你錯會可更說看則云丙丁屬火以火求火如某甲是佛更去覓佛法眼云監院果然錯會了也則不憤便起單渡江去法眼云此人若回可救若不回救不得也則到中路自忖云他是五百人善知識豈可賺我耶遂回再叅法眼云你但

四一

問我我為你答則便問如何是佛法眼云丙

三十

丁童子來求火則於言下大悟如今有者只管瞠眼作解會所謂彼既無瘡勿傷之也這般公案久叅者一舉便知落處法眼下謂之箭鋒相拄更不用五位君臣四料簡直論箭鋒相拄是他家風如此一句下便見當陽便透若向句下尋思卒摸索不著法眼出世有五百眾是時佛法大興時韶國師久依疎山自謂得旨乃集疎山平生文字頂相領眾行脚至法眼會下他亦不去入室只令叅徒隨眾入室一日法眼陞座有僧問如何是曹源一滴水法眼云是曹源一滴水其僧惘然而退韶在眾聞之忽然大悟後出世承嗣法眼有頌呈云通玄峯頂不是人間心外無法滿目青山法眼印云只這一頌可繼吾宗子後有王侯敬重吾不如汝看他古人恁麼悟去是什麼道理不可只教山僧說須是自已二六時中打辦精神似恁麼與他承當他日向十字街頭垂手為人也不為難事所以僧問法眼如何是佛法眼云汝是慧超有甚相辜

四二

三十一

負處不見雲門道舉不顧即差互擬思量何劫悟雪竇後面頌得不妨顯赫試舉看

江國春風吹不起（盡大地那裏得這消息文彩已彰）鷓鴣啼在深花裏（喃喃何用又被風吹別調中豈有恁麼事）三級浪高魚化龍（通這一路莫謾大衆好踏著龍頭）癡人猶戽夜塘水（扶籬摸壁挨門傍戶衲僧有什麼用處守株待兔）

雪竇是作家於古人難咬難嚼難透難見節角誵訛處頌出教人見不妨奇特雪竇識得法眼關棙子又知慧超落處更恐後人向法眼言句下錯作解會所以頌出這僧如此問法眼如是答便是江國春風吹不起鷓鴣啼在深花裏此兩句只是一句且道雪竇意在什麼處江西江南多作兩般解會道江國春風吹不起用頌汝是慧超只這箇消息直饒江國春風也吹不起鷓鴣啼在深花裏用頌

諸方商量這話浩浩地似鷓鴣啼在深花裏相似有什麼交涉殊不知雪竇這兩句只是一句要得無縫無罅明明向汝道言也端語也端蓋天蓋地他問如何是佛法眼云汝是慧超雪竇道江國春風吹不起鷓鴣啼在深花裏向這裏薦得去可以丹霄獨步你若作情解三生六十劫雪竇第三第四句忒煞傷慈爲人一時說破超禪師當下大悟處如三級浪高魚化龍癡人猶戽夜塘水禹門三級浪孟津即是龍門禹帝鑿爲三級今三月三桃花開時天地所感有魚透得龍門頭上生角昂鬃鬣尾拏雲而去跳不得者點額而回癡人向言下咬嚼似戽夜塘之水求魚相似殊不知魚已化爲龍也端師翁有頌云一文大光錢買得箇油糍喫向肚裏了當下不聞飢此頌極好只是太拙雪竇頌得極巧不傷鋒犯手舊時慶藏主愛問人如何是三級浪高魚化龍我也不必在我且問你化作龍去即今在什麼處

垂示云會則途中受用如龍得水似虎靠山不會則世諦流布羝羊觸藩守株待兔有時一句如踞地獅子有時一句如金剛王寶劍有時一句坐斷天下人舌頭有時一句隨波逐浪若也途中受用遇知音別機宜識休咎相共證明若也世諦流布具一隻眼可以坐斷十方壁立千仞所以道大用現前不存軌則有時將一莖草作丈六金身用有時將丈六金身作一莖草用且道憑箇什麼道理還委悉麼試舉看

舉翠巖夏末示衆云一夏以來爲兄弟說話（開口焉知恁麼）看翠巖眉毛在麼（只贏得眼睛也落地和鼻孔也失了入地獄如箭射）保福云作賊人心虛（灼然是賊識賊）長慶云生也（舌頭落地將錯就錯果然）雲門云關（走在什麼處去天下衲僧跳不出敗也）

古人有晨參暮請翠巖至夏末却恁麼示衆然而不妨孤峻不妨驚天動地且道一大藏教五千四十八卷不免說心說性說頓說漸還有這箇消息麼一等是恁麼時節翠巖就中奇特看他恁麼道且道他意落在什麼處古人垂一鉤終不虛設須是有箇道理爲人人多錯會道白日青天說無向當話無事生事夏末先自說過先自點檢免得別人點檢他且喜沒交涉這般見解謂之滅胡種族歷代宗師出世若不垂示於人都無利益圖箇什麼到這裏見得透方知古人有驅耕夫之牛奪飢人之食手段如今人問着便向言下咬嚼眉毛上作活計看他屋裏人自然知他行履處千變萬化節角誵訛着着有出身之路便能如此與他酬唱此語若無奇特雲門保福長慶三人啞啞地與他酬唱作什麼保福云作賊人心虛只因此語惹得適來說許多情解且道保福意作麼生切忌向句下覓他古人你若生情起念則換你眼睛殊不知保福下一轉語截斷翠巖脚跟長慶云生也人多道長慶隨翠巖脚跟轉所以道生也且得沒交涉不知長慶自出他見解道生也各有出身處我且問你是什麼處是生處一似作家面前金剛王寶劍直下便用若能打破常流見解截斷得失是非方見長慶與他酬唱處雲門云關不妨奇特只是難參雲門

大師多以一字禪示人雖一字中須具三句看他古人臨機酬唱自然與今時人迥别此乃下句底様子他雖如此道意決不在那裏既不在那裏且道在什麽處也須仔細自条始得若是明眼人有照天照地底手脚直下八面玲瓏雪竇爲他一箇關字和他三箇穿作一串頌出

翠嵒示徒這老賊教壞人家男女千古無對千箇萬箇也有一箇半箇分一節關字相酬不信道不妨奇特若是恁麼人方解恁麼道失錢遭罪飲氣吞聲雪竇也不少和聲便打潦倒保福同行道伴猶作這去就兩箇三箇抑揚難得放行把住雖是同生同死莫謗他好且喜沒交涉嘮嘮翠嵒這野狐精合取口好分明是賊道着也不妨捉敗了也白圭無玷還辨得麼天下人不知價誰辨眞假多只是假山僧從來無眼碧眼胡僧長慶相諳是精識精須是他始得未得一半在眉毛生也在什麽處從頂門上至脚跟下一莖草也無

雪竇若不恁麽慈悲頌出令人見爭得名善知識古人如此一一皆是事不獲已葢爲後學着他言句轉生情解所以不見古人意旨如今忽有箇出來掀倒禪牀喝散大衆恠他不得雖然如此也須實到這田地始得雪竇道千古無對他只道看翠嵒眉毛在麽有什麽奇特處便乃千古無對須知古人吐一言半句出來不是造次須是有定乾坤底眼始得雪竇着一言半句如金剛王寶劍如踞地獅子如擊石火似閃電光若不是頂門具眼爭能見他古人落處這箇示衆直得千古無對過於德山棒臨濟喝且道雪竇爲人意在什麽處你且作麽生會他道千古無對關字相酬失錢遭罪這箇意如何直饒是具透關底眼到這裏也須子細始得且道是翠嵒失錢遭罪是雪竇失錢遭罪是雲門失錢遭罪你若透得許你具眼潦倒保福抑揚難得抑自已揚古人且道保福在什麽處是抑什麽處是揚嘮嘮翠嵒分明是賊且道他偷什麽來雪竇却道是賊切忌隨他語脉轉却到這裏須是自有操持始得白圭無玷頌翠嵒大似白圭相似更無些瑕翳誰辨眞假可謂罕有人辨得雪竇有大才所以從頭至尾一串穿却末後却方道長慶相諳眉毛生也且道生也在什麽處急着眼看

垂示云明鏡臨臺姸醜自辨鏌鎁在手殺活臨時漢去胡來胡來漢去死中得活活中得死且道到這裏又作麽生若無透關底眼轉身處到這裏灼然不柰何且道如何是透關底眼轉身處試舉看

舉僧問趙州如何是趙州河北河南總說不着爛泥裏有刺不在河南正在河北州云東門西門南門北門關也相罵饒你接觜相唾饒你潑水見成公案還見麽便打

大凡參禪問道明究自已切忌揀擇言句何故不見趙州舉道至道無難唯嫌揀擇又不見雲門道如今禪和子三箇五箇聚頭口喃喃地便道這箇是上才語句那箇是就身處打出語不知古人方便門中爲初機後學未明心地未見本性不得已而立箇方便語句如祖師西來單傳心印直指人心見性成佛那裏如此葛藤須是斬斷語言格外見諦透脫得去可謂如龍得水似虎靠山久參先德有見而未透透而未明謂之請益若是見得透請益却要語句上周旋無有凝滯久參請

益與賊過梯其實此事不在言句上所以雲門道此事若在言句上三乘十二分教豈是無言句何須達磨西來汾陽十八問中此問謂之驗主問亦謂之探拔問這僧致箇問頭也不妨奇特若不是趙州也難抵對他這僧問如何是趙州趙州是本分作家便向道東門西門南門北門僧云某甲不問這箇趙州州云你問那箇趙州後人喚作無事禪賺人不少何故他問趙州州答云東門西門南門北門所以只答他趙州你若恁麼會三家村裏漢更是會佛法去只這便是破滅佛法如將魚目比況明珠似則似是則不是山僧道不在河南正在河北且道是有事是無事也須是子細始得遠錄公云末後一句始到牢關指南之旨[四一]不在言詮十日一風[三七]五日一雨安邦樂業鼓腹謳歌謂之太平時節謂之無事不是拍盲便道無事須是透過關棙子出得荊棘林淨躶躶赤灑灑依前似平常人由你有事也得無事也得七縱八橫終不執無定有有般底人道本來無一星事但只遇茶

喫茶遇飯喫飯此是大妄語謂之未得謂得未證謂證元來不曾叅得透見人說心說性說玄說妙便道只是狂言本來無事可謂一盲引衆盲殊不知祖師未來時那裏喚天作地喚山作水來為什麼祖師更西來諸方陞堂入室說箇什麼盡是情識計較若是情識計較情盡方見得透若見得透依舊天是天地是地山是山水是水古人道心是根法是塵兩種猶如鏡上痕到這箇田地自然淨躶躶赤灑灑若極則理論也未是安穩處在到這裏人多錯會打在無事界裏佛也不禮香也不燒似則也似爭奈脫體不是纔問着却是極則相似纔撥着七花八裂坐在空腹高心處及到臘月三十日換手搥胸已是遲了也這僧恁麼問趙州恁麼答且道作麼生摸索恁麼也不得不恁麼也不得畢竟如何這些子是難處所以雪竇拈出來當面示人趙州一日坐次侍者報云大王來也趙州矍然云大王萬福侍者云未到和尚州云又道來也叅到這裏見到這裏不妨奇特南禪師拈

云侍者只知報客不知身在帝鄉趙州入草求人不覺渾身泥水這些子實處諸人還知麼看取雪竇頌

句裏呈機劈面來（鰲魚行水濁莫謗趙州好）爍迦羅眼

絕纖埃（撒沙撒土莫帶累趙州撈天摸地作什麼）[四二][三八]東西南北門

相對（開也那裏有許多門背却趙州城向什麼處去）無限輪鎚擊

不開（自是你輪鎚不到開也）

趙州臨機一似金剛王寶劍擬議卽截却你頭往往更當面換却你眼睛這僧也敢捋虎鬚致箇問頭大似無事生事爭奈句中有機他既呈機來趙州也不辜負他問頭所以亦呈機答不是他特地如此蓋為透底人自然合轍一似安排來相似不見有一外道手握雀兒來問世尊云且道某甲手中雀兒是死耶是活耶世尊遂騎門閫云你道我出耶入耶（一本云世尊豎起拳頭云開也合也）外道無語遂禮拜此話便似這公案古人自是血脉不斷所以道問在答處答在問處雪竇如此見得透便道句裏呈機劈面來句裏有機如帶兩意又似問人又似問境相似趙州不移易一絲毫便向

他道東門西門南門北門爍迦羅眼絶纖埃此須趙州人境俱奪向句裏呈機與他答此謂之有機有境纔轉便照破他心膽若不如此難塞他問頭爍迦羅眼者是梵語此云堅固眼亦云金剛眼照見無碍不唯千里明察秋毫亦乃定邪決正辨得失別機宜識休咎雪竇云東西南北門相對無限輪鎚擊不開既是無限輪鎚何故擊不開自是雪竇見處如此你諸人又作麽生得此門開去請參詳看

垂示云恁麽恁麽不恁麽不恁麽若論戰也箇箇立在轉處所以道若向上轉去直得釋迦彌勒文殊普賢千聖萬聖天下宗師普皆飲氣吞聲若向下轉去醯鷄蠛蠓蠢動含靈一一放大光明一一壁立萬仞儻或不上不下又作麽生商量有條攀條無條攀例試舉看

舉睦州問僧近離甚處探竿影草僧便喝作家禪客且莫詐明頭也解恁麽去州云老僧被汝一喝陷虎之機瞞人作麽僧又喝看取頭角似則似是則未是只恐龍頭蛇尾州云三喝四喝後作麽生逆水之波未曾有一人出得頭入那裏去僧無語果然摸索不著州便打云若使睦州盡令而行盡大地草木悉斬爲三段這掠虛頭漢放過一着落在第二

大凡扶豎宗教須是有本分宗師眼目有本分宗師作用睦州機鋒如閃電相似愛勘座主尋常出一言半句似箇荊棘叢相似著手腳不得他纔見僧來便道現成公案放你三十棒又見僧云上座僧回首州云檐板漢又示衆云未有箇入頭處須得箇入頭處既得箇入頭處不得辜負老僧睦州爲人多如此這僧也善雕琢爭奈龍頭蛇尾當時若不是睦州也被他惑亂一場只如他問近離什麽處僧便喝且道他意作麽生這老漢也不忙緩緩地向他道老僧被汝一喝似領他話在一邊又似驗他相似斜身看他如何這僧又喝似則似是則未是被這老漢穿却鼻孔來也遂問云三喝四喝後作麽生這僧果然無語州便打云這掠虛頭漢驗人端的處下口便知音可惜許這僧無語忞得睦州道掠虛頭漢若是諸人被睦州道三喝四喝後作麽生合作麽生秖對免得他道掠虛頭漢這裏若是識存亡別休咎腳踏實地漢誰管三喝四喝後作麽生只爲這僧無語被這老漢便據款結案聽取雪竇頌出

兩喝與三喝雷聲浩大雨點全無自古至今罕有人恁麽作者

知機變若不是作家爭驗得只恐不恁麽若謂騎虎頭固瞎漢虎頭如何騎多少人恁麽會也有人作這見解二俱成瞎漢親言出親口何止兩箇自領出去誰瞎漢猶誰辨賴有末後句自手賺殺人

拈來天下與人看看即不無覷著即瞎闍黎若著眼看則兩手拈空恁麽來且道是第幾機

雪竇不妨有爲人處若不是作者只是胡喝亂喝所以古人道有時一喝不作一喝用有時一喝却作一喝用有時一喝如踞地獅子有時一喝如金剛王寶劍興化道我見你諸人東廊下也喝西廊下也喝且莫胡喝亂喝直饒喝得興化上三十三天却撲下來氣息一點也無待我甦醒起來向汝道未在何故興化未曾向紫羅帳裏撒眞珠與你諸人在只管胡喝亂喝作什麽臨濟道我聞汝等總學我喝我且問你東堂有僧出西堂有僧出

兩箇齊下喝那箇是賓那箇是主你若分賓主不得已後不得學老僧所以雪竇頌道作者知機變這僧雖被睦州收他却有識機變處且道什麼處是這僧識機變處鹿門智禪師點這僧云識法者懼喦頭道若論戰也箇箇立在轉處黄龍心和尚道窮則變變則通這箇些子是祖師坐斷天下人舌頭處你若識機變舉着便知落處有般漢不管他道三喝四喝作什麼只管喝將去説什麼三十二十喝喝到彌勒佛下生謂之騎虎頭若恁麼知見不識睦州則固是要見這僧太遠在如人騎虎頭須是手中有刀兼有轉變始得雪竇道若恁麼二俱成瞎漢雪竇似倚天長劍凛凛全威若會得雪竇意自然千處萬處一時會便見他雪竇後面頌只是下注脚又道誰瞎漢且道是賓家瞎是主家瞎莫是賓主一時瞎麽拈來天下與人看此是活處雪竇一時頌了也爲什麽却道拈來天下與人看且道作麽生看開眼也着合眼也着還有人免得麽

夾山無碍禪師降魔表

慧芳附刊

臣聞三乘路廣法界無涯智海晏清十方安泰時有魔軍競起侵撓心田六賊既强心王驚動朝生百怪暮起千邪撼惑眞如困勞法體菩提道路隔絶不通破壞涅槃傷殘三寶無爲珠玉悉被偷將大藏法財皆遭劫奪塵勞翳日欲火亘天飄蕩法城焚燒聖境臣乃見如斯暴亂恐佛法以難存遂與六波羅蜜商量同爲剪滅遣性空爲密使聽探魔軍見今屯在五蘊山中有八萬四千餘衆既知體勢計在剎那遂點十八界雄兵並立體空爲號人人有無碍之力箇箇懷勇健之能直心爲見性之功一正去百邪之亂擐堅固甲執三昧鎗智箭禪弓光明慧劍向大乘門中訓練寂滅山内安營三明嶺上開旗八正路邊排布遣大覺性爲捉生之將游歷四方搜求妄想之踪抄截無明之蹟復使慈悲王破三毒之寨忍辱師伐嗔怒之城精進軍除傲慢之妖喜捨士捉慳貪之賊遶巡而魔軍大起殺氣衝天臣乃部領摩訶一時齊入當爾之時眼不觀色耳不聽聲鼻不嗅香舌不了味身不受觸意不攀緣一志向前念念不退倏忽而魔軍大敗六賊全輸殺戮無邊掃除蕩盡生擒妄想活捉無明領向涅槃場中以慧劍斬爲三段煩惱林當時摧折人我山化作微塵癡愛網遭智火焚燒邪見林被慧風吹竭因兹三明再朗四智重圓内外無瑕廓然清淨心王坐懽喜之殿眞如登解脱之樓自性遊無碍之堂三身踞法空之座從兹法界寧靜永絶囂塵共渡生死之河齊到菩提之岸魔軍既退合具奏聞

佛果圜悟禪師碧巖集卷第一

佛果圜悟禪師碧巖集卷第一

校勘記

一　底本，清藏本。十卷。無校。

佛果圜悟禪師碧巖集卷第二　厲二

秣陵遠庵奐自弘校

天界比丘性湛　閱

垂示云佛祖大機全歸掌握人天命脉悉受指呼等閑一句一言驚羣動衆一機一境打鎖敲枷接向上機提向上事且道什麼人曾恁麼來還有知落處麼試舉看

舉黃檗示衆云（打水碍盆一口吞盡天下衲僧跳不出）汝等諸人盡是噇酒糟漢恁麼行脚（道着踏破草鞋掀天搖地）何處有今日（用今日作什麼不妨驚羣動衆）還知大唐國裏無禪師麼（老僧不會一口吞盡也是雲居羅漢）時有僧出云只如諸方匡徒領衆又作麼生（也好與一拶臨機不得不恁麼）檗云不道無禪只是無師（直得分踈不下瓦解氷消龍頭蛇尾漢）

黃檗身長七尺額有圓珠天性會禪師昔遊天台路逢一僧與之談笑如故相識熟視之目光射人頗有異相乃偕行屬溪水暴漲乃植杖捐笠而止其僧率師同渡師曰請渡彼即褰衣躡波如履平地回顧云渡來渡來師曰咄這自了漢吾早知揑怪當斫汝脛其僧歎曰眞大乘法器言訖不見初到百丈丈問云巍巍堂堂從什麼處來檗云巍巍堂堂從嶺中來丈云來爲何事檗云不爲別事百丈深器之次日辭百丈丈云什麼處去檗云江西禮拜馬大師去丈云馬大師已遷化去也檗云某甲特地去禮拜福緣淺薄不及一見未審平日有何言句願聞舉示丈遂舉再參馬祖因緣祖見我來便豎起拂子我問云即此用離此用祖遂掛拂子於禪牀角良久祖却問我汝已後鼓兩片皮如何爲人我取拂子豎起祖云即此用離此用我將拂子掛禪牀角祖振威一喝我當時直得三日耳聾黃檗不覺悚然吐舌丈云子已後莫承嗣馬大師麼檗云不然今日因師舉得見馬大師大機大用若承嗣馬師他日已後喪我兒孫丈云如是如是見與師齊減師半德智過於師方堪傳授子今見處宛有超師之作諸人且道黃檗恁麼問是知而故問耶是不知而問耶須是親見他家父子行履處始得黃檗一日又問百丈從上宗乘如何指示百丈良久檗云不可教後人斷絕去百丈云將謂汝是箇人遂乃起入方丈檗與裴相國爲方外友裴鎮宛陵請師至郡以所解一編示師師接置於座略不披閱良久乃云會麼裴云不會檗云若便恁麼會得猶較些子若也形於紙墨何處更有吾宗裴乃以頌贊云自從大士傳心印額有圓珠七尺身掛錫十年棲蜀水浮盃今日渡漳濱八千龍象隨高步萬里香花結勝因擬欲事師爲弟子不知將法付何人師亦無喜色云心如大海無邊際口吐紅蓮養病身自有一雙無事手不曾輕揖等閑人檗住後機鋒峭峻臨濟在會下睦州爲首座問云上座在此多時何不去問話濟云教某甲問什麼話即得座云何不去問如何是佛法的的大意濟便去問三度被打出濟辭座曰蒙首座令三番去問被打出恐因緣不在這裏暫且下山座云子若去須辭和尚去方可首座預去白檗云問話上座甚不可得和尚何不穿鑿教成一株樹去與後人爲陰凉

蘖云吾已知濟來辭蘖云汝不得向別處去直向高安灘頭見大愚去濟到大愚遂舉前話不知某甲過在什麽處愚云蘖與麽老婆心切爲你徹困更說什麽有過無過濟忽然大悟云黄蘖佛法無多子大愚搊住云你適來又道有過而今却道佛法無多子濟於大愚脇下築三拳愚拓開云汝師黄蘖非干我事一日蘖示衆云牛頭融大師横說豎說猶未知向上關棙子在是時石頭馬祖下禪和子浩浩地說禪說道他何故却與麽道所以示衆云汝等諸人盡是噇酒糟漢恁麽行脚取笑於人但見八百一千人處便去不可只圖熱閙也可中總似汝如此容易何處更有今日事也唐時愛罵人作噇酒糟漢人多喚作黄蘖罵人具眼者自見他落處大意垂一鈎釣人問衆中有不惜身命底禪和便解恁麽出衆問他道只如諸方匡徒領衆又作麽生也好一拶這老漢果然分疎不下便却漏逗云不道無禪只是無師且道意在什麽處他從上宗旨有時擒有時縱有時殺有時活有時放有時收敢問諸人作麽生是禪中師山僧恁麽道已是和頭沒却了也諸人鼻孔在什麽處良久云穿却了也

凜凜孤風不自誇（猶自不知有也是雲居羅漢）端居寰海定龍蛇（也要別緇素也要皁白分明）大中天子曾輕觸（說什麽大中天子在大地須從地起更高爭奈有天何）三度親遭弄爪牙（死蝦蟆多口作什麽未爲奇特猶是小機巧若是大機大用現前盡十方世界乃至山河大地盡在黄蘖處乞命）

雪竇此一頌一似黄蘖眞贊相似人却不得作眞贊會他底句下便有出身處分明道凜凜孤風不自誇黄蘖恁麽示衆且不是爭人負我自逞自誇若會這箇消息一任七縱八横有時孤峯頂獨立有時閙市裏横身豈可僻守一隅愈捨愈不歇愈尋愈不見愈擔荷愈沒溺古人道無翼飛天下有名傳世間盡情捨却佛法道理玄妙奇特一時放下却較些子自然觸處現成雪竇道端居寰海定龍蛇是龍是蛇入門來便驗取謂之定龍蛇眼擒虎兕機雪竇又道定龍蛇兮眼何正擒虎兕兮機不全又道大中天子曾輕觸三度親遭弄爪牙黄蘖豈是如今惡脚手從來如此大中天子者續咸通傳中載唐憲宗有二子一曰穆宗一曰宣宗宣宗乃大中也年十三少而敏黠常愛跏趺坐穆宗在位時因早朝罷大中乃戲登龍牀作揖羣臣勢大臣見而謂之心風乃奏穆宗穆宗見而撫歎曰我弟乃吾宗英胄也穆宗於長慶四年晏駕有三子曰敬宗文宗武宗敬宗繼父位二年内臣謀易之文宗繼位一十四年武宗即位常喚大中作癡奴一日武宗恨大中昔日戲登父位遂打殺致後苑中以不潔灌而復甦遂潛遁在香嚴閑和尚會下後剃度爲沙彌未受具戒後與志閑遊方到廬山因志閑題瀑布詩云穿雲透石不辭勞地遠方知出處高閑吟此兩句佇思久之欲釣他語脉看如何大中續云溪澗豈能留得住終歸大海作波濤閑方知不是尋常人乃默而識之後到鹽官會中請大中作書記黄蘖在彼作首座蘖一日禮佛次大中見而問曰不着佛求不着法求不着僧求禮拜當何所求蘖云不着佛求

不着法求不着僧求常禮如是大中云用禮何爲䮨便掌大中云太麄生䮨云這裏什麽所在說麄說細䮨又掌大中後繼國位賜黄䮨爲麄行沙門裴相國在朝後奏賜斷際禪師雪竇知他血脉出處使用得巧如今還有弄爪牙底麽便打

垂示云殺人刀活人劍乃上古之風規亦今時之樞要若論殺也不傷一毫若論活也喪身失命所以道向上一路千聖不傳學者勞形如猿捉影且道既是不傳爲什麽却有許多葛藤公案具眼者試說看

舉僧問洞山如何是佛（鐵蒺藜天下衲僧跳不出）山云麻三斤（灼然破草鞋指槐樹罵柳樹爲秤鎚）

這箇公案多少人錯會直是難咬嚼無你下口處何故淡而無味古人有多少答佛話或爲二 六 云殿裏底或云三十二相或云杖林山下竹筋鞭及至洞山却道麻三斤不妨截斷古人舌頭人多作話會道洞山是時在庫下秤麻有僧問所以如此答有底道洞山問東答西有底道你是佛更去問佛所以洞山遶路答之死漢更有一般道只這麻三斤便是佛且得沒交涉你若恁麽去洞山句下尋討參到彌勒佛下生也未夢見在何故言語只是載道之器殊不知古人意只管去句中求有什麽巴鼻不見古人道道本無言因言顯道見道即忘言若到這裏還我第一機來始得只這麻三斤一似長安大路一條相似舉足下足無有不是這箇話與雲門餬餅話是一般不妨難會五祖先師頌云賤賣擔板漢貼秤麻三斤千百年滯貨無處著渾身你但打疊得情塵意想計較得失是非一時淨盡自然會去

金烏急（左眼半斤快鷂趕不及火焰裏橫身）玉兔速（右眼八兩姮娥宮裏作窠窟）善應何曾有輕觸（如鐘在扣如谷受響）展事投機見洞山（錯認定盤星自是闍黎恁麽見）跛鱉盲龜入爲二 七 空谷（自領出去同坑無異土阿誰打你鷂子死）花簇簇錦簇簇（兩重公案一狀領過依舊一般）南地竹兮北地木（三重也有四重公案頭上安頭）因思長慶陸大夫（癩兒牽伴山僧也恁麽雪竇也恁麽）解道合笑不合哭（呵呵蒼天夜半更添冤苦）咦（咄是什麽便打）

雪竇見得透所以劈頭便道金烏急玉兔速與洞山答麻三斤更無兩般日出月沒日日如是人多鮮解只管道金烏是左眼玉兔是右眼纔問著便瞠眼云在這裏有什麽交涉若恁麽會達磨一宗掃地而盡所以道垂鈎四海只釣獰龍格外玄機爲尋知己雪竇是出陰界底人豈作這般見解雪竇輕輕去敲關擊節處略露些子教你見便下箇注脚道善應何曾有輕觸洞山不輕酧這僧如鐘在扣如谷受響大小隨應不敢輕觸雪竇一時突出心肝五臟呈似你諸人了也雪竇有靜而善應頌云覿面相呈不在多端龍蛇易辨衲子難瞞金鎚影動寶劍光寒直下來也急著眼看洞山初參雲門門問近離甚處山云渣渡門云夏在甚麽處山云湖南報慈門云幾時離彼中山云八月二十五門云放你三頓棒參堂去師晚間入室親近問云某甲過在什麽處門云飯袋子江西湖南便恁麽去洞山於言下豁然大悟遂云某甲他日向無人烟處卓箇庵子不蓄一粒米不種一莖菜

常接待往來十方大善知識盡與伊抽却釘拔却楔拈却膩脂帽子脫却鶻臭布衫各令灑灑落落地作箇無事人去門云身如椰子大開得許大口洞山便辭去他當時悟處直下頴脫豈同小見後來出世應機麻三斤語諸方只作答佛話會如何是佛杖林山下竹筋鞭丙丁童子來求火只管於佛上作道理雪竇云若恁麼作展事與投機會正似跛鼈盲龜入空谷何年日月尋得出路去花簇簇錦簇簇此是僧問智門和尚洞山道麻三斤意旨如何智門云花簇簇錦簇簇會麼僧云不會智門云南地竹兮北地木僧回舉似洞山山云我不為汝說我為大衆說遂上堂云言無展事語不投機承言者喪滯句者迷雪竇破人情見故意引作一串頌出後人却轉生情見道麻是孝服竹是孝杖所以道南地竹兮北地木花簇簇錦簇簇是棺材頭邊畫底花草還識羞麼殊不知南地竹兮北地木與麻三斤只是阿爺與阿爹相似古人答一轉語決是意不恁麼正似雪竇道金烏急玉兎速自是一般寛曠只是金鍮難辨魚魯參差雪竇老婆心切要破你疑情更引箇死漢因思長慶陸大夫解道合笑不合哭若論他頌只頭上三句一時頌了我且問你都盧只是箇麻三斤雪竇却有許多葛藤只是慈悲忒煞所以如此陸亘大夫作宣州觀察使參南泉泉遷化亘聞喪入寺下祭却呵呵大笑院主云先師與大夫有師資之義何不哭大夫云道得即哭院主無語亘大哭云蒼天蒼天先師去世遠矣後來長慶聞云大夫合笑不合哭雪竇借此意大綱道你若作這般情解正好笑莫哭是即是末後有一箇字不妨誵訛更道咦雪竇還洗得脫麼

垂示云雲凝大野徧界不藏雪覆蘆花難分朕迹冷處冷如冰雪細處細如米末深深處佛眼難窺密密處魔外莫測舉一明三即且止坐斷天下人舌頭作麼生道且道是什麼人分上事試舉看

舉僧問巴陵如何是提婆宗（白馬入蘆花道什麼點）

巴陵云銀椀裏盛雪（塞斷你咽喉七花八裂）

這箇公案人多錯會道此是外道宗有什麼交涉第十五祖提婆尊者亦是外道中一數因見第十四祖龍樹尊者以針投鉢龍樹深器之傳佛心宗繼為第十五祖楞伽經云佛語心為宗無門為法門馬祖云凡有言句是提婆宗只以此箇為主諸人盡是衲僧門下客還曾體究得提婆宗麼若體究得西天九十六種外道被汝一時降伏若體究不得未免着返披袈裟去在且道是作麼生若道言句是也沒交涉若道言句不是也沒交涉且道馬大師意在什麼處後來雲門道馬大師好言語只是無人問有僧便問如何是提婆宗門云九十六種汝是最下一種昔有僧辭大隋隋云什麼處去僧云禮拜普賢去大隋竪起拂子云文殊普賢盡在這裏僧畫一圓相以手托呈師又抛向背後隋云侍者將一貼茶來與者僧去雲門別云西天斬頭截臂這裏自領出去又云赤旛在我手裏西天論議勝者手執赤旛負墮者返披袈裟從偏門出入西天欲論議須得奉王勅於大寺中聲

鐘擊鼓然後論議於是外道於僧寺中封禁
鐘鼓爲之沙汰時迦那提婆尊者知佛法有
難遂運神通登樓撞鐘欲擯外道外道遂問
樓上聲鐘者誰提婆云天外道云天是誰婆
云我外道云我是誰婆云我是你外道云你
是誰婆云你是狗外道云狗是誰婆云狗是
你如是七返外道自知負墮伏義遂自開門
提婆於是從樓上持赤旛下來外道云汝何
不後婆云汝何不前外道云汝是賤人婆云
汝是良人如是展轉酧問提婆折以無碍之
辯由是歸伏時提婆尊者手持赤旛義墮者
旛下立外道皆斬首謝過時提婆止之但化
令削髮入道於是提婆宗大興雪竇後用此
事而頌之巴陵衆中謂之鑒多口常縫坐具
行脚深得他雲門脚跟下大事所以奇特後
出世法嗣雲門先住岳州巴陵更不作法嗣
書只將三轉語上雲門如何是道明眼人落
井如何是吹毛劍珊瑚枝枝撐着月如何是
提婆宗銀椀裏盛雪雲門云他日老僧忌辰
只舉此三轉語報恩足矣自後果不作忌辰

齋依雲門之囑只舉此三轉語然諸方答此
話多就事上答唯有巴陵恁麽道極是孤峻
不妨難會亦不露些子鋒鋩八面受敵着着
有出身之路有陷虎之機脫人情見若論一
色邊事到這裏須是自家透脫了卻須是遇
人始得所以道道吾舞笏同人會石鞏彎弓
作者諳此理若無師印授擬將何法語玄談
雪竇隨後拈提爲人所以頌出

老新開（千兵易得一將難求多口阿師）端的別（是什麽端的頂門上
一着莫見也未）解道銀椀裏盛雪（蝦跳不出斗兩重公案多少人
喪身失命）九十六箇應自知（兼身在內闍黎還知麽一坑埋卻）
不知卻問天邊月（遠之遠矣自領出去望空啟告）提婆宗
提婆宗（道什麽山僧在這裏滿口含霜）赤旛之下起清風
（百雜碎打云已著了也你且去斬頭截臂來與你道一句）

老新開新開乃院名也端的別雪竇讚歎有
分且道什麽處是別處一切語言皆是佛法
山僧如此說話成什麽道理去雪竇微露些
子意道只是端的別後面打開云解道銀椀
裏盛雪更與你下箇注脚九十六箇應自知
負墮始得你若不知問取天邊月古人曾答
此話云問取天邊月雪竇頌了末後須[illegible][illegible]
路有獅子返擲之句更提起與你道提婆宗
提婆宗赤旛之下起清風巴陵道銀椀裏盛
雪爲什麽雪竇卻道赤旛之下起清風還知
雪竇殺人不用刀麽

舉僧問雲門如何是一代時教（直至如今不了座主
不會葛藤窠裏）雲門云對一說（無孔鐵鎚七花八裂老鼠咬生薑）

禪家流欲知佛性義當觀時節因緣謂之教
外別傳單傳心印直指人心見性成佛釋迦
老子四十九年住世三百六十會開談頓漸
權實謂之一代時教這僧拈來問云如何是
一代時教雲門何不與他紛紛解說卻向他
道箇對一說雲門尋常一句中須具三句謂
之函蓋乾坤句隨波逐浪句截斷衆流句放
去收來自然奇特如斬釘截鐵教人義解卜
度他底不得一大藏教只消三箇字四方八
面無你穿鑿處人多錯會卻道對一時機宜
之事故說又道森羅及萬象皆是一法之所
印謂之對一說更有道只是說那箇一法有
什麽交涉非唯不會更入地獄如箭殊不知

古人意不如此所以道粉骨碎身未足酬一句了然超百億不妨奇特如何是一代時敎只消道箇對一說若當頭薦得便可歸家穩坐若薦不得且伏聽處分

對一說（活撥撥言猶在耳不妨孤峻）太孤絶（傍觀有分何止壁立千仞豈有恁麽事）〔爲二〕無孔鐵鎚重下楔〔十三〕（錯會名言也雲門老漢也是泥裏洗土塊雪竇也是拈餘）閻浮樹下笑呵呵（四州八縣不曾見箇漢同道者方知能有幾人知）昨夜驪龍拗角折（非止驪龍拗折有誰見來還有證明麽啞）別別（讃歎有分須是雪竇始得有什麽別處）韶陽老人得一橛（在什麽處更有一橛分付阿誰德山臨濟也須退到三千那一橛又作麽生便打）

對一說太孤絶雪竇讃之不及此語獨脫孤危光前絶後如萬丈懸崖相似亦如百萬軍陣無你入處只是忒煞孤危古人道欲得親切莫將問來問問在答處答在問端直是孤峻且道什麽處是孤峻處天下人奈何不得這僧也是箇作家所以如此問雲門又恁麽答大似無孔鐵鎚重下楔相似雪竇使文言用得甚巧閻浮樹下笑呵呵起世經中說須彌南畔吠琉璃樹映閻浮洲中皆青色此洲乃大樹爲名名閻浮提其樹縱廣七千由旬下有閻浮壇金聚高二十由旬以金從樹下出生故號閻浮樹所以雪竇自說他在閻浮樹下笑呵呵且道他笑箇什麽笑昨夜驪龍拗角折只得瞻之仰之讃歎雲門有分雲門道對一說似箇什麽如拗折驪龍一角相似到這裏若無恁麽事焉能恁麽說話雪竇一時頌了末後却道別別韶陽老人得一橛何不道全得如何只得一橛且道那一橛在什麽處直得穿過第二人

垂示云殺人刀活人劍乃上古之風規是今時之樞要且道如今那箇是殺人刀活人劍試舉看

舉僧問雲門不是目前機亦非目前事時如何（跨跳作什麽倒退三千里）〔爲二〕門云倒一說〔十四〕（平出款出自人口也不得放過荒草裏橫身）

這僧不妨是箇作家解恁麽問頭邊謂之請益此是呈解問亦謂之藏鋒問若不是雲門也不奈他何雲門有這般手脚他既將問來不得已而應之何故作家宗師如明鏡臨臺胡來胡現漢來漢現古人道欲得親切莫將問來問何故問在答處答在問處從上諸聖何曾有一法與人那裏有禪道與你來你若不造地獄業自然不招地獄果你若不造天堂因自然不受天堂果一切業緣皆是自作自受古人分明向你道若論此事不在言句上若在言句上三乘十二分敎豈是無言句更何用祖師西來前頭道對一說這裏却道倒一說只爭一字爲什麽却有千差萬別且道誵訛在什麽處所以道法隨法行法幢隨處建立不是目前機亦非目前事時如何只消當頭一點若是具眼漢一點也謾他不得問處既誵訛答處須得恁麽其實雲門騎賊馬趕賊有者錯會道本是主家話却是賓家道所以雲門云倒一說有什麽死急這僧問〔爲二〕得好不是目前機亦非目前事〔十五〕時如何雲門何不答他別言語却只向他道倒一說雲門一時打破他底到這裏道倒一說也是好肉上剜瘡何故言迹之興白雲萬里異途之所由生也設使一時無言無句露柱燈籠何曾

有言句還會麼若不會到這裏也須是轉動始知落處

倒一說放不下七花八裂須彌南畔卷盡五千四十八分一節在你邊在我邊半河南半河北把手共行同死同生爲君訣泥裏洗土塊著甚來由放你不得八萬四千非鳳毛羽毛相似太煞減人威光深痛如麻如粟三十三人入虎穴唯我能知一將難求野狐精隊別別有什麼別成少賣弄一任跨跳擾擾忽忽水裏月青天白日迷頭認影著忙作什麼

雪竇亦不妨作家於一句下便道分一節分明放過一着與他把手共行他從來有放行手段敢與你入泥入水同死同生所以雪竇恁麼頌其實無他只要與你解粘去縛抽釘拔楔如今却因言句轉生情解只如巖頭道雪峯雖與我同條生不與我同條死若非全機透脫得大自在底人焉能與你同死同生何故爲他無許多得失是非滲漏處故洞山云若要辨認向上之人真僞者有三種滲漏情滲漏見滲漏語滲漏見滲漏機不離位墮在毒海情滲漏智常向背見處偏枯語滲漏體妙失宗機昧終始此三滲漏宜已知之又有三玄體中玄句中玄玄中玄古人到這境界全機大用遇生與你同生遇死與你同死向虎口裏橫身放得手脚千里萬里隨你銜去何故還他得這一着子始得八萬四千非鳳毛者靈山八萬四千聖衆非鳳毛也南史隔二云齊時謝超宗陳郡陽夏人謝鳳之子博學文才傑俊朝中無比當世爲之獨步善爲文十六爲王國常侍王母殷淑儀薨超宗作誄奏之武帝見其文大加歎賞曰超宗殊有鳳毛古詩云朝罷香烟攜滿袖詩成珠玉在揮毫欲知世掌絲綸美池上如今有鳳毛昔日靈山會上四衆雲集世尊拈花唯迦葉獨破顏微笑餘者不知是何宗旨雪竇所以道八萬四千非鳳毛三十三人入虎穴阿難問迦葉云世尊傳金襴袈裟外別傳何法迦葉召阿難阿難應喏迦葉云倒却門前剎竿着阿難遂悟已後祖祖相傳西天此土三十三人有入虎穴底手脚古人道不入虎穴爭得虎子雲門是這般人善能同死同生宗師爲人須至如此據曲彔木牀上坐拾得敎你打破容你捋虎鬚也須是到這般田地始得具七事隨身可以同生同死高者抑之下者舉之不足者與之在孤峯者救令入荒草落荒草者救令處孤峯你若入鑊湯爐炭我也入鑊湯爐炭其實無他只要與你解粘去縛抽釘拔楔脫却籠頭卸却角馱平田和尚有一頌最好隔二靈光不昧萬古徽猷入此門來莫存知解十七別別擾擾忽忽水裏月不妨有出身之路亦有活人之機雪竇拈了敎人自去明悟生機莫隨他語句你若隨他正是擾擾忽忽水裏月如今作麼生得平穩去放過一着

垂示云道無橫徑立者孤危法非見聞言思迥絕若能透過荊棘林解開佛祖縛得箇穩密田地諸天捧花無路外道潛窺無門終日行而未嘗行終日說而未嘗說便可以自由自在展啐啄之機用殺活之劍直饒恁麼更須知有建化門中一手擡一手搦猶較些子若是本分事上且得沒交涉作麼生是本分事試舉看

舉僧問鏡清學人啐請師啄無風起浪作什麼你用許

多見解作什麼清云還得活也無剗買帽相頭將錯就錯不可總恁麼僧云若不活遭人怪笑相帶累撐天拄地摇枚漢清云也是草裏漢果然自領出去放過即不可鏡清承嗣雪峯與本仁玄沙疎山太原孚輩同時初見雪峯得旨後常以啐啄之機開示後學善能應機說法示衆云大凡行脚人須具啐啄同時眼有啐啄同時用方稱衲僧如母欲啄而子不得不啐子欲啐而母不得不啄有僧便出問母啄子啐於和尚分上成得箇什麼邊事清云好箇消息僧云子啐母啄於學人分上成得箇什麼邊事清云露箇面目所以鏡清門下有啐啄之機這僧亦是他門下客會他家裏事所以如此問學人啐請師啄此問洞下謂之借事明機那裏如此子啐而母啄自然恰好同時鏡清也好可謂拳踢相應心眼相照便答道還得活也無其僧也好亦知機變一句下有賓有主有照有用有殺有活僧云若不活遭人怪笑清云也是草裏漢一等是入泥入水鏡清不妨惡脚手這僧既會恁麼問爲什麼却道也是草裏漢所以作家眼目須是恁麼如擊石火似閃電光搆得搆不得未免喪身失命若恁麼便見鏡清道草裏漢所以南院示衆云諸方只具啐啄同時眼不具啐啄同時用有僧出問如何是啐啄同時用南院云作家不啐啄啐啄同時失僧云猶是學人疑處南院云作麼生是你疑處僧云失南院便打其僧不肯院便趂出僧後到雲門會裏擧前話有一僧云南院棒折那其僧豁然有省且道意在什麼處其僧却回見南院院適已遷化却見風穴纔禮拜穴云莫是當時問先師啐啄同時底僧麼僧云是穴云你當時作麼生會僧云某甲當初時如燈影裏行相似穴云你會也且道是箇什麼道理這僧都來只道其甲當初時如燈影裏行相似因甚麼風穴便向他道你會也後來翠巖拈云南院雖然運籌帷幄爭奈土曠人稀知音者少風穴拈云南院當時待他開口劈脊便打看他作麼生若見此公案便見這僧與鏡清相見處諸人作麼生免得他道草裏漢所以雪竇愛他道草裏漢便頌出

古佛有家風（言猶在耳千古榜樣莫謗釋迦老子好）對揚遭貶剥（鼻孔爲什麼却在山僧手裏八棒對十三你作麼生放過一着便打）子母不相知（既不相知爲什麼却有啐啄天然）是誰同啐啄（百雜碎老婆心切且莫錯認）啄覺（道什麼落在第二頭）猶在殼（何不出頭來）重遭撲（錯漢打兩重公案三重四重了也）天下衲僧徒名邈（放過了也不須舉起還有名邈得底麼若名邈得也是草裏漢千古萬古黑漫漫塡溝塞壑無人會）

古佛有家風雪竇一句頌了也凡是出頭來直是近傍不得若近傍着則萬里崖州纔出頭來便是落草直饒七縱八横不消一捏雪竇道古佛有家風不是如今恁麼也釋迦老子初生下來一手指天一手指地目顧四方云天上天下唯我獨尊雲門道我當時若見一棒打殺與狗子喫却貴要天下太平如此方酧得恰好所以啐啄之機皆是古佛家風若達此道者便可一拳拳倒黃鶴樓一踢踢翻鸚鵡洲如大火聚近之則燎却面門如太阿劍擬之則喪身失命此箇唯是透脫得大解脫者方能如此苟或迷源滯句決定搆這

般說話不得對揚遭貶剥則是一賓一主一問一答於問答處便有貶剥謂之對揚遭貶剥雪竇深知此事所以只向兩句下頌了末後只是落草爲你注破子母不相知是誰同啐啄母雖啄不能致子之啐子雖啐不能致母之啄各不相知當啐啄之時是誰同啐啄若恁麼會也出雪竇末後句不得在何故不見香嚴道子啐母啄子覺無殼子母俱忘應緣不錯同道唱和妙玄獨脚雪竇不妨落草打葛藤道啄此一字頌鏡清答道還得活也無覺頌這僧道若不活遭人怪笑爲什麼雪竇却便道猶在殼雪竇向石火光中別緇素閃電機裏辨端倪鏡清道也是草裏漢雪竇道重遭撲者難處些子是鏡清道也是草裏漢喚作鏡清換人眼睛得麼這句莫是猶在殼麼且得沒交涉那裏如此若會得繞天下行脚報恩有分山僧恁麼說話也是草裏漢天下衲僧徒名邈誰不是名邈者到這裏雪竇自名邈不出却更累他天下衲僧且道鏡清作麼生是爲這僧處天下衲僧跳不出

垂示云斬釘截鐵始可爲本分宗師避箭畏刀焉能爲通方作者針劄不入處則且置白浪滔天時如何試擧看

擧僧問香林如何是祖師西來意（大有人疑著猶有這箇消息在）林云坐久成勞（魚行水濁鳥飛落毛合取狗口好作家眼目錯解摑鐘）

香林道坐久成勞還會麼若會得百草頭上罷却干戈若也不會伏聽處分古人行脚結交擇友爲同行道伴撥草瞻風是時雲門旺化廣南香林得得出蜀與鵝湖鏡清同時先參湖南報慈後方至雲門會下作侍者十八年在雲門處親得親聞他悟時雖晚不妨是大根器居雲門左右十八年雲門常只喚遠侍者纔應喏門云是什麼香林當時也下語呈見解弄精魂終不相契一日忽云我會也門云何不向上道將來又住三年雲門室中垂大機辨多半爲他遠侍者隨處入作雲門凡有一言一句都收在遠侍者處香林後歸蜀初住導江水晶宮後住青城香林智門祚和尚本浙人盛聞香林道化特來入蜀參禮祚乃雪竇師也雲門雖接人無數當代道行者只香林一派最盛歸川住院四十年八十歲方遷化嘗云我四十年方打成一片凡示衆云大凡行脚參尋知識要帶眼行須分緇素看淺深始得先須立志而釋迦老子在因地時發一言一念皆是立志後來僧問如何是室內一盞燈林云三人證龜成鼈又問如何是衲衣下事林云臘月火燒山古來答祖師意甚多唯香林此一則坐斷天下人舌頭無你計較作道理處僧問如何是祖師西來意林云坐久成勞可謂言無味句無味無味之談塞斷人口無你出氣處要見便見若不見切忌作解會香林曾遇作家來所以有雲門手段有三句體調人多錯會道祖師西來九年面壁豈不是坐久成勞有什麼巴鼻不見他古人得大自在處他是脚踏實地無許多佛法知見道理臨時應用所謂法隨法行法幢隨處建立雪竇因風吹火傍指出一箇半箇

一箇兩箇千萬箇（何不依而行之如麻似粟成羣作隊作什麼）

脫却籠頭卸角馱（從今日去應須灑灑落落還你得也未）左轉右轉隨後來（猶自放不下影影響響便打）紫胡要打劉鐵磨（山僧拗折拄杖子更不行此令賊過後張弓便打喝）

雪竇直下如擊石火似閃電光撥出放教你見聊聞舉着便會始得也不妨是他屋裏兒孫方能恁麽道若能直下便恁麽會去不妨奇特一箇兩箇千萬箇脫却籠頭卸角馱灑灑落落不被生死所染不被聖凡情解所縛上無攀仰下絕己躬一如他香林雪竇相似何必只是千萬箇直得盡大地人悉皆如此前佛後佛也悉皆如此苟或於言句中作解會便似紫胡要打劉鐵磨相似其實纔舉和聲便打紫胡參南泉與趙州岑大蟲同參時劉鐵磨在潙山下卓庵諸方皆不奈何他一日紫胡得得去訪云莫便是劉鐵磨否磨云不敢胡云左轉右轉磨云和尚莫顛倒胡和聲便打香林答這僧問如何是祖師西來意却云坐久成勞若恁麽會得左轉右轉隨後來也且道雪竇如此頌出意作麽生無事好試請舉看

舉肅宗皇帝（本是代宗此誤）問忠國師百年後所須何物（預搔待痒果然起模畫樣老老大大作這去就不可指東作西）師云與老僧作箇無縫塔（把不住）帝曰請師塔樣（好與一劄）國師良久云會麽（傳因長智直得指東劃西將南作北直得口似匾檐）帝云不會（賴值不會當時更與一摑教伊滿口含霜却較些子）國師云吾有付法弟子躭源却請此事請詔問之（賴值不撥倒禪床何不與他本分草料莫搽胡人好放過一着）國師遷化後（可惜果然錯認定盤星）帝詔躭源問此意如何（子承父業去也落在第二頭第三頭）源云湘之南潭之北（也是把不住兩兩三三作什麽半開半合）雪竇着語云獨掌不浪鳴（一盲引衆盲果然隨語生解隨邪逐惡作什麽）中有黃金充一國（上是天下是地無這箇消息是誰分上事）雪竇着語云山形拄杖子（拗折了也也是起模畫樣）無影樹下合同船（祖師喪了也闍黎道什麽）雪竇着語云海晏河清（洪波浩渺白浪滔天猶較些子）瑠璃殿上無知識（咄）雪竇着語云拈了也（賊過後張弓言猶在耳）

肅宗代宗皆玄宗之子孫為太子時常愛參禪為國有巨盜玄宗遂幸蜀唐本都長安為安祿山僭據後都洛陽肅宗攝政是時忠國師在鄧州白崖山住庵今香嚴道場是也四十餘年不下山道行聞于帝里上元二年勅中使詔入內待以師禮甚敬重之嘗與帝演無上道師退朝帝自攀車而送之朝臣皆有愠色欲奏其不便國師具他心通而先見聖奏曰我在天帝釋前見散粟天子如閃電光相似帝愈加敬重及代宗臨御復延止光宅寺十有六載隨機說法至大曆十年遷化山南府青銼山和尚昔與國師同行國師嘗奏帝令詔他三詔不起常罵國師耽名愛利戀着人間國師於他父子三朝中為國師他家父子一時參禪據傳燈錄所考此乃是代宗設問若是問國師如何是十身調御此却是代宗問也國師緣終將入涅槃乃辭代宗代宗問曰國師百年後所須何物也只是平常一箇問端這老漢無風起浪却道與老僧造箇無縫塔且道白日青天如此作什麽做箇塔便了為什麽却道做箇無縫塔代宗也不妨作家與你一撥道請師塔樣國師良久云會麽奇怪這些子最是難參大小大國師被他一撥直得口似匾檐然雖如此若不是這

老漢幾乎弄倒了多少人道國師不言處便是塔樣若恁麼會達磨一宗掃地而盡若謂良久便是啞子也合會禪豈不見外道問佛不問有言不問無言世尊良久外道禮拜贊歎曰世尊大慈大悲開我迷雲令我得入及外道去後阿難（爲二）問佛外道有何（二十五）所證而言得入世尊云如世良馬見鞭影而行人多向良久處會有什麼巴鼻五祖先師拈云前面是珍珠瑪瑙後面是瑪瑙珍珠左邊是觀音勢至右邊是文殊普賢中間有箇旛子被風吹着道胡盧胡盧國師云會麼帝曰不會却較些子且道這箇不會與武帝不識是同是別雖然似則似是則未是國師云吾有付法弟子耽源却諳此事請詔問之雪竇拈云獨掌不浪鳴代宗不會則且置耽源還會麼只消道箇請師塔樣盡大地人不柰何五祖先師拈云你是一國之師爲箇什麼不道却推與弟子國師遷化後帝詔耽源問此意如何源便來爲國師胡言漢語說道理自然會他國師說話只消一頌（祖庭事苑出秦時）湘之南潭之北

中有黃金充一國無影樹下合同船瑠璃殿上無知識耽源名應真在國師處作侍者後住吉州耽源寺時仰山未參耽源源言重性惡不可犯住不得仰山先去參性空禪師有僧問性空如何是祖師西來意空云如人在千尺井中不假寸繩出得此人即答汝西來意僧云近日湖南暢和尚亦爲人東語西話空乃喚沙彌拽出這死屍著（沙彌仰山）山後舉問耽源如何出得井中人耽源曰咄癡漢誰在井中仰山不契後問溈山山乃呼慧寂山應諾溈云出了也仰山因此大悟云我在耽源處得體溈山處得用也只是這一箇頌子引人邪解不少人多錯會道相是相見談是談論中間有箇無縫塔所以道中有黃金充一國帝與國師對答便是無影樹下合同船帝（爲二）不會遂道瑠璃殿上無知識又有底道湘是（二十六）湘州之南潭是潭州之北中有黃金充一國須官家貶眼顧視云這箇是無縫塔若恁麼會不出情見只如雪竇下四轉語又作麼生會令人殊不知古人意且道湘之南潭之北

你作麼生會中有黃金充一國你作麼生會無影樹下合同船你作麼生會瑠璃殿上無知識你作麼生會若恁麼見得不妨慶快平生湘之南潭之北雪竇道獨掌不浪鳴不得已與你說中有黃金充一國雪竇道山形拄杖子古人道識得拄杖子一生參學事畢無影樹下合同船雪竇道海晏河清一時豁開戶牖八面玲瓏瑠璃殿上無知識雪竇道拈了也一時與你說了也不妨難見見得也好只是有些子錯認處隨語生解至末後道拈了也却較些子雪竇分明一時下語了後面單頌箇無縫塔子

無縫塔（這一縫大小大道什麼）見還難（非眼可見瞎）澄潭不許蒼龍蟠（見麼洪波浩渺蒼龍向甚處蟠這裏直得摸索不著）層落落（莫眼花眼花作什麼）影團團（通身是眼落七落八兩兩三三舊路行左轉右轉隨後來）（爲二）（二十七）千古萬古與人看（見麼瞎漢作麼生看闍黎覷得見麼）

雪竇當頭道無縫塔見還難雖然獨露無私則是要見時還難雪竇忒煞慈悲更向你道澄潭不許蒼龍蟠五祖先師道雪竇頌古一

册我只愛他澄潭不許蒼龍蟠一句猶較些子多少人去他國師良久處作活計若恁麽會一時錯了也不見道卧龍不鑒止水無處有月波澄有處無風浪起又道卧龍長怖碧潭清若是這箇漢直饒洪波浩渺白浪滔天亦不在裏許蟠雪竇到此頌了後頭着些子眼目逐出一箇無縫塔隨後説道層落落影團團千古萬古與人看你作麽生看即今在什麽處直饒你見得分明也莫錯認定盤星

垂示云一塵舉大地收一花開世界起只如塵未舉花未開時如何着眼所以道如斬一綟絲一斬一切斬如染一綟絲一染一切染只如今便將葛藤截斷運出自己家珍高低普應前後無差各各現成儻或未然看取下文

舉俱胝和尚凡有所問（有什麽消息 鈍根阿師）只竪一指（這老漢也要坐斷天下人舌頭熱則普天普地熱寒則普天普地寒換却天下人舌頭）

若向指頭上會則辜負俱胝若不向指頭上會則生鐵鑄就相似會也恁麽去不會也恁麽去高也恁麽去低也恁麽去是也恁麽去非也恁麽去所以道一塵纔起大地全收一花欲開世界便起一毛頭獅子百億毛頭現圓明道寒則普天普地寒熱則普天普地熱山河大地下徹黃泉萬象森羅上通霄漢且道是什麽物得恁麽奇怪若也識得不消一揑若識不得礙塞殺人俱胝和尚乃婺州金華人初住庵時有一尼名實際到庵直入更不下笠持錫遶禪牀三匝云道得即下笠如是三問俱胝無對尼便去俱胝曰天勢稍晚且留一宿尼曰道得即宿胝又無對尼便行胝歎曰我雖處丈夫之形而無丈夫之氣遂發憤要明此事擬棄庵往諸方參請打疊行脚其夜山神告曰不須離此來日有肉身菩薩來爲和尚説法不須去果是次日天龍和尚到庵胝乃迎禮具陳前事天龍只竪一指而示之俱胝忽然大悟是他當時鄭重專注所以桶底易脱後來凡有所問只竪一指長慶道美食不中飽人喫玄沙道我當時若見拗折指頭玄覺云玄沙恁麽道意作麽生雲居錫云只如玄沙恁麽道是肯伊是不肯伊若肯伊何言拗折指頭若不肯伊俱胝過在什麽處先曹山云俱胝承當處莽鹵只認得一機一境一種是拍手撫掌見他西園奇怪玄覺又云且道俱胝還悟也未爲什麽承當處莽鹵若是不悟又道平生只用一指頭禪不盡且道曹山意在什麽處當時俱胝實然不會及乎到他悟後凡有所問只竪一指因什麽千人萬人羅籠不住撲他不破你若用作指頭會決定不見古人意這般禪易參只是難會如今人纔問着也竪指竪拳只是弄精魂也須是徹骨徹髓見透始得俱胝庵中有一童子於外被人詰曰和尚尋常以何法示人童子竪起指頭歸而舉似師俱胝以刀斷其指童子叫喚走出俱胝召一聲童子回首俱胝却竪起指頭童子豁然領解且道見箇什麽道理及至遷化謂衆曰吾得天龍一指頭禪平生用不盡要會麽竪起指頭便脱去後來明招獨眼龍問國泰深師叔云古人道俱胝只念三行呪便得名超一切人作麽

碧二 三八 碧二 三九

生與他拈却三行呪深亦竪起一指頭招云不因今日爭識得這瓜州客且道意作麼生秘魔平生只用一杈打地和尚凡有所問只打地一下後被人藏却他棒却問如何是佛他只張口亦是一生用不盡無業云祖師觀此土有大乘根器唯單傳心印指示迷塗得之者不揀愚之與智凡之與聖且多虛不如少實大丈夫漢卽今直下休歇去頓息萬緣去超生死流迥出常格縱有眷屬莊嚴不求自得無業一生凡有所問只道莫妄想所以道一處透千處萬處一時透一機明千機萬機一時明如今人總不恁麼只管恣意情解不會他古人省要處他豈不是無機關轉換處爲什麼只用一指頭須知俱胝到這裏有深密爲人處要會得省力麼還他圓明道寒則普天普地寒熱則普天普地熱山河大地通上孤危萬象森羅徹下嶮峻什麼處得一指頭禪來

對揚深愛老俱胝（獼兒牽伴同道方知不免是一機一境）宇宙空來更有誰（兩箇三箇更有一箇也須打殺）曾向滄溟下浮木（全是這箇是則是太孤峻生破草鞋有什麼用處）夜濤相共接盲龜（撈天摸地有什麼了期接得堪作何用據令而行趯向無佛世界接得閙茄一箇瞎漢）

雪竇會四六文章七通八達凡是誵訛奇特公案偏愛去頌對揚深愛老俱胝宇宙空來更有誰今時學者抑揚古人或賓或主一問一答當面提持有如此爲人處所以道對揚深愛老俱胝且道雪竇愛他作什麼自天地開闢以來更有誰人只是老俱胝一箇若是別人須參雜唯是俱胝老只用一指頭直至老死時人多邪解道山河大地也空人也空法也空直饒宇宙一時空來只是俱胝老一箇且得沒交涉曾向滄溟下浮木如今謂之生死海衆生在業海之中頭出頭沒不明自已無有出期俱胝老垂慈接物於生死海中用一指頭接人似下浮木接盲龜相似令諸衆生得到彼岸夜濤相共接盲龜法華經云如一眼之龜值浮木孔無沒溺之患大善知識接得一箇如龍似虎底漢敎他向有佛世界互爲賓主無佛世界坐斷要津接得箇盲龜堪作何用

垂示云堆山積嶽撞墻磕壁佇思停機一場苦屈或有箇漢出來掀翻大海踢倒須彌喝散白雲打破虛空直下向一機一境坐斷天下人舌頭無你近傍處且道從上來是什麼人曾恁麼試舉看

舉龍牙問翠微如何是祖師西來意（諸方舊話也要勘過）微云與我過禪板來（用禪板作什麼泊合放過唸）牙過禪板與翠微（也是把不住駕與青龍不解騎可惜許當面不承當）微接得便打（看打得箇死漢濟甚事也落在第二頭了也）牙云打卽任打要且無祖師西來意（這漢話在第二頭賊過後張弓）牙又問臨濟如何是祖師西來意（諸方舊公案再問將來不直半分錢）濟云與我過蒲團來（曹溪波浪如相似無限平人被陸沉一狀領過一坑埋却）牙取蒲團過與臨濟（依前把不住依前不伶俐依稀越國髣髴揚州）濟接得便打（著可惜打這般死漢一模脫出）牙云打卽任打要且無祖師西來意（灼然在鬼窟裏作活計將謂得便宜賊過後張弓）翠微芝和尚云當時如是今時衲子皮下還有血麼潙山喆云翠微臨濟可謂本分宗師龍牙一等是撥草瞻風不妨與後人作龜鑑

住院後有僧問和尚當時還肯二尊宿麼牙云肯卽肯只是無祖師西來意龍牙瞻前顧後應病與藥大溈則不然待伊問和尚當時還肯二尊宿麼明不明劈脊便打非惟扶竪翠微臨濟亦不辜負來問石門聰云龍牙無人捘着猶可被箇衲子换着失却一隻眼雪竇云臨濟翠微只解把住不解放開我當時如作龍牙待伊索蒲團禪板拈起劈面便打五祖戒云和尚得恁麼面長或云祖師土宿臨頭黃龍新云龍牙驅耕夫之牛奪飢人之食旣明則明矣因什麼却無祖師西來意會麼棒頭有眼明如日要識眞金火裏看大凡激揚要妙提唱宗乘向第一機下明得可以坐斷天下人舌頭儻或躊躇落在第二這二老漢雖然打風打雨驚天動地要且不曾打着箇明眼漢古人參禪多少辛苦立大丈夫志氣經歷山川參見尊宿龍牙先參翠微臨濟後參德山遂問學人仗鏌鎁劍擬取師頭時如何德山引頸云囫牙云師頭落也山微笑便休去次到洞山洞山問近離甚處牙云德山來洞山云德山有何言句牙遂舉前話洞山云他道什麼牙云他無語洞山云莫道無語且試將德山落底頭呈似老僧看牙於此有省遂焚香遙望德山禮拜懺悔德山聞云洞山老漢不識好惡這漢死來多少時救得有什麼用處從他擔老僧頭遶天下走龍牙根性聰敏擔一肚皮禪行脚直向長安翠微便問如何是祖師西來意微云與我過禪板來牙取禪板與微微接得便打牙云打卽任打要且無祖師西來意又問臨濟如何是祖師西來意濟云與我過蒲團來牙取蒲團與臨濟濟接得便打牙云打卽任打要且無祖師西來意他致箇問端不妨要見他曲彔木床上老漢亦要明自己一段大事可謂言不虛設機不亂發出在做工夫處不見五洩參石頭先自約曰若一言相契卽住不然卽去石頭據座洩拂袖而出石頭知是法器卽垂開示洩不領其旨告辭而出至門石頭呼之云闍黎洩回顧石頭云從生至死只是這箇回頭轉腦更莫別求洩於言下大悟又麻谷持錫到章敬遶禪床三匝振錫一下卓然而立敬云是是又到南泉依前遶床振錫而立南泉云不是不是此是風力所轉終成敗壞谷云章敬道是和尚爲什麼道不是南泉云章敬卽是是汝不是古人也不妨要提持透脫此一件事如今人纔問着全無些子用工夫處今日也只是恁麼明日也只是恁麼你若只恁麼盡未來際也未有了日須是抖擻精神始得有少分相應你看龍牙發一問道如何是祖師西來意翠微云與我過禪板來牙過與微微接得便打牙當時取禪板時豈不知翠微要打他也不得便道他不會爲什麼却過禪板與他且道當機承當得時合作麼生他不向活水處用自去死水裏作活計一向作主宰便道打卽任打要且無祖師西來意又走去河北參臨濟依前恁麼問濟云與我過蒲團來牙過與濟濟接得便打牙云打卽任打要且無祖師西來意且道二尊宿又不同法嗣爲什麼答處相似用處一般須知古人一言一句不亂施爲他後來住院

有僧問云和尚當時見二尊宿是肯他不肯他牙云肯則肯要且無祖師西來意爛泥裏有刺放過與人已落第二這老漢把得定只做得洞下尊宿若是德山臨濟門下須知別有生涯若是山僧則不然只向他道肯卽未肯要且無祖師西來意不見僧問大梅如何是祖師西來意梅云西來無意鹽官聞云一箇棺材兩箇死漢玄沙聞云鹽官是作家雪竇道三箇也有只如這僧問祖師西來意却向他道西來無意你若恁麼會墮在無事界裏所以道須參活句莫參死句活句下薦得永劫不忘死句下薦得自救不了龍牙恁麼道不妨盡善古人道相續也大難他古人一言一句不亂施爲前後相照有權有實有照有用賓主歷然互換縱横若要辨其親切龍牙雖不昧宗乘爭奈落在第二頭當時二尊宿索禪板蒲團牙不可不知他意是他要用他胸襟裏事雖然如是不妨用得太峻龍牙恁麼問二老恁麼答爲什麼却無祖師西來意到這裏須知別有箇奇特處雪竇拈出令人看

龍牙山裏龍無眼瞎踐別人卽得泥裏洗土塊天下人總知死水何曾振古風忽然活時無奈何累及天下人出頭不得禪板蒲團不能用教阿誰說你要禪板蒲團作什麼莫是分付闍黎麼只應分付與盧公也則分付不着漆桶莫作這般見解

雪竇據款結案他雖恁麼頌且道意在什麼處甚處是無眼甚處是死水裏到這裏須是有變通始得所以道澄潭不許蒼龍蟠死水何曾有獰龍不見道死水不藏龍若是活底龍須向洪波浩渺白浪滔天處去此言龍牙走入死水中去被人打他却道打卽任打要且無祖師西來意招得雪竇道死水何曾振古風雖然如此且道雪竇是扶持伊是減他威光人多錯會道爲什麼只應分付與盧公殊不知却是龍牙分付與人大凡參請須是向機上辨别方見他古人相見處禪板蒲團不能用翠微云與我過禪板來牙過與他豈不是死水裏作活計分明是駕與青龍只是他不解騎是不能用也只應分付與盧公往往喚作六祖非也不曾分付與人若道分付與人要用打人却成箇什麼去昔雪竇自呼爲盧公他題晦迹自貽云圖畫當年愛洞庭波心七十二峯青而今高卧思前事添得盧公倚石屏雪竇要去龍牙頭上行又恐人錯會所以別頌要翦人疑觪雪竇復拈云

這老漢也未得勦絕復成一頌灼然能有幾人知自知較一半賴有末後句

盧公付了亦何憑盡大地討恁麼人也難得教誰須話坐倚休將繼祖燈草裏漢打入黑山下坐落在鬼窟裏去也堪對暮雲歸未合一箇半箇與賞卽錯果然出不得遠山無限碧層層塞却你眼塞却你耳没溺深坑更參三十年

盧公付了亦何憑有何憑據直須向這裏恁麼會去更莫守株待兎髑髏前一時打破無一點事在胸中放教洒洒落落地又何必要憑或坐或倚不消作佛法道理所以道坐倚休將繼祖燈雪竇一時拈了也他有箇轉身處末後自露箇消息有些子好處道堪對暮雲歸未合且道雪竇意在什麼處暮雲歸欲合未合之時你道作麼生遠山無限碧層層依舊打入鬼窟裏去到這裏得失是非一時坐斷洒洒落落始較些子遠山無限碧層層

且道是文殊境界耶是普賢境界耶是觀音境界耶到此且道是什麽人分上事

佛果圜悟禪師碧岩集卷第二

佛果圜悟禪師碧岩集卷第三　鴈三

秣陵遠庵吳自弘校

天界比丘性　湛閱

垂示云建法幢立宗旨錦上鋪花脫籠頭卸角馱太平時節或若辨得格外句舉一明三其或未然依舊伏聽處分

舉僧問智門蓮花未出水時如何鉤在不疑之地泥裏洗土塊那裏得這消息來智門云蓮花一二三四五六七疑殺天下人僧云出水後如何莫向鬼窟裏作活計又恁麼去也門云荷葉幽州猶自可最苦是江南兩頭三面笑殺天下人

智門若是應機接物猶較些子若是截斷衆流千里萬里且道這蓮花出水與未出水是一是二若恁麼見得許你有箇入處雖然如是若道是一顢頇佛性儱侗真如若道是二心境未忘落在解路上走有什麼歇期且道古人意作麼生其實無許多事所以投子道你但莫着名言數句若了諸事自然不着即無許多位次不同你一切法一切法攝不得本無得失夢幻如許多名目不可强與佗安立名字誑謼你諸人得麼你諸人問故所以有言你若不問教我向你道什麼即得一切事皆是你將得來都不干我事古人道欲識佛性義當觀時節因緣不見雲門舉僧問靈雲云佛未出世時如何雲竪起拂子僧云出世後如何雲亦竪起拂子雲門云前頭打着後頭打不着又云不說出與不出何處有伊問時節也古人一問一答應時應節無許多事你若尋言逐句了無交涉你若能言中透得言意中透得意機中透得機放令閑閑地方見智門答話處問佛未出世時如何牛頭未見四祖時如何班石內混沌未分時如何父母未生時如何雲門道從古至今只是一段事無是無非無得無失無生與未生古人到這裏放一綫道有出有入若是未了底人扶籬摸壁依草附木或教他放下又打入莽莽蕩蕩荒然處去若是得底人二六時中不依倚一物雖不依倚一物若露一機一境作麼生摸索他這僧問道蓮花未出水時。如何智門云蓮花便只攔門一答不妨奇持諸方皆謂之顛倒語那裏如此不見嵒頭道常貴未開口已前猶較些子古人露機處已是漏逗了也如今學者不省古人意只管去理論出水與未出水有什麼交涉不見僧問智門如何是般若體門云蚌含明月僧云如何是般若用門云兔子懷胎看他如此對答天下人討他語脉不得或有人問夾山道蓮花未出水時如何只對他道露柱燈籠且道與蓮花是同是別出水後如何對他道杖頭挑日月脚下太泥深你且道是不是且莫錯認定盤星雪竇忒煞慈悲打破人情解所以頌出

蓮花荷葉報君知老婆心切見成公案文彩已彰出水何如未出時泥裏洗土塊分開也好不可儱侗去也江北江南問王老主人公在什麼處問王老師作什麼你自踏破草鞋一狐疑了一狐疑一坑埋却自是你疑不免疑情未息打云會麼

智門本是浙人得得入川參香林既徹却回住隋州智門雪竇是他的子見得好窮玄極妙直道蓮花荷葉報君知出水何如未出時這裏要人直下便會山僧道未出水時如何露柱燈籠出水後如何杖頭挑日月脚下太泥深你且莫錯認定盤星如今人咬人言句

者有甚麼限你且道出水時是什麼時節未出水時是什麼時節若向這裏見得許你親見智門雪竇道你若不見江北江南問王老雪竇意道你只管去江北江南問尊宿出水與未出水江南添得兩句江北添得兩句一重添一重展轉生疑且道何時得不疑去如野狐多疑氷凌上行以聽水聲若不鳴方可過河參學人若一狐疑了。一狐疑幾時得平穩去

垂示云大方無外細若隣虛擒縱非他卷舒在我必欲解粘去縛直須削迹吞聲人人坐斷要津箇箇壁立千仞且道是什麼人境界試舉看

舉雪峰示衆云南山有一條鼈鼻蛇（見怪不怪其怪自壞大小大怪事不妨令人疑着）汝等諸人切須好看（囫一場漏逗）長慶云今日堂中大有人喪身失命（普州人送賊以己妨人）僧舉似玄沙（同坑無異土奴見婢殷勤）（同病相憐）玄沙云須是稜兄始得雖然如此我即不恁麼（不免作野狐精見解是什麼消息毒氣傷人）僧云和尚作麼生（也好搜着這老漢）玄沙云用南山作什麼（釣魚船上謝三郎只這野狐精猶較些子喪身失命也不知）雲門以拄杖攛向雪峰面前作怕勢（怕他作什麼一子親得一等是弄精魂諸人試辨看）

你若平展一任平展你若打破一任打破雪峰與巖頭欽山同行凡三到投子九上洞山後叅德山方打破漆桶一日率巖頭訪欽山至鼇山店上阻雪巖頭每日只是打睡雪峰一向坐禪巖頭喝云噇眠去每日牀上恰似七村裏土地相似他時後日魔魅人家男女去在峰自點胷云某甲這裏未穩在不敢自瞞頭云我將謂你已後向孤峰頂上盤結草菴播揚大教猶作這箇語話峰云某甲實未穩在頭云你若實如此據你見處一一道來是處我與你證明不是處與你剗却峰遂舉見鹽官上堂舉色空義得箇入處頭云此去三十年切忌舉着峰又舉見洞山過水頌得箇入處頭云若與麼自救不了後到德山問從上宗乘中事學人還有分也無山打一棒道什麼我當時如桶底脫相似頭遂喝云你不聞道從門入者不是家珍峰云他後如何即是頭云他日若欲播揚大教一一從自己胷襟流出將來與我蓋天蓋地去峰於言下大悟便禮拜起來連聲叫云今日始是鼇山成道今日始是鼇山成道後回閩中住象骨山自貽作頌云人生倏忽暫須臾浮世那能得久居出嶺纔登三十二入閩早是四旬餘他非不用頻頻舉已過應須旋旋除奉報滿朝朱紫貴閻王不怕佩金魚凡上堂示衆云一一蓋天蓋地更不說玄說妙亦不說心說性突然獨露如大火聚近之則燎却面門似太阿劍擬之則喪身失命若也佇思停機則沒交涉只如百丈問黃檗甚處去來檗云大雄山下採菌去來丈云還見大蟲麼檗便作虎聲丈便拈斧作斫勢檗遂打百丈一摑丈吟吟而笑便歸陞座謂衆云大雄山有一大蟲汝等諸人切須好看老僧今日親遭一口趙州凡見僧便問曾到此間麼云曾到或云不曾到州總云喫茶去院主云和尚尋常問僧曾到與不曾到總道喫茶去意旨如何州云院主主應諾州云喫茶去紫胡門下立一

牌牌上書云紫胡有一狗上取人頭中取人
腰下取人脚擬議則喪身失命或新到纔相
看師便喝云看狗僧纔回首師便歸方丈正
如雪峰道南山有一條鼈鼻蛇汝等諸人切
須好看正當恁麽時你作麽生祇對不躡前
蹤試請道看到這裏也須是會格外句始得
一切公案語言舉得將來便知落處看他恁
麽示衆且不與你說行說解還將情識測度
得麽是他家兒孫自然道得恰好所以古人
道承言須會宗勿自立規矩言須有格外句
須要透關若是語不離窠窟墮在毒海中也
雪峰恁麽示衆可謂無味之談塞斷人口長
慶玄沙皆是他家屋裏人方會他恁麽說話
只如雪峰道南山有一條鼈鼻蛇諸人還知
落處麽到這裏須是具通方眼始得不見眞
淨有須云麗三打鼓弄琵琶相逢兩會家雲門能六
唱和長慶解隨邪古曲無音韻南山鼈鼻蛇
何人知此意端的是玄沙只如長慶恁麽祇
對且道意作麽生到這裏如擊石火似閃電
光方可搆得若有纖毫去不盡便搆他底不

得可惜許人多向長慶言下生情解道堂中
纔有鬭處便是喪身失命有者道元無一星
事平白地上說這般話疑人人鬭他道南山
有一條鼈鼻蛇你便疑著若恁麽會且得沒
交涉只去他言語上作活計既不恁麽會又
作麽生會後來有僧舉似玄沙玄沙云須是
稜兄始得雖然如是我即不恁麽僧云和尚
又作麽生沙云用南山作什麽但看玄沙語
中便有出身處便云用南山作什麽若不是
玄沙也大難酬對只如他恁麽道南山有一
條鼈鼻蛇且道在什麽處到這裏須是向上
人方會恁麽說話古人道釣魚船上謝三郎
不愛南山鼈鼻蛇却到雲門以拄杖攛向雪
峰面前作怕勢雲門有弄蛇手脚不犯鋒鋩
明頭也打着暗頭也打着他尋常爲人如舞
太阿劍相似有時乃三飛向人眉毛眼睫七上有時
飛向三千里外取人頭雲門攛拄杖作怕勢
且不是弄精魂他莫也是喪身失命麽作家
宗師終不去一言一句上作活計雪竇只爲
愛雲門契證得雪峰意所以頌出

象骨巖高人不到千箇萬箇摸索不着非公境界到者須
是弄蛇手是精識精是賊識賊成羣作隊作什麽也須是同火始得稜
師備師不柰何一狀領過放過一着喪身失命有多
少罪不重科帶累平人韶陽知猶較些子這老漢只具一隻眼老漢不免
作伎倆重撥草落草漢有什麽用處果然在什麽處便打南北東
西無處討有麽有麽闍黎眼瞎忽然突出拄杖頭看高
着眼便打拋對雪峰大張口自作自受吞却千箇萬箇濟什麽事
天下人摸索不着大張口兮同閃電兩重公案果然頼有末後
句剔起眉毛還不見蹉過了也五湖四海覓恁麽人也難得如
今在什麽處如今藏在乳峰前向什麽處去也大小雪竇也作
這去就山僧今日也遺一口來者一一看方便瞎莫向脚跟下
看看取上座脚跟下着一箭了也師高聲喝云看脚下蹉過
後張弓第二頭第三頭重言不當吃
象骨巖高人不到到者須是弄蛇手雪峰山
下有象骨巖雪峰機鋒高峻罕有人到他處
雪竇是他屋裏人毛羽相似同聲相應同氣
相求也須是通方作者共相證明只這鼈鼻
蛇也不妨難弄須是解弄始得若不解弄反
被蛇傷五祖先師道此鼈鼻蛇須是有不傷
犯手脚底機於他七寸上一捏捏住便與老

僧把手共行長慶玄沙有這般手脚雪竇道稜師備師不柰何人多道長慶玄沙不柰何所以雪竇獨美雲門且得没交涉殊不知三人中機無得失只是有親踈且問諸人什麽處是稜師備師不柰何處丧身失命有多少此頌長慶道今日堂中大有人丧身失命到這裏須是有弄蛇手子細始得雪竇出他雲門所以一時撥却獨存雲門一箇道韶陽知重撥草莕爲雲門知他雪峰道南山有一條髗鼻蛇落處所以重撥草雪竇頌到這裏更有妙處云南北東西無處討你道在什麽處忽然突出拄杖頭元來只在這裏你不可便向拄杖頭上作活計去也雲門以拄杖攛向雪峰面前作怕勢雲門便以拄杖作髗鼻蛇用有時却云拄杖子化爲龍吞却乾坤了也山河大地甚處得來只是一條拄杖子有時作龍有時作蛇爲什麽如此到這裏方知古人道心隨萬境轉轉處實能幽頌道拋對雪峰大張口大張口兮同閃電雪竇有餘才拈出雲門毒蛇云只這大張口兮同於閃電相似你若擬議則丧身失命別起眉毛還不自向什麽處去也雪竇須了須去活處爲人將雪峰蛇自拈自弄不妨殺活臨時要見麽云如今藏在乳峰前乳峰乃雪竇山名也雪竇有頌云石牕四顧滄溟窄寥寥不許白雲白長慶玄沙雲門雖弄得了不見却云如今藏在乳峰前來者一一看方便雪竇猶涉廉纖在不言便用却高聲喝云看脚下從上來有多少人拈弄且道還曾傷着人不曾傷着人師便打

垂示云玉將火試金將石試劍將毛試水將杖試至於衲僧門下一言一句一機一境一出一入一挨一拶要見深淺要見向背且道將什麽試請舉看

舉保福長慶遊山次（這兩箇落草漢）福以手指云只這裏便是妙峰頂（平地上起骨堆切忌道着掘地深埋）慶云是則是可惜許（若不是鐵眼銅睛幾被惑了同病相憐兩箇一坑埋却）雪竇著語云今日共這漢遊山圖箇什麽（不妨減人斤兩猶較些子傍人按劍）復云百千年後不道無只是少（少賣弄也是雲居羅漢）後舉似鏡清（有好）（有恐）清云若不是孫公便見髑髏遍野（同道者方知大地茫茫愁殺人奴見婢慇懃設使臨濟德山出來也須喫棒）

保福長慶鏡清總承嗣雪峰他三人同得同證同見同聞同拈同用一出一入遞相挨拶莕爲他是同條生底人舉着便知落處在雪峰會裏居常問答只是他三人古人行住坐卧以此道爲念所以舉着便知落處一日遊山次保福以手指云只這裏便是妙峰頂如今禪和子恁麽問着便只口似匾擔賴值問着長慶你道保福恁麽道圖箇什麽古人如此要驗他有眼無眼是他家裏人自然知他落處便對他道是即是可惜許且道長慶恁麽道意旨如何不可一向恁麽去也似則似罕有等閑無一星事賴是長慶識破他雪竇着語云今日共這漢遊山圖箇什麽且道落在什麽處復云百千年後不道無只是少雪竇解點眼正似黃檗道不道無禪只是無師雪竇恁麽道也不妨險峻若不是同聲相應爭得如此孤危奇怪此謂之着語落在兩邊雖落在兩邊却不住兩邊後舉似鏡清清云

若不是孫公便見髑髏徧野孫公乃長慶俗姓也不見僧問趙州如何是妙峰孤頂州云老僧不答你這話僧云爲什麼不答這話州云我若答你恐落在平地上教中說妙峰孤頂德雲比丘從來不下山善財去參七日不逢一日却在別峰相見及乎見了却與他說一念三世一切諸佛智慧光明普見法門德雲既不下山因什麼却在別峰相見若道他下山教中道德雲比丘從來不曾下山常在妙峰孤頂到這裏德雲與善財的的在那裏自後李長者打葛藤打得好道妙峰孤頂是一味平等法門一一皆眞一一皆全向無得無失無是無非處獨露所以善財不見到稱性處如眼不自見耳不自聞指不自觸如刀不自割火不自燒水不自洗到這裏教中大有老婆相爲處所以放一線道於第二義門立賓立主立機境立問答所以道諸佛不出世亦無有涅槃方便度衆生故現如斯事且道畢竟作麼生免得鏡清雪竇恁麼道去當時不能拍指相應所以盡大地人髑髏徧野鏡清恁麼證將來那兩箇恁麼用將來雪竇後面頌出更顯煥頌云

妙峰孤頂草離離（和身沒却脚下巳深數丈也）拈得分明付與誰（用作什麼大地沒人知乾屎橛堪作何用拈得鼻孔失却口）不是孫公辨端的（錯看箭着賊了也不知）髑髏着地幾人知（更不再活如麻似粟闍黎拈得鼻孔失却口）

妙峰孤頂草離離草裏輥有什麼了期拈得分明付與誰什麼處是分明處頌保福道只這裏便是妙峰頂不是孫公辨端的孫公見什麼道理便云是則是可惜許只如髑髏着地幾人知汝等諸人還知麼瞎

垂示云高高峰頂立魔外莫能知深深海底行佛眼覷不見直饒眼似流星機如掣電未免靈龜曳尾到這裏合作麼生試舉看

舉劉鐵磨到潙山（不妨難湊泊這老婆不守本分）山云老牸牛汝來也（點探竿影草向什麼處見諸訛）磨云來日臺山大會齋和尚還去麼（箭不虛發大唐打鼓新羅舞放去太速收來太遲）潙山放身臥（中也你向什麼處見潙山誰知遠煙浪別）（有好思量）磨便出去（過也見機而作）

劉鐵磨（尼也）如擊石火似閃電光擬議則喪身失命禪道若到緊要處那裏有許多事他作家相見如隔墻見角便知是牛隔山見煙便知是火拶着便動捺着便轉潙山道老僧百年後向山下檀越家作一頭水牯牛左脇下書五字云潙山僧某甲且正當恁麼時喚作潙山僧即是喚作水牯牛即是如今人問着管取分疎不下劉鐵磨久叅機鋒峭峻人號爲劉鐵磨去潙山十里卓庵一日去訪潙山山見來便云老牸牛汝來也磨云來日臺山大會齋和尚還去麼潙山放身便卧磨便出去你看他一如說話相似且不是禪又不是道喚作無事會得麼潙山去臺山自隔數千里劉鐵磨因什麼却令潙山去齋且道意旨如何這老婆會他潙山說話綵來線去一放一收互相酬唱如兩鏡相照無影像可觀機機相副句句相投如今人三搭不迴頭這老婆一點也瞞他不得這箇却不是世諦情見如明鏡當臺明珠在掌胡來胡現漢來漢現是他知有向上事所以如此如今只管做無事會四祖演和尚道莫將有事爲無事往往

事從無事生你若叅得透去見他恁麼如尋常人說話一般多被言語隔礙所以不會唯是知音方會他底只如乾峰示衆云舉一不得舉二放過一着落在第二雲門出衆云昨日有一僧從天台來却往南岳去乾峰云典座今日不得普請看他兩人放則雙放收則雙收溈仰下謂之境致風塵草動悉究端倪亦謂之隔身句意通而語隔到這裏須是左撥右轉方是作家

曾騎鐵馬入重城慣戰作家塞外將軍七事隨身勅下傳

聞六國清狗銜赦書寰中天子爭奈海晏河清猶握金鞭問

歸客是什麼消息一條拄杖兩人扶相招同往又同來夜深誰共

御街行君向瀟湘我向秦且道行作什麼

雪竇頌諸方以為極則一百頌中這一頌最具理路就中極妙貼體分明頌出曾騎鐵馬入重城頌劉鐵磨恁麼來勅下傳聞六國清頌溈山恁麼問猶握金鞭問歸客頌磨云來日臺山大會齋和尚還去麼夜深誰共御街行頌溈山放身便臥磨便出去雪竇有這般才調急切處向急切處頌緩緩處向緩緩處頌風穴亦曾拈同雪竇意此頌諸方皆美之高高峰頂立魔外莫能知深深海底行佛眼覷不見看他一箇放身臥一箇便出去若更周遮一時求路不見雪竇頌意最好是曾騎鐵馬入重城若不是同得同證焉能恁麼且道得箇什麼意不見僧問風穴溈山道老牸牛汝來也意旨如何穴云白雲深處金龍躍僧云只如劉鐵磨道來日臺山大會齋和尚還去麼意旨如何穴云碧波心裏玉兎驚僧云溈山便作臥勢意旨如何穴云老倒踈慵無事日閑眠高臥對青山此意亦與雪竇同也

垂示云機不離位墮在毒海語不驚羣陷於流俗忽若擊石火裏別緇素閃電光中辨殺活可以坐斷十方壁立千仞還知有恁麼時節麼試舉看

舉蓮花峰庵主拈拄杖示衆云看頂門上具一隻眼也是時人窠窟

古人到這裏為什麼不肯住不可向虛空裏釘橛權立化城

衆無語千箇萬箇如麻似粟却較些子可惜許一棚俊鶻

自代云為他途路不得力若向途中辨猶爭半月程設使得力堪作什麼豈可全無一箇

復云畢竟如何千人萬人只向箇裏坐却千人萬人中一箇兩箇會又自代云楖標橫擔不顧人直入千峰萬峰去也好與三十棒只為他擔板腦後見腮莫與往來

諸人還裁辨得蓮花峰庵主麼脚跟也未點地在國初時在廬山蓮花峰卓庵古人既得道之後茅茨石室中折脚鐺兒内煮野菜根喫過日且不求名利放曠隨緣垂一轉語且要報佛祖恩傳佛心印纔見僧來便拈拄杖云古人到這裏為什麼不肯住前後二十餘年終無一人答得只這一問也有權有實有照有用若也知他圈繢不消一捏你且道因什麼二十年如此問既是宗師所為何故只守一橛若向箇裏見得自然不向情塵上走凡二十年中有多少人與他平展下語呈見解做盡伎倆設有箇道得也不到他極則處況此事雖不在言句中非言句即不能辨不見道道本無言因言顯道所以驗人端的處下口便知音古人垂一言半句亦無他只要見你知有不知有他見人不會所以自代云

爲他途路不得力看他道得自然契理契機幾曾失却宗旨古人云承言須會宗勿自立規矩如今只管撞將去便了得則爭奈顢頇儱侗若到作家漢將三要語印空印泥印水驗他便見方木逗圓孔無下落處到這裏討一箇同得同證臨時向什麽處求若是知有底人開懷通箇消息有何不可若不遇人且卷而懷之且問你諸人拄杖子是衲僧尋常用底因什麽却道途路不得力古人到此不肯住其實金屑雖貴落眼成翳石室善道和尚當時遭沙汰常以拄杖示衆云過去諸佛也恁麽未來諸佛也恁麽現前諸佛也恁麽雪峰一日僧堂前拈拄杖示衆云這箇只爲中下根人時有僧出問云忽遇上上人來時如何峰拈拄杖便去雲門云我即不似雪峰打破狼籍僧問未審和尚如何雲門便打大凡參問也無許多事爲你外見有山河大地内見有見聞覺知上見有諸佛可求下見有衆生可度直須一時吐却然後十二時中行住坐卧打成一片雖在一毛頭上寬若大千沙界雖居鑊湯爐炭中如在安樂國土雖居七珍八寶中如在茅茨蓬蒿下這般事若是通方作者到古人實處自然不費力他見無人搆得他底復自徵云畢竟如何又奈何不得自云楖標橫擔不顧人直入千峰萬峰去這箇意又作麽生且道指什麽處爲地頭不妨句中有眼言外有意自起自倒自放自收豈不見嚴陽尊者路逢一僧拈起拄杖云是什麽僧云不識嚴云一條拄杖也不識嚴復以拄杖地上劄一下云還識麽僧云不識嚴云土窟子也不識嚴復以拄杖擔云會麽僧云不會嚴云楖標橫擔不顧人直入千峰萬峰去古人到這裏爲什麽不肯住雪竇有頌云誰當機舉不賺亦還希摧殘峭峻銷鑠玄微重關曾巨闢作者未同歸玉兎乍圓乍缺金烏似飛不飛盧老不知何處去白雲流水共依依因什麽山僧道腦後見腮莫與往來纔作計較便是黑山鬼窟裏作活計若見得徹信得及千人萬人自然羅籠不住奈何不得動着拶着自然有殺有活雪竇會他意道直入千峰萬峰去方始成頌要知落處看取雪竇頌云

眼裏塵沙耳裏土（懞懂三百擔鶻鶻突突有什麽限更有恁麽漢）

千峰萬峰不肯住（你向什麽處去且道是什麽消息）

落花流水太茫茫（好箇消息閃電之機徒勞佇思左顧千生右顧萬劫）

剔起眉毛何處去（脚跟下更贈一對眼元來只在這裏還截得庵主脚跟麽雖然如是也須是到這田地始得打云爲什麽只在這裏）

雪竇頌得甚好有轉身處不守一隅便道眼裏塵沙耳裏土此一句頌蓮花峰庵主衲僧家到這裏上無攀仰下絶己躬於一切時中如癡似兀不見南泉道學道之人如癡鈍者也難得禪月詩云常憶南泉好言語如斯癡鈍者還希法燈云誰人知此意令我憶南泉南泉又道七百高僧盡是會佛法底人唯有盧行者不會佛法只會道所以得他衣鉢且道佛法與道相去多少雪竇拈云眼裏着沙不得耳裏着水不得或若有箇漢信得及把得住不受人瞞祖師言教是什麽熱碗鳴聲便請高掛鉢囊拗折拄杖管取一員無事道人又云眼裏着得須彌山耳裏着得大海水

有一般漢受人商量祖佛言教如龍得水似虎靠山却須挑起鉢囊橫擔拄杖亦是一員無事道人復云恁麼也得不恁麼也得然後沒交涉三員無事道人中要選一人爲師正是這般生鐵鑄就底漢何故或遇惡境界或遇奇特境界到他面前悉皆如夢相似不知有六根亦不知有旦暮直饒到這般田地切忌守寒灰死火打入黑漫漫處去也須是有轉身一路始得不見古人道莫守寒巖異草青坐却白雲宗不妙所以蓮花峰庵主道爲他途路不得力直須是千峰萬峰去始得且道喚什麼作千峰萬峰雪竇只愛他道楖標橫擔不顧人直入千峰萬峰去所以頌出且道向什麼處去還有知得去處者麼落花流水太茫茫落花紛紛流水茫茫閃電之機眼前是什麼别起眉毛何處去雪竇爲什麼也不知他去處只如山僧道適來舉拂子且道即今在什麼處你諸人若見得與蓮花峰庵主同參其或未然三條椽下七尺单前試去參詳看

舉僧問百丈如何是奇特事（言中有響句裏呈機驚殺人有眼不曾見）丈云獨坐大雄峰（凜凜威風四百州坐者立者二俱敗缺）僧禮拜（伶俐衲僧也有恁麼人要見恁麼事）丈便打（作家宗師何故來言不豊令不虛行）

臨機具眼不顧危亡所以道不入虎穴爭得虎子百丈尋常如虎挿翅相似這僧也不避死生敢捋虎鬚便問如何是奇特事這僧也具眼百丈便與他擔荷云獨坐大雄峰其僧便禮拜衲僧家須是别未問已前意始得這僧禮拜與尋常不同也須是具眼始得莫教平生心膽向人傾相識還如不相識只這僧問如何是奇特事百丈云獨坐大雄峰僧禮拜丈便打看他放去則一時俱是收來則掃蹤滅跡且道他便禮拜意旨如何若道是好因甚百丈便打他作什麼若道是不好他禮拜有什麼不得處到這裏須是識休咎别緇素立向千峰頂上始得這僧便禮拜似捋虎鬚相似只爭轉身處賴値百丈頂門有眼肘後有符照破四天下深辨來風所以便打若是别人無奈他何這僧以機投機以意遣意他所以禮拜如南泉云文殊普賢昨夜三更起佛見法見各與二十棒貶向二鐵圍山去也時趙州出衆云和尚棒教誰喫泉云王老師有什麼過州禮拜宗師家等閑不見他受用處纔到當機拈弄處自然活鱍鱍地五祖先師常說如馬前相撲相似你但常教見聞聲色一時坐斷把得定作得主始見他百丈且道放過時作麼生看取雪竇頌出云

祖域交馳天馬駒（五百年一間生千人萬人中有一箇半箇子承父業）

化門舒卷不同途（已在言前渠儂得自由還他作家手段）

電光石火存機變（劈面來也左轉右轉還見百丈爲人處也無）

堪笑人來捋虎鬚（好與三十棒重賞之下必有勇夫不免喪身失命放過闍黎一著）

雪竇見得透方乃頌出天馬駒日行千里橫行竪走奔驟如飛方名天馬駒雪竇頌百丈於祖域之中東走向西西走向東一來一往七縱八橫殊無少礙如天馬駒相似善能交馳方見自由處這箇自是得他馬祖大機大用不見僧問馬祖如何是佛法大意祖便打云我若不打你天下人笑我去在又問如何

是祖師西來意祖云近前來向你道僧近前祖劈耳便掌云六耳不同謀看他恁麼得大自在於建化門中或卷或舒有時舒不在卷處有時卷不在舒處有時卷舒俱不在所以道同塗不同轍此頌百丈有這般手脚雪竇道電光石火存機變頌這僧如擊石火似閃電光只在些子機變處巖頭道却物爲上逐物爲下若論戰也箇箇立在轉處雪竇道機輪曾未轉轉必兩頭走若轉不得有什麼用處大丈夫漢也須是識些子機變始得如今人只管供他款被他穿却鼻孔有什麼了期這僧於電光石火中能存機變便禮拜雪竇道堪笑人來捋虎鬚百丈似一箇大蟲相似堪笑這僧去捋虎鬚

垂示云問一答十舉一明三見兎放鷹因風吹火不惜眉毛則且置只如入虎穴時如何試舉看

舉僧問雲門樹凋葉落時如何（是什麼時節家破人亡人亡家破）雲門云體露金風（撑天拄地斬釘截鐵淨裸裸赤洒洒平步青霄）

若向箇裏薦得始見雲門爲人處其或未然依舊只是指鹿爲馬眼瞎耳聾誰人到這境界且道雲門爲復是答他話爲復是與他酬唱若道答他話錯認定盤星若道與他唱和且得沒交涉既不恁麼畢竟作麼生你若見得透衲僧鼻孔不消一捏其或未然依舊打入鬼窟裏去大凡扶豎宗乘也須是全身擔荷不惜眉毛向虎口橫身任他橫拖倒拽若不如此爭能爲得人這僧致箇問端也不妨嶮峻若以尋常事看他只似箇管閑事底僧若據衲僧門下去命脉裏覷時不妨有妙處且道樹凋葉落是什麼人境界十八問中此謂之辨主問亦謂之借事問雲門不移易一絲毫只向他道體露金風答得甚妙亦不敢辜負他問頭蓋爲他問處有眼答處亦端的古人道欲得親切莫將問來問若是知音底舉着便知落處你若向雲門語脉裏討便錯了也只是雲門句中多愛惹人情解若作情解會未免喪我兒孫雲門愛恁麼騎賊馬趁賊不見僧問如何是非思量處門云識情難測這僧問樹凋葉落時如何門云體露金風句中不妨把斷要津不通凡聖須會他舉一明三舉三明一你若去他三句中求則腦後拔箭他一句中須具三句函蓋乾坤句隨波逐浪句截斷衆流句自然恰好雲門三句中且道用那句接人試辨看頌曰

既問有宗（深辨來風箭不虛發）答亦攸仝（豈有兩般如鐘待扣功不浪施）三句可辨（上中下如今是第幾句須是向三句外薦取始得）一鏃遼空（中過也塹著磕著箭過新羅）大野兮涼飈颯颯（普天匝地還覺骨毛卓竪麼放行去也）長天兮疎雨濛濛（風浩浩水漫漫頭上漫漫脚下漫漫）君不見少林久坐未歸客（更有不唧𠺕漢帶累殺人黃河頭上瀉將過來）靜依熊耳一叢叢（開眼也著合眼也著鬼窟裏作活計眼瞎耳聾誰到這境界不免打折你版齒）

古人道承言須會宗勿自立規矩古人言不虛設所以道大凡問箇事也須識些子好惡若不識尊卑去就不識淨觸信口亂道有什麼利濟凡出言吐氣須是如鉗如鋏有鉤有鎖須是相續不斷始得這僧問處有宗旨雲門答處亦然雲門尋常以三句接人此是極則也雪竇頌這公案與頌大龍公案相類三

句可辨一句中具三句若辨得則透出三句外一鏃遼空鏃乃箭鏃也射得太遠須是急着眼看始得若也見得分明可以一句之下開展大千沙界到此須了雪竇有餘才所以展開頌出道大野兮涼飆颯颯長天兮踈雨濛濛且道是心是境是玄是妙古人道法法不隱藏古今常顯露他問樹凋葉落時如何雲門道體露金風雪竇意只作一境如今眼前風拂拂地不是東南風便是西北風直須便恁麼會始得你若更作禪道會便沒交涉君不見少林久坐未歸客達磨未歸西天時九年面壁靜悄悄地且道是樹凋葉落且道是體露金風若向這裏盡古今凡聖乾坤大地打成一片方見雲門雪竇的的為人處靜依熊耳一叢叢熊耳即西京嵩山少林也前山也千叢萬叢後山也千叢萬叢諸人向什麼處見還見雪竇為人處麼也是靈龜曳尾

舉南泉參百丈涅槃和尚丈問從上諸聖還有不為人說底法麼和尚合知壁立萬伱還覺齒落麼泉云有落草了也孟八郎作什麼便有恁麼事丈云作麼生是不為人說底法看他作麼生看他手忙脚亂將錯就錯但試問看泉云不是心不是佛不是物果然納敗闕果然漏逗不少丈云說了也莫與他說破從他錯一平生不合與他恁麼道泉云某甲只恁麼和尚作麼生頓有轉身處與長即長與短即短理長則就丈云我又不是大善知識爭知有說不說看他手忙脚亂藏身露影去死十分爛泥裏有刺恁麼那賺我泉云某甲不會作可恁麼頼値不會會即打你頭破頼値這漢只恁麼丈云我太煞為你說了也雪上加霜龍頭蛇尾作什麼

到這裏也不消即心不即心不消非心不非心直下從頂至足眉毛一莖也無猶較些子即心非心壽禪師謂之表詮遮詮此是涅槃和尚惟政禪師也昔時在百丈作西堂開田說大義者是時南泉已見馬祖了只是往諸方決擇百丈致此一問也大難酬云從上諸聖還有不為人說底法麼若是山僧掩耳而出看這老漢一場懡㦬若是作家見他恁麼問便識破得他南泉只據他所見便道有也是孟八郎百丈便將錯就錯隨後道作麼生是不為人說底法泉云不是心不是佛不是物這漢貪觀天上月失却掌中珠丈云說了也可惜許與他注破當時但劈脊便棒教他知痛痒雖然如是你且道什麼處是說處據南泉見處不是心不是佛不是物不曾說着且問你諸人因什麼却道說了也他語下又無蹤迹若道他不說百丈為什麼却恁麼道南泉是變通底人便隨後一拶云某甲只恁麼和尚又作麼生若是別人未免分踈不下爭奈百丈是作家答處不妨奇特便道我又不是大善知識爭知有說不說南泉便道箇不會是渠果會來道不會莫是真箇不會百丈云我太煞為你說了也且道什麼處是說處若是弄泥團漢時兩箇淈淈循循若是二俱作家時如明鏡當臺其實前頭二俱作家後頭二俱放過若是具眼漢分明驗取且道作麼生驗他看雪竇頌出云

祖佛從來不為人各自守疆界有條攀條記得箇元字脚在心入地獄如箭衲僧今古競頭走踏破草鞋拗折拄杖高掛鉢囊明鏡當臺列像殊覽也破也打破鏡來與你相見一一面南看北斗還見老僧騎佛殿出山門麼新羅國裏曾上堂大唐國裏未打鼓

斗柄垂（落處也不知在什麼處）無處討（瞎可惜許梡子落地楪子成七八片）拈得鼻孔失却口（那裏得這消息來果然恁麼便打）

釋迦老子出世四十九年未曾說一字始從光耀土終至跋提河於是二中間未曾說一字恁麼道且道是說是不說如今滿龍宮盈海藏且作麼生是不說豈不見修山主道諸佛不出世四十九年說達磨不西來少林有妙訣又道諸佛不曾出世亦無一法與人但能觀眾生心隨機應病與藥施方遂有三乘十二分教其實祖佛自古至今不曾爲人說只這不爲人正好參詳山僧常說若是添一句甜蜜蜜地好好觀來正是毒藥若是劈脊便棒驀口便摑推將出去方始親切爲人衲僧今古鏡頭走到處是也問不是也問問佛問祖問向上問向下雖然如此若未到這田地也少不得如明鏡當臺列像殊只消一句可辨明白古人道萬象及森羅一法之所印又道森羅及萬象總在箇中圓神秀大師云身是菩提樹心如明鏡臺時時勤拂拭勿使惹塵埃大滿云他只在門外雪竇恁麼道且道在門內在門外你等諸人各有一面古鏡森羅萬象長短方圓一一於中顯現你若去長短處會卒摸索不著所以雪竇道明鏡當臺列像殊却須是一一面南看北斗既是面南爲什麼却看北斗若恁麼會得方見百丈南泉相見處此兩句頌百丈挨拶處丈云我又不是大善知識爭知有說不說雪竇到此頌得落在死水裏恐人錯會却自提起云即今目前斗柄垂你更去什麼處討你纔拈得鼻孔失却口拈得口失却鼻孔了也

垂示云魚行水濁鳥飛毛落明辨主賓洞分緇素直似當臺明鏡掌內明珠漢現胡來聲彰色顯且道爲什麼如此試舉看

舉僧問大隋劫火洞然大千俱壞未審這箇壞不壞（這箇是什麼物這一句天下衲僧摸索不著預搔待痒）隋云壞（無孔鐵鎚當面擲沒却鼻孔未開口已前勘破了也）僧云恁麼則隨他去也（沒量大人語脉裏轉却果然錯認）隋云隨他去（前箭猶輕後箭深只這箇多少人摸索不著水長船高泥多佛大若道隨他去在什麼處若道不隨他去又作麼生便打）

大隋真如和尚承嗣大安禪師乃東川鹽亭縣人參見六十餘員善知識昔時在溈山會裏作火頭一日溈山問云子在此數年亦不解致箇問來看如何隋云令某甲問箇什麼即得溈山云子便不會問如何是佛隋以手掩溈山口山云汝已後覓箇掃地人也無後歸川先於堋口山路次煎茶接待往來凡三年後方出世開山住大隋有僧問劫火洞然大千俱壞未審這箇壞不壞這僧只據教意來問教中云成住壞空三災劫起壞至三禪天這僧元來不知話頭落處且道這箇是什麼人多作情解道這箇是眾生本性隋云壞僧云恁麼則隨他去也隋云隨他去只這箇多少人情解摸索不着若道隨他去在什麼處若道不隨他去又作麼生不見道欲得親切莫將問來問後有僧問修山主劫火洞然大千俱壞未審這箇壞不壞山主云不壞僧云爲什麼不壞主云爲同於大千壞也礙塞殺人不壞也礙塞殺人其僧既不會大隋說話是他也不妨以此事爲念却持此問直往舒州投子山投子問近離甚處僧云西蜀大

隋投云大隋有何言句僧遂舉前話投子焚
香禮拜云西蜀有古佛出世汝且速回其僧
復回至大隋隋已遷化這僧一場懡㦬後有
唐僧景遵題大隋云了然無別法唯道印南
能一句隨他語千山走衲僧蛩寒鳴砌葉鬼
夜禮龕燈吟罷孤窻外徘徊恨不勝所以雪
竇後面引此兩句頌出如今也不得作壞會
也不得作不壞會畢竟作麼生會急着眼看
劫火光中立問端（道什麼已是錯了也）衲僧猶滯兩
重關（坐斷此人如何救得百匝千重也有腳頭腳底）可憐一句隨
他語（天下衲僧作這般計較千句萬句也不消得有什麼難截斷他腳跟處）
萬里區區獨往還（業識茫茫蹉過也不知自是他踏破草鞋）
雪竇當機頌出句裏有出身處劫火光中立
問端衲僧猶滯兩重關這僧問處先懷壞與
不壞是兩重關若是得底人道壞也有出身
處道不壞也有出身處可憐一句隨他語萬
里區區獨往還頌這僧持此問投子又復回
大隋可謂萬里區區也
舉僧問趙州承聞和尚親見南泉是否（千聞不如一見眉分八字撥）
州云鎮州出大蘿蔔頭（撑天拄地）

（斬釘截鐵箭過新羅腦後見腮莫與往來）
這僧也是箇久參底問中不妨有眼爭奈趙
州是作家便答他道鎮州出大蘿蔔頭可謂
無味之談塞斷人口這老漢大似箇白拈賊
相似你纔開口便換却你眼睛若是特達英
靈底漢直下向擊石火裏閃電光中纔聞舉（二八）
着剔起便行苟或佇思停機不免喪身失命
江西澄散聖判謂之東問西答喚作不答話
不上他圈繢若恁麼會爭得遠錄公云此是
傍瞥語收在九帶中若恁麼會夢也未夢見
在更帶累趙州去有者道鎮州從來出大蘿
蔔頭天下人皆知趙州從來參見南泉天下
人皆知這僧却更問道承聞和尚親見南泉
是否所以州向他道鎮州出大蘿蔔頭且得
沒交涉都不恁麼會畢竟作麼生會他家自
有通霄路不見僧問九峰承聞和尚親見延
壽來是否峰云山前麥熟也未正對得趙州
答此僧話渾似兩箇無孔鐵鎚趙州老漢是
箇無事底人你輕輕問着便換却你眼睛若
是知有底人細嚼來嚥若是不知有底人一

似渾崙吞箇棗
鎮州出大蘿蔔（天下人知切忌道着一回舉着一回新）天下
衲僧取則（爭奈不恁麼誰用這閑言長語）只知自古自今
（半開半合知麻似粟自古也不恁麼如今也不恁麼）爭辨鵠白烏黑
（全機頴脫長者自長短者自短識得者貴也不消得辨）賊賊（咄更不是別自）
（是擔枷過狀）衲僧鼻孔曾拈得（穿過了也裂轉）（二九）
鎮州出大蘿蔔你若取他爲極則早是錯了
也古人把手上高山未免傍觀者哂人皆知
道這箇是極則語却畢竟不知極則處所以
雪竇道天下衲僧取則只知自古自今爭辨
鵠白烏黑雖知今人也恁麼答古人也恁麼
答何曾分得緇素來雪竇道也須是去他石
火電光中辨其鵠白烏黑始得公案到此頌
了也雪竇自出意向活鱍鱍處更向你道賊
賊衲僧鼻孔曾拈得三世諸佛也是賊歷代
祖師也是賊善能作賊換人眼睛不犯手腳
獨許趙州且道什麼處是趙州善做賊處鎮
州出大蘿蔔頭

佛果圜悟禪師碧巖集卷第三

佛果圜悟禪師碧巖集卷第四　鴈四

秣陵遠菴吳自弘校

天界比丘性　湛閱

垂示云動則影現覺則氷生其或不動不覺不免入野狐窟裏透得徹信得及無絲毫障翳如龍得水似虎靠山放行也瓦礫生光把定也眞金失色古人公案未免周遮且道評論什麼邊事試舉看

舉麻谷持錫到章敬遶禪牀三匝振錫一下卓然而立（曹溪樣子一模脫出直得驚天動地）敬云是是（泥裏洗土塊賺殺一船人是什麼語話繫驢橛子）雪竇著語云錯（放過則不可猶較一著在）麻谷又到南泉遶禪牀三匝振錫一下卓然而立（依前泥裏洗土塊再運前來蝦跳不出斗）泉云不是不是（何不承當殺人不貶眼是什麼語話）雪竇著語云錯（放過不可）麻谷當時云章敬道是和尚爲什麼道不是（主人公在什麼處這漢元來取人舌頭漏逗了也）泉云章敬即是是汝不是（也好殺人須見血爲人須爲徹瞞却多少人來）此是風力所轉終成敗壞（果然被他籠罩爭奈自己何）

古人行脚徧歷叢林直以此事爲念要辨他曲彔木牀上老和尚具眼不具眼古人一言相契即住一言不契即去看他麻谷到章敬遶禪牀三匝振錫一下卓然而立章敬云是是殺人刀活人劍須是本分作家雪竇云錯落在兩邊你若去兩邊會不見雪竇意佗卓然而立且道爲什麼事雪竇爲什麼却道錯什麼處是他錯處章敬道是什麼處是是處雪竇如坐讀判語麻谷擔箇是字便去見南泉依然遶禪牀三匝振錫一下卓然而立泉云不是不是殺人刀活人劍須是本分宗師雪竇云錯章敬道是是南泉云不是不是爲復是同是別前頭道是爲什麼也錯後頭道不是爲什麼也錯若向章敬句下薦得自救也不了若向南泉句下薦得可與佛祖爲師雖然恁麼衲僧家須是自肯始得莫一向取人口辯他問既一般爲什麼一箇道是一箇道不是若是通方作者得大解脫底人必須別有生涯若是機境不忘底決定滯在這兩頭若要明辨古今坐斷天下人舌頭須是明取這兩錯始得及至後頭雪竇頌也只頌這兩錯雪竇要提活鱍鱍處所以如此若是皮下有血底漢自然不向言句中作解會不向繫驢橛上作道理有者道雪竇代麻谷下這兩錯有什麼交涉殊不知古人着語鎖斷要關這邊也是那邊也是畢竟不在這兩頭慶藏主道持錫遶禪牀如是不是俱錯其實亦不在此你不見永嘉到曹溪見六祖遶禪牀三匝振錫一下卓然而立祖云夫沙門者具三千威儀八萬細行大德從何方而來生大我慢爲甚麽六祖却道他生大我慢此箇也不說是也不說不是與不是都是繫驢橛唯有雪竇下兩錯猶較些子麻谷云章敬道是和尚爲什麼道不是這老漢不惜眉毛漏逗不少南泉道章敬則是是汝不是南泉可謂見兎放鷹慶藏主云南泉忒煞郎當不是便休更與佗出過道此是風力所轉終成敗壞圓覺經云我今此身四大和合所謂髮毛爪齒皮肉筋骨髓腦垢色皆歸於地唾涕膿血皆歸於水暖氣歸火動轉歸風四大各離今者妄身當在何處佗麻谷持錫遶禪牀既

是風力所轉終成敗壞且道畢竟發明心宗底事在什麽處到這裏也須是生鐵鑄就底箇漢始得豈不見張拙秀才參西堂藏禪師問云山河大地是有是無三世諸佛是有是無藏云有張拙秀才云錯藏云先輩曾參見什麽人來拙云參見徑山和尚來某甲凡有所問話徑山皆言無藏云先輩有何眷屬拙云有一山妻兩箇癡頑又却問徑山有甚眷屬拙云徑山古佛和尚莫謗渠好藏云待先輩得似徑山時一切言無張拙俛首而已大凡作家宗師要與人解粘去縛抽釘拔楔不可只守一邊左撥右轉右撥左轉但看仰山到中邑處謝戒邑見來於禪牀上拍手云和尚仰山即東邊立又西邊立又於中心立然後謝戒了却退後立邑云什麽處得此三昧來仰山云於曹溪印子上脫將來邑云汝道曹溪用此三昧接什麽人仰云接一宿覺仰山又復問中邑云和尚什麽處得此三昧來邑云我於馬祖處得此三昧來似恁麽說話豈不是舉一明三見本逐末底漢龍牙示衆

道夫參學人須透過祖佛始得新豐和尚道見祖佛言教如生寃家始有參學分若透不得即被祖佛瞞去時有僧問祖佛還有瞞人之心也無牙云汝道江湖還有礙人之心也無又云江湖雖無礙人之心自是時人過不得所以江湖却成礙人去不得道江湖不礙人祖佛雖無瞞人之心自是時人透不得祖佛却成瞞人去也不得道祖佛不瞞人若透得祖佛過此人即過却祖佛也須是體得祖佛意方與從上古人同如未透得儻學佛學祖則萬劫無有得期又問如何得不被祖佛瞞去牙云直須自悟去到這裏須是如此始得何故爲人須爲徹殺人須見血南泉雪竇是這般人方敢拈弄頌云

此錯彼錯（惜取眉毛據令而行天上天下唯我獨尊）切忌拈却（兩箇無孔鐵鎚直饒千手大悲也提不起或若拈去闍黎喫三十棒）四海浪平（天下人不敢動著東西南北一等家風近日多雨水）百川潮落（淨躶躶赤洒洒且得自家安穩直得海晏河清）古策風高十二門（何似這箇杖頭無眼切忌向拄杖頭上作活計）門門有路空蕭索（一物也無賺你平生覷著即瞎）非蕭索（果然頓有轉身處已瞎了也便打）作者好求無病藥（一死更不再活十二時中爲什麽瞌睡撈天摸地作什麽）

這一箇頌似德山見潙山公案相似先將公案着兩轉語穿作一串然後頌出此錯彼錯切忌拈却雪竇意云此處一錯彼處一錯切忌拈却拈却即爭須是如此着這兩錯直得四海浪平百川潮落可煞清風明月你若向這兩錯下會得更沒一星事山是山水是水長者自長短者自短五日一風十日一雨所以道四海浪平百川潮落後面頌麻谷持錫去古策風高十二門古人以鞭爲策衲僧家以拄杖爲策（祖庭事苑中古策舉錫杖經）西王母瑤池上有十二朱門古策即是拄杖頭上清風高於十二朱門天子及帝釋所居之處亦各有十二朱門若是會得這兩錯拄杖頭上生光古策也用不着古人道識得拄杖子一生參學事畢又道不是標形虛事持如來寶杖親蹤跡此之類也到這裏七顛八倒於一切時中得大自在門門有路空蕭索雖有路只是空蕭索雪竇到此自覺漏逗更與你打破然雖

如是也有非蕭索處任是作者無病時也須是先討些藥喫始得

垂示云十方坐斷千眼頓開一句截流萬機寢削還有同死同生底麼見成公案打疊不下古人葛藤試請舉看

舉定上座問臨濟如何是佛法大意多少人到此茫然猶有這箇在許即當作什麼濟下禪牀擒住與一掌便托開今日捉敗老婆心切天下衲僧跳不出定佇立已落鬼窟裏蹉過了也未免先卻鼻孔傍僧云定上座何不禮拜冷地裏有人覷破全得他力東家人死西家人助哀定方禮拜將勤補拙忽然大悟如暗得燈如貧得寶將錯就錯且道定上座見箇什麼便禮拜看他恁麼直出直入直往直來乃是臨濟正宗有恁麼作用若透得去便可翻天作地自得受用定上座是這般漢被臨濟一掌禮拜起來便知落處他是向北人最朴直既得之後更不出世後來全用臨濟機也不妨顛脫一日路逢巖頭雪峯欽山三人巖頭乃問甚處來定云臨濟頭云和尚萬福定云已順世了也頭云某等三人特去禮拜福緣淺薄又值歸寂未審和尚在日有何言句請上座舉一兩則看定遂舉臨濟一日示眾云赤肉團上有一無位真人常從汝諸人面門出入未證據者看看時有僧出問如何是無位真人濟便擒住云道道僧擬議濟便托開云無位真人是什麼乾屎橛便歸方丈巖頭不覺吐舌欽山云何不道非無位真人被定擒住云無位真人與非無位真人相去多少速道速道山無語直得面黃面青巖頭雪峯近前禮拜云這新戒不識好惡觸忤上座望慈悲且放過定云若不是這兩箇老漢埿殺這尿牀鬼子又在鎮州齋回到橋上歇逢三人座主一人問如何是禪河深處須窮底定擒住擬拋向橋下時二座主連忙救云休休是伊觸忤上座且望慈悲定云若不是二座主從他窮到底去看他恁麼手段全是臨濟作用更看雪竇頌出云

斷際全機繼後蹤黃河從源頭濁了也子承父業持來何必在從容在什麼處爭奈有如此人無腳手人還得他也無

巨靈擡手無多子嚇殺人少賣弄打一拂子更不再勘分破華山千萬重乾坤大地一時露出墮也

雪竇頌斷際全機繼後蹤持來何必在從容黃檗大機大用唯臨濟獨繼其蹤拈得將來不容擬議或若躊躇便落陰界楞嚴經云如我按指海印發光汝暫舉心塵勞先起巨靈擡手無多子分破華山千萬重巨靈神有大神力以手擘開太華放水流入黃河定上座疑情如山堆岳積被臨濟一掌直得瓦解冰消

垂示云東西不辨南北不分從朝至暮從暮至朝還道伊瞌睡麼有時眼似流星還道伊惺惺麼有時呼南作北且道是有心是無心是道人是常人若向箇裏透得始知落處方知古人恁麼不恁麼且道是什麼時節試舉看

舉陳操尚書看資福福見來便畫一圓相是精識精是賊識賊若不蘊藉爭識這漢還見金剛圈麼操云弟子恁麼來早是不著便何況更畫一圓相今日撞着個瞌睡漢這老賊福便掩卻方丈門賊不打貧兒家已入它圈繢了也雪竇云陳操只具一隻眼雲竇頂門具眼且道他意在什麼處也好與一圓相灼然龍頭蛇尾當時好與一拶教伊進亦無門退亦

無路且道更與他什麼一拶

陳操尚書與裴休李翺同時凡見一僧來先請齋襯錢三百須是勘辨一日雲門到相看便問儒書中即不問三乘十二分教自有座主作麼生是衲僧家行脚事雲門云尚書曾問幾人來操云即今問上座門云即今且置作麼生是教意操云黃卷赤軸門云這箇是文字語言作麼生是教意操云口欲談而辭喪心欲緣而慮亡門云口欲談而辭喪爲對有言心欲緣而慮亡爲對妄想作麼生是教意操無語門云見說尚書看法華經是否操云是門云經中道一切治生產業皆與實相不相違背且道非非想天即今有幾人退位操又無語門云尚書且莫草草師僧家拋却三經五論來入叢林十年二十年尚自不奈何尚書又爭得會操禮拜云某甲罪過又一日與衆官登樓次望見數僧來一官人云來者總是禪僧操云不是官云焉知不是操云待近來與你勘過僧至樓前操驀召云上座僧舉頭操謂衆官云不信道唯有雲門一人他勘不得他參見睦州來一日去參資福福見來便畫一圓相資福乃潙山仰山下尊宿尋常愛以境致接人見陳操尚書便畫一圓相爭奈操却是作家不受人瞞解自點檢云弟子恁麼來早是不着便那堪更畫一圓相福掩却門這般公案謂之言中辨的句裏藏機雪竇道陳操只具一隻眼雪竇可謂頂門具眼且道意在什麼處也好與一圓相若總恁麼地衲僧家如何爲人我且問你當時若是諸人作陳操時堪下得箇什麼語免得雪竇道他只具一隻眼所以雪竇踏翻頌云

團團珠遶玉珊珊三尺杖子攪黃河須是碧眼胡僧始得生鐵鑄就

馬載驢駝上鐵船用許多作什麼有什麼限且與闍黎著

分付海山無事客有人不安若是無事客也不消得須是無事始得

釣鼇時下一圈攣恁麼來恁麼去一時出不得若是蝦蟆堪作什麼蝦蜆螺蚌怎生奈何須是釣鼇始得

雪竇復云天下衲僧跳不出兼身在內一坑埋却闍黎還跳得出麼

團團珠遶玉珊珊馬載驢駝上鐵船雪竇當頭頌出只頌箇圓相若會得去如虎戴角相似這箇些子須是桶底脫機關盡得失是非一時放却更不要作道理會也不得作玄妙會畢竟作麼生會這箇須是馬載驢駝上鐵船這裏看始得別處則不可分付須是將去分付海山無事底客你若肚裏有些子事即承當不得這裏須是有事無事違情順境若佛若祖奈何他不得底人方可承當若有禪可參有凡聖情量決定承當他底不得承當得了作麼生會他道釣鼇時下一圈攣釣鼇須是圈攣始得所以風穴云慣釣鯨鯢沉巨浸却嗟蛙步碾泥沙又云巨鼇莫載三山去吾欲蓬萊頂上行雪竇復云天下衲僧跳不出若是巨鼇終不作衲僧見解若是衲僧終不作巨鼇見解

舉仰山問僧近離甚處天下人一般也要問過因風吹火不可不作常程僧云廬山實頭人難得山云曾遊五老峰麼因行不妨掉臂何曾蹉過僧云不曾到移一步面赤不如語直也似忘前失後山云闍黎不曾遊山太多事生惜取眉毛好這老漢著甚死急雲門云此語皆爲慈悲之故有落草之談殺人刀活人劍兩箇三箇要知山上路須是去來人不驗人端的處下口便知音古人道沒量大人

向語脉裏轉却若是頂門具眼舉着便知落處看他一問一答歷歷分明雲門爲什麽却道此語皆爲慈悲之故有落草之談古人到這裏如明鏡當臺明珠在掌胡來胡現漢來漢現一箇蠅子也過他鑑不得且道作麽生是慈悲之故有落草之談也不妨險峻到這田地也須是箇漢始可提掇雲門拈云這僧親從廬山來因什麽却道闍黎不曾遊山潙山一日問仰山云諸方若有僧來汝將什麽驗他仰山云某甲有驗處潙山云子試舉看仰云某甲尋常見僧來只舉拂子向伊道諸方還有這箇麽待伊有語只向伊道這箇即且置那箇如何潙山云此是向上人牙爪豈不見馬祖問百丈什麽處來丈云山下來祖云路上還逢着一人麽丈云不曾祖云爲什麽不曾逢着丈云若逢着即舉似和尚祖云那裏得這消息來丈云某甲罪過祖云却是老僧罪過仰山問僧正相類此當時待他道曾到五老峰麽這僧若是箇漢但云禍事却道不曾到這僧既不作家仰山何不據令而行免見後面許多葛藤却云闍黎不曾遊山所以雲門道此語皆爲慈悲之故有落草之談若是出草之談則不恁麽

出草入草（頭上漫漫脚下漫漫半開半合他也恁麽我也恁麽）誰解尋討（頂門具一隻眼闍黎不解尋討）白雲重重（千重百匝頭上安頭）紅日杲杲（破也瞎舉眼即錯）左顧無暇（瞎漢前無事你作許多伎倆作什麽）右盼已老（一念萬年過）君不見寒山子（癩兒牽伴）行太早（也不早）十年歸不得（即今在什麽處灼然）忘却來時道（渠儂得自由放過一着便打莫做這忘前失後好）

出草入草誰解尋討雪竇却知他落處到這裏一手擡一手搦白雲重重紅日杲杲大似草茸茸煙羃羃到這裏無一絲毫屬凡無一絲毫屬聖徧界不曾藏一一蓋覆不得所謂無心境界寒不聞寒熱不聞熱都盧是箇大解脱門左顧無暇右盼已老懶瓚和尚隱居衡山石室中唐德宗聞其名遣使召之使者至其室宣言天子有詔尊者當起謝恩瓚方撥牛糞火尋煨芋而食寒涕垂頤未嘗答使者笑曰且勸尊者拭涕瓚曰我豈有工夫爲俗人拭涕耶竟不起使回奏德宗甚欽嘆之似這般清寥寥白的的不受人處分直是把得定如生鐵鑄就相似只如善道和尚遭沙汰後更不復作僧人呼爲石室行者每踏碓忘移步僧問臨濟石室行者忘移步意旨如何濟云没溺深坑法眼圓成實性頌云理極忘情謂如何有喻齊到頭霜夜月任運落前溪果熟兼猿重山長似路迷舉頭殘照在元是住居西雪竇道君不見寒山子行太早十年歸不得忘却來時道寒山子詩云欲得安身處寒山可長保微風吹幽松近聽聲愈好下有班白人嘮嘮讀黃老十年歸不得忘却來時道永嘉又道心是根法是塵兩種猶如鏡上痕痕垢盡時光始現心法雙忘性即眞到這裏如癡似兀方見此公案若不到這田地只在語言中走有甚了日

垂示云定龍蛇分玉石別緇素決猶豫若不是頂門上有眼肘臂下有符往往當頭蹉過只如今見聞不昧聲色純眞且道是皁是白是曲是直到這裏作麽生辨

舉文殊問無着近離什麽處（不可不借問也有這箇消）

息

無著云南方(草窠裏出頭何必擔向眉毛上大方無外爲什麼却有南方)殊云南方佛法如何住持(若問別人則禍生猶掛唇齒在)著云末法比丘少奉戒律(實頭人難得)殊云多少衆(當時便與一喝一拶拶倒了也)著云或三百或五百(盡是野狐精果然漏逗)無著問文殊此間如何住持(拶著便回轉鎗頭來也)殊云凡聖同居龍蛇混雜(敗缺不少盡得脚忙手亂)著云多少衆(還我話頭來也不得放過)殊云前三三後三三(顛言倒語且道是多少千手大悲數不足)

無著遊五臺至中路荒僻處文殊化一寺接他宿遂問近離甚處著云南方殊云南方佛法如何住持著云末法比丘少奉戒律殊云多少衆著云或三百或五百無著却問文殊此間如何住持殊云凡聖同居龍蛇混雜著云多少衆殊云前三三後三三却喫茶文殊擧起玻璃盞子云南方還有這箇麼著云無殊云尋常將什麼喫茶著無語遂辭去文殊令均提童子送出門首無著問童子云適來道前三三後三三是多少童子云大德著應喏子云是多少又問此是何寺童子指金剛後面著回首化寺童子悉隱不見只是空谷彼處後來謂之金剛窟後有僧問風穴如何是清涼山主穴云一句不遑無着問迄今猶作野盤僧若要參透平平實實脚踏實地向無着言下薦得自然居鑊湯爐炭中亦不聞熱居寒冰上亦不聞冷若要參透使孤危峭峻如金剛王寶劍向文殊言下薦取自然水洒不着風吹不入不見漳州地藏問僧近離甚處僧云南方藏云彼中佛法如何僧云商量浩浩地藏云爭似我這裏種田博飯喫且道與文殊答處是同是別有底道無着答處不是文殊答處也有龍有蛇有凡有聖有什麼交涉還辨明得前三三後三三麼前箭猶輕後箭深且道是多少若向這裏透得千句萬句只是一句若向此一句下截得斷把得住相次間到這境界

千峰盤屈色如藍(還見文殊麼)誰謂文殊是對談(設使普賢也不顢頇過了也)堪笑清涼多少衆(且道笑什麼已在言前)前三三與後三三(試請脚下辨看爛泥裏有刺碗子落地楪子成七片)

千峰盤屈色如藍誰謂文殊是對談有者道雪竇只是重拈一偏不曾頌著只如僧問法眼如何是曹源一滴水眼云是曹源一滴水又僧問瑯琊覺和尚清淨本然云何忽生山河大地覺云清淨本然云何忽生山河大地不可也喚作重拈一偏明招獨眼龍亦頌其意有蓋天蓋地之機道廓周沙界勝伽藍滿目文殊是對談言下不知開佛眼回頭只見翠山巖廓周沙界勝伽藍此指草窟化寺所謂有權實雙行之機滿目文殊是對談言下不知開佛眼回頭只見翠山巖正當恁麼時喚作文殊普賢觀音境界得麼要且不是這箇道理雪竇只攺明招底用却有針線千峰盤屈色如藍更不傷鋒犯手句中有權有實有理有事誰謂文殊是對談一夜對談不知是文殊後來無著在五臺山作典座文殊每於粥鍋上現被無著拈攪粥篦便打雖然如是也是賊過後張弓當時等他道南方佛法如何住持劈脊便棒猶較些子堪笑清涼多少衆雪竇笑中有刀若會得這笑處便見他道前三三與後三三

舉長沙一日遊山歸至門首今日一日只管落草前頭也是落草後頭也是落草首座問和尚什麼處去來也是勘過這老漢箭過新羅沙云遊山來不可落草敗缺不少草裏漢首座云到什麼處來拶若有所至未免落草相牽入火坑沙云始隨芳草去又逐落花回漏逗不少元來只在荊棘林裏坐座云大似春意相隨來也將錯就錯一手擡一手搦沙云也勝秋露滴芙蕖土上加泥前箭猶輕後箭深有什麼了期雪竇着語云謝答話一火弄泥團漢三箇一狀領過

長沙鹿苑招賢大師法嗣南泉與趙州紫胡輩同時機鋒敏捷有人問教便與説教要頌便與頌你若要作家相見便與你作家相見仰山尋常機鋒最爲第一一日同長沙翫月次仰山指月云人人盡有這箇只是用不得沙云恰是便倩你用那仰山云你試用看沙一踏踏倒仰山起云師叔一似箇大蟲後來人號爲岑大蟲因一日遊山歸首座亦是他會下人便問和尚什麼處去來沙云遊山來座云到什麼處去來沙云始隨芳草去又逐落花回須是坐斷十方底人始得古人出入未嘗不以此事爲念看他賓主互喚當機直截各不相饒既是遊山爲什麼却問道到什麼處去來若是如今禪和子便道到夾山亭來看他古人無絲毫道理計較亦無住着處所以道始隨芳草去又逐落花回首座便隨他意向他道大似春意沙云也勝秋露滴芙蕖雪竇云謝答話代末後語也也落兩邊畢竟不在這兩邊昔有張拙秀才看千佛名經乃問百千諸佛但聞其名未審居何國土還化物也無沙云黄鶴樓崔顥題詩後秀才曾題也未拙云未曾題沙云得閑題取一篇也好岑大蟲平生爲人直得珠回玉轉要人當面便會頌云

大地絕纖埃豁開户牖當軒者誰少這箇不得天下太平何人眼不開頂門上放大光明始得撒土撒沙作什麼始隨芳草去漏逗不少不是一回落草賴值前頭已道了又逐落花回處處全眞羸鶴翹寒木且喜歸來腳下泥深三尺左之右之添一句更有許多閑事在狂猿嘯古臺却因親着力添一句也不得減一句也不得長沙無限意便打末後一句道什麼一坑埋却墮在鬼窟裏咄草裏漢賊過後張弓更不可放過

且道這公案與仰山問僧近離甚處僧云廬山仰云曾到五老峰麼僧云不曾到仰云闍黎不曾遊山辨緇素看是同是別到這裏須是機關盡意識忘山河大地草芥人畜無些子滲漏若不如此古人謂之猶在勝妙境界不見雲門道直得山河大地無纖毫過患猶爲轉物不見一切色始是半提更須知有全提時節向上一竅始解穩坐若透得依舊山是山水是水各住自位各當本體如大拍盲人相似趙州道雞鳴丑愁見起來還漏逗裙子褊衫箇也無袈裟影裏些些子裩無襠袴無口頭上青灰三五斗本爲修行利濟人誰知翻成不唧嚠若得眞實到這境界何人眼不開一任七顛八倒一切處都是這境界都是這時節十方無壁落四面亦無門所以道始隨芳草去又逐落花回雪竇不妨巧只去他左邊貼一句右邊貼一句一似一首詩相似羸鶴翹寒木狂猿嘯古臺雪竇引到這裏自覺漏逗驀云長沙無限意咄如作夢却醒相似雪竇雖下一喝未得勦絕若是山僧即不然長沙無限意掘地更深埋

垂示云掣電之機徒勞佇思當空霹靂掩耳難諧腦門上播紅旗耳背後輪雙劍若不是眼辨手親爭能搆得有般底低頭佇思意根下卜度殊不知髑髏前見鬼無數且道不落意根不抱得失忽有箇恁麼舉覺作麼生祇對試舉看

舉盤山垂語云三界無法（箭既離弦無返回勢月明照見夜行人中也識法者懼好和聲便打）何處求心（莫瞞人好不勞重舉自點檢看便打云是什麼）

向北幽州盤山寶積和尚乃馬祖下尊宿後出普化一人師臨遷化謂衆云還有人邈得吾眞麼衆皆寫眞呈師師皆叱之普化出云某甲邈得師云何不呈似老僧普化便打筋斗而出師云這漢向後如風狂接人去在一日示衆云三界無法何處求心四大本空佛依何住璿璣不動寂止無痕覿面相呈更無餘事雪竇拈兩句來頌直是渾金璞玉不見道瘥病不假驢駞藥山僧爲什麼道和聲便打只爲佗檐枷過狀古人道聞稱聲外句莫向意中求且道他意作麼生直得奔流度刃

電轉星飛若擬議尋思千佛出世也摸索他不着若是深入閫奥徹骨徹髓見得透底盤山一場敗缺若承言會宗左轉右轉底盤山只得一橛若是拖泥帶水聲色堆裏轉未夢見盤山在五祖先師道透過邪邊方有自由分不見三祖道執之失度必入邪路放之自然體無去住若向這裏道無佛無法又打入鬼窟裏去古人謂之解脫深坑本是善因而招惡果所以道無爲無事人猶遭金鎖難也須是窮到底始得若向無言處言得行不得處行得謂之轉身處三界無法何處求心你若作情解只在他言下死却雪竇見處七穿八穴所以頌出

三界無法（言猶在耳）何處求心（不勞重舉自點檢看打云是什麼）白雲爲蓋（頭上安頭千重萬重）流泉作琴（聞麼相隨來也一聽一堪悲）一曲兩曲無人會（不落宮商非干角徵借路經過五音六律盡分明自領出去聽則聾）雨過夜塘秋水深（迅雷不及掩耳直得拖泥帶水在什麼處便打）

三界無法何處求心雪竇頌得一似華嚴境界有者道雪竇無中唱出若是眼皮綻底終不恁麼會雪竇去他傍邊貼兩句道白雲爲蓋流泉作琴蘇内翰見照覺有頌云溪聲便是廣長舌山色豈非清淨身夜來八萬四千偈他日如何舉似人雪竇借流泉作一片長古頭所以道一曲兩曲無人會不見九峰乾和尚道還識得命麼流泉是命湛寂是身千波競起是文殊家風一亘晴空是普賢境界流泉作琴一曲兩曲無人會這般曲調也須是知音始得若非其人徒勞側耳古人道聾人也唱胡家曲好惡高低總不聞雲門道舉不顧即差互擬思量何劫悟舉是體顧是用未舉已前朕兆未分已前見得坐斷要津若朕兆纔分見得便有照用若朕兆分後見得落在意根雪竇忒煞慈悲更向你道却似雨過夜塘秋水深此一頌曾有人論量莢雪竇有翰林之才雨過夜塘秋水深也須是急着眼看更若遲疑即討不見

垂示云若論漸也返常合道鬧市裏七縱八横若論頓也不留朕迹千聖亦摸索不着儻或不立頓漸又作麼生快人一言快馬一鞭

正恁麼時誰是作者試舉看
舉風穴在郢州衙內上堂云倚公說禪道什麼祖
師心印狀似鐵牛之機千人萬人撼不動誵訛節角在什麼
處三要印開不犯鋒鋩去即印住正令當行錯住即印破
再犯不容看取令行時摽便打只如不去不住看無頓置處多少誵
訛印即是不印即是天下人頭出頭沒有分文彩已彰但請撥
倒禪牀喝散大衆時有盧陂長老出問某甲有鐵
牛之機釣得一箇暗曉得不妨奇特請師不搭印好箇話頭
爭柰誵訛穴云慣釣鯨鯢澄巨浸却嗟蛙步輾
泥沙似鶻捉鳩寶網漫空神駒千里陂佇思可惜許也有出身處可惜
放過穴喝云長老何不進語撓旗奪鼓炒鬧來也陂擬
議三回死了兩重公案穴打一拂子好打這箇令須是恁麼人行始
得穴云還記得話頭麼試舉看何必雪上加霜陂
擬議開口一死更不再活這漢鈍置殺人遭他毒手穴又打一
拂子牧主云佛法與王法一般灼然却被傍人覷破
穴云見箇什麼道理也好與一摽却回鎗頭來也牧主
云當斷不斷返招其亂似則似是則未是須知傍人有眼東
家人死西家人助哀穴便下座將錯就錯見機而變且得參學事畢
風穴乃臨濟下尊宿臨濟當初在黃檗會下
栽松次檗云深山裏栽許多松作什麼濟云

一與山門作境致二與後人作標榜道了便
钁地一下檗云雖然如是子已喫二十棒了
也濟又打地一下云噓噓檗云吾宗到汝大
興於世溈山喆云臨濟恁麼大似平地喫交
雖然如是臨危不變始稱眞丈夫檗云吾宗
到汝大興於世大似憐兒不覺醜後來溈山
問仰山黃檗當時只囑付臨濟一人別更有
在仰山云有只是年代深遠不欲舉似和尚
溈山云雖然如是吾亦要知但舉看仰山云
一人指南吳越令行遇大風即止此乃讖風
穴也穴初參雪峰五年因請益臨濟入堂兩
堂首座齊下一喝僧問臨濟還有賓主也無
濟云賓主歷然穴云未審意旨如何峰云吾
昔與岩頭欽山去見臨濟在途中聞已遷化
若要會他賓主話須是參他宗派下尊宿穴
後又見瑞岩常自喚主人公自云喏復云惺
惺着他後莫受人瞞却穴云自拈自弄有什
麼難後在襄州鹿門與廓侍者過夏廓指他
來參南院穴云入門須辨主端的請師分一
日遂見南院舉前話云某甲特來親覲南院

云雪峰古佛一日見鏡清清問近離甚處穴
云自離東來清云還過小江否穴云大舸獨
飄空小江無可濟清云鏡水圖山鳥飛不渡
子莫盜聽遺言穴云滄海尚怯艨艟勢列漢
飛帆渡五湖清豎起拂子云爭奈這箇何穴
云這箇是什麼清云果然不識穴云出沒卷
舒與師同用清云杓卜聽虛聲熟睡饒譫語
穴云澤廣藏山理能伏豹清云赦罪放愆速
須出去穴云出即失乃便出至法堂上自謂
言大丈夫公案未了豈可便休却回再入方
丈清坐次便問某適來輒呈騃見冒瀆尊顔
伏蒙和尚慈悲未賜罪責清云適來從東來
豈不是翠巖來穴云雪竇親棲寶蓋東清云
不逐亡羊狂解息却來這裏念詩篇穴云路
逢劍客須呈劍不是詩人莫獻詩清云詩速
祕却略借劍看穴云梟首甑人携劍去清云
不獨觸風化亦自顯顢頇穴云若不觸風化
馬明古佛心清云何名古佛心穴又云再許
允容師今何有清云東來衲子菽麥不分穴
云只聞不已而已何得抑已而已清云巨浪

湧千尋澄波不離水穴云一句截流萬機寢削便禮拜清以拂子點三點云俊哉且坐喫茶風穴初到南院便問入門須辨主端的請師分院左手拍膝一下穴便喝院右手拍膝一下穴亦喝院舉左手云這箇即從闍黎又舉右手云這箇又作麼生穴云瞎院遂拈拄杖穴云作什麼某甲奪却拄杖打着和尚莫言不道院便擲下拄杖云今日被這黃面浙子鈍置一上穴云和尚大似持鉢不得詐道不饑院云闍黎莫曾到此間麼穴云是何言歟院云好好借問穴云也不得放過院云且坐喫茶你看俊流自是機鋒峭峻南院亦未辨得他至次日南院只作平常問云今夏在什麼處穴云鹿門與廓侍者同過夏院云元來親見作家來又云佗向你道什麼穴云始終只教某甲一向作主院便打推出方丈云這般納敗缺底漢有什麼用處穴自此服膺在南院會下作園頭一日院到園裏問云南方一棒作麼生商量穴云作奇特商量穴云和尚此間作麼生商量院拈起棒云棒下無

生忍臨機不讓師穴於是豁然大悟是時五代離亂郢州牧主請師度夏是時臨濟一宗大盛他凡是問答垂示不妨語句尖新攢花簇錦字字皆有下落一日牧主請師上堂示衆云祖師心印狀似鐵牛之機去即印住住即印破只如不去不住印即是不印即是何故不似石人木馬之機直下似鐵牛之機無你撼動處你才去即印住你才住即印破教你百雜碎只如不去不住印即是不印即是看他恁麼垂示可謂鈎頭有餌是時座下有盧陂長老亦是臨濟下尊宿敢出頭來與他對機便轉他話頭致箇問端不妨奇特道某甲有鐵牛之機請師不搭印爭奈風穴是作家便答他道慣釣鯨鯢沉巨浸却嗟蛙步輾泥沙也是言中有響雲開云垂鈎四海只釣獰龍格外玄機爲尋知己巨浸乃十二頭水牯牛爲鈎餌却只釣得一蛙出來此語且無玄妙亦無道理計較古人道若向事上覷則易若向意根下卜度則没交涉盧陂佇思見之不取千載難逢可惜許所以道直饒講得

千經論一句臨機下口難其實盧陂要討好語對他不欲行令被風穴一向用攙旗奪鼓底機鋒一向逼將去只得没奈何俗諺云陣敗不禁苕箒掃當初更要討鎗法敵他等你討得來即頭落也牧主亦久參風穴解道佛法與王法一般穴云你見箇什麼牧主云當斷不斷返招其亂風穴渾是一團精神如水上葫蘆子相似捺着便轉按着便動解隨機說法若不隨機翻成妄語穴便下座只如臨濟有四賓主話夫參學之人大須仔細如賓主相見有語論賓主往來或應物見形全體作用或把機權喜怒或現半身或乘獅子或乘象王有如眞正學人便喝先拈出一箇膠盆子善知識不辨是境便上他境上作模樣學人便喝前人不肯放下此是膏肓之病不堪醫治喚作賓看主或是善知識不拈出物隨學人問處便奪學人被奪抵死不放此是主看賓或有學人應一箇清淨境出善知識辨得是境把他抛向坑裏學人言大好善知識知識即云咄哉不識好惡學人禮拜此喚

作主看主或有學人披枷帶鎖出善知識前知識更與他安一重枷鎖學人歡喜彼此不辨呼爲賓看賓大德山僧所舉皆是辨魔揀異知其邪正不見僧問慈明一喝分賓主照用一時行時如何慈明便喝又雲居弘覺禪師示衆云譬如獅子捉象亦全其力捉兎亦全其力時有僧問未審全什麼力雲居云不欺之力看佗雪竇頌出

擒得盧陂跨鐵牛（千人萬人中也要呈巧藝敗軍之將不再斬）

三玄戈甲未經酬（當局者迷受災如受福受降如受敵）楚王

城畔朝宗水（說什麼朝宗水浩浩充塞天地任是四海也須倒流）喝

下曾令却倒流（不是這一喝截却你舌頭咄驚走陝府鐵牛嚇殺嘉州大像）

雪竇知風穴有這般宗風便頌道擒得盧陂跨鐵牛三玄戈甲未輕酬臨濟下有三玄三要凡一句中須具三玄一玄中須具三要僧問風穴如何是第一句穴云三要印開朱點窄未容擬議主賓分如何是第二句穴云妙辨豈容無著問漚和不負截流機如何是第三句穴云但看棚頭弄傀儡抽牽全籍裏頭人風穴一句中便具三玄戈甲七事隨身不輕酬他若不如此爭奈盧陂何後面雪竇要出臨濟下機鋒莫道是盧陂假饒楚王城畔洪波浩渺白浪滔天盡去朝宗只消一喝也須教倒流

垂示云途中受用底似虎靠山世諦流布底如猿在檻欲知佛性義當觀時節因緣欲煅百鍊精金須是作家爐鞴且道大用現前底將什麼試驗

舉僧問雲門如何是清淨法身（搕𢶍堆頭見丈六金身斑斑駁駁是什麼）門云花藥欄（問處不眞答來鹵莽𡎺著磕著曲不藏直）僧云便恁麼去時如何（渾崙吞箇棗放憨作麼）門云金毛獅子（也褒也貶兩采一賽將錯就錯是什麼心行）

諸人還知這僧問處麼雲門答處麼若知得兩口同無一舌若不知未免顢頇僧問玄沙如何是清淨法身沙云膿滴滴地具金剛眼試請辨看雲門不同別人有時把定壁立萬仞無你湊泊處有時與你開一線道同死同生雲門三寸甚密有者道是信彩答去若恁麼會且道雲門落在什麼處這箇是屋裏事莫向外卜度所以百丈道森羅萬象一切語言皆歸自已令轉轆轆地向活鱍鱍處便道若擬議尋思便落第二句了也永嘉道法身覺了無一物本源自性天眞佛雲門驗這僧其僧亦是他屋裏人自是久參知他屋裏事進云便恁麼去時如何門云金毛獅子且道是肯他是不肯他是褒他是貶他巖頭道若論戰也箇箇立在轉處又道他參活句不參死句活句下薦得永劫不忘死句下薦得自救不了又僧問雲門佛法如水中月是否門云清波無透路進云和尚從何而得門云再問復何來僧云正恁麼去時如何門云重疊關山路須知此事不在言句上如擊石火似閃電光搆得搆不得未免喪身失命雪竇是其中人便當頭頌出

花藥欄（言猶在耳）莫顢頇（如麻似粟也有些子自領出去）星在

秤兮不在盤（太葛藤各自向衣單下返觀不免說道理）便恁麼（渾崙吞箇棗）太無端（自領出去灼然莫錯怪他雲門好）金毛獅

子大家看（放出一箇半箇也是箇狗子雲門也是普州人送賊）

雪竇相席打令動絃別曲一句一句判將去

此一頌不異拈古之格花藥欄便道莫顢頇人皆道雲門信彩答將去總作情解會佗底所以雪竇下本分草料便道莫顢頇蓋雲門意不在花藥欄處所以雪竇道星在秤兮不在盤這一句忒煞漏逗水中元無月月在青天如星在秤不在於盤且道那箇是秤若辨明得出不辜負雪竇古人到這裏也不妨慈悲分明向你道不在這裏在那邊去且道那邊是什麼處此頌頭邊一句了後面頌這僧道便恁麼去時如何雪竇道這僧也太無端且道是明頭合暗頭合會來恁麼道不會來恁麼道金毛獅子大家看還見金毛獅子麼瞎

垂示云休去歇去鐵樹開花有麼有麼黠兒落節直饒七縱八橫不免穿他鼻孔且道誵訛在什麼處試舉看

舉陸亘大夫與南泉語話次陸云肇法師道天地與我同根萬物與我一體也甚奇怪（鬼窟裏作活計畫餅不可充饑也是草裏商量）南泉指庭前花（道什麼咄經有經師論有論師不干山僧事咄大丈夫當時下得一轉語不唯截斷南泉亦乃與天下衲僧出氣）召大夫云時人見此一株花如夢相似（鴛鴦繡了從君看莫把金針度與人莫寐語引得黃鶯下柳條）

陸亘大夫久參南泉尋常留心於理性中游泳肇論一日坐次遂拈此兩句以為奇特問云肇法師道天地與我同根萬物與我一體也甚奇怪肇法師乃晉時高僧與生融叡同在羅什門下謂之四哲幼年好讀莊老後因寫古維摩經有悟處方知莊老猶未盡善故綜諸經乃造四論莊老意謂天地形之大也我形亦爾也同生於虛無之中莊生大意只論齊物肇公大意論性皆歸自己不見他論中道夫至人空洞無象而萬物無非我造會萬物為自己者其唯聖人乎雖有神有人有賢有聖各別而皆同一性一體古人道盡乾坤大地只是一箇自己寒則普天普地寒熱則普天普地熱有則普天普地有無則普天普地無是則普天普地是非則普天普地非法眼云渠渠渠我我我南北東西皆可可不可可但唯我無不可所以道天上天下唯我獨尊石頭因看肇論至此會萬物為自己處豁然大悟後作一本參同契亦不出此意看他恁麼問且道同什麼根同那箇體到這裏也不妨奇特豈同他常人不知天之高地之厚豈有恁麼事陸亘大夫恁麼問奇則甚奇只是不出教意若道教意是極則世尊何故更拈花祖師更西來作麼南泉答處用衲僧巴鼻與佗拈出痛處破他窠窟遂指庭前花召大夫云時人見此一株花如夢相似如引人向萬丈懸崖上打一推令他命斷你若平地上推倒彌勒佛下生也不解命斷亦如人在夢欲覺不覺被人喚醒相似南泉若是眼目不正必定被他搽糊將去看他恁麼說話也不妨難會若是眼目定動活底聞得如醍醐上味若是死底聞得翻成毒藥古人道若於事上見墮在常情若向意根下卜度卒摸索不著巖頭道此是向上人活計只露目前些子如同電拂南泉大意如此有擒虎兕定龍蛇底手腳到這裏也須是自會始得不見道向上一路千聖不傳學者勞形如猿捉

影看他雪竇頌出

聞見覺知非一一森羅萬象無有一法七花八裂眼耳鼻舌身意一時是箇無孔鐵鎚山河不在鏡中觀我這裏無這箇消息長者自長短者自短青是青黃是黃你向什麼處觀霜天月落夜將半引你入草了也徧界不曾藏切忌向鬼窟裏坐誰共澄潭照影寒有麼有麼若不同牀睡焉知被底穿愁人莫向愁人說說向愁人愁殺人

南泉小睡語雪竇大睡語雖然作夢却作得箇好夢前頭說一體這裏說不同聞見覺知非一一山河不在鏡中觀若道在鏡中觀然後方曉了則不離鏡處山河大地草木叢林莫將鏡鑑若將鏡鑑便爲兩段但只可山是山水是水是法住法位世間相常住山河不礙眼光且道向什麼處觀還會麼到這裏向霜天月落夜將半這邊與你打併了也那邊你自相度還知雪竇以本分事爲人麼誰共澄潭照影寒爲復自照爲復共人照須是絕機絕解方到這境界即今也不要澄潭也不待霜天月落即今作麼生

佛果圜悟禪師碧巖集卷第四

佛果圜悟禪師碧巖集卷第五　　鳫五

秣陵遠庵吳自弘校

天界比丘性湛　閱

垂示云是非交結處聖亦不能知逆順縱横時佛亦不能辨爲絶世超倫之士顯逸羣大士之能向氷凌上行劒刃上走直下如麒麟頭角似火裏蓮花宛見超方始知同道誰是好手者試舉看

舉趙州問投子大死底人却活時如何（有恁麼事賊不打貧兒家慣曾作客方憐客）投子云不許夜行投明須到（看樓打樓是賊識賊若不同牀臥焉知被底穿）

趙州問投子大死底人却活時如何投子對他道不許夜行投明須到且道是什麼時節無孔笛撞著氈拍版此謂之驗主問亦謂之心行問投子趙州諸方皆美之得逸羣之辯二老雖承嗣不同看他機鋒相投一般投子一日爲趙州置茶筵相待自過蒸餅與趙州州不管投子令行者過胡餅與趙州州禮行者三拜且道他意是如何看他盡是向根本上提此本分事爲人有僧問如何是道答云道如何是佛答云佛又問金鎖未開時如何答云開金雞未鳴時如何答云無這箇音響鳴後如何答云各自知時投子平生問答總如此看趙州問大死底人却活時如何他便道不許夜行投明須到直下如擊石火似閃電光還他向上人始得大死底人都無佛法道理玄妙得失是非長短到這裏只恁麼休去古人謂之平地上死人無數過得荊棘林是好手也須是透過那邊始得雖然如是如今人到這般田地早是難得或若有依倚有解會則沒交涉喆和尚謂之見不淨潔五祖先師謂之命根不斷須是大死一番却活始得浙中永安和尚道言鋒若差鄉關萬里直須懸崖撒手自肯承當絶後再甦欺君不得非常之旨人焉廋哉趙州問意如此投子是作家亦不辜負他所問只是絶情絶迹不妨難會只露面前些子所以古人道欲得親切莫將問來問問在答處答在問處若非投子被趙州一問也大難酬對只爲他是作家漢舉著便知落處頌云

活中有眼還同死（兩不相知翻來覆去若不蘊藉爭辯得這漢緇素）藥忌何須鑒作家（若不驗過爭辨端的遇著試與一鑒又且何妨也要悶過）古佛尚言曾未到（賴是有伴千聖也不傳山僧亦不知）不知誰解撒塵沙（即今也不少開眼也著合眼也著闍黎恁麼舉落在什麼處）

活中有眼還同死雪竇是知有底人所以敢頌古人道他參活句不參死句雪竇道活中有眼還同於死漢相似具眼如同活人古人道殺盡死人方見活人活盡死人方見死人趙州是活底人故作死問驗取投子如藥性所忌之物故將去試驗相似所以雪竇道藥忌何須鑒作家此頌趙州問處後面頌投子古佛尚言曾未到只這大死底人却活處古佛亦不曾到天下老和尚亦不曾到任是釋迦老子碧眼胡僧也須再參始得所以道只許老胡知不許老胡會雪竇道不知誰解撒塵沙不見僧問長慶如何是善知識眼慶云有願不撒沙保福云不可更撒也天下老和尚據曲彔木牀上行棒行喝竪拂敲牀現神通作主宰盡是撒沙且道如何免得

垂示云單提獨弄帶水拖泥敲唱俱行銀山鐵壁擬議則髑髏前見鬼尋思則黑山下打坐明明杲日麗天颯颯清風匝地且道古人還有誵訛處麼試舉看

舉龐居士辭藥山（這老漢作怪也）山命十禪客相送至門首（也不輕他是甚麼境界也須是識端倪底衲僧始得）居士指空中雪云好雪片片不落別處（無風起浪指頭有眼這老漢言中有響）時有全禪客云落在甚麼處（中也相隨來也果然上鈎來）士打一掌（著果然勾賊破家）全云居士也不得草草（棺木裏瞠眼）士云汝恁麼稱禪客閻老子未放汝在（第二杓惡水潑了何止閻老子山僧這裏也放不過）全云居士作麼生（龐心不吹又是要喫棒這僧從頭到尾不著便）士又打一掌（果然雪上加霜喫棒了呈款）云眼見如盲口說如啞（更有斷和句又與他讀判語）雪竇別云初問處但握雪團便打（是則是賊過後張弓也是漏逗不少雖然如是要見前鋒相拄爭柰落在鬼窟裏了也）

龐居士參馬祖石頭兩處有頌初見石頭便問不與萬法爲侶是什麼人聲未斷被石頭掩却口有個省處作頌道日用事無別唯吾自偶諧頭頭非取捨處處沒張乖朱紫誰爲號青山絕點埃神通并妙用運水及搬柴後參馬祖又問不與萬法爲侶是什麼人祖云待你一口吸盡西江水卽向汝道士豁然大悟作頌云十方同聚會個個學無爲此是選佛場心空及第歸爲佗是作家後列剎相望所至競譽到藥山盤桓既久遂辭藥山山至重佗命十人禪客相送是時值雪下居士指雪云好雪片片不落別處全禪客云落在什麼處士便掌全禪客既不能行令居士令行一半令雖行全禪客恁麼酬對也不是佗不知落處各有機鋒卷舒不同然有不到居士處所以落他架下難出他彀中居士打了更與說道理云眼見如盲口說如啞雪竇別前語云初問處但握雪團便打雪竇恁麼要不辜他問端只是機遲慶藏主道居士機如掣電等你握雪團到幾時和聲便應和聲打方始勦絕雪竇自頌佗打處云

雪團打雪團打（爭柰落在第二機不勞拈出頭上漫漫脚下漫漫）

龐老機關沒可把（往往有人不知只恐不恁麼）天上人間不自知（是什麼消息雪竇還知麼）眼裏耳裏絕瀟灑（前鋒相拄眼見如盲口說如啞）瀟灑絕（作麼生向什麼處見龐老與雪竇）碧眼胡僧難辯別（達磨出來向你道什麼打云闍黎道什麼一坑埋却）

雪團打雪團打龐老機關沒可把雪竇要在居士頭上行古人以雪明一色邊事雪竇意道當時若握雪團打時居士縱有如何機關亦難搆得雪竇自誇他打處殊不知有落節處天上人間不自知眼裏耳裏絕瀟灑眼裏也是雪耳裏也是雪正住在一色邊亦謂之普賢境界一色邊事亦謂之打成一片雲門道直得盡乾坤大地無纖毫過患猶爲物轉不見一色始是半提若要全提須知有向上一路始得到這裏須是大用現前針劄不入不聽他人處分所以道他參活句不參死句古人道一句合頭語萬劫繫驢橛有什麼用處雪竇到此頌殺了復轉機道只此瀟灑絕直饒是碧眼胡僧也難辨別碧眼胡僧尚難辨別更教山僧說箇什麼

垂示云定乾坤句萬世共遵擒虎兕機千聖莫辨直下更無纖翳全機隨處齊彰要明向

上鉗鎚須是作家爐鞴且道從上來還有恁麼家風也無試舉看

舉僧問洞山寒暑到來如何迴避（不是這箇時節劈頭劈面在什麼處）山云何不向無寒暑處去（天下人尋不得藏身露影蕭何賣却假銀城）僧云如何是無寒暑處（賺殺一船人隨他轉也一釣便上）山云寒時寒殺闍黎熱時熱殺闍黎（真不掩偽曲不藏直臨崖看虎兕特地一場愁撅翻大海踢倒須彌且道洞山在什麼處）

黃龍新和尚拈云洞山袖頭打領腋下剜襟爭柰這僧不甘如今有箇出來問黃龍且道如何支遣良久云安禪不必須山水滅却心頭火自凉諸人且道洞山圈繢落在什麼處若明辨得始知洞山下五位回互正偏接人不妨奇特到這向上境界方能如此不消安排自然恰好所以道正中偏三更初夜月明前莫怪相逢不相識隱隱猶懷舊日嫌偏中正失曉老婆逢古鏡分明覿面更無真休更迷頭還認影正中來無中有路出塵埃但能不觸當今諱也勝前朝斷舌才兼中至兩刃交鋒不須避好手還同火裏蓮宛然自有衝天氣兼中到不落有無誰敢和人人盡欲出常流折合還歸炭裏坐浮山遠錄公以此公案爲五位之格若會得一則餘者自然易會巖頭道如水上葫蘆子相似捺著便轉殊不消絲毫氣力曾有僧問洞山文殊普賢來參時如何山云趕向水牯牛羣裏去僧云和尚入地獄如箭山云全得佗力洞山道何不向無寒暑處去此是偏中正僧云如何是無寒暑處山云寒時寒殺闍黎熱時熱殺闍黎此是正中偏雖正却偏雖偏却圓曹洞錄中備載子細若是臨濟下無許多事這般公案直下便會有者道大好無寒暑有什麼巴鼻古人道若向劒刃上走則快若向情識上見則遲不見僧問翠微如何是祖師西來意微云待無人來向你道遂入園中行僧云此間無人請和尚道微指竹云這一竿竹得恁麼長那一竿竹得恁麼短其僧忽然大悟又曹山問僧恁麼熱向什麼處迴避僧云鑊湯爐炭裏迴避山云鑊湯爐炭裏如何迴避僧云衆苦不能到看他家裏人自然會他家裏人說話雪竇用他家裏事頌出

垂手還同萬仞崖（不是作家誰能辨得何處不圓融正勅既行諸侯避道）正偏何必在安排（若是安排何處有今日作麼生兩頭不涉風行草偃水到渠成）琉璃古殿照明月（圓陀陀地切忌認影且莫當頭）忍俊韓獹空上階（不是這回蹉過了也逐塊作什麼打云你與這僧同參）

曹洞下有出世不出世有垂手不垂手若不出世目視雲霄若出世便灰頭土面目視雲霄即是萬仞峯頭灰頭土面即是垂手邊事有時灰頭土面即在萬仞峯頭有時萬仞峯頭即是灰頭土面其實入鄽垂手與孤峯獨立一般歸源了性與差別智無異切忌作兩橛會所以道垂手還同萬仞崖直是無你湊泊處正偏何必在安排若到用時自然如此不在安排也此頌洞山答處後面道琉璃古殿照明月忍俊韓獹空上階此正頌這僧逐言語走洞下有此石女木馬無底籃夜明珠死蛇等十八般大綱只明正位如月照琉璃古殿似有圓影洞山答道何不向無寒暑處去其僧一似韓獹逐塊連忙上階捉其月影

相似又問如何是無寒暑處山云寒時寒殺
闍黎熱時熱殺闍黎如韓獹逐塊走到階上
又却不見月影韓獹乃出戰國策云韓氏之
獹駿狗也中山之兎狡兎也是其犬方能尋
其兎雪竇引以喻這僧也只如諸人還識洞
山爲人處麽良久云討甚
舉禾山垂語云習學謂之聞絕學謂之鄰
天下衲僧跳不出無孔鐵鎚一箇鐵橛子過此二者是爲眞過
頂門上具一隻眼作什麼僧出問如何是眞過道什麼一筆勾
下有一個鐵橛子山云解打鼓鐵橛鐵蒺藜確確又問如
何是眞諦道什麼兩重公案又有一箇鐵橛子山云解打鼓
鐵橛鐵蒺藜確確又問卽心卽佛卽不問如何是
非心非佛道什麼這箇拄揎堆三段不同又一箇鐵藜蒺子山云
解打鼓鐵橛鐵蒺藜確確又問向上人來時如何
接道什麼遭他第四杓惡水來也又有一箇鐵橛子山云解打鼓
鐵橛鐵蒺藜確確且道落在什麼處朝到西天暮歸東土
禾山垂示云習學謂之聞絕學謂之鄰過此
二者是爲眞過此一則語出寶藏論學至無
學謂之絕學所以道淺聞深悟深聞不悟謂
之絕學一宿覺道吾早年來積學問亦曾討

踈尋經論習學既盡謂之絕學無爲閑道人
及至絕學方始與道相近直得過此二學是
謂眞過其僧也不妨明敏便拈此語問禾山
山云解打鼓所謂言無味語無味欲明這箇
公案須是向上人方能見此語不涉理性亦
無議論處直下便會如桶底脫相似方是衲
僧安穩處始契得祖師西來意所以雲門道
雪峯輥毬禾山打鼓國師水碗趙州喫茶盡
是向上拈提又問如何是眞諦山云解打鼓
眞諦更不立一法若是俗諦萬物俱備眞俗
無二是聖諦第一義又問卽心卽佛卽不問
如何是非心非佛山云解打鼓卽心卽佛卽
易求若到非心非佛卽難少有人到又問向
上人來時如何接山云解打鼓向上人卽是
透脫灑落底人此四句語諸方以爲宗旨謂
之禾山四打鼓只如僧問鏡清新年頭還有
佛法也無清云有僧云如何是新年頭佛法
清云元正啓祚萬物咸新僧云謝師答話清
云老僧今日失利似此答話有十八般失利
又僧問淨果大師鶴立孤松時如何果云脚

底下一場懡㦬又問雪覆千山時如何果云
日出後一場懡㦬又問會昌沙汰時護法神
向什麼處去果云三門外兩箇漢一場懡㦬
諸方謂之三懡㦬又保福問僧殿裏是什麼
佛僧云和尚定當看福云釋迦老子僧云莫
瞞人好福云却是你瞞我又問僧云你名什
麼僧云咸澤福云或遇枯涸時如何僧云誰
是枯涸者福云我僧云和尚莫瞞人好福云
却是你瞞我又問僧你作什麼業喫得恁麼
大僧云和尚也不小福作蹲身勢僧云和尚
莫瞞人好福云却是你瞞我又問浴主浴鍋
闊多少主云請和尚量看福作量勢主云和
尚莫瞞人好福云却是你瞞我諸方謂之保
福四瞞人又如雪峯四漆桶皆是從上宗師
各出深妙之旨接人之機雪竇後面引一落
索依雲門示衆頌出此公案
一拽石寰中天子勑癩兒牽伴向上人恁麼來二般土塞外將軍
令兩箇一狀領過同病相憐發機須是千鈞弩若是千鈞也透
不得不可輕酬豈爲死蝦蟆象骨老師曾輥毬也有人曾恁麼
來有箇無孔鐵鎚阿誰不知爭似禾山解打鼓鐵橛子須還這

老漢始得一子親得報君知（雪竇也未夢見在雪上加霜你還知麼）莫莽鹵（也有些子儱儱侗侗）甜者甜兮苦者苦（謝答話錯下注脚好與三十棒喫棒得也未便打依舊黑漫漫）

歸宗一日普請拽石宗問維那什麽處去維那云拽石去宗云石且從汝拽卽不得動著中心樹子木平凡有新到至先令般三轉土木平有頌示衆云東山路窄西山低新到莫辭三轉泥嗟汝在途經日久明明不曉却成迷後來有僧問云三轉內卽不問三轉外事作麽生平云鐵輪天子寰中勑僧無語平便打所以道一拽石二般土發機須是千鈞弩雪竇以千鈞之弩喻此話要見他爲人處三十斤爲一鈞一千鈞則三萬斤若是獰龍虎狼猛獸方用此弩若是鷦鷯小可之物必不可輕發所以千鈞之弩不爲鼷鼠而發機象十二骨老師曾輥毬卽雪峯一日見玄沙來三箇木毬一齊輥玄沙便作斫牌勢雪峯深肯之雖然總是全機大用處俱不如禾山解打鼓多少徑截只是難會所以雪竇道爭似禾山解打鼓又恐人只在話頭上作活計不知來由莽莽鹵鹵所以道報君知莫莽鹵也須是實到這般田地始得若要不莽鹵甜者甜兮苦者苦雪竇雖然如是拈弄畢竟也跳不出

垂示云要道便道擧世無雙當行卽行全機不讓如擊石火似閃電光疾焰過風奔流度刃拈起向上鉗鎚未免亡鋒結舌放一線道試擧看

擧僧問趙州萬法歸一一歸何處（拶著這老漢堆山積嶽切忌向鬼窟裏作活計）州云我在青州作一領布衫重七斤（果然七縱八橫拽却漫天網還見趙州麼衲僧鼻孔曾拈得還知趙州落處麼若這裏見得便乃天上天下唯我獨尊水到渠成風行草偃苟或未然老僧在你脚跟下）

若向一擊便行處會去天下老和尚鼻孔一時穿却不奈你何自然水到渠成苟或躊躇老僧在你脚跟下佛法省要處言不在多語不在繁只如這僧問趙州萬法歸一一歸何處他却答道我在青州作一領布衫重七斤若向語句上辨錯認定盤星不向語句上辨爭柰却恁麽道這箇公案雖難見却易會雖易會却難見難則銀山鐵壁易則直下惺惺無你計較是非處此話與普化道來日大悲院裏有齋話更無兩般一日僧問趙州如何是祖師西來意州云庭前栢樹子僧云和尚莫將境示人州云老僧不曾將境示人看他恁麽向極則轉不得處轉得自然蓋天蓋地若轉不得觸途成滯且道他有佛法商量也十三無若道他有佛法他又何曾說心說性說玄說妙若道他無佛法旨趣他又不曾辜負你問頭豈不見僧問木平和尚如何是佛法大意平云這箇冬瓜如許大又僧問古德深山懸崖迥絕無人處還有佛法也無古德云有僧云如何是深山裏佛法古德云石頭大底大小底小看這般公案誵訛在什麽處雪竇知他落處故打開義路與你頌出

編辟曾挨老古錐（何必拶著這老漢挨拶向什麽處去）七斤衫重幾人知（再來不直半分錢直得口似匾檐又却被他贏得一籌）如今拋擲西湖裏（還雪竇手脚始得山僧也不要）下載清風付與誰（自古自今且道雪竇與他酧唱與他下注脚一子親得）

十八問中此謂之編辟問雪竇道編辟曾挨老古錐萬法教歸一致這僧要挨拶他

趙州州也不妨作家向轉不得處有出身之路敢開大口便道我在青州作一領布衫重七斤雪竇道這箇七斤布衫能有幾人知如今拋擲西湖裏萬法歸一一亦不要七斤布衫亦不要一時拋在西湖裏雪竇住洞庭翠峰有西湖也[凡五]下載清風付與誰[十三]此是趙州示衆你若向北來與你上載你若向南來與你下載你若從雪峰雲居來也是箇擔板漢雪竇道如此清風堪付阿誰上載者與你說心說性說玄說妙種種方便若是下載更無許多義理玄妙有底擔一擔禪到趙州處一點也使不著一時與他打疊教灑灑落落無一星事謂之悟了還同未悟時如今人盡作無事會有底道無迷無悟不要更求只如佛未出世時達磨未來此土時不可不恁麼也用佛出世作什麼祖師更西來作什麼總如此有什麼干涉也須是大徹大悟了依舊山是山水是水乃至一切萬法悉皆成現方始作箇無事底人不見龍牙道學道先須有悟由還如爭鬪快龍舟雖然舊閑閑田地一度贏來方始休只如趙州這箇七斤布衫話子看他古人恁麼道如金如玉山僧恁麼說諸人恁麼聽總是上載且道作麼生是下載三條椽下看取

垂示云一槌便成超凡越聖片言可折去縛解粘如氷凌上行劍刃上走聲色堆裏坐聲色頭上行縱橫妙用則且置剎那便去時如何試舉看

舉鏡清問僧門外是什麼聲（等閑垂一釣不患聾問什麼）僧云雨滴聲（不妨實頭也好箇消息）清云衆生顛倒迷已逐物（事生也慣得其便鏡鈎搭索還他本分手脚）僧云和尚作麼生（果然納敗缺轉槍來也不妨難當却把槍頭倒刺人）清云洎不迷已（咄直得分踈不下）僧云洎不迷已意旨如何（拶著這老漢逼殺人前箭猶輕後箭深）清云出身猶可易脫體道應難（養子之緣雖然如是德山臨濟向什麼處去不[十四]喚作雨滴聲喚作什麼聲直得分踈不下[凡五]）

只這裏也好薦取古人垂示一機一境要接人一日鏡清問僧門外是什麼聲僧云雨滴聲清云衆生顛倒迷已逐物又問門外什麼聲僧云鵓鳩聲清云欲得不招無間業莫謗如來正法輪又問門外什麼聲僧云蛇咬蝦蟆聲清云將謂衆生苦更有苦衆生此語與前頭公案更無兩般衲僧家於這裏透得去於聲色堆裏不妨自由若透不得便被聲色所拘這般公案諸方謂之煅煉語若是煅煉只成心行不見他古人爲人處亦喚作透聲色一明道眼二明聲色三明心宗四明忘情五明展演然不妨子細爭柰有窠臼在鏡清恁麼問門外什麼聲僧云雨滴聲清却道衆生顛倒迷已逐物人皆錯會喚作故意轉人且得沒交涉殊不知鏡清有爲人底手脚膽大不拘一機一境忒煞不惜眉毛鏡清豈不知是雨滴聲何消更問須知古人以探竿影草要驗這僧這僧也善挨拶便道和尚又作麼生直得鏡清入泥入水向他道洎不迷已其僧迷已逐物[凡五]則故是鏡清爲什麼[十五]也迷已須知驗他句中便有出身處這僧太懞懂要勦絕此話更問道只箇洎不迷已意旨如何若是德山臨濟門下棒喝已行鏡清通一線道隨他打葛藤更向他道出身猶可易脫體

道應𩍐雖然恁麼古人道相續也大難他鏡清只一句便與這僧明脚跟下大事雪竇頌云

虛堂雨滴聲從來無間斷大家在這裏作者難酬對果然不知山僧從來不是作者有權有實有放有收殺活擒縱若謂曾入流剌頭入膠盆不喚作雨滴聲喚作什麼聲依前還不會山僧幾曾問你兩頭坐斷兩處不分不在這兩邊會不會來這漆桶還我無孔鐵鎚來南山北山轉霶霈頭上脚下若喚作雨聲則瞎不喚作雨聲喚作什麼聲到這裏須是脚踏實地始得

虛堂雨滴聲作者難酬對若喚作雨聲則是迷己逐物不喚作雨聲又如何轉物到這裏任是作者也難酬對所以古人道見與師齊減師半德見過於師方堪傳授又南院道棒下無生忍臨機不讓師若謂曾入流依前還不會教中道初於聞中入流忘所所入既寂動靜二相了然不生若道是雨滴聲也不是若道不是雨滴聲也不是前頭須兩喝與三喝作者知機變正類此頌若道是入聲色之流也不是若喚作聲色依前不會他意譬如以指指月月不是指會與不會南山北山轉霶霈也

垂示云天何言哉四時行焉地何言哉萬物生焉向四時行處可以見體於萬物生處可以見用且道向什麼處見得衲僧離却言語動用行住坐卧併却咽喉唇吻還辨得麼

舉僧問雲門麗五如何是法身十六多少人疑著千聖跳不出漏逗不少門云六不收斬釘截鐵八角磨盤空裏走盤龜曳尾朕兆未分時薦得已是第二頭朕兆已生後薦得又落第三首若更向言語上辨得且喜沒交涉

雲門道六不收直是難搆若向朕兆未分時搆得已是第二頭若向朕兆已生後薦得又落第三首若向言句上辨明卒摸索不著且畢竟以何爲法身若是作家底聊聞舉著剔起便行苟或佇思停機伏聽處分太原孚上座本爲講師一日登座講次說法身云竪窮三際横亘十方有一禪客在座下聞之失笑孚下座云某甲適來有甚短處願禪者爲說看禪者云座主只講得法身量邊事不見法身孚云畢竟如何即是禪者云可暫罷講於靜室中坐必得自見孚如其言一夜靜坐忽聞打五更鐘忽然大悟遂敲禪者門云我會也禪者云你試道看孚云我從今日去更不將父母所生鼻孔扭揑也又教中道佛眞法身猶若虛空應物現形如水中月又僧問夾山如何是法身山云法身無相如何是法眼山云法眼無瑕雲門道六不收此公案有者麗五道只是六根六塵六識此六皆十七從法身生六根收他不得若恁麼情解且得沒交涉更帶累雲門要見便見無你穿鑿處不見教中道是法非思量分別之所能解他答話多惹人情解所以一句中須具三句更不辜你問頭應時應節一言一句一點一畫不妨有出身處所以道一句透千句萬句一時透且道是法身是祖師放你三十棒雪竇頌云

一二三四五六周而復始滴水滴凍費許多工夫作什麼碧眼胡僧數不足三生六十劫達磨何曾夢見闍黎爲什麼知而故犯少林謾道付神光一人傳虛萬人傳實從頭來已錯了也卷衣又說歸天竺賺殺一船人嗻嚧不少天竺茫茫無處尋在什麼處始是太平如今在什麼處夜來却對乳峯宿剌破你眼睛也是無風起浪且道是法身是佛身放你三十棒

雪竇善能於無縫罅處出眼目頌出教人見

雲門道六不收雪竇爲什麼却道一二三四五六直是碧眼胡僧也數不足所以道只許老胡知不許老胡會須是還他屋裏兒孫始得適來道一言一句應時應節若透得去方知道不在言句中其或未然不免作情解五祖老師道釋迦牟尼佛下賤客作兒庭前栢樹子一二三四五若向雲門言句下諦當見得相次到這境界少林譲道付神光二祖始名神光及至後來又道歸天竺達磨葬於熊耳山之下時宋雲奉使西歸在葱嶺見達磨手携隻履歸西天去使回奏聖開墳惟見遺下一隻履雪竇道其實此事作麼生分付既無分付卷衣又說歸天竺且道爲什麼此土却有二三遞相恁麼傳來這裏不妨譊訛也須是搆得始可入作天竺茫茫無處尋夜來却對乳峯宿且道卽今在什麼處師便打云瞎

舉王太傅入招慶煎茶（作家相聚須有奇特等閑無事大家著一隻眼惹禍來也）時朗上座與明招把銚（一火弄泥團漢）（不會煎茶帶累別人）朗翻却茶銚（事生也果然）太傅見問上座茶爐下是什麼（果然禍事）朗云捧爐神（果然）（中他箭了也不妨奇特）太傅云既是捧爐神爲什麼翻却茶銚（何不與他本分草料事生也）朗云仕官千日失在一朝（錯指注是什麼話話杜撰禪和如麻似粟）大傳拂袖便去（灼然作家許他具一隻眼）明招云朗上座喫却招慶飯了却去江外打野榸（更與三十棒一道瞎眼龍只具一隻眼也須是明人點破始得）朗云和尚作麼生（撥著也好與一撥終不作這般死郎當見解）招云非人得其便（果然只具一隻眼道得一半一手擡一手搦）雪竇云當時但踏倒茶爐（爭柰賊過後張弓雖然如是也未稱德山門下客一等是潑郎潑賴就中奇特）

欲識佛性義當觀時節因緣王太傅知泉州久參招慶一日因入寺時朗上座煎茶次翻却茶銚太傅也是箇作家纔見他翻却茶銚便問上座茶爐下是什麼朗云捧爐神不妨言中有響爭柰首尾相違失却宗旨傷鋒犯手不惟辜負自己亦且觸忤他人這箇雖是無得失底事若拈起來依舊有覩踈有皂白若論此事不在言句上却要向言句上辨箇活處所以道他參活句不參死句據朗上座恁麼道如狂狗逐塊太傅拂袖便去似不肯他明招云朗上座喫却招慶飯了却去江外打野榸野榸卽是荒野中火燒底木橛謂之野榸用明朗上座不向正處行却向外邊走朗撥云和尚又作麼生招云非人得其便明招自然有出身處亦不辜負他所問所以道俊狗咬人不露牙潙山喆和尚云王太傅大似相如奪璧直得鬚髮衝冠蓋明招忍俊不禁難逢其便大潙若作朗上座見他太傅拂袖便行放下茶銚呵呵大笑何故見之不取千載難逢不見寶壽問胡釘鉸云久聞胡釘鉸莫便是否胡云是壽云還釘得虛空麼胡云請師打破將來壽便打胡不肯壽云異日自有多口阿師爲你點破在胡後見趙州舉似前話州云你因什麼被他打胡云不知過在什麼處州云只這一縫尚不柰何更教他打虛空來胡便休去州代云且釘這一縫胡於是有省京兆米七師行脚歸有老宿問云月夜斷井索人皆喚作蛇未審七師見佛時喚作什麼七師云若有所見卽同衆生老宿云也是千年桃核忠國師問紫璘供奉聞說

供奉解註思益經是否奉云是師云凡當註經須解佛意始得奉云若不會意爭敢言註經師遂令侍者將一碗水七粒米一隻筯在碗上送與供奉問云是什麼義奉云不會師云老僧意尚不會更說甚佛意王太傅與朗上座如此話會不一雪竇末後却道當時但與踏倒茶爐明招雖是如此終不如雪竇雪峰在洞山會下作飯頭一日淘米次山問作什麼峰云淘米山云淘米去沙淘沙去米峰云沙米一時去山云大衆喫箇什麼峰便覆却盆山云子因緣不在此雖然恁麼爭似雪竇云當時但踏倒茶爐一等是什麼時節到他用處自然騰今煥古有活脫處頌云

來問若成風（箭不虛發偶爾成文不妨要妙）應機非善巧（弄泥團漢有什麼限方木逗圓孔不妨擅著作家）堪悲獨眼龍（只具一隻眼只得一橛）曾未呈牙爪（也無牙爪可呈說什麼牙爪也不得勘他）牙爪開（你還見麼雪竇却較些子若有恁麼手脚踏倒茶爐）生雲雷（盡大地人一時喫棒天下衲僧無著身處旱天霹靂）逆水之波經幾回（七十二棒翻成一百五十）

來問若成風應機非善巧太傅問處似運斤成風此出莊子郢人泥壁餘一小竅遂圓泥擲補之時有少泥落在鼻端傍有匠者云公補竅甚巧我運斤爲你取鼻端泥其鼻端泥若蠅子翼使匠者斲之匠者運斤成風而斲之盡其泥而不傷鼻郢人立不失容所謂二俱巧妙朗上座雖應其機語無善巧所以雪竇道來問若成風應機非善巧堪悲獨眼龍曾未呈牙爪明招道得也太奇特爭奈未有拏雲攫霧底爪牙雪竇傍不肯忍俊不禁代他出氣雪竇暗去合他意自頌他踏倒茶爐語牙爪開生雲雷逆水之波經幾回雲門道不望你有逆水之波但有順水之意亦得所以道活句下薦得永刧不忘朗上座與明招語句似死若要見活處但看雪竇踏倒茶爐

垂示云七穿八穴攙鼓奪旗百匝千重瞻前顧後踞虎頭收虎尾未是作家牛頭沒馬頭回亦未爲奇特且道過量底人來時如何試舉看

舉三聖問雪峰透網金鱗未審以何爲食（不妨縱橫自在此問太高生你合只自知何必更問）峰云待汝出網來向汝道（減人多少聲價作家宗師天然自在）聖云一千五百人善知識話頭也不識（迅雷霹靂可煞驚群一任踍跳）峰云老僧住持事繁（不在勝負放過一著此語最毒）

雪峰三聖雖然一出一入一挨一拶未分勝負在且道這二尊宿具什麼眼目三聖自臨濟受訣徧歷諸方皆以高賓待之看他致箇問端多少人摸索不著且不涉理性佛祖却問道透網金鱗以何爲食且道他意作麼生透網金鱗尋常既不食他香餌不知以什麼爲食雪峰是作家匠似閑只以一二分酬他却向他道待汝出網來向汝道汾陽謂之呈解問洞下謂之借事問須是超倫絕類得大受用頂門有眼方謂之透網金鱗爭奈雪峯是作家不妨減人聲價却云待汝出網來向汝道看他兩家把定封疆壁立萬仞若不是三聖只此一句便去不得爭奈三聖亦是作家方解向他道一千五百人善知識話頭也不識雪峯却道老僧住持事繁此語得恁麼頑慢他作家相見一擒一縱逢强即弱遇賤即貴你若作勝負會未夢見雪峯在看他二

人最初孤危峭峻末後二俱死郎當且道還有得失勝負麽他作家酬唱必不如此三聖在臨濟作院主臨濟遷化垂示云吾去後不得滅吾正法眼藏三聖出云爭敢滅却和尚正法眼藏濟云已後有人問你作麽生三聖便喝濟云誰知吾正法眼藏向這瞎驢邊滅却三聖便禮拜他是臨濟眞子方敢如此酬唱雪竇末後只頌透網金鱗顯他作家相見處頌云

透網金鱗（千兵易得一將難求何似生千聖不柰何）休云滯水（向他雲外立活鱍鱍地且莫鈍置好）摇乾蕩坤（作家作家未是他奇特處放出又何妨）振鬣擺尾（誰敢辨端倪做得個伎倆賣弄出來不妨驚羣）千尺鯨噴洪浪飛（轉過那邊去不妨奇特盡大地人一口吞盡）一聲雷震清飇起（有眼有耳如聾如盲誰不悚然）清飇起（在什麽處咄）天上人間知幾幾（雪峯牢把陣頭三聖牢把陣脚撒土撒沙作什麽打云你在什麽處）

透網金鱗休云滯水五祖道只此一句頌了也既是透網金鱗豈居滯水必在洪波浩渺白浪滔天處且道二六時中以何爲食諸人且向三條椽下七尺單前試定當看雪竇道此事隨分拈弄如金鱗之類振鬣擺尾時直得乾坤動摇千尺鯨噴洪浪飛此頌三聖道一千五百人善知識話頭也不識如鯨噴洪浪相似一聲雷震清飇起頌雪峯道老僧住持事繁如一聲雷震清飇起相似大綱頌他兩箇俱是作家清飇起天上人間知幾幾且道這一句落在什麽處飇者風也當清飇起時天上人間能有幾人知

垂示云度越階級超絕方便機機相應句句相投儻非入大解脫門得大解脫用何以權衡佛祖龜鑑宗乘且道當機直截逆順縱橫如何道得出身句試請舉看

舉僧問雲門如何是塵塵三昧（天下衲僧盡在這裏作窠窟滿口含霜撒沙撒土作什麽）門云鉢裏飯桶裏水（布袋裏盛錐金沙混雜將錯就錯含元殿裏不同長安）

遂定當得麽若定當得雲門鼻孔在諸人手裏若定當不得諸人鼻孔在雲門手裏雲門有斬釘截鐵句此一句中具三句有底問著便道鉢裏飯粒粒皆圓桶裏水滴滴皆濕若恁麽會且不見雲門端的爲人處頌云

鉢裏飯桶裏水（露也撒沙撒土作什麽漱口三年始得）多口阿師難下觜（縮却舌頭識法者懼爲什麽却恁麽舉）北斗南星位不殊（喚東作西作什麽坐立儼然長者長法身短者短法身）白浪滔天平地起（脚下深數丈賓主互換驀然在你頭上你又作麽生打）擬不擬（蒼天蒼天咄）止不止（說什麽更添怨苦）箇箇無褌長者子（郎當不少傍觀者哂）

雪竇前面頌雲門對一説話道對一説太孤絕無孔鐵鎚重下楔後面又頌馬祖離四句絕百非話道藏頭白海頭黑明眼衲僧會不得若於此公案透得便見這箇頌雪竇當頭便道鉢裏飯桶裏水言中有響句裏呈機多口阿師難下觜隨後便與你下注脚也你若向這裏要求玄妙道理計較轉難下觜雪竇只到這裏也得他愛恁麽頭上先把定恐衆中有具眼者覷破也到後面須放過一著俯爲初機打開頌出教人見北斗依舊在北南星依舊只在南所以道北斗南星位不殊白浪滔天平地起忽然平地上起波瀾又作麽生若向事上覷則易若向意根下尋卒摸索不著這箇如鐵橛子相似擺撥不得插嘴不

得你若擬議欲會而不會止而不止亂呈懞袋正是箇箇無裩長者子寒山詩道六極常嬰苦九維徒自論有才遺草澤無勢閉蓬門日上巖猶暗煙消谷尚昏其中長者子箇箇總無裩

馬五　二五

佛果圜悟禪師碧巖集卷第五

佛果圜悟禪師碧巖集卷第六　鴈六

秣陵遠庵吳自弘校

天界比丘性湛閱

垂示云纔有是非紛然失心不落階級又無摸索且道放行卽是把住卽是到這裏若有一絲毫解路猶滯言詮尚拘機境盡是依草附木直饒便到獨脫處未免萬里望鄉關還搆得麼若未搆得且只理會箇現成公案試舉看

舉雪峰住庵時有兩僧來禮拜作甚麼一狀領過

峰見來以手托庵門放身出云是甚麼鬼眼睛無孔笛子擎頭戴角僧亦云是甚麼泥彈子氈拍板箭鋒相拄峰低頭歸庵爛泥裏有刺如龍無足似蛇有角就中難爲措置僧後到巖頭也須是問過始得同道方知頭問甚麼處來也須是作家始得這漢往往納敗闕若不是同參洎乎放過僧云嶺南來傳得甚麼消息來也須是通箇消息還見雪峰麼頭云曾到雪峰麼勘破了多時不可道不到僧云曾到實頭人難得打作兩橛頭云有何言句便恁麼去也僧舉前話便恁麼去也重重納敗闕頭云他道甚麼好劈口便打失却鼻孔了也僧云他無語低頭歸庵又納敗闕你且道他是甚麼頭云噫我當初悔不向他道末後句洪波浩渺白浪滔天若向伊道天下人不奈雪老何癩兒牽伴不必須彌也須粉碎且道他圈繢在甚麼處僧至夏末再舉前話請益已是不惺惺正賊去了多時賊過後張弓頭云何不早問好與撼倒禪床過也僧云未敢容易這棒本是這僧喫穿却鼻孔傳因長智已是兩重公案頭云雪峰雖與我同條生不與我同條死漫天網地要識末後句只這是賺殺一船人我也不信洎乎分疎不下

大凡扶豎宗教須是辨箇當機知進退是非明殺活擒縱若忽眼目迷黎麻羅到處逢問便問逢荅便荅殊不知鼻孔在別人手裏只如雪峰巖頭同參德山此僧參雪峰見解只到恁麼處及乎見巖頭亦不曾成得一事虛煩他二老宿一問一荅一擒一縱直至如今天下人成節角誵訛分疎不下且道節角誵訛在甚麼處雪峰雖遍歷諸方末後於鰲山店巖頭因而激之方得勦絕大徹巖頭後値沙汰於湖邊作渡子兩岸各懸一板有人過敲板一下頭云你過那邊遂從蘆葦間舞棹而出雪峰歸嶺南住庵這僧亦是久參底人雪峰見來以手托庵門放身出云是甚麼如今有底恁麼問著便去他語下咬嚼這僧亦怪也只向他道是甚麼峰低頭歸庵往往喚作無語會去也這僧便摸索不著有底道雪峰被這僧一問直得無語歸庵殊不知雪峰意有毒害處雪峰雖得便宜爭奈藏身露影這僧後辭雪峰持此公案令巖頭判既到彼巖頭問甚麼處來僧云嶺南來頭云曾到雪峰麼若要見雪峰只此一問也好急著眼看僧云曾到頭云有何言句此語亦不空過這僧不曉只管逐他語脉轉頭云他道甚麼僧云他低頭無語歸庵這僧殊不知巖頭著草鞋在他肚皮裏行幾回了也巖頭云噫我當初悔不向他道末後句若向他道天下人不奈雪老何巖頭也是扶强不扶弱這僧依舊黑漫漫地不分緇素懷一肚皮疑眞箇道雪峰不會至夏末再舉前話請益巖頭頭云何不早問這老漢計較生也僧云未敢容易頭云雪峰雖與我同條生不與我同條死要識末後句只這是巖頭太煞不惜眉毛諸人畢

竟作麽生會雪峰在德山會下作飯頭一日齋晚德山托鉢下至法堂峰云鐘未鳴鼓未響這老漢托鉢向甚麽處去山無語低頭歸方丈雪峰舉似巖頭頭云大小德山不會末後句山聞令侍者喚至方丈問云汝不肯老僧那頭密啟其語山至來日上堂與尋常不同頭於僧堂前撫掌大笑云且喜老漢會末後句他後天下人不奈他何雖然如是只得三年此公案中如雪峰見德山無語將謂得便宜殊不知著賊了也葢爲他曾著賊來後來亦解做賊所以古人道末後一句始到牢關有者道巖頭勝雪峰則錯會了也巖頭常用此機示衆云明眼漢没窠臼㕞物爲上逐物爲下這末後句設使親見祖師來也理會不得德山齋晚老子自捧鉢下法堂去巖頭道大小德山未會末後句在雪竇拈云曾聞說箇獨眼龍元來只具一隻眼殊不知德山是箇無齒大蟲若不是巖頭識破爭知得昨日與今日不同諸人要會末後句麽只許老胡知不許老胡會自古及今公案萬別千差如荆棘林相似你若透得去天下人不奈何三世諸佛立在下風你若透不得巖頭道雪峰雖與我同條生不與我同條死只這一句自然有出身處雪竇頌云

末後句（已在言前將謂眞箇覰著則瞎）爲君說（舌頭落也說不著有頭無尾有尾無頭）明暗雙雙底時節（葛藤老漢如牛無角似虎有角彼此是恁麽）同條生也共相知（是何種族彼此沒交涉君向瀟湘我向秦）不同條死還殊絶（拄杖子在我手裏爭怪得山僧你鼻孔爲什麽在別人手裏）還殊絶（還要喫棒麽有什麽摸索處）黃頭碧眼須甄別（盡大地人亡鋒結舌我也恁麽他人却不恁麽只許老胡知不許老胡會）南北東西歸去來（收脚跟下猶帶五色線在乞你一條拄杖子）夜深同看千巖雪（猶較半月程從他大地雪漫漫塡溝塞壑無人會也只是箇瞎漢還識得末後句麽便打）

末後句爲君說雪竇頌此末後句他意極有落草相爲頌則煞頌只頌毛彩些子若要透見也未在更敢開大口便道明暗雙雙底時節與你開一綫路亦與你一句打殺了也末後更與你注解只如招慶一日問羅山云巖頭道恁麽恁麽不恁麽不恁麽意旨如何羅山召云大師師應諾山云雙明亦雙暗慶禮謝而去三日後又問前日蒙和尚垂慈只是看不破山云盡情向你道了也慶云和尚是把火行山云若恁麽據大師疑處問將來慶云如何是雙明亦雙暗山云同生亦同死慶當時禮謝而去後有僧問招慶同生亦同死時如何慶云合取狗口僧云大師收取口喫飯其僧却來問羅山云同生不同死時如何山云如牛無角僧云同生亦同死時如何山云如虎戴角末後句正是這箇道理羅山會下有僧便用這箇意致問招慶慶云彼此皆知何故我若東勝昇洲道一句西瞿耶尼洲也知天上道一句人間也知心心相知眼眼相照同條生也則猶易見不同條死也還殊絶釋迦達磨也摸索不著南北東西歸去來有些子好境界夜深同看千巖雪且道是雙明雙暗是同條生是同條死具眼衲僧試甄別看

舉僧問趙州久響趙州石橋到來只見畧彴（也有人來捋虎鬚也是衲僧本分事）州云汝只見畧彴且不見石橋（慣得其便這老漢賣身去也）僧云如何是石

橋上鈎來也果然州云渡驢渡馬一網打就直得盡大地人無出氣處一死更不再活

趙州有石橋蓋李膺造也至今天下有名畧彴者即是獨木橋也其僧故意滅他威光問他道久響趙州石橋到來只見略彴趙州便道汝只見略彴且不見石橋據他問處也只是平常說話相似趙州用去釣他這僧果然上鈎隨後便問如何是石橋州云渡驢渡馬不妨言中自有出身處趙州不似臨濟德山行棒行喝他只以言句殺活這公案好好看來只是尋常鬬機鋒相似雖然如是也不妨難湊泊一日與首座看石橋州乃問首座是什麼人造座云李膺造州云造時向什麼處下手座無對州云尋常說石橋問著下手處也不知又一日州掃地次僧問和尚是善知識爲什麼有塵州云外來底又問清淨伽藍爲什麼有塵州云又有一點也又僧問如何是道州云墻外底僧云不問這箇道問大道州云大道透長安趙州偏用此機他到平實安穩處爲人更不傷鋒犯手自然孤峻用得此機甚妙雪竇頌云

孤危不立道方高須是到這田地始得言猶在耳還他本分草料

入海還須釣巨鰲坐斷要津不通凡聖眼蝦螺蚓不足問大丈夫漢不可兩兩三三

堪笑同時灌溪老也有恁麼人曾恁麼來也有恁麼用機闍底手脚

解云劈箭亦徒勞猶較半月程似則似是則未是

孤危不立道方高雪竇頌趙州尋常爲人處不立玄妙不立孤危不似諸方道打破虛空擊碎須彌海底生塵須彌鼓浪方稱他祖師之道所以雪竇道孤危不立道方高壁立萬仞顯佛法奇特靈明雖然孤危峭峻不如不立孤危但平常自然轉轆轆地不立而自立不高而自高機出孤危方見玄妙所以雪竇云入海還須釣巨鰲看他具眼宗師等閑垂一語用一機不釣鰕蜆螺蚌直釣巨鰲也不妨是作家此一句用顯前面公案堪笑同時灌溪老不見僧問灌溪久響灌溪及乎到來只見箇漚麻池溪云汝只見漚麻池且不見灌溪僧云如何是灌溪溪云劈箭急又僧問黃龍久響黃龍及乎到來只見箇赤斑蛇龍云子只見赤斑蛇且不見黃龍僧云如何是黃龍龍云拖拖地僧云忽遇金翅鳥來時如何龍云性命難存僧云恁麼則遭他食噉去也龍云謝子供養此總是立孤危是則也是不免費力終不如趙州尋常用底所以雪竇道解云劈箭亦徒勞只如灌溪黃龍即且置趙州云渡驢渡馬又作麼生會試辨看

垂示云偏界不藏全機獨露觸途無滯著著有出身之機句下無私頭頭有殺人之意且道古人畢竟向什麼處休歇試舉看

舉馬大師與百丈行次見野鴨子飛過兩箇落草漢草裏輥驀頭作什麼大師云是什麼和尚合知這老漢鼻孔也不知丈云野鴨子鼻孔已在別人手裏只管供款第二杓惡水更潑大師云什麼處去也前箭猶輕後箭深第二回啗啄也合自知丈云飛過去也只管隨他後轉當面蹉過大師遂扭百丈鼻頭父母所生鼻孔却在別人手裏別轉鎗頭換轉鼻孔來也丈作忍痛聲只在這裏還喚作野鴨子得麼還識痛痒麼大師云何曾飛去莫瞞人好這老漢元來只在鬼窟裏作活計

正眼觀來却是百丈具正因馬大師無風起浪諸人要與佛祖爲師參取百丈要自救不

了參取馬祖大師看他古人二六時中未嘗不在箇裏百丈丱歲離塵三學該練屬大寂闡化南昌乃傾心依附二十年爲侍者及至再參於喝下方始大悟而今有者道本無悟處作箇悟門建立此事若恁麽見解如獅子身中蟲自食獅子肉不見古人道源不深者流不長智不大者見不遠若用作建立會佛法豈到如今看他馬大師與百丈行次見野鴨子飛過大師豈不知是野鴨子爲甚麽却恁麽問且道他意落在什麽處百丈只管隨他後走馬祖遂扭他鼻孔丈作忍痛聲馬祖云何曾飛去百丈便省而今有底錯會纔問著便作忍痛聲且喜跳不出宗師家爲人須爲敎徹見他不會不免傷鋒犯手只要敎他明此事所以道會則途中受用不會則世諦流布馬祖當時若不扭住只成世諦流布也須是逢境遇緣宛轉敎歸自已十二時中無空缺處謂之性地明白若只依草附木認箇驢前馬後有何用處看他馬祖百丈恁麽用雖似昭昭靈靈却不住在昭昭靈靈處百丈作忍痛聲若恁麽見去徧界不藏頭頭成現所以道一處透千處萬處一時透馬祖次日陞堂衆纔集百丈出卷却拜蓆馬祖便下座歸方丈次問百丈我適來上堂未曾說法你爲什麽便卷却蓆丈云昨日被和尚扭得鼻孔痛祖云你昨日向甚處留心丈云今日鼻頭又不痛也祖云你深知今日事丈乃作禮却歸侍者寮哭同事侍者問云你哭作什麽丈云你去問取和尚侍者遂去問馬祖祖云你去問取他看侍者却歸寮問百丈丈却呵呵大笑侍者云你適來哭而今爲什麽却笑丈云我適來哭如今却笑看他悟後阿轆轆地羅籠不住自然玲瓏雪竇頌云

野鴨子（成群作隊又有一隻）知何許（用作什麽如麻似粟）馬祖見來相共語（打葛藤有什麽了期說箇什麽獨有馬祖識箇佼低）話盡山雲海月情（東家杓柄長西家杓柄短知他打葛藤多少）依前不會還飛去（因莫道他不會言飛過什麽處去）欲飛去（鼻孔在別人手裏已是與他下注脚了也）却把住（老婆心切更道什麽）道道（什麽道不可也敎山僧道不可作野鴨子叫蒼天蒼天脚跟下好與三十棒不知向什麽處去）

雪竇劈頭便頌道野鴨子知何許且道有多少馬祖見來相共語此頌馬祖問百丈云是什麽丈云野鴨子話盡山雲海月情頌再問百丈什麽處去馬大師爲他意旨自然脫體百丈依前不會却道飛過去也兩重蹉過欲飛去却把住雪竇據款結案又云道道此是雪竇轉身處且道作麽生道若作忍痛聲則錯若不作忍痛聲又作麽生會雪竇雖然頌得甚妙爭奈也跳不出

垂示云透出生死撥轉機關等閑截鐵斬釘隨處蓋天蓋地且道是什麽人行履處試舉看

舉雲門問僧近離甚處（不可也道西禪探竿影草不可道東西南北）僧云西禪（果然可煞實頭當時好與本分草料）門云西禪近日有何言句（欲樂恐驚和尚深辨來風也似和尚謝似寐語）僧展兩手（敗闕了也勿賊破家不妨令人疑著）門打一掌（據令而行好打快便難逢）僧云某甲話在（你待要翻款那却似有搴旗奪鼓底手脚）門却展兩手（惡罵與青龍不解騎）僧無語（可惜）門便打（不可放過此棒合是雲門喫何故當斷不斷反招其亂闍黎合喫多少放過一著若不放過合作麽生）

雲門問這僧近離甚處僧云西禪這箇是當面話如閃電相似門云近日有何言句也只是平常說話這僧也不妨是箇作家却到去驗雲門便展兩手若是尋常人遭此一驗便見手忙脚亂他雲門有石火電光之機便打一掌僧云打即故是爭奈某甲話在這僧有轉身處所以雲門放開却展兩手其僧無語門便打看他雲門自是作家行一步知一步落處會瞻前亦解顧後不失蹤由這僧只解瞻前不能顧後頌云

虎頭虎尾一時收(殺人刀活人劍須是這僧始得千兵易得一將難求)

凛凛威風四百州(坐斷天下人舌頭益天益地)却問不知何大嶮(不可盲枷瞎棒雪竇元來未知在闍黎相次著也)師云放過一著(若不放過又作麼生盡天下人一時落節擊禪床一下)

雪竇頌得此語極易會大意只頌雲門機鋒所以道虎頭虎尾一時收古人云據虎頭收虎尾第一句下明宗旨雪竇只據欵結案雲門會據虎頭又能收虎尾僧展兩手門便打是據虎頭雲門展兩手僧無語門又打是收虎尾頭尾齊收眼似流星自然如擊石火似閃電光直得凛凛威風四百州直得盡大地世界風颯颯地却問不知何太嶮不妨有嶮處雪竇云放過一著且道如今不放過時又作麼生盡大地人總須喫棒如今禪和子總道等他展手時也還他本分草料似則也似是則未是雲門不可只恁麼教你休也須別有事在

垂示云穩密全真當頭取證涉流轉物直下承當向擊石火閃電光中坐斷誵訛於據虎頭收虎尾壁立千仞則且置放一線道還有為人處也無試舉看

舉道吾與漸源至一家弔慰源拍棺云生邪死邪(道什麼好不惺惺這漢猶在兩頭)吾云生也不道死也不道(龍吟霧起虎嘯風生買帽相頭老婆心切)源云為什麼不道(蹉過了也果然錯會)吾云不道不道(惡水驀頭澆前箭猶輕後箭深)回至中路(太惺惺)源云和尚快與某甲道若不道打和尚去也(却較些子罕逢穿耳客多遇刻舟人似這般不喞嚠漢入地獄如箭)吾云打即任打道即不道(再三須重事就身打劫這老漢滿身泥水初心不改)源便打(好打且道打他作什麼屈棒元來有人喫在)後道吾遷化源至石霜舉似前話(知而故犯不知是不是是則也大奇)霜云生也不道死也不道(可煞新鮮這般茶飯却元來有人喫)源云為什麼不道(語雖一般意無兩種且道與前來問是同是別)霜云不道不道(天上天下曹溪波浪如相似無限平人被陸沉)源於言下有省(瞎漢且莫瞞山僧好)源一日將鍬子於法堂上從東過西從西過東(也是死中得活好與先師出氣莫問他且看這漢一場懡㦬)霜云作什麼(隨後婁藪也)源云覓先師靈骨(喪車背後拋藥袋悔不慎當初你道什麼)霜云洪波浩渺白浪滔天覓什麼先師靈骨(也須還他作家始得成羣作隊作什麼)雪竇著語云蒼天蒼天(太遲生賊過後張弓好與一坑埋却)源云正好著力(且道落在什麼處先師曾向你道什麼這漢從頭到尾直至如今出身不得)太原孚云先師靈骨猶在(大衆見麼閃電相似是什麼破草鞋猶較些子)

道吾與漸源至一家弔慰源拍棺木云生邪死邪若向句下便入得言下便知歸只這便是透脫生死底關鍵其或未然往往當頭蹉過看他古人行住坐卧不妨以此事為念纔至人家弔慰漸源便拍棺問道吾云生邪死邪道吾不移易一絲毫對他道生也不道死也不道漸源當面蹉過逐他語句走更云為

什麽不道吾云不道不道吾可謂赤心片片將錯就錯源猶自不惺惺回至中路又云和尚快與某甲道若不道打和尚去也這漢識什麽好惡所謂好心不得好報道吾依舊老婆心切更向他道打卽任打道卽不道源便打雖然如是却是他嬴得一籌道吾恁麽血滴滴地爲他漸源得恁麽不瞥地道吾旣被他打遂向漸源云汝且去恐院中知事探得與你作禍密遣漸源出去道吾忒煞傷慈源後來至一小院聞行者誦觀音經云應以比丘身得度者卽現比丘身而爲說法忽然大悟云我當時錯怪先師爭知此事不在言句上古人道没量大人被語脉裏轉却有底情解道道吾云不道不道便是道了也喚作打背翻筋斗教人摸索不著若恁麽會作麽生得平穩去若脚踏實地不隔一絲毫不見七賢女遊屍陀林遂指屍問云屍在這裏人在什麽處大姊云作麽作麽一衆齊證無生法忍且道有幾箇千箇萬箇只是一箇漸源後到石霜舉前話石霜依前云生也不道死也不道源云爲什麽不道霜云不道不道他便悟去一日將鍬子於法堂上從東過西從西過東意欲呈巳見解霜果問云作什麽源云覓先師靈骨霜便截斷他脚跟云我這裏洪波浩渺白浪滔天覓什麽先師靈骨他旣是覓先師靈骨石霜爲什麽却恁麽道到這裏若於生也不道死也不道處言下薦得方知自始至終全機受用你若作道理擬議尋思直是難見漸源云正好著力看他悟後道得自然奇特道吾一片頂骨如金色擊時作銅聲雪竇著語云蒼天蒼天其意落在兩邊太原孚云先師靈骨猶在自然道得穩當這一落索一時拈向一邊且道作麽生是省要處作麽生是著力處不見道一處透千處萬處一時透若向不道不道處透得去便乃坐斷天下人舌頭若透不得也須是自參自悟不可容易過日可惜許時光雪竇頌云

兎馬有角（斬可煞奇特可煞新鮮）牛羊無角（斬成什麽模樣瞞別人卽得）絶毫絶氂（天上天下惟我獨尊你向什麽處摸索）如山如嶽（在什麽處平地起波瀾塞著你鼻孔）黃金靈骨今猶在（截却舌頭塞却咽喉拈向一邊只恐無人識得伊）白浪滔天何處著（放過一著脚跟下蹉過眼裏耳裏著不得）無處著（果然却較些子果然沒溺深坑）隻履西歸曾失却（祖禰不了累及兒孫打云爲什麽却在這裏）

雪竇偏會下注脚他是雲門下兒孫凡一句中具三句底鉗鎚向難道處道破向撥不開處撥開去他緊要處頌出直道兎馬有角牛羊無角且道兎馬爲什麽有角牛羊爲什麽却無角若透得前話始知雪竇有爲人處有者錯會道不道便是道無句是有句兎馬無角却云有角牛羊有角却云無角且得没交涉殊不知古人千變萬化現如此神通只爲打破你這精靈鬼窟若透得去不消一箇了字兎馬有角牛羊無角絶毫絶氂如山如嶽這四句似摩尼寶珠一顆相似雪竇渾淪地吐在你面前了也末後皆是據欵結案黃金靈骨今猶在白浪滔天何處著此頌石霜與太原孚語爲什麽無處著隻履西歸曾失却靈龜曳尾此是雪竇轉身爲人處古人道他參活句不參死句旣是失却他一火爲什麽

却競頭爭

垂示云諸佛不曾出世亦無一法與人祖師不曾西來未嘗以心傳授自是時人不了向外馳求殊不知自己脚跟下一段大事因緣千聖亦摸索不著只如今見不見聞不聞說不說知不知從什麽處得來若未能洞達且向葛藤窟裏會取試舉看

舉良禪客問欽山一鏃破三關時如何嶮不妨奇特不妨是箇猛將山云放出關中主看勞而來也也要大家知主山高按山低良云恁麽則知過必改見機而作已落第二頭山云更待何時有擒有縱風行草偃良云好箭放不著所在便出果然擬待翻款那第二棒打人不痛山云且來闍黎呼則易遣則難得回頭堪作什麽良回首果然把不住中也山把住云一鏃破三關卽且止試與欽山發箭看虎口裏橫身逆水之波見義不爲無勇也良擬議果然摸索不著打云可惜許山打七棒云且聽這漢疑三十年令合恁麽有始有終頭正尾正這箇棒合是欽山喫良禪客也不妨是一員戰將向欽山手裏左盤右轉墜鞭閃鐙末後可惜許弓折箭盡雖然如是李將軍自有家聲在不得封侯也是閑這箇公案一出一入一擒一縱當機覷面提覷面當機疾都不落有無得失謂之玄機稍虧些子力量便有顛蹶這僧亦是箇英靈底衲子致箇問端不妨驚群欽山是作家宗師便知他問頭落處鏃者箭鏃也一箭射透三關時如何欽山意道你射透得則且置試放出關中主看良云恁麽則知過必改也不妨奇特欽山云更待何時看他恁麽祇對欽山所問更無些子空缺處後頭良禪客却道好箭放不著所在拂袖便出欽山纔見他恁麽道便喚云且來闍黎良禪客果然把不住便回首欽山擒住云一鏃破三關則且止試與欽山發箭看良擬議欽山便打七棒更隨後與他念一道咒云且聽這漢疑三十年如今禪和子盡道爲什麽不打八下又不打六下只打七下不然等他問道試與欽山發箭看便打似則也似是則未是在這箇公案須是胸襟裏不懷些子道理計較超出語言之外方能有一句下破三關及有放箭處若存是之與非卒摸索不著當時這僧若是箇漢欽山也大嶮他既不能行此令不免倒行且道關中主畢竟是什麽人看雪竇頌云

與君放出關中主中也當頭蹉過退後退後放箭之徒莫莽鹵一死不再活大箭說過了取箇眼兮耳必聾左眼半斤放過一著左邊不前右邊不後捨箇耳兮目雙瞽右眼八兩只得一路進前則墮坑落塹退後則猛虎銜脚可憐一鏃破三關全機恁麽來時如何道什麽破也墮也的的分明箭後路死漢咄打云還見麽君不見瀨見牽伴打驀鼻去也玄沙有言兮那箇不是玄沙大丈夫先天爲心祖一句截斷萬機寢削鼻孔在我手裏未有天地世界已前在什麽處安身立命

此頌數句取歸宗頌中語歸宗昔日因作此頌號曰歸宗宗門中謂之宗旨之說後來同安聞之云良公善能發箭要且不解中的有僧便問如何得中的安云關中主是什麽人後有僧舉似欽山山云良公若恁麽也未免得欽山口雖然如是同安不是好心雪竇道與君放出關中主開眼也著合眼也著有形無形盡斬爲三段放箭之徒莫莽鹵若善能放箭則不莽鹵若不善放則莽鹵可知取箇眼兮耳必聾捨箇耳兮目雙瞽且道取箇眼

為什麼卻耳聾捨箇耳為什麼卻雙聾此語無取捨方能透得若有取捨則難見可憐一鏃破三關的的分明箭後路良禪客問一鏃破三關時如何欽山云放出關中主看乃至末後同安公案盡是箭後路畢竟作麼生君不見玄沙有言兮大丈夫先天為心祖尋常以心為祖宗極則這裏為什麼卻於天地未生已前猶為此心之祖若識破這箇時節方識得關中主的的分明箭後路若要中的箭後分明有路且道作麼生是箭後路也須是自著精彩始得大丈夫先天為心祖玄沙常以此語示衆此乃是歸宗有此頌雪竇誤用為玄沙語如此參學者若以此心為祖宗參到彌勒佛下生也未會在若是大丈夫漢心猶是兒孫天地未分已是第二頭且道正當恁麼時作麼生是先天地

垂示云未透得已前一似銀山鐵壁及乎透得了自己元來是鐵壁銀山或有人問且作麼生但向他道若向箇裏露得一機看得一境坐斷要津不通凡聖未為分外苟或未然看取古人樣子

舉僧問趙州至道無難唯嫌揀擇如何是不揀擇（這鐵蒺藜多少人吞不得大有人疑著在滿口含霜）州云天上天下唯我獨尊（平地上起骨堆衲僧鼻孔一時穿卻金剛鑄鐵券）僧云此猶是揀擇（果然隨他轉了也拶著這老漢）州云田庫奴什麼處是揀擇（山高石裂）僧無語（放你三十棒直得目瞪口呿）

僧問趙州至道無難唯嫌揀擇三祖信心銘劈頭便道這兩句有多少人錯會何故至道本無難亦無不難只是唯嫌揀擇若恁麼會一萬年也未夢見在趙州常以此語問人這僧將此語倒去問他若向語上覓此僧卻驚天動地若不在語句上又且如何更參三十年這箇些子關棙子須是轉得始解捋虎鬚也須是本分手段始得這僧也不顧危亡敢捋虎鬚便道此猶是揀擇趙州劈口便塞道田庫奴什麼處是揀擇若問著別底便見腳忙手亂爭奈這老漢是作家向動不得處動向轉不得處轉你若透得一切惡毒言句乃至千差萬狀世間戲論皆是醍醐上味若到著實處方見趙州赤心片片田庫奴乃福唐人鄉語罵人似無意智相似這僧道此猶是揀擇趙州道田庫奴什麼處是揀擇宗師眼目須至恁麼如金翅鳥擘海直取龍吞雪竇頌云

似海之深（是什麼度量淵源難測也未得一半在）如山之固（什麼人撼得猶在半途）蚊蝱弄空裏猛風（也有恁麼底果然不料力可煞不自量）螻蟻撼於鐵柱（同坑無異土且得沒交涉闍黎與他同參）揀兮擇兮（擔水河頭賣道什麼趙州來也）當軒布鼓（已在言前一坑埋卻如麻似粟打云塞卻你咽喉）

雪竇注兩句云似海之深如山之固僧云此猶是揀擇雪竇道這僧一似蚊蝱弄空裏猛風螻蟻撼於鐵柱雪竇賞他膽大何故此是上頭人用底他敢恁麼道趙州亦不放他便云田庫奴什麼處是揀擇豈不是猛風鐵柱揀兮擇兮當軒布鼓雪竇末後提起教活若識得明白十分你自將來了也何故不見道欲得親切莫將問來問是故當軒布鼓

舉僧問趙州至道無難唯嫌揀擇是時人窠窟否（兩重公案也是疑人處踏著秤鎚硬似鐵猶有這箇在莫以己妨人）

州云曾有人問我直得五年分踈不下不如語直胡孫喫毛蟲蚊子咬鐵牛趙州平生不行棒喝用得過於棒喝這僧問得來也甚奇怪若不是趙州也難答伊蓋趙州是作家只向伊道曾有人問我直得五年分踈不下問處壁立千仞答處亦不輕他只恁麼會直是當頭若不會且莫作道理計較不見投子宗道者在雪竇會下作書記雪竇令參至道無難唯嫌揀擇於此有省一日雪竇問他至道無難唯嫌揀擇意作麼生宗云畜生畜生後隱居投子凡去住持將袈裟裹草鞋與經文僧問如何是道者家風宗云袈裟裹草鞋僧云未審意旨如何宗云赤脚下桐城所以道獻佛不在香多若透得脫去縱奪在我既是一問一答歷歷現成爲什麼趙州却道分踈不下且道是時人窠窟否趙州在窠窟裏答他在窠窟外答他須知此事不在言句上或有箇漢徹骨徹髓信得及去如龍得水似虎靠山頌云

象王嚬呻富貴中之富貴誰人不悚然好箇消息獅子哮吼作家中作家百獸腦裂好箇入路無味之談相罵饒你接觜供撥子相似有什麼咬嚼處分踈不下五年強一隻舟中截大唐渺渺兀然波浪起誰知別有好思量塞斷人口相唾饒你潑水喚闍黎道甚麼南北東西有麼有麼天上天下蒼天蒼天烏飛兔走自古自今一時活埋趙州道曾有人問我直得五年分踈不下似象王嚬呻獅子哮吼無味之談塞斷人口南北東西烏飛兔走雪竇若無末後句何處更有雪竇來既是烏飛兔走且道趙州雪竇山僧畢竟落在什麼處

垂示云該天括地越聖超凡百草頭上指出涅槃妙心干戈叢裏點定衲僧命脉且道承箇什麼人恩力便得恁麼試舉看

舉僧問趙州至道無難唯嫌揀擇再運前來道什麼二重公案纔有語言是揀擇滿口含霜和尚如何爲人拶著這老漢困州云何不引盡這語賊是小人智過君子白拈賊騎賊馬趕賊僧去某甲只念到這裏兩箇弄泥團漢逢著箇賊垜根難敵手州云只這至道無難唯嫌揀擇畢竟只這老漢被他換卻眼睛捉敗了也

趙州道只這至道無難唯嫌揀擇如擊石火似閃電光擒縱殺活得恁麼自在諸方皆謂趙州有逸群之辯趙州尋常示衆有此一篇云至道無難唯嫌揀擇纔有語言是揀擇是明白老僧不在明白裏是汝等還護惜也無時有僧問云既不在明白裏護惜箇什麼州云我亦不知僧云和尚既不知爲什麼道不在明白裏州云問事卽得禮拜了退後來這僧只拈他鬭鏬處去問他問得也不妨奇特爭奈只是心行若是別人奈何他不得爭奈趙州是作家便道何不引盡這語這僧也會轉身吐氣便道某甲只念到這裏一似安排相似趙州隨聲拈起便答不須計較古人謂之相續也大難他辨龍蛇別休咎還他本分作家趙州換却這僧眼睛不犯鋒鋩不消計較自然恰好你喚作有句也不得喚作無句也不得喚作不有不無句也不得離四句絕百非何故若論此事如擊石火似閃電光急著眼看方見若或擬議躊躇不免喪身失命

雪竇頌云

水灑不著說什麼太深遠生有什麼共語處風吹不入如虛空相似硬剝剝地望空啟告虎步龍行他家得自在不妨奇特鬼

號神泣（大衆掩耳草偃風行闍黎莫是與他同參）頭長三尺知是誰（怪底物何方聖者見麼見麼）相對無言獨足立（咄縮頭去放過一著山魈放過卽不可便打）

水灑不著風吹不入虎步龍行鬼號神泣無你啗啄處此四句頌趙州答話大似龍馳虎驟這僧只得一場懡㦬非但這僧直得鬼也號神也泣風行草偃相似末後兩句可謂一子親得頭長三尺知是誰相對無言獨足立不見僧問古德如何是佛古德云頭長三尺頭長二寸雪竇引用未審諸人還識麼山僧也不識雪竇一時脫體畫却趙州眞箇在裏了也諸人須子細著眼看

垂示云諸佛衆生本來無異山河自己寧有等差爲什麼却渾成兩邊去也若能撥轉話頭坐斷要津放過卽不可若不放過盡大地不消一捏且作麼生是撥轉話頭處試擧看

擧雲門以拄杖示衆云（點化在臨時殺人刀活人劍換却你眼睛了也）拄杖子化爲龍（何用周遮用化作什麼）吞却乾坤了也（天下衲僧性命不存還礙著咽喉麼闍黎向什麼處安身立命）山河大地甚處得來（十方無壁落四面亦無門東西南北四維上下爭奈這箇何）

只如雲門道拄杖子化爲龍吞却乾坤了也山河大地甚處得來若道有則瞎若道無則死還見雲門爲人處麼還我拄杖子來如今人不會他雲門獨露處却道卽色明心附物顯理且如釋迦老子四十九年說法不可不知此議論何故更用拈花迦葉微笑這老漢便搽胡道吾有正法眼藏涅槃妙心分付摩訶大迦葉更何必單傳心印諸人旣是祖師門下客還明得單傳底心麼胸中若有一物山河大地摐然現前胸中若無一物外則了無絲毫說什麼理與智冥境與神會何故一會一切會一明一切明長沙道學道之人不識眞只爲從前認識神無量劫來生死本癡人喚作本來人忽若打破陰界身心一如身外無餘猶未得一半在說什麼卽色明心附物顯理古人道一塵纔起大地全收且道是那箇一塵若識得這一塵便識得拄杖子纔拈起拄杖子便見縱橫妙用恁麼說話早是葛藤了也何況更化爲龍慶藏主云五千四十八卷還曾有恁麼說話麼雲門每向拄杖處拈掇全機大用活鱍鱍地爲人芭蕉示衆云衲僧巴鼻盡在拄杖頭上永嘉亦云不是標形虛事持如來寶杖親蹤跡如來昔於然燈佛時布髮掩泥以待彼佛然燈曰此處當建梵刹時有一天子遂標一莖草云建梵刹竟諸人且道這箇消息從那裏得來祖師道棒頭取證喝下承當且道承當箇什麼忽有人問如何是拄杖子莫是打筋斗麼莫是撫掌一下麼總是弄精魂且喜沒交涉雪竇頌云

拄杖子吞乾坤（道什麼只用打狗）徒說桃花浪奔（撥開向上一竅千聖齊立下風也不在拏雲攫霧處說得千偏萬偏不如手御羅龍一偏）燒尾者不在拏雲攫霧（左之右之老僧只管看也只是一箇乾柴片）曝腮者何必喪膽亡魂（人人氣宇如王自是你千里萬里爭奈悚然）拈了也（謝慈悲老婆心切）聞不聞（不免落草用聞作什麼）直須灑灑落落（喫莫餓飯乾坤大地甚處得來）休更紛紛紜紜（擧令者先把怕次到你頭上打云放過則不可）七十二棒且輕恕（山僧不曾行此令拄令而行賴値得山僧）一百五十難放君（正令當行豈可只恁麼了正純朝打三千暮打八百堪作）

（什麽）師驀拈拄杖下座大衆一時走散（雪竇龍頭蛇尾作什麽）雲門委曲爲人雪竇截徑爲人所以撥却化爲龍不消恁麽道只是拄杖子吞乾坤雪竇大意免人情解更道徒說桃花浪奔更不必化爲龍也蓋禹門有三級浪每至三月桃花浪漲魚能逆水而躍過浪者卽化爲龍雪竇道縱化爲龍亦是徒說燒尾者不在拏雲攫霧魚過禹門自有天火燒其尾拏雲攫霧而去雪竇意道縱化爲龍亦不在拏雲攫霧也曝腮者何必喪膽亡魂清凉疏序云積行菩薩尚乃曝腮於龍門大意明華嚴境界非小德小智之所造詣猶如魚過龍門透不過者點額而回困於死水沙磧中曝其腮也雪竇意道既點額而回必喪膽亡魂拈了也聞不聞重下注脚一時與你掃蕩了也諸人直須灑灑落落去休更紛紛紜紜你若更紛紛紜紜失却拄杖子了也七十二棒且輕恕雪竇爲你捨重從輕古人道七十二棒翻成一百五十如今人錯會却只算數目合是七十五棒爲什麽却只七十二棒殊不知古人意在言外所以道此事不在言句中免後人去穿鑿雪竇所以引用直饒眞箇灑灑落落正好與你七十二棒猶是輕恕直饒總不如此一百五十難放君一時須了也却更拈拄杖重重相爲雖然恁麽也無一箇皮下有血

佛果圜悟禪師碧巖集卷第六

佛果圜悟禪師碧巖集卷第七　鴈七

秣陵遠庵吳自弘校

天界比丘性湛閱

垂示云建法幢立宗旨還他本分宗師定龍蛇別緇素須是作家知識劒刃上論殺活棒頭上別機宜則且置且道獨據寰中事一句作麼生商量試舉看

舉風穴垂語云興雲致雨也要爲主爲賓若立一塵我爲法王於法自在花簇簇錦簇簇家國興盛不是他屋裏事不立一塵掃蹤滅跡失却眼睛和鼻孔失也家國喪亡一切處光明用家國作什麼全是他家屋裏事雪竇拈拄杖云須是壁立千仞始得達磨來也還有同生同死底衲僧麼還我話頭來雖然如是要平不平之事須於雪竇商量始得還知麼若知許你自由自在若不知朝打三千暮打八百

只如風穴示衆云若立一塵家國興盛不立一塵家國喪亡且道立一塵卽是不立一塵卽是到這裏須是大用現前始得所以道設使言前薦得猶是滯殼迷封直饒句下精通未免觸途狂見他是臨濟下尊宿直下用本分草料若立一塵家國興盛野老顰蹙意在立國安邦須藉謀臣猛將然後麒麟出鳳凰翔乃太平之祥瑞也他三家村裏人爭知有恁麼事不立一塵家國喪亡風颯颯地野老爲什麼出來謳歌只爲家國喪亡洞下謂之轉變處更無佛無衆生無是無非無好無惡絕音響蹤跡所以道金屑雖貴落眼成翳又云金屑眼中翳衣珠法上塵己靈猶不重佛祖是何人七穿八穴神通妙用不爲奇特到箇裏衲被蒙頭萬事休此時山僧都不會若更說心說性說玄說妙都用不着何故他家自有神仙境南泉示衆云黃梅七百高僧盡是會佛法底人不得他衣鉢唯有盧行者不會佛法所以得他衣鉢又云三世諸佛不知有貍奴白牯却知有野老或顰蹙或謳歌且道作麼生會且道他具什麼眼却恁麼須知野老門前別有條章雪竇雙拈了却拈拄杖云還有同生同死底衲僧麼當時若有箇漢出來道得一句互爲賓主免得雪竇這老漢後面自點胸

野老從教不展眉三千里外有箇人美食不中飽人喫且圖家國立雄基太平一曲大家知要行卽行要住卽住盡乾坤大地是箇解脫門你作麼生立謀臣猛將今何在有麼有麼土曠人稀相逢者少且莫點胸萬里清風只自知旁若無人教誰掃地也是雲居羅漢

適來雙提了也這裏却只拈一邊放一邊裁長補短捨重從輕所以道野老從教不展眉我且圖家國立雄基謀臣猛將今何在雪竇拈拄杖云還有同生同死底衲僧麼一似道還有謀臣猛將麼一口吞却一切人了也所以道土曠人稀相逢者少還有相知者麼出來一坑埋却萬里清風只自知便是雪竇點胸處也

垂示云以無師智發無作妙用以無緣慈作不請勝友向一句下有殺有活於一機中有縱有擒且道什麼人曾恁麼來試舉看

舉雲門示衆云乾坤之內土曠人稀六合收不得宇宙之間休向鬼窟裏作活計錯過了也中有一寶在什麼處光生也切忌向鬼窟裏覓祕在形山拶點拈燈籠向佛殿裏猶可商量將三門來燈籠上雲門大師是卽是不妨誵訛猶較些子若子細檢點將來未免屎臭氣

雲門道乾坤之内宇宙之間中有一寶祕在形山且道雲門意在鈞竿頭意在燈籠上此乃肇法師寶藏論數句雲門拈來示衆肇公時於後秦逍遥園造論寫維摩經方知莊老未盡其妙肇乃禮羅什爲師又叅瓦棺寺跋陀婆羅菩薩從西天二十七祖處傳心印來肇深造其堂奧肇一日遭難臨刑之時乞七日假造寶藏論雲門便拈論中四句示衆大意云如何以無價之寶隱在陰界之中論中語言皆與宗門說話相符合不見鏡清問曹山清虚之理畢竟無身時如何山云理卽如是事作麼生清云如理如事山云瞞曹山一人卽得爭奈諸聖眼何清云若無諸聖眼爭知不恁麼山云官不容針私通車馬所以道乾坤之内宇宙之間中有一寶祕在形山大意明人人具足箇箇圓成雲門便拈來示衆已是十分現成不可更似座主相似與你注解去他慈悲更與你下注脚道拈燈籠向佛殿裏將三門來燈籠上且道雲門恁麼道意作麼生不見古人云無明實性卽佛性幻化空身卽法身又云卽凡心而見佛心形山卽是四大五蘊也中有一寶祕在形山所以道諸佛在心頭迷人向外求内懷無價寶不識一生休又道佛性堂堂顯現住相有情難見若悟衆生無我我面何殊佛面心是本來心面是娘生面刼石可移動箇中無改變有者只認箇昭昭靈靈爲寶只是不得其用亦不得其妙所以動轉不得開撥不行古人道窮則變變則通拈燈籠向佛殿裏若是常情可測度得將三門來燈籠上還測度得麼雲門與你一時打破情識意想得失是非了也雪竇道我愛韶陽新定機一生與人抽釘拔楔又云曲木據位知幾何利刃剪却令人愛他道拈燈籠向佛殿裏這一句已截斷了也又將三門來燈籠上若論此事如擊石火似閃電光雲門道汝若相當去且覓箇入路微塵諸佛在你脚跟下三藏聖教在你舌頭上不如悟去好和尚子莫妄想天是天地是地山是山水是水僧是僧俗是俗良久云與我拈面前按山來看便有僧出問云學人見山是山水是水時如何門云三門爲什麼從這裏過恐你死却遂以手劃一劃云識得時是醍醐上味若識不得反爲毒藥也所以道了了了時無可了玄玄玄處直須呵雪竇又拈云乾坤之内宇宙之間中有一寶祕在形山掛在壁上達磨九年不敢正眼覷着而今衲僧要見劈脊便棒看伦本分宗師終不將實法繫綴人玄沙云羅籠不肯住呼喚不回頭雖然恁麼也是靈龜曳尾雪竇頌云

看看（高着眼用看作什麼驪龍玩珠）古岸何人把釣竿（孤危甚孤危壁立甚壁立賊過後張弓腦後見腮莫與徃來）雲冉冉（打斷始得百匝千重炙脂帽子鶻臭布衫）水漫漫（左之右之前遮後擁）明月蘆花君自看（看着則瞎若識得雲門語便見雪竇末後句）

若識得雲門語便見雪竇爲人處他向雲門示衆後面兩句便與你下箇注脚云看看你便作瞠眉瞠眼會且得沒交涉古人道靈光獨耀迥脫根塵體露真常不拘文字心性無染本自圓成但離妄緣卽如如佛若只向瞠眉努眼處坐殺豈能脫得根塵雪竇道看看雲門如在古岸把釣竿相似雲又冉冉水又

漫漫明月映蘆花蘆花映明月正當恁麼時且道是何境界若便直下見得前後只是一句相似

垂示云意路不到正好提撕言詮不及宜急着眼若也電轉星飛便可傾湫倒嶽衆中莫有辨得底麼試舉看

舉南泉一日東西兩堂爭猫兒（不是今日合鬧也一場漏逗）南泉見遂提起云道得即不斬（正令當行十方坐斷這老漢有定龍蛇手脚）衆無對（可惜放過一隊漆桶堪作什麼杜撰禪和如麻似粟）泉斬猫兒爲兩段（快哉快哉若不如此盡是弄泥團漢賊過後張弓已是第二頭未舉起時好打）

宗師家看他一動一靜一出一入且道意旨如何這斬猫兒話天下叢林商量浩浩地有者道提起處便是有底道在斬處且得都没交涉他若不提起時亦匝匝地作盡道理殊不知他古人有定乾坤底眼有定乾坤底劒你且道畢竟是誰斬猫兒只如南泉提起云道得即不斬當時忽有人道得且道南泉斬不斬所以道正令當行十方坐斷出頭天外看誰是箇中人其實當時元不斬此話亦不在斬與不斬處此事斬知如此分明不在情塵意見上討若向情塵意見上討則辜負南泉去但向當鋒劒刃上看是有也得無也得不有不無也得所以古人道窮則變變則通而今人不解變通只管向語句上走南泉恁麼提起不可教人合下得甚語只要教人自薦各各自用自知若不恁麼會卒摸索不着

雪竇當頭頌云

兩堂俱是杜禪和（親言出親口一句道斷據款結案）撥動煙塵不柰何（看你作什麼折合現成公案也有些子）賴得南泉能舉令（舉拂子云一似這箇王老師猶較些子好箇金剛王寶劒用切泥去也）一刀兩段任偏頗（百雜碎忽有人按住刀看他作什麼不可放過也便打）

兩堂俱是杜禪和雪竇不向句下死亦不認驢前馬後有撥轉處便道撥動煙塵不柰何雪竇與南泉把手共行一句說了也兩堂首座没歇頭處到處只管撥動煙塵柰何不得賴得南泉與他斷這公案收得淨盡地爭柰前不搆村後不迭店所以道賴得南泉能舉令一刀兩段任偏頗直下一刀兩段更不管有偏頗且道南泉據什麼令

舉南泉復舉前話問趙州（也須是同心同意始得同道者方知）州便脫草鞋於頭上戴出（不免拖泥帶水）南泉云子若在却救得猫兒（唱拍相隨知音者少將錯就錯）

趙州乃南泉的子道頭會尾舉着便知落處南泉晚間復舉前話問趙州州是老作家便脫草鞋於頭上戴出泉云子若在却救得猫兒且道真箇恁麼不恁麼南泉云道得即不斬如擊石火似閃電光趙州便脫草鞋於頭上戴出佗參活句不參死句日日新時時新千聖移易一絲毫不得須是運出自己家珍方見他全機大用他道我爲法王於法自在人多錯會道趙州權將草鞋作猫兒有者道待他云道得即不斬便戴草鞋出去自是你斬猫兒不干我事且得没交涉只是弄精魂殊不知古人意如天普蓋似地普擎他父子相投機鋒相合那箇舉頭他便會尾如今學者不識古人轉處空去意路上卜度若要見但去他南泉趙州轉處便見好頌云

公案圓來問趙州（言猶在耳不消更斬我单背後懸藥袋）長

安城裏任閑遊得恁麽快活得恁麽自在信手拈來草不可不教你恁麽去也草鞋頭戴無人會也有一箇半箇別是一家風明頭也合暗頭也合歸到家山卽便休腳跟下好與三十棒且道過在什麽處只爲你無風起浪彼此放下只恐不恁麽恁麽也大奇

公案圓來問趙州慶藏主道如人結案相似八棒是八棒十三是十三已斷了也却拈來問趙州州是他屋裏人會南泉意旨他是透徹底人桯著磕著便轉具本分作家眼腦纔聞舉着剔起便行雪竇道長安城裏任閑遊漏逗不少古人道長安雖樂不是久居又云長安甚閙我國晏然也須是識機宜別休咎始得草鞋頭戴無人會戴草鞋處這些子雖無許多事所以道唯我能知唯我能證方見得南泉趙州雪竇同得同用處且道而今作麽生會歸到家山卽便休什麽處是家山他若不會必不恁麽道他旣會且道家山在什麽處便打

垂示云無相而形充十虛而方廣無心而應徧刹海而不煩舉一明三目機銖兩直得棒如雨點喝似雷奔也未當得向上人行履在且道作麽生是向上人事試舉看

舉外道問佛不問有言不問無言雖然如是屋裏人也有些子香氣雙劍倚空飛賴是不問世尊良久莫謗世尊其聲如雷坐者立者皆動他不得外道讚歎云世尊大慈大悲開我迷雲令我得入伶俐漢一撥便轉盤裏明珠外道去後阿難問佛外道有何所證而言得入不妨令人疑著也要大家知鉚鐵著生鐵佛云如世良馬見鞭影而行且道喚什麽作鞭影打一拂子棒頭有眼明如日要識眞金火裏看拈得口喫飯

此事若在言句上三乘十二分教豈是無言句或道無言便是又何消祖師西來作什麽只如從上來許多公案畢竟如何見其下落這一則公案話會者不少有底喚作良久有底喚作據坐有底喚作默然不對且喜没交涉幾曾摸索得著來此事其實不在言句上亦不離言句中若稍有擬議則千里萬里去也看他外道省悟後方知亦不在此亦不在彼亦不在是亦不在不是且道是箇什麽天衣懷和尚頌云維摩不默不良久據坐商量成過咎吹毛匣裏冷光寒外道天魔皆拱手

百丈常和尚參法眼眼令看此話法眼一日問你看什麽因緣常云外道問佛話眼云你試舉看常擬開口眼云住住你擬向良久處會那常於言下忽然大悟後示衆云百丈有三訣喫茶珍重歇擬議更思量知君猶未徹翠巖眞點胸拈云六合九有青黃赤白一一交羅外道會四維陁典論自云我是一切智人在處索人論議他致問端要坐斷釋迦老子舌頭世尊不費纖毫氣力他便省去讚歎云世尊大慈大悲開我迷雲令我得入且道作麽生是大慈大悲處世尊隻眼通三世外道雙眸貫五天潙山眞如拈云外道懷藏至寶世尊親爲高提森羅顯現萬象歷然且畢竟外道悟箇什麽如趂狗逼墻至極則無路處他須回來便乃活鱍鱍地若計較是非一時放下情盡見除自然徹底分明外道去後阿難問佛云外道有何所證而言得入佛云如世良馬見鞭影而行後來諸方便道又被風吹別調中又云龍頭蛇尾什麽處是世尊鞭影什麽處是見鞭影處雪竇云邪正不分

過猶鞭影真如云阿難金鐘再擊四衆共聞雖然如是大似二龍爭珠長他智者威獰雪竇頌云

機輪曾未轉在這裏果然不動一絲毫轉必兩頭走不落有必落無不東則西左眼半斤右眼八兩明鏡忽臨臺還見釋迦老子麼一撥便轉破也破也敗也敗也當下分妍醜盡大地是箇解脫門好與三十棒還見釋迦老子麼妍醜分兮迷雲開放一線道許你有箇轉身處爭奈只是箇外道慈門何處生塵埃徧界不曾藏退後退後達磨來也因思良馬窺鞭影我有拄杖子不消你與我且道什麼處是鞭影處什麼處是良馬處千里追風喚得回騎佛殿出三門去也轉身即錯放過即不可便打喚得回鳴指三下前不搆村後不迭店拗折拄杖子向什麼處去雪竇雷聲甚大雨點全無

機輪曾未轉轉必兩頭走機乃千聖靈機輪是從本已來諸人命脉不見古人道千聖靈機不易親龍生龍子莫因循趙州奪得連城壁秦主相如總喪身外道却是把得住作得主未嘗動著何故他道不問有言不問無言豈不是全機處世尊會看風使帆應病與藥所以良久全機提起外道全體會去機輪便阿轆轆地轉亦不轉向有亦不轉向無不落得失不拘凡聖二邊一時坐斷世尊纔良久他便禮拜如今人多落在無不然落在有只管在有無處兩頭走雪竇道明鏡忽臨臺當下分妍醜這箇不曾動着只消箇良久如明鏡臨臺相似萬象不能逃其形質外道云世尊大慈大悲開我迷雲令我得入且道是什麼處是外道入處到這裏須是箇箇自參自究自悟自會始得便於一切處行住坐卧不問高低一時現成更不移易一絲毫纔作計較有一絲毫道理即礙塞殺人更無入作分也後面頌世尊大慈大悲開我迷雲令我得入當下忽然分妍醜妍醜分兮迷雲開慈雲何處生塵埃盡大地是世尊大慈大悲門戶你若透得不消一捏此亦是放開底門戶不見世尊於三七日中思惟如是事我寧不說法疾入於涅槃因思良馬窺鞭影千里追風喚得回追風之馬見鞭影而便過千里教回即回雪竇意賞他道若得俊流方可一撥便轉一喚便回若喚得回便鳴指三下且道是點破是撒沙

垂示云當機覿面提陷虎之機正按傍提布擒賊之略明合暗合雙放雙收解弄死蛇還佗作者

舉巖頭問僧什麼處來未開口時納敗缺了也穿過髑髏要知來處也不難僧云西京來果然一箇小賊頭云黃巢過後還收得劍麼平生不曾做草賊不慣頭落便恁麼問好大膽僧云收得敗也未識轉身處莽鹵漢如麻似粟巖頭引頸近前云囙也須識機宜始得陷虎之機是什麼心行僧云師頭落也只見錐頭利不見鑿頭方識甚好惡著也巖頭呵呵大笑盡天下衲僧不奈何撥殺天下人尋這老漢頭落處不得僧後到雪峰依前顢頇懵懂這僧往往十分納敗缺去峰問什麼處來不可不說來處也要勘過僧云巖頭來果然納敗缺峰云有何言句舉得不免喫棒僧舉前話便好趕出雪峰打三十棒趕出雖然斬釘截鐵因甚只打三十棒拄杖子也未到折在且未是本分何故朝打三千暮打八百若不是同參爭辨端的雖然如是且道雪峰巖頭落在什麼處

大凡挑囊負鉢撥草瞻風也須是具行脚眼始得這僧眼似流星也被巖頭勘破了一串穿却當時若是箇漢或殺或活舉着便用這僧逕郎當却道收得似恁麼行脚閻羅老子問你索飯錢在知他踏破多少草鞋直到雪

峰當時若有些子眼筋便解管地去豈不快哉這箇因緣有節角諸訛處此事雖然無得失得失甚大雖然無揀擇到這裏却要具眼揀擇看他龍牙行脚時致箇問端問德山學人仗鏌鎁劒擬取師頭時如何德山引頸近前云囫龍牙云師頭落也山便歸方丈牙後舉似洞山洞山云德山當時道什麽牙云他無語洞山云佗無語則且置借我德山落底頭來看牙於言下大悟遂焚香遙望德山禮拜懺悔有僧傳到德山處德山云洞山老漢不識好惡這漢死來多少時也救得有什麽用處這箇公案與龍牙底一般德山歸方丈則暗中最妙巖頭大笑他笑中有毒若有人辨得天下橫行這僧當時若辨得出千古之下免得檢責於巖頭門下巳是一場蹉過看他雪峰老人是同參便知落處也不與他說破只打三十棒趕出院可以光前絕後這箇是拈作家衲僧鼻孔爲人底手段更不與他如之若何教他自悟去本分宗師爲人有時籠罩不教伊出頭有時放令死郎當地却須有出身處大小大巖頭雪峰到被箇喫飯禪和尚勘破只如巖頭道黃巢過後還收得劒麽諸人且道這裏合下得什麽語免得他笑又免得雪峰行棒趕出這裏諸訛若不曾親證親悟縱使口頭快利至究竟透脫生死不得山僧尋常教人覷這機關轉處若擬議則遠之遠矣不見投子問鹽平僧云黃巢過後收得劒麽僧以手指地投子云三十年弄馬騎今日却被驢子撲看這僧也不妨是箇作家也不道收得也不道收不得與西京僧如隔海在真如拈云他古人一箇做頭一箇做尾定也雪竇頌云

黃巢過後曾收劒孟八郎漢有什麽用處只是鑞刀子一口大笑還應作者知一子親得能有幾箇不是渠儂爭得自由三十山藤且輕恕同條生同條死朝三千暮八百東家人死西家人助哀却與救得活得便宜是落便宜揆欵結案悔不慎當初也有些子

黃巢過後曾收劒大笑還應作者知雪竇便頌這僧與巖頭大笑處這箇些子天下人摸索不着且道他笑箇什麽須是作家方知這笑中有權有實有照有用有殺有活三十山藤且輕恕頌這僧後到雪峰面前這僧依舊莽鹵峰便據令而行打三十棒趕出且道爲什麽却如此你要盡情會這話麽得便宜是落便宜

舉梁武帝請傅大士講金剛經達磨兄弟來也魚行酒肆即不無衲僧門下即不可這老漢老老大大作這般去就大士便於座上揮案一下便下座直得火星迸散似則似是則未是不煩打葛藤武帝愕然兩回三度被人瞞也教他摸索不著誌公問陛下還會麽黨理不黨情肘臂不向外也好與三十棒帝云不會可惜許誌公云大士講經竟也須逐出國始得當時和誌公一時與趕出國始是作家兩箇漢同坑無異土

梁高祖武帝蕭氏諱衍字叔達立功業以至受齊禪即位後別註五經講議奉黃老甚篤而性至孝一日思得出世之法以報劬勞於是捨道事佛迺受菩薩戒於婁約法師處披佛袈裟自講放光般若經以報父母時誌公大士以顯異惑衆繫於獄中誌公乃分身遊化城邑帝一日知之感悟極推重之誌公數行遮護隱顯迫不可測時婺州有大士者居雲黃山手栽二樹謂之雙林自稱當來善慧

大士一日修書命弟子上表聞於帝時朝廷以其無君臣之禮不受傅大士將入金陵城中賣魚時武帝或請誌公講金剛經誌公曰貧道不能講市中有傅大士者能講此經帝下詔召之入禁中傅大士既至於講座上揮案一下便下座當時便與推轉免見一場狼籍却被誌公云陛下還會麼帝云不會誌公云大士講經竟也是一人作頭一人作尾誌公恁麼道還夢見傅大士麼一等是弄精魂這箇就中奇特雖是死蛇解弄也活既是講經爲甚却不大分爲二一如尋常座主道金剛之體堅固物物不能壞利用故能摧萬物如此講說方喚作講經雖然如是諸人殊不知傅大士只拈向上關棙子略露鋒鋩教人知落處直截與你壁立萬仞恰好被誌公不識好惡却云大士講經竟正是好心不得好報如美酒一盞却被誌公以水攙過如一釜羹被誌公將一顆鼠糞污了且道既不是講經畢竟喚作什麼頌云

不向雙林寄此身（只爲他把不住 囊裏豈可藏錐）却於梁土惹埃塵（若不入草爭見端的 不風流處也風流）當時不得誌公老（作賊不須本有 牽伴底癩兒）也是栖栖去國人（正好一狀 領過便打）

不向雙林寄此身却於梁土惹埃塵傅大士與沒板齒老漢一般相逢達磨初到金陵見武帝帝問如何是聖諦第一義磨云廓然無聖帝云對朕者誰磨云不識帝不契遂渡江至魏武帝舉問誌公公云陛下還識此人否帝云不識誌公云此是觀音大士傳佛心印帝悔遂遣使去取誌公云莫道陛下發使去取合國人去他亦不回所以雪竇道當時不得誌公老也是栖栖去國人當時若不是誌公爲傅大士出氣也須是趕出國去誌公既饒舌武帝却被他熱瞞一上雪竇大意道不須他來梁土講經揮案所以道何不向雙林寄此身喫粥喫飯隨分過時却來梁土恁麼指注揮案一下便下座便是他惹埃塵處既是要殊勝則目視雲霄上不見有佛下不見有衆生若論出世邊事不免灰頭土面將無作有將有作無將是作非將麁作細魚行酒肆橫拈倒用教一切人明此箇事若不恁麼放行直到彌勒下生也無一箇半箇傅大士既是拖泥帶水賴是有知音若不得誌公老幾乎趕出國了且道卽今在什麼處

垂示云掀天關翻地軸擒虎兕辨龍蛇須是箇活鱍鱍漢始得句句相投機機相應且從上來什麼人合恁麼請舉看

舉仰山問三聖汝名什麼（名實相奪 勾賊破家）聖云慧寂（坐斷舌頭 攙旗奪鼓）仰山云慧寂是我（各自守封疆）聖云我名慧然（鬧市裏奪去 彼此却守本分）仰山呵呵大笑（可謂是箇時節 錦上鋪花 天下人不知落處 何故 土曠人稀 相逢者少 一似巖頭笑 又非巖頭笑 一等是笑 爲什麼却作兩段 具眼者試定當看）

三聖是臨濟下尊宿少具出群作略有大機有大用在衆中昂昂藏藏名聞諸方後辭臨濟徧遊淮海到處叢林皆以高賓待之自向北至南方先造雪峰便問透網金鱗未審以何爲食峰云待汝出網來卽向汝道聖云一千五百人善知識話頭也不識峰云老僧住持事繁峰往寺莊路逢獼猴乃云這獼猴各各佩一面古鏡聖云歷劫無名何以彰爲古

鏡峰云瑕生也聖云一千五百人善知識話頭也不識峰云罪過老僧住持事繁後至仰山山極愛其俊利待之於明窻下一日有官人來參仰山山問官居何位云推官山竪起拂子云還推得這箇麼官人無語衆人下語俱不契仰山意時三聖病在延壽堂仰山令侍者持此語問之聖云和尚有事也再令侍者問未審有什麼事聖云再犯不容仰山深肯之百丈當時以禪板蒲團付黄蘗拄杖拂子付溈山溈山後付仰山仰山既大肯三聖聖一日辭去仰山以拄杖拂子付三聖聖云某甲已有師仰山詰其由乃臨濟的子也只如仰山問三聖汝名什麼佗不可不知其名何故更恁麼問所以作家要驗人得知子細只似等閑問云汝名什麼更道無計較何故三聖不云慧然却道慧寂看佗具眼漢自然不同三聖恁麼又不是頭一向攙旗奪鼓意在仰山語外此語不墮常情難爲摸索這般漢手段却活得人所以道佗參活句不參死句若順常情則歇人不得看佗古人念道如此用盡精神始能大悟既悟了用時還同未悟時人相似隨分一言半句不得落常情三聖知佗仰山落處便向佗道我名慧寂仰山要收三聖三聖倒收仰山仰山只得就身打劫道慧寂是我是放行處三聖云我名慧然亦是放行所以雪竇後面頌云雙收雙放若爲宗只一句内一時頌了仰山呵呵大笑也有權有實也有照有用爲佗八面玲瓏所以用處得大自在這箇笑與巖頭笑不同巖頭笑有毒藥這箇笑千古萬古清風凜凜地雪竇頌云

雙收雙放若爲宗（知他有幾人八面玲瓏將謂真箇有恁麼事）

騎虎由來要絕功（若不是頂門上有眼肘臂下有符爭得到這裏騎則不妨只恐你下不得不是恁麼人爭明恁麼事）

笑罷不知何處去（盡四百軍州覓恁麼人也難得言猶在耳千古萬古有清風）

只應千古動悲風（如今在什麼處咄既是大笑爲什麼却動悲風大地黑漫漫）

雙收雙放若爲宗放行互爲賓主仰山云汝名什麼聖云我名慧寂是雙放仰山云慧寂是我聖云我名慧然是雙收其實是互換之機收則大家收放則大家放雪竇一時頌盡了也佗意道若不放收若不互換你是你我是我都來只四箇字因甚却於裏頭出沒卷舒古人道你若立我便坐你若坐我便立若也同坐同立二俱瞎漢此是雙收雙放可以爲宗要騎虎由來要絕功有如此之高風最上之機要要騎便騎要下便下據虎頭亦得收虎尾亦得三聖仰山二俱有此之風笑罷不知何處去且道佗笑箇什麼直得清風凜凜爲什麼末後却道只應千古動悲風也是死而不弔一時與你注解了也爭奈天下人啗啄不入不知落處縱是山僧也不知落處諸人還知麼

垂示云無啗啄處祖師心印狀似鐵牛之機透荊棘林衲僧家如紅爐上一點雪平地上七穿八穴則且止不落寅緣又作麼生試舉看

舉南泉歸宗麻谷同去禮拜忠國師至中路（三人同行必有我師有什麼奇特也要辨端的）南泉於地上畫一圓相云道得即去（無風起浪也要人知擲却陸沉船若不驗過爭辨端的）歸宗於圓相中坐（一人打鼓同道方知）麻谷

便作女人拜(一人打鼓三箇也得)泉云恁麼則不去也(半路抽身是好人好一場曲調作家作家)歸宗云是什麼心行(賴得識破當時好與一掌玉八郎漢)

當時馬祖盛化於江西石頭道行於湖湘忠國師道化於長安他親見六祖來是時南方擎頭帶角者無有不欲升其堂入其室若不爾爲人所耻這老漢三箇欲去禮拜忠國師至中路做這一場敗鈌南泉云恁麼則不去也既是一一道得爲什麼却道不去且道古人意作麼生當時待他道恁麼則不去也劈耳便掌看他作什麼伎倆萬古振綱宗只是這些子機要所以慈明道要牽只在索頭邊撥著點著便轉如水上捺葫蘆子相似人多喚作不相肯語殊不知此事到極則處須離泥離水拔楔抽釘你若作心行會則没交涉古人轉變得好到這裏不得不恁麼須是有殺有活看他一人去圓相中坐一人作女人拜也甚好南泉云恁麼則不去也歸宗云是什麼心行孟八郎漢又恁麼去也他恁麼道大意要驗南泉南泉尋常道喚作如如早是變了也南泉歸宗麻谷却是一家裏人一擒一縱一殺一活不妨奇特雪竇頌云

由基箭射猿(當頭一路誰敢向前觸處得妙未發先中)遶樹何太直(若不承當爭敢恁麼東西南北一家風已周遮多特也)千箇與萬箇(如麻似粟野狐精一隊爭奈得南泉何)是誰曾中的(一箇半箇更沒一箇一箇也用不得)相呼相喚歸去來(一隊弄泥團漢不如歸去好却較些子)曹溪路上休登陟(太勞生想料不是曹溪門下客低低處平之有餘高高處觀之不足)復云曹溪路坦平爲什麼休登陟(不唯南泉半路抽身雪竇亦乃半路抽身有事不如無雪竇也患這般病痛)

由基箭射猿遶樹何太直由基乃是楚時人姓養名叔字由基時楚莊王出獵見一白猿使人射之其猿捉箭而戲勑群臣射之莫有中者王遂問群臣群臣奏曰由基者善射遂令射之由基方彎弓猿乃抱樹悲號至箭發時猿遶樹避之其箭亦遶樹中殺此乃神箭也雪竇何故却言太直若是太直則不中既是遶樹何故却云太直雪竇借其意不妨用得好此事出春秋有者道遶樹是圓相若真箇如此益不識語之宗旨不知太直處三箇老漢殊途而同歸一撥一齊太直若是識得他去處七縱八橫不離方寸百川異流同歸大海所以南泉道恁麼則不去也若是衲僧正眼覷著只是弄精魂若喚作弄精魂却不是弄精魂五祖先師道他三人是慧炬三昧莊嚴王三昧雖然如此作女人拜他終不作女人拜會雖畫圓相他終不作圓相會既不恁麼會又作麼生會雪竇道千箇與萬箇是誰曾中的能有幾箇百發百中相呼相喚歸去來頌南泉道恁麼則不去也南泉從此不去故云曹溪路上休登陟滅却荊棘林雪竇把不定復云曹溪路坦平爲什麼休登陟曹溪路絕塵絕迹露躶躶赤洒洒平坦坦翛然地爲什麼却休登陟各自看脚下

垂示云快人一言快馬一鞭萬年一念一念萬年要知直截未舉已前且道未舉已前作麼生摸索請舉看

舉溈山五峰雲巖同侍立百丈(阿呵呵終始誵訛君向瀟湘我之東魯)百丈問溈山併却咽喉唇吻作麼生道(一將難求)溈山云却請和尚道(借路經過)丈

云我不辭向汝道恐已後喪我兒孫（不免老婆心切面皮厚三寸和泥和水就身打劫）溈山五峰雲巖同侍立百丈百丈問溈山併却咽喉脣吻作麼生道山云却請和尚道丈云我不辭向汝道恐已後喪我兒孫百丈雖然如此鍋子已被別人奪去了也丈復問五峰峰云和尚也須併却丈云無人處斫額望汝又問雲巖巖云和尚有也未丈云喪我兒孫三人各是一家古人道平地上死人無數過得荊棘林者是好手所以宗師家以荊棘林驗人何故若於常情句下驗人不得衲僧家須是句裏呈機言中辨的若是擔板漢多向句中死却便道併却咽喉脣吻更無下口處若是變通底人有逆水之波只向問頭上有一條路不傷鋒犯手溈山云却請和尚道且道他意作麼生向箇裏如擊石火似閃電光相似撥他問處便答自有出身之路不費纖毫氣力所以道他參活句不參死句百丈却不采他只云不辭向汝道恐已後喪我兒孫大凡宗師爲人抽釘拔楔若是如今人便道此答不肯他不領話殊不知箇裏一路生機處壁立千仞賓主互換活鱍鱍地雪竇愛他此語風措宛轉自在又能把定封疆所以頌云

却請和尚道（函蓋乾坤已是傷鋒犯手）虎頭生角出荒草（可煞驚羣不妨奇特）十洲春盡花凋殘（觸處清涼讚歎也不及）珊瑚樹林日杲杲（千重百匝爭奈百草頭上尋他不得答處）（蓋天蓋地）

此三人答處各各不同也有壁立千仞也有照用同時也有自救不了却請和尚道雪竇便向此一句中呈機了也更就中輕輕撥令人易見云虎頭生角出荒草溈山答處一似猛虎頭上安角有什麼近傍處不見僧問羅山同生不同死時如何山云如牛無角僧云同生亦同死時如何山云如虎戴角雪竇只一句頌了也他有轉變餘才更云十洲春盡花凋殘海上有三山十洲以百年爲一春雪竇語帶風措宛轉盤礡春盡之際百千萬株花一時凋殘獨有珊瑚樹林不解凋落與太陽相奪其光交映正當恁麼時不妨奇特雪竇用此明他却請和尚道十洲皆海外諸國之所附一祖洲出反魂香二瀛洲生芝草玉石泉如酒味三玄洲出僊藥服之長生四長洲出木瓜玉英五炎洲出火浣布六元洲出靈泉如蜜七生洲有山川無寒暑八鳳麟洲人取鳳喙麟角煎續弦膠九聚窟洲出獅子銅頭鐵額之獸十檀洲（一作流洲）出琨吾石作劒切玉如泥珊瑚外國雜傳云大秦西南漲海中可七八百里到珊瑚洲洲底盤石珊瑚生其石上人以鐵網取之又十洲記云珊瑚生南海底如樹高三二尺有枝無皮似玉而紅潤感月而生凡枝頭皆有月暈　此一則與八卷首公案同看

佛果圜悟禪師碧巖集卷第七

佛果圜悟禪師碧巖集卷第八　　鴈八

秣陵遠庵吳自弘校

天界比丘性湛　閱

舉百丈復問五峰併却咽喉唇吻作麼生
道（阿呵呵箭過新羅國）峰云和尚也須併却（提旗奪鼓一句）

（截流萬機寢削）丈云無人處斫額望汝（土曠人稀相逢者少）

此一則與七卷末公案同看

潙山把定封疆五峰截斷衆流這些子要是
箇漢當面提掇如馬前相撲不容擬議直下
便用緊迅危峭不似潙山盤礴滔滔地如今
禪和子只向架下行不能出他一頭地所以
道欲得親切莫將問來問五峰答處當頭坐
斷不妨快俊百丈云無人處斫額望汝且道
是肯他是不肯他是殺是活見他阿轆轆地
只與他一點雪竇頌云

和尚也併却（已在言前了截斷衆流）龍蛇陣上看謀
略（須是全牙始解七事隨身慣戰作家）令人長憶李將軍（妙手無多子疋馬單鎗千里萬里千人萬人）萬里天邊飛一鶚（大衆見麼且道落在什麼處中也打云飛過去也）

和尚也併却雪竇於一句中拶一拶云龍蛇
陣上看謀略如排兩陣突出突入七縱八橫
有闘將底手脚有大謀略底人疋馬單鎗向
龍蛇陣上出沒自在你作麼生圍繞得他若
不是這箇人爭知有如此謀略雪竇此三頌
皆就裏頭狀出底語如此大似李廣神箭萬
里天邊飛一鶚一箭落一鶚定也更不放過
雪竇頌百丈問處如一鶚五峰答處如一箭
相似山僧只管讚歎五峰不覺渾身泥水了
也

舉百丈又問雲巖併却咽喉唇吻作麼生
道（蝦蟆窟裏出來道什麼）巖云和尚有也未（粘皮著骨拖泥帶水前不搆村後不迭店）丈云喪我兒孫（灼然有此答得半前落後）

雲巖在百丈二十年作侍者後同道吾至藥
山山問云子在百丈會下為箇什麼事巖云
透脫生死山云還透脫也未巖云渠無生死
山云二十年在百丈習氣也未除巖辭去見
南泉後復歸藥山方契悟看他古人二十年
參究猶自半青半黃粘皮著骨不能穎脫是
則也是只是前不搆村後不迭店不見道語
不離窠臼焉能出蓋纏白雲橫谷口迷却幾
人源洞下謂之觸破故云躍開仙仗鳳凰樓
時人嫌觸當今號所以道荊棘林須是透過
始得若不透過終始涉廉纖斬不斷適來道
前不搆村後不迭店雲巖只管去點檢他人
底百丈見他如此一時把來打殺了也雪竇
頌云

和尚有也未（公案現成隨波逐浪和泥合水）金毛獅子不
踞地（灼然有什麼用處可惜許）兩兩三三舊路行（併却咽喉唇吻作麼生道轉身吐氣脚跟下蹉過了也一死更無再活可悲可痛蒼天中更添怨苦）大雄山下空彈指

和尚有也未雪竇據款結案是則是只是金
毛獅子爭奈不踞地獅子捉物藏牙伏爪踞
地返擲物無大小皆以全威要全其功雲巖
云和尚有也未只是向舊路上行所以雪竇
云百丈向大雄山下空彈指

垂示云夫說法者無說無示其聽法者無聞
無得說既無說無示爭如不說聽既無聞無
得爭如不聽而無說又無聽却較些子只如
今諸人聽山僧在這裏說作麼生免得此過
具透關眼者試舉看

舉僧問馬大師離四句絕百非請師直指某甲西來意（什麼處得這話頭來那裏得這消息）馬師云我今日勞倦不能為汝說問取智藏去（退身三步蹉過也不知藏身露影不妨見這老漢推過與別人）僧問智藏（也須與他一摑蹉過也不知）藏云何不問和尚（草裏焦尾大蟲出來也道什麼直得草繩自縛去死十分）僧云和尚教來問（受人處分前箭猶輕後箭深）藏云我今日頭痛不能為汝說問取海兄去（不妨是八十四員善知識一樣患這般病痛）僧問海兄（轉與別人抱贓叫屈）海云我到這裏卻不會（不用忉忉從教千古萬古黑漫漫）僧舉似馬大師（這僧知有些子眼睛）馬師云藏頭白海頭黑（寰中天子勅塞外將軍令）

這箇公案山僧舊日在成都參真覺覺云只消看馬祖第一句自然一時理會得且道這僧是會來問不會來問此問不妨深遠離四句者有無非有非無非非有非非無離此四句絕其百非只管作道理不識話頭討頭腦不見若是山僧待馬祖道了也便與展坐具禮三拜看他作麼生道當時馬祖若見這僧來問離四句絕百非請師直指某甲西來意以拄杖劈脊便棒趕出看他省不省馬大師只管與他打葛藤以致這漢當面蹉過更令去問智藏殊不知馬大師來風深辨這僧懞懂走去問智藏藏云何不問和尚僧云和尚教來問看他這些子撥著便轉更無閑暇處智藏云我今日頭痛不能為汝說得問取海兄去這僧又去問海兄海兄云我到這裏卻不會且道為什麼一人道頭痛一人云不會畢竟作麼生這僧卻回來舉似馬大師師云藏頭白海頭黑若以解路卜度卻謂之相瞞有者道只是相推過有者道三箇總識他問頭所以不答總是拍盲地一時將古人醍醐上味著毒藥在裏許所以馬祖道待汝一口吸盡西江水卽向汝道與此公案一般若會得藏頭白海頭黑便會西江水話這僧將一檐懞懂換得箇不安樂更勞他三人尊宿入泥入水畢竟這僧不瞥地雖然一恁麼這三箇宗師卻被箇擔板漢勘破如今人只管去語言上作活計云白是明頭合黑是暗頭合只管鑽研計較殊不知古人一句截斷意根須是向正脈裏自看始得穩當所以道末後一句始到牢關把斷要津不通凡聖若論此事如當門按一口劍相似擬議則喪身失命又道譬如擲劍揮空莫論及之不及但向八面玲瓏處會取不見古人道這漆桶或云野狐精或云瞎漢且道與一棒一喝是同是別若知千差萬別只是一般自然八面受敵要會藏頭白海頭黑麼五祖先師道封后先生

雪竇頌云

藏頭白海頭黑（半合半開一手擡一手搦金聲玉振）明眼衲僧會不得（更行腳三十年終是被人穿卻鼻孔山僧故是口似匾擔）

馬駒踏殺天下人（叢林中也須是這老漢始得放出這老漢）臨濟未是白拈賊（癩兒牽伴直饒好手也被人捉了也）

離四句絕百非（道什麼也須是自然撿看阿爺似阿爺）天上人間唯我知（用我作什麼奪卻拄杖子或若無人無我無得無失將什麼知）

藏頭白海頭黑且道意作麼生這些子天下衲僧跳不出看他雪竇後面合殺得好道直饒是明眼衲僧也會不得這箇些子消息謂之神仙秘訣父子不傳釋迦老子說一代時教末後單傳心印喚作金剛王寶劍喚作正位恁麼葛藤早是事不獲已古人略露些子

鋒鋩若是透得底人便乃七穿八穴得大自在若透不得從前無悟入處轉說轉遠也馬駒踏殺天下人西天般若多羅讖達磨云震旦雖濶無別路要假兒孫脚下行金雞解銜一粒粟供養十方羅漢僧又六祖謂讓和尚曰向後佛法從汝邊去已後出一馬駒踏殺天下人厥後江西法嗣布於天下時號馬祖馬達磨六祖皆先讖馬祖看他作畧果然別只道藏頭白海頭黑便見踏殺天下人處只這一句黑白語千人萬人咬不破臨濟未是白拈賊臨濟一日示衆云赤肉團上有一無位眞人常向汝等諸人面門出入未證據者看看時有僧出問如何是無位眞人臨濟下禪牀搊住云道道僧無語濟托開云無位眞人是什麼乾屎橛雪峰後聞云臨濟大似白拈賊雪竇要與他臨濟相見觀馬祖機鋒尤過於臨濟此正是白拈賊臨濟未是白拈賊也雪竇一時穿却了也却頌這僧道離四句絕百非天上人間唯我知且莫向鬼窟裏作活計古人云問在答處答在問處早是奇特你作麼生離得四句絕得百非雪竇道此事唯我能知直饒三世諸佛也覷不見既是獨自箇知諸人更上來求箇什麼大潙眞如拈云這僧恁麼問馬祖恁麼答離四句絕百非智藏海兄都不知要會麼不見道馬駒踏殺天下人

垂示云鏌鎁橫按鋒前剪斷葛藤窠明鏡高懸句中引出毘盧印田地穩密處著衣喫飯神通遊戲處如何湊泊還委悉麼看取下文

舉金牛和尚每至齋時自將飯桶於僧堂前作舞呵呵大笑云菩薩子喫飯來（竿頭絲線從君弄不犯清波意自如醍醐毒藥一時行是則是七珍八寶一時羅列爭奈相逢者少）雪竇云雖然如此金牛不是好心（是賊識賊是精識精來說是非者便是是非人）僧問長慶古人道菩薩子喫飯來意旨如何（不妨疑著元來不知落處長慶道什麼）慶云大似因齋慶讚（相席打令據款結案）

金牛乃馬祖下尊宿每至齋時自將飯桶於僧堂前作舞呵呵大笑云菩薩子喫飯來如此者二十年且道他意在什麼處若只喚作喫飯尋常敲魚擊鼓亦自告報矣又何須更自將飯桶來作許多伎倆莫是他顛麼莫是提唱建立麼若是提唱此事何不去寶華王座上敲床竪拂須要如此作什麼令人殊不知古人意在言外何不且看祖師當時初來底題目道什麼分明說道教外別傳單傳心印古人方便也只教你直截承當去後來人妄自卜度便道那裏有許多事寒則向火熱則乘凉饑則喫飯困則打眠若恁麼以常情義解詮註達磨一宗掃土而盡不知古人向二六時中念念不捨要明此事雪竇云雖然如此金牛不是好心只這一句多少人錯會所謂醍醐上味爲世所珍遇斯等人翻成毒藥金牛既是落草爲人雪竇爲什麼道不是好心因什麼却恁麼道衲僧家須是有生機始得今人不到古人田地只管道見什麼心有什麼佛若作這見解壞却金牛老作家了也須是子細看始得若只今日明日口快些子無有了期後來長慶上堂僧問古人道菩薩子喫飯來意旨如何慶云大似因齋慶讚尊宿家忒煞慈悲漏逗不少是則是因齋慶

讃你且道慶讃箇什麼看他雪竇頌云

白雲影裏笑呵呵（笑中有刀熱發作什麼天下衲僧不知落處）兩手持來付與他（豈有恁麼事莫謗金牛好喚作飯桶得麼若是本分衲僧不喫這般茶飯）若是金毛獅子子（須是他格外始得許他具眼只恐眼不正）三千里外見誵訛（不直半文錢一場漏逗誵訛在什麼處賺殺漢）

白雲影裏笑呵呵長慶道因齋慶讃雪竇道兩手持來付與他且道只是與他喫飯爲當別有奇特若向箇裏知得端的便是箇金毛獅子子若是金毛獅子子更不必金牛將飯桶來作舞大笑直向三千里外便知他敗缺處古人道鑒在機先不消一揑所以衲僧家尋常須是向格外用始得稱本分宗師若只據語言未免漏逗

垂示云靈鋒寶劒常露現前亦能殺人亦能活人在彼在此同得同失若要提持一任提持若要平展一任平展且道不落賓主不拘回互時如何試舉看

舉僧從定州和尚會裏來到烏臼烏臼問定州法道何似這裏（言中有響要辨淺深探竿影草太煞瞞人）僧云不別（死漢中有活底一箇半箇鐵橛子一般踏著實地）臼云若不別更轉彼中去便打（灼然正令當行）僧云棒頭有眼不得草草打人（也是這作家始得却是獅子兒）臼云今日打著一箇也又打三下（說什麼一箇千箇萬箇）僧便出去（元來是屋裏人只得受屈只是見機而作）臼云屈棒元來有人喫在（竪子喫苦瓜放去又收來點得回來堪作何用）僧轉身云爭奈杓柄在和尚手裏（依前三百六十日却是箇伶俐衲僧）臼云汝若要山僧回與汝（知他阿誰是君阿誰是臣敢向虎口橫身咄煞不識好惡）僧近前奪臼手中棒打臼三下（也是一箇作家禪客始得賓主互換縱奪臨時）臼云屈棒屈棒（點這老漢著什麼死急）僧云有人喫在（呵呵是幾箇杓柄却在這僧手裏）臼云草草打著箇漢（不落兩邊知他是阿誰）僧便禮拜（臨危不變方是丈夫兒）臼云和尚却恁麼去也（點）僧大笑而出（作家禪客天然有在猛虎須得清風隨方知盡始盡終天下人摸索不著）臼云消得恁麼消得恁麼（可惜放過何不劈脊便棒將謂走到什麼處去）

僧從定州和尚會裏來到烏臼臼亦是作家諸人若向這裏識得此二人一出一入千箇萬箇只是一箇作主也恁麼作賓也恁麼二人畢竟合成一家一期勘辨賓主問答始終作家看烏臼問這僧云定州法道何似這裏僧便云不別當時若不是烏臼難奈這僧何臼云若不別更轉彼中去便打爭奈這僧是作家漢便云棒頭有眼不得草草打人臼一向行令云今日打著一箇也又打三下其僧便出去看他兩箇轉轆轆地俱是作家了這一事須要分緇素別休咎這僧雖出去這公案却未了在烏臼始終要驗他實處看他如何這僧却似撐門拄戶所以未見得他烏臼却云屈棒元來有人喫在這僧要轉身吐氣却不與他爭輕輕轉云爭奈杓柄在和尚手裏烏臼是頂門具眼底宗師敢向猛虎口裏橫身云汝若要山僧回與汝這漢是箇肘下有符底漢所謂見義不爲無勇也更不擬議近前奪烏臼手中棒打臼三下臼云屈棒屈棒你且道意作麼生頭上道屈棒元來有人喫在及乎到這僧打他却道屈棒屈棒僧云有人喫在臼云草草打著箇漢頭上道草草打著一箇也到末後自喫棒爲什麼亦道草草打著箇漢當時若不是這僧卓朔地也不

奈他何這僧便禮拜這箇禮拜最毒也不是好心若不是烏臼也識他不破烏臼云却恁麼去也其僧大笑而出烏臼云消得恁麼消得恁麼看他作家相見始終賓主分明斷而能續其實也只是互換之機他到這裏亦不道有箇互換處自是他古人絕情塵意想彼此作家亦不道有得有失雖是一期間語言兩箇活鱍鱍地都有血脉針線不唯於此見得亦乃向十二時中歷歷分明其僧便出是雙放巳下是雙收謂之互換也雪竇正恁麼地頌出

呼即易（天下人總疑著與肉引來蝿天下衲僧總不知落處）遣即難（不妨勤絕海上明公秀）互換機鋒子細看（一出一入二俱作家）（一條拄杖兩人扶且道在阿誰邊）劫石固來猶可壞（袖裏金鎚）（如何辨取千聖不傳）滄溟深處立須乾（向什麼處安排棒頭有眼）（獨許他親得）烏臼老烏臼老（可惜許這老漢不識好惡）幾何般（也是箇無端漢百千萬重）與他杓柄太無端（巳在言前洎合）（打破蔡州好與三十棒且道過在什麼處）

呼即易遣即難一等是落草雪竇忒煞慈悲尋常道呼蛇易遣蛇難如今將箇瓢子吹來喚蛇即易要遣時即難一似將棒與他却易復奪他棒遣去却難須是有本分手脚方能遣得他去烏臼是作家有呼蛇底手脚亦有遣蛇底手段這僧也不是瞌睡底烏臼問定州法道何似這裏便是呼他烏臼便打是遣他僧云棒頭有眼不得草草打人却轉在這僧處便是呼來烏臼云汝若要山僧回與汝僧便近前奪棒也打三下却是這僧遣去乃至這僧大笑而出烏臼云消得恁麼消得恁麼此分明是遣得他恰好看他兩箇機鋒互換絲來線去打成一片始終賓主分明有時主却作賓有時賓却作主雪竇也讚歎不及所以道互換之機教人且子細看劫石固來猶可壞謂此劫石一由旬四十里廣八萬四千由旬原八萬四千由旬凡五百年乃有天人下來以六銖衣袖拂一下又去至五百年又來如此拂拂盡此石乃爲一劫謂之輕衣拂石劫雪竇道劫石固來猶可壞石雖堅固尚爾可泊磨盡此二人機鋒千古萬古更無有窮盡滄溟深處立須乾任是滄溟洪波浩渺白浪滔天若教此二人向内立地此滄溟也須乾竭雪竇到此一時頌了末後更道烏臼老烏臼老幾何般或擒或縱或殺或活畢竟是幾何般與他杓柄太無端這箇拄杖子三世諸佛也用歷代祖師也用宗師家也用與人抽釘拔楔解粘去縛爭得輕易分付與人雪竇意要獨用賴値這僧當時只與他平展忽若旱地起雷看他如何當抵烏臼過杓柄與人去豈不是太無端

垂示云細如米末冷似冰霜畐塞乾坤離明絕暗低低處觀之有餘高高處平之不足把住放行總在這裏許還有出身處也無試舉看

舉丹霞問僧甚處來（正是不可總沒來處也要知來處也不難）僧云山下來（著草鞋入你肚裏過也只是不會言中有響諳含來知也是黃是緣）霞云喫飯了也未（第一杓惡水澆何必定盤星要知端的）僧云喫飯了（果然撞著箇露柱却被旁人穿却鼻孔元來是箇無孔鐵鎚）霞云將飯來與汝喫底人還具眼麼（雖然是倚勢欺人也是據欵結案當時好掀倒禪床無端作什麼）僧無語（果然走不得這僧若是作家向他道與和尚眼一般）長慶問保福將

飯與人喫報恩有分為什麼不具眼（也只道得一半通身是一刀兩段一手擡一手搦）福云施者受者二
俱瞎漢（據令而行一句道盡罕遇其人）長慶云盡其機來
還成瞎否（識甚好惡猶自未肯討什麼碗）福云道我瞎得
麼（兩箇俱是草裏漢龍頭蛇尾當時待他道盡其機來還成瞎否只向他道瞎也）
（只道得一半一等是作家為什麼前不搆村後不迭店）
鄧州丹霞天然禪師不知何許人初習儒學
將入長安應舉方宿於逆旅忽夢白光滿室
占者曰解空之祥偶一禪客問曰仁者何往
曰選官去禪客曰選官何如選佛霞云選佛
當往何所禪客曰今江西馬大師出世是選
佛之場仁者可往遂直造江西才見馬大師
以兩手托幞頭脚（一作額）馬師顧視云吾非汝
師南嶽石頭處去遂抵南嶽還似前意投之
石頭云著槽廠去師禮謝入行者堂隨衆作
務凡三年石頭一日告衆云來日剗佛殿前
草至來日大衆各備鍬钁剗草丹霞獨以盆
盛水淨頭於師前䠒膝石頭見而笑之便與
剃髮又為說戒丹霞掩耳而出便往江西再
謁馬祖未參禮便去僧堂內騎聖僧頸而坐

時大衆驚愕急報馬祖祖躬入堂視之曰我
子天然霞便下禮拜曰謝師賜法號因名天
然他古人天然如此頽脫所謂選官不如選
佛也傳燈錄中載其語句直是壁立千仞句
句有與人抽釘拔楔底手脚似問這僧道什
麼處來僧云山下來這僧卻不通來處一如
具眼到去勘主家相似當時若不是丹霞也
難為收拾丹霞卻云喫飯了也未頭邊總未
見得此是第二回勘他僧云喫飯了也懵懂
漢元來不會霞云將飯與汝喫底人還具眼
麼僧無語丹霞意道與你這般漢飯喫堪作
什麼這僧若是箇漢試與他一劄看他如何
雖然如是丹霞也未放你在這僧便眼眨眨
地無語保福長慶同在雪峯會下常舉古人
公案商量長慶問保福將飯與人喫報恩有
分為什麼不具眼不必盡問公案中事大綱
借此語作話頭要驗他諦當處保福云施者
受者二俱瞎漢快哉到這裏只論當機事句
裏有出身之路長慶云盡其機來還成瞎否
保福云道我瞎得麼保福意謂我恁麼具眼

與你道了也還道我瞎得麼雖然如是半合
半開當時若是山僧等他道盡其機來還成
瞎否只向他道瞎可惜許保福當時若下得
這箇瞎字免得雪竇許多葛藤雪竇亦只用
此意頌

盡機不成瞎（只道得一半也要驗他過言猶在耳）按牛頭喫
草（失錢遭罪半河南半河北殊不知傷鋒犯手）四七二三諸祖
師（有條攀條帶累先聖不唯只帶累一人）寶器持來成過咎
（盡大地人換手搥胸還我拄杖來帶累山僧也出頭不得）過咎深（可煞深天下衲僧跳不出且道深多少）無處尋（在你脚跟下摸索不著）天上
人間同陸沉（天下衲僧一坑埋卻還有活人麼放過一著蒼天蒼天）

盡機不成瞎長慶云盡其機來還成瞎否保
福云道我瞎得麼一似按牛頭喫草須是等
他自喫始得那裏按他頭教喫雪竇恁麼頌
自然見得丹霞意四七二三諸祖師寶器持
來成過咎不唯只帶累長慶乃至西天二十
八祖此土六祖一時埋沒釋迦老子四十九
年說一大藏教末後唯傳這箇寶器永嘉道
不是標形虛事持如來寶杖親蹤跡若作保
福見解寶器持來都成過咎過咎深無處尋

這箇與你說不得但去靜坐向他句中點檢看既是過咎深因什麽却無處辨此非小過也將祖師大事一齊於陸地上平沉却所以雪竇道天上人間同陸沉

垂示云向上轉去可以穿天下人鼻孔似鶻捉鳩向下轉去自己鼻孔在別人手裏如龜藏殼箇中忽有箇出來道本來無向上向下用轉作什麽只向伊道我也知你向鬼窟裏作活計且道作麽生辨箇緇素良久云有條攀條無條攀例試舉看

舉僧問雲門如何是超佛越祖之談（開旱地忽雷拶）門云餬餅（舌拄上齶過也）

這僧問雲門如何是超佛越祖之談門云餬餅還覺寒毛卓竪麽衲僧家問佛問祖問禪問道問向上向下了更無可得問却致箇問端問超佛越祖之談雲門是作家便水長船高泥多佛大便答道餬餅可謂道不虛行功不浪施雲門復示衆云你勿可作了見人道著祖師意便問超佛越祖之談道理你且喚什麽作佛喚什麽作祖即說超佛越祖之談便問箇出三界你把三界來看有什麽見聞覺知隔得著你有什麽聲色佛法與汝可了了箇什麽碗以那箇爲差殊之見他古聖勿奈你何橫身爲物道箇舉體全真物物覿體不可得我向汝道直下有什麽事早是埋沒了也會得此語便識得餬餅五祖云驢屎比麝香（一作馬糞）所謂直截根源佛所印摘葉尋枝我不能到這裏欲得親切莫將問來問看這僧問如何是超佛越祖之談門云餬餅還識羞慚麽還覺漏逗麽有一般人杜撰道雲門見兎放鷹便道餬餅若恁麽將餬餅便是超佛越祖之談見去豈有活路莫作餬餅會又不作超佛越祖會便是活路也與麻三斤解打鼓一般雖然只道餬餅其實難見後人多作道理云麁言及細語皆歸第一義若恁麽會且去作座主一生贏得多知多解如今禪和子道超佛越祖之時諸佛也踏在脚跟下祖師也踏在脚跟下所以雲門只向他道餬餅既是餬餅豈解超佛越祖試去參詳看諸方頌極多盡向問頭邊作言語唯雪竇頌得最好試舉看頌云

超談禪客問偏多（箇箇出來便作這般見解如麻似粟）縫罅披離見也麽（已在言前開也自是不覺矣）餬餅猱來猶不住（將木楔子換却你眼睛了也）至今天下有誵訛（畫箇圓相云莫是恁麽會麽咬人言語有甚了期大地茫茫愁殺人便打）

超談禪客問偏多此語禪和家偏愛問不見雲門道你諸人橫擔拄杖道我參禪學道便覓箇超佛越祖道理我且問你十二時中行住坐臥屙屎放尿至於茅坑裏蟲子市肆買賣羊肉案頭還有超佛越祖底道理麽道得底出來若無莫妨我東行西行便下座有者更不識好惡作圓相土上加泥添枷帶鎖縫罅披離見也麽他致問處有大小大縫罅雲門見他問處披離所以將餬餅攔縫塞定這僧猶自不肯住却更問是故雪竇道餬餅猱來猶不住至今天下有誵訛如今禪和子只管去餬餅上解會不然去超佛越祖處作道理既不在這兩頭畢竟在什麽處三十年後待山僧換骨出來却向你道

舉古有十六開士（成群作隊有什麽用處這一隊不唧𠺕漢）於

浴僧時隨例入浴（撞著露柱漆桶作什麼）忽悟水因（惡水驀頭澆）諸禪德作麼生會他道妙觸宣明（更不干別人事作麼生會他撲落非他物）成佛子住（天下衲僧到這裏摸索不著兩頭三面作什麼）也須七穿八穴始得（一棒一條痕莫奉勇山僧好撞著磕著還曾見德山臨濟麼）

楞嚴會上跋陀婆羅菩薩與十六開士各修梵行乃各說所證圓通法門之因此亦二十五圓通之一數也他因浴僧時隨例入浴忽悟水因云既不洗塵亦不洗體且道洗箇什麼若會得去中間安然得無所有千箇萬箇更近傍不得所謂以無所得是真般若若有所得是相似般若不見達磨謂二祖云將心來與汝安二祖云覓心了不可得這裏些子是衲僧性命根本更總不消得如許多葛藤只消道箇忽悟水因自然了當既不洗塵亦不洗體且道悟箇什麼到這般田地一點也著不得道箇佛字也須諱却他道妙觸宣明成佛子住宣則是顯也妙觸是明也既悟妙觸成佛子住卽住佛地也如今人亦入浴亦洗水也恁麼觸因甚却不悟皆被塵境惑障粘皮著骨所以不能便惺惺去若向這裏洗亦無所得觸亦無所得水因亦無所得且道是妙觸宣明不是妙觸宣明若向箇裏直下見得便是妙觸宣明成佛子住如今人亦觸還見妙處麼妙觸非常觸與觸者合則爲觸離則非也玄沙過嶺磕著脚指頭以至德山棒豈不是妙觸雖然恁麼也須是七穿八穴始得若只向身上摸索有什麼交涉你若七穿八穴去何須入浴便於一毫端上現寶王刹向微塵裏轉大法輪一處透得千處萬處一時透莫只守一窠一窟一切處都是觀音入理之門古人亦有聞聲悟道見色明心若一人悟去則故是因甚十六開士同時悟去是故古人同修同證同悟同解雪竇拈他教意令人去妙觸處會取出他教眼頌免得人去教網裏籠罩半醉半醒要令人直下灑灑落落頌云

了事衲僧消一箇（現有一箇朝打三千暮打八百䟦出金剛圈一箇也不消得）長連床上展脚卧（果然是箇瞌睡漢論劫不論禪）夢中曾說悟圓通（早是瞌睡更說夢却許你夢見寐語作什麼）香水洗來驀面唾（㘞土上加泥又一重莫來淨地上屙）

了事衲僧消一箇且道了得箇什麼事作家禪客聊聞舉著剔起便行似恁麼衲僧只消得一箇何用成群作隊長連床上展脚卧古人道明明無悟法悟了却迷人長舒兩脚睡無僞一無真所以胸中無一事機來喫飯困來眠雪竇意道你若說入浴悟得妙觸宣明在這般無事衲僧分上只似夢中說夢所以道夢中曾說悟圓通香水洗來驀面唾似恁麼只是惡水驀頭澆更說箇什麼圓通雪竇道似這般漢正好驀頭驀面唾山僧道土上加泥又一重

垂示云大用現前不存軌則活捉生擒不勞餘力且道是什麼人曾恁麼來試舉看

舉僧問投子一切聲是佛聲是否（也解捋虎鬚青天轟霹靂自屎不覺臭）投子云是（賺殺一船人賣身與你了也拈放一邊是什麼心行）僧云和尚莫屎沸碗鳴聲（只見錐頭利不見鑿頭方道什麼）投子便打（著好打放過則不可）又問（果然納敗缺）麤言及細語皆歸第一義是否（第二回捋虎鬚抱贓叫屈作什麼東西南北猶有影響在）投子云是（又是賣身與你了也陷虎

（之機也是什麼心行）僧云喚和尚作一頭驢得麼（只見錐頭利不見鑿頭方雖有逆水之波只是頭上無角含血噀人）投子便打（著不可放過好打拄杖未到折因什麼便休去）

投子朴實頭得逸羣之辯凡有致問開口便見膽不費餘力便坐斷他舌頭可謂運籌帷幄之中決勝千里之外這僧將聲色佛法見解貼在他額頭上逢人便問投子作家來風深辨這僧知投子實頭合下做箇圈繢子教投子入來所以有後語投子却使陷虎之機釣他後語出來這僧接他答處道和尚莫屎沸碗鳴聲果然一釣便上若是別人則不奈這僧何投子具眼隨後便打咬猪狗底手脚須還作家始得左轉也隨他阿轆轆地右轉也隨他阿轆轆地這僧既是做箇圈繢子要來捋虎鬚殊不知投子更在他圈繢頭上投子便打這僧可惜許有頭無尾當時等他拈棒便與掀倒禪床直饒投子全機也須倒退三千里又問麁言及細語皆歸第一義是否投子亦云是一似前頭語無異僧云喚和尚作一頭驢得麼投子又打這僧雖然作窠窟也不妨奇特若是曲彔木床上老漢頂門無眼也難折挫他投子有轉身處這僧既做箇道理要攙他行市到了依舊不奈投子老漢何不見巖頭道若論戰也箇箇立在轉處投子放去太遲收來太急這僧當時若解轉身吐氣豈不作得箇口似血盆底漢衲僧家一不做二不休這僧既不能返擲却被投子穿了鼻孔頌云

投子投子（灼然天下無這實頭老漢教壞人家男女）機輪無阻（有什麼奈何他處也有些子）放一得二（換却你眼睛什麼處見投子）同彼同此（恁麼來也喫棒不恁麼來也喫棒闍黎瞎他便打）可憐無限弄潮人（叢林中放出一箇半箇放出這兩箇漢天下衲僧恁麼去）畢竟還落潮中死（可惜許爭奈出這圈繢不得愁人莫向愁人說）忽然活（禪床震動驚殺山僧也倒退三千里）百川倒流鬧湉湉（嶮徒勞佇思山僧不敢開口投子老漢也須是拗折拄杖始得）

投子投子機輪無阻投子尋常道你總道投子實頭忽然下山三步有人問你道如何是投子實頭處你作麼生抵對古人道機輪轉處作者猶迷他機輪轆轆地全無阻隔所以雪竇道放一得二不見僧問如何是佛投子云佛又問如何是道投子云道又問如何是禪投子云禪又問月未圓時如何投子云吞却三箇四箇圓後如何吐却七箇八箇投子接人常用此機答這僧只是一箇是字這僧兩回被打所以雪竇道同彼同此四句一時頌投子了也末後頌這僧道可憐無限弄潮人這僧敢攙旗奪鼓道和尚莫屎沸碗鳴聲又道喚和尚作一頭驢得麼此便是弄潮處這僧做盡伎倆依前死在投子句中投子便打此僧便是畢竟還落潮中死雪竇出這僧云忽然活便與掀倒禪床投子也須倒退三千里直得百川倒流鬧湉湉非唯禪床震動亦乃山川岌崿天地陡暗苟或箇箇如此山僧且打退鼓諸人向什麼處安身立命

舉僧問趙州初生孩子還具六識也無（閃電之機說什麼初生孩兒子）趙州云急水上打毬子（過也俊鷂赶不及也要驗過）僧復問投子急水上打毬子意旨如何（也是作家同驗過還會麼過也）子云念念不停流（打葛藤漢）

此六識教家立爲正本山河大地日月星辰

因其所以生來爲先鋒去爲殿後古人道三界唯心萬法唯識若證佛地以八識轉爲四智教家謂之改名不改體根塵識是三前塵元不會分別勝義根能發生識識能顯色分別即是第六意識第七識末那識能去執持世間一切影事令人煩惱不得自由自在皆是第七識到第八識亦謂之阿賴耶識亦謂之含藏識含藏一切善惡種子這僧知教意故將來問趙州道初生孩子還具六識也無初生孩兒雖具六識眼能見耳能聞然未曾分別六塵好惡長短是非得失他恁麼時總不知學道之人要復如嬰孩榮辱功名逆情順境都動他不得眼見色與盲等耳聞聲與聾等如癡似兀其心不動如須彌山這箇是衲僧家眞實得力處古人道衲被蒙頭萬事休此時山僧都不會若能如此方有少分相應雖然如此爭奈一點也瞞他不得山依舊是山水依舊是水無造作無緣慮如日月運於太虛未嘗暫止亦不道我有許多名相如天普蓋似地普擎爲無心故所以長養萬物亦不道我有許多功行天地爲無心故所以長久若有心則有限齊得道之人亦復如是於無功用中施功用一切違情順境皆以慈心攝受到這裏古人尚自呵責道了了時無可了玄玄處直須呵又道事事通兮物物明達者聞之暗裏驚又云入聖超凡不作聲卧龍長怖碧潭清人生若得長如此大地那能留一名然雖恁麼更須跳出窠窟始得豈不見教中道第八不動地菩薩以無功用智於一微塵中轉大法輪於一切時中行住坐卧不拘得失任運流入薩婆若海衲僧家到這裏亦不可執著但隨時自在遇茶喫茶遇飯喫飯這箇向上事著箇定字也不得著箇不定字也不得石室善道和尚示衆云汝不見小兒出胎時何曾道我會看教當恁麼時亦不知有佛性義無佛性義及至長大便學種種知解出來便道我能我解不知是客塵煩惱十六觀行中嬰兒行爲最哆哆啝啝時喻學道之人離分別取捨心故讃歎嬰兒行況喻取之若謂嬰兒是道令時人錯會南泉云我十八上解作活計趙州道我十八上解破家散宅又道我在南方二十年除粥飯二時是雜用心處曹山問僧菩薩定中聞香象渡河歷歷地出什麼經僧云涅槃經山云定前聞定後聞僧云和尚流也山云灘下接取又楞嚴經云湛入合湛入識邊際又楞伽經云相生執礙想生妄想流注生則逐妄流轉若到無功用地猶在流注相中須是出得第三流注生相方始快活自在所以潙山問仰山云寂子如何仰山云和尚問他見解問他行解若問他行解某甲不知若是見解如一瓶水注一缾水若得如此皆可以爲一方之師趙州云急水上打毬子早是轉轆轆地更向急水上打時眨眼便過譬如楞嚴經云如急流水望爲恬靜古人云譬如駛流水水流無定止各各不相知諸法亦如是趙州答處意渾類此其僧又問投子急水上打毬子意旨如何子云念念不停流自然與他問處恰好古人行履緜密答得只似一箇更不消計較你纔問他早知你落處了也孩子六識

雖然無功用爭奈念念不停如密水流投子恁麼答可謂深辨來風雪竇頌云

六識無功伸一問有眼如盲有耳如聾明鏡當臺明珠在掌一句道盡作家曾共辨來端何必也要辨箇緇素誰證乃知茫茫急水打毬子始終一貫過也道什麼落處不停誰解看看即瞎過也灘下接取

六識無功伸一問古人學道養到這裏謂之無功之功與嬰兒一般雖有眼耳鼻舌身意而不能分別六塵蓋無功用也既到這般田地便乃降龍伏虎坐脫立亡如今人但將目前萬境一時歇却何必八地以上方乃如是雖然無功用處依舊山是山水是水雪竇前面頌云活中有眼還同死藥忌何須鑒作家蓋爲趙州投子是作家故云作家曾共辨來端茫茫急水打毬子投子道念念不停流諸人還知落處麼雪竇末後教人自著眼看是故云落處不停誰解看此是雪竇活句且道落在什麼處

佛果圜悟禪師碧巖集卷第八

佛果圜悟禪師碧巖集卷第九　　鳳九

秣陵遠庵吳自弘校

天界比丘性湛　閱

垂示云攙旗奪鼓千聖莫窮坐斷誵訛萬機不到不是神通妙用亦非本體如然且道憑箇什麼得恁麼奇特

鳳九　一

舉僧問藥山平田淺草麈鹿成羣如何射得麈中麈(把髻投衙擎頭帶角出來腦後拔箭)山云看箭(就身打劫下坡不走快便難逢著)僧放身便倒(灼然不同一死更不再活)山云侍者(弄精魂漢)拖出這死漢(據令而行不勞再勸前箭猶輕後箭深)僧便走(棺木裏瞠眼死中得活猶有氣息在)山云弄泥團漢有什麼限(可惜許放過據令而行雪上加霜)雪竇拈云三步雖活五步須死(一手擡一手搦直饒走百步也須喪身失命復云看箭且道雪竇意落在什麼處若是同死同生藥山直得目瞪口呿一向似無孔鐵鎚堪作何用)

這公案洞下謂之借事問亦謂之辨主問用明當機麈與麈尋常易射唯有麈中麈是麈中之王最是難射此麈麈常於崖石上利其角如鋒鋩顛利以身護惜羣鹿虎亦不能近傍這僧亦似惺惺引來問藥山用明第一機山云看箭作家宗師不妨奇特如擊石火似閃電光豈不見三平初叅石鞏鞏才見來便作彎弓勢云看箭三平撥開胸云此是殺人箭活人箭鞏彈弓弦三下三平便禮拜鞏云三十年一張弓兩隻箭今日只射得半箇聖人便拗折弓箭三平後舉似大顛顛云既是活人箭為什麼向弓弦上辨三平無語顛云三十年後要人舉此話也難得法燈有頌云古有石鞏師架弓矢而坐如是三十年知音無一箇三平中的來父子相投和子細返思量元伊是射垜石鞏作略與藥山一般三平頂門具眼向一句下便中的一似藥山道看箭其僧便作麈放身倒這僧也似作家只是有頭無尾既做圈繢要陷藥山爭柰藥山是作家一向逼將去山云侍者拖出這死漢如

鳳九　二

展陣向前相似其僧便走也好是則是爭柰不脫洒粘脚粘手所以藥山云弄泥團漢有什麼限藥山當時若無後語千古之下遭人檢點山云看箭這僧便倒且道是會是不會若道是會藥山因什麼却恁麼道弄泥團漢這箇最惡正似僧問德山學人仗鏌鎁劒擬取師頭時如何山引頸近前云囫僧云師頭落也德山低頭歸方丈又巖頭問僧什麼處來僧云西京來巖頭云黃巢過後曾收得劒麼僧云收得巖頭引頸近前云囫僧云師頭落也巖頭呵呵大笑這般公案都是陷虎之機正類此恰是藥山不管他只為識得破只管逼將去雪竇云這僧三步雖活五步須死這僧雖甚解看箭便放身倒山云侍者拖出這死漢僧便走雪竇道只恐三步外不活當時若跳出五步外天下人便不柰他何作家相見須是賓主始終互換無有間斷方有自由自在分這僧當時既不能始終所以遭雪竇檢點後面亦自用他語頌云

麈中麈(高着眼看擎頭戴角去也)君看取(何似生第二頭走要射便射看作什麼)

鳳九　二

下一箭(中也須知藥山好手)走三步(活鱍鱍地只得三步死了多時)五步若活(作什麼跳百步忽有箇死中得活時如何)成羣趂虎(二俱並照須與他倒退始得天下衲僧放他出頭也只在草窠裏)正眼從來付獵人(爭柰藥山未肯承當這話藥山則故是雪竇又作麼生也不干藥山事也不干雪竇事也不干山僧事也不干上座事)雪竇

高聲云看箭（一狀領過也須與他倒退始得打云已塞却你咽喉了也）麈中麈君看取衲僧家須是具麈中麈底眼有麈中麈底頭角有機關有作略任是插翼猛虎戴角大蟲也只得全身遠害這僧當時放身便倒自道我是麈下一箭走三步山云看箭僧便倒山云侍者拖出這死漢這僧便走也甚奸爭奈只走得三步五步若活成羣趁虎雪竇道只恐五步須死當時若跳得出五步外活時便能成羣去趁虎其麈中麈角利如鎗虎見亦畏之而走麈爲鹿中王常引羣鹿趁虎入別山雪竇後面須藥山亦有當機出身處正眼從來付獵人藥山如能射獵人其僧如麈雪竇是時因上堂舉此語束爲一團話高聲道一句云看箭坐者立者一時起不得

垂示云竿頭絲線具眼方知格外之機作家方辨且道作麼生是竿頭絲線格外之機試舉看

舉僧問大龍色身敗壞如何是堅固法身（話作兩橛分開也好）龍云山花開似錦澗水湛如藍（無孔笛子撞著氈拍板渾崙擘不破人從陳州來却往許州去）

此事若向言語上覓一如掉棒打月且得沒交涉古人分明道欲得親切莫將問來問何故問在答處答在問處這僧擔一擔莽鹵換一擔鶻突致箇問端敗缺不少若不是大龍爭得益天益地他恁麼問大龍恁麼答一合相更不移易一絲毫頭一似見兎放鷹看孔着楔三乘十二分教還有這箇時節麼也不妨奇特只是言語無味杜塞人口是故道一片白雲橫谷口幾多歸鳥夜迷巢有者道只是信口答將去若恁麼會盡是滅胡種族漢殊不知古人一機一境敲枷打鎖一句一言渾金璞玉若是衲僧眼腦有時把住有時放行照用同時人境俱奪雙放雙收臨時通變若無大用大機爭解恁麼龍天旱地大似明鏡當臺胡來胡現漢來漢現此公案與花藥欄話一般然意却不同這僧問處不明大龍答處恰好不見僧問雲門樹凋葉落時如何門云體露金風此謂之箭鋒相拄這僧問大龍色身敗壞如何是堅固法身大龍云山花開似錦澗水湛如藍一如君向西秦我之東魯他既恁麼行我却不恁麼行與他雲門一倍相返那箇恁麼行却易見這箇却不恁麼行却難見大龍不妨三寸甚密雪竇頌云

問曾不知（東西不辨弄物不知名買帽相頭）答還不會（南北不分菽麥錯髏江南江北）月冷風高（何似生今日正當這時節天下人有眼不曾見有耳不曾聞）古巖寒檜（不雨時更好無孔笛子撞著氈拍板）堪笑路逢達道人（也須是親到這裏始得還我花枝子來山僧作汝恁豎來）不將語默對（向什麼處見大龍將箇什麼對他好）手把白玉鞭（一至七拗折了也）驪珠盡擊碎（留與後人看可惜許）不擊碎（放過一著又恁麼去）增瑕纇（弄泥團作什麼轉見郎當適把斲天）國有憲章（識法者懼朝打三千暮打八百）三千條罪（只道得一半在八萬四千無量劫來隨無間業也未還得一半在）

雪竇頌得最有工夫前來頌雲門話却云問既有宗答亦攸同這箇却不恁麼却云問曾不知答還不會大龍答處傍瞥直是奇特分明是誰恁麼問未問已前早納敗缺了也他答處俯能恰好應機宜道山花開似錦澗水湛如藍你諸人如今作麼生會大龍意答處傍瞥直是奇特所以雪竇頌出教人知道月

冷風高更撞著古巖寒檜且道他意作麼生會所以適來道無孔笛子撞著氊拍板只這四句頌了也雪竇又怕人作道理却云堪笑路逢達道人不將語默對此事且不是見聞覺知亦非思量分別所以云的的無兼帶獨運何依賴路逢達道人不將語默對此是香嚴頌雪竇引用也不見僧問趙州不將語默對未審將什麼對州云呈漆器這箇便同適來話不落你情塵意想一似什麼手把白玉鞭驪珠盡擊碎是故祖令當行十方坐斷此是劒刃上事須是有恁麼作略若不恁麼總辜負從上諸聖到這裏要無些子事自有好處便是向上人行履處也既不擊碎必增瑕類便見漏逗畢竟是作麼生得是國有憲章三千條罪五刑之屬三千莫大於不孝憲是法章是條三千條罪一時犯了也何故如此只爲不以本分事接人若是大龍必不恁麼也

舉雲門示衆云古佛與露柱相交是第幾機三千里外沒交涉七花八裂自代云南山起雲東家人死西家人助哀一合相

不可得半河南半河北南山起雲乾坤莫覩刀斫不入北山下雨點滴不施

雲門大師出八十餘員善知識遷化後七十餘年開塔覩之儼然如故他見地明白機境迅速大凡垂語別語代語直下孤峻只這公案如擊石火似閃電光直是神出鬼沒慶藏主云一大藏教還有這般說話麼如今人多向情解上作活計道佛是三界導師四生慈父既是古佛爲什麼却與露柱相交若恁麼會卒摸索不著有者喚作無中唱出殊不知宗師家說話絕意識絕情量絕生死絕法塵入正位更不存一法你纔作道理計較便纏脚纏手且道他古人意作麼生但只使心境一如好惡是非撼動他不得便說有也得無也得有機也得無機也得到這裏拍拍是令五祖先師道大小雲門元來膽小若是山僧只向他道第八機他道古佛與露柱相交是第幾機一時間且向目前包裹僧問未審意旨如何門云一條條三十文買他有定乾坤底眼既無人會後來自代云南山起雲北山下雨且與後學通箇入路所以雪竇只拈他定乾坤處教人見若纔犯計較露箇鋒鋩則當面蹉過只要原他雲門宗旨明他峻機所以頌出云

南山雲乾坤莫覩刀斫不入北山雨點滴不施半河南半河北四七二三面相覩幾處覔不見帶累傍人露柱掛燈籠新羅國裏曾上堂東湧西沒東行不見西行利那衆得這消息來大唐國裏未打鼓遲一刻還我話頭來先行不到末後太過苦中樂教阿誰知樂中苦兩重公案使誰樂苦便苦樂便樂那裏有兩頭三面來誰道黃金如糞土具眼者辨試拂拭看阿剌剌可惜許且道是古佛是露柱

南山雲北山雨雪竇買帽相頭看風使帆向劒刃上與你下箇注脚直得四七二三面相覩也莫錯會此只須古佛與露柱相交是第幾機了也後面劈開路打葛藤要見他意新羅國裏曾上堂大唐國裏未打鼓雪竇向電轉星飛處便道苦中樂樂中苦雪竇似堆一堆七珍八寶在這裏了所以末後有這一句了云誰道黃金如糞土此一句是禪月行路難詩雪竇引來用禪月云山高海深人不測

古往今來轉青碧淺近輕浮莫與交地甲只解生荊棘誰道黃金如糞土張耳陳餘斷消息行路難行路難君自看且莫土曠人稀雲居羅漢

垂示云道是是無可是言非非無可非是非已去得失兩忘淨躶躶赤灑灑且道面前背後是箇什麼或有箇衲僧出來道面前是佛殿三門背後是寢堂方丈且道此人還具眼也無若辨得此人許你親見古人來

舉維摩詰問文殊師利（這漢太煞合鬧一場合取口）何等是菩薩入不二法門（知而故犯）文殊曰如我意者（道什麼直得分踈不下擔枷過狀把髻投衙）於一切法（喚什麼作一切法）無言無說（道什麼）無示無識（瞞別人即得）離諸問答（道什麼）是爲入不二法門（用入作什麼用）（許多葛藤作什麼）於是文殊師利問維摩詰我等各自說已仁者當說何等是菩薩入不二法門（這一靠莫道金粟如來設使三世諸佛也開口不得倒轉鎗頭來也剌殺一人中箭還似射人時）雪竇云維摩道什麼（咄萬箭攢心替他說道理）復云勘破了也（非但當時即今也恁麼雪竇也是賊過後張弓雖然爲衆竭力爭奈禍出私門且道雪竇還見得落處麼夢也未夢見說什麼）（勘破啥全毛獅子也摸索不著）

維摩詰令諸大菩薩各說不二法門時三十二菩薩皆以二見有爲無爲眞俗二諦合爲一見爲不二法門後問文殊文殊云如我意者於一切法無言無說無示無識離諸問答是爲入不二法門蓋爲三十二人以言遣言文殊以無言遣言一時掃蕩總不要是爲入不二法門殊不知靈龜曳尾拂迹成痕又如掃箒掃塵相似塵雖去箒迹猶存末後依前除蹤跡於是文殊却問維摩詰云我等各自說已仁者當自說何等是菩薩入不二法門維摩詰默然若是活漢終不去死水裏浸却若作恁麼見解似狂狗逐塊雪竇亦不說良久亦不說默然據坐只去急處云維摩道什麼只如雪竇恁麼道還見維摩麼夢也未夢見在維摩乃過去古佛亦有眷屬助佛宣化具不可思議辯才有不可思議境界有不可思議神通妙用於方丈室中容三萬二千獅子寶座與八萬大衆亦不寬狹且道是什麼道理喚作神通妙用得麼且莫錯會若是不二法門唯同得同證方乃相共證知獨有文殊可與酬對雖然恁麼還免得雪竇檢責也無雪竇恁麼道也要與這二人相見云維摩道什麼又云勘破了也你且道是什麼處是勘破處只這些子不拘得失不落是非如萬仞懸崖向上捨得性命跳得過去許你親見維摩如捨不得大似羝羊觸藩雪竇故然是捨得性命底人所以頌出云　除蹤跡（一本作餘蹤跡）

咄這維摩老（咄他作什麼朝打三千暮打八百咄得不濟事好與三十棒）悲生空懊惱（悲他作什麼自有金剛王寶劒爲他閑事長無明勞而無功）臥疾毗耶離（因誰致得帶累一切人）全身太枯槁（病則且置爲什麼口似匾擔飯也喫不得喘也喘不得）七佛祖師來（客來須看賊來須打成羣作隊也須是作家始得）一室且頻掃（猶有這箇在元來在鬼窟裏作活計）請問不二門（若有可說被他說了也打云和闍黎也尋不見）當時便靠倒（蒼天蒼天道什麼）不靠倒（死中得活猶有氣息在）金毛獅子無處討（咄還見麼蒼天蒼天）

雪竇道咄這維摩老頭上先下一咄作什麼以金剛王寶劒當頭直截須朝打三千暮打

八百始得梵語云維摩詰此云無垢稱亦云淨名乃過去金粟如來也不見僧問雲居簡和尚既是金粟如來爲什麼却於釋迦如來會中聽法簡云他不爭人我大解脫人不拘成佛不成佛若道他修行務成佛道轉沒交涉譬如圓覺經云以輪迴心生輪迴見入於如來大寂滅海終不能至永嘉云或是或非人不識逆行順行天莫測若順行則趣佛果位中若逆行則入衆生境界壽禪師道直饒你磨鍊得到這田地亦未可順汝意在直待證無漏聖身始可逆行順行所以雪竇道悲生空慎惱維摩經云爲衆生有病故我亦有病慎惱則悲絕也臥疾毗耶離維摩示疾於毗耶離城也唐時王玄策使西域過其居遂以手板縱橫量其室得十笏因名方丈全身太枯槁因以身疾廣爲說法云是身無常無强無力無堅速朽之法不可信也爲苦爲惱衆病所集乃至陰界入所共合成七佛祖師來文殊是七佛祖師承世尊旨往彼問疾一室且頻掃方丈內皆除去所有唯留一榻等文殊至請問不二法門也所以雪竇道請問不二門當時便靠倒維摩口似匾檐如今禪和子便道無語是靠倒且莫錯認定盤星雪竇拶到萬仞懸崖上却云不靠倒一手擡一手搦他有這般手脚直是用得玲瓏此頌前面拈云維摩道什麼金毛獅子無處討非但當時即今也恁麼還見維摩老麼盡山河大地草木叢林皆變作金毛獅子也摸索不著

垂示云把定世界不漏纖毫盡大地人亡鋒結舌是衲僧正令頂門放光照破四天下是衲僧金剛眼睛點鐵成金點金成鐵忽擒忽縱是衲僧拄杖子坐斷天下人舌頭直得無出氣處倒退三千里是衲僧氣宇且道總不恁麼時畢竟是箇什麼人試舉看

舉僧到桐峰庵主處便問這裏忽逢大蟲時又作麼生（作家弄影漢草窠裏一箇半箇）庵主便作虎聲（將錯就錯却有牙爪同生同死承言須會宗）僧便作怕勢（兩箇弄泥團漢見機而作似則也似是則未是）庵主呵呵大笑（猶較些子笑中有刀亦能放亦能收）僧云這老賊（也須識破敗也兩箇都放行）庵主云爭奈老僧何（劈耳便掌可惜放過雪上加霜又一重）僧休去（恁麼休去二俱不了蒼天蒼天）雪竇云是則是兩箇惡賊只解掩耳偷鈴（言猶在耳遭他雪竇點檢且道當時合作麼生免得熱瞞天下衲僧不到）

大雄宗派下出四庵主大梅白雲虎溪桐峰看他兩人恁麼眼親手辨且道誵訛在什麼處古人一機一境一言一句雖然出在臨時若是眼目周正自然活鱍鱍地雪竇拈教人識邪正辨得失雖然如此在他達人分上雖處得失却無得失若以得失見他古人則沒交涉如今人須是各各窮到無得失處然後以得失辨人若一向去揀擇言句處用心又到幾時得了去不見雲門大師道行脚漢莫只空遊州獵縣只欲得提搦閑言語待老和尚口動便問禪問道向上向下如何若何大卷抄將去塞向肚皮裏卜度到處火爐邊三箇五箇聚頭舉口喃喃地便道這箇是公才語這箇是就身打出語這箇是事上道底語這箇是體裏語體你屋裏老爺老娘噇却飯了只管說夢便道我會佛法了也將知恁麼行脚驢年得休歇去古人暫時拈弄豈有

勝負得失是非等見桐峰見臨濟其時在深山卓庵這僧到彼中遂問這裏忽逢大蟲時又作麼生峰便作虎聲也好就事便行這僧也會將錯就錯便作怕勢庵主呵呵大笑僧云這老賊峰云爭奈老僧何是則是二俱不了千古之下遭[風九]人點檢所以雪竇道[十三]是則是兩箇惡賊只解掩耳偷鈴他二人雖皆是賊當機却不用所以掩耳偷鈴此二老如排百萬軍陣却只鬪掃帚若論此事須是殺人不眨眼底手脚若一向縱而不擒一向殺而不活不免遭人怪笑雖然如是他古人亦無許多事看他兩箇恁麼總是見機而作五祖道神通游戲三昧慧炬三昧莊嚴王三昧自是後人脚跟不點地只去點檢古人便道有得有失有底道分明是庵主落節且得沒交涉雪竇道他二人相見皆有放過處其僧道這裏忽逢大蟲時又作麼生峰便作虎聲此便是放過處乃至道爭奈老僧何此亦是放過處著著落在第二機雪竇道要用便用如今人聞恁麼道便道當時好與行令且莫盲枷瞎棒只如德山入門便棒臨濟入門便喝且道古人意如何雪竇後面便只如此頌出且道畢竟作麼生免得掩耳偷鈴去頌云

見之不取（蹉過了也已是千里萬里）思之千里（悔不慎當初蒼天蒼天）好箇斑斑（闍黎自領出去爭奈未解用在）爪牙未備（只恐用處不明待爪牙備向你道）君不見大雄山下忽相逢（有條攀條無條攀例）落落聲光皆振地（這大蟲却恁麼去猶較些子幾箇男兒是丈夫）大丈夫見也無（老婆心切若解開眼同生同死雪竇打葛藤）收虎尾兮捋虎鬚（忽然突出如何收收天下衲僧在這裏忽有箇出來便與一摑若無收放你三十棒教你轉身吐氣喝打云何不道這老賊）

見之不取思之千里正當嶮處都不能使等他道爭奈老僧何好與本分草料當時若下得這手脚他必須有後語二人只解放不解收見之不取[風九]早是白雲萬里更說什麼思之千里好箇斑斑爪牙未備是則是[十四]箇大蟲也解藏牙伏爪爭奈不解咬人君不見大雄山下忽相逢落落聲光皆振地百丈一日問黃檗云什麼處來檗云山下採菌子來丈云還見大蟲麼檗便作虎聲丈於腰下取斧作斫勢檗約住便掌丈至晚上堂云大雄山下有一虎汝等諸人出入切須好看老僧今日親遭一口後來潙山問仰山黃檗虎話作麼生仰云和尚尊意如何潙山云百丈當時合一斧斫殺因什麼到如此仰山云不然潙山云子又作麼生仰山云不唯騎虎頭亦解收虎尾潙山云寂子甚有嶮崖之句雪竇引用明前面公案聲光落落振於大地也這箇些子轉變自在要句中有出身之路大丈夫見也無還見麼收虎尾兮捋虎鬚也須是本分任你收虎尾捋虎鬚未免一時穿却鼻孔

垂示云把定世界不漏絲毫截斷衆流不存涓滴開口便錯擬議卽差且道作麼生是透關底眼試道看

舉雲門垂語云人人盡有光明在（黑漆桶）看時不見暗昏昏[風九]（看時瞎）作麼生是[十五]諸人光明（山是山水是水漆桶裏洗黑汁）自代云廚庫三門（老婆心切打葛藤作什麼）又云好事不如無（自知較一半猶較些子）

雲門室中垂語接人你等諸人脚跟下各各有一段光明輝騰今古逈絶見知雖然光明

恰到問著又不會豈不是暗昏昏地二十年垂示都無人會他意香林後來請代語門云厨庫三門又云好事不如無尋常代語只一句爲什麽這裏却兩句前頭一句爲你略開一線路教你見若是箇漢聊聞舉著剔起便行他怕人滯在此又云好事不如無依前與你掃却如今人纔聞舉著光明便去瞠眼云那裏是厨庫那裏是三門且得沒交涉所以道識取鉤頭意莫認定盤星此事不在眼上亦不在境上須是絶知見忘得失淨躶躶赤灑灑各各當人分上究取始得雲門云日裏來往日裏辨人忽然半夜無日月燈光曾到處則故是未曾到處取一件物還取得麽參同契云當明中有暗勿以暗相覩當暗中有明勿以明相遇若坐斷明暗且道是箇什麽所以道心花發明照十方刹盤山云光非照境境亦非存光境俱忘復是何物又云即此見聞非見聞無餘聲色可呈君箇中若了全無事體用何妨分不分但會取末後一句了却去前頭游戲畢竟不在裏頭作活計古人道以無住本立一切法不得去這裏弄光影弄精魂又不得作無事會古人道寧可起有見如須彌山不可起無見如芥子許二乘人多偏墜此見雪竇頌云

自照列孤明（森羅萬象賓主交參捩轉鼻孔瞎漢作什麽）爲君通一線（何止一線十日並照放一線道即得）花謝樹無影（打葛藤有什麽了期向什麽處摸索黑漆桶裏盛黑汁）看時誰不見（瞎不可總扶籬摸壁兩瞎三瞎）見不見（兩頭俱坐斷瞎）倒騎牛兮入佛殿（中三門合掌還我話頭來打云向什麽處去也雪竇也只向鬼窟裏作活計還會麽半夜日頭出日午打三更）

自照列孤明自家脚跟下本有此一段光明只是尋常用得暗所以雲門大師與你羅列此光明在你面前且作麽生是諸人光明厨庫三門此是雲門列孤明處也盤山道心月孤圓光呑萬象這箇便是眞常獨露然後與君通一線亦怕人著在厨庫三門處厨庫三門則且從却朝花亦謝樹亦無影日又落月又暗盡乾坤大地黑漫漫地諸人還見麽看時誰不見且道是誰不見到這裏當明中有暗暗中有明皆如前後步自可見雪竇道見不見須好事不如無合見又不見合明又不明倒騎牛兮入佛殿入黑漆桶裏去也須是你自騎牛入佛殿看道是箇什麽道理

垂示云明眼漢沒窠臼有時孤峰頂上草漫漫有時鬧市裏頭赤灑灑忽若忿怒那吒現三頭六臂忽若日面月面放普攝慈光於一塵現一切身爲隨類人和泥合水忽若撥著向上竅佛眼也覷不著設使千聖出頭來也須倒退三千里還有同得同證者麽試舉看

舉雲門示衆云藥病相治（一合相不可得）盡大地是藥（苦瓠連根苦擺向一邊）那箇是自己（甜瓜徹蒂甜那裏得這消息來）

治（澄之切攻理也音特）

雲門道藥病相治盡大地是藥那箇是自己諸人還有出身處麽二六時中管取壁立千仞德山棒如雨點臨濟喝似雷奔則且置釋迦自釋迦彌勒自彌勒未知落處者往往喚作藥病相投會去世尊四十九年三百餘會應機設教皆是應病與藥如將蜜果換苦葫蘆相似既淘汰諸人業根令灑灑落落盡大地是藥你向什麽處插觜若插得觜許你有

轉身吐氣處便親見雲門你若回顧躊躇管取插觜不得雲門在你脚跟底藥病相治也只是尋常語論你若著有與你說無你若著無與你說有你若著不有不無與你去糞埽堆上現丈六金身頭出頭沒只如今盡大地森羅萬象乃至自己一時是藥當恁麽時却喚那箇是自己你一向喚作藥彌勒佛下生也未夢見雲門在畢竟如何識取鈎頭意莫認定盤星文殊一日令善財去採藥云是藥者採將來善財徧採無不是藥却來白云無不是藥者文殊云是藥者採將來善財乃拈一枝草度與文殊文殊提起示衆云此藥亦能殺人亦能活人此藥病相治話最難看雲門室中尋常用接人金鵞長老一日訪雪竇他是箇作家乃臨濟下尊宿與雪竇論此藥病相治話一夜至天光方能盡善到這裏學解思量計較總使不著雪竇後有頌送他道藥病相治見最難萬重關鎖太無端金鵞道者來相訪學海波瀾一夜乾雪竇後面頌得最有工夫他意亦在賓亦在主自可見也頌云

盡大地是藥（教誰辨的撒沙撒土價高處著）古今何太錯（言中有響一筆勾下咄）閉門不造車（大小雪竇爲衆竭力禍出私門坦蕩不掛一絲毫阿誰有閑工夫向鬼窟裏作活計）通途自廖廓（脚下便入草上馬見路信手拈來不妨奇特）錯錯（雙劍倚空飛一箭落雙鵰）鼻孔遼天亦穿却（頭落也打云穿却了也）

盡大地是藥古今何太錯你若喚作藥會自古自今一時錯了也雪竇云有般漢不解截斷大梅脚跟只管道貪程太速他解截雲門脚跟爲雲門這一句惑亂天下人雲門云拄杖子是浪許你七縱八橫盡大地是浪看你頭出頭沒閉門不造車通途自寥廓雪竇道爲你通一線路你若閉門造車出門合轍濟箇甚事我這裏閉門也不造車出門自然寥廓他這裏略露些子縫罅教人見又連忙却道錯錯前頭也錯後頭也錯誰知雪竇開一線路也是錯既然鼻孔遼天爲什麽也穿却要會麽且參三十年你有拄杖子我與你拄杖子你若無拄杖子不免被人穿却鼻孔

垂示云門庭施設且恁麽破二作三入理深談也須是七穿八穴當機敲點擊碎金鎖玄關據令而行直得掃蹤滅跡且道誵訛在什麽處具頂門眼者請試舉看

舉玄沙示衆云諸方老宿盡道接物利生（隨分開個鋪席隨家豐儉）忽遇三種病人來作麽生接（打草只要蛇驚山僧直得目瞪口呿當取倒退三千里）患盲者拈槌竪拂他又不見（端的瞎是則接物利生未必不見在）患聾者語言三昧他又不聞（端的聾是則接物利生未必聾在是那箇未聞在）患啞者教伊說又說不得（端的啞是則接物利生未必啞在是那箇未說在）且作麽生接若接此人不得佛法無靈驗（誠哉是言山僧拱手歸降已接了也便打）僧請益雲門（也要諸方共知著）雲門云汝禮拜著（風行草偃咄）僧禮拜起（這僧拗折拄杖子也）雲門以拄杖挃僧退後門云汝不是患盲（端的瞎莫道這僧患盲好）復喚近前來僧近前（第二杓惡水澆觀音來也當時好與一喝）門云汝不是患聾（端的聾莫道這僧患聾好）門乃云還會麽（何不與本分草料當時好莫作聲）僧云不會（兩重公案蒼天蒼天）門云汝不是患啞（端的啞口吧吧地莫道這僧啞好）僧於此有省（賊過後張弓討什麽碗）

玄沙叅到絕情塵意想淨躶躶赤灑灑地處

方解恁麼道是時諸方列刹相望尋常示衆道諸方老宿盡道接物利生忽遇三種病人來時作麼生接患盲者拈槌竪拂他又不見患聾者語言三昧他又不聞患啞者教他說又說不得且作麼生接若接此人不得佛法無靈驗如今人若作盲聾瘖啞會卒摸索不著所以道莫向句中死却須是會他玄沙意始得玄沙常以此語接人有僧久在玄沙處一日上堂出問和尚云三種病人話還許學人說道理也無玄沙云許僧便珍重下去沙云不是不是這僧會得他玄沙意後來法眼云我聞地藏和尚舉這僧語方會三種病人話若道這僧不會法眼爲什麼却恁麼道若道他會玄沙爲什麼却道不是不是一日地藏道某甲聞和尚有三種病人話是否沙云是藏云桂琛現有眼耳鼻舌和尚作麼生接玄沙便休去若會得玄沙意豈在言句上他會底自然殊别後有僧舉似雲門門便會他意云汝禮拜著僧禮拜起門以拄杖挃這僧退後門云汝不是患盲復喚近前來僧近前門云汝不是患聾乃云會麼僧云不會門云汝不是患啞其僧於此有省當時若是箇漢等他道禮拜著便與掀倒禪牀豈見有許多葛藤且道雲門與玄沙會處是同是别他兩人會處都只一般看佗古人出來作千萬種方便意在鈎頭上多少苦口只令諸人各各明此一段事五祖老師云一人說得却不會一人却會說不得二人若來參如何辨得他若辨這兩人不得管取爲人解粘去縛不得在若辨得纔見入門我便著草鞋向你肚裏走幾遭了也猶自不省討什麼碗出去且莫作盲聾瘖啞會好若恁麼計較所以道眼見色如盲等耳聞聲如聾等又道滿眼不視色滿耳不聞聲文殊常觸目觀音塞耳根到這裏眼見如盲相似耳聞如聾相似方能與玄沙意不爭多諸人還識盲聾瘖啞底漢子落處麼看取雪竇頌云

盲聾瘖啞（已在言前三竅俱明已做一段了也）杳絕機宜（向什麼處摸索還做計較得麼有什麼交涉天上天下正理自由我也恁麼）堪笑堪悲（笑箇什麼悲箇什麼半明半暗）離婁不辨正色（瞎漢巧匠不留朕跡斫的[illegible]）師曠豈識玄絲（瞎漢大[illegible]之賞端的[illegible]）爭如獨坐虛窻下（須是恁麼始得莫向鬼窟裏作活計一時打破漆桶）葉落花開自有時（即今什麼時節切[illegible]無事會今日也從朝至暮明日也從朝至暮）復云還會也無（重說偈言）無孔鐵鎚（自領出去可借放過便打）

離婁（莊子天地篇作離朱）**玄絲**（一作[illegible]）

盲聾瘖啞杳絕機宜盡你見與不見聞與不聞說與不說雪竇一時與你掃却了也直得盲聾瘖啞見解機宜計較一時杳絕總用不著這箇向上事可謂眞盲眞聾眞啞無機無宜天上天下堪笑堪悲雪竇一手擡一手搦且道笑箇什麼悲箇什麼堪笑是啞却不啞是聾却不聾堪悲明明不盲却盲明明不聾却聾離婁不辨正色不能辨青黃赤白正是瞎離婁黃帝時人百步外能見秋毫之末其目甚明黃帝游於赤水沉珠令離朱尋之不見令契詬尋之亦不得後令象罔尋之方獲之故云象罔到時光燦爛離婁行處浪滔天這箇高處一著直是離婁之目亦辨他正色不得師曠豈識玄絲周時絳州晉景公之子師曠字子野（一云晉平公之樂太師也）善别五音六律隔

山聞蟻鬬時晉與楚爭霸師曠唯鼓琴撥動風絃知戰楚必無功雖然如是雪竇道他尚未識玄絲在不聾却是聾底人這箇高處玄音直是師曠亦識不得雪竇道我亦不作離婁亦不作師曠爭如獨坐虛窗下葉落花開自有時若到此境界雖然見似不見聞似不聞說似不說饑卽喫飯困卽打眠任從葉落花開葉落時是秋花開時是春各各自有時節雪竇與你一時掃蕩了也又放一線道云還會也無雪竇力盡神疲只道得箇無孔鐵鎚這一句急著眼看方見若擬議又蹉過師舉拂子云還見麼遂敲禪牀一下云還聞麼下禪牀云還說得麼去象罔（一作罔象）

垂示云通身是眼見不到通身是耳聞不及通身是口說不著通身是心鑒不出通身卽且止忽若無眼作麼生見無耳作麼生聞無口作麼生說無心作麼生鑒若向箇裏撥轉得一線道便與古佛同參參則且止且道參箇什麼人

舉雲巖問道吾大悲菩薩用許多手眼作什麼（當時好與本分草料你尋常走上走下作什麼闍黎問作什麼）吾云如人夜半背手摸枕子（何不用本分草料一盲引衆盲）巖云我會也（將錯就錯賺殺一船人同坑無異土未免傷鋒犯手）吾云汝作麼生會（何勞更問也要問過好與一撥）巖云徧身是手眼（有什麼交涉鬼窟裏作活計泥裏洗土塊）吾云道卽太煞道只道得八成（同坑無異土奴見婢慇懃癩兒牽伴）巖云師兄作麼生（取人處分爭得也好與一撥）吾云通身是手眼（點跳不出斗換却你眼睛移却舌頭還得十成也未喚爹作爺）

雲巖與道吾同參藥山四十年脇不著席藥山出曹洞一宗有三人法道盛行雲巖下洞山道吾下石霜船子下夾山大悲菩薩有八萬四千母陀羅臂大悲有許多手眼諸人還有也無百丈云一切語言文字俱皆宛轉歸於自己雲巖常隨道吾咨參決擇一日問他道大悲菩薩用許多手眼作什麼當初好與他劈脊便棒免見後有許多葛藤道吾慈悲不能如此却與他說道理意要教他便會却道如人夜半背手摸枕子當深夜無燈光時將手摸枕子且道眼在什麼處他便道我會也吾云汝作麼生會巖云徧身是手眼吾云道卽太煞道只道得八成巖云師兄又作麼生吾云通身是手眼且道徧身是底是通身是底是雖似爛泥却脫灑如今人多去作情解道徧身底不是通身底是只管咬他古人言句於古人言下死了殊不知古人意不在言句上此皆是事不獲已而用之如今下江却立格則道若透得此公案便作罷參會以手摸渾身摸燈籠露柱盡作通身話會若恁麼會壞他古人不少所以道他參活句不參死句須是絕情塵意想淨躶躶赤灑灑地方可見得大悲話不見曹山問僧應物現形如水中月時如何僧云如驢覷井山云道卽煞道只道得八成僧云和尚又作麼生山云如井覷驢便同此意也你若去語上見總出道吾雲巖圈繢不得雪竇作家更不向句下死直向頭上行頌云

徧身是（四肢八節未是衲僧極則處）通身是（頂門上有半邊猶在窠窟裏話）拈來猶較十萬里（放過則不可何止十萬里）展翅鵬騰六合雲（些子境界將謂奇特點）搏風鼓蕩四溟水（些子塵埃將謂天下人不奈你何過）是何埃壒兮忽生（重爲

禪人下注脚斬拈却著那裏截那箇毫氂兮未止別別吹散了也君不見又恁麼去網珠垂範影重重大小大雪竇作這箇去就可惜許依舊打葛藤棒頭手眼從何起咄賊過後張弓放你不得盡大地人無出氣處放得又須喫棒又打咄云且道山僧底是雪竇底是咄三喝四喝後作麼生[二五]

徧身是通身是若道背手摸枕子底便是以手摸身底便是若作恁麼見解盡向鬼窟裏作活計畢竟徧身通身都不是若要以情識去見他大悲話直是猶較十萬里雪竇弄得一句活道拈來猶較十萬里後句頌雲巖道吾奇特處云展翅鵬騰六合雲搏風鼓蕩四溟水大鵬吞龍以翼搏風鼓浪其水開三千里遂取龍吞之雪竇道你若大鵬能搏風鼓浪也太煞雄壯若以大悲千手眼觀之只是些子塵埃忽生相似又似一毫氂風吹未止相似雪竇道你若以手摸身用作手眼堪作何用於此大悲話上直是未在所以道是何埃壒兮忽生那箇毫氂兮未止雪竇自謂作家一時拂迹了也爭柰後面依舊漏逗說箇喻子依前只在圈繢裏君不見網珠垂範影重重雪竇引帝網明珠以用垂範手眼且道落在什麼處華嚴宗中立四法界一理法界明一味平等故二事法界明全理成事故三理事無礙法界明理事相融大小無礙故四事事無礙法界明一事徧入一切事一切事徧攝一切事同時交參無礙故所以道一塵纔舉大地全收一一塵含無邊法界一塵既爾諸塵亦然網珠者乃天帝釋善法堂前以摩尼珠為網凡一珠中映現百千珠而百千珠俱現一珠中交映重重主伴無盡此用明事事無礙法界也昔賢首國師立為鏡燈喻圓列十鏡中設一燈若看東鏡則九鏡燈歷然齊現若看南鏡則鏡鏡如然所以世尊初成正覺不離菩提道場而徧昇忉利諸天乃至於一切處七處九會說華嚴經雪竇以[二六]帝網珠垂示事事無礙法界然六相義甚明白即總即別即同即異即成即壞舉一相則六相俱該但為衆生日用而不知雪竇拈帝網明珠垂範況此大悲話直是如此你若善能向此珠網中明得拄杖子神通妙用出入無礙方可見得手眼所以雪竇云棒頭手眼從何起教你棒頭取證喝下承當只如德山入門便棒臨濟入門便喝且道手眼在什麼處且道雪竇末後為什麼更著箇咄字參

垂示云聲前一句千聖不傳面前一絲長時無間淨裸裸赤灑灑頭鬔鬆耳卓朔且道作麼生試舉看

舉僧問智門如何是般若體通身無影象坐斷天下人舌頭用體作什麼門云蚌含明月光吞萬象即且止棒頭正眼事如何曲不藏直雪上加霜又一重僧云如何是般若用倒退三千里要用作什麼門云兎子懷胎喻苦瓠連根苦甜瓜徹蔕甜向光影中作活計不出智門窠窟若有箇出來且道是般若體是般若用且要土上加泥

智門道蚌含明月兎子懷胎都用中秋意雖然如此古人意却不在蚌兎上[二七]他是雲門會下尊宿一句語須具三句所謂函蓋乾坤句截斷衆流句隨波逐浪句亦不消安排自然恰好便去嶮處答這僧話略露些子鋒鋩不妨奇特雖然恁麼他古人終不去弄光影只

與你指些路頭教人見這僧問如何是般若體智門云蚌含明月漢江出蚌蚌中有明珠到中秋月出蚌於水面浮開口含月光感而產珠合浦珠是也若中秋有月則珠多無月則珠少如何是般若用門云兎子懷胎此意亦無異兎屬陰中秋月生開口吞其光便乃懷胎口中產兒亦是有月則多無月則少他古人答處無許多事他只借其意而答般若光也雖然恁麼他意不在言句上自是後人去言句上作活計不見盤山道心月孤圓光吞萬象光非照境境亦非存光境俱亡復是何物如今人但瞠眼喚作光只去情上生解空裏釘橛古人道汝等諸人六根門頭晝夜放大光明照破山河大地不只止眼根放光鼻舌身意亦皆放光也到這裏直須打疊六根下無一星事淨裸裸赤灑灑地方見此話落處雪竇正恁麼頌出

一片虛凝絕謂情（擬心即差動念即隔佛眼也覻不見）人天從此見空生（須菩提好與三十棒用這老漢作什麼設使須菩提也倒退三千里）蚌含玄兎深深意（也須是當人始得有什麼意何須更用深深意）曾與禪家作戰爭（干戈已息天下太平還會塵打云闍黎喫得多少）

一片虛凝絕謂情雪竇一句便頌得好自然見得古人意六根湛然是箇什麼只這一片虛明凝寂不消去天上討也不必向別人求自然常光現前是處壁立千仞謂情即是絕言謂情塵也法眼圓成實性頌云理極忘情謂如何得喻齊到頭霜夜月任運落前溪果熟兼猿重山遙似路迷擧頭殘照在元是住居西所以道心是根法是塵兩種猶如鏡上痕痕垢盡時光始現心法雙忘性即眞又道三間茅屋從來住一道神光萬境閑莫把是非來辨我浮生穿鑿不相關只此頌亦見一片虛凝絕謂情也人天從此見空生不見須菩提巖中宴坐諸天雨花讚歎尊者云空中雨花讚歎復是何人天云我是梵天尊者云汝云何讚歎天云我重尊者善說般若波羅蜜多尊者云我於般若未嘗說一字汝云何讚歎天云尊者無說我乃無聞無說無聞是眞般若又復動地雨花看他須菩提善說般若且不說體用若於此見得便可見智門道蚌含明月兎子懷胎古人意雖不在言句上爭柰答處有深深之旨惹得雪竇道蚌含玄兎深深意到這裏曾與禪家作戰爭天下禪和子鬧浩浩地商量未嘗有一人夢見在若要與智門雪竇同叅也須是自著眼始得

佛果圜悟禪師碧巖集卷第九

佛果圜悟禪師碧巖集卷第十　鴈十

秣陵遠庵吳自弘校

天界比丘性湛　閱

垂示云超情離見去縛解粘提起向上宗乘扶豎正法眼藏也須十方齊應八面玲瓏直到恁麼田地且道還有同得同證同死同生底麼試舉看

舉鹽官一日喚侍者與我將犀牛扇子來（打葛藤不少何似這箇好消息）侍者云扇子破也（可惜許好箇消息道什麼）鹽官云扇子既破還我犀牛兒來（竭逞不少幽州猶自可最苦是新羅和尚用犀牛兒作什麼）侍者無對（果然是箇無孔鐵鎚可惜許）投子云不辭將出恐頭角不全（似則似爭奈兩頭三面也是說道理）雪竇拈云我要不全底頭角（將錯就錯堪作何用）石霜云若還和尚即無也（道什麼撞著鼻孔）雪竇拈云犀牛兒猶在（嶮泊乎錯認收頭去）資福畫一圓相於中書一牛字（草裏不勞拈出弄影漢）雪竇拈云適來為什麼不將出（金鍮不辨也是草裏漢）保福云和尚年尊別請人好（僻地裏罵官人辭辛道苦作什麼）雪竇拈云可惜勞而無功（兼身在內也好與三十棒灼然）

鹽官一日喚侍者與我將犀牛扇子來此事雖不在言句上且要驗人平生意氣作略又須得如此藉言而顯於臘月三十日著得力作得主萬境縱然覩之不動可謂無功之功無力之力鹽官乃齊安禪師古時以犀牛角為扇時鹽官豈不知犀牛扇子破故問侍者侍者云扇子破也看他古人十二時中常在裏許撞著磕著鹽官云扇子既破還我犀牛兒來且道他要犀牛兒作什麼也只要驗人知得落處也無投子云不辭將出恐頭角不全雪竇云我要不全底頭角亦向句下便投機石霜云若還和尚即無也雪竇云犀牛兒猶在資福畫一圓相於中書一牛字為他承嗣仰山平生愛以境致接人明此事雪竇云適來為什麼不將出又穿他鼻孔了也保福云和尚年尊別請人好此語道得穩當前二則語却易見此一句語有遠意雪竇亦打破了也山僧舊日在慶藏主處理會道和尚年尊老耄得頭忘尾適來索扇子如今索犀牛兒難為執侍故云別請人好雪竇云可惜勞而無功此皆是下語格式古人見徹此事各各雖不同道得出來百發百中須有出身之路句句不失血脈如今人問著只管作道理計較所以十二時中要人咬嚼教滴水滴凍求箇證悟處看他雪竇頌一串云

犀牛扇子用多時（遇夏則涼遇冬則煖人人具足為甚不知阿誰不曾用）問著元來總不知（知則知會則不會莫瞞人好也怪別人不得）無限清風與頭角（在什麼處不向自已上會向什麼處會天上天下頭角重生是什麼無風起浪）盡同雲雨去難追（蒼天蒼天也是失錢遭罪）雪竇復云若要清風再復頭角重生（人人有箇犀牛扇子十二時中全得他力因什麼問著總不知還道得麼）請禪客各下一轉語（鹽官猶在三轉了也）問云扇子既破還我犀牛兒來（也有一箇半箇咄也好推倒禪牀）時有僧出云大眾參堂去（賊過後張弓誠奪却搶前不搆村後不迭店）雪竇喝云拋鉤釣鯤鯨釣得箇蝦蟆便下座（招得他恁麼地賊過後張弓佛果自徵此語云又且問你諸人這僧道大眾參堂去是會不會若是不會爭解恁麼道若道會時雪竇又道拋鉤釣鯤鯨只釣得箇蝦蟆便下座且道誵訛在什麼處試請參詳看）

犀牛扇子用多時問著元來總不知人人有箇犀牛扇子十二時中全得他力為什麼問

著總不知去著侍者投子乃至保福亦總不知且道雪竇還知麼不見無著訪文殊喫茶次文殊舉起玻璃盞子云南方還有這箇麼著云無殊云尋常用什麼喫茶著無語若知得這箇公案落處便知得犀牛扇子有無限清風亦見犀牛頭角崢嶸四箇老漢恁麼道如朝雲暮雨一去難追雪竇復云若要清風再復頭角重生請禪客各下一轉語問云扇子既破還我犀牛兒來時有一禪客出云大衆參堂去這僧奪得主家權柄道得也煞道只道得八成若要十成便與掀倒禪牀你且道這僧會犀牛兒不會若不會却解恁麼道若會雪竇因何不肯伊爲什麼道抛鉤釣鯤鯨只釣得箇蝦蟇且道畢竟作麼生諸人無事試拈掇看

垂示云動絃別曲千載難逢見兎放鷹一時取俊總一切語言爲一句攝大千沙界爲一塵同死同生七穿八穴還有證據者麼試舉看

舉世尊一日陞座（賓主俱失不是一回漏逗）文殊白槌云諦觀法王法法王法如是（一子親得）世尊便下座（愁人莫向愁人說說向愁人愁殺人打鼓弄琵琶相逢兩會家）

世尊未拈花已前早有這箇消息始從鹿野苑終至拔提河幾曾用著金剛王寶劒當時衆中若有衲僧氣息底漢逴得去免得他末後拈花一場狼籍世尊良久間被文殊一拶（麗十四）便下座那時也有這箇消息釋迦掩室淨名杜口皆似此這箇則已說了也如肅宗問忠國師造無縫塔話又如外道問佛不問有言不問無言之語看佗向上人行履幾曾入鬼窟裏作活計有者道意在默然處有者道在良久處有言明無語底事無言明有言底事永嘉道默時說說時默總恁麼會三生六十劫也未夢見在你若便直下承當得去更不見有凡有聖是法平等無有高下日日與三世諸佛把手共行後面看雪竇自然見得頌出

列聖叢中作者知（莫謗釋迦老子好還佗臨濟德山千箇萬箇中難得一箇半箇）法王法令不如斯（隨他走底如麻似粟三頭兩面灼然能有幾人到這裏）會中若有仙陀客（就中難得伶俐人文殊不是作家闍黎定不是）何必文殊下一槌（更下一槌又何妨第二第三槌總不要當機一句作麼生道喻）

列聖叢中作者知靈山八萬大衆皆是列聖文殊普賢乃至彌勒主伴同會須是巧中之巧奇中之奇方知他落處雪竇意謂列聖叢中無一箇人知有若有箇作家者方知不恁（麗十五）麼何故文殊白槌云諦觀法王法法王法如是雪竇道法王法令不如斯何故如此當時會中若有箇漢頂門具眼肘後有符向世尊未陞座已前覷得破更何必文殊白槌涅槃經云仙陀婆一名四實一者鹽二者水三者器四者馬有一智臣善會四義王若欲灑洗要仙陀婆臣卽奉水食索奉鹽食訖奉器飲漿欲出奉馬隨意應用無差灼然須是箇伶俐漢始得只如僧問香嚴如何是王索仙陀婆嚴云過這邊來僧過嚴云鈍置殺人又問趙州如何是王索仙陀婆州下禪牀曲躬叉手當時若有箇仙陀婆向世尊未陞座已前透去猶較些子世尊更陞座便下去已是不著便了也那堪文殊更白槌不妨鈍置他世

尊一上提唱且作麼生是鈍置處

舉僧問大光長慶道因齋慶讚意旨如何（重光這漆桶不妨疑著不問不知來）大光作舞（莫賺殺人依舊從前恁麼）僧禮拜（又恁麼去也是則是只恐錯會）光云見箇什麼便禮拜（也好一拶須辨過始得）僧作舞（依樣畫貓兒果然錯會弄光影漢）光云這野狐精（此恩難報三十二祖只傳這箇）

西天四七唐土二三只傳這箇些子諸人還知落處麼若知免得此過若不知依舊只是野狐精有者道是換轉他鼻孔來瞞人若真箇恁麼成何道理大光善能爲人他句中有出身之路大凡宗師須與人抽釘拔楔去粘解縛方謂之善知識大光作舞這僧禮拜末後僧却作舞大光云這野狐精不是轉這僧畢竟不知的當你只管作舞遞相恁麼到幾時得休歇去大光道野狐精此語截斷金牛不妨奇特所以道他叅活句不叅死句雪竇只愛他道這野狐精所以頌出且道這野狐精與藏頭白海頭黑是同是別這漆桶又道好師僧且道是同是別還知麼觸處逢渠雪竇頌云

前箭猶輕後箭深（百發百中向什麼處迴避）誰云黃葉是黃金（且作止啼瞞得小兒也無用處）曹溪波浪如相似（弄泥團漢有什麼限依樣畫貓兒放行一路）無限平人被陸沉（過著活底人帶累天下衲僧摸索不著帶累闍黎出頭不得）

前箭猶輕後箭深大光作舞是前箭復云這野狐精是後箭此是從上來爪牙誰云黃葉是黃金仰山示衆云汝等諸人各自回光返照莫記吾言汝等無始刼來背明投暗妄想根深卒難頓拔所以假設方便奪汝麤識如將黃葉止小兒啼如將蜜果換苦葫蘆相似古人權設方便爲人及其啼止黃葉非金世尊說一代時教也只是止啼之說這野狐精只要換他業識於中也有權實也有照用方見有衲僧巴鼻若會得如虎插翼曹溪波浪如相似儻忽四方八面學者只管大家如此作舞一向恁麼無限平人被陸沉有什麼救處

垂示云聲前一句千聖不傳面前一絲長時無間淨躶躶赤灑灑露地白牛眼卓朔耳卓朔金毛獅子則且置且道作麼生是露地白牛

舉楞嚴經云吾不見時何不見吾不見之處（好箇消息用見作什麼釋迦老子漏逗不少）若見不見自然非彼不見之相（咄有甚閑工夫不可教山僧作兩頭三面去也）若不見吾不見之地（向什麼處去也釘鐵橛相似咄）自然非物（按牛頭喫草更說什麼口頭聲色）云何非汝（說你說我總沒交涉打云還見釋迦老子麼爭奈古人不肯承當打云脚跟下自家看取還會麼）

楞嚴經云吾不見時何不見吾不見之處若見不見自然非彼不見之相若不見吾不見之地自然非物云何非汝雪竇到此引經文不盡全引則可見經云若見是物則汝亦可見吾之見若同見者名爲見吾吾不見時何不見吾不見之處若見不見自然非彼不見之相若不見吾不見之地自然非物云何非汝辭多不錄阿難意道世界燈籠露柱皆可有名亦要世尊指出此妙精元明喚作什麼物教我見佛意世尊云我見香臺阿難云我亦見香臺卽是佛見世尊云我見香臺則可知我若不見香臺時你作麼生見阿難云我不見香臺時卽是見佛佛云我云不見自是

我知汝云不見自是汝知他人不見處你如何得知古人云到這裏只可自知與人說不得只如世尊道吾不見時何不見吾不見之處若見不見自然非彼不見之相若不見吾不見之地自然非物云何非汝若道認見為有物未能拂迹吾不見時如羚羊掛角聲響蹤跡氣息都絕你向什麼處摸索經意初縱破後奪破雪竇出教眼頌亦不須物亦不須見與不見直只頌見佛也

全象全牛翳不殊（半邊瞎漢半開半合扶籬摸壁作什麼一刀兩段）從來作者共名模（西天四七唐土二三天下老和尚如麻似粟猶自少在）如今要見黃頭老（出這老胡瞎漢在你脚跟下）剎剎塵塵在半途（脚跟下蹉過了也更教山僧說什麼驢年還曾夢見麼）

全象全牛翳不殊衆盲摸象各說異端出涅槃經僧問仰山和尚見人問禪問道便作一圓相於中書牛字意在於何仰山云這箇也是閑事忽若會得不從外來忽若不會決定不識我且問你諸方老宿於你身上指出那箇是你佛性為復語底是默底是莫是不語不默底是為復總是為復總不是你若認語底是如盲人摸著象尾若認默底是如盲人摸著象耳若認不語不默底是如盲人摸著象鼻若道物物都是如盲人摸著象四足若道總不是抛本象落在空見如是衆盲所見只於象上名邈差別你要好切莫摸象莫道見覺是亦莫道不是祖師云菩提本無樹明鏡亦無臺本來無一物爭得染塵埃又云道本無形相智慧即是道作此見解者是名真般若明眼人見象得其全體如佛見性亦然全牛者出莊子庖丁解牛未嘗見其全牛順理而解游刃自在更不須下手纔舉目時頭角蹄肉一時自解了如是十九年其刃利如新發於硎謂之全牛雖然如此奇特雪竇道縱使得如此全象全牛與眼中翳更不殊從來作者共名模直是作家也去裏頭摸索不著自從迦葉乃至西天此土祖師天下老和尚皆只是名模雪竇直截道如今要見黃頭老所以道要見即便見更要尋覓方見則千里萬里也黃頭老乃黃面老子也你如今要見剎剎塵塵在半途尋常道一塵一佛剎一葉一釋迦盡三千大千世界所有微塵只向一塵中見當恁麼時猶在半途那邊更有半途在且道在什麼處釋迦老子尚自不知教山僧作麼生說得

垂示云有佛處不得住住著頭角生無佛處急走過不走過草深一丈直饒淨躶躶赤灑灑事外無機機外無事未免守株待兔且道總不恁麼作麼生行履試舉看

舉長慶有時云寧說阿羅漢有三毒（焦穀不生芽）不說如來有二種語（已是謗釋迦老子了）不道如來無語（猶自顢頇早是七穿八穴）只是無二種語（周由者也說什麼第三第四種）保福云作麼生是如來語（好一授道什麼）慶云聾人爭得聞（望空啓告七花八裂）保福云情知你向第二頭道（爭瞞得明眼人換轉鼻孔何止第二頭）慶云作麼生是如來語（錯却較些子）保福云喫茶去（領復云還會麼蹉過了也）

長慶保福在雪峰會下常互相舉覺商量一日平常如此說話云寧說阿羅漢有三毒不說如來有二種語梵語阿羅漢此云殺賊以

功能彰名能斷九九八十一品煩惱諸漏已盡梵行已立此是無學阿羅漢位三毒卽是貪嗔癡根本煩惱八十一品尚自斷盡何況三毒長慶道寧說阿羅漢有三毒不說如來有二種語大意要顯如來無不實語法華經云唯此一事實餘二則非眞又云唯有一乘法無二亦無三世尊三百餘會觀機逗教應病與藥萬種千般說法畢竟無二種語他意到這裏諸人作麼生見得佛以一音演說法則不無長慶要且未夢見如來語在何故大似人說食終不能飽保福見他平地上說教遂問作麼生是如來語慶云聾人爭得聞這漢知他幾時在鬼窟裏作活計來也保福云情知你向第二頭道果中其言却問師兄作麼生是如來語福云喫茶去鎗頭倒被別人十一奪却了也大小長慶失錢遭罪且問諸人如來語還有幾箇須知恁麼見得方見這兩箇漢敗缺子細檢點將來盡合喫棒放一線道與他理會有底云保福道得是長慶道得不是只管隨語生解便道有得有失殊不知古人如擊石火似閃電光如今人不去他古人轉處看只管去句下走便道長慶當時不便用所以落第二頭保福云喫茶去便是第一頭若只恁麼看到彌勒下生也不見古人意若是作家終不作這般見解跳出這窠窟向上自有一條路你若道聾人爭得聞有什麼不是處保福云喫茶去有什麼是處轉沒交涉是故道他叅活句不叅死句這因緣與偏身是通身是因緣一般無你計較是非處須是你脚跟下淨躶躶地方見古人相見處五祖老師云如馬前相撲相似須是眼辨手親這箇公案若以正眼觀之俱無得失辨箇得失處分箇親踈長慶也須禮拜保福始得何故這箇些子巧處用得好如電轉星飛相似保福不妨牙上生牙爪上生爪頌云

頭兮第一第二（我王庫中無如是事古今㮇儸隨邪逐惡作什麼）

臥龍不鑒止水（同道方知）無處有月波澄（四海孤舟獨自行徒勞卜度討什麼椀）

有處無風浪起（㘞殺人還覺寒毛卓豎麼打云來也）

稜禪客稜禪客（勾賊破家鬧市裏莫出頭失錢遭罪）

三月禹門遭點額（退已讓人萬中無一只得飲氣呑聲）

頭兮第一第二人只管理會第一第二正是死水裏作活計這箇機巧你只作第一第二會且摸索不著在雪竇云臥龍不鑒止水死水裏豈有龍藏若是第一第二正是止水裏作活計須是洪波浩渺白浪滔天處方有龍藏正似前頭云澄潭不許蒼龍蟠十二不見道死水不藏龍又道臥龍長怖碧潭清所以道無龍處有月波澄風恬浪靜有龍處無風起浪大似保福道喫茶去正是無風起浪雪竇到這裏一時與你打疊情解頌了也佗有餘韻教成文理依前就裏頭著一隻眼也不妨奇特却道稜禪客稜禪客三月禹門遭點額長慶雖是透龍門底龍却被保福驀頭一點

擧趙州示衆三轉語（道什麼三段不同）

趙州示此三轉語了末後却云眞佛屋裏坐這一句忒煞郎當他古人出一隻眼垂手接人略借此語通箇消息要爲人你若一向正令全提法堂前草深一丈雪竇嫌他末後一句漏逗所以削去只須三句泥佛若渡水則爛却了也金佛若渡鑪中則鎔却了也木佛

若渡火便燒却了也有什麽難會雪竇一百則頌古計較葛藤唯此三頌直下有衲僧氣息只是這頌也不妨難會你若透得此三頌便許你罷叅

泥佛不渡水（浸爛鼻孔無風起浪）神光照天地（干他什麽事見兎放鷹）立雪如未休（十三 一人傳虛萬人傳實將錯就錯阿誰曾見你來）何人不雕僞（入寺看額二六時中走上走下是什麽闍黎便是）

泥佛不渡水神光照天地這一句頌分明了且道爲什麽却引神光二祖初生時神光燭室亘於霄漢又一夕神人現謂二祖曰何久於此汝當得道時至宜卽南之二祖以神遇逐名神光久居伊洛博及羣書每嘆曰孔老之教祖述風規近聞達磨大師住少林乃往彼晨夕叅叩達磨端坐面壁莫聞誨勵光自忖曰昔人求道敲骨出髓刺血濟飢布髮掩泥投崖飼虎古尚若此我又何如其年十二月九日夜大雪二祖立於砌下遲明積雪過膝達磨憫之曰汝立雪於此當求何事二祖悲淚曰惟願慈悲開甘露門廣度羣品達磨曰諸佛妙道曠劫精勤難行能行非忍而忍豈以小德小智輕心慢心欲冀眞乘無有是處二祖聞誨勵向道益切潛取利刀自斷左臂致於達磨前磨知是法器遂問曰汝立雪斷臂當爲何事二祖曰某甲心未安乞師安心磨曰將心來與汝安祖曰覔心了不可得達磨云與汝安心竟後達磨爲易其名曰慧可後接得三祖璨大師既傳法隱於舒州皖公山屬後周武帝破滅佛法沙汰僧師往來太湖縣司空山居無常處積十餘載無人知者宣律師高僧傳載二祖事不詳三祖傳云二祖妙法不傳於世賴值末後依前悟他當時立雪所以雪竇道立雪如未休何人不雕僞立雪若未休足恭諂詐之人皆效之一時只成雕僞則是諂詐之徒也雪竇頌泥佛不渡水爲什麽却引這因緣來用他叅得意根十四下無一星事淨躶躶地方頌得如此五祖尋常教人看此三頌豈不見洞山初和尚有頌示衆云五臺山上雲蒸飯古佛堂前狗尿天刹竿頭上煎䭔子三箇胡孫夜簸錢又杜順和尚道懷州牛喫禾益州馬腹脹天下覔醫人灸猪左膊上又傅大士頌云空手把鋤頭步行騎水牛人從橋上過橋流水不流又云石人機似汝也解唱巴歌汝若似石人雪曲應須和若會得此語便會他雪竇頌

金佛不渡鑪（燒却眉毛天上天下唯我獨尊）人來訪紫胡（又恁麽去也只恐喪身失命）牌中數箇字（不識字底猫兒也無話會處天下衲僧揷嘴不得只恐喪身失命）清風何處無（又恁麽去也頭上漫漫脚下漫漫又云來也）

金佛不渡鑪人來訪紫胡此一句亦頌了也爲什麽却引人來訪紫胡須是作家鑪鞴始得紫胡和尚山門立一牌牌中有字云紫胡有一狗上取人頭中取人腰下取人脚擬議則喪身失命凡見新到便喝云看狗僧纔回首紫胡便歸方丈且道爲什麽却咬趙州不得紫胡又一夕夜深於後架叫云捉賊捉賊黑地逢著一僧攔胸捉住云捉得也捉得也十五僧云和尚不是某甲胡云是則是只是不肯承當你若會得這話便許你咬殺一切人處清風凜凜若也未然牌中數箇字決定不柰何若要見他但透得盡方見頌云

木佛不渡火燒却了也惟我能知常思破竈墮東行西行有何不可癡兒牽伴杖子忽擊著在山僧手裏山僧不用人阿誰手裏無方知辜負我似你相似摸索不著有什麼用處蒼天蒼天二十年後始得寧可永劫沉淪不求諸聖解脫若向箇裏薦得未免辜負作麼生得不辜負去拄杖子未免在別人手裏

木佛不渡火常思破竈墮此一句亦頌了雪竇因此木佛不渡火常思破竈墮嵩山破竈墮和尚不稱姓字言行叵測隱居嵩山一日領徒入山塢間有廟甚靈殿中唯安一竈遠近祭祀不輟烹殺物命甚多師入廟中以拄杖敲竈三下云咄汝本塼土合成靈從何來聖從何起恁麼烹殺物命又乃擊三下竈乃自傾破墮落須臾有一人青衣峩冠忽然立師前設拜曰我乃竈神久受業報今日蒙師說無生法已脫此處生在天中特來致謝師曰汝本有之性非吾強言神再拜而沒侍者曰某甲等久參侍和尚未蒙指示竈神得何徑旨便乃生天師曰我只向伊道汝本塼土合成靈從何來聖從何起侍僧俱無對師云會麼僧云不會師云禮拜著僧禮拜師云破也破也墮也墮也侍者忽然大悟後有僧舉似安國師師歎云此子會盡物我一如竈神悟此則故是其僧乃五蘊成身亦云破也墮也二俱開悟且四大五蘊與塼瓦泥土是同是別既是如此雪竇為什麼道杖子忽擊著方知辜負我因甚却成箇辜負去只是未得拄杖子在且道雪竇頌木佛不渡火為什麼却引破竈墮公案老僧直截與你說他意只是絕得失情塵意想淨躶躶地自然見他親切處也

垂示云拈一放一未是作家舉一明三猶乖宗旨直得天地陡變四方絕唱雷奔電馳雲行雨驟傾湫倒嶽甕瀉盆傾也未提得一半在還有解轉天關能移地軸底麼試舉看

舉金剛經云若為人輕賤放一線道又且何妨是人先世罪業驢䭾馬載應墮惡道陷墮了也以今世人輕賤故酬本及末只得忍受先世罪業向什麼處摸索種穀不生豆苗則為消滅雪上加霜又一重如湯消冰

金剛經云若為人輕賤是人先世罪業應墮惡道以今世人輕賤故先世罪業則為消滅只據平常講究乃經中常論雪竇拈來頌這意欲打破教家鬼窟裏活計昭明太子科此一分為能淨業障教中大意說此經靈驗如此之人先世造地獄業為善力強未受以今世人輕賤故先世罪業則為消滅此經故能消無量劫來罪業轉重成輕轉輕不受復得佛果菩提據教家轉此二十餘張經便喚作持經有什麼交涉有底道經自有靈驗若恁麼你試將一卷放在閑處看他有感應也無法眼云證佛地者名持此經經中云一切諸佛及諸佛阿耨多羅三藐三菩提法皆從此經出且道喚什麼作此經莫是黃卷赤軸底是麼且莫錯認定盤星金剛喻於法體堅固故物不能壞利用故能摧一切物擬山則山摧擬海則海竭就喻彰名其法亦然此般若有三種一實相般若二觀照般若三文字般若實相般若者即是真智乃諸人腳跟下一段大事輝騰今古迥絕知見淨躶躶赤灑灑者是觀照般若者即是真境二六時中放光動地聞聲見色者是文字般若者即能詮文

字即如今說者聽者且道是般若不是般若古人道人人有一卷經又道手不執經卷常轉如是經若據此經靈驗何止轉重令輕轉輕不受設使敵聖功能未爲奇特不見龐居士聽講金剛經問座主曰俗人敢有小問不知如何主云有疑請問士云無我相無人相既無我人相教阿誰講阿誰聽座主無對却云某甲依文解義不知此意居士乃有頌云無我亦無人作麽有疎親勸君休歷座爭似直求眞金剛般若性外絕一纖塵我聞并信受總是假稱名此頌最好分明一時說了也圭峰科四句偈云凡所有相皆是虛妄若見諸相非相即見如來此四句偈義全同證佛地者名持此經又道若以色見我以音聲求我是人行邪道不能見如來[十八]此亦是四句偈但中間取其義全者僧問晦堂如何是四句偈晦堂云話墮也不知雪竇於此經上指出若有人持此經者即是諸人本地風光本來面目若據祖令當行本地風光本來面目亦斬爲三段三世諸佛十二分教不消一捏到這裏設使有萬種功能亦不能管得如今人只管轉經都不知是箇什麽道理只管道我一日轉得多少只認黃卷赤軸循行數墨殊不知全從自己本心上起造箇唯是轉處些子大珠和尚云向空屋裏堆數函經看他放光麽只以自家一念發底心是功德何故萬法皆出於自心一念是靈既靈即通既通即變古人道青青翠竹盡是眞如鬱鬱黃花無非般若若見得徹去即是眞如忽未見得且道作麽生喚作眞如華嚴經云若人欲了知三世一切佛應觀法界性一切唯心造你若識得去途境遇緣爲主爲宗若未能明得且伏聽處分雪竇出眼須大槩要明經靈驗也頌云

明珠在掌（上通霄漢下徹黃泉道什麽四邊諦龍八面玲瓏[十九]）有功者賞（多少分明隨他去也忽若無功時作麽生賞）胡漢不來（內外絕消息猶較些子）全無伎倆（展轉没交涉向什麽處摸索打破漆桶來相見）伎倆既無（休去歇去阿誰恁麽道）波旬失途（勘破了也這外道魔王尋蹤跡不見）瞿曇瞿曇（佛眼覷不見咄）識我也無（咄勘破了也）復云勘破了也（一棒一除痕已在言前）

明珠在掌有功者賞若有人持得此經有功驗者則以珠賞之他得此珠自然會用胡來胡現漢來漢現萬象森羅縱橫顯現此是有功勳法眼云證佛地者名持此經此兩句頌公案畢胡漢不來全無伎倆雪竇拶轉鼻孔也有胡漢來則教你現若忽胡漢俱不來時又且如何到這裏佛眼也覷不見且道是功勳是罪業是胡是漢直似羚羊掛角莫道聲響蹤跡氣息也無向什麽處摸索至使諸天捧花無路魔外潛覷無門是故洞山和尚一生住院土地神覓他蹤跡不見一日廚前拋撒米麪洞山起心曰常住物色何得作踐如此土地神遂得一見便禮拜雪竇道伎倆既無若到此無伎倆處波旬也教失途世尊以一切衆生爲赤子若有一人發心修行波旬宮殿爲之振烈他便來惱亂修行者雪竇道直饒波旬恁麽來也須教失却途路無近傍處雪竇更自點胸云瞿曇瞿曇識我也無莫是波旬任是佛來還識我也無釋迦老子尚自不見諸人向什麽處摸索復云勘破了也

且道是雪竇勘破瞿曇瞿曇勘破雪竇具眼者試定當看

垂示云一夏嘮嘮打葛藤幾乎絆倒五湖僧金剛寶劍當頭截始覺從來百不能且道作麼生是金剛寶劍眨上眉毛試請露鋒鋩看

舉天平和尚行脚時參西院常云莫道會佛法覓箇舉話人也無（漏逗不少這漢是則是爭奈靈龜曳尾）一日西院遥見召云從漪（繞鈎搭索了也）平舉頭（著兩重公案）西院云錯（也須是爐裏煅過始得劈腹剜心三要印開朱點窄未容擬議主賓分）平行三兩步（已是半前落後這漢泥裏洗土塊）西院又云錯（劈腹剜心人皆喚作兩重公案殊不知似水入水如金博金）平近前（依前不知落處展轉摸索不著）西院云適來這兩錯是西院錯是上座錯（前箭猶輕後箭深）平云從漪錯（錯認馬鞍橋喚作驢下頷似恁麼衲僧打殺千箇萬箇有什麼罪）西院云錯（雪上加霜）平休去（錯認定盤星果然不知落處徹蘇於鼻孔在別人手裏）西院云且在這裏過夏待共上座商量這兩錯（西院尋常脊梁硬似鐵當時何不提將出去）平當時便行（也似衲僧似則似是則未是）後住院謂衆云（貧兒思舊債也須是點過）我當初行脚時被業風吹到思明長老處連下兩錯更留我過夏待共我商量我不道恁麼時錯我發足向南方去時早知道錯了也（爭奈這兩錯何千錯萬錯爭奈沒交涉轉見郎當愁殺人）

思明先參大覺後承嗣前寶壽一日問踏破化城來時如何壽云利劍不斬死漢明云斬壽便打思明十四道斬壽十四打云這漢著甚死急將箇死屍抵他痛棒遂喝出其時有一僧問寶壽云適來問話底僧甚有道理和尚方便接他寶壽亦打趕出這僧且道寶壽亦趕這僧唯當道他說是說非且別有道理意作麼生後來俱承嗣寶壽思明一日出見南院院問云甚處來明云許州來院云將得什麼來明云將得箇江西剃刀獻與和尚院云既從許州來因甚却有江西剃刀思明以衣袖拂一拂院云侍者收取明云阿剌剌天平曾參焦山主本爲他到諸方參得些蘿蔔頭禪在肚皮裏到處便輕開大口道我會禪會道當云莫道會佛法覓箇舉話人也無屎臭氣薰人只管放輕薄且如諸佛未出世祖師未西來未有問答未有公案已前還有禪道麼古人事不獲已對機垂示後學喚作公案因世尊拈花迦葉微笑後來阿難問迦葉世尊傳金襴外別傳何法迦葉云阿難阿難應諾迦葉云倒却門前刹竿著只如未拈花阿難未問已前甚處得公案來只管被諸方冬瓜印子印定了便道我會佛法奇特莫教人知天平正如此被西院叫來連下兩錯直得周章惶怖分踈不下前不構村後不迭店有者道說箇西來意早錯了也殊不知西院這兩錯落處諸人且道落在什麼處所以道他參活句不參死句天平舉頭已是落二落三了也西院云錯他却不薦得當陽用處只道我肚皮裏有禪莫管他又行三兩步西院又云錯却依舊黑漫漫地天平近前西院云適來兩錯是西院錯是上座錯天平云從漪錯且喜沒交涉已是第七第八頭了也西院云且在這裏度夏待共上座商量這兩錯天平當時便行似則也似是則未是也不道他不是只是趕不上雖然如是却有些子衲僧氣息天平後住院謂衆云我當初行脚時被

業風吹到思明和尚處連下兩錯更留我度夏待共我商量我不道恁麼時錯我發足向南方去時早知道錯了也這漢也煞道只是落第七第八頭料掉沒交涉如今人聞他道發足向南方去時早知道錯了也便去卜度道未行脚時自無許多佛法禪道及至行脚被諸方熱瞞不可未行脚時喚地作天喚山作水幸無一星事若總恁麼作流俗見解何不買一片帽戴大家過時有什麼用處佛法不是這箇道理若論此事豈有許多般葛藤你若道我會他不會檐一檐禪走天下走被明眼人勘破一點也使不著雪竇正如此頌出

禪家流（滲桶一狀領過）愛輕薄（也有些子呵佛罵祖如麻似粟）滿肚參來用不著（只宜有用處方木不逗圓孔闍黎與他同參）堪悲堪笑天平老（天下衲僧跳不出[三五]不怕旁人攢眉也得人笑問）却謂當初悔行脚（未行脚已前錯了也踏破草鞋堪作何用一草勾下）錯錯（是什麼雪竇已錯下名言了也）西院清風頓銷鑠（西院在什麼處何似生莫道西院三世諸佛天下老和尚亦須倒退三千始得於斯會得許你天下橫行）復云忽有箇衲僧出云錯（一狀領過猶較

（些子）雪竇錯何似天平錯（西院又出世據款結案總沒交涉且道畢竟如何打云錯）禪家流愛輕薄滿肚參來用不著這漢會則會只是用不得尋常目視雲霄道他會得多少禪及至向烘鑪裏纔烹元來一點使不著五祖先師道有一般人參禪如琉璃瓶裏搗餻糕相似更動轉不得抖擻不出觸著便破若要活鱍鱍地但參皮殼漏子禪直向高山上撲將下來亦不破亦不壞古人道設使言前薦得猶是滯殼迷封直饒句下精通未免觸途狂見堪悲堪笑天平老却謂當初悔行脚雪竇道堪悲他對人說不出堪笑他會一肚皮禪更使些子不著錯這兩錯有者道天平不會是錯又有底道無語底是錯有什麼交涉殊不知這兩錯如擊石火似閃電光是他向上人行履處如仗劍斬人直取人咽喉命根方斷若向此劍刃上行得便七縱八橫若會得兩錯便可以見西院清風頓銷鑠雪竇上堂舉此話意道錯我且問你雪竇這兩錯何似天平錯且參三十年

垂示云龍吟霧起虎嘯風生出世宗猷金玉相振通方作略箭鋒相拄徧界不藏遠近齊彰古今明辨且道是什麼人境界試舉看

舉肅宗帝問忠國師如何是十身調御（作家君王大唐天子也合知恁麼頭上捲輪冠脚下無憂履）國師云檀越踏毗盧頂上行（須彌那畔把手共行猶有這箇在）[三四]帝云寡人不會（何不領話可惜許好彩不分付帝當時便喝更用會作什麼）國師云莫認自己清淨法身（雖然葛藤却有出身處酔後郎當愁殺人）

肅宗皇帝在東宮時已參忠國師後來卽位敬之愈篤出入迎送躬自捧車輦一日致箇問端來問國師云如何是十身調御師云檀越踏毗盧頂上行國師平生一條脊梁骨硬如生鐵及至帝王面前如爛泥相似雖然答得廉纖却有箇好處他道你要會得檀越須是向毗盧頂顛上行始得他却不薦更道寡人不會國師後面忒煞郎當落草更注頭上底一句云莫錯認自己清淨法身所謂人人具足箇箇圓成看他一放一收八面受敵不見道善為師者應機設教看風使帆若只僻

守一隅豈能回互看他黃檗老善能接人遇著臨濟三回便痛施六十棒臨濟當下便會去及至爲裴相國葛藤忒煞此豈不是善爲人師忠國師善巧方便接肅宗帝葢爲他有八面受敵底手段十身調御者即是十種他受用身法報化三身即法身也何故報化非眞佛亦非說法者據法身則一片虛凝靈明寂照太原孚上座在揚州光孝寺講涅槃經有游方僧即夾山典座在寺阻雪因往聽講講至三因佛性三德法身廣談法身妙理典座忽然失笑孚乃目顧講罷令請禪者問云某素智狹劣依文解義適來講次見上人失笑某必有所短之處請上人說典座云座主不問即不敢說座主既問則不可不言某實是笑座主不識法身孚云如此解說何處不是典座云請座主更說一徧孚曰法身之理猶若太虛竪窮三際橫亘十方彌綸八極包括二儀隨緣赴感靡不周徧典座曰不道座主說不是只識得法身量邊事實未識法身在孚曰既然如是禪者當爲我說典座曰若如是座主暫輟講旬日於靜室中端然靜慮收心攝念善惡諸緣一時放却自窮究看孚一依所言從初夜至五更聞鼓角鳴忽然契悟便去叩禪者門典座曰阿誰孚曰某甲典座咄曰教汝傳持大教代佛說法夜半爲什麼醉酒臥街孚曰自來講經將生身父母鼻孔扭捏從今日已後更不敢如是看他奇特漢豈只去認箇昭昭靈靈落在驢前馬後須是打破業識無一絲毫頭可得猶只得一半在古人道不起纖毫修學心無相光中常自在但識常寂滅底莫認聲色但識靈知莫認妄想所以道假使鐵輪頂上旋定慧圓明終不失達磨問二祖汝立雪斷臂當爲何事祖曰某甲心未安乞師安心磨云將心來與汝安祖曰覓心了不可得磨曰與汝安心竟二祖忽然領悟且道正當恁麼時法身在什麼處長沙云學道之人不識眞只爲從前認識神無量劫來生死本癡人喚作本來人如今人只認得箇昭昭靈靈便瞠眼努目弄精魂有什麼交涉只如他道莫認自已清淨法身且如自已法身你也未夢見在更說什麼莫認教家以清淨法身爲極則爲什麼却不教人認不見道認著依前還不是咄好便與棒會得此意者始會他道莫認自已清淨法身雪竇嫌他老婆心切爭柰爛泥裏有刺豈不見洞山和尚接人有三路所謂玄路鳥道展手初機學道且向此三路行履僧問師尋常教學人行鳥道未審如何是鳥道洞山云不逢一人僧云如何行山云直須足下無私去僧云只如行鳥道莫便是本來面目否山云闍黎因什麼顛倒僧云什麼處是學人顛倒處山云若不顛倒爲什麼認奴作郎僧云如何是本來面目山云不行鳥道須是見到這般田地方有少分相應直下打疊教削迹吞聲猶是衲僧門下沙彌童行見解在更須回首塵勞繫與大用始得雪竇頌云

一國之師亦強名 何必空花水月 風過樹頭搖 南陽獨
許振嘉聲 果然坐斷要津 千箇萬箇中難得一箇半箇 大唐扶
得眞天子 可憐生接得堪作何用 接得瞎衲僧濟什麼事 曾踏毗

足下無私 一作無絲

盧頂上行一切人何不恁麼去直得天上天下上座作麼生踏鐵鎚擊碎黃金骨暢快平生已在言前天地之間更何物茫茫四海少知音全身擔荷撒沙撒土三千剎海夜沉沉高著眼把定封疆你待入鬼窟裏去那不知誰入蒼龍窟三十棒一棒也少不得拈了也還會麼你諸人鼻孔被雪竇穿了也莫錯認自己清淨法身

一國之師亦强名南陽獨許振嘉聲此頌一似箇眞贊相似不見道至人無名喚作國師亦是强安名了國師之道不可比倫善能恁麼接人獨許南陽是箇作家大唐扶得眞天子曾踏毗盧頂上行若是具眼衲僧眼腦須是向毗盧頂上行方見此十身調御佛謂之調御便是十號之一數也一身化十身十身化百身乃至千百億身大綱只是一身這一頌却易說後頌他道莫認自己清淨法身頌得水灑不著直是難下口說鐵鎚擊碎黃金骨此頌莫認自己清淨法身雪竇忒煞讚歎佗黃金骨一鎚擊碎了也天地之間更何物直須淨躶躶赤灑灑更無一物可得乃是本地風光一似三千剎海夜沉沉三千大千世界香水海中有無邊剎一剎有一海正當夜靜更深時天地一時澄澄底且道是什麼切忌作閉目合眼會若恁麼會正墮在毒海不知誰入蒼龍窟展脚縮脚且道是誰諸人鼻孔一時被雪竇穿却了也

垂示云收因結果盡始盡終對面無私元不曾說忽有箇出來道一夏請益爲什麼不曾說待你悟來向你道且道爲復是當面諱却爲復別有長處試舉看

舉僧問巴陵如何是吹毛劍斬嶮巴陵云珊瑚枝枝撐著月光吞萬象四海九州

巴陵不動干戈四海五湖多少人舌頭落地雲門接人正如此他是雲門的子亦各具箇作略是故道我愛韶陽新定機一生與人抽釘拔楔這箇話正恁麼地也於一句中自然具三句函蓋乾坤句截斷衆流句隨波逐浪句答得也不妨奇特浮山遠錄公云未透底人參句不如參意透得底人參意不如參句雲門下有三尊宿答吹毛劍俱云了唯是巴陵答得過於了字此乃得句也且道了字與珊瑚枝枝撐著月是同是別前來道三句可辨一鏃遼空要會這話須是絕情塵意想淨盡方見他道珊瑚枝枝撐著月若更作道理轉見摸索不著此語是禪月懷友人詩曰厚似鐵圍山上鐵薄似雙城仙體纈蜀機鳳雛動癡蹩珊瑚枝枝撐著月王凱家中藏難掘顏回飢漢愁天雪古檜筆直雷不折雪衣石女蟠桃缺佩入龍宮步遲遲纁簾銀簟何參差即不知驪龍失珠知不知巴陵於句中取一句答吹毛劍則是快劍刃上吹毛試之其毛自斷乃利劍謂之吹毛也巴陵只就他問處便答這僧話頭落也不知頌云

要平不平細若蚍蜉大丈夫漢須是恁麼大巧若拙不動聲色藏身露影或指或掌看果然這箇不是倚天照雪斬覷著則瞎大冶兮磨礱不下更用煆煉作什麼千將莫能求良工兮拂拭未歇人莫能行直饒千將出來也倒退三千別別咄有什麼別處讚歎有分珊瑚枝枝撐著月三更月落影照寒潭且道向什麼處去直得天下太平醉後郎當愁殺人

要平不平大巧若拙古有俠客路見不平以强凌弱即飛劍取强者頭所以宗師家眉藏寶劍袖掛金鎚以斷不平之事大巧若拙巴

陵答處要平不平之事爲他語忒煞傷巧返成拙相似何故爲佗不當面揮來却去僻地裏一截暗取人頭而人不覺或指或掌倚天雖雪會得則如倚天長劒凜凜神威古人道心月孤圓光吞萬象光非照境境亦非存光境俱忘復是何物此寶劒或現在指上忽現掌中昔日慶藏主說到這裏豎手云還見麼也不必在手指上也雪竇借路經過教你見古人意且道一切處不可不是吹毛劒也所以道三汲浪高魚化龍癡人猶戽夜塘水祖庭事苑載孝子傳云楚王夫人嘗夏乘涼抱鐵柱感孕後產一鐵塊楚王令干將鑄爲劒三年乃成雙劒一雌一雄干將密留雄以雌進於楚王王秘於匣中常聞悲鳴王問羣臣臣曰劒有雌雄鳴者憶雄耳王大怒卽收干將殺之干將知其應乃以劒藏屋柱中因囑妻莫耶曰日出北户南山其松松生於石劒在其中妻後生男名眉間赤年十五問母曰父何在母乃述前事久思惟剖柱得劒日夜欲爲父報讎楚王亦募覓其人宣言有得眉間赤者厚賞之眉間赤遂逃俄有客曰子得非眉間赤邪曰然客曰吾甑山人也能爲子報父讎赤曰父昔無辜枉被荼毒君今惠念何所須邪客曰當得子頭并劒赤乃與劒并頭客得之進於楚王王大喜客曰願煎油烹之王遂投於鼎中客紿於王曰其首不爛王方臨視客於後以劒擬王頭墮鼎中於是二首相嚙客恐眉間赤不勝乃自刎以助之三頭相嚙尋亦俱爛（川本無此楚王一段）雪竇道此劒能倚天照雪尋常道倚天長劒光能照雪這些子用處直得大冶兮磨礱不下任是良工拂拭也未歇良工卽干將是也故事自顯雪竇頌了末後顯出道別別也不妨奇特別有好處與尋常劒不同且道如何是別處珊瑚枝枝撐著月可謂光前絕後獨據寰中更無等匹畢竟如何諸人頭落也老僧更有一小偈

萬斛盈舟信手拏　却因一粒甕吞蛇
拈提百轉舊公案　撒却時人幾眼沙

佛果圜悟禪師碧巖集卷第十

詳觀斯集北板差誤數事乃前人校正之不官也且如二卷中西園爲西國本曇藏禪師乃馬祖之嗣住南嶽西園蘭若故號西園又九卷中雲居簡誤爲雲巖本洞下道膺禪師法嗣乃道簡也住南康軍雲居寺故號雲居二事詳五燈會元又五卷中習字爲卽字八卷中謂此劫石長四十里廣八萬由旬厚亦爾文義尤違愚恐先定由旬之數合云一由旬長四十里後陳石之縱廣今旣改正故不惜管見姑存於此達者覽之幸勿金根之謬耳

後序

雪竇頌古百則叢林學道詮要也其間取譬經論或儒家文史以發明此事非具眼宗匠時爲後學擊揚剖析則無以知之

圜悟老師在成都時予與諸人請益其說師後住夾山道林復爲學徒扣之凡三提宗綱語雖不同其旨一也門人掇而錄之旣二十年矣師未嘗過而問焉流傳四方或致踳駁諸方且用其言以其道不能尋繹之而妄有改作則此書遂廢矣學者幸締其傳焉

宣和乙巳春暮上休孕人門友無黨記

佛祖統紀序

參天地之才司萬物之化同功而異位者其唯人道乎故自有生以来蚩蚩蠢氓必立大人為之君牧是以四輪統乎四洲粟散占乎異域而南洲震旦實為東方君子之國伏羲稱皇始畫八卦降及三代文物大明逮吾世尊出興天竺將施化於此方也乃先遣三聖為世良導以禮樂為前驅以真道為後教機成時至大法可行於是漢皇致夢感之祥摩騰應東来之運魏晉以降威譯群經矯矯諸師競登講席雖各立義門取名當世而尚昧乎如来一代之化意篤生天台紹隆法運以五時八教四種三昧與夫事理即具境觀不二之旨以為後學入道之本歷代師承實茲大訓至于今七百年守之弗墜翰林梁子之言曰言佛法者以天台為司南則殊塗異論往往退㤼誠然哉斯論也志磐手抱遺編久從師學每念佛祖傳授之迹不有紀述後將何聞惟昔良渚之著正統雖粗立体法而義乖文繁鏡菴之撰宗源但列文傳而辭陋事疏至於遺逸而不收者則舉皆此失於是並取二家且刪且補依放史法用成一家之書斷自釋迦大聖訖于法智一佛二十九祖並称本紀所以明化事而繫道統也至若諸祖旁出為世家廣智以下為列傳名言懿行皆入此宗而表志之述非一門義具在通例可以類知既又用編年法起周昭王至我本朝別為法運通塞志儒釋道之立法禪教律之開宗統而會之莫不畢録目之曰佛祖統紀凡之為五十四卷紀傳世家法太史公通塞志法司馬公書成即負笈詣白雲堂仰求佛光法師為之考校而同志之士共謀鋟版以期流布將令家藏其本人觀此書開人心之性靈資國政之治化豈不曰有大益於世哉自寶祐戊午首事筆削十閱流年五謄成稾夜以繼晝功實倍之仰報佛恩上酬

帝力不負所學其志在茲

宋咸淳五年歲在己巳八月上日四明福泉沙門志磐寓東湖月波山謹序

同校正吉祥安樂山教忠報國教寺首座沙門　必昇

校正前住持華亭先福教寺傳天台宗教沙門　慧舟

校正住持吉祥安樂山教忠報國教寺傳天台宗教沙門　善良

校正住持東湖月波山慈悲普濟教寺傳天台宗教沙門　宗淨

校正特賜佛光法師左右街都僧録主管教門公事住持上天竺教寺賜金襴衣　法照

佛祖統紀通例

（釋例者略也顯名以知類也）

釋本紀

釋迦如來最初得佛之後大悲利物未來不息以故果後示權數數出世莫可以三際求其始終況於十方國土唱生唱滅處處不同豈當於此南洲一方畢其能事然今所録但於此方特舉垂教之要會而通之則十方不離當處三世秖在一心尚何有所異同者哉今約如來在凡因行至今出興為大法王明本迹叙聖源列大小八相分頓漸二始經歷五時鋪陳一化作教主釋迦牟尼佛本紀四卷自大迦葉下至師子尊者皆能仰承佛記傳弘大法謂之金口祖承依付法藏作西土二十四祖紀一卷

自北齊始開龍樹之道至于天台大弘法華章安集為論疏荊溪製記申明稟承教觀實居震旦是謂今師祖承作東土九祖紀二卷

自邃法師嗣荊溪之業師師相承歷晚唐五代暨我本朝教法散而復合仰惟四明法智刱能中興天台一家教觀之道同功列祖作興道法師下八祖紀一卷上稽釋迦示生之日下距法智息化之年一佛二十九祖起周昭王二十六年甲寅至宋仁宗天聖五年戊

夜合二千二年通為本紀以繫正統如世帝
王正寶位而傳大業
釋世家
自南岳旁出照禪師下至慈雲諸師皆傳教
明宗分鐙照世與正統諸祖相為輝映作諸
祖世家二卷
釋列傳
自四明諸嗣最顯著者十餘師子孫有繼者
唯廣智神照南屏三家為光盛守家法禦外
侮人能弘道作諸師列傳十一卷背宗破祖
失其宗緒者二數人作雜傳一卷有功教門事
遂失記者作未詳承嗣傳一卷
釋表
考諸祖之授受敘奕世之稟承欲觀千古必
審今日為明北齊下至法智述正統之有來
作歷代傳教表為明釋迦列祖下至今時諸
師示傳鐙之無盡作佛祖世繫表共二卷
釋志
並陳文藻交贊佛乘各出義章發揮祖業斯
固法門之盛烈作山家教典志一卷
入理教行具足成就由五濁以登九品者唯
念佛三昧之道為能尓末代機宜始自廬阜
作淨土立教志三卷
達磨賢首慈恩灌頂南山諸師皆一代之偉

特雖共明此道而各專一門區別羣宗作諸
宗立教志一卷
觀千佛紹隆則知無盡之鐙即一洲縱廣則
識無邊之土為隘俗無聞者作三世出興志
三界名体志凡三卷
香鐙供養之具礼誦歌唄之容是蓋緣因加
行之正轍為但理之人成就佛事作法門光
顯志一卷
大法東流聖賢繼世所以住持三宝不令斷
絕然歷年既久或興或廢此蓋世事無常之
變於此道何成何虧邪考古及今具列行事
用見法運通塞之相至若儒宗道流世間之
教雖隨時而抑揚而其事迹莫不昭然可訓
可戒作法運通塞志十五卷
法運通塞事变紜紜繫于編年莫明始末為
通練古今欲求類知者作歷代會要志四卷
大儒高釋有能以文字鋪張大道為法門之
標表者是不可不略録也作名文光教志二
卷
敘古製
徽宗政和間吳興穎師始撰宗元録述天台
一宗授受之事自北齊至本朝元祐為之畜
以繫道統於是教門宗祖始粲然有所考矣
寧宗慶元中鎧菴吳克已因穎録增廣之名

曰釋門正統未及行而亡嘉定間鏡菴遷法
師復取穎本及鎧菴新圖重加詮次增立新
傳六十餘人名宗源録
理宗嘉熈初錢唐良渚鑑法師取吳本放史
法為本紀世家列傳載記諸志仍曰名曰釋
門正統然鏡菴則有不立体統之失良渚則
有名位顛錯之繆至於文繁語鄙事緩義乖
則皆有之而題稱釋門尤為疎闊要之草創
討論修飾潤色非可以求備於一人也
明今述
今之所述蓋是用宗源録釋門正統參對文
義且刪且補而復取大藏經典教門疏記儒
宗史籍諸家傳録之辭及琇師隆興統紀備
師釋氏通紀用助援引依史氏法為四佛紀
以祖紀二世家十一列傳一雜傳一未詳承
嗣傳二表三十志成一家之全書至若一傳
之後贊以述德一事之下論以釋疑及文有
援古事有餘義則必兼注于下俾覽者之易
領云
用三例
近世諸師立傳之法當用三例一曰觀行備
明二曰講訓有旨三曰著書明宗非此三例
濫矣至於經理法事旁贊教門者又將録之
俾後人有所懷仰若夫搢紳名賢儒生居士

能知此道者非有宿熏之功疇克至是以故時有所取云

釋題義

佛祖者何本教主而繫諸祖也統紀者何通理佛祖授受之事也史記以臣表六要以成功爲統紀漢高祖紀顏師古注曰紀理也統理衆事繫之年月本紀者何始釋迦終法智一佛二十九祖所以紀傳教之正統也世世家者何世守家業以輔相祖道者也列傳者何載歷代諸師之言行俾有繼於祖道也表者所以表示傳教之有時稟法之有緒也志者所以記其事也若山家教典若諸宗立教若淨土往生若世界成毀若法門光顯若法運通塞若會要以通古今若述文以光大教皆於志有考云

釋師名

列諸師之名考其例有八或從國號如北齊高顯或從山名如南岳天台或從師號如智者法智或從生地如章安仙城或從寺名如法華天宮或從自號如草堂息菴或從郡名如錢唐四明或從著書之名如扶宗竃章近世多以自號行雖稱名之不一而所以名乎其人則各得其實也

息衆疑

此書之作或因舊文以刪脩或聚諸文以補足或取師友之論著或考碑碣之撰述不復一一注所出者修史之法當若是也其間閱涉稍衆者則必時時有所引證不得已耳又此書所用藏典教文非儒生居士之所可易儻有能字字句句研究其義以所疑難質諸沙門則精義入神然後可以知佛若輕心疾讀不究所歸斯何益於人哉又世之爲儒者好舉韓歐排佛之論而不知二公末年終合於釋氏之道今人有能少抑盛氣盡觀此書反覆詳味則知韓歐之立言皆陽擠陰助之意也

釋引文

大藏經典

法華經　華嚴經　維摩經　涅槃經
瑞應經　梵網經　樓炭經　藥王經
普耀經　善權經　大權經　賢愚經
提謂經　楞伽經　大集經　遺教經
因果經
無量義經　大般若經　付法藏經
法滅盡經　大方便經　十二遊經
佛本行經　未曾有經　雜寶藏經
中本起經　首楞嚴經　法句喻經
阿育王經　八關齋經　長阿含經
雜阿含經　妙法華經
普賢行法經　菩薩處胎經　菩薩本行經
優婆塞戒經　增一阿含經　分別功德經
思益梵天經　殃掘摩羅經　淨飯泥洹經
升忉利天經　觀佛三昧經　勝鬘師子經
像法決疑經　佛母泥洹經　摩耶夫人經
仁王般若經　文殊般若經
曇無德律　十誦律　四分律　僧祇律
沙彌塞律　善見律　五分律
大智度論　新婆沙論　大莊嚴論
薩婆多論　俱舍論　起信論
佛道論衡　譯經圖記　梁高僧傳
唐高僧傳　宋高僧傳　弘明集
釋迦譜　西域記

天台教文

法華文句　妙樂　法華妙玄
釋籤　止觀論　輔行
涅槃玄義　觀音別行　法界次第
四教義　南岳願文　智者別傳
二師口義　四教儀　國清百錄
寶雲振祖集　四明教行錄　天竺別集
草菴遺事　翻譯名義　九祖略傳

釋門諸書

周書異記　廬山集　國清碑
玉泉碑　十八賢傳　僧鏡錄
關王祠堂記　淨土往生傳　法華顯應錄

般若感驗録　觀音感應録　天人感通傳
僧史略　林間録　僧寶傳
護法論　景德傳灯録　普灯録
大慧武庫　湘山野録　歐陽外傳
石門文字禪　育王舍利傳　禪門寶訓

儒宗諸書

孔子家語　論語　禮記　孟子　荀子
楊子　史記　西漢書　東漢書
三國志　晉書　南北史　唐書
五代史　稽古録　續稽古録
國朝會要　皇朝類苑　皇朝龍飛記
本朝通鑑　皇朝景命録　韓昌黎文
柳子厚文　白氏長慶集　顏氏家訓
酉陽雜俎　宣室志　楊文公談苑
廣陵志　蔡氏叢談　錢氏洞微志
東坡文集　王氏小畜集　魯直文集
太平廣記　東坡指掌圖　六一居士集
夷堅志　洪容齋隨筆　曾氏獨醒志
東都事略

道門諸書

老子　列子　莊子　老子内傳
老君實録　玄妙内篇　漢武内傳
洞冥記　十洲記　雲笈七籤
天師家傳　劉向列仙傳　葛洪神仙傳

續仙傳　集仙傳
皇甫高士傳　真誥　悟真篇　仙苑遺事　林靈素傳

修書諸賢

元穎法師吳興人政和間居智者院撰宗元録（有傳）吳克己婺女浦江人號鎧菴嘉定間撰釋門正統（有傳）志昭法師鎧菴之姪居婺女左溪撰釋迦譜歷代宗承圖（見鎧菴傳）景遷法師餘姚人受業東山廣教號鏡菴嘉定間住天竺靈山撰宗源録增多吳本六十餘傳宗鑑法師錢唐良渚人嘉熙初居仁壽張寺續鎧菴釋門正統為本紀世家列傳諸志載記

脩書旁引

祖琇隆興初居龍門撰佛運統紀放左氏寓褒貶法兼述纂弒反叛災異之事永嘉薛洽叙釋迦譜云琇師統紀多附小說所見學最上乘者尚深病之

德脩淳熙間居金華撰釋氏通紀其紀釋迦則附以慈恩三時之教一代化事最為疎略又以五運圖石柱銘三寶録言佛生皆不同釋雜於佛紀正文甚失撰述之作其叙時事與琇本互有出入而徒取乎宂長之辭也

佛祖統紀通例

佛祖統紀目録

宋咸淳四明東湖沙門志磐　撰

第一卷
明本迹　叙聖源　名釋迦
釋迦牟尼佛本紀一之一

第二卷
釋迦牟尼佛本紀一之二
下兜率　託母胎　住胎宫
示降生　出父家　成佛道

第三卷
釋迦牟尼佛本紀一之三
轉法輪（五時）
華嚴　鹿苑　方等　般若　法華涅槃

第四卷
釋迦牟尼佛本紀一之四
入涅槃　分舍利　集三藏

第五卷　西土二十四祖紀二
大迦葉尊者　阿難陀尊者　商那和脩尊者
末田地尊者　毱多尊者　提迦多尊者
弥遮迦尊者　難提尊者　密多尊者
脇比丘尊者　夜奢尊者　馬鳴尊者
摩羅尊者　龍樹尊者（已上十二祖東土所承正祖）
提婆尊者　羅睺尊者　僧佉尊者
耶舍尊者　鳩摩羅尊者　闍夜多尊者
槃馱尊者　摩拏羅尊者　鶴勒那尊者
師子尊者

達磨 賢首 慈恩 灌頂 南山

第三十一卷 三世出興志十四

過去莊嚴劫千佛

見在賢劫千佛 小三灾

未來星宿劫千佛 大三灾

第三十二卷 三界名體志十五之一

華藏世界圖 萬億須弥圖 九山八海圖

大千三界圖 忉利天宮圖 諸天通論

第三十三卷 三界名体志十五之二

東華地理圖 西域諸國圖 西土五印圖

八熱地獄圖 十六遊增圖 八寒地獄圖

第三十四卷 法門光顯志十六

第三十五卷 法運通塞志十七之一

周 秦

第三十六卷 法運通塞志十七之二

西漢 東漢 三國

第三十七卷 法運通塞志十七之三

晉 宋 齊

第三十八卷 法運通塞志十七之四

梁 陳

第三十九卷 法運通塞志十七之五

北魏 北齊 北周

第四十卷 法運通塞志十七之六

隋 文帝 煬帝 唐 高祖 太宗 高宗 武后

第四十一卷 法運通塞志十七之七

唐 中宗 睿宗 玄宗 肅宗

第四十二卷 法運通塞志十七之八

唐 代宗 德宗 順宗 憲宗

第四十三卷 法運通塞志十七之九

唐 穆宗 敬宗 文宗 武宗 宣宗 懿宗 僖宗 昭宗

第四十四卷 法運通塞志十七之十

五代 梁 唐 晉 漢 周

第四十五卷 法運通塞志十七之十一

宋 太祖 太宗

第四十六卷 法運通塞志十七之十二

宋 真宗

第四十七卷 法運通塞志十七之十三

宋 仁宗 英宗 神宗 哲宗 徽宗 欽宗

第四十八卷 法運通塞志十七之十四

宋 高宗 孝宗 光宗

第四十九卷 法運通塞志十七之十五

宋 寧宗 理宗

第五十卷 名文光教志十八之一

天台禪林寺碑 梁肅 天台止觀統例 梁肅

智者大師傳論 梁肅 智安寺無姓和尚碑

無姓和尚碑陰記 龍興寺淨土院記

法智大師行業碑 止觀坐禪法要記 陳瓘

三千有門頌 陳瓘 與明智法師書 陳瓘

南湖淨士院記 陳瓘 仁王般若經疏序 晁說之

明智法師碑 晁說之 南湖智者大師像贊

永嘉西湖法明寺疏 重刊刪定止觀序 吳克己

與喻貢元書

第五十一卷 名文光教志十八之二

始終心要 唐荊溪 四十二章經疏序 孤山

與駱御史書 孤山 南岳止觀序 慈雲

書紳 論語子張 圓頓止觀十法界圖 慈雲

宗門尊祖議 書諸紳 沙門志磐

第五十二卷 歷代會要志十九之一

君上奉法 累朝拜佛 天書御製

聖君護法 試經度僧 特恩度僧

進納度僧 士夫出家 沙門封爵

僧職師號 不拜君父 不称臣僧

崇礼高行 沙門著書

第五十三卷 歷代會要志十九之二

宿命前身 放生禁殺 祈禱災異

第五十四卷 歷代會要志十九之三

國朝典故 諸國朝貢

北天佛牙 鄮山舍利 鳳翔佛骨

陳朝佛指 瑞像應世 聖賢出化

立壇受戒 設像置經 建寺造塔

西天求法 東土譯經 經日僧數

天台傳教　禪苑傳灯　律宗垂範
神尼異行　名山勝迹　聖教感通
持誦功深　西遊樂國
第五十五卷　歷代會要志十九之四
三教出典　三教尼運　三教訟偽
三教談論　僧道角法　僧先道後
內侍分財　僧制治罰　僧籍免丁
賜諸封號　褒恤終正　臨終瑞相
君臣護法　韓歐排佛　化胡偽經
事魔邪黨　毀法惡報

佛祖統紀通例目録終

佛祖統紀序　通例　目録

校勘記

一　底本，明永樂南藏本。

一　三九四頁下五行「仍白」，[徑]作「仍舊」。

一　三九四頁下一九行「領云」下，[徑]有夾註「若□此中并前釋傳列六則知諸師列傳原有十一卷本紀既遺其文唯以十卷爲數」。按：「□」，標示此字不清。

一　三九五頁上末行「或聚諸文」，[徑]作「或集諸文」。

一　三九六頁下一行「佛祖統紀通例」下，[徑]有「終」字。

一　三九六頁下一九行夾註右「十二祖」，[徑]作「十三祖」。

一　三九七頁上二三行「諸師」，[徑]作「諸祖」。

一　三九七頁中二二行「廣智神照南屏三家」下，[徑]有夾註「六十一人」。

一　三九七頁下四行「廣智神照南屏三家」下，[徑]有夾註「諸師列傳本紀原文止有十卷目録并通例俱編爲十一而以二十一卷當之此述者之誤矣故後之卷卷排去目録則有五十五本紀止於五十四今於本紀既無列傳第廿一卷之文目録中名即去之將目録二十二卷改爲二十一至五十五改爲五十四以合本紀之數」。

一　三九七頁下六行至八行「諸師列傳六之十一……第二十二卷」，[徑]無。

一　三九七頁下一〇行「第二十三卷」，[徑]作「第二十二卷」。以下卷次例同，如一二行「第二十四卷」，[徑]作「第二十三卷」；三九九頁上四行「第五十五卷」，[徑]作「第五十四卷」。

一　三九七頁下一六行「淨土」，[徑]作「蓮社」。又「廬山」，[徑]作「蓮社」。

一　三九八頁上六行「三界」，[徑]作「世界」。九行同。

一　三九八頁上一〇行「五印畐」，徑作「五印度」。

一　三九八頁下二行「南湖淨士院記陳瓘」下，徑有夾註「自天台禪林寺碑至與喻貢元書共十七篇南藏目錄以第五十卷收之始終心要至宗門尊祖議七篇以第十一卷收之今從本紀改正以第四十九卷收前十一篇第五十卷收後十三篇」。

一　三九八頁下二行至五行「仁王般若經疏序……吴克己」，徑置於六行與七行之間。

一　三九八頁下三行「大師像贊」，徑作「大師贊」。

一　三九九頁上末行「通例」，徑無。

佛祖統紀卷第一　城二

宋景定四明東湖沙門　志磐　撰

教主釋迦牟尼佛本紀第一之一

明本迹

序曰如來聖人之利見於世也則必有降本垂迹開迹顯本之妙存焉夫本者法身之謂也迹者八相之謂也(義見釋籤)由法身以垂八相由八相以顯法身本迹相融俱不思議自非法華開近顯遠開迹顯本之談則不足以深知此旨今故通列八相別叙五時散引群經會歸一實用明一代化事始卒之義則若本若迹無餘蘊矣

妙玄釋本迹有六義謂本者理本即是實相一究竟道(大論佛言唯一究竟道無衆名究竟道也)迹者除諸法實相其餘種種皆名為迹又理之與事皆名為本(真科事云俗理)說理說事皆名教(是諦理云說真此俗為真教俗)又理事之教皆名為本禀教脩行名之為迹如人依處則有行迹尋迹可得處也又行能證体體為本依體起用用為迹又實得体用名為本權施体用名為迹又今日所顯者為本先來已說者為迹此之六義通論諸佛本迹也其別論者唯在今佛亦有六義一約理事明本迹者從無住本立一切法無住之理即是本時實相真諦也一切法即是本時森羅俗諦也(此釋本迹之相○籤云無明為一切法作本無明即法性無明復以法性為本當知諸法亦以法性為本法性即無明法性復以無明為本法性即無明法性無住處無明即法性無明無住處無明法性雖皆無住而與一切諸法為本故云從無住本立一切法[illegible])由實相真本垂於俗迹尋於俗迹即顯真本本迹雖殊不思議一文云觀一切法空如實相(本迹相顯理融[illegible])二明理教明本迹者即是本時所照二諦俱不可說皆名本也昔佛方便說之即是二諦之教教名為迹[illegible]若無二諦之本則無二種之教若無教迹豈顯諦本本迹雖殊不思議一(理教相融)文云是法不可示言辭相寂滅以方便力故為五比丘說(引證文)二教行為本迹者最初禀昔佛之教以為本則有脩因致果之行(行為迹)[illegible]由教詮理而得起行由行會教而得顯理本迹雖殊不思議一(教行相融)文云諸法從本來常自寂滅相佛子行道已來世得作佛(引證文)四約体用明本迹者由昔最初脩行契理證於法身為本初得法身本故即体起應身之用(即用為迹)由於應身得顯法身本迹雖殊不思議一(体用相融)文云皆從成佛已來甚大久遠若斯但以方便教化衆生作如此說(引證)五約實權明本迹者實昔最初久遠得法應二身皆名為本中間數數唱生唱滅種種權施法應二身故名為迹(釋相)若非初得法應之本則無中間法應之迹由迹顯本本迹雖殊不思議一(理相融)文云是我方便諸佛亦然(引證文)六約今已論本迹者前來諸教已說事理乃至權實者皆是迹也(是迹即指迹門及諸迹教今即是本即指本門已前皆名為已說已後方名為今)今經所說久遠事理乃至權實者皆名為本(釋本迹相)非今所明久遠之本無以顯於已說之迹非已說之迹豈顯今本本迹雖殊不思議一(本迹相顯理融)文云諸佛法久後要當說真實(引文)(明)最初之本但本而非迹[illegible]後已說但迹而非本[illegible]中間亦迹亦本[illegible]若無本時之本不能垂得中間最後之迹若無已說之迹[illegible]不能顯得今說之本[illegible]本迹雖殊不思議一[illegible]若執迹為本者斯不知迹亦不識本有言文殊觀音調達或稱為師或稱弟子惑者未了若謂中間無非是迹則迹本可解若執迹疑本則二義俱失(云云)

理事	觀一切法空如實相(理)但以因緣有從顛倒生故說(事)	安樂行迹
理教	是法不可示言辭相寂滅(理)以方便力故為五比丘說(教)	方便品迹
教行	諸法從本來常自寂滅相(教)佛子行道已來世得作佛(行)	方便品迹
體用	吾從成佛已來甚大久遠(體)但以方便教化衆生(用)	壽量品本

實權（是我方便諸佛亦然　今當為汝說最實事）藥草喻本
已今（諸佛法久後　要當說真實）方便品本
釋籤云第六已今已即是迹即指迹門及諸迹教今即是本即指本門本門已前皆名為已涌出已後方名為今故云已說事理乃至權實名之為迹今說事理乃至權實皆名為本故知若無迹中事理乃至權實何能顯於長遠之本又已今之言雖異前五亦是一往指於壽量名為今本若望初本則應又簡已今不同法華已前諸經已今仍屬於迹今經所明乃是宜明久遠之本即是已說已今為迹今說已今為本方是實說所以六門引證之文前三引迹後三引本者何然前三復通本之與迹俱有事理乃至教行体用等三通中復別既云本用本權非迹文能顯況以本門為今灼然不可引迹為是義故三引迹文三引本文又前之三文既在於因本因狹故但以迹例本故但引迹門

讀教記云六重本迹唯体用一重是引本文餘五皆迹籤云前三引迹後三引本者斯蓋記主點經玄意實權已今即指迹文為本門也故云今說已今為本方是實說然則前三不指本何也曰前三既通但以迹例本後三既是通中復別故須指迹為本可觀通別二字此例甚多如文句明本迹初引壽量品我成佛已來甚大久遠又方便品我本立誓願普令一切衆亦同得此道又五百授記內祕菩薩行外現是聲聞妙樂釋之云初正引本文次方便下引迹文以迹中密示本意故若顯露說即迹中本迹下文顯已通得引用又妙樂釋方便品十雙權實云然此八中前七迹門第八本門本雖未至權實理徧故下文云是我方便諸佛亦然故方便之名通於本迹文既玄釋不同今諸家商略者或云前三是從本垂迹後三是發迹顯本故云三引迹文或云前三是因為迹後三是果為本或云圓談大旨不分本迹之文或云別含本意故云三引本文

觀音別行玄記云若理事理教教行体用四重本迹不獨今經諸部容有若塵點劫前最初成佛而為實本中間今日示現成佛皆為權迹此名權實本迹本門開竟此身即本迹門已說及諸部談皆名為迹是名今已本迹此之二重諸經絕議故云諸教不明法華方說　地涌品云佛告諸菩薩娑婆世界有六萬恒河沙等菩薩一一各有六萬恒河沙眷屬於我滅後護持讀誦廣說此經時娑婆世界地皆振裂有無量菩薩同時涌出聞佛音聲從下發來各詣虛空七寶妙塔向二世尊頭面礼足時弥勒大衆欲決所疑以偈問佛大衆諸菩薩是從何所來從誰初發心脩習何佛道我於此衆中乃不識一人忽然從地出願說其因緣佛告弥勒是諸菩薩我得菩提已教化示導令發道意（略開近顯遠　動執生疑）時弥勒等心生疑惑白佛言如來得阿耨菩提始過四十餘年云何少時大作佛事（初知成　道近所　化多此執　近以疑決）此菩薩衆假使有人於千萬億劫數不能盡斯等久遠已來常脩梵行（次疑所　化既多）（行任深妙此　執遠以疑近）

壽量品佛告大衆一切世間天人阿脩羅謂我出釋氏宮去伽耶不遠坐於道場得阿耨多羅三藐三菩提（廣開近顯遠　斷疑生信）然我實成佛以來無量無邊百千萬億那由它劫（破近　顯遠）我常在此娑婆世界說法教化亦於餘處阿僧祇國導利衆生（文云初證之果名本果妙本　六娑婆即本土妙文句云上）引譬甚大久遠何處故云常在此土及於他國而作佛事於是中間我說然燈佛等又復言其入於涅槃皆以方便分別（文句云佛執迹上之起也昔教所說處處　行因處處行記即是果疑今佛除此疑指　然灯佛者即佛已疑亡入涅槃本下佛果記　如此因果非復一緣皆我方便非實說也妙　樂六是釋迹昔薩八滅不得云是然灯涅涅　亦非釋迹个時於然灯佛世已當成佛而般　以槃不可二佛一時與故是　故但以得記弘法當經為甲）若有衆生來至

我所我以佛眼觀其信等諸根利鈍隨所應度處處自說名字不同年紀大小非生現生亦復現言當入涅槃非滅示滅此為以形益物也又以種種方便說微妙法此以聲益物也如來見諸衆生樂於小法德薄垢重者為是人說我少出家得阿耨菩提現生然我實成佛以來甚大久遠若斯但以方便教化衆生令入佛道作如是說非生○妙樂云壽量久成塵點尚信中間彼辨伽耶非真此論身真實明遠本也

學無學品云佛言我與阿難等於空王佛所同時發菩提心阿難常樂多聞我常勤精進是故我已得成阿耨多羅三藐三菩提而阿難護持我法文句昔與我同發大心即是同學由我精進前趣得佛由彼多聞猶故持經

常不輕品云往古有佛名威音王滅盡之後復有佛出亦號威音王如是有二萬億佛皆同一號最初威音王如來有一比丘名常不輕凡見四衆皆悉礼拜讚歎而作是言我不敢輕於汝等汝等皆當作佛四衆之中有生瞋恚惡口罵言我等不用如是虛妄授記經歷多年衆人或以杖木瓦石而打擲之避走遠住猶高聲唱言我不敢輕於汝等汝等皆當作佛以其常作是語故增上慢四衆號之為常不輕是比丘臨欲終時於虛空中具聞威音王佛先所說法華經即得六根清淨更增壽命廣為人說時增上慢四衆為作不輕名者見其得大神通皆信伏隨從是菩薩復化千萬億衆令住菩提命終之後得值二千億佛皆號日月燈明於其法中說是法華經復值二千億佛同號雲自在燈王為諸四衆說此經典於後復值千萬億佛亦說是經功德成就當得作佛時常不輕者則我身是文句釋迦出世踟蹰不說常不輕一見造次而言何也答本已有善釋迦以小而將護之本未有善不輕以大而強毒之

達多品佛言吾於過去無量劫中求法華經無有懈倦於多劫中常作國王發願求於無上菩提為欲滿足六波羅蜜勤行布施不惜身命捐捨國位委政太子宣令求法時有阿私仙人來白王言我有大乘名妙法華經若不違我當為宣說王聞仙言歡喜踊躍即隨仙人供給所須採果汲水拾薪設食乃至以身而為牀座身心無懈倦普為諸衆生勤求於大法遂致得成佛爾時王者則我身是時仙人者提婆達多是由提婆達多善知識故令我具足六波羅蜜

化城喻品佛言過去有佛名大通智勝滅度已來無量無邊百千萬億阿僧祇劫我以如來知見力故觀彼久遠猶若今日其佛未出家時有十六子聞父得成菩提往詣佛所請轉法輪皆以童子出家而為沙弥時佛受請過二萬劫已說是大乘經名妙法蓮華經八千劫即入禪定八萬四千劫時十六沙弥各升法座亦於八萬四千劫為四部衆廣說法華一一皆度六百萬億那由它恒河沙等衆生令發菩提心昔與說法結緣一一菩薩所化衆生世世所生與菩薩俱從其聞法悉皆信解中附更相值遇彼十六沙弥今皆得菩提於十方國土現在說法一名阿弥陀云云第十六我釋迦牟尼佛結師古今我等為沙弥時各各教化無量衆生從我聞法為阿耨菩提會弟子古今二切會現在弟子此章先明不退者住菩提此諸衆生于今有住聲聞地者我常教化阿耨菩提應以是法漸入佛道次明退轉者今住聲聞所以者何如來智慧難信難解釋退住意時所化無量衆生者汝等諸比丘正結古今及我滅後未來聲聞弟子是也次會未來弟子○玄云十六王子弘經緣皆是中間所作非本因也過是已前所行道者名之為本即本因妙也吾今來此八千返為此娑婆世界坐金剛華光王座梵網經已上大概所明本迹之文

瑞應經云佛言吾自念宿命無數劫時本為凡人初求佛道以來受形五道生死無量計吾故身不能以數色主切

菩薩本行經云我於無量無邊諸佛所種諸善根為轉輪聖王值無量佛最初值遇三十

億佛同名釋迦初阿僧祇然此佛以其在於故云最初○大論云如來先世為瓦師名大光明時有佛名釋迦文與弟子俱到瓦師舍宿瓦師施草座燈明蜜漿便發願言我於當來作佛如今佛名妙玄云迹因多種或言昔為陶師值先釋迦佛三事供養發口得記名字皆如先佛即是初阿僧祇發心既不明斷惑故知藏佛行因之相或言昔為摩納值然燈佛五華奉散布髮掩泥躍身虛空得無生忍佛與授記號釋迦文既云斷惑故知通佛行因之相或言昔為寶海梵志删提嵐國寶藏佛所行大精進十方佛送花供養既為寶藏佛父又是彌陀之師稱其功德不可思議故知是別圓佛行因之相

次值八億佛同名然燈次值三億佛同名弗沙次值九萬佛同名迦葉次值六萬佛同名燈明次值一萬八千佛同名娑羅王次值一萬七千佛同名度彼岸次值一萬五千佛同名日佛次值二千佛同名憍陳如次值六千佛同名龍佛次值一千佛同名紫幢次值五百佛同名蓮華上次值六十四佛同名螺髻俱舍論名為罽那尸棄此云寶髻即此姓螺既是也勒譯名義云吾佛初僧祇滿值此佛與上佛中弟二尸棄陽二僧祇次值一佛名正行二阿僧祇始此佛次值八萬八千億辟支佛次值一佛名善思時弥勒為轉輪聖王名毘盧遮那於彼佛所最初發心先四十劫次值一佛名示海幢我為轉輪聖王名曰牢弓於彼佛所發菩提心願於未來得成佛果教化衆生空王佛所同阿難最初發心古釋迦佛所為瓦師時發心今值血陀佛所為牢弓聖王時發心此尊皆是如來方便之說次無量劫值帝釋幢等無量諸佛次值一佛名曰然燈二祇滿明值此佛我為儒童以青蓮華供養彼佛為我授記過阿僧祇劫當得作佛號釋迦牟尼此即依瓦師因地發願以授名號自此之後諸佛授記皆同此名金剛經云我於然燈佛前得值八百四十萬億那由他佛悉皆供養承事無空過者法中云中間我說然燈佛等皆以方便分別時然燈佛住世八百四十萬億歲尒乃滅度我上為四天王下為轉輪王此當銀淨三輪乃至上為梵王下為聖王此當金輪各三十六返此豎論菩薩變報之身及其变化隨時而出或為儒林之宗國師道士不可称紀此橫論菩薩變化之身不一從是之後又值勝一切佛壽八萬億歲彼佛記我過十億劫當得作佛號釋迦牟尼三阿僧祇始於此佛次值蓮花上佛壽八萬歲彼佛記我過十萬劫當得作佛號釋迦牟尼此後當得作佛下並有號釋迦牟尼佛次值最上行佛壽七萬歲彼佛記我過一千劫當得作佛次值上名称佛壽七萬歲彼佛記我過五百劫當得作佛次值古釋迦佛壽八萬歲彼佛記我過一百劫當得作佛常古釋迦在初僧祇當指最初二十億同名若以陀在此灯後不當安古字只以今釋迦相望古之故亦称古云次值帝沙佛壽六萬歲彼佛記我過九十五劫當得作佛次值弗沙佛壽六萬歲我翹一足說偈讚佛天上天下無如佛十方世界亦無比世間所有我盡見一切無有如佛者彼佛記我過九十四劫當得作佛大論云以一偈讚弗沙佛七日七夜超九劫於九十一劫後得成菩提○諸經多言超九劫者是毘婆尸佛次值見真義佛壽四萬歲彼佛記我過九十三劫當得作佛次值毘婆尸佛壽八萬歲彼佛記我過九十一劫當得作佛次值尸棄佛壽七萬歲彼佛記我過三十一劫當得作佛次值毘舍浮佛壽六萬歲彼佛記我過三十劫當得作佛

述曰世言七佛者准藥王經過去莊嚴劫千佛始自華光終毘舍浮現在賢劫始俱留孫終于樓至是知毘婆尸至毘舍浮三佛皆在過去莊嚴劫拘留孫至釋迦四佛皆現在賢劫七佛前後相繼止隔一劫今諸經多言毘婆尸在九十一劫餘二佛在三十一劫相去遠甚似不在莊嚴劫之數然三祇滿時正值毘婆尸自此百劫種相好則九十一劫於說自合蓋除前讚佛超越九劫故耳如上兩義雖是方便分別然恐此土翻譯部別不同今姑並存以為後文者之證

次值拘留孫佛壽五萬歲彼佛記我汝於來

世當得作佛次值拘那含牟尼佛壽四萬歲彼佛記我汝於來世當得作佛次值迦葉佛壽二萬歲彼佛記我汝於來世當得作佛號釋迦牟尼（已上四佛在賢劫中住二十劫第九減劫相繼出世故此文述將來出）我如是奉事諸佛脩學佛意尒乃生兜率天宮住一生補處位（已上並菩薩本行經涅槃經此天欲界最勝故補處菩薩皆示生其中為教化衆生故）我今出世人壽百歲少出多滅（中阿含經）釋迦人壽一萬歲時合出為觀衆生無機可度乃至百歲見苦逼迫劫將欲末故出乎世（大論已上並小機所明本迹文）

案因果經云過去無數阿僧祇劫有仙人善慧（瑞應本行二經並名儒童）時燈照王太子普光（瑞應名定光法華金剛本行諸經並名然灯）啓父出家成菩提道善慧初為五百外道講論道義各以銀錢上之與外道別當往普光佛所欲施供養見王家青衣持七莖青蓮花過退問此花賣否荅言當送宮內欲以上佛善慧請以五百銀錢顧五莖花用以供佛青衣從命并寄二花以獻於佛願我後來常為君妻時王及大臣礼佛散花悉墮於地善慧五花皆住空中化成花臺後散二花住佛兩邉佛讚善慧汝過阿僧祇劫當得成號釋迦牟尼（此經與本行經並作阿僧祇劫瑞應作九十一劫如此迦佛不同蓋是方便分別然諸經並以昆婆尸記為九十一劫為正則瑞應所出未可為用）善慧見地濁濕心自念言云何令千輻輪足蹈此而過即脫鹿皮衣以用布地不足掩泥又鮮髮以覆之如來踐已因記之曰汝後得佛當於五濁惡世度諸天人時善慧以偈讚佛（文多不載）求佛出家佛言善來比丘須髮自落袈裟著身即成沙門善慧命終之後上生為四天王為四天王下生為轉輪王乃至上生為第七梵天王下生為聖王各三十六返或為仙人或為外道六師婆羅門小王各盡其壽不可稱數時善慧者即我身是青衣者耶輸陀羅是（因果經瑞應經稱瞿夷賣花女者取第一夫人為言也若本經與法華皆云耶輸者取羅睺母）（生此也今出後義為正）四教儀引大論云如來脩菩薩時從古釋迦至尸棄佛值七萬五千佛名初阿僧祇常脩六度次從尸棄至然燈值七萬六千佛名二阿僧祇此時用七莖蓮花供養布髮掩泥受記號釋迦文次從然燈至毘婆尸佛值七萬七千佛名三阿僧祇滿經如許時脩六度行更住百劫種相好因脩百福成一相（[illegible]）

法曰竊考如來本迹之義以由巳今相望乃有久近本不可以大小機見為之分別今約諸部共談之粗法華開顯之妙較而論之則大小機見不容不審例如紙一八相而有大小之別由機見之不同也

叙聖源

序曰如來之先起自大人厥後轉輪次第承襲爰考典籍略陳氏族之源蓋以將表章吾佛示生奕世聖王尊貴之家也

大劫之始世界初成光音諸天化生為人（云云）於是議立一人有威德者賞善罰惡號平等王衆共供給遂有民主之名（長阿含經見三世出興志詳）初民主王號大人第二王名珍寶第三王名好味第四王名靜齊第五王名頂生乃至三十三王名善思（皆長子孫相承諸王之名備見四分律此三十三王）自善思王後有十族轉輪聖王相續而出第一真闍王子波延迦（真闍即善思王）有五轉輪王第二多羅業有五轉輪王第三阿波業七轉輪王第四揵陀利八轉輪王第五迦陵迦九轉輪王第六瞻婆十四轉輪王第七拘羅婆三十一轉輪王第八般闍羅三十二轉輪王第九弥尸利八萬四千轉輪王（[illegible]）第十懿摩弥百轉輪王（[illegible]）名釋迦

序曰世人皆知如來為刹帝利之聖種而終

莫能委瞿曇釋迦前後並歸之義須知言瞿曇者有四義爲或純淑或最勝此從本德以爲称也或甘蔗或日種此就本緣以爲言也其称釋迦者則有三名據德建歸則曰能仁依處称名則云舍夷之與直林然釋迦之起實見於甘蔗王之四子甘蔗梵語既爲瞿曇城二十三則釋迦之称實自瞿曇出前瞿曇後釋迦雖有二称其實一姓前人有以日種甘蔗舍夷並列爲五氏者本末紛糅無所取裁今故備論後當毋惑

夫姓者所以繫統百世使不別也氏者所以別子孫之所由出也印度族姓則有四流一曰刹帝利者王種也二曰婆羅門者淨行也三曰吠奢者商賈也(旧云毘舍)四曰戍陀羅者衆人也(旧云首陀)凡茲四姓前二是貴後二是賤(此讀出西域記)隨時所尚佛生其中釋迦出劉強之世託王種以振威迦葉生善順之時居淨行以標德(大論)昔阿僧祇劫有菩薩爲國王父母早喪遜國與弟從婆羅門瞿曇學道受瞿曇姓(本經翻純熟應法師翻最勝此皆從師德爲義)乞食還國人無識者謂之小瞿曇於城外甘蔗園中以爲精舍賊盜官物路由園過捕盜尋迹執小瞿曇王令以木貫身射之大瞿曇見悲哀棺斂取血泥團之還置精舍著左右器大瞿曇言是道士若其至誠頑天神有知使血化爲人卻後十月左化爲男右化爲女因名瞿曇氏純淑之姓(十二遊經)過去有轉輪聖王名大自在(即弟九族尸利弥)子孫相承八萬四千王最後王名大矛草垂老無子委政大臣剃髮出家衆號王仙諸弟子時行乞食王仙老不能行遂以草籠盛懸樹上慮虎狼也獵人望見謂是白鳥乃射殺之血滴於地後生甘蔗二本日炙開剖一生童男一生童女弟子養護以報諸臣衆謂王種命相師占之立名善生號甘蔗王女名善賢立爲第一妃又以日炙甘蔗而生亦名日種(菩薩本行)

述曰瞿曇一翻甘蔗則當據本行二本甘蔗之緣一翻泥土則當取十二遊經血泥之事是知諸經梵語則曰瞿曇華言則称甘蔗泥土華梵互出其實一義

甘蔗王第一妃善賢生子名長壽第二妃生四子一名炬面二名金色三名象衆四名別城二十四成(菩薩本行)

述曰沙弥塞云欝摩王第四子尼樓本行經尼俱此翻爲別成祐律師指懿摩王是釋種之先第四子莊嚴是白淨所承南山指懿摩即第十輪王去菩薩一百世第四子莊嚴即白淨所承其說略同(別成莊嚴兩譯不同祇是尼俱一人)

時善賢妃欲立長壽白王擯遣四子出國至雪山北自立城居不數年間欝爲強國(本行經)父王悔憶遣使往召(雪山建國城歸迦毘羅共王名別成遠近欽服)四子辭過不還父王三歎之曰我子釋迦(此云能仁本行經)到雪山邊住直樹林中故名爲釋迦(此云直林長阿含經)近雪山北舍夷林築城營舍因名舍夷國(五分律)

述曰舍夷者林名也既以名國又以名氏竊詳舍夷恐翻爲直即前雪山直林之義妙玄云舍夷是西方貴姓此但約義未見所出

別成王子拘盧拘盧子瞿拘盧(菩薩本行)懿摩王第四子莊嚴(即別成)懿摩百輪王最後王名大善生(案四分律懿師摩次弟百王後有王名大善生南山釋迦譜云)(大善生即如来七世祖也)自百輪王後六世祖烏婆羅王五世祖漚婆羅王四世祖尼求羅王三世祖尼浮羅王二世祖師子頰王一世父淨飯王城二十五師子頰四子一淨飯王(諸經或云白淨)有二子長悉達太子次難陀二白飯王二子長調達(諸經或云提婆達多)次阿難陀三斛飯王二子長摩訶男(或云俱利太子五比丘之一)次阿那律(或云阿㝹樓馱)四甘露飯王二子長婆沙次跋提(五比丘之一長阿含經)劫初以來嫡嫡相承作轉輪王近來二世但

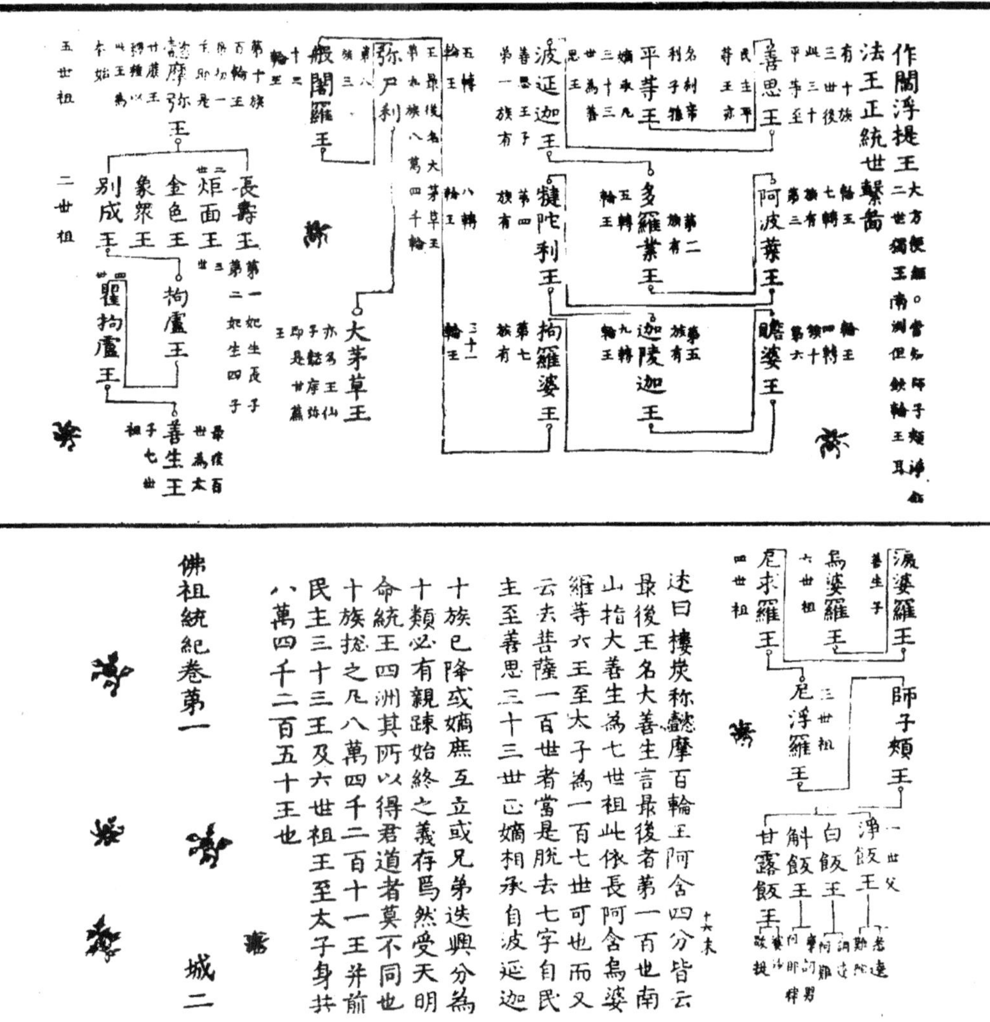

述曰樓炭称懿摩百輪王阿含四分皆云最後王名大善生言最後者第一百世也南山指大善生為七世祖此依長阿含烏婆羅等六王至太子為一百七世可也而又云去菩薩一百世者當是脫去七字自民主至善思三十三世正嫡相承自波延迦十族已降或嫡庶互立或兄弟迭興分為十類必有親疎始終之義存焉然受天明命統王四洲其所以得君道者莫不同也十族摠之凡八萬四千二百十一王并前民主三十三王及六世祖王至太子身共八萬四千二百五十王也

佛祖統紀卷第一

城二

法王正統世繫圖

佛祖統紀卷第一

校勘記

一 底本，明永樂南藏本。

一 四〇一頁下末行夾註右末字「(体)」，〖經〗置於左首字「違」下。

一 四〇二頁上二行夾註左「當說」，〖經〗作「當已」。

一 四〇二頁上三行第一六字「及」，〖經〗作「是」。

一 四〇二頁中三行「衆尒」，〖經〗作「衆生」。

一 四〇二頁中二二行「地涌品」，〖經〗作「菩薩地涌品」。

一 四〇二頁下一〇行夾註左「疑法」，〖經〗作「疑違」。

一 四〇二頁下一一行夾註左「既多」，〖經〗作「衆多」。

一 四〇三頁下一一行夾註右「古今二」，〖經〗作「古今一」。

一 四〇四頁上五行「發口」，〖經〗作「發願」。

一 四〇四頁中六行小字右「二祇」，〖經〗作「三祇」。

一 四〇四頁下二三行末字「證」下，〖經〗有夾註「校閱者云若謂七佛前後相繼止隔一劫者則應毘婆尸佛當記過六劫而得成佛乃至伽葉佛當記過二劫而得成佛何謂百劫種相好則九十一劫於說自合下文又云已上四佛在賢劫中第九減劫相繼出世俱與止隔一劫之言相違覽者詳之」。

一 四〇五頁上二二行「成號」，〖經〗作「成佛號」。

一 四〇五頁上末行小字左「未可」，〖經〗作「亦可」。

一 四〇五頁中七行第九至一二字「爲四天王」，〖經〗無。

一 四〇五頁中一二行夾註左末字「肵」，〖經〗無。

一 四〇六頁上九行「紛糅」，〖經〗作「紛揉」。

一 四〇六頁中末行夾註右「別成」，〖經〗作「別承」。

一 四〇七頁上二行至本頁中六行法王正統世繫圖，其主要内容〖經〗與之相同，由於表達形式不一致，不易對校，兹將〖經〗文附於卷後，以作參照。

一 四〇七頁中末行經名，〖經〗作「佛祖統紀卷第一終」。以下各卷卷末經名例同。

佛祖統紀卷第二　城三

宋景定四明東湖沙門　志磐　撰

教主釋迦牟尼佛本紀第一之二

下兜率

序曰四明法師之言云如來昔於大通之時覆講法華與無邊衆生作一乘之因矣以由中間退大樂五塵如來大悲恐其墮苦於是更以小乘而爲救拔或用衍三而爲導引如此大小種種成熟堪於今世悟入佛乘是故如來爲此一事出現於世然其機發復少差殊故於一代而分五時有機堪能直入於實者（有機但能迂入於實者鈍此二類熟在一時若）於華嚴頓説別圓被二種機者此機從始即見勝相若其中間習小深者雖於今世入一佛乘而於小先熟故爲此機示現劣身初説三藏諸味調熟來至法華方開佛慧此機於始唯見劣身故天台師曰小機則示三藏佛身説法大機應以舍那佛身説法是故降神母胎即示兩相故然華嚴頓後方施小化譬如窮子急追不至徐語方來前頓後漸其義已成今那忽云降神母胎即示兩相須知諸文所論初頓後漸蓋是化緣施設之語今此所説大小雙應終歸一乘方盡鑑機始末之事如方便品思無大機念欲息化諸佛勸諭方施小乘次文郤云無量劫來讃涅槃法生死永盡我常是説是故思機然後施小此等之説皆是儀式不可據此以難今文預鑑群機原始要終度物之意也（並別行記）今觀二聖師所論則知如來出興秖一八相自大機而觀之則始終無改無非華嚴自小機而觀之則遊化鹿苑諸教次第謂之舍那謂之釋迦一体而兩名由機有不同耳然則大小二始頓漸兩説五時施化一乘會歸是皆如來隨順機宜善巧方便令入佛慧之道今故得以述之

菩薩從兜率天將降神時有十佛刹微塵數菩薩皆與菩薩同類同行乃至普賢神通行願悉皆同等又以神通普現兜率天宮一一宮中悉現十方一切世界閻浮提内受生影像（華嚴經。大機所見下兜率相）

託母胎

序曰如來降神母胎雙垂兩應大機則見乘旃檀樓閣小機則見乘六牙白象大小在機而於如來應本未始有動此託胎之相也

菩薩已從此沒生於人間淨飯王家乘旃檀樓閣摩耶夫人胎（華嚴經）從兜率下法身眷屬如陰雲籠月共降母胎若虛空常宣妙法（妙玄。大機所見託胎相）

住胎宮

序曰華嚴云如來住胎現大宮殿示現住兜率乃至般涅槃或見在兜率乃至或見入涅槃此則於住胎一相之中備見八相此荆溪所謂一一相中皆八相故也

菩薩於母胎中現大宮殿種種嚴飾而令母身安隱無患住母胎已心恒正念示現住兜率天初生爲童子處王宮出家苦行成道轉法輪般涅槃或有見佛種種説法或見在兜率天或見來處母胎或見初生或見出家或見成道或見轉法輪或見入涅槃（華嚴經。荆溪云皆言或者一一相中皆八相。攸。大機所見住胎相）

示降生

序曰託胎降生皆所以示同於人法耳至於出入右脅周行七步俾大小兩機所見各殊者斯示現降生之相也

夫人攀金園樹枝而生菩薩諸天王衆各持香水共以洗沐（華嚴經）初生之時於十方面各行七步（涅槃經。大機所見降生相）

出父家

序曰華嚴云最後身菩薩欲令著家衆生捨離家法爲現自在不屬它故宣揚出家功德勝故此示現出家之意有在於是也

又見出家詣道場成等正覺坐師子座（華嚴經）（大機所見出家相）

成佛道

序曰華嚴云道場始成者且約大始而言既非本門實成則今此正是迹中之迹耳

菩薩於菩提道場始成正覺(華嚴經) 菩薩言吾三十成道號為釋迦牟尼於寂滅道場坐金剛華王座說法(梵網經○實藏經無相三昧經並云三十成道)既成道已梵天勸請惟願如來當為衆生廣開甘露說無上法(涅槃經○大機所見成道相)

或見菩薩住兜率天入胎出胎成道降魔轉法輪入涅槃(華嚴辨諦此大乘有降魔今合在成道中)

述曰自昔依起信論列大乘八相存住胎而沒降魔依四教義列小乘八相存降魔而沒住胎今之所述正稟二文以為綱骨自下兜率至成道降魔皆先大後小以列其相而於轉法輪中則有五時頓漸之義則大小二機又蘊乎中矣妙宗之言曰佛應三土且說同居化有始終須彰八相大機所見八相難思若應小機八種皆劣此之謂也

下兜率

菩薩功行滿足位登一生補處生兜率天名曰聖善為諸天主說補處行期運將至當下作佛即觀五事觀諸衆生皆是我發心已來所成熟者堪受妙法觀此大千界閻浮提迦毗羅國最為處中(此云黃色言土德尚黃居中也)觀釋迦弟一甘蔗聖王之後觀白淨王夫妻真正堪為父母(白淨或云淨飯梵云首圖馱那本行經云謂財德純備然諸經書見白淨淨飯其義何謂)觀摩耶夫人懷抱太子滿足十月生七日已其母命終作此觀已告諸天子我應下生白淨王家棄輪王位出家學道成一切種智轉大法輪廣利天人汝等是時亦當同會諸天子聞各心念言菩薩不久當成正覺(因果經○小機所見下兜率相)

託母胎

時菩薩乘六牙白象發兜率宮(按普耀經云沸宿應下化為白象瑞應經云化乘六牙白象貫日之精○沸宿即鬼宿也)放大光明普照十方以四月八日明星出時降神母胎(向晚夜明故曰明星即鬼宿也)時摩耶夫人眠寤之際見六牙白象騰空而來從右脇入(按普耀經云所以處右者所行不左也)覺已白王為說瑞相王召婆羅門占之曰今此夫人胎中之子必是正覺之瑞若不出家當為輪王夫人日更脩行六波羅蜜天獻飲食不樂人間之味時兜率天衆念言菩薩已生淨飯王宮我等亦當下生人間得先聽法於是諸天下生數至九十九億又它化自在天下至四天王上至色界天與其眷屬亦皆下生不可稱計(因果經) 有一天子名曰速往至諸地獄大聲唱言菩薩從兜率天下生母胎汝輩速發誓願求生人間地獄衆生聞此語已各各相觀復見光明捨地獄身即生人中所有大千世界往昔已來種善根者皆來於此迦毗羅城四面託生(佛本行經○小機所見託胎相)菩薩在母胎行住坐臥無所妨礙晨朝為色界諸天說法日中為欲界天晡時為諸鬼神於夜三時亦復如是成熟衆生(因果經○此經既云行住坐臥一日六時為諸天鬼神說法即小乘住胎之文)護明菩薩謂天人金團曰往昔補處菩薩託生之家須具六十種功德三代清淨汝下閻浮為我觀察(云云護明即聖善)

周　胎王元年(己丑)

(周之先后稷名棄好耕農帝堯舉為農師舜時封於邰號后稷別姓姬氏後四世亶父遷居周原子季歷在殷為雍州伯以在西故稱西伯季歷子昌繼父為西伯殷紂失道西伯受命稱王號曰周昌子發舉兵滅紂即天子位號武王追尊西伯為文王武王子誦為成王成王子釗為康王康王子瑕為昭王昭王子滿為穆王)

示降生

二十六年(甲寅○劉道原通鑑外紀胎王元年己丑二十六年甲寅今諸書多稱二十四年相承之誤)夫人懷孕將滿十月其父善覺遣使白王我女懷藏聖胎威德甚大慮產子後女命不久欲迎止嵐毗園中盡父子情王即敕有司備儀禮送至父家(佛本行經) 時夫人即升寶輿前後導從往藍毗尼園中十月滿是四月八日日初出時(前言四月八日降胎今言四月八日出胎並出

因果經南山云降胎出胎皆言四月八日則是十二月在胎文今此文言十月滿足者且約人間十月懷妊為言若佛所行讚經則云三月八日生此皆釋人用曆兩土不同然內外典籍多言四月八日夫人見無憂樹花葉茂盛即舉右手欲牽摘之菩薩漸漸從右脇出時樹下生七寶蓮花大如車輪身隨花上自行七步舉右手作師子吼云我於天人之中最尊最勝按瑞應經云舉右手而言曰天上天下唯我獨尊普曜經云為應七覺故行七步舉下蹋地為除外道白毒時四天王即以天繒接置寶几帝釋執寶蓋梵王持白拂侍立左右難陀跋難陀兄弟二龍王於虛空中吐清淨水一溫一涼以灌太子按普曜經釋梵雨香九龍下香水浴身身黃金色三十二相放大光明照三千界天龍八部空中作樂歌頌佛德散花亂墜一切天人讚嘆種智速成佛道度脫眾生唯有魔王不安本座于時采女以天繒氍裹抱太子至夫人所青衣還宮說奇瑞相王即嚴駕四兵象馬車步導從入園見相殊特喜懼交懷前抱太子置象輿上隨從入城將詣天祠梵釋形像皆起禮足而言曰今此太子天人中尊云何來此欲禮於我群臣歎異即奉太子入王本宮時諸同釋子生五百男王家青衣亦生五百蒼頭廐中象生白子馬生白駒牛羊亦生五色羔犢數各五百宮中五百伏藏自然而出有諸商人入海采寶而還各貢珍奇王召諸婆羅門當為

太子作何等名荅言太子生時一切寶藏皆悉發出所有諸瑞莫非吉祥當名薩婆悉達此云一切義成又云頓吉時八王亦同日生太子各懷懽喜共制美名因果經王家青衣亦生蒼頭奴名車匿廐生白駒名揵陟王後常使車匿侍從白馬給乘瑞應經王訪五百聰明相師令占太子相師言若當出家成一切種智若在家者為轉輪王相師又言有一梵仙名阿私陀此云無比瑞應經名阿夷具足五通在香山中訢斷想感王思路險非人能到阿私陀遙知王意騰空而來相太子已悲泣而言曰恨我不久命終生無想天不覩佛興不聞經法若有具三十二相或生非處又不明顯此人當為轉輪聖王今觀太子諸相得所又極明顯決定必成一切種智王聞仙說慮恐出家起三時殿七寶莊嚴城門開閉聞四十里五百采女宿衛殿宇花果眾鳥流泉浴池光耀心目以悅太子生滿七日其母命終以懷太子功德大故上生忉利按大論經云前處兜率龍后然今十月七日故說神來時姨母摩訶波闍波提乳養太子如母無異因果經小機所具降生相

述曰如來降靈示滅之相記年月者其說紛然今作正義異說兩番以區別之初正義者有六其一周書異記昭王二十四年甲寅歲四月八日有五色光入貫太微徧於西方太史蘇由曰有大聖人生於西方穆王五十二年壬申歲二月十五日旦白虹十二道南北通貫太史扈多曰西方有大聖人終亡之相其二法本內傳摩騰法師對明帝曰佛以甲寅之歲四月八日生此當周昭王二十四年其三魏書沙門曇謨最曰佛以周昭王二十四年四月八日生穆王五十二年二月十五日滅其四南岳願文云佛以甲寅四月八日降生其五輔行云悉達生淨飯王宮當周昭王甲寅之歲其六唐太宗勅尚書劉德威問法琳法師佛降生入滅何故傳述乖亂琳乃論定周昭甲寅生穆王壬申滅次列異說有八石柱銘周桓王乙丑法顯法師傳殷武乙甲午像正記平王戊子南山感通傳天人云夏桀世度律師眾聖點記貞定王甲戌開皇三寶錄王簡棲頭陀寺記皆以為周魯二莊甚至孤山亦作此說其所注四十二章經則取淨名疏云即時佛興星隕如雨蓋準瑞應經所言沸星下侍之事天台祇言佛興未嘗定指周莊雖云如雨乃是借文左傳孤山誤認此語遂作二莊以釋以致淨覺作記妄稱天台正取二莊然

荆溪明言昭王甲寅初無二莊之論是知興(說)自此可息矣若欲會同左傳如雨之說則如文殊般涅槃經云佛滅度後二百五十年文殊至雪山化五百仙人說還歸本土放大光明徧照世界入於涅槃自昭王至莊王正當二百五十餘年恒星之驗其在此乎(左傳魯莊公七年甲午四月辛卯夜恒星不見星殞如雨即周莊王十年)又孤山垂裕記依周歷以十一月建子為正言四月即今二月今准因果瑞應本行諸經並云四月八日法本內傳䰟書亦皆四月八日三經既非周譯二書亦非周世則知非建子之正明矣蓋自漢武改寅為正至于今日遵而用之則經傳之言四月非為差錯不當遠據周歷改為二月也此大略出翻譯名義今更增益文證以袪昔人之異見云

二十七年(乙卯)先是太子生時足行七步口称獨尊言已便默如諸嬰孩不行不語諸母養育漸至長大(智論)

二十八年(丙辰) 二十九年(丁巳) 三十年(戊午)

三十一年(己未)王為太子辦象馬牛羊諸車童子玩具舉國人民皆行仁惠五穀豊熟風雨以時皆是太子福德之力又以青衣所生車匿等五百蒼頭給侍太子(因果經)

三十二年(庚申)太子年七歲王令學書訪國中聰明婆羅門名曰選友起大學堂牀榻學具太子問師書有幾種師默不荅內懷慚愧礼太子足惟願為說閻浮提書凡有幾種太子荅言或有梵書(婆羅門書)或佉婁書(驢脣仙人書)有如是等六十四書(按佛本行經太子八歲學書師毗奢多羅六十四書中有提婆書天也那伽書龍也支那國書大唐也此下具有天地八部四洲鳥獸音声諸書)師白王言太子是天人中師云何欲令我教王聞歡喜凡技藝典藉天文地理筭數射御皆悉自然知之(因果經)時王復令釋種忍天教太子兵戎法式為造一苑名曰勑太子與五百釋子入苑遊戲學一切典籍四年之中及諸釋種皆悉通達(佛本行經)

三十三年(辛酉)太子在苑射戲提婆達多射著一鴈墮於苑中太子接箭以酥蜜封瘡達多遣使來言宜速見還太子報言我已攝受此鴈自我發善提心來我皆攝受一切衆生況復此鴈而不屬我自此與達多結怨相競(佛本行經)

三十四年(壬戌)

三十五年(癸亥)太子年十歲王訪國中善知射者令教太子師與(小弓令)射鐵鼓太子更求如是七弓一箭過七鐵鼓射師白王太子自知射藝云何令我為師王大懽喜擊鼓唱令太子七日當出後園欲試武藝提婆達多最先出城時有大象當城門住達多獨前以手搏頭即便躃地於是軍衆次第得過難陀繼至以足指挑象擲著路旁太子出城以手擲象城外還以手接不令傷損象又還蘇時諸人民歎未曾有達多至園最先發射徹三金鼓次至難陀亦徹三鼓太子以弓力弱取王庫內祖王良弓即放一箭徹過七鼓然後入地過大鐵圍山時提婆達多與難陀共相撲戲二人力等無有勝者太子手執二弟躃之於地以慈力故不令傷痛(因果經)

三十六年(甲子) 三十七年(乙丑)

三十八年(丙寅) 三十九年(丁卯)

四十年(戊辰)太子年十五歲王會羣臣諸小王仙人婆羅門等皆悉雲集至二月八日以七寶器盛四大海水各各頂戴傳授與王灌大子頂付七寶印立為太子時八國王亦於是日同立太子(因果經)

四十一年(己巳)太子啓王出遊前至王田息閻浮樹下見諸耕人時淨居天作壞蟲烏隨啄之見已悲愍即便思惟得四禪地(因果經)王尋太子見在樹下一切樹影悉移唯此樹陰覆太子身如重雲間忽見明月(菩薩本行經)

四十二年(庚午)太子十七歲(按本行經十九納妃)釋種婆羅門摩訶那摩有女名耶輸陀羅顏色端正

智慧過人王即遣使往迎爲太子妃太子常修禪觀未甞與妃有夫婦道(因果經)太子有三夫人一瞿夷二耶惟檀(即耶輸也)三鹿野以有三婦爲立三時殿殿有二萬采女(十二遊經○文句云未曾有及瑞應皆云羅睺是瞿夷子法華涅槃皆云是耶輸子二義云何通或可徵經衆大母此經舉所生釋論瞿毘耶是空女不孕即是瞿夷故知生是耶輸子○瑞應經云十七歲)(納妃)

四十三年(辛未)太子白王將遊園林前後導從出城東門時淨居天化作老人頭白背傴見已還宮愁思不樂念言老至如電我豈獨免云何世人而不怖畏它日復從城南門出淨居天化作病人身瘦腹大不能自持太子念言如此病苦云何不畏即回車入宮少時復從城西門出淨居天化爲死人四人輿行室家哭送太子語臣優陀夷曰世間乃復有此死苦云何於中而行放逸即勅回車最後出城北門淨居天化作比丘法服持鉢手執錫杖太子問是何人荅言我是比丘脩學聖道

城三　十一

永得無爲言已騰虛而去太子索馬還宮而自念言我先見有老病死苦常恐爲此所逼今見比丘開悟我情示解脫路即思惟方便欲求出家(因果經○按瑞應經云十四歲遊四門○本行經云太子問何人荅曰我佛弟子沙門也問何名沙門荅曰三界兮擾擾六趣兮昏昏識心達本源故号爲沙門)

四十四年(壬申)　四十五年(癸酉)

四十六年(甲戌)　四十七年(乙亥)

四十八年(丙子)　四十九年(丁丑)

出父家

五十年(戊寅)太子年二十五歲(妙樂云若十九出家則二十四成道若三十成道則二十五出家○攝實歲經二十五出家三十成道刪滅之言有合於此)往父王所作礼白言恩愛集會必有別離唯願聽我出家學道王執其手流淚言曰國未有嗣宜息此意時相師白王太子若不出家過七日後當得轉輪王位王聞益喜於城四門各置千人以爲防護王語太子我昔曾聞阿私陀仙說汝畢定不樂處世若生一子不復相遠太子即以右手指其妃腹便覺有娠(按瑞應經云指妃腹曰却後六年汝當生男)二月七日思求出家身放光明照諸天宮諸天皆知太子出家時至即来礼足白言無量劫来所脩行願今正成熟太子荅言如汝等語然父王勅内外官屬嚴見防衛欲去無從諸天即以神力令諸官屬悉皆淳卧使無知者耶輸卧中即得三夢一月墮二牙齒落三失右臂覺已具述太子語云月猶在天齒又不落臂復尚存當知此夢虛假非實至於後夜諸天白言内外眷屬皆悉睡卧今正是時太子即令車匿被揵陟来車匿流淚而言曰今非遊觀之時云何中夜而忽索馬即舉聲號泣欲令王宮眷屬覺知

以天神力昏卧如故車匿牽馬既至諸天捧馬四足并接車匿帝釋執蓋從北門出其門無聲自然而開行至天曉已三踰闍那(三由旬也)諸天事畢忽然不見行至跋伽仙人苦行林中即便下馬語車匿言我既捨國至閑靜處汝與揵陟俱可還宮車匿悲泣不能自勝揵

城三　十二

陟舐太子足淚落如雨太子即就車匿取七寶劒自剃須髮而發願言願共一切斷除煩惱及以習障帝釋接髮而去讚言善哉時淨居天化作獵師身被袈裟太子見已而語之曰汝所著衣是寂靜服云何著此而爲罪行我今持此七寶之衣與汝貿易荅言善哉即脫寶衣而與獵者自被袈裟(大論云所貿得衣粗布僧伽梨也)時淨居天還復梵身上昇虛空於是車匿即牽揵陟嗚噎悲哽緣路而還跋伽仙人遥見太子謂是天神與衆請坐即問仙人汝等苦行欲何所求荅言爲欲生天太子又問汝等脩諸苦因以求苦報終不離苦言論往復明旦辭去車匿牽揵陟還入宮城具白父王王愛念情深即遣王師大臣尋至仙所仙云已過中路遥見樹下端坐思惟大臣具告王意太子荅曰豈不知恩但以生老病死四患爲苦耳我今終無返步大臣即留憍陳如等五人容令伺察時太子北度(按西域記應云南度)恒河

路經王舍城中頻婆娑羅王[illegible]聞太子至顧捨國相奉太子荅王今可於身命財修三堅法不應以不堅之法勸獎餘人遂即別去時王告曰若道成日願先見度太子前行至阿羅邏仙人處聞說從得初禪乃至入非想非非想處名為解脫太子知非究竟即與仙別次至迦蘭住處論議問答亦復如是太子調伏二仙人已至伽闍山苦行林中憍陳如等五人住處於尼連禪河側靜坐思惟宜應六年苦行以度衆生經因果天神進食一不肯受天人令左右自生麻米日食一麻一米以續精氣端坐六年形体羸瘦寂默一心内思安般[illegible]一數[illegible]二隨[illegible]三止[illegible]四觀[illegible]五還[illegible]六淨[illegible]遊止三四出入二門微妙神通無分散意經稀太子日食一麻一米或七日一食陳如五人供奉太子遣人白王具說若相王與姨母及邪輸各嚴五百車資生之物令車匿領送皆悉不受經因果所[illegible]四按瑞應因果中本起大論並云十九出家十二遊增一中雜長四阿含出曜經和須密論並云二十九出家當何所從今以如來八十壽除五十說法則定取梵網然相三昧寶藏經等三十成道之言若以三十成道除六年苦行則定取荊溪二十五出家上合寶藏之說若約前後義定則有二事可證一者出家之後六年苦行取成道之歲其數亞合二者將出家時指妃腹曰卻後六年汝當生子後於成道之年果生羅睺按賢愚經云出家脩道六年苦行得一切智未曾有經云太子逃至山澤勤苦六年得佛還國普耀經云父王聞太子得佛以來六年令優陀邪往請云濶別以來十有二年又云佛還國入宮坐羅雲來問訊群臣皆疑太子捐國十有二年何從有子此等經文並約出家六年成佛又經六年還國道而推之當以二十五為出家之年審矣孤山頌謂五歲遊歷此語無憑神智補注備論異同請以荊溪之言為正

五十一年己卯

穆王滿昭王之子

元年庚辰

降天魔

二年辛巳

三年壬午

四年癸未 太子心自念言我今脩於苦行垂滿六年若以羸身而取道者彼諸外道當言自餓是涅槃因我當受食然後成道即至尼連禪河洗浴身体時彼林外有一牧牛女名難陀婆羅有淨居天來下勸言汝可供養女人聞已大喜即見地中生千葉蓮上有乳糜即取奉上太子呪願受食氣力充足按佛本行經善生村二女一名難陀一名婆羅以一千牛取乳飲十轉至十五牛取乳煮糜以上菩薩有龍女奉天妙蓋提即從上如意飽食身体相好圓滿如日[illegible]六龍女獻妙座即趣畢鉢羅樹自誓願言我坐樹下若道不成要終不起諸經多言菩提樹此翻為道言坐此樹下成道也其樹王名畢鉢羅又思惟過去諸佛以草為座成無上道釋提桓因化為凡人執淨輭草至菩薩前問汝何名荅名吉祥菩薩喜曰我破不吉以成吉祥乃數以為座結加趺坐而自誓言不成正覺不起此座經因果佛為太子時出家求道淨飯王父遣釋種五人隨逐給侍憍陳如此云火器十力迦葉亦名[illegible]是母親二人執五欲樂見太子初食麻麥心不忍可即便捨去頞鞞此云馬勝跋提此云小賢摩訶男俱利斛飯王子五人諸父不同[illegible]此是父親三人執苦行淨太子後知非道捨而受食美飯酥乳三人謂其狂亂失志亦復捨去[illegible]○[illegible]時魔王宮殿自然

動搖魔王念言瞿曇當成正覺及道未成往壞亂之於是手執弓箭與諸眷屬俱往樹下語菩薩言汝應脩轉輪王業捨出家法今若不起我試射汝菩薩怡然不驚不動魔王挽弓放箭停於空中其鏃向下變成蓮華魔王復遣三女白菩薩言仁者至德願侍左右菩薩答言汝植小善得為天身不念無常而作妖媚今便可去吾不相須時三天女變成老姥頭白面皺魔王即以輭語誘言汝若不樂人間我捨天位及五欲具悉持與汝菩薩答言汝先脩少施今得為自在天王此福有期要還沉溺非我所須魔曰我之果報是汝所知汝之果報誰復知者菩薩答言唯此地知于時大地六種震動地神涌出而語魔言菩薩昔以頭面髓腦國城妻子象馬珍寶而用布施不可稱計為求無上正真之道是故汝今不應惱亂魔聞怖懼即自思惟我今當更設方便廣集軍眾以力追脅時諸軍眾忽然來至充滿虛空執戟操劍多頭多目諸惡類形圍遶菩薩四方烟起四海涌沸是諸魔眾各盡威力角目切齒橫飛亂擲菩薩觀之如童子戲空中有神隱身而言菩薩歷劫脩習善果欲濟眾生汝今云何惱亂道師今日決定樹下成無上道此地乃是過去諸佛金剛之座堪受妙定非汝所摧汝今宜應息憍慢意而奉事之是時魔王聞空中聲即還本宮（因果經）惡魔波旬將八十億眾欲來壞佛語云汝不急去我擲汝海水佛語波旬汝今先能動此澡瓶然後可能擲我海水時波旬不能令動軍眾壞散（雜寶藏經）波旬長子商主即頂禮菩薩求乞懺悔白言我父無智觸忤大聖願得恕亮（佛本行經〇已上小乘所見降魔相）

述曰諸經云魔波旬在六欲頂別有宮殿今因果經乃指為自在天王如此則當第六天有此兩異蓋是譯者用義之不同也

成佛道

二月七日惡魔退散之時菩薩心淨湛然不動落日停光澄月映徹眾星參爛天雨妙花作眾技樂以用供養菩薩既降魔已放大光明即便入定思惟真諦悉知過去所造善惡壽命短長一切眾生輪回五道無有真實橫生苦樂明星出時霍然大悟（即入日天曉也）得無上道為最正覺（因果經〇此小乘所見成道相）〇佛成道日斛飯王（第二弟）遣使白淨飯王言貴弟生男（第一弟白飯上）王心歡喜語來使云今日大吉是男當字為阿難（此云歡喜）眾國欣慶又名慶喜（大論）〇是歲邪輸夫人生子名羅睺羅（此云覆障以在開為障也）時羅睺羅阿脩羅食月因以為名初太子出家之日指妃腹曰卻後六年汝當生男至是在胎六年而生（瑞應經）

述曰大乘開住胎合降魔於成道小乘開降魔合住胎於託胎住胎見起信降魔見四教義此先達之論也今觀大小皆有住胎降魔之文如華嚴云菩薩住母胎已示現出家成道等相此大乘住胎也因果經菩薩在母胎行住坐卧一日六時為諸天鬼神說法此小乘住胎也花嚴離世間品菩薩出家成道降魔轉法輪等妙樂云四佛各有四降魔相此大乘降魔也因果經既降魔已即便入定明星出時得最正覺此小乘降魔也今欲順八相之言且用起信四教義二文開合為證

佛祖統紀卷第二

城三

佛祖統紀卷第二

校勘記

一　底本，明永樂南藏本。

一　四〇九頁上一二行夾註左末字「若」，徑無。

一　四一〇頁中末行第一五字「生」，徑作「住」。

一　四一〇頁下一行末字「語」，徑作「聲」。

一　四一一頁中一三行第二字「生」，徑作「但」。

一　四一一頁中一五行「種智」，徑作「德智」。

一　四一二頁中五行夾註「驢脣仙人」，徑作「驢脣人」。

一　四一二頁中七行末字「師」，徑作「諾」。

一　四一二頁下一五行末字「大」，徑作「太」。

一　四一三頁上一九行「騰虛而去」，徑作「騰虛空去」。

一　四一三頁下一六行「即問仙人」，徑作「即問問仙人」。

一　四一四頁下八行夾註左「如白」，徑作「如舊」。

一　四一五頁中二〇行夾註「第二弟」，徑作「第一弟」。

佛祖統紀卷第三上　城四

宋景定四明東湖沙門　志磐　撰

教主釋迦牟尼佛本紀第一之三上

轉法輪

序曰說法度人如來出世之大要人有利鈍則法有頓漸故聞法之人無不悟入猶夫醫王應病與藥藥能合宜則病無不愈疏不云乎今佛始終具轉五味法輪轉此法度入它心令得悟斯轉法輪之義也

如來轉法輪一代五時則有八教

轉法輪者輪以摧碾為義如來說法化轉物心於法自在如輪王輪寶運轉無礙又如來三輪不思議謂身輪現通口輪說法意輪鑑機能與根生摧碾一切惑累法苑云輪王有二時輪王者有四等金輪千輻化被四洲住劫八萬歲時出銀輪七百五十輻化三天下除北洲銅輪五百輻化東南二洲鐵輪二百五十輻唯化南洲如阿育王是也法輪王者若減百年如來出世是也

一代者通指八相別在五時五時後有通別妙玄云五味半滿論別別有齊限論通通於初後若華嚴別但在初通則至後處死已去例此云今輪一化唯在別義論五時者義出三經謂華嚴三照涅槃五味法華信解品四大弟子領解等文故文句云四大弟子深得佛意探領一代五時之教始終次第其文出此

八教者妙樂云化儀四教是判教之大綱化法四教是釋義之綱目是知頓等是判藏等是釋如判華嚴為頓則以別圓釋之乃至判法華為非頓非漸以純圓釋之此今家消經之軌則也妙樂又云若消諸經但用藏等其文稍通若釋法華無頓等八舉止失措謂餘經但論當部逗機得益故未須頓等若釋法華須明一代故用頓等以括始終輔行云藏等四教遍收一切大小乘經因果顯了各立教主各被機緣始終備足不過此四頓等四教但是如來不思議力布措藏等盤縮調停成熟物機破邪立正引小歸大廢偏顯圓會權入實故有諸部五味相生利物無方適時出沒

言五時者一華嚴時

照云大方廣佛華嚴經人法辭具足立題別行玄記云大方廣是法佛是含那果人華嚴譬諸地因華莊嚴果德文此經揔有七處九會會處不一故以經標名

二鹿苑時

輔行引大論云如來因地為鹿群主波羅柰王入山遊獵有母鹿懷子當差次供饌母告鹿主枉殺其子鹿主詣王求代王說偈曰我實人頭鹿汝是鹿頭人以理而為人不以形為人我從今日始不食一切肉我以無畏施亦可安汝意鹿群所居故名鹿苑亦名柰苑從對立名亦名仙苑二仙所住故此以處標名酬昔行因之地

三方等時

四教並談曰方四機俱被曰等此從法得名依部教立故續遺記云方等之名有二意若大經從酪出生酥譬修多羅出方等此約第三時的從部教即被三乘四教機也若普賢觀此方等經是諸佛眼乃直明圓理非第三時也文普賢方等乃方廣平等之義諸部大乘談圓理處並名方等

四般若時

此云智慧五種不翻中尊貴不翻也具云摩訶般若此從經標名

五法華涅槃時

二經同明開顯並屬醍醐故合為一時此並從經標名法華具云妙法蓮華經由妙法有施開廢三者之義故以蓮華為喻涅槃者具云摩訶般涅槃經此翻大滅度大

即法身滅即解脫度即般若一經始終純談三德
是爲五時
五時立名不出三義華嚴從喻鹿苑從處方等般若涅槃從法法華從法喻
亦名五味
此有相生濃淡二義言相生者妙玄云初頓之後次開於漸故涅槃云從佛出十二部經從十二部經出修多羅譬從牛出乳從乳出酪云云次第相生不取濃淡又云呼爲乳者意不在淡以初故本故言濃淡者義例云經中五味唯喻一代五時濃淡濃淡雖殊皆從牛出元草堂云相生喻教濃淡喻機喻教則有次第從頓開漸漸入轉深終會於圓喻機則有優劣初自聲聞彈訶淘汰而卒至得記文秖一五味作兩番譬能譬雖通所譬則局今論一化次第唯取相生之義
○三照五時五味之圖
華 妙玄 華嚴 華嚴 妙 涅 法
嚴 山 三 列 玄 槃 華
今 為 五為 五為 五 五 五
時 味 今
華嚴 乳

華嚴性起品譬如日出先照諸大山王次照一切大山次照金剛寶山然後普照一切大地日光不作是念我當先照諸大山王次第乃至普照大地但山有高下故有先後如來亦復如是成就無量無邊法界智光先照菩薩次照緣覺次照聲聞次照決定善根衆生隨應受化三藏菩薩然後普照一切衆生云云又云譬如日月出現世間乃至深山幽谷無不普照玄文合大山寶山爲幽谷其文出此
涅槃經云佛說二十五三昧無垢藏菩薩白佛言如佛所說諸佛菩薩成就智慧功德百千萬億實不可說我意猶謂不如此經能出阿耨多羅三藐三菩提佛言譬如從牛出乳從乳出酪從酪出生酥從生酥出熟酥從熟酥出醍醐醍醐最上佛亦如是從佛出十二部經從十二部經出九部修多羅從修多羅出方等典從般若出大法槃醍醐譬於佛性佛性即是如來釋籤云涅槃五味轉變而秖是一乳華嚴三照不同而秖是一日今演華嚴平地之譬以對涅槃後之三味數雖不等其義究齊云云
又云華嚴但云平地今離彼平地以譬方等般若法華方等如食時般若如禺中法華如正中
言八教者頓漸祕密不定爲化儀藏通別圓爲化法是爲八教化儀如世藥方化法如辨藥味
言教者詮理化物之義聖人被下之辭化儀四教是如來化物之儀式故喻如藥方化法四教是衆生除病之法度故喻如藥味化儀等四教下義理秖是藏通別圓雖通名爲教其實無別有體
八教文詣者初化儀四教如華嚴云初發心時便成正覺妙玄云如日初出先照高山此如華嚴緣得大益名頓教相無權義經云從一清淨道施出二三四妙玄次照幽谷此如三藏次照平地此如方等般若並漸教相大經疏時說深或時說淺淨名佛以一音衆生各解此不定教大論說見開淨提第二法輪轉大論云今轉似初轉此秘密教也次化法四教者妙玄引長阿含云佛說四大教藏云但有四非即藏通別月燈三昧經明四種修多羅其中有四種斷無明智章安私釋以對四教藏云與四教義一相應然此並是約義以對未見立

名之所今準四教義引法華云貪著小乘三藏學者成論我今正欲論三藏中名此並藏教名義華嚴云爲說圓滿修多羅大品云欲以一切種智知一切法當學般若法華以平等大慧爲大衆說如所說者皆是真實涅槃經後有一行是如來行所謂大般涅槃大論三智其實一心中得此並圓教名義

文雖通別兩名遍在諸文是大師之所義立如四教義引大品云薩婆若智二乘同得中論諸法實相三人共入此並通教義通者同也二乘共稟故名爲通

無量義云摩訶般若華嚴海空宣說菩薩歷劫修行涅槃經明五行大論不共般若斷於別惑此並別教義別者不共之名八教名義著直說於大時部居初名頓中間三味引小向大名漸一音異解互不相知名秘密隨小證大開大證小名不定經律論三藏法義名三藏三乘共行利根菩薩通別通圓故名通獨菩薩法次第斷惑別前藏通別後圓教故名別教理智斷行位因果一切圓融故名圓

八教對會天台圖

化儀四教（二教攝前四時）
- 頓——華嚴——乳——兼
- 漸——鹿苑——酪——但
- 　　方等——生酥——對
- 　　般若——熟酥——帶
- 秘密、不定
- 法華涅槃——醍醐——圓（非頓非漸非秘密非不定；通顯四教追泯四教）

化法四教：藏、通、別、圓

妙玄釋如是我聞云若非超八之如是安爲今經之所聞入此當以部教分之約部則非兼帶之圓故超八教若但約教則今昔圓義更無有二故籤云八教中圓教帶偏明圓猶存於漸今法華開偏顯圓圓外無法

初頓教者即第一華嚴時從部時味得名爲頓此謂如來始成正覺在寂滅道場四十一位法身大士及宿世根熟天龍八部一時圍遶如雲籠月是時如來現盧舍那身說圓滿修多羅故言頓教

頓教者有約部約教二義約部則別在華嚴約教則通於餘時今此正當約部明頓之教對下三漸化儀爲言也下文云從部時味得名爲頓是也華嚴爲部先照爲時乳爲味合此三義爲部時味簡餘時也下鹿苑時亦可得云從部時味得名爲漸初此從可例

始成正覺者此約迹中大始而言非本中初成也

寂滅道場者寂五住煩惱滅二種生死是惑一住思惑分三塵沙合無明爲一住同居土分段生死方便實報土變易生死得道之場如世治穀之場除五住糠顯實相米新譯經菩提道場名異義同

四十一位者妙玄云華嚴明三十心十地佛地爲四十一位以破無明顯中道法性之理故云法身法身有二義毘盧遮那性德法身分破無明至究竟者名修德法身今第在修義兼性德四念處云華嚴前無十信後無等覺者玉慧覺云不可將部中談位而難經初列衆蓋華嚴史乃談十故合等覺在十地如光明記云華嚴不開等覺十地即等覺也今言經初列衆故有等覺若前無十信者華嚴明十梵行即十信也故四教義云十種梵行與圓十信同分大唯約法身大士故不列十信

宿世根熟天龍八部者諸經列衆有能有等者常開涅槃四句料簡一乘急戒緩四趣聞法悟道者二戒急乘緩著樂人天不聞法者二乘戒俱急天人聞法得道者四乘戒俱緩四趣不聞法者今此衆皆是宿

世曾聞華嚴或種或熟今當得脫之衆止觀云以三塗身值弥勒佛聞華嚴經正此義也八部如常論

如雲籠月者妙玄云法身眷屬如陰雲籠月共降母胎此喻降胎之相今四教儀取喻轉法輪眷屬之相其義兩可雲以喻機月喻教主仁王經云十五夜月闇盡光圓以喻如來智德漸圓惑闇究盡乃成斷結盧舍那者此云淨滿諸惡盡故淨萬德圓故滿即自報身也亦云光明遍照如大論云光明無邊色像無邊尊特之身即它報身也今明教主依四明立義正是對下釋迦現起尊特如解謗引經云尒時世尊不離一切菩提樹下而上升須弥向帝釋殿說法豈非華嚴是千百億應身所說

修多羅者此云契經能說所說契理契機亦十二部之揔名也文雖兼別部意是圓若約機約教未免兼權謂初發心時便成正覺等文為圓機說圓教處處說行布次第則為權機說別教故約部為頓約教名兼（見妙玄二卷）發心有三一解行發心五品也二相似發心十信也三真證發心初住也今是真證發心即是發理性三因之心分證三德之理四教義云華嚴初發心時便成正覺即是發真無漏斷無明入初住起信論云菩薩發是心隨其願力能見八相妙樂云華嚴起信彰灼明文初住八相等文者普賢普眼三無差別等皆圓文也

行布次第者七處八會故云處處行列布措階位淺深故云行布此經所說有圓融行布二門釋籤云華嚴會處所明行位不出別圓但經意多含義難定判始從住前至登地來全是圓義從第二住至第七住文相次第又似別義於七住中又辨一多相即自在次行向地又是差別次第之義又一一位皆有普賢行布二門故知兼用

圓文接別

華嚴云如日初出先照高山妙玄曰喻教主高山喻別圓之機大機當熟故先蒙如來慧光所照

涅槃云從牛出乳譬從佛出十二部經妙玄玄文言大機稟教即破無明行如醍醐者文此指華嚴高山王機也涅槃言從牛出乳者此約一化指聲聞辭瘂也故玄文云三教分別即名頓教亦即醍醐五味分別即名乳教今言從牛出乳者即初味也

信解品云即遣旁人（如來為正菩薩為旁即見佛加被四菩薩說四十法慧菩薩說十住功德林說十行金剛幢說十向金剛藏說十地）急追將還（直約大教擬宜小機故曰急追昔有大乘故曰將還又後住擔本自有之故曰將還）窮子驚愕（年聞大教乘心歎驚不戰故驚）稱怨大喚（生死為苦煩惱為怨若聞生死即涅槃煩惱即菩提即苦痛稱怨大喚）使者執之逾急（為說怖畏令其遠惡即是急切）強牽將還（內既無機外通大化）窮子自念無罪而被囚執此必定死（衆生罪故入生死獄菩薩亦同罪入獄二乘無大悲心令入生死即是而被囚執永失三乘慧命）轉更惶怖（悲此苦事）悶絕躄地（小智不解溺兵明地）父遙見之（小知大遠）（故遂是結緣子故見）而語使言（菩薩為法）不須此人（不須現尊妙身）（令二乘見）勿強將來（既無大機恐傷善根）使者語之我今放汝（正明息化）窮子歡喜（不為大教所通）往至貧里以求衣食（於四諦中欲家道法○以上注大並出文句）此領何義此為如來說圓頓教門以大擬小機生悶絕（妙玄十卷）

華嚴三名述曰舊以寂場時長盡未來際法界列為四種華嚴又分前三屬事後一屬理此皆積代之謬今篤論其義秖有三名一者寂場妙玄引方便品始坐道場三七思惟明釋迦最初頓說是也（從初卷至二十六卷為前分）二者時長妙玄引法性論鈍根三處入法界是也（從三十七卷以去為後分）三者盡未來際文句云華嚴末席始開於漸妙樂云此且寄娑婆一期設化用通今意應知華嚴盡未來際即是此經常在靈山何殊十方更互主伴（前二名見妙玄後一名見妙樂）雖有三名而於所說之經無非華嚴所詮之理無非法界或言

母胎者妙玄云佛從兜率下與法身眷屬共降母胎常宣妙法（文）是時未轉法輪當屬盡未來際實報土相專被大機者所攝（此述宣訛）有言海空者妙玄引無量義經次說般若華嚴海空文此秖是因般若入法界時長所收然則母胎海空不當別出二名也審矣

時長通後述曰評時長通至三處者謂般若海空法華佛慧涅槃心地法門是也妙玄引無量義經云次說般若歷劫修行華嚴海空法華會入佛慧即是通至二經（華云以般若亦得名華嚴法華佛慧不殊初故又妙樂云當知法界論之無非華嚴佛慧言之無非法華）此即通般若通法華之證也又引像法決疑經云今日座中各見不同或見如來入涅槃或見報身生蓮華藏海為千百億釋迦說心地法門又妙玄云日若垂沒亦應餘輝峻嶺故蓮華藏海通至涅槃之後此通涅槃之證也又引法性論云鈍根三處入法界此即通後之文也今更論之妙玄云因般若入法界即是華嚴海空（由昔劫佛學般若今發空智得入法界觀華嚴藏海皆畢竟空）又云華嚴時節長昔小機未入如聾如瘂今聞般若即能得入（此且約般若得入為論法華法部亦當例此得入後人欲妹此又言至於若者不知從至二經及三處入決界之文知何謂拜時長得名正出此文）

籤云一以法界為華嚴（此即寂場三七日盡未來際說為利根大機常說華嚴圓頓之教攀研論法界之理以為名也）二以時長通至於後者（即鈍根三處入法界其極鈍至法華開顯方始得入也）二義並通是故並存大機則華嚴不休（釋上法界之義）小機則諸教次第是故鈍根猶存小見（釋上）（時長由根鈍存小見故歷諸教始得入大）又妙樂引入佛境界品（三十八卷）文殊語舍利弗等六千比丘汝等善能成就十種大心則得佛地自古共云華嚴時長乃是結集後教至般若來方可得云今諸比丘成十大心此乃義當轉教時也結此等意入華嚴中故云時長文有人據轉教時之言便謂華嚴齊般若者殊不知荊溪引此經後分有聲聞為時長至般若之證耳初未嘗的判但齊般若不然荊溪釋玄大三處入法界何云時長通至於後小機諸教次第邪又有人云（卓溪霅師）縱通涅槃不當通法華謂有妨如來調機無功為之難者若能細思會入法華佛慧之言則此意自銷何妨之有

華嚴教主述曰論華嚴教主者準四明解謗之說於尊特身有須現不須現二者之分故須現則如梵網華嚴及觀經等相多身大不須現即以力加令於劣身不取分齊見三十二相即無有邊以知丈六是法界故今詳此說考之經文則有二義一約補處謂菩提樹下初成正覺若非補處豈曰初成又偈云迦葉曾來住此殿是故此處最吉祥如是十偈讚過去十佛既佛佛俱有補處則知藏塵相好之佛須是分段生滅之身與同居應更無少異二約上升謂是時世尊不離菩提樹下上升須彌（華嚴日云不動骨赴機得感）而向帝釋殿說法（即前迦葉十佛曾住之嚴上升即是現起之義）豈非華嚴是千百億應身所說此身既被別圓之機見是尊特何須獨指華臺受職身邪此即破淨覺指實報土藏塵尊特橫應同居之說蓋大師說三品相海皆稱機而現別教則用別修緣了成就此相即修成之尊特故名報身圓教能了二修即性修德無功乃性具之尊特故名法身據此則知即性而論本名法身取土同居則名應身被機現起則名尊特永異淨覺修成尊特橫應同居之說然則今師約機約教以定身者正是樹下生身現起尊特以應別圓之機正合妙玄釋迦最初頓說（釋迦是生身頓說是舍那）亦合四教儀如來現盧舍那身說法之言（知來是釋迦生身現起尊特故輔名舍那）世有取月堂之說云境本定身則是釋迦機感見相則是舍那蓋有得於此云

然初頓未必純教法身菩薩亦有凡夫大根性人此有兩義若當體圓頓得悟者即破無明入圓初住此是醍醐若初心之人雖聞大教始入十信最是初味名之爲乳呼爲乳若意不在淡以初故本故（圓教內凡六根清淨即是十信初信明淨）（[illegible]信至七信斷思[illegible]信至十信斷塵沙惑以來破無明故但名乳）若小根性人大教擬小如聾如瘂小機未轉不坐如乳（妙玄十）城四 十三

華嚴二味四機述曰自昔教初學者爲時味圓上言高山下對乳味未甞有論之者今案玄文華嚴之時自有二味四機之別一者純教法身即是分證中道四十一位此名醍醐二者凡夫大根入圓初住證一分中道以去亦名醍醐三者始入十信雖但四住未破無明但名爲乳四者小根聾瘂全生如乳然則名醍醐者有二機名爲乳者亦有二機玄云於小如乳於大如醍醐則分譬喻不可全求如籤云華嚴分喻初味而未得於華嚴之頓及別圓兩教但有五味次第之相文當知謂華嚴爲乳者正約從頓開漸施設化事之意

三七擬機述曰諸文謂三七是擬機者人無異論然玄文云於彼初分永無聲聞後分則有雖復在座如聾如瘂故義神智據此非之曰初分永無何所擬哉今作三義釋之方爲盡理一者三七初分永無此如來擬宜之化意二者後分則有狀如聾瘂此如來擬宜之化事初言化意者如方便品云始坐道場三七思惟籤云初七思惟欲說圓次七思惟欲說別三七思惟欲說通皆無機故但說三藏籤又云約大機則寂場之時約小機則成已思惟未說之時妙樂云小見三七停留大觀始終無改此皆如來擬宜之化意也言化事者如文句云華嚴末席始開於漸妙樂釋之云華嚴經云佛在逝多林入師子頻申三昧舍利弗從祇園出不見如來內在莊嚴不見諸大菩薩眷屬無智眼故亦不能讃歎此即如聾如瘂之文於彼末會即當漸初文今考二祖之言皆指聾瘂在後分漸初明知是鹿苑十二年中例如妙玄謂方等彈訶應在十二年前以此推之則知逝多林末城四會正是如來擬宜之事以由聲聞先習小乘未堪聞大狀如聾瘂故假淨名以激進之是則擬宜彈訶俱在十二年中無可疑者四教儀以聾瘂在華嚴彈訶在方等此但約部中而論其實未爲正義又經云頻十四光明菩薩等各說偈以勸聲聞捨初一偈彈斥之曰一切諸緣覺及彼大聲聞皆悉不能知菩薩行境界（此即後分入法界品[illegible]）擬宜之化事也昔人不能區別諸文不知如來化意化事混而觀之故多異說

七處八會者是舊經六十卷晉跋陀羅譯天台所引用者若新譯八十卷是唐實叉難陀譯更加普光明一會是爲七處九會三十九品唯阿僧祇品隨好光明是佛說餘皆加被諸菩薩說

第一會菩提場說六品○世主妙嚴（[illegible]）如來現相（[illegible]）普賢三昧（[illegible]）世界成就（[illegible]）華藏世界（[illegible]）毘盧遮那（[illegible]）

第二會菩提場普光明殿說六品（[illegible]）如來名號（[illegible]）城四四聖諦（[illegible]）光明覺（[illegible]）菩薩問明（[illegible]）淨行（[illegible]）賢首（[illegible]）

第三會忉利天宮說六品（[illegible]）

（菩提對不起此座升須彌山帝釋讚八迎。[illegible]）山頂偈讚（[illegible]）

十住（[illegible]）梵行（[illegible]）發心功德（[illegible]）

明法（[illegible]）

第四會夜摩天宮說四品○升夜摩天（[illegible]）夜摩偈讚（[illegible]）

十行（[illegible]）十無盡藏（[illegible]）

第五會兜率天宮說三品○升兜率天（佛升[illegible]）兜率偈讚（[illegible]）十回向（[illegible]）

第六會他化天宮說一品○十地（[illegible]）

第七重會普光明殿說十一品○十定（普賢[illegible]）十通（[illegible]）十忍（[illegible]）阿僧祇（[illegible]）壽量（[illegible]）菩薩住處（[illegible]）佛不思議（[illegible]）

如來十身相海（普賢說如來十身[illegible]）如來隨好光明（[illegible]）普賢行（[illegible]）如來出現（[illegible]）

第八三會普光明殿說一品○離世間（普賢[illegible]）

第九會逝多林說一品○入法界（[illegible]入師子頻申三昧[illegible]）十六

篋云龍宮所藏三本上本十三世界微塵數品中本四十九萬八千八百偈下本十萬偈四十八品今但三十九品則知經來未盡（[illegible]）

二月九日如來於七日中一心思惟觀於樹王而自念言我所得法甚深難解惟佛與佛乃能知之一切衆生薄福鈍根云何能解我所得法我寧入般涅槃時大梵天王即發天宮至如來所白言世尊始於今者成無上道云何默然而不說法然有衆生過去世時植衆德本堪任聞法惟願世尊為斯等故以大悲力轉妙法輪釋提桓因乃至七化自在天亦復如是時梵王等乃至三請滿於七日默然受之二七日以佛眼觀諸衆生上中下根及諸煩惱三七日思惟今我當開甘露法門誰先得聞阿羅邏發願道成先度空中有言昨日命終又思迦蘭利根亦應先聞空中又言昨夜命終又思王臣所遣五人過去發願應先聞法即從座起詣波羅柰（[illegible]）十七

二月三十日世尊到文鱗盲龍無提水邊坐定七日光照水中龍目得開自憶前見三佛光明（[illegible]）目輒得視乃出水見佛大雨七日龍以身遶七匝七頭羅覆以為障蔽七日雨止佛從定寤龍化少年道人佛即為授三自歸法（[illegible]）畜生中最先見佛（[illegible]）

三月七日樹神知佛七日坐（[illegible]）未有奉食適五百賈客從山而過車牛皆躓不行（[illegible]）有兩大人投謂汝利供詣樹神請福樹神即為言佛在此逆汝曹宜先奉食兩人即和蜜麨上佛四天王取石中自然香鉢各用持上（[illegible]）

一天王各來青石鉢佛念取一鉢不快餘王意乃悉受
四鉢累置左手以右手案成一鉢令四際見
紘紙應佛為呪願食訖即授賈人三歸一歸依
佛二歸依法三歸依將來僧細果佛先為辨
五行六甲陰陽歷數既信服已令歸依佛歸
依法歸依當來僧時長者得須陀洹此云預流初果
人也復為說五戒曰五戒者諸佛之母欲求佛
道讀是經欲求阿羅漢此云無生四果聖人讀是經時
提謂得不起法忍三百人得信忍二百人得
須陀洹五百賈客四天王得柔順法忍提謂
補注云三寶錄載有提謂經一卷後魏沙門曇靖撰提謂波利經二卷加五行五方又號
云東方青山漢言成在不識梵語後人以為偽人當以一卷者為正致
佛為提謂授記未來成佛號密成如來若按
提謂攝屬述曰佛說五戒人天之教正是
顯露提謂得忍聞小證大乃是不定是為
顯露不定教也若約時則當華嚴三七後
及水邊七日後是為第五七日如因果經
所云若攷經則人天之教三藏所攝如四
教義所云城四十八

次漸教者有三時鹿苑漸初方等漸中般若
漸末總名為漸教
述曰此為身子等一類小機華嚴無益從
頓開漸次第引入漸初鹿苑四諦十二因
緣同證小果漸中方等彈偏折小同慕大
法漸末般若轉教付財領知家業故總名
為漸也
第二鹿苑時者佛本以大乘擬度衆生其不
堪者尋思方便趣波羅柰此云江遶城中鹿苑在城中印
於一乘道分別說三即是開三藏教也非但
釋迦隱其無量神德作斯漸化過現諸佛亦
復如是當知初頓之後次開於漸漸機於頓
全生如乳三藏中轉華凡成聖喻變乳為酪
次第相生不取濃淡妙玄十為三乘根性於頓
無益故不動寂場而遊鹿苑脫舍那珍御之
服著丈六弊垢之衣先為五人說四諦十二
因緣事六度等教四教儀○文句云過去根未衆名性○即大通而小
故云不動尊特勝應身名應身丈六如來坐菩提樹下 三十二相
若約味則從乳出
酪此從十二部經出九部修多羅妙玄十
信解品云時長者將欲誘引其子不說大乘息化二乘
密遣二人隱實為客用權聲聞緣覺為二乘人為遠形色憔悴
城四
不加修治無威德者無勢十力十九徐語窮子為小說教語迷悶
顧汝除糞之器倖二使人即求窮子自審知機既
已得之具陳上事時窮子先取其價尋
與除糞其父見子愍而怪之又以它日於窗牖中
遙見子身羸瘦憔悴

力通佛八無苦常曰外糞土塵坌四住為糞無知為塵上汚
機不淨即脫瓔珞細輭上服隱身戒報為二
更著粗弊垢膩之衣右
手執持除糞之器語諸作
人汝等勤作勿自安意我如汝父
汝今已後如所生子世第一真聖位即時窮子雖
欣此遇猶故自謂客作賤人自任如大不二十年
中常令除糞見諦一解脫一無礙九思惟九解脫共為二十○已上注
此領何義此為次頓之後隱舍那身作
比丘像說三藏教二十年中常令除糞一
日之價見思已斷無漏心淨妙十文

二十年中述曰信解品二十年中之文凡
三處所以表法各有其意初二十年中常
令除糞斷見見諦一解脫一無礙思惟九
無礙九解脫故云二十此文句釋七有經二十
年執作家事頓住二乘位轉大乘教
文句云父子天性三自見子來已二十年有二乘
之機而來感佛故前一合二十數即是用
八忍八智斷見合為一解脫一無礙用九
無礙九解脫斷思通之為二十也後二但
今二義故妙樂云斷見為一斷思為一補
行云約人則二乘約理則真俗二諦約感
則見思俱破問云二義可爾十義云何答

二乘各有十智(十智者世智它心智等見妙樂大)此則前後三文皆見二十之義

三月八日世尊前行至波羅柰國鹿野園中(因果經)佛自二月八日成道自九日至二十九日為寂場三七滿至三月六日為水邊定四(城四)七日滿三月七日受提謂長者食然後至(二十)鹿野園正五七日內三月八日也涅槃云初生出家成道轉法輪皆以八日

初為憍陳如說四聖諦法汝今應當知苦斷集證滅修道當佛三轉四諦十二行法輪(因果經。法華經大通受請三轉十二行法輪)

藏教聲聞人依生滅四諦一苦諦者二十五有依正二報(四洲四惡趣六欲并大梵四禪四空無想五那含)別則二十五有揔則六道生死二集諦者即見思惑(見惑有八十八使思惑有八十一品)三滅諦苦滅前苦集顯偏真理四道諦者略則戒定慧廣則三十七道品(合為七科[illegible]念處至七八正道等)前二諦為世間因果(苦果集因)後二諦為出世間因果(滅果道因見四教儀)三轉者示轉勸轉證轉示謂示其相狀如云此是苦乃至此是道勸謂勸令其修如云此是苦汝應知乃至此是道汝應修證謂引已證彼如云此是苦我已知不復更知輪以推碾為義唯教無行豈能摧惑教行相循共能摧惑(妙樂)十二行法輪者有二釋一約四諦教謂三轉四諦為教十二即能轉也二約十六行謂三轉皆生眼智明覺四種之行為行十二即所轉也(文句云十六行者謂苦法忍為眼苦法智為智比忍為明比智為覺餘三諦亦然共成十六行)(城四)(二十一)

時憍陳如得法眼淨(即初果也妙經嚴王品得法眼淨妙樂云豈王夫人但入萬皆情此於而聞品得小果邪同長妹菩須斷斷據此則知法眼淨之名通大小乘)地神懽喜唱言如來今日於此轉妙法輪虛空諸天展轉唱聲至阿迦膩吒天(此云色究竟天)世尊知四人心念重為廣說四諦亦得法眼淨時五人白佛欲求出家世尊呼彼五人善來比丘鬚髮自落袈裟著身即成沙門佛復為說五陰無常苦空無我漏盡意解成阿羅漢於是世間始有六阿羅漢阿羅漢為佛寶四諦法輪為法寶五阿羅漢為僧寶三寶具足是為人天福田(因果經)

五年(甲申)有長者子名曰耶舍聰明利根於中夜見空中光開門尋光趣鹿野苑佛說四諦成阿羅漢願求出家佛言善來比丘即成沙門時耶舍父尋子佛所佛為說法得法眼淨受三自歸為最初優婆塞又耶舍多類五十長者聞耶舍出家共詣佛所願求出家佛言善來比丘即成沙門是時始有五十六羅漢佛告諸比丘汝等宜各遊方教化衆生時諸比丘禮足辭去世尊即發波羅柰趣摩竭提國日暮寄宿優樓頻螺迦葉住處降伏火龍授三歸依置於鉢中以示迦葉歎未曾有佛知迦葉根緣漸熟即趣尼連河側時魔王求請入般涅槃王於三請世尊荅曰所應度者皆未究竟魔王聞已即還本宮時頻螺迦葉與五百弟子願求出家佛言善來比丘即成沙門佛說四諦漸漸乃得阿羅漢果以事火之具捐棄河中時頻螺二弟一名那提一名伽耶在河下流見兄火具逐流而下心大驚愕即往尋兄見兄身披袈裟乃各與二百五十弟子願求出家佛呼善來比丘即成沙門得阿羅漢世尊即與頻螺迦葉及千比丘往王舍城詣頻婆娑羅王所(阿闍世王之父)王與百官出城迎佛佛為說法王及八萬那由它婆羅門大臣人民得法眼淨(因果經)國有長者名曰迦陵往詣佛所奉上竹園(案西域記靈山竹園皆在王舍城旁五里)(城四)(北一)可作精舍王敕諸臣起諸堂舍迎佛入城俱往竹園諸王見佛頻婆娑羅最為其首諸僧伽藍竹園為始(普曜經云衆中本起經迦蘭陀長者先施尼揵悔不奉佛師其六舍別州人捐溪尼律怖馳是長者僧壽請佛居之)

六年(乙酉)佛在象頭山為龍王衆伸說法(遊十行一)

七年(丙戌)婆羅門舍利弗路逢溪耆比丘說偈

得法眼淨歸與親友目揵連宣說偈言亦得法眼淨即各將一百弟子往詣竹園求[illegible]出家佛呼善來比丘鬚髮自落袈裟被身即成沙門人後為彼二百弟子廣說四諦即成阿羅漢時世尊即與一千二百五十大阿羅漢於摩竭提國廣行教化生 時有婆羅門名曰迦葉極為巨富捨家入山自剃鬚髮於山中諸天語令見佛迦葉即趣竹園佛為說法得阿羅漢以有大威德智慧名之為大迦葉 迦葉於多子塔值佛乃求出家即以所著疊佛為座價直十萬兩金滿即授佛衲衣

八年冬佛在毗舍利國因須提那子持信出家後還本村與其故二共行不淨諸比丘舉過白佛即集衆訶責云汝所為非威儀非淨行所不應為始制婬戒開初犯未結罪

九年佛在舍衛國波斯匿王大臣須達家居大富喜濟貧乏孤老之人因名為給孤獨嘗往羅閱城見世尊即為說四諦法成須陀洹乞如來降屈舍衛世尊謂彼無精舍須達曰還國當立佛敕舍利弗共往案行諸地唯太子祇陀園地正得其所須達白太子欲買之太子言能以黃金布地開無空者便當相與須達使人象負金出八十頃中須臾欲滿祇陀念言佛必大德能使斯人輕寶如是乃令止勿出金園地屬卿樹木屬我乃自起門屋共立精舍為佛作窟別房千二百處白王遣使詣王舍城請佛及僧世尊放光動地至舍衛國一切大集各得道迹以二人同立精舍號為太子祇樹給孤獨園 是年冬佛在羅閱城因檀尼迦在閑靜處草屋坐禪為人持去乃作全成瓦屋佛令打破便詐言王教取彼要材為王臣人民訶責無使入村勿復安止比丘以過白佛始制盜戒佛在毗舍離城為諸比丘說不淨觀習定已厭患身命歎死勸死難提比丘受顧殺人 遂制殺戒時因穀貴乞食難得婆求河邊有安居者便共稱歎得上人法信心居士減分施之後往佛所因問訶責制妄語戒自此以後隨犯隨制

時父王遣聞子得佛道已六年來今優陀耶往迎佛曰別闊以來十有二年思欲一見優陀耶受教往佛所求出家即得羅漢佛令將還國當度父母乃先遣優陀耶往至本國現十八變王聞甚喜敕羣臣萬民出四十里親往迎佛佛身丈六相好光明體紫金色如星中月見諸梵志久在山中[illegible]見佛作如黑烏在戴金山王乃教國中豪族[illegible]子人出為沙門侍佛左右[illegible] 時佛入宮坐於殿上[illegible]日日供養百種甘饌佛說經法[illegible]人攜子羅睺羅來詣問訊 時[illegible]屬咸疑太子去國十有二年何從生子佛告羣僚曰耶輸守節無瑕今當見證於是世尊悉化親僚皆使如佛耶輸即以指印信環與羅睺言是汝父者以此與之羅睺應時自以印環而授世尊王及羣臣皆言善哉真佛子也 時阿那律調達難陀跋提難提等八人釋子出家之日脫寶衣付優波離曰汝依我等以自存活今以此衣與汝賞生優波離亦願出家即以寶衣懸之樹上共至佛所那律乞先度波離以除憍慢 難陀次第作禮至波離前言不當禮佛言但以受戒前後不在貴賤 佛為提婆達多[illegible]達汝宜在家分檀惠施不宜出家如是再三提婆便生惡念此沙門如此我宜自剃頭為[illegible]行後化五逆行大惡因緣提婆達中便於[illegible]佛所擲佛適折[illegible]破[illegible]使入地獄佛說阿鼻地獄經一大劫命終生四天王展轉生他化自在最後受身成辟支佛名曰南

無（增一阿含經□此言提婆出家始自後□五逆乃是後事□此皆[illegible]言皆是小乘[illegible]若法華中佛言我因提婆達多善知識故令先疾成菩提又授記作天王佛者此即[illegible]開迹顯本之意）是年說殃掘摩羅經（妙玄云成道六年後說）

十年（己巳）佛於拘邪尼國為婆陀和菩薩等八人說般舟經明苦行事（十二遊經）

十一年（庚寅）阿難年八歲出家之日得白四羯磨具足戒（三羯磨通前單白[illegible]白四羯磨業謂所作善業也）度一百十阿羅漢受三語戒始以寶刀翦剃須髮又囑憍陳如等徧三天下為諸沙弥授戒（僧祇律）是年佛於柳山為純真陁羅王弟說法（二十一遊經）

佛祖統紀卷第三上

佛祖統紀卷第三上

校勘記

一　底本，明永樂南藏本。

一　四一七頁上末行「今輪」，徑作「今論」。

一　四二〇頁中一三行「圓文接別」，徑作「圓文接引」。

一　四二三頁上九行夾註右首字「則」，徑作「謂」。

一　四二三頁中七行夾註「即獨孤園」，徑作「即給孤園」。

一　四二三頁中二二行第六字「入」，徑無。

一　四二三頁下二一行夾註左「韓文進學解」，徑無。

一　四二四頁中六行「過現」，徑作「去來」。

一　四二五頁上一行夾註左「見妙樂六」，徑無。

一　四二五頁中七行夾註右「嚴王品」，徑作「藥王品」。

一　四二五頁中一五行第一三至一五字「阿羅漢」，徑作「一阿羅漢」。

佛祖統紀卷第三下

宋景定四明東湖沙門　志磐　撰

教主釋迦牟尼佛本紀第一之三下

十二年(辛卯)佛遣目連白父王及耶輸曰太子羅睺年已九歲應令出家耶輸答曰如來為太子時娶我為妻未滿三年逃至山澤勤苦六年得佛還國今復欲求我子何酷如之(過去現在因果經)時目連方便喻曉絕無聽意世尊即遣化人空中告曰汝頗憶以五百銀錢買五莖蓮華上定光佛時汝求我世世為妻我言菩薩屢劫行願一切布施不逆人意汝能尔者聽我為妻汝立誓言隨君施與捨無悔心而今何故愛惜羅睺不令出家耶輸聞已還識宿命如昨所見愛子之情自然消歇捉羅睺手付囑目連時淨飯王即集國中豪族各遣一子隨從我孫有五十人往到佛所使阿難與其剃頭及五十諸王公子命舍利弗為其和上目連為阿闍梨羅睺不樂聽法佛為說未曾有因緣得受十戒即證四果(未曾有因緣經)淨飯王詣佛白曰佛昔出家尚有難陀今難陀已復出家餘情所寄唯在此子今當出家國計不絕佛即為王說法開慰復集諸比丘立制父母不聽不許出家(四分律)佛往獼澤為陀掘摩說法(進十一)佛為諸比丘說八關齋戒(八關齋經)

佛在羅閱城有十七羣童子大者年十七小者十二以信出家比丘即度受大戒不堪一食夜啼佛覺問知制年滿二十應受大戒(四分律)佛半月說戒衆集疲勞許僧伽藍各結大界(四分律)

十三年(壬辰)佛還摩竭提國為弗迦沙王說法(十二遊經)樓至菩薩請立戒壇為比丘受戒佛令於祇園外院東南建立(四分律)戒壇從地而立三重為相以表三空帝釋又加覆釜以覆舍利大梵王以無價寶珠置覆釜上是為五重表五分法身梵王寶珠大如五斗瓶大福德者見之光照八百由旬薄福者見之如聚墨(南山戒壇圖經)

十四年(癸巳)佛往恐懼樹下為彌勒菩薩說本起經(十二遊經)

十五年(甲午)佛再還迦毘羅國為父王說法度釋種八萬四千人得須陀洹果(十二遊經)佛還本土足升空行與人頭齊使父王接足而已不欲屈身(為別功慈經云此即使父母交敬為生根之說然作佛則可若未代比以為行術薄出未可以受父母之數敬)佛為父王大衆說觀佛三昧佛身金色光明無量時五百釋子以罪障故見佛色身猶如灰色羸婆羅門佛為說往昔耶見之罪令稱佛名作禮懺悔即見佛身金色如須弥山求佛出家得阿羅漢(觀佛三昧經)

初佛還國大愛道求出家(佛姨母摩訶波闍波提)再三不許佛再還國復求出家如前不許阿難白佛大愛道至心欲受法律願佛聽之佛令盡形壽行八敬法時大愛道得出家為比丘尼如(中本起經)比丘尼受八敬法一者百歲比丘尼禮初夏比丘足二者不得罵謗比丘三者不得舉比丘過比丘得說尼過四式叉摩那應從衆僧求受大戒五者尼犯僧殘應半月在二部僧中求教授人七者不應在無比丘處坐夏安居(四分律)佛告阿難我滅度後正法一千年由女人出家減五百年後為說八敬法還得一千年(善見論　法住記)

述曰如來在十六大國於十二年中行化度人說四阿含等經及七佛略教誡至是年始說廣戒即比丘二百五十戒尼五百戒由夫二衆隨犯隨制而佛於後時結集條章以為出家者持奉之本耳

第二方等持者示一佛土令淨穢不同示現一身巨細各興一音說法隨類各解神力不共故見有淨穢聞有褒貶嗅有瞻蔔不瞻蔔華有著身不著身慧有若干不若干此如淨名(不等一補注若不當作若若萬妙出言說者無義)次說方等者即是次小說大佛本授大衆生不堪故抽大出小令斷結成聖雖有此益非佛本懷次

說方等維摩思益殃掘摩羅（[illegible]）彈訶小乘保果之癖，譏刺三藏斷滅之非（[illegible]菩薩[illegible]），故身子善吉齊教專小，初不聞大乘威德，善吉茫然失鉢（[illegible]），身子怖畏卻華（[illegible]），不知是何言，不知以何荅（[illegible]）然。

方等彈訶教在三藏之後，被訶之時應在十二年前（以鹿苑十二年在方等前也舊云中者應是說）。何以得知？皆追述昔訶，驗是前事。何者？前巳稟教得道，諮於無學，荷佛恩深，心相體信，不復恚怒。自昔至今，恣殃掘之譏，任淨名之折，得為恥小慕大之益（十玄）。彈偏折小，歎大褒圓（玄十〇彈偏如淨名菩薩）。

（品訶彌勒云世尊授仁者記為用何生得受記……[illegible]）

（[illegible]）四教俱說，藏為半字，通別圓為滿字。對半說滿，故言對教（涅槃經云譬如長者雖有一子心常愛念貴……）。

（[illegible]……但教半字不教滿字良由其子力未堪……小乘九部……是大乘十二部……約人約）若約時則食時（[illegible]）。若約味則從酪出生酥，此從修多羅出方等經（一文）。

信解品云：過是以後，心相體信，入出無難（文句）（[illegible]）。然其所止猶在本處（[illegible]）。此領何義？明三藏後，次說方等，巳得道果，心相體信，開大名（[illegible]）。入任小名出，苦言彈訶名無難，又進至宅內，見群臣豪族大功德力，故名為入；出者止宿草菴，二乘境界，故名為出。心相體信者，得羅漢已，聞罵不嗔，內心慚愧，不敢以聲聞支佛法化人也（[illegible]）。

方等部教立名，舊說方等立名，但分事理，才足以盡其義。今依經疏記文以為之委釋。光明經云：有一比丘讀誦大乘方等經典。光明玄云：方等之教通於三乘。新本經云：欲生人天，欲得四果支佛，欲得佛，皆應懺悔，滅除罪障，安處方等。續遺記云：方等之名有二義：若大經從略出生酥，譬修多羅出方等典，此約第三時名方等，即被三乘四教機；若普賢觀稱方等者，乃直明圓理。今所引方等，恐謂同普賢觀從理立稱，故引三乘懺悔之文，以定此名的從部教。方等不專事理，諸文論方等有三說：一者從事，大經從修多羅出方等，無量義經次說方等，釋籤生酥調斥方等，光明經讀誦大乘方等，光明玄方等之教通於三乘，此皆指第三時教；二者從理，普賢觀經此方等經是諸佛眼，三事理並通，止觀六徵，若有四種方法，謂四門入清涼池即方也，所契之理平等大慧即等也。今第三時對四明立義，的從部教以定此名，故不專於事理也。

十六年紅佛在毗耶離城菴羅樹園說維摩詰經（此經[illegible]）

十七年丙申佛說思益梵天所問經經云東方有佛號日
月光有菩薩梵天名曰思益來此問佛○
十八年丁酉佛在南海濱楞伽山頂說楞伽阿
跋多羅寶經大慧菩薩問世尊言外道尚遮
不許食肉何況如來大悲含育而許自它令
食肉耶佛答菩薩有無量因緣不應食肉謂
一切衆生從本以來展轉因緣常為六親以
親故不應食肉不淨氣分所生長故不應食
肉衆生聞氣悉生怖畏如旃陀羅不應食肉
令諸呪術不成故不應食肉案華嚴論云楞伽山遊空羅剎
所居此云不可往唯神通者能到阿跋多羅此云遶入謂佛大衆度海彼岸受夜叉王請
升空說法○叢云若大乘中梵網已制今猶作此說當知楞伽在四含之後為漸制之始
佛答菩薩不應食肉故知仍存小教中開又說金光明經楞嚴三
昧經楞嚴此云健相分別知諸三昧行相多少淺深如大將知諸兵力多少見法界
次弟勝鬘夫人經具稱勝鬘師子吼一乘方便大方廣經義云勝鬘是末利
夫人女末利又王既信佛已以書與女女對使者而說偈言仰惟佛世尊普為衆生出亦
應愍我等速來至此處即發此念時佛於空中現又說偈云如來妙色身世間無與等無
比不思議是故今敬禮云云○末利是奈樹生女波斯匿王妃
城五
六
十九年戊戌佛成道始十六年知諸菩薩任持
法藏於欲色天二界中間出大寶階廣集十
方諸佛菩薩大衆俱登寶階上升虛空為說
大方等大集經諸菩薩欲來入會各隨其德
先現其相空藏現空海藏現水並不見有大
衆唯見空水餘菩薩現相者皆如此時諸天龍作如是

言我等從今以往護持正法若諸國王鞭打
出家持戒毀戒者我等不復護持其國聲聞
弟子悉向它國使其國土空無福田令其國
土疾疫饑饉刀兵俱起風雨尢旱傷害苗稼
尒時世尊付囑毗首羯磨天子迦毗羅夜叉
大將斐瞳目十七天女各及五千眷屬汝等
護持振旦國土於彼所有鬬諍言訟兩陳交
戰饑饉疾病風雨寒熱悉令休息令我法眼
得久住世佛告彌勒諸菩薩我今憐愍諸衆
生故以此報果分作三分一分自受一分與我滅
後禪解脫三昧堅固相應聲聞令無所乏一
分與彼破戒誦經聲聞正法像法剃頭著袈
裟者令無所乏勿令惡王共相惱害復以彼
諸施主寄付汝手大集經○衆佛藏經當一心行道勿念衣食如來白
毫相中一分供諸末代一切出家弟子亦不能盡佛言若有出家設
不持戒彼人已為涅槃印之所印若有打罵
若奪衣鉢資生具者是人則壞諸佛報身挑
一切人天眼目國王群臣諸斷事者如見出
城五
七
家作大罪業大殺大盜大汙梵行大妄語及
餘不善但擯出國不聽在寺同僧事業不得
鞭打罵辱加其身罪若故違法謫罰者是人
遠離人天必歸地獄何況鞭打出家具足持
戒者大集經
舍利弗等白佛言我等雖獲稱為佛子皆是

如來之咎非我等過何者若使如來普無三
乘我等豈不成於正覺何為如來而不見聽
在於聖例時身子等脫衣悲泣大千震動瓔珞
經
述曰瓔珞言舍利弗被訶之後心漸向大
然猶有怨佛之言以為若無三乘則我等
已成正覺皆如來咎非我等過逮至法華
法說周則云我等同入法性云何如來以
小乘法而見濟度是我等咎非世尊也是
知瓔珞不解方便則咎佛法華已入法性
則咎已
佛在祇洹精舍時波斯匿王為其父王諱日
營齋請佛宮掖城中復有長者居士同時飯
僧佇佛來應佛敕文殊分領菩薩及阿羅漢
應諸齋主唯有阿難遠遊未還不遑僧次途
中獨歸其日無供即持應器入城循乞遭摩
登伽女以先梵天呪攝入婬室如來知彼婬
術所加齋畢旋歸頂放百寶光明千葉寶蓮
有化佛趺坐宣說神呪敕文殊師利將呪往
護提獎阿難及摩登伽來歸佛所阿難見佛
頂禮悲泣恨無始來一向多聞未全道力殷
勤啓請十方如來得成菩提最初方便佛為
[illegible]雖說法名大佛頂首楞嚴經林間錄云智者聞天竺有
[illegible]楞嚴以每析解[illegible]至此上

述曰：一化終窮，在乎開顯。開顯之妙，功歸法華。自餘諸經有圓說者，皆方等四教並談之義。而孤山乃欲以楞嚴同法華醍醐之味，是不思方等收經而有失法華淳一無雜之旨也。

述曰：佛說方等經典，至此凡八年。今但列當遺誡經，以見四教並談之義。

第四般若時者，大人蒙其光用，嬰兒喪其精明。故文云：但為菩薩演其實事，而不為我說斯真要。雖三人俱學，二人取證，具如大品（玄一　藏大菩薩云般若先諸法之門一乘如七口　嬰見若根日輪今眼失光以無明全在義之　如喪：女曰　嬰小口兒）。次說摩訶般若，華嚴海空，歷劫修行者，此是方等之後而明大品。大品或說無常無我，或說於空，或說不生不滅，皆歷色心至一切種智，句句迴轉，明修行法。又百千比丘、萬億人天得須陀洹，及阿羅漢、住辟支佛者，驗是共般若也。而言華嚴海空者（藏云所言　明不共般若。共則共通二乘而說，不共此別圓不共二乘）。依法性論，鈍根菩薩三處入法界：初般若，次法華，後涅槃。因開般若入法界，即是華嚴海空（妙玄十）。般若轉教付財，融通淘汰（集解正什淘汰）。此般若中不說藏教，帶通別二，正說圓教（四教儀、集前云轉教普　須菩提解空分於般智慧，佛以般若智慧之法加被二人，轉為諸菩薩說諸法空，莫不清淨。以此之後轉度於也。解云：我等即為說佛子等說菩薩法，而無希取，故云轉教付財者）。

世間長者七寶為財，出世法王般若為寶藏。約佛意以此般若加被二人，即是付財。其如二乘但謂加被，故大品云：豈聲聞人故有所說，有所就者，皆佛力耳。皆約化意，但是須知家業密成。別菩薩法華時方得名為付財故。經云：吾今所有，皆是子有。融通者，般若會一切法悉事訶行，乃是三教融通之法，非謂圓融之融。如藏云著以圓戶三及以圓戶藏即圓融為圓。或以三教戶藏即融通為融淘汰者。大論云：澄洗也。以空懸水濤漸帶轉說文。斷滿音竹。簡洸米也。○藏云方等彈訶共藏佛彈今此般若正當共部帶行云密用通。教正用別圓，加於二乘，密成別益。又藏云：前於方等義已成通，故至般若唯須此二，明不共者說部意也。意雖不共，然猶有方等新受小者，至此須通，亦有行門旁得小者，是故兼用。今約偏圓對論，教云帶二說圓，若仁王般若說四無常傳勸普明王括圓位者義似三藏，彼明助道，非部正意。

若約時則禺中（識一○禺亦作隅。巳時日景將中而尚在邊隅，故曰禺中。又陰陽家謂寅申巳亥為四隅）。若約味則從生酥出熟酥，此從方等出般若（玄義一）。信解品云：時長者有疾，自知將死不久（[illegible]），子言：我今多有金銀珍寶（[illegible]），倉庫盈溢，其中多少所應取與，汝悉知之（[illegible]）。窮子受教，領知衆物，而無希取一餐之意（[illegible]）。然其所止故在本處（猶居羅漢）。此領何義？此從方等後次說般若，般若觀慧即是家業，歷於名色乃至種智，即是衆物。善吉等轉教，即是領知。但為菩薩說，不自行證，故無希取（玄十）。

二十四年（癸卯），佛於靈鷲峯、給孤獨園、乜化自在天宮、竹林園，四處十六會說大般若波羅蜜經（鷲峯在摩伽陀國王舍城五里竹園在　給孤園在舍衛國並中印土境）。

○四處十六會圖

第一會鷲峯山說四百卷（七十九品單譯）

大品（羅什）　放光（晉）　光讚（竺法護譯）

第二會鷲峯山七十八卷（八十五品重譯）

小品（羅什）　道行（支讖）　大明度（吳支謙）　新道行

第三會鷲峯山五十九卷（三十一品單譯）

第四會鷲峯山說十八卷（二十九品重譯）

第五會鷲峯山說十卷（二十四品重譯）

第六會鷲峯山說八卷（十七品重譯）

勝天王

第七會給孤獨園說二卷（無品重譯）

文殊

第八會給孤獨園說一卷（單譯）

金剛（羅什）

第九會給孤獨園說一卷（重譯）

第十會乜化天宮說一卷（單譯）

十一會給孤獨園說五卷（單譯）

十二會給孤獨園說戒五卷（單譯）

十三會給孤獨園說忍一卷（單譯）

十四會給孤獨園說勤二卷（單譯）

十五會鷲峯山說定二卷（單譯）

十六會竹林園說慧八卷（單譯）

大品般若四十卷。案藏經目錄云：摩訶般若三十卷，光讚般若十卷。龍樹用此本作智度論百卷，智者依此論作疏二十卷（在今）。

（高麗宋至）若放光金剛等十經皆是晉宋間譯至唐奘法師始譯出大般若經六百卷當知前十經皆重譯之文智者諸部文所引正大品中義是晉羅什譯在唐譯大般若之前也

述曰四教儀所列般若諸經名總別重出難於分別今但摽大般若經云若大品小品天王文殊金剛十經皆大般若中重譯別行之文今故不列蓋摩訶即是大品又釋籤云古判般若有五時一摩訶二金剛三天王四光讚五仁王此未可用光讚秖是大品上帙案此則又知光讚不當重出也此未可用之言乃是判溪總破古師五時之失

二十五年（甲辰）　二十六年（乙巳）　二十七年（丙午）

二十八年（丁未）　二十九年（戊申）　三十年（己酉）

三十一年（庚戌）　三十二年（辛亥）　三十三年（壬子）

城五

佛在王舍城耆闍崛山中為舍衛國波斯匿

十二

王說般若波羅蜜十四正行後囑王曰當國土欲亂賊來侵國日月星變大火大水五穀不登大風亢旱應請百法師敷百高座一日二時講讀此經（今時早晚兩講文見於此）百部鬼神樂聞此經護汝國土萬姓安樂帝王歡喜若王行時置經七寶案上居前足一百步若王住時置七寶帳座日日供養如事父母時十六大國王聞法歡喜即以國事付弟出家修道證一切行般若波羅蜜（仁王問般若經○義仁王云如來成道二十九年已為我說摩訶般若故知般若在方等後亦知仁王在大品後○長阿含經十六大國者舍衛國摩竭提國波羅柰國毗舍離國迦毗羅衛國拘尸那國憍薩羅國罽賓國鳩留國伽羅乾國乾陀衛國沙陀國僧伽羅國提拏國掘闍國波提國）

三十四年（癸丑）佛成道已過三十年住王舍城告諸比丘誰能為我受持十二部經供養左右時憍陳如白言我能供給佛言汝已朽邁云何為我給使乃至五百阿羅漢皆悉不受目連入定見如來心在阿難如日初出光照西壁語憍陳如憍陳如語阿難曰汝今當為如來給使阿難言願如來與我三願一者不受如來故衣二者不隨如來受別請三者聽我出入無時佛言善哉具足智慧預見譏嫌何以故若有人言汝為衣食奉給如來是故不受故衣不隨別請出入有時則不能廣利四部故求出入無時我為阿難開是三事（涅槃經）

述曰涅槃經云佛告文殊吾弟阿難給事我來二十餘年又後分經云阿難偈曰我為侍者二十載故知此年始為侍者文句云阿難侍佛時年二十五佛年五十五佛得二十五年未知出何經

三十五年（甲寅）　三十六年（乙卯）　三十七年（丙辰）

三十八年（丁巳）　三十九年（戊午）　四十年（己未）

四十一年（庚申）

四十二年（辛酉）佛赴王舍城食訖令羅云洗滌失手撲鉢以為五片佛言我滅後百年諸比丘分毘尼藏以為五部其後百年毱多尊者有五弟子各執一見曇無德部法名四分（此云法密）

城五

十二

薩婆多部法名十誦（此云一切有）迦葉遺部法名五分（此云重空）弥沙塞部法名五分（此云不著有無觀）婆蹉富羅部律本不來（此云犢子）此五部律皆以僧祇律為根本

四十三年（壬戌）　四十四年（癸亥）　四十五年（甲子）

述曰佛說般若諸經至此凡二十二年

第三祕密教者如來於法得最自在若智若機若時若處三密四門無妨無礙（智謂大聖權謀機謂不同次弟不擇時處身口意機隨何四門無碍自在適時稱會）此座說頓十方說漸說不定十方說頓此座說漸說不定此座不聞十方十方不聞此座（十方此座相對）或俱頓俱漸俱不定（依籤文義加三俱字應作十方此座相對亦）各不相知於此是顯於彼是密（此即人不相見法不共聞互不相知得益不定）此約此座十方相對（籤科）或為一人說頓或為多人說漸說不定或為一人說漸或為多人說頓或俱漸俱頓俱不定（如前義加三俱）各不相知互為顯密（此是人相見法共聞互不相知得益不定）此約一人多人相對（籤科○籤云一方既作十方亦然）或一座默十

方說十方默一塵說或俱默俱說各不相妨互為顯密此約此塵十方說默相對(上並科記)(玄釋籤)且寄三法況出其相(籤)

秘密得名玄云顯露不定秘密不定籤云為對秘密須安顯露(云云)由前四味有一類機顯露不解宜秘密入是故如來不思議(成五)(十三)力隱覆密說要令衆生互不相知得漸頓益耳

秘密立體籤釋玄文云身口意密隨何四門無礙又籤云以秘密不出此七逸堂以三密四門為當體體真中二理為所依體石坡以七教為所用體雖皆有憑要必以七教為義足

秘密文證此有二義一者義蘊經論妙玄引涅槃經迦葉菩薩設三十六問如來讚云我初成佛亦有菩薩來問斯義所問句義功德亦皆如是(此佛觀宜)又般若經諸天子唱言我見閻浮提第二法輪轉今轉似初轉(此諸天子敘出)二者名出龍樹大論釋般若經云諸佛法輪有二種一者顯二者密初轉聲聞見八萬一人(此顯露不定教)諸菩薩見無量阿僧祇人得無生忍(此秘密不定教)

秘密不傳文句云秘密者隱而不傳記云降佛已還非所述故尚非阿難能受豈弘教者所量阿難非不傳秘赴機之密非所傳耳故秘密不用全是顯露是故傳秘秘名傳顯諸師皆云上聖赴機之密互不相知故不可傳若涅槃中如來親宜般若中天子唱出皆結集為文還成顯露故可傳耳

秘密橫被籤云秘密橫被無時不徧(云云)豈於法華有秘密耶須知顯露竪論雖在四時而有華嚴鹿苑大小之隔若秘密橫論則隱顯在機無時不徧徧前四時非徧法華時也又籤云五味則一道竪進皆有半滿秘密不定此釋玄文破南師但用五味(但得方便)此師偏用半滿(但得其實)今家以五味成半滿半滿成五味故云味味皆有半滿秘密不定此相成釋義一往如此非謂法華中有前四味秘密不定也故玄文云權實俱遊如鳥二翼雖復俱遊(五味半滿俱用)行藏得所(五味半滿相成謂之行謂相成法華醍醐滿字也唯偏四味半滿謂之藏謂不至法華醍醐滿字也)(籤五)(十四)

法華非秘密是秘密玄文法華是顯露非秘密又云法華是秘密般若非秘密籤云前是顯非密者謂非覆隱之密如前教有二乘發心不令未發心者知是故覆密今望般若為密者此是秘妙之密般若中無法華為勝又玄云般若不明二乘作佛故非秘密又玄引大論餘經非秘密法華為秘密籤云非八教中之秘密但是前所未說為秘開已無復為秘(即四十餘年不說也)

秘密三義籤云須知密秘語同意別(云云)今列諸文具出三義一者真秘玄云法華是秘密籤云是秘妙之密二者隱秘自有佛弟子二義玄引經云四十餘年秘而不說此昔所未談約如來為秘也妙樂云三周之中自論秘者法說周時密聞大車此謂上周根利預了譬喻因緣之事對中下未悟名之為密此對有所聞約弟子為秘也三者秘密即妙玄所立秘密教如來隱密赴機互不相知者籤云是隱密之密

第四不定教者由前四味機發不定聞大證小聞小證大於漸說中得頓益於頓說中得漸益此有部教二義分別初約部竪論者雖高山頓說不動寂場而遊化鹿苑(此鹿不定籤云此不動不離而升而遊者此指頓教漸初不動於頓而施漸化)(籤五)(十五)雖說四諦生滅而不妨不生不滅(此法不定鹿苑雖施漸化而不趣於頓二味既然諸味準此)雖為菩薩說佛境界而有二乘智斷雖五人證果不妨八萬諸天獲無生忍(此人不定)當知即頓而漸(於頓得漸益)即漸而頓(於漸得頓益籤云雖為菩薩指方等般若彼二時中俱有小果新得舊得如常所明雖五人證果不妨八萬諸天獲

無生忍此重指漸初對般若為說前文約法此中約人得果不同證法不定次約教橫論者乳中得別圓相對以辯不定酪中教門雖無二別乃與八萬一人對辯生酥熟酥三四對辯般若帶通別圓為三方等四教並談為四故知不定約部約教偏前四時並妙玄釋籤不定得名玄文南北地通用三種教相一頓二漸三不定又古師立偏方不定謂非次第別為一緣如金光明勝鬘等是也云云知不定之名出於古師天台更加祕密爲四教於義方足不定示體止觀妙玄四教儀引淨名經佛以一音演說法衆生隨類各得解此證不定今諸師以一音為當體體真中二理為所依體一音之義通大小乘倍在集解不定文證玄引大經或時說深或時說淺應問即遮應遮即問籤應問謂問其問端應遮謂置其所問問置同席故成不定玄引大經置毒乳中乃至醍醐皆能殺人云云止觀引淨名經佛以一音衆生各解或有恐怖世界或歡喜為人或生厭離對治或斷疑第一義斯如來神力不共法云云籤引大論初轉八萬得無生忍陳如得初果此皆證不定教也置毒不定玄引涅槃五味譬四教位前三教教教皆成五味俗在玄文故知前三教五味皆粗圓教

一味皆妙有人云愚云五味皆妙經云譬如有人置毒乳中則能殺人乃至醍醐亦能殺人此譬兩用一通約漸頓明不定教處處皆得見佛性二約行不定行人心行譬之如乳實相譬之以毒此毒有殞命之能此智有破無明之力久遠劫來說實相毒置於凡城五夫心乳毒慧開發不可為定或於初味發或於後味發不得次第往判故言置毒乳十六中乃至醍醐偏五味中悉有殺義云云若圓教中發者始聞經即破無明見佛性是乳中殺人六根清淨去是酪生酥熟酥等殺人若初住去是醍醐殺人玄文先列前三教隨向位中家見中道即是乳中殺人乃至醍醐殺人、昔師云毒喻佛性置喻能具五味喻五道以一毒置衆生心乳中隨於[illegible]道受身之殊毒性不失毒發性顯之時無罰何身若天道得發即醍醐中發義既不定故於不定教明一音不定輔行引起信論云圓音一演異類等解又如如來八十好中一音能報衆聲殊方異類莫不獲益如來本非一切音辭而能偏赴一切音辭並與此不定義同籤引華嚴云佛以一妙音周偏十方國衆聲悉具足法兩等充偏又大論云欲得一音偏十方當學般若此等皆大乘一音也毘曇論云梵天佛為四王作聖語說四諦二解二不解培又作毘陀羅語說四諦一解一不解

作棃車語說四諦四王俱解以此四王各念不同故佛三說以赴彼念總釋祕密不定籤引大論諸佛有二法輪一者顯二者密初轉聲聞見八萬諸天得無生忍陳如得初果今家不定所攝諸菩薩見無量阿僧祇人得無生忍乃至十地一生補城五處是名為密今家祕密所攝十七籤云玄引大經或時說深或時說淺等名不定者以由彼此互相知故若祕密者即互不相知不定與祕密並皆不出同聽異聞同衆如來一音之數故曰同聽互相知互不相知故曰異聞又籤云不定與祕密但有互知不定互不相知祕密以辨兩異總釋顯密有定不定四句一顯露定教人相見法共聞互相知得益定玄云如前分別但約顯露明漸頓五味之相籤云通論顯露俱攝漸頓二顯露不定教人相見法共聞互相知得益不定玄云一時一說一念之中備有不定此乃顯露不定三祕密定教自分二自有人不相見法不共聞互不相知得益定此塵十方對論自有人相見法共聞互不相知得益定一人多人對論四祕密不定教自分二自有人不相見法不共聞互不相知得益不定此塵十方對論自有人相見法共聞互不相知得益不定一人

（彰多論人）今之祕密及不定二教但是祕密不
定（祕機密）顯露不定（不定教）玄云今法華是顯
露非祕密是漸頓非漸漸是合非不合是
醍醐非四味是定非不定

第五法華涅槃時

述曰玄云今佛靈山八年說法涅槃臨滅
則已同在八年此時同也玄云法華大王
饌涅槃醍醐此味同也又玄云二經教意
起盡是同此開顯同也四教儀引涅槃云
從摩訶般若出大涅槃故合法華為第五
時也

言法華者日光普照高下均平若低頭若小
音若散亂若微善皆成佛道（籤云總結散亂小善之類無不開之以成佛因）不令有人獨得滅度皆以如來滅度
而滅度之具如今經（玄一）良以妙法難解假喻
易彰為蓮故華喻為實施權（籤云雖復施權本為於實）文
云雖示種種道其實為佛乘（所教因人別教教道五時八教）
（故云種種）華開蓮現喻開權顯實文云開方便門（十八）
（城五）示眞實相（指實為權權於實名方便門開如指權為實於權見實名方便門）
（開示識指示示其光道之處也）華落蓮成喻廢權立實文云
正直捨方便但說無上道（捨是廢之別名開出但實無權可論）
（義當捨權權轉為實而廢出亡若無迹後論從蓮於權此中悲口已亡迹門之譬之文）
又蓮譬於本華喻於迹從本垂迹迹依於本
（本迹凝下斯本立）文云我實成佛久遠若斯（明初本先）但

教化衆生作如是說我少出家得三菩提（明正）
（迹來妄）又華敷譬開迹蓮現譬顯本文云一切世
間皆謂今始得道（初述迷迹）我實成佛那由他劫
（正明開迹）又華落譬廢迹蓮成譬立本文云諸佛
如來法皆如是（同引）為度衆生皆實不虛（正明廢迹）
（廢已如迹故云皆實實祇是本權祇是迹妙法非此妙法無道華無以譬於權實本迹）
（以取於蓮華一部之旨不出本迹上本門三譬之文）又為蓮故華
華實具足可喻即實而權（實為蓮故為實施權故華在於）
（權內體不具）華開蓮現可喻即權而實（權為蓮實故為開權顯實）
（後既與果開名何所開即彼能顯）華落蓮成（廢權立實）
成亦落可喻非權非實（非華非蓮故非權非實即已立）
（己異同途實開三教德行故人知理三同德一不權當故權故實）如是等
種種義便故以蓮華喻於妙法（玄一）
言開權顯實者開前頓漸會入非頓非漸（三時之頓漸四時之漸不同三三時教次第成為故所解集）
（開不開華嚴三非頓無漸故非成次第開華嚴之頓三時之漸）
言權實者名通今昔
（佛非故三會入非三權權不即大小相隔法華此）
義意不同（前實權實不見實外無權此實即是實於在已）
（義不同昔經指實者權實權開顯權指會而已）
（城五）謂法華已前權實不同大小相隔（華嚴）
（十九）（橫此意大小相隔之法人法於大方華同宗大如）
（小大名同間所教遠如成人大方義見即可如及所以）如華
嚴時一權一實（以指權實別為名不相可知）所以
者何初頓部一麤一妙一妙則與法華無二
無別若是一麤須待法華開會廢了方始稱
妙（麤一方妙者前隔異見即一妙無別者約教顯實是同）次鹿苑但

麤無妙（但藏教一方等三麤一妙但通別圓教上昔一妙此意三藏教前四時四麤前開四味麤今會）方等三麤一妙（藏通別麤圓妙）般若
二麤一妙（藏通麤別圓妙）來至法華會上
摠開會廢前四味麤（四味前四時麤教前）令成一乘妙
（一摠字曰令開會廢前四味麤教菩薩人兩味教二乘）
（開之權至今法華成皆數妙別行理記數云為行乘宿二以）
諸味圓教更不須開本自圓
（別施權開顯實會權歸實廢權立實此之為權實）
（今實時餘義部意未也無此實會歸實廢立實記云此之權）
融不待開也（在昔圓頓不開自妙華嚴之中普賢眼二無差別大集淨）
（一切法融通淨名不思議頓無孔二乘納等思圓益妙明）
但是部內兼但對（無非法界般若諸法混同毛舍此等圓妙明）
（別今皆可更開令或見妙邪二無二此等集樂明）
帶故不及法華淳一無雜獨得妙名良有以
（華嚴行布差別一般若所帶方便）
（此佛乘唯今無妙其義如此方等四味不久法華純一）
也（華嚴大乘對三藏般若一但通別方）故文云十方佛土
中唯有一乘法無二亦無三（對二乘之三藏中之三乘出無文無句偈若通有教圓半滿一相乘）
（無方等二三藏之中出乘無般若通所三見所教圓半妙滿一乘）
正直捨方便但說無上道（有上大直以道也此一揮偈讚諸佛方便）
（章一此文證等無對之一中之三義乘無）
（教世中一間文今無有上大道故以證也行此一偈）
一間（文為直捨方便說大道故以證也行此）但為
（章於中教一問文今）
菩薩不為小乘（客云不作為長小者乘觀菩之薩上求下化因妙至果故云）
（實顯昔日實已是下子菩薩顯如化小乘窮子佛自時開謂）
（昔日方便謂化小乘作子今時開）
位世間相常住（但約謂菩薩此約義引文以證人一乘一是法住法）
（謂諸佛章偈則云衆生正如覺一切如如正出世不住）
（如為位以如如皆生正佛初一如如生出二）
是法住法
（以方位以為相以即位在可常住佛…）
一時人來得法華妙旨但見部內有
三車窮子化城等譬乃謂不及餘經蓋不知

重舉前四時權獨顯大車但付家業唯至寶所故致誹謗之咎（已上並四教儀○妙旨者迹門三周開顯之妙初法說周重舉四時之權會三歸一身子上根得記是也次譬說周明三車一車譬前法說四大弟子設窮子喻獲得家業中根信解作佛是也三因緣周明十六王子下種中間調伏今得授記有化城寶所七喻下根千二百聲聞等獲益是也人不見之故致誹謗如清涼師李長者等不如此旨便為不及也）

若約時則日輪當午罄無側影（法華開顯三乘九界咸皆悟入譬如日輪正午無處不明是則先照高山寅時也次照平地辰時也禺中巳時也宋嚴觀二法師與太史何承天論中邊之國條周禮用一尺五寸土圭立八尺之表夏至午時以測日景猶有餘陰此方非中國也天竺此時無餘陰知為中國也地上寸影天上萬里今言側影者餘陰也影古作景晉葛洪字苑始改作影尚書惟影響蓋是後人不識改從影字智者陳隋人在晉後用影字無可疑）

若約味則從熟酥出醍醐此從摩訶般若出法華（玄一○涅槃經但云般若出涅槃今玄文言出法華者以二經同味故義立此說）

信解品云復經少時（去法華不遠）父知子意漸以通泰（機無隔異）成就大志（大心即發）自鄙先心（欲求大道）臨欲終時（化緣將訖）而命其子（二萬億佛所受化之徒）并會親族（十方法身菩薩影響者多是釋迦昔日同業）即自宣言此是我子（從我受學是我所生）捨吾逃走（背此大乘退入生死）五十餘年（備經六趣）昔在本城懷憂推覓（自指法身地中常以二智觀見可化之機）忽於此間遇會得之（始於今日感應道交）此實我子我實其父（我實曾於二萬億佛所常教大法此結會父子以究天性）今我所有一切財物（大乘萬行萬能行為因隨為果）皆是子有（先所出納是子所知指昔日大品領教所委曲略般若共不共法此正付家業）時窮子聞父此言即大歡喜而作是言我本無心有所希求（三藏來心不求方等恥小望絕故不求般若雖領非己分故不求）今此寶藏自然而至（如此不求而今自得）此領何義即是般若之後次說法華先已領知庫藏諸物後不須說但付家業而已譬前轉教皆知法門不須重演觀法直破草菴賜一大車授記作佛（玄十○授者授與記者記事聞與授記皆有通別通開一切衆生皆當作佛別開當座悟入通記阿耨菩提別記劫國名號）

四十六年（乙丑）佛成道後四十二年說法華經（句記引法華論○說法華凡二處三會始在靈山次升虛空後復還靈山法華以無量義為序普賢行法為結）

法華教主準四明主義法華所明三十二相名尊特者以即法身故是則生身即法身者便為尊特此就開權即劣顯勝而明尊特龍女欲彰開權妙相故云法身具三十二相此一一相全理顯現法身徧故三十二相相相周徧法具萬德相亦須具此之妙身不名尊特更指何身為尊特耶此則永異淨覺定是生身之義至若即一論三者秖三十二相如來妙力為三藏示有分齊名曰生身秖三十二相如來妙力為從通入別機示無分齊名為尊特秖三十二相如來妙力為圓教機示一一相即是本性所具法門名為法身由三種機感於如來即於一身示三種相

四十七年（丙寅）

四十八年（丁卯）

四十九年（戊辰）淨飯王病重念見諸子佛在王舍城去此五十由旬（父王所治迦維國王舍城在摩竭提國並中印土今言五十由旬即相去二千里）告難陀阿難羅云即以神足至王宮所涌身虛空放大光明光照王身患得安息復以手著父王額上曰王是淨戒之人心垢已離今應歡喜諦思經法時王於卧合掌心禮忽就後世諸釋棺斂置師子座佛及難陀喪前肅立阿難羅云住在喪足佛為當來世人不孝躬欲擔棺大千世界一切震動欲界諸天諸龍鬼神俱來赴喪時四天王跪請擔棺各自變身如人形像世尊手執香爐前行出詣墓所千阿羅漢往大海渚取栴檀香舉棺焚之諸王收骨置於金函起塔供養佛告衆會父王淨行生淨居大（淨飯王泥洹經○生五淨居者第三果阿那含人）

初波斯匿王（舍衛國主）娉於釋氏摩訶男以家中婢生女妻之生子名流離年八歲令詣外家學射術時新作講堂欲請佛僧流離即升師子座諸釋嗔罵之云此婢生子敢入中坐撲之著地後紹王位往征釋種目連三反白佛佛言宿緣已熟今當受報流離王既入城取

諸釋埋脚地中以象踏殺之凡九千九百九萬人流血成河選五百端正釋女欲與相接一女罵云我今何故與婢生種通乃至五百女皆如此罵王取五百女刖手足擲阬中還至舍衛兄祇陁太子出見流離王曰吾與諸釋戰何不佐我祇陁曰我不堪殺害衆生王即拔劍殺祇陁命終即生忉利五百釋女稱怨向佛佛至其邊說法得法眼淨命終生天佛還給孤獨園告諸比丘今流離王及此兵衆卻後七日盡當磨滅至七日初王將兵衆詣河娛樂天大雷震暴風疾雨王及兵衆爲水所漂身壞命終入阿鼻獄（此云無救[illegible]）佛因爲諸比丘說釋種宿。世捕魚殺害因緣今還受報之事（長阿含經〇案興起行經云過去羅閱城有池多魚村人捕之著岸而跳一魚名麩一名多舌細語曰我等不犯人橫見殺我後世當報時村人男女今諸釋種是麩魚者毘婁勒王是多舌者今王相師名惡舌者是我是時為小兒見魚頭面喜以杖打魚頭王伐釋種時我得頭痛）流離殺諸釋氏阿難愁惱來佛所言我與如來同一釋種云何如來光（廿三末）顏如常佛言我修空定過三年已還來問我（涅槃經）目連取知識四五千人盛著鉢中舉置虛空流離軍退佛令取鉢視之人皆死盡佛爲說無常法無央數人得須陁洹果（法句喻經）

五十年（己巳）　五十一年（庚午）　五十二年（辛未）

冬十一月既望佛在毘舍離國大林精舍重閣講堂告諸比丘卻後三月我當般涅槃即爲說普賢菩薩行法經

述曰案神照經疏云建子之月既望告衆行法既是結經則知說法華止七年耳今約已經開顯又二經同味故通稱八年也

佛祖統紀卷第三下　城五

佛祖統紀卷第三下

校勘記

一　底本，明永樂南藏本。

一　四二八頁下二二行夾註右「玄一」，[徑]作「玄十」；次頁中一一行夾註同。

一　四二九頁上一一行夾註右「維摩訖室」，[徑]作「維摩詰室」。

一　四二九頁上一九行夾註左末字「即」，[徑]作「習」。

一　四二九頁上二〇行夾註左「殃掘」，[徑]作「摩羅」。

一　四二九頁中一行夾註右末字「衍」，[徑]作「聖」。

一　四二九頁下二三行夾註右「毗離邪」，[徑]作「毘邪離」。

一　四三〇頁上一〇行夾註左「空遊羅剎」，[徑]作「夜叉羅娑」。

一　四三〇頁上一二行夾註右「今猶」，[徑]作「之始」。

一　四三〇頁上一四行夾註右「行相」，

徑作「行種」。又左「法界」，徑作「旌累」。

一　四三〇頁中七行「振旦」，徑作「震旦」。

一　四三〇頁中一五行夾註左「亦不能」，徑作「俱不能」。

一　四三〇頁下二二行第九字「成」，徑無。

一　四三一頁上六行末字「列」，徑作「到」。

一　四三一頁上一〇行夾註「玄一」，徑作「女一」。

一　四三一頁上末行夾註右至左「佛子等」，徑作「濤汰時」。

一　四三一頁中三行夾註左第一三字「者」，徑作「若」。

一　四三一頁中六行夾註右「稍跦」，徑作「稍殊」。

一　四三一頁下六行夾註「七十九品」，徑作「七十七品」。

一　四三一頁下八行夾註「三十一品」，徑作「二十二品」。

一　四三一頁下九行夾註「竺佛朔」，徑作「竺朔」。又「二十九品」，徑作「二十五品」。

一　四三一頁下一〇行夾註「二十四品」，徑作「二十一品」。

一　四三二頁中二一行至二三行「文句……未知出何經」，徑無。

一　四三二頁下九行「婆蹉」，徑作「婆𨇾」。

一　四三三頁上三行末字「鐵」，徑無。

一　四三三頁上一九行夾註左首字「子」，徑無。

一　四三三頁上二一行「八萬一」，徑作「八萬億」。

一　四三三頁中二行末字「祇」，徑作「密」。

一　四三三頁中四行末字「中」，徑作「故」。

一　四三四頁上一六行夾註左末字「問」，徑作「開」。

一　四三五頁上一九行夾註右「權掩於實」，徑作「權指於實」。

一　四三五頁中七行正文首字「又」，徑作「入」。

一　四三五頁中一〇行夾註右「近謂」，徑作「近果」。

一　四三五頁下二三行「来得」，徑作「未得」。

一　四三六頁上八行夾註左「平地」，徑作「平畝」。

一　四三六頁上一一行夾註左至次行夾註左「尚書……無可疑」，徑無。

一　四三六頁中一一行夾註右「三會」，徑作「二會」。

一　四三六頁下一行末字「於」，徑作「者」。

一　四三六頁下七行「清身」，徑作「湧身」。

一　四三六頁下一七行「淨居大」，徑作「淨居天」。

佛祖統紀卷第四

宋景定四明東湖沙門　志磐　撰

教主釋迦牟尼佛本紀第一之四

入涅槃

序曰：如來所說一代法門，其意在乎開顯大事因緣而已。及乎人機既得大益，則又為之說云所應度者皆已度畢，於是唱入滅度以示化儀之有始卒，將以起懈怠者之慕心，以垂訓未來之人。尔至曰我不滅度，常在靈山，斯則如來不生不滅大般涅槃之旨。

言涅槃者，此有二義：一者為法華未熟人追說四教，具談佛性，令知真常入大涅槃，名捃拾殘機教（四教儀）。謂如來調熟漸機眾生，以法華涅槃皆為後教後味，譬如田家先種先熟先收，後種後熟後收。是以八千聲聞、無量損生菩薩、大德身子等，於法華中得受記莂，見如來性，成大果實，如秋收冬藏，更無所作。即是前番從摩訶般若出法華。若鈍根人法華不入，更用般若淘汰，如五千自起，人天被移，此等未熟者更論般若，入於涅槃而見佛性，即是後番從般若出大涅槃。故知法華前番如秋成大獲，涅槃後番如捃拾餘殘。

述曰：法華開顯已廢方便，其未熟者尚勞調停，故於臨滅度時重施三教之權，用顯一乘之實，此追說之意也（義在聖行品）。然五千先已結緣，略聞開顯，今此會中復為追說，既於當座知常，故須即施即廢，此追泯之意也（義在德王品）。追說者重施也，追泯者重會也。法華已施已廢，即是前番；涅槃重施重廢，即是後番。藏之言曰：涅槃重施方便，又云泯者會合，皆此義也。

二者為末世比丘畜不淨物（失戒），樂誦外典，不教佛經（失乘），於佛法中起斷滅見，夭傷慧命，亡失法身，使乘戒俱失，故更扶三藏，廣開常宗，設三種權，扶一圓實，故名扶律談常教（雜見大經、玄義及四教儀）。若言不許諸惡比丘畜八不淨，是戒門事門（此即扶律義。案律云：八不淨者，一田園，二種植，三穀帛，四畜人僕，五養禽獸，六錢寶，七稱釜，八象金飾牀，及諸重物。此之八物，歸過不應）。若說如來實不畢竟入於涅槃，及遮外典，此是乘門理門（此即談常義。據經合云如來實不畢竟涅槃，方是扶常。今藏文云如來畢竟入於涅槃，此脫「實不」兩字，今用經補足）。若末代諸惡比丘破戒，說如來無常，及讀外典，則並無乘戒，失常住命，賴由此經扶律談常，則乘戒具足，故知此經為贖常住命之重寶（義引大經云：若人藏積七寶，為未來救貴賤優值遇惡王，為用贖命，乃當出用。請佛秘藏亦復如是，為未來世諸惡比丘畜不淨物，為四眾說如來畢竟入於涅槃，讀誦外典，不敬佛經，如是等惡出現世時，為滅諸惡，為說是經。是經若滅，佛法則滅）。

述曰：法華開顯之後，涅槃廣開常宗，知一切眾生皆有佛性。於是末代無知，安於平等大慧之說，忽略戒律，不復經懷，此戒緩之失也。至於不讀佛經，唯好外典，此乘緩之失也（是知讀誦要在解義，行行如可名，乘若紙循行數墨，但是人天福業，善扶遠因，未足以為出世之近果也）。乘戒俱緩，非三塗之歸而何歸？如來久鑑未來，唱商行寄金之典，重扶三藏，圓會真常，顧命之言，有在於是。然則扶律談常之教，正被今日，凡在為學，可不自勉？是以止觀方便具五緣中，首明持戒以為助道，要令行人以圓三觀觀察所持十種戒本，相相清淨，事理俱持，乘戒俱急，非同十二年中不知圓常，唯明事相之戒。故義例有云：雖依法華三昧妙行，末代鈍根若無扶助，則正行傾覆，故須扶律談常以顯實相。若夫大經所云於戒緩者不名為緩，於乘緩者乃名為緩，此即偏著大乘格量優劣之文，豈當恃此便忽事戒？止觀謂乘急戒緩者，以三塗身見佛聞經，如華嚴涅槃鬼神龍畜皆預列眾，如是因果差降尔況非一，云何難言理戒得道，何用事戒，幸於人天受道，何意苦入三塗（文）。不明此宗，未足與議。涅槃最後之訓，若但知四分，不讀大乘，徒知專守鹿苑持犯之章，曾未獲聞鷲峯開顯之旨，此為弘道良用悲心如智者之滅弟子問誰可宗仰則答之曰波羅提木叉戒四三昧在焉乘左溪之逝則顧謂門人曰吾六即道圓萬行無得乘戒為心本戒汝等師之是又知列祖弘道未嘗不取本於乘戒俱急扶律談常之意

若論時味與法華同談其部內純雜小異四教儀。句記以十六意辨異二經云判味同特而部有異云云又玄云涅槃猶帶三乘此經純一無雜。然二經教意起盡是同如法華三周說法斷冥聲聞咸歸一實開迹也。斷丁亂又冥如字。訓決定依經文則是決了聲聞法之義後開近顯遠明菩薩事顯本也涅槃亦是先勝三脩。蓋并奪三脩十仙小證涅槃玄邪三脩者世人隨邪師教相續為常遠意為槃動轉為是我劣三佛者聲聞依半教謂三界無常諸有非樂一切空無我無我所勝三修者依佛勝教破於劣修以常樂我斥諸比丘無常苦空無我虛偽不真法身常恒無有變易歎娛安樂具入自在如是修者入祕密藏。涅槃經云闡提音耶等十外道斷冥聲聞入祕密藏開迹也後三十六門明菩薩事顯本也義文廣辨菩薩五行十功巳上釋同又涅槃臨滅更扶三藏誡約將來使末代鈍根不於佛法起斷滅見廣開常宗破此顛倒令佛法久住如此等事其意則別玄文巳上釋異義云起謂正說初分盡謂正說末分法華以本迹二門為物後一分初則開權顯實斷冥聲聞後明本門增道損生重更辨前開權化主久遠[illegible]佛於涅槃正說開為四段初純陀品去明涅槃始斷冥三脩二長壽品十四品明涅槃義三現病品去五品明涅槃行四師子吼品去二品明涅槃用故知初巳斷冥聲聞後但明於涅槃義用是故二經起盡是同

經云從摩訶般若出大涅槃故合法華為第五時四教儀

五十三年壬申佛先往忉利天三月安居遣文殊詣母所皆屈禮敬三寶摩耶夫人聞之乳自流出直至佛口即與文殊俱至佛所佛為說法得須陀洹果三月將盡欲出涅槃帝釋作三道寶階佛與母別大衆導從下還祇洹佛升忉利經

述曰案行法經卻後三月我當涅槃則知說行法在辛未十一月望蓋升忉利經三月安居則知說行法畢即日往忉利案此經三月將盡欲入涅槃則知此年二月十四日下閻浮提十五日入涅槃

時優填王拘睒彌國戀慕世尊鑄金為像聞佛當下寶階象載金像來迎世尊金像上下猶如生佛雨華放光為佛作禮世尊合掌語像我滅度後我諸弟子以付囑汝觀佛三昧經。案增一阿含經帝釋請佛升忉利天為母說法優填王思覲如來即以旃檀作如來像高至五尺波斯匿王聞之以紫磨金作像亦高五尺時閻浮提始有二像又西域記優填王請目連以神力接工人上天親睹妙相用旃檀雕像佛姨母摩訶波闍波提此云大愛道不忍見如來滅度與五百除饉女禮佛退還精舍各在空中作十八變同時泥洹佛令阿難入城徧告理家優婆塞受戒在家者作五百梓杪闍維畢取舍利造廟供養佛母泥洹經佛躬舉林一脚阿難舉一脚飛在虛空往至冢間四衆部大衆各舉五百比丘尼增一阿含經。智度論四天王奉林佛在前擎爐燒香供養為報恩故

梁祐律師曰姨母之德均為所生是故持舉之重爰酬鞠育將以厲後世無恩之人也釋迦譜

舍利佛目犍連不忍見佛涅槃遂先入滅七萬阿羅漢亦同時入滅時四輩弟子莫不荒亂如來以神通力化作二弟子在佛左右衆生歡喜憂惱即除薩婆多論

述曰身子不忍見佛涅槃故先入滅而涅槃跡引大經則云身子見佛涅槃不憂當住不喜是知開顯之義不同附小之文

今日座中無央數衆或見如來入般涅槃像法決疑經

今日世尊將欲涅槃一切衆生若有所疑今二月十五日佛在拘尸那城此云三角力士生地娑羅雙樹間臨涅槃時出大音聲普告大衆悉可問為最後問時世尊晨朝從面門放種種光徧照十方六趣衆生共相謂言當疾往詣勸請如來莫般涅槃涅槃經

述曰如來以聲光普告大衆而六趣之中有能相謂勸請者蓋是大權示現主首之倫故能次第轉告三塗實報之衆故此經

列衆有稱諸天八部師象鳥獸皆名為王者此意可知

時弟子四衆諸大菩薩閻浮諸王大臣長者四天王諸天子八部諸王山海諸王師子象王諸鳥獸王唯除迦葉阿難二衆及阿闍世王（佛以聲光召五十二衆時迦葉在耆山阿難在娑羅林外為魔所惱闍王害父身生惡瘡詣佛懺悔即還本宮都不覺知如來涅槃　見涅槃後分經）各持供具詣佛供養皆默不受是時會中優婆塞純陀白言我等欲從如來求將來食惟願哀聞受我微供佛云我今受汝最後供養令汝具足檀波羅密純陀白言雖知如來方便示現涅槃而我不能不懷苦惱佛讚善哉能知如來示同衆生方便涅槃時天龍八部勸請如來唯願久住不入涅槃世尊為說伊字三點如來之身解脫般若三法如世伊字（梵書伊字三點不縱不橫）時諸比丘請說無常苦空無我佛說出世常樂我淨世間四顛倒法諸比丘言如來永無四倒了知常樂我淨何故不住一劫半劫教導我等舍離四倒佛言我今所有無上正法悉已付囑摩訶迦葉當為汝等作大依止猶如如來（云云）佛告大衆今以正法付囑國王大臣及四部衆應當勸厲諸學人令得增上戒定慧若有不學是三品法懈怠破戒毀正法者大臣四部衆應當苦治（涅槃經）

述曰佛告諸比丘所有正法悉已付囑迦葉此為正付法以迦葉能繼世傳持也又云今以正法付囑王臣四衆此是旁付法以在官能治人護法也

佛告大衆從今日始不聽聲聞弟子食肉（涅槃經）

述曰梵網制菩薩不應食肉鹿苑之際小乘病開魚肉楞伽則未應菩薩食肉釋籤謂在四含猶為漸制之始既云菩薩不應食肉故知小教仍開今涅槃始不聽聲聞弟子食肉從今日始則知大小俱制正見扶律之意末代出家可不知乎

阿闍世王既害父已身生惡瘡邪見六臣咸言六師能治王病耆婆白言唯佛能治王聞佛欲涅槃悶絕躃地世尊大悲入月愛三昧放清涼光往照王身身瘡即愈王與夫人國民五十八萬往拘尸城佛為說法所有重罪即時微薄王及夫人婇女皆同發菩提心遶佛三匝辭退還宮

佛告憍陳如阿難何在陳如答言在娑羅林外去此大會十二由旬為六萬四千億魔之所嬈亂是諸魔衆悉自變身為如來像宣說一切諸法示現神通阿難念言如是神變將非佛所作邪阿難入魔罥故極受大苦以是因緣不來至此佛告文殊阿難吾弟給事我來二十餘年所可聞法具足受持喻如瀉水置之一器是故我今顧問何在欲令受持是涅槃經今為諸魔所惱汝持是大陀羅尼可往救護文殊受已至阿難所魔王聞呪悉發菩提心捨於魔業即放阿難歸至佛所（涅槃經）

述曰阿難初為摩登伽女所攝佛敕文殊將呪往救所以為宣說首楞嚴大定之發起後於娑羅林外為魔所嬈佛敕文殊將呪往救所以為魔王發菩提心捨於魔業之緣起未可以聲聞小果為之籌量至言侍佛左右唯證三果滅後結集方證四果此皆阿難用方便道特留殘結耳內祕菩薩外現聲聞佛為授記山海慧自在通王佛當約此意以為之論

佛告阿難是娑羅林外有一梵志名須跋陀羅年百二十雖得五通未捨憍慢汝可往彼語云如來出世如優曇華於今中夜當般涅槃若用所作可及時作阿難受敕往作是言須跋陀羅言善哉即與阿難還至佛所聞佛說法得阿羅漢（涅槃經）既證果已白言世尊惟願少住教誡莫般涅槃世尊默然不許須跋陀羅不忍見如來涅槃即先入滅佛告大衆自我得道度憍陳如最後須跋陀羅吾事究

覺無復施為（後分涅槃）時阿難以阿泥樓豆語咨
啓四問佛告阿難如汝所問六群比丘惡性
車匿行汙它家云何共住我涅槃後車匿比
丘漸當調伏捨本惡性佛去世後以何為師
者尸波羅戒是汝大師佛涅槃後依何住者
依四念處嚴心而住觀身性相同於虛空名
身念處觀受不在內外中間名受念處觀心（城六）（八）
但有名字名字性離名心念處觀法不得善
法不得不善法名法念處一切行者應當依
此四念處住如來滅後結集法藏一切經初
安何等語者當安如是我聞一時佛住某方
某處與諸四衆而說是經（後分涅槃）時阿難請問
如來般涅槃後云何殯葬佛言當如轉輪聖
王葬法用白氎纏身塗以末香金棺鐵槨持
威王身灌以酥油香薪燒之火盡收取骨末
起塔表剎見者悲喜思王正治我今聖王亦
復如是我此國土未來衆生水葬火葬塔冢
之葬其事為多閻浮界內有振旦國我遣三
聖在中化導人民慈哀禮義具足（冢墓因緣經　止觀）
（我遣三聖化彼真丹輔行仁義先驅真道後出清淨法行經光淨菩薩彼稱孔子迦葉菩薩彼稱老子月光菩薩彼稱顏回）
佛說涅槃時有萬五千億人於是經中不生
信心是人於未來亦當得信
述曰此見妙句未知據何文此等極能根

入即是末代出家具正信學佛法者我輩
何幸得預此流
如來臨入涅槃諸天大衆皆來供養唯螺髻
梵王不來觀省時諸大衆懸其我慢使百千
呪仙往彼令取乃見種種不淨而為城塹犯
呪而死復策無量金剛持呪而去乃至七日
無人取得大衆悲哀說偈如來即以大徧知（城六）（九）
神力隨左心化出不壞金剛於大衆中顯大
神通二千世界六反震動即騰身至梵王所
指彼穢物變為大地報梵王言汝大愚癡如
來欲入涅槃汝何不去即以金剛不壞之力
微以指之梵王發心至如來所（穢迹金剛靈要門○題攝）
（穢迹者如經云金剛藏梵王穢物變為大地所謂以神通變其穢境故得名之為穢迹金剛也）
世尊將入涅槃是時中夜寂然無聲為諸弟
子略說法要汝等比丘於我滅後當尊重珍
敬波羅提木叉當知此則是汝大師若我住
世無異此也（遺教經）
佛告衆曰我雖在此閻浮提中數數示現入
於涅槃實不畢竟涅槃是故當知是常住法
不變易法（涅槃經）
時世尊於七寶牀右脇而卧頭枕北方足指
南方面向西方後背東方如來中夜寂然無
聲於是時頃便般涅槃娑羅樹林四雙八隻

入涅槃已東西二雙合為一樹南北二雙合
為一樹垂覆寶牀蓋於如來慘然變白猶如
白鶴大衆哀聲普震一切世界（後分涅槃）時一切
人民即入城中作七寶金棺栴檀沉水香花
旛蓋至如來前而申供養大衆悲哽共扶如
來入金棺中遣四力士請棺入城力不能勝
乃至遣十六力士亦不能勝時阿泥樓豆語
力士言縱使盡城內人共舉佛棺亦不可得
當須大衆諸天助汝舉棺乃得入城所言未
既帝釋即持寶蓋垂在空中乃至色界諸天
皆如帝釋供養聖棺世尊大悲即自舉棺升
空高一多羅樹從西門入從東門出從南門
入從北門出如是左右遶城經于七匝徐徐
空行至荼毘所下七寶牀時四天王各持天
上栴檀沉水各五百根乃至第六諸天世間
大衆各持栴檀沉水至荼毘所（後分涅槃）
二月二十二日如來涅槃已經七日將欲出
棺大衆哀泣共扶如來置七寶牀香水灌洗（城六）（十）
妙兜羅綿纏頭至足白氎千張次第纏身共
扶如來入寶棺中以妙香木成大香樓舉棺
樓上大衆各持香炬（至香樓所皆悉滅沒）（後分）
阿那律升忉利天以告摩耶夫人摩耶自天
而下棺自為開世尊起合掌曰遠屈下來後
語阿難曰汝當知為後世不孝衆生故從金

棺出問訊於母（摩耶夫人經）時大迦葉與五百弟子在耆闍崛山去拘尸城五十由旬（衆赴佛涅槃經云迦葉在伊茶梨山去舍衞二萬六千里教授千弟子此蓋御別不同當以涅槃後分所出爲正）迦葉於正受中心驚身顫從定中出見地大動即知如來已入涅槃即將弟子往拘尸城至佛棺所如來大悲爲迦葉故棺自然開顯出真金紫磨堅固色身迦葉哀哽即以香水灌洗千氎纏身棺閉即閉迦葉說偈如來復現雙足千輻輪相出於棺外迦葉禮讚金剛雙足還自入棺從心胷中火涌棺外漸漸荼毘經于七日香樓乃盡（後分。處胎經迦葉執火以然香薪此部別不同當以後分所出爲正）

佛滅度已始經七日大迦葉告五百阿羅漢令詣十方世界盡集六通阿羅漢得八億八千衆於雙樹間聽受法言（處胎經）

分舍利

序曰智者有言此舍利者是戒定慧之所熏修究其爲義則有生法全碎之辨我不滅度十一 城六 常在靈山此豈非法身全身乎今論涅槃之後八萬四千則唯示生碎二身尒如來久遠劫來數數出現蓋將開生身之迹以顯法身之本即碎身之狹以見全身之徧大權益物可勝思議者哉

二月二十九日如來荼毘已經七日帝釋開棺取佛右牙天上起塔有二捷疾羅刹盜取佛牙一雙時城內大衆收取舍利滿八金罎入拘尸城七日供養（後分、舍利卅云骨身）三月六日如來本生眷屬迦毘羅國王（父淨飯王二子一孫既俱出家父王問佛我國嗣永絕則扣既崩之後無復繼者今此迦毗羅王盡具國人亡日弟六子爲其後故令六本生眷屬也）諸釋種等經三七日知佛涅槃入拘尸城請求舍利不果所請阿闍世王詣佛懺悔洗蕩身瘡極重罪滅即還本宮於涅槃夜夢見月落召問諸臣荅言是佛涅槃之相王即將臣從至拘尸城請求舍利不果所請時毘離外道名王阿勒迦羅王毗㮽不畏王遮羅迦羅王波肩羅王各將臣從入拘尸城請求一分舍利還國供養不果所請（後分已上七國并拘尸那共爲八國）時八國王共爭舍利有大臣優波吉諫八國王時帝釋化作人語我等諸天亦應有分阿耨達龍王言我等亦應有分若不見與力足相敵持優波吉告言諸君且止比舍利宜共分之何須見諍即分舍利而爲三分一分諸天一分龍王一分八王（處胎經）

八國共分舍利闍王得八萬四千數又別得佛髭還國道逢難頭禾龍王從求舍利闍王不與龍言我力能壞汝國土闍王怖畏即以佛髭與之龍王於須弥山下起水精塔闍王還國以紫金函盛舍利作千歲燈於五洹河水中作塔藏之（阿育王經）

八國舉兵爭求舍利姓煙婆羅門高聲唱言當作八分時拘尸城得第一分乃至闍王得第八分各還本國起塔姓煙婆羅門得盛舍利瓶還那羅聚落起塔羅延婆羅門得炭還國起塔 城六 是時閻浮提始有十塔（十誦律）十二

集三藏

序曰荊溪論結集三藏則有三處一千結集正當最初（佛滅後四月十五日）七百結集爲滅後百年跋闍擅行十爭（周厲王三十四年見通塞志）五百結集爲四百年後因伽昵吒王請僧論道不同（未詳所出）然法苑珠林李長者合論並依處胎經以滅後七日爲五百結集今案本文迦葉告五百正是遣使集衆未爲正結集則當以荊溪之論爲正

四月十五日大迦葉如是思惟應當結集三藏令法久住即往須弥山頂撾銅犍稚（音地梵磬）（論翻爲鐘五分律隨有瓦木銅鐵爲者皆名揵椎諸律多作揵椎）說偈曰佛諸弟子若念於佛當報佛恩莫入涅槃諸弟子得神力者皆來集會迦葉選得千人皆阿羅漢唯除阿難闍王日給千人飲食中夏安居三月初十五日說戒時迦葉入定以天眼觀阿難一人煩惱未盡手牽令出阿難慚泣

白言佛法阿羅漢者不得供給左右使令以是留殘結不斷耳大迦葉復言汝更有罪汝勸佛度女人出家使正法減五百年阿難言三世諸佛皆有四部迦葉復言佛欲涅槃背痛臥言須水汝不供給阿難言是時五百乘車截流而度水濁不取迦葉復言佛問汝若城大十三有人四神足好脩可住壽一劫若減一劫汝應答云佛應住壽一劫若減一劫佛三問不答故令世尊早入涅槃阿難言魔蔽我心是故不答迦葉復言汝與佛繫僧伽梨衣繫衣從東衣即是重疊之義以足蹈上阿難言我捉衣時大風吹墮腳下非不恭敬迦葉復言佛陰藏相般涅槃後以示女人是何可恥阿難言我思女人見佛陰藏相必羞恥女形欲得男身修行種種佛之德根非為破戒迦葉令作六種突吉羅罪僧中悔過突吉羅此云惡作又云應當學迦葉復言斷汝漏盡然後來入阿難思惟諸法求盡殘漏定力少故不即得道後夜欲過疲極偃息仰臥就枕霍然得悟入金剛定破一切煩惱得六通後夜到僧堂敲門迦葉語云汝從門鑰孔中入來阿難即以神力從孔中入禮拜懺悔迦葉乃云汝莫嫌恨還汝本座阿難禮僧已升師子牀智度論迦葉告言佛所說法一言一字勿使有闕時阿難最初出經第一胎化藏

第二中陰藏第三摩訶衍方等藏第四戒律藏第五十住菩薩藏第六雜藏第七金剛藏第八佛藏是為經法具足時阿難發聲唱言我聞如是一時佛住所居處迦葉大眾皆悲墮淚咄嗟老死如幻如化昨日見佛今日已稱我聞處胎經阿難身與佛相似短佛三指初登高座眾起三疑或疑世尊重出或疑他方佛來或疑阿難成佛及唱我聞三疑俱遣妙句阿難傳法藏自云佛初轉法輪我是時不見如是展轉聞舊云阿難得佛覺三昧力自能聞佛部加不覺力故名佛覺○舍利弗問阿難佛不忘釋得佛覺三昧力自能聞又未聞經願佛重說故佛口密為說阿難親承佛旨如仰完器傳以化人以寫異瓶佛已涅槃從金棺出金臂重為現入胎之相諸經皆聞妙句胎相尚聞況後諸經乃句至轉法輪此即過相使入胎難絲持得十年已前也諸智皆得以聞之也部即時憶念過去諸佛法藏通達無礙如今十四城六所聞亦識本願法華學無學記品如來在此鐵圍山外十方諸佛並皆雲集說法亦名話經後時文殊召諸菩薩及大阿羅漢結集大乘法藏各言其經我從佛聞須菩提言金剛般若我從佛聞故知不局阿難然阿難則偏聞諸經餘弟子則偏局當部淨名疏引

皆論如來滅後於畢鉢羅窟立三座部主結為三藏阿難誦出經藏迦葉誦出論藏優波離誦出律藏此即上座部更有一千賢聖命婆尸迦於窟外結集名大衆部此二部通稱為僧祇律是為根本僧祇律此文分三藏為一部主是小乘所出阿難從佛請願二十年中所說盡為我說報恩經摩得勒伽論說十二部經唯方廣部是菩薩藏十一部是聲聞藏又佛為菩薩聲聞說出苦道為菩薩藏聲聞藏智論云大迦葉與阿難在香山撰集三藏為聲聞藏文殊與阿難集摩訶衍經為菩薩藏涅槃云十一部經二乘所持方等部為菩薩所持是以經論略唯二種妙玄衆經論明教非一若摩得勒伽有二藏聲聞藏菩薩藏又諸經有三藏十二部是聲聞藏方廣部是菩薩藏合十一部是雜藏又有四藏十五末者更開佛藏菩薩處胎經為八藏胎化藏中陰藏未為阿難說時即是祕密教為阿難說後即是不定教摩訶衍方等藏即頓教戒律藏即三藏教十住藏即方等教雜藏即通教金剛藏即別教佛藏即圓教胎化即是如來說胎所說諸經中陰即是如來在胎所說一切諸法

世尊滅後百年毗舍離城跋闍子比丘擅行十事聽兩指抄食得聚落間得寺內後聽可得常法得受金銀彼於布薩日擅越有施金銀而共分之如是簡擇一一撿校乃至十事非法非毗尼非佛所教七百阿羅漢集論法毗尼故名七百結集（四分律）

贊曰能仁寂默成佛久遠仁賢劫波乘時利見一代施化歸宗開顯天人群生咸開宿願所應度畢示迹泥洹不生不滅常在靈山未來修學盈滿世　間若斯佛慧矣獨真丹

佛祖統紀卷第四

城六

佛祖統紀卷第四

校勘記

一　底本，明永樂南藏本。

一　四三九頁下二一行末夾註「文」，徑作「文句」。

一　四四〇頁上二二行夾註右第一三字「化」，徑作「作」。又左第一五字「去」，徑作「云」。

一　四四〇頁上二三行夾註右第五字「三」，徑作「二」。又第一一字「十」，徑作「去」。

一　四四〇頁上末行夾註右第一〇字「已」，徑作「三」。

一　四四〇頁中二〇行夾註右「親睹」，徑作「親睭」。

一　四四一頁中一一行末字「見」，徑作「是」。

一　四四一頁中一三行末字「咸」，徑作「惑」。

一　四四一頁下一九行末字「言」，徑作「語」。

一　四四二頁上一八行「振旦」，徑作「震旦」。

一　四四二頁上二〇行夾註右「真丹」，徑作「振旦」。

一　四四三頁中一四行夾註左第四字「共」，徑無。

一　四四三頁下一一行「趺闍」，徑作「跋闍」。

一　四四三頁下一八行「即往」，徑作「即住」。

一　四四四頁中二一行「話經」，徑作「說經」。

佛祖統紀卷第五 城七

宋景定四明東湖沙門　志磐　撰

西土二十四祖紀第二

始祖摩訶迦葉尊者　二祖阿難陀尊者

三祖商那和修尊者　（阿難旁出）末田地尊者

四祖優波毱多尊者　五祖提迦多尊者

六祖彌遮迦尊者　七祖佛馱難提尊者

八祖佛陀密多尊者　九祖脇比丘尊者

十祖富那夜奢尊者　十一祖馬鳴尊者

十二祖迦毗摩羅尊者　十三祖龍樹尊者

十四祖迦那提婆尊者

十五祖羅睺羅多尊者

十六祖僧伽難提尊者

十七祖僧伽耶舍尊者

十八祖鳩摩羅馱尊者

十九祖闍夜多尊者　二十祖婆修槃馱尊者

二十一祖摩拏羅尊者

二十二祖鶴勒那尊者

二十三祖師子尊者

止觀論之辭曰行人若聞付法藏則識宗元付法藏人始迦葉終師子二十三人末田地與商那同時取之則二十四人諸師皆金口所記（事出輔行）並是聖人能多利益（按法滅經我滅度後有二十四學者出現於世流傳我法）輔行云像末四依弘宣佛化傳中既云並是聖人故多是四依亦可通於三二以初依爲凡不得名聖也（妙玄云五品六根爲初依十住爲二依十行十向爲三依十地等覺爲四依此約大乘論四依其涅槃經亦有四種人能護正法爲世所依初依小乘内外凡二依初果三依二三果四依四果此約小乘論四依令言付法乃是大乘故輔行所言是大乘四依也言傳中者即付法藏傳亦名付法藏因緣經）今論祖承傳大法而毱多諸祖云證小果者準荆溪意謂四果是真福田化道易行宜作此像即是四依爲四果像是知金口諸師皆破無明位在四依内弘大法而外示小像爲明付法撰二十四祖紀

始祖摩訶迦葉尊者（此云大飲光古仙人身光隱蔽餘光遂以爲姓此尊者是其後裔身亦光明飲蔽餘光佛弟子中有十力迦葉三迦葉等於此同姓中最長故標大字以簡之）名畢鉢羅（此菩提樹名父母禱樹神而生故從樹立名）羅閱祇國人（此云王舍城即摩伽陀國中城名）父迦毗羅（此云頭有金色蓋晃古昔金光仙人之後）世稱大富長者十六大國無以爲鄰千倍勝瓶沙王（即頻婆娑羅王此云顏色端正王）有金犂千具畏勝於王減一耕犂但用九百九十九雙牛金犂有六十庫金粟庫容三百四十斛昔毗婆尸佛入滅之後（此云勝觀）塔像金色少處闕壞時有貧女丐得金珠欲補像面時迦葉爲鍛金師既爲補治因共太（拙以）願我二人常爲夫婦身真金色恒受勝樂以是因緣九十一劫生天人中最後得生第七梵天（初禪大梵名六欲上正當第七）時摩伽陀國（此云不害）有婆羅門巨富無量而無子息舍側有一樹神常往乞子歷年無應瞋忿曰今更七日奉祀若復無驗必當燒樹樹神愁怖即詣梵天梵王天眼見一梵天臨當命終勸其往生滿足十月生一男兒身真金色光明赫奕照四十里身具三十相（文句應是闕白毫肉髻二相）相師占云此兒宿福必當出家年至十五欲爲聘妻兒語父母能爲我得紫金色女我當納之父母即召諸婆羅門鑄一金女與行村落高聲唱言若有女人見金神者後出嫁時必得好婿女聞悉出唯一女軀體金色獨不肯出諸女強將共見金神婆羅門見即爲聘得夫婦二人了無慾意各住一房父母知已毀除一房令共同室迦葉語曰我若眠時汝當經行汝若眠息我當經行夫婦節攝深厭世間啓求出家即舍家事深入山林心念口言諸佛如來出家脩道我今亦當隨佛出家即著壞色納衣自剃須髮空中天神而告之曰釋迦如來今與千二百五十阿羅漢在王舍城竹園中住迦葉聞語即趣竹園佛往逆之至跋耆聚落值佛奉上寶衣佛即授以糞掃大衣初聞增上戒定慧即得無漏時巳百二十歲其婦相續亦得阿羅漢果迦葉受乞食法行十二頭陀至老不舍常曰我受佛衣師想塔想未曾頭枕

況以覆田如此大衣大進我行佛語之曰汝年老根弊可舍乞食及受長衣迦葉答曰我當盡壽行蘭若行(此云寂靜處十二頭陀行之一)佛言善哉若迦葉行頭陀行在世者我法久住迦葉頭陀既久髮長衣弊來詣佛所諸比丘皆起慢心佛分半座令坐迦葉不肯佛即廣讚迦葉功德與我不異何故不坐諸比丘聞為之心驚佛復為說本因昔有文竭陀(輔行云即頂生王也)高才絶倫天帝欽其德遣千馬車造闕迎之天帝出候命王同坐共相娛樂送王還宮昔迦葉以生死座命吾同坐吾令成佛以正法座報其往勳迦葉共佛坐時天人咸謂佛師即起鳴佛足云佛是我師我是弟子(云六)毗耶離城有長者維摩詰方便示疾饒益衆生佛告大迦葉汝行詣維摩詰問疾迦葉白言我不堪任詣彼問疾所以者何憶念我昔貧里行乞維摩詰來謂我言以一食施一切供養諸佛及衆賢聖然後可食如是食者非有煩惱非離煩惱非入定意非起定意非住世間非住涅槃其有施者無大福無小福不為益不為損是為正入佛道不依聲聞迦葉若如是食為不空食人之施也時我聞說是語即於一切菩薩深起敬心不復勸人以聲聞辟支佛行是故不任詣彼問疾(維摩經)世尊於法華會上告舍利弗如是妙法諸佛如來時乃說之時舍利弗於此法說領解世尊授記未來作佛號曰華光復告舍利弗令當復以譬喻更明此義遂說長者大宅欻然火起長者方便誘諭諸子以羊鹿牛三車玩好之具引之令出然後等賜高廣大白牛車如來亦復如是初說(幟七)三乘引導衆生然後但以大乘而度(四)脫之時大迦葉等四大聲聞於此領解遂說窮子之譬謂如窮子捨父逃逝五十餘年後雖遇會志意下劣二十年中常令除糞過是已後心相體信結會父子正領家業自言我等昔來但樂小法世尊以方便力說如來智慧令我方知世尊於佛智慧無所吝惜是故我等說本無心有所希求今法王大寶自然而至如佛子所應得者皆已得之於是世尊復告迦葉說藥草喻述成其解而語之曰汝於未來當得成佛名曰光明(法華經○此囑付法○)佛告諸比丘我今所有無上正法悉已付囑迦葉當為汝等作大依止(涅槃經○此別付法○阿難問經我入涅槃大迦葉當為比丘比丘尼作大依止如我無異)時大迦葉與五百弟子在耆闍崛山去拘尸城五十由旬迦葉於正受中心驚身顫從定中出見地大動即知如來已入涅槃即將弟子往拘尸城至佛棺所如來大悲為迦葉故棺自然開顯出真金紫磨堅固色身迦葉哀哽即以香水灌洗千氎纏身棺門即開迦葉說偈如來復現雙足千輻輪相出於棺外迦葉禮讚金剛雙足還自入棺從心胷中火涌棺外漸漸荼毗經于七日香樓乃盡(涅槃後分○迦葉與弟子向拘尸城路見梵志手執曼陀羅華問曰世尊涅槃已經七日一切人天大設供養吾從彼聞得斯華來出赴涅槃況)佛荼毗已始經七日(城七)迦葉告五百阿羅漢令詣(五)十方集諸羅漢得八億八千盡集雙樹間聽受法言(菩薩處胎經)至中夏安居初十五日迦葉共千羅漢在王舍城結集三藏闍王日給千人飯食足滿一夏(智論)迦葉弘持正法至二十年(當周穆王八年壬辰)以法藏付囑阿難先禮四塔(出家成道轉法輪入涅槃四處各建七寶塔)次禮八塔(八國王所建舍利塔)次入龍宮禮佛髭塔次升天上禮佛牙塔去辭闍王王適值王寢即往雞足山(其山三峯如仰雞足即靈鷲山)取草敷座而發三願一願此身及所持衣鉢俱不壞待至慈氏下生二願入滅盡定已三峯合一三願阿難闍王若至願山暫開時闍王夢屋梁折王覺已悲歎即往雞足山見迦葉全身儼然在定王發聲哀哭積諸香木欲闍維之阿難為言迦葉以定住身以待弥勒不可得燒王供養已還歸本國山合如故至慈氏三會之後有無量憍慢衆生將登此山慈氏彈指山峯即開迦葉以所持衣授與慈氏致辭

禮敬畢涌身虛空示諸神變化火焚身乃入寂滅（付法藏經○攘漢集荊公謂佛慧泉師曰世尊拈花出自何典泉云藏經所不載公曰頃在翰苑偶見大梵王問佛決疑經一卷有云梵王在靈山會上以金色波羅花獻佛請佛說法世尊登座拈花示衆人天百萬悉皆罔措獨迦葉破顏微笑世尊曰吾有正法眼藏涅槃妙心分付迦葉）

述曰妙經言世尊開顯大法迦葉領解此付法之通義也涅槃經言佛告諸比丘我今所有無上正法悉已付囑迦葉後分云迦葉至佛棺所說偈佛現雙足阿難問經佛將涅槃告迦葉言當與四衆作大依止此等諸文皆在涅槃即付法之別義也通則大衆皆獲領解別則迦葉獨任住持令涅槃付囑正當別義是以祖祖相傳住持不斷也有欲以法華領解爲付法者但得通意

二祖阿難陀尊者佛叔父白飯王次子以佛成道二月八日生（阿難此云慶喜謂下以歡喜國欣慶）即調達之弟也面如淨滿月眼若青蓮華年八歲從佛出家得白四羯磨具足戒多聞第一年三十一爲佛侍者聞持法藏至法華會上佛告阿難汝於來世當得作佛號山海慧自在通王復告諸菩薩曰我與阿難於空王佛所同時發菩提心阿難常樂多聞我常勤精進是故我已得成菩提而阿難護持我法亦護將來諸佛法藏佛滅度後大迦葉結集法藏選千阿羅漢令阿難升師子座宣說諸經迦葉垂入滅時以最勝法付囑阿難而作是言往古定光佛爲沙門時畜一沙彌常令誦經若經少闕即便訶責時沙彌爲師乞食若少稽留經不充課愁爲其師之所訶罵沙彌愁惱且行且誦時有長者問知其故語沙彌言勿生憂惱從今已後常相供給時此沙彌不復行乞專心讀誦經常充足時沙彌者即世尊是施食長者即阿難是以斯福緣智慧深妙總持多聞（述曰沙彌課經宜得總持之益長者供食亦獲多聞之功信知世間造善造惡隨所作事資成之者必當均獲其報氣分所感豈得免焉）阿難遊行宣化幾二十年嘗至竹林中（即王舍城外竹林寺）聞比丘誦偈若人生百歲不見水老鶴不如生一日時得覩見之阿難慘然曰此非佛偈當云若人生百歲不解生滅法不如生一日而得解了之比丘向其師說師曰阿難老朽言不可信阿難後時聞彼比丘猶誦前偈即自思惟今此比丘不受吾教於世無益宜入涅槃即詣闍王適値其睡王夢蓋莖折即便驚覺門人告言阿難入滅故來相見王發聲哭問何所在答云已向毗舍離國即嚴四兵（象馬車步）追至恒河阿難乘船在河中流王稽首白言三界明燈願勿涅槃時雪山有五百仙人覩見阿難將欲涅槃飛空而至求哀出家即化恒河變成金地爲諸仙人說法成阿羅漢俱時入滅（即末田地五百仙人）阿難涌身虛空作十八變入風奮迅三昧分身四分一分與釋提桓因一分與娑伽龍王一分與毗舍離子一分與阿闍世王四處各起寶塔供養舍利（雜見法華付法藏大論文句妙樂）

三祖商那和修尊者王舍城長者也過去世爲商主路見辟支佛身嬰重病即爲求藥治療見其衣極弊惡奉妙氎衣辟支佛言此商那衣（或翻草衣西域有九枝秀草若羅漢生則此草生於淨地之上也）以此出家成道故當著此而入滅也即飛空作十八變便取涅槃商主悲哀積諸香木闍維舍利起塔供養願我來世功德威儀及以衣服如今無異由斯願力於五百世身中陰恒服此商那衣最後身衣從胎俱出隨身增長出家變爲法服具戒變爲九條因名商那和脩（按西域記梵衍那國度雪山東有伽藍藏商那九條衣絳赤色商那入滅留此袈裟謂弟子曰法盡之後方乃變壞今已少損矣）如來昔遊摩突羅國見樹林榮茂告阿難曰吾滅度後當有比丘商那和脩於此山中起僧伽藍說法教化後商那入海大獲珍寶往詣竹林設大施會聞佛世尊迦葉目連皆已滅度即便嚴辦般遮于瑟（此云五年大會）及造門樓阿難告曰汝今已爲

眎施復當作於法施出家學道利益衆生商那答言甚適我願即度出家成阿羅漢乃往曼陀山以慈三昧化二毒龍子營建禪室後往罽賓國象白山中安座入定時弟子優波毱多有五百弟子猶處生死憍慢貢高毱多即入三昧觀此諸人與已無緣唯有吾師乃能化度便至心念商那和脩商那神力從空飛來衣褰弊惡坐毱多座弟子咸瞋是何弊人處我師座以白毱多毱多至房頭面作禮弟子念言師雖爲禮威德勝之商那手指虛空便下香乳如高山泉注毱多不曉是何三眛商那爲言此是龍奮迅三眛如是次第五百三眛都不了知一一爲說又語毱多如來三眛目連不識目連三眛餘聲聞不識吾師阿難三眛我亦不知今我三眛汝亦不知我涅槃後七萬七千本生諸經一萬阿毗曇藏八萬清淨毗尼皆隨我滅時諸弟子方自責悔商那復爲說法皆得阿羅漢果商那即飛空作十八變而入涅槃毱多積諸香木以火耶旬收取舍利起塔供養(付法藏經)

(阿難弟子)末田地尊者雪山五百仙人之導首也阿難欲入涅槃至恒河中其地大動諸仙知之飛空而至俱求出家阿難即化河水悉成金地五百仙人俱得出家成阿羅漢(末田地此翻爲河中以諸仙在河中得度也)時末田地欲先涅槃阿難囑云佛記汝當於罽賓國建立佛法阿難涅槃後末田地乃往罽賓降伏惡龍住持佛法臨涅槃時涌身虛空作十八變然後入滅(付法藏經)

四祖優波毱多尊者摩突羅國人容貌端正聰慧辯才商那初教繫念若起惡心當下黑石生善念時當下白石毱多如教攝念初黑偏多次白黑等至七日滿唯有白石商那即爲宣說四聖真諦應時逮得須陀洹果時城中有婬女名婆須蜜聞毱多端麗遣人延召毱多不許有長者子共婬女宿値賈客遠來大齎珍寶求女交通女貪其寶殺長者子埋置舍內長者之家推求至舍掘地得之具陳國王即取婬女斬截手足劓其耳鼻棄於冢間毱多往化至婬女所婆須蜜云我以妙容相召不顧今既殘毀何用來爲答言我爲觀汝實相故來不爲欲也汝本以色誑惑衆生譬如畫瓶盛滿臭穢智者了之終不樂著今應諦觀此色無常衆苦積聚如癰如瘡宜勤方便而求解脫婬女心開得法眼淨命終生天毱多因觀諸法苦空無常應時逮成阿那含果初見商那便求出家商那問汝年幾答云十七商那曰汝身十七性十七毱多曰師髮已白髮白耶心白耶商那知是法器即度出家受具戒已即得阿羅漢道商那謂曰佛記汝在百年後坐禪第一大化衆生毱多受教集衆說法魔王波旬化作白象七寶莊嚴現爲女人端正奇麗舉會觀視無聽法心毱多知魔所爲以蛇狗人三屍化作華鬘以加其頸還見死屍蟲蛆臭爛盡其神力去之不能涌身虛空問諸天衆梵王謂曰十力弟子所作神力豈能解之汝若歸依尊者容可得解波旬乃往尊者所五體投地求解三屍尊者謂言汝於正法更莫嬈害然後乃當爲汝解之魔言受教尊者乃爲解去三屍毱多毎以不見佛爲恨因問魔曰汝曾見佛其相如何汝能現否曰能即於大林前現一佛形相好奇特如紫金山光照十方梵釋扈從毱多歡喜不覺致拜魔即復形前揖曰我是凡夫何當聖禮至第四日魔更下來以大音聲普告一切欲得富樂生人天中欲求涅槃第一安隱不見如來大悲說法悉當往詣毱多尊者聽受妙法至心修行是時城中男女皆共雲集隨其所應說種種法百千衆生得須陀洹萬八千人成阿羅漢時阿恕迦王(即阿育王)聞尊者在憂陀山爲衆說法遣使白言欲來問訊尊者以處所隘陋躬自往詣至華氏城爲王摩頂說偈指示如來往昔遊方行住之處

悉令起塔毱多化度衆生夫婦俱得阿羅漢者乃下一籌籌長四寸滿一石室室高丈六縱廣亦爾神通化用與佛無異但無三十二相衆世號爲無相好佛化緣已畢作十八變而取滅度以室中籌用爲耶旬人民號泣共收舍利起塔供養（付法藏經）

五祖提迦多尊者摩突羅國人初毱多化緣將畢往至其父長者家問言大聖何以獨行毱多答曰我出家人無有給侍若有人者當見垂惠長者答言若後生子必相奉給後生男名提迦多善學經論往從索之將至僧坊度令出家年滿二十爲受具戒初日斷見諦結得須陀洹第一羯磨薄婬怒癡獲斯陀含第二羯磨欲界結盡得阿那含第三羯磨頓斷三界煩惱建立梵行成阿羅漢三明遠照六通具足遊步隱顯自在無礙毱多告曰我涅槃時至以此法寶持用付汝汝當流布後提迦多化度世間於中印度而取涅槃天人悲感收取舍利起塔於班荼山中（付法藏經）

六祖彌遮迦尊者中印度人八千仙人導首多聞博達有大辯才往見提迦多曰我昔與師同生梵天我遇阿私陀教授仙法師遇大善知識修習佛道自此殊途已經六劫彼仙記曰汝後六劫當遇同學獲證聖果今日得遇非宿緣耶提迦多即爲說法得證無漏仙衆不信提迦多爲現神變衆方信服俱得道果提迦多臨欲入滅以法付囑而告之曰佛以正法付大迦葉如是展轉乃至於我我今付汝宜當流布彌遮迦受敎宣流正法於諸衆生開涅槃道化緣已畢遂入涅槃衆取舍利起塔供養（付法藏經）

七祖佛陀難提尊者北天竺人慧解善說勝眼當世初彌遮迦至其國望雉堞上金色祥雲歎曰此下必有大士可爲法嗣乃往尋之果於闤闠中見佛陀難提而謂之曰我師提迦多說世尊昔遊北印度語阿難曰我滅後三百年有一聖人名佛陀難提於此弘法難提答曰我思往劫嘗獻如來寶座彼因記我當於賢劫釋迦法中宣弘教法今符師語願求出家纔聞說法即得四果彌遮迦臨欲入滅即以正法付囑流布後時難提化緣將畢遂入涅槃衆取舍利起塔供養（付法藏經）

八祖佛陀蜜多尊者提伽國人德力深固善化羣生初難提行化至其國見一家有白光謂其徒曰此有聖人有口不言有足不履及至其舍長者問其何來難提即曰來求弟子長者曰我有一子年五十歲不言不履安能給侍難提曰真吾弟子蜜多遂起禮拜行七步已口說偈曰父母非我親誰是最親者諸佛非我道誰是最道者難提曰汝言與心親父母非可比汝行與道合諸佛心即是外道有相佛與汝不相似欲識汝本心非合亦非離又謂之曰此子昔曾值佛悲願廣大慮父母愛情難捨故不履不言長者遂捨出家即證道果流布正法時有國王宗事異學輕毀三寶蜜多將欲調伏躬持赤幡於十二年在王前行王後問曰斯是何人答曰我是智人善能談論王即宣令於正勝殿集諸婆羅門長者居士與一沙門共相議論蜜多升座建無方論淺智之人一言即屈其聰辨者再便辭盡王乃躬與蜜多以起言端尋亦摧服王即回心爲佛弟子時國中有尼乾毀謗正法善知算數（尼乾此云自繫外道）蜜多往化就受數術尼乾嘗出惡聲罵辱於佛蜜多謂曰汝今造罪必墮地獄若不見信可算知之尼乾推算知墮地獄白尊者言我當云何得免斯咎蜜多告曰如因地倒還從地起汝若歸佛此罪可滅時尼乾即以五百偈讚歎如來改悔先罪蜜多復告之曰汝此善業必生天上若不見信可算知之尼乾下算自見已身罪滅生天便大歡喜遂與五百人俱共出家蜜多化緣將畢遂入涅槃弟子爲奉全身起塔供養（付法

藏經

九祖脇比丘尊者中印度人由於昔業在母胎六十年旣生須髮俱白猒惡五欲不樂居家其父攜見密多曰此子處胎六十年因號難生曾遇相者言是法器頗求出家受戒之日祥光燭座感舍利三七顆便於座上得阿（城七）羅漢精進苦行脇不至席時號脇比丘（十三）有外道見師手放光明暗中取經即捨邪歸正獲證道迹化緣將畢現十八變便入涅槃衆取舍利建塔供養（付法藏經）

十祖富那夜奢尊者華氏國人智識深邃多聞博記初脇比丘至其國止一樹下指其地曰此地若變金色當有聖人至矣言已地果成金旣而夜奢果至遂納爲弟子付以法藏以善方便化度衆生所作已辦便入涅槃衆取舍利起塔供養（付法藏經）

十一祖馬鳴尊者東天竺桑岐多國婆羅門以刀貫杖銘曰天下智士能勝我者截首以謝諸國之人莫有抗者時富那夜奢於閑林中坐馬鳴大慢貢高計實有我聞夜奢說諸法空無我無人往謂之曰一切世間言論我能破壞此言若虛斬首以謝夜奢曰佛法之中凡有二諦若就世諦假名爲我第一義諦皆悉空寂如是推求我何可得馬鳴知義不勝便欲斬首夜奢曰我法仁慈不斬汝首如來記汝後六百年當傳法藏於是度令出家內心猶有媿恨時夜奢有經在闇室令馬鳴往取白言室闇夜奢以五指放光馬鳴心疑是幻凡幻之法知之則滅而此光轉更熾盛即便心服勤苦修行仰受付囑於華氏城遊行敎化作妙技樂名賴吒和羅其音清雅宣說苦空無我之法時此城中五百王子同時開悟出家爲道時華氏王恐國虛空即便宣令勿令作樂有月氏國王（氏音支）攻華氏城城中凡九億人即從索九億金錢時華氏王即以馬鳴一佛鉢一慈心雞各當三億馬鳴智慧殊勝佛鉢如來功德慈心雞不飲蟲水悉能摧滅怨敵月氏王大喜回兵歸國後安息國來伐月氏交戰獲勝殺安息人凡有九億有一羅漢欲令王悔即以神力示其地獄王見惶怖時馬鳴即語王曰王能聽我說法當令此罪不入地獄（城七）王後欲征北海羣臣怨王貪（十四）虐無道因王病瘡以被鎭之人坐其上須臾氣絕由聽馬鳴說法生大海中作千頭魚劒輪回注斬截其首續復生頭次第更斬須臾之間頭滿大海時有羅漢爲僧維那王即告言今此劒輪聞犍稚音即便停止苦痛小息唯願大德延令長久羅漢悲愍爲長打之過七日已受苦便畢至今此寺相傳長打馬鳴傳法已即入龍奮迅三昧挺身虛空如日輪相復還本位以取涅槃衆收舍利起塔供養（付法藏經。摩訶衍論過去輪陀王有千白鳥若鳥出聲王則增德如是諸鳥若見白馬則鳴王徧求白馬不得乃作言曰若佛弟子能令此鳥鳴者都破外道時菩薩神力現千白馬鳴千白鳥紹隆正法令不斷絕是故世尊名曰馬鳴）

十二祖迦毗摩羅尊者華氏國人爲外道師有衆三千以神力來嬈馬鳴鳴曰汝之神力更能如何摩羅曰我化大海極爲小事鳴曰汝能化性海否問何謂性海鳴曰山河大地依之建立三昧六通由茲發現摩羅聞之即能信入與三千衆同時悟道受師付囑宣布正法於南天竺大興饒益造無我論足一百偈此論至處魔外摧折時西印度有太子名雲自在仰師道德請入宮中供養摩羅曰佛戒沙門不得親近王臣權勢太子曰城北有一山窟可往居否摩羅即往趣之路見大蟒爲其說法授戒其蟒即隱及至石窟有素服（城七）老人出迎謝曰我昔爲僧持戒好靜新學請（十五）益應答之際多起嗔心故報爲蟒今居此已千載適聞說法已得脫苦故此拜謝（佛滅至此方六百年此據應是迦葉末法時爲僧故云千載）摩羅化緣已畢現通入滅衆取舍利起塔供養（付法藏經）

十三祖龍樹尊者南天竺國梵志之裔始生

之日在於樹下由入龍宮始得成道故號龍樹（西域記梵云那伽閼樹那此翻龍猛）佛去世後七百年出天竺姿聰悟在乳哺中聞諸梵志誦四韋陀典有四萬偈偈各三十二字皆達句義弱冠馳名獨步諸國天文地理星緯圖讖及餘道術無不綜練嘗與契友三人議曰世間義理可以開神明發幽旨者吾輩悉達之矣更以何方而自娛樂復云人生唯有追求慾色爲至樂耳乃俱往術家學隱身法師念曰此四梵志才智高遠今以術故屈辱就我若授其方則永見棄乃各與青藥一丸水磨塗眼形自當隱龍樹聞香便識此藥有七十種名字兩數皆如其方師聞大驚即以其法具授四人既得其藥騁身遊行相與入王後宮數月美人懷妊者衆王問智臣臣曰若非鬼魅則是方術可以細土置諸門中若是方術其迹當見設是鬼魅入必無迹人可兵除鬼當呪滅王用其計果四人足迹乃令勇士揮劍空中斬三人首近王七尺刀所不至龍樹斂身依王不能加害始悟慾爲苦本即自誓曰若免斯難當詣沙門受出家法既得出宮便入山至一佛塔摩羅來訪龍樹迎之曰深山孤寂大德至尊何枉神足摩羅曰吾非至尊來訪賢者耳龍樹默念此師得決定性否明道眼不是大聖繼真乘否摩羅曰汝雖心語我已意知但辦出家何慮吾之不聖龍樹悔謝即求出家於九十日誦通三藏閻浮所有皆悉通達辯才無礙自謂一切智人欲從瞿曇門入門神告曰今汝智慧何異螢火齊於日月以須彌山等亭歷子我觀仁者非一切智云何欲從此門而入龍樹情屈心自念言世界（佛經）雖妙句義未盡我當更敷演之開悟後學復欲太師教戒更造衣服令少不同欲除衆情選擇良日便欲成遠獨處靜室水精房中大龍菩薩愍其心念即以神力接入大海宮殿開七寶函與諸方等經典九十日中通解甚多龍曰汝今閱經爲編未邪師曰汝經無量不可得盡我今所讀足過閻浮十倍龍曰忉利天上諸經復過此中百千萬倍師於宮中修行豁然通達善解一相深入無生法忍龍知悟道送師出宮（輔行云龍接入宮一夏但誦七佛經目）南天竺國王深滌邪見師欲化之躬持赤旛在王前行經歷七載王問何人答曰我是一切智人王曰諸天今者何所作爲答曰天今正與阿脩羅戰須臾空中刀劍相繼而墜修羅耳鼻從空而下王始驚悟稽首作禮是時殿上萬婆羅門歎其神德除髮出家諸外道衆來共議論一言便屈降伏出家有婆羅門善知呪術白王求與捔力婆羅門化大池蓮華自坐其上龍樹化白象入池鼻絞蓮華高舉擲地婆羅門傷背白師悔過因求出家龍樹造大悲方便論五千偈大莊嚴論五千偈大無畏論十萬偈（輔行云大悲論明大丈此理作寶作乘大莊嚴論明一切功德法門大無畏論明第一義中觀論者是其一品○即大智度論也）優波提舍論十萬偈有小乘法師見師高明常懷忿嫉師所作已辦問小乘言汝今樂我久住世否答曰仁者實不願也忽一日入月輪三昧唯聞法音不見形相唯弟子提婆識之曰師示佛性非聲色也龍樹乃付法提婆復入閒室經日不出弟子破戶視之見入三昧蟬蛻而去天竺諸國並爲立廟敬事如佛（付法藏摩訶摩耶經○智者云樹生身龍生法身故名龍樹孤山慈雲皆稱龍樹爲十三代此即西上正統不收末田地也）

十四祖迦那提婆尊者南天竺國婆羅門也國中有一天神鍛金爲形太高六丈號大自在天有求願者令現獲報提婆入廟稽首爲禮天動眼努視提婆語曰夫爲神者當以精靈假服羣類而假金寶爲飾勞費民物何其鄙哉即登高梯鑿出其目明旦祠天化一肉形其高數丈左眼枯涸就座告曰善哉大士供饌具足汝之左眼宜當垂給提婆即以左手出眼與之索之不已出眼至於萬數天神

讚曰善哉摩納真上施也提婆後詣龍樹樹以滿鉢水置座前提婆即以一鉢投之欣然契會即剃髮出家仰受付法時南天竺王信用邪道國法出錢雇人宿衛提婆應募爲將荷戟前驅整肅部曲王嘉其功即召問之答言我是智人善於言論王即爲建論座提婆立三義一切聖中佛最殊勝諸法之中佛法無比世間福田僧爲第一八方論士能壞斯語我當斬首以謝時諸外道辭理俱匱悉求出家有一外道恥其師屈心結怨忿提婆於閑林造百論經外道執刀窮之曰汝以空刀破我師義我以鐵刀破汝之腹五藏出外命猶未絕謂外道曰汝可取吾衣鉢總我弟子未得道者必當相執時弟子來見發聲悲哭奔追要路提婆告曰諸法本空無我我所無有能害亦無受者誰親誰怨彼人所害害吾往報非害吾也於是放身蟬蛻而去衆收舍利起塔供養（付法藏經）

十五祖羅睺羅多尊者迦毗羅國人聰慧異常迦那提婆尊者至迦毗羅國有長者淨德園樹生耳如菌唯長者與子羅睺羅多取而食之取已隨生自餘親屬皆不能見尊者知其宿因遂至其家謂之曰汝家昔曾供養一比丘以道眼未明虛沾信施故報爲木菌唯汝與子精誠供養故得享之又問長者年多少曰七十九尊者說偈曰入道不通理復身還信施汝年八十一此樹不生耳長者歎服即令其子出家尊者曰昔如來記此子當第二五百年爲大教主即與剃髮仰受付囑大弘正法有婆羅門造鬼名書十萬偈甚爲難解龍樹一聞便曉提婆再聞亦曉羅睺聞提婆亦得解了婆羅門大驚曰沙門似若舊習遂即信服羅睺化緣已畢遂取涅槃衆收舍利起塔供養（付法藏經）

十六祖僧佉難提尊者室羅筏城寶莊嚴王太子生而能言常讚佛法七歲厭俗父王每止之九歲羅睺至金水河指之曰此去五百里有聖者名難提佛記一千年後當紹聖位即領衆往見之正值入定三七日方出即求出家得道付法羅睺一日手擎金鉢舉至梵天取飯以餉大衆衆忽厭惡羅睺曰非我之咎乃汝自業即命難提分座同食衆復訝之羅睺曰此難提即過去娑羅王如來懸物降迹汝等亦莊嚴劫中已至三果但未證無漏耳衆曰我師神力斯則可信彼過去佛竊有疑焉難提曰如來在日地平水美滅八百年人無至信不信真如唯愛神力言訖手持琉璃瓶漸展入地至金剛輪際取甘露水持至衆前衆方悔謝有阿羅漢具諸功德難提以一偈試之云轉輪王種生非佛非羅漢不受後世有亦非辟支佛羅漢不解升天以問彌勒彌勒曰世以泥團置輪成瓦豈同諸聖至後世乎羅漢還以語之難提曰此必彌勒爲汝說耳化緣將畢以右手攀樹而入滅度弟子欲移其屍堅不可動大象負之亦不能移乃積香木爲樓就樹闍維火焚身盡樹更蓊鬱衆取舍利建塔供養（付法藏經）

十七祖僧佉耶舍尊者摩提國人母夢大神持鑑因而有娠七日而誕難提行化至其國見一峯紫雲如蓋領衆趣之一童子持圓鑑直造尊者前尊者曰汝手中當何所表童曰諸佛大圓鏡內外無瑕翳兩人同得見心眼皆相似父母聞子語即舍出家它時聞風吹殿鈴師問鈴鳴風鳴耶舍曰非風非鈴我心鳴耳嘗遊海邊見七寶宮殿即往乞食說偈曰飢爲第一病行爲第一苦如是知法實可得涅槃道舍主迎入就座取鉢施食耶舍見其家內有二餓鬼裸形飢虛鎖其身首怪而問之舍主答曰此鬼前世一是吾息一是息婦我昔布施夫妻慳嗔我數教誨不肯信受因立誓曰如此罪業受惡報時我當見汝故致斯報後至一處堂閣嚴飾衆僧經行鳴鐘

集食食欲將訖變成膿血便以鉢器相打流血而相謂曰何爲惜食今受此苦難提前問衆中答曰我等迦葉佛時同止一處客比丘來咸相嗔恚藏惜飲食而不共分以故今此受斯苦報如是周遊大海徧觀五百地獄即生怖畏方便求免後時得阿羅漢見五百仙人林中修道即往其處爲宣三偈讚佛法僧五百仙人俱得道迹化緣將畢便入涅槃衆收舍利起塔供養（付法藏經）

城七 二十

十八祖鳩摩羅馱尊者月氏國婆羅門子邪舍至其國往扣其門鳩摩曰此舍無人邪舍曰答無者誰鳩摩知是異人遽開門延接邪舍謂之曰佛記滅後千年有大士出月氏國紹隆正化遂即出家仰承獨累嘗至一國人不受教即語之曰汝今可集鐵馬萬騎在吾前過鳩摩一見人名馬色衣服相貌一一分別更無錯繆於是舉國咸皆信服有長者子名闍夜多來問師曰我父母崇信而縈疾失意鄰家屠殺而身健和合彼何幸而我何辜師曰以造業有先後故論報有不定或仁夭而暴壽或逆吉而義凶夫仁與義今身之現行善也夭與凶前世之惡今身之受報也暴與逆今身之現行惡也壽與吉前世之善今身之受報也善惡因果隨業受報故先後不定也闍夜多聞已頓釋所疑鳩摩曰汝雖已信三業而未明業從惑生惑因識有識依不覺不覺依心心本清淨無生滅無造作無報應無勝負寂寂然靈靈然汝若入此法門當與諸佛同矣夜多領旨即發宿慧鳩摩乃以爪剺破面門如紅蓮初綻放大光明而入滅度衆取舍利起塔供養（付法藏經）

城七 二十一

十九祖闍夜多尊者北天竺人遊化世間最稱善說有比丘犯欲自悔夜多語曰能順我語罪可消滅即化火阬令投其中比丘念欲滅罪舉身投之火成清流夜多曰汝至誠悔過罪今已滅即爲說法成阿羅漢嘗將弟子入尸羅城悵然顰蹙小復前行路見一鳥欣然微笑弟子白師願說此緣師曰我至城門見餓鬼子言母生吾已入城求食滿五百年至今未反我常飢虗不能自濟及吾入城果見彼母前曰我言吾入城來經五百年始於今日獲一人唾欲持與子門下大力鬼神處其侵奪願尊者持我出城我即持母出於城外問彼生來爲幾時耶答云我見此城七反成壞深歎生死受苦長遠是以慘然過去九十一劫毗婆尸佛在世教化我爲長者子常念出家父母不從强爲聘妻生一男子年始六歲後欲出家父母教兒汝父若欲作沙門者抱足啼法我以愛心不復出家由彼兒故九十一劫流轉生死於五道中未曾得見今以道眼觀察彼鳥乃我前世所生之子愍其嬰愚久處生死是以故笑尊者化緣已畢即入涅槃衆取舍利塔藏供養（付法藏經）

二十祖婆修槃馱尊者羅閱國人姓毗舍佉母夢吞明暗二珠覺而有孕經七日有一羅漢名曰賢衆至其家父光蓋設禮賢衆受之母一出拜賢衆避席曰回禮法身大士謂光蓋曰汝婦懷聖子故吾避之非重女人也又曰汝婦當生二子一名婆修槃馱二名芻尼（此云野鵲子）昔如來雪山修道芻尼巢於頂上佛既成道芻尼報爲那提國王佛記第二五百年生羅閱城毗舍佉家與聖同胞今無爽矣後一月果生二子槃馱後遇闍夜多出家之日感毗婆訶菩薩爲作羯磨多聞善解普化羣生臨涅槃時升空半由旬復還就座而取滅度衆收舍利塔藏供養（付法藏經）

城七 二十二

二十一祖摩拏羅尊者那提國王次子也槃馱行化至其國謂自在王曰佛記一千有神力大士當紹聖位即王次子也王乃令其家仰受付囑於南天竺興大饒益有三藏夜奢功德齊等夜奢語曰洹河以南二天竺國人多邪見長老善解音聲之論可於彼土自在

教化若洹河以比三天竺人可以易化我當
於此利益衆生尊者即如其語至二天竺廣
宣毗羅無我之論（十二祖著無我論）摧伏一切異道
邪見後遊行至西印度國王名得度因行路
見一小塔衆不能舉王召梵行禪觀咒術三
衆以問所因皆不能知以問尊者對曰此塔
阿育王造今出現者由王福力王曰至聖難
遇世樂非久遂傳位太子依師出家七日之
間得證四果師謂得度曰汝居此國度人吾
當遊化異國即焚香囑之其香成穗至月氏
國其王以問大臣是何祥異有鶴勒那比丘
曰此是西印度祖師將至先降信香也王曰
神力何如曰遠承佛記當闡大化王與鶴勒
那遥伸禮拜師既至鶴勒那問曰我止林間
九年有弟子龍子幼時聰慧我於三世推窮
莫知其本師曰此子於第五劫中生妙喜國
婆羅門家曾以旃檀施寺撞鐘故受此報師
化緣已畢即加趺入滅王與弟子造塔以奉

城七　二十三

全身（付法藏經）

二十二祖鶴勒那尊者月氏國人年七歲見
居民入廟祀神遽斥之曰汝妄興夭福幻惑
世人歲費牲牢爲害甚矣其廟與像忽然摧
倒年三十八始遇摩拏羅謂之曰汝昔有弟
子五百以福德薄生於羽族今感汝惠故爲
鶴衆相隨勒那曰以何方便令彼解脱摩拏
羅爲説偈曰心隨萬境轉轉處實能幽隨流
認得性無喜復無憂鶴衆聞偈飛鳴而去勒
那行化至中印度有王無畏海請鶴勒那説
法忽見緋衣素服二人俱至禮拜良久復没
王問何人師曰日月天子也時師子比丘來
聽法師指東北問曰汝見此氣如何師子曰
我見氣如白虹貫天復有黑氣橫亘其中師
曰吾滅五十年北天竺當有難起嬰在汝身
遂密示其事現十八變而入滅度衆取舍利
起塔供養（付法藏傳）

二十三祖師子尊者中印土人得法遊化至
罽賓國有波利迦者本習禪觀有禪定知見
執相捨相不語五衆師子化之五衆皆服聲
聞迹避外道摩目多部落遮二人素學幻術
乃盗爲僧形潛入王宮婬犯妃后且曰不成
則歸罪釋子既而事敗王大怒曰吾素重三
寶沙門何多辱我即毀寺害僧自秉劍至尊
者所問曰師得蘊空邪曰然王曰蘊既空
與我頭曰身非我有何吝於頭王遂斬師首
白乳涌高數尺王臂寿墮七日而亡太子光
首歎曰我父何故自取其禍有象白山仙人
深明因果即爲廣說宿因以尊者報體而建
塔焉（付法藏經）

述曰佛所得宿命記未來成道雖累億劫
必能前知豈今記祖止二十四竊原佛意
當用二義一者以師子遭命難爲傳持佛
法之一厄二者此後諸祖雖有其繼恐非
四依大聖之比以故金口齊此而言非謂
無繼祖也世或謂師子遭難不傳法者癡
人之言耳吾宗謂祖承止師子而禪林加
四人於是競相是非連代不息試以大意
決之則無所爲礙謂師子雖遭命難非無
弟子可以傳法特不在金口預記之數耳
然則加以四人至于達磨而始爲東土之
來謂之二十八人斯亦何害禪人欲實其
事但言四人相承傳之達磨則可矣今乃
妄引禪經之證適足以自取其不實也嵩
明教作定祖圖謂禪經具載二十八祖今
檢經但列九人而名多不同昉法師作止
訛以斥之宜矣

佛祖統紀卷第五

城七

佛祖統紀卷第五

校勘記

一　底本，明永樂南藏本。

一　四四六頁上五行「末田地尊者」，徑作「末由地尊者」。

一　四四六頁上二三行夾註右「法滅經」，徑作「法藏經」。

一　四四八頁中二三行「洹河」，徑作「恒河」。下同。

一　四四九頁上二〇行「邪句」下，徑有夾註「邪句梵語也即火化之意」。

一　四四九頁下七行第一二字「謂」，徑作「問」。

一　四四九頁下一三行第八字「即」，徑無。

一　四五一頁下八行第八字「來」，徑作「求」。

一　四五二頁中一〇行第八字「達」，徑作「造」。

一　四五二頁下一四行夾註左「此即」，徑作「凡即」。

一　四五二頁下末行「至於」，徑作「出於」。

一　四五三頁中七行末二字至次行首字「聞提婆」，徑作「聞提婆説」。

佛祖統紀卷第六

宋景定四明東湖沙門　志磐　撰

東土九祖第三之一

高祖無畏論主龍樹尊者一祖大禪師
二祖建立中觀北齊尊者圓悟大禪師
三祖圓證法華南岳尊者止觀大禪師
四祖天台智者法空寶覺靈慧大禪師
五祖結集宗教章安尊者總持大禪師
六祖傳持教觀法華尊者圓達大禪師
七祖傳持教觀天宮尊者全真大禪師
八祖傳持教觀左溪尊者明覺大禪師
九祖天台記主荊溪尊者圓通大禪師

佛祖之道以心傳心尚何俟於言說至於當機印可則必資授受以爲傳道之儀是以金口祖承二十四聖皆親承口訣用顯心傳之妙然則通古今簡邪正明境智辨宗用其可有遺於言說者邪自夫經論東度教滿真丹此土諸師閱世之不能領乃專業講說用通此宗而得其小者亡其大執其偏者遺其圓以故心傳之妙終未有以數暢道之將行高生聖哲北齊尊者宿禀自然不俟親承實悟龍樹即空即假即中之旨立爲心觀以授南岳南岳修之以淨六根復以授諸智者智者用之以悟法華乃復開拓鴻業以名一家著作而言曰傳道在行亦在於說於是約略五時開張八教總括羣籍歸宗法華貫五章以解首題分四釋以消文句教理之說既顯觀行之旨須明乃復述以止觀一論說已心中所行先之以六章開解次之以依解立行二十五法爲方便十乘觀法爲正修三千事理即具之談抗折百家度越今古遂爲天下明教之本時則有章安大禪師夙擅多聞復由妙悟因其講授執筆載言集爲論疏以淵惠于後學而世之好爲異論者若五教三時真門偏尚雖發機之際各有所中終未足以知一化之始終諳法華之宗極當知常住教卷滿閻浮提方袍之徒多於竹葦使天台不生時教不行觀道不明吾必謂之佛法已滅章安既纘承大統乃復傳之法華法華之世講徒七百而天宮實繼其業天宮之門求道無數而左溪獨嗣其後左溪盛席學徒更繁遠域鄰封填門擁室自法華三世皆繼體守文專事講說而已至荊溪之世遭罹多難畔人竊發則金錍義例不得不爲之致討學者異言則諸部記述不得不爲之指南申明正宗以詒後世弘贊之勲殆比隆於章安者矣

祖重道述德記功撰東土九祖紀

高祖龍樹尊者（本紀在西土第十三祖中）入楞伽經云善逝涅槃後未來世當有南天竺比丘厥號爲龍樹能破有無宗顯我大乘法得初歡喜地往生安養國

贊曰章安有言智者觀心論云歸命龍樹師驗知龍樹是高祖師也輔行釋之曰智者應稱龍樹爲曾祖師若以尊上爲高則知漢齊諸君並指始祖爲高所謂功德無上謚爲高耳今家亦以龍樹爲始祖故智者指爲高祖也夫傳佛心宗紹隆道統後人尊之通稱爲祖故金口祖承二十四聖皆以祖爲稱也下至此土九祖相繼亦此義焉是知今言高者誠如荊溪功德無上之義非同俗間曾高之稱也

二祖北齊尊者慧文姓高氏當北朝魏齊之際（東魏孝靜北齊文宣）行佛道者第一明師多用七方便（輔行云恐是小乘七方便自智者已前未曾有人立於圓家七方便）第二最師融心性相諸法無礙第三嵩師用三世本無來去第四就師多用寂心第五鑒師多用了心能觀一如第六慧師多用踏心內外中間心不可得第七文師用覺心重觀三昧滅盡三昧無間三昧於一切法心無分別第八思師多用隨自意安樂行第九顗師用三種止觀雖云相承而於法門改轉文師既依大論則知爾前非所承也（此依輔行所儀并高僧傳南岳證法事三）

（睹佳靈最師述已所證皆稟隨喜又女智者受業思師思師從道說師說師受法最師令師思師本承文師令又言從說師是如論師夢聞時至相答稟而法門改轉後多聞前弃覺可論相承也至此再已降依論立皆此授受始終不異無可論師承耳）師夙稟圓乘天真獨悟因閱大智度論（三十卷）引大品云欲以道智具足道種智當學般若欲以道種智具足一切智當學般若欲以一切智具足一切種智當學般若欲以一切種智斷煩惱及習當學般若論自問曰一心中得一切智道種智一切種智斷一切煩惱及習令云何言以一切智具足一切種智以一切種智斷煩惱及習答曰實一切一時得此中為令人信般若波羅蜜故次第差別說欲令衆生得清淨心是故如是說復次雖一心中得亦有初中後次第如一心有三相生住住因緣滅又如心心數法不相應諸行及身業亡業以道智具足一切智以一切智具足一切種智以一切種智斷煩惱及習亦如是師依此文以修心觀論中三智實在一心中得且果既一心而得因豈前後而發故此觀成時證一心三智雙亡雙照即入初住無生忍位師又因讀中論（大智度論中觀一品）至四諦品偈云因緣所生法我說即是空亦名為假名亦名中道義恍然大悟頓了諸法無非因緣所生而此因緣有不定有空不定空空有不二名為中道師既一依釋論是知遠承龍樹也師在高齊之世（輔行謂是齊高祖今詳高歡相東魏封齊王至子洋方受魏禪是爲文宣追謚歡爲高祖據此時尚魏臣觀文師著作行於北齊受禪之後故書高齊此以雖冠圖如當保元魏也）聚徒千百專業大乘獨步河淮時無競化所入法門非世可知學者仰之以為履地戴天莫知高厚師以心觀口授南岳盛弘南方而師之門人在北者皆無聞焉（雖見止觀輔行宗元錄九祖略傳）

贊曰北齊以上哲之姿獨悟中觀而當時諸師無與競化非明最嵩鑒所能知也既以口訣授之南岳而北地門徒曾無傳者蓋當高氏政亂國蹙之日宜此道之不能顯也南山傳僧進而不載亦豈無所考耶慧雲云得龍樹一心三智之文依論立觀於茲自悟豈曰無師

三祖南岳尊者慧思姓李氏元魏南豫州武津人也（南岳願文自敘云歲在乙未十一月十一日於大魏國南豫州武津縣生此當魏宣武延昌四年梁武帝天監十四年乙未歲也）兒童時夢梵僧勸令入道或見朋類讀法華經樂法情深得借本於空冢獨觀無人教授日夜悲泣復以冢非人居乃移託古城鑿穴棲身晝則乞食夜不事寢對經流淚頂禮不休久雨濕蒸舉身浮腫忍心向經忽尔消滅又夢普賢乘白象至摩頂而去昔未識文今自然解所摩頂上隱起肉髻年十五（魏莊帝永安二年）出家受具謝絕人事專誦法華日唯一食不受別請所居菴宇爲野人所焚即嬰癘疾來求悔過其疾即愈乃再作草舍誦經如初又夢僧曰汝先受戒作法非勝安能開發正道即見四十二僧爲加羯磨圓滿戒法（四十二僧即四十二位自初住訖妙覺也此表南岳當獲六根清淨入圓十信以故四十一位大士及妙覺真僧爲其加法以證之也）既寤甚厲常業又嘗夢阿彌陀彌勒佛與之說法又隨彌勒同諸勝友俱會龍華感歎非常倍加精進年二十（東魏孝靜天平元年）因讀妙勝定經見讚美禪定乃徧親禪德學摩訶衍常居林野經行修禪後謁文師咨受口訣授以觀心之法晝則驅馳僧事夜則坐禪達旦始三七日初發少靜觀見一生善惡業相轉復勇猛禪障忽起四肢緩弱身不隨心即自觀察我今病者皆從業生業由心起本無外境反見心源業非可得遂動八觸發根本禪（重輕冷煖澁滑輭粗是爲八觸）因見三生行道之迹夏竟受歲將欲上堂乃感歎曰昔佛在世九旬究滿證道者多吾今虛受法歲內媿深矣將放身倚壁豁然大悟法華三昧自是之後所未聞經不疑自解東魏武定六年（年三十四）在河南兗州與衆議論爲惡比丘所毒垂死後活齊天保元年（年三十六）常在河南習學大乘親觀諸大禪師

遊行諸郡。是歲刺史欲送歸鄴(齊文宣所都)。師意欲南向，即舍衆渡淮。時梁國內諸禪師入臺供養(南北朝常稱朝廷為內臺)，師以方便辭避不就。四年至郢州，為刺史劉懷寶講摩訶衍義。諸惡論師以生金藥置毒食中，師命垂盡，一心念般若波羅蜜，毒即消散。五年至光州開岳寺，巴子五百家共刺史請講摩訶衍般若經。六年於光州大蘇山講摩訶衍(宋故縣光山縣南四十里大蘇山南不蘇山北有寺名淨居寺天保中思禪師過此見父老問其姓曰蘇氏又問二山名曰吾師會我遇三蘇則住遂留結菴而父老竟盛有蓋山神也其後顗禪師來謁師遂得法)。七年於城西觀邑寺講摩訶衍，有衆惡論師競欲加害，師誓造金字般若經，現無量身於十方國講說是經，令一切諸惡論師咸得信心住不退轉。八年至南定州，為刺史講摩訶衍，有衆惡論師競起惡心，斷諸檀越不令送食，經五十日，常遣弟子乞食濟命。于時發願決定誓造金字般若，為衆講說。九年於大蘇山唱告諸方，須造經者。忽有比丘名曰僧合，自言我能造經。既得經首，即教化境內，得財買金，於光城縣齊光寺造成大品般若及法華經二部，盛以寶函。復自述願文一篇，以記其事，願彌勒佛時身及此經一時出現，廣化一切。又云：世間道俗殷勤請講，咸強勸令講者，皆惡知識，初似好心，後即忿嫉，所有毒

士如怨詐親，亦不可信；諸王剎利亦復如是。擇擇擇擇(法智慈雲皆云宋陵四擇是也道俗勸講者強勸令講者學士詐親者諸王剎利者如是四類皆須擇之也已上文至見南岳願文)師名行遠聞，學徒日盛，衆雜精粗，是非數起。乃顧徒屬曰：大聖在世不免流言，況吾無德豈逃此責。責是宿作，時來須受，此私事也。齊祚將傾，佛法暫晦(齊後為周所滅周武廢釋道二教)，當往何方以避此難。忽聞空聲曰：若欲修定，當往武當南岳。師裝回光州時，往鄴郡為衆講說凡十四年(天保五年)。(至光州陳光大二年入南岳始終十四年)光州當陳齊邊境，兵火數興，衆不遑處，乃以陳光大二年入居南岳。謂其徒曰：吾寄此山，正當十載，過此以後必事遠遊(師入南岳至大建九年果十年而終)。先是有梁朝高僧海禪師居之，一見如舊識，即以是山俾師行道。師一日登祝融峯，岳神會棊，神揖師曰：師何來此？師曰：求檀越一坐具地。神曰：諾。師即飛錫以定其處(今福嚴寺是)。神曰：師已占福地，弟子當何所居？師即轉一石鼓，下逢平地而止(今岳君祠獅坐石鼓上)。岳神乞戒，師乃為說法要。一日師謂岳神曰：吾有難，檀越亦當有難。師指巖下曰：吾一生曾此坐禪，為賊斷首，尋獲枯骨一聚(今生藏藏)。至西南隅指大石曰：吾二生亦曾居此。即拾髑髏起塔，以報宿修之恩(今二生藏)。又至蒙密處曰：此古寺也，吾三生曾託

居此地。因指人掘之，果有僧用甕皿及堂宇之基。即築臺為衆說般若經(今三生藏)。衆患無水，師以杖卓崖，虎因跑地，泉乃湧出(今虎跑泉杖去声所)。(扶之杖涿明以杖禮部是也上声扶持也書武王左杖黃鉞是也)大建元年，九仙觀道士歐陽正則觀山有勝氣，謀於衆曰：此氣主褐衣法王，彼盛則吾法衰矣。乃纍斷岳心，釘石為巫蠱事(注見通塞志三卷注)，埋兵器於山上，因詭奏曰：北僧受齊募而為之。宣帝遣使考驗。初度石橋，有兩虎號吼，使者驚退。次日復進，師曰：檀越前行，貧道當續至。越七日度，使者尚才至，始飛錫而往。金陵四門皆見師入。使者既至，遂同進謁。帝坐便殿，見師乘空而下，梵相異常，驚悟其神，一無所問。以道士誣告罔上，令案治之，罪當棄市。師請曰：害人之命，非貧道意，乞放還山，給侍僧衆，亦足小懲。帝可之，敕有司冶鐵為十四券，識道士十四名，周回其上，封以敕印，令隨師還山。將行，餞以殊禮，稱為大禪師。思大之名蓋得於此。初敕寓栖玄寺，嘗往瓦官精舍，遇雨不濕，履泥不污。僧正慧暠遇諸塗，歎曰：此神異人，何以至此。自是舉朝道俗傾心歸仰。大都督吳明徹每親道論，欲奉以犀枕，未敢言。師曰：欲興枕便可。明徹益大驚異。師既復歸山中，說法如故。道衆以老病告，願奉田數頃充香

積用贖老身師曰欲留田當從汝願因名留田莊（俗呼道士贖身莊）所賜鐵券悉收藏之勒石記其事名曰陳朝皇帝賜南岳思大禪師降伏道士鐵券記時道衆私誓曰今世神通官勢皆所不如後五百年當生汝法中壞滅汝教師亦預記曰此諸道士害我無因異日著我袈裟入我伽藍壞遺體矣（皇宋太宗時有大臣出鎮湖南經臨此山歷覽遺蹤謂主僧曰異日道士得志必有報復盍埋碑石易莊名俾無蹤跡可尋田改名天竺莊而以碑券埋於三生藏院大殿間道士林靈素熒惑天聽果遣使物色此事以無迹可考遂止乾道初有僧正菴來主此山謂衆曰二生塔塑荒條贈權非便當蠡合於三生塔蓋傑擬私其地爲己塔也即與執事者十四人備斧鑿開石舊見靈骨如黃金色有石屏刻歐陽正則等名轉報爲今主當知事行僕比今名不少差衆大驚駭是夕岳廟一燹而盡州爲聞之陳捕甚急傑輩皆遁散寺衆復掩藏其骨傑後往它山寺升座坐對衆自悔責求免後報○述曰南岳至此七百年矣而傑師果應私誓師與岳神果符先記異哉然傑師雖因惡誓終能歸釋由毀爲緣適足以彰南岳斷物之功也）師將順世大集門學連日說法苦切訶責聞者寒心乃曰若有十人不惜身命常修法華念佛三昧方等懺悔常坐苦行者隨有所須吾自供給如無此人吾當遠去竟無答者即屏衆斂念將入寂弟子靈辯不覺號哭師訶之曰惡魔出去衆聖相迎方論受生處何驚吾耶即端坐唱佛來迎合掌而逝顏色如生異香滿室時大建九年六月二十二日壽六十三夏四十九初在大蘇以法付顗師後常代講

般若至一心具萬行忽有所疑師曰如汝之疑乃大品次第意耳未是法華圓頓旨也吾昔於夏中一念頓證諸法現前吾既身證不必有疑顗師問所證是十地耶曰吾一生望入銅輪（圓十住）以領徒太早損己益它但居鐵輪耳（師證六根清淨即圓十信別三十心華嚴十梵行瓔珞鐵輪位也）師身相挺特耳有重輪頂有肉髻牛行象步不倚不斜平昔禦寒唯一艾納（法華經納衣在空閑律文謂之五納衣謂誠受五猶著作以爲本也俗作衲字失矣）繒纊之屬一切不受所居之處靈瑞重沓供物嚴備瓶水自滿有諸天童以爲侍衛或現形大小或寂爾藏身異香奇迹不可勝紀常示衆曰道源不遠性海非遙但向己求莫從它覓覓即不得得亦非真又偈曰頓悟心源開寶藏隱顯靈通見真相獨行獨坐常巍巍百億化身無數量縱令逼塞滿虛空看時不見微塵相可笑物兮無比況口吐明珠光晃晃尋常見說不思議一語標名言下當又偈曰天不能蓋地不能載無去無來無障礙無長無短無青黃不在中間及內外超羣出衆太虛玄指物傳心人不會所著述多口授門人筆成章句出四十二字門無諍行門大乘止觀各二卷釋論玄隨自意安樂行次第禪要三智觀門各一卷（釋出南岳願文識春記南山續高僧傳）

（傳燈云誌公令人謂思師曰何不下山教化衆生師報曰三世諸佛被我一口吞卻有何衆生可化今考南岳願文自序元生之年當梁武天監十四年至陳光大二年始至南岳時年五十四誌公已入滅於梁武之世又安不當有此達問今勢則有一師復人訛傳爲誌公耳）

贊曰南岳以所承北齊一心三觀之道傳之天台其爲功業盛大無以尚矣故章安有曰思禪師名高嵩嶺行深伊洛（當名行之高耶）十年常誦七載方等九旬常坐一時圓證（見天台別傳）師之自行亦既勤矣至於悟法華三昧開拓義門則又北齊之所未知故荊溪亦云文禪師但列內觀視聽而已（見止觀大）竟可不信哉

四祖天台智者智顗字德安姓陳氏世爲潁川人晉朝避亂止于荊州之華容（今江陵府公安縣）父起祖梁元帝時爲散騎常侍封益陽侯母徐氏夢香煙五采縈迴入懷又嘗夢吞白鼠因覺體重卜者曰白鼠者龍所化也誕靈之夕神光發屋（梁武大同四年戊午）鄰人望之以爲火至則知其生子衆咸驚異內外胥悅欲陳鼎俎以爲慶席火滅湯冷爲事不成且有二僧扣門曰此兒道德所鍾必當出家言訖而隱師眉分八采（帝王世紀堯十四月而生眉有八采）目耀重瞳（漢項籍重瞳○賈誼書舜重瞳子）有古帝者之相父母每藏護之不令人見在繈褓中臥即合掌坐必面西

嚴喜往伽藍蒙僧口授普門品一徧成誦年十七值梁元帝江陵失守（元帝初封湘東王武帝第七子簡文帝爲侯景所害王遂即位都江陵三年九月爲西魏所破據推之應年十七別傳作十五者）親屬流從師於長沙佛像前誓爲沙門（晉孝武時江陵城北有五色光見沙門曇翼於其處得金佛一身光相有梵書云阿育王造乃迎置長沙寺即今言長沙佛像也寺在江陵城北舊以爲潭州長沙者誤天人感通傳云長沙寺在荊州北岸此言亦同）夜夢瑞像授金色手從窗而入三摩其頂由是深厭家欲思求出家二親愛之不獲見許乃刻檀寫像披藏尋經當拜佛時恍焉如夢見高山臨海山頂有僧舉手招之須臾申臂至于山麓接入伽藍見所造像在焉即悲泣自陳願學得三世佛法對十部論師說之無礙用報四事恩惠僧徒指像謂曰汝當居此汝當終此是年父母相繼傾喪（舊荊州呼師欲遊方母曰父母甘旨嘗何供邪師醒藥心指其茅化爲稻米化爲油今并稻村油河尚存其名稻此兩文不同嘗是兩求出家父母未許時事今附見之）年十八辭兄求去（梁敬帝紹泰元年也兄即中兵參軍陳鍼）時王琳守湘州往從之琳以陳侯故舊即資給法具依本郡果願寺舅氏法緒出家（緒行云故果願寺舅氏出家）二十進受具戒（梁太平二年也是年九月禪位於陳武帝）初從慧曠學律兼通方等後詣大賢山（衡州南境）誦法華無量義普賢觀歷涉二旬誦通三部進修方等勝相現前見道場廣博莊嚴而諸經像縱横紛雜（此來雜即非亂）身在高座足躡繩牀口

誦法華手正經像（此表以法華旨意區別淨穢使一歸於正）既精通律藏常樂禪悅怏怏湘東無足可問陳文帝天嘉元年（輔行作乾明者誤時年二十三）時思禪師止光州大蘇山即往頂拜思師曰昔日靈山同聽法華宿緣所追今復來矣即示普賢道場爲說四安樂行（南岳著安樂行又云其本四明行映遊方至南岳得之古藏歸以示圓辯其後北峯與晚石芝始撰關板業布於世）昏曉苦倒如教研心切柏代香柏盡繼之以栗卷簾進月月浸燎之以松經二七日誦經至是真精進是名真法供養如來身心豁然寂而入定持因靜發（妙樂云圓門三昧陀羅尼體同名異三昧從定陀羅尼從慧持者定也即法華前方便此持者空持初旋陀羅尼也）照了法華若高輝之臨幽谷（日正午也）達諸法相如長風之遊太虛將證白師南岳更爲開演凡自心所悟及從師咨受四夜加進功逾百年南岳歎曰非汝弗證非我莫識所入定者法華三昧前方便也所發持者初旋陀羅尼也（凡登住爲真解十信爲方便今言開者正觀三品也初旋陀羅尼者旋假入空也百千萬億陀羅尼者旋空入假也法音方便陀羅尼者三觀爲方便得入中道已陀羅尼臨鷹擧持今言初旋即空持也大師初入史者是前方經印五品觀行位所發持者旋陀擧無聖十信物似位依因此定得發空持品来四五而之功特入十信也普人以五品本處獲初時爲耳者蓋木思持因節義耳玄龍有云歲獲陀華尼南三昧之力正是比義至於此供自識然是五品盡欲寄誠生徙以自行苦急敢此誰辭示屬聽行也大師貴事予曰法等晰雜善振問它功德告實何盡書此惠也當知大師若本若迹皆不可知等鑑）覺興妙覺興鑑氏讚之若此令使何論鑑令

文字之師千羣萬衆尋汝之辯不可窮矣當於說法人中最爲第一有慧邈禪師謂門人曰我所敷弘真師子吼它人之說是野干鳴師引經覈問邈爲之屈夜夢三層樓閣已坐上邈立下一人怒目謂曰何忽邈邪何疑法邪宜當問我師設難數關怒人結舌師因識之曰除諸法實相餘皆魔事南岳造金字般若命師代講唯三三昧及三觀智用以咨審餘悉自裁南岳手持如意臨席讚之曰可謂法付法臣法王無事復謂師曰吾久羨南岳恨法無所委汝粗得其門當傳燈化物莫作最後斷種人也（最後謂末法也）師既奉訓不獲從往南岳以陳光大元年后法喜等二十七人初至金陵（此陳廢帝時師年三十楚曰金陵晉曰建康今爲建康府）有法濟者自矜禪學倚卧而問曰有人入定聞攝山地動知僧銓練無常此何禪也（攝山在建康七里鍾公土霞寺練無常文出禪秘要經有三十六觀門於地水火風入空觀察次第當證四果）答曰邊定不深邪乘闇入若取若說定壞無礙濟驚起謝曰老僧嘗得此定向靈曜則公說因此永失已而朝野聞風咸來請益大建元年陳宣儀同沈君理請居瓦官（晉哀帝以官毛寶地賜沙門慧力建寺因名作城西面江號昇元寺）開法華經題帝敕停朝一日令羣臣往聽時僕射徐陵光祿王固侍中孔煥尚書毛喜僕射周弘正等俱稟戒誨

同聞妙旨仍於一夏開釋大義時白馬敬韶
定林法歲禪衆智令奉誠法安皆金陵上匠
咸盡北面之敬師自此常與衆講大智度論
說次第禪門法慎私記三十卷章安治定爲十卷即禪波羅蜜漸次止觀也
又爲毛喜出六妙門即不定止觀也師止瓦官前後
八載七年謝遣門人曰吾初年共坐者四十
域八　十三
人得法次年百餘人得法者不滿十人其後
徒衆轉多得法轉少吾聞天台幽勝昔人見
稱將息緣茲嶺以展平生之志夏四月宣帝
敕留訓物徐陵泣勸勿往師勉留度夏秋九
月遂入天台輔行謂此年三十八歲嘗宿石橋見一老
僧曰禪師若欲造寺山下有皇太子寺基用
以仰給三國成一三國謂南朝陳北朝周齊也成一者隋也當有
大勢力造此寺指太子晉王也寺若成國即清時三
方鼎峙雖聞此言何由成寺既出谷見佛隴
南峯百錄序遊山者多見佛像故得此名即襄回留藂此山先
是神僧定光菴居三十載師至光謂之曰頗
憶招手相引時否師即悟禮像之徵夜聞空
中鐘磬之聲光曰此犍稚集僧得住之相犍稚
音度地此云竹木銅鐵磬此處金地吾已居之北山銀地
汝宜居焉乃於北峯創立伽藍植松引流究
若昔夢寺北別峯名華頂獨往頭陀忽於後
夜大風雷震魑魅千羣狀極可畏安心空寂
自然退散復作父母師僧之形乍枕乍抱悲

哽流涕深念實相體達本無尋復消殞強輭
二緣所不能動此皆天子魔所爲之狀此土諸師佛行火有能降天子盡
書明星出時見一神僧謂之曰制敵勝怨乃
可爲勇北二句出淨名經後爲說法師問曰大聖所
說是何法門當云何學云何弘宣答曰此名
一實諦學之以般若宣之以大悲從今以後
自行兼人吾當影響八年師安居佛隴嶺儒
失稔衆皆隨意去住師與慧綽種苣拾象晝者
巨勝胡麻也象斗子橡樹子也安貧無戚九年二月帝下
詔曰禪師佛法雄傑時匠所宗訓兼道俗國
之望也宜割始豐縣調天台在六朝時名始豐調徒弔反稅賦也
以充衆費蠲兩戶民用給薪水於是衆後來
集十年五月左僕射徐陵以禪師創寺啓于
朝賜號修禪尚書毛喜題篆今名大慈陳郡袁子雄新野
庾崇二人登山值講淨名即專心齋戒連辰
聽法雄見堂前有山琉璃映徹山陰曲澗踦
以虹橋梵僧數十皆手擎香鑪登橋入堂雄
以告崇崇稱不見雄因發心改造講堂天台瀕
域八　十四
海民業漁捕師以身衣勸人贖簄一所爲放
生之池時臨海內史計詡請講光明經漁者
聞法皆好生去殺舍江溪簄梁六十三所三
百餘里俱成法池詡後還都坐事被繫臨當
伏法遙想禪師冀垂一救夜夢羣魚巨億吐
沫相濡明旦有詔特原詡罪百錄放生碑作許尚兒孫是事

師講經竟乘舟出海口望芙蓉山羣峯崝嶸
橫石孤垂師曰昔夢遊海上正似於此一日
見瑞雲五采狀如月暈遙蓋寺上羣雀嘈囋
飛集櫚宇師曰江魚化爲黃雀來謝恩耳至
德元年陳上少敕國子祭酒徐孝克樹碑爲銘
以贊功德文載百錄二年永陽王伯智少主從弟出鎮東
陽州傳作顧越者一路之德播耳致書三請師遂往赴躬行
方等晝講夜禪王與子諶家人咸稟淨戒少主
問羣臣曰今之釋門誰爲名勝徐陵對曰瓦
官禪師禪德高邁永陽王親承北面願陛下
詔還京都宣弘大法三年正月前後三遣敕
使並辭以疾三敕具在百錄三月更敕州郡爲之勸
請百錄有敕東陽文時大師尚留東陽王勸師曰主上虛己思
敬願師時往若一言有益則四生永賴師不
得已遂行既届金陵暫安靈曜四月詔赴太
極殿開大智度論題及仁王般若經題還寺
就講時百座居左諸高座法師也五等在右五等公侯伯子
男也慧晅音亘慧曠慧辯皆奉敕難問天子臨筵
域八　十五
聽法百僚莫不盡敬時僧尼頗多無業朝議
欲令策經不通者皆休道師諫之曰調達日
誦萬言未免淪墜智論調達誦得六萬法聚與闍王共造五逆生入地
獄此大權設化而此者量方便讀法大師稱槃特雖憶一偈乃
獲四果法句經攝意身真般之特慧精也塞佛教一偈守口犯如是行者得受世諮諮
心開得阿羅漢篤論爲道豈闕多誦少主大說即傳

披簡師以靈曜偏隘欲更求閒靜忽夢一人羽服嚴整自稱冠達請住三橋師曰冠達乃梁武法名三橋即光宅所在少主聞之即迎師居之復下詔曰國家舊講仁王一年兩集仰屈於太極殿再演此經是月帝幸光宅寺捨身大施聽講仁王躬禮三拜皇后沈氏請立法名師答以海慧四年正月皇太子請授菩薩戒自太子已下咸奉戒法（南史名深百錄請戒文名淵恐因受戒避此名）禎明元年於光宅講法華經時章安預聽次（文句題注二十七歲聽受金陵六十九於丹丘添削）二年正月隋伐陳國破江南皆歸於隋師以時方喪亂遂杖策荊湘（杖上声扶也去声者所扶之杖今扶囊策者竹杖也）（漢鄧禹杖策追光武荊州為湖北湘州為湖南）路次盆城（今江州地名湓浦）夢老僧謂曰陶侃瑞像敬屈守護及往憩廬山見永遠二師圖像方悟其靈俄而潯陽反叛（即江州也）寺宇焚毀唯此山免於兵燹益知護像之驗（晉陶侃刺廣州海上得金像文殊遣武昌寒溪寺僧迎荊州欲載像行船沒還運本寺遠法師迎東林執鑪向方祈之颯然發空而至）隋開皇十年正月（是年南北歸一方為正統）文帝下詔曰皇帝敬問光宅禪師朕於佛教敬信惟重往者周武毀棄佛法朕曾發心立願必許護持及受命於天遂即興復師已離世網修己化人必希獎進僧倫用光大道（言光宅者存舊稱也）時秦孝王出鎮揚州（秦王楊俊文帝子晉王弟李巡曰江南之氣躁勁揚此義字當從手）致書延屈

師謂使者曰雖欲相見終恐緣差既而虜旬大風袄賊競發水陸俱阻竟不成行十一年晉王代為總管（晉王楊廣代秦王為揚州總管）遣使奉迎師曰我與晉王深有緣契即束衣順流不日而至王製文請授菩薩戒師三辭不免乃立四願一者雖好禪學行不稱法願勿以禪法見期二者身闇庠序口拙暄涼願不責其規矩三者為法傳燈願勿嫌其去就四者若丘壑念起願放飲啄以終餘年許此四心乃赴優旨時王方希淨戒遂允其願以是年十一月二十三日於總管大聽事設千僧齋授菩薩戒法師謂王曰大王紆遵聖禁可名總持王贊師曰大師傳佛法燈宜稱智者（自受戒後諸書往來皆稱弟子總持）授戒既畢出居城外禪眾寺即欲西上王固請留師曰先有明約豈當相違王乃遣柳顧言致書請留待來年二月約至棲霞遙別十二年二月師奉書於王請為東林峯頂兩寺檀越王復書許之三月師將啟行王復致書請就攝山安居度夏師不許王命有司具裝發遣師遂至止廬山七月王遣使往廬山參省八月師往衡山營建功德酬師恩也十一月王遣書往潭州奉迎十二月師至荊州旋鄉答地將建福庭乃於當陽玉泉山（此地在隋通為荊州宋朝特分置荊門軍）創立精舍及重修十住寺

道俗稟戒聽講者至五千餘人初至當陽望沮漳山色堆藍欲卜清溪以為道場意嫌迫隘遂上金龍池北百餘步有一大木婆娑偃蓋中虛如菴乃於其處趺坐入定一日天地晦冥風雨號怒妖怪殊形倏忽千變有巨蟒長十餘丈張口內向陰魔列陣砲矢如雨經一七日了無懼色師憫之曰汝所為者生死衆業貪著餘福不自悲悔言訖衆妖俱滅其夕雲開月明見二人威儀如王長者美髯而豐厚少者冠帽而秀發前致敬曰予即關羽漢末紛亂九州瓜裂曹操不仁孫權自保予義臣蜀漢期復帝室時事相違有志不遂死有餘烈故王此山大德聖師何枉神足師曰欲於此地建立道場以報生身之德耳神曰願哀憫我愚特垂攝受此去一舍山如覆船其土深厚弟子當與子平（蜀先主拜羽前將軍率衆攻曹仁不克孫權已據江陵羽因還走吳馬忠獲羽及其子平於章鄉斬之唐書羽生侍中興其孫播相德宗）建寺化供護持佛法願師安禪七日以須其成師既出定見湫潭千丈化為平阯棟宇煥麗巧奪人目神運鬼工其速若是師領衆入居晝夜演法一日神白師曰弟子今日獲聞出世間法願洗心易念求受戒永為菩提之本師即秉鑪授以五戒於是神之威德昭布千里遠近瞻禱莫不肅敬（智者上玉泉圖照寫）

（表闕神異啟晉王答書有云當陽建寺既事出神心理生望來即當具奏嘉號章安撰別傳略不及關王事昧所未曉若謂之無所闕猶則章安觀在玉泉聽講矣謂之不語神怪荊華頂安禪強修二魔必言之矣別夫闕氏事述使令神應光於當時有所遺逸邪令據玉泉邪以補其闕用彰吾祖之聖德若此至者別傳紀事之際尚多評辭今並刪略務存隨實至心所未錄者令並收載覽者宜知）十三年二月晉王入朝行次陝州遣書往荊州奉迎夏四月於玉泉說法華玄義（章安云次在江陵奉壽玄義是也）五月遣智邃奉書晉王上玉泉伽藍圖并求撰衡禪師碑因獻萬春樹皮袈裟（梁武帝時外國所貢）王答曰奉旨於當陽造寺既事出神心理生望表（詳此二句正言王建寺之事）即當具奏嘉號時自春徂夏天旱不雨百姓咸謂龍怒師至水發之源口咒手揮風雨交集民衆大喜歌詠滿道荊州總管王積入山致拜戰汗不已退謂人曰吾屢經軍陣臨危更勇未嘗如今日之怖懼（隋書王世積傳積為荊州總管謀反被誅）七月王以創寺奏上賜名玉泉八月荊州弟子陳子秀致疏請講法華十四年夏四月於玉泉說摩訶止觀一夏敷揚二時慈雲（此早晚兩講之明據）是年過岳州刺史王宣武請授大乘戒法學士曇捷請講金光明其俗專業殺捕及聞法感化於是一郡五縣一千餘所咸舍殺業十五年春晉王久留京師將還鎮遣使奉迎師乘流東下止揚州禪衆寺六月王奉書求學禪慧其辭曰戒爲基趾昔年度

城八　十八

受而定品禪枝屏散歸靜未知可開化否師復書以本懷風在天台舊居禪定一門懼乖深寄更回神慮別俟勝賢後三日王復書云智者昔在陳朝先官大集崇公先被折角兩瓌饒獲交綏（小莊嚴寺慧榮答難陸負如折其角漢書五鹿岳岳朱雲折其角兩瓌者彭城寶瓊建初寶瓊並梁朝人綏者馬頭下纓也戰則兩馬相觸令兩瓌與智者議論纏交綏便怯走也左傳交綏而退）前往荊州舊學名僧莫不歸服非禪不智驗乎金口（止觀引經云奉禪不智非智不禪）弟子即日而不依請如彼彌勒令當問誰（法華經彌勒作是念今者世尊現神變相以何因緣而有此瑞今當問誰能答者云云）七月以所著淨名義疏初卷奉王是月師以荊州立玉泉及所修十住寺請王爲檀越王即貽書達荊州總管令檢校復致書勸留棲霞燕護咨決行道本貴安心寧勞遠天台之路幸輟前懷師復書曰棲霞咫尺非關本誓天台既是寄終之地故每屬弟子一旦無常願歸骨於天台昔願創伽藍故欲遣修葺方乞寺名屈作檀越王答皆許之八月蔣山棲霞寺沙門保恭奉納本寺田園請師來居不赴九月王迎師入城既入謁懇辭東歸王不敢留遂行吳越之民掃巷以迎沿道令牧擒華交侯寺久荒蕪已十二載人蹤斷絕竹木成林將至半塗一僧雪頂駐錫當路迎進即沒咸謂聖賢之見迎師雅好林泉負杖

城八　十九

吟詠（枝去聲所挾之枝上聲）嘗遊行而歎曰靜夜深山澄神自照豈不樂乎十七年四月立御衆制法十條付知堂上座慧諫（見百錄）是月王遣使入山參問期以今秋迎覲江都八月會稽嘉祥寺沙門吉藏百餘人奉疏請講法華不赴嘗於一夜皎月映牀獨坐說法如人問難侍者智晞明旦啓曰未審夜來見何因緣師曰吾初夢大風忽起吹壞寶塔次見梵僧謂我曰機緣如薪照用如火傍助如風三事備矣化道乃行華頂之夜許相影響機用將盡傍助亦息故相告耳又見南岳共喜禪師令吾說法即自念言餘法名義皆曉自裁唯三觀三智最初面受說竟謂我曰它方華整（喜最師名來詳所在）相望甚久緣必應往吾等相送吾拜稱諾此死相現也吾憶少時之夢當終此地所以每欣歸山今奉冥告勢必不久吾終後當藏龕於西南峯累石周龕植松覆坎立二白塔使見者發菩提心又經少時語弟子曰商行寄金醫去留藥吾雖不敏狂子可悲乃口授觀心論隨語疏成十月王遣使入山奉迎師即日散施什物以與貧乏標杙山下以擬殿堂（杙音弋橛也）畫作圖形以爲模式誡其徒曰後若造寺一用此法或疑山澗險峙何能成寺師曰此非小緣乃是王家所辦（部辦）衆不測

其旨次日隨使出山行次石城乃稱有疾謂智越曰大王欲使(吾來語不)負言吾知命在此故不須前進石城是天台西門大佛是當來靈像處所既好宜最後用心衣鉢道具一分奉弥勒一分充羯磨語已右脇西向而臥專念弥陀觀音及般若名晉王聞師在疾遣醫往
城八
二十
治或請進藥師曰能遣病留殘年乎病不與身合藥何能遣年不與心合藥何所留智晞往日復何所聞觀心論中復何所道又請進齋師曰非但步影為齋(日影過午不)能無緣無觀即真齋也(無所緣無能觀是為覺觀俱亡)十一月二十一日造發願文言吳縣維衛迦葉二像鄮縣阿育王塔寺剡縣十丈弥勒三處尊儀用表三世頹毀剥壞願更莊嚴付囑後人使經營修立是日口授遣書并手書四十六字(書此四十六字親筆)其書略云蓮華香鑪犀角如意是王所施今以仰別願德香遠聞長保如意也及以造寺圖式并石像發願文悉用仰囑書畢命淨掃室內索三衣鉢令侍者唱二部經為最後聞思聽法華竟讚曰法門父母慧解由生本迹曠大微妙難測四十餘年蘊之知誰可與唯獨自明了餘人所不能見輟斤絕絃於今日矣(郢人輟斤伯牙絕絃並見莊子)聽無量壽竟讚曰四十八願莊嚴淨土華池寶樹易往無人火車相現能

改悔者尚得往生況戒慧熏修行道力故實不唐捐當唱經時吳郡侍官張達等五人見石佛倍大光明滿山直入房內唱經竟索香湯漱口說十如四不生十法界三觀四無量心四悉檀四諦十二因緣六波羅蜜一一法門攝一切法皆能通心到清涼池若能於病
城八
二十一
患境達諸法門者即二十五人百金可寄(遺嚫紙商行寄金喻皆體策令譬之義)今我最後策觀談玄(凡言策紀策誡策法及今策觀)最後善寂吾今當入(善入寂滅)智朗請曰不審師入何位沒此何生誰可宗仰師曰汝等懶種善根問它功德如盲問乳告實何益吾今當為破除汝疑吾不領衆必淨六根為它損己秖五品耳吾諸師友侍從觀音皆來迎我波羅提木叉是汝之師吾常說四種三昧是汝明導我與汝等因法相遇以法為親傳通佛燈是為眷屬又誡維那曰人命將終聞鐘磬聲增其正念惟長惟久氣盡為期云何身冷方復聲磬世間哭泣著服皆不應為言訖唱三寶名如入三昧實此月二十四日未時也春秋六十僧夏四十安坐在外經歷十日道俗奔赴號泣遶拜入龕之後流汗徧身將舁歸佛隴連雨不休弟子呪願乞加神力纔舉禪龕應時開霽乃於寺西南峯起墳奉藏從先囑也傳法弟子三十二人得法

自行者不可稱數(梁肅禪林寺碑稱門弟千數得深心者三十二人)師造寺三十六所嘗曰予所造寺棲霞靈嚴天台玉泉乃天下四絕也又造大藏十五藏旃檀金銅畫像八十萬軀親度僧一萬四千人師於三十年唯著一納(非州)冬夏未嘗釋體有所受施一果一縷悉以入衆凡所弘通不著章疏安無礙辯契理符文有大機感乃為著述為晉王著淨名義疏二十八卷為毛喜著六妙門為兄陳鍼著小止觀為學徒著覺意三昧法華三昧行儀各一卷法界次第三卷(已上皆撰集)常在高座云若說次第禪門一年一徧若著章疏可五十卷(慎禪師私記為三十卷章安治定為十五卷)若說法華玄義圓頓止觀半年各一徧若著章疏各三十卷此三法門常時講授章安一聞述以為疏十八年智者弟子上首智越遣僧使灌頂普明奉遺書及淨名義疏三十一卷至揚州王遣使答遺旨以不獲親承義疏為之悔恨所囑造寺今遣司馬王弘一
城八
二十二
遵指畫吳郡鄮境剡邑三處像塔及智者臥疾處亦當嚴飾復遣使至佛隴建千僧法會王初覽遺書對淨名疏而立願曰昔親奉師顏未能咨決今承遺旨何由可悟若尋文生解願示神通夜夢羣僧集閣王自說義見智者飛空而至寫七寶珊瑚於閣還復飛去四

月十六日佛醒僧衆方就坐禪上座道脩見
智者常服按行堂内少時方出上座驚起瞻
拜衆共悲歎十一月王遣典籤吳景賢入山
以諱日設五百衆齋二十年五晋王爲皇太
子仁壽元年正月末嘉僧法曉生聞智者勝德
特至龕所旋遶千拜一夕龕户自開光照林

木一寺奔馳衆共瞻禮十月智者弟子上首
智越遣僧使灌頂智璪奉啓入京稱賀并謝
造寺新成王既鼎創藍宇即登春宫此皇太
子寺基是也王既爲寺檀越王弘實任經理
此王家造寺是也陳齊俱滅隋方代周此三
國成一是也寺成乞名即從先記此呼爲國
清是也神僧之言至此俱驗十二月皇太子
遣散騎侍郎張乾威送灌頂還山設千僧齋
及爲文致敬墳龕開視舍利見靈體不動如
在定中四年七月皇太子登位十一月寺遣
僧使智璪奉啓稱賀煬帝大業元年九月車
駕巡幸至揚州寺遣智璪詣行在所十月引
城八 二十三
對大牙殿賜坐宣勑云師等並是行道之衆
勿容壯僧及私度出家冒死相替璪對曰天
台一寺即是天之所覆寺有常制不敢容外
客及私度代死又勑云師還寺可更開靈龕
必當大異弟子欲爲先師造碑當有行狀璪
對曰先師靈異非一灌頂錄成一卷當即貢

上帝勑祕書監柳顧言曰朕欲爲智者製碑
非卿文不得朕心碑成勑於寺刻石其要云
約仁王瓔珞龍樹馬鳴立三觀四教述其本
宗云云帝勑揚州五十僧立天台寺名一表爲
禪門一表爲五淨居僧使智璪進曰昔陳朝
有定光禪師還神之後智者夢其靈曰令欲
造寺未是其時若三國爲一當有大力勢人
爲之造寺寺若成國即清必呼爲國清寺帝
曰此先師之靈瑞即用爲名遂取大牙殿榜
以雌黄大篆書之遣通事舍人盧正方入山
奉安寺額以十一月二十四日忌辰度四十
九僧設千僧齋有司案名滿是千數臨齋受
覩則數溢一人咸謂智者化身來受國供是
日午後使人同大衆開視靈龕唯空牀虚帳
而已使者反命帝謂羣臣曰智者是朕戒師
先多靈異朕於仁壽元年令張乾威往視龕
室儼然令盧正方往則靈體不可復見既從
變化得道非虚天鄉寺沙門慧延昔遊光宅
習靈法潤忽聞遷化感咽無已欲知智者生
處因寫法華經以求冥示潛思屢旬忽夢智
者從觀音西來顧謂之曰疑心遣否邑人馬
紹宗刈稻百束以供寺衆執役勞疾心念求
護夜夢智者趺坐牀上焚香如霧尉紹宗曰
家貧能施何疑無福時兄及妻母同夕感夢

香氣屢日又張造者年邁足蹶登龕拜祝曰
早蒙香火願來世得度脫忽聞龕中應聲及
以彈指造冉請曰願重賜神應即聞如初老
婦俞氏年九十患一脚短凡十八年專往龕
所殷勤設齋即覺短脚還申步履平正荊州
玉泉弟子法偘於江都造智者像還至江津
像身流汗拭已更出識者謂師色身不異於
城八 二十四
此也錢忠懿王時申請於朝追謚法空寶覺
尊者當時同世宗朝本朝寧宗慶元三年以判門請
加謚靈慧大禪師雖出百録別傳都録記南北史高僧傳三玉泉碑國
清碑諸文及關王祠堂記

義神智曰吾佛出世雖說諸經而本懷得
暢唯在法華自阿難結習之後天親作論
雖曰通經然但約文申義舉其大略而已
至於斯經大事教化始終則晦而未明暨
羅什翻譯東傳此土造疏消釋者異論非
一唯我智者靈山親承大蘇證悟發揮妙
旨幽贊上乘以五義釋經題四釋消文句
而又能以十章宣演明靜法門於是解行
俱陳義觀雙美可謂行人之心鏡巨夜之
明燈雖天竺大論尚非其類豈震旦人師
所能跂及云云又設問曰輔行引九師相承
謂北齊已前非今所承且北齊既用覺心
重觀三昧今此何故斥於覺觀但是一轍

耳將非智者斥於北齊邪答妙玄開演法華十妙尚云莫以中論相比又云天竺大論尚非其類蓋智者用如來之意明法華之妙故龍樹北齊亦所不及若無生宗旨三觀行門其贊祖龍樹宗北齊稟南岳師資相承宛如宿契（文六）又曰天台所談三諦三觀出乎仁王及瓔珞經三智三德本乎涅槃大品所用義旨以法華爲宗骨以智論爲指南（文八）

（大五末）

贊曰舍天台之學而欲識佛法意者未足與議也故自夫聖教東度經論偏弘唯任己心莫知正義齊梁之際挺出諸賢盛演法華立言判教一音四相之說四時六宗之談衆制紛紜相傾相奪南三北七競化當時猶夫衆散小王妄自尊大（佛法置衆鹽中各分性以齊楚小王也）而不知金輪飛行統御四海威德之盛也惟我智者大禪師天縱之聖備諸功德以爲纘承祖父三觀之緒未遂光大於是約法華悟門說止觀大道立經陳紀爲萬世法至於盛破光宅則餘者望風偏難四宗則它皆失據宣布至化坐致太平非夫間生聖人其孰能爲此大業者哉然則欲識佛法意者其唯天台之學乎

佛祖統紀卷第六　城八

佛祖統紀卷第六

校勘記

一　底本，明永樂南藏本。

一　四五七頁上一七行「者邪」，[徑]作「者也」。

一　四五八頁下七行夾註右「四十一」，[徑]作「四十二」。

一　四五九頁下三行至四行夾註「令虎跑泉……左杖黄鉞是也」，[徑]作「今虎跑泉是也」。

一　四六一頁上二行第四字「梁」，[徑]無。

一　四六四頁下九行第一字「助」，[徑]作「助」。下同。

一　四六四頁下一七行第七字「累」，[徑]無。

一　四六六頁下末行「一轍」，[徑]作「三轍」。

佛祖統紀卷第七之八

宋景定四明東湖沙門　志磐　撰

五祖章安尊者灌頂(其師以此子非凡故以地注極位爲立名字將以進之也)姓吳氏臨海章安人始生三月(陳文帝天嘉二)能隨母稱三寶名有僧過門謂其母曰此子非凡因以爲名七歲入攝靜寺依慧拯日記萬言年二十受具戒天縱慧解一聞不忘陳至德初(陳後主)謁智者於脩禪寺稟受觀法研繹既久頓蒙印可因爲侍者隨所住處所說法門悉能領解禎明元年隨智者止金陵光宅聽講法華(文句注云二十七聽受金陵)隋開皇十三年(隋文帝)夏受法華玄義於江陵玉泉(時年[illegible])十四年夏受圓頓止觀於玉泉(在江陵奉常玄義先出也一夏敷揚二時慈霔大也)至於餘處講說聽受之次悉與結集大小部袠百有餘卷傳諸未聞皆師之功也十八年正月師與普明奉智者遺書自天台至揚州謁晉王并奉淨名義疏二月王遣使王弘送還山爲智者設千僧齋始用工造國清寺仁壽元年晉王爲皇太子師與智璪奉表至長安稱賀并謝造寺右庶子張衡宣令問智者亡後靈異對以五事(備見百錄)皇太子悲喜交至遣散騎常侍張乾威入山設千僧齋二年四月遣揚州參軍張諧入山宣令慧日道場道莊法論二師(隋改寺曰道場此寺在東都二師見唐續僧傳)於東宮講淨名經全用智者疏文判釋可令寺衆請委法華玄義者齎疏入京衆推師隨使應令八月遣使送師還山煬帝大業十年(時年五十四)著涅槃玄義二卷疏二十卷時隋末兵興寇盜蠭起師自序云推度聖文凡歷五載何年不見兵火何月不見干戈菜食水齋氷牀雪被其勞苦有若此云疏成烈火焚之不爇師晚年於會稽稱心精舍講說法華時人讚之有跨朗(興皇朗師)籠基超雲邁印之語(齊山陰慧基撰法華疏梁光宅法雲觀跡講經並見唐續僧傳印師未詳)郡中有嘉祥吉藏先曾疏解法華聞章安之道廢講散衆投足請業深悔前作之妄唐貞觀六年八月七日終于國清壽七十二臘五十二初示疾室有異香臨終命弟子曰彌勒經說世尊入滅多爇名香其煙如雲汝今可多焚香吾將去矣因委曲遺誡辭理甚切忽起合掌如有所敬稱淨土佛菩薩名奄然而化先是貞觀元年同學智晞臨終曰吾生兜率見先師智者寶座行列皆悉有人唯一座空彼天人曰卻後六年頂法師來升此座計歲論期驗晞不謬是月九日窆于寺之南山居國清日有老父染疾百藥不瘳其子求救於師即焚香轉法華經病者聞香入鼻其疾遂愈仙居樂安嶺南曰安州溪流湍急歲常溺人師誓之曰若此溪坦平當於此講經旬浹之間白沙遍涌平如玉鏡乃講光明法華以答靈忠嘗於攝靜寺講涅槃經羣盜突至見寺門旌旗耀日神兵執仗皆長丈餘賊衆大驚奔走散俗因稱爲山兵寺每誦經宴坐常有天華飄墜其側所著八教大意智者別傳各一卷觀心論疏二卷國清百錄五卷涅槃玄義二卷涅槃經疏二十卷真觀法師傳南岳記各一卷吳越王請謚爲揔持尊者(出百錄八相傳高僧傳三)

贊曰昔在智者爲佛所使以靈山親聞法華之旨惠我震旦乃開八教明三觀縱辯宣說以被當機可也至於末代傳弘之寄則章安侍右以一徧記之才(昔河南有一徧記蕭州有一[illegible])筆爲論疏垂之將來殆與慶喜結集同功而比德也微章安吾恐智者之道將絕聞於今日矣

六祖法華尊者智威姓蔣氏處州縉雲人母朱氏家世業儒年十八爲本郡堂長(郡學之職)父母令歸納婦路逢梵僧謂之曰少年何意欲違昔日重誓耶因示其五願曰一願臨終正念二願不墮三塗三願人中託生四願童真出家五願不爲流俗之僧蓋前身爲徐陵聽智者講經深有誚入對智者親立此願師聞

顧已不復還家即往國清投章安爲師受具之後咨受心要定慧俱發即證法華三昧唐上元元年(高宗)欲卜勝地說法度人執錫而誓曰錫止之處即吾住所其錫自國清飛至蒼嶺普通山(自號少果)可五百里以隘狹不容廣衆陵空再擲至軒轅鍊丹山師旣戾止翦棘刈茅班荆爲座聚石爲徒晝講夜禪手寫藏典於是名其地曰法華旣而學者子來習禪者三百人聽講者七百衆常分爲九處安居師身長七尺骨法古秀每登座有紫雲覆頂狀如寶蓋鳥雀旁止有同家畜報苦之水淩一石井纔三尺深日給千衆冬夏無竭法華至仙居上阪(仙居台州屬邑阪坂同坡也音反)約八十里師每日往反齋粥禪講未嘗少違咸謂有神足通永隆元年十一月二十八日趺坐禪堂而化異香七日不歇(自上元初建寺至永隆初入滅纔七年耳)是日衆見坐逝于寺而上阪之人見師赴檀越舍至人起滅其不可測識若此傳法雖衆惟天宮威師爲之正嗣師在太宗朝名德升聞召補朝散大夫封四大師([illegible]老和傳云唐有四大師謂[illegible][illegible]大師謂國大師餘二關闕今[illegible]見隋有[illegible]傳但有[illegible][illegible][illegible][illegible]有四)吳越王請謚玄覺尊者宋朝皇祐初元仙居令伍佚於傳所處重修殿庭奉安眞像是夜有虎繞殿二匝而去元豐五年十三代孫忠法師躬禮舍利

皆飾其塔錄行實而記之曰師與天宮同時行化俱受封官繼祖之位若橫論秪成八世竪分則有九代也昔如來涅槃阿難結集出二弟子一名商那一名末田地居國雖異行化同時故付法藏橫列二十三竪分二十四今智者示滅章安結集出二弟子亦同其時阿難結集之際闍王送供一夏章安結集之日煬帝送供十年挹流尋源智者如東土一佛章安有似阿難二威亦猶商那末田地煬帝外護有同闍王可不信哉師平日坐禪得此至今不生春草

贊曰世謂徐陵對智者發五願轉身得出家學道證法華三昧嗣承祖位今詳觀頌辭何期心未深而所獲更勝殊不知[illegible][illegible]同會咸爲得入故能以自在力用成現[illegible]官身或示比丘相昔徐陵令法華大振[illegible]物隨願出興豈當以世間仕官因福受報者比量之邪此意有權實二義惟明教者知之

七祖天宮尊者慧威姓劉氏婺州東陽人總角之歲深厭勞生遂入空門祝髮受具聞法華大弘天台之道即往受業刻志禪法晝夜惟勤三觀法門頓獲開悟時人見其深入威師之室遂以小威師稱之後歸止東陽深居山谷罕交人事自法華入滅之後登門求道者不知其數傳法之的惟左溪尊師爲宗朝與法華同封朝散大夫四大師吳越王請謚全眞尊者

贊曰或見梁氏統例二威紘授其道不行之言則便以爲緘默無言坐證而已然梁氏此言將以張皇荆溪立言弘道之盛故權爲之重輕耳要之講經坐禪未嘗不並行也不然法華聽習千衆天宮求道無數爲何事邪是知其道不行亦太過論

八祖左溪尊者玄朗(諱上下字同與本朝聖祖)字慧明婺州東陽人姓傅氏雙林大士六世孫也母葛氏感異夢而有娠(唐太宗貞觀十八年生)旣產未嘗作嬰兒啼每見人則欣笑盈面九歲(高宗永徽三年)肄業淸泰寺受經日過七紙唐武后如意二年(時年五十)落髮得戒聞天宮威弘止觀即往求學未幾一家宗趣解悟無遺常以十八種物行頭陀行依憑巖穴建立招提面列翠峯左縈碧澗因自號曰左溪每言泉石可以洗昏蒙雲松可以遺身世常宴居一室自以爲法界之寬心不離定口不嘗藥耆艾之歲同於壯齡操紙而衣掬溪而飲洗鉢則羣猴爭捧誦經則衆禽交翔幽棲林谷深以爲樂一日有白狗至山長嗥伏地師爲行懺不逾旬日雙

目俱明毎翹跪祈請願生兜率内院歛念之頃忽感舍利從空而下天寶中建塔奉藏會昌毀寺僧緘而固之至皇朝開寶六年復建塔藏之本山東南隅開元十六年州刺史王正容書屈入城冀覩法喜師不欲往教辭之以疾與永嘉真覺爲同門友嘗貽書招覺山居覺獲書千餘言有讜不在遷寂不在山之語今永嘉集有答友人書近世有左溪住山清移刊二書於山中而序之曰左溪永嘉同道也左溪之言非不知也故將有激云耳永嘉之言非責也惜將有說云耳此當人所不能知也反是而識者鮮也師所居蘭若坐非正陽將移殿與像用力實艱杖策指揮工人聽命爲日未久舊制儼然山水類洄衆以爲患舉杖剌之巖泉涌出嘗累成二塔繪事悉煎香汁不用牛膠此用觀音諸陀羅尼經畫像之法天寶十三載九月十九日呼門人謂曰吾六即道圓萬行無得戒爲心本汝等師之即端坐長別壽八十二夏三十一弟子有夢其居寶閣第四重者寤以告鄰鄰夢亦恊時以爲表第四天慈氏内院也荼毗已門人分舍利爲二分一塔左六溪之西城九原遵像法之遺制一塔東陽之東原尉邑人之後思司封李華爲之銘云集法十二人的嗣曰荊溪新羅傳道者法融理應純英撰法華科文二卷及修治法華文句呉越王請諡明覺尊者

贊曰剌史張成綺狀其行曰師誨人無倦講不待衆一鬱多羅四十餘年一尼師壇終身不易食無重味居必偏厦非因討論經論不虛然一燈非因瞻禮聖容不虛行一步未嘗因利説一句法未嘗因法受一豪財遂得遠域龍象鄰境耆耋爭趣以前填門擁室若冬陽夏陰弗召而自至也耋徒結反年八十也

九祖荊溪尊者湛然姓戚氏世居晉陵荊溪時人尊其道因以爲號家本習儒故幼學夙成在兒童中超然有邁俗志年十七睿宗景雲二年生至玄宗開元十五年當十七歲訪道浙右遇金華方巖授以止觀之法開元十八年始從學左溪時年二十溪與之語知爲道器嘗謂師曰汝曾何夢答曰疇昔之夜夢披僧服掖二輪遊大河中溪曰嘻豈當以止觀二法度群生於生死之淵乎遂以處士服受教觀之道天寶七載始解縫掖著僧伽梨時年三十八受業於宜興君山鄉淨樂寺縫掖儒士布衣僧伽梨翻爲大衣二十五條也壽詣會稽一律師博究律部七城九久之演止觀于呉門開元左溪既沒師挈密藏獨運東南謂門弟子曰道之難行也我知之矣古之至人靜以觀其復動以應其物二俱不住乃蹈乎大方令之人或蕩於空或膠於有自病病它道用不振將欲取正舍予誰歸於是大啓妙法旁羅萬行盡攝諸相入於無間即文字以達觀導語默以還源乃祖述所傳著爲記文凡數十萬言使一家圓頓之教悉歸於正每以智者破斥南北之後百餘年間學佛之士莫不自謂雙弘定慧圓照一乘初無單輪隻翼之弊而自唐以來傳衣鉢者起於庾嶺談法界闡名相者盛於長安是三者皆以道行卓犖力角反卓犖絶然也名播九重爲帝王師範故得侈大其學自名一家然而宗經弘論判釋無歸講華嚴者惟尊我佛讀唯識者不許它經至於教外別傳但任胸臆而已師追援其説辨而論之曰金錍曰義例皆孟子尊孔道闢楊墨之辭識者謂荊溪不生則圓義將永沈矣天寶大歷閒玄宗肅宗代宗朝廷三詔並辭疾不起師始居蘭陵嘗與江淮名僧四十人同禮五臺有不空三藏門人含光白師曰頃從不空遊歷天竺見梵僧云聞大唐有天台教迹可以識偏圓簡邪正明止觀可能譯之至此土邪師聞之歎曰可謂中國失法求之四維左傳孔子曰天子失官學在四夷後漢東夷傳序中國失禮求之四夷晚歸台嶺大布而衣一牀而居以身誨人耆年不倦大兵大饑之際學徒愈蕃瞻望堂室以爲依怙建中三年德宗二月五日示疾於佛隴語門人曰道無方性無體生歟死

歟其旨一貫吾歸骨此山報盡今夕要與汝等談道而決夫一念無相謂之空無法不備謂之假不一不異謂之中在凡爲三因在聖爲三德爇炷則初後同相涉海則淺深異流自利利人在此而已汝其志之言訖隱几而化壽七十二夏四十三門人奉全身塔于智者[九]塋域之西南隅所著法華釋籤文句記止觀輔行止觀搜玄記各十卷止觀文句一卷爲司封李華說止觀大意一卷釋籤別行十不二門金剛錍止觀義例三觀義涅槃後分疏觀心誦經記授菩薩戒文始終心要各一卷略淨名疏十卷記三卷淨名廣疏記六卷治定涅槃疏十五卷文句科止觀科各六卷華嚴骨目二卷法華三昧補助儀觀心補助儀各一卷方等懺補助儀二卷門人梁肅撰師碑銘而論之曰聖人不興其間必有名世者出自智者以法付章安安再世至于左溪明道若昧待公而發乘此寶乘煥然中興盖受業身通者三十九人搢紳先生高位崇名屈體承教者又數十人(史記孔子世家云弟子蓋三千人身通六藝者七十二人今言受業身通謂通教觀之道有言見身發通者無義)吳越王請謚圓通尊者本朝元祐初永嘉忠法師遣門人掃塔草棘荒蕪不能辨即案梁氏碑去大師塋兆百步尋識之其龕已空惟乳香一塊耳夜夢玄弼山君謂曰昨者天神遣多人取全身去也不須猶豫於是即舊基建石塔以識之

贊曰疏以申經記以解疏夫然故旨義始歸於至當而後人得以守其正說大哉釋籤妙樂輔行之文其能發揮天台之道[illegible]不曰厥[九]功茂焉不有荊溪則[九]慈恩南山之徒橫議於其後者得以並行而惑衆矣師之言曰將欲取正舍予誰歸誠然哉寶訓也本記言搢紳受業者數十人知當時儒宗君子學此道者若是之盛今所聞梁李三四人耳惜哉

佛祖統紀卷第七

佛祖統紀卷第七

校勘記

一　底本，明永樂南藏本。

一　四六八頁上一行「之八」，徑無。

一　四六八頁上二行與三行之間，徑有「東土九祖紀第三之二」並夾註「本紀失此目今補出」。

一　四六九頁下一四行夾註「永徽三年」，徑作「永徽二年」。

一　四六九頁下一六行「天宮」，徑作「天台」。

一　四七一頁上二一行末字「王」，徑作「三」。

佛祖統紀卷第八

宋景定四明東湖沙門　志磐　撰

興道下八祖紀第四

十祖天台興道尊者大法師

十一祖天台至行尊者大法師

十二祖國清正定尊者大法師

十三祖國清妙説尊者大法師

十四祖國清高論尊者大法師

十五祖螺溪淨光尊者大法師

十六祖四明寶雲尊者大法師

十七祖四明法智尊者大法師

昔吳越王請諡諸祖而龍樹北齊南岳三師未及諡今并取邃法師下無師號者即本紀之文摭其行實以爲尊稱是爲尊祖之大義也它日有能考論懿德上之清朝賜以徽諡者章當用此定名庶乎不失其實也或疑今私諡者漢宋稱門人與蔡邕諡文忠先生晉陶潛門人諡靖節先生（見漢書宋史）唐高頡士門人諡文元先生（見續釋話錄）元延祖諡太先生（文中子結[illegible]）此皆門人私諡元

答

傳聖人之道者其要在乎明教觀而已上尊龍樹下逮荊溪九世而祖之宜矣至於邃脩二師相繼講演不墜素業會昌之厄教卷散亡外琇竦三師唯傳止觀之道螺溪之世賴吳越王求遺書於海東而諦觀自高麗持教卷用還于我於是祖道復大振四明中興實有以資之也是諸師者或顯或晦述而不作稱之曰祖蓋傳授有所繼正統有所繫也撰

興道下八祖紀

十祖興道尊者道邃不知何許人唐大歷中（代宗）來依荊溪於佛隴洞悟幽玄無所凝滯荊溪嘉之曰吾子其能嗣興吾道矣遂授以止觀輔行師爲衆開説發明深旨聽者無不領寤同門元皓一見師大敬服貞元二十一年日本國最澄遠來求法聽講受誨晝夜不息盡寫一宗論疏以歸將行詣郡庭白太守求一言爲據太守陸淳嘉其誠即署之曰最澄闍梨身雖異域性實同源明教之邃道俗所敬觀光於上國復傳教於名賢邃公法師總爲法於一心了殊塗於三觀而最澄親承祕密不外筌蹄猶慮它方學者未能信受其説所請印記安可不從澄既泛舸東還指一山爲天台創一刹爲傳教化風盛播學者曰蕃邀道邃師爲始祖日本傳教實起於此（晁説又撰明智塔銘云荊溪傳[illegible]滿傳廣脩[illegible]大宋僧傳邃法師傳廣脩脩傳物外今依[illegible]傳以邃師次荊溪爲正晁氏雖[illegible]明智者不知當時何緣得此異説）

述曰指要序日本乾淑所錄邃和上止觀中異義以三界爲無漏總中三者竊詳邃師親受止觀於荊溪無緣輒創此説特乾淑輩爲此私義託邃師以行之耳則知口本別行十不二門題云國清止觀和上者皆其國人之依放也指要又云它既曾聞示珠指往於彼國必是依之勘爲據此又知國人依奉先所寄之本故并託止觀和上之名以行其文也四明之言乾淑奉先耳世人不曉便謂序邃師請以此義爲解

十一祖至行尊者廣脩姓留氏東陽[illegible]人早入邃師之室研精教觀而向心至行日誦法華淨名光明梵網四分戒本爲常課六時行懺晚年彌篤每歲行隨自意三昧七七日未嘗以事廢天台刺史韋珩（[illegible]）嘉重教門請入郡堂講止觀珩於即席深有省發時會稽者莫不欣慶會昌三年（武宗）二月十六日終于禪林寺全身于金地道場登門弟子其紀塔上有名物外後二十三年門人良湑啟文發塔火焚之得舍利千餘粒大如菽即舊地建塔藏之

十二祖正定尊者物外姓楊氏閩之候官人

父從脩師傳止觀且說且行大中末(宣宗)歲歉加趺一室妙入正定謂弟子曰汝若不死至五穀登時可擊磬引我出越歲餘弟子如所教遂從定起中和五年(僖宗)三月十五日終于國清葬于智者塔院之側上首弟子元琇敬休慧凝皆傳道于世以紹家學

十三祖妙說尊者元琇(音秀玉石)天台人依國清外法師學止觀觀其旨妙於講說不以學徒衆寡二其心一日升座衆集或少有異僧十人自外而入威儀可觀致敬已坐行末講散復問訊即出師遣侍者邀之皆淩空舉手笑謝而去師當僖昭之際天下方亂學教之徒忽聚忽散以故得定慧之業者艱其人唯清竦常操承事日久洞達無遺攝師傳義從傳德傳傳慧贊脩雅皆繼世有聞云

十四祖高論尊者清竦天台人依琇法師精思止觀旦夜不懈及繼主國清說行兼至時錢氏建國吳越天台一境有同內地師領衆安勉厲其志曰王臣外護得免兵革之憂終日居安可不進道以答國恩壽長日臨座高論不已衆莫敢有倦色門人世業者義寂志因覺彌

十五祖淨光尊者羲寂字常照永嘉胡氏母初懷妊不喜葷血及產有物蒙其首若紫帽然(梁末帝貞明五年己卯生)幼白二親求出家乃入開元依師誦法華朞月而徹年十九(晉高祖天福二年)祝髮具戒詣會稽學律深達持犯乃造天台學止觀於竦法師其所領解猶河南一徧照也(僧傳云滿州不樂秦河南一徧照)嘗寓四明育王寺夢登國清上方有寶幢座題曰文殊臺欄楯外隔欲入不可俄見觀音從堂而出手卻行馬(即叉柵也亦名拒馬)低回相接忽覺自身與觀音體合爲一自是之後樂說無盡初天台教迹遠自安史挻亂(天寶末年安祿山史思明相繼反逆)近從會昌焚毀(武宗會昌五年罷僧尼毀寺院)殘編斷簡傳者無憑師每痛念力網羅之先於金華古藏僅得淨名一疏吳越忠懿王因覽永嘉集有同除四住此處爲齊若伏無明三藏即劣之語以問韶國師(傳燈天台德韶國師姓陳嗣清涼益禪師至天台覩智者遺蹤有若舊居又與智者同姓時疑其後身云)韶云此是教義可問天台寂師王即召師出金門建講以問(前義)師曰此出智者妙玄自唐末喪亂教籍散毀故此諸文多在海外於是吳越王遣使十人往日本國求取教典既回王爲建寺螺溪扁曰定慧賜號淨光法師及請諡天台諸祖(止諡天台以下六祖)一家教學鬱而復興師之力也(乘二師口義云吳越王遣使以五十種寶往高麗求教文其國令諦觀來奉諸部而智論疏仁王疏華嚴骨目五百門等不復至據此則知海外兩國皆有遣使者齎教文還中國之實則必以高麗歸觀來奉教卷爲正)有興教明師年方弱冠聽經於會下嘗自疑云欲光持釋迦丈六之衣披彌勒百尺之身正應其量爲衣解長邪身解短邪時韶國師居雲居(天台)白衆衆五百明往問之國師曰座主卻是汝會明慍色拂袖而退國師曰我若答汝不是當有因果明回螺溪口即吐血師聞驚曰此新戒觸忤菩薩人來明舉前話師云汝不會國師意速去懺悔明具威儀詣前悲泣作禮首過國師爲頌出前話云佛佛道齊究尔高低釋迦弥勒如印印泥明自此疾瘥歸謝師曰非師指教幾喪此生(二師口義云安溪山君言國師是智者起首堂中僧料螺溪是所放之魚)太平興國五年(本朝太宗)自山中出居州治寺東樓夢刹柱陷入于地即徙居西偏其夜春雨驟作山頹樓傾咸謂師有天眼雍熙元年永安縣請於光明寺爲衆授戒忽佛殿大像藏壞腹中出發願文乃唐咸通六年沙門希皎爲七鄉人施戒勸造此像願舍報爲男子童真出家傳法利生時會觀者謂是師前身也四年十一月四日寢疾囑門人不許哭泣祭奠言已即瞑目門人累小塔窆于方丈壽六十九夏五十傳法弟子百餘人外國十人義通寶爲高第師澄彧寶翔爲之亞焉天台官民先曾傳戒者共迎師真相於開元寺縞素致祭哀動一城天

爲慘色後徒屬謀遷塔見觀若生人髮長餘寸遂遷葬于國清東南隅澄或述銘以爲識師講三大部各二十徧維摩光明梵網金剛錍法界觀永嘉集各數徧述義例不二門等科節數卷（雜見高僧傳等文）

十六祖寶雲尊者義通字惟遠高麗國族姓 九 尹氏（後唐明宗天成二年丁亥歲生）梵相異常頂 十四 有肉髻眉豪宛轉伸長五六寸幼從龜山院釋宗爲師受具之後學華嚴起信爲國宗仰晉天福時來遊中國（師於天福末方十六七正受具學華嚴之時來中國歷在二十後以歷推之當在漢開之際今言天福恐誤）至天台雲居（韶國師所居）忽有契悟又謁螺溪聞一心三觀之旨乃歎曰圓頓之學畢茲轍矣遂留受業久之具體之聲浹聞四遠一日別同學曰吾欲以此道導諸未聞必從父母之邦始乃括囊東下假道四明將登海舶郡守太師錢惟治（忠懿王俶之子）聞師之來加禮延屈咨問心要復請爲菩薩戒師親行授受之禮道俗趨敬同仰師模錢公固留之曰或尼之或使之（孟子行或使之止或尼之尼語乙反）非弟子之力也如曰利生何必雞林乎（高麗別名）師曰緣既汝合辭不我卻因止其行開寶元年（本朝太祖）漕使顧承徽屢親師誨始舍宅爲傳教院請師居之太平興國四年法智初從師學（師年五十三法智年二十）六年十二月弟子延德詣京師奏乞寺額七年四月賜額爲寶雲雍熙元年慈雲始從師學（師年五十八慈雲二十二）師數揚教觀幾二十年升堂受業者不可勝紀常呼人爲鄉人有問其故曰吾以淨土爲故鄉諸人皆當往生皆吾鄉中之人也端拱元年十月二十一日右脇而 九 化闍維之日舍利盈滿骨中門人奉葬于阿育王寺之西北隅 十五（育王未爲禪時其徒嘗請寶雲諸師屢建講席寶雲既終因葬骨于此地）壽六十二治平元年（英宗）主南湖法孫宗正累爲方墳石塔作記以識之（後七十七年）宣和七年（徽宗）主育王昌月堂以地燕塔壞與寶雲威師徙骨於烏石山其骨晶熒有光考之琅琅其聲舍利五色滋生骨上有盈匊得之者其後主者智謙重刊石塔記於烏石菴中（見振祖集石塔記）曉石芝曰石塔記謂師著述逸而不傳然考諸四明章記則嘗秉筆爲觀經疏記光明玄贊釋矣蓋四明稟承其義用之於記鈔諸文非爲無傳贊釋一部尚存但不廣行耳

螺溪網羅教典去珠復還寶雲二紀數揚家業有付而世方尊法智爲中興者以其有著書立言開明祖道觝排山外紹隆道統之功也（觝音抵觸也）故慈雲贊之曰章安既往荊溪亦亡誕此人師紹彼耿光一家大教鍾此三良又爲之辭曰一家教部毗陵師所未記者悉記之四種三昧人所難行者悉行之敬繹名言誠爲實錄（繹音亦抽絲也）

十七祖法智尊者知禮字約言四明金氏（世傳所居在郡城白塔巷）父經以枝嗣未生與妻李氏禱于佛夢神僧攜童子遺之曰此佛子羅睺羅也因而有娠既生遂以爲名（太祖受周禪建隆元年庚申也）神宇清粹不與衆倫七歲喪母號哭不絕白父求出家遂往依太平興國寺洪選師十五具戒專探律部太平興國四年（太宗）從寶雲教觀（時年二十）始三日首座謂之曰法界次第汝當奉持師曰何謂法界座曰大摠相法門圓融無礙者是也師曰既圓融無礙何有次第座無對居一月自講心經聽者服其速悟五年其父夢師跪于寶雲之前雲以瓶水注於口自是圓頓之旨一受即了六年常代寶雲講雍熙元年慈雲來自天台始學于寶雲之門師待以益友義同手足端拱元年寶雲歸寂師 九 十六 復夢貫寶雲之首擐于左臂而行（擐音患亦貫也）即自解曰將非初表受習流通次表操持種智之首化行於世也（慈雲撰指要鈔序采用法智自解之說也）淳化二年始受請主乾符綿歷四載諸子說隨至道元年以所居西偏小院學徒猋止盈十莫容遂徙居城東南隅保恩院二年院主顯通

舍爲長講天台教法十方住持之地三年以院宇頹弊與同學異聞始謀經理既而丹丘覺圓來任後事咸平三年(真宗)郡大旱與慈雲同修光明懺祈雨約三日無應當然一手供佛懺未竟雨已大浹(慈雲行業記云約三日不雨當自焚如期果大雨太守蘇爲刻石爲記其事)六年日本國遣寂照持源信法師問目二十七條請答釋景德元年撰十不二門指要鈔成立別理真如有隨緣義永嘉繼齊立指濫以難之(梵天昭師門人)謂不變隨緣是今家圓教之理別理豈有隨緣師乃垂二十問以祛其蔽天台元穎復立徵決以代齊師之答而嘉禾子玄亦立隨緣撲以助齊頴時仁岳居座下述法智義立十門析難揔破三師人謂淨覺禦務之功居多(禦音語務侮同易外禦其務)四年遣門人本如會稽什師持十義書觀心二百問詣錢唐昭師室初是光明玄有廣略二本並行於世景德前錢唐恩師製發揮記專解略本謂十種三法純談法性不須更十七立觀心廣本有之者後人擅加耳九慈光門人奉先清靈光敏共造難辭二十條輔成其義時寶山善信致書法智請評之(慈雲有寄石壁善信上人詩有曾同結社之句據此則知俱師寶雲)師亟辭之曰夫評是議非近於諍競矧二公吾宗先達其可率爾信復請曰法鼓競鳴何先何後師於是始作扶宗記大明廣本附法觀心之義謂慈師之意觀心是爲有教而無觀有梵天昭孤山圓皆奉先門學述辨訛以助略本謂觀有事理今十法始終皆以一法性而貫之豈非純明理觀師作問疑徵之云若謂十法是理觀者應此玄文是上三三昧略本既無揀境且非約行理觀則知昭師反成有觀而無教昭師復述答疑書從容改轉以爲玄文直顯心性義同理觀師復作詰難責之云心性之名釋籤定判在因上人既以十法是果人所證則全非直顯心性又十法既不聞揀陰將何義同理觀昭師又述五義云止觀約行觀心乃立陰等爲境附法託事皆不立陰意謂令所立理觀是事法之例不須立陰又被詰之後知心性在因卻潛改云直顯法性(昭師所立謂之約行則無揀境謂之事法則有執爲理進退兩失無所憑據是爲無觀復無教)師復作問疑責之曰詰難本徵直顯心性純明理觀何得將事法之觀答之豈非義窮計盡邪此書既往逾年不答師復作覆問以從之昭師徐爲釋問以十乘妙理爲所觀境師復責之云本立三障四魔爲境界今若以十乘妙理爲所觀境即以三障四魔爲能觀智邪自發揮至今釋問四番轉計五回墮負往復各五綿歷七載乃揔結前後爲書二卷斥昭師一不解能觀法二不識所觀境三不分內外二境四不辨事理二造凡十章目爲十義書又設爲二百問以質之時孤山居昭師座端觀如什論辯不可當遽白郡守以來無公據發遣令還不復致答大中祥符二年重建保恩院成自興役九至今凡十載通守石待問爲之記十八三年乞郡奏于朝十月賜額延慶五年與異聞作戒誓辭以授徒弟立誠其略有曰吾始以十方之心受茲住處遽乎改創安施棟宇元爲聚學何敢自私但吾宗有五德者無擇迩遐吾將授以居之後後之謀莫不咸然五德者一曰舊學天台勿事兼講二曰研精覃思遠於浮僞三曰戒德有聞正己待物四曰克遠榮譽不屈吾道五曰辭辯兼美敷於將導何哉兼講則畔吾所囑浮僞則誤於有傳戒德則光乎化道遠譽則固其至業然後辯以暢義導以得人五者寧使有加設若不及去辯矣六年二月十五日始建念佛施戒會親爲疏文以寓勸意自此歲以爲常七年撰融心解明一心三觀顯四淨土之旨天禧元年謂其徒曰半偈亡軀一句投火聖人之心爲法如是吾將捐身以警懈怠乃與異聞結十同志修法華懺三載期滿將焚身以供妙經(遺身苦行人之所難十僧之名惜乎失錄)祕書監楊億(字大年官至翰林謚

佛祖統紀卷第九　城十

宋景定四明東湖沙門　志磐　撰

諸祖旁出世家第五之一

南岳旁出世家

二世　南岳僧照禪師　南岳大善禪師
枝江慧成禪師　藍谷慧超禪師
巴丘慧耀禪師　雲峯慧涌禪師
江陵慧威禪師　鍾山智璀禪師
仙城慧命禪師　新羅玄光禪師
枝江慧璀禪師（此下二人見南岳紀）　南岳淨人方合
南岳靈辯禪師
郢州刺史劉懷寶（此下三人南岳紀）
光州五百家巴子立　南岳府君
影堂二十八人（見光師傳）　業高四百（此下見善師傳）
信重三千
三世　南澗慧旻禪師（此下四人嗣光師）
升堂受菊一人　火光三昧一人
水光三昧七人　衡陽令陳正業（見善師傳）

智者旁出世家

二世　天竺真觀禪師　瓦官法喜禪師
國清智越禪師　瓦官法慎禪師
國清普明禪師　國清智璪禪師
佛隴智晞禪師　國清法彥禪師
廬山智鍇禪師　廬山大智禪師
玉泉道悅禪師　天台等觀禪師
華頂般若禪師　會稽禮宗禪師
棲霞法嚮禪師　玉泉行簡禪師
國清慧威禪師　碧澗法俊禪師
興皇慧燮禪師　南岳慧稠禪師
當陽德抱禪師　蔣山大忍禪師
佛隴慧辯禪師　玉泉道勢禪師
天台慧瑫禪師　天台惠普禪師
玉泉法盛禪師　玉泉法論禪師
會稽智果禪師　終南法琳禪師
國清智寂禪師　白馬敬韶禪師
定林法歲禪師（此下十一人天台紀）
禪衆智令禪師　奉誠法安禪師
玉泉法偃禪師　國清道脩禪師
岳陽曇捷禪師　玉泉義邃禪師
國清師諫禪師　國清如朗禪師
佛隴慧綽禪師　天鄉法延禪師
慧日僧珍禪師
玉泉法才禪師（此下四人見百錄）　玉泉法璨禪師
玉泉道慧禪師　十住道臻禪師
陳少帝（天台紀）　陳皇太子
陳永陽王　隋煬帝（天台紀）
玉泉關王（天台紀）　中兵參軍陳鍼
太中大夫蔣添玫　開府儀同沈君理
尚書左僕射徐陵　光祿大夫王固
開府儀同柳顧言　五兵尚書毛喜
儒士梁方茂
開府儀同吳明徹（此下二人天台紀）
岳州刺史王宣武　侍中孔煥（此下二人流傳梁氏禪林寺碑）
僕射周弘正　得門千數

諸祖前列所以明正統也至若旁出法嗣自南岳照禪師之下皆足以光昭法運力扶宗門誘掖來機扞禦外務（扞音汗抵也禦音語止也）摭言行之要考師弟之緣撰歷代諸祖旁出世家

南岳旁出世家　二世

禪師僧照聞南岳妙善心觀特往參謁凡所指授無不領解後以南岳命行法華三昧用銷宿障妙行精圓覩普賢大士乘白象王放光證明又感觀音為其說法於是頓悟玄旨辯才無礙師於衆中昔行禪定皆為第一嘗用衆一撮鹽作齋飲以所用無幾不以為慮後行方等忽見相起計三年增長至數十斛急賣衣買鹽償衆其相方滅南岳入寂師領衆行道不異於昔

禪師大善幼棲林野常誦法華後參南岳得開觀慧躬行法華三昧所入最深常於山中講釋論時衆推服大都督吳明徹問南岳曰法華禪門真德幾何岳曰信重三千業高四

百僧煦得定最深智顗說法無礙兼之者大善也後於禪堂趺坐而逝七日之內天常雨華異香凝結衡陽令陳正業聞師道德之盛每往禮敬蒙示法要內心歡喜後見內史鄭僧杲數稱師德嘗同獵圍鹿一羣謂正業曰君常稱善禪師有慈悲三昧力今日其如此鹿何正業即率左右同聲念南無大善禪師應時羣鹿騰空而出僧杲為之駭服(涅槃五百力士舉石不能佛以神力置虛空令力士貢高心息爾時實不舉石當知慈善根力令見此事)

禪師慧成吳氏澧陽人初受業於十住寺誦法華淨名勝天王經二十餘卷日為常課旣受具遊建業學成實論一聽十年文理略盡將歸本邑聞南岳開化之盛即往依之岳以師依文生解激之曰汝一生學問與吾炙手猶不得熱虛喪功夫豈不惜哉師承訓法情聚章疏盡焚之閉眼坐禪夜以達旦如此五年岳令入方等觀音法華般舟三昧歷試諸行以銷宿障行之三年得解衆生語言三昧彼閉目坐禪者觀道雖明開眼或失岳歎之曰智顗先發三昧後證摠持慧成今又及之二子行解亦且齊矣續於荊州枝江(縣)創造藍寺殿缺巨梁忽六月江漲夢有木可中梁用往江視之果然信士吳弘為精舍主忽氣絕召師至舍弘乃省曰初被執至王所見師上殿曰我與此人共立功業未辦(音辦具也周禮以辦民器辦俗)頑宥之王起禮足許之陳後主聞師名召之毅然不往帝又令江摠往迎且戒之曰師若不允不勞返也使人兩淚強邀上船師奮身入水大江中使更請曰若不蒙往摠等粉身無地矣師聞其意從至闕下帝躬請戒法賜所居曰禪慧寺有常律師過師同寢夜擲蝨於地明將告別師曰夜來一檀越被凍可閔常大懃永以為戒一日語門人急梵殿階吾當講涅槃及事成建講適智者自玉泉來共談玄理良久入定示滅

禪師慧超丹陽沈氏幼入道誦法華聞光州思禪師妙明三觀與天台仙城命禪師同往請業思師對衆稱之曰超之神府得忍人也後入嵩高餌藥坐禪隋太子勇召集名德摠會京師以師行業不羣獨留供養有淨業法師隱居藍谷欽師高道躬事邀迎共止八年倍隆三慧大業初屢詔入宮說法師所居常有數虎以任役使平時誦經五十餘年幾一萬部京邑名匠慧因保恭等咸就棲止以事請益後因臥疾示門人曰生不忻死不慼吾之常也第一義空清淨正觀吾之凭杖也乃面西正坐入定遺旨露骸松下以施禽獸弟子如教停月餘顏色不變夜有霞光自身而發時秦王世民聞之(唐太宗)遣人就視深歎希有衆乃造塔奉藏全身

禪師慧耀姓岐襄陽人初從南岳居數年盡得心觀之妙岳即之曰子於實相理觀所造旣深宜隨方行化以酬本志及南岳入滅師至巴丘歎曰此地禪法罕聞宜可開示有道

懿禪師遯居道因寺專尚禪寂不交人事十有四年未嘗出門一日謂人曰吾不欲惱衆欲往內華寺閑居衆留不從閱三年示疾見南岳與仙城來迎謂言可同遊淨土即趺坐入寂葬全身於內華

禪師慧涌受法華三昧行法於南岳行之旣久遂獲證入乃隱迹雲峯不與世接六十餘年一志禪定當出定之頃心無它務唯誦法華旣而又證火光三昧不知所終

禪師慧威江陵人依南岳行法華三昧得解一切衆生語言陀羅尼聞人畜禽鳥聲必知其意後又發證神通飛空履水如步平地

禪師智璀早親南岳修法華三昧證入甚深隱居鍾山未嘗越閫煬帝屢詔勉為一赴帝請問法要禮為國師

禪師慧命天台仙城人來參南岳聞說三觀深悟玄旨得無礙辯說法如瀉將終誡門人精進淨行衆忽見阿弥陀佛與大士來迎即

隨佛向西升空而去

禪師玄光海東新羅人逵越滄溟求法中夏首造南岳授法華安樂行門禀受勤行俄證法華三昧南岳謂之曰汝還鄉國當以善權而行化度若負螟蛉以成螺贏者也詩螟蛉有子螺蠃負之教誨爾子式穀似之揚子螟蛉之子殪而逢螺蠃祝之曰類我類我螟蛉桑上青蟲螺蠃細腰蜂師即禮辭南岳返錫江南值本國海舶遂獲附載方及大洋忽覩采雲亂目雅樂盈空絳節霓旌傳呼而至空中聲云天帝召海東玄光禪師師拱手遜避即見青衣恭敬前少選入大宮闕見羽衛陳列鱗介繁錯閒以鬼神咸仰敬曰天帝降我龍宮請法師說已證法門吾曹受益不少矣既升殿請陟高臺天帝扣問師為開演經七日而畢帝躬送別向所乘舟泛泛不進師復登舟舟人謂始半日耳天觀上生兜率一遶彌勒座下聽樂若已六月矣此言天境時分當長今光師龍宮七日說法回至海船始半日耳此蓋龍宮晝夜常短之驗哉欸以此比涌品六十小劫謂如食頃者據疏記六十非塵佛威所加忘其為久則知今龍宮說非佛國又非佛加應以龍宮自謂七日船人自謂半日各執情謂以之為實如剎溪謂六十食頃但是情謂非實短也師既歸國於熊州翁山結茅為居集衆歎法久之遂成寶坊受道之衆咸蒙開悟升堂受莂者一人文句受記亦云受莂受是得義莂是別了入火光三昧者一人入水光三昧者二人南岳影堂如圖二十八人師居一焉

淨人方合常止南岳般若臺為衆僧執役𥧌脩禪觀既獲證悟復得神通每伸臂長丈餘

新羅光禪師法嗣卅三

禪師慧旻河東人九歲出家誦妙經朞月便過年十五請法於光禪師英偉秀發宿士稱之後十五年還嘉禾海鹽主光興寺講演法華衆聞空中諸天彈指興香蒲堂後止通玄寺結徒行道十七年閒足不踰閫隋末天下崩離吳中饑饉四衆逃難唯師守死禪誦唐室之初遷居南澗寺左建有兩兔一彪相鉏同止一日衆聞異香天樂競以問師師曰吾後日當往也寄世若浮雲須臾求度及期果順化而逝

智者大禪師旁出世家卅二

禪師真觀字聖達錢唐范氏其母誦藥王觀音品以求嗣遂生師舌羅紫文手有異相幼聰寤博通經史遇善相者謂之曰年少當成大器何滯塵網師始欲出家二親未見許夢七城十天神告曰汝于法中英傑何得龍檻於此父母自是從其志初讀成實十誦始開一卷神夢語曰汝是大乘法器勿守小道陳永陽王伯智夙事師遣使迓師謁智者致書為贄智者以齒相若待之以兄弟高談寂照金石相宣時人為之語曰錢唐有真觀當天下一半

大忍禪師見而歎曰龍樹之道方興東矣時朝廷征周失律陳宣帝大建十年命吳明徹北伐周兵敗為周人所執議括僧無名者令休道師致書左僕射徐陵爭遂寢隋文帝朝三教勞問秦孝王總管維揚兩加延請並辭疾不赴與道安禪師頭陀於靈隱山中開皇十四年郡大旱刺史劉景安請講海龍王經序王義方竟驟雨霈然十五年始立精舍號南天竺常講法華用為要業受持讀誦躬自書寫五種法師於茲為備每盥洗遺滴地為不濡有一老人日至聽經師延問之對曰弟子即此山龍王也師曰久旱何不降雨老人曰山民無知鑿斷山脈諸龍不安使之若尒師能為諸龍授戒勸其向道則雨可即致師許之即作法召諸龍與授菩薩戒即時降雨是夜有戢冠朱服頂禮作謝師因問曰近年多旱何邪龍曰人無正信多行惡行以故惡天將地肥流入深土雖結五穀食無肥膚旱澇不常固有由也大業十年夏四月郡司馬李子深請出衆善寺講涅槃經出山之日手標葬處講至現病品夢二人作禮告曰淨居天遣迎禪師六月六日始臥病夢與天台同輦翼佛還山覺已歎曰昔六十二當終講法華力得延一紀今七十四復致斯應生期必矣乃集衆訓曰欲出生死

欲具佛法宜須持戒修定慧學弘通正法勿令虛度至七月一日衆聞空中技樂之聲即趺座示滅道俗獻供日致千輩至二十六日容色儼然眉毫增長乃自衆善遷窆於所標之地四部大衆亘一由旬香蓋成陰幢旛蔽野道德之感有若此云(師即天竺靈山始祖章安嘗撰別傳其本不存慈雲之世重修其塔作六詩以爲識其序略曰今士門自開一無遺物不知全身隨多寶以證經乎像佛隴以化往乎)

禪師法喜力學無倦參知識十七人得大開悟年登六十始於大蘇山值遇智者一聞法音頓獲深證於是盡舍舊侈專心禪慧陳光大元年與同學二十七人從智者至金陵遊化尚書毛喜朝之曰尊師猶少弟子何老(時智者年三十)師答曰所事者德豈論其年又問何以爲德答曰善巧說法即後代當樓那破魔得道即今日優波毱喜善其對常稱之朝列師行方等三昧有難來索命神王訶之曰禪師當往淨土即生得道豈償汝命邪後於瓦官趺坐入定不起于座而終

禪師智越南陽鄭氏與求婚師極辭以拒即出家游方至金陵遇智者北面受業五門六妙莫不深達誦法華經至㵎萬部智者晚歸台嶺付以四衆二十年間循循善誘德量寬曠學者歸心所居之處瓶水自滿自晉王造寺及登帝位山中每遣僧使奉啓致賀必以師名居首上虛已加敬若智者在日無異每嚫施用爲功德未嘗有所畜也大業十二年十一月二十三日告衆爲別右脇而逝風慘雲慘地動山頹天雨異花一境冥晦

禪師法愼初居金陵大莊嚴寺從智者稟受三觀豁然深證因定發持一聞能記陳大建三年智者於瓦官說次第禪門師於聽次私記爲三十卷尚未修治不幸入滅其後章安治定爲十卷即禪波羅密漸次止觀也

禪師普明會稽朱氏少有異志嘗聚沙爲塔刈蒿爲殿有僧乞食見之曰郎子有善根可向天台出家彼有初依菩薩現身說法陳大建十四年來天台值智者講次座衆初散禮足歸依智者笑曰宿世願力今復相遇於是服勤左右專習禪法行方等般若諸三昧誦通法華後隨智者止廬山於陶侃瑞像閣行請觀音三昧隆冬身不衣絮正行道間見一異僧謂之曰汝名法京未爲嘉稱可改爲普明此言明者謂能照了三世也智者聞之曰既是冥示宜從新名智者住玉泉令造大鍾充佛隴用勸江陵道俗競爲經營偶盲人來視師知相不吉模開果缺乃倍工再治誡不具者莫至其聲遠聞七十里暨居國清以取水爲艱指其石曰此石出水不亦快乎泉即涌出日給千衆嘗鑄丈六盧舍那像感異人施金爲助國清講堂狹小師欲廣之章安勸勿改俄而栝州都督周孝節(温州在陳隋爲栝州)施杉柱泛海而至章安在赤城忽見師身十餘丈高出林表翼從數十人語章安勿苦諫吾所作當有成章安感其神異望林合掌致敬曰當依仁者區畫創堂之日感山神隱形而至勢若雷震摧樹傾枝闊一步許自佛隴下至於寺日暮還返聲如初至比房聞師與之共語多勸神爲善建堂既畢忽着破衣與衆言別奄然坐逝信宿屈左三指師不畜私財以所得施造金銅像十軀閱大藏二過每作利益事一運其心金帛自至

禪師智璪臨海張氏父懷仕陳爲中兵參軍年十七二親俱亡服滿染病久醫無效乃力疾出庭向月而卧至心念月光菩薩繫念旬日夜中夢人以口就身噓吸如此三夕疾遂瘳因投安靜寺出家聞智者爲世良導即往請業行法華三昧至二七日初夜懺畢就牀欲坐見九頭龍從地而起上升虛空智者釋曰此表九道衆生聞法華經將破無明地入法性空耳嘗往寶林寺行懺初夜有人來撼戶扇師問何人答曰我看燈耳有成禪師聞

之曰此堂有惡鬼令此聲者鬼也即啓永陽王遣十人執仗爲護師謝遣之曰命由業耳是夜鬼入堂撾壁擊柱周徧東西師行道礭誦坦然無懼三七日内事常如此行法將訖見一青衣童稱讚善哉言已不見又因往會稽路由剡縣乞食主人誤進毒藁食訖前講主人哭者皆吐利委頓鄰人追師十里語之師笑曰貧道奉無乇大業元年煬帝巡幸揚州師自國清御使命至行在所引見内殿賜坐尉勞遣通事舍人盧正方送還山爲智者設千僧齋度一百人師前後八入參覲主上愛加異禮唐貞觀十二年無疾正坐入滅壽八十三

禪師智晞陳氏潁川人先世避官寓家於越年二十往投智者剃度稟受禪訣旦夕研心不見倦色智者入滅受命居佛隴時衆行三昧者頗盛殿堂展闢制度嚴整唯香臺未架當香鑪峯多檉柏木師欲伐用衆疑神所擄夜夢神送疏舍木遂遣伐之寺衆法雲欲往峯頂禪坐師止之曰汝道力微弱山神剛猛不宜往雲不從甫留一夕神現形驅令還初智者勸沿江居民舍簄梁爲放生池歷年未久復行漁捕師與章安禮智者塔焚香咒願有漁人見僧立簄上意謂墮水者乘舟往救忽不見居人覩驗遂停採捕時羣獸悲鳴衆鳥翔集屢日不止東山銅鐘忽響震山谷師曰此召吾也乃香湯沐浴趺坐執如意說法良久寂然無聲衆方號泣復啓目戒之曰有生必滅寧足爲悲或問生處曰據吾夢驗當在兜率宮殿青色居天西北涅槃經以兜率天常愛青色用青色三昧以破此天之有見吾先師侍左右者皆坐寶座唯一座空吾詢所以答云却後六年頂法師當升此座說法師常往阿育王寶塔禮八萬四千拜感紫丈印手方整明瑩臨終告弟子曰衆聖印我吾今往生内院矣忽聞弦管之聲即趺坐而化時貞觀元年十二月十八日也

禪師法彥清河張氏陳大建七年侍智者於天台授禪那之旨寂坐林間不居房舍常入定七日方起智者證之曰如汝所說是背捨觀中第二觀相山神數嬈試之恬不爲動專修禪法三十餘年常坐不卧隋大業七年二月晦於國清趺坐而化

禪師智鍇音楷豫章夏侯氏博通三論著名當世及見智者稟受禪法深有開悟晚入廬山造大林精舍專志修禪莫測其證二十餘年影不入俗隋文帝名入京辭疾不赴豫章郡守請講法華力拒之曰吾當終於山舍既而道俗懇請不已勉爲之行講經未竟果終於州治之寺人始悟其先知時炎暑正盛端坐如生異香滿城數日方歇衆奉禪龕還葬廬阜

禪師大志會稽顧氏依智者出家以其志趣高放爲立此名每誦法華音聲清轉聽者忘疲既獲聞禪要乃於廬山甘露峯行杜多行投身猛虎虎輒避去山粒或絶終日忘餐或得餅果繼命而已如是七載禪誦不休晚住福林會大業中屏除佛教師素服哭於佛像前者三日誓舍身申明正道遂往東都上表曰願陛下興隆三寶貧道當然臂報國上許之遂集七衆設大齋絶糧三日升大棚布裹其臂灌蠟作炬度火然之光耀巖堈見者莫不心痛師面色不變讚佛誦經爲衆說法聲未嘗絶燒畢下棚入定七日跏趺而終撰願文七十紙廬山諸寺除夜衆集讀誦比文爲之酸結

禪師道悦䣊丘張氏十二投玉泉依智者出家誦大品般若及妙經日爲常課時造寺之初未有鍾磬師於泉源得怪石縣之每誦經卷通輒扣一下聲韻清徹聞者肅然幽冥之徒屢獲祥感偶患水脹腹急如鼓唯念般若求勝應一夕腹水逆流洪腫消退隋末寇賊朱粲率徒入山師端坐不動曰吾沙門也浮幻形骸任加白刃賊異之不敢犯師身衣麻

紵日止一食常分其半以資飛走或翔集肩上或掐来掌中慈善所熏忘懷無畏衣雖弊壞絶無蚤蝨常於隣居乞蝨養之勸其莫殺居山五十年操行若一臨終預與人別即端坐合掌而逝後有人見僧跣足擎鉢於清溪之上自稱為般若師蓋師常誦是經人以是為稱也城十 十三

禪師等觀冨陽孫氏受心觀於智者居天台常誦法華貞觀九年冬餘抗法忍寺請師講演明年正旦有王服者至稱臯亭廟神来謁師曰禪師昨過廟庭適弟子巡遊不及奉迎今故遠来專求戒法師即索鑪然香為授菩薩大戒禮謝而退明日夜半沐浴更衣面西趺坐稱三聖尊號及智者號各百餘聲復為惠法師說三觀法門且云此吾親承大師口說言畢而終

禪師般若高麗人開皇十六年来詣佛隴求禪法未久有所證悟智者謂之曰汝於此有緣須閒居靜處成辨妙行華頂峯去此六七里是吾昔日頭陀之所住彼進道必有深益師即遵奉明誨宴坐十六年未嘗下山忽一日往佛隴上寺有三人侍行須臾不見次至國清下寺告別同志居數日無疾而化龕出寺門開眼示別至山閉目如故

禪師禮宗朱氏會稽人初參長壽通達禪觀壽曰良玉徑尺千仞之土不能掩其光後往見智者學三觀法門大有契悟嘗注涅槃經疏為時所重景龍三年唐中宗御史馮忠忽暴亡有二童子領師庭對判官案覆罪籍見亡男張恩義曰我不食后宮中亂越致此冥追可發願造涅槃疏并鑄鍾廡消往過疏是禮宗禪師所述者此師親見智者傳授每有天神守護忠依男誠遂獲放回尋疏未獲再被冥譴忠乞三日尋寫後俾其返誠意搜求果得其本遂急為經理後以壽終

禪師法獨揚州人年十六辭親入道從智者學誦通法華乃於棲霞寺側立法華堂行三昧既獲證悟默而不言山中猛虎日害數人衆設大齋以為禳禬忽一虎入衆中攫一人去師高聲呼云今日專為汝設齋可放此人虎即置人而退頃之羣虎數十大集齋所舉衆驚避師至虎前以杖扣羣虎頸為其說法十四城十自此之後遠遁無迹

禪師行簡親承智者剃度禀受禪法常坐不臥智者在玉泉令往澧州教化耕牛回至中路忽逢羣盜斬師之首奪牛而去師之屍形即從地起以手捧頭安項上健步如飛来追賊黨賊皆驚異遂還其牛誓終身為奴以求謝過今莊中佃奴有姓向者是其後的光及

禪師慧成依智者學心觀頓獲開悟後受遺託造國清寺凡所建立效力為多密行殊常人不能測

禪師法俊初於金陵見智者行法華三昧即獲悟入後弘法於碧㵎學者歸仰入滅之日仙樂盈空天香亘野大衆望其隱隱西去

禪師慧瓒初居興皇寺謁智者學深禪定每誦法華人聞天香滿室非世所有

禪師慧稱參智者學三觀後居南岳背誦法華華嚴日為常課外人嘗見天神翼衛左右

禪師德抱當陽人從智者學禪法久而獲證誦法華多瑞應數十里咸聞異香煬帝敬異錫號大覺禪師

禪師大忍擅得梁代養道蔣山時與智者義集山中頓悟禪慧乃歎服曰此非文字所出乃是觀機縱辯般若非鈍非利利鈍由機豈富適時是其利相池深華大鈍可意得見智論十五城十雖知龍樹觀池深知華大餘輝有奉可不自慶

禪師慧辯禀姿聰寤聞智者開演觀道默記無遺如水傳瓶一滴不漏後於佛隴會別大衆架木成樓舉火焚軀用報佛德煙籠林表舍利交凝

禪師道勢幼負材器徧參知識凡所入室莫

授其機及見智者於玉泉開說止觀頓獲妙悟

禪師慧琚聞智者說法即入深定一坐旬日率以爲常所居之室神光夜照

禪師慧普早親智者聞深禪法常行法華三昧感普賢乘大白象放光照身忽然悟入

禪師法盛初於玉泉見智者稟受法要旦夜不離禪定後親受觀心論深悟玄旨智者既往乃於玉泉大敷教化唐初入京師每說法口出光明四衆戴仰固於真佛朝廷尊其道賜號悟真禪師

禪師法論依玉泉學與會稽智果終南龍田法琳皆同學智者並與智者作傳皆不復存章安所撰別傳用國清智寂禪師本稍加增益遂行於世此四師雖無事迹可尋亦皆當時得道英器見百錄序及別傳注

禪師敬韶會稽上虞顏氏初於白馬寺弘化十年智者居瓦官躬詣求學深入定慧陳至德元年十月卒於鍾山開善寺

禪師僧珍師事智者行解深著初住京師勝光寺唐武德四年唐高祖簡取名勝住同華兩州朝廷舉師住慧日時唐論是之佛道論衡

陳皇太子淵後主子也至德四年正月十五日於崇正殿設千僧齋請大師授菩薩戒百錄請戒文名淵南史名深因請戒改此名其請戒文云重道尊師由來尚矣請世世結緣遂其本願授戒之曰傳香在手臉下垂淚師爲立名善萌及後爲隋所破方悟垂淚者識自傷也善萌者不成材幹也禎明三年正月隋破陳兵士扣閤而入時太子年方十五安坐勞之曰戎士在路不致勞乎三月隨後主入隋不知其終 十六

城十

陳永陽王伯智字策之文帝第八子至德初出爲東陽刺史請大師出鎮開講致書至三師遂往王與子湛家人同稟菩薩戒執弟子禮晝聆講說夜習坐禪講事將解太法名曰靜智製疏文設大會度人出家鑄大士像其跡有云願生生世世與天台闍梨及講衆黑白恒結善友俱向一乘 師謂門人智越曰吾欲勸王修福禳禍越曰府僚非舊或有爽涼遂止其後王出遊墜馬將絶師爲率衆行觀音懺法遂覺微醒凭几而坐見一梵僧手擎香爐遶王一匝香氣襄四痛惱頓釋

陳鍼智者之兄爲梁晉安王中兵參軍年四十仙人張果相之曰死在朞月師令行方等懺鍼見天堂門牌曰陳鍼之堂後十五年當生於此果後見鍼驚問曰君服何藥答曰但修懺耳果曰若非道力安能起死竟延十五年而終智者嘗爲其撰小止觀咨受修習夙夜不怠

蔣添玫官太中大夫吳明徹仗儀同公皆陳朝貴重同稟息法久習不懈神明擬寂雖舊苦腳疾亦爲之愈

沈君理字仲倫吳興人尚陳武帝女會稽長公主位儀同受大師菩薩戒製疏請住瓦官開法華經題宣帝敕停朝一日令羣臣往聽 十七

城十

時光祿王固侍中孔奐尚書毛喜僕射周弘正俱服戒香同餐妙法仍請一夏剖釋玄義道俗俱會開悟爲多妙玄云九旬談妙即此時也

徐陵字孝穆東剡人言誅母臧氏夢五色雲化爲鳳集左肩上已而誕陵年數歲家人攜以候沙門寶誌摩其頂曰天上石麒麟也光宅雲法師見陵歎曰顏回之儔也八歲善屬文少仕於梁陳大建中官至尚書左僕射嘗夢其先人曰禪師是吾夙世宗範汝宜一志事之陵奉賓訓資敬盡節參不失時拜不避濕每蒙書疏則洗手焚香冠帶三禮屏氣啓封對文伏讀儀同沈君理請開法華陵預聽席以爲餘年得逢妙說致書自慶後對大師立疏發五願云弟子思出樊籠無由羽化既善根微弱冀頗力莊嚴一願臨終正念成就二願不更三塗三願不高不下處託生四願童真出家如法奉戒五願不墮流俗之僧憑此誓心以策西暮書見百錄二陵後身果爲法華第

六祖嗣章安之佐陳後主在東宮召陵講大
品義學名僧自遠雲集陳既破嘗隨智者研
精法要晉王求淨名義疏大師續爲撰成二
十八卷陵與柳顧言並應奉文義
王固字子堅陳光大初爲侍中進金紫光祿
大夫終身不茹葷夜則坐禪晝誦佛典嘗騁
魏因宴饗請停殺一羊羊至固前跪拜若謝
又宴昆明池魏以南人嗜魚大設網罟固以
佛法禁之一鱗不獲大師講法華於瓦官固
預法會即坐開悟宛同宿學
柳顧言法名正善河東人晉王初受菩薩戒
遣顧言送智者施物及屢奉王教往留智者
頻聞法要深有省發智者回自江陵晉王重
乞稟受禪法師爲著淨名義疏初卷顧言與
徐陵奉酬文義後智者續成玄義十卷顧言
報曰持往仁壽宮服讀八徧粗覩畧盡細閒
難除新治六卷并入文八軸爲莊治未竟少
日鑽研今遣使人蕭通國參承書意自當仰
十六本
城十
簡顧言頻被顧問每荅以大師必來額在宴
竟便事舟楫驀此殘年盡心聽受懺悔往日
懈惰之咎大業元年冬煬帝敕顧言爲智者
建碑於天台國清主文尚理人服其工官至
儀同三司
毛喜字伯父陽武人少好學善草隸陳宣帝
時爲五兵尚書瓦官法會獲預聽衆懇求禪
要躬執弟子禮受六妙門及四十二字法門
旦夜研習不因事廢大師在石像欲往天台
營道場喜致書勸留謂鍾嶺攝山亦足棲心
而大師志頗有素不復可挽

佛祖統紀卷第九　城十

佛祖統紀卷第九

校勘記

一　底本，明永樂南藏本。
一　四七八頁中九行「玉泉法論禪師」下，[經]有夾註「下三人同紀」。
一　四七九頁上一五行「訓法」，[經]作「法訓」。
一　四七九頁中一行、二行夾註「音辮具也周禮以辨民器辦俗」，[經]無。
一　四八〇頁上六行夾註左首字「殪」，[經]作「壹」。
一　四八一頁上五行「大衆」，[經]作「大衆者」。
一　四八一頁上一一行第一三字「心」，[經]無。
一　四八一頁中二三行第一五字「治」，[經]作「治」。
一　四八一頁下九行首字「勢」，[經]無。
一　四八二頁上二一行「形驅」，[經]作「形軀」。
一　四八二頁下一五行「比文」，[經]作

「此文」。

一四八二頁下二〇行第五字「一」，徑無。

一四八三頁上一行首字「紵」，徑作「終」。又末字「肩」，徑作「房」。

一四八三頁中一五行「忽一虎」，徑作「忽見一虎」。

一四八三頁下一二行末字「證」，徑作「悟」。

一四八三頁下一八行「適時」，徑作「適時」。

一四八三頁下二一行「一滴」，徑作「一滴」。

佛祖統紀卷第十　城十一

宋景定四明東湖沙門　志磐　撰

旁出之二

二世 章安旁出世家

龍興弘景禪師　南岳大慧禪師

嘉祥吉藏禪師　天台明曠禪師

玉泉道素禪師

三世 書閣智拔禪師 嗣藏師　二世 永嘉真覺禪師

天宮旁出世家　一

左溪旁出世家

二世 焦山神邕禪師　支硎道遵禪師

佛隴大義禪師　紫金元宗禪師

四明道源禪師　婺女清辯禪師

婺女行宣禪師　婺女圓淨禪師

婺女法開禪師　三衢道賓禪師

三衢慧從禪師　毗陵守真禪師

錢唐法燈禪師　錢唐法真禪師

會稽法源禪師　新羅法融禪師 下三人嗣左溪

新羅理應禪師　新羅純英禪師

居士傅禮　居士王元福

三世 焦山智昂禪師 下四人嗣邕師　焦山進明禪師

焦山靈澈禪師　支硎靈輸禪師

焦山慧照禪師　支硎道忻禪師 下四人嗣遵師

支硎法盛禪師

支硎靈源禪師

二世 荊溪旁出世家

南岳普門禪師　龍興元皓禪師

華頂行滿禪師　天台智度禪師

建安法顯禪師　雲峯法證法師

無姓法劒法師　翰林學士梁肅

吏部郎中李華　散騎常侍崔恭 下二人嗣皓師

諫議大夫田敦　身通三十九人 傳大論師

三世 曇環禪師 嗣門師　智淨禪師 此下五人嗣皓師

仲儀禪師　子瑜禪師

道如禪師　仲良禪師

龍興重巽法師

四世 中丞柳公綽　刺史柳宗元

中書鄭絪　刺史孟簡

興道旁出世家

興善守素禪師　日本最澄禪師

至行旁出世家　天台良湑禪師 下二人嗣至行

天台敬文法師　天台光韶法師

天台維蠲法師 城十一　天台刺史常珩 至行本紀　二

正定旁出世家

二世 天台敬休法師　天台慧凝法師

三世 天台處原法師 嗣凝師　四世 天台玄廣法師

妙說旁出世家

二世 國寧常操法師　三世 國寧義從法師

四世 國寧德儔法師 嗣從師

五世 定水慧贇法師 下二人嗣四明傳師　法性修雅法師 會稽

高論旁出世家

二世 慈光志因法師　演教覺彌法師 錢唐龍興

三世 慈光悟恩法師 此下四人嗣因師　姑蘇海南懷贇法師

雍熙可崇法師

錢唐義清法師

四世 奉先源清法師　靈光洪敏法師

慈光可嚴法師　慈光文備法師

五世 梵天慶昭法師 此下四人嗣清師　崇福慶巒法師 錢唐

孤山智圓法師

開元德聰法師 會稽　廣慧蘊常法師 錢唐嗣聰師

六世 永福咸潤法師 此下三人嗣昭師

報恩智仁法師 會稽　永嘉繼齊法師

孤山惟雅法師 嗣圓師

七世 永福善朋法師 會稽嗣潤師

淨光旁出世家

二世 慧光宗昱法師 國清　廣教澄彧法師 錢唐

廣教寶翔法師 錢唐　石壁行靖法師 錢唐

石壁行紹法師 城十二　勝光瑞先法師 天台　三

通鑑知廉法師　崇法願齊法師

高麗諦觀法師　吳越錢忠懿王

常寧契能法師 此下十師嗣昱師　錢唐千頃安國至臻法師 下並錢唐

通照覺明法師

寶山懷慶法師　明教曉乘法師

寶藏悟真法師　頂山懷至法師姑蘇
靈鷲志倫法師下並錢唐　安國爾開法師
慈惠慶文法師會稽

寶雲旁出世家
二世　天竺遵式法師　延慶異聞法師
興國有基法師四明　廣慧體源法師四明與矩師書
承天清曉法師錢唐　錢唐善信法師四明本紀

章安旁出世家

禪師弘景當陽文氏貞觀二十二年於玉泉奉敕得度依章安稟受止觀常誦法華蒙普賢示身證明天童奉侍左右後於寺南十里別立精舍曰龍興天后證聖元年詔同實叉難陀等譯華嚴自天后至中宗凡三詔入宮供養爲受戒師後乞還山帝敕於林光宮同天下名僧二十人餞福置齋帝親賦詩令中書令李嶠等應和以爲贈師捧詩長揖振錫而行天下榮之

禪師吉藏金陵人七歲依興皇朗法師出家咨決大義後遊會稽止嘉祥寺講演法華自著章疏智者再歸天台師與禪衆百餘人奉疏請講法華不赴暨章安弘法稱心因求法華玄義發卷一覽即便感悟乃焚棄舊疏深悔前作來投章安咨受觀法煬帝時敕住京師曰嚴寺開演妙經四部雲擁唐高祖詔居延興寺一日晨起沐浴焚香稱佛名安坐而化平時寫造妙經二千部講法華三百徧大品華嚴維摩大論各數十徧並著章疏行世臨終之日製死不怖論投筆而化

禪師明曠天台人依章安稟教觀廣化四衆尋誦法華章安撰八教大意師首於三童寺咸十二録受平時著述甚多今所存心經疏耳四

禪師大慧唐太宗賜號而忘其名初聞章安説止觀即得妙悟隱居南岳專事修禪鳥獸馴于座隅人服慈化

禪師智拔襄陽張氏六歲依常濟寺出家日誦法華五紙經中理義畧有規繩常曰斯經乃諸佛出世大事也一人一道非弘不通聞聽既畢入京師值吉藏禪師命令覆述師曰一乘爲雲遂分爲三亦可一乘爲兩分爲三否衆無對藏師曰拔公此問深得經旨遂囑以大法後住菁闍山寺常講法華一年五徧貞觀十四年九月於信士張英家開法華題竟與衆言别即於座上加趺而化

天宮旁出世家

禪師玄覺永嘉戴氏出家徧探三藏精天台止觀圓妙法門四威儀中常冥禪觀因左溪朗公激厲遂與東陽策禪師同詣曹溪見六祖振錫攜瓶遶祖三匝祖曰夫沙門者具三千威儀八萬細行大德何方而至生大我慢師曰生死事大無常迅速祖曰何不體取無生了無速乎師曰體即無生了本無速祖曰如是如是于時大衆無不愕然師方具威儀參禮須臾告辭祖曰返太速乎師曰本自非動豈有速耶祖曰誰知非動師曰仁者自生咸十二分別祖曰汝甚得無生之意師曰無生豈有意耶祖曰無意誰當分別師曰分別亦非意五祖曰善哉善哉少留一宿時謂之一宿覺翌日下山復回温江學者輻湊號真覺大師睿宗先天元年安坐示滅塔于西山賜謚無相大師塔曰淨光慶州刺史魏靖緝所著文爲十卷號永嘉集

因草菴曰魏靖收遺文總十篇爲一集荅友人書尚附其中而不收證道歌者何耶抑有說焉以證道名歌而如來設教修證之法不出藏通別圓今所謂道者藏通修證乎別圓修證乎若舍此而別有修證者得非永明所謂不依地位天魔外道者乎義神智曰討疏尋經分别名相自不違耳非經論過不知討誰疏邪若慈恩等疏則可耳若天台疏皆有方軌攝法入心觀與經合非數它寶豈可謂之分别名相而已哉

洪覺範曰梵僧覺稱謂西竺日此歌為東土大乘經若以義天跋刪傳讖例之比歌特未遣有識者贊之耳

論曰左溪本紀稱為真覺為同門友真覺傳中稱左溪激厲遂謁曹溪而又言精於天台止觀之道是知同學于天宮無可疑者況永嘉集中全用止觀遮照之旨至比當益信是宜體之天宮用見師授之意但世傳證道歌辭旨爭反昔人謂非真作豈不然乎

左溪旁出世家

禪師神邕字道恭晉太尉蔡謨之後世居越之諸曁在繈褓中聞唱經聲必凝神靜聽年十三入道依法華俊師開元二十六年奉敕得度從儼師學四分律儼曰此子必為學者司南既而去依左溪學止觀法華玄義五夏數演聽者悅服天寶中遊長安居安國寺公卿問道結轍而至適安史繼亂振錫東歸道出襄漢有著作郎耆子春學贍氣剛與之酬酢子春墮負滿座驚服中書舍人范咸歎曰師可謂塵外摩尼(取若珠之明瑩不染塵也)論中師子(取其論說若師子吼)既返故鄉居法華寺自至德訖大歷頻受眾請登壇授戒自丹陽以俞金華以比稱為教授師建伽藍于焦山賜額大歷初中岳道士吳筠造論毀佛觀察使陳少遊請決之師約吳筠面論邪正旗鼓纔臨筠已敗北遂著翻邪論三卷以攻餘黨弟子智昇靈澈進明慧照等依學有年咸明禪慧為當時聞人焉

禪師道遵字宗達吳興張氏年二十受具戒學毘尼後參左溪習止觀及法華三昧嘗從容謂門人曰堯舜之民不必獨義教之至也教若不至民何彀焉乃廣寫法華置經院於姑蘇支硎山舉高行沙門二七人常持法華以燭繼晝用揚大雄之慈聲大歷元年郡刺史韋元甫尚書劉晏等尊慕大乘相與表奏賜名法華道場於是自江以東置經院者十七所皆法於師也師於山中鑄像寫經講演妙法臨壇度人歲無虛景天寶元年於靈巖道場行法華三昧忽觀大明上燭于天身在光中以問荊溪溪釋之曰智惠光明從心流出將以顯發第一義天者也又嘗見此身在空中坐先達謂是垢盡理明洞達無礙之相興元元年七月晦無疾告終寺眾同夢大殿忽傾咸知法匠將亡之兆傳教門人靈翰法盛道忻靈源皆善弘禪法云

禪師大義蕭山徐氏七歲授經傳日誦數千言年十二入道于山陰靈隱寺中宗登位覃恩度人試誦法華中選第一開元中因晝觀入佛龍閣大藏以益實報遂謁左溪稟受止觀大悟玄旨常誦法華涅槃大小戒本以為正業臨終之日眾聞絃管之聲識者謂天帝迎請誦經之相

禪師元宗永嘉吳氏遊學至江陵謁左溪稟受禪要後於紫金山專修禪觀初是山中多虎暴自師卜居絕不見跡一日學徒盛集忽一老人趨拜座前自言弟子乃虎在此噬人多矣因師開化得脫業軀今將生天上特來報謝言訖不見大歷二年端坐示滅

禪師道源四明人受業大寶寺(今慈溪永明)久依左溪咨受止觀之法洞達奧旨學眾心服(李華左溪碑云明州道源飽左溪之道味)

禪師法源受業越之法華學左溪得其道(顏真卿撫州寶應寺戒壇記乃請止觀大師法源法泉同住集眾嘗時大歷六年也)

荊溪旁出世家

禪師普門岳陽何氏父珍為常州儀興尉因家焉師幼勤學問登進士第入仕于朝一旦悟世虛偽抽簪去髮居南岳寺左右唯儒釋典籍麻衣葛屨而已既而去謁荊溪學止觀法華之旨深有造詣善屬文尚古意荊溪敬之待以友道為釋籤輔行兩序自稱普門子其辭簡健歷指習禪者之弊梁肅稱之曰東

南高僧普門元皓予甚深之交也(送盧師序)貞元八年季冬六日示寂于君山之偏室春秋八十四傳教門人量璨集遺文二百篇行於世

(儀興縣君山鄉淨樂寺荊溪之受業相去數里有南岳寺)

禪師元皓字廣成吳門秦氏初於龍興寺從荊溪受法華止觀之道宴寥山林居心三昧後住開元寺梁田二君勸其著述乃注解涅槃於首序中自錄所證著疏之時感庭階產異華人世莫識五采靈禽飛翔往來元和十二年仲冬示寂塔于虎丘之南原師之同學知名者百餘人不列僧數者翰林梁肅諫議田敦常侍崔恭三人也門人稟教名世者智淨仲儀子瑜道如仲良輩

禪師行滿萬州南浦人首造石霜學禪法後往天台聽荊溪說止觀頓悟妙旨因棲止華頂峯下智者院充茶頭夜卧土牀燒糞掃以煖其下脫衣就牀蚤蝨嚙咬或捫其衣寂無有也所居欄外大松上有寄生小樹遇師出坐必嫋嫋低俯時謂此樹為茶頭作禮(嫋而酌反長也)師於四十年間未嘗便溺或謂大士現身受食而實不食故致此也開寶中預告人曰我且行矣即請衆誦文殊號泊然而化年八十八嘗著涅槃疏

禪師法顒於毘陵建安寺築止觀堂請荊溪講說其中梁肅為作止觀堂記

梁肅字敬之安定人大曆貞元間文士多尚古學唯肅最稱淵奧郁子學記先交亦稱其最善為文嘗學天台之道於荊溪深得心要執弟子禮甚恭以止觀文義弘博覽者費日乃删定為六卷(蕭實有云文簡而要備細明暢)又述統例人以繫于後謂止觀是救世明道之書又為大(師傳論備敘傳教之)大統世謂論其文則雄深雅健語其理則明白洞達御史崔恭論之曰知法要識權實作天台禪林寺碑達教源用境智作荊溪大師碑(見崔恭作梁氏集序)又曰朝廷尚德故以公為太子侍讀國尚實錄故以公為史館修撰發號令敷王猷故以公為翰林學士三職脩著則公之官於朝不為不達矣年過四十士林歸宗比夫顏子黃叔度不為不壽矣彼碌碌者老於郎署白首人世又何補哉

李華字遐叔趙州贊皇人累中進士宏辭科天寶十一年徙右補闕安祿山亂屏居江南李峴表置幕府擢吏部員外郎苦風痺去官客山陽勒子弟躬安於窮槁晚事浮圖法不甚著書唯士大夫家傳墓版州縣碑頌時時齎金帛往請乃強為應嘗從荊溪受止觀為述大意一篇大曆初卒于家

興道旁出世家

法師守素初從遠師受觀心之法既悟玄旨入居京師大興善寺足不越閫長誦法華至三萬七千餘部夜則虎狼侍座聽經食則烏鵲就掌取粒沙門幽玄贈之詩曰三萬蓮經三十春半生不踏院門塵時以為實錄

禹論旁出世家

法師晤恩字修己路氏常熟人年十三聞誦彌陀經心有所感遂投破山興福寺求度初學毘尼聞天台三觀六即之說深符其意晉開運初造錢塘慈光因師室因講次覆述剖析幽微時稱義虎及繼踵闡法道名大播初是一家教典自會昌毀廢文義殘闕師尋繹十妙研覈五重講演大部二十餘遍法華大意昭著于世師之力也與人言不問賢愚悉示一乘圓意或疑不善逗機師曰與作毒鼓之緣耳平時一食不離衣鉢不畜財貨臥必右脇坐必加趺晨粥覲視明相每布薩(此云淨住)大衆雲集潸然淚下蓋思大集有無戒滿閻浮之言也每以淨業誨人往生者多感瑞相雍熙三年八月朔中夜有白光自井而出謂門人曰吾報緣盡矣乃絕粒禁言一心念佛忽夢擁納沙門執金鑪焚香三遶其室自稱灌頂吾已生淨土嘉汝所修故來相迎夢覺語其徒猶聞異香二十五日為衆說止觀指

歸及觀心大義即端坐面西而逝寺衆文偃聞空中絲竹鈴鐸之音久而漸遠荼毘得舍利無算後三十一年法孫智圓獲遺骨於學衆乃鑿石爲塔葬于馬腦坡

法師文備字昭本福之侯官鄭氏誦法華維摩圓覺十六觀小般若普賢纓絡不忘晉天福間至會稽傳百法論聞天台三觀爲學者指南遂來謁因師晝夜研心凡法華淨名光明疏句止觀諸文悉洞其旨每與同門思師屢述觀法莫逆於心思謂人曰備雖後進已與吾並驅於義解之途矣因師既沒復北面事思以卒其業師氣度深靖終日如愚或勸其誨人師曰講授滿門祖風未墜抗迹閒居從吾所好於是閑神妙觀坐忘一室者三十餘秋雍熙二年八月微疾凭几三出圓相謂侍人曰此吾所見淨土事也言訖累足而逝

法師慶昭字子文錢唐胡氏幼依開化院出家十三受具戒學天台之道於奉先清師用力十七年奉先謝世衆請師嗣講宛有父師之風未幾徙居石壁屬城南梵天遇明會所居為講院師徇請來居講風大振天禧元年四月無疾而化平時講說法華止觀諸部共百餘周傳教弟子自咸潤而下九十七人先是光明玄義有廣畧二本思師製發揮記解釋畧本弟子清敏二師共結難辭輔成師義於是法智大師撰扶宗釋難力救廣本十種觀心師與孤山亦撰辨訛以救發揮之說法智乃復爲引前後之文詳而論之號十義書而四明之學者始指恩清昭圓之學稱爲山外蓋貶之之辭云

法師智圓字無外自號中庸子或名潛夫錢唐徐氏學語即知孝悌稍長常析木濡水就石書字列花卉若緜蕝（祖悅反漢書叔孫通治禮儀為緜蕝野外習之注云緜蕝者束茅表位也）戲爲講訓之狀父母異之令入空門八歲即受具戒二十一聞奉先清師傳天台三觀之道負笈造焉摳衣問辯凡二年而清亡遂往居西湖孤山學者如市杜門樂道與處士林逋爲隣友王欽若出撫錢唐慈雲遣使邀師同往迓之師笑謂使人曰錢唐境上且駐卻一僧師早嬰瘵疾故又號病夫講道吟哦未嘗少憊預戒門人曰吾歿後毋厚葬以罪我毋建塔以誣我毋謁有位求銘以虛美我宜以陶器二合而瘞之立石志名字年月而已及亡門人如所戒斂以陶器斲所居巖以藏之不屋而壇時乾興元年二月也得年四十有七後十五年積雨山頹門人開視陶器肉身不壞爪髮俱長脣微開露齒若珂玉乃更製新衣肩衆香散其上而重瘞之（重音仲再也）崇寧三年賜謚法慧大師其所撰述文殊般若經疏遺教經疏各二卷（淨覺撰助宣記）般若心經疏瑞應經疏四十二章經注不思議法門經疏無量義經疏（玉覺撰律珠記）普賢行法經疏彌陀經疏各一卷首楞嚴經疏十卷世號十本疏主又撰闡義鈔三卷（釋請觀音經疏）索隱記四卷（釋光明句）刊正記二卷（釋觀經疏）表微記一卷（釋光明玄）垂裕記十卷（釋淨名畧疏）發源機要記二卷（釋涅槃玄）百非鈔一卷（釋涅槃疏金剛身品百非之義）三德指歸二十卷（釋涅槃疏）顯性錄四卷（釋金錍）摭華鈔二卷（釋圭峯蘭盆疏）西資鈔一卷（釋自造彌陀疏）詒謀鈔一卷（釋自造心經疏）谷響鈔五卷（釋自造楞嚴疏）析重鈔一卷（釋自造文殊般若疏大論要析重令經）正義一卷（釋十不二門）閑居編五十一卷（雜著詩文）皆假道適情爲法行化之旁贊云嘗謂楞嚴一經劇談常住真心的示一乘修證爲最後垂範之典門人有以撰疏爲請曰此經解者已二三家學者未安其說師胡不以三觀四教約文申義以啓後人師從之研覈大義以爲智者三止之說與經懸契淨覺謂其得經之深非諸師所可及也（林閣錄天台聞西天有首楞嚴以世主秘嚴不肯傳布天台常遙禮願早至此土又清涼云此經吾不得而見之矣當有菩薩以文章翻譯佛語又數百年當有肉身比丘以吾教釋此經）其疏四十二章經云佛教東傳與仲尼伯陽之說爲三然孔老之訓談性命未極於

唯心言報應未踰於三世至於治天下安國家不可一日無也至若釋氏之爲教指虛空界悉我自心非止言太極生兩儀玄牝爲天地根而已考善惡報應悉我自業非止言上帝無常天網恢恢仍已有以見仲尼伯陽雖廣大悉備其於壽神明研至理者畧指其趣耳大暢其妙者則存乎釋氏之教歟又曰復性有淺深言事有遠近不得不異也至於遷善遠惡勝殘去殺不得不同也

梵天昭法師法嗣

法師咸潤字巨源越上虞鄭氏七歲事等慈子明進受具戒精究毗尼因入天台讀智者三觀文有所省遂詣錢唐開化昭師學博通法華淨名涅槃楞嚴之旨昭師敬其威成俾之分座及昭師赴梵天復令自代景德四年上虞宰裴煥與里中緇素迎還等慈宣演大教天禧初從講郡之隆教述籤疑以三種消伏俱約圓論爲淨覺所破昭師示寂復挍以鑪拂嗣居梵天講演無虛日天聖三年徙居會稽永福聚徒五百日遺衆行化以供二時嘗造普賢像率衆行道大士放光證明時人學之曰懺主謂可亞慈雲也門人述其德曰師踞猊床揮麈柄時漸三紀五含百講業成名立無媿古人乃請李淑撰傳教弟子題名記善朋爲之首云

孤山圓法師法嗣

法師惟雅久依孤山悉得其旨孤山製西資鈔以解彌陀疏扶病隱几口占其文使雅師筆之初日午後染毫畫日初夜絕筆云

鏡菴曰孤山以高世之才彌天之筆著十疏以通經述諸鈔以解疏其於翼贊教門厥功茂矣但其相承所說法門言境觀則以真心爲境論揔別則以理性爲揔判事法二觀不許脩證廢光明廣本不用觀心唯論心具心造不許色具色造如是等義布諸簡策於是義學之士有胥其說者世必指爲山外諸師之見惜哉夫稱宗師者須具三眼一曰教眼明識權實大小之法也二曰道眼親踐諸行脩證之門也三曰宗眼深窮圓頓即具之旨也往往山外諸師宗眼未明以故所見未臻圓極耳別教菩薩神通智慧豈容思議以由未證圓位被斥爲權又初地不知二地舉足下足一切聖賢皆以無爲法而有差別然則議山外者請以此意恕之

淨光法師旁出世家

法師行靖與行紹皆錢唐人同依壽禪師出家通練律部同居石壁寺去杭二十里在龍山之西時韶國師法道大振初往從之國師觀其法器即使往學三觀於螺溪之席二師既偕往講求大義旦夜不息未幾所學已成乃復回石壁爲衆講說前後五十年確守山林之操未嘗出遊閭里吳中宿學皆服其高潔萬明教論之曰出家於壽公學法於寂公見知於韶公三皆奇節異行不測人也二師皆得以親事之豈不偉歟

法師知廉賜號通鑑久學螺溪以其師崇建殿宇將示歲寒之績爲請彭城公錢儼琥翰作傳教院碑於螺溪時太宗雍熙三年也

法師頑齊錢唐人吳越國時賜號崇法初傳淨光之道精研止觀後參韶國師發明玄奧周顯德初螺溪居民張彥安詣淨光曰家居東南里所陰曀之夕必有鬼神吟嘯考擊鍾鼓之聲又嘗夢龍遊其地非愚民所居願以奉師師往視之見山水秀異謂衆曰此伽藍地也夢龍遊者豈龍樹之道將興此地邪因納之頑齊初爲法華紹巖第子聞其事以白師輟衆施三萬爲建法堂厨屋覆苫累塊悉尚朴素蓋禀師之誡也既成淨光與學徒二十人俱往既而雲居韶禪師天台寺在爲疏于瀟南王忠懿王子實亦嘗改元稱帝有正吳越王之號其諸子多封王有稱南鄭許秦陳諸王之見臨安志即施財架懺堂諸屋以廣之見韓

纂撰傳教院甲及傳燈

法師諦觀。高麗國人。初吳越王因覽永嘉集同除四住之語以問韶國師。韶曰。此是教義。可問天台羲寂。即召問之。對曰。此智者妙玄位妙中文（妙玄既散佚不存。未審何緣知也。必寂師先曾見成論耳）。唐末教籍流散海外。今不復存。於是吳越王遣使致書。以五十種寶往高麗求之。其國令諦觀來奉教。乘而智論疏、仁王疏、華嚴骨目、五百門等禁不令傳。且戒觀師於中國求師問難。若不能荅則奪教文以回。觀師既至。聞螺溪善講授。即往參謁。一見心服。遂禮為師。嘗以所製四教儀藏於篋。人無知者。師留螺溪十年。一日坐亡。後人見故篋放光。開視之。唯此書而已。由是盛傳諸方。大為初學發蒙之助云。

述曰。吳越王杭海取教。實基於同除四住之語。及觀師製四教儀。至明圓教中。故特標永嘉云者。所以寓當時之意。俾後人無忘發起也。此書即荊溪八教大意。觀師略加修治。易以今名。沒前人之功。深所不可。

吳越忠懿王錢弘俶。字文明。世為杭之臨安人。祖武肅王鏐（音流）。唐僖宗時率鄉兵破走黃巢。名聞江淮。後以八都兵討劉漢宏。并越州。以奉董昌。而自居於杭。昭宗府昌以越叛。鏐貽書切責不聽。乃悉兵誅之。自是盡有浙東西之地。乾寧四年始封吳越王。梁開平初加封尚父淮海節度使。傳子文穆王元瓘。瓘子忠獻王仁佐。忠獻破李景兵取福州。既卒。弟倧嗣位。明敏嚴毅。為大將胡進思所忌。逐之（子孫私謚為遜王）。乃迎立俶。即文穆第九子。俶始於晉開運中為台州刺史。本朝太祖建隆元年授天下兵馬大元帥。乾德元年冬郊禮。遣子惟濬入貢。開寶八年隨王師克金陵（南唐李煜）。九年二月入朝。詔賜劍履上殿。詔書不名。封其妻孫氏為吳越國王妃。四月歸國。太宗太平興國三年三月入朝。乞以所管十三州版籍歸天府。詔許之。改封淮海國王。賜玉冊金印。居京師禮賢宅。子惟濬、惟治皆以節度領郡事。忠懿居京師十二年而薨。富貴榮盛莫與為比。忠懿天性誠厚。夙知敬佛。慕阿育王造八萬四千塔。金銅精鋼。冶鑄甚工。中藏寶篋印心呪經。亦及八萬四千數。布散部內。以為填寶（音鎮）。錢塘諸邑、西湖南北山諸剎相望。皆忠懿之創立也。尊事沙門。若天台韶國師、永明壽禪師皆待以師禮。又嘗召螺溪寂法師至金門建講。問智者教義。以典籍不全。慨然遣使齎重寶求遺書於高麗、日本。於是一家教卷復見全盛。螺溪得以授之寶雲。寶雲得以傳之四明。而法智遂專中興之名。推原其自。實忠懿護教之功為多也。王嘗造金字法華經二十部。散施名山（今國清所藏是其一）。

述曰。清獻趙公有言。錢氏五王三世凡百年。當天下大亂。以數州之地盜名字者。其眾獨吳越奉屢朝之正朔。不絕貢獻。不失臣節。暨皇宋受命。又能封府庫、籍郡縣。請吏于上。仁足以保民。智足以全族。唯錢氏一門耳。歐陽公五代史則曰。錢氏崛起。非有功德。百年之際。虐用其民。嘻。何二公立論之相戾邪。當五季時。崛起而僭號者。曾何有乎功德。重斂以困民。窮兵以殺民。天下皆是也。豈能若錢氏全民土而歸聖朝邪。至哉清獻之辭。仁以保民。智以全族。歐陽亦太過論矣。

國清昱法師法嗣

法師契能。永嘉人。神悟謙公之師。得教台於昱法師。主天台常寧。講道不倦。自智者而來。以鑪拂傳授為信。至師嫡承為十四代。晚年以授扶宗忠師。扶宗曰。吾得法廣智矣。敢辭。師乃藏之天台道場。遂不復傳。

述曰。螺溪門弟子以百數。而本傳指寶雲為高第。不載昱師名。疑昱師見螺溪在最先。故早傳鑪拂。寶雲後至而其道大振。故傳中推為上首。以此言之。在道不在鑪拂也夫鏕拂祖師之信器傳之久不能無蠹或以情得或以力取於道何預焉能師欲傳之扶宗而辭不受固也藏之祖師行道之場而去宜也向使扶宗妄受復妄傳適足以起後人之紛諍於道何在焉

實雲旁出世家

法師遵式字知白葉氏天台寧海人母王氏乞男於觀音夢美女以明珠與而吞之生七月能從母稱觀音名(太祖乾德元年癸亥歲生)稍長不樂隨兄為賈潛往東山依義全師出家全先夢有童子踞佛像之首已而師至年二十(太宗太平七年癸午)住禪林受具戒明年習律學于守初師繼入國清普賢像前爐一指誓傳天台之道雍熙元年來學四明(年二十二)道中夢老僧謂曰吾文殊和上也及見寶雲正所夢僧即北面受業未幾智解秀出智者諱日然頂終朝誓力行四三昧端拱元年寶雲入寂師乃反天台以苦學感疾至於嘔血毅然入大悲佛室用消伏呪法自誓曰若四教興行在我則其疾有瘳不爾則畢命于此至三七日聞空中呼曰遵式不久將死師益不懈五七日見死屍盈室師踐之而行其屍即沒滿七七日空中聲曰十方諸佛增汝福壽其夕寐見一巨人持金剛杵以擬其口又嘗親見觀音垂手於師口引出數蟲後舒指注甘露於口身心清涼宿疾頓愈既而頂高寸餘手垂過膝聲若洪鐘肌如白玉淳化元年(年二十八)衆請居寶雲講法華維摩涅槃光明未嘗閒歇有施氏懷胎臨日伏座下若聽法狀如是四旬產已不復至嘗往見法智聞門外謦欬呼侍者曰通聞外摩有若聖人然侍者亟出視反報言慈雲至法智大驚曰吾兄轉報矣至道二年結緇素專修淨業作誓生西方記又自幸觀音幽贊命匠刻旃檀像及自身頂戴之相撰十四誓願納其腹工有誤折所執楊枝者師大懼即手接之(此像今在天竺懺殿)不膠漆而合咸平三年(真宗)四明大旱郡人請祈雨師同法智異聞師率衆行請觀音三昧冥約三日不雨當焚其軀如期雨大至太守蘇為建碑以述靈異四年寓慈溪大雷山治定請觀音消伏毒害懺儀五年(師年四十自淳化庚寅至咸平四年辛丑凡十二年居四明)歸天台主東掖以徒屬之繁即西隅益建精舍率衆修念佛三昧有白鶴廟居民甚神之師與神授戒改祭為齋神與民俱聽命乃為著野廟誌以戒之祥符四年章郇公(得象)領郡事夏制之始延師入景德講止觀垂畢有三沙門披納而至請預盂蘭盆講席揖其坐忽不見道經黃巖有豕奔伏于前推其來乃逸於屠肆者償其直而養于妙喜寺名之曰遇善夫豕赤山寺瀕海而高師遍謂人曰此宜建塔先是山巔有異光中有七層浮圖之形光照海上周四十里皆漁人之筐梁或以語師師喜其有先兆遂建塔焉於是居人感化不復為漁時東山結懺會天大旱師卓錫石縫泉即激涌(今石眼泉)七年杭昭慶齊一率衆致請初杭人屢請西度未之許至是始見從師嘗夢居母胎十二年及出台入杭果應其數師至昭慶大揚講說杭俗好以酒肴會葬師為說佛事之勝卒變葷為齋因為著戒酒肉慈慧法門嘗夜施摶食於水濱漁者聞衆鬼曰今夜雪甚師不至矣一鬼曰師慈悲人必不忘我須臾師籠燈踏雪而至八年蘇人以郡符延師於開元建講緇素畢集不葷飲者傾市邑屠酤不售官監有失課之言師辭其徒曰智者遺晉王書有言六恨其一謂以法集動衆妨官為人所忌今令德薄安可久留遂幡然復杭(智者遺書云荊州法集聽衆一千學徒三百州司惶慮謂乖國式豈可聚衆用惱官人故朝同雲合暮如雨散設有善萌不獲增長此五根也)刺史薛顏始以靈山命師居之即隋眞觀師所營天竺寺也寺西有陳時所植檜巢冠燎毀僅存枯枿是年冬枝葉復生因名重榮檜賦詩刻石以兆道場重建之瑞治定往生淨土懺

儀九年天台僧正慧思詣京師因盛稱師之道始賜紫服三月天台郡人以郡符請赴石梁壽昌講法華八月過東掖十月後歸天竺天禧元年侍郎馬亮守錢塘雅尚淨業造師問道師為撰淨土行願法門淨土略傳職方郎中崔育才問施食之道師為觀想一篇(見金園集)三年丞相王文穆公撫杭(名欽若相真宗)首率僚屬訪師山中請講法華及心佛衆生三法妙義才辯清發衣冠為之屬目公對衆嗟賞曰此道未始聞此人未始見也(別集中有講題)師以天台宗教本末具陳於公四年公為奏錫天竺舊名復其寺為教而親為書額復與秦國夫人施財六百萬以建大殿公嘗致書問天台立教及解經義旨與今古孰為優劣師先荅立教大義次出諸子索車之文録古義一二及慈恩破天台義對智者正釋並決是非以為古今諸師無一可取公覽文識義益加信喜(文見別集)師以智者昔於天台江上護生事白於公因奏請西湖為放生池為主上祝壽後文穆尹應天府因微疾夢與師會疾即除愈遂奉書道其事及移鎮江寧(昇州)迓師府舍朝夕問法一留三月因為著十法界觀心圖注南岳心要偈會乾元節公以其道聞于上乃賜慈雲之號乾興元年章懿太后(仁宗母李氏錢唐人)

(其父仁徽)以師熏修精至遣使齎白金百兩命於山中為國行懺師為著金光明護國道場儀上之因奏天台教文乞入大藏事未行而公薨天聖元年(仁宗)內臣楊懷古降香入山敬師道德復為奏之明年始得旨入藏賜白金百兩飯千僧以為慶師乃撰教藏隨函目録略述諸部大義謂玄義統明五時廣辯八教出世大意藴乎其中文句者謂以疏句分節經文荊溪各有記釋猶五經之有正義也(唐孔穎達為五經作正義)止觀者定慧之異名即法華之行門也前玄義文句皆明佛世當機得益之事縱有託事附法觀心之文非部正意今止觀正是智者說已心中所行法門自行因果化它能所無不具焉又於普門品加別譯重頌緇素皆遵誦之天聖四年諫議胡則守郡鼉入山問道欣領法要為施金造山門廊宇五年中秋月朢之夕(朢作望非)桂子降于殿庭師取其實播種林下乃作桂子之詩六年正月遣學徒往四明致祭于法智有祭文悼詩之作始於寺東建日觀菴送想西方為往生之業九年講淨名經忽謂其徒曰昔在東掖講此經夢荊溪授我經卷及出室視日已沒今吾殆終此講乎因與衆訣曰我住台杭二寺垂四十年長用十方為意今付講席宜從吾志命

弟子祖韶曰汝當紹我道場持此鑪拂勿為最後斷佛種人遂作謝三緣詩謂謝徒屬絕賓友焚筆硯也是年八月徙居東領之草堂明道元年十月八日示疾不用醫藥唯說法以勉徒衆十日令請彌陀像以證其終門人尚欲有禱以觀音至師炷香瞻像祝之曰我觀觀世音前際不來後際不去十方諸佛同住實際願住此實際受我一炷之香或扣其所歸對以寂光淨土至夜奄然坐逝師嘗製龕銘曰遐榻既入斂越七日形貌如生壽六十九夏五十逝之夕山中人見大星殞于靈鷲峯紅光赫然稟法者文昌等二十五人登門學者以千數度弟子若盧輩垂百人明年仲春四日奉遐榻葬于寺東月桂峯下與隋觀法師為之隣焉師幼善詞翰有詩人之風其詩集曰采遺曰靈苑其雜著曰金園曰天竺別集皆行於世有貴官注楞嚴求師印可師烹烈燄謂之曰閤下留心佛法誠為希有今先申三問若荅之契理當為流通若其不合當付此火官許之師曰真精妙元性淨明心不知如何注釋三四四三宛轉十二流變三疊一十百千為是何義(昔師注者云初變一為十以三世四方互成十二次變十為百三世四方互成百二十三變百為千三世四方互成千二百是為一根功德之數總六根為七千二百除眼鼻身三根各虧四百實得六千為六根功德)

也一為變主十百千為三疊凡三番識成其數二十五聖所證圓通既云實無優劣文殊何得獨取觀音其人因措師即舉付火中於是楞嚴三關自兹而出仁宗閱師所進光明護國儀至聖帝仁王慈臨無際之文撫几歎曰朕得此人足以致治亟令宣召則已入寂矣師始出家郡校諸生慕師才俊勉回業儒為詩荅盧積中有真空是選場大覺為官位之句人多誦之常行三昧以九十日為期於行道四隅置鐵熾炭遇困倦則漬手于鐵十指唯存其三其建光明懺殿每架一椽甃一甓輒誦大悲咒七徧以示聖法加被不可沮壞之意故建炎虜寇積薪以焚其屋儼然豎方臘陳通之亂三經寇火皆不能熱至今異國相傳目為燒不著寺玆豈獨顯教門之神迹誠有以彰國家之有道也崇寧三年賜號法寶大師紹興三十年特謚懺主禪慧法師塔曰瑞光行業曲記修三昧記天竺諸集宗源記

鏡菴曰道藉人弘人必依處此三者不可不畢備也吾道始行於陳隋盛於唐而替於五代逮我　聖朝此道復興螺溪寶雲振於前四明慈雲大其後是以法智之創南湖慈雲之建靈山皆忘軀為法以固其願而繼之以神照啓白蓮辯才兆上竺於是制河東西並開講席卒能藉此諸剎安廣衆以行大道孰謂傳弘之任不在於處邪然靈山之剎三罹寇火而不能壞此豈非至人誦咒加功願力堅固之驗也哉

江州太守許端夫序其詩曰慈雲之詩文貫於道言切於理酷似陶彭澤蓋合於情動形言止乎禮義之意昔貫休作禪月集初不聞道而才情俊逸有失輔教之義中庸子作閒居編言雖鳴道而文句闒冗有失詩人之體慈雲則不然文既清麗理亦昭顯雅正簡淡有晉宋之風蓋其道業宏大故詩名不行也

法師異聞餘杭人潛心天台之學每謂但解未足以展志故汲汲以修諸三昧為要務及來叅寶雲盡通其旨至道三年法智弘道於延慶輔贊之功為多以寺宇頽毀乃同丹丘覺圓并力經理不逾三載衆工畢就法智立誠誓之石示十方之規必聯次師名稱二師云後同法智結十僧行長懺三年誓焚軀以報佛恩時楊文公屢貽書勸止事竟不行師居延慶四十年凡法智所修三昧未甞不預法師有基字及賢錢唐王氏母夢梵僧授以舍利吞之遂有娠生五歲從天台壽昌法超為師十歲受具聞四明寶雲傳智者教往事之授以法華止觀隨言解義曲盡其妙端拱元年郡人請演教於太平興國寺學者常數百人每白黑月必集衆自升高座誦菩薩戒法勸道族念佛四十年至萬人凶年持鉢以供聽衆祥符八年六月示疾弟子令祥請曰和上西歸寧無留訓師乃廣談圓旨經時不已衆忽見西方現光空中樂奏師曰西方三聖人來也即右脇西向而化荼毘舍利莫數門人悟持結塔於慈溪之靈龜山有夢師咸儀迎往西方者有夢師坐青蓮華對佛說法者有夢三身如來入靈塔者有夢彌陀授記為超壯如來者法智聞其逝歎曰卧病談玄臨終見佛是可敬也內翰楊億致敬眞相為之作贊全三學撰行業碑在福源

佛祖統紀卷第十

佛祖統紀卷第十

校勘記

一　底本，明永樂南藏本。

一　四八七頁中七行「田敎」，徑作「田教」。

一　四八七頁中九行「仲儀禪師」，徑作「仲義禪師」。

一　四八九頁上二行「比歌」，徑作「此歌」。

一　四八九頁上一九行第一二字「贍」，徑作「瞻」。

一　四八九頁上二三行「授戒」，徑作「受戒」。

一　四八九頁下八行第二字「暴」，徑無。

一　四九〇頁下七行「晤恩」，徑作「悟恩」。

一　四九一頁中一四行「林逋」，徑作「林通」。

一　四九一頁中一六行第一一字「嬰」，徑作「癭」。

一　四九一頁中一九行第一四字「之」，徑無。

一　四九二頁上一四行第一五字「戚」，徑作「夙」。

一　四九三頁上末行「貽書」，徑作「遺書」。

一　四九三頁中六行「大祖」，徑作「太祖」。

一　四九三頁下一八行「嫡承」，徑作「嫡承」。

一　四九四頁上一二行夾註左「癸午」，徑作「癸未」。

一　四九四頁上二〇行第一六字「空」，徑作「室」。二二行末字同。

一　四九四頁下一九行夾註「荊州法集聽衆一千」，徑作「荊溪法集衆一千」。

一　四九五頁上一三行第一二字「嘗」，徑無。

一　四九五頁上二一行「府舍」，徑作「府會」。

一　四九五頁上二三行第九字「節」，徑作「即」。

一　四九五頁上末行夾註「仁宗母李氏錢唐人」，徑作「仁宗母華氏錢塘人」。

一　四九五頁中一行「精至」，徑作「精進」。

一　四九五頁中七行「大義」，徑作「文義」。

一　四九五頁中一一行末字「縱」，徑作「經」。

一　四九六頁下一四行夾註左末字「源」下，徑有符記「〇」，並有夾註「此卷一百一十八人本紀止錄三十二人餘者遺失」。

佛祖統紀卷第十一之十二　城二

宋景定四明東湖沙門　志磐撰

諸師列傳第六之一

天竺式法師法嗣

二世 妙果文昌法師　明智祖韶法師

法喜清鑑法師　眞淨思永懺主

保慶法潤法師　天竺本融法師

天竺思悟侍者　丞相王欽若

諫議大夫胡則　職方郎中崔育才

侍郎馬亮

三世 妙果天授法師（嗣昌師）　海月慧辯法師（嗣明智五人）

淨慧思義法師　辯才元淨法師

神智鑑昇法師　廣惠居白法師

四世 法寶從雅法師（嗣海月二人）　慈行智深法師

圓應德賢法師（嗣淨慧五人）　神智仲元法師

慈覺永堪法師　寂照慧日法師

圓悟思尚法師　法鑑有愚法師（嗣辯才二人）

靈山則章法師

五世 指源如果法師（嗣法寶）　慈明慧觀法師（嗣神智）

慈受子琳法師（嗣慈覺）

興國基法師法嗣

二世 興國令祥法師　福源悟持法師

錢唐曉法師法嗣

二世 法顯遇成法師

三世 光率守仁法師

四明法智之作興也天下學士靡然向風嗣其業而大其家者則廣智神照南屛三家爲有傳明佛意示家法用廣垂裕無窮之謀中興教觀逮今爲有賴此諸師列傳之所由作也昔夫慈雲一家昌顯諸師之後五世而淹聞今備叙列傳而先慈雲之派者將以順其承襲而不使紊雜乎四明三家之子孫也

天竺式法師法嗣

法師文昌永嘉人久依慈雲克盡其道時衆推爲前列復往南湖見法智所詣益遠既而旋鄉爲妙果第一世妙宗新成寄寫本囑其講授且戒之曰或有異處可剳取附來慈雲門弟授講者二十餘人師爲之首（見慈雲行業記四明與租師書）

法師祖韶天台劉氏賜號明智十九通法華得度入東掖參慈雲得其奧旨旣而侍師遷靈山居第一座慈雲將居草堂謂師曰汝當往代本如居能仁而俾之來繼此山師即著草屩欣然而行至江濵呼其回曰吾試汝耳汝當竟住此山師旣奉命一遵成規講訓之外行四三昧爲常課棟宇未具力爲經理一日告衆曰吾受慈雲之寄今老矣亦將有東嶺之事慧辯爲吾上首其善繼我乎遂入草堂以自晏晦未幾示疾趺坐而逝年七十二臘五十二師昔於東掖行光明三昧百晝夜至期方半忽見旌幢滿前導者呼曰大辯尊天師即作禮天曰師所住處傳通大乘利益羣品言訖而隱常往京師道出淮泗夢僧摩頂曰吾文殊和上也示汝五無生義旣覺五藏豁然如咀冰雪又夢入古寺見僧踞坐謂曰吾爲汝說第一義諦聞畢如甘露灌頂即見依正皆如雲影有人問曰人見和上何因歡喜曰視人常若佛想

法師淸鑑雲間人賜號禪慧爲慈雲撰熾盛光念誦儀序其略云慈雲尊者以行光教門弟子淸鑑以所稟四種三昧行法遺編獨熾盛光未廣流布遂因其舊五章補助始末加示法釋疑之二以爲七科

懺主思永號眞淨入道于秀之勝果久親慈雲勤修淨行時衆高之謂足上儗其師亦稱懺主

侍者思悟錢唐人侍慈雲講最久故能深達觀道善持咒法加水以愈人疾求者如市當課誦時身及奉像俱出舍利天聖三年慈雲欲以智者教卷求入藏文穆王公將聞之朝悟曰此非常事也小子將助之矣乃繪千手大悲像課咒以誓曰事果遂當焚軀爲報會公薨悟誦咒益精明年得旨師喜甚積薪爲

樓白慈雲求火種雲於罏中擧紅炭與之引手以承了無難色即入薪樓火息之後袈裟覆體儼如其生慈雲乃加香木行呪頓以焚之隨髏而化五色舍利無論其數三歲之後求者尚獲慈雲爲讃以刻石曰悟也吾徒荷法捐軀其髏赫赫其樂愉愉遺火將滅儼如加趺遺骨後碎粲如圓珠信古應有今也則無芳年三十真我丈夫

明智韶法師法嗣

法師慧辯字訥翁華亭傅氏號海月受業普照初遊學天竺至合潤有老人冠帶逾梁迎揖入門而失明智一見大奇之即盡心學敎觀明智將老命居第一座以代講一夕夢音苦脾疾夢天神以金槃盛水使之瞑目引其腸洗之後八年明智俾繼主席翰林沈遘治杭任威見者多惶懼失據師從容如平生遘異之仕以都僧正蘇子瞻時爲通守爲序以贈之曰錢唐佛僧之盛蓋甲天下道德材知之士與妄庸巧偽之人雜處其間號爲難知故僧正副之外別補都僧正一員簿書案牒奔走將迎之勞專責副正以下而都師總領要略實以行解表衆而已師既蒞職凡管內寺院虛席者即涓日會諸剎及座下英俊聞問義科場設棘圍糊名考校十問五中者爲中選不及三者爲降等然後隨院等差以次補名由是諸山仰之咸以爲則講授二十五年學者常及千人夜有盜入其室脫衣與之令從支徑去晚年俛嗣詐以六事隨身歸隱草堂衣缽坐具拂子手鑪爲六吳越大旱禱天竺觀音像久不應師時以疾晝寢夢老人白衣烏帽告曰明日午中必雨如期果驗遠近感師誠致熙寧六年七月十七日旦起盥濯告衆就別合掌加趺而化初師遺言須東坡至方闔龕四日坡至見趺坐如生其頂尚溫坡盡敬而退

東坡集云師沒後二十一年余謫惠州師之弟思義囑參寥求作讃因序之曰余在杭夢至西湖有大殿榜曰彌勒下生故人海月辯才之流皆行道於其間乃作三絕以吊之云欲尋遺迹強沾裳本自無生可得亡今夜生公講堂月滿庭依舊冷如霜其一其後參寥往頓水謁子由曰辯才既以子瞻故得銘於公海月獨未有銘乎子由亦爲銘其塔

法師思義字和甫湖之武康凌氏試法華中第一得度依明智學隨聞隨悟常開帷出十難師答之悉契旨明智退居草堂衆送入室既散師猶侍右智曰汝適何見答曰見大衆拜而退智曰吾示汝將來義當住此山紹隆大教後後亦來居此室也師歷修四三昧行忽頸上生一肉瘻夜夢功德天食之以挑其疾即消熙寧四年賜紫服號淨慧丞相蘇頌帥杭請居天竺大椑法道住山二十三年退閒草堂皆如明智之記元祐三年二月十八日中夜趺坐別衆而逝大衆誦念久之忽復語云侍觀音大士行見一沙門金色長身垂辭謂我曰報緣未盡過七日當遣迎至二十五日復趺坐而化瘞龕之日有赤雲垂布如引導之狀向西而隱

法師元淨字無象徐氏杭州於潜人客有過其舍者曰嘉氣上騰當生奇男既生左肩肉起如袈裟條八十一日乃沒伯祖異之曰宿世沙門必使事佛八十一者殆其算數及師之終果符其數十歲出家每見講座輒曰吾願登此說法度人十八就學於慈雲不數年而齒高第後聞明智講止觀方便五緣曰淨名所謂以一食施一切供養諸佛及諸賢聖然後可食此一方便也師悟曰今乃知色香味觸本具第一義諦因泣下如雨自是遇物無非法界代講十五年杭守呂臻請住大悲閣嚴設戒律其徒畏愛臻爲請錫紫衣辯才

之號七年翰林沈遘撫杭(仁宗嘉祐)謁上竺本觀
音道場以音聲爲佛事者非禪那居乃請師
居之鑿山增室廣聚學徒敎苑之盛冠於二
浙神宗熙寧三年杭守祖無擇坐獄于檇李
(檇音醉地名今秀州)師以鑄鐘例被追辨幸而得釋寓
止眞如蘭若擬金錍設問荅述圖事理說盤
明祖意之妙元豐元年有利山門施貲之厚
者倚權以奪之衆亦隨散逾年其人以敗聞
朝廷復畀師衆復大集淸獻趙公與師爲世
外友爲之贊曰師去天竺山空鬼哭天竺師
歸道場重光(東坡寄詩云道人出山去山色如死灰白雲不解笑青松有餘衰忽聞道人歸鳥語山容
開云)三年復謝去居南山之龍井士庶爭爲
築室遂成藍宇六年太守鄧伯溫請居南屏
越明年復歸龍井時靈山虛席師以慈雲師
祖道場俯就衆請及月餘於禪定中見金甲
神跪前曰法師於此舊無緣不宜久住既奉
宾告遂還龍井元祐四年蘇軾治杭嘗問師
曰北山如師道行者幾人師曰沙門多密行
城十二 六
非可盡識坡子迨生四歲不能行請師落髮
摩頂數日即善步(坡詩云師來爲摩頂起走趁奔鹿)將示寂乃入
方圓庵(秦觀記米芾書)宴坐謝賓客止言語飲食捐象
寮告之曰(參寥道潜)吾淨業將成若七日無障吾願
遂矣至七日出偈告衆即右脇吉祥卧奄然
順寂時元祐六年九月晦日也塔成弟子懷

楚詣汝陰請誌于東坡坡命子由爲之銘師
講說不間晝夜嘗曰鬼神威德不具者晝不
得至夜中人靜庶幾能聽梵指供佛左三右
二有欲效之者師止之曰如我乃可脩西方
淨業未嘗須臾廢或禱大士求放光光即隨
現沙門熙仲對食視師眉間有光遷起攬之
得舍利數粒後人常於卧處得之嘉興令陶
彖有子得魅疾視之即愈諸暨陳氏久患心
疾漫不知人警以微言醒然而悟布衣李生
久習禪觀辯而無行欲從師出家東坡爲之
請未言其名力拒不許若先知然秀州狂僧
郭四頭以左道惑衆宣言欲建大塔爲吳人
植福施者雲委以師不可欺憚於入杭先遣
便頎以錢十萬供僧師荅曰承以建塔淨財
欲飯僧教有明文不許互用狂人大慚而止
(坡公道參文略云我初適杭尚見五公講有辯臻禪有璉嵩後二十年獨餘此翁今又去矣後生誰宗)
鏡菴曰道大德尊智高辯富作大法主爲
城十二 七
世所宗而於出處欲咏之緣猶未得其自
在住上竺幾二十年居靈山僅及一月然
則結緣之論雖大賢有所未免
法師載昇會稽人號神智久參明智時輩推
其善說先是錢武肅王帥杭日嘗患目眚夜
夢素衣仙人言自永嘉來明旦永嘉僧授牒

頭以觀音像獻言得之海潮諸山迎之不能
舉既而示夢欲歸杭城武肅即具威儀迎至
一見像巳曰即還明乃創菴名興福以奉之
像坐高六尺梵相奇偉燈夜仰望猶若生人
元祐間師來居興福時淸獻公爲帥亢旱大
疫久禱不應遂罷遣群祀請師迎像入府懇
禱一夕甘雨如注疫亦以息公爲奏于朝賜
師神智菴名圓通

海月辯法師法嗣

法師從雅錢唐人賜號法寶始從海月學通
止觀乃自謂曰言淸行濁賢聖所訶遂入南
山天王院誦法華至五藏(言藏者且以五千四十八爲數)
金剛般若四藏彌陀經十藏禮舍利塔十徧
(言徧者以八萬四千拜爲數)禮釋迦三十萬拜彌陀百萬
稱佛號五千萬聲禮法華一字三拜者三遍心
期淨土一生坐不背西意使無爲揚傑爲製
安樂國讚三十章以美之其一云淨土周沙
界何夢獨指西但能從一入處處是菩提師
欲廣化世俗遂於受業淨住寺圖九品三輩
刻其讚于石觀者皆知感化一日無病趺坐
而亡有天樂鳴空異香入室之瑞
法師智深賜號慈行嘉禾沈氏初依海月學
敎觀既成歸受業崇福西寺開長堂雲水供
建光明期懺會二十年如一日專念淨土勸

人稱佛號從化者不知數政和乙未六月坐亡留龕七日色不變荼毗之日異香襲人人收舍利與骨俱盡

淨慧義法師法嗣

法師德賢臨安人賜號圓應為兒時相者曰它日當有官阨唯出家可免父信之令往依叔父海月月見之曰我翁孫相繼家業始成汝欲來此作主人邪師遂去暨落髮復往天竺叅淨慧大明教觀之道久之遂居第一座有俗士謁淨慧言室女為祟所嬈乍啼乍哭願師慈救慧曰我首座可以治此士往扣之師乃令女所居閣上設一榻既至即就榻睡少時竟去女白父曰適蒙法師開悟於我今永去矣自是神識安定淨慧閒居草堂師繼其席果符海月主人之記居五年無疾而終語門人曰吾生前以道力免難死後恐不能進門人造像入祖堂乃用鐵護其項建炎中金虜真珠王子領兵犯浙入天竺升祖殿衆像皆避席而揖獨師像不為動王怒令斬之以項有鐵不可傷乃令積薪盈門縱火焚之薪盡而屋如故虜大驚讚禮而退

法師仲元號神智妙年納戒即學教於天竺淨慧及繼主祖父道場道風大振六年將還開草堂請首座永堪以自繼且謂之曰首座寮中什物並留後人方丈所用亦自是師止攜三衣一鉢香合拂子足師壇紙被浴具世稱為七事隨身過草堂及觀首座寮止一紙衾了無餘物人莫不高二師之風

法師永堪賜號慈覺高介特立平時不履足寺從淨慧學克肖其道後繼神智居天竺二十一年四海學者推為宗主嘗訓於衆曰明道而不克行是猶見飯而不肯食終為飢人也別日又謂衆曰汝輩一向恐飢何為衆媿其言一時學士皆相率進行為世英儁云

法師慧日賜號寂然學淨慧得其旨淹貫三藏樂習禪定虛懷待人不別愚智有辱之者未嘗有色人皆稱之為得大忍佛繼慈覺居天竺十餘年講道精進有光父兄之業

法師思尚早從淨慧妙盡其道政和元年詔居上竺賜號圓悟講說簡明學者所仰嘗曰吾宗義學也不旁通儒典而事講業者吾恐未盡其義苟義有未盡其意何所在得意亡言自是學成之人若初心向學須先尋文義可也

辯才淨法師法嗣

法師若愚海鹽人馬氏賜號法鑑學教于辯才號稱風成郡以南屏興教延之不就奉辯才杖屨閒居龍井者六年後於湖之仙潭警長堂接待建大閣造西方像結道俗念佛嘗數百人三十年中預會者多蒙佛接之瑞靖康丙午九月謂其徒曰吾夢神人告曰汝同學則章得普賢行願三昧已生淨土彼方待汝曷可淹留即命衆諷觀經甫畢乃云聖相現前吾其往矣即留偈曰空裏千華羅網中七寶蓮池踏得西歸路穩更無一點狐疑闍維得舍利數百粒塔于東麓初入道夢白衣女授七十二策後壽果及其數

慈覺堪法師法嗣

法師子琳賜號慈受幼學于慈覺深悟圓旨復謁佛智裕禪師重研心要時天竺以慈福太后請為功德師被旨住山二十八年講演之際唯提大義禪侶聞風而來者咸服其辯大慧杲禪師過之相與劇談不覺達旦謂師曰時人秖知老師有教徑山卻許老師有禪為題其真云悟得旋陀羅尼三昧於一切法得大自在舌端之上海波翻第一義諦無違背孝宗乾道元年春召師問道上曰朕欲讀經以何為要師曰金剛圓覺最為要道曰叅禪如何師曰禪須自悟上曰何以為功師曰澄寂身心久當自契上說後因召問當世有道之士師以上竺慧光對上欣納之一日謂門人曰吾為首座十八年日課蓮經一部每

於禪定夢寐得見普賢住持以來無復夢見信知領徒損己其言有實遂屏跡草堂經半載忽書偈趺坐而化停龕踰旬時當連雪而身常溫煖

法寶雅法師法嗣

法師如泉錢唐人學于法寶唐復禮法師問學者偈云真法性本淨妄念何由起從真有妄生此妄何所止無初則無末有終應有始無始而無終長懷懵茲理願為開玄妙析之出生死師謂此問有二意初四句問真法本淨妄何由生既生妄已云何止妄而能即真此誠從真起妄反妄歸真之義次四句問始終有無既云無始云何有終若無於終何有於始後二句為請答自古涉法師清涼圭峯各有偈答而洪覺範所錄（林間錄）謂皆未副問意彼問真法本淨妄何由起而今但云迷真不覺此答人誰不能師乃別為之答云真不守自性照分能所起隨緣染淨熏復性方可止真妄一體即故說無終始迷悟自情分始終究然理達此真妄源誰復受生死識者謂此答始可以盡問意師所述教義名指源集（自序云紹興十二年述）

興國基法師法嗣

法師悟持慈溪人受業于興國誦法華試中得度傳受基法師之道悉達源旨每俾代講緯有父風邑西永安林泉尤勝衆請為起廢歷十八年殿宇像設無不畢備寶元初（仁宗）聞于朝賜名福源安衆講道鬱為法席為人寛和接賓客有加禮雅尚清談終日不倦所居多植嘉果築塘治田凶歲無歉法食俱運人皆樂依（四明教行錄有三書與持經承安山主者是也○事見福源開山記）

佛祖統紀卷第十一

佛祖統紀卷第十一

校勘記

一　底本，明永樂南藏本。

一　四九八頁上一行「之十二」，徑無。

一　四九八頁上一七行「有愚法師」，徑作「若愚法師」。

一　四九八頁下一三行「盛光」，徑作「底光」。

一　四九八頁下一六行第一三字「儗」，徑作「擬」。

一　四九八頁下一七行「繖主」下，徑有夾註「此下本紀遺失二人」。

一　四九九頁上八行「丈夫」下，徑有夾註「此下本紀遺失宰官四人」。

一　四九九頁上末行第七字「涓」，徑作「捐」。

一　四九九頁中一一行「尚溫」，徑作「尚暖」。

一　四九九頁中末行首字「難」，徑作「問」。

一　五〇一頁下八行「圓通」下，徑有

一　夾註「此下本紀遺失一人」。五〇一頁下九行末字「數」下，徑有夾註「此下本紀遺失一人如果在子琳後」。

一　五〇二頁上四行「温煖」下，徑有夾註「此下遺失令祥一人」。

一　五〇二頁中七行夾註左「開山記」下，徑有符記與夾註「〇此中本紀遺失二人〇此卷共三十三人本紀止錄二十三人遺失十人」。

佛祖統紀卷第十二

宋景定四明東湖沙門　志磐　撰

諸師列傳第六之二

四明法智法師法嗣(第一世)

廣智尚賢法師　　神照本如法師
南屏梵臻法師　　三學則全法師
淨石崇矩法師　　廣慈慧才法師
廣嚴含瑩法師　　慧因擇交法師
圓智覺琮法師　　崇法嗣端法師
四明文粲法師　　丹丘嗣讓法師
四明顯彬法師　　廣印智環法師
祥符文智法師　　三衢文炳法師
四明用卿法師　　四明居永法師
四明自仁法師　　崇慶本圓法師
天台慧舟法師　　三衢懷讓法師
圓智志豪法師　　日本源信法師
內侍俞源清　　嗣法二十七人(塔銘)
入室四百七十八人(實錄)升堂一千人(塔銘)(城十二)十二

法智法師法嗣

法師尚賢四明人賜號廣智依法智學教觀聞講淨名頓悟性相之旨歷事既久遂居高第天聖六年(仁宗)繼法智主延慶道化盛行雪竇顯禪師聞其名出山来訪標榜煎茶以申賓禮人傳以為盛事嘗晨入懺堂見一虎伏几前師直進展尼師壇於背衆無所覩日本國師遣紹良等齎金字法華為贄請學輪下三年學成辭還日本大弘斯道明道中(仁宗)淨覺居靈芝致書於師論指要解三千之義祇是心性所具俗諦之法未是中道之本請師同反師承師援荊溪三千即空假中之文謂何必專在於假以輔四明三千俱體俱用之義學者賴之(往復二書並見廣智遺編)所著遺編及釋金錍(二本)釋十類(即扶宗忠師所錄廣智傳法智二師口義)翼讚大教至為有功經體一章尤善發明續遺妙宗之旨又嘗著闡幽誌以七種二諦消光明諸經之王(四教之正五攝之勢)法智是其說及後作光明記遂采用之(見口義經體章)

草菴錄言曾魯公為廣智撰塔銘而後世無傳當是與寺俱燬于建炎之寇惜哉

法師本如四明句章人受業本郡國寧初依法智於千衆中有少俊聲使典詞翰有法則為世所愛嘗請益經王義法智曰為我作知(城十二)事三年卻向汝道暨事畢復以為請法智厲聲一喝復呼云本如師豁然有悟為之頌曰處處逢歸路頭頭復故鄉本來成現事何必待思量(十三)法智肯之曰向来若為汝說豈有今日祥符四年慈雲遷靈山親往法智會下求可為繼法智曰當於衆中自擇之慈雲閱視至師即云斯人可也師至承天(仁東山舊名能)大振法道歷三十年衆常五六百法華涅槃光明觀無量壽觀音別行玄止觀金錍觀心論等皆講說六七過嘗集百僧修法華長懺一年瑞驗屢見寶歷二年七月駙馬李遵勗為請于朝賜神照法師紫方袍及賜智者教文四千五百卷以資講說嘗於寺西南隅見一虎睡以杖擊之曰此非汝睡處虎俛首而去(今蓮寺虎溪亭)後於虎卧處結屋為菴歸閒其中先是有五通神居于此師每揮坐必連床昇行空中師未嘗問一日五神請曰師既踞吾居乞於此向山岡建祠塑像已備泥在山矣師往視岡上有新泥一埰以之塑像無所餘師慕廬山之風與丞相章郇公諸賢結白蓮社六七年來遂成巨刹乃以能仁山林三之一指嶺為界以供樵薪仁宗欽其道遂賜名為白蓮皇祐三年五月十八日微疾即升座說法與衆訣別其夕法堂藏閣方丈棟梁皆折鐘鼓擊之無聲江上漁人見雲端有僧西向而去詰旦右脇安庠而逝時天氣盛熱異香非常明年三月塔全身于寺北門人啓龕視尊容如生爪髮俱長有大蓮華產于塔前壽七十臘五十三嗣法處咸等甚衆師嘗於天台邑中為衆施戒方秉羯磨忽有光明自智

者塔國清寺赤城山交射於法座之上又因供千佛飯一千貧人置華於席下佛座華應不萎而反萎貧人座華應萎而反不萎舉衆為之歎異嘗著仁王懺儀撰行法經䟽至十種境界而止後咸法師續而全之

問宣子記曰嘉定四年春住山鑑堂謂師［城十二］塔當方丈後丑於風水非宜之說［十四］將遷之破土數寸香氣襲人棺上產蓮華一莖光明奕奕暨發函慈頰儼然須髮長垂衣祓不壞舍利蒲龕一衆驚歎於是亟掩藏之鏡菴論之曰法師血肉之身衣被之飾在土二百年而不壞非夫戒定慧三昧之力所持疇能若是人或以輕發祖塔欲鑑堂者非夫假此日之啓視之曷足以知法師正報親依堅固不壞之瑞為此舉者其祖冥使之乎（觀經䟽以華座觀為觀依今以衣被例[illegible]）

法師梵臻（初名有臻真宗特改）錢唐人具戒之後即問道四明見法智最為晚暮聞講妙玄文句大有啓發及還鄉邑以不親授止觀為之恨乃焚香禮像閱讀二十過以表師承皇祐三年初居上竺明年有旨遷金山熙寧五年杭守吳侍讀聞師名以南屏興教延之每當講次綜括名理貫穿始終舉一義則衆義洽然窮一文則諸文允會當時強記者因集以成類初集類之作由法智講授散引諸文有仁首座者録為五類既而淨覺增其二括蒼聰師加其三佛慧才師重檢諸文節為十類四明吉師隨諸部帙各為詮次廣智見之曰類集之行得失相半得在知其綱要失在昧其起盡暨師興教之席群峯泰初詮為高座緒餘［城十二］超果會賢別立懸叙消文一一［十五］文下開示來意正釋觀心號為南屏一家（天竺部師曰碑刻法身流誤後學去也擒拳書與無相明力勉勿傳有醍醐化植物法藏變見大之語）吳公當休沐必往聽法垂紳正笏立于閫外師未登座終不入師夜赴請見婦人在前問之則曰妾有哀懇請師到家師從之至其門見數人捉此婦置牀上舉大刀斫之如沮沙少時復活泣曰妾生前善切膾今受此報欲求濟度故敢仰屈師為授戒遂不復見每與淨覺辨論教門陳辭有司乞築高臺堅赤幡放西竺聖師與外道捔勝義墮者斷首截舌懸之幡上郡侯觀師法戰之銳就辭解之曰行文製作臻不及岳強記博聞岳不及臻師雖自此弭兵聞者莫不懍懍東坡初來杭與師最厚後為郡而師已逝見其行狀曰此文雖工未道此老大過人處吾嘗與譔凡經史群籍有遺忘即應聲誦之崇寧中謚實相法師

法師則全字叔平四明施氏依報國出家即造法智學教觀時南湖競推十大弟子師為之冠為旁通書史尤善著述性直氣剛敢言人失人以是長之住三學三十年郡守郎簡尤加敬嘗謂人曰叔平才氣凜然若以儒冠職諫諍豈下漢汲黯唐魏徵我朝王元之邪慶歷五年夏別衆坐亡弟子若水立碣於延慶師所述四明實録人謂兼善作郭有道碑也（後漢郭林宗舉有道不應既卒蔡邕為碑文謂盧植曰吾為碑多矣皆有慚德唯郭有道無愧色耳）述曰廣智趙清獻為撰碑三學亡弟子水師為立碣此二文必大有可記者今二石既無存於是二師行業不可知後人立傳祇彷彿耳吁可惜也

法師崇矩三衢人來學法智妙達教觀之道居第一座法智坐聽其講曰吾道有寄矣初赴黃巖東禪講法智寄書勉之曰立身行道世之大務講為德柄汝當堅執此外更宜博究五經雅言俾於筆削之間不墮凡鄙當效［城十二］圓闍梨之作也未幾還三衢受［十六］本業景德講浮石主者元勲問徒真起妄義一言有契頓回禪居永為傳教之地郡為敷奏有旨俞其請乃大開壽堂以安學衆日講止觀夜講光明復於一時率衆念佛嘗以法智融心解於義未盡廣致難問法智乃收及三輩以免相違

眞廟時遊方至京師上聞其名召至內殿講四十二章經盛談名理上心大悅賜紫方袍金幣香藥既而回天竺衆留貳講久之復歸故里慈雲授以香鑪如意手書識辭獎之曰汝將轉說于覩里也勉之我被忍爲衣入慈爲室履空爲座身遠衆惱口寡言論意防輕慢慈心授人是曰三軌是爲四行名安隱說

述曰淨石先學于法智及赴東掖乃遺以書當是時已定師資之分矣後自京回天竺慈雲以猶子待之故其歸里亦授以辭此見二尊者法門之情無所間然而古今圖譜置之慈雲之下其不審也若是今依鑑師錄系之四明覽圖者毋以爲惑

法師慧才永嘉樂清王氏師白鶴山怡芳桂符覃恩得度（眞宗封泰山詔寺各度一人）年十三進受具戒往學于四明性識昏鈍常持大悲呪願學通祖道忽於夢中見梵僧長數丈脫袈裟與披之呼曰慧才盡生記吾翌日臨講豁然開悟前後所聞一時洞曉未幾首衆四座推服復謁慈雲北面服勤旦夜不替治平初杭守沈遘請住法慧寶閣二十年始終一節太尉盧公奏賜廣慈之號淨石來請勉徇衆意未久退居雷峯塔下每翹足誦大悲百八爲課又翹足一晝夜誦彌陀號一夕夢至寶樓宮闕有告之者曰淨土中品汝所生也元豐元年春緇素萬指求授大戒至羯磨時觀音像頂放光輝映講堂淨慈守一禪師爲作戒光記六年五月二十一日更衣就座書偈讚佛曰吾生淨土決矣泊然而化塔于菴之右壽八十六臘七十三繼其業者法宗戒珠十人師貌古而性恬少言寡欲時教門異論諠動江浙師獨循循講訓未嘗有所臧否清獻趙公道交最密及鎮越寄以詩曰乞得鄉邦樂矣哉雷峯菴靜此裵回浙江莫謂音書隔一日潮聲兩度來

法師舍瑩受業四明之廣嚴稟法智教觀深有造詣時人推爲教主嘗以銀書法華經遇佛菩薩名則用金字世稱爲法門至寶建炎金兵犯院宇焚蕩於瓦礫中尋獲此經不損一字淳熙間住山蓮止菴夜聞萬人諠譁驚起視之則別室遺火其經藏柱間上師冒火取之得無損人言兩遭烈燄皆不燬壞者遠由大乘功德之力近見教主行願之所持云

法師擇交台之黃巖人學法智得其道天聖二年章安慧因始易爲講院請師主其席法智作授辭與之其略云今授汝香鑪如意用爲傳法之具欲汝三學芳馨鵠乎自己四悉巧意適彼物宜汝其懋之勿妄揮秉

法師覺琮受業會稽之圓智依南湖學成言歸法智寄帖勉之曰既學山家必當異於常流理事合修自他兼濟如此是爲智者之子孫也

法師嗣端四明人受業崇法久親法智世稱教主王荆公宰鄞與師爲方外友（荆公有崇法留題云小年睢木間輪直都鄰縣華府地香惟頭將人觀此境盡軒順總作清涼集中失收）

法師文騤四明薛氏初依興國令祥師久之遣入法智室孜孜教觀綿歷多載天聖四年祥師以經理塔寺有妨示徒乃付講於師法智作授辭以勉之曰吾觀汝爲傳法之器故授汝手鑪暨欝多羅僧欲汝一秉一披使德香芳郁宗忍成就

法師嗣謙受居法智輪下因有人謂三千是假法以之爲難時廣智謂三千不離實相實相即是三諦則三諦皆三千也師服其說後著修性辦訛首明三千不專俗諦及廣智答淨覺書乃引師以爲證

法師顉彬四明人依法智得旨唱道有美譽

法智垂終遺書囑其隆法

法師智環學于法智揚文公勸法智止其焚軀作書與慈雲令師往勸住世法智建放生會請樞密劉筠撰碑記述師疊書催之遂得成文

法師自仁聽法智講錄所引諸部名言以為
五類題集之興自師始祥符七年夏法智出
教門雜問七章及四教四諦義師所答最勝
學者盛傳之後擧以首衆講演不倦謙沖不
務名世以此敬之
法師慧舟丹丘人二親既歿即棄家入道投
四明為學（咸十六）數載而業成乃曰法智有訓佛道（十九末）
甚夷行之惟艱謂四三昧也天聖初結同學
十人行大悲行法者三年結十四人行普賢
行法者又三年初入期誓於像曰倘此三昧
有成當焚軀以效供養行法既周回故里求
證神照照欽全其重願諭道俗輸香木成大
積仲夏晦日神照囑之曰法華尊施爾克修
之梵網明晦爾克遵之惟繫心法界身如火
如則一聚之爐乃三昧之蘊善見精進以奉
淨明真供惟子行焉師奉教致謝四衆端坐
薪塔火光屬天了無傾側舍利晶耀求者咸
如其願乃瘞餘骨於山西衛之祥符懷襲與
師為同學又同修三昧云
法師源信日本國十大禪師也咸平六年遣
其徒寂照持教義二十七問詣南湖求決法
智為其一一答釋照欣領歸國信大服其說
西向禮謝
佛祖統紀卷第十二

佛祖統紀卷第十二

校勘記

一　底本，明永樂南藏本。

一　五〇四頁中一七行「使典」，徑作「史典」。

一　五〇四頁中一八行「王義」，徑作「正義」。

一　五〇六頁上一一行「二尊者」，徑作「一尊者」。

一　五〇六頁下二三行「樞蜜」，徑作「樞密」。

一　五〇六頁下末行「成文」下，徑有夾註「此下本紀遺失四人」。

一　五〇七頁上五行「敬之」下，徑有夾註「此下本紀遺失一人」。

一　五〇七頁上一九行「三昧云」下，徑有夾註「此下本紀遺失二人」。

一　五〇七頁上二三行「禮謝」下，徑有夾註「此下本紀遺失源清一人」。

佛祖統紀卷第十三之十四

宋景定四明東湖沙門　志磐　撰

諸師列傳第六之三

廣智法師法嗣世第二　扶宗繼忠法師
神智鑑文法師　四明如吉法師
超果惟湛法師
淨社全教法師　括蒼義詢法師
四明體恭法師　金文沖霄法師
法昌本誠法師　日本紹良法師
神照法師法嗣世第三
法真處咸法師　神悟處謙法師
禮菴有嚴法師　能仁法實法師
天台寶織法師　承天懷雅法師
承天元操法師　錢塘義全法師
天台左伸居士
南屏法師法嗣世第四
慈辯從諫法師　群峯泰初法師
法照用文法師　超果會賢法師
法慧宗正法師　東安景初法師
南屏靈玩法師　東吳文詡法師
錢唐如詢法師
三學法師法嗣
三學若水法師
浮石法師法嗣
景雲溫其法師　天柱守玫法師
浮石懷月法師　婺女日東法師
廣慈法師法嗣
妙悟希最法師　懺主法宗法師
妙果子良法師　餘慶思辯法師
浮石惟清法師　龍泉覃異法師
雷峯戒珠法師

廣智法師法嗣世第二

法師鑒文四明人賜號神智為廣智得法上首繼席南湖大揚祖父之化嘗曰我由釋迦佛得出家聞道由智者大師得依師學教乃日課佛祖號千聲夜禮千拜用為報恩未嘗以事廢

法師繼忠字法臣永嘉丘氏父母求嗣佛祠同夢一僧授以好子云螺溪尊者寄汝養之母娠即厭葷血幼見佛像必致敬八歲入開元薙髮得度即詣南湖依廣智學勞苦得疾乃行請觀音三昧蒙大士放光以水灌頂其疾即愈既而洞悟教觀無所凝滯廣智深器之時令代講雪竇顯禪師見而歎曰四明之道為有傳矣永嘉士庶請居開元東閣遷妙果慧安退隱江心研精禪觀出主西湖法明學者驟集有欲革大其居者師曰施者方受其福吾忍毀之乎每歲正月上八於郡中授菩薩戒行放生事士庶嘗至數萬人嘗晝於眾曰入吾道場而歸命三寶者縱未得道亦生生世世不失人身正見出家求無上道行法華光明彌陀觀音三昧日不虛過誦咒救疾神應莫測每入市坐者避席行者避路舉首加敬稱為戒師元豐五年十月八日沐浴更衣集眾說法結印坐亡人見赤光徹照空表淨社全教夢金甲士告曰今夜得道人入滅慶恩希妙夢神人告曰忠法師已生兜率師久行施食後雖有繼鳥雀悲鳴三日不下葬于瑞鹿山傳法者及百人著扶宗集五十卷集十諫指迷扶膜十門析難及十義書等用明四明獨得祖道之正至於所錄二師口義後人頗惟其冗雜

法師惟湛義烏宋氏父母遇異僧謂之曰汝當生子六人第五者宜令出家後入道雙林覃恩得度首謁神照未久復往依廣智嘗白智曰大師所授我所不疑若圓頓絕待之旨當須自得後忽於廣智言下豁然有悟與上滋文論莫不推服初敷講于雲間超果大揚化道天台一宗盛于三吳自師始熙寧六年三月八日建光明會遽謂眾曰吾今報緣止此即舉涅槃遺教殷勤囑累趺坐而逝火浴之頃舍利繁然塔于西余山海慧若圖為門

第上首

法師如吉四明人二師口義序六學廣智得其旨是前輩編類集初無詮次於是參以三部之文節略成類以行於世嘗註金錍言簡而義正學者宗之住鐵唐因果

法師中實久學廣智號稱具體初開寶中瓶

法師全曉舍于大梅之山吳越忠懿王仰其德錫紫金改建為院及賜經卷一藏院成乃名金文曉亡高第正和嗣之實又和之嗣也師以其居稍隘始與其徒遷築于栢巖峯下大開廣智之道始平四年上于朝賜額慧照鄭獬作記廣智立石

法師本誠四明奉化人依南湖學廣智志尚靜退乃閑居于法昌禪誦並進人欽隱德院主更建衆宇久不克就師慨然自誓曰昔智者造三十六寺像八十萬軀今吾徒豈於一刹而不能成邪即率同志化邑人得錢二百萬并力以營殿與像俱畢事著作郎俞充為之記謂師有得於畢竟空中熾然建立之義云

神照法師法嗣神照下第二世

法師處咸天台王氏母夢白雲自天西來入室內化為白馬因而有娠七歲入國清依師十四受具戒即自歎曰佛法廣大若不力學何能見道乃入天封閱藏經三年而畢及往謁神照深悟教旨恭默自遜人莫能測神照嘗託疾命師代講衆纔一聞心容俱服初住赤城崇善姑蘇李庭芝將守台夢神人曰公典天台五祖壇下有龍頭九九和上宜訪見之到郡諮詢莫知其說聞士陳白悟曰天台五祖昔居赤城今咸師住此生於丙辰九月九日其龍頭九九之讖乎庭芝大愕即往謁見師為談出世道深有契會以寺宇隘陋謀遷之庭芝首捐金帛乃卜就東南地開基之日獲銅磬于土中少師李公光尊敬請主白蓮奏賜法真之號居山五十年登門受道者萬數元祐元年正月法鼓擊之不鳴者七日至七月告衆曰二十三日吾將行矣進唱衣盂斂衆為別戒侍者晨鐘鳴當告我至時徐起趺坐寂然而化著三慧論光明十類王續神照行法經疏行於世

法師處謙永嘉潘氏母感夢見瑞雲入懷娠三年而生九歲依當寺契能出家童聖在御畢恩得度真宗祥符元年封泰山天下寺觀各度一人即往學于天竺慈雲異之曰是能棟梁吾道者復謁神照大明圓頓之旨然三指供佛祈妙悟未幾擢居第一座神照以止觀一義授之曰汝當建大法幢恨吾不之見耳既而言歸鄉邑繼能師之席遷慈雲妙果赤城講道益振少師李端愨請主白蓮北海郡王為請神悟之號丞相王安石與一時朝賢競為歌詩以賛其德郡大旱晏師祈雨師至龍湫語曰汝受智者大師付囑遇旱當施甘澤何不憶邪忽大風黑雲從湫起驟雨如注閱十七年特賜永嘉郡侯士應留演教乃於巾子山慧林精舍講小般若後時杭師祖無擇以寶閣請趙獻以淨住請內翰楊繪以南屏請棨徽陳舍人以天竺請十坐道場閱四十年講唱不倦登門三千人稟法者三十人熙寧乙卯四月丙寅晨興沐浴更衣集衆諷普賢行法同彌陀經乃曰吾得無生日用久矣今以無生而生淨土即入定寂然塔全身于南屏之右弟子良弼請無為楊傑銘其塔云師嘗解十不二門題曰顯妙於色心不二云分色心者不二而二妄之境也其體一若二即不二妙之門也故以揔別斷盡十門二不二相使粗妙昭然門旨不壅是知境妙不二之門在乎一念色心得此之門寶乘即乘道場可到

法師有嚴台之臨海胡氏母將孕號痛頓仆其兄沙門宗本曰是必有異若生男當出家母聞之合掌以許既而痛止果生男六歲依靈鷲從師十四受具戒閱壽禪師心賦若有

所悟即往東山學于神照一心三觀之道法華三昧之行莫不神解而躬行之時法真同居會中謂之曰子雖晚出當大成器嘗讀止觀至不思議境曰萬法唯一心心外無一法心法不可得故名妙三千法真猶嘉歎之初王無相慈因法真自赤城還東掖舉師以代當謂去佛久遠人迷自性凡宣演之際必近指一心使之易領聞者皆能有入紹聖中將請主東掖師曰智者年未五十已散徒衆吾老矣可堪此耶卒不赴隱居故山東峯壘子榼木之旁因自號曰榼菴（文集中有榼菴記傳理極者錄）畜一鉢無長物躬拾薪汲水食唯三白毗屋條章輕重等護二十年專事淨業以安養爲故鄉作懷淨土詩八章辭情悽切人多樂誦當時所修三昧多獲瑞應施鬼神食除病邦衆驅蛇去蟻水旱禳禬一爲課誦如谷答響每病目師對觀音想日精摩尼手母即夢師攀日當前覺而目明建中靖國元年孟夏定中見天神告曰師淨業成矣又夢池中生大蓮華天樂四列乃作餞歸淨土之詩越七日趺坐而化以陶器塔于菴北有光在塔如月三夕乃設師淹貫藏經該通書史注安樂行叙品及法印經蹊玄藏備撿文句箋難止觀助覽阿彌陀禮文又撰戒對一編辯論古今搶

蘊爲要

左仲臨海人從東掖神照授菩薩戒及爲識大乘法要豁然開悟有如夙習神照對衆摩頂與記自是嚴奉戒律遇事不易其節刻西方三聖像旦夜虔事誦法華三千四百部金剛般若二萬過紹聖二年秋臥疾命子僧淨圓唱法華首題增受菩薩戒尋夢三偉人立于江岸召仲登舟瞥然西邁仲知往生有期乃請僧諷阿彌陀經未徹即云我已見佛光塗遂沐浴更衣戒左右勿哭勿遍吾前稱佛結印而化

南屏法師法嗣（[illegible]）

法師從諫處之松陽毛氏幼見佛經輙能白誦父曰再來人也年十九試法華經得度即謁上竺辯才夙夜聽習復往依南屏于金山問辯如流南屏歎曰吾道由子而行也熙寧中諸子明慶徒衆日蕃乃還淨住元豐初處人建壽聖迎居之越三年辯才主南屏自以年老屈師嗇衆嗣歲舉以自代元祐五年上竺座席辯才囑郡守蒲宗孟曰靈感勝迹非從諫不足當郡用其說復爲奏賜慧辯之號義天僧統自高麗來求法郡以師應命義天慕法留滯中國朝廷以其國母思憶促其歸師諭之曰高僧道紀負經遊學以母不可捨逐荷與俱誦經毋皆不可背以肩擔荷今僧統賢於紀遠甚豈爲經背毋使憂憶孝義天於是有歸志乃求鍾拂傳衣及誥者塔瑩之曰已傳慧辯法師教觀還國流通乞賜冥護既歸乃建刹立像尊爲始祖六觀二年辭歸壽聖文之門學車溪普明等十人詣師者候師曰諸子遠至後會無期老僧不如禪與便行遂休浴更衣升座說法書偈安坐而亡葬全身于受業

法師會賢早爲南屏高弟初弘教於華亭超果學者如市將行化外邑必得老成爲講者乃擊鼓集衆其人對衆答曰必欲代講於老師凡所說義許惑破之師忻然曰幸蒙被主祖道之光也

述曰南屏晚見法智其所立義有時而違今賢師所說不爲戴講之見取疑此師一稟南屏之言故武講得以破之然世無圖其名可謂烈士乃師忻然許其破不以爲豈真賢乎哉

三學法師法嗣

法師若水三衢人久依三學號爲有成欲嘗廣詢乃易名若水外現未學屢屢遊歷初往天柱崇福講演不倦課密語有神功祖忌將臨戒庖人備茶筍庖以非時日暮榮盂水於

後圖夜聞爆烈聲明旦視之筍戢戢布地衆
民人以疾告咒水飲之愈者莫紀其數
浮石法師法嗣
法師溫其金華人依浮石學教為成才治平
初於城北華景雲舊宇以開講席夏大旱日
讀光明經度扣諸天已而甘澤徧洽郡守盧
昆一華為奏其地永為天台演教之所賜師法雲八
之號嘗造九祖像極為精麗東陽教學之行
師之力也弟子七十二人普月大師善嵩主
慈覺化成一境居式主景德有虎子之稱
廣慈法師法嗣
法師慧最雲川施氏賜號妙悟四歲出家以
天禧覃恩得度年十五傳教觀於廣慈同門
畏愛號為義虎治平中始敷講於嘉禾澄平
繼徙居于勝果有空室素所棲師咒土擲之
得片紙書令破法來遣若法力沒當復來此
數日擊物颭火變怪百出師訶之曰不聞惱
法師者頭破作七分乃為廣說輪轉因緣衆
僧聲咒為其破障忽空中轟然擲朱書云漢
朝烈士沈光大略倫遏且云蒙師說法之力
當往生它化天自此遂絕師因淨覺背宗上
十諫書法智作解謗淨覺復作雪謗時法智
在疾不復答淨覺在靈芝對衆詫曰只因難
殺四明師雖向靈芝敢開口師不甘之乃作
評謗以極辯之其略有云近覩雪謗盛製所
謂揿生法二身雪增減二謗者也然此書一
往可觀再言有失解謗雖已煥然雪謗猶自
氷執今據吾祖之格言以評閒私之謬解淨
覺見之曰四明之說其遂行乎元祐庚午秋
集衆書偈安坐而化闍維之日得舍利數百
述曰淨覺既屢起破師論及雪謗之出而芸一九
法智已在疾不復辨於是淨覺自謂己勝
無忌憚矣不有妙悟誰能評之起四明之
宗以信後世者於妙悟功最高
法師法宗錢唐顧氏十歲依廣慈為師十二
受具戒專研教觀十九往從廣慧初師服勤
十年廣慈閒居師歸侍左右日親法誨依止
觀修大悲三昧綿歷九載人目之為懺主凡
禱事祈疾悉獲聖應建淨土道場刻西方三
像燼五指供佛每月集四十八人同修淨業
名卿賢士多預其會政和丁酉春微疾夢彌
陀聖衆授手接引後三日浴身易衣與口趺
坐儼然而逝師素聞天竺光明懺期之勝因
預同修至五日於禪觀中見慈雲法師侍僧
數十師作禮問曰自昔同修者皆得往生否
慈雲曰後之元照已得往生擇瑛尚欲三塗
弘經（後時瑛師果有此頤）汝宜勤修以成本頤言訖而
隱
法師覃異餘姚杜氏師龍泉清序遇皇祐普
度恩得剃髮習教觀於天竺明智後入雷峯
廣慈之室孜孜扣擊二十年無倦志學成歸
里數講故山專勤淨業誦法華至五千部普
賢彌陀誦各萬卷崇寧元年秋示疾集衆告
曰吾生淨土時至當乘金臺隨佛西邁即澡
身端坐結印而逝火餘舌根舍利如綴

佛祖統紀卷第十三

佛祖統紀卷第十三

校勘記

一　底本，明永樂南藏本。

一　五〇八頁上一行「之十四」，徑無。

一　五一〇頁中六行第一五字「子」，徑無。

一　五一〇頁中八行「江岸」，徑作「江皐」。

一　五一〇頁下六行第四字「久」，徑無。

一　五一一頁下七行與末行之間，徑有夾註「此卷四十人本紀止録十人餘二十七人不録」。

佛祖統紀卷第十四
宋景定四明東湖沙門　志磐　撰

諸師列傳第六之四

神智文法師法嗣（廣智下第三世）
明智中立法師　文慧宗正法師
空相思恭法師

扶宗忠法師法嗣
草堂處元法師　永嘉法詮法師

超果湛法師法嗣
海慧若圓法師

法真咸法師法嗣（神照下第三世）
白蓮道卿法師　安國元惠法師

四明淨杲法師

神悟謙法師法嗣
北禪淨覺法師　白蓮善珪法師
德藏擇瑛法師　金華子方法師
壽安良弼法師　淨住思照法師
一相宗利行人

樝菴嚴法師法嗣
天台法麟法師　天台應通法師

慈辯諫法師法嗣（南屏下第三世）
車溪擇卿法師　慧覺齊玉法師
圓覺蘊慈法師　普明如靖法師
天竺應如法師　法雲宗敏法師

佛智慈雲法師　佛照智堅法師
慧覺清月法師　圓明普賢法師
上竺明義法師　高麗義天僧統

群峯初法師法嗣
梵慈智普法師

南屏文法師法嗣
憲章仲閔法師

超果賢法師法嗣
精微彥倫法師　淨辯蘊齊法師
寶積彥端法師

十一

景雲其法師法嗣
覺慈善嵩法師　景德崖式法師

神智文法師法嗣（廣智下第三世）

法師中立。鄞之陳氏。賜號明智。母夢日輪入懷遂有娠。夜不三浴則啼號不止。九歲出家于甬東之棲心。受經一誦永憶不忘。治平中試經開封府中選得度。初依廣智學教觀。及神智繼主南湖復依之。熙寧中神智閑權諠問答者二百人。無出師右。乃舉居座元。久之去謁扶宗於永嘉。將歸宗曰。子行必紹法智之席。及神智謝事。乃俾師為繼。元祐初高麗僧統義天遠來問道。甫濟岸過師升堂。歎曰。果有人焉。遂以師禮見。傾所學析其鋒竟不可得。師令門徒介然始作十六觀室以延淨業之士。已而辭去曰。吾年六十當再來。即過慶東湖之隱學數年。郡太守王公勉主寶雲。一新棟宇。於伽藍神腹得願文云。後百年當有肉身菩薩重興此地。聞者異之。後退隱白雲菴。曰宣止觀至不思議境。歎曰。吾道至此極矣。有不思議境則有不思議心。乃作不思議辨正。又指五章裂大綱目寄果明因以成辭。行舉佛攝生全生是佛。作止觀裂網指歸。釋疑文。慧正師亡。郡請再主延慶。果符六十再來之言。嘗升座說法懸霆無盡。下座問侍者曰。吾適道何語。侍者答以所聞。師曰。吾嘗身心同太虛空。殊不知語之所出也。歲儀行江湖。延慶為最盛。擇其徒修法華懺者七年行法。將圓禪觀中見一大舟。衆欲乘不可。唯師坐其中以行。自是辯慧泉涌超勝於昔。政和五年四月辛亥。謂門人法維曰。吾聞異香心甚適悅。請觀堂行人曰。吾當與汝輩長別。即面西坐逝。歸于崇法祖塔之東。

十二

講三大部淨名光明數十遍。誦法華彌萬部。與人除病卻鬼救災畢不能畢記其驗。孔老之書無不遍讀。其對儒士談說則反質之曰。此道在孔聖如何。在詩書如何。儒士不知對則援引委辯之曰。無乃若是乎。聞者心服而退。師在永嘉。扶宗謂曰。吾嘗見摩利支集於藏中求

護法它日幸於南湖懺室置其位及師主席乃立像自師始陳瑩中嘗讚師曰嚴奉木叉堅持静慮以身為舌説百億事（言戒定慧皆備是也）

法師宗正賜號文慧依神智學教觀深造閫域治平初繼主南湖大弘宗教先是寶雲祖藏骨於育王山西北隅後七十七載師自南湖往禮敬顧荒有毀將遂蕪沒乃飭工集石題之以顯其處且復為石塔記以識其事時非微師此文寶雲之藏幾不可考

法師思恭湖之烏程人賜號體真年十九剃髮詣神智學教觀及歸里時空相廢于積潦師克志興復為屋三百楹從容無求而施者自趍功成修長懺三載以荅志願及老歸吳山解空建炎元年九月別衆坐逝荼毘烟所至皆凝舍利塔于院東南隅弟子戒澄等四十三人皆傳道有成分化浙水

扶宗忠法師法嗣

法師處元秀嘉人久參扶宗遂繼法明之席郡侯仰其道化任以僧正澄清品流莫不厭服所著輔贊記三卷其論經體則推本法智廣智源流之説論無住本三種觀法荅扶宗通相三觀其説明正學者宗之崇寧二年間居東溪草堂述義例隨釋六卷初荊溪以止觀文廣例為七科名為義例俾學者知解行之大旨雖法智製述之多不暇為記師因義神智為纂要以初乘觀法性德之境為真如理觀修德之境為唯識事觀師謂狂妄徒疑後學乃決志注釋以斥纂要之非

法真咸法師法嗣（神照下第三世）

法師淨杲四明人學法真為高第撰金剛經疏欲講即講不俟衆集有臣律師者入冥府司名者曰誤追也臣潛窺其籍有云明州淨杲闍黎講金剛般若經一百徧既及詣師以問師曰但十徧耳恐以義勝褒為百徧

神悟謙法師法嗣

法主淨梵嘉禾人姓筲母龔氏夢佛光滿室遂有娠及生因名佛護十歲從勝果師承懺主出家常念阿彌陀佛或問年少何為念佛荅曰我欲往它方丈求掛搭去年十八受具戒即依超果湛師學未久復往謁神悟慶親講説大契夙心元祐初主姑蘇大慈講三大部十餘過餘文稱是受業門生殆徧吳地信人稟戒幾滿城邑嘗率二十七人修法華三昧以二十八日為期如此三會感普賢大士授戒羯磨至稱淨梵比丘則洪音震響如撞巨鐘三昧將圓有二僧作禮曰今春到石橋禮聖迹忽見空中散華異香非常一僧遽曰姑蘇梵法主期懺散華至此語畢不見因来瞻禮長洲令黃公彥刻記于石云異哉師之道力其與北京進法師夢釋迦授戒南嶽夢四十二人加羯磨法異世同效師製期懺規式二浙至今行之嘗依識譯光明別製懺儀與衆同修感格屢見禪觀之處衆見金甲神王跪於座前後於一處期懺見帝天按行懺室行人有遺其點察者輒障起而退夜居西院時暑酷熱衆不安卧師方披三衣坐水閣上忽風雪飛集涼氣逼人旦謂衆曰夏行冬令衆皆歎仰知為神龍翊衛變熱為涼也元符中夢黃衣請至冥府王者迎就座令吏檢祥簿云淨梵比丘屢經多劫長講法華王即起頂禮遣使送還政和中太守應公婢為祟所嬈歌笑不休請師施戒即刻神定葛氏請師為亡夫施戒即見夫恭敬於師遶座三匝稱已得解脱宣和初郡守賈公敬師高行補為管內法主建炎元年十月坐亡闍維得舍利甚多葬塔于横塘般若

法師擇瑛嚴之桐江俞氏母夢二日貫懷後二歲散二男俱出家皆試經得度長名子欽受業錢唐淨住次即師也入道于杭之壽寧熙寧中參神悟於施水寶閣深悟止觀之道閲不二門金錍不寢者數月以所得白師神悟曰法華妙旨歸乎自心宜善護持勿自輕也當

湖會氏於德藏剏一院以迎師大開法施文之邀遊杭秀蘇湖間元符二年春於杭祥符示疾俄奮身凭几西向諷彌陀經卷終而逝嘗述淨土修證儀其讚有阿彌陀佛真金色之偈至今人皆誦之又撰西方此土二種觀門之相以勸專修淨業者(文見淨土本傳)

行人宗利會稽高氏七歲受業於天華既具戒往姑蘇依神悟即入普賢懺室要期三載忽夢亡母謝曰蒙汝懺功已獲生處又見普賢從空過前懺畢復往靈芝謁大智律師增受戒法夢大智在座呼宗利名口吐白珠令吞之又於靜定中神遊淨土見寶池蓮華寶林境界尋詣新城碧沼專修念佛三昧經歷十年復遊天台鴈蕩天封皆建淨土道場晚歸受業天華建無量壽佛閣接待雲水政和元年天旱詣日鑄山帝舜祠祈雨感龍王現金色身甘雨沾足建炎末入道味山題所居曰一相菴會稽道俗請師主繫念至第三夜繪像頂珠忽放光明大如箕預會者孟堅國紹興十四年正月晦告弟子曰佛來也吾將歸安養矣書頌爲別曰吾年九十頭已白世上應無百年客一相道人歸去來金臺生斷乾坤窄端坐即逝是日近山人見異僧滿山谷莫知所從來瘞全身於菴居之後

法師思照錢唐陽氏十四歲從淨住從雅聽法華方等於南屏復往東掖參神悟大有契入既而刺血書法華七軸專修念佛三昧築小菴曰德雲後建小門爲觀落日之所刻三聖像每夜過午即起念佛月二十三日率道俗繫念終其身三十年一旦語其徒曰夜夢佛金身丈六此往生之兆也請僧七日以助念佛屈指作印奄從坐化時宣和元年春也闍維之際頂骨牙齒皆瑩明如玉石師於淨土七經一字一禮華嚴首楞嚴金光明無量壽普賢行法遺教梵網無量義略教誡四分戒本皆然唯法華十過總得二百七十卷編法華千部無量壽佛經五藏阿彌陀經十藏云

慈辯諫法師法嗣

法師擇卿天台人天質聰敏傳學強記受教於上竺慈辯嘗曰四明旨意吾已得之唯趣數觀信之未及然不敢不信也初主車溪壽聖(車溪屬三州四縣東爲秀州嘉興縣嘉時多青鎮古塔元祐二年初建壽聖院請師開山高宗朝改賜額)未嘗屈節豪貴聚徒三百施者自至年三十後即廢卷禪坐晚居車溪每遇講演但令侍者日供講養辯說如流聽者說服繇解彙應領徒三十人至車溪值說無量義經聞衆難云妙樂有云能生一實法華異名所生無量爲法華序不知能生一實是隔偏之圓即偏之圓所生無量是同體之權異體之權應語同行曰此師言有典刑足堪問道即來依止有不循規者悅衆以聞詢其名則猶書朋觀二師師曰此二人教門大才也弗之問嘗夜坐方丈聞廊廡有天樂聲遣人迹之聲出朋師房師附壁隙窺之見朋觀數輩於燈前戲舉手作無聲樂師益異之平時喜茶臨終之頃謂門人曰晨鐘鳴即來報至時啜茶一甌書偈而化時大觀二年仲冬也塔于院南芙蓉浦

法師齊玉(以避時諱智改齊玉)霅川人尚書莫公支子也法號慧覺早親釋學日記數千言始參祥符神智後依慧辯一日赴僧次遜辭之或問其故答曰誠不欲五千之利而喪一日之功慈辯得通相三觀之旨秘不肯說師屢扣不已乃於寢室跪爐以授初出居苕溪寶藏每於歲終大興淨業之社遷橫山立丈六像塑道俗修行中夜告衆曰我輩未念佛時心隨塵境作諸不善犯一吉羅尚受九百千歲地獄之苦況犯篇聚重罪乎(五篇七聚)今若念佛則可一念能滅八十億劫生死之罪況又父母生我令我出家理當度脫以報重恩今若破戒墜陷則父母豈不失望大衆聞之無不傾誠懺

悔擧身自撲至損額失聲者（此雖勸修淨行正用扶律談常爲救末代之意）宣和六年遷居上竺先是慈辯之去繼之者或不振學徒謀曰得五公乃興郡守翁彥國聞之乃具禮以迎講道數化不異慈辯嘗中夜頂像行道一僧失規責之曰汝無知乃畜生耳已而悔曰彼雖不肖罵爲畜生有玷三寶自是三年對佛悔過歲大旱井竭師運心密禱夢水出西城旦掘之清流涌出因名夢泉建炎元年秋謂首座修慧曰吾昧前多寶塔現慧曰和上流通法華之瑞證也師曰所願見阿彌陀佛耳即集衆念佛頃之擧手加敬曰佛已來接也端坐合掌而化葬十山西草堂之側諡妙辯塔曰慧寂門弟傳教者容印大師修慧等二十人所著普賢行法經疏及自釋疏祖源記無量義經疏雜珠記（釋孤山所造疏）安般守意法門尊勝懺法

法師蘊慈四明慈溪人賜號圓覺初依壽安弼師既而復謁慈辯其學大成時門下十高第師爲說法第一初居西湖菩提遷會稽圓通崇寧初能仁虛席以師爲請有文首座能行人各然二指禱佛冥祓師既至一衆說服嘗因暑熱講散偃息臥榻適首座至白曰此山師席講退之頃不入懺室則居禪堂未有高枕自安者師媿謝曰敢不承教自此祈寒盛暑不敢少懈每當如廁則沐浴更衣雖行道遇雪必手搦以爲淨著十類說權實指迷世行其文

法師如靖賜號普明早入慈辯室杭人有以私憾害其兄者後深知悔以聞一律師荅之曰殺人償命何足爲問其人即投西湖而死欲償兄命免爲後怨既不見兄反悔投水因衆人入雷峯受戒鬼隨以入聞戒師說入造罪許懺悔其鬼乃怒律師蚤知可悔必不投水日夜隨律師索命語以修薦百方皆辭久而言曰爲我請靖佛子施大乘戒則可脫及爲授戒法乃見形致謝而去後主覺悟學徒雲擁唯一室空閑云有惡鬼居之師中夜入室坐禪忽聞哮吼見一人頭飛走地上俄化爲人師謂之曰汝何得擾人鬼曰凡出見人本欲求度人見自畏非擾之也師乃爲說法授戒語之曰汝可入吾袖鬼即如教覺重甚擕至林中放之化成天人殷勤謝師飛空而没建炎二年遷上竺初是有爲鳴童卦者或以上竺住持爲問童云待問土地良久曰今早天符已下請靖法師矣閱月而師至三年十一月金虜破杭師預感夢知此山危運不可免語其徒令避去及虜至或謂可以禮迓即聲鐘集衆虜疑其將抗已放兵大掠火其屋而去

述曰靖師之德可以脫索命之鬼可以虔空室之祟可以感上竺之符而不能卻兀朮之兵止上竺之焚蓋當群生同分業感兵厄火災所不得而幸免也

法師應如婺之浦江胡氏黙記多聞尤善持論來學上竺慈辯深器之嘗往靈山訪同世出六能義反覆辯詰彼義墮負師即揭竿繫帛謂之曰西竺破敵則豎勝幡道場降魔亦表勝相今法戰既勝當揭一竿人畏其烈目之虎子初慈辯得南屏通相三觀之旨祕不授人玉慧覺祈請尤力許中夜爲密說師知之陟梯竊聽飛雪翻空背若被鎧旦白慈辯曰我於通相三觀若有冥授即錄其言以示一衆慈辯怒曰應如盜法紹聖初主越之圓通嘗因講散謂侍者曰今日東風吹教法過浙西去使眼中有耳者得以有聞師三十歲便亡卷舞臨座侍者供講衣以俟紹興三年遷上竺兀朮焚蕩之餘唯存藏室有勸化人營建者師曰我但流通大法耳它日自有修造者至及師亡普覺惟日果以繼席與土木事五年九月車駕幸大士殿師奏對如流上喜賜萬歲香山以供大士師不尚著述嘗以偈示人曰吾傳智者一性之宗三千

實相妙空假中一念法界生佛體同凡聖一如善惡理融毗盧身土遍若虛空達斯旨者法法圓通左之右之受用無窮山家稱如虎者三人神照本如曰明道如淋辯及師也一夕別大衆歸寂而終塔於寺西北隅嗣法學先懷志白蓮慧仙皆是世其業師有教義多指難集

法師宗敏秀當湖魯氏名族也賜號法雲年十五具戒徧參講席如超果照廣化明南屏玩無不歷事後入慈辯室頗有發明辯謂首座非其才乃請與之抗論座為之屈紹聖初主杭之菩提元符中遷孤山樞密蔣之奇時來謁問楞嚴大旨為談心要之妙之奇言下有契敬以師禮久之退處報恩六一泉之上（報恩勤師與歐陽公為詩友東坡名其泉為六一）宴坐三十年世高其風元朮陷杭寺為煨燼乃還止當湖菴居紹聖七年冬示寂命以衣盂修報恩塔即山撤而葬焉後十八年有司以其地為延祥觀遷其塔于山北鳥窠之側弟子慧詢取全身闍維之視容貌如其生薪盡火滅收舍利百粒如菽

僧統義天王氏高麗國文宗仁孝王第四子辭榮出家封祐世僧統元祐初入中國問道至四明郡以明智慧照館伴之義天上表乞傳賢首教敕兩街舉可授法者以東京覺嚴誠禪師對誠舉錢唐慧因淨源以自代乃敕主客楊傑送至慧因受法諸刹迎餞如行人禮初至京師朝畢敕禮部蘇軾館伴謁圓照宗本禪師示以宗旨至金山佛印坐納其禮楊傑問印曰義天異域僧耳若屈道徇俗諸方先失一隻眼何以示華夏師法乎朝廷聞之以為知體至慧因持華嚴疏鈔咨決所疑閱歲而畢於是華嚴一宗文義逸而復傳又見天竺慈辯請問天台教觀之道後遊佛隴禮智者塔為之誓曰已傳慈辯教觀歸國敷揚願賜冥讚見靈芝大智為說戒法請傳所著文既還國乃建剎號天台奉慈辯所傳教文立其像為初祖歲遣使通音問及施金書華嚴三譯於慧因建閣藏之（今傳稱高麗寺）見飛山別傳議為跋曰甚矣古禪之與今禪名實相遼也古之所謂禪者藉教入禪者也今之所以禪者離教說禪者也離教者執其名而遺其實藉教者因其詮而得其旨救今人矯詐之敝復古聖精純之道珠公論辯斯其至為近者遼國詔有司令義學沙門詮曉再定經錄世所謂六祖壇經寶林傳等皆與焚棄而比世中國禪宗章句多涉異端此所以海東人師疑華夏為無人今見飛山高議乃知有識法開士百世之下住持末法者豈不賴珠公力乎（珠作別傳幾於禪教之際深有發明壽九十三葬骨鶩山）

述曰助師辯祖謂智炬撰寶林傳詭說百端如達磨隻履西歸立雪斷臂等事與南山續高僧傳多不同（云云）世又謂壇經說性不異吾宗而於念佛求往西方有似貶斥

義天言遼國焚棄二書者蓋以此也

南屏文法師法嗣

法師仲閔三衢人受業禪符來依南屏文師以雄辯見稱義虎政和初還鄉主浮石學者嚮至嘗放言曰吾座下不五百衆不講大部故一生唯講光明觀音順寂之日集衆屏堂登師子座趺足而坐忽見銀臺自西至師曰吾平生解第一義誓取金臺今乃若此瞑目而化所著簫董集五卷其自序曰釋氏子有所述必求公卿為之序其首跋其尾篤其說俾行於世且衣冠之士豈知吾之是識吾之非儻是而無序天能識乎哉或非而有序人能篤乎哉

超果賢法師法嗣

法師彥倫學超果賢師為有成大觀元年主仙潭撰教義名精微集四卷賜號妙慧又撰金剛經疏二卷

法師慧齊錢唐周氏號清辯幼歲試經得度

傳教觀于法明會賢師嘗患疾疾百藥不治遂力課觀音尊號夢一婦人以鑿開其胷易其心手捫摩之患即愈嗜昔所覽靡不通記走筆成章率歸典雅咸謂辯才之證主鐵庵道林常熟上方姑蘇東靈鐵庵南屏姑蘇廣化三衢浮石政和復歸上方開居千方丈述須山記釋天台戒疏凡三卷建炎四年正月聚衆誦彌陀經稱佛號畢即刻而化塔舍利于上方門人法清及景德法雲克傳其道雲編翻譯名義七卷大為梵學撿討之助頗亦附以教義云

景雲其法師法嗣 浄石下第三世

法師居式金華人嗣景雲住景德撰圓覺疏四卷

佛祖統紀卷第十四　　昆一

佛祖統紀卷第十四

校勘記

一　底本，明永樂南藏本。

一　五一三頁下八行第一五字「綱」，徑作「綱」。

一　五一四頁上七行末字「集」，徑作「累」。

一　五一四頁上一〇行「烏程人」，徑作「烏程人」。

一　五一五頁上一行第一四字「開」，徑作「開」。

一　五一五頁中二行「南屏」，徑作「南屏」。

一　五一五頁中四行第二字「巻」，徑作「菴」。

一　五一五頁中一六行「傅學」，徑作「博學」。

一　五一六頁上一行夾註右「淨行」，徑作「尊行」。

一　五一六頁上七行第二字「玷」，徑作「瑫」。

一　五一六頁中七行第一二字「兄」，徑作「鬼」。

一　五一六頁下七行末字「世」，徑作「志」。

一　五一七頁上一行第一五字「尼」，徑作「凡」。

一　五一七頁上四行夾註「未詳承稟」，徑無。

一　五一七頁下一二行「集衆屏堂」，徑作「集衆昇堂」。

一　五一八頁上二行第一六字「曾」，徑作「胸」。

一　五一八頁上一〇行第一六字「頗」，徑作「類」。

一　五一八頁上一四行與末行之間，徑有夾註「此卷三十七人本紀遺失十七人」。

佛祖統紀卷第十五　　昆二

宋景定四明東湖沙門　志磐　撰

諸師列傳第六之五

明智立法師法嗣（廣智下第四世）

澄照覺先法師　慧照法鄰法師

圓澄智讓法師　四明法維法師（東湖智）

定慧介然法師　待制晁說之

諫議忠肅公陳瓘

草堂元法師法嗣

息菴道淵法師

安國惠法師法嗣（神照下第四世）

智涌了然法師　真教智僊法師

白蓮梵章首座

白蓮卿法師法嗣

天台淨侁法師

北禪梵法主法師

北禪惠深法師　飛英智桃法師

頂山子文法師　通照慧明法師

超果惠道法師

德藏瑛法師法嗣

北關思淨法師

壽安獮法師法師

教藏有全法師

車溪卿法師法嗣（南屏下第四世）

竹菴可觀法師　牧菴有朋法師

祥符道忻法師

慧覺玉法師法嗣

清修法久法師　澄覺神煥法師

假名如湛法師　容印修慧法師（慧覺傳）

慧解曇應法師（車溪傳）　慧照道倫法師

北禪法榮法師　北禪文俊法師

圓覺淨圭法師

圓覺慈法師法嗣

法照中皎法師　神慧敏齋法師

能仁文首座　能仁能行人

普明靖法師法

圓通思梵法師　普圓善期法師

天竺如法師法嗣

崇先懷[illegible]法師　宣祕慧僊法師

音圓普證法師　法燈道遵法師

餘姚行澄法師

法雲敏法師法嗣

樞密蔣之奇

佛智雲法師法嗣

法照淨通法師

佛照堅法師法嗣

神辯覺寧法師　普慈慧序法師

梵慈普法師法嗣

圓照梵光法師　東靈智欽法主

慈卓閔法師法嗣

餘慶道存法師

清辯齊法師法嗣

景德法雲法師　上方法清法師（清辯傳）

明智立法師法嗣

法師覺先明之慈溪陳氏號澄照七歲受經一讀成誦初稟教于明智既得其傳復請益於慈辯清辯所詣益深靖康初主奉化之寶林會奉早邑請講金光明終卷而雨三日因勉邑人建光明幢誦經萬部為邑境之護還主延慶大弘宗教久之復歸寶林築室曰妙蓮復誦蕭萬部持淨土佛號四十八藏摘經疏名言以資觀行目曰心要紹興十六年正月十四日說法安坐而逝塔于寢室之側它日有夜聞誦經聲迹所自出塔中後月堂居南湖謂師於延慶有傳持之功而塔在草菴乃令遷之担壟及開土見棺槥不朽骨若青銅（檢山員支木丁）　昆三

法師法鄰賜號慧照早為明智高第屢居座端道業詞章衆所推服高麗義天至首入南湖師明智而友慧照請疏所受教乘歸國師援筆立成有古史風義天嘉歎不已（文題志文見志）郡命主三學講演之盛亞于南湖嘗謂門人

曰余嘗勸人以一戒三十已前未可念阿彌陀七十已後不得持消災呪謂少不知進老不知止也時人然之

法師智謙賜號圓澄學于明智紹興庚辰主寶雲每念寶雲爲四明傳道師自遷骨烏石其迹寢晦乃力搜訪得正法師所撰石塔記重刻于烏石菴又於寺闢堂設像表示後世

法師介然四明鄞人受業福泉山之延壽明智居南湖從其學遂悟境觀之旨元豐初棄修淨業三載期滿謂同修慧觀仲章宗悅曰念佛三昧往生要法也乃然三指誓建十六觀堂中設西方三聖殿環以池蓮功成復然二指以報佛恩於是修觀之士有所依託焉建炎四年正月七日金虜犯明州寺衆奔散師獨不去虜推至前詢之曰不畏死邪師曰貧道一生願力肆此觀堂今老矣不忍舍去以求生也虜留義之謂曰爲我歸北地作觀堂以此規制遂逼師以行後人悲思乃以去日爲之忌（[illegible]）而尊之曰定慧尊者立像陪位于乾[illegible]之側（[illegible]是草堂一[illegible]爲五世[illegible]）

晁說之字以道[illegible]作制文[illegible]公[illegible]也監明州[illegible]南湖訪明智聞一心三觀之說[illegible]其旨晚年日誦法華[illegible]法華明智沒爲撰碑而論之時稱爲作（碑見名文光書七）

陳瓘字瑩中爲諫人自號了翁幼登甲科官至正言觀止之日盤薄一年天降甘露有芝草生於家常留意禪宗頗有省發觀華嚴了法界之旨因上䟽論宰相章惇謫四明日與明智會因問天台宗旨明智舉止觀不思議境示以性奪修成無作行之義公曰乃知此宗性本現成人問現前色身如何觀察明智曰法本不生今則無滅公曰世人言其死如歸不知如歸乃失家者自是深達境智之妙作千有門頌以示明智智可之（文見名文光書七）晚作判堂西歸爲明智作觀堂淨土院記發揮寂光淨土之旨宗門韙其說（[illegible]）公既歿諸子皆白衣未嘗懷不滿意宣和六年冬無疾别家人而逝紹興中賜諫議大夫謚忠肅

述曰智者之爲道也廣大悉備爲其徒者自智信之未足以信於人惟名儒士夫信而學焉則其道斯爲可信也智者之世有徐陵師顗荊溪之世有梁肅李華慈雲之時有晁文元四明之時有晁以道陳瑩中此數君子不惟知道又能立言以贊之智者之道於是愈有光焉

草堂元法師法嗣

法師道淵永嘉人自號息菴又依扶宗深達觀道居西湖永明講授有法嘗謂修性離合之旨極要雖示其妙後人或戒與說師收束諸文立爲二義一者約修三性三與修性對論三以明離合二者約修九性九與修性對論三以明離合初修三性三者如不二門性指三障是故具三修從性成成三法尔又云一念心因既具三軌此因成果名三涅槃又金錍云本有三種三理元徧達性成修修三亦徧此皆性三修三六法明離合也言修性對論三者以修爲能對性爲所對如不二門云爲對性明修故合爲二則修二性一三法明合也次義言修九者如不二門云是則修雖具九則法身般若解脫各各具三此乃修中自論九法以明離也然法身中三雖本屬性指要判云雖無性三成爲所發故皆屬修言性九者如光明句釋金鼓具有圓空鳴三法即是一一境三諦人於圓空鳴中各各自具殊大等三還有九法既得鼓體性德中論未涉於修此則就性中自論九法以明離也修性對論九者如涅槃疏明體宗用各有三義體有禮成達宗有本要助用有本當自在此約修六性以明離也云云師示寂嘗戒著偉翁曰體色不變白乳流涌香若蓮華人取乳可盡面擇葬於經一一葬綿斷不進異香徹

庵中易締重不能舉庵主舊有微憾乃悔謝
已嘗有小犯故蒙見誡乃隨衆舁之遂行葬
及三年紀大風折木壞其塔滿龕舍利若天
彰其德云

安國惠法師法嗣（仲明下第一世）

法師了然臨海薛氏母禱山興寺石佛前即孕（安國以夢知師）夢至佛殿見僧持蓮華令食之且曰汝生子當出家後十三月師孕四歲母命出家則誰當爲嗣夢神人叱之曰何爽前囑遂諾之十六具戒從安國學教觀慧解騰發嘗夢坐盤石泛大海望大士坐山上竹林間師曰平生持尊號今得見之遂正座說百偈以讚覺憤其半自是頓發辯才侍安國還白蓮未幾去謁明智問華嚴十法界大論三世間法華十如是三處文義共成三千荊溪何云指的妙境出自法華師曰華嚴大論是死法門法華十如是是活法門智首肯之時晁說之嘗謁明智因與師論此道待之如同學四明講者道如辭氣毅然時號如虎與師難問必爲之屈明智舉主廣嚴師曰吾不當負所得卒爲安國嗣六年遷白蓮居山二十四年學者常五六百人紹興戊午寧海建大會請師說法有使者持牒來曰兜率天請師說法師曰此間法會未散使曰符不可緩當先其次者即毀師名而去紹興辛酉五月夢雨龍戲空中一化爲神人袖出書曰師七日當行師唯唯既寤集衆說法復大書曰因念佛力得歸極樂凡在吾徒宜當力學即沐浴更衣與衆同誦阿彌陀經至西方世界而逝能仁行人聞天樂音祥光屬天衆謂師報居淨土而先赴兜率之請也八月葬東岡錫號智涌郡祈雨于玉溪衆苦路險師咒龍使移之是夜風雨大作旦見潭在所指夷坦處述宗圓記五卷釋南岳止觀樞要二卷釋十不二門虎溪集八卷

法師智仙仙居李氏號眞教幼不樂世俗嘗曰世間榮富何能浼我一生清志邪遂服方袍遊學至天竺得觀道于明義首座還鄉依白蓮惠師聽止觀大有發明久之竟嗣其席常時繫念唯在淨土或曰法華三昧一土一切土一身一切身一佛一切佛何不依止觀修法華三昧而爲往生之因師曰荊溪云分別功德品中直觀此土四土具足故此佛身即三佛身此大衆即一切衆以惑未斷故安樂行是同居淨土行之氣分故不離同居穢見同居淨問者曰同居類多何必極樂師曰教說多故宿緣厚故令專注故是攝生故師當結制稍覺微恙乃詣辭郡縣還寺杜門絕客衆請用醫令厚瘞謝去之即易林西向設彌陀像請行人諷經終卷而化時僧仁聞念佛聲沸天仙樂盈耳塔于院東北隅

首座梵章學惠法師悉通其旨屢居白蓮座端講唱有法學者宗尚謙抑不肯出世人高其風著圓覺經疏一卷時稱簡正

北禪梵法主法嗣 卍

法師惠深幼徧歷講席及見北禪洞悟觀道後法主歸寂師繼踵行化當建炎兵燹之餘極力土木卒還舊制領徒說法未嘗一日以事廢將建大殿衆勉見巨室師曰若使出門干施主不如閉戶禱諸天精意所感施者自至師正席二十九年有僧善居爲知事亦如之清儉勤力輔贊有理人或與錢即腰纏手挽自攜以歸慮費脚金損施福也

德藏瑛法師法嗣

法師思淨錢唐喻氏受法華於瑛師晤悟厥旨復深研淨土之觀尊志念佛日課觀經大觀初於郡城北關創精舍扁曰妙行領徒乞食期飯僧百萬不二十年竟踰八倍建十蓮華藏規制巧妙爲天下輪藏之冠尤精畫佛每運筆先於靜室念佛觀想一日畫丈六像見佛光良久衆皆瞻禮師於是時頓悟筆法之妙於是人間咸稱爲喻彌陀嘗於西湖北

山鑿石作彌勒像露半軀於巖識者以爲深谷爲陵之曰必有繼成全身如三生石像者宣和初盜起清溪犯錢唐師告渠魁願以身代一城人命賊義之妖鋒爲戢紹興庚申冬端坐想佛七日不廢忽起爇香供佛歸座趺坐而化旬日頂上温煖面體紅潤見者謂其猶生葬于法堂之右

車溪卿法師法嗣（南屏下第四世）

法師可觀字宜翁華亭戚氏年十六具戒依南屏精微師聞車溪聲振江浙負笈從之一日聞舉唱曰般若寂寥忽有悟入如服一杯降氣湯玉慧覺有橫山命師偕行讀指要至若不謂實鐵牀非苦變易非遷歎曰語言文字皆糠粃耳建炎初主嘉禾壽聖遷當湖德藏居閱世堂爲楞嚴補注雪以祥符延閒嗣戴以疾及當湖南林一室蕭然人不堪之則曰松風山月此我無盡衣鉢也乾道七年丞相魏杞出鎮姑蘇請主北禪入門適當九日指座云胷中一寸灰已冷頭上千莖雪未消老步只宜平地去不知何事又登高魏公擊節不已及得所遺法語謝曰當日卷卷斯道不敢孤負竹菴淳熙七年皇子魏王（諱愷謚惠憲王孝宗次子）牧四明用月堂遺書之薦請主延慶時已八十九歲抵行在所而闕王甕師在天竺受請曰王音如生豈當有緣遂行至南湖飛見行李寱寱莫不歎服不二載復歸當湖竹菴九年二月十九無疾而逝壽九十一茶毗舌根不壞舍利莫知其箕塔德藏之觀堂師五住當湖皆退隱于竹菴因以爲目杲大慧自徑山行化來訪當湖對語終日敬之曰教海老龍也師見齋房安像即誡之曰汝起居無禮說無益語少時焚香之敬不補終日媟嫚之罪也著楞嚴說題集解補注共四卷蘭盆補注二卷金剛通論事說各一卷圓覺手鑑竹菴録各一卷山家義苑二卷

法師有朋金華人自號牧菴一家教文背誦幾半初學于慈圓覺復往謁車溪晝夜扣請盡得其道主仙潭講止觀天衣持師分衛至境（梵語分編此云三昧）入寺就聽至破法徧橫破九種禪那皆非圓頓行人入道之門持鉢然曰我所未聞之說也設禮而去湖人薛氏婦早喪未得脫其家齋千僧誦金剛般若請師演說經旨婦憑語曰謝翁婆一卷經今得解脫翁問千僧同誦何言一卷荅曰朋法師所誦者蓋師誦時不接世語兼解義爲勝也徙能仁講道日盛晚主延慶初升座敘謝云　有朋自遠方來聞者莫不心說於方丈扁一室曰六經堂中設一几而初無文字士夫佐其誕衆至寺欲屈之師令侍者先語之曰諸賢欲何相見若賓禮則對坐商略若請益則侍立發問若索難則容先伸三問或曰乞從賓禮及對語機引不已乃知六經在胷中也每臨講不預觀文嘗曰我七番講止觀於正修中未嘗道著一字又曰大部中欲作一難如片紙大亦不成所謂文字性離皆解脫也故今教苑畧無義目唯十不二門口義緫露一班耳或問十境十乘方成觀法荊溪何云不待觀境方名修觀師曰向伊道攝事成理了也又問圓頓教中爲立陰否師高聲一喝云陰入重擔常自現前何更問立不立一日講調御丈夫數士人至師曰若在儒教論丈夫事如忠臣事君不顧身勇士赴難不畏死立天下之大事成百世之顯名不爲聲色名利之所惑溺皆名丈夫若在吾教則一心三觀爲舟杭六時五悔爲艣棹降伏請魔制外道不爲分段變易生死之所籠檻者方名丈夫耳士人爲之畏服師御衆屬而簡左右或欲師白堂整衆者師曰我所以不數數告衆者是有意也不見道頻雷天失威乾道四年十二月三日坐青玉軒請行人諷觀經至真法身觀集大衆念佛留偈坐亡葬于崇法之祖塔稟法者顯菴法昌月溪法輝等甚衆師自侍強記

小喜科兼嘗謂同學竹菴曰天下秖一个半座主老兄秖半个問何爲半个師曰不合多發个紙策也在遂漳日竹菴來訪爲上講師讀大科竟即收衆曰宗師在座不敢入文其對尊宿之禮尚謙若此

慧覺玉法師法嗣

法師法久餘姚邵氏受業龍泉十五試蓮經中選得度初依智涌於廣嚴後去從慧覺赴天竺師隨往旦夜爲學卒成其業大慧居徑山往咨心要嘗令師舉境觀之旨必擊節歎賞有王侍御女早喪每附語令請高僧誦法華大慧令師往方升座演經侍御忽有感悟夜中亡女夢於父曰承法師講經力已得生處侍御因作一乘感應記大慧一日謂師曰教苑人稀宜勉力弘傳以光祖道師遂歸既而慈溪羅氏以圓湛菴延之學者四集共仰師法紹興十三年郡命居清修泉清石潔人境俱勝常患後生單寮多弊乃闢衆堂作蓮宗淪禪如禪林之規以身率先衆莫敢怠說法機辯有大慧之風有不能領者謂師談禪於教苑寺左曰師子巖創一堂名無畏日住其中誦法華楞嚴七經十九年不輟一日忽告衆無疾而化塔于寺西雪溪蹄顏爲撰銘門人妙雲繼主其席

法師神煥湖之安吉人早學慧覺時稱出類紹興中主思溪覺悟自昔教門諸師立義未盡者悉辨論之得百篇世號煥百章嘗論諸天位次不正乃考尋藏典撰爲天傳其序云累百錄安功德天座在佛左道場若寬更安大辯及四天王在右則知世人或十二或十六或十八皆準鬼神品增減無拘也今欲定尊卑亦良爲難如鬼子母羅刹也豈當與大梵同列有女名功德男名散脂今以功德居上梵釋次之後列散脂鬼母豈非失序因捡討大藏作諸天傳隨位釋之蓋天有主客有男女有本迹有顯晦大梵爲三界主帝釋爲忉利主四王爲八部主若功德大辯但客寄耳功德寄北天大辯寄山澤初無主領茲所謂主客也功德大辯樹神地神鬼母並女質餘則男身所謂男女也金剛密迹五百徒黨皆大菩薩本也現居神像迹也所謂本迹也大辯對佛宣揚王法雖位處客寄身示女質而言行則顯或但作影響不事敷揚縱權有統王現丈夫形而言行則晦所謂顯晦也知此四端可與言天矣竹菴見之曰大略數百字囊括殆盡（天傳來見其本志樂嘗撰諸天禮讚文正用娛所立說詳見法門光顯志）嘗著圓覺疏二卷安樂記一卷

法師如湛永嘉焦氏母夢寶塔而生幼年試經得度首謁東靈鑒師及普慈暉師所學未詳乃與楊尖淵空相從之車溪依卿師時衆已多無所容唯小室如斗不以爲隘劇暑埋火大夏實以寒泉與四友背甕環坐以挹其爽如此數載衆戲目爲五癡堂後參慧覺於捕山晝夜潛心盡得教觀之妙初主車溪壽聖講餘課法華一部佛號二萬聲有求爲知事者以非器不見用憾之夜懷刃入室則見官客滿座次夜復入則昏暗失路又一夕往得入室見十數人皆同師形其人媿恐而遁平時少睡夏月坐草菴中口誦法華袒身施蚊門人謂師年高宜息若行師曰蜎飛之類安得妙乘所冀啖我血聞我經以此爲緣耳後人因表其處爲餧蚊臺晚歲謝事閒居小菴日慕淨業紹興庚申七月端坐念佛結印而逝闍維得五色舍利著淨業記釋觀經疏護國記釋光明疏又述金剛會解假名集建炎初述替聞會異其末題云劬奴去抗入秀與火沿塘劫掠蜂起命在不測聊書此爲記時事人以爲與章安當寇盜縱橫而著涅槃玄義其事相類

述曰法智之記觀經光明也當時同宗之輩說炙之徒如孤山淨覺師辭抗辯卒莫能勝謂之陽擠陰助猶可爲說至於假名

以天資之高德業之美為四明四世孫嘗教觀中興後不思光贊乃祖之功而反事筆削忍為淨業護國之記白晝操戈背宗破祖自隨山外之侶可悲也夫

圓覺慈法師法嗣

法師中皎明之慈溪張氏賜號法照母夢月隨懷而生受業永明初依南湖明智未幾去謁圓覺于天竺久之盡得法奧請康初能仁歷席郡太守劉光嘱智涌舉所知以師應命圓音一演學徒四集以粥飯不給闢海田為二十頃香積乃裕紹興乙卯夏旱郡守以龍湫普受智者戒遣僚屬屈師臨湫施以戒法即日雨洽以年老退處藏密庵紹興乙丑沐浴易新衣書偈別衆正坐西向而化

行人能師嘉禾人少學能仁入懺室四十載六時行道雖病不廢唯不食數日其病自愈行人之名遂聞江浙年既老讀文如初學草菴戲之曰未忘筌耶師曰筌何所忘菴大慚嘗暑中曬衣歎曰慷慨丈夫反同臧獲於是撤去餘長唯留一弊絮袍夏則束梁摺閒夏日入林施蚊一日逢二虎以身就之虎俛首而去山神與供一方常與交接香積有乏知事來告則力拒之明旦施自至皆曰昨夜行人遶門相報始知山神荷師以往圓覺有能仁之命師與文首座然指以請及其至晝夜請益大有開悟

普明靖法師法嗣

法師思梵杭之臨平潘氏賜號圓通依淨社普明學教觀盡通其旨久之擢居座首普明遷覺悟師與偕行及再還上竺請師曰覺悟之席無以易子行道十年大振法道後退處西山歸雲菴杜門著書嘗以經疏語錄商榷禪教之旨名曰會宗侍郎晁公武一見契心為之序曰予聞世父景迂先生之言曰（晁說之號景迂）浙江東西有天台之學通其說者無禪教之病可以為人天眼目小子識之自予聞此三紀星矣今見會宗之所述其有合於世父景迂之言乎師平生以戒法力夢寐嘗與聖賢接凡禬禳灾凶驅逐祆厲一為說戒無不通感乾道四年五月有日者謂師曰六月之望師其亡乎師笑曰造物焉能制我耶汝謂六月亡我且八月往至期沐浴更衣趺坐龕中召衆誦佛瞑目而化塔于方丈之室

梵慈普法師法嗣

法師梵光四明鄞之陽氏賜號圓照母夢異僧入其室十二月乃生異香盈室十六具戒始學律于湖心通照復習教於南湖神智慨然遊方東西浙乃之白牛見海慧普師聞誦法華壽量品廣該三身言下大悟將還鄉海慧撫其背曰汝必大振法智之席及歸郡守王資深命主廣壽政和四年春太守呂淙以南湖請時廣壽之衆願從者百二十人自是南湖衆及五百法智之世未若是之盛也宣和四年大旱郡請講雲雨經依法結壇繪素畢集披軸則雲興下席而雨注靖康初高麗貢使及境來謁云國王問訊法師嚮仰道德無從瞻禮謹遣使獻法衣一襲及本國職法師所著華嚴疏論二百卷建炎三年以老謝去寓奉化之福聖南湖自罹兵燹積年未復郡守仇悆請非師不能振遂迎師再還群像畢集佇聞講演仇公臨筵讚之曰微言發矇吾生何幸紹興十二年舉門人道琛自代遂退處于擇陽與漕使陸寘鄰居往來結方外友明年春與陸君辭曰老病既久將以後事託延慶乃舟行至南湖沐浴更衣集衆諷觀經書遺訓付悟真義誠諷安樂行至深入禪定見十方佛寂然而逝時十三年二月八日也壽八十葬崇法之祖塔師天資朴素待貴賤以均禮或問其故則曰吾法以平等為心不輕為行昌國戴氏為鬼物所擾請師誦咒及門而祟滅其在福聖道俗請增戒法有鄒氏子附語曰吾汝之先也久處幽冥聞人開

先法師爲衆施戒此日寅中異類多得解脫故吾得以暫歸

法主智欽姑蘇常熟人才辯超卓舉世知敬王東靈聚徒至五百行梵慈之道不少異恪勤講誦日未嘗怠時人尊稱法主以比圭禪覺云

清辯齋法師法嗣

法師法雲受業姑蘇景德賜號普潤學教觀于清辯爲得旨紹興十三年撰翻譯名義七卷以釋藏典之梵語援引跡記有所論辯甚爲學者之益咸澤山嘉其作爲贊化刻梓云

佛祖統紀卷第十五　昆二

佛祖統紀卷第十五

校勘記

一　底本，明永樂南藏本。

一　五一九頁中一二行「普明靖法師法」，〔徑〕作「普明靖法師法嗣」。

一　五二一頁上六行至七行夾註全文，〔徑〕無。

一　五二一頁下九行「法主」，〔徑〕作「法王」。

一　五二一頁下一四行「有理人」，〔徑〕作「有里人」。

一　五二二頁下二行「商略」，〔徑〕作「商略」。

一　五二二頁下一七行「請魔」，〔徑〕作「諸魔」。

一　五二三頁上四行「入文」，〔徑〕作「文文」。

一　五二三頁下一二行「翾飛之類」，〔徑〕作「蜎飛之類」。

一　五二四頁上六行第五字「明」，〔徑〕作「四明」。

一　五二四頁中八行「商榷」，〔徑〕作「商確」。

一　五二四頁中一六行「有日者」，〔徑〕作「有星者」。

一　五二四頁下一二行「仇愈」，〔徑〕作「仇愈」。

佛祖統紀卷第十六　昆三

宋景定四明東湖沙門　志磐　撰

諸師列傳第六之六

息菴淵法師法嗣(廣智下第五世)

淨社處廉法師　圓辯道琛法師

智涌然法師法嗣(神照下第五世)

覺雲智連法師　澤山與咸法師
赤城中益法師　白蓮智圓法師
山堂元性法師　白蓮妙璘法師
白蓮清悟法師　白蓮子倬法師
靈堂本空法師

真教仙法師法嗣

證悟圓智法師

超果道法師法嗣

德藏從進法師

通照明法師法嗣

報慈蓋竟法師

竹菴觀法師法嗣(南屏下第五世)

北峯宗印法師　智行守旻法師
神辯清一法師

牧菴朋法師法嗣

顯菴法昌法師　月溪法輝法師
隱學本然法師　浮石子慧法師
永福智亨法師　天王道用法師

能仁懷寶法師

梓行忻法師法嗣

悟空善榮法師

清修久法師法嗣

慈室妙雲法師　雪溪勝穎首座

澄覺煥法師法嗣

覺菴簡言法師

假名湛法師法嗣

車溪智欽法師

法照皎法師法嗣

則菴明哲法師　能仁道山法師
醴泉行環法師　布金覺先法師

圓照光法師法嗣

超果宗肇法師

東靈欽法主法嗣

楊尖利淵法師

息菴淵法師法嗣(廣智下第五世)

法師道琛。溫之樂清彭氏。賜號圓辯。母夢紫氣繞身而生。年十八具戒。初學律儀。未幾去從息菴於法明。微言妙旨一聞便領。後至南湖依圓照。既歸鄉出主廣濟。十二年遷廣慈。建炎三年車駕幸永嘉。有旨以林靈素故居為資福院。丞相呂頤浩以師應詔。寄以僧伽梨質米於市。夜見流光煜煜。旦即捧還山。昔無水。指工鑿井。得古碑。有天康字(南朝陳文帝年號)泉涌其下。樂清江岸每以頹倒為患。咸謂鬼物所纍。吏民請為授戒。神附語致謝。門人清順夢延慶諸祖來謁。侍者持位圖於夢而闕其第八。順指問之。對曰。汝師將補其處。及後居南湖。果第八世。嘗專修念佛三昧。忽感悟曰。唯心淨土。一而已矣。良由彌陀悟我心之寶剎。我心具彌陀之樂邦。雖遠而近。不逾一念。雖近而遠。過十萬億。譬如青天皓月影臨萬水。水不上升。月不下降。水月一際。自然照映。一日於禪定中見一老宿坐禪榻上。顧謂師曰。吾四明也。師驚喜作禮。問曰。道琛於一家習氣法相未能通達。乞垂指教。尊者首肯之。及覺心地豁然。自是山家言教。觀者皆稟師為正。紹興十二年。圓照告老。舉師以代。寺經虜寇焚蕩之餘。師誠心所感。施者自歸。歲月之間。棟宇悉備。因行法華三昧。感普賢放光。慧辯愈加。郡大旱。請禱雨。師以郡政苛猛。言守感寤。出囚徒數百人。是夕大雨。有久病者為說法施食。多愈。育王諶禪師疾。往視之。歸語衆曰。大言無當。終不得力。乃於月二十三日建淨土繫念會。道俗至萬人。與雪竇大圓禪師為道交。嘗請說六即義。聞而歎曰。師如此說。應曾悟邪。答曰。若不因悟。何敢對老師說一日講至六羅漢義學者請說斥之曰小乘法相說之何益當爲說經王義聯翩三日一語無重紹興二十三年十二月十六日集衆諷觀經晝夜不絕衆聞異香盈室師曰佛來接我即沐浴更衣書偈曰唯心淨土本無迷悟一念不生即入初住令諷安樂行未終嗒然坐亡留龕彌月顏體如生葬全身于崇法祖塔之側

智涌然法師法嗣神照下第五世

法師智連字文秀錫號覺睿四明鄞邑杜氏受業棲心崇壽年十八受具戒古貌修幹有長松野鶴之態明智見之曰僧中鳳雛也初從圓照學于南湖晚依白蓮智涌頓悟圓旨及歸鄉代講延慶建炎後歷住五剎皆兵燬之餘化瓦礫爲金碧出於指顧時圓辯重興延慶未就而逝師適訪宏智同登千佛閣智曰聞四明談空中有相是否師曰然智以手指云太虛本無一物師指山川樓閣曰此諸物象從是何物智大服其言歎曰南湖之任非師而誰即薦於郡領事十年講無虛日而衆宇畢成太師史真隱侯老于鄉每過從問法要真隱曰師於禪律亦貫通邪師曰冰泮雪消固一水耳又問華嚴般若似太支離師曰支離所以爲簡易也揚子何謂之支離曰已簡已易焉支離真隱肅然服郡師丞相沈公屈居僧職以老病辭公手札勸之曰師行業清修力荷宗教自宜表正一方紀綱諸剎幸勿固辭自絜其志師即領命諸方服其清整一日感疾謂侍人曰一切無礙人一道出生死華嚴經偈復撫掌大笑曰我自安至此鐘鳴吾逝矣時隆興元年十二月十八日昆二大浴得舍利葬骨于崇法祖四塔之旁得法上首月波則約

太師真隱居士贊曰聰彼連師色粹而溫禮義是習詩書是敦雖精止觀實祖儒門鶴飛寥廓蟬蛻塵氛遂令聽者去縛解紛五住大剎籍籍有聞曉居延慶其道彌尊伊惟台教盛裕後昆前有法智後有覺雲意此幻影與法常存石刻在月波山

論曰聖賢應世之迹非世情所能測識也夫覺雲一代明教之師其於亡日如知所歸出生入死固非常人所可擬倫然則託形儒相之家居相位二十七考中外靖安其勳業盛大矣而又能大護佛法尊敬僧寶是蓋大權施化示現宰官者之所爲也釋迦本時或爲儒林之宗或居輪王之位聖寺沙彌爲齊文宣田向寺僧爲唐明皇近則五祖戒師爲蘇文忠卿邪山藏僧爲張文定庸詎知田機轉位不爲佛不爲祖邪良渚謂撫掌自笑宜得所歸而復來此土位極人臣以茲爲疑者其未善論事者此

法師與咸字虛中黃巖章氏賜號明祖母夢故白蓮惠師遺黃柑令食之及寤齒頰猶香生七歲依香積出家首謁智涌涌奇之曰祖位再來也昆三學成以妙年居第一座涌沒證悟爲繼已而悟還上竺乃舉師以代衆徒駭之五歲復大歉及分衛吳中施者唯恐自後信安王孟公問十六觀義師曰佛國在十萬億剎外而提封不越方寸若克循觀道則往彼非遠也資政鄭公問楞嚴八還師曰達心爲境八法昬亂達大觀者一念自反二公皆感悟歲歲爲遣供昬音昏日下明郡太守入山見池中紅蓮問曰既是白蓮因甚卻開紅華師曰山中并喜君侯至任是無情亦改容又指看經羅漢曰既是無學如何看經師撫羅漢背云何不祇對師慘於酬應歸閒受業會赤城盜師亡郡以爲請萬年一禪師來訪見牀上小冊記同買常住物一錢不遺歎曰我於道甚媿行不及師嘗於法輪寺施戒嘗請聖師象觀實光下燭有梵僧立空表禪宴之餘嘗誦空品至本性空寂則入定數日至生死無際則大慟不已其體法真切若此隆興元年五月別

衆端坐念佛而亡瘞龕于寺之東岡乾道三年夏復從荼毘五色舍利無算所著菩薩戒疏注三卷金剛辨惑一卷復宗二卷法華撮要一卷素精於易折衷諸解以自名本取諸咸因號澤山叟

法師中益早親智涌涌境觀富辯說人以是歸服焉主上虞等慈遷赤城講貫之餘即入禪懺旦夜以繼未嘗少間歸智涌教義號屢溪集

法師元性自號山堂從智涌得教觀之旨居白蓮日講次至天主義有學者新至作論破之有取其論白師曰此新學逆路之見也請擯之師笑曰汝但學得它作論我盡客得著山堂集五卷法華文句科十卷

法師子倬寧海盧氏號圓淨久從智涌學有聲當世晚主白蓮學徒如市以供給屢乏將陡海爲田歸以告其母母以白金一笥與之曰爲衆辦事佛必鑑之毋患其不成也卒訖役得田千畝衆賴以濟

法師本空四明奉化人自號廬堂父姓徐爲農每高僧過門必歎接加禮母夜見神光遶室因而有娠爲兒異倫等菰食誦經志在出家年十四依尊勝法存剃髮初從智涌受教觀自白蓮首衆出主明之永明遷治平淳熙初皇子魏王牧四明尊其道製疏請主資教夏中首座將開妙玄師止之曰自有講席以來諸老立法請首座之職未出世者止講小部若已出世已講小部者方可開發大部事存謹遜此舊章也若維那則點讀四教儀類集耳以次而進無自逞也後遷白蓮大揚宗教父之歸閒受業曰以往生爲正念紹興三年三月三日別衆就座書偈而化東掖學徒來迎全身奉化緇素挽轝止之乃剪須髮分塔東山而葬全身于尊勝師行不回顧坐不倚物盛暑不持箑祈寒不附火高座講唱辭析精微使利鈍皆有所入人以是尊慕之

真教仙法師法嗣

法師圓智黃巖林氏母夢老儒寄宿而生幼聰敏不好弄書史經目悉能關說醫方卜筮無不精究嘗往隣寺聞講觀經歎曰落日之觀故鄉在焉今日得聞如獲家信暨出家受戒即依真教于白蓮學通教觀嘗問具變之義真教拈藏鏡曰如此鏡者離性絕非本自空寂理則具矣六凡四聖所見不同變則在焉（鏡卷曰具如珠具實即理具三千變如珠而實即事造三千此皆與真教語異）師不契後因掃地誦法華至知法常無性佛種從緣起豁然有悟以白真教教曰法華止觀此爲喉襟汝今有悟大事斯畢自是遊心道妙五日輒一聽或邀縱步則曰吾之遊異於是明窻淨几舒卷函藏參五佛歷三周若閒止觀則十境十乘見祖師於塵劫之表居東山十有四年兩刺千衆推爲前列每患學者困於名相勉同人曰是真精進便是向上機關每半月必行布薩或曰圓頓之宗何必如是師曰圓家事理一念具足所謂圓頓者豈撥事求理耶吾於常時未嘗不以波羅提木叉爲之師扶律談常正在茲日郡請主祥符殿撰劉公閶教中一句如何舉揚師曰即事而真公領其旨自撰疏請主鴻祐士夫欲其近城請居日山歷遷白蓮赤城慶善化道日起紹興二十三年奉詔主上竺災爐之餘僅存大士殿有衰金爲造門廊者歷家言主星不利師曰佛與天星同一造化苟實坊輪奐吾亡何憾未幾果微恙夢仙人飲以天漿所患頓愈神悅加異於前二十七年夏旱詔於明慶講經禱散而雨洽嘗抵寺莊閒用牲祭曰何可違佛禁耶即爲神說戒易以素饌二十八年督土木甚遽至冬無字咸備十二月十二日示疾預爲書別道俗書偈坐亡塔于寺東初是菩覺日住山之末年夢羅漢來自天台踞坐主位已而師至住無相日夢寶頭盧來謁授山茶一器人如師爲五百人中爲桐江瑛句侍

知解遇荆溪留意辨明訛舛為穿鑿至云妙樂可毀設十難問學者莫敢與抗師作攻瑛集追破之讀者一快恨二師不並世也

超果道法師法嗣

法師從進妙年聰辯為學早成久依超果具得其道出主德藏講訓有法學者歸之多述教義發明所得作楞嚴解尤稱為妙示寂之日留龕月餘容色不變及從火浴舌根不壞若紅蓮華

竹菴觀法師法嗣南屏下第五世

法師宗印字元實鹽官陳氏號北峯師慧力德鄰年十五具戒首謁當湖竹菴得教觀之旨凡諸祖格言必誦滿千徧入南湖修長懺周氏延以菴居以粗量非法勸革之歲滅五百斛往謁象田圓悟濟叉質西來意師答曰有屈無吽處演肯之智者忌辰夜炷香殿鐘悲泣失聲演感其意以厚禮送歸南湖嘗愍寂光有相之義聞空聲云寂光土體如水中月資教空壓堂延居座首堂著宗極論扶智涌宗理各立一性之旨師設九難宗極為之義負通守蘇玭觀不二門以文雖簡而昧其說師撮示機要玭即領會白師座請居正覺颶風飄蕩颶音具沿海諸郡多有颶風颶具四方之風也東坡有颶風賦僅存藏殿師守死不去風為之止有請為廟神授戒去血食者先感夢往赴之廟尸祝神語求易祭者十數祠遷主隱學未久玭亦召還要師作行曰盍西還相與弘贊居東二十七年至是復反湖右貳上竺講止觀深砭學者支離名相之病圓座挾策主者以得士為忌去隱雷峯毛氏菴問道者沓至杜氏建普光一區具禮迎之禪講並行法道益盛適德藏來請師曰肄業之地思報久矣歷遷超果圓通北禪道梅之譽既行土木之績亦就海空英辭靈山舉以自代詔可之學徒五百咸服其道宿學舊習為之一華寧宗素聞師名召對便殿問佛法大旨語簡理明上大敬說錫賚甚渥賜號慧行法師嘉定六年以營觀室行化吳中至松江弟子行一菴謂其徒曰吾化緣畢此即右脅安庠而化時十二月八日也藏龕手慈雲塔旁師三衣準律五辛剛制道力純至幽明俱感格邪拯滯除瘵息癘一有祈叩輒不得愈常謂講者須備三法肅威儀以臨大衆提大綱以盡文義具宗眼以示境觀備此三者依佛駕說所著金剛新解釋弥勒偈讚示天親羅什同異之意考正此經諸本即則之文最為有據述教義百餘章尤為學者傳錄嗣法有聞者古雲元粹十餘人日本傳教者俊芿一人仕宦儒生受道者三數人獨佛光法照繼世盛大有光祖父之道

牧菴朋法師法嗣

法師法輝字明叟號月溪台之臨海徐氏依多福西茶院真悟謙師落髮從牧菴于能仁學通教觀歷遷南湖即俾為內知客平心贊助內外以和與印元實登聖道月光遠為同志友日以此道相問辨及歸能仁遂座首淳熙初出主浮江香積桑仡亦城紹熙二年遷聖水嘉定間亦城有上思師為勉洵久之聖水復來迎師亦不拒嘉定己卯秋無疾而亡塔于西隩師講唱法華深符祖意發明正義酷似牧菴謝克家錢象祖二卿相素所尊敬而師執心謙請未嘗許其進人以是高之

祥符忻法師法嗣

法師善榮烏程潘氏賜號悟空母初妊娠即屛葷血臨產之夕有光二道自天下燭其廬已而產二男歲餘皆病亡其一相者謂其母曰若不出家恐亦未保乃舍入法忍寺七歲受戒學教於清辯忻師紹興末自祥符座元出主太湖之資林歷慈福車溪講道大播淳熙癸卯越帥李參政請主圓通親為疏云佛菩薩本自無心有緣即應士大夫何嫌興毀惟道是從人皆喜誦其語一日微恙屛人事坐榻上問病進藥皆不答越七日澡身易衣

趺坐方丈寂然而化闍維之時東舍利者如其願必得之著大部決疑集四卷行於世在車溪日入蔬圃見菜葉小蟲無數歎曰哀哉一餐何多殺命於是一夏唯白湯下飯祠法

紫金法通

清修久法師法嗣

法師妙雲四明楊氏自號慈室徧詢教席逮發妙解從久無畏詣玉几參大慧益有省悟無畏主清修師與逸堂諸賢旦暮請益及同受通相三觀之旨紹興十九年無畏没衆請師爲繼淳熙初遷慈溪永明以所得悟意述圓覺直解其序有云巨儒老納讀此必曰既云直解何用是世稱爲聞者爲之一笑嘗閒居東湖二靈以詩遣丐村市云山環湖水水環山短艇白鷗窻几閒野外更將供給至館粲著得十僧鬪時人誦爲實錄郡請尸南湖日事講貫學者如市居二年以疾辭居溪口吳氏菴一日往別吳君歸越三日澡身易衣趺

昆三

坐室中謂侍人曰吾有瓣香藏之三十年將十一臨終供佛仰報大恩今其時吾將有行及香煙正熾起白佛陳請求歸安養就座合掌而化師爲學得旨尤善爲説詩頌翰墨妙絶一時南湖祖堂以師居位日淺不立像耆老評之曰昔竹菴牧菴居此皆二年識者以道大名重不得不立今慈室何慊於二老哉於是亦立位嗣其法者廣壽正皎（九月八日品）

首座睞類字聖徒自號雪溪四明奉化人幼試經得度教賛禪府無不咨詢三教百家無不綜練嘗從久無畏親受觀法自謂造師藩籬及無畏亡撰銘文以寄得法之意師志氣剛正廣衆畏服文藻高妙後進愛慕於是聖徒之名播天下不惑之前所寓必居記室知命之後所至必踞座端諸方屢舉出世皆固辭不就嘗步菜畦見糞蛆聚以殺物之多不復茹蔬唯買海苔三百六十片日取其一以供粥飯晚歲自省謂文字餘習無補於道乃住桃源屬氏菴專志念佛一坐十年精進不懈謂友人張濆卿曰淨土之道豈有一法可得珍臺寶網迦陵頻伽此吾佛方便誘掖之法耳但於隱中不見一法則寂光上品無證而證濆卿曰予固已信解第未能勇進耳扁所居小軒曰憶佛作詩以見志有云隨波逐浪去翻翻彈指聲中七十年豈不向來知憶佛欲從老去更加鞭臨終預别親友沐浴更衣西向觀想忽稱佛來合掌而化師隱居之日有司以免丁追慈室請之曰天下豈有讀萬卷書爲高士行猶欲以丁錢責之邪主司嘉其言得不問

澄覺焕法師法嗣

法師簡言自號覺菴依澄覺學通其旨博覽強記獨擅一時嘗講妙玄升座高拱暗索本文不失科節圓詮妙法旁數教相事理權實莫不槃然嘗謂新學曰人若於寡學若涿歷歲月熟覽典誥自然左右逢源了達祖意不爲一文一義之所滯礙可從事於講說之

昆三　十二

際聞者心化

法照皎法師法嗣

法師明拓明之鄞邑周氏自號則菴母夢吞寶珠而生十八具戒即遊學諸方依能仁法照受教觀一時會中同名者有十拓之稱而師最顯著復徧參禪林見天童宏智育王大慧國清懸谷無不期以大器嘗曰叢林所謂直指人心見性成佛即吾宗介尓有心三千具足也宏智聞之曰觀子妙解宜歸弘教初主昌國超果遷覺海隱學永明篤志講訓無虛日學者不敢以假告郡帥范成大請主南湖一時聽徒皆四方英秀來者唯恐其後咸相謂曰登龍門者正在今日師日誦小般若經稍涉人語便即重誦謂不當以凡言雜聖典也（六月十品）

圓照光法師法嗣

法師宗舉四明人初之南湖見明智晚入圓

照室伴之貳講出主興教遷壽聖自羅建炎之厄僅存大殿茅茨數百椽殘僧十餘輩庾之裕如常曰諸佛大士徧法界建佛事而雲溪咫尺之地不能有爲亦緣力不足耳縱我能爲之何足爲道祇陀給孤所施無慮億數而雲溪咫尺之地不能有成亦緣力不足耳縱我能成之何足爲多但知服（十三末）勤講導篤志修進以報佛恩可尒既而來學日臻檀施日至棟宇爲之鼎新

東靈欽法師法嗣

法師利淵博通三藏旁貫五經學富道高世稱爲淵教藏晏傳東靈之道弘法楊尖聚衆三百日事講演出入經論莫測涯涘由是後學多尚泛辨

佛祖統紀卷第十六　尾三

佛祖統紀卷第十六

校勘記

一　底本，明永樂南藏本。

一　五二六頁上二三行「本然」，經作「太然」。

一　五二七頁上五行「畫偈曰」，經作「書偈曰」。

一　五二七頁下九行「信安」，經作「倍委」。

一　五二九頁中一五行末字「予」，經作「於」。

一　五三〇頁上一六行第一四字「尸」，經作「居」。

一　五三〇頁下一〇行「明之鄞邑」，經作「四明之鄞邑」。

一　五三一頁上一四行「泛辨」下，經有夾註「此卷三十五人本紀遺失十七人」。

佛祖統紀卷第十七之二十　昆四

宋咸淳四明東湖沙門　志磐　撰

諸師列傳第六之七

淨社源法師法嗣（廣智下六世）

沐菴如舟法師　法明文節法師

寶積法雲法師　妙果師揩法師

水陸文炳法師　常明道琛法師

福昌文俗法師

圓辯琛法師法嗣

月堂慧詢法師　一菴勲躬法師

雪堂戒應法師　止菴法蓮法師

指南仲韶法師　慈雲文統法師

餘姚清湛法師

覺雲連法師法嗣（神照下第六世）

月波則約法師　朴菴清話音盡

證悟智法師法嗣

蓮光若訥法師

北峯印法師法嗣

古雲元粹法師　佛光法照法師

梅峯梵奎法師　石溪思壽法師

石鏡清杲法師　慈感文主法師

蒙泉了源法師　蓬海道琛法師

剡源覺先法師　桐洲懷坦法師

南峯思誠法師　日本俊芿法師

雪巢如寶法師　南澗行果法師

嚴陵趙彥肅　鎧菴吳克己

能仁實法師法嗣

草堂如實法師

車溪榮法師法嗣

紫金法通法師

慈室雲法師法嗣

悟真正皎法師　南湖了宣行人

覺菴言法師法嗣

鑑堂思義法師　總菴妙心法師

常齋法升法師

能仁山法師法嗣

畢菴法希法師　南巖法雄法師

楊尖淵法師法嗣

崇先了生法師　楊尖法欽法師

圓辯琛法師法嗣

法師慧詢字謀道號月堂其先永嘉陳氏寓居四明昌國之朐山母夢異僧至門求化既而妊娠八歲出家祖印院初授法華數稀即能成誦督歸省祖母諭之曰汝已去家當學吾州忠佛子初謁南湖澄照以卓立稱至東掖見皎法照竒之有忌之者搆之師曰佛法大義有疑即問何必見嫉乃西游浙左徧參名匠東回南湖依圓辯正所學聞性惡即具之旨名體不轉之妙一家圓頓深有悟入紹興末年出主法昌遷淨名晉和常持鉢海岸遇盜師正色曰汝輩所欲者財耳盡與之因諭以善惡業報盜爲感動歸物悔過而去淨名無徒每對海山爲鬼神講維摩經屢感神應乾道五年遷主南湖負笈之士自遠而至數莫能容丞相魏杞與師爲道契嘗問世間相常住之旨師曰得非以四時代謝爲疑乎曰然師曰窮過去極未來雖有代謝而此理常住魏公曰屢以問人未若今日之可曉淳熙六年冬十月二十七日忽告衆示疾慰問者群至見門學則勉其進德士官則囑其護法聞其言者悚然有感既而別衆書偈念佛結印趺坐而化停龕弥月膚臉鮮紅其容若笑遺言分骨爲二一祔親壠一塔祖原衆以歷代塞全身唯剃髮以酬師志逾月視其髮舍利可掬師坐必端直行不旁示密室靜處必披袈裟高座宣揚不事著述學者多於聽次筆以記之誦經坐禪日有常課未嘗以事廢制學者未二十夏不許出世躁進之風爲之一戢

法師勲躬永嘉人號一菴久從圓辯得其旨晚主南湖有辯才善說之竅肸略窠曰不滯節目有求指示者執筆便書中明祖意獨出衆說遠近學者推爲宗師正旦結光明期湖

心律居亦行此懺主者正竹溪素重師德每初夜必領徒過南湖聽說法要竹溪臨筵歎服曰吾徒何幸得聞大乘四分所明撿身爲要若明心見性其在茲乎一衆爲之歡躍

法師戒應四明人自號雪堂才識英敏襟度豁如久學南湖爲時偉望郡以南湖請圓辯師奉命之東披以禮奉迎及圓辯至大開法施妙旨雄談唯師可企一日叩函丈問指要中未了義圓辯曰汝能背誦吾將爲說數日誦通暨上請辯曰此中爲汝說得徹也師忽有省自是機辯奮發莫有敵者出主白蓮學徒雲會寧海歲有大會請師一月講經道俗萬衆仰聽肅肅鴻音一震莫不警寤一日無疾別衆歸寢右脇而亡塔全身於寺山之靈源

法師法蓮字實中自號止菴四明象山人幼年勤學一時講席知名者無不徧歷晚造南湖侍圓辯朝聞夕咨越六載如一日嘗昔疑時爲之豁然初主辯利遷廣嚴永明悟真揆物以慈撫事以寬或問日用則酬酢忘倦叩以佛法則默而不答人有測識其意者爲炷香拱立謙辭發問方隨問委釋幽蘊其理其爲重法不失師體若此

鏡菴曰先賢有云四明中興天台之道圓辯中興四明之宗蓋謂四明之後有派系知解之學近似山外者而圓辯者出獨能發揮祖意以起四明盛矣哉或謂月堂得觀行止菴得宗旨一菴雪堂得辯說皆有師家之一體云

法師仲韶四明人久參圓辯學解卓異紹興中主布金以雪川神智假名諸師盛破四明乃作三千正說以追攻之名指南集凡三卷

覺雲連法師法嗣（仲韶下第六世）

法師則約號元菴鄞之姚氏親受度於覺雲旦夜爲學深明教旨覺雲來南湖師爲侍右撫事和謹內外以說雲逝去依上竺慧光分座講經衆服其辯乾道九年春太師越王親製疏辭請爲月波第一師寺占東湖之勝而師以講才見稱於世故一時名德咸樂來依越王屢親講說手書贊曰師教門義龍也既爲吾家師又作此山主願奉此地長講天台宗教長修水陸普度上報君親勿事改革既而奏于朝賜智海之號自師作祖此山繼之者梓菴隱堂而栢庭徑升南湖自是地望爲之益重

證悟智法師法嗣

法師若訥字希言嘉興孫氏初依竹菴於德藏克志苦學久而嬰病必叩大士口誦秘呪夢大士灌以靈液豁而失其疾乃往赤城謁證悟還上竺命師首衆既沒詔師嗣居之乾道三年春二月駕幸上竺展敬大士問光明懺法之旨師答曰梵釋天帝四大天王下臨土宇護國護人故佛爲說金光明三昧之道後世祖師立爲懺法以資諸天之威德故帝王士庶皆可修持上說授右街僧錄既而詔於山中建十六觀堂仍放其制作堂於大內四年夏召師內宿觀堂論道四月八日召師領徒五十人入內觀堂修金光護國法上問曰佛法固妙安得如許經卷師曰有本者如是上然之進左街僧錄慧光法師九年召對選德殿問大士歷代靈迹及法華經旨上曰最初得師發明此事遂於圓覺悟得法門譬如著碁勝負既分不但并去碁子碁盤亦須一時并去師曰并去者亦不可得上曰宗說俱通其師之謂有詔令講圓覺至此處妄心若無六塵則不能有師曰心本無形因塵有相塵滅心滅真心湛然上手書其語以賜又嘗問金剛之旨師曰此乃六百卷般若中一分與問斷疑特喩金剛故無著論云此金剛波羅密以如是名顯示勢力雖是般若皆有是力此斷諸般若之釋疑是故金剛二字文雖出此義實通諸般若作譬故持說者福重

功深(入句註法華座解記結褒也宋裝編史記序云乘先儒之說捺是有妄悉甘抄納當知剿滅訓褒裝編)令上曰朕日讀此經今更命衆合誦三萬卷乃降劄云平昔以來所食禽魚之類傷害爲多今仗般若爲除此過庶使羣生俱承解脫時沂王尚幼上召師入禁中爲王說法摩頂嘗以疾丐閒上曰且賜地築室更數年彼此作閒人水邊石上共說無生十一年退處興福特授兩街都僧錄時　光宗在東宮書歸隱之扁以賜之仍製讚以褒稱其德　孝宗退養重華宮召注金剛經肩輿登殿上宿殿廬注成以進上披覽益有省發紹熙二年十月旦謂侍人曰吾宗通法華宜以此終乃集衆修法華懺取道具進兩宮端坐而化壽八十二塔于正寢紹熙二年諡宗教廣慈法師普照之塔

法師俊芿日本國人先傳瑜伽密教(唐元和間國人空海入中國受密教於不空弟子慧果)父之杭海來中國登靈山謁北峯學天台一宗執經受教盡通其旨開禧初北虜犯邊芿啓北峯欲結壇誦呪如不空解安西圍時論委靡竟不克行北峯乃令遣徒歸國取中華先所傳五部之法而其徒倫于海

趙孝肅字子敬嚴陵人登慶元龍飛第洛學之翹楚也來謁北峯論佛法大意嘗問師曰如來出世先說何法師曰示生國居先苦諦也又問諸大乘經多奇詭駭人來至法華何其平易師曰羣機未熟必先動遏機熟會入銜駭何爲自是深識時教大旨每稱師爲南山內身大士從受剛定止觀歎曰回天下外見復於實際者此書也初孝肅好詆佛道嘗與僧抗議理左語屈及僧没爲行衰服門人怪問之答曰法恩逾於父母非小子所知也

吳克己字復之自號鎧菴建安節使之後曾大父遊學四方因居婺之浦江幼穎悟爲學無所不通嘗讀周官慨然以封建井田爲可復淳熙中四魁待補歎曰射目中眉事與時違乃去隱于左溪忽苦目疾或勉禱圓通輙云臨危不變真大丈夫有告以朱太醫答杜祈公未讀佛書何以知其不及孔孟試持大士號目疾良已於是遂深信讀楞嚴至空生心內猶雲點太清豁如發蒙觀山谷詩讚羡宗鏡有從此永明書百卷自公退食一鑪香因閱及兩函寶積寶云此書無規矩不若看止觀令悟境觀二字以爲几杖服味既而果有悟入因曰至哉規矩之說所謂至方以方天下之不方至圓以圓天下之不圓識者取二書以究之則規矩有無自有可見曾爲妙經作註自言恥與棗柏埒謂彼弘蕭粗之典我釋獨妙之經嘉定七年冬終于寶山遺言以僧禮茶毗壽七十五所著法華樞鍵楞嚴集解科四教儀止觀大科晚編釋門正統未就而亡良渚宗鑑爲續成之始家人夢湛假名求寄宿泊學教議論多暗合又喜其故人以謂後身云

慈室雲法師法嗣

法師正皎字元晝鄞蔿江朱氏受業多寶初從辯利止菴學因同人商略光明定題便能感悟諸師得失慈室居清修造焉久之盡得慈室之道慈室遷南湖令居座端講才宏闊衆所景慕出主慈溪觀音次遷法席終于標陽悟真攻媿樓公鑰每從師問佛法大意師號月窻居廣壽之日於窻開作半月攻媿爲作記賦以詩云不要作圓月才圓便有虧不如作一半卻有向圓時此詩盛播人口而師之名德於是益重

行人了宣四明奉化潘氏初受經寶林藉匪居清修往依焉每謂解要有行乃入南湖光嚴室閱藏經修法華三昧前後二十七期過午不食未嘗違日與同修善蔡爲心友每閱經有疑必造蔡室決之一日默坐甚久蔡曰今日何爲師曰歸期已近道義難忘不覺如此請君專心進道當於淨土重會蔡笑曰

正欲見君作略師自此示疾將終請衆諷彌
陀經稱唱佛號遽起端坐索筆書偈云性相
情忘一三無寄息風不行摩訶悉利即合掌
瞑目晷中留龕七日顏色紅潤口角微涎有
以帛挹之者異香襲人闍維舍利盈掬心與
數珠不壞嘉泰元年五月十日也後三年塋
示疾臨終前一日與衆訣別沐浴更衣請衆
念佛趺坐而化人謂赴宣師之約云
能仁山法師法嗣
法師法希號畢菴法雄號南巖皆天台人同
入山法師室服勤受道齊名當世及相繼居
白蓮道望若一具正眼以定宗發辯才以駕
説豁襟量以容衆摛文藻以應機白蓮宗風
之盛實二師振起之也
揚尖淵法師法嗣
法師了生越之諸暨人年十二出家慧解如
成人初謁東靈欽師時效禪林羣居僧堂當
元夕衆往觀燈欽師行香見其危坐牀上問
曰汝何不隨衆去答曰蒙師見誡專心爲學
勿事嬉遊欽師大喜撫其背曰三十年後振
吾宗者非汝而誰旣壯深研教觀時輩厭服
出主頂山講唱無斁日臥榻虔上安蓮經韋
天像身披五條吉祥而臥謹身敬法不以闇
室易其節

佛祖統紀卷第十七

佛祖統紀卷第十七 校勘記

一　底本，明永樂南藏本。

一　五三二頁上一行「之二十」，徑無。

一　五三二頁上三行「第六之七」下，徑有夾註「廣智神照下四十四人」。

一　五三二頁中八行「覺菴言法師」，徑作「覺安言法師」。

一　五三二頁中一五行「法嗣」下，徑有夾註「前廉法師法嗣七人原本無紀」。

一　五三三頁上六行「豁如」，徑作「豁然」。

一　五三三頁中八行「凡三卷」下，徑有夾註「此中失文統清湛二人紀」。

一　五三三頁中二一行「益重」下，徑有夾註「此中失清哲首座記」。

一　五三三頁下一四行第一〇字「於」，徑作「以」。

一　五三四頁上一行夾註右首字「入」，徑作「文」。又第九字「結」，徑作「絓」。

一　五三四頁上二二行「海」下，徑有夾註「此是北峯印法師法嗣有十六人前失十一人後失三人唯存此法師與趙彥肅三人而已」。

一　五三四頁下六行「後身云」下，徑有夾註「此中遺失如寶法通二法師之紀」。

一　五三五頁上八行「之約云」下，徑有夾註「此中失覺菴言法師法嗣三人」。

一　五三五頁上一四行末字「也」下，徑有夾註「此中失法雄法師一人」。

一　五三五頁上末行「其節」下，徑有夾註「此中失法欽法師一人〇此卷共四十四人原本遺失三十一人止錄十三人」。

佛祖統紀卷第十八

宋景定四明東湖沙門　志磐　撰

諸師列傳第六之八

休菴舟法師法嗣（廣智下第七世）
嵒
谿菴淨悟法師
法明節法師法嗣
聞林子真法師
月堂詢法師法嗣
逸堂法登法師
悅菴淨惠法師
石芝宗曉法師
一菴躬法師法嗣
正菴端信法師
癡菴秉拱法師
止菴蓮法師法嗣
鏡菴景遷法師
環菴戒樞法師
慧光訥法師法嗣（神照下第七世）
等菴士衡法師
復菴妙珪法師
上竺師覺法師
晦菴慧明法師

柏庭善月法師
隱堂正榮法師
南湖善榮行人
叔寶良琰法師
契菴如晦法師
虛菴有宏法師
中菴師安法師
石澗從戒法師
桂堂如坦法師

佛光照法師法嗣（南屏下第七世）
子庭師訓法師
碧溪德聞法師
海翁時學法師
少愚育才法師
鼎山時舉法師
古巖正因法師
應菴法言法師
西山文拱法師
無極可度法師
石林文人法師
自閒如願法師
方溪文琳知客
桐洲坦法師法嗣
古源永清法師
剡元先法師法嗣（南屏下第七世）
雲夢允澤法師
紫泉源法師法嗣 嵒
靈源允憲法師
螺溪元悟法師
梅峯奎法師法嗣
具城妙銛法師
鑑堂義法師法嗣
百川如海法師

東陵智迥法師
菊庭信硜法師
梅澗太虔法師
行古忘新法師
君州景荃法師
毒鼓妙聲法師
梓山思恭法師
雪岑行海法師
東屏正吾法師
東山慧日法師
此山志在書記
潛山文珣法師
桐溪若濟法師
孤巖如月法師
石庭道生法師

石帆宗琰法師
栢巖文杲法師
總菴心法師法嗣
古鏡文杲法師
畢菴希法師法嗣
海空決英法師
南巖雄法師法嗣
處靜祖意法師
休菴舟法師法嗣（廣智下第七世）

桂菴淨智法師
聖水從覺法師

法師淨悟字機先溫之樂清李氏幼知厭俗往依鴈山飛泉圓覺十九具戒初謁定菴統學教觀時休菴居壽昌篤於講說往求受業菴問定菴何以示人師曰演索車義菴曰寂光五索車否師不領蓄疑在膺幾廢寢食菴感其用心撫其背曰疑端發露寶所非遙居無何忽有契會自是宗門疑難迎刃而解吳越講席無不縱觀志氣高卓少有許與每日誨曰折鐺煑飯偃息中林借虛空口對萬象說余亦何媿至若所學不充因人成事執數行紙上語聚百十雜遝人大廈廣居食前方丈吾弗爲也師始於飛泉作興棟宇既而勉徇衆請出主天台淨土日勤講說百廢具舉晚歸飛泉故居課佛爲業及屬疾大書以示衆曰求醫問藥撓吾化也吾將黙觀其變明

旦危坐而蛻，時開禧丁卯九月二十六日也。闍維之日，耳與齒儼然，門人文虎塔于寺之西麓。北澗居簡爲之銘曰：是爲鄮峯聽說擲，持兩種不壞之藏，道德所重，歸隱而彰。吾知夫異代而同心者，隨決於鳳山之陽。

法明仲法師法嗣

法師子真，永嘉人，號闇林。幼從仲公學，用心勤至，悉通其道。遇數義未安，輒與諸友終日議論，旣得意已，乃坐帳中，縱辭演說，或自問自答，以自研覈。後繼主法明，大弘乃父之業。辯才異等，老學畏服。

月堂詢法師法嗣

法師法登，字聖道，號逸堂，四明澥浦林氏。受業寧波，初爲僂塞，學于梓菴。天性慧悟，凡諸部要文無所不記，諸文要義無所不解。旣具戒，入南湖依月堂。堂以其宿學晝成，宜待以異禮，踰年命以職首衆，與論修性善惡之旨。師實道含蓄，用觀敬守志，齋居二十二年。緝異命數門義旨，悉有撰述，世號傳錄，稱爲逸堂科云。出主在城天封，遷資教，晚居清修。一時學者，以不預聞講席者爲之愧恥。

法師善月，字光遠，四明定海方氏。父偉，爲邑中名儒。母夢月輪墮懷，已而有娠。生之夕，白光滿室。初學語，嘗合掌道法界字。甫成童，父屬六經授之，以次誦習，如溫故業。十二通春秋大義。母攜往正覺寺設供，備殿撫數匝。寺主道并詰其母曰：吾夜夢白龍繞此柱，其徵此兒乎？於是父母始令出家，命名善月，符先夢也（善月光遺昔古佛名）。十五具戒，越三月而并師亡。乃往南湖依草菴，常以科目繁冗爲勞。草菴誨之曰：白日看家書，有何難解？師爲一省。來菴來繼趙鵬，日勤。菴曰：異時鼓吹吾宗者，其在子乎？梓菴講道月波，往謁焉，聞世相常住之旨，益有省發。乃復歸南湖，見月堂，問如來不斷性惡之說，身心豁然，如卻關鑰見府庫。以所悟白堂，更爲演其義，師拜領而退。堂示寂，師爲專使往當湖請竹菴。越明年，命師分講，風儀清溫，談辯雅正。竹菴讚之曰：吾於首座可謂得人，但恨無繼之者。所居古柏獨秀，因自號柏庭。淳熙庚子，初主東湖，辯利，遷慈溪寶嚴。居無何，太師史真隱請居月波。學士朱奉稟食不足，真隱聞之喜，使使白師曰：師爲道延衆，欲食來取，子不嗇也。紹熙二年，郡率何公澹以南湖虛席，親載疏勸請。講道有方，御衆有法，十三年不易節，緇素以是信之。嘉泰四年，退隱衍慶精舍，一息十載。夔老叟耳語曰：六十五、七十一。嘉定六年，郡將陳卿以南湖有去思，爲更屈，數辭弗克。兩華更新，舊徒再擁。來逾月，上竺以敕書召，師謂丞往有似於徇名，堅不爲動。衆謂上命不可不恭，始幡然而往，是年正六十五之驗也。八年夏旱，詔迎大士於明慶，車駕親幸致拜，命師恭禱，朝注暮洽，上大說，特補左街僧錄。十二年秋，拂衣東歸，偃息于城南祖關，是年七十一，又知所以驗前夢也。明年秋，郡以西山資聖畀師佚老。紹定五年春，有旨再領上竺，人皆以坡仙師去忽復來爲語，山客聞之，句爲之賀。端平三年，得目眚，請老東菴。一旦示疾，坐牀上若相酬酢者。法孫秀林問何爲，曰：吾與判溪尊者對談祖道耳。將入寂，顧左右曰：人患無實德爲後世稱，若但崇虛譽，我則不暇。千載之下，謂吾爲柏庭叟，則吾枯骨爲無愧。幸勿爲請諡，以汙我素業。言已，累足而化，實淳祐元年正月十九日也。留龕七日，貌色鮮白，心項俱煖。奉全身塔于寺東，爲壽九十三，得夏七十八。先是，首座智覺論請于朝，言師道光前哲，四衆依仰，年登九秩，將适歸真，請建塔山中，以擬歸藏。上旨允之，故今用此成命。所遺衣髮及四經解，合藏于南湖祖塔之側。師所著述：楞嚴玄覽、金剛會解、圓覺略說、楞伽通義、因革論、簡境十策、三部格言、金錍義解、宗教玄述、仁王疏記附鈔，要皆行於世自餘雜製名緒餘講餘對客未嘗及世間年唯論前人往行及典誥之辭或問何以安心曰心本不動問法華經蘊曰當熟全彰其警策類此嗣其道者香林清賜爲上首

法師淨惠字敏中號悅菴鄞陸氏父母禱佛而生幼年夢登寶閣見異人爲摩頂及覺異香盈室以語隱學俊師勉其學釋遂依定海正覺出家既具戒往見月堂因春期入懺閨覺導頓悟圓旨堂由是器之有度律師用大智新疏講觀經于湖心月堂遣師與之辯至該觀心觀佛之旨發難數四度竟屈服皆則菴主南湖始開講席師掩卷危坐退而指其瑕玼皆益儆畏禁隱堂居隱學俾師分坐講風大揚初主郡城法華或以爲小師曰此法智師講經之地其可鄙乎遷治平每臨講見疏記援引儒典則止而不讀謂其徒曰此外書也宜自觀之夏將闌對衆自訖曰今夏講席諸方所無縱或及之亦秖雜以外書誘掖之餘蕪事匠石積年弊陋易而爲新每預公舉或非其人輒面斥諸山曰所謂講院者以欲傳講爾今此人能任此責乎卒不許閒居泉口拱秀菴學士裹糧來從及遷寶嚴化道日起閱八年忽天風吹華柱香蒲院識者知爲嘉瑞未幾果領南湖之命時嘉定六年也自栢庭樂育人材之繁後生尚文辭好異議生者猶不厭衆心必羣起而譁逐之師至以洸毅御物持成規嚴人望風不敢犯向之好譁者俗爲華居丈室未嘗爲請益者雖入夜不距行兩廡聞讀誦聲必忻然就之因所業爲點示法華懺期日一開說初終參贊人皆樂聽心感嘉定九年九月二十九日集大衆諷觀經趺坐榻上奄忽如蛻塔全身于祖關門人乞銘于司令樓扶淨無住見而歎曰悅菴不喜外書而梅麓作銘全用妙經句豈非有以寘使之乎稟法者禪悅了彬大達了因六七人云

行人善榮字仁甫四明小溪周氏初從月堂學教觀既通其旨即入觀堂修長懺閱藏經金書法華楞嚴淨名圓覺光明五經以施諸方彫造彌陀佛像粘施衆會素善水墨畫大士像以與人前後莫計以音聲佛事轉授諸人今城社經呪皆用師節度也臨終往生之相見宣行人傳弟子黙容海印以高行爲鄉城所歸

佛祖統紀卷第十八

佛祖統紀卷第十八

校勘記

一　底本，明永樂南藏本。

一　五三六頁上三行「第六之八」下，徑有夾註「廣智神照南屏下共六十二人」。

一　五三六頁上一四行「乘拱」，徑作「垂拱」。

一　五三八頁上七行「盈室」，徑作「滿室」。

一　五三八頁中三行第五字「持」，徑作「特」。

一　五三八頁中二〇行「所歸」下，徑有夾註「此卷六十二人本紀止録六人遺失五十六人」。

佛祖統紀卷第十九

宋景定四明東湖沙門　志磐　撰

諸師列傳第六之九

詺菴悟法師法嗣

嘯巖文虎法師 廣智下第八世

閑林真法師法嗣

法明師祖法師

逸堂登法師法嗣

同菴允憲法師　石坡元啓法師

竹坡如紡法師　石屋正已法師

可堂若象法師　化翁師贊法師

巨宗師岳法師　不孤有鄰法師

栢庭月法師法嗣

香林清賜法師　伊堂了圓法師

石田妙慧法師　半雲行儒法師

此室大方法師　虛中元具法師

遁山士尭法師　孤巖如啓法師

寂菴文慧法師　操菴文節法師

巽中道謙法師　無謀善應法師

北林與俱法師　石門士雲法師

悅菴惠法師法嗣

禪悅了彬法師　寶化道英法師

雲屋可上法師　化翁正已法師

大蓬了因法師　峯屋了已法師

竹溪志昌法師

石澗戒法師法嗣

古泉正宗法師

佛祖統紀卷第十九

佛祖統紀卷第十九

校勘記

一　底本，明永樂南藏本。

一　五三九頁上八行「登法師」，徑作「癸法師」。

一　五三九頁上一六行「元具法師」，徑作「元真法師」。

一　五三九頁上一九行「善應法師」，徑作「善庭法師」。

一　五三九頁上二三行「可上法師」，徑作「可止法師」。

一　五三九頁中三行「正宗法師」下，徑有夾註「此卷三十二人本紀原文遺失」。

佛祖統紀卷第二十

宋景定四明東湖沙門　志磐　撰

諸師列傳第六之十　昆四　十六

嘯巖庬法師法嗣　廣智下第七世

訥堂慧辯法師　頑空智覺法師

松磵善助法師　寒谷妙輝法師

東山蘷公首座　東山鮫公法師

東山義問書記

法明昶法師法嗣

法明行依法師　寶壇智尚法師

同菴憲法師法嗣

圓菴行果法師　東林覺先法師

香山唯一法師　滄翁惠川法師

石翁法介法師　柯山本悟法師

虎巖行珪法師　石林文藻法師

安道清寧法師　無聞若訥法師

聖水善濟法師　照菴普聞行人

退菴可昇法師

石坡啓法師法嗣

無住宗淨法師

佛祖統紀卷第二十　昆四

佛祖統紀卷第二十

校勘記

一　底本，明永樂南藏本。

一　五四〇頁上二〇行「宗淨法師」下，徑有夾註「此卷二十三人本紀原文遺失」。

佛祖統紀卷第二十一　昃五

宋景定四明東湖沙門　志磐　撰

諸師雜傳第七

淨覺仁岳法師　回
二世吳興子昉法師　錢塘可久法師
錢塘慧勤法師　雪川慧覺法師
雪川瑩珂法師　永嘉乃仁法師
越果靈照法師　樞密使胡宿
神智從義法師　卍
二世慧月了睿法師
草菴道因法師
二世梓菴有倫法師　廣壽法因法師
四明道時法師　儒士述菴薛澄

雜傳之作將以錄諸師之未醇正者故淨覺以背宗錄神智以破祖錄草菴以失緒錄或曰法智之世先後爲異說者有之矣豈當盡以雜傳處之乎然照圓之於四明無師資世系之相攝後人槩以山外指之亦足懲之矣至若法智子孫時爲違路之說者未若淨覺神智之爲甚也彼視之而不類我且指二人爲首云(復職救夏事見[illegible]子)

法師仁岳雲川姜氏自號潛夫聞法智南湖之化往依爲學至水月齋掬水中日吾所學不成不復過此斷法智器之居以東廈白晝焚香專事紬繹鄉書至悉投帳閣未嘗啓視因出境分衛乘身水行幅卧舒足豁然自得若拓虛空憤爲之析每請益函丈擷大概關大鑰衆望風畏之時昭師惡光明玄不用觀心師輔四明撰問疑書以徵之四明製鈔宗并消伏三用溯師作指瑕以爲難師進止疑扶膜以正之四明謂別理隨緣齊師作指濫以爲非師作十難以扶之所以特四明爲有力後復與十同志修請觀音三昧因疾有閑宴坐靜室恍如夢覺自謂向之所學皆非乃述三身壽量解以難妙宗道既不合遂還浙陽靈山棠慈雲擢以法裔四明乃加十三料簡以斥之師復上十諫雪謗往復不已(詳見四明本紀)會昭慶有請慈雲爲詩以送之學徒從往者半雲弗之止既遷石壁復徙靈芝時法智已歸寂師臨衆自訖曰只因離叛四明師誰向靈芝敢開口有仁行人自永嘉請居淨社一任十年大弘法化以年老還鄉雪守請主祥符觀察使劉從廣爲奏命服樞密使胡宿爲請淨覺之號晚年專修淨業然三指以供佛持律至嚴不以事易節劉陽淪堂休室以爲燕居治平元年春謂門人曰我翌日午刻當行果留偈安坐而亡時三月二十五日也塔全身于何山之西門嗣法者覺慈乃仁輩皆能表表模範一世師於楞嚴用意尤至會諸說爲會解十卷熏聞記五卷(釋自造會解)楞嚴文句三卷張五重玄義則有楞嚴說題明修證深旨則有楞嚴懺儀復於咒章調節聲曲以爲諷演之法所著金剛般若疏二卷發軫鈔五卷(釋自造金剛疏)彌陀經疏二卷指歸記二卷(釋自造彌陀疏)文心解二卷(釋不二門)雜錄名義十二卷義學雜編六卷如意輪課法涅槃禮讚文羅漢禮讚文南山禮讚文施食須知毘曇七賢七聖圖起信梨耶生法圖各一卷禪門樞要淨名精英大論樞(節大論文)苕溪講外集寓案記諸子雜言史髓

記曰何山更爲禪居而塔地轉爲菜圃厭後寺衆有夢師謂塔處灌穢非便求遷之及開龕色身不壞舍利盈滿遂具禮易葬焉此與東山神照遷塔事極相類皆於當時藏全身而特示靈瑞於二百年之後也異哉

論曰天台家謂學華嚴唯識者爲它宗蓋指其不受時教規矩之說耳淨覺初爲山家之學甚儼爲止疑扶膜十門析難以排四師甚力一旦師資小不合而遽爲壽量之異說甚至於十諫雪謗抗辯不已前輔之而後畔之其爲過也與學它宗者何異

爲父作之子述之既曰背宗何必嗣法置之雜傳亦足爲惑然此亦是護宗綱辨法爾爲之說耳若鑒之以佛眼則聖賢弘道互有抑揚豈當定其優劣如調達波旬皆以大權示現邪見詎可以俗情裁量之邪是知議淨覺者當以此意究之

法師于昉吳興人賜號普照早依淨覺嵩明教據禪經作定祖圖以付法藏斥爲可焚師作祖說以救之又三年嵩知禪經有不通輒云傳寫有誤師復作止說以折之其略有曰契嵩立二十八祖妄據禪經熒惑天下斥付法藏爲謬書此由唐智炬作寶林傳因禪經有九人其第八名達摩多羅第九名般若密多羅故智炬見達摩兩字語音相近遂改爲達磨而增菩提二字移居於般若多羅之後又取它處二名婆舍斯多不如密多以繼二十四人總之爲二十八炬妄陳於前嵩謬附於後瀆亂正教瑕玷禪宗余嘗面折之而嵩莫知媿又據僧祐三藏記傳律祖承五十三人最後名達摩多羅而智炬取爲梁朝達磨殊不知僧祐所記乃載小乘弘律之人炬嵩既尊禪爲大乘何得反用小乘律人爲之祖邪況禪經且無二十八祖之名與三藏記並明聲聞小乘禪耳炬嵩既無教眼纔見禪字認爲己宗是則反取梁朝達磨但傳小乘禪法厚誣先聖其過非小

法師可久錢塘錢氏天聖初覃恩得度學教觀于淨覺無出世志喜爲古律詩蘇軾監郡日嘗與師及惠勤清順爲詩友所居西湖祥符蕭然一室清介守貧未嘗有憂色軾來寺

昆五 四

錢塘當元夕九曲觀燈去從者獨行入師室了無燈火但聞簷蔔餘香歎仰留詩有不把琉璃閑照佛世知無盡本非燈之句蒲宗孟集錢塘古今詩求藁於師師曰隨得隨去未始留也聞者高之晚年杜門送客不踰閫牌穀安坐觀練熏修如此十餘年窓外唯紅蕉數本翠竹百竿淡如也一日謂人曰吾死蕉竹亦死檡瑛公亦死未幾皆驗人嗟異之

法師靈照蘭溪盧氏幼失怙恃白兄求出家兄取三藤示之曰使此藤繫汝俱碎可從汝意師欣然入林取藤成束置前曰果容入道用此學我俱碎無恨兄不能奪遂入寶慧寺誓去枕席香燈禮誦未朞月誦通法華光明弱冠投試有司嘉之獎以別椄既具戒即往錢塘依香嚴湛師學教觀數載復往吳興依淨覺一家戶牖無不通達初主吳山解空繼遷景德熙寧中徒雲間超果自元豐以來於每歲春首結淨業社七日期時預者二萬人念佛後驗不可紀錄嘗夢三聖儼相前曉作禮曰靈照一生誦大乘經期生安養爲果願否觀音指曰淨土不遠有願即生又誦經深夜忽夢普賢示身遂務心造其像誦經萬部以嚴淨報元豐五年冬臥疾謂侍者曰吾安養之期已至遂北首面西累足而化闍維異香襲人舍利流迸結塔院東南隅

昆五 五

胡宿字武平常州晉陵人學問文章當世推重治平三年由樞密副使出鎮杭州每來謁岳師諮詢妙道躬執弟子禮師安坐不少遜

法師從義溫之平陽人姓葉氏十七通誦法華得度學扶宗主大雲五峯寶積嘗患它宗但任胸臆於所著補注集解處處辨明如論賢首妄判華嚴議慈恩專用唯識辨祖承無二十八祖判道家當攝入儒宗辨理切直爲世所信(並詳見諸宗立教志)晚居秀之壽聖大振宗教元祐六年春示疾就榻吉祥右脇而逝舉舍利于錢唐寶藏諡曰神智憲使劉燾記行業云端介淸白不妄遊從縉紳三觀玩味著述過午不食非法不言非右脇不臥非濾水不飲行步有常坐立如植未嘗求公卿之知可謂賢也已矣所著大部補注十四卷顯正記三卷(釋光明玄)新記七卷(釋光明文句)往生記四卷(釋觀經疏)圓通記三卷(釋不二門)纂要六卷(釋義例)集解三

卷(釋四教儀)萬言四卷(釋金錍)淨名略記十卷搜玄三卷(雜出教義)

論曰神智之從扶宗視四明爲曾祖而於有所立義極力詆排之去乃翁已五十年其說已定而特爲之異破壞祖業不肖爲甚非同當時孤山淨覺一抑一揚之比也

舊系扶宗今故黜之置之雜傳以示家法之在

法師了睿嘉興人號慧月學教有聲久依神智於壽聖秀有士族請神智禱疾師與俱往及歸神智責之曰汝爲純厚吾故攜汝往何爲俗舍左顧右盼師深謝過而已智曰汝豈有所見邪師審白曰有一女祟在病牀上見師入卽下走入既攔門乃從壁隙而出不覺顧視如此智曰吾亦見之已而病者愈智既沒師乃繼其席思溪王氏有女卒請施食河冰船不可渡乃遣人報令設座於斛前卽船上遙爲呪願中夜一女至船上曰謝師戒法已得超度留鞋一雙忽不見夫日王君至船驚曰此亡女入斂時鞋也(見五)(六)

法師道因自號草菴四明薛氏視法智座下粲法師爲叔祖其孕也母夢梵僧披衲而入寤而生明發而赴至(俗計)咸知其爲後身云掌有圓相擲之如環足下奇文雙魚宛示十七具戒坐夏南湖有問以教義者徐爲釋之正與文合識者知其宿習明智居寶雲往學焉已而偏歷教庠屢參禪室因讀指要鈔深有悟入初主禪悅直嗣四明(草菴錄嗣法文云三入禪室五登講堂始終親近八善知識皆光明碩大有德有言者不在彼如水投石此一瓣香奉爲延慶第一代法智尊者用酬法恩然存則人亡則昔勞不肯者無吝學節)大遷永明寶雲廣壽治平晚主延慶學徒滿堂乾道三年四月十七日別徒衆曰華嚴世界洞徹湛明甚適我懷今將行矣乃令舉所述彌陀讚曰無邊剎海海涵空空海空全是蓮華宮蓮宮周徧徧空海空海獨露彌陀容阿彌陀佛不生滅離覺離枯水中月絕非離句如是身如是感通如是說我與彌陀本不二妄覺潛生忽成異從今掃盡空有塵父子天然兩相值誓修三福勤六念身口意業無瑕玷我今以此念彌陀不見彌陀終不厭讚畢隨衆唱佛數百聲觀經至上品上生卽斂念坐亡越三日頂足皆煖葬全身于相塔師道貌巖毅辭辯如瀉有聲其錄者謂登龍門嘗著闢政論以正擇人之弊詣行在投宰相秦檜三上書俱不報遂渡江而歸後秦相閱其書大驚將見之而師已行居南湖日述輔正解以斥律人妄解觀經之失其強志爲法若此嘗居城南草菴因以自號

論曰草菴初學于明智一旦讀指要有省發而又自謂文縈後身故以瓣香奉四明然四明者羅睺羅也未聞稟佛爲嗣若草菴之所承則將見廣智而孫明智矣豈北面師事之而反孫之可乎西土二十四祖金口所宣悉有先後若謂北齊遠稟龍樹此則立觀之始非草菴所當上效姑鎮菴論之曰一家教觀必資傳授豈可紊亂使失先緒況當時已有高攀九祖遠嗣四明之誚舊圖系於明智終非草菴之本心新圖系之四明未免有違於公論今故置之雜傳亦足以爲失緒者之戒云

法師有倫四明王氏受業于小溪壽聖自號擇菴久依草菴學分座南湖講導有旨晚主月波學徒說服桐庭輩行皆北面受業所居一室未嘗見其便溺人皆異之或問其故拒而不答

法師法因自號判心四明慈溪顏氏學草菴蓋其旨以與師同名時稱爲小因主廣壽三十年晝夜講演未嘗一日走檀門每施者至輒謙媿自歎曰比丘之法丐食活命我何人哉坐享勤苦之利御而還之不得已受其少分所居弊陋將斬之曰此軀尚無常何事外物爲一日集講侍者報衆赴檀門未回師曰

虛空諸天正欲聞法何必衆集即擊鼓升座。掘熙四年八月示疾於定中見淨土二菩薩謂左右曰吾觀法華道場與平時所見異甚吾將行矣即集衆諷觀經稱佛號留偈端坐結印而化瘞全身于寺東

薛澄字清卿自號述菴視草菴爲叔嘗從其學大明境智之道草菴沒爲文祭之其畧云嗚呼吾佛明心禪必用教教必用禪如江如湖流雖不同所鍾一源如日如月時或云殊所麗一天譬以二藥治衆人病所期者瘥奈何末途兩宗被魔學者涯偏私立位號互爲矛盾其門必尊教而視禪了不相安如針著體禪而視教欲割不能如癭附咽不求其端教曰我是執明漸圓惟性欲聞禪曰我是但禪別傳兩宗既孤又於其宗派別星懸或本四明或夸雪川或出白蓮天台微旨淨談洩語如漂流船或參潙仰或歸雲門或嗣曹川如來心印上推下墮如顚倒狹持此勝心敵彼勝心以燕伐燕堂堂我翁能於兩宗洞建妙玄(云云)又作草菴忌疏云諸法本空即空成實至人不死雖死如生安住尊者(師日住千提)開氣所鍾前因不昧探戒珠於驪頷飛慧劍於龍門早遊乃於儒林無書不讀晚乘桴於教海有感皆通(云云)於道最高製衣定而周恤有餘不決械困圍以須爭(云云)見八知識無半語之相投將一瓣香爲四明而拈出

佛祖統紀卷第二十一

佛祖統紀卷第二十一

校勘記

一　底本，明永樂南藏本。

一　五四一頁下二一行「析離」，[徑]作「折難」。

一　五四二頁中一八行第三字「擊」，[徑]作「繫」。

一　五四三頁上二三行夾註「訃俗」，[徑]無。

一　五四三頁中一〇行「海涵空」，[徑]作「海涵空」。

一　五四四頁上一七行「曹川」，[徑]作「曹洞」。

一　五四四頁中二行「拈出」下，[徑]有夾註「此卷十六人本紀遺失五人止錄十一人」。

佛祖統紀卷第二十二

宋景定四明東湖沙門　志磐　撰

未詳承嗣傳第八

東陽善慧大士 壽渠之圖
景德道房禪師 嗣印傳
北齊僧稠禪師
北齊李奘侍郎 禍賦傳
天台智琰法師 島
金華方巖法師
西京楚金法師
千福乘錫法師
終南法善法師
五泉真公法師 下五人見淨土志
南岳承遠法師
南岳法照國師
繫進法物法師 下二人見[illegible]錄
長沙懷遠法師
五臺志遠法師
五臺元墻法師 遠師嗣
天台道邃法師
國清清觀法師
國清文舉法師
建業敬雲法師
泰山妙行法師

四明子麟法師 五代唐
十祖玄燭法師
嘉禾皓端法師
會稽什法師 宋下三人見法智紀
嘉禾子玄法師
天台元穎法師
括蒼聰法師 南岳傳
無相善勤法師
寶藏利贇法師 勤師傳
普慈擇法師 下二人巡假名傳
空相融法師
超果照法師 下二人教法宗傳
廣化明法師
宗元錄穎法師
寶雲威法師 正文[illegible]傳
方廣瑩照法師
普照因法師
佛智道如法師 如上並傳
寶積寶法師 具並[illegible]傳
淨慧威法師 草菴錄
左溪志脩法師
無功居士王闐

有為天台之道而無聞於後世者固亦多矣

非以其迹晦而位卑身亡而嗣絕乎至若舊雖有傳而無所師附見它傳而無所考凡於法門有秀贊之一益者豈不樂書作未詳承嗣傳

東陽大士傅翕字玄風義烏人齊建武四年五月八日生幼與里人漁以籠盛魚沈水中祝曰欲去者去止者止人以為愚年十六娶劉氏生二子普建普成二十四漁於稽停塘梵僧嵩頭陀謂曰我昔與汝於毗婆尸佛所發願度眾生今兜率宮衣鉢見在何當還耶令視水見圓光寶蓋環覆其身乃悟曰鑪鞴之所多鈍鐵良醫之門足病人方急度生何暇思兜率乃結菴於松山雙檮樹間自稱當來解脫善慧大士種植蔬果任人來取為人傭工晝作夜歸與妻妙光敷演佛法苦行七年宴坐之間見釋迦金粟定光三佛東來放光如日空聲唱言成道之日當代釋迦坐道場已而四眾沓至作禮郡守王烋謂是妖妄囚之兼旬不食魏而釋之還山愈精進曰我從兜率宮來為說無上菩提昔隱此事今不懸藏大通六年遣弟子傅暀奉書詣闕稱帝為國主救世菩薩詔報曰善慧欲度眾生耿來隨意帝預敕鎖門以觀其異大士袖出木槌一扣諸門盡開見帝於善言殿謁者三讚

下拜直上御榻對語異常設食竟出鍾山坐定林松下縣官資給大同元年請講三慧般若於重雲殿公卿畢集天子至衆皆迎大士不動御史問故答曰法地若動一切法不安帝善之翌日獨延於壽光殿夜漏上乃出梁末饑亂日與其徒拾橡栗採草作糜以活閭里盜不忍犯嘗曰我賢劫千佛中一佛弟子慧榮欲建龍華會大士曰龍華是我事汝可建請佛傳光會若從吾言定見龍華又曰吾悟道四十劫釋迦方始發心由釋迦能捨身所以先我成佛陳天嘉二年山中行道常見七佛在前維摩從後謂弟子曰七佛中唯釋迦數與我語光大二年冬大士曰嵩公已還兜率天我不得久住作還元詩十二章大建元年四月二十四日示寂七日縣令陳鍾耆衆禮欲傳香之次猶反手受香衆益驚歎葬松山之隅敕僕射徐陵撰碑

荊溪止觀義例曰東陽大士位居等覺尚以三觀四運而爲心要故獨自詩曰獨自精葦壹元法師隨釋云謝三千是樞焱界鄉金其體書妙其實離聲名三千妙佛本維婆微名字三觀一心融萬品三[illegible]王千也三十即空假中獄一念是善了三千自書上一野一如一如即一非非一如而一離一加夢相可如荊棘叢林何處生九界成散盧說因果銅棘也微界因果萬總華嚴纂林也善語香懷同嚴一始一細細鄉微云何處生此梅真加好

觀也獨自作起十界四惡四句推檢數云作也問我心中何 十二
所著開起之畫推檢四運并無生正用觀也口并婦正反並
千端萬累何能縛也背俗此觀成也十番熟因果何諸考
此發唯振言然也況後三觀本宗瓔珞補處大士金口親承故知一家教門遠集佛經後與大士宛如符契小瓔珞經二卷上卷明次第三觀謂從假入空觀從空入假觀二觀爲方便得入中道第一義觀下卷明圓三觀調佛萬殺菩薩盛瞬三觀法界佛佛自性清淨云云二觀性自在此大士金口觀家今家達立建宗佛觀身與大士所稱三觀符契也

述曰過去諸佛由三觀道安住祕藏現在釋迦由三觀道果後示權是知自行化他權實因果之法無非三觀之道瓔珞宣之於前智論申之於後北齊心悟而立爲法東陽旁贊而示以詩皆所以明此道也東陽顯於梁而終於陳當北齊南岳智者以此道相傳之際尚無恙也昔承佛口之親宣今值諸師之授受於是作而言曰大哉三觀之道行於震旦其在斯時乎乃述爲二詩從旁而讚之宜也世人不考爲同時遂指東陽爲前人而謂其能預談三觀故晁景迂爲明智碑亦謂前乎智者以導其教者曰梁傅大士斯言未的也今當易之云與文禪師同時旁贊其道旨曰傅大士以大士無授受之迹今但附見於傳首云

昆五

禪師僧稠鉅鹿孫氏從景明寺道房禪師受 十三
行止觀攝心旬日即得入定後修涅槃聖行四念處法安居五夏日唯一食嘗九日修死想觀以所詣白鼓陀三藏藏曰葱嶺以東習禪定者汝爲最矣後詣王屋山修習前法遇兩虎鬬師以錫杖中解虎即散去黃門侍郎李獎求學禪要爲說止觀兩卷北齊文宣詔師出山說法師爲說三界本空萬法如幻榮華世相不可常保帝爲之毛竪汗流於鄴城結雲門寺以禮奉之宴坐一室未常送迎弟子或以爲諫師曰賓頭盧迎王七步致令失國吾雖德不逮古而儀相是同不敢自欺冀致福於帝耳帝感左右之言謂師不敬欲躬往加害師已冥知且乘牛車往谷口二十里拱立道旁帝怪問之師曰身血不淨恐汙伽藍帝愧悔謂侍臣楊遵彥曰若此真人何可毀謗欲負師還寺師磬折不受帝曰弟子負師徧天下未足謝愆遂同輦還宮問弟子前身何人師曰曾作羅剎王今猶好殺視盆水使視之即見羅剎形又欲見佛法靈異師投袈裟于地帝遣人舉之增至數十人不能動師令沙彌取之如舉一羽帝益敬信請受菩薩戒留禁中四旬而出乾明元年四月示寂敕建塔以藏舍利

述曰案稠禪師行道於北齊天保中與思禪師爲同時逆而推之則知受止觀於房禪師當天保之初復更推之則天保已前當東魏孝靜之世時文禪師始以已悟一心三智之道以授思禪師則知房師所受止觀亦應稟自文師蓋文師悟由中論獨步河淮時無競化非小乘禪師之所能知然則房師上受文師下傳稠師上下推之爲可信矣

法師智琰母夢升通玄塔相輪坐而誕十二誦通法華時稱神童祝髮之後即參講席（師以正觀年終則知參講之時即幸安禪師也）嘗隱虎丘山講懺餘日誦法華至二千部香鑪未爇自起煙芬夕藹纔空潛加溢水蓋天童給持之驗焉行三淨業修十六觀率五百人月建齋講十年不替講法華淨名皆三十遍觀音玄三十遍貞觀八年冬示疾見梵僧手執寶瓶曰吾無邊光也郤後淨土釋功德寶王即我是也師謂門人曰無邊光大勢至也功德寶王其成佛之號也由因言果以此勉余余其西歸乎即入定不反

金華方巖和尚荊溪來入僧時曾從之受止觀（應是左溪門人）

法師楚金廣平程氏七歲出家禮藏探經法華在手九歲依西京龍興寺具戒習智者教嘗誦經至寶塔品身心泊然寶塔忽現釋迦分身滿虛空界禪坐六年誓建斯塔誠懷一啓檀信自來於築基夜誦經行道衆聞天樂異香玄宗夢空中楚金二字詔朝訪問咸以師對乃親製多寶塔額賜繒綵爲助功畢之日五色瑞雲凝於塔上謂同學曰鑿井見泥去水不遠鑽木已熱得火可諸凡我七人聿成一志晝夜誦經香煙不斷乃於春秋二時集七七僧行法華三昧奉旨許爲常式前後感獲舍利七百粒血書法華菩薩戒經以褫九重寫法華千部金字三十六部用鎮寶塔後寫千部散施信人化緣既畢右脇而逝荼毗火滅雪顏如生天子遣塔于城西貞元十三年左街功德使竇文場奏先師楚金於天寶初爲國建塔置法華道場今僧衆禮念六十餘年經聲不絕乞加旌表詔諡大圓法師

法師飛錫與楚金精嚴三觀天寶初遊京師止終南紫閣草堂俄有詔住千福法華道場不空翻譯新經頗當筆受潤文之任永泰初詔於大明宮同良賁等參譯仁王護國及密嚴經與三藏不空學士柳伉重加詳定充證義正員嘗撰念佛三昧寶王論三卷明淨土三世通修之義

禪師法善習天台教學唐天寶間遊京師嘗誦法華所居之處缾水自滿臨終見金蓮從空下迎天樂競鳴隱隱向西去

法師志遠汝南宋氏初依荷澤聞天台一宗該通妙理力學積歲居五臺華嚴食非別請臥不解衣四種三昧用爲常課會昌四年忽絕食數朝誡門人曰天台之道妙在法華文句本迹二門開近顯遠玄文五義判釋止觀境觀雙修行解圓明遍照平等將踐聖階茲罕及禮懺方等必假精誠永懷于茲宜副吾意時學者如林惟元堪達其旨武宗澄汰佛法堪稟遺言以諸文藏之壘壁宣宗即位重輝佛日堪再葺舊居取其藏本置之影堂傳唱當時絕而復續

法師道暹天台人大曆中入京傳教藏有著述能於虛空遊行往來時謂有神足之證

法師清觀臨海屈氏久居國清妙洞三觀禪定神異清介自守不畜衣鉢嘗曰恨未能會已顯目溪南有請供者夜雨水漲人不能渡師頃刻即赴身衣無濕人知其有神足通焉

法師文擧東陽張氏入國清習天台之道悉通要妙其形如山其貌如玉動若浮雲靜若止水目不旁視口無戲言四威儀中無非律範丹丘二衆仰以爲法先是國清爲煬帝建

光明道場歲以為期人蔬食少師竭力營建成莊田十二頃衆賴以濟

法師敬雲建業人風學天台之道光化二年於永嘉寺講經依俱舍論述小乘入道五位作折玄記二卷

法師妙行初學天台教既入居泰山結草為衣拾果為食行法華三昧感普賢現身證明後專持彌陀經於一夕見流離地佛與二菩薩蒲立空中僖宗聞其名詔賜號常精進菩薩後一日再見寶地謂左右曰吾無觀想而寶地復見安養之期至矣即日右脇安臥而化

法師子麟四明人五代唐清泰二年往高麗百濟日本諸國授智者教高麗遣使李仁日送師西還吳越王鏐於郡城建院以安其衆今東壽昌

法師玄燭戒德定品慧業法門講唱宗乘當世特立大順初傳法帝京學徒數百左右悅隨時謂其可繼荊溪尊稱為十祖云

法師皓端嘉禾張氏聞玄燭時稱十祖遂往參學即悟一心三觀之旨誓心山居二十餘年身無長衣口無異味坐唯一榻門不設關本朝建隆初無疾坐亡火浴舍利不知其算得法者八十人

法師善勤天台人無相以主席請于郡時以師高行為之舉及遷淨名舉植菴繼其席植菴遷赤城衆舉利賓繼賓赴寶藏部使者復以無相界師以衆不足容乃別選勝地增建棟宇時謂安清淨衆講妙教觀宜天人之交感也

法師元穎吳興人政和二年於郡城闢堂建智者院日居慈雲閱乘筆著書自正像統紀終教藏目錄凡百卷名天台宗元錄序次古今諸師行事為山家之盛典云又述法華靈瑞集為十科始於普賢證明終至香光攝因郡補為都師有招攜者誣以事民其衣闡者淡泊而師不為慍怡中布褐遨遊人間隨時升沈晚在壁橋菴蜜誦經課佛一夕面西危坐欣然神化焚龕之日舍利布地

法師曇照四明人受業方廣宣和初述天台別傳法最為詳要學者難之

法師志因賜號普照少學天台之道修淨土行五十年法服未嘗去體嘗因寇擾入山避亂唯攜觸服方欲登圖寇已逼近師易衣石上從容洮漱寇不敢犯識者歎仰謂之遊行無畏其斯人乎

法師志昭居在溪述釋迦譜稱躬桑叔父鎮鑒微旨及編次歷代宗承圖後學於是有考

土聞四明慈溪人自號無功叟家世名儒再舉進士不得志布衣蔬食偏詢講席晚年唯事念佛以所得旨蘊述淨土自信錄其序略云衆生本心具四淨土如同居者在具縛凡夫即可依之其餘三土至斷惑聖人始獲證入焉且往生一門有二淨業曰正觀默照本心也曰助行備修萬善也正觀與助行並進則了達四淨土矣止有願并事善者近生凡聖同居而遠作上三土之因也以此論之則淨土者正是究理菩薩所登境界而兼攝愚惡衆生回向漸修耳又云圓頓體道是最上淨業苟加願以導之即預優品愚朴之輩但稱佛發願者亦莫不生觀淨土一門則知聖人無棄物也彼但守癡空之人以無礙無修起自障心絕他學路乃高其言曰淨土末事何足道哉發是言者可哀也矣紹興十六年四月丁卯之夕忽聞異香滿室謂弟沙門思齊曰此吾所修淨業有感也乃沐浴更衣面西趺坐而化焚其軀得舍利如菽者百八粒

佛祖統紀卷第二十二

佛祖統紀卷第二十二

校勘記

一　底本，明永樂南藏本。

一　五四六頁上六行首字「未」，[徑]作「末」。

一　五四六頁下一〇行「未常」，[徑]作「未嘗」。

一　五四七頁中八行第一二字「諳」，[徑]作「譜」。

一　五四七頁下一一行「澄汰」，[徑]作「沙汰」。

一　五四八頁下一九行「百八粒」下，[徑]有夾註「此卷四十三人本紀惟錄二十二人餘二十一人皆見別傳故以小字釋之」。

佛祖統紀卷第二十三

宋景定四明東湖沙門　志磐　撰

歷代傳教表第九

北齊悟一心三智之旨以授南岳南岳修之以授智者智者始以五時八教開張一化而歸宗於法華本迹之妙既發其解必立之行於是說己心中所行以示一心三智之證載之文字用以印心以教後世自北齊上法龍猛下逮法智爲十七世作歷代傳教表

梁

武帝（蕭衍受齊禪都建康）　天監元年（壬午 十八年 盡）　普通元年（庚子 七年 盡）

大通元年（丁未 八年 盡）

大同元年（乙卯 十二年 盡）大同中二祖文禪師於北朝河南爲思禪師說三觀當東魏孝靜帝天平間

太清元年（丁卯 三年 盡）

簡文帝（綱 武帝第三子）　大寶元年（庚午 二年 盡）

元帝（繹 武帝第七子）　承聖元年（壬申 三年 盡）

敬帝（方智 元帝第九子）　紹泰元年（乙亥）　太平元年（丙子 二年 盡）

陳

武帝（陳霸先受禪都建康）　永定元年（丁丑 三年 盡）

文帝（蒨 武帝兄始興王子）

天嘉元年（庚辰 六年 盡）三祖思禪師於北朝光州大蘇山爲顗禪師說四安樂行示普賢道場當北齊廢帝乾明元年

天康元年（丙戌）

廢帝（伯宗 文帝長子）　光大元年（丁亥 二年 盡）二年思禪師爲南岳帝君授戒法

宣帝（頊 始興王第二子）

大建元年（己丑 十四年 盡）四祖顗禪師於金陵瓦官寺爲儀同沈君理僕射徐陵等開法華經題一夏開釋大義白馬敬韶等咸北面受業自此後常講大智度論說次第禪門及爲尚書毛喜說六妙門

大建中南岳思禪師爲海東玄光法師說法華安樂行歸國演教爲高麗東國傳教之始

大建九年六月二十二日南岳禪師示寂

少帝（叔寶 宣帝長子）　至德元年（癸卯 四年 盡）

至德三年詔瓦官顗禪師赴太極殿開大智度論題仁王般若經題還靈曜寺就講時百座居左五等居右慧曠慧辯皆奉敕難問天子臨筵聽法百僚盡敬

至德四年詔迎顗禪師居光宅寺帝幸寺聽講仁王躬禮三拜

禎明元年（丁未 三年 盡）顗禪師於光宅講法華經章安預聽

隋

文帝（楊堅相周受禪都長安）　開皇十年（庚戌 是年陳亡始正統 盡二十年）

開皇十一年晉王揔管揚州迎顗禪師於大聽事設千僧齋授菩薩戒師名晉王爲揔持王上師號稱智者

開皇十二年智者禪師於荊州當陽玉泉山爲關王父子授戒

開皇十三年智者禪師於玉泉說法華玄義章安預聽

開皇十四年智者禪師於玉泉說摩訶止觀章安預聽是年過岳陽爲刺史王宜武授大乘戒法爲學士曇捷等講金光明經

開皇十五年七月智者禪師至揚州禪衆寺以所著淨名義疏奉上晉王九月辭歸天台

開皇十七年九月智者禪師於天台佛隴爲諸弟子口授觀心論十一月於石城寺爲弟子說十如四不生十法界三觀四無量心四悉檀四諦十二因緣六波羅蜜一一法門是月二十四日示寂於

石城彌勒石佛像前　仁壽元年(辛酉四年)盡　大業元年(乙丑十二年)盡

煬帝(第二子文帝)

恭帝(煬帝孫)

義寧元年(丁丑)盡　五祖章安禪師於天台國清寺為法華威禪師說止觀心要

唐

高祖(李淵受隋禪都長安)　武德元年(戊寅九年)盡

太宗(世民高祖次子)　貞觀元年(丁亥二十三年)盡

貞觀六年八月七日章安禪師於國清示寂

貞觀二十年召法華威禪師授朝散大夫引駕四大師

高宗(治太宗第九子)　永徽元年(庚戌六年)盡

永徽六年召天宮威禪師授朝散大夫引駕四大師與法華同職位

顯慶元年(丙辰五年)盡　龍朔元年(辛酉三年)盡

麟德元年(甲子二年)盡　乾封元年(丙寅二年)盡

總章元年(戊辰二年)盡　咸亨元年(庚午四年)盡

上元元年(甲戌二年)盡　儀鳳元年(丙子三年)盡

調露元年(己卯)

永隆元年(庚辰)十一月二十八日法華禪師示寂

開耀元年(辛巳)　永淳元年(壬午)

弘道元年(癸未)

則天高后(武氏高宗之后廢太子廬陵王臨朝稱制)

光宅元年(甲申)　垂拱元年(乙酉四年)盡

永昌元年(己丑)　載初元年(庚寅二年)

如意元年(壬辰二年)盡

如意二年七祖天宮禪師於東陽天宮為左溪朗禪師說止觀(昆六四)

延載元年(甲午)　證聖元年(乙未)

萬歲通天元年(丙申)　神功元年(丁酉)

聖歷元年(戊戌二年)盡　久視元年(庚子)

長安元年(辛丑四年)盡

中宗(顯高宗第七子后廢為廬陵王復立)　神龍元年(乙巳二年)盡　景龍元年(丁未三年)盡

睿宗(旦高宗第八子)　景雲元年(庚戌二年)盡　先天元年(壬子)

玄宗(隆基睿宗第三子)　開元元年(癸丑二十九年)盡

開元十八年八祖左溪禪師於東陽左溪為荊溪然禪師說止觀是年新羅法融等傳教歸國

天寶元年(壬午十四年)盡

天寶十三年九月十九日左溪禪師示寂

肅宗(亨玄宗第三子)　至德元年(丙申二年)盡　乾元元年(戊戌二年)盡

上元元年(庚子二年)盡　寶應元年(壬寅)

代宗(豫肅宗長子)　永泰元年(乙巳)　廣德元年(癸卯二年)盡

大歷中九祖荊溪禪師於天台佛隴為遂法師說止觀　大歷元年(丙午十四年)盡

德宗(适代宗長子)(昆六)　建中元年(庚申四年)盡(五)

建中三年二月五日荊溪禪師於佛隴示寂　興元元年(甲子)

貞元元年(乙丑二十年)盡

貞元中十祖邃法師於國清為脩法師說止觀

順宗(誦德宗長子)

永貞元年邃法師於國清為日本最澄說止觀畫寫一宗論疏以歸為日本傳教之始

憲宗(純順宗長子)　元和元年(丙戌十五年)盡

穆宗(恒憲宗第三子)　長慶元年(辛丑四年)盡

敬宗(湛穆宗長子)　寶歷元年(乙巳二年)盡

文宗(昂穆宗次子)　大和元年(丁未九年)盡

大和中十一祖脩法師於禪林為外法師說止觀

開成元年(丙辰五年)盡

武宗(炎穆宗第五子)　會昌元年(辛酉六年)盡

會昌六年詔毀天下佛寺沙汰僧尼

宣宗（忱憲宗十三子武宗欲加害遂逃難爲沙門依香嚴師武宗崩群臣迎入京即帝位）
大中元年（丁卯十三年盡）詔復會昌所廢寺院
懿宗（漼宣宗長子）咸通元年（庚辰十四年盡）
僖宗（儇懿宗第五子）乾符元年（甲午六年盡）
乾符中十二祖外法師於國清爲琇法師
說止觀
廣明元年（庚子）中和元年（辛丑四年盡）
光啓元年（乙巳三年盡）文德元年（戊申）
昭宗（曄懿宗第七子）
龍紀元年（己酉）十二祖琇法師於國清爲
竦法師說止觀法門
大順元年（庚戌二年盡）景福元年（壬子三年盡）
乾寧元年（甲寅四年盡）光化元年（戊午三年盡）
天復元年（辛酉三年盡）天祐元年（甲子三年盡）
景宗（柷昭宗第九子）
梁五代
太祖（朱溫受唐禪都洛陽）昆五
開平元年（丁卯四年盡）乾化元年（辛未二年盡）六
末帝（瑱太祖第四子）乾化三年（癸酉二年盡）
貞明元年（乙亥六年盡）龍德元年（辛巳二年盡）
唐
莊宗（李存勗破梁即位都洛陽）同光元年（癸未三年盡）
明宗（亶本居突厥部人賜姓李氏爲莊宗民弟）

天成元年（丙戌四年盡）長興元年（庚寅四年盡）
末帝（從珂本姓王明宗養子）清泰元年（甲午二年盡）
晉
高祖（石敬瑭滅唐即位都汴）天福元年（丙申六年盡）
天福中十四祖竦法師於國清爲寂法師
說止觀
少帝（重貴高祖從子）
天福七年（壬寅二年盡）開運元年（甲辰三年盡）
漢
高祖（劉知遠晉少帝爲契丹所虜中原無主遂即位於晉陽仍用晉年號都汴）
天福十二年（丁未）
隱帝（承祐高祖繼子）乾祐元年（戊申三年盡）
周
太祖（郭威受漢禪都汴）廣順元年（辛亥三年盡）
世宗（榮太祖后柴氏之姪受遺制即帝位）顯德元年（甲寅五年盡）
恭帝（崇訓世宗子）顯德六年（己未）
宋
太祖（受周禪都汴京）昆六
建隆元年（庚申三年盡）吳越王錢俶遣使往高
麗日本求遺逸教乘論疏 七
建隆二年高麗國遣沙門諦觀持天台論
疏至螺溪
乾德元年（癸亥五年盡）十五祖螺溪寂法師爲
通法師說止觀法門

開寶元年（戊辰八年盡）
太宗
太平興國元年（丙子八年盡）
太平興國四年十六祖寶雲通法師爲四
明禮法師說止觀諸大乘法
雍熙元年（甲申四年盡）
雍熙四年十一月四日螺溪法師示寂
端拱元年（戊子二年盡）十月二十一日寶雲法
師示寂
淳化元年（庚寅五年盡）至道元年（乙未三年盡）
眞宗
咸平元年（戊戌六年盡）
咸平六年十七祖法智法師於南湖保恩
答日本源信信門目二十七條
景德元年（甲辰四年盡）撰指要鈔成出別理隨
緣二十問以攻繼齊指濫之失
景德四年遣本如持十義書二百問上錢
唐昭師以救光明玄不立觀心之失
大中祥符元年（戊申九年盡）
大中祥符三年賜保恩改額延慶同異聞
師作誡誓辭二篇俾爲長講天台宗教
之所
大中祥符七年撰觀經融心解
天禧元年（丁巳五年盡）與十僧修法華懺期滿
三年焚身供法以公私勸止不獲如願
述消伏三用以破孤山闇義鈔之非

天禧四年駙馬李遵勗奏賜法智大師宣旨令住世演教不許遺身

天禧五年主上遣内侍俞源清宣旨就寺修法華懺三日爲述修懺要旨以荅聖意是歲撰觀音別行玄記觀經妙宗鈔皆成（異六）

乾興元年（壬戌）

仁宗

天聖元年（癸亥盡九年）撰光明續遺記成

天聖三年先是天禧初詔天下立放生池師始於佛生日縱魚鳥爲放生事自述放生文是年郡守曾會以事聞勅樞密劉均撰文刻石仰宣聖化

天聖五年撰光明文句記其後廣智續讚佛一品

天聖六年正月元日建光明懺七日爲順寂之期至五日趺坐說法唱佛而化闍維異香芬郁舍利無數舌根不壞者紅蓮華

明道元年（壬申盡二年）

明道二年七月奉靈骨起塔于南城崇法

佛祖統紀卷第二十三

佛祖統紀卷第二十三

校勘記

一　底本，明永樂南藏本。

一　五五〇頁上一二行夾註右「壬午」，徑作「壬辰」。

一　五五〇頁上二一行夾註「丙子盡二年」，徑作「丙子」。

一　五五〇頁下五行夾註左「正統盡二十年」，徑作「正統盡二十一年」。

一　五五一頁上一〇行「國清」，徑作「國清寺」。

一　五五一頁中末行夾註「丙申盡一年」，徑作「丙申盡二年」。

一　五五一頁下九行夾註「乙未盡二十年」，徑作「乙丑盡二十一年」。

一　五五二頁上一五行夾註「辛酉盡三年」，徑作「辛酉盡四年」。

佛祖統紀卷第二十四

宋景定四明東湖沙門　志磐　撰

佛祖世繫表第十

傳道以心不以迹固也至論祖祖授受之際必使循迹而後可知心苟能知心何必去迹然則何爲其迹邪豈不曰有教以爲之說有觀以爲之行行必顧說說必顧行說與行如其迹始妙故曰說己心中所行此傳道之迹也知迹必知心知心必知道由知道故然後可以論祖祖授受之際作佛祖世繫表

九

西土佛祖

教主釋迦牟尼佛

初祖摩訶迦葉尊者　二祖阿難陀尊者

三祖商那和脩尊者　四祖優波毱多尊者

五祖迦提多尊者　六祖彌遮迦尊者

七祖佛陀難提尊者　八祖佛陀蜜多尊者

九祖脇比丘尊者　十祖富那奢尊者

十一祖馬鳴尊者　十二祖迦毗摩羅尊者

十三祖龍樹尊者

末田地與商那同稟阿難非正所承今故不列此土既尊龍樹爲高祖則視十四祖已下反同旁出西土十四祖亦視吾北齊已下爲旁出各論所承非互爲是非也若北齊悟智論一心三觀以授南岳遠繼龍樹位列二祖云

東土十七祖

高祖龍樹無畏論主

二祖北齊大禪師

三祖南岳大禪師

新羅玄光禪師

南澗慧旻禪師　升堂受莂一人　火光三昧一人　水光三昧一人

淨人方合

南岳府君

四祖天台智者禪師

南岳大善禪師　縣令陳正業

南岳僧照禪師

枝江慧成禪師

藍谷慧超禪師

巴丘慧曜禪師　刺史劉懷寶

雲峯慧涌禪師

江陵慧威禪師　光州巴子立

鍾山智瓘禪師　影堂二十八人

仙城慧命禪師　業高四百

枝江慧瓘禪師　信重三千

南岳靈辯禪師

十

今家欲尊四明爲正祖則當自龍樹已下通爲十七代以並尊其位或謂興道至高論功德稍微者夫時有通塞則道有汙隆然於道何傷焉不有其父焉得其子故但取傳教之迹耳欲審其由當求諸宗門尊祖議見名文類志

四祖天台智者大禪師

章安灌頂禪師。

天竺眞觀禪師

烏官法喜禪師

國清智越禪師

烏官法慎禪師

國清普明禪師

國清智璪禪師

佛隴智晞禪師

國清法彥禪師

廬山智鍇禪師

廬山大志禪師

玉泉道悅禪師

天台等觀禪師

華頂般若禪師

會稽禮宗禪師

棲霞法嚮禪師

玉泉行簡禪師

國清慧威禪師

碧澗法俊禪師

興皇慧奘禪師

當陽德抱禪師

南岳慧稠禪師

蔣山大忍禪師

禪衆智令禪師

奉誠法安禪師

玉泉法偃禪師

國清道修禪師

岳陽曇捷禪師

玉泉義邃禪師

國清師諫禪師

國清如朗禪師

佛隴慧綽禪師

天鄉法延禪師

玉泉法才禪師

玉泉法璨禪師

玉泉道慧禪師

十住道臻禪師

慧日僧珍禪師

陳少帝

陳皇太子

陳永陽王

隋煬帝

玉泉關王

參軍陳鍼

儒士梁方茂

太中蔣添玫

十一

佛隴慧辯禪師
玉泉道勢禪師
天台慧瑫禪師
天台慧普禪師
玉泉法藏禪師
玉泉法論禪師
會稽智果禪師
終南法琳禪師
國清智晞禪師
白馬敬韶禪師
定林法歲禪師
五祖章安大禪師
法華智威禪師
龍興弘景禪師
南岳大慧禪師
天台明曠禪師
嘉祥吉藏禪師
玉泉道素禪師
六祖法華大禪師
天宮慧威禪師
七祖天宮大禪師
左溪玄朗禪師
永嘉眞覺禪師
八祖左溪大禪師

儀同吳明徹
刺史王宣武
儀同沈君理
僕射徐陵
光祿王固
侍中孔奐
儀同周弘正
開府柳顧言
尚書毛喜
得門千數
耆山智拔禪師
荊溪湛然禪師
焦山神邕禪師
支硎道遵禪師
佛隴大義禪師
紫金元宗禪師
四明道源禪師
婺女清辯禪師
婺女行宣禪師
婺女圓淨禪師
婺女法開禪師
三衢道賓禪師
三衢慧從禪師

焦山智昻禪師
焦山靈徹禪師
焦山進明禪師
焦山慧觥禪師
支硎靈輪禪師
支硎法威禪師
支硎道忻禪師（見六）
支硎靈源禪師
九祖荊溪大禪師
興道道邃法師
南岳普門法師
龍興元皓法師
華頂行滿法師
天台智度法師
雲峯法證法師
無姓法劒法師
翰林學士梁肅
散騎常侍田敦
吏部員外李華
散騎常侍崔恭
身通三十九人
十祖興道法師
十一祖至行法師

毗陵守眞禪師
錢唐法燈禪師
錢唐法眞禪師
會稽法源禪師
新羅法融禪師
新羅理應禪師
新羅純英禪師（十三）
居士傅禮
居士王元福
南岳曇環法師
龍興智淨法師
龍興仲儀法師
龍興子瑜法師
龍興道如法師
龍興仲良法師
龍興重巽法師
中丞柳公綽
刺史柳宗元
中書鄭絪
刺史孟簡
至行廣脩法師。
興善守恭法師。
日本最澄法師
上定物外法師

十二祖止定法師
妙說元琇法師。
天台敬休法師
天台慧凝法師
天台處原法師（見六）
十三祖妙說法師
高論清竦法師。
國寧常操法師
國寧義從法師
十四祖高論法師
淨光羲寂法師。
慈光志因法師
演教覺弥法師
奉先源清法師
靈光洪敏法師
慈光可嚴法師
慈光文備法師
廣慧蘊常法師
十五祖淨光法師
寶雲義通法師。
國清宗昱法師
廣教澄彧法師
廣教寶翔法師

天台良湑法師
天台光韶法師
天台敬文法師
天台維蠲法師
刺史常衎
天台玄廣法師
國寧德傳法師（十三）
定水慧讚法師
法性脩雅法師
慈光晤恩法師
姑蘇可榮法師
海南懷贇法師
錢唐義清法師
梵天慶昭法師
孤山智圓法師
崇福慶巒法師
開元德聰法師
永福咸潤法師
報恩智仁法師
永嘉繼齊法師
永福善朋法師
常寧契能法師
通照覺明法師

石壁行靖法師
石壁行絡法師
勝光瑞先法師
通鑑知廉法師
崇法頤膏法師

安國智臻法師
寶山懷慶法師
明教曉乘法師
寶藏悟眞法師
頂山懷玉法師
靈鷲志倫法師

十六祖寶雲法師

法智知禮法師。
慈雲遵式法師
南湖異聞法師
興國有基法師
興國令祥法師
福源悟持法師
廣慧體源法師
錢唐清曉法師
寶雲延德法師
寶山善信法師
太師錢惟治
運使顧承徽 見六
海月慧辯法師
法寶從雅法師
指源如杲法師
慧淨思義法師
辯才元淨法師

妙果文昌法師
妙果天授法師
明智祖韶法師
法喜清鑑法師
眞淨思永法師
保慶法潤法師
天竺本融法師
天竺思悟侍者
丞相王欽若
侍郎馬亮
諫議胡則
職方崔育才 上四
法顒遇成法師
兜率守仁法師
圓應德賢法師
神智仲元法師
慈明慧觀法師
慈覺永堪法師

神智載升法師
廣慧居白法師
法鑑若愚法師
靈山則章法師

十七祖四明法智法師

廣智尚賢法師。
神照本如法師。
南屏梵臻法師。
三學則全法師
淨石崇矩法師
廣慈慧才法師
廣嚴含瑩法師
慧因擇交法師
圓智覺琮法師
崇法祖端法師
四明文粲法師
丹丘嗣讓法師
四明頤彬法師
廣印智環法師 見六
祥符文智法師
三衢文炳法師
四明用御法師
四明居永法師
崇法自仁法師

慈受子琳法師
寂照慧日法師
圓悟思尚法師
慈行智深法師
三衢懷蘊法師
圓智志豪法師
承天文翊法師
日本源信法師
內侍俞源清
嗣法二十七人
入室四百七十八人
升堂一千人
三學若水法師
天柱守孜法師
景雲溫其法師
淨石懷月法師
婺女日東法師 上三
覺慈善嵩法師
景德居式法師
承天義昭法師
承天義榮法師
妙悟希最法師
鐵主法宗法師

崇慶本圓法師
天台慧舟法師
南湖廣智法師
神智鑑文法師
明智中立法師
文慧宗正法師
空相思恭法師
扶宗繼忠法師
海慧若圓法師
超果維湛法師
因果如吉法師
淨社全教法師
指菴義詢法師
金文沖霄法師
四明溫恭法師
法昌本誠法師
休菴法舟法師
法明文節法師
寶積法雲法師
妙果師楷法師
水陸文炳法師
常明道深法師
福昌文倚法師
開林子眞法師

妙果子廷法師
餘慶思辯法師
龍泉覃異法師
淨石惟清法師
雷峯戒珠法師
廣智傳扶宗是爲以明傳溫教宗三世爲
圓辯淨祖梵傳溫辯傳明溫要明互爲師扶不有國猶則廣智之道異於爲異南湖四智之僅嗣一傳西無關諸陳異二公光贊此道誠足以儆唐代濮李之成其若敎門豈不益爲昌大哉
澄照覺先法師
慧照法鄰法師
圓澄智謙法師
定慧介然法師
四明法維法師
諫議陳瓘
待制晁說之
草堂處元法師
永嘉法詮法師
息菴道淵法師
淨社處蘊法師
圓辯道琛法師
谿菴淨悟法師

雅堂師昶法師
寶壇智尚法師
法明行依法師
法明可圭法師
圓辯法師
月堂慧詢法師
昆六
逸堂法登法師
栢庭善月法師
悅菴淨慧法師
隱堂正榮法師
石芝宗曉法師
南湖善榮行人
一菴契躬法師
正菴端信法師
叔寶良琰法師
痴菴岳拱法師
贊菴惟定法師
誼菴宗岳法師
雪堂戒應法師
止菴法蓮法師
指南仲韶法師
慈雲文統法師
餘姚清浩法師
鏡菴景遷法師

肅巖文虎法師
訥堂慧辯法師
頑空智覺法師
松澗善助法師
寒谷妙輝法師
東山夔公首座
東山皎公首座
上七
東山義聞書記
同菴允憲法師
石坡元若法師
竹坡如約法師
石古慧升法師
竹屋善交法師
石屋正巳法師
象山智菴法師
懷古可尚法師
可堂若夢法師
化翁師寶法師
巨宗師岳法師
不孤有鄰法師
無住宗淨法師
大石志智法師
杏林清賜法師
伊堂了圓法師
晴雲崇敬法師
石田妙慧法師
半雲行儒法師
北空大方法師
虛中元其法師
遁山士尭法師

契菴如晦法師
環菴戒樞法師
禪悅可彬法師
寶化道英法師
雲屋可上法師
化翁正巳法師
大蓬了因法師
昆六
茅屋了己法師
竹溪志昌法師
東山神照法師
法真處咸法師
安國元惠法師
白蓮道卿法師
天台淨侁法師
四明淨果法師
郡守李庭芝
神悟處謙法師
樝菴有嚴法師
天台法麟法師
天台應通法師
承天法寶法師
承天懷雅法師
天台寶織法師
永嘉元操法師

孤岩如容法師
齊菴文壽法師
半岩覺全法師
子高妙昇法師
操菴文節法師
巽中道謙法師
無諍善應法師
同菴行果法師
上七
東林覺先法師
香山唯一法師
浩翁慧川法師
石翁法介法師
柯山本悟法師
虎巖行珪法師
石林文藻法師
安道清寧法師
無聞若訥法師
自牧子謙法師
聖水善濟法師
南湖普聞行人
智涌了然法師
真教智仙法師
白蓮梵章首座
證悟圓智法師
慧光若訥法師
覺雲智連法師
元菴則約法師

錢唐義全法師
承天擇仁行人
天台左伸居士
北禪淨梵法師
北禪慧深法師
項山子文法師
飛英智悅法師
趣果惠道法師
通照慧明法師
報慈蘊堯法師
德藏從進法師
白蓮善珪法師
德藏擇瑛法師
北關思淨法師
金華子方法師
壽安良弼法師
教藏有全法師
淨住思照法師
昆六
一行宗利法師
東山之裔至月潭雪溪而益微由繼之者道與位俱不顯耳其可以有所感傷也夫
明屏興教法師
慈辯從諫法師
車溪擇卿法師

介菴清哲首座
澤山與咸法師
山堂元性法師
虛堂本空法師
集長妙琇法師
赤城中益法師
白蓮智圓法師
白蓮清悟法師
白蓮子倬法師
等菴士衡法師
虛菴有宏法師
後菴妙珪法師
中菴師安法師
上竺師覺法師
石澗從戒法師
晦菴慧明法師
古泉正宗法師
月潭道鑑法師
十八
雪溪思益法師
法照中皎法師
神慧敏春法師
能仁文公首座

慧覺齊玉法師
圓覺藴慈法師
普明如靜法師
天竺應如法師
法雲宗敏法師
慧覺清月法師
佛智慈雲法師
佛照智堅法師
圓明智賢法師
高麗義天僧統
明義首座
群峯太初法師
梵慈智普法師
龍華道方法師
圓照梵光法師
超果宗肇法師
東靈智欽法師
楊尖利淵法師
楊尖法欽法師 昆六
崇先了生法師
南屏用文法師
憲章仲閔法師
餘慶道存法師
超果會賢法師

能仁能公行人
則菴明哲法師
能仁道山法師
醴泉行環法師
布金覺先法師
畢菴法希法師
南嶽法雄法師
東山祖意法師
坦菴法英法師
正堂如理法師
崇先懷志法師
精英從智法師
宜秘慧仙法師
普圓普證法師
法燈道遵法師
餘姚行澄法師
樞密蔣之奇
十九
法照淨通法師
圓通思梵法師
忠溪景咨法師
普圓善期法師
神辯覺寧法師
等慈慧序法師
景德法雲法師

精微彥倫法師
寶積彥端法師
清辯藴齊法師
法慧正宗法師
東安景初法師
南屏靈玩法師
東吳文詡法師
錢唐如詢法師
車溪卿法師
竹菴可觀法師
牧菴有朋法師
顯菴法昌法師
月溪法輝法師
隱學本然法師
浮石子慧法師
永福志亨法師
天王道用法師
能仁懷寶法師
祥符道忻法師
草堂如寶法師
車溪善榮法師
紫金法通法師
慧覺玉法師
清修法久法師

上方法清法師
北峯宗印法師
智行守旻法師
神辯清一法師
自得慧欽法師
古雲元粹法師
佛光法照法師
梅峯梵奎法師
石溪思壽法師
石鏡清杲法師
慈感文圭法師
蒙泉了源法師
毒海道源法師
桐洲懷坦法師
剡源覺先法師
南峯思誠法師
日本俊芿法師
嚴陵趙彥肅
鎧菴吳克己
具城妙銛法師
孤岩如月法師
慈室妙雲法師
雪溪晞顏法師
悟真正皎法師

澄覺神煥法師
假名如湛法師
寄印修慧法師
慧辯曇應法師
慧照道倫法師
北禪法榮法師
吳
北禪文俊法師
圓覺淨圭法師
車溪智欽法師
子連師訓法師
東陵智迴法師
北溪德聞法師
菊連信礎法師
海翁時學法師
柳塘可權法師
沃洲光燁法師
梅澗太度法師
少愚育卞法師
行古忘新法師
鼎山時舉法師
古洲景瑩法師
古岩正因法師
嘉敏妙齊法師
應菴法言法師
梓山思恭法師
西山文琪法師

南湖了宣行人
覺菴簡言法師
鏡堂思義法師
拙菴妙心法師
常齋法開法師
古鏡文杲法師
二十
愚谷從慧法師
東濱慧日法師
千江一印法師
靜山處仁法師
魯山本文法師
壼堂可明法師
松林宗溥法師
宗周子文法師
四窗子思法師
兆周尹輔法師
松逝可月法師
雲海普度法師
雲海至寶法師
渭濱惟清法師
大山道恢法師
此堂道怡法師
晝堂文煥法師
芝田德瑞法師
石泉普洽法師

雪岑行海法師
太虛普容行人
無極可度法師
雙溪道弘法師
東屏正吾法師
石林文介法師
東山慧日法師昆六
自聞如顯法師
此山志在書記
方溪文珎知客
剡源先法師
雲夢允澤法師
湛堂性澄法師
如菴淨真法師
秋厓宗槩法師
方岩懷則法師
子蒙省初法師
桐洲坦法師
古源永清法師
耆山文珦法師
玉岡蒙潤法師
西厓惠備法師
松壑正壽法師
春洲紹澤法師

木櫝師楷法師
高峯淨弥法師
大明圓照法師
子元義深法師
西泉一唯法師
性翁文習法師
南叟元凱法師廿六
竺隱弘道法師
元璞如璋法師
箕山大隱法師
照菴允中法師
我菴本無法師
天岸弘濟法師
絕宗善繼法師
耶溪允若法師
行之大安法師
息菴允茲法師
大璞如玘法師。
大車是乘法師
大徹淨昱法師
獨菴自朋法師
信元永孚法師
天岩普曜法師

大用必才法師
雪林廷瑞法師
印海子賓法師
鑑堂義法師
百川如海法師
性菴淨岳法師
栢岩文杲法師
石庭道生法師
石庭宗暐法師
聖水從覺法師
頑空覺法師
愚山從古法師
同源省初法師
月溪善良法師
竹溪元良法師
新溪了融法師
空叟妙解法師
具城銛法師昆六
雜傳世繫十六人
○淨覺仁岳法師
吳興子昉法師
錢唐可久法師
錢唐惠勤法師
雪川梵慈法師

靜菴原鎮法師
操古啓方法師
荊山良玉法師
春谷智熙法師
夢觀守仁法師
一原紹宗法師
靜翁祖明法師
竹堂師正法師
北山文勝法師
一山懷惠法師
竹屋元淨法師
日章祖稱法師
九皐妙聲法師
適岩子賢法師
行己允恭法師
圓通如開法師
盤谷祖訓法師
竹野文奎法師
治堂守模法師大二
鳳山子儀法師
仁叟義靜法師
香山應方法師
古厓惠新法師
道夫必弘法師

永嘉乃仁法師
超果靈照法師
樞密胡宿胡則之子
○草菴道因法師
梓菴有倫法師
廣壽法因法師
四明道時法師
述菴居士薛澄
未詳承嗣四十人
景明道房禪師
北齋李奘侍郎
金華方岩禪師
終南法善法師
南岳承遠法師
五臺志遠法師
天台道進法師
國清文舉法師
建業叡雲法師昆六
十祖玄燭法師宋
會稽什公法師
天台元穎法師
寶藏利贇法師
空相融公法師
廣化明公法師

之如寧法師
北田如圭法師
北溪惠謙法師
大章惠琮法師
神智從義法師
○慧月了容法師
東陽善慧大士梁雜傳之作其有意乎淨覺背宗神智破相草菴失緒收寄此二人以警示後來之胡爲冒論者
北齊僧稠禪師
天台智琰禪師唐
千福飛錫禪師
西金梵金禪師
玉泉真公法師
南岳法照法師
五臺元堪法師
國清清觀法師
泰山妙行法師
四明子麟法師北二
嘉禾皓端法師
嘉禾子玄法師
無相善勤法師
普照暉公法師
超果照公法師
宗元元穎法師

寶雲威公法師　慧川照公法師
四明曇照法師　普照用公法師
佛智道如法師　寶積實公法師
淨慧威公法師　左溪志昭法師
無功居士王闐

佛祖統紀卷第二十四

佛祖統紀卷第二十四

校勘記

一　底本，明永樂南藏本。

一　五五四頁上二〇行「末田地」，徑作「末由地」。

一　五五五頁中末行「上定物外法師」，徑作「止定物外法師」。

一　五五七頁中二行小字右「半岩覺全法師」，徑作「半岩道全法師」。

一　五五七頁中一八行「櫨菴有嚴法師」，徑作「櫨菴有嚴法師」。

一　五五八頁上六行「畢菴法希法師」，徑作「畢菴法布法師」。

一　五五九頁下一九行小字「宋」，徑無。

佛祖統紀卷第二十五

宋景定四明東湖沙門　志磐　撰

山家教典志第十一

智者高座以縱辯章安直筆以載書所謂以文字廣第一義諦是猶託之空言不如載之行事之深切著明也荊谿有云文即門也即文以通其理豈非門乎至若後世發揮祖道彝然有述雖各出義章互彰廢立所以歸宗之誠則無乎不同也今故並陳篇目以貽好古者之求述山家教典志

南岳

大乘止觀二卷

唐末教典流散海外本朝咸平三年日本國寂照持此本至四明慈雲得之為作序云初卷開止觀之解次卷示止觀之行

四十二字門二卷

大品四十二字初阿後荼南岳用對四十二位

安樂行義一卷

四明行皎遊方至南岳福嚴於藏中得此本歸以示圓辯其後比峯石芝始獲開板

南岳願文一卷　無諍行門二卷　三智觀門

次第禪要　釋論玄一已上各一卷

右止觀安樂行義願文有見本餘不復見惜哉

天台

法華玄義十卷　法華文句十卷

摩訶止觀十卷名圓頓止觀　禪波羅蜜十卷名漸次止觀

修禪六妙門一卷名不定止觀智者為陳尚書令毛喜撰

光明玄義一卷解曇無讖譯四卷別行之本

光明文句三卷

觀音別行玄義二卷釋法華普門一品別行部外昔曇無讖勸河西王誦持愈疾故智者特釋　菩薩戒疏二卷

觀音別行義疏五卷　請觀音經疏一卷

觀無量壽佛經疏一卷　觀心論一卷

金剛般若經疏一卷建炎二年成林僧梧將此疏入經為注咸淳元年南湖行靖等將天台法輪院科金剛經并疏刊板于寺

四念處四卷

弥陀經義疏一卷金剛弥陀二疏舉貫入藏而孤山淨覺闢是附託之文卑神照法師嘗於法輪用此雖講有宣賜本在東山藏中

禪門口訣一卷　覺意三昧一卷智者觀撰

方等三昧儀一卷　法華三昧儀一卷

法界次第三卷已上皆親撰

四教義四卷維摩玄疏錄出之文　維摩玄疏六卷

右七十六卷天聖二年慈雲奏入大藏

維摩文疏二十八卷為煬帝撰荊溪略為十卷但辨略疏與前玄疏各行

淨土十疑論　觀心食法

觀心誦經法　觀心十二部經義

小止觀智者為兄陳鍼參軍親撰

右共三十三卷未入藏

智度論疏二十卷　弥勒成佛經疏五卷

觀心釋一切經義一卷　弥勒上生經疏一卷

釋一經玄義一卷　坐禪止觀一卷

仁王般若經疏二卷○天竺別集云元豐初得之海賈云

禪門章　般舟行法　維觀行

入道大旨　五方便門　七方便義

七學人義　一二三四身義

法門儀　禪門要略已上各一卷

右四十一卷闕本

慈雲贍函錄云法華玄義者唯解首題統明五時廣辯入教出世大意蘊在其中文句者以疏句分節經文荊溪云以由釋題大義委悉故至經文但分章段隨部各有荊溪之記猶五經之有正義也止觀者定慧之異名法華之行門也前玄義文句皆明佛世當機得益之事縱有託事附法觀心之文非部正意今止觀正是智者說己心中所行法道自行因果化他能所無不具爲荊溪以輔行釋之○目錄云今家有三種止觀一曰漸次謂解頓行漸即禪波羅

塞是也二曰不定謂解頓行或頓或漸即六妙門是也三曰圓頓謂解行俱頓即摩訶止觀是也此三止觀對根不同行相雖殊俱依圓理而為宗本唐梁肅刪止觀為六卷文雖簡要而修相多闕覽者宜知除智者觀筆餘皆章安於法輪之下述為疏論也○唐書藝文志云灌頂私記智者詞旨一卷義記一卷今未詳何文○釋籤云止觀禪門淨名疏等各有餘分說未終若文紫止觀云智者於玉泉寺一夏敷揚二時慈霔雖樂說不窮纔至見境法輪停轉後分弗宣輔行云大章第七開為十境至第七境餘不復宣後三大章及餘三境時逼夏終於茲罷唱此釋止觀次第禪門即禪波羅蜜亦列十大章於第六方便文中注云若論初禪已後發諸禪定深妙境界並在第七修證中說此文皆悉不流通也此釋禪門淨名經十四品大師疏解止佛道品第八後諸品疏乃是章安述而續之此釋淨名見注

章安

涅槃玄義二卷

觀心論疏二卷入品位 慈雲日錄云考其所說知然江浙名流或云贋偽

智者別傳一卷終化迹

涅槃經疏一十卷荊溪治定十五卷今十八卷

國清百錄四卷別傳百錄是大師始

八教大意一卷

南岳記一卷

真觀法師傳一卷亡○除六外有二十卷入藏

荊溪

玄義釋籤十卷

止觀輔行十卷今開二十卷

止觀大意一卷為司封李華出

文句記十卷

止觀義例一卷慈雲云為初學雖辭叉破異論

維摩略疏十卷維摩文疏略旨者

維摩廣疏記六卷慈雲云對少師疏釋義光合已上

金錍論一卷四十九明涅槃佛性入大藏

始終心要

止觀搜要記十卷

觀心誦經記一卷

授菩薩戒文一卷

華嚴骨目二卷今有板是東山傳者

法華補助儀

十不二門一卷釋籤部行

涅槃後分疏一卷

三觀義

止觀文句一卷

方等補闕儀

龍興師號 涅槃經注

天台師號 心經疏

華頂師號 涅槃記十二卷

靈光師號 光明玄義記

廣教師號 光明玄金鼓記 十[illegible]論注

石壁師號 觀經疏記

奉光師號 發揮記釋光明玄略本 示珠指二卷釋十不二門

孤山師號

首楞嚴經疏十卷

不思議法門經疏

四十二章經疏

普賢行法經疏

般若心經疏一卷上各

闡義鈔二卷釋觀音經義

文殊般若經疏二卷

阿彌陀經疏一卷

瑞應經疏

無量義經疏

遺教經疏二卷

索隱記四卷釋光明文句

刊正記二卷釋經疏

垂裕記十卷釋淨名經疏

百非鈔一卷

三德指歸二十卷

正義一卷

西資鈔一卷

表微記一卷釋光明玄

發源機要記二卷釋觀音玄義

顯性錄四卷釋金錍

華嚴鈔二卷

谷響鈔五卷

詣謀鈔一卷釋心經疏

析重鈔一卷釋大悲

閒居編一五十卷

孤山年二十一始學于奉先清師及二年奉先亡遂往孤山杜門養病年四十七而化於二十四年著書百二十卷勤矣

實雲

觀經疏記

光明玄贊釋

光明句備急鈔

四明

觀音別行玄記二卷

觀音別行疏記二卷

光明玄續遺記（三卷）　光明文句記（十六卷　續記請觀音品佛智）
觀經疏妙宗鈔（三卷）　十不二門指要鈔（二卷）
扶宗記（二卷）　十義書（三卷）
觀心二百問（一卷）　解謗書（三卷）
修懺要旨（一卷）　光明懺儀（一卷）
大悲懺儀（一卷）
石芝撰四明教行錄備載別理隨緣融心
解謗伏三用起信論融會章義例境觀互
問答等文

慈雲（式師）
金光明護國儀（依百錄本）　請觀音懺儀
往生淨土懺儀　熾盛光懺儀
小彌陀懺儀　法華三昧懺儀
天竺別集　金園集（並見遺集附集）
圓事理說

辯才（淨師）　指源集
天竺（梵師）
淨覺（岳師）
金剛般若疏（二卷）　發軫鈔（二卷　釋自撰金剛般若疏）
彌陀經新疏（二卷）　指歸記（二卷　釋自撰彌陀疏）
楞嚴文句（三卷）　熏聞記（五卷　釋自撰楞嚴文句）
楞嚴集解（十卷）　楞嚴說題
還源記（二卷　釋孤山四十二章經疏）
助宣記（二卷　釋孤山遺教經疏）　文心解（二卷　釋不二門）
智論樞（節大論之文）　淨名精英

禪門樞要　雜錄名義（二卷）
義學雜編（六卷）　毗曇賢聖圖
起信梨耶生法圖　抉膜書
止疑書　十諫書
雪謗書　施食須知
諸經義題　如意輪課法
涅槃禮讚文　楞嚴禮懺儀
羅漢禮讚文　南山禮讚文
苕溪讀外集（二卷）

廣智（賢師）　遺編（一卷）　闡幽志（釋光明玄）
神照（如師）　普賢行法經疏（二卷　止至十法直說境　子師讚成之）　仁王懺儀

扶宗（先師）　扶宗集（五十卷）　二師口義（十卷）
法真（威師）　光明十願王　三慧論
櫨菴（鳳師）　龍王法印經疏（一卷）　安樂行注
空品注　心經注

玄識備檢（四卷）　文句箋難（四卷）
止觀助覽（四卷）　或對
慧辯（海師）　議方便品題
神智（從師）　順正記（三卷　釋光明玄義）
新記（七卷　釋光明文句）　往生記（四卷　釋觀經疏）
圓通記（三卷　釋十不二門）　寓言記（四卷　釋金錍）

集解（三卷　釋四教儀）　纂要（六卷　釋例義）
三部補注（十四卷）　搜玄（三卷　出雜教義）
車溪（卿師）　秘密五章
慧覺（玉師）
行法經疏（二卷）　祖源記（三卷　釋自行法經疏）
雜珠記（二卷　釋孤山無量義經疏）　尊勝懺法

智涌（然法師）
宗圓記（四卷　釋南山止觀）　樞要記（二卷　釋十不二門）
虎溪集（八卷）　功德天懺儀

假名（法師）
淨業記（四卷　釋觀經疏）　護國記（四卷　釋光明玄義）
金剛集解（二卷）　假名集（十卷）

思溪（煥師）　圓覺疏（二卷）　安樂記（一卷）
百章（一卷）　諸天傳（一卷）
竹菴（觀師）　楞嚴集解　楞嚴補注
蘭盆補注　圓覺手鑑
金剛通論　金剛事苑
山家義苑　竹菴草錄

清辯（晉師）　頂山記（釋戒疏）
澤山（咸師）　菩薩戒疏注（三卷　破頂山記）
金剛辯惑（一卷）　法華撮要（一卷）
復宗集（二卷）

山堂（性師）　山堂集（五卷）
高麗（觀師）　四教儀（一卷　依章安大本刪補）

四明（吉師） 金錍注

神悟（謙師） 顯妙解（釋十不二門）

妙悟（希師） 評謗（評淨覺書之謗）

桐江（璞師） 注心經 三珠論

淨土[illegible]證儀（[illegible]）

圓通（梵師） 會宗集

景德（[illegible]師） 翻譯名義（七卷）

證悟（智師）

攻瑰集（追改桐江之說） 十種境界義

車溪（榮師） 大部決疑（四卷）

仙潭（[illegible]師） 精微集（四卷） 金剛經疏（四卷）（凡六）

浮石（聞師） 憲章集（五卷）

佛照（[illegible]師） 大雲請兩經疏（一卷）

草堂（元師） 義例隨釋（六卷 [illegible] 神智 [illegible]）

輔贊記（一卷 敎義）

吳興（[illegible]師） 宗元錄

月堂（詢師） 圓宗解（一卷 [illegible]）

四明（[illegible]師） 注天台別傳

梓菴（倫師） 敎義

雲堂（空師） 宗極論

南湖（[illegible]師） 草菴錄

止菴（蓮師） 敎義

寶嚴（[illegible]師） 指南集

鏡菴（遷師） 隨錄（[illegible]） 宗源錄（八卷 [illegible]）

環菴（[illegible]師） 敎義

慈室（雲師） 圓覺直解（三卷）

北峯（印師） 金剛新解

釋金剛弥勒偈 敎義

逸堂（萱師） 圓頓宗眼

金錍十義 敎義

栢庭（月師） 仁王疏記 楞嚴玄覽

金剛會解 圓覺略釋 楞伽通義

簡境十策 四部格言 金錍義解

宗教玄述 十類因華論 緒餘

附鈔箋要（[illegible]）

統紀卷第二十五

佛祖統紀卷第二十五

校勘記

一　底本，明永樂南藏本。

一　五六二頁下八行夾註左第四字「二」，徑無。

一　五六二頁下一二行夾註左「楞嚴經疏」，徑作「楞嚴疏」。

一　五六二頁下一三行夾註「一卷釋自撰心經疏」，徑作「一卷釋自撰卷經疏」。

一　五六三頁中一一行至一二行夾註「至十種境界而止法真威法師續成之」，徑無。

一　五六三頁中末行夾註「釋二十不二門」，徑作「釋十不二門」。

一　五六四頁中一行「宗源録」下夾註全文，徑無。

一　五六四頁中末行「統紀」，徑作「佛祖統紀」。

佛祖統紀卷第二十六

宋咸淳四明東湖沙門　志磐　撰

淨土立教志第十二之一

蓮社七祖

始祖廬山辯覺正覺圓悟法師（慧遠師道安法師）

二祖長安光明法師（善導云是彌陀化身）

三祖南岳般舟法師（承遠）

四祖長安五會法師（法照善導後身師承遠師）

五祖新定臺岩法師（少康）

六祖永明智覺法師（延壽）

七祖昭慶圓淨法師（省常）

（四明石芝曉法師取異代同修淨業功高盛者立為七祖今故遵之以為淨土教門之師法焉）

在凡具惑而能用三觀智顯本性佛如四明師之言曰心境叵得故染可觀淨不礙緣生故想成相起唯色唯心故當處顯現斯觀佛三昧之正訣唯明宗得意者能行之至若稱唱嘉號瞻禮尊容讀誦大乘持奉淨戒皆淨業之正因正觀之助行而但修十善行也仁慈者亦可以成回向莊嚴之續然則若史若數若智若愚無一機之或遺雖登臺之有金銀入品之有上下至於趣無生而階不退則一槩云耳悠悠末代溈頑行而升安養自廬山而來傳往生者纔三百人意遐方外域不及知者奚若河沙之多是知此方學佛道者機踈障重未聞有成而獨於念佛之法無間僧族皆足以取一生之證信矣哉撰淨土立教志

法師慧遠姓賈氏鴈門樓煩人幼而好學年十三隨舅令狐氏遊學許洛博綜六經尤善莊老宿儒先進莫不服其深致二十一欲度江從學范甯適石虎暴死南路梗塞有志不遂時沙門釋道安建剎於太行常山一面盡敬以為真吾師也初聞安師講般若經豁然開悟歎曰九流異議皆糠秕耳（秕音比穀不成）遂與母弟慧持投簪受業精思諷誦以夜續晝因求直道爲沙門曇翼（此自是北人非廬山入社者）每給燈燭之費安師聞之曰道士誠知人師神明英越志與理冥至二十四大善講貫有客聞說實相義往復問難弥增疑昧師為引莊子之說以相比類惑者釋然安師因許令不廢外典常臨衆歎曰使道流東國者其在遠乎後隨安師南遊襄陽值秦將苻丕為寇乃分張徒屬各隨所往耆德臨岐皆蒙誨益唯師不聞一言即跪請曰獨無訓勅懼非人類安師曰如汝者復何所慮師乃與弟子數十人南適荊州居上明寺念舊與同門慧永約結屋於羅浮太元六年（晉孝武帝）至尋陽見廬山閒曠可以息心乃立精舍以去水猶遠舉杖扣地曰若此可居當使朽壤抽泉言畢清流涌出尋陽亢旱師詣池側讀海龍王經忽有神蛇從池而出須臾大雨歲竟有秋因名龍泉精舍永師先居廬山西林欲邀同止而師學侶浸衆永乃謂刺史桓伊曰遠公方當弘道而貧道所棲隘不可處時師夢山神告曰此山足可棲神願毋它往其夕大雨雷震詰旦林麓廣闢素沙布地梗柟文梓充布地上不知所自至伊大敬感乃為建剎名其殿曰神運以在永師舍東故號東林時太元十一年也此山儀形九疊峻聳天絕而所居盡林壑之美背負鑪峯旁帶瀑布清流環階白雲生棟（廬山記匡裕先生殷周之際受道於仙人即巖成館人稱神仙之廬因名廬山尋陽記山高三千三百六十丈周二百五十里其山九疊川亦九派郡國志疊障九層包藏仙迹）別營禪室最居靜深凡在瞻矚神清氣肅師聞天竺佛影是佛昔化毒龍瑞迹欣感于懷後因邪舍律士敘述光相乃背山臨流營築龕室淡采圖寫望如烟霧復製五銘刻于石江州太守孟懷玉別駕王喬之常侍張野晉安太守殷隱黃門毛修之主簿殷蔚參軍王穆夜孝廉范悦之隱士宗炳等咸賦銘贊（見廬山集）先是尋陽陶侃刺廣州漁人見海中有神光網之得金像文殊誌云阿育王所造後為

人於海東獲一圓光持以獻像若彌縫然保以送武昌寒溪主僧僧珍嘗往夏口夜夢寺火而此像室獨有神護馳還寺果焚像室果存及侃移督江州迎像將還至舟而溺荊楚爲之謠曰陶惟劍雄像以神標雲翔泥宿邈何遠遙可以誠至難以力招及寺成師至江上虞樓之像忽浮出遂迎至神運殿造重閣以奉之因製文殊瑞像讚嘗謂諸教三昧其名甚衆功高易進念佛爲先既而謹律息心之士絕塵清信之賓不期而至者慧永(同師安公先住西林)慧持(遠師同母弟)道生曇順(並羅什門弟子)僧叡曇恒道昺曇詵道敬(並遠師門人)佛馱耶舍(此云覺明罽賓國人)佛馱跋陀羅(此云覺賢迦維衛國人)名儒劉程之(號遺民)張野周續之張詮宗炳雷次宗等結社念佛世號十八賢復率衆至百二十三人同修淨土之業造西方三聖像建齋立誓令劉遺民著發願文而王喬之等復爲念佛三昧詩以見志師神貌嚴肅瞻仰者則心戰沙門有持如意致獻者不敢陳白竊閑座隅而去法師慧義強正少可謂師弟子慧寶曰諸君膚淺故於遠公望風推服嘗至山值師講法華欲致難輒內悸流汗出謂慧寶曰此公言論誠可敬服殷仲堪任荊州入山展敬與師俱臨北澗松下共談易道終日忘倦仲堪歎曰

師智識深明實難庶幾師亦曰君之才辯如此流泉(俗人名其泉曰聰明泉)司徒王謐護軍王默並欽慕風德遙致敬禮(王謐有書往反)盧循據江州入山詣師師少與循父嘏同爲書生及見循歡然道舊其徒諫曰循爲國寇得不爲人疑師曰我佛法中情無取舍識者自能察之此何足懼及宋武進討循設帳桑尾左右曰遠公素主廬山與循交厚宋武曰遠公世表之人何可疑也乃遣使馳書遺以錢帛有行者來侍師善驅蛇蛇爲盡去因號辟蛇行者有一虎往來時見行迹未嘗傷人人號遊山虎師與社衆每遊越上方峯頂患去水遠它日有虎跑其石水爲之出因號虎跑泉又於一峯製涅槃疏因名擲筆峯初是大教流行江東經卷未備禪法無聞律藏多闕師乃令弟子法淨法領等遠越葱嶺曠歲來還皆獲梵本昔安公在關中請曇摩難提出阿毘曇心其人未善晉言頗多疑滯後僧伽提婆至即請重譯及三法度論於是二論乃興師即製序以貽學者聞鳩摩羅什入關遣書通好什答書曰傳譯來既粗聞風德經言末代東方有護法菩薩欽哉仁者善弘其道曇摩流支入秦師遣弟子曇邕請於關中出十誦律流傳晉國西土諸僧咸稱漢地有大乘開士每東

嚮致禮獻心廬岳及佛馱跋陀羅至師即請出禪數諸經於是禪戒經典出自廬山幾至百卷先是此土未有泥洹常住之說但言壽命長遠師曰佛是至極至極則無變無變之理豈有窮邪乃著法性論十四篇羅什見而歎曰邊方未見經便闇與理合秦主欽風以大智度論新譯致書求序師以其文繁廣乃抄其要爲二十卷而爲之序(羅什譯智論凡百卷)桓玄征殷仲堪要師出虎溪稱疾不往玄將入山左右曰昔殷仲堪禮敬於遠請公勿屈玄曰仲堪死人耳及玄見師不覺屈膝所懷問難不復敢發及語至征討師即不荅玄後以震主之威勸令登仕師正辭以荅玄不能強既而欲沙汰衆僧下教僚屬曰沙門之徒有能申述經誥禁行修整者始可以宣寄大化其有違於此者悉當罷黜唯廬山道德所居不在搜簡之列師因致書廣立條制玄悉從之初庾冰輔政以沙門應敬王者何充奏不應禮及玄在姑熟復申冰議師荅書曰袈裟非朝宗之服鉢盂非廊廟之器塵外之容不應致敬王者乃著沙門不敬王者論五篇一明在家者有天屬之愛奉主之禮二明出家以求志變俗以達道豈得與世典同其禮敬三明求宗不順化宗謂泥洹不變以化盡爲宅

(泥洹即涅槃不生不滅)不順化者其生可滅其神可冥冥神絕境謂之泥洹而不隨順於生生化化流動無窮之境斯所以不事王侯高尚其事豈復有所禮敬者哉四明體極不應謂歷代君王體極之主但務方內而不可並御於方外故曰不應天地之道功盡於運化帝王之循理極於順通與夫獨絕之教不變之宗優劣明矣若夫如來之道則無所不應矣五明形盡神不滅謂火之傳於薪猶神之傳於形火之傳異薪猶神之傳異形方生方死往來無窮但悟徹者反本惑理者逐物耳有頃玄篡位即下書曰佛法宏誕所未能了初推奉主之情故令興敬今事既在己宜盡謙光諸道人勿復致禮也桓玄西奔安帝自江陵還京師輔國何无忌勸師候迎師稱疾不行帝遣使勞問師上書謝病帝復下詔慰荅師嘗講喪服經(當是禮記小記大記四制等篇)雷次宗宗炳等並執卷承旨次宗後著義疏首稱雷氏宗炳寄書責之曰昔與足下面受於釋和上今便稱雷氏邪(陸德明毛詩音義云周續之與雷次宗同受詩義於遠法師亦此類也)釋慧要患山中無刻漏乃於水上立十二葉芙蓉因波隨轉分定晝夜以為行道之節謂之蓮華漏僧澈善篇牘嘗至山南攀松而嘯和風遠集衆鳥悲鳴超然有自得之趣

退諸於師曰律禁管絃歌舞若一吟一哄可得為乎師曰若以亂意皆為非法澈唯而止師居山三十年迹不入俗唯以淨土克勤于念初十一年澄心繫想三觀聖相沈厚不言後十九年七月晦夕於般若臺之東龕方從定起見阿彌陀佛身滿虛空圓光之中有諸化佛觀音勢至左右侍立又見水流光明分十四支流注上下演說苦空無常無我之音佛告之曰我以本願力故來安慰汝汝後七日當生我國又見佛馱邪舍慧持(義熙八年先逝)慧永(義熙十年先逝)劉遺民(義熙六年先逝)在佛之側前揖師曰師志在先何來之晚師語法淨惠寶曰吾始居此十一年中三見佛相今復見之吾生淨土必矣又曰七日之期斯為漸矣即寢疾製遺誡曰吾昔以知命之年託業此山自審有必盡之期便欲絕迹外緣以求其志良由性弱於斷遂令同趣相引時賢過眷情以類感不覺形與運頹今年已八十三矣仰尋違離之誨俯慨自負之心徒令此生虛謝以悼往疾之深今於至時露骸松林之下即嶺為墳與土木同狀此乃古人之禮汝等勿違苟神理不昧庶達其誠大衆世尊亦當祐之以道門徒號慟若喪父母師以世情難割乃制七日展哀至期始順寂即義熙十二年八月

六日也弟子不忍露屍與尋陽太守阮保奉全軀舉葬于西嶺累石為塔謝靈運立碑以銘遺德張野作序自稱門人宗炳復立碑于寺門以表德業師將終耆德請以豉酒治病師曰律無通文請飲米汁師曰日過中矣又請飲蜜和水乃令披律尋文卷未半而終所著經論諸序銘贊詩記凡十卷號廬山集(刻板在越用)自佛圖澄道安師遠法師曇順僧叡五世為國師云唐宣宗大中二年追謚辯覺大師昇元三年追謚正覺(南唐李先主年號即晉高祖天福四年也)大宋太宗太平興國三年追謚圓悟大師凝寂之塔

法師善導不知何處人唐太宗正觀中見西河綽禪師九品道場講誦觀經大喜曰此真入佛之津要修餘行業迂僻難成唯此觀門速超生死於是勤篤精苦晝夜禮誦續至京師激發四部每入室互跪念佛非力竭不休雖侍寒冰亦須流汗出則為人演說淨土法門三十餘年不暫睡卧般舟行道方等禮佛護持戒品纖毫不犯好食送廚粗惡自奉乳酪醍醐皆不經口凡有䞋施用寫彌陀經十萬卷畫淨土變相三百壁壞寺廢塔所至修營然燈續明常年不絕三衣瓶鉢不使人持行不共衆恐談世事長安道俗傳授淨土法

門者不可勝數從其化者至有誦弥陀經十萬至五十萬卷者念佛日課萬聲至十萬聲者或得入念佛三昧往生淨土者莫能紀述或問念佛生淨土邪師曰如汝所念遂汝所願乃自念一聲有一光明從其口出十至于百光亦如之其勸偈曰漸漸雞皮鶴髮看看行步龍鍾假饒金玉滿堂豈免衰殘老病任是千般快樂無常終是到來唯有徑路修行但念阿彌陀佛後忽謂人曰此身可厭吾將西歸乃登柳樹向西願曰願佛接我菩薩助我令我不失正念得生安養言已投身自絕高宗知其念佛口出光明舍身精至賜號其寺曰光明

慈雲淨土略傳阿弥陀佛化身至長安聞滻水聲曰可教念佛三年滿長安城皆念佛後有法照法師即善導和上也

法師承遠始學于成都唐公至荊州進學于玉泉真公真公授師以衡山俾為教魁人從而化者萬計有弟子法照初居廬山由正定聚趣安樂國見蒙惡衣侍佛者佛曰衡山承遠也出而求之肖焉乃從而學傳教天下法照在代宗時為國師乃言其師有異德天子南嚮而禮焉度其道不可徵乃名其居曰般舟道場用尊其位師始居山西南若石下人遺之食則食不遺則食土泥茹草木其取衣類是南極海裔北自幽都來求厥道或值之崖谷羸形垢面躬負薪樵以為僕從而媟之乃師也凡化人立中道而教之權俾得以疾至故示專念書塗巷刻溪谷丕勤誘掖以援于下不求而道備不言而物成人皆負布帛斬木石委之岩戶不拒不營祠宇既具至德宗朝申詔襃立是為弥陀寺正元十八年七月十九日終于寺壽九十一柳宗元為述碑刻于寺門

國師法照唐大歷二年止衡州雲峯寺慈忍戒定為時所宗嘗於僧堂食鉢中覩五色雲中有梵剎當東北有山澗石門復有一寺金書其額曰大聖竹林寺它日復於鉢中見雲中數寺池臺樓觀萬菩薩衆雜處其中師以所見訪問知識有嘉延曇暉二僧曰聖神變化不可情測若論山川面勢乃五臺耳四年師於鄮之湖東寺開五會念佛(當是五日為一會耳)感祥雲弥覆雲中樓閣觀阿弥陀佛及二菩薩身滿虛空有數梵僧執錫行道復見老人謂曰汝先發願於金色界禮覲大聖今何輒止師遂與同志遠詣五臺見寺南有光及隨至佛光寺一如鉢中所見東北五里果有大山山有澗澗北石門旁二青衣一稱善財一稱難陀引師入門北行見金門樓觀金榜題曰大聖竹林寺寺方二十里一百院皆有金地寶塔華臺玉樹入講堂見文殊在西普賢在東踞師子座為衆說法菩薩萬數共相圍遶師於二菩薩前作禮問曰末代凡夫未審修何法門文殊告曰諸修行門無如念佛阿弥陀佛願力難思汝當繫念決取往生時二大士同舒金臂以摩其頂與之記曰汝以念佛力故畢竟證無上覺文殊復曰汝可往諸菩薩院巡禮承教師歷請教授至七寶園復回至大聖前作禮辭退向二青衣送至門外師復作禮舉頭俱失後與五十僧往金剛窟即無著見大聖處忽覩衆寶宮殿文殊普賢及萬菩薩佛陀波利師方作禮舉首即失夜於華嚴院見寺東岩壑有五枝燈師曰欲分百燈既而如願復曰願分千燈數亦如之光徧山谷又前詣金剛窟夜半見佛陀波利引之入寺後復於華嚴院念二大士記我往生乃一心念佛忽見波利謂之曰汝華臺已生後三年華開矣汝見竹林諸寺何不使群生共知之師因命匠刻石為圖於見處建竹林寺既畢謂衆曰吾事畢矣數日別衆坐逝推波利之言果三年也(當大歷七年也)師於并州行五會教化人念佛代宗於長安宮中常聞東北

方有念佛聲遣使尋之至于太原果見師勸化之盛遂迎入林中教宮人念佛亦及五會（柳子厚集南岳碑云代宗時法照為國師）

法師少康縉雲周氏母羅夢遊鼎湖峯有玉女以青蓮華授之曰此華吉祥當生貴子及生青光滿室作芙蕖香七歲未語相者奇之母携至靈山寺指殿佛謂之曰汝敬佛不遽荅曰我佛釋迦誰不為敬父母愈敬異遂舍令出家年十五誦通法華楞嚴等五部尋往會稽嘉祥學究律部後詣上元龍興聽華嚴瑜伽諸論唐貞元年初洛下白馬寺見殿中文籍放光探之乃善導和上西方化導文師曰若於淨土有緣當更放光言已光復閃爍師曰劫石可磨我願無易遂至長安光明寺善導和上影堂大陳薦獻倏見遺像升空而謂之曰汝依吾教廣化有情它日功成必生安養師聞佛音如有所證乃南適江陵路逢僧曰汝欲化人當往新定（今嚴州）言訖而隱師既入郡人無識者乃乞錢誘小兒曰阿弥陀佛是汝導師念佛一聲與汝一錢兒務錢者隨聲念之月餘孩孺念佛覓錢者衆師乃曰能念佛十聲者與一錢如此一年無少長貴賤見師者皆稱阿弥陀佛念佛之聲盈滿道路十年乃於烏龍山建淨土道場築壇三級集衆行道師每升座高聲唱佛衆見一佛從口而出連唱十聲則見十佛師曰汝見佛者決得往生時衆數千有不見者嗚呼自責愈加精進二十一年十月三日囑累道族當於淨土起忻樂心於閻浮提起厭離心汝曹此時能見光明真我弟子遂放異光數道而逝郡人為建塔於臺岩漢乾祐三年天台韶國師勸人重修其塔後人多指師為後善導云

法師延壽字沖玄總角誦法華經五行俱下六旬而畢吳越錢氏時為稅務專知用官錢買魚鰕放生事發當棄市吳越王使人視之曰色變則斬不變則舍之已而色不變遂貸命因投四明翠岩禪師出家衣不繒纊食無重味復往參韶國師發明心要嘗謂曰汝與元師有緣它日當大作佛事惜吾不及見耳初往天台智者岩九旬習定有鳥尺鴳（音晏）巢于衣裓（古得切衣角也）後於國清行法華懺夜見神人持戟而入師訶之曰何得擅入對曰久積淨業方到此中夜半遶像見普賢前蓮華在手遂上智者岩作二鬮（音鳩手取）一曰一生禪定二曰誦經萬善莊嚴淨土乃冥心精禱得誦經萬善鬮乃至七度於是一意專修淨業振錫金華天柱峯誦經三載禪觀中見觀音以甘露灌其口遂獲辯才初演法於雪竇建隆元年（本朝太祖受禪之年）忠懿王請住靈隱二年遷永明（今淨慈）日課一百八事未嘗暫廢學者參問指心為宗以悟為則日暮往別峯行道念佛旁人聞螺貝天樂之聲忠懿王歎曰自古求西方者未有如此之專切也乃為立西方香嚴殿以成其志居永明十五年弟子一千七百人常與衆授菩薩戒放施鬼神食晝放生命皆悉回向莊嚴淨土時人號為慈氏下生開寶八年二月二十六日晨起焚香告衆加趺而化賜號智覺禪師師道播海外高麗國王致書敘弟子禮師以天台賢首慈恩三宗互有同異乃館其徒之知法者博閱義海更相質難師以心宗之衡以準平之又集大乘經論六十部兩土聖賢三百家之言證成唯心之旨為書百卷名曰宗鏡又述萬善同歸集指歸淨土最得其要師既亡起塔山中有僧來自臨川曰我病中入冥得放還見殿室有僧像閻羅王自來頂拜我問此像何人主吏曰杭州壽禪師也聞已於西方上品受生王敬其人故於此禮耳（崇寧中追謚宗照禪師）（見本傳龍舒文臨安志）

法師省常字造微姓顏氏錢唐人七歲厭俗十七具戒宋淳化中住南昭慶慕廬山之風謀結蓮社以西湖天下之勝遊乃樂嘉遯無

量壽佛往生之仰止乃刻其像華嚴淨行品
成聖之宗要乃刺血而書之於是易蓮社為
淨行之名士夫預會者皆稱淨行社弟子而
王文正公且為之社首一時公卿伯牧三十
餘年預此社者至一百二十三人其化成也
若此比丘同志復千大衆有以見西湖之擬
於廬山者無慚德矣（孤山作白蓮社主碑以紀成翰林承旨宋白撰蓮社銘淨侁何為之記）天禧四年正月十二日端坐
念佛有頃厲聲唱云佛來也泊然而化衆見
地色皆金移時方沒壽六十二弟子奉全身
塔于烏窠禪師之墳側

蓮社十八賢

東林慧遠法師（安法師門人）
西林慧永法師（安法師門人）
慧持法師（遠師弟安法師門人）
曇順法師（羅什門人）
僧叡法師（以下五人並遠師門人）
道昺法師
道敬法師
覺賢法師（佛馱跋陀）
劉程之（以下六人並遠師門人）
周續之
宗炳
道生法師（羅什門人）
曇恒法師
曇詵法師
覺明法師（佛陀耶舍）
張野
張詮
雷次宗

蓮社百二十三人（錄其可見者三十七人）

曇翼法師（以下五人有傳）
僧濟法師
法安法師
法淨法師（以下五人見東林傳）
慧寶法師
僧敫法師
慧然法師（以下二人見廬山集）
道泓法師（以下二人見持師傳）
法業法師（以下四人見跋陀羅傳）
惠嚴法師
曇果法師（見道昺師傳）
僧光法師（以下三人見恭師傳）
慧蘭法師
畢穎之（見劉傳）
孟懷玉（江州刺史以下十一人並見廬山集）
王喬之（臨賀太守）
毛脩之（黃門侍郎）
王穆夜（參軍）
范悅之（孝廉）
孟常侍（二人失名）
陸脩靜（簡寂先生有傳）
曇邕法師
惠恭法師
法領法師
慧要法師
曇威法師
曇蘭法師
慧義法師
慧觀法師
元弼法師（見濟師傳）
慧堪法師
闕公則（有傳）
殷隱（晉安太守）
殷蔚（主簿）
何孝之（參軍）
張文逸（處士）
孟司馬

不入社諸賢

陶潛（彭澤令）
謝靈運（康樂公）
范寧（豫章太守）

十八賢傳

東林法師（見前蓮社七祖傳）
西林法師慧永河內潘氏年十二出家事沙
門竺曇現初習禪於恒山與遠師同依安法
師期結宇羅浮及遠師為安公所留師乃欲
先度五嶺太元初至尋陽刺史陶範素挹道
風乃留憩廬山舍宅為西林以奉師布衣蔬
食清心克己容常含笑語不傷物峯頂別立
茅室時往禪思至其室者常聞異香因號香
谷一虎同居人至輒驅去遠師來之龍泉尪
伊為立東林三十年影不出山師居西林亦
如之嘗因法事至近邑還山薄暮烏橋營主
醉騎馬當道遮師不聽去師以杖指馬馬驚
走營主仆地師撫慰之遂還營主病往寺悔
罪師曰非貧道意為神之尋愈鎮南將軍何
无忌鎮尋陽至虎溪請遠公及師遠公持名
望從徒百餘高言華論舉止可觀師納衣半
脛（形定如骨）荷錫捉鉢松下飄然而至无忌謂
衆曰永公清散之風乃多於遠師也師標誠
植願動在安養義熙十年在疾忽斂衣求履
欲起衆驚問師曰佛來也言終而化異香七
日方歇葬于寺之西南春秋八十三唐玄宗
賜詔重建塔亭追謚覺寂大師實智之塔
法師慧持遠公同母弟也幼讀書一日所記

常歎十日年十八與兄同事安公偏學衆經遊刃三藏及安公在襄陽遣遠公與師東下遂止廬山師形長八尺納衣垂膝徒屬三百師為上首豫章太守范寧請師講法華經阿毘曇論四方雲聚瑯琊王珣與范寧書問遠持二公孰愈寧曰誠謂賢兄賢弟珣復書曰但令如弟誠未之有況復賢邪羅什在關中遥相欽敬每致書通好隆安三年辭兄入蜀遠公留之曰人生愛聚汝獨樂離師曰滯情愛聚者本不應出家今既割欲求道正以西方為期耳即悵然而別至成都郫縣居龍淵寺大弘佛法升其堂者號登龍門義熙八年順寂春秋七十六臨終遺命務嚴律儀專心淨業以東間經籍付道泓西間法典付曇蘭以泓行業清敏蘭神悟天發並能係軌師蹤焉

法師道生魏氏鉅鹿人幼從竺法汰出家披對經誥一覽能誦年在志學便登講座吐納明辯雖宿望莫敢酬抗初依廬山常以入道之要慧解為本乃與僧叡慧嚴慧觀等遊學長安從羅什受業關中僧徒咸仰神悟嘗喟然歎曰自經典東流譯人重阻多滯權文鮮通圓義若忘筌得魚始可與言道矣於是校閱真俗精練空有研思因果乃立善不受報及頓悟成佛義又著二諦論佛性當有論佛無淨土論應有緣論等籠罩舊說妙有淵旨守文之徒嫉嫌競起師又以法顯三藏所翻泥洹經本先至六卷經云除一闡提皆有佛性師云夫稟質二儀皆有涅槃正因闡提含生之類何得獨無佛性蓋是經來未盡耳乃唱闡提之人皆得成佛時大本未傳孤明先發舊學僧黨以為背經遂顯大衆擯而遣之師正容誓曰若我所說背經當見身癘疾若與實相不背願舍壽之日踞師子座遂拂衣而行及後大經至聖行品云一闡提人雖復斷善猶有佛性於是諸師皆為媿服師被擯南還入虎丘山聚石為徒講涅槃經至闡提處則說有佛性且曰如我所說契佛心否群石皆為點頭旬日學衆雲集忽雷震青園佛殿有龍升天因改寺曰龍光師於寺請罽賓律師譯沙弥塞律傳於世既而辭衆復投廬山預蓮社久之還都止青園寺宋文帝大會沙門親御地筵食至良久衆疑過中帝曰始可中耳生乃曰白日麗天天言始中何得非中遂舉箸而食一衆從之莫不歎其機辯時王弘范泰顏延之並挹敬風猷相從問道元嘉十一年十一月庚子於廬山升座說法將畢衆見塵尾紛然墜地隱几而化宛若入定諸師聞之益信前揩有證翌日葬于廬山之西阜初關中僧肇始注維摩詰經世咸翫味師乃更發深旨人服其妙所述維摩詰法華泥洹小品諸經皆有義疏時以師能推闡提得佛之義於是顯其頓悟不受報等論

法師曇順黄龍人幼出承訓羅什講釋群經妙盡色空無著之旨什歎曰此子奇器也後來廬山同修淨業寧蠻校尉劉遵孝於江陵立寺要師經始盛弘念佛三昧之道宋元嘉二年別衆坐逝異香滿室春秋七十九

法師僧叡冀州人遊學諸方嘗行經蜀西界為人所掠使牧羊有商客異之疑是沙門及問以經義無不綜達即出金贖之後遊歷天竺諸國還至關中從羅什諮稟經義羅什翻法華經以竺法護本云天見人人見天什曰此言過質耳叡曰將非人天交接兩得相見什喜遂用其文久之來入廬山依遠公修淨業既而適京師止烏衣寺講說衆經聽者推服宋彭城王義康要入第受戒師曰禮聞來學王乃入寺祗奉戒法王以貂裘奉師常用敷坐王密令以錢三萬買之師曰此雖非所宜服然王之所施不可棄也王聞益加敬謝靈運篤好佛理殊方俗音多所通解嘗以經中字音求證於師因為著十四音訓梵漢昭

然元嘉十六年稱疾告衆曰吾將行矣即面西合掌而亡衆見卧內一金蓮華倏尔而隱春秌八十五

法師曇恒河東人童穉依遠公出家年甫十三便能講說內外典籍無不通貫德行清孤物情推服常有群鹿馴遶座隅自入廬山專志淨業義熙十四年端坐合掌厲聲念佛而化春秋七十二

法師道昞穎川人陳氏幼出家為遠公弟子該通經律兼明莊老志節孤峻言與行合念佛三昧究心無間義熙十四年豫章太守王虔入山謁敬請為山中主用紹遠公之席衆以道源法嗣咸知宗仰元嘉十二年集衆念佛就座而化春秋七十一

法師曇詵廣陵人幼從遠公出家勤修淨業蕪善講說注維摩經行於世常著窮通論以明宿修述蓮社録以記往生又能別識鳥獸毛色俊鈍之性洞曉草木枝幹甘苦之味妙盡其理人知其有寮譖云元嘉十七年集衆謂曰自建寺以來至此五十年吾之西行最在其後即加趺念佛百聲閉息遂絕春秌八十

法師道敬瑯邪王氏祖凝之刺江州遂從遠公出家年十七博通經論日記萬言每歎戒律終身難全願淨六根但稟一戒以為得度之要遠公知其堅正許之篤志念佛蚤夜弗替遠公歸寂乃入若邪山宋永初元年謂衆曰先師見命吾其行矣即端坐唱佛而化衆見光明滿室弥時方滅春秌五十二

法師佛䭾邪舍晉言覺明罽賓國婆羅門種有沙門至其家乞食父本外道怒毆之遂手足攣躄音壁手拘足跛也巫師謂曰坐犯賢聖即請此沙門悔過旬日乃瘳因令邪舍出家時年十三隨師行曠野與虎遇邪舍曰虎已飽必不傷人前行中道果見餘骸至十五誦經日至萬言以分衛廢業為憂梵語分衛晉言乞食一羅漢來代乞食年十九誦經滿數百萬言性度簡傲不為諸人重至三十猶為沙弥復從舅氏學五明論世間法術內衆外道皆有五明內五明者一声明二醫方明三咒術明四工巧明五因明外五明者前四並同後一是符印明至沙勒國侍遇陰學既而羅什至乃從學阿毗曇論十誦律什隨母反龜茲師遂留止行化符堅遣吕光伐龜茲執羅什師聞歎曰我與羅什未盡懷抱今忽羈虜相見何期後十年師東至龜茲盛弘法化羅什在姑臧遣信要之師恐國人止其行取清水以藥投之咒數十言與弟子洗足即夜便發比旦行數百里追之不及問弟子何所覺邪荅曰唯聞疾風流聲兩目有淚師又咒水洗足乃止既達姑臧什已入長安聞姚主逼以妾媵歎曰羅什如好綿綸何可使入棘林羅什勸姚主遣使迎師既至別立省寺於逍遙園四事供養一無所受時至分衛一食而已時羅什譯出十住經師更相徵決辭理方定師髭赤善解毗婆沙論時人號赤髭論主秦弘始中譯出四分律四十四卷長阿含經二十二卷義熙八年來廬山入社後辭還本國自罽賓以虛空藏經一卷寄商客至涼州

法師佛䭾跋陀羅晉云覺賢姓釋迦迦維羅衛國人甘露飯王苗裔也幼亡父母出家為沙彌年十六博學羣經深達禪律常與僧伽達多共遊罽賓達多閉戶禪坐忽見師來云暫往兜率致敬弥勒言訖便隱後益見其神變敬心祈問方知得不還果時姚秦沙門智嚴至罽賓覩法衆清淨慨然東顧曰我諸同輩未遇真匠將何發悟即諮詢于衆孰能遂我祈請流化東土僉應之曰跋陀羅其人也嚴乃要師裹糧而行經歷諸國至交趾附舶循海達于青州東萊聞鳩摩羅什在長安即往從之秦太子泓請師於東宮集衆說法與羅什論色空義師曰汝衹說得眾中色空不說得因中色空什問何謂師曰一微空故衆微空

(衆微空故一微)空一微空中無衆微衆微空中無一微往復數番羅什罔測秦主興供僧三千盛修人事而師禪靜自守忽謂弟子曰吾見本國五舶俱發衆謂妄言因共擯棄乃與弟子慧嚴慧觀四十餘人俱發至廬山香谷菱舍而居(美蕭號切詩名伯嵉美注集舍)時會蓮社遠公謂師被擯過由門人懸記五舶於律無犯即遣弟子曇邕致書秦主為其解擯乃請師東林譯出禪數諸經自是江東始耽禪悅師志在遊化西適江陵持鉢分衛果見天竺五舶至此後還都立道場寺先是支法領於于闐得華嚴梵本三萬六千偈未經宣譯義熙十四年吳郡内史孟顗右衛將軍褚叔度請師為主譯興沙門法業慧義慧嚴慧觀等為筆授譯成六十卷有二青衣旦從池出灑掃研墨師先後譯出觀佛三昧經般泥洹經修行方便論及法顯所得大僧祇律凡十五部宋元嘉六年念佛而化塔于廬山北嶺

劉程之字仲思彭城人漢楚元王之後妙善老莊旁通百氏少孤事母以孝聞自負其才不預時俗初解褐為府參軍謝安劉裕嘉其賢相推薦皆力辭性好佛理乃之廬山傾心自託遠公曰官祿巍巍欲何不為答曰君臣相疑吾何為之劉裕以其不屈乃旌其號曰遺民及雷次宗周續之宗炳張詮畢穎之等同來廬山遠公謂曰諸君之來豈宜忘淨土之遊乎程之乃鐫石為誓文以志其事(文見廬山集)遂於西林澗北別立禪坊養志安貧精研玄理兼持禁戒宗張等咸難仰之嘗貽書關中與什肇揚摧經義著念佛三昧詩以見專念坐禪之意始涉半載即於定中見佛光照地皆作金色居十五年於正念佛中見阿弥陀佛玉豪光照垂手慰接程之曰安得如來為我摩頂覆我以衣俄而佛為摩頂引袈裟以披之它日念佛又見入七寶池蓮青白其水湛湛有人項有圓光胸出卍字(卍音萬是佛具萬德之相)指池水曰八功德水汝可飲之程之飲水甘美及寤猶覺異香發於毛孔乃自慰曰吾淨土之緣至矣復請僧轉法華經近數百徧後時廬阜諸僧畢集程之對像焚香再拜而祝曰我以釋迦遺教故知有阿彌陀佛此香先當供養釋迦牟尼如來次供阿彌陀佛復次供妙法華經所以得生淨土由此經功德願令一切有情俱生淨土即與衆別卧床上面西合手氣絕勑子雍積土為墳勿用棺槨時義熙六年也春秋五十九(廬山集載應事遠甚詳)

張野字萊民居尋陽柴桑與淵明有昏姻契野學兼華梵尤善屬文性孝友田宅悉推與弟一味之甘與九族共州舉秀才南中郎府功曹州治中徵拜散騎常侍俱不就入廬山依遠公與劉雷同尚淨業及遠公卒謝靈運為銘野為序首稱門人世服其義義熙十四年與家人別入室端坐而逝春秋六十九

周續之字道祖鴈門人父後過江因居豫章八歲喪母哀戚過於成人十二詣范甯受業通五經五緯時號十經童子養志閑居窮妍老易公卿交辟無所就入廬山事遠公預蓮社以為身不可遺餘累宜絕遂終身不娶布衣蔬食劉毅鎮姑熟命為撫軍復辟太學博士俱不就以嵇康高士傳得出處之正為之注釋宋武帝北伐太子居守迎館安樂寺入講禮月餘復還山江州太守劉柳薦于武帝辟太尉掾不就武帝踐祚召至都開館東郭外乘輿行幸問禮經傲不可長與我九齡射於矍圃三義辯析精與上甚說或問身為處士時踐王廷何也答曰心馳魏闕者以江湖為桎梏情致兩忘者市朝亦岩穴耳時號通隱先生續之素患風痺不復堪講乃移病鍾山景平元年卒春秋六十七

張詮字秀碩野之族子也尚情高逸酷耆墳典雖耕鋤猶帶經不釋朝廷徵為散騎常侍不起庾悅以其貧起為尋陽令笑曰古人以

容膝為安若屈志就祿何足為榮乃入廬山依遠公硏窮釋典深有悟入宋景平元年無疾西向念佛安卧而卒春秋六十五

宗炳字少文南陽人其母聦辯富於學識教授諸子皆有成炳妙善琴書尤精玄理殷仲堪桓玄並以主簿辟皆不就劉裕領荊州復辟為主簿荅曰棲丘飲谷三十年矣乃入廬山築室依遠公蓮社久之兄臧為南平守逼與俱還江陵閒居絕俗劉裕辟太尉掾不就二兄卒累甚衆頗營稼穡武帝勑南郡長時致餼賚衡陽王義季在荊州親至其室炳角巾布衣引見不拜王曰屢先生以重祿可乎對曰祿如秋草時過即腐宋受禪徵為太子舍人元嘉初徵為通直郎太子建徵為中庶子並不應妻羅氏亦有高志羅氏殁炳哀之過甚既而悲情頓釋謂沙門慧堅曰死生之分未易可達三復至教方能遣哀雅好山水往必忘歸西陟荊巫南登衡岳因結宇山中懷尚平之志以疾還江陵歎曰老病俱至名山不可再登唯澄懷觀道卧以遊之凡所遊履悉畵之於室謂人曰撫琴動操欲令衆山皆響宋元嘉二十四年卒春秋六十九

雷次宗字仲倫豫章南昌人博學明詩禮入廬山預蓮社立館東林之東元嘉十五年召至京師立學館雞籠山置生徒百員除給事中不拜久之還南昌公卿祖道以送與子姪書曰吾童稚之年已懷遠略弱冠託廬山事釋和上遊道餐風二十餘載淵匠既傾復與汝曹歸耕先壟山居谷飲忽復十年及今未老尚可厲志成西歸之津梁自今以往家務大小一勿見關二十五年召拜散騎常侍不就復徵詣京師築室鍾山謂之招隱館每自華林園入延賢堂為太子諸王講禮經是年無疾而卒春秋六十三子肅之頗傳素業官至豫章郡丞

十八賢傳始不著作者名疑自昔出於廬山耳熙寧閒嘉禾賢良陳令舉（舜俞）粗加刊正大觀初沙門懷悟以事迹疏略復為詳補今壓考廬山集高僧傳及晉宋史依憑本再為補治一事不遺自茲可為定本矣

百二十三人傳

曇翼餘杭人初入廬山依遠公後往關中見羅什東還會稽入秦望山誦法華經十二年感普賢大士化女子身披采服攜筠籠一白豕大蒜兩根至師前曰妾入山采薇（上采服五采也）（彩俗下采綵采取也作採俗）日已斜豺狼縱橫歸無生理敢託一宿師卻之力女復哀鳴不已遂令居草床上夜半號呼腹疼告師按摩師辭以持戒不應手觸女號呼愈甚師乃以布裹錫杖遥為案之翌日女以采服化祥雲豕變白象蒜化雙蓮凌空而上謂師曰我普賢菩薩特來相試郡太守孟顗聞于朝勑建法華寺（今天衣寺）初餘杭山沙門法志常誦法華有雉巢于菴側翔集座隅若聽受狀如是七年一日忽憔悴志曰汝能聽經必生人道明旦雉殞即為瘞之夜夢童子拜曰因聽經得脫羽類今生山前王氏後其家設齋志方踵門兒曰我和上來也志撫之曰汝我雉兒也解衣視掖下有雉毳三莖七歲令入山出家十六落髮以掖有毳因名以翼

曇邕楊氏關中人形長八尺雄武過人南來廬山依師遠公內外典籍無不綜習立茅屋於山西以自居止有弟子曇果澄思禪門一夕夢山神求受戒法果曰家師在此可往求之邕忽見一人著袷衣（音夾無絮衣）風神端雅從者三十人乞授戒師以果先夢知是山神乃為說法授五戒畢神以外國二鋤為䞋禮謝而去師後往荊州行化卒於竹林寺

僧濟入廬山問道精悟深要遠公歎曰紹隆大法其在汝乎及在疾遠公以燭遺之曰汝可馮此建心安養師執燭佇想延僧諷淨土經至五更以燭授弟子元弼隨僧行道頃之

覺自秉一燭浮空而行見阿彌陀佛接至於掌備事諸佛須臾而覺喜曰吾以一夕觀念便蒙接引明日復於空中見佛菩薩謂粥曰佛來也即舉首西顧一息而終時方炎歊體三日不變異香郁然○慧恭豫章豐城人與僧光慧堪慧蘭同志為學光等學力不逮恭而於淨土繫想則過之蘭謂恭曰君雖力學博聞豈不知經云如聞奏音樂悅彼不自聞恭曰學不可已孰能未死昧昧如癡哉後七年蘭等先逝去時並有奇應又五年恭病且篤曰大道沿洄何時可止死生去來吾何歸哉於是叩頭兩泣誓心安養念不少間忽見無量壽佛以金臺前迎恭乘其上見蘭等於臺上光明中而告之曰長老受生已居上品吾等不勝尉喜但恨五濁淹延相依之晚耳恭於是日告衆欣然奄然而滅時義熙十二年也(廬山集有恭道人臨終感應事)

法安初依遠公為弟子妙善講說兼習禪業律身持戒為行尤精義熙中新陽邑社有暴虎居神廟樹下前後害民以百數安遊其村居民皆早閉門乃之樹下禪坐須臾虎負人至見安驚喜跳伏安乃為說法授戒有頃而去明旦居民覩謂是神人相率禮敬因改神廟立寺宇請安居之左右田園並舍為寺業嘗欲畫像須銅青甚不可致忽夢一人跪床前云此下有銅鐘瘞即掘之果得二鐘取青成像而以銅助遠公鑄佛後不知所終

闕公則入廬山白蓮社既逝有同社人至洛陽白馬寺夜中為公則修忌禁忽一時林木殿宇皆作金色空中有聲曰我是闕公則祈生極樂國今已得生矣言訖無所見

陸脩靜吳興人蚤為道士置館廬山時遠法師居東林其處流泉匝寺下入於溪每送客過此輒有虎號鳴因名虎溪後送客未嘗過獨陶淵明與脩靜至語道契合不覺過溪因相與大笑世傳為三笑圖宋泰始三年羽化於京師賜謚簡寂以故居為觀(雲笈七籤本傳云元徽五)

不入社諸賢傳

陶潛字淵明(一字元亮)晉大司馬侃之曾孫少懷高尚著五柳先生傳以自況時人以為實錄初為建威參軍謂親朋曰聊欲絃歌為三徑之資執事者聞之以為彭澤令郡遣督郵至縣吏白應束帶見之潛歎曰吾不能為五斗米折腰拳拳事鄉里小人邪解印去縣乃賦歸去來及宋受禪自以晉世宰輔之後恥復屈身異代居尋陽柴桑與周續之劉遺民並不應辟命世號尋陽三隱嘗言夏月虛閒高臥北窗之下清風颯至自謂羲皇上人性不解音而蓄素琴一張絃徽不具每朋酒之會則撫而和之曰但識琴中趣何勞絃上聲嘗往來廬山使一門生二兒舁籃輿以行時遠法師與諸賢結蓮社以書招淵明淵明曰若許飲則往許之遂造焉忽攢眉而去宋元嘉四年卒世號靖節先生

謝靈運祖玄有功晉室靈運為康樂公主孫襲封康樂公文章為江左第一(應為江右指金陵也)嘗著木屐上山則去前齒下山則去後齒尋山陟嶺必造幽峻至廬山一見遠公肅然心伏乃即寺築臺翻涅槃經鑿池植白蓮時遠公諸賢同修淨土之業因號白蓮社(或云為事西二雄)靈運嘗求入社遠公以其心雜而止之

范甯字武子篤學多所通覽時浮虛相扇儒雅日替甯以其源始於王弼何晏二人之罪深於桀紂乃著論非之累遷中書侍郎朝廷疑議輒諮訪之出補豫章太守大設庠序起學臺功用彌廣刺史王凝之上言抵罪免官歸家遠公招之入社而甯竟不能往

廬山法師碑

法師諱慧遠本姓賈鴈門樓煩人弱而好學年十三隨舅令狐氏遊學許洛故少為書生二十一欲度江就范宣子于時王路尚鯁有志不遂於關右遇釋道安一面定敬以為真

吾師也遂抽簪落髮求直道場沙門曇翼每資以燈燭之費安公曰道士誠知人法師藉曠劫之神明表今生之靈智道情深邃識鑒淵微般若無生之津道行息心之觀妙理與高悟俱徹冥宗與深心等至安公歎曰使道流東國者其在遠乎太元初襄陽既沒振錫南遊考室廬阜結宇傾岩同契不命而景響聞道誓期於霜雪自以年至耳順足不越山桓氏以震主之威力為屈致法師確然貞固辭以老疾俄而制使沙門盡散王者法師懼大法之將淪抗言萬乘玄知不可強俯而順為既道漸中土名流遐域外國諸僧咸東向禮非夫道深德廣焉能使顯默同歸異域致散且新經未表晉邦律藏歷年莫正禪法甘露園所未聞實相宗本人有異說法師深存廣益大援群生乃命弟子迎請禪師究尋經本踰歷葱嶺跨越沙漠弥曠年稔並皆歸還既得傳譯備盡法教是故心禪諸經出自廬山幾乎百卷又以心本二無即色三家之談不窮妙實乃著法性論理深辭婉獨拔懷抱羅什見論而歎曰漢人未見新經便闇與理會若夫溫心善誘嚴必遠言栖寄林嶺遊興能微雖復風雲屢由而無昭昧之情俯仰歷化之域遊神無生之門所謂言斯可發行斯可樂矣自枕石漱流始終一槩悟智交養三十餘載春秋八十三命盡絕嶺遺言露骸松林同之草木達生神期既於此矣古人云道存人亡法師之謂凡我門徒感風徽之緬邈傷語晤之永滅敢以淺見揚德金石其辭曰

九流乖真三乘歸佛道往絕迹慈還接物孰是發蒙昭[九七]我慧日攝亂以定閑邪[九八]以律妙法常存悠悠莫往若人乘生皎皎遠賞鑒我鑒物知狹知廣息心空谷訓徒幽壑秦皇雄威敵理通情王孫偏解滯死達生夫子之悟屢劫獨明仰高契峻俯深懷清惟清惟峻若勵近絕惟高惟深志崇智業昔在香積今也明哲嗣之有人實隆廢缺揵度練數甘露流津律藏拂故法性增新凡厥希道日知好仁景薄命盡宗傾理湮寒暑遞易悲欣皐壤秋蓬四轉春鴻五響孤松獨秀德音長往節有推遷情無遺想元熙二年春二月朔康樂公 謝靈運撰

廬山法師影堂碑

天之高哉日星垂其曜地之厚哉山岳鎮其維稟兩間之氣分五行之秀而得預稱於三才者其為人道之最靈者乎至若邁德宏域融神慧境焯迦維之絕照挹甘露之玄津並名岳而永崇睎扶桑而不息則慧遠法師其人也法師鴈門樓煩人賈氏釋道安之門人英姿雅韻清行素節詳諸舊碑及張氏傳固以杳映前秀鏞鏘令聞者矣灰心土骸而神標天發金口木舌而法音雷震無取無舍而律儀氷澈不生不滅而禪性暉如抱德陽和而浩類洗心潛靈淵照而遠方翹首修不共法而恒軫大悲熏般若智而富諸[九九]梵行故能誘納衆善泠汰群疑萬流仰海而同歸一兩施物而咸潤誠所謂阿摩勒果實從中生分陀利華性非外染之為義也自晉氏太元九年法師始飛錫南嶺宅勝東林世更七代年垂四百流風遺澤逮于今而人知懷仰故虎溪為釋氏龍門廬阜即搢紳闕里也皇唐貞元十有一年江州刺史馮翊嚴公士良秉明德以分符宣中和而述職上賛緝熙之化下臨擊壤之人以無為為政政克用乂巡釐外野指途中林敷衽禪關式瞻遺像喟然歎曰斯名也寒暑不能易其芳斯德也江海無以臻其極彼瓚行纖飾尚崇植楹廡正位居室豈尊美若茲而寓形在壁乃與寺之上首熙怡律師崙建勝宇用昭真相旌美樹善二謀同心說徒勤工成之匪石繡黹雲肇睟容景彰觀至道者存妙像於鏡中味微言者得玄珠於意表豈止忘義攝英姿而兩汗仲堪仰

素風而心醉哉故非夫遠公之至德不能譯聖文服秀民非夫嚴公之澈識不能立清祀揚妙範篆芳金石敵贊二美乃為之銘曰粹靈純綸寔惟至人含德攜躍界陽發春道光海域幽邈岳瀆六鼇棄獻八士辭巾緣徂物謝跡晉事往百憶神遊恒沙化廣昭昭避一泠泠末響慧日凝暉白雲翹想曠哉明牧仰味芳風思覩遺像求之列墉爰建棟宇式是道宗旌休垂美地廣山崇唐大中八年七月望日隴西李演撰三綱徒衆立

東林影堂六事

法師事迹誠多矣學者鮮能發其義使世不昭昭知先賢之德予竊閔之予讀高僧傳蓮社記及九江新旧録最愛法師六事謂可以勸也乃引而釋之列之影堂以示來者陸脩靜異教者而與語必過溪是不以人而棄其言也陶淵明湎于酒而招之令入社蓋簡小節而取其達也跋陀高僧異說被擯而反延舉之蓋重有道而矯嫉賢也謝靈運以心雜不取而果歿於刑蓋識其器而知其終也盧循欲叛而執手求舊蓋自信於義也桓玄振威而抗對不屈蓋自固於節也凡人之情莫不畏威而苟合忘義而避嫌好名而昧實黨勢而欺孤飾行而惡累自是而非人孰有道為世師肯進異學之人乎孰有德為人尊肯交醉鄉之徒乎孰有自屈已學禮斥逐之客而推其為大賢乎孰有發明風鑒拒盛名之士而識其不令終乎孰有不避禍患睦故舊而信其義乎（信仲同上自信同）孰有不懼威武抗僭逆而全其節乎此故法師德量宏大獨出於古今之人者矣若其扶荷至教張皇聖道垂裕於天人之際者非蒙所能盡之其聖與其賢與偉乎哉大塊噫氣六合生風公之大名也遊龍翔鳳下揖巢許公之高道也四海秋色神山中聳公之風儀也白雲冊瑩玉樹璚華公之據處也蒙後公而生雖慕且恨敎瞻遺像趨然遐思顧以鄙文書于屋壁大宋慶曆元年仲春鐔津沙門契嵩書

佛祖統紀卷第二十六

佛祖統紀卷第二十六

校勘記

一　底本，明永樂南藏本。

一　五六五頁中三行「僧族」，徑作「僧俗」。

一　五六五頁中一二行「以夜續晝」，徑作「以夜繼晝」。

一　五六八頁上八行第一六字「修」，徑無。

一　五六八頁下一六行第二字「鐙」，徑作「燈」。

一　五六九頁上二行「林中」，徑作「禁中」。

一　五六九頁上一八行夾註「令嚴州」，徑作「今嚴州是」。

一　五六九頁上末行「築壇」，徑作「築臺」。

一　五六九頁中二〇行夾註「音鳩音久手取」，徑作「音鳩鬮手取也」。

一　五七〇頁中一五行夾註左首字「並」，徑無。

一五七〇頁中一七行末小字「簿」，徑作大字。

一五七一頁上二三行第一一字「與」，徑作「以」。

一五七一頁中四行「一闡徒」，徑作「一闡提」。

一五七二頁上四行第一六字「甫」下，徑有夾註「始也」。

一五七二頁下二行第九字「媵」下，徑有夾註「音孕送女從嫁」。

一五七三頁下八行末字「姸」，徑作「研」。下同。

一五七五頁中一五行夾註「一字元亮」，徑作「亦字元亮」。

一五七七頁上六行第三字「畱」，徑作「留」。

佛祖統紀卷第二十七　　昆八

宋景定四明東湖沙門　志磐　撰

淨土立教志第十二之二

往生高僧傳

晉嘉祥慧虔法師　宋江陵曇鑑法師
宋江陵道海法師　宋淮南曇泓法師
宋東軨道廣法師　宋弘農道光法師
宋交趾曇弘法師　齊高座慧進法師
梁廬山道珍法師　北魏壁谷曇鸞法師
北齊洛陽慧光法師　北齊晉原法琳法師
北齊鄴都僧柔法師
北周長沙慧命法師（法音法師附）
北周多寶僧崖法師　隋廬山智舜法師
隋河東智通法師　隋麻谷真慧法師
隋南岳慧思禪師　隋天台智顗禪師
隋枝江慧成禪師　隋仙城慧命禪師
隋章安灌頂禪師　隋玄宮法喜禪師
隋天台等觀禪師　隋碧澗法俊禪師
隋開覺道喻法師　隋汾陽善洪法師
隋國清法智法師　唐博野善胄法師
唐揚都法祥法師　唐興善明瞻法師
唐壁谷道綽法師（道撫法師附）
唐魏州道昂法師　唐虎丘智琰法師
唐蒲州神素法師　唐浚儀功迥法師
唐并州惟岸法師（僧童附）　唐江陵法持禪師
唐慈愍慧日三藏　唐成都雄俊法師
唐并州僧衒法師　唐悟真啓芳法師
唐悟真圓果法師　唐襄陽辯才法師
唐重林自覺法師　唐丹丘懷玉法師
唐丹丘齊翰法師　唐吳都神皓法師
唐西河僧藏法師　唐泰山大行法師
唐荊州惟恭法師　唐臨淄善道法師
唐長安寶相法師　唐鄭州智欽禪師
唐終南法順法師　唐千福懷感法師
唐會昌德美法師　石晉扶風志通法師
宋錢唐紹岩法師　宋永興守真法師
宋慈光晤恩法師　宋寶雲義通法師
宋法智知禮法師　宋慈雲遵式法師
宋興國有基法師　宋神照本如法師
宋廣慈慧才法師　宋淨慧思義法師
宋辯才元淨法師　宋淨住從雅法師
宋仙潭若愚法師（則章法師附）　宋慈行智深法師
宋神悟處謙法師　宋樝菴有嚴法師
宋明智中立法師　宋桐江擇瑛法師
宋淨住思照法師　宋一行宗利法師
宋慧覺齊玉法師　宋憲章仲閔法師
宋霅川瑩珂法師　宋超果靈照法師
宋四明可久法師（開元大法華）　宋淨慈宗本禪師
宋大通善本禪師　宋靈芝元照律師
宋會稽道言律師　宋長蘆宗賾禪師
宋化城惟月律師　宋靈芝思敏律師
宋明慶行詵律師　宋化度法持律師
宋延壽慧亨律師　宋七寶用欽律師
宋會稽妙生律師　宋錢唐惟渥法師
宋報恩仲明法師　宋淨光沖益法師
宋雷峯法宗法師　宋阮社晞湛法師
宋淨住曇懿法師　宋法安太微法師
宋法安思聰法師　宋木訥了義首座
宋資聖慧誠法師　宋南岳祖南法師
宋賚壽法因法師　宋智涌了然法師
宋真教智仙法師
宋北關思淨法師（喻彌陀）　宋假石如湛法師
宋西山思梵法師　宋寂光淨觀法師
宋法慧利先法師
宋普靜師安法師（弘華嚴）　宋覺華如寶法師
宋永壽顯超法師　宋千步有開法師
宋興福道生法師　宋嘉會若觀法師
宋龍泉䇾異法師　宋祇園智印法師
宋湖心元肇律師（四明）　宋極樂戒度律師
宋圓辯道琛法師（四明）　宋牧菴有朋法師
宋慈室妙雲法師（四明）
宋雪溪睎顏首座（四明）　宋南湖了宣行人

宋南湖善榮行人
宋塔山如鑑法師
往生高尼傳
宋道塲法威法師
宋金陵法藏法師
唐積善淨真法師長安
宋錢唐能奉法師
往生雜衆傳
隋汶水二沙弥
宋錢唐童行曇遠
宋仁和倪道者
往生公卿傳
唐太傅白居易
石晉翰林學士張抗翁附見
宋少師鍾離瑾母任夫人附
宋朝請鍾離景駘瑾之子
宋崇道鍾離松景駘之嗣
宋侍郎馬亮
宋朝奉馬玕亮之子妻王氏附
宋宣義馬永逸玕之子
宋朝散葛繁
宋司諫江公望
宋助教張迪
宋縣令梅汝能

宋明心祖輝法師
宋福源祖新法師
宋丹陽道美法師
唐廬山悟性法師
宋四明慧安法師
宋雍州童行師贊
宋會稽大善童行
唐觀察使韋文晉
宋主客楊傑
宋宣義胡闉
宋侍郎王古
宋朝散王衮
宋通判賈純仁
宋給事中馮檝

宋侍郎吳秉信
宋司士王仲回
宋龍舒王日休
宋儒士孫抃
宋居士孫忠四明
宋學諭晉定國四明
昆八
往生士庶傳
隋恒州宋滿
唐法忍山老人
唐長安張元祥
唐京口元子平
宋武林范儼
宋錢唐孫良
宋松江梅福
宋會稽唐世良
宋會稽李彥通
宋上虞馮珉
宋四明計打鐵
宋臨安沈三郎
往生女倫傳
隋文帝皇后
宋荊王夫人王氏侍妾附
宋馬朝奉妻王氏見馬玕傳
宋武林縣君蔡氏

宋丞相錢象祖
宋廉士庾詵
宋居士房翥
宋居士王闐四明
宋畫錦樓汾四明
梁東平高浩象
唐滎陽鄭牧卿
唐長安李知遙
宋天台左伸
宋錢唐沈銓妻施氏附
宋仙潭姚約景懿法師附
宋霅川胡暠
宋錢唐陸偉
宋錢唐陸浚
宋潭州黄打鉄
宋嘉興徐六公
宋呂都官妻吳氏

宋陳承宣夫人馮氏
宋欽成后姪朱氏
宋晝錦樓君妻周氏
宋錢唐鄭氏
宋四明黄氏
宋錢唐陳媼
昆八
宋四明孫氏
宋安吉王氏
宋錢唐沈氏
宋汾陽約山婆
宋汾陽温氏妻
宋汾陽梁氏
宋念佛道者陳氏曖禪師母
宋會稽胡氏
宋仁和郭氏
宋錢唐龔氏侍妾千氏附
宋潮山黄婆
宋四明淨心女
宋常熟陶氏
宋慈溪沈氏
往生惡輩傳
唐長安京姓屠業
唐長安張善和殺牛
宋仁和吳瓊屠豬

宋王朝請妻陸氏
宋周寺簿妻樓氏
宋松江秦氏
宋錢塘于佛子
宋錢唐袁氏
宋武林王氏
宋上虞胡長婆
宋錢唐盛氏
宋長安姚婆
宋汾陽裴氏
宋醴泉孟氏
宋吳興陳氏
宋錢唐孫氏
宋太平周行婆
宋嘉禾鍾婆
宋霅川朱氏
宋嘉禾周氏
宋四明項氏
唐長安張鍾馗殺雞
宋會稽金奭漁捕

往生會魚傳

唐裴氏鸚鵡　宋長沙鸚鵡

宋觀師鸚鵡　宋劉成魚

本朝飛山戒珠始集往生傳厥後侍郎王古加以續傳南渡以來錢唐陸師壽又增續之四明黙容海印復為續于後凡二儒二釋繼成此書今並刪削繁文獨著平時念佛臨終往生之驗俾修淨業者有所慕焉

往生續遺

隋江都慧海法師

往生高僧傳

慧虔晉末居廬山見遠公德業之盛歎曰吾人也彼人也乃之山陰嘉祥寺聚徒講經謂眾曰願乘講導用奉弥陀後五年知時已至乃曰華開見佛即其時矣其夕有尼淨嚴假寐之頃見觀音勢至與百千眾從空而下嚴問大士何所之曰嘉祥迎虔公耳虔亦預感勝相以告弟子奄然長往異香經旬不歇

曇鑑宋時居江陵定中感佛以水灑面曰滌汝塵垢清汝心念一夕念佛步廊及旦趺坐而化同時江陵道海淮南曇泓東轅道廣弘農道光臨終皆見金臺來迎之相

曇弘南適交趾誦觀經不記數於山崦聚薪焚身得舍利數百人見弘身金色乘金鹿向西去

慧進齊永明初於揚州高座寺發願誦法華用嚴淨土執卷病生乃復造經百部以悔宿障部帙既滿病亦隨愈聞空中聲曰汝事已辦汝願已遂欲生淨土非汝而誰一日無病念佛而化

道珍梁天監中寓廬山慕遠法師標心淨土異時夢中見十人舟艤浮海問何往曰適安養國珍曰願得隨往荅曰一日之修功越永劫子未誦弥陀經未曾浴僧何可求往珍乃大設沐浴專誦弥陀經後二年有捧銀臺至者曰以法師之功當得金臺柰何始心猶豫故止此耳珍曰苟見佛之基有漸奚必金臺後亡之夕所居山崖烈火千炬鄉民大驚旦則知珍遷化

曇鸞初為術學就陶隱居得仙經還洛下遇菩提流支問曰佛道有長生乎支笑曰長生不死吾佛道也即授以觀經曰能解此則三界無復生六道無復轉師承其語遂焚毀仙經晝夜專誦觀經修三福業觀想九品北魏主嘉之號神鸞敕住汾州玄中寺一夕正持誦見梵僧入室謂曰吾龍樹也以汝有淨土之念故來見汝鸞曰何以教我僧曰已去不可及未來未可追見在今何在白駒難與回言訖不見鸞即令弟子同音唱佛西向瞑目而化

慧光北齊時居洛陽著華嚴涅槃十地等疏妙盡權實之旨一日有疾見天眾來迎光曰我所願歸安養耳已而淨土化佛充滿虛空光曰唯願我佛攝受遂我本願即彈指謦欬言氣俱盡

法琳晉原人常誦觀經輒見一僧大身在前北齊建武二年感疾見寶樹下一佛二大士像坐蓮華上琳大慰喜夜半聞鍾聲眾就視之即席而化

僧柔學方等諸經齊文宣詔至鄴下柔唯以淨業為懷亡之日見化佛千數室內外聞異香西望敬禮即時遷神

慧命北周長沙人十五誦法華纔七日終一部與法音為淨土友一夕攜手月下相顧笑曰時至不行為貪生西方有期吾其去矣音曰寧不俟我十日命豎兩指曰過此不可也越二日果終眾見天人下降奇香異樂或唱善哉後十日音亦亡祥瑞悉與命同

僧崖北周益州多寶寺發心燒五指萬人擁觀謂弟子曰我去後好共養病患醜陋人此皆佛菩薩權化也坐亡之時眾見寶華紛紛

師披納執錫口唱佛號與數十僧乘空而去
智舜入廬山踵遠公淨業講觀經才終即示病見鸚鵡孔雀念佛念法皆微妙聲告弟子曰我今日往生矣既而果遷化時隋大業初
智通隋河東人常誦先賢讚佛偈三十首每六時對像引聲高唱委曲淒切聞者悲之大業七年與門人項蓋同聲念佛忽見光明勝異寶幢華幔謂蓋曰吾生淨土克在今夕即坐亡于懺堂衆見樓閣千重排空而去猶雲霧然
真慧隋大業初居蒲坂麻谷餌黃精絕立籤淨地設四柱寶幢以奉三聖每依像作觀捱身整念必肅肅然一夕謂弟子曰今見蓮華戰開截合將承吾足頃之聞鍾天香西來異光驟發已而慧亡
慧思陳時來居南岳尊誦法華嘗夢阿弥陀佛弥勒佛與之說法夏竟受歲豁然大悟法華三昧所未聞經不疑自解後將順世即集門學連日說法端坐唱佛來也即合掌而逝
智顗居天台初往大蘇山禮思禪師思曰昔日靈山同聽法華宿緣所追今復來矣乃授法華三昧三七日法誦經至是真精進是名真法供養如來豁然見靈山一席儼然未散復於石城石像前將示疾令唱無量壽佛及觀經首題合掌讚曰四十八願莊嚴淨土華池寶樹易往無人火車相現一念改悔尚得往生况戒定熏修行道力故實不唐捐又曰吾諸師友侍從觀音皆來迎我言訖加趺唱三寶名如入三昧
慧成居枝江誦阿弥陀經修西方觀三十年常坐不卧每入定見淨土蓮臺寶樹臨終之夕人有夢成乘蓮華上隱隱西沒
慧命天台仙城人臨終誡門人精進淨行衆忽見阿弥陀佛領衆來迎師隨佛後向西而去
灌頂章安人臨終示疾室有異香因誡誨弟子畢忽起合掌稱阿弥陀佛二大士名奄然而化
法喜嘗行方等禮懺有一雉來責命神人斥之曰法師當往生淨土豈償汝命後於病中發願以一生所修行業回向淨土至心念佛即見佛菩薩衆來迎端坐而化
等觀居天台常誦法華一夕澡浴面西趺坐念佛菩薩及智者名復說三觀法門言畢而終
法俊住碧澗寺行法華三昧即獲悟入示滅之日仙樂盈空天香亘野衆見凌空西向而去
道喻居開覺寺念阿弥陀佛日夜不廢遣其像僅三寸後於定中見佛謂曰汝造我像何小喻曰心大即大心小即小言訖見像身徧滿虛空告曰汝且回本國香湯沐浴明星出時我來迎汝至時感化佛來迎光明滿室
壽洪汾陽人常念往西方將亡見兜率天童子來迎師曰我心期西往不生天上即令衆念佛遂云佛從西來矣言訖而化
法智居國清寺一心念佛常感觀音勢至來下光映其身謂所親曰吾生淨土有日矣誰能具食饌我衆為具之食訖無它異衆疑其悔宿房以候之夜未央忽安坐牀上念佛而化有金光自西來江上漁人誤謂天曉（已上並隋時）
善胄博野人勤篤淨業常見佛大士像放光照身一夕疾中倏起合掌祝曰佛以四十八願攝我有情必冀此時如佛本願已而告衆曰佛光照我所願無失言訖而亡
法祥住揚都大興國寺三十年修安養之業凡有饒益必用回向因在疾弟子聞師称佛聲甚厲又見房西壁有光若鏡現淨土境相頻伽鼓翼祥倏然而化
明瞻晚歲克志安養或譏其遲暮瞻曰十念功成猶得見佛吾何慮焉後因疾於興善寺具齋別道俗時僕射房元齡杜如晦皆會焉

日過午整威儀遽曰佛來矣二大士亦至竦身合掌而化

道綽入壁谷玄中寺曇鸞之舊居也專志念佛日以七萬徧為度勸并汾人念佛或以豆記所度者及萬斛四月八日集道俗爲勸來生朝慶會俄見鸞空中乘七寶舡謂綽曰汝淨土堂宇以成衆後見化佛菩薩飄飄在空皆忻仰歎異同志道撫者每相見必指淨土爲會綽亡三日撫聞之曰吾常期先行今乃在後吾加一息之功見佛可追矣即於像前叩頭陳露退就其座而化

道昂平時修淨土業一日升高座誡飭徒衆遙指曰彼天衆何雜沓而來天道由來非吾願若淨土相迎即聞命矣因瞑目久之曰阿弥陀佛光明照我諸化菩薩又來會此於是捧爐叩首陳慶忽爐墜而化

智琰居武丘集僧俗修淨業觀想每月一集五百餘人後於病中見梵僧手執寶瓶前謂之曰吾無邊光也卻後淨土所稱功德寶王乃我尒琰與寺衆論曰無邊光勢至大士功德寶王其成佛之號也我其西歸乎其夕竟亡

神素居蒲州誦阿毘曇成實論頭早登安養後病中令弟子讀觀經靜坐而聽既畢唱佛大士彌始終數晝至中夜安坐而化

功迴洛儀人行普賢懺身不倚者三十年一日普賢來乘六牙象地皆銀色晚年專講法華每至藥草喻品天輙降雨又撰佛地論疏願回所詮之益得生淨土疏成五色異光照其室迴曰得於此時乘光見佛願足矣乃繫念西想不食而化

惟岸并州人常修十六觀門曾因出觀見觀音勢至現於空中岸頂禮雨淚曰幸由肉眼得覩聖容所恨世無傳焉倏有二人稱善畫聖相既就人亦俱失乃謂弟子曰吾西行其時也有從我者乎一小童曰惟師之命即往白父母歸寺沐浴至像前趺坐而化岸撫其背曰汝何先吾而行即令弟子助聲念佛仰目西顧寂然無聲

法持江寧人見黃梅忍禪師悟心要繼牛頭祖位常繫念淨土俯仰不違將終戒弟子露骸松下令禽獸食我血肉起淨土因弟子如其旨見神旛數十西來遶山播出異光以燭其室

慧日汎舶南海至天竺諸國訪善知識問何國何方有樂無苦何法何行速得見佛天竺三藏皆讚淨土日聞喜躍至健陀羅國山有觀音像祈請者或現身日絕食七日畢命為請七日之夜觀音於空中現紫金相長丈餘手摩日頂曰汝欲傳法利人又願生極樂國當如汝志開元七年東歸達長安進佛真容梵夾帝旌其德賜號慈愍三藏著淨土文行於世天寶七年將終見蓮華在前狀如日輪

雄俊成都人善講說得財幣必非法而用又罷僧入軍尋因逃難復入僧中衆多畏避之俊聞經云十念佛滅八十億劫重罪喜曰賴有此耳自後當造非口輙念佛然若存而亡猶伶倫之爲戲一夕暴亡冥王曰誤追汝也然汝積惡多矣宜略經塗炭即令牛頭驅入地獄俊大呼曰十念阿弥陀佛能滅八十億劫重罪況我未臻五逆十惡又多念佛豈當至此獄卒不敢陵逼即以其語報王王召至謂曰汝念佛本無深信可且回世上更厲初心俊具以語人時謂之地獄漏網俊乃入西山專意念佛後四年同輩訪之俊喜曰汝見親知當言雄俊以念佛力得生淨土毋以為地獄漏網人也語訖即坐脫

僧衒并州人初念慈氏期生內院年九十遇綽禪師聞淨土之法始回心焉早暮禮佛千拜念佛萬聲三年有疾謂弟子曰阿弥陀佛授我香衣觀音勢至示我寶手吾其去矣既終七日異香不散時啓考圓果二師目擊斯

事乃於悟真寺觀音像前折楊枝置像手晉
曰芳萃若於淨土有緣當使七日不萎至期
枝葢茂芳果慶抃晝夜觀念不捨數月忽覺
臨七寶池入大寶帳見佛及二大士坐寶華
臺光明輝映芳果前作禮佛告之曰汝念我
名皆生我國又見寶幡珠網有梵僧御寶車
十三
中謂曰吾法藏也故來迎汝芳果忽覺乘車
前邁又聞釋迦佛文殊菩薩以梵音聲称讚
淨土寶殿之中有寶階三道第一道純是白
衣第二道僧俗相半第三道唯是僧輩佛指
謂芳曰此皆閻浮提念佛之人得生此土也
後五日二人無病忽聞鍾聲芳果曰鍾聲我
輩事也當時俱即化去○辯才襄陽人潛修
淨土之業二十年未嘗說獨與護戒任公善
謂之曰才必生淨土期在十年後令弟子報
任公曰向所期已及矣任公及門才曰吾其
去矣趺坐而化衆聞仙樂西來異香散滿
自覺居平山重林院爲鬼神講說者三年屢
有祥感嘗發四十八願願因觀音大悲接見
阿弥陀佛乃率衆建刹鑄大悲像四十九尺
俯伏像前陳其願曰聖相已就梵宇已成願
承聖力早登安養夜中忽見金色祥光二道
佛及菩薩左右隨之佛垂手按覺首曰守願
勿易利物爲先寶池生處終當如願後十一年

見天神雲中出半身謂之曰安養之期已至
即於像前加趺而化
懷玉丹丘人觀想淨土將四十年日課佛名
五萬誦淨土諸經通三百萬一日見西方聖
衆有擎銀臺而至師曰如我本望必得金臺
言發而臺隱師弥加精苦三七日後向人後
來曰法師已得上品生忽異光照室越三日
書偈曰清淨皎潔無塵垢蓮華化生爲父母
我經十劫修道來出示閻浮厭衆苦一生若
行超十劫永離娑婆歸淨土弟子見佛菩薩
共御金臺西下迎玉而去
齊翰居武丘入流水念佛道場一念之頃即
見淨土境相忽作歌曰流水動兮波漣漪矣
蓮輝映兮寶光隨衆光西邁兮諧者誰初師
十年在疾弟子問曰和上舍生何乃抱病師
曰必謝之軀雖聖來免即回瞻聖像而亡
神皓於吳郡結道俗爲西方社有不能遺塵
累者引退之時以爲旃檀林中常才自枯後
十四
示疾謂弟子曰淨土聖相已現吾今夕必往
生乃澡身易衣端坐而化香氣滿室
僧藏西河人夏月在草間餧蚊念阿弥陀佛
二十許年飲食行坐志在安養忽於病中見
化佛光照其身次日謂侍者曰吾適瞑目正
在淨土諸上善人散華召我乃整衣西向而

終
大行入泰山行普賢懺三年成大士現身晚
歲入藏室陳願隨手取卷得弥陀經乃日夜
誦詠至三七日覩流離地上佛及二大士現
身共前僖宗聞其事詔入內賜號常精進菩
薩封開國公後一年流離地復現即日右脇
而終異香旬日不散肉體不壞
惟恭荊州人常事酒博暫暇則誦經祈生安
養同寺靈巋跡頗類之荊人嘲之曰靈巋作
業惟恭繼其跡地獄千萬重莫厭排頭入
恭聞之曰我佛開我造惡拔我塗炭豈有地
獄之入一日恭病歸出寺有所往逢少年七
人手執樂器如寺之樂佛狀曰我來自西方
惟恭上人寺何在歸指之即於懷出金瓶取
蓮華如拳漸開葉葉出異光望寺而馳歸大
驚不敢回顧次日回寺則恭已夕亡歸因感
悟卒守名節爲高德云
善道臨淄人入大藏信手探卷得觀無量壽
十五
佛經乃專修十六妙觀及往廬山觀遠公遺
踪豁然增思後遁跡終南修般舟三昧數載
覩寶閣瑤池宛然在目後往晉陽從綽禪師
授無量壽經入定七日綽請觀所生處道報
曰師當懺悔三罪方可往生師嘗安佛像在
簷牖下自處深房此一罪也當於佛前懺又

軍役使出家人此二罪也當於四方僧前懺
又因造屋多損蟲命此三罪也當於一切衆
生前懺綽靜思往咎洗心悔謝久之道因定
中謂綽曰師罪滅矣後有白光來照之時是
往生相也道行化京師歸者如市忽微疾卽
掩室怡然而逝異香天樂向西而隱
寶相居長安六時禮懺者二十年夜誦彌陀
經七過佛號六萬聲後忽見佛大士衆自西
來迎囑諸徒曰念佛爲業西方相待
智欽專習禪業又禮一萬五千佛名一百徧
後於鄭州阿育王塔所燒一臂願生淨土弟
子僧護夜半見庭前光照異常因問何人乘
小凡三問空中聲云來迎欽禪師耳護急推
心觀之卽見佛身光明旛華寶蓋騰空飛下
欽應時化去
法順杜氏每遊歷郡國勸念阿彌陀佛著五
悔文讚詠淨土弟子至五臺見老人謂曰文
殊今住終南山杜順和上是也歸則順亡
懷感居長安千福寺念佛三年見佛金色玉
毫得入三昧乃製決疑論七卷臨終見佛來
迎合掌而化
德美於會昌寺西院造懺悔堂年別般舟一
夏不坐或止口過三年不言或行不輕通禮七
衆或節衣食四分除二或去世想專念西方

誦彌陀終于命盡後於一時入室稱佛倏然
而化（已上並唐時）
志通遊天台見智者淨土儀欣然會心嘗至
捨手巖因陳大願念阿彌陀佛四十八願誦
已投身巖下若有神人捧之于樹乃復整心
登巖曰餘生可厭大願已發惟海衆菩薩同
相接引（吳）吾投而下適在叢莽草上久（十六）之復蘇
寺衆舁歸身心無損後遊越之法華山一夕
見白鶴孔雀行列西下蓮華開合光相現前
乃起禮佛趺坐而化（石晉）
紹岩居錢唐湖心寺專誦法華期滿萬部得
生淨土一旦有蓮華生于陸地岩誓焚身供
養西方三聖吳越王俶力勸止之又往投身
曹娥江中如有物扶其足漁者救之得不溺
吳越王於寶塔寺建淨土院以居之一旦見
蓮華光照其身越三日欣然坐化
守真永興人誦起信論法界觀常於中夜輪
結無量壽佛往生祕密印至天將曉自覺身
登淨土衆目見佛自俯伏像前念曰四十八
願能度我者乃持香華入殿供養就座而化
晤恩姑蘇人住慈光誦法華諸經後於井中
見白光出乃絕食念佛越三日見梵僧捧鑪
三遶之曰吾灌頂也以汝所修同我之志故
從淨土來迎次日恩升座說止觀指歸卽座

面西而化衆聞空中絲竹之音依佛西去
義通高麗人居四明寶雲敷揚教觀幾二十
年常呼人爲鄉人有問其故曰吾以淨土爲
故鄉諸人皆當往生皆吾鄉中人也後右脇
念佛而化
知禮號法智居南湖述妙宗鈔釋天台觀經
疏大彰（吳）觀心觀佛之旨曾於（十七）每歲二月望日
建念佛施戒會動逾萬人又撰融心解明一
心三觀顯四淨土之義後於歲旦建光明懺
至五日召大衆說法驟稱佛號數百聲奄然
坐逝
遵式初居天台東山徧行四種三昧後住四
明寶雲結緇素專修淨業作誓生西方記及
居天竺靈山於寺東建日觀菴爲送想西方
之法依無量壽經述往生淨土懺儀爲杭守
馬亮述淨土行願法門往生略傳後居草堂
示疾弟子問所歸對以寂光淨土至夜奄然
坐逝
有基學于寶雲住太平興國寺一日示疾爲
弟子廣談圓旨衆忽見西方兜光空中奏樂
師曰阿彌陀佛與二大士親至于此卽右脇
西向而化門人夢阿彌陀佛授記爲越壯如
來或夢師坐青蓮華執如意對佛說法者法
智歎曰卧病談玄臨終見佛是可敬也

本如號神照住東山承天三十年講經之餘集百人修法華懺一年與郡守章郇公結白蓮社一日升座說法與衆訣別江上漁人見雲端有僧西去明年啓塔尊容如生有蓮華產于塔前

慧才號廣慈晚居雷峯塔課佛不輟忽夢入一處若宮室者人告之曰淨土中品是汝所生後見一殿勝麗殊絶人曰上品之生以待淨慈本禪師也才臨終累書偈面西趺坐而化

思義號淨慧住靈山二十三年退居草堂一日別衆而逝衆念誦久之忽復省曰適隨觀音大士行見金色沙門長身垂臂謂我曰汝報緣未盡過七日當遣迎至期趺坐而化瘞龕之日有赤雲縈布向西而沒

允淨號辯才住上竺謝去居南山龍井焚指供佛左三右二專修淨土觀臨終告其友道潛曰吾西方業成後七日去矣至期右脇吉祥而逝

從雅學于天竺海月誦法華經五藏弥陀經十藏金剛經四藏每字三拜禮法華三過自餘誦經禮拜無虛日誓生安養主客楊傑述安樂國讃三十章以贈之（此文丞用天台十疑論中之義）後於四月八日面西趺坐而化空中奏樂室內聞香

若愚居雲川仙潭學于辯才歸覺海建無量壽閣勸道俗四季開會念佛凡三十年持願世夢神人告曰汝同學則章得普賢行願三昧已生淨土彼正待汝師乃沐浴更衣命衆諷十六觀經端坐默聽忽云淨土現前吾當行矣遽書偈而化本是無家可得歸雲邊有路許誰知溪光搖落西山月正是仙潭夢斷時又於半月前書一頌云空裏千華羅網夢中七寶蓮池踏得西歸路穩更無一點狐疑

智深號慈行學于淨月歸嘉禾開長堂供二十年專志念佛常以淨業化人得往生顯驗者甚衆一日示疾客至問安談論如常時客方出門師即還化人見紫雲向西而沒

豫誠繼神照住嗣遣一夕會弟子設香華諷普賢觀經阿彌陀經端坐稱讃淨土功德復告衆曰吾得無生日用有年矣今以無生而生淨土如入禪定奄然而化

有嚴受業天台靈鷲依神照傳教晚居樝菴專事淨業作懷安養故鄉詩四篇爲時所傳居山十年夢池中大蓮華天樂四列乃作餞歸淨土詩後七日加趺而化塔上有光如月三夕乃隱

中立號明智居南湖常以淨業誘人其徒介然創十六觀堂爲東州之冠實師勉之也一夕謂侍者曰今聞異香吾意甚適即召觀堂行人俱集含笑言曰吾往生期至即面西坐逝

擇瑛桐江人依經論辨専雜二修以示往生之易又述淨土修證儀二卷行於世今人稱阿弥陀佛真金色一偈即師所撰也一夕有疾面西凭几念佛而化

思照受業錢唐淨住刺血書法華經一字一禮如是十過誦十六觀經五藏弥陀經十藏法華一千部唱禮華嚴梵網淨土七經等凡二百七十卷每夜四更即起念佛懈怠之人聞聲悚愧又於月二十三日率道俗繫念三昧常及千衆終師之世凡三十年一夕語其徒曰夜夢佛金身丈六豈非往生有兆乎乃日請七僧以助念佛至七日晚涌身合掌厲聲念佛趺坐結印而化

宗利受業會稽天華修法華懺三載夢亡母謝曰荷汝懺功已生善道期滿見普賢從空而過復謁大智律師增受戒法忽夢律師吐白珠令吞之嘗神遊淨土見寶池蓮華行樹之相尋詣新城碧沼修念佛三昧者十年後入道味山築菴名一相越十五年謂弟子曰

吾見白蓮華徧滿空中三日復曰佛來矣即書偈曰吾年九十頭雪白世上應無百年客一相道人歸去來金臺坐斷乾坤窄奄然而化

晉玉號慧覺初於霅川寶藏建淨土會念佛者如蟻之衆後住上竺夜半頂弥陀像行道念佛一日謂首座曰昧前多寶塔現非吾願也所欲見則阿弥陀佛也可爲我集僧念佛座鳴鐘磬念將百餘人頃之曰今已見佛即瞑目端坐而逝

仲閔所著教義寔章集三衢人於受業祥符卝師子座見銀臺西方而至師曰吾一生解第一義誓取金臺今乃若此即座而化

瑩珂受業霅川瑠山徧參教席禪門以疾歸受業酒炙無所擇竊念戒業有關恐從流轉令同住取戒珠師所編淨土往生傳對床讀之凡讀一傳爲一首肯既而擇一室面西設禪椅不食念佛三日夢佛大士謂之曰汝尚有壽十年且當自勉珂白佛曰設有百年閻浮濁惡易失正念所願早生安養承事衆聖佛曰汝志若此後三日當來迎至期令衆誦弥陀經師曰佛大衆皆至矣遂寂然而化

靈照住華亭超果每歲開淨土會七日道俗常二萬人夢中見三聖跪問之曰靈照一生期生安養可果願不觀音指之曰淨土不遠有願即生一日卧疾謂侍者曰吾往生有期矣即面西趺坐而化

可久居四明關化當誦法華因坐化三日復蘇語淨土事與十六觀境不異見蓮華臺皆標合生者姓名一紫金臺標云大宋成都廣教院熏法華當生此中次一金臺云明州孫十二居士合生此又一銀臺標云明州徐道姑當生此中語訖復逝五年徐道姑亡異香滿室二十年孫居士化天樂盈空感一郡人皆來送葬

宗本初參天衣懷禪師有契悟後住淨慈奉詔入住東京慧林召對延和殿寄修淨土之業臨終安坐而逝雷峯才法師神遊淨土見一殿殊麗人曰以待淨慈本禪師又資福義師至慧林禮足施金而去人詰之答曰吾定中見金蓮華人言以俟慧林本禪師又小蓮華無數稱是以待受度人或有妻者云是退墮之人也

善本試華嚴經得度自淨慈詔住法雲賜號大通後歸杭州象塢專修淨業有僧定中見方丈弥陀佛示金色身一日告門人曰止有三日在至期趺坐面西而化

元照住靈芝弘律學尤屬意淨業一日會弟子諷觀經及普賢行願品加趺而化西湖漁人皆聞空中樂聲

道言會稽人靈芝之高弟專修淨業臨終歎曰前見二神人長丈餘報言何不繫念於是大集道俗念佛三晝夜將畢自升座說法爲衆懺悔至曉即座而化

宗賾住長蘆作蓮華勝會錄勸人預名念佛忽夢白衣士謂曰欲入公弥陀會師秉筆問其名曰普慧書已復云家兄亦告上名問何名曰普賢言訖遂隱師以聖賢幽贊乃更以二大士居其首師述勸修淨土頌有云三界炎炎如火聚道人未是安身處蓮池勝友待多時收拾身心好歸去目想心存望聖儀直須念念勿生疑它年淨土花開處記取娑婆念佛時此頌最在人口（蓮花勝會錄文及淨土頌十大勸頌並見所著葦江集）住普會時迎母居方丈東室勸念佛臨終前一日師夢母謂曰我見尼師十餘人來召師曰此往生之祥也

惟月居諸暨化城明律學修淨業一日有僧來迎後二日微疾急呼同住道寧曰今見阿弥陀佛可高八尺駐立空中言訖而化

思敏依靈芝增受戒法專心淨業二十年一日偶疾請衆諷觀經者半月三日見化佛滿室臨終念佛聲出衆外酷暑留龕七日不壞

異香郁然
行誦四分戒本三日通徹學律于大智住
明慶二十年偶寢疾即設像命徒擊念數日
忽起索三衣自唱弥陀經厲聲念佛加趺而
化
法持居化度寺修弥陀懺三年燼二指增受
戒法造西方三聖像誦觀經弥陀經如意輪
呪頗促閻浮之壽蚤生安樂之邦一日小疾
哭慟懇告頷乘接引念佛之聲聞於百步忽
見佛身丈六立于池上即自言曰我已得中
品生端坐面西而化
慧亨居武林延壽號清照依靈芝智律專修
淨業殆六十年每接賓卿以念佛為勸
建寶閣立三聖像最称殊特貴官江自任每
敬師忽夢寶座從空而下云是清照律師當
升此座社友孫居士報師乍逵即在家作印
而化師姪炷香回謂其徒曰孫君已往吾亦
當行即請衆念佛復云弥陀口口稱白豪念
念想持此不退心決定生安養即端坐脫去
用欽居錢唐七寶院依大智學律開其示衆
曰生弘毘尼死歸安養出家為道能事斯畢
即標心淨土一志不退日課佛至三萬嘗神
遊淨土見佛大士種種異相謂侍者曰吾明
日西行矣即集衆念佛黎明合掌西望加趺

而化
妙生會稽人習律學日踐淨土之業與大通
本禪師居潮山象塢共明此道一夕會門人
諷弥陀經就榻端坐限臨終香焚之合掌迎
顧嗒然而化
惟渥錢唐人杜門謝事閱大藏三過華嚴法
華諸經計之摠二萬卷晚年誦弥陀經二十
藏一夕偶疾西向端坐作印而化
仲明居山陰報恩素無戒檢偶因感疾謂同
學道寧曰我今心識散亂何藥可治寧云但
隨息念佛為上藥明即依法念之至七日力
已困寧又令想目前佛像久之忽見二菩薩
次又見佛迎接瞑目而化
沖益居錢唐淨光刺血書淨土七經復金書
法華刻西方三聖像依止觀坐禪法念阿弥
陀佛一日感疾不服藥拈香對佛懺悔請大
衆助念佛諷弥陀經至西方世界奄然而化
法宗依雷峯廣慈學教用止觀行法修大悲
懺至九載然五指供佛每月率四十八僧同
修淨土懺久之夢佛菩薩來迎後三日合掌
西望而逝
睎湛山陰人少為儒生忽厭世出家與瑩行
人於阮社同建無量壽佛殿專修淨業坐不
背西久之常見三聖相一夕面西誦經正坐

作印而化
曇懿居錢唐淨住以醫為業晚年禮法華經
修念佛三昧以平時所積供佛齋僧造像設
浴如是二十年後微疾不服藥請利行人七
僧念佛以助往生次日見蓮華其大如屋又
一日梵僧到床間訊夜半衆聞念佛聲低泊
然長往
太微兒時投錢唐法安法師初授弥陀經便
能背誦及受具頭扁門念佛為不退僧常縱
步後山忽聞划舡笛豁然開悟因蓄一笛以
自嬉有凌監簿者亦修淨業称微為淨土鄉
長一日叩門曰淨土鄉弟相見微曰明旦可
相見於淨土今日誦佛正完耳翌朝人怪其
不赴粥往視之見笛鉢禪椅先已焚卻加趺
地上而化
思聰居錢唐法安日誦蓮經二部餘刻念佛
未嘗談及世事忽謂弟子曰夜來見佛菩薩
同來接引弟子曰恐是魔境不可便隨聰曰
終時胸間有蓮華可驗越二夕命聲磬念佛
喜曰佛來矣即奄然而化視胸前一掌許有
文紅潤若開數蓮華之狀
了義號木訥鍾離少師之曾孫十五舉進士
過金陵見保寧璣公聞法開悟即從剃落隨
所至處扁曰昨夢念念西方未嘗間斷祥公

赴黃蘗挽其偕行一夕祥夢師來別云西歸矣復見佛菩薩授以金臺越三日炷香宴坐含笑而化常誦五臺忽覺隨衆菩薩後行道有紫緣金章二人從其後師詰其名一僧引至殿旁觀玉牌金書王古葛繁二名字

慧誠居錢唐資聖誦金剛經禮西方佛常神遊淨土親覩佛容潛於山岫積薪為龕入中念佛縱火自焚

祖南居南岳剌血書阿弥陀經五百卷金剛經一百卷法華經十部終二十七年皆用血書常時念佛期生安養末年乾血骨立念佛之聲不絕一日至方丈相對無別語即坐而化眉間迸出舍利隨取隨生

法因住四明廣壽三十年寔心淨業偶在疾集衆諷觀經稱佛號者三夕謂門人曰吾將行矣或請留偈為之書曰我與弥陀本無二二與不二並皆離我今如此見弥陀感應道交難思議挺身端坐結印而逝

了然號智涌住白蓮二十四年夢雨龍戲空中一化為神人袖出書曰師七日當行既寤集衆說法大書曰因念佛力得生樂國凡汝諸人可不自勉即沐浴更衣集衆誦阿弥陀經至西方世界翛然而化能仁行人皆聞天樂之音祥光上屬天表

智仙號真教住白蓮講道十三年西向十念歷十二時未嘗廢一夕微疾請觀堂行人誦弥陀經卷未終而坐脫能仁行人皆聞衆樂和鳴黎明始知師亡

思淨居錢唐北關姓喻常誦觀經念佛不輟善畫佛必先靜室觀想一日畫丈六弥陀佛先見佛光遂悟筆法之妙人因號喻弥陀建藍院名妙行飯雲水終其身三百萬人忽靜默端坐心想西方越七日臨終索香供佛加趺而化異香經旬

如湛試法華得度遍歷教席住烏鎮塔院日誦蓮經二部佛號二萬聲一夕念佛端坐而化所著教義號假名集

思梵居西山日者謂之曰六月望師其終乎師曰造物焉能制修道之人汝言六月亡我且八月往至期沐浴坐龕中集衆端坐而化

淨觀居嘉禾寂光菴修淨土懺法十餘年謂弟子曰我後月二十七日當去至兩日前見紅華次日黃華滿室皆有化生孩兒仙帶結束及期入龕坐命衆誦經念佛頃之即脫去

利先居新城法慧日誦法華課呪念佛至中夜其聲哀切仰訴娑婆極苦願佛早垂接引得遂往生如是十年晚歲屢感祥夢忽示疾命衆念佛西向凝望端坐而逝

師安受業烏鎮普靜通華嚴宗旨修弥陀懺觀想淨土二十年昕夕不廢一生多病臨終忽精爽謂弟子曰佛菩薩已降吾將行矣即端坐而化

如寶受業霅川覺華因聞自普珍禪師夢設浴往生事遂發心開長堂浴二十年及建立佛像願求往生年八十一請衆啜茶言別還聞鍾鳴一聲衆皆驚異即向西加趺合掌凝望而化

顯超博州人親授金總持三藏織逝持呪之法濟病鮮寃計所得施利五萬緡入永壽常住後病中見佛菩薩前迎蓮花徧滿技樂雜奏弟子皆告留法師住世救苦淨土變相漸漸隱沒乃復住十五年行呪救人一日天樂異香佛及衆聖如前迎接即面西加趺而化

有開居霅川千步寺專修淨業旦暮不忘於歲旦請衆念佛諷經至西方世界即瞑目長逝

道生居常熟興福造丈六弥陀像得縣令梅汝能施財鞍采即集衆諷經念佛陳白慟哭辭佛歸臥房書偈坐亡

若觀居烏鎮嘉會結十萬人念佛人各十萬聲期先得生者次第汲引師誦法華光明二經日滿百部二十年中誦滿六十萬部誓與

群生莊嚴淨業一日空相來訪相陪齋食訖索筆書偈趺坐而化

覃異居餘姚龍泉誦法華五千部普賢行法彌陀經各萬卷静室禮佛不舍晝夜忽微疾集衆告曰吾安養有期即面西累足而逝

智印居雪川祇園常想念淨土旦夜無間病中集衆諷弥陀經甫畢加趺合掌而化

元肇四明陸氏文章陸佃之族蚤歲習律閱大藏誦蓮經萬部又刺血書蓮經一部律宗諸疏三部建炎四年金虜破四明師時住湖心虜逼之北行至南徐謂左右曰吾將西歸矣即聞笙歌之聲一時軍民咸見師西望合佛而化

戒度習律受業棲心晚住餘姚極樂病中作遺書別士夫道曰命衆誦觀經至法身觀厲聲念佛加趺而化

道琛號圓辯為南湖八世祖於弥陀懺宴坐中見法智尊者於法華懺中見普賢放光無月二十三日建淨業會以為常課道俗俱至一日示疾頤平日一豪之善回向淨土集衆諷觀經不絶七日謂首座曰吾已見佛身聞異香乃沐浴更衣書偈曰唯心淨土本無迷悟一念不生即入初住復令諷安樂行至深入禪定見十方佛嗒然而化

有朋號牧菴住南湖一日坐青玉軒請行人諷觀經至真法身觀復令大衆唱佛留偈坐亡

妙雲四明楊氏號慈室自南湖退處溪口吳氏菴一旦沐浴趺坐謂侍人曰吾有辦香藏之三十年矣擬臨終焚之用報佛恩今正其時及香光正熾起白佛陳意就座而化

睎顏字聖徒四明人一生不肯住山晚年居桃源厲氏菴專心念佛十餘年嘗扁小軒曰憶佛作偈有云隨波逐浪去翩翩彈指聲中七十年豈不向來知憶佛欲從老去更加鞭自憐憶佛暮年深除佛無能寫我心誰道萬金為客好終非一飯在家林臨終沐浴更衣端坐念佛而化

了宣四明寶林肄業入南湖光嚴堂閱大藏預法華期懺二十七年與榮行人最相善一日詣榮室默坐榮同之師曰西歸有期難忘道義董公淨土重會耳榮喜曰正所幸頤忽示疾請衆諷弥陀經念佛之際端坐書偈曰性相忘情一三無寄息風不行摩訶息利合掌而化炎暑停龕七日顏色紅潤口角有微涎觀者以帕裹之異香噴人士庶聞之傾城來裹香涎愈滋闍維之處舍利無算

吾榮四明小溪周氏入南湖觀室十六年閱藏經修期懺金書法華楞嚴淨名圓覺光明諸經造弥陀像遍法會則拈施白畫水墨觀音求者便與宣公亡後三年忽取經像分施親故請衆諷普賢行法經弥陀經念佛聲中加趺而化時以為赴宣公淨土之約弟子海印高行似之

祖輝居四明郡城佛閣逢人但云阿弥陀佛說也說不得人竟以說不得和上目之鄞尉王用亨夫婦事之甚至一日到其家告別云我明日行矣及諸檀俱會即入龕端坐求甘瓜啖盡一枚念佛而化

如鑑四明塔山兩閱大藏長誦蓮經專志念佛晝夜不懈晚年菴居忽示疾請鄰菴諸僧讚念面西加趺含啖而化

祖新受業四明福源布衣糲食為行清苦去寺不遠有大姓方氏以菴延之乃於福源創淨土院造像栽蓮月三八集道俗繫念一日往別方丈曰二月十五日將西歸特來拜辭枯腸欲得索麪一椀主人如其欲食訖竟往淨土院像前作禮云祖新將行奉別尊像即歸菴集衆念佛遽出衆問訊曰祖新已拜辭如來尊像已拜別福源方丈今別衆道友十五日畢定歸去願諸仁者勤心念佛蚤得相會即趺坐念佛遂云佛已至此合掌而化

佛祖統紀卷第二十七

佛祖統紀卷第二十七

校勘記

一　底本，明永樂南藏本。

一　五七九頁上八行「曇弘法師」，徑作「曇和法師」。

一　五七九頁下二一行夾註「四明」，徑無，下至次頁中六行末二字同。

一　五七九頁下二二行「有朋法師」，徑作「有明法師」。

一　五八〇頁上一七行夾註「景融之孫」，徑作「附景傳」。

一　五八一頁上末行第四字「適」，徑作「適」。下同。

一　五八三頁下九行第八字「非」，徑作「罪」。

一　五八三頁下一七行末字至次行首字「見靚」，徑作「靚見」。

一　五八四頁上一九行第一〇字「頤」，徑無。

一　五八四頁中一行「天神」，徑作「大神」。

一　五八四頁中二二行「二十許年」，徑作「二十年許」。

一　五八四頁下一行首字「終」，徑作「化」。

一　五八四頁下一三行「樂佛」，徑作「樂器」。

一　五八四頁下二〇行首字「躅」，徑作「跡」。

一　五八六頁下一二行第六字「唱」，徑無。

一　五八八頁下一二行第九字「鄉」，徑作「鄉長」。

一　五八九頁中一四行「日者」，徑作「星者」。

一　五九〇頁上一五行第七字「臼」，徑作「舊」。

佛祖統紀卷第二十八　昆九

宋景定四明東湖沙門　志磐　撰

淨土立教志第十二之三

往生高尼傳

法藏居金陵道場寺習十六觀想一夕禮像遇病假寐見大士乘雜華雲出寶色光前來相迎時諸尼款門問疾咸見光明迸溢咸曰佛及菩薩放光度我言竟而絕

道瓊丹陽人先於諸寺造大像七軀務極精嚴又冶金銅造無量壽佛像忽於眉間放大光明地皆金色像與瓊記曰汝舍此身必生我國即於像前端坐而化

法藏居金陵勤志念佛夜聞見佛菩薩來慰問光明照寺奄然還化

淨真居長安積善寺納衣乞食誦金剛經十萬徧專志念佛語弟子曰五月內十度見佛兩度見淨土寶蓮花上童子遊戲吾已得上品生言訖加趺而化祥光滿寺

悟性居廬山念佛願求往生忽聞空中音樂謂左右曰我已得中品生見同志念佛精進者皆有蓮華生寶池中以待其生言畢而逝

能奉錢唐人專修淨業常夢佛光照身或聞諸尼善言開發一日無疾告其徒曰吾往生時至少頃聞本誦佛聲厲命往視之則合掌面西坐逝矣異香滿室樂音西邁

慧安居四明下水大慈姚穎之屬也住小溪常於室中佛光下燭一日示疾端坐以手搖曳戒衆人勿諠移時曰佛至矣令衆念佛倏然脫去壽九十六

往生雜衆傳

隋汶水二沙弥同志念佛經五年大者先亡得生淨土見佛欣慶即白佛言有小沙弥與我同修不識可得生不佛言汝本無心念佛由彼勸汝汝今宜還益勤淨業三年後可同來此至期佛與衆聖自西來迎大地震動天華飄舞是二沙弥一時俱化

魏師贊雍州人為僧童年十四念佛不絕遇疾而亡忽再蘇白父母曰阿弥陀佛來此光當隨行鄰人見空中寶臺五色異光向西而沒

何曇遠錢唐人持菩薩戒修淨土業夜中念佛忽謂師曰見佛身金色擁華滿空異香盈室俄忽化去

越大善寺童行常隨師善輝念佛禮拜一夕夢婦人持數珠賣童曰欲得一穿恨無錢買婦曰我當與汝汝可開口即以數珠投口中童以告師輝曰此是大勢至菩薩授汝念佛三昧也過數日童見二大士持華座與之曰七日當乘此來生淨土童逢人即說我七日當往生也至期忽自唱曰菩薩來矣即座而化

倪道者仁和人棄家作道者建小菴專意念佛欲焚身代一切受苦衆生供養諸佛久之有朱藤三窠生卧榻前謂衆曰此藤若焦我當西去臨終半月集衆念佛至于萬人焚身前一夕其地忽有光明金色高半尺許以手掬之隨浮掌上又謂衆曰我焚身時必有紫雲青雲從東北過西南是我往生之相乃四面發炬端坐其中果有二色雲瑞

往生公卿傳 居士附

白居易號香山居士官太子太傅初勸一百四十八人結上生會行念慈氏名坐想慈氏容顏當來世必生兜率晚歲風痺遂專志西方祈生安養畫西方變相一軸為之願曰極樂世界清淨土無諸惡道及衆苦願如我身病苦者同生無量壽佛所一夕念佛坐榻上倏然而逝 唐

韋文晉位觀察使建西方道場念佛發願一日正念佛中忽面西加趺而化異香滿室 唐

張抗仕石晉為翰林學士課大悲呪十萬徧願生西方一日寢疾唯念佛號忽謂家人曰

西方淨土秖在堂屋西邊阿弥陀佛坐蓮華上見翁兒在蓮華池金沙地上禮拜嬉戲良久念佛而化翁兒抗之孫也

鍾離瑾會稽人位至少師幼事母任夫人夫人精修淨業年九十八起居如常忽戒瑾曰人人有箇弥陀柰何拋去念念無非極樂不解歸來翌日予將行矣及晨起焚香誦佛過於常課合掌而化瑾日課利益二十事後寧吉水置一妾徙其女嫁審之則舊令之女亟所親縷納采擬先遣前令女所親復書曰公安得獨爲高誼予有猶子請平分匳具俾同親迎公從之忽夢舊令來謝曰賤息荷收録已告之上帝當十世有土然公更一紀應生淨土尋爲浙西憲與慈雲懺主論往生指要清修弥篤自夫人有旃檀佛像常頂戴行道公繼其志像眉間忽迸出舍利數粒來幾知開封府忽夜半起謂家人曰夫人報我往生之期至矣即加趺而逝前一日舉家夢公乘青蓮華座仙樂異香海衆迎之西去計其年正一紀宋

鍾離景融少師第七子官朝請大夫常誦觀經念佛不輟挂冠棄仕結茅儀真東園側嘗曰識得弥陀弥陀弥陀不識弥陀柰何柰何不識弥陀弥陀更在西方外識得弥陀弥陀秖在自己家一夕命僧妙應誦普賢行願品炷香敬聽畢兩手作印而化自任氏少師大夫三世得生淨土曾孫松居于婺乾道中奉祠吳郡與寶積寶師東平呂洎等結社念佛無所疾忽端坐西向合掌而化

楊傑字次公無爲人官尚書主客徧歷禪林參尋知識晚年畫西方佛像隨行觀念會壽之日感佛來迎端坐而化

馬亮官侍郎守杭詣靈山學淨土業慈雲爲撰淨土行願法門淨土往生略傳臨終念佛而逝子玗朝奉又依十疑論用心在官閑暇藏誦經念佛皆有常課忽一日易衣念佛端坐而化有氣如青蓋出戶騰空西去几筵時現瑞光玗之子永逸官宣義每習十六觀歷三十年忽見三聖來迎結印而化頂熱有異香玗之妻王氏修十念法持破地獄真言嘗夢地獄主者謝以持偈咒之賜後因寢疾念佛而亡觀戚侍妾感夢王氏言得生淨土

胡闓官宣義侍郎胡則之子晚年致仕笑傲西湖與清照律師相善一日有疾問律師曰一稱佛名能滅八十億劫生死重罪何也師曰佛大威德衆生一稱其名罪垢自消如赫日正中霜露何有闓大感悟一心念佛請僧爲之助一日律師至闓曰荷二大士降臨甚久師爲懺悔發願忽厲聲念佛安坐而化

葛繁澄江人少登科第官至朝散凡官居私舍必飾淨室安設佛像每入室禮誦利從空而下普勸道俗同修淨業皆服其化有僧定中遊淨土見繁與王古侍郎同遊寶池行樹之間俄聞繁無疾而化

王古儀真人官禮部侍郎與晦堂楊岐爲禪侶嘗作直指淨土決疑集楊傑爲序又增補往生淨土傳皆行於世平時志在往生西方臨終無所苦忽滿室光明端坐而化有夢古乘蓮華西去者

江公望釣臺人官司諫少年登科蔬食清修述菩提文念佛方便文以勸道俗有子蚤亡託夢舅氏曰欲禀大人乞就天寧寺看寶積經庶得生善處大人脩行功業已成冥府有金字牌云嚴州江公望身居言責志慕苦空躬事熏脩心無愛染動靜不忘於佛法言談罔失於宗風名預脫於閑身必歸於淨土宣和末知廣德軍一旦無疾西向端坐而化

王衷居錢唐孤山即林和靖之故迹隱居自適政和間舉隱逸朝廷旌以處士後官至朝散大夫潛心淨業有大感悟日誦弥陀經七過佛號萬聲十九年未嘗間絕一日無疾沐浴面西加趺而化

張迪居錢唐官助教從圓淨律師授菩薩戒咨問淨業法門然臂香以為誓每念佛揚聲勇猛至失音猶不已一日謂圓淨曰弟子近於靜室見白色頻伽飛舞于前又觀想中見嬰孩綠髮合掌問訊後三年念佛西望而化

賈純仁雲川人官至郢倅潛心淨業長齋念佛因微疾西向宴坐而逝頂上白光圓相異香滿室

梅汝能常熟人仕至縣令嘗有志淨業忽夢僧授紙百幅鑿破為二八字以問東靈照師師曰二八十六也豈十六觀經之謂乎適一僧以經與之忽不見自是誦經念佛取名為往生以見志因邑中破山道生師造丈六弥陀像汝能施財百萬為之粧飾設齋慶懺殿前池中生雙頭白蓮一朶其花百葉當年冬汝能無疾而終未幾道生亦亡

馮檝遂寧人號不動居士由太學登第初訪道禪林晚年專崇淨業作西方禮文弥陀懺儀歸鄉郡作淨土會感香爐中白光亘天舍利應現靖康兵厄名山藏經多燬檝積奉資造大藏經四十八藏小藏四大部者亦四十八藏造栴檀像弥陀九品化生隨身奉供後以給事中出帥瀘南準道俗作繫念會及鎮長沙於廳事設高座著僧衣登座謝官吏橫柱杖於膝上而化

吳秉信四明人築菴城南禪坐製一棺夜卧其中至五更令童子擊棺而歌曰吳信叟歸去來三界無家不可住西方淨土有蓮胎歸去來聞唱即起禪誦禮相亡名為禮部侍郎後被召至蕭山驛令家人靜聽空中聞天樂之聲即曰清淨界中失念來此金臺既至吾當有行言訖而逝

錢象祖天台居號止菴守金陵日問道於保寧全無用尤以淨土真修為念嘗於鄉州建接待十處皆以淨土極樂等名之創止菴高僧寮為延僧談道之所自左相辭歸益進淨業嘉定四年二月微疾書偈曰薝蔔香送佛國來琉璃地上絕纖埃我心清淨超於彼今日遙知一朶開後三日僧有問疾者公曰我不貪生不怖死不生天不為人唯求生淨土耳言訖加趺而逝時天鼓震響異香芬郁未終之前子姪郡人同夢空中有云錢丞相當生西方蓮官為慈濟菩薩

王仲回無為人官司士參軍因楊傑為說淨土之法念佛益進未亡前七日預別故舊端坐而化時傑守丹陽夢仲回來謝云向蒙指示今得往生再拜而去已而訃至

庾詵新野人蔬食布衣不事產業少與梁武帝善詔為黃門侍郎不赴宅內立道場六時禮懺誦法華經忽後夜見一道人自稱願公容止甚異呼詵為上行先生授香而去後寢病驚覺曰願公復來不可久住舉室咸聞空中唱上行先生已生弥陀淨土詔謚貞節處士

王日休龍舒人為國學進士著六經訓傳數十萬言一旦捐之曰是皆業習非究竟法吾其為西方之歸即布衣蔬食惟佛是念日課千拜夜分乃寢嘗為淨土文十卷簡易明白覽者無不信服一夕厲聲念佛久之忽曰佛来接我也屹然立化邦人夢二青童引之西去

房翥暴亡入冥府王曰據善簿君曾勸一老人念佛彼已得生淨土君乘此福亦合得生翥曰尚欲誦金剛經萬卷既而放還後卒償其願臨終異相不違先報

孫抃武林人號無諍居士（殷夔氏別有傳）幼學易因曰易所以窮理盡性何必區區為進取計掩關晦迹居絕俗務沙門守寧與之交謂曰白樂天以儒修身以釋治性君聞之乎抃深契僧語日閱華嚴金剛弥陀經嘗夢至蓮池與清照亨律師同立其側又夢一人持書金字梵體讀之不解人曰請十三日齋耳十二月

十三日忽得疾請妙光律師欲為祈禱扑曰生死已定何必禱之乃與開導往生淨土之旨即加趺作印西向坐化翌日清照至為入龕歸菴三日亦坐亡應同立蓮池之識

王闐四明慈溪人號無功叟凡禪林宗旨天台教門無不洞達著淨土自信錄以明三身四土之旨晚年專心念佛西向加趺而化異香滿室焚龕獲舍利如菽者百八粒

孫忠四明人蔬食持戒蚤慕西方於郡城東築菴鑿二池種白蓮臨池建閣月集道俗念佛期以三日後於病中請道俗百人繫念忽仰視虛空合掌問訊手結雙印怡然而化闔城皆聞天樂異香漸向西泯二子相繼念佛坐化嘗因念佛見佛身現空中即白佛言惟願我佛少駐使我二子同獲瞻禮即走外尋二子歸佛為駐立良久後人因名其地曰駐佛巷（又有事迹見又法華傳）

昝定國號省齋為州學諭常念佛讀淨土諸經結西歸社以勸人嘉泰初於小江慧光建淨土院結石塔於池心為鄉民火焚藏骨之所印施念佛備月三八集僧俗就淨土院諷觀經念佛以為常嘉定四年夢青童告曰佛令召君三日當生彼國至日沐浴更衣端坐念佛而化

樓汾四明晝錦名門也因兄寶州究明佛理每與沙門談道汾必從旁樂聽年二十二忽得疾乃一志西歸謂父母曰但得生淨土見佛此道最高仍令請僧說法開導諷觀經設像幨對卧床喜曰真我師也復請僧念佛千聲即曰吾已身在西方乃瞑目面西念佛而化

往生庶士傳

宋滿隋時恒州人念佛以小豆記數滿三十石設齋慶讚佛二大士化作三僧至會乞食滿曰弟子願生西方師來赴食深副本心事畢即見天花異香乘空而行未久滿遂面西坐化

高浩象東平人杜門靜坐專誦無量壽經觀中汎紅蕖於玉沼初未見佛乃即華上傾心致敬遍睇佛之金容光輝遠映一夕見衆菩薩來迎奄忽而化

并州汾陽老人於法忍山借房止宿念佛忽大光徧照人見其登蓮臺而去

鄭牧卿滎陽人舉家念佛唐開元中病篤有勸進魚肉者確乎不許手執香爐求願往生忽異香蔚充奄然長逝舅尚書蘇頲夢寶池蓮開牧卿坐其上

張元祥長安人常念佛不輟一日催家人云西方聖人待我齋畢同往淨土及事訖果索香火加趺面西而化

李知遙長安人率衆為五會念佛（唐大曆中法照師於并州開五會念佛今李知遙為五會應是師祖於法照五會者當是五日為一會也）忽出堂向空頂禮空中有聲云報汝李知遙功成果自報引君往淨土同汝上金橋即就床端坐而化天香郁然

元子平依京口觀音寺念佛誦經忽聞空中音樂即西向坐化異香數日不絕

左伸天台人從神照授菩薩戒刻三聖像誦法華三千四百部金剛二萬過後卧疾命男沙門淨圓唱法華首題增受菩薩戒夢三偉人立江皐召伸登舟復請僧誦弥陀經遽曰我已見佛光即端坐作印而逝

范儼家武林讀法華經念弥陀佛常日不廢忽見普賢菩薩來報當生淨土越一夕佛菩薩來迎家人聞其謙謝云儼是何人實為難當就座合掌而化

沈銓家錢唐同妻施氏專心淨土請照律師依觀經繪九品往生畫印施般若經供佛飯僧徑山天寧五剎皆建大殿像平時諸善悉用回向銓及施氏前後命終皆感化佛持錫接引西去

孫良家錢唐隱居閱大藏尤得華嚴之旨嘗

依大智律師受菩薩戒日課佛萬聲二十年不輟忽語家人令請僧念佛以助往生方半日望空合掌云世尊菩薩巳荷降臨即退坐而化

姚約家雲川仙潭潛心内典有僧來謁必遜居東道謂不當以俗先僧也覺海友師勸甲人結淨業社約實主其事忽告友曰久厭浮生不日西去師可助我繫念友遂日與持誦一日就座而化既而夢於友曰約巳往生師之力也友曰欲從公遊可乎約曰師世壽未盡寺中景懿行當先至閱月果終懿蓋同社友也

梅福松江人誦經持戒繫念淨土臨終預知即絶食飲水念勢至菩薩至七日澡浴更衣端坐告衆曰勢至菩薩今來迎我即座化去

胡昺家雲川平時多作佛事忽夢佛呼曰汝可造屋迎我昺乃往明曰建弥陁閣以協此夢臨終之夕忽云佛放光照我言訖而化

唐世良會稽人持戒茹素念佛礼拜年老疾病猶不就枕誦弥陁經十萬過謂家人云佛來接我言訖作禮即便坐逝欲别利行人時在道味山夜夢西方異光播華天樂空中聲云唐世良巳歸淨土

陸僖錢唐人爲州都掾中年厭世念佛率衆結法華華嚴二社各百許人其法各人在家誦經一卷月終就寺讀誦終日而散如是二十年遂成大會嘗手書法華華嚴楞嚴圓覺金剛金光明等經晚年子孫彫落更無餘累忽一日易衣端坐念佛而化

李彦通家會稽爲鍛師因開元繫念往預其會忽悟世無常歸心淨業一朝得疾遽云我遊行淨土見二門扃鑰甚固逡巡之際見利行人開門引入見蓮池樓閣佛菩薩衆遂請睎經道果二行人至卧榻前説法策導舉家念佛西向坐逝

陸浚家錢唐少事公門久之棄去以淨土爲業預西湖繫念會每對佛懺悔必垂涕道友相見説淨業因緣纔十餘句便悲咽感歎惟恐此生之不變三昧之不成往生之未諧我佛之未見也臨終得病請圓淨律師説淨土法門諷觀經至上品淨讚曰此時好去浚曰衆聖未齊且待少時即起就竹床面西端坐頃刻化去

馮珉上虞人少事遊獵有巨蛇爲鄉民害珉持槊往從之見蛇在岩下與黄特相持珉推巨石壓之蛇竟死後每思之慮蛇爲怨對乃求佛解釋投志西方修懺念佛如是十載一夕請同修社人相助諷弥陁經念佛號次誦普賢懺罪偈願往生偈即端坐合掌而終

潭州黄打鐵每用工時常念佛不絶一日無病託隣人書偈云日夜丁丁當當久鍊成鋼太平將近我往西方即座而化

計公四明桃源鐵工也年將七十兩目喪明里中昝學諭以檗窠晝印施勸人念佛計公初受一晝念滿三十六萬聲念至四晝兩目驟然如是三載念滿十七晝一日念佛忽氣絶半日復蘇曰我見佛菩薩令分六晝與昝學諭是勸導之首分一晝與李二公此是俵晝之人囑其子往謝學諭言訖沐浴西向坐逝

徐六公嘉興農夫也翁婆蔬食誤像繫念如是四十年屢夢遊淨土預作一龕臨行之日易布衣草𩌦入龕端坐頃之即曰佛來迎我泊然而化

沈三郎家臨安商賈爲業晚年回心念佛一日病請僧諷弥陁經設尊像日夕西顧忽易衣而終須臾縮縢欲起坐二子以易龕爲難曳脛令直經半日欲歛忽擧手出帛被嬰然而坐擧家驚避二子急前扶衛恐其子曳脛以肘節擯之子曰助父坐脱耳恭昆有白鶴二十九隻飛翔雲表久之西去

往生女倫傳

隋文帝皇后心敬大乘常持佛號臨終之夕異香滿宮時尼大明與后最愛每念佛時先著淨衣口含沈香忽衆聞沉香氣滿室異常頃之有光明如雲來迎向西而去

荊王夫人王氏元祐中事西方甚精恪獨一妾懈慢夫人捋逐之其妾悲悔極加精進一夕異香徧室無疾而終夫人忽夢妾起居敘謝因夫人訓責令變往生夫人曰西方可往不妾曰但隨妾行夫人隨之見二池皆白蓮華或榮或悴妾曰此皆世間發心修西方人也人間纔發一念池中即生一花隨其勤墮榮悴各異中有一花朝服而坐其衣飄揚隨風消散即見寶冠瓔珞莊嚴其身妾曰此楊傑也又有一花朝服坐上其華稍悴曰此馬玗也復前導數里遙望金壇光明交徹妾曰此夫人化生處上品上生也徐訪楊傑則已亡馬玗則無恙後夫人於生日秉爐焚香望觀音閣佇立而化[illegible]

吳氏縣君都官呂宏妻宏因異僧勸發妙悟佛理吳氏閱金剛經頌亦契空寂夫婦齋戒四十年吳氏忽見巨迹三雙皆金蓮花數日又見其膝又數日見其身數日見其面目即佛菩薩三聖人也又見殿閣境界青淨男子人問彼佛如何說法曰我得眼通未得天耳如是三年一夕微恙自言吾將西歸言訖而逝嘗事觀音列瓶缶數十以水滿中手持楊枝誦呪必見觀音放光灑諸器中病者飲之必愈世因號觀音縣君

蔡氏縣君居武林早年孀居持經念佛每旦禮懺逾二十年忽見金蓮花現空中遽索平時修行課目卷而懷中安坐而逝

馮氏少師珣之女承宣使陳思恭之妻少多病從慈受深禪師受教持齋誦佛逾十年益精進謂族黨曰清淨界中失念至此支郎緣盡行即西歸一夕語侍者曰吾神遊淨土蓮禮三聖夫聞其語即相陪念佛右脇安卧而逝二日之間妙香芬馥

陸氏宜人家錢唐朝請王珙妻常誦法華晚年尤篤淨土禮懺一會念佛萬聲凡三十載因微疾忽聞天鼓自鳴人方驚異即面西端坐而化兩手結印續淨土傳陸師壽者即其姪也

朱氏如一欽成朱后之姪歸于四明薛君繼法華經一部十年而成至化城喻針鋒綴舍利如粟連箇數十粒一字一拜禮法華者三於經首題別鼓八萬四千拜誦法華經三月而通刻擘窠畜勸人念佛滿十萬聲所化二十萬人獨朱氏旦夜誦之不可以數紹熙四年為寶幢藏繡經迎歸南湖飯千僧爲慶讚是年微疾請僧念佛忽起加趺謂君曰吾家無是法於是右脇吉祥而化家人夢乘采雲向西而去

樓氏慧靖四明揚帥樓璹之孫適寺簿周元卿嘗披味傳灯發明見地尤以淨業爲真脩晚年被疾忽見蓮臺紫色化佛無數異香滿室以語家人亟令念佛頃刻而化

周氏妙聰周元卿之女每感母氏華臺往生之瑞嘗誦經念佛願生安養病中請僧行懺目見其身著新淨衣在樓閣上作禮念佛謂衆人曰汝輩當勤修淨業吾當於淨土待汝即右脇吉祥向西而亡

秦氏淨堅家松江厭惡女身與夫各處精持齋戒閱華嚴經法華光明般若無虛日最晉修彌陀懺日禮佛千拜久之有光明入室中面西念佛安坐而化

鄭氏淨安家錢唐念佛誦經日無虛度後得疾禱之于佛聞空中聲云汝行有期無得自怠又見佛身金色即奮身起面西端坐令男僧義修誦阿彌陀經翛然而化其女夢母報曰吾已得生淨土可說修師令知

于佛子秦氏淨樂家錢唐其夫姓于賣魚爲業有男販私商常遣官事秦氏愁苦幾欲沉

身于江遇淨住寺照師勸之曰有此煩惱宿世怨家枉自沉江不如念佛秦氏醒然回心即燼一指誓長齋三白念佛十年不息見一切人皆称佛子一日請戒行人諷觀經每一觀誦佛千聲至像觀忽爲而化

四明黄氏早喪夫歸父舍修淨業臨終称佛結印復地徐行儼然立化家飾灰於地以人驗生處見蓮花一朶生於灰中

錢唐袁氏因往靈芝受菩薩戒即断葷酒進脩淨業一家皆服其化二十年不渝初志一日病中請圓淨律師說法忽見佛菩薩衆現前端坐而化

錢唐陳氏媪從靈芝受菩薩戒專心念佛日課千拜常有舍利散經案上臨終見化佛来迎顧旁人語未及半已凝然不動矣

武林王氏常誦法華念佛求度一旦見菩薩大身住立空中遂連聲稱菩薩高大菩薩高大又云恐女人是穢難弁花亭語畢而化

四明孫氏寡居齋戒礼誦念佛三十年不懈手製衣衾鞋韈施僧不記其數一日微恙見異人立床前曰宜動精進又夢八僧遶行懺室身挂縵衣隨僧行道遂沐浴淨衣請僧行懺於大衆前端坐誦經至一心不亂左手結印奄然而化遠近皆聞空中奏樂

上虞胡長婆李氏夫喪後日夜高聲誦弥陀經凡十餘年一旦有僧覆以緋蓋告之曰汝今月十五日夜子時去問師何人答曰我是汝念者婆遂會別諸親至時果有異香光明即端坐而逝七日火化齒如雪玉舌如紅蓮睛如蒲萄皆精堅不壞舍利不可以數次日焚處生一花如白罌粟然

安吉王氏女日誦弥陀觀音金剛諸經念佛求度母病亡既斂惡血流滴女發誓曰若我孝心真實額臭氣不生言訖流血即止以舌舐漏處絶無穢氣父娶後室與同修淨業女得疾請僧說淨土觀法忽索衣吉祥而卧手攬觀音手中幡寂然不動繼母飾灰於室以驗受生見灰中印出蓮華數朶

錢唐盛氏日課觀經誦佛不輟一日病中浴舉面西問家人云聞磬聲乎淨土衆聖且至已而合掌喜躍曰佛菩薩已至觀音手執金臺如來接我登座即奄然而化

錢唐沈氏念佛十餘年日加精進命工畫八尺弥陀像病中安設牀前欣然曰我何多幸即請僧念佛相助忽曰見一僧長大授我金臺巫遂座前方執錦擲角其座即行恐有障緣望衆更爲念佛衆皆勇猛厲聲良久復云念佛功德已登金臺比去不回矣即瞑目而逝

長安姚婆因范行婆勸念佛臨終見佛菩薩來迎婆言未與范婆相別請暫駐少時須臾范至佛尚住空中具言所見勝異執手而化

汾陽約山翁婆每日嗟歎世間無常無一可樂月晦必請僧二員來夜念佛翌旦設齋婆手自營辦臨終之夕咸見佛光入室寶蓋羅於庭上婆忽遷化

汾陽裴氏女專心念佛以小豆爲數積滿十三石報盡之日索火燒香口云佛以花臺與我今當往生

汾陽温辦文妻病在床上夫勸令念佛二年不絶聲謂夫曰我已見淨土佛菩薩後月當去至期見金蓮花如日輪

醴泉孟氏女久經重病沙門勸令念佛三年謂夫曰可急報諸親令來相送暨畢集女焚香興衆念佛見空中執錫沙門曰汝當往生已而佛菩薩至幡舉排空忽然遷化

汾陽梁氏女兩目俱盲遇沙門勸令念佛越三年雙目開明後忽見佛菩薩幡蓋來迎即日命終

念佛道者陳氏賾禪師之母師住廣平普會迎侍方丈東室翦髮爲出家相朝夕念佛四衆称爲道者後病中集緇素鳴磬念佛兩日忽合掌瞻像泊然而化明日頂温面色鮮白

師前一日夢母謂曰我見尼師十餘來相召
師應之曰此往生之祥言已坐滅面色變白
至是果然
吳興陳氏受持齋戒誦法華五千部金剛弥
陀諸經各一藏念佛滿三十年一日不食家
人問欲何所須荅云欲求見佛言訖右脇而化
會稽胡氏淨安禮阿弥陀佛八萬四千相好
者四會偈微疾見佛來迎安庠坐逝路人聞
空中樂聲隱隱西去
錢唐孫氏女常念佛持咒因病請清照律師
至謂曰久病厭世願求往生師為談淨土曰
緣大喜至夜夢師持藥一盞服之流汗身心
輕安三日後語侍人曰迦葉尊者來此好金
蓮花座即瞑目結印而化
仁和郭氏妙圓長齋念佛誦法華弥陀經及
二懺常諦觀落日對想西方忽空中告云郭
妙圓決生淨土清照亨律師即其兄嘗往寺
中建繫念會作百僧齋莊嚴淨土臨終之際
晁九
請亨師說法求佛接引即時端坐凝然不動 十八
周行婆家太平州蚤年念佛專注一夕丑跣
念佛泊然而化鄰人見數僧自婆家出引婆
騰空而去
錢唐龔氏晝夜念佛誦弥陀經偶得疾請亨
律師指示西歸請說未終端坐而化老妻子

氏亦念佛不輟一夕夢龔氏告曰我已得生
矣汝後七日亦當往生至期果逝
嘉禾鍾婆日誦弥陀經十卷餘時念佛二十
年為常課一日語其子曰見大白蓮花無數
一婦人端正好衣立我前又衆僧在此何以
供養子云不見遂無語端坐得身而化
潮山黃婆持金剛法華專心念佛暑中忽得
痢疾但飲水不食鄰菴沙門善修常建念佛
會婆病中欲請修脩夢婆來謂曰將往西方
修未以為異越二日婆西向念佛十聲端坐
而化遠近皆見紅霞覆婆之屋
霅川朱氏念佛三十年每讀金剛經以為[illegible]
賢在此不敢踞坐後忽不食四十日唯飲水
念佛先夢三僧入室各執蓮花謂曰我先為
汝種此蓮華汝卻歸來既覺喜悅乃請僧衆
念佛為助即就座而化
四明淨心女不知姓刺血自画佛菩薩三聖
像於羅木板凡一千片普散與人上有正信
晁九
女淨心願云願所修淨業速獲成就不入母 十九
胎化生蓮沼後不知所終
嘉禾周氏適嚴氏孫氏同翁婆常時念佛感
室中佛像有光如螢或現鮮華或現佛菩薩
像三時必聞天樂或空中誦經聲
常熟陶氏寡居常持普門品夢白衣人授以

蓮華令食之又夢梵僧授以弥陀經覺即能
誦不假師授一夕帳幌光明有弥陀像立經
函上每誦經時必於卷上迸出舍利積以成
合[illegible]
項氏妙智四明鄞人寡居二女悉令為尼同
居楊氏菴見人唯勸念佛晚歲偶疾謂女尼
曰多有尼僧相待西歸乃請人念佛忽曰我
欲坐化錯與作棺也女曰佛用金棺無嫌也
母喜諷上品觀轉身面西兩手作印儼然而
逝紹定六年
沈氏妙智四明慈溪居自幼蔬食念佛長歸
童氏未嘗中廢施米貸被以濟飢寒常誦弥
陀經為日課一夕微病念佛尤力忽見佛菩
薩居士長者擁立目前灯光千點累累然狀
如虹摘即日右脇吉祥凝然不動端平二年
往生惡輩傳
長安京姓本為屠因善導和上勸人念佛滿
城斷肉京嫉之持刀入寺興殺害意導指示
西方現淨土相即回心發願上高樹念佛墮
樹而終衆見化佛引天童子從其頂門而出
[illegible]
長安張鍾馗殺雞為業命終見緋衣人驅群
雞至唱言啄啄即四向上啄兩目血流痛不
堪忍有沙門弘道見之為設像勸令念佛忽

覺香氣滿室群雞散去即端坐化六

長安張善和殺牛為業臨終見牛數十來云汝殺我善和告妻急請僧即為說觀經若有衆生作不善業應墮惡道善友告令至心具足十念稱南無阿弥陀佛除八十億劫生死之罪即得往生極樂世界善和大叫云便入地獄也即以左手擎火右手捻香轉身向西厲聲念佛未足十念即云佛來也已與我寶座言訖而終 二十

金奐家會稽業網魚因天華寺利行人結生蓮社常勸念佛頓棄前業日持佛萬聲久之告家人云我已見佛菩薩至門已見金蓮花來迎我矣即坐竹林結印而化遠近皆聞異香

吳瓊家仁和先為僧因家務還俗病娶生二子屠酤庖膾無所不為還造食殺雞鶉以手提起唱六阿弥陀佛子好脫此身去每切肉時口常念佛及教村人念經修懺忽眠上生瘤如雞子大常切憂怖乃造草菴獨居旦夜繫念依普賢行法發露懺悔目無病往諸家言別來日去也次日請道友念佛相助將布於擲酒飲訖大叫云佛來也即便命終 往生禽魚傳

裴氏鸚鵡 唐成都尹韋皐記曰人有獻鸚武者河東裴氏謂此鳥名載梵經智殊常類常狎而敬之始告以六齋之禁及午後非時終夕不食或教以持佛名號仰首奮翼若善承聽每清晨永夜發和雅音阿弥陀佛聲告相續一日有憔悴容訓養者鳴磬而告之曰將去此而西歸乎每一擊磬一稱佛十擊磬而十念成斂翼委足翛然而絕 廿一 案釋典十念成往生西方又云得佛惠者沒有舍利遂命火焚之得舍利十餘粒貞元十九年九月記

長沙鸜鵒 元祐間長沙郡人養一鸜鵒俗呼八八兒者偶見僧念阿弥陀佛即隨口稱念旦暮不絕因以與僧久之鳥亡僧具棺以葬之俄口中生蓮花一枝人為頌曰有一靈禽八八兒解隨僧口念阿弥死埋平地蓮華發我輩為人豈不如

天台鸚鵡 黃岩正等寺觀師畜一鸚鵡常隨人念佛後則常念阿弥陀佛不待教導一日立死籠中乃穴土以葬之舌端生紫色蓮華大智律師為頌之有立亡籠開渾閑事化紫蓮花也大奇之句

劉成魚 唐天寶中當塗漁人劉成李暉載魚往丹陽泊舟浦中李它往劉濂見舡上大魚振鬣揺首称阿弥陀佛劉驚念于岸俄聞萬魚俱跳躍念佛聲動天地劉大恐盡投魚于江李至不信劉即用已財償之明日於茯中得錢萬五千貫也題云還汝魚直

往生續遺

慧海 隋大業時居江都安樂寺專心淨業得齊州道詮所遺無量壽佛像殷勤礼懺像忽放光自是懇求往生愈切一日面西趺坐念佛而化

馬子雲 唐時舉孝廉為涇縣尉押租綱赴京遇風舡溺被繫乃專心念佛五年後遇赦因入南陵山寺持一食齋忽謂人曰吾一生坎軻遂精持内教今西方業成行當往生安養明日沐浴新衣端坐合掌異香滿戶喜曰佛來迎我言畢而沒 紀門

于昶 唐天后朝任井州錄事參決曹務夜判冥司每知死發除為之備都不形言凡六年丁母艱持金剛經更不復為冥吏至八十四將終忽聞奇香遍謂右右曰有聖人迎我往西方即念佛而沒 纂異記

魏世子 宋時梁郡人奉佛精進唯婦不信女 廿二 病死七日再省即升高座誦無量壽經下啓父言兒去便往無量壽國兒及父兄池中已有芙蓉大花當生其中唯母獨無不勝此悲故歸啓報語竟復絕母自是亦信法教 冥祥

葛濟之 句容人稚川之孫故世事神仙妻紀

氏存誠佛法旦夜不替方織之次見雲日開明投梭仰望見西方如來真形幡蓋映天心獨喜曰經說無量壽佛令得瞻見便頭面作禮及引濟之間瞻尚見半身俄而隱没厥後夫婦念佛相繼而化寶祥記

釋文慧居嘉禾青龍詩律高古與北峯印公為友北峯亦好吟慧奪筆責之曰吾兄大法柱石何必為此北峯感之遂折節為學卒為聞人慧專志淨業至老益厲臨終聞空聲云中品中生

釋慧明號晦菴學于慧光僧録晚依青山常照守與至叶脩淨業日課法華楞嚴圓覺持弥陀聖號以萬數慶元己未春示疾謂弟子曰吾學大乘求生淨土今遂願矣乃累足坐逝衆聞天樂西來腓個頂上荼毗之餘五色舍利不可以計

釋智癲居上虞化度寺初徧參宗門晚節一意西方慶元改元秋八月書偈别衆曰我夢中見阿弥陀佛大衆圍遶而說法云廿三赤諸上善人當須專修淨業來生我國說已即隱我既見相往生必矣即回身西向作印坐逝

李東紹興中官也領御藥院初學禪于淨慈輝自得有省發晚閱龍舒淨土文日課佛號與其子閤長元羨殿長林師文等數十人結淨業會于傳法寺久之感疾忽見弥陀佛以金圓光戴其首越七日又見金華滿房乃囑付親眷書偈端坐結印而終

闇邦榮池州人因僧勸脩西方持決定往生咒每旦向西一誦千徧或率衆同持如是二十年紹熙元年春偶聞異香連日不消家人夜夢二青衣侍立邦榮之側其子又夢弥陀放光徧照堂宇悉作金色數日面西趺坐課佛忽起曰我去矣行數步舒手結印微笑立化

佛祖統紀卷第二十九　　昆九

佛祖統紀卷第二十八

校勘記

一　底本，明永樂南藏本。

一　五九二頁中二二行「一穿」，徑作「一串」。

一　五九四頁中二行「禪坐」，徑作「坐禪」。

一　五九五頁下一九行至二三行「沈銓……西去」，徑置於五九九頁下一五行與一六行之間。

一　五九六頁上一四行「飲水」，徑作「飲氷」。

一　五九六頁中二行「月終」，徑作「日終」。

一　五九七頁上一七行末字「望」，徑無。

一　五九七頁下二〇行首字「急」，徑作「怠」。

一　五九八頁上一八行「花亭」，徑作「花臺」。

一　六〇〇頁上末行「嬰武」，徑作「鸚鵡」。

一　六〇〇頁下一三行夾註「紀門」，徑無。

一　六〇〇頁下一七行「右右」，徑作「左右」。

佛祖統紀卷第二十九

宋景定四明東湖沙門　志磐　撰

諸宗立教志第十三

達磨禪宗

初祖達磨圓覺禪師

二祖慧可大祖禪師

三祖僧璨鏡智禪師

四祖道信大醫禪師

五祖弘忍大滿禪師

六祖慧能大鑑禪師

直指人心見性成佛至矣哉斯吾宗觀心之妙旨也謂之教外別傳者豈果外此為教哉誠由此道以心為宗離言說相故強為此方便之談耳不然何以出示楞伽令覽教照心耶何以言大乘入道藉教悟宗邪為問此宗撰達磨禪宗志(覽教說心見本志精義慨宗見便觀入道四行)

初祖菩提達磨南天竺香至王子出家之後遇二十七祖般若多羅付以大法謂曰吾滅後六十年當往震旦行化多羅既亡師演道國中久之思震旦緣熟即至海濱寄載商舟以梁大通元年達南海(舊云普通八年此誤南海入廣州)刺史蕭昂表聞詔入見上問曰朕造寺寫經度僧有何功德師曰人天小果耳上曰何謂大乘功德師曰淨智妙明體自空寂如是功德不於世求上曰如何是聖諦第一義師曰廓然無聖上曰對朕者誰師曰不識上不契師遂渡江上後以問誌公公曰陛下還識此人不上曰不識公曰此是觀音大士傳佛心印上欲遣使召之公曰闔國人去它亦不回(圓悟云誌公已化去十餘年達磨方至何云同時多紙要知大西而矣)師既入魏止嵩山少林寺終日壁觀(魏孝明武泰元年也)帝聞師異迹三詔不至就賜摩納袈裟金鉢銀水瓶師面壁九年將示滅命其徒曰時將至矣盍各言所得乎道副曰不執文字不離文字而為道用師曰汝得吾皮尼摠持曰我今所解如慶喜見阿閦佛國一見更不再見師曰汝得吾肉道育曰四大本空五陰非有無一法可得師曰汝得吾骨慧可禮三拜依位立師曰汝得吾髓復顧謂可曰世尊以正法眼藏付囑大迦葉展轉傳授以至於吾吾今付汝汝當護持并授袈裟以為法信曰後二百年衣止不傳法周沙界聽吾偈云吾本来茲土傳法救迷情一華開五葉結果自然成又曰吾有楞伽經是如來心地要門可以照心乃往禹門千聖寺端坐示寂即大統元年十月五日也門人奉全身葬熊耳山定林寺明年使者宋雲西域回遇師手攜隻履翩翩獨邁雲歸為言門人開壙視之唯空棺隻履師每以大乘入道理行二門以誨學者(傳二門見)唐代宗朝諡圓覺禪師塔曰空觀([illegible])(林等皆謂禪像傳不同武者謂人附託之辭)

二祖慧可(初名神光)武牢姬氏事達磨六年一日問曰諸佛法印可得聞否磨曰諸佛法印匪從人得師曰我心未安乞師安心磨曰將心来與汝安師曰覔心了不可得磨曰與汝安心竟初達磨以楞伽四卷授之曰仁者依行自可得度師告弟子曰此經四世後轉成名相一何可悲師既傳法僧璨謂曰吾有宿累今當償之遂往鄴都行化隋開皇十二年於管城匡救寺談無上道有和法師先講涅槃經學徒稍稍引去聽法和不勝憤譖于邑令加以非法師怡然委順而終年一百七塔磁州滏陽縣唐德宗朝追謚大祖禪師

三祖僧璨初以白衣見二祖問曰弟子身纏風疾請師懺罪祖曰將罪来與汝懺師曰覔罪了不可得祖曰與汝懺罪竟宜依佛法僧師曰今見和上已知是僧未審何以名佛法祖曰是心是佛是心是法法佛無二僧寶亦然師曰今日始知罪性不在内外中間其心亦然佛法無二祖大器之即為鬄髮具戒已畢復告之曰達磨大師以正法眼藏密授於吾吾今付汝及以信衣汝當護持為周武廢

教性來司空山積十餘年隋開皇初居皖公山傳法道信優游江國大業二年復還舊山為衆說法合掌儼立而逝葬于山谷寺唐玄宗朝追謚鏡智禪師

四祖道信蘄州司馬氏初為沙弥遇三祖問曰願和上與解脫法門祖曰是誰縛汝曰無縛祖曰何為更求解脫師言下大悟既具戒三祖授以衣法武德中居破頭山正觀中太宗三詔令赴京師並以疾辭帝命使者曰若果不起即取其首使諭旨師引頸受刃使回以聞帝弥加欽重就賜珍繒以遂其志師已傳法弘忍永徽二年九月安坐而化塔于東山黃梅寺唐代宗朝追謚大醫禪師

五祖弘忍蘄州黃梅人母周氏（裁松道者託胎周氏女事已備載通塞志）師為童子於道上遇四祖問之曰子何姓荅曰姓即有不是常姓祖曰是何姓荅曰是佛姓祖曰汝無姓邪荅曰性空故無祖默然識之即詣其母語令出家既傳法嗣居東山咸亨中傳衣法與慧能後四年示寂塔于東山代宗朝追謚大滿禪師

六祖慧能新州盧氏采薪養母常入市聞客誦金剛經問曰從誰受曰黃梅忍大師云讀此可以見性成佛能遂辭母至韶州與劉志略為友志略姑為尼常讀涅槃師暫聽即說尼因問字師曰字即不識義則任問尼曰字尚不識何能達義師曰諸佛解脫非關文字尼異之號為行者居人瞻禮請住寶林咸亨中至黃梅祖問何來荅曰嶺南祖曰欲須何事曰唯求作佛祖曰嶺南人無佛性曰人有南北佛性豈然祖異之謂曰著槽廠去乃入碓坊抱石而舂經八月五祖俾衆各述一偈若語意冥符則傳衣授法時衆七百上座神秀乃於廊壁書偈云身是菩提樹心如明鏡臺時時勤拂拭莫遣有塵埃師聞之曰美則美矣了則未了至夜命童子寫偈壁間曰菩提本無樹明鏡亦非臺本來無一物何假拂塵埃五祖知之夜令人召師告之曰佛以正法眼藏展轉傳授吾今授汝并以信衣昔達磨初至故傳衣以明得法今信心已熟衣乃諍端止於汝身勿復傳之師禮足持衣而出通夕南邁時道明上座聞之即率人追至大庾嶺明先至師擲衣石上曰此衣表信豈當力爭明舉之不動乃曰我來求法非為衣也師曰不思善不思惡正恁麼時阿那个是明上座本來面目明當下大悟禮拜問曰上來密語密意外還更有意旨否師曰我今所說即非密若反照自己密在汝邊明禮謝而回儀鳳元年至南海遇印宗法師於法性寺暮夜風颺刹旛二僧對論一云旛動一云風動師云非風旛動心自動耳印宗異之請受禪要因出信衣令衆瞻禮印宗即為鬀髮請智光律師於本寺臨壇授滿分戒此壇是宋求那跋摩所造嘗記云後當有肉身菩薩來此受戒梁真諦於壇側手植二菩提樹記云百二十年後有大士於此樹下說無上道師乃坐樹下大開東山法道宛如宿契明年歸韶州寶林（即曹溪也）神龍元年詔師入見師上表辭疾先天二年復歸新州國恩寺既而示寂弟子奉靈體反葬于曹溪師化韶陽秀化洛下南能北秀自此而分上元元年肅宗遣使請衣鉢入內供養永泰元年代宗夢師請衣鉢還山乃遣劉崇景頂戴而送憲宗朝謚大鑒禪師

述曰六祖之後為二派一曰青原思思傳石頭遷其下為曹洞雲門法眼一曰南岳讓讓傳馬祖其下為臨濟溈仰是為五家宗派道一而已而言五其宗者由人世心病益多故治法彙為之變一棒一喝一唱一和機用縱橫殆不可以一律齊循應病與藥之義汾陽作廣智歌明十五家宗風是蓋示後人以遍參之意可不知乎

贊首宗教（附李長者）

初祖終南法順法師
二祖雲華智儼法師
三祖賢首法藏法師
四祖清涼澄觀法師
五祖圭峯宗密法師
長水子睿法師
慧因淨源法師
能仁義和法師

鎧菴之評謂法界觀別為一緣謂五教無斷伏分齊然則若教若觀徒張虛文應無修證之道至若清涼之立頓頓浪言超勝法華判華嚴為頓頓以天台判華別失如來意又謂華嚴是菩薩請趣勝於法華也師觀圭峯之禪修門未免妄談止觀密師注法界觀修字云止觀熏習造詣鎧菴質之云不知是何止觀若次第者則何位斷何惑證何理若一心者何位圓融而修何位圓融而證自餘著述矛盾尤多賢首教自主五數至起信論明觀法則云修之次第聖訶止觀清涼既宗賢首及據華嚴如天合大台性善性惡三觀三諦一念三千則引用丈文然則教次與觀進提兩夾欲別其源撰賢首宗教志賢首華嚴疏起信鈔主家圓覺疏長水大楞伽疏析去戴門亦覺不同

法師法順萬年杜氏十八出家師因聖僧道珍受學定法凡世間聾瘂遇之者必能聞能語至於驅圍圃蟲蟻惡性馬德及異類所不可測唐太宗詔問朕苦勞熱師之神力何以蠲除師曰聖德御宇微恙奚憂但頒大赦聖躬自安上從之疾遂瘳因錫號曰帝心師每誕應鄒國勸念阿彌陀佛著五悔文讚詠淨土路逢神祠見廟即焚毀之貞觀十四年十一月十五日坐亡於南郊義善寺雙鳥入房異香留室塔肉身于樊川北原有弟子謁五臺抵山麓見老人語曰文殊今往終南山杜順和上是也弟子趨歸師已長往至今關中以是日作文殊忌齋師著法界觀門一卷妄盡還源觀一卷專弘華嚴以授雲華智儼儼授賢首法藏其教遂行

法師法藏其祖康居國在慈機鈔門此曉居書渠人來居長安藏年十六詣四明阿育王舍利塔鍊一指誓學華嚴則天朝為沙彌策名宮禁通天元年詔於太原寺開華嚴宗旨感白光昱然自口而出須臾成蓋萬眾歡呼都講奏其事則天有旨命京城十大德為授滿分戒賜號賢首戒師詔入大徧空寺佐實叉難陀譯華嚴經聖歷二年十月詔講於佛授記寺講堂京師地皆震動即日名對長生殿師乃指殿隅金師子譬大經理深事廣文博義幽非入理聖人無以達其奧是以立見邊之喻曉無涯之法以況法界體師子喻法界用其中立為五教一愚法聲聞教二大乘始教三大乘終教四大乘頓教五一乘圓教則天豁然領解乃著其說為金師子章睿宗受內禪請師授菩薩大戒師囊衣糲食講華嚴三十餘徧楞伽密嚴梵網經起信論等十部皆為義疏先天元年十一月終于大薦福寺贈鴻臚卿葬神和原師既亡弟子慧苑悉叛其說滅後百年而得澄觀

鎧菴曰愚法小乘不說轉小成衍又無別圓被接及法華開顯則將畢世愚矣始終圓頓四教皆無斷伏修證分齊至說起信論觀法則云修之次第如天台摩訶止觀豈非有教而無觀耶

法師澄觀會稽人夏侯氏出家於應天寺誦法華經十四得度乾元中學律於棲霞澧師受南山行事於曇一受菩薩戒於常照傳關河三論於玄璧江表三論之盛始於此大曆初於瓦官傳涅槃起信論終南法界觀法藏還源記復造東京受雜華於大詵十年從荊溪習止觀法華維摩等疏謁牛頭忠徑山欽洛陽無名咨決南宗禪法謁慧雲明了北宗玄理此土儒墨竺乾梵書諸部異計四常五明顯密儀軌莫不旁通博綜十一年巡禮五臺峨眉俱瞻瑞相還居京師大華嚴寺專行方等懺法仍講華嚴大經造新疏二十軸德宗誕節召講經內殿以妙法清涼帝心遂賜

號清涼法師紫紡方袍禮為教授和上勅禮部尚書李誂備禮奉迎與罽賓般若三藏譯烏茶國所進華嚴經帝親預譯場一日不至即墨僧如比丘法說欲云皇帝國事因緣如法衆事與欲清淨元和五年憲宗問華嚴法界宗旨豁然有得勅有司鑄金印加號大統

是年

清涼國師開成三年三月六日示寂八壽一百二歲臘八十三葬終南石室塔曰妙覺師身長九尺四寸手垂過膝夜目發光晝仍不瞬才供二筆日記萬言盡形一食宿不離衣歷九朝為七帝門師荊溪與江淮四十僧禮覲五臺師領徒萬指出郊遠迎美其尊師之有禮師去賢首百餘年遐禀其旨所著疏記四百餘卷講華嚴至五十徧建無遮大齋十五會弘法弟子三十八人宰相裴休奉勅撰碑

法師宗密何氏果州人初得法於荷澤五世孫道圓傳圓覺於漢上得華嚴句義於病僧即為它講清涼語之曰毗盧華藏能隨我游者其汝乎又嘗荅其書云子之所解備吾之心轉輪真子誠所謂也(師所著圓覺序云講融溫奉學且師安叨沐猶古之咖當自十之咖課)著圓覺華嚴涅槃金剛起信唯識蘭盆法界觀行願品等疏鈔及修證科儀凡九十餘卷太和九年文宗詔問佛法大意賜紫方服號大德會昌元年正月六日坐亡于興福塔院諡定慧塔曰青蓮

義神智曰華嚴諸師不知衆生因理本具諸法但說果上諸法相即而已若不談具何能相即故知果上依正融通並由衆生理本者矣然則一家所談法門一曰性體此當正因二曰性量此當了因三曰性具

是年

此當緣因具即是假假即空中秖一法性九有茲三義會之彌分泯之常合雖一一徧亦無所在當知它宗談乎法性亦同今家性體性量以彼皆云法性真如與虗空等但闕第三性具之義

法師子睿嘉禾人初依洪敏師學楞嚴至動靜二相了然不生有省聞琅邪慧覺道重當世趨至其門值其上堂即致問曰清淨本然云何忽生山河大地覺喝云清淨本然云何忽生山河大地師俯伏流汗豁然大悟覺謂之曰汝宗不振久矣宜厲志扶持以報佛恩師如教辭去後住長水衆幾一千以賢首宗旨述楞嚴經疏十卷行於世

法師淨源晉江楊氏受華嚴於五臺承遷(遷師注金師子章)學合論於橫海明覃還南聽長水楞嚴圓覺起信時四方宿學推為義龍因省親于泉請主清涼復遊吳住報恩觀音杭守沈文通置賢首院於祥符以延之復主青鎮密印寶閣華亭普照善住高麗僧統義天航海問道中弟子禮初華嚴一宗疏鈔久矣散墜因義天持至咨決逸而復得左丞蒲宗孟撫杭愍其苦志奏以慧因易禪為教義天還國以金書華嚴三譯本一百八十卷(晉嚴觀二法師同譯六十卷唐實叉難陀譯八十卷唐烏茶進本澄觀法師譯四十卷)以遺師為主上祝壽師乃建大閣以奉安之時稱師為中興教主(以此寺奉金書經故亦稱高麗寺)元祐三年十一月示寂塔舍利于寺西北

法師義和錫號圓澄乾道中住慧因還平江能仁閱淨土傳錄以華嚴部中未有顯揚念佛法門者乃著無盡燈以此經宗旨徧讚西方為念佛往生之法(見樂邦文類)

長者李通玄唐開元七年用新譯華嚴經造釋論四十卷其六論以十處十會盛談法界與藏師疏旨不同又以教主請主等十別對勝法華而不知法華是開權顯實之談不識華嚴是兼別說圓之典故多為吾宗所斥(長者)

是年

(事迹大略見通塞志六卷)

慈恩宗教

初祖西天戒賢法師

二祖三藏玄奘法師

三祖慈恩窺基法師

賢師三時之教立義疏闡並足以收一代之

經慈恩玄奘之作觀心覆闕豈足以通一實之典恕之者則曰此別為一機也當天台之興南三北七為之掃迹矣豈容慈恩燄起於四海永清之後是不得不議也撰慈恩宗教志

法師玄奘洛陽陳氏年十一誦通維摩法華時道基法師化行長安師負笈西遊從受阿毗曇婆沙雜心論等基嘆之曰子遊講肆多矣未見少年神悟若此武德中在京師講雜心論以不泥文相為世所服僕射蕭瑀奏住大莊嚴寺正觀二年上表遊西竺上允之杖策西征遠逾葱嶺毒風切肌飛沙塞路遇溼澗懸絕則以繩為梁梯空而進及登雪山壁立千仞人持四棧手足更互著崖孔中猿臂而過張騫甘延壽所未至也過沙河逢惡鬼異類出沒前後師一心念觀音及般若心經倏然退散稜山冰雪春夏不解徒侶凍死者十之四入鐵門峯壁皆鐵即突厥關塞也所歷百三十國凡如來所化之地泥洹堅固之林降魔菩提之樹迦路崇高之塔那揭留影之山皆申禮敬獲寶像舍利貝葉七十五部耆山方等之教鹿苑半字之丈馬鳴龍樹諸所著述十八異執之宗五部殊途之致收羅研究悉得其文雖七例八轉之音三聲六釋之句無不盡其微妙既而秖羅國王賜青象白馬以助馱載十九年正月歸長安留守房元齡備幢旛鼓吹釋部威儀道俗數萬衆以寶輦迎師二月至洛陽見上於儀鸞殿（時帝行幸洛京）慰勞勤至問西域事迹詔撰西域記山川風俗前史未聞詔就弘福寺與沙門道宣靈潤等同翻譯二十年上新譯菩薩藏經顯揚聖教論請上製聖教序二十二年進瑜伽地師論上親覽歎曰佛教廣大猶瞻天瞰海莫極高深九流典籍若汀瀅方溟渤耳世言三教齊致此妄談也詔寫新譯經論宣賜九道摠管（時天下分為九道）展轉流布詔於京師紫微殿西別創弘法院延師居之選名德七人以自從對上論道之餘則與衆隨時翻譯上令翻老子為梵文以遺西竺師曰佛老二教其致大殊安用佛言以通老義且老子立義膚淺五竺聞之適足見薄遂止永徽三年表請創塔於慈恩寺以奉藏梵本及兩朝御製聖教序上許之仍衰七宮亡人衣財以助其費顯慶元年皇子生（中宗）神光滿室上賜號佛光王越月表請佛光王出家詔落髮歸戒進金字心經法衣鉢具二年帝幸洛陽詔師陪駕便道陳留改葬二親勅供給葬具四年以玉華宮為寺追崇先帝詔師居之譯大般若經又四年成六百卷麟德元年二月四日告衆曰幻泡之質何得久停令衆稱彌勒願與含識速奉慈顏遂右脇累足以手支頤凝然不動帝哭之慟廢朝五日五詔褒恤用佛故事以金棺銀槨葬于滻東初臥病明藏禪師問疾見二長人捧白蓮至前曰師從無始損惱有情因今小疾並得消殄師顧大衆合掌而聽得非譯般若力轉重罪為輕受乎初遊天竺手摩門逕松曰吾西求法可枝向西吾若言歸枝可東指既往枝果西一日忽東指弟子曰教主歸矣因號摩頂松師至天竺遇龍樹宗欲從其學其徒令服藥求長生方可窮研宗旨師自念本欲求經恐仙術不就有負宿願遂學法相於戒賢傳唯識宗賢時年一百三歲蒙文殊付託忍死以遲奘賢用三時教一有二空三不空不有起信論雖出馬鳴久而無傳師譯唐為梵俾流布五天復聞要道師之功也

法師窺基代郡人金吾衛將軍尉遲敬宗之子母裴氏夢吞月而孕六歲聰慧過人頃有玉枕指文如印未成童便能著書初奘三藏得童子於西域聰悟絕倫嘗攜詣敬宗宗呼基出拜奘使誦所著兵書數千言奘數目童子基誦畢奘曰此古書也令童子覆之不差

一字宗大怒以基罔已將殺之奘就丐出家因念最在天竺起歸與之興卜者謂曰師可東歸弟子生矣識既寘符舉以告宗宗曰此子悍暴豈堪受訓奘曰卽君器度非將軍不生非貧道不識宗竟諾之基怫然曰得不斷欲茹葷血過中食聽此三事乃可尒奘念先以欲鉤牽逢矯許之正觀二十一年[十三]奉勑落髮時年十七住廣福寺稟受奘師瑜伽師地唯識宗旨撰述疏鈔及於百部時號百部論師東行博陵或請講法華造玄贊大疏十卷永淳元年十一月示滅於慈恩翻經院御製像讚勑諸寺圖形以祀祔葬于奘師之塋

義神智曰慈恩玄贊之釋法華也鄙無立行攝法入心成觀等義專用唯識論定性滅種以通此經兹乃徒援權文用證實教然其談八識緣境廣狹及轉識成智東智成身與夫造業受報等說厥功為多

瑜伽密教

初祖金剛智灌頂國師

二祖不空灌頂國師

三祖慧朗灌頂法師

龍門無畏法師

大慧一行法師

述

稱密語以希顯驗者非與夫詳第一義者妙心一悟當座而决是以絜齋三業精明軌儀誦專數言課充億萬積月累歲而用成無間重精量思而始獲一感維兹瑜伽五部之教一切行果廣大悉備而於護國救世尤為至要斯蓋佛道顯仁藏用所以禦外務而回不信也撰瑜伽密教志（梵語瑜伽此云相應謂一切乘境行果所有諸法皆相應也）

國師金剛智西土人親傳龍智阿闍梨法唐開元七年抵南海廣州以聞詔入見館大慈恩寺夏旱詔禱雨結壇圖七俱胝像約像開目卽雨閱三日像目果開有物自壇布雲弥空須臾霈雨詔褒之明年辭遊鴈門不允還居薦福所至結壇作灌頂道場二十年八月告其徒曰白月圓時吾其逝矣至期右遶毗盧遮那佛像頂安貝葉趺坐而化諡灌頂國師塔于伊川

國師不空西域人幼隨外父觀光上國值金剛智從之傳瑜伽義智授梵本聲明論旬日[十四]成誦奇之引入金剛道場驗以擲華謂為勝已師初求法夢京師像皆東行籍以問智智曰汝有受道之資吾何靳哉卽授五部及蘇悉地儀軌智沒奉遺教西遊天竺至師子國遇龍智受十八會金剛灌頂及大悲胎藏建壇之法傳經論至五百餘部二十九年自師子國歸至廣州採訪使劉巨濟請建灌頂壇法感文殊見身度人千萬天寶元年西域大石康居五國入寇安西名師入內上親秉香鑪師誦仁王護國密語方二七徧上忽見神兵可五百人帶甲荷戈立於殿庭師曰此毗沙門天王第二子獨健副陛下意往救安西請設食以遣之至四月安西奏二月十一日城東北黑雲中見金甲人丈餘空中皷角大鳴聲震天地寇人帳幕間有金鼠齧斷弓弦五國卽時奔潰須臾城樓上見天王形謹圖其像以進驗之卽誦呪日也乃勑諸道於城西北隅置天王像（今城樓軍營立天王堂者卽其故事）師每禱必張繡座手持木神誦呪擲之神自立于座四衆環視兩目瞬動感格踵至肅代兩朝尊為灌頂國師每以至理開發君上加試鴻臚卿晚年示疾就加開府儀同三司肅國公食邑三千戶辭不受賜號大廣智三藏大歷九年六月示寂于大興善寺上廢朝三日賜祭贈司空諡大辯正廣智塔舍利[十五]于舊居師譯經七十七部諸弟子得誦呪之法者慧朗為最故東夏以金剛智為始祖不空為二祖慧朗為三祖云不空弟子有慧果者元和中日本空海入中國從果學歸國盛行其道

鎧菴曰華嚴頓漸別圓則無俟乎密鹿苑

車說小乘則未易用密唯方等般若二時欲轉小成衍及被接入別圓則如来始於此時有顯密二輪之用若夫法華開顯無小無大俱入一乘殆猶日輪當午罄無昃影所謂密者尚何施耶自金剛智諸師為末代機緣有宜密教者故東傳此道以名一家然嗣其後者功效寖微唐末亂離經疏銷毀今其法盛行於日本而吾邦所謂瑜伽者但存法事耳

法師無畏者甘露飯王之後也逊國遺榮出家學道所至說法必有異相至烏茶國演遮那經衆見毗盧遮那四金字於空中其徑尋丈（蓋是順西土梵書成形也）及過龍河馳負經竟入水無畏隨之龍王請入宮講法三日開元四年至長安帝先夢梵僧來謁及寤命工肖形于壁洎師入對即夢所見者館之西明寺称為教主秋旱詔禱雨師以數定為難曰必欲致雨恐龍暴物使諭曰民苦旱久矣暴風疾雨適足快意即持鉢握小刃攪之誦密言百過俄有物若蚪蟜首出鉢白氣盈空語使人速歸使回視見密雲如練自講堂盤空而上已而震雷風雨飄蕩廬舍弥日方息又以積雨不止即捏泥為五媼作梵語向之若叱詈者即刻而齊譯毗盧遮那蘇悉地揭羅等經十餘部弟子寶月一行皆是受道數求還西上安慰不許二十三年示滅真體不壞塔于龍門之西山（本朝太祖乾德九年上幸洛陽龍門山廣化寺開無畏三藏塔睹真體）

法師一行張公謹之孫也初從普寂落髮盧鴻一見奇之謂寂曰此子非君所能模範當從其東請南詢可也師所至倒屣迎之凡西竺貝葉陰陽緯識靡不窮究傳密教於金剛無畏結集毗盧遮那經疏登壇灌頂受瑜伽五部法至國清學歷於老僧初至僧布筭謂侍者曰當有弟子求吾筭法除一筭曰門前溪水西流乃至師突入稽首受訣畢水復東注自是筭法卓詭開元三年詔入見咨出世法及安國撫民之道時號天師帝以國祚為問答曰鑾輿有萬里行社稷終吉以金合進曰至萬里即開視乃當歸少許耳祿山之亂上幸成都至萬里橋悟當歸之識洸然志憂終吉者至昭宗而絶昭曾封吉王也里媪王氏子坐罪當死求救於師令捕七豨豘日藏其一於甕封以六一泥呪之七日北斗盡沒太史奏有大變師勸帝大赦媪子遂得免乃日出一豘七日而魁杓盡復師未辭奕於燕公壓觀王積薪一局遂為敵手謂燕公曰此爭先法耳若誦貧道四句乘除語則人人為國手耶和璞謂尹愔曰洛下閎造歷時云八百年差一日當有聖人定之大衍歷出閎言皆驗十五年陪駕幸新豐道病詔京師十大德結壇祈福十月八日示寂于華嚴寺停龕三七日顏貌如生塔銅人原謚大慧禪師所著易論大衍歷其目在唐書藝文志

南山律學（依疏律師立九祖）

始祖曇無德尊者（法正毱多尊者弟子四分律主南山所宗）

二祖曇摩迦羅尊者（法時西竺沙門始依四分十人受戒遠承法正）

三祖北臺法聰律師（元魏孝文時本學僧祇因考受體首傳四分遠承法時）

四祖雲中道覆律師（聰之弟子最初撰疏疏科六卷以釋四分）

五祖大覺慧光律師（初從佛陀禪師出家陀曰此子宜先聽律律是慧基弃智不事昔初從經論必難戒羅由是依羅通四分律撰疏十卷）

六祖高齊道雲律師（從光受學撰疏觚九卷判釋廣文）

七祖河北道洪律師（從雲受學亦著疏文）

八祖弘福智首律師（具戒之前於古佛塔前禱祈顯驗蒙佛摩頂身心泰然方知感戒又以律部多會其文從洪受學撰疏一十卷）

九祖南山道宣律師（[illegible]宗承首律師著）

鹿園初會多士未純以故漸制諸戒用清三業既婁被彈訶復感開顯則世之為學將有乘急戒緩之過故於泥洹之夜扶律談常嚴飭未機毋忽學戒是為以知常之心扶奉律儀非同十二年中偏弘三藏之學也維南

山師遠受佛寄專典毗尼威述條章深明持犯所以正為末代之機宜也入道之士何莫由斯三學相仍茲為初步撰南山律學志

法師道宣京兆錢氏母夢梵僧語之曰仁者所懷梁僧祐律師也感胎踰十二月而生九歲徧覽羣書十二善習文墨十五師日嚴顒公及於倫十六誦法華兩旬而徹十七落髮二十依首師進具戒三衣唯布常坐一食武德四年拜依首師學律性好禪那期將正定頓曰戒淨定明慧方有據始聽未聞持犯焉識七年徙居終南紵麻蘭若始製行事鈔正觀四年行般若三昧于清宮精舍經九十日龍化人形禮覲聽法沙彌染心顧盼其女龍怒欲害之念師教誡頓息惡心攜毒吐井白師勿飲此水及往視之其井涌沸又於雲際寺行此三昧前後二十會常感天童為之給侍十九年偕奘公翻經弘福筆受潤文推為上首永徽元年復居紵麻心勞疾發忽毗沙門天王授以補心之方[今和劑局方有天王補心圓]復告師曰時當像末不脩禪誦但起伽藍恐非比丘之正業後在西明寺深夜行道足跌前階聖者扶足師問何人答曰北天王子那吒奉命來衛師曰太子威力自在天竺有可作佛事者願為致之太子即以所寶佛牙授之師夜據行道畫藏地穴唯弟子文綱知之師與天神往來言此土靈蹤西天聖迹計三千八百事隨問隨錄為感通傳坐夏有功庭生芝草隱居之地水涌白泉操觚續傳則鴻儒服膺封土築壇則梵僧稱賞捷疾送奇華異果非人獻甘露名香若此之事不能畢記乾封二年春天人告師曰師報緣將盡當生彌勒內宮十月三日衆見空中旛華交列異香天樂天人同聲請師歸覩彌勒上聞之詔天下寺院圖形奉祀穆宗製讚曰代有覺人為如來使龍鬼歸降天神奉事聲飛五天辭驚萬里金為西沈佛日東舉稽首歸依肇律宗主懿宗朝謚澄照師所撰刪定僧戒本[一卷今所盛行]刪定比丘尼戒本[一卷]注僧戒本[三卷]戒疏[四卷]注羯磨經[二卷]羯磨疏[四卷]行事鈔[三卷]尼戒本[一卷]比丘尼鈔[三卷]拾毗尼義鈔[三卷]亡物輕重儀章服儀歸敬儀正行懺悔儀新學教誡儀[各一卷]法華義苑[三十卷]釋迦方誌[二卷]佛道論衡[四卷]續高僧傳[三十卷]後續僧傳[十卷]廣弘明集[三十卷]三寶感通記[三卷]天人感通傳[一卷]大唐內典錄[十卷]

鎧菴曰澄照畫感天神揚推律相參諸異部以四分為宗撰述疏鈔破斥諸家但據成實論師之說以五義分通大乘立為圓宗戒體[問日以本論師為]又立三種懺法不依方等普賢乃取唯識別教以為末世初心識

重觀法判位太高不無可議

律師允堪錫號智圓慶曆間主錢唐西湖菩提寺撰會正記以釋南山之鈔厥後照律師出因爭論違佛左右衣制短長遂別撰資持記於是會正資持遂分二家

律師元照餘杭唐氏初依祥符鑒律師十八通誦妙經試中得度專學毗尼後與擇瑛從神悟謙師悟曰近世律學中微汝當明法華以弘四方復從廣慈才法師受菩薩戒戒光發見[許見十法師傳]乃博究南山一宗頓漸律儀常布衣持鉢乞食于市主靈芝三十年衆至三百義天遠來求法為提大要授菩薩戒會幾滿萬增戒度僧及六十會施食禳災應若谷響所至伽藍必為繪界每曰生弘律範死歸安養平生所得唯二法門政和六年秋九月一日集衆諷普賢行願品趺坐而化湖上漁人皆聞天樂葬于寺之西北謚大智塔曰戒光常謂其徒曰化當世無如講說垂將來莫若著書乃述資持記[釋事鈔]濟緣記[釋羯磨疏]行宗記[釋戒疏]住法記[釋遺教疏]報恩記[釋盂蘭盆疏]觀無量壽佛經小本彌陀皆有義疏刪定尼戒本凡百餘卷雜著芝園集二十卷

鎧菴曰律師以英才偉器受神悟弘四分

之記斯可矣而乃别爲襯經述新疏抗分事理事揆鉄機廢棄格言唯任臆説此草菴輔正不得已而譲攻之也至於律家扶新之出適足以扶不義以抗義戒之哉

佛祖統紀卷第二十九二十末　畢

佛祖統紀卷第二十九

校勘記

一　底本，明永樂南藏本。

一　六〇二頁上一五行「比宗」，徑作「此宗」。

一　六〇二頁下一行夾註左「傳燈」，徑作「傳燈録」。

一　六〇二頁下一五行「滏陽縣」，徑作「汾陽縣」。又「大祖禪師」，徑作「太祖禪師」。

一　六〇三頁下一二行「自比而分」，徑作「自此而分」。

一　六〇四頁上二三行「詔聞」，徑作「詔問」。

一　六〇四頁中一〇行「遂行」下，徑有夾註「此中當有智儼法師傳本紀原文遺失」。

一　六〇五頁上一七行「漢上」，徑作「涪上」。

一　六〇五頁下一行「杭海」，徑作「航海」。

一　六〇六頁中八行末三字至九行首二字「瑜伽地師論」，徑作「瑜伽師地論」。

一　六〇七頁下一五行「加試」，徑作「加贈」。

一　六〇七頁下二三行「其道」下，徑有夾註「慧朗法師傳本紀失」。

一　六〇八頁下六行夾註「依……祖」，徑無。

一　六〇九頁上一九行夾註左「補心圓」，徑作「補心丹」。

一　六一〇頁上末行「二十末」，徑作「終」。

佛祖統紀卷第三十

宋景定四明東湖沙門　志磐　撰

三世出興志第十四

又遠劫來諸佛出世已粗陳於釋迦本紀之前矣今約三千如來用明七佛繼興及今佛像末法滅之相承之以彌勒下生終之以樓至成佛乃至星宿未來莫不咨錄兹蓋克論此方一須弥山南州之化事而十方刹土正可以會通云耳荊溪師云必有一人最初先覺遂以斯道轉覺後覺相續不已覺者滋多乃有十方三世諸佛為明此義撰三世出興志

梵語劫波此云分別時節（智論）以人壽八萬四千歲百年命減一年（減至）十歲百年增一年（歲云子倍父壽）復增至八萬四千歲如是一減一增為一小劫二十增減為一中劫總成住壞空四中為一大劫（新婆沙論）今論過去現在未來三世各一大劫

過去莊嚴劫（此劫有成住壞空各二十小劫前一小劫各一減一增後放此）

成二十小劫

住二十小劫有千佛次第出世始自華光佛終至毗舍浮佛（過去七佛有三佛在莊嚴劫四佛在見在賢劫）

九百九十八尊毗婆尸佛姓拘利若父槃頭母婆提子方膺侍者無憂人壽八萬歲出世居般頭婆提城坐波波羅樹下說法三會度人三十四萬八千人

九百九十九尊尸棄佛姓拘利若父明相母光曜子無量侍者忍行人壽七萬歲出世居光相城坐分陀利樹下說法三會度二十五萬人

毗舍浮佛第一千尊姓拘利若父善燈母稱戒子妙覺侍者寂滅人壽六萬歲出世居無喻城坐娑羅樹下說法度十三萬人（長阿含經○按普曜本行經自毗婆尸等三佛相去劫數遼遠似不同在莊嚴劫中今言七佛者多準藥王經阿含經三世三千佛之義）

壞二十小劫

空二十小劫（成住壞四者之相並決後賢劫中見）

見在賢劫以多賢人故名賢劫（智論）

成二十小劫自過去莊嚴劫壞空之後至今賢劫初成時光音天空中布金色雲徧覆梵天注大洪雨猶如車軸積風輪上結為水輪增長至天住界雨斷水退有大風起吹水生沫擲置空中作梵天宮殿七寶間成水復退下如前風起吹擲水沫成魔羅波旬宮殿次造它化自在天展轉至夜摩天宮殿水復退下大風吹沫造須彌山四寶所成復吹水沫造三十三天七寶宮殿復於山腹造四天王宮及日月宮天七寶宮殿及造空居夜叉頗梨宮殿又於須彌四面作脩羅城七寶莊嚴又吹水沫作七金山四大洲八萬小洲周匝安置小輪圍山金剛所成如是大風吹搖大地漸漸深入置大水聚成七香水海及大鹹水海又於地下造閻摩羅宮殿地獄住處如是三千世界一時同成此外更造大輪圍山包裹此大千界其中六欲須弥日月四洲乃至小鐵圍山各有萬億此約經歷二十增減次第而成（起世經）

第一小劫（減增）過去劫壞一切有情久集光音天中天眾既多居處迫窄諸福盡者應下居世間最初有一天子從光音沒來生大梵空殿之中是為梵王經一減一增念言無有梵子來生我處（梵王先生後沒經成住壞空六十小劫以此為壽）

第二小劫（減增）時光音諸天來生梵世者為梵輔天（壽四十小劫即是自成劫第二增減劫至第一增減劫時沒）

第三小劫（減增）光音諸天復有來生梵世者為梵眾天（壽二十小劫即是自成劫第三增減至住劫第一增減時沒○繼此來生者前後不定則沒時亦前後不定也）漸漸下生六欲諸天人趣以惡業力漸漸下生餓鬼旁生地獄後成先壞法尒如斯時光音諸天福

晝來下化生為人或樂觀新地者光明遠
照飛行自在無有男女之相衆共生故故
名衆生地涌甘泉味如酥審以指試嘗逐
生味著失其神足及以身光世間大闇黑
風吹海漂出日月置須弥山腹照四天下
時諸人輩見出則喜見入則懼自玆之後
乃有晝夜晦朔春秋歲數終而復始由眈
地味顔色粗悴地味既隱乃生林藤樓炭經云
而被蒲萄復共耽食林藤復隱便生自然秔稻
無有糠糩備衆美味此食稍粗殘穢在身
為欲蠲除便在二道成男女根情慾多者
便為女人宿習力故便生婬欲夫妻共住
光音諸天後來生者入母胎中遂有胎生
是時先造瞻婆大城乃至一切城郭自然
秔稻朝刈暮熟刈後隨生米長四寸時衆
生并取二日糧乃至取五日糧漸生糠糩
刈已不生衆懷憂惱各封田宅遂作田種
其後多有盜它田稲便相拳鬭無能决者
議立一平等王賞善罰惡便有刀杖殺戮
衆共供給號刹帝利此云田主自後諸王以此
為首時閻浮提天下富樂安隱八萬郡國
人民聚落鷄鳴相聞無有病患大寒大熱
正行十善正法治國人民愛敬壽極大久
諸經多言壽極八萬四千以為增減之數不言極久後王不行正法

其壽漸減至八萬四千歲時身長八丈百
年命減一年身減一寸如是減至十歲身
長一尺名為減劫之極自此之後百年增
一年有經言子倍父壽者細有此章增減不壽增至八萬四千
歲名為增劫之極一減一增終而復始增
至八萬四千歲時有金輪王出七寶千子
舉一治四天下國土豐樂女年五百歲方嫁此四
後凡遇增劫之初皆有金輪王出世長阿含經
第四小劫增減乃至第二十小劫增減
住二十小劫
第一小劫增減劫初光音天來生世最初為殘於此梵衆天會王止壽漸二十小
第二小劫增減
第三小劫增減
第四小劫增減
第五小劫增減
第六小劫增減
第七小劫增減

第八小劫增減
第九小劫增減人壽減至五萬歲時第一拘留
孫佛出世姓迦葉父禮德母善枝侍者善
覺子上勝居安和城坐尸利沙樹下說法
一會度四萬人
減至四萬歲時第二俱那含牟尼佛出世

姓迦葉父大德母善勝侍者安和子導師
居清淨城坐烏暫婆羅門樹下說法一會
度三萬人
減至二萬歲時第三迦葉佛出世姓迦葉
父梵德母財主侍者善友子集軍居波羅
柰城坐尼俱律樹下說法一會度二萬人
舉一減至一百歲時第四釋迦牟尼佛出世本五
在一萬歲時為觀衆生無機可度至百歲
劫末苦逼故出乎世長阿含經大智度論
減至八十六歲時盡正法一千四百年
像法住記佛告阿難我滅度後正法一
千年由女人出家減五百年像法一千
年末法一萬年善見論云佛初不度女
人後為說八敬法還得一千年法苑云
天人荅南山曰佛錫杖在龍窟中四十
年住為如來去後有飛行羅刹能說四十
二部經詐為善比丘食諸持戒者日別
四百為斷此惡故鎮龍窟中復令正法
增住四百年像法增千五百年末法增
二萬年
減至七十八歲入像法八百年是為今時
正得壽以佛滅二千二百年為約合減十二歲至二千二百諸林十一年準
減至六十一歲盡像法二千五百年前斷文見
減至三十歲入末法三千一百年人長三

尺時饑饉災起由人民皆行十惡草菜米穀五種上味悉皆隱沒唯煮朽骨共為燕會若遇一粒粟稗藏護如寶六七年來天不降雨尚不得水何況飲食人多餓死郡邑空荒七年七月七日其災方息時有一人合集男女有福德者凡得萬人留為人種人能行善所須飲食天即雨下雜出阿毗曇論瑜伽論法輪中阿含經華嚴鈔等文

滅至二十歲入末法四千一百年人長二尺時疾疫災起由人行惡復感俱遭病死無人送埋郡邑空荒唯少家在經七月七日其災方息唯留萬人為種人持善行飲食衣服天即雨下

滅至十歲入末法五千一百年人長一尺女人五月便嫁時刀兵災起由人行惡轉感各起殺害之心能行惡者為人所敬隨執草木瓦石皆成刀劍更相殘害橫死無數亦有厭惡入山隱藏七日七夜其災方息唯留萬人為種人從隱處而出更互相見起慈愍心共行善法衣食所須天即雨下由能行善壽復增長復從百年命增一年已上謂之小三災但壞正報若值大三災則依正俱壞也

南洲人壽至十歲時刀兵劫起互相誅戮佛法是時當暫滅沒法住記

增至四十九歲時入末法一萬年月光菩薩出真丹國即震旦東土也說法滿五十二年首楞嚴經般舟三昧經先滅不現餘經次第而滅無量壽經後住百年大度衆生然後滅去本起經○無量壽經云當來之世經道滅盡我以慈悲哀閔特留此經止住百歲其有衆生值斯經者隨意所願皆可得度南岳願文云我今誓願持令此經不滅至彌勒佛出世

增至一百歲時入末法一萬五千一百年南洲人復修善時十六阿羅漢與諸弟子復來人中顯說無上正法度無量衆令其出家法滅盡經法住記

增至二百四十四歲入末法二萬九千五百年法將滅時尚五百歲一心修此法華三昧即得六根清淨故知末代亦有入大乘之機淨名疏引普賢觀經

增至二百四十九歲時盡末法三萬年

增至七百歲時十六羅漢弘法已畢自下人世至今說化應五千年以一切經典舍利収聚起塔結加趺坐圍遶此塔俱沒於地是為佛法滅盡之相自此有千億辟支佛出世說法利益衆生法滅盡經○法住記人壽七萬歲時十六羅漢用七寶造窣堵波釋迦遺身馱都皆集其內香華供養作如是言我受教勅護持正法又與天人作諸饒益法藏已沒有緣已周今辭滅度先定願力火起焚身時窣堵波便陷入地住金剛際尓時釋迦正法永滅從此世間有七百俱胝獨覺一時出現人壽八萬歲時獨覺聖衆復皆滅度次彌勒如來出現世間○聖記言七萬歲永滅去來法太遠今以經云七百歲為正

增至二萬歲時鐵輪王出獨治南洲俱舍論

增至四萬歲時銅輪王出治東南二洲銀銅鐵輪一二三四洲轄輪王一洲金輪王四洲

增至六萬歲時銀輪王出治東西南三洲

增至八萬四千歲時金輪王出治四天下輪王成就七寶一金輪寶者若聖王出天金輪寶忽現在前輪有千輻天匠所造輪徑丈四聖王見之手摩輪曰可向東方如法而轉輪即東轉王將四兵隨其後行東方諸小王來詣拜云善哉大王願於此治時聖王言汝等當以正法治化勿使偏枉諸王聞之即從聖王巡行諸國至東海表南西北方隨輪所至亦復如是二白象寶者王坐殿上忽現在前即試習乘其上清旦出城周行四海食時已還三紺馬寶者忽然現前清旦乘行食時即返四神珠寶者忽現在前置高幢上光照一由旬城中人民皆起作務謂是晝日五玉女寶者忽然出現顏色端正冬溫夏涼六居士寶者諸財典寶忽然出現地中寶藏皆悉知見七主兵寶者忽然出現智謀雄猛專任討伐是為輪王七寶成就長阿含經

第十小劫(增減)減至八萬歲時第五弥勒佛出世時閻浮提其地平正如琉璃境叢林茂盛高三十里八萬四千衆寶小城周徧天下其中大城名翅頭末七寶樓閣七重行樹園林浴池八功德水街巷道陌廣十二里其土安隱無有怨賊劫竊水火刀兵飢饉之難有明珠柱高十二里光明逾日晝夜常照香風時来吹珠柱上雨寶瓔珞衆人取之以為服用衆寶羅網弥覆城上風吹寶鈴演說歸依佛法僧人身長十六丈壽命滿八萬歲無有中夭女人五百歲方嫁日受妙樂深遊禪定如三禪天人常慈心恭敬和順皆由弥勒慈心訓導持不殺故唯有三病一者飲食二者便利三者衰老有香美稻一種七穫百味具足入口消化便利之時地裂生赤蓮華以蔽穢氣人民既老自然行詣樹下念佛待盡生大梵天及諸佛前有轉輪聖王名曰儴佉七寶千子四大寶藏滿中珍寶衆人見之心不貪著各各謂言釋迦佛時往昔衆生為此寶故更相偷劫造生死罪時弥勒菩薩於兜率天宮當下作佛生大婆羅門家父名脩梵摩母名梵摩跋提下生託胎身紫金色三十二相坐寶蓮華光明無量身長三

十二丈如黃金山正念觀察苦空無常不樂在家時儴佉王持七寶臺奉上彌勒受已施諸婆羅門即便毀壞各共分之弥勒見此寶臺須臾無常知有為法皆悉磨滅修無常想讚過去佛無常之偈諸行無常是生滅法生滅滅已寂滅為樂說此偈已出家學道詣翅頭末城外金剛莊嚴道場龍華菩提樹下(枝如寶龍吐百寶華故名龍華)即於是日初夜降魔成道釋梵四天請轉法輪時儴佉王與八萬大臣俱求出家須髮自落即成沙門時彌勒佛與儴佉王等諸比丘僧天龍八部入翅頭末城中央其地過去諸佛所坐金剛寶座自然涌出佛於此座轉正法輪時諸婆羅門長者須達那今須達長者是轉輪王寶女(即女寶王舍)弥婆帝今毗舍佉母是弥勒親族須摩提今善賢比丘尼是各與八萬四千人出家學道時儴佉王千子俱求出家唯留一子用嗣王位弥勒世尊初會於金剛座上說法九十六億人得阿羅漢二會於城外華林園說法九十四億人得阿羅漢三會復在華林園說法九十二億人得阿羅漢(西城記波羅奈國弥勒受記成佛處佛告弥勒三會說法其得度者皆我遺法捨獨衆生在家出家持戒化戒皆養化導證果解脫三會之緣乃化同緣善友)是時弥勒與無

量人登耆闍崛山頂手擘山峯摩訶迦葉即從定起持佛僧伽梨衣授與弥勒涌身虚空作十八變入般涅槃收身舍利山頂起塔弥勒佛住世六萬歲入滅之後諸天世人收取舍利於四天下各起八萬四千寶塔正法住世六萬歲像法亦六萬歲(出弥勒經)(弥勒下生經弥勒來時經弥勒成佛經賢愚經○菩薩處胎經未弥勒世有五十六億七千萬歲瓔珞經五十億七千六十萬歲弥勒下生經上生經並云五十六億萬歲經律錄自佛滅取弥勒生有八百八十萬九千二百年諸說不同未曾校算)

十一小劫(增減) 十二小劫(增減)

十三小劫(增減) 十四小劫(增減)

十五小劫(增減)此減劫中自第六師子佛下至欲樂佛凡九百九十四佛相繼出興說法度人(出賢劫經)

佛告賴吒婆婆羅曰過去然燈佛滅後有一獼猴見羅漢入定即取坐具披作袈裟遶比丘行比丘定起為說三歸五戒求菩提法獼猴依教受已踊躍歡喜緣樹墜死生兜率天值一生補處菩薩為說無上道從是以後值佛無數於最後身次弥勒後當成菩提號師子月佛今婆須密多是也(出師子月佛經)

十六小劫(增減) 十七小劫(增減)

十八小劫(增減) 十九小劫(增減)

二十小劫(增減)最後增劫中第一千樓至佛以本願力故出增劫早出暮滅是時人多厭世修諸禪定住劫已極易可化度但使性是沙門汙沙門行形似沙門被著袈裟於弥勒佛所得入涅槃無有遺錯(俱舍論 大悲經)

述曰釋迦遺教不了之徒寄諸弥勒弥勒遺教寄諸九百九十四佛此諸遺教次第相寄最後以寄樓至樓至之世易可化度苟或不了可謂極鈍極鈍之機不免有待星宿之劫悲夫佛佛世世得逢遺教縱未得出猶以為幸倘因中間造極重惡長劫無間則與佛相背此為可痛如目連入地獄問訊調達獄卒報云此有迦葉佛時調達釋迦佛時調達欲問何者此雖大權難以情測權必引實寧無實報之輩惟茲末代此土修行有教無證欲祈易了莫若專修淨土往生之行則一登無生永居不退後佛化化正可乘願來參影響之衆寄言有志當思務進

拘留孫佛人壽四萬歲時出拘那含牟尼佛三萬歲時出迦葉佛二萬歲時出釋迦佛百歲時弥勒佛八萬四千歲時師子佛七萬歲時光炎佛九萬歲時柔仁佛六萬歲時華氏佛五十萬歲時次復有華氏九億歲時善月佛七萬歲時現義佛百歲時出(云云)第一千慧業佛(即樓至之華言)人壽八萬歲時出賢劫千佛過已六十五劫無佛(此當一劫論增之小劫)然後有劫名曰大稱往昔擇明輪王千子於此皆同斯劫成最正覺過是劫已竟八十劫都無佛興然後有劫名喻星宿往昔擇明輪王八萬大臣於斯劫中成最正覺過是劫已竟三百劫亦無佛興然後有劫名重清淨擇明輪王聖后釆女成最正覺(賢劫經)

述曰俱舍論約三世增減論三千佛出興之斷賢劫經明諸佛出興有久有近不定劫數此有三意一者佛赴機所說不同二者結集部別不同三者傳譯前後不同難以和會(此此)鈎然粗論次第取證增減則必以俱舍為本慈恩劫章正取此論

壞二十小劫(增減)火災壞至初禪(壞劫有火水風大三災余賢劫中上論一番大災者水風二災不任賢劫中後當別釋三相)始從地獄終至梵天有情世間經十九增減次第壞盡唯器世間空曠而住乃至三千世界一切有情都盡最後一增減劫方壞器世間(世間如器故名)有七日從海底出大海盡竭須弥崩壞風吹猛燄燒上梵天悉成灰燼乃至三千世界一時燒盡此為依正俱壞名為壞劫(正理論)

空二十小劫(增減)自初禪梵世已下世界空虛猶如墨穴無晝夜日月唯有大冥如是二十增減之久名為空劫(俱舍)

未來星宿劫(千佛出興如天星宿)

成二十小劫(增減)

住二十小劫(增減)此劫中有千佛次第出始自日光佛終至須弥相佛(星宿經)佛言我滅度後若有勤修功德行衆三昧稱弥勒名行六事法(六事法出經)必定得生兜率天上亦隨弥勒下生閻浮第一聞法於未來世值遇賢劫一切諸佛於星宿劫亦值諸佛受菩提記(弥勒上生經)

壞二十小劫(增減)

空二十小劫(增減)○(成住壞空之劫並如前說)

有能一日夜持不殺戒決定不逢刀兵灾起能以一訶梨勒果起殷淨心奉施僧衆決定不逢疾疫灾起能以一摶食施諸有情決定不逢飢饉灾起東西二洲無根本三灾而有相似三灾謂嗔增盛似刀兵身羸劣似疾疫數加飢渴似饑饉北洲根本相似俱無(婆沙論)三灾起時復有三種最極

衰損一壽量謂極至十歲二依止謂身量極至一搩手三資具謂以粟稗為食中第一以髮為衣中第一以錦為莊嚴第一俱舍論論〇搩咲同咲命及同尺人一尺佛二尺大三災者一大劫終必一火災起如前賢劫成住壞空八十小劫爲一大劫如是經七大劫七火災凡七壞初禪後經一大劫有一水災起壞至二禪如是七七火災相間七水災後經七火災凡五十六番火壞初禪七番水壞二禪後經一大劫有一風災起總之為六十四大劫為大三災始終之相俱舍論出樓炭經初火災壞初禪者災欲起時地獄罪畢來生人中有定業者轉生它方地獄乃至無有一情名為地獄已壞畜生餓鬼阿脩羅亦次第盡是時世間皆行十善人身之內無有諸蟲與佛身同以由是時旁生壞故時此南洲一人無師法然得初靜慮初禪也從靜慮起唱言離生喜樂甚樂甚靜餘人聞已皆入靜慮命終並得生梵世中東西二洲例此應說北洲根鈍無離欲念命終生欲界天靜慮現前方能離欲乃至人趣無有一情名為人趣已壞時欲界六天一一人法然得初靜慮乃至並得生梵世中名為欲界已壞時梵世中一人法然得二靜慮二禪也唱言定生喜樂甚樂甚靜

餘天聞之皆入靜慮命終並得生光音天乃至梵世大梵天也已壞始從地獄終至梵天經十九增減有情世間次第壞盡唯器世間空曠而住乃至三千世界一切有情同業壞盡最後一增減劫方壞器世間於此漸有七日輪出有大黑風吹海水為兩披初取一日置須弥腹日道中行草木彫落次取二日河渠皆竭海水漸涸七百由旬三日出時恒河俱竭四日出時阿耨池竭五日出時四大海水七千由旬一時竭盡六日出時大地火起靡不燒壞七日出時須弥山壞衆山洞然風吹猛燄燒上天宮乃至梵天無遺灰燼自地火燄燒自宮殿非它地灾能壞它地由相引起故說燒上始從地獄至于梵天於一增減劫次第壞盡乃至三千世界一時俱壞是為火災壞初禪火災過後世界空曠猶如黑穴經二十增減之久大雲降雨水長至天吹風水沫作梵天宮如是下至地獄如前建立如前說在成劫出長阿含經因本經雜心論顯宗論正理論瑜伽對法論次水災壞二禪者當災起時地獄餓鬼旁生四洲人趣六欲諸天次第得生二禪於二禪中時有一天自然得三禪定餘天聞之皆入此定得生三禪是時二禪中有俱生水界起壞器世間猶水消鹽一時俱沒有說從三禪邊空中欲雲雨

雨熱灰水有說從下水輪涌水上騰是為水災壞二禪水災過後如前空二十小劫如前大雲降雨風吹水沫成光音天宮下至地獄後成三風災壞三禪者當災起時下地諸趣有情及六欲二禪次第得生三禪時有一天自然得四禪定餘天聞之皆入此定得生四禪是時三禪中有俱生風界起壞器世間吹諸天宮相拍粉碎諸大山王亦皆拍碎如風乾朽節悉皆消盡是為風災壞三禪有說從四禪邊際欲風起飄擊有說從下風輪擊風上騰出俱舍正理論瑜伽對法論如是東方無量世界或有將壞或有將成或有正壞或壞已空或有正成或成已住乃至十方亦介若有情世間若器世間業煩惱力所生故業煩惱增上力所起故瑜伽論對法論初禪內有覺觀火擾亂故外為火災所燒二禪內有喜水擾亂故外為水災所漂三禪內有出入息風擾亂故外為風災所壞四禪不定相續隨彼天生宮殿俱起若天命終宮殿亦沒雜心論四禪內外過患一切皆無涅槃經此劫初劫皆壞初禪者為順初禪一劫壽故次經八劫方壞二禪為順二禪八劫壽故次經六十四劫方壞三禪為順三禪六十四劫壽故輔行

佛祖統紀卷第三十

佛祖統紀卷第三十

校勘記

一　底本，明永樂南藏本。

一　六一三頁上五行首字「邑」，徑作「益」。

一　六一四頁上六行「刀兵」，徑作「刃兵」。

一　六一四頁中末行夾註右「三會之移」，徑作「三會之度」。

一　六一五頁中五行首字「論」，徑無。又夾註「增小刼之」，徑作「一增小刼之論」。

一　六一六頁上二二行「一人法然」，徑作「一天自然」。下同。

佛祖統紀卷第三十一　池一

宋景定四明東湖沙門　志磐　撰

世界名體志第十五之一

上窮實際下徹風輪此華嚴所明一世界種豎高則且約二十重周圍則略得十一數倍由此數隨方各十則總之爲百十一如天帝珠網分布而住斯但舉其一分云耳若推而廣之則十不可說微塵世界遍相連接周徧迭立各各佛出現各各滿衆生是爲華藏莊嚴世界海也若夫娑婆大千須彌四天下南洲五竺東華震旦若名若體有說有圖雖自廣以至狹實殊別而會總既明三世須辨方界此學者所宜知也撰世界名體志

華藏世界海圖　大千萬億須彌圖

四洲九山八海圖　三千大千世界圖

須彌忉利天宮圖

諸天通論

身量　壽量　衣量　食量　業因

報果　廣狹　凡聖　論無色身處

論天主　論四禪四地

東華震旦地理圖　漢隋西域諸國圖

西土五印諸國圖　八熱地獄圖

十六遊增地獄圖　八寒地獄圖

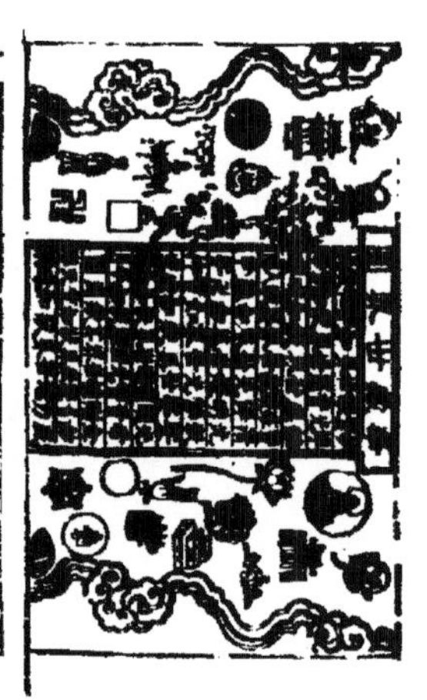

華藏世界品云此華藏莊嚴世界有須彌山微塵數風輪所持最在上者名殊勝威光藏能持普光摩尼香水海此海有大蓮華名種種光明蘂香幢華藏莊嚴世界住在其中金剛輪山周匝圍遶○此中復有不可說微塵數香水海一切世界所有莊嚴悉於中現芬陀利華十寶階陛欄楯十寶尸羅幢寶衣鈴網幢寶華樓閣寶蓮華城衆寶樹林悉共圍遶○一一香水海各有微塵數香水河右旋圍遶常現寶色光雲十方化佛及諸菩薩於中涌出其中央香水海名無邊妙華光出大蓮華名一切香摩尼王莊嚴有世界種而住其上名普照十方熾然寶光明有不可說佛刹於中布列○最下第一重名最勝光徧照狀如摩尼寶一佛刹塵世界圍遶佛號淨眼離垢燈第二重名種種香蓮華妙莊嚴世界狀如師子座二佛刹塵世界圍遶佛號師子光勝照第三重名寶莊嚴普照光世界其形八隅三佛刹塵世界圍遶佛號淨光智勝幢第四重名種種光明華莊嚴世界狀如摩尼蓮華四佛刹塵世界圍遶佛號金剛光明無量精進力善出現第五重名普放妙華光世界其形普方而多隅角五佛刹塵世界圍遶佛號香光喜力海第六重名淨妙光明世界其形四方六佛刹塵世界圍遶佛號普光自在幢第七重名衆華燄莊嚴世界狀如樓閣七佛刹塵世界圍遶佛號歡喜海功德名稱自在光第八重名出生威力地世界狀如因陀羅網八佛刹塵世界圍遶佛號廣大名稱智海幢第九重名出妙音聲世界狀如梵天身九佛刹塵世界圍遶佛號清淨光明相無能摧伏第十重名金剛幢世界其狀周圓

十佛刹塵世界圍遶佛號一切法海最勝王第十一重名恒出現帝青寶光明世界狀如半月十一佛刹塵世界圍遶佛號無量功德法第十二重名光明照耀世界狀如華旋十二佛刹塵世界圍遶佛號超釋梵第十三重名娑婆世界狀如虛空以普圓滿天宮而覆其上十三佛刹塵世界圍遶佛號毗盧遮那（此即十蓮華藏微塵數相千葉盧舍那一華百億國中當第十三世界也）第十四重名寂靜離塵光世界狀如執金剛形十四佛刹塵世界圍遶佛號遍法界勝音第十五重名衆妙光明燈世界狀如卍字十五佛刹塵世界圍遶佛號清淨日功德眼第十六重名清淨光徧照世界狀如龜甲十六佛刹塵世界圍遶佛號不可摧伏力普照幢第十七重名寶莊嚴藏世界其形八隅十七佛刹塵世界圍遶佛號無礙智光明徧照十方第十八重名離塵世界狀如珠瓔十八佛刹塵世界圍遶佛號無量方便最勝幢第十九重名清淨光普照世界十九佛刹塵世界圍遶佛號普照法界虛空光第二十重名妙寶燄世界狀如寶莊嚴具二十佛刹塵世界圍遶佛號福德相光明此二十重上闊下狹如倒安浮圖○若廣說世界種所依形狀數有刹塵或名回轉形（清涼疏鈔）乃至江河形旋流形輪網形壇墠形樹木形樓觀形尸羅形幢形普方形胎藏形蓮華形佉勒迦形（此云竹篇）衆生形佛相形圓光形網形門闥形須彌山形諸莊嚴具如上世界皆在無邊妙華光香水海中遍相連接成世界網周徧建立○都有十个二十重世界種繞此中心世界種摠十一个二十重世界種（經第九卷）○此十一个世界種周圍至輪圍山復有一百个世界種隨方各十於中布列近山周匝十个世界種各各上下四重餘九十个世界種不言重數共有一百十一个世界種如天帝網分布而住（經第十卷）○如是十不可說佛刹微塵數香水海中有十不可說佛刹微塵數世界種皆依現一切菩薩形摩尼王幢莊嚴蓮華住各各莊嚴際無有間斷各各放寶色光明各各光明雲而覆其上各各莊嚴具各各劫差別各各佛出現（各各演法）海各各衆生徧充滿各各十方普趣入各各佛神力所加持此一一世界種中一切世界依種種莊嚴住遞相接連成世界網於華藏莊嚴世界種種差別周徧建立

吴鎧菴曰此圖即華嚴蓮華藏世界海乃實報無障礙土也昔海禪師雖出其相而說義未周止禪師說義頗悉而未顯其相今雙收二家且考之經目曰法華常在靈山盖依智者所指故也

大千世界萬億須彌之圖

長阿含云三千大千世界復有大金剛山繞大海水金剛山外復有第二大金剛山二山中間窈窈冥冥有八大地獄日月神天所不能照

○瑞應經云迦維羅衛國者三千日月（須彌大山）萬二千天地之中（此大千有萬億天地二千即中千小千也）

○顯揚論一日月之照臨名一世界如是千日月千六欲千初禪名小千界復以千小千名中千其中有一三禪一千二禪百萬初禪復以千中千為大千其中有一四禪一千三禪百萬二禪億萬初禪（此當須彌億萬須彌）○阿毗曇論云從此須彌頂邊至彼須彌頂邊十二

億三千四百五十由旬從此須彌中心至彼須彌中心十二億八萬三千四百五十由旬從此山根至彼山根十二億三千十五由旬此佛所説

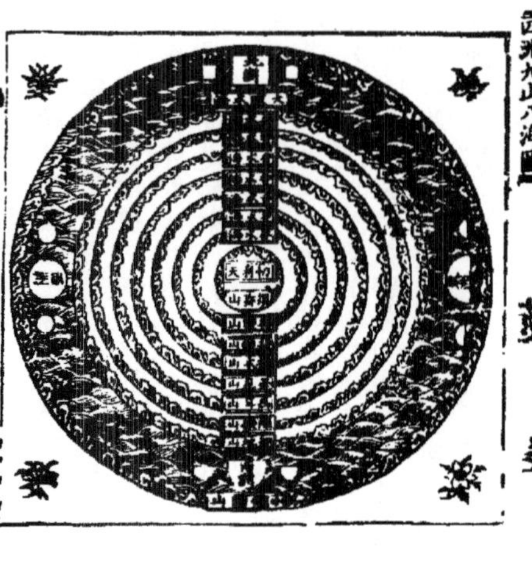

西洲九山八海圖

俱舍論云第一須彌山高廣各八萬由旬(起世經云八万四千由旬七山及鐵圍次第減半)第一香水海橫廣八萬由旬(起世廣八万四千)第二持雙山高廣各四萬由旬(諸山次第減半)第二香水海橫廣四萬由旬(七海橫廣各隨七山高量次第減半)第三持軸山高廣各二萬由旬第四擔木山高廣各一萬由旬第五善見山高廣各五千由旬第六馬耳山高廣各二千五百由旬第七障礙山高廣各一千二百五十由旬第七香水海一千二百五十由旬第八持地山高廣各六百二十五由旬第八大鹹水海橫闊三十二萬二千由旬中有四洲(阿毗曇論水際周回三十六億八千四百七十五由旬)第九小鐵圍山高廣各三百十二由旬(阿毗曇周回三十六億一万三百五十由旬)五諸山入水皆八萬由旬住金輪上諸海皆深八萬由旬(今詳自須弥山心南向至本山際八万由旬度七香水海十六万由旬度七金山八万由旬至七山南際沈海凡二十八万由旬南北通極凡五十六億万由旬)○長阿含云須彌山南有天下名闍浮提(此云勝金洲新婆沙論名贍部)其土南狹北廣縱廣七千由旬人面像此地形有大樹名閻浮圖七由旬高百由旬枝葉四布五十由旬人壽百歲中夭者多○阿毗曇云南洲衣服莊飾種種不同一生欻事無數(亦有修行至死無)欲○起世云大海壯有閻浮樹此樹下有閻浮那種金聚高二十由旬(以此勝金出樹下故因以名樹)名○順正理論有二十中洲一遮末羅(新婆沙云……洲羅剎住)二筏羅遮羅皆有人住○長阿含云須彌山東有天下名弗于逮(此云勝身世云弗提婆)其土東狹西廣形如半月縱廣九千由旬人面像之有大樹王名伽藍浮圖七由旬高百由旬枝葉四布五十由旬人壽二百歲(樓炭經云三百歲)

飯食魚肉以穀帛珠璣共相市易有嫁娶禮○立世阿毗曇論云東弗提婆人多欲者一生數至六七亦有修行至死無欲食自死魚肉自不殺生頭髮翦前披後著下衣竟上衣繞○順正理論云有二中洲一提訶二毗提訶皆有人住○長阿含云須彌山西有天下名俱耶尼(此云牛貨新婆沙云瞿陀尼)其土形如滿月人面像之縱廣八千由旬有樹王名斤提圖七由旬高百由旬枝葉布散五十由旬人壽三百歲以牛馬珠玉共相市易○阿毗曇云彼土食肉殺生人死燒屍或置水埋土嫁娶同南洲人多欲者至十或十二亦有至死無欲者莊飾皆披髮上下著衣○順正理云有二中洲一舍撓(古獲反)二怛里拏皆有人住○起世論云斤提樹下有一石牛高一由旬因名瞿陀尼(因以名洲)○長阿含云須彌山北有天下名欝單越(此云最勝新婆沙論名俱盧洲)其土正方人面像縱廣一萬由旬有大樹王名菴婆羅圖七由旬高百由旬枝葉布散五十由旬諸山浴池華果豐茂衆鳥和鳴四面有阿耨達池出四大河無有溝阬荊棘蚊虻毒蟲自然粇米衆味具足有摩尼珠名曰焰光置自然釜鍑下(自然粇米者自生也自然釜鍑者自燃然也鍑方宿反似釜而大)飯熟光滅有樹名曲躬葉葉相次天雨不漏彼諸男女

止宿其下有諸香樹果熟之時自然裂出種種身衣或器或食河中寶船乘載娛樂入中浴時脫衣岸上乘船度水過衣便著不求本衣次至香樹手取樂器並以妙聲和絃而行其人無有衆病顏貌同等髮紺青色齊眉而止人起欲時熟視女人彼女隨詣園林若是父親母親不應行欲者樹不曲蔭各自散去若非親者樹則曲蔭隨意娛樂一日至七日爾乃捨去彼人懷妊七八日便產隨生男女置於四衢有諸行人出指含軟指出甘乳充徧兒身過七日已其兒長成與彼人等男向男衆女向女衆彼人命終不相哭泣（以人壽定千歲故不中夭）莊嚴死屍置四衢道有鳥名憂慰禪伽接置它方（阿毗曇云其鳥啣屍至山外噉食之）其地柔軟隨足隱起大小便時地爲開拆利已還合其人前世修十善行來生此洲壽命千歲不增不減命終之後生天善處○阿毗曇云北洲人多欲者一生數至四五亦有修行至死無欲○順正理論有二中洲一矩拕婆二憍拕婆皆有人住○阿毗曇云南洲人長三肘半或四肘東洲八肘西洲十六肘北洲三十二肘（起世云南洲三肘半東西洲同量北洲七肘○一肘當鄉周尺八）○長阿含云南洲有三事勝一者勇猛強記能造業行二者勤修梵行三者佛出其土○新婆沙論四大洲八中洲人形短小有說遮末羅洲唯羅刹住復有五百小洲或有人住或非人住或有空者○菩薩藏經佛言我觀世間衆生常爲十苦逼迫一生二老三病四死五愁六怨七苦受八憂九痛惱十生死流轉衆生爲得菩提出離如是逼迫○四教儀在因之時行五常五戒中品十善感人道身

述曰北洲人定千歲故死不哭吊佛不出生故不聞佛法此所以爲八難之一也昔人謂列子載黃帝夢遊華胥氏之國者即北洲也未知其可南洲有佛法可學故大乘根器多生其中以壽命短促衆苦逼迫故佛長發心勤修道行此其所以爲四洲之最勝也

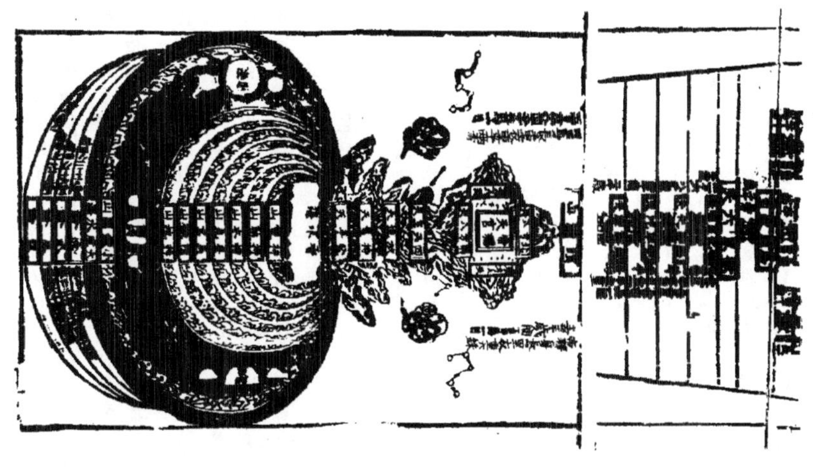
華嚴經云三千大千世界以無量因緣乃成

大地依於水輪風輪空輪空無所依衆生業
感世界安住
新菩薩藏經諸佛成就不思議智故能行知
諸風雨相知世有大風名烏盧博迦衆生諸
有覺受皆由此風之所動搖此風輪量高三
拘盧舍拘盧舍此云一鼓聲聞準雜寶藏經五里爲一拘盧舍毗曇論八拘盧舍
爲一由旬即智論中品由旬當四十里也於此風上虛空之中復
有風起名贍薄迦此風輪量高十由旬云云如
是次第輪上六萬八千拘胝風輪之相悉能
了知最上風輪名周徧上界爲水輪之所依
止其水量高六十八百千由旬爲大地之所
依止其地量高六十八千由旬是地量表有

一三千大千世界

土水風輪會異

○土輪金輪
俱含共三十二万由旬○起世共四十
八万由旬○斷菩薩藏六十八千由旬
○攝焚上二十廣萬甲金累金刹各二
十億万里○五世共三十二万由旬○
光明經土瀑十八万由旬下有金沙今
攝起世四十八万此熙脫四字○起世

○水輪
○風輪

因本釋水上有風吹轉此水於上成金
如熟乳生膏是名金輪○增一阿含地
瀑六十八千由旬○疊無識光
明經地瀑十六万八千由旬
俱含八十万由旬○起世六十
○菩薩藏六十八旬千由旬○万由旬
十從万里○五世四李譯以果權焚八
水不流敢如食未轉不隨執歲王業力
俱含百六十万由旬○起世二十大万
由旬○善薩藏六万八千俱經風輪○
擇焚五百二十億万里○智論大千世
累皆依風輪爲量

須彌山根上升一萬由旬遠山縱廣一萬由
述曰經論所出曾不雖一中俱舍玄世
事同佛所說義不爲有是受是第主臨
受機見有別而譯師
今古措辭之不可也
旬是堅首天住復上一倍四本二万遠山八千由
旬是華鬘天住復上一倍四本三万遠山四千由
旬是常放逸天住復上一倍三天皆云一倍者皆以一万增
倍至四大王爲四万由旬○四本云山半四万二千由旬四王所住遠山四千
由旬是日月星宿天四天王天住婆沙論○須
彌山下別有三級諸神住處皆有七重牆院
皆夜叉住起世因本經此三天皆藥叉住四天王
之所部俱舍論○日天宮殿天金頗梨所成縱
廣五十一由旬正方如宅遙看似圓智論日月方圓
五百里有五種風吹轉而行閻浮檀金以爲妙
輦高十六由旬方八由旬日天子及眷屬居
中受天五欲日天子壽五百歲子孫相承皆
於彼治宮殿住持滿足一劫歷成住壞空八十小劫爲一大
劫日天身光妙輦宮殿光明相照有一千光
五百旁照五百下照日天宮殿常行不息六
月北行六月南行月天宮殿天銀青琉璃成
高十六由旬廣八由旬月天子與諸天女在
此輦中受天五欲月天壽五百歲子孫相承
宮殿住於一劫月天身光宮殿成千光明五
百旁照五百下照何因緣故月天宮殿漸漸
現邪由日天有六十光障彼月輪去日漸遠

故漸漸現復何因緣圓淨滿足當十五日月
宮去日最遠光不能障復何因緣黑月十五
一切不現此時月宮最近於日月光隱覆一
切不現復何因緣月宮影現此大洲有閻浮
樹高故影現月輪起世因本經過去有兔行菩薩行
天帝試之索肉欲食捨身火中天帝愍之取
其燋兔置於月內令衆生瞻之知是菩薩行
慈之身西域記南洲日正中東洲日始沒西洲
日初出北洲當半夜起世因本經除二方例知日天宮牆
地薄如華葩爲五風所持長阿含日月方圓五
百由旬而今所見不過如扇智論大星宮宅周
七百二十里中星四百八十里小星百二十
里樓炭經過去婆伽婆仙分布諸宿曜宿經晉譯
國養人各有所主東方七宿角亢音岡氐房心
尾箕北方七宿斗牛女虛危室壁西方七宿
奎婁胃昴畢觜參觜音貲南方七宿井鬼柳星
張翼軫大集經諸星形相姓氏祭物法度所主人物國土並具在本經佛在
淨居天宮告諸宿曜遊空天衆九執大天二
十八宿十二宮辰說過去娑羅王如來所說
熾盛光大威德陀羅尼除災難法若有國王
及諸大臣所居之處及諸國界或被五星陵
逼羅睺彗孛妖星照臨所屬本命宮宿及諸
星位或臨帝座於國於家及分野處陵逼之
時或退或入作諸障難者但於清淨處置壇

道場念此陀羅尼一百八徧或一千徧(清經要)有九種執曜能令晝夜時分增減世間豐儉其名曰日月熒惑(火)辰(水)歲(木)太白(金)鎮(土)羅睺(火之餘氣)彗孛(土之餘氣孔雀經)娑婆世界有八萬四千災變惡星(楞嚴經)毗沙門爲星宿之主(法華文句○論語曰北辰天文志曰北極)須彌山半四萬二千由旬四天王居(智論因本經同若阿毗曇論俱舍論昔云四万由旬)東方城名上賢南方城名善見西方名周羅北方名天敬(智論)東方治國天王(諸經多云持國)領乾闥婆(此云尋香行帝釋俗樂神)毗舍闍(此云噉人精氣鬼又顛狂鬼智論作富單那)護東洲人南方增長天王領鳩槃茶(此云厭魅鬼厭於琰反魘同睡中爲鬼所著)薜荔多(此云最初餓鬼)護南洲人西方雜語天王(孔雀經翻廣目又翻非報能與罪逆衆生不善現報)領龍及富單那(此云臭餓鬼智論毗舍闍)護西洲人北方多聞天王領夜叉(此云捷疾今法會傳送符書使者是此類)羅剎(此云暴屬食人之鬼)護北洲人(出長阿含)爾時毗沙門天王(此云多聞光明句記福德之名聞四方故)提頭賴吒天王(此云持國華持國土)毗留勒叉天王(此云增長令自它善根增長故)毗留博叉天王(此云雜語能種種雜語又廣目又藤眼孝主罰惡令遍苦發心)俱從座起而白佛言是金光明衆經之王(云云)我等四王二十八部百千鬼神以淨天眼常觀擁護此閻浮提是故我等名護世王(金光明經○光明句記經家先振北方者西土以北方爲上○涅槃疏譬如北方之於東方爲無上上四明正擁此○)初地菩薩多作四天王(華嚴經)四天皆有昏嫁行

欲如人化生小兒在膝上如二歲小兒未久自然寶器盛百味食天甘露緣福多者色白中者色青下者色赤食訖便與諸天等量初生憶昔往業戲已忘念(長阿含經)四天男女生時若於女膝上眠處生者天女作意此是我兒天男亦言此是我兒若於父膝眠處生者唯有一父諸妻皆得爲母四天欲事無數亦有修行至死無欲一切欲界諸天亦爾(大論世)護世四王各有九十一子有大威力皆名曰帝能護十方(大吉義經)一切山河樹木土地城郭一切鬼神皆屬四天王(智論)○一王下有八將軍四王三十二將周四天下護助出家人常將軍於三十二將中最存弘護比丘道力微者爲魔所惑將軍恆惶奔赴應機除剪(天人感通傳)

忉利天宮之圖

昔婆羅門姓憍尸迦與知友三十二人共修福德命終皆生須彌山頂憍尸迦爲天主三十二人爲輔臣(智論)○昔迦葉佛滅後有一女人發心修塔報爲天主有三十二人助修報爲輔臣君臣合之爲三十三(淨名疏○梵語忉利此翻三十三天)○帝釋住首楞嚴定未來成佛號曰無著(法華文句)須彌山四角各有一峯(婆沙論高五百由旬廣)金剛手藥叉於中住守護諸天山頂善見大城周萬由旬(婆沙論山頂縱廣八万四千由旬其中平可居者止四万由旬)重門高一由旬半城有千門各有五百青衣藥叉嚴仗防守城中殊勝殿周千由旬其地真金雜寶嚴飾柔軟如妬羅綿隨足高下(順正理論)帝釋住殿中央金城周千由旬(即殊勝殿)有五百門中有樓閣名皮禪延四邊寶樓一百一所一萬七千房一一房有七天女一一女有七采女其諸天女皆是帝釋正妃帝釋與阿脩羅女舍脂共住化身與諸妃共住(阿毗曇論)目揵連尊者遊歷小千界無有端嚴如毗闍延堂者(雜阿含經○即毗闍延也)城內衢巷天人隨其福德屋舍多少城路五百中有七市穀米衣服衆香飲食華鬘工巧婬女並有市官天子天女往

采貿易商量貴賤具市廛法雖作是事無取無與脫欲所需便可提去是善見城復有天州天縣天村周匝徧布（起世因本經）城外四面有四苑一衆車苑（起世因本云雜色車苑雜阿含云東門外）隨天福德種種車現二麤惡苑（起世云麤澁苑雜阿含云南門外）天欲戰時甲仗自現三雜林苑（起世雜亂苑月入十四十五日）三十三天並宮內衆女入此園中與天衆合雜嬉戲受天五欲雜阿含云在西門外）諸天入中極妙欲塵雜類俱至四喜林苑（起世云入中歡喜雜阿含在北門外）諸天所玩皆生歡喜四苑各千由旬各有一如意池周五十由旬八功德水城外西南有善法堂三十三天時集辯論制伏阿素洛如法不如法事東北有圓生樹華開之日順風香聞百由旬逆風猶及五十里（順正理論）善法堂最中有師子座（毗耶仙人經善法堂有八万四千柱入此堂者無惡綱輪眼類呻等過）帝釋升座左右各十六天王隨坐有二太子是二大將軍坐諸天王左右持國天王與大臣軍旅恭敬諸天依東門坐增長天王依南門坐廣目天王依西門坐多聞天王依北門坐是四天王以世間善惡奏聞帝釋諸天王月八日四王大臣徧行世間十四日四王太子行十五日四王自行觀察善惡若無多人受戒布施帝釋聞奏憂惱說言天衆減損脩羅日增（阿毗曇論）第一善法堂天（即帝釋）第二住峯天三山頂天四善見城天五鉢私地天六住俱吒天七雜殿天八歡喜園天九光明天十波利樹園天（即圓生樹）十一險岸天十二雜險岸天十三摩尼藏天十四旋行地天十五密殿天十六髮影天十七柔輭地天十八雜莊嚴天十九如意地天二十微細行天二十一歌音樂天二十二威德輪天二十三月行天二十四娑利天二十五速行天二十六影照天二十七智慧天二十八衆分天二十九住輪天三十上行天三十一威德顏天三十二威德輪天三十三清淨天（正法念經）○本為人時施飲食燈明錢財故名釋提桓因（此云能天主）本為人時姓故名憍尸迦舍脂為第一后故名舍脂鉢低於一座間思千種義故名千眼於三十三天為主故名因提利（中阿含經○本有千名細釋不足）帝釋有金剛杵力（孔雀經）○三十三天生時天女手中華生自知有兒即以授夫七日天生善知天法行宮殿中見無主天女來言聖子善來此汝宮殿我無夫主今相供養（毗耶仙人經）天初生時如十二歲兒於父母生處或兩膝兩股忽然而生即有寶器盛天須陀味及以天酒隨福上中下有白赤黑色飲食既訖身量即與舊男女等（起世因本經）單修上品十善生忉利天（四輪報）

諸天通論

身量（俱舍論）	身光（智論）	報果	論無色身處
衣量（長阿含經）	飲食	境量（婆沙論）	論天主
壽量（阿毗曇論俱舍阿含）	業因（三界差別經）	凡聖	論四禪四地

四天王身長半里衣重半兩人間五十歲為四王一日夜即用四王壽命五百歲計人間九百萬歲為等活地獄一日夜如是數等活壽五百歲（人間三百二十四億數為等活一年）忉利天身長一里衣重六銖人間一百歲為忉利一日夜即用此天壽命一千歲計人間三億六十萬歲為黑繩地獄一日夜如是數此獄壽千歲夜摩天身長一里半衣重三銖人間二百歲為此天一日夜即用此天壽一千歲計人間十四億四百萬歲為衆合地獄一日夜如是數此獄壽二千歲兜率天身長二里衣重一銖半人間四百歲為此天一日夜即用此天壽四千歲計人間五十七億六百萬歲為叫地獄一日夜如是數此獄壽四千歲化樂天身長二里半衣重一銖人間八百歲為此天一日夜即用此天壽八千歲計人間二百三十億萬歲為大叫地獄一日夜如是數此獄壽八千歲他化自在天身長三里衣重半銖人間一千六百歲為此天一日夜即用此天壽一萬六千歲計人間九百二十一億六百萬

歲爲熱地獄一日夜如是數此獄壽一萬六千歲摩羅波旬天壽三萬二千歲（俱舍論長阿含經此量）〇色界壽命即用劫爲量梵衆天半劫十二小劫身半由旬梵輔天一劫（以四十小劫爲一劫）身一由旬（四十里）大梵天一劫半（六十小劫）身一由旬半少光天二大劫（此下並云大劫即是成住壞空八十小劫也）身二由旬（此下身量並隨壽量）無量光天四大劫身四由旬光音天八大劫身八由旬少淨天十六大劫身十六由旬無量淨天三十二大劫身三十二由旬徧淨天六十四大劫身六十四由旬無雲天百二十五大劫身百二十五由旬（此天身壽俱減二劫三由旬）福生天二百五十大劫身二百五十由旬無想天廣果天皆五百大劫身五百由旬無煩天一千大劫身一千由旬無熱天二千大劫身二千由旬善見天四千大劫身四千由旬善現天八千大劫身八千由旬色究竟天一萬六千大劫一萬六千由旬（俱論阿含）（此云）化樂它化二天所著衣服隨心大小輕重色界天不著衣服如著不異頭雖無髻如著天冠無男女相形唯一種（世本起因）〇無色界壽命者空處二萬劫識處四萬無所有處六萬劫非非想處八萬大劫三界皆有中夭唯北洲兜率天最後身菩薩無想天皆定壽命不說中夭（阿毗曇）空處定行慧行各得一萬劫識處定慧二行各得二萬劫上二地但有定行相倍故唯六萬八萬（婆沙論）〇諸大業報生身光者欲界諸天以燈燭明珠等施及持戒禪定等清淨故身常光明色界諸天行禪離欲修火光三昧故身常光明勝於欲界若釋迦常光面各一丈諸天光明大者雖無量由旬於丈光邊蔽而不現四天王有四種色紺赤黃白欲界諸天色皆如是如初生時見紺華則身紺色（智論）〇法苑云色界諸天以喜爲食無色界以意業爲食又云色無色界並以禪悅法喜爲食欲界諸天福厚者甘露盈杯百味俱至福薄者雖有飲食常不稱心故經云譬如諸天共飲器食隨其福德飯色有異上者見白中者見黃下者見赤依正法念經云夜摩已上盡色界天貧富皆等忉利已下報有厚薄故經云有薄福天患飢下剡浮人中摘酸棗食又云四天王天食尺須陀味園林池苑並自然生一切味欲界諸天食亦如此〇衆生具修十善得欲界天報修有漏十善與定相應得色界天報復有修四空定得無色界天報（別三界經）〇四王忉利單修上品十善得生若夜摩天已上兼修未到定未入根本定故（未到定亦名欲界定其法備見止觀）夜摩此云善時時唱快樂故兜率此云知足於五欲境生喜足故化樂者於境變化而自樂故它化者於自它境皆能自在化用故已上四天悉是空居（四教儀集解）梵身天下有魔羅波旬諸宮殿（起世因本經）欲色二界中別有魔宮其魔懷嫉辟如石磨壞功德縱廣六千由旬宮牆七重（樓觀經〇大論魔羅翻奪命波旬魔王名羅什云此翻殺者常欲斷人慧命涅槃識依於佛法而得善利不念報恩反欲加害輔行魔字從石梁武以來謂能惱人易之為鬼淨名經云多是不思議解脫菩薩垂裕記云第六天上別有魔羅所居它化天攝即天子魔也）〇大梵此云離欲除下地繫上升色界（頭）梵王無別處但於天中有高樓閣者是（俱舍論）大梵是君梵輔是臣梵衆是民（法苑珠林）少光天光明最少無量光光明勝前光音天無覺觀語言以光當語又此天語時口出淨光少淨天離喜受樂為淨未及上位為少無量淨天清淨勝前徧淨天清淨周徧無有過患無雲天下三禪皆依雲住至此四禪方是空居（楞嚴作福生天）福生天有勝福力者生（楞嚴作福愛天）無想天外道所居但受一期心想不行受五百劫無心之報報畢必起邪見來生地獄廣果天果報最勝無雲福生廣果此三天凡夫住處修上品十善修禪者得生無煩天無見思煩惱雜故無熱天離熱惱故善見天定障漸微見極明徹善現天形色轉勝善能變化色究竟天色法最極是究竟處此五天名五那含

（此云不來三果聖人居 亦名五淨居五不還天居）處○無色界空處天者行人厭患色籠心欲出離修觀破三種色（可見可對色眼見色塵也不可見可對色聲塵味觸也不可見不可對色意緣法塵即無表色也）識處天者厭患虛空無邊修觀捨前外空更緣內識無所有處者外境名空內境名心捨此二境入無所有非非想處者非識處之有想非無所有之無想捨有無二邊而入上定也一切天衆皆作聖言為彼言辭同中印度然不由學自解典言（順正理論）○殺盜婬妄業若生人中身色憔悴無有威德若有餘業得天中身（應是忉利）形貌減劣寶莊嚴具光明微少天女皆捨餘天輕笑若與修羅戰為它所殺（正法念經）諸天命終五衰相現一者衣服穢染二者冠上華萎三者兩腋汗流四者體生臭氣五者不樂本座（新婆沙論）○此三十二天二唯凡住謂大梵天王不達業因說我能造化一切天地人物恃此高慢聖人不與共居無想天唯是外道修無想定受五百劫無心之報安畢必起邪見墮於地獄以故聖人不生其中五唯聖住謂五淨居天凡生彼者要是進向那含身得四禪發於無漏起熏禪業或起一品乃至九品方乃得生凡夫無此熏禪業故不得生餘二十五天凡聖共住（婆沙論）

述曰論無色界身處初言無處者婆沙云四空離形報無別處但在欲色二界成就四空無色業者言無身者俱舍云無色無身業云無業果色非異熟身楞嚴云是四空天身心滅盡定性現前無業果色孤山釋云非業果色顯有定果色也次言有處者起世云倍色究竟有空處乃至非非想處皆名諸天住處華嚴云菩薩鼻根聞無色界宮殿之香言有身者阿含云舍利弗滅時無色天淚下如春細雨仁王經列無色天衆中陰經云如來至無色界中諸天禮拜大衆部云但無粗色非無細色淨名疏云若不了義教明無色界無色若了義教明無色界有色涅槃云無色界色非聲聞緣覺所知今此所明當從後義

述曰論天主有通別二義通論者魔梵欲色各有主義釋籤云四天王主四天下（此託游賞罰為主）大論云帝釋為二處天主（四王忉利）魔王為欲界主（居欲界頂）大梵王為三界天主淨名疏云帝釋是地居天主梵王是娑婆世界主統御大千（統御上下）天人咸通傳答南山云魔王雖欲界主帝釋四王為行佛法魔不能制妙樂云梵即色主亦三界主魔為欲主輔行云梵王為三界主餘皆臣屬別論者於此又三初獨論梵王文句云梵王住禪中間內有覺觀外有言說得主領為王單修禪為梵民加四無量心為王又云梵王號令總上冠下別行疏梵即色主名為尸棄毗曇論云二禪已上無語言法故不立王禪門云初禪有覺觀心則有語言法主領下地衆生為便二獨論摩醯大論云摩醯首羅八臂三眼騎白牛又云過淨居天有十住菩薩號大自在大千界主灌頂經字威靈帝華嚴經云大千世界主摩醯首羅涅槃疏云若言世界主正是摩醯首羅輔行云摩醯首羅能覆大千舉世尊之以為化本三摩扰對論涅槃疏云摩醯首羅居色界頂主大千界若法華中列世界主梵天王者其實秖領小千經家美之故言主耳私謂（[illegible]）此是大千之中得為大千之主降此不得大千界有萬億梵王此處梵王尸棄居大千之中故稱為主自餘諸梵所居既偏故不得為主也今故斷之曰摩醯處無色頂以報勝為主梵王居大千之中以統御為主

述曰自昔談人都未知四禪四地之義以由諸文森列不能細別且據同本經阿毗曇婆沙論等皆以天名次第登高相去倍遠皆有住地此等之義未足可憑今依俱

舍論云梵天無別處所但於梵輔中有高樓閣者是法苑亦云大梵是君梵輔是臣梵衆是民據此則三天同在初禪秖一地耳若薩婆多部以無想廣果身壽不殊同為一處楞嚴經云從福愛天有二岐路福德圓明名廣果天身心俱滅名無想天（岐二則是分二類耳此與薩婆義同同一處也）又經云此中復有五不還天（此中者指四禪）四禪四位天王但有欽聞不能知見如世間深山道場阿羅漢世間麤人所不能見據此則知秖一廣果稱王而於此中具有五那含一外道同居四禪秖一地耳次第禪門云佛於仁王經說十八梵亦應有民主之異又云四禪中有大靜王瓔珞經明禪禪皆有梵王楞嚴亦云四禪四位天王華嚴列衆三十九位其間欲界則天天稱王色界則禪禪稱王餘天不列今詳初禪既以大梵為王而三經皆說四禪有王（仁王瓔珞楞嚴）則知光音遍淨廣果二十三末三天皆王自餘皆一臣一民之義今故依此等大乘經旨自初禪至四禪太為四地云廣果為王福愛為臣無雲為民五那含一外道則寄居廣果天中已上九天同居四禪一地也（一禪三禪則之）或以天天身壽不同須各分處如諸小乘經論者然梵王之與梵輔梵衆若身若壽皆長短不齊又廣果無想雖五百劫廣果則有中夭無想定滿其報以此論之雖身壽不同不妨同處亦猶閻浮之人有壽有夭也又華嚴謂諸天王皆十地菩薩者此等皆是權來引實在於天中化諸實報之天使求脫天縈故得稱王若謂王者要居一處與餘天隔異則將焉用彼王餘天何所依仰不作此論豈不太乖引實之義或謂二禪已上無語言法（阿毗曇云）何以為化者然光音既以光為語則知上地諸天威儀進止無非言教以是義推無不可者

佛祖統紀卷第三十一

佛祖統紀卷第三十一

校勘記

一　底本，明永樂南藏本。

一　六二〇頁中六行夾註右「周回」，徑作「周圍」。下同。

一　六二〇頁下九行「五十由旬」，徑作「五千由旬」。

一　六二一頁上二二行夾註左「一肘當」，徑作「一肘即當」。

一　六二三頁上一三行夾註左「不善」，徑作「不能」。

一　六二三頁中五行第七字「眠」，徑作「眼」。

一　六二三頁中一〇行夾註「大吉義經」，徑無。

一　六二六頁中八行「舍利弗」，徑作「舍利佛」。

佛祖統紀卷第三十二

宋景定四明東湖沙門　志磐　撰

世界名体志第十五之二

東土震旦地里圖

區域之興帝嚳九州(冀兗青徐揚荊豫梁雍)舜十二州(以冀州土闊增置并幽營三州)夏禹平水土分別九州周大封建蓋千八百國春秋之世見於經傳者百二十有四國下至戰國七雄并而為秦懲周封建之弊罷侯置守分天下為三十六郡及南平百越又置閩中南海桂林象四郡兩漢以十三州統治(漢武帝置十三部刺史)晉為十九州唐為十道後又為十五採訪使凡郡府三百二十有八縣千五百七十有三宋朝元豐須行李德芻等所撰九域志分為二十三路(見下)郡(凡二百九十有五)縣千一百三十有一化外羈縻之州不與焉

漢盛時四履之地東樂浪西敦煌南日南北鴈門東西九千里南北萬三千里

古長城戰國時趙築之自代並陰山至高闕(二州名)以備胡燕亦築媯州之北至遼東秦始皇令蒙恬築長城起臨洮入高麗

四瀆河出積石江出岷山(松州嘉誠縣)淮出桐柏(唐州)濟出王屋山(孟州今河陽府)

三江自蜀岷山至九江彭蠡以入海為中江自嶓冢導漾東流為漢過三澨大別以入于江匯于彭蠡以入海為北江自彭蠡以上為二自夏口以上為三下而至于秣陵京口以入海則不復三矣

九河鬲津徒駭在今瀛州鉤槃太史胡蘇在今滄州馬頰在今濟州覆釜簡潔漫不可考富在東光成平鬲縣之間以漢許商之言考之徒駭最北鬲津最南蓋徒駭是河之本道東出分為八齊小白塞之為一今河間弓高以東平原鬲津往往有其遺處蓋塞其八枝并歸於徒駭也(九域志)

五岳中岳嵩山在洛州(西京)東岳泰山在兗州南岳衡山在潭州西岳華山在華州北岳常山在真定府

東夷初周武王封箕子於朝鮮漢滅之置玄菟郡○夫餘國在玄菟北千里本濊地○高句驪其始王朱蒙出自夫餘居外骨城號高句驪因以高為氏在遼東千里南接朝鮮濊貊東接沃沮北接夫餘人皆隨山而居○三韓者一馬韓在西五十四國北接樂浪南接倭國二辰韓在東十二國北接濊貊亦曰秦韓言秦人避役適韓國三弁韓在辰韓之南十二國南接倭馬韓最大盡王三韓之地○新羅辰韓種也在高麗東南居漢樂浪地多山險文字甲兵同於中國○百濟馬韓之屬國於帶方故地初以百家濟故名東接新羅句麗西南俱限大海有僧尼寺塔無墳史頗解屬文○挹婁古肅慎國在夫餘東北千餘里其北不知所極人多勇力矢用楛(音戶)青石為鏃土氣極寒常穴居○遼東郡大遼水出塞外南入海行千二百里遼西令支縣有孤竹城故伯夷國○倭國在百濟新羅東南水陸三千里依山島而居漢魏譯通中國者三十餘國皆称王大倭王居邪摩惟其地在會稽東俗皆文身自云太伯之後自倭國東千里名拘奴國南四千里名朱儒國人長三四尺自朱儒東南行船一年至裸國黑齒國倭國始於百濟求得佛經隋大業十三年遣使朝貢兼沙門數十人來學佛法○流求國居海島當建安郡東水行五日而至煬帝遣陳稜至其國虜男女載軍實而還○蝦蛦唐太宗時倭國遣使偕蝦蛦人來朝高宗平高麗倭國遣使來賀始改日本言其國在東近日所出也　○扶桑國在東海中齊永元初僧慧深來建康言其國在大漢東二萬里宋大明五年罽賓沙門至其國傳佛法

北狄周有山戎玁狁秦漢有匈奴拉竈時有

鮮卑後魏蠕蠕（音軟）西魏突厥唐回紇皆匈奴故地唐契丹居松漠間至宋朝益盛称大遼後有女真称大金韃靼称蒙古○西羌三代為患至秦漢逐之河塞之外漢宣帝時趙充國破先零（音憐）置金城属國以處降羌東漢屢為患隋煬頻擊破之魏晉多亂關隴永嘉後有谷渾唐初吐蕃并吐谷渾党項諸羌遂為強國　海南諸國扶南丹丹交趾真臘故臨大食白達大秦盧眉勿斯里（鳥夷雅池）宋朝來貢石占城三佛齊勃尼闍婆注輦丹流眉蒲端

東震旦地理圖

漢西域諸國圖

煬帝時西域諸蕃多至張掖與中國交市帝令裴矩掌其事撰西域圖記云發自敦煌至于西海凡為三道北道從伊吾經蒲類海鐵勒部突厥可汗（音克寒北虜主之號）庭度北流河水至拂菻國達于西海其中道從高昌焉耆龜茲疏勒度葱嶺鏺汗蘇勒沙那康國曹國何國大小安國穆國至波斯達于西海其南道從鄯善于闐朱俱波喝盤陀度葱嶺經護密吐火羅挹怛忛延漕國至北婆羅門達于西海其三道諸國亦各有路南北交通故知伊吾高昌鄯善並西域之門戶揔湊敦煌（隋煬）帝由是甘心將通西域令矩往張掖引致西蕃四十餘國（隋書裴矩傳）注 五

高昌即車師前王庭（交河是也）有貪汗山夏有積雪山北即鐵勒界也自敦煌向其國多沙磧（七亦切）茫然無蹊徑欲往者尋人畜骸骨而去或聞歌哭聲盡魑魅所為也商旅往來多取伊吾路（北史西域傳）

述曰談天地之極際者無若佛經其言須弥四洲猶太倉一粟耳至如閻浮提者則又四洲之南境經言縱廣七千由旬周圍之可得二十八万里以一由旬四十里計之也從遼東西行出陽關踰葱嶺經五竺盡西海際從南海北行出鴈門踰沙漠極北至瀚海縱橫皆可九万里而世人之通識見漢時四履之盛不出万里以故乍聞此說莫之能信須知此方居東天竺居中自此方西至天竺為四万五千里自天竺西向盡西海亦四万五千里如此則此地為閻浮之東方信矣世儒謂之中國且據

此地自論四方之中耳儒家談地止及萬里則不知五竺之殷盛西海之有截也道家談天上及三境則不知六欲四禪四空之高遠無色之無極也況欲知萬億須弥三千大千之天地耶況欲知華藏世界周徧建立如帝網耶是則談天地之極際者非馮佛經不足以盡其致也

贍部洲中心名阿耨達池在香山南大雪山北周八百里十地菩薩化為龍王於中潛宅出清冷水以給贍部池之東面銀牛口流出殑伽河遶池一帀入東南海池之南面金象口流出信度河遶一帀入西南海池之西面琉璃馬口流出縛芻河遶池一帀入西北海池之北面頗胝師子口流出徙多河遶池一帀入東北海或曰潛流地下出積石山為東華河源六(…[illegible]…)自高昌近者曰阿耆尼國(…[illegible]…)西南九百里曰屈支(…[illegible]…)西南六百里曰跋錄迦(曰姑墨)西北六百里至凌山蔥嶺之北原行四百里至清池北行五百里素葉水城西四百里千泉南而雪山三垂平陸突厥來此避暑西至呾羅私西南白水西南恭御城南筏赤建西石國西窣堵利西北康國南至米國北至曹國西至何國西(池二七)東安西中安西至西安西西南貨利○自康國西南至史國東南入鐵門南出至覩貨羅(即前引隋書吐火羅)東抵蔥嶺西接波剌斯南面雪山北據鐵門○順縛芻河北派至怛密東至赤鄂衍又東至忽路摩又東至愉漫西南臨河至鞠和衍又東至鑊沙又東至珂咄羅東接蔥嶺至拘謎陀南至尸棄陀渡河至達摩帝○自活國東南至闊悉多西至縛伽浪南至紇利健西南忽懍東至縛喝北臨河伽藍百所人謂之小王舍城從此西南入雪山阿至鋭末陀西南三從縛喝南至揭職東南入大雪山至梵衍那(有臥佛千尺商那和修胎生九條衣尚存)東喻黑嶺至迦畢試(…[illegible]…)東入北印度境至濫波(…[illegible]…)東至健馱羅(…[illegible]…)南至那揭曷(…[illegible]…)東至鉢路羅(…[illegible]…)南度信度河至怛叉羅東南至僧訶補東南至烏剌尸東南至迦濕弥羅(…[illegible]…)東南至曷闍羅南至磔迦東至那僕底東北至闍爛達東北至屈路多北至洛護羅又北至末羅娑○自屈路多南至設多盧(…[illegible]…)西南至波理怛羅(…[illegible]…)東至末免羅(…[illegible]…)東北至窣祿那(…[illegible]…)東度河至末底羅北至婆羅補(…[illegible]…)雪山中有金氏國(女為王夫[illegible])○自末底羅東至瞿(…[illegible]…)霜東南至醯呾(…[illegible]…)南度殑伽河至毗羅刪東南至劫比他(…[illegible]…)西北至曲女城東南度殑伽河至阿踰陀東至阿那穆東南至鉢羅那西南至拘睒弥北至鞞索迦東北至舍衛國(城南五里給孤)

東南至迦毘羅衛（[illegible]）東北至拘尸那（[illegible]）西南至波羅奈（[illegible]）○順殑伽河東北至毘耶離（[illegible]）東北至弗栗恃（[illegible]）西北至尼波羅（[illegible]）（唐梵相去萬里自古取道迂迴致成遠阻）○自毘耶離南度殑伽河至摩竭提（又名摩伽陀中印境王舍城在此國中華氏城在河南岸西南[illegible]）東至瞻波東至揭朱祇東度殑伽河至奔那伐（已上並中印度）東至迦摩縷（其國已歷千世至今不信佛法國之東境山阜連接可兩月行入蜀西南境）南至三摩怛（東印）東北大海濱至室利羅東南大海隅至迦摩浪東至墮羅鉢又東至伊賞補又東至摩訶瞻波（即此方林邑）又西南至閻摩那（此六國道阻不及陸）○自三摩呾西至耽摩立底（東海濱）西北至揭羅剌西南至烏荼（東南臨大海有城海商中止之地南去師子國二萬里靜夜望其國佛牙塔寶光猶如大炬）西南至恭御陀（[illegible]）西南至揭稜伽（[illegible]）西北至憍薩羅（[illegible]）南至案達羅（[illegible]）南至馱那揭西南至朱利耶南至達羅毘南至秣羅矩（[illegible]）

東南至執師子國（此非印度境[illegible]）○自達羅毘北至恭建補（[illegible]）西北至摩訶剌西至跋祿婆（[illegible]）西北至摩臘婆（[illegible]）西北至阿吒釐○自摩臘婆西北至契吒北至伐臘毘（已上南印）西北至補羅（西印自此）○自伐臘毘北至瞿折羅（西印）東南至鄔闍衍（南印）東北至擲枳陀（南印）北至摩醯（西印）補（中印）○自瞿折羅度信度河至信度國（西印）東度河東岸至茂羅部（西印）東北至鉢伐多（北印）○自信度國西南至阿點翅（西印大海）西至狼揭羅（西印濱海）西北至波斯（非印度境）西北至拂懍（隋史拂菻）西南至海島西女國（皆女人拂懍歲遣丈夫偶得男不舉）○自阿點翅北至臂多勢（西印）東北至阿茶（西印）東北至伐剌拏（西印）北（畢試）西至稽薑那西北出印度境至漕矩吒北至弗栗那東北至大雪山屋那大嶺贍部之中斯嶺特高下嶺至安呾羅（屬突厥）西北至闊悉多（屬突厥）西北至活國（屬突厥主管此門已南諸小國）從此東入葱嶺此嶺當贍部中南接大雪山北至熱海千泉西至活國東至烏熱國四方各數千里崖嶺數百重冰雪風寒山阜葱翠故此為名東至曹健（屬突厥）北至阿利尼東至曷羅胡○從曹健東至訖栗瑟東北至鉢利曷從

訖栗瑟東至呬摩呾西至鉢鐸那東南至濕薄健東南至屈浪拏東北至鐵帝北至尸棄陀越鐵帝大山南至商弥東北至波謎川（東西千里）南至鉢露羅自川登山至竭盤陀下葱嶺東岡至烏熱西北至佉沙（舊名疏勒）東南至沮渠（經典極盛）東至于闐東入沙磧至尼壤城為東境之關又東入大流沙其沙隨風聚散人多迷路往來聚遺骸以記東至且末東北至樓蘭故地（即鄯善國）○印度者天竺之正名（此云月）北背雪山三垂大海地形南狹如月上弦川平地廣周九萬里七千餘城依止其中盡三海際同一王命（唐玄奘西域記云）光明經八萬四千城邑聚落仁王經十六大國五百中國十萬小國楞嚴經此閻浮提大國二千三百樓炭經葱河以東名為震旦唐齊琮法師云葱嶺已西並屬梵種鐵門之左皆曰胡鄉（五竺為胡國梵典為胡經梵僧為胡僧此類皆大誤）唐義淨三藏於咸亨二年自番禺附舶（音白廣州）西至訶陵次室利佛逝次末羅瑜次羯茶北行十日至裸人（在蜀西南男女皆裸形）西北半行至耽摩立底（東印度）正西至莫訶菩提國（即摩揭陀）那爛陀寺有七十驛（又云[illegible]）那爛陀礼根本塔看闍崛山觀疊衣處大覺寺禮真像（即菩提道場金剛座處）

拘尸方丈㡯圍雖嶺徧礼聖迹住那爛陀十年求經還耽摩立㡯外舶過揭荼將梵本寄佛逝作南海寄歸傳求法高僧傳永昌元年秋回廣府至冬復附舶至佛逝住三載證聖元年回洛京譯經

述曰贍部一洲在西為五印度飛行輪王之所治是為梵天之種東則震旦皇王周孔之所化是為君子之國北為狄種獫狁匈奴胡人之鄉封域分殊不當指梵為胡以自混濫如舊称胡跪胡經胡漢老胡皆無稽之言不足用也諸經言國城數不定者古今離合不同也如此方周千八百國春秋七十餘國秦七國魏三國晉十六國或離或合為國不一要不出此一境也又諸經華梵不同者羅什這河奘師窕伽什云須弥奘云蘇迷盧並指什譯為訛此說未可為定蓋由求法沙門所問土音中邊不同古今有異而詮其實則一也如此方南北音轉名處名物其語各殊又如此方同一震旦而周秦漢晉為號不同豈當定是非於古今之際能識此意則華梵不同自可心會也

新婆沙論南洲下至無間共四萬由旬上共下闊猶如穀聚○薩婆多論南洲下土泥五百由旬白墡五百由旬等活至極熱七獄共高一萬九千由旬各廣萬由旬無間高廣二萬由旬阿毘曇論等活壽五百歲黑繩千歲衆合二千歲號叫四千歲大叫八千歲炎熱一萬六千歲極熱半劫無間一劫俱舍論等活一晝夜當四天王五百歲次第至炎熱一晝夜當化一萬六千歲（餘獄次第對例）成實論五無間者一趣果無間捨身即生彼故二苦無間中無樂故三時無間定一劫故四命無間中不絕故五形無間此獄縱廣八萬由旬一人亦滿多人亦滿（多論二萬由旬）

八熱地獄圖

口 南洲 口
土泥
白墡
一 等活
二 黑繩
三 衆合
四 號叫
五 大叫
六 炎熱
七 極熱
八 無間

新婆沙論八熱獄一一獄有四門一一門外有四遊增有情遊彼其苦增故地獄有情其形如人正法念經阿鼻苦千倍過前七大地獄

八寒地獄圖

一頞浮陀 二尼賴陀 三阿吒吒 四阿波波 五嘔喉 六鬱波羅 七波頭摩 八分陀利

此八獄在鐵圍山底仰向居止受寒凍苦（壬）頞浮陀壽如憍薩羅國斛量胡麻滿二十斛（婆）有一丈夫滿百年取一胡麻如是取盡復以二十頞浮陀壽為一泥賴陀壽餘次第準此

（起世本經）日泥犂耶此名非道欲界最下劣故捺落迦此云惡人（新婆沙論）人所作善惡隨人如形影隨身人死但亡其身不亡其行辟如然火夜書火滅字存火至復成今世作行後世成之（那先比丘所問經）

地獄有三一熱二寒三邊一熱地獄者有八一名等活罪人手生鐵爪相攫肉墮或獄卒唱生或冷風吹活兩緣雖異令活一等久受苦已復至黑沙獄乃至沸屎獄次第至寒氷獄然後命終由身口意造不善業墮此獄中一一大獄各有十六小獄周帀圍遶（即婆沙論十六遊增）二名黑繩以熱鐵繩絣量肢体後方斬鋸

父受苦已至黑沙獄乃至寒氷獄然後命終準前受苦加重由惡意向父母及聲聞隨此獄中三名衆合衆多苦具熾然猛熱合來逼怙（非畫彈前作）由造三惡業隨此獄中四名叫喚獄卒捉人擲鉄鑊中涌沸叫喚由瞋恚懷毒墮此獄中五名大叫喚置鐵鑊中號咷大叫由習邪見惡行墮此獄中六名炎熱置鐵城中火然焦爛由燒炙衆生墮此獄中八名無間（梵語阿鼻或作阿見）獄卒捉彼罪人剥皮纏身著火車上萬毒並至無不苦時爲極重罪墮此獄中（十惡五逆也已上參用長阿含經文）此八地獄在閻浮洲下重累而住受熱惱苦前二有主治次三少主治後三無主治二寒地獄者有八一名頞浮陀寒苦所切肉生細泡二名尼賴浮陀寒風所吹通身成泡此二從身相受名三名阿吒吒脣動不得舌作此聲四名阿波波舌不得動脣作此聲五名嘔喉喉內振氣作聲此三從聲相受名六名欝波羅此是青蓮花肉色細拆似此華七名波頭摩此是赤蓮花肉色大拆似此華開八名分陀利此是白蓮花由被骨拆似此花開此三從瘡相受名此八獄在鐵圍山底仰向居止受寒凍苦三邊地獄者有三山間水間曠野受別業報此應寒熱雜受（三法度經 鑊方有切大釜）

閻浮洲南二鐵圍山外有閻摩羅王宮縱廣正等六千由旬七重欄楯七重行樹園苑花池種種美果香風遠薰衆鳥和鳴王以惡業晝夜六時自然有赤融銅汁在前出生宮殿即變爲鉄獄卒取王撲熱鐵地以銅汁瀉置口中時王怖畏作念願我捨身於人間受生如來法中正信出家救是善念宮殿還成七寶五欲具足（起世經）

閻羅王昔爲毘沙國王與維陀始生王戰兵力不敵因立誓願爲地獄主臣佐十八人領百萬衆同立誓曰後當奉助治此罪人毘沙王者今閻羅王是十八臣者今諸小王是百萬衆者諸阿旁是（問地獄經 阿[?]此云無間）琰摩羅此言雙王兄主男獄妹主女獄（正法念經）兄妹皆作獄主故云雙王又苦樂並受故（經音義）

阿鼻地獄縱廣八千由旬七重鐵城七重鐵網有十八鬲子（鬲的切）周帀七重皆是刀林四大銅狗十八獄卒八頭六十四角六十四眼有七鉄幢火涌如沸若有罪逆命終之時銅狗化十八車狀如寶蓋一切火焰化爲玉女罪人遥見心喜欲往風刀解体寒急作聲寧得好火安在車上即便火然罪人命終來坐火車屈申臂頃直入阿鼻從上鬲下如旋火輪至於下鬲化閻羅王大聲告敕痴人獄種汝在世時不孝父母邪見無道汝今生處名阿鼻獄如是大苦一日一夜如人間六十小劫如是壽命盡一大劫具五逆者受罪五劫復有衆生犯四重禁虛食信施誹謗邪見不識因果斷學般若毀十方佛偷僧祇物婬逸無道此人罪報經八萬四千大劫復入東方十八鬲子如前受苦南西北方亦復如是阿鼻即無救也（觀佛三昧海經 阿鼻音[?]新翻阿毘地獄[?] 如晁曾翻楞嚴經既言阿鼻又出無間今阿鼻自云無救當知阿鼻大獄在無間之外 自是疏義）

佛祖統紀卷第三十二

佛祖統紀卷第三十二

校勘記

一　底本，明永樂南藏本。

一　六三〇頁中五行「逸一帀」，徑作「逸池一帀」。

一　六三〇頁中一〇行夾註右第一一字「来」，徑作「未」。

一　六三〇頁中一二行夾註左「白曰」，徑作「舊曰」。下同。

一　六三〇頁下七行夾註右「北背雪山」，徑作「北面雪山」。

一　六三〇頁下一四行第三字「比」，徑作「北」。

一　六三二頁上九行第一二字「當」，徑作「爲」。

一　六三二頁下二〇行「久受」，徑作「人受」。

一　六三三頁上五行「鉄鑊」，徑作「鐵鑊」。

一　六三三頁下一〇行夾註「自是兩義」，徑無。

佛祖統紀卷三十三 池三

宋景定四明東湖沙門 志磐 撰

法門光顯志第十六

佛法不思議且將兩眞於眞俗不二之際至若示之以建化之門則必憑藉佛事以助明住持三寳之相即事而眞撰法門光顯志

雕像 帝釋請佛升忉利天為母說法優塡王拘睒彌國上思覩如來即以栴檀作如來像高五尺增一阿含○案西域記優塡王請目連以神力攝工人上天觀妙相用栴檀雕像高至五尺

鑄像 波斯匿王聞優塡王雕像乃以紫磨黃金鑄作佛像亦高五尺時閻浮提內始有二像增一阿含○觀佛三昧經云優塡王鑄金像

畫像 漢明帝使秦景往月氏國得優塡王雕像師第四畫樣此西土畫像始敕圖於洛陽西陽城門及顯節陵上供養東土畫始

舍利塔 佛入滅帝釋於善見大城起四塔城東照明園髮塔城南粗澀園衣塔城西歡喜園鉢塔城北駕御園牙塔名忉利四塔又迦維衛國生處塔摩竭提成道塔波羅柰鹿野轉法輪塔拘尸那城雙樹間涅槃塔謂之人中四塔增一阿含佛滅度後百年阿育王取佛舍利夜役鬼神碎七寳末造八萬四千塔耶舍舒指放光八萬四千道令羽飛鬼各隨一光盡處安立一塔於一日中徧贍部界在震旦國者一十九所阿育王傳○十九塔可知者有五鄮塔陽白馬寺東聖冢建康長干寺塔四明阿育王塔臨淄成都並有阿育王塔劉薩訶於夢中聞觀音說

浴佛 四月八日是佛生日人民念佛浴佛形像摩訶剎頭經浴像時誦偈云我今灌沐諸如來淨智莊嚴功德聚五濁衆生令離垢願證如來淨法身浴佛經

浴僧 首陀會天請佛及僧洗浴供養佛告阿難此天由此福行未來得佛號曰淨身賢愚經○首陀會天子名也凡淨天而非六欲十八梵之名者皆天子也如者樂此首陀會等皆忉利天子也許數數浴生世善故四分律

輪藏 梁傅大士愍世人多故不暇誦經及不識字乃於雙林道場創轉輪藏以奉經卷其誓有曰有登吾藏門者生生不失人身有能信心推之一匝則與誦經其功正等有能旋轉不計數者所獲功德即與讀誦一大藏經正等無異藏前相承列大士像備儒道釋冠服之相者以大士常作此狀也佛印爲王荊公讃其像曰道冠儒履釋袈裟和會三家作一家忘却兜率天上路雙林癡坐待龍華列八大神將者八部天神也保境將軍者在日烏傷宰發誓護藏者也義烏舊名烏傷詳見傅大士傳

大士籤 天竺百籤越圓通百三十籤以決吉凶其應如響相傳是大士化身所述釋門正統

供燈 佛告舍利弗有人於塔廟形像奉施燈明乃至以少燈炬如此福德唯佛能知施燈經

身燈 佛言我昔於閻浮提作國王剜身出肉深如大錢以蘇油灌中作千燈炷語婆羅門請說經法求無上道菩薩本行經菩薩為法因緣剜身為燈涅槃經

無盡燈 賢首法藏師為則天以十鏡置八隅中安佛像然燈照之則鏡鏡現像以表剎海重重無盡之意諸宗立教志

放燈 佛教初來與道士角試燒經放光而卷帙無損時當正月十五日明帝乃令每於此日燒燈以表佛法大明自是歷朝每當上元必放燈本朝太平興國六年敕下元亦放燈三夜為軍民祈福僧史略

無盡財 供養佛華多聽轉賣買香油猶多者轉貸無盡財中僧祇律○釋氏要覽云世言長生錢者是也子母息生故輾無盡

講懺儀 僧傳稱漢魏以來請僧設供同於祠祀起坐威儀略無規矩至晉朝安法師始依經律作赴請禮讚等儀立為三例一行香定座上講二六時禮懺三布薩等法其後遠法師復立法社節度有文在廬山集唐宣律師立分五衆物儀章服儀歸敬儀鳴鐘犍度照律師作落髮儀皆附時傍教以為法也釋門正統

諸經行法　智者製法華三昧儀（國清百錄載）荆溪述補助儀以資觀想法智撰大悲心咒行法金光明懺法慈雲撰金光明護國儀依百錄述補助及撰淨土懺儀弥陀懺儀請觀音懺儀熾盛光懺儀神照撰仁王懺儀淨覺撰楞嚴懺儀如意輪課法智涌撰功德天懺儀皆諸祖依四三昧自行化宅之法也

供佛　諸如來者皆是法身若在世若滅後所有供養福無有異（寶積經）供養佛者得大福德速成菩提（不思議境界經）若施畜生得百倍報施破戒者得千倍報施持戒者得萬倍報乃至施佛得無量報我今分別諸福田故作是說（優婆塞戒經此言敬田勝）若人供養十方佛諸菩薩聲聞不如有人施畜生一口飲食乃至施餓狗蟻子悲田最勝（像法決疑經此言悲田勝）一分施難勝如來一分與最下乞人福田無二（維摩經此言悲敬不二）世言供三千佛者過去莊嚴劫始華光佛終毗舍浮佛一千佛現在賢劫始拘留孫佛終樓至佛一千佛未來星宿劫始日光佛終須弥相佛一千佛（三劫各有經一卷）言供千佛者現在賢劫千尊也

供知識　文殊南遊至福城東際爲善財童子說法令求菩提近善知識從此經歷一百十城參五十三善知識入普賢道場得微塵數三昧門（華嚴經入法界品）

供羅漢　佛滅時付囑十六阿羅漢與諸施主作眞福田時阿羅漢咸承佛敕以神通力延自壽量若請四方僧設無遮施或所住處或詣寺中此諸尊者及諸眷屬分散往赴蔽隱聖儀密受供具令諸施主得勝果報（法住記始賓度羅終半托迦凡十六位）除四大羅漢十六羅漢餘皆入滅四大羅漢者弥勒下生經云迦葉賓頭盧羅云軍徒鉢歎十六羅漢出寶雲經然賓頭盧羅云已在十六之數今有言十八者即加迦葉軍徒（妙樂○賓頭盧此云不動有於十六加賓頭盧者即是賓度羅加慶友者自是佛滅百年造法住記者述十六羅漢受囑住世則知慶友不在住世之列）（本欲論十八住者當以妙樂爲證淨覺撰禮請文亦擬妙樂）

佛祖忌齋　如來於周穆王五十三年（壬申）二月十五日入滅凡在伽藍必修供設禮謂之佛忌（北澗簡禪師撰齋忌疏淨覺法師撰禮讚文）〇南岳禪師陳大建九年六月二十二日忌（志磐爲南湖述齋忌疏）〇智者禪師隋開皇十七年十一月二十四日忌（孤山撰齋忌疏慈雲撰禮讚文）〇章安禪師唐正觀二年八月七日忌〇法華禪師唐永隆元年十一月二十八日忌〇天宮禪師唐高宗朝（志磐撰齋忌疏不知歲月）〇左溪禪師唐天寶十三載九月十九日忌（志磐撰齋忌疏）〇荆溪禪師唐建中三年二月五日忌（志磐撰齋忌疏）〇螺溪法師宋雍熙四年十一月四日忌（志磐撰齋忌疏）〇寶雲法師宋端拱元年十月二十一日忌（志磐撰齋忌疏）〇法智法師宋天聖元年正月五日忌（者此山頌序溪名賢陳俞）〇慈雲法師宋明道元年十月十日忌〇神照法師宋皇祐三年五月十八日忌〇盧山法師晉義熙十二年八月六日忌（志磐撰齋忌疏葛天民述禮讚文）〇逹磨禪師北魏大統元年十月五日忌〇南山律師唐乾封二年十月三日忌（淨覺撰禮讚大照律師撰齋忌疏）〇大智律師宋政和六年九月一日忌（則律師撰禮讚文頴聖徒撰齋忌疏）

僧齋　佛言持食施僧有五種福德色力命安辯上座施食應誦偈曰施者受者俱獲五常色力命安得無礙辯（五福德經）佛言施食有五福施命施色施力施安施辯何謂施命人不得食七日壽終智者施食則爲施命其施命者世世長壽財富無量何謂施色人不得食顏色顦顇智者施食則爲施色其施色者世世端正顏色暐曄何謂施力人不得食所作不能智者施食則爲施力其施力者生天人間力無等雙何謂施安人不得食心愁身危不能自安智者施食則爲施安其施安者世世安隱不遇衆殃何謂施辯人不得食身羸意弱口不能言智者施食則爲施辯其施辯者慧辯通達聞者歡喜是爲五福（施食五福經）施

有三法一送食至寺名上就舍供養名中遣舍乞施發心供養名下(增一阿含經) 若檀越設食召請衆僧遣人防門遮障比丘老病貧乞不聽入會徒喪飲食了無善分(像法決疑經) 四輩弟子若行齋戒心當存想請十方僧不擇善惡持戒毀戒高下之行到諸塔寺請僧之時僧次供養其福最多(僧廣經) 檀越來請衆僧客僧有利養分僧坊主應次第差又世人別請五百羅漢菩薩僧不如僧次一凡夫僧(梵網經) 佛入舍婆提城乞食有婆羅門以佛數數到其家心作是念是沙門何以來數數如負其債佛時說偈曰時雨數數墮五穀數數成數數修福業數數受果報婆羅門聞已慚愧取鉢盛食奉佛懺悔出家得阿羅漢(大智度論) 若人能日日立要先施僧食然後自食如是施中最上(優婆塞戒經○分城市施飯主者事起於此)

設粥 舍衛國難陀母作釜飯逼上汁自飲覺身中風除食消便作念闍梨是一食人應[注三]當食粥乃取多水少米煎去二分入胡椒蓽茇持詣佛所白言願世尊聽諸比丘食粥佛許之爲說偈曰持戒清淨人所奉恭敬隨時以粥施十利饒益於行者色力壽樂辭清辯宿食風除飢渴消是名爲藥佛所說欲得人天長受樂應當以粥施衆僧(僧祇律○辭辯是二義) 粥出釜畫不成字名不正食(僧祇律) 明相出始得食粥餘皆非時(四分律) 日照剡部樹天作白色舒手見掌文分明是爲明相(毗婆沙論) 粥名小食(增輝記)

乞食 梵語分衛此云乞食(善見論) 凡乞食爲四分一奉同梵行一與窮乞一與鬼神一分自食(寶雲經) 行乞食者破一一憍慢(集法經) 食有三種一受請食二衆僧食三常乞食前二食起諸陋因緣若得請便言我有德若不請則嫌恨彼或自鄙薄是貪法則能遮道若僧食者當隨衆法斷事擯人料理僧事心則散亂妨廢行道有如是惱亂應受乞食法(十二頭陀經)

持齋 佛言日中三世佛食(毗羅三昧經○今言中食是也) 時食若午時日影過一髮一瞬即是非時(僧祇律) 若比丘非時食者波逸提(四分戒本○十誦律波逸提義翻爲墮墮燒煮地獄) 在齋者以過中不食爲體(毗婆沙論) 佛言一日持齋有六十萬歲糧復有五福少病身安少睡少婬得生天識宿命(雜譬喻經) 齋者齋[注三]也齋身口業也齋者祇是中道後不得食者表中道法果外更無別法也(清觀音疏)

出生飯 此有二緣一者涅槃經令施曠野鬼毗奈耶律令施鬼子母等此曹本食肉啖人佛化之受戒不殺乃囑弟子隨處施食今齋堂各各出衆生食是也此唯出家人行之二者燄口經託阿難爲緣令施餓鬼食今齋堂別具小斛於食畢衆作法施之或各具小生斛夜間咒施此通道族行之

三長齋 佛謂提謂長者曰四時交代歲終三覆以校一月六奏諸天帝釋太子使者閻羅鬼神俱用正月五月九月旦日案行王民龍鬼鳥獸爲善惡者與四王一月六奏使無枉錯覆校衆生罪福多少福多者敕司命下閻羅五官除罪增祿故使持是三長齋(提謂經) 若佛子於六齋日年三長齋月作殺生劫盜破齋犯戒者犯輕垢罪(梵網戒經○世人以此三月忌上任者避行刑故爾)

六齋 帝釋敕四王各治一方白月八日遣使者案察衆生善惡十四日遣太子十五日王親臨黑月三日亦如是若王親下星宿鬼神俱時隨從如遇修行齋戒諸天相慶即爲注祿增算(四天王經) 若國王大臣於六齋日敕諸境內令行不殺(普賢觀經)

十齋 每月十齋日持佛菩薩號乞福滅罪(一齋經於六齋日加月旦十八二十四二十八四日也令國律令諸州十直日不得行刑正擬此義)

七七齋 人死中有身若未得生緣極七日住死而復生如是展轉生死至七七日決定得生若有生緣即不定今尋經旨極善惡無

中有(瑜伽論○中有亦名中陰極善即生淨土其次生人天極惡即入地獄惡趣即生三惡道即日死亡不經中陰)今人亡每七日必營齋追福謂之齋七者令中有種子不轉生惡趣也(釋氏要覽)

述曰孔子曰子生三年然後免於父母之懷故報以三年之喪佛經云人死七七然後免於中陰之趣故備乎齋七之法至於 池三 八 今人百日小祥大祥有舉行佛事者雖因儒家喪制之文而能修釋門奉嚴之福可不信哉

預修齋 普廣菩薩白佛言若善男女未終之時逆修生七然燈懸繙請僧(即僧次請供也)轉經(略舉此四為剛)得福多否佛言其福無量又言父母親族命終受苦為其修福得福多否佛言七分獲一緣前生不信道德故若以亡者嚴身之具屋宅園林以施三寶可拔地獄之苦(隨願往生經)

述曰案夷堅志載鄂渚王媼常買紙錢作寄庫令僕李大代書押媼亡李忽得疾仆地三日蘇云為陰府逮捕至庫所令認押字李曰此我代主母所書也引見金紫官問答如初官曰但追證此事可令回將出媼至大喜曰荷汝來我寄庫錢方有歸也今人好營預修寄庫者當以往生經為據以夷堅志為驗

毘婆尸佛遺法之中有諸比丘四衢道上施座置鉢作是言曰誰有人能舉財著此堅牢藏中若入此藏王賊水火所不能奪(雜寶藏經)

供天 煥法師以天位失序嘗述天傳謂梵釋四王皆有君主號令之權功德則寄於比天大辯則寄於山澤此為有主客義也功德 池三 九 大辯為女梵釋之天為男此有男女義也密迹眷屬皆大菩薩是為本現居神像是為迹此有本迹義也功德大辯處客天示女質而能對揚佛化則謂之顯餘雖影響而言行不揚則謂之晦此有顯晦義也知此四端可與言天矣

述曰磐嘗案煥師義述供天禮文(板在東湖尊教寺塔局)空十六位先梵釋次比天法智謂經家先標北方者西土以北方為上次東西天次功德大辯若摩利支韋馱二天是明智住南湖日加入之(事見本傳)次密迹散脂樹神地神鬼母二十八部共十六位以此為空訶利帝此翻惡賊蓋是鬼子母未受戒時食王城男女居人怨之故作此目今既讀法須當削太煥師天傳曉石芝光明助解並云經中雙舉紙目一人(淨無住居月沙日安)(當哉旦修懺必於天位刪去訶利帝南一勻不令稱冒謂䌷師但順經文失於刪削桀哉)舊立十二位者依懺儀也十四位者後人加樹神地神也十六位者加摩利支韋馱也或加日月娑竭羅龍等或為十八或為二十雖據經文實為汎濫世有靈師天傳者正隨此弊也(詳見諸天札文)

盂蘭盆供 經言是佛弟子修孝順者應念念中常憶父母乃至七世父母年年七月十五日以百味飲食安盂蘭盆中施佛及僧以報父母長養慈愛之恩(盂蘭盆經○此翻解倒懸言奉盆供於三寶福田用以解飢虛倒懸之急)

述曰目連託救母以興緣如來示奉盆以垂法所以教人道以報重恩也自大教東流古今帝王所以奉盆供者為多矣(事見台要志)然今之寺舍多於此日施斛供亡如常法者雖無奉盆之儀而不失盂蘭之意

水陸齋 梁武帝夢神僧告之曰六道四生受苦無量何不作水陸大齋以拔濟之帝以問諸沙門無知之者唯誌公勸帝廣尋經論必有因緣帝即遣迎大藏積日披覽創立儀 池三 十 文三年而後成乃建道場於夜分時親捧儀文悉停燈燭而白佛曰若此儀文理協聖凡願拜起燈燭自明或體式未詳燭暗如故言訖一禮燈燭皆明再禮宮殿震動三禮天上雨華天監四年二月十五日就金山寺依儀脩設帝親臨地席詔祐律師宣文當時靈響

不能備録周隋之際此儀不行至唐咸亨中西京法海寺英禪師夢泰山府君召往說法後獨坐方丈見一異人前告之曰向於泰山府君處竊覩尊容聞世有水陸大齋可以利益幽品其文是梁武所集今大覺寺吳僧義濟得之願師往求如法脩設師尋詣大覺果得其文遂於月望修齋已畢復見向異人與徒屬十數前致謝曰弟子即秦莊襄王也（莊襄是秦始皇父至唐咸亨九百四十年）又指其徒曰此范睢穰侯白起王翦張儀陳軫皆秦臣也咸坐本罪幽囚陰府昔梁武金山設會前代紂王之臣皆得脫免弟子是時亦暫息苦但以獄情未決故未獲脫今蒙齋儀弟子與此輩并列國君臣皆承法力得生人間言訖而隱自是英公常設此齋流行天下（東川鍔祠水陸儀〇蜀中有鍔撰官儀文盛行于世）

述曰昔眞隱史越王嘗過金山慕水陸齋法之盛乃施田百畝於月波山專建四時［滙三］［十一］水陸以爲報天地君親之舉且親製疏辭刻石殿壁撰集儀文刊板于寺既而孝廟聞而嘉之賜以水陸無礙道場宸翰扁于殿遠今百年脩供惟謹去月波里所有梵苑曰尊教師徒濟濟率沙門族姓三千人施財置田一遵月波四時普度之法先是尊教同人有謂越王疏旨之辭專爲平昔仕宦報效君親之舉美則美矣而於貴賤貧富未見平等修供之意乃力挽志磐續成新儀六卷推廣齋法之盛而刻其板復依準名位繪像幀者二十六軸及今創立齋會於是儀文像軸皆得其用時主其事者寺沙門奐謙淸節文學師紘以法施者月波住山宗淨也以文字施者則志磐也當顯十方伽藍視此爲法大興普度之道

六道斛　淨名經云以一食施一切（言一切則全收六道）供養諸佛及衆賢聖然後可食南岳隨自意三昧云凡得食應云此食色香味上供十方佛中奉諸賢聖下及六道品等施無差（楚宜反不齊也）別天台觀心食法鳴鐘後歛手供養一體三寶次出生飯稱施六道此皆等供十界即是今人施六道修水陸供之明證也

述曰妙樂云世人設六道者是梁武見江東多淫祀（殺生命祭邪鬼）乃以相似佛法權宜替之此蓋荆溪一往以祭祀惡法對佛法論之將以止天下之殺故未論十界等供之義餧口經令供養三寶即是四聖供婆羅門仙即是人道供餧口衆即是鬼道餘四道雖不備蓋是當時赴機未普故經文隱略耳若大乘行人圓觀法界則當依淨名經中義若慈雲謂鬼道得食餘五道不得者此等意亦是用婆沙論云若因祭祀唯鬼神得之餘趣不可盡得此是約人世祭祀言之耳若依出世法用平等心修無礙供則當仰觀淨名南岳天台三觀之文則理無不在今有營小斛曰散灑者或一曰［滙三］斛者或至四十九斛者皆所以等供六道［十二］羣品也可不信哉

十王供　世傳唐道明和上神遊地府見十王分治亡人因傳名世間人終多設此供十王名字藏典傳記可考者六閻羅五官（二名見三長齋引提謂經）平等（華嚴感應傳郭神亮爲使者追至平等王所因誦若人欲了知四句偈得救回）泰山（譯經圖紀沙門法炬譯全責泰山贖罪經孝經援神契泰山天帝孫主召人魂）初江（夷堅志池州郭生夢入冥府王揖坐謂曰我是西門王即冥司錄我忠孝正直不害物得作初江王一紀）秦廣（夷堅志南劍陳生既死其弟之夫見二冥事至宮獄曰秦廣王也王謂女曰欲救偝苦可轉八師經女寤家人來得經請僧誦千徧兄夢弟來謝曰已獲生天）歐陽脩夢十王（見通塞志嘉祐六年）

無常鐘　智者臨終語維那言人命終時得聞鐘磬增其正念惟長惟久氣盡爲期（見本紀此言臨終之功）南山事鈔云病者將終打無常磬增一阿含經云若打鐘時一切惡道諸苦並得停止（本經有鳴鐘法度）付法藏經云罽賓王以好殺死作千頭魚劍輪遶身隨斫隨生有羅漢充維那依時打鐘聞聲之時劍輪住空遣信白

令長打過七日已受苦即止(此言使之驗)南唐先主因殺降人四陰獄唯聞鐘聲則暫息若入冥者見之以報後主乃為造一鍾於清涼寺鐫其上云薦孝高皇帝脫幽出厄(通塞志晉少帝時)斯為近證

挂旛　若四輩弟子男女命終造作黃旛懸著剎上離八難若得生十方淨土隨風一轉轉輪王位乃至吹塵小王之位其報無量至成菩提(大灌頂經十一卷○此見十二卷灌頂者此經本事如來)

寓錢　事祖云唐明皇使王璵為祠祭使自漢世葬者有瘞錢後世稍以紙寓錢為鬼事至璵乃用之以禳祓冥報記云鬼所用錢即紙錢也若練絹者亦紙為之銀即錫塗金即黃塗也

述曰唐以前無紙錢為用者自王璵盛行此法於是冥中藏積緡鏹金銀繒練與世間所用無少異由心法之能變造故天府冥關亦隨人心而轉世有用紙鏹寄庫者有見神用紙鏹入人間買物者有見泰山堆積蠟錢無用云人間化財用油炷度火為汙者此等顯驗不一心生則種種法生不特紙錢一法而已也

放生　光明經述流水長者救魚十千天子報德此緣起也智者買斷扈梁悉罷江上採捕此立法也赴計謝獄中之難報修禪堂上之恩此顯驗也(此三事並見智者紀)唐肅宗乾元二年詔天下置放生池凡八十一所(顏真卿碑)本朝真宗天禧元年詔復天下放生池沿江淮州郡上下水五里並禁採捕(通塞志二事並見)慈雲奏西湖為放生池以四月八日會郡人縱魚鳥法智於南湖以佛生日放魚鳥祝聖人壽樞密劉均奉敕撰碑此皆放生之梗槩也

改祭　佛為曠野鬼神鬼子母等改棄血食而受僧衆出生之食此緣起也(二事並見石芝資鑑覺具經引)梁武皇魏獻文敕郊廟不用牲牷唯為蔬麪此人主立法也(二事見通塞志)智者為閑王

授戒　慈雲為白鶴授戒皆令禁斷葷血專事蔬食此沙門立法也(慈雲有改祭文并十願懺引證驗決)

戒五辛　佛戒五辛以其臭穢能障聖道食之者必招無間之業耳今人不能戒是不欲見聖道而甘為無間之罪輩可不哀哉茲用備錄經律為世告勸槩然五章辛思遵奉

一名體會異夫言葷辛是為二義(葷臭辛辣)葷而非辛如臭菜阿魏是也辛而非葷芥薑是也是葷是辛五辛是也梵網云大蒜(天台疏云葫荾廣韻作胡荾)茖蔥(蔥也音格廣韻山蔥)慈蔥(蔥之正名)蘭蔥(小蒜)興渠(慮萩也生熟皆臭葉如蔓青其臭如蒜經音義云生于闐國奘法師云烏茶國人常食即阿魏)雜阿含云葷蔥(茖同)慈蔥(蔥)木蔥(弃小蒜即薑)蒜大蒜興渠(此五出梵網經也)涅槃經蔥韭薤(三但列名)楞伽經蔥韭薤蒜(但列四名不出興渠而以薤蒜分大小則仍有五名)此方言五辛當云蔥韭薤大蒜小蒜如楞伽所列云

二大乘求制楞伽經云臭穢不淨能障聖道亦障人間人天淨處何況諸佛淨土梵網云若佛子不得食五辛故食者犯輕垢罪(石壁)(非重過故名輕汙淨行名垢)楞嚴云熟食發婬生啖增恚十方天仙嫌臭遠離諸餓鬼等舐其脣吻常與鬼住福德日銷長無利益大力魔王現作佛身來為說法非毀禁戒讚婬怒癡命終為魔眷屬永墮無間涅槃云食者當生苦處汙穢不淨金棺敬福經云飲酒食肉五辛之人雖造經像勞而少功主匠無益諸天不祐

三小乘病開報應經云七衆不得食肉葷辛有病開在伽藍外白衣家服蒜四十九日香湯澡浴然後讀誦不犯罪雜阿含云食五辛人觸穢三寶死墮屎糞地獄出作野狐豬狗若得人身其體腥臭僧祇律開病比丘服蒜聽七日在一邊小房不得臥僧牀褥講堂處大小便處皆不得到不得僧中食不得就佛禮拜得下風遙禮七日滿澡浴熏衣方得入衆

四方便救過楞嚴云持此咒時衆破戒罪垢

問輕重一時銷滅縱經飲酒食噉五辛佛菩薩天仙不將爲過觀世音陀羅尼經灌頂印咒二大母指屈掌中捻無名指以無名指相背二小指頭相拄二中指直竪頭相拄二頭指屈各捻中指背上咒曰唵步三末囉蘇摩盟莎訶誦二十一徧自灌其頂每旦於盆上結印誦之持咒之人犯欲及五辛誦此咒解之(云云)此二咒法以備誤犯之用若恃此術數犯數解則是重增瀆法之罪咒部神王反生嗔譴適足以速無閒之業也可不謹哉

五三教事證竺曇猷禮天台石梁遇聖僧謂曰汝母懷妊時行經葱園胎氣犯穢不可住寺(續僧錄)天竺沙門覺稱云吾國食肉五辛者驅出城外故國中無貨此道藏云誦黃庭經忌食五辛又云道士受法忌淹穢五辛仙傳云欒子長舉家飲仙酒升天獨從子墜地天神言此人茹蒜故不得往司馬公祭儀云凡祭雖得飲酒而不至亂(謂改常度)食肉不茹葷(謂葱韭蒜有臭氣之物)

述曰爲不急之物而自招無閒之報者世人噉五辛是也今諸師家多忽此事豈不痛哉昔樝菴食三白正避此過耳非故爲是矯世之行也因撰述斯文忿今時知法者遂發其願曰願十方諸佛菩薩天仙聞我祈請咸起加護願使禪林教寶律苑三宗法門若主若伴咸知思護淨戒不於清淨伽藍種葱蒜之臭葷不於清淨齋供而和葱蒜之臭味不以清淨身器而噉葱蒜之穢食當知其人與境若不清淨則凡齋戒禪誦法事之所豈復可得感佛天而降神祇乎豈復可得卻災殃而來嘉祥乎豈復可得動幽冥而拔沈滯乎當願普天之下凡僧藍道觀齋廚之內不用葱蒜調和衆食及私自黃噉凡官府第宅齋醮之際於十日前嚴行禁斷不蹈非法僧道赴請受齋俗舍常須自檢不得故食誤食自取穢染庶乎人心交勸共隆聖道將俾事佛事天清淨謹嚴自行化它二俱有益毋忘今日立願之本伏惟佛眼照之天心監之決意禁斷用逃苦報

喪服　釋氏之論喪服涅槃諸律並無其制智者臨終誡曰世閒哭泣喪服皆不應爲今寀遠師喪儀云受業和上同於父母皆三年服若依止師隨喪暫爲服應師五衫集云師服但用布稍粗純染黃褐(據此未嘗許用白布)

述曰今人無識多用白布爲直掇坐具違失僧儀最爲非法今請於黑布偏衫之下著白布衫袴以表制服二師父母皆同此制若義家父母亦可例此隨俗稍用紵布上不違涅槃諸律之無文下不乖遠應二師之義聞隨方護法當用中道

戒焚亡僧不搭袈裟　律明三衣唯許傳授未聞佛祖被亡軀而從火焚也末代無知多行非法有識之士尚須辨明若坐逝不壞結塔以葬者猶可以被於眞體若從荼毗火化之法者則不當披搭自取燒衣違律之過或謂亡僧無衣者則當如冥祥記僧妙施衣之法云南宋江陵龍華寺僧妙既亡之後一夕歸房靈語弟子可宗問和上今生何處妙曰粗可耳但應受小譴二年得免欲訴所司爲無袈裟可急爲製請僧設供以衣施之我可得也宗如教飯僧嚫衣既畢比丘道猛即見妙身披衣入堂依僧次坐聽經至散乃不復見

述曰磐自聞此適子姪眞視眞諳眞亢不幸早世焚龕之日皆不披袈裟唯用布偏衫裾而已設齋之前以平時所服七條作閫拈法於僧中施且復囑後人當力行於自身必壞之際也敢告知識共崇此法

佛祖統紀卷第三十三　泄一

佛祖統紀卷第三十三

校勘記

一 底本，明永樂南藏本。

一 六三五頁上一八行「粗澀團」，徑作「初澀圜」。

一 六三六頁下三行夾註「壽此山顏雪溪名賢陳俞〇」，徑無。

一 六三七頁上末行「長受樂」，徑作「長壽樂」。

一 六三七頁中七行「一一」，徑作「一切」。

一 六三八頁中七行第一二字「有」，徑作「爲」。

一 六三八頁中一五行末字「東」，徑作「東南」。

一 六三八頁下四行夾註「諸天祀文」，徑作「諸天禮文」。

一 六四〇頁上九行夾註右第四字「經」，徑無。

佛祖統紀卷第三十四

宋咸淳四明東湖沙門　志磐　撰

法運通塞志第十七之一

序曰佛之道本常而未始離乎世相推遷之際自釋迦鶴林諸祖繼出所以傳持此道東流震旦逮于今而不息大較聖主賢臣宿靈佛囑常為尊事而儒宗道流之信不具者時有排毀然終莫能為之泯沒以此道本常也夫世稱三教謂皆是以教世而皆有通塞亦時使之然耳列三教之迹究一理之歸繫以編年用觀通塞之相

欲知如來出興大意必先明乎本迹而終至結集三藏以弘範於天下後世中間八相次第以論所謂下兜率託母胎住胎宮示降生出父家成佛道轉法輪入涅槃於是一代化事為之大備始昭王甲寅終穆王壬申以為大綱云

明本迹

佛告大衆一切世間天人謂我出釋氏宮去伽耶不遠坐於道場得阿耨多羅三藐三菩提然我實成佛以來甚大久遠若斯（法華經明大乘所見本迹文）我於無量壽佛所種諸善根為轉輪聖王最初值過三十億佛同名釋迦（云云）最後值迦葉佛彼佛記我汝於來世當得作佛號釋迦牟尼我如是本事諸佛修學佛意尓乃生兜率天宫住一生補處（菩薩本行經明小乘所見本迹文。梵語佛陀此云覺者佛上世釋迦氏佛生淨飯王宮故名釋氏宮伽耶此云山城淨飯王都城也。阿輸至首提此云無上正等正覺佛之徒稱也迦衆此云欲光言身光故欲稱光釋迦此云能仁牟尼此云寂默佛之別名兜率此云知足天後身菩薩轉成佛時先上生兜率宮後下生南洲中天竺國日兜率來補佛處故曰一生）

下兜率

菩薩從兜率天將降神時有十佛剎微塵數菩薩皆與菩薩同願同行乃至普賢神通行願悉皆同等（華嚴經）

菩薩生兜率天名曰聖善為諸天主說補處行期運將至當下作佛觀此大千界閻浮提迦毗羅國最為處中觀淨飯王夫妻真正堪為父母告諸天子我應下生淨飯王家棄輪王位出家學道成一切種智轉大法輪廣利天人汝等是時亦當同會（因果經。大千即三千界義是三界志閻浮提又瞻部南洲迦毗羅此云黃色土德尚貴居中也淨飯迦毗羅國王一切種智佛所得三昧一切智真諦世道種智俗諦一切種智中諦也轉去聲）

託母胎（起信論有住胎華嚴經住母胎已示現出家因果經本胎行住坐臥爲諸天談法知大小皆有住胎）菩薩已從此沒生於人間淨飯王家乘栴檀樓閣處摩耶夫人胎（華嚴經。栴檀香木此云與象摩耶此云大幻佛背生母也）菩薩乘六牙白象發兜率宮放大光明普照十方以四月八日明星出時降神母胎從右脇入（因果經）

示降生

周

昭王（瑕自武王受命至昭王為四世）二十六年（甲周道原外紀二十六年甲寅寅。釋書多云二十四年者誤）夫人攀金園樹枝而生菩薩諸天王衆各持香水共以洗沐（華嚴經）初生之時於十方面各行七步（瑞應經）

夫人往藍毗尼園中四月八日日初出時舉右手牽無憂樹華菩薩從右脇出墮七寶華上自行七步舉右手而言曰天上天下唯我獨尊王召婆羅門當作何名答言太子生時多有吉祥當名薩婆悉達（此云一切義成出因果瑞應二經）

昭王甲寅四月八日江河池井泛溢宮殿大地震動五色光氣入貫太微徧於西方王問太史蘇由曰若何祥乎對曰有大聖人生於西方一千年外聲教及此王命鐫石置之南郊大祠前（周書異記。外紀昭王時有五色光貫紫微井水溢）

四十年二月八日淨飯王大會群臣小王婆羅門以七寶器盛四大海水灌悉達頂立為太子（因果經婆羅門此云淨行外道之稱名）

四十二年王為太子迎娶羅門女耶輸陀羅為妃太子常修禪觀未嘗有夫婦道（因果經耶輸陀羅此云華色女）

出父家

菩薩欲令著家衆生捨離家法故宣揚出家功德示現出家(華嚴)

五十年太子白父王言唯願聽我出家學道王曰國未有嗣太子即以右手指妃腹曰卻後六年汝當生男二月七日太子身放光明照諸天宮諸天皆知太子出家時至皆來禮足太子乘馬夜出城門至苦行林中自剃須髮淨居天化作獵師身披袈裟太子以七寶衣與之貿易天明至尼連禪河靜坐思惟宜應六年苦行淨心守戒日食一麻一麥(因果經淨居天五淨居五那含聖人所生袈裟壞色衣三秋悲名尼連禪河名此云不樂著)穆王(王滿子)

成佛道

四年

菩薩於菩提道場始成正覺(華嚴)三十成道錦

釋迦牟尼(梵語)既成道已梵天勸請惟願如來當為衆生廣開甘露說無上法(涅槃)

太子念言我今修於苦行垂滿六年我當受食然後成道時牧牛女難陀取乳煮糜以上菩薩菩薩如意飽食即趣菩提樹下釋提桓因化為凡人施吉祥草數以為座結跏趺坐而自誓言不成正覺不起此座(因果經佛本行經難陀此云歡喜女名釋提桓因此云能天主即忉利天帝釋菩提樹此云道樹佛坐此樹下成道)降天魔(華嚴離世間品云見菩薩住兜率天入胎出胎出家成道降魔轉法輪入涅槃此即大示降魔之文)

時魔王宮殿自然動搖魔王波旬怖懼廣集軍衆執戟操劍角目切齒橫飛亂擲菩薩觀之如童子戲波旬語菩薩云汝不急去我擲汝海水菩薩語云汝今先能動此瓶然後可能擲我海水波旬不能令動無軍衆壞散波旬長子商主頂禮懺悔我父無智觸忤大聖願得恕亮(因果雜寶藏佛本行王經魔羅此云殺者)(今波旬魔王名此云惡)既降魔已放大光明即便入定思惟真諦悉知過去所造善惡壽命短長一切衆生輪回五道無有真實(因果經)二月八日明星出時(天向曉時)霍然大悟得無上道成最正覺(因果經如因果經先降魔後廣道一教義謂列本同華嚴經先成道後降魔今約華嚴)是歲耶輸夫人生子名羅睺羅(此云覆障以在胎六年為障也)

轉法輪

如來既成道已轉正法輪初頓後漸則有五時華嚴名頓教鹿苑方等般若名三漸法華涅槃為非頓非漸

第一華嚴時於菩提道場初說華嚴於三七日中思惟如是事此謂如來最初說頓約部為頓約教為兼別說圓如日初出先照高山又為從牛出乳(三七日說名寂場華嚴)

五年第二鹿苑時為如來說頓獨被大機聲聞在座狀若聾瘂於是寢大施小不動寂場而遊鹿苑為憍陳如五人但說三藏教四阿含等經(憍陳如此云火器阿含此云無比法有長中雜增一四含之名)約時則(日照)幽谷約味則從乳出酪(鹿苑十二年說)

十六年第三方等時彈偏折小歎大褒圓四教俱說藏為半字通別圓為滿字對半說滿故言對教說淨名金光明等經約時則食時約味則從酪出生酥(方等八年)

二十四年第四般若時轉教付財融通淘汰此不說藏教帶通別二正說圓教說摩訶般若諸般若經約時則禺中約味則從生酥出熟酥(般若二十二年)

四十六年第五法華涅槃時開前一頓三漸會入非頓非漸以不同聾瘂故非頓不約三時故非漸諸部圓教並不須開但是部內兼但對帶故不及法華淳一無雜約時則日輪當午罄無側影約味則從熟酥出醍醐(法華八年)

入涅槃

言涅槃有二義一為法華未熟人追說四教具談佛性令知真常入大涅槃名掇拾殘機教二為末代乘戒俱失故更扶三藏廣開常宗設三種權扶一圓實名扶律談常教著論時味與法華同(涅槃是臨滅時說往前文如來既成道已轉正法輪以下)(詳見佛本紀中)

五十三年(壬申)二月十五日佛在拘尸那城(此云

(三角)力士生地娑羅雙樹間(此云堅固)臨涅槃時(此云滅度)出大音聲普告大衆今日世尊將欲涅槃復從西門放種種光徧照十方大衆集已而為說法我今所有無上正法悉已付囑摩訶迦葉當為汝等作大依止猶如如來復告大衆令以正法付囑國王大臣及四部衆應當勸屬諸學人令得增上戒定慧爾時世尊於七寶牀右脇而臥中夜寂然無聲是時娑羅雙樹悉覆寶牀慘然變白猶如白鶴大衆哀聲普振世界時大衆共扶如來入金棺中世尊大悲即自舉棺遶城七匝至荼毗所大衆以妙香木成大香樓舉棺樓上佛為迦葉復現雙足千輻輪相出於棺外迦葉禮讚金剛雙足還自入棺從心胷中火涌棺外漸漸荼毗經于七日香樓乃盡(已上並涅槃經荼毗又闍維耶旬此云焚燒)

分舍利

帝釋開棺取佛右牙天上起塔大衆收取舍利(此云身骨)滿八金罌入俱尸城七日供養(涅槃)

八國共分舍利闍王得八萬四千數以藥金函盛於恒河中作塔藏之(阿育王經)

結集三藏

四月十五日大迦葉升須彌山(此云妙高)擊銅揵稚(槌陟類反擊也揵稚音慶地聲器云又隨有金木可擊者皆通稱)集千阿羅漢(此云無生)結集法藏(結誦法義集以成文經律論三通稱法藏)

阿難禮僧升座唱言我聞如是一時佛在所居處(一切經首安此言)迦葉大衆皆悉墮淚昨日見佛今日已稱我聞(智論)

述曰佛道幽遠非可約說茲但為道吾宗之初學與夫搢紳先生之欲知此道者耳年少氣盛疾讀此書文雖無壅義則未解有能用此約說推尋佛紀四卷之文以未解義質之沙門之知教者字字研詳倏為見理欲不之悟未之有也

穆王壬申歲二月十五日暴風忽起發屋折木山川震動西方有白虹十二道南北通貫王問太史扈多對曰西方大聖人終亡之相(周書異記)

穆王時西極之國有化人來入水火反山川千變萬化不可窮極穆王敬之若神事之若君臨終南之上築中天之臺其高千仞(列子)

穆王時文殊目連(文殊菩薩此云妙德目連尊者此云采菽)西來化王示高四臺是迦葉佛說法處(姓高見鄗四人所通)因造三會道塲於終南山築中天之臺高千尺(列子化人即文殊等)王之第二子於沁水北山石窟(沁七鴆反水出上黨)造迦葉佛像王又於鼓山迦葉靜寺重建竹林寺山神從佛請五百阿羅漢居之(天人感通傳)

述曰佛法東流蓋已肇於穆王之世造像建寺悉遵先佛之舊制信過去佛皆化及此地及室利房等持經來秦而始皇謝遣出境蓋時未至機未熟耳至漢明感夢三寶並興君臣民庶翕然歸命此蓋由所謂一千年外聲教及此之嘉應也

懿王(共王子囏)

八年初祖摩訶迦葉(此云飲光)大先於法華會上聞佛說火宅喻迦葉四大聲聞於此領解佛為授記名光明佛(此通付法)至涅槃時佛告大衆我今所有無上正法悉已付囑摩訶迦葉當為汝等作大依止(此別付法末代住持當用別義)姨母所獻金縷袈裟慈氏成佛留與傳付迦葉弘持至二十年以法藏付阿難陀即持佛衣往雞足山入滅盡定以待彌勒下生(此云慈氏姨母摩訶波闍波提此云大愛道雞足重鷄山三峯如仰雞足)

孝王(王弟辟方)

三年二祖阿難陀(斛飯王子佛弟)持法至二十年於摩突羅國以法藏付商那和脩(此云自然服)復於恒河中漸化成金地為末田地(此云河中)五百仙人說法授記

三十二年三祖商那和脩於摩突羅國以法藏付優波毱多(此云大護)

厲王(夷王子胡)

三十三年佛滅後百年中天竺華氏城(王[illegible])

阿育王(此云無憂)遣使白鞠多欲來問訊鞠多往至王所摩頂說偈指示如來往昔行住之處悉令起塔復於恒河龍宮取闍王所藏釋迦舍利作八萬四千寶塔敕諸鬼神於閻浮提城邑滿一億家為立一塔(云云)初佛在王舍城乞食有童子遙見世尊心念我當施以麥麨即手捧細沙著世尊鉢願以功德令得一天下(繖蓋王)(取蓋繖義)即於此生得供養佛世尊微笑告阿難曰我滅百年此童子統領一方為轉輪王姓孔雀名阿育正法治化廣布我舍利造八萬四千法王之塔

述曰摩騰謂漢明帝曰阿育王塔震旦有十九處大士告劉薩訶洛陽(聖冢)建鄴(長干)鄮陰(九玉)臨淄成都五處有阿育王塔今十九處不可備知而考之五處獨鄮陰之塔顯示世間可獲瞻禮信乎海瀕羣生末代值佛之幸也

三十四年佛滅後百年毗舍離城中跋闍子(此云遊)比丘擅行十事佛聽兩指抄食乃至得受金銀一一檢校非法非毗尼(此云律)七百阿羅漢集論法毗尼(第二七百結集)

五十一年四祖鞠多於摩突羅國以法藏付提迦多

平王(宜臼幽王子東遷洛陽)

三十二年五祖提迦多於中天竺以法藏付彌遮迦

莊王(佗桓王子)

七年佛滅後二百五十年文殊師利菩薩至雪山化五百仙人還歸本土放大光明徧照世界入於涅槃 ○魯莊公七年夏四月辛卯恒星不見僧曰夜明也(佛法恒常也辛卯四月五日)

述曰天台淨名疏言佛生時星隕如雨此因瑞應經有沸星下侍之言故借佐傳之文以形容耳孤山淨覺不能別乃稱天台正取二莊為佛生之年然傳言辛卯自是四月五日可見不合若欲實大傳夜明之事正當以文殊放光涅槃為之驗也

襄王(惠王子)三年六祖彌遮迦於北天竺以法藏付佛馱難提 ○秦繆公時扶風獲一石像公不識棄馬坊中護像神怒令公病又夢天帝責誡以問侍臣由余往視像曰佛神也公即取像澡浴置淨室像忽放光公大異之召匠造一銅像

靈王四年七祖難提於提伽國以法藏付佛馱密多

元王(敬王子)

元年八祖密多於中天竺以法藏付脇比丘

貞定王(介元王子)

元年鄭列禦寇隱居鄭圃著書稱孔子答商太宰曰西方之人有聖者焉不治而不亂不言而自信不化而自行蕩蕩乎民無能名焉其書八篇名列子

張無盡論曰列子學孔子者孔子聖人也尚知尊西方之教而學者未讀其書便以排佛為務者何也

考王(嵬貞定子)

四年佛滅後五百年天竺國無著出世闡教其弟天親初造小乘論五百部後因無著開悟復造大乘論五百部世稱千部論師

威烈王(午考王子)

九年九祖脇比丘於華氏城以法藏付富那夜奢

顯聖王(扁威烈子)

三十五年十祖夜奢於華氏城以法藏付馬鳴初馬鳴以刀貫拔銘曰天下智士能勝我者截首以謝時夜奢坐閑林中說諸法空無我無人謂馬鳴曰若就世諦假名為我第一義諦我何可得馬鳴知義不勝欲斬首以謝夜奢曰我法仁慈不斬汝首如來記汝後六百年當傳法藏於是度令出家

赧王(延觀子)

三十一年十一祖馬鳴於南天竺以法藏付迦毗摩羅摩羅造無我論足一百偈此論至處魔外無不摧折

秦都雍

始皇嬴政莊襄王子

四年西域沙門室利房等十八人齎佛經來化帝以其異俗囚之夜有丈六金神破戶出之帝驚稽首稱謝以厚禮遣出境朱士行經錄

十三年十二祖摩羅於南天竺以法藏付龍樹樹於佛滅後七百年出九十日中誦通三藏造大無畏論十萬偈明第一義一名大智度論釋論事並見四祖紀一十

三十四年丞相李斯請史官非秦記皆燒之非博士所職天下敢有藏詩書百家語者悉詣守尉雜燒之有敢偶語詩書者棄市制曰可　○衛宏古文序後漢秦改古文以篆為隸國人誹謗時諸生為郎者七百人始皇密令冬月種瓜於驪山硎谷溫處瓜實乃使人上書瓜冬有實詔博士諸生說之人人各異則皆使往視之而為伏機諸生方相論難因發機填之以土漢書注十二末

述曰李斯勸秦焚書阬儒其為逆天遺絕人理為甚矣崔浩勸太武廢佛焚其經阬其徒此用秦舊法也韓愈之言曰人其人火其書此用崔浩遺法特不遇其君耳雖空言無禍使後世有人師用其語豈不為盛德之累戒之哉

佛祖統紀卷第三十四　池四

佛祖統紀卷第三十四

校勘記

一　底本，明永樂南藏本。

一　六四三頁中一六行夾註左「三千界」，徑作「三瞻界」。

佛祖統紀卷第三十五

宋咸淳四明東湖沙門　志磐　撰

法運通塞志第十七之二

西漢 都長安

武帝 自高祖受命至此為四世

元光二年。十三祖龍樹於南天竺以法藏付迦那提婆。入月輪三昧。蟬蛻而去。壽三百歲。

元狩元年。初博望侯張騫 白月氏還 西域國名 言臣在大夏時 音下 國名 見卭竹杖蜀布。問安得此。國人曰。吾賈人市之身毒 即天竺 音虔篤 身毒在大夏東南可數千里。此其去蜀不遠。乃令騫因蜀犍為 犍音虔 今嘉州 發間使王然于等。指之身毒 間諜之義又間歲遣使言不一 四歲餘皆閉昆明莫能通 昆明為蠻夷所閉

四年。驃騎將軍霍去病討匈奴。過焉耆山 音煙支 千餘里。得休屠王祭天金人 驃頻妙反 屠音儲 休屠匈奴中部王也 ○霍去病獲金人。長丈餘。帝以為大神。列於甘泉宮。焚香禮敬 魏書釋老志

成帝 驁 元帝子

建始元年。十四祖提婆至迦毗羅國。以法藏付羅睺羅多。

河平三年。使謁者陳農求遺書於天下。

鴻嘉二年。光祿大夫劉向校書天祿閣。往往見有佛經。向著列仙傳云。吾搜檢藏書。緬尋太史撰列仙圖。自黃帝已下迄至于今。得仙道者七百餘人。檢定虛實。得一百四十六人。其七十四人已見佛經矣。

述曰。洪興祖有云。梁孝標注新語。引列仙傳序言。七十四人已見佛經。今書肆板行者。乃云七十四人已在仙經。蓋是道流擅改之耳。然天祿有佛經。此語可證。

哀帝 欣 元帝孫

元壽元年。遣景憲使大月氏。得其王口授浮圖經還。當時稍有行齋戒者 魏書佛老志浮圖亦佛陀此云覺者

述曰。蘇由對昭王。扈多對穆王。孔子答商大宰。皆言西方聖人。而不明言為佛。霍去病獲金人。亦不知為佛。化人勸穆王造迦葉佛像。由余對秦繆公。則曰佛神。室利房齎佛經化始皇。劉向校書天祿。見有佛經。景憲使月氏。得浮圖經。此則已言佛而未行其教。皆在漢明帝感夢求佛之前。天人答南山。蘇由扈多傳毅。皆佛所使也。至言劉向見有佛經者。意張騫使大夏。去病獲金。人必有佛經與之俱至。特時人弗行。國史弗錄耳。不然則不應天祿有其書也。

東漢 都洛陽

明帝 莊 光武子

永平元年。十五祖羅多至室羅伐城。以法藏付僧佉難提。當佛滅一千年出。

七年。帝夢金人丈六。項佩日光。飛行殿庭。旦問群臣。莫能對。太史傅毅進曰。臣聞周昭之時。西方有聖人者出。其名曰佛。帝乃遣中郎將蔡愔秦景博士王遵十八人。使西域訪求佛道。

十年。蔡愔等於中天竺大月氏。遇迦葉摩騰竺法蘭。得佛倚像梵本經六十萬言 倚即立也 載以白馬。達雒陽 火德王故改洛為雒 騰蘭以沙門服謁見。館于鴻臚寺 胡廣曰鴻聲也臚傳也所以傳聲贊導九賓也唐改為司賓寺

十一年。敕雒陽城西雍門外立白馬寺。摩騰始譯四十二章經 譯經圖紀其經元出大部以大法初傳故撮引要義以導時俗 藏梵本于蘭臺石室。圖佛像於西陽城門及顯節陵上 明帝壽陵 帝問摩騰曰。佛出世後。何以化不及此。騰曰。天竺迦毗羅衛國者。三千大千世界百億日月之中。三世諸佛皆於此出。天人龍鬼有願力者。皆來生彼。受化悟道。餘處佛雖不往。然光相及處。千年五百年皆有聖人傳佛聲教而往化之。帝大說。

十四年正月十一日。五嶽八山道士褚善信六百九十人。上表請與西域佛道角試優劣。敕尚書令宋庠以十五日大集白馬寺。帝設行殿于寺南門。立三壇。道士於東壇置經子符籙。摩騰於道西置壇安經像舍利。中壇奉

饌食奠祀百神道士逮壇泣曰主上信邪玄風失緒敢延經義於壇以火取驗即縱火焚經悉成灰爐道士相顧愧赧所試咒術入火履水皆不得行及焚佛經光明五色上徹天衆烈火既息經像儼然摩騰涌身飛空現諸神變法蘭出大梵音宣明佛法天雨寶華大衆忻說太傅張衍謂道士曰卿等無驗宜從佛教道士費叔才自感而死司空劉峻等二百六十人京師士庶張子尚等三百九十人後宮陰夫人王倢伃宮人等一百九十人五嶽道士呂惠通等六百二十人並求出家帝可之敕於雒陽創十寺七寺城外安僧三寺城內安尼並給供物帝嘗幸白馬寺摩騰進曰寺東何館也帝曰昔有阜夷之後起有光怪民呼聖冢騰曰昔阿育王藏佛舍利八萬四千塔震旦之境有十九處此其一也(震旦又真丹又支那此云漢地東方文物之國也)帝大驚即與俱往禮拜見圓光涌冢上光中有三佛侍衛騰呼皆稱萬歲帝大說曰不有二士焉知大聖遺佑哉乃詔造塔其上高九層二百尺明年有光見于塔有金色手出塔頂天香郁然帝駕幸瞻禮光隨步武(法本內傳塔婆此云高顯又云方墳)宗翻譯名義云魔道士尹文操謂法本內傳是羅什門人述意欲所述漢明夢金人

道家焚經事悉是虛偽殊不思明帝感夢出自漢書闞澤對吳主亦言釋道焚經角試費叔才自感而死見之吳志以此推之則內傳真是漢時非晉人造文操之妄論敗矣此與夫列仙傳加化胡字同一謬詐是亦文操之所加乎

摩騰既卒竺法蘭譯佛本行經等五部(出高僧傳)

述曰或言內傳無作者名為疑者今觀此傳備錄騰蘭角法之事豈後人所能知必法蘭譯經時諸弟子之所記耳

楚王英奉黃白紈詣相國曰託在蕃輔過惡累積奉送縑帛以贖罪愆相國以聞詔報曰楚王誦黃老之微言尚浮圖之仁祠何嫌何疑當有悔吝其還贖以助伊蒲塞桑門之盛饌(梵語伊蒲塞即優婆塞此云清信男今受五戒釋僧童者桑門即沙門此云息心今受具足戒稱僧者世人未學相傳指伊蒲便為供食其謬誤不知義若此)初帝聞西域有神其名曰佛因遣使之天竺求其道得其書及沙門以來其書大氐以虛無為宗貴慈悲不殺以為人死精神不滅隨復受形生時所行善惡皆有報應故所貴修練精神以至為佛善為宏闊勝大之言以勸誘愚俗精於其道者號曰沙門於是中國始傳其術圖其形像而王公貴人獨楚王英最先好之(通鑑引西域傳又楚王英傳)

范曄西域傳論曰佛道神化興自身毒而西漢方志莫有稱為(禮記文武之政布在方冊注方版也冊簡也漢張騫為御史主柱下方書又云謂建其事於左方皆木今言方志謂於木方也)著地多暑濕乘象而戰班超唯列其奉浮圖不殺伐而精文善法導達之功靡所傳述予聞之後說其國殷乎中土玉燭和氣靈聖之所降集賢懿之所挺生神迹詭異則理絕人區感驗明顯則事出天外而騫超無聞豈非道閉往運而數開叔葉乎(云云)

袁宏漢紀云西域天竺有佛道焉佛者漢言覺也將覺悟群生也其教以修善慈心為主專務清淨其精者號沙門漢言息心蓋息意去慾而歸於無為也又以為人死精神不滅隨復受形生時所行善惡皆有報應故所貴行善修道以練精神以至為佛也佛身長一丈六尺身黃金色項佩日光變化無所不入故能化通萬物而大濟群生明帝感夢乃遣使天竺問道圖其像而還有經數千卷以虛無為宗包羅精粗無所不統善為宏闊遠大之言所求在一體之內所明在視聽之外世俗之人或以為虛誕然歸於玄微深遠難得而測故王公大人視死生報應之際莫不矍然而自失焉(矍俱縛反驚遽)

述曰袁氏漢紀言天竺有佛道佛身丈六金色日光化通萬物大濟群生明帝感夢遣使問道得其經像此佛法來東之時與法本內傳相為表裏蘇子瞻為之跋云此殆中國始知有佛時語雖淺近大略具足

安帝諱祜章帝孫

永初元年十六祖難提至摩提國以法藏付僧伽耶舍

順帝保安帝子

永和元年十七祖耶舍至月氏國以法藏付鳩摩羅馱佛記滅後一千年出

桓帝志章帝曾孫

建和元年月氏國沙門支讖至雒陽譯般舟三昧阿閦佛經等二十一部

一年安息國沙門安世高至雒陽譯五十挍計等百七十六部

三年十八祖羅馱至北天竺以法藏付闍夜多

九年自永平以來臣民雖有習浮圖者天子未之好至帝始篤好之於禁中鑄黃金浮圖老子像佛像與老子像親於濯龍宮設華蓋之座用郊天之樂華呼瓜反坐座同

靈帝宏章帝玄孫

三年安息沙門安世高有同學死為共亭湖神共亭番即彭蠡湖舊南康能使過船分風上下世高至廟神謂之曰我家此湖千里以昔布施今大有珍寶以多瞋今受蟒身幸取我繒寶為造一塔祈生善處世高遂於豫章建寺造塔後蟒死山中首尾數里今大安寺

熹平元年十九祖闍夜多至羅閱國以法藏付婆修槃馱

光和三年西天沙門竺佛朔至雒陽譯道行般若經

中平五年清信士嚴佛調譯古維摩經等

六年宦者張讓詐以太后詔大將軍何進斬之中軍校尉袁紹引兵捕諸宦者殺二千人張讓投河死

述曰儒學之厄時常有之其始自秦李斯斯阬諸生為郎者七百人漢宦官禁錮寔范滂等二百人殺天下儒賢延中宰輔陳蕃竇武李膺及鉤黨死者百餘人廢徙禁錮者七百人及矯詔斬大臣何進而袁紹乘忿殺宦者二千人雖為一快然君子小人俱於死玉石俱焚亦何足為儒門幸大氐天有定命運有通塞厄會之來所不容免唐朱溫殺朝賢三十人投屍于河亦一厄也悲夫如釋氏之厄三武皆此類也

獻帝協靈帝中子

初平元年二十祖槃馱至那提國以法藏付摩拏羅

二年蒼梧儒生牟子因世亂無仕宦意銳志佛道而世多非之乃製理惑論以為勸其辭有云佛者覺也猶三皇神五帝聖也文見大藏弘明集

述曰牟子不得其名當佛道未大行之日而能為論援三家之事義比決優劣以祛世惑以禦外侮是殆大士示迹如來之使也

興平二年下邳相笮融側格切起佛祠課人誦經浴佛設齋時會者五千餘人

述曰漢世人間建佛祠行佛事者始見之笮氏嘗與一儒老共觀此文笑之曰為士夫而使後世書為學佛豈不恥哉磬應之曰學佛者豈不是為善之人乎為士夫而使作史者指為姦佞貪酷甚至於不忠不孝者斯可為恥學佛為善尚何恥哉儒老笑領之

建安元年二十一祖摩拏羅至月氏國以法藏付鶴勒那

十四年二十二祖鶴勒那於月氏國以法藏付師子尊者先是鶴勒那弟子竺大力等來雒陽與康猛同譯興起本行經忽於館所有白光見大力斂容有聞曰此我師入滅之相大力康猛支曜康巨等皆善方言終漢之世

譯經三百餘部
魏(都洛陽時天下分魏吳蜀三國)
文帝(丕太祖子受漢禪)
黃初元年○吳主孫權於武昌建昌樂寺
五年月氏國優婆塞支謙來雒陽講受業於
支亮亮受業於支讖世稱天下博知無出三
支謙細長黑瘦眼白睛黃時人語曰支郎眼
中黃形軀雖細是智囊後避地歸○吳拜為
博士　○西天沙門維祇難同竺律炎來○
吳譯經五部
六年陳思王曹植(文帝弟字子建)每讀佛經輙留連
嗟翫以為至道之宗極嘗遊漁山聞空中梵
天之響乃摹其聲節寫為梵唄(音敗此云讚歎)撰文
制音凡六契(經音義云猶一節也)傳為後式
明帝(叡文帝子)
齊王(芳明帝養子)
太和三年吳潘夫人於武昌建慧寶寺
正始二年吳赤烏四年康居國沙門康僧會
來吳國人初見咸驚異之吳主曰是漢明所
夢佛神之遺風乎乃召問之會曰如來遷化
已逾千載靈骨舍利神應無方吳主曰舍利
可得當為立塔若其無驗國有常刑會請其
徒曰大法廢興在此一舉當潔齋以懇求七
日無驗展至三七日衆且懼忽鏗然有聲視

缾中舍利五色吳主自執缾瀉銅盤中盤即
破裂火燒鎚擊一無所損因起浮圖置建初
寺名其地曰佛陁里
三年吳尚書令闞澤捨宅為德潤寺(在四明慈溪縣)
(今名普濟澤字德潤敏名)吳主問曰孔子教化世俗老莊
放蕩山林何事佛為澤對曰孔老法天制用
不敢違天諸天奉行佛教不敢違佛以此言
之實非比對吳主曰佛教入中國何緣不及
東方澤曰永明十四年五嶽道士褚善信費
叔才等與西僧角法費叔才自感而死至今
百七十年離亂歲深方至於此
述曰三國之時各務戰守而於此道未之
能弘然吳之君臣稍有知者故建寺譯經
奉舍利論佛教班班可見魏之境獨陳思
王能知之蜀則蔑聞意戰國遐阻未便能
至耳
嘉平二年中天竺三藏曇摩迦羅至洛陽譯
僧祇戒本大僧羯磨受戒先是比丘出家特
翦髮而已未有律儀凡齋懺法事如祠祀狀
及迦羅至始出戒本遂為日用
四年中天竺沙門康僧鎧至洛陽譯(無量壽經)
高貴鄉公(髦文帝孫)
正元元年漢魏以來二衆唯受三歸大僧沙
彌曾無區別曇摩迦羅乃上書乞行受戒法

與安息國沙門曇諦同在洛出曇無德部四
分戒本十人受戒羯磨法沙門朱士行為受
戒之始(迦羅此云法時曇無德此云法正今賓特律宗用法正為四分部主華為始祖法時至此土傳四分行十人受戒法為二祖至南山廣述雖多行於世為九祖)
甘露元年天竺沙門白延至洛陽譯無量清
淨平等覺經等六部無畏三藏至交州譯法
華三昧經　○吳主孫皓不敬佛法毀廢寺
宇詰康僧會曰佛言善惡報應可得聞乎會
曰明主以孝道治天下則赤烏翔老人見(漢書南極老人星見則治安)以仁德育萬物則醴泉涌嘉禾
生善既有徵惡亦如之它日宿衛治園得金
像皓使置厠處灌以不潔俄得腫疾占者云
坐犯大神皓悟迎像供事請會說法禮拜悔
罪受五戒疾候愈奉會為師復營立塔寺
四年二十三祖師子尊者遊化至罽賓國有
外道詐為僧形以幻術入王宮婬犯妃后王
怒曰吾信事三寶而沙門何多辱我即毀寺
害僧自秉劍至尊者所斬師白乳涌高數尺
王臂尋墮七日暴死(自迦葉始祖至師子事述之詳備在西土二十四祖)
五年潁川朱士行([illegible])講道行般若經(講經之始)
每歎譯理未周乃發迹長安至于闐國(西沙門進)
得梵本般若國禁不傳東土士行請驗以
火無損王信異乃許其傳士行即寄經東歸

因名放光般若

佛祖統紀卷第三十五

池五

佛祖統紀卷第三十五

校勘記

一　底本，明永樂南藏本。

一　六四八頁中一一行末字「大」，徑作「太」。

一　六四九頁中七行夾註左「白傳」，徑作「舊傳」。

佛祖統紀卷第三十六　池六

宋咸淳四明東湖沙門　志磐　撰

法運通塞志卷二

晉(都洛陽)

武帝(司馬炎受魏禪)

泰始二年侍中荀勗於洛陽造金像佛菩薩十二身放大光明都人競集瞻禮

四年沙門竺法崇至湘州麓山廟神請授淨戒舍廟為寺

○荊州都督羊祜日供給武當山寺有問其故祜曰前身多有諸過賴造此寺故獲中濟所以供養之情偏重於此

述曰晉書(言)羊祜識前身是李氏兒能取所弄金環今此言前身造此寺者蓋前身之前身也世間罪福果報不差可不知鑑祜能知前身者佛教謂之宿命通祜蓋學佛有得現身世間者

太康二年并州劉薩訶業弋獵暴卒兩人報向西北行至地獄見金色聖人左右言是觀音大士謂訶曰汝罪應入地獄可往洛陽臨淄建鄴鄮陰成都五處有阿育王塔處頂禮懺悔又吳中二石像阿育王使鬼神所造能往禮拜不墮地獄又云凡為亡人設福七月望日沙門受夏此時設供彌勝若制供養物具須器器標題言為某人奉上三寶福施彌多沙門白衣見罪宿過能自發露不失事條勤誠懺悔罪即消滅如恥於衆前陳列可對像處默自記說不失事者罪亦除滅若有遺漏非故隱蔽受報猶輕若善人誦經其地皆為金剛但肉眼人所不能見(僧傳所載極多此不備錄)既蘇乃出家名慧達至會稽山澤處處尋求及鄮縣烏石山夜聞地下鐘聲越三日有梵僧七人行道空中地涌方壇因斲土求之得舍利寶塔六僧騰空而沒一僧化為烏石因以名山塔色如青石高一尺四寸廣七寸四角挺然五層露盤中懸寶磬安佛舍利既而其塔飛至一山凡三止其處達乃即其地建精舍以奉塔(今四明育王寺上下塔及舍利殿三處是)

二年西竺沙門婁至來廣州譯十二遊經

七年月氏沙門竺法護來長安青門譯正法華經及涅槃寶藏經等二百十部(月氏音支)

九年洛陽大疫西竺沙門可羅竭持呪法加水以治之所遇者皆差(楚懈反愈也)

惠帝(衷武帝次子)

元康元年巴陵顯安寺生異木西天僧見曰此佛娑羅樹也于闐沙門無羅叉譯放光般若經即朱士行寄歸本也

永康元年會稽謝氏鐵自井出乃舍宅為靈寶寺(今大慶寺)○永康中沙門義興廬于山上有童子來給薪水久而辭去曰吾太白一辰上帝遣侍左右言訖不見(今四明天童山是)

永寧元年扶南國王遣使同西竺沙門那伽仙進鏤金龍座佛象牙塔○西天沙門竺叔蘭白法祖支法度法立法炬共譯經百六十五部炬譯有金貢太山贖罪經

永興元年西竺沙門祇域至洛陽指沙門竺法淵曰此菩薩羊中來見竺法興曰此菩薩天中來又云比丘衣服華麗大違戒律還帝所宮闕曰大略似忉利天疲民之力不亦侈乎未幾洛陽亂

懷帝(熾武帝二十五子)

永嘉四年西竺沙門佛圖澄至洛陽時石勒屯兵葛陂沙門多遇害召澄試術呪鉢水生青蓮華由是神敬及與劉曜戰以訪澄澄曰塔鈴音云秀支替戾岡僕谷劬秃當秀支軍也替戾岡出也僕谷劉曜胡位也劬秃當捉也此皆羯語言軍出捉得劉曜也(劉曜即前趙僭稱帝於長安秀支替戾剛華比俗胡語也羯居謁反北狄皆犬羊之數故謂羯羯羖羊也佛圖澄梵語四果聖人也)又取麻油燃脂塗掌以示童子見一人乘馬朱絲縛肘澄曰此劉曜也遂出戰果生禽曜勒遂即王位國號趙勒愛子斌暴卒數日吾聞扁鵲起虢太子乃令告澄取楊

杖呪水洒之遂蘇勒班弟季龍立傾心事澄每乘輿升殿唱大和上至晉兵入淮季龍怒曰吾奉佛反致寇佛無神矣澄曰王前身爲商經罽賓僧寺設會有六應真吾其一也時聖者記曰此檀越報盡當王晉地今爲天子豈非奉佛而致邊疆侵擾有國之常何爲興怨謗乎季龍乃悔謝澄將去入辭曰國家存心佛理而布政苛猛致國祚不延也即安坐而逝後有沙門自雍州還見澄入關季龍發冢視唯塊石焉季龍惡之曰石吾姓也葬吾而去其能久乎未幾果亡述紓倫反扁補典反名醫盧人罽賓西土國名應真者阿羅漢得真道也音齊雍於用反

六年武邑太守盧歆請道安法師於郡講經傾城人士來聽讚歎諠席○西域優婆塞聶道真譯十住經等五十四部

愍帝諱鄴武帝之孫

建興元年吳縣居士朱膺於松江瀆口見二石像浮江而至背有銘曰維衛佛迦葉佛遂迎至通玄寺後八年漁者得青石鉢二於江上歸以盛葷俄見佛像在鉢際識者謂前二像鉢遂送寺中

元帝諱睿宣帝曾孫都建康

太興元年詔沙門竺潛入內殿講經以方外重德令著屐登殿

永昌元年西竺沙門吉友至建康丞相王導見之曰我輩人也一時名公皆造門結友每見王導解帶自若尚書令卞壼至壼音閫則正容肅然有問其故對曰王公風道期人卞令執度格物吾正當以此處之耳廷尉桓彝欲為友作目友曰吉友可謂卓朗彝絕歎服以謂盡品目之極友善持呪所向多驗時號高座法師譯灌頂經等三部

明帝諱紹元帝之子

太寧元年帝手御丹青圖釋迦佛于大內樂賢堂又往興皇寺集義學沙門百員講論佛道　三年漁人見海上有光網之得金像文殊誌云阿育王造後商人於海東獲一圓光持以就像若彌縫焉陶侃刺廣州得其像以送寒溪寺主者僧珍嘗往夏口夢寺火而此像屋獨有神護珍馳還寺果焚唯像屋存焉侃移督江州遣舟迎之至江上溺乃歷反沒也水中不可獲

成帝諱衍明帝之子

咸和元年西天沙門竺慧理至錢唐武林山驚曰中天竺靈鷲小嶺何年飛來此地邪因名天竺山飛來峯建寺曰靈隱仙翁葛洪書額寰宇記此山名稽留以許由隱居于此故易名靈隱

三年蘇峻為亂焚燒宮室獨樂賢堂明帝所畫釋迦像不壞帝敕著作製頌以彰聖德

四年丹楊尹高悝音恢旦行張侯橋望浦中五色光遣撈之得金像而無光趺迎置長干寺在建康城外長干者長巷也色猶干越之樂地多長巷也後一年臨海郡人網得銅華趺上有梵書云阿育王第四女造勅置長干像又四十年合浦人采珠海中得金光趺安像上宛然如故

五年許詢以會稽永興新居為崇化寺建塔四層物產既罄猶乏相輪一朝風雨輪盤自備當時訪知剡縣飛來○詔會稽寶山法義法師入禁中傳授五戒

咸康元年沙門支道林譯方等法華經

二年尚書令李勉舍句容宅為靈曜寺

六年右將軍王羲之為西天達摩多羅於廬山建歸宗寺　○庾冰輔政議沙門盡敬王者尚書令何充等議曰武皇以盛明革命明帝以聰聖玄覽豈此時沙門不易屈膝顧以不變其修善之法所以通天下之志耳疏三上冰議遂寢○沙門白法祖與道士王符議論符屢屈乃偽作老子化胡經後法祖亡有李通者暴死見祖法師在冥府為閻王講楞嚴三昧經云講竟應往忉利天講經又見道士王符身被扭械求祖法師懺悔閻王訶之曰汝造言謗佛待世間偽經盡毀汝罪方脫

猶注云其文本一卷其後增為十一卷第一卷敘化罽賓胡王第二卷俱薩羅國降伏外道第三卷化維衛胡王第四卷化罽賓王見第七人第五卷化胡王經十二年皆偽竄佛語妄自安置

康帝（帝諱岳成帝之弟）建元元年中書令何充舍宅為建福寺以居比丘尼有尼淨撿於本法得戒一旦有天女乘光下庭中忻然攜手揖別弟子躡光上升充性好釋典崇修佛寺供給沙門以百數糜費巨億而不吝阮裕譏之曰卿志大宇宙勇邁終古充問其故裕曰我圖數千戶郡尚未得卿圖作佛不亦大乎時郗愔及弟曇奉天師道而充與弟準崇信釋氏謝萬譏之曰二郗諂於道二何佞於佛

穆帝（帝諱聃康帝之子）

升平元年敦煌沙門單道開至建康不畏寒暑晝夜不臥日行七百里後入羅浮山石室坐亡

五年上有疾召高僧法開視脈知不起不肯進藥后怒囚之俄上崩獲免或問曰高明剛簡（池六）何以醫術經懷師曰明六度以除四魔之疾（六）調九候以療風寒之病自利利人不亦可乎孫綽曰才辯縱橫以數術通大教其開公乎

哀帝（帝諱丕成帝之子）

興寧元年詔以瓦官窯地賜沙門慧力建瓦官寺時朝賢注疏者不過十萬（一百貫也）顧長康素貧注錢百万人皆笑之一日於殿壁畫維摩像將點眸子曰第一日開見者責施十萬第二日開見者五萬第三日開見者任例責施及開戶光明照寺施者填塞果得錢百萬

二年詔法師竺潛講般若于禁中後辭還剡山詔支遁相繼講法一時名士與結方外之交劉系談莊子以適性為逍遙遁曰桀跖以殘害為性豈亦逍遙乎王濛極思作數百語遁曰與君別久而所見不長何邪郗超問謝安曰遁談何如嵇中散安曰嵇盡力道才得半耳遁嘗寓書於潛求買沃洲山小嶺潛曰欲來便給未聞巢由買山而隱

廢帝（帝諱奕哀帝之弟）

太和二年支遁表求還山詔建沃洲寺以居之遁每講多會宗遺文為守文者所陋謝安聞而歎曰此九方歅之相馬略玄黃而取神駿也嘗講維摩於山陰處士許詢為都講詢發一問眾謂遁不能通遁通一義眾謂詢無以難（池六）（七）

三年洛陽東寺尼道馨為眾說法華維摩聽者如市

簡文帝（帝諱昱成帝幼子）　咸安元年有烏來巢太極殿帝召曲安遠筮之曰西南有女人師能除此怪時尼道容住歷陽烏江寺召至都以筆置席下驗凡聖容所坐華不萎謂帝曰陛下當奉行八關齋戒自然消弭災怪帝如言行之羣烏運巢而去敕建新林寺以居之○沙門竺法曠入京師行齋懺禳祓星既而星沒

二年敕長干寺造三級塔畢功之日光照欄宇○帝嘗幸瓦官寺聽竺法汰講放光般若每讀佛經以為陶鍊神明則聖人可至

孝武帝（帝諱曜簡文帝第三子）

寧康元年大司馬桓溫卒初溫在姑孰有異尼來見因求浴溫竊窺之見尼倮身以刀破腹斷兩足出謂溫曰卿若作天子亦當如是溫每有異志故尼見戒及簡文崩諷朝廷加九錫謝安王坦之聞溫病篤密緩其事文未成而死其後子玄遷安帝而自立為義兵見殺

述曰桓彝守宣城死於蘇峻之難忠矣子溫握兵以窺朝廷亂矣溫子玄藉父之資終為僭逆身死家亡賊矣後世修史置彝列傳溫玄四夷傳厚先世為多矣玄南面八十日其迹似王莽而不能久世為權臣而卒自陷於亂賊其可為後世戒

王坦之為中書令與沙門竺法汰甚厚每共論幽冥報應要先死者報其事後師來云貧道已死罪福不虛唯當勤修道德以升濟神明耳言訖不見道安法師於襄陽檀溪寺建

浮圖銅像梵語浮圖又窣堵波又塔婆此云高顯處能自起行至方山光明燭天傾都瞻拜高士習鑿齒詣安自稱四海習鑿齒安答曰彌天釋道安時以為名對上聞安名詔曰法師以道德照臨天人宜日食王公祿所司以時奉給

二年竺潛法師亡詔曰潛法師捐宰相之榮襲緇衣之行方賴宣道以濟蒼生奄從遷謝用痛于懷可賜錢五十萬助建塔

太元元年西天沙門涉公至長安秦主符堅尊奉之常呪龍致雨以濟時旱國人賴之○慧永法師至廬山居西林香谷潯陽刺史陶範舍所居以為寺

四年秦人攻拔襄陽獲道安習鑿齒送往長安秦主符堅喜曰晉平吳會利在二陸今破襄陽獲士載一人半堅出東苑命安同載僕射權翼諫曰道安毀形不可參乘堅怒曰安公道德所尊乃令翼扶安登輦安入關沙門皆隨師姓安曰師莫如佛應沙門宜以釋為姓及增一阿含經至有云四河入海無復異名四姓出家同稱釋氏藍田得古鼎腹有篆文朝無識之者以問安安曰魯襄公所鑄也秦主敕三館學士有所疑皆以問安國人為之語曰學不師安義不禁難安貌鈍而安黑喜談論故號曰漆道人驚四鄰左臂有肉方寸隆起如印世號印手菩薩

六年帝於內殿立精舍奉佛召沙門名德者居中行道○慧遠法師安公門人自襄陽至廬山立龍泉精舍初師至山夢神告曰此山足可棲神願毋它往夕大雨雷電見林壑廣開素沙布地梗楠文梓縱橫充斥九江刺史桓伊乃為建寺曰東林殿曰神運師於江上禱請陶侃文殊像忽浮出水乃迎置殿造重閣以奉安之○沙門法正譯千佛名經等百十一部

十六年罽賓沙門衆至江左凡水自西而東即以東為面出為背北為左手南為右手則江南當稱江右可也自古謂稱江左昔不知背面左右之義也今稱劉西為所右者同坐此譔此說得之儒宗先生云譯三法度經等三部

十九年江陵城北有五色光沙門曇翼得金像于土中光相有梵書云阿育王造乃迎置長沙寺智者發願於長沙佛像前即此像也事據天人感通傳長沙寺在荊州北岸別傳注猶為潭州者誤

二十年荊州牧桓沖命曇翼法師渡江造東西二寺自晉宋齊梁陳氏常及萬僧隋初名僧三千五百當途講說者五十三人別院大小十所般舟方等二院夏別千人寺屋各及萬間○處士戴逵欲造文六無量壽佛像以古製朴拙乃密聽衆說積思三年刻雕方就迎置山陰靈寶寺郗超見而作禮方撮香在手忽勃然煙上極目雲表衆皆歎其神感　○罽賓國沙門僧伽跋澄來長安譯雜毘曇婆沙論○龜茲國音丘慈沙門鳩摩羅什至長安秦主姚興館于逍遙園譯大品般若經

安帝諱德宗武帝子

隆安二年長安沙門法顯往天竺求經　○桓玄輔政勸上沙汰僧尼詔曰有能伸述經牒演說義理律行修正者並聽依所習餘悉令罷道唯廬山道德所居不在搜簡遠法師以人書力辦事遂寢

五年秦羅什法師於逍遙園譯妙法蓮華經秦主於草堂寺與三千僧手執舊經重加參定敕僧䂮音略等諮受什旨以僧尼多濫令僧䂮為國僧正秩同侍中給車輿吏力法欽為僧錄僧遷為悅衆班秩有差楚宜反不齊等也世人多作初加反者誤各給親信白從三十人謂白身從人非爵刺軍兵○戴顒逵之子才巧如其父江夷嘗託顒造觀音像積年未成夜夢人曰江夷於觀音無緣可改為彌勒顒即馳報而夷書已至俱於此夕感夢又改造彌勒觸手成妙其像在會稽龍華寺

元興元年秦羅什法師自弘始四年以來譯還教經維摩詰經大智度論成實論等九十八部秦國譯經沙門佛馱邪舍功德華無垢眼法稱法海童覺竺佛念衆現法喜衆天十

佛祖統紀卷第三上　城四

宋景定四明東湖沙門　志磐　撰

教主釋迦牟尼佛本紀第一之三上

轉法輪

序曰說法度人如來出世之大要人有利鈍則法有頓漸故聞法之人無不悟入猶夫醫王應病與藥藥能合宜則病無不愈疏不云乎今佛始終具轉五味法輪轉此法度入它心令得悟斯轉法輪之義也

如來轉法輪一代五時則有八教

轉法輪者輪以摧碾為義如來說法化轉物心於法自在如輪王輪寶運轉無礙又如來三輪不思議謂身輪現通口輪說法意輪鑑機能與衆生摧碾一切惑累法苑云輪王有二財輪王者有四等金輪千輻化被四洲住劫八萬歲時出銀輪七百五十輻化三天下除北洲銅輪五百輻化東南二洲鐵輪二百五十輻唯化南洲如阿育王是也法輪王者若減百年如來出世是也

一代者通指八相別在五時五時後有通別妙玄云五味半滿論別別有齊限論通通於初後若華嚴別但在初通則至後鹿苑已去例此云今輪一化唯在別義論五時者義出三經謂華嚴三照涅槃五味法華信解品四大弟子領解等文故文句云四大弟子深得佛意探領一代五時之教始終次第其文出此

八教者妙樂云化儀四教是判教之大綱化法四教是釋義之綱目是知頓等是判藏等是釋如判華嚴為頓則以別圓釋之此乃至判法華為非頓非漸以純圓釋之此今家消經之軌則也妙樂又云若消諸經但用藏等其文稍通若釋法華無頓等八舉止失措謂餘經但論當部逗機得益故未須頓等若釋法華須明一代故用頓等以括始終輔行云藏等四教遍收一切大小乘經因果顯了各立教主各被機緣始終備足不過此四頓等四教但是如來不思議力布措藏等盤縮調停成熟物機破邪立正引小歸大廢偏顯圓會權入實故有諸部五味相生利物無方適時出沒

言五時者一華嚴時

具云大方廣佛華嚴經人法雙具足立題別行玄記云大方廣是法佛是會那衆人華嚴譬諸地因華莊嚴果德文此經總有七處九會會處不一故以經標名

二鹿苑時

輔行引大論云如來因地為鹿群主波羅柰王入山遊獵有母鹿懷子當差次供餒母告鹿主枉殺其子鹿主詣王求代王說偈曰我實人頭鹿汝是鹿頭人以理而為人不以形為人我從今日始不食一切肉我以無畏施亦可安汝意鹿群所居故名鹿苑亦名柰苑從對立名亦名仙苑二仙所住故此以處標名酬昔行因之地

三方等時

四教並談曰方四機俱被曰等此從法得名依部教立故續遺記云方等之名有二意若大經從酪出生酥譬修多羅出方等此約第三時的從部教即被三乘四教機也若普賢觀此方等經是諸佛眼乃直明圓理非第三時也文普賢方等乃方廣平等之義諸部大乘談圓理處並名方等

四般若時

此云智慧五種不翻中尊貴不翻也具云摩訶般若此從經標名

五法華涅槃時

二經同明開顯並屬醍醐故合為一時此並從經標名法華具云妙法蓮華經由妙法有施開廢三者之義故以蓮華為喻涅槃者具云摩訶般涅槃經此翻大滅度大

揚都譯大般泥洹經五部（大藏有本師傳）

述曰此土沙門西遊者始於朱士行而唯及於西域于闐實葱河之東境耳至顯師則西踰葱嶺遠届五天復能取道南海東還晋地求法之勤以此師為始也

八年罽賓國佛馱耶舍至廬山預蓮社先於泰國譯四分律長阿含又與羅什對譯十住池六婆沙論以髭赤號為赤髭論主 十三 龜茲國曇無讖至姑臧涼王沮渠蒙遜留之譯大般涅槃經四十卷後固辭西歸遜怒其去已審遣人刺於路初讖出關謂送者曰業期至矣既西遜悔白日見神人以劍刺之遜卒讖在涼與道龔諸師譯悲華經等

述曰罽賓害師子而臂隨命終沮渠刺無讖而神人加及或謂聖師通達宿業方圖償債豈當使之受報若是意者護法之神怒其干犯尊境而前人熾惡之心自足以召之非同常人互相責報之比也

九年迦維衛國沙門佛馱跋陀羅（此云覺賢）至廬山入社遠法師請譯禪數諸經自是江東始耽禪悅 十年廬山西林永法師示疾忽合掌西向曰佛來也安坐而化異香七日方歇遠法師居東林三十年師居西林亦如之鎮南將軍何无忌至虎溪召之遠師又持名望從徒百人高言華論舉止可觀而永公納衣半脛荷錫持鉢松下飄然而來神氣自若无忌歎曰永公清散之風乃多於遠公也（脛形定叉膝以下胷）

十二年遠法師久修淨業三睹佛相以是年八月六日感佛來迎儵然神化遺言露屍林下弟子不忍乃奉全軀葬于西嶺 謝靈運製碑張野作序宗炳復立碑于寺門初師在山行道名儒劉遺民雷次宗周續之宗炳張野張詮沙門永法師慧持（遠師之弟）道生曇順（從羅什來）慧叡曇恒道昺曇詵道敬（皆遠公弟子）佛馱耶舍（罽賓國人）佛馱跋陀羅（迦維衛人）常同遊止世號廬山十八賢 復與僧俗百二十三人結社念佛令劉遺民著誓辭共期西升謝靈運負才傲物一見師肅然心服為鑿東西二池種白蓮因名白蓮社靈運嘗求入社師以其心雜止之嘗以書招陶潛潛曰許飲即往師許之遂造焉忽攢眉而去所著池六法性論不拜王者論等及詩序銘讚凡十卷十四（白雲端禪師白廬山釋本）號廬山集（東坡上過照律師與之囑其開板照師為序有云王荊公言晉人為文無如遠公）

述曰佛法起於漢至晉而益盛然競演經論各事專門獨東林法師始以念佛三昧之道開先一時貽則千古蓋知其為此土人根為道之要故能結社招賢來名儒而致高釋臨終神化感佛迎以獲往生斯為一生取證永居不退之至道也師之言曰功高易進念佛為先凡在修門請事斯語云

會稽太守孟顗事佛精懇而為謝靈運所輕嘗謂顗曰得道應須慧業丈夫生天當在靈運前成佛必居靈運後顗憾之

十三年初餘杭山沙門法志常誦法華有雉翔集座隅如聽受狀越七年雉殞志瘞之夜夢童子拜曰因聽經得脫羽類今生山前王氏家志詰朝遣問之如其言王氏一日設齋志方踵門兒曰我和上來也志撫之曰此我雉兒也解衣視腋下果有雉毳三莖七歲令入山出家十六落髮以腋有毳因名曇翼初詣廬山依遠法師續往關中見羅什後東遊會稽入秦望山誦法華經越十二年有女子身披彩服攜筠籠盛一白豕兩根大蒜至師池六前曰妾入山采薇日已夕矣豺狼當道歸無十五生理敢託一宿師卻之甚堅女哀鳴不已遂以草牀居之夜半號呼腹疼告師案摩師乃以布裹錫杖遙為案之翌旦女以彩服化祥雲豕變白象蒜化雙蓮凌空而上謂師曰我普賢菩薩也以汝不久當歸我衆特來相試觀

汝心中如水中月不可染污既而天上雨華地皆震動鄉人聞見莫不稱歎是日太守孟顗方晨起視事忽見南方祥雲光射庭際隱然金石絲竹之音訪知普賢示化遂以師道行上聞于朝敕建法華寺（今天衣寺）師既亡漆真身留山中（唐武宗廢法藏像寺南樹中吳越武肅王謚飛雲大師）沙門法莊為遠法師弟子誦法華為常業鄴人夜聞見師房前有兵仗翊衛之狀道俗傳聞莫不尊敬　○沙門曇邃止河陰白馬寺日誦正法華兼通講說夜夢一人叩戶請法師九旬講經邃不允固請乃赴忽見身在白馬塢神祠弟子一人亦預自是每日密往一旦寺僧過祠下聞講說之聲見對設二高座異香郁然夏竟神施白馬一疋白羊五頭絹五十疋用充講嚫師即咒願受之　十四年吳內史孟顗請佛馱跋陀羅於建業謝司空寺譯華嚴經六十卷有二青衣旦從池出灑掃研墨時慧嚴慧觀為筆受

恭帝（德文安帝弟）　元熙元年帝深敬佛道詔於瓦官寺鑄釋迦佛丈六金像畢功之日放光滿寺傾都人士咸致供養

宋（建康）　高祖（劉裕受晉禪）　永初元年帝設齋內殿令沙門道照陳詞至百年迅速苦樂俄頃之句帝（善之）別賜嚫金三萬　○帝始生有神光之異既長遊下邳遇異沙門於逆旅曰天下喪亂拯之者其君乎時患手瘡沙門以黃散藥留之忽不見以藥傳瘡一治而愈嘗遊京口竹林寺獨卧講堂前有五色龍章（諸僧）驚以白帝帝曰上人無妄言冀州沙門法稱謂其弟子曰嵩嶽神言江東有劉將軍漢之苗裔應天受命吾以璧三十二枚鎮金一餅為信帝聞之令釋慧義往嵩山求之義夢長須翁以杖指石下求曰諸廟所石壇求之果獲因得獻上帝夢異僧語之曰君前世曾施維衛佛一鉢之飯今報斯位　○司徒王謐見東廂門地有光掘之得金佛一軀高七尺二敷置臺中供養　○車騎范泰於宅西建祇洹寺謝靈運於石壁山建招提寺　○黃龍國沙門曇無竭與僧猛等二十五人往西天求經越二十年唯無竭還揚都譯經

少帝（義符高祖長子）　景平元年罽賓沙門佛陀什於揚都龍光寺譯五分律（南山云四部之文無越斯律但弘通蓋寡良可長歎）

文帝（義隆高祖第三子）　元嘉元年罽賓國沙門曇摩密多至（建康）譯禪經觀普賢行法經等十部自表皇后皇子以下傾都禮敬　○西天沙門畺良耶舍譯觀無量壽佛經

述曰文帝嗣位之初觀普賢無量壽二經同時而至（至今持誦者為尤盛）是知元嘉之際尊敬大乘五國來貢咸贊奉法自渡江以來未有此時之光大也

二年詔於京師為高祖建報恩寺　○敕沙門道祐往鄮縣修阿育王寺掘地得金合盛三舍利佛爪佛髮詔建浮圖三級

三年神僧杯渡初出冀州挈一木杯渡水必乘之因號杯渡行荷蘆圌（求遠反以蘆為圌如囤也）廣陵李氏飯僧渡以圌置庭中坐席上食畢提其圌呼曰四天王時有童子見中四小兒長數寸眉目如畫及追之已失所在　○西天沙門伊葉波羅來彭城譯經　○徐州刺史王仲德於宋王寺造丈六金佛每有寇難則像流汗

四年涼州沙門智嚴譯瓔珞本業經等十四部　○沙門慧琳（以）學得幸預與顏延之同議朝政琳著高屐披貂裘孔顗戲之曰何用此黑衣宰相嘗著黑白論與佛理違戾眾論排之（見弘明集）琳後感膚肉糜爛歷年竟死時以為叛教之報

五年迦毗羅國月愛王師（子國）剎利摩訶王皆遣使入貢帝答摩訶王曰此小乘經甚少國中所有幸皆寫送

六年帝幸祇洹寺觀度童子慧基

七年訶羅陀國入貢其表曰伏承聖上信重

三寶興立塔寺周滿世界今故遣使表此微心 ○初帝聞罽賓三藏求那跋摩名(此云功德鎧)詔交州遣沙門道敏杭海邀之跋摩忻然附舶至廣州上遣使迎至金陵命居祇洹寺僕射何尚之等並師事之請講華嚴(前佛賢譯六十卷者)以未通華言禱於觀音夜夢力士易其首旦起猶覺微疼遂徧曉東語帝嘗問曰朕欲齋戒不殺迫於徇物不獲于志對曰帝王匹夫所修各異匹夫身賤名劣言令不威若不克己將何以濟帝王以四海(為家)地民為子出一嘉言士民咸說布一善政人神以和則風雨應時百穀滋茂如此持齋德亦大矣(一作在)輟半日之餐全一禽之命然後弘濟邪帝歎曰俗迷遠理僧滯近教如法師之言可謂盡天人際師在祇洹講(華嚴)十地品帝率公卿曰集座下法門稱榮 十年訶羅單國入貢表稱常勝天子陛下○西天僧伽跋摩至建康敕住平陸寺為京師沙門慧照三百七十人渡(池六十八)蔡洲岸於船中再受具戒或問其意照曰以疑先受若中若下更求增勝故須重受依本臘次(重直用反再也)

述曰此由照等先受戒不如法故於船上結界攝僧以便行事耳今人年少輕心受戒不知方便不能有所感發尚未沾於下品則於再受誠得其宜薩婆多論云重受增為(品上)本夏不失若此則中下尚須增受況未能感發者乎或問先已聞羯磨今若再受則先聞成盜聽者然於當時輕心無知既不能領聖法尚何盜聞之欲明律高德更須一評

十一年求那跋摩於南林寺立戒壇為僧尼受戒為震旦戒壇之始時師子國比丘尼八人來未幾復有尼鐵索羅三人至足為十衆乃請僧伽跋摩為師為景福寺尼慧果等於南林戒壇依二衆重受具戒度三百餘人(重直用反再也)

述曰僧史略之言云漢度阿潘受三歸也晉度淨檢從一衆也二衆得戒自此年爇果始也

十二年闍婆國入貢表曰宋國大主大吉祥天子教化一切降伏四魔轉尊法輪度脫衆生我等在遠亦霑靈潤 ○慧詢律師善僧(池六十九)祇十誦律製文敷演此解十誦之始也 ○敕尼寶賢為京邑尼僧正 ○帝謂侍中何尚之曰范泰謝靈運常言六經本在濟俗若求性靈真要則必以佛理為指南近見顏延之折達性論宗炳難白黑論(並見弘明集)並明達至理開獎人意若率土皆淳此化則朕坐致太平矣尚之曰渡江已來王導周顗庾亮謝安戴逵許詢臣高祖兄弟(何充兄弟也)莫不稟志歸依夫人能行一善則去一惡去一惡則息一刑一刑息於家萬刑息於國此明旨所謂坐致太平者也故圖澄適趙二石減暴靈塔放光符犍損虐神道助化昭然可觀至土木之功雖若糜費然植福報恩不可傾絕尚之又曰夫禮隱逸則戰士息貴仁德則兵氣銷以孫吳為志動期吞并則將無取乎堯舜之道豈特釋教而已哉帝說曰釋門之有卿猶孔門之有季路所謂惡言不入於耳也 ○沙門功德鎧功德賢諸師譯經九十部 ○竺道生卒於廬山立佛性義為帝所重王弘范泰與之為友帝設御齋親臨地坐食至衆疑非時(律以過午為非時食)帝曰始可中矣(謂日始中)生曰白日麗天天言始中何得非中取筯便食一衆歎其機辯 ○曇摩密多於鄮縣建阿育王寺塔 十三年詔求沙門能述生法師頓悟義者庾登之以法瑗聞(于眷切音援)召見瑗申辨詳明何尚之歎曰意謂生公之沒微言永絕今復聞象外之談湘宮寺成召師居之帝每臨幸聽法 ○簡靜寺尼智道羅道適梁羣甫生子七歲家貧無衣思為尼時有素綃所書法華經即浣擣為衣著兒體忽遍

身生瘡疔蟲周匝啾叫旬餘而死闇空中告云壞經為衣得此惡報

十四年初都人孫齊家世奉佛有妾亡惠稱常誦法華忽於江浦有光掘之得金佛一軀光有銘曰建武六年庚子官寺道人法新造（前稱建武者惟晉元帝而止及元年）○尼道壽誦法華滿三千徧每見光瑞空中有寶蓋垂覆頂上

二十年沙門慧嚴卒帝詔慰曰嚴法師氣識淵遠道學之匠奄爾遷神痛悼于懷可給錢五萬布五十匹

二十二年初范華（曄音）負才不得志與孔熙先謀立事敗死獄中祇洹寺沙門曇遷素與曄友賣衣盂為營葬具魏世祖聞而歎賞謂徐爰曰卿著宋書無遺此事

二十三年魏世祖與司徒崔浩奉道士寇謙之詔天下焚毀經像塔廟誅戮沙門（詳見通塞志第四卷）

二十七年王玄謨北征失律蕭斌欲誅之沈慶之諫曰佛貍（魏世祖小字）威震天下豈玄謨所能當殺戮將徒自弱耳乃止初玄謨將見殺夢人告曰誦觀音經千徧可免仍口授其經曰觀世音南無佛與佛有因與佛有緣佛法相緣常樂我淨朝念觀世音暮念觀世音念念從心起念念不離心既覺誦之不輟忽唱停刑後官至開府年八十二○二十九年魏文成即位大復佛法

孝武帝（文帝子）○敕沙門慧璩為京邑都維那

○文帝諱日上於中興寺建八關齋中食竟從臣袁愍孫等更進魚肉帝怒並與免官

○召沙門道猷入內殿說法上稱善敕為新安寺法主 ○吳興沙門僧瑜初於廬山建招提寺常持法華是年六月謂友人曰結累三塗情形之故情將盡矣形亦宜損藥王之轍獨何遠哉遂別眾入柴龕端坐誦藥王品發炬以焚眾見紫氣騰空旬日所居生雙桐樹識者謂是娑羅雙樹之兆

大明四年路太后於中興寺造普賢像設齋忽有異僧見于座眾驚問之對曰慧明自天安來言訖不見因詔改為天安寺勑沙門道溫為都邑僧正○西天沙門功德直至荊州同玄暢譯經直每舒手出香掌中流水

五年廬陵太守周湛進金像高九尺三寸言僧法均夢中獲之因尋訪至三曲江光浮水面求之果得獲既而長沙郡進金光趺云漁人得之水上安其像如一 ○魏使李道固來朝帝以中興寺僧鍾有才辯仍為館伴與語不已過中不食道固曰無乃為聲聞邪鍾曰應以聲聞身得度者即現聲聞身而為說法時稱名對

六年四月八日帝於內殿灌佛齋僧 ○沙門慧簡等譯經二十六部

七年竹林寺沙門慧益誦法華誓焚身帝遣使諫不聽以佛生日詣闕辭帝囑以佛法往鍾山入油鑊以吉布纏身焚之帝駕往勸止不從眾聞誦藥王品忽聞銘管之聲異香分馥夜帝夢師囑付護法翌日設大會詔於焚身處建藥王寺

八年十月制沙門盡敬君上沙門僧遠聞而歎曰我自出家為僧何關帝王事邪即日拂衣歸鍾山

前廢帝（子業武帝太子）景和元年正月制停沙門致敬 ○沙門法益等乞泛海往天竺請未來經法至廣州值海寇作難不果往

沙門覺壽譯沙彌塞律一部

明帝（彧文帝子）泰始元年詔於建陽門置興皇寺敕沙門道猛為綱領帝曰人能弘道今得法師非直道益蒼生亦乃有光世望乃下詔曰猛法師風道多濟朕所賓友可月給錢三万令史四人白簿吏二十人車及步輿各一乘又詔僧瑾為天下僧主賜法技一部（作妓者女樂作技者訓藝今稱法技則是法門幢旛鼓鈸眾藝之名或稱釋部威儀）親信二十人月給錢二萬及車輿吏力

二年寶誌大士往来皖山（户板反舒州）徒跣著銘袍以翦尺鏡拂挂杖頭負之而行兒童見者譁逐之或徵索酒或屢日不食嘗遇食鱠者從求之食吐水中皆成活魚時時歌吟如讖記初金陵朱氏聞兒啼鷹巢中舉以為子七歲依鍾山僧儉出家專修禪觀俗呼為誌公（李白讚刀齊尺梁拂迷陳蓋是謎語）　三年帝幸莊嚴寺觀三教談論　○周顒遷直殿省時帝好玄理而遇人慘毒不敢顯諫輙舉佛經罪福事帝為之遷善顒著三宗論言空假義西涼州道人智林遺書以贊美之　○敕尼淨秀所居為禪林院秀有神異感娑伽羅龍王兄弟來護常有三十二童子功德天善女天以任驅役（三十二是三十二天）應所服袈裟色如熟椹見諸尼不如法即行摩那埵懺悔之法（秦言意喜由懺悔故自意喜亦使衆僧歡喜也）自是京師二部莫不精持嘗遊兜率天（天持）波利難謂其師曰可齋堂中坐禪沙門　○逸士顧歡作夷夏論以佛道二教齊乎達化而有夷夏之別歡雖同二法而意黨道教司徒袁粲託沙門通公為論以駁之謂孔老敦俗為本釋氏出世為宗發軫既殊其歸亦異常侍何鎮之亦以書誡歡言道家經籍簡陋如靈寶妙真之類（摭采）法華制用尤拙上清黃庭餐霞咀石非徒法不可效道亦難同雖五千之文稍長終不若三乘共引九流俱接之為得也（出弘明集又南史顧歡傳）　○沙門竺法眷等譯無盡意經等十二部　○帝聞廬山陸脩靜有道築崇虛館以禮致之傾風問道朝野歸心

後廢帝（昱明帝太子）

元徽三年定林寺法獻往天竺求經至于闐國得佛牙舍利法華提婆品以歸

順帝（準明帝第三子）

昇明元年敕沙門法持為天下僧正

齊（建康）

高帝（蕭道成）

建元元年帝幸莊嚴寺聽僧達法師講維摩經御座稍遠中書令張緒請遷講席以鄰帝座　二年益州刺史傅琰言沙門玄暢建齊隆寺感青衣神人遶山守衛敕蠲百戶用充資給　帝幸鍾山僧遠所居遠牀坐辭以老病不出迎以房門狹不容車遣使特勞問　三年中天竺沙門曇摩耶舍譯無量義經　四年詔沙門法穎為京邑僧主　詔迎皖山誌公入京公務其面為十二面觀音帝以其惑衆惡之

武帝（高帝太子）

永明元年帝於華林園設八關齋戒帝微時避難揭陽山中累石為浮圖忽有一樹生其側狀如華蓋　○西天沙門達摩提來譯提婆達多品　鍾山僧遠居山五十年天下仰其高德及亡帝致書尉第子法獻曰承遠上無常弟子中夜已自冥知遠上此去甚嘉遲見法師方可敘瑞夢耳（遠上者加上也）　○敕長干寺玄暢同法獻為僧主分任江南北事時號黑衣二傑　二年詔沙門僧鍾見于乾和殿但稱貧道帝問僕射王儉曰古之沙門何所稱對曰漢魏此道未盛無所傳聞晉宋以來多稱貧道而使預座晉之中世庾冰桓玄欲使盡敬事竟不行帝曰獻暢二師道行如此尚乃稱名況復餘者揖拜則非制稱名亦無嫌　四年沙門僧護於剡縣石城山見崖間光（如）[illegible]乃鐫石為彌勒佛纔成面像初是晉世有沙門曇光至剡山石室宴坐有雕雷丹蟒造前依是與授三歸並即引去已而山祇盛飾來見光為說法神奉山以結伽藍名曰隱岳同學千蘭復創寺於旁曰玄化護既造像乃即像所建剎名石城與兩寺鼎足而居齊末沙門僧淑來繼其功至梁武帝舉兵東下用度不足建安王偉（文帝第八子）取襄陽銅佛毀以為錢僧藏纖（舉兩反漢赤藏稱十萬莊錢貫也）多加毒害後剌江州感惡疾有始豐縣令陸咸（今天台縣）夢

沙門三人謂曰建安王湡患由於宿障剃縣
僧護造彌勒石像若能成濟必獲康復咸還
都經年出門遇僧謂曰建安王事猶能憶否
忽然不見咸大感悟遂以白王即召定林寺僧
祐律師因舊功鐫入五丈（鐫楚限反平木鑿又去聲）至
天監十五年畢功像身光趺通高十丈王疾
既愈遂留神釋學益悟佛理唐道宣律師見
天神謂曰師即僧護僧淑僧祐後身故世稱
為三生石佛云（出南史及劉勰石像碑天人感通傳欽備見三生事迹故并錄于此）
五年交州進真珠佛像　○司
徒竟陵王王子良居西邸招致名僧講論佛
法造經唄新聲數營齋戒躬為僧倫賦食行
水嘗夢東方普光世界天王如來說淨住淨
行法門因著淨住子二十卷及三寶記　○
劉雲母明氏寢疾雲誦觀音數萬徧夜夢僧
曰夫人算盡君精誠篤至當為申延後六十
日乃亡雲廬墓哀慟常有白鶴雙翔廬前（南史）
劉歊隱居求志事母兄以孝悌母病夢歊
進藥翌日有間弟劉訏精意釋典歊聽講鍾
山諸寺因共卜築東澗訏常著穀皮冠披納
每遊山澤輒留連忘反（南史）
六年僧伽跋摩於廣州竹林寺譯善見毗婆
沙律　七年平原居士明僧紹舍攝山宅為
棲霞寺　帝以誌公幻惑俗衆收付建康獄

是日國人咸見大士遊行市井其夕語吏曰
門外有兩輿食為我取之既而文惠太子竟
陵王遣供至建康令以聞帝悔謝奉迎至禁
中館于華林園　竟陵王於弘濟寺講
成實三論夢中作維摩一契命僧辯傳詠之
羣鶴飛舞于階詠畢而去　○西天沙門摩
訶乘德進等譯諸經律
八年帝不豫詔諸沙門祈佛聖僧至七日感
天香滿殿聖僧影迹堂內金錫振響已而康
復　○晉安王蕭子懋年七歲母阮淑媛病
請僧行道有獻蓮華供佛者漬銅甖中王流
涕禮佛曰若阿姨因此和勝願華竟齋不萎
七日齋畢華更鮮紅視甖中稍有根須母疾
遂愈當世稱其孝感
十一年誌公在華林園忽重著三布帽未幾
帝崩文惠太子豫章王相繼而殂
明帝（鸞高帝兄子）　建武二年召劉虯為國子
博士不起虯隱居江陵沙洲衣麻辟穀六時
禮佛注華嚴經以頓漸二門判教又注法華
經躬自講說是年冬有白雲排細欄宇異香
入戶聞磬聲而卒　四年誌公於平旦出
宮門忽曰門上血腥及帝遇害果以犢車載
屍出此門頸血流墮門限徐陵兒時父攜之
以候公公摩其頂曰天上石麒麟也

永泰元年勝曇恭年五歲母楊氏患熱思食
寒瓜豫章土俗不產曇恭歷訪俄遇一僧我
有兩瓜分一相遺忽失所在及父母卒曇恭
蔬食終身晝夜哀慟門外有二冬生樹有神
光自樹而起俄見佛像侍衛之儀家人咸共
禮拜久之乃滅時人號為勝曾子
東昏侯（寶卷明帝次子）
永元元年扶桑國僧慧深來京師言其國在
大漢東（海外多稱中國為漢者存舊稱也）　三萬里宋大明五
年（宋孝武）　罽賓國沙門五人至其國流通佛法
按東方朔十洲記扶桑在東海去東岸一
萬里海水碧色甘香扶桑在碧海中地方
萬里大帝太真所治林木如桑兩兩同根
更相依倚故名扶桑仙人食其椹體作金
色今慧深言去東三萬里當是遠人不測
此中地里故言若此
尾官寺有師子國玉像戴安道手製佛像五
軀顧長康維摩畫圖世謂之三絕東昏侯取
玉像為潘貴妃毀作釵釧都人為之歎恨

佛祖統紀卷第三十六

佛祖統紀卷第三十六

校勘記

一　底本，明永樂南藏本。

一　六五三頁上三行「卷二」，徑作「卷第十七之三」。

一　六五九頁下八行夾註左第二字「閑」，徑作「圍」。

一　六六一頁上一八行夾註「魏世祖小字」，徑作「魏世祖小子」。

一　六六二頁中一四行第一三字「講」，徑無。

一　六六二頁下一九行「干蘭」，徑作「於蘭」。

一　六六三頁下一九行「釵釧」，徑作「釧釵」。

佛祖統紀卷第三十七

宋咸淳四明東湖沙門　志磐　撰

法運通塞志第十七之四

梁（建康）武帝（蕭衍）

天監元年。帝夢釋迦檀像入國（天竺優填所造者）。乃遣郝騫等（郝黑反）往西竺求之。○于陀利國入貢云。其王夢異僧曰。東土有聖王。出十年之後佛法大興。○制僧尼犯過並依佛律行罰。○庾詵少與帝善。及起兵署為記室。不就。山居蔬食。六時禮懺。誦法華經。於後夜見一道人自稱願公。呼詵為上行先生。後寢食驚覺曰。願公復來。吾其去矣。舉家聞上行先生已生淨土。詔謚貞節處士。

二年。帝問誌公。國有難否。誌指喉及頸（識侯景也）。享國幾何。曰元嘉元嘉（宋文帝元嘉至三十年重言之者過元嘉）。帝臨政苛急。誌假帝神力見先君受苦地下。由是卹刑。嘗詔張僧繇寫誌真。誌以指剺破面門。出十二面觀音相。或慈或威。僧繇竟不能寫。時法雲雲光二師每講法華。天華飛集。帝以其證聖。於便殿夜焚書請誌公及光雲齋。翌日誌公獨至。○扶南國沙門曼陀羅來進珊瑚佛像。詔譯經於揚都。○四月八日。帝於重雲殿親製文。率群臣士庶二萬人發菩提心。求乘道教。其文云。願使未來生世童真出家。廣弘經教。化度含識。同成佛道。寧在正法中長淪惡道。不樂依老子教暫得生天。十一月。敕公卿百僚侯王宗族。並棄道教。含邪歸正。

三年。帝御重雲殿講經。以枳園寺法彪為都講。彪先一問。帝方酬答。載索載微。並通玄妙。○帝嘗夢神僧曰。六道四生受苦無量。何不作水陸大齋普濟群靈。帝乃披覽藏經。創製儀文。三年乃成。遂於金山寺修供。命沙門僧祐宣文。大彰感驗（事具光顯志）。○敕於舊宅建光宅寺。因宅七日放光。故以為名。敕法雲法師為光宅寺主。創立僧制。為後世法。○沙門智稜善涅槃淨名。尤通莊老。後值冠還俗。道士孟悉達勸為黃冠。見道家諸經略無宗旨。遂引佛教為之潤色。解西昇妙真諸經義。皆自稜始。武帝未捨道教時。引稜於五明殿竪義。暮年為諸道士講西昇經。忽失音舌卷。於座上委頓而死。眾以為叛教之報（續僧傳）。

五年。扶南國沙門僧伽波羅來。

六年。御注大品般若經。詔光宅雲法師為百僚講說。

十年。中天竺釋迦檀像至。帝率百僚迎入太極殿。建齋度人。大赦斷殺。絓是弓刀並作蓮華塔形（絓戶卦反礙也）。初郝騫謂文華等八十人應詔西行求像。至舍衛國（此云聞物中天竺國）。從王請像。王曰。此中天正像。不可適邊。乃令三十二匠更刻紫檀。人圖一相。卯時運手。午時已就。頂放光明。降霔香雨。騫負像東還。及渡大海。嘗聞甲冑之聲在後。忽異僧禮像而言曰。毗舍羅神王護像至彼。廣作佛事。言訖而隱。其後元帝於荊州城北造大明寺奉安其像。○詔僧旻法師入殿講勝鬘經。公卿畢集。劉業問曰。法師佛學有餘。何故多申儒旨。旻曰。昔生公以頓悟通經。次公以毗曇發論。若貧道初不以儒釋為限。但據文義所向耳。有沙門道超慕旻講業。誓欲齊之。夢天神告曰。旻公於毗婆尸佛時預宣法化。君新發意。何可類及。○何胤入鍾山定林寺聽內典。通其旨。後隱居若邪山雲門寺。二兄求點並從棲遁。號點為大山。胤為小山。亦曰何氏三高。○謝舉長玄理及釋氏義。為晉陵郡守。與義學沙門至講經論。徵士何胤自武丘出赴（虎丘避唐高祖祖諱追改之）。○光宅雲法師講法華經。感天華滿空。下如飛雪。帝以亢陽問誌公。公曰。雲能致雨。帝因請講法華。至其澤普洽。即大霔。儀同袁昂家有常供養僧。發願欲如師慧解。夢一僧謂曰雲法師燈明佛時已講此經那可卒反○上集諸沙門製文立誓永斷酒食其略云弟子蕭衍從今已去若飲酒放逸啖食衆生乃至乳蜜酥酪願一切鬼神先當苦治弟子將付地獄衆生成佛猶在阿鼻僧尼飲酒食肉亦應如此加治是時復集僧尼一千四百四十八人於華林殿請雲法師講涅槃經中食肉斷大慈悲種子之文上親席地與衆同聽

十一年敕寶亮法師撰涅槃經疏上親為製序

十二年特進沈約著中食論謂勢利榮名妖妍靡曼甘旨肥醲皆使心神昏惑不能得道故聖人禁此三事云云

十三年初誌公嘗與帝登鍾山指獨龍岡曰此為陰宅先行者得之是年順化於華林園佛堂帝憶其言詔有司具葬此地建浮圖五級其上車駕臨葬致奠忽見大士涌身雲間乃為立開善寺

十五年西天沙門自圖其形于吳中靈巖寺像遇夜起行道祈禱神應後有梵僧曰此智積菩薩也。華陽真人陶弘景建菩提白塔于三茅山嘗夢佛授記名勝力菩薩乃詣鄮縣阿育王塔自誓受五大戒臨終不用沐浴以大袈裟覆衾蒙首足弟子遵之梁書

十六年敕太醫不得以生類為藥郊廟牲牷牷音全牛純色牲祭祀皆代以麪宗廟薦羞始用蔬果

述曰祭天地祀宗社必殺牲以備物皇王以來用以為法有國家者掌之為故且不敢有所議也夫司天地之化所以稱上帝四稱皇天后土者至聖至神也烏有神聖而好殺牲牢之命肯歆腥臊之食哉由夫上古之俗茹毛飲血以是養已必以是事神祇之見曾不知牲牢腥臭之為瀆也葢民既粒俗不能變聖賢教世師古法以著之禮經於是後王遵而行之莫或敢議其可不者以養已猶古不思事神之不當瀆也夫果於殺命不仁也為以腥臭不義也以不仁不義為養已之舊習尚當思有以節以求全好之心豈於事天地祖宗之神靈而欲以牲牢腥臭之物以瀆之哉自佛法東漸勸修齋戒天帝尚知事佛豈人事天而不知事佛乎知所以事佛則不當以牲牢瀆天為可信矣惟梁有武皇魏有獻文敕郊廟祭祀不用牲牷而易之以蔬麪酒果可謂違古而道奉黍稷薦明水是亦三代之祀法也烏在乎牲牢腥臭之物哉

慧雲法師於天台勸民俗祀神改祭為齋其文有曰天子七廟下至庶人皆同祭祀圓丘方澤上下神祇國之常典勸令斷祭無乃太傷國風乎釋曰祭祀出俗典改祭撥佛經俗典則未逃殺害佛經則唯重慈悲殺害則報在三途慈悲則果成萬德以善改惡無不可者

敕廢天下道觀道士皆反俗。敕沙門慧超為壽光殿學士召衆僧法集講論注解經文並居禁中此內道場之始

十八年會稽沙門慧皎譔寶唱名僧傳頗多浮濫因著高僧傳始漢永平開德業為十科其自序云前古撰集多曰名僧然名者實之賓也若實行潛光則高而不名寡德適時則名而不高名而不高獄為用紀高而不名則備今錄丗以為確論

普通元年沙門衆養於揚都譯文殊般若經等十一部帝親筆受今寶唱繼之。帝於禁中築圓壇將稟歸戒妙選賢明朝議以草堂慧約法師應詔四月八日帝服田衣比面敬禮受具足戒方行羯磨甘露降於庭有三足烏孔雀二座階馴伏錫師號曰智者自是入朝必設特榻而帝座其側自太子諸王公卿僧俗從約受戒著錄者四萬八千人沙門耆艾五蓋反老也亦從師重稟重音仲再稟也法雲獨曰吾

既受戒矣其可以法爲人事耶議者高之（約姓婁世稱婁約法師）

普通二年詔雲光法師於內殿講法華經天雨寶華

三年詔修鄮縣阿育王寺

六年敕光宅寺法雲爲大僧正官給吏力（僧正始於姚秦今加七字）

大通元年（即北魏孝明武泰元年舊云普通誤）南天竺菩提達磨泛海至廣州詔入見帝問曰如何是聖諦第一義（圓悟碧巖集云武帝與婁約法師昭明太子持論二諦立真諦以明非有俗諦以明非無真俗不二即是聖諦第一義）師云廓然無聖（圓悟云達磨與它一刀截斷）帝曰對朕者誰（圓悟云帝不省卻作人我見解）師云不識（圓悟云達磨太煞慈悲）帝不契（圓悟云帝不知落處）師遂渡江入魏（圓悟云後人傳折蘆渡江未詳所出）。駕幸同泰寺捨身群臣以錢一億萬奉贖皇帝歸宮

二年槃槃國進佛牙

中大通元年京城大疫帝於重雲殿爲百姓設救苦齋以身爲禱復幸同泰寺設四部無遮大會披法衣行清淨大捨素牀瓦器乘小車親升法座爲衆開涅槃經題群臣以錢一億萬奉贖皇帝設道俗大齋五萬人

二年帝幸同泰寺設平等大齋。丹丹國進象牙佛像

三年十月帝幸同泰寺講涅槃經十一月講金字般若經

五年帝幸同泰寺發金字般若經題自太子已下聽法者三十萬九千六百人。吏部尚書到溉家居蔬食朝夕從僧禮誦帝爲月三致淨饌所得奉祿（本音同作俸字符書者皆非今官俗朝事者當書鳳事見前漢書）皆充蔣山二寺（山即鍾山也）及卒顏色如生手屈二指

六年烏傷居士傅翕至松山結菴雙檮樹間自號雙林當來下生善慧大士令弟子奉書詣闕稱帝爲國主救世菩薩詔報曰大士爲度衆生欲來隨意帝預敕鎖門以觀其異大士袖出木鎚一扣諸門盡開見帝於善言殿謁者三贊不拜直上御榻對語設齋食竟出鍾山坐定林松下大士一日披衲頂冠靸履見上上問是僧耶士以手指冠是道耶以手指履是俗耶以手指衲衣（汾陽昭代云大士多能）。剡川居法宜誦通法華坐臥見帳蓋覆其上父母令就齊明寺出家是日帳蓋即不見自是博覽經論深探奧理衡王元簡爲郡守請爲越城毋師。槃槃國進佛舍利

大同元年帝幸同泰寺設無遮大會。智者約法師亡帝輟朝三日素服哭之從師受戒者四萬八千人皆服緦麻哭送塔于誌公之左。敕於重雲殿爲善慧大士別設一榻講三慧般若經公卿畢集天子至衆皆起迎大士不動御史問其故答曰法地若動一切法不安帝善之。隱士趙伯休於廬山遇律師弘度得衆聖點記云佛滅後優波離結集律藏以其年七月十五日自恣竟於律藏子便下一點年年如是波離以後師師相付至僧伽跋陀羅將律藏至廣州當齊永明七年庚午七月十五日自恣竟即下一點其年凡得九百七十五點伯休問曰永明七年後云何不點度曰已前皆得道人手自下點吾徒凡夫止可奉持耳伯休因點記推至大同初凡一千二十年與傳記參合世尊生滅之年皆不同蓋其宗承有異也

二年帝幸同泰寺設無㝵大會（出梵典）是年凡三設大會。華陽真人陶弘景告化香氣積日不散謚貞白先生所撰書曰真誥有云清虛裴真人弟子三十四人其十八人學佛道餘學仙道紫陽周真人弟子十五人四人解佛法桐柏真人王子喬弟子二十五人八人學佛法對會稽東去岸七萬里其西小方諸山多有奉佛道有浮圖高百丈金玉鏤之（雖奉佛道不作比丘形）。柏閣爲陶隱居執役十餘年一旦有青童白鶴自天而下曰太上名相先生隱居問何道致此君曰修默朝之道積年

矣即昇天而去三日密降隱居之室曰君之陰功著矣所修本草以寅蟲水蛭輩爲藥害於物命一紀之後但解形去世爲蓬萊都水監耳隱居乃以草木藥可代物命者著別行本草三卷以贖過。

三年詔修長干塔掘基得石函内有金罌瀧雜瓶威舍利爪髮敕分入二塔同放光明。帝幸同泰寺鑄十方佛金銅像復往阿育王寺（在建康都城内）設無导法食大赦天下。昭明太子統薨太子天性好佛於東宮別立慧義殿爲法集之所招延名僧立三諦義當世美之○岳陽王蕭詧（察同昭明之子）鎮越州重修甎木二塔先是沙門曇彥與許詢同造此塔未就而詢亡彥至是年百二十歲詢後身爲蕭詧預告門人曰許玄度來也（詢字玄度）時詧先承誌公讖示才入州便詣寺訪塔彥出門名之曰許玄度來何莫昔日浮圖今如故遂以三昧力加之即悟前身造塔事（今越城應天塔）

四年帝幸同泰寺設盂蘭盆齋（梵語盂蘭此云解倒懸是目連尊者設此盆供得救母氏餓鬼之苦）。通事舍人劉勰（音恊）雖爲太子所重凡寺塔碑碣皆其所述（石城石像碑是）存是年表求出家賜名慧地

五年敕沙門寶雲往扶南國迎佛髮

六年詔越州守臣蕭詧重修鄮縣阿育王寺○扶南國王遣使朝貢請釋迦像及經論敕賜制止涅槃般若金光明講疏一百三卷○北齊慧文禪師於河南爲慧思禪師說三觀口決

七年百濟國遣使朝貢請經論數賜涅槃疏

十年于闐國遣使貢玉刻佛像

中大同元年帝幸同泰寺講金字三慧般若經行清淨大舍皇太子群臣以錢一億萬奉贖歸宮是夜寺浮圖災上曰此魔所爲也乃詔曰道高魔盛行善障生遂更起十二層浮圖

太清元年帝幸同泰寺設無遮大會行清淨大舍升妙嚴殿講金字三慧般若經群臣以錢一億萬奉贖歸宮。西天竺三藏真諦來獻於寶雲殿譯金光明經等十部。特釋子多縱逸主僧不能制帝欲以律行僧正事詔下藏法師執不可帝[illegible]奪藏謂衆曰衣冠子弟十輩豈能俱稱父意今糅雜五方之衆而欲以一已好惡繩之可乎帝自受長戒寢處略同沙門雖宮禁亦恣僧遊覽一日藏師竟登御座左右訶之藏曰貧道定光金輪之嗣寧嫌此座儻欲見殺不慮無受生處帝特令不問

二年侯景反於壽陽初景在東魏以河南畔歸西魏既而遣使至梁求内附上納之封河南王

三年侯景至建康陷臺城入見上於太極殿以甲士五百自衛帶劍上殿拜訖上神色自若曰卿在戎日久無乃爲勞使引就三公榻景惶懼不能對出謂左右曰吾踞鞍臨敵矢石交下未嘗怖畏今見蕭公使人畏慴無已（慴質涉反懼也）景既自稱丞相帝憂憤寢疾齋戒不廢口苦索蜜未至舉手曰荷荷遂崩帝日角龍顔舌文八字項有浮光日中無景右手成文曰武晚奉佛道日止一食唯豆羮糲飯（糲郎達反脫粟飯）布衣皂帳一冠三載五十便絶房室不飲酒聽樂製涅槃大品般若淨名三慧諸經義記數百卷○江陵居士陸法和隱居奉佛及侯景遣將任約擊湘東王於江陵法和與弟子八百人役神祠陰兵擊敗之復於江夏聚兵欲伐侯景王慮其爲亂止之和曰貧道求佛者尚不希釋梵坐處況人王位乎但以空王佛所有香火緣今知王宿報欲救之耳既已見疑當是定業不可移也元帝既即位（即湘東王）以爲郢州刺史帝爲魏所執和與弟子俱入於齊（梁書）

簡文帝（綱武帝三子）

大寶元年四月八日詔度人出家親制願文

云弟子蕭綱以此建齋度人功德普度六道四生出離愛欲永拔無明修習般若爲眞佛子

二年侯景廢帝幽于永福省進土囊殞之武帝初革命張齊殺東昏侯送其首於帝除及宗屬後數年簡文生誌公謂帝曰此子與怨家同生蓋侯景以是年生於鴈門及景破建康帝崩簡文繼及於禍梁子弟多見戮故世稱侯景是東昏後身○北齊慧文禪師因閱大論至四諦品偈云因緣所生法我說即是空亦名爲假名亦名中道義恍然大悟乃遠承龍樹依論立觀以授慧思禪師

元帝（繹武帝第七子）

承聖元年眞諦三藏以侯景之亂汎舶西歸大風飄還廣州住制止寺譯起信論俱舍論至陳朝共得五十部○帝嘗著書曰金樓子云余於僧中重招提琰法師隱士重華陽陶眞白（弘景謚貞白先生）士大夫重汝南周弘正（北周古賢）○招提寺琰法師少時相者曰童子聰明而壽不永師即發願入山誦般若經久之見僧長丈餘語之曰此經功德不可思議後二十年逢前相者驚曰得何妙藥而獲延年琰曰持經耳○劉敬躬爲亂焚望蔡縣縣令寄近寺民將牛酒爲禮令以牛繫柱屏除佛像於堂上接賓客牛忽自解來階下拜令大笑命左右宰之飲啖既飽醉臥堂下便覺徧體痒痛搔成白癩年終而死（顏氏家訓）

敬帝（方智元帝第九子）

紹泰元年北齊文宣廢道教（詳在齊志）○補闕宗殆以學行知名梁亡棄官出家號無名北周誘以美官無名自陳反俗有五不可晚年爲息心銘悔少日克意文章（黃魯直書此銘與沙門智海刻之叢林以爲雅學者之戒）江陵天皇寺有柏堂明帝之所建張僧繇畫盧舍那像及仲尼十哲帝問釋門何爲畫孔聖僧繇曰後當賴此耳及後周滅佛法焚天下寺塔獨此殿有宣尼像乃不毀（名畫記）

陳（都建業）

武帝（陳霸先受梁禪）

永定元年詔迎佛牙於杜姥宅（姥莫補反老婦之稱）設四部無遮大會（比丘等四衆名爲四部）

二年五月帝幸大莊嚴寺捨身翌日群臣表請還宮十一月復幸莊嚴寺發金光明經題十二月幸莊嚴寺設無尋六會行清淨大捨翌日群臣表請還宮金陵七百寺值侯景焚蕩幾盡自帝登極悉令修復翻經講道不替前朝

三年敕大內設仁王大齋詔沙門寶瓊於重雲殿講大品般若經時群臣請以重雲殿佛像寶帳珠玉珩佩（珩音行佩上玉所以節行止）以造車輿儀見雲氣籠殿雷電火起須臾焚盡月餘有從東州來者言是日見殿飛浮海上而去○高郵有尼誦妙法華不舍晝夜十八二掌皆生華上名見內殿觀其華大嘉敬之世號華手尼

文帝（蒨高祖兄始興王子）

天嘉元年敕寶瓊爲京邑大僧統梁魏以來僧統威飾杖直凝於官府至是瓊奏罷之每出從數頭陀杖笠而已海東十二國聞瓊道德遣使奉金帛求畫像以歸○思禪師於光州大蘇山爲顗禪師說安樂行示普賢道場

二年善慧大士於山中行道常見七佛在前維摩從後唯釋迦常與大士語

四年帝於太極殿設無礙大會行捨身法復集僧行方等陀羅尼法法華懺金光明懺並別製願辭稱菩薩戒弟子皇帝

六年西竺王子月婆首那來遊廬山譯勝天王般若經

廢帝（伯宗文帝太子）

光大二年思禪師入居南岳是歲爲岳君授戒（詳見南岳紀）

宣帝（頊始興王第二子）

大建元年四月善慧大士示寂七日縣令陳鍾書來禮敬傳香之次猶反掌受香舉衆驚異敕徐陵撰碑山中

良渚曰傳燈言武帝請大士講金剛般若執拍板唱四十九頌觀竹菴云多用三性義語恐北方相宗人託大士名或云祇以拍板揮案一下誌公云大士講經竟然大士入朝誌公已去世二十年何從有此問荅樓穎編大士言行錄甚詳亦不載此事

顗禪師於瓦官寺爲儀同沈君理等講法華經後常與衆講大智度論說次第禪門

○思禪師居南岳九仙觀道士歐陽正則詭奏師爲巫蠱事（漢江充奏戾太子爲巫蠱事蠱者惑也謂巫者左道或數埋木人爲咒詛事今道士訟以巫蠱事陷師也）帝遣使名之則見師自空中來驚悟其神一無所問以道士誣告罪當棄市師請貸之令給事僧衆乃敕有司治十四鐵券識十四姓名其上令隨師還山服役舂米（今俗呼擕米叔）久之顧以田充香積贖老身因名留田莊於是藏其鐵券勒石爲記名曰陳朝皇帝賜南岳思大禪師降伏道士鐵券記（詳見南岳本記）

四年勅沙門慧暅（音亘）於樂遊園爲七廟講大品般若

齊使崔武子來朝上以沙門洪偃才德兩優命爲館伴武子每與語輒大歎服朝議欲加偃冠師絕食自誓帝乃止

五年海東玄光沙門受法華安樂行義於南岳禪師歸國演教爲海東諸國傳教之始

六年周武帝罷佛道二教沙門靖嵩靈偘（同侃）三百人皆相率歸南朝帝令駙馬蔡凝宣勅曰法師等善明治亂歸寄有序宜於都郭大寺安居所司供給○沙門智周十一人往西天求經

七年顗禪師入天台佛隴

九年二月詔曰顗禪師佛法雄傑時匠所宗訓兼道俗國之望也宜割始豐縣調（徒弔反賦也）以充衆費○淮淝之戰轉輸不繼敕所在僧侶任其役律師智文上書曰君子爲國必以禮義主上誠知宇文廢滅之過（周武姓宇文氏）豈宜以勝上福田爲胥下之事非止敬人輕訾（音紫毀也）亦恐國家受殃帝大感悔亟下寢之一時建議主役者皆寘重罰○六月二十二日南岳思大禪師唱佛坐逝

十年左僕射徐陵以顗禪師創寺請于朝賜號修禪（今大慈也）師爲兄陳鍼述小止觀荅受僧習初仙人張果相之曰死在朞月師及令行方等懺鍼見天堂門牌曰陳鍼之堂果後見鍼驚問君服何神藥荅曰但修懺耳果曰若非道力安能起死竟延十五年而終

十二年周宣帝復佛道二教

十三年詔國內初受戒者參律五夏勅曇瑗律師（瑗音院）總知監檢有司給其衣食勿使經營致虧功績不踰數載道器大成乃以瑗爲國僧正

十四年皇太子即位（設無遮）大會於太極殿舍身大赦

後主（叔寶宣帝太子）

至德元年勅慧恒爲京邑大僧正○永陽王伯智出鎮東陽（文帝第八子）請顗禪師赴鎮開講王與子湛及家人同稟菩薩戒法

二年詔虎丘智聚法師赴太極殿講金光明經

三年詔顗禪師入京居靈曜寺四月赴太極殿講大智度論題般若經題久之遷居光宅寺帝幸寺聽講仁王經躬禮三拜○朝議以僧尼類多無業欲令策經不通者皆休道顗禪師諫帝曰調達日誦萬言未免淪墜槃特唯憶一偈乃證四果（一事並見本紀注）天篤論爲道豈關多誦帝大說即停搜簡

四年正月詔顗禪師赴崇正殿爲皇太子授菩薩戒設千僧齋

禎明元年顗禪師於光宅寺講法華經時韋

安預聽。都官尚書徐孝克性好惠施不免飢寒後主勅以石頭津稅給之孝克悉用設齋寫經初居錢唐與諸僧討論釋典遂通三論旦講法華經晚講禮傳受業者常數百人蔬食長齋持菩薩戒陳亡入長安時疾疫隋文帝聞其名行召講金剛般若上下敬讚臨終正坐念佛。姚察讀藏經畢日西向坐正念云一切空寂陳亡入隋終於東都其身柔輭顏色如生遺命松板薄棺爲葬

佛祖統紀卷第三十七　十五末

佛祖統紀卷第三十七

校勘記

一　底本，明永樂南藏本。

一　六六五頁下三行夾註右「開物」，徑作「文物」。

一　六六七頁上二一行「五萬人」，徑作「萬人」。

一　六六八頁下四行「甲土」，徑作「甲士」。

佛祖統紀卷第三十八

宋景定四明東湖沙門　志磐　撰

法運通塞志第十七之五

自周秦至于六朝世以爲得正統若北魏齊周雖非相承而世居中原盛行典禮謂之北朝者不鄙夷之如晉五胡也隋氏雖受周禪而實能統一區宇繼陳正朔此叙史者之微旨也列北史之於二敎盈虛消息所繫良多故茲並陳用爲照映

北魏（都雲中）

太祖（拓拔珪）

皇始二年詔趙郡法果爲沙門統帝生知信佛初平中山所經郡國見沙門皆致敬禁軍旅毋得有犯

天興元年詔於京城建五級浮圖須弥殿耆闍山禪房講堂悉務壯麗

明元（嗣太祖子）

永興元年詔封法果爲輔國宜城子（僧受俗官之始）

神瑞元年加封法果爲忠信侯

二年老君降于嵩山授道士寇謙之經戒謂曰自張道陵去世地上曠職令授汝天師之任清整道敎開化群生除削三張租米稅錢之弊男女合炁之術（三張者張陵令病人輸米悔過其後張脩張角效之世號五斗米道）後二年老君遣玄孫上師真人李譜文授太平素經圖籙百六十卷輔佐北方太平真君（謂太武也）

泰常元年加封法果爲安城公壽八十餘卒帝三臨其喪諡靈公（號諡之始）

太武（燾明元子）

始光元年勅天下寺改名招提（此翻十方常住）四月八日輿諸寺像行於廣衢帝御門樓臨觀散華致禮（僧史畧云西天王臣恨不覩佛於降生日輿像入城行道遶夜供養謂之行像國國皆然）○嵩岳道士寇謙之奉老君所授書以獻朝廷未之信獨司徒崔浩上書贊其事帝忻然納之遣使建玄都壇起靜輪天宮敕謙之及門弟子位在諸王公上不稱臣擇大家子弟百二十人爲道士

二年帝誕節詔於佛寺建祝壽道場（聖節道場之始）

神䴥元年（䴥音加牡鹿）帝誕節詔天下佛寺並建道場

延和元年初涼土沙門玄高妙善禪觀上遣使迎入平城甚加敬重命太子晃師事之

太延五年太子晃被讒求哀於沙門玄高爲作金光明懺帝夢先祖讓之不當以讒疑太子帝以語崔浩浩曰太子結玄高以術致先帝恐陛下耳帝怒收玄高慧崇縊殺之高弟子玄暢在雲中聞師遇害馳至泣曰和上神力當爲我起高闢眸曰大法盛衰在於迹耳但惜汝等行當如我唯玄暢得南度汝等死後法當更興法進號呼曰聖人去矣我何爲生即見高於空中進問和上與崇公當生何所高曰我往惡處度生以順本願崇公已歸安養

太平真君元年寇謙之於嵩山立壇爲帝祈福老君復降授帝以太平真君之號謙之以奏遂改元大赦

述曰子不語怪神言誠可以爲教世之法也夫老子聖人也或在天爲君主或分形下教隨時闡化則有之矣而寇謙之迺言於其處其處老君下降授帝以太平真君之號囑以輔佐太平之說託崔浩以其書獻誑惑當世之君何其悖哉厥後崔浩以釋敎虛誕之說勸於上遽起滅僧之禍此其法運之一厄也既而崔浩族誅太武被弒不令而終君臣俱遭冥罰寧不遺根於謙之乎

太平真君七年帝與崔浩皆信重寇謙之浩每言於帝曰佛法虛誕宜悉除之及帝討蓋吳（蓋音闔）至長安入佛寺沙門飲從官酒見其室有兵器以白帝乃命有司案誅沙門閱其財產大得釀具及守牧富人所寄藏物浩因說帝悉誅天下沙門詔征鎮諸軍有浮圖形

像胡經皆悉焚毀沙門無少長悉阬之太子屢諫不聽乃密令緩宣詔書使遠近豫聞得自爲計沙門多亡匿收藏經像唯塔廟無復孑遺（孑吉列反孑單也孟子靡有孑遺）八年天大雷電殿室震傾帝所居被壓幾致於死

十一年白足沙門曇始（足白於面時號白足）於元會之日杖錫宮門帝命趣斬之（趣音促）無所傷大怒自以佩刀擊之不死又令捕投虎檻虎皆怖伏帝大驚召登殿拜謝忽身感厲疾（厲癘同癘疾也）痛不可忍群臣皆言崔浩毀佛所致帝懼其時崔浩刻所撰國史於石以彰直筆帝惡其暴揚國惡乃令載浩露車使十人溲於車上溺其口（溺乃弔反小便）腰斬之誅及五族僚屬百二十人即下詔復佛法初浩除釋氏行路見棄像必停車溺之及族誅屍無收者人競溺浩屍至糜潰乃止

正平二年常侍宗愛弒帝于永安宮

文成（濬太武孫）

興安元年詔曰夫爲帝王者必祗奉明靈顯彰仁道其能惠著生民濟益群品雖在往古猶序風烈況釋迦如來功濟大千惠流塵境等生死者歎其達觀覽文義者貴其妙門助王政之禁律益仁智之善性排撥群邪開演正覺故前代已來莫不崇尚亦我國家常所尊事世祖太武德澤遐被沙門道士往往成林而寺舍之中致有凶黨先朝案治戮其有罪而已所司失旨一切禁斷（切音[illegible]漢書如云一切）朕承洪緒志隆聖道其令天下郡縣各建浮圖一區欲爲沙門者聽初度沙門師賢五人來京值罷佛法假醫術以守道復教之日帝親爲五人下髮以師賢爲沙門統

和平元年詔沙門統曇曜爲昭玄沙門都統待以師禮（隋百官志昭玄寺掌佛教置大統一人統一人都維那三人置功曹主簿員以管諸州沙門）

六年疏勒國遣使進佛袈裟長二丈帝命焚試之以示靈異終日不然

獻文（弘文成長子）

興皇元年敕於五級大寺爲太祖已下五帝鑄釋迦佛五軀各長丈六用赤金二十五萬斤

三年昭玄都統曇曜言平齊戶及民間能歲輸粟入僧曹號僧祇粟遇凶年則出賑饑民又諸民犯重罪者爲佛圖戶供諸寺掃洒當許之於是僧祇粟徧天下（平齊戶本當平齊民僧祇此云大衆之義佛圖亦佛陀此云覺者言戶者佛寺之民戶也）

五年帝雅好佛學每引朝士沙門共談玄理有遺世之心是年詔傳位太子徙居崇光宮稱上皇建鹿野寺與禪僧數百習學禪定

孝文（宏獻文子改姓元氏遷都洛陽）

延興二年詔西天三藏吉迦夜譯雜寶藏經等五部劉孝標筆受○上皇敕自今祭天地宗社勿復用牲唯薦以酒脯歲活七萬五千牲命

○五臺北寺法聰律師爲衆專講四分律門人道覆錄爲義疏（此四分律疏始）

○敕思遠寺主僧顯爲沙門都統

十七年詔懿德法師聽一月三入殿俾朕饗稟道味飾光朝廷帝數幸王園寺與沙門談論佛道

十九年帝幸徐州白塔寺令道登法師講成實論謂左右曰朕每覽此論可以釋人深情（僧史略云此論魏時最盛羅什譯以授僧嵩嵩授淵淵授登紀此講論之始）○京兆王太子興久病祈佛獲愈願舍王爵求出家表十上乃許賜名僧懿敕皇太子以四月八日爲落髮于嵩岳寺

二十年太后馮氏出俗爲尼居瑤光寺

二十一年詔爲太后建報德寺爲羅什法師於所居舊堂建三級浮圖○詔四月八日迎洛京諸寺佛像入閶闔宮受皇帝散華禮敬歲以爲常○詔諸郡僧寺長夏安居令清衆數處講說以僧祇粟供備

宣武（恪 孝文次子）

景明二年詔僧犯殺人依俗格斷餘犯悉付昭玄都統以內律僧制判之時崔暹好佛法以僧尼猥濫奏設科條一篇事密而法平敕付昭玄都統法上以爲檢約

四年南天竺國遣使貢辟支佛牙

永平元年詔中天竺國勒那摩提於太極殿譯經北天竺國菩提流支於紫極殿譯經帝親預筆受

二年帝御式乾殿講維摩經時西域沙門至者三千人南方歌榮國世不與東土通有僧菩提跋陀來詔建永明寺以居外國沙門

延昌四年太后高氏出俗爲尼居瑤光寺。洛陽段暉所居聞地下鐘聲掘之得金佛一菩薩像二趺上銘曰晉泰始二年中書監荀勗造暉遂舍宅爲寺後有盜欲竊此像像高聲唱賊人至被獲。裴植母夏侯氏年踰七十以身自施三寶爲婢供寺掃洒三子瑜粲衍並奴服泣涕以從各以布帛贖免之其後竟出家爲尼入嵩高山積歲乃還植官度支尚書瑜等皆至刺史母臨終遺令以沙門禮葬粲深好釋學每升座講說聽者服其理辯

孝明（詡 宣武第二子）

熙平元年太后胡氏於洛陽建永寧寺佛殿如太極殿南門如端門作真金像高丈六浮圖九層高九十丈上剎高十丈每夜靜鈴鐸之聲聞於十里

神龜元年詔諸郡立五級浮圖

正光二年敕宋雲沙門法力等往西天求經

四年宋雲等使西竺諸國還得佛經一百七十部。帝加元服命沙門道士講道禁中帝曰佛與老子同時否道士姜斌曰開天經云老子定王三年生年八十五西入化胡以佛爲侍者沙門曇謨最曰吾佛以昭王二十六年生穆王五十二年滅自滅後至定王三年凡三百四十五年老子方生而言化胡無乃謬甚帝令群臣詳定真偽太尉蕭綜等劾奏開天偽經罪當惑衆詔流斌于馬邑

武泰元年（梁大通元年也）十月達磨自梁入魏止嵩高山少林寺面壁而坐帝聞師異迹三詔不至就賜磨納袈裟金鉢銀水瓶繒帛

孝莊（子攸 彭城王勰子）

永安元年太后胡氏出俗爲尼居瑤光寺

冀州沙門法慶爲行無賴爲其徒所擯乃去爲妖術說渤海李歸伯率鄉人爲亂衆推慶爲主自號大乘佛以歸伯爲十住菩薩平魔軍王屠滅寺舍斬害僧尼焚燒經卷云新佛出世除去衆魔詔元遙使持節討破之禽法慶歸伯傳首京師餘黨悉平

三年宗玄先生孟仲暉造夾紵佛其像每夜遶座行道足跡成文士庶瞻敬咸仰神異後五年像忽隱去

節閔（恭 廣陵王羽子）

普泰元年國子博士盧景裕通達佛法人稱居士帝亦待以不臣從兄仲禮作亂累及景裕繫晉陽獄景裕至心誦經枷鎖自脫帝聞其異貸出之

孝武（脩 廣平王之子）

永熙元年洛京平等寺建浮圖成帝設萬僧齋石像俯首終日大衆感其神應

二年永寧寺大浮圖災火三月不息後東萊人咸見浮圖在海中俄爲雲霧所蔽

文帝（寶炬 孝文之孫 都長安號西魏）

大統元年敕沙門道臻爲沙門大統。初祖達磨坐少林九年先傳法及袈裟於慧可乃往禹門千聖寺十月五日端坐示滅門人奉全身葬熊耳山定林寺明年使者宋雲西域還遇師手攜隻履翩翩獨邁雲歸爲言門人啓壙視之唯空棺隻履（宋雲使西域至孝明正光四年還國距今十三年矣今稱遇達磨者恐曾無使不然則別一使人誤書爲宋雲耳）

孝靜（善見 清河王亶之子 遷都於鄴號東魏）

天平元年洛州刺史韓賢素不信佛白馬寺有漢明帝時經函時放光明世藏爲寶賢往寺斫破之未幾州人韓木蘭作亂一賊自庭中起以刀斫賢脛斷而死人謂毀函之報若是其速

述曰經函放光佛道之彰化也世之昧者則斥爲怪誕故惡之斫破之由其本心素無信耳一賊忽起斫其脛如斫其函感報之速自心之召也世人見佛經說地獄果報必曰佛設此等語以怖人佛聖智通三世見人造善惡者能預告以禍福使人知所勸懲耳非故設此語以怖人也作不善降之百殃豈亦怖人之語耶

興和四年時魏境有寺三萬所僧尼二百萬人。魏書佛老志云生生之類三世神識常不滅凡爲善惡必有報應漸積勝業陶冶粗鄙(粗才胡反不精)經無數形澡鍊神明乃至無生而得佛道其始修心則依佛法僧謂之三歸若君子之三畏也(語君子有三畏畏天命畏大人畏聖人之言)又有五戒去殺盜婬妄言飲酒大意與仁義禮智信同又說六道受生六度進行及佛身眞應不生不滅舍利塔廟教法流廣之義最爲深密(北齊魏收撰北魏書)

述曰有一代君臣必有一代之史所以記諸言動法不法也堯舜之德必書跖蹻之行必書天時人事善惡臧否莫不畢錄有可識謂之信史若是其可也自佛法來東舉世知所宗上眞文祕要盈滿天下明心見性之道可坐以進益物救世正在仁義久久弊詐日起之後通人勝士欽挹風規歷代修史之家未嘗不列敘其事故范曄之論西域曰佛道神化興自身毒(音乾篤即天竺)也　西漢方志莫有稱爲豈道閉往運而數開叔葉乎袁宏之著漢紀曰天竺有佛道焉能化通萬物而大濟群生唐正觀稱制晉書摩什圖澄皆列於傳而贊之曰喬文闡教通幽洞冥魏收撰魏書其志佛老曰佛言三世神識常不滅凡爲善惡必有報應漸積勝業乃至無生此皆諸史敘佛之明義知佛道果可以益物救世云耳異哉歐陽氏之修唐書也凡釋氏之事有裨國政開人心者悉剷去之適足以存舊史之該贍其之通學守隘見有若是謂之信史未信也

北齊(都鄴高洋受東魏禪)

文宣

天保元年詔高僧法常入內講涅槃經拜爲國師(國師始此)。法師曇延長九尺六寸帝每召入問道會周使周弘正來聘大臣舉師接伴弘正恃才任氣及見延悠然意消求師書象所著經疏以歸帝益加重進位昭玄上統。嵩山寶公向白鹿山行忽聞鐘聲見一門題曰靈隱之寺有梵僧自外來寶隨入寺坐法堂牀上仰視屋間開孔如井有僧從孔飛下至六十餘人坐已各問今日何處齋或言豫章成都嶺南蔚北五天竺動千萬里最後一僧至衆問何遲答曰相州彼岸寺鑒禪師講會各各竪義有一小僧難問蜂起殊爲可觀不覺日暮寶起曰鑒禪師是我和上諸僧直視寶須之遂失其寺乃獨坐柞木上(柞音昨櫟也)出山問大統法上上曰此寺佛圖澄所造賢聖居之或隱或見至今山行猶聞鐘聲

二年詔稠禪師至鄴都建雲門寺以居之師宴坐一室未嘗送迎帝至弟子勸之師曰昔頭盧迎王七步致王失國吾德雖不逮儀相似之所以不敢自欺冀致福於帝耳帝威左右以師慢已欲躬加害師旦出寺二十里拱立道旁帝怪問之師曰恐血汙伽藍耳帝即悔謝謂僕射楊遵彥曰如此眞人何可謗邪遂同輦還宮問曰弟子前身何人師曰曾作羅剎王今猶好殺祝盆水使視之見群羅剎在後帝大敬信請受菩薩戒永不食肉盡停

五坊鷹犬傷生之具及境內屠殺。詔置昭玄上統以沙門法上爲大統令史員置五十餘人所部僧尼四百餘萬四萬餘寺咸稟風教帝築壇具禮尊爲國師布髮于地令上統踐之升座后妃重臣皆受菩薩戒。帝在晉陽使人乘一駝敕曰可向寺取經函使問所在帝曰任駝出城及出奄然如夢至山腹有寺群沙彌見之曰高洋駝來使引見老僧僧問高洋作天子何如使曰聖明僧曰汝來何爲使曰令取經函僧曰洋在寺嬾讀經令於北行取之使者及命

六年初道士陸脩靜以梁武棄老子教遂奔入魏暨文宣事佛靜等忌之詣闕自陳請與釋子角法帝許之靜以呪術令僧衣鉢皆飛宮殿梁柱皆震帝顧謂大統法上曰佛門曾無人哉上統舉曇顯時被酒出曰汝曹聞者敢以小術自肆即以稠禪師衣置地道流并力不能動顯自取置梁間使呪梁柱亦不動靜曰釋自標爲內教內即小也顯曰天子居九重之內亦應小於百官乎靜氣咽無對群臣皆怖躍帝乃下詔令道士自謂得神仙者可上三爵臺飛騰遠舉其不能者宜詣昭玄上統剃度有不從者殺四人遂下詔曰祭酒道者世中假妄麴糵是味清虛焉在瞿脯斯甘慈悲永隔上異仁祠下乖祭典宜皆禁絕不復遵事於是齊境皆無道士

述曰修靜生於晉末與遠公遊廬解於宋之泰始則說簡寂自泰始至梁天監已四十年不應今日復有脩靜若曰因梁棄道自梁奔魏當云陸脩靜之門徒斯爲可信也矣

梁荊州居士陸法和以元帝爲魏所破遂歸於齊帝以爲太尉賜甲第和乞爲佛寺其徒七百人悉脩禪法一朝禮佛坐牀上而終將斂縮身止三尺斂畢帝更令闢視唯一空棺書題壁云十年天子猶尚可（文宣在位十年）百日天子急如火（廢帝在位百日）周年天子迤代坐（孝昭在位不及年）二人懼塗削之終不能滅

七年帝以內藏梵經千夾命三藏那連耶舍於天平寺翻譯敕大統法上沙門都法順監譯帝躬禮梵文謂群臣曰此三寶之鴻基禮且偏敬（偏猶專也）。沙門尊稱居士萬天懿優婆塞智希並於鄴城譯經

十年帝幸遼陽甘露寺禪居深觀敕非軍國大事不得聞

述曰世謂文宣殘忍果於刑戮至欲比之桀紂然觀其譯經修禪受戒禁殺尊禮國師黜道教其敬佛爲甚至蓋由前身爲聖寺沙彌以智碩力出現世間居人王位行佛法事而初年好殺特其殘習之所爲耳非如桀紂不遇佛法行殺無悔者之比也

武成（湛高祖第九子）

河清二年詔慧藏法師於太極殿講華嚴經（皆譯六十卷者）

孫敬德先造觀音像後有罪當死夢沙門教誦經可免既覺誦滿千徧臨刑刀三折主者以聞詔赦之還家見像項上有三刀痕此經遂行目爲高王觀世音經

述曰此經止十句即宋朝王玄謨夢中所授之文今市肆刊行孫敬德所誦者是後人妄相增益其文猥雜遂使識者疑其非真又本朝嘉祐中龍學梅摯妻失目使禱于上竺一夕夢白衣人教誦十句觀音經遂誦之不輟雙目復明清獻趙公刊行其事大士以茲至簡經法救人於危厄之中古今可紀者三驗矣可不信乎

後主（緯武成長子）

武平六年沙門寶暹十人往西天求經還得梵本二百六十部

隆化元年詔脩鄴都白馬寺佛圖澄所造塔得舍利三盛以寶瓶廣武王邕置水晶鉢行道祈請舍利忽浮水而右轉七匝

北周(都長安)

閔帝(宇文覺太祖第三子受西魏禪)元年(即西魏大統二十四年受禪不改元)。詔僧實禪師爲周國三藏。詔以舍利藏蒲州常念寺。大放光明自瓶而出。乃建浮圖以表祥異。帝獵於檀山遙指山上問群臣有所見乎。掌書記盧光獨曰見一沙門。帝曰是矣。即解圍而還。乃令光於見處造浮圖。掘基一丈得錫杖瓦鉢。

武帝(邕太祖第四子)保定三年。詔曰。歲在胎陽([illegible])龍集天井(者蒼龍爲歲首也天井歲在中也)。當令所司奉造一切經藏。始乎生滅之教。訖於泥洹之說(云云)。

天和四年。沙門藏稱於長安譯經。沙門至德譯法華經普門重頌偈。詔名儒僧道申述三教。沙門道安作二教論。以儒道九流爲外教。釋氏爲內教。帝信道士張賓衛元嵩之讒。以讖緯黑衣當王。心忌釋氏。張賓說帝曰。虞無佛圖而國安。齊梁有寺舍而祚短。但利民益國。即稱佛心。夫佛以大慈爲本。終不苦役黎民。虔恭泥木。請造平延大寺。容著四海蒼生。不立曲見伽藍。偏安大乘五典。以平延者無間道俗。罔擇怨親。以城隍爲塔寺。即皇帝是如來。用郭邑作僧坊。和夫妻爲聖衆。推令德作三綱。尊耆年爲上座。選仁智充知事。求勇略作法師。是以六合無[illegible]之心。八方有歌周之際(云云)。

四年二月。集百僚僧道於文德殿。討論釋老同異。

建德元年正月。帝幸玄都觀。自升座講說。公卿僧道互爲難問。時長安有李練者神異不測。每夜於街上大哭釋迦牟尼佛。如此屢月。後二年果有廢釋之事。

二年二月。集百僚僧道論三教先後。以儒爲先。道次之。釋居後。詔群臣沙門道士於內殿博議三教。法猛法師立論理勝。司隸大夫甄鸞上笑道論凡三十六篇。用笑道家三十六部。以釋教有十二部。今三倍勝之(弘明集)。帝集僧道宣旨曰。六經儒教於世爲宜。眞佛無像空崇塔廟。愚人信順徒竭珍財。凡是經像宜從除毀。父母恩重沙門不敬。斯爲悖逆之甚。國法豈容。並令反俗用崇孝養。時慧遠法師出衆抗荅曰。若以形像無情事之無福。國家七廟豈是有情。帝曰。佛經外國之法。故當廢之。七廟上世所立。朕亦不以爲然。將同廢之矣。師曰。若以外國之法非此所用。仲尼所說出自魯國。秦晉之地亦應不行。七廟若廢則五經無用。三教同廢何以治國。帝曰。魯與秦晉封域雖殊。莫非一王之化。師曰。若秦魯同一王化。震旦天竺同在閻浮輪王一化。何不同遵。帝與師往復數至十二。帝不能屈。

三年五月。帝欲偏廢釋教。令道士張賓飾詞以挫釋子。法師知玄抗酬精壯。帝意賓不能制。即震天威以垂難辭。左右叱玄聽制。玄安庠應對陳義甚高。陪位大臣莫不欽難。獨帝不說。明日下詔並罷釋道二教。悉毀經像。沙門道士並令還俗。時國境僧道反服者二百餘萬。六月詔釋道有名德者別立通道觀。置學士百二十員。著衣冠笏履。以彥琮等爲學士。沙門道安有宿望。欲官之。安以死拒。號慟不食而終(二教論曾作)。法師靜藹聞詔下。詣闕奉表求見。帝引對。極陳毀教報應之事。帝改容謝遣之。遂遁入終南山。號泣七日。坐盤石引刀自條其肉。掛腸胃于松枝。捧心而卒。白乳旁流凝於石上。聞者莫不流涕。

述曰。佛道本常。有時而阨者。世人之業感耳。以故大小三災業感之大。三武滅僧業感之小。然每當滅則必有聖賢者出。魏武有曇始。周武有知玄道安靜藹。皆爲法忘身求復大教。而藹之條肉捧心。世或謂其徒自苦辛。殊不知縱無益於當朝。猶足以感動世人。俾知爲法之切有若此者。武帝廢之。宣帝復之。曾不數年。其道復振。曉知

非譖師誠感之應乎

六年伐齊滅之并毀齊境佛教經像時僧尼反服者二百餘萬

宣政元年六月帝感癘疾身瘡大發遂殂（補注）

（引僧傳）

宣帝（武帝子）

大成元年先是沙門道林以學業進見與武帝議論二十日酬酢七十番帝不能屈遂許以復教會帝殂至是道林申請尤力上許之遂下詔曰先帝惑於異論以釋道爲無益故廢而不行然大教所繫詎宜黜今簡耆舊有道者二百二十人勿翦鬚髮毀形於東西二京陟岵寺爲國行道乃敕智藏等長鬚爲菩薩僧充寺主華冠瓔珞作菩薩大士相。詔曰三寶尊重特宜修敬其今舊沙門有德行者於政成殿西安居行道。追封孔子爲鄒國公

靜帝（宣帝子）

大定元年詔天下并復釋道二教復立佛天尊像丞相楊堅與陟岵寺智藏靈幹等再落髮度僧二百二十人

佛祖統紀卷第三十八

佛祖統紀卷第三十八

校勘記

一　底本，明永樂南藏本。

一　六七二頁中一九行「大子」，㊂作「太子」。

一　六七七頁上三行夾註左「不改元」，㊂作「今改元」。

一　六七七頁上一〇行夾註左「春孟」，㊂作「孟春」。

一　六七八頁上三行「二百餘萬」，㊂作「三百餘萬」。

佛祖統紀卷第三十九　池九

宋咸淳四明東湖沙門　志磐　撰

法運通塞志第十七之六

隋（都長安）

文帝（楊堅受周禪）

開皇元年帝初受禪沙門曇延謁見勸興復佛法乃下詔周朝廢寺咸興修營境內之人任聽出家仍令戶口出錢建立經像由是民間佛經多於六藝之籍○初同州般若寺尼智仙通禪觀言人吉凶皆驗文帝始生於寺尼謂太祖曰此兒佛天所祐因呼爲那羅延（此云鉤鎖力士）太祖委仙視育一日皇妣來抱見兒成龍形驚墮于地尼失聲曰驚吾兒致令晚得天下及長密告之曰像教將滅一切鬼神皆西向汝當大貴佛法暫廢賴汝而興及周武罷教此尼隱帝家○詔於相州戰地爲軍士死事者建寺薦福○勅僧猛法師住大興善寺爲隋國大統○南朝陳國沙門智周等自西竺還齎梵經二百六十部詣闕上進上召見慰勞賜以繒錢

三年詔天下正五九并六齋日不得殺生命○唐公李淵（高祖封於唐）以長安宅居施沙門曇崇帝爲製清禪寺名○海陵沙門惠藴六時禮三千佛救民饑苦之厄一日講法華經有神擁從稱五道大神請授戒法云往東海巡行盈爲設食授戒而去

四年靈藏律師始與帝爲布衣交及即位建大興善寺以居之敕左右僕射兩旦參問起居常陪駕洛州歸之者衆帝手敕曰弟子是俗人天子律師是道人天子有欲離俗者任師度之由是度人至數萬有疑之者帝曰律師化人爲善朕禁人爲惡意則一也

五年詔法經法師於大興殿授菩薩戒

六年亢旱詔曇延法師於正殿升御座南面授法帝及群臣咸席地受八關齋戒俄而雲興大雨霑霔

七年詔曇遷法師爲昭玄大沙門統

八年曇延法師亡帝輟視朝敕王公已下往臨（去）內史薛道衡白帛文曰聖皇啓運像法載興卓爾緇衣鬱爲稱首屈宸極之威重申師資之禮文三寶藉之弘通二諦由其宣暢以誘人爲善之德爲助國行仁之方豈謂法柱忽傾慈舟遽覆匪直悲纏四衆固亦醱感一人○京兆杜祈暴亡至冥府王審其名曰誤矣問祈識周武帝否荅曾任左武侯司法常在殿陛王顧吏引至大鐵屋從窻中望一人瘦身鐵色著鐵枷鎖祈見泣曰大家何苦否曰我信衛元嵩毀滅佛法故此受罪祈曰臣誤追當還大家有識否曰汝若還爲聞大隋天子昔與我共食倉庫我滅法受大苦望爲我作福相救及還以事聞帝乃敕天下人出一錢爲武帝追福（是見唐高僧傳法苑珠林作趙文昌入冥事當時有此二事皆可爲證）

九年李士謙雅好佛學兼善玄談有客問三教優劣士謙曰佛日也道月也儒五星也時以爲至論（無量壽佛經稱佛日發我懷於清淨衆）

十年（是年滅陳始承正統）正月詔曰光宅顯禪師昔周武毀教朕曾發心必許護持及受命於天遂即興復師已離世網修己化人必希獎進僧倫用光大道○敕臣僚士庶有欲出家聽是歲度僧至五十萬

十一年詔相州靈裕法師至京爲國統裕表辭三上帝留之不可謂僕射蘇威曰朕知裕師剛正不可屈乃厚賜還山御書靈泉爲寺名○十一月晉王廣（即煬帝）總管揚州迎顗禪師至鎮設千僧會受菩薩戒上師號曰智者

述曰世謂煬帝禀戒學慧而弑父代立何智者之不知預鑑邪然能借闍王之事以比決之則此滯自銷故觀經疏釋之則有二義一者事屬前因由彼宿怨來爲父子故阿闍世此云未生怨二者大權現逆非同俗間惡逆之比故佛言闍王昔於毘婆

尸佛發菩提心未嘗墮於地獄涅槃經云又佛爲授記卻後作佛號淨身闍王受決經又齊裕記闍王未受果而求懺今無量人發菩提心有能熟思此等文意則知智者之於煬帝鑑之深矣故智者自云我與晉王深有緣契今觀其始則護廬山主玉泉終則創國清保龕壟而章安結集十年送供以是比知則煬帝之事亦應有前因現逆二者之義孤山云菩薩住首楞嚴定者或現無道所以爲百王之監也事見智者本紀

潞州刺史辛彥之立十五層浮圖州人張元暴死復蘇云神遊天上見一堂極崇麗天人曰辛刺史有大功德作此堂以俟之

十二年二祖慧可禪師先傳法於舒州僧粲以是年往管城正教寺說法有和法師先於寺講涅槃學徒稍稍引去聽法和不勝憤乃謗于邑宰加以非法師怡然委順壽一百七先讖粲曰吾有宿累今當償之○十二月智者禪師至荊州玉泉山安禪七日感關王父子神力開基造寺乞授五戒師入居玉泉道俗稟戒聽講者至五千人蜀先主將關羽詳見智者本紀

十三年帝幸岐州蒐于南山音搜春獵曰蒐逐獸入古窖中忽失所在但見滿窖損佛像沙門曇遷曰比周武毀法故聖像多委溝壑帝乃下詔諸有佛像碎身遺影者所在官檢送寺莊嚴○四月智者於玉泉說法華玄義章安頂法師預聽○七月賜智者玉泉寺額

十四年詔建禪定寺名曇遷法師集海內名德百二十人以居之○智者於玉泉說摩訶止觀聽衆千人章安預聽○冬十月智者過岳州爲刺史王宣武授戒法沙門曇捷等請講金光明經其俗聞法感化一郡五縣一千餘所咸舍漁捕

十五年真觀法師智者門人於杭州虎林山建天竺寺唐時改虎爲武○二月晉王遣使迎智者至揚州禪衆寺上所著淨名義疏九月辭歸天台○北天竺闍那崛多於大興善寺譯佛本行經等三十三部翻經學士費長房等筆受

十六年齊州靈巖寺釋道相暴亡至冥府見勢至菩薩將觀僧獄有榜云衆僧遺法迴向京師請靈巖寺額將絹百疋驢兩頭至京逢通事舍人是靈巖檀越爲奏得額不費一錢迴自思此額因我而得應銷三十疋絹乃市絲布香藥等物私用入已當入泥壓地獄迴聞即首服陪還又一榜云人盜僧林杏樹截作梳村寺僧道郭拾得殘木一截仍堪作梳直八十錢當墮火燒地獄郭聞說即時承還又榜云沙彌道弘爲衆作餛飩先盜食一鉢當墮鐵丸地獄弘數年口瘡乃爲衆設一供如此三十餘人道相七日内十三度死見菩薩指示罪相以語諸人即各陪償獄榜隨滅僧鏡錄

十七年翻經學士費長房進開皇三寶錄十五卷長房先爲沙門周武沙汰反俗隋興入預譯經○十月晉王遣使迎智者師至石城乃稱有疾謂門人智越曰大王欲使吾來吾不負言吾知命在此故不須進乃右脇西向專念彌陀至十一月二十四日爲衆說法即入三昧門人奉靈龕歸佛隴之西南峯

十八年故智者弟子僧使灌頂晉明奉遺書及淨名義疏至揚州王答書所囑天台造寺今遣司馬王弘一遵指畫

二十年立晉王爲皇太子敕天下名藩有毀佛天尊像者以大逆不道論

仁壽元年詔天下名藩建靈塔遣沙門淨業真玉等分送舍利奉藏諸郡百十一塔靈瑞之跡編見僧傳南山撰唐高僧傳○南天竺三藏達磨笈多此云法密北天竺闍那崛多此云至德於大興善寺重譯法華爲八卷名曰添品○十月天台僧使灌頂智璪至京師奉啓謝皇太子造寺

二年西天竺沙門闍提斯那來上言天竺獲

石碑說東方震旦國名大隋城名大興王名堅意建立三寶

三年。洛陽龍門王通詣闕獻太平十二策上不能用歸而教授河汾之間續六經以見志子曰吾續書以存漢晉之實以漢統天下除殘穢與民更始起漢高止晉武（凡百五十篇）吾修元經以斷南北之疑以天下無賞罰三百載矣故始晉惠訖隋開皇寓襃貶以代賞罰（春秋義包五始故令別名元經凡五十篇元經紀年書帝春正月起晉惠至東晉宋繼魏孝文元和元年以其遷都洛陽得中國以及於周隋故皆稱正統以齊梁陳同四夷也南北二史夷虜相稱今明正統以斷共提也）續詩以辨晉宋後魏齊周隋六代之俗（凡三百六十篇）正禮樂以旌後王之失（禮論二十五篇樂論二十篇後王不合周公制作者則論而正之）贊易道以申先王之旨（贊易七十篇申明孔子十翼之旨意）世稱王氏六經（阮逸序中說謂房杜諸公不能揚師之美故續經不振）朝廷二徵皆不至卒於家門人謚曰文中子房玄齡杜如晦魏徵李靖溫彥博竇威杜淹溫大雅陳叔達王珪皆北面受道爲世卿相弟子薛收等集對問之言名曰中說其言三才五常之道天人性命之際備矣（阮逸序曰大哉中之爲義在易爲二五在春秋爲權衡在書爲皇極在禮爲中庸）文中子曰詩書盛而秦世滅非仲尼之罪也虛玄長而晉室亂非老莊之罪也齋戒修而梁國亡非釋迦之罪也或問佛子曰聖人也曰其教如何曰西方之教也守國則泥（乃計反不通也）子讀讜議曰三教於是乎可一矣（子之祖銑公述皇極讜議謂洪範五皇極義貴中道）（人位天地之中則知教雖有三人則一也）或問長生神仙之道子曰仁義不修孝悌不立奚爲長生煬帝（貞文帝次子謚法逆天虐民曰煬左傳曾煬公隋謚陳後主曰煬今亦謚煬如有殺也寄讀余尚反暴也）

大業元年九月帝幸揚州天台僧使智璪詣行在所引對大牛殿敕爲天台寺立名智璪啓曰昔陳世有定光禪師遷神之後夢其靈曰汝欲造寺未是其時若三國爲一當有大力勢人爲之造寺寺若成國即清宜名國清寺上曰此先師靈瑞也即用爲名乃遣通事舍人盧正方奉安寺額敕祕書監柳顧言爲智者造碑立之寺門十一月二十四忌辰設千僧齋有司案名滿足千數臨齋受覲數溢一人（梵語達嚫此云施財今人誤書嚫字者非）咸謂智者化身來受國供是日午後使者七衆開視靈龕唯空林座帳而已（相傳玉泉載殿一日指撝關王附人語曰我師肉身在此不得勅飛輪其上自是知關王神力自天台移載此地）

二年詔沙門道士致敬王者沙門明贍等抗詔不從帝詰之對曰陛下若使準制罷道則不敢不奉如知大法可崇則法服之下僧無敬俗之典帝默然而止。三祖僧粲禪師亡師初以白衣謁可禪師既傳法授衣屬周武發教往來司空山積十餘年隋開皇初居皖公山（戶版反在舒州）傳法於沙彌道信優遊江國以凡年後還舊止爲衆說法儼立而逝塔于山谷寺。相州沙門道明亡同房僧玄緒暮行野開忽見伽藍往投之遇道明不異平生引緒至房緒私怪之至後夜明起謂緒曰此非常處謹莫過堂去緒潛往見維那唱施鵠皆作血色行粥徧諸僧舉身火然如一食久維那打靜無復苦相緒懼還所止明至緒問之答曰此是地獄吾爲取僧一束柴煮粥忘不陪償當一年然足受罪褰衣見膝下並焦黑因曰公幸爲我買柴百束陪還常住并寫法華經一部可得免苦緒許之歸寺依言爲辦重往尋寺寂無所見（僧傳錄）

三年正月詔天下州郡七日行道總度千僧上親製願文曰菩薩戒弟子皇帝楊總持稽首和南十方諸佛願以度人出家功德普爲有頂無間（天宮地獄）清淨罪垢同至菩提（云云）

四年

五年詔天下僧徒無德業者並令罷道寺院并僧量留餘並毀折廬山福林大志禪師（智者門人）素服哭於佛前三日誓舍身明道乃詣東都上表曰願陛下興隆三寶資遺當然臂以報國恩上敬而許之遂以布蠟纏升大棚端

坐度火然之焚畢入定七日加趺而終自是詔下而不行

九年詔改天下寺曰道場○帝幸維揚名神僧法喜入見一日遠宮中索羊頭帝惡之以付廷尉禁衛甚嚴而有司見其日丐于市上命案之見袈裟覆黃金鎖骨詔以香泥塑其形是夕泥像起行言笑如故上異之詔釋其禁未幾示疾而終葬之香山後數歲自海南歸者見師殊無恙發其冢視之唯空棺焉及煬帝遇害江都方悟索羊頭之先讖

恭帝侑煬帝子

義寧元年丁丑章安灌頂禪師於天台國清寺為智威禪師說止觀心要

唐都長安

高祖李淵受隋禪

武德元年詔為太祖已下造旃檀等身佛三軀以沙門景輝嘗記帝當承天命為立勝業寺以沙門曇獻於隋末設粥救飢民為立慈悲寺以義師起於太原為立太原寺又詔并州立義興寺以旌起義方之功

二年詔依佛制正五九月及月十齋日不得行刑屠釣永為國式

三年

四年釋智巖初仕隋為虎賁中郎將[illegible]弓嘗挂漉水囊不飲蟲水至是棄官入皖山學道見異僧丈餘謂之曰卿已八十一生出家矣同軍閭丘胤至山尋之見山崖峻立鳥獸悲鳴謂師曰郎將狂邪何為住此荅曰我狂欲醒君狂正發同軍嗟歎而退

六年瀍澤縣李錄事云常往餘法師所聽講維摩共人言議師問之曰今講此經感何人聽答曰自人頭已上便是鬼神上及諸天重級充滿然見諸天聞法師酒氣皆回面而聽餘即悔過不復飲鬼又曰非唯此會獨感諸天但有法事無不來降○敕沙門玄奘三藏住大莊嚴寺

七年上幸國學釋奠命博士徐曠講孝經沙門慧乘講心經道士劉進喜講老子博士陸德明本名元朗隨方立義徧析其要帝說曰三人者誠辯矣然德明一舉輒蔽

八年太史令傅奕上疏曰佛在西域言祆路遠漢譯胡書恣其假託使不忠不孝削髮而揖君親遊手竊食易服以逃租賦夫生死壽夭出於自然刑德威福關於人主而愚僧矯詐皆云由佛竊人主之權擅造化之力其為害政良可悲歎書奏不報

鎧菴曰傅奕以小人之資一旦上書謗佛毀教當時群臣皆所不取獨高祖篤信迷其說令觀傅奕之疏沙汰之詔不過謂遊手竊食苟避征徭而已噫學聖道以求出世間教慈化以贊理天下明善惡之應以警昏俗窮性命之旨以悟真修斯學佛者之大效其與儒家者流將並行而不悖豈當以征夫徭卒之賤而望之者哉或曰學佛之士多自農出反而止之所以厚農俗也不然今夫田家之子致身科第者豈得而止之邪矧夫佛道多容不間愚智若指其庸鄙以蔽諸賢俊此子厚誚退之忿其外而遣其中是知石而不知韞玉也今名為儒而資小人者固多矣未聞以為者不善而遽欲廢周孔之教然則出家而庸鄙者人材之未至非佛道之咎也

九年傅奕七上疏請除佛法帝以其疏付群臣雜議大臣皆曰佛法興自屢朝弘善遏惡冥助國家理無棄廢宰相蕭瑀梁明帝之子曰佛聖人也而奕非之非聖人者無法當治其罪奕曰人之大倫莫如君父佛以世嫡而畔其父以匹夫而抗天子蕭瑀不生於空桑乃遵無父之教非孝者無親瑀之謂矣瑀合掌謂之曰地獄正為此人設瑀傳見舊唐史帝一日問群臣曰傅奕每言佛教無用卿等如何左僕射裴寂曰陛下昔創義師志憑三寶言登九

五晳啓玄門令六合歸仁富有四海而欲納奕言豈不虧往德而彰令過乎帝後以疏頒示諸僧問出家於國何益沙門法琳撰破邪論謂佛教徹萬法之源而孔老立言特域中之治凡出家者守志明道弘善興福啓迪昏蒙利國非淺時秦王府記室虞世南爲序以贊之明槃法師作決對論責奕謗佛僧八事有秦王府典儀李師政述內德論云勸善進德之廣六經所未達戒惡防患之深九流莫之比但窮神知化其言宏大而可驚去惑絕塵厥軌清邈而難蹈夫能事未興於上古聖人開務於後世故棟宇易橧巢之居文字代結繩之政飲血茹毛之俔則先用而未珍火化粒食之功雖後作而非弊豈得以詩書早播而可隆貝經晚至而宜替又死生無窮之緣報應不朽之說釋氏之所明黃老之未喻也又慧乘作辨正論十喻九箴破道士十異九迷之謬上覽諸沙門論議竊奕譽道毀佛遂有兼汰二教之意。五月下詔以沙門道士苟避征徭不守戒律而寺觀鄰接壓邸溷雜屠酤非所以爲垂教其僧道戒行虧闕者並令罷道精勤練行者並就大寺觀居止供給衣食京師留寺三所觀一所諸州各留一所餘皆罷之。六月庚申皇太子建成齊王元吉謀不利於秦王秦王世民討殺之以秦王爲皇太子癸亥大赦天下倂前沙汰僧道詔。八月詔傳位於皇太子既即位嘗問傅奕曰佛道微妙聖迹可師且報應之事顯然卿獨不悟其理何邪對曰佛乃西方之桀黠無補國家臣非不悟鄙不學也帝深惡其言云云後傅奕得惡病徧身糜爛號叫而死少府監馮長命夢至冥府多見先亡因問傅奕毀佛惡病而死今受何報答曰已閒付越州爲泥犁矣當時識者謂是泥犁地獄也冥報記

太宗世民高祖次子

正觀元年正月

詔京城德行沙門並令入內殿行道七日度天下僧尼三千人詔以皇家舊宅通義宮爲興聖寺

。詔沙門光智於大興善寺譯寶星經等五部左僕射房元齡等監護

二年三月詔曰朕自創義以來手所誅翦將及千人可皆建齋行道竭誠禮懺冀三途之難因斯得脫

述曰或謂太宗手自誅殺真惡人也殊不知隋爲不道天將興唐太宗方聞關於軍伍之中當梗化害政適在目擊不亟翦去則有妨於撥事奉天命以除殘賊非如桀紂無辜殺人貫盈罪惡之比天下既定仁心自存唯知佛法可爲拯濟旋齊行懺悔及幽關蓋所以拔沈苦以遂有生冥仁恕之君也

五月敕先朝忌辰並於章敬寺設齋行香永爲定式。七月詔京城諸郡僧道七日七夜轉經行道爲民祈福以保秋成每歲正月七月視此爲式

三年正月詔京城沙門每月二十七日行道轉仁王經爲國祈福官給齋供。三月詔密州師淨禪師至京祈雨師結齋坐禪感天西北白虹晝見大雨通濟。八月沙門玄奘上表乞往天竺求經。十二月詔曰有隋失道九服沸騰朕親摠元戎致茲明罰可於建義以來交兵之處凡義士凶徒隕身戎陳者各建寺刹招延勝侶樹立福田濟其營鬼老子營魄以釋朕矜閔之意已上鬼注鬼鬼也廬山集心決者神明之營鬼也並見唐舊史歐陽新書刪去不存

四年正月敕上宮繡釋迦佛丈六像奉安勝光寺設千僧齋。五月戰場建寺成敕群臣撰碑破劉武周於汾州立弘濟寺李百藥撰破宋老生於呂州立普濟寺許敬宗撰破薛舉於幽州立昭仁寺朱子奢撰破宋金剛於晉州立慈雲寺褚遂良撰破王世充於邙山

立昭覺寺虞世南撰破竇建德於汜水立等慈寺顏師古撰破劉黑闥於洺州立昭福寺岑文本撰是歲天下大稔米斗三錢外户不閉行旅不齎糧斷刑纔二十九人天下大治帝謂群臣曰此魏徵勸朕行仁義旣效矣因追念初平天下手誅千餘人不值太平即以池九御服施諸寺命僧行懺（事見舊史歐陽新書並刪去之）十三

鎧菴曰君舉必書故曰史史者所以記當時失得之迹也以故惡如紂君必書醜如蔡母必書豈以其醜惡而不之記邪是知修史者不沒其當時善惡之事斯可爲信史也昔范曄著漢書西域傳始論佛法陳壽志三國則忽而不錄唐太宗修晉書於沙門高行時有所取魏收於北史著佛老志李延壽於南史作顧懽傳凡帝王公卿毀讚佛老者莫不悉載其於二教之偏正優劣當年今日未嘗不明識所歸歐陽氏之修唐書五代史也於佛老之事則刪之夫唐書唐家之正史非歐陽之私書也借使不足法論之可也豈當以己所不好而悉刪之邪是知無通識者不足以當修史之任也夫佛法之取舍大較係乎人之好惡韓歐司馬始不好佛遇事立言必有詆訶及退之問道於大顚永叔聞法於圓通君實廣文中子之言而作禪頌言爲百世師行爲天下法爲賢爲大聖是名佛菩薩（禪頌六章見司馬公文集）是三賢者始惡而終好之惜乎聞道之晚而其先出之言莫可收也吁佛法之取舍果在於人之好惡可不審乎哉

五年正月

詔僧尼道士致敬父母（貞觀政要）○詔以慶善宮爲穆太后建慈德寺爲皇太子承乾建普光寺敕沙門法常居之爲太子授菩薩戒○十一月化度寺僧邕禪師亡上敬悼賜帛敕右庶子李百藥撰碑更令歐陽詢書（今有收石本者文字殘闕藏以爲寶）初波斯國蘇魯支立末尼火祆教（祆火煙反胡神即外道梵志也）敕於京師建大秦寺（波斯國在西海此云大秦）

六年詔以東都（洛陽）龍潛舊宅爲天宮寺詔杜順和上入見錫號帝心○八月七日章安禪師示寂于國清異香滿室池九十四

七年中天竺三藏明友來譯大乘莊嚴論李百藥序之云大小乘學悉以此論爲本於此不通未可弘法○敕僧道停致敬父母○寒山子者隱居天台之寒巖時入國清寺有拾得者因豐干禪師於赤城路側得之可十歲委問無家付庫院養之三年令知食堂常收菜滓於竹筩寒山若來即負而去或長廊叫喚快活寺僧逐罵輒撫掌大笑閭丘胤初爲台州刺史臨途頭痛遇豐干言從天台國清來爲噀水治疾須臾即愈胤問天台有何賢士師曰見之不識識之不見若欲見之不得取相寒山文殊遁迹國清拾得普賢狀如貧子胤至郡即詣國清問豐干院僧道翹引至空房多見虎迹云禪師在日唯舂米供衆夜則唱歌自樂又問寒山拾得引至竈前見二人向火大笑胤前禮拜二人喝胤曰豐干饒舌彌陀不識禮我何爲二人即把手而笑走向寒巖更不返寺胤乃令道翹於村墅人家屋壁竹石之上錄歌詩三百餘首傳於世云

八年詔爲穆太后建弘福寺車駕親臨自開佛眼○尚書虞世南立疏曰弟子早年忽遇重患當時運心差愈之日奉設千人齋今謹於道場供千僧蔬會以斯願力希生生世世常無疾惱七世久遠六道怨親並同今願（法帖）池九十五○敕普光寺常法師入內殿爲皇后授戒○萊州奏高麗三國僧（與新羅百濟爲三國）願入中國學佛法欲覘虛實耳魏徵曰陛下所爲善足爲夷狄法所爲不善雖距夷狄何益於國詔許之

九年十月玄琬法師終于延興寺遺表有云

聖帝方尊事三寶不應使沙門與百姓同科乞令僧有過者並付所屬以內律治之帝嘉納焉乃遣皇太子臨弔敕有司給葬具(敕葬沙門自號師始)○十一月詔曰比緣喪亂僧徒減少華臺寶塔窺戶無人其令天下度僧尼三千人有司詳定務取德業精明者以聞僧徒有假託醫巫左道惑衆造詣官曹囑致賦賄者朕在情持護必無寬貸諸犯過者宜令所司依準內律明爲條制　○詔曰老子李姓是朕之祖名位稱號宜在佛先沙門智實法琳等詣闕申理詔不許駕幸洛陽實等復抗辭固爭以道士雖冒宗老子其實遵三張符水醮籙之事(後漢張陵父子教民悔過令輸米五斗其後有張脩張角效其法用符水以治病故世稱五斗米道)不宜居釋氏上敕宰相岑文本諭旨實等固不奉詔帝怒杖實于朝堂民其服流之嶺表而終有譏其不量進退者實曰吾固知已行之詔不復回所以力爭者使後世知有僧耳聞者媿服

十二年尚書虞世南既卒上夢見之因詔曰世南德行純備志存忠益奄從物化良用悲傷昨因夜夢倏覩斯人無進讜言有若平生之舊可即其家造五百僧齋佛像一軀以資冥福以申朕思舊之意(舊唐史)

十三年詔國子祭酒孔穎達沙門慧淨道士蔡晃入弘文殿談論三教淨講法華蔡晃問曰經稱序品第一未審序第何分淨曰如來入定放光雨華爲破二之洪基作明一之由漸故曰序也第者爲居一者爲始序最居先故稱第一晃曰師言不出脣何所可領師曰菩薩說法聲震十方道士在座如迷如醉晃曰野干說法何由可聞淨曰天宮嚴衛理絕狐蹤道士神昏謂人爲畜天情大說合座歡踊○方士秦世英譖法琳所著破邪論訕毀皇宗敕流益州而亡○有西域僧來善咒術令人死復蘇帝令咒飛騎皆驗傅奕曰此邪術也請使咒臣咒之無所覺僧忽仆地若爲物所擊者遂不復蘇又有婆羅門僧得佛齒所擊前無堅物奕謂其子曰吾聞金剛石者唯羖羊角能破之汝往試焉及往見齒出角扣之應手而碎

述曰夫咒以中道爲體持善遮惡爲用此大聖祕密化物之法而持是法者必惟其人故蘇婆呼童子等經云諸咒皆有部主明王諸威德鬼神以爲之護(部主如釋迦佛及觀音菩薩明王即持明仙王威德神即金剛神藥叉持誦咒神)然明王部主慈悲覆護於彼咒師不見其過至於諸惡毒鬼見有爲利養訶解持誦者見彼癡人繫執金剛杵便生嗔怒即害彼命(云云)今觀西僧不知持善遮惡之義而欲以區區咒術遠來東土咒死爲功邀名人主有利欲之心無沙門之行是宜護咒鬼神秉怒以斃之耳咒騎兵死咒傅奕不死奕小人謗法罪在涅槃非奕能拒咒也此事至祕唯探索咒部者能知之佛舍利齒骨一切物不能壞彼婆羅門所構之齒恐非佛真用羖角以碎之或金剛石僞爲之物雖足以成傅奕博物之名而終不能知吾佛金剛不壞之體世好黨奕而不知義故爲辨之庶幾乎免謗法之辠而救淪墜之苦也

詔曰遺教經者是佛臨涅槃時所說誡敕弟子甚爲詳要末俗緇素不知崇奉永懷聖教用思弘闡宜令有司多寫經本付京官刺史各一卷若見僧尼業行與經不同者公私勸勉必使遵行(文館詞林)

述曰太宗知務僧之本在於遺教故能戒有司寫經本令公(私相)勸俾免於過其有得於仁王護法之心也

十月杜順和上坐亡于義善寺有弟子詣五臺禮文殊方抵山麓見老人語之曰文殊今在終南山杜順和上是也弟子趨歸師已長往

十五年善導法師至西河見綽禪師九品道

場講誦觀經喜曰此入佛之津要也修餘行業迂闊難成唯此觀門速超生死至京師擊發四部三十餘年般舟行道造彌陀經十萬餘卷畫淨土變相三百餘壁滿長安中並從其化有終身誦彌陀經十萬至三五十萬卷日課佛名一萬至十萬羣者師念佛時有光明從口出後高宗朝賜寺名曰光明云

十六年上幸弘福寺為穆太后追福自製䟽稱皇帝菩薩戒弟子謂寺主道懿曰朕頃以老子是朕先宗故令居釋氏先卿等能無憾乎對曰陛下尊祖宗降成式詎敢有怨上曰佛老尊卑通人自鑑豈一時在上即以為勝朕宗自柱下故先老子凡有功德僉向釋門往日所在戰場皆立佛寺太原舊第亦以奉佛初未嘗創立道觀存心若此卿等應知

十七年蘄州黃梅四祖道信禪師四徵不起乃就賜珍繒以旌其道○敕衛尉丞李義表池九黃水令王元策使西域遊歷百餘國至毗離十八邪城東北維摩室元策以手板量之縱橫得十笏因號方丈復登耆闍崛山刻碑紀唐威德○八月原州奏昌松縣鴻池谷有五石青質白文曰高皇海出多子太平天子李世民千年太子李治七佛八菩薩上佛果田天子文武貞觀昌大聖延四方云云十一月遣使以玉帛詔鴻池谷祭謝靈貺舊史在本紀新書雜入五行志案縣異訖涼州刺史李襲譽奏昌松有瑞石自然成文凡一百十字其略云高皇海出兩子李九王入千太平天子李世王千年太子治書燕山人土同主南玉鄉契文遷千古大王五王七王十王鳳手才子武文貞觀昌大聖四方上下萬治忠李為善歎種部即中勅退駐驛猿羅並同所奏

述曰高祖之順承天命也以沙門景暉有預記乃立像造寺建齋禁殺遽遽然無敢後一旦惑傅奕之祅言遽欲以佛法為無用而沙汰之既而內難卒發詔已下而不行太宗臨朝大弘斯化鴻池瑞石識文昭然觀其屢朝譯經列聖製序建仁王之高座注般若之真乘受戒講經問道聽法鑄像建剎試經度人斯皆天性與能起於倫稟誠知此道有助國救世之功為修身治心之法故能與孔孟之學並行而不悖也至言其歷代尊僧之禮則於古為尤異故崇其位則不使釋臣重其德則加之爵秩池九分亡物則悉依僧律罰有過則唯稟內科十九自非石識所謂七佛八菩薩之出應世間焉能相繼崇尚之不絕乎

十八年岑文本為中書令文本少時常念法華普門品會乘舟吳江舟覆人盡死文本沒水中有人言但念佛必不死既而隨波涌出至岸獲免後於家設齋一僧後去謂之曰天下方亂君幸不預究終逢太平致富貴言訖不見及文本就齋處於食椀得舍利二

十九年正月玄奘三藏自西天還長安留守房玄齡備釋部威儀迎置弘福寺是日有五色雲覆經像上二月至洛陽見上於儀鸞殿問西域事迹詔撰西域記所歷百國山川風俗前史所未聞也詔就弘福寺同沙門道宣等翻譯

二十年七月奘法師表上新譯菩薩藏經顯揚聖教論等凡五部請帝製序○詔法華智威禪師補四大師朝散大威夫前身是陳僕射徐陵聽智者講經因立五願一臨終正念二不墮三途三人中託生四童真出家五不隨流俗之僧後生縉雲朱氏年十八將納婦路逢梵僧謂之曰少年何意欲違昔誓因示其五願師聞已不復還家即往國清投章安為師咨受心要即證法華三昧

二十二年上幸坊州玉華宮名奘法師既至上曰朕在京苦熱故就此山泉石之清情見法師故遣相屈比日所翻何經奘曰近譯彌勒瑜伽地師論帝宣論親覽謂侍臣曰佛教廣大猶瞻天瞰海莫極高深九流典籍猶汀瀅方溟渤耳瀅音瑩汀瀅小水也世言三教齊致者此妄談也因敕有司寫新譯經論頒賜九道

總管(特分天下爲九道)御製大唐三藏聖教序以冠其首(今時石本行其文首云蓋聞二儀有像顯覆載以含生者即此序也)詔皇太子撰菩薩藏經後序(二序具在藏經之首)上自是平章法義不輟於口徹待法師親於家人嘗問師曰法門之益何所宜先對曰弘法須人度僧爲最帝說○九月詔京城諸郡各度僧每寺五人凡度一萬七千人(池九)○十月車駕還京(二十)師敕於北闕大內紫微殿西建弘法院命奘法師居之選名德七人以從晝則陪御談玄暮則歸院翻譯上令翻道德經爲梵文以遺西竺師曰佛老二教其致大殊安用佛言用通老義且老子立義膚淺五竺聞之適足見薄遂止○四祖信禪師居破頭山有老僧號栽松道者請曰法道可得聞乎祖曰汝老矣使有所聞何能廣化能再來吾尚可待乃去行水邊見周氏女浣衣揖求寄宿歸而孕父母逐之日傭紡里中夕宿衆館及生一子棄水中明日見泝流而上氣威體潔遂舉之常隨母乞食見四祖于黃梅道中祖語其母令出家是爲弘忍禪師嗣居東山大行其道衆館後爲佛母寺東禪有佛母冢(林間縣)四祖登廬山絕頂望破頭山紫氣如蓋下有白氣橫分六道以問大衆弘忍曰莫是和上它後橫出一枝佛法否祖曰如是(傳燈)○十二月皇太子爲文德皇后建慈恩寺擇京城六德五十人以居之各度侍者六人敕太常九部樂奉迎梵本諸經瑞像舍利五十大德入寺帝御安福門樓執鑪致敬

二十三年四月上幸翠微宮召奘法師陪從上歎曰與法師相見恨晚未盡弘法之意(池九)(二十一)五月上崩

高宗(治太宗第九子)

永徽元年詔天宮慧威禪師補四大師朝散大夫

二年九月四祖信禪師安坐而逝塔于東山黃梅寺明年四月八日塔戶自開儀相如生門人不復敢閉○法華威禪師爲天宮慧威禪師說止觀法門○常州安國寺沙門善伏每爲衆說法嘗云行慈不殺佛教之都門若奉教而不能行是猶講禮而爲倨傲也又嘗勸人修六道供以人先亡者無越此途(高僧傳)

三年奘法師請於慈恩寺建浮圖藏西天舍利經像○中天竺沙門無極高至長安譯陀羅尼集經時那提於慈恩寺譯經地婆訶羅於弘福寺譯經一時宣譯皆極其選法門榮之

四年日本國遣沙門道照入中國從奘法師傳法

六年初奘法師譯因明論尚藥呂才作解頗毀之法師慧立致書于左僕射于志寧以斥呂才太常博士柳宣劾才妄舉有旨令公卿學士領才詣慈恩寺就法師禮悔○罽賓國佛陀多羅於白馬寺譯圓覺經○會稽永欣寺有異僧來若眸清瘦自稱我即康僧會言訖立化寺衆驚異乃漆其軀而事之祈禱立應

顯慶元年正月立代王弘爲皇太子敕爲建僧齋五千員於慈恩寺○敕左僕射于志寧吏部尚書來濟兼譯經潤文使○三月上御製大慈恩寺碑成奘法師上表稱謝○五月奘法師疾上遣御藥蔣孝章秦之師因附奏二事一者正觀以老子名位在佛先曾面陳先帝許從改正二者永徽初敕僧道有過情難知者可同俗法推勘邊遠官司動行枷杖虧辱法門上曰佛道名位事在先朝尚書平章若僧用俗法即遣停罷○十一月武后生皇子神光(池九)滿室賜名佛光王(即中宗也)(二十二)踰月詔於奘法師寺出家落髮授歸戒(歸依三寶及授五戒)

二年敕建西明寺大殿十三所樓臺廊廡四千區詔道宣律師爲上座神泰法師爲寺主懷素爲維那宣律師居西明作續高僧傳三十卷起梁天監訖唐正觀○勅僧道無得受

父母尊長拜。金陵牛頭山法融禪師示寂師得法於五祖爲牛頭第一世應横出一枝佛法之記。西天寶掌禪師坐亡於婺州浦江寺計其壽一千七十二歲當周威烈王十九年生在七國

三年詔沙門義褒道士黃頤等入宮談論道士李榮立本際義往復數四理屈語塞帝令黃門引榮退席賜褒帛以賞之。日本國遣沙門智通入中國求大乘法

四年詔僧道入合璧宮論議法師會隱立五蘊義神泰立九斷知義道士李榮茫然不知乃更立道生萬物義法師慧立反覆詰之榮語屈而退。詔以坊州玉華宮爲寺命奘法師居之師譯大般若經歷四年而成凡六卷又般若心經及諸經論共七十五部

五年詔迎岐州法門寺護國眞身釋迦佛指骨至洛陽大內供養皇后施金函九重命宮律師送還法門寺。西京勝光寺沙門孝贊親姻往來數以寺果啖之未幾得嘔血之疾自云每欲疾作見赤衣使者將往黑林中大風吹散肢節頃之又引向臺觀上一人儀容可畏厲聲責之曰何得以寺家果飼親姻言已而失贊懼即計直償衆僧月餘乃免

述曰佛立禁戒凡僧藍錢穀蔬果器具屋廬田山是爲十方僧衆常住之物非己可得私用苟掩以爲私雖四錢已上則便成盜罪終不免淪墜之報今於孝贊果啖親姻之責表而出之則於盜用錢穀盜伐林木之罪爲可見矣可不警之

龍朔元年王元策進西天所得佛頂舍利

二年敕會昌沙門會賾詣五臺山禮文殊眞容衆見金光滿殿空聲讚云善哉。西蜀沙門會寧自南海附舶至訶陵國遇沙門智賢齎涅槃後分自師子國來即與對譯成文二卷

三年中印度沙門福生於慈恩寺譯莊嚴王經等三部

麟德元年二月奘法師令衆念彌勒佛右脇而逝是夕有白虹四道貫井宿直慈恩寺塔帝哭之慟廢朝五日顧左右曰國寶永失可爲痛心敕用佛故事金棺銀椁五詔襄恤葬于滻水之東四方會葬者百萬人

乾封元年封岱嶽車駕幸亳謁老君上尊號曰玄元皇帝聖母曰先天太后幸魯祠孔子追封太師

二年十月三日宣律師於終南山順寂衆聞天人同聲請歸彌勒內院嘗於淨業寺建石戒壇爲岳瀆沙門再受具戒有長眉僧來謂之曰即住世賓頭盧昔迦葉佛曾此立壇師乃撰壇經行於世師初在西明寺中夜行道足跌前階有聖者扶其足師問爲誰答曰北天王太子那吒奉命來衛師曰太子威力自在天竺有可作佛事願爲致之太子乃以所寶佛牙授之師夜捧行道晝藏地穴唯弟子文綱知之又與天人廣問律相及西天聖迹凡三千八百事號天人感通傳天人費氏曰四王各有八將護出家人北洲少有佛法餘三洲佛法大弘東西洲煩惱難化南洲雖多犯罪化令從善心易調伏佛囑四天王若不護破戒誰當行我之法故四王雖見毀禁愍而護之見行一善萬過不咎

總章元年詔百僚僧道會百福殿議老子化胡經沙門法明排衆而出曰此經既無翻譯朝代豈非僞造舉衆愕然無能應者乃敕令搜聚僞本悉從焚棄

咸亨二年沙門義淨自南海附舶往西竺求經。西京法海寺神英禪師獲吳僧義濟所藏梁武水陸齋儀依法修設感秦莊襄王張儀陳軫列國君臣見形致謝

三年敕洛陽龍門山鐫石龕盧舍那佛像高八十五尺。五祖弘忍禪師以法傳行者慧能能初至祖問何來答曰嶺南祖曰欲須何

事曰唯求作佛祖曰嶺南人無佛性曰人有南北佛性豈然祖異之謂曰著槽廠去乃入碓坊抱石而舂經八月五祖俾衆各述一偈若語意冥符則衣法皆付時會下七百衆神秀居第一座於廊壁書偈曰身是菩提樹心如明鏡臺時時勤拂拭莫遣有塵埃能聞之

池九　廿五

曰美則美矣了則未了至夜倩童子至壁間書偈曰菩提本非樹明鏡亦非臺本來無一物何用拂塵埃五祖知之夜令人召能告之曰佛以正法眼藏展轉傳授吾今授汝并所傳袈裟用以表信能禮足捧衣而出逼夕南邁時道明上座聞之追至大庾嶺能即擲衣鉢於磐石曰此衣表信可力爭邪任君將去明舉之不動乃曰我來求法非爲衣也能曰不思善不思惡正恁麼時阿那个是明上座本來面目明當下大悟禮拜問曰上來密語密意外還更有意旨否能曰我今說者即非密也返照自己密在汝邊明乃禮謝而回

四年詔萬回禪師入宮供養萬回閿鄉人（扶云反在弘農湖縣）姓張年十歲其兄萬年戍遼東母程氏憶之飯僧祈福回褁齋餘出門際晚持兄書歸母方知其神異以往回萬里人因呼爲萬回哥哥後剃髮著褐衣爲沙門

上元元年名隱士孫思邈入見拜諫議大夫固辭上問佛經以何爲大思邈曰無若華嚴上曰近奘法師譯般若六百卷何不爲大思邈曰華嚴法界是一切門於一門中可演出大千經卷般若乃華嚴中一門耳於是帝始持華嚴是歲思邈求還山乃入終南隱居篤志佛典前後寫華嚴經七百五十部（此經是晉譯六十卷者先生既長壽若一年手書十部則八十年中可足七百五十部矣）復舍華原舊居五山宅爲佛寺年一百五十歲盧照鄰稱邈高談正一則古之蒙莊子深入不二則今之維摩詰（見華嚴感應傳及唐本傳）思邈居終南與宣律師善時大旱西域僧於昆明池結壇祈雨七日水縮數尺有老人夜詣師求救自稱池中龍師曰可往求孫先生老人至其室思邈曰吾聞昆明龍宮有仙方三十首汝能傳之吾當救汝老人曰此方上帝不許妄傳今事急矣俄捧方至前思邈曰汝還無慮自是池水漲溢思邈著千金方三十卷每卷置一方世不得而別（酉陽雜俎）

池九　廿六

案湘山野錄云國初成都有僧誦法華有功一日山僕來請入溪嶺見跨溪一閣僕入報出謂僧曰先生請師誦經至寶塔品先生野服藜杖兩眉垂肩焚香揮聽而入設秋飯杞菊若甘露餉一鍰（音還廣書其罰百鍰一曰金六兩爲鍰○今言一鍰者且約百錢也）僕送至中途問先生何姓名僕曰姓孫後於僧掌書思邈字僧方嗟駭僕忽不見後回尋索三日竟迷路歸視鍰乃金錢一百由茲一饍身輕無疾唐史言百五十歲野錄請誦經時在國初則又三百年矣

儀鳳元年中印度沙門日照至京師譯方廣大莊嚴經等十八部○初罽賓沙門佛陀波利至五臺禮文殊遇老人曰此土人多造惡佛頂尊勝呪爲除罪祕方可還西取經流傳忽不見波利遂還至是取經來上帝令杜行顗與日照共譯留經於內波利泣曰志在流布何得自祕帝乃以梵本還之波利遂於西明寺與沙門順貞重譯畢持梵本入五臺不復出○行者盧慧能至廣州法性寺值印宗禪師爲其落髮請智光律師於本寺臨壇授滿分戒此壇是宋求那跋摩造嘗記云後當有肉身菩薩於此受戒又梁眞諦於壇側植二菩提樹記云百二十年後有大士於此樹

池九　廿七

下說無上道及師於此樹下大闡東山法門宛符先記明年歸韶州曹溪寶林寺

二年初杜行顗所譯尊勝經遇國諱皆避之以世尊爲聖尊救治爲救除（太宗諱世民高宗諱治）上曰佛經之言豈當避諱乃敕令改正○國清寺僧智瓌爲直歲將常住布十端與始豐縣

丞李意及（天台縣在隋唐時爲始豐）久而不還壞死作寺家奴背有智環字既而丞亦死亦作寺家奴背亦有李意及字（是宴祥御）

述曰今時勢家多以恩倒冒占寺院子弟幹僕並緣爲姦取寺山造冢是陷父母於不義之地而錢穀竹木四時誅求視以爲常不思它日地獄酬償之苦爲儒爲官不幸而負此見識以是教其子以是責其僕小得而大失可不自警哉李意及爲寺家奴特其報之輕者今故表出之以爲好作重過者之戒

三年老君降于北邙山之清廟勅道士隸宗正寺班在諸王之次令貢舉人兼通老子道德經

述曰自有佛以來世稱佛老立文爲次吳闞澤稱道事天天事佛隋李士謙論三教優劣謂佛日道月儒五星魏收撰北魏佛老志皆先僧而後道其義已定太宗謂老子李姓是國之祖遂令居佛上違理失禮豈老子意耶太宗明君亦有時而惑乎至高宗以道士隸宗正違理尖禮其惑尤甚焉厥後武宗尚道廢佛皆二君啟其惑也

調露元年汾州啓福寺主惠澄淶患牛乳而終寺僧長寧夜見澄來形色顦顇云爲互用三寶物受苦難言諸罪若輕唯用伽藍物爲至重頻賜救濟寧即爲誦經懺罪月餘復來云承利益已得息苦別居一處但未知得脫之日

述曰爲沙門而不明因果叔取常住之物以適己用用者受者均被其苦輕則爲牛畜奴役重則受鑊湯鑪炭的論其報可不痛哉至於權門要路復不知果報之爲何義以故甘受愚僧之餌而不悟其非占山爲墳賣帖住院若主若客皆入罪門若此之流深足鄙恥

永隆元年沙門智運於洛陽龍門山鐫石爲一萬五千佛

永淳元年十一月慈恩法師窺基示寂勅諸寺圖形以祀師稟奘法師瑜伽師地唯識宗旨號百部論主世宗爲慈恩教（奘師傳戒賢三時教二有二空三不有不空教）

二年西明寺沙門道世宣律師之弟也嘗以教藏淵博學者難觀因撰法苑珠林一百卷分門類事覽者便之

則天武后（聖初入宮爲才人太宗崩出爲感業寺居高宗臨寺行香見之納後宮拜昭儀次年冊爲后弘道元年高宗崩皇太子卽位是爲中宗光宅元年廢中宗爲廬陵王武后自攝政○聖曌同武后自製此字）

垂拱三年南天竺三藏菩提流志來

永昌元年義淨三藏將梵本寄室利佛逝國述南海寄歸傳求法高僧傳以是年回廣州冬復往佛逝國○揚州白塔寺沙門道昶掌知僧物自在侵用忽有冥官數人白日入房曳昶下地欲斷其頸昶驚叫乞命官厲聲言合秀資財並送還僧當放汝活昶叩頭言不敢違命即擊鐘集衆盡捨衣物造像設齋冥官三日復至見昶一鉢一納不言而去昶自是進修卒成明行

載初元年勅沙門法朗九人重譯大雲經並封縣公賜紫袈裟銀龜袋（賜紫始此）

二年勅僧尼依舊立在道士女冠之上○勅荊州神秀禪師入京行道歷三朝皆禮爲國師（五祖旁出）○于闐國沙門天智譯造像功德等六部

如意元年勅斷天下屠釣

二年天宮威禪師爲左溪朗禪師說止觀法門○北印度沙門寶思惟譯文殊一字呪經等七部南印度沙門法希譯寶雨經等十部○絳州二童女依尼師出家尼誦華嚴一日坐亡二女失望旦旦詣墳號泣三年忽生蓮華五莖于土郡以上聞則天勅撿華根出自舌上乃召二女入內親爲落髮令居天女寺○始令佛經製卍字爲如來吉祥萬德之所

集(爲如意)音之爲萬(華嚴音義作大周長壽書蓋武后嘗改唐稱周年號長壽後改)

案翻譯名義引華嚴要云如來胷臆有大人相形如卍字名吉祥海雲又作卐是吉祥勝德之相由髮右旋而生似卍字卐卍是西土字凡萬方是此土字周呼爲萬

延載元年勑天下僧尼舊隸司賓(卽鴻臚寺)今改隸祠部(以佛教有頌國救人相觧元之)○波斯國人拂多誕(西海大秦國人)持二宗經僞教來朝

述曰太宗時波斯拂多誕進火祆教勑建大秦寺武后時波斯拂多誕進二宗經厥後大曆間荆揚洪越等州各建摩尼寺此魔教邪法愚民易於漸染由屢朝君臣當世名德不能簡邪正以別同異故其法行於世而弗禁嘘是蓋西上九十五外道之類歟

良渚曰準國朝法令諸以二宗經及非藏經所載(廿九)不根經文傳習惑衆者(三十)以左道論罪二宗者謂男女不嫁娶互持不語病不服藥死則倮葬等不根經文者謂佛佛吐戀師佛說嗁淚大小明王出世經開元括地變文齊天論五來子曲之類其法不茹葷飲酒晝寢夜興以香爲信陰相交結稱爲善友一旦郡邑有小隙則謾狠作亂如方臘呂昂輩是也其說以天下禪人但傳盧行者十二部假禪若吾徒卽是眞禪有云菩提子達磨栽心地種透靈臺或問終何所歸則曰不生天不入地不求佛不涉餘途直過之也如此魔教愚民皆樂爲之其徒以不殺不飲不葷辛爲至嚴沙門有爲行弗謹反遭其譏出家守法不可自勉

京師有女人自稱聖菩薩太后召見之所言皆驗時大安禪師至太后延入宮令女見之大安曰聞汝善觀心我心安在答曰在塔頭相輪鈴中尋復問之曰在兜率天彌勒宮中聽法第三問之曰在非非想天皆如其言太后忻悅大安乃復問之女不知答安斥之曰我心置阿羅漢地汝已不知若至菩薩諸佛地何由可知女辭屈慚懼變作牝狐下階而走(廣異記)

證聖元年太后以晉譯華嚴處會未備遣使往于闐國迎實叉難陀於東都大徧空寺與(三十一)菩提流志(廿九)重譯(晉譯六十卷七處八會新譯八十卷七處九會)沙門復禮綴文法藏筆受弘景證義成八十卷御製經序譯場初啓甘露天降內沼生蓮一莖百葉(華嚴感應傳云人間華十餘葉天華百葉淨土華千葉)

萬歲通天元年遣使賜六祖能禪師水精鉢摩納衣白氎香茶勑韶州守臣安撫山門○洛陽弘道觀主杜義乞爲僧賜名玄嶷賜夏三十臘勑住佛授記寺旋撰甄正論以尊佛教

述曰佛制受戒以先後爲次序今玄嶷以新戒而居三十夏僧之上雖曰國恩實違佛制厥後劉總賜五十夏梁令因加三十臘皆本於此日之非法也

福先寺沙門慧澄乞依前朝毀老子化胡經勑秋官侍郎劉如睿八學士議之皆言漢隋諸書所載不當除削

述曰唐藝文志有八學士議狀一卷雖據漢隋諸書存化胡之說而不知王符僞造之爲非詳論在中宗神龍初元

詔嵩岳慧安禪師入禁中問道(五祖旁出)○詔沙彌法藏於太原寺開華嚴宗旨感白光昱然自口而出須臾成蓋都講以聞有旨命京城十大德爲授滿分戒賜號賢首詔入大徧空寺佐實叉難陀參譯華嚴

聖曆元年五月義淨三藏自西竺還車駕御上東門迎勞詔以所奉金剛座佛眞容舍利梵經置佛授記寺道場集衆翻譯

二年十月勑法藏法師於佛授記寺講新譯華嚴經至華藏世界品講堂及地皆爲震動即日引對長生殿敷宣玄義指殿隅金師子

爲譬后豁然領解封師爲賢首菩薩戒師集其言曰金師子章學者尊稱爲賢首教云○華嚴鄧元英有親故暴亡七日復蘇報元英驚見冥道官吏將追君父宜急修功德以禳之元英驚問修何功德可免此事曰急寫華嚴經一部元英遽買紙向鄰寺多召經生未逾旬日經已寫畢竟免斯厄後於毋墳地產一華於冬月枯草中后異之勅賜立孝門以加旌表

卅二表

久視元年四月詔赦天下僧尼日一錢作大像于白司馬坂(坂音反)○詔義淨三藏於東都譯金光明最勝王經天后製聖教序

大足元年成州言有佛跡見甚大詔改號大足

佛祖統紀卷第三十九　池九

佛祖統紀卷第三十九

校勘記

一　底本，明永樂南藏本。

一　六八二頁下九行「不問」，徑作「不聞」。

一　六八六頁下二〇行「比日」，徑作「此日」。

一　六八九頁中一六行末字「自」，徑無。

一　六九〇頁中一六行夾註左第四字「二」，徑作「一」。

一　六九一頁上四行第一三字「會」，徑作「禮」。五行第一五字同。

佛祖統紀卷第四十

宋咸淳四明東湖沙門　志磐　撰

法運通塞志第十七之七

中宗顯高宗第七子

神龍元年詔韶州慧能禪師入京不就○詔天下試經度人山陰靈隱僧童大義年十二誦法華經試中第一義學止觀于左溪臨終坐士天樂來迎○勅遣使迎韶州慧能禪師入京行道師表辭以疾因就賜袈裟瓶鉢以諭主上嚮慕之意○詔義淨三藏於內道場譯孔雀呪王經御製聖教序以冠經首上昔居房部祈禱藥師如來遂蒙降祉因命師譯藥師七佛經上自筆受師譯經凡五十六部○中書門下平章事房融貶高州至南海遇印度沙門般剌密諦遂止制止寺譯大佛頂首楞嚴經融為筆受○九月祀明堂大赦詔曰如聞道觀皆畫化胡成佛之相諸寺亦畫老君之形兩教尊容互有毀辱深為不然自今並須毀除其化胡經屢朝禁斷今後有留此偽經及諸記錄有言化胡者並與削除違者準勅科罪弘道觀者桓彥道表留化胡經勅曰朕志在還淳情存去偽頃以萬幾之暇尋三教道德二篇之說空有二諦之談莫不敷暢玄門闡揚妙理何假化胡之偽方盛老子之宗義有乖違事須除削

述曰永嘉謝守灝述老君實錄引諸書言老子數數下生商高宗時生於亳州乘塵升天也一商紂時降於岐山至周武王為柱史昭王二十二年度關授尹令道德經西遊不反也二昭王二十五年復降於蜀李太官家二十七年與尹子會于成都青羊肆往西域化胡於于闐國升天三也已上並實錄引守灝孝宗時人林靈素黨徒也史記定王三年生於楚苦縣為柱下史孔子朝周問禮敬王元年入關為尹令說道德五千言與尹子西之流沙四也此前後降生事跡不可言無昭定兩時皆謬為尹令說道德經若取孔子同時則且以後文為正

議曰駁化胡之偽有九說馬史記老子傳著書五千言而去莫知所終本傳注引列仙傳云尹喜與老子俱之流沙莫知所終今刊行列仙傳乃於流沙下增化胡二字一謬也尹子作老子西昇經云聞竺乾有古皇先生吾之師也今實錄不欲師佛乃改為吾之身也二謬也化胡經說老子至罽賓化胡剃髮當昭王二十七年是時佛生方二歲世間未聞有佛不應罽賓有剃髮事三謬也偽經又言老君勅尹子化丈六金身名曰佛陀為胡王授五戒本云化胡令乃化尹子成佛四謬也偽經言浮圖彌滅永為陰靈神仙飛升長生不滅本云化胡成佛不應讚仙毀佛五謬也偽經言老君命梵天頗陀王以二社時下生為佛釋迦本降自兜率天當昭王甲寅歲既無頗陀之稱又非梵天而降六謬也偽經言尹子化舍利弗賓頭盧善女天九十五種等此諸人自是釋迦弟子不應云尹子所化造偽經者亦不知舍利弗為何義七謬也實錄妄謂弟子守佛冢者為喪門羅什改作桑門沙門老君遣比丘降魔故稱織迹金剛又謂仙道為教外別傳此皆假竊佛經妄立識論八謬也實錄不識佛壽長遠見明經壽命短促方八十年不知何義便取此言譏佛滅之速九謬也老子下為法師上為天主一切諸天無不事佛今道家雖欲尊道重天而立論失理反成謗佛之咎可不畏哉昔王符偽造此經死墮地獄閻王訶云世間偽經毀盡汝罪方脫今人擬實錄者方盛引偽文甘與王符同一受罪可不悲哉偽經諸說唯見所引更不別錄比朝魏孝明唐高宗中宗屢朝毀除顯是偽說獨武后朝八學士議不能區別尚須細評故世欲存

老子化胡者當作二說一審其時二據其文何謂審其時須知佛生於昭王時老子生於定王時至景王時孔子朝周問禮於老子此時在佛後三伯年可言有佛可言化胡何謂據其文列仙傳云老子尹子俱之流沙（古本無化胡字）漢襄楷傳云老子入夷狄為浮圖之化晉高士傳魏典略西戎傳皆言老子化戎俗為浮圖隋史西域傳魏宋雲西行記唐太子實錄皆言于闐有毗摩寺是老子化胡處唐則天時沙門慧澄乞毀化胡經敕劉如容八學士各為議狀皆言漢隋諸書所載化胡是實不當除削今詳諸書言老子入西域止在于闐葱嶺之東正是胡鄉無可疑者若欲實其事則當為之語曰老子本迦葉尊者釋迦遣化東土先說世間道德五千言以熟機緣（義見大藏五蓋因緣經并輔行）後反西域以佛道勸化胡俗令成佛道如此言之方為合理昔王符據諸書造經若獨引于闐胡地之國猶可取信至廣說罽賓維衛不識此是梵種胡梵相去二萬里豈當混濫如此偽說敗績不少俞列九繆有能立難者吾當截舌以謝

二年敕萬回禪師賜號法雲公圓通大士○

北宗神秀國師示寂於東都天宮寺謚大通禪師師得法於五祖自武后朝名居內道場至帝禮以國師宰相張說問法執弟子禮○二月敕造聖善寺沙門慧範補正議大夫封上庸郡公法藏慧珍九人並朝大夫封縣公官給奉祿一同正員（本書集係）敕菩提流志於佛光殿譯經上御法筵親臨筆受百僚侍坐妃后同瞻○五月賜嵩嶽慧安國師紫摩納衣度弟子十四人後三年亡壽百二十八歲○詔七朝忌辰於內殿設齋行香○聖善寺成敕上庸公慧範如銀青光祿大夫充寺主沙門萬歲加朝散大夫封縣公充都維那沙門廣清檢校殿中監充功德使

三年敕高安令崔思亮往泗州迎僧伽大師師西域何國人高宗時來洛陽行化至泗州城民賀跋捨宅為寺師令掘地得碑云齊李龍捨宅建香積寺又獲金佛師曰普照王佛也因名普照王上以天后諱改普光王師既至尊為國師出居薦福寺帝及百僚皆稱弟子度弟子慧儼慧岸木叉御書寺額○敕文綱律師入大內安居行道○敕菩提流志於西崇福寺譯寶積經修文館學士武平一充翻經使盧藏用等潤文○詔律師道岸入宮為妃主授歸戒帝至諸師皆避席岸獨長揖帝高其操命圖形于林光宮為之御讚

四年三月三日僧伽大師坐亡敕於薦福寺漆身起塔忽臭氣滿城詔令送歸泗州俄芬芳帝里上問萬回僧伽何人曰觀音化身也○五月大旱敕菩提流志於崇福寺結壇祈雨三日大澍（音注時雨）○詔於化度寺設無遮大會○菩提流志進新譯經帝於林光殿賜齋觀沙門議論敕畫工張訓圖翻經大德及衆學士于殿壁親製讚辭

睿宗（高宗第八子）

景雲元年高祖舊第興聖宮有柿樹枯瘁歲久至是重榮乃大赦天下賜百官封爵普度僧道三萬人帝初受內禪請法藏法師從受菩薩戒

二年敕菩提流志同法藏塵外等於北苑甘露亭譯大寶積經宰相張說右丞盧藏用博士賀知章中書侍郎陸象先尚書郭元振侍中魏知古潤文監護○敕貴妃公主家始建功德院○法雲公萬回坐亡贈司徒號國公敕葬京西香積寺回當則天朝延入禁中賜錦衣令宮人給侍莊惠太子生則天抱示之回曰此西域樹精養之宜兄弟安樂公主怙寵后將謀逆回遇之途望塵唾之曰腥氣不可近後安樂果被誅玄宗在藩謁之回撫其背曰五十年太平天子睿宗為相王每出回

告市人曰天子來矣

先天元年西天沙門婆羅請然燈供佛帝御延熹門臨觀燈輪高二十丈點金銀燈五萬盏望之若華樹○菩提流志等進新譯寶積經百二十卷御製聖教序以冠經首○十一月賢首法師法藏亡贈鴻臚卿葬神和原

二年敕採訪使王志愔應諸郡無敕寺院並令毀拆初沙門慧雲望隋河北有異氣乃入汴州至司馬園池見水中有上天宮闕欲謀建寺乃化緣鑄丈六彌勒像買鄭景宅為院掘地獲碑云北齊天保六年立建國寺因名曰建國志愔至雲禮像泣告像忽放光志愔以事聞帝亦預有瑞夢與所奏實符以自相王龍飛因賜名大相國寺○八月能禪師於新州國恩寺坐亡反葬于韶州曹溪而建塔馬世稱六祖

玄宗(睿宗三子)

開元元年敕以寢殿材建安國寺彌勒佛殿(六)

二年正月(注十)自中宗以來貴戚奏度人為僧冨户彊丁多削髮以避徭役紫微令姚崇上書請禁度僧言佛不在外悟之由心行事利益使蒼生安穩是謂佛理上從之命有司沙汰僧尼偽濫者萬二千人並令還俗敕百官毋得創寺民間毋得鑄佛寫經須者就寺贖取

○二月敕僧道致敬父母四月罷致敬

述曰自晉成帝至隋煬凡四詔沙門致敬王者遠法師謂袈裟非朝宗之服贍法師謂僧無敬俗之典遂寢其事自唐太宗明皇凡二詔僧道致敬父母既時停罷然不聞當時以何為議豈不曰若稽之佛典出家之士尊居三寶為世福田尚使父母反拜豈當遺佛制而徇一時之立法停罷之議不出此義自明皇至我朝無復為此非議者矣

三年詔一行禪師入見帝咨以安國撫民之道及出世法要稱為天師(天子之師)帝問國作何如對曰鑾輿有萬里行社稷終吉以金合進曰至萬里即開視乃當歸少許耳祿山之亂帝幸成都至萬里橋悟當歸之讖洸然忘憂終吉者至昭宗而絕以曾封吉王也

四年西天無畏三藏來先是睿宗聞師名遣將軍史獻出玉門迎候至是帝夢異僧來謁(注十)命圖其容于壁及師入見與壁像不異帝說(七)飾內道場居之尊為教主師譯出毗盧遮那等經密教一宗於茲為盛○日本國遣沙門元昉入中國求法

七年西天三藏金剛智循南海至廣州來京師名見敕居慈恩寺智傳龍樹瑜伽密教所至必結壇灌頂度人禱雨禳災尤彰感驗○長安罔極寺沙門慧日遊西天還進佛真容梵夾名見內殿說法開悟帝心賜號慈愍三藏法師所經七十國往返二十年○三月長者李通玄以華嚴大經諸家疏義繁衍乃持新譯經往太原高山奴宅造論經三年日食十棗柏葉餅一枚世號棗柏大士將齎經往韓莊忽見一虎當道長者以經置其背引登方山土龕處其中室無燈燭口出白光炳照製作有兩女子日供食一盤及紙墨亡之日白光自頂上徹太微所造論四十卷(有傳中長者事迹一卷)

八年北天竺不空三藏循南海至京師於慈恩寺傳瑜伽大法于金剛智○五月京師人多發病醫王韋老師施藥以救無不瘳師每存心發願人觀之者病為上聞之名愈見禮為藥王菩薩老師者號勸國人(西域常衣)毳袍腰懸數百胡盧頂紗巾持藜杖一黑犬同行自云已五百年堯舜殷湯周秦漢唐凡七度化身來救貧病其犬一日化為黑龍背負老師沖天而去

九年詔一行禪師造大衍曆邢和璞謂尹愔曰漢洛下閎云後八百年當差一日(音又錯也)必有聖人出而正之今一行造曆正其差謬洛

下之言信矣後六年亡謚大慧禪師○于闐沙門智嚴来譯經四部○姚崇遺令云佛以清淨慈悲為本而愚者寫經造像冀以求福汝曹勿効無知子追薦冥福
述曰佛道何在必於伽藍經像沙門奉法之徒以寓見之而後可以行清淨慈悲之化崇不知此道而且獨任臆理以飾陋見故其當軸也則禁度僧創寺鑄佛寫經其屬纊也則遺令戒兒曹勿舉佛事使得君如魏太武以逞其堅僻之志則亦當時一崔浩不令之終也
十四年日本國沙門榮叡普照至揚州奉國主命以僧伽梨十領施中國高行律師鑒真受其衣感外國有佛種遂與叡等附舶而東既至王迎勞之館于毗盧遮那殿請其授歸戒夫人群臣以次稟授日本律教始行於此
十五年敕天下村坊佛堂小者並拆除之功德移入近寺堂大者皆令封閉公私望風凡大屋大像亦被殘毀敕下豫州新息令李虚方醉而州符至大怒約胥正敢毀拆者斬虚行事多違戾非有意全佛屋也淺病死既斂聞棺中指爪聲毋促開之乃生時暑月身殖瘡爛月餘方愈自言初為兩吏拘至王庭見前新息吏士經年矣謂虚曰長官毀害為心今當受報虚聞大懼請救吏曰去歲拆佛堂長官界内獨全此功德彌天不合此間追攝王若問但以此對頃之見王有人持一通案吏讀曰李虚專學剖羊腳合杖一百仍剝身肉虚曰去歲敕毀佛堂虚界内獨存之頗此功德以折前罪王驚曰審有此不吏白有福簿在天堂王令檢之吏讀曰去年毀拆佛堂新息一縣獨存合折一生無數罪惡延年三十言畢罪簿火出焚之略盡乃敕兩吏送還後三十無疾而終（太平廣記）○菩提流志亡年百五十六歲謚一切徧知三藏贈鴻臚卿○房琯為盧氏宰道士邢和璞與之出遊過夏口入廢寺坐古松下使人掘地得甕中所藏婁師德與永禪師書畫謂琯曰頗憶此耶琯憮然悟前身為永師也○遂州任善病亡同數俗人一僧俱至閻王所僧曰常誦金剛經王即合掌忽有五色雲迎僧升天冥官謂善曰汝亦曾誦二十一徧即令放還又漉水趨璧入京舉選路逢亡妻言今在冥司受罪不可言我衣裝在阿家處可取賣造金剛經一部璧如言始及半卷因過墓所見老人稱是地主曰汝妻昨日已得生天（金剛感驗錄）
十七年敕天下僧尼三歲一造籍（供帳始此）
述曰出家學道要在從師受戒為之制初未嘗掛名於官籍自漢明至唐初莫不皆然至則天延載始令二衆隸祠部而明皇正觀始令三歲造籍肅宗至德復令鬻牒謂之香水錢逮我本朝南渡則又創免丁之賦謂之清閑錢噫律言非我所制餘方為清淨者不得不行豈如來以佛眼觀末世為吾徒者當勉順國法乎噫
十八年左溪朗禪師為荊溪湛然禪師說止觀法門○詔天下寺觀建天長節祝壽道場○西京崇福寺沙門智昇進所撰開元釋教錄二十卷以五千四十八卷為定數敕附入大藏○武功縣丞蘇珪常誦金剛經合家五十口皆蔬食妻崔氏以瘦悴竊食肉變為胥耎氣絕歛十日復蘇言見閻王責曰汝夫是肉身菩薩何為盜食肉賴有誦經之功延壽二十年可歸以語諸人時帝聞之亦發心持經從化者甚衆　○沙門海通於嘉州大江之濱鑿石為彌勒佛像高三百六十尺覆以九層之閣扁其寺曰陵雲
二十年金剛智三藏亡謚灌頂國師弟子不空三藏奉遺教復回天竺至師子國遇龍樹受十八會灌頂之法及經論五百餘部○初是西晉時有僧義興於鄖縣東南三十里山谷間立佛祠於巖上至是高僧法睿素故迹

造精舍於山之東麓祕書萬齊融建多寶塔于西南隅師居其處日誦法華感太白化天童送供夜遶塔行道人見師身與塔齊因號太白禪師名其山曰天童(世傳啓禪師開山者誤)○敕末尼本是邪見妄託佛教既是西胡師法其徒自行不須科罰

述曰佛言九十六種外道佛道為正是知餘皆邪法無足議者末尼既是邪見朝廷便須禁止今乃縱其自行不加科罰曾不思此立有深其習者邪以傳邪適足為佛法之混濫嗟不知當時君臣何其不能區別邪

二十一年南山道宣律師出刪定四分戒本出家之士得以誦習

二十三年無畏三藏示寂塔于龍門之西山

二十四年敕頒御註金剛般若經于天下○中書奏令天下僧尼隸鴻臚寺○吳道玄字道子妙窮丹青大略宗張僧繇上名入供奉於景公寺畫地獄變都人咸覩皆懼罪修善兩市屠沽不售(今世有石本道子觀音)

二十五年敕僧尼仍隸祠部道士隸宗正寺以李宗屬皇籍也

二十六年敕天下諸郡立龍興開元二寺○沙門法秀奏與僧勸置袈裟五百領施回向寺及覺異之遂丐人造及其數忽一日遇僧曰吾導汝入回向寺隨之入終南山見崖半朱門高聳榜曰回向趨入見上方耆宿諸僧相勞問秀出袈裟偏寺施之老宿引入空房謂曰此唐天子舊室命侍者取玉簫至曰向居此好聲樂謫為人間主久當復歸囑秀曰汝持玉簫袈裟歸獻唐天子秀還詣闕表上之帝取簫調弄宛如宿御(高僧傳)

二十七年敕天下僧道遇國忌就龍興寺行道散齋千秋節祝壽就開元寺○

二十八年吉州清源行思禪師坐亡師得法於六祖僖宗朝追諡弘濟禪師歸真之塔

二十九年河南采訪使齊澣言至道可尊當從宗仰未免鞭撻有辱形儀其僧道有過者欲望一準僧道格律處分(音分處置得所)所由州縣不得擅行決罰奏可○不空三藏自師子國復來廣州采訪使劉巨鱗請建灌頂壇法感文殊現身度人至千萬數

天寶元年西域康居(音渠)大石五國入寇安西(唐朝置安東安西安南安北四府)帝名不空三藏入內持誦仁王護國密語上親秉香鑪方二七徧上見神人可五百餘立於殿廷師曰此北天毗沙門王第二子獨健副陛下禱往救安西請設食遣四月安西奏云二月十一日城東北黑雲中見金甲人身丈餘空中鼓角聲振天地寇人帳幕間有金鼠囓斷弓弦五國即時奔潰須臾見城樓上天王見形上令驗之即誦呪日也(今城樓置天王堂者因此)

二年敕羅浮山佛經所載是華首菩薩住處可特立延祥寺華首臺明月戒壇○初沙門楚金於京師千福寺誦法華經至寶塔品身心泊然寶塔忽現乃禪坐六年誓建斯塔下基之日衆聞天樂異香帝於禁夢虛空有楚金二字以問群臣咸以師對乃親書多寶塔額賜縑繒以助役

三載千福寺建多寶塔成感五色雲籠塔上萬衆瞻禮楚金復集大德於塔下行法華三昧感獲舍利三千七十粒○敕諸郡開元寺鑄皇帝等身金銅佛像○名司空山本淨禪師至闕問禪宗要旨勅住白蓮寺○南岳懷讓禪師示寂諡大慧禪師最勝輪之塔師得法於六祖

四載勅波斯經教出自大秦其兩京波斯寺宜改大秦○名中岳道士吳筠入見問以道要對曰深於道者無如老子五千文復問神仙冶鍊之法對曰此野人事積歲月以求之非人主所宜留意時內侍高力士素事佛毀於上前遂辭還茅山筠以見斥遣論以毀釋

氏浙西觀察使陳少遊請法師神邕決之邕約面論邪正旗鼓纔臨筠竟敗北邕遂著翻邪論以攻餘黨少遊聞于朝命邕為僧統(翻邪)

澂左

五載師子國遣使来朝獻貝葉大般若經瓔珞白氍五勅不空三藏居鴻臚寺入内為帝行灌頂法時久不雨師立壇作法大雨徧洽(十三)復禁止大風風即隨止(池十)

六載勅天下僧尼属兩街功德使始令祠部給牒用綾素勅天下寺院擇眞行童子每郡度三人

十四載上以北方禀氣剛毅列刹多習騎射詔沙門辯才為臨壇教授用加訓導

肅宗(玄宗第三子)

至德元載正月范陽節度使安禄山反五月玄宗太子百官發長安将幸蜀至馬嵬百姓數千人請太子留東破賊室金城沙門道平力勸議兵靈武以圖收復遂以平為金吾大将軍至臨皐屢與賊戰大破之事定行封平固辭乃勅住崇福興慶二寺賜紫衣金帛七月太子即位于靈武尊玄宗為太上皇○帝在靈武以軍須不足宰相裴冕請鬻僧道度牒謂之香水錢(賣牒始此)○時寇難方戚或勸帝宜憑佛祐詔沙門百人入行宫朝夕諷唄帝一夕夢沙門身金色誦寶勝如来以問左右或對曰賀蘭白草谷有新羅僧無漏常誦此名乞見行在既而不空至遂并留之託以祈福○杜鴻漸奏辯才住龍興寺詔加朔方管内教授○上皇駐蹕成都内侍高力士奏城南市有僧英幹於廣衢施粥以救貧餒頭國運再清克復疆土欲於府東立寺為國崇福上皇說御書大聖慈寺額賜田一千畝勅新羅全禪師為立規制凡九十六院八千五百區全禪師後往池州九華山坐逝全身不壞骨如金鎖壽九十九○十二月上皇自成都還京師○詔沙門元晈於鳳翔開元寺建藥師道場忽會中生李樹四十九莖晈等表賀勅荅曰瑞李滋繁國興之兆生於伽藍之内亦知覺樹之榮威此殊祥與師同慶○詔迎鳳翔法門寺佛骨入禁中立道場命沙門朝夕讃禮勅五岳各建寺妙選高行為之主白衣誦經○百紙賜明經出身為僧時僧標中(十四)首選或納錢百緡者許請牒剃度(池十)○羅浮山沙門慧常因采茶入山洞見金字榜羅漢聖寺居中三日而出乃在茅山人間五年矣

乾元元年(後稱年)勅不空三藏入内為帝灌頂授戒法感大樂說菩薩放光證戒

二年三月詔天下州軍臨江帶郭上下五里置放生池凡八十一所昇州刺使顏眞卿撰碑云動者植者水居陸居舉天下以為池壑域中而蒙福乘陀羅尼加持之力竭煩惱海生死之津○詔南陽慧忠禪師入見勅居千福寺號稱國師上問師在曹溪得何法師曰陛下見空中一片雲麼上曰見師云釘釘著懸挂著(五祖戒師代云好事不如無)上問如何是十身調御師起立云還會麼上云不會師顧左右云與老僧過淨瓶来

上元元年勅中使往韶州曹溪迎六祖衣鉢入内供養○吳興沙門抱玉入京受戒帝夢吳僧誦法華經口出五色光翌旦師入闕闕吏問何来荅曰善誦法華遠来受戒闕令以聞帝名見果夢中所見者賜坐誦經至隨喜品口角放光五色帝大說令別築香壇特為受戒賜名大光封天下上座○勅僧尼朝會毋得稱臣

洪覺範曰嵩明教每歎沙門高尚見天子(池十)無臣禮自唐令蹈首壞其端(此事未見所出)歷世因之於是不疑彼山林遠士天子猶不得臣之況沙門之道尊居三寶為世歸依者乎故正宗記之表首尾言臣某以存故事其間自叙則止稱名當時公卿莫不重其高識

述曰：易曰不事王侯高尚其事記曰儒有上不臣天子下不事諸侯後漢王儒仲被徵見光武稱名不臣有司問其故對曰天子有所不臣夫儒生隱士尚知以道自高況世外學佛名居福田豈當臣事世主自取汙辱若肅宗者可謂知尊釋氏深識大體者矣

名沙門子鄰入禁中講經賜紫服充供奉初師遊學歸寧以母亡三載詣泰山祠誦蓮經誓見天齊王王見形曰師生時母多食雞卵取白傳頭瘡坐是之由在獄受苦鄰悲號求免王曰往鄮山禮阿育王塔或可原也鄰即到山寺哀訴禮至四萬拜聞空中聲仰視見亡母乘雲氣謝之曰承汝之力已得生忉利天今寺後峯翠微菴即師棲止處○尚書左丞王維與弟縉皆篤志奉佛素衣蔬食別墅在輞川嘗吟遊其間母喪表請以輞川第為佛寺

寶應元年河南尼眞如屬祿山之亂避地楚州月夜二皂衣引東行升天至大城見天帝（當是帝釋天主）諸天王（當是三十二天王及四門天王）相謂曰下方喪亂殺戮過多請以第二藏寶鎮其國乃具以寶名及鎮法授眞如今前二吏導其歸如以狀白之州其寶十三枚皆白玉寶珠置日中白光屬天夜則如月其名曰玄黃天符穀璧如意珠玉印碧色寶等刺史崔侁表上之帝謂太子曰上天眷祐有德者乃克當之汝以楚王入為太子今楚州獻寶天將以祚汝也乃悉以寶授之改元寶應賜眞如寶和大師勅長安立寶應金輪寺

述曰自肅宗至昭宗凡十三帝而唐亡是知十三寶之賜所以昭其祚也史雖載之不知其為天降之讖也

佛祖統紀卷第四十

池十

佛祖統紀卷第四十

校勘記

一　底本，明永樂南藏本。

一　六九四頁下一九行「京西」，徑作「西京」。

一　六九五頁上三行「五萬」，徑作「五百」。

一　六九八頁上二三行夾註「賫牒始此」，徑作「賫牒始」。

佛祖統紀卷第四十一

宋咸淳四明東湖沙門　志磐撰

法運通塞志第十七之八

代宗（豫肅宗子）

永泰元年九月鑄金銅佛像成於光順門巫百僚致拜○十月吐蕃寇逼京師命內出仁王經二輦送西明諸寺詔不空三藏置百高座講經帝臨御行香禮敬已而寇平詔曰仁王寶經義崇護國前代所譯理未融通乃勅不空三藏沙門飛錫良賁等於大明宮南桃園重譯帝親對讀謂新舊二經理雖符順所譯新本文義甚周乃御製序文加不空特進鴻臚卿○詔出家沙門尊居三寶其令天下官司毋得捶辱僧尼○勅大興善寺建方等戒壇立臨壇大德十人○帝夢六祖請衣鉢還山乃令劉崇景頂戴送還勅韶州刺史楊瑊以禮奉安○勅沙門百人於禁中行念誦法謂之內道場出入乘馬度支稟給○章敬沙門崇惠與道士角法告勝勅賜紫衣○勅於金剛智諸灌頂道場選沙門二七員為國長誦佛頂呪○鎮國純陀三藏亡年六百歲

大曆元年勅沙門良賁於桃園撰仁王經疏進上姑蘇支硎山沙門道遵（左溪弟子）置法華經院舉高行十四人常持法華以燭繼晝用揚大雄之慈聲郡刺史常元甫尚書劉晏奏賜法華道場於是自江以東置經院者十七所皆取法於師也○衢州別駕周伯達常持金剛經忽見光中有梵僧自稱須菩提曰汝誦經數年何為不斷肉食伯達悚懼即蔬素精加勤誦祥感屢見

二年詔輔相大臣始建功德院○杜鴻漸初撫巴蜀遣使詣白崖請無住禪師入城問道師曰觸目皆如鴻漸由是棲心禪悅晚年入相以疾辭退臨終沐浴命朝服加僧伽梨剃須髮別眾而逝依（沙門）法火焚其軀○法照法師於南岳雲峯寺食鉢中覩五色雲見山澗石門有寺榜曰大聖竹林寺遂與同志往詣五臺見金門樓觀一如鉢中所見入寺至講堂見文殊普賢分座說法菩薩萬數師前作禮問曰末代修行以何為要文殊曰諸修行門無如念佛師辭退作禮舉頭俱失乃於見處建寺號竹林云

三年詔慧忠國師入內引太白山人見之師曰汝蘊何能山人曰識山識地識字善筭師曰山人所居是雄山雌山茫然不知對師曰殿上此是何地荅曰容弟子筭師於地上一畫問何字荅曰是一字師曰土上一畫豈不是王字師曰三七是多少荅曰二十一師曰三七豈不是十字師謂帝曰問山不識山問地不識地問字不識字問筭不識筭陛下何以得此愚人帝顧山人曰師國寶也帝在便殿指宦者魚朝恩謂師曰朝恩亦解佛法朝恩進問師曰何謂無明從何而起師曰衰相現前奴也解問佛法朝恩大怒師曰即此是無明無明從此起後朝廷裁決或不預輙怒曰天下事（有不）由我帝聞不樂責其異圖縊殺之○詔徑山法欽禪師入見上待以師禮嘗在內廷見帝至起立帝曰師何以起師曰檀越何得向四威儀中見貧道帝大說所賜一不受布衣瓦鉢與弟子日唯乞食相國楊綰歎曰真方外士也平章崔渙問曰弟子可出家否師曰出家是大丈夫事豈將相之所能為晉公裴度三十餘人皆問道行門人禮浚乞歸山賜號國一禪師勅杭州守臣於山中重建寺宇長吏月至候問師初依素禪師素戒之曰汝乘流而行逢徑則止師遂南抵臨安見東北一山逢樵子問其地曰徑山也乃駐錫焉（四祖下七世）○七月詔建盂蘭盆會設高祖下七廟神座自太廟迎入內道場具幡華鼓吹迎行衢道百僚迎拜歲以為常罷日産靈芝于太廟二室○詔南岳沙門法照為國師師言其師南岳承遠有異德上南向而禮

爲度其道不可致乃名其居曰般舟道場用尊其位（神州）○荊溪禪師於天台佛隴爲道邃法師說止觀法門○勅回紇奉末尼者建大雲光明寺

四年帝於大明宮建道場感佛光現諸王公主近侍諸臣並覩光相自子夜至雞鳴率相裴冕上表稱賀

五年彗星見于東方詔不空三藏行法既而星殞時春夏不雨詔建壇祈禱越二日大雨霑足○初沙門自覺居平山爲鬼神講經當陽節度使張昭躬入山致請曰昭無政術致三年亢陽引欲無補聞龍神依師聽法忘其行雨願起大悲師焚香遙望潭洞而祝頃刻雲起甘澤遍下歲乃有秋

六年滁州刺史李幼卿奏沙門法照於瑯琊山建佛刹繪圖以進帝於前一夕夢遊山寺及覽圖皆夢中所至者因賜名寶應寺○回紇請於荊揚洪越等州置大雲光明寺其徒白衣白冠

八年勅天下童行策試經律論三科給牒放度

九年帝夢建康牛首山辟支佛來見勅太子詹事古佚於山中建七級浮圖○六月不空三藏告病詔加開府儀同三司封肅國公食邑三千户及示寂帝輟朝三日賜祭贈司空謚大辯正廣智三藏

十年勅大興善寺建不空三藏塔

十一年勅問崇聖寺三綱老宿（寺主知事維那爲三）如聞文綱律師親傳先師宣律師釋迦佛牙舍利宜詣右銀臺門進上以副朕瞻禮之心

十二年淮西兵馬使李重倩舍宅爲佛經坊賜名寶應一切經坊

十三年詔兩街臨壇大德圓照等十四人集安國寺定四分律新舊兩疏僉定一本

十四年泗州僧伽大師忽見形于禁中請帝曰州將（太守兼戎兵者）今普光王寺出財供十驛乘傳者（傳張戀反）可免此役帝即遣使傳旨賜絹綵黃金瀑罐勅寫真容入內供養○五月帝崩太子即位詔自今毋得奏置寺觀及請度僧尼

德宗（适代宗子）

建中元年沙門圓照進新定四分律疏勅賜紫衣充內供奉檢校鴻臚卿食邑三百户

二年吐蕃遣使乞朝廷賜沙門善講佛理者帝令良琇文素往赴說法教化歲一更之○四明無生居士胡幽貞修華嚴感應傳一卷備載歷代弘經之迹言龍樹龍宮所傳下本十萬偈今東土譯成八十卷者唯四萬五千偈其餘尚祕天竺故今發願哀請下本經偈具足流傳此土○信州南巖草衣禪衣宴坐三十年足不蹈地口不嘗味萬有叢然（歷橋反諂）此身不動侍郎權德輿爲之記曰古所謂遺物離人而獨立者又爲知此地之宴坐不爲它方之說法者乎

三年勅僧尼有事故者仰三綱申州納符告（唐稱符告者與品官告身同今時但）注毀在京者於祠部納告（度牒）

興元元年勅亡僧尼資財舊係寺中檢收送終之餘分及一衆比來因事官收並緣擾害今並停納仰三綱通知一依律文分財法（南山事鈔衣法篇及亡五衆輕重儀備述分財法）○法照法師於并州行五會教人念佛帝於中宮常聞東北方有念佛聲遣使尋至太原果見師勸化之盛乃迎入禁中教宮人念佛亦及五會

三年翰林學士梁肅學天台教于荊溪禪師深得心要以止觀文義弘博覽者費日乃刪定爲六卷行於世吏部郎中李華嘗從荊溪學止觀荊溪爲述止觀大意一篇包括大部若指諸掌時士夫同學者散騎常侍崔恭諫議大夫田敦皆學止觀於荊溪云○梁肅記云晉陵黃氏二女幼聞人誦法華聽之曰吾解此義也試使之說能深談實相之旨淺入

京師安國寺爲尼長名指法次名慧忍同修法華三昧忽有尼號空姑詞貌甚異來共止宿每至中夜身光赫然如是三年而去或問二尼皆笑而不答人謂其爲普賢也

貞元元年韋皋爲西川節度使初皋生一月有梵僧見之別久得無恙乎兒爲一笑衆問其故僧曰此諸葛武侯後身也其政治後當任蜀及是而驗皋在蜀二十一年功烈爲西南最

三年京兆尹宇文炫奏乞以鄉落廢寺爲學舍材勅曰奉佛之宮轉爲儒館此侵毀三寶之漸罪在不宥炫慙懼即日自解歸〇李泌拜中書侍郎同平章事初明瓚禪師居南岳上封人號懶殘泌往謁之聞誦經聲先悲愴而後悅豫知爲隱者候之良久瓚撥火出芋食之曰領取十年宰相至是泌用事爲帝言其高行詔徵之使者至石窟宣麻瓚寒涕垂頤凝然而坐不以介意使回以聞帝益嗟歎

注十一 六

四年江西馬祖道一禪師亡師得法於南岳讓禪師其後五世派爲二家溈仰曰臨濟（礼子）（反四瀆之一世 誤作夫舉）

五年勅曰釋道二教福利羣生館宇經行必資嚴潔今後寺觀不得容外客居住破壞之處隨宜修葺

六年正月詔迎鳳翔法門寺釋迦佛骨入禁中供養傳至諸寺瞻禮二月迎佛骨歸寺〇衡山石頭希遷禪師亡師得法於清源思禪師其後派爲三家五世而爲洞山七世而爲雲門九世而爲法眼

十年勅湖州刺史于頔進沙門皎然杼山詩集藏于御書殿〇遂法師於國清寺爲廣脩法師說止觀法門

十一年十一月南天竺烏荼國師子王貢華嚴經上表云云師子王手書普賢行願品上獻摩訶支那大唐國大吉祥天子願惠氏如來龍華會中早得奉覲僕宿命智瞻見便識同受佛記〇四月誕節詔澄觀法師入內殿講經以妙法清涼帝心號清涼法師教授和上

十二年正月勅皇太子於內殿集諸禪師詳定傳法旁正四月誕節御麟德殿勅給事中徐岱等與沙門覃延道士葛參成講論三教

注十二 二

詔罽賓三藏般若等於長安崇福寺譯烏荼所進華嚴經圓照鑑虛靈邃澄觀潤文證義帝親預譯場臨文裁正令左右街功德使霍仙鳴竇文場專領監護

十三年勅沙門端甫入內殿與儒道論議賜紫方袍令侍皇太子於東朝順帝敬之若兄〇左街功德使竇文場奏先師楚金於天寶初爲國建塔置法華道場令僧衆經聲不絕者六十餘年乞如旌表勅謚大圓法師

十四年二月般若三藏澄觀法師等進新譯華嚴經四十卷（[illegible]）

十五年七月帝幸安國寺設盂蘭盆供宰輔皆從

二十年日本國遣使者朝其學者橘免勢沙門空海入中國學秘密教於不空弟子惠果

二十一年十月三日新定沙門少康放光而逝初師至洛下白馬寺見殿內文書放光探之乃善導和上西方禮文遂至長安光明寺影堂大陳薦獻倏見導師遺像升空中而言曰汝奉吾教以利有生則汝之功必生安養又南適江陵路逢一僧曰汝欲化人當往新定（今嚴州）言訖而隱師乃往郡中乞錢誘小兒念佛月餘孩孺念佛求錢者衆如此一年無少長貴賤見師者皆稱阿彌陀佛乃建道場集衆升座高聲唱佛一聲衆見一佛從口出唱十聲則有十佛若貫珠然

順宗（名誦德宗長子）

永貞元年詔尸利禪師入內殿咨問禪理帝曰大地衆生如何得見性成佛利曰佛法如

水中月月可見不可取帝說(師得法於石頭遷師)○日本國沙門最澄來學教於天台邃法師盡寫一宗論疏以歸為日本傳教之始也
憲宗(純順宗長子)
元和元年敕沙門端甫錄左街僧事掌內殿法儀沙門靈邃錄右街僧事(僧錄始於姚秦法欽師)○詔沙門知玄入殿問道賜號悟達國師玄五歲能吟詩出家為沙彌十四講涅槃經李商隱贈詩有云十四沙彌解講經似師年紀秖攜瓶沙彌說法沙門聽不在年高在性靈○回紇遣使同摩尼偽人來朝
二年以吐突承璀為左右街功德使僧道隸焉(姓吐突名璀宦者璀七罪反)○三月詔曰男丁女工耕織之本其百姓有苟避徭役冒為僧道而實無出家之事業者所在有司科奏之○詔鵝湖大義禪師入見麟德殿與諸法師議論法師問曰如何是四諦師曰聖上一帝三帝何有問如何是禪道師以指點空法師罔措帝曰法師一點尚不奈何帝問何謂佛性師曰不離陛下所問帝默契尚書李翔問大悲用千手眼作麼師云今上用公作麼(師得法於馬祖)○河中府沙門慧琳撰一切經音義一百卷詣闕進上敕入大藏賜紫衣縑帶茶藥
三年詔章敬懷惲禪師至京召見內殿咨問禪法
四年詔惟寬禪師入見問禪要敕住安國寺白居易問師曰既云禪師何以說法師曰無上菩提者被於身為律說於口為法行於心為禪律即是法法不離禪○馬郎婦者出陝右初是此地俗習騎射蔑聞三寶之名忽一少婦至謂人曰有人一夕通普門品者則吾歸之明旦誦徹者二十輩復授以般若經旦通猶十人乃更授法華經約三日通徹獨馬氏子得通乃具禮迎之婦至以疾求止它房客未散而婦死須臾壞爛遂葬之數日有紫衣老僧至葬所以錫撥其屍挑金鎖骨謂眾曰此普賢聖者閔汝輩障重故垂方便即陵空而去○吳郡齊君佐勤學貧困欲求食天竺寺飢不能前一梵僧顧而笑曰法師不記講法華於同德寺乎佐曰不記僧即出囊中一棗與食佐即悟前身是講經僧僧曰當時五人唯我得度由汝師子座上廣說異端使學者生疑戒缺質陋報應宜然言已不見佐即投靈隱出家更名鑑空立行高邁
五年帝問澄觀國師何謂華嚴法界師曰法界者眾生之性體也世尊稱法界性說華嚴經事理互融無不周徧帝豁然有得敕有司鑄金印封為大統清涼國師○翰林學士白居易問心要於凝禪師得八言廣為八偈謂覺觀定慧明通濟捨觀偈云以心中眼觀心外相從何而有從何而喪觀之又觀則辨真妄(八偈見長慶集)居易每於鉢塔寺依如大師受八關齋戒者九度○歸宗智常禪師得法於馬祖江州刺史李渤問師曰須彌納芥子即不問如何是芥子納須彌師曰人傳使君讀萬卷書是否渤曰然師曰摩頂至踵如椰子大萬卷書何處著師以目有重瞳以藥手按摩目皆俱赤世號赤眼歸宗○居士龐蘊參馬祖問云不與萬法為侶是什麼人祖云待汝一口吸盡西江水即向汝道居士言下頓領玄要元和中北遊襄漢居郭西小舍一女靈照常製竹漉籬賣以供朝夕將逝令靈照出視日早晚及午以報女遽曰日已中矣而有蝕也居士出戶視之女即登父座合掌坐亡居士笑曰我女鋒捷於是更留七日州牧于頔問疾居士謂曰但願空諸所有慎勿實諸所無言訖枕公膝而化○敕諫議孟簡補闕蕭俛於醴泉寺監護譯經潤文○無著禪師入五臺求見文殊至金剛窟見山翁牽牛臨溪著曰願見大士翁牽牛歸著隨入一寺翁呼均提童子出迎翁引著升堂坐童子進玻璃盃對飲酥酪頓覺心神卓朗翁問曰近自

何來曰南方翁曰南方佛法如何住持曰末代比丘少奉戒律翁曰多少衆曰或三百或五百著問此間佛法如何住持翁曰龍蛇混雜凡聖同居曰衆幾何翁曰前三三後三三及暮呼童子引著出著問童子何寺曰般若寺也著惗然悟此翁即文殊即稽首童子乞下求一言童子隱身而歌曰面上無嗔供養真口裏無嗔吐妙香心内無嗔是珍寶無垢無染即真常著因駐錫五臺後頻與文殊會(别文殊翁説偈曰一念淨心是菩提勝造恒沙七寶塔寶塔畢竟化爲塵一念淨心成正覺)

六年般若三藏譯本生心地經諫議大夫孟

僩朙文帝御製序

九年百丈懷海禪師士師得法於馬祖自少林以衆多居律寺説法師始創禪居稱長老上堂升座主賓問酬激揚宗要學者依臘次入僧堂設長連牀施椸(音移)架掛搭道具置十務寮舍以營衆事後世從而廣之名禪苑清規○法師十一智晉多所著述而聽徒十二絕少因棄講居衡岳寺一日有耆宿至閱師所著曰涉所述頗符佛意而闕人緣可辦食施飛走(見辨翀閒僧禮)御後二十年衆當自集晉遂需衣易來日炊飯散郊外感羣鳥來集晉祝之曰食吾飯者願爲法侶後二十年往鄴城開講座下千

衆皆年少

十年南海經略使馬揔上疏請諡曹溪六祖勑諡大鑒禪師靈照之塔柳宗元爲撰碑

十一年隱峯禪師至淮右屬吴元濟阻兵官軍與賊交鋒未決勝負師振錫飛空兩軍仰觀歎異既而官軍得捷

十四年正月勑迎鳳翔法門寺佛骨入禁中敬禮三日歷送京城十寺世傳三十年當一開開則歲豐人安王公士庶瞻禮舍施百姓鍊頂灼膚以爲供養刑部侍郎韓愈上表曰上古無佛而治漢明佛法至其後亂亡晉魏以下年代尤促梁武奉之爲侯景所逼餓死臺城事佛求福乃反得禍(上古俗事攻治復世俗難故亂周孔以仁義爲用醫佛以真道爲救世皆所以易薄俗也國祚修報係之定命非佛法之可祛梁武是住世四果聖人貽斜尚信書戒當時史人不足以如故書求蜜荷牸而崩岳丈創爲餓死臺城之言其爲褻後世君子勿用此論)瀆佛本夷狄之人口不道先王之法言身不服先王之法服不知君臣之義父子之情(佛大聖人降生中天竺國如此方乃天士之東境遠方豈嘗以中天爲夷一大救教皆夷佛之道直非[illegible]書嫌色褻教出世探恪豈非法服行法王無教君不得而臣爲出家士故久不得而子無於魚李之道所以報君煥觀者非世俗區區所能比)況其身死已久枯朽之骨凶穢之餘豈宜以入宮禁乞以此骨付之水火永絕根本佛如有靈能作禍福凡有殃咎宜加臣身表入帝大怒將抵以死賴裴度等勸免

潮州刺史(佛示現生死實未嘗滅留取舍利爲世生福所在之靈是爲遠場何有緣手含業金開聖國一切物不能簽何能緣以水大佛道蓋抱聯嚴史下校然諸法大神自船降屏今帶金熱死对然必傳其報預大臣械勸是亦佛書力撤爲不殿死也)○初舍利入大内夜放光明早朝羣臣皆賀曰陛下聖德所感韓愈獨不言上問愈愈曰微臣曾見佛經佛光非青黄赤白等相此是十三龍神衛護之光上曰如何是佛光愈十二無對(寧實)(代云陛下高其天鑑古德云許急佛光)○二月勑翰林學士張仲素撰佛骨碑其略云岐陽法門寺烏鷲早有阿育王造塔藏佛身指節太宗特建寺宇加之重塔高宗遷之洛邑天后薦以寶函中宗紀之國史肅宗奉之内殿德宗禮之法宮憲本傳必三十年一開則玉燭調金鏡朗氛祲滅稼穡豐(云云)二十四日奉(佛骨)還于岐陽舊塔○韓愈至潮州聞大顛師之名請入郡問道留旬日後祀神至海上登靈山造其居(顛得法於石頭遷師)問師如何是道師良久愈罔措時三平義忠爲侍者乃擊禪牀三下師云作麼三平云先以定動後以慧拔愈大喜曰和尚門風高峻愈於侍者邊得个入處一日問師春秋多少師提起數珠云會麼答云不會師云晝夜一百八愈罔措明日再造門首逢首座舉前話座云侍郎如何會愈云晝夜一百八意旨如何座扣齒三下愈至方丈進前語

云晝夜一百八意旨如何師扣齒三下愈云信知佛法一般師云見甚道理愈云適來首座亦如是師喚首座問云適來祇對侍郎佛法是麼座云是師便打趂出院(詳此云首座知前不知後)(大顛師不聿行令)八月還袁州刺史復造其廬施衣二襲以為別尚書孟簡知愈與大顛遊以書嘉之愈答書稱大顛頗聰明識道理遠地無可與語者故自山召至州郭留數十日實能外形骸不為事物侵亂因與之往來及祭神海上遂造其廬及來袁州留衣服為別乃人之情非崇信其法求福田利益也夫積善積惡殃慶自各以其類至何有去聖人之道舍先王之法而從夷狄之教以求福利者哉云云

孟簡復服之曰彼楊墨老氏之書於理偏塵非中道要切釋氏之教則不然大明善惡之異路覈天下神道報應之微為廣其道非求饒靡觀施作活計利妻子奈何韓君以愚人下俚翁嫗之情見待之邪且其法行於世使人人自畏惡修善豈不大助教化之防與云云

東坡曰觀退之與孟簡書往復云云則知退之喜大顛如喜文暢澄觀而世人妄撰退之與大顛書其詞凡鄙有一士人題其末云歐陽謂此文非退之莫能及此又誣永州也近世所傳退之別傳深詆退之又作永州跋云使退之復生不能自解免吾友吳源明云徐君平見介甫不喜退之故作此文耳

述曰退之與大顛三書具存本集退之見大顛既其有實則往來書尺不應無之一時信筆何能句句精到謂之妄撰恐成過論至若別傳之辭誠為凡鄙是不能逃東坡之鑒也

浩翁曰退之見大顛後作文理勝而排佛之辭亦為之少沮云

韓退之原道云古之欲明明德於天下者先治其國欲治其國者先齊其家欲齊其家者先修其身欲修其身者先正其心欲正其心者先誠其意然則古之所謂正心誠意者將以有為也今也欲治其心而外天下國家滅其天常子焉而不父其父臣焉而不君其君民焉而不事其事孔子之作春秋也諸侯用夷禮則夷之夷而進於中國則中國之經曰夷狄之有君不如諸夏之亡(音無)詩曰戎狄是膺荊舒是懲今也舉夷狄之法而加之先王之教之上幾何其不胥而為夷也云云然則如之何其可也曰人其人火其書廬其居明先王之道以道之亦庶乎其可也

柳宗元送沙門浩初序曰儒者韓退之與予善嘗病予嗜浮圖言訾予與浮圖遊(退之與書與遊)(兩端為相責之本末於後作兩節解釋皆有關鍵)近隴西李生自東都來退之又寓書罪予且曰見送元生序不斥浮圖(此述退之責斥序圖之意)不浮圖誠有不可斥者(先立此句浮圖言者本與)往往與易論語合誠樂之其於性情奭然不與孔子異道(大釋其言與儒書合與先)(聖不異此兩義有)退之好儒未能過揚子揚子之書於莊墨申韓皆有取焉浮圖者反不及莊墨申韓之怪僻險賊邪(又責退之不及楊子楊子尚不斥莊墨之怪險)(退之何當斥浮圖之廣大)曰以其夷也(應退之指佛為夷之言)果不信道而斥焉以夷則將友惡來盜跖而賤季札由余乎(秦之先蜚廉生惡來父子俱以材力事紂見史記跖之石反秦大)(盜見莊子二皆中國人吳公子延陵季札賢臣由余自西戎入秦二人皆出於蠻戎)非所謂去名求實者矣(責退之果以其法為夷則名與實俱失之矣)吾之所取者與易論語合雖聖人復生不可得而斥也(此述浮圖之言與儒書合不當斥)退之所罪者其迹也(先立此句責退之但觀迹而不知心)曰髡而緇無夫婦父子不為耕農蠶桑而活人乎(出退之觀迹之意欲以世間之)(俗務責學出世間者)若是雖吾亦不樂也(暫同退之觀迹之見)退之忿其外而遺其中是知石不知韞玉也(正責)(退之觀迹不知心夫沙門之法去世浮榮故為剃染之容脩習梵行故無夫婦之累至如出家學道所以升濟父母之神明而為天官淨土之歸者知此報恩為至極也非同俗士但在於生事死葬鬼事之而已況出家者身參三寶世所尊敬豈徒責之以不耕蠶乎無野人莫養君子請借此義退之不知由象學道者之心是不知石中有玉也)

吾之所以嗜浮圖之言以此(此一節解釋與浮圖言者意在於此)與其人遊者(亦此句為與浮圖遊者之本)非必能通其道(俗儒不求盡通浮圖之妙)且凡為其道者不愛官不爭能樂山水而嗜安閑者為多(但知喜其清數不與俗士同)吾病世之逐逐然唯印組為務以相軋也(正說俗士唯以利名為當命)則舍是其焉從(不慕浮圖復何所慕舍捨同焉音煙)吾之好與浮圖遊以此(此一節解釋與浮圖遊者在此)今浩初閑其性安其情讀其書(正通釋與)通易論語(學合儒書)唯山水之樂有文而文之(雖在幽閑亦之以番世生言)又父子咸為其道以養而居泊焉而無求(信其所學有所師法)則其賢於為莊墨申韓之言(此子厚所以與之言)而逐逐然唯印組為務以相軋者其亦遠矣(此子厚所以與之遊)

述曰退之不知佛所以斥佛後世士夫見韓原道及答孟簡書則便以能距楊墨者為比楊墨之僻誠足距者至於佛道廣大則凡世間九流悉為所容未有一法出乎佛道之外豈當以楊墨比之哉或曰柳子謂浮圖之言與易論語合易語世間言教豈足以知佛道之極際曰浩初以子厚儒生未可語以深妙故以易論語要義比況之俾其易領耳柳子既有所發故復欲以此警退之之不逮非從易論語中說則儒人未易領也然子厚自此卒能優入此宗

故其送元舉序云佛之道大而多容無姓碑云紹承本統以順中道送重巽師序云吾自幼學佛求其道三十年吾獨有得焉此未可以易論語裁量之也嗚呼退之之斥佛非柳子不足以責今於浩初序章句以釋之將以廣柳子之能言也 十六

池十一

韓愈斥潮州第四女拏年十二死于道瘞商南山下及後為京兆歸其骨于河陽韓氏墓為擴文曰愈為少秋官言佛夷鬼其法亂治梁武事之卒有侯景之敗可一掃去不使爛漫天子謂其言不祥斥之南海揭陽之地

述曰退之鄙佛為夷專責梁武事佛及禍以警當年之君上而退之終罹斥逐之禍何其速哉梁武住世應真示現君主誌公傳大士共相施化豈世儒所能測識哉

韓愈讀墨子云儒墨同是堯舜同非桀紂同修身正心以治天下國家奚不相說如是哉予以為辨生於末學各務其師之說非二師之道本然也孔子必用墨子墨子必用孔子不相用不得為孔墨

藏六祖秀禪師作歐陽外傳記祖印與永炓論道因録古人非韓者略出王荊公蘇東坡龍先生嵩明教之說荊公曰人有樂孟子之距揚墨而以斥佛老為已功嗚呼莊子所謂夏蟲者其斯人之謂乎道歲也聖人時也執一時而疑歲者終不聞道矣(云云)東坡曰退之之於聖人之道蓋亦知好其名矣而未能樂其實何者其為論甚高其待孔子孟子甚尊而距楊墨佛老甚嚴此其用力亦不可謂不至矣然其論至於 十二

池十二

理而不精支離蕩佚往往自叛其說而不知(云云)西蜀龍先生作非韓百篇其略有云孟郊失三子退之與詩曰失子將何尤吾將尤上天汝實主下土與奪一何偏彼於汝何有乃令蕃且延此獨何罪辜生死旬日間詩三百下以風刺上刺於至不仁也其辭不恕執有怨天而侮訕之者其勇於毀佛老盡可見矣今錄十許條云佛老大聖斥為夷狄(原道)孔墨異道今云本同反孟玷孔(讀墨子)道本同教常異儒教經世佛老教出世退之主經世以廢出世未是知道(原道)性本一今言三品五性未為知性(原性)人為責令以夷狄禽獸同人乎(原人)先朝迎佛骨而弁遐近於幸災(直諫表)左遷潮陽而勸封禪近於獻諂求入(賀尊號表)畏修史之禍而勇於排佛(答劉秀才書)為駁雜之說而好為博塞(之戲雜如毛頴傳送窮文之類博塞見張籍書)嵩明教非韓三十篇其言曰舊唐史謂韓子性褊僻剛訐

於道不弘考其書觀其行誠然耳欲韓如古人從容中道固不逮也宜乎識者謂韓第文辭人耳夫文所以傳道也道不至雖甚文奚用學者不能考而徒效其文以識沮二教聖人為已能故為書以辨之以正夫天下之好毀者（云云其條攻之辨大略如龍先生）東坡曰昔之為性論者多矣而不能定于一始孟子以為善荀子以為惡揚子以為善惡混而韓愈者又取夫三子之說而折之以孔子之論離性以為三品曰中人可以上下而上智與下愚不移以為三子者皆出於其中而遺其上下嗟夫是未知乎所謂性者而以夫才者言之夫性與才相近而不同聖人之所與小人共之而皆不逃焉是真所謂性也而其才固將有所不同天下之言性者皆雜乎才而言之是以紛紛而不能一也孔子之所謂中人可以上下而上智與下愚不移者是論其才也（十八字）至於言性則未嘗斷其善惡曰性相近也習相遠也而已韓愈之說則又有甚者離性以為情而合才以為性是故其論終莫能通

賈島初為浮圖名無本來東都時禁僧午後不得出島為詩自傷韓愈因教其為文遂去浮圖舉進士有李洞者慕島為詩鑄像以事之嘗稱賈島佛

佛祖統紀卷第四十一

佛祖統紀卷第四十一

校勘記

一　底本，明永樂南藏本。

一　七〇〇頁下一八行「則止」，經作「而止」。

一　七〇一頁下二行「草衣禪衣」，經作「草衣禪師」。

一　七〇二頁上二〇行「潙仰」，經作「曰潙仰」。

一　七〇四頁上一〇行夾註「洹沙」，經作「恒沙」。

一　七〇四頁上一八行「禪苑」，經作「禪院」。

一　七〇四頁中一八行夾註右第六字「生」，經無。

一　七〇四頁中一九行夾註右第一六字「教」，經作「此」。

一　七〇四頁中二一行夾註左「所能比」，經作「而能所比」。

一　七〇四頁下一行夾註左「生福」，經作「造福」。

一　七〇六頁下一八行「未爲知性」，經作「未足知性」。

一　七〇六頁下末行「褊僻」，經作「偏僻」。

佛祖統紀卷第四十二

宋咸淳四明東湖沙門 志磐 撰

法運通塞志十七之九

穆宗（憲宗子）

長慶元年上親製南山律師讚曰代有覺人為如來使龍鬼歸降天人奉事聲飛五天辭驚萬里金烏西沈佛日東舉稽首歸依肇律宗主（至今律宗忌之日用以稱讚）○幽州節度使劉總上表請出家帝不許總乃以印付留後自剃髮為僧以私第為寺帝乃從其志封為大覺師賜僧臘五十寺名報恩○河東節度使裴度奏五臺佛光寺慶雲見文殊大士乘師子於空中從者萬衆上遣使供萬菩薩是日復有慶雲見於寺中○勅龍興寺沙門惟英充翰林待詔兩街僧統

二年汾陽無業禪師（嗣馬祖）凡學者致問必答之曰莫妄想憲宗屢遣使召皆辭以疾上即位思一瞻禮至是遣兩街靈阜齋詔迎請師笑謂衆曰吾從別道去矣中夜集衆說法端坐而逝勅諡大達國師○中書舍人白居易知杭州往問道於鳥窠禪師師曰諸惡莫作衆善奉行居易曰三歲孩兒也恁麼道師曰三歲孩兒雖道得八十老翁行不得居易服其言作禮而退（師名道林見徑山欽禪師）

四年沙門惠皎於杭州西湖孤山鑿石壁法華經刺史白居易九人助其功宰相元稹贈為之記有云佛法之興妙僧當為余言余不當為僧言○白居易至廬山見歸宗常禪師值師泥壁問曰君子儒小人儒居易曰君子儒師打泥托一下居易遂過泥師接得便用良久云莫便是快俊底白侍郎麼居易云不敢師云秪有過泥分○中書令王智興請於泗州建方等戒壇遇聖誕之日許以度僧制可浙西觀察使李德裕上書以為所度無算江淮失丁男數十萬帝不納

敬宗（穆宗長子）

寶曆元年勅兩街建方等戒壇左街安國寺右街興福寺以中護軍劉規充左右街功德使擇戒行者為大德令試童子能背誦經百五十紙女童誦百紙者許與剃度

二年勅沙門道士四百餘人於大明宮談論設齋○上幸興福寺觀沙門文溆講經上稱善○白居易述華嚴經社記云杭州龍興寺沙門南操因靈隱道峰法師講華嚴世界品遂發願勸黑白十萬人持華嚴經一部十萬人復勸千人諷華嚴經一卷每歲四季衆會與齋操捧香跪啓於佛曰願於未來世華嚴藏世界大香海水上寶蓮金輪中毗盧遮那佛前與十萬人俱乃於衆中率財置田千頃以給齋用來求記於予曰予即十萬人中一人也

文宗（穆宗子）

大和元年十月誕節詔祕書監白居易安國寺引駕大師義林上清宮道士楊弘元於麟德殿談論三教（樂天文集有問答）○沙門善信大師學于馬祖悟佛法大意後住五臺修無礙供久之見老父謂曰師之大緣當在隨洪師依教至大洪山適居人以牲物禱雨于山之龍池師止之曰勿殺而牲吾當為汝禱乃登山宴坐廿雨霈然有張武陵父子率衆禮謝為建道場至是年忽示衆曰種種供養不若以身供養乃以利刃斷左右足置几上白乳流涌門人哀號奪去其刃師不起于座遂入涅槃張氏父子侍立左右脫然辭化人服靈相謂之大聖二聖云山南節度使崔公遣官修供以金泥傳其身上聞之賜所居號幽濟院自是諸郡有禱靈響如答

二年江西觀察使沈傳師請於洪州建方等戒壇以聖誕度僧制答曰比因國事暫免度僧勅命已下而傳師遽禁中請宜罰奉一月以示不允

三年沙門清晃等於姑蘇法華院刊石壁法華經等八部郡刺史白居易為之記

四年祠部請令天下僧尼非正度者許具名中省給牒時入中者七十萬人○引駕大師義林奏修慈恩塔開家之日異香襲人真身側臥骸壹具四十齒密相如生頂上金色苔厚二寸如瑞芝狀○脩法師於天台禪林寺為物外法師說止觀法門

五年勑天下州郡遣僧尼籍

八年十二月池州南泉普願禪師士（嗣馬師）居南泉三十年觀察使陸亘請入郡伸弟子禮亘曰弟子亦薄會佛法師曰大夫十二時中作麼生亘曰寸絲不挂師曰猶是階下漢陸亘見人雙陸拈起骰子云恁麼不恁麼祇恁麼信彩去時如何師拈起云臭骨頭十八亘曰肇法師甚奇怪解道天地同根萬物一體師指庭前牡丹花云人見此一株花如夢相似○澧州藥山惟儼禪師士諡弘道大師（嗣石頭）

九年岐山法門寺佛骨塔慶雲見○四月翰林學士李訓請羅長生殿內道場沙汰僧尼偽濫者是日大內靈像夜大風含元殿四鴟吻皆震墜拔殿前樹者三壞金吾仗館舍內外樓觀城門數十所光化門西城俱壞士民震恐帝以訓所請忤天意亟下勑停前沙汰復立大內儀像風始息（舊史五行志）七月李訓請令天下僧尼試經業不中格者羅之十一月李訓坐謀誅宦官斬首於昆明池勑免僧尼試經○八月詔沙門宗密（號圭峯[illegible]六祖[illegible]世）入內殿問佛法賜紫方服

開成元年正月左街僧錄內供奉三教講論引駕大師悟達法師端甫右脅而滅荼毗得舍利三百粒師表率清衆十有一年弟子傳業者千餘人史館修撰裴休撰碑銘○勑沙門雲端充左右街僧錄○上嘗謂近臣曰天下有無補教化而蠹食於國者卿等可悉言之有對者曰祖宗已來廣行佛教緇徒益多益為蠹物耳上即勑中外羅緇徒講說佛經會尚食廚蓋御膳亨鷄子忽聞鼎中有聲極微聽之乃羣卵呼觀世音菩薩悽愴之甚監宰以聞帝遣驗之果然帝歎曰吾不知佛道神力乃能若是勑自今不得用鷄子又一日食蛤蜊有擘不開者焚香禱之俄變為大士形帝召終南山惟政禪師問之師曰夫物無虛應此蓋廣陛下信心耳經云應以此身得度者即現此身而為說法帝曰大士以現未聞說法師曰陛下覩此為常為非常為信為非信帝曰希有之事焉得不信師曰已說法竟帝大悅即詔天下寺院立觀音像勑師住聖壽寺至武宗即位乃入終南山隱居人問其故答曰吾避佛耳（五祖牛山）

三年三月清涼國師澄觀示寂上輟朝三日重臣縞素勑葬終南山石室師歷九朝為七帝門師身長九尺四寸手垂過膝才供二筆日記萬言宿不離衣盡形一食宰相裴休奉勑撰碑

四年中書奏誕節令宰臣百條詣寺設千僧齋詔許之時名僧俱會士民縱觀莫不傾敬

五年正月圭峯禪師宗密亡宰相裴休撰碑

武宗（穆宗第五子）會昌二上欲芟夷釋氏詔令兩街述有佛以來興廢之際有何徵應法寶大師玄暢撰三寶五運圖以上○勑天下末尼寺並令廢罷京城女末尼七十人皆死在回紇者流之諸道死者太半

四年正月上以齋月斷屠出自釋教編之格令後唯禁歲旦三元日國忌日

五年正月趙歸真請與釋氏辨論詔僧道會麟德殿上手付老子論治大國若烹小鮮義知玄法師登論座大陳帝王理道教化根本辯說精壯道流不能屈因為上言神仙羽化山林匹夫獨善之事非帝王所宜留神帝色不平放還桑梓帝作望仙臺於南郊歸真乘寵排毀佛道非中國所當奉宜從除削臣僚

皆言歸真姦邪不宜親信歸真自以巳涉物論乃薦引羅浮鄧元超等同力廖圖誅毀佛法四月詔檢校天下寺院僧尼數五月勅兩都左右街留寺四所僧各三十人天下州郡各留一寺上寺二十人中寺十人下寺五人八月勅諸寺立期毀拆括天下寺四千六百所蘭若四萬所寺材以葺廨驛金銀像以付度支鐵像以鑄農器銅像鍾磬以鑄錢收良田數千萬頃奴婢十五萬人僧尼歸俗者二十六萬五百人穆護火祆並勒還俗凡二千餘人宰相李德裕率百官上表稱賀○五臺諸僧多亡奔幽州李德裕謂進奏官曰歸白本使毋聽遊僧入境節度使張仲武奉其命主客郎中韋博謂德裕曰沙汰之法不宜太過德裕怒出博武陵判官

六年長安有人夜行經周穆王陵見人從空中下朱衣執版宣言冢尉何在二吏從墓出曰在此朱衣曰錄西海君使者何時當至吏曰計程可十八日朱衣曰何稽留君此吏曰李炎坐毀佛教奪壽去位當與西海君同錄其魂有貫客鈴聲東來朱衣二吏忽不見後數日上果病崩(太平廣記)○太子賓客盧貞有子嘗為僧因沙汰拔先王府參軍一夕夢前師至其家盧告曰罪官骨骨非所願也再思拔緇未知何日師曰興復在即汝宜堅志俟見旌旃萬騎傳呼而至云迎光王為天子(紹嗣)○五月勅楊欽義充兩街功德使令兩街各增八寺所度僧尼仍令祠部給牒○勅列聖忌辰並詣僧寺行香一如舊典以道士亂先朝數除佛教勅功德使楊欽義捕趙歸真劉元清鄧元超等十二人並集朝堂誅之陳其屍首

宣宗(憲宗十三子)

大中元年三月勅會昌季年并省寺院釐革過當其靈山聖境如有宿舊名僧能修創者所司不得禁止○李德裕專權日久帝惡之貶潮州司馬頃之再貶崖州司戶惡疾而卒初是有僧通宿世事謂德裕曰公當萬里南行生食萬羊今九千五百矣羊未盡猶有還日德裕曰吾嘗夢行晉山見山上盡目皆羊牧人曰此公平生所食也後旬日振武節度使李暨餽羊四百僧曰萬羊將滿公其不還後果卒於朱崖

述曰自古人君之毀佛者必有臣佐以濟其事故魏太武以崔浩周武以張賓衛元嵩唐武以李德裕趙歸真卒使大法被辱君臣俱蒙惡報何彼此之不幸歟至若舉行沙汰如桓玄之在晉世傅奕之在唐朝姚崇之在明皇李訓之在文宗雖皆牽於時事旣行而復尼以故一時小虧不若三武為禍之酷也若周世宗天性毀佛而不得其佐韓愈歐陽脩天性排佛而不逢其君使世宗得崔浩則寔誅沙門當有甚於太武之虐使韓歐逢三武則毀像戮僧當不減於崔李之酷崔浩腰斬德裕竄死不令之終亦足為報魯直謂退之見大顛排佛為泹祖秀謂永叔見圓通排斥內銷鎔韓與歐獲善于後亦由知識道力有以回之耳

統左禁軍楊瀼公以策定功請復佛教乞訪求知玄法師於是復僧入居寶應寺屬壽昌節講讚署三教首座帝以舊邸造法乾寺命師居之○白居易卒贈尚書左僕射居易晚節尚佛經月不葷稚所居為香山寺自稱香山居士嘗述讚曰十方世界天上天下我今盡知無如佛者巍巍堂堂為人天師故我禮足讚歎歸依會昌初有客舟遭風漂至大山一道士曰此蓬萊山一院扃鑰甚固曰此白樂天所居在中國未來耳樂天聞之為詩曰吾學真空不學仙恐君此語是虛傳海山不是吾歸處歸即須歸兜率天樂天嘗立願曰吾勸一百四十八人同為一志結上生會行

念慈氏名坐想慈氏容頤當來世必生兜率院歲風痺命工畫西方淨土一部晝夜供養為之讚曰極樂世界清淨土無諸惡道及衆苦願如我身老病者同生無量壽佛所一夕念佛儼然而化

二年勅上都東都荆揚汴益等州建寺立方等戒壇為僧尼再度者重受戒法五臺山建五寺各度僧五十人

述曰案僧史略云取大乘方等不拘根闕緣差但發大心並皆得受會昌沙汰僧尼在俗牢無諸過先令懺罪後增戒品自非方等豈容重受

宣州刺史裴休言天下寺觀多為官吏寄客蹂踐今後不得在寺居止違者重罰制可○安國寺沙門體會以能詩應制齊徒上乞紫衣上曰不為汝吝但汝相有闕故耳及賜一夕暴亡

三年正月齋日四明道俗八千人於阿育王寺供養佛舍利塔感天華紛墜有如雪色至手即融入夜放五色光明大衆喜躍明年有新羅僧夜盜塔手擎遶亭而行不離本處為衆所覺勅沙門靈晏為左右街僧録○壽昌誕節勅諫議李貽孫法師知玄同道士於麟德殿談論三教玄奏宜大復天下廢寺帝素重師德命圖形置禁中

四年勅杭州鹽官齊安禪師院賜名齊豐寺初帝為光王武宗忌之拘於後苑將見殺中官仇士良詐稱光王墜馬死因脫身遁去至香嚴閑禪師會下剃髮作沙弥同遊廬山閑師題瀑布云穿雲透石不辭勞遠地方知出處高閑方倖思沙弥續之云溪澗豈能留得住終歸大海作波濤閑始知非常人後至鹽官海昌見齊安禪師自稱有光安奇之即命為書記時黃蘗運禪師為首座一日拜佛光問之曰不著佛求用禮何為運便掌又問不著佛求常作如是事運又掌光曰太粗生運又掌曰者裏說甚麼粗細安師一朝謂之曰時節至矣毋滯蟠泥乃以佛法為囑未幾武宗崩百官迎王即位屢遣使以師禮色安安力辭及終勅謚悟空禪師上賜黃蘗為粗行禪師裴休奏改為斷際（雪竇頌黃蘗云大中天子曾輕觸三度親遭弄爪牙者是也）○日本國遣沙門常曉入中國求經迦毯教

五年勅天下州郡國忌行香不得攜酒肉入寺○名京兆薦福寺弘辯入見上問曰何為頓見何名漸修對曰頓明自性與佛同儔然有無始染習故假漸修對治令順性起用如人喫飯不因一口便飽帝說賜號圓智禪師○六月京城進士孫樵上書言百姓男耕女織不自溫飽而羣僧安坐華屋美食有餘率以十戶不能養一僧武宗憤其然髮二十七萬僧則天下二百七十萬人始得蘇息陛下縱不能如武宗除積弊柰何興之於已廢之後乎願詔僧未復者勿復寺未修者勿修帝怒不納○九月婺州女子曾志願開雙林大士塔見頂足連環齒牙不壞迎出塔供養四十九日復藏于塔

六年詔重建廬山東林寺追謚遠法師曰辯覺會昌毀寺二僧負文殊像藏之錦繡谷之峯頂至是寺復訪之不獲二僧相疑以為匿去忽見圓光瑞相涌於空表自是峯頂佛手巖天池常見光相云天池者崇峻尤甚去東林三十里夜間見空中聖燈自遠而至初明一炬頃之至百千萬錯或雲中見文殊大士出沒無常至心禮叩必見聖相○宰臣言度僧不精則戒法隳壞造寺無節則費財過多乞今後勝地名山許令修建後舊官度僧尼仰本州律師精擇有道性者制可

七年潭州溈山靈祐禪師示寂謚大圓禪師（見百）

八年勅三教首座辯章充左街僧録沙門僧徹充右街僧録○潭州岳麓寺沙門疏言（同隊）

往太原求大藏經河東節度使司空盧鈞副使韋宙以經施之節度巡官李節為之記曰儒學之人喜排釋氏其論必曰禹湯文武周孔之代皆無有釋釋氏之興源於漢流於晉瀰漫於宋魏齊梁陳隋唐此衰世之所奉也宜一掃絕之使不得滋論者之言粗矣吾請精而言之昔有一夫膚腯而色和神清而氣烈怡然保順醫與禱無用也腯徒骨切音突肥也後一夫而有風濕之痾背癰而足躄耳聵而目瞑於是用攻熨為事禱禬為是二夫者胡相反邪病不病異耳躄音壁不能行聵五怪切耳聾瞑莫定切目閉也嗚呼三代之前世康矣三代之季世病矣三代之前禹湯文武德義播之周公孔子典教持之道風雖微猶有漸漬以故詐不勝信而惡知避善也暨三代之季風俗大敗詐力相東廢井田則唯務兼并貪土宅則日事戰爭姦邪於是肆其志賢士不能容其身以故上下相仇而激為怨俗也釋氏之教以清淨自居柔和自抑則怨爭可得而息也以因果為言窮達為分則貴賤可得而安也怨爭息則干戈盜賊之不興貴賤安則君臣民庶之有別此佛聖人所以救衰世之道也不有釋氏尚安救之哉今論者不責衰世之俗為難移而尤釋氏之徒為無用是不備拖病之夫而詬醫禱之為何人也不思釋氏救世行化之為大益而且疾其宮墻之麗徒衆之蕃摘其佷偏無撿者為口實而欲一槩以廢棄之是見其末而遺其本也會昌季年武宗大蒐釋氏巾其徒徹其居容貌於土木者沈諸水言論於紙素者投諸火分命御史東馳走天下察敢隱匿者罪之於是天下名藍真宇毀去若掃今天子建號之初雪釋氏不當廢也亟下詔復之而自湖以南遠人畏法體朝廷之嚴旨焚撤經像殆無遺餘故今明命雖頒莫能得其經籍道林寺者湘西之勝遊有釋疏言獨曰太原府國家舊都佛祠為最多大師司空盧公天下仁人我第往求遺書或可得也既上謁軍門公果諾之四馳以求逸文月未幾得經律論五千四十八卷輦而歸嗜釋氏救世之道既言之矣向非我明君洞鑑理源何能復行其道非司空公克崇大法何能復全其書非沙門疏言深識法運何能不憚遠求以遂茲盛典奉聖上之令興釋氏之宗惠及後人其功用有不可勝言者可無記焉

述曰此文立言建理足以曉世之不知佛者使退之見之當媿服不暇子厚浩初序徒云與易論語合而不能如此明言救世之功然則此記殆過之矣李節名徵唐史無聞

九年洪州黃檗希運禪師示寂諡斷際禪師師得法於百丈相國裴休守新安請師入郡咨問禪法執弟子禮以所聞述傳心法要行於世南岳下第四世

十年勅每歲度僧依本教於戒定慧三學中擇有道性通法門者度之此外雜藝一切禁

十二年勅天下諸寺修治諸祖師塔○日本國沙門慧鍔禮五臺山得觀音像道四明將歸國舟過補陀山附著石上不得進衆疑懼禱之曰若尊像於海東機緣未熟請留此山舟即浮動鍔哀慕不能去乃結廬海上以奉之今山側有新羅礁今人號五臺寺又稱不肯去觀音鄮人聞之請其像歸安開元寺其後有異僧持嘉木至寺倣其製刻之扃戶施功彌月成像忽失僧所在乃迎至補陀山山在大海中去鄮城東南水道六百里即華嚴所謂南海岸孤絕處有山名補怛落迦觀音菩薩住其中也即大悲經所謂補陀落迦山觀世音宮殿是為對釋迦佛說大悲心印之所其山有潮音洞海潮吞吐晝夜砰訇洞前石橋瞻禮者至此懇禱或見大士宴坐或見善財俯仰將迎或但見碧玉淨瓶或唯見頻伽飛舞去洞六七里有大

蘭若是為海東諸國朝覲商賈往來致敬投誠莫不儳濟（草卷[illegible]）

十三年上餌道士丹疽發於背八月帝崩

述曰武宗毀佛信道餌丹發背而殂世方以之為戒宣宗避仇為僧卒登寶位懽會昌之沙汰誅竄李趙立方等戒壇令僧尼重受戒法其意甚至至末年復用道士服餌金丹疽發於背其過在於好求長年而不達世相無常之義故終蹈其禍為後人笑云

懿宗（宣宗長子）

咸通三年勅兩街四寺各建戒壇度僧帝於禁中設講座自唱經題手錄梵文數幸諸寺行施

六年朗州德山宣鑒禪師示寂謚見性禪師（見龍潭清源第五世）

七年臨濟義玄禪師示寂謚慧照禪師學者稱臨濟宗（見黃蘗南嶽第四世）

八年正月永州湘山全真禪師端坐示寂師郴人遊方至湘山創梵宇曰淨土四方禪衆雲集受教會昌初忽謂其徒曰僧當厄難宜易衣冠一夕髭髮俱長披紫霞衣曰無量壽衣頂青空冠曰真空法冠既而武宗果去浮圖宣宗復佛法師不復去衣冠世稱無量壽佛化現至此

十年瑞州洞山良价禪師示寂謚悟本禪師（見雲巖清源第五世）〇勅追謚南山道宣律師曰澄照

十一年相國裴休甞休學于黃蘗得其旨平居不御酒肉作勸發菩提心文以激發世人著釋氏文若圓覺經法界觀禪源詮諸序世服其精要〇十一月延慶節勅兩街入麟德殿講論佛法賜左街僧錄清蘭慧照大師右街僧錄彥楚明徹大師〇上素聞雪峯義存禪師名勅賜真覺大師師居山四十年法席寇天下衆至一千五百閩王王氏事以師禮（見德山清源第六世）

十二年上幸安國寺賜知玄國師沈香寶座〇上於禁中設萬僧齋自升座為讚唄有長眉梵僧來應供受嚫畢陵空而去（即賓頭盧）

十四年三月遣淨國寶帳綵旛華蓋勅兩街往鳳翔迎佛骨三百里間車馬不絕羣臣諫者至言憲宗迎佛骨尋時晏駕上曰朕生得見之死無所恨四月八日佛骨至導以禁兵公私音樂儀衛之盛過於南郊帝御安福門降樓迎拜賜沙門及耆老曾見元和奉迎者金帛有差佛骨留禁中三日供養迎置安國崇化二寺令士庶得瞻禮十二月如前禮迎佛骨還鳳翔

僖宗（懿宗第五子）

乾符三年外法師於國清為元琇法師說止觀法門〇泉州龜洋無了禪師塔全身二十載為山泉淹沒門人發視不壞閩王聞之遣使舁入府庭供養忽身氣遠聞王焚香祝之可還龜洋舊址建塔即舁香普熏傾城瞻禮本道奏上賜謚真寂大師塔曰靈覺弟子慧忠遇澄汰終於白衣葬師塔東今龜洋二真身士民依怙若僧伽之遺化

中和元年黃巢犯長安自號大齊上幸成都詔知玄國師赴行在所引對大說上自製號悟達國師留行宮久之辭歸九隴定中見菩薩摩頂說法言訖即隱俄見一珠入玄左股隆起痛甚上有晁錯二字玄知夙業即右脇安臥而逝世言玄之前身乃漢川三學山知鉉法師臨終感病與今正類（漢書文帝時吳太子入見得侍皇太子飲博爭道不恭皇太子引博局提殺之吳王由此稱疾不朝如有反謀太子家令晁錯數上書言吳過可削文帝寬不忍罰及景帝即位錯說上曰吳王前有太子之郤誘天下亡人謀作亂今削之亦反不削亦反及楚趙膠西三王皆以罪削郡郡誅臣方讓削吳吳王因遣使約七國俱反以誅錯為名吳相袁盎入見上方與錯調兵食上問盎盎頭屏左右錯趨避東廂甚恨盎飲曰吳楚相遺書言誠臣晁錯擅適諸侯削奪其地以故反欲共誅錯復故地方今計獨有斬錯發使赦上國積具故地則兵可無血刃而俱罷上良久曰吾不愛一人以謝天下上令丞相劾奏錯要斬東市）隆興琇師曰世稱知玄是袁盎後身自漢文

至僖宗七百餘年盎債錯亦應畢矣今尚豪愿報而讎何哉蓋盎與錯始有私讎讒及劉七國而七國畔盎因此時請遂斬錯景帝長而從之終非本意及錯誅而七國之兵不退則是盎假畔人以報私憾耳是留歷十生而宿對相尋不已可不畏哉

述曰周武廢佛法師知玄抗辨精壯帝不能屈唐武沙汰法師知玄登論壓道流不能屈兩世俱名知玄俱遇廢教俱在朝為法師俱當辨論之席意師有宿誓使之然乎至為三學山知玄亦不異此名也觀其三世為有道沙門而酬償宿報未已者當是晁錯趨東廂以避盎時此心已深恨而載赴東市以就誅時此心必大恨意臨刑之際必起惡頭為世世之報故安當法師舍壽之日必見此相者亦玄師道力轉為輕受之報也夫殊者誅也昔盎請誅錯令錯亦誅盎玄衰也寓名以見本年之姓異哉

三年泰山沙門大行誦彌陀經至三七日忽於夜中見流離寶地寶臺之上佛及二大士無數化佛咸現其前上聞殊異詔入內問所見賜號常精進菩薩爵開國

四年泗州刺史劉讓言修僧伽弟子木义塔得舍利八百粒進上詔以其骨塑為像謚曰真相

昭宗(懿宗孫)

龍紀元年聖誕勅兩街僧道入內殿談論○琇法師於國清為清竦法師說止觀法門○

大順二年袁州仰山慧寂禪師入寂師稟法於溈山世稱溈仰宗初領徒住王莽山一日禪林陷于地山神者以不堪居止東南有大仰山為世福地遂遷居焉久之衆盛居隘山神一夕移廟於堵田三十里以避之(南嶽五世下)

景福元年吳越王錢鏐於剡縣石城山建瑞相寺以奉彌勒三生石像

乾寧二年文矩禪師謁西院大安禪師進見笑曰入涅槃堂去師應諾即入時五伯僧俱染時疾師以杖次第點之隨點而起閩王敬異創國歡院以居之

三年勅於羅什法師譯經處重建草堂寺○四年趙州觀音院從諗禪師示寂壽百二十謚真際禪師(嗣南泉南嶽四世)○趙師王公入院瞻禮趙州坐而問之曰大王會麼王云不會師云自小持齋身已老見人無力下禪牀王尤加禮翌日令客將傳語師下牀接之侍者問其意師曰第一等人來禪牀上接第二等人來下禪牀接末等人來山門外接○勅沙門覺暉為左右街副僧錄

光化二年撫州言曹山有梵僧壘集山頂民追之皆飛行而去遺其笠製甚奇古勅於其地建荷玉禪寺

天復元年山賊許思作亂至撫州徑山發國一禪師塔見二甕合藏肉身髮長覆面賊兵皆驚走吳越王命重瘞之

二年洪州雲居道膺禪師示寂謚弘覺(嗣洞山)

三年撫州曹山本寂禪師示寂謚元證師得法於洞山世稱曹洞宗云○京兆蜆子和上自印心於洞山混迹閩中日沿岸拾蝦蜆以充食暮臥白馬廟紙錢中華嚴靜禪師夜入紙錢伺之師至靜把住問曰如何是祖師西來意師云神前酒臺盤靜禮謝而退後入京師佯狂人間神異莫測○韶州雲門文偃禪師聚徒千人漢主劉氏召入內殿咨問法要事以師禮師得法於雪峯號雲門宗

第七世

景宗(昭宗子)

天祐元年誕節勅天下寺觀設齋民間禁屠釣○呂洞賓遊華山過鐘離權授金丹及劍法後過鄂州黃龍山值機禪師上堂設然問曰一粒粟中藏世界半升鐺內煮山川

此意何如師曰守屍鬼洞賓曰爭奈囊中有不死丹師曰饒經八萬劫終是落空亡賓不服夜飛劍以脅之師已前知以法衣蒙頭坐方丈劍遶數匝師手指之即墮地賓前謝過師詰之曰半升鐺內即不問如何是一粒粟中藏世界賓忽有省乃述偈以爲謝曰自從一見黃龍後始覺從前錯用心仙苑遺事

五代梁都汴

太祖朱溫賜名全忠

開平元年勅僧尼改隸祠部○泉州沙門智宣往西竺求經回詣闕進辟支佛骨貝葉梵經

二年二月雪峯義存禪師示寂十一月玄沙師備禪師示寂師得法於雪峯晚居玄沙學徒千人應機接物垂二十年閩王待以師禮及終賜謚宗一

三年大明節勅百官詣寺行香祝壽

四年吳越王錢鏐幼子令因爲僧勅賜紫衣錫相大師加同三十臘

末帝瑱

貞明元年東塔院沙門歸序進經論會要詔編入大藏賜演教大師

二年吳越王錢鏐遣沙門清外同弟錢鏵往四明阿育王山迎釋迦舍利塔船泊西陵塔夜放光浙江如畫王躬迎至羅漢寺廣陳供養○四明奉化布袋和上於岳林寺東廊坐盤石上而化葬於封山既葬復有人見之東陽道中者囑云我誤持隻履來可與持歸歸而知師亡衆視其穴唯隻履在焉師初至不知所從自稱名曰契此蹙頞皤腹言人吉凶皆驗常以杖荷布袋遊化廛市見物則乞所得之物悉入袋中有十六群兒譁逐之爭掣其袋或於人中打開袋出鉢盂木屐魚飯菜肉瓦石等物撒下云看看又一一拈起云者个是甚麼又以紙包便𢾾云者个是弥勒內院底嘗在路上立僧問作麼師云等个人來曰來也師於懷取一橘與之僧擬接復縮手云汝不是者个人有僧問如何是祖師西來意師放下布袋叉手立僧云莫別有在師拈起布袋肩上行因僧前行撫其背僧回首師云與我一錢來嘗於澗所示衆云化緣造到不得於此大小二事郡人蔣摩訶每與之遊一日同浴于長汀蔣見師背一眼撫之曰汝是佛師止之曰勿說與人師常教蔣念摩訶般若波羅密故人問呼爲摩訶居士云師昔遊閩中有陳居士者供奉甚勤問師年幾曰我此布袋與虛空齊年又問其故曰我姓李二月八日生晉天福初莆田令王仁於閩中見之遺一偈云弥勒真弥勒分身千百億是時示時人時人俱不識後人有於墳塔之側得青甆淨瓶六環錫杖藏之於寺

四年西天三藏鉢怛羅至蜀自言從摩伽陀國至益州途經九萬九千三百八十里時蜀主王建光天元年也三藏自言巳二百七十歲

述曰此方往五天者有二道焉其一爲西北路自敦煌陽關經西域諸國逾葱嶺雪山入北天竺境自昔漢騰蘭西來唐奘師等東往之所經由是也其二爲西南路自南海發舶至佛逝國羯茶國西北至耽摩國東天竺境是東天竺南界即海舶歸唐之所自昔梁達磨西來淨三藏會寧東往之所遊歷者是也今鉢怛羅至蜀之路乃當正西即張騫所謂大夏東南去蜀不遠之說比之兩路宜應稍近而今所經歷約十萬里者當是山川盤折風俗不通取道紆回故十有餘年方得至蜀以故來者僅一鉢怛羅而此方絕無一人取此路也

六年陳州末尼聚衆反立毋乙爲天子朝廷發兵擒毋乙斬之其徒以不茹葷飲酒夜聚婬穢畫魔王踞坐佛爲洗足云佛是大乘我法乃上上乘其上慢不法有若此

龍德元年勑天下毋得私度僧尼願出家者
入京城比試經業
唐（都洛陽）
莊宗（李存勗）
同光元年誕節勑僧録慧江道士程紫霄入
內殿談論設千僧齋○鳳翔沙門道賢夢遊
五竺見佛指示此某國某聚落暨旦頓解五
竺言音傳梵壇法于世人稱鳳翔阿闍梨法
清泰初隨末帝入洛而終塔于龍門
二年勑三聖慧然禪師入內殿咨問禪法上
曰朕下大梁收得一顆無價寶珠未有人酬
價然曰請陛下寶看上以手舒幞頭角然曰
帝王之寶誰敢酬價帝說然亡勑謚廣濟大
師通寂之塔
三年齊將史銀鎗有戰功隨駕入洛忽悟禪
道乞出家名契澄賜號無學大師以其居為
立德院
明宗（亶莊宗義弟）
天成元年誕節勑僧録雲辯與道士入內殿
談論
二年二月帝每夕於中宮焚香祝天曰某胡
人因亂為衆所推願天早生聖人為生民主
三年閩主王延鈞素敬佛是年度僧二萬人
○漳州羅漢院桂琛禪師示寂師得法於玄

沙末帝朝謚真應禪師（入清涼傳）
末帝（珂明宗養子）
清泰元年二月功德使奏安遇誕節乞令州
郡奏薦僧尼立講經禪定持念文章議論為
四科試其能否制可（洪容齋三筆引舊五代史）○建州崇
安縣扣冰古佛名藻先初見雪峯攜皀蔗一
包醬一鑵以為獻峯曰包中何物曰皀蔗何
處得來泥中泥深多少無丈數還更有麼轉
深轉有又問鑵中何物師曰醬何處得來自
合得還熟也未不較多峯曰汝異日必為王
侯師常夏月衣楮而坐冬月扣冰而浴因號
扣冰閩王延鈞請居瑞巖經臨建州刺史陳
誨飯僧千人問師曰今日會中有異人乎師
曰無有明當為公致一大士誨翌日具齋以
俟有老姥自外至延居上席飯訖竟去師曰
此水藏菩薩也有頃姥復來指師曰辟支古
佛何為饒舌言訖不見
二年四明沙門子麟往高麗百濟日本諸國
傳授天台教法高麗遣使李仁日送麟還吳
越王錢鏐令於郡城建院以安其衆
晉（都汴）
高祖（石敬瑭）
天福二年洛陽宣徽將朱崇搖屋地得大石
佛十軀有碑云唐垂拱六年造景福寺崇大

感寤即舍所居以為寺○誄法師於國清為
義寂法師說止觀法門
三年以楊光遠為天下功德使凡寺院皆爲
焉
四年勑國忌宰臣百僚詣寺行香飯僧永以
為式○漢中沙門可洪進大藏經音義四百
八十卷勑入大藏○杭州天竺山沙門道翊
獲奇木造觀音大士像有沙門從勲自洛陽
持古佛舍利置毫相中其後舍利常見于頂
寵肉髻白光煥發大著靈感
少帝（重貴高祖從子）
開運元年勑為高祖寫大藏經奉安明聖寺
以資冥福○六月吳越王錢弘佐遣僧慧龜
往雙林開善慧大士塔得靈骨十六片如紫
金色舍利無數紫芝生于雙林雙鹿伏于壙
下祥雲蔽山甘雨灑地乃奉迎舍利靈骨并
淨瓶香鐘扣門椎諸物至錢唐安光冊殿供
養建龍華寺以其骨塑大士像
三年金陵上元縣人暴死誤追入冥府見唐
先主被五木甚嚴民大駭問主何以如此主
曰吾為宋齊丘所誤殺和州降者千人以冤
被訴民曰臣誤追當還主泣曰吾囚此聞鐘
聲則苦暫息汝歸語嗣君凡寺院鳴鐘令延
緩之更能為造一鐘尤為濟苦民曰下人何

以取驗。王曰：吾曾受于闐瑞玉天王於瓦官寺佛左膝，以香泥藏之，時無知者。民既還而白。後主親詣瓦官剖膝，果得玉像，感泣慟僻。即造一鐘於清涼寺，鐫其上云：薦烈祖孝高皇帝脫幽出厄。以玉像建塔於蔣山。

漢(都汴)

高祖(名暠本名知遠)天福十二年，上柱國郭令威造金剛般若經碑于壽春。

隱帝(名承祐高祖子)乾祐元年，吳越王錢俶奉天台沙門德韶為國師，執弟子之禮。

周(都汴)

太祖(郭威)二年，雲門文偃禪師坐逝，塔全身于丈室。

廣順元年，李守正叛河中，太祖親征。麻衣道者語趙普曰：李侍中安得久？城下有三天子氣。未幾城陷。時世宗與本朝太祖俱侍行。

世宗(柴榮太祖養子)二年，勅誕節宰臣百僚詣寺觀建祝壽道場。

顯德元年，齊州開元寺義楚法師進所撰釋氏六帖，勅付史館頒行，賜紫方袍。

二年四月，詔曰：釋氏真宗，助世為善。將隆教法，須辨否臧。自今不許私度僧尼，及親無侍養者不許出家。無勅寺舍並須停廢。○九月，寺觀鐘磬鈸鐸之類聽留外，自餘民間銅器佛像，五十日內悉令輸官，給其直。過期不輸五斤以上，其罪死。上謂侍臣曰：卿輩勿以毀佛為疑。夫佛以善道化人，苟至於善，斯奉佛矣。彼銅像豈謂佛耶？且吾聞佛志在利人，雖頭目猶舍以布施，若朕身可以濟民，亦非所惜也。○是歲廢寺三千三百三十六所。以所毀像鑄周通錢。○帝既并省寺院，勅男年十五已上誦經百紙或讀五百紙，女年十三已上誦經七十紙或讀三百紙，陳狀出家，本郡考試以聞，祠部給牒，方得剃度。(此文見舊史，歐陽新史並刪去弗存)

三年，帝召華山隱士陳摶，問以飛昇黃白之術。對曰：天子以治安天下為務，安用此為？乃遣還山，詔州縣常存問。

四年七月，金陵清涼文益禪師示寂。江南唐後主待以師禮，及終，諡大法眼，學者號法眼宗。(見羅漢琛師法派九世)○隱士譚景升居終南山，與陳摶為之友，著化書百十篇，窮括化原。久之仙去。嘗遊三茅山，至建業見宋齊丘，謂其有仙風道骨，出書示之，屬為序以傳世。齊丘乃竊以自名，然未嘗悟道蘊也。(齊丘相徐唐二世)

述曰：曾慥作集仙傳，言陳希夷稱其友譚景升作化書，又云齊丘竊取以為名，世人不能知。妄此殆與向秀注莊子，郭象竊之以自名一事正相類，不幾於盜乎？

六年，初帝之毀像也，鎮州大悲極有靈應，訖下人莫敢近。帝聞之，自往其寺，持斧鑱破而胷，觀者為之慄慄。及帝北征，疽發於胷，歸京師遂殂。([illegible]公)○汴都將士周百勝，年老家居，蔬食念佛。一夕夢黃衣吏追入大城，至官府，主者令引觀地獄。見一人黑色，臥大鐵林，獄卒持鑿破其胷，灌以銅汁，叫聲不可聞。百勝懼，念佛求退。追者曰：汝已是佛弟子，不必懼。百勝問囚者何人，答曰：此柴帝也，因毀像致此。百勝曰：我故君王也，何時得脫？追者曰：初錄其人至時，王責曰：世間周通錢盡時，方脫此罪。追者引從故道出城門，聞寺鐘鳴，遂覺。百勝常以語人，聞者為之悲愴。(稽神錄)

述曰：自昔佛法遭毀有四時焉。魏太武因司徒崔浩焚毀經像，阬戮沙門。既而崔浩要斬，太武身感癘疾，竟為常侍宗愛所弒。文成嗣位，復大興佛法。(其一)周武因衛元嵩毀經像塔寺，毆沙門反俗。厥後杜祈入冥，見周武地獄受苦求救之事。宣帝嗣興佛法，復興。(其二)唐武宗因趙歸真毀像廢寺，僧尼還俗。帝後疽發背而殂。時穆陵尉稱天符以李炎毀佛有奪壽去位之報歸真等皆被誅戮宣宗即位佛法大興周世宗毀像鑄錢廢拆寺院疽發胷而殂人見在獄受苦有司通錢盡方得脫罪之語越五年我太祖皇帝飛龍在天首詔天下復寺立像遣沙門求法西天館梵僧翻傳貝葉建精藍濟戰士之鬼造經版壽大藏之傳富國家多事而於弘贊佛道無所不舉及太宗繼體度童子十七萬人建譯經院製聖教序賜天下無名伽藍之額建開寶大塔舍利之藏暨真宗在朝聖德遐被五天咸貢梵典貽陳天禧度僧二十四萬仁宗踐阼光贊上乘護翻譯之功廣藏宮之卷詞臣國此段闕文

佛祖統紀卷第四十二

佛祖統紀卷第四十二

校勘記

一　底本，明永樂南藏本。

一　七一一頁下一九行「官度僧尼」，徑作「宮度僧尼」。

一　七一二頁上二行「常宙」，徑作「章宙」。

一　七一二頁中六行第一三字「馹」，徑作「驛」。

一　七一五頁下二三行第三字「晝」，徑作「晝」。

一　七一六頁下一四行第一六字「如」，徑無。

一　七一七頁上三行「慟僻」，徑作「慟僻」。

一　七一七頁中一九行夾註右「琛師」，徑作「琢師」。

佛祖統紀卷第四十三

宋咸淳四明東湖沙門　志磐　撰

法運通塞志第十七之十

宋（都汴京）

太祖（宣祖第二子。母杜氏。二月十六日為長春節。葬永昌陵）

建隆元年（庚申）正月甲辰。周恭帝遜于位。初上受詔北征。宿陳橋驛。將士推戴擁入京師。時太夫人杜氏（太祖母。昭憲皇后）同王夫人（太祖后。孝明皇后）方設齋于定力寺為所福。聞變。王夫人懼。太夫人曰。吾兒平生多奇異。人言當極貴。何憂也（楊文公談苑）。初是。後唐明宗於禁中焚香禱天曰。臣本夷狄。不足以王中原。願早生聖人以安天下。天成二年二月十六日上降生于洛陽夾馬營。神光滿室。異香不散。體被金色。三日而變。人知其為應明宗禱云（皇朝類苑。會要）。

讚曰。神光金體。佛大士之瑞相也。開嘉運於五季久阨之年。踐大位於四海望治之日。而又知興教護法。慈臨民物。以為社稷靈長之福。非佛大士之示生。其孰能與於此哉。

上未仕時。過涇州長壽鎮寺。沙門知非凡人。陰使人圖上容於寺壁。後以其寺有御容。遂為官所護。及在洛陽。嘗過長壽寺枕殿砥晝寢。僧守嚴見赤蛇出入上鼻。上寤。嚴問所向。上曰。欲往澶州見柴太尉（周世宗）。未有齎。嚴曰。貧道有驢可乘以往。復贈之錢。及見太尉。奇之。遂留幕府。晉開運間。宋城有異僧。狀如豪俠。挾銅彈走草莽。上指州地曰。不二十年當有帝王由此建號（楊文公談苑。○太祖在周朝為歸德軍節度使。歸德在宋州。及受禪以宋建國）。○先是民間有得梁誌公銅牌記云。有一真人起冀州。開口張弓在左。邊子子孫孫保永年。江南李主名其子曰弘冀。吳越錢王諸子皆連弘字（弘俶。弘倧。弘偡）。期應讖。及上受禪。而宣祖之諱正當之（太祖皇考上弘下殷。遊諡。宣祖諱弘殷。皇朝類苑。龍飛記）。○周世宗之廢佛像也（世宗自持鑿破鎮州大悲像胸）。疽發于胸而殂。時太祖太宗目見之。嘗訪神僧麻衣和上曰。今毀佛法大非社稷之福。麻衣曰。豈不聞三武之禍乎。又問。天下何時定乎。曰。赤氣已兆。庚申間當有真主出興。佛法亦大興矣（其後太祖受禪於庚申年正月甲辰。其應在於此也）。○處士陳摶隱居華山。閉門臥。屢月不起。顯德末。乘白騾將入東都。中道聞太祖即位。大笑曰。天下自此定矣。○上始受命。默計釋氏何道而歸敬若是其盛。嘗微行至相國寺。見一僧醉嘔戶外。惡罵不可聞。上怒之。適從旁過。為醉僧所抱。曰。莫惡發。將暮矣。宜亟歸內。上心動。乃還。密令小璫往覘（[illegible]）。令取所吐物。至則醉僧不見。視遺吐至上前。視之則真乳香也。上嗟歎不已。益知敬佛（已上四事出[illegible]）。○詔以二月十六日聖誕為長春節。賜百官宴于相國寺。宰相范質製祝聖壽疏云。素虹紀瑞。表覺帝之下生（佛下生有白象貫日。下有白虹十一道。今范公用事有所出。金輪王出時七寶自至。紺馬寶即其一也）。紺馬效靈。應輪王之出世。非夫威震四天。則不足感自然之寶（金輪王統四天下）。非夫位尊三界。則孰能致希有之祥（佛為三界師）。壽命同百億須彌。德澤被三千世界。恒沙可筭。天祿難窮。墨海雖乾。皇基益固云云。是日以慶誕恩詔普度童行八千人（國朝會要）。

讚曰。范公以名儒盛德為佐命首相。當慶誕祝讚之辭。純用佛典以寓歸美。其為敬佛重君。有見於此。論者謂明良慶會。海宇統一。皆佛大士應世之祥也。

六月。詔諸路寺院經顯德二年當廢未毀者聽存。其已毀寺所有佛像許移置存留。於是人間所藏銅像稍稍得出。

讚曰。自有佛法以來。有道之國未嘗不隆篤佛教以勸天下。太祖初見周朝毀像。傷之曰。今毀佛法大非社稷之福。及登大寶。亟下興復之詔。可謂有道之君必隆佛教。

十月。親征揚州李重進。十二月城陷。上以其固拒。欲盡阬之。俄有異僧詣行宮門。自稱龍

興寺清範表乞恩賞上許之璽日駕幸寺問
見殿上一羅漢手擎草表上大寤勅建別殿
安其像(僧史志)○吳越王錢俶天性敬佛慕阿
育王造塔之事用金銅精鋼造八萬四千塔
中藏寶篋印心呪經(此經云若書此呪安塔中者即成造七寶塔實即是東震三世如來全身舍利)布散部內凡十年而訖功
(今僧寺俗舍往往有此塔者)○初天台教卷經五代之亂殘
毀不全吳越王俶遣使之高麗日本以求之
至是高麗遣沙門諦觀持論疏諸文至螺溪
謁寂法師一宗教文復還中國螺溪以授寶
雲雲以授法智法智大肆講說遂專中興教
觀之名(吳越王傳)

二年　○詔前征李重進凡死
於兵者以揚州行宮置建隆寺為薦冥福如
唐太宗正觀四年故事(至道三年撰碑中)○詔
民間二月至九月不許漁捕彈射著于令○
四月上幸相國寺祈雨出內帑設千僧齋已
而大雨○吳越王俶請延壽禪師主永明寺
(今淨慈寺)師日課一百八事學者參問以心為
宗以悟為則日暮往別峯行道念佛人聞山
中天樂聲吳越王感其專至為作西方莊嚴
殿以成其志師以賢首慈恩天台三宗互有
同異館其徒之知法者博閱義海更相質難
師以心宗之衡以準平之又集大乘經論六
十部兩土賢聖三百家之言證成唯心之旨
為書百卷名曰宗鏡傳於世(本傳禪師傳)

三年五月旱上幸相國寺祈雨詔徵樂太官
進蔬食已而雨大濟○西域于闐國沙門善
名七人來詔館于相國寺○楚王周行逢據
潭州果於殺戮然知事佛度僧齋懺未嘗輟
見沙門輒作禮親手行食謂左右曰吾殺人
多矣不假佛力何以解怨○十一月高昌國
遣僧法淵獻辟支佛牙玉器

乾德元年螺溪寂法師為義通法師說止觀
法門

三年滄州沙門道圓遊五天竺往反十八年
及還偕于闐使者至京師獻佛舍利貝葉梵
經上召見便殿問西土風俗賜紫方袍器幣
○特進李託奏雄武推官阮紹莊夢雲門禪
師令上奏乞開塔有旨詔州守臣開視見師
真身如生乃迎赴闕供養逾月遣送還山中
敕諡大慈元真宏明禪師(此後不出…)

四年詔秦涼既通可遣僧往西竺求法時沙
門行勤一百五十七人應詔所歷焉耆龜茲
迦弥羅等國並賜詔書諭令遣人前導仍各
賜裝錢三萬(行業錢三十貫文)○上初詔西川轉運
使沈義倫於益州以金銀字寫金剛經進上
至是召天清寺沙門崇蘊入內講演○樞密
使沈義倫事佛長齋夏中危坐以飼蚊或以
為苦者曰蟣蚊相投豈忍拂去時執政多白
陳起第獨義倫乞為母修寺上嗟嘆許之
敕內侍張重進往峨眉山普賢寺莊嚴佛像
因嘉州奏白水寺普賢相見也峨眉志云
昔有蒲翁因采藥入山望峯頂五色雲放白
光忽一鹿前導至岩上見普賢大士真相自
茲顯迹○河南府進士李藹造滅邪集以毀
釋教竊藏經以為衾事聞上以為非毀聖道
誹惑百姓勅刺流沙門島(在登州海中舊制罪人投之…)
述曰儒家有排佛者以不曾讀佛經耳使
稍知觀覽必能服其為道之妙李藹造論
指佛為邪蓋傅奕韓退之詆佛為夷之餘
波也不有明主孰能鑒其妄作流之海島
非不幸也

五年詔曰禁銅以來天下多輦佛像赴京師
惟像教世許尊瞻忽遂銷毀甚乖歸敬應諸
郡有銅像處依舊存留但不許鑄造新像○
右街應制沙門文勝奉勅編修大藏經隨函
索隱凡六百六十卷○勅萊州道士劉若拙
充右街道錄集京師道士試學業未至者
皆罷斥之

開寶二年長春節詔天下沙門殿試經律論

義十條全中者賜紫衣
四年三月上親征太原劉繼元道由潞州麻衣和上院躬祝於佛曰此行以弔伐為事誓不濫殺一人繼元聞之極力抵拒車駕至城下諸軍進攻時太原城守尚堅博士李光贊勸上回鑾（音鑾鈴也天子大駕上金鸞口銜鈴曰鑾）御宰相趙普以為然遂班師○處士陳摶受易於麻衣道者得所述正易心法四十二章理極天人歷詆先儒之失摶始為之註及受河圖洛書之訣發易道之秘漢晉諸儒如鄭康成京房王弼韓康伯皆所未知也其訣曰戴九履一左三右七二四為肩六八為膝縱橫皆十五而五居其室此圖縱橫倒正回合交錯隨意數之皆得十五劉牧謂非人智所能偽為始摶以傳种放放傳李溉溉傳許堅堅傳范諤昌諤昌傳劉牧始為鉤隱圖以述之

述曰繫辭云河出圖示其名也參伍以變錯綜其數示其體也此夫子顯示河圖之

碼二

文也漢世有書其論河圖云太一取之以行九宮四正四維皆十有五此易緯詳陳河圖之數也五季之際有方服而衣麻者妙達易道始發河圖之秘以授希夷希夷始著訣傳世然世人徒能述希夷之言而不知其義本出於繫辭易緯今以著訣上合易緯九宮十五之文又以易緯仰參繫辭參伍以變之說無不脗合繫緯之文略而隱故常人不能明獨麻衣悟此妙於二千年之後殆天授也（易緯河洛文今見前）

陳摶居華山錢若水來策去謁之摶邀入山齋見老僧擁納附火若水揖之僧開目而已坐久摶問何如僧曰無此骨法若水退摶戒之曰三日後可復來如期而往摶曰始吾見子神觀清粹謂可以學仙故請決於老僧僧言乜無仙骨但可作貴公卿於急流中勇退耳問僧何人摶曰吾師麻衣道者也（湘山野錄○洞微志中天僧是白閒道書宗書）○沙門建盛自西竺還詣闕進貝葉梵經同梵僧曼殊室利偕來室利者中天竺王子也詔館于相國寺持律甚精都人施財盈屋並無所用○敕高品張從信往益州雕大藏經板

碼二

五年詔僧道每當朝集僧先道後並立殿廷僧東道西間雜副職若遇郊天道左僧右（僧史略）

僧東　道左

北○君位　僧先道後○殿廷　郊天　南

道西　僧右

述曰左右即東西也郊天之日道居左者以道士繼朝班之後便於設拜故權令居左非常用之法也此說聞之頑空云得之禮部職事人

詔京城名德玄趣等入大內誦金字大藏經車駕臨幸並賜紫方袍○詔曰僧尼無間實系教法自今於尼寺置壇受戒尼大德主之

述曰逐議但欲分別僧尼而不知尼女受戒須依大僧無置壇自受之律此一時敕弊不可為法今則無復用此法也

詔曰釋門之本貴在清虛梵刹之中豈宜汙雜適當崇闡尤在精嚴如聞道場齋會夜集士女深為褻瀆無益脩持宜令功德司祠部告諭諸路並加禁止○敕僧道並隸功德使出家求度策試經業閑祠部給牒○西天竺沙門可智法見真理三人來朝賜紫方袍○西天竺沙門蘇葛陀來貢舍利文殊華賜紫服金幣○六月天台德韶國師示寂有大星殞于峯頂天降大雪師得法於清涼法眼（清涼下十世）西天竺沙門彌羅等十四人來朝並賜紫服

六年八月汝州風穴禪師延昭示寂師得法於南院（南嶽下八世）知郢州（音孕郡延路）王龜從表稱中天竺三藏法天至譯聖無量壽經七佛讚河中府梵學沙門法進執筆綴文龜從潤色詔法天赴闕召見慰問賜紫方袍

七年二月永明壽禪師示寂賜謚智覺師得

法於韶國師。高麗國王遣三十六僧來受道法。於是法眼一宗盛行海外，而中國遂絕。八年三月，上幸洛陽，至龍門山廣化寺，開無畏三藏塔，瞻敬真體。四月，上將郊天而雨不止，遣使禱無畏塔，及期而霽。無畏三藏唐開元四年自西天來長安，至二十三年寂，塔于洛陽之龍門。上自洛陽回京師，手書金剛經，常自讀誦。宰相趙普因奏事見之，上曰：不欲甲冑之士知之，但言常讀兵書可也。

讚曰：漢高帝與韓彭取天下，論功行封，王數十城，相繼反畔，卒取誅戮。光武封功臣鄧禹輩，大者不過數縣，以其易制，故上下無異意，智矣哉。我太祖之善駕馭英雄也，俾石守信等義社十弟釋兵權於杯酒笑談之頃，享祿私第，全其餘生，上不失國恩，下不失臣節，過二漢君臣遠矣。至於深居禁中，常誦佛典，而欲使甲士知讀兵書，是又重威保國之仁術也，智矣哉。

太宗宣祖第三子，太祖同母弟也。母夢神人捧日，實于懷，遂娠。十月十七日生於浚儀官舍。葬永熙陵。

太平興國元年，詔普度天下童子九十七萬人。國朝會要。真君傳結壇之法有九，上三壇為國家：上曰順天興國壇，星位三千六百，為普天大醮；中曰延祚保生壇，星位二千四百，為周天大醮；下曰祈穀福時壇，星位一千二百，為羅天大醮。中三壇為臣寮：上曰黃籙延壽壇，星位六百四十；中曰黃籙臻慶壇，星位四百九十；下曰黃籙去邪壇，星位三百六十。下三壇為士庶：上曰續命壇，星位二百四十；中曰集福壇，星位百二十；下曰卻灾壇，星位八十一。旌旗鑑劍弓矢法物，具列儀範，各有差降云云。真君曰：諸天萬靈仙衆梵佛，悉朝上帝於通明殿。又曰：佛在三清之中，別有梵天居之，於上帝如九卿奉天子也。

述曰：凡釋道二家之言天，名可不同，而體不可不同也。如來聖人如實知見，三界不可謂不盡也。而道家諸書淺繆無識，故名與體皆不同。如度人經諸道書，或云三十六天，謂欲界六天、色界十八天、無色界四天，此二十八為三界內，有生死。其上更有四梵天，為三界外，斷生死一灾。又其上有三清天，最上為大羅天。此等雖欲比同佛經三界之語，殊不知四梵三清竟無實位。蓋凡言界外斷生死者，即三乘與佛耳，豈當復指三清諸天輪轉之徒哉。張無盡述息諍論，引黃帝內書云：太一者，元一之氣，始生於太虛之上，有玉京山，四方各有八天，三十二帝。玉京之上有玉清、上清、太清，三清之上有虛皇十天元老元君元尊天真九皇居之。天皇真人降天真九氣，分六元而為混沌之象云云。無盡斷之曰：夫言玉京山三十二帝者，即佛之所謂須彌山頂忉利天也。虛皇天者，即佛所謂大梵天也。三清天者，即佛所謂空居天也。大梵天為世界主，不知上有光音諸天，而言我能有所生。有所生則氣有所降，此天真九皇所以降氣而造世界也。氣有陰陽，則人有男女，如道家三清侍以金童玉女，此欲界空居為三清天也。空居即夜摩為太清，兜率為上清，樂變化為玉清，他化自在為大羅天。然諸書言天名各自多雜以定一。又王欽若奉詔撰翊聖真君傳，其間論佛最為失義。如翊聖云：諸天萬靈仙衆梵佛悉來朝上帝。夫佛為三界師，為天中尊，佛所住處，梵天帝釋皆來衛從，明知天帝所以奉佛也。今傳言佛來朝帝，甚為無狀。翊聖既自言帝輔，其位高矣，未應有此失理之言。欽若稍稱知佛，作傳之辭亦未必有此語，特恐道流不知天位，妄撰此言入于傳中，雖欲尊天而卑佛，適所以誣天而慢佛也，戒之哉。

初，周世宗廢龍興寺以為官倉。國初，寺僧擊鼓求復，至是不已。上遣使持劍詰之曰：前朝為倉日久，何為煩瀆天廷？且審戒懼即斬之。

僧辭自若曰前朝不道毁像廢寺正類今日聖明興復之耳貴道何畏一死中使以聞上大感歎勑復以爲寺額。

二年使改龍興寺爲太平興國寺立開先殿以奉太祖御容。西天沙門吉祥來進貝葉梵經

三年三月賜天下無名寺額曰太平興國曰乾明。開寶寺沙門繼從等自西天還獻梵經佛舍利塔菩提樹葉孔雀尾拂並賜紫方袍。四月詔諡廬山遠法師曰圓悟塔曰凝寂東林法師曰覺寂塔曰實智。中天竺沙門鉢納摩來獻佛舍利塔犛牛尾拂。西天王子曼殊室利求歸本國詔從之開寶四年至此。翰林學士李昉徐鉉等進太平廣記其間錄佛法者三十卷上自漢明終于五代古今悟心得道之衆神僧經論定慧之學君臣信毁休咎之徵靡所不載。勑供奉官趙鎔往吳越迎明州阿育王佛舍利塔。吳越王俶奉版圖歸朝。令僧統贊寧奉釋迦舍利塔入見于滋福殿上素聞其名一日七宣賜號通慧大師寧在國爲兩浙僧統號明義宗文大師。除翰林與學士陶穀同列或誚之曰青瑣未極安容此物及與之語師援據經史袞袞不已誚者爲之畏服學士王禹偁徐鉉每有疑則就質之皆爲下拜事以師禮滋福殿者安佛像經藏立剎聲鐘即內道場也國朝會要

五年正月敕內侍張廷訓往代州五臺山造金銅文殊萬菩薩像奉安于真容院詔重修五臺十寺以沙門芳潤爲十寺僧正十寺者真容華嚴壽寧興國竹林金閣法華祕密靈境大賢五臺山記云山形五峙周五百里崇巖疊嶂飛泉吐霧中臺高四十里頂上平地周六里西北有太華池石精舍文殊弥勒石像東南有大孚寺魏文帝造東西二堂聖所居處又東北有王子寺阿育王塔東北三臺間有金剛窟三世佛法藏中臺東南有清涼寺其最深處文殊所居人不敢近西巖有祕魔巖巖西有佛光寺。勑內侍張仁贊往成都鑄金銅普賢像高二丈奉安嘉州峨眉山普賢寺之白水建大閣以覆之詔重修峨眉五寺即白水普賢黑水華嚴中峯乾明光相也三峨高出五岳秀甲九州西竺千歲和上曰此震旦國第一山也。河中府沙門法進請三藏法天譯經于蒲津蒲州河中府守臣表進上覽之大說召入京師始興譯事。二月北天竺迦溼弥羅國三藏天息災烏填曩國三藏施護來召見賜紫衣勑二師同閱梵夾時上盛意翻譯乃詔中使鄭守均於太平興國寺西建譯經院爲三堂中爲譯經東序爲潤文西序爲證義。五月中天竺沙門護羅來獻貝葉梵經勑賜紫服。沙門知則進所著聖無量壽經疏賜號演教大師。詔建開聖禪寺於誕生之地奉優填王旃檀瑞像梁武帝遣郝騫往天竺迎至釋迦佛牙太祖親緘銀塔中唐宣律師自天人所獻梁誌公真身錫杖刀尺。勑內侍衛欽往泗州修僧伽大師塔凡十三層改普照王寺爲太平興國

七年正月威虜軍奏言築城穿土得石函鐵函銅函銀函金函凡五重中有流離瓶藏佛舍利有刻石記云貞觀二十一年藏佛舍利謹遣于吳以聞。嘉州通判王衮奏近往峨眉提點白水寺修造見瓦屋山皆變金色中有丈六金身普賢次日午中見羅漢二身乘紫雲行空中

深州奏陸澤縣人王緒牧牛田中見一白兔逐之入土穴中探穴得石佛五十軀制度奇古長皆尺餘勑就邑寺奉安像常放白光。六月譯經院成詔天息災居之賜天息災明教大師法天傳教大師施護顯教大師令以所將梵本各譯一經詔梵學僧法進常謹清沼等筆受綴文光祿卿楊說兵部員外郎張洎潤文殿直劉素監護天息災述譯經儀

式於東堂面西粉布聖壇(作壇以粉飾之事在經)開四門各一梵僧主之持祕密呪七日夜又設木壇布聖賢名字輪(壇形正圓層列佛大士天神名位環遶其上如車輪之狀)目曰大法曼拏羅(此云大會)請聖賢阿伽沐浴(阿伽此云器凡供養之器皆名曰阿伽今言阿伽乃是沐浴器)設香華燈水肴果之供禮拜遶旋祈請賓祐以殄魔障第一譯主正坐面外宣傳梵文第二證義坐其左與譯主評量梵文第三證文坐其右聽譯主高讀梵文以驗差誤第四書字梵學僧審聽梵文書成華字猶是梵音(凡乏入初翻為紇哩野乃乃為)第五筆受翻梵音成華言(紇哩那野再翻為心素怛)第六綴文回綴文字使成句義(如筆受云照見五蘊彼自性空見此今云照見五蘊皆空大率梵音多先能後所如念佛為佛念打鐘為鐘打故須回綴字句以順此土之文)第七參譯參考兩土文字使無誤第八刊定刊削冗長定取句義(如無無明無明剩兩字如上正遍知上闕一無字)第九潤文官於僧眾南向設位參詳潤色(如心經度一切苦厄一句元無梵本又是故空中一句是故兩字元無梵本)僧眾日日沐浴三衣坐具威儀整肅所須受用悉從官給天息災言譯文有與御名廟諱同者前代不避若變文回避慮妨經旨今欲依國學九經但闕點畫詔答佛經用字宜從正文廟諱御名不須回避○七月天息災上新譯聖佛母經法天上吉祥持世經施護上如來莊嚴經各一卷詔兩街僧

選義學沙門百人詳定經義特左街僧錄神曜等言譯場久廢傳譯至艱天息災等即持梵文先翻梵義以華文證之曜眾乃服○詔新經入藏開板流行車駕親幸譯經院名僧眾賜坐尉諭賜卧具繒帛什物度其院童子十人悉取禁中所藏梵本令其翻譯○十二月詔選梵學沙門為筆受義學沙門十人為證義自是每歲誕節必獻新經皆名坐賜齋以經付藏○詔曰朕方隆教法用福邦家其內外諸郡童行並與剃度○成都沙門光遠遊西天還詔關進西天竺王子沒徒曩表佛頂印貝多葉菩提樹葉詔三藏施護譯其表曰伏聞支那國(西竺指大唐為支那今因藉以為稱也)有大天子至聖至神富貴自在自慚福薄無由朝謁遙蒙皇恩賜金剛座釋迦如來袈裟一領即已披挂供養伏願支那皇帝福慧圓滿壽命延長一切有情度諸沈溺謹以釋迦舍利附沙門光遠以進(奉金剛佛袈裟兩朝未見遣送之實今詳此銜四字衍也)(普處詔西天求法諸國並賜詔書應以此年附獻也)八年六月詔翰林贊寧修大宋高僧傳寧乞歸錢唐撰述詔許之○詔譯經院賜名傳法於西偏建印經院(今臨安傳法院即東都譯經院今但供奉入內道場法事)○成都先奉太祖勅造大藏經板成進上○勅

太原成都鑄銅鍾賜五臺峨眉名山遣挂之日兩山皆有梵僧十餘空中奉迎其鍾聲聞百里○天息災等言歷朝翻譯並藉梵僧若遐阻不來則譯經廢絕欲令兩街選童子五十人習學梵字詔令高品王文壽選惟淨等十人引見便殿詔送譯經院受學惟淨者江南李煜之姪口受梵章即曉其義歲餘度為僧升梵學筆受賜紫衣光梵大師○沙門法遇自西天來獻佛頂舍利貝葉梵經法遇化衆造龍寶蓋金襴袈裟將再往中天竺金剛座所供養乞給所經諸國書詔賜三佛齊葛古羅柯蘭諸國勅書以遣之○泗州奏僧伽塔白晝放光士民然頂臂香供養者日千餘人勅內侍奉釋迦舍利藏之塔下○上以新譯經示宰臣曰佛氏之教有裨政理普利羣生達者自悟淵源愚者妄生誣謗朕於此道微識其宗凡為君而正心無私即自利行也凡行一善以安天下即利他行也如梁武捨身為奴此小乘偏見非後代所宜法也趙普對曰陛下以堯舜之道治世以如來之行修心聖智高遠非臣下所能知也○詔以御製蓮華心回文偈祕藏詮逍遙詠宣示近臣○勅內侍張承貴往天台山重建壽昌寺從沙門自珣請也

雍熙元年三月日本國沙門奝(丁幺切)然來朝獻言其國傳襲六十四世八十五主至應神天皇始傳中國文字至欽明天皇壬申歲始傳佛教於百濟當梁承聖初年至用明立有太子名聖德年七歲便悟佛法於菩提寺講勝鬘經感天雨華始遣使入中國求法華經當隋開皇中也至孝德立白雉四年遣僧道照入中國從奘法師傳法當唐永徽四年也次足姬立令僧智通入中國求大乘法當顯慶三年也次文武立寶龜二年令僧玄昉入中國求法當開元四年也次孝明立天平勝寶四年遣使入中國求內外教典當天寶中也次元武立遣僧空海入中國傳智者教當元和年中也(貞元元和開有日本最澄受荆溪一宗號記以歸當以此為傳教之始可也而奝然乃言空海傳教祈不及最澄何邪為書亦言空海學業中國二十年號吾宋承見空海傳教之迹令撰釋門正統云空海入中國學密教於不空弟子惠果始加付囑言學智者教者誤也)次文德立令僧常曉入中國求釋迦密教當大中年也上聞其正一姓傳繼臣下皆世官謂宰臣曰島夷君臣乃能世祚永久若是奝然求詣五臺及回京師乞賜印本大藏經詔有司給與之

案唐書日本漢倭人也去京師萬四千里直新羅東南在海中島左右小島五十餘皆自名國而臣附之其俗多女少男有文字尚浮圖其王姓阿每氏初主號天御中主彥瀲五十二世皆以尊為號居筑紫城彥子神武立更以天皇為號徙治大和州又十六世至應神又十四世至欽明又二世至用明當隋開皇末始與中國通又四世至皇極當正觀五年遣使入朝拯子孝德立始改元白雉獻虎魄大如斗馬腦若五升器又二世至天智遣使與蝦蛦人偕朝又二世號總持遣使賀平高麗當咸亨元年也至是始改號日本言其國在東近日所出也長安元年持子文武立改元大寶遣使粟田貢方物武后授司膳卿還國又二世聖武立改元白龜開元初粟田復來朝請從諸儒授經詔四門助教趙玄默即鴻臚寺為師悉賞物貿書歸聖武女孝明立改元天平勝寶四世元武立當貞元末年遣使者朝朝學者橘免勢浮圖空海留肄業二十年乃遇又五世文德立又三世光孝立當光啓元年也(唐祖景帝諱虎如號虎魄立虎總並出以武家)

勑遣羅漢像五百十六身來安天台壽昌寺

二年上覽新譯經諭宰臣曰天息灾等妙得翻譯之體乃詔天息灾除朝散大夫試光祿卿法天施護並除朝奉大夫試鴻臚卿法天改名法賢並月給酥酪錢有差新譯經論並刊板印行天息灾等言關陝西諸路頗有道俗收藏梵經乞下專訪以資翻譯詔從之(漢書)(注都鄜行九寶鴻臚而臚傳之也)

述曰自古人君重沙門之德者必尊其位異其稱曰僧錄僧統法師國師入對不稱臣登殿賜高座如是為得其宜至若封官加爵稱卿稱公混濫朝端輕抬物論上失尊僧之禮下貽失節之譏釋氏清風幾於不競彼微君處士不事王侯者吾輩寧無愧乎若不空開府於唐朝息灾光祿於吾宋皆由翻譯功高特承天澤蓋將巻主上重法之心非所以為榮也

詔兩街供奉僧於內殿建道場為民祈福歲以為常。詔西天僧有精通梵語可助翻譯者悉館于傳法院。詔嶺南粵俗殺人祭鬼僧置妻孥所在長吏誡厲以順正數(東都事略)

述曰磐少時客南海見鄉落僧居畜妻養子皆能執鐵鼓從事於赴請問其有度牒否則曰但於本郡給帖耳此等皆因守郡者規微利而不知恩瀆三寶之為過也今此詔旨專戒長吏可謂得護法之心焉嘗聞蜀僧在鄉多畜妻子平時習熟公私不以為非今之四蜀遊學東南者真成出家之

士也

三年詔天下係帳童行並與剃度自今後諸經及三百紙所業精熟者方許係帳○詔以御製三藏聖教序賜天息災等令冠新譯經首

四年勅內侍送寶冠瓔珞袈裟往峨眉普賢寺是日衆見普賢大士乘紫雲行空中久之方沒○十一月四日螺溪義寂法師示寂

端拱元年翰林通慧大師贊寧上表進高僧傳三十卷璽書褒美（璽音徙天子玉印）令編入大藏勅住京師天壽寺僧傳之作始於梁嘉祥慧皎為高僧傳十四卷起漢明終梁武天監十八年唐西明道宣作續高僧傳三十卷起梁天監訖唐正觀十九年今宋傳起唐正觀至宋端拱元年依梁唐二傳分十科一譯經二解義三禪定四戒律五護法六感通七遺身八讀誦九興福十雜學（王禹偁有讀贊寧傳詩云支公兼有董狐才史傳修成乙夜開）

述曰洪覺範謂宣律師作僧史文辭非所長作禪者傳如戶昏案檢寧僧統雖博學然其識暗聚衆碣為傳非一體覺範之論何其至邪昔魯直見僧傳文鄙義淺欲刪修之而不果惜哉如有用我者吾其能成魯直志乎

兩街僧錄可朝等請箋釋御製佛乘文集詔許之○日本國法濟大師奝然遣弟子嘉因祈乾來朝○十月二十一日寶雲通法師示寂

二年開寶寺建寶塔成八隅十一層三十六丈上安千佛萬菩薩塔下作天宮奉安阿育王佛舍利塔皆杭州塔工喻浩所造凡八年而畢賜名福勝塔院安舍利日上肩輿微行自手奉藏有白光起小塔一角大塔放光洞照天地士庶焚香獻供者盈路內侍數十人求出家掃塔上謂近臣曰我宿世曾親佛座但未通宿命耳詔直學士院朱昂撰塔銘謂曰儒人多薄佛向中竺僧法遇乞為本國佛金剛座立碑（即普提樹下金剛之座也）學士蘇易簡為之辭指佛為夷人朕甚不悅遂別命製之卿宜體此意

述曰人無通識不足以知佛故韓愈夷其佛歐陽脩亦夷其佛太宗以蘇易簡指佛為夷而惡之自古人君莫如太宗之有通識也佛聖人也五天中土也此方即五天之東境也今稱中國者此方自稱尊也稱四夷者且約此方四境之外論之也儒家乏通識即目睫以言之故多失言若蘇黃諸公則知之復能言之也

勅內侍謝保意領將作匠賜黃金三百兩往峨眉飾普賢像并修寺宇并賜御製文集令直院徐鉉撰記

淳化元年詔參政蘇易簡撰三教聖賢錄乞通慧贊寧太一宮道士韓德純分領其事寧撰鷲嶺聖賢錄五十卷以進勅充左街講經首座○通利軍（後廢隸真定府）建城掘地於古寺基得巨石佛十軀詔遣淳化寺以奉其像○詔漣水軍沙門道堅赴闕名見賜偈堅姓婁神異不測知人休咎時潤州有沙門號四世界佯狂市廛說禍福立應潤商人欲往漣水四世界曰彼有婁道者是寶華佛化身汝如見之必獲厚利商至漣水見而拜之師曰四世界教汝來邪汝不識日光菩薩見我何為商退果得利異常時歸訪四世界不復見矣○詔赤腳道者入見上曰南方禪律如何化物對曰究之一理上起遶龍牀一帀云是禪是律對曰究之一理上說○高麗國王治遣使乞賜大藏經并御製佛乘文集詔給之

二年太原沙門重達自西天還往反十年進佛舍利貝葉梵經賜紫服住西京廣愛寺○勅翰林贊寧充史館編修○中天竺那爛陀寺沙門補陀吃多來朝進佛舍利梵經賜紫服○杭州西湖昭慶寺沙門省常刺血書華

嚴淨行品結社修西方淨業宰相王旦爲之首參政蘇易簡百三十二人一時士夫皆稱淨行社弟子比丘預者千衆人謂廬山蓮社莫如此日之盛○申公呂蒙正微時寠甚瞿羽反貧也常干謁人有僧憐之給其食彌月又罄乃令就居房廊隨衆粥飯遂得安心讀書是年擢薦僧復備裝遣之竟魁多士後十年執政郊祀奉給皆不請上問其故對以私恩未報上歎曰僧中有若人邪乃牒西京令寺僧取奉資修寺以爲報公常晨興禮佛祝之曰不信三寶者願勿生我家願子孫世世食祿護持佛法公之子公著猶子夷簡並封申公皆知敬佛每於元旦出所事諸禪老書疏拜而讀之蒙正居政府日焚疏請言法華齋登且言至坐堂上公將出會當拜不當拜言大呼曰呂老子快出來拜亦得不拜亦得公大驚遽出拜之齋畢問未來休咎言索筆書亳州二字及從羅相知亳始悟前讖大慧武庫

○南海占城國沙門淨戒詣闕獻如意金鋼鈴杵龍腦香銘國忌日宰相已下詣寺觀行香禁不得事屠酒

四年詔西遊諸郡梵僧西來中國僧西遊而還者所持梵經並先具奏封題進上 ○高麗國王治遣使謝賜藏經御製文集○上幸開寶塔院問僧卿是何人僧云塔主上曰朕塔曰何卿作主僧無對雪竇代云盡閫戍如因僧朝見上曰甚處來對云廬山臥雲菴上曰臥雲深處不朝天僧無對雪竇代云避難至能上嘗夢天人云請陛下發菩提心翌日宣問西街菩提心如何發俱無對雪竇代云寶翻今古乎闇

五年中閩國沙門吉祥進大乘祝藏經詔五藏法賢等詳定賢奏此經是于闐書體非梵梵文其中無請問人及聽法衆前後六十五處文義不正帝召賢諭之曰使邪僞得行非所以崇佛教也宜焚棄此本以絕後惑 蜀民李順反陷成都上遣昭宣使王繼恩攻破之復命參知政事趙昌言充川陝路兵馬都使既行時峨眉高僧茂貞赴名謂上曰昌言顴骨有反相不宜委以蜀事上方悔之及昌言至鳳翔時冦準爲守密上書言昌言有重名無子息不可授以兵柄上得疏憶茂貞言大驚乃以昌言知鳳翔而召冦準參政事

至道元年中天竺沙門迦羅扇帝來朝進佛頂舍利貝葉梵經○詔兩浙福建路每寺三百人歲度一人尼百人度一人誦經百紙讀經五百紙爲合格○詔兩街僧錄省才進五蘭盆儀

二年詔以御製祕藏詮二十卷緣識五卷逍遥詠十卷命兩街箋注入大藏頒行

藏六秀師曰秀嘗恭覽祕藏詮等三文知旨義與契經相爲表裏所謂現在佛以梵王帝釋身稱性而說法也

勅史館編修贊寧知西京教門事 三年九月○西天竺沙門羅護羅來朝進貝葉梵經賜紫服

佛祖統紀卷第四十三

佛祖統紀卷第四十三

校勘記

一　底本，明永樂南藏本。

一　七二〇頁上一六行「不許」，徑無。

一　七二一頁中七行第一〇字「此」，徑作「仙」。

一　七二一頁下七行「此法也」，徑作「此也」。

一　七二三頁上五行「進具葉」，徑作「進貝葉」。

一　七二五頁上一八行第一三字「正」，徑作「王」。

一　七二五頁下一九行第一四字「有」，徑無。

一　七二五頁下末行「四蜀」，徑作「西蜀」。

一　七二六頁上一七行夾註左「董孤」，徑作「董狐」。

一　七二七頁中一行末字至次行首字「曰何」，徑作「云何」。

一　七二七頁中四行夾註左「避難」，徑作「難避」。

佛祖統紀卷第四十四

宋咸淳四明東湖沙門　志磐　撰

法運通塞志十七之十一

真宗太宗第三子母元德皇后李氏十二月二日爲承天節永定陵

咸平元年御製三藏聖教序賜明教大師法賢等令冠先帝聖教序後沙門可升注序進上○詔知制誥朱昂兼譯經潤文官○御製崇釋論其略云奉乃十力佛有十力輔茲五常上法之以愛民下遵之而遷善誠可以庇黎庶而登仁壽也又曰釋氏戒律之書與周孔荀孟迹異而道同大指勸人之善禁人之惡不殺則仁矣不盜則廉矣不惑則信矣不妄則正矣不醉則莊矣○中天竺沙門你尾抳等來朝進佛舍利梵經菩提樹葉菩提子數珠賜紫衣○西天竺沙門佛護來朝進梵經賜紫衣○勅史館編修贊寧充右街僧録

二年禮部侍郎陳恕言譯經院久費供億乞罷之上以先朝盛典不許○勅史館編修贊寧遷左街僧録

三年八月試光禄卿天息災亡諡慧辯法師勅有司具禮送終○慈照聰禪師見首山住襄州石門郡守以事笞之暨歸首座問訊曰守無故屈辱和上師以手指地曰數乇平地起骨堆即見隨指起一堆土守全家以病死大慧

四年咸五月試鴻臚卿法賢亡諡玄覺法師勅送終如慧辯禮○史館修撰左右街僧録贊寧亡學士王禹偁序其文曰師年八十二視聽不衰歷京師十四朝吳越四世終能受洪範嚮用之福處浮圖具瞻之地所謂必得其壽必得其位者乎師所述內典録百五十卷外學集四十九卷覽其文知其道矣師嘗著通論有駁董仲舒難王充斥顏師古證蔡邕非史通等禹偁見之大服其說作書與師曰辰借通論日殆三復使聖人之道無傷於明夷儒家者流不致於迷復自周秦以降作者衆矣至於斥楊墨而尊姬孔不無其人如此歷詆諸家丕顯聖道者吾未之見也師胡爲而來哉得非天祚素王而假手於我師者與不然天下冠章甫而衣逢掖者豈遂無其人也禮記孔子曰予少居魯衣逢掖之衣長居宋冠章甫之冠逢猶大也大袂禪衣章甫殷冠宋殷後孔子祖於宋也設掖音亦袂彌蔽反袖也禪單同僕雖不佞亦嘗從事於斯矣每欲厲墨兵而討百氏侮于儒宮且取其小道亂常之甚者挈裁之俾乎祖述憲章之道與天比崇然後知夫子之尊也區區此懷爲日斯久今茲觀師通論之作所謂時雨降矣日月出矣爝火浸何爲哉莊子日月出矣爝火不息爝音爵火炬也見王氏小畜集師述僧史略三卷凡法門事始曰葦莫不畢録臺閣之士欲通練內外典故者皆於此觀之

述曰道法師序僧史略稱內翰王公觝排釋氏過於韓子而獨於寧通慧推服之不暇蓋其學行才識有可取也今觀小畜集其修僧史則贈以七言撰聖賢録則賀以五言歸葬錢唐則誌其墓所著內外集則冠以序而於通論之作贊之以書且感稱其駁董難王斥顏非史歷詆諸家自周秦已來未之見是知王公之於通慧不敢排以佛而獨有取於學識之高可謂能識昭矣至於通慧道德之盛則王公未學不足以知非如梁敬之之知荊溪柳子厚之知重巽也

六年知開封府陳恕言僧徒往西天取經者臣嘗召問皆罕習經業而質狀庸陋或往諸藩必將輕慢自今宜試經業察人材擇其可者令往詔可○二月詔諸智者禪師科教類次刊版凡百五十四部賜名天台總録譯館請繫開元東土集傳制曰可

景德元年日本國沙門寂照來進無量壽佛像金字法華經水晶數珠賜紫方袍○西天二藏法護來進佛舍利貝葉梵經賜紫衣束帛館于譯經院○北天沙門戒賢來進梵經

賜紫服○七月亢旱召西天梵僧於金明池水心立壇咒龍有雲霧自池中出須臾雨至自後歲旱必作咒法多驗○東吳沙門道原進禪宗傳燈錄三十卷詔翰林學士楊億裁定頒行

二年三月迦濕彌羅國沙門目羅夫稱來進梵經菩提樹葉○七月西天沙門達磨波來進梵經賜紫服○九月上幸譯經院令三藏諸僧坐賜香茶繒綵有差○上以諸寺住持先是僧職遷補或非其才至是召見便殿閱試行業

三年諸王府侍講孫奭奏請減省修寺度僧上曰釋道二門有助世教人或偏見往往毀訾假使僧道時有不檢安可即廢○詔釋道歲度十人者特放一人不試經業○婺州沙門志蒙徐氏衣錦衣喜食豬頭言人災祥無不驗呼人為小舅自號曰徐姊夫一日坐化于三衢吉祥寺遺言吾是定光佛至是奉真身祈禱神應不歇世目之豬頭和上

四年詔京城鬻酒肉者並去寺觀百步之外有以酒肉五辛酤市於僧道者許人糾告重論其罪

述曰真宗可謂仁聖之君矣初踐阼製聖教序（謂翻譯藏經為聖教也為聖教製序始於唐朝）造崇釋論陳恕論罷譯經則不許孫奭請滅度僧則不聽而又能下詔禁酒肉於僧道者論其罪意此職業不當瀆聖境也厥後沙門覺稱自天竺來謂學士楊億曰入此國見屠殺豬羊市肆懸肉痛不忍觀天竺食肉五辛者驅出城故無貨者是知東華郡邑習於食肉故見之者無嫌心獨無媿於稱乎嘗曰同人楊億此事欲乞清朝推廣祖宗之法不令在城中殺畜不許懸肉街市（只屠家只春城外肆絶不通人處屠止販者用竹籠遏擔入城投稅然後從街而貴鬻）人居消潔目不習見所以去殺氣以養仁心移惡習以趨善道豈不有益於國家之政化者哉

初詔豐縣令潘華依普賢懺法不令人捕江湖內魚是年十月奉詔還闕夜夢江湖中魚為人形者數萬號哭佛天皆云長者去矣吾輩不免烹矣華異之作夢魚記以囑後來宰邑者（四明法智法師）○臣寮言愚民無知佞佛過度謂捨財可以邀福修供可以滅罪蠹害國政宜加禁止上謂宰臣曰佛教使人遷善誠有其益安可禁之且佛法所至甚廣雖[illegible]諸國皆知信奉唯道教中原有之然不甚威王旦對曰頃歲虜使登開寶塔瞻禮甚虔誓當戒殺及至上清宮不復屈膝是知四夷唯重佛而不敬道也上曰然

述曰道事天天事佛故為國者必兩存之而於尊卑小大之分較然久已自明恭惟真宗皇帝聖心虛融并包法界敬天命宗佛乘發於性真不俟為學既免梁武永棄道教之偏且無唐宗上蹐老聃之失（梁天監三年詔道教唐正觀十一年并老子居佛上）深距臣僚佞佛邀福之說肯顧陳恕譯經費財之言上法祖宗下每成憲非天下之至聖其孰能之

詔遣使送金襴袈裟往忠州羅浮山中閣寺奉釋迦瑞像仍為國建祈福道場感五色祥禽集于齋所此像高八尺來自西天隋開皇中釋慧喜失龍華寺會昌廢毀像靈不可壞道士焚於郡靈觀感通中海南節度使韋宙迎至中閣寺

七月詔諸寺觀興階上不許人民祖靈坐卧違者以不敬論○宰相王旦率文武百官五上表請封禪十月在京民庶相繼上表詔許之十一月車駕幸曲阜（兗州曲阜縣地）謁先聖廟有司定儀肅揖上特再拜遂為定制加謚玄聖文宣王祝文進名封其父叔梁紇為齊國公母顏氏魯國夫人妻官氏鄆國夫人給十戸奉塋域賜田百頃及御製讚封齊太公昭烈武成王

述曰自古尊先聖者漢高始過魯行祀封其後平帝始封褒成公梁武始令天下建廟北魏孝文改謚文宣公唐太宗用房元齡議太學釋奠始尊為先聖而以顏子陪享明皇始進號文宣王南面坐用王者宮縣之樂皇朝真宗加諡至聖文宣而祝文進名定儀特拜自古尊先聖莫若此日也韓昌黎謂天下通得祀孔子自天子而下北面拜跪祀事之盛未有如孔子者蓋孔子以德雖不得位而得常祀（見兗州孔子廟碑）是知自明皇尊以王禮故世世天子拜而祭之今真宗特拜有合於古不知當時禮官何為不知而定肅揖之儀恥哉

詔修飾泰山衆像凡三千二身御製重修佛像記○鴈蕩山自古圖諜未嘗言山頂有大池相傳為鴈蕩下二潭為龍湫山南有芙蓉峯下有芙蓉驛前臨大海案西竺書諾矩羅尊者居震旦東南大海際山以鳥名村以華名唐貫休有讚云鴈蕩經行雲漠漠龍湫宴坐雨濛濛祥符中伐木者始見之自是著名（山在溫州樂清諾矩羅十六住世羅漢之一梵語震旦此云東方君子之國）○鴈山瑞鹿本先禪師結印坐已彌月肉體不變常聞異香詔取所著竹林集藏之秘閣（[illegible]）

二年正月以封禪行慶詔天下寺觀各度一人朝覲泰山陪位僧道各度弟子一人○詔昇州崇勝寺賜名承天甘露戒壇○勅光梵大師惟淨試光祿卿同預譯經○九月吳國大長公主出家法名清裕賜號報慈正覺大師即太宗第七女幼不茹葷血上幸延聖寺抱對佛願舍為尼至是乞落髮詔遣資聖院以居之勅釋門威儀（幢幡鐃鈸之類）教坊樂部以為迎導時密王女曹五女及後宮三十餘人皆隨出家詔於是日普度天下童子十人度一人○詔於洛陽甲馬營太祖誕聖之地建應天寺以奉神御

三年詔京師太平興國寺立奉先甘露戒壇天下諸路皆立戒壇凡七十二所京師慈孝寺別立大乘戒壇

述曰宋寧通慧僧史略云甘露以喻涅槃戒為入涅槃之初門故從果以彰名也今言別立大乘戒壇者謂先於諸方受聲聞具足戒後至此地增受菩薩戒以順開顯之後末代出家乘戒俱急之義也

詔天下州郡應僧道有犯公罪者聽用贖法勅品官無故毀辱僧尼口稱禿字者勒停見任庶民流千里○詔知制誥李維出經論題目考試沙門以為選補左右街之序左街相國寺右街開寶寺○詔吉州西峯雲韜禪師館于北御園入定月餘求歸故山詔許之師每入定或經歲方出

○西天沙門衆德來朝進舍利梵經菩提印

○中天竺沙門覺稱來朝進舍利梵夾金剛座真容菩提樹葉召見便殿慰勞甚厚館于譯經院稱進讚聖頌詔惟淨譯之稱謂學士楊億曰入此國見屠殺豬羊市肆懸肉痛不忍觀西竺食肉五辛者驅出城故無此者心不欲久居此願至五臺禮文殊即還本土晉公丁謂問之曰數萬里遠來更何所為稱曰昔欲禮宣律師塔耳及還詔賜金襴袈裟奉安金剛座及賜裝錢茶果○四明知禮法師初與沙門異聞於南湖保恩聚徒講道是年賜額延慶乃作誡誓辭二篇俾長為講貫天台宗教之所其言吾宗有五德者吾將授以居之後後之謀莫不咸然五德者一曰舊學天台勿事兼講二曰研精覃思遠於浮偽三曰戒德有聞正己待物四曰克遠榮譽不屈吾道五曰辭辯兼美敏於將導

四年三月上幸洛陽龍門山廣化寺瞻無畏三藏塔製讚刻石置之塔所復幸白馬寺瞻摩騰三藏真身上謂近臣曰摩騰至今千年而全身不壞良可尊敬宜嚴諭寺僧用心守護曰御製以褒之○詔賜黃金三千兩增修

峨眉山普賢寺設三萬僧齋歲度僧四人○詔漣水軍守臣道者入見令宮女皆出拜香每一女至前上紿之曰后也師皆言非如是數十人師忽起曰陛下好養此人它日必作家主即章獻太后也(眞宗劉后仁宗即位以年幼尊劉氏為皇太后臨朝稱制十一年)師乞歸山詔許之在山常紙衣閉戶不見人有置食庭前者人退自取之五月般尼國沙門寂賢來進梵經菩提印賜紫服○十一月益州守臣李士衡進大慈寺沙門仁贊編修釋氏會要四十卷五年二月詔嘉州峨眉山沙門茂貞入見上賜以詩館于景德寺舒王元偁夢青衣童持書以授中使足蹈黃雲隱隱而沒王以問師荅曰將有儲嗣降孕之慶未幾仁宗生○初樂史留守西京夢天帝召謂曰世主求嗣吾為擇之少選一人至帝曰中原求嗣汝往勿辭遂唯而去旁侍者曰此南岳赤腳李仙也明年仁宗生(張師正括異記)日本國遣使稱貢言國東有祥光見舊傳中原天子聖明則應此瑞上喜詔日本建寺賜額神光勅詞臣為撰寺記六年二月詔天下官吏試童行經業方許剃度○五月開寶寺福勝塔有金色光見相輪上又有聖僧遶塔望日得五色舍利上親幸敬覩見舍利于塔表大如月色同水晶往來飛動於鈴索之上士庶同瞻於地輒上獲舍利五千餘粒詔賜號靈感之塔時京師天清寺興慈塔亦有舍利見相輪上上曰像教垂祥生民之福也○八月兵部侍郎譯經潤文官趙安仁奉詔編修大藏經錄成凡二十一卷賜名大中祥符法寶錄仍賜御製序云自太平興國以來凡譯成經律論四百十三卷祕書監楊億光梵大師惟淨等編次又請以兩朝御製佛乘文集編入大藏下詔褒許○詔謚泗州僧伽大士普照明覺大師公私不得指斥其名○九月西天竺沙門知賢等來進舍利梵經賜紫服○十一月舍利見于玉清昭應宮聖祖明慶殿或以為道門無舍利事上謂宰臣王旦曰三教之設其旨一也大氐皆勸人為善唯識達之士能一貫之滯情偏執於道益遠

述曰法身舍利無乎不在當大感通之際雖頑空朽壤尚可得之何有間於道家之宮館哉惟我真宗敬天奉佛德動幽顯間者塔寺屢獲舍利而今復見之聖祖之殿誠所以彰聖君處事二教之心由精誠感格有以致之也

西天波羅柰沙門蒲賢進梵經無憂樹葉○浮石崇矩法師(四明法智弟子)至京師上聞其名召入內殿講四十二章經盛談名理上心大說賜紫服金幣香藥

八年正月臣僚言每歲上元車駕詣寺觀二十餘處百拜已上望自今諸殿令近臣分拜上謂王旦曰朕祈福中外虔恭拜起未嘗懈怠卿等欲申裁減非朕之意(國朝會要)

述曰案歸田錄太祖入寺問贊寧通慧佛當拜否荅曰見在佛不拜過去佛寧於太宗朝隨吳越王初歸京師未嘗及見太祖歐陽氏所錄妄也今觀真宗百拜已上不欲分任近臣蓋習熟於祖宗之家法也其後如徽宗拜佛牙南渡歷朝拜大士則知有國以來無不拜佛之理歐陽慢佛不欲人主致敬故特創此說見在過去無義之談所以上誣君主下誣寧師也甚矣

詔於大內西地建景靈宮以奉聖祖○勅汀州南安巖名均慶院賜太宗御書百二十軸(楊億)先是釋自誠居巖上神異不測云是定光佛化身見懷仁江有蛟害人書偈投潭中水擁沙漲塞潭為洲其怪遂絕過梅州黃楊峽民乏水飲誠以杖指溪移於近道每歲有旱書偈禱之風雨隨至其偈後每書贈以之中四字人世莫曉其旨○詔以太宗御製妙覺集

五卷付傳法院編入大藏

述曰道家者流其所學則道德陰符是爲治心修身之本至言內丹外丹火候口訣則不傳於非人其餘旁門如胎息之法草木之方皆上聖下教用度人世非可謂之虛無也若夫置壇傳籙起自天師是又上天護國護人治鬼攝邪之法俱可以助教化於天下者是故此道列在國家與儒釋均爲三教者以此至於小大優劣內外之義則較然可知故闞澤對吳王曰道事天天事佛李士謙論三教曰儒五星也道月也佛日也能達此意則三教之位定世言儒道釋蓋本乎此儒生道士不別本末欲輕陵於釋氏皆末學之過若道流有輔成舊僞言老子化胡以佛爲侍者之言謗老子瀆世尊其咎當如何耶

南海注輦國遣使來貢進天竺梵經其使言四十年以來海無風濤意中國有聖人出世

九年二月北天竺優塡曩國沙門天覺南天竺師子國沙門妙德西天竺迦䟦國沙門等來各進舍利梵經各賜紫服金幣〇四月中天竺薩縛羅國沙門童壽來進梵經賜紫服〇五月東天竺縛鄴捺國沙門普積來進梵經賜紫服

述曰西土梵僧繩繩而來者多矣至於五竺沙門競集闕下則無若茲時之爲盛豈法運之興隆亦帝德之感通也五竺國名校以西域記唯師子國可見餘不可考蓋今古事變猶昔漢唐而今爲宋其實一區宇耳

沙門繼全自西天還得佛舍利建塔于揚州〇西京龍門山石龕佛歲久廢壞上命沙門栖演給工修飾凡一萬七千三百三十九尊〇九月不雨詔泗州龜山沙門智悟入京止開寶寺祈雨悟先在泗州祈雨有感曾斷一臂至是又曰若七日得雨更舍一臂五日大雨乃截一臂上遣使賜藥悟曰無害人見所截臂無血甚異之泗守與郡人皆夢僧伽謂之曰悟是五百羅漢中一來此救世

天禧元年四月詔曰金仙垂教實利含生貝葉騰文當資傳譯苟師承之或異必邪正以相參既失精詳必成訛謬而況葷血之祀甚瀆於真乘厭詛之辭尤乖於妙理其新譯頻那夜迦經四卷不許入藏自今後似此經文不得翻譯〇七月詔賜台州東掖山智者教文印本四千六百二十卷住山本如勸郡人運教藏閣以奉之〇九月宰相王旦薨先一日囑翰學楊億曰吾深厭勞生願來世爲僧宴坐林間觀心爲樂幸爲我請大德施戒剃須髮著三衣火葬勿以金寶置棺內億與諸孫議曰公三公也斂贈公袞豈可加於僧體但以三衣置柩中不藏寶玉（湘山野錄）〇宰相王欽若兼譯經潤文使〇十一月詔天下州郡復放生池無池之處沿江淮州郡近城上下水五里並禁漁捕（唐肅宗立放生池八十一所顏真卿作碑）〇四明延慶禮法師結十僧修法華懺期三年焚身供法祕書監楊億素仰道風貽書勸請住世謂方當台教中興之時正賴傳持爲世良導復修書郡守李夷庚及天竺慈雲俾同勸止既而駙馬李遵勗亦奉書交勸師以公私意勤竟沮前志乃復結十僧修大悲懺法三年以酬至願

二年勅江寧府（昇州）長干寺改賜天禧塔名聖感即東土所藏阿育王舍利塔十九所之一也（塔在城外）

二年八月恭謝聖祖大赦天下節文云靈皇妙道西竺真乘咸助化源敢忘崇奉應天下僧尼道士女冠係帳童行並與普度尚書右丞林特提舉祠部文牒是歲度僧二十三萬百二十七人尼萬五千六百四十三人道士七千八十一人女冠八十九人〇詔於天安殿建道場答謝天地大會沙門道士萬三千

八十六人上親以藥錄大錢面賜之(水藥錄錄即)
世謂之乾藥也○錢唐月輪山沙門道誠以朝廷覃
恩普度撰釋氏要覽三卷為出家者衆法之
須知行於世○譯經三藏法護等請以御注
四十二章經御注遺教經入藏頒行詔可○
軍相王欽若出鎮錢唐率僚屬詣天竺靈山
謁慈雲法師遵式請講法華歎曰此道所未
聞此人所未見也即為奏錫天竺舊名師奏
請西湖為放生池每歲四月八日郡人會湖
上縱魚鳥為主上祝壽○十一月東女真國
入貢乞賜大藏經詔給與之
四年正月右街講經祕演等請以御製釋典
法音集命僧簡注凡三十卷乞附大藏詔可
初是楊億提舉其事集中有六種震動之語
一僧簡之將三百字暗碎不可觀億削去自
注云地體本靜動必有變人服其簡○西天
沙門普善來進梵經賜紫服○駙馬都尉李
遵勗奏四明知禮法師高行遺身上壽歎不
已特賜法智之號仍宣旨住世演教不許遺
身時譯經院證義簡長等二十三人各寄聲
詩贊美道德(詩見四明教行錄及刻石在明州)○十二月翰
林學士楊億卒億留心禪觀自屬疾即屏嘗
茹臨終之日為空門偈以見志識者知其有
得佛氏之學

五年詔遣內侍俞源清往四明延慶請法智
法師領衆修法華懺為國祈福師為述修懺
要旨上之　○詔
於并州建資聖禪院為將士戰亡者追福○
門下侍郎平章事丁謂兼譯經潤文使翰林
學士晁迥李維兼潤文官
述曰真廟之在御也並隆三教而敬佛重
法過於先朝故其以天翰撰述則有聖教
序崇釋論法音集注四十二章遺教二經
皆深達於至理一歲度僧至二十三萬而
僧衆有過者止從贖法上元幸諸寺禮像
百拜弗辭復唐家天下放生池以廣好生
皆本於宿願而發於聖性非徒於勸也至
於繼世譯經大開梵學五天三藏雲會帝
廷而專用宰輔詞臣兼潤文之職其篤重
譯事有若是者當時儒賢如王旦王欽若
楊億晁迥皆能上贊聖謨共致平世君
臣慶會允在茲時稽之前古未有比對
是歲天下僧數三十九萬七千六百十五人
尼六萬一千二百四十人
乾興元年章懿太后李氏(仁宗母)遣使詣錢唐天
竺請遵式法師為國行懺師著金光明護國
道場儀上之因奏天台教卷乞入大藏○龜
茲國僧華嚴來進佛骨舍利梵經賜紫服

佛祖統紀卷第四十四

佛祖統紀卷第四十四

校勘記

一　底本，明永樂南藏本。

一　七三〇頁上一二行「滅省」，徑作「滅損」。

一　七三一頁上一四行「三千二身」，徑作「三十二身」。

一　七三一頁中八行「曹五女」，徑作「曹王女」。

一　七三一頁中一六行末字「令」，徑作「今」。

一　七三一頁下七行「比國」，徑作「此國」。

一　七三三頁上二一行「紫服」，徑作「紫衣」。

一　七三三頁下一九行第八字「助」，徑作「昉」。

佛祖統紀卷第四十五

宋咸淳四明東湖沙門　志磐　撰

法運通塞志十七之十二

仁宗（真宗第六子母宸妃李氏夢二日在天其一忽墜以裾承之遂娠四月十四日為乾元節葬永昭陵）

天聖元年上常頂玉冠上琢觀音像左右以玉重請易之上曰三公百官揖於下者皆天下英賢豈朕所敢當特君臣之分不得不爾朕冠此冠將令回禮於大士也（鄭氏家集）。○勅內侍楊懷古降香入天竺靈山為國祈福慈雲式法師復以天台教文入藏為請懷古為奏上之。○南海駐輦國遣使進金葉天竺梵經詔三藏法護譯之。○四明延慶法智法師出教義策試生徒名開幃四十二章至今以為法

二年詔賜天台教文入藏及賜白金百兩飯靈山千衆慈雲撰教藏隨函目錄述諸部著作大義。○四明名儒衛開遊學至洛陽過道人李士寧於逆旅謂開曰君鄉城戒香有癡女者過去維衛佛也若歸可往禮拜問其狀則曰縮臂掃地者是也開既歸亟往寺訪之一老尼曰聖姑坐化年餘矣因示以畫像炷香作禮自以不覩尊容為之媿恨明年過錢唐客書吏陳式家忽見小兒十數擁一尼童入門譁傳云癡女癡女開方驚顧遽索紙書偈曰大地山河是阿誰了無一法可思惟夜來處處鳴鍾鼓敲破髑髏人不知復於偈後書無去來開前禮足略述戒香得聽遺像之意復書偈云須弥山上擺鋒大洋海底摇鈴若問癡女姓字秖此便是真名出門竟去追問小兒癡女何人兒曰維衛佛也問兒何人曰問取癡女忽俱不見

志磐頃過甬東樓心元妙得舊文於書篋念癡女古佛世無知者因為述戒香維衛古佛記既而元妙以遺寺主師亮俾刻石寺中以顯名勝

案藏經維衛或稱毗婆尸此翻勝觀所謂以勝妙三觀觀一切諸法無非三諦之理也

蜀人李士寧有道之士得軒轅古鏡洞見遠近學士蔡君謨聞而惡之一夕夢為鹿逼有人救之謂君謨曰公貴人也但頭骨未正乃以手按之夢覺頭尚痛明日士寧往謁焉即夢中所見者後出守閩中士寧復往見君謨告曰久患目疾夜夢龍樹菩薩何也士寧即袖中出畫像宛如夢中兩目明視如故（觀李注荊公詩士寧神異甚多荊公歐陽公皆有歌詩以記述其事）。○西天沙門愛賢護賢來進貝葉梵經賜紫服

三年先是天禧初詔天下復放生池四明南湖法智法師每於佛生日集衆行法放魚鳥以祝聖是年郡以事聞勅樞密劉均撰文以紀郡守曾會立碑寺門（文見教本）光師一夕夢伽藍神告曰明日相公至已而曾會領子公亮入寺師告以夢母夫人謝曰後貴無敢忘及公亮入相乃買田闢屋歲度其徒（有曾相公捨田帖）。○翰林學士夏竦同三藏惟淨等進新譯經音義七十卷。○判都省馬亮言佛道書童人天所師請無得收度曾犯真刑及文身者詔從之

五年三藏惟淨進大藏經目錄二袟賜名天聖釋教錄凡六千一百九十七卷。○杭州天竺寺七月八月望日之夕天雨桂子慈雲法師播種於土作詩以記

六年御製三寶讚以賜宰輔及譯經院。○四明南湖法智法師於元旦建光明懺期至五日趺坐說法驟稱阿彌陀佛數百聲奄然而化露龕七日顏貌如生爪髮俱長闍維之日舌根不壞若蓮華然異香芬郁舍利無數

七年勅於京師大建慈化寺謂宰臣曰此盖為先帝薦福之舉令後毋得無故擅興力役

九年勅韶州守臣詣寶林山南華寺迎六祖衣鉢入京闕供養及至奉安大內清淨堂勅兵部侍郎晏殊撰六祖衣鉢記。○傳法院言

沙門懷問嘗往天竺為真宗皇帝建塔于佛金剛座之側今欲再往為皇太后今上更建二塔乞賜先朝聖教序皇太后發願文聖上三寶讚刊石塔下及製銀槃奉釋迦像詔可仍令詞臣撰沙門懷問三往西天記○初太祖疑宣律師佛牙非真遣使取自洛烈火煅之色不變心敬神異遂製發願文太宗朝復取驗以火製偈讚以申敬（見三朝御製碑）曰奉安大相國寺法華院真宗嘗迎供開寶寺靈感塔下瞻拜之夕神光洞發遂製偈讚（見三朝御製碑）上以三朝敬事遂迎置禁中以薔薇水灌之（出南海三佛齊國）香氣馥郁異常忽於穴中得舍利一五色映人目為製讚以金盝二重藏之奉以還寺其讚云三皇掩質皆歸土五帝潛形已化塵夫子域中誇是聖老君世上亦言真埋軀祇見空遺塚何處將身示後人唯有吾師金骨在曾經百鍊色長新

述曰佛道大道也佛身真身也言大道則法界無遺不同孔老之有方域言真身則常住不滅不同孔老之有生死其所謂佛牙舍利者此蓋真身應物示化之一法也豈世間水火所能沮壞之邪仁宗以三朝歸敬特製讚文而且歷詆帝皇儒道之宗祖者誠以仁義之道清淨之化所以教域中之人致人天之福耳非如佛道有化人出世之能然則在儒在道不離此身皆可以從事釋學以為未來出世之本恭覽宸製知言近而指遠

明道元年十月一日天竺慈雲法師說法坐逝人見大星殞於鷲峯紅光赫然師於前朝進金光明護國儀上曰閱視至發願文有諸天威神護持我國聖帝仁王慈臨無際撫几歎曰朕得此人可以致治亟宣召之則師入滅矣

二年七月四明南湖奉法智法師舍利葬于南城崇法院之祖關

景祐元年參知政事王隨刪景德傳燈錄為十五卷傳法院編錄入藏○詔試天下童行誦法華經中選者得度命參政宋綬夏竦同監試有童行誦經不過問習業幾年對曰十年矣二公笑且閔之約歸各取經誦綴十日竦七日不遺一字（歸田錄）○是歲天下僧三十八萬五千五百二十人尼四萬八千七百四十人

二年御製天竺字源序賜譯經院是書即法護惟淨以華梵對翻為七卷聲明之學（實錄）於茲其所序云翻宣衆率則有天息災等三藏五人（西土四人天息災施護法天法護東土一人則惟淨耳）賢筆受綴文證義則自法進至慧燈七十九人五竺貢梵經僧自法軍至法稱八十人此土取經僧得還者自辯辭至栖祕百三十八人梵本一千四百二十八譯成五百六十四卷○十一月詔孔宗愿製封文宣公

三年駙馬都尉李遵勗廣傳燈錄三十卷進上賜名天聖廣燈錄御製序○右僕射譯經潤文使呂夷簡參知政事潤文官宋綬言奉詔續修法寶錄自祥符四年至今景祐三年編成一百六十一卷乞依舊式賜序

四年御製景祐新修法寶錄序賜入大藏

寶元二年五月三往西天懷問同沙門得濟永定得安自中天竺摩竭陀國還進佛骨舍利貝葉梵經貝多子菩提樹葉無憂樹葉菩提子念珠西天碑十九本召見尉勞賜號顯教大師紫衣金幣

慶曆元年三藏法師惟淨言西土進經新舊萬軸鴻臚之設有費廩祿（鴻臚卿主四方賓客 [illegible]）梵僧欽先停罷譯經上曰三聖舊擬焉敢即廢三藏貢之籍非鴻臚則不可識未幾中丞孔輔道上疏請罷譯經上出淨疏示之諭以先朝盛典不可輒廢（[illegible]）○范仲淹宣撫河東寓宿保德傳舍獲故經一卷名十六羅漢因果識見頌藏經所未錄也仲淹遂為之序云

此頌文一尊者七首皆悟本成佛之言也余讀之一頌一悟方知塵世有無邊聖法大藏有遺落眞文回以傳江陵沙門慧詰俾行於世(集家)○諫議大夫歐陽脩慕韓愈斥佛老著本論三篇其略曰佛法為中國患千餘歲世之卓然不惑而有力者莫不欲去之已去矣而復大集遂至於無可柰何(云云)堯舜三代之際王政脩明禮義之敎充於天下於此之世雖有佛無由而入及三代衰王政缺禮義廢後二百餘年而佛至乎中國由是言之佛所以為吾患者乘其缺廢之時而來此其受患之本也(云云)禮義者勝佛之本也蒐狩昏姻喪祭鄉射之禮凡敎民之具無不備則佛無由而入(歐陽氏以禮義為本求勝於佛故曰本論)又曰今佛之法可謂姦邪又曰千年佛老賊中國(並見六一居士集)○二年初東掖山本如法師結百僧修法華長懺一年是年七月駙馬都尉李遵勗以聞于朝賜號神照紫方袍嘗於山西南見一虎卧以杖擊之曰非汝住處也虎俛首而去後於虎臥處結屋為菴以是年歸開此中慕廬山之風與郡公章得象諸賢結白蓮社六七年間浸成巨剎主上素聞道風因賜白蓮之額三年六月久旱詔迎相國寺佛牙入內殿禱雨須臾雨大注乃作金殿四門以象天宮用

以奉藏使製發願文以見歸敬○宰相章得象兼譯經潤文使

四年

○六月開寶寺靈感塔災勅中使取塔基所藏舍利塔入內供養將事再建諫臣余靖力諫上不說○諫議歐陽脩為言事者所中下詔獄窮治左遷滁州明年將歸廬陵舟次九江因託意遊廬山入東林圓通謁祖印禪師居訥與之論道師出入百家而折衷於佛法(史記孔子世家折衷於夫子注折斷也衷當也衷音漢揚雄傳折諸聖華類師古注竹仲反)脩肅然心服聳聽忘倦至夜分不能已默默首肯平時排佛為之內銷遲回踰旬不忍去或謂此與退之見大顛正相類脩初至師揖就座曰足下遠臨豈以西竺聖人之道有合於心乎脩戚氣以荅曰脩學孔孟之道竊有慕於韓子之擯斥佛老者西竺之法何所取焉師正色而詰曰退之排佛老自比孟子之距楊墨佛老大聖非楊墨比退之尚不可排況今欲慕之者昔者文中子之言佛聖人也而退之斥為夷鬼此大慢之言也脩曰學者廢中說史家不立傳退之絕口而弗稱今師援之謂佛聖人者天下孰從之乎師曰文中子醇儒也其得佐太宗嘗不媿三代之治其職居脩史必能列佛老於聖人昔陳叔達

撰隋史避嫌於當世而司馬君實作傳以補之退之蔽賢而弗稱豈天下之公心皮日休請孟子荀卿翼傳孔道至于文中子司空圖謂天生文中子以致聖人之用故房杜之徒恢張文武以濟正觀之治此皆足以知文中子也荀卿之徒韓非尚刑名以害世李斯焚詩書以亡秦楊墨之禍未至是也文中子之門人能以仁義之道輔成唐家以致治乎若子雲退之徒立空言不聞其徒有佐漢興唐之效者然則文中子之道豈不愈於荀楊韓子而後世學者顧不之知邪(文中子之弟王績東皐子集叙君事遭長孫無忌叔達避嫌故弗與立傳)脩曰韓子之道文中子不合者鮮矣使其遇太宗必大驗所蘊師曰憲宗中興之君也退之不聞此時有所裨贊乃以排佛老為己功欲自比於孟子之距楊墨其好勝取名若是之甚且退之斥佛為夷鬼者請略辨之佛聖人降自兜率天託生中天竺聖王之家何以夷稱佛聖人不生不滅曠劫常存人天之宗仰何以鬼稱此非退之大慢語乎退之七世祖韓耆當後魏永興自赫連屈丐來降拓跋(赫連氏匈奴左賢王後據朔方號大夏後魏道武拓跋氏起自北狄)由西戎歸北狄獨不為祖諱而反敢訕佛聖人乎退之畏修史褒貶之禍(答劉秀才書夫為史者不有人禍必有天刑)而

不思貶佛之過爲尤可畏排老子爲巳任而兄事毛仙服其丹卒疽發而殂（退之言韓與毛同姓）子祀校書不材卒黜歸未數世而絕滅其亦天刑人禍之不能免乎退之倡排佛老足下今又和之將使後世好名之士援韓氏歐陽氏以爲法豈不爲盛德之累誹言善罵者人亦善罵之足下舊著本論孜孜以毀佛爲務安得衆口不毀公於天聽之前乎足下之言以蒐狩喪祭鄉射之禮爲勝佛之本是猶退之原道而實未知道也脩大驚報爲之謝曰脩胷中已釋然將何以見教師曰佛道以悟心爲本足下屢生體道特以失念生東華爲名儒偏執世教故忘其本誠能運聖凡平等之心默默體會頓祛我慢悉悔昨非觀拳庵之本空了死生於一致則淨念當明契真獨露始可問津於此道耳脩自此頗有省發及後入參大政每譽於公卿之前歲時書問未嘗絕（蜀沙門祖秀紀歐陽子見訥禪師事作歐陽外傳後湖居士蘇庠書直觀公張浚爲序秀住潭州上封得法於黃龍新禪師自號藏六叟）

述曰孔子文中子皆謂佛爲聖人韓氏則曰佛者夷狄歐陽作本論曰佛法爲中國患二子不知佛爲聖不知天地之廣大故不知奚爲夷奚爲中國不知佛法之妙故不知奚爲本奚爲患儒宗有欲排佛者倘未能覺其典籍質諸學者孰後其義理之所歸則吾恐輕肆慢易如韓歐一時之失言也然退之問道於大顛自云得入處故魯直有云退之見大顛後作文理勝而排佛亦少沮歐陽見祖印肅然心服故東坡有云永叔不喜佛然其聰明之所照了德力之所成就眞佛法也今人徒知議前時之毀排而不能察後來之信服以故二子終受斥佛之名其不幸乎

勅封孔子四十六代孫宗愿爲衍聖公仙源縣差廟戶五十人充灑掃

五年眉山蘇洵赴汴京舉進士不中游江至潯陽登廬山謁祖印訥禪師問法陳（據云廬了夏先君問法於圓通訥公得實旨）

六年丙戌江寧府正覺禪院住持守暹重建泗洲大聖磚塔天禧寺住持普莊撰葬舍利記

七年春不雨遣使往隨州大洪山祈雨使人晨興叩殿遍禁服神僧以目視之翌日大雨詔封慈忍靈濟大師〇太子太保張方平嘗爲滁州至一僧舍偶見楞伽經入手怳然如獲舊物閱卷未終宿障冰解細視筆畫手迹宛然從是悟入常以經首四偈發明心要蘇軾爲題經後云先佛所說微妙第一眞實了義故謂之佛語心品祖師達磨以付二祖曰吾觀震旦所有經教唯楞伽四卷可以印心祖祖相授以爲心法如醫之有難經句句皆理字字皆法後世達者神而明之如盤走珠如珠走盤無不可者〇軾游公之門三十年矣今年過南都見公於私第公時七十九幼滅都盡慧光渾圓軾亦老於憂患百念灰冷公以爲可教者乃授此經且以三十萬錢使印施江淮間金山佛印元禪師謂印施有限書而刻之則無盡乃爲書而刻之板以爲金山常住云〇御製譯經頌賜三藏法護

八年諫臣司馬光屢疏乞立儲嗣上聞開寶寺言法華有異行夜焚香默祝翌日請法華大士於化成殿齋罷旦上道衣凝佇儀內侍奏言法華自右掖門趨入將至寢殿訶不能止上笑曰朕召之耳至則徑升御榻趺坐受齋上問儲嗣事索紙連書十三十三字後英宗繼統乃濮王第十三子（濮王爲十三見）〇知制誥曾公亮丁母夫人憂告歸鄉僧元達附舟至錢唐入天竺禮大士入門見素衣女謂曰曾舍人五十七入中書上座是年亦受師號曰而不見至是年果拜相而達以曾公恩補大師公亮前身爲青草堂年九十餘曾氏婦入寺設齋以衣物施之青感其意及婦人生子

晉正坐化○參知政事歐陽脩知揚州廬山祖印訥禪師遣僧問訊脩與對僉偶曰高麗遣使問魏武注孫子三處要義無注說廷中諸賢無敢荅者有詔問脩亦未知其荅僧曰山中老師必知此義脩欣然飭郡庭儀從乘急傳往迓之師謂使者曰兵者機密之事不可以示人使反命即以其言應詔(東林錄)脩後為注孫子作序有云孫武以不窮為奇其文略而意深又為餘忠肅王贊曰中有樗里不以示人皆有得於祖印之意也

述曰鮚兒時侍師袁先生(名燮為郡學錄絜齋正獻公姪)見與鄉士閱孫吳兵書聞其論曰儒者之兵合於常道愛養士卒不妄戮一人仁也救時赴難不忘君主義也兩陳相抗遣使往來禮也保境息民各守盟約信也至於曲在彼直在我以正出師以奇制勝智也夫智者不滯一隅有先事預算而勝者有臨機制變而勝者智用不定通於神明父子至親不能以告然則紙上之語豈足以盡其意邪聞此語四十五年今觀東林錄所載益信袁公之言與祖印同其旨

(歐陽外傳云公至圓通范文正公以皇私求永問孫子圖疑觀式不遂師就贄畢即聊贈釋之公覽汗來久)

九年歐陽脩知潁州官妓盧媚善談笑口作蓮華香有蜀沙門知人前事脩以問之僧曰此女前為尼誦法華三十年一念之差遂至於此脩問妓曰曾讀法華經否妓曰失身於此何能讀經脩令左右教之一聞即誦它經則不能(此書聞覽)

皇祐元年詔再建靈感塔奉獻舍利(慶曆四年史致)敕建重勅中使往陳留入闕寺迎佛指舍利或以為偽上命試以烈火擊以金椎了無所損儀而舍利流迸光照西方上曰功德欲歸闡教乎乃以水晶寶函盛之御製發願文奉迎歸寺初是陳留邑人為沙門義津建寺請額為闡教儀有梵僧至曰我自天竺攜佛指舍利欲求吉祥處奉安非師不能護施之而去既而瑞光屢發祈禱頻應(楊傑撰碑)○自周朝毀寺建隆興復京師兩街唯南山律部賢首慈恩義學而已士夫聰明超軼者皆厭聞名相之談而天台止觀達磨禪宗未之能行淳化以來四明天竺行道東南觀心宗眼照映天下楊億晁迥有以發之眞宗嘉獎錫以法智慈雲之號雖一時朝野為之景慕而終未能行其說於京邑至是內侍李允寧奏以汴京第宅創興禪席因賜額為十方淨因上方留意空宗詔求有道者居之歐陽脩等請以圓通居訥應命訥以疾辭因舉懷璉以為代(歐陽外傳)

二年宰相文彥博兼譯經潤文使彥博在京師與淨嚴禪師結僧俗十萬人念佛為往生淨土之願○詔左街淨因禪寺懷璉禪師入對化成殿升座右街僧錄智林等問話奏對稱旨賜號大覺○初舜老夫住廬山棲賢南康守以私忿民其衣大覺迎至淨因居以正室上每召師入內未嘗言之一日嘉王至寺見大覺侍立舜旁甚恭怪問左右知大覺曾入舜室歸以奏上上召對便殿道貌奇偉敬之曰山林之高人也即於扇上書賜曉舜依舊為僧再住棲賢寺賜紫衣銀鉢

五年西天沙門智吉祥等來朝進梵經賜紫服○詔歐陽脩同宋祈范鎮修唐書如高僧玄奘神秀諸傳及方技傳乃至正觀為戰士建寺薦福之文並削去之有淨因自覺禪師初學于司馬光嘗聞其言曰永叔不喜佛舊唐史有涉其事者必去之嘗取二本對校去之者千餘條因曰駕性命道德之空言者韓文也泯治亂成敗之實效者新書也范祖禹聞光言乃更著唐鑑陰補新書之闕(歐陽外傳)○司馬光嘗讀文中子謂佛為聖人乃曰審如是則佛之心可見矣乃作禪偈六首其卒章云言為百世師行為天下法為賢為大聖是

名佛菩薩眼日遊洛陽諸寺廓廡寂寂忽聲鐘代鼓至齋堂見沙門端坐默默方進匕箸光欣然謂左右曰不謂三代禮樂在緇衣中

至和元年勅三藏法護戒德高勝可特賜六字師號曰普明慈覺傳梵大師。上夢至嵩德寺門見龍蟠地上驚而寤遣使往視之見一僧卧門外其名道隆明日召見奏對詳敏賜號明悟禪師勅曹門外建華嚴院以居之

二年淨因大覺禪師懷璉上書乞歸老山中上曰山即如如體也將安歸乎師乃進頌曰千簇雲山萬壑流闊身歸老此峯頭殷勤願祝如天壽一炷清香滿石樓上嘗賜龍腦鉢師對使者焚之曰吾法以壞色衣以瓦鐵食此鉢非法使者歸奏上益嘉歎

嘉祐元年乾元節勅開寶寺福聖塔院建大齋施僧衆。相州太守李復圭發龍興寺塔基得佛髮舍利旋轉如螺引之甚長人從中過往來不斷宰相韓琦即其地建髮藏之

三年譯經三藏銀青光祿大夫試光祿卿普明慈覺傳梵大師法護亡壽九十六。西夏國奏國內新建伽藍乞賜大藏經典詔許之

五年同中書門下平章事富弼兼譯經潤文使。富鄭公請顒華嚴住洛陽招提邀司馬溫公往迓之忽見數十擔過溫公問之曰新招提長老行李也溫公即命歸謂鄭公曰已見之矣

述曰學道之士以貧為德此世人之常所知敬也招提數十擔卒為溫公見薄一青稚大德可不戒之哉

六年文彥博以使相鎮魏府請文慧禪師重元居天鉢寺一日來別曰入滅去彥博遺子往候之果坐脫暑中香風襲人焚龕之時煙色正白舍利如雨彥博親臨視手執流離瓶祝之煙入瓶中舍利填滿

。杭州智圓律師允堪示寂塔于西湖菩提寺嘗述會正記以消釋南山律宗諸文行於世

七年滕州沙門契嵩初得法於洞山聰禪師至錢唐靈隱閉戶著書既成入京師見內翰王素進輔教編定祖圖正宗記上讀其書至為法不為身嘉歎其誠勅以其書入大藏賜明教大師及送中書宰相韓琦以視參政歐陽脩脩覽文歎曰不意僧中有此郎黎明同琦往淨因見之語終日自宰相以下莫不爭延致名振海內及東下吳門大覺璉禪師作白雲謠以送之（石門文字禪）

述曰凫以道言予嘗怪韓文公歐陽力排浮圖而其門多浮圖之雄如澄觀契嵩輩雖自能傳於後世而士夫至今喜稱道之者二公之力也

洛陽沙門鑒聿撰於易述韻總五篇歐陽脩為之序曰推子毋輕重之法以定四聲考求前儒之失辨正五方之訛儒之學者莫能難也

述曰夫人在孩提時便知學字師不知字故所學多非及長又以是教人非傳非故皆不疑不知字而為文文欲學古而字不知古何文哉漢先君中郎尚書（後漢盧植字子幹至第已身為三十二世儀見宋謀）嘗上書乞正五經文字有云古文近實而流俗降在小學此傷之也（班固漢書列字書為小學）磐幼從師學年五十始悟字多非因發憤取諸字書訂正之益知世人書字訛謬為尤多如陳陣華花歷曆奉俸反主俗字而遺失經史之正（論語戰陣之事諸典皆作陳今韻略卻出陣字於下注云亦作陣。禮記菊有黃華詩隰有荷華魏曹植詩朱華冒綠池今韻略先出花字於下注云亦作華。易治歷明時漢書律歷志皆作歷今韻略歷曆並出。漢書餐錢奉邑又光武詔增百官奉扶用反秩祿也今韻略先出俸字下注云亦作奉此皆以俗字為主）巖岩橐槖臺臺船舡此造作不典而正通俗三者之所不收岡崗暴曝鋼蓊然燃是為山山火火重加之繆（暴音僕孟子一日暴之史記暴其所長於燕又暴露於野並音僕韻字韻者非學沿）況況宜宜鷰鷰場場是為增減點畫之

不成字也至於正月之音征昭穆之音韶異代不必諱而述音義者諱之何也書正月上日音政又音征詩正月如字世謂秦始皇諱政故避者音征今去秦遠典尚不開避改事之政何獨正月之避昭穆記王制三昭三穆無明穆周穆呼昭韶而達之注上昭反此曰避晉文帝諱昭故音韶祇昭穆正取非明之義朱晦菴翁簡並用知字此征韶二音皆陸德明釋文不知改剛之過已亡不令之君能聽避諱而孔聖萬世之呼不知避諱古今當宗不能無愧也佛與禪出釋典而不收僧與梵亦釋典而置之篇韻何也梵語佛陀此言覺者梵語禪那此云靜慮此二字不收語僧伽此云衆梵者清淨禪缺今二字是知孫強之增玉篇梁顧野王撰玉篇唐孫強增字多取俗書孫愐之增廣韻唐孫愐撰廣韻多收俗字與夫本朝丁度之撰集韻皆泛引俗書雜揉正體俾經史古意黯然不明此字書之大阨而有待於志士以矯正之乎今觀歐陽序韻總謂能正五方之訛儒者莫能難於私心竊有感焉特無由見此書耳居士集六十一黃太史曰魏晉人取字勢易工不復問字之根源如橋檣直亘皆不成字思陵翰墨志有云書字之弊無如本朝至我聖學之深識也高宗陵號永思

英宗仁宗兄濮王第十三子正月二日為壽聖節葬永厚陵治平二年勅大相國寺造三朝御製佛牙讚碑翰林學士臣王珪撰文左僕射魏國公臣賈昌朝書右僕射兼譯經潤文使衛國公臣

韓琦立石太宗御製曰功成積劫印文端不是南山得恐難眼覩數重金色潤手擎一片玉光寒鍊時百火精神透藏處千年瑩彩完定果熏修真秘密正心莫作等閑看真宗御製曰西方大聖號迦文接物垂慈世所尊常願進修增妙果庶期饒益在黎元仁宗御製

十六

讚佛三皇掩質皆歸土五帝潛形已化塵夫子域中誇是聖老君世上亦言真埋軀紙見空遺槩何處將身示後人唯有吾師金骨在曾經百鍊色長新

三年淨因璉禪師乞歸四明阿育王山上賜手詔曰天下寺院任性住持師遂建宸奎閣以奉先朝聖製仁宗詩頌凡十七篇學士蘇軾為作記軾書問手詔中語師荅以無此後示寂得之篋中軾聞之曰有道之士也

四年勅天下私造寺院及三十間者並賜壽聖之額

神宗英宗長子母宣仁聖烈皇后高氏四月十日為同天節葬永裕陵

熙寧元年

七月司諫錢公輔言祠部遇歲饑河決乞鬻度牒以佐一時之急自今聖節恩賜並與裁損鬻牒自此始

述曰古者出家之士自漢明以來並從國恩而為得度如隋文一歲至五十萬唐太宗感奘三藏弘法須人之言即度僧至萬七千人睿宗度三萬人本朝太宗普度十七萬人至二十四萬人此特恩蒙度之大略也唐中宗始詔天下試經度僧是猶漢家以科舉取士最可尚也我太宗真宗仁宗並舉試經之科於茲為盛未聞貨取於

鬻牒

山林高尚之士也自唐肅宗用宰相裴冕之請以時方用兵始鬻度牒猶漢世納粟助邊以得爵也從恩獨可擇人試經是為得才至於納皆為僧則富者可以濯欲漢晉書同皆長汙雜戒精進法門之不幸也公輔以時艱始勸上鬻恩賜以就買賣利源一開遂令不可復塞神言餘方有清淨雖非我制不得不行蓋此義也

十七

是歲天下僧二十二萬六百六十人尼三萬四千三十人

四年明教大師契嵩終于錢唐之靈隱火浴之鼻舌眼睛耳毫數珠五物不壞時衆欲之烈火再鍛五物愈堅

五年勅錢唐天竺觀音院歲度一僧以奉香火上竺記勝○七月歐陽永叔自致仕居潁上日與沙門遊因自號六一居士名其文曰居士集歐公自作傳云吾家藏書一萬卷集錄三代以來金石遺文一千卷有琴一張有碁一局而常置酒一壺以吾一身老此五物息心危坐屏卻酒肴臨

終歎曰令往近寺借華嚴經讀至八卷倏然而逝(見外傳)永叔初登政府苦於多病嘗夢至一所見十人冠冕列坐一人曰參政安得至此永叔問曰公等非釋氏所謂冥府十王乎曰然因問世人飯僧造經果有益否曰安得無益既寤病良已自是益知敬佛(樞密副使吳充撰行狀云此事得於公之孫曰恕)

述曰居士者西竺學佛道者之稱永叔見祖印排佛之心已消故心會其旨而能以居士自號又以名其文集信道之篤於茲可見然其傳六一謂以一身老五物之間五物者身外之餘物豈足以寓諸道則知居士之稱或近於濫蓋好名而失其實者也良渚曰歐陽氏號稱大儒而無通識以故立論時有乖戾而為當時君子之所見攻如議追尊濮王為皇考誤英宗承大統無人子禮(英宗本生父濮王及嗣仁宗王珪議宜稱皇伯歐陽脩請如濮宣章允武稱皇考范鎮奏既考仁宗又考濮王奉是宜從珪議司馬光奏歐陽脩乃說謀難宜從珪議呂誨十一奏乞依王述不聽乃與范純仁呂大防合奏歐陽脩[illegible]謂上議韓[illegible]韓琦會乞下[illegible]子理正奏審帝竟從[illegible]其[illegible]神宗以遂尊事與議宮帝吳以洞吳對曰此議奉兵私恩耳神宗曰嘗病為歐陽脩所誤[illegible]曰韓琦耳此事亦失舉心)謂見在佛不拜過去佛誣太祖宗不為佛敬(歐陽歸田錄載太祖初入寺問贊寧佛當拜否答曰見在佛不拜過去佛今詳贊寧隨吳越王歸京師在太宗朝來會及見太祖歸田所載妄也)

會要國史也稱真宗每上元請寺觀三十餘百拜以上歐陽蓋不知之而妄載歸田錄中上誣兩朝下誣贊寧其為過不少矣)刪唐太宗戰士建剎之詔失史官記事之實(太宗正觀三年詔建義以來陣身武陳者為建寺薦福四年戰場七處建寺成命虞世南岑文本七人為七寺撰碑事載書史歐陽並刪去之本朝建隆二年詔於楊州置建隆寺為死事者薦福如唐正觀四年故事其後王禹偁撰碑建隆之詔既籍唐朝故事孝之新書則無所可據使後世有歐陽子修宋史則將并除建隆之詔矣)謂河圖洛書為怪妄不足信與易繫辭論語相反(論見居士集)至若著本論斥佛法為中國患而晚年敬明教服圓通稱居士讀華嚴竟自畔其前說猶韓退之始排佛而終信服至於子瞻之論曰韓愈之於聖人之道蓋亦好其名而不樂其實也其論至於理而不精往往自畔其說而不知今觀歐陽之始卒當亦不逃子瞻之論

詔衢州迎常寧資福寺玉塔入京師塔高一尋累以玉石阿育王所造第九塔也或夜中騰光明旦往瞻敬者必獲舍利○日本國沙門尋成來朝

六年七月天竺靈山海月大師慧辯合掌坐亡遺言須東坡至方闔龕四日坡至見趺坐如生乃作三詩以弔之(欲尋遺跡強霑裳本自無生可得亡今夜生公講堂月滿庭依舊冷如霜集中但錄其一)初是學士沈遘治杭以師有重德補為都僧正通守蘇軾為之序曰錢唐佛僧之盛蓋甲天下道德材智之士與妄庸巧偽之人雜處其間號為難齊故僧正副之外別補都僧正一員簿書案牒奔走將迎之勞專責副正以下而都師總領要略實以行解表眾而已師既涖職凡管內寺院虛席者消日會諸剎及虛下英俊關問義科場餬名考校十問五中為中選不及三者為降等然後隨院等差(不[illegible]齊也[illegible]反)以次補名由是諸山仰之咸以為則

八年七月公卿朝士建盂蘭盆會于開寶寺自月五日始至十五日畢主客楊傑為之記

九年勅開寶寺靈感塔建慶壽崇因之閣中建木塔御篆鴻福圓成之塔

十年夏旱上於禁中齋禱甚虔夜夢神僧馳馬空中口吐雲霧覺而雨大霔勅求其像得之相國寺閣第十三尊羅漢詔迎入內供養宰相王珪以詩稱賀曰良弼為霖孫宿望神僧作霧應精求(東軒錄)

元豐元年三月杭州雷峯慧才法師為靈芝元照道俗千人授菩薩戒羯磨之際見觀音像放光講堂大明淨慈法真禪師守一作戒光記米芾書辯才法師立石于龍井

二年初駕部郎中朱壽昌七歲時不知母所在乃刺血寫佛經行四方求之五十年復會

官八歲得母於同州年已七十蘇軾時謫居黃州寄詩以爲賀時稱壽昌孝感所致三年正月敕大內設千僧齋施袈裟金剛經爲慈聖太后追福○詔詳定官制朝議以自晝年本朝譯經僧官皆授試光祿鴻臚卿今後改賜譯經三藏法師試少卿者賜三藏法師○詔華江州東林律院爲禪席命常揔禪師居之寺人相謂曰遠公識記吾滅一百年當有肉身大士華居道場今揔公實應之矣東坡過東林贈以詩曰溪聲便是廣長舌山色豈非清淨身夜來八萬四千偈今日如何舉似人○荊公王安石問文定張方平曰孔子去世百年生孟子後絕無人或有之而非醇儒方平曰豈爲無人亦有過孟子者安石曰何人方平曰馬祖汾陽雪峯巖頭丹霞雲門安石意未解方平曰儒門淡薄收拾不住皆歸釋氏安石欣然歎服後以語張商英撫几賞之曰至哉此論也○祁公杜衍以張方平佞佛常笑怪之有醫者朱生遊二公間一日祁公呼朱生胗脈生謂使者曰往白公但言看楞嚴未了及至揖坐謂曰老夫以君疏通不意近亦闇聾聖人微言無出孔孟所謂楞嚴者何等語邪生曰公未讀此經何知不及孔孟因袖中出其卷祁公觀

之不覺終軸大笑曰安道知之而不以告我即命駕就見之方平字安道曰譬如失物忽已得之但當喜其得不必悔其晚也○張商英初仕因入僧寺見藏經嚴然怫然曰吾孔聖之教不如胡人之書邪夜坐長思滿紙閣筆妻向氏曰何不睡去商英曰吾正此著無佛論向曰既言無佛何論之有當著有佛論可耳商英默而止後謁同列見佛龕前維摩詰經信手開視有云此病非地大亦不離地大條然會心因借歸細讀向曰讀此經始可著無佛論商英聞而大悟由是深信其道後爲漕於江西謁東林總禪師遂蒙印可因按部過分寧諸禪迓之最後見兜率悅公商英見其短小易之還曰聞公聰明善文章悅大笑曰運使何至失言從悅臨濟九世孫對運使論文章正如運使對從悅論禪也商英內慚佯不領曰師是臨濟九世邪是夜宿兜率語及宗門事至更深悅焚香請十方諸佛作證謂商英曰東林既印可明公公於佛祖言教有少疑否商英曰香林獨腳頌德山托鉢話未能無疑悅曰秖如末後句是有邪是無邪商英曰豈不是有悅大笑歸丈室閉門而寢商英展轉無寐五更下榻觸翻踏林忽然有省爲之頌曰鼓寂鐘沈托鉢回巖頭一拶

語如雷果然秖得三年活莫妄遭它授記來遂扣門曰商英已捉得賊悅曰贓在甚處商英無語望日復舉前頌悅曰參禪秖爲命根不斷依語生解如是之說公已深悟然至極微細處使人不覺不知墮在區宇悅後作頌證之云等閑行處步步皆如雖居聲色寧滯有無一心靡異萬法非殊休分體用莫擇精粗臨機不礙應物無拘是非情盡凡聖皆除誰得誰失何親何疏拈頭作尾指實爲虛翻身魔界轉腳邪塗了非逆順不犯功夫商英邀至建昌途中一一伺察有十頌敘其事悅亦酬以十頌法門傳提以爲盛事見正宗門武庫庠商英既達禪道嘗謂人曰吾學佛然後知儒○杭州淨慈宗本禪師夏中定起有道人卉衣至堂上本視之曰黃龍舊話何不舉似其人笑曰錢大安用饒舌遽御風疾去卉衣者呂洞賓也錢大者本前身也燈錄○八月館職文同字與可沐浴冠帶正坐而化同館崔公度聞之驚謂人曰昨別與可於州南曰明日復來乎及再往與可徐曰經言人不妄語者舌覆面上即吐舌引至眉上三疊之如餅狀公度大駭今聞其亡又異信得道人也與可梓潼人文行高潔畫竹得妙趣東都事略傳四年蘇軾在黃州作趙先生舍利記言南海

有潘覺者陽狂不測人謂之潘盞蓋俚人謂以風為盞也盞與京師言法華偈頌往來言云盞即日光佛也有趙棠者初為幕官因棄仕從盞遊盞謂盡得我道遂隱去棠亦坐化焚其屍得舍利數升載輿棠子昶遊得四十八粒

五年詔相國寺關六十四院為八禪二律以東西序為慧林智海二巨剎詔淨慈宗本禪師住慧林東林常總禪師住智海總固辭許之本入對延和殿山呼即就榻加趺侍衛驚顧師方自若賜茶舉盞撼蕩之上問受業對曰承天永安寺(始稱承天永安院)上大喜語論久之既退上目之曰僧中寶也侍者問主上何語曰喫茶問話耳

七年太子少師趙抃舊與法泉禪師為方外友及知青州從重元禪師問心要(住天鉢嗣天衣懷禪師)嘗隱几公堂心如止水忽聞霹靂發豁大省舉頭觀空剎剎塵塵無處不是後致政歸(二十三末)衢築高齋以自居與高僧逸民遊是年八月有大星隕于庭公晨起與子屼語如平時忽趺坐而化(蘇子瞻作神道碑及見曾慥錄)○判公王安石請以江寧府園廬為僧寺賜額報寧禪院初安石子雱貪性險惡父居政府凡誤國害人之政雱實使之既亡安石恍惚見荷鐵枷告父求佛為救安石大懼亟為建寺以祈脫苦

佛祖統紀卷第四十五　碣四

佛祖統紀卷第四十五

校勘記

一　底本，明永樂南藏本。

一　七三六頁上一二行「上之」，徑作「上知」。

一　七三六頁中四行第一四字「贍」，徑作「瞻」。

一　七三六頁中一三行第一二字「觀」，徑無。

一　七三七頁上一三行「金盞」，徑作「金盏」。

一　七三七頁上一七行末字「斮」下，徑有夾註「盞徒回切音隤器似盂本紀錯爲盞今改正」。

一　七三八頁中一〇行夾註右第一二字「注」，徑無。又左「無音」，徑無。

一　七三八頁下末行「褒貶之禍」，徑作「褒貶之過」。

一　七四〇頁中一〇行「寶匳」，徑作「寶匣」。

一　七四四頁下一三行正文第一三字「佛」，徑無。

一　七四五頁上一七行正文第三字「凡」，徑作「几」。

一　七四五頁上二一行夾註右「蘇子詹」，徑作「蘇子瞻」。

佛祖統紀卷第四十六

宋咸淳四明東湖沙門　志磐　撰

法運通塞志第十七之十三

哲宗（神宗第六子母欽成皇后朱氏十二月七日為龍興節）

元祐元年高麗王子祐世僧統義天來朝敕

禮部蘇軾館伴有司共張甚設（共張作供帳讀見漢書）

（廣律）義天四上表乞傳華嚴教乃敕主客楊傑

送至錢唐受法於慧因淨源法師復往天竺

謁慈辯諫法師傳天台教見靈芝照律師請

戒法及資持記至金山謁佛印元禪師坐納

其禮楊傑驚問其故元師曰義天異域僧耳

若屈道徇俗何以示華夏師法朝廷聞之以

師為知大體義天既還國乃建剎傳教奏慈

辯為始祖復寄金書華嚴經新舊三譯於慧

因建閣以藏（今稱華嚴高麗寺）

二年七月張商英遊五臺中夜於秘魔巖見

文殊大士身在金色光中九月自太原出按

壽陽至方山昭化院即李長者造論之所於

破屋下得華嚴決疑論疾讀之疑情頓釋即

移縣為長者立像有圓光白色見於山南於

是父老并請新其院商英乃為之記

三年敕內侍齎黃金往東林雜飾神運五殿

佛像○主客楊傑詣雙林禮大士輪藏瞻仰

之次輪忽自轉大眾歎異傑為贊以記其事

傑嘗以淨土之道為自信繪丈六阿彌陀佛

隨身觀念壽終之時感佛來迎端坐而化

四年翰林學士蘇軾知杭州道過金山謁佛

印禪師值師集眾入室軾竟造之師曰此無

坐處內翰何來軾曰暫借和上四大作禪牀

師曰有一轉語若荅得當如所請若擬議即

留所繫玉帶軾許之置玉帶几上師曰山僧

四大本空五蘊非有內翰欲於何處坐軾果

擬議師急呼侍者曰收取玉帶永鎮山門遂

取納裙為報（師有偈公和韻云病骨難堪玉帶圍鈍根仍落箭鋒機欲教乞食歌姬院故與雲山舊納衣）子追四歲不能行及來杭請

辯才法師為落髮摩頂數日即善步軾賦詩

為謝有師來為摩頂起步趂奔鹿之句

五年神智昇法師（處謙下）來居越之興福時清

獻趙公抃為帥適亢旱大疫久禱不應遂請

師迎大士入府治懸禱一夕雨如霔疫病亦

息抃奏于朝賜所居曰圓通錫師號曰神智

初是吳越王錢鏐鎮越患目眚夢素衣仙人

言來自永嘉明旦有永嘉僧授牒以大士像

獻言得之海潮示夢欲歸越城武肅即具威

儀迎之一見像即目明乃創菴曰興福以奉之

七年潁川守臣蘇軾言佛陀波利塔院祈禱

屢驗乞降敕額詔賜光梵之院波利在唐儀

鳳初後四西竺取尊勝呪經再來譯傳後至

潁而亡里人塑其身建塔以嚴事之（前為害放州侍）

（梵本入五臺不復出）○軾弟轍謫高安（筠州）時洞山雲菴

與聰禪師一夕同夢與子由出城迓五祖戒

禪師已而子瞻至三人出城候之語所夢軾

曰八九歲時時夢身是僧往來陝右又先妣

孕時夢眇目僧求託宿雲菴驚曰戒公陝右

人一目眇逆數其終已五十年而子瞻時四

十九自是常稱戒和上○四明延慶中立法

師令門人介然（鄞福泉延壽）創十六觀堂以延

專修淨業之士延平陳瓘為之記（瓘字瑩中與見統之）（同東山教於立法師）

八年知定州蘇軾繪水陸法像作贊十六篇

世謂辭理俱妙（今人多稱眉山水陸者由於此）

紹聖二年蘇軾謫惠州韶陽南華寺重辯請

軾書柳宗元六祖碑復題其後曰釋迦以文

設教其譯于中國必託於儒之能言者然後

傳遠故大乘諸經至楞嚴則委曲精盡勝妙

獨出以房融筆授故也柳子厚南遷始究佛

法作　曹溪南岳諸碑妙絕古今而南華今

無石刻重辯師謂自唐以來頌述祖師者多

矣未有通究如子厚者蓋推本其言與孟氏

合其可不使學者日見而常誦之○子瞻在

惠州被命遷謫儋耳（海外儋州）惠守方子容來弔

曰吾妻沈氏事僧伽謹甚一夕夢來別問何

往曰當與蘇子瞻同行後七十二日有命今過其日豈非事已前定南行之日攜阿彌陀佛一軸人問其故荅曰此軾往生西方公據也及在儋得蜀人張氏畫十八阿羅漢遂為之贊復題其後曰佛滅度後閻浮提衆生剛很自用莫肯信入故諸聖賢皆隱不現獨以設像遺言提引未悟而峨眉五臺廬山天台猶出光景變異使人了然見之軾家藏十八羅漢像每設茶供則化為白乳或凝為花桃李芍藥僅可指名或云羅漢慈悲深重急於接物故多見神變儻其然乎今以授子由使以時修敬

三年袁州仰山有舍利石塔自然出現高二十丈○黃庭堅謫居黔南制酒絕慾讀大藏經凡三年常曰利衰毀譽稱譏苦樂此之八風於四儀中未嘗相離雖古之元聖大智有立於八風之外乎非學道不知也（大般若經云菩薩所行於利於衰於毀於譽於稱於譏於苦於樂不變）○法雲秀禪師謂魯直曰君作艷歌蕩人婬心使逾禮越禁其罪非止墮惡道而已魯直自此不復作李伯時善畫馬師戒之曰為士夫以畫行已可恥況又作馬伯時曰無乃墮惡道乎師曰君思其神駿念之不忘異日必入馬腹伯時愕然乃多畫觀音以洗其過

四年四明大梅山法英禪師等十八人列狀于郡稱杭州僧元照至郡分淨土集云是唐慈愍三藏作雖以勸修淨業為名意實毀謗禪宗指為異見著空之人英等今檢藏經即無此文遂作解謗一通以詰之乞取問元照窮覈真偽照無以為荅乃稱古藏有本州司知其理窮而敬其持律但令收毀元本以和解之（解謗書刻板在梅山說義立理最為雅正）

述曰大智以英才偉器受弘律之任資持之記與會正並行而獨盛於今時其為名世有足重者及觀其偏贊淨土述新疏以反智者假慈愍集以毗六祖何為其若是也邪大氐此師檢身之學為有餘而明心之道未盡善也慈愍集已毀律家猶存新疏識者必能別之

五年二月錢唐律師元照於四明開元寺建戒壇準律如法為東南受戒之勝

元符元年袁州木平山有舍利石塔自然出現夜放五色虹光有丈六佛在月輪中觀音羅漢列侍左右

二年袁州東山石崖有羅漢等像出見○夏四月不雨袁州守臣王古往禱于木平山聖塔巖中放光見白衣大士身金瓔珞獲舍利五色大如棗中有畫觀之狀復往仰山塔所見泗州大士維摩羅漢列居左右已而大雨（霑洽）足郡聞于朝詔賜木平塔曰會慶仰山塔曰瑞慶

三年詔洎泰陵（哲宗陵）登封令（西京洛陽）樓异（四明人興祖官至尚書）請因餘力修嵩高少林道場官民同役一朝而具名曰面壁庵若既而林中產芝草十二本雨甘露于池上夜有光屬于天後山陳无已為之記

徽宗（神宗第十一子哲宗異母弟欽慈太后陳氏生）

建中靖國元年法雲寺佛國禪師惟白撰續燈錄三十卷進上賜御製序○七月東坡蘇軾卒於毗陵時錢濟明侍旁曰公平生學佛此日如何軾曰此語亦不受遷化

崇寧元年敕書節文應天下名德僧道為衆師法未有謚號者仰所屬勘會以聞

二年賜終南山唐澄照律師道宣謚法慧大師天竺山慈雲大師遵式謚法寶大師南屏梵臻謚實相大師孤山智圓謚法海大師

三年敕迎相國寺三朝御讚釋迦佛牙入內供養隔水晶匣舍利出如雨點因製讚曰大聖釋迦文虛空等一塵有求皆赴感無刹不分身玉瑩千輪在金剛百鍊新我今恭敬禮普願濟羣倫○詔謚白馬寺摩騰三藏啓道圓通法師竺法蘭開教揔持法師○雙林傳大

士等空給覺大士方山李長者顯教妙嚴長者○揚州奏泗州大聖屢見于普慧塔

四年金州奏清湘有豪光見獲石羅漢賜名感應瑞像迎至精舍大放光明○尚書王古因閱大藏撰法寶摽目八卷其法於每經之下錄出因緣事迹所說法門使覽題便能知旨沙門梵真為對校刻其板於永嘉

五年十月詔曰有天下者尊事上帝敢有弗虔而釋氏之教乃以天帝置於鬼神之列瀆神逾分莫此之甚有司其除削之又敕水陸道場內設三清等位元豐降詔止絕務在檢舉施行舊來僧居多設三教像遂為院額殿名釋迦居中老君居左孔聖居右非所以奉天真與儒教之意可迎其像歸道觀學舍以正其名洛京沙門永道讀詔泣曰域中孔老法天制教故不違天佛出世法天人所師故不違佛自古明王奉佛以事上帝者為知此理也佛法平等故其為教雖聖凡俱會而君臣尊卑之分莫不自殊祖宗以來奉法已定一但除削吾恐毀法之禍兆於此矣聞者為之憮然

大觀元年詔將作監李遇往啓聖院移釋迦旃檀像置御容殿與像已至而朵殿橫梁低不可度衆方懼像忽斂肩俛首輿竟度無礙上下為之鼓舞上嘗聞太后禮像於足下度線量旦上幸寺焚香令小璫持紙度像足果失聲曰過矣上益嘉歎○敕道士位居僧上○敕左街淨因寺道楷還主法雲賜紫衣定照禪師楷表辭曰貧道幼別父母為之誓曰出家之後期不以利名為求當一意學道報罔極度生靈荅君恩有渝此心永棄身命今若竊冒寵榮則上負親心下違本誓敢辭上遣開封尹李孝壽齎敕書諭之楷確執不回上怒收付獄有司問長老有疾法應免罪楷曰平生不妄語豈敢稱疾罔上遂受罰著逢掖淄州都城道俗莫不流涕（音體眼淚）

二年正月上受八寶大赦天下敕淄州道楷自便師歸隱芙蓉湖之菴居學者益至朝廷聞之賜額華嚴○西京寶應寺僧孔清覺居杭之白雲菴依倣佛經立四果十地分大小兩乘造論數篇傳於流俗從之者稱白雲和上名其徒曰白雲菜其說專斥禪宗覺海愚禪師力論其偽坐流恩州

鑑曰白雲之徒幾與白蓮相混特以無妻子為異耳人見其晨夕持誦躬耕自活為以可敬然察其愚癡誕言妄千正道則識者所當深嫉而力排之也

三年敕勳臣戚里應功德墳寺自造屋置田止賜名額蠲免科敷從本家請僧住持不許指占有額寺院充墳寺功德許御史臺內侍省彈劾施行

致和元年敕先聖廟用二十四戟曾參等所封侯爵犯先聖諱甚失弟子尊師之禮別擬封者七人（曾子先封瑕丘伯司馬牛楚丘子張宛丘石處雍丘琴開頓丘南宮子容龔丘已上六人在七十弟子數左丘明瑕丘穀梁赤龔丘戴聖楚丘已上三名在從祀數）

述曰世之為儒者知尊夫子為先聖而不知避其諱如唐宋詩人好以先聖名為戲其不知禮若是退之詩云秉筆追聖丘歐陽詩云仁義丘與軻又丘門安敢揶揄詩二儒排佛老尊孔孟常切切然而反侮聖人之名韓歐尚不知禮餘不足責也大哉祐陵之知尊先聖也謂曾子等封邑犯諱為失弟子之禮而別擬其封後世為儒者有能推此意義達之中朝乞行回避之條豈不為儒門之有師法

筠州沙門惠洪（字覺範）坐交宰相張商英節使郭天信流崖州靈源清禪師聞之歎曰蘭植中塗必無經時之翠桂生幽壑終抱彌年之丹古人謂聰明深察而近於死者好議人者也在覺範有之矣

二年侍郎彥知自京師至臨川觸暑成病

忽夢白衣天人以水灑之頂踵清寒覺而誦與於是集古今靈驗作觀音感應集四卷行於世(上刻板)〇嘉州奏風雷折古樹中有定僧爪髮被體詔與至禁中譯經三藏金總持令擊金磬以覺之(詰出)諭其名曰我遠法師弟慧持也因遊峨眉至此問欲何歸曰陳留古樹中詔以禮送之因圖形製讚云七百年來老古錐定中消息許誰知爭如隻履西歸去生死何勞木作皮(凡三傳本錄其一出普燈)

述曰持師本傳謂在郫縣龍淵寺寂有臨終遺命今乃云將峨眉至此意者聖師神化不可以生死之迹為之拘也

三年譯經三藏明因妙善普濟大師金總持同譯語仁義筆受宗王南遊江浙至秀州車溪審印寺沙門澄鑑問三衣右會及旋遶左右總持荅曰聖教但言以衣覆身不曾挂於肩上西天遶旋自北至東耳

述曰自昔議右遶(遶圖也作旋者經也非)如因草菴之立言有二句自佛之右自我之右蓋與然草菴誤執自我之右謂右袒(袒作於)右脇(是吉祥臥涅槃經頭北足南向西背東以表聖尼面便壽以表善左回知考右回知老)右回詮善(文句記云左回偏邪)聖髮右旋(凡人左旋唯佛右旋)皆是自我義遂於涅槃金棺右遶自東而南謂是譁人之誤而不知其自誤也夫自我之右自用也自佛之右遶佛也今所立義是遶佛而戀慕也何關自我之用邪大經右遶擲尸正是此義令人右遶多用自佛其事已定尚恐惑於草菴之言故不得不辯金總持自北至東正自佛之右也若南山東回北轉自是說戒集衆之義此自我之右也毋惑

崖州惠洪得旨自便

四年方士言陳留八關寺佛指乃海狗指耳有詔取驗火焚鐵搥十餘日色不變敕加禮還之

六年九月一日杭州靈芝元照律師趺坐遷化謚曰大智毘尼之學親自佛制文殊已下不措一辭如世禮樂征伐自天子出自大法東度律學未明至唐正觀南山律師始作戒疏業疏事鈔以弘四分流傳四百載釋義六十家唯允堪師會正記獨為盡理至照律師始約法華開顯作資持記以明南山之宗於是會正資持疏為二派

七年初永嘉道士林靈素挾妖術遊淮泗乞食於僧寺是年至楚州與僧慧世抗言相毆辯于官郡倅石仲喜其口辯脫之攜入京師謁太師蔡京以為異人引見上即誕言曰上即天上長生帝君居神霄玉清府弟曰青華帝君皆玉帝子也蔡京即玉清左相仙伯童貫乃書罰仙吏褚慧也上大喜賜號金門羽客築通真宮以居之因自號教主道君皇帝建寶籙宮設長生青華二帝像詔改天下天寧觀為神霄玉清宮靈素既得幸念楚州之辱日夜以毀佛為事引方士劉棟為己助上益安其說(云云)初是上嘗夢赴青華帝君召遊神霄宮覺而異之敕道錄徐知常訪神霄事或告曰太一宮道堂林道士累言神霄嘗作詩題于壁知常以聞召入見上問曰朕昔見東華帝君聞改除魔髡之語何謂也靈素遂縱言曰佛教害道久矣今雖不可滅宜與改正以佛刹為宮觀釋迦為天尊菩薩為大士僧為德士皆留髮頂冠執笏詔可(林靈素傳作延禧)

趙氏賓退錄云東坡守揚州夢行山間一虎來噬有道士叱虎去明旦一道士投謁曰夜出不至驚否坡咄曰鼠子未欲杖汝背汝謂吾不知汝子夜術邪道士駭而退徽宗夢神霄蓋此類也

述曰明皇夢空中梵僧平為書多寶塔額肅宗夢僧誦寶勝如來代宗夢遊山寺本朝仁宗夢景德寺門龍蟠神宗夢神僧馳馬空中此皆佛力法力諸師慈善根力自然感化之所致耳非同神霄子夜妖術之比

恐癡人妄引自證故不得不區別之
詔法燈禪師住襄陽鹿門郡將諷諸山辯金帛詣京師作千道齋師曰童牙事佛且非風狂豈當用十方檀施千里以媚道士郡將媿而止叢林聞而壯之西蜀寶梵大師昭符曾直稱之曰知文知武染衣將相也其嗣圓明大師敏行子瞻稱之曰讀內外教傳通其義以如幻三昧為一方首者也燈父事圓明大父事寶梵有自來矣石門文字禪
重和元年七月詔建壽山艮岳時大旱靈素禱雨無驗蔡京始言其姦偽上不聽通真宮一靜室常封鑰京遣人廉之有黃羅帳朱漆倚卓京具以奏隨駕往視之但粉壁明窗而已京惶恐待罪
宣和元年正月詔曰自先王之澤竭而胡教始行於中國雖其言不同要其歸與道為一教雖不可廢而猶為中國禮義害故不可不革其以佛為大覺金仙服天尊服菩薩為大士僧為德士尼為女德士服巾冠執木笏寺為宮院為觀住持為知宮觀事禁毋得留銅鈸塔像初釋氏之廢外廷莫有承向者開封尹盛章為姦人激以利害始為之從乃以上旨諭蔡京京曰國家安平日久英雄無所用多隱於此徒一旦毀其居而奪之衣食是將安所歸乎必大起怨咨聚而為變諸君亡日盡使誰任其咎上聞之怒曰是輩欲懼我耳京家人勸之曰上怒矣京曰吾以身當之以報佛會僧徒將投牒於京求辯論盛章廉得之捕其首高僧日華嚴明覺二律師凡七人杖殺之左街寶覺大師永道上書曰自古佛法未嘗不與國運同為盛衰魏太武崔浩滅佛法未三四年浩竟赤族文成大興之周武衛元嵩滅佛法不五六年元嵩貶死隋文帝大興之唐武宗趙歸真李德裕滅佛法不一年歸真誅德裕竄死宣宗大興之我 國家太祖太宗列聖相承譯經試僧大興佛法成憲具在雖萬世可守也陛下何忍一旦用姦人之言為驚世之舉陛下不思太武見弒於閹人之手乎周武為鐵獄之囚乎唐武受奪壽去位之報乎此皆前監可觀者陛下何為蹈惡君之禍而違祖宗之法乎書奏上大怒敕流道州上以京執不肯行遂罷輔相之議專決於左右盛章逼僧錄洪炳上表奉旨於是盡改僧為德士悉從冠服不則毀之京數懇列於上前曰天下佛像非諸僧自為之皆子為其父臣為其君以祈福報恩耳今大毀之適足以動人心念非社稷之利也上意為之少回

述曰蔡京初見靈素以為異人引而進之將結知於上以固其寵耳及靈素得君而橫罷佛興道京始懼物論必言其妄無及矣亦猶京初薦童貫以為能事及專主北伐不悉稟廟堂京始大疾之屢言其過無及矣大氐蔡京以姦人之資欲引黨助己以專國政而童貫靈素亦姦人之流故不能相容而反相疾然則蔡京之進二姦不能無罪矣或謂京能言二姦之罪者知悔舉也則將應之曰京以二姦專擅不與己協言其過者疾之之辭非同中正君子之清議也

泗州浮圖僧伽像將加以冠忽風雨晦冥裂其冠墮門外太守聞之大驚遣詣像前謝曰僧伽有靈妄敢再瀆統紀○敕廢乾明寺為五寺三監楊戩議廢太平興國寺為邸肆民舍初拆正殿塑佛像於殿基之下肢體破裂已而戩病胸腹潰裂而死通鑑○詔天下建神霄宮州郡憚費多以巨刹易其額太平州將拆承天寺一之日董役兵官墜馬死二之日都匠墜屋死三之日兵官墮馬折臂主其議者石儀曹一子十歲為金甲神撾去其衣納于洛室大甕中聞神言曰石某絕嗣是年子亡石客死京師○永道至道州郡守倅屬

同時夢佛僧伽入城翌旦師至守知其異令善侍之城中軍民多患寒疾或求救於師師素受西天真言法病者飲所呪水及爲摩頂無不愈求者既多乃爲汲於營內以呪之○三月京師大水龜鼉出於院舍宮廟危甚詔靈素率道士治水屢日無驗役夫數千爭舉梃欲擊殺之靈素走而免上聞之不樂俄而泗州大聖見于大內凝立空中旁侍慧岸木义上焚香拜禱大聖振錫登城誦密語頃之一白衣裹巾跪于前若受誡諭者萬衆咸覩疑龍神之化人也既而水退詔加僧伽大聖六字師號靈素復勸上削去之以舍人許翰制辭太褒罷其職○九月臺臣率僚屬奏林靈素姦邪小人妄議遷都改除佛教罪當誅戮不報○十月靈素與宮官分黨交諍又於道上冒太子節上始惡之榜于神霄宮曰褚惠罪惡不悛帝命削其仙籍永爲下鬼十一月放靈素歸溫州賜死于道囑門人歸葬爲數塵冢(高宗奉紅心改其故宅爲寺遣人毀其冢將加戮焉以不知其惡遂止)於是內外俱以廢佛教之罪歸之○餘姚法性行持禪師初受請過上虞邑令王君請說法要師登座云頭戴烏巾身披鶴氅分明好个神仙解弄曹溪伎倆令與大衆皆擊節長歎時會中有垂涎不能已者(師號牧菴得法於東林和上其家爲四明盧氏於志爲高伯祖)

(歷住寧照雲門雪竇護聖名列祖圖)○石門惠洪禪師寓湘西谷山取雲門臨濟兩宗自嘉祐至政和凡八十一人爲禪林僧寶傳三十卷自寧通慧之後傳僧史者唯師而已○昔雲居祐禪師於宏覺禪師塔東作卵塔曰凡住持者非生身不壞火浴無舍利者皆以骨石填於此其西作卵塔曰凡僧衆遷化者藏骨石於此謂之三塔白雲端禪師曰天下叢林之興大智之力也(百丈大智)祖堂當設達磨像於中大智像西向開山像東向不當止設開山而略其祖宗也覺範論之曰白雲雲居識度高遠斯可爲天下法也○八月下詔曰向緣姦人建議改釋氏之名稱深爲未允前言改德士女德士者依舊稱爲僧尼○九月詔大復天下僧尼道州永道量移近郡(已上並見國朝會要本朝通鑑道法師傳林靈素傳)

述曰佛法危運故必有姦人爲之亂法而主上竟受其蔽及運當泰來故衆人交攻主上一寤於是降詔自洗指靈素爲姦人而且大復佛法初蔽後明皆法運使之而然也

七年四月四明東湖二靈山知和菴主亡師晚事南岳辯師(撫州樂安人)因遊方至四明郡以名剎邀之力距不受間其故曰近世住山者多以賄得吾恥之弗爲也正言陳禾與之遊自雲竇招居二靈山金欄菴三十年不出山門道者以未至其居爲之恥嘗有一虎爲侍師既亡虎臥死于燼餘之地三年有僧自蜀來問海舜者何在人言此但和公耳蜀僧曰正其人也見其塔曰此非吉地歲餘勸土人爲結石龕易葬之見骨身舍利盈溢光曜林表

○六月道州永道得旨放回敕住昭光禪院賜名法道以旌護法○八月詔罷黃老學

八年七月吳國公主故重空門敕品官庶民如有毀罵僧尼罵稱禿字者照祥符三年指揮治罪○十二月上遜位于皇太子居龍德宮稱太上皇

述曰恭惟　道君上皇以聰明神武之姿當天下之無事其於法　祖宗之崇佛可謂至矣賜續燈錄製序追謚漢唐諸祖師恭禮釋迦佛牙爲之製讚此十六年之良心也一旦姦人用事尚道而毀佛於是上心始惑而宣和廢釋之詔行矣既而天降鴻水役夫舉梃以逐靈素許宦者之黨冒儲君之節上始大惡之榜罪于門放死于路亟下詔罷已大復佛法罷黃老學然則上之良心猶故不失是蓋大法之危運而魔外得以肆其姦也何傷乎　道君之聰明神武哉

欽宗（徽宗長子母恭顯皇后王氏四月十三日乾龍節諱名承寧）

靖康元年正月金虜犯闕二月金虜退

○詔曰比自大觀初聖節行香許就道觀今

復道君聖節仍就道觀若乾龍節仍就佛寺

建道場一月一依祖宗舊法其道士官階並

與追毀○十一月金虜再犯闕詔皇弟康王

爲天下兵馬大元帥

二年正月上幸虜營四月虜退二帝北狩于

韓州五月康王即皇帝位于宋州

述曰太祖始封宋其後遂以建國暨汴京

失守而高宗即位于宋所以上合建國之

符下昭中興之祚也

十月上幸揚州遣使八華召金山克勤禪師

詣行在所演說禪法賜號圜悟○東京留守

宗澤（公婺州人）承制命法道法師住左街天清

寺補宣教郎總管司參謀軍事爲國行法禳

佑軍旅師往淮頴勸化豪右出糧助國軍賴

以濟　佛祖統紀卷第四十六　碼五

佛祖統紀卷第四十六

校勘記

一　底本，明永樂南藏本。

一　七五一頁上一行「翌旦」，[徑]作「翌日」。

一　七五一頁中一行夾註右「歷住」，[徑]作「歷位」。

佛祖統紀卷第四十七

宋咸淳四明東湖沙門　志磐　撰

法運通塞志第十七之十四

高宗（徽宗第九子母賢妃韋氏追謚顯仁皇后五月二十一日天申節永思陵）

建炎元年上駐蹕維揚○初隆祐太后孟氏將去國南嚮求護身法於道場大德有教以奉摩利支天母者及定都吳門念天母冥護之德乃以天母像奉安于西湖中天竺刻石以紀事案不空三藏譯摩利支天經念誦法云南無釋迦牟尼佛㖿南無摩利支天菩薩㖿我弟子（某）歸命三寶摩利支天菩薩願護我身無人能見我無人能知我無人能捉縛我身無人能加害我無人能欺誑責罰我無人能債我財物不爲怨家能得其便即說最上心真言曰唵摩利支娑縛賀（或百或千遍）王難中護我賊難中護我失道曠野中護我水火刀兵中護我鬼神毒藥難中護我惡獸毒蟲難中護我一切怨家惡人難中護我佛實語護我法實語護我僧實語護我天實語護我仙實語護我一切處一切時願常護我弟子（某）娑縛賀誦時想菩薩作天女形瓔珞莊嚴坐蓮華上左手執天扇右手垂掌向外作與願勢若欲見天真身求勝願者誦滿十萬徧佛言此天常行日月前日月所不能見我因知此天名隱免一切危難

二年三月唐州泌陽尉李珏遇北虜入寇挾一僕單騎走夜匿道旁空舍聞車過聲遣僕問唐州賊何在見車中人長丈餘面藍色驚而返珏即乘馬追及之前致敬曰珏避寇至此　敢問車中何所載其人曰此京西遭劫死人名字天曹定籍汝是李珏亦其數也珏大怖告曰何法可免願賜指教人曰能旦旦念摩利支天菩薩七百徧向虛空四向天曹聖賢則死籍可銷可免兵戈之厄珏方拜謝驚車者疾馳而去自是不輟誦持轉以教人皆得免難（[illegible]）

述曰摩利支天經藏中凡三譯唯　本朝天息災本呪法最多　仁宗親製聖教序以冠其首雖未聞行其法者而菩薩之緣已闢先於此時矣當　高宗之南渡也隆祐受教大德獲奉像之應李珏請命神人致稱名之功至矣哉威德悲願殆與圓通大士俱不思議釋迦自云我因知此天名得免一切危難信菩薩遠本又在釋迦之先也今茲中原多故兵革未銷士夫民庶有能若終身若全家行此解厄至簡之法吾見天母之能大濟於人也

十一月敕賣四字師號價二百千

三年正月金虜入淮上幸建康八月上發建康十一月虜酋兀朮宗弼陷杭州錢唐令朱畢率弓兵與之戰力不敵走天竺山虜卷至遂遇害初是圓應法師德賢（[illegible]）爲兒時相者曰它日有官厄唯出家可免遂落髮往靈山參學于慧淨後竟繼其席臨終謂門人曰吾生前以道力免難死後猶有殘業門人造像入祖堂乃以鐵護其頸及虜至其酋真珠王者至靈山祖殿衆像皆立獨師像不起酋怒令斬之以頸有鐵不可傷乃積薪盈門縱火焚之薪盡而屋如故或見神僧千數執瓶注水出沒空表虜衆大驚而退初如靖法師主上竺兀朮入境師預感夢知此山厄運不可免戒衆令避之及虜至或謂可以禮迓即聲鐘集衆虜疑其抗已縱兵大掠火其寺○十二月己卯朔上幸明州壬午晦次定海御樓船癸巳二十虜陷越州癸卯三十浙東制置使張俊與虜戰于明之西門俊見民閒多織席遣兵斂取之以重席覆于路虜騎踐席上皆足滑而仆因急擊之斬首甚衆（[illegible]）

四年正月甲辰旦上次崎頭入白峯菴僧藏朝禮懺上前立其旁問保國安民之辭奏甚爲排佃茗飲而行（[illegible]）悅丙午[illegible]次

台州章安鎮入金鼇山寺有老僧持佛前旨憂時保國之語上問何典荅曰禮國金光明懺上因宿于寺後駐蹕臨安嶽賜章下諸寺金帛修舉此法初上在京邸有異人授一詩云牝螭難頭一艇横夕陽多處待潮生共君不負登臨約同向金鼇背上行及幸海登金鼇坐榻上見壁間題此詩始悟異人示先讖也。庚戌叱雱陷明州其酋奄至南湖寺衆先已奔散獨介然不肯去酋訶之曰不畏死邪然曰貧道一生以願力建此十六觀堂今老矣不忍捨去以求生也酋義之曰師幸為我歸北朝建觀堂一如此規制遂雱以行雱兵至湖心遁律主元肇行師忻然無難色至京口謂左右曰吾將西歸即閱筵歌之音一時軍民咸見師念佛西望而化師即象政陸佃之孫。初宏智禪師正覺主天童開拓衆宇聚衆至千二百人雱之入境也衆將散師止之曰雱不至此無用避及雱登塔嶺見神兵滿山谷大懼而退。育王山月堂禪師道昌聞雱且至就山後掘一窖捧釋迦舍利塔坐其中以陶器覆於上雱酋至不得塔大怒將火其屋忽壁間觀音畫像放光出水滿地輪藏自轉酋大怖長拜稽而去越七日闢窖取塔水至頸不沒。丙寅二十日上次溫州館頭四日十。

二月乙亥三日上次江心寺有旨以林靈素故居為資福教院丞相呂頤浩舉圓辯法師道琛主之。丙子四日雱兵退初杭人以時方兵早迹上竺大士于郡中法慧寺侍香大者道元應至求索舉藏于井取它像置行殿雱還自四明再犯杭州果詰問大士所在徑取之去井軀道元行元默哀禱夜至許村若有人導之者遂得逸歸告于郡時雱焚其城不知井所在忽聞金石聲跳求之獲井出像。三月巳未廿七上發江心[illegible]詔法道法師隨駕陪議軍國事上欲加以寵冕師力辭詔加圓通法濟大師。四月上駐蹕于會稽天旱詔道法師禱于圓通蒔雨即日雨至上大說。七月道君二帝自韓州遷于五國城。紹興二年正月上駐蹕于錢唐升為臨安府上每於禁中書金剛圓覺普門品心經七佛偈暇日常自披讀以發聖解又御書阿育王山舍利塔曰佛頂光明之塔。二月詔再建天竺觀音大士殿。四月詔孔子四十九代孫玠襲封衍聖公孔子之孫。召法道法師入見上從容謂之曰上皇為妖人所惑毀師形服朕為師去此點涅道對曰上皇御墨不忍毀除上笑曰此僧到老倔强乃敕住廬山太平禪寺

三年二月廬山道法師申劄都省辯崇觀之後斷道士叨冒資品林靈素王冲道華楨兩府者甚衆遂令道士冒居僧上靖康建炎道士視官已行追毀而國忌行香寺院會聚猶敢徼然居上其蔑視國法有若此者今欲後還祖宗舊制僧史略具載每當朝集僧先道後並立殿庭僧東道西凡遇郊天道左僧右尋送禮部取到太常寺狀稱因華禮乾德元年宣德門肆赦故事道左僧右又檢照嘉祐編敕并紹興新書並以僧道立文為次其政和條內道僧觀僧及道士位在僧上並已刪去不行尋蒙朝旨依奏改正以僧居上十一月太常寺稱將諸路應行香立班諸處聚會並依祖宗成法以僧居左。八月自治平末始賣度牒舊以黃紙印造偽為者多戶部朱異始奏令僧道用敕綾牒

述曰唐明皇天寶中度牒已用綾素　本朝太宗初年普度十七萬　真宗天禧普度二十三萬應此時但用紙牒使之易辨今既弃賣欲重其價故用敕綾比同品官之告身亦見朝廷之重僧也

吳郡延祥院僧茅子元者初學于梵法主依放台宗出圓融四土圖晨朝禮懺文偈歌四

句佛念五聲勸諸男女同修淨業自稱白蓮導師坐受衆拜謹葱乳不殺不飲酒號白蓮菜受其邪教者謂之傳道與之通婬者謂之佛法相見傲僧慢人無所不至愚夫愚婦轉相誑誘聚落田里皆樂其妄有論于有司者正以事魔之罪流于江州然其餘黨效習至今為盛（釋門正統）

議曰嗟夫天下之事未嘗無弊也君天下如禹湯而有桀紂相天下如周召而有斯莽道本老莊而有歸真靈素釋本能仁而有清覺子元信三教皆有其弊也所謂四土圖者則竊取台宗格言附以雜偈率皆鄙薄言辭炭朝懺者則撮略慈雲七懺別為一本不識依何行法偈吟四句則有類於樵歌佛念五聲則何關於十念號白蓮妄託于祖稱導師僭同於佛假名淨業而專為姦穢之行猥褻不良何能具道嗟夫

四年（磧六）僞齊劉豫同金寓入冠上下詔親征九月上親詣天竺大士殿焚香恭禱晉平北虜（六）既而淮東宣撫使韓世忠敗金人齊人于承州世忠獻俘行在因陳職次之人乞加贈恤上覽然曰死於鋒鏑誠為可閔即敕直學士院胡松年具詞建水陸大齋以為濟度是夕也有見鬼神來會甚衆有夢戰死者感忻然相慶以為自此得生善趣者上聞之大說

五年弥月大旱詔道法師入內祈雨結壇作法以四金瓶各盛鱓鰍置水默祝遣四急足投諸江使未回而雨已洽上大說特賜金鉢。九月上幸天竺大士殿炷香住山慧如奏對如流上說賜萬歲香山以供大士及度牒銀幣之類

七年左司諫陳公輔上疏乞照祖宗成法不許執政措射有額寺院應臣僚前曾陳乞有額寺院充墳寺功德者並令改正許與無額小院詔可初是知院李綱占常州普利及部武興聖臺臣論奏以兩處俱為有額有所違礙詔令別占無額小院士論為快又樞密沈與求奏稱墳寺妙嚴院雖本家建造既元有敕額不當撥賜上以為自造之屋不必改正時諫臣謂與求能體祖宗法意革今日之弊宜從所請有旨許之

九年（磧六）敕天下州郡立報恩光孝禪寺為（七）徽宗專建追嚴之所

十一年五月宰相秦檜以徑山宗杲為張九成黨毀衣牒竄衡州（塔銘）。上謂輔臣曰自佛法入中國士大夫靡然從之上者信於清淨之說下者信於禍福之報殊不知六經廣大靡不周盡如易無思無為寂然不動感而遂通禮之正心誠意者非佛氏清淨之化乎積善之家必有餘慶積不善之家必有餘殃書作善降之百祥作不善降之百殃非佛氏禍福之報乎

十二年左修職郎詹叔義上財賦表乞住賣度牒朝廷從之時臨安府乞度牒修天竺大士殿敕給錢五萬緡謂侍臣曰朕觀古者人主欲除釋老二教或毀其像或廢其徒皆不及久往往愈熾今不放度牒則自可漸銷而制勝

十三年右司諫詹大方奏曰頃者鼓倡浮言張九成實為之首徑山宗杲從而和之今宗杲已竄為之首者豈可不問詔張九成南安軍居住。臨安府道正劉若謙申省乞道士序位在僧上妄稱別得指揮僧正善達陳狀乞檢准紹興三年都省批送法道法師乞復祖宗舊法緣蒙朝旨批下依條改正應行香立班諸處聚會以僧在上告示劉若謙取知委狀復有妄詞以違制論。敕西湖北山建天申萬壽圓覺寺。敕再修西湖壽星院主事者乞撥度牒上曰言者皆欲賣牒以資國用朕謂不然一牒所得不過二百緡而一夫不耕矣若住撥十年則其徒自少矣

十五年敕天下僧道始令納丁錢自十千至

一千三百凡九等謂之清閑錢年六十已上及殘疾者聽免納道法師致書於省部曰大法東播千有餘歲其間汙隆隨時暫厄終奮特未有如今日抑沮卑下之甚也自紹興中年僧道征免丁錢大者十千下至一千三百國四其民士農工商也僧道舊籍仕版而得與儒分鼎立之勢非有經國理民之異以其祖大聖人而垂化爲善故耳至若天灾流行雨暘不時命其徒以禱之則天地應聚神順抑古今耳目所常聞見者也夫苟爲國家禦菑而來福祥亦宜稍異庸庶之等夷可也若之何遽以民賦賦且數倍今天下民丁之賦多止緡錢三百或土瘠民勞而得蠲免者爲僧反不獲齒於齊民以其不耕不蠶而衣食於世也夫耕而食蠶而衣未必僧道之外人人耕且蠶也（云云）

述曰目僧道同丁夫而出征賦以免之豈獨僧道之恥亦國家不知尊尚二教之恥也今州家征免丁則必舉常年多額以責之而不顧僧之存亡去住既又欲以虧額均賦諸寺者其爲患皆此類嘗考郡志云僧道免丁歲無定額官吏曾不省此王荊公創新法當年後世誰不知爲民患然今之爲政者語安石則目之小人追民賦則仍用其立法蓋利源一開雖有聖人之治所不能革以人心好利者同然耳然則爲利創法者未嘗不爲後世患悲夫

十七年七月寶覺圓通法濟大師法道趺坐說法合掌而化建塔于北山九里松

二十一年初太后韋氏北還之日以道家四聖有神助至是改孤山爲延祥觀以奉之遷法師全身于馬腦坡見陶器中舍利無筭○十一月謫衡州宗杲量移梅州

述曰自古公卿與釋氏遊者重其道敬其人耳　本朝公卿交釋氏者尤爲多未聞以語言之過交相爲累者洪覺範之竄朱崖坐交張無盡杲大慧之流衡陽坐交張子韶而皆以語言爲其罪夫儒釋之交遊不過於倡和以詩談論以道否則爲廬山結社之舉耳豈當陷賢者於姦佞而鉤黨於林間之人哉其爲法門不幸有若二師者言事之過論九重之不察也

二十三年十月給事中知瀘州馮楫（字濟川號不動居士）委漕使攝郡事別僚佐具衣冠望闕再拜著僧衣升座橫柱杖膝上說偈言而化始楫問道於杲佛日頓悟心旨南渡之後所在經藏殘闕楫以奉資（奉音俸）凡造大藏經四十八所小藏四大部者亦如其數（世以華嚴涅槃寶積般若爲四大部）所至興高僧逸民續蓮社時賢咸從其化

二十四年詔以上天竺爲御前道場特免科敷等事○寓衡州衍聖公孔玠卒詔其子搢襲封衍聖公是爲五十代

二十五年初是治平初飛山戒珠禪師依高僧三傳采修行淨業臨終往生者作淨土傳三卷元豐間尚書王古增補新聞遍爲四卷是年錢唐陸師壽續集往生淨土者爲八卷號名寶珠集

二十六年張九成知溫州九成謫南安軍十四年寓橫浦僧舍日談經著書以自適嘗曰六經皆妙法也○九月禮部侍郎吳秉信卒紹興初時相諱言兵事斥秉信爲黨人乃歸四明城南築菴禪坐製一棺夜臥其中至五更令童子扣棺而歌曰吳信叟歸去來三界無安不可住西方淨土有蓮胎歸去來閒唱即起禪誦久之檜相亡召爲禮部侍郎時國用匱乏秉信請賣度牒以裕國因言及秦黨尋被論以佞佛邀福出知常州既而復被召至蕭山驛舍令家人靜聽咸聞天樂之音即曰清淨界中失念至此金臺既至吾當有行言訖而逝○十月敕量移梅州宗杲復形服放還十一月詔住明州阿育王山

二十七年八月禮部侍郎賀允中上殿上問

天下僧道幾何答曰僧二十萬道士萬人上曰朕見士大夫奉佛者多乞放度牒令田業多荒不耕而食者二十萬人若更給度牒是驅農為僧也佛法自漢明入中國其道廣大終不可廢朕非有意絕之正恐僧徒多則不耕者衆故暫停度僧耳[illegible]

述曰　高宗聰明而達於權道故不放度牒將抑僧以助農如古人排佛正以不耕為國蠹可謂知政本矣然嘗論之今之為僧者未暇以學道言之或迫於兄弟之衆多或因無田而不耕皆天下之閒民也深山蛇虎之鄉遺海斥鹵之地非田也出家之士率衆力馮志願幸而可開為畝皆天下之閒田也以閒民食閒田未嘗為農病也矧今為農者常自多常苦於天下之田少而寺院之產常自定不令閒民為僧則農益多農多而常田不足始病矣去而為商賈為百工為遊乞為倡優趨末者紛紛然又不能為則盜於海劫於陸無所而不為矣然則驅閒民而僧之是亦為政之權道也可不講明乎

十月六日住天童山正覺禪師沐浴更衣正坐而化齒髮道具自然生出舍利塔全身於東谷謚曰宏智禪師妙光之塔有禮塔求舍利者皆如其意[illegible]

二十八年二月詔佛日禪師宗杲再住徑山○七月起居舍人洪遵論鑄錢未及額上諭大臣令民間銅器以它物代之乃出御府銅器送鑄錢司大斂民間銅器寺觀佛像鐘磬並令置籍每斤收算二十

述曰紹興之際住賣牒不以此為利而且征僧道免丁算寺觀鐘磬所得無多而徒使後世指為作古蓋小臣詹叔義以財賦之稅根人主之心而當時輔相不能開陳為利之輕重耳

三十年十一月住靈隱道昌禪師上表乞頒行度牒不報

三十一年禮部侍郎吳子才奏乞頒行度牒言事者以侵佛斥之罷歸田里○七月金虜主元顏亮徙居汴京九月自將入寇兵號百萬中竺寺沙門曇瑩學禪悟易屢對禁中至是策以易數謂亮當斃於江北十月下詔親征浙西總管李寶舟師敗之密州中書舍人虞允文叔都統王權散卒敗之采石亮欲渡瓜洲令於衆曰三日不渡江當盡殺諸將衆苦其虐夜半諸酋射帳中殺之而遁

三十二年正月上歸自建康五月詔禪位于皇太子○十月淫雨不止上遣內侍禱于上竺燎煙始升曉日開霽上喜出內府玉器三品以施大士歎壽成太后施七寶冠○賜徑山宗杲大慧禪師

孝宗[illegible]

隆興元年初是太祖後七世子偁為嘉興丞娶張氏夢神人稱崔府君擁一羊與之遂娠初封普安郡王○上初在王邸遣內都監至徑山問道於杲禪師答以偈曰大根大器大力量荷擔大事不尋常後在建邸遣內知客至山賜妙喜菴三字及真讚至是悉取向賜識以御寶是年八月十日師示寂上傷悼不已賜謚普覺塔曰寶光語錄入大藏右相湯思退參政李邴內翰汪藻禮部侍郎張九成給事中馮楫皆問道有悟入[illegible]

乾道元年二月召靈山子琳法師入見問曰朕欲讀經以何為要師曰金剛圓覺最為要道又問參禪之法師曰直須自悟上說賜號慈受○二月以鄭國公主出家敕品官庶民有疑摩僧尼罵稱禿字者依祥符宣和敕旨品官勒停庶民流千里仰天下州軍徧榜曉諭仍許僧尼錄白指揮與度牒隨身永同公據應僧尼過犯官司不得私理須奏聞取旨施行

三年二月駕幸上天竺禮敬大士問住山若

訥曰大士之前合拜不合拜師曰不拜則各自稱尊拜則迹相恭敬上欣然致拜又問藏旦修光明懺之意師曰佛爲梵釋四王說金光明三昧之道囑其護國護人後世祖師立爲懺儀於歲旦奉行其法爲國祈福此盛世之典也上說授右街僧錄後賜號即道翊法師故居建十六觀堂命內翰樓鑰作記。○三月敕於禁中建內觀堂一遵上竺制度。○日本遣使致書四明郡庭問佛法大意乞集名僧對使發函讀之郡將大集緇衣皆畏縮莫敢應命樓心維那忻然而出日本之書與中國同文何足爲疑即擇太守號封疾讀以示其紙七鄉讀畢語使人曰日本雖欲學文不無疎謬遂一一爲析之使慚懼而退守踊躍大喜曰天下維那也

四年四月八日召上竺訥法師領五十僧入內觀堂行護國金光明三昧齋罷說法上曰佛法固妙安得如許經卷師曰有本者如是上說進授左街僧錄慧光法師自是歲歲佛生日賜入內僧帛五十疋借舉佛事(稽古[illegible])。○九月上謂禮部尚書李燾曰科舉之文不可用佛老語若自修之山林於道無害倘用之科場恐妨政事(中興[illegible])燾曰儒家用老莊語其來已久故不可一旦絕去至若窮理之妙盡性之奧高出世表而無所不容者則無越乎釋氏之書然儒家欲明理於天人之際易洪範中庸大學語孟求之自足倘涉乎佛經語意則自違其宗而放肆無歸矣大哉　孝廟之戒其有旨乎

六年四月上與群臣論東都治亂消長之數上曰朕每念治平已前國家無事自王安石首亂成法繼之以章子厚(惇)蔡京之徒至靖康輔臣卒皆壽膠以致大壞蔡京謫死湖湘四十二年還葬之日皮肉銷盡獨於胸上隱起卐字若鐫刻然案佛經如來具三十二相胸題卐字是其一由戒定慧積修所成其相明妙魔王亦有三十二相其相稍晦令京相如此豈非魔乎又豈非天地大數產此魔物爲生民之禍乎([illegible])○十一月選德殿觀瀘靈感觀音之寺及靈感觀音寶殿以賜上竺([illegible])

七年二月靈隱慧遠禪師入對選德殿上曰如何(免)得生死對曰不悟大乘終未能免上曰如何得悟對曰本有之性磨以歲月自然得悟上曰悟後如何對曰悟後始知今日問答皆非上曰一切處不是後如何對曰破體現前更無可見之相上有省首肯之

八年正月車駕幸靈隱賜賚有加。○八月召天竺訥法師徑山印禪師(寶印)靈隱遠禪師獨及三教之士集內觀堂賜齋後令遠禪師獨對東閣賜坐問曰前日睡中忽聞鐘聲不知夢覺是同是別對曰夢覺無殊教誰分別上曰鐘聲從何處起對曰從陛下問處起十月賜靈隱慧遠佛海禪師(號)

九年正月召上竺訥法師獨對選德殿賜坐問大士歷代靈跡及法華經旨([illegible])。○魏公史浩佚老于四明自號真隱居士每從南湖智連法師問法要([illegible])嘗曰師於禪律亦貫通耶師曰冰泮灩消固一水耳又問華嚴般若何太支離師曰支離所以爲簡易公倏然有省及帥閩歸里乃於東湖劇月波山放補陀巖結洞室以安大士奉　德壽殿書潮音洞以爲額首延覺雲高第則約法師專講智者教([illegible])初是公擢昌國監倉借鄮陽程林甫泛海謁補陀山忽一僧指巖頂有竇可以下瞰方瞻佇間公與衆見大士金色身相而公復見雙齒出唇際如珂玉書尉作禮而退暨歸寺日已暮一長身僧來訪語公歷官至太師且云公是善終文潞公也它日入相主上欲用兵須力諫之後二十年當與公會於越語畢遂去乾道初以故相鎮越有

迎人自稱蒼崖先生與公有舊𦘕命延之索詠大書曰黑頭游相重增萬里風光碧眼胡僧曾與二聖情話歡會覺幽公大驚因追恩補陀事知長身僧及道人皆大士示現相距正二十年云(鐵經姑聯帷贍觀心事相一致)

述曰趙王出仕之初登補陀覩大士聞長身僧之言許也日爲師相且囑其護君上勿用兵其後張魏公復果勸　孝宗北征越王諫之不從及符離兵敗後歸見上上迎謂後曰此行甚快史浩意蓋大士預鑑時機知南北勢分未可以合故囑公與諫以免生靈之塗炭也

史魏公過金山覽梁武帝水陸儀軌之盛謂報恩度世之道在是乃於月波山創殿設十界像與名僧講究製儀文四卷以四時修供爲普度大齋(旺斛俎豆之器繁約折衷皆誌)讚唄之音抑揚有節鄉城諸刹莫不視此爲法。國學生王日休龍舒人爲六經訓傳數十萬言一旦捐之曰是皆業習非究竟法吾其爲西方之歸乎自是一志念佛日課千拜一夕厲聲念佛忽云佛來接我也屹然立化郡人有夢二青衣引之西行(休休)爲淨土文行於世嘗爲之說云儒者或以釋氏之徒無戒行故輕其教者豈可以道流不肖而輕老子士人不肖而輕孔子釋氏之教有世間法有出世間法其世間法戒殺盜婬儒釋未嘗不同其不同者釋氏之出世間法也儒家止於世間故獨言一世而歸之於天釋氏知屢世而能具見群生業緣本末此其不同耳

述曰王龍舒之爲儒也固嘗爲六經作訓傳矣潛心學古非世儒之常流也及盡棄其學而學佛必有一定之見令人爲儒未及於龍舒而欲以泯泯口舌效韓歐排佛之失言是皆未足以知兩家之道本不悖也至若世間出世間之說雖未盡理謂佛能具見群生業緣本末此得之矣蘇黃諸公誠知此伊洛先輩徒能以道自任以故時有排斥然不足以知此義也

淳熙元年二月賜内帑於上竺建藏殿及賜大藏經皇太子爲書殿榜。四月召鴈山靈峯中仁禪師入對禁中(嗣圓悟普燈解)。五月召靈隱遠禪師入對便殿

二年三月駕幸上竺炷香禮敬大士詔建護國金光明道場賜白雲堂印令天下三學諸宗並詣白雲堂公舉用印申明有司。六月召上竺訥法師獨對内觀堂。十二月遣中使至阿育王山迎佛舍利塔上瞻禮之頃見塔上有如月輪它日復見如水晶者敕迎往東宮皇太子見相輪上纍纍若水晶貫珠

三年正月迎舍利於碧琳堂上見塔角有光若金珠者敕内侍奉塔還山具齋以謝靈貺。敕福州依天聖二年已降聖旨天台一宗教部付開元東禪錄版入藏先是慈雲式法師奏乞天台教文入藏詔可之。二月詔台州報恩德光禪師入住靈隱十一月入對選德殿上問曰釋迦雪山六年所成者何事師曰將謂陛下忘卻上說賜號佛照禪師(嗣拙菴覺)

四年八月參政錢端禮微疾請平田行機禪師入卧内趺坐談笑忽謂機曰地水火風暫時湊泊昧者認爲自己從上諸聖去住自在今吾如是豈不快哉遂斂目而逝公與機同參護國元禪師世知其有悟入(嗣普燈)。召靈隱光禪師(書入)内殿進宗門直指上問浙東名山太白玉几之外以何爲勝師曰保國護聖國清萬年上說當時侍臣咸皆歎賞以爲名對。唐奘三藏譯大般若經成六百卷有鳳城雪月大師大隱用難信解品一百三卷行通關之法以授後人　本朝淳熙間有沙門不知所從來車載此經至四明甬東行道中口浪浪誦不輟里人沃承璋邀諸塗問之曰我車上經皆能背誦承璋初不信試抽數卷對誦之頃刻即度始大異之徐叩其故沙門曰

是有閑法焉能通其關則百三卷之文皆可背誦承璋欣然願受教既通復教其妻子奴婢闔門皆能通誦乃刻板行閑法以化世人（舊印本有津梁丁酉印本無者是）

述曰嘗考經閲盧百三卷凡八十四科今教卷諸文稱八十一科名色者當是相承之誤沃本巨室初不信法由沙門一化乃能背通般若然不知回向淨土其沒也生日本爲國王背有銘曰大宋沃承璋日本人說若此（[illegible]時宗月被閱住妙智能開通既經時歲有欲求受者乃鏤用法）（本刊經閱一卷以勸世人因敘承璋本事云）

五年御書太白名山賜住山了朴禪師（師號書記）

七年召明州雪竇寶印禪師入見上問曰三教聖人本同此理師曰譬如虛空初無南北上曰但所立門戶異耳故孔子以中庸設教師曰非中庸何以立世間華嚴有云不壞世間相而成出世間法上曰今時學者秪觀文字不識夫子心師曰非獨今之學者當時顏子爲具體秪說得瞻之在前忽焉在後如有所立卓爾亦未足以識夫子心夫子亦曰二三子以我爲隱乎吾無隱乎爾以此而觀當時弟子尚不識夫子心況今人乎張商英有云唯吾學佛然後能知儒上曰朕意嘗作此見上又問曰老莊之教何如師曰可比佛門中小乘人耳小乘厭身如桎梏棄智如雜毒化火焚身入無爲界正如莊子形固可使如槁木心固可使如死灰老子曰吾有大患爲吾有身大乘人則不然度衆生盡方證菩提正如伊尹所謂予天民之先覺者也將以斯道覺斯民也如有一夫不被其澤若己推而內之溝中也上大說即日詔住徑山（[illegible]奏錄文）

○詔佛照禪師德光住阿育王山十一月召對內殿賜妙勝之殿四字爲釋迦舍利殿額

八年上製原道論曰朕觀韓愈原道論謂佛法相混三教相紬未有能辨之者徒文煩而理迂耳若揆之以聖人之用心則無不昭然矣何則釋氏窮性命外形骸於世事了不相關又何與禮樂仁義者哉然猶立戒曰不殺不婬不盜不妄語不飲酒夫不殺仁也不婬禮也不盜義也不妄語信也不飲酒智也此與仲尼又何遠乎從容中道聖人也聖人之所爲孰非禮樂孰非仁義又惡得而名焉譬如天地運行陰陽若循環之無端豈有春夏秋冬之別哉此世人強名之耳亦猶仁義禮樂之別聖人所以設教治世不得不然也因其強名揆而求之則道也者仁義禮樂之宗也仁義禮樂固道之用也楊雄謂老氏棄仁義絕禮樂今迹老氏之書其所寶者三曰慈曰儉曰不敢爲天下先孔子曰節用而愛人老氏之所謂儉豈非愛人之大者耶孔子曰溫良恭儉讓老氏所謂不敢爲天下先豈非讓之大者耶孔子曰惟仁爲大老氏之所謂慈豈非仁之大者耶至其會道則互見偏舉所貴者清淨寧一而與孔聖果相背馳乎蓋三教末流昧者執之自爲異耳夫佛老絕念無爲修身而矣孔子教以治天下者特所施不同耳譬猶耒耜而耕機杼而織後世紛紛而惑固失其理或曰當如何去其惑哉曰以佛修心以道養生以儒治世斯可也其唯聖人爲能同之不可不論也（[illegible]）

十年上親注圓覺經成賜徑山寶印禪師刊行於世

十一年上竺左街僧録若訥劄子洪惟聖朝遵用唐制立試經度僧之科竊詳大宋高僧傳洪覺範僧寶傳所載自建隆開國至于南渡名德高行皆先策試法華然後得度以由此經是如來出世一化之妙唱羣生之宗趣褒唯七卷繁簡適中故學者誦習無過與不及之患自唐至今五百年來能爲令典雖下及萬世可舉而行唐世之式遠矣及我朝而甚詳如文瑩湘山錄載　國初潭州僧童試經此州郡比試也歐陽歸田錄載執政

宋綾夏竦同試童行此朝廷開試也若僧史略載朱梁時不許私度願出家者入京比試竊詳三書之意當是天下童行先就州郡試中然後入京執政閱場親監覆試第名奏上乃下祠部給牒若特詔賜恩如建隆八千僧太平普度十七萬則又不在試經之限或謂有爵國用者則將對之曰但於每歲以千牒為試經之擬即以千牒之資均於餘牒俾不能誦經而裕於財者亦得求度厭令天下僧冗矣試經以行古道賣牒以限常人誠足以復　祖宗之成法救末流之冗弊也上可其奏付執政下僧司具格式以供申不明竟爲中書所沮。建興福院成先是上竺訥法師屢以疾求閒上曰且賜地築室一二年後彼此作閒人水邊石上共說無生至是以賜師爲佚老接兩街都僧錄東宮爲書歸隱扁其室

十六年上遜位于皇太子退養重華宮稱壽皇。壽皇召慧光若訥法師入內殿注金剛般若經書成上稱日披覽益有省發

光宗（孝宗第三子九月四日重明節葬永阜陵）

紹熙二年十月慧光法師入對論宗教廣慈法師塔曰普照

五年四月刑部都官陳沇休治冠服就覆石化將殁忽聞蓮華香氣自口鼻噴出沉號省菴居四明鄞之橫溪每晨起誦法華日一遍者三十載年登八秩增至三部爲詩見志有清晨三度到靈山之句又閱大藏誦佛號凡天台教門少林宗旨無不博究（[illegible]）

佛祖統紀卷第四十七

校勘記

佛祖統紀卷第四十七

一　底本，明永樂南藏本。

一　七五六頁中一〇行末字「其」，徑無。

一　七六〇頁中七行夾註全文，徑無。

一　七六〇頁下一三行第九字「成」，徑無。

佛祖統紀卷第四十八

宋咸淳四明東湖沙門　志磐　撰

法運通塞志第十七之十五

寧宗光宗子母慈懿皇后李氏十月十九日瑞慶節葬永茂陵

慶元三年荊門軍申忠翊郎趙善瑩狀當陽縣玉泉山景德禪寺爲隋智者禪師開山道場蜀將軍關王奉智者爲師祈禱屢應乞賜加封敕宜賜靈惠大師

嘉泰二年餘杭南山白雲菴道民沈智元乞賜敕額臣寮言道民者遊墮不逞喫菜事魔所謂姦民者也自植黨與十百爲羣挾持妖教聾瞽愚俗或以修路建橋爲名或效誦經焚香爲會夜聚曉散男女無別所至各有渠魁相統遇有詞訟合謀并力厚啖胥吏志在必勝僭名興造自豐其私剏置私菴以爲逋逃淵藪智元僞民之魁在道惑衆揆之國法罪不勝誅張杓帥京之日屢與鄰寺互論已判道人私菴合毀前降指揮拆除今智元又敢妄叩天閽玩侮朝廷若此爲甚昔傳五斗米道者始託黃老分遣弟子周遊四方轉相誑誘其後數十萬衆同日竊發漢室遂微今此曹若不防閑何所不至欲下臨安府將智元等重行編置籍其物業以爲傳習魔法玩視典憲者之戒寄居勢家認爲已產蓋庇執占者臺諫指名以奏制可

述曰昔秀夷堅志云喫菜事魔三山尤熾爲首者紫帽寬衫婦人黑冠白服稱爲明教會所事佛衣白引經中所謂白佛言世尊取金剛經一佛二佛三四五佛以爲第五佛又名末摩尼采化胡經乘自然光明道氣飛入西那玉界蘇鄰國中降誕玉宮爲太子出家稱末摩尼以自表證其經名二宗三際二宗者明與暗也三際者過去未來見在也大中祥符興道藏富人林世長賂主者使編入藏安於亳州明道宮復假稱白樂天詩云靜覽蘇鄰傳摩尼道可驚二宗陳寂默五佛繼光明日月爲資敬乾坤認所生若論齋絜志釋子好齋名以此八句表於經首其修持者正午一食裸屍以葬以七時作禮蓋黃巾之遺習也樂天長慶集即無此詩其論之時禁天知佛宜禮爲此不典之詞

嘉定四年閏二月丞相錢象祖薨於天台里第參政之守金陵嘗問道於保寧全無用後於鄉里建接待十所皆以淨土極樂名之創止菴高僧寮爲談道之處自左相辭歸益修淨業是月得微疾僧有問起居者則曰不舍生不怖死不生天不生人唯當往生淨土耳言訖趺坐而化時天鼓震響異香芬郁未終之前郡人子融夢空中聲云錢丞相當生西方蓮宮爲慈齋菩薩

理宗諱昀十四年紹以太祖下十一世名貴誠嘉定爲皇子沂靖惠王後七年封成國公受遺詔即位正月五日天基節

寶慶二年敕天申萬壽圓覺寺改爲天台教以師贊法師主之

淳祐六年十一月臨安明慶聞思律師奏南山澄照律師戒疏業疏事鈔等并大智律師述三部諸記共七十三卷乞附入大藏制可續據省部下諸郡經坊鏤板須行

淳祐十年三月臣寮上言國家優禮元勳大臣近貴戚里聽陳乞守墳寺額蓋謂自造屋宇自置田產欲以資薦祖父因與之額故大觀降旨不許近臣指射有額寺院充守墳功德及紹興新書不許指射有額寺院著在令甲凡勳臣戚里有功德院止是賜額蠲免科敷之類聽從本家請僧住持初非以國家有額寺院與之邇年士夫一登政府便萌規利指射名刹改充功德侵奪田產如置一莊子弟無狀多受庸僧財賄用爲住持米鹽薪炭隨時供納以一寺而養一家甚爲汙辱祖宗多矣況宰執之家所在爲多若人占數寺則國家名刹所餘無幾寺中一有科需則必均諸人户豈不重爲民害臣愚欲望睿旨申嚴

舊制應指占敕額寺院並與追正仍從官司請僧族以杜絕私家交通寺院賄貨之弊制可

天台沙門思廉致書於杜清獻公曰佛囑國君大臣護持佛法而反破壞佛法者有一事最為要朝廷立法許大臣為祖父以家財造寺乞額所以薦福為先亡也今昧者為之則不然以祖父五體之重不能捐財買山既已奪取僧藍之地以為墳而又欲影占數寺稱為功德舉寺中所有諸物而有之今日發米明日發茶筍又明日發柴炭又明日發竹木甚至於月奉水陸之珍一有亡僧則必掩取其物歸之私帑嘗聞時貴之言曰請過功德一鹹一草皆我家之物哀哉彼誠不知常住物業亡僧財物皆屬三寶侵奪之者若主若僕必招苦報其於安厝祖父之體寬寧不貽三塗之惡報乎吁占奪伽藍欺君也葬父僧地陷父也自爲不法賊已也以不法教子弟累人也欺君者不忠陷父者不孝賊已若不智累人者不仁如此以為人是誠何人哉今名勝道場效尤而奪取者幾徧諸郡一屬功德則使庸繆之輩以居之方竭力奉承之不暇又寧能辦清供以安廣衆乎以故尋師問道者翩翩南北但能嗟時事之不然而已區區愚衷欲望大丞相明察稍幹撿準舊法凡宰執之家除四明大慈七山史氏自造請額合格外自餘占奪有額舊寺者專令臺部置司行下諸郡從實供析悉與拘回並從所屬州郡給帖住持仍釐正在前侵占山林塋宇歸還各寺子弟有敢與住持交通如前侵占者許雜人齎告臺部追捕幹吏斷刺撓令住持勸令寵道清整法門申明朝憲誠有在於大丞相奉行之力不為物論動搖為可耳云云

端平元年臺山守愚法師奏四明延慶法智大師中興天台一家教觀所著記鈔二百餘卷乞入大藏須行制可

端平三年四明沙門海印刪修陸師壽寶珠集續集淨業有驗者名淨土往生傳十二卷（志磐刪為淨土立教志凡三卷入統紀中具為簡要）

佛祖統紀卷第四十八

磵十

佛祖統紀卷第四十八

校勘記

一　底本，明永樂南藏本。

一　七六二頁上一六行「在道」，徑作「左道」。

佛祖統紀卷第四十九

宋咸淳四明東湖沙門　志磐　撰

名文光教志第十八之一

維智者以斯道盛行當世古今名賢贊德之文如柳顧言國清碑皇甫毗玉泉碑（二文見國清百錄）亡名玉泉實錄（刋是石刻之文曾撰墨本）唐梁肅荊溪大師碑宋張商英關王祠堂記胡昉法智法師碑晁說之明智法師碑皆摭取要事參入紀傳不復別錄全文至若自唐迄今鋪敘大教碑記論序何其多乎今錄其尤著者爲名文光教志

天台禪林寺碑　唐翰林學士梁肅

天台山西南隅一峯曰佛隴蓋智者大師得道之所蔚佛大教重光之地梁陳崇之置寺曰修禪及隋創國清廢修禪號號爲道場自大師入滅一百八十餘載長老大比丘（紫公）光昭大師之遺訓以啓後學門人安定梁肅聞上易名禪林乃銘勸大師之遺烈以示後世云大師諱顗（字德安號）智者其先潁川陳氏世居荊州之華容感緣應迹載在別傳夫治世之經非仲尼則三王四代之制寢而不彰出世之道非大師則三乘四教之旨晦而不明昔如來乘一大事因緣菩薩以普門示現自華嚴肇開至雙林高會無小無大同歸佛界及大雄示滅學路派別世既下衰教亦陵遲故龍樹大士病之乃用權略制諸外道乃詮智度發明宗極微言東流我慧文禪師得之由文字中入不二法門以授南岳思大師當時教尚簡密不能廣被而空有諸宗扇惑方夏及大師受之於是開止觀法門其教大略即身心而指定慧即言說而詮解脫大中一實之宗趣無證真得之妙旨自發心至于成道行位昭明無相奪倫然後誕敷契經而會同之煥然冰釋示佛知見窺其教者修焉息焉蓋無入而不自得焉大師之設教也如此若夫弛張用舍開闔默語高步海宇爲兩國宗師大明在天光被四表大雲注雨旁施萬物繇是言佛法者以天台爲司南而殊塗異論往往退息緣離化成示滅茲山是歲開皇十七年也夫名者實之賓教者道之門大師溷其實闢其門自言地位示有證入故感而應之之事可得而知也當是時也得大師之門者千數得深心者三十有二人纂其言行於後世者曰章安禪師灌頂頂傳縉雲威威傳東陽東陽縉雲同號時謂小威威傳左溪朗禪師自縉雲至左溪以玄珠相付向晦宴息而已左溪門人之上首今湛然禪師行高識遠超悟辯達凡祖師之教在章句者以引而信之後來資之以崇德辯惑者不可勝數蓋嘗謂肅曰是山之佛隴亦鄒魯之洙泗妙法之耿光先師之遺塵爰集于茲自上元寶歷之世邦寇擾攘緇錫駭散可易名建寺修持塔廟莊嚴佛土回向之徒有所依歸繄衆人是賴汝吾徒也盍記諸文言刻於金石俾千載之下知吾道之所以然小子稽首受命故大師之本迹教門之繼明後裔之住持皆見乎辭其文曰諸佛出世惟一大事天台教源與佛同致赫赫大師開示奧秘載弘道要安住圓位白日麗天天下文明大師出現國土化成無生而生生化兩寘薪盡火滅山空道行五世之後聞生上德微言在茲德音允塞明明我后易名淨域此山有壞此教不極

天台止觀統例　唐翰林學士梁肅

夫止觀何爲也導萬法之理而復於實際者也實際者何也性之本也物之所以不能復者昏與動使之然也照昏者謂之明駐動者謂之靜明與靜止觀之體也在因謂之止觀在果謂之智定因謂之行果謂之成行者行此者也成者證此者也原夫聖人有以見惑足以喪志動足以失方於是乎止而觀之靜而明之使其動而能靜靜而能明因相待以成法即絕待以照本立大車以御正乘大事

多而抱權消息乎不二之場鼓舞於說三之域至微以盡性至賾以體神語其近則一毫之善可通也語其遠則重玄之門可窺也用至圓以圓之物無偏也用至實以實之物無妄也聖人舉其言所以示也廣其目所以告也優而柔之使自求之擬而議之使自至之

此止觀所由作也夫三諦者何也一之謂也空假中者何也一之目也空假者相對之義中道者得一之名此思議之說非至一之旨也至一即三至三即一非相含而然也非相生而然也非數義也非強名也自然之理也言而傳之者迹也理謂之本迹謂之末本也者聖人所至之地也末也者聖人所示之教也由本以垂迹則為小為大為通為別為頓為漸為顯為祕為權為實為定為不定循迹以返本則為一為大為圓為實為無住為中為妙為第一義是三一之蘊也所謂空也者通萬法而為言者也假也者立萬法而為言者也中也者妙萬法而為言者也破一切惑莫盛乎空建一切法莫盛乎假究竟一切性莫大乎中舉中則無法非中目假則無法非假舉空則無法不空成之謂之三德修之謂之三觀舉其要則聖人極深研幾窮理盡性之說乎昧者使明塞者使通通則悟悟則聖至則常常則盡矣明則照照則化化則成成則一矣聖人有以弥綸萬法而不差旁礴萬劫而不遺燾載恒沙而不有復歸無物而不無寓名之曰佛強號之曰覺究其旨其解脫自在莫大乎極妙之德乎夫三觀成功者如此所謂圓頓者非漸次非不定指論十章之義

也十章者愜演始末通道之關也五略者舉其宏綱截流之津也十境者發動之機立觀之諦也十乘者妙用所修發行之門也止於正觀而終於見境者義備故也關其餘者非所修之要故也乘者何也載物而運者也十者何也成載之事者也知其境之妙不行而至者德之上也乘一而已矣豈藉夫九哉九者非它相生之說未至者之所踐也故發心者發無所發安心者安無所安破徧者徧無所破㝵至餘乘皆不得已而說也至於別其義例判為章目推而廣之不為繁統而簡之不為少如連環不可解也如貫珠不可雜也如懸鏡不可弇也（音奄蓋也）如通川不可遏也義家多門非辯論也眾經證義非虛說也辨四教淺深事有源也成一事因緣理無遺也噫止觀其救世明道之書乎非夫聖智超絕卓爾獨立其孰能為乎非夫聰明深達得意忘象其孰能知乎今之人乃專用章句文字

從而釋之又何雜漏耶或稱不思議境與不思議皆極聖之域等覺至人猶所未盡若凡夫生滅心行三藏浩然於言說之中推上妙之理是猶聽雖而翫大鵬夏蟲之議曾冰其不可見明矣今止觀之說文字萬數廣論果也無益初學豈如睹然自修功至自聖何必以早計為事乎是大不然凡所謂上聖之域豈隔闊遼夐與凡境天絕歟是唯一性而已得之謂悟失之謂迷一理而已迷而為凡悟而為聖迷者自隔理不隔也失者自失性不失也止觀之作所以辨同異而究聖神使群生正性而順理者也正性順理所以行覺路至妙境也不知此教者則學何所入功何所施智何所發譬如無目昧乎日月之光行於重險之塗顛踣墜落可勝紀哉噫去聖久遠賢人不出庸昏之徒含識而已致使魔邪詭惑諸黨並熾空有云云為坑為阱膠於文句不敢動者有流於漭（音莽大也）浪不能住者有太遠而甘心不至者有太近而我身即是者有枯木而稱定者有竅號而稱慧者有奔走非道而言權者有假於鬼神而言通者有放心而為廣者有罕言而為密者有齒舌潛傳為口訣者凡此之類自立為祖繼祖為家反經非聖昧者不覺仲

尼有言道之不明也我知之矣由物累也悲夫隋開皇十七年大師去世皇朝建中垂二百載以斯文相傳凡五家師其始曰灌頂其次曰縉雲威又其次曰東陽威又其次曰左溪朗公其五曰荆溪然公頂公於同門中慧解第一能奉師訓集成此書蓋不以文辭爲

本故也或失則繁或得則野當二威之際緘授而已其道不行天寶中左溪始弘解說而知者蓋寡荆溪廣以傳記數十萬言網羅遺法勤勤矣荆溪滅後知其說者適三四人古人云生而知之者上也學而知之者次也困而學之又其次也夫生而知之者蓋性德者也

學而知之者天機淺者也若嗜慾深耳目塞雖學而不能知斯爲下矣今夫學者內病於蔽外役於煩淺世不能通其文數年不能得其益則業文爲之羈挍梏足也綦句爲之數瑧眯目也以不能喻之師教不領之弟子止觀所以未光大

於時也予常感感於是整其宏綱撮其機要理之所存教之所急或易置之或引伸之其義之迂其辭之鄙或薙除之或潤色之凡浮疏之患十愈其九廣略之宜三存其一是袪鄙滯導蒙童貽諸它人則吾豈敢若同見同行且不以止觀罪我亦無隱乎爾建中上元甲子首事筆削三歲歲在析木之津功畢云耳

智者大師傳論　唐安定梁肅敬之

論曰修釋氏之訓者務三而已曰戒定慧斯道也始於發心成於妙覺經緯於三乘導達於萬行而能事備焉昔法王出世由一道清淨用一音演說機感不同所聞蓋異故五時五味半滿權實偏圓小大之義播於諸部紛然殊流要其所歸無越一實故經曰雖說種種道其實爲佛乘又曰開方便門示真實相喻之以衆流入海標之以下二法門自它兩得同詣祕密此教之所由作也暨鶴林滅而

法網散神足隱而宗塗異各權所據矛盾更作其中或三昧示生四依出現應機不等持論亦別故攝論地持成實唯識之類分路並作非有非空之談莫能一貫既而去聖滋遠其風益扇說法者桎梏於文字（桎音質足械梏音谷手械）莫知自解習禪者虛無其性相不可牽復是以

者非彼未得者謂證慧解之道流以忘返身口之事蕩而無章於是法門之大統或幾乎息矣既而教不終否至人利見慧文慧思或躍相繼法雷之震未普故木鐸重授於天台大師大師象身子善現之趣悟備帝堯大舜之休相贊龍樹之遺論從南岳之妙解然後用三種止觀成一事圓攝括萬物於一心開十乘於八教戒定慧之說空假中之觀坦然明白可舉而行於是教無遺法法無棄人人無廢心心無擇行行有所證證有其宗大師教門所以爲盛故其在世也光昭天下爲帝王師範其去世也往來上界爲慈氏輔佐蓋

舒於普門示現降德於如來所使階位境智蓋無德而稱焉於戲應迹雖往微言不墜君之者猶足以抗折百家昭示三藏又況聞而能思思而能修修而能進進而不已者歟斯人也雖曰未證吾必謂之近矣今之人正信者鮮啓禪關者或以無佛無佛法何罪何善之

化化之中人以下馳騁愛欲之徒出入衣冠之類以爲斯言至矣且不逆耳私欲不廢故從其門者若飛蛾之赴明燭破塊之落空谷殊不知坐致焦爛而不能自出雖欲益之而實損之與夫衆魔外道爲害一揆由是觀之此宗之大訓此教之旁濟其於天下爲不倖

矣自智者傳法五世至今湛然大師中興其道爲予言之如此故錄之以繫于篇（台一名天法門議）

聖安寺無姓和尚碑

唐禮部員外郎柳宗元

維年月日岳州大和尚終于聖安寺凡爲僧若干年年若干有名無姓世莫知其鬭里宗

族所詮施者有問焉而以告曰姓吾姓也其原無初其胄無終承于釋師以系道本吾無姓耶（缺注）云者我名也實且不有名惡乎存吾有名耶性海吾鄉也法界吾宇也戒為之墉慧為之門以守則固以居則安吾闕里不具乎度門道品其數無極菩薩大士其衆無涯吾與之戚（碣七）而不吾異也吾宗族不大乎其道八可闡者如此而止讀法華經金剛般若經數逾千萬或譏以有為曰吾未嘗作嗚呼佛道逾遠異端競起唯天台大師為得其說和尚紹承本統以順中道凡受教者不失其宗生物流動趨向混亂惟極樂正路為得其歸和尚勤求端愨以成至願凡聽信者不惑其道或譏以有迹曰吾未嘗行始居防州龍興寺中徙居是州作道場于楞伽北峯不越閫者五十祀和尚凡所嚴事皆世高德始出家事而依者曰卓然師居南陽立山葬岳州就受戒者曰道穎師居荊州弟子之首曰懷遠師居長沙安國寺為南岳戒法歲來侍師會其終遂以某日葬于卓然師塔東若干步銘曰道本於一離為異門以性為姓乃歸其根無名而名師教是尊假以示物非吾所存大鄉不居大族不親淵懿內朗沖虛外仁聖有遺言是究是勤惟動惟默逝如浮雲教久益微世罕究陳爰有大智出其真門師以顯示俾民惟新情動生變物由湮淪爰授樂國參乎化源師以誘導俾民不昏道用不作神行無迹晦明俱如生死偕寂法付後學施之無斁葵從我師無忘真宅焉是昭銘刻茲貞石

無姓碑陰記　龍城柳　宗元

（碣七）無姓和尚既居是山曰凡吾之求非在外也九吾不動矣弘農楊公炎自道州以宰相徵過焉以為宜居京師强以行不可將以聞曰願聞歲乃往明年楊去相位竄謫南海上終如其志趙郡李華辨博人也為岳州盛氣欲屈其道聞一言服為弟子河東裴藏之舉族受教京兆尹弘農楊公某以其隱地為道場奉和州刺史張惟儉買西峯廣其居凡以貨利委堂下者不可選紀受之亦無言將終命其大弟子懷遠授以道妙終不告其姓或曰周人也信州刺史李某為之傳長沙謝楚為行狀博陵崔行儉為性守一篇凡以文辭道和尚功德者不可悉數弘農公自餘杭命以行狀來懷遠師自長沙以傳來使余為碑既書其辭故又假其陰以記

龍興寺淨土院記　龍城柳　宗元

中州之西數萬里有國曰身毒（讀書決書錄篤即天竺也）釋迦牟尼如來示現之地彼佛言西方過十萬億佛土有世界曰極樂佛號無量壽其國無有三毒八難衆寶以為飾其人無有十纏九惱羣聖以為友有能誠心大顛歸心是土者苟念力具足則往生彼國然後出三界之外其於佛道無退轉者其言無所欺也晉時廬山遠法師作念佛三昧詠大勸于時其後天台大師著釋淨土十疑論宏宣其教周密微妙迷者咸賴焉蓋其留異迹而去者甚衆永州龍興寺前刺史李承晊（音質大也）及僧法林置淨土堂于寺之東偏常奉斯事逮今餘三十年廡隅毀頓圖像崩墜會巽上人居其宇下（柳集余學佛從重巽求道讀三十年吾始有得焉）始復理焉上人者修最上乘解第一義無體空析色之跡而造乎真源通假有借無之名而入於實相境與智合事與理并故雖往生之因亦相用不舍誓葺茲宇以開後學有信士圖為佛像法相甚具焉今刺史馮公作大門以表其位余遂周延（碣四）四阿環以廊廡續二大士之像繒蓋十幢幡以成就之嗚呼有能求無生之生者知舟筏之存乎是遂以天台十疑論書于牆宇使觀者起信焉

法智大師行業碑　宋清獻公趙　抃

法智大師名知禮字約言金姓世為明人梵相奇偉性恬而器閎初是父母禱佛求息夜

夢神僧攜一童遺之曰此佛子羅睺羅也師生以名焉毀齒出家十五落髮受具戒二十從本郡寶雲通法師傳天台教觀始三日首座謂曰法界次第若當受持師曰何謂法界座曰大摠相法門圓融無礙是也師曰既圓融無礙何得有次第耶座無語幾一月自講心經人皆屬聽而驚謂教法之有賴矣居三年常代通師講入文銷義益闡所學出住承天繼遷延慶道法大熾學徒如林日本國師寂徒持二十問來詢法要師荅之咸臻其妙眞宗皇帝久知師名遣中使者至寺命修懺法厚有賜予歲大旱師與遵式異聞二法師同修金光明懺以爲禱三日雨未降撤席伏地自誓以告曰然會佛事儻未應禱當各然一手以供佛已而雨大洽嘗與奉先清源梵天慶昭孤山智圓爲書設問往復辨析又遣門人神照大師本如與之講論卒能取勝其所製指要妙宗二鈔觀音品別行金光明諸記大悲懺儀悉傳於世嘗偕十僧修法華懺三年約共焚身以勉精進翰林學士楊億尉馬都尉李遵勗薦以紫服師號心尤欽仰知欲自焚致書勸止復委天竺式師自杭至明面沮之皆不聽郡守李夷庚密戒鄰社常察之師顧既莫遂乃復集十僧修大悲懺三年後於歲旦結光明懺七日爲順寂之期方五日趺坐而逝實天聖六年正月五日也享年六十有九僧夏五十有四其亡經月發龕以視顏貌如生爪髮俱長既龕荼毗舌根不壞舍利不可勝數三主法席專事講懺四十餘年臨不至席授教唱道者則全覺琮尚賢本如崇矩仁岳慧才梵臻之徒三十餘人當時從化以千計今江浙之間講席盛者靡不傳師之道其於闢人之功亦既博矣元豐三年冬十月余謝事多暇自衢抵溫法明院忠法師者順嘗遊衢余來第時曾與之接忽欵械而前曰四明法智大師釋門之木鐸也繼忠實爲其孫其示寂六十三年矣達官之士言可信於世者乃無述焉吾徒竊自羞之既而狀其行請碑於余余乃歎曰人生之初虛一而靜本無凡聖之別逮交戰於事物之境而莫之能返此佛祖不得已而來震旦繁其名相以化之豈苟而已哉設之以法而可行示之以戒而不可犯如目之有華它人莫得見耳之有響它人莫得聞欲其自降乃心而求復初本也其後導師繼繼而興騁智慧之辯議眞實之理不離當念以趣最上乘不離文字以示解脫相其究竟則無一法之可說無一字以與人法智師已達乎此則何假於人言而後傳者哉姑闡其所紀衆所共聞者爲之實錄將以答忠師之勤懇也復讚之以文曰

大雄覺世垂微言磅礴日月周乾坤智者才辯窮化元時爲演說開迷昏河沙佛法雖紛紜俱入天台止觀門法智遠出揚清芬志堅氣眞貌且溫少而敏悟老益勤或懺或講忘晡昕中興教觀眞軼羣縱橫言論妙入神遺文粲若可討論辭淳理正道不煩迹遐學徒日駿奔冀茲正覺消波旬佛祖之道弥加尊如流欲清必濬源如葉欲茂必培根行高名重上國聞天子遣使來中闕賢蒙勲戚固所忻命服錫號回天恩知身變滅如浮雲誓勇棄舍甘趣焚素願莫遂仍修熏衆生嗜好隨貪嗔三塗轉徙如車輪有能頓悟報施因罪福苦樂岐以分說本無說誰其人師心了了所風教言能觀忘寧非眞身雖云亡寧非存江浙蕃蕃其子孫詔億萬世觀斯文

止觀坐禪法要記　宋忠肅公陳瓘瑩中

本自不動何止之有本自不蔽何觀之有衆生迷蕩去本日遠動靜俱失不昏即散此二病本出生衆苦今彼離苦而獲安隱當用止觀以爲其藥病瘳藥癈醫亦不立則止觀者乃假名字即假即空言語道斷以大悲故無

說而說此摩訶止觀之所爲作也然其文義深廣汪洋無涯譬如大海孰得其際以大悲故復作方便使嘗一滴知百川味使由一派見全潮體故於大經之外又爲此書詞簡旨要讀之易曉應病之藥盡在是矣善用藥者不治已病止乎其未散觀乎其未昏方止方磧七觀而未嘗昏未嘗散也如鳥雙翼如車兩輪十三窮遠極高無往不可及其至也不出於此嗚呼不知則止知止觀之可以入者可不勉哉此書智者親造而未行於世明智大師中立鏤版以傳師之高行人所尊徹此書流傳其必廣矣

三千有門頌　陳瓘

不思議假非偏假此假本具一切法真空不空非但空圓中圓滿非但中是故四門之初門即是不可思議假初門即三三即一非一非三又非四一二三四指一月四點似別唯一空門門一一爲法界攝一切法皆無餘不以妙假有門觀誰知法界具足法聞思修證無不妙心能觀此體具故若秖觀心不觀具則於一觀分二家一家觀門具諸說諸說雖異觀自一彼達一心具諸法隨在通別次第中次第而生次第斷豈知十界本來一三千本一亦如是皆非世數可分別妙境元無空假中而亦不離空假中空即是心假是色非色非心名曰中色心絕處中體現於一一法體皆具凡夫心具即佛具取着不圓則不具唯一具字顯令宗入此宗者甚希有

與明智法師書　陳瓘

瓘頓首再拜上啓南湖延慶堂上講主明智法師人回伏奉書教復審道體安隱無懌下懷良慰向承寄示觀音玄義并記且荷開發妙旨以法愚蔽深佩提獎之意感德無已有門頌但隨順古意過蒙采覽仰見法師收簡自在來論云以有屬之恐鈍者不領誠如所慮然智者以有門爲圓門之相又謂此相四門皆妙無粗若有門爲法界攝一切法況復三門法相平等無復優劣是故若論具足佛法則見思假即法界也若論法性因緣則萬一義亦因緣也故此妙門以有名之即生死之有是實相之有一切法趣有即法界出法界外更磧七無可論此即止觀有門之大旨而十四前書妙假之意也有未領者亦當以妙假之義開曉之耳智者解大經之語云因滅無明則得熾然三菩提燈即有門也有門即是妙假妙假即是有門其或未領則於此有門不能無惑然而前病後藥無兩有也病去藥亡則有門豁矣一指二指三指不待更說然則有之一門絕妙無粗具足萬善豈非三千之性乎所云此之三千性是中理不當有無有無自尔兹乃古師讚具之微言也自非深領其旨未易解此夫三千也者世間之數也若三千性則離世間矣離而後即即而後離不一不異非有非無三千而一一而三千此不可思議數即是不可思議境若觀若智俱不思議此數即是止觀故云千性即中理此境即是此數故中理即三千性若但三千則是一切一切法耳一切法但有名字何能具乎若一切法性則本具矣故三千即是一切法一切法性即是三千性也此性不當有無有無自尔夫不當有無者泯妙外之一執也有無自尔者開離執之一妙也於有爲妙有於無爲真無真無則空而不空妙有則有而不有有無自尔非有無也在假則假具在空則空具在中則中具無不在無不具也然則妙假之有豈情有乎假不待空泯絕無對說有說無皆不待磧七絕令乃設有待之言十五讚歎妙假之說豈免爲巧度之所訶乎且一念心起則有三千（世間之相）國土一千則山河大地是也五陰世間一千則染淨一切色心是也衆生世間一千則六凡四聖假名是也一念心起三千性相一時起一念心滅三千性相一時滅

念外無一豪法可得法外無一豪念可得此乃本性不遷不遷者中理圓明之體此體如[illegible]念其壽無量非得命根亦無連持本無名字而不失諸名名其土曰極樂國名其身曰阿彌陀身土交參融乎一妙故能使說法之音不離彼土而廣長舌相具足周徧[illegible]如是是體具乎是性具乎是佛具乎是衆生具乎若有能知具彼之樂者其有不願往生者乎向實際之中要在不往而往於方便之內何妨去已還來機熟緣深定須成辦此璘之有得於祖意者也璘屏迹丹丘老病待盡千里相望淨願不隔更祈慈蔭以師法見攝而終教之未由會面以究盡此旨臨風但極瞻嚮之切璘頓首再拜上啓

鑰舊讀了翁集見有門頌一篇莫知其旨有二沙門來知門袖出有門頌具續及與明智講主論此頌二帖讀之恍然因閱天台教觀之說始知智者大師所說四門一曰有門一曰空門一曰亦空亦有門一曰非空非有門其實一可貫四四實歸一公之爲有門頌蓋謂此也近世士大夫用力不及前輩祇如學佛僅能涉獵楞嚴圓覺淨名等經及傳燈語錄以資談辨若唐之梁補闕諸公本朝楊文公楊無爲張無盡及了翁輩皆留心教觀深入其趣讀此頌及書可以知其所造之實惟公忠言大節照映千載身羅百讁視生死如旦晝平時學問自得之效固自應爾方在丹丘時逆境尤多而心地泰然深入不二法門公之學佛得力豈易測哉二沙門欲刊石以傳之人謹書諸後以歸之妙珣了恰二沙門十六之名云慶元二年中秋四明樓鑰題

士大夫當患難則學佛得志則有用夏變夷之說蓋於佛無所得也了翁有門頌其於佛有所得歟攻媿其知之者歟景定二年正月二十八日天台法照爲四明學子可登題于月桂峯下

南湖淨土院記　陳　瓘

明州延慶寺世有講席以天台觀行爲宗自法智大師行學俱高聽徒心嚮繼其後者又皆得人今百有餘年矣聞有若行精修之士衆依道場元豐中比丘介然修西方淨土之法生而不臥以三年爲期期滿謂同修慧觀仲章宗悅曰我輩各據一室成此勝緣後之來者加衆而室不增多今寺之西隅尚有隙地若得錢二千餘萬構屋[illegible]十餘間中建寶閣立丈六彌陀之身夾以觀音勢至環爲十有六室室各兩間外列三聖之[illegible]內爲禪觀之所殿臨池水水生蓮華不離塵染之中豁開世外之境衆處俱寂了無異緣以堅決定之心以爲安樂之土所以順佛慈而報國恩者豈[illegible]我四人而已哉所欲如是其可成乎慧觀等同辭以答之曰以無作任運之心作有爲利益之事四明多檀信何患乎不成自是日營月積更七寒暑凡介然之所欲爲無十七一不如其志者初介然然手二指誓心成此元符二年三月落成之日設千佛之供復然三指以增淨勢既成所難成又捨所難捨而原其用心無私己之意於是見者聞者莫不隨喜淨習之士踊躍欣慶而十有六室常無虛位期滿者去發心者來依勝境而獲善利者不知其幾何人也夫淨土之教古佛所讚誠心之士諦受不疑如來之叙九品以至誠爲上上智者之造十論破疑心之具縛解情志識散智現則彌陀淨境何假它求若臨明鏡自見面像得者不由於識受昧者安可以情曉超識習而不惑度情塵而獨造者其唯誠乎故曰誠者成也成自成它唯此而已譬猶清淨滿月普現諸水影像非一月體無[illegible]備流散而等所歸會十方而總于一亦如十鏡環遶中然一燈光體交參東西莫辨然而方有定位非無西鏡名隨相立西不自西

智與理融境將誰執安可以在纏執方之見而測度如來無礙之境乎慈恩有言曰凡夫業重處處生貪若不定指一方何以繫心專注此善知識隨方扶教專讚相宗然論安養知足之勝劣則以偏勸往生爲最勝乃知通人無吝吝則多私境强習重蓋由觀淺心浮易往無人良以疑深障重若欲盡除障垢當以決定爲心濕薪如山豆火能爇千年闇室日照頓明釋迦文方便至深無量壽說法無間觀世音如毋念子大勢至如子憶毋古聖執轍安可不遵幻境虛無有何可捨解脫長者不往安樂土普賢大士親覩無量光親覲者初無動移不往者如是而往普融無礙自然空假俱中分別未忘寧免權實互諍若此則心安無日得忍何期乃知念念現前然後決不退轉故曰若不決定成等正覺著我誓不取菩提於菩提心有退轉者我誓不取正覺此乃法藏比丘之本願而諸上善人之所隨學也發如是心行如是行起如是願趣如是果而不違法藏之大誓則寓跡于塵剎棲心于此室者皆阿鞞跋致之士也其爲勝利豈有窮哉比丘介然唱一善念四明信士應荅如響而所以利益一方者其廣若是可不記其事乎今教主明智大師法智之曾孫也行業淳實人所信服能以誠心修淨土觀於介然之事有助爲多故并記之大觀元年八月一日延平陳瓘記

佛祖統紀卷第四十九

佛祖統紀卷第四十九

校勘記

一　底本，明永樂南藏本。

一　七六五頁上一七行至一九行「所謂空也者通萬法而爲言者也中也者妙萬法而爲言者也假也者立萬法而爲言者也」，徑作「所謂空者通萬法爲言假者立萬法爲言中者妙萬法爲言也」。

一　七六五頁下一四行「譬如」，徑作「譬以」。

一　七六六頁中二一行第九字「至」，徑作「而至」。

一　七六八頁上一九行末字「儀」，徑作「懺」。本頁下七行第一四字同。

佛祖統紀卷第五十

宋咸淳四明東湖沙門志磐撰

名文光教志第十八之二

仁王般若經疏序　待制晁説之

陳隋間天台智者遠稟龍樹立一大教九傳而至荆溪荆溪之世有新羅来學者曰法融理應純英故此教播於海外諸國與中原並盛矣唐室喪亂典籍蕩滅雖此教爲不可亡者亦難乎其存也然杲日將出而曉霞先升眞人應運而文明自見我有宋之初此教復杭[illegible]吳越今世所傳三大部之類是也然尚有留而不至與夫至而非眞者仁王經疏先至有二本衆咸斥其僞昔法師既納日本信禪師所寄辟支佛髮荅其所問二十義乃求其所謂仁王經疏信即授諸海舶無何中流大風驚濤舶人念無以息龍神之意遽投斯疏以慰安之法智乃求強記者二僧諳信使誦文以歸既而二僧喪乎日本至元豐初海賈乃持今疏二卷来四明有沙門如詢因緣得之云云智者慈霊盡法性爲止觀而源流釋迦之道今方盛於越中異日會當周於天下豈獨是書之不可掩哉大抵吾宗所以永異它家不容同世並語者其唯三千乎其唯觀具乎

明智法師碑論　晁説之

世尊鶴林法付迦葉二十四傳至于師子或曰二十八傳至于達磨磨在梁時始来東土於六度中特以禪名雖云頓示豈無方便雖云不立文字初傳則有楞伽後五六葉則尚般若覧教照心不在茲乎自迦葉十三傳曰龍樹著大智度論譯傳震旦則有北齊文禪師一覧斯文即悟中觀之旨以傳南岳岳傳之天台天台悟法華三昧始開拓義門定而三止慧而三觀曰具曰即曰一念三千其所歸宗曰法華則華嚴阿含方等般若攝六度融萬行開而顯之無非法華佛慧之道暨傳之章安繢雲東陽左溪至于荆溪於是智者之教悉載於書而一歸於正矣荆溪傳蒲蒲傳翛[illegible]翛傳外外傳琇琇傳竦竦傳寂[illegible]寂傳通通傳禮禮是爲四明于時此教特盛異同亦多龍象踵望未易柔服一言之辨動乎十返如不觀眞心唯觀陰妄至今稱之爲是後世何爲而欲異其説乎仰惟智者之爲智也大矣哉三觀單複之旨實著乎圖覺十境互發之論方見乎楞嚴智者先言之於隋此經後譯之於唐豈欲不信其可得乎[illegible]所謂靈山親聞者此亦其獨歎故其教東及日本西逗天竺来之與抗也或曰教外別傳不知教無等等何外之有傳授圖成何別之有或曰不立文字不知文字非眞非妄乃以何者爲文字嘗求乎其人矣前乎智者導其教者曰梁傅大士北齊稠禪師後来推尊而贊之者曰南山律師韶壽諸師[illegible]寄弘而取證者永嘉眞覺雖異途而不敢不贊者賢首藏師或叛去而竊用其義者清涼觀師公爲異同而自立己意者慈恩基師唯圭峯密私用其言而專以四禪八定次第之學何異兒戲以偷著德義乎梁敬之之言曰佛法以天台爲司南柳子厚曰佛道愈遠異端競起惟天台得其傳又曰傳道益微言禪最病今之空空愚夫縱傲自我者皆誣禪以亂其教冒乎嚚昏放乎淫荒吾將合馬鳴龍樹之道焉唯是明智其生既晚異端益肆積德於躬無辨於彼將自屈服我言則光顧予何者輒與斯事竊少聞大道於圓照禪師且有言曰它日勉讀經教後三十年果遇明智獲聞一家性具之旨視彼暗證禪師文字法師棄壞驢車無力以止之則不敢不自勉

南湖法智大師像贊　眞隱居士史浩

靈山一席儼在天台後十三葉復生奇才唱道四明講肆宏闢溥海聲聞茲茲雲雷章聖

在御中使鼎來得法大旨皇皇恢恢錫號法智宸章昭回抵今後學咸仰崔嵬蘭馨菊芳本一根荄嗚呼是爲法宇之柱石教門之鹽梅宜茲幻影歷千古而無塵埃

永嘉西湖法明寺疏　水心先生葉適

茲寺是昔忠法師之所居師行業至高願力强果矢言以致道故雖焚蕩草莽百年間冠蓋嘗走一郡至子真師建兩序師祖師崇殿堂於是院落始成祖師尤精苦衣履穿損食不累合諸生雲赴應答泉涌東掖天竺之盛誠足相埒初天台立止觀二義承而爲說者益以蔓衍而忠祖二師尤多論述今其徒妙眞善濟欲集諸家學爲教藏院中率道俗修念佛三昧以推祖之續而嗣忠之業於無窮志甚遠也夫浮圖以身爲旅泊而嚴其宮室不已以言爲贅疣而傳於文字愈多固余所不解嘗以問祖祖亦不知所以然也

重刊删定止觀序　鎧菴吳　克己

奇哉救世明道之書不圖復行於今也使王公大人知有此書必不至信讒以廢毀使搢紳先生知有此書必不至立論以詆排使啓禪關者能讀此書其肯以教外別傳自欺乎使尋經論者能讀此書其肯以分別名相自困乎烱欲使薄海內外家藏此書展轉開道了達此義又孰肯貪於粗弊五欲而不早求解脫者乎是皆內教弟子護持教法之大略也子貢好辯孔道以明孟子巖巖功堪繼禹斯言繇之誰曰不信

與喻貢元書　鎧菴吳　克己

佛道來東華幾二千載矣吾儒攘斥甚力者無若韓氏歐陽氏然皆未究其言與其道唯知堅執周孔立教者以詆之故雖攻之而愈堅終無以大服天下之心獨關洛諸賢與胡氏父子頗嘗出入釋氏而不信之然考其所與辨明而詆之詖淫邪遁者亦不過指禪宗單傳之學而已夫釋氏之有禪宗猶吾儒之有老莊也苟以拈椎豎拂譸誕之談而疑經氏一代正教是猶以王何所學之浮虛而疑六經語孟脩身齊家治國平天下之道也奚可哉去佛愈遠異端並起唯天台大師爲得其正傳此唐之梁肅之柳子厚我朝晁以道陳瑩中諸公所服膺而深造者也僕雖不敏實研究有年觀其發揮一性範圍法界俾六凡四聖各迪厥德而咸底于極誠未易遽爲足下言惟足下它日考其書而訂其道方知僕昨者鄙詩所謂大道不可私與夫孔釋俱援世之句果非自欺而又以欺天下也然則孔釋之道果同乎果異乎異則不可得而一同則不應異其施曰有世法有出世法以世法而疑出世法固不可以出世法而外世法亦不可故天台所傳亦有眞俗相卽之諦其察乎道並行而不相悖者亦審矣世有足跡未抵乎泰山之麓而輒談其廣狹高下欲欺乎未見泰山者且不可況乃見者乎今足下未讀佛之書而遽議佛之道何怪乎言之諄諄而僕邈然不聽也

始終心要　荊溪大師　湛然

始終心要（永嘉沙門[illegible]）

夫三諦者天然之性德也（[illegible]上句標指下句心要[illegible]天然者如天之[illegible]）中諦者統一切法（[illegible]）眞諦者泯一切法俗諦者立一切法（[illegible]）舉一即三（[illegible]）非前後也含生本具非造作之所得也（[illegible]）

即三身不淨調伽藏亦應更云即三而一育（注）可翻諦即一兩三不可相湫非三非一三之一鬼能會之琢分淚之常合攝之徵為壁之之（注）廣明竇等真評研評物見三一相即之敘便乃不諸伴佛世決真誰七讞（注）悲夫祕藏不顯蓋三惑之所覆也（注）中諦絕無言詮之三可謂微妙之為法界包衆生（注）故無明翳乎法性塵沙障乎化導見思阻乎空寂（注）上之虛妄也（注）於是大覺慈尊喟然歎曰（注）真如界內絕生佛之假名平等慧中無自他之形相（注）但以衆生妄想不自證得莫之能返也由是立乎三觀破乎三惑證乎三智成乎三德（注）空觀者破見思惑證一切智成般若德假觀者破塵沙惑證道種智成解脫德中觀者破無明惑證一切種智成法身德（注）然茲三惑三觀三智三德非各別也非異時也天然之理具諸法故（注）

然此三諦性之自爾迷茲三諦轉成三惑惑破藉乎三觀觀成證乎三智智成成乎三德（注）文（注）從因至果非漸修也說之次第理非次第（注）大綱如此網目可尋矣（注）

四十二章經疏序　孤山法師智圓

古者能仁氏之王天下也象無象之象言無言之言以從羣生之性由是佛教生焉教之高下視根之利鈍是故有頓焉有漸焉然後混而為一是謂開顯而蚩蚩羣彙率其化復其性蹈乎大方安乎祕藏者可勝言哉逮乎後漢其道東傳時君仰其神元元陶其訓乃與仲尼伯陽之說三焉原夫仲尼之為訓也揚唐虞三王之道尊仁而尚義俾復其王而企於帝也伯陽之為訓也揚三皇朴略之道而絕聖棄智俾復其皇而企於結繩也矧茲二者談性命則未極於唯心乎言報應則未臻於三世乎然於治天下安國家不可一日而無之矣美乎哉其可教乎域中也明矣若夫釋尊之為訓也指虛空世界悉我自心焉非止言其太極生兩儀玄牝為天地根而已考善惡報應悉我自業焉非止言其上帝無常天網恢恢而已有以見伯陽仲尼雖欲討之廣大悉備至於濟神明研至理者略指其趣耳大暢其妙者則存乎釋尊之訓歟其可教乎域外也又已明矣域內則詳乎治身而尚略乎治心故謂之外教域外則普乎治身而極乎治心故謂之內教昔阮孝緒正以內外之名為不誣矣世人有謂三者能混同焉或幾乎失或謂三者碩異焉亦未為得也何哉復性有淺深言事有遠近則不得不異也至於遷善而遠罪勝殘則去殺則不得不同也（注）

與駱御史書（名偃）　孤山法師

浮圖之法非古也其來於東漢乎其為體也清淨其為用也仁恕由是七六家十九流焉為利於上下厥弊於孔老甚亦至矣請揚搉而陳之夫秦火六經漢興雜霸民澆俗漓爭奪方熾禮讓寖微則仲尼之仁義伯陽之道德或幾乎息矣賴我浮圖之為訓也既以三世報應制其事復明一心空寂窮其理民有聞報應之說者雖貪殘鄙吝之夫亦庶乎振之閴急矣民有聞空寂之說者雖矜功用壯

之夫亦庶乎守雌保弱矣能周撫則博濟之道行善保守則朴素之風還博濟行則禮讓之著朴素還則刑罰措以斯而利於民則不升伯陽之遺不違南齊兵敝曰為刑於上下無豐秋孔老為害四年時至好之失其旨方抱事之害其玄失其旨則節制不行違其道則寂默不守乃以厥喙輪奐而奢夸乃以輕肥溫飽而煒燁徒以多爲貴則壞其道者衆矣言以怪爲美則惑其聽庶矣遍相沿襲寖以成俗使夫清淨仁恕之風無乃蕩盡於是饕食蠹耗之譸自茲而生斯乃好之者事之者之不善耳非教之罪也而往世君民不察其所由視其徒之不肖而遷怨於善人教法者有爲往往造毀佛之律行挾釋之誅亦何異乎以丹朱而罪堯因商均而咎舜服藥過度而歸過於神農縱大致焚而反怨於燧人也耶

南岳止觀後序　　慈雲大師　遵式

止觀用也本乎明靜明靜德也本乎一性性體本覺謂之明覺體本寂謂之靜明靜不二謂之體體體無所分則明靜安寄體無不備則明靜斯在語體則非一而常一語德乃不二而常二紙分而不分紙一而不一耳體德無改強名爲萬法之性體德無住強名爲萬法之本萬法者復何謂也謂舉體明靜之所爲也何其然乎良由無始本覺之明強照照生而自惑謂之昏無始無住之本隨緣緣起而自亂謂之動昏動既作萬法生焉但自昏動豈是它物故云不變隨緣名之爲心隨緣不變名之爲性心昏動也性明靜也若知無始即明而爲昏故可了今即動而爲靜於是聖人見其昏動可即也明靜可復也故因靜以訓止止其動也因明以教觀觀其昏也使其究一念即動而靜即昏而明昏動既息萬法自亡但存乎明靜之體矣是爲圓頓是爲無作是如來行是照性成修修成而用廢誰論止觀體顯而性泯亦無明靜豁然誰寄無所名焉爲示物指歸止成謂之解脫觀成謂之般若體顯謂之法身是三即一是一即三如伊三點如天三目非縱橫也非一異也是謂不思議三德是爲大般涅槃也嗚呼此法自鶴林潛光授大迦葉迦葉授之阿難阿難而下燈燈相屬至第十一馬鳴鳴授龍樹樹以此法寄言于中觀論論度東夏獨淮河慧文禪師解之授南嶽大師南嶽從而照心即復于性獲六根清淨住鄰乎聖斯止觀之用驗矣我大師惜之無聞後代從大悲心出此數萬言目爲大乘止觀亦名一乘亦名曲示心要分爲二卷初卷開止觀之解次卷示止觀之行解行備矣猶目足焉俾我安安不遷而運到清涼之池噫斯文也歲月遼遠因緇侮于海外道將復行也果於咸平三祀日本國圓通大師寂照錫背扶桑杖沱諸夏既登鄮嶺解篋出卷天竺沙門導式首而得之度支外郎[illegible]公[illegible]鏤首序出本錢[illegible]模板而廣行之大矣哉斯文也始自西傳猶月之生今復東返猶日之升素景圓暉終環回於我土也因序大略以紀顯勝耳

書紳論語子張書諸紳　　慈雲法師

知白汝知知白師字日之所爲害善之法偏宜遠之善惡積惡之道益其用之謹口口無自伐心無自欺勿抱內蠹如木蠹自內勿揚外儀[illegible]欲人之譽畜已之私殺義之始陷禍之基[illegible]自恃其德必有餘識自務其達必有餘非[illegible]眷屬集樹汝宜去之利養毛繩汝宜[illegible]異[illegible]爲自行之際擇而思之懲惡之餘何則是宜[illegible]清香一炷紅蓮數枝口勿輟誦意勿它思[illegible]安禪禮像其則勿虧[illegible]衣節食其志勿移造世文筆如佛誡之談人長短如法謹之從對賓侶口勿多辭煩驚米景坐勿銷時[illegible]芭蕉虛質非汝久期

蓮華淨土是汝真歸由前禮誦禮念功即得往生安樂刹
俾夜作晝勤而行之心心無間念念相生所謂無以無號一生空過

觀心十法界圖

若人欲了知
三世一切佛
應觀法界性
一切惟心造

心

修觀之道曰從行曰附法曰託事唯三而已今觀心圖者從行之正軌也準夫止觀二十五法為方便十乘十境為正修者固非於此能備若其日用之際以十界德過升沉鑑我心曲雖絲髮不能自遯其遷善改過之要乎慈雲法師示我以觀心之圖研味法喜心乎

碼八　十二

不忘置諸座隅足以自警而未見兼人之益乃復命工形諸篆刻用廣流行庶幾乎仰承於師志也　皇宋天聖元年九月既望太原王欽若序

其廣不可涯高不可蓋長不可尋將盈而虛將晦而明雖邊而中微妙深絕叵得而思議者惟心也天台師闡之於靈山證之於三昧知其寂默非數所求而強以數數於非數依法華作十界百界三千權實以明諸性非合也非散也自然而然曰諸法實相使人易領也然後示之一念空三千皆空一念假三千皆假一念中三千皆中成圓三觀觀圓三諦以明諸修大智也大行也不運而速曰白牛大車使人頓入也故得自因至果不移一念坐道場成正覺降魔說法度衆生入涅槃而能事畢矣用龍樹偈因緣即空即假即中會而同之十法界者何也十統諸法也三諦為界也何者謂佛以中為法界者也菩薩以俗為法界者也緣覺聲聞同以空為法界者也地獄鬼畜修羅人天同以因緣生法為法界者也空假中者雖三而一也十界者亦一而十也故使互含一復具九如帝珠交映成百法界也一因緣一切因緣一空一切空一假一切假一中一切中良由於此三千者復何謂也成界之法者也有其十謂如是相如是性如是體如是力如是作如是因如是緣如是果如是報如是本末究竟等斯總也十法在佛為中為實為常為三智為五眼為十力為四無畏為不共法在菩薩為假為權為榮為常為萬行為四攝在二乘為空為權為三脫為四枯為無陋為涅槃在凡夫為倒為惑為陋為蓋為纏為集惱為生死斯別也統彼百界乃成千法復攝諸百界為三世間成三千法耳百界三千一也與夫一念非前後也非相合也統之有宗會之有元必歸乎不思議三諦無量三法三德密藏矣噫一念心法

碼八　十三

既然引而同之彼彼佛法彼彼衆生法咸然也經曰如心佛亦爾如佛衆生然心佛及衆生是三無差別斯之謂歟既知是已當觀日用凡起一念必屬一界即照此界為九為佛九則隨情偏起謂之無明佛則稱理圓觀謂之大慧九界之念并俗併非佛界之心方是是非鑑矣非則照之令是是則護令成行經曰諸佛解脫當於衆生心行中求行於非道能達佛道斯之謂也然則目雖在面反睹鑑以正容心實由中要藉緣以薰應神靈潛審照之或難識想絲馳儉之非易故令引心于外繪彼升沉之像存志於中觀我是非之變然後策心內照正道由明題為圖頓觀心十法界圖於一心字派出十界復引墨迹貫方之照珠表一法界展轉具九成百法界仍以日起行相書之左右覽者欲深於性請詳諸序欲熟於修當觀諸圖狀

佛界若人因讀圓滿修多羅及聞善知識所

説起淨信心信已一念三道之性即三德性苦道即法身煩惱即般若結業即解脫法身究竟般若清淨解脫自在一究竟一切究竟般若解脫亦究竟一清淨一切清淨法身解脫亦清淨一自在一切自在法身般若亦自在即一而三即三而一非縱非橫亦非一異

圖八

十三

法身常住論亦常住樂我淨亦如是是則常樂四德祕密之藏徧一切處一切諸法悉是佛法既信是已以境繫心以心繫境心境念念相續不斷必見法性設未相應當依一實無作四諦起四大誓無可求中吾故求之依前苦道即苦諦發一誓願未度者令度煩惱及業即集諦發一誓願未解者令解苦道即法身即是滅諦發一誓願未涅槃者令得涅槃煩惱即菩提即是道諦發一誓願未安者令安四弘不入當巧安心如是次第具修十法必入五品六根及分證位名佛法界○菩薩界若觀根塵一念爲迷解本迷故則有十界苦集悟故則有四聖道滅緣此無量四諦起無量誓願未度者令度未解者令解未安者令安未涅槃者令得涅槃善巧度生靈眼視物所集福業與衆生共如是起一念者名菩薩法界○緣覺界若根塵念起則了之從無明生生故有行行招名色乃至老死三世相續如舞大輪因緣本空幻化不實求自然慧樂獨善寂觀空心重耽住寂定雖得道果不慕化人後有觀物榮落悟世非常聞空得道名爲獨覺如是行者名緣覺法界○聲聞界若根塵因緣隨有一念依色心故苦由煩惱故集厭苦斷集非對治如何遂依四諦修十六觀三十七道品如救頭然由四善根得入無漏四沙門果證二涅槃會偏真理不得佛法不慕化人如麞獨跳不顧後羣如此一念名聲聞法界○天界若其念起多忻天樂篤其善心希於來報齋戒純淨飯食沙門造立塔寺及佛形像書寫大乘濟恵貧病於十善法止作具修自然成性或關禁六根使六情不蕩六塵不入得欲界禪及色無色定身心寂靜三業調良如此一念名天法界○人界若其念念以五常立德五戒脩身於國惟忠於家惟孝謙損居衆中正存誠推德於人引咎向已尊上恤下給孤濟貧慚愧是懷

圖八

十四

惡和爲性深信因果崇重三寶雖脩齋戒建立塔寺但希世樂無升出心貪惜自身癡著眷屬如此一念名人法界○阿脩羅界若其念念雖好脩善布施齋戒而多猜嫌狐疑進退所脩福業多爲勝它見人脩善情多嫉忌貢高我慢珍已輕人欲彼歸從不耐謙損如鴟高飛下視外揚仁義內無實德衆前諫論引長於我不循理正不媿賢能如此行心是阿脩羅法界○餓鬼界若其念念無慚無愧貪求無足慳悋鄙惜不施一毛尅削於人裒歸於我見人布施傍起遮障見人得利心生熱惱性多諂曲常起邪見人前正容屏處放逸破齋犯戒恣貪飲食不信罪福不信因果不信三寶不孝所親是名餓鬼法界○畜生界若其念念耽酒五欲貪著眷屬日增月甚而無厭足曲理枉物斷不以公非法取財動不由義秖圖利已不恤孤貧明負他財侵虐抵突市易負直公行劫奪不忠不孝無賢無愚不信因果不信三寶癡騃無恥現同畜生是名畜生法界○地獄界若人親近邪惡友及性自作惡起增上心念念相續造上品十惡謂殺盜婬妄言綺語兩舌惡罵貪嗔邪見及五逆罪犯四重禁汙梵行人沽酒醉亂不思君父師長恩德橫生熱惱挫抑賢能黨比

圖八

十五

不肖破塔壞寺燒毀經像謗毀大乘斷學般若謗無諸佛破戒受施用三寶物偷僧祇物起於外道斷常諸見破正因果三世之法習十二種惡律儀法一屠兒二魁膾三養猪四養羊五捕魚六獵者七網鳥八捕蟒九咒龍十獄卒十一盜賊十二爲王家捕賊及養蠶等業如上等輩死墮阿鼻大熱大寒諸大地獄是名地獄界

宗門尊祖議　　沙門　志磐

如来聖人以開權顯實開迹顯本之道化天下後世者謂之佛佛弟子以次傳道爲世宗主者謂之祖其實一道尓故如来之將息化也以無上大法付之飲光飲光任持二十年以付慶喜慶喜持法宣化亦二十年以付商那下而至於十三世曰龍樹始以文字般若著所證三觀之道曰中觀論暨譯傳東夏於是北齊以宿悟巳證立爲觀法以授南岳南岳承其旨悟法華淨六根以授天台天台始立五時張八教用明法華開顯之妙而大暢乎壇觀之旨時則有章安執筆載爲疏論其道逮大明法華天宮繼世講演嗣其法者唯左溪左溪門學獨荆溪能承正統述諸記以贊祖誨則清涼異議爲之寢息以文字廣第一義諦則莫若玆時之盛以故世之學者取龍樹至例爲九祖以奉清祀其有由矣自荆溪以来用此道以傳授者則有興道(邃師)至行(脩師)講道不絕會昌多難教卷散亡正定妙說高論(外琇竦三法師)三世唯傳止觀之論迨乎螺溪法運將泰(寂師)天假吳越(錢忠懿王)求遺書于海東於是教籍復還寶雲嗣興敷揚二紀而四明法智以佛所生子乘迹海隅一家教部毗陵師未記者悉記之四種三昧人所難行者悉行之斯慈雲之極言也當是時有爲異說者如昭圓諸師世方指爲山外而法智獨擅中興教觀之名自興道訖四明凡八世所以紹隆正統而顯揚大教者有在於是是宜尊而上之用陪位於九祖以尊大其道爲可尓然則今之宗門列刹凡所以講天台四明之道者有能起龍樹至法智通祀爲十七祖以並爲之位誠有見於後學尊祖重道之心也謹議

佛祖統紀卷第五十　　冒八

佛祖統紀卷第五十

校勘記

一　底本，明永樂南藏本。

一　七七二頁中二二行夾註右「日之」，徑作「聞之」。

一　七七四頁中二〇行「三皇」，徑作「三王」。

一　七七五頁上三行「以斯而」，徑置於四行末字「失」上。

一　七七八頁上二〇行夾註左「三法師」，徑作「二法師」。

佛祖統紀卷第五十一之五十三　碣九

宋咸淳四明福泉沙門志磐撰

歷代會要志第十九之一

自有佛法以來所以知三教之並興諸宗之互立興夫世變之不常固已繫之編年至欲考一事之本末則歲月散漫莫之可尋今故開張衆目會其事要俾討論典故者識其事於其朝其年之下茲但舉略以指廣云耳

君上奉法　慶朝拜佛　天書御製
聖君護法　試經度僧　特恩度僧
進納度僧　士夫出家　沙門封爵
僧職師號　不拜君父　不稱臣僧
崇禮高行　沙門著書

君上奉法

漢明帝問摩騰法師曰佛出世何不及此答曰佛雖不往然光明及處千年五百皆有聖人傳佛聲教而往化之

吳主皓問佛法於闞澤荅曰孔老法天諸天奉佛

晉元帝召潛法師講經著屐登殿○明帝幸興皇寺集義學沙門講道○成帝召義法師入禁中授五戒○召潛法師講般若經○召支遁法師入禁中講經○簡文幸瓦官聽汰法師講放光般若經

宋高祖設齋內殿沙門道照陳詞帝稱善○文帝率公卿日集祇洹寺聽求那跋摩講華嚴十地品○帝與侍中何尚之論佛理○帝聞生法師佛性義詔求沙門述生法師頓悟義　孝武召猷法師內殿說法　四月八日內殿灌佛齋僧

齊高帝幸莊嚴寺聽遠法師講維摩經○武帝華林園受八關齋戒○帝不豫詔諸沙門行佛七日天香滿殿

梁武帝重雲殿講經沙門法彪為都講○召旻法師入殿講勝鬘經公卿畢集○帝集諸沙門製文永斷酒肉○帝服田衣禮婁約法師受具足戒公卿道俗受戒者四萬八千人○召雲光法師內殿講經天雨寶華○帝幸同泰寺捨身○京城大疫為百姓設救苦齋幸同泰寺行清淨大捨開涅槃經題設道俗大齋五萬人○帝幸同泰寺講涅槃經○帝幸同泰寺發金字般若經題聽法者三十萬人○幸同泰寺設盂蘭盆齋○簡文帝四月八日建齋度人親為願文

陳武帝迎佛牙於杜姥宅設四部無遮大會○幸大莊嚴寺捨身羣臣表請還宮○幸大莊嚴寺發金光明經題○敕大內設仁王齋○召瓊法師於重雲殿講大品般若經○太極殿設無礙大會行捨身法○集沙門行方等懺法華懺金光明懺○宣帝召暉法師為七廟講大品般若經○後主召聚法師赴太極殿講金光明經○詔顗禪師赴太極殿講大智度論題般若經題詔顗禪師居光宅寺帝幸寺聽講仁王經躬禮三拜○詔顗禪師赴崇正殿為皇太子授菩薩戒

北魏孝文詔德法師一月三入殿說法帝數幸王園寺與沙門談論佛法○幸白塔寺聽登法師講成實論○詔四月八日迎洛京諸寺佛像入閶闔宮受散花禮敬○宣武御式乾殿講維摩經西域沙門至者三千人

北齊文宣幸遼陽甘露寺禪居深觀軌非軍國大事不得聞○武成詔藏法師赴太極殿講法華經

隋文帝詔興法師太興殿授菩薩戒○晉王迎顗禪師至楊州設千僧齋授菩薩戒

唐太宗詔常法師入內殿為皇后太子授菩薩戒○奘法師譯瑜伽師地論敕寫新譯經論頒賜九道總管○武后詔藏法師講新譯華嚴經師指殿隅金師子為譬集其言為金師子章○中宗詔於化度寺設無遮大會○召藏法師入殿授菩薩戒○召北宗秀禪師居內道場禮為國師○玄宗召淨禪師至闕

問道○肅宗召不空三藏灌頂授戒○詔南陽忠禪師問道○召鄴法師入禁中講經代宗詔建盂蘭盆會設七廟神座迎行爲道○詔徑山欽禪師入見賜號國一禪師○德宗幸安國寺設盂蘭盆供○順宗詔尸利禪師吞問禪理○憲宗問觀法師華嚴法界谿然有得封大統清涼國師○召鵝湖義禪師問佛性○召章敬惲禪師吞問禪法○召寬禪師吞問禪要○穆宗遣兩街迎請汾陽業禪師中夜說法端坐而逝○敬宗幸興福寺觀叙法師講經

文宗詔圭峰密禪師問佛法○宣宗遣使以師禮召靈宜安禪師力辭勅所居爲齊豐寺○召辯禪師入見問道○懿宗於禁中延名僧設講座自唱經題手錄梵文○設萬僧齋自升座爲讚唄長爪僧來應供凌空而去

五代唐莊宗召三聖然禪師問法

大宋太祖詔沈義倫以金銀字寫金剛經召溫法師講演○詔超法師等入內誦金字大藏經○上手書金剛經常自讀誦謂趙普曰不欲甲冑之士知之但言讀兵書○太宗召赤脚道者入見問南方禪律如何化物云云○幸開寶塔問僧何人曰塔主上曰朕塔因何卿作主○上問僧何來答曰廬山卧雲菴上曰卧雲深處不朝天○詔兩街僧錄省才進盂蘭盆儀○眞宗召浮石炬法師講四十二章經○仁宗頂玉冠觀音像以朝百官○勅韶州迎六祖衣鉢入京供養○詔左街璉禪師入對化成殿○召舜禪師入對便殿賜紫衣銀鉢○乾元節勅福聖塔院建大齋施袈裟

神宗勅大內設千僧齋施金剛經袈裟○詔淨慈本禪師住京師慧林入對延和殿○徽宗嘉州奏古樹有定僧詔輿至禁中曰我遠法師弟慧持也上令圖形製讚○欽宗高宗即位遣八輩召金山勤禪師詣行在說法

○高宗幸上竺大士殿炷香賜萬歲香山爲大士供○孝宗遣內都監至徑山問道於杲禪師○靈山琳法師入見問道○幸上竺問訥法師歲旦光明懺之旨賜錢建十六觀堂內翰樓鑰作記○勅禁中建內觀堂一遵上竺制度○佛生日召上竺訥法師領五十僧入內觀堂行護國金光明三昧賜帛五十匹歲以爲常○召靈隱遠禪師入對選德殿○召天竺靈隱徑山及三教之士集內觀堂賜齋○召上竺訥法師獨對選德殿問大士靈迹法華經旨○召鳳山中仁禪師入對禁中○幸上竺禮大士賜白雲堂印令三學諸宗並請白雲堂公舉用印○召靈隱光禪師入對賜號佛照○召靈隱光禪師入對進宗門直指○召雪竇印禪師入見奏對大悅即日住徑山○上稱壽皇召訥法師入內殿注金剛經

歷朝拜佛

漢武帝幸甘泉宮禮祭天金人漢人未知佛故謂之金人

明帝拜洛陽聖冢佛舍利塔○吳王孫皓拜沙門僧康會受戒○梁武帝北面禮道約法師受戒○陳武帝率羣臣拜佛牙○後主三命智者講仁王經○北魏太祖所經郡國見沙門皆致敬○孝文迎洛京諸像入宮禮敬○北齊文宣命三藏譯經帝躬禮梵文

隋文帝詔延法師升御座拜跪受戒○唐高宗迎鳳翔佛骨入內禮敬○肅宗禁中立道場禮敬講讚○代宗鑄金像率百僚致拜○德宗迎鳳翔佛骨入禁中禮敬○憲宗迎佛骨入禁中禮敬○懿宗迎拜佛骨

大宋眞宗上元幸寺觀百拜已上○徽宗迎佛牙入內敬禮製讚○孝宗幸上竺大士殿問訥法師合拜不合拜師曰不拜則各自稱尊拜則遞相恭敬上忻然致拜

天書御製

梁武帝製水陸儀文於金山修供○堯法師撰涅槃疏帝親製序○帝親製涅槃大品淨

名三慧諸經義記○唐太宗奘法師新譯經論御製聖教序○高宗御製慈恩寺碑○武后御製華嚴經序○中宗淨三藏譯經御製聖教序○睿宗菩提流志譯寶積經御製聖教序○玄宗御注金剛般若經○代宗不空三藏重譯仁王經御製序○憲宗般若三藏譯本生心地經御製序○穆宗御製南山律師讚（至今寺用此讚）

宋太宗天息災三藏譯經御製聖教序○詔以御製秘藏詮緣識論消搖詠命兩街箋注入藏頒行○眞宗法賢三藏譯經御製聖教序○御製崇釋論○登封泰山御製重修佛像記○詔趙安仁編修太平祥符法寶錄御製序○詔以太宗御製妙覺集入大藏○御注四十二章經御注遺教經○右街秘演請以御製法音集箋注入藏○仁宗御製三寶讚賜宰輔譯經院○御製天竺字源序賜譯經院○御製景祐法寶錄序○高宗幸太學製文宣王及七十二弟子讚○孝宗御書靈感觀音之寺賜上竺山○御書太白名山賜天童朴禪師○佛照光禪師住阿育王山賜御書妙勝之殿爲舍利殿額○御製原道論○御注圓覺經賜徑山印禪師

聖君護法

隋文帝勅有毀佛天尊像者大逆不道論○詔諸有佛像碎身遺影所在官檢送寺莊嚴（時當周武廢法之後）

唐德宗京兆尹李文炫乞以廢寺爲學舍材勅不許○勅寺觀嚴潔不得容外客居住○宣宗裴休言寺觀多爲官僚寓客藶踐詔令後不得在寺居止

宋太祖詔寺院經周朝未毀者聽存已毀寺佛像許移置存留○詔諸郡銅像依舊存○詔如聞道場夜集士女無益修持並加禁止○太宗謂近臣曰儒人多薄佛向爲中竺佛金剛座令蘇易簡作碑指佛爲夷遂別命爲之○詔嶺南僧置妻孥所在長吏深宜戒厲○眞宗侍讀孫奭請省修寺度僧上曰釋道二門有助世教安可卽廢○詔京城屠酒肉者去寺觀百步外酤市於僧者重論其罪○臣僚言愚民依佛蠹害國政上曰佛教使人遷善安可禁止○詔諸寺觀殿階上不許人民祖露坐臥○詔新譯頻那夜迦經革血爲祀不許入藏○祥符勅品官毀辱僧尼口稱禿字者勒停見任庶民流千里○徽宗宣和勅吳國公主敬重空門品官庶民有毀辱僧尼者照祥符三年指揮○孝宗鄭國公主出家勅品官庶民有毀辱僧尼者照祥符宣和勅旨僧尼犯官司不得理行須奏聞取旨

試經度僧

唐中宗景龍初詔天下試經度僧山陰靈隱僧童大義誦法華試中第一○肅宗勅白衣誦經五百紙賜明經出身爲僧時僧標試中第一○代宗勅童行策試經律論三科給牒放度○敬宗勅僧背經百五十紙尼百紙許剃度　宣宗勅每歲度僧依戒定慧三學擇有道性通法門者

梁末帝勅天下僧尼入京城比試經業

唐末帝誕節度僧立講經禪定持念文章講論爲四科

周世宗勅男子十五誦經百紙女子七十紙郡考試聞祠部給牒

宋太祖詔沙門殿試經律論義十條全中者賜紫服○太宗雍熙詔天下係帳童行並與剃度今後讀經及三百紙方許係帳　至道詔兩浙福建路每寺三百人歲度一人尼百人度一人誦經百紙讀經五百紙爲合格

眞宗詔釋道歲度十人特放一人不試經業○詔天下童行試經業剃度○仁宗詔試天下童行誦法華經中選者得度參政宋綬夏竦監試○孝宗上竺訥僧錄乞行試經度僧特恩度僧

漢明帝五岳道士角法不勝司空劉峻士庶張子尚後宮陰夫人道士呂惠通等並求出家

隋文帝勑士庶出家是歲度僧五十萬○煬帝詔七日行道總度千僧

唐太宗正觀元年度天下僧尼三千人○九年詔度僧尼三千人務取德業精明者○二十二年奘法師謂弘法須人度僧爲要乃詔每寺度五人凡一萬七千人○玄宗不空三藏建灌頂壇度人千萬數○勑每郡度異行童子三人○睿宗普度僧道三萬人○文宗勑僧尼非正度許具名申省給牒時入申七十萬人

後唐明宗閩王度僧二萬人

宋太祖長春節度童行八千人○太宗普度童子十七萬人○真宗登封泰山詔天下寺觀各度一人陪位僧道各度弟子一人○以吳國大長公主出家詔童子十人度一人○詔僧道係帳童行普與剃度是歲度僧尼二十四萬五千七百七十人道士女冠七千一百七十人○仁宗判都省馬亮請無得收度異刑文身者○神宗勑錢塘天竺觀音院歲度一人以奉香火

進納度僧

唐肅宗至德初宰相裴冕請鬻度牒謂之香水錢○聽白衣誦經賜出身或納錢百緡請牒剃度

宋神宗司諫錢公輔言遇歲飢河決乞鬻度牒○高宗勑賣四字師號　自治平末始賣度牒舊以黃紙僞爲者多至是戶部朱異奏令僧道用勑綾牒○詹叔義上表乞住賣度牒○勑僧道始令納免丁錢謂之清閑錢

士夫出家

漢明帝司空劉峻陰夫人等皆出家

梁武帝通事舍人劉勰表求出家賜名慧地○敬帝補闕宗殆棄官出家號無名有息心銘行於世

北魏孝文京兆王太子興表求出家賜名僧懿○太后馮氏出俗爲尼居瑤光寺、宣武太后高氏出俗爲尼居瑤光寺○度支尚書裴植母夏侯氏年七十出家爲尼入嵩高山○孝莊太后胡氏出俗爲尼居瑤光寺

唐太祖釋智岩初爲中郎將棄官爲僧異僧謂之曰卿八十世出家矣○高宗武后生皇子賜名佛光王踰月詔於奘法師寺出家落髮○武后初爲宮人出家業感寺爲尼高宗見之納後宮○代宗宰相杜鴻漸臨終命朝服加僧伽梨剃鬚髮別衆而逝依沙門法焚軀○穆宗幽州節度劉總剃髮爲僧封大覺師賜臘五十○宣宗初封光王武宗忌之遁去作沙彌至鹽官爲書記武宗崩百官迎王即位

梁太祖吳越王幼子令因爲僧仰同三十臘

唐莊宗騎將史銀鎗悟禪道出家名契澄

宋真宗吳國長公主出家法名清裕○宰相王旦甍遺令請大德施戒剃髮著三衣火葬楊億與其子議但以三衣置棺中○高宗給事中知盧州馮檝別號佐著僧衣升座說偈而化

沙門封爵

梁武帝勑沙門惠超爲壽先殿學士

北魏明元封沙門法果爲宜城子加封安城公謚靈公

唐太宗勑沙門智威爲四大師封朝散大夫○高宗時勑惠威爲四大師封朝散大夫法郎華天宮二威法師也○武后封法朗九人爲縣公賜袈裟銀龜袋○中宗封萬回法雲公○勑慧範封正議大夫上庸郡公惠珍九人並朝散大夫封縣公　勑惠範加銀青光祿大夫萬歲朝散大夫封縣公廣清殿中監充功德使○睿宗萬回卒贈司徒虢國公○法藏法師卒贈鴻臚卿○玄宗善提流志卒贈鴻臚卿○

肅宗沙門道平爲金吾大將軍破安祿山叛○代宗沙門不空封特進鴻臚卿加開府儀同三司進封肅國公食邑三千戶卒贈司空○德宗沙門闢照充內供奉鴻臚卿○僖宗沙門彼行誦經見佛大士號常精進菩薩爵開國公

宋太宗譯經三藏天息災試光祿卿法天施護並試鴻臚卿月給酥酪錢○仁宗譯經銀青光祿大夫試光祿卿法護卒○欽宗東京留守宗澤承制命沙門法道補宣教郎參謀軍事

師號僧職

晉安帝奉主以僧䂮爲國僧正法欽爲僧錄

宋文帝勅尼寶賢爲京邑尼僧正○孝武敕道猷爲新安寺法主○敕道溫爲都邑僧正○順帝勅法持爲天下僧正

齊高帝詔法穎爲京邑僧主○武帝敕玄暢法獻爲僧主分任江南北事

梁武帝詔雲光法師爲大僧正

陳文帝勅寶瓊爲京邑大僧統○宣帝敕曇瑗爲國僧正○後主勅惠暅爲京邑大僧正

北魏文成勅師賢爲沙門統○勅曇曜爲昭玄沙門都統

北齊文宣詔高僧法常爲國師○敕曇延法師爲昭玄上統○置昭玄十統以沙門法上爲大統尊爲國師

隋文帝勅僧猛爲隋國大統○詔曇遷爲昭玄大沙門統

唐太宗詔杜順和尚入見錫號帝心○武后敕神秀禪師入京行道歷三朝皆禮爲國師○玄宗沙門一行號稱天師○敕辯才爲朔方管內教授○肅宗召南陽惠忠禪師入見號稱國師○代宗詔南岳法照爲國師○德宗賜澄觀清涼法師教授和上○憲宗賜沙門知玄悟達國師○封澄觀大統清涼國師○敕沙門端甫錄左街僧事靈邃錄右街僧事○穆宗敕沙門惟英充兩街僧統○文宗左街僧錄內供奉三教談論引駕大師大達法師端甫右脇而滅○敕沙門雲端充左右街僧錄○宣宗敕靈晏充左右街僧錄○敕知玄法師充三教首座○敕三教首座辯章充左街僧錄僧徹充右街僧錄○懿宗延慶節敕左街僧錄惠照大師清蘭右街僧錄明徹大師彥楚講論佛法○敕沙門覺暉充左右街副僧錄○

漢吳越王錢俶奉沙門德韶爲國師

宋太宗吳越國僧統贊寧入見賜號通惠大師○真宗史館編修贊寧遷右街僧錄○賜四明延慶知禮法智大師○賜天台東山忠如神照大師○仁宗賜三藏法護普明慈覺傳梵大師○神宗天竺海月大師惠辯補都師○高宗賜法道寶覺圓通法濟大師○賜徑山宗杲大慧禪師○孝宗賜靈山子琳憲受大師○賜上竺若訥右街僧錄○賜上竺若訥左街僧錄慧光法師○賜靈隱惠遠佛海禪師○賜靈隱德光佛照禪師

不拜君父

晉成帝相國庾冰議令沙門盡敬三者何充抗論不行○安帝桓玄議令沙門盡敬三者廬山遠法師抗辯不行

宋孝武制沙門盡敬君上前廢帝制停致敬

隋煬帝詔沙門道士致敬王者沙門明瞻抗詔謂僧無敬俗之典遂寢

唐太宗詔僧道致敬父母逾年停致敬○高宗敕僧道無得受父母尊長拜○玄宗敕僧道致敬父母逾月罷致敬

不稱臣僧

齊武帝沙門僧鍾見上称貧道上以問王儉對曰晉宋以來多稱貧道而使預臣

唐肅宗敕僧尼朝會表奏毋得稱臣（天子不臣下不事諸侯漢書王霸周黨見光武稱名不臣）崇禮高行

宋明帝詔猛法師月給錢三萬車輿吏力僧瑾賜法技一部

梁武帝惠約法師每入朝必設特榻帝座居其側○敕法雲法師爲大僧正官給吏力

陳宣帝詔割始豐縣調以奉顗禪師

隋文帝靈藏律師居大興善寺敕左右僕射兩旦參問起居○曇延法師升[十三]御座南面授法

唐太宗四祖道信禪師四徵不起就賜珍繒以旌其道○代宗詔徑山欽禪師入見賜號國一教杭州長吏月至候問

宋太宗吳越僧統贊寧入見一日七宣賜號通慧[illegible]

沙門著書

梁武帝沙門慧皎撰高僧傳十四卷起漢永平盡梁天監開德業爲十科

隋文帝翻經學士費長房進開皇三寶錄

唐高宗沙門道宣撰續高僧傳三十卷起梁天監盡唐正觀○沙門道世撰法苑珠林一百卷總括大藏分門類事○德宗湖州刺史于頔進沙門皎然杼山詩集藏于御書樓

梁末帝沙明歸序進經論會要詔入大藏題演教大師

晉天福沙門可洪進大藏經音義四百八十卷

周世宗沙門義楚進釋氏六帖敕付史館賜紫衣繼號

宋太祖吳越壽禪師著宗鏡錄一百卷○沙門文勝奉敕脩大藏隨函索隱六百六十卷○太宗翰林李昉等進太平廣記其間錄佛法者三十卷○通慧大師贊寧進續高僧傳三十卷起唐正觀敕入大藏又撰鷲嶺聖賢錄五十卷僧史略三卷○真宗沙門道原進景德傳燈錄三十卷○譯經潤文官趙安仁脩藏經錄二十一卷賜名大中祥符法寶錄○沙門道誠著釋氏要覽三卷○益州進沙門仁贊釋氏會要四十卷○仁宗三藏惟淨進新譯經音義七十卷○三藏惟淨進新譯大藏目錄二帙賜名天聖釋教錄賜光梵大師紫衣○參政王隨進刪脩景德傳灯錄十五卷○駙馬都尉李遵勗廣傳燈爲三十卷賜名天聖廣燈錄○沙門契嵩進輔教編定祖圖正宗記敕入大藏賜明教大[十四]師紫衣繼號○徽宗沙門惟白進續燈錄敕入大藏賜佛國禪師金襴衣○尚書王古閱大藏撰法寶標目八卷○石門惠洪撰禪林僧寶傳三十卷

佛祖統紀卷第五十一 [illegible]

佛祖統紀卷第五十一

校勘記

一　底本，明永樂南藏本。

一　七七九頁上一行「之五十三」，徑無。

一　七八〇頁上二〇行第五字「書」，徑無。

一　七八一頁上二三行「御注」，徑作「御製」。

一　七八一頁中一四行「請省」，徑作「請損」。

一　七八一頁下一六行「紫服」，徑作「紫衣」。

一　七八二頁中一九行「唐太祖」，徑作「唐高祖」。

一　七八二頁中二〇行「八十世」，徑作「八十一」。

一　七八三頁上一二行「師號僧職」，徑作「僧職師號」。

一　七八三頁下五行「宗果」，徑作「宗杲」。

佛祖統紀卷第五十二

宋咸淳四明福泉沙門　志磐　撰

歷代會要志第十九之二

宿命前身　放生禁殺　祈禱災異

國朝典故　諸國朝貢

宿命前身

晉武帝羊祜前身造武當山寺令供給僧重云云

梁武帝岳陽王蕭詧鎮越知前身是許詢與曇彥造塔云云

北齊文宣使人乘駝出城奄然如夢至山勝寺取經函群沙弥曰高洋駝來引見老僧閑曰高洋作天子何如云云

唐太宗威禪師前身是陳徐陵聽智者講經立五願後生縉雲朱氏投章安爲師○我松道者託生周氏女遇四祖出家是爲五祖忍

○玄宗房琯與道士邢和璞過夏入廢寺使人掘地得甕中所藏婁師德與永禪師書悅然悟前身爲永○沙門法秀有異僧引入終南山見朱門榜曰回向老宿指宮房曰此唐天子舊室命侍者取玉蕭曰向居此好聲樂誦爲人間主

○德宗西川節度韋臯初生有梵僧曰此諸葛武侯後身

○憲宗齊君佐梵僧與一粟食之即悟前身是請經僧乃投靈隱出家名鑑空

○僖宗知玄國師見一珠入左股痛甚上有晁錯二字玄知宿業即右脇而逝世称玄是袁盎後身云云

宋仁宗參政張方平出知滁州至僧舍見楞伽經手迹宛然知前身爲書經僧○宰相曾公亮前身是禪門青草堂○潁州官妓口作蓮華香蜀僧曰此女前爲尼誦法華三十年

○哲宗蘇軾前身五祖戒禪師

放生禁殺

隋文帝詔天下正五九月及六齋日不得殺生命○智者禪師至岳州講金光明經化一郡五縣一千餘所咸捨漁捕

梁武帝勅太醫不得以生類爲藥郊廟牲牷皆代以麪宗廟用蔬果

北魏獻文勅祭天地宗社勿用牲歲活七萬五千牲命

北齊文宣受戒不食肉禁境内屠殺

唐高祖詔正五九及月十齋日不得行刑屠釣○武后敕斷天下屠釣○肅宗詔天下立放生池凡八十一所顏真卿撰碑

宋太祖詔民間二月至九月不許採捕彈射著于令○真宗詔天下州郡放生池悉與興復無池之處沿江淮州郡近城五里並禁漁捕○諸暨令潘華依普賢懺法不令捕江湖間魚及奉詔還闕夢魚爲人形者數萬號哭沸天皆云長者去矣吾輩不免烹矣云云○天竺慈雲法師奏請西湖爲放生池每歲四月八日郡人會湖上縱魚鳥爲主上祝壽

仁宗四明延慶法智法師每歲佛生日放魚鳥祝聖壽郡以上聞敕樞密劉筠撰碑立于寺門

祈禱災異

晉簡文有烏巢太極殿召尼道容授八關齋戒烏運巢而去○妖星爲變召沙門法曠行懺星爲之沒○孝武西天涉公至長安常呪龍致雨秦主尊事之

齊武帝不豫召諸沙門祈佛咸天香滿殿聖僧振錫

北魏節閔國子博士盧景祐通佛法從兄作亂累及景祐至心誦經枷鎖自脫

隋文帝亢旱曇延法師升御座帝及群臣受八關齋戒俄而雨注

唐太宗詔京城諸郡僧道轉經行道七日夜祈保秋成每歲正七月爲式○詔京城沙門每月二十七日行道轉仁王經爲國祈福

詔淨禪師至京祈雨感白虹晝見大雨通濟

○中宗詔　昔提流志結壇祈雨三日大澍
玄宗康居入寇安西詔不空誦仁王咒感壯
天王子神兵現五國奔潰○代宗吐蕃過京
師內出仁王經詔不空置百高座講經寇平
○敕灌頂道場選沙門二七員爲國長誦佛
頂咒　彗星見于東方詔不空行法星爲殞
塔九　十七
春夏不雨建壇祈禱大雨沾足○當陽節度
張昭請沙門自覺曰聞龍神依師聽經忘其
行雨頓起大悲師焚香遥祝雲起大雨
宋太祖幸相國寺祈雨設千僧齋○上幸相
國寺祈雨進蔬食雨大濟○將郊天雨不止
遣使禱無畏真身塔及期而霽○真宗亢旱
梵僧於金明池立壇咒龍須臾雨至○神宗
夏旱上於禁中齋禱夢神僧空中吐霧覺而
大雨敕求其像得之相國寺閣第十三尊羅
漢○哲宗昇法師居興福趙清獻公師越亢
旱大疫迎大士懇禱一夕雨注疫病亦息因
奏所居曰圓通○高宗孟后去國南向奉摩
利支天像以護身○李珏避虜過乘車人敎
持摩利支天尊號獲免兵厄○金虜入寇上
親詣上竺大士殿恭禱爲戰沒者修水陸供
有夢戰死者相慶得生善趣○大旱詔道法
師祈雨師咒四鮮鄉投諸江雨大洽○霖雨
不止遣內侍禱上竺大士施玉龍七寶冠

國朝典故　聖節　內道場　功德院　國諱
比魏太武　誕生之節始詔天下佛寺建祝壽
道場
唐玄宗詔　天下寺觀建天長節祝壽道場
敕僧道遇千秋節開元寺行道散齋○德宗
誕節詔澄觀法師入內殿講經○文宗詔聖
節宰臣百僚詣寺設千僧齋○昭宗聖節敕兩
街僧道入內殿談論○景宗聖節敕寺觀設
齋禁屠釣
梁太祖大明節敕百官詣寺行香祝壽
唐莊宗聖節勅僧錄雲辯與道士入內談論
周太祖聖節宰臣百僚詣寺觀建祝壽道場
宋太祖長春節宰相范質製祝壽齋疏云云
長春節詔沙門殿試經律論義十條○欽宗
詔道君聖節仍就道觀若乾龍節仍就佛寺
一依祖宗舊法
晉孝武內殿奉佛召沙門居中行道
唐代宗敕百沙門於禁中念誦謂之內道場
塔九　十八
○敕大明宮建道場感佛光現
宋太宗贊寧僧統入見滋福殿其處安佛像
經藏立刹聲鍾即內道場○詔兩街供奉僧
於內殿建道場爲民祈福○孝宗建內觀堂
詔上竺訥法師領五十僧入修金光明懺歲
以爲常

唐睿宗敕　貴妃公主始建功德院○代宗詔
輔相大臣始建功德院
宋徽宗敕　照祖宗舊法應勳臣戚里功德墳
寺自造屋置田止賜額蠲免科敷聽本家請
住持不許指占有額寺院○高宗司諫陳公
輔上疏　臣僚前曾陳乞有額寺院充墳寺
功德者乞照祖宗成法並與改正○理宗臣
僚言乞將宰執指占有額寺院並與退正
宋孝武敕　文帝忌日於中興寺建八關齋從
臣袁敏孫更進魚肉帝怒免官
唐太宗敕　先朝忌辰於章敬寺行香設齋
中宗詔七　朝忌辰於內殿設齋行香○玄宗
敕僧道遇國　忌就龍興寺行道散齋○宣宗
敕列聖忌辰並詣僧寺行香如旧典（時武宗沙汰
之後）○敕州郡國忌行香不得携酒肉入寺
晉天福敕國忌宰臣百僚詣寺行香飯僧
宋太宗詔國忌宰相已下詣寺觀行香禁屠
酒
塔九　十九
諸國朝貢
晉武帝扶南國遣使進金佛象牙塔○安帝
師子國進玉佛像高四尺二寸
宋文帝迦毗羅國師子國訶羅陀國訶羅單
國闍婆國五國咸遣使入貢
齊東昏侯扶桑國僧慧深來京師

梁武帝于陁利國入貢云東土有聖王出
扶南國沙門進珊瑚佛像○盤盤國遣使進
佛牙○丹丹國遣使進佛像○扶南國遣使
朝貢請佛像經論○百濟國遣使朝貢請經
論○于闐國遣使貢玉佛像
唐太宗高麗三國沙門僧頴入中國學佛法
○德宗吐蕃遣使乞賜沙門善講佛理者上
令良琇往赴
宋太祖高麗沙門諦觀持天台論疏至中國
詔螺溪法師○高麗國君遣三十六僧來中
國學永明壽禪師至今法眼一宗盛行海外
○西天沙門可智等來朝○西天沙門蘇葛
陁來貢佛舍利文殊華○西天沙門弥羅來
貢梵經○于闐國沙門善名七人來○高昌
國遣僧法淵貢辟支佛牙○太宗西天沙門
吉祥來進梵經○沙門繼從自西天還貢梵
經舍利塔○中天竺沙門鉢納摩來貢舍利
塔○天竺沙門護羅來貢梵經○沙門光遠
遊西天還進西竺王子表貢釋迦舍利○沙
門法遇自西天還貢佛頂舍利梵經○沙門
重達自西天還進佛舍利梵經○中天竺沙
門補陁來進舍利梵經○占城國沙門淨戒
詣闕貢金銅鈴杵○高麗國王遣使乞賜大
藏經御製佛乘文集詔給○日本國沙門奝

然來朝言其國傳襲六十四世隋開皇中遣
使入中國求法華經唐永徽四年遣僧道照
入中國從奘法師傳法（云六傳通憲志）在奝然歸國
乞賜藏經詔給○日本國法濟大師奝然遣
弟子嘉因祈乾來朝○真宗祥符九年北天
竺沙門天覺南天竺沙門妙德西天竺沙門
等各進舍利梵經中天竺沙門童壽來進梵
經東天竺沙門普積來進梵經一歲之中五
竺咸貢○日本國沙門寂照來進無量壽佛
像金字法華經○中天竺沙門你尾捉來進
舍利梵經○西天竺沙門佛護來進梵經
西天三藏法護來進舍利梵經○北天沙門
戒賢來進梵經○迦温弥羅國沙門目羅失
稽來進梵經○西天沙門達磨波來進梵經
○西天沙門衆德來朝進舍利梵經○中天
竺沙門覺稱法戒來進舍利梵經金剛座真
容○般尼國沙門寂賢來進梵經○西天沙
門知賢來進舍利梵經○東女真國入貢乞
賜藏經○西天沙門愛賢進舍利梵經○西
天沙門智吉祥來進梵經○西夏國奏國内
新建伽藍乞賜藏經○神宗日本國沙門尋
成來朝○哲宗高麗王子僧統義天來朝蘇
軾館伴敕楊傑送往錢唐受法於源法師傳
天台教於天竺諫法師傳律於靈芝照律師

○孝宗日本國遣使致書四明郡庭榛心維
那對使宣讀斥其文義繆者凡七處

佛祖統紀卷第五十二

佛祖統紀卷第五十二

校勘記

一　底本，明永樂南藏本。

一　七八六頁下一四行「臼典」，徑作「舊典」。

佛祖統紀卷第五十三

宋咸淳四明福泉沙門　志磐　撰

歷代會要志第十九之三

北天佛牙　鄮山舍利　鳳翔佛骨
陳留佛指　瑞像應世　聖賢出化
立壇受戒　設像置經　建寺造塔
西天求法　東土譯經　經目僧數
天台傳教　禪苑傳燈　律宗垂範
神尼異行　名山勝迹　聖教感通
持誦功深　西遊樂國

北天佛牙

唐高宗宣律師在西明寺行道北天王太子以佛牙上於師。代宗敕問文綱律師親傳先師宣律師釋迦佛牙宜詣右門進上副朕瞻禮

宋太宗建啓聖禪寺奉優填聖瑞像釋迦佛牙大祖親緘銀塔中初太祖疑佛牙非真取自洛以火煅之色不變遂製發願文太宗復驗以火親製偈讚真宗迎供瞻禮神光洞發遂製讚仁宗以三朝敬事迎置禁中於穴中得一舍利因為製讚慶曆三年久旱迎佛牙入内殿祈禱須臾雨大注復製發願文。英宗敕大相國寺造三朝御製佛牙讚碑學士王珪撰文。徽宗敕迎三朝御讚佛牙入内供養隔水晶匣舍利出如雨因為製讚

鄮山舍利

周厲王佛滅後百年中天竺阿育王取釋迦舍利作八萬四千寶塔勅鬼神於閻浮提城邑滿一億家為立一塔

漢明帝問摩騰曰白馬寺東有光隆民呼聖冢騰曰昔阿育王藏舍利八萬四千塔震旦之境有十九處此其一也帝俱往禮拜詔造塔其上九層二百尺

晉武帝劉薩訶入地獄見觀音大士謂曰可往洛陽（聖象舍利）臨淄建鄴（建康長干塔）鄮陰（今育王山舍利）成都五處有阿育王塔頂禮悔罪既蘇出家名惠達至鄮縣烏石山聞鐘聲斷土求之得舍利寶塔飛至一山乃即其地建剎奉塔（今育王山舍利殿即其處也）○安帝敕鄮山造塔亭禪室度二七僧住持守護

宋文帝遣僧道祐廣興創建鑿基得大石函題黎鍾金合銀罌安三法身舍利

梁武帝敕造木浮屠堂殿房廊賜額阿育王寺。岳陽王蕭詧修木浮屠為五層鑄金銅像五百軀

陳宣帝遣敬寶塔度二七僧

唐中宗敬仰寶塔敕送供施婁沙門棲曠如法香火。國清智晞至寺禮八萬四千拜忽感紫文印右臂終身不沒。肅宗内供奉子璘母亡岳神令往鄮山禮塔可免母罪璘至寺禮至四萬拜母現身塔前曰吾承汝力已生忉利。宣宗四明道俗八千人於育王寺供舍利塔天花紛墜放五色光。懿宗觀察使楊嚴奏舍利寶塔靈異敕度三七僧嚴奏香火

梁末帝吳越王錢鏐遣弟鏵往迎育王山舍利塔夜放光明浙江如晝

周世宗勅輪林承旨陶穀入寺禮敬見舍利紅色

宋太宗吳越王入朝僧統贊寧奉釋迦舍利塔入見滋福殿。高宗親洒宸翰賜佛頂光明之塔。孝宗遣内侍李裕文至育王山迎佛舍利塔詣行在所奉安觀堂焚香瞻禮見塔上有月輪相及水晶珠皇太子請至東宮瞻禮見相輪粲然如水晶珠上書妙勝之殿以安塔所。皇子魏王來鎮四明往寺瞻禮寶塔見毫光青赤交眩因造金塔奉安舍利塔於中作贊四章刻于塔之四旁。寺東一里有聖井靈鰻欲出則有二紅蟹若前驅者錢武肅王迎塔至錢唐夢一菩薩首戴結纓華冠兩掖挾蟹云是育王聖井靈鰻來護塔耳（已上並見寧僧統所作舍利塔傳靈鰻贊）

鳳翔佛骨
唐高宗詔迎岐州法門寺護國眞身塔釋迦佛指骨至洛陽大內供養皇后以金函九重命宣律師送還岐山。肅宗詔迎法門寺佛骨至禁中禮敬傳至諸寺瞻禮。德宗詔迎法門寺佛骨入禁中禮敬歷送京城十寺世傳三十年當一開則歲豐人安韓愈上表諫貶潮州。文宗岐山法門寺佛骨塔慶雲見。懿宗詔迎佛骨三百里間車馬不絶公私音樂儀衛之盛過於南郊上降樓迎拜

陳留佛指
宋仁宗敕迎陳留佛指入內試以烈火擊以金鎚了無所損儀而舍利派出乃製發願文送還本寺初是有梵僧來陳留開教寺施天竺佛指瑞光屢發。徽宗方士盛言陳留佛指乃海狗骨詔取驗之火焚鐵搥十餘日色不変乃加禮送還

瑞像應世
晉愍帝吳朱膺於松江得二石像銘曰維衛佛迦葉佛迎至通玄後漁者得二石鉢見佛像在鉢際遂送寺中。明帝海上網得文殊金像陶侃迎至江州溺水中後達法師起東林神運閣至江禱之得其像。成帝高悝望江浦五色光得金像置長干寺後網得銅華趺梵書云阿育王第四女造。孝武沙門曇翼見江陵城北五色光得一銅像題云阿育王造

宋高祖司徒王謐見東掖門地有光得金佛高七尺二寸。文帝都人孫彥曾妻王惠稱見江浦有光得金佛一軀。孝武盧陵太守周濟進金像高九尺三寸言僧法均至三曲江見光浮水面因獲此像

梁武帝夢釋迦禮像入國乃遣郝騫等西行求像至舍衛國天監十年負像東還帝率百僚迎入太極殿。西天沙門自畫形于異中靈岩寺像夜起行道梵僧云是智積菩薩

唐宣宗會昌毀寺二僧負東林文殊像藏錦繡谷峯頂寺復訪像不獲忽圓光涌於空表自是峯頂天池常見聖灯百千文殊出沒

宋太宗陸澤人王緒見白兔逐之入穴見石佛五十身敕就邑寺奉之。通利軍建城掘地得大石佛十身詔建淳化寺奉其像。眞宗詔送金欄加沙往羅淳中閣寺奉釋迦瑞像此像來自西天。神宗詔迎衢州玉塔入京師阿育王所造第九塔也。哲宗袁州仰山舍利石塔自然出現。袁州木平山舍利石塔出現夏旱太守王古禱于木平塔白衣大士出現復往仰山塔泗州大士維摩居士出現。袁州東山羅漢像出現。徽宗金州奏獲石羅漢大放光明

聖賢出化
室利房秦始皇時自西域齎佛經來化帝以異俗囚之云。摩騰竺法蘭漢明帝時以白馬馱經自天竺來(後人有經來白馬寺之句)。宋眞宗贍摩騰眞身製讚。康僧會魏齊王時自西域至吳(後人有僧到赤烏年之句)。唐高宗時云。祇域晉武帝自西域至洛陽。佛圖澄晉懷帝時自西竺至洛陽石勒奉之。單道開晉穆帝時杯渡宋文帝時。誌公觀音化身始宋明帝十一年終梁武天監十三年。達磨觀音化身梁武大通元年自南天竺來。北魏文帝大統元年自梁入魏。傅大士弥勒化身出婺州烏傷縣梁武帝中大通六年云大同元年云。陳文帝天嘉二年云。宣帝大建年間云。陸法和梁武太清云。北齊天保云。稠禪師北齊天保云。法喜隋煬帝云
豐干弥陀化現寒山文殊化現拾得普賢化現唐太宗正觀七年云。杜順文殊化現唐正觀年云。寶掌高宗顯慶。萬回觀音化身高宗咸亨。中宗神龍。睿宗景雲。泗州觀音化身中宗神龍。代宗大歷。僖宗四年。宋太宗僧伽塔放光。眞宗謚普照

明覺大師○徽宗京師大水僧伽立空中旁侍慧岸木叉一白衣跪于前既而水退○一行玄宗開元三年九年○方山李長者玄宗開元七年○宋哲宗張商英至方山昭化院得華嚴决疑論○無畏玄宗開元四年○宋真宗贈無畏塔製讚○金剛智玄宗開元七年○不空玄宗開元八年○韋老師玄宗開元八年○馬郎婦憲宗元和普賢化身○隨洪大聖文宗太和○宋仁宗祈雨加封○草衣德宗建中○懶殘德宗貞元○傅大士宣宗曾志顒開塔○晉少帝吳越王開塔○湘山無量壽懿宗八年湘山全真禪師阿弥陀佛化身○亀洋一真身僖宗三年泉州無了禪師及弟子慧忠二塔○蜆子昭宗天復○岳林布袋弥勒化現五代梁○道賢五代唐○扣冰古佛五代唐○麻衣周太祖廣順○宋太祖建隆○婁道者宋太宗淳化蹈寶華佛化身○真宗召見○四世界婁道者云是日光菩薩化身言法華宋太宗○仁宗默祝請齋○峨眉茂貞真宗召見○南安岩主真宗時定光佛化身○亀山智悟真宗時祈雨斷臂云是五百羅漢中一○戒香痖女仁宗時四明戒香維衛古佛○李士寧仁宗時於洛陽謂衛開曰戒香痖女是維衛佛○蔡君謨病目夢龍樹○潘盎神宗時言法華云是日光佛○趙崇神宗時從潘盎遊○佛陀波利哲宗時潁州太守蘇軾乞賜塔院額曰光梵

立壇受戒

漢明帝司空劉峻等並求出家（此二衆出家之始）

魏齊王西天曇摩迦羅至洛陽譯僧祇律立大僧羯磨受戒○高貴鄉公曇摩迦羅乞行受戒法沙門朱士行爲受戒之始（此是大僧受戒之始）

晉康帝尼淨檢於本法得戒（此是尼受戒始）

宋文帝僧伽跋摩至建康爲沙門慧照等於舡中再受具戒（此受戒開重）○求那跋摩於南林寺立戒壇爲僧尼受戒尼慧果等於戒壇依二衆重受具戒（爲尼僧十二衆）

寧僧統僧史略云漢度阿潘受三歸也晉度淨檢從一衆也二衆得戒慧果始也

梁武帝從約法師受具足戒太子公卿道俗從師受戒者四萬八千人（此應受菩薩戒）沙門著艾亦重受戒法（此是受具戒）

唐高宗賓律師於淨業寺建石戒壇爲岳瀆沙門再受具戒撰壇經○代宗敕大興善寺建方等戒壇○穆宗中書令王智興於泗州建方等戒壇請遇聖誕度僧○敬宗敕兩街建方等戒壇左街安國寺右街興福寺○宣宗以會昌沙汰敕上都荆揚汴益立方等戒壇爲僧尼再度者重受戒法○懿宗敕兩街四寺各建戒壇度僧

宋太祖以僧尼無開敕尼寺置壇受戒尼大德主之○真宗昇州崇勝寺賜名甘露戒壇○詔京師立奉先甘露戒壇天下諸路皆立戒壇元七十二所京師別立大乘戒壇

設像置經

周穆王子於氾水石窟造迦葉佛像

秦繆公造佛鍮像

漢桓帝鑄黃金浮圖老子像

晉武帝侍中荀勗於洛陽造金像十二○孝武安法師於檀溪寺造銅像能自起行放光燭天○處士戴逵自造無量壽佛像置靈寶寺郗超操香作禮勃然焰上○安帝江夷託戴顒造觀音夜夢人令改造弥勒觸手成妙○恭帝詔瓦官寺鑄丈六金像放光滿寺

宋文帝徐州造丈六金佛有寇難則像身流汗○孝武路太后於中興寺造普賢像

梁武帝董同泰寺鑄十方佛金銅像

北魏獻文敕爲太祖下五帝鑄丈六釋迦佛五軀○孝明爲太后胡氏建永寧寺丈六金像浮屠九層高九十丈詔諸郡立五級浮圖○孝莊孟仲暉造夾紵佛每夜遶座行道○

孝武於平等寺建浮啚設萬僧齋石佛俯首
終日
唐高祖為太祖下造等身佛三身○太宗勅
虞世南勅造佛像一軀以資冥福○高宗勅
洛陽龍門山鐫石龕盧舍那佛高八十五尺
沙門智運於龍門山鑿石佛一萬五千身
武后斂天下僧尼日一錢作大像于白司馬
坂○玄宗勅諸郡開元寺鑄皇帝等身金銅
佛像○沙門海通於嘉州大江鑿石為彌勒
佛高三百六十尺覆閣九層
晉天福天竺沙門道㛰獲奇木造觀音像持
古佛舍利置毫相中白光煥發○宣徽將朱
崇掘地得大石佛舍家為寺○開運初勅為
高祖寫大藏經奉安明聖寺○
漢高祖上柱國郭令威立石碑金剛經千壽
春
宋太祖勅益州雕大藏經板○勅往峨眉山
粧飾佛像○真宗封泰山詔修衆像三十二
身御製修像記○勅沙門栖演脩龍門山石
龕佛一萬七千身○哲宗勅往東林妝神運
五殿佛像○蘇軾繪水陸像作贊十六篇○
蘇軾得張氏畫十八羅漢為贊以授弟轍○
高宗給事中馮檝造大藏經四十八所
建寺造塔

周穆王子於鼓山建竹林寺
漢明帝始造白馬寺雒陽京城內外十寺白
馬寺東造佛舍利塔
魏吳王孫權武昌造昌樂寺潘夫人造惠寶
寺尚書令闞澤舍宅為德潤寺今普濟寺是
晉惠帝會稽諸葛氏造靈寶寺○成帝尚書
令李邈以句容宅靈耀寺王羲之廬山寺為
歸宗寺○許詢建塔四層之相輪一朝風雨
輪盤自備○康帝中書令何充舍宅為建福
寺○哀帝詔建瓦官寺○廢帝詔為支遁法
師建沃州寺○簡文帝詔為尼道容建新林
寺敕長干寺造三級塔○孝武帝潯陽刺史
陶範舍所居為永法師建西林寺九江刺史
桓伊為遠法師建東林寺○荊州牧桓沖舍
曇翼法師建東西二寺常及萬僧
宋高祖范泰建祇洹寺謝靈運建招提寺○
文帝為高祖建報恩寺○敕沙門道祐往鄮
縣建浮啚三級○沙門曇摩密多於鄮縣建
阿育王塔
齊高帝沙門玄暢建齊隆寺感青衣神人遶
山守護○武帝居士明僧紹以攝山宅為棲
霞寺
梁武帝臼宅七夜放光勅建光宅寺○詔修
長干塔得琉璃瓶盛舍利爪髮○同泰寺浮
啚災更建十二層浮啚○華陽真人陶弘景
於三茅山建浮啚白塔○岳陽王蕭詧鎮越
州重修執木二塔知前身是許詢
北魏文成大復佛法詔郡縣各建浮啚一區
○勅建鹿野寺聚禪僧數百習學禪定○孝
文為太后建報德寺為羅什法師曰居草堂
建一級浮啚○宣武洛陽毀輝聞地下鍾聲
得金佛一菩薩二遂舍宅為寺
北周常念寺藏舍利光明自瓶出建浮啚奉
安之
隋文帝詔相州戰地為軍士死事者建寺薦
福○辛彥之立十五層浮啚張元神遊天上
見一堂天人曰辛刺史當居此○詔天下名
藩建靈塔奉藏舍利凡百十一塔靈瑞之迹
備在僧傳○唐公李淵舍宅為清禪寺○詔
建禪定寺召曇遷法師集名德百二十人居
之○智者禪師至玉泉感關王役神兵造寺
○真觀禪師於虎林山建天竺寺○煬帝智
者遺言於天台山造國清寺
唐高祖為沙門景暉立勝業寺為沙門曇獻
立慈悲寺為并州起義立義興寺○太宗詔
以皇家舊宅為興聖寺○詔於建義以來交
兵之處各建寺破劉武周於汾州立弘濟寺
李百藥撰碑十七寺○詔以慶善宮為稽太

后建慈德寺為皇太子承乾建普光寺○詔以洛陽曰宅為天宮寺○詔為穆太后建弘福寺○皇太子為文德皇后建慈恩寺○高宗敕建西明寺大殿十三所○睿宗詔以沙門惠雲所造汴州建國寺為大相國寺（帝從相王以龍飛故為名）○玄宗敕以寢殿材建安國寺弥勒殿○敕天下諸郡建開元寺龍興寺○肅宗上皇幸成都沙門英幹施粥救貧餒願國運再清敕建大聖慈寺九十六院八千五百區○尚書右丞王維與弟縉奉佛母喪以輞川第為寺○代宗夢遊山寺翌日瑯邪山建剎進畫賜名寶應寺○帝夢牛首山辟支佛來見敕山中建七級浮圖○淮西兵馬使李重倩舍宅為佛經坊賜名寶應○宣宗敕天下諸寺脩治諸祖師塔○昭宗敕羅什譯經處重建草堂寺

晉曹山有梵僧群集山頂飛行而去敕建荷玉禪寺

宋太祖吳越王俶造金銅八萬四千塔布散國內○太宗周廢龍興寺為官倉寺僧擊鼓求復敕復為寺○賜天下無名寺額曰太平興國曰乾明○敕往五臺造金銅文殊萬善薩像○詔建開聖禪寺奉天竺栴檀瑞像釋迦佛牙誌公真身○敕往天台山重建壽昌寺造羅漢像五百十六身○開寶寺建塔十一層三十六丈上手藏舍利塔放光照天地○真宗詔賜金修峨眉普賢寺○沙門繼全自西天還得佛舍利建塔揚州○勅江寧府長干寺塔賜名聖感○詔并州建資聖院為將士戰亡追福○仁宗勅京師建慈化寺為先帝薦福○勅再建靈感塔○內侍李允寧奏以第宅創十方淨因寺詔璉禪師居之

英宗敕天下私造寺院並賜壽聖之額○神宗勅開寶寺靈感塔御篆鴻福圓成之塔

哲宗四明延慶沙門介然創十六觀堂陳瓘為記○徽宗雲居祐禪師作三塔白雲端禪師建祖堂洪覺範論之曰雲居白雲識度高遠斯可為天下法○高宗敕天下州郡立報恩寺為徽宗追嚴○敕西湖北山建天申萬壽圓覺寺○孝宗賜內帑於上竺建藏殿○敕賜錢於上竺建十六觀堂內輪樓鑰記○勅於禁中建內觀堂一遵上竺制度

西天求法

魏高貴鄉公 沙門朱士行西遊于闐得放光般若

晉安帝沙門法顯自西域往五天竺得經像泛南海而還

宋高祖曇無竭往西竺二十年還揚都譯經○後廢帝沙門法獻西遊于闐得提婆品

梁沙門智宣往西竺得梵經還

陳宣帝沙門智圓往西竺隋文帝時得梵經還

北魏孝明遣使者宋雲沙門法力往西天得梵經百七十部還

北齊後主沙門寶暹等往西天得梵本還

隋文帝陳朝沙門智周等西竺求經還

唐太宗勅李義表王元策使西竺登耆山刻碑紀唐威德○玄奘三藏自西天求經還召見詔撰西域記○武后初義淨三藏自南海附舶往西竺求法至是將梵本寄佛逝國述南海寄歸傳求法高僧傳○玄宗沙門惠日往西天還召見說法賜號慈愍三藏法師

梁太祖沙門智宣往西竺求經還進佛骨梵經

宋太祖沙門道圓遊五天竺還進舍利梵經○沙門行勤等應詔往西竺求法所經諸國並賜詔書令遣人前導○沙門建盛自西竺還進貝葉梵經○真宗開封府陳招言沙門往西天取經者宜察人材○仁宗沙門懷問乞往西竺為今上建塔于佛金剛座側○沙門懷問得濟求定等自中天竺還進佛骨舍利貝葉梵經西天碑十九本

東土譯經
漢明帝摩騰竺法蘭至始譯四十二章經法蘭又譯佛本行經五部○桓帝支讖譯般舟三昧經等二十一部○靈帝竺佛朔譯道行般若經終漢之世譯經三百餘部○信士嚴佛調譯古維摩經
魏齊王曇摩迦羅譯僧祇律曇無德譯四分戒本十三○康僧鎧譯無量壽經○高貴鄉公沙門帛延至洛陽譯無量清淨平等覺經○沙門朱士行至于闐得放光般若經
晉武帝竺法護譯正法華涅槃經等○孝武鳩摩羅什至秦譯大品般若經○安帝羅什在秦譯妙法華經遺教經維摩經大智度論○曇無讖至涼譯悲華經大般涅槃經四十卷佛陀耶舍在秦譯四分律○佛陀跋陀羅於建康譯華嚴經六十卷○惠嚴惠觀筆受
宋少帝佛陀什譯五分律○文帝曇摩蜜多譯普賢行法經畺良耶舍譯無量壽佛經
齊高帝曇摩耶舍譯無量義經
梁武帝沙門衆善譯文殊般若經帝親筆受○真諦譯金光明經○簡文帝真諦譯起信論俱舍論
北魏宣武菩提流支於紫極殿譯經帝親筆受
陳文帝闍那崛多譯佛本行經三十二部學士費長房筆受
隋文帝笈多崛多重譯法華經添品八卷
唐太宗玄奘三藏上新譯菩薩藏經顯揚聖教論等○奘法師譯瑜伽地師論敕須賜九道總管御製聖教序○高宗佛陀多羅譯圓覺經勅左僕射于志寧吏部尚書來濟兼譯經潤文○詔玄奘三藏譯大般若經六百卷○沙門會寧泛海至訶陵國遇智賢對譯涅槃後分經二卷○敕三藏日照杜行顗共譯佛頂尊勝咒勅不避國諱○武后遣使往于闐國迎實叉難陀至東都重譯華嚴經八十卷此次譯第二○中宗宰相房融至南海遇般剌密諦譯首楞嚴經融親筆受○詔義淨三藏譯藥師七佛經上親筆受○詔菩提流志於佛光殿譯經上親筆受百僚侍坐○菩提流志譯寶積經脩文館學士武平一充翻經使盧藏用等潤文○菩提流志進新譯經賜畫林光殿教畫工圖翻經大德于殿壁十四○睿宗菩提流志譯寶積經宰相張說侍郎陸象先博士賀知章等潤文○德宗菩提流志進寶積經百二十卷御製聖教序○般若三藏譯烏荼國進本華嚴淨行品帝親預譯場臨文裁正○般若三藏澄觀法師進新譯華嚴經四十卷此次譯第三○憲宗勅諫議孟簡等於醴泉宮監護譯經潤文
宋太祖天竺沙門法天譯聖無量壽經王龜從潤文○太宗召法天入京師始興譯事○三藏天息災施護至敕赴闕召見○詔建譯經院令天息災等居之述譯經儀式自譯主至潤文凡九位車駕親幸賜坐尉諭○真宗上幸譯經院觀譯經○知制誥朱子昂兼譯經潤文官○侍郎陳恕言譯經院久費供億乞罷之上以先朝盛典不許○宰相王欽若兼譯經潤文使○宰相丁謂兼譯經潤文使翰林學士晁迥李維兼潤文官○仁宗三藏惟淨乞停罷譯經上曰三聖曰典焉敢即廢且琛貢之籍非鴻臚則不可識○宰相章得象兼譯經潤文使○宰相文彥博兼譯經潤文使○翰林夏竦等進新譯經音義七十卷○右僕射譯經潤文使呂夷簡參知政事潤文官宋綬奉詔脩法寶録○宰相富弼兼譯經潤文使○徽宗譯經三藏金總持南遊江十五浙

經目僧數
唐玄宗沙門智昇撰開元釋教録凡五千四十八卷
宋仁宗三藏惟淨進天聖釋教録凡六千一

百九十七卷
北魏孝靜僧尼二百萬人寺三萬所
北齊文宣僧尼四百萬人寺四萬所
宋真宗僧三十九萬七千六百十五人尼六
萬一千二百四十人○仁宗僧三十八萬五
千五百二十人尼四萬八千七百四十人○
神宗僧二十二萬六百六十人尼三萬四千
三十人○高宗僧二十萬
天台傳教
北齊河南文禪師悟龍樹一心三智之旨為
思禪師說三觀口決
陳文帝思禪師於大蘇山為顗禪師說四安
樂行示普賢道場○廢帝思禪師來居南岳
為岳君授戒法○宣帝顗禪師於金陵瓦官
寺為儀同沈君理等開法華經顗○少帝詔
瓦官禪師赴太極殿開大智度論題仁王般
若經題○詔瓦官禪師居光宅寺帝幸寺聽
講仁王經○光宅禪師講法華經章安頂禪
師預聽
隋文帝晉王廣於揚州迎禪師授菩薩戒師
號曰智者○智者禪師於玉泉山為關王父
子授菩薩戒○智者於玉泉山說法華玄義
章安預聽○智者於泉玉山說摩訶止觀章
安預聽○恭帝章安於天台國清為法華威

禪師說止觀
唐高宗法華為天宮威禪師說止觀○武后
天宮為左溪朗禪師說止觀○玄宗左溪為
荊溪然禪師說止觀○代宗荊溪於佛隴為
邃法師說止觀○德宗邃法師於國清為脩
法師說止觀○文宗脩法師於禪林為外法[十六]
師說止觀○傳宗外法師於國清為琇法師
說心觀○昭宗琇法師於國清為竦法師說
止觀
晉高祖竦法師於國清為寂法師說止觀
宋太祖寂法師於螺溪為通法師說止觀諸
法門○太宗通法師於寶雲為禮法師說止
觀諸法門○真宗禮法師於南湖保恩荅日
本源信法師問目賜保恩額為延慶同異闡
師作誡誓辭二篇俾為長講天台教法之地
○禮法師結十僧脩法華懺三年焚身供法
翰林楊億貽書勸請住世○詔賜東掖山智
者教文印本四千六百二十卷○都尉李遵
勗奏四明禮法師高行遺身上嘉歎賜號法
智○詔遣內侍俞源清往四明延慶請法智
領衆修懺祈福為述修懺要旨○章懿太后
還使詣天竺請式法師為國行懺師上金光
明護國儀因奏天台教卷乞入大藏○仁宗
敕內侍楊懷古詣天竺為國祈福式法師復

乞天台教文入藏○延慶法智於佛生日縱
魚鳥述放生文郡守曾會以聞敕樞密劉筠
撰文立石寺門○延慶法智策試生徒名聞
幃四十二章至今為法○詔賜天台教文入
藏飯靈山千衆○東掖山如法師集百僧脩
長懺都尉馬遵勗聞于朝賜號神照與郡守
章得象諸賢結白蓮社○神宗海月大師惠[十七]
辯居天竺靈山郡補都僧正凡管內寺院虛
席會諸剎英俊開問義科場餬名考校○孝
宗勅福州東禪滌天聖二年降旨天台教部
鏤板入藏○寧宗判門軍乞加封玉泉智者
勅賜靈惠大師○理宗靈山守慇奏法智大
師所著記鈔二百餘卷乞入藏制可
禪苑傳燈
梁武帝大通元年菩提達磨汎海至廣州詔
入見問如何是聖諦第一義師云廓然無聖
帝曰對朕者誰師云不識帝不契師渡江入
魏
北魏孝明武泰元年達磨自梁入魏止嵩高
山少林面壁三詔不至○文帝大統元年達
磨傳法及袈裟於惠可端坐示滅葬熊耳山
定林寺
隋文帝二祖惠可先傳法於僧粲往正教寺
說法有和法師謗于邑加以非法先謂衆曰

吾有宿累今當償之○煬帝三祖僧粲居皖公山傳法於沙弥道信儼立而化
唐太宗四祖道信居黃梅山四徵不起○四祖居破頭山有老僧號栽松道者寄生周氏女見四祖令出家是爲弘忍○四祖望破頭山紫氣如蓋下有白氣橫分六道忍曰莫是和上它日橫出一枝佛法否祖曰如是○高宗五祖弘忍見行者惠能壁間書偈夜召能告之曰佛以正法眼藏展轉傳授吾今授汝并所傳袈裟用以表信能通夕南邁明上座追至庾嶺能擲衣鉢於石上明舉之不動云云
○高宗牛頭融禪師得法於五祖應橫出一枝佛法之記○慧能至廣州值印宗禪師爲其落髮受戒大闡東山法門明年歸曹溪○中宗遣使迎六祖入京行道表辭以疾○肅宗敕使往韶州迎六祖衣鉢入內供養○代宗夢六祖請衣鉢還山敕劉景頂戴送還○詔忠國師入見問太白山人識山識地識字善筭云云○憲宗江州刺史李渤問歸宗常禪師如何是芥子納須弥云云○居士龐蘊問馬祖云不與萬法爲侶是什麼人云云○龐公謂州牧于頔曰但願空諸所有慎勿實諸所無
○百丈海禪師始創禪居称長老上堂升座主賓問酬云云後世廣之名禪苑清規○穆宗侍郎白居易見歸宗值師泥壁云云○白居易知杭州問道鳥窠禪師云云○文宗觀察使陸亘請南泉入郡問道云云○宣宗敕鹽官齊安禪師以師禮召力辭○召弘辯禪師入見問道○懿宗雪峯存禪師居山四十年法席冠天下云云○昭宗仰山寂禪師稟法於溈山世称溈仰宗○趙王見趙州諗禪師云云
梁太祖玄沙備禪師閩王待以師礼
唐莊宗召三聖惠然禪師入內殿問禪法云云
周世宗江南唐後主以師礼待益禪師謚大法眼
宋太祖敕韶州開視雲門塔真身如生迎赴闕供養○仁宗眉山蘇洵謁祖印訥禪師問法○大覺璉禪師乞歸老山中進頌云云○英宗璉禪師乞歸育王山建宸奎閣奉先朝聖製蘇軾作記○神宗詔革廬山東林爲禪席命摠禪師居之應遠公七百年之讖○哲宗韶陽南華重辯請蘇軾書柳宗元六祖碑云云
○四明大梅山英禪師称照律師分慈愍三藏集謗禪宗爲異見著空作辯謗以詰之
徽宗知和禪師至四明正言陳禾招居東湖二靈山一虎爲侍者云云

律宗垂範

梁武帝度律師衆聖點記
陳宣帝文律師上書免僧侶轉輪之役○瓊律師勅總知國內初受戒者參律五夏
北魏孝文法聡律師專誦四分律門人道覆錄爲義疏
隋文帝靈藏律師帝手勅曰弟子是俗人天子律師是道人天子由是度人至數萬
唐高宗宣律師在西明寺行道足跌有聖者扶其足曰北天王太子那吒奉命來衛及献佛師與天人廣問律相西天勝迹作天人感通傳○智光律師於廣州與行者惠能授滿分戒○中宗敕文綱律師入大內安居行道
○詔道岸律師入宮爲妃主授歸戒會畫形林光宮製御讚○玄宗日本國沙門榮睿至揚州律師鑒真與睿附舶而去王迎贄之館毘盧殿請授歸戒日本律學始此
宋仁宗杭州允堪律師述會正記釋南山律文○徽宗杭州元照律師約法華開顯作資持記釋南山律文○理宗明慶思律師奏南山大智律文乞入藏制可

神尼異行

晉康帝比丘尼淨撿於本法得戒有天女下庭忻然攜手踊光升天○廢帝洛陽東寺尼道馨說法華維摩聽者如市○簡文帝召烏江寺尼道容授八關齋戒○孝武帝桓溫在

姑熟有異尼來見求浴以刀破腹斷兩足謂溫曰卿若作天子亦當如是云云

宋文帝尼道壽誦法華有寶蓋垂覆頂上

明帝尼淨秀感龍王諸天驅使

梁武帝剡川尼法宣誦法華見幰蓋覆其上郡守請爲越城母師

陳武帝高郵尼誦法華十朩生華號華手尼

隋文帝始生般若寺尼智仙視育之及長容告之曰汝當大貴佛法暫廢賴汝而興

唐武后絳州二女亡旦詣墳號哭忽生蓮花五莖后聞召一女親爲落髮○德宗安國寺二尼持法惠忍同修法華三昧忽有尼號空姑來止宿中夜身光赫然人謂是普賢

名山勝迹

阿育王山晉武帝時劉薩訶至鄮山求舍利塔始建精舍因號阿育王山○太白山晉惠帝沙門義興廬於山中太白化童子給侍因號天童太白山○唐玄宗高僧法慶案故迹立精舍誦法華太白化童子送供因號太白禪師名其山曰天童○天竺山晉成帝沙門竺惠理至虎林山唐時避諱以為武林驚曰中天竺靈鷲小嶺何年飛來因名天竺山飛來峯靈隱寺○石城山齊武帝沙門僧護於剡縣石城山鑿石造弥勒佛後有僧淑僧祐相繼鑿成高十一丈天神謂宣律師即護淋祐後身世稱爲三生石佛○唐昭宗吳越王建瑞相寺以奉石像○羅浮山唐玄宗勅羅浮山是華首菩薩住處特立延祥寺○五臺山記云山形五峙周五百里中臺高四十里上有文殊弥勒石像東南有清涼寺文殊所居宋太宗太平五年引丙唐高宗敕沙門會賾詣五臺見金光滿殿空聲善哉○罽賓沙門佛陀波利至五臺遇老人令還西土取佛頂尊勝呪云云○代宗沙門法照謁五臺見金門樓觀文殊普賢分座說法因建竹林寺○憲宗無著禪師入五臺見山翁牽牛隨入一寺呼均提童子進琉璃盃對飲酥酪○穆宗裴度奏五臺文殊見從者萬衆○宋太宗敕內侍往五臺造金銅文殊萬菩薩像重飾真容華嚴十寺○大洪山唐文宗善信大師斷足而化張武陵父子侍立亦鮮化人稱大聖二聖云○峨眉山志云昔蒲翁入山見普賢大士真相自茲顯迹宋太祖敕往峨眉山莊嚴佛像因嘉州奏普賢見相○太宗勅往成都鑄金銅普賢像安峨眉山白水寺三峨高出五岳秀甲九州爲震旦第一山○通判王袞往峨眉見光屋山皆變金色中有普賢○敕送寶冠袈裟往峨眉普賢寺見大士乘紫雲行空中○鴈蕩山山頂大池相傳爲鴈蕩下二潭爲龍湫諾詎羅尊者所居見眞宗祥符初○補陀山唐宣宗補陀山在大海中去鄞城東南水道六百里大悲經所謂補陀落迦山觀世音宮殿山有潮音洞洞前石橋瞻禮者或見大士善財淨瓶頻伽云天下名山不止於此今但取靈感應所引始爾

聖教感通

魏正始康居沙門康僧會入吳吳主令求舍利潔齋懇求三七日鏗然有声云云

晉成帝蘇峻亂焚燒宮室獨樂賢堂所畫釋迦像不壞

宋文帝將軍王玄謨將形夢人教念十句觀音經遂得免比齊武成孫敬德有罪當死夢僧教誦經千徧臨刑刀三折宋嘉祐龍學梅摯妻失目夢白衣教誦十句觀音經雙目復明此經前後三見

齊武帝劉霽母疾誦觀音數萬夢僧曰夫人筭盡當爲申延六十日○竟陵王夢中作維摩一契詠之群鶴飛舞○晉安王七歲母病請僧行道銅鑒蓮花鮮紅七日○明帝滕曇恭五歲母病思瓜俄有僧遺一瓜

北魏文成跪勤國進佛袈裟長二丈帝命焚試終日不然○孝莊永寧寺浮屠災東萊人見在海中

隋煬帝為智者設千僧齋䞋溢一人咸謂化身来受國供開視靈塔唯空牀塵帳

唐高祖李録事亡往餘法師處聽法與人言曰人頭以上便是鬼神諸天充滿○高宗英禪師修設梁武水陸感秦莊襄王張儀等致謝云云○憲宗法師智習炊飯散郊外祝之曰食吾飯者願為法侶後二十年往鄴城開講座下千衆皆年少○官軍與吳元濟戰鄧隱峯振錫飛空兩軍仰觀歎異○懿宗禁中設萬僧齋有長眉僧来應供受䞋畢陵空而去○昭宗文矩禪師謁西院時五百僧俱染時疾師以杖點之隨杖而起

宋太祖至相國寺見僧醉嘔穢令小璫取吐物則真乳香○上親征揚州以固拒欲阬之有沙門稱清範来乞恩宥翌日幸龍興寺見殿上羅漢手擎章表○真宗開寶寺金色光見上幸敬觀地上獲舍利五千粒○仁宗夢龍蟠景德寺地遣使視之僧道隆卧門外名見為建院云云○相州發塔基得佛髮舍利引之甚長人從中過往来不斷○神宗雷峯才法師為靈芝元照等授菩薩戒見觀音像放光○朱壽昌刺血書經求母五十年得於同州○哲宗張商英遊五臺見文殊在金光中○楊傑請雙林禮大士輪藏自轉○登封令樓异修少林道場產芝草十二本雨甘露夜有光屬天○徽宗揚州奏泗州大聖見于普慧塔○詔移釋迦像至御容殿像俛首過横梁又持紙廋像足○道法師濂道州郡守夢佛像荷枷入城守知其異令善待之○孝宗魏公史浩初攝昌國䀋監謁補陀山見大士金色雙齒有長身僧来見語公歷官至太師

持誦功深

晉安帝沙門曇翼誦法華感普賢来試云云○沙門法莊誦法華房門神兵衛護○沙門曇邃赴白鵠神祠請講法華九十日

宋孝武沙門僧瑜常持法華是年入紫龕焚身所居生雙桐樹○沙門惠益誦法華焚身帝駕往勸止不從詔焚處建藥王寺

梁武帝庾詵誦法華舉家聞上行先生已生淨土○元帝璞法師誦般若經獲延年

北魏博士盧景祐繫獄至心誦經枷鎖自脫

隋文帝沙門惠盈講法華五道大神請授戒法

唐高祖書生苟倩空中書金剛經曰擬諸天讀誦後大雨其地丈餘不濕異僧曰此地空中有經諸天以寶蓋覆之○太宗岑文本常念普門品乘舟吳江舟覆隨波至岸後於家設齋一僧曰天下方亂君幸不預災終至富貴太宗朝為中書令○玄宗沙門楚金誦法華經至寶塔品塔忽現前○遂州任善病亡同一僧至閻王所僧曰常誦金剛經忽有五色雲迎僧升天冥官謂善曰汝亦曾誦即令放還漣水趙璧路逢亡妻言今受苦可取衣裝造金剛經一部將畢因過墓所老人云汝妻已生天○蘇珪合家常誦金剛經妻崔氏以瘦悴竊食肉為骨鯁氣絶見閻王責曰汝夫是肉身菩薩汝何為食肉賴有誦經功延壽二十年遂蘇○肅宗沙門抱玉入京受戒帝夢吳僧誦法華口出五色光云云○代宗沙門道遵置法華經院舉高行十四人常持法華以燭繼晝○別駕周伯達常持金剛經忽見梵僧自稱須菩提謂曰汝誦經何不斷肉佑達悚懼即蔬素祥感屢見○文宗尚食廚烹雞子忽群卵呼觀音菩薩敕不得用雞子又一日食蛤蜊有擘不開者俄变為大士形因詔天下寺院皆立觀音像

宋太祖詔沈義倫以金銀字寫金剛經召沙門崇蘊入内講演○孝宗四明沃承璋行雪月大師般若經關云云○光宗都官陸沅日誦法華三部及殮蓮華香氣自口鼻而出

西遊樂國

晉廬山東林遠法師與西林永法師劉遺氏

宗炳雷次宗十八賢結社念佛

梁武帝庾詵家人聞空聲云上行先生已生淨土

北魏太武繼沙門玄高惠崇毅之弟子法進號呼即見高於空中聞和上與崇公當生何所高曰我往惡處度生崇公已歸淨土

唐太宗善導法師至京師造彌陀經十餘萬卷畫淨土變相三百餘壁滿長安中並從其化(云云)○德宗法照法師於并州行五會教人念佛帝聞東北方有念佛聲遣使尋至太原乃迎入禁中教官人念佛亦及五會○沙門少康往新定化郡人念佛每升座唱佛衆見一佛從口出連唱十聲則見十佛後放異光數道而逝○宣宗白居易畫西方淨土一鋪晝夜供養一夕念佛而化○懿宗湘山全真禪師生亡世称無量壽佛化現

宋太祖吳越王錢氏請壽禪師居永明日暮往別峯念佛後焚香告衆加趺而化○仁宗文彥博在京師與嚴禪師結僧俗十萬人念佛○哲宗楊傑繪丈六阿弥陀佛隨身觀念感佛來迎○蘇軾嘗攜阿弥陀佛一軸曰此軾往生西方公據也○高宗金虜破四明通湖心擎律師北行至京口謂人曰吾西歸矣即聞笙歌之聲一時軍民咸見師西望念佛而化○侍郎吳秉信被召至蕭山驛舍聞天樂声即曰金臺已至言訖而化○孝宗龍舒王日休念佛日千拜一夕云佛來接我也屹然立化爲淨土文行於世(若欲知古今往生事達當看淨土立)(教志四卷觀之)

佛祖統紀卷第五十三

佛祖統紀卷第五十三

校勘記

一　底本，明永樂南藏本。

一　七九〇頁上三行「方山」，徑作「万山」。四行同。

一　七九一頁上二行「終目」，徑作「終日」。

一　七九一頁中二三行第四字「白」，徑作「舊」。下同。

一　七九三頁中五行「瑜伽地師論」，徑作「瑜伽師地論」。

一　七九四頁上二三行「泉玉山」，徑作「玉泉山」。

佛祖統紀卷第五十四

宋咸淳四明福泉沙門　志磐　撰

歷代會要志第十九之四

三教出興　三教厄運　三教訴偽

三教談論　僧道角法　僧先道後

內律分財　僧制治罰　僧籍免丁

賜謚封塔　褒恤終亡　臨終瑞相

君臣慢法　韓歐排佛　化胡偽經

事魔邪黨　毀法惡報

三教出興　釋　道　儒

周昭王二十六年（甲寅）四月八日佛從母夫人右脇而出自行七步舉右手而言曰天上天下唯我獨尊○四月八日五色光氣入貫紫微太史蘇由曰有大聖人生於西方（佛生在老子生前三百四十五年）○穆王五十三年（壬申）二月十五日佛在俱尸那城娑羅雙樹間入般涅槃○二月十五日西方白虹十二道南北通貫山川震動太史扈多曰西方聖人終亡之相○穆王時文殊目連西來化王於終南山造三會道場王子造迦葉佛像○襄王三年秦繆公獲石像由余曰佛神也

秦始皇四年西域沙門室利房等十八人持經至帝因之有丈六金神破戶出之

漢武帝元狩四年霍去病討匈奴得祭天金人長丈餘帝列於甘泉宮焚香禮敬○成帝鴻嘉二年劉向校書天祿閣往往見有佛經○哀帝元壽元年景憲使月氏得浮圖經還○漢明帝永平七年帝夢金人丈六飛行殿庭傳毅曰西方聖人其名曰佛帝乃遣蔡愔等往西域於月氏遇摩騰竺法蘭得佛像梵經載以白馬達于洛陽（此時三寶具足）

列子著書稱孔子答商太宰曰西方之人有聖者焉不治而不亂不言而自信不化而自行

文中子或問佛曰聖人也其教如何曰西方之教也（已上釋教出興）

周定王三年九月十四日老子生於楚陳郡（在孔子前五十四年）○簡王四年老子為周守藏吏十三年為柱下史○敬王元年入函谷關為尹令著道德經西之流沙

漢靈帝光和二年老君降天台山以大洞靈寶經并三籙感應篇授仙人葛玄

北魏太武延和二年嵩山道士寇謙之遇太上老君命為天師又遇老子玄孫李普文授圖籙真經

唐高宗乾封元年幸亳謁老君上尊號曰玄元皇帝聖母曰先天太后○玄宗開元二十九年上夢玄元皇帝遣使得其像置興慶宮命畫真容置諸郡開元觀詔諸郡立玄元皇帝廟○天寶元年老君降丹鳳門令田同秀奏往尹令曰宅掘取金匱靈符以鎮國改元天寶○二年上老君號曰大聖祖玄元皇帝○七載上老君號曰聖祖大道玄元皇帝○十三載上老君號曰大聖祖高上大道金闕玄元天皇大帝○僖宗詔成都老君玄中觀改名青羊宮近宮田地多植葱蒜臭穢熏蒸賜錢買歸靖廬（已上道教出興）

周靈王二十一年十一月庚子孔子生魯陬邑○景王十年孔子朝周問禮於老子○敬王十九年為魯中都宰二十一年為司空二十二年為大司寇誅少正卯墮三都魯定公受齊女樂三日不聽政孔子遂適衛三十六年自衛反魯刪詩定書繫周易作春秋以曾參孝為作孝經三十九年哀公西狩獲麟孔子傷麟出非時遂絕筆於春秋四十一年四月乙丑孔子卒葬泗水上弟子三千人身通六藝者七十二人

漢平帝元始元年追謚孔子褒成宣尼公

宋孝武孝建元年詔建孔子廟

梁武帝天監四年詔天下立孔子廟

北魏孝文太和三年謚孔子為文宣公

唐太宗正觀十一年四制釋奠以周公為先

聖孔子為先師至是房玄齡建議請以孔子為先聖顏子為先師陪饗詔可○高宗幸曾祠孔子追封太師○武后追謚孔子隆道公○玄宗開元二十七年追謚孔子為文宣王南嚮坐弟子封公侯伯

宋真宗祥符元年幸曲阜謁孔子廟特拜加謚玄聖文宣王五年避聖祖諱改至聖文宣王○仁宗敕賜兗州先聖廟飛帛御書殿額祭文○神宗封孟子鄒國公陪饗文宣王廟○哲宗賜先聖廟田百頃幸國子監詣文宣王殿行釋奠禮一獻再拜○徽宗崇寧三年以王安石陪饗文宣王廟五年詔文宣王冕十二旒服九章政和元年勑先聖廟用二十四戟賜礼罷大成新樂○欽宗勑毀王安石陪饗已上儒教出典

唐玄宗開元十八年敕兩京諸郡立齊太公廟○肅宗上元元年追封太公為武成王祭典同文宣王

宋真宗祥符元年封太公昭烈武成王○哲宗幸武成王廟肅揖附於儒教

三教厄運　　儒　　道　　釋

秦始皇三十四年丞相李斯請以詩書百家語雜燒之有偶語詩書者棄市三十五年以諸生誹謗自除犯禁者四百六十人阬之咸陽

漢桓帝延熹八年宦官告司隸校尉李膺交結生徒詔捕黨人辭及二百餘人皆天下名賢父之赦黨人禁錮終身○靈帝建寧元年宦官殺太傅陳蕃大將軍竇武捕宗親賓客悉誅之李膺諸獄考死黨人死者百餘人天下儒學有行死徙廢禁六七百人

唐景宗天祐二年朱全忠入長安聚宰相裴樞朝士三十餘人殺之投屍于河

宋哲宗紹聖三年詔文彥博三十七人為元祐黨人○徽宗崇寧三年置元祐黨籍司馬光三百九人刻石文德殿門五年彗出西方詔毀文德殿黨籍已上儒

漢明帝永平十四年道士褚善信等請與西竺摩騰角法不勝費叔才自感而死呂惠通等六百二十人並令出家

梁武帝天監二年率群臣士庶發菩提心永棄道教十六年敕廢天下道觀道士皆反俗

北齊文宣天保六年道士請與釋角法不勝詔道士並從剃度自是齊境並無道士

北周武帝建德三年并罷釋道二教已上道教

晉安帝隆安二年桓玄輔政詔沙汰僧尼廬山遠法師上書力辨遂寢

陳後主至德三年朝議令僧尼無業者皆休道智禪師即停搜簡

北魏太武太平真君七年帝信司徒崔浩說冤誅天下沙門焚毀經像後崔浩以罪腰斬族誅帝為常侍宗愛所弒文成即位大復佛法

北周武帝建德三年帝信衛元嵩說并罷釋道二教並令還俗宣帝即位詔復佛法○靜帝大定元年詔復釋道二教杜祈入冥見周武在鐵獄受苦

隋文帝詔周朝廢寺咸與修營戶口出錢建立經像○煬帝大業五年詔僧徒無德業者並令罷道智者弟子大志上表然臂乞興三寶詔竟不行

唐高祖武德九年太史令傅奕乞廢佛法凡七上疏詔僧道戒行虧闕者悉令罷道月餘停前沙汰奕惡病死有人入冥聞已付越州泥犂○玄宗開元二年宰相姚崇奏沙汰僧尼偽濫者萬二千人並令還俗禁度僧建寺鑄佛寫經○開元十五年勅天下村坊佛堂小者並拆除之功德移入近寺公私望風凡大屋大像亦被殘毀○文宗太和九年翰林李訓請沙汰僧尼毀大內靈像夜大風壞殿壓城門帝懼敕停沙汰○武宗會昌五年用道士趙歸真宰相李德裕謀毀拆天下寺院

僧尼歸俗者二十六萬人。長安人夜見穆王冢吏云。李炎奪壽去位。宣宗即位。捕趙歸真等十三人誅之。李德裕貶死崖州

周世宗顯德七年。勅民間銅像輸官鑄錢。廢寺院三千三百所。不許私度僧尼。有武將周百勝入冥。見世宗臥鐵牀受罪。本朝太祖大

後佛法

宋徽宗詔釋氏水陸道場不當設三清等位。天帝不應與鬼神同列。道法師曰。毀佛之禍兆於此矣。○宣和元年。用道士林靈素言。詔改佛服天尊服。僧尼巾冠執簡。稱德士。高僧日華嚴等不奉詔。開封尹盛章捕七人杖殺之

左街永道法師上書諫。上怒流道州。臺臣言靈素妄議遷都改除釋教。上竄放死溫州。二年詔大復僧尼。○高宗紹興十二年。詹叔義上表乞住賣度牒。十五年。敕僧道納免丁錢。侍郎吳秉信請賣度牒被論而出。靈隱道昌禪師乞行度牒不報。侍郎吳子才乞行度牒罷歸田里。二十年。大斂民間銅器寺觀佛像鍾磬。並令置籍。每斤收筭二十

文中子曰。詩書盛而秦世滅。非仲尼之罪也。虛玄長而晉室亂。非老莊之罪也。齋戒脩而梁國亡。非釋迦之罪也

三教訴偽　儒　道　釋

秦李斯初學于荀卿。及為秦相。請以詩書百家語詣守尉雜燒之

漢靈帝中平初。鉅鹿張角事黃老。以符水療病。號太平道。十餘年間。衆數十萬。時號黃巾賊。皇甫嵩討平之

北魏孝莊時。冀州沙門法慶。渤海李歸伯率鄉人為亂。自號大乘佛。斬害僧尼。焚燒經卷。元遙討破之

唐武后有女人自稱聖菩薩。召見時大安禪師至。問曰。聞汝善觀心。我心何在。三問皆驗。師復問之。女辭屈。變作牝狐下階而走

三教談論

宋明帝幸莊嚴寺觀三教談論

唐高祖幸國學。命博士徐曠。沙門惠乘。道士劉進喜講說。○太宗詔祭酒孔穎達。沙門惠淨。道士蔡晃入弘文談論三教。○德宗聖節。勅給事中徐岱。沙門覃延。道士葛參成講論三教。○勅沙門端甫入內殿與儒道論議。敬宗敕沙門道士四百人於大明宮談論設齋。○文宗聖節。詔祕書監白居易。沙門義林。道士楊弘元談論三教。○宣宗勅諫議李貽孫。國師知玄。同道士談論三教

僧道角法

漢明帝五岳八山道士乞與西竺摩騰竺法蘭焚經角法不勝。呂惠通等並令出家

宋明帝逸士顧懽作夷夏論。意黨道教。司徒袁粲為論以駁之。謂孔老教俗。釋氏出世。當侍何鎮之亦以書抵懽。言道家經籍簡陋

陳宣帝南岳思禪師降伏道士歐陽正則十四人。敕貸罪給事僧

北齊文宣。道士陸脩靜等乞與釋氏角法不勝。並令剃度。不從者殺四人

北周武帝詔群臣沙門道士於內殿博議三教。法猛法師立論理勝。司隸大夫甄鸞上笑道論三十六篇

隋客問三教優劣。李士謙曰。佛日也。道月也。儒五星也

唐高宗詔沙門義褒等入宮談論。道士李榮理屈語塞。令黃門引榮退席。○玄宗道士吳筠造論毀釋氏。浙西觀察使陳少遊請神邕法師面決邪正。筠竟敗北。○代宗沙門崇惠與道士角法告勝。賜紫衣

僧先道後

宋明帝顧懽作論。以佛道二教齊乎達化

北齊魏收撰魏書。作佛老志

唐太宗詔老子李姓。是朕之祖。名位宜在佛先。沙門智實詣闕申理。不許。○上謂弘福寺主道懿曰。佛老尊卑。通人自鑑。朕宗柱下

故先老子凡有功德僉向釋門太原舊第亦
以奉佛未嘗創道觀也云云○高宗敕道士隸
宗正寺班在諸王次○武后敕僧尼依曰位
在道士上
宋太祖詔令僧道每當朝集僧先道後並立
殿廷僧東道西若遇郊天道左僧右寧僧統僧史略
○徽宗勅道士位居僧上○高宗廬山道法
師申劄都省崇觀之後道士叨視資品林靈
素輩視兩府者甚衆遂令道士冒居僧上靖
康建炎道士視官已行追毀而國忌行香寺
院衆會猶敢傲然居上今欲復正祖宗舊制
云云續據太常寺稱因革禮肆赦故事道左僧
右嘉祐編勅紹興新書並以僧道寺觀立文
政和條內道在僧上並已刪去尋蒙朝旨應
行香立班諸處聚會並依祖宗成法以僧居
左○紹興十三年臨安府道正劉若讜申省
乞道士位僧上都僧正善達乞檢準紹興三
年都省批送法道法師狀繳蒙朝旨依祖宗
曰制以僧在上告示劉若讜取知委

內律分財

唐德宗勅亡僧資財曰例送終之餘分及一
衆比來因事官收並緣擾害今仰依曰一準
律文分財法官司仍前拘收者以違制論

僧制治罰

梁武帝制僧尼犯過依佛律行罰
北魏僧犯殺人依俗格斷餘犯付昭玄都統
以內律判之
唐太宗詔僧徒有過準內律明為條制詔須
遵教經付京官判史僧尼業行與經不同者
公私勸勉○高宗奘法師奏二事一者正觀
以老子位在佛上二者僧道有過同俗推勘
虧辱法門上曰僧用俗法即遣停罷○玄宗
詔僧尼有過一依佛律處分州縣不得擅行
決罰○代宗詔天下官司毋得捶辱僧尼
宋真宗詔僧道有犯公罪聽用贖法敕品官
無故毀辱僧尼口称禿字者勒停見任庶民
流千里
宣和八年吳國公主敬重空門敕品官庶民
如有毀辱僧尼罵釋禿字者照祥符三年指
揮施行○孝宗乾道元年鄭國公主出家敕
品官庶民有毀辱僧尼罵称禿字者依祥符
宣和敕旨品官勒停庶民流千里仰天下州
軍徧榜曉諭應僧尼過犯官司不得擅理須
奏取指揮施行

僧籍免丁

唐武后延載元年勅僧尼曰隸司賓鴻臚寺令
改隸祠部○玄宗開元十七年詔天下僧尼
三歲一造籍○二十四年勅僧尼隸鴻臚寺
明年仍舊隸祠部道士隸宗正寺以李宗也
○天寶六載勅僧尼屬兩街功德使始令祠
部給牒用綾素○德宗建中三年勅僧尼事
故三綱申州納符告注毀在京於祠部納告
○憲宗元和二年詔僧道隸左右街功德使
○文宗太和五年敕州郡造僧尼籍
梁太祖開平元年勅僧尼改屬祠部
晉天福二年以楊光遠為天下功德使凡寺
院皆屬焉
宋太祖勅僧道隸功德使出家求度策試經
業開祠部給牒○高宗紹興十五年勅天下
僧道始令納丁錢自十千至一千三百凡九
等謂之清閑錢年六十已上及殘疾者免

賜謚封塔

晉孝武潛法師亡詔賜錢建塔
唐太宗化度寺僧邕亡上敬悼賜帛勅李百
藥撰碑歐陽詢書○中宗神秀國師亡賜謚
大通○玄宗金剛智三藏亡賜謚灌頂○清
源思禪師追謚弘濟禪師歸真之塔○南岳
讓禪師亡謚大慧禪師最勝輪之塔○憲宗
勅曹溪六祖謚大鑑禪師靈照之塔柳宗元
撰碑○穆宗汾陽業禪師賜謚大達國師○
宣宗敕重建東林寺追謚遠法師曰辯覺○
溈山祐禪師亡賜謚大圓○黃蘗運禪師亡

賜諡斷際○懿宗德山鑒禪師亡賜諡見性
○臨濟玄禪師亡賜諡慧照○洞山价禪師
亡賜諡悟本○追諡南山宣律曰澄照○趙
州諗禪師亡諡真際○雲居膺禪師亡諡弘
覺○曹山寂禪師亡諡元證
唐莊宗問道於三聖惠然及亡　諡廣濟大師
通寂之塔
宋太祖永明壽禪師亡賜諡智覺○太宗追
諡東林遠法師曰圓悟西林永法師曰覺寂
○明教大師天息災亡諡慧辯○傳教大師
法賢亡諡玄覺○徽宗崇寧元年赦書節文
天下名德未有諡號者仰所屬以聞唐宣律
師賜諡法海慈雲式法師諡法寶南屏臻法
師諡實相孤山圓法師諡法惠○摩騰三藏
諡啓道圓通法師竺法蘭諡開教總持法師
傳大士空紹覺大士李長者顯教妙嚴長者
○高宗天童覺禪師亡諡宏智塔曰妙光○
徑山杲禪師亡諡普覺塔曰寶光語錄入藏
○光宗惠光訥法師亡諡宗廣慈塔曰普照

褒恤終亡

宋文帝惠嚴法師亡詔賜錢五萬布五十疋
齊武帝僧遠法師亡帝致書慰弟子法獻
隋文帝曇延法師亡帝輟視朝敕王公往臨
唐太宗僧邕法師亡賜帛敕李百藥撰碑歐
陽詢書○玄琬法師亡遺表僧有過乞以內
律治之上嘉納遣皇太子臨弔勅給葬具
高宗奘法師亡帝哭之慟廢朝五日勅用金
棺銀槨五詔襃恤○文宗清涼國師澄觀亡
上輟視朝三日重臣縞素勅葬終南山石室
勅宰相裴休撰碑
宋真宗天息災三藏亡勅有司具礼送終○
法賢三藏亡勅送終如天息災禮

臨終瑞相

宋仁宗天鉢元禪師別文彥博曰入滅去荼
龕烟白彥博手執瓶離瓶烟入瓶中舍利填
滿○神宗明教嵩禪師亡火浴鼻舌眼睛耳
豪數珠五物不壞○歐陽脩居潁上屏酒肴
臨終借華嚴經讀至八卷而化○文與可謂
崔公度曰經言不妄語舌覆面上即吐舌至
眉三摺之後沐浴冠帶正坐而化○趙抃從
晝元禪師聞心要聞霹靂聲豁然大省是年有
大星殞于庭趺坐而化○徽宗蘇軾卒於毗
陵錢濟明問曰公平生學佛如何軾曰此語
亦不受遂化○高宗韋太后建延祥觀還圓
法師于馬腦坡陶罷舍利無筭○孝宗參政
錢端礼問道於元禪師後微疾謂撲禪師曰
地水火風暫時湊泊遂斂目而化

君臣慢法

周襄王秦繆公獲石像棄馬坊中夢天帝責
誠以問由余往視像曰佛神也
魏吳主孫晧得金像灌以不潔俄得腫疾請
康僧會受戒疾愈
齊東昏侯取瓦官玉像為潘貴妃作釵釧
唐高宗奘法師譯因明論尚藥呂才作鮮毀
之有旨令公卿領才就法師禮懺○宣宗京
城進士孫樵上書言武宗毀二十七萬僧陛
下柰何興之於已廢之後帝怒不納
宋太祖河南進士李藹造滅邪集以毀佛編
藏經以為衾事聞勅流沙門島○徽宗勅左
街道楷賜紫衣師號楷表辭上怒流淄州○
筠州惠洪坐交張商英流崖州○詔改佛法
永道上書諫上怒流道州○高宗宰相秦檜
以徑山宗杲為張九成黨流衡州

韓愈排佛

唐憲宗迎鳳翔佛骨入禁中刑部侍郎韓愈
上表諫曰佛本夷狄之人身死已久枯朽之
骨凶穢之餘豈宜以入宮禁乞以此骨付之
水火永絕根本帝大怒貶潮州刺史愈至潮
聞大顛禪師名請入郡問道留旬日尚書孟
簡聞愈與大顛遊以書嘉之愈答書称大顛
頗聰明識道理遠地無可與語故自山召至
州郭留數十日實能外形骸不為事物侵亂

非崇信其法求福田利益也簡復報之曰釋
氏之教大明善惡之異路嶽天下神道報應
之微為廣其道柰何韓君以愚人下俚翁嫗
之情見待之邪云 柳宗元送浮屠浩初序
退之好儒未能過揚子之書於莊墨申韓皆
有取焉浮屠者反不及莊墨申韓之怪僻險
賊邪曰以其夷也果不信道而斥焉以夷則
將友惡來盜跖而賤季札由余乎非所謂去
名求實者矣云 韓退之作原道云舉夷狄
之法而加之先王之教之上幾何其不胥而
為夷也然則如之何其可也曰人其人火其
書廬其居明先王之道以道之亦庶乎其可
也○女孥壙文云愈為少秋官言佛夷鬼其
法亂治可一掃去云
王荊公非韓云人有樂孟子之距楊墨而
以斥佛老為己功莊子所謂夏虫者斯人
之謂乎云
蘇子瞻非韓云退之於聖人之道知好其
名而未樂其實其論至於理而不精往往
自叛其說而不知云
西蜀龍先生作非韓百篇云
明教嵩禪師作非韓三十篇云
祖印訥禪師與歐陽公論退之排佛者

宋仁宗諫議歐陽脩著本論謂佛法為中國
患又曰今佛之法可謂姦邪又曰千年佛老
賊中國云 脩左遷滁州將歸廬陵遊廬山謁
祖印訥禪師與之論道肅然心服平時排佛
為之内銷祖印謂曰退之倡排佛老是下令
又和之將使後世好名之士援韓氏歐陽氏
以為法豈不為盛德之累是下所著本論救
救以毀佛為務以蒐狩喪祭鄉飲之禮為勝
佛之本是猶退之原道實未知道脩大驚赧
師復為說悟心之旨自此頗有省發及入參
大政每譽於公卿之前歲時書問未嘗絕出
知揚州高麗遣使問魏武注孫三處要義關
注詔問脩不知荅飭使者往問祖印師曰兵
者機密之事不可以示人使反命以其言應
詔
歐陽外傳云歐子撰新唐書如高僧玄奘
神秀諸傳及正觀為戰士建寺之文並與
削去司馬君實云永脒不喜佛曰唐史有
涉其事者必去之因曰駕性命道德之空
言者韓文也泯治亂成敗之實效者新書
也 孝宗御製原道論云朕觀韓愈原道
論徒文繁而理迂耳云
化胡偽經
晉成帝道士王符偽撰老子化胡經墮地獄

受苦
比魏孝昭道士姜斌引關天經說老子西入
化胡以佛為侍者沙門曇謨最言佛生昭王
時後三百四十五年定王時老子始生太尉
蕭綜勅奏開天偽經罪當惑衆詔流斌馬邑
唐高宗詔議老子化胡經沙門法明曰既無
翻譯朝代豈非偽造乃勅令搜聚偽本一處
禁棄○武后沙門惠澄乞依前朝毀化胡經
勅八學士議○中宗勅毀化胡經及畫壁変
相違者科罪
事魔邪黨
末尼火祆 祆火 胡 者初波斯國有蘇魯支行火
祆教弟子來化中國唐正觀五年其徒穆護
何祿詣闕進祆教勅京師建大秦寺○武后
延載元年波斯國拂多誕持二宗經偽教來
朝○玄宗開元二十年勅末尼本是邪見妄
稱佛教既為西胡師法其徒自行不須科罰
○天寶四年勅兩京諸郡有波斯寺者並改
名大秦○大曆三年勅回紇及荊揚等州奉
末尼各建大雲光明寺六年回紇請荊揚洪
越等州置摩邪寺其徒白衣白冠○會昌三
年勅天下末尼寺並廢京城女末尼七十二
人皆死在回紇者流之諸道五年勅大秦穆
護火祆等二千人並勒還俗○梁貞明六年

陳州末尼反立毋乙為天子朝廷發兵會斬之其徒以不茹葷飲酒夜聚婬穢畫魘王踞坐佛為洗足云佛止大乘我乃上上乘
白雲菜者徽宗大觀間西京寶應寺僧孔清覺居杭之白雲菴立四果十地造論數篇教於流俗亦曰十地菜覺海愚禪師辨之有司流恩州嘉泰二年白雲菴沈智元自稱道民進狀乞額臣寮言道民者喫菜事魔所謂姦民者也既非僧道童行自植黨與千百為群挾持袄教聾瞽愚俗或以修橋砌路斂率民財創立私菴為逋逃淵藪乞將智元長流遠地拆除菴宇以為傳習魔法之戒奏可
白蓮菜者高宗紹興初吳郡延祥院僧茅子元依倣天台出圓融四土圖晨朝禮懺文偈歌四句佛念五聲勸男女修淨業戒護生為尤謹稱為白蓮導師有以事魔論于有司者流之江州其徒展轉相教至今為盛
良渚曰此三者皆假名佛教以誑愚俗猶五行之有沴氣也今摩尼尚扇於三山而白蓮白雲處處有習之者大氐不事葷酒故易於裕足不殺物命故近於為善愚民無知皆樂趨之故其黨不勸而自盛甚至第宅姬妾為魔女所誘入其眾中以修懺念佛為名而實通姦穢有識士夫宜加禁

上

毀法惡報

魏高貴鄉公罽賓國王害師子尊者白乳涌高數尺王臂尋墮七日命終
晉安帝曇無讖在涼譯經後西歸涼王遣人刺於路王見神人以劍刺之遂卒（十六年）
宋沙門慧琳著黑白論與佛理相違後感疾膚肉糜爛竟死時以為叛教之報○簡靜寺尼用書經絹為兒衣身瘡白蟲蠕叫而死
梁武帝沙門智稜值寇還俗道士孟悉達勸為黃冠引佛教潤色諸道經暮年為道士誦西昇經忽失音舌卷於座委頓而死○望蔡令殺牛飲咬卧佛堂上白癩病死
宋真宗慈照聰禪師郡守管之師曰教它平地起骨堆守全家死○神宗王安石子雱嘗性陰惡既亡荷鐵枷告父安石請以江寧園廬為僧寺（即半山寺）○徽宗宣和廢佛法楊戩議廢太平興國寺殘佛像於殿基已而戩病胸腹潰裂而死○詔天下建神霄宮太平州將拆承天寺主議者石儀曹一子為金甲神納于火曰石某絕嗣

佛祖統紀卷第五十四

佛祖統紀卷第五十四

校勘記

一　底本，明永樂南藏本。

一　七九九頁下三行第五字「白」，徑作「舊」。下同。

一　八〇四頁中一三行第八字「飭」，徑作「飭」。

佛祖歷代通載序　畝一

浮圖氏之論世動以大劫小劫爲言中國文字未通葢不可知也摩騰竺法蘭至漢而後釋迦佛之生滅可以逆推其歲年自是中國之人得以華言記之自天竺及旁近諸國東來者莫盛於西晉至于姚秦石趙等國其人則鳩摩羅什佛圖澄那連耶舍曇無讖諸師而東土卓絕奇偉之士生肇融叡等相爲羽翼翻譯經義盡爲華言而佛理之精無不洞究先覺之士至有逆知其至理之未至者佛學之行莫傳於此時矣獨天道安至於遠公辟地東南佛陁耶舍遠相從游而辟世君子相依於離亂之世乃若寶公雙林諸公起而說法而佛學大盛於東南矣若夫智者弘法華於天台三藏開般若於唐初清涼廣華嚴於五臺密公說圓覺於草堂宣公嚴律教於南山金剛啓秘密於天寶大小三乘唯識等論專門名家豪分縷析汗牛充棟學者千百有皓首而不能窮極者焉達磨之來則有五傳其於五宗斯立同源異派自梁歷宋謂之傳法正宗我

國朝秘密之興義學之廣亦前代之所未有此其大畧也記載之書昔有寶林等傳世久失傳而傳燈之録僧寶之史僅及禪宗若夫經論之師各傳於其教宰臣外護因事而見録豈無遺闕近世有爲佛祖統紀者倣諸史記書事無法識者病焉時則有若嘉興祥符禪寺住持華亭念常得臨濟之旨於晦機之室禪悅之外博及羣書乃取佛祖住世之本末說法之因緣譯經弘教之師衣法嫡傳之裔正流旁出散聖異僧時君世主之所尊尚王臣將相之所護持論駁異同參考訛正二十餘年始克成編謂之佛祖歷代通載凡二十二卷其首卷則言彰所知論器世界情世界道果無爲五論則我

世祖皇帝時

發思八帝師對

御之所陳說是以冠諸篇首其下則以天元甲子紀世主之年因時君之年紀教門之事去其繁揉謬妄存其證信不誣而佛道世道汙隆盛衰可並見於此矣嗟夫十世古今不離當念塵影起滅何足記哉嘗見溈山有問於仰山仰山每有年代深遠之對則亦憫先覺之無聞者乎而法華一經前劫後劫十號無二又曰觀彼久遠猶若今日則此書宜在所取乎至正元年六月十一日徼笑菴道人

虞集序

華亭梅屋常禪師本傳通載序

夫語言文字載道之器傳遠之用歷千古徹簡牘何以紀事考實耶

大成至聖春秋作而賊亂懼

大覺世尊經律集而賢哲與其五經六藝諸子百家立言垂訓後之來學明今酌古遊心仁義非編冊之益乎佛祖歷代通載梅屋禪師之所作也其文博其理明敘事且實出入經典考正宗傳殊有補於名教至正辛巳輪林道園虞公序冠其首益尊題之禪師世居

華亭黃姓父文祐母楊氏初祈嗣於觀世音忽一夕夢僧龐眉雪髮稱大長老託宿焉因而娠至元壬午三月十有二日誕于夜神光燭室異香襲人逾日不散既長喜焚香趺坐風骨秀異氣宇英爽年十二懇父母求出家母鍾愛之誘以世務終莫奪其志遂舍之依平江圓明院體志習經書尚倜儻疎財慕義棲心律典元貞乙未江淮總統所授以文憑薙髮受具弱冠遊江浙大叢林博究群經宿師碩德以禮為羅延之皆擕譔弗就至大戊申佛智晦機和尚自江西百丈遷杭之淨慈禪師往參承值上堂佛智舉太原孚上座聞角聲因緣頌云琴生入滄海太史進名山從此揚州城外路令嚴不許早開關有省於言下投文室呈所解佛智領之遂俾掌記室囑之曰真吾教偉器外護文苑之奇材也服勤七年延祐乙卯佛智遷徑山禪師職後版表率明年

朝廷差官理治教門承遴選緇世嘉興祥符至治癸亥夏五乘驛赴

京繕寫黃金佛經暇日得以觀光三都遊覽勝槩禮五臺曼殊室利披鼎金遺墟之跡由以動司馬撰書之志出入翰相之門討論墳典陞諸名師堂輿講解經章知司徒雲麓洪公別峯印公

卷一　四

皆尊愛之

帝師命坐授食聞大喜樂密乘之要自京而回姑蘇萬壽主席分半座以延說法衆服其有德自非宿有靈姿稟慧多生曷以臻其明敏著述祖禰彰顯正教致公卿大人篤敬也耶至大間愚訛侍佛智獲奉教于禪師知梗槩而序之禪師諱念常梅屋其號焉至正四年三月松江佘山昭慶住持比丘覺岸謹序

佛祖歷代通載凡例

一世祖皇帝玉音一百段出弘教集實帝師大臣欽承對旨謹置于編

一帝師所說彰所知論冠于篇首尊之也

一吾佛世尊未生以前時代本不與書欲使初學故自太古始

一往古帝王即位改元崩殂及僭國之主宰臣護教尊法者略見始末餘不書

一帝王於聖教御製贊序及大臣碩儒撰述其間有關大教者皆具載焉

卷一　五

一僧道對折論辯詳收始末以備參考

一世尊示滅之後凡經百年必書其於旃檀像及教被東土之年倣此

一佛祖傳法偈翻譯詳見梁大同六年

一教門隆替並依史籍編録使來學知有自焉

一諸祖事實備載于示寂之年倣先經終義之例

一屏山居士鳴道集說凡二百一十七篇今録一十九篇蓋彰其識見耳

一教門事要異同訛正略加考定據諸傳記摭集不以私臆謬加論辯或恐繁失於冗簡失於陋以竢博雅之士改而正之

一太史公史記稱黃帝三十八年命風后

定甲子始因而編之隨年列爲横曆于上

佛祖歷代通載凡例終

佛祖歷代通載目錄

秦始皇
室利防等十八化人　十四祖龍樹尊者
西漢文帝
十五祖迦那提婆
武帝
十六祖羅睺羅多
昭帝
十七祖僧迦難提
宣帝
論師無著天親
成帝
十八祖伽邪舍多
新室王莽
十九祖鳩摩羅多
東漢明帝
帝夢金人　教流東土
摩騰竺法蘭　釋道比較梵經
二十祖闍夜多
第五卷
安帝

二十一祖婆修盤頭
桓帝
安世高至洛　二十二祖摩拏羅
靈帝
竺佛朔至洛　黄巾作叛
獻帝
牟子理惑論　漢史范曄論釋
袁宏論佛　康孟竺大力至京
二十三祖鶴勒那　道始作靈寶齋章
三國魏文帝
蜀先主
吴大帝
維祇難支謙
明帝
曹植傳
齊王芳
康僧會至吴　吴闞澤論佛
二十四祖師子尊者　曇摩迦羅等傳律
高貴鄉公
蜀有賊亂累釋

陳留王
沙門朱士衡講經始
第六卷
西晉武帝
吴皓毁神祠及梵宇　竺法護至京論
育王塔緣起
惠帝附見十六國
鮑靖撰三皇經　竺耆域至洛
愍帝
維衛迦葉石像至吴
元帝叙有
沙門吉友至建康
明帝
二十五祖婆舍斯多
成帝
三藏慧理至杭　庚氷議令僧拜俗
何充議不應拜俗
穆帝
佛圖澄示寂論　釋泚公入寂
沙門于法開醫術

祇羅國主仰唐聲教　原州瑞石記國禎祥
玄奘齎經歸朝　三藏進新譯經請序
祕識女主代有天下　帝勸奘師罷道爲政
奘陳辭願終身行道　帝製三藏聖教序 附謝表
太子繼聖教序　賜奘百金磨衲
詔創弘法院留奘師　詔建大慈恩寺
詔奘陪駕　史贊并論

第十二卷

唐高宗
四祖道信大師　勅建大慈恩塔
東宮選師及姐信相　天竺致書奘師 答書附
立法師斥呂才論　制設官監護譯經
御製大慈恩寺碑 附謝表　奘法師示疾
詔辯二教先後　牛頭法融禪師
追僧道論議　奘法師表辭還山
復追僧道論議　屈僧拜俗道宣上疏
法師玄奘示寂　道世法師辯道經真僞
南山道宣律師　詔僧道定華化胡經
五祖弘忍大師 史贊　佛陀波利尊者
慈恩窺基法師　道世著法苑珠林

則天武后
始定母服及建明堂　慶山始出
譯華嚴大經　詔康法藏爲僧
詔嵩山惠安禪師　淨義三藏自西土回
歛僧錢鑄佛像 論　詔賢首法藏講新經
鑄像成百僚禮祀

中宗
房融潤文譯楞嚴　詔六祖不起
大通神秀禪師 張說作記　神僧萬回法雲公 論
詔僧道齊行並集　安國師卒
詔三藏實叉難提　四洲大聖
名道岸律師授戒　菩提流志譯寶積經
詔一行赴闕不起

第十三卷

唐睿宗
六祖惠能大師

玄宗
永嘉玄覺禪師　詔一行禪師赴闕
嵩岳元珪禪師 論　天竺三藏無畏至京
宋璟禮六祖塔　詔一行改撰大衍曆
智昇上藏經目錄　一行製黃道儀成
郭行女嘗齋感報　牛雲求聰感應
日本始有律　三藏菩提流志卒
嵩山破竈墮　一行示寂 論
般若心經序 張說作　重定五服制
三藏金剛智卒　義福禪師卒
恒州張果先生　三藏無畏卒
不空三藏降狂象 論　法秀献回向寺玉篇
李長者華嚴合論　青原行思禪師
興唐寺普寂卒　太子詹事嚴挺之
詔本淨禪師赴闕　南嶽懷讓禪師
詔道士吳筠問道　制僧尼給祠部始
詔不空驗羅思遠　鶴林玄素禪師
詔立毘沙門天王祠　台宗左溪玄朗禪師
天台法門議 梁肅作　魯山元德秀卒 論

肅宗
閬州新畫像　納錢度僧道始
新羅無漏凌空立化　詔南陽惠忠禪師
詔置放生池碑 顏真卿撰　王摩詰卒
真如升天授十三寶

第十四卷

唐代宗

德宗

順宗

第十五卷

唐憲宗

穆宗

第十六卷

唐敬宗

文宗

武宗

宣宗

詔復釋氏　香山居士白居易
貶李德裕詔　華林善覺禪師
黃蘗希運禪師　詔弘辯問南北宗旨
復盧山東林碑 崔黯作　潙山靈祐禪師
李節贈疏言序　詔羅浮軒轅問攝生
補陀示現事跡

第十七卷
唐懿宗
大慈寰中禪師　德山宣鑒禪師
臨濟義玄禪師　長沙景岑禪師
洞山良价禪師　悟達國師知玄傳
裴相國禪源詮序　詔迎佛骨 史贊附
僖宗
夾山善會禪師　岩頭全豁禪師
昭宗
仰山慧寂禪師　趙州從諗禪師
雲居道膺禪師
五代
梁太祖朱温
雪峯義存禪師　玄沙師備禪師

惟勁集寶林傳
末帝
明州布袋和上
唐莊宗李存勗
興化存獎禪師
明宗
長慶惠稜禪師　聖節設立試僧科
晉石敬瑭
打鍾息苦緣起
遼主德光御汴宮
漢劉知遠
雲門文偃禪師
周郭威
南院惠顒禪師
世宗
詔廢釋造僧帳　清涼文益禪師
第十八卷
宋太祖
詔雕佛經一藏　德韶國師示寂
風穴延沼禪師　永明智覺禪師

吴越王作宗鏡序　宗鏡後序 楊傑作
太宗
御製三藏聖教序　贊寧脩大宋僧傳
詔立譯經院　趙普報應
香林澄遠禪師　南安自嚴尊者
首山省念禪師
真宗
帝製繼聖教序　道原集傳燈錄
詔諸路建天慶觀　孤山智圓法師
汾陽善昭禪師　賜天台教入藏
大陽警玄禪師　四明法智講師
長水子璿法師　慈雲遵式懺主
御製廣燈錄序　慈明楚圓禪師
楊岐方會禪師　言法華
李覯留意佛書　浮山法遠禪師
詔懷璉禪師住淨因　雪竇重顯禪師
華嚴道隆禪師　達觀曇穎禪師
天衣義懷禪師　歐陽脩問臨終事
天鉢重元禪師
英宗

世祖下

辨僞錄九之十四　諸禁道藏經品目

焚道藏經下火文　僧道持論經名銜

江南禪教登對錄　徑山雲峯妙高禪師

世祖弘教玉音百段　廿一　廿五

成宗

五臺真覺文才國師　膽巴金剛上師

武宗

勅撰臨濟正宗記　乞台薩里碑

上都華嚴至溫禪師　華僧衝門論

仁宗

三藏沙囉巴譯師　兼州普覺英辨論師

勅建瑞像殿記　加封普庵宣命

京都崇恩福講師　京城普慶法聞律師

三藏達益巴國師　京師寶集妙文講師

英宗

詔各路建帝師殿碑　五臺普寧了性講師

玉山普安寶嚴講師　天目中峯明本國師

大都妙善尼舍藍藍　臨壇大德德亮汶律師

今上皇帝萬萬歲

佛祖歷代通載目錄終

佛祖歷代通載序凡例及目錄

校勘記

一　底本，明永樂北藏本。

一　八〇六頁上一行「佛祖歷代通載序」，清作「佛祖歷代通載卷第一」及「序」各一行。

一　八〇六頁上四行第九字「逆」，徑、清作「逆」。下同。

一　八〇六頁中一三行至一四行「二十二卷」，清作「三十六卷」。

一　八〇七頁下一〇行第五字「贊」，清作「替」。

一　八〇八頁上三行「凡例終」，清無。

一　八〇八頁上四行「佛祖歷代通載目錄卷第一」；徑作「佛祖歷代通載目錄」，清作「第一卷目錄」。

一　八〇八頁上五行「第一卷」，徑、清作「第二卷」，下至「第十一卷」，卷次例同。

一　八〇八頁上一〇行「三未多王」，清作「三末多王」。

一　八〇九頁下一六行第一二字「[拜/下]」，清作「拜」。下同。

一　八〇九頁下一九行「佛圖證」，徑、清作「佛圖澄」。

一　八一〇頁中一五行「崔皓」，清作「崔浩」。

一　八一一頁下一七行「勅魏王泰祭虞世南」上，徑、清有卷次「第十三卷」。

一　八一二頁上八行「第十二卷」，徑、清作「第十四卷」。

一　八一二頁上一七行前，徑、清有卷次「第十五卷」。

一　八一二頁中一四行「第十三卷」，徑、清作「第十六卷」。

一　八一二頁下八行「法秀献回向寺玉篇」上，徑、清有卷次「第十七卷」。

一　八一三頁上一行「第十四卷」，徑、清作「第十八卷」。

一　八一三頁上一三行「南岳明瓚禪師」上，徑、清有卷次「第十九卷」。

一　八一三頁中五行「第十五卷」，徑、清作「第二十卷」。

一　八一三頁中一七行「重巽赴中丞請序」上，徑、清有卷次「第二十一卷」。

一　八一三頁下六行「第十六卷」，徑、清作「第二十二卷」。

一　八一三頁下一五行與一六行之間，徑、清有卷次「第二十三卷」。

一　八一四頁上七行「第十七卷」，徑、清作「第二十四卷」。

一　八一四頁上一五行夾註「此不十三處」，清作「此下十三處」。

一　八一四頁上一六行「趙州從諗禪師」上，徑、清有卷次「第二十五卷」。

一　八一四頁中一七行「第十八卷」，徑、清作「第二十六卷」。

一　八一四頁下一〇行前，徑、清有卷次「第二十七卷」。

一　八一五頁上二行「第十九卷」，徑、清作「第二十八卷」。

一　八一五頁上五行「惠辨都師」，清作「惠辨禪師」。

一　八一五頁上一六行「智海慕喆禪師」上，徑、清有卷次「第二十九卷」。

一　八一五頁中九行「第二十卷」，徑、清作「第三十卷」。

一　八一五頁中一四行「曉塋禪師」，徑、清作「曉瑩禪師」。

一　八一五頁下一行與二行之間，徑、清有卷次「第三十一卷」。

一　八一五頁下九行「第二十一卷」，徑、清作「第三十二卷」。

一　八一五頁下一八行「焚諸路道藏經碑」上，徑、清有卷次「第三十三卷」。

一　八一五頁下末行「第二十二卷」，徑、清作「第三十四卷」。

一　八一六頁上四行「徑山雲峯妙高禪師」上，徑、清有卷次「第三十五卷」。

一　八一六頁上一〇行「革僧衔門論」上，徑、清有卷次「第三十六卷」。

一　八一六頁中卷末經名，清作「佛祖歷代通載卷第一」。

佛祖歷代通載卷第二 卋二

嘉興路大中祥符禪寺住持華亭念常集

七佛偈

毗婆尸佛（過去莊嚴劫第九百九十八尊）偈曰身從無相中受生猶如幻出諸形像幻人心識本來無罪福皆空無所住長阿含經云人壽八萬歲時此佛出世種剎利姓拘利若父槃頭母槃頭婆提居槃頭婆提城坐婆羅樹下說法三會度人三十四萬八千人神足二一名騫茶二名提舍侍者無憂子方膺

尸棄佛（莊嚴劫第九百九十九尊）偈曰起諸善法本是幻造諸惡業亦是幻身如聚沫心如風幻出無根無實性長阿含經云人壽七萬歲時此佛出世種剎利姓拘利若父明相母光曜居光相城坐分陀利樹下說法三會度人二十五萬神足二一名阿毗浮二名婆婆侍者忍行子無量

毗舍浮佛（莊嚴劫第一千尊）偈曰假借四大以爲身心本無生因境有前境若無心亦無罪福如幻起亦滅長阿含經云人壽六萬歲時此佛出世種剎利姓拘利若父善燈母稱戒居無喻城坐博洛叉樹下說法二會度人一十三萬神足二一名扶遊二名鬱多摩侍者寂滅子妙覺

拘留孫佛（見在賢劫第一尊）偈曰見身無實是佛身了心如幻是佛幻了得身心本性空斯人與佛何殊別長阿含經云人壽四萬歲時此佛出世種婆羅門姓迦葉父禮德母善枝居安和城坐尸利沙樹下說法一會度人四萬神足二一薩尼二毗樓侍者善覺子上勝

拘那含牟尼佛（賢劫第二尊）偈曰佛不見佛知是佛若實有知別無佛智者能知罪性空坦然不怖於生死長阿含經云人壽三萬歲時此佛出世種婆羅門姓迦葉父大德母善勝居清淨城坐優曇婆羅樹下說法一會度人三萬神 卋二 二 足二一舒槃那二鬱多樓侍者安和子導師

迦葉佛（賢劫第三尊）偈曰一切衆生性清淨從本無生無可滅即此身心是幻生幻化之中無罪福長阿含經云人壽二萬歲時此佛出世種婆羅門姓迦葉父梵德母財主居波羅柰城坐尼拘類樹下說法一會度人二萬神足二一提舍二婆羅婆侍者善友子進軍

釋迦牟尼佛（賢劫第四尊）偈曰法本法無法無法法亦法今付無法時法法何曾法姓剎利父淨飯天母大清淨居舍衛城坐菩提樹下說法一會弟子一千二百五十人度人無數神足二一舍利弗二目揵連侍者阿難子羅睺羅

古佛應世綿歷無窮不可以周知悉數也世尊有云我以如來知見力故觀彼久遠猶若今日故按佛名經紀過現二劫千如來暨于釋迦但標七佛阿含經云七佛精進力放光滅暗冥各各坐諸樹於中成正覺佛祖偈斷譯乃高僧雲啓一同天竺那連耶舍三藏於龜茲國譯出本末載於梁大同六年 卋二 三

大元帝師癹合思巴說

彰所知論

宣授江淮福建等處釋教總統法性三藏弘教佛智大師沙羅巴譯

器世界品

器世界所成之體即四大種種具生故地堅水濕火暖風動是等大種最極微細者曰極微塵亦名隣虛塵不能柝釋彼七隣虛爲一極微彼七極微爲一微塵彼七微塵爲一透金塵彼七透金塵爲一透水塵彼七透水塵爲一兎毛塵彼七兎毛塵爲一羊毛塵彼七羊毛塵爲一牛毛塵彼七牛毛塵爲一遊隙塵彼七遊隙塵爲一蟣量彼七蟣量爲一蝨量彼七蝨量爲一麥量彼七麥量爲一指節三節爲一指二十四指横布爲一肘四肘爲一弓五百弓量成一俱盧舍八俱盧舍成一由旬此是度量世界身相成世界因由一切有情共業所感云何成耶從空界中十方風起互相衝激堅密不動爲妙風輪其色青白極大堅實深十六洛叉由旬廣量無數由暖生雲名曰金藏降注大雨依風而住謂之庢海深十一洛叉二萬由旬廣十二洛叉三千四百半由旬其水摶激上結成金如熟乳停上凝成膜即金地輪故水輪減唯厚八洛叉餘轉成金厚三洛叉二萬由旬金輪廣量與水輪等周圍即成三倍合三十六洛叉一萬二百五十由旬其前風輪娑婆界底地水二輪四洲界底於地輪上復澍大雨即成大海彼風鑽擊精妙品聚成妙高山中品聚集成七金山下品聚集成輪圍山雜品聚集成四洲等其妙高體東銀南瑠璃西玻瓈北金所成餘七唯金四洲地等雜品所成彼輪圍山唯鐵所成其妙高量入水八萬踰繕那出於餘山皆悉高妙故曰妙高然後次第七金山者一踰乾陀羅高四萬由旬二伊沙陀羅高二萬由旬三佉得羅柯高一萬由旬四修騰婆羅高五千由旬五阿輸割那高二千五百由旬六毘泥怛迦那高千二百五十由旬七尼民陀羅高六百二十五由旬俱論云一持雙山二持軸山三擔木山四善見山五馬耳山六象鼻山七魚觜山四大洲外有輪圍山高二百一十二由旬半彼等廣量各自與出水量同七金山間諸龍王等遊戲之處名曰戲海八山間七海近妙高者一踰乾陀羅海廣八萬由旬二伊沙陀羅海廣四萬由旬三佉得羅柯海廣二萬由旬四修騰娑羅海廣一萬由旬五阿輸割那海廣五千由旬六毘泥怛迦那海廣二千五百由旬七尼民陀羅海廣一千二百五十由旬盈八功德水八山七海其相咸方外海味鹹尼民陀羅至輪圍山二山相去三洛叉二萬二千由旬其外海水雖無有分由妙高色東海色白南海色青西海色紅北海色黄現是等色故稱四海是彼周邊三十六洛叉七百五十由旬外輪圍山周圍三十六洛叉二千六百二十五由旬其外海南贍部洲者狀如車廂狹向鐵圍三由旬半餘三邊者各二千由旬周圍六千三由旬半有二中洲東遮摩羅此云貓牛西莫羅摩羅此云勝貓牛贍部中央

摩竭陀國三世諸佛所生之處次此向北度九黑山有大雪山名具吉祥其山北邊有香醉山是二山間有大龍王名曰無熱所居之池曰阿耨達（此云無熱）其狀四方面各五十由旬周圍二百由旬池內徧滿八功德水從此池內出四大河東殑伽河從象口中流出銀沙共五百河流歸東海南辛渡河從牛口中流出琉璃沙共五百河流歸南海西縛芻河從馬口中流出玻瓈珂沙共五百河流歸西海北悉怛河從師子口中流出金沙共五百河流歸北海是彼四河從無熱池右遶七匝隨方流轉是香山北度二十由旬彼處有岩名難陀岩面各五十由旬周圍二百由旬高三由旬半又有八千小岩其岩北邊二十由旬有娑羅樹王名曰善住其根入地四十弓量高八十弓量七重行樹羅列圍繞東邊度二十由旬有緩流池其狀圓相廣五十由旬周圍一百五十由旬又有八千小池盈八功德水內有蓮華葉若牛皮其莖如軸花若車輪味美如蜜是處又有帝釋臨戰所乘象王名曰善住與八千象寒四月時住金岩所熱四月時住善住所雨四月時住緩流池無熱池側有贍部樹果實味美其量如甕熟時墮水出贍部音龍化為魚吞噉是果殘者遇流成贍部金由此樹名故號贍部此洲向西有烏佃國大金剛宮持種所居金剛乘法從彼而傳南海之中山曰持舡觀音菩薩居止其頂聖多羅母居止山下東有五峯文殊菩薩居止其上有十六大國千數小國又有三百六千種人七百二十種異音其外海東洲曰勝身狀若半月對妙高邊三百五十由旬餘邊六十由旬周圍六千三百五十由旬其洲二邊有二中洲北提訶（此云身）南毗提訶（此云勝身）是彼三洲越餘洲等七多羅樹或曰洲人相皃端嚴其身勝故名曰勝身其外海北洲曰鵃婁其狀四角要方相似邊各二千由旬周圍八千由旬其洲二邊有二中洲一名鵃婁（此云有勝）二高羅娑（此云有勝邊）彼洲人等所有受用出如意樹臨沒七日其如意樹出不美音報曰當七日死或曰洲人早舌即劉食內鬼音故曰鵃婁是不美音其外海西洲曰牛貨形如滿月徑二千五百由旬周圍七千五百由旬有二中洲南舍揥（此云具諂）北搵怛羅曼怛哩拏（此云儀上）彼洲人等多實牛貨故曰牛貨洲海山等向下皆悉八萬由旬近金地故近贍部洲星割辣洲金洲月洲等者係贍部洲餘大洲等小洲亦尓次上空中四萬由旬純淨無礙勝堅風輪從右而旋日月星宿空居天等依正而住

日輪者火珠所成徑五十一由旬周圍百五十三由旬厚六由旬零十八分上有金緣其上復有金銀琉璃玻瓈珂等秀成四角日天子等所居宮殿由風運行一晝一夜遶四大洲日行向北時日即長南行時短行南北間時晝夜停由遊處光即有寒暑為冬夏際北行六月南行六月行至中道曰日月迴星輪歷徧謂之一歲

月輪者水珠所成徑五十由旬周圍百五十由旬厚六由旬零十八分其上復有金銀琉璃玻瓈珂等秀成四角月天子等所居宮殿是彼日月相去遠近自影增減由增一分即生上半十五分畢謂之圓滿由減一分即生下半自影覆彼十五分畢曰不圓滿由增減故名曰宿空由一晝夜名曰宿地如是三十名曰一月

諸星宿者空居天宮諸寶所成其形皆圓小一牛吼中三牛吼大六牛吼周圍三倍

條四王衆

妙高山者有四層級始從水際向上相去十千由旬即初層級從妙高山傍出十六千由旬向上相去一萬由旬即二層級滂出八千由旬向上相去一萬由旬即三層級傍出四千由旬向上相去一萬由旬即四層級傍出二千由旬彼妙高山其頂四角各秀一峯高四由旬半廣百二十五由旬周圍五百由旬有藥叉神於中止住是山頂上三十三天中央城曰善見純金所成高一由旬半面各二千五百由旬周萬由旬其城体金俱用百一雜寶嚴飾其地柔軟如兜羅綿是城四面有一萬六千實柱寶桴寶椽寶簷四面四門又有千數闘一小門四大衢道有諸小衢其四門側五百天子皆服堅鎧守護是門城中有帝釋殿曰寂勝處亦曰殊勝殿其狀四方高四百由旬半面各二百五十由旬周千由旬百一却敵一一却敵各有七樓一一寶樓各七小樓一一小樓各七池沼一一池沼各七蓮華一一華上各有七數童男童女奏種種樂歌舞歡娛善見城東有諸所乘曰衆車苑高千由旬南臨戰處曰麁惡苑西諸行處曰相雜苑北游戲處名歡喜苑縱廣同前其苑等外度二十由旬有善地曰衆車麁惡相雜歡喜量同四苑善見東北有如意樹名波利闍多亦名圓生樹根深五十由旬高百由旬枝条傍布五十由旬能施欲樂下有盤石曰阿栗摩麗歌色白如氎面各五十由旬周二百由旬善見西南諸天集處名善法堂周九百由旬其狀圓相是堂中央有帝釋座純金所成其座周圍有三十二輔臣之座咸皆布列三十三天向上度八萬由旬於空界中依風而住諸寶所成○離諍天宮量若妙高山頂二倍上度一億六萬由旬於空界中依風而住諸寶所成○兜率天宮量如離諍縱廣二倍上度三洛叉二萬由旬於空界中依風而住諸寶所成○化樂天宮量如兜率縱廣二倍上度六洛叉四萬由旬於空界中依風而住諸寶所成○他化自在天宮量同化樂縱廣二倍此即欲界上有初禪如是四洲七山妙高輪圍欲界六天并初禪等謂四洲界一數至千爲小千界一小鐵圍山圍繞此小千界一數至千爲中千界一中鐵圍山圍繞此中千界一數至千爲三千大千世界一大鐵圍山圍繞如是有百億數四洲界等皆悉行布鐵圍山等諸洲山閒黑暗之處無有晝夜舉手無見○初禪天量等四洲界○二禪天量

等小千界○三禪天量等中千界○四禪天量等三千大千世界其相去量皆倍倍增謂曰色界○無色界者無別處所若有生者何處命終即彼生處住無色定故曰無色

情世界品

謂情世界總有六種一者地獄二者餓鬼三者傍生四者人五者非天六者天此等六種名義云何謂斫壞肢體故曰地獄飢渴所逼故曰餓鬼傍覆而行故曰傍生意多分別故名曰人摩㝹沙義身及受用雖與天同微分鄙劣或由無酒故曰非天阿修羅義從梵身生遊戲娛樂或應供養故謂曰天是提婆義一地獄者贍部洲下過二萬由旬贍廓四方二萬由旬純鐵所成火焰洞然有八熱獄一曰更活二曰黑繩三曰衆合四曰號叫五曰大號叫六曰炎熱七曰大炎熱八曰無間○更活獄者生彼有情先業所感執衆器仗互起冤憎逓相斫害毆毆墮落悶絕暫死空音更活彼

等有情即便更活復相斫害彼壽量者四天王天一生之期為一晝夜如是算數壽五百歲受是苦楚○黑繩獄者其獄卒等於有情身從頂至足拼界黑繩以火鋸鉞解斫肢体由先業力解下上生彼壽量者忉利天一生之期為一晝夜如算數壽一千歲受是苦楚○衆合獄者生彼有情以鐵槌打或二鐵山猶如羊頭二二山相合研磕摧壞二山開時復自然火又被摧壞彼壽量者離諍天一生之期為一晝夜如是算數壽二千歲受是苦楚○號叫獄者生彼有情怖熱鐵池入稠林中火焰熾盛永歲焚燒由先業力其舌縱廣千由旬量有一大牛鐵角鐵甲架鐵犁鏵火焰熾盛耕犁其舌彼壽量者兜率天一生之期為一晝夜如是算數壽四千歲受是苦楚○大號叫獄者亦與前同其苦倍增彼壽量者化樂天一生之期為一晝夜如是算數壽八千歲受是苦楚○炎熱獄者三重鐵城火焰洞徹內受苦楚彼壽量者他化自在

天一生之期為一晝夜如是壽數萬六千歲受是苦楚○極炎熱獄者亦同其前其苦倍增彼壽量者等半中刧受是苦楚○無間獄者於鐵室內身一聚焰受極苦楚彼壽量者等一中刧○十六增獄者八熱獄傍面各四所一塘煨增深沒膝有情遊彼才下足時皮肉與血俱焦爛擧餘剩其骨舉足還生平復如本二尸糞增不淨淤泥沒有情腰於中多有攘矩吒蟲觜利如針鑽皮透骨咂食其髓三峯刃增復有三種一刀刃路謂於此中仰布刀刃以為大道有情遊彼才下足時皮肉與血俱斷碎擧足還生平復如本二劍葉林謂此林樹純以銛利劍刀為葉有情遊彼風吹葉墜斬刺肢體骨肉零落有烏駮狗齟掣食之三鐵刺林名銛摩利謂此林樹有利鐵刺長十六指有情被逼上下樹時其刺銛利上下劖刺是等有情血肉皮等掛染剌上唯剩觔骨有鐵觜烏探啄有情眼睛腦髓爭競而食刀刃路等三種雖殊而鐵

伏同故一增攝四烈河增名曰無渡徧滿極熱烈灰汁水有情入中或浮或沒或逆或順或橫或竪被蒸被煮骨肉糜爛如大鑊中滿盛灰汁置稻米等猛火下然米等於中上下迴轉舉體糜爛有情亦然設欲逃避於兩岸上有諸獄卒手執刀鎗禦捍令回無由得出此河如塹前三似苑彼等名曰近邊地獄○八寒獄者一曰水疱二皰曰疱裂三阿吒吒四阿波波五嘔喉喉六裂如鬱鉢羅華（此云青蓮華）七裂如蓮華八裂如大蓮華○水疱獄者生寒氷間極甚嚴寒隨身生疱曰水疱獄彼壽量者摩伽陀國所有大斛八十斛麻百年除一若芝麻盡彼壽亦爾○疱裂獄者由極嚴寒其疱而裂黃水滿流彼壽量者倍前二十○阿吒吒獄者由大嚴寒咬齒忍耐彼壽量者倍前二十○阿波波獄者忍寒音聲彼壽量者倍前二十○嘔喉喉者由寒號泣出是苦聲彼壽量者倍前二十○裂如鬱鉢羅華獄者嚴寒身裂如鬱鉢羅華葉彼壽量者倍前二十○裂如蓮華獄者嚴寒身裂如蓮華開彼壽量者倍前二十○裂如大蓮華獄者身裂越前如大蓮華開數多葉彼壽量者倍前二十孤獨獄者在贍部提曠野山間一晝一夜受苦受樂相雜受故八熱地獄八寒地獄近邊孤獨如是名為十八地獄

二餓鬼者王舍城下過五百由旬有餓鬼城名曰黃白亦名慘淡彼鬼王曰閻羅法王共三十六眷屬等居其類有四一者外障二者內障三者飲食障四者障飲食一外障者飲食音聲亦不得聞二內障者獲微飲食口若針竅不能得入設能入口咽如馬尾無能得過設若過咽腹若山廓不能飽滿雖滿腹中脛如草莖無能舉動受此大苦三飲食障者見飲食時無量獄卒執諸器仗守禦無獲四障飲食者食飲食時由業所感鐵丸銅汁瀉置口中從下流出如是四種皆是餓鬼彼壽量者人間一月為一晝夜如是算數壽五百歲即當人間一萬五千歲或居人間寒林等處食血肉等皆餓鬼類

三傍生者多居河海亦如酒糟混浸而住以大食小以小食大互相驚怖由海波濤住所不定或處人天彼壽量者長如龍王壽半中劫短如蚋等壽一剎那身量無定

四人者住四大洲八中洲等及諸小洲彼壽量者如贍部洲人初成劫時其壽無量次後漸減今六十歲次後漸減至十歲間次復漸增無有定量北鳩婁人定壽千歲東勝身人壽五百歲西牛貨人壽二百五十歲除北鳩婁餘有夭橫彼等受用北鳩婁中食自然稻衣服瓔珞出如意樹餘三洲者食殺肉等貨寶受用彼等身量贍部提人身量（四肘東勝身人身量八肘西牛貨人身十）六肘北鳩婁人身三十二肘人等面相亦如洲狀其小洲人亦如大洲身各減半故如是說

五非天者妙高水際下過一萬一千由旬山曠廓間光明城內阿修羅王曰羅睺羅（此云攝障）眾眷屬居又過一萬一千由旬星髮

城內阿修羅王名曰項鬘眾眷屬居又過一萬一千由旬堅牢城內阿修羅王名曰妙鎮又曰大力眾眷屬居又過一萬一千由旬甚深城內阿修羅王名曰毘摩質多羅（此云紺種亦云飲身）眾眷屬居　常共帝釋

比對鬪諍城曰具金殿名奏樂如意樹王名即怛鉢嗉聚集之處名曰賢財石名善賢苑名普喜妙喜家善甚喜善地亦名普喜妙喜家喜甚喜臨戰所乘象名無能敵遊戲所乘象名雪馬曰峭脖是等非天

共三十三天諍須陀味及修羅女爲戰諍故從山廓出身服金銀琉璃玻瓈珂等堅固鎧甲手執刎槊𢑱鎗弓箭領四部軍彼阿修羅王羅睺羅項鬘妙鎮毘摩質多羅等或前三來或四皆來是時帝釋五守護

眾一住戲海須樂白法龍王等眾與非天軍鬪戰令迴龍若不勝去堅守所共二守護復與修羅鬪戰又若不勝去持鬘所共三守護復與鬪戰又若不勝去恒憍所共四守護復與鬪戰又若不勝去四王所共

五守護復與鬪戰四大天王率四軍眾服寶堅鎧執諸戈杖鬪戰多分四天王勝若不能却去切利天前白帝釋曰我等守護不能回彼修羅王應却敵如是白已天主帝釋乘善住象告三十三天眾等曰汝等應知今修羅軍至妙高頂當服堅鎧取所乘車與修羅戰說是語已彼諸天子各服寶鎧執持戈仗去眾車苑取所乘車入麁惡苑身心轉惡出善見城共修羅戰若修羅勝便至城內若天得勝逐修羅軍至第一海鬪戰之時天與非天斷其頸腰彼等即死手足若斷復生如本若薄伽梵辟支佛轉輪聖王住世間時諸阿修羅不起諍心設若相持諸天必勝世間善增天眾亦勝世不善增阿修羅勝是故諸天護持善事

六天者欲界六天色界十七無色界四欲界六天者蘇迷盧山第一層級堅首眾居第二層級持鬘眾居第三層級恒憍眾居持雙山上北方有城名阿那迦嚩帝多闍

天王藥叉眾居如是東方城名賢上有大天王名曰持國乾闥眾居西方有城名曰眾色有大天王名曰廣目龍神眾居南方有城名曰增長有大天王名曰增長鳩槃眾居餘四層級七金山等日月星宿鐵圍

輪山贍部洲山多羅樹所四王部眾亦共止住咸屬四王是謂一部彼壽量者人五十歲爲一晝夜如是壽量經五百年若其身量一俱盧舍四分之一三十三天妙高頂上天主帝釋住寂勝處共非天女名曰

妙安同眾天女受諸欲樂無有厭足復有臨戰所乘象王名曰善住遊戲苑中所乘象王名曰藹羅筏拏（此云持地子）二象周圍各七由旬各以八千小象眾居又有馬王名迅疾風與八千馬居天主輔臣數三十二

是故名曰三十三天諸天子等耽五欲樂若放逸時有大天鼓鼓聲出音警諸天曰諸行無常有漏皆苦諸法無我寂滅爲樂與修羅軍鬪戰之時出除苦音警曰天須得勝須修羅敗宮殿城池樹菓石等如前

所辨彼天壽量人間百歲為一晝夜如是算數壽一千歲其天身量半踰闍那○焰摩天者三十三天共非天諍此離諍故名離諍天彼天壽量人二百歲為一晝夜如是算數壽二千歲其天身量二踰闍那○兜率陀天者有慈氏尊紹世出世法王之位受大法樂謂曰兜率是俱樂義人間四百年彼天一晝夜壽四千歲身量四踰闍那○化樂天者自化受用謂之化樂人間八百年彼天一晝夜壽八千歲身量八踰闍那○他化自在天者受用他化謂之他化自在彼中天王威德自在即是魔主人間千六百年彼天一晝夜壽一萬六千歲身十六踰闍那下從無間至他化自在天謂之欲界耽著欲樂所食段食故如是說○色界一十七天者四靜慮攝○初禪三天者謂梵衆梵輔大梵彼天壽量梵衆半劫梵輔一劫大梵一劫半彼天身量次第半由旬一由旬一由旬半○二禪三天者謂少光無量光極光彼天壽量少光二劫（以上四天四十中劫為一大劫已下諸天八十中劫為一大劫）無量光四劫極光八劫彼天身量少光二由旬無量光四由旬極光八由旬○三禪三天者謂少善無量善廣善彼天壽量少善一十六劫無量善三十二劫廣善六十四劫彼天身量少善十六由旬無量善三十二由旬廣善六十四由旬○四禪八天者無雲福生廣果三是凡居無煩無熱善現善見色究竟五是聖居名曰五淨居彼天壽量無雲百二十五劫福生二百五十劫廣果五百劫無煩一千劫無熱二千劫善現四千劫善見八千劫色究竟一萬六千劫彼天身量無雲一百二十五由旬福生二百五十由旬廣果五百由旬無煩一千由旬無熱二千由旬善現四千由旬善見八千由旬色究竟一萬六千由旬始從梵衆至色究竟皆名色界出離欲樂非離色故故名色界○無色界四天者無有身色亦無處所從定分四謂空無邊處識無邊處無所有處非想非非想處彼天壽量空無邊處二萬大劫識無邊處四萬大劫無所有處六萬大劫非想非非想處八萬大劫彼等四處謂無色界非離定色出離麁色故名無色彼等壽量謂歲劫時其量云何時最少者名為剎那百二十剎那為一怛剎那六十怛剎那為一羅婆三十羅婆為一牟休多（此云須臾）三十牟休多為一晝夜三十晝夜即為一月十二箇月即為一年劫有六種一中劫（或名別劫）二成劫三住劫四壞劫五空劫六大劫一中劫者或贍部人從無量歲漸漸減至八萬歲時即成劫攝從八萬歲減至十歲謂中劫初復增八萬歲減至十歲為一轆轤如是增減十八數者為十八中劫然後十歲至八萬歲中劫後際前後中間十八轆轤為二十中劫二成劫者始從風輪至無間獄生一有情器世界成經一中劫如前已說

情世界者此三千界火壞後成從極光天天人命終生大梵處孤生疲勸嗚呼若有同分生此界者有何不可發如是心雖非

念力經先天人有命終者即生彼處先生之心而作是念由我會生故世咸稱人祖（八祖大梵）大梵如次梵輔梵衆他化自在乃至四王次第而生北鳩婁洲西牛貨洲東勝身洲南贍部洲次第而生時贍部洲人壽無量歲飲食喜樂有色意成身帶光明騰空自在如色界天有如是類地味漸生其味甘美色白如蜜其香馥郁時有一人稟性耽味嗅香起愛取嘗便食亦告餘人隨學取食食已食故身光隱沒由衆業感日月便出照耀四洲次地味隱復生地餅其味甘美色紅如蜜競耽食之地餅復隱次林藤生競耽食故林藤復隱有非耕種自然稻生衆共取食此食藤故即餘滓穢根道俱出尒時諸人隨食早晚取香稻食後時有人稟性懶墮長取香稻儲宿為食餘亦隨學香稻隱沒隨共分田慮防遠盡於已分田生慳護心於他分田有懷侵奪故生爭競是時衆人議一有德封分田主衆所許故謂曰大三末多王（大三末多王）（四云衆所許）王多有子相

續紹王嫡子號曰光妙彼子善帝彼子寂善彼子靜齋是等謂曰成劫五王靜齋王子名曰頂生彼子妙帝彼子近妙彼子具妙彼子嚴妙是等謂曰五轉輪王嚴妙王子名曰捨帝彼子捨變彼子捨圍尼彼子固室彼子善見彼子大善見彼子除礙彼子金色彼子具分彼子離惡彼子妙高彼子定行彼子甚吼音彼子大甚吼音彼子能安彼子方主彼子賢塵彼子能廣彼子大天此王種族五千相承其最後子七千相承曰阿思摩迦王最後子八千相承曰鳩婁王其最後子曰具頭王有九千王其最後子名曰龍音有一萬王其最後子恒弥留恒一萬五千其最後子名瞿曇氏即甘蔗裔彼子相承甘蔗王種一千一百數其最後子甘蔗種王名曰增長即懿師摩王王有四子一名面光二名象食三名調伏象四名嚴鑼稱釋迦氏嚴鑼有子名嚴鑼足彼子致所彼子牛居彼子獅子頰王有四子一名淨飯二名白飯三名斛飯四

名甘露飯淨飯王子即婆伽梵次名難陀白飯王二子一名帝沙即調達二名難提迦斛飯王二子一名阿尼婁馱二名跋提梨迦甘露飯王二子一名阿難二名提婆達多婆伽梵子名羅睺羅釋迦種族至斯已矣○又別種王依法興教如來滅度後二百年中印土國王曰無憂於贍部提王即多分中結集時而為施主興隆佛教後三百年贍部西北方有王名曰割屋尸割三結集時而為施主廣興佛教梵天竺國迦濕弥羅國勒國龜茲國捏巴辣國震旦國大理國西夏國等諸法王衆各於本國興隆佛法如來滅度後千餘年西番國中初有王曰呀乞嚟贊普二十六代有王名曰袷陀朵嚟思頞贊是時佛教始至後第五代有王名曰雙贊思甘普時班弥達名阿達陀譯主名曰端美三波羅翻譯教法修建袷薩等處精舍流傳教法後第五代有王名曰乞嚟雙提贊是王（請師）善海大師蓮華生上師迦摩羅什羅班弥達衆成就人

等毘盧遮那羅佉怛及康龍尊護等七人翻譯教法餘斑弥達共諸譯主廣翻教法三摩禁戒興派在國後第三代有王名曰乞嘌倈巴瞻是王界廣時有積那弥多并濕連怛羅善提斑弥達等共思創翰吉祥積酌羅龍幢等已翻校勘未翻而翻廣興教法西番王種至今有在斑弥達等翻譯譯主善知識衆廣多有故教法由興

北蒙古國先禑果熟生王名曰成吉思二合始成吉思從北方王多音國如鐵輪王彼子可汗會名曰斡果戴時稱可罕紹帝王位疆界盈畢河千前有子名曰古偉紹帝王位成吉思皇帝次子名孫羅孫羅長子名曰蒙哥亦紹王位王弟名曰忽必烈紹帝王位降諸國土疆界豐廣歸佛教法依法化民佛教倍前光明熾盛帝有三子長曰真金豐足如天法寶莊嚴二曰厖各辣三曰納麻賀各具本德係嗣亦亦兹是始從釋迦王種至今王種

始帝王祖三末多王是時田分巫起侵盗初發偷盗被王推問言不曾偷始起妄語王法誅戮即有殺害不善法生尒時衆生造不善法命終之後即生傍生次生餓鬼漸生地獄次無間獄生一有情時成刧終如是有情行諸不善壽量漸減受用乏少

閻浮提人壽八萬歲無間地獄生一有情是二同時如是情世界成十九中刧器世界成即一中刧如是成刧二十中刧閻浮提人八萬歲時始為住刧住刧亦經二十中刧至十歲時刀兵灾起唯七晝夜疾疫灾起七月七日飢饉灾起七年七月七日多分死殁餘者相覩起希有心互相睦戀遠離殺害漸生善故壽量受用復增益盛至八萬歲增上之時轉輪王出依法化民下減之時婆伽梵出拔濟衆生增減時間

獨覺出世令諸有情而作福田住刧亦經二十中刧始壞刧初情世界壞無間獄中無有情生先生業盡即生別趣若有未盡生上地獄或別世界地獄中生無間獄空如是向上地獄漸空生餓鬼趣如是餓鬼傍生趣空人趣之中除鳩婁人餘共欲天無師法然獲初靜慮生初禪天北鳩婁人生欲界天獲初靜慮生初禪天無師法然獲二靜慮生二禪天從無間獄至梵世空如是亦經十九中刧然後四洲有七日出

初不降雨藥草叢林悉皆枯槀二日出時溝池乾涸三日出時殑伽河等悉皆枯竭四日出時無熱池竭五日出時海水沒膝六日出時大海亦竭七日出時彼器世界一聚火聳從無間獄直至梵世以火燒壞

經一中刧壞刧總經二十中刧空刧亦尒如是成住壞空即八十刧總此八十名一大刧為梵衆等壽量之數

器世界壞有其三種火水風壞者亦如前說如是七次後世界復成又被水壞至二禪天從極光天即生大雲降注大雨其器世界如水化鹽消鎔皆盡彼水自竭一水灾次復七火灾度七火灾還有一水如是水灾滿至七次復七火灾後世界成被風灾壞至三禪天其風之力吹散妙高何况

其餘第四禪天雖無外灾是等有情生與
歿生命盡歿隱如是器情世界幷成壞等
咸皆說已
念常讀曰軵書所謂五百年必有王者與
其間必有名世者誠哉是言也迨我
皇元混一區宇萬邦咸寧敬崇佛乘禮請
法王上師薩思迦大斑弥達癹思巴惠幢吉
祥賢為帝師廣興好事詔製
大元國字師獨運摹畫作成稱旨即頒行朝
省郡縣遵用迄為一代典章今茲彰所知
論迺
裕宗潛邸時請師所說也大旨約標器情道
果無為五法總攝一切所知故名此論大
槩依念處日藏起世等經論對法相應之
義而錯綜其宏綱尒尚非具大智辯窮法
實相其孰能明空刼隣虛之細大昭然如
菴摩勒果觀於掌中哉欽惟
世祖聖德神功文武皇帝道契佛心德超義
聖弘護大教錫以
皇天之下一人之上西天佛子大元帝師璺
箕寵優其尊師重道豈特為萬世
帝王之彜典耶抑亦燦昏塗迷惑之真燈也
姑錄器情二章著于編首餘道果無為三
章具於本論云

佛祖歷代通載卷第二

佛祖歷代通載卷第二

校勘記

一　底本，明永樂北藏本。

一　八一九頁上一三行眉註，清無。以下及各卷同。

一　八一九頁中七行「二百」，清作「三百」。

一　八二一頁中一三行「麁惡苑」，徑作「麤惡苑」。

一　八二三頁上二行「彧逆」，徑、清作「彧逆」。

一　八二五頁中八行「善現善見」，清作「善見善現」。

一　八二五頁中一一行「善現」，清作「善見」。一五行同。

一　八二五頁中一二行「善見」，清作「善現」。一五行同。

一　八二五頁中一四行「由句」，徑、清作「由旬」。

一　八二五頁下一九行「疲勑」，徑、清作「疲倦」。

佛祖歷代通載卷第三　亂三

嘉興路大中祥符禪寺住持華亭念常集

太古諸書太至極也古此今也君主也白虎通羣也羣下之歸心也

盤古首君治一萬八千歲列子曰運即盤古老址山曰天日高一丈地日厚一丈盤古日長一丈頭極東足極西左手極南右手極北開目為晝閉目為夜呼為暑吸為寒吹氣成風雲吐氣成雷霆四時行焉萬物生焉八統九圍之大其號與多三皇五紀之尊其號與死古今祀盤古死後形分物象也

天皇氏一身十三頭韋昭曰兄弟十三人分地治化各一萬八千歲古今記曰天皇一身上十三首也

地皇氏一身十一頭韋昭曰兄弟十一人治一萬一千年帝王甲子云九千年也有云三皇皆一萬八千年

人皇氏一身九頭韋昭曰兄弟九人分治九州帝王甲子云四千五百年人皇六十五代四萬五千六百年

五紀

五龍紀五姓在位二十七萬三千六百年時人食菓居巢

攝提紀七十二姓在位六十四萬九千五百二十年始分晝夜日時月朔月為五兆蠼蠖金烏三足出扶桑沒咸池也

合雒紀三姓在位六萬三千年也

連通紀六姓在位六萬九千年韋昭曰三萬二千年敘命紀四姓在位四萬年也

有巢氏百代不記年禮曰昔先王未有宮室冬則居營窟夏則居橧巢未有火化食草木之實鳥獸之肉飲血茹毛也

燧人氏鑽木出火禮曰燔黍擘豚注曰中古未有釜甑擇米擘肉加于燒石之上食之古今記曰以木德王治八萬年

大古以還四時既序晝夜長短分至斯典書曰朞三百有六旬有六日以閏月定四時成歲天體至圓周圍三百六十五度四分度之一繞地左旋常一日一周而過一度日麗天而少遲故日行一日亦繞地一周而在天為不及一度積三百六十五日九百四十分日之二百三十五而與天會是一歲日行之數也月麗天而尤遲一日常不及天十三度十九分度之七積二十九日九百四十分日之四百九十九而與日會十二會得全日三百四十八餘分之積又五千九百八十八如日法九百四十而一得六不盡三百四十八通計得日三百五十四九百四十分日之三百四十八是一歲月行之數也歲有十二月月有三十日三百六十者一歲之常數也故日與天會而多五日九百四十分日之二百三十五者為氣盈月與日會而少五日九百四十分日之五百九十二者為朔虛而閏生焉故一歲閏率則十日九百四十分日之八百二十七三歲一閏則三十二日九百四十分日之六百單一五歲再閏則五十四日九百四十分日之三百七十五十有九歲七閏則氣朔分齊是為一章也三年不置閏則春之一月入于夏而時漸不定矣子之一月入于丑而歲漸不成矣積之之久至於三失閏則春皆入夏而時全不定矣十二失閏則子皆入丑歲全不成矣

三皇中庸子曰皇大也內外無為以道化民者也

雷氏曰上古洪荒起自三皇羲農軒轅

太昊伏羲氏風姓號太昊母曰華胥履巨人跡感而生為蛇身人首養犧牲以庖廚亦曰庖犧安國首之王據靜民則法曰皇木德都陳留今兗州小黃縣界在位一百一十年始畫八卦造書契以代結繩之制由是文籍生焉制嫁娶女適曰嫁男婚曰娶設網罟以取魚網羅也爾雅鳥罟謂之羅魚罟謂之罛兔罟謂之罝造二十五絃瑟長七尺二寸廣一尺八寸

女媧氏姓風伏羲之妹能變化萬物也造笙簧長四尺列管匏中施簧大者十九簧小者十三簧竽三十七簧長四尺二寸用竹為之形狀參差如鳥羽鍊五色石以補天缺斷鼇足

以立四極在位一百四十年

共工氏　大庭氏　栢皇氏　中央氏

陸栗氏　驪連氏　赫胥氏　尊盧氏

混沌氏　昊英氏　葛天氏　朱襄氏

陰康氏　無懷氏凡一十五代通一萬七千七百八十七年經史不載

社神（昔共工氏有子曰后土能平九州祀為社神五土之主五土者謂山川陂澤丘陵墳衍源隰也土逵廣潤封土祀之以報土功不知何代配乎后土史佚知者）

炎帝神農氏（姜姓號炎帝母女登氏感神龍而生人身牛首長于姜水日以為姓也）王火德都陳遷曲沃在位一百四十年葬長沙易曰神農氏斲木為耜揉木為耒始教天下播種五穀又嘗百味為本草治醫藥演八卦為六十四作市井貨易作祭蜡製五絃琴象五行也

自下帝承帝臨魁帝明帝直帝來帝哀帝榆罔凡八代五百四十年

丁亥黃帝有熊氏（姓公孫名軒轅少典次子生而神靈弱而能言幼而徇齊長而敦敏成而聰明榆罔末年諸侯相伐帝作弧矢征之天下咸伏虎龍貔貅之子娛擾有蚩尤兄弟八十一人銅頭鐵額啖沙吞石是山海之精以亂天下戰于涿鹿之野史斬于中帝鑄鼎成飛仙舉龍去也壽二百一十歲葬衣冠於橋山）在位一百年臣左徹（削木為相率諸侯朝十年行戚）造合宮製衣服使魯班造舟車（舟浮也可以濟水車舍也可以行居）建屋宇制棺槨以送死始有葬禮（禮曰天子七日而殯七月而葬諸侯五日而殯五月而葬大夫及士庶人三日而殯三月而葬天子墳高三仞樹以松諸侯半之樹以栢大夫八尺樹以欒適士官高四尺樹以槐庶人無墳樹以楊柳）作咸池樂用天老力牧太山稽為相風后定甲子（一云大撓○帝即位三十八年始命大撓作甲子故以三十八年為第一甲子逆推元年得丁亥歲也）容成造曆隸首筭數問道廣成子蒼頡為史岐伯辨草木俞附定脈經伶倫制律呂（以調律呂管長九寸以竹為之或相戒蓋以定五音）置九州（懸帝紀云黃帝有子二十五人得姓者十二人姬酉祁己滕箴任荀僖姞儇依亦治九州謂冀青徐豫雍梁兗揚荊從長至幼以次封之後子孫五帝三王並其苗裔帝娶大庭氏生二子長曰玄枵幼曰昌意）凡十八代一千五百二十年

五帝（中庸子曰帝者體也內心無為而迹涉有為以德教化民也德象天地曰帝）

雷氏曰（少顓嚳唐虞舜傳夏）

■少昊金天氏（姓己名摯字青陽母曰女節有星如虹下流感意而生被髮號是無冠冕黃帝之子壽一百歲）丁卯立在位八十四年王金德都窮桑又遷曲阜立坊市用度作樂置一百二十行以鳥紀官鳳皇至凡十代四百九十年

■顓頊高陽氏（姓姬名顓頊黃帝孫昌意子有星如虹女嬉感而生壽九十八崩葬于頓丘書號載）辛卯立在位七十八年王水德都帝丘（今濮陽縣）作曆以孟春為元造平冠冕（廣八寸長一尺六寸至周始制旒前後各十二用藻玉）制三公九儀二十四司養材任地戴時象天神人不襍萬物有序生八才子謂之八凱平九黎之亂制氣以教化潔誠以祭祀辨君臣之道作五莖之樂（合為五行之根基也）凡八代五百二十年

■帝嚳高辛氏（姓姬名岐黃帝曾孫玄枵孫蟜玄子壽一百五歲崩葬于宜湯）已酉立在位七十九年王木德都亳（今偃師縣）師赤松子置五行官以勾芒為木正（少昊之子）祝融為火正（顓頊之子）蓐收為金正（少昊之子）玄冥為水正（亦少昊子）后土為土正（高陽之子）生八才子謂之八元造鐃鏄鞞鼓鐘

磬塤篪鼓以皮合木擊乃鳴鐘範金合
土以鈴而不圓高二尺二寸半
厚八分名懸鐘磬前長三律二尺二寸
後長二律一尺八寸名黃鐘塤燒土爲
之大如鵝卵銳上平底而有五孔白虎
通云形如拌鐲而有六孔與周禮少別
篪以竹爲之一尺四寸圍三
寸小者尺二上有六孔也凡九代三
百五十年左傳曰蒼舒隤敳檮戭大臨
尨降庭堅仲容叔達謂之八
凱伯奮仲堪叔獻叔豹季仲
伯虎仲熊季貍謂之八元也
帝堯陶唐氏姓伊祁名放勛黃帝玄孫帝
嚳次子娠十四月而生晉分
八采土
堦茅室甲辰立在位九十八年王火德
都平陽今晉州又遷安邑通舜爲政一百
一十八年始丙寅終癸卯舜衰服二年
至乙巳壽一百八十崩葬穀
林諡翼善
傳聖曰堯號年曰載師具英先生命羲
和曆象日月星辰敬授民時天降牝羊
名觸邪死埋殿右生蓂莢草高八尺月
朔生一莢至望全十五莢望後凋一莢
至晦凋盡有獸名獬豸死葬殿
左生朱草長一丈名指佞草立衢室
作圖碁三百六十路象三
十六旬教丹朱矣作大樂章嘉
禾茂鳳皇來有賢人三十二人未詳
名姓立
敢諫鼓洪水九年命鯀爲治之及十日並現命
羿
射之九烏斃于地儀說東南有羲和國
有女名羲和生十日浴于海中王時十
日並現羿射之
九唯一在爲○
夏羿善射人也嘗於
西王母請得不死藥
乃竊逆也妻盜食之奔入月宮者
姮娥因此月名嫦娥即因父矣

帝舜有虞氏姓姚名重華字都君顓頊六
代孫龍顏大口目有重瞳年
二十以孝聞於天下三十登庸
南巡崩於蒼梧壽一百五十矣王土德
都蒲坂今河
中府堯時攝政二十八年通治
五十年丙午即真終乙未葬九
疑山謚仁聖盛明曰舜詠南風
詩舉十六相謂八凱
八元也去四凶左傳曰驩
兜黃帝子
不才人也掩義隱德好行兇暴謂之渾
敦共工少昊不才子也毀信廢忠崇飾
惡言謂之窮奇鯀顓頊不才子也傲很
明德以亂天常謂之檮杌三苗黃帝之
臣縉雲氏不才子貪于飲
食冐于貨利謂之饕餮也臣倫造漆器
使皐陶斷獄定五刑書曰五刑起自舜
代鄭注禮曰墨謂
刻額涅之以墨非事出入不以道義者
以此加之劓即去鼻罪興服改制度者
以此加之剕乃刖足決關梁踰城郭以
此加之宮謂男去其勢女閉幽室男女
不以禮義交通者以此加之大辟
死罪也髡盜劫掠者以此加之作韶
樂造總章部有九數十一堂上樂有六
謂柷如漆桶方二尺四寸深
一尺八寸中有椎柄以此起樂也敔如
伏虎背上爲二十四鉏鏑剸以木長尺
許法三九陽數之窮擽之以止樂也琴
長三尺六寸象三百六十日廣六寸象
六合上寬曰池下寬曰濱前廣後狹象
尊卑也上員下方法天地七絃練朱絲
爲之長七尺二寸法七十二候有說周
文武王是五絃擧成七絃大小二絃以
合君臣之恩矣風俗通云琴者樂之統也
君子御之不離於身非若鍾鼓陳于宮
廟列於簨虡也以其大小得中而聲額
和雅大不諠譁而流漫小不湮滅而不
聞是以感人之意亂也懸如前註拊搏
形如鼓以韋爲之實之以糠擊之以節

樂球玉也爲磬擊之使鳴也堂下樂有
五簫如鳳翼編竹爲之長一尺五寸大者
二十三管曰洞簫小者十六管曰雅簫周
禮有二雅簫長一尺四寸二十四管頌簫
二十三管洞簫長一尺二寸鼗鼓持柄搖
之旁耳自擊鏞大鏞也笙如前注管竹爲
之而有
七孔也立十二州葬用瓦棺少昊之前天
下之號象其
德顓頊以來天下之號目其名著高陽高
辛皆所興之地劉氏外紀以三皇五帝之
覽爲
俗傳
三王中庸子曰王往也加以刑
防政謚仁義衛往之謂王謂夏商
周三代
夏雷氏曰禹啟三康相宁槐芒泄降
扃廑甲皋發桀主合十七
四百
三二
夏后氏姓姒名文命字高密黃帝八代孫
鯀之子號禹王初舜薦禹治水不
貴尺璧而重寸陰
三過其門而不入王金德都安邑今均
州迂
陽
翟爲堯司徒地官也鄭注一吏部尚書
亦曰天官冢宰太宰二兵
部尚書夏官亦名大司馬三戶部地官
亦曰大司徒四刑部秋官亦大司寇五
禮部春官亦曰銓長曰六工部
冬官亦曰大司空禹乃第三部治水十
二年乘四載陸行車水行舟
泥行橇山行樏開九州冀
州
東河西西河南南河北兗州東南據濟
西北距河青州東北海西南距岱徐州
東至濟北至岱南及淮陽州北距淮南
距海荊州北山據荊南及衡陽豫州西
南據荊北距河梁州東距華山西據黑
水雍州西距黑水東據龍門西河通九
道陂九澤度九山決九川禹錫玄圭
告厥成功舜薦之于天下爲湖馬
在

位十六年始甲戌終己酉東巡至會稽崩壽一百年謚受禪成功曰禹號年曰歲建寅爲正作大夏樂葬用
聖姓土爲之時有防風氏長四十尺
啓禹之子母化爲石一云生石中一癸未立在位九年一云十一年郊禘祖宗禘黃帝文祖郊鯀配天祖祖顓頊
配文祖太祖宗禹父祖二昭二穆五廟啓祀立廟禘壇太祖禹
太康啓之子畋于洛十旬不返五子作歌風之遂失其位壬辰立治二十九年
仲康太康之弟辛酉即位
帝相仲康子徙都商丘爲有窮后羿所殺而篡其位治二十八年羿立二年爲臣寒浞所殺寒浞殺羿自立十年復爲夏臣靡誅之已上三主通合四十年相之子埋日有仍氏有田一成有衆一旅滅于撓澆還禹舊邦是爲中興
少康癸未立治四十九年作箕帚秋酒
宁少康子癸卯立治十七年
槐宁之子庚申立在位二十六年
芒槐之子丙戌立治十八年
泄芒之子甲辰立在位十六年
不降泄之子庚申即位治五十九年
扃不降弟己未立在位二十一年

廑扃之子庚辰即位治二十年
孔甲不降子好事鬼神淫亂夏氏德衰諸侯叛之辛丑立在位三十一年湯王始生
皋孔甲之子壬申立治十一年
發皋之子癸未即位治十年一云十一
桀發之子名履癸娶有施氏女曰末喜淫酒暴虐荒色迷酒瓊宇彫牆民墜塗炭以諫爲妖殺關龍逢焚黃圖二臣大臊夏道時有二日同明轉自分湯伐之放于南巢而死謚賊仁多殺曰桀壬寅即位都安邑治五十二年
凡十七代通四百三十二年
殷雷氏曰降及殷湯外丙仲壬太甲仲丁外壬沃丁太庚小甲雍己太戊丁南庚陽河亶甲祖乙祖辛沃甲祖庚祖甲廩甲盤庚小辛小乙武丁祖乙帝辛王辛庚丁武乙太丁帝
湯姓子氏其先三十主六百二十九世孫始祖商高辛子契十四王水德都
亳今偃師縣馬堯司徒官即歟熱也昭明○相上○冒生○曾
圉○冥○振○微○報丁○報乙○報
丙○主壬○主癸生子履也王名履字天乙以乙日生也黃帝二十一代孫其先契母簡狄吞於玄卯剖背而生契以玄鳥因子而生歡姓子氏有攻祝網及禽獸矣夏桀不道暴伊尹爲
相伐之承祚東征西怨南征北怨大旱

七年自責六過號身乃雨乙未立大治十三年壽一百歲建丑爲正號年曰祀謚曰除虐去殘彭祖代有彭祖姓籛名鏗賢大夫也壽八百歲好述古事
外丙湯次子治三年○仲壬外丙弟治四年
太甲湯長孫太丁子立而不明伊尹放諸桐宮三年悔過復迎歸亳政其位治三十三年立廟六湯二昭二穆太甲郊祀
祖宗禘帝嚳祖契配文祖太祖郊冥宗湯配天祖父
太甲祀
沃丁太甲子辛巳立治三十年八年伊尹卒
太庚沃丁弟治三十年一云二十五年古今紀三十五年
小甲太庚子治十七年中七明起曆年二月甲
雍己太庚子小甲之弟道廢治十二年
太戊雍己弟初立不道諸侯叛之以伊尹子陟爲相敗道復興治七十五年
仲丁太戊子自亳遷開封陳留治一十七年一云十一
外壬仲丁弟治十五年○河亶甲外壬弟後遷子相徵又衰治九年
祖乙河亶甲子又遷于耿今河東皮氏縣巫賢任職興治一十九年
祖辛祖乙之子治十六年○沃甲祖辛弟治二十

五年

祖丁沃甲兄祖辛子治二十五年○南庚沃甲子治二十九年

陽甲祖丁子治十七年

盤庚陽甲弟改殷日商後遷都于亳治十八年

小辛盤庚弟治二十一年殷道衰百姓思先帝作盤庚三篇

小乙小辛之弟治二十二年

武丁小乙子以傅說爲相脩德布政天下咸歡書曰高宗諒闇三年君不言禮云三年之喪君不言百官咸聽冢宰治五十九年壽一百歲廟號高宗

祖庚武丁子治七年○祖甲祖庚弟商道衰治十六年

廩辛祖甲子治六年○庚丁廩辛弟遷于朝歌今衛州界治廿一年

武乙庚丁子不道慢神虐民獵河渭間暴雷震死治四年

太丁武乙子治三年○帝乙太丁子商道衰治三十七年

紂辛一名受帝乙之子微子啓弟啓之母賤在朝不得嗣位辛母正后承祚不道內嬖妲己外用惡來設酒池肉林糟丘使男女裸形相逐其間作長夜宮計一百一十日爲一晝夜制炮烙刑熱熨斗衣寶玉衣剖賢人之心斮朝涉之脛諸侯叛亂武王克之以衣衾頭赴火而死治三十一年謚曰殘義損善曰紂殷有三仁焉箕子微子比干也丁位即

位

周

凡三十主通六百二十九年

雷氏曰下逮有周文武成康昭穆共懿孝夷厲宣幽携平桓莊僖惠襄頃匡定簡靈景悼敬元貞哀考獻烈安烈顯聖慎靚至赧歸秦王三十七八百六七

文王姓姬氏至武王都于鎬今京兆王木德其先起于后稷帝嚳之妃姜嫄履大人迹而生多有異相棄之既烽牛馬不踐移山歎育豆朮會養後數而育故名棄性好種社事堯爲稷官功封于邰日后稷也不窋○鞠○公劉○慶節○皇僕○差弗○毀渝○公非○高圉○亞圉○公祖類○大王亶父一曰古公生三子太伯虞仲季歷文王父也初國于豳古公迁于岐伯仲知古公欲立季歷以傳昌乃奔荊蠻累立歷以傳昌也古本記世紀有異于史記王名昌季歷子一名大王少子都豐爲紂西伯大有賢德在位五十年壽九十七謚忠信接禮曰文重八卦之爻爲周易

☰乾六宮數有九三十六老陽也 ☵坎一宮七數二十二少陽也 ☶艮八宮七數二十八少陽也 ☳震三宮七數二十八少陽也 ☴巽四宮八數三十二少陰也 ☲离九宮八數三十二少陰 ☷坤二宮六數二十四老陰 ☱兌七宮八數三十二少陰每卦有六爻六神名主吉凶之事謂青龍朱雀白虎玄武螣蛇勾陳

伯夷叔齊姓墨胎孤竹君子聞西伯善養老歸之虞芮有爭愬于西伯又請紂去炮烙之刑

武王發文王子周公兄既立以太公望爲師周公旦爲輔召畢之徒爲左右同謀伐紂起兵渝水諸侯不期會者八百皆云紂可伐矣戊午日兵臨孟津癸亥夜陳于商郊甲子戰于牧野前徒倒戈血流漂杵既克殷大定天下歸馬華山之陽放牛桃林之下倒載干戈在位七年壽九十三葬于鎬謚克定禍亂曰武禮曰天下有王分地建國置都立邑古制王畿千里公侯百里伯七十里子男各五十里不及曰附庸周制王畿千里公五百里侯四百里伯三百里子二百里男一百里不及曰附庸葬之以翣世本曰武王作翣其形如廟置牆以飾桷乙卯立建子爲正十四國諸侯隨王代封各出其次雷氏曰鄭宋晉吳衛秦齊魯陳杞曹蔡燕呂楚曹諸侯十四

吳太伯太王子與弟虞仲奔于荊蠻斷髮文身示不可用以辟季歷荊人立爲君號曰句吳武王克殷封章爲吳章至壽夢十九世稱王夢生四子次曰季札大有賢德欲立札札讓不諸樊吳人同立札札又企之至餘祭立封札于延陵自太伯至夫差二十五世越王勾

踐滅之周章至夫差二十一君六百五十五年數王時也

列子曰昔吳太宰問孔子曰夫子聖者與曰丘博識強記非聖人也三王聖者與曰三王善用智勇聖非丘所知五帝聖者與曰五帝善用仁信聖則非丘所知三皇聖者與曰三皇善用時政聖則丘弗知太宰駱駭曰然則孰為聖者與夫子有閒動容而對曰西方有聖者焉不治而不亂不言而自信不化而自行蕩蕩乎民無能名焉

齊太公望亦名呂尚東海人也本姓姜氏其先佐禹治水有功封于呂文王卜得非熊之兆獵渭而會曰吾望子久矣因名呂望一名武師伐紂亦名尚父封于營丘今青州臨淄也至小白稱桓公始霸自太公下丁公呂伋乙公癸公哀公胡公獻公武公厲公文公成公莊公釐公襄公桓公孝公昭公懿公惠公頃公靈公莊公景公孺子悼公簡公平公宣公康為田和所滅共三十君七百四十七年當周安王十七年也

管仲鮑叔寗戚晏子之徒景公之前後也

陳胡公滿有虞之後姓嬀氏昔舜為庶人堯妻二女居于嬀汭因以為姓武王克殷乃求舜後得滿封于陳以奉舜祀是為胡公自胡公下申相孝慎幽釐武夷平文桓厲莊宣穆共靈成哀惠懷湣二十三君六百五十三年敬王四十一年為楚滅之也

杞東樓公夏禹之後殷時或封或絕武王克殷于杞陳留雍丘縣是也自東樓公至簡公春一十九君五百三十九年定王二十四年楚惠滅之

曹叔振鐸文王第六子武王第封之于曹今齊陽定陶縣也至伯陽好田弋息政而亡後曹伯背晉于宋自振鐸下太伯仲君宮伯孝伯夷伯幽伯戴伯惠伯頃伯穆公桓莊僖昭共文宣成武平悼襄隱靖伯陽二十六世六百四十五年敬王二十三年為宋景公滅之也

蔡叔度文王第五子武王第克殷後封叔鮮于管封度于蔡使二相紂子武庚一名祿父治殷餘民自度至侯齊二十七君五百二十七年當定王時為楚滅之

魯周公旦文王第四子武王克殷封少昊之墟今兗州仙源縣也公不就留佑武王武王崩後輔成王使子伯禽代就于魯公誡曰我文王子武王弟成王叔于天下亦不賤矣然我一沐三握髮一食三吐哺起以待士恐失天下賢人子之魯毋以國驕人伯禽受命于魯自伯禽下考煬幽魏厲獻真武懿伯御孝惠隱桓莊閔僖文宣成襄昭定哀悼元穆共康景平文頃三十四君九百一十五年至秦莊襄元年楚考烈王滅之○隱公春秋始於哀公卒襄公十六年孔子卒

燕召公奭與周同姓武王克殷封于燕成王時召為三公主陝西甚得兆民之意巡行鄉邑有甘棠樹決獄其下召卒民思伯不敢伐之作甘棠詩焉自公之下元世王惠侯釐頃襄鄭鄭宣桓莊襄桓宣昭武文懿惠悼元平簡獻孝成湣釐桓文易王子噲昭惠武成孝今喜三十七君八百九十四年秦始皇滅之

成王誦武王子都于洛年十三即位周公攝政制禮作樂天下和睦七年歸政于王卜世三十卜年七百治四十七年周公定君臣禮樂成王襃之制三公太師太傅太保九卿一太常主音樂二光祿主酒饌三大理主刑律四宗正主皇親五太府主庫藏六司農主種植七鴻臚主蕃客八太僕主車馬九衛尉主械設二十七大夫九品各三八十一元士重定五刑立七廟制禮曰王制天子七廟三昭三穆與太祖之廟而七注曰此周制

七廟太祖及文武二祧與清廟四七太祖社稷也昭明也察下為義穆簡也敬上為義太祖居西而東三昭面南三穆面北凡穆主藏文廟昭主藏武廟有禘出主祭于壇文武二祧朝享之皆四孟月○五代咀主藏之于祧有禱則出迁祭之無禱乃止矣

祫夫何

祭法曰凡祭有四春祭曰礿薄也夏祭曰禘弟也秋祭曰嘗嘗百穀味冬祭

曰蒸進也品物進之天子祭天地一年九
祭三祭昊天六祭五方大帝諸侯祭社稷
大夫祭五祀司命中霤門行厲五也〇諸
侯五廟太祖與二昭二穆大夫三廟太祖
與一昭一禰適士官師二廟庶
士一廟庶人無廟祭之于寢矣
禘帝嚳文祖〇郊稷祀天未祖文
配文祖太祖王宗武王父也

祭三 天曰祭地曰祀 人鬼曰享也

明堂制 布政之宮也 在國之陽三

郊禘祖宗　**成王**

里之外七里之內丙巳之地東西九筵南
北七筵東西凡五室南北亦然上員法天
下方法地八窗象八風四闔法四時九室
法九州十二堵法十二月三十六戶法三
十六旬七十二牖法七十
二氣四廟九室十三位也

制冕旒衮服十有二章

日月星辰 三象其明

龍 象其變化 象聖人德

華蟲 雉也象其文也

宗彝宗廟虎蜼之蜼也象其孝

藻 水草也象其潔

粉米 為米而粉 象其養人

山 貴靜取其性 不取其勢也

火 以圓也取 其神不取

其鉞 白與黑謂之黼為之斧形取其善斷

黑與青謂之黻兩己相背取其能辨是以繪繡服上

丙戌即位

稷神 昔厲山氏之子名柱善植五穀夏為 之前皆配祀稷周公后稷代之自周 而下皆配祀矣五穀之長祀以報其 功也五穀者稻粱菽麻麥分成百也

宋晉衛楚四國成王封 同姓者長曰伯父幼 曰叔父異姓者長 曰伯舅幼曰叔舅

宋微子啓 紂之庶兄武既克殷啓乃持 祭器造于軍門袒肉面縛左 牽羊右把茅膝行而前武王遂釋微 子封紂子武庚以續殷祀使管蔡二 叔傅之武王崩周公輔成王殷叛王 命誅武庚乃封啓代殷為宋今睢陽

也後至襄公始霸自啓下微仲稽丁
湣湯厲釐惠襄戴武宣穆煬莊湣姑
桓襄成昭文共平元景昭悼休辟剔
成偃公稱王淫亂無道諸侯與齊魏
楚伐之三分其地凡三十三君八
百三十年當周赧王三十九年也

晉叔虞 字子于武王子成王弟成王與 叔虞戲削桐葉為圭以與虞曰 以此封君史佚因請擇日立叔虞王 曰吾與戲史佚曰天子無戲言遂封 [十五][十六]
于唐今河東皮氏也叔虞子燮是為
晉侯至獻公滅虢始都後文公重耳
始霸自叔虞下燮武成厲靖釐獻穆
殤文昭孝鄂哀湣獻惠懷文襄靈成
景厲悼平昭頃定出哀幽烈孝靜公
也三十六君七百四十九年安王時
韓魏趙滅之

衛康叔 文王第九子武王同母弟成王 以殷餘民封康叔為衛公居河
淇之間故商墟也至元公徙野王縣
今河內也自康叔下康伯孝嗣康靖
貞頃釐共武莊桓宣惠辛懿文成共
穆定獻殤襄靈出莊班起悼敬肥懷
慎聲成平公嗣懷元君角凡四十三
君九百年也秦二世發君角為燕人

楚熊繹 顓頊之後至季連以芈為氏後 鬻熊繹也成王舉文武勤勞之 後嗣封繹于楚蠻今江陵枝江縣也 至申君徙都壽春自繹至負芻二十 五君計七百八 十九年歸秦

康王釗成王子**召畢二公受顧命而相之二世安寧刑錯不用四十餘年治五十二年癸亥即位**

佛祖歷代通載卷第三

佛祖歷代通載卷第三

校勘記

一　底本，明永樂北藏本。

一　八三〇頁中一〇行夾註左「迸推」，徑、清作「逆推」。

一　八三〇頁中末行夾註右末字「唐」，清作「唐堯」。

一　八三〇頁下七行夾註右「葬子」，清作「葬于」。一五行夾註左同。

一　八三〇頁下九行夾註左「梳前後」，徑、清作「旒前後」。又「藻王」，清作「藻玉」。

一　八三一頁上一行夾註左第三字「鈐」，清作「鈴」。

一　八三一頁上三行夾註右「鴈卯」，徑、清作「鴈卵」。又左「而有六孔」，徑作「有六孔孔」。

一　八三一頁上一二行「牝羊」，徑、清作「牝羊」。

一　八三一頁中五行夾註「左傳曰騅兆」，清作「左傳曰驩兆」。

一　八三一頁中七行夾註左「禱機」，清作「禱杌」。
一　八三一頁下五行夾註右「目其名」，清作「因其名」。
一　八三一頁下九行夾註左「扁廬」，徑作「爲廬」；清作「扃廬」。
一　八三一頁下一〇行夾註「四百三二」，清作「四百三十二年」。
一　八三二頁中六行夾註右第七字「夔」，徑、清作「夒」。又「未喜」，清作「妹喜」。
一　八三二頁中一一行首字「殷」，清作「商」。下至次頁上六行同。
一　八三二頁中一三行夾註左「二九」，清作「二十九年」。
一　八三三頁上二行夾註左「祖辛弟」，清作「祖辛子」。
一　八三三頁上五行夾註「改殷曰商」，清作「改商曰殷」。
一　八三三頁上八行夾註左「諒闇」，徑、清作「諒闇」。
一　八三三頁上一一行夾註左「商道」，清作「殷道」。一六行同。
一　八三三頁上末行夾註右「炮巷」，清作「炮烙」。又左「衣寶玉衣」，清作「刳娠婦胎」。
一　八三三頁中七行夾註「三十七八百六七」，清作「三十七主八百六十七年」。
一　八三三頁中一〇行夾註右「復敬」，清作「復收」。
一　八三三頁中一四行夾註右末字「岐」，徑、清作「岐」。
一　八三三頁中一八行夾註「七數二十二」，清作「七數二十八」。
一　八三四頁上五行夾註右「駁曰」，清作「駁曰」。
一　八三四頁上末行首字「祀」，清作「杞」。
一　八三四頁中三行夾註右第八字「弟」，徑、清作「弟」。八行夾註右第八字同。
一　八三四頁下六行夾註「太悼太保」，徑、清作「太傅太保」。
一　八三五頁上一二行夾註右「白賤黑」，清作「白與黑」。
一　八三五頁中一一行夾註右「徒野王縣」，清作「徙野王縣」。

佛祖歷代通載卷第四　𡩋四

嘉興路大中祥符禪寺住持華亭念常集

周

己丑 癸丑 昭王瑕 康王子王道微缺南巡狩乘膠船沉於水 治五十一年

二十五年四月八日大聖現白象瑞七支寀地乘雲而下降神大術胎中右脇而住豈若虹樞現表厥命世者也

甲寅 世尊右脇生 二月八日世尊生于迦毘羅衛國藍毘尼園波羅义樹下從母摩耶夫人右脇而出姓刹利父淨飯天母大清淨生時九龍吐水金盤沐已周行七步自言吾受最後生身天上天下唯吾獨尊相好莊嚴具三十二大人之相諸經有別 且依一文三十二者一足下平滿二千輻輪紋三手柔軟如兜羅綿四指閒網鞔猶如鵝王五諸指纖長六足跟充滿七足趺相稱八雙臂脩直九雙腨圓滿如伊尼延鹿王十陰峯藏密如象馬王十一毛青右旋十二髮毛上靡十三身皮金色十四皮閒離垢十五七處充滿十六肩項殊妙十七腋滿具十八容儀紅滿十九身相端嚴二十量圓孫押二十一頷臆獅子二十二常光一尋二十三齒白齊密二十四牙鮮鋒利二十五常得上味二十六舌廣兩輪二十七梵音聲伽二十八眼睫紺青二十九眼睛如牛王三十面如滿月三十一眉間白毫三十二烏瑟膩吒猶如天蓋更有八十隨好具如般若等說

丙辰 太子三歲父王携謁天神廟神像起立王驚嘆曰天中天

庚申 太子七歲詣師習世間書典

癸亥 太子十歲與兄弟捔力以手擲象城外射

壬申 透鐵鼓九重世尊示出家太子出遊四門見生老病死者北門見出家人生欣樂心二月八日夜淨居天報言太子出家時至遂乘馬逾城至檀特山拔劍斬髮入彌樓山阿藍迦處習不用處定今依六年苦行三十成道之教也有說十二月八日出家諸部說異玄贊疏云總會諸文而為二說一云諸部說十九出家三十成道本起因緣經亦十九歲思維無相三昧經三十成道智論亦十九不說成道時佛住世實八十年有會十九出家五年事仙人行樂行六年行苦行三十成道智論用此二云亦有諸部及大乘說二十九出家三十五成道增一中雜三阿含經出曜經和須密論並說二十九悲華經善見論說三十五成道本起經云三十五也菩提流支引經偈云八年作嬰兒七年作童子四年學五明十年受五欲六年行苦行三十五成道四十五年中教化諸衆生真諦及西域記並同此說金光明經報恩經等同說佛壽八十年也甲子但七十九年畧釋偈曰 五言 明者瑜伽釋云○一者內明有二種相一顯示正因果相二已作不失未作不得相○二者因明有二種相一示摧伏他論勝利相二示免脫他論勝利相○三者聲明亦有二相一示安立字界及能成立相二示語工巧勝利相○四醫方明有四種相一示病體善巧相二示病因善巧相三示斷已更生善巧相四示斷已不生善巧相○五者工巧明善諸世法○三端六藝等言三端者一大筆二武鋒三辯舌也六藝者一禮長切藝雅二樂風俗正變三書八體六書四數窮知攝壞五射觥開弓弩六御善調象馬世尊在宮為太子時性自仁賢曰種通諸風俗曰樂六十四書悉曉曰書百二十數並罰曰歡透九重鐵鼓曰射鄉塞門大象曰御餘如紐論廣陳

庚辰 穆王滿 昭王子 用造父為御乘乎八駿日行千里 具如周史 治五十五年 五十歲即位壽一百四年 作甫刑 王令甫侯呂侯入為司寇增輕減重約五刑為二千墨劓各一千剕五百宮三百大辟二百孝紐甫刑是 傀儡 乃偃師之作始獻于王也 化人 北山曰王時西極有化人來反山川移城邑入水火貫金石千變萬化不可窮矣王敬之若聖築中天臺以居之乃文殊室利目連等示相也穆王來知

癸未 世尊示成道苦行六年既滿沐於熙連（是佛弟子）
河受牧牛女之乳糜納吉祥之軟草詣菩
提樹王坐金剛座上三十四心示成正覺
號天人師具一切智住世垂訓四十九年
說法三時初中後善以有空言破空有執
二邊既離中道斯存俾利鈍機發脩自行
故演而伸之爲八萬四千之法藏也博施
濟衆因果張爲斷惡懲善聖凡別矣群生
自兹有仗也初入鹿苑度五比丘度優樓
甲申 頻羅迦葉千人出家
乙酉 佛象頭山爲龍鬼說法等
丙戌 佛度舍利弗目犍連二百五十人出家
丁亥 須達長者布金買祇陀園建寺奉佛
戊子 佛在拘耶尼國爲婆陀和菩薩說苦行般
若等經
己丑 佛在柳山爲純真陀羅王等說法
庚寅 佛在纖澤爲阿拙摩說法及升忉利天
栴檀像始建世尊成道八年上忉利天爲
母說法經九十日優闐國王思慕如來命
大目連及毘首羯摩天化爲匠人詣天宮
摹佛相好以栴檀香木刻像供養既而夏
滿下降中天王及大臣及國人民同往迎
佛其像騰空向佛問訊佛爲摩頂受記曰
我滅度千年以後汝往震旦廣利人天
辛卯 佛還摩竭國爲弗沙王說法等
壬辰 佛爲彌勒說脩行本起經
癸巳 佛還迦毘羅國爲父王說法普曜經載此
甲午 佛於欲色二界說大集等經
乙未 佛始說十六會八部般若等經
壬寅 佛始撿約徒衆攝置戒律
丙午 佛從弟阿難始出家
辛亥 阿難請佛度摩訶波闍波底比丘尼等出
家
[illegible] 佛說金光明并法華等經于靈山會上昇
年世尊拈花示衆百萬人天皆茫然唯金
色頭陀破顏微笑世尊曰吾有正法眼藏
涅槃妙心實相無相微妙法門分付於汝
汝當護持并勅阿難副貳傳化聽吾偈曰
法本法無法無法法亦法今付無法時法
何曾法偈時世尊說此偈已復告迦葉
吾將金縷僧伽黎傳付於汝轉授補處慈
氏毋令斷絕（拈花之事荊國王公對佛慧禪師衆萬卷言親見於梵王問佛經中具載但此經多言國家帝王之事藏之秘府世故無聞）
壬申 二月十五日世尊示涅槃應世七十九年
化緣周畢於拘尸羅國金沙跋提河間娑
羅雙樹下說涅槃經及遺教經已安住常
寂滅光名大涅槃右脇而卧於中夜寂然
無聲闍維得舍利八斛四斗（涅槃經前後分具明）時
有白虹一十二道南北貫通連宵不滅穆
王問太史扈多曰是何徵也對曰西方有
大聖人滅度衰相現也王曰朕常患此今
既滅度更何憂耶西土諸王以香木闍維
分身建塔震旦計十九處
癸酉 共王緊扈（穆王子）有聖德治十二年（王嘗游于涇上）
（密康公從有三女奔康公受之而不以獻王遂滅密）
丁亥 懿王囏（共王子）周室衰（詩人刺之遷都槐里又遷犬丘）治二
十五年（齊五世哀公荒淫王命烹之作變風刺之）
壬子 孝王辟方（共王弟懿王叔）王時外國有進二尺虎
又進四角犀治十五年

丙辰

第一祖摩訶迦葉摩竭陀國人也姓婆羅門父飲澤母香志昔爲鍛金師善明金性使其柔伏付法傳云嘗於久遠劫中毘婆尸佛入涅槃後四衆起塔塔中像面上金色有少缺壞時有貧女將金珠往金師所請飾佛面既而因共發願願我二人爲無姻夫妻由是因緣九十一劫身皆金色後生梵天天壽盡生中天摩竭陀國婆羅門家名曰迦葉波此云飲光勝尊蓋以金色爲號也繇是志求出家冀度諸有佛言善來比丘鬚髮自除袈裟著體常於衆中稱歎第一復言吾以清淨法眼將付於汝汝可流布無令斷絕涅槃經云爾時世尊欲涅槃時迦葉不在衆會嵩禪師正宗記評曰昔涅槃會之初如來告諸比丘曰汝等不應作如是語我今所有無上正法悉已付囑摩訶迦葉是迦葉者當爲汝等作大依止然正宗者聖人寂相傳授不可必知其處與時也以經勘之則法華先而涅槃後也方說法華迦葉預焉及涅槃而不在其會吾謂付法之時其在二經之間耳或謂靈山拈花又曰付法於多子塔前然此未見所出吾雖稍取亦不敢果以爲當也佛告諸大弟子迦葉來時可令宣揚正法眼藏爾時迦葉在耆闍崛山賓鉢羅窟觀勝光明即入三昧以淨天眼觀見世尊於熈連河側入般涅槃乃告其徒曰如來涅槃也何其駃哉即至雙樹間悲戀號泣佛於金棺內現雙足爾時迦葉告諸比丘佛已荼毘金剛舍利非我等事我等宜當結集法眼無令斷絕乃說偈曰如來弟子且莫涅槃得神通者當赴結集於是得神通者悉集王舍耆闍崛山賓鉢羅窟時阿難爲漏未盡不得入會後證阿羅漢果由是得入迦葉乃白衆言此阿難比丘多聞總持有大智慧常隨如來梵行清淨所聞佛法如水傳器無有遺餘佛所讚歎聰敏第一宜可請彼集脩多羅藏大衆默然迦葉告阿難曰汝今宜宣法眼阿難聞語信受觀察衆心而宣偈言比丘諸眷屬離佛不莊嚴猶如虛空中衆星之無月說是偈已禮衆僧足升法座而說是言如是我聞一時佛住某處說某經敎乃至人天等作禮奉行時迦葉問諸比丘阿難所言不錯謬乎皆曰不異世尊所說迦葉乃告阿難言我今年不久留今將正法付囑於汝汝善守護聽吾偈言法法本來法無法無非法何於一法中有法有不法說是偈已乃持僧伽黎衣入雞足山俟慈氏下生即周孝王五年丙辰歲也

丁卯

秦非子其先高陽之後始女脩大業大費佐舜爲相大廉孟戲中衍乃大廉玄孫鳥身人言爲殷太戊之御中潏蜚廉惡來秦之先也復至伯翳佐禹治水有功舜賜姓嬴氏後之非子周孝王使主馬又大蕃息封于秦號曰秦嬴至德公居雍城秦州龍城縣也後穆公始霸至昭襄稱王自非子下秦侯公伯秦仲莊平文宣出武德宣城穆康共桓景哀惠悼厲躁懷靈簡惠出獻孝惠文王武王昭王三十二君六百三十八年也

夷王燮懿王次子周室陵遲諸侯朝覲下堂迎之治十六年

厲王胡夷王子暴虐無道國人放之共和于彘通周召五十一年

二祖阿難王舍城人也姓剎利帝父斛飯王實佛之從弟也梵語阿難陀此云慶喜亦云歡喜如來成道夜生因爲之名多聞博達智慧無礙世尊以爲總持第一嘗所讚歎加以夙世有大功德受持法藏如水傳器佛乃命爲侍者後阿闍世王白言仁

者如来迦葉尊勝二師皆已涅槃而我多故悉不能覩仁者般涅槃時願垂告別阿難許之後自念言我身危脆猶如聚沫況復衰老豈能長久又念阿闍世王與吾有約乃詣王宮告之曰吾欲入涅槃故来辭耳門者曰王寢不可以聞阿難曰俟王覺時當為我說時王夢中見一寶蓋七寶嚴飾千萬億衆圍繞瞻仰俄而風雨暴至吹折其柄珎寶瓔珞悉墜於地心甚驚異既寤門者具白上事王聞語已失聲號慟哀感天地即至毗舍離城見阿難在恒河中流跏趺而坐王乃作禮而說偈言稽首三界尊棄我而至此暫憑悲願力且莫般涅槃時毗舍離王亦在河側復說偈言尊者一何速而歸寂滅場願住須臾間而受於供養爾時阿難見二國王咸来勸請乃說偈言二王善嚴住勿為苦悲戀涅槃當我淨而無諸有故阿難復念我若偏向一國而般涅槃諸國爭競無有是處應以平等度諸有情遂於恒河中流將入寂滅是時

山河大地六種震動雪山中五百仙人覩茲瑞應飛空而至禮阿難足胡跪白言我於長老當證佛法願垂大慈度脫我等阿難默然受請即變殑伽河悉為金地為其仙衆說諸大法阿難復念先所度脫弟子應當来集須臾五百羅漢從空而下為諸仙人出家受具其仙衆中有二羅漢一名商那和脩二名末田底迦阿難知是法器乃告之曰昔如来以大法眼付大迦葉迦葉入定而付於我我今將滅用傳於汝汝受吾教當聽偈言本来付有法付了言無法各各須自悟悟了無無法阿難付法眼藏竟踊身虛空作十八變入風奮迅三昧分身四分一分奉忉利天一分奉娑竭羅龍宮一分奉毗舍離王一分奉阿闍世王各建寶塔而供養之乃厲王十年癸巳歲也

辛亥 世尊入滅一百年矣

傳曰百歲已前人傳雖異法味一如五師傳教首迦葉波傳之阿難阿難傳商那和脩商傳優波毱多優傳末田底迦自此百年之後法跡一味水乳兩和拆甃分金各宗異見源流派別二部斯興一上座部二大衆部三百年来展轉分破大衆本末別成九部大衆部一說部說出世部鷄胤部多聞部說假部制多山部西山住部北山住部○上座本末成十一部說一切有部上座部犢子部法上部賢胄部正量部密林山部化地部法藏部飲光部經量部為呼正法加絲以麻嘉謨增乳以水慕道者惑于異端孰非曷是悲哉

庚申 共和元年王崩（王時求道濫諸百姓不言政道路相遇視之以目由是作亂叔王子流在彘三十七年周召二伯行政號共和凡十四年）

甲戌 宣王靖（厲王子初王奔彘太子匿召公家國人圍之公以子代之太子方得既長周召二伯立之為王脩文武成康之風諸侯復宗周時天下大旱王自責身六年乃雨）治四十六年王臣史籀改蒼頡

大篆始此 古文為大篆（今岐下石鼓有數字至宋蘇軾辨得數字）

乙未 鄭桓公友（厲王少子宣王之弟始封鄭今華陰縣復徙東鄶今新鄭是至幽公弟君乙為君自桓下武莊厲昭釐嬰厲僖靈襄悼威）

第三祖商那和脩摩突羅國人也亦名舍（靈簡定獻悼哀共滿二十三君二百八十一年）
那婆斯姓毘舍多父林勝母憍奢耶在胎
六年而生梵云商諾迦此云自然服即西
域九枝秀草名也若羅漢聖人降生則此
草生於淨地祖生時瑞草斯應昔如來行
化至摩突羅國見一青林枝葉茂盛語阿
難曰此林地名優留荼吾滅度後一百年
有比丘商那和脩於此地轉妙法輪後百
歲果誕祖出家證道受慶喜尊者法眼化
導有情及止此林降二火龍歸順佛教龍
因施地以建梵宮祖化緣既久思付正法
尋於吒利國得優波毱多以爲給侍因問
毱多曰汝年幾耶答曰我年十七祖曰汝
身十七性十七耶答曰師髮已白爲髮白
耶心白耶祖曰我但髮白非心白耳曰我
身十七非性十七也和脩知是法器三載
後遂爲落髮受具乃告曰昔如來以無上
正法眼藏付囑迦葉展轉相授而至於我
我今付汝勿令斷絶汝受吾教聽吾偈言
非法亦非心無心亦無法說是心法時是
法非心法說偈已即隱於罽賓國南象白
山中後於三昧中見弟子毱多有五百徒
衆常多懈慢祖乃往彼現龍奮迅三昧以
調伏之而說偈曰通達非彼此至聖無長
短汝除輕慢意疾得阿羅漢五百比丘聞
偈已依教奉行皆獲無漏祖乃作十八變
火光三昧用焚其身毱多收舍利葬於梵
迦羅山五百比丘各持一幡迎導至彼建
塔供養乃宣王二十二年乙未歲王無辜
殺杜伯一日出畋見杜伯持弓矢射王中
心墮車折脊而死事見墨子載也

幽王宮湦（宣王子娶褒姒生伯服廢太子與申后而立伯服褒姒不好笑王乃舉烽燧大鼓諸侯皆至又見無寇褒姒大笑王悅後申侯與犬戎同伐王子驪山復舉烽燧諸侯不至遂死山下乃執太子宜臼爲王以奉周祀）在位十一年

携王伯服（幽王無子西夷殺王伯服乃立國人不順未踰年而廢之）

東周（二十四主都于洛陽）

平王宜臼（幽王太子申侯立之）東遷洛京以辟難治五十一年

諸侯寖盛政出方伯

世尊示滅二百年矣

第四祖優波毱多吒利國人也亦名優波
崛多又名鄔波毱多姓首陀父善意十七
出家二十證果隨方行化至摩突羅國得
度者甚衆由是魔宮震動波旬愁怖遂竭
其魔力以害正法祖即入三昧觀其所由
波旬復伺便密持瓔珞縻之于頸及祖出
定乃取人狗蛇三屍化爲華鬘軟言慰諭
波旬曰汝與我瓔珞甚是珍妙吾有華鬘
以相酬奉波旬大喜引頸受之即變爲三
種臭屍蟲蛆壞爛波旬厭惡大生憂惱盡
己神力不能移動乃升六欲天告諸天王
又詣梵王求其解免彼各告言十力弟子
所作神變我輩凡陋何能去之波旬曰然
則奈何梵王曰汝可歸心尊者即能除斷
乃爲說偈令其回向曰若因地倒還因地
起離地求起終無其理波旬受教已即下
天宮禮尊者足哀露懺悔毱多告曰汝自
今去於如來正法更不作嬈害否波旬曰

我懵回向佛道永斷不善祖曰若然者汝可口自唱言歸依三寶魔王合掌三唱華鬘悉除乃歡喜踊躍作禮尊者而說偈曰稽首三昧尊十力聖弟子我今願回向勿令有劣弱尊者在世化濟證果最多每度一人以一籌置於石室其室縱十八肘廣十二肘充滿其間最後有一長者子名曰香衆來禮尊者志求出家祖問曰汝身出家心出家答曰我來出家不爲身心祖曰不爲身心復誰出家曰夫出家者無我我故無我故即心不生滅心不生滅即是常道諸佛亦常心無形相其體亦然祖曰汝當大悟心自通達宜依佛法僧紹隆聖種即爲剃度受具足戒仍告之曰汝父嘗夢金日而生汝可名提多迦復謂曰如來以大法眼藏次第傳授以至於我今復付汝聽吾偈言心自本來心本心非有法有法有本心非心非本法付法已乃踊身虛空呈十八變然復本坐跏趺而逝多迦以室內籌用焚其軀收舍利建塔供養即平王三十年庚子歲也

王四十九年乃魯隱公元年孔子春秋編年始于此

桓王林 平王孫太子洩早卒立王 在位二十三年

莊王佗 桓王子 在位十五年

第五祖提多迦者摩伽陀國人初生之時父夢金日自屋而出照耀天地前有大山諸寶嚴飾山頂泉湧滂沱四派後遇毱多尊者爲解之曰寶山者吾身也泉湧者法無盡也日從屋出者汝今入道之相也照耀天地者汝智慧超越也尊者本名香衆師因易今名焉梵語提多迦此云通真量也多迦聞師說已懽喜踊躍而唱偈言巍巍七寶山常出智慧泉迴爲真法味能度諸有緣毱多尊者亦說偈曰我法傳於汝當現大智慧金日從屋出照耀於天地提多迦聞師妙偈設禮奉持後至中印度彼國有八千大仙彌遮迦爲首聞尊者至率衆瞻禮謂尊者曰昔與師同生梵天我遇阿私陀仙人授我仙法師逢十力弟子修習禪那自此報分殊塗已經六劫尊者曰支離累劫誠哉不虛今可捨邪歸正以入佛乘彌遮迦曰昔阿私陀仙人授我記云汝卻後六劫當遇同學獲無漏果今也相遇非宿緣耶願師慈悲令我解脫尊者即度出家命聖授戒餘仙衆始生我慢尊者示大神通於是俱發菩提心一時出家乃告彌遮迦曰昔如來以大法眼藏密付迦葉展轉相授而至於我我今付汝當護念之乃說偈曰通達本法心無法無非法悟了同未悟無心亦無法說偈踊身虛空作十八變火光三昧自焚其軀彌遮迦與八千比丘同收舍利於班茶山中起塔供養即莊王五年己丑歲也

僖王胡齊 莊王子一名璧 治五年○五霸次興 中廣

子曰霸者假也用威刑而防政使仁義而不湮秦漢皆霸道也春秋五霸者乞傳曰齊桓公九合諸侯一匡天下孔子稱爲五霸之首晉文公名天子於河陽而朝諸侯矣○○秦穆公因戎鄭而敗諸侯稱霸修德○○宋襄公爲盟上之盟求諸侯於楚楚人許之○○楚莊王牽諸侯伐陳而立陳靈公諸侯皆伏矣

惠王閬 僖王子初莊王嬖姚姬生子頹頹有寵而後作亂王奔鄭鄭伯伐頹

殺之立王時齊桓伐楚子貢包茅不貢入周矣治二十五年

襄王鄭惠王子子帶作亂王奔鄭晉文公殺子帶立王治三十三年

世尊入滅三百年矣此後龍猛菩薩造中論等破除有見後提婆等諸大論師造百論等弘闡大義了義燈明

第六祖彌遮迦者中印度人也既傳法已遊化至北天竺國見雉堞之上有金色祥雲歎曰斯道人氣也必有大士爲吾法嗣乃入城於闤闠間有一人手持酒器逆而問曰師何方而來欲往何所師曰從自心來欲往無處曰識我手中物否師曰此是觸器而負淨者曰師還識我否師曰我即不識識即非我又謂曰汝試自稱名氏吾當後示本因彼因說偈而答我從無量劫至于生此國本姓頗羅墮名字婆須蜜師曰我師提多迦說世尊昔遊北印度語阿難言此國中吾滅後三百年有一聖人姓頗羅墮名婆須蜜而於禪祖當獲第七世尊記汝汝應出家彼乃置器禮師側立而言曰我思往劫嘗作檀那獻一如來寶座彼佛記我云汝於賢劫釋迦法中宣傳至教今符師說願加度脫師即與披剃復圓戒相乃告之曰正法眼藏今付於汝勿令斷絕乃說偈曰無心無可得說得不名法若了心非心始解心心法說偈已入師子奮迅三昧踊身虛空高七多羅樹却復本坐化火自焚婆須蜜收靈骨貯七寶函建浮圖寘于上級即襄王十五年甲申歲也

頃王壬臣襄王子治六年楚莊王始霸

匡王班頃王子在位六年

〇有云此年世尊入滅者破邪論引悞

定王瑜匡王子治二十一年。楚子問鼎之大小輕重

老聃氏於是年九月十四日生于楚國陳郡苦縣賴鄉曲仁里魏書云老聃父姓韓名乾字元畢母曰精敷二合而娠孕八十年而生於李樹下因以爲姓名耳字伯陽身長四尺六寸額凸眉麁反唇謇鼻髆关胯澗聃耳鬢頭故謚曰聃以疑獨之道祕于心三寶之德資于用一曰慈二曰儉三曰不敢爲天下先景王己卯紫氣浮關欲往流沙時有函關令尹喜知道之人也乃請言教老氏遂著道德二篇合五千言皆評大道也既而弗克至于流沙甍于槐里年八十四歲時有秦佚之弔三號而出是知天命殞于周也墓在槐里西南三十里渭水之陽今興平縣也佛先三百四十五年

第七祖婆須蜜者北天竺國人也姓頗羅墮常服淨衣執酒器游行里閈或吟或嘯人謂之狂及遇彌遮迦尊者宣如來往誌自惺前緣投器出家授法行化至迦摩羅國廣興佛事於法座前忽有一智者自稱我名佛陀難提今與師論義師曰仁者論即不義義即不論若擬論義終非義論難提知師義勝心即欽伏曰我願求道霑甘露味尊者遂與剃度而授具戒復告之曰如來正法眼藏我今付汝汝當護持乃說偈曰心同虛空界示等虛空法證得虛空時無是無非法尊者即入慈心三昧時梵王帝釋及諸天衆俱來作禮而說偈言賢

劫衆聖祖而當第七位尊者衆念我請爲宣佛地尊者從三昧起示衆云我所得法而非有故若識佛地離有無故說此語已還入三昧示涅槃相難提即於本座起七寶塔以葬全身即定王十七年辛未歲也

簡王夷定王子治十四年

老氏仕周爲守藏吏時年二十二矣

老氏遷太史令時年三十四矣一云柱下史自是五十四年不調時人目爲史隱也王十四年魯襄元也

靈王泄心簡王子生而有髭治二十七年

二十一年十一月初四日老氏五十五歲矣

孔子生于魯國兗州鄒邑縣平鄉昌里實隱公後第九代襄公二十一年冬十一月初四日按殺本紀孔子父姓叔梁名紇爲鄒邑縣宰先娶鄒氏女生子孟皮不才後娶顏氏女名徵夫婦禱尼丘山神而生

孔子生而有髮身長九尺六寸腰帶十圍垂手過膝河眸海口龍顏方顙鳳頤燕頷虬髭虎視有中和之德衣莊而嚴色溫而厲有四十二表如世家自易姓孔氏名丘字仲尼至唐玄宗謚曰文宣王丘先殷之後裔韻考叔弗何祖馬至紇移居魯易姓叔梁後孔子追昔先生姓字以子配一更姓孔氏是不忘本仁也學無常師自然英才誕秀聖德不羣世號素王大宣文教矣魯哀公十一年自衛反魯修文教於洙泗之濱祖述堯舜憲章文武之風約魯史而修春秋周平魯隱始之自己未終敬王魯哀壬戌記二百四十二年之事明王室衰諸侯霸褒貶得失絕筆于獲麟之句也而傳有五左丘明公羊高穀梁赤鄒氏郟氏刪詩三百而詠國風雅頌正變之道也而傳者分爲四詩毛韓魯齊詩以關雎首之明有夫婦次有父子君臣之道三綱遂順辨其國政定尚書凡百篇始于二典次及三王典謨誓誥之文備悉明也秦火之後漢儒伏生口授裁二十餘篇正禮樂有二禮記四十九篇而以曲禮首之終于喪服之制俾夫孝弟施行安上治民廣大悉備而傳者徐生首馬周禮者六官之屬王百七十五明宗廟社稷王侯等差朝格典儀大全其式矣贊易道始于太極是生兩儀四象八卦萬物生焉作十翼書以明之謂上繫下繫上彖下彖上象下象文言說卦敘卦雜卦而傳者古今衆矣賢學三千達者七十有二四科十哲德行顏回閔損冉耕仲弓言語宰予端木賜政事冉求仲由文學言偃卜商子鯉伯魚孫伋子思皆預其數壽七十三歲薨佛先三百九十九年

世尊示滅四百年矣時迦濕彌羅國五百六通依法智論造毗婆沙論

景王貴靈王次子治二十五年

第八祖佛陀難提者迦摩羅國人也姓瞿曇氏頂有肉髻辯捷無礙初遇婆須蜜尊者出家受教既而領徒行化至提迦國城毗舍羅家見其舍有白光上騰謂徒衆曰此家聖人口無言說真大乘器不行四衢知觸穢耳言訖長者出致禮問何所須祖

曰我求侍者曰我有一子名伏䭾蜜多年巳五十口未曾言足未曾履祖曰如汝所說真吾弟子祖既見之遽起禮拜而說偈曰父母非我親誰是最親者諸佛非我道誰是最道者祖以偈荅曰汝言與心親父母非可比汝行與道合諸佛心即是外求有相佛與汝不相似欲識汝本心非合亦非離伏䭾蜜多聞祖妙偈便行七步祖曰此子昔曾值佛悲願廣大慮父母愛情難捨故不言不履耳時長者遂捨令出家祖尋授具戒復告之曰我今以如來正法眼藏付囑於汝勿令斷絕乃說偈曰虛空無內外心法亦如此若了虛空故是達真如理蜜多承師付囑以偈讚曰我師禪祖中當得爲第八法化衆無量悉獲阿羅漢時尊者佛陀難提即現神變却復本坐儼然寂滅衆興寶塔葬其全身即景王十年丙寅歲也

孔子時年二十六適周問禮於老聃聃年巳七十九老聃是年薨壽八十四歲

四月王崩劉子單子立王子猛六月子朝作亂十月晉納王于王城十一月猛卒（諡悼王）

敬王丐（悼王弟） 劉獻公單穆公韓宣等伐子朝立王治四十三年

○（冬竟單逐王子朝入成周自是謂王城爲西周成周爲東周）

十一年乃魯定元

孔子爲魯司寇年巳五十二矣

孔子去魯適衛

孔子之宋如陳

孔子微服過宋

孔子厄於陳

二十八年魯哀十一年孔子自衛返魯作春秋定六經時年六十一歲矣

第九祖伏䭾蜜多者提伽國人姓毗舍羅既受佛陀難提付囑後至中印度行化時有長者香蓋攜一子而來瞻禮尊者曰此子處胎六十年因號難生復嘗會一仙者謂此兒非凡當爲法器今遇尊者可令出家祖即與落髮授戒羯磨之際祥光燭座仍感舍利三十粒現前自此精進忘疲既而師告之曰如來大法眼藏今付於汝汝護念之乃說偈曰真理本無名因名顯真理受得真實法非真亦非僞尊者付法已即入滅盡三昧而般涅槃衆以香油旃檀闍維真體收舍利建塔于那爛陀寺即敬王三十三年甲寅歲孔子絕筆于獲麟

王四十年魯哀十六年夏四月八日孔子薨于曲阜四十三年吳滅矣

元王仁（敬王子） 治八年○（越王句踐始霸矣）

貞定王介（元王子） 在位二十八年

世尊示滅五百年矣

第十祖脇尊者中印度人也本名難生初將誕父夢一白象背有寶座座上安一明珠從門而入光照四衆既覺遂生後值伏䭾尊者執侍左右未嘗睡眠謂其脇不至席遂號脇尊者初至華氏國憩一樹下右手指地而告衆曰此地變金色當有聖人入會言訖即變金色時有長者子富那夜奢合掌前立尊者問曰汝從何來夜奢曰我心非往尊者曰汝何處住曰我心非止

祖曰汝不定邪曰諸佛亦然祖曰汝非諸佛曰諸佛亦非祖因說偈曰此地變金色預知於聖至當坐菩提樹覺華而成已夜奢復說偈曰師坐金色地常說真實義回光而照我令入三摩諦祖知其意即度出家復具戒品乃告之曰如來大法眼藏今付於汝汝護念之乃說偈曰真體自然真因真說有理領得真真法無行亦無止付法已即現神變入于涅槃化火自焚四衆以衣裓盛舍利隨處興塔焉即貞王二十七年己亥歲也

辛丑考王嵬一名隗貞王子治十五年

丙辰威烈王午考王子在位二十四年

[illegible]王十九年魏斯好賢即文侯之德

丁丑○通鑑始于此宋司馬光集

戊寅王命趙魏韓為諸侯自此號為七雄

日東比丘溥銘助刊此卷

佛祖歷代通載卷第四

佛祖歷代通載卷第四

校勘記

一　底本，明永樂北藏本。

一　行首干支紀年不屬眉註範圍，以下各卷同。

一　八三七頁上九行「生子」，清作「生于」。

一　八三七頁上一一行「淨飯天母」，清作「淨飯王母」。

一　八三七頁下一九行夾註右「山州」，清作「山川」。

一　八三九頁下七行夾註左第八字「憑」，清作「惡」。

一　八三九頁下一〇行夾註左第八字「出」，清作「以」。

一　八四〇頁上一五行第九字「頭」，清作「願」。

一　八四〇頁中八行首字「商」，徑、清作「商」。下同。

一　八四〇頁下一四行夾註右「作乳」，徑、清作「作亂」。

一　八四二頁上五行眉註右首字「化」，徑作「此」。

一　八四二頁下一九行夾註右「楚井王」，清作「楚莊王」。

一　八四三頁上九行第一五字「逆」，徑、清作「逆」。

一　八四三頁中九行小字「楚莊王始霸」，清作「楚莊王始霸」。

一　八四四頁下一一行「三百九十九」，徑作「二百九十九」。

佛祖歷代通載卷第五　函五

嘉興路大中祥符禪寺住持華亭念常集

韓魏趙　雷氏曰 趙韓魏齊燕楚及秦是為七雄

韓武子 其先與周同姓後事晉封于韓自武子至王安十二君一百九十六年

魏武子 其先畢公高之後與周同姓武王克殷封于畢○時秦王嘗欲伐魏或曰文侯師卜子夏受子夏經藝客段干木過其閭君禮人賢國民稱仁上下和合未可圖也有賢人焉衍淳于髡之徒亦○惠王時有女子化為丈夫○其後畢萬事于晉獻公封于魏在河東都至悼公徙絳陽文侯復魏自畢萬至王假凡九世通計一百年至秦始皇滅之

趙武子 其先與秦同祖蜚廉二子惡來季勝季勝趙之先後造父為穆王御封于趙城因姓趙氏至敬侯都邯鄲自後至王嘉為秦將王賁虜之凡十一世計一百八十七年齊燕楚秦見上注

安王驕 一名驕威烈王之子 治二十六年

二年晉分為三晉趙魏及韓同謀滅晉三分其地也 齊滅矣

第十一祖富那夜奢華氏國人也姓瞿曇氏父寶身既得法於脇尊者尋詣波羅奈國有馬鳴大士迎而作禮因問曰我欲識佛何者即是祖曰汝欲識佛不識者是曰佛既不識焉知是乎祖曰既不識佛焉知不是曰此是鋸義祖曰彼是木義復問鋸義者何曰與師平出又問木義者何祖曰汝被我解馬鳴豁然惺悟稽首歸依遂求剃度祖謂衆曰此大士者昔為毘舍離國王其國有一類人如馬裸露王運神力分身為蠶彼乃得衣王後復生中印度馬人感戀悲鳴因號馬鳴焉如來記云吾滅度後六百年當有賢者馬鳴於波羅奈國摧伏異道度人無量繼吾傳化今正是時即告之曰如來大法眼藏今付於汝即說偈曰迷悟如隱顯明暗不相離今付隱顯法非一亦非二付法已即現神變湛然圓寂衆興寶塔以閟全身即安王十九年戊戌歲也

烈王喜 安王子王時天雨金于櫟陽 治七年是歲日食

顯王扁 烈王子 在位四十八年 時蘇秦遊說六國

二年秦惠始稱王矣

[illegible]王十二年

世尊示滅六百年矣

第十二祖馬鳴大士者波羅奈國人也亦名功勝以有作無作諸功德最為殊勝故名焉既受法於夜奢尊者後於華氏國轉妙法輪忽有老人坐前仆地師謂衆曰此非庸流當有異相言訖不見俄從地踊出一金色人復化為女子右手指師而說偈曰稽首長老尊當受如來記今於此地上宣通第一義說偈已瞥然不見師曰將有魔來與吾校力有頃風雨暴至天地晦冥師曰魔之來信矣吾當除之即指空中現一大金龍奮發威神震動山嶽師儼然於坐魔事隨滅經七日有一小蟲大若蟭螟潛形坐下師以手取之示衆曰斯乃魔之所變盜聽吾法耳乃放之令去魔不能動師告之曰汝但歸依三寶即得神通遂復本形作禮懺悔師問曰汝名誰邪眷屬多少曰我名迦毘摩羅有三千眷屬師曰汝盡神力變化若何曰我化巨海極為小事師曰汝化性海得否曰何謂性海我未嘗

知師即為説性海云山河大地皆依建立三昧六通由茲發現毘摩羅聞言遂發信心與徒衆三千俱求剃度師乃召五百羅漢與授具戒復告之曰如來大法眼藏今當付汝汝聽偈言隱顯即本法明暗元不二今付悟了法非取亦非離付法已即入龍奮迅三昧挺身空中如日輪相然後示滅四衆以真體藏之龍龕即顯王四十二年甲午歲也

慎靚王定顯王子 治六年王時六國皆自稱王

丁未 赧王延慎靚王子 治五十九年東西周分治為諸侯所侵王與居人無異王徒都太子治東

十八年

丙子 三十年宋滅矣

第十三祖迦毘摩羅華氏國人也初為外道有徒三千通諸異論後於馬鳴尊者得法領徒至西印度彼有太子名雲自在仰尊者名請於宮中供養祖曰如來有教沙門不得親近國王大臣權勢之家太子曰今我國城之北有大山焉山中有一石窟師可禪寂于此否祖曰諾即入彼山行數里逢一大蟒祖直進不顧遂盤繞祖身祖因與受三歸依蟒聽訖而去祖將至石窟復有一老人素服而出合掌問訊祖曰汝何所止荅曰我昔嘗為比丘多樂寂靜有初學比丘數來請益而我煩於忘荅起嗔恨想命終墮為蟒身住是窟中今已千載適遇尊者獲聞戒法故來謝耳祖問曰此山更有何人居止曰北去十里有大樹蔭覆五百大龍其樹王名龍樹常為龍衆說法我亦聽受耳尊者遂與徒衆詣彼龍樹出迎尊者曰深山孤寂龍蟒所居大德至尊何枉神足祖曰吾非至尊來訪賢者龍樹默念曰此師得決定性明道眼否是大聖繼真乘否祖曰汝雖心語吾以意知但辦出家何慮吾之不聖龍樹聞已悔謝尊者即與度脫及五百龍衆俱受具戒復告龍樹曰今以如來大法眼藏付囑於汝諦聽偈言非隱非顯法說是真實際悟此隱顯法非愚亦非知付法已即現神變化火焚身龍樹收五色舍利建塔瘞之即赧王四十六年壬辰歲也

巳○王與六國攻秦昭王怒攻西周王懼伏罪盡獻其邑是年秦使將軍摎攻之取九鼎寶器王崩而辛巳上八百六十七年內三百二十五年入春秋周滅

右周合三十七君八百六十七年

秦

雷氏曰昭襄孝文莊襄始皇胡亥子嬰秦朝六君四十九年

丙午 昭襄王稷惠文王子 姓嬴氏王水德都咸陽今京兆也 治五年至始皇時建亥正通霸五十一年

世尊示滅七百年矣

孝文王戊昭王子 元年脩先王功臣褒厚親施苑囿除喪在位三月運數一年

莊襄王楚孝文王子以呂不韋為相 治三年○次年癸丑日食

○十四國諸侯 ○戰國七雄

魏都大梁畢萬之後 趙都邯鄲趙衰之後 韓都宜陽 秦 齊都營丘陳氏之後 楚都郢 燕都薊

前後諸侯 始皇 歸統之圖

乙卯 始皇政 莊襄子。昭四十八年正月旦日生于邯鄲。其年十三，莊襄薨，政立爲秦王。自號始皇，欲至萬世。獨稱曰朕。改年朝賀皆自十月朔。衣服旌旗皆尚黑。置守尉監。築長城。名民曰黔首。用呂不韋、趙高、李斯爲相。衆治白起、王翦爲將。併吞六國，平一天下，分三十六郡。自後騎從巡遊天下，因之會稽、琅琊，還至沙丘，忽患病，七月丙申崩于平臺矣。 治三十七年 壽五十

下令逐諸侯客李斯諫而止

辛未 滅韓

癸酉 滅趙

丙子 滅魏

戊寅 滅楚

己卯 虜燕王喜

庚辰 滅齊

壬午 二十八年東巡郡縣上鄒嶧山及登瑯琊刻石頌德又上泰山立石封祠祀值風雨於松下因封五大夫又遣徐福求仙

癸未 沙門室利防等一十八人來自西域帝惡其異俗以付獄俄有金剛神碎獄門而出之帝懼即厚禮遣之時國事區區弗克敬奉

丁亥 築長城

戊子 焚書

己丑 坑儒作阿房宮第十四祖龍樹尊者西天竺國人也亦名龍勝始於毘羅尊者得法後至南印度彼國之人多信福業聞尊者爲說妙法遞相謂曰人有福業世間第一徒言佛性誰能覩之尊者曰汝欲見佛性先須除我慢彼人曰佛性大小尊者曰非大非小非廣非狹無福無報不死不生彼聞理勝悉回初心尊者復於座上現自在身如滿月輪一切衆唯聞法音不覩師相彼衆中有長者子名迦那提婆謂衆曰識此相否衆曰目所未覩安能辯識提婆曰此是尊者現佛性體相以示我等何以知之蓋以無相三昧形如滿月佛性之義廓然虛明言訖輪相即隱復居本座而說偈言身現圓月相以表諸佛體說法無其形用辯非聲色彼衆聞偈咸願出家以求解脫尊者即爲剃髮命諸聖授具其國先有外道五千餘人作大幻術衆皆宗仰尊者悉爲化之令歸三寶復造大智度論中論十二門論垂之於世後告上首弟子迦那提婆曰如來大法眼藏今當付汝聽吾偈言爲明隱顯法方說解脫理於法心不證無瞋亦無喜付法訖入月輪三昧廣現神變復就本座凝然禪寂迦那提婆與諸四衆共建寶塔以葬焉即秦始皇三十五年己丑歲也

庚寅 二世胡亥 始皇少子。帝崩，李斯祕之，獨與趙高、胡亥知之。高遂矯詔殺扶蘇而立，爲帝。

二十一即位　在位三年　劉季起沛項羽起江東等諸侯　○並起陳勝吳廣起天下大亂矣　爲趙高殺

甲午 ○ 子嬰爲宦

三世子嬰 扶蘇子。○初趙高使婿閻樂殺二世，乃引璽綬之百官莫從，將上殿，殿欲壞者三。高知天命不與，乃立子嬰即位。三世殺趙高，夷其三族。○後沛公入關，子嬰即係頸以組，白馬素車奉璽降于軹道。爲秦王四十六日。○沛公既入咸陽，封宮室府庫，還軍灞上。○項羽復入關，遂殺子嬰。秦遂滅矣。

右秦 自始皇二十六年初并天下居帝位凡十五年而漢滅之

西漢 雷氏曰 漢高惠呂文景武昭宣元成哀平孺十有四君二百十四

乙未 高祖邦 字季，姓劉氏，王火德，治十二年。初用秦正，六初元年改用夏正，都長安，今京兆也。豐沛中陽里人。隆準龍顏，左股有七十二黑子。初爲泗上亭長，單父呂公奇之，以女妻焉。徒徒驪山，到豐西澤中放之。從中壯士願從者十人，初行山澤斷當路白蛇。後人見老嫗哭曰吾子白帝子，爲赤帝子斬之。秦二世元年布衣起于

沛而滅秦爲漢以蕭何爲相韓信爲將張良爲謀即漢有三傑焉共滅項羽于烏江生于秦昭四十六年壽六十二歲大定天下丁未夏四月崩于長樂宮葬長陵

西楚霸王項羽名籍下相人也楚將項燕之孫身長八尺目有重瞳勢可拔山力能舉鼎與中子弟皆歸之秦二世元年從季父項梁起江東至三年滅秦自號西楚都彭城立五年漢會諸侯于垓下大潰破之追至烏江自刎而死矣

二年冬十月五星聚東井十一月召諸縣父老約法三章殺人者死傷人及抵罪餘去秦法項羽

使英布殺義帝于郴是年滅韓趙魏三國

滅齊

滅燕與項羽約洪溝爲界以分天下

會諸將圍羽於垓下虞姬自刎

改咸陽爲長安

孝惠盈字日滿高祖子母呂氏十七即位見母殘酷使人謂太后曰吾終不能治天下遂縱酒色嬉樂甲寅八月崩于未央宮葬安陵壽二十四歲

治七年始有笛帝時丘仲作之笛者滌也滌蕩邪穢納于雅正龍笛有七孔竹笛五孔長笛三孔也

起長安西市脩建倉敖

高后雉姓呂氏單父呂公女少帝幼太后臨朝偽制立諸呂爲王欲謀天下朱虛劉氏劉章同勃誅諸呂矣

治八年壽七十

○地震○六月晦晝○行八銖錢

○秋星晝見

五年南越五自稱武帝

○春星晝見○行五分錢

正月日食

文帝恒高祖次子母薄姬初呂后封諸呂爲王陳平周勃劉章共誅諸呂三千人以立文帝性資寬惠溫純謹約衣不華飾百姓富樂自即位後凡下二十七詔刑民太半甲申崩未央宮葬霸陵壽四十七

治二十三年

文帝三年也

第十五祖迦那提婆南天竺國人也姓毘舍羅初求福業兼樂辯論後謁龍樹大士將及門樹知是智人先遣侍者以滿鉢水置於座前提婆見之即以一針投之而進忻然契會樹即爲說法不起於坐現月輪相唯聞其聲不見其形師語衆曰今此瑞者師現佛性表說法非聲色也師得法後至毘羅國彼有長者曰梵摩淨德一日園樹生大耳如菌味甚美唯長者與第二子羅睺羅多取而食之取已隨長而復生自餘親屬皆不能見時尊者知其宿因遂至其家長者問其故尊者曰汝家昔曾供養一比丘然此比丘道眼未明以虛霑信施故報爲木菌唯汝與子精誠供養得以享之餘即否矣又問長者年多少曰七十有九尊者乃說偈曰入道不通理覆身還信施汝年八十一此樹不生耳長者聞偈彌加歎伏且曰弟子衰老不能事師願舍次子隨師出家尊者曰昔如來記此子當第二五百年爲大教主今之相遇蓋符宿因即與剃髮執侍至巴連弗城聞諸外道欲障佛法計之既久尊者乃執長旛入彼衆中彼問祖曰汝何不前祖曰汝何不後又曰汝似賤人祖曰汝似良人又曰汝解何法祖曰汝百不解又曰我欲得佛祖曰我灼然得佛又曰汝不合得祖曰元道我得汝實不得又曰汝既不得云何言得祖曰汝有我故所以不得我無我故自當得彼辭既屈乃問祖曰汝名何等祖曰我名迦那提婆彼既夙聞祖名乃悔過致謝時衆中猶互興問難尊者折以無礙之辯由是歸伏乃告上足羅睺羅多而付法眼

偈曰本對傳法人為說解脫理於法實無證無終亦無始說偈已入奮迅定身放八光而歸寂滅學衆興塔而供養之即前漢文帝十九年庚辰歲也

甲申 景帝啓 文帝子母竇氏三十二歲即位好黄老二子令宫人皆誦之因改子

丁亥○ 治十六年 晉為經庚子崩來矣宫葬陽陵壽四十八二年用鼂錯策七國皆反遣周亞夫將三十六將攻之復用袁盎之謀斬錯以謝七國天下大定矣

世尊示滅八百年矣 帝滅宫法定鑿令乙誤周亞○夫功大欲獄之遂嘔血而死

辛丑 武帝徹改建元 景之中子母王夫人常夢日入懷而生十六歲崩于五柞殿葬于茂陵十七即位 治五十四年 依運膺圖

辛丑建元東方朔為太史帝好仙術方士文成五利等帝饑貪地好殺○命司馬遷筆初以正月為歲首色尚黃數用五與太學備郊祀定曹律作詩樂建封禪禮百神紹周復號令文章煥然可述矣

乙巳○

丁未 改元光

癸丑 改元朔

丁巳 改元狩 ○淮南王安衡山王賜以謀反誅○戰其儐累數萬人用孫寬為相衡青霍去病為將北伐先奴開河朔之地○又平南越王○東越朝鮮為郡縣西羌五國號昆邪王收休屠王○復遣張騫西往身毒國尋浮圖教果獲之

丁 四月初作誥定之有誥始此

乙丑 改元鼎

癸 第十六祖羅睺羅多者迦毘羅國人也行化至室羅筏城有河名曰金水其味殊美中流復現五佛影祖告衆曰此河之源凡五百里有聖者僧伽難提居於彼處佛誌一千年後當紹聖位語已領諸學衆泝流而上至彼見僧伽難提安坐入定祖與衆伺之經三七日方從定起祖問曰汝身定邪心定邪曰身心俱定祖曰身心俱定何有出入曰雖有出入不失定相如金在井金體常寂祖曰若金在井若金出井金無動靜何物出入曰言金動靜何物出入許金出入金非動靜祖曰若金在井出者何金若金出井在者何物曰金若出井在者非金金若在井出者非物祖曰此義不然曰彼理非著祖曰此義當墮曰彼義不成祖曰彼義不成我義成矣曰我義雖成法非我故祖曰我義已成我無我故曰我無我故復成何義祖曰我無我故故成汝義曰仁者師於何聖得是無我祖曰我師迦那提婆證是無我曰稽首提婆師而出於仁者仁者無我故我欲師仁者祖曰我已無我故汝須見我我汝若師我故知我非我我難提心意豁然即求度脫尊者曰汝心自在非我所繫語已即以右手擎金鉢舉至梵宫取彼香飯將齋大衆而大衆忽生厭惡之心尊者曰非我之咎汝等自業即命僧伽難提分坐同食衆復訝之祖曰汝不得食皆由此故當知與吾分坐者即過去娑羅樹王如來也愍物降迹汝輩亦莊嚴劫中已至三果而未證無漏者也衆曰我師神力斯可信矣彼云過去佛者即竊疑焉羅睺羅多知衆生慢乃曰世尊在日世界平正無有丘陵江河溝洫水悉甘美草木滋茂國土豐盈無八苦行十善自雙樹示滅八百餘年世界丘墟草木枯悴人無至信正念輕微不信真如唯愛神力

讖言訖以右手漸展入地至金剛輪際取甘露水以琉璃器持至會所大衆見之即時欽慕悔過作禮於是尊者命僧伽難提而付法眼偈曰於法實無證不取亦不離法非有無相内外云何起付法已安坐歸寂四衆建塔當前漢武帝二十八年戊辰歲也

改元封

改太初

改天漢

改太始

改征和 巫蠱起江充奉掘蠱於太子宫太子與皇后謀斬充與丞相劉屈氂大戰長安死者數萬六雪

昭帝弗 武之子母趙婕妤九歲即位霍光受遺詔以周公輔政至戊申四月崩未央宫葬于平陵壽二十二歲 治十三年改始元

改元鳳 上官桀子安與霍光爭權帝終知霍光之忠烈矣

改元平

第十七祖僧伽難提者室羅筏城寶莊嚴王之子也生而能言常讃佛事七歲即厭世樂以偈告其父母曰稽首大慈父和南骨血母我今欲出家幸願哀愍故父母固止之遂終日不食乃許其在家出家號僧伽難提復命沙門禪利多為之師積十九載未嘗退倦尊者每自念言身居王宫胡為出家一夕天光下屬見一路坦平不覺徐行約十里許至大岩前有石窟焉乃燕寂于中父既失子即擯禪利多出國訪尋其子不知所在經十年尊者得法受記已行化至摩提國忽有涼風襲衆身心悅適非常而不知其然祖曰此道德之風也當有聖者出世嗣續祖燈乎言訖以神力攝諸大衆遊歷山谷食頃至一峯下謂衆曰此峯頂有紫雲如蓋聖人居此矣即與大衆徘徊久之見山舍一童子持圓鑑直造尊者前祖問汝幾歲邪曰百歲祖曰汝年尚幼何言百歲曰我不會理正百歲耳祖曰汝善機邪曰佛言若人生百歲不會諸佛機未若生一日而得決了之祖曰汝手中當何所表曰諸佛大圓鑑内外無瑕翳兩人同得見心眼皆相似彼父母聞子語即舍令出家祖攜至本處受具戒訖名伽邪舍多他時聞風吹殿銅鈴聲祖問鈴鳴邪風鳴邪舍多曰非風非鈴我心鳴耳祖曰心復誰乎曰俱寂靜故尊者曰善哉善哉繼吾道者非子而誰即付法偈曰心地本無生因地從緣起緣種不相妨華果亦復爾付法已右手攀樹而化大衆議曰尊者樹下歸寂其垂蔭後裔乎將奉全身於高原建塔衆力不能舉即就樹下起塔當前漢昭帝十三年丁未歲也

昌邑王 名賀哀王髆之子武之孫在位二十七日縱淫戲無度罪犯一千一百二十七事霍光與田延年白太后解璽送之昌邑廢為海昏侯誅昌邑羣臣不能輔道者二百餘人唯王吉龔遂以數諫得免

宣帝詢 武帝曾孫戾太子孫生而足下有毛初名病已廢太 改本始

改地節 子被巫蠱事已在襁褓賴丙吉救養在於掖庭外家霍光廢昌邑奏太后就民間迎入即位遠方來朝號中興主壬申十二月崩未央宫壽四十三葬杜陵 治二十四年 時穀一石五錢

改元康

庚申 改神爵

甲子 改五鳳

戊辰 改甘露

帝興自民間知民疾苦魏相丙吉為相黃霸龔遂為太守從耿壽昌糴置常平倉以利民

世尊示滅九百年矣

時北天竺富婁沙國有大論師名憍尸迦三子同號婆藪槃豆此曰天親長曰阿僧佉此云無著首暢大乘阿瑜闍國大講堂中請聖慈尊說瑜伽論廣明五分十七地義次曰伐蘇畔徒此云世親首學小乘造俱舍論後從兄化演暢真宗造唯識等論探大義幼曰比隣持佛婆提此云獅子覺造集論釋大有研尋異哉三弘中道並譽五天妙旃檀林寧容荊棘俱求知足歸真應期御世談玄難可詳矣

壬申 改黃龍

癸酉 元帝奭改初元 宣帝之子二十七歲即位戊子五月崩于未央宮葬渭陵壽四十三開佛

治十六年

戊寅 改永光

癸未 改建昭

戊子 改竟寧

己丑 成帝驁改建始 字太孫元帝子二十即位以諸舅王鳳等為列侯更迭為相五侯專政賢臣屏逆甲寅三月崩未央宮

在位二十六年 壽四十五葬延陵

癸巳 改河平

丁酉 改陽朔

辛丑 改鴻嘉。 光祿大夫劉向傳比觀典籍往往見有佛經

乙巳 改永始

第十八祖伽耶舍多摩提國人也姓鬱頭藍父天蓋母方聖嘗夢大神持鑑因時有娠凡七日而誕肌體瑩如琉璃未嘗洗沐自然香潔幼好閑靜語非常童持鑑出遊遇難提尊者得度領徒至大月氏國見一婆羅門舍有異氣祖將入彼舍舍主鳩摩羅多問曰是何徒眾曰是佛弟子彼聞佛號心神竦然即時閉戶祖良久自扣其門羅多曰此舍無人祖曰答無者誰羅多聞語知是異人遽開關延接尊者曰昔世尊記曰吾滅後一千年有大士出現於月氏國紹隆玄化今汝值吾應斯嘉運於是鳩摩羅多發宿命智投誠出家受具訖付法偈曰有種有心地因緣能發萌於緣不相礙當生生不生付法已踊身虛空現十八變化火光三昧自焚其身眾以舍利起塔當前漢成帝二十年戊申歲也

己酉 改元延

癸丑 改綏和 都水使者劉向集列仙傳檢藏得梵本佛經六十餘卷編入仙傳則知自周以來自之人未識爾

乙卯 哀帝欣改建平 元帝庶孫定陶恭王子十九即位六年庚申六月崩未央宮葬義陵壽二十五

在位六年 景憲使西域大月氏王令太子口授獻浮圖經

己未 改元壽

辛酉 平帝衎改元始 元帝庶孫中山孝王興之子元帝三歲封為王元壽二年九月即位時方九歲王莽秉政乙丑崩未央宮葬康陵壽十四

治五年 加王莽為大司馬又為太傅號安漢公

立莽女為后　莽加宰衡

丙寅 孺子嬰 宣帝玄孫廣戚侯顯之子莽既鴆平帝嬰在襁褓年二歲即位莽初行周公故事如天子史民稱臣帝王戊辰而崩矣

治三年

戊辰 改初始 王莽以偽行篡遂即位矣

新室（姓王氏都長安以十一月建丑）雷氏曰（莽玄盆子合十八年）

莽字巨君（王皇后弟成帝之舅王曼之子元城人初封新都侯以女爲平帝后後篡奪即位國號大新至地皇四年爲漢光武軍所殺之）在位十五年改元建國

改天鳳

改地皇

第十九祖鳩摩羅多者大月氏國婆羅門之子也昔爲自在天人（欲界第六天）見菩薩瓔珞忽起愛心墮生忉利（欲界第二天）聞憍尸迦說般若波羅蜜多以法勝故升于梵天（色界）以根利故善說法要諸天尊爲導師以繼祖時至遂降月氏後至中天竺國有大士闍夜多問曰我家父母素信三寶而嘗縈疾瘵凡所營作皆不如意而我隣家久爲旃陀羅行而身常勇健所作和合彼何幸而我何辜尊者曰何足疑乎且善惡之報有三時焉凡人但見仁夭暴壽逆吉義凶便謂亡因果虛罪福殊不知影響相隨毫釐靡忒縱經百千萬劫亦不磨滅時闍夜多聞是語已頓釋所疑祖曰汝雖已信三業而未明業從惑生惑因識有識依不覺不覺依心心本清淨無生滅無造作無報應無勝負寂寂然靈靈然汝若入此法門可與諸佛同矣一切善惡有爲無爲皆如夢幻闍夜多承言領旨即發宿慧懇求出家既受具尊者告曰吾今寂滅時至汝當紹行化迹乃付法眼偈曰性上本無生爲對求人說於法既無得何懷決不決祖曰此是妙音如來見性清淨之句汝宜傳布後學言訖即於坐上以指爪剺面如紅蓮開出大光明照耀四衆而入寂滅闍夜多起塔當新室十四年壬午歲也

淮陽劉玄（字聖公景帝七代孫光武族兄景帝生長沙王發舂陵侯買獻侯熊渠舊楮太守利子張生聖公爲王素懦弱羞愧汗流擧手不能言二年因牧馬于郊下因縊殺之光武使鄧禹葬子劉陵）治二年改元更始

劉盆子（太山式人陽城王章之後寓武侯萌之子初與樊崇起兵皆朱眉破莽建武二年降于光武遂封趙王）治一年

東漢（都洛陽姓劉尚火德）雷氏云（光明章和殤安北鄉順沖質桓靈獻遺映合十三主百九十五）

世祖光武帝秀（字文叔南蔡人高祖九世孫景帝子長沙王發生舂陵侯買鬱林太守外郡尉回南頓令欽之子生有赤光照室既長用嚴子陵丁業復興漢室遂即位於鄗南後移都洛巳二月崩于南宮前殿壽六十二葬原陵）治三十三年改元建武

封孔子爲褒城侯

世尊示滅一千年（此後漢法諸大菩薩等相次出世造論矣）

改中元　京師有醴泉出飲者疾愈矣

明帝莊（光武第四子十歲通春秋三十即位大興儒學乙亥崩于東宮前殿壽四十八葬顯節陵）治十八年改元永平

帝夢金人身長丈六項佩日輪飛至殿庭旦集群臣令占所夢通人傅毅奏曰臣按周書異記昭王二十四年甲寅四月八日平旦之時暴風忽起宮殿人舍咸悉震動夜有五色光氣入貫太微徧於四方盡作青紅色王問太史蘇由曰是何祥也對曰西方有大聖人生也王曰於天下何如對曰此時無他後一千年聲教被及此土王使鐫石記之埋在南郊天祠前以年計之至今辛酉一千一十年也陛下所夢將必是乎帝信以爲然即遣中郎將蔡愔博士

王遵秦憬等十有八人西訪其道至大月氏國果遇迦葉摩騰竺法蘭二三藏持優填王第四造白氎像并四十二章經憬等奉迎而歸于洛矣

教流此土十二月三十日憬等迎二沙門至于洛陽帝令模像置清涼臺及顯節陵并洛京西門以示萬姓梵漢二經安蘭臺石室

詔以釋迦實像奉安顯節陵及清涼臺供養帝於城西雍門外立寺與騰蘭居之以白馬馱經而來遂名白馬寺騰蘭初譯四十二章經帝幸其寺騰蘭進曰寺東何館帝曰昔有阜無因而起夷之復然夜有光怪民呼為聖冢因祀之疑洛陽神也騰曰按天竺金藏詮所誌阿育王藏如來舍利於天下凡八萬四千所今支那震旦境中十有九處此其一也帝大驚即日駕幸聖冢而騰蘭隨往祭起忽有圓光現冢上三自現光中侍衛呼萬歲帝喜曰不遇二大士安知上聖遺柿哉詔塔于上受制度於騰蘭塔成九層高二百尺明年光又現有金色手出塔頂尺許如璃玑中見天香郁然帝駕幸禁瞻光隨步武旋繞自午及申而滅矣

法蘭出十地斷結經

釋道比較焚經是年正月一日五嶽諸山道士褚善信等上表欲相比較時南嶽道士褚善信等西嶽道士劉正念等北嶽道士桓文度等東嶽道士焦德心等嵩嶽道士呂惠通等諸山道士費叔才祁文信等一千三百一十人表以奏聞勅納表遣尚書令宋庠引入長樂宮以今月十五日可集白馬寺築壇置火驗時道士等將真元五訣符錄等五百九卷茅成子等二十七家二百三十五卷通計七百四十八卷置之壇上褚費之徒焚香呪已遂使火之諸子道書皆滅灰燼褚費二人自感而死次將梵本火然赤爽宛如飛新更增光潔時摩騰法師神變凌空泠然偈曰狐非師子類燈非日月明池無巨海納丘無山嶽嵘法雲垂世界善種得開萌顯通希有法處處化群生乃至翫宣法戒藏等神通勝事驚心士庶投誠出家者衆時有司空陽城侯劉善峻等一千餘人出家慕道四嶽道士呂惠通等六百二十八人抽簪落髮夫人王婕妤等與宮媛二百三十餘人厭俗歸真南嶽道士葬褚善信不蒙披剃既而明帝設齋親與下髮廣施衣鉢大啓玄宗廣度僧尼高崇十寺城外七寺安僧城內三寺安尼寺之得名自斯而始備如佛道論

（梵王渙皇弟也學黄老與佛作圖讖以躁反廢徙丹陽自殺累及千餘人）

石室論云昔西域聖人之教既非衰周暴秦之君能致然西漢二三英主有可致之德而聖教亦不至獨現夢於顯宗凡近古高僧皆推聖人去世登千載而後教至曾未有考著顯宗之德有必感聖人之理此予通論所以作也夫兩漢有天下傳一十四世有君德者二祖四宗而已二祖蓋立極之主固無可議若三宗各有其美而不能亡其弊唯顯宗

為至馬有太宗恭儉之美而文雅威重過之有世宗經畧四夷之勳而無世宗淫侈之弊有中宗政治之明而崇儒尚德過之斯蓋兼有三宗之長而無三宗之短是以班固傳敘頌其勳德於漢為最盛然世之學者不以班傳為信徒見鍾離意傳謂帝性褊察好以耳目隱發為明遂以此為顯宗實錄嗚呼豈篤論哉昔仲尼平章討論五帝三王治具以貽後世迨其後遭暴秦燔毀之餘世宗僅能舉之而已至顯宗乃始躬行儒術尊養三老五更饗社禮畢帝正坐自講諸儒執經問難於是時冠帶搢紳之士圜橋門而觀聽者億萬計濟濟乎洋洋乎由三代以來儒風之盛莫甚於永平時也及章和之後諸儒開館授道著籍者動逾千數蓋永平之化猶周南麟趾之應也初雖獄訟繁劇帝臨政刻意裁斷精覈善善惡惡之實猶孔子為司寇七日而誅少正卯暫臨夾谷而盡誅優倡此誠不可以少假仁恕也謂之褊察則過矣予謂使孔子復生必曰顯宗吾無間然矣由顯宗包舉西漢三宗之美躬行古帝王之道此所以精爽與吾佛感通而聖教因之被于中夏與儒相表裏而廣天下以善也夫豈偶爾哉

及第二十祖闍夜多者北天竺國人也智慧淵沖化導無量後至羅閱城敷揚頓教彼有學眾唯尚辯論為首者名婆脩盤頭（此云徧行）常一食不卧六時禮佛清淨無欲為眾所歸祖將欲度之先問彼眾曰此徧行頭陀能脩梵行可得佛道乎眾曰我師精進何故不可祖曰汝師與道遠矣設苦行歷於塵劫皆虛妄之本也眾曰尊者蘊何德行而譏我師祖曰我不求道亦不顛倒我不禮佛亦不輕慢我不長坐亦不懈怠我不一食亦不雜食我不知足亦不貪欲心無所希名之曰道時徧行聞已發無漏智懽喜讚歎尊者又語彼眾曰會吾語否吾所以然者為其求道心切夫絃急即斷故吾不贊令其住安樂地入諸佛智復告徧行曰吾適對眾抑挫仁者得無惱於衷乎曰我憶念七劫前生安樂國師於智者月淨記我非久當證斯陀含果時有大光明菩薩出世我以老故策杖禮謁師叱我曰重子輕父一何鄙哉時我自謂無過請師示之師曰汝禮大光明菩薩以杖倚壁畫佛面以此過慢遂失二果我責躬悔過以來聞諸惡言如風如響況今獲飲無上甘露而反生熱惱耶唯願大慈以妙道垂誨祖曰汝久植眾德當繼吾宗聽吾偈曰言下合無生同於法界性若能如是解通達理事竟付法已不起於坐奄然歸寂闍維收舍利建塔當後漢明帝十七年甲戌歲也

佛祖歷代通載卷第五

佛祖歷代通載卷第五

校勘記

一　底本，明永樂北藏本。

一　八四八頁上一二行夾註右末字「徒」，清作「徙」。

一　八四八頁中六行「忘荅」，清作「應荅」。

一　八四八頁下四行夾註右第七字「漸」，清作「慚」。

一　八四八頁下圖表八行「會問公」，經、清作「會周公」。

一　八四九頁上一行夾註左第一一字「位」，經、清作「傳」。

一　八五〇頁上六行「傷人及抵謫罪」，清作「傷人及盜抵罪」。

一　八五〇頁上一七行「倉敕」，經、清作「倉廒」。

一　八五〇頁中七行夾註右「太半」，經、清作「太平」。

一　八五二頁上一四行小字右「六啻」，經、清作「不啻」。

一　八五二頁中二行第五字「令」，經、清作「今」。

一　八五二頁下一四行夾註左末字「色」，經作「邑」；清作「免」。

一　八五三頁上一八行夾註右「二十七歲」，經作「一十七歲」。

一　八五三頁下九行夾註左「偏入」，經、清作「編入」。

一　八五三頁下一〇行夾註左「自之人」，清作「有之人」。

一　八五四頁上一七行第一三字「送」，經、清作「逆」。

一　八五四頁中五行「慇求」，經、清作「懇求」。

一　八五四頁下一行夾註左「巖子陵」，經、清作「嚴子陵」。

一　八五五頁上一八行第七字「桊」，經、清作「拜」。本頁中三行第五字同。

一　八五五頁中二行「璃琉」，經、清作「琉璃」。

一　八五五頁中六行夾註右「梵王英」，經、清作「楚王英」。

一　八五五頁中一九行「赤奕」，經、清作「赫奕」。

佛祖歷代通載卷第六　亟六

嘉興路大中祥符禪寺住持華亭念常集

東漢

戊子章帝炟改建初一名炟明帝第五子十九即位戊子正月崩于章德殿壽三十一葬敬陵治十三年

庚辰帝令鄭玄等諸生作白虎通

甲申改元和徐州刺史王景上金人頌美先帝致佛之功載漢書○有神雀鳳凰白鹿白烏之瑞

丁亥改章和

己丑和帝肇改永元章帝第四子十歲即位乙巳崩章德前殿壽二十七葬慎陵在位十七年

乙巳改元興

丙午殤帝隆改延平和之少子誕百餘日即位十元興元年十二月時鄧大后臨朝次年八月崩崇德前殿二歲葬康陵在正位一年

丁未安帝祐改永初章帝孫清河孝王慶之子年十三即位乙丑二月因南巡狩至于葉崩於車年壽三十二葬恭陵矣治十九年

甲寅改元初

丁巳第二十一祖婆脩盤頭者羅閱城人也姓毘舍佉父光蓋母嚴一家富而無子父母禱于佛塔而求嗣焉一夕母夢吞明暗二珠覺而有孕經七日有一羅漢名賢衆至其家光蓋設禮賢衆端坐受之嚴一出拜賢衆辟席云回禮法身大士光蓋罔測其由遂取一寶珠跪獻賢衆試其真僞賢衆即受之殊無遜謝光蓋不能忍問曰我是丈夫致禮不顧我妻何德尊者辟之賢衆曰我受禮納珠貴福汝耳汝婦懷聖子生當爲世燈慧日故吾辟之非重女人也賢衆又曰汝婦當生二子一名婆脩盤頭則吾所尊者也二名芻尼此云野鵲子昔如來在雪山脩道芻尼巢於頂上佛既成道芻尼受報爲那提國王佛記云汝至第二五百年生羅閱城毘舍佉家與聖同胞今無爽矣後一月果生二子尊者婆脩盤頭年至十五禮光度羅漢出家感毘婆訶菩薩與之授戒行化至那提國彼王名常自在有二子一名摩訶羅次名摩拏羅王問尊者曰羅閱城土風與此同異尊者曰彼土曾三佛出世今王國有二師化導曰二師者誰尊者曰佛記第二五百年有一神力大士出家繼聖即王之次子摩拏羅是其一也吾雖德薄敢當其一王曰誠如尊者所言當捨此子作沙門尊者曰善哉大王能遵佛旨即與受具付法偈曰泡幻同無礙如何不了悟達法在其中非今亦非古尊者付法已踊身高半由旬屹然而住四衆仰瞻虔請復坐跏趺而逝茶毘得舍利建塔當後漢安帝十一年丁巳歲也

亟六　二

庚申改永寧

辛酉改建光

壬戌改延光

[illegible]王十八年也

丙寅北鄉侯懿章帝孫濟北王壽之子閻太后立之是年三月即位至十月而薨治[illegible]百七十[illegible]日

順帝保改永建安帝子年十一登位梁商父子秉政甲申八月崩玉堂前殿壽三十葬于憲陵永寧初爲太子在位十九年

亟六　三

壬申改陽嘉

丙子改永和

壬午改漢安

甲申改建康

乙酉冲帝炳改永嘉（順帝子母曰虞貴人建康甲申八月即位時年二歲梁太后臨朝梁冀輔政次年正月而崩玉堂前殿壽一歲葬于懷陵）運數一年

丙戌質帝纘改本初（章帝玄孫渤海王鴻之子也八歲即位聰惠夙成嘗朝會目梁冀曰跋扈將軍冀忌之鴆于玉堂前殿壽九歲葬靜陵）在位一年

丁亥桓帝志改建和（章帝曾孫蠡吾侯翼之子十五即位梁冀輔政永康丁未崩于德陽前殿壽三十六葬宣陵）在位二十一年

安息國沙門安清字世高本世子當嗣位讓之叔父舍國出家既至洛京譯經二十九部一百七十六卷絶筆于靈帝建寧三年因附舟浮游次廬山之䢼亭廟艤舟祠下廟神靈甚能分風送往來之舟有乞神竹者未許而斫神怒覆其舟致竹斫處過者雀息汗下高之舟人奉牲請福神輙降語曰舟有沙門乃不與俱來耶高至廟下神復降與高語舊因泣曰弟子家此湖千里皆所轄坐宿多嗔令報形極醜又旦夕且死必入地獄有縑千段并雜寶玩當為建寺塔為實福高許之徐曰能出形相勞苦手神曰形惡忝何高曰第出之於是出其首帳中蓋巨蟒也高梵語呪之蟒著兩淚俄不見高舟未發有少年跪前高又呪之乃去舟人問誰氏子高曰廟神已脱蟒形故來謝耳高至豫章建寺即今大安是也由高而名蓋江淮寺塔之始

庚寅改和平是年月支國沙門支婁迦讖亦云支讖至洛陽少時習語大通華言遂譯經至中平年凡二十一部六十三卷永興元年桓帝於宫中鑄黄金浮圖老子像覆以百寶華蓋身奉祀之由是百姓嚮化事佛彌盛

辛卯改元嘉

世尊示滅一千一百年矣

癸巳改永興

乙未改永壽

戊戌改延熹

第二十二祖摩拏羅者那提國常自在王之子也年三十遇婆脩祖師出家傳法至西印度彼國王名得度即瞿曇種族歸依佛乘勤行精進一日於行道處現一小塔欲取供養衆莫能舉王即大會梵行禪觀呪術等三衆欲問所疑時尊者亦赴此會是三衆皆莫能辨尊者即為王廣說塔之所因（阿育王造塔此不繁錄）今之出現王福力之所致也王聞是說乃曰至聖難逢世樂非久即傳位太子投祖出家七日而證四果尊者深加慰誨曰汝居此國善自度人今異域有大法器吾當化令得度曰師應迹十方動念當至寧勞往邪尊者曰然於是焚香遥語月氏國鶴勒那比丘曰汝在彼國教導鶴衆道果將證宜自知之時鶴勒那為彼國王寶印說脩多羅偈忽覩異香成穗王曰是何祥也曰此是西印度傳佛心印祖師摩拏羅將至先降信香耳曰此師神力何如荅曰此師遠承佛記當於此土廣宣玄化時王與鶴勒那俱遥作禮尊者知已即辭得度比丘往月氏國受王與鶴勒那供養後鶴勒那問尊者曰我止林間已經九白（印土以一年為一白）有弟子龍子者幼而聰慧我於三世推窮莫知其本尊者曰此子於第五劫中生妙喜國婆羅門家曾以

旃檀施於佛宇作槌撞鐘受報聰敏為衆欽仰又問我有何緣而感鶴衆尊者曰汝第四劫中嘗為比丘當赴會龍宮汝諸弟子咸欲隨從汝觀五百衆中無有一人堪任妙供時諸子曰師常說法於食等者於法亦等今既不然何聖之有汝即命赴會自汝捨生趣生轉化諸國其五百弟子以福微德薄生於羽族今感汝之惠故為鶴衆相隨鶴勒那聞語曰以何方便令彼解脫尊者曰我有無上法寶汝當聽受化未來際而說偈曰心隨萬境轉轉處實能幽隨流認得性無喜復無憂時鶴衆聞偈飛鳴而去尊者跏趺寂然奄化鶴勒那與寶印王起塔當後漢桓帝十九年乙巳歲也

丁未 改永康

大教至東夏一百年矣

戊申 靈帝宏改建寧（章帝玄孫瀆亭侯萇之子十二即位己巳四月崩南宮壽三十四葬文陵）在位二十二年（竇武立之）

壬子 改熹平

癸丑 是年天竺沙門竺佛朔至洛陽譯道行般若經棄文存質深得經意至光和中同支讖譯般舟三昧經共三卷是歲安息國優婆塞都尉安玄至洛邑同清信士嚴佛調譯經七部于時復有沙門支曜康巨康孟詳曇果竺大力皆善方言終漢世譯經凡三百餘部

丙辰 詔刻五經文字立于太學門外

戊午 改光和

甲子 改中平 ○道始黃巾作叛（初鉅鹿張角假術治病謀天自稱大賢良師以備黃天不數年徒三十六萬人皆著黃巾以甲子年同起從人達安）（癸未共寇郡縣內外大恐衆左中郎將皇甫嵩討滅之張角病死斬其尸二弟皆戮敗俱斬而書傳首京師）（○恭綱自稱天子起兵作亂）（益州黃巾馬相自稱天子）○（黃巾賊起黨獄賣官宦者十常侍弄權天下大亂）

己巳 廢洪農王辯（靈帝子即位改元光熹○袁術收閹人無少長斬之又改昭寧）（太原牧董卓入朝同廢帝為洪農王尋又殺之立陳留王為少帝矣）在位一百七十日

庚午 獻帝協改初平（靈帝中子路寧九年九月董卓廢皇子辯立之九歲）（即位）在位三十年（董卓自稱太師劫上遷都長安三年王允呂布共誅卓滅其族矣）

獻帝初平中牟子未詳名字世稱牟子既修經傳諸子書無大小靡不好之雖不樂兵法然猶讀焉雖讀神仙不死之書抑而不信以為虛誕會靈帝崩後天下擾亂獨交州差安北方異人咸來在焉多為神仙辟穀長生之術牟子常以五經難之道家術士莫敢對焉先是牟子將母辟世年二十六歸蒼梧娶妻太守聞其守學謁請署吏時年方盛志精於學又見世亂無仕宦意竟不就是時州郡相疑隔塞不通太守以其博學多識使致敬荊州牟子以為榮爵易讓使命難辭會牧弟豫章太守為中郎將笮融所殺牧遣騎都尉劉彥將兵赴之恐外界相疑兵不得進乃謂牟子曰弟為逆賊所害骨肉之痛憤發肝心當遣劉都尉行恐外界疑難行人不通君文武兼備有專對才今欲相屈之零陵桂陽假塗於通路何如牟子重遂其意諾之適其母卒遂不果行久之歎曰老子絕聖棄智脩身保真萬物不干其志天下不易其樂天子

不得臣諸侯不得友故可貴也於是銳志於佛道兼研老子五千文含玄妙爲酒槳翫五經爲琴簧世俗之徒多非之者以爲背五經而向異道欲爭則非道欲默則不能遂以筆墨之間略引聖賢之言證解之名曰牟子理惑云

問曰何以正言佛佛爲何謂乎牟子曰佛者覺也猶名三皇神五帝聖也佛乃道德之元祖神明之宗緒佛之言覺者恍惚變化分身散體或存或亡能小能大能圓能方能老能少能隱能彰蹈火不燒履刃不傷在污不染在禍無殃不行而到無作而光故號爲佛也

問曰何謂之爲道道何類也牟子曰道之言導也導人致於無爲牽之無前引之無後舉之無上抑之無下視之無形聽之無聲四表爲大蜿蜒其外毫釐爲細間關其內故謂之道

問曰孔子以五經爲道教可拱而誦履而行之今子說道虛無恍惚不見其意不指其事何與聖人言異乎牟子曰不可以所習爲重所希爲輕惑於外類失於中情立事不失道德猶調絃不失宮商天道法四時人道法五常老子曰有物混成先天地生可以爲天下母吾不知其名强字之曰道道之爲物居家可以事親宰國可以治民獨立可以治身履而行之充乎天地廢而不用消而不離子不解之何異之有乎

問曰夫至實不華至辭不飾言約而至者麗事寡而達者明故珠玉少而貴瓦礫多而賤聖人制七經之本不過三萬言衆事備焉今佛經卷以萬計言以億數非一人力所能堪也僕以爲煩而不要矣牟子曰江海所以異於行潦者以其深廣也五嶽所以別於丘陵者以其高大也若高不絶山阜跛羊凌其巔深不絶涓流孺子浴其淵麒麟不處苑囿之中呑舟之魚不遊數仞之溪剖三寸之蚌求明月之珠探枳棘之巢求鳳凰之雛必難獲也何者小不能容大也佛經前說億載之事却道萬世之要太素未起太始未生乾坤肇興其微不可握其纖不可入佛悉彌綸其廣大之外剖析其窈妙之內靡不紀之故其經卷以萬計言以億數多多益具衆衆益富何不要之有雖非一人所堪譬若臨河飲水飽而自足焉知其餘哉問曰佛經衆多欲得其要而棄其餘直說其實而除其華牟子曰否夫日月俱明各有所照二十八宿各有所主百藥並生各有所愈狐裘備寒絺綌御暑舟輿異路俱致行旅孔子不以五經之備復作春秋孝經者欲博道術恣人意耳佛經雖多其歸爲一也猶七典雖異其貴道德仁義亦一也孝所以說多者隨人行而與之若子張子游俱問一孝而仲尼答之各異攻其短也何棄之有哉

問曰佛道至尊至大堯舜周孔曷不修之乎七經之中不見其辭子既耽詩書悅禮樂奚爲復好佛道喜異術豈能踰經傳美聖業哉竊爲吾子不取也牟子曰書不必孔丘之言藥不必扁鵲之方合義者從愈

病者良君子博取衆善以輔其身子貢云夫子何常師之有乎堯事尹壽舜事務成旦學呂望丘學老聃亦俱不見於七經也四師雖聖比之於佛猶白鹿之與麒麟燕鳥之與鳳凰也堯舜周孔且猶與之況佛身相好變化神力無方焉能舍而不學乎五經事義或有所闕佛不見記何足怪疑哉

問曰云佛有三十二相八十種好何其異於人之甚也殆富耳之語非實之云也牟子曰諺云少所見多所怪覩馲駝言馬腫背堯眉八彩舜目重瞳臯陶鳥喙文王四乳禹耳三漏周公背僂伏羲龍鼻仲尼反宇老子日角月玄鼻有雙柱手把十文足蹈二五此非異於人乎佛之相好奚疑哉

問曰孝經言身體髮膚受之父母不敢毀傷曾子臨沒啓予手啓予足今沙門剃頭何其違聖人之語不合孝子之道也吾子常好論是非平曲直而反善之乎牟子曰夫訕聖賢不仁平不中不智也不仁不智何以樹德德將不樹頑嚚之儔也論何容易乎昔齊人乘船渡江其父墮水其子攘臂捽頭顛倒使水從口出而父命得甦夫捽頭顛倒不孝莫大然以全父之身若拱手修孝子之常父命絕於水矣孔子曰可與適道未可與權所謂時宜施者也且孝經曰先王有至德要道而泰伯斷髮文身自從吳越之俗違於身體髮膚之義然孔子稱之其可謂至德矣仲尼不以其斷髮毀之也由是而觀苟有大德不拘於少沙門捐家財棄妻子不聽音視色可謂讓之至也何違聖語不合孝乎豫讓吞炭漆身聶政皮面自刑伯姬蹈火高行截容君子爲勇而死義不聞譏其毀沒也沙門剃除須髮而比之於四人不已遠乎

問曰夫福莫踰於繼嗣不孝莫過於無後沙門棄妻子捐貨財終身不娶何違其福孝之行也自苦而無奇自拯而無異矣牟子曰夫長左者必短右大前者必狹後孟公綽爲趙魏老則優不可以爲滕薛大夫妻子財物世之餘也清躬無爲道之妙也老子曰名與身孰親身與貨孰多又曰觀三代之遺風覽乎儒墨之道術誦詩書修禮節崇仁義視清潔鄉人傳業名譽洋溢此中士所施行恬惔者所不恤故前有隋珠後有虓虎見之走而不敢取何也先其命而後其利也許由栖巢木夷齊餓首陽聖孔稱其賢曰求仁得仁者也不聞譏其無後無貨也沙門修道德以易遊世之樂反淑賢以貸妻子之歡是不爲奇孰與爲奇是不爲異孰與爲異哉

問曰黃帝垂衣裳製服飾箕子陳洪範貌爲五事首孔子作孝經服爲三德始又曰正其衣冠尊其瞻視原憲雖貧不離華冠子路遇難不忘結纓今沙門剃頭髮被赤布見人無跪起之禮儀無盤旋之容止何其違貌服之制乖搢紳之飾也牟子曰老子云上德不德是以有德下德不失德是以無德三皇之時食肉衣皮巢居穴處以崇質朴豈復須章甫之冠曲裘之飾哉然

其人稱有德而敦龎正信而無爲沙門之行有似之矣或曰如子之言則黃帝堯舜周孔之儔棄而不足法也牟子曰夫見博則不迷聽聰則不惑堯舜周孔修世事也佛與老子無爲志也仲尼栖栖七十餘國許由聞禪洗耳於淵君子之道或出或處或默或語不溢其情不淫其性故其道爲貴在乎所用何棄之有乎

問曰佛道言人死當更復生僕不信此言之審也牟子曰人臨死其家上屋呼之死已復呼誰或曰呼其䰟魄牟子曰神還則生不還則神何之乎曰成鬼神牟子曰是也䰟神固不滅矣但身自朽爛耳身譬如五穀之根葉䰟神如五穀之種實根葉生必當死種實豈有終已得道身滅耳老子曰吾有大患以吾有身也若吾無身吾有何患又曰功成名遂身退天之道也或曰爲道亦死不爲道亦死有以異乎牟子曰所謂無一日之善而問終身之譽者也有道雖死神歸福堂爲惡既死神當其殃愚夫闇於成事賢智預於未萌道與不道如金比草禍之與福如白方黑焉得不異而言何易乎

問曰孔子云未能事人焉能事鬼未知生焉知死此聖人之所紀也今佛家輙說生死之事鬼神之務此殆非聖喆之語也夫履道者當虛無淡泊歸志質朴何爲乃道生死以亂志說鬼神之餘事乎牟子曰若子之言所謂見外而未識內者也孔子疾子路不問本末以此抑之耳孝經曰爲之宗廟以鬼享之春秋祭祀以時思之又曰生事愛敬死事哀戚豈不教人事鬼神知生死哉周公爲武王請命曰旦多才多藝能事鬼神夫何爲也佛經所說生死之趣非此類乎老子曰既知其子復守其母沒身不殆又曰用其光復歸其明無遺身殃此道生死之所趣吉凶之所住至道之要實貴寂寞佛家豈好言乎來問不得不對耳鐘鼓豈有自鳴者桴加而有聲矣

問曰孔子曰夷狄之有君不如諸夏之亡也孟子譏陳相更學許行之術曰吾聞用夏變夷未聞用夷變夏者也吾子弱冠學堯舜周孔之道而今舍之更學夷狄之術不已惑乎牟子曰此吾未解大道時之餘語耳若子可謂見禮制之華而闇道德之實闚炬燭之明未覩天庭之日也孔子所言矯世法矣孟軻所云疾專一耳昔孔子欲居九夷曰君子居之何陋之有及仲尼不容於魯衛孟軻不用於齊梁豈復仕於夷狄乎禹出西羌而聖喆瞽叟生舜而頑嚚由余產狄國而霸秦管蔡自河洛而流言傳曰北辰之星在天之中在人之北以此觀之漢地未必爲天中也佛經所說上下周極含血之類物皆屬佛焉是以吾復尊而學之何爲當舍堯舜周孔之道金玉不相傷隨璧不相妨謂人爲惑特自惑乎

問曰孔子稱奢則不孫儉則固與其不孫也寧固御孫曰儉者德之共侈者惡之大也今佛家以空財布施爲名盡貨與人爲貴豈有福哉牟子曰彼一時也此一時也

仲尼之言疾奢而無禮御孫之論刺莊公之刻桷非禁布施也舜耕歷山恩不及州里太公屠牛惠不逮妻子及其見用恩流八荒惠施四海饒財多貨貴其能與貧困屢空貴其履道許由不貪四海伯夷不甘其國虞卿捐萬户之封救窮人之急各其志也傳負羈以盤飧之惠全其所居之閭宣孟以一飯之故活其不訾之軀陰施出於不意陽報皎如白日況傾家財發善意其功德巍巍如嵩泰悠悠如江海矣懷善者應之以祚挾惡者報之以殃未有種稻而得麥施禍而獲福者也

問曰人之處世莫不好富貴而惡貧賤樂歡逸而憚勞倦黃帝養性以五肴為上孔子食不厭精膾不厭細今沙門被赤布日一食閉六情自畢於世若茲何聊之有牟子曰富與貴是人之所欲不以其道得之不處也貧與賤是人之所惡不以其道得之不去也老子曰五色令人目盲五音令人耳聾五味令人口爽馳騁畋獵令人心發狂難得之貨令人行妨聖人為腹不為目此言豈虛哉柳下惠不以三公之位易其介段干木不以其身易魏文之富許由巢父栖木而居自謂安於帝宇夷齊餓于首陽自謂飽於文武蓋各得其志而已何不聊之有乎

問曰若佛經深妙靡麗牟子胡不談之於朝廷論之於君父修之於閨門接之於朋友何復學經傳讀諸子乎牟子曰子未達其源而問其流也夫陳俎豆於壘門建旌旗於朝堂衣狐裘以當蕤賓被絺綌以御黃鍾非不麗也乖其處非其時也故持孔子之術入商鞅之門賫孟軻之說詣蘇張之庭功無分寸過有丈尺矣老子曰上士聞道勤而行之中士聞道若存若亡下士聞道而大笑之吾懼大笑故不為談也渴不必待江河而飲井泉之水何所不飽是以復治經傳耳問曰老子云智者不言言者不智又曰大辯若訥大巧若拙君子恥其言過行設沙門有至道奚不坐而行之何復談是非論曲直乎僕以為此德行之賊也牟子曰來春當大饑今秋不食黃鍾應寒蕤賓重裘備預雖早不免於愚老子所云謂得道者耳未得道者何知之有乎大道一言而天下悅豈非大辯老子不云乎功遂身退天之道也身既退矣又何言哉今之沙門未及得道何得不言老氏亦猶言也如其無言五千何述焉若知而不言可也既不能知又不能言愚人也故能言不能行國之師也能行不能言國之用也能行能言國之寶也三品各有所施何德之賊乎唯不能言又不能行是賊也

問曰如子之言徒當學辯達修言論豈復治情性履道德乎牟子曰何難悟之甚乎夫言語談論各有時也蘧瑗曰國有道則直國無道則卷而懷之甯武子曰國有道則智國無道則愚孔子曰可與言而不與言失人不可與言而與言失言故智愚自有時談論各有意何為當言論而不行哉

問曰云佛道至尊至快無為淡泊世人學

士多識毀之云其辭說廓落難用虛無難信何也牟子曰至味不合於衆口大音不比於衆耳作咸池設大章發簫韶詠九成莫之和也張鄭衛之絃歌時俗之音必不期而拊手也故宋玉云客歌於郢為下俚之曲和者千人引商激角衆莫之應此皆悅邪聲不曉於大度者也韓非以管闚之見而誇堯舜接輿以毛釐之分而刺仲尼皆耽小而忽大者也夫聞清商而謂之角非彈絃之過聽者之不聰矣見和璧而名之石非璧之賤也視者之不明矣神蛇能斷而復續不能使人不斷也靈龜發夢於宋元不能免豫且之網大道無為非俗所見不為譽者貴不為毀者賤用不用自天也行不行乃時也信不信其命也

問曰吾子以經傳理佛之說其辭富而義顯其文熾而說美得無非真誠是子之辯也牟子曰吾非辯也見博故不惑耳問曰見博其有術乎牟子曰由佛經也吾未解佛經之時惑甚於子雖誦五經適以為華未成實矣吾既覩佛經之說覽老子之要守恬淡之性觀無為之行還視世事猶臨天井而窺谿谷登嵩岱而見丘垤矣五經則五味佛道則五穀矣吾自聞道以來如開雲見白日炬火入冥室焉

問曰子以經傳之辭華麗之說褒讚佛行稱譽其德高者陵青雲廣者踰地圻得無踰其本過其實乎而僕譏刺頗得疢中而其病也牟子曰吁吾之所褒猶以塵埃附嵩岱收朝露投江海子之所謗猶握瓢觚欲滅江海操耕耒欲損崐崙側一拳以翳日光舉土塊以塞河衝吾所褒不能使佛高子之毀不能令其下也

論曰牟子理惑三十有七篇梁僧祐律師載之宏明集可謂所從來遠矣觀其崇德辯惑闢邪御侮發揮大教之耿光蓋閎覽博物之君子也當是時吾佛法源濫觴之初凡西域沙門至中國者由騰蘭而下不過十人所新出經三百餘卷俱小乘教若微妙大乘諸經皆所未至牟子乃能玄鑑頓悟契佛心宗得法味若是之深比夫漢末稱衡陳元龍孔北海諸公虛負奇資終於不聞道不過為一俗士而死矣然則牟子賢以哉惜其書不能備載聊取二十篇輔成通論

大抵世之惑也者雖世尊在世尚莫能無剡今去聖逾二千載欲天下之廓廓皆正信其可得哉雖然是書正不可不以垂世也

漢書西域傳史官范曄論曰西域風土之載前史未聞也張騫懷致遠之略班超奮封侯之志終能立功西遐羈服外域自兵威之所肅服財賂之所懷誘莫不獻方奇納愛質露頂肘行東向而朝天子故設戊已之官分任其事建都護之帥總領其權其後甘英乃抵條支而歷安息臨海以望大秦拒五門陽關四萬餘里靡不周盡焉若其境俗性習之優薄產載物類之區品川河障嶺之基源氣節涼暑之通隔梯山棧谷繩行沙渡之道身熱首痛風災鬼難

身毒(身音捐毒音篤)之域莫不備寫情形審求根實至於佛道神化興自身毒而二漢方志莫有稱焉張騫但著地多暑濕乘象而戰班超雖列其奉浮圖不殺伐而精文善法導達之功靡所傳述予聞之說也其國則殷乎中土玉燭和氣靈聖之所降集賢懿之所挺生神迹詭異則理絕人區感驗明顯則事出天外而騫超無聞者豈非道閉往運數開叔葉乎不然何誣異之甚也漢自楚王英始盛齋戒之祀桓帝又脩華蓋之飾將微義未譯而但神明之耶詳其清心釋累之訓空有兼遣之宗道書之流也且好仁惡殺蠲(蠲音涓)敝崇善所以賢達君子多愛其法焉然好大不經奇譎無已雖鄒衍談天之辯莊周蝸角之論尚未足以槩其萬一又精靈起滅因報相尋若曉而昧者故通人多惑焉蓋導俗無方適物異會取諸同歸措夫疑說則大道通矣曄字蔚宗生晉末仕於宋凡史籍議論釋氏自曄而始

袁宏漢紀曰永平十一年浮屠者佛也西域天竺有佛道焉佛者漢言覺將覺悟羣生也其教以脩善慈心爲主不殺生專務清淨其精者號爲沙門漢言息心蓋息意去欲而歸於無爲也又以爲人死精神不滅隨復受形生時所行善惡皆有報應故所貴行善脩道以鍊精神不已以至無爲而得爲佛也佛身長一丈六尺黃金色項中佩日月光變化無方無所不入故能化通萬物而大濟羣生初明帝夢見金人長大項有日月光以問羣臣或曰西方有神其名曰佛其形長大因遣使天竺問其道術圖其形像而還有經數千萬卷以虛無爲宗包羅精麤無所不統善爲宏闊遠大之言所求在一體之內所明在視聽之外世俗之人或以爲虛誕然歸於玄微深遠難得而測故王公大人觀死生報應之際莫不矍然而自失焉本朝東坡居士曰此殆中國始知有佛時語也雖淺近大略具足矣野人得麂正爾煑食之耳其後賣與市人遂入公庖中饌之百方然麂之所以美未有絲毫加於煑食時也袁宏漢紀論佛世罕見全篇東坡大全集所載袁宏論佛說乃唐章懷太子注漢書楚王英傳所引用漢紀者當以此全篇爲正六

甲戌改興平

乙亥(穀一石二十五萬豆麥一石各二十萬錢)

丙子改建安帝東歸洛

丁丑(曹公迁都許昌以操爲司空劉備爲豫州牧)○是年千歲寶掌和尚至自西土

戊寅沙門康猛竺大力譯四諦及興起本行等經六部凡十一卷於洛陽

辛巳(曹操與袁紹將顏良戰于官渡爲關雲長走馬入衆刺殺顏良)

己丑(吳周瑜破曹公於赤壁矣)

第二十三祖鶴勒那者(勒那梵語鶴即華言以尊者出世常感羣鶴戀慕故名)月氏國人也姓婆羅門父千勝母金光以無子故禱于七佛金幢即夢須彌山頂一神童持金環云我來也覺而有孕年七歲遊行聚落覩民間淫祀乃入廟叱之曰汝妄興禍福幻惑於人歲費牲牢傷害斯甚言訖廟貌忽然而壞由是鄉黨

謂之聖子年二十二出家三十遇摩拏羅尊者付法眼藏行化至中印度彼國王名無畏海崇信佛道尊者爲說正法次王忽見二人緋素服拜尊者王問曰此何人也師曰此是日月天子吾昔曾爲說法故來禮耳良久不見唯聞異香王曰日月國土總有多少尊者曰千釋迦佛所化世界各有迷廬日月我若廣說即不能盡王聞忻然時尊者演無上道度有緣衆以上足龍子早夭有兄師子博通彊記事婆羅門厥師既逝第復云亡乃歸依于尊者而問曰我欲求道當何用心尊者曰汝欲求道無所用心曰既無用心誰作佛事尊者曰汝若有用即非功德汝若無作即是佛事經云我所作功德而無我所故師子聞是言庚六已即入佛惠時尊者忽指東北問云是何壬三氣象師子曰我見氣如白虹貫乎天地復有黑氣五道橫亘其中尊者曰其兆云何曰莫可知矣尊者曰吾滅後五十年北天竺國當有難起嬰在汝身吾將滅矣今以

法眼付囑於汝善自護持乃說偈曰認得心性時可說不思議了了無可得得時不說知師子比丘聞偈欣愜然未曉將罹何難尊者乃密示之言訖現十八變而歸寂闍維畢分舍利各欲興塔尊者復現空中而說偈曰一法一切法一切一法攝吾身非有無何分一切塔大衆聞偈遂不復分就馱都之場而建塔焉即後漢獻帝二十年己丑歲也

甲申○道始作靈寶張陵客蜀居鵠鳴山作此經又造章醮道書二十四

己亥
卷以威有姓陵傳子衡衡傳子魯自號三師結宗謀數徒曹操入蜀率衆降之黃衣始滅三張鬼法自茲始

○正月魏王曹公薨子丕纂位三月改延康十月帝禪位于丕國號魏改元黃初封帝爲山陽公四子俱列侯青龍三年山陽公方崩壽五十四以漢天子禮葬于禪陵

東漢十二君一百九十五年

三國蜀吳附魏年紀魏五主王上德曹氏都于鄴姓雷氏曰

魏武文明齊芳高貴陳留歸晉五十四八

庚子
太祖武帝操字孟德沛國譙人也漢相國參之後爲漢相破黃巾定天下自擁兵年二十舉孝廉又注孫子兵法漢封魏王壽六十六薨葬洛陽高陵諡

太祖武皇帝

文帝丕字子桓武帝子受漢禪即位丁未五月崩嘉福殿壽四十歲葬于首陵

改黃初治七年

辛丑
蜀姓劉氏二主都于蜀雷氏曰蜀唯二主四十四年

先主備字玄德涿郡人也漢景帝孫中山靖王勝之後三顧茅廬舉諸葛亮癸卯孔明爲謀相關羽張飛爲將立蜀三壬四年崩永安宮葬惠陵壽六十三歲

諡曰昭烈大帝改年章武吳姓孫氏都金陵雷氏曰權亮休皓四主六十二

壬寅
大帝權字仲謀漢將軍堅之子孟孫武子之後吳郡富春人黃龍元年春即正位于南郊遷都建業太元二年改神鳳夏四月薨壽七十一葬蔣陵

諡大帝改年黃武治三十一年

論曰自漢以來天下一統建安之後鼎峙始分袁曹競逐於中原劉孫分康於江峽五嶽塵擁九牧雲屯或二祀而踏帝圖或三分而陳霸業故使魏祖挾天子而令諸侯劉宗馮劍閣而覬雍𣲖孫氏英略高挑長江橫武爪牙卧龍威力別據一域吞噬爲心各騁疆場牙嚴關塞廣延俊乂以佐股肱厚禮賢能賓爲國寶良匠妙法後此祖來僧會適吳舍利耀靈於江左迦羅游

魏禁律刼啓於洛都歸戒自此大行圖塔由斯特立譯人隨俗仍彼方言出經逐時便題名目故有吴品蜀晋糴馬重疊再飜由此而始泒流失譯良在於茲且三國峙居夫何西蜀一都獨無於代録今大吴次紀而以魏朝道俗具列于左方云

甲辰蜀後主禪（字公嗣先主子改元建興在位四十一年崩于洛矣魏青龍二年武侯卒景元四年降于魏蜀遂滅矣）

沙門維祇難（此云障礙）天竺國人同沙門竺律炎至武昌郡譯經二部及祇難卒律炎復於揚都譯經三部凡三卷時優婆塞支謙者字恭明月氏國人初遊洛邑受業于支亮亮字紀明受業于支讖世稱天下博知不出三支謙愽覽經籍為人習長黑瘦眼多白而睛黄時人語曰支郎眼中黄身雖細是智囊及辟她歸吴主見而大悦拜為愽士譯經一百二十九部一百五十二卷

丁未明帝叡改太和（字元仲聰悟能文文之子也景初三年爽申崩嘉福殿壽三十六葬于高平陵）在位十三年

陳思王曹植者字子建武帝中子十歲誦詩書十餘萬言善屬文太祖見而異之曰汝倩人耶植曰言出成論下筆成章願面試奈何倩人乎及長於世間藝術無不精練邯鄲淳見而駭嘆稱為天人植每讀佛經留連嗟玩以為至道之宗極轉讀七聲升降曲折之響世皆諷而則之游魚山聞（魚梵始此）有聲特異清颺哀婉因倣其聲為梵唄令法事中有魚山梵即其遺奏也始魏武欲立為嗣植荒酒自繼以故得免文帝頗嫉其才抑而不用嘗求自試帝不允既而十一年中三徙其藩植滋不得志而薨年三十一初植登魚山臨東阿喟然有終焉志遂營墓遺誡其子令薄葬植在日不甚信黄老著辯道論見意今藏經中弘明集

己酉吴稱帝遷建業改元黄龍

壬子吴改嘉禾

癸丑改青龍

丁巳改景初建丑為正月

戊午蜀改延熙○吴改赤烏

庚申齊王芳改元始（字蘭卿明帝無子養秦王詢宫省事祕人皆不知年八歲來魏祚至嘉平六年為司馬懿廢之）治十三年

辛酉康僧會至吴按吴書赤烏四年有康居國大丞相子姓康名僧會棄俗歸緇以遊化為任行至建康營立茅茨設像行道吴人初見謂為妖異有司奏聞主欲幽之詔至問狀會進曰如來大師化已千年然靈骨舍利神應無方昔阿育王奉之為八萬四千塔此其遺化也權以為誇已曰舍利可（權許三七）得當為塔之苟無驗則國有常刑會假請七日謂其屬曰大法廢興在此一舉當加意洗心潔齋懇求至期無驗乃展二七又無應權趣（音促）之會默念佛名真慈夫豈違我我更請展期以死祈之又七日衆懼無人色五鼓矣聞鏗然有聲起視餅中五色錯發大呼曰果吾願矣黎明進之權與公卿聚覩歎曰希世之瑞也會又言舍利威神一切世間無能壞者權使力士槌之砧碎而光明自若於是建塔度人立寺以其所名佛陀里寺曰建初奉會居焉

闞澤闞澤字德潤會稽山陰人也家世為農澤

好學居貧無資常爲人傭書自給所寫既畢即能誦由是博覽羣籍廣闞見而稱之曰闞生嬌傑仲舒子雲流也仕吳官太子太傅僧會入吳吳主因問澤曰漢明何年佛教入中國何緣不及東方澤曰永平十一年佛法初至計今赤烏四年則一百七十年矣永平十四年五嶽道士褚善信等乞與西僧角法於是善信負妄而死其徒以尸歸葬南嶽凡中國人倒不許出家無人流布加之羅亂歲深方至本國吳主曰孔子制述典訓教化来業老莊脩身自玩放蕩山林歸心澹泊何事佛爲澤曰孔老二教法天制用不敢違天佛教[illegible]諸天奉行不敢違佛以此言之優劣可見也出宗炳明佛論

丁卯第二十四祖師子比丘者中印度人也姓[illegible]婆羅門傳法遊方至罽賓國有波利迦者本習禪觀故有禪定知見執相捨相不語之五衆尊者詰而化之四衆皆默然心服唯禪定師達磨達者聞四衆被責憤悱而

来尊者曰仁者習定何當来此既至于此胡云習定曰我雖来此心亦不亂定隨人習豈在處所祖曰仁者既来其習亦至既無處所豈在人習曰定習人故非人習定我雖来此其定常習祖曰人非習定定習人故當自来時其定誰習彼曰如淨明珠內外無翳定若通達必當如此祖曰定若通達一似明珠今見仁者非珠之徒彼曰其珠明徹內外悉定我心不亂猶若此淨祖曰其珠無內外仁者何能定穢物非動搖此定不是淨達磨達蒙師開悟心地朗然尊者既攝五衆名聞遐邇方求法嗣遇一長者引其子問尊者曰此子名斯多當生便拳左手今既長矣而終未舒願尊者示其宿因尊者覩之即以手接曰可還我[illegible]珠童子遽開手奉珠衆皆驚異祖曰吾前報爲僧有童子名婆舍吾嘗赴西海齋受襯珠付之今還吾珠理固然矣長者遂舍其子出家祖與受具以前緣故名婆舍斯多祖即謂曰吾師密有懸記罹難非久如

来正法眼藏今轉付汝汝應保護普潤来際偈曰正說知見時知見俱是心當心即知見知見即于今尊者說偈已以僧伽梨衣密付斯多俾之他國隨機演化斯多受教直抵南天當魏齊王芳元始八年丁卯歲也尊者以難不可苟免獨留罽賓時本國有外道二人一名摩目多二名都落遮學諸幻法欲共謀亂乃盜爲釋子形象潛入王宮且曰不成即罪歸佛子妖既自作禍亦旋踵事既敗王果怒曰吾素歸心三寶何乃構害一至于斯即命破毀伽藍袪師子傳法後遊[illegible]除釋衆復自秉劍至尊者所問曰師得蘊空否尊者曰已得蘊空曰離生死否曰已離生死王曰既離生死可施我頭祖曰身非我有何恡於頭王即揮劍斷尊者首涌白乳高數尺王之右臂旋亦墮地七日而終太子光首歎曰我父何故自取其禍時有象白山僊人者深明因果即爲光首廣宣宿因解其疑網事具聖胄集及寶林傳中遂以師子尊者報體而建塔焉尊者付婆舍斯多心

法信衣為正嗣外傳出達磨達四世二十二師祖羅難特乃在魏高貴鄉公巳卯歲也

己巳 改嘉平

庚午 嘉平二年西竺曇摩迦羅及婆芬陀至洛陽與康僧鎧等翻譯衆經四分律鈔云自漢以來法流濫觴比丘特剪髮而已未有律儀供會齋懺事同祠祀至曹魏之初一同漢式迨嘉平開天竺曇摩迦羅（此云時）及梵僧曇無德康僧鎧師地梨荼耶乃阿瑜闍第九世弟子也葳承其後妙善律宗準用十僧大行佛制而以戒心為日用立羯磨受具中夏戒律之始也

辛未 吳改太元

世尊示滅一千二百年矣

壬申 吳王亮（字子明權之少子十歲即位改元建興治七年後孫綝黜亮為會稽王立兄孫休）

甲戌 高貴鄉公髦（字士彥文帝孫東海定王霖子己卯為司馬昭弒之壽二十）改正元治六年

吳改五鳳

丁丑 改甘露○吳改太平

戊寅 蜀改景耀

吳王休（字子烈權第六子孫綝廢亮立之改永安元年治六年壽三十崩）

己卯 罽賓國賊竊釋子形服作亂王怒以為釋子不知恩遂毀伽藍殺釋氏二十四祖師子尊者遇害而寂

庚辰 魏陳留王奐改景元（武帝孫燕王宇之子是年六月大將軍司馬師弒其君高貴鄉公後立常道鄉公即奐也是為元帝咸熙二年十二月讓位晉王晉王國薨八月懿孫晉炎繼其位帝又讓之炎受而立之是為西晉矣）治五年

辛巳 沙門朱士衡於洛講道行般若經義有闕文發足于闐求正本漢地講經自此而始（講經始此）

癸未 蜀改炎興魏鄧艾兵至後主出降國亡

右蜀漢二主四十三年（而併之魏）

甲申 魏咸熙元

吳王皓（字元宗孫和之子初號明主後恣淫虐嗜殺鋸斷人頭或剝人面皮鑿人眼睛在位十七年死於洛陽壽四十二改元興）

佛祖歷代通載卷第六

佛祖歷代通載卷第六

校勘記

一、底本，明永樂北藏本。

一　八五八頁中二行末字「𢪃」，[徑]、[清]作「拜」。

一　八五九頁上四行夾註右第三字「日」，[清]作「目」。

一　八五九頁上一五行第七字「舊」，[清]作「舊」。

一　八六〇頁下一五行「逆賊」，[徑]、[清]作「逆賊」。

一　八六二頁中一五行「須髮」，[清]作「鬚髮」。

一　八六四頁中一三行「商鞅」，[清]作「商鞅」。

一　八六五頁上三行「設大童」，[清]作「設大章」。

一　八六五頁上五行「柎手」，[清]作「拊手」。

一　八六五頁中一五行「宏明集」，[清]作「弘明集」。

一　八六五頁下六行「莫能」，徑作「不能」。

一　八六六頁中八行第五字「先」，清作「光」。

一　八六七頁上七行「所化」，清作「行化」。

一　八六七頁上一六行「佛惠」，清作「佛慧」。

一　八六七頁下八行夾註左「六二」，清作「六十二年」。

一　八六八頁中末行夾註右「蘭卿」，清作「蘭鄉」。

一　八七〇頁上一八行夾註左第九字「之」，清無。

佛祖歷代通載卷第七　藏七

嘉興路大中祥符禪寺住持華亭念常集

西晉

雷氏曰（宣景文武惠懷愍帝西晉四主五十二年）

高祖宣帝懿（姓司馬氏王金德都洛陽字仲達河內溫人也高陽氏之後祖儁潁川太守父防京兆尹帝乃防之次子事魏忠烈大有賢能壽七十三崩葬高原陵）

景帝師（字子元宣之長子壽四十八崩于許昌葬峻平陵）

文帝昭（字子上景之母弟壽五十五崩于露寢葬峻平陵）

武帝炎（字安世文之長子寬惠仁厚好華老之言咸熙二年受魏禪降封晉奐為陳留王遷于鄴用天子儀衛之帝自滅吳之後耆修纖治宮殆將萬人常乘羊車至于所寢己酉四月崩含章殿壽五十五葬峻陽陵）在位二十五年改元大始

吳孫皓始即位改甘露元年下令毀神祠波及梵宇臣僚建先帝感瑞剏寺不可毀也乃遣臣張昱往詰康僧會僧會挫其鋒理辯鋒出昱不能屈歸以會才高聞皓召至問曰佛言善惡報應可得聞乎會曰明主以孝慈治天下則赤烏翔而老人見以仁德育萬物則醴泉涌而嘉禾茂善既有應惡亦如之故為惡於隱鬼得而誅之為惡於顯人得而誅之易稱積善餘慶詩美求福不回雖儒典之格言即佛教之明訓皓曰然則周孔既明安用佛教會曰周孔不欲深言故畧示其跡佛教不止淺言故詳示其要皆為善也聖人唯恐善之不多陛下以為嫌何也皓無以酬之遂罷他日宿衛治圃得金像皓使置穢處蒙不潔以為笑樂俄得腫疾晝夜呻吟占者曰坐犯神祠禱諸廟不效宮人有奉佛者曰乃不請福於佛耶皓仰視曰佛神若是怪乎曰佛之威靈視神如天淵皓乃悟曰吾以慢像致此耳趣迎像龕而供事之仍請會說法悔罪會為開示玄要并取本業百二十願分二百五十事使皓行住坐卧增益善意及授之五戒少頃疾愈由是奉會為師

崇飾寺塔

太始元年月氏國沙門曇摩羅刹晉言法護至洛陽護學究三十六國道術兼通其語及自天竺大賫梵本婆羅門經達於玉門因居燉煌世號燉煌菩薩後游洛邑及之江左永嘉中隨處譯經未嘗暫停時優婆塞聶承遠執筆助翻垂四百卷及承遠卒其子道真者詢禀咨承法護筆授外道真自譯經六十餘卷時晉沙門譯法炬法立支敏度及優婆塞衛仕度等譯出衆經外炬與立等每相參合廣略異同編次部類凡一百四十餘卷復有沙門彊良婁至安法欽竺叔蘭白法祖支法度等各出衆經所以西晉已來宣譯漸廣

論曰吳黃武初陸績有言曰從今更六十年天下車同軌書同文及泰康改元而吳平天下一統果如績言自是才二十載至永寧之初正道虧頹羣雄嶽峙趙王刱基叛逆篡主於朝張軌繼請外遷擅據涼土內外糜沸仍漸亂階劉淵所以平陽李雄因蜀并絡懷帝蒙塵外郡愍后播越長安既道替時興而兩都版蕩法由人顯屬二主恓惶萬姓崩離歸信靡託百官失守釋種無依時有沙門竺法護及釋法炬等忘身利物志在

宏宣匪懈苦辛闡法為務護於晉世譯經最多且晉雖不文文才實著翻傳妙典日有實音所以禮樂衣冠晉朝始備信源道種相資而興焉

丙戌　吳改寶鼎

丁亥　大教東流二百年矣

己丑　吳改建衡

壬辰　吳改鳳凰

乙未　改咸寧○吳改天冊

丙申　吳改天璽明年又改天紀

己亥○九月會公示疾而化

庚子　改太康　吳滅　右吳四主六十年而晉併之天下一統

壬寅　會稽育王塔緣起有劉薩訶病死入冥見梵僧指往會稽育王塔處懺悔既甦出家名惠達及至會稽徧求不見偶一夜聞地下鐘聲倍加誠懇經三日忽從地涌出寶塔高一尺四寸廣七寸佛像悉具達既見塔精勤禮懺瑞應甚多明州塔此其始也

庚戌　東帝衷改永熙　王衷武帝子也而不慧為太后楊氏所殺識者知天下將亂　天子大臣多亂之司馬越竊柄　嬌賈后以為天子帝立四十八年太陽陵

治十七年

辛亥　改元康又改永平

三皇三洞經天　道家三皇經乃鮑靜所撰十四紙也彼曰

五嶽真仙圖　凡諸侯有此文者必為國王大夫有此文者為人父母庶人有此文者錢財自聚婦人有此文者必為皇后既犯國諱永康中被誅出晉史後人改曰三洞至唐二十年貞觀間吉州囚人劉紹妻王氏有五嶽真仙圖及鮑靜所撰三皇經時吉州司法參軍吉辯因檢囚於王氏處得之申省勅令刑部郎中紀懷業等追京下道士張惠元成武英等勘問得在先道士鮑靜所撰妄為墨本非令元等所造勅令毀除追諸道士及百姓有此文者其年冬並集得之遂

甲寅　於禮部廳前悉焚之瑞像到龜茲國已上一千二百八十五年在西竺是年始到丘茲凡住六十八年

永平四年天竺沙門耆域至洛陽指沙門竺法淵曰此菩薩從羊中來指竺法興曰此菩薩從天中來又曰比丘衣服華麗大違戒律非佛意也望見帝都宮室曰大略似忉利天宮然人天殊分疲民之力繕刻如此不亦侈乎未幾而洛陽亂域辭歸天竺數百人遮道請中食乃行域許之明日百餘家域分身同時赴之家喜其來及詳跡洛南域徐行而追者不及即以杖畫地曰於此訣矣是日有出長安者見域在寺中有賈胡濕登者其夕會域宿於流沙蓋一昔萬里沙門神迹於此為顯云初域來交廣並有靈異既達襄陽欲寄載過江舟人見是胡僧輕而不渡及船達岸域已前行路見兩虎虎弭耳掉尾域以手摩其頭虎下道而去見者皆散焉

庚申　改永康

辛酉　改永寧　正月趙王倫篡位還誅之

十六國　自永寧之後所在分十六國五涼四燕二趙三秦大夏成蜀為十六

雷氏曰張軌據涼稱曰前涼九主六十七

符堅僭亡　李特據益號曰後蜀六主四六桓溫戮辱

劉淵平陽號曰前趙四主二六
石勒平勦
石勒襄國號曰後趙六主三二
冉閔除討
符健長安號曰前秦五主四四
姚萇反臣
慕容儁據鄴號曰前燕二主二二
滅於符堅
姚萇長安號曰後秦三主三二
劉裕即真
乞伏金城號曰西秦四主二八
赫連使賓
呂光姑臧號曰後涼四主十三
姚興復彊
慕容山中號曰後燕四主四二
馮跋滅焉
烏孤廣武號曰南涼三主十九
熾盤僭王
慕德廣固號曰南燕二主十一
劉裕得天

李暠燉煌號曰西涼二主二四
蒙遜威彊
蒙遜張掖號曰北涼二主三九
拓跋乃昌
赫連朔方號曰大夏二主二五
魏有天下
馮跋昌黎號曰北燕魏滅二主
二十八年是十六國雜晉魏間
前涼張軌字士彥安定烏氏人漢張耳十七代孫永寧初涼州刺史建興年僭立為王依晉王朔立十三年晉武太原滅
戊改大安
後蜀李特字玄休巴西宕渠人其先廩君之裔自氐羌之亂適流人至蜀自稱益州牧號蜀改年建初
癸 蜀武帝雄字仲儁特第三子母曰羅氏是年羅尚殺特而立帝二十年改元建興年咸和八年生瘍于頭六日而卒壽六十一
甲 改永興
前趙劉淵字元海新興匈奴人冒頓之後初漢祖以宗女為公主妻冒頓約為兄弟故子孫冒姓劉氏都平陽六年改光熙
丙寅 改光熙○蜀改晏平
丁卯 懷帝熾改永嘉字豐度武帝二十五子也生而姿奇後無罪為劉聰

虜之壽三十歲
治六年
戊辰 趙改永鳳
己巳 趙和字玄泰淵之子身長八尺既立改年河瑞未幾為兄聰所殺於光極臺
趙劉聰改稱漢字玄明劉淵第四子性極勇傑承位自號昭武帝改元光興在位八年時河東大蝗食田唯不食黍豆靳準率人收埋之哭聲聞十餘里鐵土復出黍豆竟盡食矣
辛未 漢改嘉平
癸酉 愍帝鄴改建興字彥奇武帝孫吳王晏之子初即位時長安城中不盈百戶荊棘成林官無章服印綬唯桑板署號爾後被劉聰虜之使帝戎服執戟前導降封懷安侯遇害于洛壽十八歲
治四年
涼張寔字安遜在位五年壽四十八號昭公
石佛至吳 吳中是年有維衛迦葉二佛石像汎海而至吳淞江滬瀆口遙見浮遊道士巫師往迎並風濤洶湧吳縣朱膺素奉正法乃同數人共迎像於是乘流自到背有銘誌登舟其輕如羽乃奉安通玄寺供養今開元寺事載珠林
日隕

甲戌三日並出西方

漢星隕平陽化肉

乙亥漢改建元

丙子漢改麟嘉

東晉　雷氏曰元明成康穆哀廢簡武安恭東晉十一一百四年

丁丑元帝睿改建武司馬氏王金德遷都建鄴避愍帝名改建康字景文宣帝曾孫瑯琊王覲之子生于洛陽劉聰破洛與王導南渡據江東壬午崩內殿葬平陵壽四十七

治六年

敍曰經云三界無常有為非久晉氏之基魏室遠系乃誅曹爽而絕其宗設帝策而陳其績金承土運曆數在躬平蜀而降大吳升平而布寬政文既允備武亦戢戈百六奄臻王官失守天下大亂莫匪斯焉於時道俗崩離朝不謀夕寄政江表法隨代興沙門信士於是攸集故就紀之別錄東晉元帝者宣皇曾孫恭王覲之子也諱睿字景文初生之辰內有神光一室盡明白毫生於日角之左累官都督揚州諸軍事左丞相懷愍敗後百官分離或走江南或為俘戮長安失據帝幽平陽江東於時忽有五日並出都下勸睿宜稱晉王統攝萬機以臨億兆愍帝崩後遂即居尊立元建武因都建鄴避愍帝諱改名建康先是泰康二年吳舊將管恭作亂太史伍振筮曰恭即滅矣然更三十八年揚州當有天子至是果如其言又秦始時望氣者云吳金陵山五百年後當出天子始皇忌之因發兵鑿金陵山斷改稱秣陵與絕其王氣自政至睿五百二十六年有晉金行奄君四海又時謠曰五馬浮渡江一馬化為龍永嘉喪亂宗室中唯瑯琊西陽汝南南頓彭城五王獲濟江表而睿首基為帝將知受命上感天靈欲跨輿圖下資地勢地負其勢始皇鑿之而弗亡天降其靈劉曜殲之而莫盡爰自建武至於元熙凡十二主一百四年華戎道俗譯經律論卌六百卷而弘法之務至是特盛焉

戊寅改大興

前趙劉曜字永明劉元海族子少孤貧養于元海家而承位十二年改光初元年

己卯後趙石勒字世龍上黨武鄉人其先匈奴別部也年十四至洛陽傭笑上都門王衍異之曰胡雛聲視有奇志將為天下之患遣人收之會勒已去後起兵據襄國一十五年壽六十勒初暴政及見圖澄詠長青蓮之驗回心納諫延及子虎崇佛推賢

辛巳涼茂字成遜寔之弟在位四年

壬午改永昌上憂崩

天竺沙門吉友抵建康丞相王導見之曰我輩人也太尉庾亮光祿周顗廷尉桓彝一時名公皆造門結友聲名著搢紳間嘗對王導解帶盤礴尚書卞望之適至友正容肅然有問其故對曰王公風道期人卞令軌度格物吾正當以此應之耳桓彝欲為友作目久之未得友曰尸黎密此云吉友可謂卓朗彝絕嘆以為盡品目之極大將軍處仲聞友為諸公器重心未然及見不覺手足增敬周顗為僕射領選將入局過友

嘆曰為朝廷選賢得如君真令人無愧耳及顗歿友慰其孤對靈作梵唄清響淩雲又呪語千餘言而去王濛嘗戲之曰外國有君一人而已友笑曰使我如諸君今日豈得在此時以為名言譯孔雀經梵名屍黎密蓋讓王位出家如吳泰伯然

癸未 明帝紹改太寧〔字道畿元帝長子敏有機斷故能以弱制強克復大業惜乎降年不永未欲太平崩壽二十七葬于平陵〕治三年

涼駿〔字公建寔之子立二十二年壽四十〕

第二十五祖婆舍斯多者罽賓國人也姓婆羅門父寂行母常安樂初母夢得神劍因而有孕既誕拳左手遇師子尊者顯發宿因密受心印後適南天至中印度彼國王名迦勝設禮供養時有外道號無我尊先為王禮重嫉祖之至欲與論議幸而勝之以固其事乃於王前謂祖曰我解默論不假言說祖曰孰知勝負曰不爭勝負但取其義祖曰汝以何為義曰無心為義祖曰汝既無心安得義乎曰我說無心當名非義祖曰汝說無心當名非義我說非心當義非名曰當義非名誰能辨義祖曰汝名非義此名何名曰為辨非義是名無名祖曰名既非名義亦非義辨者是誰當辨何物如是往返五十九翻外道杜口信伏於時祖忽然面北合掌長吁曰我師師子尊者今日遇難斯可傷焉即辭王南邁達於南天潛隱山谷時彼國王名天德迎請供養王有二子一兇暴而色力充勝一和柔而長嬰疾苦祖乃為陳因果王即頓釋所疑又有呪術師忌祖之道乃潛置毒於飲食中祖知而食之彼返受禍遂投祖出家祖即與受具後六十載太子德勝即位復信外道致難於祖太子不如密多以進諫被囚王遽問祖曰予國素絕妖訛師所傳者當是何宗祖曰王國昔來實無邪法我所得者即是佛宗王曰佛滅已千二百年師從誰得邪祖曰飲光大士親受佛印展轉至二十四世師子尊者我從彼得王曰予聞師子比丘不能免於刑戮何能傳法後人祖曰我師難未起時密授我信衣法偈以顯師承王曰其衣何在祖即於囊中出衣示王王命焚之五色相鮮薪盡如故王即追悔致禮師子真嗣既明乃赦太子太子遂求出家祖問太子曰汝欲出家當為何事曰我若出家不為其事祖曰不為何事曰不為俗事祖曰當為何事曰當為佛事祖曰太子智慧天至必諸聖降迹即許出家六年侍奉後於王宮受具羯磨之際大地震動頗多靈異祖乃命之曰吾已衰朽安可久留汝當善護正法眼藏普濟群有聽吾偈曰聖人說知見當境無是非我今悟本性無道亦無理不如密多聞偈再啓祖曰法衣宜可傳授祖曰此衣為難故假以證明汝身無難何假其衣化被十方人自信向不如密多聞語作禮而退祖現於神變化三昧火自焚平地舍利可高一尺德勝王剏浮圖而祕之當東晉明帝太寧三年乙酉歲也

丙戌 成帝衍改咸和〔字世根明帝長子五歲即位庾后臨政壽二十五〕治十七年

三藏理法師名惠理西竺人也東晉咸和初來遊此土至杭州見山岩秀麗曰吾國中天竺靈鷲山之一小嶺不知何年飛來佛在世時多為仙靈所隱今此亦復爾耶洞舊有白猿遂呼之應聲而出人始之信飛來由是得名師即地建兩刹先靈鷲後靈隱常宴坐岩中號理公岩今瘞塔在焉

戊子　趙改太和

己丑　後趙改建平

庚寅　燕慕容皝立

癸巳　蜀班（字世文雄兄之子初署南平將軍後立為太子雄疾班侍卒而立一年復為雄子越殺之壽四十一）

甲午　趙弘（字大雅勒之次子立一年改元延熙壽四十二）　趙石虎（勒弘自立盡殺勒種改元建熙）

乙未　改成康（）趙改建武

蜀期（字世運雄第四子立三年改元玉桓後自縊先雄諸子皆為壽所殺）

丙申　○後趙大旱米斗直金一斤

戊戌　蜀壽（字武考驤之子雄之弟從期自立六年改元漢興國號漢）

咸康六年成帝幼冲庾冰以元舅輔政奏沙門應盡禮王者尚書令何充等議不應致拜下禮官詳議博士議與充合而門下承冰風旨為駁尚書令充僕射褚翌諸葛恢尚書馮懷謝廣等奏曰世祖武皇帝以盛明革命肅祖明皇帝聰聖玄覽豈於時沙門不易屈膝顧以不變其脩善之法所以通天下之志也臣等謂宜遵承先帝故事於義為長冰固謂應盡敬下制曰夫萬方殊俗神道難辯有自來矣達觀旁通誠當無怪況跪拜之禮何必尚然當復原先王所以尚之之意豈直好此屈折而坐遘盤辟哉良有以也既其有以將何以易之然則名禮之設其無情乎且今果有佛耶無佛耶有則其道固弘無則義將安取縱其信然將是方外之事方外之事豈方內所體而當矯形體違常度易禮典棄名教是吾所甚疑也名教有由來百代所不廢昧旦丕顯後世猶殆殆之為弊其故難尋而今當遠慕茫昧依稀未分棄禮於一朝廢教於當世使夫凡流慠逸憲度又是吾所甚疑也縱其信然縱其有之吾將通之於神明得之於胸懷耳軌憲宏模固不可廢之於正朝凡此等類皆晉民也論其才智又常人也而當因所說之難辨假服飾以淩度抗殊俗之傲禮直形骸於萬乘又是吾所弗取也諸君並國器也悟言則當測幽微論治則當重國典茍其不然吾將何述焉充等重抗表曰臣等暗短不足以讚揚聖旨宣暢大義伏省明詔震懼屏營輒共尋詳有佛無佛固非臣等所能定然攷其遺文鑽其旨要五戒之禁實助王化賤昭昭之名行貴冥冥之潛操行德在於忘身抱一心之精妙且興自漢世迄至于今雖法有隆衰而弊無妖妄神道經久未有其比也夫議有損也況必有益臣之愚誠實願塵露之微增潤岱岳區區之況上裨皇極令一令其拜遂壞其法脩善之俗廢於聖世習實生常必致怨懼隱之臣心竊所未安臣雖愚蔽詎敢以偏見疑惧聖聽直謂世經三代人更明聖今不為之制無虧王度而幽冥之格可無壅滯是以復

陳愚誠乞垂省察永猶以為不可復下制曰省所陳具情旨幽昧之事誠非寓言所盡然較料其大人神常度粗復有分例用大率百王制法雖文質隨時然未有以殊俗參治恢誕雜化者也豈曩聖之不達來聖之宏通哉且五戒之才善粗擬似人倫而更與世主略其禮敬服禮重矣敬大矣為治之綱盡於此矣萬乘之君非好尊也區域之民非好卑也而尊卑不陳王教不得不一二之則亂斯曩聖所以憲章國體宜而不惑也通才博採往往備其事脩之家可以脩之國及朝則不可斯豈不遠耶省所陳果亦未能了有之與無矣縱其了猶未不可以參治而況都無而當以兩行耶充等三上章執奏曰臣等雖誠愚蔽不通遠旨至乾乾夙夜思循王度寧苟執偏管而亂大倫直以漢魏逮晉不聞異議尊卑憲度無或暫虧也今沙門之守戒專專然及為其禮一而已矣至於守戒之篤亡身不恪曷敢以形骸而慢禮敬哉每見燒香祝願必先國家欲福裕之備情無極已奉上崇順出於自然禮儀之簡蓋是專一守法是以先聖御世因而弗革也然天網恢恢疎而不失臣等慺慺（慺音婁）以為不令致拜於法無虧因其所利而惠之使賢愚莫敢不用情則上有天覆地載之施下有守一脩善之人謹復陳其愚淺願蒙省察永議遂寢何充字次道廬江潛人魏光祿大夫宴之孫少以文義見稱初為王敦掾敦兄含守廬江貪汙敦嘗於坐稱之曰家兄在郡定佳廬江士人稱之充正色曰充即彼郡人所聞異此敦默然坐客皆為不安充宴然自若丞相庾亮甞薦之於明帝曰何充器局方槩有萬夫之望若能總錄朝端為老臣副及充拜尚書令推能用功不私樹恩世甚重之初阮裕嘗戲之曰卿志大宇宙勇邁前古充審其故裕曰我圖數千戶郡尚未能卿圖作佛不亦大乎卒年五十有五其後門世事佛甚精厥孫尚之及默胤等並見大義闡明佛法云

癸卯 康帝嶽改建元（字世同成之母弟年二十一即位庾亮為相專權復崩式乾陵壽二十三葬昌陵）

治二年

甲辰 蜀勢（字子仁壽之長子身長七尺九寸腰十四圍善俯仰立五年改元太和復死建康）

乙巳 穆帝聃改永和（字彭祖康之長子二歲即位母褚后臨朝壽十九崩於顯陽殿葬永平陵）

在位十七年

丙午 蜀改嘉寧

丁未 涼張重華（字大臨駿次子立七年壽二十七）

戊申 後趙佛圖澄諫殺太子宣

己酉 後趙改太寧即帝位尋死而國亂

前燕儁（姓慕容字子英祖名廆字奕昌黎棘城鮮卑人其先有熊之裔世居北夷邑於紫蒙之野晉封燕王遷都龍城廆子皝儁乃皝之次子也居鄴十一年壽四十二歲）

天竺佛圖澄至洛自言百餘歲常服氣自養能積日不食善誦呪役使鬼神腹旁有孔以綿塞之夜讀書則拔綿出光照室又每臨溪從孔中出腸胃洗濯還納腹中能聽鈴音言吉凶莫不奇驗會洛陽寇亂潛

伏草野以觀時變時石勒屯葛陂多殘殺澄杖錫謁勒勒命試以道術澄取滿鉢水呪之俄青蓮花生鉢中光色耀目勒由此神敬延之軍中未幾劉曜求戰以决雌雄左右以爲未可勒以訪澄澄曰相輪鈴音云秀支替戾岡僕谷劬禿當此羯語也秀支軍也替戾岡出也僕谷劉曜胡位也劬禿當捉也言軍出捉得劉曜又令童子潔齋三日取麻油合臙脂躬自塗於掌中舉手示童子爍然有輝童子驚曰有軍馬一人白皙以朱絲縛肘澄曰此即曜也勒遂出戰果生擒劉曜勒稱趙王行皇帝事敬澄彌篤每舉事必咨而後行勒沮弟季龍纂其位徙都鄴城尤傾心事澄下令衣以綾錦乘雕輦朝會引見常侍御史悉助舉輿升殿太子諸公扶翼而前主者唱大和尚坐者皆起勅司空李農朝夕問候時支道林聞之曰澄公其以季龍爲鷗鳥耶及晉軍侵淮泗季龍怒曰吾奉佛供僧迓更致寇佛無神矣澄入見曰陛下前身爲商人經罽賓寺設大會會有六應真吾其一也有聖者曰此檀越報盡爲雞乃王晉地今陛下爲天子豈非奉佛供僧而致耶疆埸侵噬有國之常何爲怨謗三寶興毒念乎季龍悔謝因問曰佛法不殺朕爲天下主非刑殺無以肅清海內旣違戒殺生雖事佛詎獲福耶澄曰帝王事佛在恭順

稱帝於襄國引兵攻鄴敗還魏克襄國殺顯及公卿焚宮室遷其民于鄴至辛亥國除

魏冉閔殺石虎子孫十八人及胡羯二萬人壬子克襄國殺劉顯復為慕容儁所滅殺閔於遏陘山七里之內草木皆枯蝗年不雨祭之乃雨國除

辛亥

前秦符健字建業洪第三子洛陽臨渭氐人其先有扈之裔父洪字廣世為西戎酋長初住石虎虎滅洪有師十萬自稱秦王生健背有仲付字改姓符氏僭立四年都長安改元皇始壽二十九而終○符子朗堅之兄英懍不仕著書二十篇曰符子多讚釋

世尊入滅一千三百年矣

壬子

燕改元璽

甲寅

涼張祚改和平元

乙卯

符生字長生健第三子立二年改元壽光二十三為堅殺之

涼張玄靚立

丁巳

改升平帝加元服

符堅字永固洪之子雄武智略盡有中原以百萬之衆伐晉為謝石所敗立二十七年壽四十八終改元永興

燕改壽光

釋涉公本蜀人也預言多驗遊化至長安時天大旱堅命師祈雨呪龍鉢中其雨沛然恪加敬事師不食五穀日行五百里是年示滅而歲復旱堅謂祕書朱彤曰涉公若在豈使朕焦心于雲漢哉其思仰如此

己未

秦改甘露

庚申

燕慕容暐字景茂儁第二子僭立十年改元建熙

辛酉

沙門于法開蘭公徒弟也善放光法華尤精醫法嘗值婦人在草危急開曰此易治耳主人宰羊欲祀神開令取肉為羹進竟因氣針之須臾羊膜裹兒而出或問法師高明剛簡何以醫術經懷荅曰明六度以除四魔之病調九候以療風寒之疾自利利人不亦可乎

壬戌

哀帝丕改隆和字千齡成之長子即位修身復斷穀服長生藥過度中毒崩于西堂壽二十五葬于安平陵治四年

栴檀瑞像已上六十八年在龜茲此下一十四年在西涼府

癸亥

改興寧

涼張天錫立駿之少子玄靚叔父與臣謀殺自立至丙子為符堅所滅

是年哀帝詔法師竺潛講般若於禁中嘗著屐至殿中人聚觀歎道德高風枌不省有市朝時簡文輔政沛國劉惔嘗遇潛於簡文座中嘲曰道人亦遊朱門乎對曰君自見朱門貧道以為蓬户及辭還剡山支遁寓書求買沃州小嶺歸隱潛荅曰欲來當給未門巢由買山而隱也寧康二年卒武帝下詔曰法深理悟虛遠風鑑清高棄宰輔之榮襲染衣之素山居世外篤懃匪懈方賴宣道以濟蒼生奄從還謝用痛于懷其賜賻錢十萬助建塋塔潛字法深凡中國勅葬沙門自潛而始

法師支遁字道林與謝太傅安王右軍羲之厚善安守吳興以書抵遁畧曰思君日積比辰尤甚知欲還剡自治為之悵然人生如寄耳自頃風流得意事殆磨滅都盡唯終日戚戚遅君一來以晤言消遣之一日千載也及竺潛辭闕有詔遁繼講法於禁中一時名士殷浩郗超孫綽桓彥表王敬仁和充王坦之袁彥伯並與結方外交天下想見其標致者劉系謂於白馬寺談莊周以適性為逍遙遁曰不然桀跖以殘

雷為性豈亦逍遙乎於是注逍遙篇學者宗之王濛嘗極精思作數百語詣遁曰與君別久而君了不長何也濛慚汗曰縫鉢之王何也郗超嘗問謝太傅曰遁談何如嵇中散太傅曰嵇努力裁得半耳又曰何如殷浩太傅曰亹亹論辯恐當抗衡超拔淵源殷有慚德超復與親舊書曰林公神理所通玄拔獨悟數百年來紹隆大法令真理不絕一人而已太和二年廢帝海西公在位遁抗表辭還山有詔資給敦遣諸

公祖餞于征虜亭蔡子叔者先至近道林坐遁起而謝萬亟趍其處子叔還令舁擲萬技諸地萬曰幾損我面子叔曰吾初不為卿面計其為當時所慕如此晚居山陰講維摩許詢為都講遁通一義衆意詢不能難及詢設難又意遁不能通而賓主之難相承無窮聽者多言自得遁旨詰之輙失著即色遊玄聖不辯知等論有遺其馬者畜之曰吾愛其神駿耳有遺其鶴者縱之曰沖天之物豈耳目玩哉君子多其達

及卒戴逵過其墖歎曰德音未遠而拱木已繁計神理綿綿不與氣運俱盡也

郗超字嘉賓少有曠世之度談論義理精微標志慕佛加好行檀大將軍桓溫辟為參軍時王珣同府珣為主簿超美髯珣身短小府中語曰髯參軍短主簿能令公喜能令公怒謝安王坦之詣溫府溫先令超臥帳中聽其論事俄風動帳開安笑曰郗生可謂入幕之賓矣超喜隱遁聞拂衣者必為起屋具器用遺之支道林每謂其造微之功足參正始甚重之又與汰法師厚善嘗約先歿者凡幽冥報應當以相報俄而汰卒一夕見夢曰向與君約報應之事今皆不虛願君無忘修德以升濟神明超由是循道彌篤云

泰改建元

廢帝奕辛巳[illegible]大司馬桓溫[illegible]三十

改太和在治五年

大教東被三百年矣

釋道安者姓衛常山扶柳人圖澄之門學家世英儒早失覆蔭為表兄所養悼年誦書一覽無忘十一出家而能日記萬言終為緇林奇表寧康初安於襄陽檀溪寺建浮圖鑄銅像能起自行至方山而止光明燭天傾都瞻矚歎呼動山谷秦主符堅送外國金飾倚像金縷結珠彌勒等安每講設以作證一夕像光照室視之頂有舍利

馬習鑿齒襄陽高士先以書通好乃詣安自稱曰四海習鑿齒安曰彌天釋道安相得歡甚即以書抵謝東山稱安蓋非常勝士恨公不一見耳孝武帝聞安名詔曰法師以道德照臨天人使大法流行為蒼生依賴宜日食王公祿所司以時資給安固辭不受未幾符堅攻陷襄陽得安而喜謂左右曰吾以十萬師取襄陽得一人半耳左右問為誰曰安公一人習鑿齒半人也安入關沙門萬數皆隨師姓而名安曰師莫如佛世也應沙門宜以釋為氏及增一阿含經至乃云四河入海無復異名四姓出家同稱釋氏遂與經符合焉世益重之

又藍田得古鼎容二十有七斛腹有篆文朝無識之者有以問安安曰魯襄公所鑄也由是符堅勑三舘學士有所疑皆師於安國人語曰學不師安義不禁難時符氏東極滄海西併龜茲南包襄陽北盡沙漠唯建康未服堅雅意欲取而有之羣臣諫不從太尉符融者叩頭請安爲蒼生一言安諾及堅出東苑命安升輦同載僕射權翼進曰臣聞天子法駕侍中陪乘道安毀形寧可參廁堅怒曰安公道德可尊朕以天下易輿輦之榮未稱其德即詔翼扶安登輦於是翼跪而掖之堅顧謂安曰朕將與公南遊吳越整六師以巡狩登會稽以觀滄海不亦樂乎對曰陛下應天御世富有八州居中而制四海宜棲神無爲與堯舜比隆今欲以百萬之師求厥田下下之土東南地區勢卑氣厲昔舜禹遊而不返始皇適而不歸以貧道觀之未見其可乎陽公懿戚石越重臣皆憂國至深其論可聽堅曰非地域不廣也朕欲簡天心明大運所在耳順時巡狩且有格言儻如高論則帝王無省方之文乎安曰必欲往宜駐蹕洛陽挑戎畜銳傳檄江南如其不服伐之未晚堅不納太元七年堅自將步騎百萬次壽春爲晉徐州刺史謝玄所敗單騎遁還安每跡經義必求聖證一日感龐眉尊者降安出所製似之尊者欽歎以爲盡契佛心仍許以密助弘通安識其爲賓頭盧也因設日供祀之今供賓頭自安而始門弟子通其業者數十人知名于是有法遇者傳教長沙門徒數百有私飲者遇縱而不糾安廡知之即封荊以寄遇抱荊而泣曰董衆無狀而遠遺師憂於是俯伏躬受其譴太元十四年正月晦日安命其徒具浴忽見異僧出入隙中安以生處問之僧指西北即雲開見樓閣如幻出曰彼兜率天也是夕有數百小兒皆就浴而去識者以爲應真之侶也二月八日跏趺而逝安貌悅而姿黑博學善詞章諺曰漆道人驚四鄰左臂有肉方寸許隆起如印時號印手菩薩著僧尼軌範及法門清式二十四條世遵行之

論曰法源濫觴之初由佛圖澄而得安由安而得遠公是三大士化儀軌則或無以異至於出處操尚若相戾者何哉大抵晉室渡江自明帝之後當代時君雖無可稱者然而朝廷紀綱法度未始或虧當是之際故遠公得以遂其高天子臨潯陽而詔不出山若澄安二公失身偏覇之朝萬一不區區俯仰曲徇其情彼季龍符堅其肯容之高卧山林而不爲之屈耶此古所謂易地皆然三大士有之矣孟軻氏稱伯夷伊尹柳下惠皆曰聖人者良以其道通方而善趍時也世謂澄安之操不逮遠公吾弗信矣

孫綽字興公父楚有重望綽博學美文辭與高陽許詢俱有高尚之志初隱稽山放情山水作遂初賦以見志友道林問綽曰君何如許荅曰高情遠志弟子早已伏膺然一詠一吟許將北面當作天台賦示友

人范榮期曰卿式以擲地當作金聲榮期曰恐此金聲非中宮商然每至佳句輒云應是我輩語於吾道多有論撰具見弘明等集年五十八卒史臣稱綽有匪躬之節不徒文雅而已

許詢字玄度高陽人魏中領軍允曾孫也濲心學佛甚爲江左諸公卿仰慕簡文帝高其風每月白風恬思清言妙理必造焉至其疊疊簡文不覺前席達旦忘倦帝謂親友曰玄度才情故未易有劉真長爲時譚宗而與結清言友每謂人曰吾不見玄度幾爲輕薄令尹又嘗曰清風明月何嘗不思玄度

戊辰（）王珣與弟珉捨宅爲寺今虎丘是也

庚午　符堅滅燕

晉司馬桓温未年奉法有尼造之温敬而不倦浴必移晷訝而私覘見尼揮刃自割截支分臠有頃尼出温以情問尼曰君志若遂形當如之時温方謀問鼎聞此悵然乃止尼遂辭不測所之出感通錄

辛未簡文帝昱字道萬元之少子神識恬暢無濟世之畧後崩于東堂壽五十
癸酉平陵改咸安（）是年慧星現帝洺竺法曠禳之曠曰陛下當勤修德政以賽天譴貧道當盡情帝乃齋懺災遂滅

佛祖歷代通載卷第七

佛祖歷代通載卷第七

校勘記

一　底本，明永樂北藏本。

一　八七二頁中一五行「少項」，徑、清作「少頃」。

一　八七三頁上末行夾註右第四字「雹」，徑、清作「虐」。下同。

一　八七三頁下一八行「六七」，清作「六七年」。

一　八七三頁下末行「四六」，清作「四十六年」。

一　八七四頁中一四行夾註左「二十」，清作「三十」。

一　八七五頁上六行夾註右「十一」，清作「十二主」。

一　八七六頁中一二行第三字「即」，徑作「師」。

一　八七七頁上一〇行小字「壬辰」，徑無。

一　八七七頁中一行第二字「拜下」，徑、清作「拜」。下同。

一八七九頁上末行末字「商」，𡨴、清作「商」。

一八七九頁中末行「瑰石」，𡨴、清作「塊石」。

一八七九頁下七行「寓之」，𡨴作「遇之」。

一八七九頁下一〇行「三王」，𡨴作「三皇」。

一八八〇頁上七行夾註右「西戌」，𡨴作「西戎」。又左「艸付」，清作「艸苻」。

一八八〇頁中一四行夾註「二十五」，𡨴作「三十五」。

一八八〇頁中一七行上，𡨴、清有紀年「甲子」。

一八八〇頁下五行「朱門」，清作「未聞」。

一八八一頁上三行「慚汙」，𡨴、清作「慚汗」。

一八八一頁下一九行「阿含經」，清作「阿含經」。

一八八三頁上一六行「未年」，𡨴、清作「末年」。

佛祖歷代通載卷第八　畞八

嘉興路大中祥符禪寺住持華亭念常

集

癸酉 東晉孝武帝曜改寧康 字昌明簡文第三子十歲即位崇德太后臨朝二月桓溫來朝有不臣之志三月疾還姑孰七月卒弟沖代領兵盡忠王室三十五崩清暑殿葬隆平陵治廿四年

丙子 改太元〇旃檀瑞像是年到長安住一十七年

癸未 後秦姚萇 字景茂南安赤亭羌人其先有虞之裔父弋仲有二十四子萇初仕苻堅為揚武將軍因南伐敗績而歸遂殺苻堅而據長安僭立八年改建興壽六十四

西秦乞伏國仁 本隴西鮮卑人其先自漠北出隴山後降苻堅為南單于鎮勇士川苻堅敗國仁自稱大單于後號西秦據金城僭立四年乙酉改建義

後涼呂光 字世明略陽氐人也父婆樓仕苻堅官至太尉光身長八尺[illegible]

後燕慕容垂 [illegible]

甲申 苻丕 [illegible]

後秦改白雀

太元九年法師惠遠以秦亂來歸于晉遠出鴈門賈氏少為儒生博極群書尤邃周易莊老嘗與弟惠持造安法師席下聞出世法而悅之歎曰九流特粃糠耳遂出家安門徒數千遠居第一座及關中擾亂安散其徒皆諄諄規誨而遠之遠別獨不與一言遠搖問安曰若汝吾何言哉遂自荊州將之羅浮抵潯陽見匡山愛之廬於山陰太守桓伊為剏精舍一昔風雷拔樹誠沙石蕩平基致木于土時以為神運焉初太尉陶侃鎮廣州有漁于海得文殊像送寒溪寺寺嘗經火而像屋無恙其後侃鎮武昌使人迎之十輩不能舉既而載力致之舟舟輒沒遂失其像時謠曰侃惟劍雄像以神標可以誠致難以力招及遠剏寺心祈之於是像冷然自至時晉室微而天下奇才多隱居不仕若彭城劉遺民豫章雷次宗鴈門周續之新蔡畢穎之南陽宗炳張士民李碩等從遠遊并沙門千餘人結白蓮社於無量壽像前建齋立誓期生淨土及聞羅什法師入關遠望風欽敬遺書通好詞曰去歲得姚右軍書且承德問仁者曩日殊域越自外境于時音譯未交聞風而悅頃承懷寶來游則一日九馳徒情欣雅味而無由造盡寓目望途增其勞佇夫旃檀移植則異物同薰摩尼吐曜則衆珎自積且滿願不專美於絕代龍樹豈獨善於前蹤今往比量衣裁願登高座為著之什荅曰既未言面又文詞殊隔導心之路不通得意之緣圮絕傳譯來貺粗述德風比何如必備聞一途可以蔽百經言末後東方當有護法菩薩勗哉仁者善弘其事夫才有五備福戒博聞辯才深智兼之者道隆未具者凝滯仁者備之矣所以寄言通好因譯傳心豈此能盡粗酬來意耳損所致比量衣裁欲令登法座時著當如來意但人不稱物以為媿耳今往常所用鍮石雙口澡灌可以備法物數也并遺偈一章曰既已捨染樂心得善攝否若得

不馳散深入實相否畢竟空相中其心無
所樂若悅禪智慧是法性無照虛誑等無
實亦非停心處仁者所得法幸願示其要
遠復書以偈曰本端竟何從起滅有無際
一微涉動境成此頹山勢惑想更相乘觸
理自生滯因緣雖無主開途非一世時無
悟宗匠誰將握玄契來問尚悠悠相與期
暮歲初中國未有涅槃常住之說但云壽
命長劫遠曰佛是至極至極則無變無變
之理豈有窮哉乃著法性論略曰至極以
不變為性得性以體極為宗羅什見論歎
曰遠未及見經暗與理會豈不妙哉秦王
姚興致書餉遠龜茲細縷雜變像以伸款
敬安城侯姚嵩獻珠像并釋論曰大智論
新記龍猛所作法師當冠以叙文以貽示
萬世此邦道人同所欽則也遠以大論文
廣讓不諾乃抄其要為二十卷而別叙
之相玄輔政勸安帝沙汰僧尼詔曰沙門
有能伸述經誥暢說義理律行脩整可宣
寄大化者聽依所習餘悉令罷道唯匡

山道德所居不在搜簡遠以書抵玄陽縱
而陰奪之遂停其詔遠嘗稽考禪宗別傳
之旨源流所自及祖師達磨之來遂皆符
合云陶淵明隱居栗里從遠問道深相敬
仰謝靈運投名入社遠拒之不內及宗炳
著明佛論顏延之析達性論周顒駁夷夏
論鄭道子著神不滅論皆稟遠是正焉至
隆安中桓玄重申庾冰之義欲沙門盡敬
王者朝廷承風旨多與玄合因以問遠曰
此一代大事不可使朝廷失體也得八座
書令以似君君其件件詳論不敬之意以
釋其疑便當行之遠答其書并著沙門不
敬王者論五篇劇陳所以不拜之意玄始
意堅及得遠論即緩其事未幾篡位乃下
書曰佛法弘大所不能測推奉主之情欲
興其敬今事既在己宜體謙沖應諸道人
勿復致禮也安帝避玄還次潯陽詔遠見
于行在輔國何無忌勸遠一出遠固辭以
疾帝再詔問勞勅九江太守歲時送米資
奉卜居三十年影不出山迹不入俗送客

以虎溪為限弟慧持亦有高行蓮社衆數
千持居第一座太尉王珣嘗問豫章刺史
范甯遠公與持孰愈甯曰賢弟兄也珣曰
但令如弟所未易有況復賢耶遠臨終其
徒進蜜漿者遠懼違律令左右檢律未終
卷遂合掌西面而逝年八十有三有匡山
集三十卷行于世

宋朝明教大師契嵩過遠影堂列六事題
之其辭曰陸脩靜異教學者而送過虎溪
是不以人而棄言也陶淵明耽湎于酒而
與之交蓋簡小節而取其達也跋陀高僧
以顯異被擯而延且與之蓋重有識而矯
嫉賢也謝靈運以心雜不取而果沒于刑
蓋識其器而慎其終也盧循欲叛而執手
求舊蓋自信道也桓玄震威而抗對不屈
蓋有大節也大凡古今人情莫不畏威而
苟免忘義而避疑好名而昧實從勢而忍
孤飾行而畏累自是而非人孰有道哉一
代為賢者師肯以片言而從其人乎孰有
風禀勝德為行耿潔肯交醉鄉而高其達

乎孰有屈人師之尊禮斥逐之容而申其賢乎孰有拒盛名之士不與於教而克全終乎孰有義不避禍敦睦故舊而信道乎孰有臨將師之威在殺罰暴虐之際守道不撓而全其節乎此固遠公識量遠人獨出於古今矣若其扶荷至教廣大聖道垂裕於天人者非蒙乃能盡之其聖歟賢耶偉乎大塊噫氣六合清風遠公之名聞也四海秋色神山中聳遠公之清高也人龍僧鳳長揖巢許遠公風軌也白雲冊壓王樹瑤草遠公棲處也

劉程之字仲思彭城人少孤事母以孝聞才藻自負不委氣于時俗雖寒餓在己戚福當前其意湛如也司徒王謐承相桓玄侍中謝混太尉劉裕咸嘉其賢欲相推薦程之力辭乃之匡山託于遠公遠曰官祿巍巍何以不為程之曰君臣相疑疣贅相虧晉室無磐石之固物情有累卵之危吾何為哉遠然其說大相器厚太尉亦以其志不可屈與群公議遺民之號旌焉時雷次宗周續之畢頴之張秀實宗炳等同依遠公遠曰諸君之來豈宜忘淨土之遊乎有心焉當加勉勵無宜後也以程之最文使誌其事號蓮社撰文其辭曰維歲在攝提格七月戊辰朔二十八日乙未法師釋惠遠貞感幽興霜懷特發乃延命同志息心正信之士雷次宗劉程之等百有二十三人集于廬山之陰般若臺精舍阿彌陀佛像前率以香花敬薦而誓惟茲一會之衆夫緣化之理既明而三世之傳顯矣遷感之數既符則善惡之報必矣推交臂之潛論悟無常之期切審三報之相催知險阻之難苟此其同志諸賢所以夕惕宵勤仰思攸濟者也蓋神者可以感涉而不可以迹求必感之有物則幽路咫尺苟求之無方則渺茫何津今幸以不謀而感僉心西境叩篇開信亮情天發乃機象通於寢夢欣懽百於子來於是雲圖表暉景侔神造功由理諧事非人運茲實天啓其誠冥運求萃者矣可不克心克念重精疊思以凝其慮哉然景績參差功福不一雖晨期云同而夕歸攸隔即我師友之眷良可悲矣是以慨然胥命整衿法堂等施一心亭懷幽極誓茲同人俱游絕域其有警世絕倫首登神界則無獨善於雲嶠忘兼全於幽谷先進後升勉思彙征之道然後妙觀大儀啓心真照識以悟新形由化革藉芙蕖於中流蔭瓊柯以詠言飄靈衣於八極泛香風以窮年體忘安而彌穆心超樂以自怡臨三途而緬謝傲天宮而長辭紹衆靈而繼軌指太息以為期究茲道也豈不弘哉

太元初符秦盛時德星屢現太史奏外國當有智人入輔及秦主攻襄陽得法師道安喜以為應安謙讓不致當因勸秦主迎龜茲國法師鳩摩羅什堅從之即其驍騎將軍呂光以鐵騎七萬伐龜茲謂曰若獲羅什馳驛送歸光軍至什謂龜茲王白純曰國運替矣有勍敵從日下來宜供承之勿抗其鋒純不納拒之大為光所破遂獲

羅什光見什蚤少凡人戲之妻以龜茲王女什苦辭以為不可光飲以醇酒同閉室丁亥中遂為所逼及光還而符堅已敗因僭王姑臧父子相繼皆庸才不知道什蘊深解戊子混居其國已所宣化秦主姚萇者西戎羌也符堅之敗萇為宿將率其部屬反叛堅與之戰不利遂為萇縊殺之于佛寺萇襲其位都雍闗改長安為常安在御八年符堅領鬼兵白日入宮刺中其陰出血石餘而崩子興即位降帝號而稱天王未幾干戈寢息風化大行嘉祥沓現及樹連理𥝩生於殿庭咸謂智人入國之端乃遣姚碩德伐涼呂隆迎羅什法師至秦主深加禮遇待以國師大闡經論震旦宣譯至符秦并什法師等兩朝出經律論三藏凡八百餘卷云

乙酉符丕改大安

西秦改建義

北朝魏 [illegible]

雷氏曰 [illegible]

太祖道武皇帝珪 其先十一主始拓跋 [illegible]

戊戌前秦符登 [illegible]

後秦改建初 稱帝入長安

燕改建興　涼改大安

癸西秦乞伏乾歸 [illegible]

甲西秦改太初 [illegible]

第二十六祖不如蜜多者南印度德勝王之太子也既受度得法至東印度彼王名堅固奉外道師長爪梵志暨祖將至王與梵志同覩白氣貫于上下王曰斯何瑞也梵志預知尊者入境恐王遷善乃曰此魔來之兆耳何瑞之有即鳩諸徒衆議曰不如蜜多將入都城誰能挫之弟子曰我等各有呪術可以動天地入水火何患哉尊者至先見宮墻有黑氣乃曰小難耳直詣王所王曰師來何為祖曰將度衆生曰以何法度祖曰各以其類度之時梵志聞言不勝其怒即以幻法化大山於尊者頂上尊者指之忽在彼衆頭上梵志等怖懼投尊者尊者愍其愚惑再指之化山隨滅乃為王演說法要俾趣真乘又謂王曰此國當有聖人而繼於我是時有婆羅門子年二十許幼失父母不知名氏或自言纓絡故人謂之纓絡童子遊行閭里丐求度日若常不輕之類人問汝何行急即荅云汝何行慢或問何姓乃云與汝同姓莫知其故後王與祖同車而出見纓絡稽首於前尊者曰汝憶往事否曰我念遠劫中與師同居師演摩訶般若我轉甚深修多羅今

日之事蓋巽昔因尊者又謂王曰此童子非他即大勢至菩薩是也此聖之後復出二人一人化南印度一人緣在震旦四五年內却返此方遂以昔因故名般若多羅付法眼藏偈曰真性心地藏無頭亦無尾應緣而化物方便呼為智尊者付法已即辭王曰吾化緣已終當歸寂滅願王於最上乘毋忘外護即還本坐跏趺而逝化火自焚王收舍利塔而瘞之當東晉孝武帝太元十三年戊子歲也

己丑 後涼改麟加

癸巳 栴檀瑞像此下至江南住一百七十三年矣

甲午 前秦苻崇改延初 十月為乾歸所殺國除

後秦姚興改皇初 字子畧長長子弁之長安立于槐里二十二年壽五十五歲

丙申 安帝德崇 武帝長子生而不惠至於寒暑饑飽不能辯年三十上崩于東堂昇休平改一名儒宗十五歲即位治二十二年

後涼改龍飛 稱涼天王

後燕慕容寶 字道祐垂之第四子立二年改元永康壽四十四歲

北魏改皇始 建天子旌旗

南燕慕容德 字玄明皝少子身長八尺二寸姿貌雄偉後燕寶死乃據滑臺號燕郡廣固僭立七年壽七十而卒

南涼禿髮烏孤 河西鮮卑人其先與魏同出八世祖匹孤率其部自塞北遷于河西呂光遣使署為益州牧自稱大單于西平王都廣武徙樂都改年太初僭立三年

北涼改業 據張掖沙年改神璽

西涼李暠 字玄盛隴西成紀人漢將軍李廣十六代孫祖弇仕張軌為將因據河右至暠()即唐太宗稱涼立十七年八世祖也

竺僧朗京兆人也專以講說為任而蔬食布衣志耽物外自皇始移上太山薙茅居之時聞風而造者百有餘焉道德凝懷千里哲人競湊芳聲播遠五朝天子移風肓物飛苻馳餅並駕

一苻堅書曰皇帝敬問太山朗和尚大聖應期靈權超逸蔭蓋十方化融無外若四海之養群生等天地之育萬物養生存死澄神寂妙朕以虛薄生與聖會而隔萬機不獲鞠駕今遣使人安車相請庶冀靈光迴蓋京邑今并奉紫金數斤供鍍形像綾絳三十疋奴子三人可備洒掃至人無違幸望納受想必玄鑒見朕意焉既請已師禮事之

二晉武帝曜書曰皇帝敬問太山朗和上叡德光時聲飛東嶽乃至思與和上同養群生至人通微想明朕意今遣使者送五色珠像一軀光錦五十疋象牙簟五領金鉢五枚到願受納

三後燕成武帝慕容垂書曰皇帝敬問太山朗和上澄神靈緒慈蔭巨國凡在含生孰不蒙潤朕承藉纂統方夏事膺昔蜀不恭魏武含慨令二賊不平朕豈獲安又元戎克興狂掃暴亂至人通靈隨權指化願兵不血刃四海混伏委心歸依久敬何已今遣使者送官絹一百疋袈裟三領綿五十斤幸為呪願

四魏太祖道武皇帝書皇帝敬問太山朗和上承妙聖靈要須經略已命元戎上人德同海嶽神算遐長冀助威謀克寧荒服今遣使送素絹二十端白氈五十領銀鉢三枚到願受納

五南燕慕容德親與齊州朗和上建神通寺與師書曰敬問太山朗和上遭家多難災禍屢臻昔在建熙王室西越賴武王中興神武御世大啓東夏拯拔區域遐邇蒙蘇天下幸甚天未忘災武王即宴永康之始東傾西蕩京華播越每思靈闕屏營飲淚朕以無德生在亂兵遺民未幾繼承天祿幸和上大恩神祇蓋護使者送絹百疋并假東齊王奉高山茌二縣封給書不盡意稱朕心焉五朝御啓師悉回苔恐煩不録見唐弘明集

丁酉 改隆安○北涼改神璽

後燕改永康

戊戌 後燕慕容盛字道運寶之庶子立三年壽二十九本改年建平

北魏是年即帝位改元天興道武下詔曰夫佛法之興其來遠矣濟益之功冥及存沒神蹤遺法信可依憑勅有司于京師建飾容像脩整宮舍令信向之徒有所居正是歲作浮屠殿二所謂耆闍須彌別構禪房法座莫不嚴具焉

庚子 後秦改弘始、後燕改長樂字道文垂少子在位六年壽二十三歲

後涼呂纂改咸寧○北涼改天璽

辛丑 南涼利鹿孤烏孤之弟二年改建和

是年作法師卒鳩摩羅什此翻童壽天竺人也家世勛烈父鳩摩羅炎有美節避相位出家龜茲王聞請為國師以妹妻焉遂生什曰誦千偈三萬餘言大小乘宗莫不該覽苻秦建元十三年德星現之苻堅使呂光西討及聞堅敗據姑臧稱涼弗獲師面姚秦弘始三年三月庭樹生連理逍遙園有葱變茝以表智人應入中國九月呂隆來降十二月二十日迎師居逍遙園與以國師禮待之甚見優寵仍命譯經論三百餘卷賓學三千抜萃有八曰道生僧肇道融僧叡道恒僧影惠觀惠嚴等各有著述如別傳明可謂一時之盛千載光華又舉僧䂮為僧正以政僧事沙門惠叡精識遠到隨什傳寫每與叡言西方辭體特重文制其宮商體韻以入管絃為善凡覲王者必有贊德經偈皆其式也嘗歎曰吾著大乘阿毘曇非迦旃延比也時無深識者因悽然而止獨與秦王著實相論二卷秦王機政之暇躬與什對譯尋覽舊經多所紕繆什釐正之嘗講經草堂寺及朝臣沙門數千衆肅容觀聽一日王謂什曰法師才明超悟海內無雙可使法種不嗣哉遂以宮嬪十人逼令受之什亦自謂每講有二小兒登吾肩欲障也自是不住僧房別立廨舍諸僧有効之者什聚針盈鉢謂曰若相効能食此者乃可畜室耳舉匕進針如常饍諸僧愧止初在龜茲隣國諸王會同每請什說法必跪伏座前命什躡肩而登座嘗與母謁大月氏國北山尊者北山謂其母曰善護此沙彌年三十五毘尼無缺度人如優波毱多不爾正像法師耳杯渡比丘在彭城聞什入關歎曰吾與此子戲別三百年矣相見杳然未期遲於來世耳什嘗升座每曰譬如臭泥中生蓮華但取其華勿取臭泥也居秦才九年而疾口出三番神呪令外國弟子誦之以自救未及

致力轉覺危殆於是力疾集衆告别曰因
法相逢殊未盡心方復後世惻愴可言自
以闇短謬充傳譯所出經論唯十誦律未
及刪繁若義契佛心焚身之日舌不焦壞
言訖而逝闍維日舌果若紅蓮色而不壞
云
論曰漢光武生於南陽而南陽無賤士羅
什至關中而奇才畢集經稱聖賢出世皆
有因中同行開士隨從下生以佐佑其化
信不誣矣方魏晉以來大法草昧西域沙
門至者例以神迹顯化中國雖有奇傑間
出然多囿情外學迨什公之來然後大法
淵源始淳學者得以盡心方等而蔑視老
莊蓋什公有力於法門豈小補哉特以宿
障之累致其居關中才九年所蘊十未行
一而不克壽秦王有致什之功而弗能成
其美嗚呼使什公裦德梵行副其所爲獲
永天年以光大教之序雖彌勒出世尚何
加焉
法師道碧以秦律精苦爲秦王所重自什

僧官始
公入關僧尼以萬數頗多愆濫秦王患之
遂置僧正下詔曰大法東遷於今爲極僧
尼既多宜設綱領宣授遠視以濟頹緒碧
法師早有學誼晚以德稱可爲國僧正給
輿吏力資侍中秩傳詔羊車各二人又以
僧遷禪惠爲悅衆以法欽惠斌爲僧錄班
秩有差尋加親信仗身白從各三十人
時師子國有婆羅門號聰明爲異道之宗
聞什在關中䭾其書至乞與僧辯論關中
沙門相視缺然什謂法師道融曰子可以
當之融顧外道經書未讀乃密使人錄其
書目一覽即誦尅日議論秦王與公卿大
集婆羅門以能博觀爲誇融數其書并秦
地經史三倍之什乘勝嘲曰卿乃未聞秦
有博學者乎敢輕遠來於是婆羅門愧服
再拜融足下而去
法師道恒幼事後母以孝聞母亡去爲沙
門從什公遊什愛其才與道標齊名秦主
雅聞二人有經綸術業令尚書姚顯宣旨
敦勉罷道輔政恒標抗表陳情略曰漢光

武成嚴陵之節魏文帝全管寧之高陛下
天縱之聖議論每欲遠蹤堯舜今乃冠巾
兩道人反在光武魏文之下主復命什碧
等勉諭之必欲遂其心什碧等奏章叙其
事略曰惟聖人能通天下之志恒標業已
毀除須髮著不正之衣今使處簪紳之朝
非其志也且大秦龍興異才輩出如恒標
等未爲卓越主又下書於是舉衆懇乞乃
得寢恒歎曰名進真道之累乃與標去入
琅邪山終世不出
法師僧叡幼有盛名及從羅什受業妙悟
絕倫秦主嘗問司徒姚嵩曰叡公誰可比
嵩曰未見歸宿及朝會公卿大集叡風神
朗徹主指以謂嵩曰四海僧望也叡講成
實論什公曰此諍論中有七處破毗曇子
能辯乎叡舉以應問皆當其意什歎曰子
真精識傳譯有賞音吾何恨焉
法師僧肇幼家貧爲人傭書遂博觀子史
尤善莊老蓋其粗也年二十爲沙門名震
三輔什公在姑臧肇走依之什與語驚曰

法中龍象也及歸關中詳定經論四方學者輻湊而至設難交攻肇迎刃而解皆出意表著般若無知論什覽之曰吾解不謝子文當相揖耳傳其論至匡山劉遺民以似遠公公撫髀歎曰以為未嘗有也復著物不遷等論皆妙盡精微秦主尤重其肇礼勅傳布中外肇卒年三十有二當時惜其早世云

涼呂隆改神鼎

北涼沮渠蒙遜（臨松盧水胡人其先為匈奴遜後殺歆立于張掖治）

後燕慕容熙改光始（三十二年第六十六改永安）

改元興

南涼傉檀（利鹿孤弟十三年傉五十五改元弘昌）

元興元年天竺弗多羅尊者至秦義學沙門數百人從之於中寺出十誦梵本什公翻譯及半而弗多卒會沙門曇摩流支至亦善毘尼匡山遠公聞而喜走書關中勸流支出其律足成之流支乃與什公續而終焉律儀大備自此而始

天竺尊者佛陀耶舍至姑臧聞什公受秦宮女歎曰什如好綿其可使入棘刺乎什聞耶舍為已遠來恐相失而返勸秦王迎之使至耶舍曰明旨遠降便當驛馳副檀越待士之勤脫如見禮羅什則貧道當在北山北矣使還王欽佇不已復遣使盡禮致之耶舍乃肯來王郊迎別剏精舍處之供設如王者耶舍一無所受時至分衛一食而已善毘婆沙論而髭赤時號赤髭毘婆沙後遊匡山為遠公所重躬自負鐵於紫霄峯頂鑄塔以如來真身舍利藏其中今存焉

元興二年太尉桓玄久懷篡奪及升宰輔以震主之威下書令沙門致拜君親玄與八座書重申何庾議沙門不敬王者以謂庾意在尊主而禮據未盡何出於偏信遂淪名體夫佛之為化雖誕以范浩推乎視聽之外以敬為本此處不異蓋所期者殊非恭敬宜廢也老子同王侯於三大原其所重皆在於資生通運豈獨以聖人在位而比稱二儀哉將以天地之大德曰生通生理物在乎王者故尊其神器而禮實惟隆豈是虛相崇重義在君御而已沙門之所以生生資存亦日用於理命豈有受其德而遺其禮沾其惠而廢其敬哉于時尚書桓謙中書王謐等抗諫曰今沙門者意深於敬不以形屈為禮如育王禮比丘足魏文侯之揖干木漢光武之遇子陵皆不令屈體況沙門之人也於是亟其書咨于遠公遠慨然惜之曰悲夫斯乃交喪之所由千載之否運懇大法之將淪感往事之不忘故著論五篇究敘微意庶後之君子崇敬佛教者或詳覽焉

沙門不敬王者論在家第一

原夫佛教所明大要以出處為異出處之人凡有四科其弘教通物則功侔帝王化兼治道至於感俗悟時亦無世不有但所遇有行藏故以廢興為隱顯耳其中可得論者請略而言之在家奉法則是順化之民情未變俗迹同方內故有天屬之愛奉

主之禮禮敬有本遂因之而成教本其所因則功由在昔是故因親以教愛使民知有自然之恩因嚴以教敬使民知有自然之重二者之來實由冥應應不在今則宜尋其本故以罪對為刑罰使懼而後謹以天堂為爵賞使悅而後動此皆影響之報而明於教以因順為通而不革其自然也何者夫厚身存生以有封為滯累深固在我未忘方將以情欲為苑囿聲色為游觀沉湎世樂不能自免而特出是故教之所檢以此為涯而不明其外耳其外未明則大同於順化故不可受其德而遺其禮沾其惠而廢其敬是故悅釋迦之風者輒先奉親而獻君變俗而投簪者必待命而順動若君親有疑則退求其志以俟同悟斯乃佛教之所以重資生助王化於治道者也論者立言之旨貌有所同故位夫內外之分以明在三之志略敘經意宣寄所懷

沙門不敬王者論出家第二

出家則是方外之賓迹絕於物其為教也達患累緣於有身不存身以息患知生生由於稟化不順化以求宗求宗不由於順化則不重運通之資息患不由於存身則不貴厚生之益此理之與形乖道之與俗反者也若斯人者自誓始於落簪立志形乎變服是故凡在出家皆遯世以求其志變俗以達其道變俗則章服不得與世典同禮遯世則宜高尚其迹夫然故能拯溺俗於沉流拔幽根於重劫遠通三乘之津廣開天人之路如令一夫全德則道洽六親澤流天下雖不處王侯之位亦已協契皇極在宥生民矣是故內乖天屬之重而不違其孝外闕奉主之恭而不失其敬從此而觀故知超化表以尋宗則理深而義篤照大息以語仁則功末而惠淺若然者雖將面冥山而游步猶慙恥聞其風豈況與夫順化之民尸祿之賢同其孝敬者哉

沙門不敬王者論求宗不順化第三

問曰尋老氏之意以天地得一為大王侯以順體而尊終於義存於此斯沙門所以抗禮萬乘高尚其事不爵王侯而沾其惠者也

沙門不敬王者論體極不兼應第四

問歷觀前史上皇已來在位居宗者未始異其原本本不可二是故百代同典咸一其統所謂唯天為大惟堯則之始此則非智有所不照自無外可照非照有所不盡自無理可盡以此推視聽之外廓無所寄理無所寄則宗極可明今諸沙門不悟文表之意而惑教表之文其為謬也固已全矣若復顯然驗此乃希世之聞

答曰夫幽宗曠邈神道精微可以理尋難以事詰既涉乎教則以因時為檢雖應世之具優劣萬差至於典成在用咸即民心而通其分分至則心其智之所不知而不關其外者也若然則非體極者之所不兼兼之者不可並御耳是以古之語大道者五變而形名可舉九變而賞罰可言此但方內之階差而猶不可頓說況其外者乎請復推而廣之以遠其類六合之外存而

不論者非不可論論之或乖六合之內論而不辯者非不可辯辯之或疑春秋經世先王之志辯而不議者非不可議議之或亂此三者皆其身耳目之所不至以爲関鍵而不関視聽之外者也因此而求聖人之意則內外之道可合而明矣常以爲道法之與名教如來之與堯孔發致雖殊潜相影響出處誠異終期則同詳而辯之指歸可見理或有先合而後乖有先乖而後合先合而後乖者諸佛如來則其人也先乖而後合者歷代君王躰極之至斯其流也何以明之經云佛有自然神妙之法化物以權廣隨所入或爲靈仙轉輪聖帝或爲卿相國師道士若此之倫在所變現諸王君子莫知爲誰此所謂先合而後乖者也或有始創大業而功化未就迹有參差故所受不同或期功於身後或顯應於當年聖王卽之而成教者亦不可稱算雖抑引無方必歸塗有會此謂先乖而後合者也若命乖而後合則擬步通塗者必不自涯於一檢若命合而後乖則釋迦之與堯孔歸致不殊斷可知矣是故自乖而求合則知理會之必同自合而求乖則悟體極之多方但見形者之所不兼故或衆塗而駭之而異耳因茲而觀天地之道功盡於運化帝王之德理極於順通若以對夫獨絕之教不變之宗固不得同年而語其優劣亦以明矣

沙門不敬王者論形盡神不滅第五

問曰論旨以化盡爲至極故造極者必違化而求宗求宗不由於順化是以引歷代君王使同之佛教令體極之至以權君統此雅論之所託自必於大通者也求之實當理則不然何者夫稟氣極於一生生盡則消液而同無神雖妙物固是陰陽之化耳既化而爲生又化而爲死既聚而爲始又散而爲終以此而推固知神形俱化原無異統精粗一氣始終同宅宅全則氣聚而有靈宅毀則氣散而照滅散則反所受於本本滅則復歸於無物反覆終窮皆自然之數耳孰爲之哉若反本則異氣數合則同化亦爲神之處形猶火之在木其生必並其毀必滅形離則神散而罔寄木朽則火寂而靡託理之然矣假使同異之分昧而難明有無之說必存乎聚散聚散氣變之總名萬化之生滅故莊子曰人之生氣之聚聚則爲生散則爲死若死生爲彼之徒則吾又何患古之善言道者必有以得之若果然耶至理極於一生生盡不化義可尋矣

荅曰夫神者何耶精極而爲靈者也精極則非卦象之所圖故聖人以妙物爲言雖有上智猶不能定其體狀窮其幽致而談者以常識生疑多同自亂其爲誣也亦已深矣將欲言之是乃言夫不可言今於不可言之中復相與言依俙神也圓應無主妙盡無名感物而動假數而行感物而非物故物化而不滅假數而非數故數盡而不窮有情則可以物感有識則可以數求數有精粗故其性各異智有明闇故其照

不同推此而論則知化以情感神以化傳情為化之母神為情之根情有會物之道神有冥移之歸悟徹者及本惑理者逐物耳古之論道者亦未有所同請私之明之莊子發玄音於大宗稱黃帝之言形有美而不化又云火傳於薪猶神之傳於形此曲從養生之談非遠尋其類者也就如來論假令形神俱化始自天本愚智資生同稟所受問所受者為受之於形耶受之於神耶若受之於形凡在有形皆化而為神矣若受之於神是為以神傳神則丹朱與帝堯齊聖重華與瞽瞍等靈其可然乎如其不可固知冥緣之合著於在昔明闇之分定於形初雖靈鈞善運猶不能變性之自然況降茲已還乎驗之於理則微言而有徵校之以事可無惑於大通論成後有退居之賓步朗月而宵游相與共集法堂因而問曰敬尋雅論大歸可見殆無所間一日試重研究蓋所未盡亦少許處耳意以為沙門德式是變俗之殊制道家之名器施於君親固宜略於形敬今所疑者謂甫創難就之業遠期化表之功潛澤無現法之効來報玄而未應乃命王公獻供信士屈體得無坐受其德陷乎早計之累虛沾其惠同夫素餐之譏耶主人良久曰請為諸賢近取其類有人於此奉宣時命遠通殊方九譯之俗問王當資以糇糧錫以輿服否荅曰然主人曰類可尋矣夫稱沙門者何耶謂其能蒙俗之幽昏啓化表之玄路方將以兼忘之道與天下同往使希高者揖其同風漱流者味其餘津若然雖大業未就觀其超步之跡所悟固已弘矣然則運通之功資存之益尚未酧其始誓之心況三業之勞乎又斯人者形雖有待情無近寄視夫四事之供若雀蚊之過乎其前耳濡沫之惠復焉足語哉衆賓於是始悟冥塗以開轍為功息心以淨畢為道乃忻然怡衿詠言而退

魏改天賜

改義熙

南燕慕容超改太上

夏赫連勃勃（字屈丐匈奴右賢王去卑之後劉衛辰之子淵之族身長八尺五寸[illegible]十[illegible]姚[illegible]州[illegible]稱天王尚[illegible][illegible]以殺兄[illegible]立二十年）

西涼改建初

天竺尊者佛䭾䟦陀自義熙二年至長安什公倒屣迎之以相得遲暮為恨議論多發藥䟦陀曰公所譯未出人意乃有高名何耶什曰吾以年運已往為學者妄相粉飾公雷同以為高可乎從容决未了之義彌增誠敬秦太子姚泓延至東宮對什論法什問曰法云何空荅曰衆微成色色無自性故色即空又問既以極微破色空復云何破一微荅曰以一微故衆微空以衆微故一微空沙門寶雲譯出此語不省其意皆謂䟦陀所計微塵是常更申請之䟦陀曰法不自生緣會故生緣一微故有衆微微無自性則是空矣寧當言不破一微乎時秦尚玄化沙門出入宮闕者數千䟦陀憒然而已偶謂弟子曰昨見天竺五舶俱發應合至矣又其徒自言得初果僧正

道碧曰佛不許言自所得法五舶之論何所窮詰弟子輕言誑惑於律有違義不同處跋陀遂渡江入匡山見遠公議論不爲遠屈遠高之遺書關中雪其枉後於江都謝司空寺譯華嚴經六十卷感二青衣童子每旦自庭沼中出炷香添瓶不離座右暮夜則潜入沼中日以爲常至譯經畢遂絕迹不見

丁未 夏改龍升

後燕高雲字子羽惠文燕之長子自云高陽之後因以爲姓熙死僭立一年改國曰大燕年改正始

淵明入社 淵明陶潛字元亮爲彭澤令解印去居紫桑與廬山相近時訪遠公遠愛其曠達招之入社陶性嗜酒謂許飲即來遠許之陶入山久之以無酒攢眉而去

戊申 南涼改嘉平

北燕馮跋字文起長樂信都人小字乞直伐其先畢万之後子孫皆食邑馮鄉因以氏焉跋嘗飲酒一石不亂初仕後燕因殺慕容熙立高雲雲復爲臣離班桃仁所殺跋乃僭稱燕于昌黎[illegible]改太平在位二十一年

己酉 西秦改更始

魏明元皇帝嗣乃道武長子是年即位改元永興在位十五年壽三十二崩西宮葬雲中金陵

沙門法果戒行精至開演法籍是歲明元皇帝進加僧統言允愜賜封輔國宜城子忠信侯安城公之號師皆固辭帝親幸其居以門巷狹小不容輿輦更廣大之贈敬慰問若此年八十餘卒帝三臨其喪追贈老壽將軍趙胡靈云

庚戌 法師法顯自西域還初顯於隆安二年同惠景道整等入西域求法渡流沙迷失路以日準東西視人骨處進行遭熱風惡鬼不顧至葱嶺積雪有毒龍飛砂路盤空而進不顧皆萬仞險處梯而過者七日以繩爲梁躡而濟者水闊八十步漢張騫甘英皆所未至也過小雪山寒甚惠景股栗而死顯哭之慟收涕孤征又三十餘國至中天竺去王舍城三十里入一寺問耆闍崛山路僧曰日暮矣彼多師子且食人不可往顯念吾欲瞻靈境幸至而晚令夕若死吾志不酬身非所愛乃畏師子乎顯既至日已夕遂留山中流涕拜曰我不自知至此也坐樹下誦經夜三更師子蹲踞舐齒顯以手循之曰欲肉醉我遲誦經畢乃可耳於是妥尾而去明日歸老僧植杖立揖不荅徐去有少年來顯問耆年謂誰曰頭陀大迦葉也顯追之至山有石塞岩竇不得往至南天竺得摩訶僧祇律泥洹等經留三年學梵字以經像附商至師子國同侶皆無存翩然自止會有以紈扇供佛者顯見之動東歸之思又二年達于青州太守李嶷躬迎之護送入于京師

壬子 西秦熾盤乾歸之子立十六年改元永康 北涼改玄始

西域三藏曇無讖由龜茲至姑臧涼王沮渠蒙遜素奉大法讖居久之遍曉華言譯大般涅槃大集等經六十餘萬言猶以涅槃品數未足復還西域訪求得之至涼譯成四十二卷凡一萬偈讖神異頗多時拓跋珪王中山聞讖思一瞻禮遣使來迎遜不許珪再遣高平公李順策拜遜涼王加九錫諭之曰曇無讖道德廣大朕思一奉

見可馳驛送至遜曰臣奉事朝廷亡所負
前表乞留讖今復来追此臣師也有死則
已欲往則不可也順曰朝廷欽王忠義故
顯加殊禮今乃以一道人虧損大功不忍
一朝之忿吐所不當言矣朝廷待遇之意
切為大王不取也遜曰如公之言誠美第
恐情不副此耳遜竟不遣讖於是拓䟦珪
衛之道進者從讖求授菩薩戒讖曰當自
悔七日乃未既而詣讖讖忽怒進曰此宿
障也遂精脩三年夢中感釋迦世尊為授
戒法是夕十餘人同夢如進所見於是復
詣讖望見大喜曰善哉已感戒矣今為汝
作證及固辭西歸遜怒其去已審遣親信
中路刺殺之初讖出關日謂送者曰業期
[illegible] 至矣雖上聖不能逃非愛死而固欲相遠
也未幾遜心愧悔白日見鬼以劍刺之而
卒其國為魏所併

癸丑 夏改鳳翔

道生法師天縱妙悟初涅槃後品未至生
孰讀久之曰阿闡提人自當成佛此經来
未盡耳於是文字之師交攻之詆以為邪
說於律當擯生白衆擯曰若我所說不合
經義願於此身即見惡報若實契佛心願
舍壽時據師子座於是拂手南来入虎丘
山豎石為聽徒講涅槃經至闡提有佛性
[illegible] 處曰如我所說義契佛心不群石皆首肯
之後游匡山居銷景岩聞曇無讖重譯涅
槃後品至南京果言闡提皆有佛性生慰
喜不自勝遂搭死奉法

甲寅 魏改神瑞

丙辰 後秦泓 興之子立二年晉劉裕滅之凡三十二年改永和 魏改泰常

丁巳 西涼李歆 立三年改嘉興

戊午 夏改昌武次年改真興

己未 恭帝德文改元熙 安帝母弟永初元年劉裕使 [illegible] 之凡三十六年 [illegible]

治二年 是年梁誌公生

右 西晉都洛陽四主三十七年而有五胡之亂東晉都建業十二主一百四年 [illegible]

庚申 西秦改建弘

西涼冠軍恂改永建 二年河西王 [illegible] 恂自殺國亡

北朝魏泰常五年光禄卿崔浩被讒帝命
浩以公歸第因脩服食養性之術初嵩山
道士寇謙之脩張道陵術自言嘗遇老子
降命謙之繼道陵為大師授以辟穀輕身
之術及科戒二十卷使之清正道教又遇
神人李譜文云老子之玄孫也授以圖籙
真經六十餘卷并出天宮靜輪之法謙之
奉其書獻于太武朝野多未之信崔浩獨
師事之從受其術且上書贊明其事太武
忻然使謁者奉玉帛牲牢祭嵩嶽迎致謙
之起天師道場於平城之南重臺五級道
徒由此而盛

[illegible] 宋司馬文正公曰老莊之書大旨欲同生
死輕去就而為神仙者服餌脩鍊以求輕
舉鍊草石為金銀其為術正相戾矣是以
劉歆七畧叙道家為諸子神仙為方技其
後有符水禁呪之術至謙之遂合而為一
至今循之其訛甚矣崔浩不信佛老之書
而信謙之之言其故何哉昔臧文仲祀鶢
鶋孔子以為不智如謙之者其為鶢鶋亦

大矣詩三百一言以蔽之曰思無邪君子之於擇術可不謹哉

禪師玄高居麥積山與沙門曇弘友善聞曇無毘自北山至涼妙禪觀高往親之旬日即悟無毘歎異以為勝已及無毘西歸

有妖比丘媄高譖於河南王世子曼曰高令聚徒將為國害曼信之欲殺高其父不許遂擯於河北居林陽堂山山蓋地仙所宅夜有鐘磬聲高門弟子百餘輩拔萃者玄紹有神力嘗指地出水以給衆如紹者

又十有一人河南王迎曇弘至問王何以擯高其人希世之瑞也王厚禮迎之高欲赴命山中草木為摧偃亂石塞路高曰吾志弘道自滯岩實無益也路乃可行王郊迎之禮以為師後游涼土沮渠蒙遜禮遇

尤勤弟子僧印自謂得阿羅漢高假以神力使於定中見十方無盡世界及聞諸佛所說之法各各不同即於一夏尋其所見不盡方生愧懼明年魏使請高入于平城拓跋燾在位益加識敬令太子晃師事之

齊著作魏收著魏書佛老志其畧曰釋氏之學聞於前漢武帝元狩中霍去病獲昆耶王及金人率長丈餘帝以為大神列於甘泉宮燒香禮拜此則佛道流通之漸也及開西域遣張騫使大夏還云身毒天竺

國有浮圖之教哀帝元壽中景憲受大月氏王口授浮圖經後漢明帝夢金人項有日光飛行殿庭傅毅始以佛對帝遣中郎蔡愔等使於天竺寫浮圖遺範仍與沙門迦葉摩騰竺法蘭還洛陽得四十二章經

及釋迦立像帝令畫工圖之置清涼臺及顯節陵緘經於蘭臺石室浮圖或言佛陀聲相轉也譯云淨覺言滅穢明道為聖悟也

凡其經旨大抵言生生之類皆因行業而起有過去當今未來三世神識常不滅也凡為善惡必有報應多積勝業陶冶麁鄙經無數形藻練神明乃至無生而得佛道其間階次心行等級非一皆緣淺以至深藉微而為著率在於積仁順蠲緣欲習虛靜而成通照也故其始脩心則依佛法僧謂之三歸若君子之三畏也又有五戒去殺盜婬妄言飲酒大意與仁義禮智信同奉持則生天人勝處虧犯則墮鬼畜諸苦又善惡生處凡有六道焉

諸服其道者則剃落鬚髮釋累辭家結師資遵律度相與和居治心脩淨行乞以自給謂之沙門或曰桑門亦聲相近也其根業各差謂之三乘聲聞緣覺及以大乘取其可乘運以至道為名也上根者以脩六度進萬行拯度億流彌歷長遠登覺境而號為佛也本號釋迦文此譯能仁謂德充道備堪濟萬物也降於天竺迦維羅衛國王之子於四月八日從母右脇而出姿相超異三十二種天降嘉瑞亦三十二而應

之以二月十五日而入涅槃此云滅度或言常樂我淨明無遷謝及苦累也又云諸佛有二義一者真實謂至極之體妙絕拘累不得以方處期不可以形量限有感斯應體常湛然二者權應謂和光六道同塵

萬類生滅隨時脩短應物形由感生體非實有權形雖謝眞體不遷但時無妙感故莫得常見耳斯則明佛生非實生滅非實滅也

佛既謝往香木焚屍靈骨分碎大小如粒擊之不壞焚之不焦而有光明神驗謂之舍利弟子收奉竭香花致敬慕建宮宇謂之為塔猶宗廟也故時稱為塔廟者是矣於後百年有王阿育者以神力分佛舍利役諸鬼神造八萬四千塔布於世界皆同日而就今洛陽彭城姑臧臨淄皆有育王寺蓋承其遺迹焉而影迹爪齒留於天竺中途往來者咸言見之

初說教法後皆著錄綜覈深致無所漏失故三藏十二部經如九流之異統其大歸終以三乘為本後有羅漢菩薩相繼著論賛明經義以破外道皆傍諸藏部大義假立外問而以內法釋之傳於中國漸流廣矣漢初沙門皆衣赤布後乃易以雜色云

論曰唐太宗世既脩晉書復有勸脩南北七朝史者太宗以元魏書甚詳故特不許以今攷之信然也凡佛老典教於儒者九為外學或欲兼之自非夙薰成熟頽力弃来莫能窺其彷彿况通其旨歸而祖述源流者乎異哉魏書佛老志不介焉而馳逐罔之閒御靡旌以摩荀楊之壘步驟雍容有足觀者然則魏收兼三聖人難兼之學平四作者不平之心厥書獨見信於後世顧不美哉

比丘一清書

佛祖歷代通載卷第八

佛祖歷代通載卷第八

校勘記

一　底本，明永樂北藏本。

一　八八五頁上六行夾註左「卄四年」，清作「二十五年」。

一　八八五頁下一一行第九字「圮」，徑、清作「圯」。

一　八八六頁上八行「末有」，清作「未有」。

一　八八六頁中一九行第七字「刱」，徑作「初」。

一　八八八頁上末行夾註左「四九」，清作「四十九年」。

一　八八八頁中五行夾註左「未通中國」，徑作「來通中國」。

一　八八八頁中六行夾註右末字「目」，徑作「自」。

一　八八九頁上一二行末字「矣」，清無。

一　八八九頁上一六行夾註左「三十上」，徑、清作「三十七」。

一八八九頁上一九行夾註右第四字「乘」，清作「垂」。

一八九〇頁上一八行末字「正」，清作「止」。

一八九〇頁中一七行「精識」，徑作「精誠」。

一八九〇頁中一九行第五字「商」，徑、清作「商」。下同。

一八九二頁中一六行「偏信」，清作「偏信」。

一八九二頁下五行「沽其惠」，清作「沽其惠」。

一八九二頁下七行第二字「扵」，徑作「爲」。

一八九二頁下一〇行「嘅然」，清作「慨然」。

一八九三頁中五行第八字「曰」，徑、清作「自」。

一八九五頁上五行「黄帝」，徑作「皇帝」。

一八九五頁下二行「夏赤連勃勃」，徑、清作「夏赫連勃勃」。

一八九六頁上七行「治中」，清作「沼中」。

一八九六頁上一七行夾註左第五字「万」，清作「方」。

一八九七頁下一七行第一二字「逐」，清作「遂」。

佛祖歷代通載卷第九　亟九

嘉興路大中祥符禪寺住持華亭念常集

庚申　宋（姓劉氏都建康）雷氏曰（高少文武前明後頑宋劉八主合六十年）

高祖武皇帝裕改永初（字德輿小字寄奴彭城縣綏輿里人漢高弟楚元王交二十世孫彭城楚都故苗裔家焉帝仕晉爲太尉有雄才大畧而清簡寡慾晉氏衆遷劉氏移居晉陵丹徒晉室卑運遷宮六十七歲崩于西殿葬丹徒康縣蔣山初寧陵治二年）

西秦改建弘

西涼冠軍恂改永建

壬戌　四月上殂

癸亥　營陽王義符改景平（小字車兵武帝長子所爲多衆失皇太后令廢爲營陽王年十九終治一年）

甲子　文帝義隆改元嘉（小字車兒武帝第三子身長七尺五寸聰明仁厚勤政事江左之政未嘗有也壽四十七爲劭殺之殺于合殿葬長寧陵在位三十年）

魏世祖太武帝燾改始光（明元長子壽四十五崩于永安）

乙丑　夏赫連昌改承光（在位）

北燕有女人化男子〇魏崔浩自比張良

丙寅　元嘉三年神僧杯渡初出冀州如清狂者挈十木杯渡水必乘之因騎馬嘗自孟津乘杯絶岸至金陵時年四十許狀寒窶喜怒不常遇盛寒輒穴冰而浴或著屐登山或跣足市中行荷一蘆圈時造延賢寺沙門法意遇之尤勤忽棄去行瓜步欲登舟舟人不即應遂乘杯絶北岸廣陵村有李氏方飯僧渡徑入以蘆圈置庭中坐席上衆環目之渡自若座有怒者見蘆圈礙道移之競力不能動渡食畢挈之而去笑曰四天王時有童子竊見圈中有四小兒皆長數寸眉目如畫及追之失所在由此顯迹及卒後復時時有人見之云

戊辰　西秦慕末改永弘二年夏滅之

夏赤連定立二年改勝光次年魏滅之（昌之弟也）

北涼改承玄〇魏改神麚

己巳　天竺求那跋陀羅至金陵文帝遣使郊迎跋陀神情爽邁帝見之大悦命居祇桓寺屢延入内供養僕射何尚之彭城王義康南譙王義宣並師事之請講華嚴跋陀以未通華言乞觀音爲增智力夜夢神力士易其頭旦起猶覺痛甚遂遍曉華言即爲衆講之時以跋陀妙大乘宗旨因號摩訶衍

辛未　北涼改義和

北燕馮弘改大興（跋之弟殺跋之子翼自立七年）

壬申　魏改延和

九年文帝幸大莊嚴寺設大會親同四衆地坐及齋衆疑日過午不敢下箸帝曰日纔午耳法師道生在席即曰白日麗天天言方中何謂過耶舉鉢便食一衆從之帝大悦下詔留生止都下一時巨公王弘范泰顏延之等皆造門結友生每以經文未能逹諸佛之旨而學者多滯聞見因著善不受報論頓悟成佛論二諦論佛性有常論法身無色論佛無淨土論應有緣論皆網羅舊説發其淵奥皎如日星又明年正月庚子升法座詞音朗潤聽者悟悦俄麈尾墮地隱几而化

癸酉　北涼牧虔（蒙遜子年改永和）

是歲謝靈運以謀叛棄市初靈運與顏延

之齊名其文縱横俊發過於延之深遼則弗及龔封康樂侯居會稽與隱士王弘之孔淳之放蕩爲娛太守孟顗事佛精懇爲靈運所輕嘗謂顗曰得道須慧業丈人生天當在靈運前成佛必在靈運後顗深恨此語及顗入朝屢爲裁抑不得名用晚爲臨川内史在郡游放不法爲有司所糾司徒遣隨州從事鄭望生收之運即興兵叛逸遂有逆志望生追擒之送廷尉帝怜其才減死徙廣州既而復叛有旨棄市年四十九

十一年天竺三藏求那跋摩初讓國出家解四阿含精貫三藏誦數百萬言屬國諸王皆從之禀受歸戒每謂諸王曰道在精通遇緣即應但依慈悲勿故發害意足矣遊闍婆國其王欲出家事跋摩群臣固請不可乃令國中曰若率土奉大和尚歸戒勿殺害賑給貧乏即從爾請於是群臣士民稽首遵命朝廷雅聞其名沙門慧觀等白於文帝請道使致之有詔交州刺史津遣沙門道冲等航海邀之冲至跋摩欣然附舶抵廣詔聽乘驛詣闕道由始興愛其山類靈鷲爲留周寺有實月殿跋摩於東壁戲作定光儒童布髮像極妙夜輙有光嘗在定累日不出寺僧遣沙彌侯之見白獅子仰躡柱而戲彌空皆青蓮花沙彌驚走大呼寺僧爭至豁無所有至金陵引對帝迓勞殊勤因從容問曰寡人每欲持齋以身應物不獲所願法師遠來陋邦之幸何以教寡人對曰道在心不在事法由已不由人且帝王所修與匹夫異匹夫身賤名微言令不威倘不克己苦節何以爲用帝王以四海爲家萬民爲子出一嘉言則士庶咸悅布一善政則人臣以和刑不天命役不勞力則風雨時若寒暑應節百穀滋繁桑柘欝茂以此爲持齋不殺亦大矣安在輟半日之飡全一禽之命然後爲弘濟耶帝撫几歎曰俗迷遠理僧滯近教如法師之言可與論天人際矣命居祇桓寺講法華幷十地品帝率公卿日集座下法席之盛前此未聞也摩即於寺譯菩薩善戒經等十八卷

魏改太延

十二年京尹蕭謨之請制建寺鑄像帝以問侍中何尚之吏部羊玄保曰朕少讀經不多比日彌復無暇因果之事昧然未究所以不敢立異者以卿輩時秀率皆信敬耳范泰謝靈運皆言六經法度本任濟世必求妙道當以佛經爲指南比見顔延之析達性論宗炳難白黑論其說汪洋大明至理若使率土之民皆敦此化則朕坐致太平矣夫復何事昨蕭謨之請制卽以相示委卿增損必有以戒遏浮淫無傷弘奬者乃當著爾尚之對曰横目之俗聞不敬信以臣庸陋獨有愚勤實懼缺薄上玷大法更蒙奬論重有愧耳然前代群英則不負明詔自渡江而來王導周顗庾亮王蒙謝安郗超王坦之王恭王謐郭文謝尚戴逵許詢及亡祖兄弟王元琳昆季范汪孫綽張玄殷凱或宰輔冠冕或人倫羽儀或

致情天人之際或抗迹雲霞之表靡不倒
心歸依其間比對如蘭護開潛淵遁崇邃
並以建德中或不測人也近世道俗較論
便[illegible][illegible]舉者夷何漢魏[illegible][illegible]華出不可
勝數慧遠云釋迦之化無所不可適道固
自教源[illegible]物於[illegible][illegible]竊味此言有契至
理何則百家之鄉十人持五戒則十人淳
謹千室之邑百人修十善則百人和睦傳
此風教以周寰區編户億千則仁人百萬
夫能行一善則去一惡去一惡則息一刑
一刑息於家萬刑息於國此明詔所謂坐
致太平者是也故圖澄適趙二石減暴靈
塔放光符健損虐神道助化昭然可觀謨
之請制不謂全非但傷盡道俗本在無行
僧尼然而情偽難分去取未易耳至土木
之工雖若靡費且植福報恩不可頓絕臣
比斟酌進退未安今日面舉德音實用忻
抃羊玄保進曰此談盖天人之學非臣愚
所宜預聞切恐秦楚論強兵之術孫吳盡
吞併之計無取於此帝曰此非戰國之具

良如卿言尚之曰夫禮隱逸則戰士怠貴
仁德則兵氣消倘以孫吳爲志動期吞併
則將無取於堯舜之道豈特釋教而已哉
帝悅謂尚之曰釋門之有卿猶孔氏之有
季路也自是帝留神釋典益重玄化及顏
延之著離識論及論檢勑法師惠嚴辨其
同異酬酢終日帝笑曰卿等殆不愧支許
矣

文帝幸曲水公卿畢集帝命賦詩沙門惠
觀詩先成奏之句有奇勝之韻帝悅以示
百官皆歎服其才觀與惠嚴謝靈運等詳
定大涅槃經頗增損其辭因爲神人呵
之曰乃敢妄以凡情輕瀆聖典觀等惶懼
而止

時有僧惠琳者以才學得幸于帝與決政
事時號黑衣宰相致門下車蓋常不容迹
琳妄自驕蹇見公卿纔寒暄而已著白黑
論毀佛叛教遂感現報膚肉糜爛歷年而
死

論曰世智辨聰人情所歆慕以爲英靈者
而佛世尊則以爲八難之一何哉靈運恃
才傲世以謀叛伏誅惠琳毀形衣僧伽棃
而竊與朝政既叛教矣復從而毀佛遂蒙
惡報以死嗚呼盖世智之爲難也明矣觀
嚴二人妄以凡情輕議聖典向使不遇神
人呵之則世智之難亦幾不免大哉跋摩
尚之對制之言可謂旨窮大體而識盡精
微真天下之通論也

是歲文帝詔求沙門能述生法師頓悟義
者刺史庾登之以釋法瑗聞召對願問瑗
伸辨詳明何尚之歎曰意謂生公之歿微
言永絕今復聞象外之談所謂天未喪斯
文也未幾天保寺成詔瑗主之王景文至
值其講歎曰所舉皆所未聞所指皆出意
表真法中龍也湘宮寺成復移瑗居之帝
臨幸聽法時以爲榮

魏太武燾即位改太平真君

真君三年上詣道壇受籙

是年北魏太武以戊寅平蕩中原江北盡
臣伏又爲寇謙之倚崔皓爲天師故改真

君之號迨今五年崔信寇術憎釋愈甚太子晃師事法師玄高崔皓妬晃讒於太武疑之令幽死晃求哀於高高爲作金光明懺太武夢其先祖讓之曰不當以讒疑太子既寤以所夢語群臣臣下皆稱太子無過待之如初其相崔皓懼太子將不利於已白太武曰太子前實有謀仍結玄高以術致先帝恐陛下耳若不早誅必爲大害太武大怒收玄高惠崇害之高弟子玄暢居雲中聞高遇害日馳六百里至魏關沽曰和上神力當爲我起於是高開眸曰大法應化隨緣盛衰盛衰在迹理恒亘然但惜汝等行如我耳或恐過之矣唯玄暢南渡汝等死後法當更興善自修心毋令中悔言訖即化沙門法進號呼曰聖人去世我何用生應聲見高於雲中進頂禮乞救高曰不忘一切寧獨棄汝耶曰和尚與崇公並生何所高曰我往惡處救護衆生崇已歸安養矣言訖不見

世祖時道士寇謙之字輔真雍州人早好仙道修張魯之術服食餌藥歷年亡效有仙人成公興求謙爲之弟子相與入華山居石室與採藥與謙之服能不飢又共入嵩山石室尋有異人將藥與謙之皆毒蟲臭物謙之懼走興歎息曰先生未仙正可爲帝王師耳未幾興仙去謙守志嵩山忽遇大神乘雲駕龍導從百靈集於山頂稱太上老君謂謙之曰自天師張陵去世以來地上曠戕汝文身直理吾故授汝天師之位錫汝雲中新科二十卷自開闢以來不傳於世汝宣吾新科清整道教除去三張偽法租米錢稅及男子合氣之術大道清虛寧有斯事專以禮度爲首加之以服食閉練使玉女九疑十二人授謙之導引口訣遂得辟穀氣盛顏色鮮麗云

是歲即元嘉二十三年魏太武三月西伐長安與崔皓皆信重寇謙之而奉其道皓特不喜佛每言於魏主以爲佛法虛誕爲世費害宜悉除之及魏主討蓋吳至長安入佛寺沙門飲從官酒從入其室見大有兵器出白太武武怒曰此非沙門所用必與蓋吳同謀欲爲亂耳命有司按誅合寺僧閱其財產大有釀具及州郡牧守富人所寄物以萬計又爲窟室以匿婦人皓因說帝將誅天下沙門毀諸經像帝從之寇謙之切諫以爲不可皓不從先盡誅長安沙門焚燒經像還宮勑臺下四方命一依長安法詔曰昔後漢荒君信惑邪偽以亂天常自古九州之中未嘗有此誇誕大言不本人情叔季之世莫不眩焉由是政化不行禮儀大壞九服之內擁爲丘墟朕承天緒欲除偽定真復羲農之治其餘一切蕩除滅其蹤跡自今已後敢有事胡神及造形像泥人銅人者門誅自王公已下有私養沙門者限今年三月十五日過斯不首身死有司宣告征鎮將軍刺史諸有浮圖形像及切經皆擊破焚燒沙門無少長悉坑之太子素好佛法屢諫不聽乃緩宣詔書使遠近預聞之得各爲計沙門多亡匿獲免收藏經像唯塔廟在魏境者無復

丁遺

魏真君九年天師寇氏爲帝以京之東南地建靜輪天宮奏曰陛下以真君御世開古未有應受符命帝然之遂受符籙建靜輪天宮令極高大不聞雞犬之音要與天神交接工力萬計經年不成其寇謙之惡疾死功遂止

真君十一年崔皓嘗見妻郭氏讀金剛經乃奪之火焚棄廁初崔皓爲魏司徒自恃才畧及魏主所寵任專制朝權大武以皓監祕書其黨閔湛者勸皓刊所撰國史于石以彰直筆皓從之於是刊石立於郊壇書魏先世事皆詳實往來見者咸以爲言北人無不忿恚相與譖皓於帝以爲暴陽國惡帝大怒使有司按皓罪狀皓惶惑不能對執皓檻車置于城南道側使衛士路人行溲其面呼聲嗸嗸徹于道曰此吾投經溺像之報也凌遲而死時年七十矣崔寇二家并夷五族坐及僚屬凡百二十人皓既勸魏主除蕩釋氏及經像毀廢皓行路見棄像必停車溺之及族誅尸無收者又積怨在人於是競溺皓尸至糜潰乃止已上見北史

論曰崔皓之不智司馬溫公論詳矣大抵託跋氏起自沙塞未遷都時性殘忍殺人如甘美飲食其俗習然也初太子晃被譏而玄高等數僧受誅頗見其無辜矣及羅釋氏沙門誅而坑之者豈勝道哉此雖虜人性凶亦崔皓當權用法如此既而皓被譏迹其所坐蓋作史之失在唐世不過黜官禁投之荒裔而已假令誅之亦不過一已乃遂夷滅五族何哉蓋以無辜而施於人也深則其報之於已也必厚此天道常數而不易者也至於吾釋之經像於皓庸有傷害哉而皓每見必停車而溺之及皓未旋踵而尸亦爲人溺之至糜潰而止嗚呼皓不畏聖人之言而欺天也又如此故天復爲之速報以警動乎人世也可不戒哉可不戒哉

魏改正平

世尊示滅一千四百年矣

魏朝元會沙門曇始振錫至宮門吏白太武曰趣斬之刃下無傷又白臨殿陛矣太武抽佩劒自斬之亦不能傷劒微有痕如線令收捕投虎檻中虎皆怖伏不敢睇左右請以天師試之虎即虓吼太武大驚延始上殿再拜悔謝魏書佛老志云沙門惠始清河張氏子初聞羅什出經詣長安見之學習禪定於白渠北晝入城聽講夕還處靜三輔識者高之武帝滅姚氏留子義真鎮長安及義真爲赫連屈局所敗始身被刄而無傷屈局怒召始於前以所佩劒自擊之又不能害乃懼而謝後至魏多所化導自初習定至卒五十餘年未嘗寢卧跣行足不沾泥愈加鮮白世號白足阿練若太武深加敬禮始預知終期齋潔端坐僧徒滿側泊然而絕停尸十日容色不變閱十餘年改葬見亦如存舉世歎異及葬日送者萬餘人皆號慕哭之慟中書監高允爲傳頌其德云

魏太武以癘作二月五日卒矣

魏文成帝濬改興安景穆帝長子先太子晃被害立吳王改元正平十月一日吳王亦崩立太孫濬晃之子也既立有人君之度視前昏失復弘聖道在位十二年壽二十六崩太華殿也

二十九年魏太武帝殂吳王立未幾而薨

高宗文成帝即位乃太武之孫也群臣勸請興復釋氏下詔曰夫爲帝王者必祗奉明靈顯彰仁道其能惠著生民濟益群品雖在往古猶序其風烈是以春秋嘉崇明之禮祭典載功施之族況釋教如來功濟大千惠流塵境尋生死者歎其達觀覽文義者貴其妙門助王政之禁律益仁智之善性排撥群邪開演正覺故前代已來莫不崇尚亦我國家常所尊事世祖太武皇帝開廣邊荒德澤遐被沙門道士善行純誠如惠始之倫無遠不至風義相感往往如林夫山海之深寧免奸婬之儔得容假託講寺之中致有凶黨是以先朝因按假釁戮其有罪所司失旨一切禁斷景穆皇帝每爲慨然值軍國多事未遑修復朕承鴻緒君臨萬邦思述先志以隆斯道今制諸州郡衆居之所各聽建佛圖一區其有好樂道法欲爲沙門性行素篤鄉里所明者聽出家於是天下承風朝不及夕往時所毀圖寺經像並還脩復有罽賓王種沙門師賢者東游涼城至魏值罷教權假藥術守道不改於復教日即爲沙門同輩五人高宗親爲下髮命師賢爲僧統明年有旨於五級大寺爲太祖已下五帝鑄釋迦文像五尊各長丈有六尺用赤金二十五萬斤云出魏書佛老志

武帝駿改孝建字休龍小字道人文帝第一子聰明穎悟文武所全壽三十五崩玉燭殿在位十年

魏改興光

第二十七祖般若多羅者東印土人也既得法行化至南印度彼王名香至崇奉佛乘尊重供養度越倫等又施無價寶珠時王有三子其季開士也尊者欲試其所得乃以所施珠問三王子曰此珠圓明有能及此否第一子月淨多羅第二子功德多羅皆曰此珠七寶中尊固無踰也非尊者道力孰能受之第三子菩提多羅曰此是世寶未足爲上於諸寶中法寶爲上此是世光未足爲上於諸光中智光爲上此是世明未足爲上於諸明中心明爲上此珠光明不能自照要假智光光辨於此既辨此已即知是珠既知是珠即明其寶若明其寶寶不自寶若辨其珠珠不自珠珠不自珠者要假智珠而辨世珠寶不自寶者要假智寶以明法寶然則師有其道其寶即現衆生有道心寶亦然尊者歎其辯慧乃復問曰於諸物中何物無相曰於諸物中不起無相又問於諸物中何物最高曰於諸物中人我最高又問於諸物中何物最大曰於諸物中法性最大尊者知是法嗣以時尚未至且默而混之及香至王厭世衆皆號絕唯第三子菩提多羅於柩前入定經七日而出乃求出家既受具戒尊者告曰如來以正法眼付大迦葉如是展轉乃至於我我今囑汝聽吾偈曰心地生

諸種因事後生理果滿菩提圓華開世界起尊者付法已即於座上起立舒左右手各放光明二十七道五色光耀又踊身虛空高七多羅樹化火自焚空中舍利如雨收以建塔當宋孝武帝孝建元年甲午歲也（正宗記云宋孝武之世也注云以唐大曆七年計之當在宋孝武孝建元年傳燈作丁酉非）

孝建元年宋孝武帝舉兵誅元凶而求那跋陀羅逃民間其後王玄謨軍梁山孝武令軍中得跋陀者驛馳至臺俄得之送金陵引見帝曰企德日久乃今始遇開闕來歸亦有恨乎曰亡所恨但念夙緣遇此遂成熟耳帝慰之且戲曰尚念譙王乎對曰古人不忘一飯王飯我十年乃敢遽忘耶念當從陛下求為王長修冥福帝悽然改容中興寺成有旨命住持帝宴東府公卿畢集名跋陀至皤然清癯孝武望見謂謝莊曰摩訶衍有機辯當戲之必能悟人情跋陀趍升陛帝曰摩訶衍不負遠來唯有一在即應聲曰貧道客食聖朝三十載恩德厚矣所欠者一死耳帝大悅移席相促一座盡傾

（乙未）魏改大安

孝武詔沙門道猷為新安寺鎮寺法主初文帝聞惠觀頓悟之理孰精觀以猷對有旨召入大內盛集名流猷數宣有緒法義槃然聞者開悟有攻難者猷必挫以釋之帝拊髀稱善至是為天下法主甚允時望

（丙申）法師寶亮居中興寺中書袁粲見而異之以書抵其師道明畧曰比見亮公非常人也日聞所未聞不覺歲之將暮然珠生合浦魏人取以照乘玉在邯鄲秦人請以華國天下之寶不可自專當與同之也自是亮名益重晚居靈味寺講席冠京邑弟子三千餘亮英氣駿駿逼人辭鋒錯逸議者或蔽於理亮釋之莫不渙然

（丁酉）改大明

是歲有羌人高闍反累及沙門曇標乃下詔付所司精加沙汰遂設諸条自非戒行精苦之者並令還俗詔雖嚴重竟不施行

（庚子）魏改和平

（壬寅）大明六年九月右司陳言臣聞邃拱凝居非期弘峻拳跪盤伏豈止恭敬將以昭彰四維締制六寓故雖儒法支派名墨條流至於崇親嚴上厥繇靡爽唯浮圖教特異於此凌滅禮度偃居尊戚失隨方之妙迹迷至化之淵美臣聞佛以謙儉自牧以忠順為道不輕比丘逢人必拜目連大士遇長則禮寧有屈膝四輩而間禮二親稽顙耆臘而直骸萬乘者耶故咸康翔議元興再述而事屈於偏黨道剉於餘分今鴻源遠洗群流仰鏡九仙贍寶百神聳戢而畿輦之內含弗臣之民階席之間延抗禮之客懼非所以澄一風軌詳示景則者也臣等參議以為沙門接見皆當盡禮敬之容依其本俗則朝徽有序乘方兼遂矣制可

法師僧遠聞而歎曰我剃頭為沙門本出家求道何關於帝王即日拂衣歸于林壑是歲吳郡朱靈期者自高麗還舶為風搊至一洲洲有山因竟登之十餘里聞午梵

知有寺寺七寶所成見僧數輩皆石像欲迈有呼靈期再拜得食食味香美非世間有也有人云此去金陵二萬餘里嘗識杯渡道人否靈期曰識之其人指北壁一囊并瓶錫曰乃其鉢具耳今取附君并書又以青竹杖授之曰見杯渡即付之令一沙弥送至舶沙弥命靈期以竹杖置前水中三日而至石頭淮遂失竹杖有須渡來得鉢大笑曰我不見此鉢且四千年矣以擲雲中又接之乃去渡屢示殊已而復游於世後至齊諧家同呂道惠杜天期水丘熙三大士在馬諧大驚即再拜渡曰年大凶無忘修福業法意道人德高可親之以禳灾俄門楣上一僧呼渡仰見之即辭去後不復見

釋僧導京兆人也十歲從師所學弘大爲王者之敬初姚興欽重出入同輦後帝悅其賢躬爲壽春立光山寺勅開講首曰昔王宮托生雙林見滅自爾已來歲逾千載淳源永謝澆風不追給苑丘墟鹿園蕪穢九十五種以趣下爲升高三界群生以火宅爲淨土豈知上聖流涕大上悽惶者哉因即涕泗四衆爲之改容

廢帝業景和（小字法師孝武長子不仁不孝淫虐無度其嬰壽殊之擇之年十七崩見華殿在位一年）

魏文成帝末年罽勒國王遣使送佛袈裟一頂長二丈餘帝審是佛衣應有靈異置之猛火経日不然於是駭然心形俱肅信乎（出北史）

明帝或改太始（字休炳小字榮期文帝第十一子好事鬼神嚴酷暴虐壽三十四崩子景福殿在位七年）

魏獻文帝弘（文成長子即位治六年禪位與太子自號太上皇二十三歲崩）

改永光

魏改天安

大教東被四百年矣 ○魏改皇興

魏是年建永寧寺浮圖七級高三百餘尺爲天下第一又鑄釋迦文像高四十三亦用赤金十萬斤黄金六百斤又造三級石浮圖

寶誌大士於是年往來晥山剡水之下髮而徒跣著錦袍俗呼爲誌公面方而瑩徹如鏡手足皆鳥爪初金陵東陽民朱氏之婦上巳日聞兒啼鷹巢中梯樹得之舉以爲子七歲依鍾山大沙門僧儉出家專修禪觀至是顯迹以剪尺拂子掛杖頭負之而行経聚落兒童譁逐之或徵索酒或累日不食嘗遇食鱠者從求之食者分啗之而有輕薄心誌即吐水中皆成活魚時時題詩初若不可解後皆有驗

邵碩者本康居國人大口醜目狀如狂小兒得侮慢時時從酒徒入肆酣飲後爲沙門號碩公與誌寂善出入経行不問夜旦意欲爲之則去游益州諸縣皆以滑稽言事能發人懽笑因勸以善家家喜之将亡謂沙門法進曰須露骸松下然兩脚須著屐進諾之已而化昇其尸露之明日往視失所在俄有自郫縣来者曰昨日見碩公著一屐行市中曰爲我語進公小兒見欺止與我隻屐進驚問沙弥答曰昇尸時一

屢墮行急不及繫也

明帝詔僧瑾爲天下僧正止靈根寺帝多諱忌犯者必殺之瑾每匡諫賴免者甚衆時京邑諸師立二諦義有三宗宗各不同於是汝南周顒作三宗論以通其異然畏譏不敢傳法師智林者竊有時望以書抵顒畧曰切聞三宗論鈎深索隱盡衆生之情鄣而通之盡諸佛之意使法燈有種滕利無窮借使國城妻子之施何以逮此哉傳者以爲公畏譏評故欲中輟詎可特纓疑障自發現行乎顒得書慨然悟此論遂行于世矣

元魏文皇帝宏改延興（獻文長子生多祥感五歲受禪有人君之度馮太后臨朝稱制十七始親政改姓元氏遷都洛陽斷胡服番語在位二十九年壽三十三崩葬長陵）

釋老志曰有魏孝文者聖天子也五歲受禪十歲服冕太和十八年遷都于洛二十年改姓元氏文章百篇冠絕今古初登詔語假手有司太和以後並自運筆前後諸帝不能及之凡下七詔大興三寶帝建鹿野鹿苑二浮圖岩房禪室無不嚴麗

改泰豫四月上殂太子昱立十歲

後廢帝昱改元徽（字德融明帝長子淫虐不道廢爲蒼梧王壽十五歲爲楊玉夫弒之在位四年）

魏改承明

順帝準改昇明（字仲謀小字智觀明帝第三子蕭道成爲司空總軍國事戊午三月以太傅爲相國又加九錫遂禪位于道成在位二年）

魏改太和

右宋八主六十年（而禪于齊）

齊

雷氏曰（高武鬱林海陵明帝東昏及和齊朝七主二十四年）

太祖高皇帝道成（姓蕭氏字紹伯小字鬭將漢相國何二十四代孫祖整過江居晉陵遂爲蘭陵人皇考承之仕宋爲漢中太守生帝能鎮淮繫亦仕宋立功蒼梧王屢欲害之遂生僭篡而代宋爲齊王壽五十四歲崩臨崩歎在位四年顧順帝之禪位也泣而彈指曰願後身世世勿生天王家）改建元

是年高祖有事于鍾山因幸沙門僧遠所居遠床坐辭以老病不能出迎高祖將詣床下見之左右以房閤狹不容輿蓋遂駐蹕遣使勞問卽起而去遠居山凡五十餘年初猶有食不樂潤飲二十餘年天下仰其高行及終武帝致書沙門法獻曰承遠上無常弟子夜中已知遠上此去甚得好處諸佳非一不復增悲也一二遲見法師方可叙瑞夢耳今爲作功德所須可具疏來

武帝賾改永明（字宣遠高帝長子性儉約好積聚庫至八億萬金銀布帛不可稱計壽五十四崩延昌殿在位十一年）

勅沙門法獻玄暢爲天下僧主他日會于帝前對制稱名而不坐中興寺僧鍾對帝稱貧道武帝訐之以問中書王儉儉曰漢魏佛法未盛傳記無載者獨宋魏始盛而沙門多稱貧道而預坐晉庾冰桓玄皆欲屈之然竟不可行今亦稱貧道帝曰獻暢二師道行如此猶稱名朕以稱名乃得宜可著令以爲定式初獻公慕法猛西遊自巴蜀出河南經芮芮國到于闐欲度葱嶺會棧道絕不得往獲佛牙一枝舍利十有五粒并經論梵夾而還暢公精究經律博貫子史百氏之言初華嚴未有疏暢首爲之學者得以祖述馬風諸高簡弘道輔世有功國家莫年特聽肩輿入殿時稱黑衣

二傑焉
明教嵩禪師論曰近古高僧見天子不名預制書則曰師曰公鍾山僧遠鑾輿及門而床坐不迎虎溪惠遠天子臨潯陽而詔不出山當時待其人尊其德是故聖人之道振其徒尚德儒曰貴德何如以其近於道也後世之慕其高僧者交卿大夫尚不得預下士之禮其出其處不若庸人之自得況如惠遠之見天子乎僧遠之自若乎望吾道之興吾人之脩其可得乎存其教而不須其人存諸何以益乎惟此未嘗不涕下也

魏始服袞冕乘御輦

魏祀貞丘方澤作孔子祠

永明七年帝怒大士寶誌惑衆收逮建康獄是日國人咸見大士游行市井既而檢校仍在獄中其夕語吏曰門外有兩輿食金鉢盛飯汝可取之果文惠太子竟陵王送供至建康令呂文顯以聞帝悔謝迎至禁中俄有旨屏除後宮為家人宴誌例與衆暫出已而猶見行道于顯陽殿比丘七輩從其後帝驚遣吏至閤吏白誌久出在省中及視之身如塗墨焉帝益神敬之後在華林園忽重著三頂布帽亦不知自何而得之未幾而帝崩文惠太子豫章王相繼而殂果如其識靈味寺沙門寶亮者欲以衲帔遺之未及有言誌忽來牽帔而去王仲熊問仕何所至不答直解杖頭左索與之仲熊初不曉後果至尚書左丞焉建武末平旦出門忽褰裳走過曰門上血腥及明帝遇害果以犢車載尸自此門出舍閣人徐龍駒宅而帝頸血流被門限初爵林多害宗室高士江泌憂南康王問誌誌覆香爐灰示之曰都盡無餘徐陵兒時父携之謁誌誌拊曰天上石麒麟也陵後果顯于世

沙門曇超者居錢塘靈苑山一夕有異人至曰此邦蒙師留蒼生之福然富陽民無故鑿山蔡斷壞群龍之室龍忿不致雨今二百日矣欲法師一往誨龍為蒼生請福豈有意乎超曰此檀越事吾何能焉甙神曰弟子力能吐雲不能致雨超諾之至赤庭山為龍說法俄大雨因止臨溪縣令聞超在辨舟迎之超即日遁還靈苑

逸士顧歡隱居不仕尚黃老南史云歡以佛道二家教異學者互相非毀乃著夷夏論其略曰辨是與非宜據聖典道經云老子入關之天竺維衛國王夫人曰淨妙老子因其晝寢乘日精入淨妙口後年四月八日剖右腋而生墮地即行七步於是佛道興焉此出玄妙內篇佛經曰釋迦成佛有塵沙之數或為國師道士儒林之宗出瑞應本起試論之曰五帝三皇未聞有佛國師道士無過老莊儒林之宗孰出周孔右孔老非聖誰或當之然二經所說若合符契道則佛也佛則道也其聖則符其迹則反或和光以明近或耀靈以示遠道濟天下故無方而不入智周萬物故無物而不為其入不同其為必異各成其性不易其事是以端委搢紳諸華之容剪髮曠衣

群戎之服全形守禮繼善之風毀貞易形絕惡之學豈伊同人爰及異物無盡世界聖人代興或昭五典或布三乘在鳥而鳥鳴在獸而獸吼教華而華言化夷而夷語雖舟車均於致遠而有川陸之節佛道齊乎達化而有夷夏之别若謂其致既均其法可換者是車可涉川而舟可行陸乎屢見刻有沙門守株道士互爭小大交相弹射或域道以爲兩或混俗以爲一是牽異以爲同破同以爲異則乖爭之由淆亂之本也尋夫聖道雖同而法有左右始乎無端終乎無末泥洹僊化各是一術佛號正真道稱正一一歸無死真會無生在名則迈在實則合但無生之教賒無死之化切切法可以進謙弱賒法可以退夸強佛教文而博道教質而精精非麁人可信博非精人所能佛言華而引道言實而抑抑則明者獨進引則昧者競前佛經繁而顯道經簡而幽幽則妙門難見顯則正路易遵此二法之辨也聖匠無方方圓有體器既殊用教亦異施佛是破惡之方道是興善之術興善則自然爲高破惡則勇猛爲貴佛迹光大宜以化物道迹密微宜用爲己優劣之分大略在茲歡雖同二法而意黨道教司徒袁粲託爲沙門通公駁之略曰白日停光恒星隱照誕降之應事在老先固非入關方昭斯瑞又西域之記佛經之說俗以膝行爲禮不慕蹲坐爲恭道以三繞爲虔不尚踞傲爲肅豈專戎土爰及茲方襄童謁帝膝行而前趙王見周三環而上今佛法垂化或因或革清信之士容衣不改息心之人服貌必變變本從道不遵彼俗俗風自殊無患其亂孔老釋迦其人或同觀其設教其道必異孔老教俗爲本釋氏出世爲宗發軫既殊其歸亦異又仙化以變形爲尚泥洹以陶神爲先變形者白首爲緇而未能無死陶神者使塵惑日損而湛然常住泥洹之道無死之地陶神若此何謂其同時何常侍鎮之覩顧歡和同二教大不平之以書抵歡刺言道教不足以擬釋氏歡荅其書固自封執鎮之重與之書猥厲迈釋究詳淵況既和光道佛而涇渭釋李觸類長之爰至碁弈然數佛弥過精旨愈昧所謂馳走滅迹跳動息影焉可免乎輒復略諸近要以標大歸夫太極剖判兩儀妄立五陰合興形識謬彰識以流染因結形以愛滯緣生三皇之前民多顓愚專愚則巢居穴處飲血茹毛君臣父子自相胡越猶如禽獸又比童蒙道教所不入仁義所未移及其沉欲淪波觸涯思濟思濟則祈善祈善則聖應夫聖者何所感物而遂通者也夫通不自通感不自感常在此通每自彼自彼而言懸鏡高堂自此而言萬像斯歸故知天竺者居娑婆之正域處淳善之嘉會故能感通於至聖中土於大千聖應既彼聲彼則此覩日月之明何假高木之顛聞雷霆之音奚事子野之聽故卑高殊物不嫌同道左右兩儀無害天均無害天均則雲行法教不嫌同道則兩施夷夏夫道者一也形者二也道

者真也形者俗也真既猶一俗亦猶二盡二得一宜一其法滅俗歸真必其違俗是以如来制軌玄劫同風假令孔老是佛則爲韜光潛潁匡救徧心立仁樹義將近順情是以全形守祀恩接六親攝生養性自我外物乃爲盡善不爲盡美蓋是有涯之制未鞭其後也何得擬道菩提比聖牟尼哉且佛教數明要而能博要而能博則精疏兩級精疏兩級則剛柔一致是以清津幽暢誠視易唯夫以視爲負者易以手爲負者難將不捨其所難從其所易耶道家經籍簡陋多生穿鑿至如靈寶妙真採撮法華制用尤拙如上清黃庭所尚服食咀石飡霞非徒法不可効道亦難同其中可長唯在五千之文全無爲用全無爲用未能違有違有爲懷靈芝何養佛家三乘所引九流均接九流均接則動靜斯得禪通之理是三中之一耳非其極也禪經微妙境相精深以此締真尚未能至今云道在無爲得一而已無爲得一是則棄契千載棄契千載不俟高唱夫明宗引會道達風流者若當廢學精思不亦怠哉豈道教之筌耶敬尋所辨非徒不解佛亦不解道也

反亂一首聊酧啓齒

亂曰運往兮韜韜明玄聖兮幽幽騎長夜兮悠悠衆星兮晰晰太暉灼兮昇曜列宿奄兮消蔽夫輪桶兮殊材歸數繩兮一制苟專迷兮不悟增上驚兮遠逝卞和慟兮荆側豈偏尤兮楚厲良箴蔑兮誠若馬相責兮智慧時復有朱常侍昭之因何鎮之書乃作難夷夏論而朱廣之作諮夷夏論並章分句解以破顧歡之蔽於淺也汝南周顒高僧惠通並著駁夷夏論歡之作遂不勝其誚矣復有法師紹正者著二教論其略曰佛明其宗道全其生守生者蔽明宗者通今道名長生不死名補天曹大乖老莊立言之旨

齊文惠太子及竟陵王子良並酷好佛竟陵著淨住子四部二十卷闡揚佛教有吳興道士孟景翼著頗有時譽太子召入玄圃衆僧大會子良使景翼禮佛景翼弗禮子良送十地經與之景翼造正一論略曰佛以一音演說法老子抱一以爲天下式一之爲妙空玄絕於有境神化贍於無窮爲萬物而無爲處一數而無數莫之名而强號爲一在佛爲實相在道爲玄牝道之大象即佛之法身以不守之守守法身以不執之執執大象但物有八萬四千行說有八萬四千法法乃至於無數行亦達於無央等級隨緣須道歸一歸一即回向向正即無邪邪觀既遣億善日新三五四六隨用而施獨立不改絕學無憂曠劫諸聖共遵斯一老釋未始於常分迷者分之而未合億善徧脩徧脩成聖雖十號千稱終不能盡終不能盡豈思議哉

司徒中郎張融作門律云道之與佛逗極無二吾見道士與道人戰儒墨道人與道士辯是非昔有鴻飛天首積遠難亮越人以爲鳧楚人以爲乙人自楚越鴻常一耳以示汝南周顒顒難之曰虛無法性其寂

雖同位寂之方其旨則別論所謂逗極無二爲逗極於虛無寂無二於法性耶足下所宗本一物而爲鴻乙耳駘馳佛道無免二未知高鑒緣何識本輕而宗之其有旨乎（已上出南史）

論曰自漢西域傳范曄論釋氏大槩陳壽三國志則置而勿言唐太宗晉書則班班紀著沙門神異之迹未始輒有一言訾佛況佛化自晉抵南北朝始大振於天下賢哉魏收李延壽之作當世帝王公卿從事吾佛者未嘗諱之而不書書之亦未嘗以人事議佛也及顧歡傳則假乎當時群公評議二教而罪歡曰歡雖同二法而意黨道教嗚呼可謂良史矣陋哉歡翼之論猶昔人寶燕石者渠信有真玉哉

壬申 元魏太和十六年下詔每四月八日七月十五日聽大州一百人爲僧足中州五十人下州二十人著之制令以爲常准○祀孔子於中書省

甲戌 鬱林王照業改隆昌（文惠長子武帝之孫初上派居鬱林之和）

立其太子之子昭文改延興（耆侯無度廢先君僻積數月而晝西昌侯鸞以太后令廢之而自立）

明帝鸞改建武（字景栖太祖兄安貞王道生之子小字玄度性多猜忌好占吉凶利害壽四十七崩正福殿在位五年○立太子寶卷）

丙子 魏改國姓元

戊寅 改永泰

己卯 東昏侯寶卷改永元（字正藏明帝次子自即位不與下相接奔放後宮一下中所康所聞依偎市金與潘妃作金步蓮花知宗刺於荊州衆蕭衍代之廢爲東昏侯壽十九而終在位二年）

庚辰 元魏宣武恪改景明（孝文第五子即位深于佛法壽二十三崩景平陵在位十六年）

道士陳顯明妄造道真步虛品經六十四篇（出珠林）

辛巳 和帝寶融改中興（字智昭明帝第八子蕭衍迎立于江陵明年三月禪于梁武帝爲巴陵王年十五薨在位一年）

齊高帝蕭道成自戊午昇明二年四月受宋禪相襲七主二十四年傳譯華戎道俗二十人所出經律論傳錄等四十七部凡三百五十卷

外國有所謂天竺沙門僧伽跋陀羅者師資相傳云佛涅槃後優波離結集律藏訖即於其年七月十五日受自恣竟以香花供養律藏便下一點置律藏前年年如是優波欲涅槃時付弟子陀寫俱陀寫俱付弟子須俱須俱付弟子悉伽婆悉伽婆付弟子目揵連子帝須帝須付弟子旃陀跋闍如是師師相付至今三藏法師法師將律藏至廣州臨上船還本國時以律藏付弟子僧伽跋陀羅羅以永明六年共沙門僧猗於廣州竹林寺譯出善見毗婆沙一部十八卷即共安居以七年庚午歲七月望受自恣竟如前師法以香花供養律藏即下一點當其年凡得九百七十五點點是一年也至梁大同元年有隱士趙伯休於廬山遇苦行律師弘度得此點記年月伯休因問度曰自永明七年後云何不復見點度云自彼已前皆得道聖賢手自下點度乃凡夫止可奉持頂戴而已故不復點也伯休因舊點推至大同元年凡一千二十年今以此究校諸家傳記佛世尊誕

生入滅之年並不相類大抵西域山川之廣國土之多佛化之盛各承一宗此亦一家之說不可廢故附著于此

右蕭齊七主二十四年

佛祖歷代通載卷第九

佛祖歷代通載卷第九

校勘記

一　底本，明永樂北藏本。

一　九〇二頁上九行「逆志」，經、清作「逆志」。

一　九〇二頁上一〇行第四字「徙」，經、清作「徙」。

一　九〇二頁下一三行「增損」，經、清作「增損」。

一　九〇三頁上七行「千人」，經、清作「十人」。

一　九〇三頁下一〇行第一四字「願」，清作「願」。

一　九〇四頁下一七行第五字「切」，經、清作「一切」。

一　九〇五頁上一行「子遺」，清作「子遺」。

一　九〇六頁中五行「脩復」，經作「脩復」。

一　九〇七頁上六行夾註左首字「大」，清作「来」。

一　九〇七頁上一七行第三字「名」，經、清作「召」。

一　九〇七頁下二行「右司」，清作「有司」。

一　九〇七頁下一二行第一三字「葦」，清作「韡」。

一　九〇八頁中二行「大上」，清作「大士」。

一　九〇八頁中五行夾註右「投之」，清作「殺之」。

一　九〇八頁中一八行末字「亦」，清作「尺」。

一　九〇九頁中四行夾註右「揚王夫」清作「楊玉夫」。

一　九一二頁下一〇行末字「句」，清作「向」。

佛祖歷代通載卷第十　函十

嘉興路大中祥符禪寺住持華亭念常集

梁姓蕭氏四主都建康〇雷氏云高太世敬梁輯四主五十七年

壬午高祖武皇帝衍改天監字叔達南蘭陵都里人與齊同出亦相何二十四代孫父順之爲丹陽尹母曰張氏生帝狀貌奇偉日角龍顏項有圓光身不睡日受齋律後酬好佛法捽捍侯景反饑衆兵圍帝于臺城斷食而崩于淨居殿壽八十六在位四十八年〇或問曰梁武終身奉佛然困呼于臺城佛法之驗其在何也答之曰有是哉予有是謂也且夫人之性命業性定焉苟往世之業會矣豈命生之善華我哉文中子曰齋戒修而梁國危非釋迦之罪也緣行齊發帝之餘值侯景逆城之開業理既聊藏疑遺矣

道家太清經及衆醮儀十卷乃梁時陶弘景妄造出珠林

癸未武帝詔曰大士寶誌迹拘塵垢神遊冥寂水火不能燋濡蛇虎不能侵懼語其佛理則聲聞以上談其隱淪則道仙高者豈可以俗法常情空相疑忌自今中外任便宣化帝一日問誌曰弟子煩惑未除何以治之答曰十二帝問其旨云何答曰在書字時節刻漏中帝益不曉他日更問國祚有御雖否誌指其頸示之帝曰朕享國幾何答曰元嘉元嘉帝喜以爲倍宋文之年時革命之初帝臨政刻急誌假帝神力令見先君受極苦於地下由是郵刑嘗詔畫工張僧繇寫誌像僧繇下筆輒不自定既而以指釐面門分披出十二面觀音妙相殊麗或慈或威僧繇竟不能寫他日與帝臨江縱望有物泝流而上誌以杖引之隨杖而至乃紫栴檀也即以爲供奉官俞紹雕誌像頃刻而成神采如生帝悅以安內庭時法雲雲光二師俱有重望每講法天輒雨華帝疑其證聖夜於便殿焚香請誌偕光雲三大士齋罷日誌獨赴而光雲俱未知帝由是益異其證又嘗與帝登鍾山之定林寺指前獨龍阜曰此爲陰宅則永其後帝曰誰當得之曰先行者得之至十三年大士示寂帝懷其言以金二十萬易其地建浮圖五級其上鎮以無價寶珠勅王筠勒碑葬日車駕親臨致奠士忽現於雲間萬衆權呼聲震山谷自是道俗奉祀奇瑞顯應爲天下第一凡大士所爲秘讖隱句多著南史爲學者述大乘贊十篇科誦十四篇并十二時歌皆暢道幽致其旨與宗門冥合今盛傳于世

是歲帝妃郗氏者初生有赤光照室器皿盡明及長性明惠善隸書讀史傳女工之事靡不閑習宋齊間諸王求婚父瞱皆不許後以適帝生三女帝爲雍州刺史而妃薨其性酷妬及是化爲巨蟒入于後宮通夢於帝帝體將不安蟒輒激水騰涌或現龍形光彩照灼因於露井上爲殿衣服委積置銀轆轤金瓶灌百味以祀之帝畢世不復議立皇后云

甲申天監三年四月八日帝率道俗二萬餘人升重雲殿親製文發願乞憑佛力永棄道教不在崇奉略曰經云發菩提心者即是佛心一切散善不得爲喻弟子蕭衍比經荒迷躭事老君累葉相承染此邪法今捨棄舊習歸依正因願使未來世童男出家廣弘經教化度含識共證菩提寧在正法中長淪惡道不樂歸依老子暫得神仙陟

大乘心永離邪見正願諸佛證明菩薩攝
受弟子蕭衍和南
十一日勅門下曰大經中說九十六種唯
一佛道是其正道餘皆邪也朕捨道以事
諸佛正內之道公卿能入此誓者各可發
菩提心老君周公孔子等雖是如來弟子
化迹既邪止是世間之善不能革凡成聖
具載弘明集
是歲詔隱士何點點以巾褐入見帝帝賜
之酒持除侍中點前席捋帝須曰乃欲臣
老子耶固辭不受復詔何胤胤謂使者曰
吾年五十七矣月食四斗米不盡那復有
宦情耶帝知不可致有旨給白衣尚書祿
胤苦辭晚入虎丘之西寺講維摩經及將
終夢天女六十餘人列于前及寤猶見之
如故即具浴儼衣冠少頃而卒何氏自晉
司徒充宋司徒尚之並建大義伸明佛法
累葉遵承至胤姪侍中敬容而止
丙戌
五年帝注大品臣僚命法師法雲講之雲
辭疾不赴帝遣使強起之曰將冀流通非
高德無以憑也雲始從之雲最有譽當世
雅為昭明太子所敬儒釋兩優為天下第
一
戊子
魏改永平
己丑
八年魏主於式乾殿為諸僧及朝臣講維
摩詰經時魏朝專尚釋氏不事經籍中書
侍郎裴延雋上疏以為漢光武魏武帝雖
在戎馬間未嘗廢書先帝行師還都手不
釋卷良以學問多益不可暫故也陛下升
法座親講大覺凡在瞻聽塵蔽俱開然五
經治世之楷模應務之所先伏願經書互
覽孔釋兼存則內外俱周真俗斯暢時洛
陽中國沙門之外自西域來者三千餘人
魏主別立永明寺千餘間以處之遠近承
風無不事佛比及延昌州郡凡一萬三千
餘寺僧至二百萬
辛卯
十年詔法師僧旻入惠輪殿講勝鬘經帝
臨聽公卿畢集有旨於莊嚴寺建八座法
輪妙選奇傑番次主之時以旻為第一當
講日聽者傾都堂無容足名士劉業嘗謂
旻曰法師佛學有餘何故弘義夕伸儒旨
旻曰昔生公以頓悟通經次公以毘曇發
論若貧道初不以儒釋限但據文義所向
耳沙門道超者頻年力學慕旻公之講誓
欲齋之夜夢神告之曰旻公毘婆尸佛時
預宣法化君新發意者何能類之第自求
成名不必苟齊也旻性謙冲不恃能矜物
一時公卿道俗咸推仰之
魏改延昌
壬辰
十一年有旨命寶亮法師授涅槃義疏帝
為之序畧曰離文字以設教忌心相以通
道欲使珉玉異價涇渭分流制六師而正
四倒返八邪而歸一味則法雨降而燋種
受榮慧日昇而長夜蒙曉發迦葉之悱憤
吐真實之誠言雖復三施等於前五大陳
於後三十四問參差異辯方便勸發各隨
意答舉要論經不出兩途佛性開其有本
之源涅槃明其歸極之旨非因非果不起
不作義高萬善事絕百非空空不能測其
真際玄玄不能窮其妙門自非德均平等

心合無生則金墻五室豈易入哉

癸巳　下詔曰夫宗廟犧牲修行佛戒蔬食斷肉省貪絕欲天下水陸不令蒐捕又勅太醫不使肉藥公家織官錦帛並斷又造斷酒肉文及著淨業賦

甲午　天監十三年誌公和尚示寂

是年特進沈約卒約字休文婺州東陽人左目重瞳腰有紫誌少爲書生名聞一時以風流見稱而肌體清羸時謂沈郎瘦甚爲武帝所重官業具南史甞出意撰聲律以革古詩後世取則號曰四聲約甚精佛理著中食論理趣甚高其略曰人所以不得道者由於心神昏惑心神所以昏惑由於外物擾之擾之大者其事有三一則勢利榮名二則妖妍靡曼三則甘旨肥醲榮名雖日用於心要無晷刻之累妖妍靡曼方之已深甘旨肥醲爲累甚切萬事綜紜皆三者之枝葉耳聖人知不斷此三事求道無從可得乃爲之法使簡而易從若也直云三事惑本並宜禁絕而此三事是人情所甚惑念慮所難遣雖有禁之之旨而事難卒從譬如方舟濟河豈不欲直至彼岸河流端急會無直濟之理不得不從流靡久而獲至非不願速事難故也禁此三事事宜有端何則食之於人不可頓息其於情性三累莫甚故推此晚食併置中前自中之後清虛無事因此無事念慮得簡在始未專在久自習於是東以八支紆以（過中不食）禁戒靡曼之欲無由得前榮名衆累稍隨事遣故云往古諸佛過中不飡此蓋是遣累之筌蹄適道之捷徑而惑者咸謂止於不食此乃迷於向方不知厥路者也又甞著設會謂意謂如來在日衆居伽藍不置食具時至則分衛持鉢以福衆生今之僧徒一皆違廢不止不持中食甚者甘腴厨饍豐美飲食或遇請召得蘇𩐟之具莫不饜飫以爲不能甘也此豈有志於道哉其論略曰出家之人本資行乞戒律炳然不許立厨帳幷畜淨人今既取足官寺行乞事廢或有持鉢登門便呼爲僧徒鄙事既爲衆所鄙恥不復行乞悠悠後進求理者寡將謂乞食之業不可復行由淨飯王子轉輪之貴持鉢行乞以福施者豈不及千載之外凡庸沙門躬命僕豎自營口腹者乎行乞受請二事不殊今不復行乞又不赴請則行乞之法於此永冥此法既冥則僧非佛種佛種既離則三寶墜地矣約有文集百餘卷行于世

乙未　是年魏胡太后作永寧石窟二寺極土木之美而永寧尤盛有金像高丈八尺如中人者又十軀爲浮圖九級築基下及黃泉其高九十丈上立刹復高十丈每夜靜鈴鐸聲聞十餘里佛殿如太極殿三門如端門僧房千楹玉珠錦綉駭人心目未幾雷電火爇其塔遠近咸見烟焰中有塔升空而沒後月餘有自東州來者云此日見塔乘空飛海上而望海者時亦見之

丙申　魏孝明帝諱詡（宣武次子六歲即位胡太后臨朝在位十一年十八歲崩葬定陵改熙平）

戊戌　魏改神龜

會稽沙門惠皎以實唱所撰名僧傳頗多浮沉因著高僧傳十四卷始元漢永平十年終于是歲凡四百五十三載二百五十有七人附見者二百餘人開其德業大略爲十例其自叙曰前古撰集多曰名僧然名者實之賓也若實行潛光則高而不名若寡德適時則名而不高甚爲用紀高而不名則備今錄世以爲確論

釋僧朗者常誦法華風度凝遠飲啗不常每出一狗一猴隨之日脩乞得飲膳即置木盂中食畢舉其餘以飼猴狗善作龜藏或時手足頭頸俱縮不見又甞登舟初無篙力朗坐其中猴狗馴側舟自泝流而上

法師道英初隱太行山禪宴樹枝縈結如蓋覆之居久之棄去行龍臺澤觀游魚愛之即解衣入水宴坐深淵七日而出又甞隆冬覩嚴氷愛其瑩澈就卧其上信宿而起晚居蒲州普濟寺一日講起信至真如門奄爾氣絕衆意其逝矣有都講識之即謂衆曰此入滅盡想耳三日乃甦矣

改普通○魏改正光

普通元年帝於禁中築圓壇將稟受歸戒妙選德行尤異者爲之師朝議以惠約法師望高詔至約以禮遜讓不許夏四月丁巳帝行問道禮稟約爲師授具足戒方羯磨次甘露降于庭有三足烏二孔雀歷階馴伏帝大悅賜約別號智者自是入朝必設特榻處之而帝座其側凡太子諸王公卿道俗從約授戒者四萬八千人沙門雖在耆艾亦重稟授獨法雲公曰吾既戒矣其可以佛法爲人事耶於是議者高之

時有達禪師者得水觀三昧每入此定有窺之者唯見清水凝渟滿室沙門道儼從達遊得火光三昧所居之室玄夜大明焉

帝留神法門時釋子多縱率主僧儒不能制帝患之欲自以律行僧正事詔下京城大德無敢議者獨藏法師以爲佛法淵博非一人能盡之執不奉詔帝訐之召入光華殿問狀藏面陳大旨秉執有據帝不能奪遂從之藏退謂諸僧曰上以佛法爲已任誠當推順然衣冠家子弟十輩猶不能俱稱父意今糅雜五方之衆而以一己好惡繩之戒律將廢矣諸君不慮此何也法雲公歎曰教理深致未能多謝一日之事良可愧服

帝自受具寢處略同沙門雖宮禁每亦恣僧游覽獨禁御座而已藏公一日昇殿登之左右呵止之藏曰貧道定光金輪之裔盍愧此座倘見殺不慮無受生處帝聞置之弗罪藏少時遇相者曰法師壽不過三十一歲藏懼日誦金剛般若至期夢前人復來告曰法師以般若力故壽倍增矣又甞夢維摩詰降其房與語臨别以素麈尾遺之而去藏自是玄辯日新矣魏正光元年孝明帝加元服命沙門道士講道於禁中時道士姜斌沙門曇謨最對論帝曰佛與老子同時否姜斌曰按開天經云老子西入化胡佛充侍者明是同時曇謨最曰老子當周何年而生斌曰定王三年生簡王四年仕於周敬王四年年八十五西入

化胡最曰吾佛以周昭王二十四年誕生穆王五十二年滅度自世尊滅度至定王三年凡三百四十五年老子方生及敬王元年老子西游則世尊示寂已四百二十五年矣據此相去懸遠而言化胡無乃謬乎斌曰佛生周昭之世有何文記最曰周書異記漢法本内傳並有明文斌曰孔子制法於佛過無文記何也最曰孔子有三備十經謂天地人也佛之文言出於中備斌曰孔子聖人何假十乎最曰佛是衆聖之王達一切含識先後際吉凶終始不假卜筮自餘小聖雖曉未然必籍蓍龜方通休咎時侍中劉騰宣勅曰姜斌論無宗旨宜退席又問開天經何從而得是誰所說可疾取來及取經至帝命群臣詳定真偽時太尉蕭綜太傅李寔泊公卿士夫百六十餘人覽畢効奏曰老子止著五千文更無他說今姜斌所據文詞鄙俚宗旨乖謬既瀆先師又罔聖聰罪當惑衆制可將抵以刑三藏菩提流支奏解斌特流馬邑焉

謨最善大小乘有律行初在邯鄲說律感異比丘六十餘輩降席聽戒流支每見稱爲東方開士焉

魏書佛老志曰道家之源出於老子其自言也先天地生以資萬類上處玉京爲神王之宗下在紫微爲飛仙之主千變萬化有德不德隨機應物厥迹無常授軒轅於峨嵋教帝嚳於牧德大禹聞長生之訣尹喜受道德之旨至於丹書紫字升玄飛步之經玉石金光妙有靈洞之說不可勝紀其爲教也咸蠲去邪累澡雪精神積行樹功累德增善乃至白日升天長生世上是以秦皇漢武甘心不息勞心竭思所在追求終莫之致退恨於後故有欒大徐氏之誅然其道惑人効學非一靈帝置華蓋於濯龍設壇場而爲禮及張陵授道於鶴鳴因傳天宮章本千有二百弟子相授其事大行齋祠跪拜各有成法於是三元九府百二十宮一切諸神咸所統攝又稱劫數頗竊佛經及其劫終稱天地俱壞其書多有禁秘非其徒不得輙觀至於化金銷玉行符勅水奇方妙術方等千條上云羽化飛天次稱消災滅禍故好異者往往而尊事之初文帝入賓于晉從者云登僊伊闕太祖好老子之言誦詠不倦天興中儀曹郎董謐上服食仙經數十篇乃置仙人博士立仙坊煮煉百藥封西山以供其薪蒸令死罪者服之多死無驗又之太祖意少懈乃止

壬寅　魏用正光曆

癸卯　鑄鐵錢民盜鑄者多物價騰踴

乙巳　魏改孝昌

丁未　改大通上幸同泰寺捨身

初祖菩提達磨大師天竺南印度國香至王第三子也王覺師出家遇二十七祖般若多羅付以大法因問我既得法宜化何國多羅曰汝得法已俟吾滅度六十餘年當往震旦國闡化曰彼有法器堪繼吾宗千載之下有留難否多羅曰汝所化方得菩提者不可勝數吾滅度後彼有劫難水

中文布善自降之汝至時南方不可久留聽吾偈曰路行跨水復逢羊獨自悽悽暗度江日下可憐雙象馬二株嫩桂久昌昌復演八偈皆預爲讖至多羅示寂師演化本國會其姪異見王者輕毀三寶師遣其徒波羅提儆現神力攝化歸正師以震旦緣熟即別其衆而異見王枉駕見師曰告之曰當勤修福行護持三寶吾去非晚一九即回王泣曰此既有緣在彼非吾所留唯願不忘父母之國事畢早回遂具大舟實以衆寶王躬率臣僚送至海濱師同商賈舟達于南海廣州刺史蕭昂館之以表聞奏有詔迎見師入朝帝問朕即位以來造寺寫經度僧不可勝數有何功德師曰並無功德帝曰何功並無師曰人天小果有漏之因雖有非實帝曰何謂真功德師曰淨智妙明體自空寂如是功德不於世求帝曰何爲聖諦第一義曰廓然無聖帝曰對朕者誰曰不識帝不省玄旨師遲留數日遂度江之魏止於嵩山少林寺終日壁觀而已

有僧神光者因神人發起來見師師端坐不顧會天大雪光立雪中至積雪過膝師憫而問曰汝久立雪中求何事耶光曰唯願大慈開甘露門廣度群品師曰諸佛無上妙道曠劫難逢豈小德小智輕心慢心欲冀真乘徒勞勤苦光聞誨勵喜不自勝即以利刀自斷左臂置於師前師曰諸佛最初求道重法忘身汝今斷臂吾前求亦可矣光承其言即易名惠可復問曰諸佛法印可得聞乎師曰諸佛法印匪從人得曰我心未寧乞師與安師曰將心來與汝安可曰覓心了不可得師曰與汝安心竟又之爲可等略辨大乘入道四行其辭曰

夫入道多塗要而言之不出二種一理入二行入理入者謂籍教悟宗深信含生同一真性但爲客塵妄想所覆不能顯了若捨妄歸真凝住壁觀無自無他凡聖一等堅住不移更不隨於文教此則與理冥符無有分別寂然無爲名之理入行入者有四一報寃行二隨緣行三無所求行四稱法行謂報寃行者凡修道人若受苦時當念我從往昔無數劫中棄本逐末流浪諸有多起寃憎違害無限今雖無犯是我夙殃惡業果熟非天非人所能見與甘心忍受都無怨恨作是觀時與理相應體寃進道故名報寃行隨緣行者衆生無我並緣業所轉苦樂齊受皆從緣生若得勝報榮譽等事皆是過去夙因所感緣盡還無何喜之有得失從緣心無增減喜風不動冥順於道名隨緣行無所求行者世人長迷處處貪著智者悟真安心無爲萬有皆空無所希冀三界久居猶如火宅有身皆苦誰得而安了達此處息念無求故經云有求皆苦無求乃樂是則無求真爲道行故名無所求行稱法行者性淨之理因之爲法此理衆相斯空無染無著無此無彼經云法無有我離我垢故智者信解此理應當稱法而行法體無慳於身命財行檀捨施心無慳惜達解三空不倚不著但爲無

垢稱化衆生而不取相此爲自行亦復利人莊嚴菩提之道檀施既爾餘五亦然爲除妄想修行六度而無所行是名稱法行大同元年十月師將示寂道副尼總持道育惠可等侍側曰時將至矣汝等盍各言所得乎時道副曰如我所見不執文字不離文字而爲道用師曰汝得吾肉尼總持曰我今所見如慶喜見阿閦佛國一見更不再見師曰汝得吾皮道育禪師曰四大本空五陰非有而我見處無一法可得師曰汝得吾骨大師惠可即禮三拜復依位而立師曰汝得吾髓即顧謂可曰世尊以正法眼藏付囑大迦葉展轉傳授以至於吾吾今付汝汝當護持并授汝袈裟以爲法信可曉受其衣願聞指示師曰內傳法印以契真心外付法衣以定宗旨後代澆薄疑慮競生謂吾西土汝乃此方憑何得法以何爲證或遇難緣但出此衣用以表信其化無礙至吾滅後二百餘年衣止不傳法周沙界潛符密契千萬有餘汝當闡化勿輕未悟一念回機便同本有聽吾偈曰吾本來茲土傳法救迷情一花開五葉結果自然成又曰吾有楞伽經四卷亦付與汝即是如來心地要門吾自離南印來此東土見赤縣神州有大乘氣象遂逾海越漠爲法求人際會未諧如愚若訥今得汝傳授吾意已終乃與其徒往禹門千聖寺有期城太守楊衒之問曰西天五印師承爲祖其道云何師曰明佛心宗行解相應名之曰祖衒之曰弟子素奉三寶而智慧昏蒙願師慈悲開示宗旨師以偈荅之曰不覩惡而生嫌不觀善而勤措不捨智而近愚不拋迷而就悟達大道兮過量明佛心兮出度不與凡聖同纏超然名之曰祖衒之聞偈乃稽首曰願師慈忍久住世間師曰吾化緣已畢傳法得人吾即逝矣是日端坐而寂門人奉全身葬熊耳山定林寺明年魏使宋雲西域回遇師于葱嶺手携隻履翩翩獨邁雲問師今何往曰西天去及雲歸朝具言其事門人啓壙唯空棺隻履存焉梁武帝聞師顯化始末如此遂親撰碑刻石于鍾山

論曰昔嵩明教著傳法正宗記稱達磨住世凡數百年諒其已登聖果得意生身非分段生死所拘及來此土示終葬畢乃復全身以歸則其住壽固不可以世情測也傳燈錄云師以九月二十一日至廣州刺史以表聞奏帝遣使賫詔迎之師以十月一日至金陵然自廣至金陵亡慮三千餘里將命者往而復師方啓行豈以十日之間能歷三千里乎又謂魏孝明帝欽師異迹三屆詔命師竟不下少林及師示寂宋雲自西域還遇師于葱嶺孝莊帝有旨令啓壙如南史普通八年即大通元年也孝明以是歲四月癸丑殂師以十月至梁蓋師未至魏時孝明已去世及其子即位未幾爲爾朱榮所弑乃立孝莊帝由是魏國大亂越三年而孝莊殂又五年而分割爲東西魏然則吾祖在少林時正值其

亂及宋雲之還則孝莊去世亦五六年其國至於分割乂矣烏有孝莊令啓壙之說乎舊唐史云後魏末有僧達磨航海而來既卒其年魏使宋雲於葱嶺回見之門徒發其墓但有隻履而已此乃實錄也又謂光統律師菩提流支數下毒害師師遂不救嗚呼甚哉光統流支法門龍象詎能爾乎是皆立言者慎也雖然吾宗從上來事昭昭若揭日月而行故二祖禮三拜後依位而立當爾之際印塵刼於瞬息洞刹海於毫端直下承當全身負荷正所謂通玄峯頂不是人間入此門來不存知解者也抑烏有動靜去來彼此時分而可辯哉

魏莊帝子攸獻文之孫彭城王第三子是年二月孝明爲胡太后鴆之時爾朱榮立帝即位二年改元建義永安二號後復欲纂逆求九錫九月入朝帝知召榮手殺之其第爾朱兆舉兵向洛立東海王曄改元建明十二月殺子攸空宫百日兆又以曄疎遠殺之而更立孝文之姪廣陵王恭是爲節閔帝

改中大通

庚戌九月上幸同泰寺舍身群臣以錢一億萬辛亥奉贖回宮十月上幸同泰寺陞座講涅槃經十一月講般若經是年四月昭明太子薨太子諱統字維摩天監元年生於霸府三日而建康平識者以爲天命所集幼聰睿三歲受孝經論語五歲徧讀五經悉能諷誦八歲於壽光殿講孝經名儒重臣畢集座側太子詞吐華暢淵源無滯皆欽服以爲聖童年十二於内省决獄剖斷平允自是數使聽訟賴活者不可勝數性慈孝美容止讀書數行俱下過目憶誦無遺帝既留心内典躬自講說太子亦天性好佛凡釋部經論披覽略徧於東宫別立慧義殿專爲法集之所招引名僧撰次法事儀注及立三諦等義世咨美之母薨每哭輙動絶水漿不入口帝勑左右宣旨曰毀不滅性聖人所制不勝哀比於不孝有我在那得自毀如此即可強進飲粥太子奉旨始進粥體素肥腰帶十圍至是減削過半帝尋委以軍國政事太子處决無留滯引納天下奇材賞愛無倦東宫有書凡二萬餘卷群賢畢集文雅之盛由晉已來未之有也嘗游後池乘綵文舸摘芙蕖以嬉姬人蕩舟没溺而出感疾動股恐貽帝憂不以聞遂薨天下哭之如喪其親焉

劉勰者名士也雅爲太子所重撰文心雕龍五十篇家貧不婚娶依沙門僧祐遂博通經論區別部類而爲之序定林寺藏經即其詮次也中書令沈約絶重其文常置几按間凡都下寺塔及名僧碑碣皆出其手累官通事舍人表求出家先燔須自誓帝嘉之賜法名慧地

安定王朗改中興十月高歡起兵信都討爾朱氏乃奉太武玄孫朗行至芒山既平爾朱兆以朗疎遠又以恭英被難嗣乃幽之廢安定王詔奉之文曰孫修即位

節閔帝恭改普泰是年安定王節閔帝皆爲高歡所殺

右魏自太祖登國丙戌凡十二主百四十九年至梁中大通而分東西之魏

西魏孝武修改永熙字孝則孝文之孫廣平武穆王懷之子高歡廢節閔而立帝歡有不臣之跡帝欲除之欲

覺舉兵內發帝恐奔長安依關西大都督宇文泰在位三年壽二十五○是年高歡丞相建府晉陽

癸丑大通五年義烏雙林大士者姓傅氏名翕法號善慧年十六納劉氏女妙光為室生二子普建普顧嘗有西域沙門嵩頭陀者見大士曰吾與汝毘婆尸佛所同發誓今兜率宮衣鉢現在何日當歸因命臨水觀其影見圓光寶蓋大士笑謂之曰爐韛之所多鈍鐵良醫之門足病人度生為急何思彼樂乎居無幾常見釋迦金粟定光三如來放光襲其身大士喜曰吾得首楞嚴三昧即舍田宅及賣妻子得錢五萬以設法施會遂於松山之頂因雙檮樹剏寺而居故名雙林日自營作夜則行道有偈云空手把鋤頭步行騎水牛人從橋上過橋流水不流復一日於山頂繞連理雙樹行道感七佛相隨釋迦前引維摩接後唯釋尊頻顧大士共語由是異迹日顯是年正月十五日遣弟子傅暀致書於朝其辭曰

雙林樹下當來解脫善慧大士白國主救世菩薩今欲修上中下善悉能受持其上善略以虛懷為本不著為宗無相為因涅槃為果其中善略以治身為本治國為宗天上人間果報安樂其下善略以護養眾生勝殘去殺普令百姓皆稟六齋今聞皇帝崇法欲申論義未遂襟懷故遣弟子傅暀告白暀投書太樂令何昌昌曰約法師猶置啓翕是國民又非長老殊無謙卑豈敢進達暀燒手御路昌乃馳往同泰寺諮皓法師勸速呈二月十一日進書帝覽之遽遣詔迎既至帝問曰從來師事何人荅曰從無所從來無所來師事亦爾昭明太子問大士何不論義荅曰菩薩所說非長非短非廣非狹非有邊非無邊如如正理復有何言帝曰何為真諦荅曰息而不滅帝曰息而不滅此則有色有色故鈍如此則居士未免流俗荅曰臨財無苟得臨難無苟免帝曰居士大識禮荅曰一切諸法不有不無大千世界所有色像莫不皆空百川叢注不過於海無量如法不出真如如來何故於三界九十六道中獨超其最視一切眾生有若赤子天下非道不安非禮不樂帝默然大士辭退異日帝於壽光殿講金剛經聖師云大士能耳帝即召大士大士對帝執拍板講經唱成四十九頌遂還雙林至陳大建元年四月將示寂謂其徒曰此身甚可猒惡眾苦所集要在護持三業精勤六度若墮地獄卒難得脫常須懺悔又曰吾滅已不得移寢牀七日當有法猛上人持像及鐘來鎮于此弟子問既歸寂後形體如何曰山頂焚之問若不遂復何如曰勿用棺歛但累甓為壇移尸於上屏風周繞絳紗覆之上建浮圖隨意安立又問諸佛滅度時皆說功德師之發迹可得聞乎曰我從第四天來為度汝等次補釋迦故大品云有菩薩從兜率天來諸根猛利疾與般若相應即吾身是也言訖加趺而逝壽七十有三至七日上人法猛果持織成彌勒像及九乳鐘來鎮龕所

須臾不見大士道具十餘事晋天福中錢
王發塔取靈骨十有六片皆紫金色并道
具就府城南建龍華寺塑像安置大士嘗
著心王銘一篇其辭曰
觀心空王玄妙難測無名無相大有神力
能滅千災成就萬德體性雖空能施法則
觀之無形呼之有聲爲大法将心戒傳經
水中鹽味色裏膠青决定是有不見其形
心王亦爾身内居停面門出入應物隨情
自在無礙所作皆成了本識心識心見佛
是心是佛是佛是心念念佛心佛心念佛
欲得早成戒心自律淨律淨心心即是佛
除此心王更無别佛欲求成佛莫染一物
心性雖空貪瞋體實入此法門端坐成佛
到彼岸已得波羅密慕道真士自觀自心
知佛在内不向外尋即心即佛即佛即心
心明識佛曉了識心離心非佛離佛非心
非佛莫測無所堪任執空滞寂于此漂沉
諸佛菩薩非此安心明心大士悟此玄音
身心性妙用無能改是故智者放心自在
莫言心王空無體性能使色身作邪作正
非有非無隱顯不定心性雖空能凡能聖
是故相勸好自防慎刹那造作還復漂沉
清淨心智如世黄金般若法藏盡在身心
無爲法寳非淺非深諸佛菩薩了此本心
有緣遇者非去来今
甲寅　東魏孝靜善見改天平（孝文之孫清河宣王亶之子高歡迎立都洛遷鄴年十一即位治十七年壽二十八歲）
乙卯　改大同○惠約法師垂誡門人言訖合掌
而逝帝輟朝三日素服哭之葬誌公塔之
左方嘗從約授戒者四萬八千人皆服緦
麻哭送至塔約嘗所乘青牛垂淚悲鳴及
雙鶴繞塔哀唳彌月而去
丙辰　作皇基寺○陶弘景號山中宰相
丁巳　東魏定州孫敬德虔事觀音爲賊横引坐
罪臨刑念救苦觀音刀三斫不傷三换刀
俱折有司以聞高歡歡爲表請免死敬德
還家事像項有三痕今世謂高王經出此
他
戊午　李胤之得佛舍利遂大赦○東魏改元象
東魏元象元年有使西域回至葱嶺見達
磨隻履單已而西還門徒啓壙視之唯存
隻履
己未　東魏改興和
庚申　佛祖傳法偈按禹門太守楊衒之銘系記
（佛祖傳法衛）云東魏静帝興和二年庚申西魏文帝大
統六年梁武大同六年高僧雲啓往西域
求法至龜茲國遇天竺三藏那連耶舍欲
来東土傳法雲啓曰佛法未興且同止此
遂将梵本譯爲華言雲啓去游印土那連
親将至西魏值時多故乃入高齊以宣帝
禮遇甚厚延居石窟寺以齊方受禪未暇
翻譯别經乃将龜兹與雲啓所譯祖偈因
縁傳居士萬天懿乃殷勤扣問深悟玄旨
遂将校勘昭玄沙門曇曜同天竺三藏吉
迦夜所譯付法藏失於次序兼無偈識寫
本進去魏朝證其差謬付法藏傳乃魏武
真君年中崔浩冦謙之邪説毁滅佛法至
文成帝和平中重興故鈌梁簡文帝聞魏
有本遣使劉玄運往彼傳寫歸建康流布

江表唐貞元中金陵沙門惠炬將此祖偈往曹溪同西天勝持三藏重共參校并唐初以來傳法宗師機緣集成寶林傳光化中華嶽玄偉禪師集貞元以來出世宗師機緣將此祖偈作其基緒編爲聖冑集開平南嶽三生藏惟勁頭陀又錄光化以後出世宗匠機緣亦以祖偈爲由集成續寶林傳宋景德中吳僧道原集傳燈錄進于真宗勑翰林學士楊億工部員外李淮太常丞王曙同議校勘具奏詔作序編入大藏頒行天聖中附馬都尉李遵勗參石門聰禪師發明因緣聚禪學僧列此祖偈世系事緣成廣燈錄上仁宗御製序文勑入大藏流通建中靖國元年沙門惟白將此祖偈以爲標本成續燈錄進上云云他宗不知其原謂七佛偈無譯寡聞淺識一至妄謬良可笑也

時隱士阮孝緒陳留人也家世仕宦父彥大尉從事中郎孝緒年十三通五經大旨十六丁家難終喪入鍾山聽講父之母有疾緒在席心驚而歸合藥須生人參躬入鍾山採求未獲忽一鹿在前心異之至鹿息處果得人參藥成母疾得愈齊尚書令王晏來候之緒惡其人穿籬而遁及晏被誅以非黨獲免嘗以鹿林爲精舍環以林池杜絕交游世罕得而見之御史之丞任昉欲訪焉而不敢進乃指鹿林謂其兄曰其室則邇其人甚遠繇是朝貴絕於造請唯與裴子野交好天監末累召不赴天子以爲苟立虛名以要顯譽故二何孝緒並得遂其高焉南平元襄謂曰昔君大父舉不以來游取累吾弟獨執其志何也緒曰若麏麚畫可參馭何以異乎騄驥哉鄱陽忠烈王其姊夫也歲時之饋一無所受與劉著作同年劉卒緒曰吾其幾何即辨後事數日而亡壽五十八孝緒博極群書無一不善精力強記爲學者所宗既卒門人謚曰文貞處士初漢劉歆著七畧齊王儉著七志孝緒普通四年著七錄前五曰內篇六曰佛法錄七曰仙道錄謂之外篇劉歆七畧則以道家爲諸子以神仙爲方技王儉七志則先道而後佛孝緒七錄則先佛而後道蓋所宗有不同亦由其教有淺深也

七錄內外圖書總四萬四千五百二十六卷凡天下之遺書秘記盡於此矣內佛法錄經律論等五部凡五千四百卷至隋文帝仁壽間嘉則殿書凡三十七萬卷及唐開元中秘府以甲乙丙丁四部爲次列經史集四庫并唐之學者所著之書共八萬二千三百七十四卷今唐書藝文志四部著錄者凡五萬二千一百卷不著錄者二萬七千六百三十卷共七萬九千八百三十卷其間釋部特載僧俗二十五家所著之書凡三百九十五卷而已此古今書籍之數也

癸亥　東魏改武定

沙門尚圓爲武陵王遣宮中鬼怪一稱南無佛陀鬼皆失所自爾安靜○是年黃門侍郎顏野王玉篇成上自天監以來事佛

長齋日止一食惟菜羹糲飯

丙寅 改中大同

丁卯 改太清

己巳 太清三年夏四月逆賊侯景陷臺城以甲士五百人自衛帶劍上殿拜訖帝神色自若使引向三公坐揖謂曰卿在戎日久無乃爲勞景皇懼不能對出謂左右曰吾每據鞍臨敵矢石交下了無所怖今見蕭公使人畏慴豈非天威難犯吾不復見之矣及景自稱大丞相而徵求無已帝憤之遂寢疾然齋戒不衰日夕念佛不絕於口獨

梁武帝崩 皇子侍側五月丙辰大漸不能進膳久而口苦索蜜未至而舉手曰荷荷遂崩於淨居殿年八十有六帝日角龍顏舌文八字項有浮光身映日無影右手文成武字幼嘗蹈空而行所居之室常若雲氣人或遇者體輙肅慄前後受命符瑞凡六十餘事及即位太極殿常有六龍各守一柱其神奇異瑞自書契以來人君皆所未有幼而好學六藝備閑棊登逸品至於陰陽緯候卜筮占決草隸尺牘騎射並洞精微雖登大位萬機多務猶手不釋卷然燭測光常至戊夜撰通史六百卷金海三十卷五經義注講疏等合二百餘卷贊序詔誥銘誄箴頌牋奏諸文凡一百二十卷晚奉佛道日止一食膳無鮮腴唯豆羹糲飯而已或過事擁不暇就食日才過中便漱口而坐製涅槃大品淨名三慧諸經義記數百卷聽覽餘暇即於重雲殿同泰寺講說名僧碩學四部聽衆常萬餘衣布衣木綿皂帳一冠三載一被二年自五十外便斷房室不飲酒不取音宗非宗廟祭祀大會饗宴及諸法事未嘗舉樂勤於政事每冬月四更竟即勅把燭看事執筆觸寒手爲皴裂然仁愛不斷親覲及所近倖愆犯多縱捨坐是政刑弭紊每決死罪常矜哀流涕然後可奏性方正爲居小殿暗室常理衣冠小坐暑月未嘗褰袒雖見內豎小臣如遇嚴賓焉謚曰武皇帝廟號高祖出南史

梁武帝贊 史官魏徵曰高祖固天攸縱聰明稽古道亞生知學爲博物允文允武多藝多才愛自諸生不羈之度屬昏凶肆虐天倫及禍糾合義旅將雪家寃曰紂可伐不期而會龍躍樊漢電擊湘郢翦離德如振槁取獨夫如拾遺其雄才大畧固不可得而稱矣既懸白旗之首方應皇天之眷布澤施仁悅近來遠開蕩蕩之王道革靡靡之商俗大修文學盛飾禮容皷扇玄風闡揚儒業介冑仁義折衝樽俎聲振寰區澤周遐裔干戈載戢凡數十年濟濟焉洋洋焉魏晉以來未有若斯之盛也然不能息末敦本斷雕爲樸慕名好事崇尚浮華抑揚孔墨流連釋老幾終夜不寐或日旰不食非弘道以利物唯飾智以驚愚且心未遺榮虛厠蒼頭之位高談脫屣終戀黃屋之尊大人之大欲在乎飲食男女至於軒冕殿堂非有切身之慈高祖屏除嗜欲眷戀軒冕得其所難而滯其所易可謂神有所不達智有所不通矣

論曰魏鄭公論梁武帝可謂天下仁人

之言也而新唐史蕭瑀傳賛亦曰梁蕭氏興江左實有功在民厥終無大惡以浸微而已故餘祉及其後裔以此驗鄭公之論益可詳矣然韓退之嘗曰梁武餓死臺城蓋謂其屏嗜欲絶午後食至臨終齋戒不衰在恣情豐羨享用者視之近乎餓死耳猶孔子稱伯夷叔齊餓死首陽其微意乃所以成其美焉豈謂不得食而餓死哉凡謂得失成敗如魏鄭公之言乃春秋責備賢者之旨得不爲萬世之公道哉

庚午 簡文綱改大安 字世讃小字六通武帝第三子侯景破臺城立帝大安二年景又弑之

右東魏十六年而高洋簒之

北齊 姓高氏五主都于鄴 廿八年 雷氏曰 神武文襄文宣孝昭武成後主北齊五帝二十九年

高祖神武帝歡 字賀六渾渤海蓨人崩於晉陽葬漳水矣

文襄帝澄 字子惠高祖長子爲梁將所害壽二十九歲也

文宣帝洋 字子進高祖次子承父相位朝臣使受禪使中張亮謂孝靜曰五行遞運有始有終願陛下遠法堯舜孝靜欽

沙門慧文禪師當齊高之世獨步河淮法 客避遷而出齊王洋入即位降封孝靜爲中山王洋毒遇禁封後鴆靜帝在位十年改元天保壽三十一

門非世所知後地載天莫知高厚閲中論

台宗二祖 發明論是龍樹所說故遇稟焉是爲台宗

辛未 二祖北齊尊者 九祖傳

侯景 懷朔鎮人初仕高歡爲將擁兵十萬專制河南十三州數叛降梁祖後反攻梁祖立簡是年弒簡自立稱漢改年太始登太極殿御床脚陷僣立百日陳霸先殺之

壬申 元帝繹改承聖 字世誠小字七符武帝第七子初父夢僧眇一目執香爐云托生王宮已而母夢月墜懷中後生帝也首封湘東王統義兵于江陵既臺城失守即位于江陵復命陳霸先王僧辯破侯景又爲詩四絶西魏進士襄弒之壽四十七在位三年

西魏廢帝欽 文帝太子宇文泰立之繼在位而制由泰帝不勝憤欲除之泰覺遂廢帝立恭帝即位二年不改號

世尊示滅一千五百年矣

承聖元年三藏真諦將歸天竺至廣州刺史歐陽頠延之制止寺沙門慧愷等請譯起信俱舍等論諦有氣宇風神爽邁頠之子紇居別墅在可泊閒諦每訪紇以坐具

敷水面跏趺其上飄然往還坐具畧不霑濕或不敷具即折荷葉而濟時好事多圖畫而奉祀之荊山居士陸法和少隱江陵清溪山服勤沙門執弟子禮及長出將語音巴楚容色異常以操行絶世爲梁湘東王所重即以閒散甚爲諸公欽歎初侯景始降法和知其必叛以語朱元英元英不了其意未幾景圍京城元英求策和曰取果宜待熟景遣將任約擊湘東王法和就乞軍與之對壘赤沙湖賊因風縱火燒盧法和以白羽揮風風即返約軍大潰士卒求約不獲法和曰洲際有水刹約在其下也可往擒之果得約抱剎仰頭出鼻法和捨之謂王曰他日當得力約後果立効法和所至江湖必立放生池切戒殺生湘東王即位是爲元帝以法和爲郢州刺史始法和欲大舉定魏帝不許法和笑曰吾嘗不希釋梵天王坐處豈窺人王位耶但於空王佛所與王有因緣如不能用則奈輩何帝敗歸齊齊宣帝喜其來封大尉賜甲

第法和乞爲佛寺身居偏室日手持香爐行道禮佛燒香凝坐預期死日時至坐去尸縮三尺許題壁曰十年天子爲尚可百日天子急如火周年天子遞代坐又曰亡毋生三天兩天共五年指妻太后也人懼塗削之終不能去其神異如此

承聖二年北齊高帝詔僧稠禪師稠將啟行而峯巒振響飛走悲鳴如是者三日而止稠至京師降蹕迎候命入宮授菩薩戒盡停五方鷹犬及傷生之具禁境内屠殺稠留禁中四十日出居外寺尋有旨罷講席俾沙門盡習禪觀稠入諫帝以爲弘通教理漸誘童蒙正賴講授願勿禁也從之及宣帝即位嘗謁稠稠牀坐不迎其徒有勸迎者稠曰昔賓頭盧尊者迎阿育王起行七步致王失國七年貧道雖寡德異帝獲福耳儀以此被譖帝銜之將復入寺按其不敬誅之稠以知之及帝入寺預出十里許候之帝怪問稠曰恐身血污伽藍故遠來就刃耳帝慨然悔謝謂其臣楊遵曰朕不明幾妄黷聖師即奉之如故因從容啟帝曰陛下前身羅剎也今好殺蓋餘習耳帝問何以知之稠請以盆貯水自咒之命帝臨觀果自形正羅剎之狀仍有群羅剎隨之帝大驚自是絕葷終日坐禪禮佛行道如旋風焉

甲戌 敬帝方智字慧相小字法真元第九子元被西魏破江陵殺之陳霸先殺王僧辯而立帝即位以霸先爲相進封陳王明年受禪帝十六歲終在位二年

西魏恭帝廓文帝第四子宇文泰以抑刺之言廢欽立帝泰卒其子覺襲相位進封周公時年十有五歲其叔宇文護逼帝禪位于覺封帝爲宋公帝在政三年

乙亥 改紹泰

後梁姓蕭氏都江陵 雷氏曰宣詧帝綜西魏附庸後梁三主三十四終

宣帝詧字理孫蘭陵人武帝孫昭明太子統第三子也宇文泰立之于江陵在位八年改元大定壽四十四矣

北齊勅二教角試天保六年九月下詔勅諸沙門與道士達者十人親自對校于時金陵道士陸修靜等初爲梁武所棄遂奔入魏至是頗盛而齊文帝復事佛靜等忌之詣闕請與釋子角法有旨令上統法師赴日較勝負至期大集公卿修靜等以術咒僧衣鉢及宮殿梁柱皆舉震動諸僧相顧缺然無對於是萬衆讙譁得以道流爲勝修靜等雀躍魚視高自矜誇以已爲神仙華也又言沙門現一我即現二令以小術謗之耳帝顧謂上統曰佛門豈無人哉統曰方術小技儒俗鄙之况出家人也既承天命令拒可令最下座僧對之于時有法師曇顯不知何許人居下位被酒昂兀而坐統令二人扶上高座登而笑曰向咒衣柱而飛動者我故開門試卿術耳今取稠禪師衣鉢置地使咒之靜徒併力作法逾時不能動帝勅取衣一加十華並不能舉顯即自取置諸梁上使咒梁柱亦不能動顯又曰我先醉耳有所聞云沙門現一我當現二果爾否靜曰然顯乃翹一足曰我正現一請卿現二靜徒默無所爲相顧慚縮失色獨修靜更欲以頰舌勝之即曰爾佛自言爲内内即小也以道家爲外外

即大也顯應聲曰然則天子居九重之內亦應小於百官耶靜氣咽無對羣臣皆呼萬歲忻躍而罷顯風度弘曠趣向叵測後不知終帝親鑒臧否於十月乙卯朔日也是月丙辰文帝詔曰法門不二真法在一求之正路殊泊爲本祭酒道者中世假妄俗人未悟乃有祇崇麯糵是味喪眛虛宗既乖仁祀之源徒違祭典之式宜從禁止無或導風應道士自謂得神仙者可上三爵臺飛騰遠舉不能爾者並宜改迷歸正詔昭玄上統剃度出家繇是齊境道流遂絕矣杜弼字輔言中山曲陽人年十三進士甄琛問筆下筆如流王澄見所答歎曰王佐才也仕高歡甚見敬使魏帝知弼深於佛理問經中佛性法性何異弼曰正是一理帝曰說者言法性寬佛性狹如何弼曰在寬成寬在狹成狹若論性體非寬非狹帝曰既言成寬成狹何得非狹非寬弼曰若定是寬則不能成狹若定是狹亦不能爲寬以非寬非狹故能寬能狹所成雖

函十　三二五

異能成常一帝曰善奉使稱旨既還文襄問政要弼曰天下大務莫過刑賞二端賞一人而天下喜罰一人而天下服二事得中自然盡善文襄悅曰言雖不多於理甚要

丙子改太平○右西魏二十五年（而禪于宇文周）

後齊

敘曰元魏将季其祚分崩肅宗孝明帝崇尚佛法胡太后親臨國政一紀之內天下晏然及帝崩太后死高歡誅賊爾朱榮於鄴燒洛陽宮室奉清河郡王立于鄴凡一十七載扶翼魏朝至太清三年武帝崩歡亦先殞世子澄襲相王位未幾而殂魏靜帝乃遜位於高洋即歡之第三子也世族武川仍都鄴下神用卓詭智愚混羃十餘年間教法中興僧至二百餘萬寺院凡四萬餘所六主相承二十有八年爲周所滅齊書著作王劭述佛曰釋氏非管窺所及率爾妄言之又引列禦寇書述商太宰問孔子聖人事又黃帝游華胥氏之國華胥氏之國在佛游神而已此之所言髣髴於佛石符姚世經譯遂廣蓋欲柔伏人心故多寓言以方便不知是何神異浩蕩之甚乎其說人身心善惡世事因緣以慈悲喜捨常樂我淨書辨至精明如日月非正覺孰能證之凡在傾首莫不歸念達人則謹其身口修其定慧平等解脫究竟菩提及僻者爲之不能通理徒務費竭財力功利煩濁猶六經皆有所失未之深也已矣

函十　三二六

丁丑右梁五十七年（而禪于陳）

後周（宇文氏王木德共五主都長安）

雷氏曰（太祖閔明武宣靜帝後周五主二十五年）

敘曰周之蘶祖宇文覺者即魏大丞相泰之世子也泰舉高陽王爲帝遷都長安號西魏凡一十八年廢帝更立齊王爲帝四年而泰薨覺承魏禪當年被廢立弟毓爲帝四年而殂乃立弟邕邕即周武帝也閱十餘年至建德初惑於道士張賓等妖言惡黑衣之讖除廢釋氏毀寺院四萬餘所僧三百萬悉令還俗洎滅齊未幾改元宣政五月而殂太子贇立自稱天元皇帝

大象二年五月崩太子衍立明年二月禪位于隋周五主凡二十五年國除初宇文泰及大冢宰宇文護並崇重佛法與西域三藏十餘人宣譯經論天文等凡百餘卷云

周太祖文皇帝 小字黑獺郡代武川人其先出于炎帝之後炎爲黄帝賦子孫遁居朔野有裔孫普回狩得玉璽三紐文曰皇帝璽回以爲天授俗謂天文曰宇乃遂以國號宇文并以爲姓後焉孌齊即位焉

孝閔帝覺 小字陀羅尼文帝弟二子泰卒帝受魏恭帝禪不改年號王木德在位二年

佛祖歷代通載卷第十

佛祖歷代通載卷第十

校勘記

一 底本，明永樂北藏本。

一 九一五頁中五行第三字「鼈」，清作「㢧」。

一 九一六頁中五行末字至六行首三字「維摩詰」，徑、清作「維摩詰」。

一 九一八頁下一三行同。

一 九一六頁下一行第一三字「夕」，徑作「夂」；清作「多」。

一 九一七頁中三行「端急」，清作「湍急」。

一 九一八頁上一〇行第一〇字「偱」，徑、清作「循」。

一 九一九頁上一六行「士夫」，徑作「大夫」。

一 九一九頁中一九行第一五字「刼」，徑、清作「劫」。次頁中五行第五字同。

一 九一九頁下一八行「法器」，徑作「浩器」。

一 九二〇頁上五行第五字「姓」，清作「姪」。

一 九二〇頁上七行第一四字「曰」，清作「因」。

一 九二〇頁上一〇行「不忘」，徑、清作「不忌」。

一 九二〇頁上一一行第一五字「啇」，徑、清作「商」。下同。

一 九二〇頁中一五行「多雲」，徑、清作「多門」。

一 九二〇頁中一六行末字「問」，清作「同」。

一 九二二頁上一六行夾註右「朱瑩」，徑、清作「朱榮」。

一 九二二頁中一四行「法集」，徑作「法席」。

一 九二二頁中一六行首字「動」，徑、清作「慟」。

一 九二二頁下一五行夾註左「之文曰孫」，清作「孝文之孫」。

一 九二二頁下末行夾註左末字「欲」，徑、清作「歎」。

一九二四頁中一八行第三字「事」，清作「視」。

一九二四頁中一九行「他」，清作「也」。

一九二五頁中九行第一〇字「未」，徑、清作「末」。

一九二六頁中一二行「音宗」，清作「音樂」。

一九二六頁下二行「肆雷」，徑、清作「肆虐」。

一九二七頁下三行「泰祀」，徑、清作「奉祀」。

佛祖歷代通載卷第十　我一

嘉興路大中祥符禪寺住持華亭念常集

陳（都建康）雷氏曰（陳高霸先文蒨宣後合爲五主三十二年）

高祖武皇帝（姓陳諱霸先字興國小字法生吳興長城下里人受梁敬帝遜禪即位年五十七崩于璿璣殿在位三年）

改元永定○周閔帝（宇文覺從兄護弑之而立毓）

叙曰有梁祚微禍難自作東魏賊侯景因隙来奔高祖建義内之封爲河南王秉寵作乱遂陷臺城先是梁湘東王出鎮荊陝使王僧辨陳霸先等平金陵未幾湘東王爲西魏所滅侯景既誅僧辨仍爲霸先所殺太平元年梁敬帝遜位霸先即帝位于金陵以姓爲國盖吳興長城下里人也世本甚微自云漢太丘長陳寔之裔身長九尺二寸臂長三尺垂手過膝神明高放有大志略衆所推重既臨大寶復梁舊政崇重釋氏金陵舊来七百餘寺侯景焚蕩幾盡陳高祖悉皆脩復翻經講道不替前朝自創國至禎明三年凡五主三十三年國入于隋其二十四年與周同政九載與隋同政時天竺優禪尼國三藏法師拘那陀羅陳言真諦十四年間隨處譯經論疏傳等四十八部凡二百三十二卷云

真觀法師釋門龍象也時徐僕射領軍欒世欲僧兵之師馳書勉止其言傷恒足以發田向之心又著無性因緣論

周明帝毓（小字統萬宇文之長子在位四年改元武定）○周用明（克讓曆）

陳文帝蒨改天嘉（字子華高祖兄昭烈王興之長子高祖與兄同經營帝業故遺詔立之天康乙酉崩于有覺殿在位七年）○周（明帝中從兄護毒死而立弟邕）

沙門稠禪師乃魏跋陀三藏之資也受具往嵩山少林又抵覃懷王屋之栢岩寺解二虎鬬由是舉世知名齊乾明元年示寂于龍山雲門寺

齊孝昭帝演改皇建（字延安神武第六子聰敏仁孝勤于政治一年因捕兔驚馬墜地而崩壽二十七葬静陵）

周武帝邕改保定（小字弥羅宇文之第四子嗣位惟布衣帔無金寶飾禁斷華綺上階聽政不施樞棋後宮嬪御不過十人在位十八年壽三十六崩于乘輿葬孝陵）

法師洪偃雅爲文帝所重及齊使崔武子有專對才朝廷憚之帝以偃才學兩優命館伴武子武子加嘆而歸由是朝儀欲奪其志欲以冠巾偃聞命即絶食以死自誓帝以其確誠從之時稱偃四絶謂姿容德行文章草隸臨終謂其徒曰世人爲貪心之所瞖貪已則惜落一毫貪他則永無厭足至於身死之後高其墳重其椁必謂九泉之下還結四隣一何可歎令瞑目之後以脯腊鄙形布施飛走及卒弟子如其誡有文集二十卷詔藏秘閣

法師寶瓊陳宣帝命爲僧統綏禦有法四衆安之屢入重雲殿講道帝尊之爲師初梁魏間僧統盛飾杖直僭擬官府至瓊奏罷之每出從數頭陀杖笠而已于時海東有十二國聞瓊道德不可見遣使奉金帛求瓊畫像其爲天下敬慕如此及卒法師曇衍繼爲僧統亦有重名衍初生下四十齒已具舉世異之

辛

後梁世宗歸改天保（字仁遠詧第三子在位二十三年）

齊武成湛改太寧（神武第九子淫亂無度信用嬖寵傳

位太子在位四年壽三十二崩又改河清

癸未

周保定三年有牛生足于背上出北史

乙酉

齊後主緯字仁綱武帝長子昏乱暴虐殺宰崔季等忠臣在位十三年改天統

旃檀瑞像至此三百六十七年在淮南

是年衛元嵩上疏減僧祐周武崇佛氏天保六年嵩上十一條省寺減僧云僧多怠惰貪財冐利不足欽尚名百僧入内道場七日伺過不得無何乃止嵩後感惡疾而卒世尊曰獅子身中蟲嵩何不當之矣

丙戌

改天康○周改天和用天和曆

丁亥

廢帝伯宗改光太十九歲而卒在位二年

大教東被五百年矣

台宗三祖惠思禪師姓李氏武津人也少以寬慈頂生肉髻耳有重輪象視牛行與世自異夢梵僧勉令出俗辭親入道及禀具戒日唯一食不受別施聞北齊惠文聚徒衆法清淨乃往歸依從受正法性樂苦節嘗僧爲業於三七日中得宿命智而習漏未盡後於定中放身倚壁未至間霍爾開悟法華三昧大乘法門一念明達十六特勝背捨徐入便自通徹不由他悟示衆曰道源不遠性海非遥但向己求莫從他覓覓亦不得得亦非真後在大蘇弊於烽警山侶不遑安處將四十餘僧徑趣南岳時陳光大二年六月二十三日也至即告曰吾至此滿十年耳先是梁僧惠海居衡嶽寺及見師欣然讓之時稱思大和上或問何不下山教化衆生思答曰三世諸佛被我一口吞盡有何衆生可化嘗不豫因念曰病由業生業由心起心緣不起外境何伏業病與身都如雲影作是觀已身遂輕安陳高祖徵至都安置栖玄寺甚蒙恪揖久之辭還南岳師曰寄迹茲山止十年耳期滿當移時衆不識其旨及還大集門學連日說法苦勸呵責聞者寒心陳大建九年丁酉六月二十二日咸聞異香師更擗心諦坐至盡頂煖身軟顏色如生春秋六十有四師奉菩薩三聚淨戒至如繒纊皮革多由損生故其服章率皆以布寒則艾衲用犯風霜至於所被法衣都無蠶服縱皆受法不云得成若乞若得蚕綿作衣准律結科斬捨定矣約情貪附何由縱之唯南嶽獨斷高遵聖檢也今之列其派者華裾茜服恐尚鮮驪得無愧乎

己丑

宣帝頊改大建字紹世小字師利昭烈王與次子文之弟也身長八尺三寸大有勇力善騎射生五十一子年五十三歲崩宣福殿在位一十四年

周武天和四年帝命名儒僧道伸述三教利病沙門道安作二教論二十篇以儒道九流爲外教釋氏爲内教意謂上古朴素墳典之誥未弘淳風日澆丘索之文乃著苞綸七典統括九流咸爲治國之謀並是脩身之具若派而分之數應爲九若總而合之則同屬儒宗今乃一化之内令九流爭川大道之世使小成競辨豈不上傷皇極莫大之風下闢拘放鄙蕩之弊哉及闢譯内典奏之于朝久而無報安勤於奉母凡薪水飲食皆自力營進其徒有代之者安曰吾母也豈可勞人哉及周武廢教以安宿望欲官之安以死拒絕尋以大教堙阨號慟而卒

周武滅佛

周武天和四年謌言黑衣武以猜爲心有道士張賓之等譎詐罔上私構其黨以黑釋爲國忌以黃老爲國祥帝納其言信道輕釋親受符錄躬服衣冠是年己丑三月十五日名三教名士文武百官二千餘人

帝御正殿量述三教以道寂先出於無名之前超乎天地之表議者紛紜弗定至二十日依前集論是非更廣帝曰儒道二教此國常遵佛教後來朕意不立僉議陳理無由除削至四月朔更依前集雖極言陳無得面從也又各理伸弗克定矣遂勑司隷大夫甄鸞詳審二教至于天和五年鸞詳二教上笑道論三卷其表略曰

切以佛道二教事迹不同出沒隱顯變通亦異幽微妙密未易詳度且一件相對佛者以因緣爲宗道者以自然爲義自然者無爲而成因緣者積行乃證春秋傳曰君所謂可而有否焉臣獻其否以去其否臣亦何人奉勑降問敢不實荅其道德二篇可爲儒林之宗疑紕繆者去其兩端請量刪定按五千文曰上士聞道勤而行之中士聞道若存若亡下士聞道則大笑之不笑不名爲道臣諏率下士見爲笑道論三卷合三十六條三卷者笑其三洞之名三十六條者笑其道經有三十六部戰汗上呈心寇失守出弘明集

周武至五月十日大集群臣詳鸞上論以爲傷蠹道法不愜本圖火焚而已論具如弘明集周大夫甄鸞者寔高識君子也弗知懼大敵而勇於小敵者焉王令詳定二教優劣直以正見剖折無使偏意在懷而著此論襃貶咸否詩曰豈弟君子求福不回其此之謂夫傷哉火矣

又上道安所著二教論二十篇帝詳審諸以問朝宰無有抗者遂寢其事其論略曰

鍊心之術名三乘內教也救形之術名九流外教也道無別教即在儒流漢書藝文志曰儒家者流蓋出于司徒之官助人君順陰陽明教化者也游文於六經之中留意於五德之際祖述堯舜憲章文武宗師仲尼其道寂高也道家者流蓋出史官清虛以自守卑弱以自持此君人者面南之術合於堯之克讓易之謙謙是其所長也陰陽家者流蓋出於羲和之官敬順昊天曆象日月敬授民時此其所長也法家者流蓋出理官信賞辟罰以輔禮制易曰先王以明罰勸政此其所長也名家者流蓋出於禮官古者名位不同禮亦數異孔子曰必也正名乎名不正則言不順言不順則事不成此其所長也墨家者流蓋出清廟之官茅屋採椽是以貴儉養三老五更是以兼愛選士大射是以上賢宗祀嚴父是以有鬼此其所長也縱橫家者流蓋出於行人之官孔子曰誦詩三百使於四方不能專對雖多亦奚以爲又使乎使乎言其當權受制宜受命而不受詞此其所長也雜家者流蓋出於議官兼儒墨合名法知國体之有此見王制無不貫之此其所長也農家者流蓋出於農稷之官播五穀勸耕桑以足衣食故八政曰一曰食二

曰貨此其所長也吞泒而別之則應有九
若總而合之則同屬儒宗其論文之作內
外該括文詞峭拔義理淳簡誠可敬也

庚寅　齊改武平

壬辰　周改建德

甲午　周廢釋建德三年五月十七日周武終成
妬忌信張賓之議欲偏廢釋教因大集百
僚命沙門與道士辯優劣預令張賓之飾
詭辭以挫釋子與即其義負而擠之于時
法師知炫對帝抗酧辭吐精壯帝意賓不
能制即逞天威垂難瑋左右叱炫聽制旨
炫安詳應對陳義益高陪位大臣莫不動
容欽歎帝不能屈明日詔下遂兼道教罷
之

丙申　齊改隆化　周兵陷并州上走鄴傳位太子恒

丁酉　周伐齊至鄴齊王緯走獲之封爲溫國公
幼主恒改承化　與後主俱走青州周兵執之國亡
右高齊五主二十八年宇文周并之

戊戌　周武承光二年滅北齊據鄴都用韋孝寬
揚堅等巻東平高氏名前脩大德並赴殿
下帝登座序廢立義其略曰六經儒教禮
義忠孝於世有宜故須存立且真佛無相
遙敬表心佛經廣歎崇建浮圖徒廢民財
凡是經像皆毀滅之一切僧尼並令還俗
朕意如此諸大德謂理何如于時沙門大
統五百餘人咸以王威震赫決諫難從關
內已除義非孤立衆各默然下勑催荅並
相顧無色俛首垂淚于時有沙門惠遠者
姓王氏乃曇始和上之門資也聲名先價
乃自惟曰佛法之寄四衆是依豈以杜言
謂能通理遂排衆出對曰陛下統臨大域
得一居尊隨俗致詞憲章三教詔云真佛
無相誠如天旨但耳目生靈賴聞經佛藉
像表真今若廢之無以興敬帝曰虛空真
佛咸自知之何假經像遠曰漢明已前經
像未至此土含生何故不知虛空是佛帝
時無荅遠曰若不藉經教自知有法者三
皇以前未有文字人應自知有五常等法
當時諸人何故但識其母不識其父同於
禽獸帝又無語遠曰若以形像無情事之
無福故須廢者則國家七廟豈是有情而
妄相尊事帝又不荅乃曰佛經外國之法
此國不須國家七廟上代所立朕亦不以
爲是將同廢之遠曰若以外國之經非此
用者仲尼所說出自魯國秦晉之地亦應
廢而不行又以七廟爲非將亦廢者則是
不尊祖考祖考不尊則昭穆失序昭穆失
序則五經無用前存儒教其義安立若是
則三教同廢將何治國帝曰魯邦之與秦
晉封域乃殊莫非王者一化故不類佛經
七廟之難帝無以通遠曰若以秦魯同遵
一化經義通行者其震旦之與天竺國界
雖殊莫不同在閻浮四海之內輪王一化
何不遵佛經而令獨廢帝又無荅遠曰退
僧還家崇孝養者孔經亦云立身行道以
顯父母即是孝行何必還家帝曰父母恩
重交資色養棄親向疎未成至孝遠曰若
如是者陛下左右皆有二親何不放之乃
使長假五年不見父母帝曰朕亦依番上
下得歸侍奉遠曰佛亦聽僧冬夏隨緣脩

道春秋歸家侍養故目連乞食餉母如來檐棺臨葬此理大通未可獨廢帝又無荅遠抗聲曰陛下今恃王力自在廢滅佛法是邪見人阿鼻地獄不揀貴賤陛下何得不怖帝悖然作色大怒直視於遠曰但令百姓得樂朕亦不辭地獄諸苦遠曰陛下以邪法化人現種苦業當共陛下同趣阿鼻何處有樂可得帝屈無對所圖意盛更無所荅但云僧等且還有司錄取論僧姓字帝已行虐師知時不濟隱居楚澤青蓮山養道造涅槃等疏有擲筆凌空之驗武既怒佛道二宗俱被廢滅東川寺觀凡四萬餘區並賜王公僧道三百萬人悉充軍民財產並收入官帝以爲得志焉傷哉法師靜藹者聞詔下慨然曰食周之粟而忌其事謂之忠乎即詣闕奉表求見武帝許之及引對極陳毀教禍福報應之事指證明白帝爲改容頎業已成既行之詔不可返因謝遣之藹退而泣曰大教阨塞吾何忍見之遂遁入終南山帝尋欲官之遣衛士求藹藹聞徙入太一山衛士不獲而返藹以法滅𢹂泣七日夜聲不絕撰三寶錄二十卷假設主賓抑揚飛伏廣羅文義弘贊大乘并錄見聞事實藏諸岩洞庶後代之再興耳尋告弟子曰吾生無補于世將事捨身衆𢹂泣不許因令侍者出山藹瀝血書偈一篇遂坐盤石留一內衣自條其肉布於石上引腸胃掛于松枝五臟皆外見餘筋肉手足頭面凹拆都盡以刀割心捧之而卒侍者歸山猶見捧心而坐餘骸並無遺血但見白乳傍流凝於石次聞者靡不流涕時年四十有五云

周武承光三年既克齊改元宣政帝寢疾稍作五月一日歸長安延壽殿寢甚二十四日還雲陽宮六月一日殂子贇立于同州○唐吏部尚書唐臨冥報記云自言外祖爲隋僕射封齊公親見文帝問死還活者初死見周武帝云爲我上聞大隋天子昔日與我共食倉庫玉帛亦我儲之我今爲滅佛法受大極苦須帝爲我助作功德也帝以庫藏不敢私費乃化天下人各一錢爲追福懺罪也

周宣帝贇（字乾伯武長子即位未及年禪位太子自稱天元皇帝驕佚湛湎改元大成又改大象年三十二崩葬定陵在位一年）

釋任道琳者以學業淹博得近周武議論二十餘日酬酢七十番周武窮極精思不能屈嘗許以復教會其崩不果至是道琳伸請尤力帝從之

周宣帝二月二十六日詔曰佛法弘大前古共崇詎宜沉隱舍而不行自今應王公下建黎庶並宜脩事知朕意焉○四月二十六日復詔曰教義幽深神奇弘大雖以廣開化儀通其脩事而崇奉之徒勿須剪髮以乖大道宜視菩薩儀範權服冠纓所司條爲儀注於是琳等妙選舊沙門懿行貞粹聲望卓異者百二十人入陟岵寺仍舊住持

周靜帝衍更名闡（宣之長子大象即位隋公楊堅脩政十二月封爲隋國公罷入市稅錢復佛道二教大定元年孫位于隋居于別宮隋氏奉帝爲介國公服飾禮樂一如周制上書不稱表荅）

不稱表荅不稱諡隋開皇元年五月帝年十九而崩葬之恭陵在位一年〇五月天元殂以天元皇后之父楊堅輔政襲封隋國公也

周改大定正月改元二月禪于隋

右宇文周五主共二十五年

隋高祖文皇帝名堅小字那羅延本弘農華陰人也其先漢太尉楊震之後八世孫鉉仕燕北平太守元壽仕魏武川司馬惠嘏太原太守烈平原太守定進真隋國公忠生帝堅相周封隋王大定元年受周禪八年發梁九年平陳天下一統克儉爲良主都于龍首山故長安也仁壽四年太子廣弒之壽六十四葬之太陵在位二十三年

改年開皇

壬寅　上殂太子立○設無礙會舍身

癸卯　後主叔寶改元至德字元秀小字黃奴宣之長子即位荒淫酒色禍亂非常後興張麗華孔貴嬪逃入宮井隋文廢爲長城公至仁壽四年癸亥十一月壬子終于洛陽壽五十二歲在位六年

甲辰　隋初行甲子曆

丙午　後梁琮字溫文蕭巋太子寬仁大度博學善射即位改元廣運後其叔安平王嵒擁江陵仕庶奔陳琮時朝隋隋乃廢琮爲莒國公在位二年而梁絕矣

丁未　改禎明

己酉　右陳五主三十三年而隋併之後梁三主三十四年而隋併之

庚戌　隋文帝開皇十年

序曰天命有隋膺斯五運帝君榮祐宅此九州所以誕育之初神光洞發君臨已後靈瑞競臻故使天龜文水浮五色地開泉醴山響萬年雲慶露甘珠明石巒聲聞瞽視啞語躄行禽獸見非常之祥草木呈難紀之瑞是知昔聞七寶匪局金輪今則神異四時徧知玉燭往以赤若之歲黃屋馭宸土制水行興廢毀之佛日火乘木運啓嘉號於開皇高祖以周靖帝大定二年黃龍降於舊第鄉雲見於城闉二月十三日周以帝祚歸禪在隋景命既臨服黃皂廢周六官依漢三省佛日還曜法水潛通其冬有周沙門賁西域梵經弍百餘部曆期而至下勅所司訪人翻譯開皇二年仲春之月便就宣傳季夏詔以龍首之山川原秀麗卉木滋阜宜建都邑凡城殿門縣國寺皆以大興爲額三寶慈化自此而興萬國仁風緣茲遠大伽藍爵峙法宇交臨開士肩聯信心踵接及仁壽啓號寶塔是興百有餘州皆陳瑞應于斯時也四海靜浪九州無塵大度僧尼將三十萬崇緝寺宇向有五千翻譯道俗二十四人所出經論垂五百卷及煬帝嗣籙卜宅東都仍於洛濱上林園置翻經館四事供養無乏于時今敘一朝兩代三十七年祖師碩儒高僧法匠十有五人顯大隋我教之隆盛焉

辛亥　法師曇延姿度瓌異身長九尺六寸垂手過膝目光外射才望與惠遠相將述諸經義疏議者謂標舉網目遠不逮延文句愜當延不逮遠齊大祖從之問道給月俸會周使周弘正來聘大臣舉延接伴弘正恃才氣出人上見延悠然意消及還求延畫像并所著疏論而歸帝益重之進位昭玄上統周武廢教延遁入太行山及隋受禪即日削髮以沙門謁見文帝大悅下書復教久之歲旱有旨命延率衆祈雨雨不降帝問故對曰事由一二帝遣京尹蘇威問

一二之意延曰陛下躬萬機之政群臣致
股肱之力雖通治體然俱飭玄化欲雨不
雨事由一二也帝識其意勑有司擇日於
正殿設儀命延授以八戒群臣以次受訖
方炎威如焚而大雨沛然傾注帝悅自是
延每入朝必親手奉御饌供之臨終以表
辭帝託以外護帝哭之哀甚葬日百僚縞
素送之內史薛道衡文祭略曰往逢道喪
玄綱落紐棲心幽岩確乎不拔高位厚祿
不能回其慮嚴威峻法不足懼其心經行
宴坐夷險莫二戒德威儀始終如一聖皇
啓運像法再興卓爾緇衣譬爲稱首屈宸
極之重申師資之義三寶由之弘護二諦
藉以宣揚信足以追蹤澄什超邁安遠矣
手
釋尼智僊者河東蒲坂劉氏女也少出家
有戒行長通禪觀時言吉凶成敗事莫不
奇驗居般若寺會文帝生於寺方季夏盛
暑乳母遽扇之帝寒甚幾絕不能啼左右
大驚尼就視之曰兒天佛所祐宜勿憂也
即舉之手曰那羅延因以爲小字抱詣太
祖語曰兒來處絕倫俗家穢雜不宜留請
爲養之太祖遂割宅爲小門通寺以兒委
僊視育後皇妣來抱忽見兒爲龍驚墮于
地僊失聲曰奚爲觸損我兒令晚得天下
及帝稍長僊密告之曰汝後大貴當自東
方來佛法時滅賴汝而興及周武廢教僊
隱其家內著法衣戒行彌篤至是帝果自
山東來入爲天子大興釋氏僊前此而卒
帝對群臣稱阿闍黎以爲口實又云朕與
由佛法而好食麻豆前身定從道人中來
少時在寺長育至今樂聞鍾磬之聲
是年開輔旱帝引民就食洛州先是律師
靈藏者帝爲布衣交至是命藏陪駕既而
趣向藏者極盛帝聞之手勑曰弟子是俗
人天子律師是道人天子有樂離俗者任
師度之藏由是度人前後數萬間有譖之
者帝曰律師化人爲善弟子禁人爲惡言
雖有異意則無殊
是年李士謙卒士謙字約少喪父事母以
孝聞其族長伯瑒每歎曰此子吾家顏子
也善天文術數自以少孤未嘗飲酒食肉
如此積三十年雅好舉止約以戒定有謂
其脩陰德士謙笑曰夫陰德其猶耳鳴唯
已知之人無得而知者今吾所作仁者皆
知何陰德之有最善玄言客有疑佛報應
之說士謙喻之曰積善餘慶積惡餘殃豈
非休咎之徵耶佛曰輪轉五道無復窮已
而賈誼亦云千變萬化未始有極至若鯀
爲黃熊杜宇爲鶗鴂褒君爲龍牛哀爲虎
君子爲鵠小人爲猿彭生爲豕如意爲犬
黃母爲黿宣武爲鱉鄧艾爲牛徐伯爲魚
羊祜前身李氏子此皆佛家變異形報之
驗客人曰形子才云世有松栢化爲檽櫟
儻以爲然士謙曰此不類之談也變化皆
由心業豈關木乎又問三教優劣士謙曰
佛日也道月也儒五星也客不能難而去
論曰北史史官蔣沈等記李君之事詳
悉如此豈非心懷佛德盡已之誠不敢
欺誑後之來者歟士謙以日月星方三
教然乍觀似有優劣至若照明世界運

轉生靈則一德也是三者闕一則安立不成故易曰乾道變化各正性命賢哉李君吾見其深於性命之大原也

壹二祖慧可大師示寂於開皇十三年三月十六日也師虎牢人少博極群書尤精玄理及覽佛經超然自得遂出家依龍門香山寶靜禪師得度具戒年甫四十忽一日定中神告曰將證聖果無滯於此須臾頓覺頭痛如刺欲行求治空中有聲曰此換骨耳非常痛也因以告師師視其頂有五峯隆起乃曰神既助汝可行求道吾聞天竺達磨近至少林宜往依之師至少林投機授法語載達磨章中及少林歸寂師繼闡玄化嘗至北齊遇一居士不言姓氏具曰弟子身纏風恙請師懺罪師曰將罪來與汝懺居士良久曰覓罪了不可得師曰與汝懺罪竟宜依佛法僧住曰今見師已知是僧未審何名佛法師曰是心是佛是心是法法佛無二僧寶亦然曰今日始知罪性不在內不在外不在中閒其心亦然佛法無二也師器之即爲剃髮云是吾寶也宜名僧璨授具戒畢乃告之曰達磨大師來自天竺以正法眼藏密授於吾吾今付汝并達磨信衣汝當護持無令斷絕聽吾偈曰本來緣有地因地種花生本來無有種花亦不曾生汝受吾教宜處深山未可行化當有國難曰師既預知願聞示誨師曰昔達磨傳般若多羅讖記云心中雖吉外頭凶吾校年代正在汝身當審前言勿罹世難然吾亦有夙累今要償之師於鄴都隨宜行化經三十四年乃晦迹混俗或過屠門或入酒肆有怪而問之者荅曰我自調心非關汝事最後於莞城縣匡救寺三門下談無上道聽者雲集有辯和法師者於寺中講涅槃經學徒聞師說稍稍引去和不勝憤興謗于邑宰翟仲侃侃惑其說加師以非法遂怡然委順年一百有七識真者謂師償債葬磁州滏縣東北七十里唐德宗謚大祖禪師

㐂天台智者禪師示寂於開皇十七年十一月二十四日師諱智顗字德安姓陳氏潁川人有晉遷都寓居荊州華容縣梁散騎益陽公起第二子母徐氏夢香烟五彩縈回在懷欲拂去之聞人語曰宿世因緣寄託王道福德自至何以去之誕育之夜室內洞明信宿其光乃止憶先靈瑞呼爲王道臥必合掌坐必面西年長時口不妄敢見像便禮逢僧必敬七歲喜往伽藍諸僧訝其情志口授普門品初啓一徧即得二親遏絕不許更誦志學之年仕梁承聖屬元帝淪沒北度硤州依舅氏尋訪名師年十有八投湘州果願寺法緒出家授以十戒仍北度詣慧曠律師北面橫經具蒙指誨又詣光州大蘇山南嶽禪師受業心觀乃於此山行法華三昧始住三夕誦至藥王品心緣苦行至是真精進句解悟便發見共思師處靈鷲山七寶淨土聽佛說法思爲印可嘗令代講思躬執如意在座觀聽語學徒曰此吾徒之義見恨其定力少耳於是師資改觀名聞遐邇學成往辭

思思曰汝於陳國有緣往必利益思既入南嶽大師詣金陵綿歷八周語默每思林澤乃夢岩崖萬重雲日半垂其側滄海無畔見一僧搖伸手臂挽師上山以夢通告門人咸曰此天台山也因挾道南征隱淪斯岩陳少主降勅徵入前後七使師乃赴都迎入太極殿之東堂講智論及金陵敗覆策杖荊湘會大業在蕃任總淮海承風佩德欲遵戒法致書累請師初陳寡德次讓名僧後舉同學三辭不免開皇十一年十一月二十三日於揚州設千僧會爲王授戒未幾王入朝師旋台嶽躬率禪門行光明懺仍立誓曰若於三寶有益者當限此餘年若其徒生顧從速化不久告衆曰吾當卒此地矣誡曰宜各嘿然吾將去矣言已端坐如定而卒於天台大石像前春秋六十七矣弟子章安親傳戒法焉

壽改仁壽

初文帝龍潛時遇梵僧以舍利一裹授之曰檀越他日爲普天慈父此大覺遺靈故留與供養僧既去求之不知所在帝登極後嘗與法師曇遷各置舍利於掌而數之或少或多竟不能定遷曰諸佛法身過於數量非世間所測帝始作七寶箱貯之至是海內大定帝憶其事是以岐州等三十州各建塔焉

是年六月十三日詔曰仰惟正覺大慈大悲救護衆生津濟庶品朕歸依三寶重興聖教思與四海之內一切人民俱發菩提共脩福業使當今現在爰及來世永作善因同登妙果宜請沙門三十人諳解法相兼堪宣導者各將侍者二人散官一人薰陸香一百二十斤分送舍利往前三十州建塔每州僧三百六十人爲朕及皇太子后妃諸王內外官僚士庶懺悔及於相州戰場立寺七日行道任人布施限十文而上所施之錢以供營塔若少不充役正丁及用庫物別外州郡僧尼普爲舍利設齋限十月十五日午時同下石函總管刺史下至縣尉自非軍機停務七日專檢校行道務盡誠敬副朕意焉是日帝親以七寶箱奉三十舍利自內而出置于御座之按與諸沙門燒香禮拜願弟子常以正法護持三寶救度一切衆生乃取金瓶瑠璃瓶各三十以瑠璃瓶盛金瓶置舍利於其內薰陸爲泥塗蓋而印之諸沙門各奉而行初入州境總管刺史夾道步引四部大衆威儀齋肅共以寶蓋旛幢華臺像輦佛帳經輿香山香鉢種種音樂盡來供養圍繞讚唄依阿含經舍利入拘尸那城法於是沙門對四部大衆作是唱言至尊以菩薩大慈無邊無際哀愍衆生切於骨髓故分布舍利共天下同作善因又引經文種種方便訶責之教導之深至懇惻涕零及宣讀懺悔文至舍利將入函沙門高奉寶瓶巡示大衆人人拭目諦視共覩光明哀戀號泣聲響震地凡是安置之處悉亦如之帝於十月十五日午時在大興宮之大殿西面執珪而立延請佛像及沙門三百六十人旛蓋香花讚唄音樂自大興善寺來

居殿堂帝燒香禮拜降御東廊親率文武百僚素食齋戒及舍利入塔訖帝曰爾佛法重興必有感應其後處處表奏皆如其言（見著作王邵舍利感應記）

癸三年文中子王通既冠慨然有濟世之志西遊長安見帝坐太極殿召見因奏太平策十有二道尊王道推霸略稽古驗今恢恢乎運天下於掌上帝大悅曰得生幾晚天不以生賜朕也下其議於公卿公卿不悅時將有蕭牆之憂通知謀之不用也作東征之歌而歸乃續詩書正禮樂脩元經贊易道九年而六經大就門人自遠而至者河南董常太山姚義京兆杜如晦趙郡李靖南陽程元扶風竇威河東薛收中山賈瓊清河房玄齡鉅鹿魏徵太原王珪溫彥博穎川陳叔達等咸稱師北面受王佐之道餘往來受業者千餘人大業中累徵不就十三年疾病聞江都有變泫然而興曰生民厭亂久矣天其或者將啓堯舜之運吾不與焉命也遂卒門人謚曰文中子

二十三

嘗爲中說以擬論語其周公篇曰詩書盛而秦世滅非孔子之罪也玄虛長而晉室亂非老莊之罪也齋戒脩而梁國亡非釋迦之罪也易不云乎苟非其人道不虛行或問佛文中曰聖人也曰其教何如曰西方之教也中國則泥又曰觀皇極讜議三教於是乎一矣通弟績亦著書號東皐子文中子講道于白牛之溪弟子捧書北面環堂成列講罷程生退省于松下語及周易薛收歎曰不及伏羲氏乎何辭之多也俄而有負苓者皤皤然委擔而息曰吾子何歎也薛收曰吏何爲者而徵吾歎負苓者曰覼朱者赤附墨者黑蓋漸而得之也今吾子所服者道而猶歎是六腑五藏不能受也吾是以問收曰收聞之師易者道之蘊也伏羲畫卦而文王繫之不逮省文矣吾是以歎負苓者曰文王焉病伏羲氏病甚者也昔者伏羲氏之未畫卦也三才其不立乎四序其不行乎百物其不生乎萬象其不森乎何營營乎而費畫也自伏羲（氏泄）道之寖漏神之幾分張太和磔裂先氣使天下之智者詭道迭出曰我善言象而識物情陰陽相磨遠近相取作爲剛柔同異之說以駭人志於是知者不知而大朴散矣則伏羲氏始兆亂者安得龐歎而嗟文王負其苓而行追而問之居與姓名不荅文中子聞之曰隱者也

二十四

右室論曰宋司馬文正公曰文中子云佛聖人也審如文中子之言則佛之心可見矣第今言禪者好爲隱語以相迷大言以相勝使學者倀倀然益入於迷妄因廣文子之意作解禪頌六首果如此言雖中國亦可行矣不然則吾所不知也其卒章曰言爲百世師行爲天下法爲賢爲大聖是名佛菩薩噫文正公繼孔孟荀楊爲大賢者也庸有不知佛哉觀其頌則文正公平生所爲皆佛菩薩之心也特禪之一法雖吾門亦標表以爲教外別傳自非積三二十年息心絕慮則莫能究其旨謂之隱語大言似

是而實非也何則東皐子猶以伏羲畫卦泄道之密漏神之機分張太和礫裂元氣使知者不知大朴散矣剡不立文字之禪宜指人心於語言形迹之表詎可常程義理而求其言說耶是不獨文正公文中子揚孟諸賢未暇留神吾徒傳教大法師輩固有不知而興謗者故先德云千人萬人中撈摝一箇半箇而已夫豈易信也哉

闍那崛多西天竺人也帝時至長安大興善寺奉勅譯法華等經是年示滅

仁壽初詔曰皇帝敬問華洪山之南谷智舜禪師冬〻月極寒味道安隱勉勗蒼生成就聖業惟慈須力朕實嘉焉今遣開府盧元壽宣朕意起禪師赴闕舜以疾辭不赴初舜從稠禪師出家習定或時覺有妄念即以錐刺股由是塵慮不入至不得已或出一言不過戒定慧而已如是十餘年稠奇之曰汝於人事殆無心哉而今而後可與言道矣後舜入贊皇山好事者奉米麪供之舜辭去一不受或問故舜曰山居橡栗足以禦饑何煩於人其簡易如此見啗肉者必慘容戒之曰六道殊形汝無不經一切有命皆女父母一切有生皆女叢形而食其肉者是食女父母女心安忍哉聞者慘華也

詔賞劉度支並付太子廣上疾揚素使張衡入侍上暴崩太子即位○時天下戶口抄計八百九十萬

甲子 乙丑 煬帝廣小字阿麼高祖次子篡立于仁壽宮初登有政治民後幸洛陽營建東京發河南人夫數百萬開通濟渠而達淮泗龍舟鳳舸又至江都民不堪命而群盜蜂起四海土崩後爲宇文弒之壽五十九年

冬煬帝有事于南郊詔僧道並同俗拜道流莫敢言諸沙門例不奉詔帝詰之曰詔條久頒卿等固不奉命何也時法師明贍者對曰陛下若使准制羅道則微軀敢不奉命如知大法可崇則法服之下僧無敬俗之禮帝曰何以致拜周武贍曰周武任威縱暴仁德不施不足爲有國者法陛下聖政惟仁不枉非罪是以貪道得盡忠言帝默然而罷有司以贍抗對將抵以罪贍曰所坐者贍也願不以非律加吾徒帝壯其不撓而不問凡敬主之議由此而絕爲

甲寅 是歲三祖僧璨大師示寂師或云徐州人初以白衣謁二祖既授衣屬周武廢教往來司空山積十餘年人無識者隋開皇十二年有沙彌道信禮師曰願和尚大慈乞與解脫法門師曰誰縛汝曰無人縛師曰何更求解脫乎信於言下大悟服勞九載授具戒已屢驗以玄鍵知其緣熟乃付衣說偈曰花種雖因地從地種花生若無人下種花地盡無生并付法衣曰吾既得汝能事已畢即優游江國歷羅浮諸山復還舊止士民樂其歸相率致供師爲四衆說法已於法會大樹下儼立合掌而逝十月十五日也唐玄宗謚曰鑑智禪師著信心銘一篇其辭曰至道無難唯嫌揀擇但莫憎愛洞然明白毫釐有差天地懸隔欲得現前莫存順逆違順相爭是爲心病不識玄旨徒勞念靜圓同太虛無欠無餘良由取捨所以不如莫逐有緣勿住空忍一種

平懐泯然自盡止動歸止止更彌動唯滯兩邊寧知一種一種不通兩處失功遣有沒有從空背空多言多慮轉不相應絕言絕慮無處不通歸根得旨隨照失功須臾反照勝却前空前空轉變皆由妄見不用求真唯須息見二見不住慎莫追尋才有是非紛然失心二由一有一亦莫守一心不生萬法無咎無咎無法不生不心能隨境滅境逐能沉境由能境能由境欲知兩段元是一空一空同兩齊含萬象不見精麁寧有偏黨大道體寬無易無難小見狐疑轉急轉遲執之失度必入迷路放之自然體無去住任性合道逍遙絕惱繫念乖真昏沉不好不好勞神何用踈親欲取一乘勿惡六塵六塵不惡還同正覺智者無為愚人自縛法無異法妄有愛著將心用心豈非大錯迷生寂亂悟無好惡一切二邊良由斟酌夢幻虛花何勞把捉得失是非一時放却眼若不寐諸夢自除心若不異萬法一如如如體玄兀爾忘緣萬緣齊觀復歸自然泯其所以不可方比止動無動動止無止兩既不成一何有爾究竟窮極不存軌則契心平等所作皆息狐疑淨盡正信調直一切不留無可記憶虛明自照不勞心力非思量處識智難測真如法界無他無自要急相應唯言不二不二皆同無不包容十方智者皆入此宗宗非促延一念萬年無在不在十方目前極小同大忘絕境界極大同小不見邊表有即是無無即是有若不如是必不須守一即一切一切即一但能如此何慮不畢信心不二不二信心言語道斷非去來今

始平令楊宏率道士名儒入智藏寺啓會義法筵命法師慧淨與道士余永通論義永通欲先立義淨曰道流入寺義有主賓汝安得先於是淨問老子云有物混成先天地生吾不知其名字之曰道且道體一故混耶體異故混耶若體一故混則正混之時已自成一是則一非道生若體異故混且未混之時已自成二然則二非一起矣永通茫然不知所對無言而罷煬帝縱奢極侈乘龍舟錦帆泝汴而下入于揚州天下諸侯反叛稱帝王者各據一方凡五十二處太原唐公李淵起義兵而來救駕矣

唐師至江都帝以手琢案曰渠有奇相渠得之矣十一月唐師入京遙尊為太上皇立代王侑為帝紹隋室也

恭帝侑煬之孫元德太子之子十三即位以唐公為相進封唐王次年五月禪位與唐封為酅國公武德二年薨壽十五在位二年

改義寧上在江都淫虐日甚宇文化及因思歸之士夜入宮弒帝及宗室皆死

神僧法喜者貌寢陋年若四十許嶺表父老咸言兒時見之談晉宋間事歷歷可聽又自言嘗從東林遠公游語默不常然皆為吉凶之兆煬帝幸維揚聞其有異召之俄一日繞宮中徧索羊頭帝惡之以付廷尉手足銀鐺禁衛嚴甚喜日丐于市飲食自若有司以聞帝命按視封鑰如故及啓戶視之唯見袈裟覆黃金骨骨皆連鎖遽以白帝勅長安王恒覈實如狀詔以香泥

樹骨塑之是夕喜以泥像起行言笑如故遂釋其禁未幾示疾命嘗所善者去其薦置身簀上下以熾炭炙之數日半身紅爛即死葬之香山寺側後數歲有自海南歸者見喜無恙其人發冢視之唯空棺爾計是時喜已三百餘歲矣及煬帝於江都遇弒方悟喜索羊頭之驗云

石室論曰唐牧之云昔有相士稱文帝當有天下後果篡奪得之周末楊氏爲八柱國公侯相繼久矣一旦以男子偷竊位號不三十年老壯嬰兒皆不得其死彼知相法當曰此爲楊氏禍乃可謂善相者牧之之論誠爲驚絕然文帝削平天下混一海宇君臨萬國者二十四年剏置禮樂法度多爲唐所遵用仁壽間天下戶至八百七十萬以唐疆宇之廣歷五朝至天寶末纔九百餘萬戶隋文開統而身及太平固一代之英主也惜其末年任一楊素而弗獲其終嗚呼豈唯隋文而已哉凡魏晉以來苻石姚劉二蕭陳高宇文楊氏十三朝興亡因果循環之驗皆毫末無差吾教所以誕敷六合有大益於天下國家者其言因果報應之事與天道大合有以助天爲勸沮也故鴻經廣論深切著明必欲人人皆信因即如是果亦如之莫可逭也儒雖曰其事好還然未伸勸沮之理此所以救之唯詆隋文而不遠推累朝積習循環之弊獨唐家之興則異於彼故其運祚靈長盍足以爲天下之至鑑

佛祖歷代通載卷第十一

佛祖歷代通載卷第十一

校勘記

一　底本，明永樂北藏本。

一　九三二頁上四行夾註右「宇興國」，[徑]、[清]作「宇興國」。又左「長成」，[清]作「長城」。

一　九三二頁上五行夾註右「遜禪」，[徑]、[清]作「遜禪」。

一　九三三頁上一七行末字「若」，[徑]、[清]作「苦」。

一　九三三頁中一一行第二字「伏」，[徑]、[清]作「狀」。

一　九三四頁中三行第七字「諏」，[清]作「鄹」。

一　九三四頁中一三行第九字「火」，[清]作「大」。

一　九三五頁上末行第四字「眷」，[清]作「春」。

一　九三六頁下五行第一〇字「搏」，[徑]、[清]作「博」。

一　九三七頁上六行夾註左首字「仕」，

清作「任」。

一　九三八頁上末行第四字「乎」，清作「呼」。

一　九三八頁中二行第六字「逐」，徑、清作「遂」。

一　九三八頁下一三行「形子才」，徑、清作「邢子才」。

一　九三八頁下一九行「欺訹」，徑、清作「欺昧」。

一　九三九頁中四行第七字「依」，清作「衣」。

一　九四〇頁上一九行第一四字「裹」，徑作「裹」。

一　九四一頁上四行夾註左「舍利感應訖」，清作「舍利感應記」。

一　九四一頁下二行第一〇字「送」，徑、清作「逆」。

一　九四四頁上一七行第八字「未」，清作「末」。

一　九四四頁中二行「毫未」，徑、清作「毫末」。

佛祖歷代通載卷第十二 我二

嘉興路大中祥符禪寺住持華亭念常集

唐 姓李氏王上德都二宗 雷氏曰 神太高明中睿玄廟代德順憲穆敬文武宣懿僖昭哀濮亡唐主二十二二百九十二

戊寅高祖神堯皇帝淵改武德 字叔德隴西成紀人其先武昭王李暠之後李歆弘農太守重耳金門鎮將熙李天錫周八柱虎西魏賜姓大野氏官至太尉與李弼等八人佐周有功皆爲柱國號八柱也虎卒周追其功封唐國公公生昞襲封唐公高祖父也仕隋爲安州總管生高祖於長安紫氣充庭體有三乳性寬仁學又襲唐公隋恭帝進封唐王既太宗世民知隋必亡踈舉大事祖從之秋七月舉義兵冬十一月克京城明年夏五月恭遜位于高祖即位於長安改國號唐在位九年壽七十一崩葬獻陵內禪太宗太宗佛心天子也創基定業廓清方維傳世二十二凡二百九十二年自開闢以來有天下者俱未若唐甚盛也吾教盛衰常與帝道相望由是內外護聖賢之多典章之備亦無出此觀故於唐頗稱全書幸名撒邪子與夫吾蜀後之來者有以猜考焉

七廟制 東西直掛皆面陽明始祖居中三昭居左三穆居右次序如是

帝受隋禪百官拜舞僧但山呼拱立一面鄂國公尉遲敬德金吾衛將軍劉文靖奏曰僧未登聖俱是凡夫何乃高揖王侯父母反拜孰可忍也帝令定儒釋優劣編入朝典議訖表聞不合拜上

己卯定祖秘法

甲申七年二月丁巳高祖釋奠於國學召名儒僧道論義道士劉進喜問沙門惠乘曰悉達太子六年苦行求證道果是則道能生佛 佛道論衡 佛由道成故經曰求無上道又曰體解大道發無上心以此驗之道宜先佛乘曰震旦之於天竺猶環海之比鱗洲老君與佛先後三百餘年豈昭王時佛而求敬王之道哉進喜曰太上大道先天地生鬱勃洞靈之中煒燁玉清之上是佛之師也乘曰按七籍九流經國之典宗本周易五運相生二儀斯闢妙萬物之謂神一陰一陽之謂道寧云別有大道先天地生乎道既無名曷由生佛中庸曰率性之謂道車徹曰在己爲德及物爲道豈有頂戴金冠身披黃褐鬢垂素髮手執玉璋居大羅之上獨稱大道何其謬哉進喜無對已而太學博士陸德明隨方立義偏析其要帝悅曰三人者皆勍敵也然德明一舉輒蔽之可謂賢矣遂各賜之帛

乙酉太史令庾儉恥以術官薦傅奕自代奕在隋爲黃冠甚不得志既承華政得志朝廷及爲令有道士傅仁均者頗閑曆學奕舉爲太史丞遂與之附合上疏請除釋教事十有一條其略曰佛在西域言妖路遠漢譯胡經恣其假託故使不忠不孝削髮而揖君親游手游食易服而逃租賦演其妖書述其邪法僞啓三途謬彰六道恐誅愚夫詐欺庸品凡百黎庶通識者稀不究根源信其矯妄仍追既往之罪虛擬將來之福至有躬造惡逆觸法抵刑方乃獄中禮佛口誦梵言曉夕忘疲規免其罪且死生壽夭本於自然刑德威福關之人君而愚僧矯託皆言由佛竊人主權擅造化理其爲害政良可悲也書曰惟辟作福惟辟作威惟辟玉食臣無有作福作威玉食害于而家凶于而國自五帝三王皆未有佛法君明臣忠年祚長久至漢明始立胡祠令西域桑門自傳其法西晉已前不許中國之人髡髮出家洎符石亂華乃弛厥禁

政虐祚短皆由佛教致災梁武齊宣尤足爲戒昔褒姒一女熒惑幽王致亡其國況今僧尼十萬刻繒泥像以耗天下者乎陛下以十萬之衆自相夫婦十年滋產十年教訓自可足食足兵四海免蠶食之患百姓知威福所自則妖妄之風息而淳朴之化還也且古今忠諫鮮不逮禍近北齊章仇子他獻言僧尼糜損國家塔寺虛費金帛爲諸僧尼附會宰相依託妃主陽譖陰謗子他卒死都市及周武入齊首封其墓臣雖不敏竊希其蹤疏奏不報

九年太史令傅奕前後七上疏請除罷釋氏詞皆激切帝春秋高而優柔無斷頗信之以其疏付群臣雜議大臣皆言佛法興自累朝弘善遏惡冥助國家理無廢棄獨太僕卿張道源附奕稱其奏合理宰相蕭瑀廷斥奕曰佛聖人也奕爲此議非聖人者無法請寘嚴刑奕曰禮本於事親終於事君此則忠孝之禮著臣子之道成佛逾城出家逃背其父以匹夫抗天子以繼體悖所親瑀非出於空桑而反尊無父之教臣聞非孝者無親瑀之謂矣瑀曰地獄正爲此人設也已上見舊唐史

帝復以奕疏頒示諸僧問出家於國何益時法師法琳者姓陳氏潁川人祖因從宦寓襄陽後住長安濟法寺作破邪論二卷博引圖史及道教經籍大略申明佛教微萬法之源而孔老立言特域中之治未揚遠塗非盡究竟之理凡出家者守志明道弘善興福啓迪昏迷利國非淺法師明槩作決對奕謗佛僧事八條法師惠乘作辨正論十喻九箴破道士李仲卿十異九迷之謬琳等奉表奏上并致啓秦王而門下典儀李師政著內德論三篇闡陳佛化之益仍自序而進之其詞曰若夫十力調御運法舟於苦海三乘汲引坦夷途於火宅勸善進德之廣七經所不逮戒惡防患之深九流莫之比但窮神知化其言宏大而可驚去惑絕塵厥軌清邈而難蹈華夷仕庶朝野文儒各附所安鮮味斯道自非研精以考真妄沈思而察苦空無以立匪石之信根去若亡之疑蓋遠則淨名妙德弘道勝而服勤近則天親龍樹悟理真而敦悅羅什道安之篤學究玄宗而益敬僧睿惠遠之歸信迄皓首而彌堅邁士安之滛書甚宣尼之翫易千金未足驚其視八音不能改其聽聞之博而樂愈深思之深而信彌篤皆欲罷而不能則其非妄也必矣我皇誕膺天命弘濟區宇覆等蒼旻載均厚地掃氛祲清八表救塗炭寧兆民五教惟敷九功惟叙總萬古之徽猷改百王之餘弊網羅庶善崇三寶以津梁芟夷群惡逬四部之穢蕪遵付囑之遺旨弘紹隆之要術功德崇高昊天罔喻但縉紳之士祖述多途各師所學異論鋒起或謂三王無佛而年永二石有僧而政虐損化由於奉佛益國在於廢僧苟明偏見未申通理博考興王足證浮僞何則亡秦者胡亥時無佛而土崩興佛者漢明世有僧而國治周除佛寺而天元之祚未永隋弘釋教而開

皇之命無虐盛衰由布政治亂在庶官歸咎佛僧實非通論且佛唯弘善不長惡於臣民戒本防非何損治于家國若人人守善家家奉戒則刑罰何得而廣禍福無由而作騏驥雖駿不乘無以致遠藥石徒豐未餌焉能愈疾項籍喪師非范增之無筭石氏興虐豈浮圖之不仁但爲違之而暴亂未有遵之而凶虐由此觀之亦足明矣復有謂正覺爲妖神比淨居於淫祀訾而謗之無所不至聖朝勸善立伽藍以崇福迷民興謗反功德以爲尤此深訕上非徒毀佛愚竊撫心而太息所以發憤而含毫者也忝頼皇恩預霑法雨切磋所惑積稔於茲信隨聞起疑因解滅昔嘗苟訾而不信今則篤信而無毀近推諸已廣以量人凡百輕毀而弗欽皆爲討論之未究若令探賾索隱功齊於澄什必皆深信篤敬志均於名僧矣師政學匪鈞深識不臻妙少有所聞微去其惑謹課庸短著論三篇辨惑第一明邪正之通蔽通命第二辨殃慶之倚伏空有第三破斷常之執見敷之以群言考之以衆善上顯聖朝之淨福下析淫祀之虛非徒有斯意實乏其材屬詞鄙陋援證膚淺雖竭愚勤何宣聖德庶同病於未愈者聞淺璧而深悟也如藩籬之卉或蠲疾於腹心藜藿之飡儻救餧於溝壑若金丹在目玉饌盈按顧瞻菲薄良足陋矣

內德論辨惑篇第一其略曰有辨聰書生謂忠正君子曰蓋聞釋迦生於天竺脩多出自西胡名號無傳於周孔功德靡稱於典謨寔遠夷所尊敬非中夏之師儒逮攝摩騰之入漢及康僧會之游吳顯舍利於南國起招提於東都自茲厥後乃尚浮圖沙門盛洙泗之衆精舍類王侯之居既營之于塽塏又資之以膏腴擢脩幢而曜日擬甲第而當衢王公大臣助之以金帛農商富族施之以田廬其福利之焉在何遵崇之有餘也未若銷像而絕鐫鑄貨泉可以無費毀經以禁繕寫筆紙不爲之貴廢僧以從編戶益黍稷之餘稅壞塔以補不足廣賑恤之仁惠欲諸關而効愚忠上書而獻斯計竊謂可以益國而利民矣吾子以爲何如乎忠正君子曰是何言之過歟余昔篤志於儒林又措心于文苑頗同吾子之言論良由聞法之遲晚頼指南以去惑幸失途之未遠每省過而責躬則臨飡而忘飯子若博考而深計亦將悔迷而知返矣竊聞有太史令傅君者又甚於曩日之惑焉內自省於昔迷則十同其五矣請辯傅君之惑言以釋吾子之邪執傳謂佛法本出於西胡不應奉之於中國余昔同此惑焉今則悟其不然矣夫由余出自西戎輔秦穆而開伯業日磾生於北狄侍漢武而除危害臣既有之師亦宜爾何必取其同俗而捨於異方乎師以道大爲尊無論於彼此法以善高爲勝不計於遐邇若夫尚仁爲美去欲稱高戒積惡之餘殃勸爲善以邀福百家之所同七經無以易但福淺而未深至醍醐而不周廣其恕已及物孰與佛之弘乎其覩未知本孰與佛

之遠乎其勸善懲惡孰與佛之廣乎其明空析有孰與佛之深乎由此觀之其道妙矣聖人之德何以加焉豈得生於異域而賤其道出於遠方而棄其寶夫絕群之駿非唯中邑之產曠世之珎不必諸華之物漢求西域之名馬魏收南海之明珠貢犀象之牙角採翡翠之毛羽物生遠域尚於此而為珎道出遐方獨柰何而可棄若藥物出於戎夷禁呪起於胡越苟可以蠲邪而去疾豈以遠來而不用之哉夫滅三毒以證無為其蠲邪也大矣除八苦而致常樂其去疾也深矣何得拘夷夏而計親疎乎况百億日月之下三千世界之內則中在於彼域不在此方矣傳計詩書所未言以為修多不足尚余昔同此惑焉今又悟其不然矣夫天文曆象之秘奧地理山川之卓詭經脉孔穴之診候針藥符呪之方術詩書有所不載周孔未之明言然考之吉凶有時而徵矣察其行用而多効矣且又周孔未言之物蠢蠢無窮詩書不載之法茫茫何限信乎書不盡言言不盡意何得拘六經之局教而背三乘之通旨哉夫能事未興於上古聖人開務於後世故棟宇易橧巢之居文字代結繩之制飲血茹毛之饌則先用而未珎火化粒食之功雖後作而非弊彼用捨之先後非理教之通蔽豈得以詩書早播而得隆修多晚至而當替人有幼啟藜藿長飯粱肉少為布衣老遇侯服豈得以藜藿先獲謂勝粱肉之味侯服晚遇不如布衣之貴乎萬物有遷三寶常住寂然不動感而遂通化身示隱顯之迹法體絕興亡之數非初誕於王宮不長逝於雙樹何得論生滅于赴感計脩促于來去乎傳氏謍老子而毀釋迦讚道書而非佛教余昔同此惑焉今又悟其不然矣夫釋老之為體一而不二矣同蠲有欲之累俱顯無為之宗老氏明而未融釋典言臻其極道若果是佛固同是而無非佛若果非道亦可非而無是理非矛盾之異人懷向背之殊既同衆狙之喜怒又似葉公之愛畏至如柱下道德之旨漆園內外之篇雅奧而難加清高而可尚竊嘗譜之無間然矣豈以信奉釋典而苟訾之哉抑又論夫死生無窮之緣報應不朽之旨釋氏之所創明黃老未之言及不知今之道書何因類於佛典論三世以勸戒出九流之軌躅若目覩而言之則同佛而等其照若耳聞而放之則師佛而導其說同照則同不當非相師則師不可毀謍道而非佛何謬之甚哉傳云佛是妖魅之氣寺為淫邪之祀此其未思之甚也妖唯作孽豈弘十善之化魅必憑邪寧興八正之道妖猶畏狗魅亦懼猫何以降帝釋之高心摧天魔之神力又如圖澄羅什之侶道安惠遠之儔高德高名非醉非狂豈容捨愛辭榮求魑魅之邪道勤身苦節事魍魎之妖神又自昔東漢至我大唐代代而禁妖言處處而斷淫祀豈容捨其財力放其士民營魑魅之堂塔入魍魎之徒衆又有宰輔冠蓋人倫羽儀王導庾亮之徒戴逵許詢

之業置情天人之際抗迹烟霞之表並稟教而歸依皆虔心以崇信豈容尊妖奉魅以自缶乎良由覩妙知真使之然耳又傅氏之先教宇武仲高才碩學世號通人辯顯宗之祥夢證金人之冥感釋道東被毅有功焉竊揆傅令之才識未可齊於武仲也何為毀佛謗法與其先之反乎昊尚書令闞澤對吳主孫權曰孔老二家比方佛法優劣遠矣何以言之孔老設教法天以制用不敢違天諸佛說法天奉而行不敢違佛以此言之實非比對愚謂闞子斯論知優劣之一隅矣凡百君子可不思其言乎夫大士高僧觀於理也深矣明主賢臣謀於國也忠矣而歷代寶之以為大訓何哉知其窮理盡性道莫之加故也傅氏觀不深於名僧思未精於前哲獨師心而背法輕絕福而興咎何其為國謀而不忠乎為身慮而不遠乎大覺窮神而知化深觀過患而豫防惟百齡之易盡差五福而難常命川流而電逝業地久而天長三塗極迴而杳杳四流無際而茫茫憑法舟而利濟籍信翮以翱翔宜轉咎而為福何罔念而作狂也傅云趙時梁時皆有僧反況今天下僧尼二十萬衆此又不思之言也若以昔有反僧而廢今之法衆豈得以古有叛臣而棄今之名士隣有逆兒而逐已之順子昔有亂民而不養今之黎庶乎夫普天之下出家之衆非雲集於一邑實星分於九土攝之以州縣限之以關河無徵發之威權有憲章之禁約縱令三五兇險一二闡提既無緣於烏合亦何憂於蟻聚且又沙門入道豈懷亡命之謀女子出家寧求帶甲之有何乃混計僧尼之數當同梟獍之黨架虛以亂真蔽善而稱惡君子有三畏豈當如是乎夫青衿有罪非關尼父之失皂服為非豈是釋尊之咎僧于朝憲尼犯俗刑譬誦律而穿窬如讀禮而驕倨但以人稟頑嚚之性而不遷於善非是經開逆亂之源而令染於惡人不皆賢法曾惟善何因怒惡而反善咎人而棄法若夫口談夷惠而身行桀蹠耳聽桀蹠而口廢詩禮然則人有可誅之罪法無可廢之過但應禁非以弘法不可以人而賤道竊為信于妙法不苟黨於沙門至於耘稊稗以殖嘉苗肅奸回以清大教所深願矣所深願矣傅云道人土梟皆是貪逆之惡種此又不思之言也夫以捨俗修道故稱道人學道離貪逆若云貪菩提道逆生死流則傅子與言未及斯旨觀沙門之律行也行人所不能行止人所不能止具諸釋典可得而究蝡動之物猶不加害況為梟鏡之事乎嫁娶之禮尚捨不為況為禽獸之心乎何乃引離欲之上人匹聚塵之下物援有道之賢俊比無知之庶類毀大慈之善衆娗不祥之惡鳥謂道人為逆種以梵行比獸心害善一何甚乎反正頓如此乎余昔每引孝經之不毀傷以識沙門之法去鬚髮謂其反先王之道失忠孝之義今則悟其不然矣若夫事君親而盡節雖煞身而稱仁虧忠孝而偷存徒全膚而非義論

美見色而致命禮防臨難而苟免何得一槩而訶毀傷雷同而頓齊髮割股納肝傷則甚矣剔須落髮損乃微焉立忠不顧其命論者莫知欲求道不愛其毛何獨以爲過湯恤烝民尚焚軀以祈澤墨敦兼愛欲磨足而至頂況夫上爲君父深求福利須髮之毀何足頑哉夫聖人之教有殊途而同歸君子之道或反經而合義則泰伯其人也廢在家之就養託採藥而不歸棄中國之服章依剪髮以爲飾反經悖禮莫甚於斯然而仲尼稱之曰泰伯可謂至德矣其故何也雖迹背君親而心忠於家國形虧百越布德全乎三讓故泰伯棄衣冠之制而無損於至德則沙門捨搢紳之容亦何傷乎妙道雖易服改貌違臣子之常儀而信道歸心願君親之多福苦其身意脩出家之衆善遺其君父延歷劫之深慶其爲忠孝不亦多乎浪謂沙門爲不忠未之信矣傅又云西域胡人因墨而生是以便事墨允此又未思之言也夫崇立靈像漢寫尊形所用多塗非獨墨允或彫或鑄則以鐵木金銅圖之繪之亦在丹青縑素復謂西域士女遍從此物而生乎且又中國之廟以木爲主則謂制禮君子皆從木而育邪親不可忘故寫之宗廟佛不可忘故立其形像以表罔極之心用申如在之敬欽聖仰德何失之有哉失以善爲過者故亦以惡爲功矣傅又云帝王無佛則國治年長有佛則政虐祚短此又未思之言也則謂能仁設教皆闡淳雲之風菩薩立言專弘桀紂之事以實諭之殊不然矣夫殷喪大寶火與妲己之言周失諸侯禍由褒姒之笑二代之亡作此恨也三乘之教豈斯尚乎佛之爲訓慈悲喜捨齊物而等怨親與安樂而拔危苦古之所以得其民者佛既弘之矣民之所以逃其上者經甚戒之矣義軒舜禹之德在六度而苞籠羿浞癸辛之釁總十惡以防禁向使桀遵少欲之教紂順大慈之道伊呂無以用其謀湯武焉得行其討可使鳴條免去國之禍牧野息倒戈之亂夏后從洛汭之歌楚子違乾溪之難然則釋氏之化爲益非小延福祚於無窮遏危亡於未兆傅謂有之爲損無之爲益是何言與是何言與佛何讐而誣之至此佛何負而疾之若讐乎傅又云未有佛法之前前皆淳和世無篡逆此又未思之言也夫九黎亂德豈非無佛之年三苗逆命非當有法之後夏啟之季何有淳和春秋之時寧無篡逆寇賊姦宄作士命於皋陶玁狁孔熾薄伐勞於吉甫而傅謂佛興篡逆溢法佛猶戒之豈長篡逆之亂乎一言之貌佛亦防之何敗淳和之道乎惟佛之爲教也勸臣以忠勸子以孝勸國以治勸家以和弘善示天堂之樂懲非顯地獄之苦不唯一字以爲褒豈止五刑而作戒乃謂傷和而長亂不亦誣謗之甚哉亦何傷於佛日乎但自淪於苦海矣輕而不避良可悲夫於是書生心伏而色愧避席而謝曰僕以習俗生常迷道自佚忽於所未究翫其所先述背正法而興論受

邪言以同失今聞佛智之玄遂乃知釋教
之忠質豁然神悟而理擿足以蕩迷而祛
疾雖從邪於昔歲請歸正於茲日謹誦来
戒以爲口實矣
論曰昔司馬文正公譏元魏崔浩眛於
擇術若傅令者不善擇術尤可數也方
夫意大啓唐祚而太宗以大權聖人示現
出世爲千載道德盛明之主豈易遇哉
有文中子者身任百世師儒出河汾間
凡太宗一時宰輔若凌煙閣上諸公皆
北面稱師受王佐之道當是時使傅令
稍知向方預出王氏之門則其施設縱
非公台之任亦不失爲名卿士大夫徒
以十史占候下技位貌既卑無以自逞
乃以夙昔私憾謗黷大教規竊聲譽
及太宗登位天下文明諸公雍容廟堂
論道經邦制禮作樂雖堯舜之運亡以
加也此時奕之學素荒而伎且索矣抱
慚自廢于家其無聊而斃也可知矣妙
哉李君内德論孰覽之盖天下精識讜

論也其通命一篇以儒所謂命釋所謂
業原始要終合而通之尤爲警絶惜辭
多未能具載云
是歲夏四月太子建成秦王世民怨隙已
成将興内難而又邊境屢擾軍國務殷傅
奕妄生毀佛乞行廢教之請復云云未决
及法琳等諸僧著論辨之合李黄門内德
論同進之于朝帝由是悟奕等謷道毀佛
爲協私大臣不獲已遂兼汰二教而施行
馬五月辛巳詔曰
釋迦闡教清淨爲先遠塵離垢除去貪欲
所以弘宣勝業修植善根開導愚迷津梁
庶品是以敷演經教檢括學徒調懺身心
捨諸染着衣服飲食咸資四輩自大覺遷
謝道法流行末代陵遲漸以虧損乃有猥
殘之侶規自尊高浮墮之民苟避傜役妄
爲剃落託號出家嗜欲無厭營求不已致
有出入閭里周旋闤閬驅策畜産聚積貨
財耕織爲生沽販爲業事同編戶迹等齊
人進違戒律之文退無禮典之訓或有躬

行劫掠身自穿窬造作奸訛交通豪猾每
羅憲網自蹈重刑瀆玷真如虧損妙法譬
夫稂莠有穢嘉苗類若淤泥混乎清水又
伽藍之地本曰淨居栖心之所理尚幽清
近代以来多立寺舍不求閒曠之地唯趨
諠雜之方繕綵崎嶇甍宇殊錯招外隱慝
誘納奸邪或有接延鄽邸隣近屠沽塵埃
滿室腥羶盈路徒長輕薄之心有虧崇敬
之義且老氏垂化本實冲虛養志無爲遺
情外物全真守一是謂玄門驅馳世務尤
乖宗旨朕應期御宇興隆教法志思利益
情在護持欲使玉石區分薰蕕有辨長存
妙道永固福田正本澄源宜從沙汰諸僧
尼道士女冠有精勤練行守戒律者並令
就大寺觀居止供給衣食不令乏短其不
能精進無行業弗堪供養者並令罷道各
還桑梓所司明爲條式務依教法違制之
坐悉宜停斷京城留寺三所觀二所其餘
天下諸州各留一所餘悉毀之六月四日
秦王以府兵平内難高祖以秦王爲皇太

子付以軍國政事是月癸亥大赦天下停前沙汰二教詔甲子高祖遜于位稱太上皇太子即位于東宮是爲太宗

丁亥太宗文皇帝世民改貞觀高祖次子厥性仁賢輕財重義隋末起義兵高祖謂之曰破家亡驅由汝化家爲國亦由汝爲舉興唐室皆太宗之功也武德九年太子建成齊王元吉死八月受禪即位制禮作樂選賢任良與公卿大臣論議政事吞蝗以豐年穀之由其歡德如此用魏徵李靖房玄齡杜如晦等諸賢爲相尉遲敬德劉文靖爲將在位二十三年

帝對群臣太息曰今大亂之後其難治乎魏徵對曰大亂之治譬饑人之易食帝曰古不云乎善人爲邦百年而後勝殘去殺徵曰此不爲聖哲之論聖哲之治其應如響蓋不其難僕射封德彝曰不然三代之澆詭日滋秦任法律漢雜霸道皆欲治而不能非能治而不欲徵書生好虛論徒亂國家不足聽徵曰五帝三王不易民而教行帝道而帝行王道而王顧所行何如耳黃帝戰蚩尤七十而戰勝其亂因致無爲九黎害德顓頊征之既克而治桀爲亂湯放之紂無道武伐之湯武身及太平若人漸澆詭不復樸今當爲鬼爲魅尚安得而化之哉德彝不能對然復以爲不可帝雅以徵對爲然他日帝嘗召傅奕賜之食而謂曰佛道微妙聖迹可師且報應顯然屢有徵驗汝獨不悟其理何也奕曰佛是西方桀黠欺誑夷狄及流入中國尊尚其教皆邪僻織人模寫莊老玄言飾其妖妄無補於國家有害於百姓帝　惡其言不答自是終身不齒帝紀今不書傳奕

己丑○放宮女三千

七月蝗害稼帝在苑中掇蝗而言曰民以穀爲命而汝害之是害吾民也百姓有過在予一人汝而有靈當食朕身無害吾民將吞之左右恐致疾遽求代帝曰所冀移灾朕躬何疾之避遂吞之由是終帝世蝗不爲害御製吞蝗冬十二月癸酉詔曰有隋失道九服沸騰朕親總兒戎致茲明罰其有桀犬嬰此湯羅銜鬚義憤終乎握節各徇所奉咸有可嘉日往月來逝川斯遠切恐九泉之下向淪鼎鑊八難之間永纒氷炭愀然疚懷無忘興寢所以樹立福田濟其營魄可於建義以來交兵之處爲義士凶徒殞身戎陣者各建寺剎招延勝侶望法鼓所振變炎火於青蓮清梵所聞易苦海於甘露所司量定處所并立寺名支配僧徒及修院宇具於事條以聞稱朕矜哀之意仍命虞世南李伯藥褚遂良顏師古岑文本許敬宗朱子奢等爲碑銘以紀功業已上見舊史

庚寅○禁笞背法

十月天下斷獄死罪二十有九人東南薄海西極于嶺北窮玄塞戶不夜閉旅不齎粮取給於路米斗三錢天下大治蠻夷君長衣冠帶刀宿衛帝喜謂群臣曰此魏徵勸朕仁義之効也惜不令封德彝見之因追念初平天下時手誅千餘人不及享太平即以御服施諸寺命僧禮懺薦擢焉

辛卯詔僧尼拜父母

壬辰○縱死囚四百還家

癸巳七年三藏法師玄奘游天竺求法達于王

舍城奘生洛州緱氏陳氏隋季出家具戒
博貫經籍每慨前代譯經多所訛略志游
西土訪求異本以參訂焉以三年冬抗表
辭帝制不許即私遁自原州出玉關抵高
昌高昌王麴文泰奉奘行資護送達于蜀
賓從僧伽論師決俱舍因明大毗婆沙等
論至大林國從婆羅門學中論及異道典
籍時婆羅門七百餘歲至僕底國從伏光
法師學對法宗顯理門等論至那伽羅國
從月胄論師學衆事分毗婆沙至禄勤那
國從闍那屈多三藏學經部毗婆沙及薩
婆多部辨真等論至麴闍國從毗邪犀那
三藏學二毗婆沙王有勝兵十萬雄冠西
域奘與胡商八十許人渡殑伽河彼俗以
人祀天奘與諸商被執以奘風度特異將
戮以祭俄大風作塵沙漲天晝日晦暝彼
衆震懼以奘爲聖人遂釋之至中天竺遇
大乘居士爲奘開瑜伽師地即入王舍城
彼預聞奘至具禮郊迎之安置那蘭陀寺
寺七寶所成僧以萬數奘見上方戒賢論

師時春秋一百有六道德爲西土宗師號
正法藏國主以十城租賦奉之奘啓以求
法意賢咨嗟流涕曰吾頃疾病且死忽夢
文殊大士謂吾曰汝未應猒世後三年震
旦有大沙門從汝受道自爾已來今三稔
矣於是慰喜交集有同宿契焉奘見王王
給象車從者三十輩日供上饌饌有龍腦
香乳蘇蜜及大人米米香聞百歩然國產
不多唯君長與后及主法上德與焉奘寓
其國從正法藏窮探大乘秘奧日益智證
云
[己未]九年十月法師玄琬卒于延興寺遺表陳
聖帝明王賞罰三寶不濫痛懲沙門犯法
不應與民同科乞付所屬以僧律治之并
上安養論三德論各一卷帝嘉納有詔傷
悼遣皇太子臨吊敕有司給葬具唐敕葬
沙門由琬而始
十一月詔曰三乘結轍濟度爲先八正歸
依慈悲爲主流智慧之海膏澤群生翦煩
惱之林津梁品物任真體道理叶至仁妙

果勝因事符積善朕欽若金輪恭膺寶命
至德之訓無遠不思大聖之規無幽不察
欲使人免蓋纏家臻仁壽比緣喪亂僧徒
減少華臺寶塔窺戶無人紺髮青蓮櫛風
沐雨眷言凋毀良用撫然其天下諸州有
寺之處宜度僧尼數以三千爲限其州有
大小地有華夷當處所度多少有司詳定
務取德業精明其往因減省還俗及私度
白衣之徒若行業可稱通在取限必無人
可取亦任其闕數比聞多有僧徒溺於流
俗或假託鬼神妄傳妖怪或謬稱醫巫左
道求利或灼鑽膚體駭俗驚愚或造詣官
曹囑致贓賄凡此等類大虧聖教朕情在
護持必無寬貸自今宜令所司依附六律
參以金科明爲條制十年皇太子問張士
衡曰事佛營福其應如何對曰事佛在淸
淨仁恕如貪惏驕虐雖傾財事之無損於
禍且善惡必報若影赴形聖人之言備矣
爲君明爲臣忠爲子孝則福祚永叉是則
禍至矣時太子有逆志故士衡因對以箴

之

[illegible]帝幸洛京下詔曰老君垂範義在清虛釋迦貽則理存因果求其教也汲引之迹殊途論其宗也弘益之風各致然太道之興[illegible]肇于遂古源出無名之始事高有形之外況是國家先宗宜居釋氏之右自今已後齋供行位至於稱謂道士女冠可在僧尼之前庶敦返本之俗暢於九有貽於萬葉京邑沙門各陳極諫有司不納時有沙門[illegible]智實者洛下賢僧也手度雋額內外兼明勢諸宿德隨駕表奏於闕口其畧曰僧某等言年迫桑榆始逢太平之世貌同蒲柳方值聖明之君竊聞父有諍子君有諍臣實等雖在出家仍在臣子之列有犯無隱敢不陳之伏見詔書國家本繫出自柱下宗祖之風形於前典須告天下無德而稱今道士在僧尼之上奉以周旋豈敢拒詔尋其老君垂範治國治家所佩服章初無改易不立觀宇不領門人處柱下以全真隱龍德而養性今道士等不遵其法所着冠服並是黃巾之徒實非老子之裔行三張之鬼術棄五千之玄言反同張陵謾行章醮從漢以來常以鬼道化於浮俗妄托老君之後即是左道之苗若在僧尼之上誠恐國家同流有損國化遂以道經及漢魏諸史佛先道後之事具陳如左帝壯其志於教遣宰相岑文本諭旨遣之實固執不奉詔帝震怒杖實于朝堂民其服流之嶺表而卒年三十有八初實淂罪有識其不量進退者實曰吾固知已行之詔不可易所以爭者欲後世知大唐有僧耳聞者莫不歎惜

佛祖歷代通載卷第十二

佛祖歷代通載卷第十二

校勘記

一　底本，明永樂北藏本。

一　九四六頁上四行夾註左「二百九十二」，㊂作「二百九十二年」。

一　九四六頁中一九行第三字「者」，㊂無。

一　九四六頁下一一行第八字「送」，㊂、㊥作「逆」。下同。

一　九四八頁中一七行第二字「商」，㊂、㊥作「商」。

一　九五〇頁上四行第五字「宇」，㊥作「宇」。

一　九五〇頁中一五行「青衿」，㊂、㊥作「青衿」。

一　九五〇頁下一一行「梟鏡」，㊂、㊥作「梟獍」。

一　九五一頁下九行「奸究」，㊂、㊥作「奸宄」。

一　九五三頁上二行「沙汏」，㊂、㊥作「沙汰」。

一　九五三頁上五行夾註右「忘軀」，徑、清作「忘軀」。

一　九五三頁上八行夾註右「蔚遲敬德」，徑、清作「尉遲敬德」。

一　九五三頁中六行「桀黠」，徑、清作「桀黠」。

一　九五三頁中一七行「見戎」，清作「元戎」。

一　九五四頁上四行「原州」，清作「涼州」。

一　九五五頁上四行「太道」，清作「大道」。

佛祖歷代通載卷第十三　我三

嘉興路大中祥符禪寺住持華亭念常集

戊十二年尚書虞世南卒帝手勅魏王泰曰虞世南與我猶一體也拾遺補過無日暫忘當代名臣人倫準的吾有小失必犯顔而諍之今其云亡石渠東觀之中無復人矣痛惜豈可言耶未幾帝賦往代興亡詩一篇輙歎惜曰鍾子期死伯牙不復鼓琴朕此詩将何所示令褚遂良持詣世南靈帳讀畢焚之冀其神識感悟焉明年夢世南進讜言有如平生因下詔曰故禮部尚書文懿公虞世南德行純備文爲辭宗夙夜盡心志存忠益奄從物化忽移時序昨因夜夢倏覩斯人兼進讜言有若平生之日追懷遺美良用悲悼宜資冥福申朕思舊之情可即其家齋五百僧造佛像一軀出舊唐史本紀

鄂淨論議秋八月詔三學秀異於弘文殿論議道士蔡子晃問法師惠淨曰法華稱序品第一未審序第何分淨曰如來入定放光現瑞假遠開近爲破二之濫基啓一真之由致此其序也第者爲居一者爲始故曰序品第一晃難曰第者弟也爲弟則不宜稱一言一則不應稱弟兩言矛盾何以會通淨曰向不云第者爲居一者爲始先生不省名義妄能難人晃忙亂曲爲之詞淨乘勝對折遂蒙慚而退淨雅與房玄齡厚善尤爲太常褚亮所敬亮嘗謂人曰淨俯視安遠頡頏生肇真當世獨步也及天竺三藏波頗那羅譯大莊嚴論詔淨筆授并敎趙郡王孝恭詹事杜正倫同監護

己亥[illegible]十三年方士秦世英譖法師惠琳著論訕毀皇宗有旨捕琳琳知之變服自縶詣闕請讞制旨曰據爾論有念觀世音者臨刑不傷今詳罪犯當坐大辟賜假七日爾可勤念之貴臨刑自免琳奉制一無所念至期詔問所念觀音感應如何對曰隋季失德四海沸騰陛下廓清寰宇道洽生靈琳自七日已來不念觀音唯念陛下帝詰其言遣御史韋琮問琳所以念朕之状對曰觀音至聖垂形六道上天下地皆爲師救陛下御臨宸極萬國懽心文治至平靈鑒無外聖與觀音齊等所以唯念陛下且琳挺志蓋弘宣釋氏之法以助皇化翼民懽報應畏刑罰而遠惡也琳何求而敢訕謗哉陛下察琳忠於所事則所謂臨刑自免若唯識是信則琳伏尸無地琮奏其語有旨免刑流于益州法師著辯正論八卷爲諸死于蜀百牢關未幾秦世英被誅矣

庚子○定嫂叔甥舅服

華嚴法師法順卒順生杜氏亦稱杜順如晦族長也長安萬年人以陳永定二年生少爲隋文帝所重給月俸供之有病者師對之危坐少頃即愈或生而聾者順召之與言耳即聽或生而瘂者順就與之語即能言或狂而顛者順使人領住向之禪定少選彼即拜謝而去又嘗臨溪隨侍者懼不可濟順率同涉水即斷流其神迹類如此而順憒然初不以介意尤邃華嚴宗旨帝素敬重之嘗引入宮禁導迎善戒妃主

感里諸貴奉之有如生佛集華嚴法界觀
門弟子智儼尊者傳其教

傅奕感報於十四年秋卒暴而亡冥報記曰奕初與傅仁均薛賾同司太史仁均先死賾昔欠仁均錢五千未償後夢仁均索討賾問先所欠錢當付與誰仁均曰付與泥人又問泥人者誰曰傅奕也是夕馮長命少府亦夢同馬又多見先亡者問佛經之虛實彼曰實也曰傅奕毀法當受何報彼曰配越州泥人長命入殿庭告賾賾亦言如之時有唐臨在側賾送錢與奕及告其夢不數日奕果暴亡或爲泥犁中人也

相國蕭瑀字時文梁明帝子也九歲封新安王國除入隋晉王妃實瑀姊官右千牛嘗疾不肯呼醫自信天命嘆曰吾更餘年則從此逝矣及晉王踐祚姊爲后聞其言召責之以其不安小官後病損拜內史侍郎以直言事頗爲煬帝惛隋亂瑀出爲河池郡守唐高祖入關以書招之因挈郡歸封宋公委以樞要帝不名呼爲蕭郎瑀家世胄自武帝以來皆奉佛清修瑀及其孫勉精嚴尤甚太宗即位屢入相既而房杜得君事任稍分瑀不能無少望嘗乞度爲僧帝許之瑀尋度不能而止事兩朝凡五入相位年七十四薨瑀性忠鯁雅薄福胄善屬文通儒柳顧輩皆高其才唐史稱之曰梁蕭氏興江左實有功在民厥終無大惡以寖微而亡故餘祉及其後裔自瑀逮遘八葉宰相名德相望與唐盛衰世家之盛古未有也

辛丑十五年五月戊辰帝幸宏福寺召大德道懿等五人賜坐論以故寺爲專一追崇穆太后言發涕零懿及左右皆哽咽逡巡自製疏施絹二百疋自稱皇帝菩薩戒弟子令面向羅頌謂道懿等曰頃以老子是朕先宗故令名位在前卿等應恨恨也道懿曰陛下尊祖宗降成式懿等蒙荷國恩安閑學道詔旨初下咸皆懼悅詎敢有恨帝曰尊祖重親有生之大本故先老子以別親疏之序非不留心於佛也自有國以來未嘗別立道觀凡有功德並歸僧舍雖往日操戈臨陣亦未始縱威濫殺今所在戰場皆立佛寺至於太原舊第亦以奉佛朕存心如此卿等想未諭也道懿等遽起趨謝帝曰少坐此是朕意不述則人不知天時向熱寺宇未備今所施可別造經寮令衆僧寬展行道

壬寅十六年三藏玄奘法師發王舍城入祇羅國國主郊迎之已而問曰而國有聖人出世作小秦王破陣樂試爲我言其爲人奘粗陳帝神武削平天下躬行堯舜之治其王大驚東向稽首曰我當朝覲與師偕行也奘因出所撰制惡見論似之王欽嘆曰此論一出可謂日光既昇螢火奪明矣即以青象名馬助奘馱經而還

圖功臣於凌烟閣

八月四日原州松昌鴻池谷忽有五石皆青質白文成字曰髙皇海出多子李元王八十年太平天子李世民千年太子李治書燕山人士樂大國主尚汪譚奬文仁邁

千古大王五王六王七王十風毛才子七佛八菩薩及上果佛田天子文武貞觀昌大聖延四方上不治示孝仙戈八爲善原州奏于朝宇初若不甚顯及群公擬定遂粲然明著十一月辛卯有事于南郊詔遣使以玉帛詣原州鴻池谷祭之曰嗣天子諱祚繼鴻業君臨寓縣宿興旰食無忘於政道德齊禮愧於前脩天有成命表瑞徵符文字粲然曆數惟永既旌高廟之業又錫眇身之祚迨於皇太子治亦降貞符具紀李氏于石言仰瞻霄漢空名大造甫惟寡薄彌增寅懼敢因大禮重薦玉帛上謝冥靈之貺以伸祗慄之誠

乙巳十九年正月丙子法師玄奘賫經像歸于京師留守房玄齡館于宏福寺以表聞帝壬辰奘如東都二月己亥見于儀鸞殿帝曰師去何不相報對曰當去時表三上以誠願微淺不蒙諒許無任慕道之至乃輒私行專擅之罪惟深愧懼帝曰師出家與俗殊隔能委命求法惠利蒼生朕甚嘉焉固不煩爲愧但念山川阻遠方俗異心恠師能達也對曰奘聞乘疾風者造天地而非遠馭龍舟者涉江海而不難自陛下握乾符清四海德籠九域仁被八區淳風扇炎景之南聖威震蔥領之外所以戎夷君長每見翔雲之鳥自東來者猶疑發於上國斂衽而敬之况玄奘圓頂方袍親承化育者耶既賴天威故得往還無難帝曰此長者之言朕何敢當因廣問雪嶺以西印度之境玉燭和氣物產風俗八王故迹七佛遺蹤並博望之所不傳班馬無得而載者奘既親游其地記憶無遺隨問而對皆有條理帝大悅曰師所經一百餘國可畫擬其山川風俗撰大唐西域記以遺後来不亦美乎奘奉詔將羅帝謂侍臣曰昔符堅稱道安爲神器舉國遵敬朕觀法師詞吐溫雅風節貞峻非徒不愧古人實過之遠甚司徒長孫無忌曰誠如明詔道安雖高行博識然弘法之功固不如法師躬趁聖域討論衆妙究探宗極者矣時車駕將問罪高麗聞法師之還期暫引見及對談論不覺日莫帝曰匆匆言不盡懷欲共法師東行省方觀俗指揮之暇別更談敘可乎對曰玄奘遠歸兼有病疾不堪陪駕帝曰師向能孤游絕域今此行如跬步耳尚何辭對曰陛下東征六軍奉衛伐亂誅姦必有牧野之功昆陽之捷玄奘無所裨助虛負道路之費且兵刃交戰佛制沙門不得觀視惟陛下矜察帝嘉納而止奘因奏西域所獲梵本經論凡六百五十七部乞就嵩山少林寺爲國宣譯帝曰朕頃爲穆太后剏宏福寺極爲虛靜可就彼翻譯所須並與玄齡平章奘因進曰百姓無知見奘遠歸妄有窺看不徒妨廢法務兼慮不測之患願得監門官以防釁隙帝悅曰此言可謂保身之計當爲處分及羅即別有旨差官監護

丙午二十年七月辛卯法師玄奘表上新譯菩薩藏經六門陀羅尼經顯揚聖教論大乘雜集論凡五部五十八卷請帝爲聖教序

降手勅曰省書具悉雅意法師夙標高行早出塵表泛寶舟而登彼岸搜妙道而闢度門弘闡大猷蕩除衆罪朕學淺心拙在物猶迷況佛道幽微豈能仰讚側請爲序非已所聞奘重表請曰伏奉墨敕猥垂奬諭祗奉綸言精守振越玄奘行業空疎謬忝緇侶幸屬九瀛有截四海無虞憑皇靈以遠征恃國威而訪道窮遐冒險雖勵愚誠纂異懷荒實資朝化所獲經論蒙遣翻譯見成卷軸未有銓序伏惟陛下睿思雲敷天華景爛理苞繫表調逸咸英跨千古以飛聲掩百王而騰實功以神力無方非神思不足銓其理聖教玄遠非聖藻何以序其源故乃冒犯威嚴敢希題目宸睠冲邈不蒙矜許撫躬累息相顧失圖奘聞日月麗天既分輝於戶牖江河紀地亦流潤於巖崖雲和廣樂不秘響於聾聵金玉奇珍豈韜彩於愚瞽敢緣此理重有干祈伏乞雷雨曲垂天文俯照配兩儀而同久與二曜而俱懸然則鷲嶺微言假神筆而弘遠鷄園奧典託英詞而宣揚豈止區區梵衆獨荷恩榮蠢蠢迷生方超塵累而已制許之

丁未○作翠微宮於終南山

是歲帝得秘讖云唐三世而後女主武王代有天下遂密召太史令李淳風訪其事對曰臣據術推之其兆已成今在陛下宮中矣逾三十年當有天下誅唐子孫殆盡帝曰疑似者殺之何如對曰天命不可易且真王者不死徒使疑似之戮淫及無辜今既在宮已是陛下眷屬更三十年又當衰老老則心慈雖受終易姓於陛下子孫或不甚損今若戮之即當復生少壯嚴毒況又立讐則陛下子孫必無遺類帝善其言而止

戊申二十二年六月帝在玉華宮召法師玄奘至乃曰朕在京苦暑故就此宮泉石既凉氣力稍佳然憶法師故茲相屈涉塗當大勞也奘謝曰四海黎庶依陛下而生聖躬不安則率土煌灼伏聞鑾輿至此御膳順宜凡預含靈孰不舞蹈願陛下永保崇高與天地無極玄奘庸薄猥蒙齒召銜荷而來不覺爲勞帝以法師德業沖博儀表絕倫欲令罷道共康庶政因曰昔三五帝王靡不以六合務廣萬機事殷不能遍理故周憑十亂舜託五臣翼亮朝猷謀諧邦國彼盛明之后且爾況朕寡昧而不寄衆哲哉意欲法師脫緇服掛纁衣升鉉路以陳謀坐槐庭而論道師意何如對曰玄奘微生伏奉明詔稱三五之君不能獨治寄諸賢哲共而成之此陛下盛德含光謙讓之詞在理則不爾也何哉使臣能至治桀紂栢靈之君豈無臣耶以此而言不必由也伏惟陛下聖哲之治一人紀綱萬事咸得其緒況撫運已來天地休平中外寧晏皆陛下不荒不矜不麗不侈兢兢業業雖休勿休居安思危爲善承天之所致也餘何預焉請粗陳其梗槩陛下經緯八紘驅駕豪傑戡定禍亂崇闡雍熙聰明文思之德體元合極之姿皆天之所授無假於人一

也敎本棄末崇儒尚德移澆風於季俗反淳政於上古賦尊薄制刑用輕典九州四海稟識懷生俱沐恩波咸遂安逸此又聖心自化無假於人二也至道旁通深仁遠洽東逾日域西邁崑丘南盡炎州北窮玄塞彫題鼻飲之俗卉服左衽之人靡不候風瞻雨稽顙屈膝獻琛貢寶充委夷邸此又天威所感無假於人三也獫狁爲患其來自久五帝所不止三王莫能制遂使渭河爲被髮之野酆鄗爲鳴鏑之場中國陵遲匈奴得逞殷周以來不能攘弭至漢武窮兵衛霍盡力雖收枝葉根本猶存自是而後無聞良策陛下御圖一征斯殄傾巢倒穴無復孑遺瀚海燕然之域盡入提封單于弓騎之人俱充臣妾若言由人則虞舜已來賢輔多矣何因不獲故知有道斯得無假於人四也高麗小蕃失禮上國煬帝總天下之師三自征伐攻城無傷半堞掠卒不獲一人虛喪六軍狼狽而返陛下暫行提數萬騎摧駐蹕之強陣破遼蓋之堅城振旅凱旋俘馘三十餘萬用兵御將其道不殊隋以之亡唐以之得故知由主無假於人五也天地交泰日月光華和氣氤氳慶雲紛郁五靈見質一角呈奇白狼白狐朱鴈朱草昭章雜沓無量億千不可徧舉皆應德而至無假於人六也明詔乃欲比喻前王寄功十亂切爲陛下不取總復須才今亦伊呂多矣玄奘庸陋何足以預之至於守戒緇門闡揚遺法此其誠願伏乞天慈終而不奪帝大悅曰師所陳並上玄垂祐及宗廟之靈卿士之力朕安能自致哉師既欲敷揚妙道亦不固違高志中書令褚遂良曰今四海廓清九域寧晏皆陛下聖德實如法師之言帝笑曰不如此珎裘豈一狐之腋大厦必衆材共成何有君能獨濟法師欲自全雅操故濫相光飾耳因問比譯何經對曰瑜伽師地論帝曰明何等此對曰此彌勒大士所造明十七地義曰何謂十七地奘曰六識相應地有尋有伺地無尋唯伺地無尋無伺地三摩呬多地有心地無心地聞所成地思所成地修所成地聲聞地獨覺地菩薩地有餘依地無餘依地是爲十七及標舉綱目陳列大義帝深愛焉遣使取論入宮凡一百卷帝自詳覽覩其詞義宏奧非向所聞謂侍臣曰朕觀法師新譯經論猶瞻天瞰海莫極高深頃既軍國務殷未暇委尋今而後知宗源杳曠碩儒道九流猶汀瀅之方溟渤耳因敕有司揀秘書手寫新譯經論各九部令宣賜九道總管展轉流布冀率土之內同稟未聞之法

司徒長孫無忌中書令褚遂良奏曰佛教冲玄天人莫測言本則甚深語門則難入伏惟陛下至道照明輝光昱日澤霑遐界化溢中區擁護五乘建立三寶致法師當叔葉而秀質閒千載而挺生陟重險以求經履危塗而訪道見珎異俗具獲真文歸國翻宣若庵摩之始說精文奧義猶金口之新開皆陛下聖德所感臣等愚瞽預此見聞苦海波瀾舟航有寄況天慈廣遠使

布之九州蠢蠢黔黎俱飡妙法臣等億劫
忻逢不勝慶幸
六月帝撰大唐三藏聖教序成御慶福殿
百官倍位宣法師玄奘升殿賜座勑弘文
館學士上官儀以序對羣臣宣讀霞煥錦
舒極褒揚之美其辭曰蓋聞二儀有像顯
覆載以含生四時無形潛寒暑以化物是
以窺天鑑地庸愚皆識其端明陰洞陽賢
哲罕窮其數然而天地包乎陰陽而易識
者以其有象也陰陽處乎天地而難窮者
以其無形也故知像顯可徵雖愚不惑形
潛莫覩在智猶迷況乎佛道冲虛乘幽控
寂宏濟萬品典御十方舉威靈而無上抑
神力而無下大則彌於宇宙細則攝於毫
釐無滅無生歷萬劫而不古若隱若顯運
百福而長今妙道凝玄遵之莫知其際法
流湛寂挹之莫測其原固知蠢蠢凡愚區
區庸鄙投其旨趣能無疑惑者哉然則大
教之興基於西土騰漢庭而皎夢照東域
而流慈昔者分形分迹之時言未馳而成

化當常現常之世民仰德而知遵及乎晦
迹歸真遷儀越世金容掩色不鏡三千之
光麗像開圖空端四八之相於是微言廣
被拯含類於三塗遺訓遐宣導羣生於十
地然而真教難仰莫能一其旨歸曲學易
遵邪正於焉紛糺所以空有之論或習俗
而是非大小之乘乍沿時而隆替有玄奘
法師者法門之領袖也幼懷貞敏早悟三
空之心長契神情先包四忍之行松風水
月未足比其清華仙露明珠詎能方其朗
潤故以智通無累神測未形超六塵而迥
出隻千古而無對凝心內境悲正法之陵
遲棲慮玄門慨深文之訛謬思欲分條析
理廣彼前聞截偽續真開茲後學是以翹
心淨土往遊西域乘危遠邁杖策孤征積
雪晨飛途閒失地驚沙夕起空外迷天萬
里山川撥煙霞而進影百重寒暑躡霜露
而前蹤誠重勞輕求深願達周遊西宇十
有七年窮歷異邦詢求正教雙林八水味
道飡風鹿苑鷲峯瞻奇仰異承至言於先

聖受真教於上賢探賾妙門精窮奧義一
乘五律之道馳驟於心田八藏三篋之文
波騰於口海爰自所歷之國總將三藏要
文凡六百五十七部譯布中夏宣揚勝業
引慈雲於西極注法雨於東垂聖教闕而
復全蒼生罪而還福濕火宅之乾燄共拔
迷途朗愛水之昏波同臻彼岸是知惡因
業墜善以緣升升墜之端惟人所記譬夫
桂生高嶺雲露方得泫其華蓮出淥波飛
塵不能污其葉非蓮性自潔而桂質本貞
良由所附者高則微物不能累所憑者淨
則濁類不能沾夫以卉木無知猶資善而
成善況乎人倫有識不緣慶而求慶方冀
茲經流施將日月而無窮斯福遐敷與乾
坤而永大於是御筆親書綴于新經之首
法師奉表謝曰六爻探賾局於生滅之場
百物正名未涉真如之境遠惟義冊覩奧
不測其神遐想軒圖歷選普歸其美恭惟
陛下玉毫降質金輪御天廓先王之九州
掩百千之日月廣利代之區域納恒沙之

法界遂無給孤精舍盡入提封貝葉靈文咸歸冊府玄奘往因振錫耶謁崛山經途萬里特天威如咫步匪乘千葉詣雙樹如食頃搜揚三藏盡龍宮之所儲研究一乘窮鷲嶺之遺旨並已載於白馬還獻紫宸尋蒙下詔勅使翻譯玄奘識乖龍樹謬忝傳燈之榮才異馬鳴深愧瀉瓶之敏所譯經論紕舛尤多遂荷天威留神製序文超象繫之表理括衆妙之門忽以微生親聞梵響踊躍懽喜如聞授記無任感荷之極

手勅荅曰朕才謝珪璋言慚博達至於內典尤所未閑昨製序文深慚鄙拙穢翰墨於金簡標瓦礫於珠林忽得表書謬承褒讃循躬省慮彌益厚顏善不足稱虛勞致謝

時皇太子覩聖序遂撰述聖記法師進啓奉謝帝復覽新譯菩薩藏經愛其辭旨微妙因詔皇太子撰菩薩藏經後序其辭曰

蓋聞羲皇至賾精粹止於龜文軒后幽通雅與窮於鳥篆若丹書而索隱殊昧實際之源徵錄錯以研幾蓋非常樂之道猶且事光圖史振薰風於八埏德洽生靈激竟波於萬代伏惟陛下轉輪垂拱而化漸鷄園勝殿凝旒而神交鷲嶺總調御於徽號匪文思之所窺極般若於綸言豈象繫之所擬由是教覃溟表咸傳八解之音訓浹寰中皆踐四禪之軌遂使三千世界盡懷生而可封百億須彌入提封而作鎮尼蓮德水邇帝里之滄池舍衛庵園接上林之茂苑雖復法性空寂隨感必通真乘深妙無幽不闡所以大權御極導法流而靡窮能仁撫運拂劫石而無盡體均相具不可思議校美前王焉可同年而語矣爰自開闢地限流沙震旦未融靈文尚隱漢皇精感託夢想於玄霄晉后翹誠降脩多於白馬有同蠡酌豈達四海之涯取譬管窺寧窮七曜之奧洎乎皇靈遐暢威加鐵圍之表至聖發明德被金剛之際恒沙國土普襲衣冠開解脫門踐真實路龍宮梵說之偈畢萃清臺猊吼貝葉之文咸歸冊府灑茲甘露普潤芽莖秉此惠雲徧霑翾走豈非皈依之勝業聖政之靈感者乎菩薩藏經者大覺義宗之要旨也佛修此道已證無生菩薩受持咸登不退六波羅蜜闢鍵所資四無量心根力斯備蓋彼岸之津涉正覺之梯航者焉貞觀年中身毒歸化越熱坂而頒朔跨懸渡而輸琛文軌既同道路無壅法師玄奘振錫尋真出自玉關長驅柰苑於天竺力士生處訪獲此經歸而奏上降旨翻譯於是畢功余以問安之暇澄心妙法之寶奉述天旨微表讚揚式命有司綴于卷末帝自是情信日篤平章法義不輟於口與法師相得之深無時暫閒凡衣服卧具頻詔換易如家人焉

八月丙申賜奘百金磨衲并寶剃刀奘奉表謝略曰忍辱之服彩合流霞智慧之刀銛逾切玉謹當衣以降煩惱之魔佩以斷塵勞之網帝自伐遼而還氣力不逮平昔有憂生之慮既遇法師留神大教稍遂平復因問欲樹法門之益何所宜先奘對曰

眾生寢惑非惠莫啓惠莽抽植法爲之資弘法須人即度僧爲最帝悅

九月乙卯詔曰隋季失御天下分崩四海塗炭八埏鼎沸朕屬當戡亂親履兵鋒亟犯風霜宿于馬上頃加藥餌猶未痊除比日以来方遂平復豈非福善之致耶京城及天下諸州寺各度僧五人（時天下寺三千七百餘所度僧尼一萬七千餘人）

十月車駕還京師勅有司於北闕紫微殿西南剏弘法院留奘居禁中晝則陪御談論夜分就院譯經

十二月皇太子爲文德皇后剏大慈恩寺成詔選京城宿望五十大德各度侍者六人入居新寺是月丙辰太子備寶車五十乘迎諸大德并綵亭寶剎數百具奉安新獲梵夾諸經及瑞像舍利等勅太常九部樂及長安萬年音樂京城諸寺花旛導引入寺帝御安福門樓執爐致敬經像過盡始罷皇情大悅

戟二　十八

己酉二十三年四月帝幸翠微宮法師玄奘陪駕每談叙淵奥帝必攘袂曰與法師相值恨晚耳未盡弘法之意夏五月不豫詔太尉長孫無忌中書令褚遂良入卧內囑曰公等忠烈著在朕心昔漢武託霍光劉備囑諸葛亮朕之後事一以委卿太子仁孝必須盡誠輔導永保社稷無忌等叩頭流涕帝復執太子手曰無忌遂良在國家事汝無憂矣是年崩于含風殿年五十有三

唐史贊曰甚矣至治之君不世出也禹有天下傳十有六王而少康有中興之業湯有天下傳二十八王而其甚盛者號稱三宗武王有天下傳三十六王而成康之治與宣之功其餘無所稱焉雖詩書所載有時闕略然三代千有七百餘年傳七十餘君其卓然著見於後世者此六七君而已嗚呼可謂難得也唐有天下傳世二十其可稱者三君玄宗憲宗皆不克其終盛哉太宗之烈也其除隋之亂比迹湯武致治之美庶幾成康自古功德兼隆由漢以来未之有也至其牽於多愛復立浮圖好大喜功勤兵於遠此中材庸主之所常爲然春秋之法常責備於賢者是以後世君子之欲成人之美者莫不歎息於斯焉

戟三　九

論曰君子謂立言之難其實非難特爲好惡所欺耳如歐陽文忠公作太宗本紀贊雖筆高語奇傑出諸史至貶太宗復立浮圖好大喜功勤兵於遠類中材庸主所爲而不取予謂文忠責備之深而爲好惡所欺也方貞觀之世天下昆蟲草木咸被其澤至於日月霜露所至之國皆欵關而脩職貢獨高麗莫離支叛道阻命太宗身任千載道德英雄之主其肯坐視之留爲子孫憂而不少儆經略乎蓋其威德之盛其勢之必然非好大喜功之謂也昔黃帝平蚩尤七十戰而勝其亂高宗伐鬼方三年而後克太宗舉偏師而陰山平臨駐蹕而高麗服然黃帝高宗經孔子而未嘗少貶文忠特以爲太宗之疵庸詎非責備之過與以太宗盛德大業如此猶曲貶之将

恐後之君子懷免貶之難而無意於功名也文忠徒欲高尚其事而不知此亦自蹈好大之失矣至於後立浮圖乃所以和順道德而齊天地鬼神之心以開濟天下後世之人爲無窮之益也文忠以爲不當則是太宗暗於取捨矣使太宗果暗於此則當時房杜王魏之流亦因循尸祿而暗於取捨者耶或曰文忠慕韓愈爲人故不得不爾嗚呼文忠何忍哉慕人毀佛而兼棄太宗之道德是不爲好惡所欺耶孔子立名教者也老氏則非毀之及孔子刪禮則曰吾聞諸老聃云然孔子亦以人而廢言乎亦若世情之好惡耶況真佛也者耶聖凡本有之體毀之乃所以自毀之也詎傷於真佛哉嘗聞文忠一夕夢爲勇士數輩攝至太宗之庭太宗怒而責曰吾文武勳烈如此不能逃子之貶何也文忠震懼而寤後欲追改之而業已進書頒行矣遂不克改嘗慨然曰平懷最難此殆非偶然而云耳

佛祖歷代通載卷第十三

佛祖歷代通載卷第十三

校勘記

一　底本，明永樂北藏本。

一　九五七頁上一〇行第六字「翼」，清作「巽」。

一　九五七頁上一三行第一二字「忽」，徑、清作「忽」。

一　九五七頁下八行夾註左首字「諸」，清作「諸」。

一　九五九頁上一〇行「眇身」，清作「眇身」。

一　九五九頁中五行「葱領」，徑、清作「葱嶺」。

一　九五九頁下一一行末字「穆」，徑作「與」。

一　九六〇頁下一三行「栢靈」，清作「栢靈」。

一　九六一頁中七行第七字「功」，清作「切」。

一　九六一頁下一〇行末字「翼」，清作「冀」。次頁下一三行末字同。

一九六二頁上一八行「肴趣」，徑作「自趣」；清作「旨趣」。

一九六二頁中一三行末字「折」，清作「析」。

一九六二頁中一七行第四字「潑」，清作「撥」。

一九六二頁中一八行「周淤」，清作「周遊」。

一九六二頁下八行第一四字「記」，清作「託」。

一九六二頁下九行「零露」，清作「雲露」。

一九六二頁下末行「利代」，清作「歷代」。

一九六三頁上一行第四字「無」，清作「使」。

一九六三頁上一四行首字「諸」，清作「讃」。

一九六三頁下六行「梯航」，清作「梯航」。

一九六四頁上一行第六字「惠」，清作「慧」。第九字同。

一九六四頁上一六行「梵夾」，徑作「梵本」。

佛祖歷代通載卷第十四

嘉興路大中祥符禪寺住持華亭念常集

唐

庚戌高宗治政永徽字爲善小名雉奴太宗第九子年五十六崩葬乾陵在位三十四年一云三十六年或云三十一年一云三〇復以周公爲先聖孔子爲先師

辛亥世尊示滅一千六百年矣

四祖道信大師示寂師姓司馬世居河内後徙蘄州生而超異幼慕空宗諸解脫門宛如夙習既紹祖位攝心無寐脇不至席者僅六十年隋大業末領衆至吉州值羣盜圍城七旬不解萬衆惶怖師憫之教誦摩訶般若既而賊衆望雉堞間若有神兵乃相謂曰城中必有異人遂即引去武德中始居破頭山學徒奔湊甞一日於黃梅道中逢一小兒骨相秀異師曰汝何姓荅曰姓即有不是常姓師曰是何姓荅曰是佛性師曰汝無性耶荅曰性即空故師黙識其爲法器令侍者詣其母求之出家母以夙緣故了無難色以至傳衣付法偈曰華種有生性因地華生生大緣與信合當生生不生遂以學徒委之一日告衆曰吾甞游廬山登絶頂望破頭山見紫雲如蓋下有白氣横分六道汝等會否衆皆黙然忍大師曰莫是和上他後横出一枝佛法否師曰善貞觀末太宗嚮師道味欲瞻風彩詔赴京師師上表遜謝前後三返竟以疾辭第四度命使者曰如果不起即取首來使至山諭旨師乃引頸就刃神色怡然使異之回以狀聞帝彌加歎慕就賜珍繒以遂其志及是忽垂誡門人曰一切諸法悉皆解脫汝等各自護念流化未來言訖安坐而逝壽七十有二塔于本山明年四月八日塔户無故自開儀相如生爾後門人不敢復閉代宗謚大醫禪師云

壬子鴈塔成太宗二十二年上在春宮日天陰掌疾問及左右對曰應是太子洞玄下針處于是思報昊天追崇福業命有司擇地爲母文德順聖皇后建慈恩寺凡十餘院一千八百九十七間度僧三百員勑奘三藏爲上座盛事如碑所載至今永徽三年帝用七宮亡者衣物財帛而建此塔於慈恩寺其基四面各一百四十尺倣西域制度而有五級并象輪露盤高一百八十尺層層中心皆葬舍利不啻萬顆上層以石爲室南面立碑載二聖所製三藏聖教序記乃尚書右僕射河南公褚遂良筆也〇西域之制以塔爲方墳然有四類輪王一級聲聞四級獨覺十二級菩薩如來十三級各有所表也

癸丑四年禪師惠寬卒生楊氏父爲道士號三洞先生姊信相生而知道終日凝然禪寂寬五六歲日與信相譚論俱非世事家世奉道寬獨不喜父訴厲使拜天尊寬不得已跪之鐵像踧然崩壞舉族驚異因録每與信相所論言句先是龍懷寺禪師曇相臨終語弟子會曰吾報緣當生廣漢綿竹峰頂楊氏家後七年汝來見吾言訖而逝其後會頗忘之一夕夢相責以負約會驚寤遂造峯頂而扣其扉寬曰扣扉者誰會遽曰弟子會也寬笑曰何以知吾而稱子

會曰得師聲猶昔日聲也遂相見其父出所錄每與信相譚論示之蓋大莊嚴等論會即奉寬再歸龍懷寺落髮由是神異日顯俗呼聖和上其姊信相亦隨出家嘗曰淨惠寺異僧入定滿寺紅焰亘然而人未識之信相曰此火聚尊者入火光三昧耳曰入其寺入水觀一室湛然唯水不見其形異僧欽歎以爲得果時亦號聖尼寬十世爲大僧今十生記存焉累朝賜謚不一

甲寅五年中天竺國摩訶菩提寺遣僧致法師玄奘書幷獻方物其辭曰微妙吉祥世尊金剛座側摩訶菩提寺諸多聞衆所共圍繞上座惠天致書摩訶支那國於無量經律論妙盡精微木叉阿遮利耶敬問無量少病少惱我惠天苾芻今造佛大神變讚頌及諸經論比量智等今附苾芻法長將往此無量多聞長老大德阿遮利耶智光亦同前致問鄔波索迦日授稽首和南今共寄白氎一雙示不空心路遠莫恠其少願領彼須經論錄名附來當爲抄送木叉

阿遮利耶願知及法長辭還奘荅長老智光書其畧曰往年使還承正法藏大師無常奉問摧割不能已已嗚呼苦海舟沉人天眼滅遷奪之痛何可述歟昔大覺潛輝迦葉紹宗洪業商那遷逝鞠多闡其嘉猷今法將歸眞法師次任其事惟願清辭妙辨共四海而弘流福智莊嚴與五山而永久玄奘所將經論已翻瑜伽師地論等大小三十餘部即日大唐天子聖躬萬福率土安民以輪王之慈敷法王之化所出經論並蒙神筆製序令所司抄寫國内流行爰及鄰邦亦俱遵奉雖居像季之末而教法光榮邑邑穆穆亦不異室羅筏逝多林之化也伏願照知項信度河失經一馱今錄名于後有便請爲附來幷有片物供養願垂納受是歲特旨度沙彌窺基爲大僧入大慈恩寺參譯經正義基姓尉遲代郡人（鄂國公敬德之姪右金吾衛將軍敬宗之子）母裴夢掌月輪呑之而孕誕夕神光盈室甫六歲能著書初法師奘公於西域得一童子敏悟絕倫曰携之詣宗宗呼基出拜奘使誦所著兵書且數千言奘數目童子及基誦畢奘紿之曰此古書耳宗未之信奘令西域童子覆誦之不差一字宗大怒以基竊古書罔已將殺之奘就丐出家基曰聽我御葷色晚膳即從出家不然寧伏劒死不爲餓死奘愛其俊而許之遂從入道每覽疏記過目成誦義亦頓解善大小乘既參譯經從奘受瑜伽唯識宗旨著論凡百部時號百本論師然性豪侈每出必治三車亦號三車法師

乙卯六年五月法師玄奘譯因明論沙門神泰等各造義疏釋之法師棲玄者以其論示尚藥奉御呂才才深藝之士也頗毀其文作因明注解破義圖輕薄者聽信之秋七月譯經法師惠立致書左僕射于志寧斥其謬辭曰聞諸佛之立教文言典遠旨義幽深等圓穹之寥廓類滄波之浩瀚談真如之性相居十地而尚迷說小草之因緣處無生而猶昧況有縈纏八邪之網沉淪四

倒之流而欲窺究宗旨辯彰其理者無乃惑哉切見大慈恩寺翻經法師惠基早樹智力夙成行潔珪璋操逾松杞遂能躬游聖域詢稟微言擅三藏於胸懷苞四含於掌握嗣清徽於曩哲肩遺範於當今實季俗之舟航信緇林之龜鑑者也所翻聖教已三百餘軸中有小論題曰因明詮論難之旨歸序推邪之軌式雖未為玄門之要妙亦非造次之所知近聞尚藥呂奉御以常人之資竊衆師之說造因明圖釋宗因義不能精悟好起異端苟覓聲譽妄為穿鑿排衆德之正說任我慢之偏心媒衒公卿之前嚚喧閭巷之側不慙顏厚靡劾神勞數易炎涼心猶未已然奉御於俗事少閒遂謂真宗可了何異鼷鼠見釜竈之堪陟乃言崑閬之不難蛛蝥覩棘林之易羅遂謂扶桑之可網不量涯分無以異斯況大音希聲大辯若訥所以淨名杜口毘耶尼父德高恂恂鄉黨未聞誇矜自媒而獲搢紳之推仰也立致書其事稍息

冬十月丁酉太常博士柳宣以其事疑作歸敬書幷偈徽譯經太德求舉其說於是法師明濬荅還述頌幷書極大尊嚴而訓呂才妄舉柳宣得書即勑呂才列奏其事有旨集公卿學士領才詣慈恩寺見法師受辭悔謝而退

丙辰 改顯慶正月丙寅立代王弘為皇太子是日於慈恩寺齋僧五千員勑黃門侍郎薛元超主其事因問法師玄奘前代翻經之式對曰漢魏既遠未可詳論晉宋已來翻經皆有監閱詳緝之官故符堅時曇摩難提譯經黃門趙整執筆姚興時羅什譯經興及姚嵩執筆後魏菩提流支譯經侍中崔光筆授以至梁陳周隋之代並亦如之貞觀初年波頗那羅譯經先帝勑趙郡王孝恭詹事杜正倫監護今特闕如又大慈恩寺壯麗輪奐今古罕儔尚未建碑資道懷此二事願聞之於上也元超奏其語制可是月壬申朝會中書令崔敦禮宣勑曰大慈恩寺法師玄奘新翻經論文義須精宜令左僕射于志寧吏部尚書來濟禮部尚書許敬宗黃門侍郎薛元超中書侍郎李義府杜正倫時為看閱或不穩處隨事潤色朝服遣內給事王君德報法師曰承須友人助翻經已為處分于志寧等其慈恩寺碑朕望自作不知師意如何且令相報奘奉旨即率衆詣闕抗表陳請未幾高宗親製大慈恩寺碑文成遣長孫無忌徧示群公其辭曰蓋聞乾坤締構之初品物權輿之始莫不載形厚土藉覆穹蒼然則二曜輝天靡測盈虛之像四溟紀地豈究波瀾之極況乎法門虛寂出生不滅之前聖教牢籠示有無形之外故以道光塵劫化洽生靈緬惟王宮發迹蓮披起步之花神洽騰光樹曲高堤之榦演德音於鹿苑會多士於龍宮福已罪之群生興將滅之人代能使下愚抱道胥碎寒林之野上哲欽風身沒雪山之偈紘流法雨清火宅以辭炎輪昇惠日皎重冥而歸晝朕遐覽緗史詳觀道義福永劫者其唯釋教歟文德皇

太后憑柯瓊樹[illegible]泒泉源德照塗山道光嬀汭流芬彤管彰懿則於八紘垂訓紫宮扇徽猷於萬古遽而乾精掩月永戢貞輝坤維絕紐長淪茂軌撫奩鏡而增感望陟屺以何追仰由興歎於千鍾虞丘致哀於三失朕之罔極實有切於終身故載懷輿緝翔斯金地郤背邠郊點千莊之樹錦前臨終嶽吐百仞之峯蓮左面八川皎池光而分鏡右隣九達飛羽蓋以連雲抑天府之奧區信上京之勝地迹其彫軒架迥綺閣凌虛丹空曉鳥煥日宮之泛灩素天初兔鑒月殿而澄輝薰徑秋蘭踈亭佩紫芳岩冬桂蜜戶藂丹燈皎繁花焰轉心中之鶴幡標迥刹縈天外之虹飛陛參差含文露而栖玉輕簾舒卷網靨面而編珠霞班低岫之紅池漠泛烟之翠鳴珮與宵鍾合韻和風共晨梵分音豈直香積天宮遠慚輪奐閬風仙闕遙愧彫華而已哉有玄奘法師者實真如之冠冕也器宇凝邃若清風之肅長松縟思繁蔚如綺霞之輝迥漢騰今照古之智挺自生知蘊[illegible]懷真之誠發乎齠齔孤標一代邁生遠以照前迥秀千齡架澄什而光後以爲淳風替古澆俗移今悲巨夜之長昏痛微言之永翳遂投迹異域廣食祕教乘杯雲漢之外振錫烟霞之表滔天巨海浸驚浪而羈游亘地嚴霜犯悽氛而獨逝平郊散叙衣單雪嶺之風曠野低輪肌弊流沙之日遐征月路影對宵而暫雙遠邁危峯形臨朝而永隻思窮妙境探賾至真心罄玄津研幾祕術通昔賢之所不逮悟先典之所未聞遂得金牒東流續將絕之教寶偈西徙補已闕之文時睠靈基栖心此地弘宣奥旨葉重翠於祇林遠闢攸關波再清於定水朕之虔心八正肅志雙林冀延景福式資冥助奉顧皇太后逍遙六度神游丹闕之前偃息四洲蒐升紫極之境悲夫玉燭易往促四序於炎涼金箭難留馳六龍於晷漏恐波遷樹在移溟海以變桑田地是勢非淪高岸而爲幽谷於是敬刻貞石式旌真境

銘不錄

三月庚申百僚奉表美揚聖製別詔禮部尚書許敬宗送碑文示法師玄奘甲子奘率徒詣闕奉表謝曰造化之功既播物而成教聖人之道亦因辭而見情然則畫卦垂文空談形於器宇設爻分象實未越於寰域羲皇之德尚見稱於前古姬后之風亦獨高於後代豈若開物成務闡八正以摛章詮道立言證三明而導俗理窮天地之表情該日月之外校其優劣斯爲盛矣共惟陛下金輪在運玉曆乘時化洽四洲仁覃九有道苞前聖功茂乃神縱多能於生知資率由於天至始悲奩鏡即翊招提俄樹勝幢乃敷文律若乃天華款發睿藻波騰吞筆海而孕龍宮掩詞林而苞鶴樹内該八藏外覈六經典而能典宏而且密使祇園遺迹託寶思而彌高奈苑餘芳假瓊章而不朽豈直抑揚夢境照晰迷途諒以鎔範四天牢籠三界者矣奘以其文宜得聖筆自寫因抗表勸請制不許再表遂

許之

四月八日奘率京城僧尼備幢旛寶轝香花梵儀扣芳林門迎御製碑勅太常九部樂弁長安萬年二縣樂戲及戚里侯王者羞送之是日以雨不克十四日遂迎之舊史本紀云帝御安福門樓觀法師玄奘迎御製大慈恩寺碑導從以天竺法儀其徒甚盛帝望之大悅

五月法師玄奘寢疾勅尚藥奉御蔣孝章針醫上官琮專視病又遣北門使者伺氣候遞報消息奘曰陳先朝以釋氏名位次(［illegible］)道流之下先帝晚年許為改正又永徽初勅僧尼罪犯情難知者同俗法推鞫奘慮疾病委頓永隔天顏附內使以聞即日勅使報曰所陳但佛道名位先朝處分事須平章其同俗勅即為除落師宜安意將息奘疾尋愈

十一月會天后難月命入宮祈福及分難神光滿宮自庭燭天因號佛光王(即中宗也)初帝嘗謂奘曰若生男子即聽出家至是奘奉表請許佛光王出家紹隆三寶制可

(丁巳)二月幸洛陽詔奘陪駕五月奘辭還陳留改葬父母勅有司給葬具

(［illegible］)六月召法師惠立與道士張惠先辯二教先後大臣臨證惠先義負

金陵牛頭山法融禪師者潤州延陵人也姓韋氏年十九學通經史尋閱大部般若曉達真空忽一日歎曰儒道世典非究竟法般若正觀出世舟航遂隱茅山投師落髮後入牛頭山幽棲寺北岩之石室有百(百鳥銜花之異)鳥銜花之異唐貞觀中四祖遙觀氣象知彼山有奇異之人乃躬自尋訪問寺僧此間有道人否曰出家兒那箇不是道人祖曰阿那箇是道人僧無對別僧云此去山中十里許有一懶融見人不起亦不合掌莫是道人祖遂入山見師端坐自若曾無所顧祖問曰在此作什麼師曰觀心祖曰觀是何人心是何物師無對起曰師自何(請示心法)來嘗識道信大師否曰即貧道是也融再拜請示心法祖曰夫百千法門同歸方寸河沙妙德盡在心源一切戒定慧門神通變化悉自具足不離汝心一切煩惱業障本自空寂一切因果皆如幻夢無三界可出無菩提可求人與非人性相平等大道虛曠絕思絕慮如是之法汝今已得更無欠少與佛何殊汝但任心自在莫作觀行亦莫息心莫起貪嗔莫懷愁慮蕩蕩無礙任意縱橫不作諸善不造衆惡行住坐臥觸目遇緣皆是佛之妙用快樂無憂故名為道融曰心既具足復誰是佛又誰為心祖曰非心不問佛問佛非不心融曰既不許作觀行於境起時如何對治祖曰境緣無好醜好醜起於心心若不強名妄情何由起妄情既不起真心任徧知汝但隨心自在無復對治即名常住法身無有變易吾受璨大師頓宗法門今以付汝汝諦受吾言可止此山當有五大士紹汝玄化祖付法已歸于雙峯師至顯慶二年閏正月二十三日終於建初寺壽六十四臘四十一窆于雞籠山會送者萬餘人廣如傳燈

具載

戊午夏四月追僧道各二七人入宮論議道士李榮以本際立義法師義褒徵曰既標本際爲道本於際耶際本於道耶榮曰互得褒曰若道本於際際爲道本則亦可際本於道道爲際源榮曰亦通耳褒曰若本際與道互得相返則亦可自然與道互相法也榮曰道法自然自然不法道褒曰若爾則道本於際本際不本於道矣榮意前言之失不復主義以他語嘲褒褒正色曰對萬乘之前立論申明邪正以簡帝心豈以他辭塵瀆天聽榮慚服帝嘉之令引榮退席揖黃顧對褒談論極莫而罷

是歲法師玄奘抗表辭入嵩山少林寺專意譯經降御札報曰省表知欲晦迹岩泉追遁遠而架往託慮神寂軌澄什以標令仰揖風規是所欽尚朕業空學寡靡究高深然以淺識薄聞未見其可法師津梁三界汲引四生智皎心燈定凝意水非情塵之所翳豈識浪之能驚道德可居何必太華疊嶺空寂可舍豈獨少室重巒幸戢來言勿復重請則市朝大隱不獨貴於前賢見聞弘益更可珍於即代奘進啓奉謝略曰昔季重蒙魏君之禮唯叙睽離惠遠辱晉后之書才令給米未覩辭蕪空寂可舍之旨誨示大隱市朝之情故知人主之懷窮真鑒俗綜有該無超羲軒而更高駕曹馬而逾遠者矣時奘公道震天下誅欲禁止舊經唯弘新典有禪師法沖者善楞伽宗旨雅爲房梁公所重因見奘而諫之曰聞君將廢羅舊經不許弘宣此未可也法師須依舊經入道令若去棄舊崇新則法師亦當返初復依新經出家可乎奘悟而止

乙未四年帝在合璧宮追僧道論義法師會隱立五蘊義法師神泰立九斷知義道士李榮黃壽不知名義茫如夢海雖事往返而廓落無歸遂勑道士立義於是李榮立道生萬物義法師惠立問曰先生立道生萬物未審此道是有知耶是無知耶榮曰人法地地法天天法道道既爲天地之法豈曰無知立曰必若有知則合唯生於善何故亦生於惡既善惡升沉雜糅混生則無知矣請試刪陳之如上古未開闢時何不早生今日聖明子育黔黎與之榮樂乃先誕共工蚩尤桀紂幽厲之徒而殘賊斯民耶人臣之中何不唯生稷契夔龍之輩而使飛廉惡來靳尚新莽之儔諛諂其君致邦國傾亂耶羽族之中何不唯生鸞鳳嘉禽而更生梟鏡惡鳥乎毛群之中何不唯生麒麟騶虞復生豺狼豪蝟乎以至草木等類美惡不同既混糅俱生不別善惡則道無知不能生物云何得稱天地取法而生萬物乎據佛世尊窮理盡性之教則天地萬物是業衆生以業力故所感不同以善業勝者則琉璃爲地黃金爲道瓊樹蔭陌玉葉垂亭甘露充食綺衣爲服惡業多者沙壤爲地瓦礫爲衢稗飯充饑麻衣蔽體泥行雨宿霜穫暑耕皆自業所感無人使之吾子心迷不識妄言道生一向可憫榮愕

然不知所對惠立乘機拂耳崇亦杜默遂赧然下座損黄壽前席立老子名義法師會隱以老子國家先宗既難其名恐有觸犯即奏曰黄壽身預黄冠不知諱忌城狐社鼠猶事依憑國家遠承龍德之後陛下老氏子孫豈有對人子孫而公談祖諱至如五千言中大有好義壽不能標列而説聖人之名計罪論别死有餘及帝肯首曰固當別立義壽既遭沮挫慚汗失圖雖事言對而次序乖越及罷帝曰朕觀二家之論宗旨竟未分明法師惠立驟對曰二家之論宗旨未明實如明詔何則衆僧立義道士不識其源既恥無辭遂譏諭謗語至如會隱立五蘊義黄順以蔭名來難且蔭以覆蓋爲宗蔭以積聚爲義如色有十一聚在色名之下識有八種積在一名之中舉總以收稱爲蘊義若以蔭名見難義理全乖又神泰立九斷知義道士生來未聞此名論座雖登不知發問之處無以遮慚遂浪作餘語由是宗旨不明冲濆天聽過在道士然佛法大宗因緣爲最故云未嘗有一法不從因緣生且如目見殿柱須具五緣一識心不亂二眼根不壞三藉以光明四有境現前五中間無障必具此緣方得見柱若曦光已没龍燭未明縱有朱楹何由可見又如嘉穀陽和之月假水土人工則能萌芽夏盛甕中冬藏地陷緣不具故畢竟不生工人亦然内則業感爲因外則父母爲緣身方得生父母亦違終無生理乃至羽毛萬彙悉亦如之故經云深入緣起斷諸邪見由佛智窮法實相是稱無上正覺爲人天師外道之輩則不如是或計諸法自然即同此方莊老或言無因或云宿作並是邪宗不明法本又對御説依他遍計圓成三性之義及辭出宮少選敕内給事王君德傳宣曰師等因緣義甚好何不早論詰道士李榮等傳勅曰何不學佛經於是榮等羞縮爲之氣塞

是歲帝勅奘三藏于玉華宮譯般若經至龍朔三年冬十月二十三日纔畢凡六百卷進上帝嘉歎曰朕以軍國務殷不及委讀今觀佛經之大若其瞻天望海莫測高深以儒道九流方之如河瀅之類溟渤也而世云三教齊致者是妄談耳

屈僧拜俗詔帝初崇三寶後復憍慢四月十五日下詔令沙門致敬君親恐爽恒請至十六日勅付有司詳議是月二十一日大莊嚴寺威秀等上不拜表至二十五日沙門道宣等上雍州牧沛王倫不拜表二十七日宣等又上榮國夫人揚氏不拜俗啓及上叙佛教隆替事狀大意是前朝代興替然後引經不拜俗文梵網經云出家人法不向國王禮拜不向父母禮拜六親不敬鬼神不禮涅槃經第六卷云出家人不禮敬在家人四分律云佛令諸比丘相次禮拜不應禮拜一切白衣佛本行經五十三卷云輸頭檀王與諸眷屬百官次第禮佛足以佛言王今可禮優波離并諸比丘足王聞佛教即從座起頂禮五百比丘足新出家者次第而禮薩遮尼乾子經云若

誘聲聞辟支佛法及大乘法毀訾留難著犯根本罪僧道宣尋白朝宰羣公伏見詔書令僧致敬君父事理深遠非淺情能測夫以出家之迹列聖齊規真俗之科百王同軌千木在魏高抗而謁文侯子陵居漢長揖而尋光武彼稱小道尚懷高蹈之門豈此沙門不垂開放之義者矣

沙門威秀等謹錄佛經沙門不合跪拜父母有損無益其文如左梵網如前順正理云國君不求比丘禮拜畧曰玄教東漸六百餘載上代皇王無不依經敬仰也僧威秀等言竊聞真俗異區律門割有生之戀幽顯殊服田衣無拜首之容理同越情道仍絕物伏惟陛下匡振遺猷提獎幽縶既已崇之於國亦以行之於家是使捨俗無習俗之儀出家絕居家之敬護法斯在提福冥先自然敎有可勸人知自勉不勝誠懇之至謹奉表以聞于時上表者衆不煩具錄備如弘明集　至五月十五日大集文武百僚於中臺將議其事京邑沙門道宣等三百餘人競陳狀啓紛諍不定有司各以表聞一右司成令狐德棻等五百三十九人表請不合拜一右肅司平太常閻立本等三百五十四人表請合拜帝覽已下詔朕商確群議深研幽賾然其頴之風高尚其事遐想前代固亦有之今於君處勿須致拜其父母所慈育彌深祇伏斯曠更將安設自今已後即宜跪拜主者施行

又至六月八日京邑老人程士顒等上表畧曰且高尚之風人主猶有抗禮豈惟臣下及受跪拜之儀俯仰無循無由啓處意猶國無兩敬大開方外之迹僧奉內教便得立身行道不任私懷之至謹奉表以聞拜俗之條從茲泯定矣

辛酉改龍朔

癸亥帝苦風疾委政武后

佛祖歷代通載卷第十四

佛祖歷代通載卷第十四

校勘記

一　底本，明永樂北藏本。

一　九六八頁中五行「商那」，徑作「商那」。

一　九六八頁中一四行第八字「頊」，徑、清作「頊」。

一　九六八頁中一九行第一一字「哺」，徑作「甫」。

一　九六九頁上二行「惠基」，清作「寬基」。

一　九六九頁中二行「太德」，清作「大德」。

一　九七二頁下一〇行「梟鏡」，徑、清作「梟獍」。

一　九七二頁下一八行「九礫」，徑、清作「瓦礫」。

一　九七三頁上一五行第六字「蔭」，徑、清作「蘊」。

一　九七三頁中五行「曦光」，徑、清作「曦光」。

一 九七三頁下二行眉註「是談耳」，徑作「妄談耳」。
一 九七三頁下六行「�請」，徑、清作「恒情」。
一 九七四頁上一三行第一三字「同」，清作「固」。
一 九七四頁上一六行末字「提」，清作「禔」。
一 九七四頁中五行「謫確」，清作「商確」。
一 九七四頁中一一行第二字「及」，清作「反」。

佛祖歷代通載卷第十五　　我五

嘉興路大中祥符禪寺住持華亭念常集

甲寅改麟德武后尊號

二月初五日法師玄奘寢疾命弟子大乘光錄所譯經論凡一千三百三十有五卷造彌勒像十俱胝及疾革口誦色蘊不可得受想行識不可得眼界不可得乃至意識界不可得無明不可得乃至菩提不可得不可得亦不可得復命左右同聲三唱南謨慈氏如來應正等覺願與含識速奉慈顏南謨慈氏如來所居內院願捨壽必生其中遂右脇安卧而逝春秋六十有三是夕白虹四道自北亘南貫井宿直慈恩寺塔計聞于朝帝哭之甚哀顧左右曰朕失國寶矣輟朝三日自終及葬五降御扎哀錄遺典勤恤喪事俄異僧奉栴檀末香至請依天竺法用塗法師之體大乘光等以掩龕日久不欲開其僧曰別奉進旨倘見拒即具奏遂啓龕而顏色如生香氣馥郁其僧塗畢恍然不見識者以爲兜率內院人也夏四月勅準佛世尊故事歛以金棺銀槨塔于滻東門弟子神泰栖玄會隱惠立明濬義褒大乘光等皆法門龍象

馬道造僞經天皇甲子西京諸觀道士郭行真等東明觀李榮姚義玄劉道合會聖觀田仁惠郭蓋宗等將隱沒道書重更修改私竊佛經改換文句人法名數三乘六道五蔭十二入十八界三十七品大小法門並偷安道經幷改長安經爲太上靈寶元陽經改餘佛經別號勝年戹經或云太平經等及改酒脯祭祀用乾棗香水以感後人妖妄作矣沙門道世表聞以辯真僞其畧曰竊聞白馬東遊三藏創茲而起青牛西逝二篇自此而興或闡玄玄以化民或明空空而救物檢之圖牒指掌可知所以發唱顯宗終乎此世釋教翻譯時代炳然文史備彰黎民不惑至如道家玄籍斯則不然唯老子二篇李聃親闡自餘經制皆雜凡情何者前漢王褒造洞玄經後漢張陵造靈寶經及章醮等二十四卷吳葛孝先造上清經晉世王浮造化胡經又鮑靖造三皇經齊朝陳顯明造六十四真步虛經梁陶弘景造太清經及衆醮儀十卷周武張賓之焦子順馬翼李運挑攬佛經一千餘卷隋輔惠祥改涅槃經爲長安經笑道論曰道家妄註諸子三百五十卷爲道經又按漢明帝時褚善信等總將道經諸子書等三十七部七百四十四卷晉葛洪神仙傳云老教所有度世消灾之法凡九百三十卷符書等七十卷宋太始七年陸修靜答明帝云道家經書幷藥方符圖等一千二百二十八卷云一千九十卷已行於世一百三十八卷猶在天宮又檢玄都目錄妄取藝文志書名矯注八百八十四卷爲道經今玄都經目云依中陸氏所上之目乃有六千三百六十三卷云二千四十卷見有其本四千三百二十三卷並未見據此前數目有無不同虛妄明矣增加卷目添足篇章依傍佛經改頭換尾或言名山唱出或云仙洞飛來何乃黃領獨知

英賢不覩書史無聞典籍不記請問道士
後世之經爲是老子別陳爲是天尊更說
縱其說也應有時方師資說處代年邦月
復是如何如其有據容可沵行若也妄言
理湏焚翦伏顒當今明朝云云由是郭行
真等捨邪歸正啓願文具如佛道論
丙寅改乾封○尊老君爲玄元皇帝○米斗五
錢
丁卯大教東被六百年矣○用麟德曆
南山律師道宣卒師京兆錢氏父吏部尚
書申母夢月輪貫懷而孕又夢梵僧語之
曰所孕者梁僧祐律師也處胎彌十二月
而生九歲徧覽羣書十二善習文墨十五
師日嚴顒公十六誦法華兩旬而徹十七
落髮二十依首師進具戒三衣唯布常坐
一食武德四年再依首師學律性好禪那
期修正定顒曰戒淨定明慧方有據始聽
未聞持犯爲識七年徙居終南紵麻蘭若
始製行事鈔正觀四年行般若三昧于清宫
精舍經九十日龍化人形禮覲聽法沙彌

染心顧眄其女龍怒欲害之念師教誡頓
息惡心攝毒吐井白師勿飲此水及往視
天童給侍之其井涌沸又於雲際寺行此三昧前後
二十會常感天童爲之給侍十九年偕奘
公翻經弘福筆受潤文推爲上首永徽元
年復居紵麻乾封二年春天人告師曰師
報緣將盡當生彌勒内宮十月三十日衆
見空中旛華交列異香天樂天人同聲請
師歸覩彌勒上聞之詔天下寺院圖形奉
祀穆宗製讃曰代有覺人爲如來使龍鬼
歸降天神奉事聲飛五天辭驚萬里金烏
西沉佛日東舉稽首歸依肇律宗主懿宗
朝謚澄照師所撰删定僧戒本一卷今盛行删
定比丘尼戒本一卷注僧戒本三卷戒疏四卷注
羯磨經二卷羯磨疏四卷行事鈔二卷比丘尼鈔
三卷拾毗尼義鈔三卷亡物輕重儀章服儀歸
敬儀正行懺悔儀新學教誡儀各一卷法華
義苑三十卷七本釋迦方誌二卷佛道論衡四卷續
高僧傳三十卷後續僧傳十卷廣弘明集三十卷
三寶感通記三卷天人感通傳一卷大唐内典

録卷
戊辰改總章○詔僧道會于百福殿定奪化胡
經真僞百官臨證僧法明者預選入方三
教首座議論紛紜明察其非是即排衆出
曰老子化胡成佛之際爲作華言化之耶
爲作胡語誘之若作華言則胡人未善必
作胡語既傳此土須假翻譯未審道流所
謂化胡經者於何朝代翻譯筆授證義當
復爲誰於是舉衆愕然無能應者公卿列
禁化胡經辟咸服其切當忻躍而罷有敕搜聚天下
化胡經焚棄不在道經之數既而洛京恒
道觀桓彦道等奉表乞留詔曰三聖重光
玄元統叙豈忘老教偏意釋宗朕志欵還
淳情存去僞理乖事舛者雖在親而亦除
義符名當者雖有寃而必録自今道經諸
部有記及化胡事者並宜削除有司條爲
罪制
庚午改咸亨
癸酉上稱天皇后稱天后
是歲讓和上四月八日生有白氣六道貫

天太史奏聞有德之象當應空門帝曰在何方位史曰安康分野有須金州太守韓偕具表奏聞帝曰道人之德國之善慶勑偕親詣撫恤兼厚賜養育之費一家蒙之後長出家果傳六祖心印住于南嶽光大教門也

（甲戌）改上元

（乙亥）是年五祖弘忍大師示寂師蘄州黃梅周氏子生而岐嶷見時有異僧歎曰是子闕七種相不逮如來後遇信大師得法嗣化於破頭山咸亨中有盧居士者名惠能自遠來叅師問汝自何來曰嶺南師曰欲求何事曰唯求作佛祖曰嶺南人無佛性若為得佛曰人即有南北佛性豈然師知其異乃訶之曰著槽廠去能禮足而退便入碓坊服勞於杵臼之間經旬月祖知付法時至遂告衆曰正法難解不可徒記吾言將為己任汝等各自隨意述一偈若語意冥符衣法皆付時會七百餘衆神秀居第一產學通內外衆所推仰秀亦自負無出其右者不復思惟乃於廊壁間書一偈曰身是菩提樹心如明鏡臺時時勤拂拭莫遣惹塵埃祖因行次見偈心知秀之所為曰紿曰後代依此修行亦得道果衆聆此語人各諷誦他日能在碓房聞偈乃問同侶此誰為之同侶告以和上將欲付法各令述偈此乃秀上座所為能曰美則美矣了則未了同侶共訶其謬妄能至暮命童子引至廊間能自執燭令童子於秀偈側寫偈曰菩提本無樹明鏡亦非臺本來無一物何假拂塵埃祖復見此默念必能之所為因故為之語曰此誰作亦未見性衆以師弗許皆莫之顧即於是夕潛使人自碓坊喚能至告曰諸佛出世為一大事因緣隨機大小而引化之遂有十地三乘頓漸等法以為教門然以微妙祕密圓明真實正法眼藏付于上首迦葉展轉傳授二十八世至菩提達磨大師屆于此土得可祖承襲以至于吾吾今授汝并所傳袈裟用以表信汝善護持勿令斷絕聽吾偈曰有情來下種因地果還生無情既無種無性亦無生能受畢乃曰法則既受衣付何人師曰昔達磨初至人未之信故傳此衣以明得法今信心已熟衣乃爭端止於汝身勿復傳也且當遠隱俟時行化所謂授衣之人命如懸絲能曰當隱何所祖曰逢懷且止遇會即藏能禮足捧衣而出通夕南邁衆皆未知祖由是三日不上堂衆疑之因致問祖曰吾道行矣又問衣法誰傳祖曰能者傳之衆意盧居士名能必此人也

共力推尋能已不在至有相率而物色追之者祖既付法已復經四載而寂塔于東山代宗謚大滿禪師法雨之塔

舊唐史云後魏末有僧達磨者本天竺王子以讓國出家得禪宗妙法云自釋迦相傳有衣鉢為記世相傳授達磨將衣鉢航海而來初至梁國武帝問以有為之事達磨不悅乃至魏隱于嵩山少林寺遇毒而卒其年魏使於葱嶺回見之門徒發其墓但有隻履而已達磨傳惠可可嘗斷臂以

求其法可傳僧璨璨傳道信信傳弘忍忍姓周氏黄梅人與信並住東山寺世謂其法爲東山法門

論曰舊史叙諸祖雖簡略然大要與寶林傳燈之說皆合至謂達磨遇毒而卒及魏使復於葱嶺見之則毒與卒果有之乎世稱五祖前身盖栽松道者往見四祖將付以衣法俄惜之曰汝耄矣雖嗣化能復幾何倘再來可也五祖因託質周氏無父而生母幾受禍僅死而免四祖果忍死以遅其來畀以大法噫五祖出入死生正游戲耳自非果位上聖孰能與於此哉

丙子改儀鳳

北印度佛陀波利尊者至五臺清凉山逢一叟問曰爾來何爲利曰求禮覲文殊叟曰帶佛頂尊勝呪來否利曰未也叟曰此土衆生滋惡而出家者犯四棄尤多不持此呪隨行遠來奚益能回取之以流此土可乎波利作禮而返以開曜元年取其呪至於長安有旨命日照三藏翻譯帝聞此呪靈驗特異祕之禁掖波利屢奏請帝中外高宗不得已從之利即辭入五臺後不知終時南天竺有菩提流志習頭陀行從耶舍瞿沙受道爲西域宗師名震中夏帝聞風而悅之因使西域有詔敦請

己卯改調露

庚辰改永隆

辛巳改開曜

壬午改永淳

是歲慈恩法師窺基卒世壽五十有一有詔傷悼御製畫像贊勑葬樊川北渠近奘公之塋基貌豐碩長八尺氣槩萬夫項上有玉枕十指紋皆盤折如印見者讋伏然心慈善誨人晩節祈生内院循戒彌篤嘗造玉文殊像及金寫大般若經皆瑞應初南山宣律師以弘律名震五天感天厨供饌每譏基三車之玩甚不爲禮基嘗訪宣其日過午而天饌不至及基辭去天神乃降宣責以後時天曰適見大乘菩薩在此翊衛嚴甚故無自而入宣聞之大驚於是遜遜增敬焉先是奘公親授西域戒賢師瑜伽師地唯識宗而基盡領其妙恢廓源流天下後世尊之目爲三乘法相顯理宗謂之慈恩教

隱士孫思邈卒年百餘善莊老及陰陽推步醫藥之術尤重釋典世稱孫真人焉

癸未改弘道十一月上崩遺詔軍國大事取天后處分太子顯即位

法師玄惲卒惲字道世或云名道世以避太宗偏諱故以字行三學洞貫嘗慨教藏及古今圖史之博而學者難以備究因撰法苑珠林凡一百卷各開門類識者重其精博云

高帝於是年崩中宗即位數月天后廢爲廬陵王幽于房州天后臨朝稱制是爲則天明年七月沙門十輩詣闕上大雲經盛稱則天當即宸極則天大悅賜十沙門紫方袍銀龜袋頒經于天下郡國各建大雲寺九月則天革唐命改國號周自稱聖神皇帝

甲申中宗顯改元嗣聖 二月改文明正月立韋玄禎女為后上謂我以天下與韋玄禎何不可二月天后廢上為盧陵王立其弟豫王旦為帝居於別殿天后臨朝

則天武后聖改元光宅 一云順聖并州文水人也父武士彠官至工部尚書制州都督封應國公天后皆為尼於感業寺時年十四天皇幸寺見而悅之選為昭儀進號宸妃帝崩后攝政立諸武為王甲辰大定及天后疾狄梁公仁傑等迎廬陵王登位明年乙巳崩于上陽壽八十一附大乾陵在位二十一年

改垂拱〇制母齊縗古者母亡朞年而已喪服篇云天無二日世無二主國無二君家無二尊以一制朞年禮也自天皇上元元年天后表請父在為母三年下詔依行至今垂拱始編入格

丙戌歸政於帝帝固辭后乃臨朝〇始建明堂貞觀五年欲建明堂勑孔穎達等十人定議制度不成乃止天皇永徽三年宣問無式樣群儒執議不定又止乾封三年下詔又令群儒取議復不克定而止焉至天后垂拱二年又取議群儒創制垂拱四年正月五日功畢其制凡高二百九十四尺東西南北各三百尺而有三層下設四方中十二辰上設二十四氣鑄銕為槽二十四步為辟雍之水造舟為梁以通道路與前代制度有別夏曰世室殷曰垂屋周曰明堂也

是年有慶山始出唐五行志曰垂拱二年九月雍州新豐縣有大風雷震吼涌出一山高二十丈有池周三百畝池有龍鳳之形禾麥之異天后以為休應故名曰慶山

改永昌

庚寅改天授〇二月辛酉后策貢士於洛城殿殿試始此〇九月改元建國號曰周至朔同日用周正

改如意又改長壽

改延載

改證聖九月又改天冊萬歲

是歲則天加號天冊金輪聖神皇帝作七寶復問于闐國梵本華嚴大經即遣使奉玉帛往求之并請彼國善梵學者一人隨經以來於是于闐主以實义難提此云喜學妙華嚴宗旨遣赴命則天見之大悅詔入大遍空寺同三藏菩提流志法師神測玄景復禮等飜譯華嚴則天時幸其寺親施供饌焉至聖曆二年十月八日功畢成八十卷

天冊萬歲元年詔沙彌康法藏於大原寺開示華嚴宗旨方緒經題感白光昱然自口而出須臾成蓋停空乂之萬衆懽呼嘆異都講僧恒奏其事則天悅有旨命京城十大德為藏授滿分戒賜號賢首詔入大遍空寺參譯經

是歲詔嵩嶽慧安禪師秀禪師同被欽重則天嘗問安甲子幾何對曰不記曰何以不記安曰生死之身有若循環環無起盡焉用記為况識心流注無有間斷見漚起者乃妄想耳從初識至動相滅時亦只如此何年月而可記乎則天嘆美久之時安春秋百餘而天下之人稱為老安國師

丙申改萬歲登封又改通天萬歲

丁酉改神功

戊戌改聖曆迎中宗于房陵立為太子姚玄崇相

五月戊辰淨義三藏自西域還夾梵本經論四百餘部及金剛座真容舍利三百餘粒則天降蹕上東門迎勞安置佛授記寺未幾詔入大遍空寺同實叉難提等譯經證義明年十月譯新華嚴經成實叉難提等奉表奏上則天親製序引御太極殿宣示百官其護法弘通無出天后之德矣法師姓張齊州范陽人家世珪璋十五有西行志三十七歲方遂雅懷是年乃旋也

己亥天后重眉八字○慶山佛現勑建寺宇○

李白生

庚子改久視○十月復夏正

詔斂天下僧錢日一文聚作大像於白馬阪宰相狄仁傑上疏諫曰為政之本必先人事陛下矜念群生迷謬弱喪無歸欲令像法兼行覩相生善然今之伽藍制過宮室窮奢極壯刻繪畫功寶技殫於綴嚴瑰材極於輪奐工不役鬼物不夭來既皆出於民將何以堪之且生之有時用之無度編戶所奉常若不充痛切肌膚不辭搥楚游僧一說矯陳禍福剪髮解衣仍慚其少亦有離間骨肉事均路人身自納妻謂無彼我皆託佛法詿誤愚人里陌動有經坊闤闠尤多精舍化誘譸切倍於官徵法事供需嚴逾制勑膏腴物業水磑莊園富有其多不知猷數逃丁辟罪騈集法門且一夫不耕猶受其弊浮食者衆又劫人財臣每念之實切悲痛昔梁武簡文捨施無算及三淮浪沸五嶺烟騰列剎盈衢莫救危亡之禍緇衣蔽路豈有勤主之功況壯風塵屢擾征役稍繁遽興此務力所未堪伏惟功德無量何必興建大像以勞費為名乎雖斂僧錢百未及一尊容既廣不可露居覆以百層尚憂未遍臣今兼採衆議咸以為如來設教以慈悲為主普濟群品是其用心豈以勞人而存虛飾哉疏奏則天不納

論曰法師支遁曰沙門之於世也猶虛舟之寄大壑耳其來不以事退亦乘閑四海之內竟自無宅邪亂則振錫孤游道洽則忻然共萃蓋謂吾徒於天下固無事人也至末法敗道之徒苟安衣食者於狄梁公之論殆不可得而諱焉嗚呼是豈真沙門者所為哉疏謂如來設教以普濟群品為心詎以勞人而存虛飾此不獨臣則天之失抑有以輔吾佛之正教也與夫後世泛然排佛老以苟名者雲泥矣

辛丑改大足又改長安

則天將建大像御史張廷珪復上疏諫曰夫佛者以覺知為義因心而成不可以諸相見也經云若以色見我以音聲求我是人行邪道不能見如來此真如之果不可以外求也陛下信心歸依發弘誓願壯其塔廟廣其尊容已偏於天下久矣蓋有為住相布施非最上第一希有之法何以知之經云若人滿三千大千世界七寶以用布施其福甚多不如有人於此經中受持

四句偈等為人演說其福勝彼如佛所說則陛下傾四海之財竭萬夫之力窮山之木以為塔寺極冶之金以為尊像勞則多矣費則甚矣其所獲福乃不若禪房之匹夫菩薩所作福德不應貪著蓋有為之法不足高也況此營建事因土木或開發盤礴峻築基階或塞穴洞通轉採斫碾壓蟲蟻動盈巨億豈佛標坐夏之義憫蠢動而不忍害其生乎又役鬼不可惟人是營通計工匠率多貧窶朝驅暮役勞筋苦骨簞食瓢飲晨炊星飯飢渴所致疾疹交集豈佛標徒行之義慜畜産而不忍苦其力乎又營築之役僧尼是稅雖展轉乞丐窮乏尤多州縣徵輸星火逼迫或謀計靡所或鬻賣以充怨聲載路和氣不洽豈佛標喜捨之義慜愚蒙而不忍奪其産乎且邊朔未寧軍裝日急天下虛竭海內勞弊伏惟陛下慎之重之思菩薩之行為利益一切衆生應如是布施則其福德若東西南北四維上下虛空不可思量矣何必勤於住相彫蒼生之業崇不急之務哉臣以時政言之則宜先邊境畜府庫養人力以佛教論之則宜救危苦滅諸相崇無為伏惟察臣之言行佛之行務以理為尚無以人廢言疏奏則天大悅御長生殿召見廷珪賜以金帛

是歲詔賢首法師法藏於東都佛授記寺講新華嚴經至華藏世界感大地震動逾時乃息即日召對長生殿問帝網十重玄門海印三昧參合六相總別同異成壞之義藏敷宣有緒玄旨通貫則天驟聞茫然驚異伸請再三藏就指殿隅金師子為曉譬之至所謂一毛頭師子百億毛頭師子則天豁然領解由是集其語目為金師子章初雲華寺儼尊者傳杜順華嚴宗旨藏執侍儼盡傳其教及儼去世藏以巾幘說法於是京城耆德連名抗表乞度為僧凡藏落髮受具皆則天特旨又嘗為則天以十圓鏡置八隅上下皆使相向中安佛像然燭照之則鏡鏡現像互相攝入及觀之者交羅齊現以表剎海十界普容無盡之旨藏沒清涼國師澄觀宗其教天下學者宗之目為一念圓融具德宗謂之賢首教

○初試武舉

是年則天鑄像之費將具納言李嶠上疏諫曰臣聞佛法慈愍菩薩護持唯志利益羣生非假修崇土木伏聞造像稅非戶口錢出僧尼非假州縣祇承不能濟辦且天下編戶貧弱者衆或傭力客作以濟糇粮或賣田貼舍以供王役今造像錢數已有一十七萬緡若以散施廣濟貧窮人與一千尚濟一十七萬戶拯飢寒之弊省勞役之勤順諸佛慈悲之心廣人主亭毒之意則人神胥悅功德無量則天不納是冬像成率百僚禮祀

中宗改神龍（高宗第七子母曰則天皇后納狄仁傑諫正月張柬之桓彥範等五王以兵誅姦臣而迎帝即位遷則天于上陽宮冬崩二月復國號曰唐○老君為玄元皇帝景隆四年皇后安樂公主於餅中進毒上崩壽五十五奉相王旦即位）

正月流房融于高州夏四月融於廣州遇

梵僧般剌密諦賫楞嚴梵夾至剌史請就
制止道塲宣譯融筆授及譯經十卷畢般
剌復携梵本歸于天竺
是月中宗降御札召曹溪六祖惠能入京
其辭曰朕請安秀二師宮中供養萬機之
暇每究一乘二師並推讓云南方有能禪
師密授忍大師衣法可就彼問今遣內侍
薛簡馳詔迎請願師慈念速赴上京師以
表辭疾願終林麓薛簡曰京城禪德皆云
欲得會道當須坐禪集定若不因禪定而
得解脫者未之有也未審師所說法如何
師曰道由心悟豈在坐耶經云若見如來
若坐若臥是行邪道何則無所從來亦無
所去若無生滅是如來清淨禪諸法空寂
是如來清淨坐究竟無證豈况坐耶簡曰
弟子回朝主上必問願師慈悲指示心要
令得見性明道祖曰道無明暗明暗是代
謝之義明明無盡亦是有盡簡曰明喻智
慧暗况煩惱學道之人儻不以智慧照破煩
惱生死憑何出離師曰若以智慧照煩惱

者此是二乘小兒羊車等機上智大根悉
不如是簡曰何謂大乘見解師曰明與無
明其性無二無二之性即是實性實性者
處凡愚而不減在聖賢而不增住煩惱而
不亂居禪定而不寂不斷不常不來不去
不在中間及其內外不生不滅性相如如
常住不遷名之曰道簡曰師說不生不滅
何異外道師曰外道將滅止生以生顯滅
滅猶不滅生說無生我說本自不生今亦
無滅所以不同外道汝欲知心要但一切
善惡都莫思量自然得入清淨心體湛然
常住妙用恒沙簡禮辭歸闕表上師語帝
咨美久之尋遣使賜袈裟瓶鉢等諭天子
嚮慕之意
大通禪師神秀入寂中書令張說製碑曰
譔夫總四大者成乎身矣立萬始者主乎
心矣身是虛哉即身見空始同妙用心非
實也觀心若幻乃等真如名數入焉妙本
乖言說出焉真宗隱故如來有意傳要道
力持至德萬劫而遙付法印一念而頓授

佛身誰其弘之實大通禪師其人也禪師
尊稱大通諱神秀本姓李陳留尉氏人也
心洞九流懸解先覺身長八尺秀眉大耳
應王覇之像合聖賢之度少爲書生游問
江表老莊玄旨書易大義三乘經論四分
律儀說通訓詁音參吳晉爛乎如襲孔翠
玲然如振金玉既獨鑒潛發多聞旁施逮
知天命之年自援人間之世企聞蘄州有
忍禪師禪門之法胤也自菩提達磨天竺
東來以法傳惠可可傳僧璨璨傳道信信
傳弘忍繼明重迹相承五光乃不遠邐阻
翩飛謁詣虛受與沃心懸會高悟與真乘
同轍纏指忘識湛見本心住寂滅境行無
是處有師而成即然燈佛所無依而說是
空王法門服勤六年不捨晝夜大師歎曰
東山之法盡在秀矣命之洗足引之並座
於是涕辭而去退藏於密儀鳳中始隷玉
泉名在僧錄寺東七里地坦山雄目之曰
此正楞伽孤峯度門蘭若蔭松藉草吾將
老馬雲從龍風從虎大道出賢人覩岐陽

之地就去成都華陰之山學來如市未云多也後進得以沸三有超四禪升堂七十味道三千不是過也爾其開法大略則忘念以息想極力以攝心其入也品均凡聖其到也行無前後趣定之前萬緣盡閉發慧之後一切皆如特奉楞伽遞為心要過此以往未之或知久視年中禪師春秋高矣詔請而來趺坐覲君肩輿上殿屈萬乘而稽首洒九重而宴居傳聖道者不北面有盛德者無臣禮遂稱兩京法主三帝國師仰佛日之再中慶優曇之一現然處都邑婉其祕旨每帝王分座后妃臨席鴛鷺四匝龍象三繞時熾炭待礦故對默而心降時詼飢投味故告約而意領一雨普霑於衆緣萬籟各吹於本分非夫安住無畏應變無方者孰能至爾乎聖敬日崇朝恩代積當陽初會之所置寺曰度門尉氏先人之宅置寺曰報恩軾閭名鄉表德非擬局猷諠譁長懷虛壑累乞還山既聽中駐久矣衰憊無他患苦魄散神全形遺力謝

神龍二年二月二十八日夜中頓命趺坐洎如化城禪師武德八年受具于天宮寺至是年丙午復終于此寺蓋僧臘八十矣生於隋末百有餘歲未嘗自言故人莫審其數也三界火心四部氷背榱崩梁壞雷動雨泣凡諸寶身生是金口故其喪也如執親馬詔使弔哀王侯歸賵三月二日冊謚大通展飾終之義禮也時厥五日假安關塞緩及葬之期懷也宸駕臨訣至午橋王公悲送至伊水羽儀陳設至山龕仲秋既望還詔乃下帝諾先許冥遂夙心大常鄉鼓吹導引城門郎監護喪葬是日天子出龍門泫金襯登高駐蹕目盡迴輿自伊及江扶道哀候幡花百輩香雲千里維十月哉生魄明即舊居後岡安神起塔國錢嚴飾賜逾百萬巨鍾蓋先帝所鑄群經乃後皇所錫金榜御題花旛內造塔寺尊重遠稱標絕初禪師形解東洛相見南荊白霧積晦於禪山素蓮寄生於坐樹則雙林變色泗水逆流至人達代同符異感百日卒

哭也在龍華寺設大會八千人度二十七人二祥練縞也成就西明道場數如前會萬回菩薩乞施後宮寶衣盈箱珍價敵國親舉寵貴侑供巡香其廣福博因存沒如此日月逾邁榮落相推於戲法子永懷宗極痛慈舟之遽失恨涌塔之遲開石城之歎也不孤廬山之碑焉可作竊比夫子貢之論夫子也生於天地不知天地之高厚飲於河海不知河海之廣深強名其迹以慰其心銘曰頷珠內隱匪指莫効心鏡外塵匪磨莫照海藏安靜風識牽樂不入度門孰探法要倬哉禪伯獨立天下功收密諳解却名假諸無所得解亦都捨月影空如現於悟者無量善衆為父為師露清熱惱光射昏疑冀將住世萬壽無期柰何過隙一朝去之嗟我門人憂心斷續進憶瞻仰退思付囑盡不離定空非滅覺念茲在茲敢告無學時岐王範及徽君盧鴻一皆勒碑製碣舊唐史有傳稱沙門被王者禮敬古未之有

改景隆

神僧萬回入宮賜號法雲公館于集賢院給二美人奉事未幾忽求閿鄉河水左右倉皇莫能得又曰第宂堂前地可得也既得之回飲水畢湛然而逝賜號國公圖形集賢院初回幼能三千里致兄書朝往暮歸因號萬回高宗聞其名詔入宮度為沙門則天在位延之禁中賜錦衣令宮人給侍莊惠太子始生則天抱之示回回曰此西域樹精養之宜兄弟及安樂公主怙韋后將謀逆回遇之望塵唾曰血腥不可近未幾安樂果誅玄宗在藩嘗私謁回回拊其背曰五十年太平天子睿宗為相王每將出回必告市人曰天子來少頃而相王至其神異類如此示寂于長安醴泉里壽

壽七十四矣

論曰法雲公嘗有偈曰明暗兩忘開佛眼不繫一法出蓮截真空不壞靈智性妙用嘗存無作功聖智本來成佛道寂光非照自圓通熟味厥旨蓋大乘了悟之言也而法雲特以小乘神異顯化至於佛菩薩出世宏正法眼必涵光混世未始泄露密機直至臨終方有付囑然則法雲章章顯異抑聖賢之權與

是年七月庚辰下詔曰釋典玄宗理均迹異拯人化俗教别功齊自今每緣法事聚集僧尼道士女冠等宜齊行並集初太宗以老子為皇宗升於釋氏之上至則天朝復在釋氏之下今此已往遂為永式令齊班並集云

國師惠安卒誡其徒曰吾氣盡將尸置林中恣野火焚之偶神僧萬回至與安握手言論其徒側聆俱莫之省至八日合尸偃身而寂春秋一百二十八其徒奉命舁尸林中果野火至闍維之得舍利八十粒五粒最巨而紫紅色光燄奪目詔留禁中云

是歲弃詔于闐國三藏實叉難提至帝降蹕迎勞備兩街法儀旌幢鼓吹迓之載以青象安置薦福寺難提風神宏贍儀韻秀整善大小乘通華梵語

泗洲大士僧伽詔入宮供養度惠儼惠岸木义三人為侍者帝親書所居寺額曰普光王未幾還止薦福寺明年京畿旱有旨命大士致雨僧伽以瓶水散灑即有濃雲自所居而涌大雨傾注又明年二月示寂

壽八十有三神采如生敕就薦福寺塑身建塔即穢氣滿城帝炷香祝之許送歸淮言訖異香郁然傾都歎異遂奉全身歸泗洲普光王寺建塔帝嘗問法雲公萬回曰僧伽何如人對曰觀音大士化身耳神化事迹具如蔣穎叔所著傳大師自西國來唐高宗時至長安洛陽行化歷吴楚間手執楊枝混于緇流或問師何姓即荅曰我姓何又問師是何國人師曰我何國人尋於泗上欲構伽藍因宿州民賀跋氏捨所居師曰此本為佛宇令掘地果得古碑云香積寺即齊李龍建所創又獲金像衆謂然燈如來師曰普光王佛也因以為寺額云乾符中謚證聖大師

是歲召律師道岸入宮為妃主授歸戒因

留禁中別日帝至諸師皆辟席岸獨逡巡長揖而已帝高其量圖形於林光宮御製讃曰戒珠皎潔惠流清淨身局五篇心融八定學妙真宗貫通實性維持法務綱紀德政律藏冀芳傳芳像教因而光盛時以為榮焉

八月乙卯以高宗舊第興聖寺有柿樹天授中枯死至是忽重榮因大赦天下賜百官封爵普度僧尼道士凡數萬

九月詔三藏菩提流志於北苑白蓮池甘露亭譯大寶積經勅中書陸象先尚書郭元振宰相張說潤文經成凡五十九會總一百二十卷

庚戌是年三月勅東都留守韋安石賚詔起嵩山沙門一行赴闕行辭疾不赴遁入荊州當陽山舊唐史云行姓張氏初名遂剡國公公瑾之孫武功令擅之子少聰敏覽觀子史嘗詣道士尹崇借太玄經讀之數日而還崇曰此經精微吾尋積年尚未曉子宜研究無忽也行曰已究其義因出所撰太行玄圖并義決崇覽之大驚因與談其淵奧退謂人曰此後生顏子也由此知名於世初武三思慕其學行就請結交行遁匿辟之尋出家徧歷天下訪求異術至天台國清寺見別院古松數十門有流水行立門屏聞僧於庭中布算聲而語其徒曰今日當有弟子自遠來求吾算法已合到門豈無人導引乎即除一算曰門前水當西流弟子亦至矣行返顧溪水果已西流遂承其言遽趍入再拜咨求其法彼盡授與之遂洞曆象陰陽推步之學回入嵩山依普寂禪師參決禪門宗旨及遁當陽山又從律師惠悟學毗尼凡經籍一覽畢世不忘

佛祖歷代通載卷第十五

佛祖歷代通載卷第十五　校勘記

一　底本，明永樂北藏本。

一　九七七頁上一九行「般若」，清作「般舟」。

一　九七七頁中五行「箪愛」，清作「箪受」。

一　九七九頁上一九行「開曜」，徑、清作「開曜」。本頁中八行同。

一　九七九頁下末行末字「帝」，清無。

一　九八〇頁中一八行「復問」，清作「復聞」。

一　九八一頁上四行「淨義」，清作「義淨」。

一　九八一頁上末行第八字「盡」，清作「畫」。

一　九八一頁下五行第一一字「得」，清作「待」。

一　九八二頁上一〇行「貧屢」，徑作「貧窶」。

一　九八三頁下一一行「重迹」，清作

「踵迹」。

一　九八四頁上一九行第六字「儴」，徑、清作「懷」。

一　九八四頁中五行「氷背」，清作「氷指」。

一　九八四頁中一一行「大常鄉」，徑作「大常卿」。

一　九八五頁下末行「入宫」，清作「入言」。

一　九八六頁中七行末字「到」，徑作「開」。

一　九八六頁中八行末字「當」，徑作「向」。

佛祖歷代通載卷第十六　我六

嘉興路大中祥符禪寺住持華亭念常集

唐

睿宗旦改景雲（高宗第八子初封殷王武后廢中宗而立爲帝着十年而廢封相王壽五十五生隆基爲太子任宋璟姚崇爲政帝妹太平公主功專擅在位三年）

手初改太極又改延和又改先天（七月傳位太子）

先天元年三十三祖惠能大師示寂姓盧氏其先范陽人父行瑫武德中左官于南海之新州遂占籍焉三歲喪父其母守志鞠養及長家貧師樵采以給一日負薪至市中聞客讀金剛經悚然問客曰此何法得於何人客曰此名金剛經得於黃梅忍大師歸告於母以爲法尋師直抵黃梅忍大師一見默識之後傳衣法令隱於懷集四會之間儀鳳元年正月八日屆於南海及返曹溪雨大法雨一日示衆曰諸善知識各各淨心聽吾說法汝等諸人自心是佛更莫狐疑外無一物而能建立皆是本心生萬種法故經云心生種種法生心滅種種法滅若欲成就種智須達一相三昧一行三昧若於一切處而不住相於諸法中不生憎愛亦無取舍不念利益成壞等事安閒恬靜虛融淡泊此名一相三昧若於一切處行住坐卧純一直心不動道場即成淨土名一行三昧若人具二三昧如地有種能含藏長養成就其實一相一行亦復如是我今說法猶如時雨普潤大地汝等佛性譬如種子遇茲沾洽悉得發生承吾言者決獲菩提依吾行者定證妙果師說法度人往來聖者嘗逾千數明年七月辭歸新州故宅國恩寺其徒泣曰師歸當復來不師曰葉落歸根來時無口又問師之法眼何人傳受師曰有道者得無心者通至國恩寺以八月三日示衆曰吾受忍大師衣法今爲汝等說法不付其衣蓋女等信根已熟決定無疑堪任大事聽吾偈曰（六祖傳法偈）心地含諸種普雨悉皆萌頓悟花情已菩提果自成復謂衆曰其法無二其心亦然其道清淨亦無諸相女等不用觀靜及空其心此心本淨無可取舍各自努力隨緣好去吾涅槃時至迹重即跏趺而逝於是山林變白鳥獸哀鳴綵雲香霧連日不開既時廣州都督韋據率韶新二郡官吏迎奉全身歸於曹溪寶林寺建塔真身今尚存焉舊唐史曰　則天聞神秀名詔至都肩輿入殿親加跪禮敕當陽山剏度門寺以旌其德時王公已下及京城士庶聞風爭來謁見望塵拜伏日以萬數初神秀與惠能同師弘忍而行業相埒及忍卒能住韶州廣果寺韶陽山中舊多虎豹一夕去盡遠近驚歎咸歸伏焉秀嘗奏則天請召能赴闕能固辭秀復自作書重邀之能謂使者曰吾形貌矬陋北土見之恐不敬吾法又先師以吾南中有緣亦不可違及中宗召之竟不度嶺而卒天下散傳其法謂秀爲北宗能爲南宗

玄宗隆基改開元（睿宗第三子妻揚貴妃爲道士曰太真帝初用姚崇宋璟爲相治平晚年耽酒淫佚用李林甫楊國忠爲相安祿山爲將致亂執致七國二十九即位壽至七十八歲至上元元年崩葬泰陵）

甲寅二年十月十七日永嘉玄覺禪師示寂姓戴氏卅歲出家博貫三藏精天台止觀圓妙法門與東陽策禪師偕謁六祖師至振錫繞祖三匝祖曰夫沙門者具三千威儀八萬細行大德自何方而來生大我慢師曰生死事大無常迅速祖曰何不體取無生了無速乎師曰體即無生了本無速祖曰如是如是師乃具威儀參禮須臾告辭祖曰返太速乎師曰本自無動豈有速耶祖曰誰知非動師曰仁者自生分別祖曰女甚明得無生之意師曰無生豈有意耶祖曰無意誰當分別曰分別亦非意祖曰善哉善哉少留一宿時謂一宿覺及回學徒奔萃著證道歌一篇梵僧傳歸天竺彼皆欽仰目為東土大乘經又著禪宗悟修圓旨十篇及觀心十門並盛傳于世

三月八日玄宗遣禮部郎中張洽賫詔詣當陽山起沙門一行赴闕行以再命不許辭赴之有旨安置光泰殿帝數訪以安國撫民之要行啓陳無隱未幾永穆公主出降詔依太平公主故事優厚發遣行諫以為高宗末年唯有一女所以特加優禮而太平竟以驕僭得罪不應引以為例帝納其言遽追勑但依常禮其忠諫多類此或謂行僊於憶誦帝一日命出宮籍示之行閱畢令內侍執本對帝復之不差一字帝驚異顧謂左右曰聖人也自是頻召咨質佛心之要行雍容啓沃聖眷日隆天下之人以帝從之問道稱為天師焉

嵩嶽元珪禪師示寂師居嶽之龐塢一日有異人峨冠盛服擁衛而至珪曰善來仁者胡為而至彼厲聲曰師寧識我耶珪曰吾觀佛與衆生等吾一目之豈分別耶曰我此嶽神也能生殺於人師安得一目我哉珪曰吾本不生汝安能殺吾視身與空等視吾與汝等汝能壞空與汝乎使果能之吾則不生不滅也況汝不能焉能生殺我耶神稽首曰我聰明正直過於餘神詎知師有廣大智慧願授以正戒令我度世珪曰汝既乞戒即既戒矣所以者何戒外無戒又奚戒哉神曰此理也我聞茫昧止求師戒我身願為門弟子珪即張座秉爐正几曰付汝五戒若能即曰能不爾即曰否神曰謹奉教曰汝能不婬乎神曰亦娶也曰非謂此也謂無羅欲也神曰能曰汝能不盜乎神曰無乏我也安有盜取哉曰非謂此也謂饗而福淫不供而禍善神曰能曰汝能不殺乎神曰實司其柄焉得不殺曰非謂此也謂有濫悞疑混也神曰能曰汝能不妄乎神曰我惟正直焉有妄哉曰非謂此也謂先後不合天心也神曰能曰汝不遠酒敗乎曰能曰如上是為佛戒也以有心奉持而無心拘執以有心為物而無心想身能如是則先天地生而不為精後天地死而不為老終日變化而不為動畢竟寂滅而不為休悟此則雖娶非妻也雖饗非取也雖柄非權也雖作非故也雖醉非惛也是謂無心而已無心則無戒無戒則無心無佛無衆生無汝亦無我無汝則孰為戒哉神曰我神通去佛幾何曰

汝神通則十句五不能佛則十句七能三
不能神𮒼然辟席曰可得聞乎珪曰汝能
庋上帝東天行而西七曜乎曰不能也珪曰
汝能奪地祇融五嶽而結四海乎曰弗能
也珪曰是謂五不能也佛能空一切相成
萬法智而不能即滅定業佛能知群有性
窮億劫事而不能化導無緣佛能度無量
有情而不能盡衆生界是謂三不能也然
定業亦不牢久無緣亦謂一期衆生界本
無增減廓無一人能主有法有法無主是
謂無法無法無主是謂無心如我解佛亦
無神通也但能以無心通達一切法耳神
曰我誠淺昧未聞空義師所授戒我當奉
行今願報慈德效我所能師曰吾觀身無
物觀法無常了然更有何欲神曰師必命
我為世間事展我神功使已發心未發心
信心不信心等人目我神蹤知有佛有神
有能有不能有自然有非自然者師曰吾
無用是為曰佛亦使龍神護法師寧隳叛
佛耶彊隨意示誨師不得已曰東岩寺之

障莽然無樹北岫有之然而背非屏擁汝
能移北樹於東嶺乎神曰既聞命矣恐昏
夜必有喧動願師無駭即作禮辭去師門人
送而且觀之見儀衛逶迤如王者之狀嵐
靄烟霞紛綸間錯幢幡環佩凌空隱沒是
夕果有暴風迅雷奔雲震電棟宇搖蕩宿
鳥驚呼師謂衆曰無怖神與我契矣拂旦
和霽則北山之松盡移嶺森然行植焉師
誠其徒曰吾沒後無令外知若為口實人
將妖我矣師伊闕人姓李氏幼歲出家具
戒得法于老安國師壽七十有三云
論曰荊國王文公嘗問張文定公曰去
孔子百年而有孟軻此後追孔孟者為
誰何吾道之寥寥乎文定沉吟久之曰
有人第恐過之耳曰誰耶文定曰南嶽
讓嵩山珪馬祖石頭丹霞無業若此類
孔孟之教鬱勃不住故歸釋氏矣文公
深肯之其後張公無盡聞之歎曰達人
之論也然嵩山蓋祖庭之旁出者也其
感應超絕說法沛然如此則南嶽而下

的傳正續宗師世教鬱勃不住端可見
矣二三公之譏論渠不信夫
是歲天竺三藏法師無畏至京師帝嗣位
之初一夕夢梵僧謁見風度瓌異及寤追
憶不已因追畫工授以形貌圖於殿壁及
畏至入對帝熟視蓋夢中所見僧也竦然
異之館於西明寺寧薛諸王皆降禮欽重
其後秋旱帝廣知無畏能致龍遣內使傳
詔請雨畏難之奏以旱數當然若苦召龍
恐暴物帝再遣諭旨人苦秋暑雖暴風疾
雨適足快意畏諾之有司設壇儀華綵光
麗畏笑曰是可以致雨耶命撤去之獨持
滿鉢水以小刀攪之誦咒語百餘番即有
微物如蚪龍從鉢矯首水面頃之復沉畏
咒遣之白氣自鉢騰涌語詔使曰速歸雨
即至矣詔使馳出回顧有雲如練自講堂
盤旋而上頃刻風雷震電詔使適入奏御
衣巾已透濕於是震風凌雨飄蕩廬舍士
民悚懼彌日而息又嘗霖霪逾時詔畏止
之畏於寺捏泥媼五軀向之作梵語若斥

罵者即刻而霽其神驗類如此帝敬之若神未幾通華言譯虛空藏毗盧遮那蘇悉地羯羅等經十餘部禪師一行三藏寶月等參預其事畏性簡靜好禪觀每勸學者習之累表求還帝堅留不許

是歲廣州節度宋璟入曹溪禮祖塔請曰弟子願畢世外護大法祈一粹瑞表信言訖微風飄香氤氳襲人俄而甘雨傾注唯偏一寺之內璟忻躍而去未幾召入與姚元崇相繼執政世稱姚宋為中興賢相

朝廷以麟德曆署日蝕比不驗詔禪師一行改撰新曆行受詔推大衍數立術以應之較經史所書氣朔日名度數可考者皆合而著之久之道士邢和璞謂太史令尹愔曰一行其聖人乎昔洛下閎造大初曆嘗記曰八百年後當差一日必有聖人出世糾正之今年期差滿而一行推大衍數以糾數家之謬閎之言不誣矣愔亦以為然行復欲知黃道進退而太史無黃道儀表請勑置之制可

帝注孝經并製序

是歲沙門智昇上釋教經律論目錄凡二十卷銓次大藏經典及聖賢論譔凡五千四十八卷自是遂為定數

十一年十月癸酉禪師一行製黃道儀成帝自為之銘詔安武成殿庭以示百官其儀準圓天之像具列宿赤道及周天度數注水激輪令其自轉一晝夜而天運周外絡二輪綴以日月令得運行每天東行一周日西行一度月行十三度十九分度之二十九轉日有餘日月會三百六十五轉而日周天以木匱為地平令儀半在地下晦明朔望遲速有準立木人二於地平其一前置鼓以候刻至一刻則自擊之其一前置鍾以候辰至一辰亦自撞之皆於地中略施輪軸關鎖交錯相持當時稱其妙以為神功無幾銅鐵漸澁不能自轉遂藏之於集賢院

是歲改政事堂曰中書門下省

○有登州文登縣郭行妻王氏生女鶴喙將喪自言酬先世嘗齋之報以此示人

沙門牛雲者少不慧因詣臺山禮文殊初至東臺見老人問曰胡為而來曰願見大聖求聰慧耳老人曰文殊居北臺宜往見之雲奉教趨北臺老人亦在彼矣雲意其即文殊也遂拜之老人曰汝沙門也不應禮俗士雲拜不已老人憐之為入定觀雲前身蓋牛也以嘗馱經故獲比丘報老人起定為雲言之復云汝性昏迷胷中有淤肉在當為汝钁去之因戒雲閉目無輒開雲如約頗覺老人以钁劚其胸然不甚楚少頃心懷開豁頓異往時及開眸見老人現身為文殊妙相端嚴謂雲曰與汝聰明竟雲喜躍作禮及起身而文殊隱雲自是總持辯悟為時導師以夙因故牛雲稱焉

日本國沙門榮叡普照等至於揚州奉僧伽黎十領其上綴以山川異物之狀蓋其國主附之以施中國高行沙門於時律師鑒真受其衣歎外國人有佛種性欲往化之會叡照等亦勸請遂附舶而東為惡風

飄入魚蛇等海以真律行高皆脫禍既至日本彼王預知枉駕迎勞館于毗盧遮那殿未幾請真授歸戒夫人群臣皆以次稟授日本自是始有律教

丁卯三藏菩提流志卒春秋一百五十有六志南印土國王之子以讓位出家高宗聞名有詔要之以垂拱中至京師凡四十年如華嚴寶積經等皆出其手帝及重臣敬之如生佛葬日特給鹵簿羽儀塔于龍門之西原賜諡曰開元一切徧知三藏名德之盛古來有焉

時嵩山破竈墮和上者不稱名氏言行叵測初見老安國師契悟心要隱居嵩山山有廟靈甚殿中唯安一竈遠近祭祀烹宰無虛日師領徒入廟以杖擊竈三下云咄此竈泥瓦合成聖從何來靈從何起恁麼烹宰物命又擊三下竈乃傾破墮落須臾有一人青衣峨冠設拜師前曰我本廟竈神久受業報今蒙師說無生法得脫此處當生天上特來禮謝師曰是汝本有之性非吾強言神再拜而去少選徒衆問師其等久在和上左右未蒙指示竈神得何徑旨便得生天師曰我只向伊道是泥瓦合成別無道理爲伊衆無語師良久云會麼衆云不會師曰本有之性爲什麼不會衆僧乃禮拜師曰破也破也墮也墮也於是其衆皆悟玄旨後有義豐禪師舉問安國師國師歎曰此子會盡物我一如可謂如朗月處空無不見者只是難湊伊語脉豐曰未審什麼人湊他語脉安曰不知者又僧問物物無形時如何師曰禮即唯汝非我不禮即唯我非汝其僧禮謝師曰本有之物物非物也所以道若能轉物即同如來有僧從牛頭處來師曰來自何人法會僧進前叉手繞師一匝而出師曰牛頭會下不可有此人僧乃回上邊叉手而立師云果然果然僧却問應物不由他時如何師曰爭得不由他僧云恁麼即順正歸原去也師曰歸原何順曰若非和上幾錯招愆師曰猶是未見四祖時道理見後道將來僧乃繞師一匝而出師曰順正之道今古如然又僧侍立次師曰祖祖佛佛只說如人本性本心此外別無道理會取會取僧禮謝師以拂子打之曰一處如是千處亦然師後不知終

是年十一月巳丑禪師一行寢疾于華嚴寺舊唐史云帝一夕夢游其寺見一室繩床竹簾氣象蕭索及旦行以疾聞帝遣中使候問使還奏行居處之狀與所夢冥合帝歎久之有旨命京城十大德爲行結壇祈禱既而行疾少間詔陪駕幸新豐未幾行疾革帝親候問遂沐浴端坐而逝春秋四十有五帝哭之哀甚輟朝三日有詔傷悼聽停龕三七日與中外瞻禮行容貌如生而鬢髮日長帝親製碑書之於石出內庫錢五十萬建塔銅人原謚曰大惠禪師帝嘗從容問國祚幾何有留難不行曰鑾輿有萬里之行社稷終吉帝驚問故不荅退以小金盒進之曰至萬里即開帝一日發盒視之蓋當歸少許及祿山亂駕幸成

都至萬里橋忽悟未幾果歸昭宗初封吉
王而唐以昭宗而滅故云終吉有里媪素
供行而媪一子坐殺人将之刑媪悲泣請
救行憐之令弟子捕生物得稚豕七行日
藏其一於甕中為梵語咒之七日北斗盡
沒朝廷震驚太史奏将有變請避正殿禳
之帝密以問行對曰此無他盖妖魔也凡
嗔心壞一切善慈心降一切魔若賜赦天
下則妖不能為帝然之遂大赦媪子由是
得免行日出一豕則一星現至七日而斗
復如故其祕術多此類著易論十二卷大
衍論二十卷開元大衍曆五十二卷七政
長曆三卷釋氏系錄大衍玄圖心機筭術
括遁甲十六局六壬連珠講六壬髓經天
一太一經太一局遁甲經各一卷五音地里
經十五卷宰相李吉甫奉詔撰一行傳一
卷並見唐藝文志十六年詔特進張說曆
官陳玄景等編次一行所撰大衍曆施用
三月駕幸温湯道由一行塔所帝為駐蹕
徘徊令品官詣塔告以出豫之意賜帛五
十疋令蒔塔前松栢其為聖眷如此宋史
官歐陽文忠曰自太初至麟德曆凡二十
三家與天雖近而未密至一行則密矣其
倚數立法固無以易也後世雖有改作者
皆依倣而已沙門道泓者生黄州與侍郎
張敬之厚善能言吉凶亡不明驗嘗為中
書張說視宅戒曰無穿東北壬隅也他日
見說曰宅氣索然云何與說共視隅有三
坎丈餘泓驚曰公富貴一世而已諸子将
不終說懼将平之泓曰客土無氣與土脉
不連譬身瘡痏補佗肉無益也其後說諸
子皆汚祿山以斥死果如其言

論曰歐陽文忠公雅嫉吾釋未始略有
假借獨於唐志尊一行大衍之作而宋
景文於方技篇削一行玄奘等傳而獨
著道泓地理之說或者以為唐浮圖行
業無足為二公取者故止於是而已夫
豈然哉盖大衍所以統天時地理則切
於人事是宜史筆取也若吾釋之盛莫
甚於唐凡三百年間以道德為天下宗
師者不可悉數歐宋以為奉異方之教
故諱之而不書猶春秋時雖老聃郯子
之賢迺不若江人黄人得書於經豈亦
老氏不足取哉盖國經之典凡禮樂刑
政所及貴賤必書若吾浮圖大絶世累
頴脫塵表者與刑政何與焉宜其不參
於世典也由是言之歐宋黜吾釋其微
意乃所以尊之也盛哉一行前膺洛下
閎八百年之讖當時則明天子跪之稱
為聖人及其製作施於後世緼天地貫
幽明歷數百年而其從益驗果聖與賢耶
善弗得而知矣

初以上生日為千秋節○用大衍曆
是年太師燕國公張說薨說為唐宗臣朝廷
大述作多出其手為文屬思精壯尤善釋典
嘗謫岳州而詩益悽婉時人謂得江山之助
天下不稱姓而曰燕公著石刻般若心經序
曰萬行起於心心人之主三乘歸於一一法
之宗知心無所得是真得見一無不通是文
通如来說五蘊皆空人本空也如来說諸法

空相法亦空也知法照空見空捨法二者知見復非空耶是故定之與慧俱空法中入此門者為明門行此路者為超路非夫行深般若者孰能蹬於此乎駙馬都尉榮陽鄭萬鈞深藝之士也學有傳僻書成草聖乃揮洒手翰鐫刻心經樹聖善之寶坊啓未来之華業佛以無依相而說法本不生我以無得心而傳今則無滅道存文字意齊天壤國老張說聞而嘉焉讚揚佛事題之樂石又製法池院二法堂贊并序曰法池西三歸院二法堂發院長老初上禪師所造也禪師姓彭氏名知至性篤孝執親之喪七日不食微言密行志道探玄究易老莊太一之旨善正書擅鍾王品格其點畫婉秀毫纖必見如折槁荷磨文石觔理洒颷固非人力之所致也中朝名士山藪高尚法流開勝遠近慕焉及晚年專意於禪頌平生事業脫若遺屣美常歎帝王父母許我出家雨露生成恩惟一揆依如来教泐是功德萬一乎獻福二宫潜祐七祖将與一切咸登道場

於是三歸堂以長安元年辛丑子月望日癸卯立善法堂以開元元年癸丑丑月望日戊辰建禪師母弟仁婉弟子啓疑及沙彌令哲左右斯業實有力焉而作贊曰敬告諸佛子一心清淨觀欲求正真道當從信根入是佛處空相是法微妙光定慧不相離是僧和合義人空法亦空二空亦復空住心三空實是名三歸處至哉初上人建立善法堂彩翠三世佛莊嚴清淨眼能運無礙心普入於一切見若不染色知若不取識是名真實見亦名解脫知佛觀離生滅諸法等如是

是歲定五服制蓋出自古至天后請母三年及盧氏駮議有異開元五年盧履冰上言衆議紛然自是卿士之家孝服有異今二十年蕭嵩等改修五禮勅下依行五服禮者一三年服為父曰斬衰哀情至切斬截其心為母曰齊衰次其父也然二十七箇月終矣十二月小祥二十五月大祥二十七月禫服更加一月心喪服之終也齊斬服以繐麻臣孝於君亦爾二期年服十三箇月為祖父等三大功九月為叔伯等四小功五月堂兄弟等五緦麻三月三從兄弟等内外族等餘如五服注䟦全之

入月壬申朔三藏金剛智告其徒曰白月圓時吾逝矣至時遶毗盧像頂梵夾退歸寢室跏趺而逝賜謚灌頂國師敕中書杜鴻漸撰紀德碑智西域人本王種出家從龍智阿闍黎傳密教及来東土初達南海廣州節度聞於朝有旨驛馳赴闕入見帝大悅館於大慈恩寺未幾夏旱詔智祈雨智結壇圖七俱胝像約開眸即雨閱三日像果開眸有物自壇布雲彌空斯須而雨帝特降詔褒美明年辭游鴈門不允遂遷薦福寺為人語默興居容止凝粹喜愠不形于色見者莫測其涯所至必結灌頂道場弟子不空傳其教初不空事智智授以梵本悉曇章及聲明論不逾旬而誦之智奇其駿引入金剛道場以擲花驗之智以為勝已不空因求瑜伽五部智未之許不

空擬入天竺求之智一夕夢京城佛像皆東行及寤以詰不空空啓以西游意智曰汝有授道之資吾何靳哉即授以五部及毗盧遮那經蘇悉軌範及智沒不空奉遺教游天竺增廣其學

是歲禪師義福卒舊唐史云福得法於神秀禪師初止藍田化感寺處方丈之室二十餘年未嘗出宇之外嘗隨駕幸東都蒲虢二州刺史及官吏士民皆齎旛花迎之所在塗路充塞及卒有旨賜號大智禪師葬伊闕之上送者數萬人中書嚴挺之為製碑初神秀雖德行為禪門之傑得帝王欽重而未嘗聚徒開堂傳法至義福普寂始於京城傳教二十餘年人皆仰之

恒州刺史韋濟奏方士張果有長年秘術自言數百歲矣則天嘗召之果佯死不赴今復見之帝聞遣中書侍郎徐嶠齎璽書迎之果至帝聞其變化不測而疑之時邢和璞者善筭能知人壽夭帝令筭果懵然莫知其甲子又有師夜光者善視鬼帝召果與之密坐令夜光視之夜光不能見帝聞飲菫汁無苦者真奇士會天寒以菫汁賜之果飲三巵醺然如醉顧左右曰非佳酒也傾之取鏡視齒則盡燋黑命左右取鐵如意擊齒墮盡更出神藥傅其齗寢頃之齒復粲然如故帝始信之將妻以公主果預知苦辭獲免後懇辭歸山下制曰恒州張果先生游方之外者也迹造高尚深入窈冥草運光塵應詔城闕莫詳甲子之數且謂羲皇上人問以道樞盡會宗極今特行朝禮爰昇寵命可銀青光祿大夫號通玄先生其年果入恒山後不知終

二十三年三藏無畏卒春秋九十有九詔鴻臚丞李現監護喪事塔于龍門之西山廣化寺藏其全身畏本釋種甘露飯王之後以讓國出家道德名稱為天竺之冠所至講法必有異相初在烏荼國演遮那經須臾衆會咸見空中有毗盧遮那四金字各尋丈排列久之而沒又嘗過龍河一托駞負經沒水畏懼失經遽隨之入水於是龍王邀之入宮講法不許彼請堅至為留三宿而出所載梵夾不濕一字其神異多類此

是歲三藏不空於師子國從普賢阿闍梨求開十八會金剛灌頂及大悲胎藏建壇之法其王一日調象儀而羣象逸莫敢禦之者不空遇於衢路安坐及狂象奔至見不空皆頓止跪伏少頃而去由是舉國神敬之

論曰自大教東流諸僧間以神異助化是皆功行成熟契徹心源自覺本智現量發聖絕非呪力幻術所致也殆自東晉尸利密已降宣譯秘呪要其大歸不過祀鬼神驅邪妄為人禳灾釋患而已其間往往不無假名比丘自外國來挾術驚愚有所謂羅漢法者正幺麼邪術下劣之技亦猶道家雷公法之類也茲豈高道巨德弘禪主教者齒哉及開元中西域金剛智無畏不空三大士始傳密教以玄言德祥開佑至尊即其神功

顯効幾與造化之力均焉故三大士雖宏密教抑本智現量菩聖與嘗慨貧治通鑑稱貞觀中有僧自西域來善咒術能令人立死復咒之使蘇太宗擇飛騎中壯者試之皆如其言因以問傅奕奕曰此邪術也臣聞邪不干正請使咒臣必不能行帝命僧咒奕奕初無所覺須臾僧忽僵仆若為物所擊遂不復蘇此恐好事者曲為之辭何則若使果有是則僧非真僧咒非真咒正謂邪術耳固不足以張吾教之疵也矧萬萬無此理向使彼能自西域遠至長安厥術能死人而復蘇乃不暇自衛其身對常人無故而僵死雖兒童莫之信也又當是時三大士者雖俱未至若京城大德僧惠乘玄琬法琳明贍諸公其肯坐視絕域偽僧破壞教門不請峻治乃留帝命傳奕辯耶佛制戒律雖春蟻生草猶不許比丘踐之恐害其生況說斷人命咒傳于世乎故予謂好事者曲為之辭斷可見矣

佛祖歷代通載卷第十六

佛祖歷代通載卷第十六 校勘記

一 底本，明永樂北藏本。

一 九八八頁上六行夾註右首字「功」，清作「恃功」。

一 九八九頁中二行「未年」，徑、清作「末年」。

一 九九〇頁上一行眉註與二行眉註，徑互置。

一 九九〇頁上一〇行「增減」，清作

一 九九〇頁上末行小字「第子」，清作「顧」。

一 九九〇頁中三行第一五字「師」，徑、清作「使」。

一 九九一頁上五行第三字「累」，徑作「屢」。

一 九九五頁上一行「京城」，徑、清作「京城」。

一 九九五頁中一八行「四全字」，清作「四金字」。

一 九九五頁中一九行至末行「托馳」，徑、清作「馲馳」。

佛祖歷代通載卷第十七　我七

嘉興路大中祥符禪寺住持華亭念常集

○始建冀州學

二十六年沙門法秀者夢異僧勸置袈裟五百領施回向寺僧既覺歎異遂乞丐遣之然徧訪所謂回向寺者咸無得焉一日道逢一僧遂而問曰託置袈裟今成未秀曰成矣僧曰吾導女入回向寺女可裹糧戴燧從吾以往秀曰諾翌日隨之入終南山行二日至深絕處所見唯雲物掩苒嵓洞崎嶇進過石壇共止其上僧命秀鑽燧出火炷香望層霄拜之忽雲開見崖半有朱門高聳刹旛飛揚秀忻然與之攀躋而上漸聞午梵清圜鍾磬交作須臾望見其寺有額曰回向其僧即趍而入命閽者授秀館因具儀謁上方老宿次見諸僧皆奇偉雅穆相勞問明日秀出袈裟遍寺施之老宿謝畢携秀入一空房呼侍者取尺八俄頃侍者持玉簫至老宿曰此唐天子舊居之室也向在此好聲樂故降為人主久當復歸秀止再宿不得留老宿授與玉簫并袈裟囑曰持歸獻唐天子即遣僧送秀出寺行未遠回望而雲霧四合秀慨歎而還詣闕表上所寄帝覽之因取玉簫調弄宛如夙御焉其後燕沉香亭詔李白為辭帝吹玉簫楊妃起舞歡甚飄颻而仙去舊唐史

○封孔子文宣王衣袞冕南面十哲圖七十二賢廟壁

長者李通玄唐宗子也開元二十八年順世長者以七年至太原盂縣有高仙奴者識其為大賢館之齋中每旦唯服棗十顆柏葉餅如匕大者一枚終日濡毫臨紙未嘗接人事如是三稔遷馬氏古佛堂側築土室以居晝日危坐而已閱十年忽囊裹負經書而去行二十里偶一虎當途馴伏玄撫之曰吾將著論釋華嚴經能為擇棲止處不即以經囊負其背而隨之至神福山原下土龕之前蹲駐玄取其囊置龕中虎即妥尾而去其龕瑩潔廣六七肘圜轉上下稱之蓋天設以畀有道非人力所為也長者著論之夕心窮玄奧口出白光以代燈燭于時忽有二女子容華絕世皆可笄年衣布衣俱以白巾幪首曰為長者汲泉炷香奉紙墨每於卯辰之間輒具淨饌置長者前齋畢徹器則引去莫測所之如是五載至長者著論畢遂滅迹不見長者美鬚髯朗眉目丹唇紫肥冠樺皮衣麻衣長裙博袖散腰徒跣而行放曠人天靡所拘執嘗一日出山遇里人高會燕樂長者就語之曰汝等好住吾將歸矣眾驚其去有送入山者至龕而謝遣之即於是夕煙雲凝布嵓谷震蕩有二白鶴翔空哀唳其餘飛走悲鳴滿山翌日里人共往候之則已端坐示寂于龕中壽九十有五華嚴論四十卷決疑論四卷會釋二卷十門玄義排科釋略及緣生解迷十明論各一卷十玄六相普賢行願華嚴緣觀偈贊詩賦等里人聚於方山逝多蘭若大曆中沙門超廣始獲之遂行于世

十二月青原行思禪師示寂吉州安城人

也姓劉氏幼年出家初見六祖問當何所
務即不落階級祖曰汝曾作什麼師曰聖
諦亦不爲祖曰落何階級師曰聖諦尚不
爲何階級之有祖深器之及居青原有沙
彌希遷者見師師云子何方而来曰曹溪
師曰將得什麼来曰未到曹溪亦不失師
曰恁麼則用去曹溪作什麼曰若不到曹
溪爭知不失遷問曹溪還識和尚不師曰
汝今識吾不曰識又爭識得師曰衆角雖
多一麟足矣他日又問遷汝什麼處来曰
曹溪師乃竪起拂子云曹溪還有這箇麼
曰非但曹溪西天亦無師曰子莫曾到西
天不曰若到即有也師曰未在更道曰和
尚也須道取一半莫全靠學人師曰不辭
向汝道恐已後無人承當又令遷往南岳
和尚處下書曰汝達書了速回吾與汝箇
鈯斧子住山遷至彼未呈書便問不重已
靈不求諸聖時如何讓曰子問太高生何
不向下問遷曰寧可永劫沉輪不慕諸聖
解脫讓便休遷回師問子返甚速書達不

遷曰信亦不通書亦不達師曰作麼生遷
舉前話了便云去時蒙和上許鈯斧子便
請師垂下一足遷禮謝辭往石頭即石頭
和上是也及是師既歸寂門人咸尊爲七
祖焉

時京都興唐寺禪師普寂卒舊唐史云寂
生河東馬氏少時徧尋高僧學經律師事
神秀凡六年秀奇之盡以道授之秀入京
因薦與則天得度爲僧秀歿天下好釋氏
者咸師事之中宗聞其高行特下制令代
神秀統其法衆開元十三年有旨移寂於
都城居止時王公士庶爭来禮謁寂嚴重
少言来者難見其和悦之容遠近尤以此
重之及卒凡京城士庶曾謁見者皆制弟
子之服有勅賜號大照禪師塟且河東尹
裴寬及其妻子並衰麻列于門徒之次士
庶傾城哭送市易幾廢

改天寶

九月太子詹事嚴挺之卒少有風操累登
顯用皆著聲績天下引領望其爲相帝亦
知其賢欲遂相之晚爲李林甫所抑譖
不得遅至是預爲墓誌曰天寶元年挺之
自絳州刺史抗疏陳乞天恩允從許養疾
歸閒無授太子詹事前後歷三十五官每
承聖恩常忝奬擢不盡驅策驚懼何階仰
荅鴻造春秋七十無所展用爲上士所悲
其年九月寢疾于洛陽之私第以某月某
日塟于大照和上塔次之西禮也盡忠事
君叨載國史勉拙從事或布人謡陵谷可
以自紀文章焉用爲飾初挺之師事大照
禪師惠義深明釋典及遺塟大照塔次示
不忘其德見舊唐史

帝遣中使楊庭光入司空山采常春藤光
因詣無相寺問本淨禪師曰弟子慕道斯
久願和上慈悲畧垂開示師曰天下禪宗
碩學咸會京城天使足可咨決貧道猥山
傍水無所用心楊再拜師曰天使休禮貧
道天使爲求佛耶問道耶曰弟子昏昧未
審佛之與道其義云何曰若欲求佛即心
是佛若欲會道無心是道曰云何即心是

佛曰佛因心悟心以佛彰若悟無心佛亦不有曰云何無心是道曰道本無心無心名道若了無心無心即道庭光跪受回闕具以山中所遇聞奏即勑庭光賚詔起師以是冬十二月到京安置白蓮亭明年正月上元日追兩街名僧碩學赴內道場共師闡揚佛理有遠禪師者問如禪師所見以何爲道師曰無心是道遠曰道因心有何得言無心是道師曰道本無名因心名道心名若有道不虛然窮心既無道憑何立二俱虛妄總是假名遠曰禪師見有身心是道以否師曰山僧身心本來是道遠曰適言無心是道今又言身心本來是道豈不相違師曰無心是道心泯道無心道一如故言無心是道身心本來是道道亦本是身心身心本既是空道亦窮源無有遠曰觀禪師形體甚小却會此理師曰汝只見山僧相不見山僧無相遠曰請禪師於相上說出無相師曰淨名經云四大無主身亦無我無我所見與道相應大德若以四大有主是我若有我見窮劫不可會道也遠愕汗而退如遠者又七人往復論道師皆縱口詞辯傾注帝及四衆莫不稱善而罷

甲申三年南嶽懷讓禪師示寂元和中名儒張正甫製其碑曰天寶三載觀音大師終于衡岳春秋六十八僧臘四十八元和十年故大師弟子道一之門人曰惟寬懷暉感塵劫遷遷塔樹已拱懼絕故老之口將貽後學之憂至若貽謀思揚祖德乃列景行託於廢文強名無跡以慰乎罔極之思曰自騰蘭演教于此土也殆將千歲達磨傳心至六葉也分爲二宗不背初入頓入佛慧曹溪教旨於是乎傳弘而信之觀音其人也大師諱懷讓京兆杜氏其先因家安康即爲郡人髫年後發聰悟絕衆群言所涉一覽無遺居常而未或好弄在醜而不可褻近嘗嘿觀止水因而顧影形儀頤若究在鏡中三反厥像如初沛然而心乎獨得還步未輟聞於空中曰佛法津梁僕于而大既應付囑爾盍勉之乃深割愛嫉亟從剃落以荊土律藏之微寄也大士智京在焉攝衣從之既進而儀法峻整冠於等輩以嵩嶽禪之泉海也長安長老在焉稽首咨之既授而身心自在超出塵垢厭棄文字思會宗元周法界以冥搜指曹溪而遐舉能大師方弘法施學者如歸涉其藩闈者十三焉躋其堂室者又十一焉師以後學弱齡分於末席虛中而若無所受善閉而唯恐有闢能公異焉置之座右會一音吹萬有衍方寸彌大千同焉而友暢異焉而胗合同受祕印因爲宗師乃陟武當窮棲十霜揭來衡岳終焉是託般若勝槩有觀音道場宴居斯宇因以爲號或徵言析理辯士順風而杜其口或杖屨將撰山靈借留而現於夢遠自梁益近從荊吳雲趍影附風動川至靈山聖會古今一時至矣哉未始聞也一公見性同德弘教鍾陵讚爲名家再揚木鐸而施及寬暉繼傳心燈共鎮國土乃追琢琬琰揭于故山揚其

耿光以示來刼其受法弟子亦序列于左式明我教之有開焉

○立楊太真爲貴妃矣○道士吳筠是年詔見于大同殿帝問道要對曰深於道者無如老子五千文其餘徒喪紙劄耳復問神仙治鍊法對曰此野人事積歲月求之非人主宜留意筠每陳皆名教世務以微言諷天子天下重之沙門嫉其見遇而高力士素事佛共短筠於帝筠知不得留辭還山下詔爲立道館後徙茅山由會稽剡中卒物筠見惡於力士而斥故其文深詆釋氏議者譏其背向時浙西觀察使陳少游大惡筠所爲因命法師神邕著論折之邕著翻迷論以訂其妄筠論遂廢給事中實紹見邕論歎曰邕可謂塵外摩尼論中師子

五月制天下度僧尼並令祠部給牒今謂之祠部者自此而始也

是歲不空三藏自西域還詔入內結壇爲帝灌頂賜號智藏國師時方士羅思遠者以術得幸有旨令與不空驗優劣他日會于便殿思遠持如意向之言論次不空就取如意擲諸地令思遠舉之思遠竭力不能舉帝擬自取不空笑曰三郎彼如意影耳即舉手中如意示之思遠欽服而羅不空凡祈禱必張繡座手持木神誦呪擲之神自立于座四衆環視必見其神目吻瞬動所禱雖造化之功可奪朝野奉之如佛焉是年鳳凰現

世尊示滅一千七百年矣

潤州鶴林寺徑山大師玄素卒左補闕李華製碑其畧曰嗚呼菩提位中六十一夏父母之生八十五年赴哀泣者可思量否至有浮江而奠望寺而哭十里花雨四天香雲幡幢盖網光蔽日月以其月二十一日四衆等號捧全身建塔于黃鶴山西原象法也州伯邑宰執喪師之禮率申哀慕江湖震悼畢於寺內移居高松互偃涅槃之夕椅桐雙枯虎狼哀號聲破山谷人祇悽慟天地晦冥及發隱登原風雨如掃慧烏覆野靈鶴徊翔有情無情德至皆感門人法鏡法海親奉微言繕崇龕座菩薩戒弟子故吏部侍郎齊澣故刑部尚書張均故江東採訪使劉日正故廣東都督梁昇故潤州刺史徐嶠韋昭理故給事中韓延實故御史中丞李丹道流人望莫盛於此弟子嘗聞道於徑山猶樂正子春之於夫子也洗心瞻仰天漢彌高鑽公門人悟甚深者大理評事楊諳過去聖賢諸功德藏志之所至無不聞知曾史從告呪乎傳信

其文曰濁金清鏡在爾銷鍊磨之瑩之功至乃見膏潰注然光明外逾陽升律應草木皆變啓迪積替唯吾大師息言成教捨法興悲展極不動風波自移境由心寂道與人隨杳然玄默湛入無爲性本非垢云何淨除身心宴寂大極淪胥內光無盡萬境同如甘露正味琉璃妙器遍施大千無同無異度未度者化周緣備道樹忽枯涅槃時至我無生滅隨世因緣吉祥殿上應化諸天寂寂靈塔滔滔逝川恒沙刼壞智

月常園
蚤西番冦圍凉州帝命三藏不空祈陰兵救之空誦仁王密語數番有神介冑而至帝親見之問曰神謂誰空曰北方毘沙門天王長子也空誦密語遣之數日凉州捷報有神兵至威武雄盛賊畏懼卷甲而去帝悅詔天下軍壘皆立毘沙門天王祠

左溪玄朗法師卒朗如意中得度詣會稽叩宗法師商畧律部依恭禪師研究心法行頭陀教初南岳惠文禪師悟法華宗旨以授惠思禪師思授天台智顗顗授章安灌頂頂授縉雲智威威授東陽惠威朗奉事東陽盡傳其道重山深林怖畏之地獨處岩穴凡三十年宴坐左溪因以爲號每曰泉石可以洗昏蒙雲松可以遺身世吾以此始亦以此終建立精舍約而不陋跪懺其間奉觀音上聖願生兜率親近彌勒心不離定口不嘗藥或衣弊食絕布紙而綻掬泉而齋如繒纊之温如滑甘之飽或問萬行俱空云何苦行答曰本無苦樂妄習爲因衆生妄除我苦隨盡又問山水自利如聚落何對曰名香挺根於海岸如来成道於雪山未聞龍中比夫家鄉也一日告門人吾五印道成萬行無得戎馬心本爾等師之言訖而逝春秋八十有二弟子神邑玄淨法燈消辯湛然等數十人傳其教補闕李華誌其碑陰畧曰禪師誨人匪勸講不待衆一欝多羅四十餘載一尼師壇終身不易食不重味居必偏厦非披閱聖教不空然一燭非瞻禮尊儀不虛行一步其微細修心皆循律法之制是以遠方沙門隣境耆宿擁室塡門若冬暘夏陰不召而自至也其後輸林梁肅深得台教之旨趣嘗著天台法門議曰修釋氏之訓者務三而已曰戒定慧斯道也始於發心成於妙覺經緯於三乘導達於萬行而能事備矣昔法王出世由一道清淨用一音演法機感不同所聞益異故五時五味半滿權實偏圓小大之義播於諸部粲然殊流要其所歸無越一實故經曰雖說種種道其實爲佛乘又曰開方便門示真實相喻之以衆流入海據之以不二法門自他兩得同詣祕密此教之所由作也洎鶴林滅而法網散神足隱而宗塗異各權所得互爲矛盾更作其中或三昧示生四依出現應機不等持論亦別故攝論地持成實唯識之類分路並作非有非空之談莫能一貫既而去聖兹遠其風東扇說法者桎梏於文字莫之自解習禪者歷無其性相不可牽復是此者非彼未證者謂證慧解之道流以亡反身口之事蕩而無章於是法門之大統或幾乎息矣既而教不終否至人利見惠聞惠思或躍相繼法雷之震未普故木鐸重授於天台大師大師像身子善現之超悟備帝堯大舜之休相贊體樹之遺論從南嶽之妙解然後用三種止觀成一事之因緣括萬法於一心開十乘於八教戒定慧之說空假中之觀坦然明白可舉而行是故教無遺法法無棄人人無廢心心無擇行有所證證有其宗大

師教門所以爲盛故其在世也光照天下爲帝王師範其去世也往來上界爲慈氏輔佐卷舒於普門示現降德爲如來所使階位境智盖無得而稱焉於戲應跡雖往微言不墜習之者猶足以抗折百家昭示三藏又況聞而能思思而能修修而能信信而不已者歟斯人也雖曰未證吾必謂之近矣今之人正信者鮮啓禪關者或以無佛無法何罪何善之化化中人已下馳騁愛欲之徒出入衣冠之類以爲斯言且不逢耳故從其門者若飛蛾之赴明燭破塊之落空谷殊不知坐致燋爛而莫能自出雖欲益之而實損之輿夫衆魔外道爲害一揆由是觀之此宗之大訓此教之旁濟其於天下爲不侔矣自智者傳法五世至今湛然大師中興其道爲予言之如此故録之以繫于篇

是歲魯山令元德秀卒德秀字紫芝河南人少孤事母孝舉進士不忍去左右自負其母至京師母亡廬墓側刺血寫佛經數千言絶筆感異香芬馥彌日而息食不鹽酪藉無茵席調南和尉德秀不及親在而娶不肯婚人以爲不可絶嗣荅曰兄有子先人得祀吾何娶爲初兄子襁褓喪親無資得乳媪德秀自乳之數日湩流能食乃止家苦貧求爲魯山令歲滿笥餘一縑駕柴車還愛陸渾佳山水乃定居家無僕妾歲饑或日一爨嗜酒陶然皷琴以自娛房琯每見德秀歎息曰見紫芝眉宇使人名利之心都盡蘇源明嘗語人曰吾不幸生衰俗所不恥者識元紫芝也及卒家唯枕履簞瓢而已族弟元結哭之慟或曰子哭過哀禮歟結曰若知禮之過而不知情之至大夫弱無固壯無專老無在死無餘人情所耽溺喜愛可惡者大夫無之生六十年未嘗識女色視錦綉未嘗求足苟辭佚色未嘗有十畝之地十尺之舍十歲之僮未嘗完布帛而衣具五味而食吾衰之以誠荒婬貪佞綺紈粱肉之徒耳

論曰凡諸史雜傳俱未有卓行篇唐史特設此題載元魯山數人而已觀魯山行已之操及其弟元結所稱儼然一高僧耳寘唐史數千人中邈爾然傑出顧不美哉舊史稱其居母喪刺血寫佛經數千言絶筆感異香芬馥彌日而息而新史削之夫魯山居喪所爲出于至誠宋景文何嫌而削之若謂惡求福於佛佛國未嘗邀魯山魯山自爲之而不疑何佛之嫌若以身體髮膚受之父母不敢毀則乳亦婦人之事非男子有也魯山尚能出乳以食兄之子獨不當以血爲母寫經何也景文深存名教然君子百行殊塗同歸奚必斷斷然以儒釋歟执

乙未〇安祿山請以蕃將三十二人代漢將十一月反兵十五萬發范陽陷東都

丙申肅宗亨改至德元載玄宗第三子祿山反於鳳翔即位李泌爲相郭子儀李光弼爲平安祿山史思明之亂帝年五十二崩葬建陵在位七年

五月逆賊安祿山陷長安玄宗幸蜀或謂車駕入蜀之初有守臣與祿山偕反者其

人曾爲閬守有畫像在路次玄宗忽見之不勝大怒命侍臣以劍斬像首其人時在陝西不覺其首無故忽墮于地及是駕至成都渡萬里橋悟一行金盦當歸之讖於是洸然忘憂云

秋七月皇太子即位于靈武是爲肅宗旬日諸鎮節度兵至者數十萬乃以房琯爲相兼元帥討賊未幾爲祿山所敗于時寇難方熾或言宜憑福祐帝納之引沙門百餘人行宮結道場朝夕誦唄帝一夕夢沙門身金色誦寶勝如來名以問左右或對曰賀蘭白草谷有新羅僧名無漏者常誦此佛頗有神異帝詔之有旨追見無漏固辭不赴尋敕節度郭子儀諭旨無漏乃來見于行在帝悅曰真夢中所見僧也既而三藏不空亦見于行宮帝併留之託以祈禳

丁酉正月安祿山子慶緒使李猪兒弑祿山而自立九月副元帥郭子儀破安慶緒復京師十月帝至自靈武十二月太上皇至自西蜀○未幾於內禁立道場講誦讚唄甚嚴宰相張鎬諫曰天子之福要在養人以一函宇善風俗未聞區區佛事能致太平願陛下以無爲爲心不以小乘擾聖慮帝不納尋敕五嶽各建寺廟選高行沙門主之聽白衣能誦經五百紙者度爲僧或納錢百緡請牒剃落亦賜明經出身及兩京平又於關輔諸州納錢度僧道萬餘人進

戊戌納自此而始改乾元復稱年○史思明殺安慶緒復反

是歲新羅僧無漏示寂于右閤門合掌凌空而立足去地尺所左右以聞帝驚異降蹕臨視得遺表乞歸葬舊居谷有詔護送舊居建塔至懷遠縣下院轝舉不動遂以香泥塑全身留之下院

己亥是歲遣使詣韶州曹溪迎六祖能大師衣鉢入內供養詔南陽慧忠禪師赴闕忠越州諸暨人自受曹溪心印居南陽黨子谷中凡四十年足不下山門嘗示衆曰禪宗學者應遵佛語一乘了義契自心源不了義者互不相許如師子身中蟲夫爲人師若涉名利別開異端則自他何益如世大匠斤斧不傷其手香象所負非驢所堪及是赴詔初安置千福寺一日帝問如何是十身調御忠起身而立曰會麼帝曰不會忠顧左右云與老僧過淨缾來帝又問如何是無諍三昧答曰檀越踏毗盧頂上行帝曰此意如何忠曰陛下莫認自己清淨法身帝益不曉於是齋沐別致十問其一曰見性已後用布施作福否忠對無相而施合見性二曰日久作何行業合得此道忠答無功而修合此道三曰或有病難將何道理修行抵擬忠對無功而修了業本空得不動轉四曰臨終時作麼生得清涼自在無疑忠以努力自信道爲對五曰煩惱起時將何止息忠以本心湛然煩惱回歸妙用六曰見性已去用持戒念佛求淨土否忠對性即是佛性即是淨土七曰捨此陰了當生何處忠以無舍無生自在生爲對八曰臨終時有花臺寶座來迎可赴否

忠以不取相爲對九曰作麼生得神通似
佛國忠以見性如貧得寶如民得王對十
曰只依此本性修定得作佛否忠對定得
作佛佛亦無相無得乃爲真得前十對皆
廣有其辭今約科目爲對耳帝由是凝心
玄旨三月巳丑詔天下州郡各置放生池
冬十月昇州刺史顔真卿撰有唐天下放
生池碑銘并序曰皇唐七葉我乾元大聖
光天文武孝感皇帝陛下以至聖之姿屬
艱虞之運無少康一旅之衆當祿山強暴
之初乾肇勞謙勵精爲理推誠而萬邦胥
悦克巳而天下歸仁恩信侔於四時英威
達于八表功庸格天地孝感通神明故得
迴紇奚霫契丹大食循蠻之屬扶服萬里
決命而爭先朔方河東平盧河西隴右安
西黔中嶺南河南之師虓闞五年推鋒而
効死摧元惡如拉朽梟兩京若拾遺慶緒
逋逃巳蒙赤族之戮思明跧伏行就沸鼎
之誅拯巳墜之皇綱據再安之宗社迎上
皇於西蜀申子道於中京一日三朝大明

天子之孝問安侍膳不改家人之禮烝烝
然翼翼然真帝皇之上儀誥誓所不及巳
歷選内禪生人以來振古及隨未有如我
皇帝者也而猶嫗煦萬類憂勤四生乃以
乾元二年歲次巳亥春三月巳丑端命左
驍衛右郎將史元琮中使張廷玉奉明詔
布德音始于洋州之興道洎山南劍南黔
中荆南嶺南浙西諸道迄于昇州之江寧
秦淮太平橋臨江帝郭上下五里各置放
生池凡八十一所盖所以宣皇明而廣慈
愛也易不云乎信及豚魚書不云乎消鳥
獸魚鱉咸若古之聰明睿智神武而不殺
者非陛下而誰昔殷湯克仁猶存一面之
網漢武垂惠纔致銜珠之答雖流水救涸
寶勝稱名盖事止於當時尚介祉於終古
豈我今日動者植者水居陸居舉天下以
爲池薈域中而蒙福乘陀羅尼加持之力
竭煩惱海生死之津揆之前古曾何彷彿
微臣職忝方面生丁盛美受恩寖深無以
上報謹緣皐陶奚斯歌虞頌魯之義述天

下放生池碑銘一章雖不甲雍容聖明萬
分之一亦臣之精懇也碑銘不錄
改上元
尚書左丞王維卒維字摩詰臨終無病遺
親故書數幅停筆而化工草隸善畫名盛
於開元天寶間豪英貴人虛左以迎之寧
薛諸王待以師友畫思入神至山水平遠
雲勢石色繪工以爲天機所到非由學致
也客有以按樂圖示者無題識維曰此霓
裳第三疊最初拍也客未然引工按曲乃
信與弟縉皆篤志奉佛食不葷血衣不文
綵別墅在輞川地奇勝有華子岡欹湖竹
里館柳浪茱萸沜辛夷塢與裴迪游其間
賦詩相酧爲樂喪妻不娶孤居三十年母
喪表請以輞川第施爲佛祠
改寶應四月庚戌楚州龍興寺尼真如恍
若有人接之升天見天帝帝授以十三寶
謂真如曰中國有災宜以第二寶鎮之甲
于楚州刺史崔侁奉表獻于朝其一曰玄
黄天符形如笏長八寸闊二寸黄玉也有文云辟兵疫二曰玉雞

（毛文悉備白玉也）三曰穀璧（徑六寸粟粒自然白玉也）四曰西王母環二枚（徑七寸白玉也）五曰碧色寶（圓而有光）六曰如意珠（形如卵光如月）七曰紅靺鞨（大如巨栗）八曰琅玕珠二枚（長二寸）九曰玉玦（如環四分缺其一）十曰玉印（有文如鹿以印物則鹿形著）十一曰皇后採桑鉤（長六寸形如著屈其末色如金又如銀）十二曰雷公斧（長二寸闊二寸）十三曰（史失其名）帝覽之大悦以置日中則白氣屬天名之曰定國寶帝以獻自楚州即皇太子始封之國又關中原有定宜以第二寶鎮之遂詔皇太子攝政事大赦天下

五月太上皇崩年七十有八帝自春至夏多不豫及太上皇崩哀慼號慟致疾相距十四日而崩年五十四皇太子即位是爲代宗

佛祖通載通載卷第十七

佛祖歷代通載卷第十七

校勘記

一　底本，明永樂北藏本。

一　九九七頁上一九行「俄項」，徑、清作「俄頃」。

一　九九七頁中八行夾註「十哲圖」，徑、清作「十哲坐圖」。

一　九九七頁中末行眉註「注華嚴合論」，徑無。

一　九九八頁下七行末字「其」，清作「某」。

一　一〇〇一頁下三行第四字「諧」，清作「諸」。

一　一〇〇二頁上一一行第二字「迸」，徑、清作「逆」。下同。

一　一〇〇四頁下一一行第一一字「甲」，徑作「申」。

一　一〇〇四頁下一八行「第二寶」，清作「第一寶」。

一　一〇〇五頁上卷末經名，徑、清作「佛祖歷代通載卷第十七」。

佛祖歷代通載卷第十八　我八

嘉興路大中祥符禪寺住持華亭念常集

唐

癸卯代宗豫改年廣德（肅宗長子玄皇諸孫百余人代居長爲嫡孫即位後用元載爲相而黜李泌及誅元載後用楊綰年五十三崩紫宸内殿葬元陵在位十七年）

乙巳改年永泰〇九月鑄金銅佛像於光順門率百僚拜祀之十月吐蕃寇逼京師内出仁王經輦送西明諸寺置百尺高座講之寇平〇帝夢六祖惠能大師請衣鉢歸于曹溪翌日遣中使送還是時寇難屢逼帝寖以爲憂宰相王縉曰國家慶祚靈長福報所憑雖多難無足道者祿山思明毒流方熾而皆有子禍僕固懷恩臨敵而踣群戎來寇未及戰輒去非人事也帝由是篤意佛道修祠祀詔天下官司無箠辱僧尼禁中講誦仁王護國經詔命不空三藏重譯奮本帝親爲之序官不空特進鴻臚卿是年詔法師良賁於大明宮之桃園造新仁王經疏成賁以表進呈略曰洗心滌慮扣𢑱求音發明啓自天宮加被仰憑佛力成納經論演暢真宗亦猶集群王於荆山約百川於滨海火生於木並兩曜而俱明識轉於如體一相而等照成道者法也載法者經也廣度群有同於大通足菩提心如陛下意帝覽之稱善改大曆元年

丙午道義禪師是年建金閣寺勅十節使助之以二稅七月始作盂蘭盆會于禁中設高祖太宗已下七聖位備鑾舉建巨旛各以帝號標其上自太廟迎入内道場鐃吹鼓舞旌幢蠋天是日立仗百僚於光順門迎拜導從自是歲以爲常癸未太廟二宮生靈芝帝賦詩美之百僚皆屬和

丁未〇大教東被七百年矣

七月宰相杜鴻漸出撫巴蜀至益州遣使詣白崖山請禪師無住入城問法曰弟子聞今和上說無憶無念莫妄三句法門未審此三句是一是三無住曰無憶名戒無念名定無妄名慧然一心不生則具戒定慧非一非三也曰後句妄字莫非從心否無住曰從女者是曰有據否無住曰法句經云若起精進心是妄非精進若能心不妄精進無有涯又問師還以三句接人否對曰初心學人還令息念澄停識浪清水影現悟無念體寂滅現前無念亦不立也時庭樹鴉鳴公曰師還聞否曰聞鴉去矣又問師今聞否曰聞公曰鴉去無聲云何言聞無住顧四衆曰正法難聞各宜諦聽聞與不聞非關聞性本來不生今亦不滅有聲之時是聲塵自生無聲之時是聲塵自滅而此聞性不隨聲生不隨聲滅悟此聞性則免聲塵流轉乃至色香味觸亦復如之當知聞無生滅聞無去來公與僚屬喜躍稱善又問弟子頃著起信論疏二卷得名解佛法否曰夫造疏皆用心思量分別但可著成傳益初學據論云知一切法從本以來離言說相離文字相離心緣相畢竟平等無有變異唯是一心故名真如今相公著言說相著名字相著心緣相既著種種相何由體解佛法公稽首曰師今

從理確論合心地法門實不思議然何由得不生不滅契解脫去荅曰見境心不起名不生不生即不滅既無生滅即不被前塵所縛當處解脫公曰何謂識心見性荅曰一切學道人隨念流浪蓋為不識真心不見本性真心者念生亦不順生念滅亦不依寂不來不去不定不亂不取不舍不沉不浮無為無相活鱍鱍平常自在此心體畢竟不可得無可知覺觸目皆如無非見性也鴻漸由是棲心禪悅嘗有詩云長願追禪理安能攝化源晚以疾辭宰相釋位三日而薨臨終沐浴儼朝服加僧伽黎剃鬚髮而逝遺命依沙門法葬

論曰無住說法簡當明妙雅合首楞嚴所謂聞無生滅之旨宜乎聞者悟悅而信解也鴻漸盤武策立功臣家世奉佛其臨終剔髮鬚服僧衣遂與宋朝王文正公旦肖焉雖文正公巨德元勳完名高節卓冠名臣之表非鴻漸所能彷彿然暮年付囑諸子及其友楊文公大年丁寧曲折文公誌死著之甚詳茲可想見知佛之深而見道之明也嗚呼吾宗直指當人見聞覺知一段大事本爾現成柰何人自棄昧往往終身役役為他閒事長無明者天下碌碌皆是若二公能自回頭存心後世打徹大事夫豈易得也哉

清凉國師澄觀字大休會稽人姓夏侯氏生於開元戊寅身長九尺四寸垂手過膝口四十齒目光夜發晝乃不眴天寶七年出家至肅宗二年丁酉受具是年奉詔入內勅譯華嚴初至德中即以十事自勵曰體不捐沙門之表心不違如來之制坐不背法界之經性不染情礙之境足不履尼寺之塵脇不觸居士之榻目不視非儀之綵舌不味過午之餚手不釋圓明之珠宿不離衣鉢之側從牛頭忠徑山欽問西來宗旨授華嚴圓教於京都詵禪師至是大曆三年代宗詔入內與大辯正三藏譯經為潤文大德既而辭入五臺大華嚴寺單思華嚴以五地聖人栖身佛境心體真如猶於後得智起世俗心學世間解緣是博覽六藝圖史九流異學華夏訓詁竺經梵字及四圍五明聖教世典等書靡不該洽至建中四年下筆著疏先求瑞應一夕夢金容當陽山峙光相顯顯因以手捧咽面門既覺而喜以謂獲光明徧照之徵自是落筆無停思乃以信解行證分華嚴為四科理無不包觀每慨舊疏未盡經旨唯賢首國師頗涉淵源遂宗承之製疏凡歷四年而文成又夢身為龍矯首南臺尾蟠北臺宛轉凌虛鱗鬣耀日須臾變百千數蜿蜒青冥分散四方而去識者以為流通之像也初為衆講之感景雲凝停講堂庭前之空中又為僧叡等著隨疏演義四十卷隨文手鏡一百卷云

是年帝召國師惠忠入內引太白山人見之帝曰此人頗有見解請師驗之忠曰汝蘊何能山人曰忝識山識地識字善算曰山人所居之山是雄山是雌山人茫然不能對忠曰識地否曰識忠指殿上地問

曰此是何地荅曰容弟子算方知忠曰識字否曰識忠於地上畫一畫曰此甚字山人曰是一字忠曰土上一畫是王字何謂一字耶又問能算否曰能忠曰三七是多少山人曰國師玩弟子三七豈非二十一

忠曰郤是山人算貧道三七是十何謂二十一復問更有何能荅曰弟子縱有亦不敢向國師開口忠曰縱汝有能亦俱未是師郤謂帝曰問山不識山問地不識地問字不識字問算不解算陛下何處得此懵漢来帝謂山人曰朕有國位不足爲實師乃國寶也山人曰陛下真識寶者矣

是歲詔徑山道欽禪師至闕下帝親加膳禮一日師在内庭見帝起立帝曰師何以起欽曰檀越何得向四威儀中見貧道帝悅謂忠國師曰朕欲賜欽師一名忠欣然奉詔遂賜號國一禪師後辭歸本山馬祖大師令門人智藏問十二時中以何爲境師曰待汝回去時有信蔵曰只今便回師曰傳語郤須問取曹溪又僧問如何是祖師西来意師曰汝問不當曰如何得當師曰待吾滅後郤向汝説至貞元八年示寂賜諡大覺禪師

己酉牛頭惠忠禪師示寂師得法於威師爲牛頭宗第六祖平生一衲不易器用唯一鐺甞有供僧穀二廪盗者窺伺虎爲守縣令張遜者入山頂謁問師有何徒弟曰有三五人遜曰可得見否師敲牀三下有三虎哮吼而出遜驚怖而退及移居莊嚴寺將建法堂有古樹群鵲巢其上師謂巢曰此地建堂汝可速去言訖群鵲遷巢他樹及築基有二神人定其四角潛資夜役不日而成由是學徒雲集師有安心偈曰人法雙淨善惡兩妄直心真實菩提道場至是

禪宗布薩將終石室前掛鐺樹掛衣藤無故枯死師集衆布薩訖淨髮浴身是夕有瑞雲覆其院空中復有天樂之聲詰旦怡然坐化俄頃風雨暴作震折林木有白虹貫于岩壑

庚戌云西域大耳三藏至京師自云得他心慧眼帝令入光宅寺請國師惠忠試驗忠問汝得他心通耶對曰不敢忠曰汝道老僧即今在什麼處三藏云和上是一國之師何得往天津橋看弄猢孫又問老僧即今在什麼處三藏曰和上是一國之師何得去西川看競渡忠第三問語亦如前三藏良久罔知去處忠叱曰這野狐精他心通在什麼處三藏無對

論曰四祖下融大師橫説竪説猶未知向上關棙子此黄蘗運公語也以黄蘗大機大用逸格手段作如是説則其然矣異時學人相似語言以爲禪之者凡貶剝諸方往往猶不止於此嗚呼世謂學不躐等矧吾宗單傳心印用以了生死者其可以躐等乎觀牛頭諸祖道盛一時於死生之際感驗昭著有生而百鳥啣花虎狼給侍者有滅而鳥獸哀鳴逾月乃止者有異香經旬而歇者有山林變白溪澗絶流者有坐中神旛從西而來遶山數匝者有所居舊院林木變白七日而復者及是忠禪師所感皆不思議事出於造化之表自非神德

妙行蔽天地而不恥闕百聖而不慚者曷以臻此邪如大耳三藏分證小果得五神通及見國師初二度國師以有所緣心則灼見其處及第三度國師入甚深祕密大寂定門大耳於是茫然不知然則證果有階級大道有淺深端不誣矣或謂巫咸相(掜 鴞知)壺子掜擬國師者自性圓通與夫區區術數烏可同年而語哉

是年大廣智三藏不空示疾誡門人曰普賢行願出無邊法門汝等勤而行之宜觀菩提心本尊大印直詮阿字了法無生證大覺身又命弟子趙遷執筆授所撰涅槃軌範以貽後世使準此送終以表辭帝詔遣內使賜湯藥勞問就加開府儀同三司肅國公食邑三千戶辭讓數四不允不空歎曰吾以法濟世不意垂死濫汙封爵乃以先師金剛智所付法物因中使李憲誠進之遂沐浴更衣吉祥安卧而寂闍維頂骨不壞中含舍利光彩奪目御使嚴郢撰紀德碑太常徐浩書之于石其辭曰

和上諱不空西域人也氏族不聞於中夏(迄 許吉)故不書玄宗燭知至道特見高仰迄肅中代宗三朝皆爲灌頂國師以玄言德祥開佑至尊代宗初以特進大鴻臚褒表之及示疾不起又就卧內加開府儀同三司肅國公皆牢讓不允特賜法號曰大廣智三藏大曆五年夏六月癸未滅度于京師大興善寺代宗爲之廢朝三日贈司空追謚大辯正廣智三藏和上荼毗日詔遣中謁者齎祝文祀祭申如在之敬睿詞深切加薦令芳禮冠群倫舉無與比明年九月詔以舍利起塔于舊居寺院和上性聰朗博觀前佛法藏要旨緇門獨立邈蕩蕩其無雙稽夫真言字義之憲度灌頂升壇之軌迹即時成佛之速應聲儲祉之妙天厳且彌地普而深固非末學所能詳也敢不縣見序其大歸昔金剛薩埵親於毘盧遮那佛前受瑜伽最上乘義後數百年傳於龍猛菩薩龍猛又數百年傳於龍智阿闍黎龍智傳金剛智阿闍黎金剛智東來傳於和上和上又西遊天竺師子等國詣龍智(搉 岳覺)阿闍黎揚搉十八會法法化相承自毘盧遮那如來至於和上凡六葉矣每齋戒留中導迎善氣登禮皆答福應較然溫樹不言莫可紀已西域隘巷狂象奔突以慈眼視之不旋踵而象伏不起南海半渡天吳皷駭以定力對之未移晷而海靜無浪其生也母氏有毫光照燭之瑞其沒也精舍有池水竭涸之異凡僧夏五十享年七十自成童至于晚暮常飾供具坐道場浴蘭焚香入佛知見五十餘年晨夜寒暑未嘗有傾欹懈倦之色過人絕遠乃如是者後學陞堂誦說有師法者非一而沙門惠朗受補處之記得傳燈之旨繼明佛日紹六爲七至矣哉於戲法子永懷梁木將絕本行託予勒崇昔承微言今見几杖光儀眇漢壇宇清愴恭書昭銘小子何讓銘曰嗚呼大士起我三宗道爲帝師秩爲儀同昔在廣成軒后順風歲逾三千復有肅公瑜伽上乘真語密契六葉授受傳燈相繼述

者牒之爛然有第陸伏狂象水息天吳慈心制暴慧心力降愚舜然感通其可測乎兩楹夢奠雙樹變色司空寵終辦正旌德天使祖祭寢裹悽惻詔起寶塔舊庭之隅下葳舍利上飾浮圖跡殊生滅法離有無判石爲碣傳之大都

越州律師曇一卒補闕梁肅製其碑曰釋氏先律師諱曇一字覺胤報年八十僧夏六十一以大曆六年十二月七日滅度于越州開元寺遷座起塔于秦望山之陽製縗會葬者以千百數大師南陽張氏曾祖隋太常恒始家會稽之山陰大師誕鍾粹氣聰悟夙發幼學五經因探禹穴至雲門寺遂依沙門諒公出家景龍中剃度尋受具戒天縱辯慧益以軌儀翕然已爲人望矣開元初西遊長安觀音亮律師見而奇之授以毘尼之學又依崇聖寺壇子法師學俱舍唯識從印度大沙門無畏受菩薩戒探道觀奧出類拔萃期月之閒名動京師大師崖岸峻峙機神坦邁體識詳雅應用虛明得三藏之隱賾究諸宗之源底加以素解玄儒旁總曆緯長老聞風而悅服公卿下榻以賓禮由是與少保兗國公陸公象先賀賓客知章李北海邕徐中書安貞褚諫議庭誨爲儒釋之遊莫逆之友其道世皆先之以文行弘之以戒定入蘭室而馨香自發臨水鏡而毫髮必鑑不知其所由然矣開元二十六年復歸會稽謂人曰三世佛法戒爲根本本之不修道遠乎哉故設教以尸羅爲主取鄞郡律疏合終南事鈔括其同異詳發正義學徒賴焉大凡北際河朔南越荊閩四分之宗自我而盛烈炬之破昏黑群流之赴潤澤適來之時行化也如彼有爲而生乘化而息草木潛潤慈雲無心適去之時處順也如此人世遷轉道存運往瞻望不見寂寞空山哀哉銘曰越水湯湯崇山回合大師化滅式建靈塔緬慕上士誕修淨法有威有儀不窪不雜德溥化洽雲從海納勒銘垂後千萬億劫

是歲淮南節度使揚州牧御史大夫張延賞狀舒州三祖行實請謚于朝夏四月天子賜謚曰鏡智禪師刺史獨孤及製賜謚碑曰按前志禪師號僧粲不知何許人出見于周隋閒傳教於惠可大師摳衣鄴中得道於司空山謂身相非真故示有瘡疾謂法無我故居不擇地以衆生病爲病故所至必說法度人以一相不在內外中閒故必言不以文字其教大略以寂照妙用攝群品流注生滅觀四維上下不見法不見身不見心乃至心離名字身等空界法同夢幻無得無證然後謂之解脫禪師率是道也上膺付屬下拯昏疑大雲垂廕國土皆化謂南方教所未至我是以有羅浮之行其來不來也其去無去也既而以袈裟與法俱付悟者道存影謝遺骨此山今二百歲矣皇帝即位後五年歲次庚戌其剖符是州登禪師遺居周覽塵跡明徵故事其茶毘起塔之制實天寶景戌中別駕前河南尹趙郡李公常經始之碑版之文

隋内史侍郎河東薛公道衡唐相國河南房公琯繼論撰之而尊道之典易名之禮則朝廷方以多故而未遑也長老比丘釋湛然誦經於靈塔之下與澗松俱老痛先師名氏未經邦國焉與禪衆寺大律師澄俊同寅叶恭函以爲請會是歲嵩山大比丘釋惠馹至自廣陵勝業寺大比丘釋開悟至自廬江俱慕我禪師後七葉之遺訓日相與歎塔之不命號之不崇懼象法之根本墜于地也頓申無邊衆生之弘誓以紓罔極揚州牧御史大夫張公延賞以狀聞於是六年夏四月上霈然降興廢繼絕之詔冊謚禪師曰鏡智塔曰覺寂以大德僧七人掃洒供養天書錫命輝煥崖谷衆庶踴躍謂大乘中興是以大比丘衆議立石于塔東南隅紀心法興廢之所以然某以謂初中國之有佛教自漢孝明始也歷魏晉宋齊及梁武言第一義諦者不過布施持戒天下惑於報應而人未知禪世與道交相喪至菩提達磨大師始示人以諸佛心要人疑而未思惠可大師傳而持之人思而未修迨禪師三葉其風寖廣真如法味日漸月漬萬木之根莖枝葉悉沐我雨然後空王之密藏二祖之微言始行於世間浹於人心當時聞道於禪師者其淺者知有爲無非妄想深者見佛性於言下如燈照物朝爲凡夫夕爲聖賢雙峯大師道信其人也其後信公以傳弘忍忍傳惠能神秀秀公傳普寂寂公之門徒萬人陞堂者六十有三得自在惠者一曰弘正正公之廓廡龍象又倍焉或化嵩洛或之荆吳自是心教之被於世也與六籍侔盛於戲微禪師吾其二乘矣後代何述焉庸詎知禪師之下生不爲諸佛故現比丘身以救濁劫乎亦猶堯舜既往周公制禮仲尼述之游夏弘之使高堂后蒼徐孟戴慶之徒可得而祖焉夫以聖賢所振爲木鐸其揆一也諸公以爲司馬子長立夫子世家謝臨川撰惠遠法師碑銘今將令千載之後知先師之全身禪門之權輿王命之追崇在此山也則揚其風紀其時宜在法流其嘗味禪師之道也久故不讓其銘曰人之靜性與生偕植智誘於外染爲妄識如浪斯鼓與風動息淫駭貪怒爲刃爲賊生死有涯緣起無極如來憫之爲闢度門即妄了真以證覺源啓迪心印貽我後昆間生禪師俾以教尊二十八世迭付微言如如禪師應期弘宣世溷法滅獨與道全童蒙來求我以意傳攝相歸性法身乃圓性身本空我爲說焉如如禪師道既棄世將二十紀朝經乃屆皇明昭賁億兆攀拜凡今後學入佛境界於取非取誰縛誰解萬有千歲此法無壞

魯郡公顏真卿撰撫州寶應寺律藏院戒壇記曰如來以身口意業難調伏也淨尸羅以息其内行住坐卧四威儀攝善心也明布薩以昭其外故曰波羅提木叉是汝之師則憍陳如之善來迦葉波之尚法諸聲聞三歸約衆十四年以八敬度尼羯磨相承其致一也漢靈帝建寧元年有北天

竺五葉門支法領等始於長安譯出四分戒本蕪羯磨與大僧受戒至曹魏有天竺十尼自遠而来爲尼受具後秦姚興弘始十一年有梵僧佛陀耶舍譯出四分律本而關中先行僧祇江南盛行十誦至元魏

法聰律師始闡四分之宗聰傳道覆覆傳惠光光傳雲暉頵頵傳隱樂洪雲雲傳遵遵傳智首首傳道宣宣傳法勵滿意意傳法成成傳大亮道省亮傳雲一道岸超惠澄澄傳惠欽皆口相授受臻於壺輿欽俗姓徐洪州建昌人也蓋漢孺子之後年二十二尋師於臨川楮山後五歲削髮隷于高安龍崗寺遂受戒有唐義淨則譯經上足曰洪州之靈傑其秉宣羯磨者曰兩京滌法銳欽智度冲深神用高爽行無權實身絶開遮闡律藏而日月光明騁辯才而龍象蹴踏江嶺之外凜然風生開元末北游京師充福先大德常誦涅槃經而講之兼明俱舍論維摩金剛經又登講座其下日有二三千人曰是名動輦轂屬禄山作亂杖錫南歸居于西山洪井雙嶺之間慕高僧觀顒之遺蹤於寺北剏置蘭若山泉之美頗極幽絶欽雖堅持律儀而志在弘濟好讀周易左傳下筆成章著律儀輔演十卷晉撰本州龍興寺戒壇碑頗見稱於作者三年真卿添刺撫州東南四里有宋侍中臨川内史謝靈運翻涅槃經古臺基局儼然軒陛摧圮高行頭陀僧智清者首事修葺安居住持明年秋七月真卿續秩將滿有觀察使尚書御史大夫趙國魏公頠以我皇帝降誕之辰奏爲寶應寺仍請山林高行僧三七人冬十月二十三日聖恩允許於是蔇新輪奐其興也勃焉乃請止觀大師法源法泉襄陽乘覺清凉善弘羅浮圓覺佛跡本𥤷餘杭惠達洎常州海通海岸等同住熏修以資景福僉以爲學徒雖增毗尼未立明年三月乃請欽登壇而董木鐸焉仍俾龍崗道幹天台法裔招提智融白馬法亂衡嶽智覺同德義盈香城藏選龍興藏智開元明徹等同秉法事

於是遠近駿奔道場側塞聖像放光而龍王不雨者四旬僧尼等三百五十七人而文士正議大夫前衛尉少卿張延阜脫俗歸真其法名曰懷網焉稱首焉又欽此年已来爲受具者凡一萬餘人江嶺湖海之閒幅員千里像法於變皆欽化道之力焉臨川在嶺隅未嘗弘律於是二衆三百餘人請法裔敷演而依止之後有上都資聖寺高德曰還本律主偉兹能辯深嗟嘆而讚美之謂於寺東南置普通無礙禪院内立鎮國觀音道場請善弘居之以開悟心要雲一上足曰智融精持本事如曾尊衆乃命智晃等於普通道場東置律藏院剏立戒壇以行欽公之來儀且施肇紀之不朽經營未幾壇殿欝興肅乎渡海浮囊分毫絶羅刹之請嚴身瓔珞照耀有摩尼之光則入佛位而披伽黎者名香普熏神足無極半月可勝紀而無絶乎有唐大曆辛亥歲行撫州刺史魯郡開國公顔真卿書而志之

甲寅九年道士史華以術得幸因請立刃梯與沙門角法有旨兩街選僧剋日校勝負沙門崇惠者不知何許人常誦首楞嚴呪秉請挫之帝率百僚臨觀史華履刃梯而上命惠登之惠躡刃而昇往復無傷惠承勝命聚薪于庭舉烈焰惠入火聚呼史華令入華慚汗不敢正視帝大悅而寵賜崇惠號護國三藏後不知終沙門圓澤者寓東都惠林寺與隱士李源厚善惠林即源舊第也父憕守東都爲禄山所害源以故不仕常居寺中與澤談噱終日偶相率游峩眉山源欲自荆州泝峽以往澤欲由長安斜谷源以爲久絶人事不欲復入京師澤不能強遂自荆州舟次南浦見婦人錦襠負罌而汲者澤望而泣曰所不欲由此者爲是源驚問故澤曰婦人孕三稔矣遲吾爲之子不逢則已今既見之無可逃者公當以符呪助我令速生三日浴兒願公臨顧以一笑爲信後十三年於杭州天竺寺外當與公相見源悲哀具浴至暮而澤亡婦乳三日源往視之兒見源果軒渠而笑即具以語其家葬訖源返寺中後如期自洛之吳赴其約至期於葛洪井畔聞有牧童扣牛角而歌曰三生石上舊精魂賞月吟風莫要論慚愧情人遠相訪此身雖異性常存源曰澤公健否答曰李君真信士然世緣未盡且勿相近惟勤修不惰乃復相見又歌曰身前身後事茫茫欲話因緣恐斷腸吳越江山尋已徧却回煙棹上瞿塘遂隱不見源復歸惠林至長慶初年八十矣御史中丞李德裕表薦曰源天與至孝絶心禄仕五十餘年常守沉默理契深要一辭開析百慮洗然抱此真節棄於清世臣竊爲陛下惜之穆宗下詔以源守諫議大夫不赴尋以壽終

乙卯國師惠忠將終眈源問百年後有人問極則事作麽生忠曰幸自可憐生須要護身符子作麽乃入辭代宗代宗曰師滅度後弟子將何所記忠曰告檀越造取一所無縫塔帝曰請師塔樣忠良久曰會麽帝曰不會忠曰貧道去後有侍者應真卻知此事以十二月九日右脇而寂門弟子奉全身於黨子谷建塔賜謚大證禪師帝尋召應真入内舉前語問之真良久曰聖上會麽帝曰不會真述偈曰湘之南潭之北中有黄金充一國無影樹下合同舡瑠璃殿上無知識代宗嘗在便殿指天下觀軍容使魚朝恩謂忠曰朝恩亦解些子佛法朝恩即問忠曰何者是無明無明從何而起忠曰佛法衰相今現帝曰何也忠曰奴也解問佛法豈非衰相今現朝恩色大怒忠曰即此是無明無明從此起朝恩復抗聲曰有人言師今是佛得否忠曰朝廷有人言汝是天子果否朝恩伏地曰死罪死罪朝恩實非天子忠曰我不是佛所以二尊不並化朝恩曰師長作凡夫無成佛時耶忠曰我向後必當作佛汝姓什麽朝恩曰姓魚忠曰我向後作佛不名惠忠汝向後着作天子改卻姓莫不姓魚否朝恩伏地曰死罪死罪朝恩此去實不敢向師論佛

法忠謂帝曰幾帕殺此奴
丁巳十二年宰相元載王縉有罪載伏誅籍其家鍾乳五百兩胡椒八百斛他物稱是縉貶括州刺史縉素奉佛不茹葷晚節尤謹妻死以第爲佛祠初帝未知重佛每從容問縉所以然縉必開陳福業報應帝意向之由是宮中祀佛梵唄齋熏無少懈群臣承風旨言死生報應故人事置而不修議者以縉與杜鴻漸泥佛太過云
戊午（）米斗三文（）猫鼠同乳
己未三月上崩太子即位
十四年天柱山崇惠禪師示寂師彭州人得法於牛頭威禪師後居天柱寺僧問達磨未來此土還有佛法也無師曰未來時且置即今事作麼生曰某甲不會師曰萬古長空一朝風月良久又曰闍黎會麼自己分上作麼生干他達磨來與未來作麼他家來大似賣卜漢相似見汝不會爲汝錐破卦文才生吉凶在汝分上一切自看僧問如何是解卜底人曰汝才出門時便不中也問宗門中請師舉唱荅曰石牛長吼真空外木馬嘶時月隱山問如何是西來意曰白猿抱子歸青嶂蜂蝶啣花綠蘂間及是遷化肉身不壞數百年猶在
庚申德宗适改年建中（代宗長子詔天下勿上祥瑞放馴象出宮女用盧杞爲相致朱泚之亂幸奉天壽六十四崩葬崇陵在位二十五年○立誦爲皇太子○始定秋夏二稅）
沙門惠超於五臺乾明寺録出大廣智三藏不空所譯大乘瑜伽金剛性海曼殊室利千臂千鉢大教王經其序文曰大唐開元二十一年歲次癸酉正月一日於薦福寺道場内金剛三藏與僧惠超授大乘瑜伽金剛五頂五智尊千臂千手千鉢千佛釋迦曼殊室利菩薩祕密菩提三摩地法遂於其後受是法已不空三藏奉事經于八載至開元二十八載歲次庚辰四月十五聞奏開元聖上皇於薦福御道場内至五月五日奉詔譯經卯時焚燒香火起首飜譯三藏演梵本惠超筆授大乘瑜伽千臂千鉢曼殊室利經法教十二月十五日
繞訖天寶元年二月十九日三藏將此梵本及五天竺阿闍黎書並付與梵僧目乂難陀婆伽令送此經梵本并書將與五印土南天竺國師子國本師寶覺阿闍黎經今不回後於大曆九年十月再至大興善寺大師大廣智三藏和上邊復伸咨決大教瑜伽心地祕密法門復將千鉢曼殊經本至建中元年四月十五日到五臺山乾元菩提寺遂將舊飜唐言梵音經本於寺校證至五月五日惠超重與抄寫出一切如來大教王經瑜伽祕密金剛三摩地三密聖教法門述經祕義諸佛出世應物隨意志求者智鏡玄通念之者無憂不入根緣感赴必籍此經登菩提山除去邪執契傳二密得究瑜伽要祕法門窮理徹妙身口意業用智修持戒定慧學顯現通達證如來地以信爲首乘般若舟速超彼岸今述曼殊之德靈迹皖伽聖覺無方神力潛運以多塵劫悲願不住菩提一主無二尊現爲菩薩自兹金色世界來其忍土清凉

之山顛引羣品而即現燈現雲及萬菩薩信生奇特現光現相人皆發明正智爲利益三世蒼生有趣悉證菩提也

括富商錢出萬緡者官借其餘以供軍

稅閒架

佛祖歷代通載卷第十八

佛祖歷代通載卷第十八

校勘記

一　底本，明永樂北藏本。

一　一〇〇八頁上五行第七字「琉」，清作「玩」。

一　一〇〇八頁上六行第七字「算」，清作「弄」。

一　一〇〇八頁中一四行第六字「妄」，清作「忘」。

一　一〇〇九頁中二行「肅中」，清作「肅宗」。

一　一〇一〇頁上一二行「誕鍾」，清作「延鍾」。

一　一〇一〇頁中五行第一三字「逆」，徑、清作「逆」。

一　一〇一〇頁下三行「鏡智」，清作「鑑智」。次頁上一三行同。

一　一〇一一頁中一八行首字「撥」，徑、清作「揆」。

一　一〇一二頁上末行第七字「曰」，徑、清作「由」。

一　一〇一二頁下一一行第八字「請」，清作「讀」。

一　一〇一三頁上末行第一三字「慕」，徑、清作「暮」。

一　一〇一四頁上一行第七字「帕」，清作「怕」。

一　一〇一四頁上一七行第七字「干」，清作「于」。

一　一〇一四頁中一五行首字「遂」，徑作「教」。

一　一〇一五頁上四行「富商」，徑、清作「富商」。

佛祖歷代通載卷第十九　我九

嘉興路大中祥符禪寺住持華亭念常集

唐

改興元〇是年壽州毛罕妻生子毛債猪頭象耳騾足魚腮人身鐵杖自鞭金田掃地償盜常住錢債也南嶽明瓚禪師者不知何許人也初宰相李泌乾元中辭入衡嶽瓚隱居上封泌往謁之瓚誦經其聲先悲悽而後悅豫泌隱知音因謂曰將非避隱者有雲霄意乎瓚唾之曰莫相賊莫相賊泌色不爲動瓚久之見泌立候不懈乃曰飯未泌曰未也瓚撥火出芋食與語久之辭去瓚撫其背曰好做十年宰相至是泌感事爲帝言其高行有詔徵之使者至石窟宣麻命曰尊者起謝恩瓚寒涕垂頤疑坐畧不以介意使者難其淳正不之迫回奏其事帝咨美之數四不已瓚著歌一篇其辭曰兀然無事無改換無事何須論一段真心無散亂他事不須斷過去已過去未來猶莫算兀然無事坐何曾有人喚向外覓功夫總是癡頑漢糧不蓄一粒逢飯但知嚼世間多事人相趁渾不及我不樂生天亦不愛福田饑來喫飯困來即眠愚人笑我智乃知焉不是癡鈍本體如然要去即去要住即住身披一破衲腳著孃生褲多言復多語由來轉相誤若欲度衆生無過且自度莫謗天真佛真佛不可見妙性及靈臺何曾受熏鍊心是無事心面是孃生面劫石可移動箇中無改變無事本無事何須讀文字削除人我本冥合箇中意種種勞筋骨不如林下睡兀兀舉頭見日高乞飯從頭律將功用功展轉昏蒙取即不得不取自通吾有一言絕慮忘緣巧說不得只用心傳更有一語無過真與細如毫末大無方所本自圓成不勞機杼世事悠悠不如山丘青松蔽日碧澗長流山雲當幙夜月爲鉤臥藤蘿下塊石枕頭不奉天子豈羨王侯生死無慮更復何憂水月無形我常只寧萬法皆爾本自無生兀然無事坐春來草自青

荊溪湛然禪師臨終告其徒曰大道無方無體生歟死歟其旨一貫吾歸骨此山報盡今夕聊與汝等談道而決夫一念無相謂之空無法不備謂之假不一不異謂之中在凡爲三因在聖爲三德爇炷則初後同相涉海則淺深異流自利利人在斯而已爾其志之言訖而化翰林梁肅題其碑陰曰聖人不興必有命世者出焉自智者以法付灌頂頂再世而至左溪朗道若昧待公而發乘此寶乘煥然中興其受業身通者三十有九人而縉紳先生高位崇名屈體受教者數十師嚴道尊遐邇歸仁自非命世亞聖曷以臻此改貞元

二年翰林梁肅修天台止觀論成著止觀統例曰夫止觀何爲也導萬化之理而復於實際者也實際者何也性之本也物之所以不能復者昏與動使之然也照昏者謂之明駐動者謂之靜明與靜止觀之體也在因謂之止觀在果謂之智定因謂之行果謂之成行者行此者也成者證此者

也原夫聖人有以見惑足以喪志動足以失方於是乎止而觀之靜而明之使其動而能靜靜而能明因相待以成法即絕待以照本御大車以禦正乘大事而總權消息乎不二之場皷舞於說三之域至微以盡性至順而體神語其近則一毫之善可通也語其遠則重玄之門可闢也用至圓以圓之物無偏也用至實以實之物無妄也聖人舉其言所以示也廣其目所以告也優而柔之使自求之擬而議之使自至之此止觀所由作也夫三諦者何也一之謂也空假中者何也一之目也空假也者相對之義中道也者得一之名此思議之說非至一之旨也至一即三至三即一非相含而然也非相生而然也非數義也非強名也自然之理也言而傳之者迹也理謂之本迹謂之末本也者聖人所至之地也末也者聖人所示之教也由本以垂迹則為小為大為通為別為頓為漸為顯為秘為權為實為定為不定循迹以返本則為一為大為圓為實為無住為中為妙為第一義是一三之蘊也所謂空也者通萬法而為言者也假也者立萬法而為言者也中也者妙萬法而為言者也破一切惑莫盛乎空建一切法莫盛乎假究竟一切性莫大乎中舉中則無法非中自假則何法非假舉聖則無法不空成之謂之三德修之謂之三觀舉其要則聖人極深研幾窮理盡性之說乎昧者使明塞者使通通則悟悟則至至則常常則盡矣明則照照則化化則成成則一矣聖人有以彌綸萬法而不差旁礴萬刼而不違壽載恒沙而不有復歸無物而不無寓名之曰佛強號之曰覺究其旨解脫自在莫大極妙之德乎夫三觀成功者如此所謂圓頓者非漸次非不定揩論十章之義也十章者恢演始末通道之關也五畧者舉其弘綱截流之津也十境者發動之機立觀之諦也十乘者妙用所修發行之門也始於正觀而終於見境者義備故也闕其餘者非修之要也乘者何也載物運者也十者何也成載之事也知其境之妙不行而至者德之上也乘一而已豈藉夫九弐九者非他相生之說未至者之所踐也故發心者發無所發安心者安無所安徧破者徧無所破爰至餘乘皆不得已而說也至於別其義例判為章目推而廣之不為繁統而簡之不為少如連環不可解也如貫珠不可雜也如懸鏡不可掩也如通川不可遏也議家多門非諍論也按經正義非虛說也辯四教淺深事有源也成一事因緣理無遺也噫止觀其救世明道之書乎非夫聖智超絕卓爾獨立其孰能為乎非夫聰明深達得意忘象其孰能知乎今之人乃專用章句文字從而釋之又何踈漏耶或稱不思議境與不思議事皆極聖之域等覺至人猶所未盡若凡夫生滅心行三惑浩然於言說之中推上妙之理是猶醯鷄而說大鵬夏虫之議層氷其不可見明矣今止觀之說文字萬數廣尋果地無益初學豈

如暗然自修功至自至何必以早計為事乎是大不然凡所謂上聖之域豈隔闊遼夐與凡境沓絕與是惟一性而已得之謂悟失之謂迷一理而已迷而為凡悟而為聖迷者自隔理不隔也失者自失性不失也止觀之作所以離異同而究聖神使群生正性而順理者也正性順理所以行賢路而至妙境也不知此教者則學何所入功何所施智何所發譬如無目昧于日月之光行於重險之處顛踣墮落可勝已乎

噫去聖久遠賢人不出庸昏之徒含識而已致使魔邪詭惑諸黨並熾空有云云為坑為穽有膠於文句不敢動者有流於漭浪不能住者有太遠而甘心不至者有太近而我身即是者有枯木而稱定者有竅號而稱慧者有奔走非道而言權者有假於鬼神而言通者有放心而言廣者有罕言而為密者有齒舌潛傳而為口訣者凡此之類自立為祖繼祖為家反經非聖昧者不覺仲尼有言道之不明也我知之矣由物累也悲夫隋開皇十八年智者去世至皇朝建中垂二百載以斯文相傳凡五家師其始曰灌頂其次曰縉雲威又其次曰東陽小威又其次曰左溪朗公其五曰荊溪然公須於同門中慧解第一能奉師訓集成此書蓋不以文辭為本故也或失則繁或得則野當二威之際緘授而已其道不行天寶中左溪始弘解說而知者蓋寡荊溪廣以傳記數十萬言網羅遺法勤矣備矣荊溪滅後知其說者適三四人古人云生而知之者上也學而知之者次也困而不學又其次也夫生而知之者蓋性德者也學而知之者天機深者也若其嗜欲深耳目塞雖學而不知斯為下矣今夫學者內病於蔽外役於煩沒世不能通其文數年不能得其益是則業文為之纏校桔足也棼句為之籔糠眯目也以不能之師教不領之弟子止觀所以未光大於時也予常戚戚於是整其宏綱撮其機要其理之所存教之所急或易置之或引伸之其義之迂其辭之鄙或難除之或潤色之大凡浮疎之患十愈其九廣略之宜三存其一於是祛鄙滯導懞懂貽諸他人則吾豈敢若同見同行且不以止觀罪我亦無隱乎爾建中上元甲子首事筆削三年歲在析木之津功畢云爾

戊辰般若三藏新譯大乘理趣六波羅蜜經成代宗皇帝親製叙文曰（代宗御序）大朴既散有為遂作名利牽乎德巧智喪乎真愛惡攻乎性情因緣堅其滋習內則百慮無節外則六根競誘天理滅而莫知道源迷而忘返淪溺苦海劫盡還初惟至人了萬物之宗越三界之表廓獨立而不改偏諸有而常然故能開導群迷濟拔流品六波羅蜜經者眾法之津梁度門之圓極也昔日月燈明如來為菩薩說歷劫曠遠真偈寂寥文殊師利於耆闍會中與彌勒菩薩語及其事成一切種智會無量義因唯佛能知唯佛能說教必有主其在茲乎是以釋迦如來為法而生俟時而現三身不異故廣代而

常離萬行無修故隨方而自在運慈悲之力開擁護之門因其六塵示之六度冀於法分全證法身結習紛綸乘理而悟是真般若之旨也故有慈氏善問大音讚言天垂寶花雲集仙蓋甘露流液光明燭幽使迷方淺深皆得自然之悲恒沙億衆能通般若之知嘗試論之先儒有言誠者自成而道自導也夫誠己於內則不勉而中不思而得誠物於外則不言而應不爲而成其內者證法之身其外者大悲之力德產之致密化育之功也夫春風吹發萬類咸滋旭日升晝群陰盡釋乾坤易簡之道是則大同神明幽贊之情孰云匪別殊途一致其理固然朕虔奉丕圖保乂烝庶思建皇極以升大猷遐想靈蹤期於叶契舍城妙說久祕梵文徒懷瀉瓶未啓遺夾微言不昧將或起予於是罽賓沙門般若受旨宣揚光宅沙門利言爲之翻譯時大德則資聖寺道液醴泉寺超悟慈恩寺應眞莊嚴寺圓照光宅寺道岸等法門領袖人中龍象證明正義輝潤玄文知釋迦之實城識衆善之淵宇以貞元四年歲次戊辰十二月二十八日於西明寺譯成上進凡一部十卷神龍翊衛知從金口之傳梵衆護持無異毫光之現朕齋心滌慮仰味宗源聞所未聞實爲希有聊因暇日三復斯經雖法海甚深波流不讓乘其梗槩昭悟將來

二月江西馬祖大師道一示寂師漢州什邡人姓馬氏容貌豐偉牛行虎視引舌過準足有二輪文遇懷讓禪師密契心法始自建陽遷臨川次南康所至聚徒說法勑建禪林大曆中始居豫章開元寺嘗示衆曰汝等諸人各信自心是佛此心即佛達磨大師自南天竺國來此中華傳上乘一心之法令汝等開悟又引楞伽經文以印衆生心地恐汝顛倒不自信此一心之法各各有之故楞伽經云佛語心爲宗無門爲法門又云夫求法者應無所求心外無別佛佛外無別心不取善不取惡淨穢兩邊都不依怙達罪性空念念不可得無自性故故云三界唯心森羅及萬像一法之所印凡所見色即是見心心不自心因色故有但隨時言說即事即理都無所礙菩提道果亦復如是於心所生即名爲色知色空故生即無生若了此意乃可隨時著衣喫飯長養聖胎任運過時更有何事汝受吾教聽吾偈曰心地隨時說菩提亦只寧事理俱無礙當生即不生師於開元示寂先是師嘗經由豫章泐潭之石門愛其山水奇勝洞壑平坦顧謂其從曰吾朽質之日歸骨于此至是門弟子奉靈骨舍利建道場于石門相國權德輿爲之碑宣宗賜諡大寂禪師得法弟子凡百三十有九人各爲一方宗主轉化無窮禪宗至此大盛于世

大珠慧海禪師者建州人初參馬祖祖問從何處來曰越州大雲寺來祖曰來此擬須何事曰來求佛法祖曰自家寶藏不顧拋家散走作什麼我這裏一物也無求什麼佛法師遂禮拜問那箇是慧海自家寶

藏祖曰即今問我者是汝寶藏一切具足更無欠少使用自在何假向外求覓師於言下自識本心不由知覺禮謝畢服勞父之後以受業師年老歸奉養乃晦迹藏用外現癡訥撰頓悟入道要門一卷為好事竊出及馬祖見之即告衆曰越州有大珠圓明光透自在無遮障處也衆中有知師本姓朱者遂共尋訪師由是道望顯著說法彼嗣海滂浩然無礙有頓悟門及廣語行于世

迎佛骨

六年石頭希遷禪師示寂師得法於清原天寶中居衡山南寺寺東有石其狀如臺乃結庵其上時號石頭和尚南嶽鬼神多見身聽法師皆與之授戒大曆中江西主大寂湖南主石頭往來憧憧並湊二大士之門嘗示衆曰吾之法門先佛傳授不論禪定精進唯達佛之知見即心即佛心佛衆生菩提煩惱名異體一汝等當知自己心靈體離斷常性非垢淨湛然圓滿凡聖齊同應用無方離心意識三界六道唯自心現水月鏡像豈有生滅汝等知之無所不備師初閱肇論云會萬物為己者其唯聖人乎遂豁然曰聖人無己靡所不己因著參同契其辭曰竺土大仙心東西密相付人根有利鈍道無南北祖靈源明皎潔枝派暗流注執事元是迷契理亦非悟門門一切境回互不回互回而更相涉不爾依位住色本殊質像聲元無樂苦暗合上中言明明清濁句四大性自復如子得其母火熱風動搖水濕地堅固眼色耳音聲鼻香舌鹹醋然依一一法依根葉分布本末須歸宗尊卑用其語當明中有暗勿以暗相遇當暗中有明勿以明相覩明暗各相對比如前後步萬物自有功當言用及處事存函蓋合理應箭鋒拄承言須會宗勿自立規矩觸目不會道運足焉知路進步非遠近迷隔山河固謹白參玄人光陰莫虛度

〇張滂請稅茶得錢四十萬緡茶稅之始也

十二年宣河東節度使禮部尚書李說備禮迎法師澄觀入京觀至有旨命同罽賓三藏般若翻譯烏茶國所進華嚴後分梵夾帝親預譯場一日不至即差僧寂光依僧欲云皇帝國事因緣如法僧事與欲清淨觀承睿旨翻宣既就進之帝命開示華嚴宗旨群臣大集觀陞高座曰我皇御宇德合乾坤光宅萬方重譯來貢東風入律西天輸越海之誠南印御書北闕獻朝宗之敬特回明詔再譯真詮光闡大猷增輝新理澄觀顧多天幸欽屬盛明奉詔譯場承旨幽贊抃躍兢惕三復竭愚露滴天池喜含百川之味塵培華岳無增萬仞之高極虛空之可度體無邊涯大也竭滄溟而可飲法門無盡方也碎塵剎而可數用無能測廣也離覺所覺朗萬法之幽邃佛也芬敷萬行榮耀衆德華也圓茲行德飾彼十身嚴也貫攝玄微以成真光之彩經也總斯七字為一部之宏綱將契本性非行

莫階故說普賢無邊勝行行起解絕智證圓明無礙融通現前受用帝大悅賜觀紫方袍號教授和尚其後相國齊抗鄭餘慶高郢請撰華嚴綱要三卷相國李吉甫侍郎歸登駙馬杜琮請述正要一卷又為南康王韋臯相國武元衡著法界觀玄鏡一卷僕射高崇文請著鏡燈說文一卷司徒嚴綬司空鄭元刺史陸長源請撰三聖圓融觀一卷節度使薛華觀察使孟簡中書錢徽拾遺白居易給事杜羔等請製七處九會華藏界圖心鏡說文十卷又與僧錄靈邃大師十八首座十寺三學上流製華嚴圓覺四分中觀等經律論關脉三十餘部皆古錦絕金隨器任用云

己卯

十五年清涼受鎮國太師號進加天下大僧錄四月帝誕節敕有司備儀輦迎教授和上澄觀入內殿闡揚華嚴宗旨觀陞高座曰大哉真界萬法資始包空有而絕相入言象而無迹妙有得之而不有真空得之而不空生滅得之而真常緣起得之而交映我佛得之妙踐真覺廓淨塵習寂寥於萬化之域動用於一塵之中融身剎以相含流聲光而遐燭我皇得之靈鑒虛極保合太和聖文掩於百王淳風扇於萬國敷玄化以覺夢垂天真以性情是知不有太虛曷展無涯之照不有真界豈淨等空之心華嚴教者即窮斯旨趣盡其源流故恢廓宏遠包納沖邃不可得而思議矣指其源也情塵有經智海無外妄惑非取重玄不空四句之火莫焚萬法之門皆入冥二際於不一動千變而非多事理交涉而兩忘性相融通而無盡若秦鏡之互照猶帝珠之相含重重交光歷歷齊現故得圓至功於頃刻見佛境於塵毛諸佛心內衆生新新作佛衆生心中諸佛念念證真一字法門海墨書而不盡一毫之善空界盡而無窮語其定也冥一心於無心即萬動而常寂海湛真智光含性空星羅法身影落心水圓音非叩而長演果海離念而心傳萬行忘照而齊修漸頓無得而雙入雖四心廣被八難頓超而一極唱高二乘絕聽當其器也百城詢友一道棲神明正為南方盡南矣益我為友人皆友焉遇三毒而三德圓入一塵而一心淨千化不變其應萬境順通于道契文殊之妙智究是初心入普賢之玄門曾無別體失其旨也徒修因於曠劫得其門也等諸佛於一朝諦觀一塵法界在掌理深智遠識昧辭單塵黷聖聰退座而已帝時默湛海印朗然大覺顧謂群臣曰朕之師言雅而簡辭典而富扇真風於第一義天能以聖法清涼朕心仍以清涼賜為國師之號朕思從來執身心我人及諸法定相斯為甚倒群臣再拜稽首頂奉明命由是中外台輔重臣咸以八戒禮而師之

是歲廬山東林律大德熙怡卒許堯佐製其碑曰大師熙姓曹氏桂陽人也舊勳前烈垂休積慶史氏詳之矣夫真如不遠其要在乎無垢妙理不深其要在乎見性本於真實暢其虛無俾聆芳咀潤孜孜請益

則大師之教也大師體識深靜風度端敏受具戒於南嶽脩律儀於東林常趺坐一室而四方學者差肩繼踵發此柔軟納其歸依堯言玉振微文氷釋故崇德雅美臨壇持法垂五十年嘗以至德初隸東林寺居耶舍塔院數逾二紀而信心長者懷甘奉贄紛然並進監廚守藏不違祇受既而悉歸精舍領于衆僧大師率同門人布衣糲食而已故推已以見相因相而歸空披閱精微鑽研旨要嘗苦背闊而針石不能及也故於中夜累歎有神人撫背殊形駭物斯須乃去自茲窮討經論切磋心要加以律儀端靜受持勤至感通之應故難盡書至於山鹿歸仁林鳥効祉大師之室不足駭也大曆五年躋五老峰望彭蠡臨瀑布乃翔凌雲精舍爲經行之地旁引泉窖以滌塵迷近瞩松壑以求清涼丹崖雲岫勢若屏牖然超風望景攀危躡重翼如而至者雖以數記積十餘年乃至大林精廬淬法刃然慧炬俾夫惘惘圖繞者割其縛

濵其迷洸然而自得貞元中歸東林戒壇院以吾道已成吾教已行十五年秋七月召門弟子曰吾隨化還須臾寂滅僧臘五十報齡七十一大師精貫六藝旁達百氏嘗與故太師魯國公顏真卿故丞相趙公憬故御史大夫盧公群今吏部侍郎楊公於陵爲恭禪之侶幽鍵洞發玄言兩得門人法粲等十餘人傳其教焉高僧傳誌煕怡異迹尤多而堯佐之文美雅故錄其文而不載其傳

十六年逸士劉軻游廬山之黃石岩遇高僧異之因爲記曰古老有言太極之氣積成山嶽洩爲川瀆然則匡阜之境其大者乎庚辰歲山客劉軻來拾怪異自藤至頂卻下半里餘次于黃石岩岩中有棲禪子不知其幾臘乃瞶其輕重頗見其宅心之地及問其住年但以手指松桂曰毫髮我植今環人臂焉飛兎走吾復何齒矧卯戌之昏旦霜炎之涷灰生落之榮顇去留之沿泝雖云云自彼而於我蔑如也於戲句非岩房峭絶僧行孤峙則人境兩失其宜也復何言哉觀夫雲烟雜乎履舄巖靄生於襟袖群形浩攘併入眸子每烟雨初霽山光澄練泠泠仙語如在耳右況又倚凌兢上冥冥焉知不能與洪崖接袂浮丘連駕盈縮造化吐納顥氣絶慚頳於厚而遠喧卑於滕穢乎不得而然者蓋鉤也餌也名爲利鉤利爲名餌吞鉤食餌手足羈鎖彼焉得跳躍於此乎夫禪子脫去桎梏四支宣展動與雲無心靜將石何機物我一致端邪往塞僕所謂非斯人不能住斯境也禪師生宜春姓黃氏名常進以師久住遂以其姓易其岩名焉南嶽雲峯律師法證示寂師族郭氏色厲而仁行峻而周道廣而不尤功高而不有毅然居山之北峯以爲儀表世之所謂賢人大臣者至南方咸用嚴事由其内者聞大師之言律儀莫不震動悼懼如聽誓命由其外者聞大師之稱道要莫不悽欷忻踴如獲肆宥故時推人師則尊其首詔求教宗則冠其位凡

度學者五萬人壽七十有八僧臘五十七河東柳子厚銘其塔復為之碑曰乾元元年某月日皇帝曰予欲俾慈仁怡愉洽于生人惟浮圖道允迪乃命五嶽求厥元德以儀于下惟茲嶽上于尚書其首曰雲峯大師法證凡涖事五十年貞元十七年乃沒其徒曰詮曰遠曰振曰巽曰素凡三千餘人其長老咸來言曰吾師軌行峻特器宇弘大有來受律者吾師示以尊嚴整齊明列義類而人知其所不為有來求道者吾師示以高廣通達一其空有而人知其所必至元臣碩老稽首受教髫童毀齒踴躍執役故從吾師之命而度者凡五萬人吾師冬不燠裘飢不豈食每歲會其類讀群經俾聖言必出有以見其大又率其伍伐木墍土作佛塔廟洎經典俾像法益廣有以見其用將沒告門人曰吾自始學至去世未嘗有作焉然後知其動無不虛靜無不為生而知未始來沒而知未始往也其道備矣願刻山石知教之所以大其詞曰師之教尊嚴有耀恭夫子之詔維大中以告後學是効師之德簡峻淵默柔惠以直渙焉而不積同焉而皆得茲道惟則師之功勤勞以庸維奧秘必通以興祠宮遐邇攸從師之族由虢而鄭世德有奕從佛於釋師之壽七十有八惟終始罔闕不冒遺烈厥徒蒸蒸惟大教是膺惟憲言是懲溥博恢弘如川之增如雲之興如嶽之不崩終古其承之

壬午○雪下一丈○丹霞出家年六十四矣

隱士陸羽卒羽字鴻漸初為沙門得之水濱畜之既長以易自筮得蹇之漸曰鴻漸于陸其羽可用以為儀乃以陸為姓氏名而字之師教以旁行書荅曰終鮮兄弟而絕後嗣得為孝乎逃去為優人天寶中太守李齊物異之授以書貌侻陋口吃而辯上元中隱苕溪與沙門道標皎然善自號桑苧翁闔門著書名拜太子文學不就嗜茶著茶經三卷言茶之原之法之具尤備天下益知飲茶矣時鬻茶者至陶羽形置突閒祀之為茶神初開元中有逸人王休者居太白山每至冬取溪冰敲其精瑩者煮茗共客飲之時覺林寺僧志崇取茶三等以驚雷莢自奉以萱草帶供佛以紫茸香待客赴茶者至以油囊盛餘瀝以歸復有常伯熊者因盧仝茶詩深信飲茶之益乃取羽之論復廣著茶功御史李季卿宣慰江南知伯熊善煮茶召之伯熊執器而前季卿為再舉杯時又有舉羽者召之羽野服挈具而入季卿不為禮羽愧之更著毀茶論其後尚茶成風致回紇入朝驅馬市茶焉

是歲東都聖善寺大師凝公卒翰林白居易作八漸偈弔之其序曰居易嘗求心要於師師賜教焉曰觀曰覺曰定曰慧曰明曰通曰濟曰捨由是入於耳貫於心嗚呼今師之報身則化師之八言不化至哉八言實無生忍觀之漸門也故自觀至捨次而贊之廣一言為一偈謂之八漸偈蓋欲以發揮師之心教且明居易不敢失墜也

既而升于堂禮于床跪而唱泣而去偈曰
觀　以心中眼觀心外相從何而有從
何而喪觀之又觀則辨真妄　覺　惟真
常在為妄所蒙真妄苟辨覺生其中不離
妄有而得真空　定　真若不滅妄即不
起六根之源湛如止水是為禪定乃脫生
死　慧　專之以定定猶有繫濟之以慧
慧則無滯如珠在盤盤走珠慧　明　定
慧相合而後明照彼萬物物無遺形如
大圓鏡有應無情　通　慧至乃明明則
不昧明至乃通通則無礙無礙者何變化
自在　濟　通力不常應念而變二相非
有隨求而見是大慈悲以一濟萬　捨
衆苦既濟大悲亦捨苦既非真悲亦是假
是故衆生實無度者

幽州盤山寶積禪師僧問如何是道師曰
出僧曰學人未領旨在師曰去師上堂示
衆曰心若無事萬象不生意絕玄機纖塵
何立道本無體因道而立名道本無名因
名而得號若言即心即佛今時未入玄微
若言非心非佛猶是指蹤之極則向上一
路千聖不傳學者勞形如猿捉影夫大道
無中復誰先後長空絕際何用稱量空既
如斯道復何說夫心月孤圓光吞萬象光
非照境境亦非存光境俱亡復是何物禪
德譬如擲劍揮空莫論及之不及斯乃空
輪無迹劍刃無虧若能如是心心無知全
心即佛全佛即人人佛無異始為道矣禪
德可中學道似地擎山不知山之孤峻如
石含玉不知玉之無瑕若如此者是名出
家故導師云法本不相礙三際亦復然無
為無事人猶是金鎖難所以靈源獨耀道
絕無生大智非明真空無迹真如凡聖皆
是夢言佛及涅槃並為增語禪德且須自
看無人替代三界無法何處求心四大本
空佛依何住璿機不動寂爾無言覿面相
呈更無餘事珎重師將順世告衆曰有人
貌得吾真否衆皆將寫得真呈師師皆打
之弟子普化出曰某甲貌得師曰何不
呈似老僧普化乃打筋斗而出師曰這漢
向後如風狂接人去在師既奄化勅謚凝
寂大師真際之塔

是歲監察御史柳宗元送濬上人歸淮南
序曰金仙氏之道蓋本於孝敬而後積以
衆德歸於空無其數演教戒於中國者離
為異門曰禪曰法曰律以誘掖迷濁世用
宗奉其有修整觀行尊嚴法容以儀範於
後學者以為持律之宗焉上人窮討秘義
發明上乘奉威儀三千雖造次必備嘗以
此道宣於江湖之人江湖之人悅其風而
受賜舉慈航望彼岸者蓋千百計天子聞
之徵至闕下御大明秘殿以問焉道揚本
教願其稱旨京師士衆方且翹然仰大雲
之澤以植德本而上人不勝顧復之恩退
懷省侍之禮懇迫上乞遂無以奪由是杖
錫東顧振衣晨往右司員外郎劉公深明
世典通達釋教與上人為方外游始榮其
至今惜其去於是合郎署之友詩以既之
退使孺子執簡而序之因繫其詞曰上人
尊於律行恒久彌固其儀形後學者歟誨

於生靈觸類蒙福其積衆德者歟覩于高堂視遠如邇其本孝敬者歟若然者是將心歸空無捨筏登地固何從而識之乎古之贈禮必以輕先重故鄭商之犒先乘韋魯侯之贈後吳鼎今餞詩之重皆乘吳鼎也故乘韋之比得序而生之且日由禮而不敢讓焉

南嶽般舟和上卒柳子厚作第二碑其詞曰佛法至于衡山及津大師始修起律教由其壇場而出者為得正法其大弟子曰日悟和上盡得師之道以補其處為浮圖者宗世家于零陵蔣姓也和上心大而行密體卑而道尊以為由定發慧必用毘尼為之室宇遂執業於東林恩大師究觀秘義乃歸傳教不觀文字懸判深微登壇涖事度比丘衆歲凡千人者三十有七而道不思以為去凡即聖必以三昧為之軌道遂服勤於紫霄遠大師修明要與得以觀佛活入性海洞開真源道場專精長跪右遶不衡不倚凡七日者百有一十而志不衰初開元中詔定制度師乃居本郡龍興寺肅宗制天下名山置大德七人茲嶽允重推擇居首師乃即崇嶺是作精室闢林莽剗岩巒殿舍宏大廊廡修直不命而獻力不祈而薦貨凡南方人顓念佛三昧者必由於是命曰般舟臺焉和上生十三年而始出家又九年而受具戒又十年而處壇場又三十七年而當貞元二十年正月二十七日化于茲室嗚呼無得而修故念為實相不取於法故律為大乘壞衣不飾揣食不味覆薦服役凡出於生物者擯而勿用不自知其慈攝取調御凡歸於正直者動而成群不自知其教萬行方屬一性恒如旡用之涯不可得也有弟子曰景秀嗣居法會欲廣其師之德延于罔極故申明陳辭俾刋之茲碑銘曰像教南被及津而尊威儀有嚴截闢其門吾師是嗣增濬道源度衆逾廣大明羣昬乃興毘尼徵容是論八萬總結彰於一言聲聞煕煕邀遁来奔如木既拔有植其根乃法般舟與妙斯存百億冥會觀于化元同道祈祈功庸以敦如水期壅流之無垠帝求人師登我先覺赫矣明命表茲靈嶽于彼南阜齋宮爰作負揭致貨時靡要約祖奮程力不呼而諾是刈是鑿既塗既斲層架孔碩以延後學出不牛馬服不絲帛匪安其躬亦菲其食勤而不勞在用恒寂縱而不傲在捨恒得洪融混合孰究其跡懿茲遺光式是嘉則容貌徃矣軌儀無極其徒追思磨礱茲石

乙酉順宗誦改永貞 德宗長子好浮圖教禮清涼為國師性寬仁愛尤善文隸壽四十六崩咸寧殿葬豐陵居攝一年

是歲九月太尉中書令韋皐薨皐初生厥父飯僧祈福忽有應真尊者至齋畢乳媪抱兒求呪願尊者起謂衆曰此兒諸葛武侯也它日有美政於蜀宜以武字之言訖恍然不見其後皐游官出處節義功名大槩與武侯相類治蜀二十有一年封南康群王有德在民四川至今奉祀之雅好釋氏法嘉州石像初成皐為之記畧曰頭圜

千尺目廣二丈其餘相好一一稱是世美
其簡而雅又嘗訓鸜鵒念佛鸜鵒斃以桒
鸜鵒舍利
門故事闍維之得舍利皐爲之記曰元精
以五氣授萬類雖鱗介毛羽必有感清英
純粹者美或炳耀爲火或稟其蒼精皆應

我九　二十五

乎人文以奉若時政則有華彼禽類習乎
能言了空相於不念留真骨於已斃殆非
元聖示現感於人心同夫異緣用一真化
前歲有獻鸜鵒鳥者曰此鳥聲容可觀音
中華夏有河東裴氏者志樂金仙之道聞
西方有珍禽群嬉和鳴演暢法音以此鳥
名載梵經智殊常類意佛身所化常狎而
敬之始告以六齋之禁比及辰後非時之
食終夕不視固可以矯激流俗端嚴梵倫
或教特佛名號曰當由有念以至無念則
仰首奮翅若承善聽其後或俾之念佛則
默然而不荅或謂之不念即唱言阿彌陀
歷試如一曾無爽異余謂其以有念爲緣
生無念爲真際緣生不吝以爲緣起也真
際雖言言本空也每虛室戒曙發和雅音

穆如笙篁靜鼓天風下上其音念念相續
聞之者莫不洗然而嘉善矣嗚呼生有辰
乎緣其盡乎以今年七月悴爾不懌七日
而甚馴養者知將盡乃鳴磬而告曰將西
歸乎爲爾擊磬爾其存念每一擊磬一稱
彌陀佛洎十擊磬而十念成斂翼委足不
震不仆揜然而絕按釋典十念成往生西
方又云得佛惠者歿有舍利知其說者固
不隔殊類哉遂命以闍維之法焚之餘燼
之末果有舍利十餘粒炯爾耀目榮然在
掌識者驚視聞者駭聽咸曰苟可以誘迷
利世安往而非菩薩之化歟時有高僧惠
觀嘗詣三學山巡禮聖迹聞說此鳥涕洟
悲泣請以舍利於靈山用陶甓建塔旌異
之余謂此禽存而有道歿而有徵古之所

我九　二十六

以通聖賢皆至化者女媧蛇軀以嗣帝中
衍鳥身而建侯紀乎冊書其誰曰語怪而
況此鳥有弘於道流聖證昭昭故可默已
是用不愧直書于辭是歲八月順宗遜于
帝問法於佛光
位皇太子立是爲憲宗初順宗嘗在東宮

問佛光如滿禪師曰佛從何方來滅向何
方去既言常住世今佛在何處荅曰佛從
無爲來滅向無爲去法身等虛空常住無
心處有念歸無念有住歸無住來爲衆生
來去爲衆生去清淨真如海湛然體常住
智者善思惟更勿生疑慮帝又問曰佛向
王宮生滅向雙林滅住世四十九又言無
法說山河及大海天地及日月時至皆歸
盡誰言不生滅疑情猶若斯智者善分別
滿復荅曰佛體本無爲迷情妄分別法身
等虛空未曾有生滅有緣佛出世無緣佛
入滅處處化衆生猶如水中月非常亦非
斷非生亦非滅生亦未曾生滅亦未曾滅
帝問道於清涼
了見無心處自然無法說帝聞大悅又嘗
問心要於清涼國師國師荅之其畧曰至

我九　二十七

道本乎其心心法本乎無住無住心體靈
知不昧性相寂然包含德用該攝內外能
深能廣非有非空不生不滅無終無始求
之而不得棄之而不離迷現量則惑苦紛
然悟真性則空明廓徹雖即心即佛唯證

者方知然有證有知則慧日沉沒於有地若無照無悟則昏雲掩蔽於空門若一念不生則前後際斷照體獨立物我皆如直造心源無智無得不取不捨無對無修然迷悟相依真妄相待若求真去妄如棄影勞形若體妄即真似處陰影滅若無心忘照則萬慮都捐若任運寂知則衆行爰啓放曠任其去住靜鑑覺其源流語默不失玄微動靜未離法界言止則雙亡知寂論觀則雙照寂知語證則不可示人說理則非證不了是以悟寂無寂真知無知以知寂不二之一心契空有雙亡之中道

佛祖歷代通載第十九

佛祖歷代通載卷第十九

校勘記

一　底本，明永樂北藏本。

一　一〇一六頁上末行第六字「箕」，徑、清作「算」。

一　一〇一七頁中七行第五字「聖」，徑、清作「空」。

一　一〇一七頁中一七行「始未」，徑、清作「始末」。

一　一〇一七頁下一八行「醯鷄」，徑、清作「醯鷄」。

一　一〇二〇頁上九行第二字「彼」，清作「波」。

一　一〇二二頁中末行末字「句」，清作「苟」。

一　一〇二二頁下一三行上「辛巳」，清無。

一　一〇二三頁中一行「夫子」，清作「天子」。

一　一〇二三頁下二行「精榮」，徑作「精瑩」。

一　一〇二五頁上末行「一十」，徑、清作「二十」。

一　一〇二六頁上一五行第三字「特」，清作「持」。

一　一〇二七頁上六行末字「忘」，徑作「妄」。

一　一〇二七頁上末行「第十九」，徑作「卷第十九」。

佛祖歷代通載卷第二十 我十

嘉興路大中祥符禪寺住持華亭念常集

唐

丙戌憲宗純改元和 順宗長子以北突厥承權為招討使白居易陳自中官為純師者天下安寧藏謂中興之主壯方天帝降夢今興佛法帝不承命變服丹藥致性躁急後為中官陳弘志弒之壽四十三歲葬于景陵時有名賢柳子厚韓退之元微之劉禹錫白居易等在位十五年

信州鵝湖大義禪師者衢州須江人也姓徐氏李翱嘗問師大悲用千手眼作麼師云今上用公作麼有一僧乞置塔李尚書問云教中不許將屍塔下過又作麼生無對僧却來問師師云他得大闡提上詔入內於麟德殿論議有一法師問如何是四諦師云聖上一帝三帝何在又問欲界無禪禪居色界此土憑何而立禪師云法師只知欲界無禪不知禪界無欲法師云如何是禪師以手點空法師無對帝云法師講無窮經論只這一點尚不柰何師却問諸碩德曰行住坐卧畢竟以何為道有對曰知者是道師曰不可以知知不可以識識安得知者是道乎有對無分別是道師曰善能分別諸法相於第一義而不動安得無分別是道乎有對四禪八定是道師曰佛身無為不墮諸數安在四禪八定是道耶衆皆杜口師又舉順帝問尸利禪師大地衆生如何見性成佛尸利云佛性猶如水中月可見不可取因謂帝曰佛性非見必見水中月如何攫取帝乃問何者是佛性師對曰不離陛下所問帝默契真宗益加欽重師於元和十三年正月七日歸寂壽七十四勅諡慧覺禪師見性之塔時

寒山子者不知其氏族鄉里隱於台州唐

[illegible]興縣寒岩故又老以寒山子稱之為人癯野好冠樺皮冠著木屐衣衲繿縷狀若風狂笑歌自若其所居近天台國清寺寺僧豐干者亦非常人也每自薪水力於杵臼以給衆用與寒山子為方外友先是豐干行赤城道中聞兒啼草莽間視之見孩童十餘歲問其出處初無言對心異之引歸寺令掃除以其得之於野因名拾得既長頭陀苦行精懃絶倫甚為豐干寒山所器與之偕遊三人者相得懽甚寺僧皆訝之然中心疑而莫之省也拾得日常滌器與

[illegible]有殘膩著以筒留餌寒山二子皆能詩或時戲村保寫事感懷輒有詩以見意或書石壁或樹葉間或酒肆中語皆超邁絶塵雖古名流未能髣髴也自述云元非隱逸士自號山林人在魯蒙白犢且愛果蹤巾道有巢許操耻為堯舜臣獼猴罩帽子非學醉風塵又曰欲得安居處寒山可長保微風吹幽松近聽聲愈好下有班白人喃喃誦黃老十年歸不得忘却來時道又曰有身與無身是我復非我如此審思量迁延倚岩生足間青草生頂上紅塵墮以見世間人靈床施酒果又曰玉堂掛珠簾中有嬋娟子顏良勝神仙容華若桃李東家春霧合西舍秋風起更足三十年還如甘蔗滓其句語若此者甚夥拾得嘗掌供献至食時對佛而食又於憍陳如像前訶斥之曰小根敗種何為者耶寺僧深怪之不

使直供又伽藍神粥飯多為鳥鳶所殘拾得杖擊神而竭罵曰汝食猶不能護焉能護伽藍乎神徧夢寺僧曰拾得撻我至旦互以語及一一皆同志是衆駭之豐干出雲遊貞元末閭丘胤出守台州欲之官我病頭風名醫莫差豐干偶至其家自謂善療此疾閭丘聞而見之干命水噀濡之須叟所苦頓除因是大喜甚加敬焉問所從來曰天台國清曰彼有賢達者不曰有之然不可以世故求也寒山拾得師利普賢示迹二子混于國清公若之官當就見不宜後也閭丘南來上事未久入寺訪豐干遺迹但見茆宇蕭條廂伏舍側復入寺謁二大士寺僧引至後厨閭丘拜謁二大士起走曰饒舌彌陀汝不識禮我何爲邃返寒岩次日閭丘令遺贈寒山見使至罵曰賊賊遂隱入岩石拾得亦潛去後不知終

丁亥荊州城東天皇道悟禪師協律郎符載撰碑其略云姓張氏婺州東陽人十四出家依明州大德祝髮二十五受戒於杭州竹林寺初參國一服勤五年大曆十一年隱于大梅山建中初謁江西馬祖二年參石頭乃大悟遂隱當陽紫陵山後於荊南城東有天皇寺頃因火廢僧靈鑒將謀修復乃曰苟得悟禪師爲化主必能福我時江陵尹右僕射裴公稽首問法致禮迎至師素不迎送客無貴賤皆坐而揖之裴愈加敬石頭之道貽盛于此師患背痛臨終大衆問疾師驀召典座近前師曰會麼對曰不會師拈枕子拋於地上即便告寂壽六十坐三十五夏法嗣三世曰惠真曰幽閒曰文賁元和二年四月十三日也

元和十三年四月十三日天王道悟禪師入寂唐正議大夫戶部侍郎平章事荊南節度使丘玄素撰碑云道悟渚宮人姓崔氏子玉之後胤也年十五春長沙寺曇翥律師出家二十三詣嵩山受戒三十三參石頭頻沐指示曾未投機次謁忠國師三十四與國師侍者應真南還謁馬祖祖曰識取自心本來是佛不屬漸次不假修持體自如如萬德圓滿師於言下大悟祖囑曰汝若住持莫離舊處師蒙旨已便反荊州去郭不遠結草爲廬後因節使顧問左右申其端緒節使覩訪道見其路隘車馬難通極目荒榛曾未修削覩並發怒令人擒師拋於水中旋旆才歸乃見遍衙火發內外洪焰莫可近之唯聞空中聲曰我是天王神我是天王神節使回心設拜烟燄都息宛然如初遂往江邊見師在水都不濕衣節使重申懺悔迎請在衙供養於府西造寺額號天王師常云快活快活及臨終時叫苦苦又云閻羅王來取我也院主問曰和尚當時被節度使拋向水中神色不動如今何得恁麼地師舉枕子云汝道當時是如今是院主無對便入滅壽八十二夏六十三嗣法一人曰崇信即龍潭也○論曰寂音尊者曰荊州天王寺道悟禪師如傳燈所載則曰道悟得法於石頭所居寺曰天皇婺州東陽人姓張氏年十四出家依明州大德披剃年二十五杭州竹林寺受具首謁徑山國一禪師服勤五年大曆中抵鍾陵謁馬大師經二夏

乃造石頭元和丁亥四月示疾壽六十臘三十五及觀達觀頴禪師所集五家宗派則曰道悟嗣馬祖引唐丘玄素所撰碑文幾千言其略曰師号道悟渚宫人姓崔氏即子玉後胤也年十五於長沙寺禮曇翥律師出家二十三詣嵩山律德得尸羅謁石頭和穿二年無所契悟乃入長安覲忠國師三十四與侍者應真南還謁馬大師大悟於言下祝曰他日莫離舊廬故復還渚宮元和十三年戊戌四月初示疾十三日歸寂壽八十二臘六十三考其傳正如兩人然玄素所載曰有傳法一人崇信住澧州龍潭南出據禪師碑唐聞人歸登譔列法孫數人于後有道悟名圭峯荅衆相國宗趣状列馬祖之嗣六人首曰江陵道悟其下注曰兼稟徑山今妄以雲門臨濟二宗競者可獲一笑出林間録○譽夢堂重校五家宗派序云景德間具僧道源集傳燈録三十巻自曹溪下列爲兩派一曰南嶽懷讓出馬大師一曰青原思思出石頭遷自兩派下又分五宗馬大師出八十四員善知識内有百大海海出黃蘗運大溈祐二人運下出臨濟玄故號臨濟宗祐下出仰山寂故號溈仰宗八十四人内又有天王悟悟得龍潭信信得德山鑑鑑得雪峯存存下出雲門偃號雲門宗次玄沙備備出地藏琛琛出清凉諡號法眼宗次石頭遷出藥山儼天皇悟二人悟下得慧真真得幽閑閑得文賁三世便絶唯藥山得雲岩晟晟得洞山价价得曹山章是爲曹洞宗今傳燈却收雲門法眼兩宗歸石頭下誤矣録同時道悟有兩人一曰江陵城西天王寺道悟者渚宮人也崔子玉之後嗣馬祖元和十二年四月十三日化正議大夫丘玄素撰塔銘文幾千言其略云馬祖祝曰他日莫離舊處故後還渚宮一曰江陵城東天皇寺道悟者婺州東陽人也姓張氏嗣石頭元

和二年丁亥化叶律郎符載撰塔銘二碑所載生緣出處甚詳但緣遺原探集傳燈之日非一一親往計尋不過究轉託人据拾而得其差訛可知也自景德至今天下四海以傳緣爲據雜列剩據位立宗者不能眾加究辨惟丞相無盡居士張公及呂夏卿二君子參會讖宗門中事嘗曰石頭得藥山藥山得曹洞一宗教理行果言試究轉且天皇道悟下出箇周金剛呵風罵雨雖佛祖不敢嬰其鋒恐自天皇處或有差誤穿音尊者亦嘗疑之云道悟似有兩人無盡居士後於達觀頴禪師處得唐符載所撰天皇道悟塔記又討得丘玄素所作天王道悟塔記賁以稱示諸方曰吾嘗疑德山洞山同出石頭下因甚垂于處作用發活不同今以立符二記證之朗然明白方信吾擇法驗人不謬耳穿音曰圭峯荅衆相國宗趣狀列馬祖之嗣六人首曰江陵道悟其下注曰兼稟徑山今妄以雲門臨濟二宗競者可獲一笑累書梗槩以傳明達者庶知五家之正派如是而已

江西北蘭讓禪師湖塘亮長老問伏承師兄畫得先師真暫請瞻禮師以兩手擘胷開示之亮便禮拜師云莫禮莫禮亮云師兄錯也某甲不禮師兄師云汝禮先師真亮云因什麼教某甲莫禮師云何曾錯

宣元和四年上問侍臣政之寬猛孰先宰相權德輿對曰唐家承隋苛虐以仁厚爲先太宗皇帝見明堂圖即禁鞭背刑列聖所循皆尚德教故天寶大盜竊發俄而殄滅蓋本朝之化感人心之深帝曰誠如公言德輿善辯論開陳古今本末以覺悟人主爲輔相寬和不爲察察名文章雅正贍縟當時公卿侯王功德卓異者皆所爲銘紀雖動止無外飾其醖藉風流自然可慕貞元元和間爲縉紳羽儀

德輿嘗著草衣禪師宴坐記曰信州南嶽有清淨宴坐之地而禪師在馬師所由來莫得而詳初州人析薪者遇之于野中其形塊然與草木俱沓於州長乃延就藍地三十年矣州人不知其所以然也遂以草衣號焉足不蹈地口不嘗味日無晝夜時無寒暑寂然之境一繩床而已萬有囂然此身不動其内則以三世五蘊皆從妄作然後以有法諦觀十二緣於正智中得真常真我方寸之地湛然虛無身及智慧二俱清淨微言軟語有時而聞涉其境之遠近隨其根之上下如雨潤萬物風行空中履其門閾皆獲趣入若非幹玄機於無際

窮實相之源底則四時攻於外百疾生於內矣古所謂遺物離人而立於獨者禪師得之嗚呼世人感物以游心心遷於物則利害生焉吉凶形焉牽縻饑殰蕩而不復至人則反靜於動復性於情夭壽仁鄙之

辛酉殊由此作也斯蓋世諦之一説耳於禪師之道其猶稊稗耶建中二年予吏役道干上饒時左司郎崔公出為郡佐探禪師之味也熟為予詳言之拂拭纓塵携手接足洗我以善得於儀形且以為楞嚴妙旨毘耶之密用皆在是矣又焉知此地之宴坐不為它方之説法乎故粗書聞見以志于石

庚寅帝問國師澄觀曰華嚴所詮何謂法界奏曰法界者一切衆生之身心本體也從本以來靈明廓徹廣大虛寂唯一真境而已無有形貌而森羅大千無有邊際而含容萬有昭昭於心目之間而相不可覩晃晃於色塵之內而理不可分非徹法之慧目離念之明智不能見自心如此之靈通也故世尊初成正覺歎曰奇哉我今普見一切衆生具有如來智慧德相但以忘想執著而不能證得於是稱法界性説華嚴經全以真空簡情事理融攝周遍凝寂帝天縱聖明一聽玄談廓然自得於是勅有司備禮鑄印遷國師統冠天下緇徒號僧統清涼國師

時禪者無著入五臺山求見文殊大士至金剛窟前炷香作禮瞑坐少頃聞有叱牛者著遽開眸見山翁野貌褁巾牽牛臨溪而飲著起揖山翁曰爾來何為曰願見文殊大士翁曰大士未可見汝飯未著曰未也翁牽牛歸著躡迹隨之俄入一寺翁呼均提有童子應聲出迎翁縱牛引著升堂堂宇皆金壁所成翁踞床指綉墩命著坐童子俄進玻璃盞貯物如酥酪揖與對飲著納其味頓覺心神卓朗翁曰近自何來著曰南方翁曰南方佛法如何住持著曰末法比丘少奉戒律翁曰多少衆曰或三百或五百著問此間佛法如何住持翁曰龍蛇混雜凡聖同居曰衆幾何翁曰前三三乙亥後三三遂談緒及莫著欲留翁不許著戀戀不即去翁投袂起叱童子引著出之著不得留行未遠問童子適何寺童子曰般若寺也著悽然悟彼翁者即文殊也不可再見即稽首童子足下願丐一言為別童子隱身而歌曰面上無嗔供養具口裏無嗔吐妙香心內無嗔是珎寶無垢無染即真常著因駐錫五臺往往頻與文殊會語云師嘉禾語溪朱氏子七歲依本邑常樂寺今崇福寺

辛卯有詔移京兆章敬寺懷惲禪師入居上寺玄徒輻湊惲示衆曰至理忘言時人不悉強習它事以為功能不知自性元非境所是箇微妙大解脫門所有鑑覺不染不礙如是光明未曾休廢曩劫至今固無變易猶如日輪遠近斯照雖及衆色不與一切和合靈燭妙明非假鍛鍊為不了故取於物象但如捏怙妄起空華徒自疲勞枉經劫數若能返照無第二人舉措施為無虧實相號栢岩姓謝嘗衆學服緇禮德輿作記余如傳燈錄

居士龐蘊字道玄衡陽人世業儒貞元初
謁石頭和尚玄言妙契一日石頭問子自
見吾以來日用事作麼生對曰若問日用
事即無開口處乃呈一頌曰日用事無別
唯吾自偶諧頭頭非取捨處處勿張乖朱
紫誰爲號丘山絶點埃神通并妙用運水
及般柴石頭然之後參馬祖問不與萬法
爲侶者是什麼人祖曰待汝一口吸盡西
江水即向汝道居士於言下大悟自爾玄
機妙句竦動諸方與丹霞最友善一日訪
百靈和尚路次相遇靈問昔日石頭得意
句還曾舉向人麼士云曾舉來靈云舉向
阿誰來士以手自指云龐公靈云直是妙
德空生也讚歎居士不及士却問師得力
句是誰知靈便戴笠子而去士云善爲道
卷十　十二
路靈一去更不回首又訪則川和尚川云
還記得初見石頭時道理否士云猶得阿
師重舉在川云情知久參事慢士云阿師
老耄不啻龐公川云二彼同時又爭幾許
士云龐公鮮健差勝阿師川云不是勝我
只是反箇幞頭士云恰與師相似川大笑
而已因摘茶次士云法界不容身師還見
我否川云不是老僧洎荅公話士云有問
有荅蓋是尋常川乃摘茶不聽士云莫怪
適來容易借問川不顧士云這無禮儀漢
待一一舉似明眼人在川乃抛却茶籃便
歸方丈又訪松山和尚喫茶次士舉起槖
子云人人盡有分因什麼道不得山云只
爲人人有分所以道不得士云阿兄因什
麼却道得山云不可無言也士云灼然灼
然山便喫茶士云阿兄喫茶何不揖客山
云誰士云龐公山云何須更揖後丹霞聞
之乃云若不是松山幾被箇老翁作亂一
上士聞之乃令傳語丹霞云何不會取未
舉槖子時又訪齊峯和尚峯云俗人頻來
僧舍討什麼士回顧兩邊云誰恁麼道誰
恁麼道齊峯乃咄之士云郤在這裏峯云
莫是當陽道底士云背後底聻峯回首
云看看士云草賊大敗峯無語又訪石林
和尚林竪拂子云不落丹霞機試道一句
士奪郤拂子乃竪起拳林云正是丹霞機
士云與我不落看林云丹霞患啞龐公患
聾士云恰是又一日林云有箇借問居士
莫惜言句士云便請林云元來惜言句士
云這箇問訊不覺落他便宜林乃掩耳士
云作家作家一日丹霞訪居士見女子靈
卷十　十三
照取菜次霞問居士在否女子放下籃子
斂手而立又問居士在否女子便提籃子
去時居襄陽靈照常隨製竹漉籬售之以
供朝夕居士將終命靈照視日及中即報
靈照遽報曰日中矣而有蝕也居士出觀
日次靈照即登父座合掌端坐而逝居
士笑曰我女鋒捷矣於是居士更延七日
襄州牧于公柱駕候問居士談笑良久居
士顧謂公曰但願空諸所有慎勿實諸所
無好住世間猶如影響言訖枕公膝而逝
袁永州司馬柳宗元製南嶽彌陀和尚碑其
詞曰在代宗時有僧法照爲國師乃言其
師南嶽大長老有異德天子南嚮而禮焉
度其道不可徵乃名其居曰般舟道場用

尊其位公始居山西南岩石之下人遺之食則食不遺則食土泥茹草木其取衣類是南極海裔此自幽都來求厥道或值之崖谷羸形垢面躬負薪樵以為僕役而媟之乃公也凡化人立中道而教之權俾得以疾至故示尊念書塗巷刻谿[十三]谷丕勤誘掖以援于下不求而道備不言而物成皆負布帛斬木石委之岩戶不拒不營祠宇既具以泊于德宗申詔褒立是為彌陀寺施之餘則施與餓疾者不尸其功公始學成都唐公次資川詵公詵公學於東山忍公皆有道至荊州進學玉泉真公真公授公以衡山俾為教魁人從而化者以萬計初法照居廬山由正定趣安樂國見蒙惡衣侍佛者佛告曰此衡山承遠也出而求教肖焉乃從而學傳之天下由公之訓公為僧凡五十六年其壽九十一貞元十八年七月十九日終于寺葬于寺之南岡刻石于寺大門之右銘曰一氣回薄茫無窮其上無初下無終離而為合蔽為通始末或異今爲同虗無混冥道乃融聖人無迹示教功公之率衆峻以容公之立誠放其中服庇草木蔽穹窿仰攀俯取食以充形游無極交大雄天子稽首師順風四方奔趨雲之從經始尋尺成靈宮始自蜀道至臨洪咨謀性復窮真宗弟子傳教國師公化流萬億代所崇奉公寓形于南岡幻曰弘願惟孝恭立之茲石書玄蹤

是歲永州修淨土院成司馬柳宗元為之記曰中州之西數萬里有國曰身毒釋迦牟尼如來示現之地彼佛言西方過十萬億國上有世界曰極樂佛號無量壽如來其國無有三毒八難衆寶以為飾其人無有十纏九惱群聖以為友有能誠心大願歸心是土者苟念力具足則生彼國然後出三界之外其於佛道[十四]無退轉者其言無所欺也晉時廬山遠法師作念佛三昧詠大勸于時其後天台顗大師著釋淨土十疑論宏宣其教周密微妙迷者咸賴焉蓋其留異迹而去者甚衆永州龍興寺前刺史李承𣈶及僧法林置淨土堂于寺之西偏常奉斯事逮今餘二十年廉隅毀頊圖像崩墜會巽上人居其宇下始復理焉上人者修最上乘解第一義無體空析色之迹而造乎真源通假有借無之名而入於實相境與智合事與理并故雖往生之因亦相用不捨誓葺茲宇以開後學有信士圖為佛像法相甚具焉今刺史馮公作大門以表其位餘遂周延四阿環以廊廡續二大士之像繒蓋幢幡以成就之嗚呼有能求無生之生者知舟筏之存乎是遂以天台十疑論書于墻宇使觀者起信焉

法師智顗者悟解絕倫多所撰著然寡徒侶因棄講居衡嶽寺每覽所撰必一唱三歎以為吾達解如此而不遇賞音偶一日有耆宿至借顗著述而閱之[十五]乃曰汝識至高頗符佛意今寡徒衆蓋闕人緣耳佛猶不能度無緣况初心者乎可辦食布施飛走卻後二十年當自有衆言訖恍然不見顗遂如其教鬻衣單易米炊之散郊外感

群烏大集搏飯而去習視之曰食吾飯者願為法侶後二十年習往鄴城開講座下有衆千餘人果皆少年比丘

是歲道樹禪師卒師初參神秀禪師得旨結茅于壽州三峯山有野人服色素朴言譚詭異或時化現佛菩薩聲聞天仙等形或放異光或出聲響天幻百端師之徒衆常為驚怖皆莫能測如此凡十年方滅迹不見師告衆曰野人作無限伎倆眩惑於人只消老僧不見不聞伊伎倆有窮吾不見不聞無盡餘是遠近聞之靡不欽服所謂見怪不怪其怪自敗云

〇吳元濟反拒官軍

是歲正月百丈懷海禪師示寂春秋九十有五師福州長樂人丱歲離塵三學該鍊屬馬祖闡化江西師傾心依附與西堂智藏禪師同號入室時馬祖之門會學千百二大士為角立焉及祖遷化師往新吳百丈山居未期月而玄學之徒四方輻湊師雖臘高凡作息必與衆同均嘗謂一日不作則一日不食僧問如何是大乘頓悟法門師曰汝等先歇諸緣休息萬事善與不善世出世間一切諸法莫記憶莫緣念放捨身心令其自在心如木石無有辨別心無所行心地若空慧日自現如雲開日出相似名為解脫人對一切境心無靜亂不攝不散一切聲色無有滯礙是非好醜是理非理諸知見總盡不被繫縛處心自在名初發心菩薩便登佛地若垢淨心盡不住繫縛不住解脫無一切有為無為縛脫平等心量處於生死其心自在畢竟不與虛幻塵勞蘊界生死諸入和合迥然無寄一切不拘去留無礙往來生死如門開相似若遇種種苦樂不稱意事心無退屈不念名聞衣食不貪功德利益不為世法之所滯心雖親受苦樂不干于懷麤食接命補破禦寒兀兀如愚如聾相似稍有親令於生死中廣學知解求福求智於理無益即被解境風漂却歸生死海裏佛是無求人求之即乖理是無求理求之即失若取於無求復同於有求此法無實無虛若能一生心如木石相似不為陰界五欲八風之所漂溺即生死因斷去住自由僧問如今受戒身心清淨已具諸善得解脫否答曰少分解脫未得心解脫問云何是心解脫答曰不求佛不求知解垢淨情盡亦不守無求為是不住盡處亦不畏地獄苦不愛天堂樂一切法不拘始名為解脫無礙汝莫言有少分戒善將為便了有河沙無漏戒定慧門都未涉一毫在努力猛作莫待耳聾眼暗頭白面皺老苦及身眼中流淚心裏慞惶未有去處到恁麼時整理手脚不得也縱有福智多聞都用不著為緣念諸境不知返照復不見佛道一生所有惡業悉現於前變為好境隨所見重處受生都無自由分龍畜良賤亦總未定問如何得自由答曰如今對五欲八風情無取捨垢淨俱亡如日月在空不緣而照亦如香象截流而過更無疑滯此人天堂地獄所不能攝也凡讀經看教皆須宛轉切就

自己但是一切言教只明如今覺性自己俱不被一切有無諸法境轉是名導師能照破一切有無境法是金剛即有自由獨立分若不能恁麼縱令誦得十二韋陀經只成增上慢卻是謗佛不是修行讀經看教若准世間是好善事若向明眼人邊數此是壅塞人十地之人脫不去流入生死河但不用求覓知解語言義句離一切有無諸法透過三句外自然與佛無差既自是佛何患佛不解語只恐不是佛被一切有無諸法轉不得自由是以理未立先有福智載去如賤使貴不如於理先立後有福智臨時作得主握土為金變海水為酥酪破須彌山為微塵於一義作無量義於無量義作一義師每說法竟大眾下堂乃召之大眾回首師云是什麼諸方目為百丈下堂句

師以禪宗肇自少室至曹溪以來多居律寺說法住持未有規度乃刱意別立禪居凡具道眼有可尊之德者號曰長老既為化主即處於方丈不立佛殿唯樹法堂表佛祖的傳受當代為尊也學眾無多少無高下並入僧堂依臘次安排設長連牀施椸架掛搭道具臥必斜枕床脣以其坐禪既久畧偃息而已除入室請益任學者勤惰或上或下不拘常准其闔院大眾朝參夕聚長老上堂陞座主事徒眾鴈立側聆主賓問酧激揚宗要齋粥二時隨眾均遍行普請法上下均力也置十務寮舍每用主領一人營眾事令各司其局或有假號竊形混于清眾并別置喧撓之事即維那檢舉抽下本位掛搭擯令出院或彼有所犯即以拄杖杖之集眾燒衣鉢道具遣逐由偏門而出以示恥辱為其大要如此其後叢林日盛當代宗師從而廣之今所謂禪苑清規者備矣

是年河東柳子厚製南嶽大明律師碑其詞曰儒以禮立仁義無之則壞佛以律持定慧去之則喪是以離禮於仁義者不可與言儒異律於定慧者不可與言佛達是道者惟大明師師姓歐陽氏號曰惠開唐開元二十一年始生天寶十一載始為浮圖大曆十一年始登壇為大律師貞元十五年十一月十日卒元和九年正月其弟子懷信道嵩尼無染等命高道僧靈嶼為行狀列其行事願刊之茲碑宗元今擬其大者言曰師先因官世家潭州為大族勳烈爵位今不言大浮圖也凡浮圖之道衰其徒必小律而去經大明恐焉於是從峻洎偘以究戒律而大法以立又從秀洎昱以通經教而與義以修由是二道出入隱顯後學以不惑來求以有得廣德三年始立大明寺于衡山詔選居寺僧二十一人師為之首乾元三年又命衡山立毘尼藏詔講律僧七人師應其數凡其衣服器用動有師法言語行止皆為物軌執巾匜奉杖屨為侍者數百剪髦鬘被教戒為學者數萬得眾若獨居尊若卑晦而光介而大浩浩焉無以加也其塔在祝融峯西趾下碑在塔東詞曰儒以禮行覺以律興一歸

真源無大小乘大明之律是定是慧丕窮
經教為法出世化人無量垂裕無際詔尊
碩德威儀有繼道偏大洲徽音勿替祝融
西麓洞庭南衛金石刻辭彌億千歲
子厚復題其碑陰曰凡葬大浮圖無竁穴
其於用碑不宜然昔之公室禮得用碑以
葬其後子孫因宜不去遂銘德行用圖久
於世及秦刻山石號其功德亦謂之碑而
其用遂行然則雖浮圖亦宜也凡葬大浮
圖其徒廣則能為碑晉宋尚法故為碑者
多法梁尚禪故碑多禪法不周施禪不大
行而律存焉故近世碑多律凡葬大浮圖
未嘗有比丘尼主碑事今惟無染實來涕
泣以求其志益堅又能言其師他德尤備
故書之碑陰而師凡主戒事二十二年牢
相齊公映李公泌趙公憬尚書曹王皐裴
公胄侍郎令狐公峘或師或友齊親執經
受大義為弟子又言師始為童時夢大人
縞冠素舃來告曰居南嶽大吾道者必爾
也已而信然將終夜有光明笙磬之聲衆

咸見聞若是類甚衆以儒者所不道而無
染勤以為請故末傳焉無染韋氏女世顯
貴今主衡山戒法
南海經略馬總以曹溪六祖未有謚請于
朝天子賜謚曰大鑒總乃命河東柳宗元
撰賜謚碑其詞曰扶風公廉問嶺南三年
以佛氏第六祖未有稱號疏聞於上詔謚
大鑒禪師塔曰靈照之塔元和十年十月
十三日下尚書祠部符到都府公命部吏
洎州司功掾告于其祠幢蓋鐘鼓增山盈
谷萬人咸會若聞鬼神其時學者千有餘
人莫不欣踊奮勵如師復生則又感悼涕
慕如師始亡因言曰自有生物則好鬬奪
相賊殺喪其本實誖乖淫流莫克返于初
孔子無大位沒以餘言持世更楊墨黃老
益雜其術分裂而吾浮圖說後出推離還
源合所謂生而靜者梁氏好作有為師達
磨譏之空術益顯六傳至大鑒大鑒始以
能勞苦服役一聽其言言希以究師用感
動遂受信具遁隱南海上人無聞知又十

六年度其可行乃居曹溪為人師會學去
來常數千人其道以無為為有以空洞為
實以廣大不蕩為歸其教人始以性善終
以性善不假耘耡本其靜矣中宗聞名使
幸臣再徵不能致取其言以為心術其說具
在今布天下凡言禪皆本曹溪大鑒去世
百有六年凡治廣部而以名聞者以十數
莫能揭其號今乃始告天子得大謚豐佐
吾道其可無辭公始立朝以儒重刺虔州
都護安南由海中大蠻夷連身毒之西浮
舶聽命咸被公德受旂纛節鉞來蒞南海
屬國如林不殺不怒而人畏無噩允克光
于有仁昭列大鑒莫如公宜其徒之老乃
易石于宇下使來謁辭其辭曰達磨乾乾
傳佛語心六承其授大鑒是臨勞勤專默
終揖于深抱其信器行海之陰其道爰施
在溪之曹龐合猥附不夷其高傳告咸陳
唯道之褒生而性善在物而具荒流奔軼
乃萬其趣匪思愈亂匪覺滋誤由師內鑒
咸獲於素不植乎根不耘乎苗中一外融

有粹孔昭在帝中宗聘言于朝陰翊王度俾人逍遥越百有六祀號謚不紀由扶風公告今天子尚書既復大行乃誄光于南土其法再起厥徒萬億同悼齊喜惟師教所被洎扶風公所履咸戴天子天子休命嘉公德美溢于海夷浮圖是視師以仁傳公以仁理謁辭圖堅永胤不已

宋紹興二年東坡居士過曹溪題曰釋迦以文教其譯于中國必託於儒之能言者然後傳遠故大乘諸經至首楞嚴則委曲精盡勝妙獨出以房融筆授故也柳子厚南遷始究佛法作曹溪南嶽諸碑妙絶古今而南華今無石刻長老重辦師儒釋兼通道學純備以謂自唐至今須述祖師者多矣未有通亮典則如子厚者蓋推本其言與孟軻氏合其可不使學者日見而誦之乃具石請予書其文

臺山隱峯禪師自衡嶽之五臺道由淮右屬吳元濟阻兵蔡州違拒王命官軍與賊交鋒未決勝負師曰吾當少解其患乃震錫空中飛身而過兩軍將士仰觀歎異鬪心頓息以是官軍得成其功馬師姓鄧氏幼若不慧父母聽其出家既具戒叅馬祖言下契旨一日推車次祖展脚在路上師曰請收足祖曰已展不收師曰已進不退遂推車碾過祖脚損歸法堂執斧子曰適来碾損老僧脚底出來師便出於祖前引頸就之祖乃置斧其後遍歷諸方所至輙有奇詭反之以神異頗顯恐成惑衆乃入臺山金剛窟前将示寂問於衆曰諸方遷化坐去卧去吾皆見之還有立化者否衆曰有之師曰還有倒化者否衆曰未嘗有也師乃倒殖而化亭亭然其衣亦皆順體衆爲舁尸荼毘屹然不動遠近瞻禮歎異師有妹爲尼時亦在彼乃附近而咄之曰老兄平日惱亂諸方不循法律死更熒惑於人乃以手推之僨然而踣於是闍維收舍利塔于五臺云

歸宗智常禪師目有重瞳遂用藥手挼摩久而目眥俱赤世號赤眼歸宗江州刺史李渤問曰教中謂須彌納芥子渤則不疑芥子納須彌莫是妄談否師云人傳史君讀萬卷書是否渤曰然師曰摩頂至踵如椰子大萬卷書向什麼處著渤俛首而已又問一大藏教明得什麼邊事師舉拳示之云會麼渤云不會師云這箇措大拳頭也不識渤云請師指示師曰會則途中受用不會則世諦流布師嘗示衆曰從上古德不是無知解他高尚之士不同常流今時不能自成自立空度時光諸子莫錯用心無人替汝亦無汝用心處莫就他覓從前只是依他作解發言皆滞光不透脫只爲目前有物僧問如何是玄旨師云無人能解僧云向者如何師云有向即乖僧云豈無方便令學人得入師云觀音妙智力能救世間苦僧云如何是觀音妙智力師敲頂蓋三下云還聞麼僧云聞師云我何不聞僧無語師以棒趂下後一日上堂云吾今欲說禪諸子総近前大衆近前師云汝聽觀音行善應諸方所僧云如何是觀

音行師乃彈指云諸人還聞否僧云聞師云一隊漢向這裏覔箇什麼以棒趂下大笑歸方丈師沒有賢者贊其像曰知見一何高拭眼避天仕回觀洗耳人千古未為愧

供奉吳元卿者敏悟絕人憲宗殊喜之一日在昭陽宮見群芳數榮賞玩徘徊倏聞空中有聲曰虛幻之相開謝不停能壞善根仁者安可嗜之元卿猛省志脫塵俗帝一日游宮問曰卿何不樂對曰臣幼不食葷志願從釋帝曰朕視卿若昆弟但富貴欲出人表者不違卿唯出家不可既浹旬而容見瘦顇帝憫而詔曰如卿願任選日遠近奏來元卿荷恩致謝尋得鄉報母患乞歸寧帝厚賜津遣元卿至家會鞱光法師勉之謁鳥窠禪師啟曰弟子七歲蔬食十一受五戒今年二十有二為出家故休官願和尚披與僧相鳥窠曰今時為僧鮮有精苦者行多浮濫元卿曰本淨非琢磨元明不隨照曰汝若了淨智妙圓體自空寂即真出家何假外相汝當為在家菩薩戒施俱修如孫許之流也元卿曰理雖如此然非本志倘蒙攝受則誓遵師教如是三請皆不諾鞱光為勸請曰宮使未嘗娶亦不畜侍女禪師若不攝受其誰能度之鳥窠乃與披剃具戒法號會通晝夜精進誦大乘經習安般三昧忽一日固辭遊方鳥窠曰汝將何往曰會通為法出家以和尚不垂慈誨今往諸方學佛法去窠於身上拈起布毛吹之通遂悟玄旨時號布毛侍者云

佛祖歷代通載卷第二十

佛祖歷代通載卷第二十

校勘記

一　底本，明永樂北藏本。

一　一〇二八頁上七行夾註右「元徵之」，經、清作「元微之」。

一　一〇二八頁下一一行「班曰人」，經、清作「班白人」。

一　一〇二八頁下一四行「倚岩生」，經、清作「倚岩坐」。

一　一〇二九頁中一六行第一一字「春」，清作「於」。

一　一〇三〇頁上一行夾註右「示疾」，經作「示寂」。

一　一〇三〇頁上一五行夾註右第七字「謚」，清作「益」。

一　一〇三二頁下一三行「鋒捷」，清作「鋒捷」。

一　一〇三三頁中一二行第三字「上」，經、清作「土」。

一　一〇三三頁下一一行第二字「犮」，經、清作「求」。

一一〇三四頁上七行「天幻」，清作「天幻」。

一一〇三六頁上一行「是慧」，徑作「是心」。

一一〇三六頁上五行末字「宂」，清作「穴」。

一一〇三六頁中一四行「乖澀」，徑、清作「乖淫」。

中華大藏經(漢文部分)

校勘凡例

一　《中華大藏經(漢文部分)》的底本以《趙城金藏》爲主;《趙城金藏》缺佚,則以《高麗藏》等作底本。各卷所用底本的名稱及涉及底本的其他問題,均在校勘記的第一條中説明。

一　《中華大藏經(漢文部分)》選用的參校本共八種,即《房山雲居寺石經》(石)、宋《資福藏》(資)、宋《影印宋磧砂藏》(磧)、元《普寧藏》(普)、明《永樂南藏》(南)、明《徑山藏》(徑)、《清藏》(清)、《高麗藏》(麗)。

一　校勘記中的「諸本」,若底本爲金藏,即包括石、資、磧、普、南、徑、清、麗全部八種校本;若底本爲麗藏,則包括石、資、磧、普、南、徑、清全部七種校本。其他情况若用「諸本」,校勘記中則另加説明。

一　校勘採用底本與校本逐字對校的办法,只勘出經文中的異同及字句錯落,一般不加評注。參校本若有缺卷,或有殘缺、漫漶等字迹無可辨認者,則略去不校,校勘記亦不作記録。

一　一經多卷,經名、譯者、品名出現同樣性質的問題,一般只在第一卷出校,並注明以下各卷同;分卷不同時,以底本爲主出校。

一　古今字、異體字、正俗字、通假字及同義字,一般不出校。如:

古今字:宍(肉);猗(倚);距(跛);鉾(矛);誼(義)等。

異體字:脎(槃);剎(刹);皃(貌);惱(惱);㝵(碍、礙、閡)等。

正俗字:怪(恠);滴(渧);體(躰);刺(刾);閉(閇)等。

通假字:惟(唯);嫉(疾);頻(嚬、顰);揣(摶);尠(鮮)等。

同義字:言(曰);如(若);弗(不)等。